eichelmann 2021

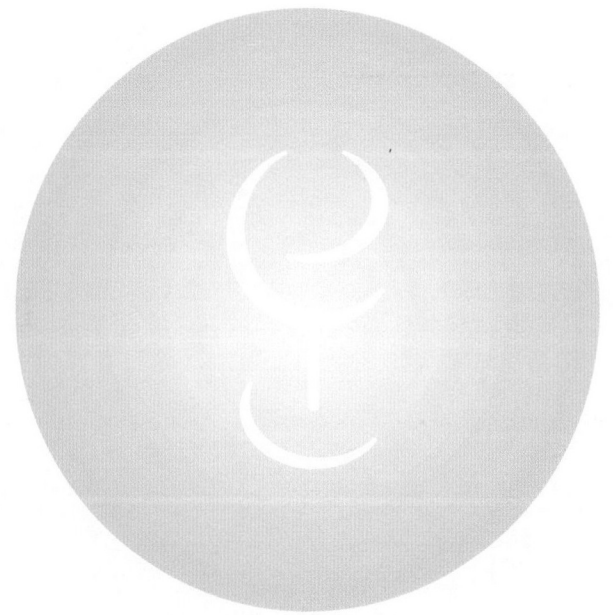

Gerhard Eichelmann

eichelmann 2021
Deutschlands Weine

13 Regionen | 965 Weingüter | 11.000 Weine

Der Verlag für Weinliteratur

www.mondo-heidelberg.de

Der Verlag übernimmt keine Gewähr für die angegebenen Preise oder die Verfügbarkeit der Weine bei den Weinerzeugern.

Autoren:
Wolfgang Faßbender (Mosel)
Paul Kern (Baden)
Marco Lindauer (Rheingau)
Thomas Veigel (Baden, Hessische Bergstraße)
Jens Wagner (Pfalz, Nahe)

Alle Karten: DWI Deutsches Weininstitut
Fotos Andreas Durst Seiten 109 143 145 158 180 188 231 272 450 452 457 459 679 683 768 783 831 867 898 935 959 1022 1155 1195
Alle anderen Fotos wurden von den Weingütern zur Verfügung gestellt

Redaktion:
Jutta Eichelmann
Ulrike Klein-Debiasi

Umschlaggestaltung: www.ultrabold.com
Herstellung, Satz: Mondo Heidelberg
Druck: Belvedere Print & Packaging B.V., Niederlande

Anschrift des Verlages:
Mondo Heidelberg
Bachstraße 27
69121 Heidelberg
info@mondo-heidelberg.de

© 2021 Mondo Heidelberg
Alle Rechte vorbehalten

ISBN 9783938839522

Inhalt

Einführung — 9

Vorwort — 9
Autoren — 10
Zum richtigen Gebrauch — 12
Die Weingüter des Jahres — 14
Die Mondo-Wein-Bibliothek — 32

Die deutschen Weinregionen — 52

Deutsche Weingüter von A bis Z — 97

Anhang — 1215

Die besten Bioweingüter — 1216
Schnäppchen — 1222
Bestenlisten — 1229
Ortsregister — 1243

VERSCHÖNERT *jeden* MOMENT

S.PELLEGRINO
Tastefully Italian

EINFÜHRUNG ▬ VORWORT

Vorwort

Ja, wieder ein guter Jahrgang, obwohl es wieder ein heißer Jahrgang war, und 2019 gefällt uns gar ein klein wenig besser als sein Vorgänger, weil wieder mehr Winzer gelernt haben, mit warmen Jahrgängen umzugehen und Alhokolexzesse zu vermeiden. Die es natürlich trotzdem gibt. Bedenklich stimmt mich, dass nach der Besinnung auf klare Lagenbezeichnungen im vergangenen Jahrzehnt, immer mehr spannende Weine heute keine Lagen mehr auf dem Etikett tragen. Was verschiedene Gründe hat. Einmal liegt es daran, dass immer mehr Winzer gezwungen werden ihre Weine als Landweine zu vermarkten, weil sie einfach nicht in das gängige Schema glattgebügelter 08/15-Weine passen, die amtliche Qualitätsweinprüfung ihnen die Anerkennung verweigert, und sie so nach dem Deutschen Weingesetz keine Lagenbezeichnung tragen dürfen. Ob man das Gesetz ändern sollte – oder die Qualitätsweinprüfer darüber aufklären, was spannende, authentische Weine sind? Ein anderer Grund ist, dass immer mehr Winzer die Bezeichnung „Reserve" (auch mal französisch „Réserve" geschrieben) nutzen für Spitzenweine, ohne Lagenbezeichnung; ein Begriff, der nicht definiert ist und so völlig beliebig einsetzbar ist, sich wohl deshalb so großer Beliebtheit erfreut (man denke an das nicht definierte „feinherb" – wir erhalten Weine mit 4 bis 55 Gramm Restzucker, die als „feinherb" deklariert sind). Und dann gibt es den Trend hin zum „Ganz Großen Gewächs" (GGG): Immer mehr Winzer erzeugen Weine, die sie preislich über ihren Großen Gewächsen (GG) ansiedeln, die aber keine Lagenbezeichnung tragen. In Burgund beispielsweise wäre so etwas undenkbar, man würde am Geisteszustand des Winzers zweifeln. In Deutschland aber grassiert diese Pandemie weiter, vor allem im VDP verbreitet sie sich immer mehr.
Erfreulich ist, dass der Trend zu biologischem Weinbau weiter ungebrochen ist, jeder vierte Winzer in diesem Buch arbeitet entweder biologisch zertifiziert oder befindet sich in der zertifizierten Umstellung.
Ein Kollege und Freund ist gestorben. Heinz Feller war seit 15 Jahren Gast bei allen unseren Schlussverkostungen, sein Urteil war mir immer sehr wichtig, auch bei den vielen Weinreisen, die wir zusammen unternommen haben. Heinz, Du fehlst uns.
Was als One-Man-Show vor 21 Jahren begann, ist zu einem größeren Projekt geworden, an dem mehr als ein Dutzend Personen mitarbeiten. Ich danke allen, insbesondere den Autoren, und ganz besonders meiner Frau Jutta, die das Projekt Buch und App organisiert und koordiniert und sich auch um die anderen Titel des Verlages kümmert. Mein Dank gilt den vielen Lesern, die uns Anregungen und Empfehlungen schicken, und mein Dank gilt Frederic, der zwischen zwei Studiengängen zwar eigentlich unser nächstes Champagne-Buch layoutet hat, aber auch für dieses Buch täglich ausgeholfen hat.

Gerhard Eichelmann

Einführung ▶ Autoren

Die Autoren

Gerhard Eichelmann ist mit Wein aufgewachsen, machte aber erst über den Umweg als Unternehmensberater den Wein zum Hauptberuf. Er gründete 1997 den Verlag Mondo Heidelberg, führte mit Mondo das international übliche 100 Punkte-System für Weinbewertungen in Deutschland ein. Im Jahr 2000 veröffentlichte er die erste Ausgabe dieses Buches über deutschen Wein, das sich als Standardwerk etabliert hat. Zu weiteren Buchveröffentlichungen zählen Titel über Baden und die Toskana, sowie neun Bücher über die Champagne.

Wolfgang Faßbender ist seit vielen Jahren freier Wein- und Gastronomiejournalist, schreibt für Medien wie die Weinwelt, das Sommelier-Magazin, Salz & Pfeffer oder die Schweizerische Weinzeitung. Er war stellvertretender Chefredakteur des Bertelsmann-Restaurantführers und hat zahlreiche regionale Gastroguides herausgegeben. Er lebt heute teilweise in der Pfalz, teilweise in Zürich. Er verantwortet die Region Mosel. Zuletzt erschienen von ihm im Mondo-Verlag „Im Wein liegt Lüge", „Elsass" und „Die Neue Mosel".

Paul Kern machte erste Wein-Erfahrungen mit Großen Gewächsen aus dem Emaillebecher, als er beim Campingurlaub mit einem Schulfreund, Sohn eines Weinjournalisten, die Verkostungsüberbleibsel des Vaters unter die Lupe nahm. Es folgten ein Weingutspraktikum in Südafrika, eine Ausbildung als Koch und ein Weinwirtschaftsstudium in Geisenheim. Derzeit studiert er Interkulturelle Kommunikation und schreibt über Wein, u. A. auf dem Blog Champagner & Schorle. Er ist in dieser Ausgabe zusammen mit Thomas Veigel für Baden verantwortlich.

Einführung — Autoren

Marco Lindauer würde, wäre der Wein nicht, auch heute noch mit der Kamera durch die Weltgeschichte reisen, um flüchtige Augenblicke auf Filme oder Datenträger zu bannen. Stattdessen hat er aber seiner langen und hemmungslosen Leidenschaft für den Rebensaft nachgegeben und arbeitet nun seit mehreren Jahren für einen bekannten deutschen Fachhändler. Würde man ihn fragen, welche drei Dinge er auf eine einsame Insel mitnähme, würde er sich auf das Wesentliche reduzieren: Drei Flaschen Riesling. Er ist für das Rheingau verantwortlich.

Thomas Veigel beschäftigt sich als Journalist seit mehr als 30 Jahren mit Wein und Gastronomie. Weil im Elternhaus sowohl Spitzenweine aus aller Welt als auch einfache Weine aus der Region getrunken wurden, lernte er früh die Bandbreite des Themas kennen. Als Wirtschaftsredakteur einer Tageszeitung konnte er den Wein auch beruflich zu einem Thema machen, schrieb Porträts von Winzern und Weingütern. Seit vielen Jahren verkostet er mit Gerhard Eichelmann, für dieses Buch waren es vor allem Weine aus Baden und von der Hessischen Bergstraße.

Jens Wagner ist als Pfälzer Winzersohn mit Wein aufgewachsen, hat aber zunächst einen Weg außerhalb der Weinberge angestrebt. Während seines Studiums der Politik und der Geschichte in Mannheim begann er sich mit dem Thema Wein auseinander zu setzen und über Wein und Gastronomie zu schreiben, unter anderem für das Rhein-Neckar-Stadtmagazin Meier, den Gastroführer Espresso, die Rheinpfalz und Mondo. Er ist verantwortlich für die Weine der Nahe und der Pfalz.

EINFÜHRUNG ▬ ZUM RICHTIGEN GEBRAUCH

Zum richtigen Gebrauch

Der Hauptteil „Deutsche Weingüter von A bis Z" führt die deutschen Weingüter in alphabetischer Reihenfolge aufgeführt. Links oberhalb des Namens ist die Region angegeben und der Ort, in dem das Weingut zu Hause ist. Einen Überblick über die Weingüter der einzelnen deutschen Weinbauregionen kann man sich im Kapitel "Die deutschen Weinregionen" verschaffen; ist man an Weingütern in bestimmten Städten oder Gemeinden interessiert, kann man diese im Ortsverzeichnis im Anhang des Buches finden.

1. Betriebsbewertung

Unter dem Namen, mit dem jeder Eintrag beginnt, finden Sie eine Qualitätseinstufung in Form von Sternen (**neue Betriebe erhalten maximal 2 Sterne, Wiedereinsteiger maximal die vorherige Bewertung**). Es bedeuten:

★★★★★	Weltklasse, internationale Spitzenerzeuger
★★★★	Hervorragende Erzeuger
★★★	Sehr gute Erzeuger
★★	Gute Erzeuger
★	Überdurchschnittliche, zuverlässige Erzeuger
☆	Ein halber Stern hinter den schwarzen Sternen zeigt die Zwischenstufe zwischen zwei Kategorien an.

Grundlage der Beurteilung ist die Gesamtleistung des Erzeugerbetriebs in den letzten drei Jahren.

2. Erzeugerangaben

In der linken Spalte folgen weitere Angaben zum Erzeugerbetrieb wie Adresse, Telefon- und Faxnummer, ggf. E-Mail-Adresse und Webseite. Dazu der Name des Inhabers, ggf. Geschäftsführer und Mitgliederzahl einer Genossenschaft, Größe der Rebfläche in Hektar, durchschnittliche Jahresproduktion, sowie zusätzliche Informationen, die für einen Besucher von Interesse sind (Öffnungszeiten, Weinstube, Gästezimmer u. a.).
Darüber hinaus bedeuten die Symbole am Anfang der Spalte

  zertifiziert biologisch arbeitendes Weingut (auch Betriebe in Umstellung)

  Erzeugerbetrieb ist neu im Buch

  Erzeugerbetrieb wurde wieder aufgenommen

EINFÜHRUNG ▶ ZUM RICHTIGEN GEBRAUCH

3. Weine

Die Weine eines Erzeugers werden aufgeführt in der Reihenfolge:
Sekt – Weißweine (in der Abfolge trocken, halbtrocken, süß) – Rosés/Weißherbste – Rotweine

Die Vorstellung der einzelnen Weine folgt dem Schema
- Jahrgang und Rebsorte (oder „Name") des Weins
- Ausbauart (trocken, halbtrocken, „feinherb"), wenn auf dem Etikett genannt
- Prädikatsstufe (Kabinett, Spätlese, Auslese, Beerenauslese, Trockenbeerenauslese, Eiswein) oder weitere gesetzlich geregelte Bezeichnungen wie Classic, Selection, Erstes Gewächs
- eventuelle gesetzlich nicht geregelte Zusatzbezeichnungen (z.B. „GG", „Goldkapsel")
- Lage

Alle nicht gesetzlich geregelten Termini sind in Anführungszeichen gesetzt, z.B. „GG", „feinherb", aber: Erstes Gewächs, halbtrocken. Der Übersichtlichkeit zuliebe wird auf die Bezeichnung „Qualitätswein" oder „QbA" verzichtet. Ebenso wird bei roten Rebsorten auf den Zusatz „Rotwein" verzichtet. Hinweis: Bisweilen ist eine betriebsinterne Klassifikation in Form von Sternen Bestandteil eines Weinnamens. Diese Sterne haben nichts mit unserer Bewertung zu tun.

4. Weinbewertung

Die Weinbewertung erfolgt nach dem international üblichen 100-Punkte-System:

95 bis 100	großartig, Weltklasse
90 bis 94	hervorragend
85 bis 89	sehr gut
80 bis 84	gut
75 bis 79	durchschnittlich
70 bis 74	unterdurchschnittlich
60 bis 69	deutliche Mängel
50 bis 59	völlig ungenügend

Da wir Erzeuger mit unterdurchschnittlichen oder gar mangelhaften oder völlig ungenügenden Weinen nicht empfehlen, finden sich, mit ganz wenigen Ausnahmen, keine Weine im Buch, die weniger als 75 Punkte erhalten.
88+ Wein mit Entwicklungspotenzial
88+? Wein womöglich mit Entwicklungspotenzial
88* Unseres Erachtens hatte der Wein zum Zeitpunkt der Verkostung seinen Höhepunkt bereits überschritten
(88) Fass- oder Tankprobe, keine endgültige Bewertung

5. Preise

Die angegebenen Preise sind Endverbraucherpreise ab Weingut, so wie sie uns von den Betrieben übermittelt werden.
5,70 € ☺ Schnäppchen (Gesamtliste im Anhang)
ohne Preis   uns wurde kein Preis mitgeteilt
Des Weiteren bedeuten: a.A.: auf Anfrage; Vst.: Versteigerungswein

Die Weingüter des Jahres Preisträger 2021

Beste Weißweinkollektion
Weingut Dreissigacker

Beste Rotweinkollektion
Weingut Rings

Beste edelsüße Kollektion
Weingut Robert Weil

Beste Sektkollektion
Sekthaus BurkhardtSchür

Aufsteiger des Jahres
Weingut Peter Wagner

Entdeckung des Jahres
Weingut Hornstein am See

Ehrenpreis für das Lebenswerk
Paul Fürst

Klassiker
**Felseneck Bockenau
Weingut Schäfer-Fröhlich**

Belebt den Weingenuss.

Ein guter Wein – das ist Genuss pur. Und zu jedem guten Wein empfiehlt sich ein ebenso gutes Wasser. Staatl. Fachingen ist perfekt, denn es wirkt ausgleichend auf den Geschmackssinn, indem es die Geschmacksnerven neutralisiert. Eine ideale Basis, um die vielschichtigen Aromen des Weines genießen zu können. Staatl. Fachingen – belebt den Weingenuss!

Das Wasser. Seit 1742.

Anwendungsgebiete: Staatl. Fachingen STILL regt die Funktion von Magen und Darm an, fördert die Verdauung und hilft bei Sodbrennen. Es fördert die Harnausscheidung bei Harnwegserkrankungen, beugt Harnsäure- und Calciumoxalatsteinen vor und unterstützt die Behandlung chronischer Harnwegsinfektionen. Zu Risiken und Nebenwirkungen lesen Sie das Etikett und fragen Sie Ihren Arzt oder Apotheker. Stand der Information: 01/2013.
Fachingen Heil- und Mineralbrunnen GmbH · Brunnenstraße 11 · 65626 Fachingen · www.fachingen.de

EINFÜHRUNG ▸ WEINGÜTER DES JAHRES

Beste Weißwein-kollektion

2018	Weingut Bischel	Rheinhessen
2019	Weingut Georg Breuer	Rheingau
2018	Weingut Kühling-Gillot	Rheinhessen
2017	Weingut Max Müller I	Franken
2016	Weingut Ludwig Knoll	Franken
2015	Weingut Beurer	Württemberg
2014	Weingut Klaus Keller	Rheinhessen
2013	Weingut Rainer Sauer	Franken
2012	Weingut Hermann Dönnhoff	Nahe
2011	Weingut Knipser	Pfalz
2010	Weingut Wittmann	Rheinhessen
2009	Weingut Zehnthof	Franken
2008	Weingut Emrich-Schönleber	Nahe
2007	Weingut Josef Leitz	Rheingau
2006	Weingut Klaus Keller	Rheinhessen
2005	Weingut Wittmann	Rheinhessen
2004	Weingut Andreas Laible	Baden
2003	Weingut Clüsserath-Weiler	Mosel

eichelmann 2021

Weingut des Jahres

Beste Weißweinkollektion

Weingut Dreissigacker

Bechtheim

Heidelberg, im November 2020
Gerhard Eichelmann, Herausgeber

EINFÜHRUNG — WEINGÜTER DES JAHRES

Beste Rotwein-kollektion

2015	Weingut Klopfer | Württemberg	2011	Weingut Rudolf Fürst | Franken
2019	Weingut Bernhard Huber | Baden	2010	Weingut Franz Keller | Baden
2018	Weingut Benedikt Baltes | Franken	2009	Weingut Jean Stodden | Ahr
2017	Weingut Martin Waßmer | Baden	2008	Weingut Jürgen Ellwanger | Württemberg
2016	Weingut Konrad Schlör | Baden	2007	Weingut Bernhard Huber | Baden
2015	Weingut Wachtstetter | Württemberg	2006	Weingut Seeger | Baden
2014	Weingut Friedrich Becker | Pfalz	2005	Weingut Jacob Duijn | Baden
2013	Weingut Dr. Heger | Baden	2004	Weingut Knipser | Pfalz
2012	Weingut Meyer-Näkel | Ahr	2003	Weingut Bercher | Baden

eichelmann 2021

Weingut des Jahres

Beste Rotweinkollektion

Weingut Rings

Freinsheim

Heidelberg, im November 2020
Gerhard Eichelmann, Herausgeber

EINFÜHRUNG — WEINGÜTER DES JAHRES

Beste edelsüße Kollektion

2009	Weingut Corvers-Kauter	Rheingau		
2019	Weingut Horst Sauer	Franken		
2018	Weingut Fritz Haag	Mosel		
2017	Weingut Nik Weis	Mosel		
2016	Weingut Glaser-Himelstoß	Franken		
2015	Weingut Selbach-Oster	Mosel		
2014	Weingut Fritz Haag	Mosel		
2013	Weingut Schloss Lieser	Mosel		
2012	Weingut Markus Molitor	Mosel		

2011	Weingut Schäfer-Fröhlich	Nahe
2010	Weingut Horst Sauer	Franken
2009	Weingut Robert Weil	Rheingau
2008	Weingut Clemens Busch	Mosel
2007	Weingut Zilliken	Mosel
2006	Weingut Markus Molitor	Mosel
2005	Weingut Peter Jakob Kühn	Rheingau
2004	Weingut Klaus Keller	Rheinhessen
2003	Weingut Klaus Keller	Rheinhessen

eichelmann
2021

Weingut des Jahres

Beste edelsüße Kollektion

Weingut Robert Weil
Kiedrich

Heidelberg, im November 2020
Gerhard Eichelmann, Herausgeber

EINFÜHRUNG — WEINGÜTER DES JAHRES

Beste Sekt-Kollektion

2020 | Sektkellerei Andres & Mugler | Pfalz
2019 | Sekthaus Raumland | Rheinhessen

eichelmann 2021

Weingut des Jahres

Beste Sekt-Kollektion

Sekthaus BurkhardtSchür

Bürgstadt

Heidelberg, im November 2020
Gerhard Eichelmann, Herausgeber

EINFÜHRUNG ▸ WEINGÜTER DES JAHRES

Aufsteiger des Jahres

Jahr	Weingut	Region
2020	Weingut Jülg	Pfalz
2019	Weingut Stefan Vetter	Franken
2018	Weingut Matthias Gaul	Pfalz
2017	Weingut Carl Ehrhard	Rheingau
2016	Weingut Bischel	Rheinhessen
2015	Biologisches Weingut Höfflin	Baden
2014	Weingut Klumpp	Baden
2013	Weingut Landgraf	Rheinhessen
2012	Weingut Joh. Bapt. Schäfer	Nahe
2011	Weingut von Winning	Pfalz
2010	Weingut Raumland	Rheinhessen
2009	Weingut Kühling-Gillot	Rheinhessen
2008	Weingut Melsheimer	Mosel
2007	Weingut Wagner-Stempel	Rheinhessen
2006	Weingut Philipp Kuhn	Pfalz
2005	Weingut Sybille Kuntz	Mosel
2004	Weingut Schnaitmann	Württemberg
2003	Weingut Flick	Rheingau

eichelmann 2021

Aufsteiger des Jahres

Weingut Peter Wagner
Oberrotweil

Heidelberg, im November 2020
Gerhard Eichelmann, Herausgeber

EINFÜHRUNG ▬ WEINGÜTER DES JAHRES

Entdeckung des Jahres

2020 | **Winzerhof Linder** | Baden

eichelmann 2021

Entdeckung des Jahres

Weingut Hornstein am See
Nonnenhorn

Heidelberg, im November 2020
Gerhard Eichelmann, Herausgeber

Einführung — Weingüter des Jahres

Ehrenpreis Lebens- werk

Denkt man an Spätburgunder und Deutschland kommt vielen Weinfreunden spontan Paul Fürst in den Sinn. Wie kein anderer steht er für feinen Pinot Noir, der es mit den Besten in Burgund aufnehmen kann, die Lagen seiner großen Weine sind heute jedem ein Begriff: Centgrafenberg, Hundsrück oder Schlossberg. Und doch wird man Paul Fürst damit nicht gerecht, denn auch mit Chardonnay, Weißburgunder und Riesling gehört er ebenfalls zur Spitze.

eichelmann
2021

Ehrenpreis
für das
Lebenswerk

Paul Fürst

Bürgstadt

Gerhard Eichelmann

Heidelberg, im November 2020
Gerhard Eichelmann, Herausgeber

EINFÜHRUNG — WEINGÜTER DES JAHRES

Klassiker

2020	KIrchberg	Oberrottweil (Baden)
2019	Lämmler	Fellbach (Württemberg)
2018	Ungeheuer	Forst (Pfalz)
2017	Halenberg	Monzingen (Nahe)
2016	Sonnenuhr	Zeltingen (Mosel)
2015	Julius-Echter-Berg	Iphofen (Franken)
2014	Doosberg	Oestrich (Rheingau)
2013	Morstein	Westhofen (Rheinhessen)
2012	Idig	Königsbach (Pfalz)

2011	Feuerberg	Burkheim (Baden)
2010	Berg Schlossberg	Rüdesheim (Rheingau)
2009	Hermannshöhle	Niederhausen (Nahe)
2008	Schlossberg	Achkarren (Baden)
2007	Saumagen	Kallstadt (Pfalz)
2006	Centgrafenberg	Bürgstadt (Franken)
2005	Mandelberg	Kirrweiler (Pfalz)
2004	Gräfenberg	Kiedrich (Rheingau)

eichelmann 2021

Klassiker

Felseneck

Riesling GG

Weingut Schäfer-Fröhlich

Heidelberg, im November 2020
Gerhard Eichelmann, Herausgeber

Die Mondo-Klassiker-Bibliothek

Marcel Reich-Ranicki hat seinen Kanon herausragender Werke der deutschen Literatur seit 2002 in fünf Teilen herausgebracht, seine „Klassiker-Bibliothek". Da unser Schaffen in einer Rezension einmal mit dem von Reich-Ranicki verglichen wurde, liegt es also nahe, dass auch wir unseren Kanon großer deutscher Weine veröffentlichen, unsere „Mondo-Klassiker-Bibliothek".

Seit Jahren schon zeichnen wir jedes Jahr einen Wein als „Klassiker" aus, einen Wein, der zum einen Jahr für Jahr hohe Qualität bietet, zum anderen aber auch Jahr für Jahr ein klares Profil zeigt und als Klassiker, als Prototyp seiner Rebsorte und Region gelten kann.

Solche Klassiker zeichnen sich darüber hinaus durch ihre Langlebigkeit aus, was sie am besten in Vertikalverkostungen unter Beweis stellen können. Solche Klassiker sind für uns „große Weine", und die Weinberge, in denen sie wachsen, folglich große Lagen.
Punkt.

EINFÜHRUNG — Mondo-Klassiker-Bibliothek

REGION: Rheingau
GEMEINDE: Rüdesheim

Berg Schlossberg
Riesling
Weingut Georg Breuer

Der Berg Schlossberg ist ein nach Süden ausgerichteter Steilhang mit Böden aus Quarzit und rotem Schiefer. Er hat seinen Namen von der Burg Ehrenfels, die Anfang des 13. Jahrhunderts von den Mainzer Erzbischöfen als Schutz- und Zollburg errichtet wurde und inmitten der Weinberge des Schlossbergs liegt. Schlossberg-Rieslinge sind rassig, kraftvoll und mineralisch, enorm nachhaltig und langlebig.

REGION: Franken
GEMEINDE: Bürgstadt

Centgrafenberg
Spätburgunder „GG"
Weingut Rudolf Fürst

Der Centgrafenberg in Bürgstadt ist ein in 160 bis 250 Meter Höhe gelegener Südhang mit einer Steigung von 10 bis 40 Prozent, teilweise terrassiert. Der Boden besteht aus verwittertem Buntsandstein mit teilweise tonigem Grund und unterschiedlicher Lössauflage. Seit Jahrhunderten werden hier rote Burgunder angebaut, heute aber setzt Paul Fürst Maßstäbe für Früh- und Spätburgunder, nicht nur für Franken, sondern für Deutschland.

EINFÜHRUNG ▬ Mondo-Klassiker-Bibliothek

REGION: Rheingau
GEMEINDE: Oestrich

Doosberg
Riesling trocken
Weingut Peter Jakob Kühn

Der Doosberg, eine nach Süden und Westen geneigte Kuppe am östlichen Ortsrand von Oestrich, ist eine windexponierte Lage, der lehmige Boden ist durchsetzt mit Kieseln und großen Bruchstücken aus grauem Quarzit. Der Riesling von Peter Jakob Kühn stammt von einem Weinberg mit alten Reben fast am höchsten Punkt des „Doosberg Köpfchens", biodynamisch bewirtschaftet; der Wein wird spontanvergoren, spät abgefüllt, ist komplex, druckvoll, sehr eigenständig.

REGION: Rheingau
GEMEINDE: Oestrich

Doosberg
Riesling „Milestone"
Weingut Querbach

Meilenstein nennt Peter Querbach seinen Wein aus dem Doosberg neuerdings, den Spitzenwein des Betriebes. Kurze Maischestandzeit, Spontangärung, langes Hefelager in Edelstahltanks, späte Abfüllung, all das kennzeichnet die Querbachschen Weine. Der Doosberg kann nicht nur hervorragend reifen, wie er in Vertikalverkostungen eindrucksvoll unter Beweis stellt, er braucht auch einige Zeit, um zu zeigen, was in ihm steckt.

EINFÜHRUNG ━ Mondo-Klassiker-Bibliothek

REGION: Nahe
GEMEINDE: Bockenau

Felseneck
Riesling „GG"
Weingut Schäfer-Fröhlich

Das Felseneck in Bockenau liegt in 250 bis 310 Meter Höhe im Talkessel des Ellerbachs, an der oberen Nahe. Die 30 bis 70 Prozent steile Lage ist süd-exponiert, der Boden besteht hauptsächlich aus Oberrotliegendem, man findet aber auch blauen Devonschiefer, Quarzit und Basaltgeröll. Tim Fröhlich erzeugt aus dem Felseneck ein Riesling Großes Gewächs sowie eine breite Palette an edelsüßen Rieslingen.

REGION: Baden
GEMEINDE: Burkheim

Feuerberg
Weißburgunder „GG"
Weingut Bercher

Der Feuerberg in Burkheim liegt in 230 bis 240 Meter Höhe am Kaiserstuhl. Der Boden besteht aus Vulkanverwitterungsgestein mit Lössauflagen, aufgrund dieses vulkanischen Ursprungs erhielt er seinen Namen Feuerberg. Burgunder jeder Couleur fühlen sich hier wohl, wie man an den Weinen von Arne und Martin Bercher erkennen kann, Jahr für Jahr faszinieren die Spätburgunder, die Grauburgunder und die wunderschön eleganten Weißburgunder vom Feuerberg.

EINFÜHRUNG ▬ Mondo-Klassiker-Bibliothek

REGION: Rheingau
GEMEINDE: Kiedrich

Gräfenberg
Riesling trocken „GG"
Weingut Robert Weil

Im 12. Jahrhundert als Berg des Rheingrafen bezeichnet, findet sich erstmals 1258 die Bezeichnung Grevenberg urkundlich belegt. Bis 1803 gehörte der Gräfenberg größtenteils dem Kloster Eberbach, heute ist das Weingut Robert Weil größter Besitzer. Der Boden ist mittel- bis tiefgründig und mit Lösslehm durchsetzt, Phyllite bilden den hohen Gesteinsanteil. Riesling hat hier eine Heimat gefunden, erbringt Spitzen als trockenes Erstes Gewächs, aber auch in edelsüßer Form.

REGION: Nahe
GEMEINDE: Monzingen

Halenberg
Riesling trocken „GG"
Weingut Emrich-Schönleber

Der Halenberg ist ein steiler Süd-Südwest-Hang, dessen steiniger Boden von blauem Schiefer und Quarzit geprägt ist, der größte Teil der Lage gehört Werner und Frank Schönleber. Der Halenberg erbringt faszinierende Rieslinge, die salzig-mineralische Noten aufweisen, puristisch, druckvoll und enorm nachhaltig sind – und die hervorragend reifen, wie das Große Gewächs regelmäßig in Zehn-Jahres-Verkostungen bewiesen hat.

EINFÜHRUNG ▬ Mondo-Klassiker-Bibliothek

REGION: Nahe
GEMEINDE: Niederhausen

Hermannshöhle
Riesling Spätlese
Weingut Hermann Dönnhoff

Die Böden der auch optisch markanten Lage – ein in einer Höhe von 130 bis 175 Meter nach Süd bis Südwest ausgerichteter kegelförmiger Hügel in einer Biegung der Nahe direkt gegenüber Oberhausen – bestehen aus Grauschieferverwitterung, durchsetzt mit vulkanischem Eruptivgestein, Porphyr, Kalkstein und steinig-grusigen Lehmen. Helmut Dönnhoff erzeugt hier eine Jahr für Jahr faszinierende Spätlese – und ein ebenso faszinierendes trockenes Großes Gewächs.

EINFÜHRUNG ▶ Mondo-Klassiker-Bibliothek

REGION: Pfalz
GEMEINDE: Königsbach

Idig
Riesling „GG"
Weingut Christmann

In einer Urkunde aus dem Jahr 1346 wird erstmals ein „Weingarten im Idischen" in Königsbach erwähnt. Heute umfasst die Lage Königsbacher Idig 7 Hektar, eine 4 Hektar große arrondierte Fläche gehört Steffen Christmann, der seinen Weinberg biodynamisch bewirtschaftet. Der Idig ist ein relativ steiler Südhang, die Kessellage zusammen mit dem Boden aus tertiärem Kalkmergel ergibt kraftvolle, komplexe Rieslinge mit Wiedererkennungswert.

EINFÜHRUNG ▬ Mondo-Klassiker-Bibliothek

REGION: Franken
GEMEINDE: Iphofen

Julius-Echter-Berg
Silvaner „GG"
Weingut Hans Wirsching

Iphofen liegt am Fuße des Schwanbergs, einer der höchsten Erhebungen des Steigerwalds. Wie meist im Steigerwald, herrschen hier Keuperböden vor, so auch in der berühmtesten Iphöfer Lage, dem Julius-Echter-Berg, einer steilen Südlage, benannt nach Fürstbischof Julius Echter von Mespelbrunn. Das Weingut Hans Wirsching erzeugt hier Silvaner – und Riesling – von großer Klasse und erstaunlicher Langlebigkeit.

REGION: Baden
GEMEINDE: Oberrotweil

Kirchberg Oberrotweil Spätburgunder „GG"
Weingut Salwey

Der Kirchberg in Oberrotweil besteht aus hartem, kargen Vulkanfelsen, den man Tephrit nennt. Es ist eine süd- bis südwest-exponierte Steillage mit bis zu 45 Prozent Hangneigung, kühle Westwinde aus Frankreich sorgen für eine schnelle Abtrocknung und gesunde Trauben. Das Gros des Kirchbergs gehört dem Weingut Salwey, das von hier Große Gewächse von Weißburgunder und Spätburgunder erzeugt, Weine von großer Haltbarkeit.

EINFÜHRUNG ▬ Mondo-Klassiker-Bibliothek

REGION: Württemberg
GEMEINDE: Fellbach

Lämmler
Spätburgunder „GG"
Weingut Schnaitmann

Der Lämmler ist eine Süd-exponierte Lage am Fuße des Kappelberges mit unterschiedlich schweren und unterschiedlich kalkhaltigen Keuperböden. Der Name rührt wohl daher, dass die Lage lange Zeit im Besitz einer Familie namens Lämmle war. Der Spätburgunder Großes Gewächs von Rainer Schnaitmann wächst auf den Keuperformationen des Bunten Mergel und Kieselsandstein im mittleren Teil des Hanges.

EINFÜHRUNG ► Mondo-Klassiker-Bibliothek

REGION: Pfalz
GEMEINDE: Kirrweiler

Mandelberg
Weißburgunder „GG"
Weingut Bergdolt

Als Riedel bezeichnet man die in Ost-West-Richtung verlaufenden Höhenzüge, die die pfälzische Rheinebene prägen. Der Kirrweiler Mandelberg liegt an der Südseite eines solchen Riedels. Der extrem kalkhaltige Boden mit Lössablagerung bietet beste Voraussetzungen für große Burgunder – die Weißburgunder des Weinguts Bergdolt St. Lamprecht zeigen dies Jahr für Jahr, am brillantesten das Große Gewächs.

EINFÜHRUNG ▬ Mondo-Klassiker-Bibliothek

REGION: Rheinhessen
GEMEINDE: Westhofen

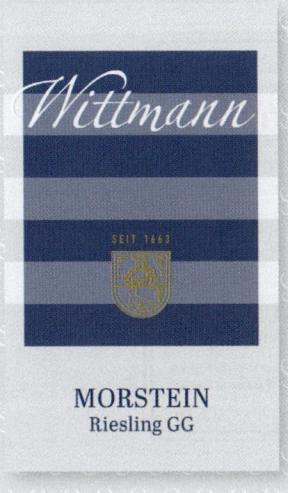

Morstein
Riesling „GG"
Weingut Wittmann

Der Morstein, urkundlich erstmals 1282 erwähnt, besteht im Untergrund aus massivem Kalkfelsen, die obere Schicht besteht meist aus schwerem Tonmergel mit Kalksteineinlagen. 5 Hektar besitzen Günter und Philipp Wittmann im südöstlich geneigten Teilstück des Morstein. Bereits Mitte der Achtziger Jahre begann Günter Wittmann mit der Umstellung auf biologischen Weinbau, heute werden alle Weinberge biodynamisch bewirtschaftet.

REGION: Pfalz
GEMEINDE: Kallstadt

Saumagen
Riesling Auslese trocken „R"
Weingut Koehler-Ruprecht

Der Saumagen ist unter diesem Namen schon seit über 200 Jahren bekannt, woher der Name rührt ist umstritten; im deutschen Weingesetz 1971 wurde er als (wenn auch kleine) Großlage definiert. Es ist ein nach Süd-Südost ausgerichteter Hang mit bis zu 25 Prozent Steigung. Der Boden besteht vor allem aus Lösslehm und Kalkmergel. Die trockenen Rieslinge aus dem Saumagen sind präzise, mineralisch und nachhaltig – und enorm langlebig.

EINFÜHRUNG ▬ Mondo-Klassiker-Bibliothek

REGION: Baden
GEMEINDE: Achkarren

Schlossberg
Grauer Burgunder***
Weingut Michel

Der steile Süd-Südwesthang über dem Ort Achkarren ist nach einem im 13. Jahrhundert errichteten Schloss benannt. Der sehr steinhaltige Boden besteht aus Vulkanverwitterungsgestein mit hoher Wärmespeicherfähigkeit, schafft zusammen mit der Kessellage ein einzigartiges Mikroklima, das feurige, lebhafte Weine hervorbringt wie die immer faszinierend reintönigen Grauburgunder von Josef Michel.

REGION: Mosel
GEMEINDE: Zeltingen

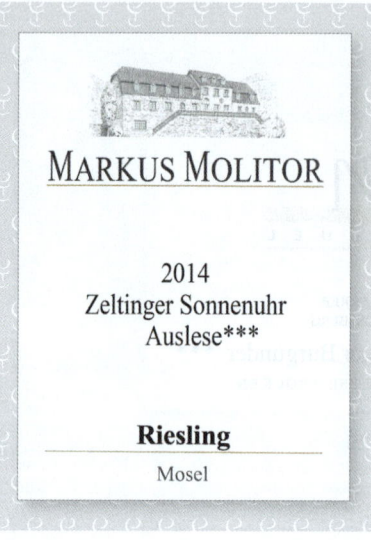

Sonnenuhr
Riesling Auslese***
Weingut Markus Molitor

Die Zeltinger Sonnenuhr ist die größte aller Sonnenuhren in deutschen Weinbergen, 1620 bereits wurde sie errichtet. Sie gab der Lage den Namen: Direkt an der Mosel gelegen, Süd-Südwest-exponiert, mit sehr steinigem aber überwiegend leichtem, blauern Devonschieferboden. Riesling, was sonst, alte, oft wurzelechte Reben, teils in Terrassen, ergeben Spitzenweine sowohl trocken als auch feinherb und edelsüß, Weine von faszinierender Langlebigkeit.

REGION: Pfalz
GEMEINDE: Forst

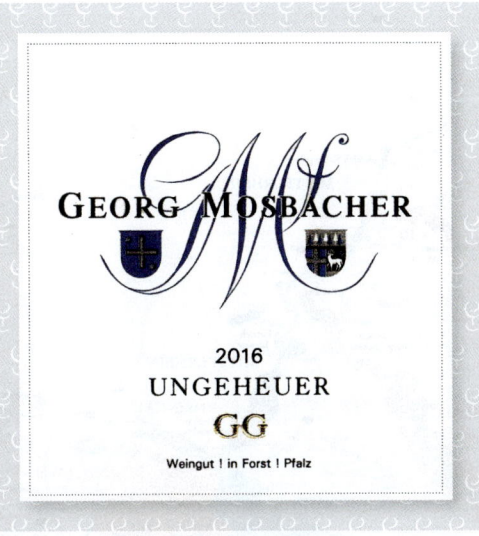

Ungeheuer
Riesling „GG"
Weingut Georg Mosbacher

Einen schöneren Lagennamen findet man schwerlich: Ungeheuer. Auch wenn er „nur" auf einen Amtsschreiber gleichen Namens im benachbarten Deidesheim zurückzuführen sein soll. Das Ungeheuer ist eine relativ homogene und relativ große Spitzenlage, am Fuße des Haardtgebirges gelegen, die Weine von sehr guter Haltbarkeit hervorbringt. Der Boden besteht aus Buntsandsteinverwitterung mit dichteren Ton- und Sandschichten, und ist durchmischt mit Kalksandsteingeröll und Basalt.

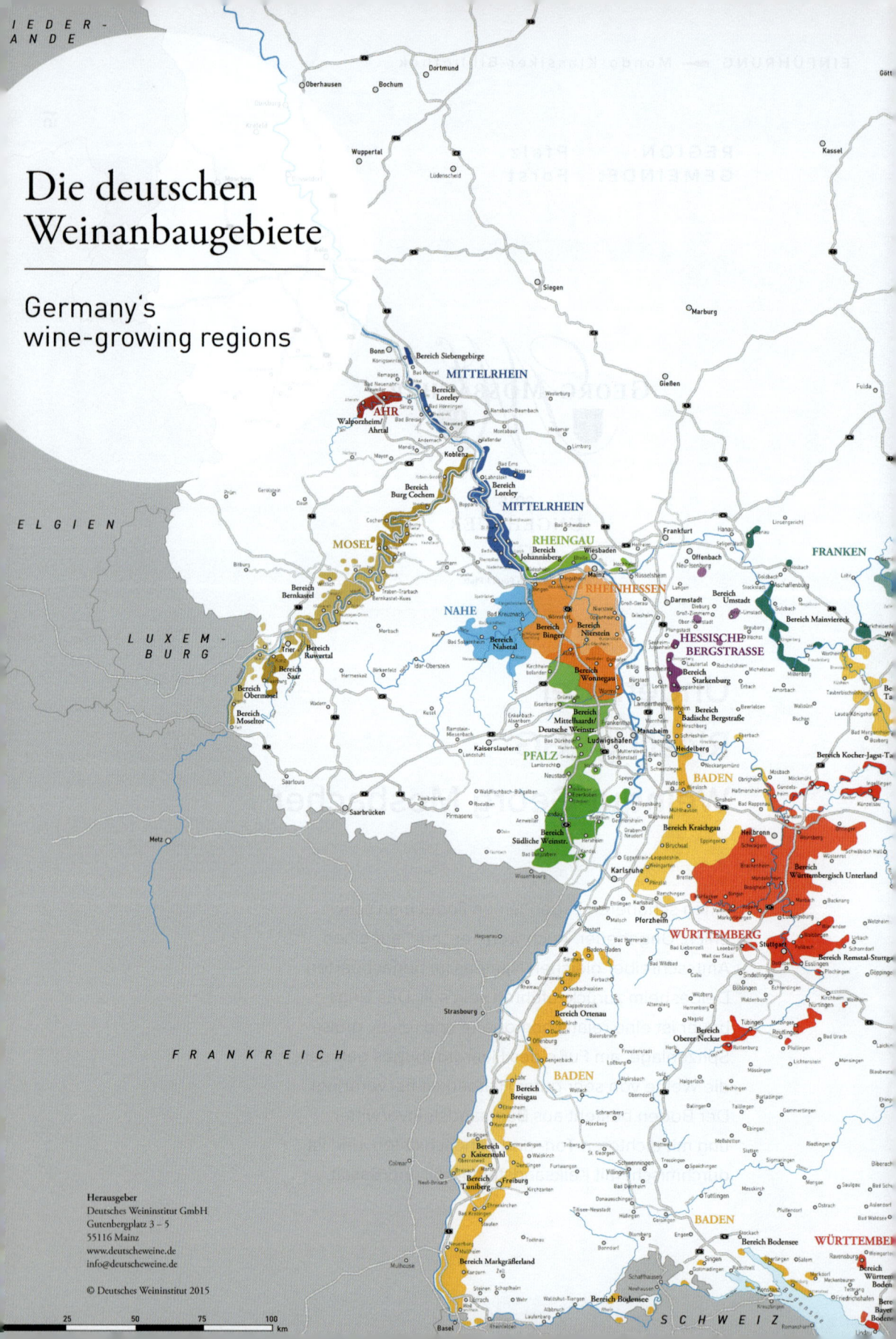

Die deutschen Weinanbaugebiete

Germany's wine-growing regions

Herausgeber
Deutsches Weininstitut GmbH
Gutenbergplatz 3 – 5
55116 Mainz
www.deutscheweine.de
info@deutscheweine.de

© Deutsches Weininstitut 2015

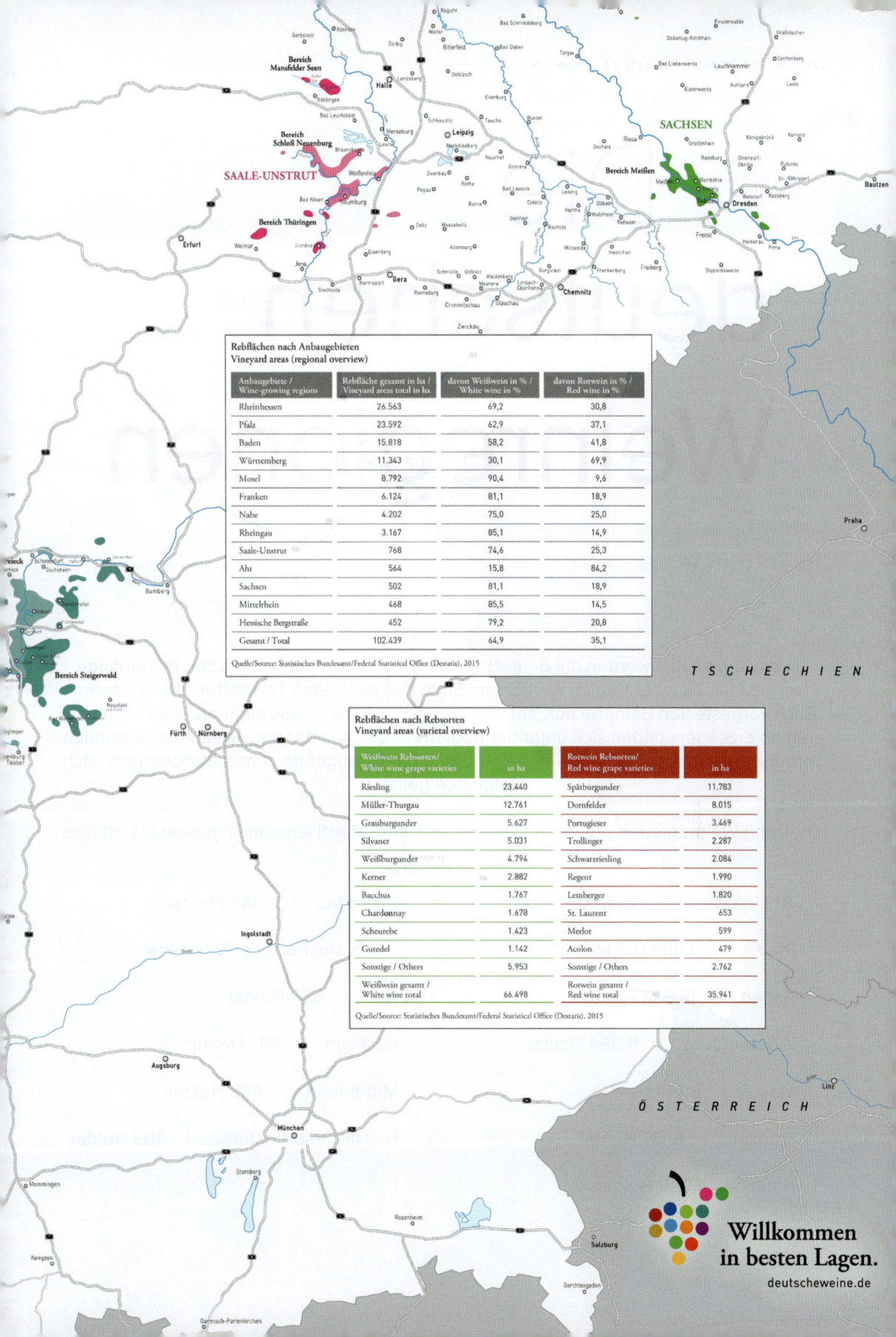

Rebflächen nach Anbaugebieten
Vineyard areas (regional overview)

Anbaugebiete / Wine-growing regions	Rebfläche gesamt in ha / Vineyard areas total in ha	davon Weißwein in % / White wine in %	davon Rotwein in % / Red wine in %
Rheinhessen	26.563	69,2	30,8
Pfalz	23.592	62,9	37,1
Baden	15.818	58,2	41,8
Württemberg	11.343	30,1	69,9
Mosel	8.792	90,4	9,6
Franken	6.124	81,1	18,9
Nahe	4.202	75,0	25,0
Rheingau	3.167	85,1	14,9
Saale-Unstrut	768	74,6	25,3
Ahr	564	15,8	84,2
Sachsen	502	81,1	18,9
Mittelrhein	468	85,5	14,5
Hessische Bergstraße	452	79,2	20,8
Gesamt / Total	102.439	64,9	35,1

Quelle/Source: Statistisches Bundesamt/Federal Statistical Office (Destatis), 2015

Rebflächen nach Rebsorten
Vineyard areas (varietal overview)

Weißwein Rebsorten/ White wine grape varieties	in ha	Rotwein Rebsorten/ Red wine grape varieties	in ha
Riesling	23.440	Spätburgunder	11.783
Müller-Thurgau	12.761	Dornfelder	8.015
Grauburgunder	5.627	Portugieser	3.469
Silvaner	5.031	Trollinger	2.287
Weißburgunder	4.794	Schwarzriesling	2.084
Kerner	2.882	Regent	1.990
Bacchus	1.767	Lemberger	1.820
Chardonnay	1.678	St. Laurent	653
Scheurebe	1.423	Merlot	599
Gutedel	1.142	Acolon	479
Sonstige / Others	5.953	Sonstige / Others	2.762
Weißwein gesamt / White wine total	66.498	Rotwein gesamt / Red wine total	35.941

Quelle/Source: Statistisches Bundesamt/Federal Statistical Office (Destatis), 2015

Willkommen in besten Lagen.
deutscheweine.de

Die deutschen Weinregionen

In diesem Kapitel werden die deutschen Weinregionen in alphabetischer Reihenfolge vorgestellt. Zu jeder Region werden am Ende des jeweiligen Teilkapitels die in diesem Buch vorgestellten Betriebe aufgeführt. Erzeuger, die Weine aus mehr als einer Weinbauregion erzeugen, finden sich unter der Region wieder, aus der die meisten der von ihnen produzierten Weine stammen. Im Anhang sind die Erzeuger nochmals alphabetisch nach Regionen gelistet.

Dreizehn Weinregionen gibt es in Deutschland, ihrer Rebfläche nach geordnet sind dies:

Rheinhessen | 26.860 Hektar

Pfalz | 23.684 Hektar

Baden | 15.836 Hektar

Württemberg | 11.394 Hektar

Mosel | 8.744 Hektar

Franken | 6.137 Hektar

Nahe | 4.239 Hektar

Rheingau | 3.185 Hektar

Saale-Unstrut | 798 Hektar

Ahr | 562 Hektar

Sachsen | 493 Hektar

Mittelrhein | 468 Hektar

Hessische Bergstraße | 463 Hektar

DIE DEUTSCHEN WEINREGIONEN ▶ AHR

Ahr

Auch wenn Weißweine gefragt sind, an der Ahr wie in ganz Deutschland, so sind es doch die Rotweine und speziell die Spätburgunder die das Renommee der kleinen Region begründen, selbst im Ausland sind Ahr-Spätburgunder immer stärker gefragt.
Und zu Recht. Ahr-Spätburgunder gehören zwar innerhalb Deutschlands zu den teuersten Rotweinen, im internationalen Kontext aber sind die Preise alles andere als Spitze. Der Jahrgang 2018 war heiß an der Ahr, wie überall in Deutschland, aber doch haben viele Winzer es geschafft, Weine mit moderatem Alkohol auf die Flasche zu bringen. Die Ernte begann drei Wochen früher als gewöhnlich, die Erträge waren recht hoch, die Trauben gesund – und die Weine, die wir dieses Jahr verkosten konnten, sind klasse. Überwiegend. Meyer-Näkel hat die bisher beste Kollektion, schon die Basis ist stark wie nie. Die Großen Gewächse aus Kräuterberg und Pfarrwingert gehören zu den großen Spätburgundern des Jahrgangs in Deutschland, Silberberg und Sonnenberg sind gut wie nie. Auch bei Alexander Stodden ist die Basis enorm hoch, die Spitze mit den Alten Reben und dem Großen Gewächs aus dem Herrenberg spielt in der obersten Liga, auch Mönchberg und Rosenthal sind bärenstark – und der faszinierende Hardtberg hat es uns besonders angetan.
Der Deutzerhof, nun mit neuem Besitzer, hat gleich vier hervorragende Große Gewächse im Programm, die Weine sind fest und

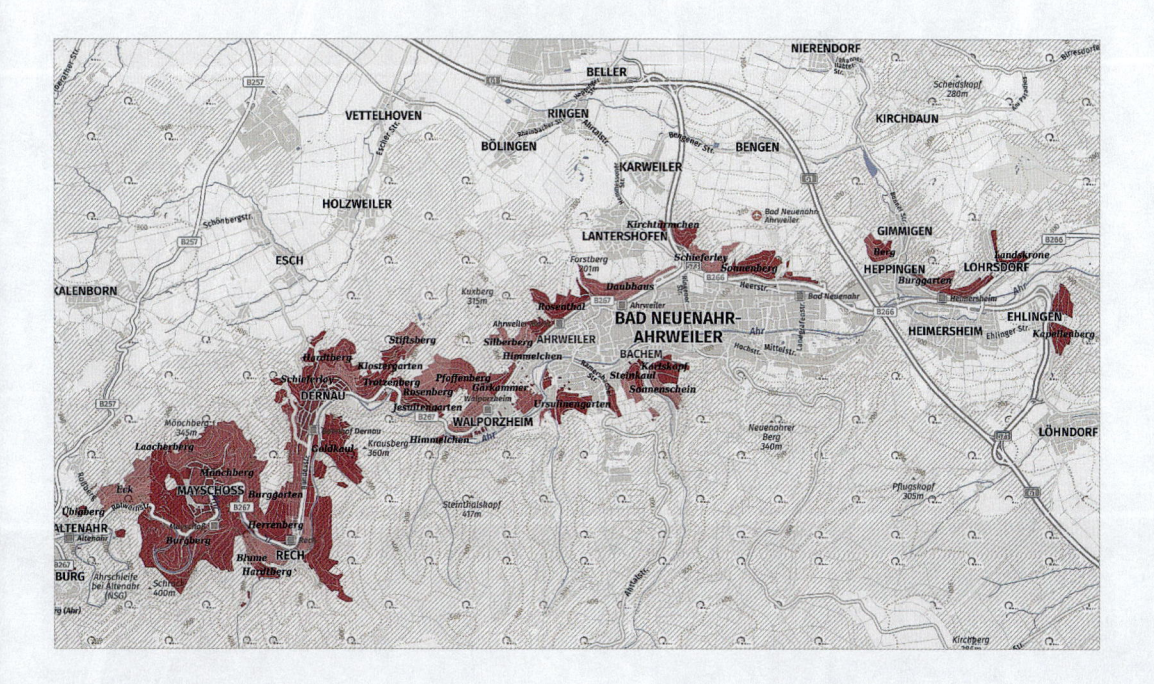

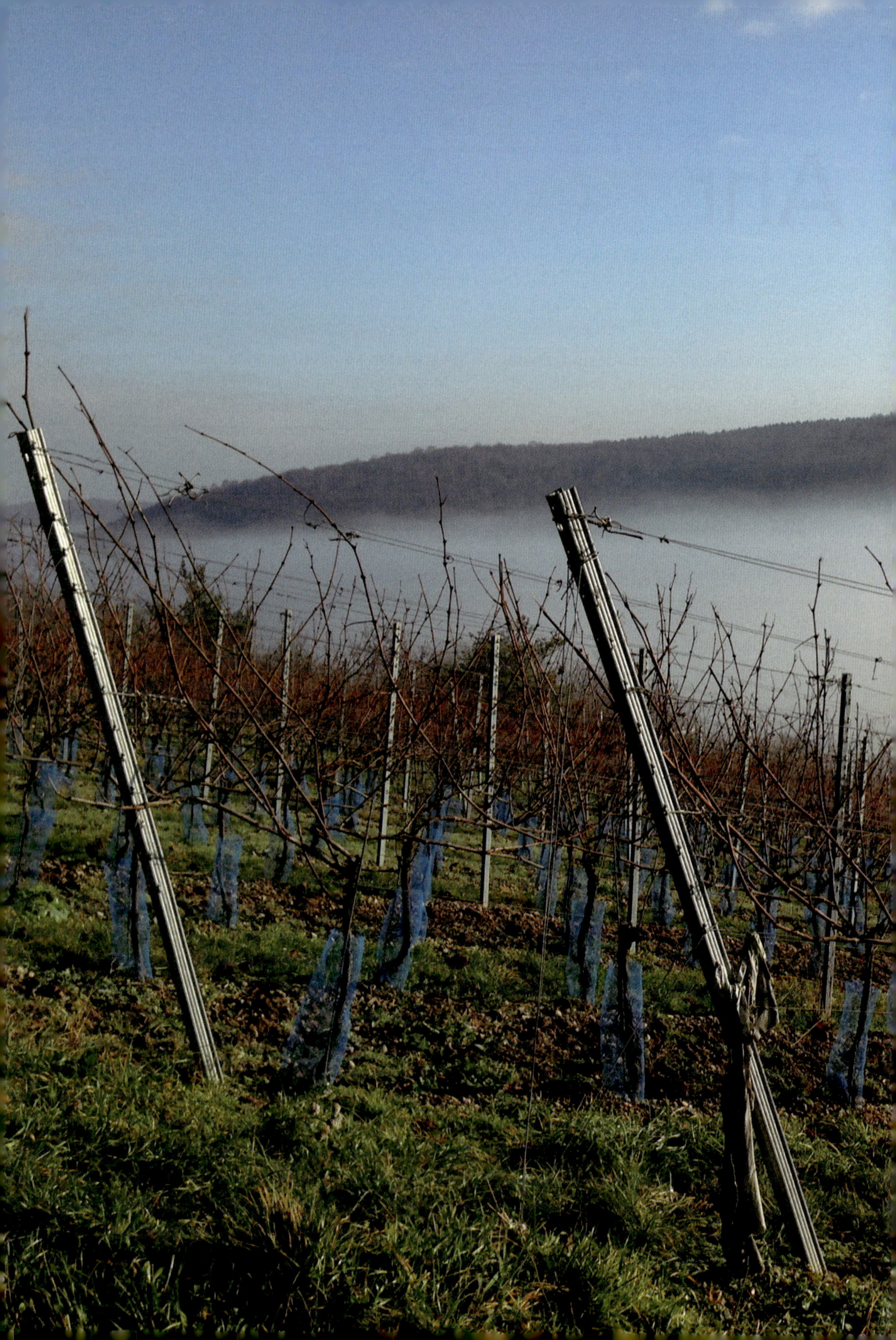

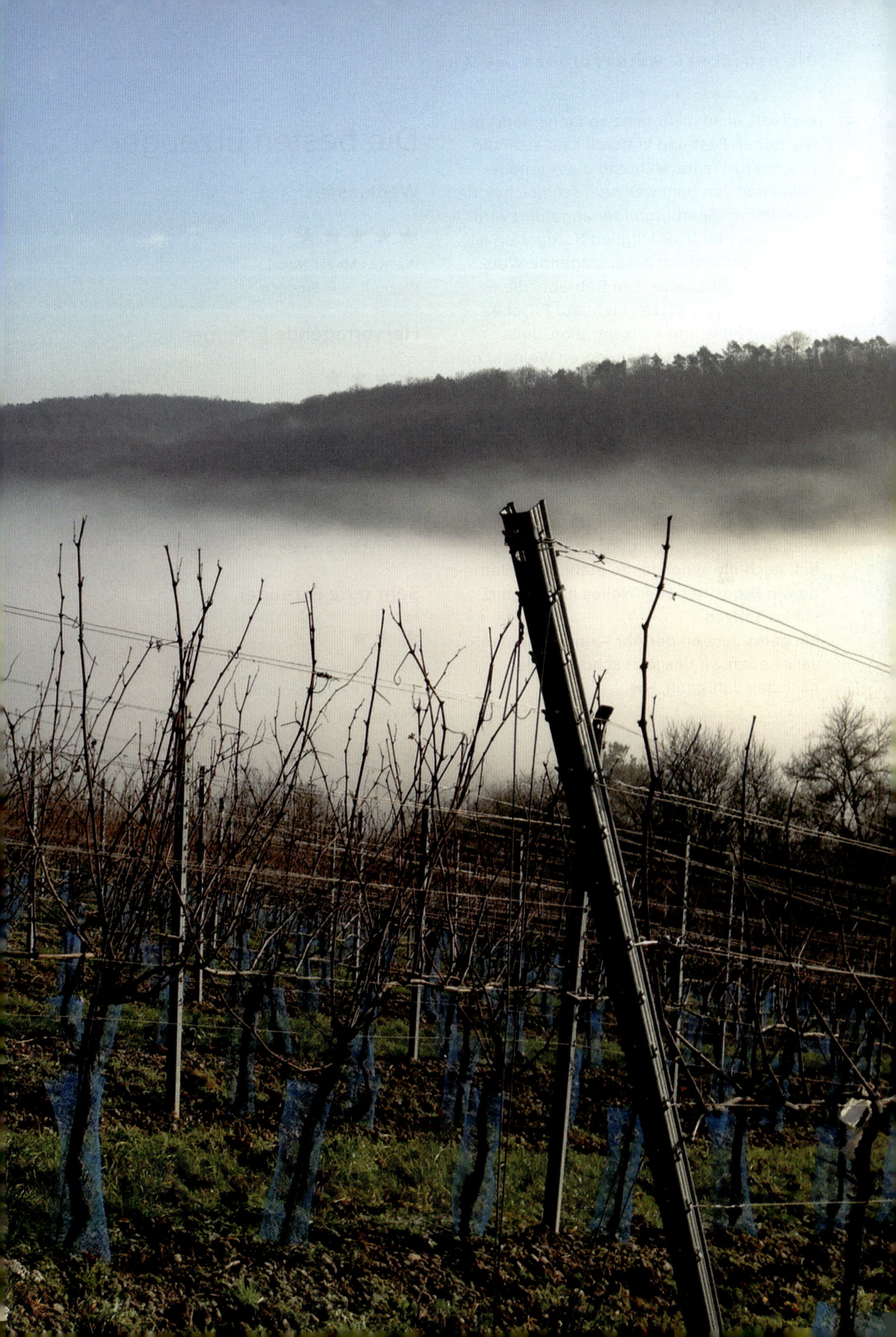

kraftvoll, nicht mehr ganz so tanningeprägt wie früher. Fest und kraftvoll sind auch die Kreuzberg-Weine, während die Adeneuer-Kollektion von dem weichen, schmeichelnden Gärkammer-Spätburgunder angeführt wird. Beim jüngsten VDP-Mitglied Burggarten ist der Kräuterberg der herausragende Wein. Einige der aufstrebenden Betriebe, die dahinter folgen, setzen mehr auf Frische, denn auf Fülle und Konzentration. Julia Bertram ist da zu nennen, deren Weingut nun, seit Ehemann Benedikt Baltes aus Franken zurück ist, Weingut Bertram-Baltes heißt; der Spätburgunder aus der Goldkaul gefällt uns im Jahrgang 2018 besonders gut. Bei Lukas Sermann gefällt uns der neue Spätburgunder aus dem Pfarrwingert ausgesprochen gut, und Paul Schumacher trumpft mit seinen Spätburgunder aus Kräuterberg und Rosenthal auf. Auch die schon lange etablierten Betriebe wie Brogsitter oder Nelles haben ganz starke Spitzen.

Ein gutes Jahr an der Ahr – und wie jedes Jahr freuen wir uns jetzt schon auf den nächsten Jahrgang.

Die besten Erzeuger

Weltklasse

★★★★★

Weingut **Meyer-Näkel**
Weingut Jean **Stodden**

Hervorragende Erzeuger

★★★★

Weingut **Adeneuer**
Weingut **Deutzerhof**
Weingut **Kreuzberg**

★★★★☆

Weingut **Bertram-Baltes**
Weingut **Burggarten**

Sehr gute Erzeuger

★★★

Weingut Erwin **Riske**
Weingut Paul **Schumacher**
Weingut **Sermann**

★★★☆

Brogsitter Weinguter und Privat-Sektkellerei
Weingut **Nelles**

Gute Erzeuger

★★

Weingut Gebr. **Bertram**
Winzergenossenschaft **Mayschoß-Altenahr**
Weingut **Sonnenberg**

★☆

Weingut Max **Schell**

Zuverlässige Erzeuger

★

Weinmanufaktur **Dagernova**

Baden

Das Weinland Baden bleibt weiter in Bewegung. Eine junge Generation rückt nach, die das Erbe der Eltern weiterführen, neue Wege gehen oder ganz neu anfangen. Das trifft vor allem für die Quereinsteiger zu, möglicherweise zunächst als Exoten wahrgenommen, dann aber auch ernst genommen werden. Mehr als 30 Weingüter hatten wir in den vergangenen Jahren neu im Buch, die ihre Aufnahme in diesem Jahr mit starken Weinen eindrucksvoll bestätigen. Ronald Linder aus Endingen geht unbeirrt seinen biologisch-dynamischen Weg, das Ergebnis seiner überlegten und aufwendigen Arbeit im Weinberg lässt sich vor alle an den Naturweinen bestens ablesen. Immer besser wird Peter Wagner aus Oberrotweil, bei den Verkostungen wähnten wir uns oft im Burgund. „So soll Pinot schmecken", stellte ein weinverständiger Mitverkoster fest. Viel präziser kann man die Weine der Burgunderfamilie nicht interpretieren - wir sehen Peter Wagner weiter auf dem Weg nach ganz oben. Das Weingut der Familie Isele aus Ettenheim-Münchweier im Breisgau stellte auch in diesem Jahr sehr starke Weine vor, man merkt deutlich, dass Florian Isele Kellermeister im Weingut Huber in Malterdingen war.

Vier Neuaufnahmen gibt es vom Kaiserstuhl zu melden: Ina Wihler ist eine junge Winzerin, die ihren Traum von einem biologisch-dynamischen Weingut mit Weinbergen ihrer Großmutter mutig und mit bereits guten Erfolgen in die Tat umsetzt. Die Eltern von Marco Burkhart aus Jechtingen haben das Bio-Weingut bereits 1986 gegründet. Seit drei Jahren ist Sohn Marco der Weinmacher, der bereits seit dem Jahr 2011 eine Kaffeerösterei betreibt. Für ein fulminantes Debüt sorgte Daniel Landerer aus Vogtsburg-Oberbergen. Er arbeitete im Weingut Köbelin in Eichstetten, stellt den Genossenschaftsbetrieb der Eltern seit dem Jahr 2013 zum selbstvermarktenden Weingut um. Er hat eine ganz starke, eigenständige Kollektion vorgestellt. Er hat eine klare Vorstellung und wird seinen Weg gehen. Neu im Buch ist auch das Weingut Schmidt aus Vogtsburg-Bischoffingen. Hier ist die junge Generation aktiv geworden, Jonas und Samira Schmidt werden dem 1988 von den Eltern gegründeten Weingut neue Impulse geben. Das Weingut Konstanzer aus Ihringen meldet sich mit einer ganz starken Kollektion nach einigen Jahren Pause zurück.

Zwei Neuaufnahmen gibt es im Markgräflerland. Mit spannendem Interesse werden wir den Aufbau des neuen Weingutes am Klotz der Familien Keller aus Oberbergen und Reinecker aus Auggen verfolgen. Auf dem ehemaligen Reingerhof of Istein am Isteiner Klotz wollen Friedrich Keller und Steffen Reinecker eigenständige, vom Kalk geprägte und naturbelassene Weine produzieren. Positiv überrascht waren wir von der Kollektion der Genossenschaft der Markgräfler Winzer in Efringen-Kirchen. Weine wie aus einem Guss, haben wir notiert. Sie tragen die Handschrift des 1. Kellermeisters Martin Leyh, der vorher Betriebsleiter im renommierten Weingut Schumacher im pfälzischen Herxheim war. Erstaunlich, was er aus den Trauben von fast 1000 Winzern macht! In der Ortenau sorgt allen voran Martin Wörner auf dem elterlichen Hof, der auch Waldflächen und Obstbau umfasst, für frischen Wind. Auf den 2017er Debütjahrgang folgte diesjährig eine charakterstarke Kollektion, die Lust auf die kommenden Jahre macht. Die Weingüter Börsig und Pieper-Basler, deren Fortschritte wir in der Vergangenheit lobten, konnten ihr gutes Niveau verfestigen. An der Spitze ändert sich wenig: Sven Nieger bleibt mit

Die deutschen Weinregionen ■ Baden

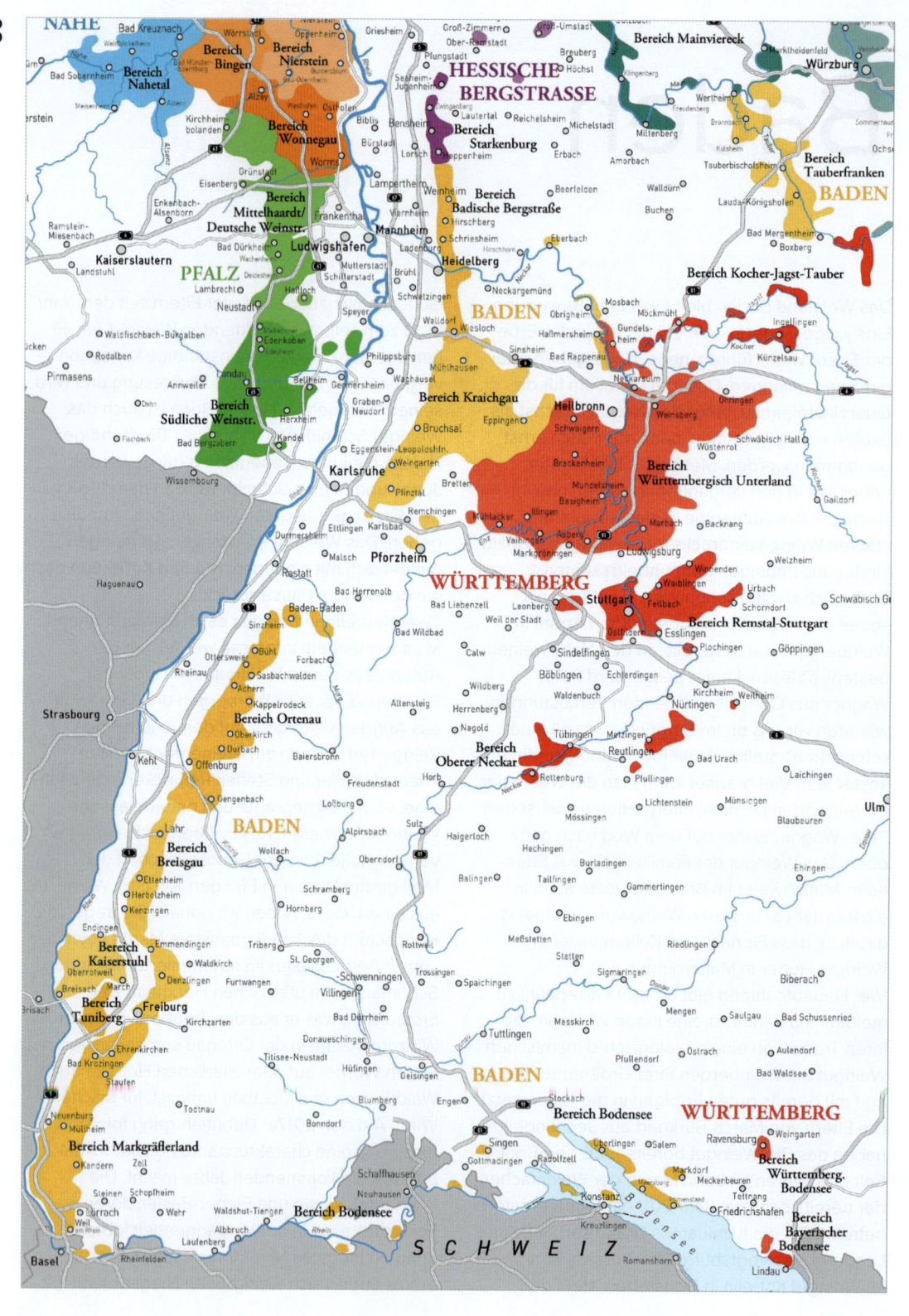

seinen experimentierfreudigen Weinen der Beste der Wilden, eine sichere Bank ist nach wie vor Andreas Laible, dessen rein weiße Kollektion wir, wie auch in den vergangenen Jahren, an der Ortenauer Spitze sehen.

Nach vielen Jahren gibt es wieder einmal eine Neuaufnahme an der beschaulichen Badischen Bergstraße, wo Thomas Seeger in Leimen sozusagen als „lonesome Cowboy" seine Spitzenweine produziert. Ein ehemaliger, langjähriger Mitarbeiter von ihm, Jochen Konradi, hat mit zwei Freunden in Dossenheim im Nebenerwerb eine Weinmanufaktur aufgebaut, deren starke Kollektion für regionale Aufmerksamkeit sorgen wird. Am Bodensee beobachten wir Fortschritte beim Weingut Aufricht, vor allem in der Linie des Sohnes Johannes Aufricht, der konsequent auf niedrigere Alkoholgehalte und weniger Restzucker setzt. Wir sind gespannt, wie sich das in Zukunft auf die Hauptlinie auswirken wird; weiterhin auf einem guten Weg ist Berthold Clauß.

Die besten Erzeuger

Weltklasse

★★★★★

Weingut **Bercher**
Weingut Dr. **Heger**
Weingut Bernhard **Huber**
Weingut Schwarzer Adler. Franz **Keller**
Weingut **Michel**
Weingut **Seeger**

★★★★☆

Weingut **Salwey**
Weingut Martin **Waßmer**
Weingut **Wöhrle**

Hervorragende Erzeuger

★★★★

Weingut Hermann **Dörflinger**
Weingut Ernst **Heinemann**
Biologisches Weingut **Höfflin**
Weingut **Klumpp**
Weingut **Knab**
Weingut Arndt **Köbelin**
Weingut Holger **Koch**
Weingut Andreas **Laible**
Weingut Konrad **Schlör**
Privat-Weingut H. **Schlumberger**
Weingut Fritz **Waßmer**

★★★★☆

Schlossgut **Ebringen**
Weingut Otto und Martin **Frey**
Weingut Freiherr von **Gleichenstein**
Weingut **Heitlinger**
Weingut Klaus **Hermann**
Weingut **Holub**
Weingut Thomas **Landerer**
Weingut Schloss **Neuweier**
Weingut Sven **Nieger**
Weingut **Plag**
Weingut Burg **Ravensburg**
Weingut Peter **Wagner** ↑

Sehr gute Erzeuger

★★★

Weingut **Abril**
Wein-Werkstatt Daniel **Bach** ↑
Weingut **Blankenhorn**
Weingut Rudolf **Bosch**
Weingut **Brenneisen**
Weingut Susanne u. Berthold **Clauß**
Wein- und Sektgut Bernd **Hummel**
Weingut **Isele** ↑
Weingut **Konstanzer** 📖
Weingut Alexander **Laible**
Weingut Tomislav **Markovic** ↑
Weingut **Moosmann**
Weingut **Pix**
Weingut **Rieger** ↑
Weingut Stefan **Rinklin**
Weingut Gregor und Thomas **Schätzle**
Weingut Claus **Schneider** ↑
Weinhaus Bettina **Schumann** ↑
Weingut **Weishaar** ↑
Weingut R. **Zimmerlin**

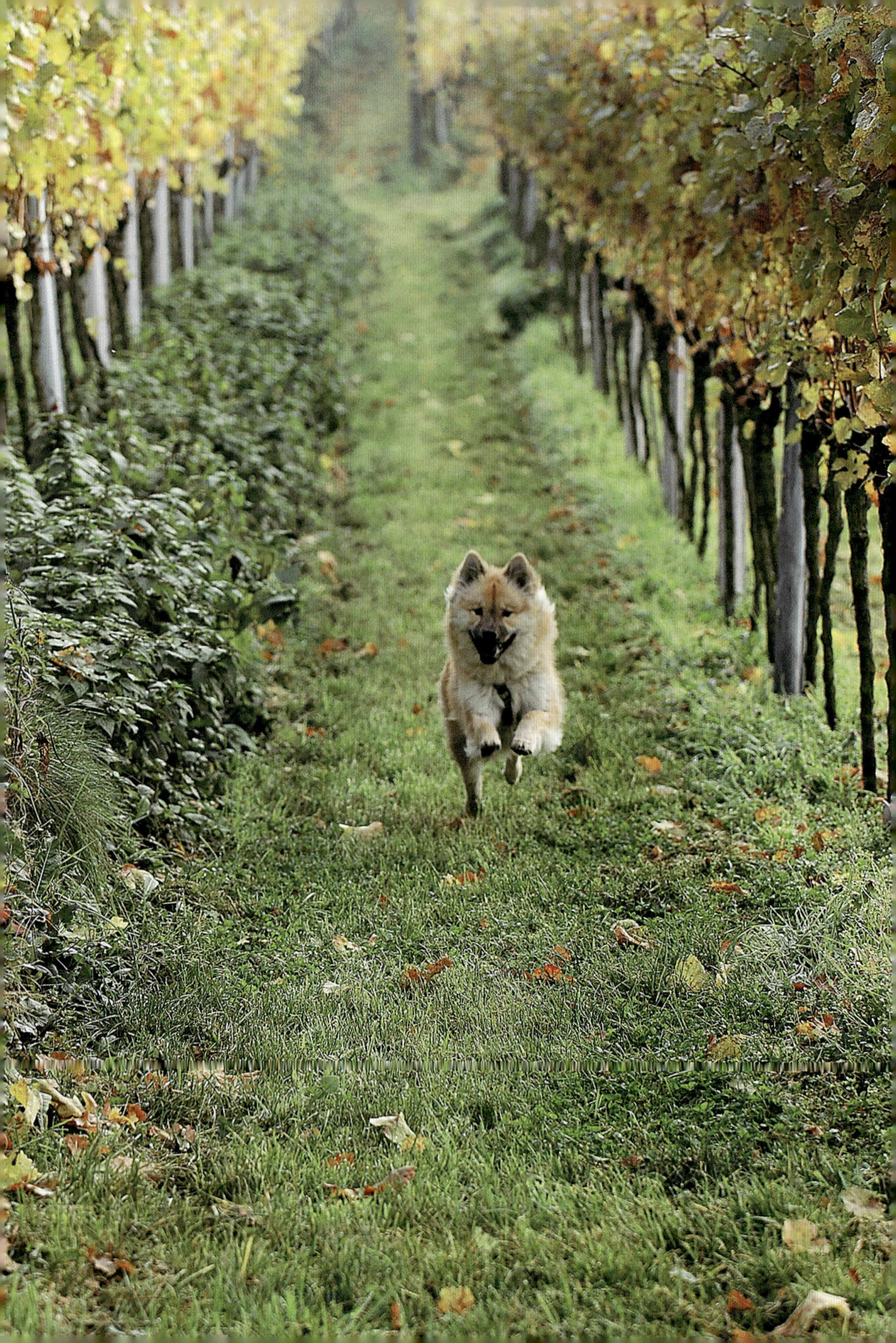

DIE DEUTSCHEN WEINREGIONEN ▶ BADEN

★★★☆

Weingut **Aufricht** ↑
Weingut Markgraf von **Baden**, Schloss Staufenberg
Weingut **Engler**
Weingut Armin **Göring**
Weingut Kilian & Martina **Hunn**
Kalkbödele – Weingut der Gebrüder Mathis
Weingut Friedrich **Kiefer**
Weingut **Lämmlin-Schindler** ↑
Weingut Hubert **Lay**
Winzerhof **Linder** ↑
Gut **Nägelsförst**
Weingut Schloss **Ortenberg**
Privat-Sektkellerei **Reinecker** ↑
Weingut Rainer **Schlumberger**
Weingut Josef J. **Simon**
Weingut Michael **Wiesler**
Weingut Hans **Winter**

Gute Erzeuger

★★

Weingut Markgraf von **Baden**, Schloss Salem
Weingut **Bärmann**
Weingut **Bielig**
Weingut **Börsig**
Weingut Freiherr von und zu **Franckenstein** ↑
Staatsweingut **Freiburg**
Weingut **Greiner** ↑
Weingut **Hiss**
Weingut Simon **Huber**
Weingut **Huck-Wagner**
Weingut **Jägle**
Weingut Lorenz & Corina **Keller**
Weingut **Kublin**
Weingut Daniel **Landerer** [N]
Weingut Peter **Landmann**
Weingut **Röschard**
Weingut **Rosenhof**
Weingut **Scherer&Zimmer**
Weingut **Schneider-Pfefferle**
Weingut Lothar **Schwörer**
Weingut Ralf **Trautwein**
Weingut Ina **Wihler** [N]
Weingut **Wörner** ↑
Weingut **Zähringer** ↑
Weingut Julius **Zotz**

★★☆

Winzergenossenschaft **Auggen**
Weingut Andreas **Bieselin**
Weingut **Bimmerle**
Winzergenossenschaft **Bischoffingen-Endingen**
Weingut **Burkhart** [N]
Weinmanufaktur **Dossenheim** [N]
Durbacher Winzergenossenschaft
Weingut **Englert**
Weingut **Jäck**
Weingut **Königsrain**
Seegut **Kress**
Weingut **Landmann**
Weingut Philipp **Lang**
Weingut **Löffler**
Markgräflerwinzer [N]
Weingut **Nägele**
Weingut **Pieper-Basler**
Weingut Dr. **Schneider** ↑
Weingut-Weinhaus **Schwörer**
Weingut **Sonnenhof**
Weingut Adrian **Zimmer**

Zuverlässige Erzeuger

★

Weingut **Albert**
Bioweingut **Baumann**
Weingut **Benz**
Weingut Lena **Flubacher**
Stiftungsweingut **Freiburg**
Weinmanufaktur **Gengenbach-Offenburg**
Weingut **Gmelin**
Weingut Franz **Herbster**
Weingut **Klenert**
Weingut am **Klotz** [N]
Weingut **Maier**
Winzergenossenschaft **Rammersweier**
Roter Bur Glottertäler Winzer
Weingut **Rüdiger**
Weingut **Sack**
Weingut Susanne **Schmidt** [N]
Winzerhof **Strebel**
Weingut **Vollmayer**
Weingut **Vollmer**
Weingut **Walz**
Weingut **Zimmermann**

Franken

Die milden Winter bereiten Probleme in Franken, erhöhen sie doch die Gefahr von Frühjahrsfrösten, wie nun 2020. Dieser Jahrgang aber wird uns erst im kommenden Jahr beschäftigen, hier sind die Jahrgänge 2019 und 2018 angesagt. Beide Jahrgänge sind gut, wenn man nicht auf Vollreife oder gar Überreife gesetzt hat, aber die Winzer haben dazu gelernt, beim Silvaner wird nicht mehr Üppigkeit angestrebt wie noch ein Jahrzehnt zuvor, Frische ist angesagt.

Frankens Winzer sind weiterhin im Vormarsch, das zeigt sich auch daran, dass wir gleich sechs Weingüter erstmals empfehlen in diesem Jahr. Weingüter vor allem, die nicht aus den bekannten Weinbaugemeinden im Kern des Anbaugebietes kommen, sondern meist aus den Randgebieten. Vom südlichen Steigerwald beispielsweise, der schon in Mittelfranken liegt, von wo wir Schloss Frankenberg nach über einem Jahrzehnt wieder präsentieren; in Mittelfranken, in Bad Windsheim, ist auch Andreas Roppel (pars pro toto) zuhause, der (bislang) allerdings nur einen Wein aus Randersacker im Programm hat. Aus Seinsheim, an der „Grenze" zu Mittelfranken gelegen, kommt das Weingut Schilling, und ganz im Norden des Steigerwalds ist das Weingut Nico Scholtens zuhause, das Weine aus Lagen wie Zeller Schlossberg oder Steinbacher Nonnenberg erzeugt. In Schippach im Elsavatal, quasi am anderen Ende von Franken, ist die Familie Weinfurtner zuhause, die vor allem mit Rotweinen punktet, aber das ist ja in Churfranken nicht anders zu erwarten. Aus dem Herz des fränkischen Anbaugebietes stammt allein das Weingut Wilhelmsberg, an dem der Fellbacher Winzer Markus Heid beteiligt ist, es liegt in Kitzingen, ist somit das erste Weingut der Stadt, das es in unseren Führer geschafft hat.

Generell aber gilt: Cool Climate ist angesagt, die bisherigen Randlagen werden immer interessanter.

Was man auch bei vielen unserer Aufsteiger sieht. Das Weingut Höfler kommt aus Michelbach, dem nordwestlichsten Weinbauort in ganz Franken, das Sekthaus BurkhardtSchür, Philip Bernard und die Familie Kremer sind am Untermain zuhause, Bernd Hofmann in Ipsheim in Mittelfranken, Kerstin Laufer erzeugt ihre Weine aus Lagen wie Bimbacher Schlossgarten in Prichsenstadt oder Unterhaider Röthla. Der Westrand des Steigerwalds liegt da schon näher am Zentrum des fränkischen Weinbaus, auch wenn man Greuth nur dank Harald Brügel kennt. Das Frankens Winzer beim Silvaner unsere Bestenliste dominieren, erklärt sich von selbst; dass Franken inzwischen auch bei Sekten ganz oben mitspielt, ist Laura Burkhardt & Sebastian Schür zu verdanken, die mit ihrem Sekthaus BurkhardtSchür Großartiges leisten. Riesling steht in Franken nicht im Fokus des Geschehens, schließlich ist Franken das Weinanbaugebiet mit dem geringsten Rieslinganteil in Deutschland; trotzdem gibt es eine Reihe hervorragender Rieslinge, allen voran das Große Gewächs vom Zehnthof. Bei Weißburgunder und Chardonnay ist das Weingut Fürst eine feste Größe, auch Richard Östreicher hat sich in der Spitze etabliert mit seinem eigenen Stil. Beim Spätburgunder steht Fürst ganz oben, Jürgen Hofmann und Martin Schmitt sind stark wie nie, der Zehnthof glänzt zusätzlich mit Bordeaux-Rebsorten.

Auch Freunde von Naturweinen finden in Franken ihr Glück, bei Stefan Vetter, Stephan Krämer und einigen anderen. Eine spannende Region!

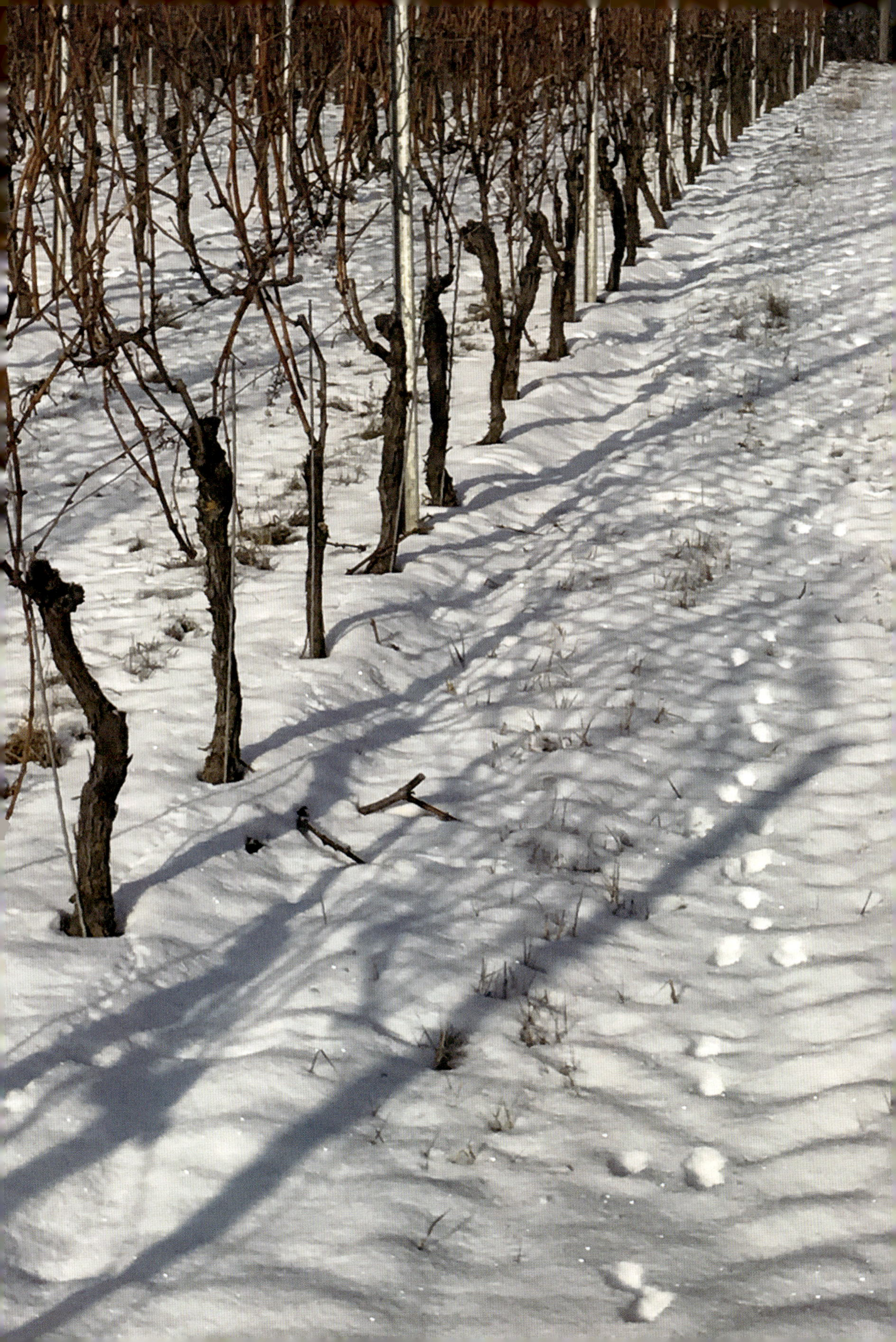

Die besten Erzeuger

Weltklasse

★★★★★

Weingut Rudolf **Fürst**
Weingut Horst **Sauer**
Weingut Rainer **Sauer**
Weingut Luckert – **Zehnthof**

★★★★½

Weingut Am Stein – Ludwig **Knoll**
Weingut Rudolf **May**
Weingut Max **Müller** I

Hervorragende Erzeuger

★★★★

Weingut **Brügel** ↑
Bürgerspital zum Heiligen Geist
Weingut **Glaser-Himmelstoß**
Weingut **Höfler** ↑
Ökologischer Weinbau **Kraemer**
Weingut Richard **Östreicher**
Weingut **Schmitt's Kinder**
Weingut **Steintal**
Weingut J. **Störrlein & Krenig**

Weingut Stefan **Vetter**
Weingut **Weltner**
Weingut Hans **Wirsching**

★★★★½

Sekthaus **BurkhardtSchür** ↑
Weingut Michael **Fröhlich**
Weingut **Hench**
Weingut **Höfling**
Weingut **Hofmann** (Röttingen)
Weingut **Hofmann** (Ipsheim) ↑
Weingut **Juliusspital** Würzburg
Weingut **Roth**
Weingut Schloss **Sommerhausen**
Winzerhof **Stahl**

Sehr gute Erzeuger

★★★

Weingut **Alte Grafschaft**
Weingut **Augustin**
Weingut Waldemar **Braun**
Weingut **Brennfleck**
Fürstlich **Castell'sches** Domänenamt
Weingut H. **Deppisch**
Weingut **Dereser**
Weinmanufaktur **Drei Zeilen**
Weingut **Emmerich**

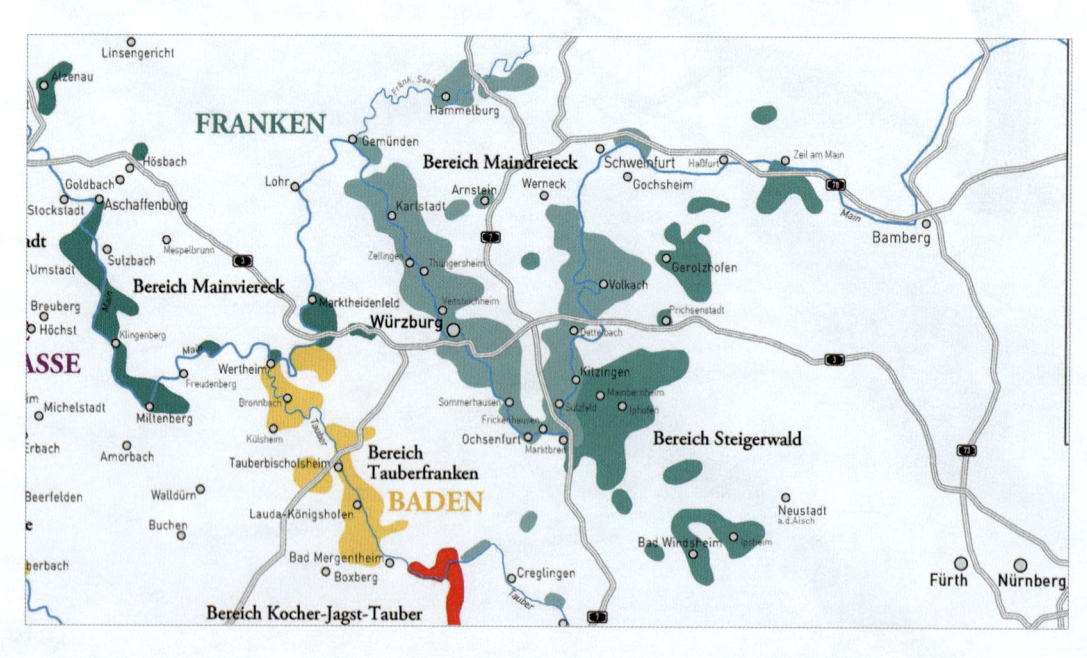

DIE DEUTSCHEN WEINREGIONEN ▬ FRANKEN

Weingut & Gästehaus **Felshof**
Weingut **Giegerich**
Weingut **Hillabrand**
Weingut **Hiller**
KL-Weine ↑
Privat-Weingut **Lange** Schloss Saaleck
Weingut **Leipold**
Weingut Fürst **Löwenstein**
Weingut Max **Markert**
Winzerhof **Nagel**
Weingut Ewald **Neder**
Weingut Christine **Pröstler**
Weingut **Rothe**
Weingut Egon **Schäffer**
Weingut Graf von **Schönborn**
Silvaner Weingut **Seufert**
Weingut Artur **Steinmann**
Weingut **Stich**
Weingut **Then**
Weingut Josef **Walter**

★★★⭒

Weingut & Winzerhof Johann **Arnold**
Weingut Wilhelm **Arnold**
Weinbau Philip **Bernard** ↑
Weingut Clemens **Fröhlich**
Weingut **Geiger** + Söhne ↑
Weingut Bastian **Hamdorf**
Weingut **Hausknecht**
Weingut Erhard & Max **Helmstetter**
Weingut **Hemberger**
Staatlicher **Hofkeller** Würzburg ↑
Weingut **Ilmbacher Hof**
Kremers Winzerhof ↑
Weingut **Leininger** ↑
Weingut **Neuberger**
Weingut A. & E. **Rippstein**
Bocksbeutelweingut **Scheller**
Weingut **Schwab**
Weinbau **Stritzinger**
Weingut **Trockene Schmitts**
Weingut **Waigand**
Weingut Georg **Zang**

Gute Erzeuger

★★

Weingut Bruno **Bienert**

Weingut Alfred **Blank**
Weingut **Borst**
Weingut Ignaz **Bunzelt**
Weingut Helmut **Christ**
Hofgut von **Hünersdorff**
Weingut **Huller**
Weingut **Martin**
parsprototo [N]
Weingut Bernhard **Rippstein** ↑
Weingut Franziska **Schömig**
Weingut Berthold **Schmachtenberger**
Weingut Zur **Schwane**
Weinbau **Six**
Weingut **Wilhelmsberg** [N]
Weingut **Zehnthof** – Fam. Weickert
Weingut **Zehntkeller**

★★⭒

Weingut **Bausewein**
Weingut **Brönner & Heilmann** [W]
Weinbau **Dürr** ↑
Weingut **Fischer**
Winzerhof **Hofmann** ↑
Weingut **Lother**
Weingut **Meier Schmidt**
Weingut **Meyer**
Müller! Das Weingut ↑
Schäfers Weingut ↑
Winzerkeller **Sommerach**
Weingut Roland **Staudt** ↑
Weingut Christian **Sturm**
Weingut **Von der Tann** ↑
Weingut **Weinfurtner** [N]
Der **Weinhof**

Zuverlässige Erzeuger

★

Weingut Georg **Apfelbacher**
Divino Nordheim Thüngersheim
Weingut R&S **Düll**
Weingut Schloss **Frankenberg** [N]
Wein- und Obstbau **Hofmann**
Weingut **Kreiselmeyer**
Weingut **Schilling** [N]
Weingut Nico **Scholtens** [N]
Weingut Stephan **Strobel**
Weingut **Vollhals**

Hessische Bergstraße

Die Hessische Bergstraße erinnert bisweilen an das kleine gallische Dorf. Es gibt aber auch feine Unterschiede: Der einheimische Zaubertrank ist vergorener Traubensaft. Die Technik hat man von den Römern gelernt, die allerdings schon lange aus der Gegend verschwunden sind. Man bleibt gerne unter sich, feiert in normalen Zeiten oft und lang, Gäste aus der näheren Umgebung sind immer willkommen. Mit denen wird in Straußwirtschaften, Kneipen, Restaurants und bei Straßenfesten fast die komplette Ernte eines Jahres getrunken. Der Rest der Welt geht normalerweise leer aus. Das hat sich geändert, seit Niko Brandner und das Sekthaus Griesel die Bühne der Weinwelt betreten haben. Da war einer, der wollte mehr und mit festem Willen und großem Können hat er es in wenigen Jahren geschafft. Die Hessische Bergstraße hat plötzlich ein mindestens in ganz Deutschland bekanntes Aushängeschild. Und mit Schloss Schönberg gibt es einen Schwesterbetrieb, in dem Rabea Trautmann die Weinwelt des kleinen Anbaugebiets auf den Kopf stellt: Hier gibt es ausschließlich durchgegorene, spannende Weine, die immer mehr Aufmerksamkeit auch außerhalb der Region finden. Eine sehr gute Kollektion hat auch wieder das Weingut Simon-Bürkle, Hanno Rothweiler überzeugt ebenfalls wie gewohnt, die Bergsträsser Winzer bieten zuverlässige Qualität und auch Barbara Amthor bestätigt ihre Neuaufnahme vom vergangenen Jahr. Man kann nur hoffen, dass noch mehr Winzer versuchen die hervorragenden Voraussetzungen des Anbaugebiets für sich und ihre Weine zu nutzen. Die Hessische Bergstraße mit ihrer fast 2000 Jahre alten Weinbautradition hätte es verdient.

Die besten Erzeuger

Hervorragende Erzeuger

★★★★

Griesel & Compagnie

Sehr gute Erzeuger

★★★

Weingut Schloss **Schönberg**
Weingut **Simon-Bürkle**

Gute Erzeuger

★★

Weingut **Rothweiler**

Zuverlässige Erzeuger

★

Weingut **Amthor**
Bergsträsser Winzer

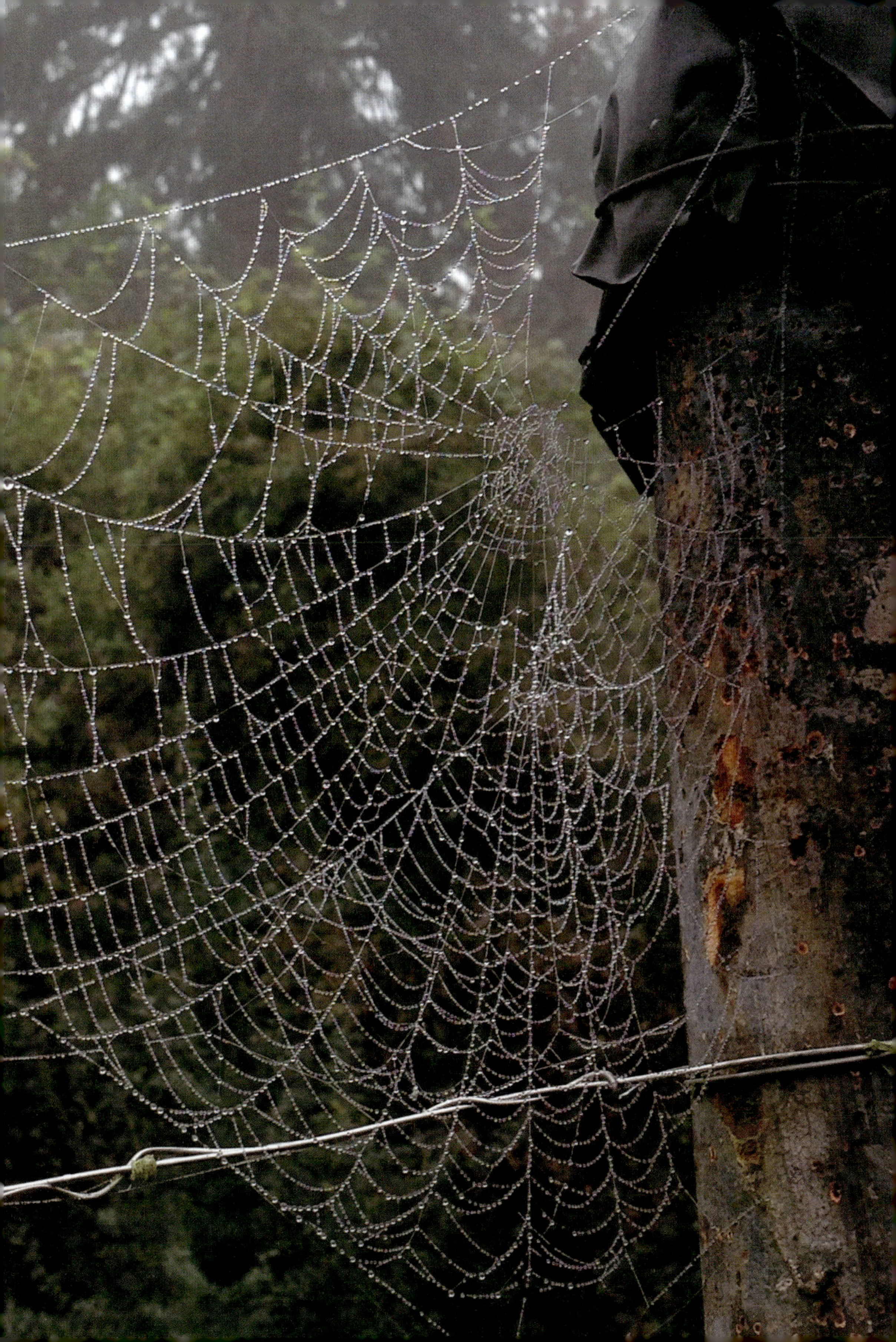

Die deutschen Weinregionen — Mittelrhein

Mittelrhein

Der Mittelrhein kann zum großen Profiteur des „Climate Change" werden – so die Winzer die Chancen ergreifen, die diese Änderungen mit sich bringen. Matthias Müller hat dies erkannt, hat in den letzten Jahren so viel trockene Weine erzeugt wie nie, im Jahrgang 2019 gibt es gleich drei Große Gewächse bei ihm. Ob „trocken" einmal auch „durchgegoren" sein wird, so wie es heute in Rheinhessen bei den Spitzenrieslingen die Regel ist und nicht mehr die Ausnahme? Wir werden sehen.

Der Jahrgang bot alle Chancen, nicht nur für trockene Rieslinge, auch für edelsüße. Florian Weingart und Jörg Lanius behaupten ihre Spitzenstellung, Randolf Kauer ist stark wie nie, auch die Brüder Philipps haben wieder eine ganz starke Kollektion. Der Aufsteiger der letzten Jahre ist Felix Pieper, dessen Kollektion auch in diesem Jahr nochmals spannender und vielfältiger geworden ist. Auch bei den Neuaufnahmen der vergangenen Jahre geht es weiter voran, bei den Weingütern Goswin Lambrich, August Perll und Oliver Krupp scheint ein Aufstieg in Sicht.

Dazu gibt es eine spannende Neuentdeckung mit Kay Thiel in Königswinter, der mit Hilfe von Felix Pieper einige spannende und ungewöhnliche Weine von einst brach gefallenen Weinbergen erzeugt.

Die besten Erzeuger

Weltklasse Erzeuger

★★★★☆

Weingut Matthias **Müller**

Hervorragende Erzeuger

★★★★

Weingut **Weingart**

★★★★☆

Weingut **Lanius-Knab**

Sehr gute Erzeuger

★★★

Weingut **Josten & Klein**
Weingut Dr. **Kauer**
Weingut **Philipps-Mühle**

★★★☆

Weingut **Heilig Grab**
Weingut **Pieper** ↑

Gute Erzeuger

★★

Weingut **Selt**

★★☆

Kay Weine 📖
Weingut **Scheidgen**

Zuverlässige Erzeuger

★

Weingut **Krupp**
Weingut Goswin **Lambrich**
Weingut August **Perll**

Die deutschen Weinregionen — Mittelrhein

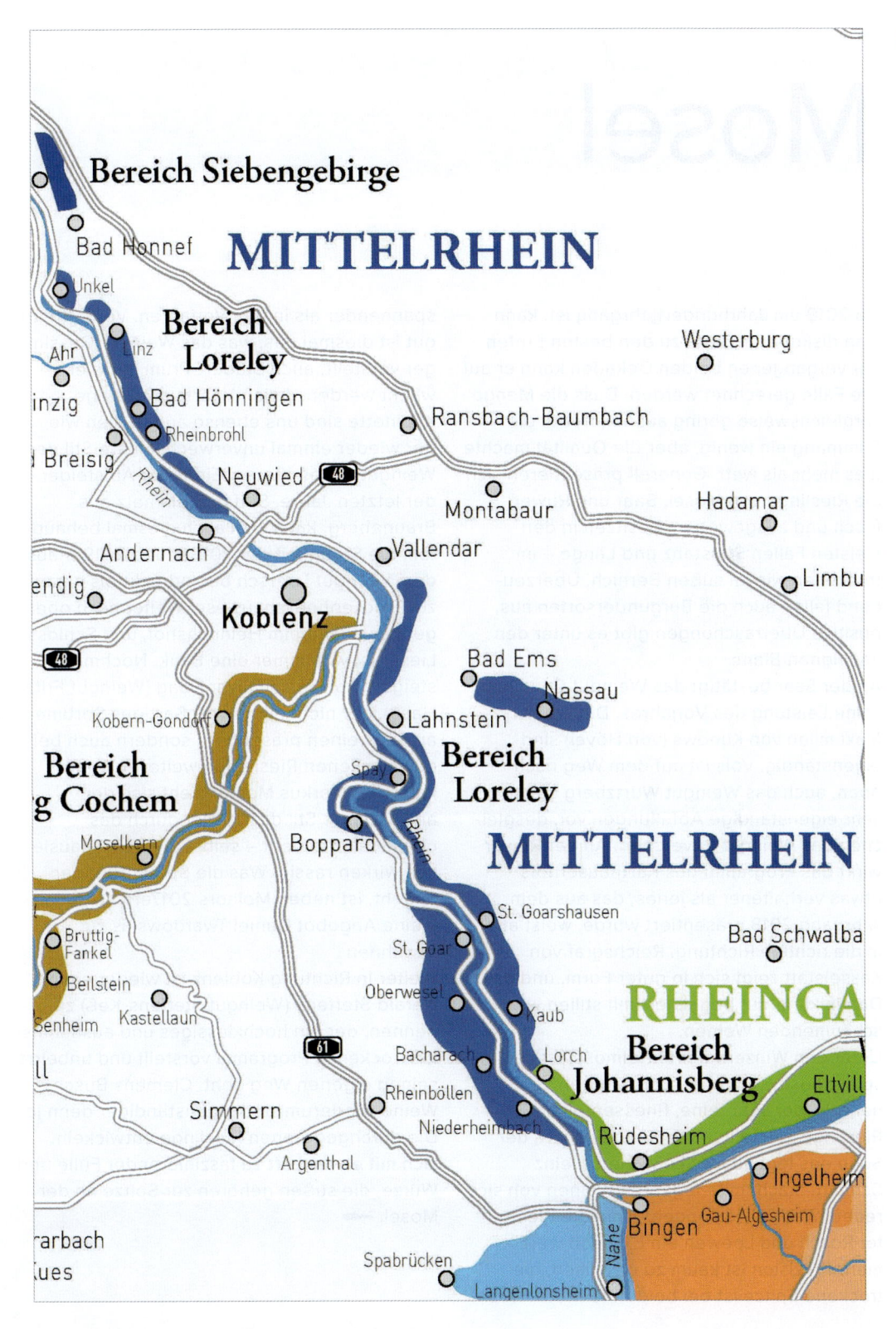

Mittelrhein

Bereich Siebengebirge
- Bad Honnef
- Unkel
- Ahr
- Linz
- Bad Hönningen
- inzig
- Rheinbrohl
- d Breisig
- Neuwied
- Andernach
- endig
- Koblenz
- Kobern-Gondorf
- Moselkern
- Bruttig-Fankel
- Beilstein
- Senheim
- Kastellaun
- Simmern
- Argenthal
- arbach
- ues

Bereich Loreley
- Westerburg
- Ransbach-Baumbach
- Montabaur
- Vallendar
- Hadamar
- Limbu
- Bad Ems
- Nassau
- Lahnstein
- Spay
- Boppard
- St. Goarshausen
- St. Goar
- Oberwesel
- Kaub
- Bacharach
- Lorch
- Rheinböllen
- Niederheimbach
- Rüdesheim
- Spabrücken
- Langenlonsheim
- Bingen
- Gau-Algesheim
- Ingelheim

Bereich Cochem

Bereich Johannisberg

Rheinga
- Bad Schwalba
- Eltvill

Mosel

Ob 2019 ein Jahrhundertjahrgang ist, kann man diskutieren, aber zu den besten Ernten der vergangenen beiden Dekaden kann er auf alle Fälle gerechnet werden. Dass die Menge vergleichsweise gering ausfiel, trübte die Stimmung ein wenig, aber die Qualität machte dies mehr als wett. Generell präsentieren sich die Rieslinge von Mosel, Saar und Ruwer frisch und ausgewogen, besitzen in den meisten Fällen Substanz und Länge – im trockenen wie im süßen Bereich. Überzeugend fallen auch die Burgundersorten aus, positive Überraschungen gibt es unter den Sauvignon Blanc

An der Saar bestätigt das Weingut Cantzheim seine Leistung des Vorjahres. Die Weine Maximilian von Kunows (von Hövel) sind eigenständig, Vols ist auf dem Weg nach oben, auch das Weingut Würtzberg stellte sehr eigenständige Abfüllungen vor, desgleichen das Weingut Reverchon. An der Ruwer wirkt das Programm des Karthäuserhofs etwas verhaltener als jenes, das aus dem Jahrgang 2018 präsentiert wurde, weist aber in die richtige Richtung. Reichsgraf von Kesselstatt zeigt sich in guter Form, und das Dominikanergut begeistert mit stillen wie schäumenden Weinen.

Unter den Winzern der Mittelmosel ist beispielsweise Newcomer Lars Görgen zu nennen, der sehr feine, finessenreiche Rieslinge vorstellt; auch Carlo Schmitt, der Sohn des legendären Leiweners Heinz Schmitt, macht mit eleganten Weinen von sich reden. Was Leiwen angeht, sind die Weingüter Rosch und Loewen ein Extralob wert – mehr Präzision ist kaum zu erreichen, die trockene Spitze ist bei beiden teilweise noch spannender als in den Vorjahren. Verblüffend gut ist diesmal das, was das Weingut Gessinger vorstellt, auch Studert-Prüm muss erwähnt werden. Julian Haarts großartige Kabinette sind uns ebenso aufgefallen wie der wieder einmal unverwechselbare Stil des Weinguts Kees-Kieren. Einer der Aufsteiger der letzten Jahre, Stefan Steinmetz aus Brauneberg, kann sich auch diesmal behaupten, die Saftigkeit der 2018er und 2019er aus dem Weingut Loersch beeindruckt bis hinauf zur Trockenbeerenauslese. Weiter nach oben geht es auch beim Heinrichshof, und Schloss Lieser ist wie immer eine Bank. Nochmals steigern kann sich Oliver Haag (Weingut Fritz Haag), der nicht nur ein großartiges Sortiment an Süßweinen präsentiert, sondern auch bei den trockenen Rieslingen weiter zulegen kann. Bei Markus Molitor zieht sich der animierende Stil der 2019er durch das gesamte Sortiment – selbst die Beerenauslesen wirken rassig. Was die Spätburgunder angeht, ist neben Molitors 2017ern auch das kleine Angebot Daniel Twardowskis zu erwähnen.

Weiter in Richtung Koblenz ist wieder einmal Harald Steffens (Weingut Steffens-Keß) zu nennen, der ein hochklassiges und ausnahmslos trockenes Programm vorstellt und unbeirrt seinen eigenen Weg geht. Clemens Buschs Weine wiederum sind eigenständiger denn je. Die durchgegorenen Rieslinge entwickeln sich mit etwas Luft zu faszinierender Fülle und Würze, die süßen gehören zur Spitze an der Mosel.

Die deutschen Weinregionen — Mosel

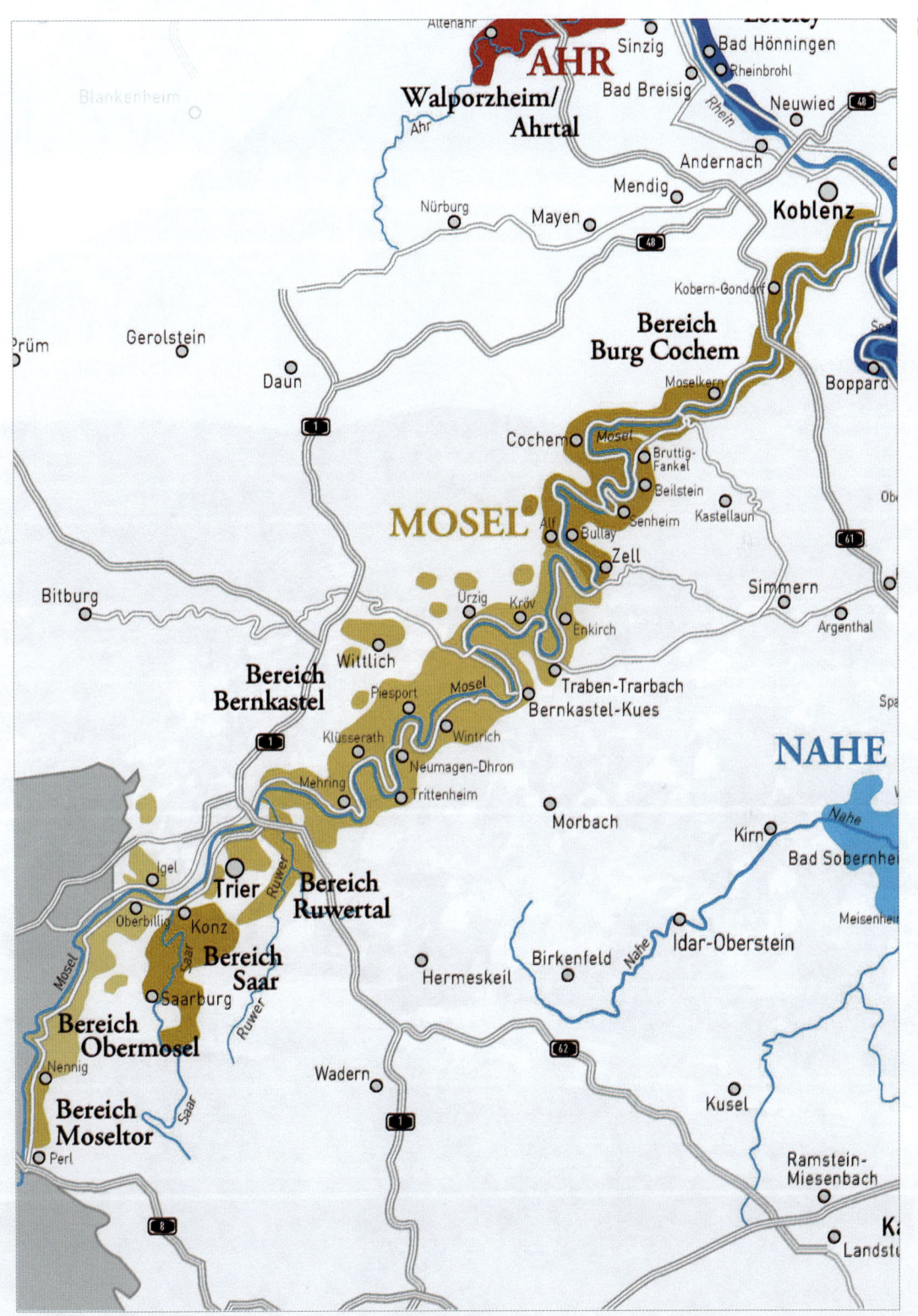

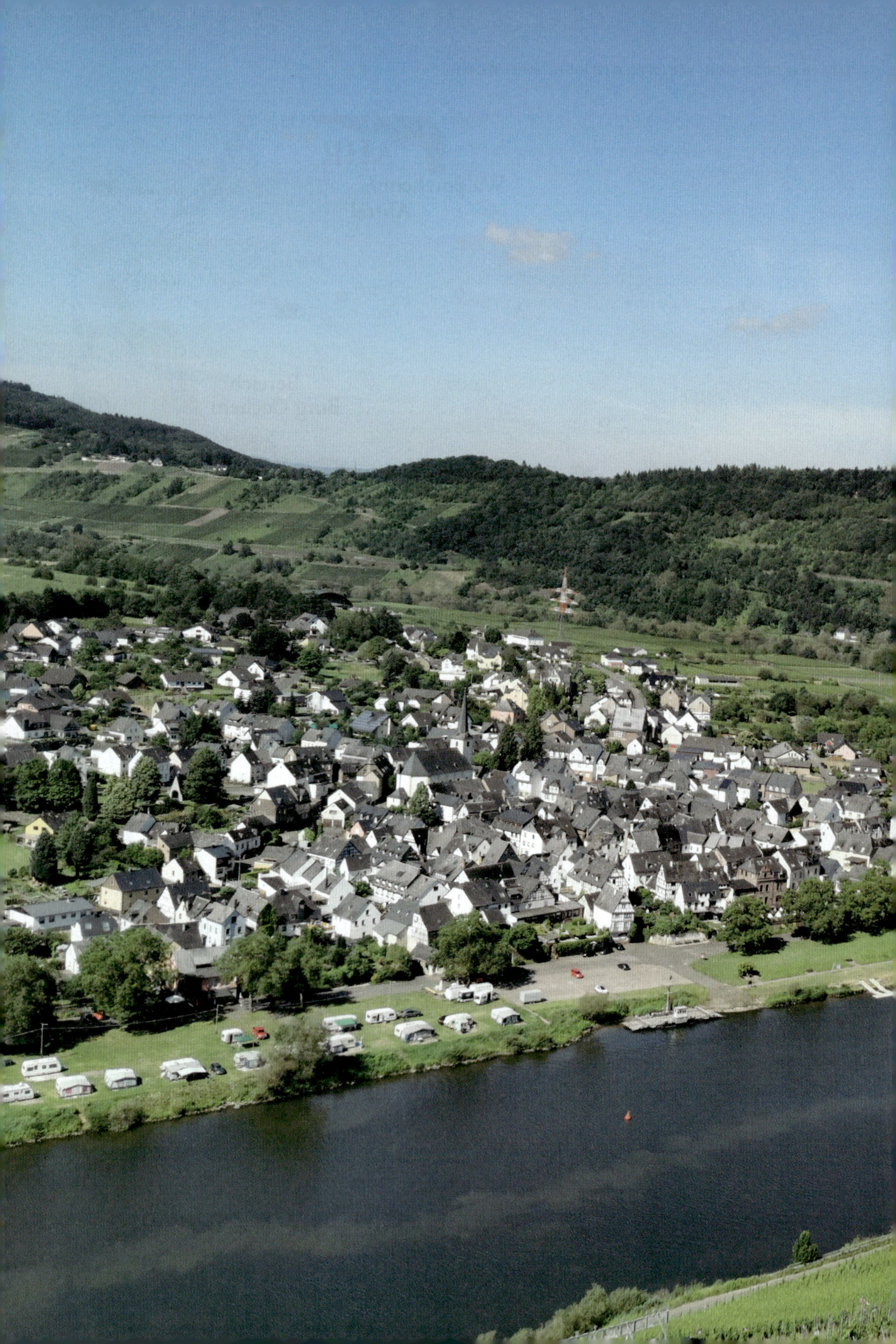

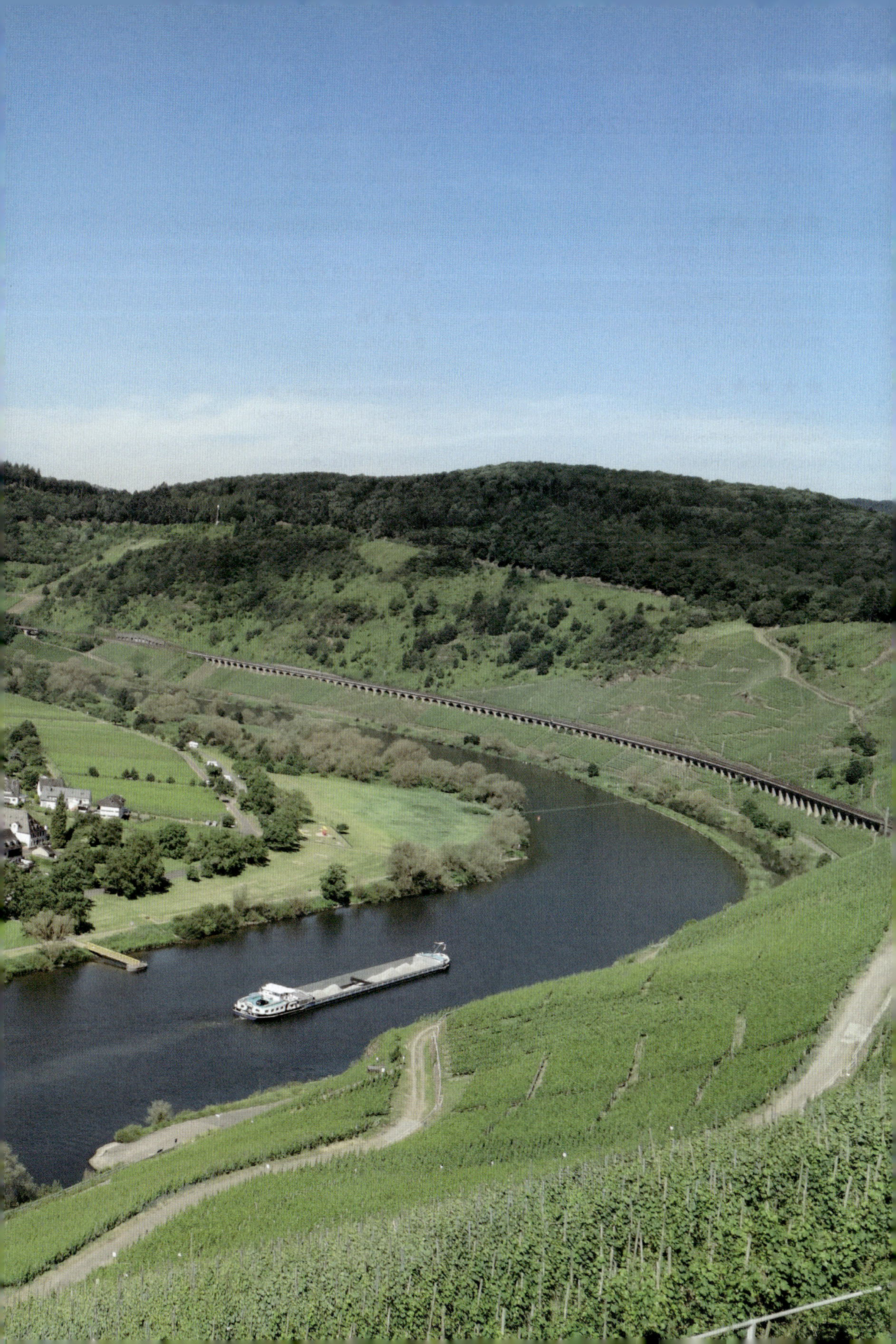

Die besten Erzeuger

Weltklasse

★★★★★

Weingut Clemens **Busch**
Weingut **Clüsserath-Weiler**
Weingut Fritz **Haag**
Weingut Schloss **Lieser**
Weingut Markus **Molitor**

★★★★⯨

Weingut Franz-Josef **Eifel**
Weingut **Grans-Fassian**
Weingut Julian **Haart**
Weingut Reinhold **Haart**
Weingut Carl **Loewen**
Weingut Josef **Rosch**
Weingut **Selbach-Oster**

Hervorragende Erzeuger

★★★★

Weingut **Caspari-Kappel**
Weingut Ansgar **Clüsserath**
Riesling-Weingut Karl **Erbes**
Weingut Reinhold **Franzen**
Weingut **Hain**
Weingut **Kees-Kieren** ↑
Schlossgut **Liebieg**
Weingut **Loersch**
Weingut **Melsheimer**
Weingüter **Wegeler**
Weingut Nik **Weis** St. Urbans-Hof
Weingut **Willems-Willems**
Forstmeister Geltz-**Zilliken**

★★★⯨

Weingut Erben von **Beulwitz**
Weingut Joh. Jos. **Christoffel**-Erben
Weingut **Conrad**
Weingut Bernhard **Eifel**
Weingut **Heinrichshof**
Weingut von **Hoevel**
Weingut **Karthäuserhof**
Weingut Heribert **Kerpen**
Weingut Rüdiger **Kröber**
Weingut Axel **Pauly**
Weingut S. A. **Prüm**
Weingut Claes **Schmitt** Erben
Weingut **Steffens-Keß**
Weingut Günther **Steinmetz**
Weingut **Studert-Prüm** - Maximinhof ↑

Sehr gute Erzeuger

★★★

Bischöfliche Weingüter Trier
Weingut Frank **Brohl**
Weingut **Cantzheim** ↑
Weingut Ernst **Clüsserath**
Weingut Willi **Haag**
Weingut **Hüls** ↑
Weingut **Jakoby-Mathy**
Weingut **Karlsmühle**
Weingut **Rebenhof**, Johannes Schmitz
Weingut F.J. **Regnery**
Weingut **Reh**
Weingut **Thanisch**-Müller-Burggraef
Weingut Daniel **Twardowski** 📖
Weingut **Vols**
Weingut Dr. Heinz **Wagner**

★★⯨

Weingut Marco **Adamy**
Weingut **Bauer**
Weingut Heribert **Boch**
Dominikaner Weingut
Weingut Ernst **Eifel**
Weingut Zum **Eulenturm**
Weingut **Hoffmann-Simon**
Weingut **Kanzlerhof**
Weingut Reichsgraf von **Kesselstatt** 📖
Weingut **Köwerich**
Weingut Gebr. **Ludwig**
Weingut **Mönchhof**, Robert Eymael
Weingut **Paulinshof**
Weingut Dr. **Pauly-Bergweiler**
Weingut **Philipps-Eckstein**
Weingut Familie **Rauen**
Weingut **Reuscher-Haart**
Weingut Richard **Richter**
Weingut **Rinke**
Weingut **Römerhof** (Riol) ↑
Weingut Zur **Römerkelter**
Weingut **Schunk**

Die deutschen Weinregionen ▶ Mosel

Weingut **Walter**
Weingut **Werner**
Weingut **Würtzberg**

Gute Erzeuger

★★

Weingut **Befort** ↑
Weingut **Bernard-Kieren** [N]
Weingut **Blesius**
Weingut Richard **Boecking**
Weingut **Borchert** - Springiersbacher Hof
Weingut **Bottler**
Weingut Christoph **Clüsserath**
Weingut **Geierslay**
Weingut Albert **Gessinger**
Winzerhof **Gietzen**
Weingut **Henrichs + Friderichs**
Weingut Bernd **Hermes**
Weingut **Immich-Anker**
Weingut Christoph **Koenen**
Weingut Dr. **Leimbrock** – C. Schmidt
Wein- und Sektgut Günter **Leitzgen**
Weingut Johannes **Peters**
Weingut Karl O. **Pohl**
Weingut **Reverchon**
Weingut Heinz **Schmitt** Erben ↑
Weingut **Schömann**

★★☆

Weingut Hubertus M. **Apel** ↑
Wein- und Gästehaus **Baum**
Weingut **Berweiler-Merges**
Weingut Christian **Bindges**
Weingut **Botzet** ↑
Weingut Matthias **Dostert**
Weingut **Friderichs**
Weingut **Frieden-Berg**
Weingut **Gehlen-Cornelius** ↑
Weingut Otto **Görgen**
Weingut **Junglen**
Weingut **Karp-Schreiber**
Weingut **Knodt-Trossen**
Weingut **König Johann**
Weingut **Kranz-Junk**
Weingut Ulrich **Langguth** ↑
Weingut **Laurentiushof**
Weingut Theo **Loosen**

Weingut Heinrich **Mertes**
Weingut Ingo **Norwig**
Weingut **Petgen-Dahm**
Weingut **Pichterhof** ↑
Weingut **Quint** ↑
Weingut **St. Nikolaus-Hof**
Weingut Ulrich **Schumann**
Weingut **Simonis**
Weingut Michael **Trossen**
Weingut **Viermorgenhof**

Zuverlässige Erzeuger

★

Weingut **Alter Weinhof**
Weingut **Arns**
Weingut **Baltes**
Lars **Görgen** Mosel.Wein.Manufaktur [N]
Weingut C.A. **Haussmann**
Weingut Roman **Herzog** [N]
Weingut Rudolf **Hoffmann** [N]
Classisches Weingut **Hoffranzen**
Weingut **Kochan-Platz**
Weingut **Leos**
Weingut **Löwensteinhof** [N]
Weingut **Margarethenhof**
Moselland – **Goldschild**
Weingut Andreas **Roth**
Weingut von **Schleinitz**
Weingut **Schneider-Faber** [N]
Weingut **Schneiders & Moritz**
Weingut **Schumacher** [W]
Weingut Daniel **Theisen** [N]
Weingut **Thielen-Feilen**
Weingut Josef **Thielmann**

Nahe

Der Mai 2019 war an der Nahe kühl und regenreich, wodurch das Wachstum der Reben zunächst etwas gebremst wurde. Im Juni und vor allem im Juli waren die Temperaturen dann außergewöhnlich hoch und bis auf etwas Regen Ende Juli waren die beiden Monate auch sehr trocken, sichtbaren Trockenstress gab es dank der Regenfälle im Frühjahr allerdings kaum. Der Spätsommer war dann mit einem kühleren und feuchteren August nicht ganz so heiß wie 2018, die kühle Septemberwitterung trug zu einem langsamen Reifeverlauf bei und die Trauben blieben trotz einiger Regenschauer gesund. So konnte die Ernte auch später beginnen und nicht schon Ende August, wie im Jahr zuvor. Nach der hohen Erntemenge des Jahrgangs 2018, die 40 Prozent über dem langjährigen Durchschnitt lag, waren die Erträge 2019 wieder geringer, liegen insgesamt drei Prozent unter dem Zehnjahresmittel.

Neuzugänge können wir an der Nahe in diesem Jahr nur einen einzigen verzeichnen, mit dem Weinheimer Hof, auf dem die junge Generation die Verantwortung übernommen hat und unter dem Namen „Piri" ihre eigenen Weine produziert, allerdings einen sehr vielversprechenden, dessen Entwicklung wir über die nächsten Jahre aufmerksam verfolgen werden. Anette Closheim kehrt nach einer Auszeit wieder ins Buch zurück und die Weingüter Alt, Bicking, Fuchs-Jacobus und Genheimer Kiltz steigen in der Betriebsbewertung auf. Im unveränderten Spitzentrio aus den Weingütern Dönnhoff, Emrich-Schönleber und Schäfer-Fröhlich ist Schönleber in diesem Jahr knapp der Primus inter Pares.

Die Weine an der Nahe haben in den vergangenen Jahrzehnten einen erstaunlichen Aufschwung genommen, noch in den achtziger Jahren gab es nur eine Handvoll Erzeuger mit guten Qualitäten. Helmut Dönnhoff war dann der Erste, der große Weine erzeugt hat. Andere Betriebe wie Emrich-Schönleber, Diel, Crusius, Hahnmühle, Korrell oder Joh. Bapt. Schäfer und natürlich Schäfer-Fröhlich erzeugen seit den neunziger Jahren edelsüße Rieslinge, die zur deutschen Spitze zählen. „Trocken" hat der Aufstieg ein wenig später begonnen, genauso beeindruckend aber sind heute die Ergebnisse. Werner Schönleber und Helmut Dönnhoff ist es zu verdanken, dass heute an der Nahe trockene Rieslinge von Weltklasse erzeugt werden. Tim Fröhlich tut es ihnen mittlerweile gleich, das Gut Hermannsberg, Crusius und Kruger-Rumpf sind

Jahr für Jahr sehr zuverlässig und auch Weingüter wie Hees oder die Hahnmühle produzieren regelmäßig starke trockene Rieslinge, während Weingüter wie der Lindenhof oder Poss Spezialisten für ausdrucksstarke Burgunder sind. Auf kleinstem Raum gibt es eine Vielfalt an unterschiedlichen Böden: Rotliegendes, Lehm, Porphyr, Quarzit, Schiefer, Kies, Löss. Und eine Vielzahl von Rebsorten: Aus Riesling werden die besten Naheweine gemacht, er steht mit knapp 29 Prozent auf Platz eins der Rebsortenstatistik. Auf Platz zwei folgt Müller-Thurgau, der bei rückläufiger Tendenz immer noch ein Achtel der Fläche einnimmt. Ein Viertel der Rebfläche an der Nahe nehmen rote Sorten ein, vor allem Dornfelder und Spätburgunder, aus dem es so manchen bemerkenswerten Wein gibt. Und noch mehr geben könnte, wenn doch nur mehr Nahe-Winzer den Mut hätten, ihre Spätburgunder tatsächlich trocken auszubauen. In der Statistik folgen die weißen Burgundersorten, von denen es erfreulich viele gelungene Exemplare gibt.

Die besten Erzeuger

Weltklasse

★★★★★

Weingut Hermann **Dönnhoff**
Weingut **Emrich-Schönleber**
Weingut **Schäfer-Fröhlich**

Hervorragende Erzeuger

★★★★

Weingut Dr. **Crusius**
Gut **Hermannsberg**
Weingut **Kruger-Rumpf**
Weingut Joh. Bapt. **Schäfer**

★★★★☆

Wein- und Sektgut **Bamberger**
Weingut **Hahnmühle**
Weingut **Hees**
Weingut **Lindenhof**
Weingut **Poss**

Sehr gute Erzeuger

★★★

Weingut **Genheimer-Kiltz** ↑
Weingut **Göttelmann**
Weingut Gebr. **Kauer**
Weingut **Korrell** – Johanneshof
Weingut **Montigny**
Weingut K.H. **Schneider**

★★★☆

Weingut Theo **Enk**
Weingut und Gästehaus **Honrath**
Weingut **Marx**
Prinz zu **Salm**-Dalberg'sches Weingut
Weingut **Sinss**

Gute Erzeuger

★★

Weingut **Alt** ↑
Weingut **Bicking & Bicking** ↑
Weingut **Closheim** 📖
Weingut **Gabelmann**
Weingut **Gemünden**
Weingut **Haack**
Weingut Heinrich **Schmidt**
Weingut Meinolf **Schömehl**
Weingut Karl **Stein** ↑
Weingut **Weber**

★★☆

Weingut **Disibodenberg** (ehemals Klostermühle)
Weingut **Fuchs-Jacobus** ↑
Weingut in den Zehn Morgen (bisher: S.J. Montigny)
Weingut Wolfgang **Schneider**
Weingut im **Zwölberich**

Zuverlässige Erzeuger

★

Weingut **Beisiegel**
Weingut **Franzmann**
Piri-Wein 📖
Weingut **Lorenz** & Söhne

Pfalz

Die Dynamik in der Pfalz bleibt nach wie vor ungebrochen: Im vergangenen Jahr konnten wir zehn Weingüter neu ins Buch aufnehmen, in dieser Ausgabe sind es nun sogar 12 neue Betriebe. Darunter sind mit den Gebrüdern Andres in Deidesheim und Reinhardt aus dem benachbarten Niederkirchen gleich zwei Weingüter, die mit sehr starken Kollektionen debütiert haben und die wir direkt auf zwei Sterne in der Betriebsbewertung eingestuft haben. Mit der Weinmanufaktur Weinbiet in Neustadt-Mußbach ist auch endlich wieder eine der Pfälzer Genossenschaften im Buch vertreten, das Weingut Galler aus Kirchheim hat uns mit einem sehr eigenständigen Sortiment überzeugt, das vor allem auf die Piwi-Sorten setzt. Bei den restlichen Neuzugängen ist die Südpfalz stark vertreten, mit den Weingütern Fitz-Schneider aus Edenkoben, Hohlreiter aus Göcklingen, Rinck aus Heuchelheim-Klingen, Schweder aus Hochstadt und Stübinger aus Leinsweiler, von der Mittelhaardt kommen die Weingüter Blaul aus Gönnheim und Philipp Hofmann aus Bad Dürkheim, die Nordpfalz vertritt Kneisel aus Grünstadt-Asselheim. Und nach unterschiedlich langen Auszeiten kehren die beiden Bad Dürkheimer Weingüter Karst und Karl Schäfer ins Buch zurück.

In die Vier-Sterne-Kategorie ist in diesem Jahr zwar kein Pfälzer Weingut aufgestiegen, aber insgesamt konnten wir 20 Weingüter aufwerten, darunter direkt fünf der Debütanten des vergangenen Jahres, die Weingüter Fußer und Gabel rücken mit dem Aufstieg auf dreieinhalb Sterne in den Bereich der hervorragenden Erzeuger. An der Spitze der Pfalz steht weiterhin das Führungstrio aus den Weingütern Christmann, Knipser und Rebholz, knapp dahinter könnte aber das Weingut Rings, das wir in diesem Jahr mit dem Titel für die beste Rotweinkollektion auszeichnen, aus dem Trio vielleicht bald ein Quartett machen. Und während Christmann und Rebholz in diesem Jahr von der Basis an sehr stark waren, sind wir von den Basisweinen bei Knipser nicht sehr überzeugt gewesen, diese kleine Schwäche können die Knipsers aber mit ihren hervorragenden Spitzen wettmachen.

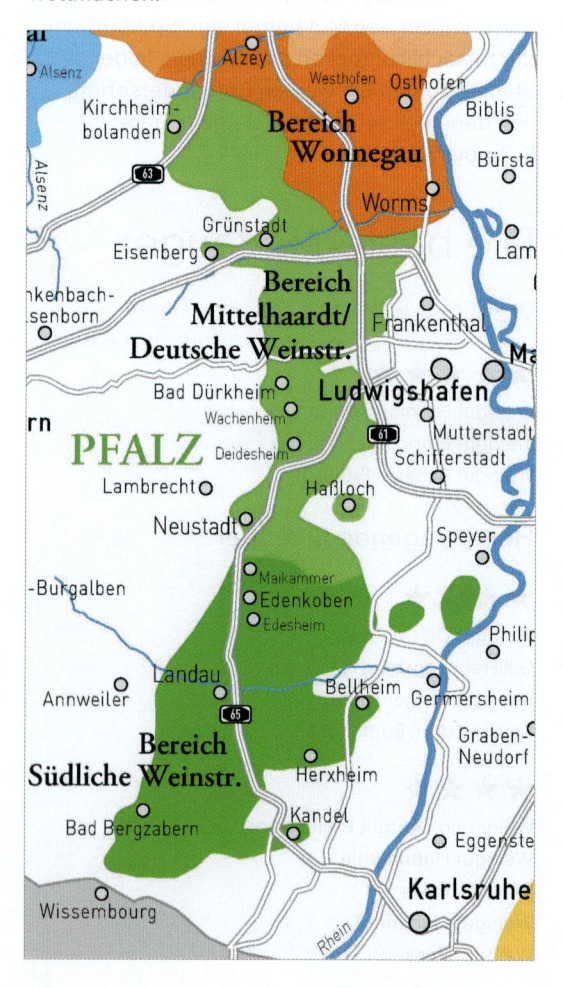

Viel Pfalz!

Sie lieben die Pfalz und die Pfälzer Lebensart. Sie erleben und genießen mit allen Sinnen. Sie abonnieren das Magazin für die Pfalz.

Das **VielPfalz-Abonnement**
zum selbst Genießen und zum Verschenken.
6 Ausgaben in 12 Monaten für 27,60 Euro.
Ganz einfach auf unserer Website
vielpfalz.de/shop bestellen.
Oder gleich **Premium-Abonnent** mit ganz persönlichem Genuss-Service werden.

Kontakt: info@vielpfalz.de oder Telefon 06353 9999000.

VielPfalz.de
Das Genießer-Portal
mit Print-Magazin

Wer bei uns ist, abonniert Genuss.

Angesichts der auch 2019 nicht ausbleibenden Wetterkapriolen, wie extremer Hitze im Juli oder einem Tornado, der am 12. Juli ganze Rebzeilen in der Nordpfalz umknickte, sind die Winzer mit dem Jahrgang gut zurechtgekommen und konnten wieder sehr gesundes Lesegut ernten. Bevor Ende September ein Dauerregen einsetzte, war die Ernte weitgehend beendet, die Erntemenge lag zwar deutlich niedriger als 2018, aber nur knapp unter dem Zehnjahresmittel. ◂

Die besten Erzeuger

Weltklasse

★★★★★

Weingut **Christmann**
Weingut **Knipser**
Weingut Ökonomierat **Rebholz**

★★★★½

Weingut Geh. Rat Dr. v. **Bassermann-Jordan**
Weingut Friedrich **Becker**
Weingut Reichsrat von **Buhl**
Weingut Frank **John** Hirschhorner Hof
Weingut Philipp **Kuhn**
Weingut Georg **Mosbacher**
Weingut **Rings**
Weingut **von Winning**

Hervorragende Erzeuger

★★★★

Wein- und Sektgut **Bernhart**
Weingut Matthias **Gaul**
Weingut **Gies-Düppel**
Weingut **Jülg**
Weingut Familie **Kranz**
Weingut Jürgen **Leiner**
Weingut Theo **Minges**
Weingut **Müller-Catoir**
Weingut **Pfeffingen** – Fuhrmann-Eymael
Weingut **Siegrist**
Weingut Heinrich **Spindler**
Weingut Dr. **Wehrheim**
Weingut Oliver **Zeter**

★★★★½

Weingut **Bergdolt** St. Lamprecht
Weingut **Dengler-Seyler**
Weingut **Fußer** ↑
Weingut **Gabel** ↑
Weingut Alois **Kiefer**
Weingut **Pfirmann**
Weingut Heiner **Sauer**
Weingut **Siener**
Weingut **Stern**
Weingut **Wageck-Pfaffmann**
Weingut **Wilhelmshof**

Sehr gute Erzeuger

★★★

Weingut Michael **Andres**
Sektkellerei **Andres** & Mugler
Weingut **Bremer**
Weingut **Eymann**
Weingut Karl-Heinz **Gaul** ↑
Weingut Der **Glücksjäger**
Weingut **Horcher**
Weingut Gerhard **Klein**
Weingut **Klundt**
Weingut Bernhard **Koch**
Weingut **Lucashof**
Weingut **Mehling** ↑
Weingut **Meier** ↑
Weingut **Meßmer**
Weingut Eugen **Müller**
Weingut **Münzberg**
Weingut **Nauerth-Gnägy**
Weingut Karl **Pfaffmann**
Weingut **Pflüger**
Weingut **Porzelt**
Weingut **Sankt Annaberg**
Weingut Egon **Schmitt**
Weingut **Schwedhelm**
Weingut **Wegner**
Weingut **Zelt**
Weingut **Zimmermann**

★★½

Weingut Karlheinz **Becker**
Benzinger – Weingut im Leiningerhof
Weingut **Corbet**
Weingut **Dambach** ↑

Weingut **Ehrhart**
Weingut **Fader** – Kastanienhof
Weingut **Hörner**
Weingut **Jesuitenhof**
Weingut **Jul. Ferd. Kimich**
Weingut **Krieger** ↑
Weingut **Margarethenhof** ↑
Weingut Klaus **Meyer**
Weingut Stefan **Meyer**
Weingut **Neuspergerhof**
Weingut **Petri**
Weingut **Schroth**
Weingut Erich **Stachel**
Weingut **Weik**
Sekt- und Weingut **Winterling**
Weingut Klaus **Wolf**

Gute Erzeuger

★★

Weingut **Andres** [N]
Weingut **Bärenhof**
Wein- und Sektgut **Bergdolt-Reif & Nett**
Weingut **Braun** ↑
Weingut **Brenneis-Koch**
Weingut **Damm**
Weingut **Darting**
Weingut **Fitz-Ritter**
Weingut **Grimm** ↑
Weingut **Hahn-Pahlke** ↑
Weingut **Hanewald-Schwerdt** ↑
Weingut Christian **Heußler**
Wein- und Sektgut **Immengarten Hof**
Weingut **Jaillet** ↑
Weingut **Janus** ↑
Weingut am **Kaiserbaum**
Weingut **Kassner-Simon** ↑
Weingut **Langenwalter**
Weinbau der **Lebenshilfe**
Weingut Karl-Heinz & Andreas **Meyer**
Weingut Georg **Naegele**
Nussbaum Projekt ↑
Weingut Thomas **Pfaffmann**
Weingut **Reibold**
Weingut **Reinhardt** [N]
Weingut **Schäfer**
Weingut Karl **Schäfer** [W]
Weingut **Stepp** ↑

Weingut **Stortz-Nicolaus**
Weingut **Wöhrle**

★★☆

Weingut **Bohnenstiel**
Weingut **Brendel**
Weingut **Bühler**
Weingut Ansgar **Galler** [N]
Weingut **Hof** ↑
Weingut Philipp **Hofmann** [N]
Weingut **Hohlreiter** [N]
Staatsweingut mit **Johannitergut** ↑
Weingut **Karst** [N]
Weingut **Lauermann & Weyer**
Weingut **Lidy**
Stiftsweingut Frank **Meyer**
Weingut **Obercarlenbach**
Weingut Johann F. **Ohler**
Weingut **Rinck** [N]
Weingut **Schädler**
Weingut **Spieß** ↑
Weingut Eugen **Spindler**
Weingut **Schweder** [N]
Weincooperative **Viermorgen**
Weinbiet Manufaktur [N]
Wein- und Sektgut **Wind-Rabold**

Zuverlässige Erzeuger

★

Weingut Peter **Argus**
Weingut **Blaul** & Sohn [N]
Weingut **Diehl**
Weingut **Fitz-Schneider** [N]
Weingut **Fleischmann-Krieger**
Weingut **Hauer**
Weingut Villa **Hochdörffer**
Weingut Lothar **Kern**
Weingut **Kneisel** [N]
Weingut Heinz **Pfaffmann**
Weingut **Schenk-Siebert**
Weingut Georg **Siben** Erben
Weingut **Stübinger** [N]
Weingut **Sturm**
Weingut Leonhard **Zeter**

Rheingau

Das dritte trockene Jahr in Folge hat auch den Winzern im Rheingau einiges abverlangt. Die Frage der Bewässerung wird in vielen Steillagen immer dringlicher und das nicht nur bei von Hitze gebeutelten Junganlagen. Die voranschreitenden Klimaveränderungen verlangen weiter nach intelligenten, aufwendigen Anpassungen, um die Qualitäten hoch und die Erntemengen auf Dauer stabil zu halten. Der 2019er Jahrgang wird aber vor allem im Zusammenhang mit der SARS Pandemie in Erinnerung bleiben, die bei fast allen Betrieben wenigstens interne Abläufe und Abfülltermine ordentlich durcheinander gewirbelt hat. Manche trifft die nachlassende Nachfrage in Gastronomie und Export jedoch jetzt schon wirtschaftlich sehr hart, auch weil die Stabilisierung in diesen Bereichen auf Dauer ungewiss bleibt. Den besonders gebeutelten Betrieben bleibt zu wünschen, dass sich andere Türen öffnen. Zum Glück ist die Qualität der Weine in diesem Jahr kein Wermutstropfen. Das bezieht sich auf alle Rebsorten und Qualitäten. Der Jahrgang 2019 ist darüber hinaus ein besonderer Jahrgang für ausdrucksstarke Terroir-Rieslinge. Besonders attraktive Beispiele gibt es bei den Ortsweinen, die in diesem Jahr sehr eigenständig sind und so das Standing dieser immer noch nicht vollständig etablierten Kategorie weiter stärken. Besonders gelungene Weine findet man bei Breuer und dem Bischöflichen Weingut in Rüdesheim, bei den Kühns und Bibo & Runge („Hargardun"), aber auch andere Betriebe bieten hier viel Riesling fürs Geld. Die besten vereinen Klarheit der Frucht mit Feinheit und Schliff, haben individuellen Ausdruck und sehr gutes Potenzial zur weiteren Reifung. Es lohnt sich danach auszuschauen, denn es muss nicht immer ein Großes Gewächs sein. Weiterhin möchten wir einmal eine Lanze für Kabinette und Spätlesen brechen. Auch wenn es einige ausdrucksschwache Qualitäten gibt, reichen die ebenso zahlreichen empfehlenswerten Weine von soliden, authentischen Alltagsweinen bis hin zu absoluten Spitzenweinen. Besonders haben es uns die kräftigen, „weinigen" Exemplare angetan, die sensorisch nicht zu süß schmecken und teilweise immenses Reifungspotenzial haben. Sie sind aromatisch, aber nicht schwer, mineralisch und fein, oftmals sehr trinkfreudig, vereinen so viele der besten Eigenschaften des Rieslings. Darüber hinaus sind sie authentische Spezialitäten der Region. Hier sei wieder das Weingut Kühn mit seinen würzigen Rieslingen genannt, natürlich Robert Weil mit seinen beiden außerordentlich kraftvollen und tiefsinnigen Spätlesen. Der feinherbe „Rotlack" Kabinett von Schloss Johannisberg gehört aber ebenso dazu, wie die Spätlese aus dem Doosberg von Corvers-Kauter und die der Georg-Müller-Stiftung aus dem Marcobrunn und natürlich alle anderen, die von uns empfohlen, aber hier nicht explizit genannt werden.

Die besten Erzeuger

Weltklasse

★★★★★

Weingut Georg Breuer
Weingut Peter Jakob Kühn
Weingut Leitz
Weingut Robert Weil

★★★★☆

Weingut Chat Sauvage
Weingut Querbach

Hervorragende Erzeuger

★★★★

Weinbaudomäne Schloss Johannisberg
Weingut Dr. Corvers-Kauter
Weingut Carl Ehrhard
Weingut Franz Künstler
Weingut Prinz
Weingut Josef Spreitzer

★★★☆

Wein- und Sektgut Barth ↑
Weingut Bibo & Runge
Bischöfliches Weingut Rüdesheim
Weingut Joachim Flick
Weingut Jakob Jung
Weingut Krone
Weingut Kaufmann
Weingüter Wegeler

Sehr gute Erzeuger

★★★

Sektmanufaktur Bardong
Weingut Mohr
Weingut Georg-Müller-Stiftung
Sektmanufaktur Schloss Vaux ↑
Weingut Im Weinegg

★★☆

Weingut Crass ↑
Diefenhardt'sches Weingut
Weingut August Eser
Weingut H.T. Eser
Weingut 49point9
Weingut Alexander Freimuth
Weingut Prinz von Hessen
Weingut Paul Laquai
Weingut Sohns
Weingut Trinks-Trinks ↑

Gute Erzeuger

★★

Weingut Fritz Allendorf
Weingut Hans Bausch
Weingut Biebers Weinkultur
Weingut Friedr. Fendel Erben
Staatsweingüter Kloster Eberbach
Weingut Baron Knyphausen
Weingut W. J. Schäfer
Weingut Schreiber ↑
Weingut Schumann-Nägler ↑
Weingut Strieth
Weingut Wurm

★☆

Weingut Konrad Berg & Sohn
Weingut H.J. Ernst
Weingut Peter Flick ↑
Weingut Hirschmann
Weingut Höhn
Weingut Hans Prinz

Zuverlässige Erzeuger ★

Weingut Baison [N]
Weingut Jonas

Rheinhessen

Wir können den Eingangssatz vom vergangenen Jahr stehen lassen, müssen nur den Jahrgang austauschen: „Rheinhessen hat auch im Jahrgang 2018 unsere Schlussverkostung der besten trockenen Rieslinge dominiert, wie wir das nun schon seit einigen Jahren kennen". Beim Riesling ist Rheinhessen an der deutschen Spitze angekommen, aber es zeichnet sich ab, dass man auch mit den Burgundersorten in den nächsten Jahren den für diese Sorten renommierteren Anbaugebieten das Fürchten lehren wird.

Beim Weißburgunder hat uns dieses Jahr Jochen Dreissigacker überrascht mit zwei ganz starken Weinen, sein Einzigacker hat an Komplexität zugelegt, auch die Weingüter Bischel und Knewitz konnten sich ganz vorne platzieren. Bischel fanden wir auch beim Chardonnay ganz stark, dazu den Chardonnay-Spezialisten Karl-Hermann Milch, die Überraschung war ein 2016er Wein von Neverland Vineyards. Während viele Winzer auf Weißburgunder und Chardonnay setzen, präferieren andere Grauburgunder, die Brüder Braunewell beispielsweise.

Beim Spätburgunder setzt Klaus Peter Keller seit Jahren Akzente in einem sehr individuellen Stil, die Brüder Runkel vom Weingut Bischel scheinen sich ebenfalls fest in der Spitze zu etablieren – und einige andere werden in den kommenden Jahren folgen.

Bei sonstigen roten Rebsorten und Cuvées machen die Braunewells eine gute Figur, ebenso Peth-Wetz, einer unserer Aufsteiger des Jahres, sowie Markus Keller, bei dem Syrah und Lagrein besonders spannend sind.

Beim Sekt hat Volker Raumland nicht nur für Rheinhessen, sondern für ganz Deutschland Maßstäbe gesetzt, und das dies andere ansport, ist klar: Rüdiger Flik, Strauch und die Braunewells legen weiter zu.

Nur bei der rheinhessischen Traditionsrebsorte, beim Silvaner, scheinen die Ambitionen begrenzt.

Acht neue Weingüter präsentieren wir zum ersten Mal, dazu gibt es eine ganze Reihe von Aufsteigern wie Dreissigacker, Peth-Wetz, Thörle, Bettenheimer, Bunn, Frey, Weedenborn. Flik, Full, Neverland oder Werther Windisch, um nur einige wenige zu nennen.

Und auch das Fazit können wir unverändert vom vergangenen Jahr übernehmen: „Eine ganze Reihe von Betrieben ist dabei in den kommenden Jahren für Furore zu sorgen und sich weiter oben zu positionieren, so dass man sicher sein kann, dass Rheinhessen die deutsche Weinszene auch in den kommenden Jahren aufmischen wird."

Unsere Weine sind so individuell wie wir – und gemacht fürs Miteinander.

Weine aus Rheinhessen:
Qualität, die man schmeckt.

Die 13 deutschen Weinregionen sind geschützte Ursprungsbezeichnungen.

Rheinhessen ist eines der 13 deutschen Anbaugebiete, das die EU als geschützte Ursprungsbezeichnung anerkannt hat. Es ist die größte deutsche Weinregion und erstreckt sich linksrheinisch am Rheinbogen von Worms über Mainz nach Bingen. Im trockenen Klima wachsen zu 70% weiße Rebsorten – vor allem Riesling, die Burgundersorten sowie der Silvaner. Mehr Informationen zur geschützten Ursprungsbezeichnung Rheinhessen: www.rheinhessen.de/gu

Rheinhessen
DIE WEINE DER WINZER

Willkommen in besten Lagen.
deutscheweine.de

Die besten Erzeuger

Weltklasse

★★★★★

Weingut **Bischel**
Weingut **Dreißigacker** ↑
Weingut Klaus **Keller**
Sekthaus **Raumland**
Weingut **Wittmann**

★★★★✫

Weingut **Battenfeld-Spanier**
Weingut **Kühling-Gillot**
Weingut **Wagner-Stempel**

Hervorragende Erzeuger

★★★★

Weingut **Becker-Landgraf**
Weingut **Braunewell**
Weingut **Espenhof**
Weingut **Gunderloch**
Wein- und Sektgut **Hofmann**
Weingut **Kissinger**
Weingut **Knewitz**
Weingut **Landgraf**
Weingut Karl **May**
Weingut **Peth-Wetz** ↑
Weingut **Sankt Antony**
Winzerhof **Thörle** ↑
Weingut **Weinreich**

★★★★✫

Weingut J. **Bettenheimer** ↑
Weingut Lisa **Bunn** ↑
Weingut **Frey** ↑
Weingut **Gysler**
Weingut Karlheinz **Keller**
Weingut Karl-Hermann **Milch**
Weingut **Riffel**
Weingut **Sander**
Weingut **Spiess**, Riederbacherhof
Weingut **Weedenborn** ↑
Weingut **Wernersbach**

Sehr gute Erzeuger

★★★

Weingut **Engel**
Weingut Alexander **Flick**
Flik Sektmanufaktur ↑
Weingut **Franz**
Weingut **Full** ↑
Geil's Sekt- und Weingut
Weingut **Gres**
Weingut Fritz Ekkehard **Huff**
Weingut Georg Gustav **Huff**
Weingut **Neverland** ↑
Weingut Château **Schembs**
Spiess Weinmacher
Weingut **Stallmann-Hiestand**
Weingut **Steinmühle**
Weingut Dr. Eva **Vollmer**
Weingut Arndt F. **Werner**
Weingut **Werther Windisch** ↑

★★★✫

Weingut **Barth** ↑
Weingut Brüder Dr. **Becker** ↑
Weingut **Bernhard** ↑
Weingut **Brandt**
Weingut **Goldschmidt**
Weingut Eckehart **Gröhl**
Weingut **Hedesheimer Hof**
Weingut **Hemer** ↑
Weingut **Huff-Doll**
Weingut **Kampf**
Weingut **Kapellenhof** ↑
Weingut **Krämer**
Weingut **Kühling** ↑
Weingut **Lamberth**
Weingut Dieter **Michel** 📖
Weingut **Michel-Pfannebecker**
Weingut **Neef-Emmich**
Weingut Daniel **Schmitt**
Weingut **Schneider** – Mirjam Schneider
Weingut **Schönhals**
Weingut Uwe **Spies**
Strauch Sektmanufaktur
Weingut Eckhard **Weitzel**

Gute Erzeuger

★★

Weingut **Alte Schmiede**
Weingut **Beiser**
Weingut **Brüssel**
Weingut **Büsser-Paukner**
Weingut **Eberle-Runkel**
Weingut Klaus **Gallé**
Weingut Helmut **Geil**
Weingut **Hiestand**
Weingut **Hirschhof**
Weingut **Hothum**
Weingut **Johanninger** [N]
Weingut Klaus **Knobloch**
Bioweingut **Lorenz**
Weingut **Mertz**
Weingut **Mett** & Weidenbach
Weingut **Meyerhof**
Weingut **Ruppert-Deginther**
Weingut **Scherner-Kleinhanss**
Ökologisches Weingut **Schmitt**
Weingut **Schweickardt**
Weingut **Strohm**
Weingut Arthur & Fabian **Zimmermann**
Weingut **Zimmer-Mergel**

★✩

Weingut Dr. **Balzhäuser** ↑
Weingut **Becker** (Spiesheim)
Weingut **Boxheimerhof** ↑
Cisterzienser Weingut (**Michel**)
Weingut **Dackermann** ↑
Weingut Udo & Timo **Eppelmann**
Weingut **Finkenauer** ↑
Weingut **Gehring** [N]
Weingut **Götz**
Sektmanufaktur **Hattemer**
Weingut **Hauck**
Huster Ökologischer Weinbau
Weingut **Illian-Arnd** ↑
Weingut **Janson** ↑
Weingut **Julianenhof** ↑
Weingut **Julius**
Weingut **Kinges-Kessel**
Weingut **Kitzer**
Weingut Carl **Koch**
Weingut **Listmann** ↑

Weingut **Meiser**
Weingut **Merl** ↑
Weingut **Münzenberger**
Weingut Wolfgang & René **Peth** ↑
Weingut **Posthof** – Doll & Göth
Weingut **Rolletter** ↑
Weingut G.A. **Schneider**
Weingut **Schreiber-Kiebler**
Weingut **Stauffer**
Weingut **Wasem** [W]
Weingut **Wasem Doppelstück**
Weingut **Zöller**

Zuverlässige Erzeuger

★

Weingut **Adam**
Weingut **Baum**
Weingut **Becker** (Mettenheim)
Weingut **Bungert-Mauer**
Weingut **Clemens**
Weingut **Dechent**
Weingut **Dessoy** Vino Fredi
Weingut **Diel**
Weingut **Domhof**
Weingut **Feth-Wehrhof**
Weingut **Fischborn-Schenk**
Weingut **Fritzsch**
BioWeingut **Gänz**
Weingut Peter **Harth**
Weingut **Heck** [N]
Weingut **Henrici**
Weingut **Jäger**
Weingut **Johanneshof**
Weingut **Kron** [N]
Weingut **Kronenhof**
Weingut **Luff** [N]
Weingut **Martinshof**
Weingut Gernot **Michel**
Weingut **Reis-Luff**
Weingut **Schlossmühlenhof** [N]
Weingut Bgm. Adam **Schmitt** [N]
Weingut Dr. **Schreiber**
Weingut **Stoll** [N]
Weingut **Weinmann**
Weingut **Werner**
Weingut Peter & Julian **Wolf**

Saale-Unstrut

Hitze und Trockenheit kennzeichnen den Jahrgang 2019, aber die Winzer kennen das inzwischen und wissen damit umzugehen. Saale-Unstrut-Wein wird stetig besser und die Qualitätsbemühungen der Winzer werden honoriert. Die Rebfläche wurde im letzten Jahrzehnt beständig vergrößert, mehr als 100 Hektar sind hinzugekommen, so dass es heute knapp 800 Hektar Weinberge im Anbaugebiet gibt.

Wir freuen uns besonders über zwei spannende Neuaufnahmen. Das Weingut Böhme & Töchter aus Gleina präsentiert eine hochklassige Kollektion, in der neben Riesling auch Rebsorten wie Traminer und Chardonnay überzeugen, die Rotweine zeigen ebenfalls hohes Niveau. Das Thüringer Weingut Zahn liefert eine kleine aber feine Kollektion, in der neben Riesling und Zweigelt eine Muscaris Auslese besonders überzeugt, alles Weine vom Kaatschener Dachsberg.

Matthias Hey ist der Shooting Star im Anbaugebiet – und neues Mitglied im VDP, er legt mit der neuen Kollektion weiter zu, setzt nicht nur beim Riesling Akzente, auch Weißburgunder und Grauburgunder werden immer interessanter, aus Zweigelt erzeugt er einen tollen Rotwein. André Gussek trumpft auch in diesem Jahr mit ganz starken Rotweinen auf, ein Zweigelt gefällt uns besonders gut. Das Landesweingut Kloster Pforta zeigte sich schon im vergangenen Jahr verbessert, dieses Jahr führt ein toller Breitengrad-Weißburgunder die Kollektion an. Und sehr wichtig für die Region und den Erfolg von Saale-Unstrut ist die Winzervereinigung Freyburg-Unstrut, die seit vielen Jahren zuverlässige, recht gleichmäßige Qualität bietet; bei den Genossen führt eine rote Cuvée die aktuelle Kollektion an. Eine Region im Aufwind!

Die besten Erzeuger

Sehr gute Erzeuger

★★★
Winzerhof **Gussek**
Weingut **Hey**

Gute Erzeuger

★★
Weingut **Böhme & Töchter**

★★☆
Landesweingut Kloster **Pforta**
Winzervereinigung **Freyburg**
Thüringer Weingut **Zahn**

Sachsen

Da waren es nur noch 2: Die Zahl unserer Weingüter aus Sachsen hat sich in diesem Jahr halbiert. corona-bedingt, denn Bernd Kastler vom Weingut Kastler-Friedland schrieb, dass man erst nach der 2020er Ernte füllen werde, deshalb keine neuen Weine habe, und Thomas Herrlich vom Weingut Vincenz Richter litt im besonderem Maße unter den Restaurant-Schließungen aufgrund der Pandemie, da er seine Weine ganz überwiegend über die Gastronomie vertreibt, wie er uns mitteilte.

Generell war 2019 ein guter Jahrgang in Sachsen, wie fast überall in Deutschland, auch wenn die Winzer und vor allem die Reben mit hohen Temperaturen zu kämpfen hatten und es an Regen fehlte, der Trockenstress hier und da zu Problemen führte, vor allem in den Steillagen und auf Granitverwitterungsböden, darin gleicht der Jahrgang 2019 seinem Vorgänger; die Winzer haben darauf geachtet, dass die Alkoholwerte nicht ganz so exzessiv wurden wie im Jahrgang 2018.

Schloss Wackerbarth hat wieder eine starke, sehr gleichmäßige Kollektion, überzeugt sowohl mit trockenen als auch mit süßen und edelsüßen Weinen. Die große Überraschung aber stammt mit dem neuen Spätburgunder aus dem Laubacher Thonberg aus dem Jahrgang 2018, ein Wein, der trotz gehobenen Alkoholwertes überzeugt.

Auch bei Schloss Proschwitz gefällt uns mit dem Spätburgunder Großes Gewächs ein Rotwein besonders gut, der allerdings noch aus dem Jahrgang 2017 stammt und einen moderateren Alkoholwert aufweist; moderate Werte bei den weißen 2019er Ortsweinen zeigen, dass man den Jahrgang im Griff hatte.

Die besten Erzeuger

Sehr gute Erzeuger

★★★½

Weingut Schloss **Wackerbarth**

Gute Erzeuger

★★

Weingut Schloss **Proschwitz**

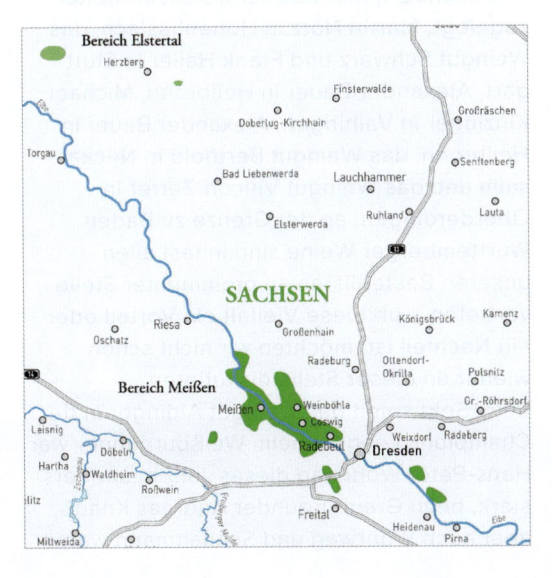

Württemberg

Beginnen wir mit dem neuen Hotspot, dem Bodensee, dem Bayerischen Bodensee genau genommen. Noch vor wenigen Jahren haben wir kein einziges Weingut von dort in diesem Buch vorgestellt, dann kam Benjamin Lanz aus Nonnenhorn neu ins Buch, dann die Familie Schmidt aus Hattnau und Teresa Deufel aus Lindau, und nun präsentieren wir zwei weitere Weingüter aus Nonnenhorn mit ganz starken Kollektionen, Ulrike und Oliver Schaugg vom Rebhof am See und Simon Hornstein vom Weingut Hornstein am See, den wir zugleich als Entdeckung des Jahres auszeichnen.

Was das hier alles bei Württemberg verloren hat, mag man sich fragen. Dies ist eine Besonderheit des Deutschen Weingesetzes, dass die Rebflächen am bayerischen Ufer des Bodensees dem Anbaugebiet Württemberg zugeordnet sind.

Auch sonst gibt es wieder interessante neue Weingüter zu entdecken, die meist aus weniger bekannten Württemberger Weinbaugemeinden stammen. Aus Weikersheim im Taubertal kommt das Weingut Miriam Ehrmann, dessen Kollektion schon mit dem ersten Jahrgang eine klare Handschrift zeigt. Aus Unterjesingen bei Tübingen stammt das Weingut Sabine Koch: Wein aus Tübingen, wird sich mancher fragen? Ja, die Randgebiete mit ihren „Cool Climate"-Lagen werden immer spannender, nicht nur in Württemberg. Aus Ingersheim stammt das Weingut Velte, und wir geben zu, wir mussten auch erst nachschauen, wo denn Ingersheim liegt: Nördlich von Ludwigsburg, am Neckar. Am Neckar liegt auch Esslingen, wo die älteste deutsche Sektkellerei ihren Sitz hat, die unter neuer Führung Gas geben will und mit dem „Grande Réserve Georges Vintage" eine Spitzencuvée kreiert hat: Kessler Sekt. Aus dem Hohenloher Land, genau genommen aus Bretzfeld-Dimbach, kommt das Weingut Heinz J. Schwab. Und schließlich haben wir mit dem Weingut Sterneisen aus Remshalden auch einen spannenden Betrieb aus der Teilregion, wo die Dichte an Spitzenwinzern ohnehin schon sehr hoch ist, aus dem Remstal.

Die Qualität in Württemberg wird stetig besser, viele Weingüter legen stetig zu, und auch in diesem Jahr gibt es wieder eine ganze Schar an Aufsteigern. Markus Heid aus Fellbach ist da an erster Stelle zu nennen, der sowohl mit Weiß- als auch mit Rotweinen zur Spitze gehört – und gleichzeitig in Kitzingen (in Franken!) ein ambitioniertes neues Projekt begonnen hat.

Im Remstal haben Leon Gold aus Gundelbach und Michael Maier aus Schwaikheim weiter zugelegt, Martin Notz in Hohenhaslach, das Weingut Schwarz und Frank Haller in Stuttgart, Alexander Bauer in Heilbronn, Michael Kinzinger in Vaihingen, Alexander Bauer in Heilbronn, das Weingut Berthold in Neckarsulm und das Weingut Vinçon-Zerrer in Oberderdingen, an der Grenze zu Baden. Württemberger Weine sind in fast allen unseren Bestenlisten an prominenter Stelle vertreten – ob diese Vielfalt ein Vorteil oder ein Nachteil ist, möchten wir nicht schon wieder an dieser Stelle diskutieren.

Beim Sekt spielt das Weingut Aldinger in der Champions League, beim Weißburgunder war Hans-Peter Wöhrwag dieses Jahr besonders stark, beim Grauburgunder Andreas Knauß, aber auch Wöhrwag und Schnaitmann waren

Die deutschen Weinregionen — Württemberg

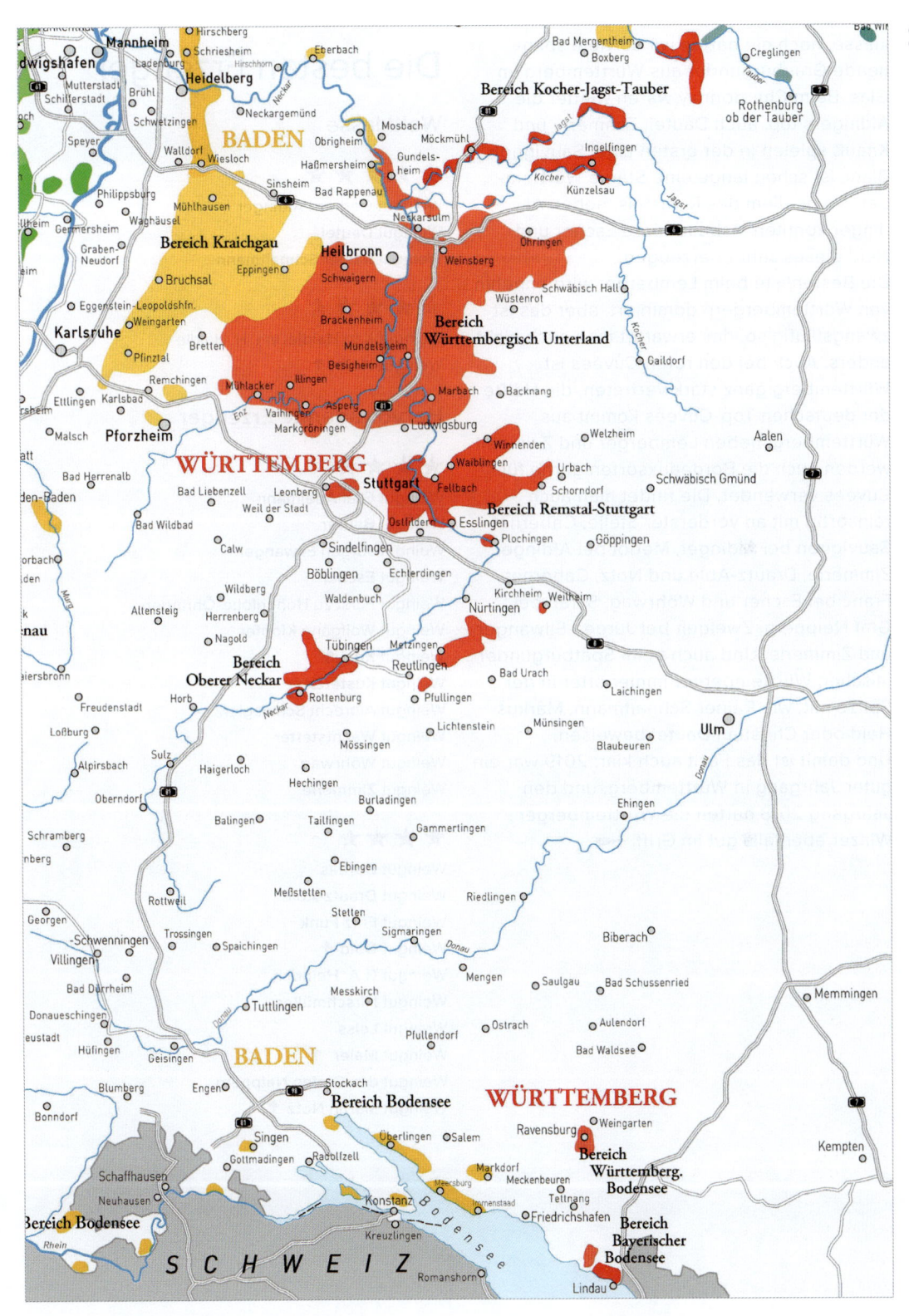

klasse, noch nie hatten wir so viele spannende Grauburgunder aus Württemberg im Glas. Beim Chardonnay waren wieder die Aldingers top, auch Dautel, Zimmerle und Knauß spielen in der ersten Liga. Sauvignon Blanc ist schon lange eine Stärke Württembergs, vor allem des Remstals, neben Aldinger konnten insbesondere Escher und Heid dieses Jahr überzeugen.

Die Bestenliste beim Lemberger wird ohnehin von Württembergern dominiert, aber das ist zwangsläufig so, das erwartet man auch nicht anders. Auch bei den roten Cuvées ist Württemberg ganz stark vertreten, die Hälfte der deutschen Top-Cuvées kommt aus Württemberg, neben Lemberger und Zweigelt werden auch die Bordeauxsorten gerne für Cuvées verwendet. Die findet man auch reinsortig mit an vorderster Stelle, Cabernet Sauvignon bei Aldinger, Merlot bei Aldinger, Zimmerle, Drautz-Able und Notz, Cabernet Franc bei Escher und Wöhrwag, Syrah bei Graf Neipperg, Zweigelt bei Jürgen Ellwanger und Zimmerle. Und auch beim Spätburgunder mischen Württemberger immer öfter in der Spitze mit, wie Rainer Schnaitmann, Markus Heid oder Christian Dautel beweisen.

Und damit ist das Fazit auch klar: 2019 war ein guter Jahrgang in Württemberg, und den Jahrgang 2018 hatten die Württemberger Winzer ebenfalls gut im Griff.

Die besten Erzeuger

Weltklasse

★★★★★

Weingut Gerhard **Aldinger**
Weingut **Dautel**
Weingut Rainer **Schnaitmann**

★★★★⯪

Weingut Karl **Haidle**, Inh. H. Haidle
Weingut **Heid** ↑

Hervorragende Erzeuger

★★★★

Weingut Graf **Adelmann**
Weingut **Beurer**
Weingut Jürgen **Ellwanger**
Weingut **Escher**
Weingut Fürst zu **Hohenlohe-Öhringen**
Weingut Wolfgang **Klopfer**
Weingut **Knauß**
Weingut **Kusterer**
Weingut Albrecht **Schwegler**
Weingut **Wachtstetter**
Weingut **Wöhrwag**
Weingut **Zimmerle**

★★★★⯪

Weingut **Doreas**
Weingut **Drautz-Able**
Weingut Fritz **Funk**
Weingut **Gold** ↑
Weingut G.A. **Heinrich**
Weingut **Hirschmüller**
Weingut **Leiss**
Weingut **Maier** ↑
Weingut des Grafen **Neipperg**
Weingut Martin **Notz** ↑

Sehr gute Erzeuger

★★★

Weingut **Bächner**
Weingut **Birkert**
Weingut Hedwig & Helmut **Dolde**
Weingut **Hirsch**
Schlossgut **Hohenbeilstein**
Weingut Gerd **Keller**
Weingut **Medinger**
Weingut **Schäfer-Heinrich**
Weingut **Schwarz** ↑
Staatsweingut **Weinsberg**
Weingut **Zipf**

★★⯪

Weingut **Alt**
Weingut Alexander **Bauer** ↑
Panoramaweingut **Baumgärtner**
Weingut **Berthold** ↑
Weingut **Eisele**
Fellbacher Weingärtner
Weingut **Forsthof**
Weingut Albert **Häußermann**
Weingut **Haller** ↑
Weingut **Johannes B.**
Weingut **Idler**
Weingut **Kinzinger** ↑
Weingut Eberhard **Klein** ↑
Weingut **Siggi** 📖
Weingut **Vinçon-Zerrer** ↑
Weingut Herzog von **Württemberg**

Gute Erzeuger

★★

Weingut **Albrecht-Kießling**
Weingut Dr. **Baumann**
Weingut Graf v. **Bentzel-Sturmfeder**
Weingut **Bihlmayer**
Weingut **Bruker**
exNicrum Weinmanufaktur (ex-Faschian)
wein & gut frank
Weingut **Gruber**
Weingut **Hornstein am See** 📖
Weingut **Lanz** ↑
Weingut **Mödinger**
Weingut Reinhard **Schäfer**

Weingut **Schmidt** am Bodensee ↑
Weingut **Seybold**
Weingut **Singer-Bader**
Weingut **Sonnenhof**
Weingut **Supp**
Weingut **Ungerer**
Weinmanufaktur **Untertürkheim**

★★⯪

Weingut **Albrecht-Gurrath**
Weingut Teresa **Deufel**
Weingärtner **Dürrenzimmern-Stockheim**
Weingut Miriam **Ehrmann** 📖
Weinbau **Frick**
Weingut **Lutz** 📖
Weingut **Rajtschan – 70469R!**
Weingut **Rebhof** 📖
Weingut Martin **Schropp**
Weingut **Springer**
Weingärtner **Stromberg-Zabergäu**
Weingut der Stadt **Stuttgart** ↑
Weingut **Velte** 📖
Weinfactum
Weingut **Winkler**

Zuverlässige Erzeuger

★

Weingut **Borth** 📖
Collegium **Wirtemberg**
Weinhof **Dieroff**
Weingut **Gaufer**
Weingut und Edelbrennerei **Gemmrich**
Weingut **Golter**
Weingut Rolf **Heinrich**
Weingut **Hirth** 📖
Weingut **Holzapfel**
Weingut **Keil**
Weingut Sabine **Koch** 📖
Weingut Anita **Landesvater**
Winzergenossenschaft **Markelsheim**
Weingut Jochen **Mayer** 📖
Weingut **Rienth**
Weingut Heinz J. **Schwab** 📖
Weingut **Sterneisen** 📖
WeinSchmiede

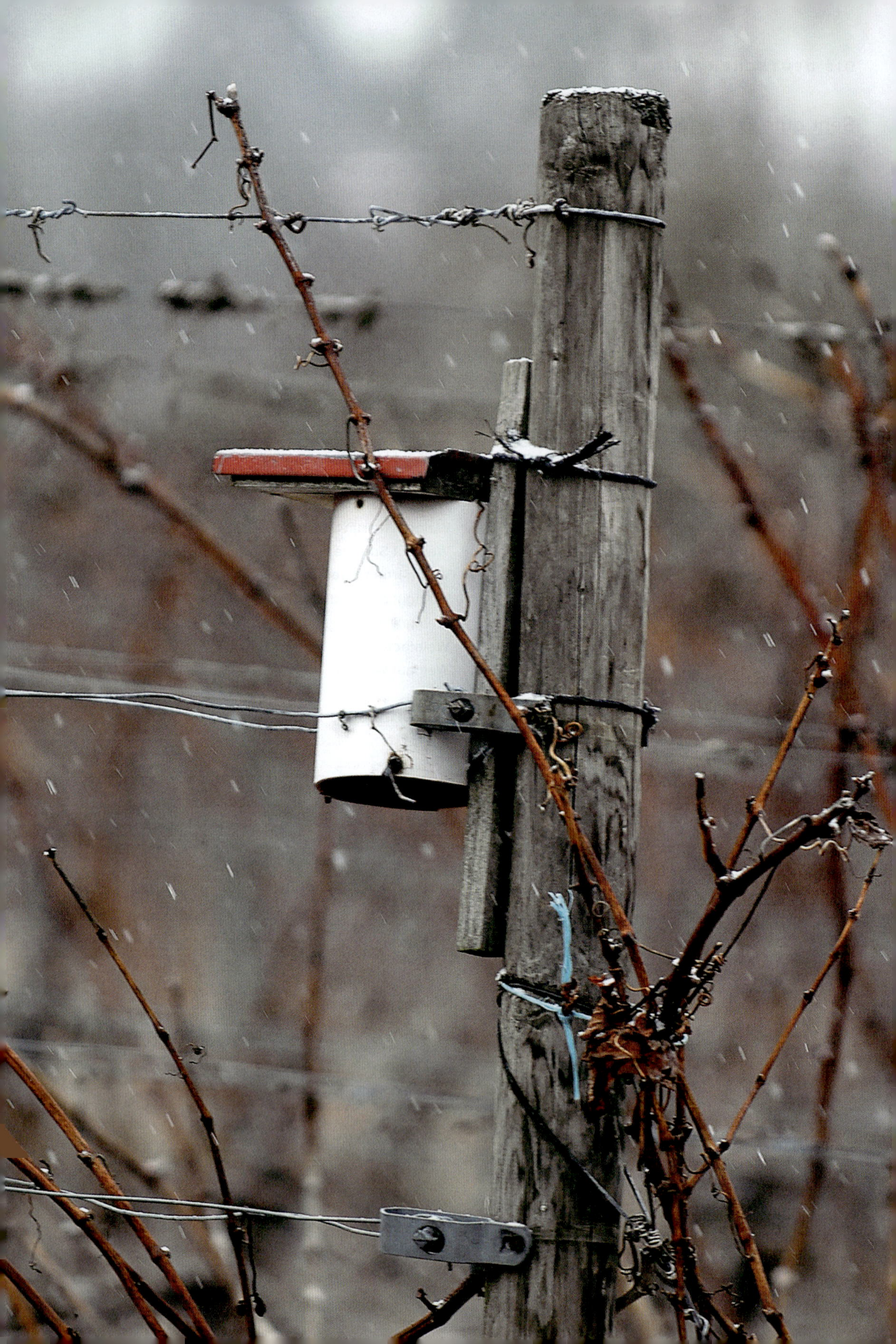

Deutsche Weingüter von A bis Z

BADEN — VOGTSBURG-BISCHOFFINGEN

★★★

Abril

Kontakt
Am Enselberg 1, 79235
Vogtsburg-Bischoffingen
Tel. 07662-949323-0
Fax: 07662-949323-99
www.weingut-abril.de
weingut@weingut-abril.de

Besuchszeiten
Mo.-Fr. 8-12 + 13-18 Uhr
Sa. 9:30-13 Uhr
So. (April/Mai/Sept./Okt.):
11-16 Uhr; Köpfers Steinbuck,
Steinbuck Stube

Inhaber
Abril Weine GmbH & Co. KG
Betriebsleiter
Eva-Maria Köpfer
Kellermeister
Daniel Hank
Außenbetrieb
Thomas Amann
Rebfläche
25 Hektar
Produktion
130.000 Flaschen

Seit 2015 führt ein neues Team das größte biologisch wirtschaftende Weingut am Kaiserstuhl. Die Familie Abril betreibt seit dem Jahr 1740 Weinbau in Bischoffingen am Kaiserstuhl, Hans-Friedrich Abril und Ehefrau Gabi gaben 2007 das Weingut an Cousine Helga und ihren Mann Erivan Haub, den Seniorchef von Tengelmann, ab. Die Rebfläche, bei Übernahme 6,5 Hektar, wurde seither deutlich vergrößert. Der neue Weinkeller konnte nicht wie geplant am alten Sitz realisiert werden, ein kompletter Neubau am Ortsrand von Bischoffingen inmitten der Weinberge wurde im September 2012 eröffnet. Die Weinberge liegen in den Bischoffinger Lagen Enselbuck, Rosenkranz und Steinbuck, sowie im Jechtinger Eichert. Die Weinberge werden biologisch bewirtschaftet, man ist Mitglied bei Ecovin. Der Schwerpunkt liegt auf den Burgundersorten, dazu gibt es Spezialitäten wie Gewürztraminer, Muskateller, Riesling, Scheurebe, Chardonnay oder Blauer Silvaner. Das Sortiment ist dreistufig gegliedert in die Linien Frucht, Stein und Zeit.

Kollektion

Weiß wie rot zeigt das Abril-Team in diesem Jahr einige sehr gute Weine. Auch die Weine der „Frucht"-Linie gefallen, sie sind zupackend fruchtig, aber haben bereits mineralische Anklänge, die in den „Stein"-Weinen deutlicher zum Tragen kommen. Der mineralischste der Stein-Weine ist der Weißburgunder mit feinen Karamell-Noten. Fein ziselierte Frucht mit feiner Würze im Bouquet zeigt der Chardonnay aus der „Zeit"-Linie, am Gaumen zeigt er eine mineralisch-salzig geprägt Frucht und schlanke, elegante Fülle. Beim Grauburgunder „Zeit" dominiert die Würze im Bouquet. Im Mund umhüllen Tannine und feine Röstaromen eine reife gelbe Frucht, ein sehr dichter, gut bepackter Wein. Ein komplexes Bouquet mit roten Früchten und feiner Würze zeigt der Pinot Noir Enselberg, ein feiner, saftig-eleganter Wein mit jungem, aber sehr gutem Tanningwand. Der Pinot Noir Steinbuck setzt noch einen drauf, ist noch etwas fordernder.

Weinbewertung

85	Crémant Rosé	12,5%/13,50€
84	2019 Auxerrois trocken „Frucht"	12%/9,-€
85	2019 Weißer Burgunder trocken „Frucht"	13%/9,-€
85	2019 Grauer Burgunder trocken „Frucht"	13%/9,-€
87	2018 Weißer Burgunder trocken „Stein"	13,5%/15,50€
86	2019 Weißer Burgunder & Chardonnay trocken „Stein"	13,5%/12,-€
89	2018 Grauer Burgunder trocken „Zeit"	14%/22,-€
89	2018 Chardonnay trocken „Zeit"	14,5%/22,-€
89	2015 Ruländer Trockenbeerenauslese „Zeit"	9,5%/48,-€
86	2018 Spätburgunder trocken „Magmatit" „Stein"	13,5%/16,50€
88	2017 Pinot Noir trocken „Zeit" Bischoffinger Enselberg	13,5%/28,-€
90	2017 Pinot Noir trocken „Zeit" Bischoffinger Steinbuck	13,5%/36,-€

RHEINHESSEN ▶ PARTENHEIM

Adam

Kontakt
Am Weiher 18
55288 Partenheim
Tel. 06732-1289
Fax: 06732-930909
www.weingut-adam.de
info@weingut-adam.de

Besuchszeiten
nach Vereinbarung
Weinschänke

Inhaber
Thomas Adam
Betriebsleiter
Thomas Adam
Kellermeister
Thomas Adam
Rebfläche
20 Hektar

Thomas Adam führt heute in vierter Generation dieses in Partenheim gelegene Weingut, ein Ort, in dem Weinbau bereits im 8. Jahrhundert urkundlich erwähnt wurde. Seine Weinberge liegen in den beiden Partenheimer Lagen St. Georgen (Löss und Ton) und Steinberg (toniger Lehm), der westlich an den Saulheimer Schlossberg anschließt, die Gewanne Am Himmelberg grenzt unmittelbar an den Schlossberg an, aus dieser Gewanne wird der Spitzenriesling des Weingutes erzeugt. Silvaner und Riesling sind die wichtigsten Rebsorten, es folgen Müller-Thurgau, Grauburgunder, Spätburgunder, Weißburgunder, Chardonnay und Dornfelder, aber auch Cabernet Sauvignon, Scheurebe, Regent, Portugieser, Cabernet Mitos, Bacchus, Ortega, Würzer und Rubinet – achtzehn Rebsorten insgesamt. Die Weine werden vor allem über Weinmessen verkauft, auf mehr als zwanzig Messen in ganz Deutschland ist das Weingut vertreten.

Kollektion

Weißburgunder und Chardonnay gefielen uns im vergangenen Jahr am besten, von beiden Rebsorten konnten wir dieses Jahr keine Weine verkosten. Die vorgestellten 2018er Weine sind ein wenig verhalten, am besten gefällt uns der Grauburgunder, der fruchtbetont und reintönig im Bouquet ist, frisch, zupackend und strukturiert im Mund. Vom Lagen-Riesling aus der Gewanne Am Himmelberg konnten wir gleich zwei Jahrgänge verkosten, wir sehen beide gleichauf: Jahrgang 2017 zeigt deutliche Reife im Bouquet, ist füllig und kompakt im Mund, besitzt reife Frucht und Substanz, und auch der 2018er zeigt Reifenoten, feine Würze, gute Konzentration, besitzt Fülle und Saft, reife Frucht und gute Struktur. Highlight der Kollektion ist in diesem Jahr der 2018 Würzer Eiswein, am 21. Januar 2019 gelesen, ist würzig und dominant, zeigt Litschi, kandierte Früchte, ist süß und dominant im Mund, besitzt viel Konzentration und Substanz.

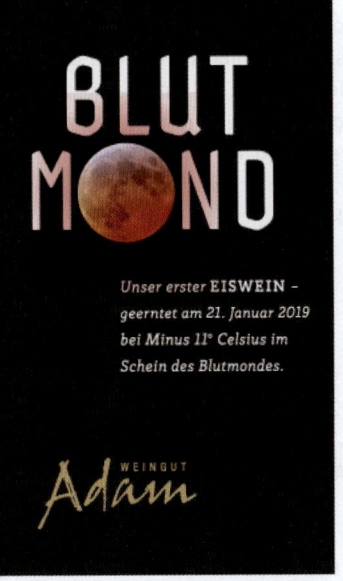

Weinbewertung

80	2019 Silvaner trocken (1l)	13,5%/5,95€
83	2019 Grauer Burgunder Partenheimer St. Georgen	13%/7,60€
81	2019 Riesling Spätlese trocken „D3" Partenheimer Steinberg	13%/8,80€
81	2019 Sauvignon Blanc Kabinett trocken Partenheimer Steinberg	12,5%/9,10€
84	2017 Riesling „S" trocken „sur lie" Partenheim Am Himmelberg	13%/25,-€
84	2018 Riesling „S" trocken „sur lie" Partenheim Am Himmelberg	13,5%/35,-€
79	2019 Silvaner „feinherb" Partenheimer (1l)	12%/5,95€
79	2019 Riesling „feinherb" Partenheimer Steinberg	12%/7,60€
80	2019 Bacchus Partenheimer Steinberg	10%/6,60€
87	2018 Würzer Eiswein „Blutmond" Partenheimer Steinberg	6%/60,-€
79	2019 Portugieser Weißherbst Ingelheimer Kaiserpfalz	9%/6,60€

MOSEL ▶ KINHEIM

★★✩

Marco Adamy

Kontakt
St. Petersweg 7
54538 Kinheim
Tel. 06532-4982
www.weingut-adamy.de
marco.adamy@weingut-adamy.de

Besuchszeiten
nach Vereinbarung

Inhaber
Marco Adamy

Rebfläche
3 Hektar

Marco Adamy hat erst eine Ausbildung zum Groß- und Einzelhandelskaufmann absolviert, dann in Geisenheim studiert, ein Auslandspraktikum in Neuseeland und diverse Praktika im Inland gemacht, nach Beendigung seines Studiums wurde er Weinbauberater an der Mosel. Bereits seit seinem Studienbeginn 2005 war er im elterlichen Weingut für den Weinausbau verantwortlich, Ende 2013 gründete er sein eigenes Weingut, 2014 war sein erster Jahrgang. Seine Weinberge befinden sich überwiegend in Steillagen, liegen in Kinheim im Rosenberg und in Kröv, 2015 kamen Parzellen im Ürziger Würzgarten (mit über 100 Jahre alten wurzelechten Reben) und im Erdener Treppchen (ebenfalls mit wurzelechten Reben) hinzu. Riesling nimmt 80 Prozent der drei Hektar umfassenden Fläche ein, hinzu kommen Spätburgunder, Sauvignon Blanc und Weißburgunder. Die Weine werden spontanvergoren und lange auf der Hefe ausgebaut.

Kollektion

In diesem Jahr wirken die Weine des Gutes besonders klar, straff und eindeutig, im trockenen Bereich schön präzise, teilweise fast puristisch. Basisriesling und Weißburgunder sind klar und stimmig. Sehr offen wirkt der Sauvignon Blanc, der frische grasige und kühle Noten aufweist, auch etwas Kräuter und Zitrus, im Mund rassig ausfällt, würzig und trocken. Ganz anders der „Fumé", ein trocken ausgebauter Sauvignon Blanc mit Noten von der Holzfassreifung, Anklängen an Kräuter und Birne, auch etwas hellem Tabak. Im Mund ist dieser Wein würzig und straff, schön klar und trocken; er könnte sich noch gut entwickeln und dann noch höher zu bewerten sein. Der trockene Treppchen-Riesling ist schön stoffig, fest, puristisch und sehr präzise, der ebenfalls trockene Wein von alten Reben des Würzgartens wirkt würzig, besitzt etwas mehr Schmelz. Fein, klar und beinah elegant wirkt die saftige, zupackende Spätlese, bei welcher der Zucker sehr gut integriert ist. Die Rosenberg-Auslese erinnert im Charakter tatsächlich an die Lage, wirkt floral, duftig, fein, ist elegant und nicht übertrieben süß. Ein gelungener Wein, den man nicht nur gern verkostet, sondern auch mit Vergnügen trinkt.

Weinbewertung

83	2019 Riesling trocken	12%/6,90€
83	2019 Weißer Burgunder trocken	12%/7,90€
85	2019 Sauvignon Blanc trocken	11,5%/7,90€
87	2019 Riesling trocken Erdener Treppchen	12,5%/9,-€
87	2018 Sauvignon Blanc trocken „Fumé"	13%/17,90€
87	2019 Riesling trocken „Alte Reben" Ürziger Würzgarten	12,5%/9,90€
82	2019 Riesling „feinherb"	11%/6,90€
87	2019 Riesling Spätlese Kinheimer Rosenberg	8%/9,-€
88	2019 Riesling Auslese Kinheimer Rosenberg	8,5%/14,-€

WÜRTTEMBERG ▬ STEINHEIM-KLEINBOTTWAR

★★★★

Graf Adelmann

Kontakt
Burg Schaubeck
71711 Steinheim-Kleinbottwar
Tel. 07148-92122-0
Fax: 07148-92122-25
www.graf-adelmann.com
weingut@graf-adelmann.com

Besuchszeiten
Vinothek:
Mo.-Fr. 9-12 + 14-18 Uhr
Sa. 9-13 Uhr
Büro:
Mo.-Do. 9-17 Uhr
Fr. 9-14 Uhr

Inhaber
Felix Graf Adelmann
Betriebsleiter
Ruben Röder
Kellermeister
Ruben Röder
Rebfläche
20 Hektar
Produktion
115.000 Flaschen

Die Grafen Adelmann erwarben 1914 das Gut, das seit 1978 von Michael Graf Adelmann geführt wurde; 2012 hat sein Sohn Felix das Gut übernommen. Weinbau ist auf der Burg Schaubeck bereits im 13. Jahrhundert nachgewiesen. Das Gros der Weinberge von Graf Adelmann, 16 Hektar, liegt in Kleinbottwar (roter Keuperboden), 1 Hektar in Großbottwar und 3 Hektar in Ludwigsburg-Hoheneck am Neckar, wo die Reben auf Muschelkalkböden wachsen. In Kleinbottwar gehören dem Weingut zwei Weinbergslagen im Alleinbesitz: Süßmund und Oberer Berg, wobei Oberer Berg auch die Lagenbezeichnung für den Adelmann'schen Besitz in Hoheneck am Neckar ist, die aber, um Verwechslungen zu vermeiden, für die Weine von dort nicht mehr genutzt wird. Die Weinberge werden biologisch bewirtschaftet, 2017 wurde der dreijährige Umstellungsprozess abgeschlossen, dies war der erste zertifizierte Jahrgang. 65 Prozent der Weinberge sind mit roten Reben bestockt: Vor allem Lemberger, Spätburgunder, Trollinger und Samtrot, aber auch etwas Frühburgunder, Muskattrollinger, Urban und andere Sorten. Rotweine werden maischevergoren und im Holzfass ausgebaut. Bei den weißen Rebsorten dominiert Riesling, es folgen Weißburgunder und Grauburgunder, dazu gibt es etwas Muskateller und Traminer, inzwischen auch 85 Ar Grüner Veltliner. Die Weißweine werden, oft nach Ganztraubenpressung, kühl vergoren und im Edelstahl ausgebaut, nur der Grauburgunder kommt hin und wieder ins Holz. 99 Prozent der Weine werden trocken ausgebaut. Die besten Rieslinge, Burgunder und Lemberger wurden früher als „Brüsele'r Spitze" mit eigenem Etikett vermarktet, benannt nach den Vorbesitzern des Gutes, den Freiherren von Brüssele, denen Burg Schaubeck von 1853 bis zum Verkauf an die Grafen Adelmann im Jahr 1914 gehörte; heute stehen die Großen Gewächse an der Spitze der Kollektion, der Name „Brüsele'r Spitze" wird nur noch für edelsüße Weine genutzt. Bei den Rotweinen setzte Michael Graf Adelmann verstärkt auf Cuvées. Nach ersten Versuchen ab 1981 lancierte man im Jahr 1989 die Cuvée „Vignette" als roten Spitzenwein, Graf Adelmann gehört damit zu den Pionieren roter Cuvées in Deutschland. Die weiteren Spitzenweine wurden 1996 eingeführt, der „Löwe von Schaubeck" (als Lemberger und als Weißweincuvée) und die rote Cuvée „Herbst im Park". Cuvées dürfen nach den Statuten des VDP keine Großen Gewächse sein, dies ist dem Lemberger Oberer Berg und dem Süßmund-Riesling vorbehalten, 2017 wurde erstmals ein Spätburgunder Großes Gewächs aus dem Götzenberg erzeugt und 2018 ein Grauburgunder Oberer Berg.

Kollektion

Die neue Kollektion überzeugt wie gewohnt schon mit dem hohen Einstiegsniveau der Gutsweine. Der Weißburgunder ist frisch und fruchtbetont im Bouquet, füllig und harmonisch im Mund, besitzt reife

Frucht und gute Struktur, Der Grauburgunder besitzt intensive reife Frucht, ist klar und kraftvoll, strukturiert und zupackend, ein klein wenig druckvoller als der Weißburgunder. Die weiteren vorgestellten Weißweine stammen aus dem Jahrgang 2018. Der Erste Lage-Weißburgunder aus dem Kleinbottwarer Lichtenberg zeigt gute Konzentration und etwas Vanille im Bouquet, ist füllig und saftig im Mund, besitzt rauchige Noten, gute Struktur und Substanz. Neu im Programm ist der Grauburgunder Großes Gewächs aus dem Kleinbottwarer Oberer Berg, der im 500-Liter-Fass vergoren und zehn Monate ausgebaut wurde. Er ist würzig und eindringlich im Bouquet, zeigt gute Konzentration, ist füllig und kompakt im Mund bei viel reifer Frucht. Der Riesling Großes Gewächs, das Lied von der Erde genannt, zeigt gute Konzentration und viel reife Frucht, ist füllig und saftig im Mund, dominant, besitzt viel Substanz und merkliche Süße. Auch die roten Gutsweine zeigen hohes Niveau. Der im Holz ausgebaute Spätburgunder ist fruchtbetont und würzig im Bouquet, etwas floral, ist frisch, klar und zupackend im Mund bei feiner Frucht. Der Lemberger ist frisch und fruchtbetont, lebhaft, besitzt feine süße Frucht und Biss. Deutlich mehr Kraft und Substanz besitzt „Der Rote Löwe" aus dem Jahrgang 2017, der zwei Jahre in zu 20 Prozent neuen Barriques ausgebaut wurde, gute Konzentration und reintönige Frucht im Bouquet zeigt, gute Struktur und Grip im Mund besitzt und wunderschön reintönige Frucht. Eine weitere Steigerung bringt „Der Schwarze Löwe", der zwanzig Monate in zur Hälfte neuen Barriques ausgebaut wurde, gute Konzentration und intensive Frucht im herrlich eindringlichen und reintönigen Bouquet zeigt, Fülle und Kraft besitzt, reife Frucht, gute Struktur, Frucht und Frische. Eine neue Cuvée Vignette gibt es nicht, der 2011er ist füllig und harmonisch gereift.

Weinbewertung

85	2019 Weißburgunder trocken	12,5%/10,50€
86	2019 Grauburgunder trocken	12,5%/10,50€
88	2018 Weißburgunder trocken Kleinbottwarer Lichtenberg	13%/14,50€
89	2018 Grauburgunder „GG" Oberer Berg	14%/25,-€
90	2018 Riesling „GG" „Das Lied von der Erde" Kleinbottwarer Süßmund	12,5%/25,-€
85	2018 Spätburgunder trocken	12%/8,90€
84	2018 Lemberger trocken	12%/8,90€
89	2017 Lemberger „Der Rote Löwe"	12,5%/16,90€
91	2017 Lemberger „GG" „Der Schwarze Löwe" Oberer Berg	12,5%/27,-€
90	2011 „Vignette" Rotwein trocken	13%/33,-€

Felix Graf Adelmann

Lagen
Süßmund (Kleinbottwar)
Oberer Berg (Kleinbottwar)
Oberer Berg (Hoheneck)
Lichtenberg (Kleinbottwar)
Götzenberg (Kleinbottwar)

Rebsorten
Lemberger (18 %)
Riesling (16 %)
Weißburgunder (15 %)
Trollinger (8 %)

★★★★ J.J. Adeneuer

Kontakt
Max-Planck-Straße 8, 53474
Bad Neuenahr-Ahrweiler
Tel. 02641-34473
Fax: 02641-37379
www.adeneuer.de
jjadeneuer@t-online.de

Besuchszeiten
Mo.-Fr. 9-12 + 13:30-18 Uhr
Sa. 10-15 Uhr

Inhaber
Frank & Marc Adeneuer
Betriebsleiter
Marc Adeneuer
Kellermeister
Frank & Tim Adeneuer
Außenbetrieb
Frank & Tim Adeneuer
Rebfläche
13 Hektar
Produktion
100.000 Flaschen

Seit über 500 Jahren betreiben die Adeneuers Weinbau an der Ahr. Seit 1984 wird das Weingut von den Brüdern Frank und Marc Adeneuer geführt. Sie bauten lange Zeit ausschließlich rote Sorten an, inzwischen gibt es ein wenig Weißburgunder. Neben dem dominierenden Spätburgunder gibt es etwa 10 Prozent Frühburgunder sowie seit einigen Jahren eben ein klein wenig Weißburgunder. Die nach Süden ausgerichtete steil terrassierte Lage Walporzheimer Gärkammer (0,64 Hektar), zwischen Kräuterberg und Pfaffenberg gelegen, eine der kleinsten Einzellagen Deutschlands, gehört dem Weingut Adeneuer seit 1714 im Alleinbesitz, der Boden besteht aus Schieferverwitterungsgestein und Gehängelehm. Aber auch in anderen Spitzenlagen ist das Weingut vertreten, so im Ahrweiler Rosenthal (vielfältige Bodenarten von Grauwacke über Gehängelehm bis zu Löss, Lösslehm und Schiefer) und im Neuenahrer Sonnenberg (Grauwacke und Grauwackeschiefer mit Lehmanteilen, Gehängelehm, Löss und Lösslehm), aber auch in den Walporzheimer Lagen Kräuterberg und Alte Lay, in denen Schieferverwitterungsgestein vorherrscht, sowie in weiteren vom VDP als Große Lagen klassifizierten Lagen, von denen aber keine Einzellagenweine erzeugt werden (Ahrweiler Silberberg, Heimersheimer Burggarten, Heimersheimer Landskrone, Neuenahrer Schieferlay). Prädikatsbezeichnungen verwendet man bereits seit 2004 nicht mehr. Die Weine werden nach Kaltmaceration möglichst spontanvergoren und alle im Holz ausgebaut. Die Spitzenweine kommen 18 bis 20 Monate ins Barrique, ab dem „No. 1" werden ausschließlich neue Fässer verwendet. An der Spitze der Kollektion stehen die Großen Gewächse aus Gärkammer und Rosenthal, inzwischen ergänzt um einen Frühburgunder aus dem Sonnenberg, des Weiteren gibt es einen Spätburgunder aus dem Kräuterberg als Großes Gewächs, der erst deutlich später in den Verkauf kommt als die anderen Großen Gewächse; im Jahrgang 2018 wurde erstmals ein Großes Gewächs Alte Lay erzeugt. Hinter den Großen Gewächsen gibt es „J.J. Adeneuer No. 1" und „J.J. Adeneuer No. 2".

Kollektion

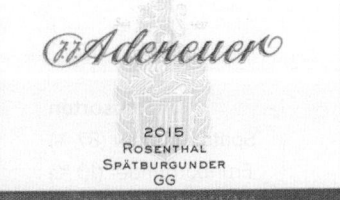

Im vergangenen Jahr führten die Großen Gewächse aus Gärkammer und Kräuterberg eine stimmige, starke Kollektion an, in der schon die Basis überzeugte. Das gilt auch wieder in diesem Jahr, der Weißburgunder ist frisch und fruchtbetont, klar und zupackend, der Spätburgunder Blanc de Noir zeigt feine Frucht und Würze im Bouquet, ist frisch und zupackend, besitzt gute Struktur und Grip. Der Ahrweiler Spätburgunder ist fruchtbetont und frisch, geradlinig und zupackend, der J.J. Adeneuer Spätburgunder, eigentlich der Gutswein, preislich aber über dem Ahrweiler angesiedelt, hat deutlich mehr Grip, besitzt reintönige Frucht und dezent florale Noten. Eine weitere Steigerung bringt der Spätburgunder. No. 2, der viel Frische und Frucht im Bouquet zeigt, ebenfalls florale Noten, lebhaft im Mund ist, klar und zupackend bei guter Struktur. In blendender Form präsentiert sich der Spätburgunder No. 1 aus dem Jahrgang 2017, den wir schon im vergangenen Jahr vorgestellt hatten, zeigt gute Konzentration und intensive Frucht, ist herrlich eindringlich und reintönig, harmonisch und elegant, besitzt gute Struktur und Frische. Der Spätburgunder „Kleine Kammer", der Zweitwein aus der Gärkammer, ist frisch und fruchtbetont im Bouquet, wunderschön reintönig, punktet auch im Mund mit Frische und Reintönigkeit, mit Struktur, Frucht und Grip. Herrlich fruchtbetont und intensiv ist der Frühburgunder aus dem Sonnenberg, ist füllig, harmonisch und lang. Neu im Programm ist das Große Gewächs aus der Walporzheimer Alte Lay, zeigt viel Frucht im Bouquet, rote Früchte, leicht florale Noten, ist harmonisch und fruchtbetont im Mund, besitzt feine Frische, gute Struktur und Grip. Das Große Gewächs aus dem Rosenthal ist wunderschön reintönig, fruchtbetont und würzig im Bouquet, sehr harmonisch dann im Mund, besitzt feine süße Frucht, ist sehr weich, reintönig, harmonisch und lang; in prächtiger Form präsentiert sich derzeit der Jahrgang 2014. An der Spitze der Kollektion steht wieder das Große Gewächs aus der Gärkammer, wobei der 2018er sich sehr von seinem Jahrgangsvorgänger unterscheidet, enorm „smooth" ist, weich, schmeichelnd, nicht ganz so druckvoll wie der 2017er, mehr „everybodys darling", ein Wein also, der gefallen will – auf allerhöchstem Niveau.

Weinbewertung

84	2019 Weißburgunder trocken	12%/10,50€
84	2019 Spätburgunder „Blanc de Noir" trocken	12%/9,50€
83	2018 Spätburgunder trocken Ahrweiler	13%/9,50€
85	2018 Spätburgunder trocken „J.J. Adeneuer"	13%/11,50€
87	2018 Spätburgunder trocken „J.J. Adeneuer No. 2"	13%/16,-€
89	2017 Spätburgunder trocken „J.J. Adeneuer No. 1"	13,5%/25,-€
89	2018 Spätburgunder trocken „Kleine Kammer"	13,5%/24,-€
90	2018 Frühburgunder „GG" Neuenahrer Sonnenberg	13%/38,-€
90	2014 Spätburgunder „GG" Ahrweiler Rosenthal	13,5%/35,-€
90	2018 Spätburgunder „GG" Ahrweiler Rosenthal	13%/35,-€
90	2018 Spätburgunder „GG" Walporzheimer Alte Lay	13%/a.A.
92	2018 Spätburgunder „GG" Walporzheimer Gärkammer	13%/a.A.

Lagen
Gärkammer (Walporzheim)
Kräuterberg (Walporzheim)
Alte Lay (Walporzheim)
Rosenthal (Ahrweiler)
Sonnenberg (Neuenahr)

Rebsorten
Spätburgunder (87 %)
Frühburgunder (10 %)
Weißburgunder (3 %)

BADEN ▶ ST. LEON-ROT

Albert

Kontakt
Albertushof 1
68789 St. Leon-Rot
Tel. 06227-51717
Fax: 06227-881222
www.weingut-albert.de
wein@weingut-albert.de

Besuchszeiten
Vinothek
Do. 17-19 Uhr
Sa. 10-13 Uhr
und nach Vereinbarung

Inhaber
Erwin-Peter Albert

Rebfläche
2,5 Hektar

Produktion
8.000 Flaschen

St. Leon-Rot ist eher für Spargel bekannt denn für Weinbau und Weinberge gibt es hier auch nicht – aber ein Weingut. Auch auf dem Alberthof ist Spargel das wichtigste Produkt, aber Erwin-Peter Albert setzt verstärkt auf Wein. Nach seiner Winzerlehre bei Klumpp und Bassermann-Jordan hat er mehrere Jahre bei Bassermann-Jordan gearbeitet, auch am Neusiedlersee (bei Judith Beck) und an der Walker Bay in Südafrika (bei Hermanuspietersfontein). 2013 ist er auf den elterlichen Albertushof zurückgekommen, den er 2015 übernommen hat. Seine Weinberge liegen in Malsch, wo er vor allem Spätburgunder anbaut, der 40 Prozent der Rebfläche einnimmt. Es folgen jeweils 20 Prozent Weißburgunder und Müller-Thurgau, dazu gibt es vor allem noch Grauburgunder, weitere Sorten sind neu gepflanzt oder sollen in den kommenden Jahren gepflanzt werden. Im Oktober 2017 wurde die neu gestaltete Vinothek eröffnet.

Kollektion

Auch in diesem Jahr gefällt uns die klare Linie der Kollektion von Erwin-Peter Albert: Der Pinot Sekt aus dem Jahrgang 2018 hat ein rauchiges Bouquet, am Gaumen ist er saftig-süß mit hefegeprägtem Grip. Der Weiße Burgunder ist fruchtbetont und saftig, hat eine sehr gute Struktur mit Säure und Grip, sehr klar und mit Substanz und Länge. Der Graue Burgunder ist noch etwas saftiger, am Gaumen zupackend, ähnlich strukturiert wie der Weißburgunder. Herrlich viel Frucht zeigt der Blanc de Noir. Viel zupackende Frische, viel Substanz. Eindringlich wild im Bouquet ist der Weiße Burgunder „Milchkändel" aus dem Jahrgang 2018, die Holzwürze dominiert die Frucht, am Gaumen im Moment noch viel Holz und Vanille, aber eine sehr spannende Struktur. Saftig-süße Frucht bietet der feinherbe Spätburgunder Rosé. Der in gebrauchten Barriques ausgebaute Dunkelfelder Mauerblümchen, eine Cuvée aus Weinen der Jahrgänge 2017 und 2018, besitzt viel Frucht, hat eine gute Tanninstruktur. Der Spätburgunder zeigt viel kühle Frucht, ist wunderbar leicht, hat eine elegante Säure- und Tanninstruktur.

Weinbewertung

84	2018 Pinot Sekt brut	12,5%/8,50€
85	2019 Weißer Burgunder trocken	13%/6,50€
85	2019 Grauer Burgunder trocken	13%/6,50€
85	2019 Blanc de Noir trocken	12%/6,50€
84	2018 Weißer Burgunder trocken „Milchkändel"	13%/14,-€
82	2019 Spätburgunder Rosé „feinherb" (1l)	13%/4,50€
86	2018 Spätburgunder	12%/8,20€
83	„Mauerblümchen[2]"	12,5%/8,50€

Württemberg ▶ Heilbronn

Albrecht-Gurrath

★★✩

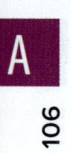

Kontakt
Äußere Mausklinge 2
74074 Heilbronn
Tel. 07131-507194
Fax: 07131-578075
www.weingut-albrecht-gurrath.de
info@weingut-albrecht-gurrath.de

Besuchszeiten
Mo.-Fr. nach Vereinbarung
Sa. 8-16 Uhr

Inhaber/Betriebsleiter/Kellermeister/Außenbetrieb
Denis Gurrath
Rebfläche
10 Hektar
Produktion
keine Angabe

Peter und Gabriele Gurrath übernahmen 1987 das Weingut und siedelten alsbald in die Äußere Mausklinge aus. Die Weinberge liegen in Heilbronn (Stiftsberg, Wartberg, Staufenberg), aber auch in Weinsberg, Neckarsulm und Flein (Eselsberg). Die Reben wachsen hauptsächlich auf tiefgründigen Keuperböden. Rote Rebsorten nehmen die Hälfte der Rebfläche ein: Trollinger, Lemberger, Spätburgunder, Samtrot, Cabernet Dorsa, Acolon, Muskat-Trollinger und Frühburgunder respektive Clevner. An weißen Rebsorten gibt es Riesling, die wichtigste Rebsorte im Betrieb, sowie Chardonnay und Sauvignon Blanc. Sohn Denis hat nach der Winzerlehre die Ausbildung zum Weinbautechniker in Weinsberg abgeschlossen, unterstützte seine Eltern bereits seit 2010 im Betrieb, den er 2020 übernommen hat.

Kollektion

Bestechend gleichmäßig, wie schon im Vorjahr, präsentiert sich auch die neue Kollektion von Denis Gurrath. Die Weißweine sind fruchtbetont, klar und geradlinig, unser Favorit im weißen Segment ist der Sauvignon Blanc, der gute Konzentration und feine Würze zeigt, Fülle und Kraft besitzt bei guter Substanz. Auch in der Kombi mit Riesling macht Sauvignon Blanc eine gute Figur, die Cuvée ist lebhaft, geradlinig und frisch. Wobei Riesling auch allein für sich überzeugt, als geradliniger trockener G ebenso wie als apfelduftiger, frischer Kabinett. Der Chardonnay besitzt reintönige Frucht, der Muskattrollinger Rosé setzt ganz auf Süffigkeit. Das rote Segment bietet einen intensiv fruchtigen Clevner und einen ebenfalls intensiv fruchtigen Cabernet Dorsa, beide sind noch von jugendlichen Bitternoten geprägt, aber vielversprechend. Der Basis-Lemberger ist frisch, geradlinig und süffig, deutlich spannender ist der Lemberger S, unser Favorit unter den Rotweinen: Er zeigt gute Konzentration und reintönige, reife Frucht, ist klar, zupackend und strukturiert bei guter Komplexität.

Weinbewertung

82	2018 Muskateller Sekt trocken Heilbronner Stiftsberg	12,5%/11,50€
83	2019 Chardonnay Kabinett trocken Heilbronner Stiftsberg	13%/6,90€
82	2019 Weißer Riesling trocken „G" Heilbronner Staufenberg	12,5%/6,70€
83	2019 Riesling mit Sauvignon Blanc trocken Heilbronner Stiftsberg	13%/6,90€
85	2019 Sauvignon Blanc „S" trocken Heilbronner Stiftsberg	13%/9,80€
83	2019 Riesling Kabinett Heilbronner Stiftsberg	11,5%/6,50€
82	2019 Muskat-Trollinger Rosé	11,5%/6,90€
82	2018 Lemberger trocken Heilbronner Staufenberg	13%/6,90€
83	2017 Clevner trocken Heilbronner Stiftsberg	13%/7,50€
83	2018 Cabernet Dorsa „S" trocken Fleiner Eselsberg	14,5%/10,80€
85	2018 Lemberger „S" trocken Heilbronner Staufenberg	13%/10,80€

WÜRTTEMBERG — HEILBRONN

★★

Albrecht-Kiessling

Kontakt
Im Breitenloch 37
74076 Heilbronn
Tel. 07131-178947
Fax: 07131-166825
www.albrecht-kiessling.de
weingut@albrecht-kiessling.de

Besuchszeiten
Di.+Fr. 9-18 Uhr, Sa. 9-16 Uhr
Wohnmobilstellplätze
Weinstube Weingand,
Weinsberger Straße, Heilbronn

Inhaber
Annette, Peter & Viola Albrecht

Betriebsleiter
Peter & Viola Albrecht

Kellermeister
Viola Albrecht

Außenbetrieb
Peter Albrecht

Rebfläche
16 Hektar

Produktion
150.000 Flaschen

Das Weingut Albrecht-Kiessling ist hervorgegangen aus den Weinbergen von Gerhard Kiessling und Walter Albrecht, die beide aus Familien stammen, die seit Jahrhunderten Wein anbauen. Heute führen Annette und Peter Albrecht den Betrieb. Tochter Viola hat nach Lehre bei Christmann und Stefan Winter ihr Geisenheim-Studium abgeschlossen, stieg im Sommer 2018 in den Betrieb ein, wo sie für Vinifikation und Kommunikation verantwortlich ist; die zweite Tochter Luisa absolviert die Ausbildung bei Klumpp und im Staatsweingut Meersburg. Zuletzt wurde in das Weingut investiert, unter anderem ein neuer Sektkeller gebaut. Die Weinberge befinden sich fast ganz in den Heilbronner Lagen Wartberg, Stiftsberg und Stahlbühl. Rote Rebsorten nehmen 60 Prozent der Rebfläche ein. Wichtigste rote Rebsorten sind Lemberger, Trollinger und Samtrot, dazu gibt es einige Cabernet-Kreuzungen und Merlot. Drei Viertel der Weißweinfläche nimmt Riesling ein, dazu gibt es Grauburgunder, Weißburgunder, Kerner und Muskateller, 2018 wurde der erste Sauvignon Blanc geerntet.

Kollektion

Die neue Kollektion bietet wie in den Vorjahren vielversprechende Rotweine, am besten aber gefällt uns in diesem Jahr ein Weißwein: Die weiße Cuvée Viola, Chardonnay mit Weißburgunder, hat uns schon in den vergangenen vier Jahren sehr gut gefallen, mit dem Jahrgang 2019 legt sie weiter zu, sie besitzt Fülle und Kraft, gute Struktur, Substanz und Komplexität. Sonst zeigen die Weißen sehr gleichmäßige Qualität, setzen auf Frucht und Frische. Im roten Segment überzeugt die Privatkeller-Cuvée wie gewohnt, ist von Gewürznoten geprägt, besitzt Fülle und Kraft. Der Samtrot aus der Löwenherz-Linie ist strukturiert, reintönig und kraftvoll; noch etwas besser gefällt uns sein Kollege aus der gleichen Linie, der Lemberger, der wunderschön kraftvoll und füllig ist, gute Struktur besitzt, reintönige Frucht und Substanz. Eine stimmige, überzeugende Kollektion!

Weinbewertung

83	2019 Riesling Spätlese trocken	13%/8,80€
83	2019 Grauburgunder trocken „Johanna"	13%/8,80€
82	2019 Sauvignon Blanc trocken „Waldluft"	13,5%/8,80€
88	2019 Chardonnay mit Weißburgunder trocken „Viola"	13,5%/14,40€
83	2019 Riesling Kabinett „Freundeskreis"	11,5%/6,20€
83	2019 Lemberger Weißherbst trocken	12,5%/6,50€
82	2018 Lemberger trocken „alte Reben"	12,5%/6,20€
82	2017 Merlot trocken	13%/8,80€
82	2017 Lemberger Spätlese trocken	13,5%/9,20€
86	2017 Samtrot trocken „Löwenherz" Heilbronn	13,5%/15,40€
87	2017 Lemberger trocken „Löwenherz"	13,5%/15,40€
86	2017 „Privatkeller" Rotwein trocken	13,5%/14,40€

WÜRTTEMBERG — FELLBACH

★★★★★ Aldinger

Kontakt
Schmerstraße 25/Ecke Lutherstraße
70734 Fellbach
Tel. 0711-581417
Fax: 0711-581488
www.weingut-aldinger.de
info@weingut-aldinger.de

Besuchszeiten
Mo.-Fr. 9-12 + 14-18 Uhr
Sa. 9-13 Uhr

Inhaber
Hansjörg & Matthias Aldinger
Betriebsleiter
Hansjörg & Matthias Aldinger
Kellermeister
Matthias Aldinger
Außenbetrieb
Hansjörg Aldinger
Rebfläche
30 Hektar
Produktion
220.000 Flaschen

Bentz der Aldinger legte 1492 den Grundstock für das heutige Weingut, indem er von Aldingen nach Fellbach zog um dort Reben zu bewirtschaften. Aber erst in den fünfziger Jahren des letzten Jahrhunderts entstand das Weingut, als Gerhard Aldinger nach seiner Heirat mit Anneliese Pflüger beschloss, die Holzküferei seines Schwiegervaters in ein Weingut umzuwandeln. 1973 erwarb man die Lage Gips in Untertürkheim, eine 9,5 Hektar große Einzellage, die dem Weingut allein gehört, der Boden besteht aus Gipskeuper. Unter der Führung von Gert Aldinger wurde der Betrieb nach und nach vergrößert. Inzwischen führen Gert Aldingers Söhne Hansjörg und Matthias den Betrieb, die beide ihre Ausbildung bei renommierten Weingütern in Deutschland absolvierten und beide auch im Ausland Erfahrung sammelten. Heute besitzt man Weinberge im ganzen Remstal und am Neckar, vor allem in den Fellbacher Lagen Lämmler und Goldberg (Stubensandstein, Mergel und Keuper), aber auch in Stetten (Mönchberg, Pulvermächer, Kieselsandstein), Rotenberg (Schlossberg, leichter Mergel), Uhlbach (Götzenberg) und Hanweiler (Mergelböden). 2,5 Hektar besitzen die Aldingers bei der Burg Lichteneck (Keuperböden) im Bottwartal. Knapp 30 Prozent der Weinberge nimmt Riesling ein. An roten Sorten gibt es vor allem Spätburgunder, Lemberger und Trollinger. Wobei die Aldingers auch internationale Sorten anbauen: Cabernet Sauvignon und Merlot gibt es bereits seit 1990, Sauvignon Blanc seit 1994. An der Spitze der Kollektion stehen die Großen Gewächse aus Gips und Lämmler. Ihnen zur Seite stehen die Reserveweine von Merlot und Cabernet Sauvignon, Sauvignon Blanc (meist eine Cuvée aus den Lagen Gips, Lämmler und Schlossberg), Chardonnay und Spätburgunder Rosé, dazu die Gert Joachim Aldinger gewidmete, erstmals 2015 erzeugte Cuvée GJA aus Cabernet Sauvignon, Cabernet Franc und Merlot, Rebsorten, die dieser in den späten achtziger Jahren gepflanzt hat.

Kollektion

Der Brut Nature-Sekt ist auch im Jahrgang 2013 großartig: Komplex, druckvoll, nachhaltig. Schon die Guts- und Ortsweine sind wie gewohnt sehr gut, weiß wie rot. Die Riesling-Serie ist stimmig, kulminiert in den beiden Großen Gewächsen: Der Lämmler fruchtbetont und offen, strukturiert und griffig, der Gips-Riesling rauchiger, enorm stoffig und kraftvoll, sehr jugendlich. Der Erste Lage-Weißburgunder besitzt gute Struktur und Grip, das Große Gewächs zeigt feine rauchige Noten, ist sehr offen, reintönig und präzise bei guter Struktur, trotzdem lohnt es sich ein paar Jahre zu warten, wie der 2015er zeigt. Hervorragend sind die beiden Sauvignon Blanc: Der 2019er Reserve offen und intensiv, füllig und fruchtbetont, der 2018er Ovum konzentriert, kraftvoll, stoffig, zurückgenommen in der Frucht. Unser Favorit im weißen Segment ist der 2018er Reserve-Chardonnay, der nahtlos an den faszinierenden 2017er anknüpft, im Bouquet deutlich vom Holz geprägt ist, intensiv und komplex ist, druckvoll, gute Struktur und Grip besitzt; ein Wein mit viel Potenzial. Auch der Reserve-Rosé ist stark wie nie: Rauchig, würzig, herrlich eindringlich, füllig, kraftvoll, komplex, mit guter Struktur und viel Frucht. Die beiden Trollinger sind Statements: Der „Alte Reben" zeigt, dass Trollinger ein ernsthafter Rotwein sein kann, der „Sine", dass es auch ohne Schwefel geht. Ganz stark sind die roten Erste Lage-Weine: Der Gips-Spätburgunder ebenso wie der Berg-Lemberger sind faszinierend reintönig und fruchtbetont. Cabernet Sauvignon und Merlot Reserve sind füllig und kraftvoll, faszinierend jugendlich präsentiert sich der 2002er Cuvée C, der neue GJA ist komplex, harmonisch und lang. Die Großen Gewächse sind auch alle hervorragend: Der Gips-Spätburgunder ist reintönig, leicht floral, besitzt feine süße Frucht und Grip, der Lämmler-Spätburgunder ist würzig, puristisch, präzise, braucht Zeit. Unser Favorit ist der Lämmler-Lemberger: Eindringlich, wild, intensiv, kraftvoll und komplex. Großartig!

Weinbewertung

93	2013 Aldinger Sekt brut nature	12%/50,-€
85	2019 Riesling trocken „Rebhuhn"	11,5%/7,50€
86	2019 Riesling trocken „Alte Reben" Fellbacher	12%/10,-€
87	2019 Weißburgunder trocken Gips	12%/12,90€
87	2019 Riesling trocken Gips Untertürkheim	12%/12,90€
90	2019 Sauvignon Blanc trocken „Reserve"	12%/18,70€
90	2018 „Ovum" (Sauvignon blanc)	12,5%/39,33€
94	2018 Chardonnay trocken „Reserve"	12,5%/42,-€
90	2015 Weißburgunder „GG" „Marienglas" Gips Untertürkheim	13%
91	2018 Weißburgunder „GG" „Marienglas" Gips Untertürkheim	12,5%/29,90€
91	2019 Riesling „GG" Lämmler Fellbach	12,5%/29,90€
91	2019 Riesling „GG" „Marienglas" Gips Untertürkheim	12,5%/29,90€
87	2019 Riesling Kabinett Götzenberg	7%/14,10€
87	2019 Riesling Stettener Schilfsandstein	12%/12,90€
90	2018 Spätburgunder Rosé trocken „Reserve"	12,5%/18,-€
86	2018 Trollinger trocken „Alte Reben" Fellbacher	12,5%/10,-€
88	2018 Trollinger trocken „Sine" Fellbacher	11,5%/14,10€
89	2018 Spätburgunder trocken Gips Untertürkheim	12,5%/16,-€
90	2018 Lemberger trocken Berg Hanweiler	13%/16,-€
91	2018 Merlot trocken „Reserve"	13%/29,90€
91	2002 „Cuvée C" Cabernet	13,5%
91	2018 Cabernet Sauvignon „Reserve"	14%/29,90€
91	2018 Spätburgunder „GG" „Marienglas" Gips Untertürkheim	12,5%/33,90€
91	2018 Spätburgunder „GG" Lämmler Fellbacher	12,5%/42,-€
93	2018 Lemberger „GG" Lämmler Fellbach	13%/42,-€
91	2015 „GJA Reserve" Rotwein	13,5%/50,-€

Hansjörg & Matthias Aldinger

Lagen
Gips (Untertürkheim)
Lämmler (Fellbach)
Pulvermächer (Stetten)
Götzenberg (Uhlbach)
Goldberg (Fellbach)
Berg (Hanweiler)

Rebsorten
Riesling (31 %)
Spätburgunder (13 %)
Lemberger (13 %)
Chardonnay (7 %)
Cabernet (7 %)
Weißburgunder (6 %)
Sauvignon Blanc (6 %)
Merlot (5 %)
Trollinger (5 %)
Schwarzriesling (1 %)

RHEINGAU — OESTRICH-WINKEL

★★

Fritz Allendorf

Kontakt
Kirchstraße 69
65375 Oestrich-Winkel
Tel. 06723-91850
Fax: 06723-918540
www.allendorf.de
allendorf@allendorf.de

Besuchszeiten
Mo.-Fr. 8-12 + 13-18 Uhr
Sa. 10-16 Uhr

Inhaber
Ulrich Allendorf & Christine Schönleber
Betriebsleiter
Josef Schönleber
Kellermeister
Max Schönleber
Rebfläche
70 Hektar
Produktion
550.000 Flaschen

Die Familie Allendorf kann ihre Geschichte bis ins späte 13. Jahrhundert zurückverfolgen. Inzwischen sind Ulrich Allendorf und Christine Schönleber verantwortlich für das Unternehmen, das 1955 erst ein Kleinbetrieb mit 1,5 Hektar war, heute aber mit einer Rebfläche von 70 Hektar längst zu den Schwergewichten im Rheingau zählt. In Lagen wie Winkeler Jesuitengarten und Hasensprung, Rüdesheimer Berg Roseneck oder Assmannshäuser Höllenberg stehen zu drei Viertel Riesling, hinzu kommt Spätburgunder sowie ein wenig Chardonnay und Roter Riesling.

Kollektion

Wieder präsentiert der Traditionsbetrieb sehr ansprechende Rieslinge und Spätburgunder. Der Riesling aus Winkel ist angenehm saftig und mild. Der konzentrierte 2018er aus dem Rüdesheimer Berg wirkt deutlich ambitionierter, ist vollmundig und intensiv würzig. Das Große Gewächs aus dem Jesuitengarten ist durchaus fein, in seiner geradlinigen Art erstaunlich leicht. Das Große Gewächs aus dem Hasensprung ist aromatisch, würzig, besitzt viel Potenzial. Der kraftvollste Vertreter unter den drei 2018ern ist das Große Gewächs aus dem Rüdesheimer Berg Roseneck, das spannend zwischen süßem Schmelz und salzigen Phenolen spielt. Sein markanter mineralischer Kern mündet in einen zart salzigen Nachhall. Der Charta Riesling bestätigt den ausgewogenen Eindruck vom letzten Jahr, hat sogar etwas zugelegt. Mit seinen Kräuteraromen und roten Beeren ist der aromatische Rote Riesling ein stimmiger Vertreter seiner Art. Bei den fruchtigen Rieslingen hat man die Wahl zwischen einem unbekümmerten, säurebetonten Kabinett und einer saftigen, zart-würzigen Auslese aus dem Hasensprung. Die Spätburgunder sind beide unterschiedlich, der Quercus ist vollmundig und saftig, der aus dem Frankenthal filigran und zurückhaltend, was uns sehr gut gefällt.

Weinbewertung

85	2019 Roter Riesling trocken	13%/12,95€
84	2019 Riesling trocken Winkel	12,5%/9,90€
87	2018 Riesling trocken „Rottland Lay" Rüdesheimer Berg	12%/17,50€
88	2018 Riesling trocken Großes Gewächs Winkel Jesuitengarten	12,5%/25,-€
89	2018 Riesling trocken Großes Gewächs Winkel Hasensprung	13%/25,-€
89	2018 Riesling trocken Großes Gewächs Rüdesheim Berg Roseneck	12,5%/27,50€
86	2018 Riesling „Charta"	12%/11,95€
84	2019 Riesling Kabinett	9,5%/9,90€
89	2018 Riesling Auslese Winkeler Hasensprung	8,5%/29,50€
88	2016 Pinot Noir trocken „Quercus"	14%/18,50€
89	2017 Spätburgunder trocken Assmannshäuser Frankenthal	13%/24,50€

NAHE ▬ MONZINGEN

★★

Alt

Kontakt
Hauptstraße 67
55569 Monzingen
Tel. 06751-94560
Fax: 06751-94561
www.weingut-alt.de
info@weingut-alt.de

Besuchszeiten
Mo.-Sa. 8-12 + 14-18 Uhr
So. 8-11 Uhr
Straußwirtschaft (bis 50 Personen), Gästezimmer, Ferienwohnungen

Inhaber
Holger Alt
Kellermeister
Holger Alt
Rebfläche
9 Hektar
Produktion
55.000 Flaschen

Das Weingut Alt ist ein Familienbetrieb in Monzingen, der seit über 100 Jahren besteht. Eckhard Alt, der Vater des heutigen Inhabers Holger Alt, richtete den Betrieb in den siebziger Jahren ganz auf den Weinbau aus. Die Weinberge von Holger Alt liegen alle in den beiden Monzinger Lagen Frühlingsplätzchen und Halenberg. Wichtigste Rebsorte ist der Riesling, der 35 Prozent der Rebfläche einnimmt, dazu kommen 40 Prozent Weiß-, Grau- und Spätburgunder, auf dem Rest der Fläche stehen Müller-Thurgau, Bacchus, Dornfelder, Domina und Dunkelfelder, zuletzt wurde im Frühlingsplätzchen auch etwas Sauvignon Blanc angepflanzt. Die Weine werden überwiegend trocken und halbtrocken ausgebaut, wenn es der Jahrgang zulässt, werden auch edelsüße Weine erzeugt. Die Weine werden zu 90 Prozent an Privatkunden verkauft.

🍷 Kollektion

Die beiden trockenen Rieslinge „vom Rotliegenden" aus dem Frühlingsplätzchen und „vom Blauschiefer" aus dem Halenberg finden wir in diesem Jahr noch einen Tick stärker als 2018, beide wurden spontan vergoren und lagen bis Ende Mai auf der Hefe. Der „Blauschiefer" ist von den beiden Weinen der etwas ernsthaftere und nachhaltigere, zeigt kräutrig-steinige Würze im Bouquet, bleibt in der Frucht ganz zurückhaltend, besitzt viel Grip und salzige Länge, der „Rotliegende" besitzt die deutlichere Frucht mit Noten von Ananas und Orangenschale, zeigt aber auch die lagentypischen Noten von nassem Stein, ist am Gaumen konzentriert und herb. Stark sind auch die beiden Auslesen, sie besitzen klaren Charakter, viel reintönige Frucht, Schmelz und eine lebendige Säure, der Riesling zeigt neben der Frucht auch leicht rauchige Tabaknoten, der erstmals von Holger Alt geerntete Sauvignon Blanc ist cremig und sehr fruchtbetont. Auch die Spätlese aus dem Halenberg zeigt viel klare Frucht, Aprikose, Pfirsich, gelben Apfel, und besitzt ein frisches Säurespiel, der Grauburgunder ist nussig-würzig, besitzt klare Birnenfrucht und Grip.

🍇 Weinbewertung

83	2019 Riesling trocken „Grundlage" Monzinger	12,5%/6,60 €
84	2019 Grauburgunder trocken Monzinger Frühlingsplätzchen	13%/6,80 €
87	2019 Riesling trocken „vom Rotliegenden" Monzinger Frühlingsplätzchen	12,5%/9,-€
88	2019 Riesling trocken „vom Blauschiefer" Monzinger Halenberg	13%/9,-€ ☺
83	2019 Riesling halbtrocken Monzinger Frühlingsplätzchen	12,5%/6,60 €
86	2019 Riesling Spätlese Monzinger Halenberg	9,5%/7,80 €
88	2019 Sauvignon Blanc Auslese Monzinger Frühlingsplätzchen	9%/9,50 € ☺
88	2019 Riesling Auslese Monzinger Frühlingsplätzchen	8,5%/9,50 € ☺
81	2018 Spätburgunder trocken Monzinger Frühlingsplätzchen	14%/6,60 €
83	2018 „Edition A" Rotwein trocken Holzfass	14%/8,80 €

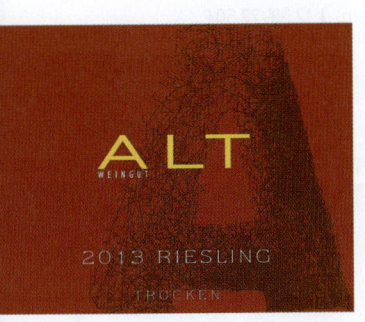

WÜRTTEMBERG ▶ BRACKENHEIM/NEIPPERG

★★✯

Wolfgang Alt

Kontakt
Schwaigerner Straße 1
74336 Brackenheim/
Neipperg
Tel. 07135-936514
Fax: 07135-936514
www.wolfgangalt-weingut.de
info@wolfgangalt-weingut.de

Besuchszeiten
nach Vereinbarung
„Wein-Garten" saisonal
geöffnet (siehe Webseite)

Inhaber
Wolfgang Alt
Rebfläche
2,95 Hektar
Produktion
9.500 Flaschen

Die Weinberge von Wolfgang Alt liegen im Zabergäu in den beiden Lagen Neipperger Steingrube und Brackenheimer Zweifelberg, wo die Reben auf mittelschweren Keuperböden mit Tonanteil wachsen. Wolfgang Alt hat sich fast ganz auf Lemberger spezialisiert, der 85 Prozent seiner Weinberge einnimmt. Hinzu kommen zu etwa gleichen Teilen Weißburgunder und Riesling sowie die Piemonteser Spezialität Nebbiolo, die sich in ihrer Heimat in Norditalien für so berühmte Weine wie Barolo und Barbaresco verantwortlich zeichnet. Nach einer offenen Maischegärung von ungefähr 20 Tagen, oft auch länger, werden die Weine in 600 Liter-Eichenfässern und/oder im Barrique ausgebaut, wobei Wolfgang Alt keine neuen Barriques nutzt, die Weine werden komplett durchgegoren und weder geschönt noch filtriert, sie werden überwiegend als „Schwäbischer Landwein" vermarktet.

Kollektion

Nur drei Weine präsentiert Wolfgang Alt in diesem Jahr, auf Nebbiolo müssen wir ebenso verzichten wie auf Riesling. Der im Holz ausgebaute, spontanvergorene Weißburgunder G, Jahrgang 2018, zeigt viel Duft im Bouquet, viel reife Frucht, etwas gelbe Früchte, ist sehr offen, ist enorm füllig im Mund, kraftvoll, besitzt viel Würze und viel Substanz, ist ein Essensbegleiter. Auch der 2017er Lemberger aus dem Brackenheimer Zweifelberg zeigt viel Duft und ist sehr offen, ist deutlich oxidativ, besitzt reife Frucht, Fülle, Saft und Substanz. Unsere leichte Präferenz gilt in diesem Jahr dem Lemberger aus der Neipperger Steingrube, der ebenfalls aus dem Jahrgang 2017 stammt. Er ist wie seine Kollegen sehr offen im Bouquet, zeigt intensive Frucht und ein wenig florale Noten, besitzt Fülle und Kraft, reife Frucht, gute Struktur, Druck und Länge.

Weinbewertung

86	2018 Weißburgunder „G"	13,5%/11,-€
88	2017 Lemberger „S" Neipperg Steingrube	12,5%/22,50€
87	2017 Lemberger „S" (Brackenheim Zweifelberg)	12,5%/22,50€

FRANKEN — KREUZWERTHEIM

★★★ Alte Grafschaft

Kontakt
Rathausgasse 5
97892 Kreuzwertheim
Tel. 09342-5500
Fax: 09342-22019
www.altegrafschaft.de
info@altegrafschaft.de

Besuchszeiten
Mo.-Fr. 9-18 Uhr
Sa. 10-14 Uhr
Weinpicknick zu den
Öffnungszeiten
Häckerwirtschaftszeiten und
Hofweinfeste siehe Webseite

Inhaber
Christoph Dinkel & Norbert Spielmann
Betriebsleiter/Kellermeister/Außenbetrieb
Anne Dumbsky
Rebfläche
11 Hektar
Produktion
55.000 Flaschen

Das 2009 gegründete Weingut hat seinen Sitz in einer von Peter Herrschaft 1594 erbauten Weinkellerei in Kreuzwertheim, dieses Anwesen gehörte ab 1611 den Wertheimer Grafen. Die ehemalige Grafschaft Wertheim wurde unter Napoleon teils Baden, teils Bayern zugeschlagen, der Main bildete die Grenze. Da Norbert Spielmann und Christoph Dinkel bei Gründung ihres Weingutes je eine Spitzenlage aus Baden – den Reicholzheimer Satzenberg – und aus Franken – den Kreuzwertheimer Kaffelstein – besaßen, die beide ehemals den Wertheimer Grafen gehörten, wählten sie den Namen Alte Grafschaft für ihr Weingut. Der Satzenberg wurde 2009 vom Weingut Fürst Löwenstein übernommen, die teilweise brachgefallenen Terrassen wurden in den folgenden Jahren gerodet, neu aufgebaut und mit Weißburgunder und Riesling bepflanzt. Des Weiteren ist man im Kembachtal in der Lage Wertheimer Sonnenberg vertreten. Spätburgunder nimmt zwei Fünftel der Rebfläche ein, es folgen Weißburgunder und Riesling, dazu gibt es Silvaner, Müller-Thurgau, Scheurebe, Bacchus und Kerner.

Kollektion

Auch in diesem Jahr sind die Rotweine wieder etwas stärker als die Weißen, führen eine sehr gute, überzeugende Kollektion an. Der 2013er Reserve von 1982 gepflanzten Reben hat sich schön entwickelt, jung war er aromatisch allzu eindringlich, nun besticht er mit rauchigen Noten, guter Struktur und Grip. Der 2016er Spielmann-Pinot Noir ist leicht floral, wunderschön reintönig, intensiv und zupackend, die Reserve-Variante ist noch etwas intensiver und griffiger, besticht mit reintöniger Frucht. Das weiße Segment bietet einen eindringlichen, würzigen Müller-Thurgau im Liter und den kraftvollen, strukturierten Sonnenberg-Wein, ebenfalls ein Müller-Thurgau, von 50 Jahre alten Reben. Der Silvaner ist reintönig und kraftvoll, der Weißburgunder füllig und kraftvoll, die Zazo-Selektion ist noch etwas intensiver und würziger. Unter den Rieslingen gilt unsere Präferenz dem kompakten, offenen Mauerriesling vom Satzenberg.

Weinbewertung

84	2019 Müller-Thurgau trocken Wertheimer (1l)	12%/7,-€
86	2018 Weißburgunder trocken Reicholzheimer Satzenberg	13,5%/10,-€
86	2019 Wertheimer Sonnenberg „Art-Edition"	12%/11,50€
85	2018 Silvaner trocken Kreuzwertheimer Kaffelstein	12%/10,-€
87	2018 Riesling trocken „Mauerriesling" Reicholzheimer Satzenberg	12,5%/13,50€
86	2018 Weißburgunder trocken „Zazo" Reicholzheimer Satzenberg	14,5%/29,50€
84	2018 Riesling „Alte Reben" Kreuzwertheimer Kaffelstein	12,5%/13,50€
85	2019 „Fass 6" Rosé trocken	13,5%/8,30€
88	2013 Spätburgunder trocken „Reserve" Kreuzwertheimer Kaffelstein	13%/24,-€
89	2016 Pinot Noir trocken „Spielmann"	13%/39,50€
90	2016 Pinot Noir „Reserve" trocken „Spielmann"	13,5%/59,50€

RHEINHESSEN ▶ SIEFERSHEIM

★★

Alte Schmiede/Seyberth

Kontakt
Sandgasse 8
55599 Siefersheim
Tel. 06703-705
Fax: 06703-715
www.weingut-seyberth.de
hallo@weingut-alte-schmiede.de

Besuchszeiten
nach Vereinbarung
Weinstube „Kleines Rheinhessen"

Inhaber
Andreas & Bernd Seyberth
Betriebsleiter
Andreas Seyberth
Rebfläche
7,5 Hektar
Produktion
35.000 Flaschen

Das Weingut Alte Schmiede liegt in Siefersheim, ganz im Westen des Anbaugebietes Rheinhessen. Andreas und Bernd Seyberth bewirtschaften ihre Weinberge biologisch, zertifiziert seit dem Jahrgang 2012, sie sind Mitglied bei Bioland, seit 2016 arbeiten sie biodynamisch, sind seit 2018 Demeter-zertifiziert. Ihre Weinberge liegen vor allem in den beiden Siefersheimer Lagen Heerkretz und Martinsberg. In der Siefersheimer Heerkretz haben sie in den vergangenen Jahren alte Trockenmauern wieder instand gesetzt, brachgefallene Weinberge wieder bestockt, auch Lavendelstöcke gepflanzt. Die klassischen Rebsorten dominieren, es gibt Riesling, Silvaner, Weißburgunder und Grauburgunder, Portugieser und Spätburgunder, Frühburgunder und St. Laurent, aber auch Chardonnay und einige Neuzüchtungen wie Würzer und Morio-Muskat. Das Sortiment ist gegliedert in Gutsweine, Ortsweine (die meist aus Siefersheim kommen) und Lagenweine. Zum Weingut gehört eine Weinstube im Landhausstil.

Kollektion

Sehr stimmig präsentiert sich die neue Kollektion von Andreas und Bernd Seyberth. Das Einstiegsniveau ist hoch, die Gutsweine besitzen Saft und Frucht, schon die weiße Liter-Cuvée aus Müller-Thurgau und Weißburgunder überzeugt. Die Siefersheimer Ortsweine dann sind etwas fülliger und kraftvoller, der Riesling ist reintönig, strukturiert, die Scheurebe fruchtbetont und zupackend, der Silvaner saftig, offen, recht süß. Deutlich spannender ist der sehr gute Heerkretz-Silvaner, besitzt Fülle und Kraft, gute Struktur und reintönige Frucht. Der Heerkretz-Riesling steht ihm nicht nach, besitzt reintönige Frucht, gute Substanz und Kraft. Aus der Siefersheimer Heerkretz stammt auch die Würzer Beerenauslese, die sehr eindringlich im Bouquet ist, kandierte Früchte zeigt, viel Substanz und Konzentration im Mund besitzt: Gute Kollektion!

Weinbewertung

82	2019 Silvaner	10,5%/7,-€
81	2019 Müller-Thurgau & Weißburgunder (1l)	11,5%/5,-€
82	2019 Silvaner „Lieblingswingert"	11,5%/8,50€
83	2019 Grauburgunder	12%/7,80€
84	2018 Silvaner Siefersheim	12,5%/13,-€
85	2018 Riesling Siefersheim	13%/12,-€
84	2018 Scheurebe Siefersheim	12%/11,50€
83	2018 Chardonnay Siefersheim	13,5%/11,-€
87	2018 Silvaner Heerkretz	13%/20,-€
87	2018 Riesling Heerkretz	12,5%/19,-€
88	2019 Würzer Beerenauslese Heerkretz	9%/19,-€/0,375l
83	2016 Saint Laurent Siefersheim	12,5%/10,50€

SEYBERTH
Ökologische Weine - aus Respekt vor der Natur

MOSEL — ERDEN

Alter Weinhof

Kontakt
Hauptstraße 69
54492 Erden
Tel. 06532-4026
Fax: 06532-93228
www.alter-weinhof.de
info@alter-weinhof.de

Besuchszeiten
nach Vereinbarung
Gästezimmer

Inhaber
Andrea Krämer

Rebfläche
2,8 Hektar

Produktion
20.000 Flaschen

Franz und Andrea Krämer, die beide aus Winzerfamilien stammen, erwarben 1988 ein ehemaliges Weinhotel in Erden und gründeten ein Hobby-Weingut. Nach und nach erweiterten sie den Betrieb auf die heutige Größe von 2,8 Hektar. Die Weinberge liegen in den Erdener Lagen Treppchen und Bußlay, im Zeltinger Himmelreich, im Zeltinger Schlossberg und im Zeltingen-Rachtiger Deutschherrenberg. Doch damit gab man sich nicht zufrieden. Der Betrieb ist im Anschluss an die dreijährige Umstellungsphase auf ökologischen Weinbau nun biozertifiziert, hat sich den Verbänden Ecovin und Demeter angeschlossen. Schon der 2019er Jahrgang wurde nach den entsprechenden Richtlinien ausgebaut. Riesling dominiert im Anbau, nimmt allerdings vergleichsweise bescheidene 70 Prozent der Rebfläche ein, hinzu kommen Weißburgunder (10 Prozent) und Kerner, Müller-Thurgau und Schwarzriesling sowie ein klein wenig Bacchus. Alle Weine werden spontanvergoren. Im altehrwürdigen Haus Alter Weinhof werden vier Gästezimmer angeboten.

Kollektion

Die erzeugten Weine sind praktisch in jedem Jahrgang saftig und zugänglich – und auf 2019 treffen diese Attribute noch mehr zu als auf 2018. Die drei vorgestellten trockenen Weine sind angenehm geradlinig und fest. Schon der Bacchus macht Spaß: Diese oft missachtete Sorte besitzt eine animierende Säure und Würze, hat offenbar durchaus Berechtigung. Straff und fest ist der Weißburgunder, würzig der angenehm trockene Riesling, der noch etwas Zeit braucht. Offener, zudem saftig und würzig ist die feinherb ausgebaute Spätlese aus dem Zeltinger Schlossberg, bei welcher die Restsüße sehr gut integriert ist. Das ist auch bei der Kerner Spätlese der Fall: Der Wein ist saftig und angenehm würzig im Nachhall, die Süße wirkt zum Glück nicht vordergründig. Eine Riesling Spätlese aus dem Erdener Treppchen besitzt noch etwas mehr Spiel, ist saftig und merklich süß. Ihr Pendant aus dem Deutschherrenberg zeigt Noten von süßem Apfel und eine feine Art im Nachhall, kommt aber nicht ganz an die Qualität des Erdener Rieslings heran. Nach wie vor sehr erfreulich ist das Preis-Leistungs-Verhältnis der hier erzeugten Weine.

Weinbewertung

82	2019 Bacchus trocken	12,5%/6,-€
83	2019 Weißburgunder trocken	11,5%/7,-€
84	2019 Riesling trocken Zeltinger Himmelreich	12%/7,-€
82	2019 Weißburgunder „feinherb"	11,5%/7,-€
85	2019 Riesling Spätlese „feinherb" Zeltinger Schlossberg	11,5%/8,-€
85	2019 Kerner Spätlese Erdener Bußlay	9,5%/6,50€
84	2019 Riesling Spätlese Zeltingen-Rachtiger Deutschherrenberg	10%/8,-€
86	2019 Riesling Spätlese Erdener Treppchen	9%/9,-€

HESSISCHE BERGSTRASSE ▬ HEPPENHEIM

Amthor

Kontakt
Bürgermeister-Kunz-Straße 101
64646 Heppenheim
Tel. 0177-4569512
www.weingut-amthor.de
amthor.barbara@web.de

Besuchszeiten
Weinverkauf nach Vereinbarung
Wein am Weinautomat

Inhaber
Barbara Amthor

Rebfläche
2 Hektar

Es tut sich etwas im kleinsten deutschen Anbaugebiet, der Hessischen Bergstraße: Seit 2018 vermarktet der kleine Betrieb von Barbara Amthor die Weine von inzwischen 2 Hektar Rebfläche in Heppenheim und Bensheim. Die Geisenheim-Absolventin füllt in einer „One-Woman-Show" rund 6.000 Flaschen pro Jahr ab und hat für die kleine Rebfläche einen breit gefächerten Sortenspiegel: Riesling, Roter Riesling, Weißburgunder, Chardonnay, Goldmuskateller, Spätburgunder und Cabernet Sauvignon. Den Goldmuskateller hat Barbara Amthor bei einem Praktikum in Südtirol kennen und lieben gelernt. Die Weißweine vergären im Edelstahltank, beim Rotwein wird eine offene Maischegärung durchgeführt. Erste Erfolge konnte Barbara Amthor auch schon feiern: Beim Schriesheimer Mathaisemarkt an der benachbarten Badischen Bergstraße hat sie 2019 mit fünf eingereichten Weinen von ihrem ersten Jahrgang den ersten Preis an der Hessischen Bergstraße gewonnen. Neue Wege geht Barbara Amthor im Vertrieb. Sie hat in der Bürgermeister-Kunz-Straße in Heppenheim in der Nähe des Weinguts einen Weinautomaten aufgestellt, an dem man 24 Stunden täglich gekühlte Amthor-Weine erwerben kann – und mittlerweile auch Steaks und Bratwürste.

Kollektion

Neun Weine hatte Barbara Amthor zur Premiere im vergangenen Jahr angestellt. Neben einer durchgegorenen Rotwein-Cuvée waren das saftig-süffige Weißweine und ein roséfarbener Secco. Ein angenehmes Spiel von Frucht, Süße und Säure bietet auch in diesem Jahr der weiße Secco, er ist sehr leicht mit kräftigem Sprudel. Der Grauburgunder zeigt viel süße Frucht, etwas Akazien-Honig, er ist wie alle anderen Weine leicht, bei keinem dominiert der Alkohol. Der Chardonnay zeigt rosa Grapefruit im Bouquet, auch hier spielen Säure und Süße Ringelreihen. Der Weiße Riesling ist ein hellfruchtiger, honigblütenduftiger Wein mit viel süßer Frucht, die Säure hält gut dagegen. Etwas kraft- und druckvoller ist der Rote Riesling – obwohl er mit 11 Volumenprozent ein alkoholisches Leichtgewicht ist. Der Goldmuskateller ist duftig mit würzig-kräuterigen Aromen, vor allem Majoran. Honigduftig ist der süße Weißburgunder, blumig-fruchtig der Rotling, mehr herb als süß.

Weinbewertung

80	„Secco"	11%/6,30€
82	2019 Weißer Riesling Heppenheimer Eckweg	12%/6,30€
83	2019 Roter Riesling Heppenheimer Eckweg	11%/7,30€
81	2019 Weißburgunder Heppenheimer Stemmler	11,5%/6,80€
82	2019 Grauburgunder Bensheimer Paulus	12%/7,30€
83	2019 Chardonnay Heppenheimer Maiberg	12%/8,80€
82	2019 Goldmuskateller Heppenheimer Eckweg	11,5%/8,80€
82	2019 Rotling Heppenheimer Eckweg	11,5%/6,30€

AMTHOR

PFALZ ▶ DEIDESHEIM

★★

Andres

Kontakt
Weinstraße 6
67146 Deidesheim
Tel. 06326-7708
www.andres-deidesheim.de
info@andres-deidesheim.de

Besuchszeiten
Mo.-Fr. 9-12 + 14-18.30 Uhr
Sa. 9-16 Uhr
So. 9-12 Uhr
oder nach Vereinbarung

Inhaber
Michael & Thomas Andres
Betriebsleiter
Michael & Thomas Andres
Kellermeister
Michael Andres
Außenbetrieb
Thomas Andres
Rebfläche
22 Hektar
Produktion
120.000 Flaschen

Die Brüder Michael und Thomas Andres haben das Weingut 2015 von ihren Eltern übernommen und im darauffolgenden Jahr mit der Umstellung auf biologischen und biodynamischen Weinbau begonnen, im Keller setzen sie komplett auf Spontangärung. 2019 ist jetzt der erste bio-zertifizierte Jahrgang. Die beiden verfügen über Parzellen in den Königsbacher Lagen Idig und Ölberg, in Ruppertsberg im Spieß und im Reiterpfad, in der Deidesheimer Leinhöhle, dem Forster Ungeheuer und im Haardter Herzog, Riesling nimmt die Hälfte der Rebfläche ein, auf einem Viertel der Fläche stehen die Burgundersorten und auf je zehn Prozent Chardonnay und Sauvignon Blanc.

Kollektion

Selten konnten wir ein so rundum überzeugendes Debüt verkosten wie von den Andres-Brüdern, mit einer stimmigen Basis, einem sehr guten Mittelbau und starken Lagen- und Reserveweinen, die ganz auf etwas Reife angelegt sind und Potential besitzen: Die Orts- und Lagenrieslinge sind noch von der Spontangärung geprägt und brauchen viel Luft, der Ungeheuer zeigt kräutrig-mineralische Noten, besitzt am Gaumen gute Konzentration und klare Frucht, grüner Apfel, Ananas, ist animierend, salzig und nachhaltig, Leinhöhle und Ölberg sind noch leicht verhalten und könnten sich noch steigern, beide besitzen dezente Frucht, viel Grip, sind elegant und lang, der Reiterpfad ist von herben Zitrusnoten geprägt, ist puristisch und salzig. Sehr gut sind auch die drei Chardonnay, alle zeigen feine Noten von gerösteten Haselnüssen und Zitruswürze im Bouquet, wir geben ganz knapp dem „Reserve" den Vorzug, der feingliedrig, frisch, animierend und elegant ist, der Herzog ist etwas konzentrierter, der Haardter etwas fruchtbetonter. Wir sind auf die nächsten Jahrgänge gespannt!

Weinbewertung

84	2019 Riesling trocken „vom Buntsandstein"	12,5%/7,70 €
83	2019 Muskateller trocken	12%/8,- €
86	2019 Riesling trocken Deidesheimer	12,5%/10,50 €
85	2019 Weißburgunder & Chardonnay trocken	12,5%/8,20 €
86	2019 Riesling trocken Ruppertsberger	12,5%/10,50 €
87	2019 Chardonnay trocken Haardter	13%/12,50 €
86	2019 Sauvignon Blanc trocken Deidesheimer	12,5%/12,50 €
89	2019 Chardonnay trocken „Reserve"	13%/19,- €
88+	2019 Chardonnay trocken Haardter Herzog	13%/21,- €
88	2019 Riesling trocken Ruppertsberger Reiterpfad	12,5%/18,- €
88+	2019 Riesling trocken Königsbacher Ölberg	12,5%/19,- €
88+	2019 Riesling trocken Deidesheimer Leinhöhle	12,5%/19,- €
89	2019 Riesling trocken Forster Ungeheuer	13%/21,- €
84	2019 Riesling Kabinett Haardter	7%/8,- €
86	2019 Spätburgunder trocken „Kalkmergel"	12,5%/9,- €

PFALZ ▶ RUPPERTSBERG

Michael Andres

★ ★ ★

Kontakt
Hauptstraße 33a
67152 Ruppertsberg
Tel. 06326-8667
Mobil: 0177-7738313
Fax: 06326-8667
www.andres-wein.de
info@andres-wein.de

Besuchszeiten
Sa. 10-16 Uhr und nach Vereinbarung (Tel. 0177-7738313)

Inhaber
Michael Andres

Rebfläche
7 Hektar

Produktion
35.000 Flaschen

Michael Andres war nach seiner Winzerlehre bei Reichsrat von Buhl und seinem Weinbaustudium in Geisenheim mehrere Jahre für andere Pfälzer Betriebe tätig (Müller-Erben, Meßmer), bevor er mit seinem Freund Steffen Mugler 1989 eine eigene Sektmanufaktur, Andres & Mugler, gründete (siehe nachstehenden Eintrag). 1993 gründete Michael Andres sein eigenes Weingut, 2006 hat er auf organisch-biologische Bewirtschaftung umgestellt und die Rebfläche erweitert. Seit 2010 ist das Weingut zertifizierter Ökobetrieb, seit dem Jahrgang 2011 betreibt Michael Andres biodynamischen Weinbau. Seine Weinberge liegen in Deidesheim (Mäushöhle, Herrgottsacker, Kieselberg und im Gewann Am Kirchenberg), Ruppertsberg (Reiterpfad), Königsbach (Jesuitengarten) und Niederkirchen.

Kollektion

Nachdem es bereits im vergangenen Jahr einen sur lie im Tonneau ausgebauten Chardonnay gab, baut Michael Andres im 2019er Jahrgang seine neue „N"-Linie auf fünf Weine aus, die spontan vergoren, in 500-Liter-Fässern ausgebaut und unfiltriert abgefüllt werden: Der Riesling aus der Leinhöhle zeigt im Bouquet intensive kräutrig-mineralische Würze, etwas Rosmarin, ist schlank, elegant, animierend und nachhaltig, der Kieselberg ist noch deutlicher vom Holz geprägt und könnte mit etwas Reife noch zulegen, der Chardonnay zeigt feine gelbe Frucht, Pfirsich und Zitrusnoten, besitzt Frische, Eleganz und Länge, der Grauburgunder besitzt Schmelz, Frische und gut eingebundenes Holz und der maischevergorene „Einklang" aus je einem Drittel Chardonnay, Auxerrois und Grauburgunder zeigt nussige Noten, Birne, gelben Apfel und Grapefruit im Bouquet, ist cremig, aber schlank und besitzt eine feine innere Dichte. Auch die restliche Kollektion befindet sich auf sehr gutem Niveau, der Reiterpfad ist herb, leicht salzig und besitzt viel Zug, die Mäushöhle ist kräutrig, besitzt Grip und Länge und der Ferus zeigt leicht rauchig-mineralische Noten, ist animierend.

Weinbewertung

87	2019 Chardonnay Auxerrois trocken	13%/9,-€
87	2019 Sauvignon Blanc trocken	13%/9,50€
89	2019 Riesling trocken Deidesheimer Mäushöhle am Kirchenberg	12,5%/12,50€
89	2019 Riesling trocken Ruppertsberger Reiterpfad	12,5%/12,50€
88	2019 Riesling trocken Deidesheimer Herrgottsacker	12,5%/12,50€
88+	2019 Riesling trocken „N" Deidesheimer Kieselberg	12%/18,-€
89	2019 Riesling trocken „Ferus"	12,5%/12,50€
90	2019 Riesling trocken „N" Deidesheimer Leinhöhle	12%/18,-€
88	2019 Einklang Weißwein trocken N	11,5%/15,-€
88	2019 Grauburgunder trocken „N"	13%/16,-€
89	2019 Chardonnay trocken „N"	13%/16,-€
88	2018 Spätburgunder trocken	13%/12,5,-€

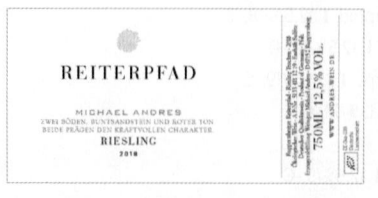

PFALZ ▰ RUPPERTSBERG

★★★

Andres & Mugler

Kontakt
Sektkellerei Andres & Mugler
Hauptstraße 33a
67152 Ruppertsberg
Tel. 06326-8667
Fax: 06326-8667
www.andresundmugler.de
info@andresundmugler.de

Besuchszeiten
nach Vereinbarung
Weitere Verkaufsstelle:
Weingut Schädler,
Maikammer

Inhaber
Michael Andres &
Steffen Mugler

Rebfläche
Weine werden von Michael Andres und Steffen Mugler (Weingut M. Schädler) bezogen

Produktion
25.000 Flaschen

Michael Andres (siehe den vorherigen Eintrag) und Steffen Mugler (seit 2002 Inhaber des Weinguts M. Schädler in Maikammer) gründeten 1989 die kleine Sektmanufaktur Andres & Mugler, versekteten in diesem Jahr 1000 Liter Riesling Spätlese von zugekauften Trauben. Seit 1993 bezogen sie die Trauben nur aus den eigenen Weinbergen von Michael Andres, inzwischen steuert nun auch Steffen Mugler Trauben bei, alles verwendete Traubengut stammt aus biodynamischer Produktion. Neben Riesling und Weißburgundersekt erzeugen sie eine Reihe von Cuvées: Einen Blanc de Noir aus Spätburgunder und Schwarzriesling, eine Cuvée aus Chardonnay und Auxerrois, die Cuvée „Elena" aus Chardonnay, Auxerrois und Schwarzriesling, die Cuvée „Louis" aus Schwarzriesling und Spätburgunder mit etwas im Barrique ausgebautem Auxerrois und Chardonnay, die Cuvée „Fleur d'Emely" aus Muskateller und mittlerweile gibt es auch einen Rosé aus Spätburgunder. Seit dem Jahrgang 2012 sind die Sekte biologisch zertifiziert.

Kollektion

Unsere Preisträger für die beste Sektkollektion des vergangenen Jahres überzeugen auch in diesem Jahr rundum: „Louis" zeigt im Bouquet feine hefige Würze und leicht gereifte Frucht, besitzt am Gaumen gute Konzentration, eine würzig unterlegte Frucht, Schmelz und frische Säure, der nur in Magnums abgefüllte, zum großen Teil aus Chardonnay bestehende „Blanc de Blanc" zeigt ebenfalls hefige Würze, Brotkruste, etwas Zitrusnoten, ist geradlinig, leicht salzig und nachhaltig, „Elena" zeigt leichte Reifenoten im Bouquet, ist am Gaumen noch frisch, animierend, nachhaltig und jetzt auf dem Punkt, die Cuvée aus Chardonnay und Auxerrois zeigt Noten von Brotkruste und Zitrusfrüchten, ist frisch und nachhaltig. „Emely" ist wieder sehr aromatisch, ausgewogen und harmonisch, der „Blanc de Noir" ist cremig und füllig mit klarer, roter Frucht, der Rosé zeigt ebenfalls rote Frucht, Johannisbeere, Hagebutte, ist geradlinig, der Pinot Blanc ist noch von jugendlich-hefiger Würze geprägt, besitzt Fülle und leicht süße Frucht, der Riesling ist zitruswürzig, frisch und besitzt Biss.

Weinbewertung

85	2018 Riesling Sekt brut	12 %/13,-€
86	2018 Pinot Blanc Sekt brut	12 %/13,-€
88	2017 Chardonnay Auxerrois Sekt brut	12 %/16,-€
87	2017 „Blanc de Noir" Sekt brut	12,5 %/14,-€
88	2015 „Cuvée Elena" Sekt brut	12,5 %/18,-€
89	2016 „Cuvée Louis" Sekt brut	12,5 %/18,-€
87	2018 „Fleur d'Emely" Sekt brut	12 %/17,-€
89	2016 „Blanc de Blanc" Sekt brut	12,5 %/40,-€
86	2017 Pinot Rosé Sekt brut	12,5 %/13,-€

MOSEL ▬ NITTEL

★★☆

Hubertus M. Apel

Kontakt
Weinstraße 26
54463 Nittel
Tel. 06584-314
Fax: 06584-1263
www.apel-weingut.de
info@apel-weingut.de

Besuchszeiten
Mo.-Fr. 8-18 Uhr
Sa. 9-17 Uhr
So. nur nach Vereinbarung
Weinhotel
Weinrestaurant

Inhaber
Matthias, Johannes & Philip Apel
Betriebsleiter
Johannes Apel
Kellermeister
Philip Apel
Außenbetrieb
Matthias Apel
Rebfläche
34 Hektar
Produktion
250.000 Flaschen

Über 30 Jahre lang haben die Brüder Harald und Hubert Apel das Weingut zu einer der renommiertesten Adressen in Nittel und an der ganzen Obermosel gemacht. Nun hat die vierte Generation in Gestalt der Brüder Matthias, Johannes und Philip die Leitung des Weinguts übernommen. Kellermeister Philip Apel blickt auf Stationen in Oregon, Kalifornien (Stag's Leap) und Neuseeland zurück und hat Ambitionen. Inzwischen werden stolze 34 Hektar bewirtschaftet, in Nittel, Wellen, Rehlingen, Wincheringen, Sehndorf, Perl und Ayl. Mit kraftvollen, aber dennoch eleganten Charakterweinen will das Gut nicht nur an der Mosel zu den führenden Weingütern im Segment der Burgundersorten gehören, sondern in Zukunft auch national ganz weit vorne mitspielen. Doch auch die Sorte Elbling, die auf 30 Prozent der Fläche neben Auxerrois, Grauburgunder, Weißburgunder, Spätburgunder, Chardonnay und Sauvignon Blanc angebaut wird, soll weiter ihre Berechtigung haben. Seit 2019 ist das Weingut Mitglied bei „Fair'n Green".

Kollektion

Dem vorgestellten Programm ist anzumerken, dass Ambitionen vorhanden sind – über das an der Obermosel gewohnte Maß hinaus. Eine echte Rarität ist etwa der Sekt aus Rotem Elbling, in dem nur die natürlich mutierten rot gefärbten Trauben verarbeitet werden. Er zeigt eine feine Frucht, ist sehr animierend. Der spontan vergorene Basis-Elbling ist komplex in der Nase, im Mund schön spritzig, vielschichtig. Der Sauvignon Blanc weist Noten von Zitrus und Birne auf, auch eine dezente Sortentypizität, ist schön saftig. Der Chardonnay vom Muschelkalk zeigt im Mund eine animierende Säure, auch etwas Zitrusnoten. Als „Herzstück" firmiert ein Grauburgunder, der kühle Steinobstnoten und eine leicht cremige Art besitzt, aber auch schön straff ausfällt. Der Spätburgunder namens „Goldstück" ist kühl mit Noten von Kirschen und schwarzen Beeren sowie ganz leicht Tabak. Im Mund wirkt er schön fest und kaum holzgeprägt.

Weinbewertung

86	Roter Elbling Sekt brut	12%/10,50€
86	Elbling Sekt extra brut	11,5%/9,50€
83	2019 Elbling trocken (1l)	11,5%/5,-€ ☺
85	2019 Elbling trocken „Tradition"	11,5%/5,50€ ☺
84	2019 Weißer Burgunder trocken „vom Muschelkalk"	12%/7,50€
84	2019 Grauer Burgunder trocken „vom Muschelkalk"	12,5%/8,50€
85	2019 Chardonnay trocken „vom Muschelkalk"	12,5%/9,-€
87	2019 Grauer Burgunder trocken „Herzstück"	12,5%/11,50€
85	2019 Sauvignon Blanc trocken „Herzstück"	12,5%/11,50€
83	2019 Rosé trocken „Orchideenfels"	12%/7,50€
85	2018 Blauer Spätburgunder trocken „vom Muschelkalk"	13%/8,50€
87	2018 Blauer Spätburgunder trocken „Goldstück"	13%/24,50€

APEL WEINGUT

Apfelbacher

Kontakt
Neuseser Straße 3
97337 Dettelbach
Tel. 09324-98220
Fax: 09324-982279
www.apfelbacher-wein.de
tobias@apfelbacher-wein.de

Besuchszeiten
Mo.-Fr. 9-18 Uhr
Sa. 9-16 Uhr
So. 13-16 Uhr

Inhaber
Bernhard & Ursula Apfelbacher
Kellermeister
Tobias Apfelbacher
Rebfläche
45 Hektar
Produktion
250.000 Flaschen

Seit 1604 betreibt die Familie Apfelbacher Landwirtschaft und Weinbau in Dettelbach. Georg Apfelbacher begann Anfang der fünfziger Jahre des letzten Jahrhunderts mit der Selbstvermarktung, Sohn Bernhard absolvierte eine Weinküferlehre. 1964 wurden das Rentamt und 1974 das Frauenkloster in Dettelbach gekauft, der ehemalige Amtskeller des Fürstbischofs von Würzburg wurde zum Sitz des Weingutes. Seit 2002 führen Bernhard und Ursula Apfelbacher den Betrieb, unterstützt von den Söhnen Sebastian und Tobias. Neben klassischen Rebsorten wie Silvaner, weiße und rote Burgunder oder Traminer findet man auch eine Vielzahl an Neuzüchtungen wie Müller-Thurgau, Bacchus, Kerner und Domina im Sortiment.

Kollektion

Beim guten Debüt im vergangenen Jahr waren der 2016er Frohnberg-Spätburgunder und der 2017er Silvaner von alten Reben unsere Favoriten. Letzteren konnten wir von einer späteren Füllung nochmals verkosten, er ist füllig, kompakt, besitzt reife Frucht. Auch den 2017er Blanc hatten wir schon verkostet, die zweite Füllung präsentiert sich noch attraktiver, zeigt gute Konzentration, intensive Frucht, besitzt Fülle, Kraft und Substanz; der Blanc ist ein Cabernet Blanc, der nach langer Maischestandzeit zu einem Drittel im Tonneau, zu zwei Dritteln im Edelstahl ausgebaut wurde. Das Gros der recht umfangreichen Kollektion präsentiert sich recht gleichmäßig, weiß wie rot, mit frischen, unkomplizierten Weinen, am besten gefällt uns der füllig-saftige 2019er Weißburgunder aus Dettelbach.

Weinbewertung

79	2019 Silvaner trocken „Berg" (1l)	12,5%/6,-€
81	2019 „Grüsi" trocken (Grüner Silvaner)	11,5%/6,-€
80	2019 Riesling trocken	12%/6,-€
81	2019 Müller-Thurgau trocken Dettelbach	12,5%/7,-€
81	2019 Silvaner trocken Dettelbach	12%/7,50€
82	2018 Auxerrois trocken „Vom Muschelkalk"	13%/10,50€
83	2019 Weißburgunder trocken Dettelbach	12%/7,50€
81	2019 Grauburgunder trocken Dettelbach	12,5%/7,50€
85	2017 „Blanc" Weißwein trocken	13%/9,50€
81	2018 Silvaner trocken „Vom Muschelkalk"	13%/11,50€
82	2018 Riesling trocken „Vom Muschelkalk"	12,5%/12,50€
81	2018 Scheurebe trocken „Vom Muschelkalk"	13%/10,50€
85	2017 Silvaner trocken „Alte Reben" „Leiten"	12,5%/12,50€
81	2019 Bacchus „feinfruchtig"	12%/6,-€
81	2019 Scheurebe „feinfruchtig"	12,5%/6,-€
79	2019 Rosé „feinfruchtig"	11,5%/6,-€
81	2018 „Nero" Rotwein trocken	13%/8,-€
81	2017 Domina trocken Dettelbach	13%/9,50€

PFALZ ▶ GLEISWEILER

Peter Argus

Kontakt
Hauptstraße 23
76835 Gleisweiler
Tel. 06345-919424
Fax: 06345-919425
www.argus-wein.de
mail@argus-wein.de

Besuchszeiten
nach Vereinbarung
Straußwirtschaft geöffnet
Mitte Sept. bis Ende Okt.

Inhaber
Peter Argus
Rebfläche
9,5 Hektar
Produktion
60.000 Flaschen

Seit Generationen betreibt die Familie Weinbau in Gleisweiler, 1954 wurden die ersten Weine in Flaschen verkauft. Heute führen Peter und Eva Argus das Weingut, das als einziges in Gleisweiler noch im alten Ortskern angesiedelt ist und unter dem sich ein alter Gewölbekeller aus dem Jahr 1610 befindet, in dem bis vor wenigen Jahren noch die Weine ausgebaut wurden. Die Weinberge von Peter Argus liegen in Gleisweiler und Umgebung, in den Lagen Gleisweiler Hölle, Frankweiler Kalkgrube, Böchinger Rosenkranz sowie dem Godramsteiner Münzberg. Die Reben wachsen teils auf Buntsandsteinverwitterungsböden, auf denen vor allem Riesling steht, der knapp zwei Fünftel der Rebfläche einnimmt, teils auf kalkhaltigen Lehmböden, wo vor allem Weiß-, Grau-, Spät- und Frühburgunder angebaut werden, die rund ein Viertel der Produktion ausmachen. Portugieser, Dornfelder, Silvaner, Muskateller, Chardonnay, Sauvignon Blanc und die pilzwiderstandsfähige Sorte Pinotin ergänzen das Programm. Spezialität des Hauses sind neben im Barrique ausgebauten Weinen die bereits seit 1988 erzeugten Sekte.

Kollektion

Auch in diesem Jahr bekamen wir wieder nur eine kleine Kollektion aus sechs Weinen zur Verkostung, die im 2019er Jahrgang teilweise etwas kraftvoller als im vergangenen Jahr sind, rot wie weiß sind aber alle der Weine wieder reintönig und klar in der Frucht. Sehr gut gefallen uns dieses Mal der sehr fruchtbetonte Sauvignon Blanc, der deutliche Aromen von Maracuja und Pfirsich im Bouquet zeigt und Kraft, Fülle, leichte Süße und ein frisches Säurespiel besitzt, und der im Barrique ausgebaute Spätburgunder aus der Kalkgrube, der Schwarzkirschfrucht, etwas Kräuter und rauchige Noten zeigt, gut strukturiert ist, viel Kraft und süße Frucht besitzt, aber auch leicht den hohen Alkoholgehalt spüren lässt. Knapp dahinter liegt der fruchtbetonte Buntsandstein-Riesling mit Noten von Aprikose, Ananas und Orangenschale, am Gaumen besitzt er Kraft und Biss, der Grauburgunder ist ebenfalls kraftvoll, besitzt klare Birnenfrucht und florale Würze, der Blanc de Noirs zeigt neben floralen Noten dezente Frucht, ist füllig, besitzt aber auch ein frisches Säurespiel. Und der wieder mit einer Restsüße im halbtrockenen Bereich ausgebaute Muskateller zeigt klare Noten von Holunderblüte, Kräutern und Zitrusfrüchten, ist schlank und frisch.

Weinbewertung

83	2019 Grauburgunder trocken Frankweiler Kalkgrube	13,5 %/6,-€
85	2019 Sauvignon Blanc trocken Gleisweiler Hölle	13,5 %/7,-€
82	2019 Spätburgunder trocken „Blanc de Noir" Frankweiler Kalkgrube	13 %/6,50 €
84	2019 Riesling trocken „Bundsandstein" Gleisweiler Hölle	13,5 %/6,50 €
82	2019 Gelber Muskateller	12 %/5,20 €
85	2018 Spätburgunder Spätlese trocken Frankweiler Kalkgrube	15 %/13,50 €

FRANKEN — IPHOFEN

★★★

Johann Arnold

Kontakt
Weingut & Winzerhof
Johann Arnold
Lange Gasse 26/28
97346 Iphofen
Tel. 09323-89833
Fax: 09323-89834
www.weingut-arnold.de
mail@weingut-arnold.de

Besuchszeiten
Mo.-Sa. 8-12 + 13-18 Uhr
So. 10-12 + 13-16 Uhr
Gästezimmer,
Ferienwohnungen

Inhaber
Johannes Arnold jr.
Rebfläche
10 Hektar
Produktion
75.000 Flaschen

Als Johann Arnold 1959 mit der Selbstvermarktung begann, war das heutige Weingut ein landwirtschaftlicher Gemischtbetrieb mit 1,5 Hektar Weinbergen, 10 Hektar Ackerland und eigener Viehhaltung. Nach und nach hat er sich ganz auf Weinbau konzentriert, die Rebfläche kontinuierlich auf die heutige Größe erweitert, 1974 das benachbarte damalige Gasthaus Zum Lamm erworben und in den eigenen Betrieb integriert. Seit 2000 führen Johannes Arnold jr. und Ehefrau Claudia das Gut. Ihre Weinberge liegen in Iphofen in den Lagen Kalb, Kronsberg (mit der ehemaligen Einzellage Kammer) und Julius-Echter-Berg (mit dem Filetstück „Im Frohntal") und in den Rödelseer Lagen Schwanleite und Küchenmeister. Silvaner ist mit einem Anteil von 35 Prozent die wichtigste Rebsorte im Weingut. Es folgen Riesling, Scheurebe, Spätburgunder und Weißburgunder, dazu gibt es Sorten wie Domina, Müller-Thurgau, Bacchus und Chardonnay. Im letzten Jahr wurde der Rotweinkeller vergrößert, Weingut und Gästehaus wurden renoviert.

Kollektion

Auf die Literweine von Johannes Arnold kann man sich immer verlassen, das gilt auch im Jahrgang 2019: Der Müller-Thurgau ist reintönig und saftig, der birnenduftige Silvaner besitzt Frische und Frucht. Mehr Druck und Grip hat der Silvaner in der Dreiviertelliterflasche, ist reintönig und geradlinig. Sehr gut ist der Weißburgunder, besitzt Fülle und Kraft, reife Frucht und Substanz. Der knackig trockene Riesling ist würzig, frisch und zupackend. Riesling gibt es dieses Jahr auch als Orangewein aus dem Jahrgang 2017, ein Wein der 30 Monate auf der Maische blieb und unfiltriert abgefüllt wurde: Viel Duft und Würze prägen das Bouquet, im Mund ist er eigen und dominant, besitzt Tannine und Bitternoten – ein anstrengender Wein. Wesentlich lieber ist uns da der maischevergorene, im Granitfass ausgebaute Silvaner aus dem Julius-Echter-Berg, den wir als Fassprobe verkosten konnten: Intensiv, konzentriert und herrlich eindringlich im Bouquet, füllig und kraftvoll im Mund mit reifer Frucht und viel Substanz, ein kompakter Wein, der noch Zeit braucht. Eine intensiv fruchtige, zupackende Domina rundet die Kollektion ab.

Weinbewertung

82	2019 Müller-Thurgau trocken (1l)	12,5 %/5,50 €
82	2019 Silvaner trocken (1l)	13 %/5,50 €
84	2019 Silvaner (trocken)	13 %/7,50 €
83	2019 Riesling trocken	12,5 %/7,50 €
85	2019 Weißburgunder trocken	12,5 %/7,50 €
(88)	2019 Silvaner trocken „Granitfass" Iphöfer Julius-Echter-Berg	13 %/29,-€
83	2017 Riesling „Orangewein"	14 %/35,-€
83	2017 Domina trocken	12,5 %/7,50 €

FRANKEN ▶ RANDERSACKER

★ ★ ★

Wilhelm Arnold

Kontakt
Friedenstraße 4-6
97236 Randersacker
Tel. 0931-708326
Fax: 0931-700903
www.arnoldwein.de
info@arnoldwein.de

Besuchszeiten
Mo.-Sa. 8-18 Uhr,
sonst nach Vereinbarung

Inhaber
Bruno Arnold
Betriebsleiter
Bruno Arnold
Rebfläche
10 Hektar
Produktion
75.000 Flaschen

Seit 1673 baut die Familie Arnold Wein in Randersacker an. Heute wird das Gut von Bruno und Diana Arnold geführt. Großvater Wilhelm, Namensgeber des Weingutes, war Gründungsmitglied des Verbandes Fränkischer Weingüter und Selbstvermarkter. Die Weinberge von Bruno Arnold liegen in Randersacker in den Lagen Pfülben, Teufelskeller, Marsberg und Sonnenstuhl (der westliche Teil des Sonnenstuhls ist nun unter dem Namen Hohenroth die Große Gewächs-Lage des Sonnenstuhls), sowie im Eibelstadter Kapellenberg. Wichtigste Rebsorte ist Silvaner, nimmt mehr als ein Drittel der Rebfläche ein, es folgen Müller-Thurgau, Scheurebe und Riesling, aber auch Bacchus, Weißburgunder, Kerner, Rieslaner und Morio-Muskat sowie Würzer. An roten Sorten gibt es Domina, Zweigelt und Blaufränkisch; zuletzt wurde Chardonnay gepflanzt, der 2019 den ersten Ertrag brachte.

Kollektion

Eine starke Kollektion präsentiert Bruno Arnold in diesem Jahr. Die Scheurebe ist reintönig und frisch, der Eibelstadter Weißburgunder geradlinig und klar. Der neue Chardonnay aus dem Teufelskeller ist fruchtbetont, reintönig, harmonisch und zupackend. Die Silvaner-Serie beginnt mit dem birnenduftigen Muschelkalk-Silvaner. Der Marsberg-Silvaner zeigt gelbe Früchte, besitzt Fülle, Kraft und Substanz, was auch für den wunderschön reintönigen Sonnenstuhl-Silvaner gilt. Aus dem Jahrgang 2018 stammt das Große Gewächs, das gute Konzentration und herrlich viel Frucht zeigt, gelbe Früchte, füllig und saftig ist, viel reife Frucht und Substanz besitzt. Sehr stimmig präsentiert sich auch die Riesling-Serie. Der Wein von 1967 gepflanzten Reben besitzt Kraft und gute Struktur, der leicht gelbfruchtige Sonnenstuhl-Riesling ist frisch und zupackend, der Marsberg-Riesling besitzt viel reife Frucht und Substanz, das Große Gewächs aus dem Pfülben ist noch kraftvoller und konzentrierter. Der herrlich reintönige, elegante Reserve-Spätburgunder rundet die Kollektion ab.

Weinbewertung

83	2019 Scheurebe trocken	12,5%/7,50€
83	2018 Silvaner trocken „Muschelkalk" Randersacker Ewig Leben	13%/9,-€
84	2019 Weißer Burgunder trocken Eibelstadt	13%/9,-€
84	2019 Riesling trocken „Alte Reben 1967" Randersacker	13%/10,80€
87	2019 Riesling trocken Randersacker Marsberg	13,5%/13,50€
86	2019 Riesling trocken Randersacker Sonnenstuhl	13%/14,-€
86	2019 Silvaner trocken Randersacker Sonnenstuhl	13,5%/13,50€
85	2019 Silvaner trocken Randersacker Marsberg	13,5%/14,-€
85	2019 Chardonnay trocken Randersacker Teufelskeller	13%/16,-€
89	2018 Silvaner „GG" „Hohenroth" Randersacker Sonnenstuhl	14%/25,-€
89	2018 Riesling „GG" Randersacker Pfülben	13,5%/25,-€
88	2017 Spätburgunder trocken „Réserve"	13%/16,-€

Arns

Kontakt
Weingut Arns und Sohn
Kringstraße 36
56861 Reil
Tel. 06542-2495
Fax: 06542-2411
www.arnswein.de
info@arnswein.de

Besuchszeiten
Mo.-Fr. 9-18 Uhr
Sa. 9-14 Uhr
So. 9-12 Uhr

Inhaber
Richard Arns
Rebfläche
4 Hektar
Produktion
25.000 Flaschen

Seit über 400 Jahren baut die Familie Wein an. Richard Arns, Geisenheim-Absolvent, übernahm 1991 das Weingut von seinem Vater Rainer, führt es heute zusammen mit Ehefrau Martina, seit 2015 unterstützt von Sohn Alexander, der ebenfalls in Geisenheim studiert hat. Ihre Weinberge, insgesamt 4 Hektar, liegen vor allem in den Reiler Lagen Falklay und Goldlay, aber auch im Briedeler Weißerberg sind sie vertreten. Riesling nimmt die Hälfte der Weinberge ein, hinzu kommen 40 Prozent Burgundersorten – Spätburgunder, Weißburgunder und Grauburgunder – sowie etwas Müller-Thurgau. 2011 wurde mit der Umstellung auf ökologischen Weinbau begonnen, seit dem Jahrgang 2014 werden alle Flächen biologisch bewirtschaftet. Mit dem Jahrgang 2015 wurde wieder begonnen, bei den Topweinen von alten Reben aus Steillagen die Lage herauszustellen. Gästezimmer und zwei Ferienwohnungen bieten Übernachtungsmöglichkeiten auf dem Weingut.

Kollektion

Aus dem Jahrgang 2019 wurde diesmal lediglich ein einziger Wein vorgestellt, alle anderen eingesandten Muster stammen aus dem Jahrgang 2018 – auch der Basiswein aus Riesling, Müller-Thurgau und Bacchus. Er zeigt sich offen, besitzt eine feine Aromatik, in der Bacchus zum Glück nicht dominiert, ist erfreulich trocken, saftig und dennoch nicht zu hoch im Alkohol. Wenn Cuvées so schmecken, dann gern. Selbiges lässt sich auch vom trockenen Riesling aus dem Jahrgang 2018 sagen. Der Wein zeigt Schmelz und Würze, ist nicht zu süß. Ein ganz anderes Kaliber ist der Riesling aus der Reiler Falklay, der schon in der Nase etwas mehr Reife zeigt und im Mund Schmelz mit Würze verbindet. Ein saftiger, recht dichter Wein, dessen Alkohol gut integriert ist. Hier ist nochmals zu bemerken, dass die Süße in den als trocken bezeichneten Weinen nicht zu merken ist, also sehr tief liegt. Beim Wein aus dem Weißerberg ist sie dagegen schon zu spüren, der Wein beeindruckt mit einer offenen, eher kühlen Steinobstfrucht und Schmelz. Ein im kleinen Fass gereifter Spätburgunder zeugt vom warmen Jahr, ist angenehm fruchtig ohne hervorstechende Tannine, auch wenn der Alkohol durchaus zu spüren ist.

Weinbewertung

82	2018 Weißwein trocken „Gutsabfüllung"	11%/7,-€
84	2018 Riesling trocken	12,5%/9,-€
86	2018 Riesling trocken Reiler Falklay	13%/11,-€
84	2019 Riesling „feinherb"	10,5%/8,50€
85	2018 Riesling Briedeler Weißerberg	12%/10,-€
84	2018 Spätburgunder trocken „R"	14%/12,50€

Reiler Falklay
Weißer Burgunder trocken
Mosel

BADEN — MEERSBURG-STETTEN

★★☆

Aufricht

Kontakt
Höhenweg 8
88709 Meersburg-Stetten
Tel. 07532-2427
Fax: 07532-2421
www.aufricht.de
info@aufricht.de

Besuchszeiten
Mo.-Sa. 8-12 + 14-18 Uhr

Inhaber
Robert & Manfred Aufricht
Betriebsleiter
Manfred Aufricht
Kellermeister
Robert Markheiser &
Johannes Aufricht
Rebfläche
40 Hektar
Produktion
250.000-300.000 Flaschen

Die Brüder Robert und Manfred Aufricht haben 1985 den Betrieb von ihren Eltern übernommen, inzwischen ist Johannes, der Sohn von Manfred Aufricht, nach Abschluss seines Studiums in den elterlichen Betrieb zurückgekehrt. Das Gros der Weinberge ist in einer Lage – Meersburger Sängerhalde – rund um das Weingut arrondiert, die sich durch besonders schwere Böden mit hohem Kalkgehalt auszeichnet. Sie bauen hauptsächlich die Burgundersorten an, wobei allein Spätburgunder 40 Prozent ihrer Weinberge einnimmt. Neben Grau- und Weißburgunder haben sie auch Auxerrois und Chardonnay im Anbau. Hinzu kommen vor allem Frühburgunder, Lemberger, Sauvignon Blanc und Riesling. Hochwertigere Weine werden mit 1 Lilie ausgezeichnet, das Top-Segment mit 3 Lilien: Lange Zeit gab es nur den 3 Lilien-Spätburgunder, inzwischen gibt es auch weiße 3 Lilien-Weine, beim Spätburgunder wurde weiter differenziert nach Gewannen.

Kollektion

Nachdem wir in den vergangenen Jahren immer mal wieder hohe Alkoholgehalte und latente Zuckerschwänzchen moniert hatten, sind die 2019er erfreulich schlank. Der Weißburgunder, der 2018 mit 13,5 Volumenprozent noch recht wuchtig ausfiel, ist in diesem Jahr mit nur 12,5 Prozent angenehm klar und saftig. Seinem Namen entsprechend holzbetont ist der 3-Lilien Grauburgunder „Eichhölzle", doch auch hier empfinden wir das Wechselspiel von Öligkeit und Finesse besser gelungen als bei den weißen 3-Lilien-Weinen der vergangenen Jahre. Der 2018er 3-Lilien Spätburgunder ist saftig, hat viel Fülle und eine warme Beerenfrucht. Bewusst anders und wilder sind die Weine von Junior-Chef Johannes Aufricht, der uns in diesem Jahr eine vielversprechende Chardonnay-Fassprobe präsentiert, die jede Menge Biss und eine spannende Gerbstoffstruktur mitbringt, die an Johannisbeerkerne erinnert – ein Charakter-Wein. Sehr gut ist auch der unfiltrierte Pinot Noir „Johannes Aufricht". Das macht Lust auf mehr!

Weinbewertung

83	2019 Auxerrois trocken	12,5%/13,40€
85	2019 Weißburgunder trocken	12,5%/11,90€
84	2019 Grauburgunder trocken	12,5%/11,90€
85	2019 Weißburgunder trocken „1Lilie" „von Alten Reben"	13%/14,90€
(85)	2019 Sauvignon Blanc trocken „3Lilien" Pfattis	12,5%/30,-€
86	2019 Grauburgunder trocken „3Lilien" „Eichhölzle®"	13%/19,90€
86	2019 Chardonnay trocken „3Lilien" „Kalkbrunnen®"	13%/22,90€
87	2019 Weißburgunder trocken „3Lilien" Sommertal	13%/24,90€
(90)	2018 Chardonnay „Johannes" Van Hauen	12,5%/28,-€
84	2017 Spätburgunder trocken „Sophia"	13,5%/13,40€
88	2018 Spätburgunder trocken „3Lilien" Trielberg	14%/42,50€
90	2017 Pinot Noir „Johannes" Krähen	12,5%/49,-€

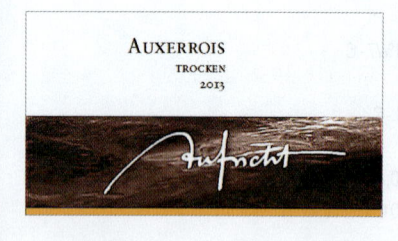

BADEN — AUGGEN

★★ ☆

Auggener Schäf

Kontakt
Winzerkeller Auggener Schäf eG
Kleinfeldele 1
79424 Auggen
Tel. 07631-36800
Fax: 07631-368080
www.auggener-wein.de
info@auggener-wein.de

Besuchszeiten
Mo.-Fr. 8-18 Uhr
Sa. 9-13
So./Feiertage 10-13 Uhr

Inhaber
400 Mitglieder
Geschäftsführer
Thomas Basler
Kellermeister
Andreas Philipp
Rebfläche
530 Hektar
Produktion
6.000.000 Flaschen

Gutedel ist mit einem Anteil von 45 Prozent die dominierende Rebsorte in den Weinbergen der Auggener Genossen. Danach folgen Spätburgunder, Müller-Thurgau und Regent, aber auch Weißburgunder, Chardonnay und Sauvignon Blanc. Drei Viertel der Rebfläche entfällt auf die Lage Auggener Schäf, ein Viertel auf die Lage Auggener Letten. Der Letten ist eine 60 Hektar große steile Südlage mit schweren, fruchtbaren Böden (Lehm), hier werden Sorten wie Chardonnay, Gewürztraminer und Grauburgunder angebaut. Der 180 Hektar große Auggener Schäf besteht aus fünf Hügeln mit bis zu 50-prozentigen Steillagen, hier wächst auf Kalkschieferböden vor allem die Rebsorte, für die Auggen und der Auggener Schäf bundesweit bekannt ist: Gutedel. Seit der Fusion mit der WG Laufen im Herbst 2011 ist man auch im Laufener Altenberg vertreten. Der Name Auggen steht für Gutedel, die Gutedel sind meist die Stärke der Auggener Genossen. Aber auch mit Rotweinen und im edelsüßen Segment lassen sie immer wieder aufhorchen.

🍷 Kollektion

Eine gute Basis und einige Spitzenweine – so präsentiert der Winzerkeller aus Auggen alljährlich seine Kollektion. Zupackende, glasklare Gutedel, saftige Weißburgunder und Chardonnay vom Jahrgang 2019 stehen für die fruchtig-leichte Basis. Der Chasslie vom Altenberg ist schön cremig vom langen Hefelager. Sehr gut ist die im Barrique ausgebaute 2018er Spätlese vom Chardonnay, das würzig-fruchtige, einladende Bukett setzt sich am Gaumen fort, der Wein ist schlank und elegant, tiefgründig und komplex. Sehr gut sind auch die beiden würzig-fruchtigen Beerenauslesen vom Chardonnay aus dem Jahr 2015, sie haben sich gut entwickelt, die Barrique-Version gibt dem Wein noch mehr Halt. Sehr gut ist auch die Cuvée Reserve No. 5 vom Laufener Altenberg.

🍇 Weinbewertung

Punkte	Wein
82	2019 Weißer Gutedel trocken Auggener Schäf ‖ 11,5%/4,90€
82	2019 Gutedel Kabinett trocken Auggener Schäf ‖ 12%/5,60€
83	2019 Chasslie trocken Laufener Altenberg ‖ 13%/7,50€
83	2019 Weißburgunder & Chardonnay Kabinett trocken Auggener Schäf ‖ 12,5%/6,50€
83	2019 Chardonnay Kabinett trocken Auggener Schäf ‖ 13%/6,80€
87	2018 Chardonnay Spätlese trocken Barrique Auggener Schäf ‖ 13,5%/12,90€
83	2019 Muskat-Ottonel Kabinett „Edition N 3" Laufener Altenberg ‖ 10,5%/6,90€
84	2019 Gewürztraminer Spätlese Auggener Schäf ‖ 12%/8,10€
85	2018 Gutedel Beerenauslese Auggener Schäf ‖ 7,5%/25,-€/0,5l
86	2018 Gutedel Beerenauslese Barrique Auggener Schäf ‖ 9,5%/26,-€/0,5l
87	2018 Chardonnay Beerenauslese Auggener Schäf ‖ 10%/25,-€/0,5l
88	2018 Chardonnay Beerenauslese Barrique Auggener Schäf ‖ 10%/26,-€/0,5l
86	2016 Laufener Altenberg Cuveè Reserve trocken „Ed. No.5" ‖ 14%/15,90€
84	2016 Pinot Noir trocken Laufener Altenberg ‖ 13,5%/8,90€

FRANKEN ▶ SULZFELD

★★★

Augustin

Kontakt
Raiffeisenstraße 5
97320 Sulzfeld
Tel. 09321-5663
Fax: 09321-24704
www.weingut-augustin.de
info@weingut-augustin.de

Besuchszeiten
Mo.-Sa. 9-12 + 13-18 Uhr
So. 10-12 Uhr
und nach Vereinbarung
Vinotel Augustin

Inhaber
Arno Augustin
Verkauf
Verena & Arno Augustin
Rebfläche
11 Hektar
Produktion
70.000 Flaschen

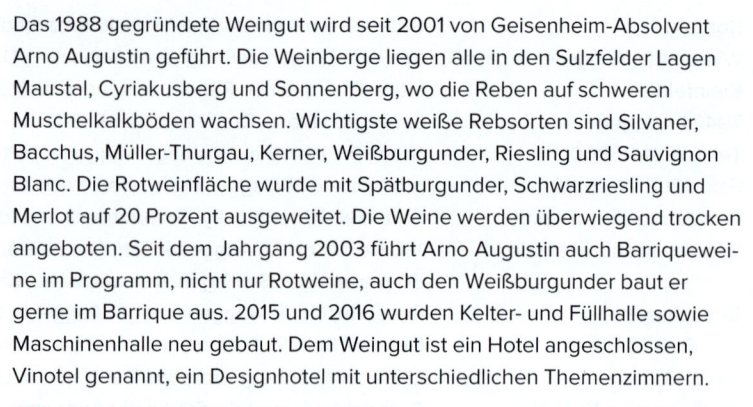

Das 1988 gegründete Weingut wird seit 2001 von Geisenheim-Absolvent Arno Augustin geführt. Die Weinberge liegen alle in den Sulzfelder Lagen Maustal, Cyriakusberg und Sonnenberg, wo die Reben auf schweren Muschelkalkböden wachsen. Wichtigste weiße Rebsorten sind Silvaner, Bacchus, Müller-Thurgau, Kerner, Weißburgunder, Riesling und Sauvignon Blanc. Die Rotweinfläche wurde mit Spätburgunder, Schwarzriesling und Merlot auf 20 Prozent ausgeweitet. Die Weine werden überwiegend trocken angeboten. Seit dem Jahrgang 2003 führt Arno Augustin auch Barriqueweine im Programm, nicht nur Rotweine, auch den Weißburgunder baut er gerne im Barrique aus. 2015 und 2016 wurden Kelter- und Füllhalle sowie Maschinenhalle neu gebaut. Dem Weingut ist ein Hotel angeschlossen, Vinotel genannt, ein Designhotel mit unterschiedlichen Themenzimmern.

Kollektion

Arno Augustins Kollektion ist wieder enorm stark. Schon die lebhafte, klare Perle ist sehr gut, der Bacchus besticht mit Reintönigkeit und Grip, der Blanc de Noir, ein Pinot Meunier, ist lebhaft und frisch. Der Sauvignon Blanc ist duftig, eindringlich, besitzt klare Frucht, gute Struktur und Grip, der Weißburgunder besitzt gute Konzentration, reintönige Frucht und Kraft. Eine feine Handschrift zeigen die drei 2019er Silvaner, vom frischen, reintönigen Weißer Augustiner über den deutlich fülligeren, kraftvolleren „Der Silvaner" bis hin zum Wein alten Reben, der gute Konzentration und viel reife Frucht besitzt, gute Struktur, Kraft und Substanz. Neben diesen Weinen aus dem Jahrgang 2019 präsentiert Arno Augustin drei bemerkenswerte 2018er, deren einziges „Manko" der recht hohe Alkoholgehalt ist, wie so oft im Jahrgang 2018. Der „Spezial S"-Silvaner aus dem Sonnenberg ist stoffig, kraftvoll, konzentriert, der Reserve-Silvaner enorm dominant und füllig, was auch für den im Barrique ausgebauten Weißburgunder gilt, der viel reife Frucht, Kraft und Substanz besitzt. Und eine schlechte Nachricht für Augustin-Fans zum Schluss: Aufgrund von Frühjahrsfrösten wird die 2020er Ernte sehr klein ausfallen.

Weinbewertung

85	2019 Perle trocken Sulzfeld am Main	12,5%/7,50€
85	2019 Bacchus trocken „Der Bacchus" Sulzfeld Maustal	12,5%/10,-€
84	2019 Silvaner trocken „Weißer Augustiner"	13,5%/7,50€
87	2019 Silvaner trocken „Der Silvaner" Sulzfeld Maustal	13,5%/11,-€
89	2019 Silvaner trocken „alte Reben" „Der Alte" Sulzfeld Maustal	13,5%/13,50€
87	2019 Sauvignon Blanc trocken Sulzfeld Cyriakusberg	13,5%/13,50€
87	2019 Weißer Burgunder trocken Sulzfeld Maustal	13,5%/12,-€
85	2019 „Blanc de Noir" trocken Sulzfeld	13,5%/12,-€
89	2018 Silvaner trocken „Edition Spezial S" Sulzfeld Sonnenberg	14%/18,-€
89	2018 Weißer Burgunder trocken Barrique Sulzfeld Maustal	14,5%/20,-€
89	2018 Silvaner trocken „Reserve" Sulzfeld Maustal	14,5%/30,-€

BADEN ▬ KENZINGEN-HECKLINGEN

★★★

Daniel Bach

Kontakt
Wein-Werkstatt Daniel Bach
Dorfstraße 12
79341 Kenzingen-Hecklingen
Tel. 07644-9296800
www.weinwerkstatt-daniel-bach.de
info@weinwerkstatt-daniel-bach.de /
daniel.bach1@gmx.net

Besuchszeiten
Do. 17:30-20 Uhr oder nach Vereinbarung

Inhaber
Daniel Bach
Betriebsleiter
Daniel Bach
Rebfläche
0,8 Hektar
Produktion
1.800 Flaschen

Daniel Bach begann seine Winzerlaufbahn mit der Ausbildung zum Winzergesellen beim Weingut Hügle in Bombach, danach trat er seine Stelle beim Weingut Bernhard Huber an, wo er bis 2020 hauptberuflich tätig war, im Mai ist er zu einem biodynamisch arbeitenden Weingut an den Kaiserstuhl gewechselt. Beim Barrique-Abfüllen im Jahr 2008 kamen Yquem Viehhauser und ihm die Idee selbst Rotwein auszubauen und im Jahr darauf setzten sie dieses Vorhaben in die Tat um. 2012 arbeitete er neun Monate bei Felton Road in Neuseeland, einem der führenden Weingüter des Landes, das seine Weinberge biodynamisch bewirtschaftet und vor allem für großartigen Pinot Noir berühmt ist. 2014 dann gründete Daniel Bach sein Weingut, pardon: Seine „Wein-Werkstatt", die er heute im Nebenerwerb und mit Unterstützung von Freunden und Familie betreibt. Er und seine Wein-Werkstatt sind in Kenzingen-Hecklingen zuhause, unterhalb der Burgruine Lichteneck, also im Breisgau, seine Weinberge liegen aber vor allem in Riegel in der Lage St. Michaelsberg, also am Kaiserstuhl, wo die Reben auf Lössböden wachsen, inzwischen ist er aber auch im Hecklinger Schlossberg im Breisgau vertreten. Er bewirtschaftet seine Weinberge biologisch, strebt die Zertifizierung an, hat 2017 mit der Umstellung begonnen, die 2020 abgeschlossen wurde. Neben Spätburgunder baut Daniel Bach ein klein wenig Weißburgunder an. Die Spätburgunder werden nach der Maischegärung mindestens zwölf Monate auf der Feinhefe ausgebaut und unfiltriert abgefüllt. Er bietet Spätburgunder in zwei Qualitätsstufen an, einen „Basiswein" und den Spätburgunder von alten Reben.

Kollektion

Frische und reintönige Frucht zeichneten bereits die Spätburgunder vom heißen Jahrgang 2015 aus, die uns Daniel Bach vor zwei Jahren zum Debüt vorgestellt hatte. Auch bei den beiden Weinen des folgenden Jahrgangs blieb Daniel Bach seiner Stilistik treu. In diesem Jahr konnten wir noch einmal den Spätburgunder von 2016 verkosten. Er glänzt mit kühler, roter Frucht, Johannisbeere und Kirsche, sehr klar, zupackend und frisch. Der Spätburgunder von 2017 ist noch präziser, zeigt kühle Sauerkirschfrucht und intensive, salzige Frische mit etwas Feuerstein. Der Spätburgunder 2017 Alte Reben ist etwas zurückhaltender in der Frucht, weil phenolische Würze ein Gegengewicht aufbaut. Komplexität und Präzision sind deutlich.

Weinbewertung

88	2016 Spätburgunder	13%/10,-€ ☺
88	2017 Spätburgunder	13%/10,-€ ☺
89	2017 Spätburgunder „Alte Reben"	13%/15,-€

Markgraf v. Baden, Schloss Salem

★★

Kontakt
Schloss Salem
88682 Salem
Tel. 07553-81284
Fax: 07553-81569
www.markgraf-von-baden.de
weingut@markgraf-von-baden.de

Besuchszeiten
Mo.-Sa. 9-18 Uhr
So. + Feiertage 11-18 Uhr
Verkaufstellen in Birnau (Oberhof 1a) und Überlingen (Haus Greth)

Inhaber
SKH Bernhard Prinz von Baden

Betriebsleiter
Volker Faust

Kellermeister
Martin Kölble

Rebfläche
1102 Hektar

Produktion
900.000 Flaschen

Schloss Salem zählt seit 1802 zu einem der Amtssitze der Markgrafen von Baden, die seit dieser Zeit auch die umfangreichen Rebflächen des ehemaligen Zisterzienserklosters kultivieren. Heute ist Schloss Salem Wohnsitz des Markgrafen von Baden und Heimat des Weingutes Markgraf von Baden. Insgesamt werden vom Markgrafen 110 Hektar Reben am Bodensee und 25 Hektar in der Ortenau bewirtschaftet (Weingut Schloss Staufenberg). Die Trauben wachsen in den Lagen Birnauer Kirchhalde, Bermatinger Leopoldsberg, Meersburger Chorrenhalde und Gailinger Schloss Rheinburg größtenteils auf eiszeitlichen Verwitterungsböden, unmittelbar am See findet man Sandsteinfels, der eine mehr oder weniger dicke Schicht an Moränenschotter trägt, welcher von eiszeitlichen Gletschern stammt. Spätburgunder nimmt knapp 40 Prozent der Fläche ein, Müller-Thurgau ein Viertel, es folgen Weißburgunder, Grauburgunder und Riesling.

Kollektion

Wie in den vergangenen Jahren finden wir Gefallen an den klaren, geradlinigen und rebsortentypischen Gutsweinen. Präferenzen haben wir für den Grauburgunder „Bodensee", der eine animierende Frische besitzt, nach Limette, grünem Apfel und dezent nach jungem Schnittlauch duftet. Auch in der Ortsweinriege hat der Grauburgunder die Nase vorn, der eine gute Struktur mit zartem Schmelz und leichtem Grip aufweist. Gewohnt überzeugend sind auch die Rotweine. Der „kleine" Spätburgunder Gutswein lebt von seiner frischen Beerenfrucht, der Bermatinger Ortswein hat mehr Kraft aber auch mehr Frucht. Sehr gut ist das Spätburgunder Große Gewächs, das trotz zartem Tannin jede Menge Tiefe und eine sehr gut ausbalancierte mollige Frucht zeigt, die an frische gekochte Himbeerkonfitüre erinnert aber im Hintergrund bleibt und den Wein nicht überlädt. Sehr gut ist auch der Sekt „Stéphanie Napoléon" aus Chardonnay, Pinot Noir und Pinot Meunier, der eine feine Perlage und frische Zitrusnoten besitzt.

Weinbewertung

87	„Stéphanie Napoléon" Sekt	12 %/20,-€
82	2019 Weißburgunder trocken Bodensee	13 %/8,50 €
84	2019 Grauburgunder trocken Bodensee	11,5 %/8,50 €
82	2019 Müller Thurgau trocken Birnauer	11,5 %/12,-€
85	2019 Grauburgunder trocken Birnauer	12,5 %/12,-€
82	2019 Spätburgunder Rosé trocken Bodensee	12 %/8,50 €
82	2018 Spätburgunder trocken Bodensee	13,5 %/8,50 €
84	2018 Spätburgunder trocken Bermatinger	13,5 %/12,-€
85	2018 Spätburgunder trocken Bermatinger Leopoldsberg	13,5 %/18,50 €
89	2016 Spätburgunder trocken „GG" „B" Bermatinger Leopoldsberg	13 %/45,-€

BADEN ▶ DURBACH

★★★

Markgraf v. Baden, Schloss Staufenberg

Kontakt
Schloss Staufenberg 1
77770 Durbach
Tel. 0781-42778
Fax: 07553-81569
www.schloss-staufenberg.de
info@schloss-staufenberg.de

Besuchszeiten
Mo.-Fr. 11-16 Uhr
Sa./So./Feiertage 11-17 Uhr
(Nov.-März möglicherweise abweichende Öffnungszeiten)

Inhaber
SKH Bernhard Prinz von Baden

Betriebsleiter
Volker Faust

Kellermeister
Frédéric Kirch

Rebfläche
21 Hektar

Produktion
120.000 Flaschen

Schloss Staufenberg kam 1693 in den Besitz des Hauses Baden. In den Weinbergen von Schloss Staufenberg, am Durbacher Schlossberg, spielt Riesling mit 45 Prozent die wichtigste Rolle. Es folgen 30 Prozent Spätburgunder, dazu gibt es Müller-Thurgau, Traminer, Weiß- und Grauburgunder, sowie Chardonnay und Sauvignon Blanc. Das Programm ist vierstufig gegliedert in Gutsweine, Ortsweine (Durbacher), Erste Lagen (Durbacher Schlossberg) und Große Lagen. Letztere kommen wie alle Weine aus dem Durbacher Schlossberg, der Riesling aus der Gewanne Marienberg im oberen Hangbereich des Schlossbergs (Südost-exponiert, karge Granitverwitterungsböden), der Spätburgunder aus der Gewanne Sophienberg am östlichen Ende des Schlossbergs (Südost-exponiert, höhere Lehm- und Lössanteile). Die Rieslinge werden alle in Edelstahltanks ausgebaut, die Spätburgunder im Barrique. Markgraf von Baden gehört auch ein großes Weingut am Bodensee, Schloss Salem (siehe vorherigen Eintrag).

🎂 Kollektion

Wie im vergangenen Jahr können die rebsortentypischen Guts- und Ortsweine mit ihrer klaren und frischen Art punkten. Vielschichtiger präsentieren sich die Ersten Lagen. Der Sauvignon Blanc zeigt reife Stachelbeeraromen und würzige Noten der Grauburgunder besitzt Schmelz und Struktur, Feinhefearomen und einen gedeckten Ton von gelben Früchten. Der Riesling Schloss Staufenberg aus dem Jahr 2017 hat eine gute Länge und bereits leichte Reifetöne von Petrol und Quitte. Frischer und bissiger ist das Große Gewächs, das eine gute griffige Struktur und würzige Noten aufweist. Sehr gut gefällt uns in diesem Jahr das Spätburgunder Große Gewächs, das intensive rauchige Graphitnoten aber auch dezente Johannisbeernoten aufweist und trotz zartem Gerbstoff viel Biss und Tiefe mitbringt. ◀

🍃 Weinbewertung

86	Riesling Sekt extra brut Ι 12%/16,-€
82	2019 Klingelberger (Riesling) trocken Ι 13%/8,50€
83	2018 Weißburgunder trocken Durbach Ι 13,5%/12,-€
84	2019 Grauburgunder trocken Durbacher Ι 13,5%/12,-€
86	2019 Grauburgunder trocken Durbacher Schloss Staufenberg Ι 13,5%/17,50€
85	2018 Chardonnay trocken Durbacher Schloss Staufenberg Ι 14%/17,50€
84	2017 Klingelberger (Riesling) trocken Durbacher Schloss Staufenberg Ι 13%/17,50€
85	2019 Sauvignon Blanc trocken Durbacher Schloss Staufenberg Ι 13%/17,50€
87	2018 Klingelberger Riesling trocken „GG K" Schloss Staufenberg Ι 13%/35,-€
83	2017 Spätburgunder trocken Durbacher Ι 12,5%/12,-€
86	2018 Spätburgunder trocken Durbacher Schloss Staufenberg Ι 13,5%/18,50€
91	2017 Spätburgunder trocken "GG Sophienberg" Schloss Staufenberg Ι 13%/45,-€

WÜRTTEMBERG ▶ DETTINGEN

★★★ Bächner

Kontakt
Sulzweg 4
72581 Dettingen
Tel. 07123-920511
Fax: 07123-920512
www.weingut-baechner.de
info@weingut-baechner.de

Besuchszeiten
nach Vereinbarung

Inhaber
Petra Bächner
Betriebsleiter/Außenbetrieb
Petra Bächner
Kellermeister
Thomas Bächner
Rebfläche
1,7 Hektar
Produktion
10.000 Flaschen

Die Weinberge von Petra Bächner liegen am Rande der Schwäbischen Alb unterhalb der Burg Hohenneuffen. Seit mehr als 900 Jahren wird hier Wein angebaut, die Weinberge reichen bis in eine Höhe von 526 Meter über dem Meeresspiegel. Auf karstigen Juraböden baut Petra Bächner Silvaner, Kerner und Riesling an, dazu Spät- und Frühburgunder, 2013 brachte Sauvignon Blanc den ersten Ertrag. Um den Weinausbau kümmert sich Ehemann Thomas Bächner. Seit der Gründung des Weingutes 2007 werden die Weinberge biologisch bewirtschaftet, zertifiziert, da immer wieder Flächen hinzukamen, gingen diese neuen Anlagen in die Umstellung ein. Seit dem Jahrgang 2011 ist man vollständig zertifiziert, was inzwischen auch auf den Flaschen deklariert wird. 2014 wurde erstmals ein Sekt erzeugt, der 2016 auf den Markt kam, zukünftig aber soll er ein längeres Hefelager erhalten.

Kollektion

Der 2016er Rosé-Sekt führte im vergangenen Jahr die starke Kollektion an. Sekt konnten wir dieses Jahr nun nicht verkosten, dafür hat Petra Bächner wieder Rotweine im Programm, die sich beide prächtig schlagen: Der himbeerduftige Frühburgunder ist fruchtbetont und intensiv, besitzt gute Struktur und viel Tannine, der Spätburgunder ist etwas kraftvoller, besitzt gute Struktur, Fülle und reintönige Frucht. Auch der Rosé duftet nach Himbeeren, ist fruchtbetont und intensiv. Hohes Niveau zeigen auch die Weißweine. Die Cuvée Gottfried zeigt etwas Zitrus und Apfel im Bouquet, ist klar und zupackend im Mund, unsere leichte Präferenz gilt dem 2018er Wein. Auch vom Riesling konnten wir zwei Jahrgänge verkosten, präferieren hier ganz leicht 2019, beide Weine besitzen Frische und Grip, gute Struktur und reintönige Frucht. Der Blanc de Noirs ist fruchtbetont und intensiv beerig, besitzt Fülle und Saft, Säure und Biss, der Sauvignon Blanc duftet nach Stachelbeeren und Maracuja, ist klar und zupackend. Sehr eigenständig ist unser Favorit im weißen Segment, der im Barrique ausgebaute Kerner, intensiv fruchtig, von Vanillenoten begleitet.

Weinbewertung

85	2018 „Cuvée Gottfried" Weißwein	12%/8,50 €
84	2019 „Cuvée Gottfried" Weißwein	12,5%/8,50 €
85	2018 Riesling	12%/9,50 €
86	2019 Riesling	12%/9,50 €
85	2019 „Blanc de Noirs"	12,5%/9,-€
85	2018 Sauvignon Blanc	11,5%/10,-€
88	2018 Kerner Barrique	14%/15,-€
85	2019 Rosé	12,5%/10,-€
88	2018 Frühburgunder	13%/18,-€
88	2018 Spätburgunder	13%/18,-€

PFALZ ▶ BAD DÜRKHEIM-UNGSTEIN

Bärenhof

★★

Kontakt
Weinstraße 4, 67098
Bad Dürkheim-Ungstein
Tel. 06322-4137
Fax: 06322-8212
www.weingut-baerenhof.de
weingut-baerenhof@t-online.de

Besuchszeiten
Mo.-Fr. 8-18 Uhr
Sa. 9-16 Uhr
So. 10-12 Uhr

Inhaber
Günther Bähr
Betriebsleiter
Günther Bähr
Kellermeister
Jürgen Bähr
Außenbetrieb
Volker Helbig, Udo Unkrich
Rebfläche
40 Hektar
Produktion
500.000 Flaschen

Seit dem sechzehnten Jahrhundert baut die Familie Wein in Ungstein an, aber erst Günther Bähr brachte 1973 die ersten eigenen Weine auf die Flasche. Inzwischen hat Sohn Jürgen, der seit 2004 im Betrieb tätig ist, die Verantwortung übernommen. Bis 1989 besaß man 8 Hektar Reben, seither hat sich die Rebfläche vervielfacht. Die Weinberge liegen in verschiedenen Ungsteiner (Herrenberg, Weilberg, Michelsberg, Honigsäckel, Nussriegel, Osterberg) und Dürkheimer Lagen (Hochbenn, Spielberg, Rittergarten, Steinberg). Mit Abstand die wichtigste Rebsorte ist Riesling, der 40 Prozent der Rebfläche einnimmt. Es folgen die Burgundersorten, rote Sorten wie Portugieser, Dornfelder, Cabernet Sauvignon und Merlot und weiße Sorten wie Silvaner, Chardonnay, Scheurebe oder Sauvignon Blanc.

Kollektion

Auch in diesem Jahr lagen die verkosteten Weißweine bis Mitte Juli auf der Feinhefe, zwei Rieslinge sind unsere Favoriten: Der im Stückfass ausgebaute Michelsberg-Riesling zeigt dezente Holznoten und kräutrige Würze, besitzt viel Kraft, herbe Zitrusnoten und ein frisches Säurespiel, der Weilberg, schon im vergangenen Jahr an der Spitze der Kollektion, zeigt kräutrig-mineralische Würze und Aromen von Aprikose und Ananas im Bouquet, ist kraftvoll, besitzt Grip und Länge. Die beiden Rotwein-Cuvées sind ebenfalls sehr kraftvoll, der „Ursus" zeigt Noten von schwarzer Johannisbeere, Brombeere und etwas Paprika, besitzt am Gaumen leicht süße Frucht und dezentes Holz, der „Ursus Mysticus" besitzt noch etwas spürbarere Tannine, zeigt Aromen von Pflaume und schwarzer Johannisbeere. Sehr gut sind auch der nicht ganz durchgegorene Gewürztraminer mit reintöniger Frucht, Litschi, Rosenblättern und einem frischen Säurespiel, der gelbfruchtige Spielberg-Chardonnay, der sehr dezente Holzwürze besitzt und der Herrenberg-Riesling mit feinen Zitrusnoten, Frische und guter Länge.

Weinbewertung

Punkte	Wein
84	2019 Riesling Spätlese trocken „Trockener Bär" Dürkheimer Steinberg ∣ 13%/5,70€
84	2019 Riesling Spätlese trocken Dürkheimer Rittergarten ∣ 13%/5,70€
86	2019 Riesling Spätlese trocken Ungsteiner Herrenberg ∣ 13%/7,-€ ☺
87	2019 Riesling Spätlese trocken Ungsteiner Weilberg ∣ 13,5%/7,-€ ☺
87	2019 Riesling Auslese trocken Ungsteiner Michelsberg ∣ 14%/9,80€
84	2019 Grauer Burgunder Spätlese trocken Ungsteiner Honigsäckel ∣ 13,5%/7,-€
84	2019 Chardonnay Spätlese trocken ∣ 13,5%/7,-€
85	2019 „Lebenslang" Weißwein trocken ∣ 12,5%/9,30€
86	2019 Chardonnay Spätlese trocken Dürkheimer Spielberg ∣ 13,5%/12,30€
86	2019 Gewürztraminer Spätlese ∣ 12,5%/7,-€ ☺
87	2017 „Cuvée Ursus" Rotwein trocken ∣ 14%/9,50€
87	2017 „Ursus Mysticus" Rotwein trocken ∣ 14%/9,50€

BADEN — MERDINGEN

★★

Bärmann

Kontakt
Kirchgasse 38
79291 Merdingen
Tel. 07668-9790373
www.weingut-baermann.com
info@weingut-baermann.com

Besuchszeiten
nach Vereinbarung

Inhaber
Frank Bärmann

Rebfläche
1,58 Hektar

Produktion
12.000 Flaschen

Frank Bärmann kehrte 2013 auf den 1814 gegründeten Winzerhof seiner Vorfahren am Tuniberg zurück, um als Quereinsteiger sein eigenes Weingut zu gründen, 2014 brachte er seine ersten Weine auf den Markt. Seine Reben wachsen teils im Merdinger Bühl am Tuniberg, teils im Ihringer Fohrenberg am Kaiserstuhl. Gut die Hälfte der Rebfläche nimmt Spätburgunder ein, hinzu kommen Grauburgunder, Weißburgunder, Müller-Thurgau und Muskateller. Das Sortiment ist dreistufig gegliedert in Gutsweine, Ortsweine und Lagenweine, das letztgenannte Segment umfasst derzeit drei Weine, Weißburgunder und Spätburgunder aus Bühl sowie Spätburgunder vom Fohrenberg. Die Weine werden teils im Edelstahl, teils in kleinen und großen Eichenholzfässern ausgebaut.

Kollektion

Saftige Weißweine, wuchtige Spätburgunder und ein Exot – so kann die in diesem Jahr vorgestellte Kollektion von Frank Bärmann zusammengefasst werden. Der Müller-Thurgau ist leicht und vibrierend, saftig-süffig, der Weißburgunder besitzt viel Frucht und eine feine, herbe Säure. Der Grauburgunder ist deutlich süßer, cremiger, wird aber von ausreichend Säure gehalten. Der durchgegorene Gewürztraminer ist kernig, zupackend-kraftvoll wie auch der Muskateller. Der Spätburgunder Rosé lebt von Saftigkeit und Säure. Der Barrique-Weißburgunder ist dominiert vom Holz, der Wein hat es noch schwer. Sehr gut ist der maischevergorene Orange: Earl Grey, Jasmintee und exotische Frucht im Bouquet, eine gute phenolische Struktur, ist aber dennoch saftig, hat das (gebrauchte) Barrique sehr gut vertragen. An der Spitze der Kollektion stehen zwei Pinot Noir aus dem Merdinger Bühl. Der erste ist rappig-fruchtig im Bouquet, am Gaumen mit eindringlicher Wärme und komplexer Struktur. Die Reserve von über 60 Jahre alten Reben zeigt viele dunkle Frucht mit würzigen Röstaromen, besitzt einen süßen Kern und feine Tannine, ist konzentriert, warm, kräftig.

Weinbewertung

83	2019 Müller-Thurgau trocken	11,5%/6,-€
84	2019 Weißburgunder trocken	12,5%/7,50€
83	2019 Grauburgunder trocken	13%/7,50€
83	2019 Gewürztraminer Merdinger	13%/9,-€
84	2018 Weißburgunder trocken Merdinger Bühl	13,5%/17,-€
87	2018 „Orange" „unfiltriert" Weißwein	12%/18,-€
84	2019 Muskateller trocken Merdinger	12%/9,-€
82	2019 Spätburgunder Rosé trocken	13%/7,-€
82	2018 Spätburgunder trocken Merdinger	13,5%/9,-€
86	2018 Pinot Noir trocken Ihringer Fohrenberg	15%/18,-€
87	2018 Pinot Noir trocken Merdinger Bühl	14,5%/23,-€
88	2018 Pinot Noir „Reserve" Merdinger Bühl	14,5%/30,-€

RHEINGAU — HOCHHEIM

Baison

Kontakt
Weingut Baison Heinrich u. Heinrich
Delkenheimer Straße 18
65239 Hochheim
Tel. 06146-9232
Fax: 06146-9242
www.weingut-baison.de
weingut.baison@t-online.de

Besuchszeiten
nach Vereinbarung

Inhaber
Heinrich und Heinrich Baison GbR

Rebfläche
8 Hektar

Die Weinberge der Familie Baison liegen vor allem in Hochheim in den Lagen Hölle, Reichestal, Kirchenstück, Stein und Hofmeister, aber auch im Flörsheimer Herrnberg und in der Kostheimer Weiß'Erd ist man vertreten. Riesling ist mit 83 Prozent die mit Abstand wichtigste Rebsorte im Betrieb, wie könnte dies auch anders sein in Hochheim, Spätburgunder bringt es auf 11 Prozent Anteil, hinzu kommen etwas Weißburgunder, Roter Traminer, Regent, Kerner und Ehrenfelser.

Kollektion

Eine stimmige Kollektion präsentieren die Baisons zum Debüt. Gleich vier trockene Riesling Kabinettweine wurden vorgestellt, alle vier sind betont süffig und mit recht hohem Restzucker ausgebaut: Der Wein vom Flörsheimer Herrnberg ist duftig und würzig, geradlinig und kompakt, der aus der Kostheimer Weiß'Erd zeigt dezente Pfirsichnoten im Bouquet, ist füllig, harmonisch, der aus der Hochheimer Hölle intensiv fruchtig und geradlinig. Unser Favorit in diesem Quartett ist der Wein aus dem Hochheimer Reichestal, der gute Struktur, Frische, Frucht und Grip besitzt. Auch die beiden trockenen Riesling Spätlesen setzten ganz auf Saftigkeit und Süffigkeit. Der Wein aus der Hölle ist würzig und fruchtbetont im Bouquet, frisch, klar und geradlinig im Mund. Etwas konzentrierter und kraftvoller ist die trockene Spätlese von alten Reben im Flörsheimer Herrnberg, zeigt feine Würze und Frucht im Bouquet, besitzt gute Struktur, Fülle und reintönige Frucht. Der Classic-Riesling ist süffig und unkompliziert, die süße Spätlese aus der Hölle ist reintönig, frisch und lebhaft, enorm süß. Unser Favorit im Riesling-Reigen ist die halbtrocken ausgebaute Riesling Spätlese Junior, die gute Konzentration, feine Würze und Frucht im Bouquet zeigt, frisch, klar und zupackend im Mund ist, gute Struktur und reintönige Frucht besitzt. Eine gute Figur macht auch der im Holz ausgebaute leicht florale Spätburgunder. Ein gelungenes Debüt.

Weinbewertung

83	2019 Riesling Kabinett trocken Hochheimer Reichestal	12,5 %/6,50 €
81	2019 Riesling Kabinett trocken Flörsheimer Herrnberg	12,5 %/6,50 €
82	2019 Riesling Kabinett trocken Kostheimer Weiß'Erd	12,5 %/6,80 €
82	2019 Riesling Kabinett trocken Hochheimer Hölle	12,5 %/7,- €
81	2019 Weißburgunder Spätlese trocken Flörsheimer Herrnberg	13 %/8,50 €
85	2019 Riesling Spätlese trocken „Alte Rebe" Flörsheimer Herrnberg	13 %/9,- €
84	2019 Riesling Spätlese trocken Hochheimer Hölle	12,5 %/8,- €
81	2019 Riesling Classic	12 %/6,30 €
86	2019 Riesling Spätlese „Junior"	12,5 %/9,- €
84	2019 Riesling Spätlese Hochheimer Hölle	8,5 %/8,50 €
80	2019 Spätburgunder Weißherbst „feinherb"	12 %/7,20 €
83	2018 Spätburgunder trocken	14 %/8,- €

Ernst **Baltes**

Kontakt
Weinstraße 15
54441 Ayl
Tel. 06581-8273011
www.weingut-baltes.de
info@weingut-baltes.de

Besuchszeiten
nach Vereinbarung

Inhaber
Ernst Baltes sen.
Betriebsleiter
Sebastian Baltes
Außenbetrieb
Ernst Baltes jun.
Rebfläche
0,3 Hektar
Produktion
2.000 Flaschen

Das familiengeführte Weingut in Ayl macht Erstaunliches aus seinen Möglichkeiten, die bei einem so kleinen Betrieb nicht ins Unendliche reichen können. Ernst Baltes senior ist der Inhaber, Enkel Sebastian Baltes der Betriebsleiter, und Ernst Baltes junior kümmert sich um die Weinberge. Diese befinden sich auf lediglich 0,3 Hektar in der teils zu Ayl, teils zu Saarburg gehörenden Lage Kupp sowie im wenig bekannten Ayler Scheidterberg, es handelt sich ausschließlich um Riesling. Der Ausbau erfolgt im Stahl oder im großen Fass. Im Jahr 2015 wurden das Portfolio reduziert und das Design modernisiert.

Kollektion

Das Angebot ist in diesem Jahr klein, was angesichts der Fläche verständlich ist. Lediglich zwei Weine stellte die Familie Baltes aus dem Jahrgang 2019 vor – und beide zeigten sich bei der Verkostung noch sehr jugendlich, aber saftig und animierend. Saarrieslinge, wie sie sein sollen. Der „Lieblingswein" mit der Nummer zwei wirkt unruhig in der Nase, ist im Mund saftig mit schöner Säure und einer sehr dezenten, gut integrierten Süße. Sein Pendant, die Nummer eins, weist Noten von Birne und weißen Johannisbeeren auf, wirkt merklich süßer als die Nummer zwei, besitzt eine feste Struktur, ist im Mund dann zupackend mit strafferer Säure, dabei sehr fein und elegant; er dürfte sich gut entwickeln. Hervorzuheben ist in diesem Jahr, wie bereits im Vorjahr, das gute Preis-Leistungs-Verhältnis der erzeugten Weine.

Weinbewertung

85	2019 Riesling „Lieblingswein Nr. 1" Saar	11%/6,50€
84	2019 Riesling „Lieblingswein Nr. 2" Saar	12%/6,50€

baltes
LIEBLINGSWEINE

RHEINHESSEN ▬ ALSHEIM

★★⭒

Dr. Balzhäuser

Kontakt
Mittelgasse 25
67577 Alsheim
Tel. 06249-945130
Fax: 06249-945132
www.balzhaeuser.de
mail@balzhaeuser.de

Besuchszeiten
nach Vereinbarung

Inhaber
Johannes Balzhäuser

Rebfläche
10 Hektar

Produktion
70.000 Flaschen

Seit 1732 baut die Familie Balzhäuser Wein in Alsheim an, heute führt Johannes Balzhäuser in neunter Generation den Betrieb, 2014 hat er das Weingut von seinem Vater übernommen. Er hat Agrarwissenschaften in Stuttgart studiert, praktische Erfahrungen in Luxemburg und in den Macedon Ranges in Australien gesammelt. Die Reben wachsen auf Löss- und Kalksteinböden in Alsheim. Johannes Balzhäuser baut vor allem Riesling, Weißburgunder, Grauburgunder und Chardonnay an, sowie Portugieser, Spätburgunder, Cabernet Sauvignon und Syrah – Australien lässt grüßen. Das Sortiment ist gegliedert in Gutsweine, Ortsweine und Lagenweine, in letzterer Kategorie gibt es derzeit zwei Weine, den Riesling aus dem Kälbchen, einer Gewanne innerhalb der Lage Alsheimer Frühmesse, sowie den Spätburgunder Frühmesse. Johannes Balzhäuser möchte sich in den kommenden Jahren auf internationale Rebsorten konzentrieren.

Kollektion

Mit der neuen Kollektion geht es weiter voran. Die Gutsweine zeigen wie schon im Vorjahr sehr zuverlässige Qualität, sind frisch, fruchtbetont und reintönig, der zitrusduftige, zupackende Riesling und der harmonisch-saftige Weißburgunder gefallen uns besonders gut. Eine Steigerung bringen die Ortsweine: Der Chardonnay zeigt gute Konzentration und reintönige Frucht, ist strukturiert und zupackend, der Grauburgunder ist fruchtbetont und klar, besitzt gute Struktur und Grip. Unser Favorit im Programm ist der Lagenriesling aus dem Alsheimer Kälbchen, der würzig und eindringlich ist, etwas gelbe Früchte zeigt, gute Struktur besitzt, Frische, Frucht und Druck. Auch die Rotweine überzeigen, die Coq au Vin-Cuvée ist klar und zupackend, der Shiraz-Cabernet betört mit intensiver Frucht, der dezent florale Spätburgunder aus der Frühmesse besitzt gute Struktur, viel Frucht und Grip. Im Aufwind!

Weinbewertung

83	2019 Riesling trocken	12,5%/8,50€
83	2019 Weißburgunder trocken	12,5%/8,50€
81	2019 Grauburgunder trocken	12,5%/8,50€
82	2019 Chardonnay trocken	12,5%/8,50€
84	2019 Grauburgunder trocken Alsheim	13,5%/11,20€
85	2019 Chardonnay trocken Alsheim	13,5%/11,20€
87	2019 Riesling trocken Alsheimer Kälbchen	13%/16,20€
82	2019 Riesling Kabinett „feinherb"	10,5%/8,50€
82	2019 Pinot Rosé trocken	12,5%/8,90€
83	2018 „Coq au Vin" Rotwein trocken	13,5%/11,20€
84	2018 Shiraz - Cabernet trocken	13,5%/15,-€
85	2018 Spätburgunder trocken Alsheimer Frühmesse	13,5%/17,-€

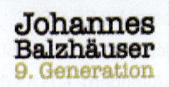

NAHE ▸ MEDDERSHEIM

★★★★✩ Bamberger

Kontakt
Wein- und Sektgut Bamberger Römerstraße 10
55566 Meddersheim
Tel. 06751-2624
Fax: 06751-2141
www.weingut-bamberger.de
kontakt@weingut-bamberger.de

Besuchszeiten
Mo.-Fr. 9-12 + 13:30-18 Uhr
Sa. 10-16 Uhr

Inhaber
Heiko Bamberger

Rebfläche
15 Hektar

Produktion
100.000 Flaschen

Karl-Kurt Bamberger gab in den sechziger Jahren den landwirtschaftlichen Gemischtbetrieb auf, um ganz auf Weinbau zu setzen. Seit 1993 ist Sohn Heiko für den Weinausbau verantwortlich und hat mittlerweile den Betrieb übernommen. Die Weinberge liegen in Meddersheim (Rheingrafenberg, Altenberg) und in Monzingen (Frühlingsplätzchen). Riesling nimmt 55 Prozent der Rebfläche ein, Spät-, Weiß- und Grauburgunder stehen auf zusammen 35 Prozent. Eine Spezialität des Weinguts sind die Winzersekte, deren Anteil an der Gesamtproduktion mittlerweile bei 20 Prozent liegt. Seit dem Jahrgang 2015 kommen die trockenen Toprieslinge erst zwei Jahre nach der Ernte als Réserve-Weine in den Verkauf.

Kollektion

Zwei Sekte mit sehr langem Hefelager liegen in diesem Jahr an der Spitze einer Kollektion auf durchgängig sehr gutem Niveau: Der 115 Monate auf der Hefe ausgebaute Riesling-Sekt „Decade I" zeigt viel feine Würze im Bouquet, etwas Brotkruste, frisches Roggenbrot und leichte Reifenoten, besitzt Zitruswürze und gute Länge, der 79 Monate lang ausgebaute Pinot brut nature aus Spät- und Weißburgunder zeigt feine Reifenoten, etwas Feige, Quitte, Rosine, ist am Gaumen sehr präsent, lebendig und nachhaltig. Unter den trockenen Rieslingen geben wir knapp der Réserve aus dem Frühlingsplätzchen den Vorzug, die die lagentypischen Noten von nassem Stein zeigt, guten Grip besitzt und etwas offener, präsenter und zugänglicher als der noch verschlossene Altenberg-Réserve ist, der aber gute Substanz und Grip erkennen lässt. Die Spätlese aus dem Frühlingsplätzchen besitzt ein sehr komplexes Bouquet mit Noten von Stein, Orangenschale, Mango und Mandarine, die beiden Burgunder sind noch leicht verhalten, der Grauburgunder ist leicht nussig und cremig, der Weißburgunder ist schlank, zeigt etwas gelbe Frucht mit Noten von Birne und Aprikose.

Weinbewertung

Punkte	Wein	
87	2016 Cuvée Pinot Sekt brut	12,5%/14,-€
89	2012 Cuvée Pinot Sekt brut nature „Réserve"	13%/29,50€
90	2009 Riesling Sekt brut nature „Decade I"	12%/68,-€
86	2019 Weißburgunder trocken Meddersheimer Rheingrafenberg	12,5%/11,50€
86+	2019 Grauburgunder trocken Meddersheimer Rheingrafenberg	13%/15,-€
87	2019 Riesling trocken Monzinger Frühlingsplätzchen	12%/11,50€
87	2019 Riesling trocken Meddersheimer Altenberg	12%/11,50€
88+	2019 Riesling trocken „Réserve" Monzinger Frühlingsplätzchen	12,5%/18,50€
88	2019 Riesling trocken „Réserve" Meddersheimer Altenberg	12,5%/18,50€
87	2019 Riesling Kabinett Meddersheimer Altenberg	8,5%/9,50€
88	2019 Riesling Spätlese Monzinger Frühlingsplätzchen	7,5%/11,50€
85	2018 Spätburgunder trocken Meddersheimer Altenberg	13,5%/11,50€

RHEINGAU — GEISENHEIM

★★★

Bardong

Kontakt
Sektmanufaktur Bardong
Bahnstraße 7
65366 Geisenheim
Tel. 06722-47136
Fax: 06722-47555
www.bardong.de
info@bardong.de

Besuchszeiten
nach Vereinbarung

Inhaber
Norbert & Renate Bardong

Rebfläche
keine eigenen Weinberge

Norbert Bardong gründete 1984 seine eigene Sektkellerei, spezialisierte sich auf Jahrgangs- und Lagensekte in kleinen Auflagen, ausschließlich in den Geschmacksrichtungen brut oder extra-brut. Kunden, die höher dosierte Schaumweine bevorzugen, verweist er gern an Kollegen – er selbst bleibt konsequent. Alle Sekte reifen in alten, eindrucksvollen Kelleranlagen, in denen früher Weinbrand gelagert wurde. Eine Mindestreifezeit von drei Jahren auf der Hefe ist hausintern vorgeschrieben, Spezialitäten können aber schon mal bis zu zwanzig Jahre gelagert werden, degorgiert wird nach Bedarf. In erster Linie verwendet Bardong, unterstützt von seiner Frau Renate, die klassischen Rheingauer Rebsorten Riesling und Spätburgunder, dazu aber auch Weißburgunder und Chardonnay, und selbst Gewürztraminer, Cabernet Sauvignon oder die weiße Neuzüchtung namens Hölder, deren Trauben er aus dem Anbaugebiet Saale-Unstrut bezieht. Die regelmäßig veranstalteten Sekt-Diners zeigen, dass man Schaumwein und Speisen perfekt kombinieren kann.

Kollektion

Eine wie immer abwechslungsreiche Kollektion eröffnet der verspielte Weißburgunder. Zart cremig kommt beim Blanc de Noir der Spätburgunder sehr schön zur Geltung. Ebenso beim Weißherbst, der mit angenehmer Fülle überzeugt. Kraftvoll und würzig ist der Chardonnay. Die Riesling Sekte aus dem Honigberg zeigen alle typischen Jahrgangscharakter. Der 2011er ist barock und vollmundig, der 2012er klar und animierend. Geradezu jugendlich explosiv ist der 2013er, dabei der filigranste Vertreter, kann sich noch weiter auf der Flasche harmonisieren, ebenso wie der allzu jugendliche 2014er. Die beiden Reserven sind reif und zugleich sehr vital. Die 2001er ist rund, erstaunlich frisch und fein, die aus 1991 rauchig im gereiften Bukett, im Mund dominiert von prägnanter Säure, der Gewürztraminer ist immens würzig und mollig, der Cabernet Sauvignon erdig: Mal was anderes.

Weinbewertung

87	2012 Riesling Sekt extra brut Erbacher Honigberg	13%/17,-€
87	2013 Riesling Sekt extra brut Erbacher Honigberg	12,5%/16,-€
87	2014 Riesling Sekt extra brut Erbacher Honigberg	12,5%/14,-€
87	2011 Riesling Sekt brut Erbacher Honigberg	12,5%/18,-€
87	2015 Weißburgunder Sekt brut Geisenheimer Mönchspfad	12,5%/18,-€
88	2015 Chardonnay Sekt brut	12,5%/19,-€
87	2014 Spätburgunder „Blanc de Noir" Sekt brut Assmannsh. Hinterkirch	12,5%/19,-€
87	2015 Gewürztraminer Sekt brut	12,5%/21,-€
90	(1991) 1991 Riesling Sekt brut „Reserve"	12,5%/54,-€
89	(2001) 2001 Riesling Sekt brut „Reserve"	13%/28,-€
87	2015 Spätburgunder Weißherbst Sekt brut Winkeler Dachsberg	12,5%/16,-€
88	2015 Cabernet Sauvignon Sekt brut	12,5%/26,-€

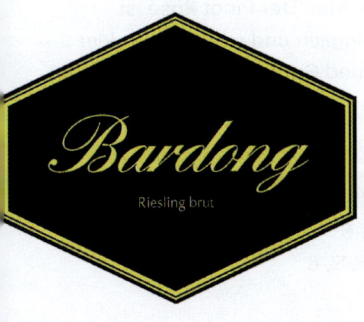

RHEINHESSEN — ALZEY

★★★⯪

Christopher Barth

Kontakt
Offenheimer Straße 8
55232 Alzey
Tel. 06731-4714118
www.barthwein-alzey.de
info@barthwein-alzey.de

Besuchszeiten
nach Vereinbarung
Bewirtung im Weingarten
(Öffnungszeiten siehe
Homepage)

Inhaber
Christopher Barth
Betriebsleiter
Christopher Barth
Kellermeister
Christopher Barth
Außenbetrieb
Benedikt Orthwein
Rebfläche
6 Hektar
Produktion
10.000 Flaschen

Christopher Barth hat sich zunächst weniger für Wein interessiert, mehr für Informatik. Zu Beginn seines Studiums verstarb sein Onkel, dem ein kleines Weingut in Alzey gehörte. Christopher Barth half dabei, den Betrieb weiterzuführen und entdecke dabei seine Liebe für den Winzerberuf. Er machte eine Winzerlehre, studierte dann in Geisenheim – und erzeugt nun seit einigen Jahren selbst Weine. Seine Weinberge liegen in den Alzeyer Lagen Rotenfels und Römerberg, in den Weinheimer Lagen Kapellenberg und Kirchenstück sowie im Albiger Schloss Hammerstein, sie werden biologisch bewirtschaftet, Christopher Barth ist Mitglied bei Bioland, seit 2020 auch bei Demeter. 70 Prozent der Fläche nehmen weiße Rebsorten ein, 30 Prozent derzeit Riesling, hinzu kommen Chardonnay, Silvaner und Sauvignon Blanc. An roten Sorten baut er Spätburgunder und Portugieser an. Sein Programm ist derzeit gegliedert in Gutsweine und Ortsweine, mit dem Jahrgang 2019 soll erstmals ein Lagen-Riesling aus dem Rotenfels erzeugt werden. Christopher Barth hat im vergangenen Jahr die Betriebsfläche erweitert, mit dem Jahrgang 2018 die Flaschenausstattung erneuert. Neu ins Programm kamen Naturweine („Handwerk").

Kollektion

Christopher Barths Weine werden stetig spannender, authentischer. Schon der Gutsriesling ist sehr gut, frisch und fruchtbetont im Bouquet, konzentriert und reintönig, besitzt er klare Frucht und Frische im Mund, gute Struktur und Grip. Würzig und eindringlich ist der Riesling Melaphyr, zeigt klare reife Frucht, ist saftig im Mund und gleichzeitig präzise und zupackend. Unser Favorit im vergangenen Jahr, der Handwerk-Sauvignon Blanc, war auch für den Jahrgang 2019 angekündigt, fehlte dann aber in dem kleinen Paket. Aber auch die beiden anderen Handwerk-Weine des Jahrgangs 2019 haben es in sich. Der Handwerk-Silvaner ist würzig und eindringlich, man kann förmlich die Traubenschalen riechen, er besitzt Fülle und Kraft, gute Struktur und Druck – und alles bei ganzen 10 Prozent Alkohol. Spannend ist auch der Chardonnay, der deutlich duftiger und würziger im Bouquet ist, Fülle und Kraft besitzt, reife Frucht, Substanz und gute Struktur. Der Pinot Rosé ist intensiv fruchtig im Bouquet, herrlich eindringlich und reintönig, ist klar und zupackend, besitzt gute Struktur, Zug und Grip. Im Aufwind!

Weinbewertung

85	2019 Riesling trocken	12,5 %/9,-€
88	2019 Riesling trocken „Melaphyr" Alzey	12 %/15,-€
88	2019 Silvaner trocken „Handwerk"	10 %/19,-€
88	2019 Chardonnay trocken „Handwerk"	12 %/19,-€
86	2019 Pinot Rosé trocken	11,5 %/9,-€

RHEINGAU — HATTENHEIM

★★★★☆

Barth

Kontakt
Bergweg 20
65347 Hattenheim
Tel. 06723-2514, Fax: -4375
www.weingut-barth.de
mail@weingut-barth.de

Besuchszeiten
Mo.-Fr. 14-18 Uhr, Sa. 11-16 Uhr
Kellerführungen
Veranstaltungsräumlichkeiten

Inhaber
Mark & Christine Barth

Betriebsleiter
Mark Barth

Kellermeister
Sarah Broschart

Außenbetrieb
Wilhelm Persch

Rebfläche
20 Hektar

Produktion
150.000 Flaschen

Das heute von Christine und Mark Barth geführte Wein- und Sektgut gehört zu den vielfältigsten Betrieben im Rheingau. Ihre Weinberge liegen vor allem in Hattenheim in den Lagen Hassel, Wisselbrunnen und Schützenhaus, in den Hallgartener Lagen Schönhell und Hendelberg, aber auch im Oestricher Lenchen. Riesling ist die wichtigste Rebsorte im Betrieb, dazu gibt es Spätburgunder, aber auch Weißburgunder und Cabernet Sauvignon. Die Sekte werden teilweise sehr lange auf der Hefe ausgebaut, gerüttelt wird per Hand. Teilweise werden sie spät gefüllt, dann wieder komplett ohne Dosage vinifiziert wie der „Ultra" oder die Lagensekte.

Kollektion

Ein Superjahr für Mark Barth und sein Team. Alle Weine sind auf allerbestem Niveau, brillieren mit Vitalität und Eleganz. Schon der filigrane Gutsriesling ist sehr gut, der Ortswein aus Hallgarten ist mineralisch akzentuiert. Der Charta Riesling spielt perfekt mit einer kleinen Fruchtsüße, ein Paradebeispiel für diesen Rheingau Klassiker. Beim Schützenhaus Riesling kommt mehr Aromentiefe auf, kraftvoll und zugleich sehr fein bietet er langen Nachhall. Subtil, mit kühler Frucht und zarter Würze, zeigt sich das Große Gewächs aus dem Wisselbrunnen ausgewogen, das aus der Schönhell füllig und lang. Füllig ist auch das 2018er Große Gewächs aus der Hassel, würzig und intensiv, zeigt im Abgang Aromen von reifen gelben Äpfeln. Unsere Begeisterung setzt sich bei den Schaumweinen fort. Der Riesling-Sekt aus dem Schützenhaus ist kraftvoll und zupackend. Der perfekt reife, komplexe Hassel-Sekt erreicht mit 2014 eine neue Stufe, gehört zu den besten Schaumweinen Deutschlands. Aber auch der barocke „Ultra" und der geradlinige Riesling-Sekt ohne Jahrgang sind wieder sehr empfehlenswert.

Weinbewertung

88	Riesling Sekt extra brut	12%/15,50€
90	2013 Pinot Sekt brut nature „Ultra"	12,5%/30,-€
92	2014 Riesling Sekt brut nature Hassel	12,5%/65,-€
91	2014 Riesling Sekt brut nature Schützenhaus	12,5%/36,-€
92	2019 Riesling trocken Großes Gewächs Hattenheim Wisselbrunnen	12,5%/34,-€
87	2019 Riesling trocken	12%/9,-€
88	2019 Riesling trocken Hallgarten	12%/12,50€
89	2019 Riesling trocken Hattenheim Schützenhaus	12,5%/18,-€
90	2018 Riesling „Singularis"	13%/24,-€
92+	2018 Riesling trocken Großes Gewächs Hattenheim Hassel	12,5%/37,-€
92	2019 Riesling trocken Großes Gewächs Hallgarten Schönhell	13%/34,-€
88	2019 Riesling Charta	12,5%/13,50€
90	2019 Riesling Spätlese Oestrich Lenchen	8%/19,-€
93	2010 Riesling Trockenbeerenauslese Hattenheim Schönhell	8%/180,-€

PFALZ ▬ DEIDESHEIM

★★★★✩ Bassermann-Jordan

Kontakt
Weingut Geheimer Rat Dr.
von Bassermann-Jordan
Kirchgasse 10
67146 Deidesheim
Tel. 06326-6006
Fax: 06326-6008
www.bassermann-jordan.de
info@bassermann-jordan.de

Besuchszeiten
Mo.-Fr. 8-18 Uhr
Sa. 10-15 Uhr
Ketschauer Hof
Restaurant 1718
Restaurant L.A. Jordan

Inhaber
Jana Niederberger
Kaufmänn. Geschäftsführer
Gunther Hauck
Technischer Geschäftsführer
Ulrich Mell
Rebfläche
50 Hektar
Produktion
300.000 Flaschen

Bassermann-Jordan ist eines der traditionsreichsten und bekanntesten Weingüter in Deutschland, Pierre Jordan wanderte 1708 aus Savoyen in die Pfalz ein und gründete 1718 das Weingut, das seit 1783 seinen Sitz in Deidesheim hat, in der Schatzkammer des Weinguts finden sich noch Weine bis zurück zum legendären „Kometenjahrgang" 1811. 2002 erwarb Achim Niederberger das Gut von der Familie von Bassermann-Jordan, seit seinem Tod führt es seine Frau Jana Seeger mit dem seit vielen Jahren bewährten Team aus Gunther Hauck als kaufmännischem Betriebsleiter und Ulrich Mell als technischem Geschäftsführer. Die Weinberge verteilen sich auf 20 Einzellagen in Forst (Ungeheuer mit dem Gewann Ziegler, Kirchenstück, Jesuitengarten, Pechstein, Stift), Deidesheim (Paradiesgarten, Leinhöhle, Hohenmorgen, Kieselberg, Grainhübel, Langenmorgen, Kalkofen, Herrgottsacker), Ruppertsberg (Reiterpfad, Hoheburg) und Königsbach (Ölberg). Im Anbau dominiert Riesling mit einem Anteil von 90 Prozent, hinzu kommen Chardonnay, Weißburgunder, Grauburgunder, Sauvignon Blanc, Muskateller, Spätburgunder und Merlot. Die Weine werden teils in Holzfässern (sehr sehenswerter Gewölbekeller!), teils im Edelstahl ausgebaut. Das Programm ist für die Rieslinge nach dem vierstufigen VDP-Modell gegliedert, daneben gibt es Rebsortenweine und die Linie „von Bassermann-Jordan" für Weine, die im Eichenholz ausgebaut werden, das Programm ergänzen edelsüße Weine und Sekte.

Kollektion

Es sind sicher nicht die subtilsten Rieslinge, die aus dem Hause Bassermann-Jordan kommen, aber sie begeistern einfach durch ihre Kraft und jugendliche Fruchtfülle, zudem verleiht einigen der Weine der gekonnte Umgang mit dem Holz zusätzliche Komplexität: Acht trockene Rieslinge haben wir in diesem Jahr mit über 90 Punkten bewertet, das ist eine der Top-Riesling-Kollektionen der Pfalz! An der Spitze steht das faszinierende Kirchenstück, das deutlich der komplexeste Riesling ist und im eindringlichen Bouquet sehr feines Holz, gelbe Frucht, etwas Apfel, kräutrige Noten und etwas nassen Stein zeigt, am Gaumen sehr präsent, kraftvoll, expressiv und trotzdem fein ist, viel Grip, Druck und Länge besitzt. Knapp dahinter liegen der Ungeheuer mit lagentypischer kräutrig-mineralischer Würze, dezentem Holz und etwas gelber Frucht, der am Gaumen herbe Zitrusnoten, Grapefruit, und salzige Noten besitzt, geradlinig, animierend und nachhaltig ist, der Jesuitengarten, der deutliches, aber feines Holz zeigt und am Gaumen viel klare Frucht, leicht salzige Noten und Druck besitzt, animierend und nachhaltig ist, der Pechstein mit leicht steinigen Noten und gelber Frucht, Pfirsich, Ananas, der Grip und Druck besitzt, elegant, sehr präsent und nachhaltig ist und der noch aus 2018 stammende Riesling „301", der im Bouquet deutliches Holz, etwas Vanille und Aromen von Pfirsich und Ananas zeigt und am Gaumen eine leichte Süße, gut eingebundenes Holz, Substanz, Druck und Länge besitzt. Der Kalkofen und das neue Große Gewächs aus dem Kieselberg sind sehr fruchtbetont, der Kieselberg zeigt klare Zitrusfrucht, Ananas, aber auch Aprikose und Pfirsich, besitzt Grip und Biss, der Kalkofen zeigt leicht kreidige Noten und komplexe Fruchtaromen von Mango, Orangenschale, Pfirsich und etwas Honigmelone, besitzt viel Saft und Frische, der Hohenmorgen ist ebenfalls klar in der Frucht, zeigt feine Holzwürze und leicht kräutrige Noten, besitzt am Gaumen herbe Zitruswürze und guten Grip. Das Weißburgunder-Große Gewächs aus dem Langenmorgen kommt da weder an die Rieslinge noch an seinen Vorgänger aus dem Jahrgang 2018 heran, der Wein zeigt klare gelbe Frucht, Pfirsich, Aprikose, besitzt feine Röstnoten, eine frische Säure und ist leicht cremig, aber für eine höhere Bewertung fehlt ihm etwas die Nachhaltigkeit. Sehr gut sind auch der Riesling aus dem Ziegler, der feine gelbe Frucht, Aprikose, Grapefruit, und dezente kräutrige Würze zeigt, am Gaumen herb und straff wirkt, Grip und Länge besitzt, die ebenfalls ganz fruchtbetonte Leinhöhle, die Saft, ein lebendiges Säurespiel und Länge besitzt und der Sauvignon Blanc „Fumé", der im Bouquet feine Noten von gerösteten Haselnüssen und dezente Pfirsich- und Stachelbeerfrucht zeigt und ausgewogen, elegant und harmonisch ist.

Weinbewertung

84	2019 Riesling trocken	12%/10,90 €
86	2019 Riesling trocken Deidesheim	11,5%/13,50 €
89	2019 Riesling trocken Forster Ungeheuer Ziegler	12,5%/22,- €
88	2019 Riesling trocken Deidesheimer Leinhöhle	12,5%/19,- €
89	2018 Sauvignon Blanc „S" trocken „Fumé"	13%/24,90 €
89	2019 Weißer Burgunder „GG" Langenmorgen	12,5%/30,- €
92	2019 Riesling „GG" Pechstein	12,5%/40,- €
91	2019 Riesling „GG" Kalkofen	12,5%/35,- €
91	2019 Riesling „GG" Kieselberg	13%/32,- €
91	2019 Riesling „GG" Hohenmorgen	13%/38,- €
93	2019 Riesling „GG" Ungeheuer	13%/35,- €
92	2019 Riesling „GG" Jesuitengarten	12,5%/45,- €
94	2019 Riesling „GG" Kirchenstück	13,5%/79,- €
92	2018 Riesling trocken „301"	13%/99,- €

Lagen
Hohenmorgen (Deidesheim)
Grainhübel (Deidesheim)
Kalkofen (Deidesheim)
Kieselberg (Deidesheim)
Mäushöhle (Deidesheim)
Leinhöhle (Deidesheim)
Kirchenstück (Forst)
Pechstein (Forst)
Ungeheuer (Forst)
– Ziegler (Forst)
Jesuitengarten (Forst)
Reiterpfad (Ruppertsberg)
Hoheburg (Ruppertsberg)

Rebsorten
Riesling (90 %)
Chardonnay (2 %)
Weißburgunder (2 %)
Grauburgunder (2 %)
Spätburgunder (2 %)
Merlot (2 %)

RHEINHESSEN ▶ HOHEN-SÜLZEN

★★★★⯪ BattenfeldSpanier

Kontakt
Bahnhofstraße 33
67591 Hohen-Sülzen
Tel. 06243-906515
Fax: 06243-906529
www.battenfeldspanier.de
kontakt@battenfeld-spanier.de

Besuchszeiten
Verkauf **nur** bei Kühling-Gillot in Bodenheim:
Mo.-Fr. 9-17 Uhr, Sa. 11-14 Uhr und nach Vereinbarung

Inhaber
H.O. Spanier & Carolin Spanier-Gillot
Verkauf
Frank Schuber
Kellermeister
Axel Thieme, Christopher Full
Außenbetrieb
Johannes Trautwein
Rebfläche
28 Hektar
Produktion
150.000 Flaschen

Anfang der neunziger Jahre gründete Hans Oliver Spanier sein eigenes Weingut. Zwei Drittel seiner Weinberge liegen in Hohen-Sülzen und im benachbarten Nieder-Flörsheim, ein Drittel in Mölsheim. Die Böden in den Lagen Nieder-Flörsheimer Frauenberg, Hohen-Sülzener Kirchenstück und Mölsheimer Zellerweg am Schwarzen Herrgott sind von Kalkstein geprägt. Frauenberg und Zellerweg am Schwarzen Herrgott sind deutlich höher gelegen als das Kirchenstück, dessen Boden im Unterboden extrem kalkhaltig ist, die Auflage besteht aus weichen, kalkhaltigen Steinen, weswegen die Lage ihren ursprünglichen Namen Griebelstein erhalten hatte. Von Beginn an hat Hans Oliver Spanier seine Weinberge biologisch bewirtschaftet, 2005 begann er auf biodynamischen Anbau umzustellen. Wichtigste Rebsorte ist Riesling, der inzwischen mehr als zwei Drittel der Rebfläche einnimmt. Es folgt Spätburgunder, dazu gibt es Weißburgunder, Silvaner und ein wenig Chardonnay. Alle Weine werden spontanvergoren. Basis des Sortiments bilden die Gutsweine, dann kommen die Ortsweine aus Hohen-Sülzen und Mölsheim und an der Spitze stehen die Großen Gewächse aus den Lagen Hohen-Sülzener Kirchenstück (Riesling und Spätburgunder), Nieder-Flörsheimer Frauenberg (Riesling) und, erstmals 2010, Mölsheimer Zellerweg am Schwarzen Herrgott (Riesling); seit 2017 gibt es einen Versteigerungsriesling aus dem Zellertaler Kreuzberg, der aber anders als das Große Gewächs vom Zellerweg nicht aus Rheinhessen stammt, sondern schon in der Pfalz wächst. In besonders guten Jahren gibt es noch den Spitzenriesling „CO" und die rote Cuvée „Sinope", sowie, wenn es der Jahrgang erlaubt, edelsüße Rieslinge. Hans Oliver Spaniers Ehefrau Carolin gehört das Weingut Kühling-Gillot in Bodenheim, sie führen beide Weingüter gemeinsam. 2020 wurde ein Reifekeller in Hohen-Sülzen eröffnet, in dem Weine aus Ersten und Großen Lagen reifen um nach fünf Jahren als „Treasure Collection" in den Verkauf zu kommen.

Kollektion

Ein harmonisch gereifter Blanc de Blancs-Sekt aus dem Jahrgang 2011 eröffnet in diesem Jahr den Reigen, er zeigt feine Reifenoten im Bouquet, dezent Brioche im Hintergrund, ist harmonisch und komplex im Mund, fein gereift und lang. Der Gutsriesling trägt mit dem Jahrgang 2019 nun den Namen Eisquell, er ist würzig und eindringlich, kraftvoll, klar und zupackend, besitzt gute Struktur und Grip. Der in gebrauchten französischen Tonneaux ausgebaute Weißburgunder R zeigt würzig-rauchige Noten im eindringlichen Bouquet, ist füllig und kraftvoll im Mund, besitzt reife Frucht, gute Struktur und Frische. Der in französischen Tonneaux ausgebaute Pinot Blanc Louis zeigt viel Konzentration im Bouquet, weiße und gelbe Früchte, ist füllig und saftig, besitzt viel reife Frucht, gute Struktur, Substanz und Länge. Der im Stückfass ausgebaute Grüner Sylvaner Leopold zeigt eine feine Gelbfruchtaromatik im Bouquet, gute Konzentration, besitzt viel reife

Frucht im Mund, gute Struktur und Substanz, ist kraftvoll und gleichzeitig saftig. Die beiden Ortsrieslinge sehen wir im Jahrgang 2019 gleichauf. Der Riesling aus Hohen-Sülzen zeigt feine Würze, etwas Zitrus, ist füllig und saftig, besitzt viel reife Frucht, gute Struktur und Frische; der Mölsheimer ist würzig, eindringlich, deutlich gelbfruchtiger, straff und nachhaltig. Die drei Großen Gewächse sind alle drei hervorragend. Der Wein aus dem Kirchenstück ist würzig und eindringlich, recht offen, ist füllig und stoffig im Mund, komplex, noch unruhig. Der Frauenberg zeigt viel Konzentration, feine Würze und reife Frucht, ist stoffig, enorm kraftvoll, besitzt viel Substanz, braucht Zeit um sich zu öffnen. Etwas präsenter ist momentan der Riesling vom Zellerweg am Schwarzen Herrgott, zeigt rauchige Noten im herrlich eindringlichen Bouquet, ist reintönig, präzise, zupackend und nachhaltig. Die Riesling Auslese aus dem Kreuzberg zeigt kandierte Früchte im Bouquet, ist reintönig und zupackend. Der Rosé R besteht aus Cabernet Sauvignon und Syrah, wird in gebrauchten französischen Tonneaux ausgebaut und vergoren, ist rauchig und eindringlich im Bouquet, konzentriert und fruchtbetont, kommt kraftvoll und zupackend in den Mund, besitzt gute Struktur, Substanz, Druck und Frucht. Der Spätburgunder aus Hohen-Sülzen zeigt intensive Frucht und etwas rauchige Noten im Bouquet, ist frisch und zupackend im Mund, besitzt gute Struktur und Grip. Deutlich mehr Stoff besitzt der Kirchenstück-Spätburgunder, zeigt rauchige Noten und Toast, ist frisch und zupackend, besitzt Tannine und Grip, ist noch sehr jugendlich.

Hans Oliver Spanier

Weinbewertung

90	2011 „Blanc de Blancs" „Vintage" Sekt extra-brut	12%/40,-€
86	2019 Riesling trocken „Eisquell"	12%/11,80€
88	2019 Weißburgunder „R" trocken	12,5%/13,80€
89	2019 Grüner Sylvaner trocken „Leopold"	12,5%/18,50€
90	2019 Pinot Blanc trocken „Louis"	12,5%/21,-€
89	2019 Riesling trocken Hohen-Sülzen	12,5%/18,50€
89	2019 Riesling trocken Mölsheim	12,5%/22,-€
91	2019 Riesling trocken „GG" Kirchenstück Hohen-Sülzen	12,5%/45,-€
93	2019 Riesling trocken „GG" Zellerweg am Schwarzen Herrgott	12,5%/52,-€
92	2019 Riesling trocken „GG" Frauenberg Nieder-Flörsheim	12,5%/52,-€
90	2019 Riesling Auslese Zeller Kreuzberg	
89	2019 Rosé „R" trocken	12%/13,80€
88	2018 Spätburgunder trocken Hohen-Sülzen	13%/25,-€
91	2018 Spätburgunder „GG" Kirchenstück	13%/48,-€

Lagen
Frauenberg (Nieder-Flörsheim)
Kirchenstück (Hohen-Sülzen)
Zellerweg am Schwarzen Herrgott (Mölsheim)
Kreuzberg (Zell/Pfalz)

Rebsorten
Riesling (75 %)
Spätburgunder (15 %)

Bauer

★★★✧

Kontakt
Spitzwegstraße 15/1-17
74081 Heilbronn-Sontheim
Tel. 07131-570374
Fax: 07131-507165
www.bauer-weingut.com
info@bauer-weingut.com

Besuchszeiten
während der Öffnungszeiten des Gutsausschanks (150 Tage im Jahr) oder jederzeit nach Vereinbarung
Gästehaus mit 20 Zimmern

Inhaber
Alexander Bauer
Rebfläche
8 Hektar
Produktion
50.000 Flaschen

Franz und Monika Bauer starteten 1974 mit einem halben Hektar Reben, Ackerbau und Viehzucht, entwickelten den anfänglichen Mischbetrieb zu einem reinen Weingut mit 6 Hektar Reben und einem Gutsausschank, der 150 Tage im Jahr geöffnet hat, 2012 kamen Gästezimmer hinzu. 2015 hat Alexander Bauer den Betrieb übernommen. Nach Abitur und Winzerlehre bei den Weingütern Albrecht-Kiessling und Aldinger studierte er in Geisenheim, absolvierte Praktika bei von Winning und in Südafrika. Die mittlerweile 8 Hektar Weinberge liegen im Heilbronner Stiftsberg und im Talheimer Schlossberg. Trollinger, Lemberger, Riesling und Spätburgunder sind die wichtigsten Rebsorten, dazu gibt es Weißburgunder und Gewürztraminer sowie Sauvignon Blanc, dem zusammen mit dem Lemberger das Hauptaugenmerk von Alexander Bauer gilt, beide baut er im Barrique aus, lange auf der Vollhefe. Neben der klassischen Linie hat er eine moderne Linie etabliert, die seinen eigenen Namen trägt („AB").

Kollektion

Seine bisher beste Kollektion präsentiert uns Alexander Bauer. Weiß- und Rotweine überzeugen gleichermaßen. Das Einstiegsniveau ist hoch, das zeigen der intensiv fruchtige, zupackende Riesling oder der fruchtbetonte, reintönige Weißburgunder. Der Reserve-Weißburgunder zeigt rauchige Noten, gute Konzentration, etwas Toast, ist füllig und kraftvoll, besitzt reife Frucht und gute Struktur. Gleichauf sehen wir den Reserve-Sauvignon Blanc, der gute Konzentration und intensive Frucht im Bouquet zeigt, viel Stoff und Kraft besitzt, sehr jugendlich ist, man muss ihm Zeit geben. Der Rosé ist intensiv, fruchtbetont, strukturiert und zupackend: Ein ernsthafter Rosé! Das trifft auch auf den intensiv fruchtigen und tanninbetonter Trollinger zu. Der Reserve-Zweigalt ist etwas zu sehr von Toastnoten geprägt, Reserve-Lemberger und -Spätburgunder aber sind klasse, beide sind stoffig, kraftvoll, besitzen reintönige Frucht, gute Struktur und Grip. Bravo!

Weinbewertung

85	2019 Riesling trocken „AB"	12,5%/8,90€
84	2019 Weißburgunder trocken „AB"	12,5%/8,90€
88	2019 Sauvignon Blanc trocken „Reserve" „AB"	13,5%/12,90€
88	2019 Weißburgunder trocken „Reserve" „AB"	12,5%/16,90€
83	2019 Gewürztraminer „feinherb" „AB"	12,5%/8,90€
85	2019 Rosé trocken „AB"	12,5%/8,90€
84	2017 Spätburgunder trocken	13,5%/6,-€
82	2017 Lemberger trocken	13,5%/6,-€
86	2017 Trollinger „R" trocken „AB"	13%/8,90€
88	2017 Spätburgunder trocken „Reserve" „AB"	14%/12,90€
85	2017 Blauer Zweigelt trocken „Reserve" „AB"	13%/12,90€
89	2017 Lemberger trocken „Reserve" „AB"	14%/16,90€

MOSEL — MÜLHEIM

★★★✩

Bauer

Kontakt
Moselstraße 3
54486 Mülheim
Tel. 06534-571
Fax: 06534-570
www.weingut-bauer.de
info@weingut-bauer.de

Besuchszeiten
Mo.-Fr. 8-12 + 13-18 Uhr
Sa. 8-16 Uhr
oder nach Vereinbarung
Probierstube, Gästehaus

Inhaber
Thomas Bauer

Rebfläche
8,3 Hektar

Das Gut wird von Thomas Bauer geführt. Er besitzt Weinberge in den Lagen Mülheimer Sonnenlay, Veldenzer Kirchberg und Brauneberger Juffer – und er ist einer von zwei Eigentümern der Lage Elisenberg, die teils auf Mülheimer, teils auf Veldenzer Gemarkung liegt. Neben Riesling, der 82 Prozent der Fläche einnimmt, werden vor allem noch Spätburgunder und Müller-Thurgau angebaut. Die Weine werden teils in Holzfässern, teils in Edelstahltanks ausgebaut, kühl und langsam vergoren und bleiben lange auf der Feinhefe. Einen Namen gemacht hat sich der Betrieb mit klaren, eleganten Weinen, vom trockenen Riesling bis zur edelsüßen Spezialität, auch die Erfahrungen beim Rotwein sind hervorzuheben. Neben Wein werden auch Edel- und Tresterbrände sowie Fruchtliköre erzeugt.

Kollektion

Zitrus, Apfel und nur wenig Hefe in der Nase zeigt der Sekt aus dem Jahrgang 2016. Er ist spritzig, schlank und animierend, zudem angenehm niedrig dosiert. Bei den Burgundern ist die Sortentypizität gut herausgearbeitet worden; der Grauburgunder zeigt Schmelz, wäre etwas trockener vielleicht noch interessanter, der Weißburgunder ist schlanker, spritziger, noch etwas präziser. Viel spannender ist der trockene Riesling aus der Juffer, der leichte Kräuternoten in der Nase und auch etwas Hefe aufweist, im Mund straff und würzig ausfällt. Beim Großen Gewächs aus dem Jahrgang 2017 (!) ist ein Hauch von Melone spürbar, der Wein ist würzig, in sich ruhend, spannend und beweist, dass Reifezeit den hier erzeugten Rieslingen gut tut. Offen, direkt und jugendlich ist die Spätlese aus dem Jahrgang 2019. Sie duftet nach gelben Früchten, ist gut balanciert. Die Zwei-Sterne-Auslese zeigt eine recht kühle, sehr offene Pfirsichnase, ist saftig, zwar sehr süß, wird aber durch eine frische Säure ausgeglichen. Bei diesem Wein sollte man noch einige Zeit abwarten, er dürfte erst in zwei oder drei Jahren seine ganze Harmonie finden. Der Spätburgunder aus dem Jahrgang 2016 weist einen Hauch von Rauch und Tabak auf, aber auch angenehm fruchtige Noten, die an schwarze Beeren erinnern.

Weinbewertung

86	2016 Riesling Sekt brut	12,5 %/10,-€
85	2019 Weißer Burgunder trocken	13,5 %/7,-€
84	2019 Grauer Burgunder trocken	12,5 %/7,-€
87	2019 Riesling trocken Brauneberger Juffer	12,5 %
89	2017 Riesling trocken „GG" Mülheimer Elisenberg	12,5 %/24,50 €
87	2019 Riesling Spätlese Brauneberger Juffer-Sonnenuhr	9,5 %
88	2019 Riesling Auslese** Brauneberger Juffer	7,5 %
87	2016 Spätburgunder trocken	13 %/16,-€

MOSEL ▸ ZELTINGEN-RACHTIG

★★✩

Baum

Kontakt
Weingartenstraße 54
54492 Zeltingen-Rachtig
Tel. 06532-1438
www.wein-und-gaestehaus-baum.de
wein-und-gaestehaus-baum@web.de

Besuchszeiten
täglich nach Vereinbarung, auch gerne an Sonn- & Feiertagen

Inhaber
Peter Baum

Rebfläche
0,7 Hektar

Peter Baum baute lange Zeit ausschließlich Riesling an, im März 2011 pflanzte er allerdings auf einer kleinen Parzelle in der Sonnenuhr Spätburgunder, der 2013 den ersten Ertrag brachte. Heute sind 10 Prozent der Fläche von insgesamt 0.7 Hektar mit der roten Sorte bepflanzt. Peter Baums Weinberge befinden sich alle in Steillagen, vor allem in der Wehlener Sonnenuhr, aber auch im Graacher Himmelreich. In der Sonnenuhr besitzt er teils wurzelechte, alte Rieslingreben, die er auch nach der Flurbereinigung und der Zuteilung neuer Parzellen weiterbewirtschaftet. Seit einigen Jahren werden alle Weine in Edelstahltanks ausgebaut, die Weine bleiben lange auf der Feinhefe, Süßreserve ist tabu. Dem Weingut ist ein Gästehaus angeschlossen, das vom 1. Mai bis zum 30. September geöffnet ist.

Kollektion

In fast jedem Jahrgang schafft es das Weingut, saftige, geradlinige Rieslinge hervorzubringen. Die Weine sind unprätentiös, meist straff und sogar nachhaltig. Wahrscheinlich liegt dies auch daran, dass Peter Baum nicht zu viel will, sondern sich damit begnügt, das Mögliche herauszuarbeiten. Unter den beiden trockenen Weinen gefällt der 2019er von alten Reben aus der Wehlener Sonnenuhr mit seiner animierenden Art noch ein bisschen besser als der kompakte, würzige 2018er, der ebenfalls aus der Sonnenuhr stammt. Die feinherbe Riesling Spätlese aus 2019 ist ausgewogen, besitzt nur eine leichte Süße. Ein fast zarter Kabinett aus dem Himmelreich schließt sich in der Hierarchie an, der Wein besitzt ein erfrischendes Süße-Säure-Spiel, auch sein Pendant aus dem 2018er Jahrgang hat seinen Reiz. Die beiden Rieslinge aus der Kategorie Spätlese besitzen etwas mehr Schmelz und Süße. Die Sonnenuhr-Auslese aus dem Jahrgang 2018 wirkt eher verhalten in der Nase, ist dann zupackend, würzig mit deutlicher Süße: Ein Wein, der den Jahrgang 2018 gut widerspiegelt. Schließlich der feinherbe Spätburgunder Rosé, technisch tadellos mit saftiger Art und einem Hauch von Süße.

Weinbewertung

84	2018 Riesling Spätlese trocken Wehlener Sonnenuhr	13%/6,-€
86	2019 Riesling Spätlese trocken „Selektion Alte Reben" Wehl. Sonnenuhr	13%/6,-€ ☺
85	2019 Riesling Spätlese „feinherb" Wehlener Sonnenuhr	12%/5,80€ ☺
84	2018 Riesling Kabinett Graacher Himmelreich	8,5%/5,-€ ☺
85	2019 Riesling Kabinett Graacher Himmelreich	8,5%/5,-€ ☺
85	2018 Riesling Spätlese Graacher Himmelreich	7,5%/5,80€ ☺
85	2019 Riesling Spätlese Wehlener Sonnenuhr	8%/5,80€ ☺
87	2018 Riesling Auslese „Selektion Alte Reben" Wehlener Sonnenuhr	8%/7,50€ ☺
82	2019 Spätburgunder Rosé „feinherb" Wehlener Sonnenuhr	12,5%/7,-€

RHEINHESSEN — INGELHEIM-GROSSWINTERNHEIM

Baum

Kontakt
Oberhofstraße 16, 55218
Ingelheim-Großwinternheim
Tel. 06130-945146
Fax: 06130-945145
www.weingut-baum.de
info@weingut-baum.de

Besuchszeiten
Mi. & Fr. 17-19 Uhr
Sa. 10-16 Uhr

Inhaber
Peter Baum
Kellermeister
Sebastian Baum
Außenbetrieb
Sebastian Baum
Rebfläche
9,5 Hektar
Produktion
20.000 Flaschen

Das 1929 von seinem Urgroßvater gegründete Weingut wird heute von Sebastian Baum geführt, sein Vater Peter Baum leitet den seit Mitte der sechziger Jahre bestehenden Abfüllbetrieb. Sebastian Baums Weinberge liegen in Großwinternheim in den Lagen Bockstein (Löss, Mergel), Klosterbruder und Heilighäuschen (Kalkstein, Löss-Lehm) sowie im Ingelheimer Sonnenhang (Löss, Kalkstein). Ein Viertel der Rebfläche nimmt Riesling ein, es folgen Spätburgunder und Portugieser, hinzu kommen Silvaner, Grauburgunder, Weißburgunder, Chardonnay und Kerner. Das Sortiment ist gegliedert in Guts-, Orts- und Lagenweine. Einige Lagenweine wie der Weißburgunder aus dem Heilighäuschen oder der Riesling aus dem Sonnenhang werden nicht in jedem Jahr erzeugt, nur den Riesling aus dem Bockstein gab es in den letzten Jahrgängen immer. Im Jahrgang 2018 gab es zwei restsüße Lagen-Rieslinge aus dem Klosterbruder.

Kollektion

Nach sehr gleichmäßigen Kollektionen in den vorausgegangenen Jahren hatte die letztjährige Kollektion mit dem 2018er Riesling aus dem Großwinternheimer Bockstein ein absolutes Highlight zu bieten. Auch der 2019er ist sehr gut, er ist würzig und leicht floral, kraftvoll und zupackend, besitzt herrlich viel Frucht und Substanz, schöne Frische und Grip. Die anderen Weißweine sind deutlich verhaltener, der halbtrockene Riesling ist würzig, geradlinig, der Chardonnay ist fruchtbetont, aber die recht hohe Restsüße nimmt ihm die Spannung. Auch der Blanc de Noir ist recht süß und verhalten, etwas besser gefällt uns der saftige Rosé, obwohl er noch mehr Restsüße aufweist; der Spätburgunder Gutswein ist frisch und fruchtbetont, lebhaft und geradlinig. Aber auch im roten Segment gibt es ein Highlight mit dem sehr guten Ortsweine, dem Ingelheimer Spätburgunder, der rauchige Noten und reintönige Frucht im Bouquet zeigt, klar, frisch und zupackend im Mund ist, gute Struktur und Grip besitzt, feine Frische und Tannine im Abgang aufweist.

Weinbewertung

79	2019 Riesling trocken (1l)	12,5%/4,80€
80	2019 Grauburgunder trocken Ingelheimer	12,5%/6,-€
81	2019 Chardonnay trocken „Ronja´s Stammbaum"	12,5%/7,-€
85	2019 Riesling trocken Großwinternheimer Bockstein	13%/9,50€
81	2019 Riesling halbtrocken „Kalkspiel"	11,5%/5,-€
80	2019 Spätburgunder „blanc de noir" halbtrocken	12%/5,-€
81	2019 Spätburgunder Rosé halbtrocken	11,5%/4,50€
81	2018 Spätburgunder trocken	13%/6,-€
85	2018 Spätburgunder trocken Ingelheimer	14%/9,50€

BADEN ▬ GERLACHSHEIM

Baumann

Kontakt
Bioweingut Baumann
Herrenbergstraße 7
97922 Gerlachsheim
Tel. 09343-614029
Fax: 09343-614031
www.bioweingut-baumann.de
info@bioweingut-baumann.de

Besuchszeiten
siehe Webseite
und nach Vereinbarung

Inhaber
Michael Baumann
Rebfläche
7,5 Hektar
Produktion
35.000 Flaschen

Das Weingut Baumann, zu dem auch Brennerei und Imkerei gehören, liegt in Gerlachsheim im Grünbachtal, am Fuße des Gerlachsheimer Herrenberg. Michael Baumann machte eine Winzerlehre, studierte Weinbau und entwickelte den Nebenerwerbsbetrieb zum selbstvermarktenden Weingut. Seit 2008 ist Michael Baumann biozertifiziert, seit 2013 Demeter-zertifiziert. Neben Weinbergen im Herrenberg besitzt Michael Baumann auch Reben im Marbacher Frankenberg. Müller-Thurgau, Schwarzriesling und Spätburgunder sind die wichtigsten Rebsorten, gefolgt von Grauburgunder, Kerner, Silvaner, Regent, Chardonnay und Riesling. Piwis nehmen 10 Prozent der Fläche ein: Saphira, Souvignier Gris, Muscaris und Solaris, bis 2022 will Michael Baumann diesen Anteil auf 30 Prozent erhöhen. Das Gasthaus Zur Sonne in Gerlachsheim wird in der Art einer Besenwirtschaft an etwa 16 Wochenenden im Jahr geöffnet. Die Umstrukturierung des Sortiments wurde mit neuen Etiketten für die Rebsorten-Weine abgeschlossen. Seit 2019 arbeiten Ouessantschafe im Betrieb, derzeit sind es acht Tiere. Sie beweiden nicht nur Beeren- und Streuobstwiesen sondern auch Weinberge. Die Weine werden als Taubertäler Landwein ohne Jahrgangsangabe verkauft, jede Abfüllung erhält jedoch eine eindeutige Codierung (aktuell: 810).

Kollektion

Ziemlich süß ist die aktuelle Kollektion mit dem Code 810 ausgefallen. Nur ein Weißwein ist wirklich trocken. Das ist der Grauburgunder, der mit eigenwilliger, würziger Aromatik und viel Stoff knapp an der Spitze der weißen Kollektion steht. Die weiße Cuvée 810 ist aromatisch der Nummer 809 ähnlich, aber deutlich fülliger und süßer. Der Silvaner mit viel süßer Frucht zeigt eine erdige Klarheit, hat eine gute Struktur. Nach Majoran und Dill duftet der süße, griffige Riesling. Viel süße Frucht zeigen auch Rosé und Rosé Perlwein. Eine gute Struktur hat die durchgegorene Cuvée Rot, der aromatisch sehr eigenwillige Pinot Noir zeigt eine straffes Tanninkleid.

Weinbewertung

80	Perlwein Rosé trocken „810"	11%/7,50€
82	Cuvée Weiß trocken „810"	13,5%/5,95€
83	Cuvée Weiß trocken „809"	12%/5,95€
83	Silvaner trocken „alte Reben" „810"	13,5%/7,95€
82	Riesling trocken „810"	13%/6,95€
83	Grauer Burgunder trocken „810"	12,5%/6,95€
81	Cuvée Rosé trocken „810"	11,5%/5,95€
83	Cuvée Rot trocken „810"	12%/5,95€
85	Pinot Noir trocken „810"	12,5%/14,95€

WÜRTTEMBERG ▬ OBERSULM-AFFALTRACH

★★ # Dr. Baumann

Kontakt
Am Ordensschloss 15-21
74182 Obersulm-Affaltrach
Tel. 07130-47440
Fax: 07130-474444
www.weingut-dr-baumann.de
info@weingut-dr-baumann.de

Besuchszeiten
Mo.-Fr. 9-12 + 13-17 Uhr
Sa. 9-13 Uhr

Inhaber
Tanja Baumann
Betriebsleiter
Tanja Baumann
Rebfläche
42 Hektar
Produktion
220.000 Flaschen

Willy und Elisabeth Baumann gründeten 1928 das Weingut, ihr Sohn Dr. Reinhold Baumann erweiterte den Betrieb, der heute in vierter Generation von Tanja Baumann geführt wird. Ihre Weinberge liegen im Weinsberger Tal in den Lagen Eschenauer Paradies, Affaltracher Dieblesberg, Eichelberger Hundsberg und Weiler Schlierbach (im Alleinbesitz), die Reben wachsen auf Keuperböden. Die Rebfläche verteilt sich auf viele Rebsorten, es gibt Trollinger und Riesling, Weißburgunder, Sauvignon Blanc, Merlot, Cabernet Sauvignon, Chardonnay, Muskateller, Muskattrollinger, Schwarzriesling und andere mehr. Die Weißweine werden kalt vergoren, alle Rotweine werden maischevergoren und überwiegend in kleinen und großen Eichenholzfässern ausgebaut.

Kollektion

Die neue Kollektion knüpft nahtlos an die beiden Vorjahre an, präsentiert sich sehr geschlossen auf gutem und sehr gutem Niveau, weiß wie rot, zeigt eine klare Handschrift, die Weine sind auf Haltbarkeit vinifiziert. Der Weißburgunder Corpus ist füllig und kompakt, der Riesling würzig und kraftvoll, der Muskateller besitzt reintönige Frucht und Grip. Die beiden 2018er Riesling Eisweine, gelesen am 6. Januar 2019, besitzen viel Substanz und Konzentration, viel Duft und Würze, unsere leichte Präferenz gilt der im Barrique ausgebauten Variante. Ein fruchtbetonter, zupackender Trollinger eröffnet den roten Reigen. Die Cuvée Contur ist fruchtbetont und würzig, frisch und geradlinig, die Cabernet-Cuvée zeigt dezente Schokonoten und intensive Frucht, besitzt Füll, Kraft und gute Struktur. Der Merlot ist konzentriert, eindringlich und strukturiert. Unser Favorit im roten Segment ist aber eindeutig der in neuen französischen Barriques ausgebaute Lemberger aus dem Jahrgang 2015, der reintönige Frucht, gute Struktur, Tannine und Grip besitzt.

Weinbewertung

83	„Impuls" Sekt brut nature	12,5%/24,90€
85	2018 Riesling trocken	13%/11,20€
85	2017 Weißburgunder trocken „Corpus"	13%/23,80€/1,5l
84	2019 Muskateller	11,5%/8,90€
86	2018 Riesling Eiswein „Réserve"	9,5%/39,50€/0,375l
87	2018 Riesling Eiswein „Réserve" Barrique	9%/44,90€/0,375l
84	2016 Trollinger trocken	13,5%/12,70€
84	2016 „Contur" Rotwein trocken	13%/10,90€
84	2016 Spätburgunder trocken „Corpus"	13,5%/23,80€/1,5l
85	2016 Cuvée Cabernet trocken	13,5%/13,90€
84	2016 Merlot trocken	13,5%/14,90€
87	2015 Lemberger trocken Barrique	13,5%/27,-€
84	2018 Schwarzriesling Beerenauslese „Réserve"	12%/29,90€/0,375l

WÜRTTEMBERG ▶ HOHENHASLACH

★ ★ ✰

Baumgärtner

Kontakt
Panoramaweingut Baumgärtner
An der Steige 94
74343 Hohenhaslach
Tel. 07147-6298
Fax: 07147-13151
www.panoramaweingut.de
info@panoramaweingut.de

Besuchszeiten
Mo.- Sa. 8-12 + 13-18 Uhr

Inhaber
Reinhard Baumgärtner

Rebfläche
12,5 Hektar

Produktion
80.000 Flaschen

Reinhard Baumgärtner führt heute das von den Brüdern Gottlieb und Ernst Baumgärtner 1960 gegründete Gut unter dem Namen Panoramaweingut Baumgärtner. Seine Weinberge liegen an den Hängen des Strombergs von Häfnerhaslach (Heiligenberg) bis Hohenhaslach (Kirchberg). Wichtigste Rebsorten sind Trollinger, Lemberger, Spätburgunder und Riesling, inzwischen kamen Chardonnay und Muskat-Trollinger, aber auch Sauvignon Blanc, Grauburgunder, Merlot und Cabernet Cubin hinzu, zuletzt Syrah und Malbec. Die Sterne-Klassifizierung wurde mit dem Jahrgang 2015 ersetzt durch eine dreistufige Gliederung in Gutsweine, Terroir-Weine und Große Gewächse. 2014 wurden erstmals die beiden neuen Flaggschiffe des Hauses vorgestellt, zwei „Große Gewächse", Riesling (2012) und Lemberger (2011), beide aus dem Kirchberg, mit dem Jahrgang 2015 kam ein Spätburgunder hinzu. Zuletzt wurde in Kellertechnik, aber auch in neue Barriques und Tonneaux investiert. Sohn Josua hat nach seiner Lehre bei den Weingütern Wachtstetter und Jürgen Ellwanger die Technikerausbildung in Weinsberg abgeschlossen. 2020 wurden in Häfnerhaslach Grauburgunder, Gewürztraminer, Sauvignon Blanc und Riesling neu angelegt.

Kollektion

Gleichermaßen starke Weiß- und Rotweine präsentiert Reinhard Baumgärtner in diesem Jahr. Schon die weißen Guts- und Ortsweine sind alle sehr gut, egal ob Grauburgunder, Gipskeuper-Chardonnay oder Steinmergel-Sauvignon Blanc. Der Kirchberg-Riesling ist konzentriert und intensiv, füllig und kraftvoll. Ein spannendes Experiment ist der rosen- und gewürzduftige Orange-Gewürztraminer, besitzt Kraft, gute Struktur und Grip. Im roten Segment ragen zwei Weine hervor: Der Syrah ist wunderschön reintönig, fruchtbetont und zupackend, ein angenehm schlanker „Cool Climate"-Syrah, der Kirchberg-Spätburgunder besitzt intensive Frucht, Fülle und Kraft, gute Struktur und Frische.

Weinbewertung

85	2019 Sauvignon Blanc trocken „Steinmergel" Häfnerhaslach	13%/10,-€
85	2019 Grauburgunder trocken	13%/7,50€
85	2019 Chardonnay trocken „Gipskeuper" Hohenhaslach	13%/11,-€
88	2018 Riesling trocken Kirchberg	13%/20,-€
87	2019 Gewürztraminer trocken „Orange"	12,5%/10,-€
83	2018 Muskattrollinger Rosé Hohenhaslach	11%/8,-€
83	2018 Trollinger trocken „Bunter Mergel" Hohenhaslach	12,5%/10,-€
84	2017 Lemberger trocken	13%/8,-€
84	2017 Spätburgunder trocken „Terrassen" Hohenhaslach	13%/14,-€
84	2018 „M & M" Malbec Merlot trocken	13,5%/10,-€
87	2017 Syrah trocken „Mergelkies" Hohenhaslach	12,5%/14,-€
88	2017 Spätburgunder trocken Kirchberg	13%/24,-€

RHEINGAU — HATTENHEIM

Bausch

★★

Kontakt
Waldbachstraße 103
65347 Hattenheim
Tel. 06723-999203
Fax: 06723-999291
www.weingut-bausch.de
info@weingut-hans-bausch.de

Besuchszeiten
Mo.-Fr. 9-17 Uhr
Sa. 12-16 Uhr
Ferienwohnungen

Inhaber
Hans Bausch
Rebfläche
16 Hektar
Produktion
70.000 Flaschen

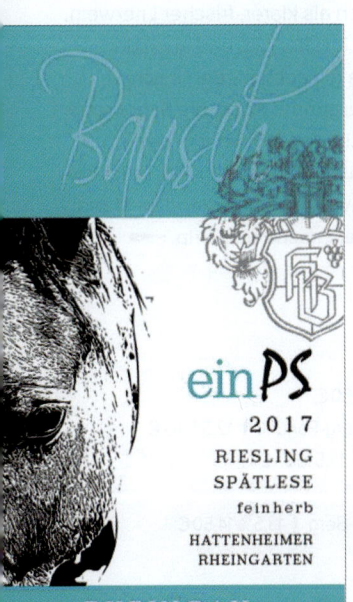

Hans Bausch führt den Familienbetrieb und baut auf 85 Prozent der Fläche Riesling an, der Rest ist mit Spätburgunder bepflanzt. Bewirtschaftet werden Lagen in Hattenheim (Schützenhaus, Wisselbrunnen, Hassel und Engelmannsberg) oder Oestrich (Lenchen) – nicht weniger als 60 Prozent der Rebfläche sind als Erstes Gewächs klassifiziert. Gekühlte Vergärung und Lagerung der Rieslinge auf der Feinhefe im Edelstahl führen zu saftigen, klaren, fruchtbetonten und bis in die Spitze animierenden Weißweinen, die Rotweine dürfen im großen Fass oder im Barrique reifen. Mittlerweile sind Tochter Katharina und Sohne Maximilian neben ihrer Winzerausbildung voll in den Betrieb integriert. Auf dem Weingut wurden mittlerweile Ferienwohnungen eingerichtet.

Kollektion

Eine durch die Bank gute Kollektion präsentiert Hans Bausch in diesem Jahr. Schon der Gutsriesling mit seiner klaren, saftigen Art bei moderatem Alkohol macht viel Spaß. Der Hattenheimer Ortswein ist deutlich fülliger, mild und angenehm würzig. Auch der Riesling aus dem Hattenheimer Schützenhaus wirkt sehr reif in der Frucht und dezent cremig am Gaumen, dabei zeigt er sehr gute Nachhaltigkeit. Allein der Alkohol tritt etwas auffällig in Erscheinung. Mit Mineralität und reifer, herb tropischer Frucht überzeugt uns das Große Gewächs aus dem Engelmannsberg auch in seinem zweiten Jahr wieder voll und ganz, ist dieses Mal sogar noch ein wenig feiner geraten. Der Riesling Classic kommt wie es sich gehört als ansprechend frischer Trinkwein daher. Deutlich spannender, als der Kabinett, wirkt die feinherbe Spätlese aus dem Rheingarten, ihre stoffige, zugleich feine Art stimmt. Der fruchtige „Unser Lenchen" Kabinett ist mild, aber auch fein, seine reife, dezent herbe Frucht ist konzentriert wie bei einer „kleinen" Spätlese. Die eigentliche Spätlese aus dem Wisselbrunnen tritt dann kräftiger und würziger auf, man kann ihre etwas rustikale Art durchaus mögen.

Weinbewertung

84	2019 Riesling trocken	11,5%/6,50€
85	2019 Riesling trocken Hattenheimer	12,5%/7,-€
85	2019 Riesling trocken Hattenheimer Schützenhaus	13%/9,50€
87	2019 Riesling Großes Gewächs Hattenheimer Engelmannsberg	13%/21,50€
84	2019 Riesling Classic	12%/7,-€
83	2019 Riesling Kabinett „feinherb" Hattenheimer	11,5%/7,-€
86	2019 Riesling Spätlese feinherb „einPS" Hattenheimer Rheingarten	12,5%/9,50€
85	2019 Riesling Kabinett „Unser Lenchen" Oestricher	9,5%/7,-€
84	2019 Riesling Spätlese Hattenheimer Wisselbrunnen	8,5%/9,50€
83	2019 Spätburgunder Rosé „feinherb"	12%/6,50€

FRANKEN — IPHOFEN

★★☆

Bausewein

Kontakt
Breite Gasse 1
97346 Iphofen
Tel. 09323-876670
Fax: 09323-804090
www.weingut-bausewein.de /
www.altstadthotel-bausewein.de
bausewein@t-online.de

Besuchszeiten
Mo.-Fr. 7-16 Uhr
Sa. 8-12 Uhr
und nach Vereinbarung
Altstadthotel Bausewein,
Weinstube im Winter,
Gartenschoppen im Sommer

Inhaber
Familie Bausewein
Betriebsleiter
Sabrina Bausewein
Außenbetrieb
Matthias Popp
Rebfläche
5 Hektar
Produktion
30.000 Flaschen

Die Familie Bausewein begann 1984 mit der Selbstvermarktung. Die Weinberge befinden sich vor allem in den Iphöfer Lagen Julius-Echter-Berg, Kronsberg und Kalb, wo die Reben auf Keuperböden wachsen, aber auch im Dettelbacher Berg-Rondell, wo Muschelkalkböden vorherrschen. Angebaut werden Silvaner, Müller-Thurgau, Scheurebe, Bacchus und Kerner, dazu gibt es die roten Sorten Spätburgunder und Regent. Die Weine werden überwiegend trocken und halbtrocken ausgebaut. Karl-Josef Bausewein stellte Anfang der neunziger Jahre die Weinberge auf biologische Bewirtschaftung um, seit 1995 werden sie zertifiziert biologisch bewirtschaftet, das Weingut ist Mitglied bei Naturland. Seit 2004 ist dem Weingut ein Hotel angeschlossen, das in der Iphöfer Altstadt liegt und von Tochter Sabrina Bausewein geführt wird, ihr Ehemann Matthias Popp kümmert sich zusammen mit dem Vater um das Weingut.

Kollektion

Eine sehr gleichmäßige, stimmige Kollektion präsentieren Sabrina Bausewein und Matthias Popp auch in diesem Jahr. Die Silvaner spielen wie gewohnt die Hauptrolle, zeigen wieder einmal schön die Lagenunterschiede auf. Der Muschelkalk-Silvaner ist würzig, klar und zupackend, der Keuper-Silvaner besitzt Fülle, Kraft und Substanz, was auch auf die trockene Julius-Echter-Berg-Spätlese aus dem Jahrgang 2018 zutrifft, die wunderschön füllig und saftig ist, feine süße Frucht besitzt. Dezente Vanillenoten zeigt der Silvaner Fass No. 1, ist klar und zupackend, besitzt gute Struktur und feine Frucht. Der Silvaner überzeugt auch als klarer, frischer Literwein, was auch für den kompakter Müller-Thurgau im Liter gilt, und auch der Perlwein ist wie jedes Jahr betont süffig. Das gilt auch für den frischen, fruchtigen, halbtrocken ausgebauten Spätburgunder Rosé, die Scheurebe ist geradlinig und wunderschön sortentypisch. Unser Favorit in der aktuellen Kollektion ist der Spätburgunder aus dem Iphöfer Kalb: Fruchtbetont, reintönig und intensiv im Bouquet, kraftvoll und zupackend im Mund, er besitzt gute Struktur, reintönige Frucht, viel Frische und Grip.

Weinbewertung

83	2019 „BRausewein" Perlwein	12%/7,50 €
82	2019 Müller-Thurgau (1l)	12,5%/7,-€
83	2019 Scheurebe Iphöfer Kronsberg	13%/7,50 €
84	2019 Silvaner „Muschelkalk" Dettelbacher Berg-Rondell	12,5%/8,-€
83	2019 Silvaner „Keuper" Iphöfer Kronsberg	13,5%/8,-€
85	2019 Silvaner „Fass No. 1"	13,5%/9,-€
85	2018 Silvaner Spätlese Iphöfer Julius-Echter-Berg	13,5%/14,50 €
82	2019 Silvaner (1l)	12,5%/7,-€
82	2019 Spätburgunder Rosé	12,5%/9,-€
86	2018 Spätburgunder Iphöfer Kalb	13,5%/14,50 €

RHEINHESSEN — STADECKEN-ELSHEIM

★★★✩

Beck, Hedesheimer Hof

Kontakt
Hedesheimer Hof
55271 Stadecken-Elsheim
Tel. 06136-2487
Fax: 06136-924413
www.hedesheimer-hof.de
weingut@hedesheimer-hof.de

Besuchszeiten
Mi.-Fr. 14-19 Uhr
Sa. 9-16 Uhr
und nach Vereinbarung
Gästezimmer

Inhaber
Michael Beck
Rebfläche
29,5 Hektar
Produktion
180.000 Flaschen

Gut ein Drittel der Weinberge von Michael Beck sind mit Rotweinreben bepflanzt, vor allem Portugieser, Spätburgunder und Dornfelder, aber auch ein wenig Frühburgunder und St. Laurent. Hinzu kommt Riesling als wichtigste Weißweinsorte, gefolgt von Weiß- und Grauburgunder, Silvaner, Kerner und ein klein wenig Müller-Thurgau, dessen Anteil reduziert wurde. Dafür wurde Auxerrois angepflanzt, der auch im Barrique ausgebaut wird. Die Reben stehen auf unterschiedlichen Böden, in Stadecken in den Lagen Lenchen (Löss) und Spitzberg (Pelosol), in Elsheim in den Lagen Bockstein und Blume (Kalkmergel), sowie im Jugenheimer Goldberg. Alle Weißweine werden, nach Ganztraubenpressung, gezügelt vergoren und in Edelstahltanks ausgebaut. Die Rotweine werden ausschließlich im Holzfass ausgebaut. Mit dem Jahrgang 2013 hat Michael Beck die Einteilung in Guts-, Orts- und Lagenweine auf das ganze Sortiment ausgeweitet; 2015 wurden die vierjährigen Umbau- und Renovierungsarbeiten abgeschlossen.

Kollektion

Der Einstieg stimmt: Weiß- und Grauburgunder besitzen Frische und Frucht, der Terra Fusca-Riesling ist würzig und zupackend. Der 2017er Auxerrois wird etwas vom Holz erdrückt, sonst aber zeigen die weißen Lagenweine durchgängig sehr gutes Niveau. Der Lenchen-Graub	urgunder ist wunderschön reintönig, füllig und saftig, besitzt viel reife Frucht und Substanz, der Horn-Weißburgunder zeigt gute Konzentration und intensive Frucht, besitzt gute Struktur und Substanz. Der Reserve-Graubur	gunder aus dem Jahrgang 2018 ist intensiv, füllig, konzentriert, hat gewaltig viel Alkohol. Aus 2018 kommen auch die beiden Lagen-Rieslinge, der Wein aus dem Horn ist duftig, füllig, kraftvoll, der Marhans ist etwas druckvoller, besitzt Kraft und Substanz, gute Struktur und klare reife Frucht. Die Rotweine sind kompakt, kraftvoll, der Saint Laurent dabei recht tanninbetont.

Weinbewertung

83	2019 Weißer Burgunder trocken Stadecker	12,5%/7,50€
83	2019 Grauer Burgunder trocken Stadecker	12,5%/7,50€
82	2019 Riesling trocken „Terra Fusca³" Stadecken-Elsheim	12%/7,50€
86	2019 Weißer Burgunder trocken Stadecker Horn	13,5%/11,50€
86	2019 Grauburgunder trocken Stadecker Lenchen	13,5%/11,50€
86	2018 Riesling trocken Elsheimer Marhans	13%/13,50€
85	2018 Riesling trocken Stadecker Horn	13%/13,50€
79	2017 Auxerrois trocken Stadecker Spitzberg	13%/15,50€
87	2018 Grauer Burgunder trocken „Reserve" Stadecker Lenchen	15,5%/16,50€
82	2019 Muskateller Kabinett „feinherb" „Freestyler"	11%/8,50€
83	2017 Blauer Spätburgunder trocken Barrique Elsheimer Bockstein	13%/13,50€
84	2017 Saint Laurent trocken (Barrique) Jugenheimer Goldberg	13,5%/29,50€

RHEINHESSEN ▬ LUDWIGSHÖHE

★★★⯪

Brüder Dr. Becker

Kontakt
Mainzer Straße 3-7
55278 Ludwigshöhe
Tel. 06249-8430
Fax: 06249-7639
www.brueder-dr-becker.de
weingut@brueder-dr-becker.de

Besuchszeiten
nach Vereinbarung & jeden ersten Samstag im Monat

Inhaber
Lotte Pfeffer-Müller &
Hans Müller

Betriebsleiter
Hans Müller

Kellermeister
Hans Müller &
Kersten Krämer-Antony

Rebfläche
11 Hektar

Produktion
80.000 Flaschen

Das Weingut erhielt seinen Namen um die Jahrhundertwende von den beiden Brüdern Johann und Jakob Becker. Seither ist es über drei Generationen von der Mutter auf die Tochter vererbt worden. Heute wird das Weingut von Lotte Pfeffer-Müller und Hans Müller geführt. Bereits seit Mitte der achtziger Jahre bewirtschaften sie die Weinberge nach ökologischen Gesichtspunkten und sind Mitglied bei Ecovin, seit 2008 bewirtschaften sie ihre Weinberge biodynamisch, sind Demeter-zertifiziert. Riesling ist mit 35 Prozent die wichtigste Rebsorte, gefolgt von Silvaner Scheurebe, Spätburgunder und den weißen Burgundersorten. Der Ausbau der Weine erfolgt teils im Edelstahl, teils in traditionellen Holzfässern, beim Spätburgunder manchmal auch im Barrique. Seit der ersten Ausgabe präsentieren Lotte Pfeffer-Müller und Hans Müller sehr gleichmäßige Kollektionen auf stets zuverlässigem Niveau. Die füllign, saftigen Großen Gewächse haben sich in den letzten Jahren als Zugpferde herauskristallisiert, immer wieder aber trumpfen auch die Silvaner auf, und auch mit süßen Weinen, ob von Riesling oder Scheurebe, weiß das Weingut regelmäßig zu überzeugen.

Kollektion

Je zwei Gutsweine, Ortsweine und Große Gewächse präsentieren Lotte Pfeffer-Müller und Hans Müller in diesem Jahr, aber auch zwei Weine, denen kein Schwefel zugesetzt wurde und die unfiltriert abgefüllt wurden: Der Riesling D ist intensiv, würzig, duftig, eindringlich, besitzt feine Frische, gute Struktur und Grip. Duftig und konzentriert ist auch der Orange-Silvaner besitzt Fülle und Kraft, gute Struktur und Substanz. Ganz ins gewohnte Bild passen die Guts-, Orts- und Lagenweine. Die beiden Gutsweine sind fruchtbetont, frisch und geradlinig. Der Dienheimer Riesling ist würzig, klar und geradlinig, deutlich spannender finden wir den zweiten Ortswein, den Ludwigshöher Silvaner, der gute Konzentration und reintönige Frucht besitzt, gute Struktur und Frische. Klar an der Spitze der Kollektion stehen die beiden Großen Gewächse: Der Tafelstein-Riesling besitzt Fülle, viel Saft und Kraft, ist gelbfruchtig wie auch der Falkenberg-Riesling, der deutlich rauchiger und auch etwas würziger ist.

Weinbewertung

82	2019 Grüner Silvaner trocken	13%/7,50 €
82	2019 Weißburgunder trocken	12,5%/9,-€
85	2019 Silvaner trocken Ludwigshöhe	13,5%/14,50 €
83	2019 Riesling trocken Dienheim	12,5%/14,50 €
89	2019 Riesling trocken „GG" Falkenberg	13,5%/26,-€
89	2019 Riesling trocken „GG" Tafelstein	13,5%/26,-€
87	2019 Silvaner „Orange"	12,5%/17,50 €
86	2019 Riesling „D" „pure"	12,5%/16,50 €

PFALZ ▬ SCHWEIGEN-RECHTENBACH

★★★★✮ Friedrich **Becker**

Kontakt
Hauptstraße 29, 76889
Schweigen-Rechtenbach
Tel. 06342-290
Fax: 06342-6148
www.friedrichbecker.de
wein@friedrichbecker.de

Besuchszeiten
Fr. 14-16 Uhr
Sa. 12-16 Uhr
und nach Vereinbarung

Inhaber
Friedrich Wilhelm Becker
Kellermeister
Friedrich Wilhelm Becker
Rebfläche
29 Hektar

Friedrich Becker begann 1973 mit der Selbstvermarktung. Seit 2005 ist Friedrich Becker jun. im Betrieb, hat nach und nach die Verantwortung im Keller übernommen und leitet mittlerweile das Weingut. Auf 80 Prozent der Weinberge stehen Burgundersorten (einschließlich Chardonnay), dazu kommen Riesling sowie etwas Silvaner, Muskat Ottonel, Gewürztraminer, Cabernet Sauvignon und Merlot. Die Weinberge liegen in Schweigen, teils jenseits der Grenze in Frankreich. Die Beckers erzeugen drei Große Gewächse: Drei Spätburgunder aus den im Sonnenberg gelegenen Gewannen Kammerberg, Sankt Paul und Heydenreich, die allesamt auf der französischen Seite der Grenze liegen. Daher können sie nicht als eigenständige Gewanne in die deutsche Weinbergsrolle eingetragen werden – absurd, da sie ja Teile einer weinrechtlich deutschen Lage sind. Die Aufsichts- und Dienstleistungsdirektion des Landes Rheinland-Pfalz hat deswegen die Verwendung der Gewannnamen auf den Etiketten untersagt, was zwischenzeitlich sogar in einem mehrmonatigem Verkaufsverbot für die betroffenen Weine gipfelte. Mittlerweile dürfen Sankt Paul und Heydenreich als Weinnamen wieder genannt werden, Kammerberg wird auf den Etiketten weiterhin durch die Aufschrift „zensiert" unkenntlich gemacht. Im Kammerberg stehen 1,2 Hektar Spätburgunder, 1967 gepflanzt, aus denen das Große Gewächs erzeugt wird, Sankt Paul lag lange brach, wurde in den neunziger Jahren gerodet und neu bepflanzt. Seit dem Jahrgang 2012 ist auch der Heydenreich, der aus einer direkt oberhalb von Sankt Paul gelegenen Gewanne stammt, als Großes Gewächs klassifiziert, bis zum Jahrgang 2008 kam er als Pinot Noir Tafelwein in den Verkauf, seit dem Jahrgang 2011 trägt er den Gewannnamen. Der Steinwingert stammt ebenfalls aus einer Parzelle auf der französischen Seite des Sonnenbergs, ist von Heydenreich und Sankt Paul durch ein kleines Wäldchen getrennt, der Herrenwingert liegt hingegen auf der deutschen Seite. Seit einigen Jahren gibt es auch zwei Pinot Noir-Ortsweine aus Schweigen und Rechtenbach, mit dem Jahrgang 2017 ergänzt erstmals ein Orts-Chardonnay das Sortiment, der wie auch der Chardonnay „Mineral" aus pfälzischen und elsässischen Weinbergen stammt.

🏛 Kollektion

Zwei der vier Pinot Noirs haben wir noch als Fassproben verkostet, alle vier sind noch extrem jung, haben ein deutliches, straffes Tanningerüst, eindeutig an der Spitze steht der hervorragende Heydenreich, der das vielschichtigste und tiefste Bouquet zeigt, mit dunkler Frucht, auch dezent Hagebutte, kräutrigen Noten und etwas Gummiabrieb, am Gaumen besitzt er Kraft, aber auch Eleganz, eine mächtige Struktur, ist komplex, nachhaltig und ganz auf die Reife ausgelegt. Der Sankt Paul ist dagegen schon offener, zeigt Schwarzkirsche, etwas Hagebutte, feine Kräuterwürze und

Krokant im Bouquet, besitzt jugendliche Tannine, ist elegant, animierend und lang, der „KB" ist würziger, zeigt im intensiven Bouquet Noten von dunkler Frucht, etwas Leder, Kräuterpastillen und Tannennadeln, ist am Gaumen noch wenig zugänglich, ist fest und nachhaltig, der Steinwingert zeigt dunkle Frucht, Schwarzkirsche, Pflaume, kräutrige Noten, Lakritze, entwickelt mit Luft am Gaumen dann auch etwas hellere Frucht, besitzt Kraft und Länge. Vom Grauburgunder gibt es aus dem Jahrgang 2018 erstmals eine „Reserve"-Version, den wir noch als Fassprobe verkostet haben, er zeigt feine Zitrusnoten und sehr dezentes Holz im Bouquet, besitzt am Gaumen Kraft, Schmelz, florale Würze, ein animierendes Säurespiel, etwas Tannine und klare Frucht, Ananas, Birne, ist harmonisch und nachhaltig, der Grauburgunder „Kalkmergel" zeigt florale Noten und gelbe Frucht, Aprikose, Zitruswürze, besitzt Schmelz und Frische, ist animierend, ausgewogen und nachhaltig. Die beiden Weißburgunder zeigen deutlich mehr Holz als die Grauburgunder, die „Reserve" zeigt etwas Kokosnoten, besitzt auch am Gaumen deutliches Holz, Zitruswürze, eine frische Säure, gute Länge und Potential, der „Kalkgestein" zeigt florale Noten, dezentes Holz und gelbe Frucht, besitzt Schmelz und gute Länge. Der Chardonnay „Mineral" ist zunächst sehr verschlossen, öffnet sich auch nach einem Tag nur langsam, zeigt etwas Zitrusnoten, besitzt am Gaumen feine Röstnoten und eine subtile Säure, ist elegant, nachhaltig und könnte sich noch steigern. Und auch einen edelsüßen Wein konnten wir wieder verkosten, dieses Mal eine Trockenbeerenauslese aus Chardonnay, Weißburgunder und Riesling, der Wein zeigt komplexe Frucht im Bouquet, Aprikosenmark, Feige, Pfirsich, Mango und Limette, ist am Gaumen cremig dicht, besitzt auch hier viel Frucht und Frische.

Weinbewertung

89	2019 Weißer Burgunder trocken „Kalkgestein"	13%/16,80 €
90	2019 Grauer Burgunder trocken „Kalkmergel"	13%/17,50 €
87	2019 Riesling trocken „Muschelkalk"	11,5%/14,-€
91	2018 Weißer Burgunder trocken „Reserve"	13,5%/42,-€
(92)	2018 Grauer Burgunder trocken „Reserve"	13,5%/42,-€
90+	2018 Chardonnay trocken „Mineral"	13,5%/42,-€
91	2019 Cuvée Blanc Trockenbeerenauslese	7%/0,375l/a.A.
(90+)	2018 Pinot Noir trocken „Steinwingert"	13,5%/38,-€
92	2018 Pinot Noir „GG" „Sankt Paul"	13,5%/58,-€
92	2018 Pinot Noir „GG" „KB"	13,5%/65,-€
(94)	2018 Pinot Noir „GG" „Heydenreich"	13,5%/125,-€

Friedrich Becker jr.

Lagen
Sonnenberg (Schweigen)
KB (Kammerberg, Schweigen)
Sankt Paul (Schweigen)
Heydenreich (Schweigen)

Rebsorten
Burgundersorten (80 %)

RHEINHESSEN — METTENHEIM

Becker

Kontakt
Hauptstraße 10
67582 Mettenheim
Tel. 06242-2845
Fax: 06242-6460
www.beckerwein.de
info@beckerwein.de

Besuchszeiten
nach Vereinbarung

Inhaber
Gernot Becker
Betriebsleiter
Gernot & Amadeus Becker
Kellermeister
Amadeus Becker
Außenbetrieb
Gernot & Amadeus Becker
Rebfläche
6,5 Hektar
Produktion
35.000 Flaschen

Die Familie Becker betreibt seit Generationen Weinbau in Mettenheim, Philipp Menger, der Urgroßvater des heutigen Besitzers, hatte das Weingut im 19. Jahrhundert gegründet, damals seine Weine an Weinstuben und Händler verkauft. Gernot Becker kaufte nach seiner Winzerlehre die Gebäude und den Kundenstamm des benachbarten Weingutes und legte damit den Grundstein für den heutigen Betrieb. Im Betrieb wird er inzwischen von Sohn Amadeus unterstützt. In den Mettenheimer Lagen Michelsberg und Schlossberg wachsen die Reben vorwiegend auf Löss- und Lehmböden, teils mit Muschelkalk durchsetzt. Gernot Becker besitzt aber auch Weinberge im Bechtheimer Geyersberg (Lehm) und im Mettenheimer Goldberg, wo auf Sandböden überwiegend rote Rebsorten stehen wie Spätburgunder, Dornfelder und Cabernet Dorsa. Riesling nimmt ein Viertel der Rebfläche ein, an weißen Sorten folgen Grauburgunder, Weißburgunder, Bacchus, Sauvignon Blanc, Scheurebe, Müller-Thurgau und Chardonnay. In den letzten Jahren wurde verstärkt mit Maischestandzeiten und Spontangärung gearbeitet, erste Weine wurden unfiltriert abgefüllt.

Kollektion

Mit dem neuen Jahrgang hat man nun konsequent die dreistufige Sortimentsgliederung in Guts-, Orts- und Lagenweine umgesetzt. Die Gutsweine zeigen sehr gleichmäßiges Niveau, sind fruchtbetont und sortentypisch, unsere leichte Präferenz gilt der lebhaften, frischen Scheurebe und dem geradlinigen, zupackenden Riesling. Der einzige vorgestellte Ortswein, der Mettenheimer Chardonnay ist füllig und kompakt bei deutlicher Süße, der Lagen-Chardonnay Heilbrunnen, Jahrgang 2017, zeigt intensive Würze im Bouquet, ist recht füllig und kompakt im Mund. Unser Favorit ist aber eindeutig der Riesling aus dem Steinsweg, der gute Konzentration und feine Würze zeigt, Fülle und Kraft besitzt, reife Frucht und Substanz. Im roten Segment überzeugt der strukturierte, im Fass von 1883 gereifte Pinot Noir.

Weinbewertung

82	2019 Riesling trocken	13%/6,50€
82	2019 Sauvignon Blanc trocken	11,5%/6,50€
81	2019 Scheurebe trocken	12,5%/7,90€
81	2019 Weißburgunder trocken	12%/6,50€
81	2019 Grauburgunder trocken	13,5%/6,70€
81	2019 Chardonnay trocken	13%/6,50€
82	2019 Chardonnay trocken Mettenheimer	13,5%/8,90€
83	2017 Chardonnay Heilbrunnen	12,5%/14,50€
85	2019 Riesling trocken Steinsweg	12,5%/15,-€
81	2019 Riesling „feinherb"	11,5%/6,20€
83	2015 Pinot Noir trocken „1883"	13,5%/6,80€
81	Cabernet & Pinot	12,5%/7,90€

BECKER
HEILBRUNNEN
2017

PFALZ ▬ HEUCHELHEIM-KLINGEN

★★★✩

Karlheinz Becker

Kontakt
Hauptstraße 34
76831 Heuchelheim-Klingen
Tel. 06349-5328
Fax: 06349-8056
wgkhbecker@gmx.de

Besuchszeiten
nach Vereinbarung

Inhaber
Karlheinz & Dominik Becker
Rebfläche
14 Hektar
Produktion
75.000 Flaschen

Das Weingut war früher ein landwirtschaftlicher Gemischtbetrieb, der Fasswein vermarktete. Karlheinz Becker übernahm Ende der achtziger Jahre den Betrieb, forcierte die Flaschenweinvermarktung und veränderte die Rebsortenstruktur zugunsten der klassischen Rebsorten. Riesling, Weißburgunder und Grauburgunder sind die wichtigsten weißen Rebsorten, dazu gibt es Gewürztraminer, Chardonnay, Muskateller und Silvaner. Rotweine nehmen 30 Prozent der Rebfläche ein. Spätburgunder ist die wichtigste rote Sorte, dazu gibt es Frühburgunder und Merlot. Sohn Dominik kehrte nach seinem Weinbau- und Önologiestudium in Neustadt und Praktika in Neuseeland und den USA in den heimischen Betrieb zurück und forcierte in den letzten Jahren den Ausbau von Weißweinen im großen Holzfass und steigerte den Anteil an spontan vergorenen Weinen.

Kollektion

Auch in diesem Jahr führen wieder die Weine aus dem Appenhofener Gewann Im Käferflug eine Kollektion an, in der die Beckers sich bei einzelnen Weinen wieder steigern können: Der Pinot Noir zeigt Aromen von Schwarzkirschen, Kirschkern und dezente Röstnoten, besitzt am Gaumen eine kühle, kräutrige Art, Struktur, Frische und Potential, der Chardonnay zeigt gelbe Frucht, Pfirsich, Aprikose und etwas Vanille, ist harmonisch und frisch, besitzt ein lebendiges Säurespiel und gute Länge. Auch die beiden anderen Rotweine, Spät- und Frühburgunder sind kühl, elegant, gut strukturiert, besitzen klare Frucht, die Rieslinge besitzen alle eine feine, animierende Säure, der „Weiße Kalk" zeigt kreidig-mineralische Noten, besitzt guten Grip, der „Bunte Sand" besitzt herbe Zitrusfrucht und leicht salzige Noten, der Grauburgunder vom weißen Kalk ist kraftvoll und nachhaltig mit klarer Frucht und dezenter Holzwürze.

Weinbewertung

82	2019 Riesling trocken (1l)	12,5%/6,10€
84	2019 Riesling trocken „erdreich"	12,5%/7,70€
83	2019 Weißburgunder Kabinett trocken „erdreich"	13%/7,70€
84	2019 Grauburgunder Kabinett trocken „erdreich"	13%/7,70€
86	2019 Riesling trocken „Weißer Kalk"	12,5%/9,90€
86	2019 Riesling trocken „Bunter Sand"	12,5%/9,90€
86	2019 Weißburgunder Spätlese trocken „Schwarzer Ton"	13,5%/9,90€
87	2019 Grauburgunder Spätlese trocken „Weißer Kalk"	13,5%/9,90€
85	2019 Spätburgunder „Blanc de Noir" Spätlese trocken	13%/8,80€
88	2018 Chardonnay Spätlese trocken Im Käferflug	13,5%/15,-€
84	2019 Muskateller „feinherb"	12%/7,90€
86	2018 Frühburgunder trocken „Bunter Sand"	13,5%/10,40€
87	2018 Spätburgunder trocken „Bunter Sand"	13,5%/11,50€
89	2018 Pinot Noir trocken Im Käferflug	13,5%/22,-€

BECKER

RHEINHESSEN — SPIESHEIM

★★✩

Becker

Kontakt
Außerhalb 12
55288 Spiesheim
Tel. 06732-1460
Fax: 06732-65453
www.weingut-becker.com
info@weingut-becker.com

Besuchszeiten
täglich nach Vereinbarung

Inhaber
Wolfgang & Sabrina Becker
Kellermeister
Sabrina Becker
Außenbetrieb
Wolfgang Becker
Rebfläche
25 Hektar
Produktion
85.000 Flaschen

Heike und Wolfgang Becker sind 1987 an den heutigen Standort ausgesiedelt, 1990 eröffneten sie die Straußwirtschaft und begannen mit der Flaschenweinvermarktung. 2011 wurde der Betrieb in Spiesheim mit Heike Beckers Albiger Familienbetrieb zusammengelegt. Die Weinberge liegen im Spiesheimer Osterberg, in den Albiger Lagen Hundskopf und Schloss Hammerstein sowie im Ensheimer Kachelberg. Der Schwerpunkt liegt auf Riesling, Grauburgunder, Weißburgunder, Silvaner und Spätburgunder. Mit dem Einstieg von Sabrina Becker im Jahr 2017 wurde das Sortiment neu strukturiert in Guts-, Orts- und Lagenweine, Orts- und Lagenweine werden im Holz ausgebaut.

Kollektion

Ein sehr guter Riesling Ortswein aus Albig führte im vergangenen Jahr die Kollektion an, und auch in diesem Jahr sind es wieder die weißen Ortsweine, die uns besonders gut gefallen. Der Spiesheimer Chardonnay zeigt intensive Frucht und gute Konzentration im Bouquet, ist füllig und kraftvoll im Mund, besitzt gute Struktur und Frische. Noch ein klein wenig besser gefällt uns der Weißburgunder, ebenfalls aus Spiesheim: Reintönige Frucht und gute Konzentration, Kraft, gute Struktur, Frische und Druck kennzeichnen ihn. Sehr gleichmäßiges, gutes Niveau zeigen die weißen Gutsweine. Der Weißburgunder ist frisch, reintönig und geradlinig, der Grauburgunder klar, harmonisch, zupackend, der Chardonnay lebhaft, recht süß. Intensive Frucht, gute Struktur und Grip besitzt der Sauvignon Blanc, die Scheurebe zeigt feine Tropenfruchtaromatik, ist lebhaft und frisch, die Cuvée aus Riesling und Gewürztraminer ist würzig und geradlinig. Unser Favorit unter den Ortsweinen aber ist der Riesling, der ganz feine Reifenoten zeigt, frisch und reintönig ist bei viel Biss. Auch wenn die Rotweine nicht ganz das Niveau der Weißen erreichen: Weiter so!

Weinbewertung

Punkte	Wein
84	2018 Riesling trocken	12,5 % / 7,20 €
82	2019 Weißer Burgunder trocken	12 % / 7,20 €
83	2019 Grauer Burgunder trocken	12,5 % / 7,20 €
82	2019 Chardonnay trocken	12 % / 8,50 €
83	2019 Sauvignon Blanc trocken	12 % / 8,50 €
83	2019 Scheurebe trocken	12 % / 7,50 €
82	2019 Riesling & Gewürztraminer trocken	13 % / 7,20 €
86	2018 Weißer Burgunder trocken Spiesheimer	14 % / 13,50 €
85	2018 Chardonnay trocken Spiesheimer	13 % / 13,50 €
80	2018 Spätburgunder trocken	13,5 % / 7,20 €
81	2016 Spätburgunder trocken Spiesheimer	14,5 % / 13,50 €
81	2016 Merlot trocken Albiger	13,5 % / 13,50 €

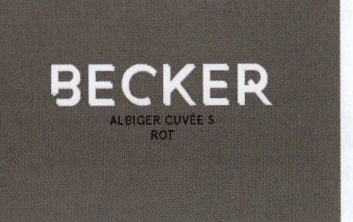

BECKER
ALBIGER CUVÉE S
ROT

RHEINHESSEN ▬ GAU-ODERNHEIM

★★★★ Becker-Landgraf

Kontakt
Im Felsenkeller 1
55239 Gau-Odernheim
Tel. 06733-7449
Fax: 06733-9486510
www.weingut-
beckerlandgraf.de
weingut@beckerlandgraf.de

Besuchszeiten
nach Vereinbarung

Inhaber
Julia & Johannes Landgraf
Rebfläche
16 Hektar
Produktion
150.000 Flaschen

Julia und Johannes Landgraf gründeten 2006 ihr eigenes Weingut, brachten mit dem Jahrgang 2005 ihre ersten eigenen Weine auf den Markt. Ihr rasanter Aufstieg zeigt, was in einer solch dynamischen Region wie Rheinhessen möglich ist. Der Erfolg kommt nicht von Ungefähr: Johannes Landgraf war seit 1995 für den Weinausbau im elterlichen Weingut in Saulheim verantwortlich – und war auch dort maßgeblich für die Fortschritte verantwortlich. Die Großeltern von Julia Landgraf, Geisenheim-Absolventin, hatten nach dem Zweiten Weltkrieg Landwirtschaft und Weinbau betrieben, ihr Vater gründete eine Firma, die Tanks und Anlagen für Industrie und Weinbau herstellt. Seit ihrer Heirat führen Julia und Johannes Landgraf die Tradition des Weinguts der Familie Becker weiter, sie starteten neu unter dem Namen Becker-Landgraf. Ihre Weinberge liegen überwiegend am Petersberg in Gau-Odernheim, in den Lagen Herrgottspfad und Ölberg, in denen der Boden aus Ton, Kalkmergel und Muschelkalk besteht. Hinzu kommt jeweils ein Weinberg in Framersheim und im Biebelnheimer Rosenberg, wo der Boden aus Tonmergel mit Kalksteinablagerungen besteht, mit Steinanteil im Obergrund. Riesling ist ihre wichtigste Rebsorte, gefolgt von Spätburgunder, dazu gibt es Grauburgunder, Weißburgunder, Chardonnay und Sankt Laurent. Das Sortiment ist klar gegliedert in Guts-, Orts- und Lagenweine. Nur die Spitzen-Rieslinge und -Spätburgunder tragen die Namen ihrer besten Lagen: Rieslinge aus Herrgottspfad und Ölberg (zuletzt 2013), sowie Spätburgunder aus dem Rosenberg und erstmals mit dem Jahrgang 2011 auch aus dem Herrgottspfad. Die Weine der Edition Muschelkalk – Weißburgunder, Spätburgunder und St. Laurent – tragen keinen Lagennamen; restsüße Rieslinge mit Lagen- und Prädikatsbezeichnungen ergänzen das Sortiment. Die Weine werden alle spontanvergoren, die Burgunder durchlaufen die malolaktische Gärung, in manchen Jahren auch einzelne Riesling-Partien. Die Spitzenrieslinge werden recht lange, fast ein Jahr, bei Batonnage bis ins Frühjahr, auf der Vollhefe ausgebaut, im Stückfass, sie besitzen ein sehr gutes Reifepotenzial, einzelne Partien sollen zukünftig nach mehreren Jahren Reife erneut in den Verkauf kommen. Die Rotweine werden unfiltriert und ungeschönt abgefüllt. Johannes und Julia Landgraf haben ihren Stil gefunden, sie setzen auf Fülle und Harmonie, erzeugen recht cremige Weine, auch ihre Rieslinge passen ganz in dieses Bild, die Weine reifen recht gut.

Kollektion

Johannes und Julia Landgraf präsentieren auch in diesem Jahr eine Kollektion mit markanten, eigenständigen Weinen. Die Gutsweine sind ein wenig verhaltener als gewohnt, beide sind sehr kompakt, die Frucht tritt etwas zurück: Der Riesling ist recht würzig im Bouquet, harmonisch und klar im Mund bei guter Fülle, die Cuvée aus Weißburgunder und

Chardonnay ist harmonisch, geradlinig und klar. Deutlich mehr Substanz weisen die durchweg sehr guten weißen Ortsweine auf. Der Weißburgunder zeigt gute Konzentration und reintönige Frucht, ist frisch, klar und zupackend bei guter Struktur. Besonders gut gefällt uns der Chardonnay, der rauchige Noten und reintönige Frucht im herrlich eindringlichen Bouquet zeigt, viel Kraft und gute Struktur besitzt. Kraftvoll ist auch der Riesling, besitzt feine Frische, reife Frucht und viel Substanz. Aus dem Jahrgang 2018 stammt der Muschelkalk-Weißburgunder, der rauchige Noten im Bouquet zeigt und gute Konzentration, sehr kompakt und kraftvoll im Mund ist bei viel Substanz. Viel Substanz kennzeichnet auch den Chardonnay Reserve, der Fülle, Kraft und gute Struktur besitzt, noch sehr jugendlich ist. Unser eindeutiger Favorit im weißen Segment ist der 2018er Riesling aus dem Herrgottspfad, der herrlich eindringlich und kraftvoll ist, viel reife Frucht besitzt, gute Struktur, Grip und leicht mineralische Noten. Gewohnt hohes Niveau zeigen auch in diesem Jahr wieder die Rotweine. Der Gau-Odernheimer Sankt Laurent aus dem Jahrgang 2016 ist würzig, klar und zupackend, der noch ein Jahr ältere Muschelkalk-Sankt Laurent besticht mit guter Konzentration und reintöniger Frucht, besitzt Fülle, Kraft und viel Substanz. Aus dem Jahrgang 2018 stammt der Spätburgunder Ortswein, der leicht florale Noten aufweist, gute Struktur und Grip besitzt. Aus dem Jahrgang 2017 stammen der hervorragende Muschelkalk-Spätburgunder, der reintönige Frucht, gute Substanz und viel Kraft besitzt, und der Herrgottspfad-Spätburgunder, der mit intensiver Frucht, Kraft und Druck besticht.

Julia & Johannes Landgraf

Weinbewertung

83	2019 Riesling trocken	12%/8,40€
84	2019 Weißburgunder & Chardonnay trocken	12,5%/8,40€
87	2019 Weißer Burgunder trocken Gau-Odernheimer	12,5%/12,40€
89	2019 Chardonnay trocken Gau-Odernheimer	13%/15,-€
88	2019 Riesling trocken Gau-Odernheimer	12,5%/12,40€
89	2018 Weißer Burgunder trocken „Muschelkalk" Gau-Odernheimer	12,5%/22,-€
91	2018 Riesling trocken Gau-Odernheimer Herrgottspfad	12,5%/20,-€
89	2019 Chardonnay trocken „Reserve"	12,5%
87	2016 Sankt Laurent trocken Gau-Odernheimer	13%/12,80€
88	2018 Spätburgunder trocken Gau-Odernheimer	13%/13,40€
90	2017 Spätburgunder trocken „Muschelkalk"	13%/20,-€
89	2015 Sankt Laurent trocken „Muschelkalk"	13,5%/18,-€
90	2017 Spätburgunder trocken Gau-Odernheimer Herrgottspfad	13%/30,-€

Lagen
Herrgottspfad (Gau-Odernheim)
Ölberg (Gau-Odernheim)
Rosenberg (Biebelnheim)

Rebsorten
Riesling (38 %)
Spätburgunder (20 %)
Weißburgunder (11 %)
Grauburgunder (8 %)
Chardonnay (6 %)
St. Laurent (6 %)

MOSEL ▶ NITTEL

★★ Befort

Kontakt
Schulstraße 17
54453 Nittel
Tel. 06584-422
Fax: 06584-1201
www.befort.de
weingut@befort.de

Besuchszeiten
Sa. 10-17 Uhr

Inhaber
Familie Befort
Kellermeister
Hans-Jörg Befort
Rebfläche
4,5 Hektar
Produktion
30.000 Flaschen

Das von Hans und Maria Befort seit 1969 aufgebaute Gut wird seit 2011 von den Geschwistern Ruth, Hans-Jörg und Marcel Befort geführt. Hans-Jörg Befort, Betriebsleiter eines Weingutes in Luxemburg, kümmert sich um den Weinausbau. Die Burgundersorten dominieren: Spätburgunder, Grauburgunder und Weißburgunder nehmen einen etwa gleichen Anteil an der Rebfläche ein, hinzu kommen 15 Prozent Elbling sowie etwas Auxerrois und Cabernet Sauvignon. Zuletzt wurde Sauvignon Blanc im Nitteler Leiterchen gepflanzt, dazu ein neuer Weinberg mit Chardonnay, der inzwischen voll im Ertrag ist. Seit 2015 verzichtet man auf Herbizide im Weinberg. Die Weißweine werden temperaturgesteuert im Edelstahl ausgebaut, lagern bis zum Frühjahr auf der Vollhefe. Rotweine werden maischevergoren und 12 bis 15 Monate im Holz ausgebaut. Sekte und Crémants reifen mindestens 12 Monate auf der Hefe, werden mehrmals im Jahr frisch degorgiert, gehören regelmäßig zu den besten Schaumweinen in diesem Teil der Mosel.

Kollektion

Der Rosésekt ist duftig mit Noten von Hefe und roten Johannisbeeren, wirkt leicht süß; deutlich trockener und kompakter ist da schon der Crémant, der beweist, dass das Weingut für seine Schaumweine zu recht Renommee genießt. Aus dem trockenen Elbling ohne Kohlensäure will das Weingut keinen Spitzenwein herauskitzeln, aber was sich 2019 in der Flasche befindet, macht mit seinen Apfelnoten und der schlanken, saftigen Art viel Spaß. Der Sauvignon Blanc wirkte bei der Verkostung eher verhalten in der Nase, zeigte im Mund aber eine erfreulich zupackende Art, ist würzig und straff. Der Auxerrois ist geradlinig und fest, der Chardonnay besitzt einen sehr eleganten Charakter, ist noch spannender, weil ausgezeichnet balanciert. An schwarze Beeren und Sauerkirschen lässt der Pinot Noir „S" denken, der auch Spuren von Rauch und Schokolade und im Mund eine schöne Würze mitbringt; das Holz dominiert nicht. Die Cuvée aus Pinot Noir und Cabernet kann da nicht ganz mithalten, ist aber sehr ausgewogen.

Weinbewertung

87	2018 Crémant brut	12,5%/11,90€
85	2017 Pinot Noir Rosé Sekt	13%/11,90€
83	2019 Elbling trocken	12%/5,50€
84	2019 Auxerrois trocken	12%/6,90€
84	2019 Pinot Blanc trocken	12%/6,90€
86	2019 Pinot Gris trocken	12,5%/7,50€
87	2019 Chardonnay trocken	13%/8,90€
84	2019 Sauvignon Blanc trocken	12%/9,50€
83	2019 „Blanc de Noir" „feinherb"	12%/6,90€
86	2018 Pinot Noir & Cabernet Sauvignon trocken	13,5%/11,90€
88	2018 Pinot Noir trocken „S"	13,5%/17,90€

RHEINHESSEN ▶ VENDERSHEIM

★★

Beiser

Kontakt
Außerhalb 1
55578 Vendersheim
Tel. 06732-8732
Fax: 06732-5061
www.weingut-beiser.de
info@weingut-beiser.de

Besuchszeiten
täglich 9-12 + 13-19 Uhr und
nach Vereinbarung
Vinothek und Gutsschänke

Inhaber
Christiane Beiser,
Simon Beiser

Kellermeister/Außenbetrieb
Simon Beiser

Rebfläche
23 Hektar

Produktion
100.000 Flaschen

Otto Beiser begann 1971 mit der Selbstvermarktung, legte 1979 mit dem Neubau den Grundstein für das heutige Weingut. Sohn Simon schloss 2002 sein Geisenheim-Studium ab, ist seither für den Weinausbau verantwortlich, inzwischen hat er den Betrieb übernommen. Seine Weinberge befinden sich in der Vendersheimer Lage Sonnenberg, in den Sprendlinger Lagen Klostergarten, Honigberg, Geyersberg, Hölle und Wissberg, sowie in der Wallertheimer Heil und im Binger Schlossberg Schwätzerchen, wo man seit 2011 1,8 Hektar bewirtschaftet. 65 Prozent nehmen weiße Sorten ein. Wichtigste Rebsorten sind Riesling, Weißburgunder, Grauburgunder, Müller-Thurgau und Chardonnay, aber auch Sauvignon Blanc, Gewürztraminer, Scheurebe, Silvaner und Saphira baut Simon Beiser an. Hinzu kommen die roten Sorten Spätburgunder, Portugieser, Dornfelder, Frühburgunder, Merlot und Cabernet Sauvignon.

🍰 Kollektion

Auch die neue Kollektion überzeugt in der Basis, und hat dazu einige sehr gute Spitzen zu bieten. Im roten Segment ist da der Spätburgunder vom Kalkmergel zu nennen, der rauchige Noten und gute Konzentration zeigt, Fülle und Kraft besitzt und reintönige reife Frucht. Die Weißweine werden wieder angeführt von den beiden Lagenweinen aus dem Schlossberg Schwätzerchen: Der Silvaner ist füllig und saftig, besitzt viel reife Frucht und Substanz, der Riesling besitzt gute Struktur, Kraft, Frucht und Grip. Sehr gut gefallen uns auch die beiden Chardonnay aus dem kleinen Fass: Der 2019er zeigt intensiv Vanille, besitzt Fülle und Kraft, reife Frucht und Substanz, der 2018er ist deutlich rauchiger, reifer, besitzt gute Struktur, Frische und Grip. Auch sonst präsentieren die Weißweine sich sehr geschlossen auf gutem Niveau, der würzige eindringliche Roter Riesling aus Wallertheim und der fruchtbetonte, zupackende Grauburgunder aus Sprendlingen seien besonders empfohlen. ◀

🍇 Weinbewertung

83	2019 Scheurebe trocken „Tabularasa"	12,5 %/6,90 €
83	2019 Riesling trocken „Muschelkalk" Vendersheimer	13 %/7,60 €
84	2019 Roter Riesling trocken „Kalkmergel" Wallertheim	13 %/8,30 €
82	2019 Sauvignon Blanc trocken „Muschelkalk"	13 %/8,40 €
84	2019 Grauer Burgunder trocken „Tonmergel" Sprendlinger	13 %/7,60 €
86	2018 Chardonnay trocken „Kleines Fass" Tonmergel Vendersheim	13,5 %/9,40 €
85	2019 Chardonnay trocken „Kleines Fass" Tonmergel Vendersheim	13 %/9,40 €
82	2019 „Vetter B" Weißwein trocken	13 %/8,30 €
87	2018 Silvaner trocken Steillagen „Quarzit" Schlossberg Schwätzerchen	13,5 %/17,80 €
87	2018 Riesling trocken Steillagen „Quarzit" Schlossberg Schwätzerchen	13 %/17,80 €
81	2018 Frühburgunder trocken „Tonmergel" Vendersheim	14 %/7,90 €
87	2017 Spätburgunder trocken „vom Kalkmergel" Sprendlingen	14 %/8,-€ ☺

Binger Schlossberg Schwätzerchen
Riesling

Beisiegel

Kontakt
Hauptstraße 8
55595 Traisen
Tel. 0671-34336
Fax: 0671-34327
www.weingut-beisiegel.de
info@weingut-beisiegel.de

Besuchszeiten
nach Vereinbarung

Inhaber
Walter Beisiegel
Kellermeister
Alexander Beisiegel
Rebfläche
13 Hektar

Die Wurzeln der Familie Beisiegel lassen sich in Traisen bis ins Jahr 1579 zurückverfolgen. Aus dem einstigen landwirtschaftlichen Mischbetrieb ist mittlerweile ein reines Weingut geworden, die ersten Flaschenweine wurden 1959 gefüllt. Wichtigste Sorte im Anbau ist der Riesling, daneben gibt es Weiß- und Grauburgunder, Chardonnay, Müller-Thurgau, Muskateller, Sauvignon Blanc, Silvaner und Kerner, an roten Sorten gibt es Spät- und Frühburgunder, Merlot, Cabernet Sauvignon, St. Laurent und Dornfelder. Das Sortiment ist in drei Stufen gegliedert, Gutsweine in der Literflasche, Ortsweine aus Norheim und Traisen und Lagenweine aus den Traiser Lagen Rotenfels, Kickelskopf und Nonnengarten sowie dem Norheimer Onkelchen.

Kollektion

Die Weine der Familie Beisiegel zeigen auch in diesem Jahr wieder klare und reintönige Frucht, teilweise fehlt etwas die Nachhaltigkeit, aber die drei trockenen Lagenrieslinge sind gut gelungen: Der Nonnengarten zeigt steinig-mineralische Noten und etwas Zitrusfrucht, Grapefruit, besitzt ein frisches Säurespiel und gute Länge, der Kickelskopf wirkt noch sehr jung, besitzt herbe kräutrige Würze und ist animierend und der Rotenfels ist noch leicht verhalten, besitzt herbe Noten von Grapefruit und Ananas. Aus dem Nonnengarten wurde im Januar 2019 auch ein Eiswein geerntet, der im komplexen Bouquet Aromen von Aprikosen, getrockneten Feigen, Zitrusfrüchten und Kräutern zeigt, cremig und ausgewogen ist und ein lebendiges Säurespiel besitzt. Sehr gut ist auch wieder der Grauburgunder „sur lie", der im Bouquet Vanille und viel gelbe Frucht zeigt und am Gaumen kraftvoll und weich mit gut eingebundenem Holz ist, der Muskateller und die restsüße Scheurebe sind sehr aromatisch, schlank und frisch, die Rotweine besitzen wieder etwas Restsüße, zeigen dunkle Frucht und Röstnoten.

Weinbewertung

80	2019 „Blanc de Noir" trocken Traisen	12%/5,80€
83	2019 Grauburgunder trocken Traisen	13%/6,-€
82	2019 Gelber Muskateller trocken Kreuznach	12%/6,20€
81	2019 „3 Brüder" Weißwein trocken	12%/6,50€
84	2019 Riesling trocken Traiser Rotenfels	12,5%/6,50€
85	2019 Riesling trocken Traiser Kickelskopf	12,5%/6,50€
86	2019 Riesling „S" trocken Traiser Nonnengarten	12,5%/7,50€
85	2018 Grauburgunder trocken „sur Lie" Traiser Rotenfels	14%/9,80€
83	2019 Scheurebe Waldböckelheim	8%/6,-€
88	2018 Riesling Eiswein Traiser Nonnengarten	8,5%/24,90€
84	2016 Merlot & Cabernet Sauvignon trocken „Cuvée 4" Traiser Rotenfels	14%/9,80€
83	2017 Spätburgunder „S" trocken Norheimer Onkelchen	13%/8,60€

WÜRTTEMBERG ▶ SCHOZACH

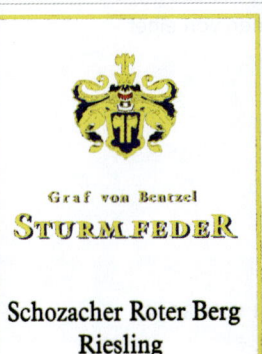

Graf von **Bentzel-Sturmfeder**

★★

Kontakt
Sturmfederstraße 4
74360 Schozach
Tel. 07133-960894
Fax: 07133-960895
www.sturmfeder.de
weingut@sturmfeder.de

Besuchszeiten
Mo.-Fr. 9-17 Uhr
Sa. 10-14 Uhr
Hotel „Landhaus Sturmfeder"

Inhaber
Kilian Graf von
Bentzel-Sturmfeder
Betriebsleiter
Holger Matz
Kellermeister
Holger Matz
Außenbetrieb
Holger Matz
Rebfläche
13 Hektar
Produktion
80.000 Flaschen

Die Geschichte des Sturmfederschen Weingutes reicht bis 1396 zurück, als Ritter Friedrich Sturmfeder von Graf Eberhard von Württemberg ein Gut in Schozach zu Lehen erhielt. Seit 1996 leitet Kilian Graf von Bentzel-Sturmfeder den Betrieb, seit 2001 ist er auch Eigentümer des Weinguts. 2010 wurde das Hotel „Landhaus Sturmfeder" eröffnet. Die 15 Hektar große Süd-Südost-Lage Schozacher Roter Berg mit ihren schweren Lehmkeuperböden gehört dem Weingut seit dem 19. Jahrhundert im Alleinbesitz. Drei Viertel der Rebfläche nehmen rote Sorten ein, hauptsächlich Burgundersorten wie Spätburgunder, Samtrot, Clevner und Schwarzriesling, dazu Lemberger, St. Laurent, Acolon, Cabernet Dorsa und Dornfelder. Alle Rotweine werden in Eichenholzfässern ausgebaut. Wichtigste weiße Rebsorte ist Riesling, es folgen Weiß- und Grauburgunder sowie Gewürztraminer, 2012 brachte Sauvignon Blanc den ersten Ertrag.

Kollektion

Die beiden roten Großen Gewächse aus dem Jahrgang 2016 hatten wir schon im vergangenen Jahr vorgestellt, das eine Jahr Flaschenreife hat ihnen gut getan, vor allem der Lemberger hat an Komplexität gewonnen, er besitzt gute Fülle und Kraft, viel reintönige Frucht und Substanz. Neu im Programm ist der nicht dosierte Sauvignon Blanc Sekt, der intensive Frucht im Bouquet zeigt, Frische und Grip besitzt: Für Sauvignon Blanc-Liebhaber! Die Weißweine präsentieren sich sehr geschlossen, der Riesling Großes Gewächs ist allzu kompakt, deutlich besser gefällt uns der im Barrique ausgebaute Grande Etoile, der viel Vanille und viel Konzentration im Bouquet zeigt, aber Fülle und Kraft besitzt, viel reife Frucht und Substanz, etwas Flaschenreife wird ihm noch gut tun. Unter den kraftvollen, geradlinigen Rotweinen des Jahrgangs 2017 gilt unsere leichte Präferenz dem intensiv fruchtigen, kompakten Cabernet Dorsa.

Weinbewertung

85	2017 Sauvignon Blanc Sekt brut nature	13,5%/18,90€
83	2019 Riesling** trocken	12,5%/8,90€
82	2019 Grauburgunder** trocken	12,5%/8,90€
84	2019 Sauvignon Blanc*** trocken	12,5%/13,90€
85	2018 Riesling trocken „GG" Schozacher Roter Berg	13,5%/25,90€
87	2018 „Grande Etoile" Weißwein trocken	13,5%/25,90€
83	2017 Blaufränkisch** trocken	13%/8,90€
83	2017 Spätburgunder trocken*** Schozacher	14%/13,90€
84	2017 Cabernet Dorsa*** trocken	13%/13,90€
87	2016 Spätburgunder trocken „GG" Schozacher Roter Berg	13%/25,90€
88	2016 Lemberger trocken „GG"* Schozacher Roter Berg	13%/25,90€
82	2017 Frühburgunder**	12%/8,90€

BADEN — LAUDA-KÖNIGSHOFEN

★ Benz

Kontakt
Walterstal 1
97922 Lauda-Königshofen
Tel. 09343-4523
Fax: 09343-58388
www.weingut-benz.de
weingut.benz@t-online.de

Besuchszeiten
Vinothek Di.-Fr. 8-12 + 14-18 Uhr, Sa. 9-16 Uhr, So. 10-12 Uhr; Weinterrasse Sa. 13-18 Uhr (nur bei schönem Wetter) Weinerlebnisführung „Vintasticum": jeden Sa. 16 Uhr; Weinhotel Benz mit Themenzimmern und Winzerappartments, Weinarrangements

Inhaber
Hubert & Renate Benz
Betriebsleiter
Hubert & Renate Benz
Kellermeister
Michael Benz
Außenbetrieb
Hubert Benz
Rebfläche
72 Hektar
Produktion
450.000 Flaschen

Seit 1994 bewirtschaften Hubert und Renate Benz das außerhalb Becksteins in einem Seitental der Tauber gelegene Gut. Sie werden heute im Betrieb unterstützt von ihren Kindern Michael und Corina, die ihre Ausbildung in Weinsberg und Geisenheim absolvierten und praktische Erfahrungen im In- und Ausland sammelten. Ihre Weinberge liegen im Becksteiner Kirchberg, Königshofer Turmberg (einer Lage im Alleinbesitz), Oberschüpfer Herrenberg und Unterbalbacher Vogelsberg, die Reben wachsen überwiegend auf Muschelkalkböden. Schwarzriesling, Müller-Thurgau und Spätburgunder sind die wichtigsten Rebsorten, gefolgt von Grauburgunder, Weißburgunder, Silvaner, Tauberschwarz, Cabernet und Merlot, Riesling, Auxerrois, Kerner und Gewürztraminer; rote Rebsorten nehmen 60 Prozent der Fläche ein. Das Sortiment ist gegliedert in Gutsweine, Junge Linie, Steillagenweine und Grand Edition. 2012 wurde ein Weinhotel inmitten der Weinberge eröffnet.

Kollektion

Beim Debüt im vergangenen Jahr präsentierten Renate, Hubert und Michael Benz eine gleichmäßige Kollektion mit leichten Vorteilen im roten Segment. Auch in diesem Jahr ist das so, wieder steht der Cabernet Sauvignon „Grand Edition" aus dem Barrique an der Spitze der gleichmäßigen Kollektion. Viel Würze und Frucht im Bouquet, dunkle Schokolade mit Frucht im Mund, dichte, straffe Tannine. Der Merlot vom Kalkfels zeigt sehr viel Frucht im Bouquet, er hat eine gute Struktur mit weichen Tanninen. Der Schwarzriesling und der Tauberschwarz vom Oberschüpfer Herrenberg sind geprägt von intensiver Frucht und straffen Tanninen. Bei den trockenen Weißweinen gefällt uns der Sauvignon Blanc vom Becksteiner Kirchberg am besten. Er zeigt die typische Frucht mit viel Stachelbeere, lebt am Gaumen von einer fruchtig-frischen, feinen Säure.

Weinbewertung

80	2019 Blanc de Benz Cuvée trocken	12%/6,50€
80	2019 Riesling trocken	12%/6,50€
81	2019 Müller-Thurgau trocken	12%/6,50€
79	2019 Silvaner trocken „Alte Reben"	12%/9,-€
80	2019 Weißer Burgunder trocken	12%/7,50€
84	2019 Sauvignon Blanc trocken Becksteiner Kirchberg	12,5%/8,50€
82	2019 Auxerrois trocken Becksteiner Kirchberg	13%/9,-€
85	2019 Spätburgunder Weißherbst Beerenauslese Liebestal	8,5%/20,-€/0,375l
79	2018 Schwarzriesling trocken Holzfass	13,5%/7,50€
81	2018 Tauberschwarz trocken Holzfass Oberschüpfer Herrenberg	13,5%/8,90€
82	2018 Merlot trocken Holzfass „vom Kalkfels"	13,5%/8,50€
86	2017 Cabernet Sauvignon trocken Barrique „Grand Edition"	14%/18,-€

PFALZ — KIRCHHEIM

★★⯪

Benzinger

Kontakt
Weingut im Leiningerhof
Weinstraße Nord 24
67281 Kirchheim
Tel. 06359-1339
Fax: 06359-2327
www.weingut-benzinger.de
info@weingut-benzinger.de

Besuchszeiten
Mo.-Fr. 9-12 + 13-17 Uhr
Sa. 11-17 Uhr
So. + Feiertage geschlossen

Inhaber
Volker Benzinger

Betriebsleiter
Volker Benzinger

Kellermeister
Volker Benzinger,

Außenbetrieb
Volker Benzinger,
Julia Benzinger

Rebfläche
13 Hektar

Produktion
80.000 Flaschen

Der über 400 Jahre alte Leiningerhof in Kirchheim wird heute von Volker und Inge Benzinger geführt. Seit 2007 ist die jüngere Tochter Julia im Betrieb tätig, die unter anderem bei Klaus Peter Keller gelernt hatte, sie kümmert sich zusammen mit ihrem Vater um den Keller und den Außenbetrieb. Die Weinberge liegen in Kirchheim (Kreuz, Steinacker, Geißkopf), Bockenheim (Schlossberg, Goldgrube) und Obersülzen (Schnepp), sie werden biologisch bewirtschaftet. Neben Riesling, Grau- und Weißburgunder spielen rote Sorten wie Spätburgunder, Dornfelder, Portugieser und St. Laurent eine wichtige Rolle, bereits 2001 hat Volker Benzinger etwas Merlot, Cabernet Sauvignon und Cabernet Franc gepflanzt, der Rotweinanteil liegt bei 35 Prozent. An weißen Sorten gibt es noch Scheurebe, Auxerrois, Sauvignon Blanc und Silvaner. Neben dem normalen Sortiment werden seit einigen Jahren die „Sans"-Weine und Orangeweine erzeugt, die ungeschönt, unfiltriert und ungeschwefelt sind.

Kollektion

Auch in diesem Jahr konnten wir wieder einige Weine aus dem Natur- und Orangewein-Sortiment verkosten, die mittlerweile regelmäßig die spannendsten Weine der Familie Benzinger sind: Der „Orange Blanc de Blanc", ein sechs Wochen auf der Maische vergorener Sylvaner, zeigt Zitrusnoten und kräutrige Würze im Bouquet, ist auch am Gaumen sehr zitrusfruchtig, frisch und animierend, der „Juice & Skin", ein Weißburgunder, besitzt herbe kräutrige Würze, eine gute Struktur und animierend-salzige Noten und die Scheurebe „Sans" besitzt ein komplexes Bouquet mit Noten von Kräutertee, Birnenmost und floraler Würze, ist saftig und gut strukturiert. Aus dem restlichen Sortiment sind der edelsüße „Gold"-Graubburgunder mit Noten von Nüssen, Trockenfrüchten, Feigen und Kaffee im Bouquet, der einen lebendigen Säurenerv besitzt und der elegante und frische Pinot Noir aus dem Schlossberg mit feiner roter Frucht unsere Favoriten.

Weinbewertung

81	2019 Riesling trocken „Jeden Tag Riesling" (1l)	12%/5,90€
86	2018 Sylvaner trocken „Sans"	13%/10,-€
85	2018 Sauvignon Blanc trocken „Tradition" Obersülzer Schnepp	11,5%/10,50€
87	2019 Scheurebe trocken „Sans"	12,5%/12,50€
85	2019 „Anna Katherina" trocken Kirchheimer Geißkopf	14%/15,90€
84	2019 Riesling trocken Kirchheimer Steinacker	14%/12,50€
88	2018 „Orange Blanc de Blanc" trocken	12%/15,-€
88	2013 Grauer Burgunder „J! Gold"	9%/29,-€
87	2018 „Naked Wine Juice & Skin" trocken	12%/12,50€
85	2018 Pinot Noir trocken „Sans"	12%/11,-€
86	2018 Cabernet und Merlot trocken Kirchheimer Kreuz	13%/16,50€
87	2018 Pinot Noir trocken Bockenheimer Schlossberg	13%/15,90€

BADEN — BURKHEIM

★★★★★ Bercher

Kontakt
Mittelstadt 13
79235 Burkheim
Tel. 07662-212
Fax: 07662-8279
www.weingutbercher.de
info@weingutbercher.de

Besuchszeiten
Mo.-Sa. 9-11:30 + 13:30-17 Uhr

Inhaber
Arne & Martin Bercher

Rebfläche
27 Hektar

Produktion
200.000 Flaschen

Die aus der Schweiz stammende Familie ließ sich nach dem 30jährigen Krieg am Kaiserstuhl nieder. 1756 erbaute Franz-Michael Bercher das Gutshaus in Burkheim, das noch heute Sitz des Weinguts ist. Rainer und Eckhardt Bercher haben das Weingut in den siebziger Jahren mit damals 4 Hektar übernommen. Inzwischen hat die nächste Generation das deutlich vergrößerte Gut übernommen: Rainers Sohn Arne, der für den Weinausbau verantwortlich zeichnet, und Eckhardts Sohn Martin, der sich um den Außenbetrieb kümmert. Ihre Weinberge befinden sich in den Lagen Burkheimer Feuerberg (dunkles Vulkanverwitterungsgestein) und Schlossgarten (Lössterrassen), Sasbacher Limburg (Vulkangestein „Limburgit"), Jechtinger Eichert (Vulkanboden) und Steingrube, Königschaffhausener Hasenberg und Leiselheimer Gestühl. Über 40 Prozent sind mit Spätburgunder bestockt, dazu gibt es neben Weiß- und Grauburgunder vor allem noch Riesling, Müller-Thurgau und Chardonnay. Als Spezialitäten bauen sie Muskateller, Gewürztraminer, Scheurebe und Cabernet Sauvignon an. Über 90 Prozent der Weine werden trocken ausgebaut. Mit der Einführung des vierstufigen Systems des VDP Baden wurde mit dem Jahrgang 2013 das Sortiment diesen vier Stufen angepasst, auf Prädikatsbezeichnungen wird seither verzichtet. Aus den Kabinettweinen sind die Ortsweine geworden, aus den Spätlesen die Lagenweine, die Großen Gewächse tragen nun als Zusatz den Namen der Gewanne auf dem Etikett: Haslen bei Weiß- und Grauburgunder aus dem Feuerberg, Villinger beim Grauburgunder Schlossgarten, Kesselberg beim Spätburgunder aus dem Feuerberg. Seit der ersten Ausgabe dieses Buches zählen wir das Weingut zu den besten Weingütern Deutschlands. Unsere Wertschätzung für die Bercherschen Weine ist in dieser Zeit stetig gestiegen, die Kollektionen sind immer stimmig, von den Kabinettweinen bis hin zu den Großen Gewächsen. Stars der Kollektionen sind die Großen Gewächse aus dem Feuerberg, Spätburgunder, Grauburgunder und Weißburgunder, die regelmäßig zu den Topweinen in Deutschland rechnen; der Chardonnay und das Große Gewächs aus dem Schlossgarten kommen ihnen oft nahe.

Kollektion

Es ist enorm, was Arne und Martin Bercher in ihrem Sortiment auch unterhalb der Großen Gewächse bieten. Diese hohe Qualitätsdichte findet man sehr selten. Dieses Weltklasse-Niveau, das von großem Verständnis und handwerklichem Können zeugt, ist nicht neu, aber immer wieder erstaunlich. Bei den Bercher-Weinen stimmt alles, hier trifft das Attribut „ausgewogen" in besonderem Maße zu. Die weißen Ortsweine sind eine Freude: Kraftvoll, aber nie opulent; dafür sorgen – wie beim Weißburgunder – eine glasklare Frucht und eine stimmige Säurestruktur. Zupackend, mit viel Stoff und etwas kräftigerer Säure, präsentiert sich der Grauburgunder Ortswein. Vom klassischen badischen Typus ist der kräftige Spätburgunder Ortswein. Es folgen sechs Weine aus Erster Lage. Vom Jahrgang 2018 ist der Jechtinger Eichert. Er ist sehr typisch, rauchig, zeigt harmonisches Frucht-Säurespiel mit zurückhaltender Kraft. Der Grauburgunder Feuerberg ist etwas saftiger als der Eichert, besitzt mehr Substanz und Länge. Elegant und feinfruchtig ist der Weißburgunder Limberg, endet mit salziger Länge. Der Rosé ist ein heller Rotwein mit Kraft und Struktur vom Ausbau im Holz. Der Muskateller, mit drei Gramm Zucker der „süßeste" Wein, ist unaufdringlich im Bouquet, kraftvoll im Mund mit straffer Säurestruktur, Substanz und Länge. Der Weißburgunder Haslen ist wie die anderen Großen Gewächse noch sehr jung. Die Frucht ist reif, in der Säure ist er eher zurückgenommen, dadurch kommt die Fülle zum Tragen. Strukturell ist das sehr stimmig, was auch für die beiden Grauburgunder gilt. Der Haslen besitzt eine stimmige, ausgewogene Struktur, ist elegant, nicht laut. Der Villinger ist der kraftvollere Wein mit mehr Grip und Druck. Der Spätburgunder Eichert ist ein gut entwickelter, klassisch-badischer Typ mit sehr gut herausgearbeiteter, säuregestützter Tanninstruktur. Sehr elegant ist der 2016er Spätburgunder Feuerberg, zupackend, besitzt straffe, aber reife Tannine, verspricht weiteres Entwicklungspotenzial. Der Spätburgunder Kesselberg ist der jüngste der Rotweine. Er ist auch noch sehr jung, besitzt eine sehr reintönige Frucht, Herzkirschen, ist kraftvoll und zupackend, noch sehr jugendlich und etwas verschlossen, besitzt gute Struktur und noch sehr präsente Tannine.

Weinbewertung

88	2016 Pinot Sekt extra brut	12,5%/15,-€
87	2019 Weißburgunder trocken Burkheimer	13,5%/8,90€
87	2019 Grauburgunder trocken Burkheimer	13%/8,90€
89	2019 Weißburgunder trocken Sasbacher Limburg	13,5%/15,50€
89	2018 Grauburgunder trocken Jechtinger Eichert	13%/14,-€
90	2019 Grauburgunder trocken Burkheimer Feuerberg	13,5%/15,50€
88	2019 Muskateller „SE" Burkheimer Feuerberg	13,5%/18,-€
92	2019 Weißburgunder „GG" „Haslen" Burkheimer Feuerberg	13%/23,-€
92	2019 Grauburgunder „GG" „Villinger" Burkheimer Schlossgarten	13%/23,-€
91	2019 Weißburgunder „GG" „Haslen" Burkheimer Feuerberg	13%/27,-€
88	2019 Spätburgunder Rosé trocken Burkheimer Feuerberg	13,5%/15,50€
85	2017 Spätburgunder trocken Burkheimer	13%/10,50€
89	2017 Spätburgunder trocken Jechtinger Eichert	13,5%/19,-€
92	2016 Spätburgunder trocken Burkheimer Feuerberg	13,5%/28,-€
93	2018 Spätburgunder „GG" „Kesselberg" Burkheimer Feuerberg	13%/40,-€

Martin & Arne Bercher

Lagen
Feuerberg (Burkheim)
– Haslen
– Kesselberg
Schlossgarten (Burkheim)
– Villinger
Limburg (Sasbach)
Eichert (Jechtingen)

Rebsorten
Spätburgunder (40 %)
Grauburgunder (23 %)
Weißburgunder (17 %)
Riesling (8 %)
Chardonnay (7 %)

Konrad **Berg** & Sohn

★★☆

Kontakt
Niederwaldstraße 18
65385 Rüdesheim
Tel. 06722-49990
Fax: 06722-47912
www.altebauernschaenke.de
info@konradberg.de

Besuchszeiten
Mo.-So. 14-18 Uhr

Inhaber
Konrad Berg

Rebfläche
2 Hektar

Produktion
9.000 Flaschen

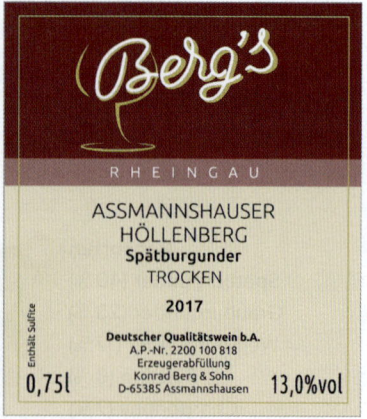

Die alte Bauernschänke in Rüdesheim wurde 1408 erbaut und befindet sich nun seit über 50 Jahren im Besitz der Familie Berg. Gastronomie und Hotelbetrieb wurden inzwischen auf zwei benachbarte Gebäude erweitert. Heute führt Konrad Berg den Betrieb, zu dem ein kleines, 2 Hektar großes Weingut gehört. Seine Weinberge liegen in den Lorcher Lagen Pfaffenwies und Krone, im Rüdesheimer Berg Schlossberg, im Assmannshäuser Höllenberg sowie in der Hattenheimer Hassel. Die Hälfte der Weinberge nimmt Riesling ein, 40 Prozent entfallen auf Spätburgunder, hinzu kommt Silvaner.

Kollektion

Das kleine Rüdesheimer Weingut bleibt seiner Linie treu und präsentiert auch in diesem Jahr wieder schnörkellose Weiß- und Rotweine. Der Silvaner ist eine Spezialität des Hauses, die man nicht allzu häufig im Rheingau antrifft. In 2019 ist er vollmundig gelungen, zeigt neben reifer gelber Frucht auch spannende Aromen von getrockneten Kräutern. Kräuterwürzige Aspekte sind auch der trockenen Riesling Spätlese aus dem Schlossberg zu eigen, reif und stoffig, bietet ihr frischer Säurenerv kontrastreiches Spiel mit mineralischem Schliff. Ihr Pendant aus der Pfaffenwies ist säurebetonter, straffer und sehr salzig im Nachhall. Beide werden mit Flaschenlagerung noch etwas zulegen können. Auch die feinherben und fruchtigen Rieslinge sind in diesem Jahr gut gelungen, der feinherbe „My Way" ist zupackend saftig, eingängig und füllig, etwas für den jungen Genuss. Diese ansprechende Saftigkeit zeichnet auch die würzige „Schiefer" Spätlese aus, die mild nach süßen Äpfeln ausklingt. Neben dem Riesling spielt der Spätburgunder wieder eine wichtige Rolle. Der feinherbe Rosé ist saftig geraten, bietet Frucht und Frische. Der kräftige halbtrockene Spätburgunder aus dem Höllenberg spielt gekonnt mit einer kleinen Süße, was sehr gut zu seiner frischen Art passt. Beide Spätburgunder „S" gefallen uns in ihrer kräftigen Art, der 2018er mit seinen eleganten Holzaromen und klaren Frucht, der 2016er weil er auf den Punkt gereift ist.

Weinbewertung

84	2019 Silvaner trocken Lorcher Krone	12 %/10,-€
86	2019 Riesling Spätlese trocken Lorcher Pfaffenwies	12,5 %/15,-€
85	2019 Riesling Spätlese trocken Rüdesheimer Berg Schlossberg	12,5 %/12,-€
84	2019 Riesling „feinherb My Way"	13 %/12,-€
84	2019 Riesling Spätlese „vom Schiefer"	9,5 %/12,-€
82	2019 Spätburgunder Rosé „feinherb Rosanna"	11,5 %/12,-€
88	2016 Spätburgunder trocken „S" Assmannshäuser Höllenberg	13,5 %/25,-€
88	2018 Spätburgunder trocken „S" Assmannshäuser Höllenberg	13,5 %/25,-€
87	2019 Spätburgunder halbtrocken Assmannshäuser Höllenberg	12,5 %/16,-€

PFALZ — NEUSTADT-DUTTWEILER

★★

Bergdolt-Reif & Nett

Kontakt
Weingut Bergdolt-Reif & Nett GmbH & Co.KG
Dudostraße 2
67435 Neustadt-Duttweiler
Tel. 06327-2803
Fax: 06327-1485
www.weingut-brn.de
info@weingut-brn.de

Besuchszeiten
Mo.-Fr. 8-17 Uhr, Sa. 10-16 Uhr,
So. & Feiertage geschlossen

Inhaber
Christian Nett

Betriebsleiter
Christian Nett

Außenbetrieb
Bernhard Nett

Rebfläche
33 Hektar

Produktion
350.000 Flaschen

Das Weingut wird heute in fünfter Generation von Christian Nett geführt, der bei den Weingütern August Ziegler, Dr. Deinhard und Müller-Catoir ausgebildet wurde. Die Weinberge liegen in den Duttweiler Lagen Kreuzberg und Mandelberg, im Kirrweiler Mandelberg, sowie in anderen Lagen in Lachen, Kirrweiler und Geinsheim. 70 Prozent der Weinberge nehmen weiße Rebsorten ein, vor allem Riesling, Weiß- und Grauburgunder, aber auch Sauvignon Blanc, Scheurebe, Silvaner, Muskateller und Gewürztraminer. An roten Sorten gibt es Spätburgunder, Dornfelder, Merlot, Cabernet Sauvignon und Lagrein. Das umfangreiche Angebot wird in zwei Hauptlinien vermarktet: Die Concept-Weine, bei denen teilweise Trauben anderer Winzer verwendet werden, umfassen Liter- und Markenweine, Specials und Edelsüßes, die Weinguts-Weine von eigenen Rebflächen sind aufgeteilt in die Linien Tradition, Edition und Avantgarde für die Spitze.

Kollektion

Christian Netts Kollektion wird in diesem Jahr von zwei starken Weißburgundern angeführt: Der „Rebarrique", der in einem zerlegbaren, viereckigen Fass ausgebaut wurde, ist zunächst verhalten im Bouquet, entwickelt mit Luft viel gelbe Frucht, der Holzeinfluss bleibt dezent, der Wein ist kraftvoll, animierend und nachhaltig und könnte sich mit etwas Reife noch steigern, der „Avantgarde"-Weißburgunder ist etwas schlanker, zeigt ebenfalls nur dezentes Holz, viel gelbe Frucht, Pfirsich, Zitrusnoten, ist harmonisch und lang. Beim cremigen, kraftvollen „Avantgarde"-Grauburgunder ist das Holz mit deutlichen Kokosnoten noch mehr im Vordergrund, wie auch beim konzentrierten, gelbfruchtigen Sauvignon Blanc „Avantgarde". Die beiden Rotweine sind gewohnt kraftvoll und stoffig, der „Herzschlag", ein Cabernet Sauvignon, zeigt Brombeere und etwas grüne Paprika, besitzt noch jugendliche Tannine.

Weinbewertung

Punkte	Wein	
83	2019 Grauburgunder trocken „Tradition"	12,5%/7,50€
85	2019 „Steinfass" Weißwein trocken	13,5%/9,90€
85	2019 Sauvignon Blanc trocken „Edition"	13%/9,90€
85	2019 Riesling trocken „Edition"	12,5%/9,50€
86	2019 Weißburgunder trocken „Edition"	13,5%/9,90€
87	2019 Sauvignon Blanc trocken „Avantgarde"	13,5%/15,-€
88	2019 Weißburgunder trocken „Avantgarde"	13%/15,-€
87	2019 Grauburgunder trocken „Avantgarde"	13,5%/15,-€
89+	2019 Weißburgunder trocken „Rebarrique"	13,5%/25,-€
86	2019 Gewürztraminer Spätlese	11%/15,-€
86	2017 „Herzschlag" Rotwein trocken	14%/14,50€
84	2018 Cabernet Franc trocken „Edition"	13,5%/14,50€

BERGDOLT-REIF&NETT
NETT
DUTTWEILER
PFALZ
2012
Weißburgunder
trocken

PFALZ ▬ NEUSTADT-DUTTWEILER

★★★★⯪ Bergdolt St. Lamprecht

Das ehemalige Hofgut des Klosters St. Lamprecht wurde 1754 von Jacob Bergdolt erworben. Im 19. Jahrhundert hat die Familie die Rebfläche erweitert, Friedrich Bergdolt begann 1911 mit der Flaschenabfüllung und Selbstvermarktung. Die Weinberge liegen vor allem in Duttweiler (Kalkberg, Mandelberg, Kreuzberg) und Ruppertsberg (Reiterpfad, Nussbien), in Kirrweiler (Mandelberg), Mussbach (Eselshaut) und Deidesheim (Mäushöhle). Wichtigste Rebsorten bei Rainer und Carolin Bergdolt, die das Weingut in achter und neunter Generation führen, sind Weißburgunder und Riesling mit einem Anteil von jeweils etwa einem Drittel. Hinzu kommen vor allem rote Sorten wie Spätburgunder, Cabernet Dorio und Merlot, zuletzt wurden Cabernet Franc und Chenin Blanc gepflanzt.

Kontakt
Dudostraße 17
67435 Neustadt-Duttweiler
Tel. 06327-5027
Fax: 06327-1784
www.weingut-bergdolt.de
info@weingut-bergdolt.de

Besuchszeiten
Mo.-Fr. 9-12 + 14-18 Uhr
Sa. 10-16 Uhr

Inhaber
Rainer Bergdolt
Kellermeister
Carolin Bergdolt &
David Golitko
Rebfläche
28 Hektar
Produktion
150.000 Flaschen

Kollektion

Das Große Gewächs vom Weißburgunder, Jahrgang 2018, kam im September 2020 in den Verkauf, besitzt ein komplexes Bouquet mit Aromen von Birne, Zitrusfrüchten, etwas nasser Wolle und floralen Noten, besitzt eine frische Säure, ist konzentriert, leicht cremig und nachhaltig. Knapp dahinter liegen in der aktuellen Kollektion das zweite weiße Große Gewächs, der Achtmorgen-Riesling, er zeigt kräutrig-mineralische Noten, besitzt herbe Zitruswürze, guten Grip und Länge und der „Fluxus"-Sekt in einer im Mai 2020 degorgierten Version, er zeigt nussige Würze, Brotkruste und Zitrusnoten, ist intensiv, puristisch, animierend und nachhaltig. Der Kalkberg-Spätburgunder zeigt rote und dunkle Frucht, besitzt noch leicht jugendliche Tannine, auf dem gleichen sehr guten Niveau befinden sich auch die vier Erste-Lage-Weine, der Mandelberg-Riesling besitzt Kraft und eine jugendliche Fruchtfülle, die Mäushöhle zeigt leicht rauchig-erdige Würze, der Lössriedel-Weißburgunder ist kraftvoll und dicht, der Kreuzberg elegant und frisch. ▬

Weinbewertung

90	2014 „Fluxus" Chardonnay Pinot Noir Sekt brut nature	12,5%/28,-€
85	2019 Chardonnay trocken „Le petit"	12%/12,-€
86	2019 Riesling trocken „vom Graf" Kirrweiler	12,5%/10,-€
86	2019 Weißburgunder trocken „Mineral" Kirrweiler	13%/10,-€
88	2019 Riesling trocken Deidesheimer Mäushöhle	12,5%/14,50€
88	2019 Riesling trocken Duttweiler Mandelberg	13,5%/14,50€
88	2019 Weißburgunder trocken Duttweiler Kreuzberg	13%/14,50€
88	2019 Weißburgunder trocken „Lössriedel" Duttweiler Mandelberg	13,5%/16,50€
90	2019 Riesling „GG" Reiterpfad An den Achtmorgen rechts der Viehtrift	13%/35,-€
91	2018 Weißburgunder „GG" Mandelberg	13,5%/35,-€
86	2018 Spätburgunder trocken „Kalkmergel"	13,5%/14,50€
88	2018 Spätburgunder „GG" Kalkberg	13,5%/35,-€

HESSISCHE BERGSTRASSE ▬ HEPPENHEIM

Bergsträsser Winzer

Kontakt
Darmstädter Straße 56
64646 Heppenheim
Tel. 06252-79940
Fax: 06252-799450
www.bergstraesserwinzer.de
info@bweg.de

Besuchszeiten
Vinothek im Viniversum
Mo.-Fr. 9-19 Uhr
Sa. 9-18 Uhr
So. 10-16 Uhr

Inhaber
389 Mitglieder

Geschäftsführer
Dr. Patrick Staub

Kellermeister
Gerhard Weiß & Dirk Herdner

Rebfläche
264 Hektar

Produktion
1.800.000 Flaschen

Die Bergsträsser Winzer sind mit Abstand der größte Erzeuger an der Hessischen Bergstraße. Sie erzeugen mit etwa 1,8 Millionen Flaschen im Jahr mehr als die Hälfte des insgesamt in der Region produzierten Weins. Wichtigste Rebsorte ist Riesling mit einem Anteil von 50 Prozent. Es folgen Müller-Thurgau, Grauburgunder, Spätburgunder und Silvaner, aber auch Rebsorten wie St. Laurent, Weißburgunder, Gewürztraminer, Scheurebe und Kerner, inzwischen auch Cabernet Sauvignon, Merlot, Sauvignon Blanc, Roter Riesling und Rosa Chardonnay. Die Weinberge verteilen sich auf 17 Einzellagen. Da auch Winzer aus den badischen Nachbargemeinden bis Dossenheim (Badische Bergstraße) ihre Trauben in Heppenheim anliefern, führen die Bergsträsser Winzer auch einige badische Weine im Programm. 60 Prozent der Weine werden trocken ausgebaut.

Kollektion

Auch in diesem Jahr zeigen die Bergsträsser Winzer ein starkes Riesling-Trio. Der Auerbacher Rott aus der Literflasche ist ein leichter, süffiger Riesling mit Biss und Substanz. Der Riesling Kabinett vom Stemmler ist eindringlich im Bouquet mit reifer Frucht. Er ist ebenfalls schön leicht mit feinem Frucht-Säurespiel am Gaumen. Der feinherbe Rote Riesling zeigt viel süße Frucht mit dezenten Honignoten. Einen feinen Holunderblüten-Duft zeigt der saftig-spritzige Goldmuskateller-Sekt. Der Chardonnay zeigt eine typische Frucht in der Nase, ist frisch und klar. Der Rosa Chardonnay zeigt viel süße Frucht und steinige Würze, er hat Substanz bei süß-salzigem Finale. Die trockene Graububurgunder Spätlese zeigt reife Birne und Melone, ist ein üppig-kraftvoller Wein, der aber nicht in die Breite geht, sondern Fassung bewahrt. Viel süße Erdbeer- und Himbeerfrucht zeigt der Spätburgunder Weißherbst vom Laudenbacher Sonnberg. Eindringlich ist das Bouquet der roten Cuvée MC, geprägt von cabernet-typischer Aromatik: Reife rote und grüne Paprika, im Mund schöne Konzentration und Würze.

Weinbewertung

82	2018 Goldmuskateller Sekt trocken	12,5%/11,90€
82	2019 Riesling trocken Auerbacher Rott	11,5%/5,20€
83	2019 Riesling Kabinett trocken Heppenheimer Stemmler	11,5%/6,50€
82	2019 Chardonnay Kabinett trocken Heppenheimer Schlossberg	12,5%/6,80€
84	2019 Rosa Chardonnay Spätlese trocken Heppenheimer Steinkopf	12,5%/9,30€
83	2018 Grauer Burgunder Spätlese trocken Heppenheimer Schlossberg	14,5%/8,90€
81	2019 Roter Riesling Kabinett „feinherb" Heppenheimer Eckweg	10,5%/6,80€
83	2019 „Vinas First" Weißwein-Cuvée „feinherb"	11%/5,90€
81	2019 Muscaris Auslese Heppenheimer Stemmler	10,5%/8,20€/0,5l
82	2019 Spätburgunder Weißherbst „feinherb" Laudenbacher Sonnberg	11%/5,60€
86	2015 „Cuvée MC" Rotwein trocken	13,5%/17,50€
80	2018 Spätburgunder trocken (Blütenserie)	13%/5,20€

FRANKEN — ERLENBACH

★ ★ ★ ☆ Philip **Bernard**

Kontakt
Mechenharder Straße 110
63906 Erlenbach
Tel. 09372-7063912
www.weinbau-bernard.de
info@weinbau-bernard.de

Besuchszeiten
nach Vereinbarung

Inhaber
Philip Bernard
Kellermeister
Philip Bernard
Rebfläche
1,2 Hektar

Philip Bernard ist in Mechenhard zuhause, das heute ein Ortsteil der Stadt Erlenbach am Main ist. Er betreibt heute in dritter Generation den kleinen Nebenerwerbsbetrieb, den sein Großvater Siegfried gegründet hatte. Seine Weinberge liegen alle im Klingenberger Schlossberg, wo die Reben auf Buntsandstein-Terrassen wachsen. Weißburgunder und Silvaner baut er an, Müller-Thurgau und Bacchus, dazu die beiden traditionellen roten Rebsorten Klingenbergs, Spätburgunder und Portugieser. Die Weißweine werden in Edelstahltanks ausgebaut, die Rotweine in Fässern aus heimischer oder französischer Eiche, die Rotweine werden nicht filtriert. In naher Zukunft möchte Philip Bernard derzeit brachliegende Terrassen mit Spätburgunder bestocken.

Kollektion

Beim starken Debüt im vergangenen Jahr wurde die Kollektion angeführt von einem tollen Schlossberg-Spätburgunder aus dem Jahrgang 2016. Die neue Kollektion ist nochmals klar besser, alle Weine sind sehr gut der Spätburgunder Fass 01 ist hervorragend. Aber beginnen wir mit den Silvanern. Der Erlenbacher Silvaner ist fruchtbetont und würzig, frisch und zupackend, der Klingenberger Silvaner ist noch etwas würziger, dabei ebenso frisch und zupackend, besitzt gute Struktur und Grip. Unsere leichte Präferenz unter den Weißweinen gilt dem Weißburgunder, der rauchige Noten im Bouquet zeigt, viel Würze, Fülle und Kraft besitzt, viel reife Frucht und Substanz. Insgesamt etwas stärker noch sind die Rotweine von Philip Bernard. Portugieser ist nach wie vor eine feste Größe in Klingenberg, und Philip Bernards Wein zeigt warum: Reintönige Frucht, gute Konzentration, schöne Intensität, Kraft, gute Struktur und Grip – so lassen wir uns Portugieser gefallen! Noch wichtiger in Klingenberg ist aber natürlich der Spätburgunder, und Philip Bernard präsentiert uns gleich zwei tolle Weine aus dem Jahrgang 2018. Der „normale" Schlossberg-Spätburgunder zeigt intensive Frucht im herrlich eindringlichen und reintönigen Bouquet, ist frisch, klar und zupackend, besitzt feine Frucht und Grip. Eine Steigerung bringt die Selektion Fass 01, ist faszinierend reintönig, fruchtbetont, herrlich eindringlich, besticht mit Reintönigkeit auch im Mund, mit Struktur und Grip, Kraft und Frische. Bravo!

Weinbewertung

85	2019 Silvaner trocken Erlenbacher Hochberg	12,5%/8,-€
85	2019 Silvaner trocken Klingenberger Schlossberg	12,5%/9,-€
86	2019 Weißer Burgunder trocken Klingenberger Schlossberg	13%/10,50€
87	2018 Portugieser trocken Klingenberger Schlossberg	12%/9,-€
88	2018 Spätburgunder trocken Klingenberger Schlossberg	13,5%/14,-€
90	2018 Spätburgunder trocken „Fass 01" Klingenberger Schlossberg	13%/18,-€

MOSEL ▶ GRAACH

★★

Josef Bernard-Kieren

Kontakt
Ringstraße 2
54470 Graach
Tel. 06531-2183
Fax: 06531-2090
www.wein-aus-graach.de
info@bernard-kieren.de

Besuchszeiten
Ostern-Okt. ab 14:30 Uhr
sowie nach Vereinbarung

Inhaber
Familie Bernard

Rebfläche
4,2 Hektar

Das Weingut ist ein typischer Familienbetrieb der Mittelmosel. Bereits früher war das von Josef Bernard-Kieren geleitete Gut in diesem Buch vertreten, beeindruckte immer wieder mit saftigen Weinen in einem eher klassischen Stil. Der Winzer führt eine späte selektive Ernte durch, wenn es die Bedingungen des Jahrgangs zulassen oft in mehreren Etappen. Die Familie Bernard bewirtschaftet knapp über 4 Hektar Reben. In den Graacher Lagen Himmelreich und Dompropst werden zu 88 Prozent Riesling angebaut, zu 4 Prozent Weißburgunder und zu 8 Prozent Spätburgunder. Die Gärung erfolgt langsam und gekühlt. Vinothek und Straußwirtschaft mit Sonnenterasse stehen zur mehr oder weniger intensiven Verkostung zur Verfügung.

Kollektion

Vorgestellt wurde ein breites Sortiment des Jahrgangs 2019, das sich vergleichsweise offen präsentiert, saftig und zupackend. Fest und angenehm trocken ist der „Grauschiefer"-Riesling. Die trockene Spätlese ist fest, mit etwas Kohlensäure ausgestattet, recht rassig mit gutem Nachhall. Sehr kompakt und noch etwas verschlossen wirkt das Große Gewächs aus dem Dompropst, der Wein ist aber voller Substanz und zeigt eine leicht hefewürzige Länge. Mit der feinherben Spätlese hat das Weingut einen sehr gelungenen Riesling vorgelegt: Er zeigt sich rassig, würzig, mit Schmelz. Der Zwei-Sterne-Kabinett wirkt offen, im Mund zeigt dieser Wein eine rassige Art mit deutlich CO_2, aber auch Substanz, die Süße ist nur verhalten. Ein Kabinettriesling, wie er sein soll. Die mit zwei Sternen versehene Spätlese aus dem Graacher Himmelreich ist dicht und saftig, deutlich süß, sie kann gut reifen. Die Drei-Sterne-Spätlese aus dem Himmelreich ist noch etwas vom Schwefel geprägt, zeigt sich rassig und würzig, wirkt balancierter als jene mit zwei Sternen. Noch spannender ist die spontanvergorene Spätlese „M", die mit kühlen, offenen Steinobstnoten aufwartet, sich zupackend und enorm saftig präsentiert. Saftig und zugänglich ist die Auslese aus dem Dompropst; die Süße ist in diesem Falle gut integriert.

Weinbewertung

83	2019 Riesling trocken „Grauschiefer" Graacher Himmelreich	12%/6,80€
86	2019 Riesling Spätlese trocken Graacher Himmelreich	12,5%/8,50€
88	2019 Riesling „Großes Gewächs" Graacher Dompropst	13%/12,-€
85	2019 Riesling Kabinett „feinherb" Graacher Dompropst	11,5%/6,80€
87	2019 Riesling Spätlese „feinherb" Graacher Himmelreich	12%/8,-€ ☺
86	2019 Riesling Kabinett** Graacher Himmelreich	9%/6,80€ ☺
87	2019 Riesling Spätlese** Graacher Himmelreich	7,5%/8,50€ ☺
88	2019 Riesling Spätlese*** Graacher Himmelreich	9,5%/9,-€ ☺
89	2019 Riesling Spätlese*** „M" Graacher Dompropst	8,5%/9,90€ ☺
88	2019 Riesling Auslese** Graacher Dompropst	8%/14,-€

RHEINHESSEN ▶ WOLFSHEIM

★ ★ ✯ Bernhard

Kontakt
Klostergasse 3
55578 Wolfsheim
Tel. 06701-7130 oder -3578
Fax: 06701-7117
www.weingut-bernhard.de
service@weingut-bernhard.de

Besuchszeiten
nach Vereinbarung

Inhaber
Jörg & Martina Bernhard

Rebfläche
25 Hektar

Produktion
150.000 Flaschen

Wolfsheim liegt im Rheinhessischen Hügelland, nördlich des Wissbergs. Hier ist das Weingut von Jörg Bernhard zuhause, das er 1995 von seinen Eltern Max und Marliese übernommen hat. Seit 2015 führt er es zusammen mit seiner Tochter Martina. In den überwiegend süd-exponierten Wolfsheimer Lagen Osterberg, Sankt Kathrin und Götzenborn sowie im St. Johanner Geyersberg wachsen die Reben auf tonigen, kalkhaltigen Lehmböden. Riesling, Grauburgunder und Silvaner sind die wichtigsten Rebsorten im breiten Programm, Silvaner und Scheurebe sollen verstärkt in den Fokus gerückt werden. Das Programm ist gegliedert in Gutsweine, Ortsweine und Lagenweine, an der Spitze der Kollektion stehen der Silvaner Sankt Kathrin, der Riesling Osterberg und der Chardonnay Götzenborn. Jörg und Martina Bernhard befassen sich nach der erfolgten Umstellung auf biologischen Weinbau (Ecovin) nun mit biodynamischem Weinbau. Beim Weinausbau spielen Spontangärung, Maischestandzeiten und Ausbau in gebrauchten 500 Liter-Fässern aus kaukasischer Eiche eine immer wichtigere Rolle.

🍾 Kollektion

Es geht weiter voran, die Weine gewinnen Jahr für Jahr an Komplexität. Das Basisniveau ist hoch, die Gutsweine sind fruchtbetont und sortentypisch, durchgegoren. Sehr gutes Niveau zeigen dann schon die Ortsweine: Der Silvaner besitzt Fülle, Kraft, gute Struktur und Substanz, der Grauburgunder Fülle und feine süße Frucht, der Spätburgunder ist reintönig und zupackend, am besten gefällt uns in diesem Segment der konzentrierte, intensive Weißburgunder. Eine weitere Steigerung bringen die Lagenweine: Der St. Kathrin-Silvaner ist intensiv, stoffig, konzentriert, kraftvoll und füllig wie auch der Götzenborn-Chardonnay. Der Riesling vom Osterberg ist stoffig, noch jugendlich, der mit etwas Restsüße ausgebaute Riesling von alten Reben ist etwas offener, zugänglicher. Eine überzeugende Kollektion, mit klarer Handschrift! ◄

🍇 Weinbewertung

83	2019 Silvaner trocken	12,5 %/6,50 €
84	2019 Weißer Burgunder trocken	12,5 %/7,- €
83	2019 Riesling trocken	12,5 %/7,- €
86	2018 Silvaner trocken „vom Kalkmergel" Wolfsheimer	12,5 %/11,- €
84	2018 Scheurebe trocken „vom Kalkmergel" St. Johanner	12,5 %/11,- €
87	2018 Weißer Burgunder trocken „vom Kalkmergel" Wolfsheimer	13 %/11,- €
85	2018 Grauer Burgunder trocken „vom Kalkstein" Wolfsheimer	13 %/11,- €
88	2018 Silvaner trocken St. Kathrin	12,5 %/18,- €
88	2018 Riesling trocken Osterberg	12,5 %/18,- €
88	2018 Chardonnay trocken Götzenborn	13 %/18,- €
87	2018 Riesling „Alte Reben" St. Kathrin	12,5 %/15,- €
85	2015 Spätburgunder trocken „vom Tonmergel" Vendersheimer	13 %/12,- €

PFALZ — SCHWEIGEN-RECHTENBACH

★★★★ # Bernhart

Kontakt
Wein- und Sektgut Bernhart
Hauptstraße 8, 76889
Schweigen-Rechtenbach
Tel. 06342-7202
Fax: 06342-6396
www.weingut-bernhart.de
info@weingut-bernhart.de

Besuchszeiten
Mo.-Fr. 9-12:30 + 14-17 Uhr
Sa. 9-16 Uhr

Inhaber
Gerd Bernhart
Rebfläche
21 Hektar
Produktion
130.000 Flaschen

Das Weingut Bernhart in Schweigen an der Grenze zum Elsass wird heute in vierter Generation von Gerd Bernhart geführt, der schon lange für den Keller verantwortlich ist. Sein Vater Willi gab 1971 die bis dahin betriebene Vieh- und Ackerwirtschaft auf, konzentrierte sich als Autodidakt ganz auf den Weinbau und begann mit der Flaschenweinvermarktung. Zwei Drittel der Rebfläche liegen auf elsässischem Boden, darunter auch die beste Parzelle des Weinguts, der Rädling, ein Kernstück des Schweigener Sonnenbergs in einem windgeschützten Seitental mit einer südost ausgerichteten Hangneigung bis zu 35 Prozent, geprägt von Kalkmergel mit Kalkfelsen im Untergrund. Von hier stammen die beiden Großen Gewächse, die mit „RG" gekennzeichnet sind, da Bernhart die Verwendung der Bezeichnung Rädling momentan von der Weinkontrolle untersagt ist. Seit dem Jahrgang 2016 gibt es ein drittes Großes Gewächs aus einem weiteren Teilstück des Sonnenbergs, dem direkt oberhalb von Wissembourg gelegenen, nach Süden ausgerichteten Kostert. Der Boden ist sehr stark vom Kalkstein geprägt, enthält aber auch Ton und Kalkmergel. Da die Parzelle ebenfalls auf französischem Boden liegt, darf auch ihr Name nicht auf dem Etikett verwendet werden, stattdessen verwendet Bernhart die Bezeichnung „KT". Mit dem Jahrgang 2018 kommt ein viertes Großes Gewächs zum Sortiment dazu, ein Riesling aus dem Sonnenberg. Wichtigste Sorte im Betrieb ist ungewöhnlicherweise der Spätburgunder mit einem Flächenanteil von 26 Prozent, es folgen 18 Prozent Riesling, 15 Prozent Weißburgunder und 10 Prozent Grauburgunder, dazu kommen Chardonnay und Silvaner sowie kleinere Anteile von Auxerrois, Gewürztraminer, Muskateller, Sauvignon Blanc sowie St. Laurent, Cabernet Sauvignon und Merlot. Die Rotweine kommen grundsätzlich ins Holz, teilweise in große Fässer und die besten Partien bis zu 24 Monate in Barriques. Bereits seit 1985 stellt man hier auch eigenen Sekt her. 90 Prozent der Weine werden an Privatkunden verkauft. Seit dem Jahrgang 2012 (2011 bei den Rotweinen) setzt Gerd Bernhart konsequent das vierstufige VDP-Klassifikationsmodell um.

Kollektion

Gerd Bernhard präsentiert uns in diesem Jahr eine sehr starke Kollektion mit gleich zwei neuen Weinen: Der Chardonnay „Réserve" zeigt feine röstige Würze, Pfirsich und Zitrusnoten im eindringlichen Bouquet, besitzt auch am Gaumen feine Röstnoten und etwas Salzzitrone, ist elegant und sehr nachhaltig, der Grauburgunder „FG" aus der Finstergasse im Sonnenberg besitzt ebenfalls ein komplexes Bouquet mit sehr dezentem Holz, etwas Kokosnoten, Aromen von Birne, Melone und feiner Zitruswürze, ist kraftvoll, schon sehr präsent, besitzt eine frische Säure und Länge. An der Spitze des Sortiments liegen aber die vier Großen

Gewächse, allen voran der Spätburgunder „RG", der ein herrlich komplexes Bouquet mit feinen Fruchtnoten von roter Johannisbeere, Himbeere und Hagebutte, etwas Schwarztee und Waldboden zeigt und am Gaumen eine noch jugendliche Struktur mit reifen Tanninen besitzt, elegant und nachhaltig ist, der Spätburgunder „KT" zeigt dagegen eher kräutrige Noten und dunklere Frucht, Schwarzkirsche, besitzt am Gaumen gute Struktur, klare Frucht und Eleganz, braucht zunächst etwas Luft und bleibt dann aber, wie auch der „RG", über Tage in der offenen Flasche stabil. Deutlich besser als sein Jahrgangsvorgänger gefällt uns das Große Gewächs vom Riesling, der Wein zeigt wieder kräutrige Würze mit Noten von Roibuschtee, besitzt gute Konzentration und Druck, ist geradlinig, puristisch und nachhaltig, der Weißburgunder „RG" zeigt ein feines Bouquet mit Noten von Birne und rauchig-erdiger Würze, besitzt am Gaumen Kraft, klare Frucht, nachhaltige Zitrusnoten und gute Länge. Aus dem Wormberg im Sonnenberg stammen wieder zwei Weine, der Spätburgunder „WB" zeigt kräutrige Noten, Krokant, Hagebutte und Schwarzkirsche, ist etwas kraftvoller als die beiden Großen Gewächse vom Spätburgunder, bleibt aber trotzdem elegant, der Weißburgunder „WB" ist im Bouquet noch etwas verhalten, besitzt Kraft, dezente Frucht und Länge, ist ausgewogen und noch sehr jung. Der Spätburgunder „FG" ist rotfruchtig und elegant, besitzt eine noch jugendliche Struktur, der St. Laurent ist dunkler in der Frucht mit Noten von Pflaume und Schwarzkirsche, Grau- und Weißburgunder vom Kalkmergel sind kraftvoll und reintönig, zeigen klare Frucht und etwas florale Noten, besitzen Schmelz und Frische.

Weinbewertung

87	2019 Weißburgunder trocken „Kalkmergel" Schweigen	13,5%/11,-€
87	2019 Grauburgunder trocken „Kalkmergel" Schweigen	13,5%/11,-€
89	2019 Grauburgunder trocken „FG" Schweigener Sonnenberg	13,5%/16,50€
89	2019 Weißburgunder trocken „WB" Schweigener Sonnenberg	13,5%/16,50€
91	2019 Riesling „GG" Sonnenberg	12,5%/22,50€
91	2019 Weißburgunder „GG" Sonnenberg „RG"	13,5%/26,-€
90	2018 Chardonnay trocken „Réserve"	13%/30,-€
88	2018 St. Laurent „S" trocken	13,5%/18,50€
88	2018 Spätburgunder trocken „FG" Schweigener Sonnenberg	13,5%/19,50€
90	2018 Spätburgunder trocken „WB" Schweigener Sonnenberg	13,5%/26,-€
91	2018 Spätburgunder „GG" Sonnenberg „KT"	13%/30,-€
92	2018 Spätburgunder „GG" Sonnenberg „RG"	13%/37,-€

Lagen

Sonnenberg (Schweigen)
Rädling (Schweigen)
Wormberg (Schweigen)
Finstergasse (Schweigen)
Kostert (Schweigen)

Rebsorten

Spätburgunder (26 %)
Riesling (18 %)
Weißburgunder (17 %)
Grauburgunder (10 %)
Chardonnay (5 %)

WÜRTTEMBERG — NECKARSULM

★★★

Berthold

Kontakt
Reutweg 4
74172 Neckarsulm
Tel. 07132-37117
Fax: 07132-37488
www.weingut-berthold.de
weingut-berthold@t-online.de

Besuchszeiten
Mo.-Fr. 12-14 + 17-19 Uhr
Sa. 8-14 Uhr
Besenstube

Inhaber
Hermann Berthold
Rebfläche
10 Hektar
Produktion
50.000 Flaschen

Hermann Berthold übernahm 1985 den Betrieb von seinem Vater Ludwig, konzentrierte sich ganz auf Weinbau und gründete das eigene Weingut. Seine Weinberge liegen alle in Neckarsulm, wo die Reben auf Keuperböden wachsen. Neben traditionellen Sorten wie Trollinger, Lemberger, Samtrot, Muskattrollinger, Riesling, Traminer und Grauburgunder baut er auch Neuzüchtungen wie Acolon, Regent, Cabernet Cubin und Cabernet Blanc an. Seit dem Weinjahrgang 2011 werden die Weine betriebsintern mit bis zu 3 Sternen klassifiziert, Prädikate werden nicht mehr verwendet. Brände und Liköre ergänzen das Programm. Hermann und Brigitte Berthold werden inzwischen im Betrieb unterstützt von den Kindern Elisabeth, Geisenheim-Absolventin, und Ludwig, der 2015 seinen Abschluss als Techniker für Weinbau und Önologie in Weinsberg machte.

Kollektion

Bei den Bertholds geht es stetig voran. Der rauchige, sehr gute Glockengießer-Sekt eröffnet in diesem Jahr den Reigen. Der Grauburgunder ist würzig, klar und zupackend, der Cabernet Blanc besitzt florale Noten und Grip. Der 2-Sterne-Riesling ist frisch, klar und zupackend, sein Kollege mit den 3 Sternen besitzt mehr Konzentration und Kraft, zeigt etwas Pfirsich und Zitrusfrüchte im Bouquet, besitzt Substanz und Druck. Der Muskattrollinger Rosé setzt ganz auf intensive Frucht und Süffigkeit, während der Trollinger frisch und zupackend ist, gute Struktur und reintönige Frucht besitzt. Der Spätburgunder ist intensiv fruchtig und herrlich eindringlich, besitzt Frische und Grip. Der Merlot zeigt gute Konzentration, feine Würze und rauchige Noten, rote Früchte, besitzt Fülle, Kraft und Substanz. Der 3-Sterne-Lemberger aus dem Jahrgang 2018 zeigt etwas Gewürze und intensive Frucht im Bouquet, besitzt Fülle und Kraft. Unser eindeutiger Favorit aber ist der 3-Sterne-Lemberger aus dem Fass Nr. 5, Jahrgang 2017: Würzig, konzentriert, füllig, kraftvoll, viel Frucht, gute Struktur und Substanz.

Weinbewertung

Punkte	Wein
85	2017 „Glockengießer" Pinot Sekt brut I 13%/11,50€
84	2019 Grauburgunder** trocken Neckarsulmer Scheuerberg I 13%/6,90€
84	2019 Riesling** trocken Neckarsulmer Scheuerberg I 12,5%/6,30€
83	2019 Cabernet Blanc** trocken Neckarsulmer Scheuerberg I 13%/7,20€
86	2019 Riesling*** trocken Neckarsulmer Scheuerberg I 12,5%/8,90€
84	2019 Muskattrollinger Rosé** Neckarsulmer Scheuerberg I 11%/6,90€
84	2018 Trollinger** trocken Neckarsulmer Scheuerberg I 13%/7,50€
85	2018 Spätburgunder** trocken Neckarsulmer Scheuerberg I 13,5%/6,90€
84	2018 Lemberger*** trocken Neckarsulmer Scheuerberg I 14,5%/9,90€
85	2018 Merlot*** trocken Neckarsulmer Scheuerberg I 14,5%/12,50€
88	2017 Lemberger*** trocken „Fass Nr. 5" I 13,5%/16,50€

AHR ▶ DERNAU

★★

Gebr. Bertram

Kontakt
Hauptstraße 3
53507 Dernau
Tel. 02643-8314
Fax: 02643-1568
info@gebrueder-bertram.de
www.gebrueder-bertram.de

Besuchszeiten
Mo.-So. 10-18 Uhr
oder nach Vereinbarung,
Di. geschlossen

Inhaber
Christian & Markus Bertram
Betriebsleiter
Christian & Markus Bertram
Rebfläche
3,1 Hektar
Produktion
25.000 Flaschen

Die Familie Bertram baut schon lange Wein an der Ahr an. Die Brüder Johann Josef und Peter Josef Bertram waren 1873 an der Gründung des Dernauer Winzervereins beteiligt, dessen erster Präsident Peter Josef Bertram bis kurz vor seinem Tode 1901 war. Die drei Söhne von Johann Josef Bertram traten 1904 aus der Genossenschaft aus und gründeten ihr eigenes Weingut Gebrüder Bertram. Seit 2005 wird das Weingut in vierter Generation von Christian und Markus Bertram geführt. Ihre Weinberge liegen in den Dernauer Lagen Pfarrwingert und Hardtberg, im Neuenahrer Sonnenberg und im Ahrweiler Daubhaus. Spätburgunder nimmt zwei Drittel der Rebfläche ein, dazu gibt es Riesling, Frühburgunder, Weißburgunder und Grauburgunder, sowie verschiedene weitere Rotweinsorten. Die Rotweine werden mindestens zwei Wochen auf der Maische vergoren und im Fuder oder im Barrique ausgebaut,

Kollektion

Beim starken Debüt im vergangenen Jahr waren die beiden Lagen-Spätburgunder des Jahrgangs 2017 aus Hardtberg und Pfarrwingert unsere Favoriten in einer starken Kollektion, und in diesem Jahr ist das nicht an, die beiden Dernauer Lagen-Spätburgunder führen eine stimmige, starke Kollektion an. Der Wein aus dem Hardtberg ist herrlich eindringlich und reintönig, zeigt intensive Frucht, ist klar, fruchtbetont und zupackend, besitzt gute Struktur und Frische, der Wein aus dem Pfarrwingert ist etwas rauchiger und tanninbetonter, besticht aber ebenso mit Reintönigkeit und Frucht. Sehr gut gefällt uns auch der Spätburgunder Nova R, der etwas Gewürze und Schokolade im Bouquet zeigt, Fülle und Kraft besitzt, reife Frucht und gute Struktur. Der Hardtberg-Frühburgunder ist fruchtbetont und zupackend, der Spätburgunder 1904 wunderschön reintönig, und dass Christian und Markus Bertram sich auch auf Sekt verstehen zeigt der kompakte, harmonische Spätburgunder Blanc de Noir.

Weinbewertung

84	2018 Spätburgunder „Blanc de Noir" Sekt brut	12 %/13,50 €
82	2019 Weißburgunder trocken	12 %/8,90 €
82	2019 Grauburgunder trocken	11,5 %/9,50 €
81	2019 Riesling „feinherb"	10,5 %/7,20 €
82	2019 Rose „feinherb"	11,5 %/7,20 €
83	2018 „Fü Pläsier" Rotweincuvée	13,5 %/11,50 €
81	2018 Spätburgunder trocken	13 %/7,20 €
84	2018 Spätburgunder trocken „1904"	13,5 %/8,90 €
84	2018 Frühburgunder trocken Dernauer Hardtberg	13,5 %/14,80 €
86	2018 Spätburgunder trocken „Nova R"	13,5 %/ab Dez. 2020
88	2018 Spätburgunder Dernauer Hardtberg	13,5 %/ab Dez. 2020
88	2018 Spätburgunder Dernauer Pfarrwingert	13,5 %/ab Dez. 2020

AHR ▶ DERNAU

★★★✯

Bertram-Baltes

Kontakt
Ahrweg 20
53507 Dernau
Tel. 02643-903312
Fax: 02643-9029657
www.bertram-baltes.de
spaetburgunder@
juliabertram.de

Besuchszeiten
Vinothek
(Hardtbergstraße 5, Dernau):
Mo.-Fr. 14-18 Uhr,
Sa. 10-17 Uhr

Inhaber
Julia & Benedikt Baltes
Betriebsleiter
Julia & Benedikt Baltes
Rebfläche
7 Hektar
Produktion
23.000 Flaschen

Julia Bertram ist in Dernau aufgewachsen, hat Weinbau und Önologie in Geisenheim studiert, war dann als Deutsche Weinkönigin viel unterwegs. Sie stammt aus einer Winzerfamilie, das kleine Dernauer Weingut am Fuße des Pfarrwingerts hatte Gottfried Sebastian im Jahr 1910 gegründet. 2014 kreierte Julia Bertram ihre erste eigene Weinlinie von damals 1,3 Hektar Reben. Julia Bertrams erste Weine wurden bei Benedikt Baltes in Klingenberg ausgebaut, mit dem sie inzwischen verheiratet ist; Benedikt Baltes hat seine Anteile am Weingut in Klingenberg verkauft, betreibt nun zusammen mit Ehefrau Julia das Weingut an der Ahr, das nun den Namen Bertram-Baltes trägt. Im Frühjahr 2019 wurde die Zertifizierung zum ökologischen Weinbau begonnen; der Neubau des Weingutes ist in Planung. Die Weinberge liegen in Dernau in den Lagen Hardtberg, Pfarrwingert und Goldkaul, im Mayschosser Mönchberg, im Marienthaler Trotzenberg, in den Ahrweiler Lagen Forstberg und Rosenthal sowie im Neuenahrer Sonnenberg.

Kollektion

Der Fokus liegt auch im Jahrgang 2018 auf Frische und Frucht, die Alkoholwerte sind sehr moderat. Der Gutswein ist floral, zupackend, der Dernauer Spätburgunder ist etwas rauchiger, strukturiert, der Frühburgunder vom Sonnenberg ist präzise und klar. Die sieben Lagen-Spätburgunder sind alle spannend. Der Forstberg besitzt intensive Frucht und viel Präzision, der Wein aus dem Rosenthal ist würzig, frisch, bestechend reintönig. Der Hardtberg besitzt Kraft, Frische und Grip, der Wein aus dem Pfarrwingert ist noch etwas kraft- und druckvoller. Der Trotzenberg besticht mit Reintönigkeit und Präzision, was auch für den kraftvollen, zupackenden Spätburgunder aus dem Mönchberg gilt. Unsere leichte Präferenz gilt dem intensiv fruchtigen, druckvollen Goldkaul-Wein. Ganz spannend ist auch der druckvolle, ganz burgundisch anmutende Blanc de Noir von alten Reben. Weiter im Aufwind!

Weinbewertung

84	2019 „Blanc de Noir" „Handwerk"	11,5 %/11,-€
89	2019 „Blanc de Noir" „Alte Reben"	12,5 %/35,-€
84	2018 Spätburgunder „Handwerk"	12 %/11,-€
86	2018 Spätburgunder Dernauer	12,5 %/17,-€
87	2018 Frühburgunder Neuenahrer Sonnenberg	13 %/28,-€
88	2018 Spätburgunder Ahrweiler Forstberg	12,5 %/28,-€
88	2018 Spätburgunder Dernauer Hardtberg	12,5 %/32,-€
89	2018 Spätburgunder Dernauer Pfarrwingert	12,5 %/35,-€
89	2018 Spätburgunder Ahrweiler Rosenthal	12 %/35,-€
90	2018 Spätburgunder Mayschosser Mönchberg	12,5 %/48,-€
89	2018 Spätburgunder Marienthaler Trotzenberg	12,5 %/38,-€
91	2018 Spätburgunder Dernauer Goldkaul	12,5 %/48,-€

MOSEL ► LEIWEN

★★✩

Sandra **Berweiler**

Kontakt
Euchariusstraße 35
54340 Leiwen
Tel. 06507-3285
Fax: 06507-80175
www.weingutberweiler.de
weingutberweiler@t-online.de

Besuchszeiten
Vinothek
Straußwirtschaft
Gästezimmer

Inhaber
Sandra Berweiler
Betriebsleiter
Sandra Berweiler
Kellermeister
Sandra Berweiler
Außenbetrieb
Klaus Berweiler
Rebfläche
4 Hektar
Produktion
20.000 Flaschen

Sandra Berweiler, die das Familienweingut heute führt und inzwischen nach ihr selbst benannt hat, besitzt vier Hektar Weinberge in Leiwen (Klostergarten), Pölich (Held), Schweich (Annaberg) und Neumagen (Rosengärtchen). Die engagierte Winzerin, die jahrelang Vorsitzende der Leiwener Jungwinzer war und sich immer schon mit dem beschäftigt, was jenseits der eigenen Weinberge passiert, baut neben Riesling etwas Weißburgunder und Spätburgunder an und kann auf die Unterstützung ihrer Eltern zählen, Vater Klaus kümmert sich noch immer um die Weinberge. Von Ende Juni/Anfang Juli bis Ende Oktober bzw. Anfang November hat die Straußwirtschaft geöffnet, auch Gästezimmer bieten die Berweilers an, und sowohl das Sommerfest namens „Summer Wine" im Juni als auch das Herbstfest im Oktober sind für viele Kunden feste Termine. Im Juni 2018 wurde eine neue Vinothek eröffnet.

Kollektion

Die Weine von Sandra Berweiler sind stets saftig, zugänglich, unkompliziert; sie machen in jedem Jahrgang schon in einem sehr jugendlichen Stadium Spaß, können sich aber auch sehr gut entwickeln. Saftig und würzig, nicht puristisch, aber sehr erfreulich zeigt sich die trockene Spätlese, die nach der Inhaberin selbst benannt wurde. Deutlich spannender und tiefgründiger, aber immer noch angenehm saftig ist die Spätlese von alten Reben aus der Lage Pölicher Held. Die halbtrockene Spätlese wirkt zugänglich und gefällt auch deshalb besonders gut, weil sie nur wenig süß ist und zum Weitertrinken animiert. Merklich süß ist die feinherbe Spätlese aus dem Leiwener Klostergarten, sie zeigt eine schöne Würze, ist nicht extrem lang, aber balanciert. Sehr viel straffer und ansatzweise mineralisch wirkt die Spätlese von alten Reben aus der Lage Pölicher Held. Sie besitzt einen würzigen Nachhall, ist sehr animierend, allerdings auch deutlich süß. In einigen Monaten dürfte sie sich noch sehr viel ausgewogener präsentieren. Schön, dass die Auslese für einen Wein dieser Prädikatsstufe nicht allzu süß ausfällt – das ist ja teilweise selten geworden an der Mosel. Sie wirkt etwas weicher und süffiger als die Spätlese, ist aber ebenfalls angenehm saftig.

Weinbewertung

84	2019 Riesling Spätlese trocken „Sandra's"	12%/7,50€
86	2019 Riesling Spätlese trocken „Alte Reben" Pölicher Held	12,5%/8,50€
86	2019 Riesling Spätlese halbtrocken „Alte Reben" Schweicher Annaberg	11,5%/8,50€
85	2019 Riesling Spätlese „feinherb" Leiwener Klostergarten	11%/7,50€
87	2019 Riesling Spätlese „Alte Reben" Pölicher Held	8,5%/8,50€ ☺
86	2019 Riesling Auslese „Herz & Seele" Schweicher Annaberg	9%/9,-€

RHEINHESSEN ▶ INGELHEIM

★★★★✩

Bettenheimer

Kontakt
Stiegelgasse 32
55218 Ingelheim
Tel. 06132-3041
Fax: 06132-786795
www.weingut-bettenheimer.de
info@weingut-bettenheimer.de

Besuchszeiten
nach Vereinbarung und zu
Öffnungszeiten des Gutsausschanks „Zum Kuhstall"
Gästezimmer

Inhaber
Jens Bettenheimer
Rebfläche
16 Hektar
Produktion
120.000 Flaschen

Nach Geisenheim-Diplom und achtmonatigem Auslandspraktikum in Neuseeland (Fromm Winery) übernahm Jens Bettenheimer das elterliche Weingut. Seine Weinberge liegen vor allem in den Ingelheimer Lagen Sonnenhang, Burgberg, Schlossberg und Täuscherspfad sowie in den Appenheimer Lagen Eselspfad und Hundertgulden. Die klassischen Rebsorten möchte Jens Bettenheimer forcieren: Spätburgunder und Frühburgunder, Grau- und Weißburgunder, Riesling und Silvaner, dazu Chardonnay. Rot- wie Weißweine werden überwiegend spontanvergoren. Alle Rotweine werden nach langer Maischegärung im Holz ausgebaut.

Kollektion

Die neue Kollektion ist die bisher stärkste von Jens Bettenheimer. Der Ingelheimer Silvaner ist frisch, klar und geradlinig – ein schöner Einstieg. Der Grauburgunder Aureus ist intensiv, herrlich eindringlich, stoffig und kraftvoll. Der Illumino-Riesling vom Burgberg ist intensiv fruchtig, würzig, füllig und saftig, deutlich mehr Spannung weist der Riesling „100G" auf, der aus dem Hundertgulden stammt, drei Wochen vor der Gärung im Kühlcontainer aufbewahrt wurde: Intensive Frucht, gelbe Früchte, füllig, stoffig, gute Struktur und viel Druck. Der im Granitei ausgebaute Sauvignon Blanc „G700" ist fruchtbetont, intensiv, klar und zupackend, besser noch gefällt uns der im Barrique ausgebaute Sauvignon Blanc „NT", intensiv, würzig und herrlich eindringlich ist, Kraft und Substanz besitzt, gute Struktur und Frucht. Der im Granitei ausgebaute Weißburgunder ist zupackend, geradlinig, der maischevergorene Chardonnay intensiv, füllig, stoffig und enorm kraftvoll. Faszinierend reintönig ist die Hundertgulden Beerenauslese, herrlich konzentriert und dominant. Auch die drei Rotweine sind sehr gut, der johannisbeerduftige Frühburgunder ist reintönig und zupackend, der Sonnenhang-Spätburgunder besitzt Frische und Frucht, besser gefällt uns wieder der Wein aus dem Täuscherspfad, der reintönige Frucht und viel Grip besitzt.

Weinbewertung

84	2019 Grüner Silvaner trocken Ingelheim	12,5%/9,90€
88	2018 Weißer Riesling trocken „Illumino" Burgberg	13,5%/14,90€
89	2019 Grauer Burgunder trocken „Aureus" „unfiltriert"	13%/16,90€
89	2019 Sauvignon Blanc „NT"	12,5%/16,90€
87	2019 Sauvignon Blanc „G700"	12,5%/14,90€
86	2019 Weißburgunder „G700"	13%/12,90€
88	2018 Chardonnay „MG"	12,5%/22,90€
91	2019 Riesling trocken „100G"	11,5%/16,90€ ☺
92	2019 Riesling Beerenauslese Hundertgulden	6,5%/22,90€/0,375l
87	2018 Blauer Spätburgunder trocken Ingelheim Sonnenhang	13%/16,90€
87	2018 Blauer Frühburgunder trocken Ingelheimer Schlossberg	13,5%/16,90€
89	2018 Blauer Spätburgunder trocken Ingelheimer Täuscherspfad	12,5%/22,90€

JB
BETTENHEIMER
ESELSPFAD
SYLVANER

MOSEL — MERTESDORF

Erben von **Beulwitz**

★★★★⯪

Kontakt
Eitelsbacher Straße 4
54318 Mertesdorf
Tel. 0651-95610
Fax: 0651-9561150
www.von-beulwitz.de
info@hotel-weis.de

Besuchszeiten
jederzeit
Hotel Weingut Weis unter gleicher Leitung mit Restaurant „Vinum" und Weinstube

Inhaber
Herbert Weis
Betriebsleiter
Herbert Weis
Kellermeister
Herbert Weis
Außenbetrieb
Dan-Lucian Coroian
Rebfläche
8,5 Hektar
Produktion
55.000 Flaschen

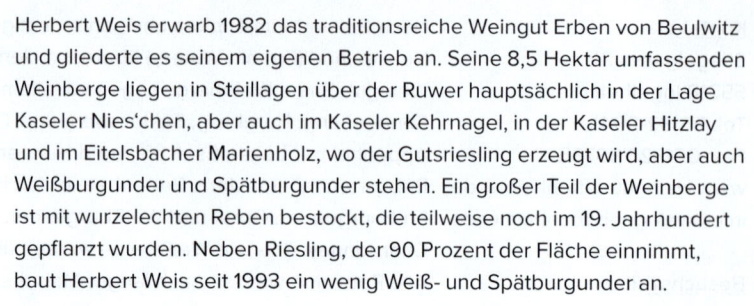

Herbert Weis erwarb 1982 das traditionsreiche Weingut Erben von Beulwitz und gliederte es seinem eigenen Betrieb an. Seine 8,5 Hektar umfassenden Weinberge liegen in Steillagen über der Ruwer hauptsächlich in der Lage Kaseler Nies'chen, aber auch im Kaseler Kehrnagel, in der Kaseler Hitzlay und im Eitelsbacher Marienholz, wo der Gutsriesling erzeugt wird, aber auch Weißburgunder und Spätburgunder stehen. Ein großer Teil der Weinberge ist mit wurzelechten Reben bestockt, die teilweise noch im 19. Jahrhundert gepflanzt wurden. Neben Riesling, der 90 Prozent der Fläche einnimmt, baut Herbert Weis seit 1993 ein wenig Weiß- und Spätburgunder an.

Kollektion

Ein fester, aber gut balancierter trockener Riesling führt das Feld an. Der Riesling aus dem Fass Nr. 15, eine trockene Spätlese aus der Gewanne Im Steingarten, ist duftig, noch leicht hefig, im Mund straff und sehr präzise. Noch etwas verspielter wirkt der trockene Kehrnagel-Wein mit der Nummer 14. Der Riesling aus dem Taubenberg, ein Großes Gewächs, wirkt in der Nase verhalten, besitzt Noten von Apfel, wirkt dann saftig und fest, mit einer gewissen Fülle. Sein GG-Pendant aus der Parzelle Auf den Mauern ist zunächst noch verhalten, wirkt am Gaumen aber deutlich fester, präziser, mit mehr Spiel, ist wunderschön rassig. Der feinherbe Kabinett und die in der Nase recht offene und verspielte feinherbe Spätlese mit deutlicher Süße sind ausgezeichnet balanciert. Sehr gut gefallen Kabinett und Spätlese, enorm rassig ist die Auslese. Bei der Beerenauslese ist in der Nase eine typisch cremige Fruchtnote zu bemerken, doch im Geschmack zeigt sich unerhörte Präzision – typisch Ruwer und typisch 2019. Noch etwas spannender ist die Auslese aus dem Jahrgang 1999 (!), dicht und rassig, perfekt gereift und balanciert; am Ende seines Lebens ist diese Rarität noch lange nicht. Dass ein Wein wie dieser noch zu kaufen ist, verwundert sehr angenehm.

Weinbewertung

86	2019 Riesling trocken	12%/8,50€
88	2019 Riesling Spätlese trocken „Im Steingarten" Kaseler Nies'chen	12,5%/12,50€
87	2019 Riesling Spätlese trocken Kaseler Kehrnagel	12,5%/11,50€
91	2019 Riesling trocken „GG" „Auf den Mauern" Kaseler Nies'chen	13,5%/21,50€
89	2019 Riesling trocken „GG" „Im Taubenberg" Kaseler Nies'chen	12,5%/19,50€
86	2019 Riesling Kabinett „feinherb" Kaseler Nies'chen	10,5%/9,50€
88	2019 Riesling Spätlese „feinherb" Kaseler Nies'chen	10%/12,50€
88	2019 Riesling Kabinett „Fass Nr. 8" Kaseler Nies'chen	10,5%/9,50€ ☺
90	2019 Riesling Spätlese „Fass Nr. 6 Alte Reben" Kaseler Nies'chen	8,5%/18,50€
94	1999 Riesling Auslese*** „Fass Nr. 4 Alte Reben" Kaseler Nies'chen	7,5%/28,50€ ☺
91	2019 Riesling Auslese*** „Fass Nr. 4 Alte Reben" Kaseler Nies'chen	8,5%/24,50€
93	2019 Riesling Beerenauslese Kaseler Nies'chen	7,5%/Vst.

WÜRTTEMBERG — KERNEN-STETTEN

★★★★ # Beurer

Kontakt
Lange Straße 67
71394 Kernen-Stetten
Tel. 07151-42190, Fax: -41878
www.weingut-beurer.de
info@weingut-beurer.de

Besuchszeiten
Fr. 14-18 Uhr, Sa. 10-13 Uhr
und nach Vereinbarung
Wein im Rosenladen in
Waiblingen (Weinbar)

Inhaber Jochen Beurer
Rebfläche 13,5 Hektar
Produktion 90.000 Flaschen

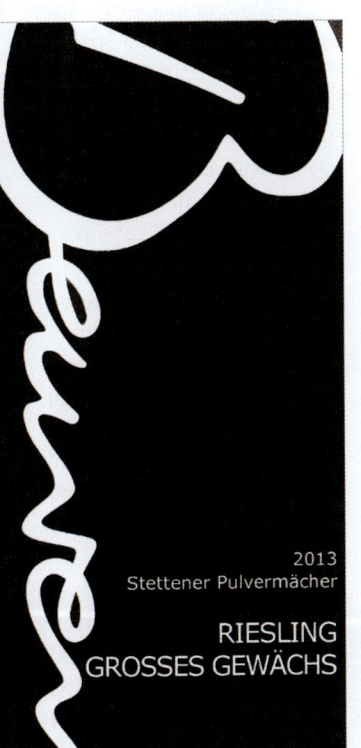

Die Familie Beurer ist eine alteingesessene Winzerfamilie in Stetten im Remstal, die seit Generationen Wein- und Obstbau betreibt. Nachdem Sohn Jochen seine Ausbildung in Weinsberg beendet hatte, gründete er mit Vater Siegfried das Weingut Beurer (zuvor hatte Siegfried Beurer die Trauben an die Genossenschaft abgeliefert). 1997 war der erste Jahrgang im eigenen Betrieb. Im Gegensatz zu vielen anderen Württemberger Weingütern setzt Jochen Beurer auf Weißwein. Riesling ist seine wichtigste Rebsorte und da die Weinberge in Stetten (in Lagen wie Pulvermächer, Häder oder Mönchberg), auf kleinem Raum unterschiedliche Böden aufweisen, je nach Höhenlage, hat er nach diesen Bodenformationen sein Rieslingsortiment gegliedert. Dazu gibt es Kerner, Grauburgunder, Gewürztraminer und Sauvignon Blanc, aber auch rote Sorten wie Trollinger, Portugieser und Dornfelder. In den letzten Jahren hat er auf tiefgründigeren, schweren Böden auch rote Sorten wie Spätburgunder, Lemberger und Zweigelt gepflanzt, die bis zu zwei Jahre ins Holzfass kommen. Auch bei den Weißweinen arbeitet Jochen Beurer je nach Jahrgang mit mehr oder weniger langen Maischestandzeiten. Die Weinberge werden biologisch bewirtschaftet, seit 2006 auch biodynamisch, Jochen Beurer ist Mitglied bei Ecovin. Seit dem Jahrgang 2003 werden alle Weine mit ihren natürlichen Hefen vergoren. Jochen Beurer hat einen brachliegenden Weinberg direkt unterhalb der Yburg mit alten, in Vergessenheit geratenen Rebsorten neu bepflanzt, 2013 ist daraus der erste Wein entstanden. An der Spitze des Sortiments stand lange Zeit der erstmals 2003 erzeugte Riesling „Junges Schwaben", der ursprünglich aus dem Pulvermächer kam, und der erst im zweiten Jahr nach der Ernte in den Verkauf kommt. Seit Jochen Beurer in den VDP aufgenommen wurde, erzeugt er aus dem Pulvermächer ein Großes Gewächs (erstmals 2013), der Riesling Junges Schwaben kommt seit 2013 aus dem Stettener Häder. An der Spitze des roten Teils der Kollektion stehen Spätburgunder und Lemberger aus dem Mönchberg respektive den Gewanne Öde Halde und Schalksberg. Schon in der ersten Ausgabe dieses Weinführers waren wir erstaunt und angenehm überrascht vom guten Niveau der Weine Jochen Beurers. Seither hat er eine interessante Entwicklung genommen. Durch Spontangärung und Maischestandzeiten sind seine Weine eigenwilliger und eigenständiger geworden, durch die lange Gärdauer brauchen sie auch längere Zeit auf der Flasche bis sie zeigen, was in ihnen steckt, wer also primärfruchtige und jung konsumreife Weine sucht, der ist bei Jochen Beurer fehl am Platz. Spannend ist aber allemal, was er macht, die Weine haben zuletzt an Komplexität zugelegt, weiß wie rot. Was wir aber als spannend erachten, kommt bei der amtlichen Qualitätsweinprüfung nicht sehr gut an, weshalb Jochen Beurer heute das Gros seiner Weine als Schwäbischer Landwein vermarktet.

🍷 Kollektion

Man muss Jochen Beurers Weinen Zeit geben, das haben wir anhand einiger etwas älterer Rotweine gesehen in diesem Jahr, und das gilt in gleichem Maße für seine Weißweine. Die Riesling-Serie ist einmal mehr beeindruckend. Schon der würzige, zupackende Gutsriesling ist sehr gut, der Gipskeuper ist herrlich eindringlich und reintönig, besitzt gute Struktur und Grip, was auch für den etwas fülligeren und gelbfruchtigeren Schilfsandstein gilt. Noch spannender ist der Kieselsandstein, enorm füllig und stoffig, wird von weiterer Flaschenreife profitieren wie auch der Junges Schwaben, der noch etwas konzentrierter und dominanter ist, enorm stoffig und kraftvoll, mit viel Substanz und Länge. Im Mund noch völlig verschlossen ist das Große Gewächs, dabei im Bouquet offen und intensiv, besitzt viel Substanz, aber gibt sich noch nicht preis, braucht viel Luft und Zeit. Der „Rettet die Reben" ist intensiv, etwas offener. Das rote Segment bietet reintönigen, zupackenden Trollinger, intensiv fruchtigen Portugieser, fruchtbetonten Zweigelt und erstmals seit fast einem Jahrzehnt wieder Secundus, eine kraftvolle, strukturierte Lemberger-Zweigelt-Cuvée. Der Öde Halde-Spätburgunder ist reintönig, konzentriert, kompakt, verschlossen, der Schalksberg-Lemberger zeigt viel Frucht, etwas Johannisbeeren, ist präzise, jugendlich, strukturiert. Wie eingangs gesagt: Beurer-Weine brauchen Zeit.

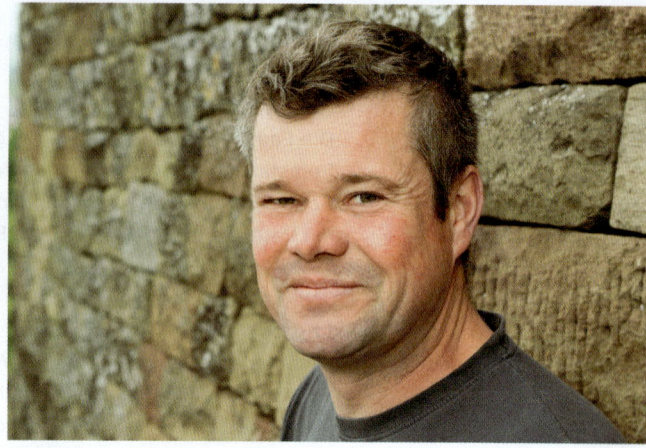

Jochen Beurer

🍇 Weinbewertung

84	2019 „Weiss" trocken	11,5%/8,50€
85	2019 Riesling trocken	12%/8,50€
87	2018 Grauburgunder trocken	13%/18,50€
88	2018 Riesling trocken „Gipskeuper"	13%/12,-€
89	2018 Riesling trocken „Schilfsandstein"	12,5%/12,-€ ☺
90	2018 Riesling trocken „Kieselsandstein"	13%/14,50€ ☺
91	2018 Riesling trocken „Junges Schwaben"	13%/28,-€
91	2018 Riesling „GG" „Berge" Stettener Pulvermächer	13%/35,-€
89	2019 Sauvignon Blanc trocken	12,5%/19,50€
90	2018 „Rettet die Reben" Gemischter Satz	12%
86	2019 Trollinger trocken	11%/8,50€
87	2018 Portugieser „Alte Reben"	11%/19,50€
85	2019 „Rot" trocken	11,5%/8,50€
88	2019 Zweigelt trocken „Untere Bunte Mergel"	12%/12,-€
91	2017 Spätburgunder „GG" „Öde Halde" Stettener Mönchberg	12,5%/35,-€
90	2018 „Secundus" Rotwein trocken	13%/65,-€
92	2012 Lemberger „GG" Stettener Mönchberg	13%
91	2017 Lemberger „GG" „Schalksberg" Stettener Mönchberg	12,5%/35,-€

Lagen
Pulvermächer (Stetten)
Berge (Stetten)
Mönchberg (Stetten)
Öde Halde (Stetten)
Schalksberg (Stetten)
Häder (Stetten)

Rebsorten
Riesling (65 %)
Spätburgunder (10 %)
Sauvignon Blanc (5 %)
Zweigelt (5 %)

RHEINGAU — OESTRICH-WINKEL-HALLGARTEN

★★★★✩

Bibo & Runge

Kontakt
Eberbacherstraße 5, 65375
Oestrich-Winkel-Hallgarten
Tel. 06723-9986900
Fax: 06723-9986901
www.bibo-runge-wein.de
info@bibo-runge-wein.de

Besuchszeiten
täglich nach Vereinbarung
„Revoluzzer"-Gartenhaus
(Mai/Juni/Sept.: Sa./So./
Feiertage)

Inhaber
Markus Bonsels,
Monika Eichner
Betriebsleiter
Markus Bonsels
Kellermeister
Markus Bonsels
Rebfläche
5 Hektar
Produktion
35.000 Flaschen

Walter Bibo wuchs im Rheingau auf, war später in Baden aktiv, wo er lange Jahre für das Weingut Dr. Heger arbeitete, anschließend war er dann einige Jahre Leiter von Schloss Reinhartshausen; Kai Runge stammt aus Baden. Zusammen gründeten sie Bibo & Runge, 2017 ist Runge ausgeschieden, dafür kam Markus Bonsels an Bord, der vom Niederrhein stammt. In 2019 hat auch Walter Bibo eine neue Aufgabe übernommen, ist aber weiter als Berater aktiv. Das Weingut verfügt über Weinberge in den Hallgartener Lagen Frühernberg, Hendelberg, Jungfer, Schönhell und Würzgarten, sowie im Hattenheimer Schützenhaus. Die Weine werden auf einer traditionellen Korbpresse gekeltert, mit Maischestandzeiten von 14 bis 24 Stunden, die Moste werden zum großen Teil in Eichenholzfässern vergoren.

Kollektion

In diesem Jahr gibt es vom dynamischen Hallgartener Weingut wieder zwei exquisite saftige Spätburgunder zu verkosten: Den fruchtbetonten, würzigen Pinot Noir „M" und den strukturierten und kraftvollen Revoluzzer. Auch die Sekte sind fruchtig und fein, der Rieslingsekt spürbar komplexer mit seinen ansprechenden Reifearomen. Das Herzstück sind aber die Rieslinge, die wie im Vorjahr brillieren. Der Einstiegsriesling Debütant ist saftig, pointiert und trinkreif. Der Kleine Revoluzzer zeigt sich als Fassmuster fein zitrusfruchtig, ist ein echter Terroirwein aus Hallgartener Lagen. Besonderes Augenmerk verdient der Hargardun, der vor Spannung vibriert, leicht und stoffig, mineralisch und saftig zugleich das Beste des Jahrgangs widerspiegelt. Wenn man rechtzeitig geerntet hat: 11,5 Prozent Alkohol laut Etikett sprechen Bände. Der Revoluzzer etabliert sich mit dem Jahrgang 2018 in der Spitze der Region. Sein vom Ausbau im Holz geprägter Schmelz wird von markanter Frische gekreuzt, er ist lang und ausgewogen. Animierend ist der feinherbe Jongleur. Der klassische Romantiker, steckt, bei moderater Fruchtsüße, voll spannender Würze, ist lang und nachhaltig. Eine starke Kollektion!

Weinbewertung

89	Riesling Sekt brut	12,5%/17,50€
88	Rosé Sekt brut „Provokateur"	12,5%/14,50€
87	2019 Riesling trocken „Debütant"	11%/9,50€
(88)	2019 Riesling trocken „Kleiner Revoluzzer"	12%/11,50€
90	2019 Riesling trocken „Hargardun"	11,5%/16,-€
92	2018 Riesling trocken „Revoluzzer"	13%/26,-€
(87)	2019 Riesling „Jongleur"	12,5%/11,50€
89	2019 Riesling „Romantiker"	12%/16,-€
89	2018 Pinot Noir „M"	13,5%/17,50€
90	2018 Pinot Noir „Revoluzzer"	13,5%/22,-€

NAHE/PFALZ ▶ WALLHAUSEN

★★

Bicking&Bicking

Kontakt
Hauptstraße 33
55595 Wallhausen
Tel. 06706-279
www.bickingundbicking.de
weingut@bickingundbicking.de

Besuchszeiten
nach Vereinbarung

Inhaber
Achim & Lukas Bicking
Rebfläche
9 Hektar
Produktion
15.000 Flaschen

Die Brüder Achim und Lukas Bicking begannen im elterlichen Weingut in Gauersheim im Zellertal ihren eigenen Wein auszubauen. Da es aber bei der Übernahme des Betriebs Unstimmigkeiten gab, sind sie 2016 ins Gräfenbachtal nach Wallhausen übergesiedelt, wo sie das Weingut ihres Stiefvaters übernehmen konnten. Im Anbaugebiet Nahe sind die Brüder in den Wallhäuser Lagen Pastorenberg, Backöfchen, Johannisberg und Höllenpfad vertreten, sowie im Felseneck und Römerberg in Gutenberg. Wichtigste Rebsorte im Betrieb ist Riesling, es folgen Müller-Thurgau, Grauburgunder, Spätburgunder, Weißburgunder und Sauvignon Blanc und noch weitere Sorten. 2018 wurde mit der Umstellung auf biologische Bewirtschaftung begonnen, erster zertifizierter Jahrgang wird 2021 sein. Im vergangenen Jahr konnten weitere Weinberge mit 60 bis 70 Jahre alten Reben in Felseneck, Laurentiusberg und Pastorenberg erworben werden.

🍰 Kollektion

Die fünf 2018er Weine kamen erst im Frühjahr 2020 in den Verkauf, weshalb wir sie nochmals zur Verkostung bekamen: Der Riesling aus dem Pastorenberg konnte sich noch steigern, im komplexen Bouquet zeigt er deutliche Holzwürze, kräutrige Noten und etwas Roibuschtee, er besitzt eine leicht cremige Textur, feinen Druck und salzig-animierende Länge. Ebenfalls steigern konnte sich der maischevergorene, unfiltrierte Silvaner „Naturburschen" (letztes Jahr noch „Freigeist" genannt), der Zitrus- und Kräuternoten sowie etwas Schwarztee im Bouquet zeigt, dicht und animierend ist und Struktur und Länge besitzt. Von den 2019er Basisweinen gefallen uns der intensive und prägnante Grauburgunder mit seinen floralen und nussigen Noten und der schlanke, harmonische Sauvignon Blanc, der von Stachelbeerwürze, etwas Pfirsich und Zitrusnoten geprägt ist, am besten, der 2015er Zeller Riesling ist jetzt auf dem Punkt, besitzt feine Reifenoten, aber auch noch ein frisches Säurespiel.

🍇 Weinbewertung

82	2019 „Brüderchen" Weißwein trocken	12%/7,20€
83	2019 Riesling trocken	12%/7,70€
83	2019 Weißburgunder trocken	12,5%/7,20€
84	2019 Grauburgunder trocken	12,5%/8,-€
87	2018 „Blanc de Blanc" trocken	13%/14,90€
86	2018 Riesling trocken „vom Schiefer"	13%/10,90€
86	2015 Riesling trocken Zeller	12%/10,90€
84	2019 Sauvignon Blanc trocken	12%/k.A.
85	2018 Riesling trocken „Alte Reben"	13%/10,90€
88	2018 Silvaner trocken „Naturburschen"	13%/14,90€
89	2018 Riesling trocken Pastorenberg	13%/18,-€
80	2019 „Bruderherz" Rosé	12%/7,20€

RHEINGAU ■ GEISENHEIM

★★ Bieber

Kontakt
Biebers Weinkultur
Lehnstraße 2
65366 Geisenheim
Tel. 06722-4025545
www.bieber-wein.rocks
info@biebers-weinkultur.de

Besuchszeiten
Mo.-Sa. 14-18 Uhr

Inhaber
Stefan Bieber
Rebfläche
1,92 Hektar
Produktion
15.000 Flaschen

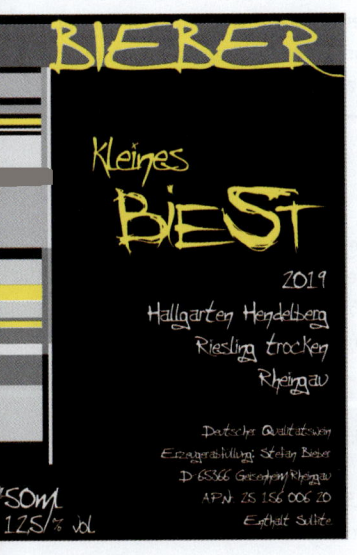

Es gibt sie, ganz junge Weingüter im Rheingau, Weingüter ohne Tradition. Biebers Weinkultur gehört zu ihnen. Stefan Bieber ist im Rheingau aufgewachsen, absolvierte eine Weinküfer-Ausbildung bei Schloss Schönborn, studierte Getränketechnologie in Geisenheim, war dann Kellermeister bei einem Ausbildungsbetrieb bevor er ins Kellermeister-Team des Weinguts Robert Weil wechselte. 2008 gründete er als Feierabendwinzer Biebers Weinkultur, erzeugte zunächst Weine für den Eigenverbrauch. 2013 machte Stefan Bieber sich selbständig, in diesem Jahr brachte er seine ersten eigenen Weine auf den Markt. Seine knapp 2 Hektar Reben liegen vor allem in der Kiedricher Sandgrub und im Hallgartener Hendelberg, sowie im Oestricher Lenchen. Er baut ausschließlich Riesling an. Die Trauben werden teils mit wilden Hefen, teils mit Reinzuchthefen vergoren. Stefan Bieber arbeitet mit Maischestandzeiten und Ganztraubenpressung, der Most wird mal mehr oder weniger stark vorgeklärt.

Kollektion

Ein starker Auftritt von Stefan Bieber. Auch in diesem Jahr bekommt man beim kleinen Geisenheimer Weingut viel schnörkellosen Wein fürs Geld. Der Stilbruch Riesling ist wie immer bewusst sehr weich, kommt so dem empfindsamen Weintrinker entgegen, ohne an Geschmack zu missen. Absolut klassisch hingegen schmeckt der kräftige „Nummer 1" Gutsriesling. Bei den Lagenweinen sind wir dem Schönhell zugeneigt, der Kraft mit feiner Textur verbindet. Aber auch die beiden Biester überzeugen: Das „kleine Biest" aus dem Hendelberg ist mineralisch gewirkt, geradlinig und pointiert. Das „Biest" aus der Sandgrub agiert auf Erste Lage Niveau, wirkt kraftvoll und fein. Sein packendes Aroma nach gesalzener Grapefruit ist herrlich einprägsam. Da muss man das „Große Biest", das es immer nur dann gibt, wenn alles im Weinberg passt, nicht vermissen. Der fruchtige „Tradition" folgt genauso saftig und würzig mild, wie man es sich wünscht, ebenso der fruchtsüße Xanadu. In diesem Jahr gibt es erstmals einen Spätburgunder mit viel Würze und vollmundiger, dunkler Frucht.

Weinbewertung

84	2019 Riesling trocken „Stilbruch"	12%/6,90€
85	2019 Riesling trocken „Nummer 1"	12%/7,95€
86	2019 Riesling trocken „Kleines BieSt" Hallgarten Hendelberg	12,5%/9,95€
86	2019 Riesling trocken „Schönhell" Hallgarten Schönhell	12,5%/9,95€
87	2019 Riesling trocken „BieSt" Kiedrich Sandgrub	13%/15,50€
85	2019 Riesling „Tradition"	12%/7,95€
85	2019 Riesling süß „Xanadu"	10%/12,-€
86	2018 Spätburgunder trocken „Bieber Rot"	14%/14,90€

BADEN — SCHRIESHEIM

★ ★

Bielig

Kontakt
Aussiedlerhof 5A
69198 Schriesheim
Tel. 06203-925198
Fax: 06203-925199
www.weingut-bielig.de
post@weingut-bielig.de

Besuchszeiten
Mi. + Fr. 14-18 Uhr
Sa. 9-15 Uhr

Inhaber
Eva & Georg Bielig
Rebfläche
4,5 Hektar
Produktion
35.000 Flaschen

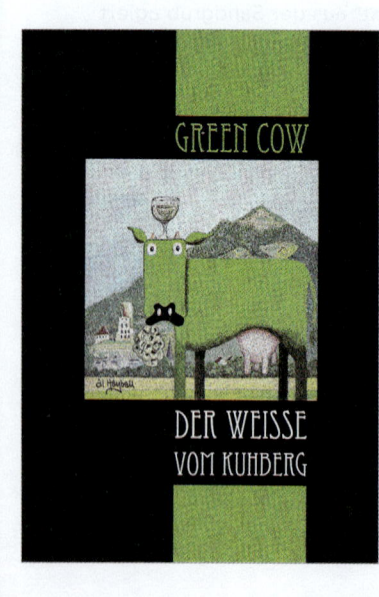

Georg Bielig gründete 1994 im Alter von 18 Jahren sein eigenes Weingut und bewirtschaftet es heute im Nebenerwerb zusammen mit seiner Frau Eva; hauptberuflich ist er Kellermeister bei einem anderen Weingut der Badischen Bergstraße. Angefangen hat er als „Garagenwinzer" mit 25 Ar, heute stehen 4,5 Hektar in Ertrag. Seine Weinberge liegen in den Schriesheimer Lagen Kuhberg und Staudenberg, im Dossenheimer Ölberg und im Heidelberger Heiligenberg. Er baut Riesling (1 Hektar), Müller-Thurgau und Weißburgunder an, aber auch Grauburgunder, Silvaner, Roten Muskateller und Gewürztraminer, dazu rote Sorten wie Spätburgunder, Lemberger, Cabernet Sauvignon, Merlot, Dornfelder oder Cabernet Mitos. Rote Sorten nehmen die Hälfte der Rebfläche ein, die Top-Rot- und Weißweine werden im Holz ausgebaut.

Kollektion

Georg Bielig setzt auf „enkelfähigen" Weinbau. Als notwendig erachtet er für diesen neuen Pfad robuste Pflanzen und ein Umdenken in der Bewirtschaftung der Weinberge und auch in der Kellerwirtschaft. Bielig hat deshalb schon vor einigen Jahren mit dem Pflanzen von pilzwiderstandsfähigen Sorten begonnen, mittlerweile sind 20 Prozent der Anbaufläche mit den „Piwis" bestockt. Diese werden biologisch, ohne synthetische Mittel, bewirtschaftet. Auch im Keller geht Bielig neue Wege. Sehr gut ist der maischevergorene Grauburgunder, der im Bouquet dunkles Johannisbeergelee zeigt. Es ist ein sehr stabiler, in sich ruhender Wein mit einer schönen Fülle, die durch die Phenolik aufgefangen wird. Sehr ordentlich ist wieder der Sylvaner aus der Literflasche. Saftig-süß mit gutem Grip präsentiert sich der Riesling. Sehr duftig ist die Piwi-Cuvée „Zebra". Hauptbestandteil ist die Sorte Sauvitage. Sehr gut ist der erstmals erzeugte Sauvignon Blanc, hat ein angenehmes Bouquet von Rhabarber-Kompott, am Gaumen kommt Stachelbeere dazu, es folgt ein langes, schönes Frucht-Säurespiel, guter Grip und Substanz. Bei den Rotweinen überzeugen vor allem die Klassiker Spätburgunder und die beiden Lemberger.

Weinbewertung

83	2019 Sylvaner trocken (1l)	12,5%/4,-€ ☺
87	2019 Sauvignon Blanc trocken Schriesheimer	13%/7,-€ ☺
84	2019 Riesling Kabinett trocken Dossenheimer Ölberg	13%/5,50€
83	2019 „Zebra" Weißweincuvée trocken	13,5%/7,50€
88	2018 Grauburgunder trocken „Maischegärung"	14%/10,-€ ☺
82	2019 „Zebra" Rotwein trocken	15%/7,50€
83	2016 Spätburgunder trocken Schriesheimer	12,5%/5,50€
84	2018 „Pirschgang" Rotwein trocken	14%/9,50€
(84)	2018 Lemberger trocken	13,5%/5,50€
(84)	2018 Cabernet Sauvignon trocken	14%/12,50€
85	2017 Lemberger trocken Barrique „L²" Schriesheimer	13,5%/12,50€

FRANKEN — VOLKACH

★★

Bruno **Bienert**

Kontakt
Kapellenweg 7
97332 Volkach
Tel. 09381-2261
Fax: 09381-803671
www.weingut-bienert.de
info@weingut-bienert.de

Besuchszeiten
Mo.-Fr. 9-18 Uhr
Sa. 9-17 Uhr
So. 10-12 Uhr
Vinothek, Weinstube
Torbäck, Hauptstraße 35

Inhaber
Oliver Bienert
Betriebsleiter
Oliver Bienert
Kellermeister
Oliver Bienert
Rebfläche
6,1 Hektar
Produktion
45.000 Flaschen

Seit 1977 führten Bruno Bienert und Ehefrau Sigrid dieses Volkacher Gut, inzwischen hat Sohn Oliver, Weinbautechniker, den Betrieb übernommen. Seine Weinberge liegen hauptsächlich im Volkacher Ratsherr, aus dem Escherndorfer Fürstenberg kommt die Kuriosität im Programm, der Schönburger, im Neusetzer Glatzen wächst Scheurebe. In allen drei Lagen wachsen die Reben auf Muschelkalkböden. Oliver Bienert baut Silvaner, Müller-Thurgau, Riesling, Scheurebe, Bacchus, Weißburgunder und Grauburgunder an, aber auch Optima, Morio-Muskat, Kerner und Ortega, 2018 wurde die historische Rebsorte Grünfränkisch gepflanzt. An roten Sorten gibt es Spätburgunder, Domina und Dornfelder sowie Regent. Die Weine werden zum größten Teil an Endverbraucher verkauft. Edelbrände und Liköre ergänzen das Sortiment. 2018 hat Oliver Bienert kleine Edelstahlgebinde angeschafft, der Anteil der spontanvergorenen Weine wurde seither erhöht.

Kollektion

Eine Ortega Beerenauslese führte im vergangenen Jahr eine sehr gleichmäßige Kollektion an. Edelsüße Weine konnten wir in diesem Jahr nicht verkosten, nur eine feinherbe Scheurebe Spätlese – und diese ist eine unserer Favoriten in einer sehr gleichmäßigen, guten Kollektion. Die Scheurebe zeigt intensive Frucht im herrlich eindringlichen Bouquet, besitzt Fülle und Saft, reife süße Frucht und Substanz. Gleichauf sehen wir die trockene Riesling Spätlese, sie zeigt gute Konzentration und reife Frucht, ist füllig und kompakt bei reintöniger Frucht. Spannend ist auch der neue Grünfränkisch, ist würzig, fruchtbetont, zupackend, besitzt Frische und Grip. Die trockene Silvaner Spätlese ist fruchtbetont und intensiv, besitzt Fülle und Wärme. Recht hohe Alkoholwerte kennzeichnen auch Weißburgunder und Grauburgunder, die beide saftig und klar sind. Ein fruchtbetonter, im Barrique ausgebauter Spätburgunder rundet die Kollektion ab.

Weinbewertung

80	2019 Bacchus Kabinett trocken Volkacher Kirchberg (1l)	12%/5,60 €
81	2019 Riesling Kabinett trocken Volkacher Ratsherr	12%/7,50 €
82	2019 „Auszeit" Weißweincuvée Kabinett trocken	12,5%/7,20 €
83	2019 Scheurebe Kabinett trocken Volkacher Kirchberg	12,5%/7,20 €
84	2019 Grünfränkisch trocken „Terra R"	14%/9,50 €
83	2019 Silvaner Spätlese trocken Volkacher Ratsherr	13,5%/7,90 €
83	2018 Weißburgunder Spätlese trocken Volkacher Ratsherr	14,5%/7,90 €
82	2019 Grauburgunder Spätlese trocken Volkacher Ratsherr	14%/8,90 €
85	2019 Riesling Spätlese trocken Volkacher Ratsherr	13,5%/8,90 €
81	2019 „Blanc de Noir" Spätlese trocken Volkacher Kirchberg	13%/7,90 €
85	2019 Scheurebe Spätlese „feinherb" Volkacher Kirchberg	12,5%/7,90 €
83	2018 Spätburgunder Spätlese trocken Barrique Volkacher Ratsherr	14,5%/9,90 €

Andreas Bieselin

Kontakt
Im Pfaffenbach 61
77955 Ettenheim
Tel. 07822-446319
Fax: 07822-446320
www.andreas-bieselin.de
weingut@andreas-bieselin.de

Besuchszeiten
Mo.-Mi. 9-12 + 14-15:30 Uhr
Do./Fr. 9-12 + 14-18 Uhr
Sa. 9-12 Uhr
So. Ruhetag

Inhaber
Andreas Bieselin
Betriebsleiter
Olivia Bieselin
Kellermeister
Andreas Bieselin
Rebfläche
8 Hektar
Produktion
25.000 Flaschen

Andreas Bieselin arbeitete unter anderem bei Bernhard Huber in Malterdingen und beim Weingut Poggio al Sole in der Toskana, bevor er sich mit einem halben Hektar Reben im heimischen Ettenheim selbständig machte. 2002 erzeugte er seinen ersten eigenen Wein. Die Reben wachsen in Ettenheim und Tutschfelden auf tiefgründigen Löss-Lehm-Böden mit Muschelkalk im Untergrund, sowie auf Buntsandstein. Andreas Bieselin baut vor allem die Burgundersorten an (Weißburgunder, Grauburgunder, Spätburgunder, Auxerrois), aber auch Riesling, Muskateller, Chardonnay, Cabernet Franc und Merlot. Die Weine werden teils im Edelstahl, teils im Barrique ausgebaut, auf Lagenbezeichnungen wird verzichtet. Das Sortiment ist gegliedert in drei Linien, die seit dem Jahrgang 2014 auf dem Etikett gekennzeichnet sind durch Blatt (Basislinie), Stamm (mittlere Linie) und Wurzel (Spitzenlinie). Im April 2018 haben Andreas und Olivia Bieselin ihr neues Weingut inmitten der Ettenheimer Weinberge eröffnet.

Kollektion

Wein ohne Alkohol ist ein noch verschwindend kleines Nischenprodukt, aber langsam nimmt das Angebot zu. Beim Bier sind die alkoholfreien Sorten mehr als akzeptiert, beim Wein noch nicht. Das mag auch am Preis liegen. Alkoholfreier Wein ist ein konventionell hergestellter Wein, dem der Alkohol entzogen wird. Durch die Vakuumverdampfung verflüchtigt sich der Alkohol schon bei 27 Grad, dadurch gelingt es, viele für Wein typische Aromen zu erhalten. Das schmeckt man auch beim „Null.Stoff" von Andreas Bieselin. Das Bouquet ist etwas eigenwillig mit viel Zitrus, aber das Getränk schmeckt wie Wein ohne Alkohol – und das ist es auch. Etwas Kohlensäure ist auch dabei und viel Süße. Auch einige andere Weine der aktuellen Kollektion sind eher süß. Der halbtrockene Riesling zeigt viel Frucht und etwas Akazienhonig im Bouquet, am Gaumen gefällt ein feines Säurespiel. Auch die duftige Weißwein-Cuvée „Wein.Laune" ist süß, am Gaumen leicht und sehr saftig. Der Müller-Thurgau ist saftig-süffig, aber auch stoffig mit gewisser Länge. Der Auxerrois hat viel helle Frucht im Bouquet, im Mund viel süße Frucht. Der durchgegorene Rose zeigt rote Früchte und Buttermilch im Bouquet, am Gaumen eindringlich, salzig. Die rote Cuvée „Wein.Laune" hat ein eigenwilliges Bouquet mit exotischen Früchten, süße Frucht am Gaumen.

Weinbewertung

83	2019 Müller Thurgau trocken (Blatt)	11%/6,50 €
84	2019 Auxerrois trocken (Stamm)	12%/9,- €
78	2019 „Null.Stoff"	5,5%/9,- €
83	2019 Riesling (halbtrocken) (Blatt)	11%/8,- €
82	2019 Wein.Laune Weißweincuvée (Stamm)	11,5%/9,- €
83	2019 Rosé trocken (Stamm)	12,5%/9,- €
81	2019 „Wein.Laune rot" Rotweincuvée	12%/10,- €

WÜRTTEMBERG – LÖWENSTEIN

★★

Bihlmayer

Kontakt
Reisacher Straße 60
74245 Löwenstein
Tel. 07130-8172
Fax: 07130-3881
www.bihlmayer.de
info@bihlmayer.de

Besuchszeiten
Mo.-Fr. 9:30-11:30 + 13:30-18 Uhr, Sa. 9:30-11:30 + 13:30-16 Uhr, So. 9:30-11:30 Uhr
Hochzeiten im Gutsgarten

Inhaber
Bernd & Cathrin Bihlmayer
Betriebsleiter
Bernd Bihlmayer
Kellermeister
Cathrin Bihlmayer
Außenbetrieb
Alexander Kästel
Rebfläche
18,5 Hektar
Produktion
100.000 Flaschen

Herbert Bihlmayer verließ 1969 die Genossenschaft und begann mit der Selbstvermarktung. Seit 1982 führt sein Sohn Bernd zusammen mit Ehefrau Sabine den Betrieb. Seit 2010 werden sie von Cathrin, einer ihrer vier Töchter unterstützt, die Diplomingenieurin für Weinbau und Önologie ist, Praktika bei Seyfried (Neuseeland), Gies-Düppel und Breuer absolvierte und sich um den Keller kümmert, während ihr Vater und ihr Ehemann Alexander Kästel den Außenbetrieb leiten. Die jüngste Tochter Amelie kümmert sich um Vertrieb, Marketing und Wein-Events. Die Reben wachsen in Löwenstein auf Buntem Mergel und Gipskeuper, teils überlagert von Stubensandstein. Die einzige Lage Wohlfahrtsberg besteht aus unterschiedlichen Böden und Höhenlagen (von 360 bis 490 Meter). 2014 entstand ein neuer Weinverkaufsraum, wo zahlreiche Veranstaltungen stattfinden.

Kollektion

In der starken Kollektion im vergangenen Jahr hatte uns der 2017er Wohlfahrtsberg-Lemberger besonders gut gefallen. Auch im Jahrgang 2018 ist er sehr gut, zeigt gute Konzentration und reintönige Frucht im Bouquet, ist frisch, klar und zupackend im Mund, besitzt feine süße Frucht, gute Struktur und Biss. Auch sonst überzeugen die Rotweine, allen voran der geradlinige, klare Spätburgunder vom Gipskeuper und der reintönige, zupackende Lemberger vom bunten Mergel. Die Weißweine zeigen gleichmäßiges Niveau, sie sind fruchtbetont und kompakt, egal ob Chardonnay oder Graubrugunder, ob Cabernet Blanc oder die Rieslinge vom bunten Mergel und aus der Weinschwestern-Linie. Besonders gut gefällt uns der Riesling von den Bergen, der feine Würze und reife Frucht zeigt, füllig und saftig ist bei guter Struktur. Gleichauf sehen wir die Traminer Auslese, die feinen Duft zeigt, etwas Rosen, konzentriert ist, enorm saftig und süß.

Weinbewertung

83	2019 Riesling trocken „vom bunten Mergel" Löwenstein	12,5%/8,-€
82	2019 Chardonnay trocken „vom Gipskeuper"	12,5%/8,-€
83	2019 Riesling trocken „Eat Sleep" Riesling „Repeat" Weinschwestern	12,5%/9,90€
83	2019 Graubrugunder trocken „Grau wird bunter" Weinschwestern	12,5%/9,90€
83	2018 Cabernet Blanc trocken „Jungle Drum" Weinschwestern	13%/9,90€
85	2018 Riesling trocken „von den Bergen" Wohlfahrtsberg	12,5%/19,69€
85	2018 Traminer Auslese Löwensteiner Wohlfahrtsberg	8,5%/35,-€
81	2018 „Dunkelrot" Rotwein trocken	13,5%/6,-€
84	2018 Spätburgunder trocken „vom Gipskeuper"	13%/8,-€
84	2017 Lemberger trocken „vom bunten Mergel" Löwenstein	13,5%/8,-€
86	2018 Lemberger trocken Wohlfahrtsberg Löwenstein	14%/14,-€
83	2018 „Summer of ,69" Rotwein trocken Wohlfahrtsberg	13,5%/19,69€

BADEN — RENCHEN

Bimmerle

★★☆

Kontakt
Kirchstraße 4
77871 Renchen
Tel. 07843-654
Fax: 07843-1502
www.wein-bimmerle.de
info@wein-bimmerle.de

Besuchszeiten
Mo.-Fr. 8-12 + 13-18 Uhr
Sa. 9-14 Uhr

Inhaber
Siegbert Bimmerle

Rebfläche
150 Hektar

Produktion
1.100.000 Flaschen

Das Weingut Bimmerle wurde 1936 von Josef Bimmerle gegründet. Er war Weinhändler, sein Sohn Gerold begann mit eigenem Weinbau. Als gelernter Weinküfer übernahm Enkel Siegbert 1986 den Betrieb in dritter Generation. Mit seinem Sohn Benedikt arbeitet bereits die nächste Generation im Betrieb mit. Die Weinkellerei Bimmerle verfügt über 38 Vertragswinzer, die sich mit dem Weingut zu einer Erzeugergemeinschaft zusammengeschlossen haben. Die Weinberge dieser Erzeugergemeinschaft befinden sich vor allem in den Lagen Oberkircher Renchtäler, Oberkircher Schlossberg und Waldulmer Pfarrberg, erstrecken sich über mehr als 90 Kilometer, beginnend im Norden in Baden-Baden über Oberkirch und Durbach bis tief in den Süden nach Ettenheim und Ringsheim. Rote und weiße Sorten nehmen jeweils etwa die Hälfte der Rebfläche ein, wobei Spätburgunder, Müller-Thurgau und Riesling die dominierenden Rebsorten sind.

Kollektion

Zwölf Weine aus Siegbert Bimmerles gut 50 Posten umfassendem Portfolio durften wir in diesem Jahr verkosten und konnten dabei einige Fortschritte feststellen. Die weißen Kabinett-Weine können mit einer leichten animierenden Art punkten, am besten gefällt uns hier der trockene Weißburgunder. Die Riesling Spätlese war bereits im vergangenen Jahr sehr gut und gefällt uns auch in diesem Jahr dank ihrer kraftvollen Substanz und ihrem leichten Grip. Die rote Cuvée aus Pinot Noir, Merlot und Cabernet Sauvignon hat eine warme Frucht, ist füllig und gut strukturiert. Fortschritte sehen wir vor allem beim Weißburgunder Reserve und der Sauvignon Blanc Spätlese, die das Sortiment in diesem Jahr anführen. Der Weißburgunder ist deutlich vom Holz geprägt, buttrig, lässt aber immer noch „genug Wein" durchscheinen. Der Sauvignon Blanc gibt sich kraftvoll, hat rauchige Feuersteinnoten und viel reife Frucht.

Weinbewertung

82	2019 Rivaner trocken	12%/5,90€
83	2019 Weißer Burgunder Kabinett trocken	13%/9,90€
82	2019 Grauer Burgunder Kabinett trocken	13%/9,90€
(86)	2019 Riesling Spätlese trocken	12,5%/9,90€
83	2019 Chardonnay trocken	13%/9,90€
84	2019 Sauvignon Blanc trocken	12,5%/10,90€
(87)	2019 Sauvignon Blanc Spätlese trocken	13,5%/13,50€
87	2018 Weißer Burgunder trocken „Reserve"	14,5%/19,-€
82	2019 Riesling Kabinett „feinherb"	11,5%/9,90€
82	2018 Gewürztraminer Spätlese	12%/13,50€
85	2017 Pinot/Merlot/Cabernet Sauvignon	14%/9,90€
83	2018 Spätburgunder trocken	13,5%/9,90€

MOSEL — TRABEN-TRARBACH

Christian **Bindges**

★ ★ ☆

Kontakt
Rißbacher Straße 166
56841 Traben-Trarbach
Tel. 06541-7029508
www.weingut-bindges.de
info@weingut-bindges.de

Besuchszeiten
nach Vereinbarung
Vinothek, Events

Inhaber
Christian Bindges
Rebfläche
1 Hektar
Produktion
7.000 Flaschen

Christian Bindges stammt aus einer Winzerfamilie von der Mosel, hat aber nach dem Abitur die Mosel verlassen, nach dem Studium in Süddeutschland in der Autoindustrie gearbeitet. Nach seiner Rückkehr an die Mosel erwarb er einige alte Rieslingweinberge in den Kröver Steillagen Letterlay und Steffensberg, sowie im Trabener Königsberg, bewirtschaftet heute insgesamt 1 Hektar. Die Lagen Letterlay und Steffensberg sind süd- bis südwest-exponiert, die Reben wachsen hier auf tiefgründigen Schieferböden, der Trabener Königsberg, benannt nach der französischen Festung Mont Royal, die sich einst auf dem Plateau des Berges befand, ist süd- bis südost-exponiert. 2014 erzeugte Christian Bindges seine ersten eigenen Weine, 2015 übernahm er die Verantwortung für die Rieslingweine des väterlichen Betriebes, der im Nebenerwerb bewirtschaftet wird. Christian Bindges hat inzwischen auf Spontangärung umgestellt, seine Frau Jennifer ist im Betrieb aktiv, in der neu eröffneten Vinothek sollen zukünftig Events stattfinden.

Kollektion

Nur vier Weine stellt Christian Bindges vor, aber es kommt ja weniger auf die Quantität als vielmehr auf die Qualität an. Alle Abfüllungen stammen aus dem Jahrgang 2019 und sind geradlinig, spiegeln den Charakter des Herbstes gut wider. Ein „Brückenschlag" genannter Riesling ist in der Nase verhalten, leicht hefig, im Mund wirkt er angenehm stoffig, zeigt eine milde Frucht und einen schönen Nachhall, auch etwas Spiel ist zu spüren. Dieser Wein wirkt angenehm trocken, fest, ist sehr gut vinifiziert. Der Riesling Kabinett aus der Lage Letterlay ist frisch, zeigt Noten von Zitrus, wirkt saftig, zeigt nur eine leichte Süße. Dieser Wein, der eher als halbtrocken einzustufen ist, wirkt insgesamt animierend und fein, macht schon im jetzigen Zustand Spaß, dürfte sich aber auch gut entwickeln. Recht offen ist die Steffensberg-Spätlese, die in der Nase Steinobstnoten zeigt, auch etwas Pfirsichschale, die dann im Mund sehr saftig ausfällt, aber auch fein und nachhaltig; die für eine Spätlese sehr geringe Süße ist bestens integriert. Schließlich der Spätburgunder Blanc de Noirs, der cremig duftet, auch etwas nach Erdbeeren, der rund ist und eine gewisse Fülle aufweist, allerdings auch angenehm fest und nachhaltig ausfällt.

Weinbewertung

84	2019 Spätburgunder „Blanc de Noirs" trocken	12,5%/8,50€
86	2019 Riesling trocken „Brückenschlag"	12,5%/8,90€
86	2019 Riesling Kabinett Letterlay	11%/8,50€
86	2019 Riesling Spätlese Steffensberg	11,5%/13,50€

WÜRTTEMBERG ▬ BRETZFELD-ADOLZFURT

Birkert

★★★

Kontakt
Unterheimbacher Straße 28
74626 Bretzfeld-Adolzfurt
Tel. 07946-484
Fax: 07946-3378
www.weingut-birkert.com
info@weingut-birkert.com

Besuchszeiten
Mo.-Fr. 8-18 Uhr
Sa. 8-16 Uhr
oder nach Vereinbarung
Weinausschank (Öffnungszeiten siehe Webseite)

Inhaber
Boris & Regina Birkert

Rebfläche
15 Hektar

Produktion
100.000 Flaschen

Boris Birkert war im Jahr 2000 in den Betrieb eingestiegen, 2012 übernahm er ihn von seinem Vater Manfred, führt ihn zusammen mit Ehefrau Regina. Mit seinem Einstieg 2000 führte er die Barrique-Serie „roburis" ein. Der Name rührt von der botanischen Bezeichnung für die Stieleiche her, aus der die Fässer gemacht werden, quercius robur, und den letzten beiden Buchstaben des Vornamens von Boris Birkert. Hinzu gefügt wird der Buchstabe für die Rebsorte. Seine Weinberge liegen im Adolzfurter Schneckenhof und im Bretzfelder Goldberg. Zuletzt hinzugekommen sind die Weinberge seiner Schwiegereltern in der Michelbacher Margarethe. Riesling, Trollinger und Lemberger sind die wichtigsten Rebsorten, dazu gibt es Spätburgunder, Merlot, Chardonnay, Sauvignon Blanc, Syrah und einige andere mehr. In der hauseigenen Brennerei wird das eigene Obst zu Schnäpsen gebrannt. Seit 2017 ist das Weingut Fair'N Green zertifiziert, 2019 wurden weitere Piwi-Sorten gepflanzt, es werden Muscaris, Sauvitage und Cabernet Cortis angebaut.

Kollektion

Die neue Kollektion schließt nahtlos an das Vorjahr, in dem wir deutliche Fortschritte bei den Weißweinen feststellen konnten. Der im Tonneaux ausgebaute Fumé Blanc gefällt uns wieder besonders gut, besitzt gute Konzentration und reintönige Frucht, der als Fassprobe verkostete „einfache" Sauvignon Blanc steht ihm kaum nach, ist fruchtbetont und zupackend. Sehr gut sind auch die Rieslinge, der füllige, kraftvolle Wein aus der Margarethe ebenso wie der kraftvolle, gelbfruchtige Schneckenhof-Riesling oder die würzige, strukturierte Auslese. In der Spitze ein klein wenig stärker sind wie gewohnt die Roten, allen voran der kraftvolle, zupackende Merlot und die füllige, konzentrierte Cuvée CM.

Weinbewertung

84	2018 Muskateller trocken Adolzfurter Schneckenhof	12,5%/7,-€
(86)	2019 Sauvignon Blanc trocken Adolzfurter Lindelberg	13%/8,50€
84	2019 Weißer Burgunder trocken Bretzfelder Goldberg	13%/6,50€
85	2019 Riesling trocken Michelbacher Margarethe	13%/6,50€
86	2018 Riesling „S" trocken Adolzfurter Schneckenhof	13,5%/8,50€
87	2019 Fumé Blanc „S" trocken Adolzfurter Schneckenhof	13%/11,50€
84	2019 Muscaris Adolzfurter Schneckenhof	13,5%/7,-€
86	2018 Riesling Auslese Adolzfurter Schneckenhof	10%/8,50€
84	2019 Muskat-Trollinger Rosé Adolzfurter Schneckenhof	11,5%/6,50€
84	2018 Trollinger trocken „Alte Reben"	12,5%/5,50€
85	2018 Merlot „S" trocken Adolzfurter Schneckenhof	14,5%/9,50€
88	2017 Merlot trocken Barrique „Roburis M" Adolzfurter Schneckenhof	14,5%/15,-€
87	2017 Syrah trocken „Roburis" Adolzfurter Schneckenhof	14%/16,50€
89	2017 „CM" Rotwein trocken Barrique Adolzfurter Schneckenhof	14%/20,-€

RHEINHESSEN ▬► APPENHEIM

★★★★★ **Bischel**

Kontakt
Sonnenhof 15
55437 Appenheim
Tel. 06725-2683
Fax: 06725-5127
www.weingut-bischel.de
info@weingut-bischel.de

Besuchszeiten
Mo.-Fr. 9-18 Uhr und nach Vereinbarung

Inhaber
Familie Runkel
Kellermeister
Christian & Matthias Runkel
Rebfläche
22 Hektar
Produktion
150.000 Flaschen

Seit fünf Generationen baut die Familie Wein in Appenheim an. Heute wird der Sonnenhof von Christian und Matthias Runkel geführt, ihr Großvater hatte in den sechziger Jahren den außerhalb von Appenheim gelegenen Sonnenhof erbaut. Die Weinberge liegen in den Appenheimer Lagen Hundertgulden und Eselspfad, in der an Kalkstein reichen Gau-Algesheimer St. Laurenzikapelle sowie in den Gau-Algesheimer Lagen Johannisberg und Goldberg. Seit 2004 besitzt man auch eine Parzelle mit alten Rieslingreben im Binger Scharlachberg, zuletzt konnte man sich dort noch einmal kräftig vergrößern und 2,5 Hektar hinzu pachten. Wichtigste Rebsorte ist Riesling, der zwei Fünftel der Weinberge einnimmt, gefolgt von Grauburgunder, Weißburgunder, Silvaner und Spätburgunder zu etwa gleichen Teilen, dazu gibt es etwas Chardonnay und Frühburgunder, zuletzt wurden Merlot, Cabernet Sauvignon und Sauvignon Blanc neu gepflanzt. Die Rotweine werden maischevergoren und kommen dann ins Holzfass, die Weißweine werden in Edelstahltanks recht lange auf der Hefe ausgebaut. Die Weine werden zum größten Teil spontanvergoren. Seit dem Jahrgang 2006, seit Christian und Matthias Runkel die Weine vinifizieren, gibt es die „Quarzit" (Binger Scharlachberg) und „Terra Fusca" genannten Ortsweine mit dem Jahrgang 2018 gibt es drei Ortsweine, aus Appenheim und Bingen sowie den Terra Fusca genannten Wein aus Gau-Algesheim. Die Basis des Sortiments bilden die Gutsweine, an der Spitze stehen die Riesling-Lagenweine, nun die Großen Gewächse aus Hundertgulden, Scharlachberg und Heerkretz. Mit der Aufnahme in den VDP können die bisherigen weiteren Lagenweine wie der Silvaner aus dem Goldberg, der Weißburgunder aus der St. Laurenzikapelle und der Spätburgunder aus dem Johannisberg zumindest vorerst nicht mehr erzeugt werden, sie werden zu Ortsweinen oder aber, wie mit Chardonnay und Weißburgunder geschehen, zu Réserve-Weinen; einen Pinot Noir Réserve gibt es bereits seit dem Jahrgang 2009. Dazu gibt es, abhängig vom Jahrgang, süße und edelsüße Weine, die als einzige Weine Prädikatsbezeichnungen tragen. 2019 wurde das Weingut in den VDP aufgenommen. Im vergangenen Jahr haben Christian und Matthias Runkel mit der Zertifizierung für biologischen Weinbau begonnen.

🍷 Kollektion

Eine großartige Kollektion folgt auf die nächste, auch den Jahrgang 2019 hatten Christian und Matthais Runkel wieder voll im Griff. Was schon der starke Gutsriesling beweist, der intensiv und herrlich eindringlich ist, gute Struktur und Grip besitzt. Spannend sind dann auch die drei Riesling Ortsweine. Der Riesling aus Bingen ist sehr offen im Bouquet, konzentriert, ist füllig und saftig im Mund bei klarer reifer Frucht. Der Terra Fusca aus Gau-Algesheim ist würzig, zeigt feine Frische und klare Frucht, ist lebhaft im Mund, reintönig und zupackend. Der Appenheimer Riesling ist konzentriert

WEINGUT
BISCHEL
GG
HUNDERTGULDEN
RIESLING 2018

und reintönig, zeigt die für Appenheim typische gelbe Frucht, ist kraftvoll und zupackend, besitzt gute Struktur und Grip. Eine weitere klare Steigerung bringen die Großen Gewächse. Gute Konzentration und viel reife Frucht zeigt der Hundertgulden im Bouquet, besitzt herrlich viel Frucht im Mund, viel Druck, gute Substanz und Länge. Der Scharlachberg ist auch 2019 wieder großartig, herrlich intensiv, reintönig, dominant, druck- und kraftvoll, besitzt viel Länge und Nachhall. Der Heerkretz ist konzentriert, herrlich eindringlich, zeigt viel reife Frucht, ist füllig und saftig bei reifer Frucht und viel Substanz. Die Riesling Auslese aus dem Scharlachberg zeigt kandierte Früchte im Bouquet, besitzt viel Substanz und Länge. Eine großartige Riesling-Serie! Aber Christian und Matthais Runkel können nicht nur Riesling, es gibt noch mehr spannende Weine zu entdecken. Der Silvaner von den Terrassen in Gau-Algesheim gehört zu den besten in Rheinhessen, ist konzentriert und reintönig, füllig und kraftvoll, besitzt reintönige Frucht, Substanz und Länge. Die Cuvée aus Weißburgunder und Chardonnay zeigt etwas gelbe Früchte, besitzt reife Frucht auch im Mund, gute Struktur und Frische. Der 2019er Reserve-Chardonnay schließt nahtlos an den tollen 2018er an, ist füllig und kraftvoll, sehr lebendig, druckvoll, noch jugendlich. Auch die Spätburgunder sind wieder stark, der Appenheimer ist würzig, kompakt, der Gau-Algesheimer etwas druckvoller, an der Spitze steht wieder der faszinierende Reserve-Pinot Noir, der faszinierend viel reintönige Frucht zeigt, Herzkirschen, füllig und komplex ist, druckvoll und lang. Großartige Kollektion!

Weinbewertung

87	2019 Riesling trocken	12,5 %/8,90 €
90	2019 Silvaner trocken Terrassen Gau-Algesheim	13 %/15,90 €
90	2019 Riesling trocken Appenheim	12,5 %/17,50 €
89	2019 Riesling trocken „Terra Fusca" Gau-Algesheim	12,5 %/13,90 €
89	2019 Riesling trocken Bingen	12,5 %/17,50 €
89	2019 Weißburgunder & Chardonnay trocken Appenheim	13 %/15,90 €
92	2019 Chardonnay trocken „Réserve"	13 %/22,- € ☺
91	2019 Weißer Burgunder trocken „Réserve"	13 %/24,- €
94	2019 Riesling „GG" Hundertgulden	13 %/28,- € ☺
97	2019 Riesling „GG" Scharlachberg	13 %/30,- € ☺
92	2019 Riesling „GG" Heerkretz	13 %/28,- €
90	2019 Riesling Auslese Binger Scharlachberg	7 %/19,90 €/0,375l
89	2018 Spätburgunder trocken Appenheim	13 %/26,- €
90	2018 Spätburgunder trocken Gau-Algesheim	13 %/26,- €
94	2018 Pinot Noir trocken „Reserve"	13 %/36,- €

Lagen

Hundertgulden (Appenheim)
Scharlachberg (Bingen)
Heerkretz (Siefersheim)
Johannisberg (Gau-Algesheim)
Goldberg (Gau-Algesheim)
St. Laurenzikapelle (Gau-Algesheim)
Eselspfad (Appenheim)

Rebsorten

Riesling (35 %)
Spätburgunder (15 %)
Weißburgunder (15 %)
Grauburgunder (15 %)
Silvaner (10 %)

★★★★✩ # Bischöfliches Weingut Rüdesheim

Kontakt
Bischöfliches Weingut
Rüdesheim Bistum Limburg
Marienthalerstraße 3
65385 Rüdesheim
Tel. 06722-910560
Fax: 06722-910562
www.bischoefliches-weingut.de
s.trick@bischoefliches-weingut.de
weingut@bistumlimburg.de

Besuchszeiten
Mo.-Fr. 13-17 Uhr
jeden 2. Samstag im Monat
11-15 Uhr
oder nach Vereinbarung

Inhaber
Bistum Limburg
Betriebsleiter
Peter Perabo
Kellermeister
Peter Perabo
Rebfläche
9,5 Hektar
Produktion
50.000 Flaschen

Das Weingut des Bistums Limburg führt seine Geschichte auf das Mittelalter zurück, im 11. Jahrhundert wurde es bereits urkundlich erwähnt, wurde später als Pfarrweingut Rüdesheim bekannt und 1984 vom Limburger Bistum übernommen. Der Klosterkeller stammt aus dem Jahr 1683. Die Reben befinden sich in Rüdesheim, in den Berg-Lagen Schlossberg (mit den Gewannen Katerloch und Ehrenfels), Rottland (mit teils 1960 gepflanzten Reben) und Roseneck, aber auch im Bischofsberg, in der Klosterlay und im Magdalenenkreuz. Riesling nimmt vier Fünftel der Rebfläche ein, auf dem restlichen Fünftel wächst Spätburgunder. Für den Keller und die technische Leitung des Betriebes ist seit 2007 Peter Perabo zuständig, der inzwischen von der Geschäftsführerin Silke Trick unterstützt wird.

Kollektion

Wie die letzten Jahre, bietet das Weingut auch in diesem Jahr wieder sehr gute Qualitäten mit hoher Verlässlichkeit. Schon die beiden Gutsrieslinge sind klar, animierend und von feinem Mineral geprägt. Klare Linienführung zeichnet auch den Laudate aus, der mit spürbar mehr Finesse und Spannkraft aufwartet. Sein großer Bruder, der Episcopus, vergärt und lagert im Stückfass, er ist würzig und kraftvoll, sehr griffig. Präzision der Aromen zeichnet den Riesling „1960" aus dem Rottland aus, der mit seiner schlummernden Kraft noch zurückhaltend umgeht, ein geschliffener Rottland, reich an Finesse und mit viel versprechendem Reifungspotenzial, eher kühl als opulent. Den Umstieg auf die weicheren 2018er Jahrgangsstilistik macht uns der Berg Roseneck dank seiner agilen Säure leicht. Er besitzt fein akzentuierte Gerbstoffe, die ihm Struktur verleihen. Der Katerloch ist im direkten Vergleich ausladender, bezieht seinen Reiz aus einer Würze. Die Spätburgunder werden immer besser. Neben dem sehr ausgewogenen 2017er Pinot S spricht uns der satte, zugleich feine 2018er Rüdesheimer besonders an. Die fein gereifte Riesling Auslese ist von klassischer Statur und ein adäquater Abschluss einer bärenstarken Kollektion.

Weinbewertung

86	2019 Riesling trocken „a priori"	12%/7,50€
87	2019 Riesling trocken „Laudate" Rüdesheim	12%/10,-€
90	2019 Riesling trocken „Episcopus" Rüdesheim	12%/15,-€ ☺
90	2018 Riesling trocken Berg Roseneck	12,5%/18,-€
91	2018 Riesling trocken „Katerloch" Rüdesheim Berg Schlossberg	12,5%/18,-€ ☺
91	2019 Riesling trocken „1960" Berg Rottland	12,5%/20,-€
86	2019 Riesling „feinherb a priori"	11,5%/7,50€
89	2017 Riesling Auslese Rüdesheim	9%/16,-€/0,375l
89	2017 Pinot Noir trocken Rüdesheim	13%/16,-€
90	2018 Pinot Noir trocken Rüdesheim	13%/a.A.
91	2017 Pinot Noir trocken „S" Rüdesheim	13,5%/32,-€

MOSEL — TRIER

Bischöfliche Weingüter Trier

★★★

Kontakt
Bischöfliche Weingüter Trier
(BWG) & Friedrich-Wilhelm-
Gymnasium (FWG)
Gervasiusstraße 1
54290 Trier
Tel. 0651-14576-0
Fax: 0651-40253
www.bwgtrier.de
info@bwgtrier.de

Besuchszeiten
Mo.-Fr. 9-18 Uhr
Sa. 10-14 Uhr

Inhaber
Bischöfliches Priesterseminar
Trier, Hohe Domkirche Trier,
Bischöfliches Konvikt Trier
Güterdirektorin
Julia Lübcke
Kellermeister
Johannes Becker
Außenbetrieb
Stefan Meuren
Rebfläche
130 Hektar (100 Hektar BWG
+ 30 Hektar FWG)
Produktion
650.000 Flaschen (+ 200.000
Flaschen FWG)

Die Bischöflichen Weingüter in Trier bewirtschaften den Weingutsbesitz des Bischöflichen Priesterseminars, der Hohen Domkirche und des Bischöflichen Konvikts Trier, sind sowohl an Mosel als auch an Saar und Ruwer vertreten. Nach dem Weggang von Karsten Weyand amtiert Julia Lübcke als Güterdirektorin; Johannes Becker ist weiterhin Kellermeister.

Kollektion

Spannende Weine aus 2018 und 2019 stellt das Gut vor. Der trockene Eitelsbacher gefällt für einen Basisriesling ausgezeichnet, ist spritzig, ohne banal zu wirken. Erfreulich straff und fest ist der trockene Trittenheimer Kabinett, spritziger noch fällt der trockene Scharzhofberger Kabinett aus. Die Spätlese aus der Apotheke vibriert. Ein sehr spannendes Beispiel eines lange auf der Hefe gereiften Rieslings ist das Große Gewächs aus dem Scharzhofberger: würzig, vibrierend, erstaunlich offen. Die süße Spätlese aus dem Scharzhofberger zeigt Noten von Boskop, ist im Mund sehr kompakt und würzig. Eine Auslese aus dem Himmelreich zeigt Anklänge an Mirabelle, Hefe und Kräuter, ist sehr balanciert. Die Trockenbeerenauslese aus dem Scharzhofberger ist faszinierend klar und duftig mit Anklängen an frische Datteln, Erdbeerkonfitüre und Blütenhonig, dazu sehr süß; sie dürfte erst in 20 Jahren ihren Höhepunkt erreichen. Noch etwas spannender: Der Süßwein aus dem Kanzemer Altenberg.

Weinbewertung

85	2019 Riesling trocken Eitelsbacher	12%/8,90€
86	2019 Riesling Kabinett trocken Trittenheimer	12,5%/9,90€
87	2019 Riesling Spätlese trocken Trittenheimer	13%/13,90€
86	2019 Riesling Kabinett trocken Scharzhofberger	11%/11,90€
84	2019 Riesling „feinherb" „Dom"	11%/7,50€
84	2019 Riesling „feinherb" Graacher	11,5%/8,90€
91	2018 Riesling trocken „GG" Scharzhofberger	12,5%/35,-€
86	2019 Riesling Kabinett „feinherb" Ayler	11%/9,90€
86	2019 Riesling Spätlese „feinherb" Kaseler Nies'chen	11%/13,90€
86	2019 Riesling Kabinett Piesporter Goldtröpfchen	10%/10,90€
87	2019 Riesling Kabinett Scharzhofberger	9%/11,90€
88	2019 Riesling Spätlese Scharzhofberger	8,5%/16,-€
90	2018 Riesling Auslese Graacher Himmelreich	8,5%/29,-€
89	2019 Riesling Auslese Graacher Himmelreich	8,5%/29,-€
89	2018 Riesling Auslese Trittenheimer Apotheke	8%/29,-€
90	2018 Riesling Auslese Kaseler Nies'chen	8,5%/29,-€
91+	2018 Riesling Trockenbeerenauslese Kanzemer Altenberg	6%/250,-€
90+	2018 Riesling Trockenbeerenauslese Scharzhofberger	6,5%/290,-€

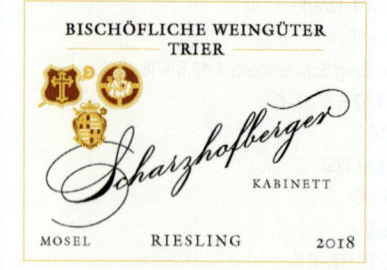

Bischoffingen

Kontakt
Winzergenossenschaft
Bischoffingen-Endingen
Bacchusstraße 20, 79235
Vogtsburg-Bischoffingen
Tel. 07662-9301-0 / -12
Fax: 07662-930193
www.wg-bischoffingen.de
info@wg-bischoffingen.de

Besuchszeiten
März-Dez.:
Mo.-Fr. 8:30-12 + 13:30-17 Uhr
Sa. 9-13 Uhr
Jan./Feb. Sa. geschlossen
April bis Okt.:
jeden Dienstag 14 Uhr
Kellerführung mit Weinprobe

Geschäfsführender Vorstand
Thomas Weller
Betriebsleiter
Thomas Weller & Norbert Kuhn
Kellermeister
Norbert Kuhn
Rebfläche
256 Hektar
Produktion
2.200.000 Flaschen

Die Genossenschaft von Bischoffingen wurde 1924 von damals 26 Winzern gegründet. Die Reben wachsen in den Bischoffinger Lagen Steinbuck (Vulkangestein mit hohem Anteil Tonerde), Enselberg (Vulkanverwitterungsboden mit hohem Lösslehm-Anteil) und Rosenkranz (Lössboden mit vulkanischem Tuffgestein), seit der Fusion mit der Endinger Genossenschaft auch im Endinger Engelsberg. Spätburgunder ist die mit Abstand wichtigste Rebsorte, gefolgt von Müller-Thurgau, Grauburgunder, Weißburgunder und Chardonnay.

Kollektion

Viel Frucht im Bouquet, viel Saft und frische Säure zeigt der Weiße Burgunder Kabinett, dazu ist er schön leicht, hat aber Substanz. Der Graue Burgunder Kabinett ist ähnlich gebaut, etwas süßer und kräftiger. Die Cuvée aus Weißem Burgunder und Chardonnay ist sehr fruchtig und saftig, hat eine gute Struktur mit feiner Säure. Der Grauburgunder von alten Reben zeigt ein rauchig-fruchtiges Bouquet, am Gaumen viel röstig-rauchige Würze und viel saftige Frucht, ein Wein mit kraftvoller Frische. Frisch und zupackend fruchtig ist der Spätburgunder Rosé. Reife, füllige Frucht zeigt der Weiße Burgunder Reserve vom Jahrgang 2016, besitzt cremigen Schmelz am Gaumen, eine feine Karamell-Note und gute Säurestruktur. Eine ähnliche Struktur hat der Chardonnay Reserve von 2017, er ist noch fülliger und zeigt etwas Schärfe am Gaumen. Viel süße, saftige Frucht zeigt die Cuvée von Weißburgunder und Sauvignon Blanc, am Gaumen kommt eine feine Säure dazu - sehr schlank und leicht! Das ist auch der Muskateller mit einer etwas fülligeren Muskat-Frucht. Alle Weißweine von 2019 sind reintönig, klar und zeigen eine sehr schöne Frische. Merlot und Spätburgunder Reserve hatten wir bereits im vergangenen Jahr verkostet, sie haben sich gut entwickelt. Die rote Cuvée „20 000 BC" zeigt viel saftig-süße Frucht, dazu kommt eine gute Säurestruktur und straffe Tannine.

Weinbewertung

83	2019 Weißer Burgunder Kabinett trocken Bischoffinger Enselberg I 13%/6,95€
83	2019 Grauer Burgunder Kabinett trocken Bischoffinger Enselberg I 13,5%/6,95€
84	2019 Weißer Burgunder & Chardonnay trocken Bischoffinger Enselberg I 13%/6,95€
86	2019 Grauer Burgunder trocken „Alte Rebe BB" I 13,5%/7,95€
86	2016 Weißer Burgunder trocken „Réserve" I 13%/9,95€
86	2017 Chardonnay trocken „Réserve" I 14%/13,50€
83	2019 Weißer Burgunder & Sauvignon Blanc „feinfruchtig" I 11,5%/6,95€
83	2019 Muskateller „feinfruchtig" I 11,5%/7,95€
82	2019 Spätburgunder Rosé trocken „Tradition" I 13,5%/5,75€
82	„20.000 BC" Rotwein trocken I 14%/8,95€
85	2016 Spätburgunder trocken „Réserve" Bischoffinger Enselberg I 14,5%/15,50€
84	2016 Merlot trocken „Réserve" Bischoffinger Rosenkranz I 13%/15,50€

FRANKEN — TRIEFENSTEIN-HOMBURG

Alfred **Blank**

★★

Kontakt
Maintalstraße 33
97855 Triefenstein-Homburg
Tel. 09395-99319
Fax: 09395-878132
www.weingut-blank.de
info@weingut-blank.de

Besuchszeiten
Mi. 15-19 Uhr, Fr. 14-19 Uhr,
Sa. 9-17 Uhr oder nach
Vereinbarung
Heckenwirtschaft (2 x im Jahr,
Frühjahr und Spätsommer)
1 Ferienwohnung, 2 Doppel-
zimmer (inkl. Frühstück)

Inhaber
Alfred, Jonas & Angelika Blank
Betriebsleiter
Alfred Blank
Kellermeister
Jonas Blank
Außenbetrieb
Alfred Blank
Rebfläche
3,5 Hektar
Produktion
25.000 Flaschen

Das Weingut Blank hat seinen Sitz in einem fränkischen Vierseithof. Alfred Blank begann nach seiner Technikerausbildung 1996 mit der Selbstvermarktung. Die Weinberge liegen in den beiden Homburger Lagen Kallmuth und Edelfrau, wo die Reben auf den unteren Schichten des Muschelkalks wachsen, der Wellenkalk genannt wird. Die Hälfte der Weinberge befindet sich in Steillagen, die nur mit Seilzug bewirtschaftet werden können. Nach dem Jahrhundertsommer 2003 hat Alfred Blank auf 1,8 Hektar eine Tröpfchenbewässerung installiert, die aus einem eigenen Brunnen gespeist wird. Knapp die Hälfte der Rebfläche nimmt Silvaner ein, es folgen Müller-Thurgau, Domina, Riesling, Blauburger, Spätburgunder und Scheurebe, hinzu kommt ein Weinberg auf den Terrassen zum Homburger Schloss, den Alfred Blank im Gemischten Satz angelegt hat, darunter alte Sorten wie Vogelfränkisch, Adelfränkisch, Geißdutte oder Heunisch. Alfred Blanks Ziel ist es harmonisch trockene Weine zu erzeugen; alle Rotweine werden maischevergoren und zehn bis zwölf Monate in großen oder kleinen Eichenholzfässern ausgebaut. 2019 ist Sohn Jonas in den Betrieb eingestiegen.

Kollektion

Ein sehr guter Riesling-Sekt eröffnet in diesem Jahr den Reigen, er ist rauchig, füllig, harmonisch und lang. Der feinherbe Riesling Kabinett ist würzig, klar und geradlinig, der neue Blanc de Noir fruchtbetont und unkompliziert, deutlich mehr Grip hat der trockene Scheurebe Kabinett. Unser Favorit unter den Kabinettweinen ist der trockene Silvaner, der fruchtbetont und reintönig ist, frisch und zupackend, gute Struktur und eine ganz leichte Bitternote besitzt. Unser Favorit in der aktuellen Kollektion ist wieder einmal der Blanc de Blank, ebenfalls ein Silvaner, der gute Konzentration und reintönige reife Frucht zeigt, Fülle und Kraft besitzt gute Struktur und Substanz und klare reife Frucht. Ein würziger, geradliniger, fruchtbetonter Blauburger, ein intensiver, stoffiger, noch allzu jugendlichen Spätburgunder und ein wunderschön harmonischer, süffiger Rosé runden die gelungene Kollektion ab.

Weinbewertung

86	2018 Riesling Sekt brut Homburger Edelfrau	13%/12,50€
81	2019 Spätburgunder „Blanc de Noir" trocken Homburger Kallmuth	13,5%/8,50€
84	2019 Silvaner Kabinett trocken Homburger Kallmuth	13,5%/7,50€
82	2019 Riesling Kabinett „feinherb" Homburger Kallmuth	13%/8,10€
83	2019 Scheurebe Kabinett trocken Homburger Kallmuth	13%/8,50€
87	2019 Silvaner trocken „Blanc de Blank No. 1" Homburger Kallmuth	14%/11,50€
83	2019 Rosé halbtrocken Homburger	12,5%/5,70€
83	2018 Blauburger trocken Homburger Kallmuth	13%/7,20€
82	2018 Spätburgunder trocken Homburger Edelfrau	14,5%/7,50€

BADEN — SCHLIENGEN

★★★

Blankenhorn

Kontakt
Basler Straße 2
79418 Schliengen
Tel. 07635-82000
Fax: 07635-82020

Besuchszeiten
Mo.-Fr. 9-12 + 14-17 Uhr
Sa. 10-13 Uhr
oder nach Vereinbarung
Gutsschänke Blankenhorn

Inhaber
Martin Männer
Betriebsleiter
Markus Weickert
Kellermeister
Yvonne Keßler
Rebfläche
25 Hektar
Produktion
130.000 Flaschen

Johann Friedrich Blankenhorn legte 1857 den Grundstein für das heutige Weingut, als er 1857 die damalige Poststation einschließlich der zugehörigen Gewölbekeller aus dem Jahr 1624 ersteigerte. Seit 1994 führte Rosemarie Blankenhorn, genannt Roy, in fünfter Generation das Weingut. Da keine ihrer drei Töchter den Betrieb übernehmen wollte, hat sie im Sommer 2014 das Weingut an den Freiburger Juristen Martin Männer verkauft. Die Weinberge liegen vor allem im Schliengener Sonnenstück, aber auch in Mauchen und Liel. Spätburgunder ist die wichtigste Rebsorte, gefolgt von Gutedel. Dazu gibt es Weiß- und Grauburgunder, etwas Riesling, Chardonnay und Müller-Thurgau, inzwischen auch internationale Sorten wie Sauvignon Blanc, Cabernet Sauvignon, Merlot und Syrah. Es wurde ein neues Kellergebäude gebaut, die Gutsgebäude saniert. Seit 2018 ist Markus Weickert Betriebsleiter, der zuvor bei Gunderloch in Nackenheim war.

Kollektion

Blankenhorn arbeitet weiter mit Erfolg am eigenständigen Profil. Das zeigt schon der Grauburgunder Gutswein, der etwas Feuerstein zeigt, schlank und griffig ist, straff und geradeaus. Mit sehr feiner Würze präsentiert sich der Weißburgunder Ölacker, ist sehr schlank und elegant, präzise. Vier Gutedel präsentiert Blankenhorn. Der Gutswein ist saftig-süffig, beim Ortswein kommen Würze, Spiel und mehr Biss dazu. Der Chasselas Le Clocher ist noch etwas verschlossen, der Courage hat ein elegant-feinwürziges Bouquet, eine gute Säurestruktur und etwas Phenolik. Der Syrah zeigt intensiv-würzige Frucht, ist stoffig-dicht. Frucht und Würze zeigt die Cuvée Postillion. Der Chardonnay Ortswein ist außergewöhnlich gut, sehr elegant und voller Finesse, der Chardonnay Sonnenstück ist stoffiger, dichter, zeigt viel Eleganz und Spiel. Das Große Gewächs vom Spätburgunder ist kraftvoll, zeigt viel klare Kirschfrucht und ein elegantes Spiel von Säure und Tannin.

Weinbewertung

85	2019 Gutedel trocken	12%/7,70€
85	2019 Grauburgunder trocken	13%/9,26€
87	2018 Gutedel trocken Schliengen	11%/11,70€
88	2019 Chardonnay trocken Schliengen	13%/15,50€
89	2018 Weißburgunder trocken Schliengen „Ölacker"	12,5%/19,01€
87	2018 Chasselas trocken „Le Clocher" Schliengen	11,5%/18,03€
89	2017 Chasselas trocken „Courage" Schliengen	12,5%/23,39€
90	2018 Chardonnay „GG" Schliengen Sonnenstück	12,5%/23,39€
85	2017 Spätburgunder trocken	13,5%/9,26€
89	2018 Syrah trocken „Bravoure" Schliengen	13%/26,32€
90	2018 Cabernet Sauvignon/Merlot „Postillon" Schliengen	14%/34,12€
88	2017 Pinot Noir trocken Schliengen „Ölacker"	13,5%/24,37€
89	2017 Spätburgunder „GG" Schliengen Sonnenstück	13,5%/27,29€

Blaul & Sohn

Kontakt
Ludwigstraße 42
67161 Gönnheim
Tel. 06322-63952
www.weingut-blaul.de
weingut-blaul@t-online.de

Besuchszeiten
Mo.-Fr. 9-13 + 14-19 Uhr
Sa. 9-17 Uhr

Inhaber
Uli & Dennis Blaul
Betriebsleiter
Uli & Dennis Blaul
Kellermeister
Dennis Blaul
Außenbetrieb
Uli & Dennis Blaul
Rebfläche
11 Hektar
Produktion
80.000 Flaschen

Weinbau wird in der Familie Blaul bereits seit 1607 betrieben, Jean Blaul erwarb Anfang des 20. Jahrhunderts das heutige Weingut, das zunächst aber noch ein klassischer landwirtschaftlicher Mischbetrieb war. Bis in die 1980er Jahre gab es neben der eigenen Flaschenweinvermarktung noch vier Hektar Obstbau, erst Uli Blaul konzentrierte sich dann ganz auf den Weinbau und erweiterte die Rebfläche auf heute elf Hektar. Nach seinem Geisenheim-Studium und einem Praktikum in Südafrika ist mittlerweile sein Sohn Dennis für den Ausbau der Weine verantwortlich. Die Weinberge liegen in Gönnheim, in den Lagen Sonnenberg, Martinshöhe, Mandelgarten und Klostergarten, Riesling ist mit einem Anteil von 27 Prozent die wichtigste Rebsorte, im Zuge der Umstrukturierung des Rebsortenportfolios wurden zuletzt zwei Hektar mit Chardonnay, Spät-, Grau- und Weißburgunder neu gepflanzt. 2018 wurde der Holzfasskeller komplett erneuert und 17 neue Halbstück-, Stück- und Doppelstückfässer angeschafft.

Kollektion

Wir konnten Weine aus drei Jahrgängen verkosten, denen man anmerkt, dass sich das Weingut im Umbruch befindet: Während die beiden 2017er weich und gereift wirken und weniger Typizität aufweisen, sind die Weine aus den Jahrgängen 2018 und 2019 frischer und lebendiger. Die Weißweine besitzen ein fruchtbetontes Geschmacksbild mit Noten von gelbem Steinobst, vor allem Pfirsich, die beiden Grauburgunder und der Chardonnay aus dem Stück- und Halbstückfass zeigen deutliches Holz im Bouquet, das am Gaumen aber gut eingebunden ist, beim 2019er Weißburgunder und der 2018er Cuvée aus Weißburgunder und Chardonnay ist das Holz dezenter im Bouquet. Die Rotweine zeigen viel dunkle Frucht, besitzen noch leicht trocknende, jugendliche Tannine, der Syrah besitzt leicht süßliche Beerenfrucht und dezente pfeffrige Würze, der Spätburgunder zeigt etwas kräutrige Würze und deutliche Röstnoten.

Weinbewertung

85	2018 Weißburgunder & Chardonnay trocken „Halbstück"	12,5%/8,90€
82	2017 Grauburgunder und Chardonnay trocken	13%/13,50€
85	2018 Chardonnay trocken „Stückfass" Gönnheimer Martinshöhe	12,5%/8,50€
85	2018 Grauburgunder trocken „Stückfass"	13%/8,50€
85	2019 Weißburgunder trocken „Stückfass" Deidesheimer Hofstück	13%/8,90€
85	2019 Grauburgunder trocken „Halbstück"	12,5%/8,90€
81	2017 Riesling trocken „Kleines Holz" Gönnheimer Mandelgarten	12,5%/8,50€
82	2018 Black Soul Rotwein trocken	14%/9,-€
83	2018 [fi'lu] Rotwein trocken	13,5%/14,-€
85	2018 Syrah trocken Gönnheimer Sonnenberg	13,5%/18,-€
85	2018 Spätburgunder trocken Gönnheimer Martinshöhe	13,5%/18,-€
84	2018 Cabernet Sauvignon trocken Gönnheimer Martinshöhe	13,5%/18,-€

MOSEL — GRAACH

Blesius

★★

Kontakt
Hauptstraße 75
54470 Graach
Tel. 06531-2227
Fax: 06531-91353
www.weingut-blesius.com
weingut@blesius.com

Besuchszeiten
Mo.-Fr. 9-18:30 Uhr
Sa. 10-16 Uhr
So. nach Vereinbarung

Inhaber
Klaus Blesius
Kellermeister
Florian Blesius
Rebfläche
4,5 Hektar
Produktion
40.000 Flaschen

Seit Mitte des 18. Jahrhunderts betreibt die Familie Weinbau an der Mosel. Lange haben Klaus und Raphaela Blesius das kleine Graacher Weingut geführt, unterstützt wurden sie von ihrem Sohn Florian. Inzwischen hat dieser das Weingut übernommen. Seine Weinberge liegen vor allem in Graach in den Lagen Domprobst und Himmelreich – und Graach steht für Steillagen und Schiefer. Inzwischen gehört aber auch die Bernkasteler Badstube zum Repertoire. 90 Prozent der Rebfläche nimmt Riesling ein, dazu gibt es etwas Spätburgunder sowie kleine Flächen mit Weißburgunder und Müller-Thurgau. Ein Teil der Weine wird spontanvergoren.

Kollektion

Die Weine des Gutes haben sich in den vergangenen Jahren gut entwickelt, werden immer präziser. Im Jahrgang 2019 ist das besonders gut zu bemerken, wie schon die Basis zeigt. Der Graacher ist duftig, frisch, animierend und gut balanciert. Deutlich kraftvoller, würziger und etwas puristischer wirkt der Wein aus dem Domprobst, von dem auch noch eine gehobene Version namens „BB" existiert. Dieser Riesling wirkt kraftvoller, trocken und präzise, der deutliche Alkohol ist gut ins Gesamtbild integriert. Sehr gut, weil ausgezeichnet balanciert, ist der „Jungspund's"-Riesling. Das feinherbe Pendant des trockenen „BB" stammt aus dem Himmelreich, besitzt Schmelz und Würze, auch eine merkliche Süße. Die Badstube als Kabinett ist duftig, spritzig, erfreulich wenig süß. Der Kabinett aus dem Himmelreich ist offener, zupackend, wirkt auch etwas süßer, ist aber ebenfalls stimmig. Die Auslese aus dem Heiligenhäuschen macht einen verhaltenen Eindruck, ist kühl, im Mund schön saftig: Nicht jeder Süßwein ist so animierend wie dieser. Ganz anders die Trockenbeerenauslese mit offener Frucht und cremigen Noten, nach frischen Datteln duftend, im Mund sehr süß mit Feigenwürze im langen Nachhall: ein sehr feiner, sauberer, eleganter Süßwein.

Weinbewertung

83	2019 Riesling trocken Graacher	12%/7,30€
85	2019 Riesling trocken Domprobst	13%/8,90€
87	2019 Riesling „BB" Himmelreich	13%/13,-€
87	2019 Riesling trocken „BB" Domprobst	13,5%/13,-€
84	2019 Riesling „feinherb" „Tacheles" Graacher	11%/7,50€
86	2019 Riesling „feinherb" „Jungspund's" Graacher Domprobst	11,5%/8,90€
86	2019 Riesling Kabinett Badstube	10%/7,30€
86	2019 Riesling Kabinett Himmelreich	8,5%/7,30€
86	2019 Riesling Spätlese Himmelreich	8%/9,60€
87	2019 Riesling Spätlese Domprobst	8%/9,30€
88	2019 Riesling Auslese Domprobst „Heiligenhäuschen"	7,5%/18,50€
91	2018 Riesling Trockenbeerenauslese Domprobst	6%/39,-€

MOSEL — TRITTENHEIM

★★★

Heribert Boch

Kontakt
Moselweinstraße 62
54349 Trittenheim
Tel. 06507-2713
Fax: 06507-6795
www.weingut-boch.de
info@weingut-boch.de

Besuchszeiten
Mo.-Sa. 9-12 + 14-18 Uhr
So. 10-14 Uhr
oder nach Vereinbarung
4 Doppelzimmer,
1 Ferienwohnung

Inhaber
Michael Boch

Rebfläche
9,5 Hektar

Produktion
70.000 Flaschen

Das Weingut Heribert Boch in Trittenheim wird seit 1989 von Michael Boch geführt, seit 1999 unterstützt ihn seine Frau Anne. Nach der Übernahme des Betriebes kaufte Boch etwa 6000 Stock Riesling mit wurzelechten, 100 Jahre alten Reben in den besten Trittenheimer Steillagen hinzu. Die Weinberge liegen in den Trittenheimer Lagen Apotheke (darunter die ehemaligen Einzellagen Laurentiusberg und der ursprüngliche, namensgebende Abtsweinberg, aus dem der Urstück genannte Wein stammt) und Altärchen. Michael Boch hat sich nach und nach auf Steillagen und auf Riesling konzentriert, der heute 61 Prozent seiner Weinberge einnimmt. Hinzu kommen ein Viertel Spätburgunder sowie ein wenig Kerner, Chardonnay, Weißburgunder und Müller-Thurgau. Die Moste werden nach kurzer Maischestandzeit kühl vergoren und reifen in Edelstahltanks, die Rotweine werden teils im Barrique ausgebaut.

Kollektion

In den vergangenen Jahren hat sich das Weingut mehr als solide aufgestellt und immer wieder bewiesen, dass es sich weiter zu steigern vermag. Das Programm ist überschaubar und geradlinig, die Weine sind blitzsauber und, mehr als das, von der Basis bis in die Spitze animierend. Michael Boch hat es, besser als viele Kollegen, verstanden, die Balance in seinen Rieslingen zu wahren. Der Kabinett ist ein wunderbarer Einstieg, animierend, zupackend, rassig. Noch deutlich spannender wirkt der Laurentiusberg-Riesling, kühl und würzig. Mit klarer offener Nase und leichte Hefenoten beeindruckt der „Urstück"-Riesling, der sich im Mund enorm straff und würzig, leicht mineralisch präsentiert. Ein echter Spitzenriesling. Die saftige feinherbe Spätlese ist deutlich verhaltener in der Nase, aber ausgewogen zwischen Frucht und Struktur. Ähnliches gilt für die rassige restsüße Spätlese, die von einer kraftvollen Auslese flankiert wird; sie besitzt Aromen von kandierter Zitrusfrucht, Ananas und Steinobst, ist saftig und zupackend, mit hoher Süße ausgestattet. Schließlich der Rotwein aus dem Jahrgang 2018, noch etwas verschlossen, aber kompakt, mit schön klarer Frucht und guter Struktur.

Weinbewertung

85	2019 Riesling Kabinett trocken Trittenheimer Apotheke	12%/7,90€
87	2019 Riesling trocken „Laurentiusberg" Trittenheimer Apotheke	12,5%/9,20€
89	2019 Riesling trocken „Urstück" Trittenheimer Apotheke	13%/10,20€ ☺
87	2019 Riesling Spätlese „feinherb" Trittenheimer Apotheke	11,5%/9,20€
86	2019 Riesling Spätlese Trittenheimer Apotheke	9%/9,20€
89	2019 Riesling Auslese Trittenheimer Apotheke	7,5%/18,-€
84	2018 Spätburgunder trocken Trittenheimer Altärchen	13%/8,90€

MOSEL ▬ TRABEN-TRARBACH

★★

Richard **Böcking**

Kontakt
Schottstraße 12-14
56841 Traben-Trarbach
Tel. 06541-9385
Fax: 06541-5944
www.weingut-boecking.de
riesling@weingut-boecking.de

Besuchszeiten
Mo.-Fr. 9-13 Uhr, Verkostungen nur nach Vereinbarung

Inhaber
Denman Zirkle & Sigrid Carroll
Betriebsleiter
Denman Zirkle
Administratorin
Sandra Weber-Westphal
Kellermeister/Außenbetrieb
Philipp Buchkremer
Rebfläche
7 Hektar
Produktion
25.000 Flaschen

Bis ins Jahr 1623 reicht die Geschichte der Böckings in Traben-Trarbach zurück, über Jahrhunderte hinweg war die Familie im Weinhandel aktiv und trug mit dazu bei, dem Doppelort die Bedeutung zu verleihen, die er im 19. Jahrhundert und zu Beginn des 20. Jahrhunderts hatte. Heute führt Denman Zirkle das Unternehmen, unterstützt von seiner Tochter Sigrid Carroll und Betriebsleiter Philipp Buchkremer sowie freundschaftlich beraten von Ulrike Böcking, der früheren Inhaberin. Die sieben Hektar Reben verteilen sich auf die Lagen Burgberg, Schlossberg, Ungsberg, Hühnerberg und Taubenhaus. Neben Riesling (95 Prozent der Fläche) wird auch eine kleine Menge Spätburgunder gepflegt. Im Keller finden sowohl Stahltanks als auch Moselfuder und gebrauchte Barriques Anwendung, vergoren werden die Weine spontan.

Kollektion

In diesem Jahr stellt das Weingut lediglich ein sehr kleines Sortiment an Weinen vor – bis auf einen stammen sie aus dem Jahrgang 2018. Spritzig fällt der 2019er Pinot Blanc aus, ein Wein, der nicht mehr darstellen will, als er ist – was man an der Mosel nicht von jedem Weißburgunder behaupten kann. Er ist duftig, leicht rassig, würzig, besitzt eine animierende Säure, wirkt erfreulich trocken und macht schon jetzt eine Menge Spaß. Der trockene Ungsberg-Riesling ist immer noch recht verhalten: Er zeigt deutliche Hefenoten, öffnet sich auch nach einer halben Stunde im Glas nicht völlig, ist im Mund fest mit Würze und schönem Nachhall, lässt sich aber in diesem Zustand noch nicht wirklich beurteilen. Etwas zugänglicher wirkte der Burgberg-Riesling. Bei beiden trockenen Spitzenweinen ist die puristische Art zu konstatieren; die Weine sind sehr trocken und würzig, der Alkohol ist wahrzunehmen, aber Substanz ist bei beiden vorhanden. Der Basisriesling ist jetzt schon abgeklärt, zeigt etwas Kräuterwürze, auch einen winzigen Hauch Apfelschale in der Nase, ist würzig und saftig, leicht süß, mit jetzt attraktiver erster Reife. Der Schlossberg-Riesling, ebenfalls ein 2018er, zeigt in der Nase jene würzig-nussigen Noten, die vermutlich von langer Lagerung auf der Hefe herrühren, auch etwas Kräuter und Apfel. Er besitzt eine angenehme Würze, eine tiefgründige Art, leichte Mineralität und reife Säure, die ganz leichte Süße stört nicht.

Weinbewertung

85	2018 Riesling	11%/7,90€
84	2019 Pinot Blanc trocken	12%/7,90€
89	2018 Riesling Trarbacher Schlossberg	11,5%/19,90€
89	2018 Riesling trocken Trarbacher Ungsberg	13,5%/22,90€
88	2018 Riesling Trarbacher Burgberg	13,5%/19,90€
84	2018 Rosé trocken	12%/7,90€

SAALE-UNSTRUT ▶ GLEINA

Böhme & Töchter

★★

Kontakt
Ölgasse 11
06632 Gleina
Tel. 034462-22043
Fax: 034462-60691
www.boehme-toechter.de
info@boehme-toechter.de

Besuchszeiten
Mo.-Fr. 8-17 Uhr,
Sa. 10-16 Uhr
oder nach Vereinbarung
(auch So./Feiertage)

Inhaber
Marika Sperk, Frank Böhme,
Toska Grabowski
Betriebsleiter
Marika & Sandro Sperk
Kellermeister
Marika & Sandro Sperk
Rebfläche
5,5 Hektar
Produktion
35.000 Flaschen

Das 1986 gegründete Weingut hat sich unter der Regie von Frank Böhme auf mittlerweile über 5 Hektar vergrößert, wird heute von einer seiner Töchter, Marika Sperk, und ihrem Ehemann Sandro geführt. Die Weinberge liegen in den Lagen Freyburger Schweigenberg, Zscheiplitzer Himmelreich Freyburger Mühlberg und Dorndorfer Rappental, die Reben wachsen auf Lösslehm- und Muschelkalkverwitterungsböden. Weißburgunder, Riesling und Müller-Thurgau sind die wichtigsten Rebsorten, gefolgt von Spätburgunder, Chardonnay, Roter Traminer, Zweigelt, Cabernet Dorio und Cabernet Dorsa. Die Rotweine werden maischevergoren, die Spitzenweine bleiben bis zu zwei Jahre im Barrique. Das Programm ist gegliedert in Guts-, Orts-, Lagen- und Breitengrad-Weine.

Kollektion

Eine ganz starke Kollektion präsentiert das Weingut zum Debüt. Ein feiner, zupackender Riesling-Sekt eröffnet den Reigen. Der feinherbe Weißburgunder besitzt feine süße Frucht und Biss, der trockene Riesling Ortswein klare Frucht und Frische, gute Struktur und Grip. Die Lagenweine aus dem Schweigenberg zeigen durchgängig hohes Niveau. Der Weißburgunder ist füllig und kraftvoll, besitzt klare reife Frucht, gute Struktur und Substanz, der Chardonnay zeigt gute Konzentration, feine Würze und Frucht, hat ebenfalls viel Substanz, gute Struktur und Fülle. Unser Favorit ist der Riesling S37 aus dem Jahrgang 2018, der feine Rieslingreife zeigt, rauchige Noten, kraftvoll im Mund ist, gute Struktur und Grip besitzt, feine Frucht und Kraft, noch sehr jugendlich ist. Aus dem Jahrgang 2018 stammt auch der Breitengrad-Traminer, der herrlich eindringlich und intensiv ist, füllig und kraftvoll, viel reife Frucht und Substanz besitzt und feine, dezente Bitternoten im Abgang. Geschlossen hohes Niveau zeigen auch die Rotweine. Der Zweigelt zeigt gute Konzentration und reintönige Frucht, ist strukturiert, zupackend und frisch, die rote Cuvée aus Cabernet Dorio und Cabernet Dorsa ist intensiv fruchtig, kraftvoll, tanninbetont, unser Favorit ist der reintönige, strukturierte, zupackende Spätburgunder. Bravo!

Weinbewertung

85	2018 Riesling Sekt brut I 12,5%/15,-€
84	2019 Riesling trocken Freyburg I 12%/11,-€
88	2018 Riesling trocken „S37" Freyburger Schweigenberg I 13%/20,-€
85	2019 Weißburgunder trocken Freyburger Schweigenberg I 13%/14,-€
86	2019 Chardonnay trocken Freyburger Schweigenberg I 13%/14,-€
87	2018 Roter Traminer trocken „Breitengrad 51" Freyb. Schweigenberg I 13,5%/24,-€
83	2019 Weißburgunder „feinherb" I 11,5%/9,-€
87	2018 Spätburgunder trocken Zscheiplitzer Himmelreich I 14,5%/15,-€
86	2018 Blauer Zweigelt trocken Zscheiplitzer Himmelreich I 13,5%/15,-€
86	2017 „T & M" Rotwein trocken Barrique I 13,5%/18,-€

BADEN — OBERKIRCH

★★   # Börsig

Kontakt
Niederlehen 9
77704 Oberkirch
Tel. 07802-6262
Fax: 07802-7009690
www.weingut-boersig.de
info@weingut-boersig.de

Besuchszeiten
Mi.-Fr. 13-18 Uhr
Sa. 9-16 Uhr
oder nach Vereinbarung
Straußwirtschaft „s'Rebhisli"
(regionale Vesperspezialitäten, Musikkonzerte)

Inhaber
Rainer Börsig

Betriebsleiter
Rainer Börsig

Kellermeister
Rainer Börsig

Rebfläche
5 Hektar

Produktion
30.000 Flaschen

Bis ins Jahr 1736 lässt sich die Weinbautradition der Familie Börsig zurückverfolgen, heute führt Rainer Börsig diesen Ortenauer Familienbetrieb. Alle Weinberge liegen im Oberkircher Schlossberg. Neben Spätburgunder und Riesling gibt es Grauburgunder, Müller-Thurgau, Chardonnay, Sauvignon Blanc, Syrah, Cabernet Mitos, Scheurebe und Muskateller. 2001 wurde der ehemalige Heustall zur Straußwirtschaft „s'Rebhisli" umgebaut, die badische Vespergerichte und Flammkuchen anbietet, aber auch für Hochzeiten oder Familienfeiern gebucht werden kann.

Kollektion

Auch die dritte Kollektion, die wir von Rainer Börsig verkosten, kann uns überzeugen. Wie auch in den vergangenen Jahren gefällt uns der frische, sehr animierende und überraschend komplexe Rosé. Ähnlich auch die restsüße Scheurebe, die viel klare tropische Frucht zeigt, ohne klebrig zu schmecken. Die beiden Chardonnay sind in diesem Jahr näher beieinander. Der „einfache" Chardonnay ist fein-schmelzig, frisch und zeigt reife gelbe Frucht. Der Chardonnay „Großes Holz" präsentiert sich ähnlich, weißt ein schön eingebundenes Holz auf, ist aber etwas verhaltener als im vergangenen Jahr. Die beiden „Wunderfritz" Rieslinge punkten mit klaren rebsortentypischen Aromen und zeigen reife Frucht, wobei wir die frischer schmeckende trockene Variante der feinherben vorziehen. Der Riesling Freigeist, den wir an der Spitze der weißen Kollektion sehen, kommt wilder und eigensinniger daher, hat eine gute Fülle, frische Frucht und ist lang anhaltend. Der Fatima genannte Spätburgunder besitzt viel Kraft und lässt dahinter klare Aromen von reifer Süßkirsche erkennen. Der „Schwarze Sepp" aus Cabernet Mitos und Spätburgunder ist wärmer und beeriger, zeigt aber auch eine Spur Tiefe. An der Spitze sehen wir wie auch in den vergangenen Jahren einen sehr guten Syrah, der mit warmer dichter Frucht, würzigen Noten und einer komplexen Struktur punkten kann.

Weinbewertung

84	2019 Riesling trocken „Wunderfitz"	12,5%/7,50€
83	2018 Grauburgunder trocken	13,5%/7,-€
85	2019 Chardonnay trocken	13,5%/9,50€
86	2018 Riesling trocken „Freigeist"	13%/12,-€
85	2017 Chardonnay trocken „Großes Holz"	12,5%/17,50€
83	2019 Riesling „feinherb" „Wunderfitz"	11%/7,50€
84	2019 Scheurebe	13,5%/10,50€
84	2019 Rosé trocken „Lebenslust"	13%/8,50€
86	2017 „Schwarzer Sepp" Rotwein trocken	13%/10,50€
84	2017 Spätburgunder trocken „Fatima"	13,5%/10,50€
87	2017 Syrah trocken	13%/12,-€

PFALZ ▬ HERXHEIM AM BERG

★★⯪

Bohnenstiel

Kontakt
Weinstraße 77
67273 Herxheim am Berg
Tel. 06353-91186
Fax: 06353-91196
www.weingut-bohnenstiel.de
weingut.bohnenstiel@t-online.de

Besuchszeiten
Mo.-Fr. 10-18 Uhr
Sa. 10-17 Uhr
So. + Feiertage geschlossen
Probierstube
Ferienwohnung

Inhaber
Edwin & Martina Bohnenstiel

Kellermeister
Edwin & Maximilian Bohnenstiel

Rebfläche
16 Hektar

Produktion
80.000 Flaschen

Seit Ende des 17. Jahrhunderts betreibt die Familie Bohnenstiel Weinbau in Herxheim am Berg. Die Weinberge liegen vor allem in den Herxheimer Lagen Honigsack, Himmelreich und Kirchenstück, in den Laumersheimer Lagen Kirschgarten und Steinbuckel und in Dackenheim. Neben den traditionellen Weißweinsorten wie Riesling, Weiß-, Grauburgunder, Müller-Thurgau und Silvaner bauen Edwin und Martina Bohnenstiel inzwischen auch Chardonnay, Sauvignon Blanc und Gelber Muskateller an. An roten Sorten gibt es Portugieser, Dornfelder, Spätburgunder, St. Laurent, Acolon, Cabernet Mitos, Cabernet Sauvignon und Merlot. Für seine Topweine nutzt Edwin Bohnenstiel alte Lagenbezeichnungen wie Wermuth, Mahlstein, Felsenberg oder Sommertal. Das Sortiment ist gegliedert in Guts-, Orts-, Lagen- und Premiumweine.

Kollektion

Unser Favorit der vergangenen Jahre führt auch dieses Mal wieder das Sortiment der Familie Bohnenstiel an, der Riesling „Seiner" zeigt kalkig-mineralische Würze, etwas grünen Apfel und Orangenschale im Bouquet, besitzt guten Grip und Länge. Auch die beiden anderen 2019er Rieslinge besitzen eine straffe Säure, der „Alte Rebe" ist dabei komplexer und nachhaltiger als der Honigsack-Riesling, beide Weine zeigen klare Frucht, grünen Apfel, Zitrusnoten, Ananas und kräutrige Noten. Einen deutlichen Säurenerv finden wir auch beim Sauvignon Blanc „Fumé", der nur sehr dezentes Holz und typische Noten von Stachelbeere und Maracuja zeigt, der Weißburgunder aus dem Himmelreich zeigt viel Frucht, besitzt Schmelz und Länge. Die drei Rotweine sind kraftvoll und füllig, die Cuvée aus Cabernet Sauvignon und Merlot zeigt dunkle Frucht, Brombeere, Pflaume und besitzt leicht rauchige Noten, der Merlot ist etwas heller in der Frucht, besitzt leichte Süße und kräutrige Frische.

Weinbewertung

84	2019 Sauvignon Blanc trocken Herxheim	12,5%/7,90€
85	2019 Weißburgunder trocken Herxheimer Himmelreich	13%/7,90€
84	2019 Grauburgunder trocken Herxheimer Honigsack	12,5%/7,80€
84	2019 Chardonnay trocken Herxheimer Himmelreich	13,5%/7,80€
85	2019 Sauvignon Blanc trocken „Fume"	12,5%/10,30€
85	2019 Riesling trocken Herxheimer Honigsack	12,5%/7,80€
87	2019 Riesling trocken „Alte Rebe"	13%/10,30€
88	2019 Riesling trocken „Seiner"	13%/10,50€
82	2019 Gelber Muskateller Dackenheim	12,5%/7,-€
82	2016 Spätburgunder trocken Herxheimer Honigsack	14%/7,70€
85	2017 Merlot trocken „Lössboden"	14%/9,80€
85	2017 Cabernet Sauvignon & Merlot trocken	14%/11,50€

MOSEL ▬ EDIGER-ELLER

★★

Borchert

Kontakt
Springiersbacher Hof
Oberbachstraße 30
56814 Ediger-Eller
Tel. 02675-1560
Fax: 02675-910149
www.moselhof.de
info@moselhof.de

Besuchszeiten
Wein-Café
12-22 Uhr, Di. Ruhetag
Vinothek und Weinverkauf
Destillerie geöffnet nach Vereinbarung
Ferienwohnungen und Ferienhaus im historischen Abteihof

Inhaber
Gabriele & Michael Borchert
Betriebsleiter/Kellermeister
Michael Borchert
Außenbetrieb
Bartek Oller
Rebfläche
3 Hektar
Produktion
15.500 Flaschen

Das Weingut hat seinen Sitz in einem Barockgebäude, das die Augustiner-Chorherren vom Kloster Springiersbach 1752 errichten ließen. 1997 gründeten Gabriele und Michael Borchert das Weingut praktisch neu, in dem sie einen Weinberg im Ediger Feuerberg pachteten. Nach und nach kauften sie Parzellen in besten Lagen im Ellerer Calmont und im Ediger Elzhofberg, wo sie brachgefallene Terrassen rodeten und neu bepflanzten und eine Monorackbahn bauten. Des Weiteren sind sie im Ediger Osterlämmchen und im Ellerer Pfirsichgarten vertreten. 2014 wurden zwei weitere Weinberge in Steillagen hinzugepachtet, der eine mit 1993 gepflanztem Spätburgunder, der andere mit 1980 gepflanzten wurzelechten Rieslingreben. Inzwischen gehört auch Gewürztraminer zum Sortiment. 2005 eröffnete die Familie ein Wein-Café in einer ehemaligen Kelterscheune, 2010 nahmen sie eine Destille in Betrieb. Zur Steigerung der Qualität wurde eine neue Betriebsstätte mit Holzfasskeller und Vinothek in einem denkmalgeschützten Winzerhaus aus dem 15. Jahrhundert eingeweiht. Im Abteihof existieren historische Ferienwohnungen.

Kollektion

Es wurden dieses Mal Weine der Jahrgänge 2018 und 2019 vorgestellt. Der trockene Sekt aus dem Ediger Osterlämmchen aus dem Jahrgang 2018 wirkt schön süffig und animierend, die dezente Süße ist gut integriert. Frisch mit Zitrusnoten im Nachgeschmack ist der 2019er Riesling vom roten Schiefer, der Grauburgunder ist kompakt und geradlinig, besitzt Schmelz im Nachhall. Der trockene Elzhofberg-Riesling duftet nach Kräutern, ist stoffig und kompakt, mit schöner Länge und etwas Spiel. Spannend, aber derzeit noch viel zu jung ist der 2019er Calmont-Riesling. Der feinherbe Goldkapsel-Wein aus dem Calmont (Jahrgang 2018) duftet nach Melonen, zeigt im Mund Schmelz und eine deutliche Süße, wirkt aber unzugänglich; die Beerenauslese ist sehr gelungen. Der Rotwein aus dem Barrique duftet nach reifen Kirschen, ist kompakt mit einem Hauch Vanille und Tabak im Nachhall, besitzt Spiel.

Weinbewertung

85	2018 Sekt trocken Ediger Osterlämmchen	12%/12,50€
84	2019 Riesling trocken „vom Roten Schiefer"	12,5%/9,-€
87	2018 Riesling trocken „Von den oberen Mauern"	13%/12,50€
87	2019 Riesling trocken Ediger Elzhofberg	12,5%/12,50€
83	2019 Grauburgunder trocken	13,5%/9,50€
87	2019 Riesling „Tradition" Calmont	12,5%/18,50€
84?	2018 Riesling „feinherb" „Goldkapsel" Calmont	12%/15,-€
89	2019 Riesling Beerenauslese	6,5%/29,-€/0,375l
83	2019 Spätburgunder Rosé trocken	13%/9,50€
85	2018 Spätburgunder trocken Barrique	13,5%/14,-€

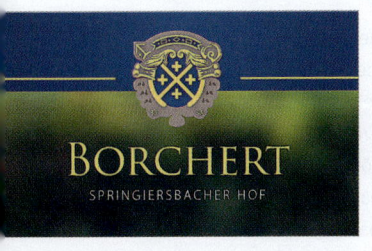

FRANKEN — NORDHEIM

Borst

★★

Kontakt
Am Rain 16
97334 Nordheim
Tel. 09381-2949
Fax: 09381-802568
www.weingut-borst.de
info@weingut-borst.de

Besuchszeiten
Mo.-Sa. 8-12 + 14-17 Uhr
Gästehaus

Inhaber
Thomas Borst
Rebfläche
9 Hektar
Produktion
60.000 Flaschen

Das Nordheimer Familienweingut wird heute in siebter Generation von Thomas Borst geführt, der nach Winzerlehre und Neuseelandaufenthalt Önologie in Geisenheim studiert hat. Seine Weinberge liegen vor allem im Nordheimer Vögelein und im Sommeracher Katzenkopf, des Weiteren ist er im Nordheimer Kreuzberg, im Neuseser Glatzen und in Dettelbach vertreten. Das Hauptaugenmerk liegt auf Weißweinen, vor allem dem Silvaner, aber auch Müller-Thurgau, Bacchus, Riesling und Rieslaner spielen eine wichtige Rolle im Betrieb, auch Weißburgunder und Scheurebe werden angebaut, an roten Sorten gibt es Spätburgunder und Domina, aber auch ein wenig Regent, Schwarzriesling und Cabernet Dorsa.

Kollektion

Ein edelsüßer Rieslaner führt zusammen mit Spätburgunder die Kollektion wie schon im Vorfahr an. Im vergangenen Jahr hatte uns der 2016er Spätburgunder Tempus et Spatium sehr gut gefallen, nun konnte wir gleich die beiden Folgejahrgänge verkosten, die beide sehr hohes Niveau zeigen. Der Wein wird spontanvergoren und in überwiegend neuen französischen Barriques ausgebaut. Jahrgang 2017 ist rauchig, reintönig, kraftvoll und zupackend, Jahrgang 2018 ist noch etwas kraft- und druckvoller, besitzt gute Struktur und Substanz. Aus dem Jahrgang 2018 stammt auch die Rieslaner Beerenauslese, die intensiv Litschi und etwas Grapefruit im Bouquet zeigt, konzentriert und dominant im Mund ist, sehr reintönig bei viel Substanz. Sehr gut ist auch die süße Rieslaner Spätlese aus dem Jahrgang 2019, ist reintönig und frisch, konzentriert und zupackend. Die trockenen 2019er Gutsweine sind frisch, fruchtbetont und sortentypisch, das gilt auch für den würzigen trockenen Riesling Kabinett. Sehr gut ist die trockene Silvaner Spätlese von 1973 gepflanzten Reben im Katzenkopf, besitzt herrlich viel Frucht, Fülle und Saft. Noch ein klein wenig besser gefällt uns die trockene Scheurebe Spätlese von 1985 gepflanzten Reben, die reintönige Frucht und Grip besitzt. ◄

Weinbewertung

80	2019 Silvaner trocken (1l)	12,5%/5,50€
82	2019 Silvaner trocken	12,5%/6,50€
83	2019 Weißer Burgunder trocken	12,5%/6,50€
83	2019 Riesling Kabinett trocken	12%/6,50€
85	2019 Silvaner Spätlese trocken Sommeracher Katzenkopf	14%/8,80€
86	2019 Scheurebe Spätlese trocken „Alte Reben"	13%/8,80€
85	2019 Rieslaner Spätlese Nordheimer Vögelein	11%/8,80€
89	2018 Rieslaner Beerenauslese	8,5%/18,-€/0,375
84	2018 Spätburgunder trocken Nordheimer Vögelein	13,5%/8,80€
88	2017 Spätburgunder trocken „Tempus et Spatium"	13,5%/16,-€
89	2018 Spätburgunder trocken „Tempus et Spatium"	13,5%/16,-€

WÜRTTEMBERG ▶ BRETZFELD-ADOLZFURT

Borth

Kontakt
Unterheimbacherstraße 35
74626 Bretzfeld-Adolzfurt
Tel. 07946-2139
Fax: 07946-942533
www.weingut-borth.de
info@weingut-borth.de

Besuchszeiten
2 x monatlich für 4-6 Tage
(siehe Webseite)
Wein-Appartements Borth,
Weinstube Borth

Inhaber
Michael Borth
Betriebsleiter
Michael Borth
Kellermeister
Michael Borth
Außenbetrieb
Michael Borth
Rebfläche
6,5 Hektar
Produktion
40.000 Flaschen

Seit 1993 bewirtschaften Andrea und Michael Borth dieses Familienweingut in Adolzfurt, 1997 errichteten sie ein neues Betriebsgebäude. Ihre Weinberge befinden sich in der Adolzfurter Lage Schneckenhof, die zur Großlage Lindelberg gehört, die Reben wachsen auf Keuperverwitterungsböden. 80 Prozent der Rebfläche nehmen rote Sorten ein: Trollinger, Lemberger, Spätburgunder, Schwarzriesling, Samtrot, Muskattrollinger und Dornfelder, inzwischen auch Merlot, Cabernet Franc und Cabernet Sauvignon. Alle Rotweine werden maischevergoren, die besten Weine werden im Barrique ausgebaut. An weißen Sorten gibt es Riesling, Traminer und Silvaner, inzwischen auch Burgundersorten wie Weißburgunder, Grauburgunder und Auxerrois, dazu ein wenig Muskateller und Muscaris, Traminer und Sauvignon Blanc. Zweimal im Monat für eine knappe Woche geöffnet hat die Weinstube von Andrea und Michael Borth, in der schwäbische Spezialitäten angeboten werden. Seit 2015 gibt es auf dem Weingut eine Ferienwohnung und vier Apartments.

Kollektion

Nachdem Michael Borth im vergangenen Jahr nicht an unseren Verkostungen teilgenommen hat, ist er dieses Jahr wieder dabei – und das freut uns sehr. Und es gibt Neues zu vermelden im Programm von Michael Borth, wie den maischevergorenen Riesling „MG" aus dem Jahrgang 2018, der zur Hälfte im Barrique ausgebaut wurde und sich auch gleich an die Spitze der Kollektion setzt. Er ist intensiv im Bouquet, zeigt feinen Duft, ganz dezente Vanillenoten, ist füllig und kraftvoll im Mund, besitzt reife Frucht, gute Struktur und Grip. Aber auch der Einstiegs-Riesling im Liter überzeugt, besitzt gute Struktur und klare reife Frucht – ein feiner Liter-Riesling! Die Cuvée aus Grauburgunder und Auxerrois ist fruchtbetont und frisch, harmonisch, klar und zupackend. Sehr sortentypisch und sehr gut ist die Muscaris Auslese, zeigt eindringliche Würze und Zitrus im Bouquet, ist frisch, klar und zupackend im Mund bei guter Struktur und Grip. Die beiden vorgestellten Rotweine sehen wir gleichauf: Der Lemberger ist fruchtbetont und reintönig, frisch und zupackend, besitzt feine Frucht, die Cuvée 07 aus Lemberger, Cabernet Cubin und Spätburgunder ist fruchtbetont und intensiv im Bouquet, füllig und saftig im Mund, besitzt reife Frucht, gute Struktur und Frische. Willkommen zurück!

Weinbewertung

82	2018 Riesling trocken Adolzfurter Lindelberg (1l)	11,5 %/4,50 €
83	2018 Grauburgunder mit Auxerrois Spätlese trocken	12 %/6,80 €
86	2018 Riesling „MG"	12 %/12,- €
85	2019 Muscaris Auslese	12 %/7,- €
84	2018 Lemberger trocken Holzfass Adolzfurter Schneckenhof	13,5 %/7,30 €
84	2018 „Cuvée 07" Rotwein trocken Holzfass	14 %/9,10 €

BADEN ▶ KRONAU

Bosch

★★★

Kontakt
An der oberen Lußhardt 1/1
76709 Kronau
Tel. 07253-9324024
www.weingut-bosch-kronau.de
info@weingut-bosch-kronau.de

Besuchszeiten
Weinverkauf im Weingut:
Mi. 17:30-19 Uhr
Sa. 14-17 Uhr sowie nach Vereinbarung
Vinothek „Berthold 57",
Berthold-Bott-Straße 57 in Kraichtal-Gochsheim
(nach Vereinbarung)

Inhaber
Rudolf Bosch & Andreas Braunecker

Betriebsleiter
Andreas Braunecker

Kellermeister
Andreas Braunecker

Außenbetrieb
Andreas Braunecker

Rebfläche
8 Hektar

Produktion
50.000 Flaschen

Das Weingut entstand als Hobby-Weingut, gegründet von Rudolf Bosch in Bad Schönborn. Erst mit dem Einstieg seines Neffen Andreas Braunecker nach dessen Geisenheim-Studium im Jahr 2008 (nach Winzerlehre beim Lucashof und bei Christmann) und dem Neubau eines Kellereigebäudes in Kronau wurde aus dem Hobbybetrieb ein Haupterwerbsweingut. Die Weinberge erstrecken sich über mehrere Gemarkungen im Kraichgau, so Langenbrücken, Zeutern, Stettfeld und Obergrombach, die Reben wachsen teils auf Löss, teils auf Kalkmergel, teils auf Posidonienschiefer. Riesling nimmt ein Viertel der Rebfläche ein, Spätburgunder ein Fünftel, es folgen Müller-Thurgau, Frühburgunder, Weißburgunder und Grauburgunder, dazu gibt es etwas Auxerrois, Scheurebe und Portugieser, sowie Cabernet Mitos und Merlot. Die Weine werden in den drei Linien Esprit, Signatur und Charisma vermarktet.

Kollektion

Der hellfruchtige Auxerrois ist gut strukturiert mit feiner Säure, Substanz und Länge. Die Cuvée aus Chardonnay und Weißburgunder ist fruchtbetont, zeigt ein feines Säurespiel und gute Länge. Die Scheurebe ist eindringlich duftig mit Spontan-Gäraromen, saftiger Süße und Säure. Der Riesling „Unart" zeigt ebenfalls feine Spontan-Aromen, ist am Gaumen süß und salzig, hat eine beachtliche Substanz. Schlank und elegant ist der fruchtige Riesling Lias Epsilon. Würzige Frucht im Bouquet zeigt die Cuvée „Grau & Weiß", am Gaumen komplexe Frucht mit gutem Druck und Frische. Der Müller-Thurgau Eigenart hat viel nussig-karamelligen Schmelz bei guter Säure. Der Müller-Thurgau Esprit zeigt feine Süße und viel Spiel. Die Cuvée aus Früh- und Spätburgunder zeigt Frucht und etwas Würze, ist am Gaumen jugendlich frisch bei guter Substanz. Der Spätburgunder Elysium zeigt Feuerstein im Bouquet, besitzt viel kühle Frucht, dezent speckige Röstaromen, gute Säure und gute Tanninstruktur. Der dunkelfruchtige Portugieser ist konzentriert, jugendlich straff mit feinen Tanninen.

Weinbewertung

86	2019 Müller-Thurgau „Esprit"	11,5%/7,90€
84	2019 Auxerrois „Esprit" Obergrombacher Michaelsberg	12,5%/7,90€
84	2019 Scheurebe „Esprit"	12%/8,50€
85	2019 Weißburgunder-Chardonnay „Esprit"	12,5%/8,50€
84	2019 Riesling „Unart"	12%/7,90€
86	„Grau&Weiß" Weißwein	13,5%/9,80€
86	2018 Eigenart Müller-Thurgau	12,5%/12,80€
88	2019 Riesling trocken „Lias Epsilon" „vom Posidonienschiefer"	12,5%/16,50€
84	2019 „Spielart" Rosé	12,5%/7,90€
88	2017 Portugieser „Abart"	13%/14,50€
87	2017 „Früh&Spät" Rotwein	13,5%/14,50€
88	2019 Spätburgunder „Elysium" Obergrombacher Michaelsberg	12,5%

MOSEL — MÜLHEIM

⭐⭐

Bottler

Kontakt
Hauptstraße 11
54486 Mülheim
Tel. 06534-324
Fax: 06534-18395
www.weingut-bottler.de
wein-gaestehaus-bottler@
t-online.de

Besuchszeiten
Mo.-Sa. 8-12 + 13-18 Uhr oder nach Vereinbarung
Vinothek, Straußwirtschaft, Gästehaus

Inhaber
Andreas Bottler
Betriebsleiter
Hermann & Andreas Bottler
Kellermeister
Andreas Bottler
Außenbetrieb
Hermann & Andreas Bottler
Rebfläche
6,5 Hektar
Produktion
60.000 Flaschen

Das Familienweingut in Mülheim wird heute von Hermann und Andreas Bottler geführt. Ihre Weinberge liegen in der Mülheimer Sonnenlay, sie bauen zu 85 Prozent Riesling an, hinzu kommen 10 Prozent Spätburgunder sowie ein wenig Weißburgunder, Kerner, Müller-Thurgau und Regent. Die Weine werden kühl vergoren, teils im Holz, teils im Edelstahl ausgebaut. Das Gros der Produktion wird trocken ausgebaut. Zu den Spezialitäten gehört der Eiswein, der fast in jedem Jahr erzeugt wird, und von dem es auch einige ältere Jahrgänge noch im Verkauf gibt. 2018 stellte man die Vinifikation auf Spontanvergärung um. Im Juli 2013 wurde die neue Vinothek fertig gestellt, die bis zu 40 Personen Platz für Weinverkostungen und Veranstaltungen bietet.

🍰 Kollektion

In den letzten Jahren ist das Programm des Weinguts immer ein wenig konstanter ausgefallen – und 2019 weist ebenfalls in die richtige Richtung. Das beginnt schon in der Basis. Sehr kompakt, fest und stoffig wirkt der trockene Gutsriesling in der Literflasche, der eine gewisse Fülle aufweist, aber auch eine animierende Säure. Sein feinherb ausgebautes Pendant wirkt noch eine Spur saftiger. Offene Frucht mit Apfelnoten zeigt der trockene „Blauschiefer"-Kabinett, der für einen Kabinett schon recht kompakt ausfällt, aber sehr schön balanciert ist. Die trockene Spätlese „S" aus der Sonnenlay ist verhaltener, mit Noten von Kräutern und Apfelschale, straff und würzig. Noch viel zu jung wirkt die trockene Spätlese von alten Reben, verhalten in der Nase, straff und fest, mit Spiel, allerdings auch mit einer beachtlichen Fülle. Ob die trockenen Spitzenweine hier wirklich so kräftig ausfallen müssen, kann man diskutieren. Die Alte-Reben-Spätlese in der feinherben Variante wirkt hefig und etwas kräuterig, ist dann kraftvoll und saftig; die Süße ist deutlich zu spüren, aber gut integriert. Der Johannesberg-Kabinett ist ein echter Kabinett, duftig mit Noten von süßem Apfel in der Nase, die Süße ist sehr erfreulich integriert, auch die Spätlese wirkt erfrischend und saftig, auch wenn sie über etwas mehr Schmelz verfügt.

🌿 Weinbewertung

82	2019 Riesling trocken (1l)	13%/6,-€
84	2019 Riesling Kabinett trocken „Blauschiefer"	12,5%/7,-€
85	2019 Riesling Spätlese trocken „S" Mülheimer Sonnenlay	13,5%/9,-€
86	2019 Riesling Spätlese trocken „Alte Reben S" Mülheimer Sonnenlay	13,5%/11,-€
83	2019 Riesling „feinherb" (1l)	12%/6,-€
85	2019 Riesling Kabinett „feinherb" „Held" Mülheimer Sonnenlay	12%/7,-€
86	2019 Riesling Spätlese „feinherb" „Alte Reben" Mülheimer Sonnenlay	12%/9,-€
87	2019 Riesling Kabinett Mülheimer Johannesberg	9,5%/7,-€ ☺
87	2020 Riesling Spätlese Mülheimer Johannesberg	9%/9,-€

MOSEL ▶ MARING-NOVIAND

Botzet

★★✫

Kontakt
Siebenborner Straße 30
54484 Maring-Noviand
Tel. 06535-94122
Fax: 06535-94121
f.botzet@weingut-botzet.de
www.weingut-botzet.de

Besuchszeiten
Vinothek, Weinproben nach Vereinbarung
Gästezimmer

Inhaber
Florian Botzet
Betriebsleiter
Florian Botzet
Rebfläche
6 Hektar
Produktion
40.000 Flaschen

Das traditionsreiche Weingut in Maring-Noviand hat sich einiges vorgenommen – und das hat viel mit dem jungen Inhaber zu tun. Nach dem Studium der Weinbetriebswirtschaft in Heilbronn und verschiedenen Praktika übernahm Florian Botzet im Jahr 2011 im Alter von nur 25 Jahren den elterlichen Betrieb. Die Fläche wurde um hochwertige Weinberge in den Maringer Lagen Sonnenuhr und Honigberg ergänzt. Um die Vielfalt des Angebotes zu erweitern, kamen auch noch Weinberge in Kesten dazu. Die Produktion konzentriert sich auf die Rebsorte Riesling, welche 85 Prozent der Fläche bedeckt. Spontane, gezügelte Gärung und längere Fassreife, speziell im trockenen und im feinherben Bereich, sind in diesem Weingut üblich und führen zu klaren, saftigen Weinen.

Kollektion

Der trockene Basiswein ist so, wie er sein soll, aber längst nicht immer ist an der Mosel: Er ist straff und fest, in der Nase eher neutral, im Mund stoffig und fest, Süße ist in diesem Falle nicht schmeckbar. Interessant ist der einzige andere trockene Riesling, der in diesem Jahr vorgestellt wurde. Es handelt sich um einen Wein aus dem Paulinshofberg, der in der Nase Noten von Steinobst und Melone erkennen lässt, am Gaumen eine gewisse Fülle zeigt, aber durchaus auch eine straffe, puristische Art; der Wein wirkt völlig trocken und besitzt Schmelz. Ein wirklich interessanter Beweis dafür, dass sich Florian Botzet zum Ziel gesetzt hat, ausdrucksstarke Weine zu erzeugen. Saftig, leicht süß, animierend wirkt der feinherbe Literriesling. Der ebenfalls feinherbe Wein aus dem Honigberg ist vergleichsweise trocken, besitzt Spiel und Substanz. Nur verhalten süß, angenehm rassig und animierend ist der Kabinett aus dem Paulinsberg, der schön balanciert ist und der Prädikatsstufe wirklich entspricht; das Preis-Leistungs-Verhältnis ist bemerkenswert. Eine Spätlese aus der Sonnenuhr beeindruckt mit reifer Säure am Gaumen, die Süße ist zurzeit deutlich zu spüren, dürfte sich aber in Kürze noch besser einbinden. Schließlich die Auslese, die eine kühle, elegante Art erkennen lässt, Noten von Apfel aufweist und nicht übertrieben süß ausfällt. Sie ist der gelungene Abschluss eines stimmigen Sortiments.

Weinbewertung

83	2019 Riesling trocken	11,5%/6,-€
87	2019 Riesling trocken Kestener Paulinshofberg	12%/8,50€ ☺
82	2019 Riesling „feinherb" (1l)	10,5%/5,50€
87	2019 Riesling „feinherb" Maringer Honigberg	11,5%/7,50€ ☺
86	2019 Riesling Kabinett Kestener Paulinsberg	8%/6,-€ ☺
86	2019 Riesling Spätlese Maringer Sonnenuhr	8,5%/8,50€
87	2019 Riesling Auslese Maringer Sonnenuhr	8%/12,-€

BOTZET
anno 1595

RHEINHESSEN ▬ WORMS-ABENHEIM

Boxheimerhof

★★☆

Kontakt
Wonnegaustraße 31
67550 Worms-Abenheim
Tel. 06242-60180
Fax: 06242-2765
www.boxheimerhof.de
info@boxheimerhof.de

Besuchszeiten
Mo.-Sa. 8-19 Uhr
So. geschlossen

Inhaber
Walter Boxheimer &
Johannes Boxheimer
Kellermeister
Johannes Boxheimer
Außenbetrieb
Walter Boxheimer
Rebfläche
25 Hektar

Seit über 350 Jahren baut die Familie Wein in Rheinhessen an. Der Boxheimerhof ist in Abenheim zu Hause, einem Ort, der bereits im Lorcher Codex erwähnt wurde, seit 1969 ein Stadtteil von Worms ist. Heute führen Walter und Gudrun Boxheimer zusammen mit ihrem Sohn Johannes das Gut. Ihre Weinberge liegen im Abenheimer Klausenberg, in den Gundheimer Lagen Sonnenberg und Mandelbrunnen sowie im Osthofener Kirchberg. Riesling, Weißburgunder, Grauburgunder und Gewürztraminer werden angebaut, aber auch internationale Rebsorten wie Sauvignon Blanc und Chardonnay, dazu eine breite Palette an Neuzüchtungen wie Müller-Thurgau, Huxelrebe, Scheurebe, Kerner oder Ortega. An roten Sorten gibt es Spätburgunder, Dornfelder, Portugieser und Sankt Laurent. Die Weine werden teils im Edelstahl, teils im Holz ausgebaut. Das Sortiment wurde neu gegliedert in Guts-, Orts- und Lagenweine, vor allem bei Letzteren wird zunehmend mit Maischestandzeiten und Holzfassausbau gearbeitet.

Kollektion

Es geht voran, das Basisniveau stimmt, die Ortsweine bieten gute Fülle, die Lagenweine haben an Profil gewonnen. Das gilt für die Rieslinge, die angeführt werden von dem neuen Wein aus dem Gundheimer Sonnenberg, Jahrgang 2018, der zwei Wochen auf der Maische vergoren wurde, der Kraft und Konzentration besitzt, gute Struktur und Grip. Das gilt aber auch für den im Holz ausgebauten gelbfruchtigen, kraftvoll Chardonnay und den eindringlichen, recht süßen Pinot Blanc, die beide aus dem Klausenberg stammen. Das süße Segment wird angeführt vom litschiduftigen Silvaner Eiswein, die beiden Rotweine aus dem Jahrgang 2015, lange im Holz ausgebaut, bestechen mit Kraft, Substanz und guter Struktur. Weiter so!

Weinbewertung

80	2019 Riesling trocken (1l)	12,5%/5,-€
81	2019 Weißburgunder trocken	12,5%/6,20€
83	2019 Chardonnay trocken	13%/6,20€
83	2019 Grauer Burgunder trocken Osthofen	13%/9,-€
84	2019 Sauvignon Blanc trocken Abenheimer	12%/6,90€
84	2019 Riesling trocken „Brummelochsenboden" Abenheimer Klausenberg	13%/6,90€
85	2018 Riesling trocken „Alte Reben" Abenheimer Klausenberg	12,5%/10,50€
85	2018 Chardonnay trocken Holzfass Abenheimer Klausenberg	12%/9,90€
87	2018 Riesling trocken Gundheimer Sonnenberg	11,5%/13,30€
85	2018 Pinot Blanc trocken Abenheimer Klausenberg	12%/13,30€
83	2019 Gewürztraminer Spätlese	8%/6,70€
85	2019 Huxelrebe Auslese	8%/8,20€
88	2018 Sylvaner Eiswein Gundheimer Mandelbrunnen	7,5%/21,-€
86	2015 Pinot Noir trocken	13%/13,70€
85	2015 Cabernet Mitos trocken Westhofener Bergkloster	13%/18,20€

RHEINHESSEN ▬ DITTELSHEIM-HESSLOCH

Brandt

★★★☆

Kontakt
Dalbergstraße 27
67596 Dittelsheim-Heßloch
Tel. 06244-5521
www.brandt-weine.de
kontakt@brandt-weine.de

Besuchszeiten
nach Vereinbarung

Inhaber
Markus Brandt

Betriebsleiter
Markus Brandt

Rebfläche
10 Hektar

Der landwirtschaftliche Gemischtbetrieb hat lange Zeit nur Fasswein erzeugt, erst 2010 begannen Hans-Richard Brandt und Sohn Markus mit der Flaschenweinvermarktung. Markus Brandt studierte in Geisenheim, hat 2017 den Betrieb übernommen. Seine Weinberge liegen im Hesslocher Lagen Mondschein, in den Bechtheimer Lagen Stein und Hasensprung sowie im Mölsheimer Zellerweg am Schwarzen Herrgott. Er hat den Rebsortenspiegel reduziert, konzentriert sich vor allem auf Riesling und die Burgundersorten, ergänzt um Sauvignon Blanc, Muskateller, Blaufränkisch und Scheurebe. Die Weine werden überwiegend trocken ausgebaut, in manchen Jahren ergänzen fruchtsüße und edelsüße Weine das Programm.

Kollektion

Im vergangenen Jahr war die Kollektion enorm gleichmäßig, angefangen beim Sekt bis hin zur Muskateller Beerenauslese. In diesem Jahr wurden nur trockene Weißweine präsentiert, die Abstufung von den Handwerk genannten Gutsweinen hin zu Fumés und Lagenweinen ist stimmig und nachvollziehbar. Schon der Literwein aus Weißburgunder und Chardonnay überzeugt mit Frische und Frucht. Sehr gleichmäßig präsentiert sich die Handwerk-Linie: Der Weißburgunder ist fruchtbetont, frisch und zupackend, der Grauburgunder reintönig bei feiner süßer Frucht, der Riesling lebhaft, zupackend, der intensiv rhabarber-duftige Sauvignon Blanc ist klar und zupackend, zeigt auch im Mund Rhabarber-Noten. Der Fumé-Weißburgunder zeigt gute Konzentration, feine Würze und reife Frucht, ist füllig, kraftvoll und strukturiert, noch ein klein wenig besser gefällt uns der Grauburgunder Fumé, der die gleichen Eigenschaften aufweist, noch etwas fruchtintensiver ist. Aus dem Jahrgang 2018 stammt der Riesling aus dem Hesslocher Mondschein, er besitzt feine Frische und reife Frucht, ist klar und zupackend bei feinem Grip. Unser Favorit aber ist der neue Riesling aus dem Mölsheimer Zellerweg am Schwarzen Herrgott, Jahrgang 2019, der würzig und eindringlich im Bouquet ist bei viel Konzentration, Fülle und Kraft im Mund besitzt, reife Frucht, gute Struktur, Substanz, Frische und Grip. ▬

Weinbewertung

83	2019 Weißburgunder trocken „Handwerk"	12%/9,90€
82	2019 Grauburgunder trocken „Handwerk"	12%/9,90€
82	2019 Riesling trocken „Handwerk"	12,5%/9,90€
83	2019 Sauvignon Blanc trocken „Handwerk"	12,5%/9,90€
82	2019 Weißburgunder-Chardonnay trocken (1l)	12,5%/6,80€
85	2019 Weißburgunder trocken „Fumé"	13%/11,50€
86	2019 Grauburgunder trocken „Fumé"	12,5%/11,50€
86	2018 Riesling trocken Hesslocher Mondschein	12,5%/18,-€
88	2019 Riesling trocken Mölsheimer Zellerweg am Schwarzen Herrgott	13%/18,-€

FRANKEN — NORDHEIM

★★★

Waldemar Braun

Kontakt
Langgasse 10
97334 Nordheim
Tel. 09381-9061
Fax: 09381-71179
www.weingut-waldemar-braun.de
info@weingut-waldemar-braun.de

Besuchszeiten
Mo.-Sa. 10-18 Uhr, April bis Okt. auch So. & Feiertage 10-12 Uhr, Betriebsruhe von 23.12.- 6.1.; Weinausschank (bei guter Witterung) April bis Okt. Mo.-Sa. 10-18 Uhr, So. 10-12 Uhr

Inhaber
Waldemar & Heidi Braun
Betriebsleiter/Kellermeister/Außenbetrieb
Waldemar & Patrick Braun
Rebfläche
14,4 Hektar
Produktion
80.000 Flaschen

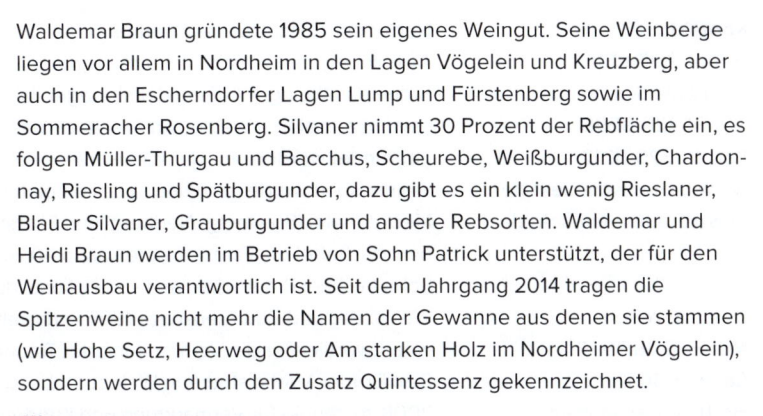

Waldemar Braun gründete 1985 sein eigenes Weingut. Seine Weinberge liegen vor allem in Nordheim in den Lagen Vögelein und Kreuzberg, aber auch in den Escherndorfer Lagen Lump und Fürstenberg sowie im Sommeracher Rosenberg. Silvaner nimmt 30 Prozent der Rebfläche ein, es folgen Müller-Thurgau und Bacchus, Scheurebe, Weißburgunder, Chardonnay, Riesling und Spätburgunder, dazu gibt es ein klein wenig Rieslaner, Blauer Silvaner, Grauburgunder und andere Rebsorten. Waldemar und Heidi Braun werden im Betrieb von Sohn Patrick unterstützt, der für den Weinausbau verantwortlich ist. Seit dem Jahrgang 2014 tragen die Spitzenweine nicht mehr die Namen der Gewanne aus denen sie stammen (wie Hohe Setz, Heerweg oder Am starken Holz im Nordheimer Vögelein), sondern werden durch den Zusatz Quintessenz gekennzeichnet.

Kollektion

Die neue Kollektion ist bärenstark. Ein würziger, reintöniger Scheurebe-Sekt eröffnet den Reigen. Der Silvaner aus dem Vögelein ist rauchig und reintönig, füllig und klar, der Blauer Silvaner ist lebhaft bei guter Struktur und Grip, der Lump-Silvaner besitzt schöne Frisch und reintönige Frucht, der Quintessenz-Silvaner schließlich ist der üppigste im Silvaner-Reigen, besticht mit Kraft, reifer Frucht und viel Substanz. Der gelbfruchtige Lump-Riesling ist reintönig, kann seine Herkunft nicht verleugnen, die Rieslaner Spätlese zeigt rauchige Noten, etwas Grapefruit, ist harmonisch und klar. Der Grauburgunder aus dem Vögelein ist wunderschön reintönig, strukturiert und zupackend, der Quintessenz-Chardonnay setzt ganz auf Konzentration, Fülle und Kraft, besitzt gute Substanz und reintönige Frucht. Unsere Favoriten sind neben dem Chardonnay die beiden Weißburgunder: Der Quintessenz aus dem Vögelein, Jahrgang 2019, ist reintönig, füllig, stoffig, komplex und druckvoll, der Reserve-Weißburgunder aus dem Jahrgang 2016, ebenfalls aus dem Vögelein, ist füllig und kompakt bei reifer Frucht und viel Wärme.

Weinbewertung

85	2017 Scheurebe Sekt extra-dry Nordheimer Vögelein	12,5%/16,50 €
86	2019 Silvaner trocken Nordheimer Vögelein	13%/8,50 €
86	2019 Grauer Burgunder trocken Nordheimer Vögelein	13,5%/9,50 €
87	2019 Silvaner trocken Escherndorfer Lump	13%/10,-€
86	2019 Blauer Silvaner trocken Nordheimer Vögelein	12,5%/9,50 €
87	2019 Riesling trocken Escherndorfer Lump	13%/10,-€
88	2019 Silvaner trocken „Quintessenz" Nordheimer Vögelein	14%/17,50 €
89	2019 Weißer Burgunder trocken „Quintessenz" Nordheimer Vögelein	14%/18,50 €
89	2019 Chardonnay trocken „Quintessenz" Nordheimer Vögelein	13,5%/19,50 €
89	2016 Weißer Burgunder trocken „Reserve" Nordheimer Vögelein	14,5%/22,-€
86	2019 Rieslaner Spätlese Nordheimer Vögelein	10,5%/17,50 €
85	2019 Pinot Meunier trocken „hellgekeltert" Nordheimer Kreuzberg	13%/10,-€

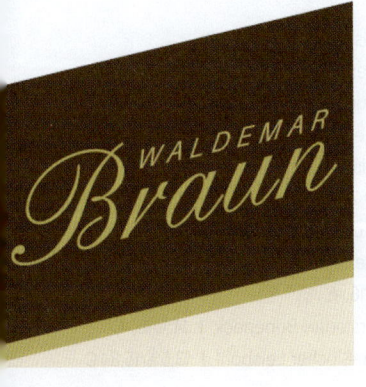

PFALZ ▶ MECKENHEIM

★★

Braun

Kontakt
Hauptstraße 51
67149 Meckenheim
Tel. 06326-8596
Fax: 06326-5212
www.braun-wein-sekt.de
bws@braun-wein-sekt.de

Besuchszeiten
Mo.-Fr. 9-18:30 Uhr
Sa. 9-16:30 Uhr
Herbstausschank im Sept./Okt.

Inhaber
Familie Braun
Kellermeister
Michael Braun & Kristoffer Grass
Außenbetrieb
Franz Käferböck
Rebfläche
38 Hektar
Produktion
300.000 Flaschen

Nach dem Abschluss der Weinbauschule Weinsberg bei Heilbronn und der Ausbildung zum Weinbautechniker gründete der heutige Seniorchef Fritz Braun das Weingut Anfang der siebziger Jahre. Seine Ehefrau Brunhilde stammt aus einem Weingut in Ellerstadt, das nach dem Krieg von ihrem Vater gegründet worden war, der kurioserweise ebenfalls Fritz Braun hieß, der Weinausbau wurde nach und nach komplett nach Meckenheim verlagert. In Meckenheim (Spielberg, Neuberg) und Ellerstadt (Kirchenstück, Bubeneck) bewirtschaftet die Familie heute knapp 40 Hektar Weinberge. Der ältere Sohn Michael Braun, der nach seiner Ausbildung zum Weinbautechniker in Weinsberg und Bad Kreuznach 1995 in das elterliche Gut einstieg, ist verantwortlich für die Verarbeitung der Trauben und den Ausbau der Weine. Sein Bruder Martin studierte Weinbetriebswirtschaft in Heilbronn und ist seit 2008 zuständig für Vermarktung und Kundenbetreuung.

Kollektion

Die Rotweine der Familie Braun, die mit Ausnahme der Cuvée „First Glas" und des Kirchenstück-Spätburgunders erst im März 2021 in den Verkauf kommen, sind alle kraftvoll mit dunkler Frucht und präsentem, aber gut eingebundenem Holz: Unsere Favoriten sind die gut strukturierte, noch von jugendlichen Tanninen geprägte Cuvée „Lignum One", die im Bouquet Noten von Mokka, Lakritze und Brombeere zeigt, und der Spätburgunder „2punkt0", der klare Sauerkirschfrucht und deutliche Krokantwürze zeigt, frische Säure und gute Länge besitzt. Erstmals konnten wir auch den Gänsfüßer der Brauns verkosten, er zeigt im Bouquet Aromen von dunkler Frucht, Pflaume und etwas Minze, ist am Gaumen saftig und weich, könnte aber etwas nachhaltiger sein. Unter den Weißweinen gefällt uns in diesem Jahr der Riesling „2punkt0" am besten, er zeigt Holzwürze und Zitrusnoten im Bouquet, besitzt gute Konzentration und ein animierendes Säurespiel.

Weinbewertung

83	2019 Sauvignon Blanc trocken	12%/7,20€
82	2019 Weißburgunder trocken Haßlocher Leisböhl	12%/6,20€
83	2019 Riesling trocken „Auf der Höhe" Meckenheimer Spielberg	12,5%/6,50€
85	2019 Riesling trocken Ellerstadter Kirchenstück	13%/8,50€
84	2019 Chardonnay trocken Meckenheimer Neuberg	13%/8,50€
87	2019 Riesling trocken „2punkt0" Meckenheimer Spielberg	13%/12,-€
85	2018 „First Glas" Rotwein trocken	13,5%/9,20€
85	2018 Spätburgunder trocken Ellerstadter Kirchenstück	14%/9,20€
87	2017 Portugieser trocken „Anno 1951" Meckenheimer Spielberg	14%/16,-€
88	2017 „Lignum One" Rotwein trocken	14%/16,-€
88	2017 Spätburgunder trocken „2punkt0" Ellerstadter Bubeneck	14%/16,-€
86	2017 Gänsfüßer trocken „Johann Casimir" Haßlocher Leisböhl	13,5%/15,84€

RHEINHESSEN ▸ ESSENHEIM

★★★★ # Braunewell

Kontakt
Am Römerberg 34
55270 Essenheim
Tel. 06136-9999-100
Fax: 06136-9999-111
www.weingut-braunewell.de
info@weingut-braunewell.de

Besuchszeiten
Vinothek
Mo.-Do. 13:30-19 Uhr
Fr. 10-12 + 13:30-19 Uhr
Sa. 9-17 Uhr

Inhaber
Familie Braunewell
Kellermeister
Christian Braunewell
Rebfläche
28 Hektar
Produktion
250.000 Flaschen

Seit über 350 Jahren bewirtschaften die Braunewells Weinberge in Essenheim im Selztal, damals, im Jahr 1655 kam der Hugenotte François Breiniville nach Rheinhessen, heiratete und lies sich in Essenheim nieder. Aus Breiniville wurde Braunewell, Weinberge wurden seither immer bewirtschaftet, aber erst in den sechziger Jahren des letzten Jahrhunderts füllte Adam Braunewell erstmals Wein in Flaschen ab. Heute wird das Weingut von seinem Sohn Axel Braunewell und seiner Ehefrau Ursula geführt, zusammen mit ihren Söhnen Stefan und Christian, die beide wie schon ihr Vater in Geisenheim studiert haben. Ihre Weinberge liegen in den Lagen Essenheimer Teufelspfad (mit der Gewanne Am Klopp) und Elsheimer Blume. In beiden Einzellagen, vor allem aber im Teufelspfad gibt es eine Reihe von Teillagen mit unterschiedlichen Böden, prägend ist der hohe Kalkanteil sowohl im Teufelspfad als auch in der Blume, aber es gibt auch Kalkmergel, Löss und Lehm. Riesling ist die wichtigste Rebsorte im Betrieb, gefolgt von Spätburgunder und Grauburgunder. Des Weiteren gibt es Weißburgunder, Silvaner, Sauvignon Blanc, Scheurebe, Kerner und Gewürztraminer, sowie an roten Sorten Portugieser, St. Laurent, Dornfelder, Syrah, Cabernet Sauvignon, Cabernet Franc und Merlot. 2009 wurden Stück und Halbstückfässer erworben, in denen die spontanvergorenen Terroir- und Lagen-Weißweine ausgebaut werden. Das Sortiment ist gegliedert in Guts-, Orts- und Lagenweine. An der Spitze der Kollektion stehen die Rieslinge und Spätburgunder jeweils aus Blume und Teufelspfad, sowie der Grauburgunder aus dem Teufelspfad, die Topweine aus anderen Rebsorten wie Sauvignon Blanc oder Chardonnay tragen den Zusatz „Réserve". Prädikatsbezeichnungen werden nur für süße und edelsüße Weine verwendet.

Kollektion

Stefan und Christian Braunewell gehören zu den Shooting Stars der letzten Jahre in Deutschland, und mit der neuen Kollektion zeigen sie eindrucksvoll, dass sie noch lange nicht am Ende angekommen sind, dass es immer weiter bergauf geht, nicht nur bei Weißweinen und Rotweinen, auch die Sekte zeigen klare Ambitionen. Der „Brut de Selztal" zeigt feine rauchige Noten, besitzt gute Struktur und Grip – ein toller Sekt, bei dem wir einzig nicht verstehen, warum er so hoch dosiert wurde. Der Riesling-Sekt zeigt feine Reife und Würze, ist füllig und elegant, der Prestige ist kraftvoll, stoffig, komplex und lang. Auch die Weißweine sind bärenstark, die Riesling-Serie ist beeindruckend. Der Gutsriesling ist frisch, klar, zupackend, der Essenheimer Riesling besitzt reintönige Frucht, gute Struktur und Grip. Spannend ist der Lagen-Riesling aus der Blume, herrlich eindringlich und intensiv, zeigt gelbe Früchte, Zitrus und Pfirsich, ist füllig und saftig, besitzt Struktur und Substanz, feine mineralische Noten. Die Nase vorne hat aber auch 2019 wieder der Riesling aus dem Teufelspfad, der gute Konzentration und faszinierend reintönige Frucht zeigt, füllig und stoffig ist, viel reife Frucht und Komplexität besitzt,

Länge und Nachhall. Ganz spannend ist auch der neue Riesling „G700", im Granitfass ausgebaut, ist erstaunlich offen und intensiv, besitzt viel Substanz, ganz dezente Süße, Druck und Länge; die leicht litschiduftige Teufelspfad-Auslese rundet den Riesling-Reigen ab. Zweite wichtige weiße Rebsorte im Betrieb ist der Grauburgunder, auch hier ist die Serie stark vom gelbfruchtigen zupackenden Ortswein über den intensiven, saftigen Teufelspfad bis hin zum duftigen, strukturierten „Am Klopp". Klasse ist auch der reintönige, saftige Reserve-Chardonnay, noch besser der intensiv fruchtige Sauvignon Blanc, der „Braunewell & Dinter"-Rosé ist gut wie nie; Portugieser und St. Laurent reihen sich da ein. Der Kalkmergel-Spätburgunder gehört zu den besten roten Ortsweinen in Rheinhessen, der Wein aus der Blume ist intensiv fruchtig, kraftvoll, der Teufelspfad-Spätburgunder besitzt noch etwas mehr Druck; die roten Cuvées beeindrucken mit viel Frucht und Wucht. Tolle Kollektion!

Weinbewertung

90	2014 Pinot „Prestige" Sekt brut nature	13%/20,-€
89	2016 Riesling Sekt brut	12,5%/12,-€ ☺
90	2015 Brut de Selztal	12,5%/14,-€ ☺
85	2019 Riesling trocken	12,5%/7,90€
87	2019 Riesling trocken „Kalkstein" Essenheim	13%/12,-€
88	2019 Grauer Burgunder trocken „Kalkmergel" Essenheim	13,5%/12,-€
90	2019 Sauvignon Blanc trocken „Réserve"	14%/15,-€ ☺
89	2019 Chardonnay trocken „Réserve"	13,5%/15,-€
92	2019 Riesling trocken Elsheim Blume	13,5%/19,-€ ☺
96	2019 Riesling trocken Essenheim Teufelspfad	13%/19,-€ ☺
90	2019 Grauer Burgunder trocken Essenheim Teufelspfad	14%/19,-€
93	2019 Riesling trocken „G700"	13,5%/35,-€
90	2019 Grauer Burgunder trocken Essenheim „Am Klopp"	14%/22,50€
89	2019 Riesling Auslese Essenheim Teufelspfad	8,5%/15,-€
89	2019 Rosé „Braunewell & Dinter"	13,5%/25,-€
89	2018 Spätburgunder trocken „Kalkmergel" Essenheim	13,5%/15,-€
86	2018 „der kleine François" Rotweincuvée trocken	13,5%/9,90€
88	2018 Portugieser trocken „Réserve"	14%/20,-€
89	2018 St. Laurent trocken „Réserve"	14%/20,-€
91	2018 Spätburgunder trocken Elsheim Blume	14%/23,-€
92	2018 Spätburgunder trocken Essenheim Teufelspfad	14%/25,-€
89	2018 „François" Rotwein trocken	15,5%/15,-€
92	2018 „François Reserve" Rotwein trocken	15,5%/25,-€
92	2018 „François Grande Reserve" Rotwein trocken	15,5%/40,-€

Lagen
Teufelspfad (Essenheim)
Am Klopp (Essenheim)
Blume (Elsheim)

Rebsorten
Riesling (30 %)
Grauburgunder (30 %)
Spätburgunder (25 %)

PFALZ — ZELLERTAL

★★★

Bremer

Kontakt
Brückenstraße 2
67308 Zellertal
Tel. 06355-8639166
www.weingutbremer.de
info@weingutbremer.de

Besuchszeiten
Do./Fr. 14-20 Uhr
Sa. 11-17 Uhr
oder nach Vereinbarung
Weinbar:
Do./Fr. 17:30-24 Uhr
So. 11-17 Uhr

Inhaber
Familie Bremer
Betriebsleiter
Michael Acker
Kellermeister
Michael Acker
Außenbetrieb
Rebecca Bremer
Rebfläche
15 Hektar
Produktion
70.000 Flaschen

Das Weingut Bremer, im Zellertal, ganz in der nordwestlichen Ecke des Anbaugebiets Pfalz gelegen, ist ein brandneues Weingut – mit einer langen Geschichte. Schon vor hundert Jahren verkaufte das Weingut Herr seine Weine in die ganze Welt, 2014 hat die Familie Bremer aus Calw im Schwarzwald das historische Gut mit besten Lagen im Zellertal übernommen. Geleitet wird das Gut von den drei Schwestern Anna, Leah und Rebecca Bremer, die mittlerweile auch für den Außenbetrieb verantwortlich ist und sich um die gutseigene Weinbar kümmert, als Önologe wurde Michael Acker, der langjährige Betriebsleiter des Herxheimer Weinguts Schumacher, mit an Bord geholt. Das Herrenhaus und der Keller wurden umfassend saniert, eine neue Presse, neue Edelstahlgebinde und Fässer in den verschiedensten Größen angeschafft und mehrere Hektar Weinberge wurden neu bestockt.

Kollektion

In diesem Jahr konnten wir nur eine kleine Kollektion des Weinguts Bremer verkosten, in der die Weißen einiges an Luft brauchen, um sich zu öffnen: Der Riesling vom Schwarzen Herrgott zeigt dann ein komplexes Bouquet mit kräutrig-mineralischer Würze und gelber Frucht mit Noten von Apfel und Ananas, am Gaumen ist er konzentriert und elegant, entwickelt feinen Druck und salzige Länge. Der Chardonnay zeigt dezente Röstnoten und Zitrusfrucht, besitzt Frische, Eleganz und gute Länge, wirkt aber noch sehr jung, wie auch der Sauvignon Blanc vom Frauenländchen, der im leicht verhaltenen Bouquet Stachelbeernoten zeigt, ebenfalls elegant, frisch und harmonisch ist. Der Gelbe Muskateller ist aromatisch und schlank, der Auxerrois zeigt florale Noten, ist noch verschlossen und der Rosé zeigt klare rote Frucht mit Aromen von Himbeeren und Erdbeeren. Die beiden Pinot Noirs unterscheiden sich deutlich, der Philippsbrunnen zeigt dunkle Frucht, Schwarzkirsche, Pflaume und Gewürznoten, besitzt eine gute Struktur mit noch jugendlichen Tanninen, der Apotheker ist heller in der Frucht, zeigt rote Johannisbeere und besitzt kühle kräutrige Würze, ist sehr elegant und frisch.

Weinbewertung

83	2019 Auxerrois trocken	12,5%/7,80 €
85	2019 Sauvignon Blanc trocken Kleinkarlbacher	12,5%/9,80 €
84	2019 Gelber Muskateller trocken Kleinkarlbacher	11%/9,80 €
89	2019 Riesling trocken Zeller Schwarzer Herrgott	12,5%/21,-€
87	2019 Sauvignon Blanc trocken Kleinkarlbacher Frauenländchen	13%/17,50 €
88	2019 Chardonnay trocken Zeller Königsweg	13%/17,50 €
83	2019 Rosé trocken	12%/7,80 €
88	2018 Pinot Noir trocken „Philippsbrunnen" Zell Kreuzberg	13%/28,-€
88	2018 Pinot Noir trocken Niefernheimer Apotheker	13%/32,-€

WEINGUT BREMER
3 Schwestern & Hr. Acker

PFALZ — PLEISWEILER-OBERHOFEN

Brendel

★★ ☆

Kontakt
Hauptstraße 13
76889 Pleisweiler-Oberhofen
Tel. 06343-8450
Fax: 06343-5534
www.weingut-brendel.de
info@weingut-brendel.de

Besuchszeiten
Weinstube & Gutsausschank
Fr./Sa./Mo. ab 17 Uhr
So. ab 16 Uhr
Weinstube

Inhaber
Walter, Waltraud & Christian Brendel

Rebfläche
10 Hektar

Produktion
55.000 Flaschen

Walter und Waltraud Brendel strukturierten den ehemaligen landwirtschaftlichen Gemischtbetrieb um und konzentrierten sich auf den Weinbau. Seit Abschluss seines Geisenheim-Studiums 2010 ist ihr Sohn Christian Brendel für den Außenbetrieb und den Keller verantwortlich, die Eltern kümmern sich um die eigene Weinstube, die die Familie seit 1995 neben dem Weingut betreibt. Die Weinberge liegen rund um Pleisweiler-Oberhofen, wo es Buntsandstein-, Kalkmergel- und Lösslehmböden gibt. Auf 25 Prozent der Rebfläche steht Riesling, die wichtigste Sorte im Betrieb, dazu kommen 30 Prozent Burgundersorten, aber auch Silvaner, Müller-Thurgau, Blaufränkisch, Dornfelder, Scheurebe und Gewürztraminer. Der Großteil des Sortiments besteht aus Gutsweinen, darüber angesiedelt sind die Terroirrieslinge und die Lagenweine vom Pleisweiler-Oberhofener Schlossberg.

Kollektion

Nach Fortschritten in den vergangenen Jahren, konnte das Weingut Brendel mit dem 2019er Jahrgang das gute Niveau halten. Bereits der einfache Liter-Riesling ist angenehm saftig und frisch. Daran schließen Grauburgunder und Weißburgunder an, die ebenfalls von klaren animierenden Aromen leben, wobei der Grauburgunder eine Spur kraftvoller und der Weißburgunder dafür etwas feiner ausfällt. Mehr Fülle und Opulenz zeigt der Riesling „Kalkmergel", der eine intensive Note von Aprikose und Zitronenschale zeigt und eine gute Struktur hat, die sowohl Trinkfluss zulässt als auch eine leichte Griffigkeit mitbringt. Der Silvaner ist ebenfalls kraftvoll, hat Aromen von grünem Apfel und roher Quitte, aber eine festere Struktur und weniger Trinkfluss als der Riesling. Sehr gut ist der Chardonnay, der rauchige und vanillige Noten und eine warme gelbe Frucht aufweist. Eine ähnliche rauchige Note zeigt auch der Spätburgunder, der darüber hinaus eine schöne Saftigkeit und trotz zurückhaltendem Tannin eine gute Länge mitbringt. An der Spitze sehen wie wir auch im vergangenen Jahr einen Blanc de Noirs-Sekt, der viel Kraft und Tiefe, Zitrusfrucht und einen leicht oxidativen Ton mitbringt, der an Haselnuss erinnert. Sehr gut!

Weinbewertung

87	„Blanc de Noirs" Sekt extra brut	12,5 %/12,50 €
81	2019 Riesling trocken (1l)	12,5 %/4,70 €
83	2019 Weißer Burgunder trocken	13 %/6,90 €
83	2019 Grauer Burgunder trocken	13,5 %/6,90 €
85	2019 Riesling trocken „Kalkmergel"	13 %/7,90 €
84	2019 Silvaner trocken Pleisweiler-Oberhofener Schlossberg	13,5 %/9,- €
85	2017 Spätburgunder trocken Pleisweiler-Oberhofener Schlossberg	13,5 %/9,50 €

PFALZ — BAD DÜRKHEIM

Brenneis-Koch

★★

Kontakt
Freinsheimer Straße 2
67098 Bad Dürkheim
Tel. 06322-1898
Fax: 06322-7241
www.brenneis-koch.de
matthias.koch@brenneis-koch.de

Besuchszeiten
nach Vereinbarung

Inhaber
Matthias Koch & Verena Suratny

Rebfläche
8,2 Hektar

Produktion
30.000 Flaschen

Das Weingut Brenneis-Koch entstand 1993 aus dem Zusammenschluss der Weingüter Emil Brenneis in Leistadt und Erhard Koch in Ellerstadt und wird von den Diplom-Biologen Matthias Koch und Verena Suratny geführt. Neben Weinbergen in Leistadt (Kirchenstück, Herzfeld) und Ellerstadt (Bubeneck, Sonnenberg, Kirchenstück) besitzen Matthias Koch und Verena Suratny auch Flächen im Kallstadter Saumagen und im Ungsteiner Kobnert. Wichtigste Rebsorte ist Riesling, neben den Burgundersorten pflanzten Koch und Suratny schon früh internationale Sorten, begonnen wurde 1994 mit Merlot, 1999 folgten Sauvignon Blanc, Syrah und Nebbiolo und 2003 Viognier. Die Weißweine werden teils im Edelstahl, teils im großen Holz ausgebaut, die Rotweine kommen nach der Maischegärung alle ins Holz und werden unfiltriert abgefüllt.

Kollektion

Die roten Spitzen, die im vergangenen Jahr das Sortiment anführten, fehlten in diesem Jahr bei der Verkostung, unter unseren Favoriten sind dieses Mal zwei Viognier: Der Sekt, eine zweite, länger ausgebaute Charge des im vergangenen Jahres verkosteten Schaumweins, zeigt im Bouquet viel gelbe Frucht, mit Noten von Aprikose, Pfirsich und Zitrusfrüchten, besitzt am Gaumen etwas Fülle und ein frisches Säurespiel, die trockene Spätlese, zu einem Drittel im Barrique ausgebaut, zeigt neben gelber Frucht auch dezente Röstnoten, besitzt ebenfalls Fülle und Frische. Unser dritter Favorit ist der trockene Riesling aus dem Kirchenstück, der etwas kräutrige Würze und Zitrusnoten, Ananas, Orangenschale, im Bouquet zeigt und auch am Gaumen viel Frucht und ein animierendes Säurespiel besitzt, der Riesling aus dem Saumagen ist etwas verhaltener, besitzt leicht kreidige Würze und Biss. Die restsüß ausgebaute Cuvée aus Riesling und Scheurebe und der Muskateller sind aromatisch, besitzen viel süße Frucht, aber auch eine feine Säure, der „Inspired", eine Cuvée aus Spätburgunder, Saint Laurent und Merlot aus den Jahrgängen 2012 und 2013, zeigt dunkle Frucht, Pflaume, ist sehr stoffig.

Weinbewertung

86	2014 Viognier Sekt brut	12,5%/18,80€
85	2017 Pinot Noir Rosé Sekt brut	13%/14,80€
81	2019 Riesling Kabinett trocken Leistadt (1l)	12,5%/6,20€
84	2019 Riesling Kabinett trocken Kallstadter Saumagen	13%/8,-€
83	2019 Grauburgunder Kabinett trocken Ungsteiner Kobnert	12,5%/8,40€
86	2019 Viognier Spätlese trocken	13,5%/12,80€
86	2019 Riesling Spätlese trocken Leistadter Kirchenstück	12,5%/12,80€
84	2019 Muskateller Kabinett Leistadter Kirchenstück	10%/9,80€
84	2019 Riesling & Scheurebe Spätlese „Edition RWS" Kirchenstück	10%/11,80€
84	„Inspired" Rotwein trocken	14%/6,80€

BADEN ▸ EGRINGEN

★★★

Brenneisen

Kontakt
Am Weiler Weg 2
79588 Egringen
Tel. 07628-800987
Fax: 07628-941798
www.weingut-brenneisen.de
dirk.brenneisen@web.de

Besuchszeiten
Fr. 15-19 Uhr oder nach Vereinbarung

Inhaber
Dirk Brenneisen

Rebfläche
8 Hektar

Produktion
45.000 Flaschen

Von Anfang an, seit der Gründung des Weingutes im Jahr 2000, werden die Weine in den Gewölbekellern des Gasthauses Rebstock in Egringen ausgebaut, einem kleinen Ort im südlichen Markgräflerland, der im 8. Jahrhundert erstmals urkundlich erwähnt wurde. Die Weinberge von Dirk Brenneisen liegen in Egringen (Sonnhohle) und Fischingen (Weingarten). Die Markgräfler Spezialität Gutedel nimmt 40 Prozent der Rebfläche ein, es folgen Spätburgunder, Weißburgunder und Grauburgunder sowie Chardonnay. Die Rotweine werden alle im Holz ausgebaut, auch ein Teil der Weißweine und der Sektgrundweine kommt ins Holz, die Weine werden lange auf der Feinhefe ausgebaut, auf Schönungsmittel wird weitestgehend verzichtet, die Spätburgunder werden überwiegend unfiltriert abgefüllt.

Kollektion

Dirk Brenneisen erzeugt sehr eigenständige Weine mit einem sehr klaren Profil. Bei den vier Rebsortenweinen von 2019, die wir kurz vor Redaktionsschluss noch verkosten konnten, sorgt lange Hefelagerung für zupackend-griffige Weine mit Substanz. Die Molassefels- und Chätsch-Weine haben alle eine ähnliche Struktur. Das Bouquet ist mehr oder weniger hefe- und maischegeprägt, am Gaumen sind die Weine kraftvoll und konzentriert, saftig bis elegant, Tannine und Säure sorgen für Präzision. Am besten gefällt uns der Grauburgunder von 2013, bei dem Mitglieder der Berliner Weltmusik-Band 17 Hippies als Erntehelfer im Einsatz waren und der den Namen der Band trägt. Er zeigt reife Frucht, Holzwürze und Honigduft, ist sehr fein und reif, saftig und konzentriert. Saftig und frisch sind die vier Spätburgunder. Von der Frucht her ist der Chätsch der schönste Wein, der „Herr D." bekommt durch das Vergären mit Rappen eine zusätzliche Dimension. Ein sehr spannender Wein, der noch eine gewisse Entwicklungszeit braucht.

Weinbewertung

84	2019 Gutedel	11,5%/6,-€
85	2019 Weißer Burgunder	12,5%/7,-€
86	2019 Grauer Burgunder	13%/8,-€
86	2019 Chardonnay	12,5%/8,-€
88	2017 Gutedel „Chätsch"	11,5%/25,-€
87	2017 Weißer Burgunder „Chätsch"	12,5%/17,-€
89	2013 Grauer Burgunder „17 Hippies"	13,5%/17,-€
88	2017 Grauer Burgunder „Molassefels"	14%/17,-€
88	2016 Chardonnay „Molassefels"	13%/17,-€
86	2018 Blauer Burgunder	14%/7,-€ ☺
87	2017 Pinot Noir „Molassefels"	13%/10,-€
89	2017 Pinot Noir „Chätsch"	13,5%/17,-€
90	2017 Pinot Noir „Herr D."	12,5%/34,-€

Brenneisen
WEINGUT

FRANKEN — SULZFELD/MAIN

★★★

Brennfleck

Kontakt
Papiusgasse 7
97320 Sulzfeld/Main
Tel. 09321-4347
Fax: 09321-4345
www.weingut-brennfleck.de
info@weingut-brennfleck.de

Besuchszeiten
Mo.-Fr. 8-17 Uhr
Sa. 10-16 Uhr

Inhaber
Hugo Brennfleck

Rebfläche
31 Hektar

Produktion
250.000 Flaschen

Das Weingut Brennfleck hat seinen Sitz in einem im 15. Jahrhundert errichteten Gutshof. Hugo Brennfleck übernahm das Weingut 1998 mit damals 12 Hektar Rebfläche, hat seither kräftig expandiert. Seine Weinberge liegen in den Sulzfelder Lagen Maustal, Cyriakusberg und Sonnenberg, in den Iphöfer Lagen Kalb und Kronsberg, im Rödelseer Küchenmeister und im Escherndorfer Lump. Fast 60 Prozent der Rebfläche nimmt Silvaner ein, es folgen Grauburgunder und Weißburgunder, Riesling und Müller-Thurgau, dazu gibt es Sauvignon Blanc, Scheurebe und Bacchus. Seit 1994 gibt es auch rote Sorten – Domina, Spätburgunder, Dornfelder. Die Weine werden langsam in temperaturgesteuerten Edelstahltanks vergoren. Hugo Brennfleck nutzt nach wie vor Prädikatsbezeichnungen wie Kabinett für seine trockenen Weine. In der mit dem Jahrgang 2012 eingeführten Edition JHB werden spontanvergorene Weine angeboten. 2015 bot er als trockene Spitzen erstmals zwei Große Gewächse an.

Kollektion

Eine starke Silvaner-Riege präsentiert Hugo Brennfleck in diesem Jahr. Die saftig-süffige Anna-Lena ist wie immer eine sichere Bank. Die beiden Kronsberg-Silvaner besitzen gute Struktur und Substanz, der Wein von alten Reben im Sonnenberg ist saftig und süffig. Der Muschelkalk S aus dem Maustal zeigt rauchig-würzige Noten, besitzt Fülle, Kraft und reintönige Frucht. Noch etwas besser gefällt uns der JHB, der ebenfalls aus dem Maustal stammt, Fülle und Kraft besitzt, gute Struktur und Substanz. Das Highlight ist das Große Gewächs Mönchshöflein, Jahrgang 2018: Nach 24-stündiger Maischestandzeit im Doppelstückfass aus Spessarteiche vergoren, zeigt der Wein rauchig-würzige Noten, gelbe Früchte, besitzt Fülle und Kraft, gute Struktur, Substanz und Länge. Aber auch die Weine der anderen Rebsorten überzeugen, allen voran der intensiv fruchtige und dezent mineralische Riesling JHB aus dem Lump. Im Aufwind!

Weinbewertung

84	2019 Silvaner trocken „Anna Lena"	12,5%/9,-€
85	2019 Silvaner trocken Iphöfer Kronsberg	13%/9,60€
84	2019 Weißburgunder trocken Sulzfelder Cyriakusberg	13%/9,60€
85	2019 Grauburgunder trocken Sulzfelder Cyriakusberg	13%/9,60€
85	2019 Blauer Silvaner trocken Sulzfelder Sonnenberg	13,5%/11,-€
86	2019 Silvaner trocken „Alte Reben" Sulzfelder Sonnenberg	13%/11,70€
86	2019 Silvaner trocken „Keuper S" Iphöfer Kronsberg	13%/13,-€
87	2019 Silvaner trocken „Muschelkalk S" Sulzfelder Maustal	14%/13,-€
85	2019 Riesling trocken Steillage „S" Escherndorfer Lump	13%/14,-€
88	2019 Silvaner trocken „JHB S" Sulzfelder Maustal	13%/15,-€
87	2019 Riesling trocken „JHB S" Escherndorfer Lump	13%/18,-€
90	2018 Silvaner trocken „GG Mönchshöflein" Sulzfelder Maustal	14%/28,-€

RHEINGAU — RÜDESHEIM

★★★★★ Georg **Breuer**

Kontakt
Geisenheimer Straße 9
65385 Rüdesheim
Tel. 06722-1027
Fax: 06722-4531
www.georg-breuer.com
info@georg-breuer.com

Besuchszeiten
Vinothek, täglich 10-18 Uhr
Breuer's Rüdesheimer
Schloss (Weinhotel und
Weingasthaus, Steingasse 10,
Tel. 06722-90500)

Inhaber
Marcia & Theresa Breuer
Betriebsleiter
Hermann Schmoranz
Kellermeister
Markus Lundén
Rebfläche
35 Hektar
Produktion
280.000 Flaschen

Das 1880 von Bernhard Scholl und Albert Hillebrand als Teil einer Weinhandlung gegründete Weingut befindet sich seit Anfang des 19. Jahrhunderts im Besitz der Familie Breuer. Georg Breuer, der Namensgeber des Gutes, baute Export und Gut weiter aus, auch seine Söhne Heinrich und Bernhard, sowie seit dessen Tod 2004 seine Tochter Theresa erweiterten die Rebfläche. Heute wird es in fünfter Generation von Theresa Breuer geführt, bei der Weinbereitung wird Betriebsleiter Hermann Schmoranz vom jungen Markus Lundén als Kellermeister unterstützt. Die Weinberge liegen in Rüdesheim (27 Hektar) Rauenthal (7 Hektar) und nach der Übernahme von Weinbergen vom Weingut Altenkirch auch in Lorch (7,5 Hektar). In Rauenthal gehört dem Weingut die 5,6 Hektar große Lage Nonnenberg im Alleinbesitz. In Rüdesheim ist man vor allem in den Lagen Berg Schlossberg, Berg Rottland und Berg Roseneck vertreten, knapp zwei Drittel der Weinberge befinden sich in Steillagen. 81 Prozent der Weinberge sind mit Riesling bepflanzt, hinzu kommen 10 Prozent Spätburgunder, etwas Weiß- und Grauburgunder, sowie kleine Flächen mit Gelber Orleans (seit 2000) und Weißer Heunisch (seit 2004), Rebsorten, die es einst im Rüdesheimer Berg gab. Das Programm ist sehr klar und übersichtlich gestaltet. Die Basis bilden die Gutsrieslinge, die es trocken („Sauvage") und halbtrocken („Charm") gibt. Dazu kommen ab dem Jahrgang 2019 nunmehr drei Ortsrieslinge, welche ganz unterschiedliche Böden widerspiegeln: Rüdesheim Estate, Rauenthal Estate und Lorch Estate. Während die Reben in Rüdesheim und Lorch auf schieferhaltigen Böden und im Rüdesheimer Berg auf den mit Lehm durchsetzten Weinbergen des ehemaligen Oberfeldes wachsen, herrschen in Rauenthal Ablagerungen von Lehm, Kies und Sand vor. Nach diesen drei Ortsrieslingen folgt der „Terra Montosa", der die zweitbesten Partien der großen Lagen enthält. Die Spitze des Programms bilden schließlich die Weine aus den Lagen Berg Schlossberg (der seit 1980 ein Künstleretikett trägt), Berg Roseneck und Berg Rottland in Rüdesheim sowie dem Nonnenberg in Rauenthal. Je nach Jahrgang werden auch edelsüße Rieslinge erzeugt.

Kollektion

Der Sauvage Riesling ist würzig und herb durch und durch. Bei den Ortsweinen trifft Bewährtes auf Neues. Der Rüdesheim Estate ist wieder einmal sehr ausgewogen. Frische Kräuter und Birnenkonfit im Duft schaffen Geschmackserwartungen, die im saftigen und eleganten Geschmack vollständig erfüllt werden. Wer mehr Frischekitzel sucht, ist beim Rauenthal Estate richtig. Er ist deutlich markanter, in frische Grapefruit zu beißen ist mit Abstand die beste Assoziation, die einfällt. Dabei ist er keineswegs unreif, sondern puristisch durch und durch. In diesem Jahr gesellt sich ein dritter Ortsriesling hinzu, der wiederum ganz anders ist. Der Lorcher Riesling spielt in seiner würzigen und leicht cremigen Art den gediegenen Part in diesem Trio. Eine ausgesprochen gelungene Premiere, mit Fülle und Biss in ausgewogener Balance. Anders als bisher erscheint uns der Terra Montosa schon beim ersten Reinriechen, mit Briochenote und Würze, er ist eigenständig und spannungsreich wie nie. Der Berg Rottland ist satter und saftiger, aber trotzdem kühl und „steinig", jeder Schluck macht Lust auf mehr. Der Nonnenberg ist in diesem Jahr besonders feingliedrig und übt sich noch in eleganter Zurückhaltung. Seine salzige Ader ist packend, er ist schlank, straff und mineralisch, besitzt eine animierende Zitrusfrische und eine herbe Ader. Reifer und cremiger ist der Schlossberg. Reife gelbe Früchte, Verbene, und getrocknete Kräuter findet man im komplexen, einladenden Bukett. Im Mund ist er präsent, füllig, satt, bei aller Reife auch subtil, frisch und pikant: Ein präsenter Schlossberg mit viel Kraft und Nachhall. Dem Grauburgunder mit seinem oxidativen Charakter sollte man definitiv Luft gönnen, denn er ist anfänglich recht garstig, dabei absolut faszinierend, in seiner feinen, leichten Art ganz weit vom behäbigen Rebsortenklischee entfernt. Der Spätburgunder verfolgt aromatisch die Naturwein-Idee. Ausgeprägter Pfeffer im Duft, ein Potpourri roter und schwarzer Beeren, im Mund ungehobelt und wild, ist das etwas für Experimentierfreudige. Ein toller reifer Schaumwein ist der im Januar degorgierte Sekt aus dem Jahr 2008, der nach seiner ausgedehnten Lagerung cremig und mit einer passenden Säure daherkommt, aromatisch, würzig und nachhaltig ist, ein anspruchsvoller Speisebegleiter.

Theresa Breuer

Weinbewertung

89	2008 Sekt brut	12,5%/38,-€
87	2019 Riesling trocken „GB Sauvage"	12%/11,-€
89	2019 Riesling trocken Lorch ‚Estate'	12%/16,50€
89	2019 Riesling trocken Rüdesheim „Estate"	12%/16,50€
90	2019 Riesling trocken Rauenthal „Estate"	12%/16,50€
92	2019 Riesling trocken „Terra Montosa"	12%/24,-€
90	2018 Grauer Burgunder trocken	12%/22,-€
93	2019 Riesling trocken Rüdesheim Berg Rottland	12%/48,-€
94	2019 Riesling trocken Rauenthal Nonnenberg	12%/58,-€
93	2019 Riesling trocken Rüdesheim Berg Schlossberg	12%/68,-€
90	2018 Spätburgunder trocken „Pinot Noir"	12%/23,-€

Lagen
Berg Schlossberg (Rüdesheim)
Berg Rottland (Rüdesheim)
Berg Roseneck (Rüdesheim)
Nonnenberg (Rauenthal)

Rebsorten
Riesling (81 %)
Spätburgunder (10 %)
Grauburgunder (4 %)
Weißburgunder
Gelber Orleans
Heunisch

Brönner & Heilmann

★ ★☆

Kontakt
Am Sportplatz 9
63791 Karlstein am Main
Tel. 06188-9595231
Fax: 06188-959540
www.weingut-broenner-heilmann.de
info@weingut-broenner-heilmann.de

Besuchszeiten
Vinothek Mo.-Fr. 8-17 Uhr

Inhaber
Thomas Brönner
Betriebsleiter
Tatiana Römischer
Rebfläche
10 Hektar
Produktion
50.000 Flaschen

Der Unternehmer Thomas Brönner hatte in Wasserlos, wo er geboren ist, einen Betrieb übernommen. 2015 hat er das Weingut von Armin Heilmann im benachbarten Michelbach übernommen, der fusionierte Betrieb wird unter dem Namen Brönner & Heilmann weitergeführt. Armin Heilmann hatte nach dem Tod seines Vaters 1978 den Obst- und Gemüsehandel seiner Familie übernommen. Großvater Josef Gündling hatte mit dem Weinbau begonnen, unter seiner Anleitung begann Armin Heilmann sich intensiver mit Weinbau zu beschäftigen. Anfangs gab es nur Weißweine, 1991 wurde der erste Spätburgunder abgefüllt und vor allem mit seinen Rotweinen hat Armin Heilmann sich einen Namen gemacht in der fränkischen Weinszene. Seit der Modernisierung des Betriebes 1994 gab es eine Häckerwirtschaft in einer ehemaligen Scheune, die inzwischen geschlossen wurde. Die Weinberge von Thomas Brönner liegen im Wasserloser Schlossberg, mit der Übernahme des Heilmann'schen Betriebes kamen die Michelbacher Lagen Apostelgarten und Steinberg (mit der Teillage Goldberg) hinzu, alle Reben wachsen auf Urgesteinsböden. Wichtigste Rebsorten sind Riesling, Silvaner und Spätburgunder, dazu gibt es Weißburgunder, Frühburgunder und St. Laurent, auch Domina, Bacchus und Sauvignon Blanc.

Kollektion

Nach einem Jahr Auszeit ist man mit neuer Mannschaft wieder dabei, die neue Kollektion setzt verstärkt auf Süffigkeit und halbtrockene Weine. Spannend finden wir den sehr guten Lagen-Riesling vom Schlossberg, der gute Konzentration und reintönige Frucht besitzt, Fülle, Kraft und Substanz; der Gutsriesling ist klar, fruchtbetont und zupackend. Sehr gleichmäßig präsentiert sich das gewohnt starke rote Segment. Der St. Laurent ist fruchtbetont, zupackend, strukturiert, die gewürzduftige Domina besitzt Fülle und Kraft, unser Favorit aber ist der würzige Spätburgunder aus dem Steinberg, der klare reife Frucht und gute Struktur besitzt.

Weinbewertung

Punkte	Wein
82	2019 „Summertime Weiß" trocken I 11,5%/7,-€
83	2019 Riesling trocken I 12%/8,-€
82	2019 Sauvignon Blanc trocken I 13%/12,50€
86	2019 Riesling Spätlese trocken Wasserlos Schlossberg I 12,5%/12,50€
81	2019 Müller-Thurgau halbtrocken I 12,5%/7,-€
82	2019 Bacchus halbtrocken I 11%/7,50€
81	2019 Pinot Grigio „feinherb" Wasserlos I 12,5%/7,50€
82	2019 Gewürztraminer „feinherb" Wasserlos I 12,5%/9,-€
82	2019 „Summertime-Ice" Rotling „feinherb" I 10,5%/8,-€
84	2017 St. Laurent trocken Michelbach Steinberg I 14%/19,90€
85	2018 Domina trocken Wasserlos Schlossberg I 14%/12,-€
86	2018 Spätburgunder Spätlese trocken Michelbach Steinberg I 15%/19,90€

AHR ▶ GRAFSCHAFT-GELSDORF

Brogsitter

★★★⯨

Kontakt
Brogsitter Weingüter und
Privat-Sektkellerei
Max-Planck-Straße 1
53501 Grafschaft-Gelsdorf
Tel. 02225-918111
Fax: 02225-918112
www.brogsitter.de
verkauf@brogsitter.net

Besuchszeiten
Vinothek der tausend Weine
(Gelsdorf): Mo.-Fr. 8-20 Uhr,
Sa. 9-20 Uhr, So. 13-19 Uhr
Vinothek im Gasthaus Sanct
Peter täglich ab 10 Uhr
(außer Do.)

Inhaber
Hans-Joachim Brogsitter
Betriebsleiter
Elmar Sermann
Kellermeister
Elmar Sermann,
Markus Hallerbach
Rebfläche
33 Hektar
Produktion
190.000 Flaschen

Hans-Joachim Brogsitter besitzt Weinberge in vielen verschiedenen Lagen, unter anderem in den Walporzheimer Lagen Pfaffenberg, Alte Lay (1,8 Hektar), Domlay und Kräuterberg, im Neuenahrer Sonnenberg, im Ahrweiler Silberberg und im Marienthaler Stiftsberg. Spätburgunder ist mit einem Anteil von 80 Prozent an der Gesamtfläche die wichtigste Rebsorte. Es folgen Frühburgunder (15 Prozent), Portugieser, Dornfelder und Riesling. Die Weine der Serie „Edition" werden im Holzfass ausgebaut, die Weine der Serie „Ad Aram" im Barrique 14 bis 18 Monate). Spezialität des Hauses sind neben Rotweinen und Rosé die im traditionellen Verfahren hergestellten Sekte. Bestandteil von Brogsitter ist auch ein renommiertes Weinimporthaus. In jüngster Zeit wurde weiter in temperaturgesteuerte Gärtanks und den Barriquekeller investiert und in eine Traubensortieranlage auf Photozellenbasis, das Lesegut wird vor der Verarbeitung an einem Rüttelpult selektiert; zuletzt wurden weitere Weinberge zugekauft.

Kollektion

Dass Barriqueausbau auch zu Riesling passen kann, zeigt das Große Gewächs Alte Lay, ist konzentriert, herrlich eindringlich, besitzt Fülle und Kraft, gute Struktur und Substanz, aber auch merkliche Barriquenoten. Die sind beim Blanc de Noir Ad Aram noch deutlicher, der rot ausgebaute Ad Aram allerdings steckt sie gut weg, ist fruchtbetont und zupackend. Angeführt wird der rote Teil der Kollektion von drei 2018er Lagen-Spätburgundern, die alle drei mehr auf Frucht und Terroir setzen, der Holzeinsatz scheint dezenter als in manch früheren Jahrgängen. Der Alte Lay-Spätburgunder ist füllig und kraftvoll, besitzt reife Frucht, gute Struktur und Substanz, der Wein aus dem Silberberg ist kraftvoll und frisch, reintönig und strukturiert, der Kräuterberg schließlich ist noch etwas fülliger, besitzt aber reintönige Frucht, feine Frische und Grip.

Weinbewertung

82	2019 Spätburgunder „Blanc de Noir" trocken „Brogsitter No. 1" ❙ 12%/7,95€
81	2019 Weißburgunder trocken Ahrweiler Klosterberg ❙ 12%/7,95€
82	2019 Grauburgunder trocken Ahrweiler Klosterberg ❙ 12%/7,95€
84	2018 Spätburgunder „Blanc de Noir" trocken „Ad Aram" ❙ 13%/19,80€
88	2018 Riesling trocken „Großes Gewächs" Walporzheimer Alte Lay ❙ 12%/25,80€
82	2018 Spätburgunder trocken „Private Edition" ❙ 13,5%/7,95€
84	2018 Pinot Noir trocken „Schiefer" ❙ 13,5%/7,95€
84	2018 Spätburgunder trocken „Edition B" ❙ 13,5%/7,95€
87	2018 Spätburgunder trocken „Ad Aram" ❙ 13,5%/19,80€
88	2018 Spätburgunder trocken „Großes Gewächs" Alte Lay ❙ 13,5%/25,80€
89	2018 Spätburgunder trocken „Großes Gewächs" Silberberg ❙ 13,5%/25,80€
89	2018 Spätburgunder trocken „Großes Gewächs" Kräuterberg ❙ 14,5%/25,80€
86	2018 Frühburgunder trocken „Großes Gewächs" Pfaffenberg ❙ 13,5%/25,80€

MOSEL — PÜNDERICH

★★★

Frank Brohl

Kontakt
Zum Rosenberg 2
56862 Pünderich
Tel. 06542-22148, Fax: -1295
www.weingut-brohl.de
info@weingut-brohl.de

Besuchszeiten
Mo.-Sa. nach Vereinbarung
Ferienwohnungen
Naturerlebniswanderungen
Weinproben

Inhaber
Jutta & Frank Brohl
Betriebsleiter
Frank Brohl
Rebfläche
7 Hektar
Produktion
40.000 Flaschen

Frank Brohl übernahm 1983 nach dem Tod des Vaters mit 19 Jahren den damals 2 Hektar großen Betrieb, im Jahr darauf begann er mit der Umstellung auf biologischen Weinbau, ist Mitglied bei Ecovin. Seine Weinberge befinden sich in den Pündericher Lagen Marienburg, Nonnengarten und Rosenberg sowie in den Reiler Lagen Mullay-Hofberg und Goldlay. Seit 2001 werden nur noch die besten Rieslinge aus den Lagen Marienburg, Nonnengarten und Goldlay mit Lagenbezeichnungen versehen; seine ältesten Rieslingreben wurden 1889 gepflanzt. 70 Prozent der Rebfläche nimmt Riesling ein, hinzu kommen etwa je 10 Prozent Müller-Thurgau, Weißburgunder und Spätburgunder. Die Weine werden teils im Fuder, teils im Edelstahl ausgebaut, sie werden teilweise spontanvergoren, der Großteil der Weine wird trocken ausgebaut. Sohn Stefan ist inzwischen mit im Betrieb aktiv, der von ihm vinifizierte Wein nennt sich „S-Sential".

Kollektion

In den letzten Jahren war hier die Basis ausgesprochen gut gelungen, auch 2019 ist dies der Fall. Der „Heartbreak" zeigt in der Nase eine eher herbe Frucht, ist kräuterwürzig, im Mund straff und sehr gelungen. Das trifft auch auf den Kabinett „N.1" zu, der schlank, spritzig und puristisch trocken ausfällt, aber viel Substanz beweist. Ganz anders, aber auf seine Art spannend ist der Alte-Reben-Riesling, der kraftvoll wirkt und eine eher dunkle Würze aufweist. Während die trockene Spätlese aus dem Nonnengarten stoffig und zugänglich ist, wirkt der trockene Rosenberg-Riesling noch verhalten mit Hefenoten, ist im Mund elegant, fein, auch spannend und lang. Dieser Wein benötigt Zeit. Offener und sehr gut balanciert sind die feinherben Weine. Die süße Zwei-Sterne-Spätlese überzeugt mit einem Hauch von Cassis und enormer Präzision, während die Auslese in der Nase Noten von getrocknetem Apfel zeigt, schlank, fast rassig und animierend wirkt. Der erfreuliche Abschluss eines gelungenen Programms.

Weinbewertung

86	2019 Riesling Hochgewächs trocken „Heartbreak"	12%/8,-€
87	2019 Riesling Kabinett trocken „N.1" Reiler Goldlay	12%/8,50€ ☺
88	2019 Riesling Kabinett trocken „Alte Reben 1889"	12%/8,90€ ☺
88	2019 Riesling Spätlese trocken Pündericher Nonnengarten	12%/11,50€
88	2019 Riesling Spätlese trocken „Alte Reben 1889"	12,5%/12,90€
90	2019 Riesling Spätlese trocken „Rosenberg" Pündericher Marienburg	13%/12,90€ ☺
86	2019 Riesling „feinherb" Pündericher Nonnengarten	11,5%/8,-€
87	2019 Riesling Kabinett „feinherb" „S-Sential" Pündericher Marienburg	11%/8,50€ ☺
87	2019 Riesling Spätlese „feinherb" Reiler Goldlay	12,5%/11,50€
89	2019 Riesling Spätlese** Pündericher Marienburg	8%/12,50€
89	2019 Riesling Auslese Pündericher Marienburg	7%/12,-€/0,5l

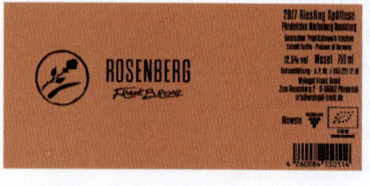

★★★★ Brügel

Kontakt
Hauptstraße 49
97355 Castell-Greuth
Tel. 09383-7619
Fax: 09383-6733
www.weingut-bruegel.de
info@weingut-bruegel.de

Besuchszeiten
Mo.-Fr. 9-12 + 13-18 Uhr
Sa. 9-12 + 13-17 Uhr
und nach Vereinbarung

Inhaber
Harald Brügel
Rebfläche
6,4 Hektar
Produktion
51.500 Flaschen

Die Weinberge dieses 1992 gegründeten Weingutes liegen am Fuß des Steigerwalds in den Orten Abtswind (Altenberg), Greuth (Bastel) und Castell (Kirchberg), wo die Reben auf Gipskeuperböden wachsen. Heinrich Brügel hatte einen landwirtschaftlichen Gemischtbetrieb, die Trauben seiner damals 1,8 Hektar Weinberge lieferte er an eine Genossenschaft. Als Sohn Harald begann sich für Wein zu interessieren, eine Küferlehre machte und die Schule in Veitshöchheim besuchte, wurde nach und nach der Betrieb erweitert und ganz auf die Selbstvermarktung gesetzt. Seit 1998 ist Harald Brügel voll im Betrieb tätig, inzwischen hat er das Weingut übernommen, das er zusammen mit Ehefrau Elke führt. Wichtigste Rebsorte ist heute mit weitem Abstand Silvaner, es folgen Müller-Thurgau, Bacchus, Spätburgunder, Riesling, Scheurebe und Weißburgunder. Die Weißweine vergärt Harald Brügel kühl im Edelstahl und lagert sie anschließend auf der Feinhefe, die Filtration beschränkt er auf ein Minimum. Die Rotweine werden nach der Maischegärung in Holzfässern oder Barriques ausgebaut. Mit dem Jahrgang 2019 nun hat Harald Brügel endgültig die Einteilung in Guts-, Orts- und Lagenweine konsequent umgesetzt. Wie kaum ein anderer Winzer in Franken hat Harald Brügel sich seit der ersten Ausgabe stetig gesteigert. Schon damals gefielen uns seine fruchtbetonten, reintönigen Weine, schon damals hatten wir einen trockenen Silvaner Kabinett sehr gut bewertet. Diese Kabinettweine, die heutigen Ortsweine, bereiten immer viel Freude. In der Spitze haben die Weine weiter an Fülle und Nachhaltigkeit zugelegt. Und in den letzten Jahren zeigt Harald Brügel, dass er sich auch im roten und edelsüßen Segment mit der fränkischen Spitze messen kann.

Kollektion

Es geht stetig voran, das merken wir auch im Jahrgang 2019, die Basis stimmt, wie immer, in der Spitze werde die Weine differenzierter, die Lagenunterschiede deutlicher – wobei natürlich alle Weine auf Keuperböden gewachsen sind. Der Gutssilvaner ist fruchtbetont, klar und frisch, der weißgekelterte Spätburgunder zeigt viel Frucht im Bouquet, Kirschen, ist kraftvoll und zupackend, besitzt gute Struktur und Grip. Die drei Orts-Silvaner zeigen gleichmäßiges Niveau: Der gelbfruchtige Casteller besitzt gute Konzentration und reife Frucht, der leicht florale Abtswinder ist kraftvoll und zupackend, der würzige, eindringliche Greuther ist harmonisch, fruchtbetont, wunderschön reintönig. Gute Struktur, Frische und Grip kennzeichnen den Greuther Riesling, die florale Greuther Scheurebe ist wunderschön reintönig, besitzt feine süße Frucht und Biss. Wunderschön reintönig ist auch der Casteller Weißburgunder, fruchtbetont und strukturiert, er gefällt uns besonders gut im Ortswein-Segment, zusammen mit dem Greuther Muskateller, der viel Frucht und enorm viel Grip besitzt. Der Lagen-Silvaner vom Abtswinder Altenberg zeigt reintönige Frucht, Birnen, ist frisch und klar bei viel Substanz, deutlich spannender ist der Wein von alten Reben, wunderschön reintönig und kraftvoll, saftig und strukturiert. Noch etwas spannender sind dann die Silvaner vom Greuther Bastel. Jahrgang 2018. Der Silvaner pur zeigt intensive, reintönige Frucht im herrlich eindringlichen Bouquet, besitzt Fülle und Kraft, viel Druck und Substanz, reife Frucht, ist noch sehr jugendlich – und dass Brügel-Silvaner exzellent reifen kann, hat uns Harald Brügel schon in den vergangenen Jahren des Öfteren bewiesen. Eine weitere Steigerung bringt der erstmals erzeugte Silvaner Filetstück, der aus dem Herzstück des Greuther Bastel stammt: Gute Konzentration, reife, reintönige Frucht, Fülle und Kraft, viel Substanz und gute Struktur – ein beeindruckender Silvaner. Neu im Programm ist auch der maischevergorene Silvaner, und Maischegärung und Silvaner, das passt gut zusammen, das wissen wir schon länger: Der Wein ist konzentriert, herrlich eindringlich, würzig, besitzt Fülle und Saft, viel Substanz, Kraft und Frucht. Neben dieser beeindruckenden Silvaner-Riege gibt es zwei weitere hervorragende Weine in der aktuellen Kollektion, beide aus dem Greuther Bastel. Der Weißburgunder pur ist füllig und kraftvoll, besitzt viel reife Frucht und Substanz, die Spätburgunder Beerenauslese zeigt rote Früchte im Bouquet, reintönige Frucht, dezent Litschi, ist süß, reintönig und konzentriert im Mund bei guter Substanz und Biss. Klasse Kollektion!

Harald und Elke Brügel

Weinbewertung

84	2019 Silvaner trocken	13%/6,-€
87	2019 Spätburgunder „weißgekeltert" trocken	13,5%/11,-€
86	2019 Silvaner trocken Abtswind	13%/8,-€
86	2019 Silvaner trocken Greuth	13%/8,-€
85	2019 Silvaner trocken Castell	13,5%/8,-€
86	2019 Scheurebe trocken Greuth	13%/9,-€
87	2019 Weißburgunder trocken Castell	13,5%/9,-€
86	2018 Riesling trocken Greuth	12,5%/8,-€
87	2019 Gelber Muskateller trocken Greuth	12,5%/9,50€
87	2019 Silvaner trocken Abtswinder Altenberg	13,5%/10,-€
89	2019 Silvaner trocken „Alte Reben" Abtswinder Altenberg	13,5%/12,-€ ☺
90	2018 Weißburgunder trocken „pur" Greuther Bastel	13,5%/16,-€
90	2018 Silvaner trocken „pur" Greuther Bastel	13,5%/16,-€
90	2017 Silvaner trocken „Maische"	11,5%/20,-€
91	2018 Silvaner trocken „Filetstück"	13,5%/30,-€
90	2018 Spätburgunder Beerenauslese Greuther Bastel	8%/35,-€/0,375l

Lagen
Bastel (Greuth)
Altenberg (Abtswind)
Kirchberg (Castell)

Rebsorten
Silvaner (42 %)
Müller-Thurgau (19 %)
Bacchus (9 %)
Spätburgunder (8 %)
Riesling (5 %)
Scheurebe (5 %)
Weißburgunder (5 %)

RHEINHESSEN ▶ BECHTHEIM

★★

Brüssel

Kontakt
Winzerstraße 15
67595 Bechtheim
Tel. 06242-7048
Fax: 06242-7077
www.bruessel-wein.de
info@bruessel-wein.de

Besuchszeiten
Mi. + Fr. 9-12 + 13-18 Uhr
Sa. 9-12 + 13-16 Uhr
und nach Vereinbarung

Inhaber
Janine Brüssel
Rebfläche
10 Hektar
Produktion
80.000 Flaschen

Janine Brüssel hat im Juni 2019 das Weingut Brüssel (zuvor: Scultetus-Brüssel) von ihrem Vater Dieter Brüssel übernommen. Sie war bereits seit 2007 im Betrieb tätig und seit 2012 für den Weinausbau verantwortlich. Ihre Weinberge liegen in den Bechtheimer Lagen Geyersberg, Rosengarten und Stein. Die wichtigsten Rebsorten sind Riesling, Silvaner, Weißburgunder, Grauburgunder, Spätburgunder, Portugieser und Dornfelder, aber auch Chardonnay, Merlot und Cabernet Sauvignon werden angebaut, dazu Bacchus, Scheurebe, Kerner, Huxelrebe, Faberrebe und Gewürztraminer. Weiße Rebsorten nehmen 60 Prozent der Fläche ein. Das Sortiment ist gegliedert in Literweine, Gutsweine, Ortsweine und Lagenweine, nur süße Weine tragen Prädikatsbezeichnungen.

Kollektion

Wie in den vergangenen Jahren sehen wir auch in der neuen Kollektion leichte Vorteile im roten Segment, aber auch die Weißweine überzeugen. Die trockenen Gutsweine sind frisch, klar und fruchtbetont, am besten gefällt uns der Blanc de Noir vom Spätburgunder, der lebhaft, reintönig und zupackend ist. Sehr gut ist der einzige weiße Ortswein, der Bechtheimer Weißburgunder, zeigt gute Konzentration und viel reife Frucht im herrlich eindringlichen Bouquet, ist füllig und saftig im Mund, besitzt reife süße Frucht und deutliche Vanillenoten. Interessant ist auch die Muskateller Spätlese, nicht zu süß, zeigt reintönige Frucht im Bouquet, etwas Zitrus, ist frisch, klar und zupackend im Mund. Die im Holz ausgebaute rote Cuvée Bright Times ist würzig und kompakt bei dezenter Bitternote. Sehr gut ist der Bechtheimer Spätburgunder, zeigt reintönige Frucht, rote Früchte, besitzt Fülle und Kraft, gute Struktur, Tannine und Grip. Eine weitere Steigerung bringt der Lagen-Spätburgunder aus dem Bechtheimer Stein, zeigt ebenfalls gute Konzentration, rote Früchte, dazu rauchige Noten, besitzt Fülle und Kraft, gute Struktur und klare Frucht bei recht kräftigen Tanninen, die darauf hinweisen, dass er in einigen Jahren noch spannender sein dürfte.

Weinbewertung

Punkte	Wein
82	2019 Riesling trocken ∣ 12,5 %/5,60 €
83	2019 Spätburgunder „Blanc de Noir" trocken ∣ 13 %/5,-€
82	2019 Weißer Burgunder trocken ∣ 13,5 %/6,20 €
82	2019 Grauer Burgunder trocken ∣ 13,5 %/6,20 €
81	2019 Gewürztraminer trocken ∣ 12,5 %/6,50 €
86	2018 Weißer Burgunder trocken Bechtheimer ∣ 13 %/10,-€
84	2019 Gelber Muskateller Spätlese ∣ 10 %/6,50 €
86	2018 Spätburgunder trocken Bechtheimer ∣ 12,5 %/9,50 €
83	„Bright Times" Rotwein trocken ∣ 13 %/10,50 €
88	2018 Spätburgunder trocken Stein ∣ 13 %/13,50 €

VINEYARD'S GREATEST

Brüssel

STEIN
Spätburgunder

WÜRTTEMBERG ▶ GROSSBOTTWAR

Bruker

★★

Kontakt
Kleinaspacher Straße 18
71723 Großbottwar
Tel. 07148-921050
Fax: 07148-9210599
www.weingut-bruker.de
info@weingut-bruker.de

Besuchszeiten
10-12 + 15-18 Uhr
Hotel Bruker,
Restaurant „Magdalen's"

Inhaber
Markus Bruker
Kellermeister
Markus Bruker
Rebfläche
12 Hektar
Produktion
70.000 Flaschen

Otto Bruker, der Urgroßvater des heutigen Besitzers, hatte als hauptberuflicher Landwirt um 1930 auch einige Weinberge angelegt. Sein Sohn Rudolf führte die Landwirtschaft weiter, Wein spielte nur eine Nebenrolle. Das änderte sich erst, als dessen Sohn Herbert den Betrieb 1974 übernahm. 1977 eröffnete er die „Wengerterstüble" genannte Besenwirtschaft, 1984 wurde das Gut umgebaut und man konzentrierte sich mit damals 2,5 Hektar Reben ganz auf Weinbau, später kam eine Pension hinzu, die dann Ende der neunziger Jahre zum Hotel ausgebaut wurde. Heute führt Sohn Markus den Betrieb. Seine Weinberge liegen in den Großbottwarer Lagen Harzberg und Lichtenberg und im Oberstenfelder Forstberg, wo die Reben jeweils auf Gipskeuperböden wachsen. Muschelkalkböden, teils von Lettenkeuper und Lösslehmschollen durchzogen, herrschen in den Hessigheimer Felsengärten, sowie in den Mundelsheimer Lagen Käsberg, Mühlbächer und Rozenberg vor. Wichtigste Rebsorten sind Trollinger, Muskat-Trollinger, Lemberger, Riesling und Dornfelder. Daneben gibt es Chardonnay, Spätburgunder, Samtrot, Zweigelt und Sauvignon Blanc; Markus Bruker hat die Bio-Zertifizierung begonnen.

Kollektion

Die neue Kollektion ist stark, bietet gutes Basisniveau und weiße wie rote Spitzen. Die intensiv-fruchtige, zupackende Gretchen-Cuvée gefällt uns im Jahrgang 2019 besonders gut, der Sauvignon Blanc ist intensiv fruchtig und kraftvoll, der Oberstenfelder Chardonnay besitzt reintönige Frucht und gute Struktur. Die süße Riesling Spätlese besitzt intensive reintönige Frucht und feine Frische und auch der zupackende Faust-Rosé ist sehr gut. An der Spitze der Kollektion stehen die drei präsentierten Rotweine. Der Spätburgunder aus dem Harzberg ist fruchtbetont, klar und zupackend, das Dicke Ding aus Syrah und Cabernet Franc besticht mit intensiver Frucht und Grip. Noch etwas besser gefällt uns die Black Berry genannte Cuvée, die intensive Frucht und Gewürznoten zeigt, Fülle, Kraft und viel Frucht besitzt.

Weinbewertung

86	2019 „Gretchen" Weißwein trocken	13%/11,-€
83	2019 Grauer Burgunder trocken	13,5%/9,50€
85	2019 Sauvignon Blanc trocken	12,5%/11,-€
83	2019 Muskateller trocken	13%/9,50€
86	2019 Chardonnay trocken Oberstenfeld	14%/11,-€
85	2019 Riesling Spätlese „Rotkeuper"	7,5%/12,50€
83	2019 Muskattrollinger Rosé trocken	13%/8,90€
85	2019 „Faust" Rosé trocken	12,5%/8,90€
88	2016 „Black Berry" Rotwein	14%/22,50€
87	2017 Spätburgunder trocken „501" Großbottwar Harzberg	13,5%/17,50€
87	2016 „Dickes Ding" Syrah & Cabernet Franc	14%/25,-€

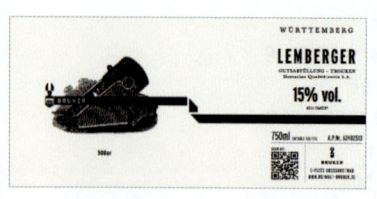

PFALZ ▬ ▬ KALLSTADT

★★ ☆

Bühler

Kontakt
Backhausgasse 2,
67169 Kallstadt
Tel. 06322-61261
Fax: 06322-981090
www.buehler-pfalz.de
weingut@buehler-pfalz.de

Besuchszeiten
Mo.-Fr. 10-12 + 13-18 Uhr und zu den Öffnungszeiten des Land- hauses, Fr. und Sa. 16-22 Uhr, Sonn- und Feiertage 12-22 Uhr

Inhaber Familie Bühler
Betriebsleiter Werner Bühler
Kellermeister Jens Bühler
Verkauf Sarah Bühler
Rebfläche 18 Hektar
Produktion 100.000 Flaschen

Pia und Werner Bühler übernahmen 1992 den elterlichen Betrieb, zwei Jahre später wurde ein neues Weingut am Rande der Lage Kallstadter Saumagen errichtet. Schon während der Ausbildung zum Winzer in drei Pfälzer Betrieben (unter anderem bei Knipser) übernahm Sohn Jens Bühler die Verantwortung für den Ausbau der Weine. Nach Auslandsaufenthalten in Frankreich, Italien, Portugal und Österreich schloss er 2005 seine Ausbildung zum Techniker für Weinbau und Önologie in Bad Kreuznach ab. Die besten Lagen sind Steinacker und Saumagen in Kallstadt. Auf 16 Hektar wird vor allem Riesling, Weiß- und Grauburgunder, Sauvignon Blanc, Spätburgunder und Dornfelder angebaut, aber auch Gewürztraminer, Merlot, Cabernet Sauvignon, Silvaner, Rieslaner und Syrah, der Rotweinanteil liegt bei 30 Prozent.

🍰 Kollektion

Drei Rieslinge aus dem Saumagen stehen an der Spitze der Kollektion der Familie Bühler: Die Auslese ist schlank, aber konzentriert und zeigt viel gelbe Frucht, Ananas, Apfel, Aprikosenmark, das „Herzstück" zeigt feine Reifenoten, etwas Gebäck, Quitte, besitzt leicht cremige Konsistenz und auch noch Frische und die trockene Spätlese zeigt im Bouquet kräutrig-mineralische Noten und etwas grünen Apfel, besitzt einen feinen, animierenden und nachhaltigen Säurenerv. Der Chardonnay „Fumé" ist leicht zurückhaltend in der Frucht mit feinen Röstnoten, der Grauburgunder besitzt Fülle und Schmelz, könnte aber etwas nachhaltiger sein. Zwei der drei Rotweine hatten wir im vergangenen Jahr schon einmal verkostet, der Syrah ist nach wie vor unser Favorit, er zeigt Noten von dunkler Frucht und etwas Schokolade, besitzt pfeffrige Würze und gute Länge, der Spätburgunder wirkt dagegen etwas streng und rustikal, der „MeCaDo" ist stilistisch dem Syrah ähnlich, zeigt ebenfalls dunkle Frucht und Schokolade im Bouquet.

🍇 Weinbewertung

84	„Blanc de Noir" Sekt brut ❙ 12%/9,90€
83	2019 Riesling Kabinett trocken ❙ 11,5%/6,50€
82	2019 Sauvignon Blanc trocken ❙ 12%/8,-€
85	2018 Chardonnay trocken „Fumé" ❙ 13%/9,90€
84	2019 Grauburgunder „S" trocken ❙ 13%/9,-€
86	2019 Riesling Spätlese trocken Kallstadter Saumagen ❙ 12%/9,50€
86	2017 Riesling trocken „Herzstück" Kallstadter Saumagen ❙ 13%/14,50€
87	2019 Riesling Auslese Kallstadter Saumagen ❙ 8,5%/10,50€
82	2019 Rosé trocken „Saignée" ❙ 12%/6,50€
84	2017 „MeCaDo" Rotwein trocken ❙ 13%/8,-€
84	2017 Spätburgunder trocken ❙ 13%/9,50€
86	2017 Syrah trocken ❙ 13,5%/18,-€

Bürgerspital zum Heiligen Geist

★★★★

Kontakt
Theaterstraße 19
97070 Würzburg
Tel. 0931-3503441
Fax: 0931-3503444
www.buergerspital.de
weingut@buergerspital.de

Besuchszeiten
Mo.-Do. 8-17 Uhr, Fr. 8-15 Uhr; Weinhaus (Ecke Theaterstraße/Semmelstraße) Mo. 9-18 Uhr, Di.-Sa. 9-24 Uhr, So. 11-18 Uhr; Bürgerspital-Weinstuben (Pächter: Familie Wiesenegg), täglich 10-24 Uhr

Inhaber
Stiftung des öffentlichen Rechts

Gutsdirektor
Robert Haller

Kellermeister
Karl Brand, Elmar Nun

Rebfläche
120 Hektar

Produktion
820.000 Flaschen

Das Bürgerspital wurde 1316 von Johannes und Mergardis von Steren als Spital gegründet, Im Jahr 2016 konnte man also groß feiern – 700 Jahre Bürgerspital. 1321 erhielt man durch Schenkungen die ersten Weinberge. Heute gehört das Bürgerspital zu den größten Weingütern in Deutschland. Seit 2007 führt Robert Haller als Gutsdirektor den Betrieb. Das Gros der Weinberge, fast 80 Hektar, liegt in Würzburg. Fast 30 Hektar besitzt man im Würzburger Stein, die Einzellage Stein-Harfe im Zentrum des Steins gehört dem Bürgerspital im Alleinbesitz. Neben den Würzburger Lagen Innere Leiste, Pfaffenberg und Abtsleite erweitern Weinberge in Randersacker (Teufelskeller, Pfülben, Marsberg), Frickenhausen (Kapellenberg), in Veitshöchheim (Sonnenschein) und in Thüngersheim (Scharlachberg) das Lagenportfolio. Silvaner hat mittlerweile den Riesling als wichtigste Rebsorte überholt, nimmt knapp ein Drittel der Rebfläche ein, es folgt Riesling mit einem Anteil von 27 Prozent, dann kommen Müller-Thurgau und die weißen Burgunder, dazu gibt es Scheurebe, Bacchus, Rieslaner und Gewürztraminer. An roten Sorten werden Domina, Blaufränkisch und Spätburgunder angebaut. Mit dem Jahrgang 2012 hat man das Sortiment neu strukturiert in Gutsweine, Ortsweine, Erste Lagen sowie Große Lagen und Premiumweine. In der Vinifikation wird zunehmend mit Maischestandzeiten, Holzfassausbau und Spontangärung gearbeitet, je nach Wein und Jahrgang in unterschiedlichen Anteilen.

Kollektion

Neben dem Chardonnay R aus dem Jahrgang 2016 und einer 2015er Riesling Trockenbeerenauslese aus dem Stein gefielen uns im vergangenen Jahr die 2018er Großen Gewächse besonders gut, die nun mit dem Jahrgang 2019 sogar nochmals ein wenig zugelegt haben. Der Silvaner aus der Stein-Harfe zeigt gute Konzentration und viel reife Frucht, etwas gelbe Früchte, ist füllig im Mund, saftig und kraftvoll, besitzt viel reife Frucht, gute Struktur und Frische, ist noch sehr jugendlich. Hervorragend sind auch die beiden Rieslinge. Der Hagemann zeigt Jahr für Jahr gleichbleibend hohes Niveau, zeigt gute Konzentration und reintönige Frucht, ist füllig und saftig im Mund, besitzt herrlich viel Frucht, Substanz und Länge. Wie schon im Vorjahr gefällt uns der Wein aus der Stein-Harfe minimal besser, vielleicht einfach deshalb, weil er eine Spur offener ist, viel reife Frucht, viel Substanz und Saft besitzt, harmonisch und lang ist. Nicht nur die weißen Spitzen, auch die Basis zeigt sehr gleichmäßiges Niveau. Der Gutssilvaner ist frisch, klar und zupackend, der feinherbe Muskateller besitzt feine Frucht und Grip. Der Würzburger Silvaner ist würzig und eindringlich, besitzt Frische und Grip, was auch für den Würzburger Riesling gilt, der Würzburger Weißburgunder ist frisch, reintönig und zupackend, die Würzburger Scheurebe ist intensiv fruchtig im Bouquet, klar und zupackend im Mund. Deutlich füllliger sind dann die Erste Lage-Weine. Der Weißburgunder aus dem Stein zeigt viel Würze und Frucht, ist klar, frisch und strukturiert. Der Silvaner von der Inneren Leiste besitzt feine Frucht, Frische und Grip, der birnenduftige Silvaner vom Stein besitzt feine Frucht, ein klein wenig mehr Druck, der Wein aus der Abtsleite ist wunderschön reintönig, besitzt gute Struktur, Frucht und Grip. Ein klein wenig besser gefallen uns im Jahrgang 2019 die Rieslinge. Der Riesling vom Stein zeigt feine Würze und reife Frucht, besitzt Fülle, Kraft und gute Struktur, der Wein aus der Abtsleite besticht ebenfalls mit Fülle und Kraft, ist herrlich saftig, harmonisch und lang. Unser klarer Favorit in diesem Segment ist der Riesling vom Marsberg, der gute Konzentration zeigt, herrlich eindringlich und reintönig im Bouquet ist, Kraft und Grip besitzt, gute Struktur und Frucht, noch sehr jugendlich ist. Das süße Segment wartet mit einer Riesling Auslese aus der Stein-Harfe auf, die reintönige reife Frucht besitzt, gute Fülle und Harmonie. Die Rotweine sind über die letzten Jahre hinweg stetig stärker geworden, dies unterstreichen nun auch zwei 2018er: Der Blaufränkisch R aus dem Stein zeigt intensive Frucht, ist herrlich eindringlich und reintönig bei viel Kraft und Substanz, der Spätburgunder R aus dem Veitshöchheimer Sonnenschein punktet mit Reintönigkeit und Frische, besitzt dezent florale Noten, gute Struktur und viel Frucht.

Weinbewertung

83	2019 Silvaner trocken	12%/7,60€
85	2019 Silvaner trocken Würzburger	13,5%/9,90€
84	2019 Riesling trocken Würzburger	12,5%/9,90€
85	2019 Weißer Burgunder trocken Würzburger	13%/9,90€
84	2019 Scheurebe trocken Würzburger	13%/11,90€
86	2019 Silvaner trocken Würzburger Abtsleite	13,5%/12,40€
85	2019 Silvaner trocken Würzburger Innere Leiste	13,5%/13,40€
86	2019 Silvaner trocken Würzburger Stein	13%/13,90€
87	2019 Riesling trocken Würzburger Abtsleite	13%/12,40€
87	2019 Riesling trocken Würzburger Stein	12,5%/13,90€
89	2019 Riesling trocken „RR" Randersackerer Marsberg	12%/13,90€
86	2019 Weißer Burgunder trocken Würzburger Stein	13%/13,90€
91	2019 Silvaner trocken „GG" Würzburger Stein-Harfe	13,5%/29,-€
92	2019 Riesling trocken „GG" Würzburger Stein-Harfe	13%/29,-€
91	2019 Riesling trocken „GG" „Hagemann" Würzburger Stein	13%/40,-€
83	2019 Muskateller „feinherb"	11,5%/10,90€
89	2018 Riesling Auslese Würzburger Stein-Harfe	7,5%/26,-€
90	2018 Blaufränkisch „R" trocken Würzburger Stein	13%/18,40€
89	2018 Spätburgunder „R" trocken Veitshöchheimer Sonnenschein	13%/23,-€

Lagen
Stein (Würzburg)
Stein-Harfe (Würzburg)
Abtsleite (Würzburg)
Innere Leiste (Würzburg)
Pfaffenberg (Würzburg)
Pfülben (Randersacker)
Teufelskeller (Randersacker)
Marsberg (Randersacker)
Sonnenschein (Veitshöchheim)

Rebsorten
Silvaner (32 %)
Riesling (27 %)
Müller-Thurgau (10 %)

RHEINHESSEN — GAU-ODERNHEIM

★★

Büsser-Paukner

Kontakt
Mainzerstraße 50
55239 Gau-Odernheim
Tel. 06733-6001
Fax: 06733-8319
www.ae-wein.de
info@ae-wein.de

Besuchszeiten
nach Vereinbarung

Inhaber
Eva & Andreas Paukner
Rebfläche
6 Hektar
Produktion
30.000 Flaschen

Seit 1921 baut die Familie Wein in Rheinhessen an. 2014 haben Eva Büsser und ihr Ehemann Andreas Paukner das Gut übernommen. Sie haben den Namen geändert von Weingut Büsser in Weingut Büsser-Paukner, aber auch Ausstattung und Weinstilistik. Ihre Weinberge liegen rund um den Petersberg in Gau-Odernheim, in den Lagen Herrgottspfad und Ölberg (mit der Gewanne Lieberg), sowie in Alsheim in den Lagen Sonnenberg und Fischerpfad (mit der Gewanne Stratzenberg). Während in Gau-Odernheim tonige Lösslehmböden mit hohem Kalkanteil und Muscheleinlagerungen vorherrschen, findet man in Alsheim sandige Lösslehmböden. Hauptrebsorten sind Riesling, Grauburgunder, Weißburgunder, Chardonnay, Spätburgunder, St. Laurent und Dornfelder. Das Sortiment haben Eva und Andreas Paukner neu strukturiert in Guts- und Lagenweine, aufgrund der kleinen Betriebsgröße bieten sie fast keine Ortsweine an.

Kollektion

Hatten die Rotweine im vergangenen Jahr knapp die Nase vorne, sehen wir dieses Jahr nun weiß und rot gleichauf. Die Scheurebe Lieblingsstück gefällt uns wieder einmal besonders gut, ist würzig und eindringlich, frisch und zupackend. Der Gau-Odernheimer Silvaner besitzt reintönige Frucht, ist frisch und geradlinig. Der Lagen-Riesling aus dem Herrgottspfad zeigt gute Konzentration und reintönige reife Frucht im Bouquet, ist füllig und saftig im Mund bei viel süßer Frucht. Gleichauf sehen wir den Chardonnay aus dem Alsheimer Sonnenberg, der feine rauchig-würzige Noten im Bouquet zeigt, Fülle und Kraft besitzt, klare reife Frucht, gute Struktur und Substanz. Im roten Segment gefallen uns die beiden Spätburgunder besonders gut. Der Gutswein aus dem Jahrgang 2019 besitzt feine Frische und reintönige Frucht, gute Struktur und Grip, der 2018er Lagen-Spätburgunder aus dem Lieberg besitzt Fülle und Kraft, viel Substanz, viel Alkohol und kräftige Tannine.

Weinbewertung

81	2019 Riesling trocken	13%/5,10€
82	2019 Pinot Blanc trocken	12,5%/5,50€
85	2019 Scheurebe trocken „Lieblingsstück"	12,5%/6,30€
84	2019 Silvaner trocken Gau-Odernheimer	13%/6,90€
86	2019 Riesling trocken Gau-Odernheimer Herrgottspfad	12%/8,40€
86	2019 Chardonnay trocken Alsheimer Sonnenberg	13%/8,70€
82	2019 Merlot & Pinot Noir Rosé	12,5%/5,20€
84	2019 Spätburgunder trocken	13,5%/5,70€
86	2018 Spätburgunder trocken Gau-Odernheimer Lieberg	15%/10,50€
81	2018 Merlot trocken Alsheim	15%/9,20€
83	2018 „Ein letztes Hurra" Rotwein	13%/14,50€

PFALZ — DEIDESHEIM

Reichsrat von Buhl

★★★★⯪

Kontakt
Weinstraße 16-24
67146 Deidesheim
Tel. 06326-96500
Fax: 06326-965024
www.reichsrat-von-buhl.de
info@reichsrat-von-buhl.de

Besuchszeiten
Mo.-Fr. 10-18 Uhr, Sa./So./
Feiertage 11-17 Uhr; Sushi-
Restaurant (www.sushi-b.de)

Inhaber
Familie Niederberger
Geschäftsführer
Peter Hüftlein-Seeger,
Gregor Hofer, Claus Raschka
Kellermeister
Gregor Hofer
Außenbetrieb
Christian Bohmüller
Rebfläche
64 Hektar
Produktion
450.000 Flaschen

Das 1849 von Franz-Peter Buhl gegründete Weingut entstand aus der Erbteilung des Jordan'schen Weingutes. Der erste Reichsrat war Armand von Buhl, der für seine Verdienste bei der deutschen Sozialgesetzgebung von König Ludwig II. zum „Reichsrat der bayrischen Krone" ernannt wurde, den Titel integrierte aber erst sein Sohn Franz Eberhard von Buhl in den Weingutsnamen, als er 1912 zum „Reichsrat der bayrischen Kammer" ernannt wurde. Nach seinem Tod 1921 führte seine Witwe Frieda Piper von Buhl das Weingut bis 1952. Unter der Leitung des Dirigenten Enoch von und zu Guttenberg, der das Weingut erbte, wurde die Rebfläche von einst rund 100 Hektar auf ungefähr die Hälfte verkleinert, dabei konzentrierte man sich auf die besten Lagen der Mittelhaardt. 1989 wurde es an eine japanische Weinhandelsfirma verpachtet, es wurden Millionenbeträge in Keller und Außenbetrieb investiert. Noch während der Pacht erwarb 2005 der mittlerweile verstorbene Neustadter Unternehmer Achim Niederberger das Weingut, nach seinem Tod erbte seine Frau Jana den Betrieb. Reichsrat von Buhl verfügt über beste Lagen in Forst (Freundstück, Jesuitengarten, Pechstein, Ungeheuer, Kirchenstück), Deidesheim (Kieselberg, Mäushöhle, Leinhöhle, Herrgottsacker, Paradiesgarten) und Ruppertsberg (Reiterpfad). Riesling ist die dominierende Rebsorte. Daneben findet man etwas Chardonnay, Weißburgunder, Grauburgunder, Scheurebe und Gewürztraminer, sowie Spätburgunder. Seit 2009 ist der Betrieb bio-zertifiziert, ab dem Jahrgang 2018 auch biodynamisch. Seit dem Jahrgang 2013 führte eine neue Mannschaft das Weingut, spektakulärster Neuzugang war Mathieu Kauffmann, zuvor Kellermeister des renommierten Champagnerhauses Bollinger in Aÿ, er teilte sich die Geschäftsführung mit Richard Grosche. Die beiden initiierten einen Stilwandel, hin zu konsequent durchgegorenen Weinen, auch die Sekte gewannen mit jedem neuen Jahrgang mehr an Profil. Wir schreiben hier in der Vergangenheitsform, denn beide schieden kurz vor der Ernte 2019 aus dem Betrieb aus. Neuer Geschäftsführer ist seitdem Peter Hüftlein-Seeger, Jana Seegers Ehemann, für den Keller ist der gebürtige Südtiroler Gregor Hofer verantwortlich, der auch schon beim Weingut von Winning tätig war.

Kollektion

Noch lässt sich wenig über eine eventuelle Neuausrichtung des Weinguts sagen, da der Großteil der Weine und Sekte, die wir in diesem Jahr verkostet haben, noch unter der Leitung des alten Führungsduos entstanden. Die Basisweine im Guts- und Ortsweinbereich stammen aber schon aus dem Jahrgang 2019, der Gutsriesling zeigt klare Zitrusfrucht und kräutrige Noten, etwas stärker schätzen wir aber den „Bone Dry"-Riesling ein, der mehr Grip besitzt, geradlinig und nach wie vor konsequent trocken ausgebaut ist, bei den Ortsrieslingen zeigt der Forster klare, aber leicht zurückhaltende Frucht, etwas Aprikose, Ananas, der Deidesheimer ist etwas komplexer, besitzt mehr Grip und Würze, kräutrige Noten, etwas grünen Apfel, Limette, ist frisch und nachhaltig. Die Erste-Lage-Rieslinge besitzen durch ein langes Vollhefelager in Holzfässern alle eine dichte Textur, Schmelz, sind elegant, der Musenhang zeigt kräutrig-mineralische und leicht rauchige Noten, ist herb und salzig, die Mäushöhle ist aromatisch mit Aromen von gelbem Apfel, Quitte und Aprikose, besitzt viel Saft und ein feines, nachhaltiges Säurespiel, beim Herrgottsacker ist das Holz noch sehr präsent im Bouquet, er ist animierend, salzig und nachhaltig. Die drei Großen Gewächse sind fordernd, gaben sich zum Zeitpunkt der Verkostung eher zugeknöpft und schwierig, der Pechstein zeigt kräutrig-steinige Würze und etwas mostige Noten, gelben Apfel, besitzt viel Druck und Grip, ist herb, salzig, animierend und nachhaltig, der Ungeheuer zeigt kräutrige Noten und deutliche Holzwürze, ist am Gaumen von herben Zitrusnoten geprägt, etwas Ananas, ist leicht cremig und druckvoll, der Kieselberg zeigt deutliche Frucht, Pfirsich, Ananas, besitzt Fülle und ein feines, subtiles Säurespiel. Bleiben noch die drei starken Sekte: Der Riesling „Suez Vintage" zeigt feine hefige Würze, etwas Brotkruste und Zitrusnoten, ist am Gaumen frisch, animierend und harmonisch, der Rosé wirkt noch sehr jung, zeigt Hefenoten und dezente Kirschfrucht, besitzt eine leicht cremige Konsistenz, ist animierend und lang, und auch der „Réserve" zeigt hefige Würze und feine Zitrusnoten, ist cremig, frisch und lang.

🍇 Weinbewertung

90	2015 „Suez Vintage" Riesling Sekt brut nature	12,5 %/29,90 €
89	„Reserve" Sekt brut	12,5 %/16,90 €
89	2017 Rosé Sekt brut	12,5 %/18,90 €
85	2019 Riesling trocken „Bone Dry"	12 %/9,50 €
84	2019 Riesling trocken	12 %/9,90 €
87	2019 Riesling trocken Deidesheimer	12,5 %/11,90 €
88	2018 Riesling trocken Deidesheimer Herrgottsacker	12,5 %/18,- €
86	2019 Riesling trocken Forster	12,5 %/12,90 €
89	2018 Riesling trocken Deidesheimer Mäushöhle	13 %/18,- €
89	2018 Riesling trocken Forster Musenhang	12,5 %/21,- €
91	2018 Riesling „GG" Ungeheuer	13 %/30,- €
92	2018 Riesling „GG" Pechstein	12,5 %/49,- €
90	2018 Riesling „GG" Kieselberg	12,5 %/30,- €
85	2019 Spätburgunder Rosé trocken „Bone Dry"	12 %/9,50 €

Lagen
Ungeheuer (Forst)
Pechstein (Forst)
Kirchenstück (Forst)
Jesuitengarten (Forst)
Freundstück (Forst)
Musenhang (Forst)
Kieselberg (Deidesheim)
Mäushöhle (Deidesheim)
Leinhöhle (Deidesheim)
Paradiesgarten (Deidesheim)
Herrgottsacker (Deidesheim)
Reiterpfad (Ruppertsberg)
– Hofstück
– In der Hohl

Rebsorten
Riesling (72 %)
Spätburgunder (12 %)
Chardonnay (6 %)

RHEINHESSEN — OCKENHEIM

Bungert-Mauer

Kontakt
Bergstraße 24
55437 Ockenheim
Tel. 06725-2616
Fax: 06725-2426
www.bungert-mauer.de
weingut@bungert-mauer.de

Besuchszeiten
Mo.-Fr. 9-17 Uhr
Sa. 10-14 Uhr
So. & Feiertage geschlossen

Inhaber
Matthias Bungert
Rebfläche
23 Hektar
Produktion
160.000 Flaschen

Seit Generationen baut die Familie Wein in Ockenheim an, heute führen Martina und Matthias Bungert den Betrieb. Ihre Weinberge liegen in Ockenheim am Jakobsberg, in den Lagen St. Jakobsberg, Klosterweg, Kreuz und Laberstall. Die Reben wachsen auf verschiedenen Böden, man findet Löss und Lehm, Ton, Sand und Muschelkalk. Die Burgundersorten und Portugieser sind die wichtigsten Rebsorten, hinzu kommen Silvaner, Scheurebe, Riesling und Regent. Die Rotweine werden alle für mindestens vier Monate im Holz ausgebaut, die besten Weine kommen mindestens ein Jahr ins Barrique.

Kollektion

Die Rotweine hatten uns schon in den vergangenen Jahren immer besonders gut gefallen, und auch in diesem Jahr präsentieren sich die drei vorgestellten Rotweine, alle aus dem Jahrgang 2016, sehr geschlossen. Der Spätburgunder zeigt etwas rauchige Noten und reintönige Frucht, besitzt gute Struktur, Frische und Grip. Der im Barrique ausgebaute Cabernet Sauvignon ist leicht gewürzduftig, im Mund frisch, klar und strukturiert. Unsere leichte Präferenz gilt dem im Barrique ausgebauten Regent, der würzig und eindringlich im Bouquet ist, etwas rauchige Noten zeigt, gute Struktur im Mund besitzt, Kraft, Frucht und Frische. Die weißen Ortsweine sind klar und geradlinig, ein wenig verhalten. Deutlich spannender sind die Lagenweine wie die trockene Riesling Auslese aus dem Laberstall, die würzig und eindringlich ist, Fülle, Saft und viel reife süße Frucht besitzt. Unsere Favoriten unter den trockenen Weißweinen aber sind die beiden Grauburgunder aus dem Ockenheimer Kreuz. Die Spätlese trocken aus dem Jahrgang 2019 ist wunderschön füllig und saftig bei reifer süßer Frucht, die im Barrique ausgebaute Spätlese aus dem Jahrgang 2018 ist rauchig, kraftvoll und strukturiert. Highlight der Kollektion ist der litschiduftige, konzentrierte Silvaner Eiswein aus dem Jahrgang 2018.

Weinbewertung

81	2019 Silvaner trocken Ockenheimer	13%/6,20€
81	2019 Riesling trocken Ockenheimer	12,5%/6,20€
80	2019 Weißer Burgunder trocken Ockenheimer	12,5%/7,-€
80	2019 Grauer Burgunder trocken Ockenheim	13,5%/7,-€
81	2019 Chardonnay trocken Ockenheimer	13%/7,-€
84	2019 Grauer Burgunder Spätlese trocken Ockenheimer Kreuz	14%/14,50€
83	2019 Riesling Auslese trocken Ockenheimer Laberstall	14%/14,50€
85	2018 Grauer Burgunder Spätlese trocken Barrique Ockenheimer Kreuz	14,5%/18,-€
88	2018 Scheurebe Eiswein Ockenheimer St. Jakobsberg	9%/39,-€/0,5l
84	2016 Blauer Spätburgunder trocken Ockenheimer Klosterweg	13,5%/12,50€
84	2016 Cabernet Sauvignon trocken Barrique Ockenheimer St. Jakobsberg	14%/14,90€
85	2016 Regent trocken Barrique Ockenheimer Lauberstall	14%/16,90€

BUNGERT-MAUER

GRAUER BURGUNDER

OCKENHEIMER KREUZ
IM BARRIQUE GEREIFT

2018

RHEINHESSEN ━ NIERSTEIN

Lisa Bunn

★★★★✩

Kontakt
Mainzer Straße 86
55283 Nierstein
Tel. 06133-59290
Fax: 06133-60309
www.lisa-bunn.de
info@weingut-bunn.de

Besuchszeiten
Di.-Fr. 13-17 Uhr
Sa. 11-16 Uhr

Inhaber
Lisa Bunn-Strebel &
Bastian Strebel

Betriebsleiter
Lisa Bunn-Strebel &
Bastian Strebel

Kellermeister
Lisa Bunn-Strebel &
Bastian Strebel

Außenbetrieb
Lisa Bunn-Strebel &
Bastian Strebel

Rebfläche
21 Hektar

Produktion
100.000 Flaschen

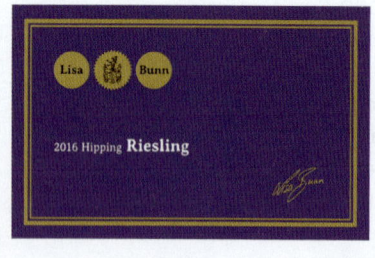

Seit drei Generationen ist der Margarethenhof im Besitz der Familie Bunn. Er wird heute von Geisenheim-Absolventin Lisa Bunn geführt, die seit ihrem Studienabschluss 2011 die Regie im Keller führt, zwei Jahre später das Gut von ihren Eltern Georg und Eva Bunn übernahm. Ihre Weinberge liegen in Nierstein (darunter Anteile an den Lagen Hipping, Oelberg und Orbel), Dienheim und Guntersblum. Heute umfasst das Weingut Lisa Bunn auch die Weinberge ihres Ehemanns Bastian Strebel und dessen elterliches Weingut in Wintersheim, wo ein neuer Keller gebaut wurde. Neben Riesling gibt es Silvaner, Weißburgunder, Grauburgunder, Chardonnay, Gewürztraminer, Sauvignon Blanc und Scheurebe, sowie Spätburgunder, St. Laurent, Merlot und Cabernet Sauvignon. Die drei Lagenrieslinge aus Orbel, Oelberg und Hipping stehen an der Spitze des Sortiments, daneben gibt es Reserveweine von Spätburgunder, Silvaner, Chardonnay und Grauburgunder, auch von Portugieser und Merlot.

Kollektion

Die neue Kollektion ist die bisher stärkste von Lisa Bunn und Bastian Strebel. Das fleißige Lieschen ist frisch und zupackend, der Riesling vom Kalkstein ist fruchtbetont und intensiv, klar und strukturiert. Der Wintersheimer Riesling zeigt intensive Frucht und viel Konzentration im Bouquet, ist füllig und kraftvoll, besitzt reife Frucht, gute Struktur und Substanz. Deutlich druckvoller noch ist der rauchige, reintönige Niersteiner Riesling, besitzt Fülle, Kraft und Länge. Der Orbel-Riesling zeigt reife Frucht, gelbe Früchte, etwas Mandarinen im Hintergrund, ist füllig und stoffig bei viel Substanz. Etwas komplexer und druckvoller noch ist der Wein aus dem Pettenthal, herrlich kraftvoll und nachhaltig. Spannend sind auch die Reserve-Weine, der Chardonnay ist reintönig, strukturiert und lang, der Grauburgunder kraftvoll, ebenfalls wunderschön reintönig. Auch die Rotweine gewinnen stetig an Profil, St. Laurent wie auch die beiden Spätburgunder sind reintönig und strukturiert, kraftvoll und zupackend. Im Aufwind!

Weinbewertung

84	2019 Riesling trocken „fleißiges Lieschen"	13%/7,90 €
87	2019 Riesling trocken Wintersheim	13%/8,90 €
86	2019 Riesling trocken „vom Kalkstein"	13,5%/9,50 €
89	2019 Riesling trocken „vom Rotliegenden" Nierstein	13%/10,90 € ☺
90	2019 Riesling trocken Nierstein Orbel	12,5%/16,-€
91	2019 Riesling trocken Nierstein Hipping	12,5%/20,-€
89	2019 Grauer Burgunder „Reserve"	13,5%/16,-€
89	2019 Chardonnay trocken „Reserve" Dienheimer Tafelstein	12,5%/17,-€
88	2018 Saint Laurent trocken „vom Rotliegenden" Nierstein	13,5%/13,50 €
88	2018 Pinot Noir trocken	13,5%/9,90 € ☺
87	2018 Spätburgunder trocken Wintersheim	13%/15,50 €

FRANKEN ▬ NORDHEIM

★★

Bunzelt

Kontakt
Heerweg 12
97334 Nordheim
Tel. 09381-4657 oder 4511
Fax: 09381-6283
www.weingut-bunzelt.de
info@weingut-bunzelt.de

Besuchszeiten
Mo.-Sa. 9-12 + 13-17 Uhr

Inhaber
Nina & Barbara Bunzelt
Rebfläche
9 Hektar

Das 1969 von Ignaz und Irmina Bunzelt gegründete Weingut wurde seit 1975 von Hans Bunzelt geführt. 2016 hat Tochter Nina, Geisenheim-Absolventin, den Betrieb übernommen, führt ihn zusammen mit ihrem Partner Alexander Huber, ebenfalls Geisenheim-Absolvent, den Jahrgang 2015 haben sie bereits gemeinsam vinifiziert, zuvor hatte Nina Bunzelt schon den Silvaner-2 und die Weißweincuvée Patriarch kreiert. Sie besitzen Rebflächen in den Iphöfer Lagen Julius-Echter-Berg, Kronsberg und Kalb (mit Gipskeuperböden), in den Nordheimer Lagen Vögelein und Kreuzberg, im Sommeracher Katzenkopf und im Escherndorfer Fürstenberg (jeweils mit Muschelkalkböden), sowie im Frankenwinheimer Rosenberg, wo die Reben auf Lettenkeuper wachsen. Weiße Rebsorten nehmen neun Zehntel der Fläche ein. Wichtigste Sorten sind Müller-Thurgau, Silvaner und Bacchus. Dazu kommt eine breite Palette weiterer Sorten wie Domina, Riesling, Weißburgunder, Scheurebe, Traminer, Kerner und Rieslaner.

Kollektion

Bestechend gleichmäßig präsentiert sich wieder einmal die Kollektion von Nina Bunzelt und Alexander Huber. Der Steinbruch-Müller-Thurgau ist wunderschön süffig, der Weißburgunder vom Kronsberg konzentriert, klar und zupackend, die Scheurebe aus Iphofen besitzt intensive Frucht und leicht florale Noten. Ganz spannend ist das präsentierte Silvaner-Quintett. Der Wein vom Vögelein ist kompakt, würzig, geradlinig, der Fürstenberg-Silvaner deutlich fruchtbetonter, strukturiert und reintönig. Die Liaison genannte Cuvée von Muschelkalk und Keuper ist zupackend, frisch, kraftvoll, noch stoffiger ist der vom Keuper stammende Silvaner von alten Reben im Kronsberg, besitzt gute Fülle und viel reife Frucht. Unser Favorit aber ist der spontanvergorene Silvaner „von selbst", konzentriert, gelbfruchtig, kraftvoll bei reifer Frucht und guter Struktur. Sehr gut sind auch der klare, zupackende Katzenkopf-Silvaner und der füllige, kraftvolle Traminer vom Vögelein; die intensiv fruchtige Domina rundet eine gelungene Kollektion ab.

Weinbewertung

83	2019 Müller Thurgau trocken „Steinbruch"	12,5%/6,50€
85	2019 Silvaner trocken Escherndorfer Fürstenberg	13%/8,-€
83	2019 Silvaner trocken Nordheimer Vögelein	13,5%/7,-€
84	2019 Weißer Burgunder trocken Iphöfer Kronsberg	13,5%/7,50€
84	2019 Scheurebe trocken Iphofen	12,5%/7,50€
85	2019 Silvaner trocken „Liaison Muschelkalk & Keuper"	13,5%/10,-€
86	2019 Silvaner Spätlese trocken „Alte Reben" Iphöfer Kronsberg	13,5%/10,-€
85	2019 Riesling Spätlese trocken Sommeracher Katzenkopf	12,5%/10,-€
85	2019 Traminer Spätlese trocken Nordheimer Vögelein	14%/10,-€
87	2019 Silvaner trocken „von selbst"	13,5%/12,-€
85	2017 Domina trocken Frankenwinheimer Rosenberg	13,5%/9,-€

Burggarten

★★★★☆

Kontakt
Landskroner Straße 61
53474 Bad Neuenahr-Ahrweiler- Heppingen
Tel. 02641-21280
Fax: 02641-79220
www.weingut-burggarten.de
burggarten@t-online.de

Besuchszeiten
Mo.-Fr. 10-18 Uhr
Sa./So. 10-13 Uhr
4-Sterne-Gästehaus mit 20 Themenzimmern

Inhaber
Familie Schäfer
Betriebsleiter
Paul & Heiko Schäfer
Kellermeister
Paul Schäfer
Außenbetrieb
Heiko Schäfer
Rebfläche
15 Hektar
Produktion
120.000 Flaschen

Paul Josef Schäfer hat das Weingut zusammen mit Ehefrau Gitta zur heutigen Größe erweitert, ihr Domizil haben sie im ehemaligen Heppinger Winzerverein gefunden. Doch sie sind heute nicht mehr allein, alle drei Söhne – Paul Michael, Heiko und Andreas – unterstützen sie mittlerweile im Betrieb, alle drei sind ausgebildete Winzer; im Juli 2018 haben Paul und Heiko Schäfer den Betrieb übernommen. Die Weinberge liegen im Heimersheimer Burggarten (schwere Lehmböden), in den Neuenahrer Lagen Sonnenberg und Schieferlay (Grauwacke und Grauwackeschiefer) sowie im Ahrweiler Ursulinengarten (Kies am Fluss, weiter oben schwerere Böden). Spätburgunder und Frühburgunder nehmen mehr als zwei Drittel der Rebfläche ein. Dazu gibt es Riesling, Portugieser (mit bis zu 100 Jahre alten Reben) und Dornfelder, aber auch ein klein wenig Zweigelt (seit 1982), Regent, Cabernet Sauvignon und Merlot, dazu weitere Sorten wie Weißburgunder, Grauburgunder und Chardonnay.

Kollektion

Eine schöne Spätburgunder-Serie präsentieren die Schäfers mit dem Jahrgang 2018. Schon der reintönige, kraftvolle Gutswein ist sehr gut. Die drei Ortsweine zeigen deutliche Unterschiede: Der Neuenahrer ist intensiv fruchtig, zeigt Kirschen und Sauerkirschen, der Walporzheimer ist würziger, herrlich zupackend, der intensiv fruchtige Heimersheimer ist der kraftvollste, noch von jugendlichen Bitternoten geprägt. Die Lagen-Spätburgunder nennen sich nun, nach der Aufnahme in den VDP, Große Gewächse. Der Sonnenberg ist fruchtbetont, leicht floral, besitzt gute Struktur und Grip, der rotfruchtige Schieferlay ist reintönig, zeigt dezent Gewürze, besitzt Fülle und Kraft. Der Wein aus dem Burggarten ist konzentriert, leicht floral, kraftvoll und strukturiert; unser Favorit ist wieder der Kräuterberg, der herrlich stoffig, intensiv und kraftvoll ist. Ganz auf Frucht und Intensität setzen die beiden Frühburgunder.

Weinbewertung

83	2019 Weißburgunder trocken	12,5%/9,40€
83	2019 Spätburgunder „Blanc de Noir" trocken	12%/9,40€
85	2018 Spätburgunder trocken „P.J.'s Signatur"	13,5%/14,20€
86	2018 Frühburgunder trocken Neuenahrer	13,5%/20,-€
87	2018 Spätburgunder trocken Neuenahrer	13,5%/16,-€
87	2018 Spätburgunder trocken Heimersheimer	13,5%/20,-€
87	2018 Spätburgunder trocken Walporzheimer	13,5%/18,-€
89	2018 Spätburgunder „GG" Neuenahrer Sonnenberg	13,5%/26,-€
88	2018 Frühburgunder „GG" Neuenahrer Sonnenberg	13,5%/35,-€
89	2018 Spätburgunder „GG" Neuenahrer Schieferlay	13,5%/38,-€
89	2018 Spätburgunder „GG" Heimersheimer Burggarten	13,5%/42,-€
91	2018 Spätburgunder „GG" Walporzheimer Kräuterberg	13,5%/55,-€

FRANKEN — BÜRGSTADT

★★★★☆

BurkhardtSchür

Kontakt
Sekthaus BurkhardtSchür
Raiffeisenring 1
63927 Bürgstadt
Tel. 09371-6688732
Fax: 09371-6688734
www.burkhardtschuer.de
mail@burkhardtschuer.de

Besuchszeiten
Verkostung nur nach vorheriger Vereinbarung

Inhaber
Laura Burkhardt &
Sebastian Schür

Kellermeister
Sebastian Schür

Rebfläche
Traubenzukauf

Laura Burkhardt und Sebastian Schür haben 2012 ihr eigenes Sekthaus gegründet, das Sekthaus BurkhardtSchür, ihren ersten Sekt aber haben sie erst 2018 auf den Markt gebracht. Sebastian Schür ist seit 2006 als Außenbetriebsleiter beim Weingut Fürst in Bürgstadt tätig. Sie besitzen selbst keine eigenen Weinberge. Die Trauben für die Sekte kauft Sebastian Schür von befreundeten Winzern, ehemaligen Azubis und von seinem Bruder Marcus hinzu. Laura Burkhardt und Sebastian Schür konzentrieren sich ganz auf die drei Rebsorten Pinot Noir, Pinot Meunier und Chardonnay. Der Pinot Noir kommt aus Bürgstadt, der Pinot Meunier aus dem Württembergischen Teil des Taubertals, der Chardonnay und eine weitere Partie Pinot Noir stammen vom Kaiserstuhl, aus Sebastian Schürs Heimat; inzwischen beziehen sie auch Trauben aus dem badischen Teil des Taubertals. 2018 kamen ein reinsortiger Pinot Noir aus dem Jahrgang 2012 und eine Cuvée aus Pinot Noir und Pinot Meunier aus dem Jahrgang 2013 auf den Markt, beide als Blanc de Noirs. Ein reinsortiger Pinot Meunier und ein Rosé folgten im Jahr darauf, ein reinsortiger Chardonnay wird die nächste Ergänzung im Sortiment sein. Die Sekte werden im eigenen Buntsandsteinkeller in Bürgstadt im Doppelstückfass elf Monate auf der Vollhefe ausgebaut, ohne Batonnage, Tirage ist im August, das Dégorgement – ohne Schwefel – erfolgt beim Sekthaus Griesel in Bensheim.

Kollektion

Die neue Kollektion ist großartig. Einige Sekte, die wir schon im Vorjahr verkostet hatten, haben vom weiteren Hefelager noch profitiert: Laura Burkhardt und Sebastian Schür erzeugen komplexe Sekte, die ihre Zeit auf der Hefe benötigen, dafür dann mit sehr wenig Dosage in den Verkauf kommen. Der Blanc de Blancs ist rauchig, würzig, komplex, besitzt viel Frucht, die merkliche Süße stört nicht. Der Blanc de Meuniers ist faszinierend kraftvoll und stoffig, lebhaft, druckvoll und nachhaltig, er hat am deutlichsten zugelegt, Der Pinot Noir brut nature ist intensiv, dominant, kraftvoll und stoffig, immer noch enorm jugendlich (obwohl aus 2012), wird von weiterer Hefereife noch profitieren. Zugänglicher ist da schon die Cuvée aus Pinot Noir und Meunier, obwohl zwei Jahre jünger, zeigt rauchige Noten, feine Frische, besitzt gute Struktur und Grip. Ebenfalls aus dem Jahrgang 2014 stammt der Rosé, der fruchtbetont und intensiv ist, dabei komplex und lang. Was für spannende, komplexe Sekte!

Weinbewertung

91	„Blanc de Blancs" Chardonnay brut	12,5 %/30,- €
93	„Blanc de Meuniers" Pinot Meunier brut nature	12 %/32,- €
91	„Blanc de Noirs" Pinot Noir brut nature	12,5 %/28,- €
91	„Blanc de Noirs" Pinot Noir & Pinot Meunier brut	12 %/22,- €
91	Rosé Pinot Meunier & Pinot Noir brut	12 %/24,- €

BADEN ▸ JECHTINGEN

Burkhart

★★✩

Kontakt
Am Haberberg 1
79361 Jechtingen
Tel. 07662-947050
Fax: 07662-9470515
www.weingut-burkhart.de
katja@burkhart-kaffee.de

Besuchszeiten
Mo-Fr. 8-12 + 13-16 Uhr
Hofladen mit eigener
Kaffeerösterei

Inhaber
Marco Burkhart
Betriebsleiter
Marco Burkhart
Kellermeister
Michael Ruf
Rebfläche
8 Hektar
Produktion
50.000 Flaschen

Bereits vor 40 Jahren hatten sich die Eltern von Marco Burkhart in Jechtingen für den biologischen Anbau entschieden. Seit 2017 führt Marco Burkhart das Weingut weiter. Qualität steht an erster Stelle, deshalb hat auch er sich für den ökologischen Anbau entschieden. Mit organischem Dünger, Weinbergbegrünung und selbstentwickelten Pflanzenmitteln sollen optimale Bedingungen für Reben und Nützlinge geschaffen werden. Durch die Bodenbearbeitung mit so genannten effektiven Mikroorganismen wird das mikrobielle Bodenleben reaktiviert und für die Versorgung der Reben aufrechterhalten. Beim Ausbau setzt Burkhart auf schonende Behandlung mit minimalen Eingriffen in die natürliche Struktur der Weine. Schwerpunktmäßig werden Spätburgunder, Weiß- und Grauburgunder sowie Chardonnay angebaut. Seit 2019 werden verstärkt robuste, pilzwiderstandsfähige Rebsorten angebaut, die in guten Jahren ohne Spritzbehandlung auskommen. Eine Sorte – Johanniter – ist schon im Sortiment. Am Hof ist seit 2011 auch eine Kaffeerösterei für Bio-Kaffee angesiedelt. Geröstet wird täglich in kleinen Chargen an einem handwerklichen Trommelröster. Durch den direkten Kontakt zu den Kaffeebauern wird eine faire Bezahlung der Produzenten ermöglicht.

Kollektion

Ein stilsicheres burgundisches Sextett präsentiert Marco Burkhart zum Debüt. Alle vier Weißweine sind aus dem Jahrgang 2019 und haben das Prädikat Kabinett – so sind sie auch: Leicht, aber aussagekräftig. Der Weißburgunder zeigt viel Frische und feine Frucht, hat Schmelz und Biss. Noch fruchtiger ist der Chardonnay, er ist herrlich saftig, trotz aller Leichtigkeit hat er eine gute Substanz. Der Grauburgunder zeigt Frucht und Würze im Bouquet, im Hintergrund ganz dezent grüne Walnuss, ist ein sehr interessanter Wein, hat Länge und Substanz. Der Grauburgunder Leonie zeigt ein typisches Birnen-Aroma, dezent karamellige, feine Würze, besitzt im Mund gute Substanz. Der Spätburgunder aus dem Jahrgang 2018 zeigt helle, kühle rote Frucht, hat eine gute Säure- und Tanninstruktur. Der im Barrique ausgebaute Spätburgunder von 2016 ist sehr saftig und würzig, vereint Eleganz und Substanz.

Weinbewertung

84	2019 Weißburgunder	12%/8,50€
83	2019 Grauburgunder	13%/8,50€
85	2019 Chardonnay	12%/9,50€
86	2019 Grauburgunder „Leoni"	12,5%/14,50€
83	2018 Spätburgunder	13%/9,50€
86	2016 Spätburgunder Barrique	14%/12,50€

Weingut Burkhart

MOSEL — PÜNDERICH

★★★★★ Clemens **Busch**

Kontakt
Kirchstraße 37
56862 Pünderich
Tel. 06542-22180
Fax: 06542-1625
www.clemens-busch.de
info@clemens-busch.de

Besuchszeiten
Mo.-Fr. nach Vereinbarung

Inhaber
Clemens & Rita Busch
Betriebsleiter
Clemens Busch
Kellermeister
Clemens & Johannes Busch
Außenbetrieb
Johannes Busch
Rebfläche
17 Hektar
Produktion
100.000 Flaschen

Clemens und Rita Busch bewirtschaften ihre Weinberge seit 1984 biologisch, sind bei Ecovin, seit 2005 bewirtschaften sie ihre Weinberge biodynamisch. Eine Zeit lang hatte ihr ältester Sohn Florian im Betrieb mitgearbeitet, ist aber nun Betriebsleiter auf einem Weingut in Südfrankreich; seit 2013 ist nun der jüngste Sohn Johannes, Geisenheim-Absolvent, im Betrieb tätig. Der größte Teil der Weinberge von Clemens und Rita Busch liegt in der Lage Pündericher Marienburg, angebaut wird ausschließlich Riesling. Die Marienburg ist ein steiler Süd-Südost-ausgerichteter Hang gegenüber von Pünderich. Bis 1971 bestand sie aus verschiedenen kleinen Einzellagen, die dann alle zur Lage Marienburg zusammengefasst wurden. Zu diesen Teillagen gehören die Fahrlay mit den Fahrlay-Terrassen (die einzige Lage, in der blauer Schiefer dominiert), die Falkenlay (grauer Schiefer, etwas tiefgründigerer Boden; das älteste Stück der Falkenlay wird Raffes genannt), der Rothenpfad (roter Schiefer) und die Felsterrasse (hellgrauer Schiefer mit eisenhaltigen Schichten). Die Weine werden spontanvergoren und in Eichenholzfässern ausgebaut, lagern lange auf der Hefe. Die Basis des trockenen Teils des Sortiments bildet der Gutsriesling, dann folgen die Rieslinge vom grauen und roten Schiefer, an der Spitze stehen die Lagenweine aus Marienburg, Rothenpfad, Falkenlay, Fahrlay und Fahrlay-Terrassen, die in den jüngsten Jahren meist trocken ausgebaut und als Große Gewächse vermarktet wurden. Werden Spitzenweine in gereiftem Stadium auf den Markt gebracht, werden sie als Reserve bezeichnet – als Großes Gewächs, wenn sie trocken sind, als Große Lage, wenn dies nicht der Fall ist. Die trockenen und fast trockenen Top-Rieslinge sind über die Jahre immer feiner und präziser geworden, die Alkoholwerte sind nicht überschießend, die Balance wird gewahrt. Manche zeigen erst nach einigen Jahren, was in ihnen steckt, sind in ihrer Jugend teilweise noch schwer einzuschätzen. Süße und edelsüße Rieslinge spielen eine wichtige Rolle im Betrieb: Wenn es der Jahrgang erlaubt, erzeugen Rita und Clemens Busch die ganze Bandbreite vom Kabinett bis hin zur Beerenauslese oder gar Trockenbeerenauslese.

Kollektion

Die Lagenweine, die das Weingut in diesem Jahr vorstellt, unterscheiden sich deutlich voneinander. 2019er sind noch nicht dabei, aber drei 2018er und zwei 2017er. Sie alle weisen darauf hin, wie gut sich die Weine von Rita und Clemens Busch für eine längere Reifung eignen und wie gut man hier die Unterschiede herausarbeitet. Schon der trockene Basisriesling hat Klasse, ist würzig, straff, hat Spiel: einer der besten Gutsrieslinge des Jahres. Der Riesling aus den Fahrlay-Terrassen, ein 2018er, wirkt eher verhalten in der Nase, ist sehr fein, präzise, finessenreich, obwohl er doch Druck und Würze aufweist. Erstaunlich, wie so etwas aus einem Jahrgang wie 2018 zu machen ist. Der Riesling namens Raffes gehört oft zu den unzugänglichsten Weinen, ist auch in diesem Falle noch lange nicht auf dem Höhepunkt. Er duftet leicht nach Zitrus, besitzt auch deutliche Hefewürze, ist am Gaumen dann zupackend, würzig, auch reif und mit beachtlichem Alkohol ausgestattet; er entwickelt sich aber gut im Glas. Ganz trocken wirkt er nicht, aber sehr stimmig. Ebenfalls fest, kompakt und eigenwillig zeigt sich die 2017er Reserve aus der Fahrlay, etwas zugänglicher wirkt der Rothenpfad. Beide sind würzige Rieslinge, eher verhalten im Alkohol, angenehm trocken, die sich mit etwas Luft ausgezeichnet entwickeln. Sehr spannend, wenn auch noch nicht auf dem Höhepunkt ist der 2018er „Felsterrasse", der zugänglicher wirkt als andere Weine der Buschs, dicht, gleichzeitig verspielt und lang. Unter den süßen Weinen gefallen schon Kabinett und Spätlese, die saftig und präsent wirken. Die Goldkapsel-Spätlese war zum Zeitpunkt der Verkostung noch etwas vom Schwefel geprägt, zeigt Noten von getrocknetem Apfel und hohe Süße; sie braucht noch Zeit. Die Auslese aus der Fahrlay ist kühlfruchtig, zeigt noch einen Hauch von Schwefel, wirkt dann aber ungemein animierend mit Noten von Apfel, Birne und Mirabelle. Die recht hohe Süße ist perfekt integriert, der Wein zeigt Druck am Gaumen und viel Würze im Nachhall. Noch etwas süßer wirkt die Falkenlay-Auslese. Der Riesling aus der Marienburg mit der langen Goldkapsel ist noch verschlossen in der Nase, zeigt eine kühle Frucht mit Mirabellennoten, ist enorm straff, so dass die beachtlich hohe Süße überhaupt nicht auffällt: Es handelt sich um einen sehr spannenden Wein. Nochmals erheblich süßer ist die Trockenbeerenauslese, sehr klar, fein, nachhaltig, mit ihrer Komplexität typisch für den Stil des Hauses. In 20 Jahren könnte sie allmählich ihren Höhepunkt erreichen.

Clemens Busch

Weinbewertung

Bewertung	Wein
88	2019 Riesling trocken I 10,5%/9,80€ ☺
92	2018 Riesling „Fahrlay-Terrassen" Marienburg I 13,5%/42,-€
94	2018 Riesling „Felsterrasse" Marienburg I 13%/69,-€
92	2018 Riesling „Raffes" Marienburg I 13,5%/69,-€
91+	2017 Riesling „Fahrlay" Reserve Marienburg I 12,5%/42,-€
93	2017 Riesling „Rothenpfad" Reserve Marienburg I 12,5%/42,-€
88	2019 Riesling Kabinett Marienburg I 7,5%/14,50€
90	2019 Riesling Spätlese Marienburg I 7,5%/18,50€
91	2019 Riesling Spätlese „Goldkapsel" Marienburg I 7,5%/27,-€
93	2019 Riesling Auslese „Fahrlay" Marienburg I 7,5%/28,-€/0,375l
93	2019 Riesling Auslese „Falkenlay" Marienburg I 7,5%/30,-€/0,375l
94	2019 Riesling Auslese „Goldkapsel" Pündericher Marienburg I 7,5%/35,-€/0,375l
95	2019 Riesling Auslese „Lange Goldkapsel" Pündericher Marienburg I 7,5%/0,375l
94+	2019 Riesling Trockenbeerenauslese Marienburg I 6%/250,-€/0,375l

Lagen
Marienburg (Pünderich)
Rothenpfad (Pünderich)
Falkenlay (Pünderich)
Fahrlay (Pünderich)
Fahrlay-Terrassen (Pünderich)
Felsterrasse (Pünderich)
Raffes (Pünderich)

Rebsorten
Riesling (100 %)

Cantzheim

★ ★ ★

Kontakt
Weinstraße 4
54441 Kanzem an der Saar
Tel. 06501-6076635
Fax: 06501-9458077
info@cantzheim.de
www.cantzheim.de

Besuchszeiten
Weinverkostungen nach Vereinbarung; Gästezimmer; Kabinettfrühstück und WeinBistroAbende nach Vereinbarung

Inhaber
Anna & Dr. Stephan Reimann
Betriebsleiter
Anna Reimann
Kellermeister
Anna Reimann
Außenbetrieb
Dr. Stephan Reimann
Rebfläche
6 Hektar
Produktion
30.000 Flaschen

Anna Reimann ist gleich in mehrfacher Hinsicht ein Gewinn für die Saar. Zusammen mit ihrem Mann Stephan hat die Quereinsteigerin als Winzerin nicht nur ein Anwesen am Ortseingang von Kanzem denkmalgerecht restauriert. 2016 begann das Abenteuer, das vielleicht auch deshalb so erfolgreich wurde, weil Anna Reimann zunächst Kunstgeschichte studiert und Italienisch gelernt, dann ein Gartenbaustudium abgeschlossen hat. Es folgte ein Aufbaustudium Weinbau und Önologie in Montpellier. Erfahrungen beim Weingut Markus Molitor und bei den Bischöflichen Weingütern schlossen sich an; Stephan Reimann absolvierte eine Ausbildung zum Winzermeister. Heute bewirtschaften die Reimanns Parzellen in den Kanzemer Lagen Altenberg und Sonnenberg, in Saarburg (Fuchs), Wiltingen (Schlossberg, Braunfels, Schlangengraben, Klosterberg), Ayl (Kupp) und Filzen (Urbelt). Außer Riesling wird auch etwas Weißburgunder angebaut. Im barocken Gutshaus können stilvolle Gästezimmer gemietet werden.

Kollektion

Bereits im vergangenen Jahr hatte sich dieses Weingut als einer der spannendsten Newcomer erwiesen. Auch diesmal sind die Weine uneingeschränkt stimmig. Etwa der praktisch trocken wirkende „Gärtner" mit attraktiver Frucht oder der duftige, schlanke, sehr präzise gearbeitete Pinot Blanc. Fast noch spannender ist der kräuterwürzige, noch etwas unruhige, aber sehr animierende Wiltinger Riesling. Jeweils einen Hauch von Süße weisen der Wawerner und der Fuchs-Riesling auf: Vor allem der letztgenannte Wein ist wunderbar offen mit herbwürziger Kräuter- aber auch Steinobstnase und vibrierendem Geschmackseindruck. Auch bei der Spätlese aus dem Fuchs ist eine ähnliche Aromenstruktur zu finden, sie ist offen, duftig, im Mund kühl und straff, mit verblüffend niedriger Süße ausgestattet und ebenso animierend wie lang. Die Auslese ist etwas reifer, aber auch hier ist die Süße eher verhalten, bestens ins Gesamtpaket integriert.

Weinbewertung

86	2019 Riesling „der Gärtner"	11,5%/9,50€
87	2019 der Pinot Blanc trocken	12%/14,-€
87	2019 Riesling trocken „der Wiltinger"	11,5%/15,-€
87	2019 Riesling „feinherb" „die Gärtnerin"	10,5%/9,50€
88	2019 Riesling „feinherb" „der Kanzemer"	10,5%/15,-€
88	2019 Riesling „der Wawerner"	12%/15,-€
89	2019 Riesling „der Kabinett"	9%/15,-€
91	2019 Riesling „der Fuchs"	11%/22,-€
89	2019 Riesling „der Sonnenberg"	12,5%/22,-€
89	2019 Riesling Spätlese Saarburger Fuchs	7,5%/22,-€
91	2019 Riesling Auslese Saarburger Fuchs	8,5%/29,-€
86	2019 der Rosé trocken	12,5%/8,50€

CANTZHEIM
WEINGUT

der Fuchs
Riesling
Saar
2018

★★★★ Caspari-Kappel

Kontakt
Am Steffensberg 29
56850 Enkirch
Tel. 06541-6348
Fax: 06541-1628
www.caspariwein.de
info@caspariwein.de

Besuchszeiten
nach Vereinbarung

Inhaber
Nico Caspari & Uwe Jostock
Kellermeister
Uwe Jostock
Rebfläche
12 Hektar
Produktion
80.000 Flaschen

Peter Kappel legte Mitte des 19. Jahrhunderts den Grundstein für das heutige Weingut. Seine Enkelin heiratete 1949 den Sanitätsrat und Weingutsbesitzer Dr. Caspari, was zur Zusammenlegung der beiden Weingüter und zum heute noch genutzten Namen Caspari-Kappel führte, Weinbau ist in der Familie Caspari bereits seit dem 15. Jahrhundert belegt, in der Familie Kappel seit 1701. 1970 übernahm Thomas Caspari das Gut, 2007 stieg Uwe Jostock als Kellermeister und Mitinhaber ein (er war zuvor bei Immich-Batterieberg und Clemens Busch tätig). 2010 übernahm Nico Caspari dann die Position von Thomas Caspari. Ihre Weinberge liegen alle am rechten Moselufer. Ihre nördlichste Lage ist der Burger Schlossberg, wo auf tiefgründigen Schwemmlandböden ihr Weißburgunder wächst. Alle weiteren Weinberge liegen in Enkirch respektive in Traben. Die Lage Monteneubel weist durch einen erhöhten Eisenanteil rötlichen Schiefer aus. Daran schließt sich der Steffensberg an, der direkt hinter dem Weingut liegt. Weiter in Richtung Süden und direkt an der Mosel folgen drei extreme Steillagen. Der Zeppwingert weist blauen Devonschiefer auf, die Ellergrub besteht aus unzähligen kleinen Schieferterrassen, im anschließenden, extrem steilen Trabener Gaispfad mit seinem grauen Schiefer besitzen Nico Caspari und Uwe Jostock teils über 100 Jahre alte wurzelechte Reben. Das Gros der Weinberge von Caspari-Kappel war in der preußischen Klassifikationskarte des 19. Jahrhunderts der obersten Kategorie zugerechnet. Neben dem dominierenden Riesling bauen sie ein wenig Weißburgunder (im Schlossberg) und Spätburgunder an. Seit 2009 werden die Weinberge biologisch bewirtschaftet. Die Lagenweine aus Monteneubel und Ellergrub werden in der Regel trocken ausgebaut, die aus Zeppwingert und Gaispfad feinherb, die Spätlese aus dem Steffensberg süß, auch aus dem Gaispfad gibt es jedes Jahr eine süße Spätlese, weitere süße und edelsüße Rieslinge bis hin zur Trockenbeerenauslese ergänzen je nach Jahrgang das Sortiment. Jedes Jahr Mitte August findet im Weingut ein Riesling & Delikatessen-Festival mit Spitzenköchen und Livemusik statt, mit kulinarischen Weinproben, Moselschifffahrt, Weinbergswanderungen und Kellerführungen. Caspari-Kappel ist einer der Shooting Stars der letzten Jahre an der Mosel. Nico Caspari und Uwe Jostock haben es innerhalb eines Jahrzehnts geschafft sich mit einem klaren Sortiment und einer klaren Handschrift vor allem mit ihren trockenen und feinherben Lagenrieslingen auch außerhalb der Region einen Namen zu machen. An der Spitze der Kollektion steht meist der feinherb ausgebaute, im Jahrgang 2017 erstmals auch trocken vinifizierte Gaispfad-Riesling von den über 100 Jahre alten Reben, dem allerdings oft die Weine aus Monteneubel, Zeppwingert oder Ellergrub sehr nahe kommen.

🍷 Kollektion

Der Sauvignon Blanc nach Interpretation des Weinguts Caspari-Kappel wirkt offen, zeigt Noten von Guave in der Nase, ist im Mund straff und fest, wenngleich eher saftig als puristisch; der Hauch von Süße ist eher zu erahnen als zu erschmecken. Sehr gelungen sind in diesem Jahr die beiden Weißburgunder. Der eine kompakt, straff, mit Spiel, der andere, aus dem Burger Schlossberg stammend, mit beachtlicher Würze. Ein straffer, würziger, leicht nach Hefe duftender und sehr vielversprechender trockener Kabinettriesling bildet den Einstieg in den Rieslingbereich. Der Jahrgang 2019 kommt, das wird schon hier deutlich, dem Weingut sehr entgegen. Der trockene Wein von alten Reben aus der Enkircher Ellergrub ist jugendlich mit Kräuter-Hefe-Noten, wirkt im Mund straff und würzig, besitzt viel Substanz und dürfte sich sehr angenehm entwickeln. Im verhältnismäßig umfangreichen feinherben Bereich wirkt der Riesling aus dem Monteneubel etwas straffer und würziger als sein Pendant aus dem Zeppwingert, ist auch in der Nase offener, wirkt noch ein wenig besser balanciert. Schließlich der Gaispfad-Wein von 100 Jahre alten Reben, der als Prestigewein des Hauses gilt. Er ist in der Nase recht offen, zeigt Noten von Steinobst und Melone, ist würzig, derzeit recht süß, besitzt aber eine tiefgründige Mineralität. Gut möglich, dass er sich noch positiv entwickelt. Bei der restsüßen Spätlese aus dem Trabener Gaispfad ist die recht hohe Süße sehr gut ins Gesamtbild integriert; der Wein vibriert, hat Spiel und Rasse. Ein sehr feiner, eleganter Riesling der Kategorie Auslese aus dem Enkircher Steffensberg bildet den Abschluss eines sehr stimmigen 2019er Sortiments.

🍇 Weinbewertung

86	2019 Sauvignon Blanc trocken	13%/8,50€
87	2019 Riesling Kabinett trocken	12,5%/9,50€
86	2019 Weißburgunder trocken	13%/8,50€
89	2019 Weißer Burgunder trocken Burger Schlossberg	13%/16,-€
89	2019 Riesling Spätlese trocken „von alten Reben" Enkircher Ellergrub	13%/18,-€
87	2019 Riesling Kabinett „feinherb"	12%/9,50€
89	2019 Riesling Spätlese „feinherb" „von alten Reben" Zeppwingert	13%/18,-€
90	2019 Riesling Spätlese „feinherb" „von alten Reben" Monteneubel	12,5%/18,-€
89+	2019 Riesling Spätlese „feinherb" „100" Trabener Gaispfad	12,5%/21,-€
87	2019 Riesling Kabinett	8,5%/9,50€
90	2019 Riesling Spätlese „von alten Reben" Trabener Gaispfad	8,5%/18,-€
90	2019 Riesling Auslese Enkircher Steffensberg	7%/24,-€

Lagen
Ellergrub (Enkirch)
Steffensberg (Enkirch)
Zeppwingert (Enkirch)
Monteneubel (Enkirch)
Gaispfad (Traben)
Schlossberg (Burg)

Rebsorten
Riesling (85 %)
Spätburgunder (8 %)
Weißburgunder (7 %)

★★★ Castell

Kontakt
Fürstlich Castell'sches Domänenamt
Schlossplatz 5
97355 Castell
Tel. 09325-60160
Fax: 09325-60188
www.castell.de
weingut@castell.de

Besuchszeiten
Mo.-Fr. 8-18 Uhr
Sa. 10-16 Uhr
Restaurant „Weinstall",
Schlossplatz 5, Pächter:
Martin Schulze,
Mi.-So. ab 12 Uhr, Tel. 09325-9809949, willkommen@weinstall-castell.de)

Inhaber
Ferdinand Fürst zu Castell-Castell

Betriebsleiter
Peter Geil

Rebfläche
70 Hektar

Produktion
450.000 Flaschen

Seit 800 Jahren betreibt die Familie Weinbau in Castell. Die Weinberge des Fürstlich Castell'schen Domänenamtes befinden sich größtenteils rings um Castell im Steigerwald. Die Casteller Lagen Schlossberg, Reitsteig, Trautberg, Hohnart, Kugelspiel und Feuerbach gehören dem Weingut im Alleinbesitz, die Lagen Bausch und Kirchberg teilt man sich mit anderen Besitzern. Neben den Trauben der eigenen Weinberge werden auch die Trauben von ca. 90 Winzern der Erzeugergemeinschaft Steigerwald mit weiteren 30 Hektar Weinbergen in den Schlosskellern ausgebaut und über das Weingut vermarktet. Wichtigste Rebsorte ist der Silvaner, der 40 Prozent der Rebfläche einnimmt. 2016 ist Weingutsleiter Karl-Heinz Rebitzer, nach 50 Jahren Betriebszugehörigkeit, in den Ruhestand gegangen, nach einem kurzen Intermezzo wurde Peter Geil neuer Betriebsleiter.

Kollektion

Ein feiner Silvaner-Sekt eröffnet in diesem Jahr den Reigen, er zeigt rauchige Noten, feine Würze und Reife, ist klar, harmonisch und elegant bei guter Struktur. Die Schloss Castell-Weine sind geradlinig und klar, die reintönige Scheurebe gefällt uns am besten in diesem Segment. Die Erste Lage-Silvaner aus Hohnart und Kugelspiel sind kompakt und saftig. Den füllligen, saftigen 2016er Apriles hatten wir schon im vergangenen Jahr vorgestellt. Spannend ist der Granit aus Silvaner, Riesling und Weißburgunder, enorm würzig und eindringlich im Bouquet, klar und zupackend im Mund, kraftvoll und strukturiert. Den Großes Gewächs-Silvaner aus dem Schlossberg will man zukünftig erst nach fünf Jahren in den Verkauf bringen. Der 2015er zeigt gute Konzentration, gelbe Früchte, Quitten, ist füllig und saftig, besitzt viel reife Frucht und Substanz, aber auch viel Alkohol. Der 2008er zeigt feine Reife, etwas rauchige Noten, ist füllig und harmonisch, sehr kompakt. Sehr gut gefällt uns auch die 2015er rote Cuvée C, zeigt rote Früchte im Bouquet, besitzt gute Struktur und Grip.

Weinbewertung

87	2012 Silvaner Sekt brut „Schloss Castell"	12,5%/24,50€
81	2019 Silvaner trocken „Schloss Castell"	13%/8,-€
82	2019 Weißburgunder trocken „Schloss Castell"	13%/8,-€
83	2019 Scheurebe trocken „Schloss Castell"	12,5%/8,-€
80	2019 Weiß- & Grauburgunder trocken „Die Gefährten Fürstin Marie-Louise"	13%/11,-€
83	2019 Silvaner trocken Casteller Hohnart	13,5%/16,50€
84	2019 Silvaner trocken Casteller Kugelspiel	13,5%/14,50€
88	2017 „Granit" Weißwein trocken	13%/22,-€
88	2016 Silvaner trocken „6. apriles anno 1659"	13,5%/26,-€
88	2008 Silvaner trocken „GG" Casteller Schlossberg	14%/36,-€
88	2015 Silvaner trocken „GG" Casteller Schlossberg	14,5%/28,-€
88	2015 „Cuvée C" Rotwein trocken	13,5%/35,-€

★★★★✰ **Chat Sauvage**

Kontakt
Hohlweg 23, 65366
Geisenheim-Johannisberg
Tel. 06722-9372586
Fax: 06722-9372588
www.chat-sauvage.de
pinot@chat-sauvage.de

Besuchszeiten
Mo.-Fr. 8-16:30 Uhr
Sa. 12-17 Uhr
nach Vereinbarung

Inhaber
Günter Schulz
Verwalter
Verena Schöttle
Kellermeister
Verena Schöttle
Rebfläche
8 Hektar
Produktion
25.000 Flaschen

Das Weinbauprojekt Chat Sauvage („wilde Katze") wurde vom Hamburger Unternehmer Günter Schulz ins Leben gerufen und wird heute von Verena Schöttle geleitet, einer jungen Önologin, die zuvor schon den Außenbetrieb leitete und nun die Nachfolge von Michael Städter angetreten hat. Im Jahr 2000 beschloss Günter Schulz seinen eigenen Wein zu produzieren, 2001 wurde aus zugekauften Spätburgundertrauben der erste Wein vinifiziert, gleichzeitig wurden eigene Weinberge gekauft, zwischen Winkel und Lorch. Günter Schulz versteigerte bei Christies einen Großteil seiner Burgunder-Sammlung, mit dem Erlös wurde ein Kellerneubau samt Vinothek inmitten der Weinberge in Johannisberg errichtet, der 2010 bezogen wurde. Die Weinberge liegen im Assmannshäuser Höllenberg, im Rüdesheimer Drachenstein, im Lorcher Kapellenberg sowie im Lorcher Schlossberg und in der Johannisberger Hölle, aber auch im Dachsberg in Winkel und im Assmannshäuser Frankenthal. Im Rüdesheimer Berg Roseneck wurde ein vorher mit Riesling bestockter Weinberg mit Chardonnay neu bepflanzt, im Lorcher Bodental-Steinberg kam ein halber Hektar hinzu, eine Steillage, die mit Spätburgunder bepflanzt wurde. Zwei Drittel der Weinberge befinden sich in Steillagen. Chat Sauvage erinnert eher an ein Gut in der Bourgogne als im Rheingau, denn man konzentriert sich ganz auf Spätburgunder, der vier Fünftel der Rebfläche einnimmt, sowie Chardonnay. Der erste Chardonnay wurde 2006 im Winkeler Dachsberg angepflanzt, später kam Chardonnay im Rüdesheimer Berg Roseneck hinzu. Der Spitzen-Chardonnay „Clos de Schulz" stammt aus dem Winkeler Dachsberg. Die Weine werden achtzehn Monate in französischen Barriques ausgebaut und ohne Filtration abgefüllt.

🍷 Kollektion

Eine klare Handschrift durchzieht wie immer die gesamte Kollektion. Toastaromen sind bei allen Weinen präsent. Der Ausbau der Rotweine erfolgte wie gewohnt für 22 Monate im Barrique. Eine Dauer, die Puristen abschrecken mag. Wir bleiben aber für diesen Stil offen. Die Weine sind wieder einmal von beeindruckender Qualität und bilden die klare Spitze der Spätburgunder, die wir in diesem Jahr im Rheingau verkosten konnten. Beginnen wollen wir aber mit dem 2018er Chardonnay „Clos de Schulz", der in diesem Jahr als weißer Solitär angestellt wurde. Er ist von gewohnt souveräner Qualität, stoffig, bei rechtzeitiger Belüftung schon jetzt präsent, kann noch etwas Flaschenreife vertragen, um das Holz ganz zu integrieren. Gegenüber den 2016ern mit ihrer frühen aromatischen Präsenz und Harmonie, wirken die 2017er Pinot Noir reservierter, frischer, etwas verschlossen. Es wird interessant sein zu verfolgen, wie sie weiter reifen. Bestens führt der „Selektion Schulz" ein in die rote Kollektion, der sich vor zugänglich fruchtigem Charme nicht scheut, gleichzeitig aber auch Würze und jahrgangstypische Frische mitbringt. Die beiden Ortsweine bieten ein deutliches Upgrade mit spannenden Unterschieden. Während der Pinot aus Lorch kraftvoll ist, forsche Tannine und eine kühle Intensität besitzt, ist der Rüdesheimer Pinot saftig, begeistert mit gediegener Fülle. Auch bei den Lagenweinen aus Lorch sind die Unterschiede markant herausgearbeitet. Beide brauchen ordentlich Luft, um sich zu öffnen. Der Kapellenberg ist rauchig, zeigt Ansätze von Cassis und Holunder, besitzt herb-frische Frucht und griffiges Tannin, das weiter reifen sollte. Der Schlossberg ist dagegen intensiv, spürbar weicher, was seine reife Frucht von Pflaumen etwas üppig erscheinen lässt. Man wird abwarten müssen, wie er sich entwickelt, etwas Speck muss er in jedem Fall noch abbauen. Spannend ist auch der Vergleich der beiden Weine aus dem Drachenstein, von 2017 und 2018. Speziell bei diesem Wein wird aus unserer Sicht immer in jeder Hinsicht am Limit gearbeitet. Während der 2017er kühl, straff, ätherisch und reintönig daherkommt, ist der 2018er kompakt und kraftvoll, dabei ausladend. Derzeit hat in jedem Fall der raffinierte 2017er die Nase etwas vorne, der satte 2018er wird über die weitere Strecke jedoch aufholen können. Geduld ist Trumpf. Das gilt aber für beide. Wer Rote Burgunder aus der maßgeblichen Herkunft der Welt liebt und den Einsatz einer Karaffe nicht scheut, wird für Hier-und-Jetzt den feinen 2017er Lorcher Schlossberg Pinot mit seiner beeindruckenden Tiefe und Feinheit ebenso wie den fulminanten „Le Schulz" zu schätzen wissen. Der „Le Schulz" spielt, was die Dichte angeht, nicht nur innerhalb der Kollektion wieder in seiner eigenen Liga. Er strotzt vor reifen Aromen schwarzer Beeren und rauchig balsamischer Würze. Es wird ein paar Jahre brauchen, um seine saftigen Tannine zu zähmen. Wenn er sein Versprechen hält, wird er alles haben, was es braucht, um zu den allerbesten zu zählen.

Verena Schöttle

Weinbewertung

91	2018 Chardonnay „Clos de Schulz"	13%/35,-€
89	2017 Pinot Noir „Selection Schulz"	13,5%/23,-€
90+	2017 Pinot Noir Lorch	14%/28,-€
91	2017 Pinot Noir Rüdesheim	14%/30,-€
92	2017 Pinot Noir Lorch Kapellenberg	13,5%/45,-€
93	2017 Pinot Noir Lorch Schlossberg	13,5%/70,-€
93	2017 Pinot Noir Rüdesheim Drachenstein	14%/50,-€
92+	2018 Pinot Noir Rüdesheim Drachenstein	14%/60,-€
93	2017 Pinot Noir „Le Schulz"	14%/100,-€

Lagen
Dachsberg (Winkel)
Hölle (Johannisberg)
Drachenstein (Rüdesheim)
Höllenberg (Assmannshausen)
Frankenthal (Assmannshausen)
Kapellenberg (Lorch)
Schlossberg (Lorch)

Rebsorten
Spätburgunder (80 %)
Chardonnay (20 %)

FRANKEN — NORDHEIM

★★

Helmut Christ

Kontakt
Volkacher Straße 6
97334 Nordheim
Tel. 09381-2806
Fax: 09381-6640
www.weingut-helmut-christ.de
info@weingut-helmut-christ.de

Besuchszeiten
Mo.-Fr. 8-18 Uhr
Sa. 9-17 Uhr
und nach Vereinbarung
Häckerwirtschaft im Oktober
(Sa. + So. ab 15 Uhr), Herbstmenu Ende Oktober,
Führungen, Veranstaltungen,
Weinproben, Feiern nach
Vereinbarung

Inhaber
Helmut & Angelika Christ
Betriebsleiter
Michael Christ
Kellermeister
Michael Christ
Außenbetrieb
Helmut Christ
Rebfläche
12,8 Hektar
Produktion
100.000 Flaschen

Seit 1974 betreibt Helmut Christ biologischen Weinbau, gehört damit zu den Pionierbetrieben in Deutschland. Seit 2006 werden die Weinberge biodynamisch bewirtschaftet, man ist Mitglied bei Demeter. Heute führt Sohn Michael Christ den Betrieb. Die Weinberge liegen in den Volkacher Lagen Ratsherr und Kirchberg, in den Nordheimer Lagen Vögelein und Kreuzberg, im Stammheimer Eselsberg, im Dettelbacher Berg Rondell und im Wipfelder Zehntgraf. Silvaner ist die wichtigste Rebsorte im Betrieb, nimmt mehr als ein Drittel der Rebfläche ein. Die Weine werden teils im Edelstahl, teils im Holz ausgebaut.

Kollektion

Beim starken Debüt im vergangenen Jahr gefielen uns Orange-Silvaner und Großes Gewächs, beide Jahrgang 2017, besonders gut. Einen Orange-Silvaner konnten wir dieses Jahr nicht verkosten, dafür zwei „wilde" Weine: Der 2018er, eine Orange-Cuvée aus Chardonnay und Weißburgunder, ist duftig, intensiv, zeigt etwas Brennnesseln, ist füllig, stoffig, kompakt bei Biss und dezenter Bitternote, der 2019er Wilder Riesling, mit Beerenanteil im gebrauchten Barrique vergoren, ist hefegeprägt, sehr eindringlich, besitzt Fülle und Kraft, gute Struktur und Grip. Spannend ist auch das Große Gewächs aus dem Jahrgang 2019, konzentriert, dezent rauchig, strukturiert und kraftvoll, noch sehr jugendlich. Die im Tonneau bewusst ohne biologischen Säureabbau ausgebaute trockene Chardonnay-Spätlese aus dem Jahrgang 2018 zeigt rauchige Noten, besitzt Fülle und Kraft, viel reife Frucht und Substanz. Sehr gut ist auch der Silvaner von alten Reben im Vögelein, besitzt intensive Frucht, Fülle, Saft und gute Struktur, der Grauburgunder aus dem Eselsberg besitzt ebenfalls viel Fülle und Saft, feine süße Frucht und Länge. Ein ohne Schwefelzusatz abgefüllter, zupackender Petnat und ein fülliger Meunier-Sekt runden die spannende Kollektion ab.

Weinbewertung

84	„Wilder Feder" „Petillant Naturel"	13%/12,50€
86	Pinot Meunier Sekt brut nature	12%/14,50€
82	2019 Silvaner Kabinett trocken Volkacher Kirchberg (1l)	13%/7,20€
83	2019 Silvaner Kabinett trocken Volkacher Kirchberg	13,5%/8,50€
85	2019 Silvaner Spätlese trocken „Alte Rebe" Nordheimer Vögelein	13,5%/10,-€
84	2019 Weißer Burgunder Spätlese trocken Nordheimer Vögelein	14%/12,50€
85	2019 Grauer Burgunder Spätlese trocken Stammheimer Eselsberg	13%/12,50€
87	2018 Chardonnay Spätlese trocken Nordheimer Vögelein	13,5%/12,50€
88	2019 Silvaner Spätlese trocken „Großes Gewächs" Volkacher Ratsherr	13%/19,-€
87	2018 „Wilder" Wein	13%/28,-€
88	2019 „Wilder" Riesling	13%/14,50€
83	2019 Spätburgunder Rosé Kabinett trocken	13,5%/8,50€

PFALZ — NEUSTADT-GIMMELDINGEN

★★★★★ Christmann

Kontakt
Peter-Koch-Straße 43
67435 Neustadt-Gimmeldingen
Tel. 06321-66039
Fax: 06321-68762
www.weingut-christmann.de
info@weingut-christmann.de

Besuchszeiten
Di.-Fr. 8-12 + 13-18 Uhr
Sa. 10-16 Uhr
mit Bitte um Anmeldung
Mo. nur nach Vereinbarung
So. + Feiertage geschlossen

Inhaber
Steffen & Sophie Christmann
Betriebsleiter
Steffen & Sophie Christmann
Kellermeister
Oskar Micheletti
Außenbetrieb
Florian Hoffmann
Rebfläche
20 Hektar
Produktion
120.000 Flaschen

Karl-Friedrich Christmann hat 1965 das Weingut übernommen, heute führt es sein Sohn Steffen. Seit 1.7.2019 teilt er sich die Verantwortung im Weingut mit seiner Tochter Sophie, die nach ihrem Weinbau- und Önologie-Studium in Geisenheim und Bordeaux und Praktika bei Schäfer-Fröhlich, Bürklin-Wolf, Grosset im australischen Clare Valley, Château Mazeyres in Pomerol und Huber sowie einem anschließenden Masterstudium in Agricultural Economics in Berlin jetzt fest in den Betrieb eingestiegen ist. Die Weinberge befinden sich in besten Lagen der Mittelhaardt, in Gimmeldingen in den Lagen Mandelgarten (Buntsandsteingeröll und kalkhaltiger Löss über einem Kalkrücken), Biengarten (Buntsandsteingeröll mit Einlagerungen von eisenhaltigem Löss-lehm) und Kapellenberg (Terrassenschotter aus Buntsandstein über massivem Kalk), in Königsbach in den Lagen Idig (3,5 Hektar, Terra Fusca-Oberboden aus Kalk, Ton und Buntsandstein über einem Kalkfelsmassiv) und Ölberg (Kalkmergel mit Buntsandsteingeröll), in Ruppertsberg in den Lagen Reiterpfad (Buntsandstein), Spiess (Buntsandsteingeröll) und Linsenbusch und in den Deidesheimer Lagen Langenmorgen (Buntsandsteingeröll und Löss über Buntsandsteinfels), Paradiesgarten (Buntsandsteingeröll mit etwas Löss über Fels) und Mäushöhle. 2018 wurde ein Teil der von Muschelkalkböden geprägten Terrassenlage Neustadter Vogelsang übernommen, die 2019 neu mit Riesling bestockt wurde. Die Weinberge werden biodynamisch bewirtschaftet, zertifiziert seit dem Jahrgang 2004, die Umstellung, sicherlich auch die Spontangärung, haben die Weine zu ihrem Vorteil verändert, wie wir meinen, sowohl die „einfachen" Weine, als auch die Spitzenweine – die Großen Gewächse – sind komplexer, eleganter und präziser geworden. Und dass sie hervorragend reifen können stellte eine Vertikalverkostung des Idig unter Beweis.

Kollektion

Sophie und Steffen Christmann präsentieren uns in diesem Jahr eine grandiose Kollektion, angefangen bei dem stärksten Gutsriesling des Jahres in der Pfalz: Der Wein zeigt gelben Apfel und kräutrige Würze im eindringlichen Bouquet, besitzt am Gaumen herbe Zitrusnoten und ein animierendes Säurespiel, ist schlank, elegant, präzise und für einen Gutsriesling ungewöhnlich nachhaltig. Auch die nächste Stufe, der Gimmeldinger Riesling, ist elegant, sehr präsent und nachhaltig, zeigt kräutrig-steinige Noten und feine Zitruswürze, ab dem Ortswein aufwärts spielt dann die Frucht bei den Rieslingen keine Rolle mehr, der Neustadter „V." zeigt etwas kreidige und viel kräutrige Würze, etwas Roibusch, besitzt eine leicht cremige Textur, ist intensiv, animierend, feingliedrig und sehr nachhaltig, der Riesling vom Königsbacher Ölberg ist noch leicht verhalten im Bouquet, zeigt etwas steinige Noten, besitzt

A. Christmann
2019
IDIG
GG
PFALZ
WEINGUT SEIT 1798

dann am Gaumen sehr dezente Frucht, Grapefruit, etwas gelben Apfel, ist salzig-animierend, schlank, elegant und ebenfalls sehr nachhaltig. Die drei Großen Gewächse vom Riesling bewerten wir in diesem Jahr alle etwas höher als im Vorjahr: Der Idig zeigt im vielschichtigen Bouquet markante mineralische Würze, etwas nassen Stein, Wachs und Brotkruste, besitzt herbe Zitrusnoten und viel Druck, ist konzentriert und sehr elegant, präzise, geradlinig und nachhaltig, die Meerspinne ist im Bouquet noch leicht von der Spontangärung geprägt, zeigt Noten von Kräutern, Bratensauce und Stein, ist auch am Gaumen steinig, druckvoll, sehr präsent und besitzt Länge, das Hofstück zeigt viel kräutrige Würze, Rosmarin, und einen Hauch von dunklem Waldhonig, ist am Gaumen kräutrig und steinig, besitzt Druck und salzige Länge. Auch bei den Spätburgundern liegt der Idig vorne, zeigt ein komplexes Bouquet mit Noten von roten Johannisbeeren, Kräutern, Menthol und Waldboden, ist schlank und sehr feingliedrig, besitzt präsente, aber reife Tannine und Potential, ganz auf die Reife angelegt ist auch der noch verhaltene Biengarten, der eine kühle, kräutrig-grüne Art und noch jugendliche Tannine besitzt, der Ölberg ist schon zugänglicher, zeigt rauchige und mineralische Noten, etwas Eisen, dunkle Frucht und etwas Waldboden, ist elegant und lang, und auch der Gimmeldinger ist noch sehr jung, besitzt Struktur und unter den Spätburgunder die deutlichste Frucht, Schwarzkirsche und etwas rote Johannisbeere. Fehlt noch ein Wein: Der „Pfarrwingert"-Weißburgunder zeigt intensive gelbe Frucht, Aprikose, Pfirsich, Birne und feine Feuersteinnoten im Bouquet, besitzt guten Grip, ist schlank, leicht salzig und nachhaltig.

🍇 Weinbewertung

88	2019 Riesling trocken	11,5%/11,60€
90	2019 Weißburgunder trocken „Pfarrwingert" Gimmeldingen	12%/20,-€
89	2019 Riesling trocken Gimmeldingen	12%/17,-€
90	2019 Riesling trocken Neustadt „V."	12,5%/20,-€
91	2019 Riesling trocken Königsbacher Ölberg	12,5%/27,-€
93	2019 Riesling „GG" Reiterpfad-Hofstück	12,5%/48,-€
93	2019 Riesling „GG" Meerspinne im Mandelgarten	12,5%/53,-€
94	2019 Riesling „GG" Idig	12,5%/58,-€
88	2018 Spätburgunder trocken Gimmeldingen	12,5%/22,50€
91	2018 Spätburgunder trocken Königsbacher Ölberg	12,5%/36,-€
90	2018 Spätburgunder trocken Gimmeldinger Biengarten	12,5%/42,-€
93	2018 Spätburgunder „GG" Idig	12,5%/68,-€

Lagen
Idig (Königsbach)
Meerspinne im Mandelgarten (Gimmeldingen)
Reiterpfad-Hofstück (Ruppertsberg)
Spieß (Ruppertsberg)
Biengarten (Gimmeldingen)
Kapellenberg (Gimmeldingen)
Ölberg (Königsbach)
Vogelsang (Neustadt)

Rebsorten
Riesling (70 %)
Spätburgunder (25 %)
Weißburgunder (5 %)

MOSEL ➤ ÜRZIG

★★★★✩

Joh. Jos. Christoffel-Erben

Kontakt
Mönchhof
54539 Ürzig
Tel. 06532-93164
Fax: 06532-93166
www.moenchhof.de
info@moenchhof.de

Besuchszeiten
Mo.-Sa. 9-17 Uhr, am Wochenende nach Vereinbarung
3 Gästezimmer

Inhaber
Weingüter M&C Management GmbH

Kellermeister
Philippe Conzen

Rebfläche
4 Hektar

Produktion
30.000 Flaschen

Die Geschichte des Weinguts lässt sich 400 Jahre zurückverfolgen, berühmt wurden die Rieslinge aber erst in der zweiten Hälfte des 20. Jahrhunderts. Im Jahr 2000 ging Hans-Leo Christoffel eine Kooperation mit dem Weingut Mönchhof ein, die Weinberge werden zusammen bearbeitet, und seit 2001 werden auch die Kellerarbeiten und der Verkauf gemeinsam betrieben. Da er keinen Nachfolger hatte, entschied sich Hans-Leo Christoffel für diese Lösung. Die beiden Weingüter blieben trotz der gemeinsamen Bewirtschaftung selbstständig und werden unter den bisherigen Namen weitergeführt. Das ist auch nach dem Verkauf des Weinguts Mönchhof an chinesische Investoren der Fall: Auch wenn die Weingüter M&C Management GmbH heute Inhaberin des Weinguts ist, bleibt Robert Eymael weiterhin verantwortlich für das operative Geschäft, Philippe Conzen ist Kellermeister. Die Weinberge des Weingutes liegen in besten Lagen von Ürzig und Erden. Ausschließlich Riesling wird angebaut, überwiegend wurzelechte Reben, die teilweise bis zu 100 Jahre alt sind. Alle Weine werden in Holzfässern ausgebaut, vergoren werden sie mit den eigenen Hefen.

🍷 Kollektion

Zwei trockene Weine stellt das Weingut Christoffel diesmal vor – der eine stammt aus dem Jahrgang 2019, der andere aus 2018, beide wurden im Würzgarten geerntet. Ersterer ist straff, kompakt, kraftvoll und würzig, insgesamt sehr stimmig und animierend. Eigenwillig, den reifen Jahrgang widerspiegelnd präsentiert sich das Große Gewächs aus dem Würzgarten, eher verhalten in der Nase, deutlich hefig mit Hefe und Schmelz im Nachhall. Die Kabinette gefallen sehr gut: Jener aus dem Treppchen ist offen, rassig, präzise, der Wein aus dem Würzgarten wirkt etwas kompakter, aber sehr gut balanciert sind beide, auch nur mäßig süß, insgesamt ausgesprochen animierend. Die Spätlese aus dem Würzgarten wirkt noch leicht hefig, ist straff und würzig, sehr balanciert. Offener sind die drei Auslesen. Jene mit zwei Sternen aus dem Erdener Treppchen (Jahrgang 2019) wirkt rassig, das Pendant aus 2018 ist deutlich süßer, elegant, in sich stimmig. Anklänge an kandierten Apfel und tropische Früchte weist die sehr gelungene rassige Drei-Sterne-Auslese auf, die vergleichsweise wenig Süße besitzt. ➤

🍇 Weinbewertung

87	2019 Riesling trocken Ürzig Würzgarten	12%/8,90€
89	2018 Riesling trocken „GG" Ürzig Würzgarten	13%/17,90€
87	2019 Riesling Kabinett Erden Treppchen	9%/11,90€
88	2019 Riesling Kabinett Ürzig Würzgarten	9%/11,90€
89	2019 Riesling Spätlese Ürzig Würzgarten	8%/14,90€
89	2018 Riesling Auslese** Erden Treppchen	8%/29,90€
92	2019 Riesling Auslese** Erden Treppchen	8%/29,90€
92	2019 Riesling Auslese*** Ürzig Würzgarten	8%/29,90€

RHEINHESSEN ▬ DITTELSHEIM-HESSLOCH

Cisterzienser Weingut

★★ ✩

Kontakt
Dalbergstraße 28
67596 Dittelsheim-Heßloch
Tel. 06244-4921, Fax: -5499
www.cisterzienser-weingut.de
info@cisterzienser-weingut.de

Besuchszeiten
Mo.-Fr. 8-11:30 + 13-18 Uhr,
Sa. 9-13 Uhr, So./Feiertage
geschlossen (mit Bitte um
Anmeldung)

Inhaber
Familie Michel
Betriebsleiter/Kellermeister
Ulrich Michel
Rebfläche
30 Hektar
Produktion
200.000 Flaschen

Das heutige Cisterzienser Weingut Michel geht auf ein im Jahr 1173 vom Cisterzienser Kloster Otterberg gegründetes Wein- und Hofgut zurück. 1780 wurde es von den Vorfahren der heutigen Eigentümer erworben. Ulrich Michel, Geisenheim-Absolvent, ist seit 1993 für den Weinausbau verantwortlich. Die Weinberge befinden sich in den Hesslocher Lagen Mondschein und Liebfrauenberg, Bechtheimer Hasensprung (mit der ehemaligen Einzellage Löwenberg), sowie im Westhofener Morstein. Wichtigste Rebsorte ist inzwischen mit einem Anteil von einem Viertel der Riesling. Es folgen Weiß-, Grau- und Spätburgunder, Dornfelder, Sauvignon Blanc, Silvaner, Frühburgunder, Merlot und Cabernet Sauvignon. Die Rotweine werden nach der Maischegärung im Holzfass ausgebaut, Weißweine im Edelstahl. Ulrich Michel hat zuletzt weitere Maischegärtanks angeschafft, aber auch Barriques aus französischer und amerikanischer Eiche, sowie 500 Liter-Fässer und kleine Edelstahltanks, um die einzelnen Lagen besser herausarbeiten zu können. 70 Prozent der Produktion wird an Privatkunden verkauft. 2016 wurde ein neues Tanklager mit Kelterhalle gebaut und eine zweite Traubenpresse angeschafft. Im vergangenen Jahr wurde die Ausstattung geändert und die Umstellung auf biologischen Weinbau begonnen.

Kollektion

Unsere Favoriten in der aktuellen Kollektion sind ganz klar die Rieslinge. Der Ortswein aus Bechtheim ist würzig und eindringlich im Bouquet, klar, frisch und zupackend. Spannend ist der Riesling „unfiltered", zeigt gute Konzentration und feine Würze, besitzt Fülle, Kraft, gute Struktur und Substanz. Gleichauf sehen wir den Lagenriesling aus dem Westhofener Morstein, der etwas gelbe Früchte im Bouquet zeigt, viel Würze und gute Konzentration, Fülle und Stoff besitzt, reife Frucht und gute Substanz. Ansonsten präsentieren sich die Weißweine recht gleichmäßig, der Hesslocher Chardonnay ist reintönig, der 2018er Weißburgunder S besitzt Fülle und Saft. Im roten Segment kann der leicht schoko- und gewürzduftige Merlot punkten.

Weinbewertung

81	2019 „Sommersprossen" Weißwein trocken	12,5%/6,90€
82	2019 Sauvignon Blanc trocken	12,5%/8,90€
81	2019 Riesling trocken	13%/6,90€
84	2019 Riesling „S" trocken Bechtheim	13,5%/8,90€
83	2018 Weißer Burgunder „S" trocken	14%/8,90€
83	2019 Chardonnay trocken Hessloch	14%/10,50€
86	2019 Riesling trocken „unfiltered"	13%/12,50€
86	2019 Riesling trocken Westhofener Morstein	13%/12,50€
80	2018 Grauer Burgunder trocken „Maßwerk"	14,5%/18,50€
80	„Monsignore" Rotwein trocken	13,5%/8,90€
84	2015 Merlot trocken	14%/10,80€

BADEN ▶ LOTTSTETTEN-NACK

★★★ Susanne u. Berthold Clauß

Kontakt
Obere Dorfstraße 39
79807 Lottstetten-Nack
Tel. 07745-5492
Fax: 07745-927951
www.weingutclauss.de
info@weingutclauss.de

Besuchszeiten
Mo.-Fr. 10-12 + 14-18 Uhr
Sa. 9-13 Uhr
Mi. geschlossen

Inhaber
Susanne & Berthold Clauß

Betriebsleiter
Berthold Clauß

Kellermeister
Berthold Clauß

Außenbetrieb
Stefan Birta

Rebfläche
18 Hektar

Produktion
140.000 Flaschen

Das Weingut wurde 1981 von Elisabeth und Friedrich Clauß aus Esslingen gegründet, 2003 von ihrem Sohn Berthold Clauß und Ehefrau Susanne übernommen. Berthold Clauß machte seine Winzerlehre bei Fritz Currle und Hans Haidle. Die Weine wurden anfangs in den Kellern der Weingüter des Markgrafen von Baden in Schloss Salem ausgebaut, die Ernte 2003 dann erstmals im eigenen Keller vinifiziert, den Berthold Clauß am Fuße des Nacker Weinberges neu erbaute. Gut die Hälfte der Weinberge liegt am Nacker Hausberg, die Einzellage trägt den Namen Steinler (sandiger Lehm und Kiesgestein). Hinzu kommen Weinberge in Rechberg und Erzingen im Klettgau in der Lage Kapellenberg (schwerer Lehm und Kalkgestein), wo vor allem Burgundersorten angebaut werden; alle Belemnit- und Urbanus-Weine kommen aus Erzingen. Spätburgunder nimmt 60 Prozent der Rebfläche ein, es folgen Grauburgunder, Müller-Thurgau, Sauvignon Blanc, Weißburgunder und Frühburgunder.

Kollektion

Mit der neuen Kollektion schließt Berthold Clauß nahtlos an das gute Vorjahr an. Bereits die Basis-Weine können mit einer Leichtigkeit und viel Saft punkten. Sehr gut ist auch die Belemnit-Reihe, aus der der vielschichtige Müller-Thurgau mit hefigen Aromen und viel Grip heraussticht, der zeigt, dass diese Rebsorte vollkommen zu Unrecht vernachlässigt wird. Ebenso gut ist auch der Chardonnay Belemnit, der den Holzeinsatz nicht versteckt und eine gute schmelzige Textur besitzt. An der Spitze der Kollektion sehen wir – knapp vor dem kraftvollen Pinot Gris Urbanus – den Pinot Blanc Urbanus, der zu Beginn noch sehr zurückhaltend und blumig ist, mit etwas Luft aber viel Schmelz und eine harmonische Länge zeigt. Sehr gut ist auch der Frühburgunder, der zart duftig ist und eine gute feine Tanninstruktur hat. Deutlich fülliger ist der Pinot Noir Urbanus, der viel Konzentration und eine kompottartige Frucht aufweist.

Weinbewertung

82	2019 Müller-Thurgau trocken Nacker	12,5%/8,20€
84	2019 Muskateller trocken	12,5%/9,50€
84	2019 Weißburgunder trocken Nacker	13,5%/9,80€
86	2019 Sauvignon Blanc trocken Nacker	13,5%/15,90€
87	2019 Müller-Thurgau trocken „Belemnit Wildfang"	13,5%/13,50€
84	2019 Grauburgunder trocken „Belemnit"	13,5%/9,80€
88	2018 Chardonnay trocken „Belemnit"	13,5%/15,90€
89	2019 Pinot Blanc trocken „Urbanus"	13,5%/18,90€
88	2019 Pinot Gris trocken „Urbanus"	13,5%/18,90€
86	2017 Spätburgunder trocken „Reserve" Nacker	14,5%/12,50€
87	2018 Frühburgunder trocken „Belemnit"	14,5%/19,-€
87	2018 Pinot Noir trocken „Urbanus"	14%/28,-€

Clemens

Kontakt
Steiggasse 2a
55286 Sulzheim
Tel. 06732-63958
Fax: 06732-937671
info@clemens-weingut.de

Besuchszeiten
Di./Do. 14-18 Uhr
Sa. 10-16 Uhr
Sept./Okt. bitte mit Vereinbarung

Inhaber
Elmar Clemens, Ronja Clemens & Selina Clemens

Rebfläche
18,5 Hektar

Sulzheim gehört nicht gerade zu den bekanntesten Weinbaugemeinden Rheinhessens, ist Teil der Verbandsgemeinde Wörrstadt. Seit vier Generationen baut die Familie Clemens Wein in Sulzheim an, heute führt Elmar Clemens zusammen mit seiner Tochter Ronja den Betrieb. Ihre Weinberge liegen überwiegend in Sulzheim in der Lage Schildberg, aber auch im Wörrstadter Rheingrafenberg sind sie vertreten. Neben den traditionellen Rebsorten der Region wie Silvaner, Riesling oder Scheurebe, gibt es auch internationale Rebsorten wie Chardonnay, Sauvignon Blanc, Merlot oder Cabernet Sauvignon. Rote Rebsorten nehmen ein Viertel der Rebfläche ein.

Kollektion

Beim starken Debüt im vergangenen Jahr trumpften vor allem Silvaner auf, einmal als Eiswein, einmal als trockener Wein aus dem Rheingrafenberg. Die neue Kollektion schließt nahtlos an das gute Vorjahr an. Der Rheingrafenberg-Silvaner ist konzentriert, füllig, reintönig, bestätigt den Eindruck seines Jahrgangsvorgängers. Noch besser gefällt uns der im Holz ausgebaute Amazing Chardonnay, der gute Konzentration und intensive Frucht besitzt, Fülle und Kraft. Auch sonst zeigen die Weißweine durchgängig gutes Niveau. Sauvignon Blanc überzeugt einmal als klarer, zupackender trockener Wein, dann auch als fruchtintensiver, stachelbeerduftiger Sekt. Stark sind auch die Rotweine, auch wenn alle drei präsentierten 2018er noch sehr jugendlich sind und von etwas Flaschenreife profitieren werden. Der Posero genannte Portugieser zeigt intensive Frucht, dunkle Beeren und dezent Schokolade, ist füllig und kraftvoll, besitzt klare reife Frucht. Der im Barrique ausgebaute Merlot zeigt ebenfalls gute Konzentration und intensive Frucht, besitzt Fülle, Kraft, gute Struktur und jugendliche Tannine. Unser klarer Favorit ist der Spätburgunder S, der reintönige Frucht besitzt, viel Fülle, Kraft und gute Struktur.

Weinbewertung

83	2018 Sauvignon Blanc Sekt brut	8,10 €
82	2019 Grüner Silvaner trocken „Kalkstein" Sulzheimer Schildberg	12,5%/4,70€
83	2019 Sauvignon Blanc trocken „Kalkstein" Sulzheimer Schildberg	12%/6,50€
86	2019 Chardonnay trocken „Amazing" Holzfass Sulzheimer Schildberg	6,80€ ☺
85	2019 Silvaner trocken Wörrstadter Rheingrafenberg	9,90€
82	2019 Grauer Burgunder Classic	12,5%/4,80€
81	2019 Scheurebe „feinherb" Sulzheimer Schildberg	10,5%/5,-€
82	2019 Riesling „süß" „Sweet Dream" Sulzheimer Schildberg	8%/5,70€
81	2019 Dornfelder Rosé Sulzheimer Schildberg	10%/4,50€
87	2018 Spätburgunder „S" trocken Sulzheimer Schildberg	20,-€
84	2018 Portugieser „SR" trocken „Posero" Sulzheimer Schildberg	11,90€
84	2018 Merlot „S" trocken Barrique Sulzheimer Schildberg	9,90€

NAHE ► LANGENLONSHEIM

★★

Anette Closheim

Kontakt
Naheweinstraße 97
55450 Langenlonsheim
Tel. 06704-1314
Fax: 06704-1516
www.anetteclosheim.de
info@anetteclosheim.de

Besuchszeiten
Mo.-Fr. 10-12 + 13-18 Uhr
Sa. 10-15 Uhr
Vinothek „Tradition trifft Moderne"

Inhaber
Familie Closheim
Rebfläche
15 Hektar
Produktion
120.000 Flaschen

Nach ihrem Studium der Weinbetriebswirtschaftslehre in Heilbronn war Anette Closheim zunächst als Produktmanagerin für schottischen Malt Whisky und Wodka zuständig, bevor sie ins elterliche Weingut an der Nahe zurückkehrte. Mit dem Jahrgang 2008 begann sie, Weine mit ihrem eigenen Etikett auszubauen, im Sommer 2018 wurde eine neue Vinothek in einem 300 Jahre alten Fachwerkhaus eröffnet, 2020 hat Anette Closheim das Weingut von ihren Eltern Konrad und Hannelore mit ihrem Ehemann Philipp übernommen. Die Weinberge liegen in den Langenlonsheimer Lagen Königsschild, Löhrer Berg und Steinchen, sowie in den Guldentaler Lagen Hipperich, Rosenteich und Sonnenberg. Neben Riesling und den weißen Burgundersorten spielt der Sauvignon Blanc eine wichtige Rolle, an den roten Sorten gibt es Spätburgunder, St. Laurent, Cabernet Dorsa und als neueste Sorte Cabernet Franc.

Kollektion

Gleich drei verschiedene Sauvignon Blanc-Varianten präsentiert uns Anette Closheim, der „savvy" ist auf der grünen, knackigen Seite, der normale Sauvignon Blanc ist gelbfruchtig und besitzt Biss und der im Eichen- und Akazienholz ausgebaute „Loirista" ist kraftvoll, besitzt gute Substanz und deutliche Röstnoten und braucht noch etwas Zeit. Der „Mont Solis"-Riesling zeigt leichte Reifenoten und viel kräutrige Würze, besitzt Druck und Länge, der Löhrer Berg ist zitrusfruchtig und besitzt Biss. Stark sind auch die drei verkosteten Rotweine: Der Pinot Noir „Reserve" zeigt rauchige Noten und rote Frucht, Süßkirschen, Johannisbeeren im Bouquet, ist fruchtbetont und elegant, der normale Pinot Noir ist kraftvoller, besitzt aber etwas sprödere Tannine und der „Meilenstein" aus St. Laurent, Cabernet Dorsa und Cabernet Franc zeigt Aromen von grüner Paprika, schwarzer Johannisbeere und Mokka, besitzt noch jugendliche Tannine und könnte sich noch steigern.

Weinbewertung

81	2019 „Cuvée Blanc" trocken	12,5%/6,90€
84	2019 Sauvignon Blanc trocken „savvy"	12,5%/9,50€
83	2019 Weißer Burgunder trocken „Mit Freunden"	13%/7,50€
86	2019 Weißer Burgunder trocken Langenlonsheimer Königsschild	13,5%/12,50€
86	2019 Sauvignon Blanc trocken	13%/12,50€
87	2018 Sauvignon Blanc trocken „Loirista"	13,5%/16,-€
86	2019 Riesling trocken Langenlonsheimer Löhrer Berg	13%/12,50€
88	2018 Riesling trocken „Mont Solis" Guldentaler Sonnenberg	13,5%/15,-€
86	2019 „Rosista" Rosé trocken	12,5%/14,-€
87	2017 Pinot Noir trocken	13,5%/15,-€
87+	2016 „Meilenstein" Rotwein trocken	13%/19,-€
88	2016 Pinot Noir trocken „Reserve"	13%/23,-€

anetteclosheim

MOSEL — TRITTENHEIM

★ ★

Christoph Clüsserath

Kontakt
Im Hof 7
54349 Trittenheim
Tel. 06507-2167
Fax: 06507-99086
www.christoph-cluesserath.de
info@christoph-cluesserath.de

Besuchszeiten
täglich ab 9 Uhr oder nach Vereinbarung
Gästehaus

Inhaber
Christoph Clüsserath &
Alexandra Clüsserath-Eifel

Betriebsleiter
Christoph Clüsserath

Kellermeister
Christoph Clüsserath

Außenbetrieb
Christoph Clüsserath

Rebfläche
5,5 Hektar

Produktion
30.000 Flaschen

Christoph Clüsserath und Alexandra Clüsserath-Eifel (sie stammt aus dem Weingut Bernhard Eifel), beide Geisenheim-Absolventen, haben den Betrieb im Jahr 2008 von Christophs Eltern Klaus und Marie-Theres Clüsserath übernommen; Weinbau betreibt die Familie bereits seit dem 16. Jahrhundert. Ihre Weinberge liegen hauptsächlich in den Trittenheimer Lagen Apotheke und Altärchen, aber auch im Piesporter Falkenberg, es werden insgesamt 5,5 Hektar bewirtschaftet. Etwa vier Fünftel der Rebfläche nimmt Riesling ein, dazu gibt es ein wenig Weißburgunder, Müller-Thurgau, Kerner und Dornfelder. Die Weine werden, teils nach Maischestandzeiten, gekühlt im Edelstahl oder im traditionellen Fuder vergoren, die Spitzenweine ausschließlich mit den natürlichen Hefen. 2018 wurden Flaschenlager und Traubenannahme neu gebaut. Dem Weingut ist ein Gästehaus angeschlossen.

Kollektion

Ein dezent nach Zitrus duftender Literriesling, angenehm stoffig und trocken, schon jetzt zugänglich, führt das Feld der 2019er Weine an. Balance und Würze besitzt auch der saftige trockene Weißburgunder, der ja in so manchem Weingut an der Mosel ein wenig unpräzise ausfällt, hier allerdings sehr gelungen und in der Balance ist. Fest und saftig ist der „Schiefer"-Riesling, relativ fest im Mund ebenfalls; der Wein lässt einen Hauch von Süße eher erahnen als wirklich erschmecken. Der trockene Riesling aus der Apotheke ist da schon eindeutig trocken, wirkt in der Nase eher verhalten, duftet leicht nach Hefe, Zitrus und Kräutern, ist im Mund präzise, fest und gut balanciert. Ein gelungener Spitzenwein im trockenen Bereich. Zwei zupackende feinherbe Rieslinge mit Süße-Säure-Spiel sowie der saftige, erfrischende und nur leicht süße Literriesling leiten über zum dezidiert süßen Segment. Erfreulich offen wirkt die restsüße Spätlese, die Noten von Zitrus und Kernobst aufweist und in der Süße angenehm verhalten wirkt. Die Auslese zeigt abgesehen von zarten Boskopnoten derzeit noch eine verhaltene Nase, wirkt recht kompakt, ist ausgestattet mit einer durchaus beachtlichen Süße, wirkt aber dennoch elegant, hat Potenzial.

Weinbewertung

83	2019 Riesling trocken (1l)	12 %/6,- €
85	2019 Weißer Burgunder trocken	12,5 %/7,- €
87	2019 Riesling trocken Trittenheimer Apotheke	13 %/9,- €
85	2019 Riesling „Schiefer"	12 %/7,- €
85	2019 Riesling „feinherb" Trittenheimer Altärchen	11 %/7,- €
86	2019 Riesling „feinherb" Piesporter Falkenberg	12 %/9,- €
83	2019 Riesling (1l)	10,5 %/6,- €
88	2019 Riesling Spätlese Trittenheimer Apotheke	9,5 %/9,- € ☺
88	2019 Riesling Auslese Trittenheimer Apotheke	9,5 %/15,- €/0,5l

★★★★ Ansgar Clüsserath

Kontakt
Spielesstraße 4
54349 Trittenheim
Tel. 06507-2290
Fax: 06507-6690
www.ansgar-cluesserath.de
weingut@ansgar-cluesserath.de

Besuchszeiten
nach Vereinbarung
Gästehaus (4 Gästezimmer)

Inhaber
Eva Clüsserath-Wittmann
Rebfläche
5 Hektar
Produktion
35.000 Flaschen

Seit dem 17. Jahrhundert wird in der Familie Weinbau betrieben. Heute bewirtschaften Ansgar Clüsserath und seine Tochter Eva 5 Hektar Weinberge, die fast ganz mit Riesling bestockt sind, lediglich auf 5 Prozent der Fläche wächst Weißburgunder. Die Zusammenarbeit zwischen der älteren und der jüngeren Generation funktioniert seit Jahren einwandfrei. Ansgar Clüsserath ist immer noch im Weinberg aktiv, steht aber auch im Keller mit Rat und Tat zur Verfügung, Eva ist dagegen schon seit 1998 hauptsächlich für die Vinifikation zuständig, repräsentiert aber das Weingut auch häufig nach außen. Sie ist mit Philipp Wittmann vom Weingut Wittmann in Westhofen verheiratet und setzt nach wie vor auf eine traditionelle Weinbereitung, hat die Prinzipien des Weinguts beibehalten. Die Weine werden nach Maischestandzeiten von bis zu zwei Tagen spontanvergoren, im traditionellen Holzfass ausgebaut und bleiben recht lange auf der Hefe liegen. Außer Parzellen in der Trittenheimer Apotheke (mit bis zu 80 Jahre alten Reben) besitzt das Weingut auch Flächen im Piesporter Goldtröpfchen, im Trittenheimer Altärchen, im Neumagener Rosengärtchen, in der Mülheimer Sonnenlay und im Dhron Hofberger; aber nur Apotheke und Goldtröpfchen werden als Lagenweine angeboten, die anderen Lagen gehen den Schiefer-Riesling, den Gutsriesling, ein. Daneben wäre auch noch der Steinreich zu erwähnen, ein straffer, mineralischer Riesling, der fast immer ein herausragendes Preis-Leistungs-Verhältnis bietet und dessen Traubenmaterial aus der Trittenheimer Apotheke stammt. Mit seinem speziellen Etikett unterscheidet sich dieser Wein deutlich von den anderen Abfüllungen des Weinguts. Außer trockenen, fast trockenen und leicht süßen Weinen werden immer wieder Auslesen erzeugt, die allerdings eher kühl und straff ausfallen. Sehr dicke Süßweine sind nicht die Spezialität des Hauses. Es ist insgesamt ein sehr klares, leicht überschaubares und logisch aufgebautes Sortiment, wie es an der Mosel längst nicht die Regel ist. Zum Betrieb gehört auch ein Gästehaus mit vier Zimmern.

Kollektion

Ein faszinierender Jahrgang im Weingut Ansgar Clüsserath – wieder einmal. Die Weine sind ganz anders als jene des Jahrgangs 2018 – der gerade jetzt viel Spaß macht, wie Nachverkostungen zeigten –, wirken straff, rassig, fein und nachhaltig. In der Basis überzeugt schon der feine, angenehm trockene und im Alkohol verhaltene Weißburgunder. Der „Schiefer"-Riesling ist klar mit Zitrusnoten, spritzig, sehr animierend. Noch deutlich vom Schwefel geprägt war bei der Verkostung der „Steinreich", der trockene Zweitwein, der allerdings im Mund eine bemerkenswerte Substanz zeigt, angenehm fest und stoffig ausfällt, aber auch Spiel besitzt. Der trockene Riesling aus der Apotheke ist klar, aber noch sehr verschlossen, hefig, besitzt eine eher dunkle Würze, ist im Mund fest, straff, trocken und mit beachtlichem Druck ausgestattet: nichts weniger als ein trockener Spitzenriesling, völlig unangestrengt und präzise, noch dazu mit einem eigenständigen Charakter. Enorm kühl und saftig mit nur ganz leichter Süße zeigt sich der feinherbe Wein aus dem Goldtröpfchen. Der Kabinettriesling besitzt in der Nase noch Noten der spontanen Vergärung, ist fest, klar, präzise, nur sehr verhalten süß, wunderschön animierend und lang. Die Spätlese aus der Apotheke wirkt da schon deutlich offener mit Noten von Hefe und Kernobst, ist im Mund rassig, straff, leicht hefewürzig, präzise. Die drei Auslesen unterscheiden sich deutlich voneinander, sind fein, klar, elegant, entwickeln sich im Glas ausgezeichnet. Jene aus dem Rosengärtchen ist offen mit etwas Schwefel und einem Hauch von Blütennoten sowie Anklängen an Darjeeling, sie ist im Mund fest, würzig, bestens balanciert mit verhaltener Süße. Der Wein aus der Apotheke wirkt etwas kühler in der Nase, mit Zitrusnoten und Aprikosen, ist im Mund saftig, straff, rassig und lang. Auch die Auslese aus dem Dhron Hofberger ist sehr gelungen, wirkt im ersten Moment verhalten, entwickelt sich dann allerdings ausgezeichnet, reicht beinah an die Auslese aus der Apotheke heran. Kühle Frucht und Anklänge an saftigen Weinbergspfirsich sowie eine ganz dezente tropische Note besitzt die Beerenauslese, die sehr fein und elegant wirkt und wirklich zum Trinken einlädt. Nicht von jedem edelsüßen Wein der Mosel kann man das behaupten, auf die Weine dieses Gutes aber trifft die Aussage durchweg zu.

Weinbewertung

87	2019 Weißer Burgunder trocken	11,5%/8,80€
87	2019 Riesling trocken „vom Schiefer"	11%/9,50€
89	2019 Riesling trocken „Steinreich"	11,5%/14,60€
92	2019 Riesling trocken Trittenheimer Apotheke	12%/26,50€
86	2019 Riesling „feinherb" „vom Schiefer"	10,5%/9,50€
90	2019 Riesling „feinherb" Piesporter Goldtröpfchen	9,5%/15,50€
90	2019 Riesling Kabinett Trittenheimer Apotheke	8,5%/13,-€
91	2019 Riesling Spätlese Trittenheimer Apotheke	8,5%/15,50€
92	2019 Riesling Auslese Dhron Hofberger	8%/22,80€/0,5l
91	2019 Riesling Auslese Neumagener Rosengärtchen	8%/21,-€/0,5l
93	2019 Riesling Auslese Trittenheimer Apotheke	8%/22,80€/0,5l
93	2019 Riesling Beerenauslese Trittenheimer Apotheke	8,5%/59,-€/0,375l

Lagen
Apotheke (Trittenheim
Goldtröpfchen (Piesport)

Rebsorten
Riesling (95 %)
Weißburgunder (5 %)

★★★

Ernst Clüsserath

Kontakt
Hinkelweg 8
54349 Trittenheim
Tel. 06507-2607
Fax: 06507-6607
www.ernst-cluesserath.de
info@weingut-ernst-cluesserath.de

Besuchszeiten
Ostern bis Mitte Nov.:
Mo.-Do. 15-18 Uhr
Fr./Sa. 10-12 + 15-18 Uhr
So. 10-12 Uhr oder gerne nach Vereinbarung
Gästehaus „Weinhotelchen"
(4 Zimmer, 1 Ferienwohnung)

Inhaber
Ernst Clüsserath
Rebfläche
3 Hektar
Produktion
20.000 Flaschen

Ernst Clüsserath übernahm 1991 das Familienweingut, das er heute mit seiner Frau Heike führt. 2011 verlagerten sie ihr Weingut an den Ortsrand von Trittenheim, wo Keller und Kelterhaus, Weinverkostungsraum und Gästehaus gebaut wurden. Ihre Weinberge liegen in den Trittenheimer Lagen Apotheke und Altärchen, sie bauen zu mittlerweile 100 Prozent Riesling an. Ernst Clüsserath hat schon früh begonnen, unterstützt von seiner Frau Heike und den Kindern Emma und Luis, qualitativ ambitioniert zu arbeiten. Er baut seine Weine im traditionellen Fuder aus, die Vergärung erfolgt grundsätzlich spontan. Verkauft werden die Rieslinge überwiegend an Privatkunden, die oftmals im Gästehaus des Weingutes, dem so genannten Weinhotelchen mit seinen vier Zimmern und der einen Ferienwohnung, ihren Urlaub verbringen.

Kollektion

Einen eigenen Stil zeigen die Weine aus dem Familienweingut schon seit langem und auch in diesem Jahr. Sie besitzen alle eine vergleichsweise offene, charmante Frucht, sind dann im Mund fest, aber nicht streng oder zupackend, besitzen eher einen fruchtigen Schmelz und Eleganz, ohne beliebig zu sein. Deutlich wird dies schon beim trockenen Kabinett, der fest und würzig ausfällt, ohne merkbare Süße. In der trockenen Spätlese, die sehr offen wirkt, feinfruchtig, leicht hefig, sind diese Eigenschaften nochmals konzentrierter; der Wein wirkt schon auf den ersten Eindruck ungemein animierend. Auch im Mund setzt sich dieser Eindruck fort: Der Wein ist nicht puristisch und stoffig, sondern besitzt feine Frucht und Schmelz, aber auch Länge. Der „Emma Marie" genannte Riesling ist für einen feinherb ausgebauten Wein vergleichsweise trocken, ist kompakt, verhalten im Alkohol und zugänglich. Sehr jung wirkt der Kabinett aus dem Altärchen, mit deutlichen Hefenoten im Bouquet, er ist sehr fein und besitzt eine reduzierte Süße. Die Spätlese aus der Apotheke ist deutlich süß, straff und nachhaltig. Sie braucht ebenso noch Zeit wie die nach süßem Apfel duftende Auslese aus der Apotheke, die im Mund sehr präzise und saftig ausfällt. Sie rundet das Sortiment des Jahrgangs 2019 auf sehr angenehme Weise ab.

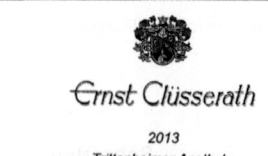

Weinbewertung

86	2019 Riesling Kabinett trocken Trittenheimer Apotheke	12%/9,50€
87	2019 Riesling Spätlese trocken Trittenheimer Apotheke	13%/12,-€
86	2019 Riesling „feinherb" „Emma Marie"	11%/9,-€
86	2019 Riesling Kabinett Trittenheimer Altärchen	10%/9,-€
88	2019 Riesling Spätlese Trittenheimer Apotheke	8,5%/12,-€
90	2019 Riesling Auslese Trittenheimer Apotheke	8%/0,375l/Vst.

MOSEL — TRITTENHEIM

★★★★★ Clüsserath-Weiler

Kontakt
Brückenstraße 9
54349 Trittenheim
Tel. 06507-5011
Fax: 06507-5605
www.cluesserath-weiler.de
info@cluesserath-weiler.de

Besuchszeiten
Ostern bis Ende Okt. Mo.-So. 10-12 Uhr + Mo.-Fr. 14-17 Uhr oder nach Vereinbarung
Gästehaus (7 Zimmer);
Kochkurse + Menüs ab 8 Personen nach Vereinbarung

Inhaber/Kellermeister
Verena Clüsserath
Außenbetrieb
Helmut Clüsserath
Rebfläche 7 Hektar
Produktion 40.000 Flaschen

Seit Generationen baut die Familie Wein an der Mosel an. Das direkt an der Moselbrücke in Trittenheim gelegene Weingut wurde lange Zeit von Helmut und Hilde Clüsserath geführt. Sie wurden schon viele Jahre im Betrieb unterstützt von Tochter Verena, die inzwischen den Betrieb übernommen hat. Verena Clüsserath hatte 2004 ihr Weinbaustudium in Geisenheim abgeschlossen und Erfahrungen bei verschiedenen Weingütern in Deutschland, aber auch in Italien und Australien gesammelt. Ihr Ehemann Raphael Ianniello eröffnete 2013 eine Kochschule im Weingut, in der auch zu bestimmten Terminen Menüs serviert werden. Das Weingut Clüsserath-Weiler baut ausschließlich Riesling an. Die Weinberge befinden sich in den Trittenheimer Lagen Apotheke und Altärchen sowie im Mehringer Zellerberg. Während in der Apotheke, die dem Weingut direkt auf der anderen Moselseite gegenüberliegt, blauer Schiefer vorherrscht, findet man im Zellerberg mit Eisenablagerungen durchsetzten Schiefer, der dadurch eine rötliche Färbung erhält. Zusammen mit Gerhard Eifel vom Weingut Clüsserath-Eifel erwarb Helmut Clüsserath 1996 vom Weingut Friedrich-Wilhelm-Gymnasium den so genannten Fährfels, eine der besten Parzellen der Apotheke, der schon in der preußischen Lagenkarte des 19. Jahrhunderts der höchsten Kategorie zugerechnet wurde. Die Reben im Fährfels wurden im Jahr 1900 gepflanzt. Die Weine werden im alten Kreuzgewölbekeller langsam und kühl spontanvergoren, teils im Edelstahl, teils in traditionellen Fuderfässern. Nur für süße Weine werden Prädikatsbezeichnungen verwendet, die trockenen und feinherben Rieslinge sind in Gutsriesling, Ortsriesling („HC") und Lagenrieslinge gegliedert, die Lagenrieslinge stammen von alten Reben und kommen ausschließlich aus Steillagen, sie werden alle im Fuder vergoren. Mit dem Jahrgang 2016 wurden neue Etiketten eingeführt, die sich deutlich von den über viele Jahre genutzten unterscheiden. In der hauseigenen Destillerie werden Edelbrände erzeugt, deren Qualität beachtlich ist – vom Kirschbrand bis zum lange gereiften Tresterbrand. Seit der ersten Ausgabe empfehlen wir die Clüsserath-Weiler'schen Weine, schon damals gehörte das Weingut für uns zu den absoluten Top-Betrieben an der Mosel, und in allen diesen Jahren hat sich daran nichts geändert, niemals kam auch nur der leiseste Zweifel auf, dass dem nicht so ist. Kaum ein anderes Weingut hat seine Weine so präzise definiert, arbeitet so klar die Unterschiede heraus. Das Terroir, wie man heute so gerne zu sagen pflegt.

Kollektion

Der Jahrgang kommt dem Stil des Hauses sehr entgegen. Fein, würzig, animierend sind die Weine von Verena, Hilde und Helmut Clüsserath ja immer schon gewesen, und diesmal war es besonders einfach, die Finesse zu erhalten. Was sich schon beim saftigen Literriesling zeigt, der Spiel besitzt. Der „HC" ist straffer, würziger, auch etwas nachhaltiger. Die Apotheke in trockener Version ist etwas unruhig in der Nase, mit Kräuternoten, Würze, straffer Art und beachtlichem Nachhall – ein präzise gearbeiteter Wein. Wie gut die Rieslinge des Weinguts reifen können, zeigt der vorgestellte 2009er aus der Apotheke: Schlank, immer noch frisch, ganz leicht erdig, dann würzig, straff und schön trocken. Umso beeindruckender ist diese Leistung, weil 2009 an der Mosel oft nicht besonders überzeugend gereift ist. Noch völlig verschlossen wirkt der „Primus" genannte Riesling, der straff und schlank ausfällt, sehr präzise im Mund, frisch und angenehm trocken. „HC" und Apotheke-Riesling überzeugen im feinherben Bereich. Der Riesling von alten Reben aus dem Zellerberg ist frisch mit Kräuter- und Kernobstnoten, würzig, kaum süß, deutlich spannender als der Apotheke-Wein. Auch der Fährfels ist rassig, nur wenig süß, animierend. Die Spätlese aus der Trittenheimer Apotheke ist ein gutes Beispiel für den Charakter des Weinguts. Der Wein duftet nach Kräutern und etwas Kernobst, ist straff und wenig süß, präzise und rassig. Die Apotheke-Auslese besitzt kühle Noten von getrocknetem und kandiertem Apfel, ist rassig und fein, nicht zu süß, sehr animierend. Auch in der absoluten Spitze geht die Trinkfreude nicht verloren; übertrieben konzentrierte Süßweine sind nicht die Sache der Clüsseraths. Die Beerenauslese zeigt kühle Steinobstnoten und Anklänge an Kräuter, auch etwas Pfirsichhaut, ist enorm straff, würzig lang und trotz der Süße animierend. Das muss man erst mal schaffen.

🍇 Weinbewertung

85	2019 Riesling trocken (1l)	11,5%/8,50€
87	2019 Riesling trocken „HC" Trittenheimer	12%/9,50€
91	2009 Riesling trocken Trittenheimer Apotheke	12%
89	2019 Riesling trocken Trittenheimer Apotheke	12%/13,50€
89	2019 Riesling trocken „Terra Rossa" Mehringer Zellerberg	12%/15,-€
91	2019 Riesling trocken „Alte Reben" Trittenheimer Apotheke	12%/17,-€ ☺
92	2019 Riesling trocken „Primus" Trittenheimer Apotheke	12,5%/21,-€ ☺
87	2019 Riesling „HC" „feinherb" Trittenheimer	11,5%/9,50€
87	2019 Riesling „feinherb" Trittenheimer Apotheke	11,5%/13,50€
89	2009 Riesling „feinherb" „Alte Reben" Mehringer Zellerberg	11,5%
90	2019 Riesling „feinherb" „Alte Reben" Mehringer Zellerberg	12,5%/17,-€
91	2019 Riesling „Fährfels"	12,5%/29,-€
88	2019 Riesling Kabinett Trittenheimer Altärchen	8,5%/10,50€
91	2019 Riesling Spätlese Trittenheimer Apotheke	7,5%/15,-€ ☺
92	2019 Riesling Auslese Trittenheimer Apotheke	8%/21,-€/0,5l
92	2019 Riesling Beerenauslese Trittenheimer Apotheke	7,5%/39,-€/0,375l

Helmut & Verena Clüsserath

Lagen
Apotheke (Trittenheim)
– Fährfels (Trittenheim)
Zellerberg (Mehring)
Altärchen (Trittenheim)

Rebsorten
Riesling (100 %)

WÜRTTEMBERG — STUTTGART

Collegium Wirtemberg

★

Kontakt
Württembergstraße 230
70327 Stuttgart
Tel. 0711-32777580
Fax: 0711-327775850
www.collegium-wirtemberg.de
info@collegium-wirtemberg.de

Besuchszeiten
Kelter Rotenberg und Kelter Uhlbach:
Mo.-Fr. 9-12+13-18 Uhr
Sa. 9-16 Uhr

Mitglieder
210
Betriebsleiter
Martin Kurrle
Kellermeister
Thomas Eckard
Weinbau
Rainer Bubeck
Rebfläche
150 Hektar

Das Collegium Wirtemberg entstand 2007 durch den Zusammenschluss der Genossenschaften von Rotenberg und Uhlbach. Die Weinberge der Mitglieder, darunter 15 Vollerwerbsbetriebe, befinden sich im Rotenberger Schlossberg und im Uhlbacher Götzenberg. Neben traditionellen Rebsorten wie Trollinger, Lemberger, Riesling und Spätburgunder werden auch internationale Sorten wie Chardonnay, Sauvignon Blanc, Syrah, Merlot, Cabernet Franc oder Cabernet Sauvignon angebaut, aber auch Heroldrebe, Silvaner oder Traminer.

Kollektion

Wie schon im Vorjahr gefallen uns die Reserve-Weine sehr gut, weiß wie rot, die Weine der anderen Linien aber sind teilweise etwas allzu verhalten. Spannend ist der Reserve-Sauvignon Blanc, zeigt gute Konzentration, intensive Frucht, besitzt Fülle, Saft und Substanz, der Barriqueausbau steht ihm gut, mit etwas weniger Restsüße hätte er uns sicherlich noch mehr begeistert. Spannend ist auch der ebenfalls im Barrique ausgebaute Reserve-Chardonnay, herrlich füllig, kraftvoll und strukturiert, konzentriert und zupackend. Unter den sonstigen Weißweinen gefällt uns die frische, zupackende Höhenpunkte-Cuvée aus Weißburgunder und Chardonnay am besten. Im roten Segment stechen ebenfalls die Reserve-Weine hervor, alle im Barrique ausgebaut. Beim Spätburgunder sind die Vanillenoten etwas allzu dominant, er ist füllig, kraftvoll, jugendlich. Die Cuvée Wirtemberg zeigt intensive Frucht, etwas Schokolade und Gewürze im Bouquet, ist füllig und kraftvoll im Mund bei reifer Frucht und guter Struktur. Am besten hat der Syrah den Barriqueausbau weggesteckt, zeigt intensive Frucht im Bouquet, etwas Schokolade und Pfeffer, ist fruchtbetont auch im Mund, strukturiert und frisch, besitzt Frische und Grip. Syrah als neue Württemberger Geheimwaffe? Warum nicht!

Weinbewertung

82	2019 „325 n.n." Weißwein trocken (Höhenpunkte)	12,5%/6,50€
79	2019 „Cuvée Blanc" Weißwein trocken (Edition Wirtemberg)	12,5%/6,90€
79	2019 Grauburgunder trocken (Edition Wirtemberg)	13%/8,70€
80	2019 Riesling trocken „Alte Reben" (Edition Wirtemberg)	12,5%/7,50€
86	2019 Sauvignon Blanc trocken „Réserve" (Kult)	13%/28,-€
86	2019 Chardonnay trocken „Réserve" (Kult)	13,5%/19,-€
80	2017 „Salucci" Rotwein trocken	13,5%/9,-€
80	2017 Pinot Noir trocken (Edition Wirtemberg)	13%/9,-€
80	2018 Lemberger trocken „289 n.n." (Höhenpunkte)	13%/6,50€
86	2016 „Cuvée Wirtemberg" trocken „Réserve" (Kult)(Kult)	14%/19,-€
87	2017 Syrah trocken „Réserve" (Kult)	13,5%/28,-€
84	2016 Spätburgunder trocken „Réserve" (Kult)	13,5%/19,-€

MOSEL ▶ BRAUNEBERG

★★★★✮ Martin **Conrad**

Kontakt
Moselweinstraße 133
54472 Brauneberg
Tel. 06534-93980
Fax: 06534-939855
www.martinconrad.de,
info@martinconrad.de

Besuchszeiten
täglich nach Vereinbarung

Inhaber
Martin Conrad
Betriebsleiter
Martin Conrad
Kellermeister
Martin Conrad
Rebfläche
5,5 Hektar
Produktion
33.000 Flaschen

Martin Conrad übernahm 1998 die Führung des Weingutes, das bereits seit 14 Generationen von der Familie bewirtschaftet wird; urkundlich wurde der Betrieb erstmals 1558 erwähnt. Seine Weinberge liegen in der Brauneberger Juffer und in der Juffer-Sonnenuhr, in der Mülheimer Sonnenlay und im Veldenzer Kirchberg, ab 2018 wird auch eine Fläche im Kestener Paulinshofberg bewirtschaftet. Neben Riesling, der 95 Prozent der Rebfläche einnimmt, gibt es ein wenig Weißburgunder. Die Weine werden mit den natürlichen Hefen vergoren. Seit dem Jahrgang 2019 erfolgt die Bewirtschaftung der Weinberge nach den Regeln des ökologischen Weinbaus, die Zertifizierung ist angemeldet.

Kollektion

Schon die beiden Weißburgunder, fest und sehr präzise, ragen weit über den Durchschnitt hinaus. Der Riesling Conradus ist erfreulich präzise, mit kühlen Apfelnoten im Mund rassig. Der trockene Riesling aus der Juffer ist typisch für das Weingut: offen, kräuterig und würzig, im Mund zupackend. Etwas reifer in der Nase – mit Noten von Kern- und Steinobst – wirkt der Goldkapsel-Wein aus der Juffer; er ist zupackend, würzig, sehr stimmig. Aus dem Jahrgang 2018 stammen die beiden vorgestellten Großen Gewächse. Das aus der Juffer-Sonnenuhr gefällt ein bisschen besser als jenes aus der Juffer, aber überzeugend und puristisch trocken sind sie beide. Vor allem der Wein aus der Juffer-Sonnenuhr ist noch sehr verschlossen, im Mund kompakt, würzig, vibrierend: eine sehr gelungene Interpretation des Jahrgangs. Die feinherben Weine sind allesamt wunderschön balanciert, an der Spitze der Wein mit Goldkapsel aus der Juffer, bei dem die Süße nur dezent zu schmecken ist. Der Kabinett ist saftig und balanciert, während die Auslese nach Boskop und getrocknetem Apfel duftet, straff und verhalten süß ist, vibrierend, zwar nicht extrem lang, aber sehr animierend.

Weinbewertung

86	2019 Weißburgunder trocken	12 %/13,90 €
86	2019 Riesling trocken „Conradus"	12 %/10,90 €
87	2019 Riesling trocken Veldenzer Kirchberg	13,5 %/12,90 €
87	2019 Riesling trocken Brauneberger Juffer	12,5 %/14,90 €
89	2019 Riesling trocken Goldkapsel Brauneberger Juffer	13 %/19,90 €
88	2019 Weißburgunder trocken „Gavius"	13 %/23,90 €
90	2018 Riesling „GG" Brauneberger Juffer	13 %/29,90 €
92	2018 Riesling „GG" Brauneberger Juffer-Sonnenuhr	13 %/34,90 €
87	2019 Riesling „feinherb" Mülheimer Sonnenlay	11 %/12,90 €
88	2019 Riesling „feinherb" Brauneberger Juffer	11,5 %/14,90 €
90	2019 Riesling „feinherb" Goldkapsel Brauneberger Juffer	12 %/19,90 €
87	2019 Riesling Kabinett „Conradus"	9 %/10,90 €
90	2019 Riesling Auslese Brauneberger Juffer-Sonnenuhr	8 %/29,90 €

PFALZ ▬ NEUSTADT-DIEDESFELD

★ ★ ★

Corbet

Kontakt
Wein- & Sektgut Corbet
Kreuzstraße 7
67434 Neustadt-Diedesfeld
Tel. 06321-86144
Fax: 06321-84468
www.corbet.de
weingut@corbet.de

Besuchszeiten
Fr. 10-18 Uhr
Sa. 10-16 Uhr
und nach Vereinbarung

Inhaber
Lukas Corbet

Betriebsleiter
Lukas Corbet

Kellermeister
Lukas Corbet

Rebfläche
9 Hektar

Produktion
50.000 Flaschen

Johann Adam Corbet erwarb die ersten Weinberge, gründete 1882 in Maikammer das Weingut mit Weingroßhandlung J.A. Corbet, das sein Sohn Rudolf nach einer Erbteilung nach Diedesfeld verlegte. Sein Sohn Rudolf Corbet jun. übernahm 1950 den Betrieb und konzentrierte sich ganz auf die Flaschenweinvermarktung aus eigenem Weinbau. 1989 übernahm sein Sohn Lukas, Geisenheim-Absolvent, den Betrieb, den er zusammen mit Ehefrau Christina führt. Ihre Weinberge liegen in Diedesfeld (Johanneskirchel, Ölgässel, Berg), Maikammer (Kirchenstück), Hambach (Schlossberg) und Neustadt (Erkenbrecht). Riesling und die Burgundersorten nehmen zusammen drei Viertel der Rebfläche ein, dazu gibt es Chardonnay, Silvaner, Sauvignon Blanc, Portugieser, Cabernet Sauvignon und Sankt Laurent.

Kollektion

Zu den beiden Spitzen des Vorjahres, den „R"-Versionen von Chardonnay und Spätburgunder gesellt sich in diesem Jahr der 48 Monate auf der Hefe ausgebaute Sekt „Cuvée Charlotte", der je zur Hälfte aus Spätburgunder und Chardonnay besteht: Im Bouquet zeigt der Sekt leichte Reifenoten, etwas Quitte und Brotkruste, ist am Gaumen geradlinig, animierend und frisch mit feiner hefiger Würze. Der Chardonnay „R" zeigt Aromen von gerösteten Haselnüssen und gelbe Frucht, Melone, Zitrusnoten, besitzt gute Konzentration und Länge, der Spätburgunder „R" zeigt im komplexen Bouquet Schwarzkirsche, rote Johannisbeere und etwas Waldboden, er besitzt eine noch jugendliche Struktur und Länge. Und auch der Rest der Kollektion befindet sich auf sehr gutem Niveau, der Weißburgunder „S" besitzt Fülle, leicht süße Frucht und dezente Holzwürze, der Erkenbrecht-Riesling zeigt kräutrige-mineralische Noten, ist animierend und lang, der Riesling vom Schlossberg ist etwas fruchtbetonter mit Noten von Apfel, Aprikose und Ananas und auch der Chardonnay „vom Löss" zeigt viel gelbe Frucht und besitzt leicht cremige Konsistenz.

Weinbewertung

Punkte	Wein	Preis
88	2015 Cuvée Charlotte Sekt brut nature	13%/15,50€
86	2018 Pinot Rosé Sekt extra brut	12%/13,-€
85	2019 Weißer Burgunder trocken „vom Löss" Diedesfeld	13%/8,60€
86	2019 Chardonnay trocken „vom Löss" Diedesfeld	13%/8,60€
84	2019 Riesling trocken „Buntsandstein"	12%/8,60€
85	2019 Sauvignon Blanc trocken Diedesfeld	12,5%/9,-€
86	2019 Riesling trocken Hambacher Schlossberg	13%/11,50€
87	2019 Riesling trocken Neustadter Erkenbrecht	13%/13,50€
87	2019 Weißer Burgunder „S" trocken Diedesfelder Johanniskirchel	13%/11,-€
88	2018 Chardonnay „R" trocken „Réserve"	13,5%/14,-€
86	2018 Spätburgunder „S" trocken Diedesfelder Johanniskirchel	13,5%/11,50€
88	2018 Spätburgunder „R" trocken „Réserve"	13,5%/20,-€

CORBET
WEISSER BURGUNDER -S-
TROCKEN 2013
WEIN- & SEKTGUT CORBET

★★★★ Dr. Corvers-Kauter

Kontakt
Rheingaustraße 129
65375 Oestrich-Winkel
Tel. 06723-2614
Fax: 06723-2404
www.corvers-kauter.de
info@corvers-kauter.de

Besuchszeiten
Vinothek (April bis Oktober Mo.-So. 9-12 Uhr, Mi.-So. 15-20 Uhr; Nov. bis März Mo.-Fr. 8:30-17 Uhr, Sa. 9:30-12 + 14-17 Uhr) und nach Vereinbarung Gutsausschank (April bis Okt. Mi.-Fr. ab 17 Uhr, Sa./So./Feiertage ab 15 Uhr)

Inhaber
Dr. Matthias & Brigitte Corvers

Rebfläche
31 Hektar

Produktion
180.000 Flaschen

Die Weinbautradition der Familie Kauter aus Winkel lässt sich ebenso wie die der Familie Corvers aus Rüdesheim bis ins 18. Jahrhundert zurückverfolgen. Heute führen den Betrieb Matthias und Brigitte Corvers zusammen mit Sohn Phillip, der mit seinem abgeschlossenen Studium in Geisenheim und zahlreichen beruflichen Stationen im In- und Ausland viele neue Ideen mitbringt. Ihre besten Weinberge liegen im Rüdesheimer Berg in den Lagen Rottland, Roseneck und Schlossberg, im Höllenberg in Assmannshausen und in den Oestricher Lagen Doosberg und Lenchen. In 2018 sind weitere Rebflächen in Hattenheimer Nussbrunnen, Erbacher Marcobrunn und Rauenthaler Baiken hinzugekommen, die vorher zu den Besitzungen von Langwerth von Simmern gehörten. Bereits 2013 begann die Familie mit der Umstellung auf ökologischen Weinbau, der heute weitestgehend abgeschlossen ist. Wichtigste Rebsorte ist der Riesling, der drei Viertel der Fläche einnimmt. Hinzu kommt vor allem Spätburgunder im Assmannshäuser Berg. Die Weißweine werden mit der Korbpresse gepresst und langsam vergoren, lange auf der Hefe belassen und teilweise im Stahl, die Lagenweine werden teilweise auch im großen Holzfass ausgebaut, die Spätburgunder reifen in Barriques. In den letzten Jahren sind die Kollektionen stetig besser geworden, mit dem Jahrgang 2018 ist ein neuer Höhepunkt erreicht. Vom Einstiegsriesling bis zu den großen Lagenrieslingen findet man durchweg Weine mit großer Finesse und markanter Frische, die auch in warmen Jahrgängen nicht zur Opulenz neigen. Auch die Spätburgunder werden immer feiner, gehören heute zur Spitze im Rheingau und in Deutschland.

Kollektion

Nach dem grandiosen Vorjahr bietet das aufstrebende Weingut wieder eine durch die Bank starke Kollektion animierender Rieslinge und kraftvoller Spätburgunder. Das beginnt mit dem frischen Gutsriesling, der wieder ausgesprochen filigran und geschliffen ist und zu den besten der Region gehört. Der „kleine" Riesling aus dem Baiken ist ebenso elegant, dabei fein zitrusfruchtig und herrlich klar bis ins mineralische Finish. Sein großer Bruder aus derselben Lage konzentriert diese Eigenschaften wie unter einem Brennglas zu einem fantastisch präzisen, mineralisch gebündelten Riesling mit großer Transparenz, müheloser Kraft und zupackender Frische. Er benötigt weitere Flaschenreife. Der Marcobrunn hingegen ist schon ganz jung sehr attraktiv, sein feiner, zart nussiger Schmelz wird von einer attraktiven Frische flankiert, bei aller Reife und Kraft ist er immer elegant und sehr ausgewogen. Wir wechseln geografisch in den Rüdesheimer Berg, wo das Weingut traditionell seine besten Lagenrieslinge produziert. Hier ist ein saftiger Rottland entstanden, der frühe Trinkfreude bietet. Für die Lage ist er bei harmonischer Frische und reifer Frucht geradezu schlank, wie alle anderen trockenen Spitzenrieslinge konsequent trocken ausgebaut. Der Roseneck Riesling ist in 2019 grazil, zupackend, frisch und mineralisch, bei aller Zartheit

---

CORVERS KAUTER

2013
BERG ROSENECK —
RIESLING FEINHERB

druckvoll, ein kristalliner Riesling, der etwas Zeit in der Flasche braucht, aber schon jetzt zu den feinsten der Region zählt. Der Schlossberg ist vollmundig, seine gelbe und weiße Frucht ist perfekt reif, ein austarierter Riesling, dessen dramatische Mineralität und Kraft ausgesprochen lagentypisch ist. Die feinherben und fruchtigen Rieslinge sind ebenso prägnant. Der feinherbe Marcobrunn mit seiner säurebetonten Art bietet Trinkanimation pur, endet herb und würzig. Recht füllig ist der Kabinett aus derselben Lage, seine markante Säure wird ihn gut reifen lassen. Die Spätlese aus dem Doosberg ist dagegen satt, trotzdem trägt sie kein Gramm Fett zu viel, braucht Geduld. Drei Trockenbeerenauslesen präsentiert das Weingut in diesem Jahr. Was sie verbindet ist ihre filigrane, sehr reintönige Art. Abgesehen davon, zeigen sie spannende Unterschiede. Nach reifen Zitronen duftend ist die aus dem Mannberg kristallin, die aus dem Baiken im direkten Vergleich geradezu herb und drahtig, die aus dem Marcobrunn präsentiert sich würzig und sehr beerig. Auch die Spätburgunder erfüllen wieder alle Erwartungen. Der Ortswein aus Assmannshausen ist ausgewogen, besitzt mineralischen Schliff und perfekte Reife. Der Wein aus dem Drachenstein ist aromatisch kühler und feiner, ist mehr von roten Fruchtaromen geprägt, kann ebenso noch etwas in der Flasche reifen wie der ausgesprochen kraftvolle, rauchige Wein aus dem Höllenberg, dessen würzige Tannine den Gaumen fordern.

Weinbewertung

89	2019 Riesling trocken Rauenthal Baiken	12,5%/12,50€
87	2019 Riesling trocken „R³ Remastered"	12%/9,50€
92	2019 Riesling trocken Rüdesheim Berg Roseneck	12,5%/31,-€
93	2019 Riesling trocken Rüdesheim Berg Schlossberg	12,5%/31,-€
92	2019 Riesling trocken Rüdesheim Berg Rottland	12,5%/31,-€
93	2019 Riesling trocken Rauenthal Baiken	12,5%/31,-€
92	2019 Riesling trocken Erbach Marcobrunn	12,5%/31,-€
87	2019 Riesling „feinherb" Erbach Marcobrunn	12%/16,-€
88	2019 Riesling Kabinett Erbach Marcobrunn	10%/16,-€
90	2019 Riesling Spätlese Oestrich Doosberg	7,5%/19,50€
94	2019 Riesling Trockenbeerenauslese Hattenheim Mannberg	6%/230,-€/0,375l
93	2019 Riesling Trockenbeerenauslese Rauenthal Baiken	6%/230,-€/0,375l
94	2019 Riesling Trockenbeerenauslese Erbach Marcobrunn	6%/230,-€/0,375l
90	2018 Pinot Noir Assmannshausen	13,5%/28,-€
91	2018 Pinot Noir Rüdesheim Drachenstein	13,5%/48,-€
92	2018 Pinot Noir Assmannshausen Höllenberg	13,5%/68,-€

Lagen
Berg Schlossberg (Rüdesheim)
Berg Rottland (Rüdesheim)
Berg Roseneck (Rüdesheim)
Drachenstein (Rüdesheim)
Höllenberg (Assmannshausen)
Doosberg (Oestrich)
Hasensprung (Winkel)
Nussbrunnen (Hattenheim)
Marcobrunn (Erbach)
Baiken (Rauenthal)

Rebsorten
Riesling (85 %)
Spätburgunder (15 %)

Crass

★ ★ ⯪

Kontakt
Taunusstraße 2
65346 Erbach
Tel. 06123-63169
Fax: 06123-676878
www.weingut-crass.de
info@weingut-crass.de

Besuchszeiten
Vinothek
Do./Fr. 14-18 Uhr
Sa. 11-18 Uhr
Gutsrestaurant:
Do.-Mo. ab 17 Uhr
So. & Feiertage ab 11:30 Uhr

Inhaber
Matthias Craß
Kellermeister
Matthias Craß
Außenbetrieb
Wolfgang Craß
Rebfläche
9 Hektar
Produktion
70.000 Flaschen

Seit vielen Generationen betreibt die Familie Weinbau im Rheingau, 2014 hat Matthias Craß die Führung von seinem Vater Wolfgang Craß übernommen. Er zog in ein größeres Hofgut in der Nachbarschaft um, wo auch eine Vinothek erbaut wurde. Matthias Craß hatte seine Lehre bei Schloss Vollrads gemacht, es folgte die Weinbautechnikerausbildung, dann Stationen als Kellermeister beim Rauenthaler Winzerverein, beim Wein- und Sektgut Barth und in Schloss Reinhartshausen. Seine Weinberge liegen hauptsächlich in Erbach in den Lagen Siegelsberg, Michelmark, Hohenrain und Steinmorgen, des Weiteren ist er in den Kiedricher Lagen Sandgrub und Klosterberg vertreten. Riesling ist die dominierende Rebsorte im Betrieb, dazu gibt es Spätburgunder und Grauburgunder, aber auch ein klein wenig Sauvignon Blanc, Gelber Muskateller, Merlot, Frühburgunder und Weißburgunder.

Kollektion

Auf dem kleinen Erbacher Weingut geht es weiter voran. Die gesamte Kollektion ist stimmig vom Einstieg bis zur Spitze. Der Riesling Sekt gefällt uns ausgesprochen gut, er bietet zart-herben, weinigen Charakter. Interessant ist der Vergleich der drei Sauvignon Blancs. Der schlanke und frische Hallgartener spielt mit pikanter Frucht, der Erbacher ist deutlich kräftiger. Mit Schmelz und nobler Holzwürze hebt sich der sehr trocken ausgebaute Vertreter aus dem Hendelberg deutlich ab. Zu den Empfehlungen für jeden Tag gehört der fruchtige, süffige Literriesling. Der Riesling aus dem Hohenrain ist harmonisch und aromatisch. Das Große Gewächs aus dem Siegelsberg ist kraftvoll und zugleich fein, hat genug Substanz für weitere Lagerung. Der opulente Riesling Alte Reben ist intensiv und cremig, die Säure verspricht weitere gute Entwicklung auf der Flasche. Die Rotweine sind auf Augenhöhe, der Spätburgunder ist fruchtig und fein, der kräftige Merlot punktet mit attraktiver Toastwürze und Nachhaltigkeit.

Weinbewertung

86	2018 Riesling Sekt extra brut Oestricher Lenchen	12,5%/11,90€
84	2019 Riesling trocken (1l)	12%/6,40€ ☺
85	2019 Sauvignon Blanc trocken Hallgartener	12%/7,90€
85	2019 Sauvignon Blanc trocken Erbacher	12%/7,90€
87	2018 Sauvignon Blanc trocken Hallgartener Hendelberg	13%/10,90€
86	2019 Riesling trocken Erbacher Steinmorgen	12,5%/8,40€
86	2019 Riesling trocken Erbacher Hohenrain	12%/9,90€
89	2018 Riesling Großes Gewächs Erbacher Siegelsberg	12,5%/17,90€
84	2019 Riesling „feinherb" Erbacher	11,5%/6,90€
88	2018 Riesling „Alte Reben" Erbacher Siegelsberg	12,5%/12,40€
85	2018 Spätburgunder trocken Erbacher	13,5%/9,90€
88	2018 Merlot trocken Erbacher Michelmark	14,5%/17,90€

★★★★ Dr. Crusius

Kontakt
Hauptstraße 2
55595 Traisen
Tel. 0671-33953
Fax: 0671-28219
www.weingut-crusius.de
info@weingut-crusius.de

Besuchszeiten
nach Vereinbarung
Mo.-Fr. 9-12 + 13.30-17.00 Uhr
Sa. 10-16 Uhr

Inhaber
Dr. Peter Crusius
Betriebsleiter
Dr. Peter Crusius &
Rebecca Crusius
Kellermeister
Dr. Peter Crusius &
Rebecca Crusius
Rebfläche
22 Hektar
Produktion
120.000 Flaschen

Die Familie betreibt seit dem 16. Jahrhundert Weinbau in Traisen, das Gutsgebäude stammt aus dem Jahr 1888. Hans Crusius entwickelte den landwirtschaftlichen Mischbetrieb in den fünfziger Jahren des 20. Jahrhunderts zum reinen Weingut mit 7,5 Hektar Reben, 1955 wurde die Produktion komplett auf Flaschenweine umgestellt. Sein Sohn Peter Crusius, der heutige Besitzer, erweiterte durch Neuanlagen und Zukäufe das Weingut auf die heutige Größe. 70 Prozent der Weinbergsfläche sind vom VDP, dem das Weingut seit 1984 angehört, als „Große Lage" oder „Erste Lage" klassifiziert. Die Weinberge befinden sich in den Traiser Lagen Bastei (ein halber Hektar, rotes Porphyrverwitterungsgestein) und Rotenfels (7 Hektar, Porphyrverwitterungsböden) mit der Gewanne Mühlberg, in Schlossböckelheim im Felsenberg (2,5 Hektar, bis zu 60 Prozent steiler Südhang mit schwarz-grauem Melaphyr-Vulkangestein) und in der Kupfergrube (1,5 Hektar, schwarz-graues Melaphyr-Vulkangestein mit hohem Feinerde und Gesteinsanteil), im Norheimer Kirschheck (graue Schieferverwitterung mit Sandeinlagerungen) und im Niederhäuser Felsensteyer (Gehängelehmboden mit hohem Schieferanteil). Crusius baut zu 55 Prozent Riesling an, dazu kommen an weißen Sorten Weißburgunder, Grauburgunder, Auxerrois, Chardonnay und Müller-Thurgau, auf 10 Prozent der Fläche stehen die roten Sorten Spätburgunder, Frühburgunder und Schwarzriesling. Die Weine werden teils spontan, teils mit Reinzuchthefen vergoren, teils im Edelstahl und teils im Holz ausgebaut. Peter Crusius und seine Frau Birgitta werden mittlerweile von ihren Töchtern Judith und Rebecca im Betrieb unterstützt, Judith kümmert sich um Marketing, Export und Vertrieb, Rebecca ist seit Anfang 2019 in das Weingut eingestiegen, hat zuvor in Geisenheim Önologie studiert und bei den Weingütern Max Müller, Dreissigacker, Georg Breuer und Poplar Grove im kanadischen Okanagan Valley gearbeitet.

🍷 Kollektion

Im Jahrgang 2019 besitzen die fünf Großen Gewächse und der Riesling „Untitled IV", eine Selektion der besten Trauben aus Großen Lagen, alle Kraft, gute Konzentration, Biss und klare gelbe Frucht, unterscheiden sich im Detail dann aber deutlich: Dem Bastei geben wir knapp den Vorzug an der Spitze, er zeigt kräutrig-steinige Noten und dezente Frucht, besitzt dann am Gaumen klare Zitrusnoten, Ananas, Orangenschale, eine leichte Süße und guten Grip, ist sehr präsent, animierend und nachhaltig, den „Untitled" bewerten wir gleich hoch, er zeigt neben kräutriger Würze auch gelben Apfel und Grapefruit im Bouquet, besitzt Fülle und ebenfalls klare Zitrusfrucht, Grip, feinen Druck und Länge. Die Kupfergrube zeigt kräutrig-mineralische Noten und klare Frucht, Aprikose, etwas Honigmelone, besitzt am Gaumen auch herbe Zitruswürze und ein lebendiges Säurespiel, der Felsenberg zeigt Aromen von gelbem Apfel, Birne und

Orangenschale im Bouquet, ist auch am Gaumen gelbfruchtig, besitzt Grip und Biss, der Mühlberg ist eher auf der kräutrigen Seite, entwickelt dann am Gaumen auch klare Fruchtaromen von Aprikose und Ananas, ist frisch und herb und der Steinberg ist das fruchtbetonteste der Großen Gewächse, zeigt viel gelbes Steinobst und etwas Orangenschale, besitzt am Gaumen Saft, Kraft und gute Länge. Auch die vier anderen trockenen Rieslinge befinden sich auf einem sehr guten Niveau, der „Top of the rock" zeigt steinig-mineralische Würze und klare gelbe Frucht, ist animierend und sehr präsent, der Rotenfels ist etwas zurückhaltender in der Frucht, besitzt Biss und Länge, der Felsensteyer ist kräutrig und füllig, besitzt leicht süße Frucht und Frische und der „vom Fels" besitzt klare Zitrusfrucht, Orangenschale und Biss. Der Weißburgunder „Kaffel" zeigt gelbe Frucht, Birne, Aprikose, sehr dezente Holzwürze und etwas florale Noten, besitzt Frische, der „Connexxion", eine Cuvée aus Weißburgunder, Auxerrois, Chardonnay und Graubungunder zeigt ebenfalls klare Birnenfrucht, besitzt leicht florale Würze und Schmelz. Und auch zwei edelsüße Auslesen konnten wir verkosten, die beide klaren Charakter und feine Frische besitzen, der Mühlberg zeigt im Bouquet viel gelbe Frucht, Aprikose, Pfirsich, Ananas, besitzt am Gaumen Saft und ein frisches Säurespiel, ist leicht cremig und elegant, der Felsenberg ist in der Frucht etwas zurückhaltender, zeigt feine kräutrige Würze, etwas Rosmarin, und ist am Gaumen leicht cremig, elegant und animierend mit herben Zitrusnoten.

Weinbewertung

87	2019 „Connexxion" Weißwein trocken	13%/12,-€
86	2019 Riesling trocken „Vom Fels" Traisen	12,5%/12,50€
88	2019 Weißburgunder trocken „Kaffel" Traiser	13%/15,50€
88	2019 Riesling trocken „Top of the rock"	13%/18,-€
87	2019 Riesling trocken Niederhäuser Felsensteyer	13%/15,50€
87	2019 Riesling trocken Traiser Rotenfels	12,5%/15,50€
90	2019 Riesling „GG" Steinberg	13%/27,-€
90	2019 Riesling „GG" Mühlberg	13%/29,-€
91	2019 Riesling „GG" Felsenberg	13,5%/29,-€
91	2019 Riesling „GG" Kupfergrube	13%/33,-€
92	2019 Riesling „GG" Bastei	13%/45,-€
92	2019 Riesling trocken „Untitled IV"	13,5%/48,-€
90	2019 Riesling Auslese Schlossböckelheimer Felsenberg	8,5%/15,-€/0,375l
90	2019 Riesling Auslese Traiser Mühlberg	8,5%/15,-€/0,375l

Rebecca & Peter Crusius

Lagen
Bastei (Traisen)
Rotenfels (Traisen)
Mühlberg (Traisen)
Felsenberg
(Schlossböckelheim)
Kupfergrube
(Schlossböckelheim)
Kirschheck (Norheim)
Felsensteyer (Niederhausen)

Rebsorten
Riesling (55 %)
Weiße Burgunder (35 %)
Rote Sorten (10 %)

RHEINHESSEN — DITTELSHEIM-HESSLOCH

★★✩

Dackermann

Kontakt
Gaustraße 15
67596 Dittelsheim-Heßloch
Tel. 06244-7054
www.weingut-dackermann.de
info@weingut-dackermann.de

Besuchszeiten
Vinothek geöffnet nach Voranmeldung

Inhaber
Sascha Dackermann

Rebfläche
16,5 Hektar

Produktion
120.000 Flaschen

Sascha Dackermann führt seit 2011 in vierter Generation das in Dittelsheim-Heßloch gelegene Weingut, das 1949 von seinem Urgroßvater Philipp Dackermann gegründet wurde. Seine Weinberge liegen in den Bechtheimer Lagen Stein, Hasensprung und Heilig Kreuz, im Dittelsheimer Kloppberg sowie in den Hesslocher Lagen Liebfrauenberg, Mondschein und Steinbügel, Letztere eine Gewanne innerhalb der Lage Edle Weingärten. Das Sortiment ist gegliedert in Liter- und Gutsweine, Ortsweine und Lagenweine, dazu gibt es im Barrique ausgebaute Réserveweine. Die Rotweine werden in 1.200 Liter-Holzfässern ausgebaut, die Weißweine teils im Edelstahl, teils im Holz.

Kollektion

Mit der neuen Kollektion, die dieses Jahr ausschließlich aus trockenen Weinen besteht, legt Sascha Dackermann weiter zu. Schon die Scheurebe im Liter ist würzig, klar und frisch, die Gutsweine sind fruchtbetont und reintönig, der wunderschön griffige Muskateller mit seiner feinen süßen Frucht gefällt uns besonders gut. Sehr geschlossen präsentieren sich die Ortsweine. Der Hesslocher Riesling zeigt gute Konzentration und reintönige Frucht, ist frisch und fruchtbetont, strukturiert und zupackend. Der Hesslocher Weißburgunder ist würzig, klar und geradlinig, am besten aber gefällt uns der Chardonnay aus Bechtheim, der feine rauchige Noten und reintönige Frucht im Bouquet zeigt, klar, frisch und zupackend im Mund ist. Der Chardonnay-Sekt zeigt feine Frische und Würze, ist klar und zupackend, macht eine gute Figur wie auch der Pinot Noir Rosé, der recht süß ist, aber feine Frische und Biss besitzt. Der Hesslocher Portugieser ist fruchtbetont und reintönig, frisch und strukturiert. Unser Favorit in der aktuellen Kollektion ist der zweite präsentierte Rotwein, der Spätburgunder vom Bechtheimer Stein, der intensive, klare Frucht besitzt, gute Struktur, Kraft und Druck. Weiter so!

Weinbewertung

Punkte	Wein	Alkohol/Preis
84	2017 Chardonnay „Grande Réserve" Sekt brut	12,5 %/12,50 €
81	2019 Scheurebe trocken „Der Literwein" (1l)	12,5 %/5,95 €
82	2019 Riesling trocken	13 %/6,80 €
83	2019 Grauburgunder trocken	13 %/6,90 €
85	2019 Gelber Muskateller trocken	13 %/6,95 €
85	2019 Riesling trocken „vom Kalkstein" Hesslocher	13 %/7,90 €
84	2019 Weißer Burgunder „vom Kalkstein" trocken Hesslocher	13,5 %/8,20 €
86	2018 Chardonnay „vom Löss" trocken Bechtheimer	14 %/8,20 €
83	2019 Pinot Noir Rosé trocken	13 %/6,80 €
83	2017 Blauer Portugieser „vom Kalkstein" trocken Hesslocher	13,5 %/7,90 €
86	2017 Spätburgunder trocken Bechtheimer Stein	14,5 %/10,50 €

Dagernova

★

Kontakt
Ahr-Winzer eg/Dagernova Weinmanufaktur,
Heerstraße 91-93, 53474 Bad Neuenahr-Ahrweiler
Tel. 02641-9472-0
Fax: 02641-947294
www.dagernova.de
info@dagernova.de

Besuchszeiten
Vinothek in Dernau Mo.-Fr. 8-18 Uhr, Sa./So. 10-18 Uhr;
Vinothek Bad Neuenahr Mo.-Fr. 8-18 Uhr, Sa. 8-12 Uhr;
Restaurant & Weinstube Di.-So. ab 11:30 Uhr (warme Küche bis 21 Uhr)

Geschäftsführer
Dominik Hübinger
Kellermeister
Günter Schüller
Außenbetrieb
Stefan Stahl
Rebfläche
150 Hektar
Produktion
1.400.000 Flaschen

Dernau wurde als Dagernova im 8. Jahrhundert erstmals urkundlich erwähnt. 1873 wurden in Dernau der damalige Winzerverein und der Weinbauverein gegründet, die 1970 zur Dernauer Winzergenossenschaft fusionierten. Dieser schlossen sich in der Folgezeit die Winzervereine von Bachem, Heimersheim, Bad Neuenahr und Rech an, 1981 bezog die nun Vereinigte Ahrwinzergenossenschaft neue Räumlichkeiten in Bad Neuenahr. 2004 gab man sich den neuen Namen Weinmanufaktur Dagernova. Neben einer Beteiligung am Weingut Kloster Marienthal wurde seither vor allem in Kellertechnik und Traubenannahme investiert, das Restaurant „Culinarium und Weinstube" wurde renoviert und 2013 neu eröffnet. 600 Mitglieder bewirtschaften über 500 Hektar Weinberge im ganzen Ahrtal. Spätburgunder nimmt 70 Prozent der Rebfläche ein, dazu gibt es Portugieser, Frühburgunder, Müller-Thurgau, Riesling, Kerner, Grauburgunder und Weißburgunder.

Kollektion

Wie im vergangenen Jahr führen drei sehr gute Lagen-Rotweine die Kollektion an, drei Spätburgunder aus dem Jahrgang 2018. Der Wein aus dem Sonnenberg zeigt Gewürze, etwas Schokolade, ist frisch, klar und zupackend, besitzt gute Struktur und jugendliche Tannine. Der Spätburgunder aus der Landskrone zeigt reife reintönige Frucht, etwas florale Noten, besitzt Fülle und Kraft, gute Struktur und Substanz. Unser Favorit ist der üppige Spätburgunder aus dem Kapellenberg, der feine Würze und viel Frucht zeigt, Fülle und Saft besitzt, gute Struktur, viel Kraft und noch jugendliche, ganz leicht bittere Tannine. Unter den weiteren Rotweinen gefällt uns der würzige, zupackende Frühburgunder Edition am besten, das weiße Segment wird angeführt von der sehr guten Riesling Auslese, die herrlich viel Frucht im Bouquet zeigt, süß und konzentriert im Mund ist, frisch und zupackend.

Weinbewertung

Punkte	Wein	Details
80	2019 Weißburgunder trocken „Handschrift"	11,5%/8,90€
80	2019 Riesling trocken „Handschrift"	11,5%/8,90€
82	2019 Spätburgunder „Blanc de Noir" trocken „Mission" Steillage	11,5%/10,-€
85	2018 Riesling Auslese Heimersheimer	7,5%/9,90€
80	2019 Spätburgunder Rosé trocken	11%/6,90€
81	2018 Frühburgunder trocken „Handschrift"	13%/10,90€
80	2018 Spätburgunder „J" trocken „Handschrift"	12,5%/9,90€
83	2018 Frühburgunder trocken „Edition"	13,5%/16,90€
82	2018 Spätburgunder trocken Marienthaler	14%/16,90€
86	2018 Spätburgunder trocken Neuenahrer Sonnenberg	13,5%/24,90€
86	2018 Spätburgunder trocken Heimersheimer Landskrone	13,5%/24,90€
87	2018 Spätburgunder trocken Heimersheimer Kapellenberg	14%/24,90€

PFALZ — BAD DÜRKHEIM

★ ★ ★

Dambach

Kontakt
Hinterbergstraße 50
67098 Bad Dürkheim
Tel. 06322-7909740
info@dambach-wein.de
www.dambach-wein.de

Besuchszeiten
Mo.-Fr. 14-18 Uhr
Sa. 10-15 Uhr

Inhaber
Sven Ohlinger &
Philipp Seeger

Rebfläche
7,9 Hektar

Produktion
40.000 Flaschen

2010 starteten Sven Ohlinger und Philipp Seeger, damals beide hauptberuflich beim Weingut Knipser tätig, ihr nach ihren Initialen benanntes Projekt „SOPS" und bepflanzten eine kleine Fläche mit Chardonnay, der 2014 das erste Mal in den Verkauf kam. Im Sommer 2018 bot sich ihnen die Möglichkeit, das Bad Dürkheimer Weingut Nickels-Dambach mitsamt knapp sechs Hektar Weinbergen zu übernehmen. Neben ihren Flächen im Großkarlbacher Burgweg verfügen sie jetzt über Parzellen in den Dürkheimer Lagen Spielberg, Hochmess, Schenkenböhl und Fronhof, die wichtigste Sorte im Betrieb ist der Riesling, daneben gibt es Chardonnay, Weiß- und Grauburgunder, Sauvignon Blanc und Gewürztraminer, an roten Sorten gibt es Spätburgunder, Syrah, Cabernet Sauvignon und Merlot.

Kollektion

Nach dem überzeugenden Debüt im vergangenen Jahr können Sven Ohlinger und Philipp Seeger in diesem Jahr bei ihren beiden Lagenrieslingen noch zulegen: Der Burgweg, Jahrgang 2017, zeigt leichte Reifenoten und etwas Holzwürze, besitzt am Gaumen leicht zurückhaltende gelbe Frucht, Zug, und salzige Länge, der 2019er Spielberg zeigt viel jugendliche Frucht, gelben Apfel, Aprikose, etwas Pfirsich, ist konzentriert, leicht cremig und druckvoll. Der Chardonnay, den wir im letzten Jahr schon einmal verkostet hatten, ist kraftvoll und nachhaltig, besitzt am Gaumen präsente, aber gut eingebundene Röstnoten, die beiden Spätburgunder wirken zunächst sehr wild, brauchen Luft und entwickeln dann dunkle Kirschfrucht, die Reserve-Version zeigt auch etwas Mokka im Bouquet, am Gaumen ist die Frucht heller, rote Johannisbeere, mit zunehmender Belüftung wird er immer eleganter. Erstmals konnten wir auch einen Sekt verkosten, der Chardonnay zeigt etwas Brotkruste, Birne und Zitrusnoten, ist cremig, frisch und würzig.

Weinbewertung

87	Chardonnay Sekt brut nature	12,5%/15,-€
84	2019 Riesling trocken Dürkheimer	12%/8,50€
86	2019 Riesling trocken „vom Kalk"	13%/9,50€
86	2018 „Cuvée Trigund" Weißwein trocken	13,5%/9,80€
83	2019 Sauvignon Blanc trocken	12%/9,50€
86	2018 Scheurebe trocken Spielberg	13,5%/18,-€
89	2017 Riesling trocken Großkarlbacher Burgweg	13%/19,-€
89	2019 Riesling trocken Spielberg	13%/19,-€
88	2017 Chardonnay trocken „Reserve"	13,5%/24,-€
83	2019 Cuvée Rosé trocken	12%/8,50€
85	2017 Spätburgunder trocken	13%/9,20€
88	2017 Spätburgunder trocken „Reserve"	13,5%/24,-€

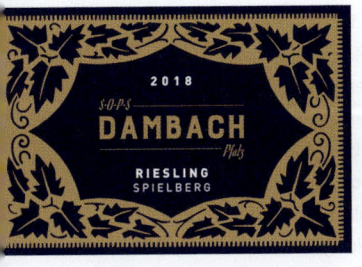

PFALZ — EDENKOBEN

★★

Damm

Kontakt
St. Martiner Straße 20
67480 Edenkoben
Tel. 06323-4129
Fax: 06323-4179
www.weingutdamm.de
info@weingutdamm.de

Besuchszeiten
Mi. 11-18 Uhr
Do. 10-18 Uhr
Fr. 10-18 Uhr
Sa. 9-16 Uhr
Ferienwohnung

Inhaber
Michael Damm
Betriebsleiter
Michael Damm
Rebfläche
8 Hektar

Weinbau wird in der Familie Damm seit 1845 betrieben, 2017 hat Michael Damm das kleine Weingut von seinen Eltern übernommen. Auf Herbizide im Weinberg wurde schon länger verzichtet, aktuell ist der Betrieb in der Umstellungsphase auf biologischen Anbau. Die Weinberge befinden sich in der Edenkobener Lage Heilig Kreuz, die direkt an das am Ortsrand gelegene Weingut angrenzt, und in Maikammer im Heiligenberg und im Kapellenberg, beide ebenfalls in Sichtweite des Weinguts. Das Sortiment ist in Guts-, Orts- und Lagenweine eingeteilt, die Lagenweine werden spontan in traditionellen Bütten vergoren und anschließend im Holz ausgebaut. Im September 2019 wurde die neu gestaltete Vinothek eröffnet.

Kollektion

Nach dem überzeugenden Debüt im vergangenen Jahr präsentiert uns Michael Damm erneut eine sehr gelungene Kollektion mit einer Überraschung an der Spitze: Es dürfte wohl das erste Mal sein, dass ein Viognier das Sortiment eines Pfälzer beziehungsweise sogar eines deutschen Weinguts anführt, der Wein zeigt im komplexen Bouquet viel gelbe Frucht, Aprikose, Zitrusfrüchte, Orangenschale, und dezenten Holzeinfluss, ist kraftvoll, harmonisch und elegant, besitzt ein feines, nachhaltiges Säurespiel und gute Länge. Sehr gut ist auch der 2017er Riesling aus dem Heiligenberg, der mit Luft Noten von gelbem Steinobst entwickelt und gute Konzentration und noch Frische besitzt, der Graubugunder wirkt noch sehr jung, ist ausgewogen und besitzt guten Grip, der Sauvignon Blanc zeigt typische grasige Würze und etwas Stachelbeere. Bei den Rotweinen ist das Holz jeweils sehr gut eingebunden, der Spätburgunder zeigt dunkle Frucht, Schwarzkirsche im Bouquet, ist kühl, kräutrig und gut strukturiert, der Saint Laurent ist kraftvoll und ebenfalls dunkelfruchtig. „Außer Konkurrenz" konnten wir den maischevergorenen Chardonnay, der im vergangenen Jahr die Kollektion angeführt hat, nochmals verkosten, der Wein ist immer noch sehr eindringlich, zeigt mittlerweile etwas deutlichere Frucht und besitzt auch noch Kraft und guten Grip.

Weinbewertung

82	2018 Riesling trocken (1l)	13%/4,60 €
84	2019 Sauvignon Blanc trocken Diedesfelder	13%/6,70 €
82	2018 Scheurebe trocken Edenkobener	13%/6,70 €
85	2019 Grauer Burgunder trocken Edenkobener	13%/6,70 €
89	2018 Viognier trocken Maikammerer Kapellenberg	13,5%/10,40 € ☺
87	2017 Riesling trocken Maikammerer Heiligenberg	13%/10,40 €
82	2019 „Cuvée Karfunkel" Rosé trocken Edenkobener	13%/6,30 €
85	2017 Saint Laurent trocken Edenkobener Heilig Kreuz	13,5%/10,40 €
86	2018 Spätburgunder trocken Edenkobener Heilig Kreuz	13,5%/10,40 €

PFALZ — BAD DÜRKHEIM

★★

Darting

Kontakt
Am Falltor 4-6
67098 Bad Dürkheim
Tel. 06322-979830
Fax: 06322-9798326
www.darting.de
info@darting.de

Besuchszeiten
Mo.-Fr. 8:30-12 + 13-18 Uhr
Sa. 9-16 Uhr

Inhaber / Kellermeister
Helmut Darting
Außenbetrieb
Christof Reuther
Rebfläche
25 Hektar
Produktion
180.000 Flaschen

Seit dem 18. Jahrhundert baut die Familie Wein in der Pfalz an, heute führt Helmut Darting den Betrieb. Seine Weinberge liegen vor allem in verschiedenen Dürkheimer (Michelsberg, Spielberg, Hochbenn, Nonnengarten, Fronhof, Fuchsmantel, Schenkenböhl) und Ungsteiner Lagen (Herrenberg, Weilberg), aber auch in Wachenheim (Mandelgarten). Wichtigste Rebsorte ist Riesling, der 30 Prozent der Rebfläche einnimmt, neben den weißen Burgundersorten spielen auch die Bukettsorten auf 14 Prozent der Fläche ein wichtige Rolle, die roten Sorten wie Spätburgunder, St. Laurent, Cabernet Cubin, Dornfelder und Schwarzriesling machen rund 40 Prozent des Rebsortenspiegels aus. Aus Gewürztraminer, Kanzler, Rieslaner, Scheurebe, Muskateller oder Huxelrebe werden edelsüße Weine erzeugt, die das Weingut berühmt gemacht haben.

Kollektion

Ein edelsüßer Wein ist es auch in diesem Jahr wieder, der an der Spitze des Sortiments steht, die Beerenauslese vom Rieslaner zeigt Noten von Nougat, getrockneten Aprikosen und Feigen im eindringlichen Bouquet, besitzt gute Konzentration, eine cremige Konsistenz und ein subtiles Säurespiel. Auch auf die Bukettsorten ist immer Verlass, der Sauvignon Blanc zeigt Noten von reifen Stachelbeeren und Pfirsich, der trockene Muskateller und der Muskateller-Sekt sind beide sehr aromatisch, frisch, schlank und ausgewogen und auch der Gewürztraminer ist harmonisch, besitzt dezente Süße, bleibt aber nur recht kurz am Gaumen. Unter den Rieslingen, die alle einen Restzuckergehalt knapp unterhalb der Trockengrenze aufweisen, ist die Spätlese vom Michelsberg unser Favorit, der Wein zeigt leicht gereifte, gelbe Frucht, besitzt Konzentration, Frische und gute Länge. Die beiden Spätburgunder aus dem Nonnengarten sind beide sehr stoffig und füllig, die Barriqueversion zeigt deutliche Röstnoten.

Weinbewertung

84	2018 Muskateller Sekt brut „everybody's darling" Dürkheimer Steinberg	11,5%/17,-€
82	2019 Riesling Kabinett trocken Dürkheimer Fronhof (1l)	12%/5,50€
84	2019 Riesling Kabinett trocken Dürkheimer Spielberg	13%/7,50€
83	2019 Weißburgunder trocken Dürkheimer Schenkenböhl	12,5%/7,-€
84	2019 Sauvignon Blanc Kabinett trocken Dürkheimer Schenkenböhl	12,5%/8,50€
84	2019 Muskateller trocken Dürkheimer Hochbenn	12%/8,-€
86	2018 Riesling Spätlese trocken Dürkheimer Michelsberg	12,5%/9,-€
83	2019 Gewürztraminer Kabinett Dürkheimer Nonnengarten	10%/7,50€
89	2017 Rieslaner Beerenauslese Dürkheimer Nonnengarten	8%/18,-€/0,5l
82	2019 Spätburgunder Rosé trocken	12,5%/6,-€
83	2016 Spätburgunder trocken Dürkheimer Nonnengarten	14%/7,50€
86	2017 Spätburgunder * trocken Dürkheimer Nonnengarten	14%/17,-€

WÜRTTEMBERG ▶ BÖNNIGHEIM

★★★★★ Dautel

Kontakt
Lauerweg 55
74357 Bönnigheim
Tel. 07143-870326
Fax: 07143-870327
www.weingut-dautel.de
info@weingut-dautel.de

Besuchszeiten
Mo.-Fr. 10-12 + 14-18 Uhr
Sa. 10-16 Uhr

Inhaber
Christian Dautel
Rebfläche
14 Hektar
Produktion
100.000 Flaschen

Weinbau gibt es seit Anfang des 16. Jahrhunderts in der Familie, mit der Selbstvermarktung hat aber erst Ernst Dautel Ende der siebziger Jahre begonnen, nach Abschluss eines Studiums in Geisenheim. Konsequent hat Ernst Dautel seine Vorstellungen vom Wein umgesetzt, hat viel ausprobiert und ist stetig vorangekommen: Seit Mitte der achtziger Jahre baute er Weine im Barrique aus, 1988 pflanzte er Chardonnay, 1990 erzeugte er seine erste Cuvée, die Kreation Rot. Seit einigen Jahren schon wurde Ernst Dautel im Betrieb unterstützt von Sohn Christian, der ihn 2013 übernommen hat; es wurden neue Rebflächen erworben, Spätburgunder möchte Christian Dautel im Anbau forcieren. Seine Weinberge liegen vor allem in Bönnigheim (Sonnenberg) und Besigheim (Wurmberg). Der Sonnenberg besteht aus buntem Mergel, Schilfsandstein und Gipskeuper, die Großen Gewächse stammen von alten Reben im Herzstück des Sonnenbergs; mit dem Jahrgang 2014 kam ein neues Großes Gewächs hinzu, der Spätburgunder aus dem Forstberg in Oberstenfeld. Die Muschelkalkterrassen des Wurmbergs liegen am Ufer der Enz. Rote Sorten nehmen 60 Prozent der Fläche ein. Hauptrebsorten sind Riesling und Lemberger. Dazu gibt es Spätburgunder, Weißburgunder, Samtrot und Trollinger, aber auch Chardonnay, Cabernet Sauvignon und Merlot. Die Weißweine werden lange auf der Feinhefe ausgebaut, die Rotweine kommen nach der Maischegärung bis zu zwei Jahre ins Barrique. Prädikatsbezeichnungen werden ausschließlich für edelsüße Weine verwendet. An der Spitze des Sortiments stehen die Weine der S-Klasse und die Großen Gewächse. Schon in der ersten Ausgabe haben wir die Weine von Ernst Dautel wärmstens empfohlen, schon damals gehörte er für uns zur absoluten Spitze in Württemberg. Seine Weine kennen wir noch viel länger, von seinen Anfängen als „wilder Barriquewinzer", als er noch Riesling und Kerner ins kleine Eichenholzfass zwang, wenn uns die Erinnerung nicht täuscht. Er hat sich kontinuierlich gesteigert, nicht nur bei den weißen und roten Spitzenweinen, nein, auch die Basisweine sind stets von zuverlässiger Güte, und unter der Führung von Christian Dautel setzt sich dies fort. Die Rotweine sind kompromisslos vinifiziert, in ihrer Jugend oft etwas verschlossen und tanningeprägt, entwickeln sie sich sehr schön über viele Jahre hinweg: Es sind Rotweine mit Potenzial. In den jüngsten Jahren haben sie weiter an Finesse gewonnen (die Spätburgunder ebenso wie die Lemberger), zeigen manchmal feine mineralische Noten. Neben reinsortigen Weinen gibt es die erstmals 1990 erzeugte Cuvée Kreation Rot, ein Klassiker unter den deutschen Cuvées.

🎂 Kollektion

Gleich zwei sehr schöne Sekte eröffnen in diesem Jahr den Reigen. Der brut dosierte Riesling-Sekt aus dem Jahrgang 2018 ist geradlinig und frisch, recht fruchtbetont, der nicht dosierte Pinot-Sekt aus 2016 ist füllig, saftig, kompakt. Die Riesling-Serie ist stark und stimmig: Der Gutsriesling ist frisch, kraftvoll und zupackend, der Ortsriesling zeigt herrlich viel Frucht und gute Konzentration, besitzt Fülle, Kraft und Zug, der Wein aus dem Wurmberg ist kraftvoll, sehr eindringlich, besitzt reintönige Frucht, Substanz und Länge, das Große Gewächs zeigt gute Konzentration und viel Würze, ist füllig und saftig, besitzt Substanz und Frucht, der Schlipshälde-Riesling ist intensiv, herrlich reintönig, füllig und saftig, die Süße wird schön in Zaum gehalten durch Substanz und Grip. Der Bönnigheimer Weißburgunder ist wunderschön reintönig, harmonisch und lebhaft, der Weißburgunder S wird zukünftig erst im zweiten Jahr nach der Ernte auf den Markt gebracht. Dies gilt auch für den Chardonnay S, da der 2018er im vergangenen Jahr sehr verschlossen war, haben wir ihn erneut verkostet, er hat an Komplexität gewonnen, zeigt ein faszinierendes Bouquet mit rauchigen Noten, ist geradlinig und reintönig, besitzt herrlich viel Frucht. Ganz spannend sind die roten Ortsweine, setzen auf Frucht, Intensität und Frische. Auch der Sonnenberg-Spätburgunder ist intensiv fruchtig, kraftvoll und strukturiert, der Sonnenberg-Lemberger ist faszinierend reintönig und intensiv, druckvoll, strukturiert und lang, macht dem Großen Gewächs aus dem Michaelsberg Konkurrenz, das ganz auf Intensität und Frische setzt. Unter den „großen" Spätburgundern präferieren wir 2018 den Schupen, der offen ist, leicht floral, elegant und reintönig ist, gute Struktur und Biss besitzt, der Forstberg ist konzentriert, würzig und duftig, frisch und lebhaft, besitzt viel Säure und Biss. Ganz starke Kollektion!

Weinbewertung

88	2016 Pinot Sekt brut nature	12%/18,80€
87	2018 Riesling Sekt brut	12%/12,50€
86	2019 Riesling trocken	12%/8,10€
88	2019 Riesling trocken „Gipskeuper" Bönnigheim	12,5%/10,90€
90	2019 Riesling Besigheimer Wurmberg	12,5%/15,20€
89	2019 Weißburgunder Bönnigheim	13%/12,50€
92	2018 Chardonnay „S"	13%/26,-€
92	2019 Riesling „GG" Steingrüben	13%/26,-€
90	2019 Riesling „Schlipshälde" Bönnigheim	11,5%/18,90€
87	2018 Spätburgunder „Schilfsandstein" Cleebronn	13%/12,90€
88	2018 Lemberger „Gipskeuper" Bönnigheim	13%/12,90€
89	2018 Spätburgunder Bönnigheimer Sonnenberg	13%/19,40€
91	2018 Lemberger Bönnigheimer Sonnenberg	13,5%/19,40€
93	2018 Spätburgunder „GG" „Schupen"	13%/29,50€
91	2018 Spätburgunder „GG" Forstberg	13%/29,50€
92	2018 Lemberger „GG" Michaelsberg	13,5%/29,50€

Lagen
Sonnenberg (Bönnigheim)
Steingrüben (Bönnigheim)
Schupen (Bönnigheim)
Schlipshälde (Bönnigheim)
Wurmberg (Besigheim)
Michaelsberg (Cleebronn)
Forstberg (Oberstenfeld)

Rebsorten
Riesling (22%)
Lemberger (22%)
Spätburgunder (21%)
Weißburgunder (18%)
Chardonnay (6%)

Christian Dautel

RHEINHESSEN ▪ SAULHEIM

Dechent

Kontakt
Am Westring 12
55291 Saulheim
Tel. 06732-4232
Fax: 06732-963269
www.pertelturm.de
oliverbe@gmx.de

Besuchszeiten
nach Vereinbarung

Inhaber
Oliver Becker
Betriebsleiter
Oliver Becker
Kellermeister
Oliver Becker &
Heinz-Willi Dechent
Außenbetrieb
Oliver Becker
Rebfläche
10 Hektar

Das Weingut Heinz-Willi Dechent hat sich aus einem seit Generationen bestehenden Nebenerwerbsbetrieb entwickelt. Heinz-Willi Dechent hat den Betrieb aufgebaut, 2018 hat er ihn an seinen Schwiegersohn Oliver Becker übergeben. Mit dem Generationswechsel hat sich die Rebfläche von 3 auf 10 Hektar vergrößert, das Sortenspektrum von 15 auf 22 Rebsorten, denn Oliver Becker hat das Weingut seines Vaters in Gau-Heppenheim übernommen. Die Weinberge befinden sich in den Saulheimer Lagen Hölle, Haubenberg und Schlossberg, sowie in den Gau-Heppenheimer Lagen Schlossberg und Pfarrgarten. Neben den traditionellen Rebsorten der Region wie Riesling, Silvaner und Portugieser gibt es Müller-Thurgau, Dornfelder und Frühburgunder und einige Neuzüchtungen wie Scheurebe, Faberrebe, andere Neuzüchtungen wie Kerner und Bacchus, aber auch eine Vielfalt an internationalen Rebsorten wie Merlot, Cabernet Sauvignon, Chardonnay, Sauvignon Blanc und Grüner Veltliner. Auch im Weinausbau zeigte sich Heinz-Willi Dechent schon immer experimentierfreudig, steckte auch schon mal einen Riesling ins Barrique; Oliver Becker baut nun alle Weine vegan aus.

Kollektion

Im vergangenen Jahr war die Kollektion sehr gleichmäßig, weiß wie rot. In diesem Jahr stechen zwei Weine hervor. Im weißen Segment ist dies die trockene Chardonnay Auslese aus der Saulheimer Hölle, erstmals als „Reserve" bezeichnet, die gute Konzentration und viel reife Frucht im Bouquet zeigt, Fülle und Saft im Mund besitzt, viel reife Frucht, gute Struktur und Substanz. Im roten Segment ist die im Barrique ausgebaute trockene Frühburgunder Auslese unser eindeutiger Favorit, die herrlich viel Frucht im Bouquet zeigt, intensiv und reintönig ist, klar und zupackend, gute Struktur und Frische besitzt. Auch der Merlot aus der Saulheimer Hölle macht eine gute Figur, ist fruchtbetont, frisch und zupackend, im weißen Segment überzeugt der Gau-Heppenheimer Weißburgunder mit klarer Frucht und Grip.

Weinbewertung

82	2019 Weißer Burgunder trocken Gau-Heppenheimer	12,5%/5,20€
80	2019 Chardonnay trocken Gau-Heppenheimer	13%/5,80€
81	2019 „Liaison" Weißer Burgunder & Chardonnay trocken	12,5%/6,80€
85	2019 Chardonnay Auslese trocken „Reserve" Saulheimer Hölle	13,5%/8,90€
79	2019 Müller-Thurgau „lieblich" (1l)	11,5%/4,80€
81	2019 Riesling Auslese „feinherb" „Reserve" Saulheimer Hölle	13,5%/8,90€
80	2019 Bacchus Spätlese „lieblich"	11%/5,20€
83	Merlot trocken Saulheimer Hölle	14%/6,80€
85	2016 Frühburgunder Auslese trocken Barrique	13%/11,-€
80	Rotwein Cuvée halbtrocken (1l)	12%/4,20€

PFALZ ▸ MAIKAMMER

★★★★✩

Dengler-Seyler

Kontakt
Weinstraße Süd 6
67487 Maikammer
Tel. 06321-5103
Fax: 06321-57325
www.dengler-seyler.de
info@dengler-seyler.de

Besuchszeiten
Mo.-Fr. 9-12 + 13-18 Uhr
Sa. 9-17 Uhr
Di./So./Feiertage geschlossen
Gasthaus „Zum Winzer" mit
Gästezimmern

Inhaber
Familie Seyler

Rebfläche
15 Hektar

Produktion
100.000 Flaschen

Das Weingut Dengler-Seyler in Maikammer wird heute in vierter Generation von der Familie Seyler bewirtschaftet. Wichtigste Lage ist der Heiligenberg, wo das Weingut 6 Hektar besitzt. Die weiteren Weinberge befinden sich in den anderen Maikammer Lagen Kirchenstück (tiefgründige Lösslehmböden) und Kapellenberg (Ton, Lehm und tertiärer Kalkstein), hinzu kommen Weinberge in Kirrweiler, Alsterweiler und Diedesfeld. Auf den sehr unterschiedlichen Böden des Heiligenbergs erzeugt Matthias Seyler vier Rieslinge, einen Lagenwein und drei Weine aus „Bester Lage": Der Am Heiligen Berg wächst in der ursprünglich 8 Hektar großen, kalkgeprägten Kernlage, der Im Obern Weinsper stammt von den ältesten Rieslingreben von der Spitze des Heiligenbergs (Parabraunerde über Löss) und in der 2006 erworbenen Lage Schlangengässel wachsen die Reben auf carbonathaltigem Kieslehm.

Kollektion

In diesem Jahr sehen wir den Riesling Am Heiligen Berg knapp vor dem Weinsper – 2018 war es umgekehrt – Am Heiligen Berg zeigt kräutrig-mineralische Noten, etwas Rauch und Tabak, ist salzig, animierend, druckvoll und etwas nachhaltiger und präsenter als der Weinsper, der neben steinigen Noten auch klare gelbe Frucht zeigt, Steinobst, Aprikose, und ebenfalls sehr animierend ist. Stark sind auch der Weißburgunder vom Kapellenberg, der deutliche Holzwürze zeigt, Schmelz und gute Konzentration besitzt, der Maikammer Chardonnay, bei dem das Holz etwas dezenter ist und der etwas mehr Frucht zeigt mit Zitrusnoten, Ananas und etwas Birne, die eindringliche, cremig-dichte Riesling Auslese mit viel klarer Frucht und frischer Säure und der Spätburgunder vom Heiligenberg, der eine elegante, kühle Art besitzt und im Bouquet Aromen von Kirschkern, Krokant und Waldboden zeigt. Und auch die Basis stimmt, der Grauburgunder ist leicht füllig, der Muskateller aromatisch und schlank.

Weinbewertung

83	2019 Riesling trocken	12,5%/7,30€
84	2019 Grauburgunder trocken	13%/7,30€
85	2019 Riesling trocken Maikammer	12,5%/10,-€
88	2019 Chardonnay trocken Maikammer	13%/11,50€
84	2019 Muskateller trocken	11,5%/8,-€
86	2019 Weißburgunder trocken Kirrweiler	13%/10,-€
89	2019 Riesling trocken Maikammer Im Obern Weinsper	13%/18-€
87	2019 Riesling trocken Maikammer Heiligenberg	13%/13,50€
90	2019 Riesling trocken Maikammer Am Heiligen Berg	13%/18,-€
88	2019 Weißburgunder trocken Alsterweiler Kapellenberg	13,5%/13,50€
88	2019 Riesling Auslese Maikammer Heiligenberg	8,5%/11,-€
88	2018 Spätburgunder trocken Maikammer Heiligenberg	12,5%/19,-€

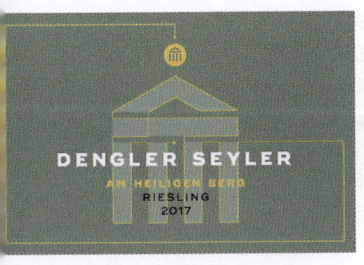

FRANKEN ▶ THEILHEIM

★★★

H. Deppisch

Kontakt
Thürschengraben 3
97288 Theilheim
Tel. 09303-9800048,
0177-6338263
Fax: 09303-980183
www.weingut-deppisch.com
kontakt@weingut-deppisch.com

Besuchszeiten
Mo.-Fr. 17-19 Uhr
Sa. 10-17 Uhr
Heckenwirtschaft
(März/April + Okt./Nov.)

Inhaber
Christian Deppisch
Betriebsleiter
Christian Deppisch
Kellermeister
Christian Deppisch
Außenbetrieb
Hermann Deppisch
Rebfläche
6 Hektar
Produktion
20.000 Flaschen

Hermann Deppisch, langjähriger Außenbetriebsleiter beim Bürgerspital, pachtete 1989 die ersten Rebstöcke. Sohn Christian Deppisch arbeitete, nach Ausbildung beim Bürgerspital und Önologiestudium, zunächst in Geisenheim, seit 2009 bei der Bayerischen Landesanstalt für Weinbau und Gartenbau, wo er hauptsächlich für ökologischen Weinbau zuständig ist. Die Weinberge liegen bisher alle im nicht flurbereinigten Theilheimer Altenberg, mit dem Jahrgang 2020 werden Weinberge in den Randersackerer Lagen Pfülben und Sonnenstuhl mit Riesling, Silvaner und Rieslaner hinzukommen. Christian Deppisch baut vor allem Silvaner an. Riesling, Weißburgunder und Blauer Silvaner wurden zuletzt hinzugepflanzt, sowie ein paar Stock Muskateller. An roten Sorten gibt es Spätburgunder, Frühburgunder, Domina, Regent und Portugieser. Die Weinberge werden biologisch-dynamisch bewirtschaftet (Mitglied bei Demeter), 2011 war der erste zertifizierte Jahrgang. Seit September 2019 besitzt Christian Deppisch eine eigene Schafherde zur Beweidung der Rebflächen. Die Weine werden nach der Ganztraubenpressung komplett spontanvergoren.

Kollektion

Die beiden Seitensprung genannten Perlweine sind auch in diesem Jahr wieder sehr gut, sie besitzen feine süße Frucht und Grip, sind lebhaft und süffig, was auch für die feinherbe weiße Cuvée gilt. Sehr geschlossen präsentiert sich die Muschelkalk-Linie. Der Silvaner zeigt intensiv weiße und gelbe Früchte, ist klar, druckvoll und zupackend, der Blauer Silvaner ist etwas würziger, füllig und saftig. Der Sauvignon Blanc zeigt feine Würze und reife Frucht, ist füllig und kraftvoll, besitzt gute Struktur und Frische. Der Pinot Blanc zeigt feinen Duft, gute Konzentration, besitzt gute Struktur, reife Frucht und Substanz. Während diese Weine alle aus dem Jahrgang 2019 stammen, ist der vorgestellte Riesling ein Jahr älter, zeigt feine Rieslingreife, Würze, klare Frucht, besitzt gute Kraft und Struktur. An der Spitze der Kollektion steht der Silvaner per se, ebenfalls aus 2018, besitzt viel reife süße Frucht, Substanz und Fülle. Starke Kollektion!

Weinbewertung

85	2019 „Seitensprung" Perlwein	12,5%/8,30€
85	2019 „Seitensprung" Rosé Perlwein	11%/8,30€
87	2019 Silvaner trocken „vom Muschelkalk"	8,50€ ☺
86	2019 Blauer Silvaner „vom Muschelkalk"	8,50€
87	2018 Riesling trocken „vom Muschelkalk"	8,50€ ☺
87	2019 Pinot Blanc trocken „vom Muschelkalk"	8,50€ ☺
86	2019 Sauvignon Blanc „vom Muschelkalk"	8,50€
89	2018 Silvaner trocken „per se" Altenberg	15,60€
84	2019 Cuvée Weiß („feinherb")	12,5%/7,50€

FRANKEN — STAMMHEIM

★★★

Dereser

Kontakt
Maintalstraße 8
97509 Stammheim
Tel. 09381-2187
Fax: 09381-802973
www.weingut-dereser.de
info@weingut-dereser.de

Besuchszeiten
nach Vereinbarung
Weinbistro
(saisonal, So. 14-22 Uhr)
3 Gästezimmer
1 Ferienwohnung

Inhaber
Hermann Dereser
Rebfläche
8,5 Hektar
Produktion
50.000 Flaschen

Seit sieben Generationen baut die Familie Wein an, aus dem ehemaligen Gemischtbetrieb hat sich im Laufe der Zeit ein Weingut mit Brennerei entwickelt. Hermann Dereser baut am Stammheimer Eselsberg vor allem Silvaner (40 Prozent) an, dazu die Burgundersorten, Riesling und Sauvignon Blanc, aber auch Bacchus, Müller-Thurgau, Muskateller und weitere Rebsorten; die Reben wachsen auf Muschelkalkböden. Die Weine werden im Edelstahl ausgebaut, bleiben lange auf der Hefe, ausgesuchte Partien kommen auch ins Barrique. Hermann Dereser ist dabei den Betrieb schrittweise zu erweitern durch den Erwerb guter Parzellen (z.B. im Volkacher Ratsherr). Nach Abschluss seines Geisenheim-Studiums ist Sohn Johannes Dereser seit 2011 im Betrieb tätig.

Kollektion

Enorm gleichmäßig und zuverlässig präsentiert sich die neue Kollektion von Hermann und Johannes Dereser. Das Einstiegsniveau ist hoch, wie der klare, zupackende Fährmann-Silvaner beweist. Der Muskateller besticht mit Reintönigkeit und Grip, was auch für den leicht floralen Sauvignon Blanc gilt. Der Weißburgunder „Oben" besitzt gute Konzentration, viel reife Frucht und Substanz, der Riesling „Oben" ist enorm stoffig und kraftvoll. Beeindruckend ist auch wieder einmal die Silvaner-Serie: Die trockene Spätlese ist intensiv fruchtig, füllig und saftig, der Steinhecke-Silvaner ist rauchig, herrlich reintönig und strukturiert, der Wildfang besitzt Kraft, gute Struktur und Substanz, unsere leichte Präferenz gilt dem Silvaner „unterm Horizont", der weiße und gelbe Früchte zeigt, gute Struktur, Substanz und viel Länge besitzt. Sehr gut sind auch die beiden im Barrique ausgebauten Rotweine aus dem Jahrgang 2018, beide sind leicht gewürzduftig, kraftvoll und zupackend.

Weinbewertung

83	2019 Silvaner trocken „Fährmann"	12,5%/5,-€
85	2019 Silvaner Kabinett trocken Stammheimer Eselsberg	12,5%/6,50€
83	2019 Weißburgunder trocken Stammheimer Eselsberg	13,5%/6,50€
83	2019 Riesling trocken Stammheimer Eselsberg	12,5%/6,50€
85	2019 Muskateller trocken Stammheimer Eselsberg	13,5%/8,-€
85	2019 Sauvignon Blanc trocken Volkacher Ratsherr	13,5%/8,-€
85	2019 Silvaner Spätlese trocken Stammheimer Eselsberg	13%/8,-€
86	2019 Silvaner trocken „Steinhecke" Stammheimer Eselsberg	13,5%/9,-€
86	2019 Silvaner trocken „Wildfang" Volkacher Ratsherr	13,5%/10,-€
86	2019 Weißburgunder trocken „Oben" Stammheimer Eselsberg	13,5%/10,-€
87	2019 Riesling trocken „Oben" Stammheimer Eselsberg	13,5%/10,-€
87	2019 Silvaner trocken „unterm Horizont" Stammheimer Eselsberg	13,5%/10,-€
85	2018 Domina trocken Barrique Stammheimer Eselsberg	13%/13,-€
85	2018 Spätburgunder trocken Barrique Stammheimer Eselsberg	14%/13,-€

RHEINHESSEN ▶ BINGEN-KEMPTEN

★

Dessoy

Kontakt
Außerhalb 74
55411 Bingen-Kempten
Tel. 06721-799060
Fax: 06721-799080
www.vino-fredi.de
vino.fredi@weingut-dessoy.de

Besuchszeiten
gerne nach Vereinbarung
Sommerfest am
2. Augustwochenende
exklusive Ferienwohnungen
neue Vinothek

Inhaber
Andree Dessoy
Betriebsleiter
Frederike Dessoy &
Florian Schnell
Kellermeister
Frederike Dessoy
Außenbetrieb
Florian Schnell
Rebfläche
18 Hektar
Produktion
50.000 Flaschen

Seit vier Generationen betreibt die Familie Weinbau im Binger Ortsteil Kempten, mit der Flaschenweinvermarktung wurde aber erst 2010 begonnen. Die Weinberge von Andree Dessoy liegen rund um den Binger Rochusberg im nordwestlichen Rheinhessen, in den Binger Lagen Scharlachberg, Kirchberg, Schlossberg-Schwätzerchen (mit der ehemaligen Einzellage Eisel), Pfarrgarten und Kapellenberg. Riesling nimmt gut ein Drittel der Rebfläche ein, Silvaner ein Fünftel, es folgen Weißburgunder, Spätburgunder und Grauburgunder, des Weiteren gibt es Gelber Muskateller, Frühburgunder, Chardonnay und weitere Rebsorten. Für den Weinausbau ist Tochter Frederike zuständig, die zusammen mit Florian Schnell, beide Geisenheim-Absolventen, seit 2011 den Betrieb führt. Die Weine werden größtenteils mit den traubeneigenen Hefen vergoren. Das Programm ist dreistufig gegliedert in Gutsweine, Ortsweine und Lagenweine.

Kollektion

Von unserem Favoriten der letzten Jahre, dem Riesling aus dem Scharlachberg, konnten wir dieses Jahr nochmals den 2018er verkosten, den wir schon im vergangenen Jahr vorgestellt hatten. Er ist sehr gut, allerdings nicht ganz so beeindruckend wie im Vorjahr, zeigt feine Reife und eine dezente Bitternote anstelle der Saftigkeit und Reintönigkeit, die uns vor einem Jahr so beeindruckt hatten. Unter den 2019ern überzeugen die beiden süßen Spätlesen: Der Riesling vom Kirchberg ist füllig und harmonisch bei feiner Frische, der Muskateller aus dem Pfarrgarten besitzt reintönige Frucht, Frische und Grip. Der Rosé gefällt uns in der trockenen Variante besser als feinherb, zeigt intensive rote Früchte, besitzt Frische und Frucht im Mund. Die feinherben Gutsweine sind harmonisch und süffig, unter den trockenen Guts- und Ortsweinen, die alle deutliche Restsüße aufweisen, gefällt uns der gelbfruchtige, harmonische Binger Grauburgunder am besten.

Weinbewertung

82	2019 Grüner Silvaner trocken	11,5 %/6,60 €
82	2019 Riesling trocken Binger	12,5 %/6,70 €
82	2019 Weißburgunder trocken Binger	13 %/7,50 €
83	2019 Grauburgunder trocken Binger	13 %/7,10 €
85	2018 Riesling trocken Binger Scharlachberg	13 %/14,50 €
81	2019 Riesling „feinherb"	12 %/6,40 €
81	2019 Weißburgunder „feinherb"	12 %/6,90 €
82	2019 Gelber Muskateller „feinherb"	11,5 %/6,70 €
83	2019 Riesling Spätlese Kirchberg	10 %/6,70 €
83	2019 Gelber Muskateller Spätlese Pfarrgarten	8 %/6,70 €
83	2019 Rosé trocken	11,5 %/6,40 €
81	2019 „Phi-Joh" Rosé „feinherb"	11,5 %/6,40 €

WÜRTTEMBERG ▬ LINDAU

Teresa Deufel

★ ★ ⭒

Kontakt
Schachener Straße 213
88131 Lindau
Tel. 0176-23298167
www.teresadeufel.de
info@teresadeufel.de

Besuchszeiten
Mo.-Sa. 9-12 Uhr und nach Vereinbarung
(eigentlich ist immer jemand am Hof!)
Ferienwohnungen
Rädle Wirtschaft

Inhaber
Teresa Deufel
Betriebsleiter
Teresa Deufel & Philip Erletz
Rebfläche
3 Hektar
Produktion
16.000 Flaschen

In Lindau am Bodensee ist Teresa Deufel zu hause, in Bayern also, aber da die Weinberge im bayerischen Teil des Bodensees weingesetzlich zum Anbaugebiet Württemberg gehören, führen wir sie eben unter Württemberg auf. Lange Zeit waren die Weinberge am bayerischen Bodensee verschwunden, aber 1975 pflanzten Hannes Deufel, Teresas Vater und Ludwig Haug, Teresas Onkel, wieder Reben auf ihren Obsthöfen, 1977 erzeugten sie den ersten Lindauer Wein. 2009 begann Teresa Deufel auf dem familieneigenen Hof mit der Produktion der „Teresa Deufel Weine", zwei Jahre später eröffnete sie im ehemaligen Weinkeller den Hofausschank namens Degelstein. Teresa Deufel hat ihre Winzerlehre bei Ludwig Knoll in Würzburg gemacht, dann ein halbes Jahr Auslandspraktikum beim Deutschen Weininstitut in London, anschließend ihre Weintechnikerausbildung in Veitshöchheim. Alle ihre Weinberge liegen in der Lindauer Spitalhalde. Piwis nehmen einen breiten Raum ein, Johanniter, Solaris, Cabernet Blanc, Muscaris und Pinotin, dazu gibt es Bacchus und Spätburgunder. Die Weinberge werden biologisch bewirtschaftet, Teresa Deufel ist Mitglied bei Bioland. Alle Weine werden spontanvergoren.

Kollektion

Eine starke, homogene Kollektion präsentierte Teresa Deufel zum guten Debüt im vergangenen Jahr, ebenso stark ist nun der neue Jahrgang. Der Secco ist frisch, fruchtbetont, zupackend, die weiße Cuvée Degelstein aus Bacchus und Johanniter besitzt feine süße Frucht und gute Harmonie. Johanniter gibt es in zwei Versionen, beide besitzen Frische, reintönige Frucht und Grip, der „Pure" ist deutlich intensiver, dabei leicht floral. Der Muscaris zeigt Zitrus und Muskat im Bouquet, besitzt Frische und Grip, der Solaris ist würzig, duftig, zupackend. Der Rosé setzt ganz auf Frische und Frucht, zeigt Erdbeeren, ist wunderschön süffig und unkompliziert. Unser Favorit in der aktuellen Kollektion ist der einzige vorgestellte Rotwein, gleichzeitig der einzige Wein aus 2018: Der Pinotin ist würzig und intensiv im Bouquet, kraftvoll und doch elegant im Mund, besitzt gute Struktur, viel Frische und Grip.

Weinbewertung

84	2019 „Spannenlanger Hansl" „Secco" Rosé trocken	12%/8,50 €
84	2019 Johanniter	12,5%/10,50 €
85	2019 Johanniter „Pure"	12%/10,50 €
83	2019 Cabernet Blanc	12%/14,-€
83	2019 „Cuvée Degelstein" Weißwein	12%/9,-€
84	2019 Muscaris	12%/9,50 €
84	2019 Solaris	12%/12,-€
83	2019 Rose	13%/9,50 €
86	2018 Pinotin	12,5%/15,-€

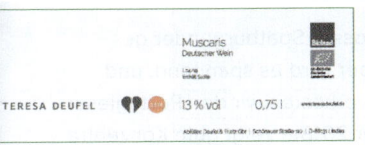

★★★★ Deutzerhof

Kontakt
Weingut Deutzerhof
Cossmann-Hehle
Deutzerwiese 2
53508 Mayschoß
Tel. 02643-7264
Fax: 02643-3232
www.weingut-deutzerhof.de
info@weingut-deutzerhof.de

Besuchszeiten
Mo./Di./Do./Fr. 10-12 + 13-17 Uhr, Sa. 10-16 Uhr, Mi. So. & Feiertage nach Vereinbarung

Inhaber
Jürgen Doetsch
Betriebsleiter
Hans-Jörg Lüchau
Kellermeister
Hans-Jörg Lüchau
Außenbetrieb
Christoph Hoffmann
Rebfläche
6,5 Hektar
Produktion
37.000 Flaschen

Jürgen Doetsch, ein langjähriger Freund der Familie Hehle, hat Anfang 2020 das Weingut von Hella Hehle übernommen, die es seit dem Tod von Wolfgang Hehle, unterstützt vom langjährigen Kellermeister und Betriebsleiter Hans-Jörg Lüchau, geführt hatte; Hans-Jörg Lüchau und seine Team werden nun tatkräftig vom neuen Inhaber unterstützt, der Investitionen in Weinberg und Keller tätigt. Hella Hehles Vater Alfred Cossmann hatte 1952 bei damals 3,5 Hektar mit der Selbstvermarktung begonnen. Nach und nach vergrößerte man sich, und als der Betrieb zu klein wurde, errichtete man 1980 einen Aussiedlerhof. Dieser entstand auf einer Außenstelle des ehemaligen Kloster Deutz – und erhielt daher seinen Namen Deutzerhof, der den Namen Weingut Cossmann ersetzte. Wolfgang Hehle absolvierte bei seinem Schwiegervater eine Winzerlehre und führte nach und nach Veränderungen ein, so beispielsweise den Barriqueausbau, die Rebfläche wurde weiter vergrößert, die Weine wurden zunehmend trocken ausgebaut. Die Weinberge verteilen sich auf verschiedene Lagen entlang der ganzen Ahr: Vom Altenahrer Eck, Mayschosser Laacherberg, Mönchberg und Burgberg, Recher Herrenberg, Dernauer Schieferlay, Ahrweiler Daubhaus, Neuenahrer Kirchtürmchen und Schieferley und Heimersheimer Landskrone bis Lohrsdorf. Spätburgunder nimmt knapp drei Viertel der Rebfläche ein, hinzu kommen Frühburgunder und Riesling, sowie ein klein wenig Chardonnay, Dornfelder und Portugieser. Von Letzterem gibt es 1927 gepflanzte Reben, die ältesten Rieslinge sind über 50 Jahre alt. Wolfgang Hehle hatte manche seiner Weine mit Namen aus der Cossmann-Historie versehen. Balthasar C. und Caspar C. für zwei Spätburgunder, Catharina C. für Riesling oder Alfred C. für Portugieser, seine Rosés nannte er „Toujours" und „Saumon de l'Ahr", er war ja schließlich auch einer der Initiatoren für die Rückkehr der Lachse an die Ahr, beide entstehen durch Saftabzug bei den Rotweinen. Der Spitzen-Spätburgunder im Programm war lange Zeit der Grand Duc, im letzten Jahrzehnt übernahmen dann die Großen Gewächse die Führungsrolle im Betrieb, die Spätburgunder aus Eck und Mönchberg vor allen Dingen, der Wein aus dem Kirchtürmchen wird erst in den letzten Jahren auch regelmäßig erzeugt, mit dem Jahrgang 2014 gesellte sich ein Frühburgunder aus dem Mönchberg zu diesem Spätburgunder-Trio, 2018 wurde aus dem Trio ein Quartett durch den neu eingeführten Wein aus der Landskrone. Für seine Großen Gewächse nutzt Betriebsleiter Hans-Jörg Lüchau je nach Lage Barriques von unterschiedlichen Tonneliers.

Kollektion

Warum man nochmals den 2017er Mayschosser Spätburgunder geschickt hat, verstehen wir nicht, danach aber wird es spannend, und nicht nur mit Burgundern. Alle paar Jahre verkosten wir den Portugieser Alfred C., und jedes Mal ist er sehr gut. Der 2018er zeigt gute Konzentration, intensive Frucht, ist klar im Mund, fruchtbetont und zupackend, besitzt gute Struktur und Grip. Auch den nun Purpur genannten Dornfelder haben wir länger nicht probiert, auch er ist spannend, zeigt intensive Frucht im herrlich eindringlichen Bouquet, ist füllig und kraftvoll, besitzt gute Struktur und reintönige Frucht. Der Frühburgunder Alpha & Omega ist frisch und fruchtbetont, klar und zupackend, deutlich mehr Substanz besitzt das Große Gewächs aus dem Mönchberg, ist herrlich eindringlich und reintönig, komplex, besitzt gute Struktur, dezente Vanillenoten und reife süße Frucht. Der 2017er Grand Duc Reserve ist würzig und eindringlich, leicht floral, besitzt gute Struktur, reife Frucht und viel Kraft. Der 2009er Melchior C. zeigt viel Reife und Würze im Bouquet, ist intensiv und füllig im Mund, kraftvoll und reintönig bei guter Struktur. Durchgängig sehr hohes Niveau zeigen auch die Großen Gewächse aus dem Jahrgang 2018. Neu im Programm ist der Spätburgunder aus der Heimersheimer Landskrone, der viel offensive Frucht, florale Noten und etwas Vanille im herrlich eindringlichen Bouquet zeigt, stoffig und kraftvoll ist, gute Struktur und Druck besitzt. Der Wein aus dem Kirchtürmchen ist würzig und eindringlich, zeigt rote Früchte, besitzt Fülle, Kraft und Substanz, ist noch enorm jugendlich, was auch für den kraftvollen 2016er gilt. Der Wein aus dem Mönchberg ist frisch, floral und würzig im Bouquet bei viel Frucht, ist kraftvoll im Mund, besitzt gute Struktur und Substanz, ist jugendlich. Das gilt auch für den Spätburgunder vom Altenahrer Eck, der sehr eigenständig ist, würzig-florale Noten zeigt, stoffig und reintönig ist, gute Struktur und jugendliche Frucht besitzt. Starke Kollektion!

Weinbewertung

82	2017 Spätburgunder Mayschoss	12,5%/11,-€
87	2018 Portugieser trocken „Alfred C." „Alte Reben"	13%/19,-€
86	2018 Frühburgunder „Alpha & Omega"	13,5%/25,-€
87	2018 Dornfelder „Purpur" „Alte Reben"	13%/18,-€
91	2017 Spätburgunder „Grand Duc Reserve"	14%/55,-€
90	2018 Frühburgunder „GG" Mayschoss Mönchberg	13,5%/38,-€
91	2018 Spätburgunder „GG" Heimersheim Landskrone	13,5%/38,-€
92	2018 Spätburgunder „GG" Mayschoss Mönchberg	13,5%/46,-€
92	2018 Spätburgunder „GG" Altenahr Eck	13,5%/56,-€
91	2016 Spätburgunder „GG" Neuenahr Kirchtürmchen	13,5%/52,-€
91	2018 Spätburgunder „GG" Neuenahr Kirchtürmchen	13%/48,-€
90	2009 Spätburgunder „Melchior C."	14%/85,-€

Lagen
Eck (Altenahr)
Mönchberg (Mayschoss)
Herrenberg (Rech)
Daubhaus (Ahrweiler)
Kirchtürmchen (Neuenahr)
Schieferley (Neuenahr)
Landskrone (Heimersheim)

Rebsorten
Spätburgunder (72 %)
Frühburgunder (13 %)
Riesling (10 %)
Chardonnay (2 %)
Portugieser (1 %)
Dornfelder (1 %)

Diefenhardt

★★★⯨

Kontakt
Hauptstraße 9-11
65344 Eltville-Martinsthal
Tel. 06123-71490
Fax: 06123-74841
www.diefenhardt.de
weingut@diefenhardt.de

Besuchszeiten
Vinothek
Di.-Sa. 10-12 + 14-20 Uhr
Gutsausschank
Di.-Sa. ab 17 Uhr

Inhaber
Peter & Julia Seyffardt
Betriebsleiter/Kellermeister
Julia Seyffardt, Peter Seyffardt
Rebfläche
19 Hektar
Produktion
100.000 Flaschen

Jakob Diefenhardt erwarb 1917 den Besitz, dem er seinen Namen gab. Seither wird das Weingut von seiner Familie bewirtschaftet, heute führen Peter Seyffardt und Tochter Julia den Betrieb. Schwester Ariane führt den angeschlossenen Gutsausschank. Seyffardt arbeitete zuvor unter anderem als Kellermeister in Südafrika, engagierte sich auch in der Weinbau- und Lokalpolitik, 2009 bis 2014 war er Abgeordneter des Hessischen Landtags, seit 2013 ist er Präsident des Rheingauer Weinbauverbandes. Tochter Julia Seyffardt hat in Geisenheim studiert, sammelte Auslandserfahrung in Frankreich und Südafrika. Die Weinberge befinden sich in den Martinsthaler Lagen Langenberg, Wildsau und Rödchen sowie in den Rauenthaler Lagen Rothenberg und Langenstück. Neben dem dominierenden Riesling spielt Spätburgunder eine wichtige Rolle.

Kollektion

Die Rieslinge von Julia und Peter Seyffardt sind auch 2019 wieder gewohnt frisch und mineralisch. Der trockene Kabinett ist geradlinig und für seinen geringen Alkoholgehalt angenehm gehaltvoll. Schon im Duft reifer ist der Martinsthaler „Alte Reben", am Gaumen saftiger, dabei sehr fein. Der Wildsau-Riesling ist sehr würzig, hat gute Substanz für weitere Lagerung. Besonders gut gefällt uns der komplexe Rothenberg mit seiner dezent herben Frucht, er ist kraftvoll und mineralisch. An der Spitze der trockenen Rieslinge thront der kraftvolle gelbfruchtige Schlenzenberg, dessen markanter Gerbstoffbiss Struktur gibt und für weitere Reifung prädestiniert. Fein saftig und herzhaft ist der Charta Riesling. Bei den feinherben und fruchtigen Qualitäten gefällt uns neben den typischen Kabinettweinen besonders die elegante Spätlese aus dem Langenberg. Die drei fruchtbetonten Spätburgunder sind in sich stimmig. Der Gutswein ist eingängig und mild, der aus der Wildsau deutlich strukturierter und feiner, das Große Gewächs folgt dieser Linie, der rauchige Toast passt gut zur dunklen Frucht.

Weinbewertung

85	2019 Riesling Kabinett trocken	11,5%/7,90 €
87	2019 Riesling trocken Martinsthaler Wildsau	12,5%/12,90 €
86	2019 Riesling trocken „Alte Reben" Martinsthal	12%/10,50 €
88	2019 Riesling trocken Rauenthal Rothenberg	12,5%/13,90 €
90	2019 Riesling trocken Großes Gewächs Martinsthal Schlenzenberg	13%/25,-€
87	2019 Riesling „Charta"	12,5%/10,90 €
84	2019 Riesling Kabinett „feinherb"	10,5%/7,90 €
85	2019 Riesling Kabinett Rauenthal	10,5%/8,90 €
88	2019 Riesling Spätlese Martinsthal Langenberg	7,5%/16,-€
85	2018 Spätburgunder trocken	13%/9,50 €
87	2018 Pinot Noir trocken Martinsthal Wildsau	13%/14,50 €
88	2018 Spätburgunder trocken Großes Gewächs Martinsthal Schlenzenberg	13%/28,-€

Diehl

Kontakt
Weingut Sektgut Destillerie
A. Diehl
Eisenbahnstraße 3a
67483 Edesheim
Tel. 06323-93893-0
Fax: 06323-93893-38
www.diehl-wein.de
info@diehl-wein.de

Besuchszeiten
Mo./Di./Do./Fr. 8-18 Uhr
Mi. 8-12 Uhr
Sa. 10-14 Uhr

Inhaber
Andreas Diehl
Rebfläche
48 Hektar
Produktion
500.000 Flaschen

Andreas Diehl übernahm 1999 das Weingut von seinem Vater, der seit den achtziger Jahren verstärkt auf den Flaschenweinverkauf gesetzt hatte. Seitdem wurden konsequent die Rebfläche und die Produktion ausgeweitet, auf eine mittlerweile stattliche Zahl von jährlich 500.000 Flaschen. Die wichtigsten Rebsorten im breiten Sortenspektrum sind mit einem Anteil von je 10 Prozent Riesling, Spätburgunder, Merlot und Dornfelder, dazu kommen je 5 Prozent Sauvignon Blanc und Chardonnay, 20 Prozent Burgundersorten, zusammengenommen 10 Prozent Cabernet Sauvignon und Syrah, außerdem noch Müller-Thurgau, Kerner, Scheurebe, Morio-Muskat, Gewürztraminer, Huxelrebe, Schwarzriesling, Regent und Dunkelfelder. Die Weinberge liegen in Einzellagen wie dem Weyherer Michelsberg, Edenkobener Bergel und dem Burrweiler Schlossberg.

Kollektion

Unser Favorit in der aktuellen Kollektion ist wie schon im letzten Jahr der Grauburgunder aus der Superior-Reihe, den neuen Jahrgang schätzen wir allerdings wesentlich stärker ein: Der Wein zeigt klare, aber dezente gelbe Frucht mit Noten von Aprikose und Birne, besitzt gute Konzentration und Eleganz und profitiert vom zurückhaltenden Holzeinsatz. Die beiden anderen Superior-Weine kommen da nicht ganz heran, der Sauvignon Blanc zeigt leichte Reifenoten, besitzt eine animierende Säure, bleibt aber insgesamt etwas verhalten und der Cabernet Sauvignon zeigt sortentypische dunkle Frucht, Noten von Kräutern und deutlich grüne Paprika, besitzt aber auch leicht unreife Tannine. Sehr gut gefallen uns auch die beiden verkosteten Sekte, beide besitzen Frische und leicht hefige Würze, der Riesling zeigt klare Zitrusfrucht, der Pinot ist ganz geradlinig mit leicht gereifter Frucht. Bei den klaren und fruchtbetonten Weißweinen vermissen wir auch in diesem Jahr wieder etwas die Länge.

Weinbewertung

86	2018 Pinot Sekt brut nature	13%/18,-€
85	2018 Riesling Sekt brut	12%/16,-€
82	2019 Riesling Kabinett trocken	11,5%/7,50€
82	2019 Weißer Burgunder Kabinett trocken	12,5%/7,50€
83	2019 Grauer Burgunder Kabinett trocken	12,5%/7,50€
83	2019 Sauvignon Blanc trocken	12,5%/7,50€
82	2019 Cabernet Blanc trocken „Croco Diehl Blanc"	13%/9,-€
85	2017 Sauvignon Blanc trocken „Superior" Edesheimer Ordensgut	13%/17,-€
87	2018 Grauer Burgunder trocken „Superior" Edesheimer Rosengarten	13%/17,-€
83	2019 Muskateller „feinherb"	12%/7,-€
84	2018 Cabernet Sauvignon trocken „Superior" Walsheimer Silberberg	14%/19,-€
81	2017 Syrah trocken Hainfelder Kapelle	13%/13,-€

RHEINHESSEN ▶ BIEBELNHEIM

Diel

★

Kontakt
Hauptstraße 10
55234 Biebelnheim
Tel. 06733-960054
Fax: 06733-960055
www.weingut-diel.de
info@weingut-diel.de

Besuchszeiten
Fr. 17-19 Uhr
Sa. 10-16 Uhr
und nach Vereinbarung

Inhaber
Udo Diel

Rebfläche
5 Hektar

Der Weinbau in der Familie geht bis in das 17. Jahrhundert zurück. Heute wird der Betrieb von Udo Diel, gelernter Techniker für Weinbau und Kellerwirtschaft und Diplom-Betriebswirt, und Ehefrau Sandra geführt. Ihre Weinberge liegen in den beiden Biebelnheimer Lagen Rosenberg und Pilgerstein. Der Rosenberg, südwest-exponiert, zählt zu den ältesten Lagen Rheinhessens, der Boden besteht aus fruchtbarem Löss und feinem Tonmergel, im Pilgerstein herrschen verwitterte Muschelkalkböden vor. 60 Prozent der Rebfläche nehmen weiße Rebsorten ein, vor allem Weißburgunder, Grauburgunder, Chardonnay und Sauvignon Blanc, dazu auch Bukettsorten wie Gelber Muskateller, Huxelrebe oder Gewürztraminer. Ein besonderes Interesse gilt den roten Sorten: Neben klassischen Sorten wie St. Laurent, Spätburgunder und Frühburgunder gibt es Regent, Dornfelder und Cabernet Sauvignon.

Kollektion

Eine gewohnt gleichmäßige Kollektion präsentiert Udo Diel auch in diesem Jahr, in der uns die Rotweine ein klein wenig besser gefallen als die Weißen. Wieder einmal ist der im Barrique ausgebaute Cabernet Sauvignon aus dem Rosenberg unser Favorit, zeigt viel Frische und Frucht, dezent Gewürze und Toast, ist klar und zupackend im Mund bei feiner süßer Frucht. Eine gute Figur macht auch der Spätburgunder, der fruchtbetont und intensiv ist, klar und zupackend. Unter den trockenen Weißweinen gefällt uns der im Holz ausgebaute Grauburgunder am besten, zeigt reife Frucht und dezent Vanille im Bouquet, ist füllig und kompakt im Mund bei klarer reifer Frucht. Die Gewürztraminer Auslese zeigt ganz dezente Reife und reintönige Frucht, die Huxelrebe Auslese ist harmonisch und saftig, besitzt feine süße, reintönige Frucht.

Weinbewertung

80	2018 Pinot Blanc Sekt extra trocken Biebelnheimer Pilgerstein	11,5%/9,-€
81	2018 Riesling Sekt trocken Biebelnheimer Rosenberg	12%/8,80€
81	2019 Sauvignon Blanc trocken Biebelnheimer Rosenberg	12,5%/5,20€
80	2019 Chardonnay trocken Biebelnheimer	13%/5,20€
83	2018 Pinot Gris trocken Holzfass Biebelnheimer	13,5%/6,80€
81	2019 Gelber Muskateller „feinherb" Biebelnheimer Rosenberg	11%/5,20€
83	2018 Gewürztraminer Auslese „edelsüß" Biebelnheimer Rosenberg	9%/6,50€
83	2019 Huxelrebe Auslese „edelsüß" Biebelnheimer Rosenberg	10,5%/6,80€
83	2018 Blauer Spätburgunder trocken Biebelnheimer Rosenberg	13%/5,20€
81	2018 Frühburgunder trocken Holzfass Biebelnheimer Rosenberg	13%/6,80€
82	2018 Regent trocken Holzfass Biebelnheimer Rosenberg	13,5%/6,50€
85	2016 Cabernet Sauvignon trocken Barrique Biebelnheimer Rosenberg	14%/8,80€

WÜRTTEMBERG — ÖHRINGEN-MICHELBACH

Dieroff

Kontakt
Brunnengasse 17/3
74613 Öhringen-Michelbach
Tel. 07941-65148
Fax: 07941-6481437
www.weinhof-dieroff.de
info@weinhof-dieroff.de

Besuchszeiten
Mi.-Fr. 17-19 Uhr
Sa. 9-13 Uhr
sowie nach Vereinbarung

Inhaber
Rainer Dieroff

Rebfläche
6 Hektar

Produktion
40.000 Flaschen

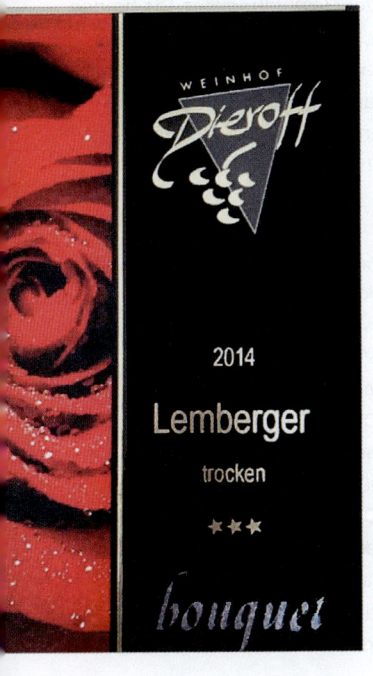

Michelbach am Wald liegt im Hohenloher Land, wenige Kilometer südöstlich von Öhringen, dessen Ortsteil Michelbach seit 1973 ist. Rainer und Nicole Dieroff bewirtschaften zusammen mit ihren Eltern und Kindern 6 Hektar Reben in der Michelbacher Margarete sowie im benachbarten Heuholzer Dachsteiger, recht hoch gelegenen Weinbergen, in denen die Reben auf Keuperböden wachsen. Rote Sorten nehmen 65 Prozent der Rebfläche ein, Lemberger, Spätburgunder und Trollinger vor allem, aber auch Portugieser, Dornfelder, Acolon, Samtrot und Muskattrollinger, jüngster Zugang im Programm ist Merlot. Mit Abstand wichtigste weiße Rebsorte ist Riesling, dazu gibt es etwas Grauburgunder, Müller-Thurgau, Silvaner und Muskateller. Das Programm ist gegliedert in Literweine, Gutsweine und Premiumweine, die zum Teil im Barrique oder in großen Eichenholzfässern ausgebaut werden. Destillate und Liköre aus der hauseigenen Edelbrennerei ergänzen das Programm. 2016 wurde die neue Vinothek eröffnet.

Kollektion

In der guten, sehr gleichmäßigen Kollektion des vergangenen Jahres war der im Barrique ausgebaute Merlot aus dem Jahrgang 2017 unser Favorit. Dieses konnten wir nun erneut verkosten, er bestätigt den sehr guten Eindruck des Vorjahres, zeigt gute Konzentration und feine Würze, besitzt klare Frucht, gute Struktur, Tannine und Biss. Die im Barrique ausgebaute Lemberger Auslese aus dem Jahrgang 2016 ist würzig und kraftvoll, der im Holz ausgebaute Pinot Noir des Jahrgangs 2018 ist lebhaft bei feiner süßer Frucht und dezenter Bitternote im Abgang, die trockene Spätburgunder Auslese aus dem Jahrgang 2017 ist klar und unkompliziert. Der 2019er Grauburgunder ist frisch und fruchtbetont, der Muskateller aus demselben Jahrgang besitzt feine Würze und Frucht. Aus dem Jahrgang 2018 stammt die Riesling Spätlese, die füllig ist und recht süß. Unser Favorit unter den Weißweinen ist der im Holz ausgebaute Grauburgunder, der ebenfalls aus dem Jahrgang 2018 stammt, würzig und eindringlich ist, füllig und kraftvoll, von einer dezenten Bitternote im Abgang geprägt ist.

Weinbewertung

81	2019 Grauburgunder trocken	13%/6,50€
81	2018 Riesling Spätlese Michelbach a.W. Margarete	13%/6,50€
83	2018 Grauburgunder trocken Holzfass Heuholzer Dachsteiger	14,5%/13,40€
81	2019 Muskateller Michelbach a.W. Margarete	11%/6,50€
81	2017 Spätburgunder Auslese trocken Michelbach a.W. Margarete	13%/7,30€
81	2018 Pinot Noir Holzfass Michelbach a.W. Margarete	14,5%/9,70€
82	2016 Lemberger Auslese trocken Barrique Michelbach a.W. Margarete	13,5%/13,40€
85	2017 Merlot trocken Barrique Heuholzer Dachsteiger	13,5%/15,40€

NAHE ▸ ODERNHEIM

★★ ☆

Disibodenberg

Kontakt
Am Disibodenberg 1
55571 Odernheim
Tel. 0170-8150150
Fax: 06755-320
mail@klostermuehle-odernheim.de / mail@weingut-disibodenberg.de
www.weingut-disibodenberg.de

Besuchszeiten
im Ladengeschäft: Boos von Waldeckscher Hof KG, Obergasse 26 in 55590 Meisenheim Mi-Sa. 11-18 Uhr, So. 10-16 Uhr, abends nach Vereinbarung
abends und am Sonntag nach Vereinbarung

Geschäftsführer
Christian Held
Betriebsleiter
Thomas Zenz
Kellermeister
Thomas Zenz
Außenbetrieb
Thomas Zenz
Rebfläche
21 Hektar
Produktion
130.000 Flaschen

WEINGUT DISIBODENBERG

Der Name des Weinguts ist neu, der Betrieb an sich aber uralt: Der Vorläufer des heutigen Weinguts entstand im Mittelalter als Wirtschaftshof des Klosters Disibodenberg, seitdem wurde hier kontinuierlich Wein angebaut. 1992 erwarben Peter Becker und Christian Held die Klostermühle Odernheim, die sich in erster Linie auf die Burgundersorten konzentrierte, sie erweiterten den Betrieb, begründeten die Sektproduktion und eine Brennerei. 2017 wurde die Kellerei generalsaniert, im Jahr darauf wurden die Flächen des ehemaligen Weinguts von Racknitz am Disibodenberg übernommen, der sich nun fast im Alleinbesitz des Guts befindet. Im April 2019 erfolgte schließlich die Änderung des Namens in Weingut Disibodenberg. Riesling nimmt über ein Drittel der Fläche ein, der Spätburgunderanteil ist mit über 20 Prozent ebenfalls sehr hoch, daneben gibt es noch knapp 30 Prozent Grau-, Weiß- und Frühburgunder, dazu etwas Silvaner, Chardonnay und Gewürztraminer.

Kollektion

Unser Favorit ist in diesem Jahr der Grauburgunder von alten Reben, der sehr stoffig ist, gute Substanz und auch Frische besitzt, aber im Moment noch sehr vom Holz dominiert wird und sich noch steigern könnte – wenn er das Holz jemals verdaut. Auch der Chardonnay zeigt deutliche Röstnoten, Vanille und Kokos im Bouquet, ist stoffig und weich mit leicht gereifter Frucht, die beiden Auslesen sind cremig mit viel klarer, reintöniger Frucht, der Riesling besitzt etwas mehr Frische als der Gewürztraminer. Die beiden Spätburgunder schätzen wir gleich stark ein, der „Alte Reben" besitzt die bessere Substanz, ist aber sehr stoffig und lässt den hohen Alkoholgehalt spüren, der Langenberg ist eleganter und harmonischer, zeigt deutliche Röstnoten und besitzt noch jugendliche Tannine, beim Frühburgunder ist das Holz dezenter und lässt der klaren Kirschfrucht viel Raum.

Weinbewertung

84	2017 Pinot Sekt brut „Monopol Held"	12,5 %/13,40 €
85	2017 Pinot Noir Rosé Sekt brut „Monopol Held"	12,5 %/13,40 €
80	2019 Riesling trocken „R'19"	11 %/6,90 €
83	2019 Weißburgunder trocken „W'19"	12,5 %/8,90 €
87+	2018 Grauburgunder trocken „Alte Reben" Odernheimer Kapellenberg	14,5 %/28,-€
84	2018 Chardonnay & Weißburgunder trocken Odernheimer Montfort	13,5 %/15,90 €
86	2018 Chardonnay trocken „u.b.F." Odernheimer Montfort	14 %/28,-€
85	2019 Riesling Spätlese Odernheimer Kloster Disibodenberg	8,5 %/14,90 €
87	2019 Riesling Auslese Odernheimer Kloster Disibodenberg	8 %/19,-€
86	2019 Gewürztraminer Auslese „Rosenzeit" Odernheimer Langenberg	8 %/14,90 €
85	2018 Frühburgunder trocken Odernheimer Kapellenberg	13 %/14,90 €
86	2017 Spätburgunder trocken Odernheimer Langenberg	13 %/19,-€
86	2018 Spätburgunder trocken „Alte Reben" Odernheimer Montfort	15 %/28,-€

FRANKEN ■ NORDHEIM

Divino Nordheim-Thüngersheim

Kontakt
Langgasse 33
97334 Nordheim am Main
Tel. 09381-80990
Fax: 09381-809932
www.divino-wein.de
info@divino-wein.de

Besuchszeiten
Vinothek Nordheim/Vinothek Thüngersheim: jeweils Mo.-So. 10-18 Uhr

Inhaber
309 Mitglieder
Betriebsleiter
Wendelin Grass
Kellermeister
Felix Reich
Qualitätsmanager
Paul Glaser
Rebfläche
341 Hektar
Produktion
4.000.000 Flaschen

Die 1951 gegründete Genossenschaft von Nordheim fusionierte im Jahr 2012 mit der Thüngersheimer Genossenschaft, aus Divino Nordheim, wie sie sich vorher nannte, wurde Divino Nordheim-Thüngersheim. Zu den Lagen der Nordheimer Genossen wie Nordheimer Vögelein und Kreuzberg, Sommeracher Katzenkopf und Escherndorfer Lump gesellten sich die Lagen der Thüngersheimer Genossen, wie Thüngersheimer Johannisberg und Scharlachberg oder Retzbacher Benediktusberg. Müller-Thurgau ist die mit Abstand wichtigste Rebsorte, nimmt zwei Fünftel der Rebfläche ein, dazu gibt es Silvaner, Riesling, Weißburgunder und Grauburgunder, rote Rebsorten nehmen zusammen 15 Prozent der Fläche ein. Wichtigste Marken sind Juventa, Franconia und Divino, hinzu kommen Marken wie Terra Consilium (ökologische Weine), Consilium oder Charakter F.

Kollektion

Die neue Kollektion ist nicht ganz so homogen wie im Vorjahr, bietet dafür aber Spitzen im trockenen wie im edelsüßen Segment. Der Silvaner Eiswein aus dem Jahrgang 2018 ist unser Favorit, zeigt kandierte Früchte im Bouquet, ist konzentriert und dominant bei viel Substanz. Sehr gut ist auch die Spätburgunder Rosé Beerenauslese, zeigt viel Duft, rote Früchte, ist süß, kompakt, zupackend, auch die litschiduftige Silvaner Auslese überzeugt mit Fülle und Substanz. Unter den Großen Gewächsen, die weiterhin keine Lagenbezeichnung tragen, ist der Weißburgunder unser Favorit, zeigt viel Konzentration, weiße Früchte, besitzt Fülle und Kraft, reife Frucht, gute Struktur und Substanz. Auch der intensive, füllige Sauvignon Blanc macht eine gute Figur; die neue weiße Top-Cuvée Primo ist allzu duftig, von Vanille- und Reifenoten geprägt; in der Charakter F-Linie gefällt uns der zupackende Silvaner vom Johannisberg am besten.

Weinbewertung

78	2019 Silvaner trocken „Franconia" Thüngersheimer Johannisberg	12%/7,20€
78	2019 Weißer Burgunder Spätlese trocken „Franconia" Nordh. Vögelein	13,5%/9,90€
86	2018 Weißer Burgunder trocken „Großes Gewächs"	13,5%/16,-€
84	2018 Sauvignon Blanc trocken „Fumé" „Großes Gewächs"	14%/17,50€
80	2016 „Primo" Cuvée Weiß	13,5%/48,-€
84	2018 Silvaner Spätlese trocken „Charakter F. Alte Reben" Johannisberg	13%/12,-€
81	2018 Silvaner Spätlese trocken „Charakter F. Steillage" Escherndorfer Lump	14%/14,-€
79	2018 Riesling Spätlese trocken „Charakter F. Steillage" Escherndorfer Lump	14%/14,-€
84	2018 Silvaner Nordheimer Vögelein Auslese „edelsüß" „Edel & Süß"	11,5%/16,-€
88	2018 Silvaner Eiswein „edelsüß" „Edel & Süß"	7,5%/44,-€
81	2017 Pinot Noir Rosé trocken „Großes Gewächs"	14%/17,50€
86	2018 Spätburgunder Rosé Beerenauslese „edelsüß" „Edel & Süß"	9,5%/28,-€
81	2018 Spätburgunder trocken „Terroir" Escherndorfer Fürstenberg	12,5%/6,60€

★★★★★ Dönnhoff

Kontakt
Weingut Hermann Dönnhoff
Bahnhofstraße 11
55585 Oberhausen
Tel. 06755-263
Fax: 06755-1067
www.doennhoff.com
weingut@doennhoff.com

Besuchszeiten
nach Vereinbarung

Inhaber
Cornelius Dönnhoff
Betriebsleiter
Cornelius Dönnhoff
Kellermeister
Cornelius Dönnhoff
Außenbetrieb
Klaus Georg Köhler
Rebfläche
28 Hektar
Produktion
180.000 Flaschen

Helmut Dönnhoff setzte immer schon auf Riesling, schon als er 1971 die Verantwortung für die Weinberge und den Weinausbau von seinen Eltern übernommen hatte und Riesling an der Nahe nur die Nummer 3 war, hinter Müller-Thurgau und Silvaner. 80 Prozent seiner Rebfläche nimmt Riesling ein, dazu gibt es Weißburgunder und Grauburgunder. Er bewirtschaftet Weinberge in der Niederhäuser Lagen Hermannshöhle (schwarzgrauer Schiefer vermischt mit vulkanischem Eruptivgestein, Porphyr und Kalkstein), in der er heute größter Anteilseigner ist, und Klamm (Porphyr durchmischt mit schiefrigen Elementen) im Schlossböckelheimer Felsenberg (reiner Vulkanverwitterungsboden), in den Norheimer Lagen Kirschheck (grauer Tonschiefer, vermischt mit Sandsteinen des Rotliegenden) und Dellchen (schiefrige Böden, vermischt mit Porphyr- und Melaphyrverwitterung), in Oberhausen in den Lagen Leistenberg (grauer, verwitterter Tonschiefer) und Brücke (Lößlehm über einem Grauschieferuntergrund), die Dönnhoff im Alleinbesitz gehört, sowie in den Bad Kreuznacher Lagen Kahlenberg (kiesiger Lehmboden) und Krötenpfuhl (Lößlehmboden mit kleinen Kieselsteinen aus Quarzit) und im Roxheimer Höllenpfad (verwitterter Sandstein des Rotliegenden). Helmut Dönnhoff hat die Nahe bekannt gemacht, gezeigt, welches Potenzial die Region besitzt und als Erster bewiesen, dass die Region Weine von großer Klasse erzeugen kann. Schon in der ersten Ausgabe dieses Buches gehörte Dönnhoff für uns zu einer Handvoll deutscher Winzer mit Weltformat. Seitdem ist deutscher Wein in der Spitze dramatisch besser geworden. Aber auch die Weine von Helmut Dönnhoff sind immer noch faszinierender geworden. Dabei ist er seiner Stilistik treu geblieben, die süßen Kabinettweine, Spät- und Auslesen von Helmut Dönnhoff wirken niemals zu süß, niemals zu fett, sie sind immer elegant und animierend und stehen mustergültig dafür, wie Riesling der verschiedenen Prädikatsstufen sein sollte. Und Dönnhoff hat seine Stilistik immer weiter verfeinert, neben den süßen und edelsüßen Weltklasse-Rieslingen ist er auch mit den trockenen Rieslingen in eine neue Dimension vorgestoßen, zusammen mit seinem Sohn Cornelius, der schon seit 2007 für den Keller und die Weinberge verantwortlich ist und mittlerweile das Weingut übernommen hat.

🎂 Kollektion

Die fünf verkosteten Großen Gewächse liegen in diesem Jahr von den Bewertungen her sehr nahe zusammen, an der Spitze sehen wir wieder Hermannshöhle und Dellchen: Die Hermannshöhle hat ein sehr präsentes, offenes und direktes Bouquet, zeigt gelbes Steinobst und kräutrig-mineralische Noten, besitzt am Gaumen eine leicht grüne, kräutrige Komponente, klare gelbe Frucht, viel feinen Druck und ist sehr nachhaltig, das Dellchen besitzt ein noch leicht verhaltenes Bouquet mit dezenter Frucht und etwas steinigen Noten, wirkt am Gaumen noch sehr kompakt, besitzt dann mit Luft aber auch gelbe Frucht, Limette, Orangenschale, ist druckvoll und sehr nachhaltig. Der Mühlenberg besitzt ein sehr präsentes Bouquet mit klarer Frucht, Aprikose, Ananas, und leicht kräutrigen Noten, besitzt auch am Gaumen viel Frucht, Grip und Länge, der Krötenpfuhl ist etwas verhaltener, zeigt kräutrige Noten, etwas Rosmarin, ist dann am Gaumen aber deutlicher in der Frucht, besitzt Druck, ein lebendiges Säurespiel und ist nachhaltig, der Felsenberg zeigt steinige Noten, besitzt am Gaumen feine Frucht, Orangenschale, Ananas, auch Noten von Ingwer, viel Biss und salzige Länge. Der Erste-Lage-Riesling aus dem Kahlenberg zeigt rauchig-mineralische Würze, ist präzise, elegant und animierend, der Höllenpfad zeigt steinige Noten, besitzt herbe kräutrige Würze, einen festen Kern, ist elegant und leicht salzig. Im süßen Segment ist die Spätlese aus der Hermannshöhle unser Favorit, sie zeigt steinig-mineralische Noten und gelbes Steinobst, besitzt eine feine Süße und wie schon im Vorjahr wieder eine messerscharfe Säure, ist sehr präzise und nachhaltig, auch die Auslese aus der Brücke ist präzise und elegant, zeigt klare Frucht, Aprikose, Limette, besitzt eine leicht cremige Textur und ein lebendiges Säurespiel, die Spätlese aus der Brücke zeigt ebenfalls klare Frucht, Aprikose, Ananas, grünen Apfel und leicht kräutrige Noten, besitzt Grip, ist schlank und elegant. Bei den beiden Kabinettweinen zeigt der Klamm feine rauchig-mineralische Noten, ist auch am Gaumen deutlich mineralisch und präzise, besitzt herbe Zitrusnoten und Grip, der Leistenberg zeigt feine Zitrusnoten und dezente steinige Noten, ist frisch, schlank und elegant.

🍇 Weinbewertung

87	2019 Riesling trocken „Tonschiefer"	12%/13,50€
90	2019 Riesling trocken Kreuznacher Kahlenberg	12,5%/19,50€
89	2019 Riesling trocken Roxheimer Höllenpfad	12,5%/20,50€
92	2019 Riesling trocken „GG" Kreuznacher Krötenpfuhl	13%/32,-€
92	2019 Riesling „GG" Höllenpfad im Mühlenberg	13%/39,50€
92	2019 Riesling „GG" Felsenberg	13%/39,50€
93	2019 Riesling „GG" Dellchen	13%/45,-€
93	2019 Riesling „GG" Hermannshöhle	13%/50,-€
89	2019 Riesling Kabinett Niederhäuser Klamm	9%/14,50€
88	2019 Riesling Kabinett Oberhäuser Leistenberg	9%/14,50€
90	2019 Riesling Spätlese Oberhäuser Brücke	8%/25,-€
92	2019 Riesling Spätlese Niederhäuser Hermannshöhle	8,5%/29,50€
91	2019 Riesling Auslese Oberhäuser Brücke	7,5%/22,50€/0,375l

Cornelius Dönnhoff

Lagen
Hermannshöhle (Niederhausen)
Brücke (Oberhausen)
Felsenberg (Schlossböckelheim)
Dellchen (Norheim)
Kahlenberg (Kreuznach)
Krötenpfuhl (Kreuznach)
Leistenberg (Oberhausen)
Kirschheck (Norheim)
Höllenpfad (Roxheim)
Im Mühlenberg (Roxheim)

Rebsorten
Riesling (80 %)
Grauburgunder (10 %)
Weißburgunder (10 %)

BADEN ▬ MÜLLHEIM

★★★★ # Dörflinger

Kontakt
Mühlenstraße 7,
79379 Müllheim
Tel. 07631-2207
Fax: 07631-4195
www.weingut-doerflinger.de
mail@weingut-doerflinger.de

Besuchszeiten
Mo.-Fr. 8-12:30 +
13:30-18:30 Uhr
Sa. 9-16 Uhr
Weinproben in Probierstube
oder Holzfasskeller

Inhaber
Hermann Dörflinger &
Hermann Dörflinger jr.

Rebfläche
20 Hektar

Produktion
140.000 Flaschen

Seit dem Jahr 1900 hat das Weingut seinen Sitz in der Mühlenstraße mitten in Müllheim. 1973 hat Hermann Dörflinger den elterlichen Betrieb übernommen. Er hat von Anfang an kompromisslos auf durchgegorene Weine gesetzt, zu einer Zeit, als badischer Wein noch durch und durch süß war, der Restzucker wird auf dem Etikett vermerkt. Seine Weinberge liegen in den Müllheimer Lagen Sonnhalde, Reggenhag und Pfaffenstück, sowie im Badenweiler Römerberg. Sie bieten hinreichend Differenzierungsmöglichkeiten, denn die Böden sind sehr unterschiedlich, reichen von leichtem Löss und Braunjura bis hin zu schweren Lettenböden. Möglichkeiten, die er unter anderem dergestalt nutzt, dass er Jahr für Jahr gleich drei Lagen-Gutedel anbaut. Dem Gutedel gilt seine Liebe, er ist auch Mit-Initiator des seit 1997 vergebenen Gutedel-Preises, der Preisträger erhält ein 225 Liter-Fass mit Dörflinger-Gutedel. Neben Gutedel baut er vor allem die Burgundersorten an: Weißburgunder, Grauburgunder und Spätburgunder. Dazu gibt es ein wenig Silvaner, Müller-Thurgau, Riesling, Gewürztraminer, Nobling und Chardonnay, inzwischen auch Merlot. Chardonnay hat er gepflanzt gleich nachdem die Sorte in Baden zugelassen war, vom Weißburgunder besitzt er alte Reben im Römerberg, noch älter sind die ältesten Spätburgunder-Reben, Anfang der sechziger Jahre gepflanzt. Sohn Hermann hat nach Lehre bei Wehrheim und Dönnhoff in Geisenheim studiert, ein Semester in Bordeaux absolviert, ist nach Aufenthalten in Burgund und Australien seit 2008 Mitinhaber des Weinguts. Natürlich kennen wir schon lange die Weine von Hermann Dörflinger, wer kennt sie nicht. Natürlich empfehlen wir sie auch schon seit unserer ersten Ausgabe. Die kompromisslos trockenen Weine von Hermann Dörflinger gehören Jahr für Jahr zu den besten in Baden. Bei ihm bereitet immer schon der einfachste Gutedel viel Freude, ist glasklar und präzise wie alle anderen Weine im Sortiment auch. In der Spitze hat das Weingut in den letzten Jahren weiter zugelegt, vor allem die Rotweine sind feiner und komplexer geworden, sie setzen niemals auf Wucht und Konzentration, sondern auf Finesse und Eleganz.

🍷 Kollektion

Der Gutedel aus dem Reggenhag ist sicherlich einer der rebsortentypischsten Vertreter der Rebsorte: Frisch, schlank, leicht, zupackend, feinfruchtig, mineralisch. Der Gutedel Pfaffenstück hat eine ganz ähnliche Struktur, ist kraftvoller, die Säure kommt mehr zum Tragen. Viel saftige Frucht zeigt der reintönige Chardonnay Kabinett, er hat eine sehr ausgewogene, stimmige Struktur. Sahnige Erdbeerfrucht zeigt der Spätburgunder Weißherbst Kabinett aus der Sonnhalde im Bouquet. Am Gaumen spielt eine prägnante Säure kraftvoll mit der einladenden Frucht. Die Weißburgunder Spätlese aus dem Römerberg zeigt ein rauchig-fruchtiges, opulentes Bouquet, am Gaumen ist sie sehr klar und frisch, gleichzeitig dicht und tiefgründig, besitzt fruchtige Extraktfülle, Säure hält den Wein schlank, er endet mit mineralischer Länge. Die Grauburgunder Spätlese 2019 aus der Sonnhalde ist ganz ähnlich, etwas forscher, die Frucht ist etwas lauter als beim Weißburgunder. Zwei weiße Barrique-Spätlesen aus dem Jahr 2018 komplettieren das Bild. Das Holz ist beim ganz leicht angefärbten Grauburgunder aus der Sonnhalde sehr zurückhaltend, aber feinwürzig präsent, dazu kommt eine sehr feine Frucht. Am Gaumen bestätigt sich der Eindruck von Kraft und Eleganz – ein sehr gekonnter Einsatz des kleinen Holzfasses zeichnet diesen Wein neben der Harmonie von Frucht, Extrakt und Säure aus. Spielerischer kommt die Frucht des Chardonnay daher, Zitrusnoten und feinste Holzwürze gehen auch am Gaumen eine elegante Verbindung ein. Der Spätburgunder Pfaffenstück zeigt im Bouquet rote Früchte und dunkle Beeren, im Hintergrund feine Würze, mit der Zeit kommt eine reife Kirschfrucht in den Vordergrund. Am Gaumen sehr saftig, hier kommen auch feine Röstaromen zum Tragen, geprägt ist der Wein aber von einer sehr eleganten Frucht, die anderen Komponenten wie Säure und Tannin sind ausgewogen, bereits sehr zugänglich. Es gibt noch einen zweiten Wein aus dieser Lage, von „Alten Reben". Er hat die fast gleiche Frucht, die Tannine sind etwas straffer. Der Spätburgunder Römerberg ist etwas dunkler in der Frucht und in der Farbe, hat aber eine ähnliche, stimmige Struktur mit etwas mehr Wumms. Das war schon im Vorjahr so und deutet auf den Lagencharakter hin. Bei allen drei Spätburgundern dürften sich die Tannine noch abschleifen und die Säure noch besser integrieren, somit sollten sie an Eleganz mit der Zeit gewinnen. Sehr typisch ist der beerenfruchtige Merlot, er hat einen weichen Kern, der aber von Säure und Tannin lebhafte Impulse erhält.

Weinbewertung

85	2019 Gutedel trocken Müllheimer Reggenhag	11,5%/6,30€
85	2019 Gutedel trocken Müllheimer Pfaffenstück	11,5%/6,80€
86	2019 Chardonnay Kabinett trocken Müllheimer Reggenhag	13%/9,50€
88	2019 Weißburgunder Spätlese trocken Badenweiler Römerberg	13,5%/11,-€
87	2019 Grauburgunder Spätlese trocken Müllheimer Sonnhalde	13,5%/11,-€
89	2018 Grauburgunder Spätlese trocken Barrique Müllheimer Sonnhalde	13,5%/17,-€
90	2018 Chardonnay Spätlese trocken Barrique Müllheimer Reggenhag	13,5%/17,-€
85	2019 Spätburgunder Weißherbst Kabinett trocken Müllheimer Sonnhalde	13%/7,80€
89	2018 Merlot trocken Barrique Badenweiler Römerberg	13,5%/19,-€
89	2018 Spätburgunder trocken Barrique Badenweiler Römerberg	13,5%/17,-€
90	2018 Spätburgunder trocken Barrique Müllheimer Pfaffenstück	13%/17,-€
89	2018 Spätburgunder trocken „Alte Reben" Barrique Pfaffenstück	13,5%/22,-€

Hermann & Hermann Dörflinger

Lagen
Sonnhalde (Müllheim)
Reggenhag (Müllheim)
Pfaffenstück (Müllheim)
Römerberg (Badenweiler)

Rebsorten
Gutedel (37 %)
Spätburgunder (23 %)
Weißburgunder (12 %)
Grauburgunder (10 %)
Chardonnay (4 %)
Silvaner (3 %)

Hedwig & Helmut Dolde

★★★

Kontakt
Beurener Straße 16
72636 Frickenhausen
Tel. 07025-4982
Fax: 07025-840620
www.doldewein.de
info@doldewein.de

Besuchszeiten
Do. 16-19 Uhr
Sa. 10-13 Uhr
oder nach Vereinbarung

Inhaber
Hedwig & Helmut Dolde
Betriebsleiter
Helmut Dolde
Kellermeister
Helmut Dolde
Außenbetrieb
Helmut Dolde
Rebfläche
2 Hektar
Produktion
10.000 Flaschen

Hedwig und Helmut Dolde führen ein kleines Weingut am Rande der Schwäbischen Alb. 1982 kelterte Helmut Dolde, im Hauptberuf Gymnasiallehrer, seinen ersten Wein, und was als Hobby begann, wurde nach und nach immer wichtiger. Die Weinberge liegen in Linsenhofen und im Neuffener Tal, gehören mit bis zu 530 Höhenmetern zu den höchstgelegenen Weinbergen Deutschlands. Die Reben wachsen auf Verwitterungsböden aus braunem und weißem Jura. Die Linsenhöfer Weinberge stehen auf Mittlerem (braunen) Jura, teilweise auch auf einem Vulkanschlot, der Boden ist stark kalkhaltig, tonig-lehmig bei geringem Steinanteil, der vulkanische Boden ist dunkel, sandig und mineralienreich, wogegen die Neuffener und Beurener Weinberge einen hohen Steinanteil von weißen Jurabrocken besitzen. Silvaner spielt im Betrieb die wichtigste Rolle, nimmt die Hälfte der Rebfläche ein, es gibt ihn in mehreren Varianten. Dazu gibt es je ein Fünftel Spätburgunder und Riesling, ein wenig Weißburgunder, sowie etwas Kerner, Müller-Thurgau und einige rote Rebsorten, die Bestandteil der Cuvée Roter Jura sind.

Kollektion

Auch in diesem Jahr zeigt die kleine Kollektion von Helmut Dolde das gewohnt hohe Niveau, alle Weine haben wir mit „sehr gut" bewertet. Spannend wie gehabt ist das Silvaner-Trio, das sehr klar die Lagenunterschiede aufzeigt. Der auf einem Vulkanschlot in den Linsenhöfer Weinbergen gewachsene Vulkan zeigte feine rauchige Noten, besitzt gute Struktur und viel Grip. Der Silvaner Weißer Jura stammt von den höchstgelegenen Weinbergen, zeigt intensive Frucht, Birnen, gelbe Früchte, ist herrlich klar und zupackend. Unser Favorit ist der Silvaner von über 60 Jahre alten Reben, der intensiv, konzentriert, herrlich eindringlich im Bouquet ist, kraftvoll und reintönig im Mund ist, gute Struktur, Frucht und Druck besitzt. Der Riesling Brauner Jura ist würzig im Bouquet, konzentriert und eindringlich, kommt kraftvoll in den Mund, ist strukturiert und fruchtbetont. Aus dem Jahrgang 2018 stammt der im großen Holzfass ausgebaute Spätburgunder vom Jurakalk, der rauchige Noten und reintönige Frucht zeigt, klar und zupackend im Mund ist. Ebenfalls rauchig und noch intensiver in der Frucht ist der im Tonneau aus schwäbischer Eiche ausgebaute Spätburgunder Fass 1 aus dem Jahrgang 2017, er besitzt Fülle und Kraft, reintönige Frucht, Struktur und Länge. Feine Kollektion!

Weinbewertung

86	2019 Silvaner trocken „Vulkan" Linsenhöfer	13%/8,20€
86	2019 Silvaner trocken „Weißer Jura"	12%/7,80€
88	2019 Silvaner trocken „Alte Reben"	12,5%/9,-€ ☺
86	2019 Riesling trocken „Brauner Jura" Linsenhöfer	12,5%/8,40€
85	2018 Spätburgunder trocken „vom Jurakalk"	13,5%/9,-€
88	2017 Spätburgunder trocken „Fass 1" Linsenhöfer	13%/14,-€

RHEINHESSEN ▸ GUNTERSBLUM

Domhof

Kontakt
Bleichstraße 12-14
67583 Guntersblum
Tel. 06249-805767
Fax: 06249-80039
www.weingut-domhof.de
baumann@weingut-domhof.de

Besuchszeiten
Di.-Fr. 16-19 Uhr, Sa. 10-14 Uhr, So. 10-13 Uhr oder nach Vereinbarung; Fr. „After-Work-Tasting"; 1.+2. Adventswochenende Winterrestaurant; Hotel

Inhaber/Kellermeister
Alexander Baumann
Rebfläche
9,4 Hektar
Produktion
50.000 Flaschen

Das einst dem Domstift Worms gehörende Gut ist seit 1874 im Familienbesitz. Alexander Baumann übernahm den elterlichen Betrieb 2004, führt ihn zusammen mit Ehefrau Chris. Seine Weinberge liegen in Guntersblum (Himmelthal, Bornpfad, Eiserne Hand, Kreuz-Kapelle), Alsheim und Nierstein (Heiligenbaum, Paterberg, Oelberg, Auflangen, Pettenthal). Neben Riesling, der gut ein Drittel der Rebfläche einnimmt, baut er vor allem noch Silvaner, Grauburgunder, Sauvignon Blanc, Scheurebe, Bacchus und Kerner, sowie die roten Sorten Schwarzriesling, Spätburgunder, Portugieser, Regent und Dornfelder an. Das Sortiment ist dreigeteilt in Guts-, Orts- und Lagenweine, allerdings tragen auch die Ortsweine größtenteils noch Lagennamen auf dem Etikett. 2016 wurde ein Hotel mit 12 Doppelzimmern gebaut.

Kollektion

Alexander Baumann präsentiert eine sehr ähnliche Kollektion wie schon im Vorjahr, die sehr gleichmäßig ist, in der wir aber doch die Spitzen vermissen, die es in früheren Jahren immer wieder bei den Lagen-Rieslingen oder auch mit dem Spätburgunder aus der Kreuz-Kapelle gab. Der Guntersblumer Grauburgunder ist frisch und geradlinig, aber doch allzu süß, was auch für den lebhaften, süffigen Silvaner vom Guntersblumer Bornpfad gilt. Die meisten Rieslinge sind mit weniger Restsüße ausgebaut als Silvaner und Grauburgunder oder auch Sauvignon Blanc und Blanc de Noir, bleiben aber trotzdem recht verhalten. Unter den drei Orts-Rieslingen gefällt uns der Wein vom Niersteiner roten Hang am besten, er ist würzig und klar im Bouquet, frisch und lebhaft im Mund. Der Pettenthal-Riesling ist im Jahrgang 2019 würzig und konzentriert im Bouquet, aber dann doch recht verhalten und kompakt im Mund, so dass uns wie schon im Vorjahr der Riesling aus dem Himmelthal besser gefällt, der gute Konzentration und reife Frucht zeigt, füllig und saftig ist bei guter Substanz.

Weinbewertung

81	2019 Grauer Burgunder trocken Guntersblumer	13 %/7,60 €
79	2019 Spätburgunder „Blanc de Noir" trocken Guntersblumer	13 %/7,60 €
81	2019 Silvaner trocken „vom Löss" Guntersblumer Bornpfad	13 %/8,60 €
80	2019 Sauvignon Blanc trocken Guntersblumer	11,5 %/8,90 €
80	2019 Riesling trocken „vom Löss" Guntersblumer	12 %/9,90 €
82	2019 Riesling trocken „vom roten Hang" Niersteiner	13 %/9,90 €
83	2019 Riesling trocken Guntersblumer Himmelthal	12,5 %/13,80 €
80	2019 Riesling trocken „vom Kalkstein" Niersteiner	12,5 %/9,90 €
81	2019 Riesling trocken Niersteiner Pettenthal	13 %/13,80 €
78	2019 Scheurebe halbtrocken (1l)	11,5 %/5,20 €
80	2019 Riesling „Jule"	10 %/7,90 €
79	2019 Rosé trocken „Lebenslust"	12,5 %/6,20 €

MOSEL — KASEL

★★✮

Dominikaner Weingut

Kontakt
Bahnhofstraße 37
54317 Kasel
Tel. 0651-5180
Fax: 0651-53701
www.weingut-von-nell.de
cvnb@weingut-von-nell.de

Besuchszeiten
ganztags nach Vereinbarung
Restaurant/Vinothek Pauliner Hof (4 Gästezimmer)

Inhaber
Dr. Carmen von Nell-Breuning

Kellermeister
Dr. Carmen von Nell-Breuning

Rebfläche
7 Hektar

Produktion
45.000 Flaschen

Carmen von Nell-Breuning hat das Weingut im Sommer 2013 von ihren Eltern Christoph und Ingeborg von Nell-Breuning übernommen, führt es nunmehr in 13. Generation, denn ihr Vorfahr Peter Christian von Nell begründete um 1670 die Weinbautradition der Familie. Das Weingut in Kasel wurde um 1890 von Oskar von Nell erbaut. Die Weinberge von Carmen von Nell-Breuning liegen alle in Steillagen an der Ruwer, in Kasel genau genommen: Die Lage Dominikanerberg gehört ihr im Alleinbesitz, dazu ist sie in den Kaseler Lagen Nies'chen und Kehrnagel vertreten. Angebaut werden zu 90 Prozent Rieslingreben, zu einem Zehntel Spätburgunder. Zum Weingut gehört die älteste Sektmanufaktur im Ruwertal, alle Rieslingsekte werden mindestens zwei Jahre auf der Hefe ausgebaut. Auch die Vinothek Pauliner Hof mit vier Gästezimmern gehört zum Betrieb. Inzwischen ist das Weingut in der Umstellung auf biodynamische Wirtschaftsweise.

Kollektion

Schaumwein ist eine Spezialität des Hauses und gelingt auch diesmal ausgezeichnet. Der 2015er Ludovico ist wunderbar fein und elegant, der Rosé ist herrlich süffig. Der trockene Kaseler Riesling aus 2019 ist duftig, zupackend, frisch und rassig, der 2019er Riesling von alten Reben ist frisch, duftig, im Mund fest, verspielt, ziseliert mit feiner, animierender Säure und niedrigem Alkohol. Verschlossener wirkt die feste und stoffige trockene Spätlese aus dem Dominikanerberg. Straff, vibrierend, nur dezent süß ist der feinherbe 2018er von alten Reben, nochmals spannender der 18 Monate auf der Feinhefe ausgebaute 2018er „NB sur lie", der beweist, wie sehr sich das Weingut auch an Experimente herantraut. Im restsüßen Bereich begeistert die 2018er Spätlese aus dem Dominikanerberg, die erkennbare Spontangärnoten aufweist und im Mund wunderschön rassig und würzig ausfällt, deren Restsüße sehr verhalten bleibt. 2018 war ein Jahrgang der Ruwer, 2019 ist es allerdings auch. Ein 2016er Spätburgunder mit Noten von Sauerkirsche und Tabak präsentiert sich zum Abschluss elegant und würzig.

Weinbewertung

87	2015 Riesling Sekt brut „Ludovico" Kaseler Dominikanerberg	12%/15,-€
87	2017 Pinot Rosé Sekt Kaseler Nies'chen	5,5%/15,80€
86	2019 Riesling Kabinett trocken Kaseler Dominikanerberg	10,5%/11,-€
88	2019 Riesling trocken „Alte Reben" Kaseler Dominikanerberg	11%/17,-€
87	2019 Riesling Spätlese trocken Kaseler Dominikanerberg	10,5%/13,90€
90	2018 Riesling „feinherb" „NB sur lie" Kaseler Dominikanerberg	11,5%/23,-€
84	2019 Riesling „feinherb" Ruwer	11%/8,50€
87	2018 Riesling „feinherb" „Alte Reben" Kaseler Dominikanerberg	11,5%/17,30€
89	2018 Riesling Spätlese Kaseler Dominikanerberg	10%/19,-€
87	2016 Spätburgunder trocken Kaseler Nies'chen	12,5%/21,50€

WÜRTTEMBERG — REMSHALDEN-GRUNBACH

★★★★☆

Doreas

Kontakt
Ernst-Heinkel-Straße 85
73630 Remshalden-Grunbach
Tel. 07151-75569
Fax: 07151-2061200
www.doreas.de
info@doreas.de

Besuchszeiten
Do./Fr. 16-18 Uhr
Sa. 9:30-14 Uhr
und nach Vereinbarung

Inhaber
Dorothee Wagner-Ellwanger
& Andreas Ellwanger

Rebfläche
9 Hektar

Produktion
35.000-50.000 Flaschen

Dorothee Wagner-Ellwanger und Andreas Ellwanger, lange Zeit im elterlichen Betrieb in Winterbach (Weingut Jürgen Ellwanger) für den Weinausbau verantwortlich, begannen unter dem Namen Doreas 2007 mit der Selbstvermarktung im Aussiedlerhof von Dorothee Wagners Eltern. Ihre beiden Söhne sind ebenfalls am Wein interessiert, der eine hat bei Haidle und Aldinger gelernt, der andere bei Schnaitmann und Bernhard Ellwanger. Die meisten Weinberge liegen in Grunbach in den beiden Lagen Klingle und Berghalde, mit bis zu 40 Jahre alten Reben, dazu ist man im Großheppacher Zügernberg und im Hebsacker Lichtenberg vertreten. Die Weinberge werden biologisch bewirtschaftet (Ecovin).

Kollektion

Mehrere Rotweine führten im vergangenen Jahr eine starke, sehr gleichmäßige Kollektion an, dieses Jahr nun sind ganz klar die edelsüßen Rieslinge die Highlights, allen voran die Trockenbeerenauslese, die herrlich eindringlich und konzentriert ist, Litschinoten zeigt, viel Substanz und Konzentration besitzt, dabei wunderschön reintönig ist. Auch die Auslese besticht mit Reintönigkeit, zeigt etwas Litschi und Pfirsich und besitzt viel Substanz. Spannend ist auch wieder einmal der Schillerwein-Sekt, zeigt viel Frucht und feine Frische, ist kraftvoll und zupackend, besitzt feine Frucht und Grip. Die Weißweine zeigen sehr gleichmäßiges Niveau, unsere leichte Präferenz gilt dem im Barrique ausgebauten Chardonnay, der reintönige Frucht, Frische und Grip besitzt. Der im Barrique ausgebaute Schillerwein ist fruchtbetont und intensiv, klar und zupackend, sehr eigenständig. Sehr gut sind auch die drei im Barrique ausgebauten Rotweine aus dem Jahrgang 2017. Die Serenade in Rot ist frisch, fruchtbetont und zupackend, der Lemberger besticht mit Reintönigkeit und Grip, der Merlot ist fruchtbetont, intensiv und konzentriert, besitzt gute Struktur und reintönige Frucht. Starke Kollektion!

Weinbewertung

Punkte	Wein	Alk./Preis
87	2017 Schillerwein Sekt brut „Prélude"	12%/13,-€
84	2019 Riesling trocken „Ballade"	12%/6,30€
83	2019 Silvaner trocken „Symphonie"	12,5%/8,-€
84	2019 Gewürztraminer trocken „Symphonie"	13%/9,50€
84	2018 Cabernet Blanc trocken „Symphonie"	12,5%/8,50€
85	2019 Chardonnay trocken „Symphonie" Grunbacher Klingle	13%/14,-€
89	2019 Riesling Auslese „Oper" Grunbacher Klingle	11%/22,-€
92	2019 Riesling Trockenbeerenauslese „Oper" Grunbacher Klingle	9%/50,-€/0,375l
85	2018 Schillerwein trocken „Symphonie"	14%/9,-€
85	2017 „Serenade in Rot" Rotwein trocken	13%/10,-€
86	2017 Lemberger trocken „Serenade"	13%/13,-€
88	2017 Merlot trocken „Symphonie"	13,5%/18,-€

BADEN ▬ DOSSENHEIM

★★✩

Weinmanufaktur Dossenheim

Kontakt
Steckelbergstraße 7
69221 Dossenheim
Tel. 06221-181117
www.weinmanufaktur-dossenheim.de
lecker@weinmanufaktur-dossenheim.de

Besuchszeiten
Sa. 10-14 Uhr, Betriebsgelände am ehemaligen „Vatterbruch", Steinbruchweg 19-21, und nach Vereinbarung

Inhaber
Jochen Konradi, Gunnar Stamm, Tobias Stöhr

Kellermeister
Jochen Konradi

Außenbetrieb
Tobias Stöhr, Gunnar Stamm

Rebfläche
1,5 Hektar

Produktion
8.000 Flaschen

Eigentlich hatten Jochen Konradi, Gunnar Stamm und Tobias Stöhr 1996 nur einen Platz zum Grillen gesucht, aber weil dort Reben standen, wurde auch Wein produziert, viele Jahre nur für den Eigenverbrauch. Doch dann wurde aus dem Hobby ein Nebenerwerb, 2011 gründete das Trio die Weinmanufaktur Dossenheim, zusätzliche Weinberge wurden gepachtet. Seit 2019 wird der Wein in einer neuen Produktionsstätte ausgebaut, dem Wohnhaus und den Werkstätten des ehemaligen Besitzers des Steinbruchs „Vatter". Tobias Stöhr ist Projektmanager, Gunnar Stamm Veranstaltungstechniker und Jochen Konradi Agrarbiologe. Er war einige Jahre Außenbetriebsleiter im Weingut Seeger, nun ist er Berater für Weinbau und Sonderkulturen bei der Raiffeisen Zentralgenossenschaft. Die Weinberge liegen entlang der Badischen Bergstraße. Im Dossenheimer Ölberg stehen Spätburgunder und Chardonnay, im Schriesheimer Kuhberg Grauburgunder und Dornfelder, im Großsachsener Sandrocken Spätburgunder und Riesling. Wo immer es geht, sollen ältere Anlagen erhalten bleiben, der Spätburgunder Alte Reben wurde 1970 gepflanzt. Von Anfang an wurde auf Herbizide und auf Insektizide verzichtet, außerdem werden artenreiche Begrünungen eingesät. Ein großer Anteil der Weine wird im Barrique ausgebaut. Bei den mit dem Buchstaben „B" gekennzeichneten Weinen ist der Anteil an neuem Holz größer. Alle Weine werden trocken ausgebaut.

Kollektion

Klein, aber fein: Die reintönigen, harmonisch-präzisen Weine der Weinmanufaktur Dossenheim überzeugen auf der ganzen Linie. Der Chardonnay zeigt klare gelbe Frucht und rauchige Noten, ist frisch und klar am Gaumen mit schöner Zitrus-Aromatik und tragendem, durch Süße abgepuffertem Säuregerüst. Der Chardonnay B vom Ölberg zeigt ein einladendes Bouquet von Früchten und feiner Holzwürze, ist frisch am Gaumen mit heller Frucht und Säure, das Holz strafft den Wein und gibt zusätzliche Struktur. Saftig-süffig ist der Rosé. Hochfeine Würze zeigt der komplexe, durch genügend Säure gar nicht so wuchtig wirkende Blanc de Noir. Von den drei Spätburgundern sehen wir den Ölberg an der Spitze, hinter noch etwas dominanten, aber feinen Röstaromen scheint eine klare rote Frucht auf, am Gaumen ist er dicht aber nicht zu konzentriert. Sehr gutes Debüt! ▬

Weinbewertung

87	2019 Spätburgunder „Blanc de Noir" trocken	14%/9,-€
84	2019 Chardonnay trocken	12,5%/7,-€
87	2019 Chardonnay „B" trocken Ölberg	13,5%/14,50€
83	2019 Rosé trocken	13%/7,-€
82	2017 Spätburgunder trocken	12,5%/7,50€
87	2017 Spätburgunder „B" trocken Ölberg	14%/14,50€
86	2017 Spätburgunder „B" trocken „Alte Reben"	14%/14,50€

MOSEL — NITTEL

★★ ⭒

Matthias Dostert

Kontakt
Weinstraße 5
54453 Nittel
Tel. 06584-91450
Fax: 06584-914526
www.weingutdostert.de
info@weingutdostert.de

Besuchszeiten
Weinverkauf
Mo.-Sa. 9-12 + 13-18 Uhr
So. 9-12 Uhr
Weingutsrestaurant
Mi.-Sa. ab 18 Uhr
So. zum Mittagessen
Restaurant mit Gästehaus
direkt am Weingut

Inhaber
Anita & Matthias Dostert
Betriebsleiter
Matthias Dostert
Kellermeister
Carina Curman
Rebfläche
20 Hektar
Produktion
200.000 Flaschen

Das Weingut Dostert ist ein klassischer Familienbetrieb, der mittlerweile stolze 20 Hektar bewirtschaftet. 70 Prozent der Weinberge von Matthias und Anita Dostert sind mit Elbling bepflanzt. Spezialität dieses Weingutes an der Obermosel – gegenüber dem Großherzogtum Luxemburg – sind die Sekte aus Weißem und Rotem Elbling. Neben Elbling werden noch die Burgundersorten angebaut, Weißburgunder, Grauburgunder, Auxerrois, Spätburgunder, dazu etwas Müller-Thurgau und immerhin 10 Prozent Gewürztraminer. Die Tochter von Anita und Matthias Dostert, Carina Curman, war 2000/2001 Deutsche Weinkönigin und ist nicht nur als Kellermeisterin aktiv, sondern hat sich mit ihrem Mann und dem gemeinsamen Projekt namens „Culinarium" ein zweites Standbein geschaffen, sie führen ein Landrestaurant mit Kochschule. Das Weingut Dostert ist unser Klassiker von der Obermosel, als einziger Betrieb von dort empfehlen wir das Gut seit unserer ersten Ausgabe Jahr für Jahr. Matthias Dostert liefert sehr gleichmäßige Kollektionen, er hat uns nie enttäuscht, seine Sekte gehören regelmäßig zu den besten Elbling-Sekten im Land.

Kollektion

Ein so gleichmäßiges Programm wie das Weingut Dostert präsentieren nicht viele Güter, es sind Fortschritt zu spüren. Bei den Schaumweinen freilich ist alles beim Alten, sie sind wie immer klar, sortentypisch, frisch, etwa der Elbling extra brut, mit feinen Hefenoten und einem zitrusfrischen Nachhall. Der als brut bezeichnete Elbling ist aber nicht schlechter, sondern besitzt lediglich etwas mehr Schmelz. Auch der süffige Spätburgunder Blanc de Noirs und der Sekt aus Rotem Elbling mit einem Hauch von Süße machen Spaß. Der „normale" trockene Grauburgunder ist kühl und schlank, der trockene Elbling besitzt Spiel. Eigenwillig ist der Grauburgunder „Terra M", recht würzig, kompakt. Ein würziger, fester Riesling gehört ebenfalls zum Sortiment, der kraftvolle, leicht erdige und zupackende Gewürztraminer ist eine gelungene Überraschung.

Weinbewertung

86	Elbling Sekt extra brut	12,5%/9,20€
86	Elbling Sekt brut	12,5%/9,20€
85	Spätburgunder Sekt Blanc de Noirs	12,5%/10,70€
85	Roter Elbling Sekt trocken	12,5%/10,-€
84	2019 Elbling trocken	12,5%/5,50€
84	2019 Weißer Burgunder trocken	12%/7,-€
83	2019 Grauer Burgunder trocken	12,5%/7,-€
85	2019 Grauer Burgunder „Terra M"	13%/8,50€
83	2019 Elbling Classic	12,5%/6,-€
85	2019 Gewürztraminer	12%/8,70€
83	2019 Riesling	12,5%/7,20€

Drautz-Able

★★★★⯪

Kontakt
Faißtstraße 23
74076 Heilbronn
Tel. 07131-177908
Fax: 07131-941239
www.drautz-able.de
info@drautz-able.de

Besuchszeiten
Mo.-Fr. 8-12 + 13:30-18 Uhr
Sa. 9-16 Uhr
Beteiligung an der Wein Villa Heilbronn

Inhaber
Monika Drautz &
Markus Drautz

Rebfläche
16 Hektar

Produktion
120.000 Flaschen

Markus Drautz führt heute zusammen mit seiner Ehefrau Stéphanie de Longueville und seiner Mutter Monika das Weingut. Die Weinberge liegen hauptsächlich in den Heilbronner Lagen Wartberg und Stiftsberg sowie im Neckarsulmer Scheuerberg. Rote Sorten dominieren, nehmen gut die Hälfte der Rebfläche ein. Lemberger und Trollinger spielen eine wichtige Rolle ebenso wie Riesling und Weißburgunder auf weißer Seite, Sauvignon Blanc ist zu einer Spezialität des Weingutes geworden. Dazu gibt es Spätburgunder, Samtrot und Schwarzriesling, aber auch Merlot, Dornfelder, Regent und Cabernet Sauvignon. Das früher verwendete dreistufige Programm wurde in das vierstufige Herkunftsmodell des VDP integriert. Bereits seit 1986 werden bei Drautz-Able Barriqueweine erzeugt, 1990 war das Weingut Gründungsmitglied des Deutschen Barrique Forums. Prädikatsbezeichnungen werden nur für süße Weine verwendet. Aushängeschild des Weinguts ist der „Jodokus", benannt nach Jodokus Drautz, der 1496 das Recht erhielt mit seinem eigenen Wappen zu siegeln.

Kollektion

Eine sehr abwechslungsreiche Kollektion präsentiert Markus Drautz in diesem Jahr. Ein fein gereifter, harmonischer Sekt eröffnet den Reigen. Die Guts- und Ortsweine sind klar und frisch, der Hades-Sauvignon Blanc besitzt viel Substanz und Kraft. Der 2011er Riesling Großes Gewächs präsentiert sich in blendender Form – schade, dass wir keinen aktuellen Jahrgang verkosten konnten. Das gilt auch für das rote Aushängeschild des Hauses, den Jodokus. Spannend ist der drei Jahre in zu 30 Prozent neuem Holz ausgebaute Merlot aus dem Jahrgang 2015, ist würzig und eindringlich, besitzt Fülle und Kraft. Spannend ist auch der BF18 von Blaufränkisch-Rebmaterial aus Neckenmarkt, das Ziel wenig Gerbstoff zu extrahieren gelingt, der Wein ist füllig und frisch. Spannend ist schließlich auch der intensiv würzige, stoffige GO17, ein Orange-Gewürztraminer.

Weinbewertung

87	2013 „MC blanc" Sekt extra-brut	11,5 %/17,99 €
83	2019 Weißburgunder trocken	12,5 %/8,99 €
82	2019 Pinot Gris trocken „Drei Tauben" Heilbronner	13,5 %/14,99 €
84	2019 Sauvignon Blanc mit Riesling trocken „Drei Tauben" Heilbronner	13 %/14,99 €
87	2018 Sauvignon Blanc trocken „Hades"	15 %/21,90 €
90	2011 Riesling „GG" „Hunsperg" Heilbronner Stiftsberg	13 %/25,-€
88	2017 „GO17" Schwäbischer Landwein (Weingärtnerei)	12 %/30,-€
84	2018 Trollinger trocken „Drei Tauben" Heilbronner	12,5 %/12,99 €
83	2017 Lemberger trocken „Drei Tauben" Neckarsulmer	13 %/14,49 €
89	2011 „Jodokus" Rotwein trocken „Hades"	14 %/32,-€
90	2015 Merlot „R" trocken „Hades"	14 %/32,-€
88	2018 „BF18" Schwäbischer Landwein (Weingärtnerei)	10 %/30,-€

FRANKEN — RÖDELSEE

★★★

Drei Zeilen

Kontakt
Weinmanufaktur 3 Zeilen
Heinrich-Wiegand-Str. 2
97348 Rödelsee
Tel. 09323,876454, 0172-6918712 Fax: 09323-5776
www.3-zeilen.de
3zeilen@web.de

Besuchszeiten
jederzeit nach Vereinbarung

Inhaber
Christian Ehrlich
Betriebsleiter
Christian Ehrlich
Kellermeister
Christian Ehrlich
Außenbetrieb
Christian Ehrlich
Rebfläche
3 Hektar
Produktion
15.000 Flaschen

Christian Ehrlich bekam mit 16 Jahren von seinem Vater drei Weinbergszeilen geschenkt. Im Herbst 2007 gründete er zusammen mit Alexandra Müller die Weinmanufaktur 3 Zeilen. Die Weinberge wurden von Beginn an biologisch bewirtschaftet, Christian Ehrlich ist Mitglied bei Bioland. Anfangs lagen alle seine Weinberge im Rödelseer Küchenmeister, inzwischen besitzt er auch Parzellen in der Rödelseer Schwanleite und im Iphöfer Kalb (mit Müller-Thurgau), Adelfränkisch hat er neu gepflanzt. Alle Weine werden spontanvergoren. Sie werden in der Regel trocken ausgebaut und sind heute Qualitätsweine, nachdem sie in den ersten Jahren als Landwein in den Verkauf kamen, sie tragen nun auch Lagennamen. Und nun wird aus den Drei Zeilen auch ein „richtiges" Weingut, hat Christian Ehrlich doch einen alten Winzerhof in Rödelsee gekauft, der renoviert wird und Sitz des Weingutes werden soll; ein weiterer Hektar Reben ist hinzugekommen, mit Portugieser und Bacchus, Spätburgunder und Cabernet Franc.

Kollektion

Eine sehr eigenständige, ja eigenwillige Kollektion präsentiert Christian Ehrlich auch in diesem Jahr. Der Petnat, ein ungeschwefelter und unfiltrierter Sauvignon Blanc, ist sehr kompakt, „Onkel Heiner Seiner", ebenfalls ungeschwefelt und unfiltriert, aber Silvaner, ist duftig, würzig und kraftvoll im Jahrgang 2018, stoffiger und noch sehr jugendlich im Jahrgang 2019. der Blanc genannte Sauvignon Blanc besitzt viel Kraft und Substanz, was auch für den rauchigen Platin-Silvaner gilt. Als Crowdfunding-Projekt hat Christian Ehrlich den Dachschaden genannten Riesling aufgelegt – man kann daraus schließen, dass das Dach des alten Winzerhofes sanierungsbedürftig ist. Der Wein ist gelbfruchtig, füllig, kraftvoll, besitzt gute Struktur und klare reife Frucht. Noch etwas besser gefällt uns die weiße Reserve aus dem Jahrgang 2017, eine Cuvée aus Silvaner, Weißburgunder und Sauvignon Blanc, ein intensiver, konzentrierter Wein, füllig, kraftvoll, mit viel Substanz. Ein frischer, zupackenden Rosé und ein intensiv fruchtiger, kraftvoller Spätburgunder runden die Kollektion ab. Kein Mainstream!

Weinbewertung

85	2019 „Pet Nat"	12%/16,50€
88	2018 „Blanc" Weißwein trocken Rödelseer Küchenmeister (Platin)	13%/18,50€
(86)	2019 „Fränkischer Satz" Weißwein trocken Küchenmeister	12,5%/9,50€
88	2018 Silvaner trocken Rödelseer Küchenmeister (Platin)	13,5%/16,50€
89	2018 Riesling trocken „Dachschaden" Küchenmeister (Platin)	13%/45,-€
90	2017 „Reserve" trocken Rödelseer Küchenmeister (Platin)	13,5%/25,-€
87	2018 „Onkel Heiner Seiner" trocken Rödelseer Küchenmeister	12,5%/25,-€
87	2019 „Onkel Heiner Seiner" trocken Rödelseer Küchenmeister	13%/25,-€
84	2019 Rosé „16 sechs" trocken Rödelseer Küchenmeister	13%/9,-€
87	2018 Spätburgunder trocken Rödelseer Küchenmeister (Platin)	13,5%/16,50€

WEINMANUFAKTUR 3 Zeilen

RHEINHESSEN ■— BECHTHEIM

★★★★★ Dreissigacker

Kontakt
Untere Klinggasse 4
67595 Bechtheim
Tel. 06242-2425
Fax: 06242-6381
www.dreissigacker-wein.de
info@dreissigacker-wein.de

Besuchszeiten
Mo.-Fr. 8-12 + 13-18 Uhr
Sa. 9-16 Uhr

Inhaber
Jochen Dreissigacker
Betriebsleiter
Jochen Dreissigacker.
Achim Bicking
Rebfläche
38 Hektar
Produktion
280.000 Flaschen

Seit die Dreissigackers im Sommer 2006 das Bechtheimer Weingut Dr. Koehler übernommen haben, führt der älteste Sohn Christian das Weingut Dr. Koehler, der jüngere Sohn Jochen kümmert sich um das elterliche Gut. Jochen Dreissigacker hat seine Lehre bei Klaus-Peter Keller und Bergdolt gemacht, dann die Technikerausbildung in Weinsberg. Seine Weinberge liegen in den verschiedenen Bechtheimer Lagen, Geyersberg, Rosengarten, Hasensprung, Stein und Heilig-Kreuz, dazu gibt es Weinberge in Westhofen in den Lagen Morstein, Aulerde, Kirchspiel und Brunnenhäuschen. 55 Prozent der Fläche nimmt Riesling ein, hinzu kommen je 15 Prozent Grauburgunder und Weißburgunder, des Weiteren Spätburgunder und Chardonnay. Die Weinberge werden biologisch bewirtschaftet, inzwischen wurde der Betrieb auf biodynamische Bewirtschaftung umgestellt. Jochen Dreißigacker arbeitet verstärkt mit Maischestandzeiten und Spontangärung. Das Programm ist klar gegliedert in Gutsweine, Ortsweine und Lagenweine. An der Spitze des Sortiments stehen die Bechtheimer Rieslinge aus Geyersberg, Rosengarten und Hasensprung und die Westhofener Rieslinge aus Morstein, Aulerde, Kirchspiel und Brunnenhäuschen, dazu gibt es den Weißburgunder Einzigacker, 2013 gab es einen Morstein-Silvaner. 2016 wurde mit dem Bau einer neuen Kellerei inmitten der Bechtheimer Weinberge begonnen, die im Frühjahr 2018 offiziell eröffnet wurde. Die neue Kellerei eröffnet die Möglichkeit die Lagenrieslinge noch länger im Fass und auf der Flasche reifen zu lassen; die Top-Rieslinge kommen nun erst nach mindestens drei Jahren Lagerung in den Verkauf. 2020 wurde die Vintages-Linie neu eingeführt, in der Cuvées aus mehreren Jahrgängen angeboten werden.

Kollektion

Eine großartige Kollektion präsentiert Jochen Dreissigacker auch in diesem Jahr, die Riesling-Serie ist beeindruckend. Das fängt beim tollen Gutsriesling an, der herrlich viel Frucht zeigt, würzig und eindringlich ist, gute Struktur und viel Kraft und Druck besitzt: Was für ein Einstieg! Der Bechtheimer Riesling setzt noch eins drauf, zeigt reintönige Frucht, ist füllig und saftig, kraftvoll, stoffig, besitzt Struktur und Substanz. Der neue Vintages, eine Jahrgangscuvée, zeigt feine Würze und Reife, ist füllig und kraftvoll, besitzt Grip. Aus dem Jahrgang 2017 stammt der Wunderwerk-Riesling, zeigt feine Würze und klare reife Frucht, ist füllig und stoffig bei viel reifer Frucht, Substanz und Länge. Die 2018er Lagen-Rieslinge sind alle noch sehr jugendlich, aber alle hervorragend. Der Rosengarten-Riesling ist wie immer etwas offener als seine Kollegen, er ist füllig und saftig, besitzt viel reife Frucht, Struktur und Frische. Der zweite Bechtheimer Lagen-Riesling, der Wein aus dem Geyersberg, ist dominant, zeigt herrlich viel Frucht und gute Konzentration, ist füllig und stoffig, enorm kraftvoll, besitzt viel reife Frucht und Substanz – und viel Potenzial, wie der füllig, stoffige 2013er beweist. Der Kirchspiel-Riesling ist im Jahrgang 2018 so gut wie nie, er ist stoffig und konzentriert, besitzt viel

DREISSIGACKER
VINTAGES

Substanz, viel Kraft und Druck, ist nachhaltig, sehr jugendlich; auch die Jahrgänge 2014 bis 2016 sind immer noch sehr frisch, können gut noch weitere Lagerung vertragen. Der Morstein-Riesling präsentiert sich im Jahrgang 2018 noch sehr zugeknöpft, ist konzentriert und eindringlich, zeigt gelbe Früchte im Bouquet, ist stoffig und kraftvoll im Mund, leicht mineralisch, enorm jugendlich und verschlossen – er braucht Zeit, wie der immer noch enorm jugendliche 2014er beweist, der sich in prächtiger Verfassung zeigt und immer noch enorm jugendlich ist. Deutlich präsenter und unser Favorit unter den 2018er Rieslingen ist der neue Wein aus dem Brunnenhäuschen, der gute Konzentration und klare reife Frucht zeigt, enorm druckvoll und präzise ist, kraftvoll, mineralisch und zupackend, lang und nachhaltig. Aber nicht nur Riesling kann Jochen Dreissigacker. Der Wunderwerk-Grauburgunder besitzt reintönige Frucht, Fülle und Kraft, der Wunderwerk-Spätburgunder punktet mit intensiver Frucht und guter Struktur, der Bechtheimer Chardonnay ist rauchig, kraftvoll und strukturiert. Und die beiden Weißburgunder gehören zu den besten Weißburgundern in Deutschland: Der 2018er Tonneau ist rauchig, kraftvoll, nachhaltig, der 2019er Einzigacker ist komplex wie nie, noch jugendlich, intensiv, stoffig und reintönig. Großartige Kollektion!

Weinbewertung

88	2019 Riesling trocken	12,5 %/11,50 €
90	2018 Riesling trocken Bechtheim	13 %/18,- €
90	2017 Riesling trocken „Wunderwerk"	12,5 %/21,- €
89	2019 Grauburgunder trocken „Wunderwerk"	13,5 %/19,- €
90	„Vintages" weiß	12,5 %/14,50 € ☺
90	2019 Chardonnay trocken Bechtheim	13,5 %/22,- €
92	2018 Weißburgunder „Tonneau"	13,5 %/27,- €
92	2019 Weißburgunder trocken „Einzigacker"	13,5 %/54,- €
91	2018 Riesling trocken Bechtheimer Rosengarten	13 %/38,- €
91	2014 Riesling trocken Westhofener Kirchspiel	13,5 %/35,- €
90	2015 Riesling trocken Westhofener Kirchspiel	13,5 %/38,- €
91	2016 Riesling trocken Westhofener Kirchspiel	12,5 %/36,- €
93	2018 Riesling trocken Westhofener Kirchspiel	13,5 %/46,- €
95	2018 Riesling trocken Westhofener Brunnenhäuschen	13 %/46,- €
92	2013 Riesling trocken Bechtheimer Geyersberg	13 %/36,- €
93	2018 Riesling trocken Bechtheimer Geyersberg	13 %/49,- €
93	2014 Riesling trocken Westhofener Morstein	13 %/40,- €
92	2018 Riesling trocken Westhofener Morstein	13,5 %/59,- €
89	2016 Spätburgunder trocken „Wunderwerk"	12 %/27,- €

Jochen Dreissigacker

Lagen
Geyersberg (Bechtheim)
Rosengarten (Bechtheim)
Hasensprung (Bechtheim)
Morstein (Westhofen)
Kirchspiel (Westhofen)
Aulerde (Westhofen)
Brunnenhäuschen (Westhofen)

Rebsorten
Riesling (55 %)
Weißburgunder (15 %)
Grauburgunder (15 %)
Chardonnay (5 %)
Spätburgunder (5 %)

R&S Düll

Kontakt
Krassolzheim 36
92484 Sugenheim
Tel. 09165-377
Fax: 09165-995625
www.rs-duell.de
info@rs-duell.de

Besuchszeiten
nach Vereinbarung
Gasthaus Düll

Inhaber
Reinhold Düll
Kellermeister
Stefan Düll
Rebfläche
3,5 Hektar
Produktion
25.000 Flaschen

Reinhold Düll hat 1996 mit dem Weinbau begonnen, sein Weingut und das Gasthaus befinden sich in Krassolzheim in Mittelfranken. Sohn Stefan machte zunächst eine Schreinerlehre, schloss dann eine Winzerlehre an und sammelte praktische Erfahrungen im Weingut Zehntkeller in Iphofen. Er ist für den Weinausbau verantwortlich, wird im Vertrieb unterstützt von seiner Lebenspartnerin Michaela, die eine Sommelière-Ausbildung abschloss. Die Weinberge verteilen sich auf viele verschiedene Parzellen im Krassolzheimer Pfaffenberg und im Ippesheimer Herrschaftsberg, eingebettet zwischen Wald und Streuobstwiesen, die Reben wachsen auf Gipskeuper-Böden. Silvaner spielt eine wichtige Rolle im Betrieb, dazu gibt es Müller-Thurgau, Bacchus, Kerner, Scheurebe und Weißburgunder sowie die roten Sorten Zweigelt und Dornfelder. Im vergangenen Jahr wurde die Rebfläche um einen halben Hektar vergrößert.

Kollektion

Eine bestechend gleichmäßige Kollektion präsentierten Reinhold und Stefan Düll zum Debüt im vergangenen Jahr und ebenso bestechend gleichmäßig zeigt sich nun auch der neue Jahrgang. Schon die Literweine überzeugen, sind saftig und fruchtbetont. Unter den trockenen Kabinettweinen gefallen uns der reintönige Weißburgunder und der füllige Silvaner (auch wenn er mehr an eine Spätlese denn an Kabinett denken lässt), besonders gut, der halbtrockene Kerner ist würzig und intensiv, die halbtrockene Scheurebe von intensiven Cassisnoten geprägt. Die trockene Müller-Thurgau-Spätlese von alten Reben besitzt Fülle, Kraft und Substanz, die trockene Silvaner-Spätlese besitzt gute Konzentration, viel reife Frucht und Fülle, und der einzige Rotwein, der Zweigelt, besticht mit Reintönigkeit und viel Frucht. Unser Favorit in der aktuellen Kollektion ist die liebliche Kerner-Spätlese, die intensiv und würzig im Bouquet ist, Fülle und reife süße Frucht besitzt. Weiter so!

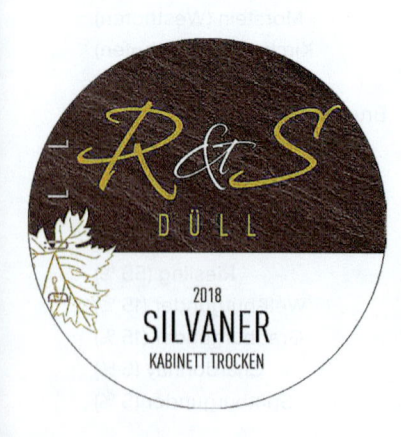

Weinbewertung

82	2019 Silvaner trocken (1l)	12,5%/4,60€
81	2019 Müller-Thurgau trocken (1l)	12,5%/4,60€
81	2019 Rivaner Kabinett trocken	12,5%/5,-€
83	2019 Silvaner Kabinett trocken	13,5%/6,-€
83	2019 Weißer Burgunder Kabinett trocken	13%/6,-€
84	2019 Müller Thurgau Spätlese trocken „Alte Reben"	13%/7,-€
84	2019 Silvaner „R&S" Spätlese trocken	14%/8,-€
84	2019 Scheurebe Kabinett halbtrocken	12%/5,50€
83	2019 Kerner Kabinett halbtrocken	13,5%/5,-€
81	2019 Bacchus „fruchtig"	11,5%/5,-€
85	2019 Kerner Spätlese „lieblich"	12%/7,-€
83	2018 Zweigelt trocken	13%/5,50€

FRANKEN — BULLENHEIM

★★ ☆

Dürr

Kontakt
Bullenheim 73
97258 Bullenheim
Tel. 09339-1436
weinbau-duerr@t-online.de
www.weinbau-duerr.de

Besuchszeiten
Weinstube
Sa. + So. ab 14:30 Uhr

Inhaber
Familie Dürr
Kellermeister
Julia Dürr-Döppert
Rebfläche
11 Hektar

Seit drei Generationen baut die Familie Dürr Wein in Bullenheim an, das im südlichen Steigerwald liegt, in Mittelfranken. 1991 hat man mit der Selbstvermarktung begonnen, vertreibt seither die Weine fast ausschließlich an Privatkunden. Die Weinberge liegen alle im Bullenheimer Paradies, der größten Weinlage in Mittelfranken, einer recht hoch gelegenen Weinlage mit Gipskeuperböden, der größte Teil der Lage ist südwest-exponiert. Die Familie Dürr baut Silvaner, Müller-Thurgau, Scheurebe und Bacchus an, auch Riesling und Weißburgunder, dazu rote Sorten wie Spätburgunder, Dornfelder und Acolon. Zum Weingut gehören eine Winzerstube, die ganzjährig am Wochenende geöffnet hat, sowie ein Gästehaus. Die Familie Dürr bietet Weinbergs- und Kellerführungen an und die Möglichkeit des Weinstockleasings. Eine der Töchter von Günther und Christine Dürr, Julia Dürr-Döppert, ist für den Weinausbau verantwortlich. 2019 wurde der neue Weinkeller fertig gestellt.

🍾 Kollektion

Beim guten Debüt im vergangenen Jahr hatte uns der im Granitfass ausgebaute und Granate genannte Silvaner aus dem Jahrgang 2017 besonders gut gefallen. Der hat sich auf der Flasche weiter gut entwickelt, zeigt gute Konzentration, etwas gelbe Früchte, ist füllig und stoffig, besitzt viel Kraft und Substanz. Der 2018er Weißburgunder zeigt gute Konzentration, feine Würze und reife Frucht im Bouquet, ist füllig und kraftvoll im Mund, besitzt reintönige Frucht, gute Struktur und Substanz. Die intensiv fruchtige Scheurebe zeigt Johannisbeeren und Holunder im Bouquet, ist füllig und saftig im Mund bei reifer Frucht und guter Struktur. Die weiße Cuvée Eva & Adam ist leicht floral und würzig, frisch, klar und zupackend. Der Dornfelder Rosé ist intensiv und fruchtig im Bouquet, zeigt eindringlich rote Früchte, ist frisch und klar im Mund, besitzt feine süße Frucht und Grip. Schon im Vorjahr hatte uns der 2017er Spätburgunder Paradeisos sehr gut gefallen, und dies gilt nun auch für den noch jugendlichen 2018er, der fruchtbetont und intensiv im Bouquet ist, etwas Johannisbeeren zeigt, frisch und zupackend im Mund ist, reintönige Frucht und Grip besitzt. Im Auge behalten! ⬛

🍷 Weinbewertung

85	2018 Weißburgunder Bullenheimer Paradies	12%/7,50€
85	2019 Scheurebe trocken Bullenheimer Paradies	12%/7,50€
88	2017 Silvaner trocken „Granate" „Steinfass"	12%/17,-€
83	2019 „Eva & Adam" Weißweincuvée Weinparadies	11%/6,50€
83	2019 Dornfelder Rosé trocken Weinparadies	12%/6,50€
87	2018 Spätburgunder trocken „Paradeisos"	13%/10,50€

WÜRTTEMBERG ▬ BRACKENHEIM-DÜRRENZIMMERN

★ ★ ☆

Dürrenzimmern

Kontakt
Weinkonvent Dürrenzimmern
Meimsheimer Straße 11, 74336
Brackenheim-Dürrenzimmern
Tel. 07135-95150
Fax: 07135-951539
www.weinkonvent-duerren-zimmern.de; info@weinkonvent-duerrenzimmern.de

Besuchszeiten
Mo.-Fr. 8-18 Uhr
Sa. 9-13 Uhr, an allen
Advents-Samstagen 9-16 Uhr
Landpension Kohler in
Brackenheim-Dürrenzimmern,
Gasthaus-Hotel Adler in
Brackenheim-Botenheim und
weitere Übernachtungsmöglichkeiten in der Umgebung

Inhaber
323 Mitglieder

Vorstandsvorsitzender
Alfred Heckel

Kaufmännischer Leiter
Timo Gebert

Kellermeister
Kurt Freudenthaler

Rebfläche
200 Hektar

Produktion
1.500.000 Flaschen

Die 1937 gegründete Genossenschaft von Dürrenzimmern, wo seit 1147 Weinbau belegt ist, fusionierte 1970 mit der Weingärtnergenossenschaft Stockheim zur Weingärtnergenossenschaft Dürrenzimmern-Stockheim, inzwischen hat man umfirmiert, nennt sich nun Weinkonvent Dürrenzimmern. Die Reben wachsen auf schweren Keuperböden an der Südseite des Heuchelbergs vor allem in den Lagen Dürrenzimmerner Mönchsberg und Stockheimer Altenberg. Wichtigste Rebsorte ist der Lemberger, der mehr als ein Viertel der Rebfläche einnimmt. Es folgen Riesling und Trollinger, Schwarzriesling und Spätburgunder, aber auch Samtrot, Portugieser, Müller-Thurgau, Kerner und Dornfelder, hinzu kommen die Weinsberger Neuzüchtungen und internationale Rebsorten wie Cabernet Sauvignon und Merlot. Das Programm ist gegliedert in Literweine als Basis des Sortiments, dann folgen die Linien Klosterhof, Cellarius und Exclusiv sowie als Premiumlinie Divinus. Etwa ein Fünftel der Weine wird trocken ausgebaut.

Kollektion

Die neue Kollektion ist der letztjährigen sehr ähnlich, zeigt wieder eine deutliche Diskrepanz zwischen den alle recht verhaltenen Exclusiv-, Klosterhof- und Cellarius-Weinen auf der einen Seite und den sehr guten Divinus-Rotweinen auf der anderen Seite. Der Divinus-Trollinger zeigt rauchige Noten, intensiv Vanille, besitzt Fülle und Kraft, ist aber sehr von Vanillenoten geprägt. Deutlich besser hat der Cabernet Sauvignon das Holz weggesteckt, der viel Konzentration zeigt, Vanillenoten und etwas Toast, Fülle und Kraft besitzt, reife Frucht, gute Struktur und Substanz. Noch besser aber gefällt uns der hervorragende Reserve-Lemberger aus der Divinus-Reihe: Er zeigt intensive Frucht im Bouquet, viel Konzentration, etwas Gewürze und Toast, ist enorm füllig und kraftvoll im Mund, enorm konzentriert, besitzt herrlich viel Frucht und Substanz, ist ein mächtiger Lemberger, der alle Liebhaber von australischem Shiraz begeistern wird.

Weinbewertung

80	2019 Weißer Burgunder trocken „Exclusiv"	12,5 %/9,-€
80	2019 Grauburgunder trocken „Exclusiv"	13 %/9,-€
78	2019 Sauvignon Blanc trocken „Exclusiv"	12,5 %/9,-€
80	2019 Lemberger „Blanc de Noir" „Klosterhof"	11,5 %/5,90 €
81	2019 Riesling mit Sauvignon Blanc „feinherb" „Klosterhof"	11,5 %/5,80 €
81	2019 Lemberger Weißherbst Kabinett „Cellarius"	11 %/6,60 €
80	2017 Lemberger trocken Holzfass „Cellarius"	13,5 %/9,-€
85	2017 Trollinger trocken Barrique „Divinus"	14 %/19,50 €
88	2017 Cabernet Sauvignon trocken Barrique „Divinus"	14 %/24,-€
90	2017 Lemberger trocken „Reserve" Barrique „Divinus"	14,5 %/26,-€

BADEN ▪ DURBACH

★★ ✩

Durbacher

Kontakt
Durbacher Winzergenossenschaft, Nachtweide 2,
77770 Durbach
Tel. 0781-93660
Fax: 0781-36547
www.durbacher.de
wg@durbacher.de

Besuchszeiten
Mo.-Fr. 9-18 Uhr
Sa./So. 9-13 Uhr

Inhaber
235 Mitglieder
Geschäftsführender Vorstand
Stephan Danner
Kellermeister
Rüdiger Nilles
Rebfläche
335 Hektar
Produktion
3.000.000 Flaschen

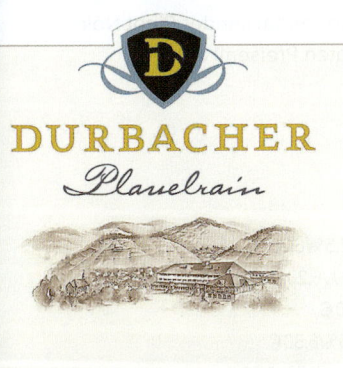

Die Durbacher Winzergenossenschaft wurde 1928 gegründet. Die Weinberge liegen in den Durbacher Lagen Ölberg, Plauelrain, Kochberg und Steinberg, die Reben wachsen auf Gneis und Granitverwitterungsböden. Der Steinberg, früher im Besitz des Staatsweingutes, wird als Premiumlage der Genossenschaft in einer eigenen Weinlinie herausgestellt. Viele der 235 Genossenschaftsmitglieder sind Vollerwerbswinzer. 43 Prozent der Weinberge der Mitglieder der Durbacher Winzergenossenschaft nimmt Spätburgunder ein, ein gutes Viertel Riesling. Es folgen Müller-Thurgau, Grauburgunder, Traminer und Gewürztraminer, aber auch Scheurebe, Weißburgunder, Chardonnay, Sauvignon Blanc, Muskateller, Cabernet Sauvignon und Cabernet Dorio werden angebaut. Die Weißweine werden im Edelstahl ausgebaut, Rotweine auch in großen und kleinen Eichenholzfässern. Edelbrände und Liköre ergänzen das Sortiment.

Kollektion

Auch in diesem Jahr ist die Kollektion der Durbacher Winzergenossenschaft gleichmäßig und auf einem guten Niveau. Stärken sehen wie auch in den vergangenen Jahren im weißen edelsüßen Bereich. Sauvignon Blanc und Riesling aus dem Durbacher Steinberg sind klar, reintönig und frisch, der Klingelberger Riesling zeigt etwas mehr Saftigkeit und sehr sortentypisch. Die Gewürztraminer Auslese ist klar und hat eine konzentrierte süße Frucht. Sehr gut gefällt uns die Scheurebe Auslese, die viel tropische Süße und eine animierende Frische mitbringt – die Spitze des Sortiments. Der Spätburgunder ist sehr füllig, zeigt eine warme Frucht und geröstete Aromen. Der Cabernet Sauvignon ist stark von intensivem Gerbstoff geprägt, lässt dahinter aber eine klare Frucht erkennen. Unter den Rotweinen gefällt uns die Cuvée aus dem Durbacher Steinberg am besten, die würzig und dicht daherkommt, sich dabei aber eine angenehme Frische bewahrt.

Weinbewertung

80	2019 Grauburgunder Kabinett trocken Durbacher Kochberg	13%/7,20€
82	2019 Chardonnay trocken Durbacher	13,5%/8,70€
83	2019 Klingelberger (Riesling) Spätlese trocken Durbacher Plauelrain	12,5%/8,30€
82	2019 Weißburgunder trocken Durbacher Steinberg	13,5%/11,90€
83	2019 Riesling trocken Durbacher Steinberg	12,5%/11,90€
81	2019 Sauvignon Blanc trocken Durbacher Steinberg	13,5%/11,90€
85	2019 Gewürztraminer Auslese Durbacher Steinberg	10,5%/10,90€/0,5l
88	2019 Scheurebe Auslese Durbacher Plauelrain	10,5%/10,90€/0,5l
84	2018 Cabernet Sauvignon trocken Durbacher	14,5%/8,90€
83	2018 Spätburgunder Spätlese trocken Durbacher Kochberg	14%/14,90€
84	2017 Rotwein-Cuvée trocken Durbacher Steinberg	14,5%/18,50€
83	2018 Spätburgunder Beerenauslese Durbacher Kochberg	14%/60,-€/0,5l

RHEINHESSEN ➡ APPENHEIM

★★

Eberle-Runkel

Kontakt
Niedergasse 23-25
55437 Appenheim
Tel. 06725-2810
Fax: 06725-5273
www.weingut-eberle-runkel.de
info@weingut-eberle-runkel.de

Besuchszeiten
Vinothek Fr. 14-18 Uhr
Sa. 10-17 Uhr
oder nach Vereinbarung
Straußwirtschaft von Mitte
Mai bis Mitte Sept. Fr. ab 18
Uhr, Sa. ab 17 Uhr, So. &
Feiertage ab 16 Uhr

Inhaber
Michael Runkel
Kellermeister
Stefan Runkel
Rebfläche
13 Hektar
Produktion
40.000 Flaschen

Seit mehreren Generationen betreibt die Familie Weinbau in Appenheim, aus einem landwirtschaftlichen Gemischtbetrieb entstand nach und nach das Weingut in seiner heutigen Form. Die Weinberge von Michael Runkel liegen in den Appenheimer Lagen Eselspfad (hoher Sandanteil), Daubhaus (leichte und sandige Löss-Lehmböden) und Hundertgulden (tonhaltige Lehmböden), sowie im Nieder-Hilbersheimer Honigberg (ebenfalls tonhaltige Lehmböden). Die Rebsortenvielfalt ist groß, reicht von Müller-Thurgau, Silvaner, Riesling, Portugieser und Spätburgunder über Scheurebe, Dornfelder, Chardonnay, Weißburgunder und Grauburgunder hin zu Huxelrebe, Würzer, Regent und Frühburgunder. Sohn Stefan hat nach seiner Weinküferlehre das Studium in Geisenheim abgeschlossen, ist nun für den Weinausbau verantwortlich. Jüngste Investition ist eine Vinothek auf dem Weingut.

Kollektion

Eine starke, sehr stimmige Kollektion präsentieren Michael und Stefan Runkel auch in diesem Jahr. Die Gutsweine zeigen hohes Niveau, sind fruchtbetont und sortentypisch. Besonders gut gefallen uns der frische, reintönige, wunderschön zupackende Sauvignon Blanc und der harmonische Chardonnay, der gute Struktur und Substanz besitzt. Sehr gut ist auch der trockene Riesling Kabinett, angenehm leicht, reintönig, frisch und zupackend. Gute Konzentration und intensive Frucht zeigt der Appenheimer Silvaner im Bouquet, er ist füllig und kraftvoll, besitzt reife Frucht und gute Substanz. An der Spitze der Kollektion stehen wieder die beiden Lagen-Rieslinge, die wir in diesem Jahr gleichauf sehen: Der Wein aus dem Honigberg ist reintönig, füllig, besitzt gute Substanz und Frucht, der Hundertgulden-Riesling ist konzentriert, intensiv, würzig, besitzt gute Struktur, Fülle und Kraft. Ein intensiv fruchtiger, zupackender Pinot Noir rundet die gelungene Kollektion (bei moderaten Preisen!) ab.

Weinbewertung

83	2019 Silvaner trocken	12,5%/5,90 €
83	2019 Riesling trocken	12,5%/6,20 €
82	2019 „Blanc de Noir" trocken	12,5%/6,20 €
82	2019 Weißer Burgunder Spätlese trocken	12,5%/6,20 €
83	2019 Grauer Burgunder Spätlese trocken	13%/6,20 €
85	2019 Chardonnay Spätlese trocken	13%/6,50 €
84	2019 Sauvignon Blanc Spätlese trocken	12,5%/6,50 €
85	2019 Riesling Kabinett trocken „auf dem See"	11,5%/6,50 €
85	2019 Silvaner Spätlese trocken Appenheimer	13%/7,20 €
87	2019 Riesling Spätlese trocken Appenheimer Hundertgulden	13%/9,50 €
87	2019 Riesling Spätlese trocken Nieder-Hilbersheimer Honigberg	13%/9,50 €
84	2018 Pinot Noir Spätlese trocken Appenheimer	13%/7,20 €

BADEN — EBRINGEN

★★★★✩

Schlossgut Ebringen

Kontakt
Schlossplatz 1
79285 Ebringen
Tel. 07664-6805
Fax: 07664-60695
www.schlossgut-ebringen.de
andreas.engelmann@
schlossgut-ebringen.de
schlossgut@wein-ebringen.de

Besuchszeiten
Verkufsstelle:
Sommerbergweg 1
Di.-Fr. 9-12 + 13:30-18 Uhr
Sa. 9-12:30 Uhr

Vorstand
Prof. Dr. Valentin Weislämle
Kellermeister
Andreas Engelmann
Gutsverwalter
Andreas Engelmann
Rebfläche
7,5 Hektar
Produktion
50.000 Flaschen

Mit dem Jahrgang 2003 hat die Winzergenossenschaft Ebringen ein Projekt unter der Führung von Andreas Engelmann ins Leben gerufen: Sie hat Weinberge von ihren Mitgliedern gepachtet und Andreas Engelmann bewirtschaftet diese mit seinem Team. Die Reben wachsen in der Lage Ebringer Sommerberg auf mäßig kalkhaltigen Lösslehmböden oder tonigem Lehm, teils auf Mergel- und Kalkverwitterungsböden, teils mit hohem Steingehalt. Die Weine werden im alten Schlosskeller ausgebaut und unter dem Namen Schlossgut Ebringen vermarktet. Man konzentrierte sich anfangs ganz auf Pinot: Pinot Blanc, Pinot Gris und Pinot Noir. Seit 2007 ergänzen Sauvignon Blanc und Gutedel das Sortiment, seit 2014 stehen Lagenweine an der Spitze des Sortiments, die Gewannnamen wie Schädler, Klämle, Biegarten, Esel oder Leinele tragen.

🍰 Kollektion

Das Schlossgut Ebringen hält das hohe Niveau. Der Crémant Rosé brut zeigt viel fruchtige Frische und feine Hefenoten. Deutlich straffer kommt der Blanc de Blanc brut nature daher, ein teilweise im Holz ausgebauter Crémant ohne Restzucker, sehr präzise. Der spontan vergorene „eberinger" Gutedel ist zupackend-schlotzig, der Chasselas „S" ist positiv geprägt vom langen Hefelager, sehr stoffig. Der Weißburgunder „S" zeigt sehr elegante Frucht und feine, von Holz unterstützte Würze. Der Grauburgunder „S" ist ähnlich fruchtig und würzig, rebsortentypisch etwas fülliger, hat ein feines Säurespiel. Der Sauvignon Blanc „S" ist ein typischer, zupackend fruchtiger Wein mit Substanz. Noch mehr davon hat der rauchig-würzige, kraftvolle Sauvignon Blanc Klämle mit mineralischer Länge. Viel Substanz hat der saftig-würzige Chardonnay Schädler. Elegant und saftig ist der tolle Pinot Noir „S", so soll Spätburgunder sein. Etwas anspruchsvoller und komplexer noch sind die Weine aus Biegarten und Leinele.

🍇 Weinbewertung

88	2017 „Blanc des Blancs" Crémant brut nature	12%/17,90€
84	2017 Pinot Noir Rosé Crémant brut	12%/13,90€
84	2019 Gutedel „eberinger"	12,5%/6,90€
87	2018 Chasselas „S"	12%/11,90€
86	2019 Weißburgunder „S"	13%/11,90€
86	2019 Grauburgunder „S"	13%/11,90€
86	2019 Sauvignon Blanc „S"	13%/11,90€
87	2018 Sauvignon Blanc Ebringer „Klämle"	13,5%/17,90€
88	2018 Chardonnay Ebringer „Schädler"	13%/17,90€
88	2017 Pinot Noir „S"	13,5%/14,90€
89	2017 Pinot Noir Ebringer „Biegarten"	13,5%/24,50€
89	2017 Pinot Noir Ebringer „Leinele"	13%/39,-€

Ebringer Klämle
Sauvignon Blanc

★★★★ Carl **Ehrhard**

Kontakt
Geisenheimer Straße 3
65385 Rüdesheim
Tel. 06722-47396
Fax: 06722-406690
www.carl-ehrhard.com
info@carl-ehrhard.com

Besuchszeiten
Vinothek ganzjährig Mo.-Fr. 16-19 Uhr, Sa. 10-13 Uhr und nach Vereinbarung
Gutsausschank 3 Wochen im Juli, letzte 3 Wochen vor Weihnachten, immer Do.-Sa.; kulinarische Weinproben, private Feiern, Veranstaltungen vieler Art

Inhaber
Carl & Petra Ehrhard
Betriebsleiter
Carl Ehrhard
Kellermeister
Carl Ehrhard
Außenbetrieb
Carl Ehrhard
Rebfläche
8 Hektar
Produktion
40.000 Flaschen

Carl und Petra Ehrhard haben das traditionsreiche Weingut 1998 übernommen, führen in fünfter Generation den Betrieb. Zuvor hatten sie eine zeitlang in Stellenbosch gewohnt, mit dem Gedanken gespielt, in Südafrika zu bleiben und dort Wein zu erzeugen. Ihre Weinberge liegen alle in Rüdesheim, in den Lagen Berg Rottland und Berg Roseneck, aber auch in Bischofsberg, Klosterberg, Klosterlay und Kirchenpfad. Neben 85 Prozent Riesling bauen sie Spätburgunder und ein klein wenig Grauburgunder an. Die Weine werden in einem Gewölbekeller ausgebaut, der Ende des 19. Jahrhunderts erbaut wurde. Die restsüßen Weine und die trockenen Einzellagen-Rieslinge werden auf einer neuen Korbpresse gekeltert. Die Weine werden überwiegend spontanvergoren und hauptsächlich in Stückfässern vergoren, bleiben 7 bis 11 Monate auf der Feinhefe und werden nur vor der Abfüllung einmal leicht filtriert. Für die Urstücks-Weine, die ursprünglich durchnummeriert waren, nutzt Carl Ehrhard seit dem Jahrgang 2014 zur Differenzierung Gewannnamen wie Kuhweg (Bischofsberg), Unterer und Oberer Platz (Berg Roseneck) und Rottland, Wilgert und Am Brunnen in der Lage Rüdesheimer Berg Rottland. Die Spätburgunder werden 12 bis 18 Tage auf der Maische vergoren, dann teils in neuen und gebrauchten Barriques ausgebaut, teils im großen Holzfass, bleiben zwischen 12 und 18 Monaten im Holz und werden unfiltriert abgefüllt. Das Gros der Weine wird trocken oder feinherb ausgebaut. Dem Weingut ist ein Gutsausschank und eine Weinbar angeschlossen, die ganzjährig geöffnet hat und auch Weine anderer Weingüter anbietet.

Kollektion

Was Carl Ehrhard in diesem Jahr aufs Weinparkett legt, ist wieder eine Mischung aus Rock'n Roll und Walzer. Rieslinge, ob konsequent durchgegoren, frucht- oder edelsüß, mit unglaublich viel Charakter. Schon der Literriesling ist mehr als ein Zechwein, er wirkt recht großzügig und würzig. Dagegen erscheint der trockene Kabinett aus Rüdesheim geradlinig und animierend. Mit saftiger Art folgt der Riesling aus dem Rüdesheimer Berg, der sehr ausgewogen schmeckt. Den Einstieg in die Lagenweine bilden der runde Bischofsberg mit seiner milden Frucht und der feingliedrige und markante Riesling aus der Klosterlay, der schlank und präzise durch und durch, mit feiner Salzigkeit und rauchiger Frische endet. Bei den Roseneck Rieslingen hat man die Wahl zwischen dem geradlinigen trockenen Kabinett „Urstück Ramstein", der in puncto Finesse und Transparenz keine Fragen offen lässt. Die beiden trockenen Kabinettweine sind sowieso echte Kauftipps. Wer die fantastische Lage im Rüdesheimer Berg noch besser kennenlernen möchte, der legt sich aber das stoffige und straffe Urstück „Unterer Platz" in den Keller und genießt es über die nächsten Jahre. Das ist rasant und präzise, saftig, mineralisch durch und durch. Tiefgründig und zupackend, wird der duftige Riesling aus dem Drachenstein, der als Urstück „Engerweg" in diesem Jahr neu ist, auch sehr schön weiter reifen können.

Sein reifer Fruchtkern versöhnt mit seinen herben Gerbstoffen. Die Reise durch den Rottland beginnt in diesem Jahr mit dem sehr ausgewogenen und satten „Wilgert", der auch feine mineralische Akzente offenbart. Das Urstück „Am Brunnen" ist dagegen deutlich feingliedriger. Mit reifen Zitrusfrüchten und zarter Creme ein komplexer spannungsgeladener Riesling, der weitere Lagerung belohnen wird. Das gilt ebenso für das „Urstück Rottland", der tiefgründigste und urwüchsigste der drei Rottland Rieslinge und in seiner grandiosen würzigen Länge unser Favorit. Die frucht- und edelsüßen Weine sind auch wie gewohnt schlüssig und animierend. Ob der Kabinett aus dem Roseneck mit seinem typischem Säurebiss, oder die konzentrierte Spätlese aus dem Rottland, die mit tropisch herber Frucht nachhallt. Ebenso gut gefallen uns die fantastisch intensive Roseneck Auslese, die bei aller Opulenz feinsinnig wirkt, ebenso wie die feinste Auslese aus dem Rottland mit ihrer ätherischen Duftigkeit und rasanten Frische, die einen langen Weg vor sich hat. Der auf der Maische vergorene „Frau Ehrhard" Riesling ist spannend, fein und im besten Sinne süffig wie gewohnt. Neu in diesem Jahr ist das Pendant „Herr Ehrhard", ein Riesling von alten Reben aus dem Drachenstein, der ungefiltert abgefüllt schon früh den Schmeichler mit feiner Würze spielt und so als offenherziger Einstieg in das Schaffen von Carl Ehrhard dienen kann.

🍃 Weinbewertung

87	2019 Riesling trocken Rüdesheim	12%/8,50€ ☺
88	2018 Riesling trocken „Herr Ehrhard unfiltered"	12,5%/12,-€
90	2018 Riesling trocken „Frau Ehrhard natürlich"	11,5%/18,-€
88	2019 Riesling Kabinett trocken Rüdesheim	11%/9,50€ ☺
89	2019 Riesling trocken Rüdesheimer Berg	12%/10,-€ ☺
89	2019 Riesling trocken „Urstück Backhaus" Rüdesheim Klosterlay	11,5%/14,-€
89	2019 Riesling trocken „Urstück Kuhweg" Rüdesheim Bischofsberg	12%/14,-€
90	2019 Riesling trocken „Urstück Engerweg" Rüdesheim Drachenstein	12%/14,-€ ☺
92	2019 Riesling trocken „Urstück Rottland" Rüdesheim Berg Rottland	12%/20,-€ ☺
91	2019 Riesling trocken „Urstück Wilgert" Rüdesheim Berg Rottland	12%/18,-€ ☺
89	2019 Riesling Kabinett trocken „Urstück Ramstein" Berg Roseneck	11,5%/10,-€ ☺
91	2019 Riesling trocken „Urstück Unterer Platz" Berg Roseneck	12%/17,-€ ☺
91+	2019 Riesling „Urstück Am Brunnen" Rüdesheim Berg Rottland	12%/22,-€
87	2019 Riesling Kabinett Rüdesheim Berg Roseneck	9,5%/10,-€
90	2019 Riesling Spätlese Rüdesheim Berg Rottland	7%/18,-€
95	2019 Riesling Auslese Rüdesheim Berg Rottland	7,5%/55,-€
93	2019 Riesling Auslese Rüdesheim Berg Roseneck	7%/45,-€

Carl Ehrhard

Lagen
Berg Rottland (Rüdesheim)
– Rottland (Rüdesheim)
– Wilgert (Rüdesheim)
– Am Brunnen (Rüdesheim)
Berg Roseneck (Rüdesheim)
– Unterer Platz (Rüdesheim)
– Oberer Platz (Rüdesheim)
Bischofsberg (Rüdesheim)
– Kuhweg (Rüdesheim)
Kirchenpfad (Rüdesheim)
Klosterlay (Rüdesheim)
– Backhaus (Rüdesheim)
Klosterberg (Rüdesheim)
Drachenstein (Rüdesheim)

Rebsorten
Riesling (85 %)
Spätburgunder (14 %)
Grauburgunder (1 %)

PFALZ ▶ ESCHBACH

★★★⯪

Ehrhart

Kontakt
Weinstraße 2
76831 Eschbach
Tel. 06345-7474
Fax: 06345-7474
www.weingut-ehrhart.de
mail@weingut-ehrhart.de

Besuchszeiten
April-Okt. Mo.-Fr. 13-17 Uhr, Sa. 10-17 Uhr und gerne nach Vereinbarung; Winter nach Vereinbarung
Jahrgangspräsentation Anfang Juni, Gutsausschank im Sept. & Okt., Ferienzimmer, Campingstellplatz mit Lounge und Grillmöglichkeit

Inhaber
Reinhold & Benjamin Ehrhart
Betriebsleiter
Benjamin Ehrhart
Kellermeister
Benjamin Ehrhart
Rebfläche
12 Hektar
Produktion
50.000 Flaschen

Die Familie Ehrhart füllte 1959 den ersten Wein unter ihrem Namen, 1988 übernahmen Reinhold und Ute Ehrhart den Betrieb und erweiterten ihn auf die heutige Größe. Mittlerweile ist Sohn Benjamin nach seiner Ausbildung zum Weinbautechniker für den Weinausbau verantwortlich und dreht an der Qualitätsschraube. Die Weinberge liegen rund um Eschbach, die besten Lagen der Familie sind der Leinsweiler Sonnenberg, der Ilbesheimer Rittersberg und der Eschbacher Hasen. Wichtigste Rebsorten im Betrieb sind Riesling und Spätburgunder, daneben gibt es Weiß- und Grauburgunder, Chardonnay, Sauvignon Blanc, Cabernet Sauvignon, Syrah und Schwarzriesling. Seit dem Jahrgang 2017 ist das Weingut biozertifiziert.

Kollektion

Auch in diesem Jahr legt Benjamin Ehrhart wieder eine Kollektion auf durchgängig sehr gutem Niveau mit mehreren Spitzen vor: Die „Bergwingert"-Cuvée aus Cabernet Sauvignon und Syrah zeigt dunkle Frucht, etwas Rumtopf, Schokolade und kräutrige Noten im komplexen Bouquet, besitzt eine noch jugendliche Struktur und gute Substanz, auch der Spätburgunder vom Sonnenberg besitzt ein vielschichtiges Bouquet, mit Aromen von Sauerkirschen, roten Johannisbeeren, kräutriger Würze und feinen Röstnoten, ist kühl und elegant. Der Weißburgunder aus dem Sonnenberg ist zunächst etwas reduktiv, entwickelt mit Luft Aromen von Birnen, Aprikosen und weißen Blüten, besitzt Schmelz, Konzentration und Länge, der Hasen-Chardonnay besitzt ebenfalls gute Substanz und ein feines Säurespiel, war bei der Verkostung aber noch sehr deutlich von Noten der Spontangärung geprägt. Der 28 Monate auf der Hefe gelagerte Pinot Sekt besitzt Frische und feine hefige Würze, ist elegant und animierend und der 2015er Riesling aus dem Ritterberg ist jetzt auf dem Punkt, zeigt feine Reifenoten, besitzt aber auch noch Biss und lebendige Zitruswürze.

Weinbewertung

87	2017 Pinot Sekt brut nature	13%/12,-€
84	2019 Weißburgunder trocken	12,5%/6,50€
86	2019 Weißburgunder trocken Leinsweiler	13%/8,-€
84	2019 Sauvignon Blanc trocken	12,5%/6,50€
87	2019 Sauvignon Blanc „Réserve"	13%/10,-€
86	2015 Riesling trocken Ilbesheimer Rittersberg	13,5%/12,-€
88	2019 Weißer Burgunder trocken Leinsweiler Sonnenberg	13,5%/14,-€
87	2019 Chardonnay trocken Eschbacher Hasen	13,5%/14,-€
85	2018 Spätburgunder trocken Göcklingen	13,5%/8,-€
87	2017 Spätburgunder „R" trocken Eschbach	13%/12,-€
88	2017 Spätburgunder trocken Leinsweiler Sonnenberg	13%/20,-€
88	2017 „Bergwingert Cuvée" Rotwein trocken	14%/20,-€

Miriam Ehrmann

★★ ☆

Kontakt
Feldertor 21
97990 Weikersheim
Tel. 07934-2599820
www.ehrmann-weine.de
winzerpaar@ehrmann-weine.de

Besuchszeiten
Di. + Do. 17-19 Uhr
und nach Vereinbarung

Inhaber
Miriam Ehrmann

Rebfläche
1,2 Hektar

Seit drei Generationen betreibt die Familie Weinbau im Taubertal, lange Zeit aber als Genossenschaftswinzer, nur für die „alte Heckenwirtschaft" der Familie wurde ein klein wenig Wein selbst erzeugt. Alexander Ehrmann ist gelernter Winzer, hat in Geisenheim Weinbau und Önologie studiert, Ehefrau Miriam ist Quereinsteigerin. Einen ganz kleinen Teil der insgesamt 20 Hektar Reben der Familie haben sie aus der Markelsheimer Genossenschaft herausgelöst und 2019 ihre ersten eigenen Weine gekeltert; sie möchten schrittweise diese Fläche in den nächsten Jahren vergrößern. Ihre Weinberge befinden sich im Schäftersheimer Klosterberg und im Weikersheimer Karlsberg, die Reben wachsen auf Muschelkalkböden. Müller-Thurgau, Weißburgunder, Grauburgunder und Kerner finden sich in ihrem Portfolio, dazu Tauberschwarz und Zweigelt. Sie bieten Weinproben in der Vinothek an oder für größere Gruppen in der Klosterscheuer „die alte Heckenwirtschaft", die seit 2000 im Familienbesitz ist, aber auch Weinwanderungen mit Probe im Schäftersheimer Klosterberg.

Kollektion

Fünf Weine aus ihrem ersten Jahrgang 2019 präsentieren Miriam und Alexander Ehrmann zum Debüt – und der Debütjahrgang überzeugt, zeigt eine klare Stilistik, die alle im Stahltank ausgebauten Weine besitzen Substanz und Kraft, gute Fülle und klare Frucht. Alle Weine sind trocken ausgebaut. Der Müller-Thurgau aus dem Klosterberg ist fruchtbetont und würzig im Bouquet, herrlich eindringlich und reintönig, ist klar, frisch und zupackend im Mund bei guter Struktur und Frucht. Der Weißburgunder aus dem Karlsberg zeigt gute Konzentration und reintönige Frucht, ist füllig und saftig, kraftvoll, besitzt gute Struktur und Frische. Den Grauburgunder aus dem Karlsberg gibt es in zwei Varianten. Beide Weine sind sehr reintönig, zeigen feine Frucht, gelbe Früchte, beide sind konzentriert und geradlinig im Mund, fruchtbetont und zupackend, der mit der AP-Nummer 08 ist etwas fülliger und saftiger als sein sehr geradliniger Kollege mit der Nummer 05. Der Tauberschwarz Rosé aus dem Klosterberg setzt ganz auf Frische und Frucht, ist wunderschön reintönig im Bouquet, lebhaft und klar im Mund, besitzt feine Frucht und Grip. Ein überzeugendes Debüt – wir sind gespannt, wie es weiter geht!

Weinbewertung

84	2019 Müller-Thurgau Schäftersheimer Klosterberg	12%/7,90€
85	2019 Weißburgunder Weikersheimer Karlsberg	12,5%/8,40€
85	2019 Grauburgunder Weikersheimer Karlsberg Nr. 05/20	13%/7,90€
85	2019 Grauburgunder Weikersheimer Karlsberg Nr. 08/20	13,5%/9,90€
84	2019 Tauberschwarz Rosé Schäftersheimer Klosterberg	12,5%/7,40€

MOSEL ▬ TRITTENHEIM

★★★★☆

Bernhard Eifel

Kontakt
Laurentiusstraße 17 (Verkauf)
54340 Trittenheim
Tel. 06507-5972
Fax: 06507-6460
www.weingut-bernhard-eifel.de
bernhard.eifel@t-online.de

Besuchszeiten
Weinverkostungen &
Weinverkauf jederzeit nach
Vereinbarung
Gästehaus
Weinverkostungen mit
Weinmenüs in Zusammenarbeit mit dem Wein- und
Tafelhaus

Inhaber
Bernhard Eifel

Betriebsleiter
Bernhard Eifel & Alexandra
Clüsserath-Eifel

Kellermeister
Bernhard Eifel & Alexandra
Clüsserath-Eifel

Außenbetrieb
Bernhard Eifel & Alexandra
Clüsserath-Eifel

Rebfläche
5,5 Hektar

Produktion
45.000 Flaschen

Bis ins 17. Jahrhundert lässt sich die Weinbautradition in der Familie zurückverfolgen, seit 1976 führen Bernhard und Marietta Eifel das Gut. Ihre Tochter Alexandra hat in Geisenheim studiert, ist seit 2008 zusammen mit ihrem Vater für den Weinausbau verantwortlich. Zusammen mit ihrem Ehemann Christoph Clüsserath gründete sie das eigene, nach ihrem Gatten benannte Weingut. Die Weinberge von Bernhard Eifel liegen in Trittenheim in den Lagen Apotheke und Altärchen, im Longuicher Maximiner Herrenberg und im Schweicher Annaberg, wo teilweise wurzelechte, bis zu 100 Jahre alte Reben stehen. Riesling dominiert mit 97 Prozent der Rebfläche, daneben gibt es ein wenig Weiß- und Grauburgunder. 2018 wurde, zusammen mit dem Weingut Christoph Clüsserath, eine neue Lager- und Produktionshalle in Betrieb genommen. Für den neuen Jahrgang hat Sohn Maximilian im Rahmen seines Grafik- und Designstudiums in Montevideo dem Weingutsauftritt ein Facelifting verpasst.

Kollektion

In der Nase eher verhalten, im Mund aber angenehm straff, verspielt und würzig zeigt sich der „Maximilian E". Offen, fein, fast elegant wirkt der trockene Riesling aus der Apotheke, er ist im Mund straff, würzig, leicht salzig. Erst zaghaft öffnet sich das Große Gewächs aus dem Annaberg und dem Jahrgang 2018, das in der Nase von Hefenoten bestimmt ist und im Mund kraftvoll-würzig wirkt. Der Riesling vom Rotliegenden zeigt, wie in fast jedem Jahr, eine straffe, finessenreiche Art. Noch vibrierender ist der „Wurzelechte" mit Spuren von Süße. Die Spätlese aus dem Herrenberg besitzt Hefe- und Kräuterwürze in der Nase, ist rassig und saftig. Unter den Auslesen gefällt jene aus der Apotheke etwas besser mit ihren kühlen Pfirsichnoten und der saftigen, salzigen Art als die weichere Auslese aus dem Annaberg. Die Trockenbeerenauslese aus 2018 wirkte bei der Verkostung noch unfertig; sie ist sehr sauber und braucht unbedingt noch Zeit.

Weinbewertung

87	2019 Riesling trocken „Maximilian E" Trittenheimer	12,5 %/9,-€
89	2019 Riesling trocken Trittenheimer Apotheke	12,5 %/11,-€ ☺
89+	2018 Riesling trocken „Großes Gewächs" Schweicher Annaberg	13 %/18,-€
87	2019 Riesling „vom Rotliegenden" Schweicher	12 %/9,-€
89	2019 Riesling „Der Wurzelechte" Schweicher Annaberg	12 %/16,-€
88	2019 Riesling „feinherb" Trittenheimer Apotheke	11,5 %/9,-€ ☺
88	2019 Riesling „feinherb" „Alex E." Longuicher Maximiner Herrenberg	12 %/13,-€
87	2019 Riesling Kabinett Schweicher Annaberg	10 %/9,-€
88	2019 Riesling Spätlese Longuicher Maximiner Herrenberg	10 %/11,-€
91	2019 Riesling Auslese Trittenheimer Apotheke	9,5 %/15,-€/0,5l
90	2019 Riesling Auslese Schweicher Annaberg	9 %/12,50 €/0,5l
90	2018 Riesling Trockenbeerenauslese Schweicher Annaberg	10 %/35,-€/0,5l

MOSEL — TRITTENHEIM

★★★½

Ernst Eifel

Kontakt
Johannes-Tithemius-Straße 21
54349 Trittenheim
Tel. 06507-2632
Fax: 06507-6683
www.weinguteifel.de
info@weinguteifel.de

Besuchszeiten
täglich 8-18 Uhr
Gästehaus „Moselkloster"
(45 Betten)

Inhaber
Ernst & Marlene Eifel,
Christoph Eifel

Rebfläche
6 Hektar

Seit 1635 bewirtschaftet die Familie Eifel Weinberge in Trittenheim. 1980 hat Ernst Eifel einen Teil des Betriebes von seinem Vater übernommen. Die Weinberge von Ernst und Marlene Eifel befinden sich in den Lagen Trittenheimer Apotheke, Trittenheimer Altärchen und im Neumagener Rosengärtchen, inzwischen ist auch ein großes Filetstück im Dhroner Hofberg dazugekommen, bestockt mit alten Reben. Sie bauen auf sechs Hektar zu 90 Prozent Riesling an, Weißburgunder und Müller-Thurgau ergänzen das Angebot. Sohn Christoph ist nach seiner Winzerausbildung beim Sankt Urbanshof und bei Schloss Lieser sowie dem Studium in Geisenheim zusammen mit seinen Eltern verantwortlich für den Betrieb. Dem Weingut ist ein großes Gästehaus, Moselkloster genannt, angeschlossen, das über 45 Betten verfügt.

Kollektion

Klare, offene, noch etwas hefige Frucht zeigt schon der Schiefergesteins-Riesling, der einen weit überdurchschnittlichen Einstieg ins Sortiment der 2019er Weine darstellt. Er ist saftig, zeigt auch eine gewisse Fülle. Unter den beiden trockenen Spätlesen gefällt jene aus der Apotheke eine Spur besser als die aus Dhron, ist straffer, puristischer. Auch das Große Gewächs ist in einer ähnlichen Stilistik gehalten, mit Noten von Hefe und reif wirkender Frucht, dann reif, saftig, leicht mineralisch; derzeit wirkt der Alkohol noch eine Spur störend, aber der Wein besitzt viel Substanz und dürfte sich ausgezeichnet entwickeln. Ausgewogen und zupackend ist der feinherbe Kabinett. Bei den süßen Weinen dagegen ist durchweg eine hohe Süße zu bemerken. Die Spätlese von alten Reben aus der Apotheke ist offen, zeigt Noten von Kern- und Steinobst, sogar etwas Orange, ist saftig und nachhaltig. Etwas Zeit brauchen die beiden saftigen Auslesen, noch mehr die enorm konzentrierten Beerenauslesen sowie die extrem süß wirkende, aber auch erfreulich klare und angenehm nachhaltige Trockenbeerenauslese.

Weinbewertung

86	2019 Riesling trocken „Schiefergestein"	12%/10,-€
88	2019 Riesling Spätlese trocken Trittenheimer Apotheke	12%/11,-€
87	2019 Riesling Spätlese trocken Dhroner Hofberg	12%/11,-€
89	2019 Riesling „GG" trocken Trittenheimer Apotheke	13%/15,80€
86	2019 Riesling Kabinett „feinherb" Trittenheimer Apotheke	11,5%/8,50€
87	2019 Riesling Spätlese Trittenheimer Apotheke	9%/11,-€
89	2019 Riesling Spätlese „Alte Reben" Trittenheimer Apotheke	9,5%/13,-€
89	2019 Riesling Auslese Trittenheimer Apotheke	9%/14,-€/0,5l
89	2019 Riesling Auslese Dhroner Hofberg	9%/16,-€/0,5l
89	2019 Riesling Beerenauslese Trittenheimer Apotheke	7,5%/a.A./0,375l
89+	2019 Riesling Beerenauslese*** „Dhroner Hofberg"	6,5%/a.A./0,375l
87+	2019 Riesling Trockenbeerenauslese Trittenheimer Apotheke	6%/a.A./0,375l

★★★★✩ Franz-Josef Eifel

Kontakt
Engelbert-Schue-Weg 2
54349 Trittenheim
Tel. 06507-70009
Fax: 06507-7139
www.fjeifel.de
info@fjeifel.de

Besuchszeiten
nach Vereinbarung
Gästehaus

Inhaber
Franz-Josef Eifel
Rebfläche
5 Hektar
Produktion
30.000-35.000 Flaschen

Das Weingut, etwas versteckt in Trittenheim gelegen, wird seit 1985 in vierter Generation von Franz-Josef Eifel geführt, 1976 war der erste Jahrgang, den er selbst vinifizierte. Mit 1,3 Hektar fing er an, heute verfügt er über 5 Hektar Weinberge in den Trittenheimer Lagen Apotheke und Altärchen, erwähnenswert sind vor allem die Parzellen Jungheld und Sonnenfels. Riesling, mit bis zu 80 Jahre alten Reben, nimmt 95 Prozent seiner Rebfläche ein, dazu gibt es ein wenig Weißburgunder und inzwischen auch einen kleinen Anteil an Scheurebe. Die Weinberge werden biologisch bewirtschaftet (Ecovin). Franz-Josef Eifel vergärt seine Weine recht kühl und langsam, teilweise mit den eigenen Hefen. Ausgebaut werden sie teils in Edelstahltanks, teils in Fuderfässern. Das Sortiment ist in drei Stufen gegliedert. Die Basis bilden die Kabinettweine und der Riesling „Su wie frieja", der aus einer 2005 neu gepflanzten Steilhangparzelle stammt. Das Mittelsegment bilden Steillagenweine aus der Apotheke von 50 Jahre alten Reben, zwischen 1961 und 1964 gepflanzt, jeweils trocken, feinherb und süß, die feinherbe Variante stammt aus dem Jungheld, einer Teillage der Apotheke. Die Topweine, ebenfalls jeweils eine trockene, feinherbe und süße Variante, kommen von kleinen Felsenterrassen mit wurzelechten Reben in der Apotheke, bis zu 80 Jahre alt, heißen Sonnenfels, „Die große Leidenschaft" und Goldstückchen. Gelegentlich werden auch Eisweine und Beerenauslesen ausgebaut, auch mit Sekt kann Franz-Josef Eifel punkten. Die Weine werden spontanvergoren, normalerweise; Franz-Josef Eifel denkt nicht daran, allzu viele Dogmen aufzustellen oder die Weine so zu vinifizieren, wie es die aktuelle Mode zufällig gerade vorgibt. Sein Programm ist ausgereift, die Philosophie sehr nachvollziehbar. Seit der ersten Ausgabe empfehlen wir das Weingut als einen der Top-Betriebe an der Mosel – und seitdem hat sich das Weingut nochmals fortentwickelt.

🎂 Kollektion

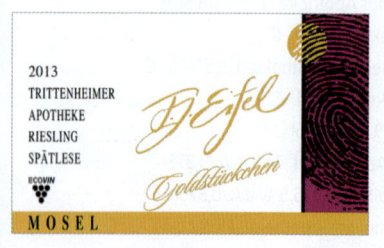

Manchmal neigt man dazu, die Weine dieses Gutes zu unterschätzen, weil sie niemals üppig und laut sind, sondern eher fein, sehr gut balanciert, würzig, mit einer Länge und Nachhaltigkeit, die sich erst allmählich erschließt. Bemerkenswert auf den ersten Schluck ist allerdings der trockene Kabinett des Jahrgangs 2019. Frisch, rassig und mit etwas Kohlensäure ausgestattet, präsentiert er sich, ist straff und entwickelt sich über Stunden ausgezeichnet im Glas. Er ist trocken und zugänglich, zeigt aber auch ein nicht selbstverständliches Spiel. Recht offen wirkt der trockene Wein von alten Reben aus der Apotheke. Er ist in der Nase zwar eher verhalten, aber im Mund sehr geradlinig, eher fein als mächtig, wird mit etwas Sauerstoff noch deutlich komplexer. Ein ganz anderes Kaliber repräsentiert der „Sonnenfels", ein echter trockener Spitzenwein, in der Nase noch etwas verhalten, im Mund kraftvoll mit vibrierender Art, dicht und spannend. Zu einem Klassiker hat sich der „Su wie frieja" entwickelt, ein Weinstil, der an den undogmatischen Riesling vergangener Jahrzehnte erinnert, als ein Hauch von Süße nach der Vergärung übrigblieb. Dieser Riesling ist saftig, straff, zupackend, die Süße ist kaum zu spüren. Der feinherbe Kabinett zeigt in der Nase die typischen Noten einer sehr gelungenen Spontangärung, er ist vibrierend, würzig, besitzt nur eine verhaltene, animierende Süße, ist sehr gut balanciert und preislich ein Schnäppchen. Offen und vielschichtig ist die Spätlese aus der Apotheke, die in der Nase Hefenoten zeigt, Anklänge an gebackenen und frischen Apfel sowie einen Hauch von Johannisbeeren; im Mund ist dieser Wein straff, zupackend, rassig, aber auch merklich süß, er dürfte sich ausgezeichnet entwickeln. Die „Goldstückchen" genannte Spätlese ist viel offener, lässt an Kräuter, Apfel und Cassis denken, ist im Mund rassig, straff und balanciert mit würzigem, noch leicht hefigem Nachhall. Schließlich die Auslese aus der Apotheke, bei der Franz-Josef Eifel nie üppige Konzentration sucht, sondern vielmehr eine Eleganz, wie sie in dieser Prädikatsstufe selten geworden ist. In diesem Jahrgang ist der Versuch wieder mal gelungen, der Wein ist verhalten in der Süße, fein und elegant, dürfte Potenzial für viele Jahre besitzen und sich, anders als so manch andere Auslese der Mosel, dann mit echtem Genuss trinken lassen.

Franz-Josef Eifel

Weinbewertung

86	2019 Riesling Kabinett trocken Trittenheimer Apotheke	11%/11,-€
89	2019 Riesling trocken „Alte Reben" Trittenheimer Apotheke	12%/19,-€
92	2019 Riesling trocken „Sonnenfels" Trittenheimer Apotheke	12,5%/35,-€
88	2019 Riesling Kabinett „feinherb" Trittenheimer Altärchen	10%/11,-€
87	2019 Riesling „Su wie frieja" Trittenheimer Apotheke	11,5%/14,-€
89	2019 Riesling Spätlese „feinherb" „Jungheld" Trittenheimer Apotheke	11%/19,-€
90	2019 Riesling Auslese „feinherb" „Die große Leidenschaft" Apotheke	11%/24,-€
88	2019 Riesling Kabinett Trittenheimer Altärchen	8%/11,-€
88	2019 Riesling Spätlese „Alte Reben" Trittenheimer Apotheke	8%/19,-€
91	2019 Riesling Spätlese „Goldstückchen" Trittenheimer Apotheke	8%/22,-€
91	2019 Riesling Auslese Trittenheimer Apotheke	7,5%/22,-€/0,5l

Lagen
Apotheke (Trittenheim)
– Jungheld (Trittenheim)
– Sonnenfels (Trittenheim)
Altärchen (Trittenheim)

Rebsorten
Riesling (95 %)
Weißburgunder (3 %)
Scheurebe (2 %)

Eisele

★★★½

Kontakt
Mittelgasse 1
74394 Hessigheim
Tel. 07143-272399
Fax: 07143-9098183
www.weingut-eisele.de
info@weingut-eisele.de

Besuchszeiten
Vinothek:
Mi. 17-19 Uhr
Do. 16-18 Uhr
Fr. 16-18 Uhr
Sa. 10-12 + 13-15 Uhr
„Gässles-Stüble"

Inhaber
Alexander Eisele
Betriebsleiter
Alexander Eisele
Kellermeister
Alexander Eisele
Außenbetrieb
Alexander Eisele,
Johannes Schelle
Rebfläche
9,5 Hektar

Seit 1989 gibt es das Weingut Eisele in Hessigheim, ein Familienbetrieb, der heute von Alexander Eisele geführt wird. Seine Weinberge, 2 Hektar davon in Steillagen, liegen im Neckartal, in Hessigheim (Felsengarten), Besigheim (Felsengarten, Wurmberg) und Mundelsheim (Rozenberg), wo die Reben überwiegend auf Muschelkalkböden, teils auf Keuper wachsen. Der Rebsortenspiegel ist umfangreich: Lemberger, Riesling und Spätburgunder sind die wichtigsten Rebsorten, dazu gibt es Trollinger, Grauburgunder, Sauvignon Blanc, Chardonnay und Weißburgunder, inzwischen auch Cabernet Franc, Cabernet Sauvignon und Merlot, ebenso Zweigelt. Rote Rebsorten nehmen 70 Prozent der Fläche ein. Das Sortiment ist gegliedert in Gutsweine, Terroirweine, Editionsweine und S-Linie, die für im Holz ausgebaute Weine von Weinbergen mit niedrigem Ertrag steht, seit 2015 werden die Weine der S-Linie komplett spontanvergoren. 2017 wurde mit der Umstellung auf biologischen Weinbau begonnen (Bioland), 2018 eine Vinothek gebaut.

Kollektion

Die Weißweine zeigen geschlossen hohes Niveau, die Roten präsentieren sich etwas weniger homogen als im letzten Jahr, sind aber in der Spitze ganz stark, alle Weine der S-line sind sehr gut: Der Lemberger ist kraftvoll und frisch, der Merlot konzentriert, noch tanninbetont, die Adam genannte Cuvée aus Merlot, Cabernet Sauvignon und Cabernet Franc intensiv fruchtig wie auch unsere Favorit, der Spätburgunder, der Fülle, Kraft und gute Struktur besitzt. Die weiße S-line steht der roten nicht nach: Der Chardonnay ist kompakt und kraftvoll, die duftige Cuvée Eva besitzt gute Struktur und Substanz, unsere leichte Präferenz aber gilt dem kraftvollen, stoffigen Riesling; sehr gut ist auch der kraftvolle Weißburgunder Edition.

Weinbewertung

84	2019 Sauvignon Blanc trocken „Terroir"	12%/8,50€
85	2018 Weißburgunder trocken „Edition"	12%/10,50€
88	2018 Riesling trocken „S-line"	13%/16,-€
86	2018 Chardonnay trocken „S-line"	13%/16,-€
87	2018 „Eva" trocken „S-line"	12,5%/17,-€
83	2018 Trollinger trocken „Edition"	12%/12,50€
81	2018 Spätburgunder trocken „Edition"	12,5%/11,50€
82	2018 Zweigelt trocken „Edition"	12%/12,-€
81	2018 Lemberger trocken „Edition"	12,5%/11,50€
80	2018 „Rouge" trocken „Edition"	12,5%/13,-€
89	2018 Spätburgunder trocken „S-line"	13%/17,-€
87	2018 Merlot trocken „S-line"	13,5%/20,-€
85	2018 Lemberger trocken „S-line"	13%/17,-€
87	2018 „Adam" Rotwein trocken „S-line"	14%/23,-€

★★★★ Jürgen **Ellwanger**

Kontakt
Bachstraße
73650 Winterbach
Tel. 0160-8489160
Fax: 07181-46128
www.weingut-ellwanger.de
info@weingut-ellwanger.de

Besuchszeiten
Di.-Fr. 9-12 + 15-19 Uhr
Sa. 9-15 Uhr
und nach Vereinbarung

Inhaber
Jörg & Felix Ellwanger
Rebfläche
26 Hektar
Produktion
200.000 Flaschen

Weinbau wird schon seit dem 16. Jahrhundert in der Familie betrieben, das heutige Weingut Ellwanger wurde 1949 von Gottlob Ellwanger gegründet. Jürgen Ellwanger vergrößerte den Betrieb und machte das Gut über Württemberg hinaus bekannt, war als Mitglied der 1986 gegründeten Hades-Gruppe einer der Pioniere des Barriqueausbaus in Deutschland. Heute führen seine Söhne Jörg und Felix Ellwanger den Betrieb. Die Weinberge verteilen sich auf mehrere Gemeinden im Remstal. Wichtigste Lagen sind Winterbacher Hungerberg, Grunbacher Berghalde und Klingle, Hebsacker Lichtenberg und Schnaiter Altenberg, auch in Beutelsbach (Altenberg) und in Schorndorf (Grafenberg) besitzen die Ellwangers Weinberge. Die Ellwangers bauen zu 65 Prozent rote Sorten an, vor allem Lemberger, Trollinger und Spätburgunder, aber auch Zweigelt, Merlot (dem Hauptbestandteil im Nicodemus) und Syrah, sowie etwas Samtrot, Dornfelder, Regent, Cabernet Dorsa und Muskat-Trollinger. Mit Abstand wichtigste weiße Rebsorte ist Riesling, dazu gibt es Weißburgunder, Grauburgunder, Kerner und Chardonnay, seit einigen Jahren auch Sauvignon Blanc. Das Sortiment wurde an das 4-stufige VDP-Modell angepasst. An der Spitze stehen die Großen Gewächse: Der Riesling aus dem Schnaiter Altenberg und der Weißburgunder aus dem Winterbacher Hungerberg, erstmals 2015 erzeugt, bilden zusammen mit den Hades-Weinen wie dem Grauburgunder und dem Nikodemus Candidus, einer Cuvée aus Kerner und Chardonnay, die Spitze des weißen Segments. An der Spitze des roten Segments stehen die Großen Gewächse aus dem Hebsacker Lichtenberg, Spätburgunder (den früher erzeugten Hades-Spätburgunder gab es zuletzt 2009) und Lemberger, sowie Hades-Rotweine wie Lemberger, Merlot, Zweigelt, Cabernet Sauvignon, und natürlich den Klassiker Nicodemus, eine Cuvée aus Merlot, Lemberger und Cabernet. Wenn es der Jahrgang erlaubt, werden auch edelsüße Rieslinge erzeugt, Eisweine und/oder Trockenbeerenauslesen.

🍷 Kollektion

Der Winterbacher Riesling, der einstige trockene Hungerberg-Kabinett, ist wie immer eine sichere Bank, ist frisch, klar und geradlinig. Die Lagenbezeichnung Hungerberg ist nun dem Weißburgunder Großes Gewächs vorbehalten, das gute Konzentration und viel reife Frucht im Bouquet zeigt, füllig und saftig ist, viel reife Frucht und Substanz besitzt. Fülle, Kraft und Substanz besitzt auch der Hades-Grauburgunder aus dem Jahrgang 2018, er ist konzentriert und kompakt. Aus dem Jahrgang 2018 stammt auch die würzige Cuvée Nicodemus Candidus, die viel reife süße Frucht und deutlich Wärme besitzt. Viel Frische und Präzision besitzt hingegen der Riesling aus dem Schnaiter Altenberg, gute Substanz und Druck, ist ein noch sehr jugendlicher Riesling mit viel Potenzial. Der 2019er Zweigelt setzt ganz auf Frucht und Intensität, der 2017er Hades-Zweigelt ist ein ganz anderes Kaliber, zeigt gute Konzentration und herrlich eindringliche reintönige Frucht, besitzt Fülle und Kraft, reife Frucht und Substanz. Hades Lemberger und Lemberger Großes Gewächs sehen wir gleichauf: Der 2017er Hades-Wein ist konzentriert und reintönig, enorm kraftvoll, besitzt reife Frucht und Substanz, das 2018er Große Gewächs ist fruchtbetont und offen, besitzt feine Frische und viel Länge. Der Hades-Merlot zeigt gute Konzentration und Gewürze, ist füllig und saftig, besitzt viel reife Frucht und Substanz, nur die dezente Bitternote im Abgang stört uns (derzeit) ein wenig. Intensive Frucht zeigt der Hades-Cabernet Sauvignon im Bouquet, ist füllig, stoffig, besitzt viel reife Frucht und Substanz. Der Nicodemus zeigt reife Frucht, etwas Vanille, gute Konzentration, ist wunderschön harmonisch im Mund, füllig und komplex, besitzt gute Struktur, Substanz und viel Länge. Vom Spätburgunder konnten wir dieses Jahr keinen aktuellen Wein verkosten, einige ältere Jahrgänge von Hades und Großem Gewächs aber, allen voran das komplexe Große Gewächs des Jahrgangs 2009, beweisen wieder einmal, wie gut die Ellwanger'schen Weine reifen – was auch für die Weißweine gilt.

🍇 Weinbewertung

84	2019 Riesling trocken Winterbach	12,5%/8,50€
90	2019 Weißburgunder „GG" Winterbacher Hungerberg	13,5%/24,-€
88	2018 Grauburgunder trocken „Hades"	14%/21,-€
90	2019 Riesling „GG" Schnaiter Altenberg	12,5%/24,-€
88	2018 „Nikodemus Candidus" Weißwein trocken „Hades"	14,5%/21,-€
84	2019 Zweigelt-Rebe trocken	12,5%/8,30€
90	2017 Zweigeltrebe trocken „Hades"	13,5%/27,-€
90	2017 Lemberger trocken „Hades"	13,5%/24,-€
90	2018 Lemberger „GG" Hebsacker Berg	14%/29,-€
88	2017 Merlot trocken „Hades"	14%/27,-€
89	2017 Cabernet Sauvignon trocken „Hades"	13,5%/40,-€
90	2017 „Nicodemus" Rotwein trocken „Hades"	13,5%/29,-€
89	2007 Spätburgunder „GG" Hebsacker Lichtenberg	13%
91	2009 Spätburgunder „GG" Hebsacker Lichtenberg	13,5%
89	2016 Spätburgunder „GG" „Linnenbrunnen" Hebsacker Lichtenberg	13%
90	2007 Spätburgunder trocken „Hades"	13,5%
89	2008 Spätburgunder trocken „Hades"	13,5%

Jürgen, Jörg und Felix Ellwanger

Lagen
Hungerberg (Winterbach)
Altenberg (Schnait)
Linnenbrunnen (Hebsack)
Berg (Hebsack)
Berghalde (Grunbach)
Altenberg (Beutelsbach)

Rebsorten
Riesling (20 %)
Trollinger (15 %)
Lemberger (15 %)
Spätburgunder (10 %)
Weißburgunder (10 %)
Grauburgunder (10 %)
Zweigelt (10 %)
Kerner (5 %)
Merlot (5 %)

FRANKEN — IPHOFEN

★★★

Emmerich

Kontakt
Einersheimer Straße 47
97346 Iphofen
Tel. 09323-87593-0
Fax: 09323-87593-99
www.weingut-emmerich.de
info@weingut-emmerich.de

Besuchszeiten
Mo.-Sa. 8-18 Uhr
So. 9-12 Uhr
und nach Vereinbarung
Gästezimmer
Ferienwohnung (Seinsheim)
Wohnmobilstellplätze

Inhaber
Werner Emmerich
Rebfläche
9 Hektar
Produktion
60.000 Flaschen

Werner und Irmgard Emmerich führen seit nunmehr 30 Jahren ihr Familienweingut in Iphofen, wo sie am Ortsrand im Jahr 2000 ihren neuen Winzerhof bezogen haben, auf dem sie auch Gästezimmer anbieten. Inzwischen sind ihre Kinder Silvia und Martin verantwortlich für An- und Ausbau der Weine. Die Weinberge liegen in den Iphöfer Lagen Julius-Echter-Berg, Kronsberg und Kalb, sowie in Seinsheim, dem Geburtsort von Irmgard Emmerich, wo sie in der Lage Hohenbühl einen um das Jahr 1900 gepflanzten Gemischten Satz vor allem mit Silvaner, aber auch Riesling, Elbling, Traminer, Muskateller und anderen Reben besitzen, wurzelecht gepflanzt, aber auch 1972 gepflanzten Gewürztraminer; die Reben wachsen auf Gipskeuperböden. Silvaner ist mit Abstand wichtigste Rebsorte, nimmt etwa zwei Fünftel der Weinberge ein, es folgen Scheurebe und Müller-Thurgau, Riesling, Bacchus, Kerner und Gewürztraminer, an roten Sorten gibt es Domina, Merlot und Portugieser. Die Weißweine und der Portugieser werden im Edelstahl ausgebaut, ein Teil des „Ursprung"-Silvaners auch im Holz, Domina und Merlot werden in großen und kleinen Eichenholzfässern aus französischer und Iphöfer Eiche ausgebaut.

Kollektion

Die neue Kollektion ist stark, vor allem die Silvaner trumpfen groß auf. Die trockene Pfaffensteig-Spätlese besitzt viel intensive Frucht, Saft und Substanz, das Pendant aus dem Julius-Echter-Berg besticht mit Reintönigkeit, Fülle und Kraft. Die 2016er Reserve aus dem Pfaffensteig ist ebenfalls intensiv fruchtig, komplex, besitzt gute Struktur und Frische. Unsere leichte Präferenz gilt dem 2018er Meisterstück N° 5 aus dem Julius-Echter-Berg: Gelbe Früchte, Kraft, gute Struktur und Substanz. Auch sonst ist die Kollektion bärenstark, vom reintönigen, zupackenden Scheurebe-Sekt über den würzigen Alten Fränkischen Satz und der intensiv rosenduftigen Gewürztraminer Spätlese bis hin zum intensiv fruchtigen, zupackenden Merlot.

Weinbewertung

85	2016 Scheurebe Sekt brut	13,5 %/22,-€
83	2019 Riesling Kabinett trocken Iphöfer Kronsberg	%/9,50 €
84	2019 Weißburgunder trocken Iphöfer Kronsberg	13 %/9,50 €
85	2018 Scheurebe Kabinett trocken Iphöfer Kronsberg	12,5 %/7,50 €
86	2018 Silvaner Spätlese trocken „Pfaffensteig" Iphöfer Kronsberg	13,5 %/9,90 €
86	2018 Silvaner Spätlese trocken Iphöfer Julius-Echter-Berg	13 %/9,50 €
86	2018 Riesling Spätlese trocken Iphöfer Kronsberg	13 %/10,50 €
86	2018 „Alter Fränkischer Satz" Kabinett Seinsheimer Hohenbühl	12 %/14,-€
89	2018 Silvaner „Meisterstück N° 5" vom Iphöfer Julius-Echter-Berg	%/17,50 €
88	2016 Silvaner Spätlese trocken „Reserve" „Pfaffensteig" Iphöfer Kronsberg	%/24,-€
85	2018 Gewürztraminer Spätlese Seinsheimer Hohenbühl	13 %/14,50 €
86	2016 Merlot trocken Seinsheimer Hohenbühl	10,-€

★★★★★ Emrich-Schönleber

Kontakt
Soonwaldstraße 10a
55569 Monzingen
Tel. 06751-2733
Fax: 06751-4864
www.emrich-schoenleber.de
weingut@emrich-schoenleber.de

Besuchszeiten
nach Vereinbarung:
Mo.-Fr. 8-12 + 13:30-18 Uhr
Sa. 8-12 + 13-16 Uhr

Inhaber
Frank Schönleber
Kellermeister
Frank Schönleber
Rebfläche
20 Hektar
Produktion
130.000 Flaschen

Seit mehr als 250 Jahren gibt es Weinbau in der Familie, aber erst Ende der sechziger Jahre – mit zwei Hektar Weinbergen – begann die Entwicklung zum Weingut durch Hannelore und Werner Schönleber, heute wird der Betrieb von Sohn Frank geleitet. Die Schönlebers bauen neben 86 Prozent Riesling etwas Grau- und Weißburgunder und Müller-Thurgau an. Ihnen gehören Weinberge in den Monzinger Lagen Frühlingsplätzchen und Halenberg, beides steile Süd- bis Südwesthänge, der Halenberg, die kleinste Monzinger Lage, besteht aus steinigen, von blauem Schiefer und Quarzit geprägten Böden, das Frühlingsplätzchen ist von rotem Schiefer und Kiesel geprägt, häufig durchsetzt mit rotem Lehm und Rotliegendem. Außerdem gehören ihnen Flächen im oberhalb des Halenbergs gelegenen Gewann Auf der Ley, aus dem neben Halenberg und Frühlingsplätzchen das dritte Große Gewächs stammt, hier sind die Böden mit einer durchschnittlichen Steigung von 50 Prozent von Blauschiefer und Kieselsteinen geprägt, sowie im Monzinger Niederberg, der ähnlich wie der Halenberg Blauschiefer- und Quarzitböden aufweist und aus dem im Jahrgang 2018 erstmals ein Erste-Lage-Riesling erzeugt wurde. Wir sind immer wieder beeindruckt, wie die Qualität in den vergangenen Jahren stetig weiter gesteigert wurde, wie die Weine immer noch präziser, noch ausdrucksstärker geworden sind. Wir sind beeindruckt, weil dies nicht nur für die Großen Gewächse gilt, sondern in gleichem Maße auch für den Gutsriesling und für alle anderen Weine: Das ist Größe!

Kollektion

Die Kollektion des letzten Jahres hatten wir sehr gelobt – und im Jahrgang 2019 kann sich Frank Schönleber in der trockenen Spitze sogar noch steigern: Die drei Großen Gewächse gehören alle zur absoluten Spitzengruppe der trockenen Rieslinge des Jahres, allen voran der Halenberg, der im Bouquet die lagentypischen Noten von nassem Stein zeigt, dazu etwas Wachs und sehr dezente gelbe Frucht, etwas Aprikose, am Gaumen besitzt er herbe Zitrusnoten, ist kräutrig, steinig, sehr salzig, animierend und nachhaltig und besitzt eine Spur mehr Druck als das etwas elegantere Frühlingsplätzchen, das im Bouquet neben einem Anflug von gelber Frucht auch Noten von nassem Stein und nasser Wolle zeigt, am Gaumen eine sehr animierende Art besitzt und sehr nachhaltig ist, wie schon die vergangenen Jahre ist der Auf der Ley wieder sehr elegant, er zeigt im Bouquet steinige Würze, etwas Wolle, Honigmelone, Aprikose und Kräuter, besitzt am Gaumen salzige Noten, viel Grip und Länge. Der Niederberg zeigt etwas Tabak- und Kräuterwürze, Rosmarin, besitzt eine leicht cremige Textur und viel Grip, der „Halgans" ist steinig, ganz zurückhaltend in der Frucht, animierend und herb, der „Frühtau" zeigt klare mineralische Noten und etwas Tabak, besitzt Zitrusnoten und feinen Druck, der

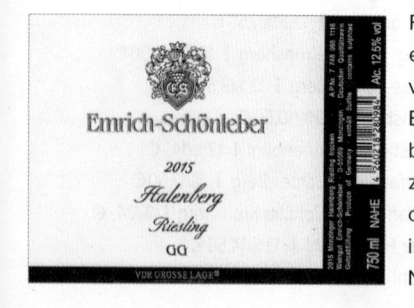

„Mineral" ist steinig, salzig und animierend, der Gutsriesling ist etwas fülliger, besitzt herbe Zitruswürze. Der Grauburgunder „R" stammt noch aus dem etwas stoffigeren Jahrgang 2018, besitzt viel Kraft, aber auch Eleganz und Frische, zeigt feine Frucht, Birne, Zitrusnoten und dezentes Holz, die 2019er Burgunder sind schlanker, der Grauburgunder zeigt gelbe Frucht und nussige Noten, besitzt gute Länge, der Weißburgunder zeigt florale Noten, etwas Birne, Aprikose und Zitrusfrucht. Unter den rest- und edelsüßen Rieslingen liegt in diesem Jahr die Beerenauslese aus dem Frühlingsplätzchen vorne, die Aprikosenmark, Feige, Quitte und etwas Stein im Bouquet zeigt, cremig und nachhaltig ist, viel klare Frucht und Biss besitzt, die Auslese aus dem Halenberg besitzt ein sehr komplexes Bouquet mit Aromen von Aprikose, Ananas und kräutrig-mineralischer Würze, ist cremig, elegant, nachhaltig, besitzt Biss, beide Spätlesen besitzen gute Konzentration und eine leicht cremige Textur, der Halenberg ist etwas nachhaltiger als das Frühlingsplätzchen, der Kabinett besitzt dezente Süße, viel klare Frucht, Steinobst, Aprikose, und guten Grip und der halbtrockene Halenberg „R" zeigt feine rauchig-mineralische Würze und dezente Reifenoten, wirkt am Gaumen geschmacklich trocken, besitzt viel Grip, ist steinig, kräutrig und sehr nachhaltig.

Weinbewertung

86	2019 Riesling trocken	12,5%/9,90€
88	2019 Weißburgunder „S" trocken	12,5%/15,-€
88	2019 Grauburgunder „S" trocken	12,5%/14,50€
86	2019 Riesling „Lenz"	12%/10,90€
88	2019 Riesling trocken „Mineral"	12,5%/14,90€
90	2019 Riesling trocken „Frühtau" Monzinger	12,5%/17,50€
90	2019 Riesling trocken „Halgans" Monzinger	12,5%/19,50€
91	2019 Riesling trocken Monzinger Niederberg	12,5%/26,-€
90	2018 Grauburgunder „R" trocken Monzinger	14%/33,-€
93	2019 Riesling „GG" Frühlingsplätzchen	12,5%/41,-€
94	2019 Riesling „GG" Halenberg	13%/44,-€
93	2019 Riesling „GG" Auf der Ley	13%/Vst.
92	2017 Riesling „R" Monzinger Halenberg	12,5%/41,-€
88	2019 Riesling Kabinett Monzinger	10%/14,50€
90	2019 Riesling Spätlese Monzinger Frühlingsplätzchen	9,5%/21,-€
91	2019 Riesling Spätlese Monzinger Halenberg	9%/21,-€
92	2019 Riesling Auslese Monzinger Halenberg	8,5%/34,-€
93	2019 Riesling Beerenauslese Monzinger Frühlingsplätzchen	7,5%/65,-€/0,375l

Lagen
Halenberg (Monzingen)
Auf der Ley (Monzingen)
Frühlingsplätzchen (Monzingen)

Rebsorten
Riesling (85 %)
Grauburgunder (7 %)
Weißburgunder (6 %)
Müller-Thurgau (2 %)

RHEINHESSEN ▶ FLÖRSHEIM-DALSHEIM

★★★

Engel

Kontakt
Untergasse 39
67592 Flörsheim-Dalsheim
Tel. 06243-6574
www.der-wein-engel.de
webmaster@der-wein-engel.de

Besuchszeiten
Mo.-Fr. 8-12 + 13-18 Uhr
Sa. 9-16 Uhr

Inhaber
Udo Engel
Kellermeister
Albrecht Engel
Rebfläche
10,5 Hektar
Produktion
100.000 Flaschen

Seit dem 17. Jahrhundert betreibt die Familie Weinbau, heute führt Udo Engel zusammen mit Ehefrau Ulrike den Betrieb. Sohn Albrecht Engel absolvierte seine Lehre bei Wittmann, Gutzler und Christmann und baute 2012 seine ersten eigenen Weine auf dem elterlichen Weingut aus. Die Weinberge liegen in den Nieder-Flörsheimer Lagen Frauenberg und Goldberg, in den Dalsheimer Lagen Bürgel und Hubacker sowie im Zellerweg am Schwarzen Herrgott in Mölsheim, die Weinberge werden herbizidfrei bewirtschaftet. Riesling, Grauburgunder und Scheurebe sind die wichtigsten Rebsorten, hinzu kommen vor allem Spätburgunder, Weißburgunder, Viognier und Schwarzriesling. Die Weine werden überwiegend spontanvergoren, teils im Edelstahl, teils im Holz ausgebaut. Das Sortiment ist gegliedert in Guts-, Orts- und Lagenweine.

Kollektion

Das Weingut Engel gehört zu den Shooting Stars der letzten Jahre in Rheinhessen, und mit der neuen Kollektion bestätigt sich der sehr gute Eindruck der Vorjahre. Das Einstiegsniveau ist hoch, die Scheurebe besitzt reintönige Frucht, feine Frische und Grip, der Chardonnay ist ebenfalls wunderschön reintönig, fruchtbetont, besitzt feine süße Frucht und Biss. Eine Rarität in Deutschland ist der Sémillon, der würzig und intensiv im Bouquet ist, sehr sortentypisch, herrlich klar, lebhaft und zupackend im Mund ist bei guter Struktur. Sehr gutes Niveau zeigt der Porphyr-Riesling, ist reintönig, fruchtbetont, besitzt gute Struktur und Grip; den Nieder-Flörsheimer Riesling sehen wir gleichauf, er ist etwas würziger und rauchiger, besitzt gute Struktur, Frische und Biss. Eine weitere Steigerung bringen die drei Lagen-Rieslinge. Der Wein aus dem Goldberg ist füllig und saftig, besitzt gute Struktur und reife Frucht, der aus dem Goldberg ist würzig und kraftvoller, besitzt gute Struktur und reintönige Frucht. Unser Favorit aber ist der Riesling vom Zeller Weg, der nochmals komplexer und druckvoller ist, herrlich nachhaltig. Spannend ist auch der Reserve-Chardonnay, besitzt viel Frucht, gute Struktur, Frische und Grip. Weiter im Aufwind!

Weinbewertung

84	2019 Scheurebe trocken	12%/7,90€
84	2019 Chardonnay trocken	12%/8,90€
85	2019 Sémillon trocken	13%/8,90€
86	2019 Riesling trocken „Porphyr"	12%/9,90€
86	2019 Riesling trocken Nieder Flörsheimer	13%/11,90€
88	2019 Riesling Nieder-Flörsheimer Goldberg	12,5%/18,90€
88	2019 Riesling trocken Nieder-Flörsheimer Frauenberg	12,5%/19,90€
90	2019 Riesling Mölsheimer Zeller Weg am Schwarzen Herrgott	13,5%/28,90€
89	2018 Chardonnay „Reserve"	13%/16,-€

BADEN ▬ MÜLLHEIM

★★★⯪

Engler

Kontakt
Moltkeplatz 2
79379 Müllheim
Tel. 07631-170550
Fax: 07631-173345
www.weingut-engler.de
info@weingut-engler.de

Besuchszeiten
Mo.-Fr. 9-18:30 Uhr
Sa. 9-16 Uhr
oder nach Vereinbarung

Inhaber
Andrea Engler-Waibel

Rebfläche
11 Hektar

Produktion
80.000 Flaschen

Seit 1892 ist das Gut am Moltkeplatz in Müllheim in Familienbesitz, Max Engler Rieggerdt, der Urgroßvater der heutigen Besitzerin, erwarb damals das Anwesen. 1960 übernahm Hans Engler das Gut. Zusammen mit seiner Frau Ursula erweiterte er es auf die heutige Fläche und stellte ganz auf Flaschenvermarktung um. Tochter Andrea war nach ihrem Geisenheimstudium 5 Jahre Betriebsleiterin eines Weingutes am Bodensee bevor sie 1999 in das elterliche Weingut zurückkehrte, das sie dann 2004 übernahm. Ihre Weinberge befinden sich in den Müllheimer Lagen Reggenhag, Pfaffenstück und Sonnhalde sowie im Badenweiler Römerberg. Hauptrebsorten sind Spätburgunder und Gutedel. Hinzu kommen Grau- und Weißburgunder, Nobling, sowie etwas Riesling, Chardonnay, Auxerrois und Gewürztraminer.

🍷 Kollektion

Drei Sekte stellt uns Andrea Engler-Waibel in diesem Jahr vor. Der Weißburgunder Sekt überzeugt wie im vergangenen Jahr mit einer komplexen Aromatik – Hefenoten, Zitrus- und Apfelaromen gehen eine glückliche Verbindung ein: Viel Frucht und Frische. Der Nobling Extra Brut ist pfeffrig, salzig, er hat eine gute, straffe Struktur. Der Rosé Brut hat viel klare Frucht, ein unkomplizierter, frischer Sekt. Herrlich leicht, klar und griffig kommt der typische Gutedel daher. Die drei weiteren Kabinett-Weine sind wie aus einem Guss, wie gewohnt bestechend klar. Der Grauburgunder ist saftig-zupackend, der Auxerrois zeigt eine helle, expressive Frucht, der Weißburgunder hat eine feines Frucht-Säurespiel. Substanz hat die Spätlese vom Cabernet Blanc, er ist zupackend, hat viel Frucht und reife Säure. Die Spätlese von Weißburgunder und Chardonnay hat Substanz, zeigt eine gute Balance von Süße und Säure. Die beiden Spätburgunder überzeugen mit klarer, kühler, saftiger Frucht und sehr guter Tanninstruktur.

🍂 Weinbewertung

Punkte	Wein
85	Nobling Sekt extra brut I 12%/13,-€
86	Weißburgunder Sekt brut I 12%/12,-€
83	Pinot Rosé Sekt brut I 12%/13,-€
83	2019 Gutedel Kabinett trocken Müllheimer Reggenhag I 11,5%/7,-€
84	2019 Auxerrois Kabinett trocken Müllheimer Pfaffenstück I 12,5%/7,50€
84	2019 Weißburgunder Kabinett trocken Müllheimer Pfaffenstück I 12,5%/7,50€
83	2019 Grauburgunder Kabinett trocken Müllheimer Sonnhalde I 12,5%/7,50€
86	2019 Weißburgunder Chardonnay Spätlese trocken „3-Stern" Sonnhalde I 13,5%/9,50€
85	2019 Cabernet Blanc Spätlese „3-Stern" trocken Pfaffenstück I 13,5%/9,50€
87	2017 Pinot Noir Spätlese trocken „3 Stern" Müllheimer Reggenhag I 13,5%/14,-€
87	2017 Pinot Noir „AO I FO" Barrique I 13,5%/14,50€

Englert

★★⯪

Kontakt
Kembachtalstraße 37
97877 Wertheim
Tel. 09397-1275
Fax: 09397-95045
www.weingut-englert.de
info@weingut-englert.de

Besuchszeiten
nach Vereinbarung

Inhaber
Rolf Englert

Rebfläche
3 Hektar

Rolf Englert bewirtschaftet mit seiner Familie im Nebenerwerb Weinberge im badischen Tauberfranken östlich von Wertheim. Er ist im Kembachtal zu Hause, in dem die Grenze zwischen Buntsandstein und Muschelkalk verläuft, und wo auch das Gros seiner Weinberge in der Lage Kembacher Sonnenberg liegt, einer kleinen Süd-Südost-exponierten Hanglage mit Muschelkalkböden. Die Weinberge dort wurden Ende der sechziger Jahre neu angelegt, nachdem sie nach der Reblauskatastrophe verschwunden waren. Daneben ist er im benachbarten Lindelbacher Ebenrain vertreten, in dem ebenfalls Muschelkalk vorherrscht, und wo er seine Spezialität stehen hat, den Auxerrois, den man sonst kaum in Tauberfranken findet. Neben den typischen Rebsorten der Region wie Müller-Thurgau, der knapp die Hälfte seiner Rebfläche einnimmt, Bacchus, Kerner und Silvaner gibt es Spätburgunder sowie etwas Solaris, den Rolf Englert vor allem für Federweißen nutzt, und Cabernet Mitos.

Kollektion

Bestechend gleichmäßig ist auch in diesem Jahr wieder Rolf Englerts Kollektion, sehr moderat sind nach wie vor die Preise: Wo sonst bekommt man so gute Literweine für so wenig Geld! Der Müller-Thurgau ist klar, frisch, zupackend, sehr sortentypisch, was auch für den würzigen, fruchtbetonten Kerner gilt, der frisch und geradlinig ist, feine süße Frucht und Grip besitzt. Der Bacchus steht den beiden nicht nach, ist klar und zupackend, frisch und fruchtbetont, besitzt gute Struktur und Biss, gefällt uns in der trockenen Version minimal besser als in der halbtrockenen. Kerner funktioniert auch als Sekt, ist frisch, klar und zupackend. Eine sichere Bank ist wieder einmal der trockene Silvaner Kabinett, fruchtbetont und kraftvoll, reintönig und zupackend. Der schon im Vorjahr als Fassprobe vorgestellte Spätburgunder ist fruchtbetont und intensiv, rotfruchtig, kraftvoll und zupackend. Unser Favorit ist aber wieder einmal die trockene Auxerrois Spätlese aus dem Lindelbacher Ebenrain, die gute Konzentration und viel reife Frucht zeigt, weiße und gelbe Früchte, füllig und saftig ist, klare reife Frucht und Substanz besitzt.

Weinbewertung

84	Kerner Sekt brut Kembacher Sonnenberg	12,5%/9,90€
83	2018 Müller Thurgau trocken Kembacher Sonnenberg (1l)	11,5%/4,70€ ☺
83	2019 Bacchus Kabinett trocken Kembacher Sonnenberg (1l)	12%/4,70€ ☺
83	2019 Kerner Kabinett trocken Kembacher Sonnenberg (1l)	12,5%/4,70€ ☺
84	2019 Silvaner Kabinett trocken Kembacher Sonnenberg	12%/6,20€
85	2019 Auxerrois Spätlese trocken Lindelbacher Ebenrain	13%/6,50€
82	2019 Bacchus halbtrocken Kembacher Sonnenberg (1l)	11,5%/4,70€
82	2019 Rotling Kembacher Sonnenberg	11,5%/4,80€
84	2017 Spätburgunder trocken Kembacher Sonnenberg	12,5%/6,60€

NAHE ▬ DORSHEIM

★★★

Theo Enk

Kontakt
Weinbergstraße 13
55452 Dorsheim
Tel. 06721-45470
Fax: 06721-47884
www.weingut-theo-enk.de
info@weingut-theo-enk.de

Besuchszeiten
nach Vereinbarung

Inhaber
Steffen Enk
Betriebsleiter
Steffen Enk
Kellermeister
Steffen Enk
Rebfläche
11,9 Hektar
Produktion
150.000 Flaschen

Theo Enk hat mittlerweile das Weingut an seinen Sohn Steffen übergeben, der 2002 seine Ausbildung zum staatlich geprüften Weinbautechniker abschloss und jetzt den Betrieb in vierter Generation führt. Die Weinberge liegen in den Laubenheimer Lagen Karthäuser und Fuchsen sowie im Dorsheimer Goldloch. 35 Prozent der Weinberge nimmt Riesling ein, dazu gibt es 25 Prozent Grauburgunder, je 10 Prozent Weißburgunder und Spätburgunder sowie ein wenig Scheurebe, Kerner, Silvaner und Dornfelder. 2016 konnte Steffen Enk eine 30 Jahre alte Chardonnay-Anlage übernehmen. Im Sommer 2014 wurde die Probierstube zu einer modernen Vinothek umgebaut, das Jahr 2017 stand ganz im Zeichen des Neubaus von Kelterhaus, Keller und Flaschenlager.

Kollektion

Steffen Enks Weine sind in diesem Jahr wieder wesentlich schlanker als im Jahrgang 2018: An der Spitze steht einmal mehr der trockene Riesling aus dem Goldloch, der im komplexen Bouquet viel gelbe Frucht, Aprikose und Pfirsich, und Noten von nassem Stein zeigt und elegant, leicht salzig und animierend ist, sein restsüßes Pendant, die Spätlese, zeigt ebenfalls viel Frucht, Aprikose, Ananas, ist harmonisch, frisch und lang. Unter den anderen trockenen Rieslingen sehen wir in diesem Jahr den leicht steinigen, fülligen und gelbfruchtigen Karthäuser und den „mariage" aus dem Fuchsen, der kräutrig-mineralische Noten, herbe Zitrusfrucht und dezente Tabakwürze besitzt, gleichauf. Unser Favorit unter den Burgundern ist die Cuvée aus Grau- und Weißburgunder, im eindringlichen Bouquet zeigt der Wein klare Birnenfrucht, florale Noten und dezente Holzwürze, er besitzt gute Konzentration, Schmelz und ist etwas prägnanter als der Grauburgunder „Florian", der deutlicheres Holz zeigt, in der Frucht zurückhaltend bleibt und ein lebendiges Säurespiel besitzt, der Chardonnay besitzt Grip und leicht rauchige Noten, ist aber insgesamt noch etwas verhalten und könnte sich noch steigern.

Weinbewertung

83	2019 Grauer Burgunder trocken	13 %/6,90 €
85	2019 Riesling trocken Laubenheimer Fuchsen	12,5 %/6,80 €
87	2019 Riesling „S" trocken Laubenheimer Karthäuser	12,5 %/9,20 €
86	2019 Grauer Burgunder trocken "Florian"	13,5 %/9,90 €
87	2019 Grauburgunder & Weißburgunder trocken „Grau Weiß" „Felix"	13,5 %/9,90 €
86+	2019 Chardonnay „S" trocken	13 %/11,90 €
88	2019 Riesling trocken Dorsheimer Goldloch	12,5 %/13,80 €
83	2019 Scheurebe	9,5 %/5,90 €
87	2019 Riesling Spätlese Dorsheimer Goldloch	9,5 %/8,50 € ☺
87	2019 Riesling trocken „mariage X" Laubenheimer Fuchsen	12,5 %/9,- €

RHEINHESSEN ▶ STADECKEN-ELSHEIM

★ ★⯪

Eppelmann

Kontakt
Kirchgasse 10
55271 Stadecken-Elsheim
Tel. 06136-2778
Fax: 06136-3403
www.eppelmann.de
info@eppelmann.de

Besuchszeiten
Panorama-Vinothek
Di.-Fr. 13-18 Uhr
Sa. 10-17 Uhr
und nach Vereinbarung

Inhaber
Timo & Simone Eppelmann
Betriebsleiter
Timo Eppelmann
Rebfläche
20 Hektar
Produktion
120.000 Flaschen

Die Weinberge von Timo und Simone Eppelmann liegen in den Elsheimer Lagen Blume und Bockstein sowie den Stadecker Lagen Lenchen und Spitzberg. Riesling, Spätburgunder und die weißen Burgundersorten nehmen zusammen gut die Hälfte der Rebfläche ein, dazu gibt es Silvaner, Sauvignon Blanc, Cabernet Sauvignon und Merlot. Die Weißweine werden gezügelt vergoren, verstärkt spontan, und in der Regel im Edelstahl ausgebaut, immer öfter aber auch im Holz, die Rotweine reifen nach der Maischegärung in Holzfässern. 2010 wurde die neue Vinothek fertig gestellt. Im Sommer 2018 ist Tochter Corinna in den Betrieb eingestiegen, im Jahr darauf Sohn Christian; die Umstellung auf biologischen Weinbau wurde begonnen. Das Sortiment wurde neu strukturiert in Guts-, Orts- und Lagenweine, die Turmjuwel-Linie für Barriqueweine gibt es nicht mehr.

Kollektion

Ein harmonischer, frischer Pinot-Sekt ohne Dosage eröffnet in diesem Jahr den Reigen. Die weißen Guts- und Ortsweine sind frisch und geradlinig. Sehr gut ist der in französischen Barriques ausgebaute Réserve-Chardonnay, der Fülle und Kraft besitzt, reife Frucht und Substanz. Sehr gut sind auch alle Lagenweine. Der Blume-Silvaner zeigt gelbe Früchte, Birnen, besitzt Fülle und Substanz. Etwas Apfel und ebenfalls gelbe Früchte zeigt der Bockstein-Riesling im Bouquet, ist kraftvoll dann im Mund, stoffig und zupackend. Die restsüße Spätlese aus der Blume zeigt feine Würze und reintönige Frucht im Bouquet, ist klar und harmonisch im Mund bei feiner süßer Frucht. Highlight der Kollektion ist die Riesling Trockenbeerenauslese, ebenfalls aus der Elsheimer Blume, die intensiv und konzentriert ist und viel Substanz besitzt. Stark ist auch der im Barrique ausgebaute Elsheimer Spätburgunder aus dem Jahrgang 2017, zeigt rauchige Noten und reife Frucht, besitzt gute Struktur, Frische und Grip.

Weinbewertung

Punkte	Wein
86	2017 Pinot Sekt brut nature ❘ 12,5 %/15,-€
80	2019 Riesling trocken ❘ 12,5 %/7,90 €
80	2019 Weißburgunder trocken Elsheim ❘ 13 %/12,50 €
81	2019 Grauburgunder trocken Elsheim ❘ 12,5 %/12,50 €
82	2019 Riesling trocken Elsheim ❘ 13 %/12,50 €
86	2019 Chardonnay trocken „Réserve" ❘ 13,5 %/15,-€
85	2019 Silvaner trocken Elsheimer Blume ❘ 13 %/16,-€
86	2019 Riesling trocken Elsheimer Bockstein ❘ 13 %/16,-€
85	2019 Riesling Spätlese Elsheimer Blume ❘ 9 %/9,50 €
88	2019 Riesling Trockenbeerenauslese Elsheimer Blume ❘ 8 %/75,-€/0,375l
81	2018 Spätburgunder trocken ❘ 13 %/8,90 €
85	2017 Spätburgunder trocken Barrique Elsheimer ❘ 13,5 %/15,-€

MOSEL — ÜRZIG

★★★★

Karl Erbes

Kontakt
Riesling-Weingut Karl Erbes
Moseluferstraße 27-29
54539 Ürzig
Tel. 06532-94465
Fax: 06532-953736
www.weingut-karlerbes.com
info@weingut-karlerbes.de

Besuchszeiten
nach Vereinbarung

Inhaber
Stefan Erbes
Betriebsleiter
Stefan Erbes
Kellermeister
Stefan Erbes
Rebfläche
5 Hektar
Produktion
45.000 Flaschen

Karl Erbes gründete 1967 das Weingut, das heute von seinem Sohn Stefan geführt wird, der seit 1984 im Betrieb arbeitet und ihn 2002 übernommen hat. Stefan Erbes baut auf 5 Hektar ausschließlich Riesling an, besitzt nur wurzelechte Reben im Ürziger Würzgarten und im Erdener Treppchen, auch in der legendären Lage Erdener Prälat ist er vertreten. Die Kranklei liegt zwischen dem ursprünglichen Würzgarten und dem ursprünglichen Treppchen, wurde 1971 Teil des Würzgartens, darf aber nun auch wieder offiziell auf dem Etikett erscheinen; seit 2014 ist sie als Einzellage eingetragen. Es wird ausschließlich Riesling angebaut, die gesamte bewirtschaftete Fläche ist mit wurzelechten Reben bepflanzt, die ältesten haben ein Alter von 80 bis 100 Jahren erreicht. Nur wenige Weingüter an der Mosel haben sich so auf süße und edelsüße Weine spezialisiert wie dieser Betrieb. Trockene Weine existieren, sind in der Regel fest und würzig, doch die eigentliche Stärke des Weinguts liegt bei den süßen Kabinetten und Spätlesen, bei den Auslesen (die auch mit Sternen bezeichnet werden und so eine reifere Art ausdrücken) sowie bei den Trockenbeerenauslesen. Während die Hochprädikate in aller Regel in ihrer Jugend noch verschlossen wirken, zeigen viele Spät- und Auslesen eine sehr direkte, aber auch saftige und nachhaltige Art. Man könnte die Weine als altmodisch bezeichnen, würde dann aber nicht der Tatsache Rechnung tragen, dass sie sich konzentriert und dicht präsentieren, Spiel aufweisen und zudem ausgezeichnet reifen. Die Weine der Lage Erdener Treppchen wirkend oft am zugänglichsten, jene aus dem Würzgarten brauchen häufig etwas mehr Zeit. In vielen Jahren am spannendsten präsentieren sich die Rieslinge aus der Lage In der Kranklei, sie sind es allerdings auch, die am meisten Reife verlangen. Das Weingut verfügt über eine Probierstube, in der bis zu 25 Gäste Platz finden.

🍷 Kollektion

Nur auf süße Rieslinge sollte man den Betrieb nicht reduzieren. Trockene Weine haben hier in den vergangenen Jahren an Ausdruck gewonnen – so wie dies beispielsweise die trockene Ein-Stern-Spätlese aus dem Jahrgang 2019 zeigt. Sie ist kraftvoll, besitzt eine schöne Würze, Anklänge an Kräuter und Trockenkräuter, allerdings auch einen zurzeit merkbaren Alkohol und eine gewisse Rustikalität, die sich noch etwas abschmelzen dürfte. Halbtrockene oder feinherbe Weine wurden nicht vorgestellt, dafür aber ein rassiger Kabinett aus dem Ürziger Würzgarten, der ein attraktives Süße-Säure-Spiel zeigt, auch eine sehr gute Länge. Die 2018er Spätlese aus dem Würzgarten, die im Unterschied zu den anderen Weinen des Gutes elf Monate auf der Hefe reifte, ist offen, besitzt feine, cremige Hefenoten und Anklänge an reifen Pfirsich, ist im Mund enorm saftig, vibrierend. Der Wein zeigt sich in ausgezeichneter Verfassung und lässt diese Art des Ausbaus für die Zukunft als gute Alternative zur schnelleren Abfüllung erscheinen – übrigens auch für trockene Weine. Die einzige vorgestellte süße Spätlese aus 2019, jene aus der Kranklei, ist rassiger, frischer, mit sehr gut integrierter Süße. Sehr überzeugend ist die mit einem Stern bezeichnete Würzgarten-Auslese, die eine überraschend kühle, frische Aromatik zeigt mit Kern- und Steinobstnoten und einer beachtlichen Würze. Noch ein bisschen spannender ist dagegen die Ein-Stern-Auslese aus der Kranklei, die nur eine Spur mehr Fruchtreife in der Nase zeigt, im Mund ebenfalls schön präzise und noch etwas länger ist. Einen ganz anderen Charakter bringt die Auslese aus dem Treppchen mit sich, die eine kräuterig-würzige Nase mit Noten von Stein- und Kernobst aufweist und ebenso frisch wie kühl wirkt. Die Prälat-Auslese wirkte bei der Verkostung im Vergleich mit den meisten anderen Auslesen etwas verhalten, zeigte im Mund eine beachtliche Süße und eine straffe Würze: Sie sollte sich gut entwickeln. Die Drei-Sterne-Auslese mit Goldkapsel ist frischer in der Nase, als dies in anderen Weingütern bei vergleichbar hohen Mostgewichten der Fall wäre. Steinobst, reife Zitrusnoten, eine kräuterig-würzige Komponente, alles ist bestens verwoben und mit einem fest strukturierten Geschmackseindruck verbunden. Die Beerenauslese ist offen, duftet nach reifen Pfirsichen, ist dann im Mund aber enorm cremig, seidig, mit Noten von frischen Datteln, also eher eine Trockenbeerenauslese als eine Beerenauslese. Die sehr hohe Süße muss sich im Verlauf der nächsten Jahrzehnte noch besser einbinden.

Stefan Erbes

🍇 Weinbewertung

87	2019 Riesling Spätlese* trocken Ürziger in der Kranklei	13,5%/12,-€
87	2019 Riesling Kabinett Ürziger Würzgarten	8,5%/8,50€ ☺
90	2018 Riesling Spätlese Ürziger Würzgarten	8%/10,50€ ☺
89	2019 Riesling Spätlese Ürziger in der Kranklei	9%/10,50€ ☺
90	2019 Riesling Auslese Erdener Treppchen	9%/16,-€
91	2019 Riesling Auslese Ürziger Würzgarten	9%/16,-€ ☺
91	2019 Riesling Auslese Ürziger in der Kranklei	8,5%/16,-€ ☺
92	2019 Riesling Auslese Erdener Prälat	8%/32,-€
91	2019 Riesling Auslese* Ürziger Würzgarten	8,5%/18,50€
92	2019 Riesling Auslese* Ürziger in der Kranklei	8,5%/18,50€ ☺
91	2019 Riesling Auslese** Ürziger Würzgarten	8,5%/21,-€
92	2019 Riesling Auslese*** Goldkapsel Ürziger Würzgarten	7,5%/23,-€/0,375l
89+	2019 Riesling Beerenauslese Ürziger Würzgarten	6%/38,-€/0,375l

Lagen
Würzgarten (Ürzig)
In der Kranklei (Ürzig)
Treppchen (Erden)
Prälat (Erden)

Rebsorten
Riesling (100 %)

RHEINGAU ▶ ELTVILLE

H.J. Ernst

★★ ⯪

Kontakt
Holzstraße 40
65343 Eltville
Tel. 06123-2363
Fax: 06123-4062
www.weingut-ernst.de
info@weingut-ernst.de

Besuchszeiten
Mo.-Fr. 8-12 + 13-18 Uhr
Sa. 9-17 Uhr
So. & Feiertage geschlossen

Inhaber
Johannes Ernst
Rebfläche
35 Hektar
Produktion
250.000 Flaschen

In der nunmehr vierten Generation bewirtschaftet das Weingut Weinberge in zahlreichen Lagen des oberen Rheingaus. Die Weinberge des 35 Hektar-Betriebes liegen vor allem in Eltville, in den Lagen Taubenberg, Langenstück, Sonnenberg und Rheinberg, aber auch im Martinsthaler Rödchen, der Rauenthaler Gehrn sowie im Wallufer Walkenberg. In erster Linie werden Riesling und Spätburgunder angebaut. Das Sortiment wird ergänzt durch Weißburgunder, Grauburgunder, Chardonnay, Sauvignon Blanc, Rotem Riesling, Gewürztraminer. Die Weißweincuvée „Kernstück" gab mit dem Jahrgang 2018 ihr Debüt. Mehrere Sekte sowie ein Perlwein aus Riesling ergänzen das Sortiment.

Kollektion

Wie im Vorjahr präsentiert das Weingut eine ansprechende Kollektion sortentypischer Weine. Die beiden Sekte sind gewohnt fruchtbetont und opulent. Auch die weißen Stillweine jenseits des Rieslings sind klar und eingängig. Saftig und recht würzig kommt die Kernstück-Cuvée daher, der Grauburgunder dagegen ist eleganter. Mit seiner dezent duftigen Art gefällt uns der schnörkellose Sauvignon Blanc besonders gut, bereitet viel Trinkfreude. Auch der Gewürztraminer ist nicht zu füllig, besitzt saftige Frische. Nominell trocken gibt es in diesem Jahr nur die kräftige Spätlese zu verkosten, die würzig nachhallt. Aber auch der süffige „Classic" und der vollmundige Riesling „Selection" sind mit ihren 10 Gramm Restzucker keinesfalls zu süß, vielmehr profitieren sie von ihrer prominenten Frucht. Wegen seiner animierenden Frischeader gefällt uns der halbtrockene Riesling aus dem Langenstück gut, aber auch die fruchtige Spätlese weiß mit Saft und angenehmem Biss zu überzeugen. Die Spätburgunder Auslese schließlich, zeigt in ihrer südlichen Fülle eher wenig Sortencharakter, das macht aber nichts, denn unabhängig davon ist das ein sehr guter Roter.

Weinbewertung

84	2018 Sauvignon Blanc Sekt brut	13%/12,-€
84	2018 Riesling Sekt brut Eltviller Sonnenberg	12,5%/9,-€
84	2019 „Kernstück" Cuvée weiß	12%/8,-€
85	2019 Sauvignon Blanc trocken	12%/8,-€
84	2019 Grauburgunder trocken	12,5%/7,-€
84	2019 Gewürztraminer trocken	13%/8,-€
85	2019 Riesling Spätlese trocken Eltviller Langenstück	12%/8,-€
85	2019 Riesling „Selection" Eltviller Langenstück	12%/10,-€
84	2019 Riesling Classic	11,5%/6,50€
84	2019 Riesling halbtrocken Eltviller Langenstück	11,5%/6,-€
85	2019 Riesling Spätlese Eltviller Taubenberg	9%/8,-€
86	2018 Spätburgunder Auslese trocken Eltviller Langenstück	14,5%/16,-€

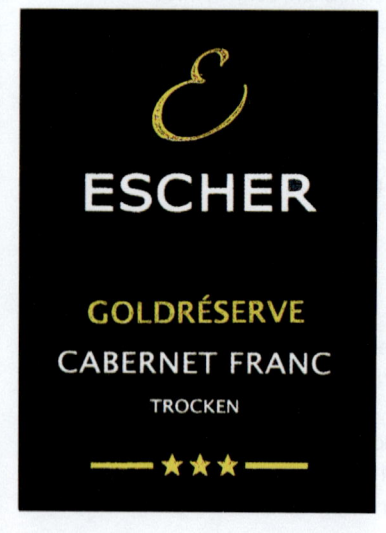

Escher

★★★★

Kontakt
Seestraße 4
71409 Schwaikheim
Tel. 07195-57256
Fax: 07195-137319
www.wein-escher.de
info@wein-escher.de

Besuchszeiten
Di.-Fr. 16:30-18:30 Uhr
Sa. 9-14 Uhr
Gutsausschank, „Wein & Tapas"

Inhaber
Christian & Ottmar Escher
Betriebsleiter
Christian & Ottmar Escher
Kellermeister
Christian Escher
Außenbetrieb
Christian Escher
Rebfläche
14 Hektar
Produktion
90.000 Flaschen

Christian Escher hat seine Winzerlehre bei Aldinger in Fellbach und beim Staatsweingut in Weinsberg gemacht, dann ein Jahr in einer Weinhandlung in Ludwigsburg gearbeitet. Es schloss sich die Ausbildung zum Weinbautechniker in Weinsberg an mit kurzen Praxisaufenthalten in Kanada und Südafrika. Bereits mit 22 Jahren hat er seinen ersten Jahrgang im elterlichen Betrieb vinifiziert. Seine Eltern Lisa und Otmar Escher haben 1990 mit 30 Ar Reben mit der Selbstvermarktung begonnen, nach und nach den Betrieb auf die heutige Größe erweitert. In Schwaikheim selbst, wo die Eschers zuhause sind, gibt es keine Reben. Die Weinberge liegen verstreut im ganzen Remstal, in Stetten (Pulvermächer, Lindhälder), Strümpfelbach (Altenberg), Hanweiler (Berg), Steinreinach (Hörnle), Korb (Sommerhalde, Berg), Neustadt (Söhrenberg), Bürg (Schlossberg) und inzwischen auch in Hertmannsweiler (Himmelreich), wo Riesling und Lemberger angebaut werden. Drei Fünftel der Rebfläche nehmen rote Sorten ein: Trollinger, Lemberger und Spätburgunder vor allem, aber auch Muskattrollinger, Merlot, Cabernet Franc und Zweigelt. Wichtigste weiße Rebsorte ist Riesling, dazu gibt es Müller-Thurgau, Sauvignon Blanc, Chardonnay, Weißburgunder, Grauburgunder, Muskateller und Cabernet Blanc. Das Programm ist gegliedert in Gutsweine, Bergkeuper- (2 Sterne) und Goldréserve- bzw. Goldlage-Weine (3 Sterne). Die weißen Goldlage- und Goldreserve-Weine tragen inzwischen Lagenbezeichnungen: Der Sauvignon Blanc kommt aus dem Steinreinacher Hörnle, der Grauburgunder aus dem Korber Steingrüble, der Riesling aus dem Stettener Pulvermächer, der Chardonnay aus dem Stettener Lindhälder. Auch bei den roten Goldréserve-Weinen wurden anfangs keine Lagenbezeichnungen genutzt, beim 2014 neu eingeführten Lemberger „Höchste Lage" erscheint die Lage Korber Berg auf dem Etikett, beim Spätburgunder das Steinreinacher Hörnle, Zweigelt, Merlot und Cabernet Franc kommen aus der Korber Sommerhalde. Die Weine werden überwiegend spontanvergoren, alle Rotweine werden maischevergoren.

Kollektion

Auch in der neuen Kollektion ist das Einstiegsniveau hoch, alle Weine sind sehr gut, weiß wie rot. Der Riesling von jungen Reben besitzt reintönige Frucht, gute Struktur und Grip, der von alten Reben ist ebenso lebhaft und reintönig, dabei ein wenig fülliger und kraftvoller. Der Bergkeuper-Weißburgunder ist frisch und würzig, klar und geradlinig, der Bergkeuper-Sauvignon Blanc besitzt feine Frische, reintönige Frucht, gute Struktur und Grip. Der Riesling aus dem Pulvermächer zeigt gute Konzentration, feine Würze und Frucht, ist frisch, klar und zupackend. Der gelbfruchtige Grauburgunder aus dem Korber Steingrüble besitzt feine Frische und Frucht, gute Substanz und Länge Der 2018er Chardonnay aus dem Lindhälder zeigt intensiv rauchige Noten und reife Frucht, ist füllig und stoffig im Mund, allzu verschlossen. Unser Favorit unter den Weißweinen ist der Sauvignon Blanc aus dem Steinreinacher Hörnle, der intensive Frucht besitzt, Fülle und Kraft, gute Struktur, Substanz und Spannung. Auch im roten Segment ist das Einstiegsniveau hoch wie der Trollinger von 40 Jahre alten Reben beweist, der viel Frische und reintönige Frucht besitzt. Der Bergkeuper-Lemberger besitzt feine süße Frucht und Grip, besser noch gefällt uns der Bergkeuper-Spätburgunder, der wunderschön klar und zupackend ist, reintönige Frucht und Grip besitzt. Der neue Trollinger vom Schlossberg ist stoffig und konzentriert, reintönig, noch sehr jugendlich. Der Spätburgunder aus dem Hörnle zeigt intensive Frucht und feine rauchige Noten, ist frisch, klar, zupackend und strukturiert. Der Sommerhalde-Zweigelt zeigt gute Konzentration, deutlich Gewürze, ist sehr offen, besitzt Fülle, Kraft und Substanz. Der Cabernet Franc zeigt gute Konzentration und reife Frucht, ist kraftvoll im Mund, frisch, zupackend, sehr reintönig. Der Lemberger aus der Sommerhalde zeigt gute Konzentration, dezent Gewürze und rauchige Noten, ist klar, frisch und zupackend im Mund. Unser Favorit aber ist wie schon im Vorjahr der Lemberger Höchste Lage aus dem Korber Berg, der sehr offen im Bouquet ist, intensiv, viel reife Frucht zeigt, frisch und präzise im Mund ist, reintönige Frucht, gute Struktur und Grip besitzt.

Lagen
Pulvermächer (Stetten)
Hörnle (Steinreinach)
Sommerhalde (Korb)
Söhrenberg (Neustadt)
Berg (Hanweiler)
Himmelreich (Hertmannsweiler)

Weinbewertung

85	2019 Riesling trocken „Junge Reben"	11,5%/5,80€ ☺
86	2019 Weißburgunder trocken „Bergkeuper"	12,5%/7,80€
86	2019 Riesling trocken „Alte Reben"	12%/8,50€
88	2019 Riesling trocken „Goldlage" Stettener Pulvermächer	12,5%/13,50€
86	2019 Sauvignon Blanc trocken „Bergkeuper"	12%/9,50€
90	2019 Sauvignon Blanc trocken „Goldlage" Steinreinacher Hörnle	12,5%/16,80€
89	2019 Grauburgunder trocken „Goldlage" Korber Steingrüble	13%/13,50€
88	2018 Chardonnay trocken „Goldreserve" Stettener Lindhalde	13%/22,50€
85	2018 Trollinger trocken „Alte Reben" „Bergkeuper"	12,5%/6,80€
87	2018 Spätburgunder trocken „Bergkeuper"	13%/10,50€
85	2018 Lemberger trocken „Bergkeuper"	13%/8,50€
88	2018 Trollinger trocken Schlossberg	12,5%/a.A.
90	2017 Spätburgunder trocken „Goldreserve" Steinreinacher Hörnle	13%/18,50€
89	2017 Zweigelt trocken „Goldreserve" Korber Sommerhalde	13,5%/19,50€
90	2017 Lemberger trocken „Goldreserve" Korber Sommerhalde	13,5%/18,50€
90	2017 Cabernet Franc trocken „Goldreserve" Korber Sommerhalde	13,5%/24,-€
93	2017 Lemberger trocken „Höchste Lage" Korber Berg	13,5%/33,50€

Rebsorten
Trollinger (20 %)
Riesling (18 %)
Lemberger (14 %)
Spätburgunder (10 %)
Müller-Thurgau (6 %)
Sauvignon Blanc (4 %)
Muskat-Trollinger (4 %)
Merlot (4 %)
Chardonnay (4 %)
Weißburgunder (4 %)
Zweigelt (4 %)
Grauburgunder (3 %)
Muskateller (3 %)
Cabernet Franc (3 %)

August Eser

★★★⯪

Kontakt
Friedensplatz 19
65375 Oestrich-Winkel
Tel. 06723-5032
Fax: 06723-87406
www.eser-wein.de
mail@eser-wein.de

Besuchszeiten
Mo.-Fr. 9-12 + 13-17 Uhr
Sa. 9-12 Uhr

Inhaber
Désirée Eser Freifrau zu Knyphausen & Dodo Freiherr zu Knyphausen

Betriebsleiter
Désirée Eser Freifrau zu Knyphausen & Dodo Freiherr zu Knyphausen

Kellermeister
Désirée Eser Freifrau zu Knyphausen & Dodo Freiherr zu Knyphausen

Rebfläche
11 Hektar

Produktion
80.000 Flaschen

Neben Riesling baut Désirée Eser Freifrau zu Knyphausen, die inzwischen offiziell Inhaberin des Betriebes ist, etwas Spätburgunder und Roter Riesling an. Ihre Weinberge verteilen sich auf acht Gemeinden und 17 verschiedene Parzellen, darunter berühmte Lagen wie Hallgartener Schönhell, Hattenheimer Nussbrunnen, Oestricher Lenchen und Rauenthaler Rothenberg. Auch im Rüdesheimer Bischofsberg und im Mittelheimer St. Nikolaus stehen Eser-Reben. Etwa 80 Prozent der Weine werden trocken oder halbtrocken ausgebaut, süße Spezialitäten sind die Ausnahme. Die Weine reifen in einem aus dem 17. Jahrhundert stammenden Gutshaus in Oestrich, werden in traditionellen Holzfässern vergoren.

Kollektion

Eine stimmige Kollektion. Von überraschender Eleganz und Vielschichtigkeit ist der Riesling-Sekt. Zarte Briochenoten im Bouquet, sehr ausgewogen im Geschmack, kühl, präzise und perfekt reif. Der Oestricher Ortswein ist recht kräftig, bietet aber auch saftige Frische: Ein harmonischer Alltagswein. Bei den ersten Lagen gibt es eine klare Hierarchie. Der Oestricher Klosterberg mit seiner zugänglichen, saftigen Art macht jetzt schon sehr viel Freude, ist geradlinig und frisch. Das gilt auch für den Riesling aus dem Rüdesheimer Bischofsberg, nur dass er spürbar gehaltvoller ist, zarten Schmelz und animierende Säureader vereint, wird sehr schön reifen können. Fülliger, reifer und nachhaltiger ist der 2018er Riesling aus dem Engelmannsberg. Das Große Gewächs Doosberg ist von sehr ansprechender Intensität, ohne dabei in die Breite zu gehen, versprüht zarte Würze und saftige Frische. Das aus dem Nussbrunnen überzeugt uns noch eine Nuance mehr. Durchaus fein strukturiert setzt es weniger auf Kraft denn auf Ausgewogenheit, wird frühes Trinkvergnügen bieten. Die fruchtige Spätlese ist würzig und gehaltvoll, ebenso wie die markante edelsüße Auslese, die klare, tropische Frucht bietet. Der 2015er Spätburgunder ist saftig, bietet rauchige Toastaromen und viel dunkle Frucht.

Weinbewertung

Punkte	Wein	Details
88	2018 Riesling Sekt brut	12,5%/14,90€
84	2019 Riesling trocken „Vom Löss" Oestrich	12%/8,50€
87	2019 Riesling trocken Oestrich Klosterberg	12,5%/14,90€
88	2018 Riesling trocken Hattenheim Engelmannsberg	12,5%/14,90€
87	2019 Riesling trocken Rüdesheim Bischofsberg	12,5%/14,90€
90	2019 Riesling trocken Großes Gewächs Hattenheim Nussbrunnen	12,5%/35,-€
89	2019 Riesling trocken Großes Gewächs Oestrich Doosberg	12,5%/33,-€
87	2019 Riesling Spätlese Erbach Siegelsberg	9%/19,50€
90	2019 Riesling Auslese Oestrich Doosberg	8,5%/28,-€
87	2015 Spätburgunder trocken Barrique Mittelheim St. Nikolaus	13,5%/17,50€

RHEINGAU — OESTRICH-WINKEL

★★★✩

H.T. Eser

Kontakt
Rheingaustraße 12
65375 Oestrich-Winkel
Tel. 06723-6016980
Fax: 06723-6016980
www.weingut-eser.de
post@weingut-eser.de

Besuchszeiten
Mo.-Fr. 8:30-12:30 Uhr
Fr. 14-18 Uhr
Sa. 10-15 Uhr
und nach Vereinbarung

Inhaber
Christoph & Thomas Eser
Rebfläche
14 Hektar
Produktion
90.000 Flaschen

Das Weingut Eser wurde 1936 gegründet und wird heute in dritter Generation von Christoph und Thomas Eser geführt. Ihre Weinberge liegen vor allem in den Oestricher Lagen Doosberg und Lenchen, aber auch im Rauenthaler Rothenberg und im Mittelheimer St. Nikolaus, die ältesten Reben sind über 60 Jahre alt. Neben dem dominierenden Riesling (85 Prozent) wird vor allem Spätburgunder angebaut, aber auch Weißburgunder und Sauvignon Blanc. Die Weine werden teils im Edelstahl, teils im Holz ausgebaut, bleiben recht lange auf der Hefe und werden erst spät gefüllt. Der Betrieb hat sich auf den Vertrieb durch den Fachhandel spezialisiert.

Kollektion

Die Brüder Christoph und Thomas Eser geben ihren Rieslingen immer ausgedehnten Kontakt mit der Hefe, um ihre Komplexität zu erhöhen. So finden Sie eine gute Balance zwischen aromatischer Tiefe und zugänglicher Art. Gerade die höheren Qualitäten erfordern dabei etwas Geduld, um sich zu entfalten, zumindest aber ordentlich Luft. Die Einstiegsrieslinge sind in diesem Jahr schon jung in ansprechender Frühform. Der Gutsriesling „N° 1" überzeugt wieder voll und ganz. Der Purist aus dem Doosberg gefällt uns in diesem Jahr auch wieder sehr gut, vereint Kraft, Frische und jahrgangstypische Präsenz. Dagegen ist der geradlinige Mineralist aus dem Lenchen recht herb, seine intensiven Schalenaromen sollten sich in der Flasche etwas mildern dürfen. Sehr kräftig und voll reifer Gelbfrucht ist der Urwerk-Riesling. An der Spitze thront in diesem Jahr der substanzreiche „1894", weil er großzügige Aromatik mit feinen Zwischentönen bietet und lang und nachhaltig ist. Der recht kräftige feinherbe Harmonist mit seiner eingängigen, aber durchaus spannenden Art und die offene Spätlese aus dem Mittelheimer Sankt Nikolaus runden die Rieslingkollektion ab. Auch der Sauvignon Blanc der unter dem „Brueder Eser" Etikett gefüllt wird, ist stimmig. Frisch nach Kräutern duftend, tritt seine Fülle im zart cremigen Nachhall zu Tage. Der saftige Spätburgunder mit seinem anregendem Gerbstoffbiss rundet die Kollektion ab.

Weinbewertung

85	2019 Riesling trocken „N 1" I 11,5%/7,60€
86	2019 Riesling trocken „Mineralist" Oestrich Lenchen I 12,5%/9,20€
87	2019 Riesling trocken „Purist" Oestrich Doosberg I 12,5%/9,20€
85	2019 Sauvignon Blanc trocken „Brueder Eser" I 13%/9,80€
88	2019 Riesling trocken „Urwerk Alte Rebe" Oestrich Lenchen I 12,5%/13,50€
89	2019 Riesling trocken „1894" Oestrich Doosberg I 13%/16,80€
86	2019 Riesling „feinherb Harmonist" Oestricher Lenchen I 11,5%/9,20€
86	2019 Riesling Spätlese Mittelheim St.Nikolaus I 8,5%/9,80€
85	2019 Spätburgunder trocken I 12,5%/9,20€

RHEINHESSEN ▶ FLONHEIM

★★★★   # Espenhof

Kontakt
Weingut Espenhof GbR
Hauptstrasse 81
55237 Flonheim
Tel. 06734-94040
Fax: 06734-940450
www.espenhof.de
weingut@espenhof.de

Besuchszeiten
im Internet +
nach Vereinbarung
Landhotel & Weinrestaurant
(siehe Webseite)

Inhaber
Wilfried & Nico Espenschied
Betriebsleiter
Nico Espenschied
Kellermeister
Nico Espenschied
Außenbetrieb
Nico Espenschied
Rebfläche
30 Hektar
Produktion
250.000 Flaschen

Der Espenhof im Flonheimer Ortsteil Uffhofen wird heute in siebter und achter Generation von Wilfried und Nico Espenschied geführt. Nico Espenschied hat in Geisenheim studiert, Auslandserfahrungen in Frankreich, Österreich und Kalifornien gesammelt. Ihre Weinberge liegen in der Uffhofener Lage La Roche, wo der Boden aus rotliegendem Urgestein besteht, sowie in den Flonheimer Lagen Rotenpfad, Geisterweg und Binger Berg. Zur recht großen Lage Binger Berg wurden 1971 viele eigenständige kleine Lagen zusammengefasst wie Sandkaut, Heilige Äcker, Pfaffenberg, Ringelberg, Kisselberg (hoher Kalkgehalt, mit Kieselsteinen durchsetzt) oder Muhlenpfad. Der Rebsortenspiegel wird dominiert von klassischen Rebsorten wie Riesling (30 Prozent) und Grauburgunder (25 Prozent), die beiden wichtigsten Rebsorten im Betrieb. Hinzu kommen Weißburgunder, Sauvignon Blanc, Chardonnay und Spätburgunder, aber auch Grüner Veltliner, Roter Traminer und Scheurebe, dazu internationale rote Rebsorten wie Syrah, Cabernet Franc, Cabernet Sauvignon und Merlot. Die Weinberge sollen zukünftig biologisch bewirtschaftet werden. Die Weine werden überwiegend trocken ausgebaut, teils im Edelstahl, teils im Holz (40 Prozent); alle Rotweine und alle Weißweine ab den Ortsweinen werden zu 100 Prozent im Holz ausgebaut. Das Programm ist klar gegliedert in Gutsweine, Ortsweine (zuvor S-Klasse) und Lagenweine (zuvor SL-Klasse), derzeit Riesling aus der Uffhofener La Roche und Spätburgunder aus dem Kisselberg. Zuletzt wurden Flaschenlager und Barriquekeller neu gebaut, sowie in Maischegärtanks und Stückfässer der besten Küfereien investiert. Beim Weinausbau hat Nico Espenschied den Schwefeleinsatz immer weiter reduziert, bei den Naturweinen wird kein Schwefel zugesetzt; er setzt auf Spontangärung und den Ausbau im Holz. Zum Weingut gehören ein Landhotel und ein Weinrestaurant. Zuletzt wurde ein neues Flaschenlager unter der Erde gebaut.

Kollektion

Auch Nico Espenschieds neue Kollektion ist wieder spannend und enorm abwechslungsreich. Der Weiße Brause genannte Petnat aus Scheurebe ist intensive, eindringlich, eigenwillig. Der Gutsriesling zeigt wie im Vorjahr sehr hohes Niveau, ist reintönig, frisch und zupackend, der Flonheimer Ortsriesling ist intensiv, würzig, dominant, füllig, saftig und strukturiert, der La Roche-Kabinett besitzt reintönige Frucht, Frische und Grip. Riesling gibt es auch in einer Cuvée mit Sauvignon Blanc – das ergibt einen würzigen, eindringlichen Wein, der klar und zupackend ist, gute Struktur und Grip besitzt. Sauvignon Blanc gibt es aber auch reinsortig, und das nicht nur einmal, gleich drei Sauvignon Blanc-Versionen bietet Nico Espenschied an. Der im Edelstahl ausgebaute Sauvignon Blanc Gutswein ist würzig, eindringlich klar, besitzt Kraft, Zug und reintönige Frucht. Neu im Programm ist der La Roche-Sauvignon Blanc aus dem Kernstück der Lage, in gebrauchten Tonneaux ausgebaut, ein enorm kraft- und druckvoller Wein mit Substanz und klarer reifer Frucht. Und schließlich gibt es den Sauvignon Blanc Hautnah, der vier Wochen auf der Maische vergoren wurde, viel Grip und Kraft besitzt, viel Struktur und Substanz. Schließlich gibt es Sauvignon Blanc auch in einer Cuvée mit Manzoni Bianco als „Steinzeug Natural", „ohne alles": Würzig, duftig, stoffig, dominant. Der Bauchgefühl genannte Weißwein ist im Jahrgang 2018 ein reinsortiger Manzoni Bianco, der mit ganzen Trauben im Steingut ausgebaut wurde, rauchig-würzige Noten zeigt, gute Struktur und Grip besitzt. Manzoni Bianco gibt es schließlich ein weiteres Mal, in der „Herz+Hand"-Linie, er präsentiert sich hier füllig und kraftvoll mit reifer Frucht und viel Grip. In dieser Linie gibt es des Weiteren eine würzige, zupackende Scheurebe, einen gelbfruchtigen, reintönigen Grauburgunder und eine in gebrauchten Barriques ausgebaute Cuvée aus Syrah und Cabernet Franc, die fruchtbetont und würzig ist, gute Struktur, Frische und Grip besitzt. Die cassisduftige rote Stammbaum-Cuvée enthält neben Cabernet Sauvignon und Merlot ein klein wenig Cabernet Franc und Syrah. Schließlich findet man einen frischen Weißburgunder im Programm, was zu erwarten ist in Rheinhessen, aber auch noch etwas Ungewöhnliches, einen eigenwillig würzigen Grünen Veltliner, der feine Frische und Grip besitzt. Es lebe die Vielfalt!

Lagen
La Roche (Uffhofen)
Pfaffenberg (Flonheim)
Kisselberg (Flonheim)
Ringelberg (Flonheim)
Geisterberg (Flonheim)

Weinbewertung

87	2017 „Weiße Brause" Scheurebe „PétNat"	10,5%/15,-€
86	2019 Riesling trocken	12%/6,90€ ☺
88	2019 Sauvignon Blanc trocken	12%/7,90€ ☺
90	2019 Manzoni Bianco trocken „Herz+Hand" „Nico Espenschied"	13%/15,-€
89	2019 Riesling trocken Flonheim	12,5%/10,50€ ☺
88	2019 „Steinzeug Natural" Weißwein	12,5%/19,-€
86	2019 Weißer Burgunder trocken Flonheim	12,5%/10,50€
89	2018 „Bauchgefühl" Weißwein trocken „Nico Espenschied"	13%/24,-€
90	2019 Sauvignon Blanc trocken La Roche	12,5%/18,-€
89	2018 Sauvignon Blanc trocken „Hautnah"	12%/18,-€
86	2019 Scheurebe trocken „Herz+Hand" „Nico Espenschied"	11,5%/8,50€
87	2019 Grauburgunder trocken „Herz+Hand" „Nico Espenschied"	12,5%/10,-€
88	2019 Sauvignon Blanc & Riesling trocken „Kalkbrenner & Espenschied"	12,5%/9,90€ ☺
88	2019 Grüner Veltliner trocken „Veltenbummler" „Laura Espenschied"	12,5%/12,50€
86	2019 Riesling Kabinett La Roche	8,5%/7,90€
87	2018 „Stammbaum - 418J." Rotwein	14%/12,50€
89	2018 Syrah & Cabernet Franc trocken „Herz+Hand"	14%/15,-€

Rebsorten
Riesling (38 %)
Grauburgunder (25 %)
Sauvignon Blanc (12 %)
Weißburgunder (10 %)
Chardonnay (5 %)
Spätburgunder (5 %)
Grüner Veltliner
Roter Traminer
Scheurebe
Syrah
Cabernet Franc
Cabernet Sauvignon
Merlot

★★★½

Zum Eulenturm

Kontakt
Zum Eulenturm
Weingut - Brennerei
Hauptstraße 218
56867 Briedel
Tel. 06542-4702
Fax: 06542-41673
www.zum-eulenturm.de
info@zum-eulenturm.de

Besuchszeiten
Mo.-Fr. 9-18 Uhr
Sa. 10-16 Uhr (vorher anrufen)
oder nach Vereinbarung

Inhaber
Timo C. Stölben

Rebfläche
3,5 Hektar

Produktion
20.000 Flaschen

Matthias Schinnen, der Urgroßvater des heutigen Besitzers, begann Anfang des 20. Jahrhunderts mit der Flaschenweinvermarktung. Im Juli 2013 hat Timo Stölben den Betrieb von seinen Eltern Hans-Otto und Marie-Luise Stölben übernommen. Er hatte in Geisenheim und Udine studiert und war seit dem Studienabschluss 2008 für den Weinausbau verantwortlich. Seine Weinberge liegen in den Briedeler Lagen Schäferlay, Herzchen (mit den Felsenterrassen Trieren) und Nonnengarten. Die Lagen Schäferlay und Trieren wurden in den preußischen Lagenkarten des 19. Jahrhunderts der höchsten Kategorie zugerechnet; Ende 2016 wurde Trieren wieder als Gewanne in die Weinbergsrolle eingetragen. Riesling nimmt 80 Prozent der Rebfläche ein und soll in Zukunft noch wichtiger werden. Die Spätburgunderparzelle im Herzchen wurde verkauft, Dornfelder und Acolon sollen in Zukunft nur noch zu Rosé ausgebaut werden. Im Gegenzug wurden im Nonnengarten Drieschen erworben, die demnächst Riesling produzieren sollen. Ein knappes Drittel der Produktion entfällt auf Sekt. Ab dem Jahrgang 2016 kann eine Mindestreifezeit auf der Hefe von 36 Monaten garantiert werden; seit 2018 degorgiert der Winzer selbst. Timo Stölben hat mit dem Jahrgang 2019 die Umstellung auf ökologischen Weinbau begonnen.

🍷 Kollektion

Über die letzten Jahre hinweg hat sich das Weingut auf erfreuliche Weise fortentwickelt. Timo C. Stölben tüftelt beispielsweise an der Verfeinerung seiner Schaumweine, mit denen das Gut einen besonderen Status erworben hat, weit über das beschauliche Briedel hinaus. Die vorgestellten 2016er sind enorm präzise, besitzen Substanz und Würze, die Hefe wirkt nicht im geringsten aufdringlich, auch die Nachhaltigkeit ist überdurchschnittlich. Spannende Sekte zu einem erstaunlich günstigen Preis. Der Basisriesling ist eher verhalten in der Nase, besitzt im Mund aber straffe Art, ist erfreulich fest, besitzt Spiel. Der „Connubio" ist duftig, fest, mit Aromen von Zitrus und Apfel. Noch deutlich spannender ist der Riesling aus der Schäferlay – straff, trocken, verspielt, ein Wein mit Substanz und Potenzial. Einen Hauch von Pfirsich in der Nase zeigt der feinherbe Trieren-Riesling, der im Mund würzig ist und nur dezente Süße aufweist.

🍇 Weinbewertung

89	2016 Riesling Winzersekt „Dosage Zéro"	12%/13,-€
88	2016 Riesling Winzersekt brut	12%/13,-€
85	2019 Riesling trocken	11,5%/8,-€
86	2019 „Connubio" Weißwein trocken	11,5%/8,-€
89	2019 Riesling Spätlese trocken Briedeler Schäferlay	12,5%/12,-€ ☺
88	2019 Riesling Spätlese „feinherb" Trieren	12%/13,-€

WÜRTTEMBERG ▬ HESSIGHEIM

exNicrum

★★

Kontakt
exNicrum Weinmanufaktur KG
Überm Neckar 7
74394 Hessigheim
Tel. 07143-967447
Fax: 07143-967448
www.weingut-faschian.de
info@weingut-faschian.de

Besuchszeiten
Do.-Fr. 14:30-18:30 Uhr
Sa. 9-14 Uhr
oder nach Vereinbarung

Inhaber
Karsten Faschian, Dr. Herbert Müller, Fabian Alber
Betriebsleiter
Karsten Faschian
Kellermeister
Karsten Faschian, Fabian Alber
Außenbetrieb
Fabian Alber
Rebfläche
8 Hektar
Produktion
45.000 Flaschen

Das Weingut Faschian wurde umbenannt in ExNicrum Weinmanufaktur. Es liegt am Ortsrand von Hessigheim, inmitten der Reben. Die Weinberge liegen in den Hessigheimer Lagen Felsengarten und Wurmberg sowie im Mundelsheimer Käsberg, die Reben wachsen auf Muschelkalkböden. Lemberger nimmt ein Viertel der Rebfläche ein, dazu gibt es Trollinger, Riesling, Muskattrollinger, Spätburgunder, Grauburgunder und Chardonnay. In neu erworbenen Weinbergen wurden 2015 Cabernet Franc, Merlot, Syrah, Tempranillo und Weißburgunder gepflanzt, inzwischen auch Sangiovese und Albariño. Die Weine werden nach langen Maischestandzeiten im Edelstahl ausgebaut, die besten Rotweine und inzwischen auch Weißweine kommen ins Barrique, werden lange auf der Feinhefe gelagert und teilweise unfiltriert abgefüllt.

🍾 Kollektion

Die neue Kollektion ist etwas heterogener als gewohnt, bietet aber faszinierende Spitzen. Da ist der Albariño aus dem Jahrgang 2019, ein fülliger und komplexer Wein mit viel reifer Frucht, der mehr an Viognier erinnert denn an seinen Verwandten aus Galicien. Die Grande Cuvée Blanc aus Riesling, Chardonnay und Weißburgunder zeigt viel Konzentration, reife Frucht, Aprikosen, besitzt Fülle und Kraft, gute Struktur und Substanz. Der duftige Weißburgunder besitzt Fülle, Kraft und feine süße Frucht, der nicht dosierte Riesling-Sekt zeigt Würze und feine Reife im Bouquet, ist im Mund zupackend und frisch. Der Spätburgunder ist frisch und tanninbetont, was auch für den Lemberger gilt, der Syrah ist intensiv und strukturiert, noch sehr jugendlich. Der Sangiovese zeigt etwas florale Noten, besitzt Fülle, Kraft und Substanz. Unser Favorit im roten Segment ist die ebenfalls noch sehr jugendliche Grande Cuvée Rouge aus sechs Rebsorten, die würzig und konzentriert im Bouquet ist, füllig und stoffig im Mund, wie das Gros der Rotweine von kräftigen Tanninen geprägt ist.

🍷 Weinbewertung

85	2015 Riesling Sekt Zero Dosage	12,5%/27,-€
82	2018 „Cuvée Maison blanc" Weißwein trocken	12,5%/12,-€
85	2018 Weißburgunder trocken	13,5%/18,-€
88	2019 Albariño trocken	13%/18,-€
87	2018 „Grande Cuvée Blanc" Weißwein trocken	13,5%/27,-€
81	2018 Rosé trocken	12,5%/12,-€
79	2018 „Cuvée Maison Rouge" Rotwein trocken	13,5%/12,-€
84	2018 Spätburgunder trocken	13,5%/24,-€
84	2018 Lemberger trocken	14%/18,-€
86	2018 Sangiovese trocken	14,5%/36,-€
85	2018 Syrah trocken	14,5%/36,-€
87	2018 „Grande Cuvée Rouge" Rotwein trocken	14,5%/57,-€

PFALZ ▸ GÖNNHEIM

★ ★ ★

Eymann

Kontakt
Ludwigstraße 35
67161 Gönnheim
Tel. 06322-2808
Fax: 06322-68792
www.weingut-eymann.de
info@weinguteymann.de

Besuchszeiten
Mo.-Fr. 8-12 + 13-19 Uhr,
Sa. 10-19 Uhr
Weinstube im Haus, geöffnet abends (Do./Fr./Sa.)

Inhaber
Vincent Eymann

Rebfläche
17,5 Hektar

Produktion
120.000 Flaschen

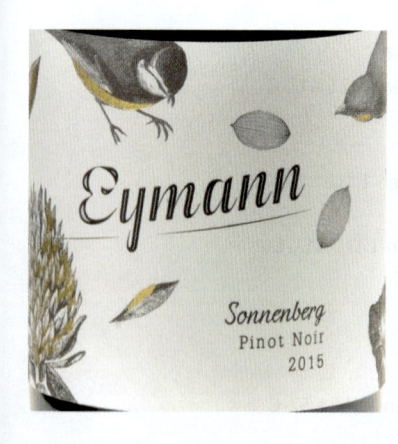

Rainer Eymann gehörte zu den ersten Winzern in der Pfalz, die ihre Weinberge ökologisch bewirtschafteten. Bereits mit der Betriebsübernahme 1982 begann er mit der Umstellung, seit 2005 wird nach biodynamischen Prinzipien gearbeitet. Mittlerweile hat Sohn Vincent, der schon seit ein paar Jahren die Verantwortung im Keller hatte, den Betrieb übernommen. Den Anteil an spontan vergorenen Weinen hat er schon in den letzten Jahren ausgebaut, er will sich in Zukunft ganz auf Pinot Noir, Riesling und die Erzeugung von Schaumweinen konzentrieren. 2018 konnte er neue Weinberge im Dürkheimer Fuchsmantel und im Wachenheimer Königswingert übernehmen, die seine Parzellen in den Gönnheimer Lagen Sonnenberg und Mandelgarten ergänzen. Das Sortiment ist gegliedert in Guts- und Ortsweine und die „Selektion Toreye" – benannt nach einem bereits 1350 erwähnten Lehnshof Toreye, auf den auch der Familienname Eymann zurückgeht.

Kollektion

Vincent Eymann präsentiert uns einmal mehr eine sehr eigenständige Kollektion auf sehr gutem Niveau: Unser Favorit ist die sechste Version des maischevergorenen, im Solera-Verfahren ausgebauten Gewürztraminers, im intensiven, komplexen Bouquet zeigt er kräutrige Würze, florale Noten und Zitrusfrucht, ist knochentrocken, puristisch, kräutrig, salzig, animierend und sehr nachhaltig. Auch der Riesling aus dem Fuchsmantel ist deutlich salzig, besitzt kräutrig-mineralische Noten, herbe Zitruswürze, Länge und Potential, der Chardonnay zeigt etwas Frucht im Bouquet, Apfel, Birne und Zitrusnoten, ist am Gaumen dann ganz geradlinig, fast karg, schlank und elegant. Die drei Spätburgunder besitzen noch eine wilde, unruhige Art und brauchen etwas Zeit, aber die guten Anlagen sind eindeutig erkennbar, sie sind alle drei kühl und kräutrig, der Sonnenberg zeigt mit Luft feine Schwarzkirschfrucht und etwas Waldboden, besitzt reife Tannine und eine gute Struktur, der „Blanc de Noirs"-Sekt aus Pinot Noir zeigt Brotkruste, Zitrusnoten und etwas Apfelmost im Bouquet, ist geradlinig, ausgewogen und frisch.

Weinbewertung

88	Blanc de Noirs extra brut	12%/17,90€
85	2019 Riesling trocken Gönnheimer	12%/8,90€
88	2019 Chardonnay trocken „Alte Reben" „Toreye"	12,5%/14,90€
87	2019 Riesling trocken „Alte Reben" „Toreye"	12%/14,90€
89	2019 Riesling trocken Bad Dürkheimer Fuchsmantel	12,5%/32,-€
91	Gewürztraminer trocken „MDG.#6"	13%/32,-€
86	2018 Spätburgunder trocken Gönnheimer	13%/11,90€
88	2018 Spätburgunder trocken „Toreye"	13%/16,90€
89	2018 Spätburgunder Gönnheimer Sonnenberg	13%/32,-€

PFALZ ▬ RHODT

★★★✩

Fader

Kontakt
Kastanienhof
Theresienstraße 62
76835 Rhodt
Tel. 06323-5193
Fax: 06323-980841
www.wein-fader.de
info@wein-fader.de

Besuchszeiten
Verkauf mit Probe:
Mo.-Sa. 9-12 + 13-18 Uhr

Inhaber
Knut Fader
Rebfläche
16,5 Hektar
Produktion
160.000 Flaschen

Der Kastanienhof in Rhodt ist seit 1780 in Familienbesitz und wird heute von Karl-Heinz Fader, Sohn Knut und ihren Ehefrauen Hedwig und Heike bewirtschaftet. Ihre Weinberge liegen hauptsächlich in Rhodt in den Lagen Rosengarten (sandiger und toniger Lehm), Klosterpfad (sandiger Lehm) und Schlossberg (leichter lehmiger Sand, Kalkmergel, Buntsandstein). Auf den zwei Hektar im Godramsteiner Münzberg, wo die Reben auf Lehm-Löss-Kalkböden wachsen, stehen vor allem rote Sorten. Wichtigste weiße Rebsorte ist mit einem Flächenanteil von 30 Prozent der Riesling, daneben gibt es Grauburgunder, Weißburgunder, Gewürztraminer und Chardonnay. Wichtigste rote Sorten sind Spätburgunder und Portugieser. Auf rund einem Viertel der Fläche stehen aber noch etliche andere Sorten, etwa Silvaner, Sauvignon Blanc, Muskateller, Dornfelder, St. Laurent, Merlot, Cabernet Sauvignon.

Kollektion

Unser Favorit der beiden vergangenen Jahre ist es auch in diesem Jahr wieder: Der hell roséfarbene Grauburgunder von alten Reben zeigt dezente Holzwürze, leicht erdig-florale Noten und klare Birnenfrucht im Bouquet, ist kraftvoll, cremig und lang. Knapp dahinter liegen drei „Réserve"-Weine, der gelbfruchtige Chardonnay zeigt Aromen von Banane, Melone und Zitrusfrüchten im Duft, ist am Gaumen konzentriert, fruchtbetont und frisch, der kraftvolle Gewürztraminer hat ein feines, komplexes Bouquet mit Noten von Litschi, Zitrusfrucht und Rosenblättern und der Cabernet Sauvignon zeigt Röstnoten, etwas Räucherspeck, Mokka und dunkle Beerenfrucht, besitzt eine gute Struktur mit noch jugendlichen Tanninen. Sehr gut ist auch der Silvaner gelungen, der leicht erdige Würze und klare gelbe Frucht zeigt, der Schlossberg-Riesling besitzt herbe Zitruswürze und Grip und der Weißburgunder vom Rosengarten zeigt viel klare Frucht und leicht florale Noten, besitzt ein frisches Säurespiel.

Weinbewertung

82	2019 Riesling trocken (1l)	12%/4,70€
86	2019 Silvaner trocken „Kalkmergel"	13%/7,20€
84	2019 Sauvignon Blanc trocken	12%/7,50€
86	2019 Weißer Burgunder trocken Rhodter Rosengarten	13%/7,20€
84	2019 Riesling trocken „Buntsandstein"	11,5%/5,90€
86	2019 Riesling trocken Rhodter Schlossberg	12,5%/7,20€
87	2019 Chardonnay trocken „Réserve" Hainfelder Letten	13%/9,80€
88	2019 Grauer Burgunder trocken „Alte Reben" Rhodter Rosengarten	13,5%/9,50€ ☺
85	2019 Gewürztraminer trocken Rhodter Rosengarten	13,5%/7,90€
87	2019 Gewürztraminer trocken „Réserve" Rhodter Rosengarten	13,5%/10,50€
85	2017 Cuvée „Trilogie Noir" Rotwein trocken	13,5%/9,80€
87	2018 Cabernet Sauvignon trocken „Réserve" Rhodter Klosterpfad	14%/13,50€

WÜRTTEMBERG ▶ FELLBACH

★ ★ ★

Fellbacher Weingärtner

Kontakt
Kappelbergstraße 48
70734 Fellbach
Tel. 0711-578803-0
Fax: 0711-578803-40
www.fellbacher-weine.de
info@fellbacher-weine.de

Besuchszeiten
Weinverkauf & Verkostung
Mo.-Sa. 9-18:30 Uhr
Kellerblicke von April-Nov.
jeden Sa. 16 Uhr inkl. 3er
Weinprobe (10 €/Person,
ohne Anmeldung)

Mitglieder
120
Vorstandsvorsitzender
Thomas Seibold
Kellermeister
Tobias Single
Rebfläche
189 Hektar
Produktion
1.500.000 Flaschen

Die Fellbacher Weingärtnergenossenschaft wurde 1858 gegründet, ist damit die älteste noch bestehende Winzergenossenschaft Württembergs. Auf den Keuperböden am Kappelberg in den Fellbacher Lagen Lämmler und Goldberg werden zu zwei Drittel rote Sorten angebaut, vor allem Trollinger, dazu Schwarzriesling, Lemberger und Spätburgunder, aber auch Dornfelder, Acolon, verschiedene Cabernet-Kreuzungen, Blauburger und Merlot. Der Weißweinanteil wird dominiert vom Riesling, dazu gibt es Müller-Thurgau, Kerner, Grauburgunder, Chardonnay, Sauvignon Blanc und Gewürztraminer. Neben Literweinen gibt es drei Editionslinien, C, S und P. In der Top-Linie Edition P werden Trollinger und Merlot angeboten, Spätburgunder und Lemberger, dazu Barrique-Versionen von Spätburgunder und Lemberger, sowie die Cuvée Amandus, lange das Aushängeschild der Fellbacher Genossen, die seit dem Jahrgang 2009 betriebsinterne Konkurrenz erhielt durch einen Lemberger Großes Gewächs, dem inzwischen ein Spätburgunder Großes Gewächs folgte. Tobias Single hat im Dezember 2019 die Nachfolge des langjährigen Kellermeisters Werner Seibold angetreten.

🎂 Kollektion

Die neue Kollektion ist wieder bärenstark, die Weißweine sind gut wie nie. Die größte Überraschung ist der Brut Nature-Sekt: Rauchig, feine Hefenoten, komplex, strukturiert, klasse! Ganz stark ist auch der Barrique-Chardonnay, das Holz ist schön integriert, er besitzt Fülle und Kraft, was auch auf den Riesling P zutrifft, der reintönige Frucht, gute Konzentration, etwas gelbe Früchte zeigt. Spannend ist auch der Orange – intensiv, herrlich eindringlich, stoffig, zupackend. Beeindruckend hohes Niveau zeigen auch wieder die Rotweine der P-Linie, auch wenn manche etwas allzu deutlich vom Holz geprägt sind. Der Merlot ist füllig, reintönig, der Spätburgunder intensiv fruchtig und tanninbetont, der Lemberger konzentriert, zupackend, ein wenig floral, der Syrah intensiv und reintönig, kraftvoll und strukturiert. Stark!

🍃 Weinbewertung

88	2016 Sekt brut nature „next generation"	12,5%/19,50€
82	2019 Sauvignon Blanc „S" trocken	13,5%/9,90€
87	2018 „Orange unfiltered" trocken „next generation"	12,5%/16,-€
87	2018 Riesling „P" trocken „Großes Gewächs" Fellbacher Lämmler	13%/26,50€
88	2018 Chardonnay „P" trocken Barrique Fellbacher Lämmler	13,5%/19,50€
84	2019 Gewürztraminer Spätlese „Edition S"	12%/8,50€
86	2018 Riesling Auslese „P" Fellbacher Lämmler	9,5%/13,50€
83	2019 Muskat-Trollinger Rosé „C" „fruchtig"	11,5%/6,90€
85	2017 Merlot „P" trocken Fellbacher Lämmler	13,5%/13,50€
86	2017 Spätburgunder „P" trocken Fellbacher Lämmler	13,5%/19,50€
87	2017 Syrah „P" trocken Fellbacher Lämmler	12,5%/19,50€
87	2017 Lemberger „P" trocken Barrique Fellbacher Lämmler	13,5%/19,50€

FRANKEN ▬ SOMMERHAUSEN

★★★

Felshof

Kontakt
Weingut & Gästehaus Felshof
97286 Sommerhausen
Tel. 09333-90480
Fax: 09333-904838
www.felshof.de
info@felshof.de

Besuchszeiten
Mo.-Sa. 10-19 Uhr
So. 11-15 Uhr
Gästehaus (9 Doppelzimmer)

Inhaber
Familie Wenninger
Rebfläche
11,9 Hektar
Produktion
70.000 Flaschen

Der Felshof in Sommerhausen ist ein Familienbetrieb mit Weinbergen, mit 5 Hektar Obst (Äpfel und Birnen), eigener Brennerei und einem Gästehaus mit 9 Zimmern. Die Weinberge liegen in den Sommerhäuser Lagen Reifenstein, Steinbach und Ölspiel (einer ursprünglichen Einzellage, aber heutigen Großlage). Silvaner und Scheurebe sind die wichtigsten Rebsorten, rote Rebsorten nehmen über ein Viertel der Rebfläche ein. Das Sortiment ist gegliedert in Gutsweine, Ortsweine, Lagenweine aus Steinbach und Reifenstein sowie die „Großen Weine" wie der Silvaner Alter Berg (Steinbach), die Rieslinge Stachelberg (Reifenstein) und Schulmeister (Steinbach) oder die Scheureben Neuer Berg und Absetz (Steinbach).

Kollektion

Mit der neuen Kollektion bestätigen die Wenningers den starken Eindruck des Vorjahres. Die Guts- und Ortsweine sind fruchtbetont und sortentypisch, die wunderschön reintönige Scheurebe gefällt uns besonders gut. Scheurebe ist ohnehin eine Spezialität des Felshofs, die beiden halbtrockenen Varianten besitzen Fülle, Saft, viel reintönige Frucht und Substanz, der Sekt gute Struktur und Grip. Der Steinbach-Sauvignon Blanc besitzt Substanz und Saft, reintönige Frucht und Grip. Der Weißburgunder aus dem Reifenstein ist konzentriert, zeigt weiße und gelbe Früchte, besitzt reife Frucht und gute Struktur. An der Spitze der Kollektion stehen wie im Vorjahr die „Großen Weine". Der Silvaner Alter Berg, von 1962 gepflanzten Reben, wurde spontanvergoren, bis im August im Holzfass auf der Hefe ausgebaut: Intensive Frucht, viel Fülle und Saft, viel reife Frucht, gute Struktur und Frische. Unsere leichte Präferenz gilt in diesem Jahr dem leicht gelbfruchtigen Stachelberg-Riesling, der gute Struktur, reife Frucht, Fülle und Druck besitzt. Die konzentrierte, zupackende Domina rundet die starke Kollektion ab.

Weinbewertung

86	2018 Scheurebe Sekt brut	12,5 %/13,-€
83	2019 Silvaner trocken	12,5 %/6,50 €
84	2019 Silvaner trocken Sommerhäuser	12,5 %/7,50 €
84	2019 Riesling trocken Sommerhäuser	12 %/7,50 €
85	2019 Scheurebe trocken Sommerhäuser	12,5 %/7,50 €
86	2019 Weißer Burgunder trocken Sommerhäuser Reifenstein	13 %/9,90 €
85	2019 Sauvignon Blanc trocken Steinbach	12,5 %/12,-€
88	2019 Silvaner trocken „Alter Berg"	13,5 %/16,-€
89	2019 Riesling trocken „Stachelberg"	12,5 %/16,-€
85	2019 Scheurebe halbtrocken Sommerhäuser	11,5 %/7,50 €
87	2019 Scheurebe Spätlese halbtrocken Sommerhäuser Steinbach	12,5 %/9,90 €
85	2018 Domina trocken Sommerhäuser Reifenstein	13 %/9,50 €

RHEINGAU ▶ RÜDESHEIM

★★

Friedrich Fendel

Kontakt
Marienthaler Straße 46
65385 Rüdesheim
Tel. 06722-90570
Fax: 06722-905766
www.friedrich-fendel.de
info@friedrich-fendel.de

Besuchszeiten
nach Vereinbarung
Weinhaus Fendel

Inhaber
Familie Fendel - Hetzert
Betriebsleiter/Kellermeister/Außenbetrieb
Paul P. Hetzert
Rebfläche
13 Hektar
Produktion
110.000 Flaschen

Das Weingut Fendel führt seine Geschichte auf das Jahr 1510 zurück, baute zunächst in Niederheimbach am Mittelrhein Wein an, seit 1860 in Rüdesheim. Seit 1990 wird es von den Brüdern Paul Peter und Walter Hetzert geführt. Die Weinberge befinden sich vor allem in Rüdesheim in den Berg-Lagen Schlossberg, Rottland und Roseneck, sowie in der Klosterlay und im Kirchenpfad, aber auch in Geisenheim und Assmannshausen. Das Gros der Rebfläche nimmt Riesling ein, hinzu kommt Spätburgunder und ein klein wenig Weißburgunder. Der Ausbau der Weine erfolgt teils im Holz, teils im Edelstahl. Vielleicht der bekannteste Wein des Betriebes ist der halbtrockene Riesling „Fum Allerhinnerschde", eine bereits seit 1903 geschützte Wortmarke. Die trockenen Spitzenweine wurden bis 2011 als Erstes Gewächs bezeichnet, seither als Große Gewächse („GG"). Sie kamen in den letzten Jahren aus Berg Roseneck, Kirchenpfad und Klosterlay, Berg Schlossberg wird im Weingut meist als süße Spätlese ausgebaut.

Kollektion

Beim Weingut Fendel bekommt man ganz solides Handwerk in Flaschen, in Jahr für Jahr konstanter Qualität. Der Gutsriesling spart nicht mit reifer gelber Frucht, ist animierend saftig und sehr stimmig. Mit mehr Mineralität und Frische ist der trockene Rüdesheimer Riesling spannungsgeladener und etwas herber, bringt all das mit, was seine Herkunft erwarten lässt. Der Lagenriesling aus der Klosterlay bietet noch mehr Kraft, er ist durch jugendlichen Gerbstoffbiss bestens strukturiert, auch die Säure passt, man denkt an gezuckerte Grapefruit. Er wird sich sicher in der Flasche noch weiter entwickeln. Die feinherben Rieslinge sind ebenso empfehlenswert. Der feinherbe Rüdesheimer ist dem trockenen ebenbürtig, die Fruchtsüße spielt animierend mit der Säure, der etwas geringere Alkohol macht sich positiv bemerkbar. Der „fum Allerhinnerschde" korrespondiert zum trockenen Gutswein, er ist einen Tick fruchtsüßer, dabei sehr süffig und würzig. Die fruchtsüße Spätlese ist fein, die Auslese aus dem Rottland intensiv beerig und voll.

Weinbewertung

85	2019 Riesling trocken	12,5%/8,10€
86	2019 Riesling trocken Rüdesheim	12%/9,20€
84	2019 Weißer Burgunder trocken	12,5%/8,80€
87	2019 Riesling trocken Rüdesheimer Klosterlay	12,5%/11,50€
85	2019 Riesling „Fum Allerhinnerschde"	12%/8,10€
85	2019 Riesling „feinherb" Rüdesheim	12%/9,20€
87	2019 Riesling Spätlese Rüdesheim Berg Schlossberg	8%/14,90€
88	2019 Riesling Auslese Rüdesheim Berg Rottland	8%/23,-€/0,375l
84	2019 Spätburgunder Rosé „feinherb"	12%/8,-€

RHEINHESSEN — FLÖRSHEIM-DALSHEIM

Feth-Wehrhof

Kontakt
Rodensteinerstraße 17
67592 Flörsheim-Dalsheim
Tel. 06243-7501,
Fax: 06243-4754100
www.weingut-feth.de
florianfeth@feth-wehrhof.de

Besuchszeiten
nach Vereinbarung

Inhaber
Florian & Volker Feth
Rebfläche
23 Hektar
Produktion
150.000 Flaschen

Volker Feth stellte 1985 auf biologisch-dynamischen Weinbau um, ist seit 1988 Demeter-zertifiziert. Sohn Florian war seit 2006 als Betriebsleiter beim Weingut Wehrhof in Pfeddersheim tätig; dieses Weingut hat er 2011 übernommen und mit dem elterlichen Betrieb zum Weingut Feth-Wehrhof zusammengelegt. Die Weinberge liegen vor allem in Dalsheim in den Lagen Hubacker, Bürgel und Steig, in Pfeddersheim in den Lagen St. Georgenberg, Hochberg und Kreuzblick, sowie im Heddesheimer Schloss und im Abenheimer Klausenberg. Die Hälfte der Rebfläche nehmen die Burgundersorten ein, hinzu kommen vor allem Riesling, Müller-Thurgau, Silvaner und Bukettsorten; aufgrund des klimatischen Wandels befasst sich Florian Feth auch mit neuen Rebsorten, baut seit 2015 Tannat, seit 2020 Furmint an. Das Programm ist dreistufig gegliedert in Gutsweine, Ortsweine und Lagenweine, wobei Letztere weiterhin Prädikatsbezeichnungen tragen.

Kollektion

Im vergangenen Jahr überzeugte das Weingut mit zwei sehr guten Weißweinen von Riesling und Grauburgunder, sowie zwei sehr guten Roten (Mineralstaub und Spätburgunder). Letztere wollen uns dieses Jahr nicht so recht gefallen, die Cuvée C ist recht duftig, der Hubacker-Spätburgunder eigenwillig oxidativ, so dass uns der geradlinige Spätburgunder Ortswein noch am besten gefällt. Der Pfeddersheimer Weißburgunder ist frisch, klar und geradlinig, der Pfeddersheimer Grauburgunder recht würzig, zupackend; unser Favorit unter den trockenen Weißweinen ist der Dalsheimer Chardonnay, der gute Konzentration und reife Frucht zeigt, Fülle, Kraft und gute Struktur besitzt. Frisch, klar und geradlinig ist der Riesling Kabinett, zeigt feine Würze und Frucht im Bouquet. Intensive Würze kennzeichnet auch die Würzer Auslese, aber das soll ja schließlich auch so sein, trägt die Rebsorte doch deswegen ihren Namen. Der Wein ist füllig und saftig im Mund, konzentriert, besitzt viel reife Frucht und gute Substanz.

Weinbewertung

80	2019 Riesling trocken	12,5%/7,20€
81	2019 Weißburgunder trocken Pfeddersheimer	12,5%/9,20€
81	2019 Grauburgunder trocken Pfeddersheimer	12,5%/9,20€
82	2019 Chardonnay trocken Dalsheimer	13%/9,20€
82	2019 Riesling Kabinett Dalsheimer	8%/9,50€
85	2019 Würzer Auslese	9%/11,-€/0,5l
80	2017 „Cuvée C" Rotwein trocken	13,5%/10,50€
81	2018 Spätburgunder trocken Pfeddersheimer	12,5%/9,50€
78?	2018 Spätburgunder trocken Dalsheimer Hubacker	15,5%/22,-€

DALSHEIMER
CHARDONNAY
2014 [trocken]

Finkenauer

★ ★ ☆

Kontakt
Außerhalb 7
55270 Bubenheim
Tel. 06130-944206
Fax: 06130-944207
www.finkenauer.de
info@finkenauer.de

Besuchszeiten
nach Vereinbarung

Inhaber
Yvonne Finkenauer

Rebfläche
15 Hektar

Wilfried Finkenauer hat das Weingut aufgebaut, 2018 hat seine Tochter Yvonne Finkenauer den Betrieb übernommen. Ihre Weinberge liegen in den Bubenheimer Lagen Honigberg und Kallenberg sowie im Schwabenheimer Schlossberg. Die Reben wachsen im Selztal auf unterschiedlichen Böden von Löss über Kalkmergel bis hin zu Muschelkalk. Die Vielfalt an Rebsorten ist groß, reicht von regionalen Klassikern wie Silvaner, Riesling, weißen und roten Burgundern bis hin zu internationalen Rebsorten wie Cabernet Sauvignon, Chardonnay oder Sauvignon Blanc. Die Weißweine werden im Edelstahl ausgebaut, die Rotweine überwiegend im Holz, bleiben bis zu zwei Jahre in großen Eichenholzfässern oder im Barrique. Mit dem Jahrgang 2018 wurden die „Meilensteine" als neue Toplinie eingeführt.

Kollektion

Die neue Kollektion ist ein klarer Schritt voran, nicht nur weil die im vergangenen Jahr neu eingeführten Meilensteine geschlossen sehr gutes Niveau zeigen, sondern auch weil die Basis weiter zugelegt hat. Der Chardonnay ist reintönig und frisch, der Riesling vom Löss würzig und kraftvoll, der Sauvignon Blanc besitzt intensive, reife Frucht, Weiß- und Grauburgunder sind fruchtbetont und geradlinig. Die Meilensteine bieten deutlich mehr Substanz und Konzentration, präsentieren sich sehr geschlossen. Der Sauvignon Blanc zeigt intensive, reintönige Frucht im Bouquet, ist kraftvoll im Mund, zupackend, noch sehr jugendlich. Der Weißburgunder zeigt gute Konzentration und rauchige Noten im Bouquet, vereint Fülle und Kraft mit Frucht und Substanz, was auch für den strukturierten Chardonnay gilt. Der leicht zitrusduftige Riesling ist klar und zupackend im Mund, geradlinig und frisch. Unser Favorit in der aktuellen Kollektion ist aber der Akrobat genannte Spätburgunder aus dem Jahrgang 2016, der intensive, klare Frucht und rauchige Noten im Bouquet zeigt, Fülle und Kraft besitzt, gute Struktur und Substanz, feine Frische und Grip. Klar im Aufwind!

Weinbewertung

83	2019 Chardonnay trocken Bubenheimer Honigberg	13%/7,90€
84	2019 Riesling trocken „vom Löss" Bubernheimer Honigberg	12,5%/8,50€
83	2019 Sauvignon Blanc trocken Bubenheimer	13%/8,50€
82	2019 Weißer Burgunder trocken Bubenheimer Kallenberg	13%/8,50€
82	2019 Grauer Burgunder trocken „Muschelkalk" Bubenheimer Kallenberg	13,5%/8,90€
85	2019 Sauvignon Blanc trocken „Meilensteine" Bubenheimer Kallenberg	14%/18,20€
85	2018 Riesling trocken „Meilensteine" Schwabenheimer Schlossberg	13%/18,20€
86	2019 Weißer Burgunder trocken „Meilensteine" Bubenheimer Kallenberg	13,5%/18,20€
86	2019 Chardonnay trocken „Meilensteine" Bubenheimer Honigberg	13,5%/18,20€
87	2016 Spätburgunder trocken „Akrobat" Bubenheimer Honigberg	13,5%/25,-€

RHEINHESSEN ▶ BIEBELSHEIM

Fischborn-Schenk

Kontakt
Weingasse 2
55546 Biebelsheim
Tel. 06701-1214
Fax: 06701-2304
www.schenkwein.de
hw.schenk@t-online.de

Besuchszeiten
Mo.-Sa. 8-18 Uhr oder nach Vereinbarung

Inhaber
Hans-Werner Schenk
Rebfläche
13,5 Hektar

Der „Weinhof" befindet sich seit 1833 in Familienbesitz und wird heute in fünfter Generation von Hans-Werner Schenk und seiner Ehefrau Martina geführt. Zwei Drittel ihrer Weinberge liegen in Biebelsheim und in Gensingen (Goldberge) in Rheinhessen, ein Drittel in den benachbarten Bad Kreuznacher Stadtteilen Planig und Ippesheim im Anbaugebiet Nahe (in den Lagen Kreuznacher Römerhelde, Junker und Himmelgarten). Im Biebelsheimer Kieselberg mit seinen kargen, steinigen Kiessandböden mit Lehm- und Tonanteilen bauen sie vor allem Riesling und Spätburgunder an, im Biebelsheimer Honigberg wachsen vor allem rote Rebsorten und Bacchus auf tiefgründigen, sandigen Lössböden. Traditionelle Rebsorten wie Riesling, Silvaner und Burgunder bilden den Schwerpunkt der Produktion, aber auch internationale Rebsorten wie Chardonnay und Merlot werden angebaut. Die Weißweine werden recht lange auf der Feinhefe und überwiegend im Edelstahl ausgebaut. Die roten Trauben werden entrappt, in offenen Behältern etwa 14 Tage maischevergoren, der Wein wird dann in Eichenholzfässern ausgebaut.

Kollektion

Wie schon in den Vorjahren führen die Lagenweine eine ansonsten gleichmäßige Kollektion an. Anders als im Vorjahr konnten wir dieses Jahr auch Rotweine von Hans-Werner Schenk verkosten, und der Spätburgunder aus dem Honigberg setzt sich auch direkt an die Spitze des Feldes, zeigt rauchige Noten, wunderschön reintönige Frucht, ist frisch und zupackend, besitzt gute Struktur und reife klare Frucht. Auch der intensiv fruchtige Merlot überzeugt, der Basis-Spätburgunder ist frisch, geradlinig, der St. Laurent Rosé kirschenduftig. Das weiße Segment führt der Kieselberg-Chardonnay an, ist füllig, kraftvoll, besitzt reife Frucht und gute Struktur, der gelbfruchtige, füllige Grauburgunder aus der Römerhelde steht ihm kaum nach, die duftige Riesling Auslese ist süß und konzentriert.

Weinbewertung

81	2019 Weißer Burgunder trocken	12%/5,50€
80	2019 Grauer Burgunder trocken	13%/5,50€
81	2019 Scheurebe trocken	12%/5,50€
81	2019 Riesling trocken Biebelsheimer Kieselberg	12,5%/7,50€
85	2019 Chardonnay trocken Biebelsheimer Kieselberg	13%/7,50€
84	2019 Grauer Burgunder trocken Kreuznacher Römerhelde	13%/7,50€
82	2019 Bacchus Spätlese Biebelsheimer Honigberg	11%/5,80€
84	2019 Riesling Auslese Biebelsheimer Kieselberg	9%/9,50€
81	2019 St. Laurent Rosé trocken	12%/5,50€
81	2018 Spätburgunder trocken	13,5%/5,80€
83	2018 Merlot trocken	13,5%/5,80€
86	2018 Spätburgunder trocken Biebelsheimer Honigberg	14%/9,50€

Fischer

Kontakt
Erweinstraße 6
97353 Wiesentheid
Tel. 09383-377
Fax: 09383-1735
www.fischer-wein.de
post@fischer-wein.de

Besuchszeiten
Mo.-Fr. 10-12 + 13:30-18 Uhr
Sa. 10-12 + 13:30-16 Uhr
So. 10-12:30 Uhr
Weinfest am zweiten
Wochenende im Juni
Gasthaus „Krone" (Mo.-Sa.
17-22 Uhr, So. + Feiertage
11-14:30, Di. Ruhetag),
6 Gästezimmer,
www.krone-wiesentheid.de

Inhaber
Thomas Fischer
Eigene Rebfläche
5,8 Hektar
Produktion
50.000 Flaschen

Martin Fischer gründete 1948 eine Weinhandlung in Geiselwind, die vor allem Süßweine vermarktete sowie selbst hergestellte Liköre. 1964 wurde das Gasthaus Zur Krone erworben, dass Fassweingeschäft wurde ständig erweitert. 1979 erwarb man die ersten Weinberge und gründete das Weingut Fischer. 1990 übernahm Joachim Fischer den Betrieb von seinem Vater, heute führt sein Sohn Thomas den Betrieb. Neben den Trauben der eigenen Weinberge wird die Ernte von Vertragswinzern verarbeitet. Die eigenen Weinberge liegen im Handthaler Stollberg, Kammerforster Teufel, Oberschwarzacher Herrenberg, Kleinlangheimer Wutschenberg und Wiesenbronner Wachhügel, weitere Trauben werden aus Abtswind, Castell, Großlangheim, Nordheim, Prichsenstadt, Sommerach, Volkach und Wiebelsberg bezogen. Wichtigste weiße Rebsorten sind Silvaner, Müller-Thurgau, Bacchus, Scheurebe, Riesling, Weiß- und Grauburgunder, Rieslaner und Gewürztraminer, hinzu kommen rote Rebsorten wie Spätburgunder, Domina, Portugieser, Dornfelder, Schwarzriesling und Regent.

Kollektion

Im vergangenen Jahr trumpfte Thomas Fischer mit zwei starken Alte Reben-Weinen aus dem Jahrgang 2016 auf. Solche trockenen Spitzen fehlen in diesem Jahr, dafür ist die Silvaner Auslese sehr gut, zeigt etwas Litschi und süße Aprikosen, ist wunderschön konzentriert und saftig. In der Batterie der trockenen Kabinettweine überzeugt der Sauvignon Blanc mit reintöniger Frucht, Frische und Grip, noch etwas besser gefällt uns der Riesling, der fruchtbetont und frisch im Bouquet ist, reintönig, lebhaft und zupackend im Mund. Unter den Spätlesen gefällt uns der trockene Gewürztraminer aus dem Kammerforster Teufel am besten, zeigt feine Würze, etwas Rosen, besitzt Fülle, Kraft und feine Frische. Rotwein wurde nur einer präsentiert, der Pinot Noir aus dem Wiesenbronner Wachhügel ist fruchtbetont, frisch und geradlinig. Eine grundsolide Kollektion.

Weinbewertung

82	2019 „Blanc de Noir" Kabinett trocken	13%/6,50€
81	2019 Silvaner Kabinett trocken Rödelseer Schlossberg	13,5%/6,50€
84	2019 Riesling Kabinett trocken Rödelseer Schlossberg	12,5%/6,50€
82	2019 Weißburgunder Kabinett trocken	13%/6,50€
83	2019 Sauvignon Blanc Kabinett trocken Oberschwarzacher Herrenberg	13%/8,50€
81	2019 Scheurebe Kabinett trocken	12%/6,50€
82	2019 Silvaner Spätlese trocken Oberschwarzacher Herrenberg	14%/9,50€
83	2018 Gewürztraminer Spätlese trocken Kammerforster Teufel	13,5%/9,50€
81	2019 Bacchus Kabinett halbtrocken Kammerforster Teufel	12%/6,50€
80	2019 Bacchus Spätlese „lieblich" Handthaler Stollberg	11,5%/9,50€
86	2019 Silvaner Auslese „edelsüß" Rödelseer Schlossberg	12%/12,-€
84	2018 Pinot Noir Spätlese trocken Wiesenbronner Wachhügel	14%/9,50€

PFALZ ▶ BAD DÜRKHEIM

★★

Fitz-Ritter

Kontakt
Weinstraße Nord 51
67098 Bad Dürkheim
Tel. 06322-5389
Fax: 06322-66005
www.fitz-ritter.de
info@fitz-ritter.de

Besuchszeiten
Mo.-Fr. 9-18 Uhr
Sa./So. 11-17 Uhr
Feiertage geschlossen
an Feiertagen geschlossen
Suite und Gästezimmer
Räumlichkeiten für Hochzeiten und Events

Inhaber
Johann Fitz
Betriebsleiter
Johann Fitz
Kellermeister
Achim Eberle, Max Fisch
Außenbetrieb
Achim Eberle
Rebfläche
25 Hektar
Produktion
160.000 Flaschen

Das traditionsreiche Weingut Fitz-Ritter war bereits vor über 100 Jahren Gründungsmitglied des Verbandes Deutscher Prädikatsweingüter VDP und wird heute in neunter Generation von Johann Fitz geführt. Zum Betrieb gehört auch die Sektkellerei Fitz, die älteste der Pfalz. Auf dem weitläufigen Anwesen erstreckt sich der prämierte Park mit der Eventlocation „RebArena" inmitten der Hauslage Rittergarten. Daneben ist das Weingut im Ungsteiner Herrenberg und in den Bad Dürkheimer Lagen Michelsberg, Hochbenn und Spielberg vertreten und besitzt mit dem Abtsfronhof auch eine von einer Mauer umgebene Monopollage im Stadtgebiet der Kurstadt. Zwei Drittel der Rebfläche nimmt Riesling ein. Dazu gibt es etwas Spätburgunder, Gewürztraminer, Weiß- und Grauburgunder, Chardonnay und Sauvignon Blanc. Im Laufe des Jahres 2020 wurden neue Kellerwirtschaftsräume und ein neues Tank- und Flaschenlager errichtet und neue Edelstahltanks und Eichenfässer mit einem Gesamtvolumen von 160.000 Litern angeschafft, mit denen der Anteil der spontan vergorenen Weine, der 2018 bei etwa 10 Prozent lag, erhöht werden soll.

Kollektion

Die beiden Großen Gewächse unterscheiden sich in diesem Jahr sehr deutlich, beim kräutrig-mineralischen Herrenberg spielt die Frucht keine besondere Rolle, er besitzt ein animierendes Säurespiel und feinen Druck, während der Michelsberg sehr expressiv und fruchtbetont ist mit Noten von Pfirsich, Aprikose und Orangenschale, er besitzt Grip und Länge. Der Fuchsmantel-Riesling besitzt viel Biss und zeigt Aromen von grünem Apfel und Ananas, der „Edle Wilde"-Riesling zeigt dagegen viel gelbe Frucht und ist deutlich fülliger, auch der Spielberg-Chardonnay ist sehr fruchtbetont mit Noten von Banane und Pfirsich, besitzt Schmelz aber auch guten Grip, der schlanke Riesling Sekt zeigt dezente Reifenoten.

Weinbewertung

86	2016 Riesling Sekt brut Dürkheimer Hochbenn	11,5%/14,-€
83	2019 Riesling trocken „RebArena" Dürkheim	12%/9,-€
85	2019 Riesling trocken Dürkheimer Abtsfronhof	12,5%/14,-€
83	2019 Sauvignon Blanc trocken Dürkheim	12,5%/9,-€
86	2019 Grauer Burgunder trocken Wachenheim	13%/9,-€
87	2019 Riesling trocken „De Edle Wilde"	12,5%/19,-€
87	2019 Chardonnay trocken Dürkheimer Spielberg	13%/14,-€
87	2019 Riesling trocken Dürkheimer Fuchsmantel	12,5%/17,-€
89	2019 Riesling „GG" Michelsberg	13%/27,-€
89	2019 Riesling „GG" Herrenberg	13%/27,-€
85	2019 Gewürztraminer Spätlese Dürkheimer Abtsfronhof	10%/13,-€
86	2015 Pinot Noir trocken	13%/20,-€

PFALZ ━ EDENKOBEN

Fitz-Schneider

Kontakt
Klosterstraße 157a
67480 Edenkoben
Tel. 06323-5210
Fax: 06323-5278
www.wein-fitz-schneider.de
info@weingut-fitz-schneider.de

Besuchszeiten
Mo.-Sa. 9:30-12 + 14-18 Uhr,
So. + Feiertage geschlossen
Gästehaus
Wohnmobilstellplatz

Inhaber
Ludwig & Erna Schneider
Betriebsleiter
Ludwig & Erna Schneider
Kellermeister
Christine Lidy
Rebfläche
14 Hektar
Produktion
90.000 Flaschen

Seit über dreihundert Jahren wird in der Familie Weinbau betrieben, das Weingut in seiner heutigen Form entstand durch die Fusion der beiden Weingüter Fitz und Schneider nach der Heirat von Ludwig Schneider und Erna Fitz. Ihre Tochter Christine Lidy stieg nach ihrem Abschluss als Weinbautechnikerin und einem Praktikum in Neuseeland 2013 in den Familienbetrieb ein, seit 2016 ist sie für den Weinausbau verantwortlich, ihr Vater kümmert sich um den Außenbetrieb, die Mutter um Büro, Verkauf und das Gästehaus. Auf zwei Dritteln der Rebfläche stehen weiße, auf einem Drittel rote Rebsorten, die wichtigsten sind Riesling, Grauburgunder, Silvaner und Spätburgunder, die Weinberge liegen in den Edenkobener Lagen Bergel, Heilig Kreuz, Heidegarten, Kirchberg und im Mai. Seit dem Jahrgang 2016 ist das Sortiment in Guts-, Orts- und Lagenweine gegliedert, auf den Etiketten gekennzeichnet durch die Stoffe Leinen, Wolle und Seide.

Kollektion

Unser Favorit in der erstmals verkosteten Kollektion ist der Spätburgunder, der zwar im Bouquet zunächst etwas verschlossen ist, mit Luft dann etwas Sauerkirsche zeigt, aber am Gaumen schon wesentlich offener ist, Kraft, Fülle, klare Frucht und ein frisches Säurespiel besitzt. Knapp dahinter liegt der Riesling aus dem Bergel mit Noten von grünem Apfel, Ananas und Kräutern im Bouquet, der am Gaumen Saft, klare Frucht, etwas Zitrusnoten und eine animierende Säure besitzt, der Silvaner zeigt jugendliche Birnenfrucht, florale Noten und etwas Pfirsich im expressiven Bouquet, ist leicht und frisch. Auch der Rest der Kollektion ist reintönig und fruchtbetont, setzt nicht nur bei den drei halbtrockenen Weinen auf merkliche Restsüße, die Scheurebe ist aromatisch, zeigt klare Cassisfrucht und wird von einer frischen Säure getragen, auch der Edenkobener Riesling besitzt etwas Biss, ist füllig und saftig, die „Patchwork"-Cuvée aus Merlot, Cabernet Sauvignon und etwas Spätburgunder zeigt im Bouquet etwas grüne Noten, besitzt am Gaumen Krokantwürze, aber auch leicht trocknende Tannine.

Weinbewertung

81	2019 Riesling trocken (1l)	12,5%/4,20€
83	2019 Grüner Silvaner trocken Edenkoben Kirchberg	13%/5,50€
80	2019 Grauburgunder trocken Edenkoben	12,5%/5,40€
81	2019 Chardonnay trocken Edenkoben	13%/5,50€
84	2018 Riesling trocken „Alte Reben" Edenkoben Bergel	13%/8,50€
82	2019 Riesling „feinherb" Edenkoben	12,5%/5,50€
81	2019 Weißburgunder „feinherb" Edenkoben	12,5%/6,30€
82	2019 Scheurebe „nahtlos" Edenkoben	12,5%/6,30€
82	„patchwork in red" Cuveé Rotwein trocken	13,5%/6,50€
85	2018 Spätburgunder trocken Edenkoben im Mai	14%/11,-€

Fleischmann-Krieger

Kontakt
Theresienstraße 22
76835 Rhodt
Tel. 06323-81372
Fax: 06323-980693
www.fleischmann-krieger.de
weingut@fleischmann-krieger.de

Besuchszeiten
nach Vereinbarung
Restaurant „Vinorant"

Inhaber
Harald Krieger
Betriebsleiter
Harald Krieger
Kellermeister
Katharina Krieger
Außenbetrieb
Philipp Krieger
Rebfläche
30 Hektar

Die Wurzeln des Weinbaus in der Familie reichen bis ins Jahr 1652 zurück, das denkmalgeschützte Gutshaus, in dem sich seit 2005 das familieneigene Restaurant befindet, wurde 1722 erbaut. Heute wird das Weingut von Harald Krieger geleitet, der von seinen Kindern Philipp und Katharina unterstützt wird. Der Großteil der Weinberge liegt in den Rhodter Lagen Schlossberg, Rosengarten und Klosterpfad, daneben gibt es aber auch Flächen in Frankweiler, Gleiszellen, Burrweiler, Hainfeld, Edenkoben und Edesheim. Angebaut werden je zur Hälfte weiße und rote Sorten, weiß vor allem Riesling und die Burgundersorten, aber auch Sauvignon Blanc, Muskateller, Gewürztraminer, Müller-Thurgau, Silvaner und Kerner, rot sind es Spätburgunder, Saint Laurent, Dornfelder, Portugieser, Cabernet Sauvignon, Schwarzriesling und Blaufränkisch. Das Sortiment ist gegliedert in Liter-, Guts- und Lagenweine, darüber stehen noch die in Barriques ausgebauten Réserveweine, Sohn Philipp verantwortet die Weine der „Méthode Philipp Krieger".

Kollektion

Wie schon beim Debüt im vergangenen Jahr steht auch dieses Mal wieder der im Barrique ausgebaute Spätburgunder aus dem Rosengarten an der Spitze des Sortiments, das sich insgesamt etwas geschlossener präsentiert: Der Wein zeigt klare Schwarzkirschfrucht im Bouquet, dazu feine Röstnoten, etwas Krokant, besitzt auch am Gaumen klare Frucht, viel Kraft und eine gute Struktur. Und während wir im vergangenen Jahr nur den Liter-Riesling verkosten konnten, wurden aus dem 2019er Jahrgang gleich drei sehr gute Lagenrieslinge eingereicht, die allerdings eine ähnliche Aromatik besitzen und von kräutriger Würze und Zitrusnoten, Ananas, Limette, Orangenschale, geprägt sind, beim Schlossberg sticht die Säure etwas heraus, Ludwigshöhe und Kalkgrube sind harmonischer. Der Sauvignon Blanc zeigt Stachelbeernoten und Maracuja, ist leicht füllig, der feinherbe Muskateller besitzt eine dezente Süße und frische Zitrusnoten und der zweite Rotwein, der Cabernet Sauvignon, gefällt uns wesentlich besser als sein Jahrgangsvorgänger, er zeigt dunkle Frucht, grüne Paprika und etwas Schokolade im Bouquet.

Weinbewertung

81	2019 Riesling trocken (1l)	12,5%/4,60 €
83	2019 Sauvignon Blanc trocken	13%/6,50 €
85	2019 Riesling trocken „Buntstandstein" Rhodter Schlossberg	13%/8,-€
86	2019 Riesling trocken „Granit" Edenkobener Schloss Ludwigshöhe	13%/8,-€
86	2019 Riesling trocken „Alte Reben" Frankweiler Kalkgrube	13%/9,-€
82	2019 Gelber Muskateller „feinherb"	12%/6,50 €
82	2018 Cabernet Sauvignon trocken Rhodter Ordensgut	13,5%/7,-€
87	2017 Spätburgunder trocken „Réserve" Rhodter Rosengarten	14%/18,-€

RHEINHESSEN ▸ BECHTOLSHEIM

★★★ Alexander Flick

Kontakt
Brückesgasse 15
55234 Bechtolsheim
Tel. 06733-6814
Fax: 06733-961863
www.weingut-flick.de
info@weingut-flick.de

Besuchszeiten
Vinothek April-Dez.
Do. + Fr. 13-18 Uhr
Sa. 10-17 Uhr

Inhaber
Alexander Flick

Betriebsleiter
Alexander Flick

Rebfläche
24 Hektar

Produktion
150.000 Flaschen

Die Weinberge von Alexander Flick, der nach Geisenheim-Studium und Neuseeland-Praktikum seit 2008 für die Vinifikation verantwortlich und seit Juli 2019 Alleininhaber des Weingutes ist, liegen in Bechtolsheim, Gau-Odernheim (Herrgottspfad), Siefersheim (Goldenes Horn), Gundersheim (Höllenbrand) und Westhofen (Morstein). An weißen Sorten, die 70 Prozent der Rebfläche einnehmen, werden Riesling, Chardonnay, Weißburgunder, Silvaner, Müller-Thurgau und Sauvignon Blanc angebaut, an roten Sorten findet man Spätburgunder, Portugieser, Dornfelder, Frühburgunder, Regent und St. Laurent, aber auch Merlot, Cabernet Sauvignon, Cabernet Dorsa und Cabernet Cubin.

Kollektion

Eine ganz starke Kollektion präsentiert Alexander Flick auch in diesem Jahr. Die Gutsweine sind klar und fruchtbetont, das Einstiegsniveau ist hoch. Mehr Substanz bieten die durchweg sehr guten Ortsweine. Besonders gut gefällt uns der Gau-Odernheimer Riesling, der gute Struktur und Grip besitzt. Der Chardonnay La Refuge ist intensiv fruchtig und reintönig, der Reserve-Grauburgunder zeigt rauchige Noten, besitzt Fülle, Kraft und klare reife Frucht. An der Spitze der Kollektion stehen die beiden Lagen-Weißweine: Der Goldenes Horn-Silvaner ist konzentriert, füllig, kraftvoll, noch sehr jugendlich, was auch für den rauchigen, herrlich eindringlichen Morstein-Riesling gilt. Fünf sehr gute, kraftvolle Rotweine runden die umfangreiche Kollektion ab.

Weinbewertung

84	2019 Silvaner trocken	12,5%/6,20€
85	2019 Weißer Burgunder trocken Bechtolsheimer Petersberg	12,5%/6,20€
83	2019 Chardonnay trocken	12,5%/6,20€
84	2019 Riesling trocken	12,5%/6,50€
84	2019 Sauvignon Blanc trocken	12%/7,90€
86	2019 Weißer Burgunder trocken Bechtolsheimer	12,5%/8,90€
85	2019 Chardonnay trocken Gau-Odernheimer	13%/8,90€
87	2019 Chardonnay trocken „La Refuge"	13%/10,95€
87	2019 Riesling trocken Gau-Odernheimer	12,5%/8,90€
88	2016 Silvaner trocken Siefersheimer Goldenes Horn	12,5%
89	2019 Silvaner trocken Siefersheimer Goldenes Horn	13%/17,90€
89	2016 Riesling trocken Westhofener Morstein	12,5%
89	2019 Riesling trocken Westhofener Morstein	13,5%/17,90€
88	2019 Grauer Burgunder trocken „Réserve"	12,5%/10,95€
85	2018 Spätburgunder trocken	13%/6,90€
85	2018 Blaufränkisch trocken	13%/7,90€
85	2018 „Von Berg und Tal" Rotwein trocken	13,5%/8,90€
86	2018 Spätburgunder trocken Gau-Odernheimer	13%/8,90€
87	2018 Pinot Noir trocken „Johanna"	13%/17,90€

RHEINGAU — FLÖRSHEIM-WICKER

★★★✩

Joachim Flick

Kontakt
In der Straßenmühle
65439 Flörsheim-Wicker
Tel. 06145-7686
Fax: 06145-54393
www.flick-wein.de
info@flick-wein.de

Besuchszeiten
Mo.-Fr. 15-19 Uhr
Sa. 10-14 Uhr
Event-Gastronomie
(bis 1000 Personen)
Weinbistro „Flörsheimer Warte" in den Weinbergen von Wicker

Inhaber
Reiner Flick
Betriebsleiter
Reiner Flick
Kellermeister
Dirk Bohnensack
Außenbetrieb
Sebastian Bauer
Rebfläche
19 Hektar
Produktion
150.000-170.000 Flaschen

Reiner Flick erweiterte in den letzten drei Jahrzehnten den Betrieb auf 19 Hektar Rebfläche. Inzwischen wurde in dem Weingut, das seit 1997 in der Straßenmühle untergebracht ist, auch ein Kreuzgewölbekeller zur Lagerung von Stück- und Doppelstückfässern fertig gestellt, eine moderne Lichtinstallation inklusive. Es existiert auch eine renovierte alte Scheune für größere Veranstaltungen, auch der Weinladen wurde renoviert, ein neuer Verkostungsbereich eingerichtet. Riesling ist klar die wichtigste Rebsorte, daneben gibt es Spätburgunder, aber auch Chardonnay, Weiß- und Grauburgunder sowie Sauvignon Blanc. Flicks wichtigste Lagen sind Wickerer Mönchsgewann, Stein und Nonnberg, Flörsheimer Herrnberg und Hochheimer Hölle. Seit 2010 bewirtschaftet er auch den Hochheimer Königin Victoriaberg.

Kollektion

Die neue Kollektion steht der starken Vorjahreskollektion in Nichts nach. Das beginnt schon beim animierenden Gutsriesling der mit würziger, kühler Frucht daherkommt. Der Wickerer Ortsriesling vereint wohldosierte Kraft mit Frucht, ist agil und cremig zugleich. Die beiden Lagenrieslinge sind auf Augenhöhe, der Nonnberg stoffig, kraftvoll, voller Würze, Intensität und Länge, der Victoriaberg feiner gestrickt und spürbar mineralischer. Die Großen Gewächse sind noch etwas verschlossen. Der Victoriaberg ist vom feinen Holz geprägt, ab und an blitzen seine mineralisch gebündelten, eleganten Züge durch, wird aber noch etwas Zeit brauchen, um sich ganz zu entfalten. Der Nonnberg ist fruchtbetonter und opulent, lang und nachhaltig. Beide Kabinette unterscheiden sich in der Fruchtsüße, der aus dem Nonnberg ist deutlich trockener, ist zupackend, der aus dem Viktoriaberg besitzt tropische Frucht. Bei den beiden Spätlesen kehrt sich das Ganze um, die Spätlese aus dem Viktoriaberg ist ein Klassiker, der jetzt schon großen Trinkgenuss versprüht, die konzentrierte Variante aus dem Nonnberg wirkt wie eine kleine Auslese, deren Babyspeck etwas Lagerung verlangt.

Weinbewertung

Punkte	Wein	Alk./Preis
85	2019 Riesling trocken „F. vini et vita"	12,5%/7,80€
87	2019 Riesling trocken Wicker	12,5%/9,80€
88	2019 Riesling trocken Wicker Nonnberg	12,5%/13,90€
88	2019 Riesling trocken Hochheim Königin Victoriaberg	12,5%/13,90€
89+	2019 Riesling trocken „GG" Königin Victoriaberg	13%/28,50€
89	2019 Riesling trocken „GG Vier Morgen" Wicker Nonnberg	13%/28,50€
84	2019 Riesling Classic	12%/7,80€
87	2019 Riesling Kabinett Hochheim Königin Victoriaberg	10%/14,50€
87	2019 Riesling Kabinett Wicker Nonnberg	10,5%/14,50€
89	2019 Riesling Spätlese Wicker Nonnberg	9%/16,50€
88	2019 Riesling Spätlese Hochheim Königin Victoriaberg	10,5%/16,50€
84	2018 Spätburgunder Rosé	12%/7,80€

JOACHIM
FLICK
F. VINI ET VITA
RIESLING
TROCKEN 2017

RHEINGAU ▶ HOCHHEIM

★ ★☆

Peter Flick

Kontakt
Holger-Crafoord-Straße 4
65239 Hochheim
Tel. 06146-6590
Fax: 06146-601570
www.wein-vom-flick.de
info@wein-vom-flick.de

Besuchszeiten
Mi.-Fr. 14-18 Uhr
Sa. 10-14 Uhr

Inhaber
Peter Flick
Kellermeister
Peter Flick
Außenbetrieb
Klaus Flick
Rebfläche
7,5 Hektar
Produktion
60.000 Flaschen

Nach der Ausbildung zum Winzer hat Peter Flick schon früh die Verantwortung im Wickerer Familienbetrieb übernommen. Durch die Übernahme des Weinguts Himmel in 2018 konnte man das Lagenportfolio in den bekannten Hochheimer Lagen Stein, Hölle und Kirchenstück noch einmal deutlich erweitern. Das Hauptaugenmerk der Produktion liegt beim Riesling, daneben werden aber auch Weiß- und Grauburgunder, Scheurebe, Gewürztraminer und etwas Spätburgunder angebaut. Der Ausbau der Weißweine erfolgt im Edelstahl, bei den Burgundern und gehobenen Rieslingen auch in großen Holzfässern, die Spätburgunder reifen in Barriques. Das Weingut verfügt über eine Vinothek, die ganzjährig die Möglichkeit für Verkostungen bietet. Peter Flick ist Teil der Jungwinzer Vereinigung MainWerk[3], die sich für den Oberen Rheingau stark macht.

Kollektion

Die solide Kollektion bestätigt das Niveau des Vorjahres, einzelne Weine kündigen eine weitere qualitative Entwicklung an. Der Blanc de Noir profitiert in diesem Jahr von seinem Ausbau als trockener Wein, dem feinherben Rosé steht die höhere Fruchtsüße hingegen sehr gut. Bei den Rieslingen offenbart sich schon beim Gutswein „Verflixt" der Charakter des Jahrgangs mit seinem fülligen Charme. Peter Flick ist es dabei gelungen genug Frische zu konservieren, um den Trinkfluss zu erhalten. Der kräftige trockene Kabinett aus dem Mönchsgewann bietet würzige Frucht und passend rustikale Säure, sein Pendant aus der Hölle ist feiner, dabei auch straffer. Bei den Spätlesen gibt es eine klare Hierarchie: Die „Stückfass"-Variante aus dem Kirchenstück ragt heraus, weil sie mehr aromatische Tiefe mit ausgewogener Struktur verbindet. Auch bei den Großen Gewächsen haben wir einen klaren Favoriten. Der Wein aus dem Kirchenstück ist füllig, kommt aber etwas schwer daher, mehr Spannkraft und saftige Frucht besitzt der Wein aus dem Mönchsgewann. Weiter so.

Weinbewertung

83	2019 Weißburgunder trocken	12,5%/8,50€
83	2019 Riesling Kabinett trocken Wickerer Mönchsgewann	12,5%/6,50€
84	2019 Riesling Kabinett trocken Hochheimer Hölle	12,5%/8,-€
83	2019 Spätburgunder trocken „Blanc de Noir Mainwerk[3]"	12%/7,-€
83	2019 Riesling trocken „Verflickst"	13%/10,50€
83	2019 Riesling Spätlese trocken Kostheimer Weiß Erd	13%/10,50€
84	2019 Riesling Spätlese trocken „Alte Reben" Hochheimer Kirchenstück	13%/9,50€
86	2019 Riesling Spätlese trocken „Stückfass" Hochheimer Kirchenstück	13,5%/14,50€
87	2019 Riesling trocken Großes Gewächs Wickerer Mönchsgewann	13,5%/18,-€
85	2018 Riesling trocken Großes Gewächs Hochheimer Kirchenstück	13%/18,-€
82	2019 Scheurebe „feinherb" Wickerer Mönchsgewann	12%/7,-€
83	2019 Spätburgunder Rosé „feinherb" Hochheimer Stein	12%/7,-€

RHEINHESSEN ▬ MAINZ

★★★

Flik

Kontakt
Flik Sektmanufaktur
Marienhofstraße 1
55130 Mainz
Tel. 06131-1446755 /
0151-24050575
www.flik.de
info@flik.de

Besuchszeiten
Vinothek/Ausschank
Do.-Fr. 15-19 Uhr
Sa. 10-15 Uhr
Historisches Gehöft,
Gründungsort der Kupferbergkellerei

Inhaber
Rüdiger Flik

Rebfläche
0,5 Hektar

Produktion
20.000 Flaschen

Rüdiger Flik sammelte erste Sekt-Erfahrungen während eines einjährigen Praktikums bei Bernhard Huber, später studierte er Önologie in Geisenheim. 2011 gründete er seine eigene Sektmanufaktur in der Sekte im traditionellen Verfahren erzeugt werden. Ende 2016 zog er mit seiner Sektmanufaktur in den Marienhof in Mainz-Laubenheim. Der Marienhof wurde 1746 auf einem seit dem 12. Jahrhundert bestehenden Gut des Mainzer Liebfrauenstiftes erbaut. 1850 gründete Christian Adalbert Kupferberg in diesem Haus die Sektkellerei Kupferberg, blieb hier fünf Jahre bevor er nach Mainz in die nach ihm benannten Kupferbergterrassen umzog. 1935 erwarb die Familie Göhlen das Anwesen und gründete das Weingut Marienhof. Rüdiger Flik baut seine Sekte überwiegend im Holzfass aus, alle Weine durchlaufen die malolaktische Gärung. Seine Trauben bezieht er von ehemaligen Studienkollegen. Seit 2016 besitzt er einen halben Hektar großen Weinberg mit Pinot Noir im Laubenheimer Edelmann. Neben Pinot Noir nutzt er für seine Sekte bisher Meunier, Riesling, Chardonnay und Auxerrois, anfangs waren alle Sekte sortenrein. Die Weine werden bis Mai auf der Hefe ausgebaut, nicht geschönt und nur leicht filtriert, die anfangs in den Verkauf gebrachten Sekte blieben 12 bis 24 Monate auf der Flasche, bevor sie degorgiert wurden.

Kollektion

Die neue Kollektion ist ein kräftiger Schritt voran. Alle neu eingereichten Sekte sind keine Jahrgangssekte, sondern enthalten bis zu 20 Prozent Reserveweine aus dem Vorjahr. Der in gebrauchten Barriques ausgebaute Auxerrois zeigt feine Frische, etwas florale und rauchige Noten, ist klar, harmonisch, strukturiert und frisch. Rauchig und intensiv ist der im Tonneau ausgebaute Chardonnay, füllig, komplex, enorm eigenständig. Dies gilt auch für den zur Hälfte im Stückfass, zur Hälfte in gebrauchten Barriques ausgebauten Blanc de Noirs, der ganz dezenten Toast zeigt, gute Konzentration, deutlich vom Holzausbau geprägt ist, gute Struktur, Frische und Länge besitzt. Die bereits im vergangenen Jahr mit zwölf Monaten Hefelagerung vorgestellte Cuvée David aus Pinot Noir, Chardonnay und Meunier ist füllig, geschmeidig, besitzt viel reife Frucht und Substanz. Der Suavium genannte Rosé, die Farbe erhält er durch eine kurze Maischestandzeit auf der Presse, ist füllig, harmonisch, besitzt reife Frucht und gute Substanz. Rüdiger Flik beherrscht sein Metier, weiß, worauf es ankommt. Bravo!

Weinbewertung

89	Chardonnay Sekt brut	12,5%/14,50€
86	Auxerrois Sekt brut	12,5%/16,50€
89	„Blanc de Noirs" Sekt brut	12,5%/17,50€
88	„Cuvee David" Sekt brut nature	12,5%/18,90€
88	Pinot Noir Rosé Sekt extra-brut „Suavium"	12,5%/22,50€

Lena **Flubacher**

Kontakt
Führhäupterweg 7
79241 Ihringen
Tel. 07668-9951759
mail@lena-flubacher.de
www.lena-flubacher.de

Besuchszeiten
Mi. 14-19 Uhr
Sa. 10-14 Uhr
oder nach Vereinbarung

Inhaber
Lena Flubacher
Betriebsleiter
Lena Flubacher &
Christian Heitzmann
Rebfläche
2 Hektar

Lena Flubacher und Christian Heitzmann machen seit 2013 Wein. Die Weinberge liegen in Ihringen, dem südlichsten Zipfel des Kaiserstuhls genau zwischen Colmar in Frankreich und Freiburg im Breisgau. In den Ihringer Lagen Fohrenberg und Winklerberg werden rund drei Hektar bewirtschaftet, davon wird derzeit ein Hektar direkt vermarktet. Lena Flubacher stammt aus einer Winzerfamilie, ihre Eltern bewirtschaften seit mehr als 20 Jahren einen eigenen, genossenschaftlichen Weinbaubetrieb mit Rebveredelung. Zur Ausbildung zog es Lena Flubacher im Alter von 16 Jahren zunächst an den Bodensee ins Staatsweingut in Meersburg, dann in die Pfalz zur Rebschule Freytag in Neustadt und im Anschluss zum Weinbaustudium nach Geisenheim. Ihr Partner Christian Heitzmann ist in einem Winzerort am Tuniberg aufgewachsen. Nach Winzerlehre und Gesellenjahren in verschiedensten Betrieben bildete er sich zwei Jahre zum Techniker für Weinbau und Önologie an der staatlichen Lehr- und Versuchsanstalt in Weinsberg weiter. Ihr Ziel ist es fruchtige, frische und spritzige Basisweine zu erzeugen, das Hauptaugenmerk bei den Premium-Weinen liegt auf Komplexität und Lagerfähigkeit. Die Premium-Weine der Rebsorten Grauburgunder und Spätburgunder werden spontan vergoren und im Holzfass gelagert.

Kollektion

Lena Flubacher und Christian Heitzmann stellten uns beim Debüt im vergangenen Jahr eine kleine, gelungene Kollektion vor. Mit dem Jahrgang 2019 wurden die Alkoholwerte etwas heruntergeschraubt und die Weine kommen mit dem gewissen Mehr an Leichtigkeit gut zurecht. Der Weißburgunder Basis ist ein Gaumenschmeichler, mit viel süßer Frucht, viel Schmelz. Der Grauburgunder Basis zeigt reife gelbe Frucht, kommt etwas kräftiger daher, ist aber nicht schwer, eine schöne Fruchtsäure sorgt für Lebendigkeit. Der Rosé zeigt für einen Spätburgunder etwas untypische Aromen, Stachelbeere, Johannisbeere und Zitrus, die stehen ihm aber sehr gut, er ist saftig bei tänzelnder Säure. Der Grauburgunder Premium zeigt viel kräuterige Würze, besitzt merklich Holz, Eichentannine, dahinter kommt eine füllige, gelbe Frucht zum Vorschein, braucht noch Zeit. Herrlich kühle Frucht zeigt der Spätburgunder Basis, im modernen Stil. Ebenfalls von kühler Frucht geprägt ist der Spätburgunder Premium. Hier kommt Komplexität ins Spiel, der Wein ist noch jung, aber besitzt Struktur und Potenzial.

Weinbewertung

83	2019 Weißburgunder (Basis)	13,5%/7,50 €
83	2019 Grauburgunder (Basis)	13%/7,50 €
85	2019 Grauburgunder „Premium"	13,5%/14,50 €
84	2019 Spätburgunder Rosé (Basis)	12,5%/7,50 €
84	2018 Spätburgunder (Basis)	13%/9,-€
86	2018 Spätburgunder „Premium"	13%/16,50 €

WÜRTTEMBERG — STEINHEIM-KLEINBOTTWAR

★★★✫

Forsthof

Kontakt
Forsthof 4
71711 Steinheim-Kleinbottwar
Tel. 07148-6134
Fax: 07148-4011
www.weingut-forsthof.com
info@weingut-forsthof.com

Besuchszeiten
Mo.-Fr. 9-12 + 14-18 Uhr
Sa. 8-14 Uhr
„Gutsschänke" (saisonal geöffnet, 70 Sitzplätze, auf der Freiterrasse 50 Sitzplätze)

Inhaber
Andreas Roth
Rebfläche
12 Hektar
Produktion
90.000 Flaschen

Der Forsthof liegt bei Kleinbottwar auf einer Anhöhe des Bottwartals. Die Weinberge von Andreas Roth befinden sich im Bottwartal zwischen Steinheim und dem Lichtenberg, im Großbottwarer Harzberg und im Kleinbottwarer Götzenberg. Drei Viertel der Weinberge nehmen rote Sorten ein. Es dominieren die Burgundersorten, Trollinger und Lemberger. Daneben gibt es Dornfelder, Acolon, Merlot, Muskattrollinger und Cabernet Mitos. Ein Fünftel der Fläche nimmt Riesling ein, hinzu kommen ein wenig Weiß- und Grauburgunder, sowie Kerner, es werden auch pilzwiderstandsfähige Sorten wie Cabernet Blanc, Muscaris, Cabernet Carbon, Regent und Souvignier Gris angebaut. Im August 2009 begann das Weingut mit der Umstellung auf ökologischen Weinbau, seit Januar 2010 ist Andreas Roth Mitglied bei Naturland, 2012 war der erste zertifizierte Jahrgang. Die Rotweine werden alle im Holz ausgebaut, die Weißweine in den letzten Jahren ausschließlich im Edelstahl.

Kollektion

Andreas Roth hat in den letzten Jahren stetig zugelegt, und auch die neue Kollektion gefällt uns wieder sehr gut, vor allem die Rotweine trumpfen stark auf. Das weiße Segment besticht durch das enorm gleichmäßige Niveau aller Weine, die fruchtbetont, harmonisch und klar sind, dem intensiven Muskateller gilt unsere leichte Präferenz. Im roten Segment zeigt der Lemberger viel reintönige Frucht, der Cabernet Carbon ist intensiv und dominant, strukturiert und tanninbetont, der Merlot vereint Fülle und Kraft mit reintöniger, intensiver Frucht, den Alkohol merkt man ihm nicht an. Ganz stark ist wieder einmal die im Barrique ausgebaute Cuvée Ars Vinitoris, ist rauchig, enorm füllig und kraftvoll. Der Evolution-Spätburgunder ist wunderschön reintönig, besitzt reife süße Frucht, spannender noch aber ist die im Barrique ausgebaute Spätburgunder-Variante, besitzt intensive Frucht, Fülle, Kraft, gute Struktur und Substanz.

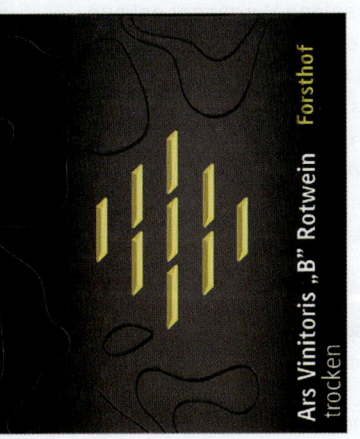

Weinbewertung

83	2019 Grauburgunder trocken	13%/8,10 €
83	2019 Cabernet Blanc trocken	13%/8,90 €
83	2019 „Ars Vinitoris" Weißwein trocken	12,5%/8,10 €
84	2019 Muskateller	12%/7,40 €
85	2018 Lemberger trocken	14%/8,20 €
82	2018 „Ars Vinitoris" Rotwein trocken	14%/9,10 €
85	2018 Cabernet Carbon trocken	15%/10,40 €
87	2018 Spätburgunder Auslese trocken „Evolution 2.18"	15%/13,50 €
89	2018 Spätburgunder Auslese Barrique trocken	14,5%/16,-€
86	2018 Merlot trocken	15%/10,40 €
88	2018 „Ars Vinitoris B" Rotwein trocken Barrique	14,5%/19,-€
83	2019 Muskattrollinger	11,5%/7,40 €

RHEINGAU — GEISENHEIM

★ ★ ★̸

49point9

Kontakt
Rappstraße 2a
65366 Geisenheim
Tel. 0163-4589114
www.49point9.de
wein@49point9.de

Besuchszeiten
nur nach Vereinbarung

Inhaber
Maik Werner, Michael Sobe
Rebfläche
1 Hektar
Produktion
6.000 Flaschen

Michael Sobe stammt aus der Oberlausitz, Maik Werner aus Niedersachsen: Dass man da beim Wein landet, ist alles andere als selbstverständlich. Beide haben Weinbau in Geisenheim studiert, dort lernten sie sich kennen und 2013 gründeten sie ihr eigenes Projekt: 49point9. – handgemachter Wein vom 50. Breitengrad, „ohne Tradition und ohne Gutshof, dafür mit internationaler Erfahrung im Weinmachen" – in Südafrika, Australien und Frankreich – „und mit großer Begeisterung für Wein", wie sie schreiben. Ihre Weinberge liegen im Geisenheimer Kilzberg, wo die Reben auf tiefgründigen, kalkhaltigen Lössböden wachsen, und im Geisenheimer Mönchspfad, dessen Boden in der Tiefe von Taunusquarzit, in den oberen Schichten von Löss und Mergel geprägt ist. Sie bauen ausschließlich Riesling an. Die Trauben werden bei niedrigem Druck auf einer Korbpresse gekeltert, langsam vergoren und lange auf der Feinhefe ausgebaut.

Kollektion

Wie in jedem Jahr präsentieren Michael Sobe und Maik Werner eine übersichtliche Kollektion individueller, dabei sehr stimmiger Charaktere, die sich in ihrer Vielfalt gut ergänzen. Oft ist weniger einfach mehr. Das beweist schon der trockene Einstiegsriesling aus dem Mönchspfad. Er hat genau die Frische, die es braucht, um animierend zu sein, ist unaufgeregt, geradlinig und angenehm fein und saftig im Nachhall. Die „2. Edition" des schon im letzten Jahr in der ersten füllfertigen Variante präsentierten Geisenheimer Rieslings gefällt uns in seiner durch die längere Reifung harmonischen Art mit feiner Frucht, Eleganz und dezenter süßer Würze wieder ausgesprochen gut, ein experimenteller Typ, der durch das lange Hefelager und den Aufenthalt im Barrique eher an einen Chardonnay oder Silvaner erinnern mag, dessen Frische aber ganz Riesling ist. Ganz klassisch, kann auch der Spätburgunder wieder an seinen Vorgänger anknüpfen, seine dunkle Beerenfrucht ist einladend, er ist würzig und fein, lang und delikat frisch. Das Beste kommt aber zum Schluss: Die Cabernet Cuvée „unfiltered" ist schon als Fassprobe sehr präsent. Wenn sie bei den Primeurs Verkostungen in Bordeaux präsentiert worden wäre, hätte sie einen guten Stand gehabt. Es wird spannend sein zu sehen, wie sich diese Kleinstauflage entwickeln wird; die Substanz dafür ist sehr vielversprechend.

Weinbewertung

85	2019 Riesling trocken Geisenheimer Mönchspfad	12%/8,-€
(87)	2018 Riesling trocken „2. Edition" Geisenheimer	12%/15,-€
88	2018 Pinot Noir trocken	13%/15,-€
(91+)	2019 Rotweincuvée „unfiltered"	13,5%/49,90€

BADEN ▬ OFFENBURG

★★

Franckenstein

Kontakt
Weingut Freiherr von und zu Franckenstein
Weingartenstraße 66
77654 Offenburg
Tel. 0781-34973
Fax: 0781-36046
weingut@weingut-von-franckenstein.de
www.weingut-von-franckenstein.de

Besuchszeiten
Mo.-Fr. 9-12 + 14-18 Uhr
Sa. 9-13 Uhr und nach Vereinbarung

Inhaber
Stefan Huschle
Betriebsleiter
Stefan Huschle
Kellermeister
Stefan Huschle
Rebfläche
18 Hektar
Produktion
100.000 Flaschen

Die Geschichte dieses Betriebes reicht bis ins 13. Jahrhundert zurück, seit 1710 gehört das Gut den Freiherren von und zu Franckenstein. 2008 hat die Familie Huschle das Weingut gepachtet. Sohn Stefan Huschle, Geisenheim-Absolvent, war schon 2007 für die Vinifikation verantwortlich. Die Weinberge liegen in Zell-Weierbach und Berghaupten, darunter die Lagen Zell-Weierbacher Neugesetz (3,2 Hektar) und Berghauptener Schützenberg (6,4 Hektar) im Alleinbesitz. Die Weinberge in Berghaupten wurden 1989 hinzugekauft, 1,5 Hektar hat man quer terrassiert. Die Reben wachsen auf tiefgründigen Urgesteinsböden, Granit im Neugesetz und Gneis im Schützenberg. Inzwischen wurde die Monopollage Laufer Gut Alsenhof zugepachtet. Wichtigste Rebsorten sind Spätburgunder und Riesling, es folgen Grauburgunder, Weißburgunder und Müller-Thurgau. Etwa 80 Prozent der Weine werden durchgegoren ausgebaut.

Kollektion

Weine aus 2016, 2018 und 2019 präsentiert uns Stefan Huschle in diesem Jahr, wobei besonders die 2019er ausgesprochen straff und saftig ausfallen. Der weiße Gutswein lebt von einer guten Frische und einer süßlichen Frucht. Schlank und grasig sind die Rieslinge Granit und Schützenberg, wobei letzterer eine griffigere Textur aufweist. Das Große Gewächs – aus 2018 – ist deutlich druckvoller, reifer, zeigt gelbe Früchte und hat nicht ganz die Frische der 2019er. Sehr gut sind die 2019er Burgundersorten, die allesamt druckvoll und lang sind, dabei aber eine Leichtigkeit und eine straffe Säurestruktur aufweisen. Am besten gefällt uns der Chardonnay, der viel Biss, einen feinen Schmelz und ganz dezente rauchig-würzige Noten vereint. Stilistisch anders ist das 2018er Grauburgunder Große Gewächs, das viel reife Frucht und ölige Fülle zeigt. Eine schöne Saftigkeit hat der Spätburgunder Granit, ähnlich der Laufer Gut Alsenhof, der jedoch mehr Fülle und Reife zeigt.

Weinbewertung

84	2019 „Weiß.Wein.Gut" Weißwein trocken	11,5%/7,50€
84	2019 Riesling trocken „Granit" Zell-Weierbacher	12%/9,50€
87	2019 Riesling trocken Berghauptener Schützenberg	12%/12,50€
87	2019 Weißburgunder trocken Berghauptener Schützenberg	12,5%/12,50€
86	2019 Grauburgunder trocken Zell-Weierbacher Abtsberg	13%/12,50€
88	2019 Grauburgunder trocken Laufer Gut Alsenhof	14%/19,50€
89	2019 Chardonnay trocken Berghauptener Schützenberg	13%/12,50€
87	2018 Riesling trocken „GG" „Georg Arbogast" Zell-W. Neugesetz	12,5%/19,90€
88	2018 Weißburgunder trocken „GG" „Zum Himmelreich" Schützenberg	14%/19,90€
86	2018 Grauburgunder trocken „GG" „Tannweg" Zell-W. Abtsberg	14%/19,90€
85	2017 Spätburgunder trocken „Granit" Zell-Weierbacher	13%/9,50€
87	2016 Spätburgunder trocken Laufer Gut Alsenhof	12,5%/19,50€

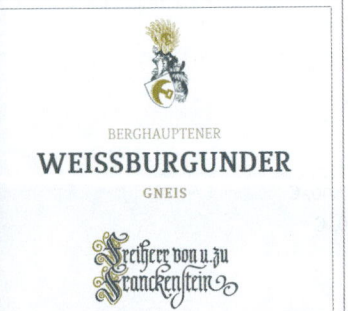

WÜRTTEMBERG ▬ BRACKENHEIM-BOTENHEIM

★★

Frank

Kontakt
wein & gut Frank
Bönnigheimer Straße 29
74336 Brackenheim-Botenheim
Tel. 07135-9361281
Fax: 07135-2017
www.weingutfrank.de
info@weingutfrank.de

Besuchszeiten
Fr. 14-19 Uhr
Sa. 10-16 Uhr

Inhaber
Florian Frank
Kellermeister
Florian Frank
Rebfläche
3 Hektar

Manuela und Florian Frank, die sich während des Geisenheim-Studiums kennen lernten, verließen 2009 die Genossenschaft und begannen mit der Selbstvermarktung, mit damals einem Hektar, zur Risikominderung schlossen sie Traubenablieferverträge mit verschiedenen Kellereien. Ihr erster Jahrgang war 2009, im Jahr darauf übernahm Florian Frank den elterlichen Betrieb, einen Mischbetrieb aus Weinbau und Landwirtschaft. Inzwischen vermarkten Manuela, die aus einem rheinhessischen Weinbaubetrieb stammt, und Florian Frank bereits den Ertrag von 3 Hektar selbst. Ihre Weinberge liegen im Cleebronner Michaelsberg, im Botenheimer Ochsenberg und im Meimsheimer Katzenöhrle. Sie bauen Riesling, Weißburgunder, Grauburgunder und Gewürztraminer an, sowie die roten Sorten Trollinger, Lemberger, Acolon und Merlot. Die Weißweine werden kalt und langsam vergoren, teils nach Maischestandzeiten. Alle Rotweine werden maischevergoren, sie bleiben 18 bis 24 Monate im Fass und werden unfiltriert abgefüllt. Alle Weine werden in der Regel trocken ausgebaut, alle Rotweine sind durchgegoren.

Kollektion

Eine gewohnt starke Kollektion präsentiert Florian Frank auch in diesem Jahr, mit Spitzen weiß wie rot. Das weiße 2-Sterne-Segment zeigt sich geschlossen, der Riesling besitzt Frische und feine süße Frucht, der Grauburgunder ist füllig und kraftvoll, der Sauvignon Blanc etwas floral und zupackend. Herausragender Weißwein ist der 3-Sterne-Grauburgunder, der rauchige Noten und intensive Frucht zeigt, kraftvoll und reintönig ist bei guter Struktur. Die 2-Sterne-Rotweine präsentieren sich sehr geschlossen, unser Favorit ist der reintönige, zupackende Lemberger. Der 3-Sterne-Lemberger besitzt intensive Frucht und rauchige Noten, viel Frische und Grip. Auch der Merlot ist intensiv fruchtig, reintönig, füllig und saftig, die ebenfalls intensiv fruchtige rote Cuvée besitzt gute Struktur, viel reife Frucht und Substanz, ist noch recht jugendlich.

Weinbewertung

83	2019 Riesling** trocken	12%/8,50€
84	2019 Grauburgunder** trocken	12%/9,50€
84	2019 Sauvignon Blanc** trocken	12%/9,50€
87	2015 Grauburgunder*** trocken	13%/12,90€
83	2016 Trollinger** trocken	13%/7,-€
83	2017 Lemberger** trocken	13%/8,-€
83	2016 „Herzensruhe"*** Rotwein trocken	13,5%/10,-€
85	2015 Lemberger** trocken Holzfass	13,5%/10,-€
87	2016 Lemberger*** trocken	13,5%/15,-€
86	2016 Merlot*** trocken	13,5%/15,-€
87	2017 „Cuvée Rot*** Bunte Mergel" Rotwein	13,5%/16,50€

wein & gut frank

WEISSBURGUNDER
trocken

★★

FRANKEN — WEIGENHEIM

Schlossgut Frankenberg

Das traditionsreiche Schloss am südwestlichen Rande des Steigerwalds wird derzeit vom neuen Besitzer Peter Löw restauriert. Das Schloss war Namensgeber für die mittelfränkische Großlage Frankenberger Schlossstück. Zum Schlossgut gehören 20 Hektar Weinberge am Herrschaftsberg in den alten Schloss Frankenberger Einzellagen Louisenberg, Wolfsgrube und Hölle. Die recht hoch gelegenen Weinberge sind überwiegend süd-exponiert, die Reben wachsen auf Keuperböden. Silvaner nimmt knapp die Hälfte der Rebfläche ein, hinzu kommen vor allem Riesling und Weißburgunder, aber auch Roter Traminer, Scheurebe, Bacchus und Spätburgunder.

Kontakt
Schloss Frankenberg 1
97215 Weigenheim
Tel. 09339-97140
Fax: 09339-9714117
www.schloss-frankenberg.de
info@schloss-frankenberg.com

Besuchszeiten
Mo.-Fr. 9-18 Uhr
Sa. gerne nach Vereinbarung

Inhaber
Prof. Dr. Dr. Peter Löw

Betriebsleiter
Maximilian Czeppel

Kellermeister
Maximilian Czeppel

Rebfläche
20 Hektar

Kollektion

Schon ein Jahrzehnt lang haben wir keine Weine von Schloss Frankenberg mehr verkostet, damals hatten uns die restsüß ausgebauten etwas besser gefallen als die trockenen. Mit dem Jahrgang 2018 wurde ein Neuanfang gemacht, und mit dem Jahrgang 2019 hat uns der neue Betriebsleiter Maximilian Czeppel eine kleine Kollektion von sechs Weinen präsentiert. Die Weine sind alle recht verhalten und jugendlich, zeigen aber eine klare Handschrift. Sie sind kompakt, angenehm zurückhaltend in der Primärfrucht, kraftvoll und durchgegoren. Bis auf den Secco, der ganz auf Süffigkeit setzt, frisch und lebhaft ist, feine süße Frucht und Grip besitzt. Der Silvaner ist frisch und fruchtbetont im Bouquet, klar und geradlinig im Mund. Deutlich mehr Substanz besitzt der mit einem Ypsilon geschriebene Sylvaner von alten Reben, zeigt gute Konzentration im Bouquet bei zurückhaltender Frucht, besitzt Fülle und Kraft, reife Frucht und gute Struktur. Der Weißburgunder ist würzig und konzentriert, dabei ebenfalls recht verhalten im Bouquet, besitzt gute Substanz und Kraft, ist kompakt, reintönig und strukturiert. Der Riesling zeigt gute Konzentration und reintönige Frucht, ist füllig und kraftvoll wie seine Kollegen, besitzt viel Substanz und gute Struktur, ist noch allzu jugendlich. Auch der Roter Traminer reiht sich ein in diese Stilistik, ist würzig und eindringlich im Bouquet bei guter Konzentration, besitzt Kraft und Druck, reintönige Frucht und gute Struktur. Wir sind gespannt wohin die Reise geht auf Schloss Frankenberg.

Weinbewertung

83	2019 „Secco Selection Amalie Löw"	12,5%/8,90€
82	2019 Silvaner	12,5%/8,90€
84	2019 Weißburgunder	13%/12,-€
84	2019 Sylvaner „Alte Reben"	13,5%/13,-€
85	2019 Riesling „Selection Florian Löw"	13%/13,50€
85	2019 Roter Traminer	13%/13,-€

RHEINHESSEN ▶ APPENHEIM

★★★★✩ Franz

Kontakt
Hauptstraße 3
55437 Appenheim
Tel. 06725-96060
Fax: 06725-96062
www.weingut-franz.de
info@weingut-franz.de

Besuchszeiten
nach Vereinbarung

Inhaber
Heinrich Josef Franz
Kellermeister
Christopher Franz
Rebfläche
6,5 Hektar
Produktion
50.000 Flaschen

Die Weinberge von Heinrich Josef Franz liegen in den Appenheimer Lagen Hundertgulden, Eselspfad und Daubhaus. Er baut die weißen Sorten Riesling, Silvaner, Scheurebe, Sauvignon Blanc, Chardonnay und Müller-Thurgau, sowie die roten Sorten Spätburgunder, Frühburgunder, Portugieser und Dornfelder an. Für den Weinausbau ist Sohn Christopher Franz verantwortlich. Die Weine werden meist spontanvergoren, teils im Edelstahl, teils in alten Holzfässern, und bis zur Abfüllung auf der Feinhefe gelagert. Das Programm ist gegliedert in Guts-, Orts- und Lagenweine, bisher war der Riesling aus dem Hundertgulden der einzige Wein im Sortiment mit Lagenbezeichnung, 2018 gab es erstmals einen Hundertgulden Riesling Kabinett.

Kollektion

Christopher Franz hat auch mit dem Jahrgang 2019 eine spannende Kollektion auf die Flasche gebracht. Sehr hoch, wie gewohnt, ist das Einstiegsniveau mit wunderschön klaren, fruchtbetonten weißen Gutsweinen. Der Silvaner ist harmonisch, geradlinig, zupackend, der Weißburgunder besitzt Frische, klare Frucht und Grip. Der Riesling ist würzig und eindringlich, besitzt gute Struktur und reintönige Frucht. Unser Favorit im Gutswein-Segment ist der Sauvignon Blanc, der gute Konzentration und intensive Frucht zeigt, klar, frisch und zupackend im Mund ist, gute Struktur und Grip besitzt. Würzig und eindringlich ist der Appenheimer Riesling, besitzt Fülle und Kraft, viel reife Frucht und gute Struktur. Der Appenheimer Weißburgunder steht ihm nicht nach, besticht im Bouquet mit intensiver Frucht und Reintönigkeit, ist füllig und kraftvoll im Mund. Der Appenheimer Frühburgunder ist frisch, fruchtbetont, leicht floral. Spannend ist die Riesling Auslese, würzig und mit leichter Honignote im Bouquet, süß und konzentriert im Mund. Eindeutiges Highlight aber ist für uns wieder einmal der Hundertgulden-Riesling, der gute Konzentration und herrlich viel Frucht im Bouquet zeigt, füllig und kraftvoll ist bei reifer Frucht und guter Struktur, mit etwas Zeit und Luft feine mineralische Noten zeigt: Klasse-Riesling!

Weinbewertung

Punkte	Wein
84	2019 Silvaner trocken ❘ 12,5%/6,90€
85	2019 Riesling trocken ❘ 12,5%/6,10€
84	2019 Weißburgunder trocken ❘ 12,5%/7,40€
85	2019 Grauer Burgunder trocken ❘ 12,5%/7,40€
87	2019 Sauvignon Blanc trocken ❘ 12,5%/7,40€ ☺
86	2019 Riesling trocken Appenheimer ❘ 12,5%/8,90€
86	2019 Weißburgunder trocken Appenheimer ❘ 13%/8,90€
90	2019 Riesling trocken Appenheimer Hundertgulden ❘ 12,5%/15,50€
88	2019 Riesling Auslese ❘ 8%/18,-€/0,5l
84	2016 Frühburgunder trocken Appenheimer ❘ 13%/14,-€

2012 HUNDERTGULDEN RIESLING

Franzen

★★★★

Kontakt
Gartenstraße 14
56814 Bremm
Tel. 02675-412
Fax: 02675-1655
www.weingut-franzen.de
info@weingut-franzen.de

Besuchszeiten
nach Vereinbarung

Inhaber
Kilian Franzen

Betriebsleitung
Kilian & Angelina Franzen

Außenbetrieb
Johannes Haupts, Leon Heimes, Simon Troes

Rebfläche
10 Hektar

Produktion
80.000 Flaschen

Kilian Franzen machte zunächst eine Druckerausbildung, arbeitete dann bei Johannes Leitz im Rheingau, bevor er in Geisenheim zusammen mit seiner heutigen Ehefrau Angelina zu studieren begann. Beide brachen ihr Studium ab als Kilians Vater Ulrich Franzen 2010 mit dem Schmalspurschlepper tödlich verunglückte. Ulrich Franzen hatte sich wie kein anderer um den Bremmer Calmont und den Steilstlagenweinbau in diesem Teil der Mosel verdient gemacht, ihm ist die Renaissance der steilsten Lage Europas ganz wesentlich zu verdanken, er hatte im letzten Jahrzehnt zahlreiche aufgelassene Parzellen im Calmont neu bepflanzt. Seine Ehefrau Iris Franzen führte zunächst den Betrieb weiter, wurde dabei unterstützt von Sohn Kilian, der das Weingut inzwischen übernommen hat und zusammen mit Ehefrau Angelina führt. Ihre Reben wachsen zur Hälfte im Bremmer Calmont. Der Boden im 2 Kilometer langen, stark zerklüfteten Calmont besteht aus Schiefer mit einem sehr hohen Steinanteil. Hinzu kommen 1,8 Hektar im Neefer Frauenberg, sowie weitere Flächen in Bremm und Neef, aber auch in Ediger-Eller, zum Beispiel in der Ellerer Kapplay mit 1944 gepflanzten Reben. Riesling nimmt 90 Prozent der Rebfläche ein, hinzu kommen je 5 Prozent Weißburgunder und Elbling. Die Weine werden alle spontanvergoren, alle durchlaufen normalerweise den biologischen Säureabbau. Das Sortiment ist gegliedert in Gutsweine, wie den Riesling „vom Quarzitschiefer", den durchgegorenen, immer enorm puristischen und straffen „FranZero" oder den Riesling „Der Sommer war sehr groß", eine Lagencuvée aus Kapplay, Calmont (Klosterkaul) und Abtei Kloster Stuben. Dann folgen die Lagenweine mit schwarzer Kapsel aus Frauenberg und Calmont, schließlich die mit einer Goldkapsel ausgestatteten, trocken ausgebauten und deshalb als Große Gewächse bezeichneten Weine aus Calmont und Frauenberg. Als Spitzenwein des Gutes wurde lange der „Calidus Mons" präsentiert, der aus einer Parzelle stammte, die während des Ersten Weltkrieges gepflanzt wurde. Inzwischen wurde allerdings das Programm neu geordnet: Das Große Gewächs aus der Fachkaul genannten Parzelle ist in der gutsinternen Hierarchie nun die Nummer eins – zusammen mit dem neuen Sterneberg-Riesling aus dem Neefer Frauenberg. Die Spitzenweine werden konsequent erst im zweiten Jahr nach der Ernte in den Verkauf gebracht, auch sonst lässt man sich immer wieder gerne Zeit. In manchen Jahren werden edelsüße Rieslinge erzeugt, das Gros der Weine aber wird trocken ausgebaut. Schon seit der ersten Ausgabe empfehlen wir die Franzen-Weine, schon damals waren wir besonders angetan von der Nachhaltigkeit der beiden Goldkapsel-Weine, den heutigen Großen Gewächsen. Seither haben die Weine stetig an Ausdruck gewonnen, sie sind präzise und kraftvoll, besitzen Substanz und viel Mineralität und einen ganz eigenen Stil, der Würze mit Schmelz verbindet.

🎂 Kollektion

Einen sehr feinen Stil besitzt der „FranZero", straff und puristisch, sehr ausgewogen und animierend. Der „Quarzit" mit seinen offenen Hefenoten und Anklängen an Kräutern ist saftiger, unkompliziert auf hohem Niveau. Duftig und verführerisch ist der Riesling „Der Sommer war sehr groß". Er wirkt sehr präzise, fest, verspielt und ist dennoch sehr würzig im Nachhall. Der Calmont-Wein wirkt etwas kraftvoller, noch etwas spannender als jener aus dem Frauenberg: Er besitzt eine verführerische Nase, ist sehr klar mit Anklängen an Hefe und Mirabellen, später auch Kräuter. Die Großen Gewächse stammen aus dem Jahrgang 2018, werden, wie dies im Weingut Franzen mittlerweile üblich ist, später vorgestellt als in den meisten anderen Weingütern der Mosel. Beim Calmont ist die Hefewürze vermischt mit Mirabellen, der Wein zeigt eine attraktive, feine Frucht, aber auch einen würzigen Nachhall. Verhaltener ist das GG aus dem Frauenberg, aber auch dieses ist sehr straff, fest und präzise. Noch ganz am Anfang steht der Sterneberg-Riesling aus dem Neefer Frauenberg. Er ist verhalten in der Nase, zeigt Hefenoten und Anklänge an Mirabellen, auch eine steinige Komponente, ist fest, eher kompakt mit beachtlicher Würze, verhaltenem Alkohol und mineralischen Anklängen; der Hauch von Süße fällt nicht auf, integriert sich gut ins Gesamtbild. Der Fachkaul-Riesling wirkt ganz anders, besitzt eine dunkle Mineralität, Kräuterwürze und steinige Anklänge, auch Noten von Hefe, ist im Mund dann schön fruchtig und fein, trotz aller Konzentration elegant, klingt mit Würze aus. Der Alkohol ist perfekt integriert, und nur der leichte Schmelz im Nachhall zeigt, dass der Wein nicht puristisch trocken ist.

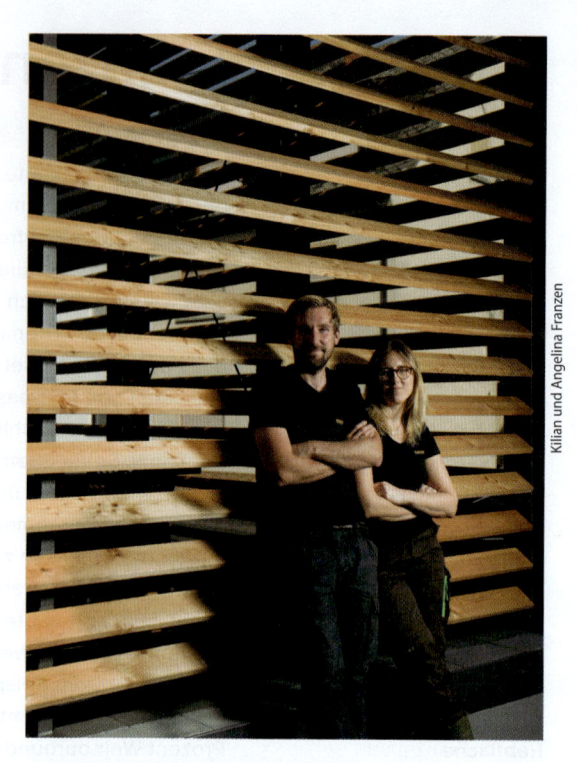

Kilian und Angelina Franzen

🍂 Weinbewertung

86	2019 Riesling trocken „Quarzit Schiefer"	12%/8,90€
88	2019 Riesling trocken „FranZero"	12%/12,-€
89	2019 Riesling trocken „Der Sommer war sehr groß"	12%/12,-€ 😊
88	2019 Riesling trocken Neefer Frauenberg	12%/14,90€
89	2019 Riesling trocken Bremmer Calmont	12%/14,90€
90	2018 Riesling trocken „GG" Neefer Frauenberg	12%/24,-€
91	2018 Riesling „GG" Bremmer Calmont	12%/24,-€
88	2018 Riesling „Zeit"	11%/15,90€
91	2018 Riesling Sterneberg Neefer Frauenberg	12%/59,-€
93	2018 Riesling Fachkaul	12%/59,-€
87	2019 Riesling Kabinett Bremmer Calmont	8,5%/13,90€
89	2018 Spätburgunder trocken Neefer Frauenberg	13%/21,-€

Lagen
Calmont (Bremm)
– Fachkaul (Bremm)
Frauenberg (Neef)

Rebsorten
Riesling (85 %)
Weißburgunder (5 %)
Elbling (5 %)

Franzmann

Kontakt
Weingut & Gästehaus
Franzmann
Winzerstraße 20 u. 22
55585 Niederhausen
Tel. 06758-6768
Fax: 06758-6212
www.weingut-franzmann.de
info@weingut-franzmann.de

Besuchszeiten
nach Vereinbarung
Gästehaus (April-Dez.)

Inhaber/Betriebsleiter/Außenbetrieb
Horst Franzmann
Kellermeister
Gregor Franzmann
Rebfläche
12 Hektar

Die Familie Franzmann erzeugt seit fünf Generationen Wein in Niederhausen an der Nahe, heute wird das Weingut von Horst Franzmann geleitet, der im Betrieb mit seinem Sohn Gregor zusammen arbeitet, der seit 2017 den Weinausbau verantwortet. Ihre Weinberge liegen alle in Niederhausen, in den Lagen Hermannshöhle (steiler Südhang mit grauem Schiefer und Vulkangestein), in der sie ihren Premium-Riesling erzeugen, im Felsensteyer (verwittertes Melaphyr), im Rosenheck (Schiefer), in der Kertz (Steillage mit grauem Schiefer), sowie im Steinwingert, wo der Boden aus sandigem Lehm, Schiefer und Löss besteht und im von Löss-Lehm-Boden geprägten Pfaffenstein; des Weiteren ist man im Hüffelsheimer Steyer vertreten. Mit weitem Abstand wichtigste Rebsorte im Betrieb ist mit einem Flächenanteil von 50 Prozent der Riesling, auf 20 Prozent der Fläche steht Grauburgunder, dazu kommen 10 Prozent Weißburgunder, etwas Spätburgunder, Gewürztraminer, Dornfelder, Schwarzriesling, Regent und Portugieser. Neben dem Weingut betreibt die Familie ein Gästehaus.

Kollektion

Die rest- und edelsüßen Weine der Familie Franzmann sind in diesem Jahr sehr fruchtbetont und klar im Ausdruck, unser Favorit ist überraschenderweise der Gewürztraminer aus der Klamm, der im Bouquet mit Noten von Litschi, Rosenblättern und Zitruswürze sehr reintönig ist, am Gaumen ist die Auslese cremig, besitzt aber auch einen frischen Säurenerv. Gute Konzentration und eine frische Säure besitzt auch die Riesling Auslese, die neben gelber Frucht auch leichte Reifenoten zeigt, genauso gut schätzen wir die Riesling Spätlese aus der Hermannshöhle ein, die kräutrige und leicht steinige Noten zeigt und dann am Gaumen sehr fruchtbetont, ausgewogen und frisch ist. Die trockenen Rieslinge besitzen alle Biss, der „Goldkapsel"-Wein aus der Hermannshöhle bleibt zurückhaltend in der Frucht, ist mineralisch, animierend und besitzt guten Grip.

Weinbewertung

83	2019 Riesling trocken „vom Schiefer"	12%/6,-€
81	2019 Spätburgunder „Blanc de Noir" trocken	12,5%/6,50€
83	2019 Riesling trocken Niederhäuser Klamm	12,5%/6,80€
82	2019 Riesling trocken „Alte Reben" Niederrhäuser Felsensteyer	11,5%/6,50€
85	2019 Riesling trocken „Goldkapsel" Niederhäuser Hermannshöhle	12,5%/8,50€
79	2019 Riesling halbtrocken (1l)	11,5%/4,70€
81	2019 Weißburgunder halbtrocken Niederhäuser Felsensteyer	12%/5,70€
84	2019 Riesling Spätlese „feinherb" Niederhäuser Rosenheck	10,5%/6,-€
86	2019 Riesling Spätlese Niederhäuser Hermannshöhle	8%/7,50€
86	2018 Riesling Auslese Niederhäuser Klamm	8%/14,50€
87	2019 Gewürztraminer Auslese Niederhäuser Klamm	10,5%/12,50€
77	2018 Spätburgunder trocken „Goldkapsel" Niederhäuser Klamm	14%/8,50€

Staatsweingut Freiburg

★★

Kontakt
Merzhauser Straße 119
79100 Freiburg
Tel. 0761-40165-44
Fax: 0761-40165-944
www.wbi-freiburg.de
staatsweingut@wbi.bwl.de

Besuchszeiten
Blankenhornsberg:
Mo.- Mi. 12-17 Uhr
Do./Fr. 12-18 Uhr
Sa. 10-16 Uhr
Freiburg:
Mo.- Fr. 10-19 Uhr
Sa. 10-16 Uhr

Inhaber
Land Baden-Württemberg

Betriebs-/Vertriebsleiter
Bernhard Huber,
Kolja Bitzenhofer

Kellermeister
Werner Scheffelt (Freiburg),
Benedikt Jehle (Blankenhornsberg)

Rebfläche
37 Hektar

Produktion
200.000 Flaschen

Das Staatsweingut dient den Wissenschaftlern des Weinbauinstituts Freiburg als Versuchsgut. Im Staatsweingut Freiburg & Blankenhornsberg sind seit 1997 alle Aktivitäten zusammengefasst, die Erzeugung und Vermarktung der Produkte aus den Gutsbetrieben in Freiburg und am Blankenhornsberg in Ihringen am Kaiserstuhl betreffen. 24 Hektar der Rebfläche des Staatsweingutes liegen auf dem Blankenhornsberg bei Ihringen, wo man die Lage Doktorgarten im Alleinbesitz hat. Der Rest verteilt sich in Freiburg auf die Lagen Schlossberg und Jesuitenschloss. Die wichtigste Sorte ist Spätburgunder, es folgen Riesling, Weißburgunder, Grauburgunder und Müller-Thurgau.

Kollektion

Der Sekt zeigt Frucht und Hefearomen im Bouquet, besitzt Frische, eine feine Perlage und salzige Länge. Der Gutedel ist zupackend, leicht mit lebhafter Säure. Der Muskateller zeigt typischen Duft, ist saftig und trocken, kraftvoll bei guter Säure und mineralischem Stoff. Der Schlossberg-Chardonnay besitzt viel saftige Frucht, gute Struktur und Substanz, salzige Länge. Der Spätburgunder Jesuitenschloss zeigt klare, saftige Frucht, besitzt gute Konzentration, sehr straffe Tannine. Helle rote Frucht prägt das 2013er Große Gewächs Spätburgunder vom Doktorgarten, ein sehr eleganter, fein gereifter Burgunder, ohne Anzeichen von Müdigkeit, immer noch sehr frisch und lebendig. Der 2017er zeigt viel Frucht, der saftige Kern profitiert von einer eleganten, fast schon geschliffenen Tanninstruktur. Die Solaris Beerenauslese zeigt opulente exotische Frucht in der Nase, am Gaumen kandierte Früchte, feine Säure. Dazu gibt es vier Große Gewächse aus dem Doktorgarten von 2018: Der Weißburgunder ist schlank, fruchtig, der Chardonnay zeigt feine Holzwürze und viel Frucht, hat eine elegante Struktur, der Grauburgunder ist der opulenteste. Der Spätburgunder ist harmonisch, besitzt eine gute Balance von Frucht, Tannin und Säure.

Weinbewertung

Punkte	Wein
87	2015 Pinot Chardonnay Sekt dosage zéro Blankenhornsberger I 12,5%/29,-€
83	2019 Gutedel trocken Freiburger I 12%/8,80€
86	2019 Muskateller trocken Blankenhornsberger I 13,5%/9,80€
87	2018 Weißburgunder „GG" Blankenhornsberger Doktorgarten I 14%/19,-€
88	2018 Grauburgunder „GG" Blankenhornsberger Doktorgarten I 14%/20,-€
88	2018 Chardonnay „GG" Blankenhornsberger Doktorgarten I 13,5%/25,-€
89	2018 Chardonnay „GG" Freiburger Schlossberg I 13%/45,-€
87	2018 Solaris Beerenauslese I 9,5%/25,-€/0,375l
87	2018 Spätburgunder Freiburger Jesuitenschloss I 13,5%/17,-€
90	2013 Spätburgunder „GG" Blankenhornsberger Doktorgarten I 13%/57,-€
90	2017 Spätburgunder „GG" Blankenhornsberger Doktorgarten I 13,5%/29,-€
88	2018 Spätburgunder „GG" Blankenhornsberger Doktorgarten I 13,5%/25,-€

BADEN — MERZHAUSEN B. FREIBURG

Stiftungsweingut Freiburg

Kontakt
Jesuitenschloss, 79249
Merzhausen b. Freiburg
Tel. 0761-404714
Fax: 0761-4098981
www.stiftungsweingut-freiburg.de; info@stiftungs-weingut-freiburg.de

Besuchszeiten
Mo.-Fr. 11-17:30 Uhr
Sa. 10-12:30 Uhr
Probierstube, Gaststätte

Inhaber
Heiliggeistspitalstiftung Freiburg
Betriebsleiter
Thomas Schneider
Vertrieb
Erwin Schneider
Rebfläche
16 Hektar
Produktion
80.000 Flaschen

Die Geschichte des Stiftungsweinguts Freiburg lässt sich bis ins Jahr 1298 zurückverfolgen. Im Laufe dieser Zeit wechselte das Weingut mehrmals seinen Standort, bis es 1985 in das Jesuitenschloss über der Stadt Freiburg einzog. Ein Teil der Weinberge liegt in Freiburg: Die nach Süden ausgerichtete Steillage Freiburger Schlossberg besitzt steinige Gneisverwitterungsböden, in der Lage Freiburger Jesuitenschloss, rund um das Weingut, herrschen schwere lehmhaltige Böden vor. Der andere Teil der Weinberge liegt am Tuniberg (Lössböden) in den Gemeinden Opfingen, Tiengen, Munzingen und Niederrimsingen. Die Burgundersorten nehmen zwei Drittel der Rebfläche ein. Dazu gibt es Gutedel und Müller-Thurgau, aber auch Chardonnay, Riesling und Merlot. Die Weißweine bleiben recht lange auf der Hefe, die Rotweine werden maischevergoren, die Spitzenqualitäten werden anschließend im Barrique oder im großen Eichenholzfass ausgebaut.

Kollektion

Das Stiftungsweingut fährt eine klare Linie und produziert Weine, die verständlich sind und niemanden überfordern, Genussweine nennt man das. Auch die Alkoholgehalte hat man bei den Kabinett-Weinen im Jahrgang 2019 besser in den Griff bekommen. Riesling und Rivaner sind frisch, klar, saftig und süffig, der Sekt frisch, straff und ausbalanciert. Der Blanc de Noirs hat viel üppige Frucht und saftige Süße. Der Weißburgunder Kabinett ist unkompliziert, straff, hat viel Frucht. Der Niederrimsinger Grauburgunder ist kräftig mit üppiger Frucht, der Grauburgunder vom Schlossberg ist etwas schlanker, eleganter. Der Weißburgunder aus dem Holzfass hat eine gute Struktur, ist etwas alkoholgeprägt. Die Spätburgunder aus dem Jahrgang 2017 sind würzig mit feinen Tanninen, beim RS verleiht der Ausbau im Barrique mehr Würze. Der Merlot ist typisch mit reifer roter Frucht.

Weinbewertung

83	2017 Pinot Sekt brut	12,5%/11,-€
82	2019 Rivaner Kabinett trocken Freiburger Jesuitenschloss	12,5%/4,90€
82	2019 Riesling Kabinett trocken Freiburger Schlossberg	13%/7,90€
84	2019 Weißer Burgunder Kabinett trocken Freiburger	13%/7,50€
83	2018 Weißer Burgunder trocken Holzfass Freiburger	14,5%/9,-€
82	2019 Grauer Burgunder Kabinett trocken Niederrimsinger	13,5%/6,50€
83	2019 Grauer Burgunder Kabinett trocken Freiburger Schlossberg	13%/8,-€
83	2019 Muskateller Kabinett trocken, Niederrimsinger	13%/7,40€
83	2019 „Blanc de Noirs" Kabinett trocken Freiburger	12,5%/7,50€
83	2017 Spätburgunder trocken Freiburger Schlossberg	12,5%/11,-€
84	2017 Spätburgunder „RS" trocken	13%/12,50€
83	2017 Merlot trocken Freiburger Schlossberg	13%/11,-€

RHEINGAU ▸ GEISENHEIM-MARIENTHAL

★★★ Freimuth

Kontakt
Am Rosengärtchen 25
65366 Geisenheim-Marienthal
Tel. 06722-981070
Fax: 06722-981071
www.freimuth-wein.de
info@freimuth-wein.de

Besuchszeiten
Mo.-Sa. nach Vereinbarung
Straußwirtschaft (8 Wochen im Mai/Juni, 4 Wochen im Nov./Dez.)

Inhaber
Alexander & Karin Freimuth
Kellermeister
Jonas Freimuth
Rebfläche
13 Hektar
Produktion
60.000 Flaschen

Alexander Freimuth übernahm 1984 noch während seines Geisenheim-Studiums das elterliche Weingut, führt es seit 1989 zusammen mit Ehefrau Karin, die ebenfalls in Geisenheim studiert hat. 1996 sind sie nach Marienthal ausgesiedelt, 2006 wurde ein neues Wirtschaftsgebäude mit Straußwirtschaft und Ferienapartments errichtet. Sohn Jonas, Geisenheim-Absolvent, hat die Regie im Keller übernommen. 2015 wurde die Rebfläche nochmals deutlich erweitert auf nunmehr 13 Hektar. Die Weinberge liegen in den Geisenheimer Lagen Kläuserweg, Mönchspfad, Kilzberg und Mäuerchen sowie in den Rüdesheimer Lagen Bischofsberg, Magdalenenkreuz und Kirchenpfad. Im Niersteiner Roten Hang besitzt man die Monopollage Niersteiner Goldene Luft, eine kleine gesetzliche Einzellage, die vollständig vom Niersteiner Hipping umgeben ist. Neben Riesling gibt es Spätburgunder, etwas Grau- und Weißburgunder sowie Sauvignon Blanc und Roter Riesling.

Kollektion

Die Qualität der Weine in Ihrer Konstanz über die Jahre ist beeindruckend, da bildet auch der neue Jahrgang keine Ausnahme. Vom Einstieg bis zu den Spitzenweinen herrschen klare Verhältnisse was Sortenausdruck und Stil angeht. Bei den 2019er Rieslingen stehen saftige Fruchtaromen im Vordergrund. Der durchgegorene Zero bietet passenden Biss; cremig und dabei ansprechend frisch sind die „Alte Reben". Auch die Nicht-Rieslinge überzeugen auf ganzer Linie. Der Weißburgunder besitzt saftige Frucht, der Grauburgunder Schmelz, der Sauvignon duftige Frische. Neu ist der unfiltrierte Sauvignon „Hirn Herz Mut" der mit seiner kräftigen Art an neuseeländische Vorbilder erinnert. Die 2018er Großen Gewächse sind vollmundig, schon recht zugänglich. Uns gefällt das aus dem Rüdesheimer Berg besser, weil es deutlich mehr mineralischen Schliff bietet, um der Fülle des Jahrgangs Herr zu werden. Bei den Spätburgundern mögen wir den jungen für seine unbekümmerte Art, den „Lignum" für seine Konzentration.

Weinbewertung

83	2019 Riesling trocken (1l)	12%/7,50€
85	2019 Riesling trocken „Zero" Geisenheim	13%/8,50€
85	2019 Weißer Burgunder trocken	12,5%/8,50€
85	2019 Grauer Burgunder trocken	12,5%/8,50€
85	2019 Sauvignon Blanc trocken	13%/9,-€
86	2019 Riesling trocken „Alte Reben" Geisenheim	12,5%/9,-€
88	2018 Riesling trocken „GG" Geisenheimer Kläuserweg	13%/23,-€
89	2018 Riesling trocken „GG" Rüdesheimer Bischofsberg	13,5%/23,-€
88	2019 Sauvignon Blanc trocken „Hirn|Herz|Mut"	14%/19,-€
85	2019 Riesling Kabinett halbtrocken	11%/8,-€
85	2018 Spätburgunder trocken	12,5%/8,50€
86	2016 Spätburgunder trocken „Lignum" Rüdesheim	14%/11,-€

BADEN ▶ DENZLINGEN

★★★★✩

Frey

Kontakt
Im Brühl 1
79211 Denzlingen
Tel. 07666-5253
Fax: 07666-2314
www.frey-weine.de
info@frey-weine.de

Besuchszeiten
Do./Fr. 9-12 + 14-19 Uhr
Sa. 9-16 Uhr

Inhaber
Martin Frey
Betriebsleiter
Martin Frey
Kellermeister
Martin Frey
Rebfläche
18 Hektar
Produktion
100.000 Flaschen

Otto Frey übernahm 1970 den landwirtschaftlichen Mischbetrieb von seinem Vater, siedelte 1972 vom Ortskern Denzlingen aus, seit 1995 ist Sohn Martin im Betrieb tätig. Die Weinberge liegen im Glottertäler Eichberg (mit Teillage Rinzberg, Gneis), aber auch in Denzlingen (Sonnhalde mit den Teillagen Steinhalde und Hummelgarten, Buntsandstein und Muschelkalk), Sexau (Sonnhalde mit Teillage Reichenbächle, Gneis) und Gundelfingen-Wildtal (Sonnenberg, Gneis und Buntsandstein), der Wöpplinsberg in Emmendingen (Muschelkalk) wurde neu angelegt, 60 Prozent befinden sich in Steillagen. Spätburgunder nimmt ein Drittel der Rebfläche ein, es folgen Grau- und Weißburgunder, dazu gibt es Riesling, Auxerrois, Müller-Thurgau, Gewürztraminer, Sauvignon Blanc und Merlot. Das Programm ist gegliedert in drei Linien: Die Basisqualität bilden Lagenweine aus Glottertäler Eichberg, Gundelfinger Sonnenberg oder Denzlinger Sonnhalde. Dann folgt die mittlere Stufe „Gneis" und als Toplinien Aigi (der ursprüngliche Name der Lage Eichberg) und Steinhalde.

🍷 Kollektion

Gewohnt stark ist die Kollektion von Martin Frey auch in diesem Jahr. Alle Weine sind mehr oder weniger durchgegoren. Der Rosé ist herrlich leicht, besitzt eine saftige Frucht und spielerische Säure. Frisch, zupackend und fruchtbetont ist der Sekt, reintönig und frisch der Auxerrois. Der Sauvignon Blanc zeigt fruchtige und kräuterig-würzige Aromen, ist am Gaumen dicht und zupackend. Die beiden Weine aus der Gneis-Linie sind typische Vertreter ihrer Rebsorte, der Weißburgunder ist hell und schlank bei guter Substanz, der Grauburgunder zeigt viele reife gelbe Frucht, ist stoffig und zupackend. Die drei weißen Top-Weine sind schlank, präzise gearbeitet. Weißburgunder und Chardonnay Aigi zeigen Frucht und Würze, haben cremigen Schmelz. Chardonnay und Grauburgunder Eichberg sind noch vom Holz dominiert, die Substanz zeigt sich aber bereits. Die Spätburgunder sind elegant und gut strukturiert, dicht und tiefgründig ist der Eichberg.

🍂 Weinbewertung

85	2017 Pinot Cuvée brut	12%/12,-€
84	2019 Auxerrois trocken Glottertäler Eichberg	12,5%/7,50€
85	2019 Weißburgunder trocken „Gneis"**	13%/10,10€
85	2019 Grauburgunder trocken „Gneis"**	13%/10,10€
85	2019 Sauvignon Blanc trocken „Hummelgarten"	12,5%/8,50€
87	2019 Weißburgunder-Chardonnay trocken „Aigi"***	13%/15,50€
88	2019 Grauburgunder trocken Glottertäler Eichberg	12,5%/21,-€
89	2019 Chardonnay trocken Glottertäler Eichberg	13%/21,-€
83	2019 Spätburgunder Rosé trocken Gundelfinger Sonnenberg	11,5%/7,90€
88	2018 Spätburgunder trocken „Aigi"***	13,5%/24,-€
89	2018 Spätburgunder trocken Glottertäler Eichberg	13,5%/30,-€

WEINGUT OTTO & MARTIN FREY

RHEINHESSEN — OBER-FLÖRSHEIM

★★★½

Frey

Kontakt
Weedegasse 10
55234 Ober-Flörsheim
Tel. 06735-941272
Fax: 06735-941273
weingut@bechtel-frey.de
www.frey-wines.com

Besuchszeiten
nach Vereinbarung

Inhaber
Philipp & Christopher Frey
Betriebsleiter
Christopher Frey
Kellermeister
Philipp Frey
Rebfläche
10 Hektar
Produktion
70.000 Flaschen

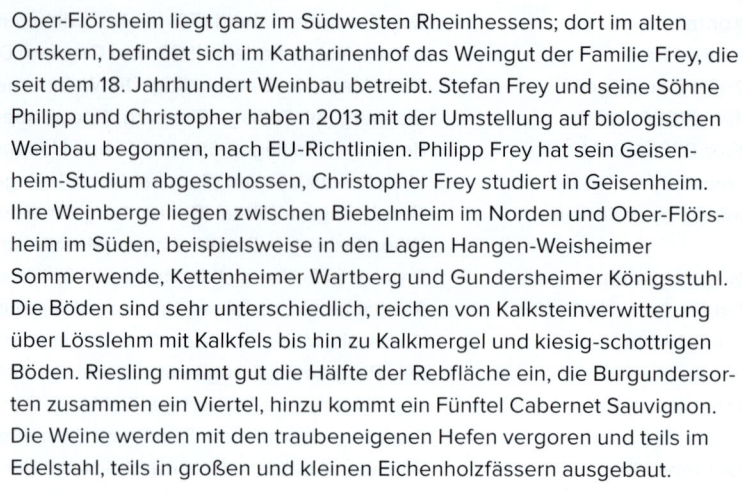

Ober-Flörsheim liegt ganz im Südwesten Rheinhessens; dort im alten Ortskern, befindet sich im Katharinenhof das Weingut der Familie Frey, die seit dem 18. Jahrhundert Weinbau betreibt. Stefan Frey und seine Söhne Philipp und Christopher haben 2013 mit der Umstellung auf biologischen Weinbau begonnen, nach EU-Richtlinien. Philipp Frey hat sein Geisenheim-Studium abgeschlossen, Christopher Frey studiert in Geisenheim. Ihre Weinberge liegen zwischen Biebelnheim im Norden und Ober-Flörsheim im Süden, beispielsweise in den Lagen Hangen-Weisheimer Sommerwende, Kettenheimer Wartberg und Gundersheimer Königsstuhl. Die Böden sind sehr unterschiedlich, reichen von Kalksteinverwitterung über Lösslehm mit Kalkfels bis hin zu Kalkmergel und kiesig-schottrigen Böden. Riesling nimmt gut die Hälfte der Rebfläche ein, die Burgundersorten zusammen ein Viertel, hinzu kommt ein Fünftel Cabernet Sauvignon. Die Weine werden mit den traubeneigenen Hefen vergoren und teils im Edelstahl, teils in großen und kleinen Eichenholzfässern ausgebaut.

Kollektion

Hier geht es stetig voran, Weiß- wie Rotweine legen in der Spitze weiter zu und das hohe Niveau der Gutsweine überzeugt. Der leicht zitrusduftige trockene Gutsriesling besitzt Frische und Grip, was auch für die feinherbe Variante gilt. Der Pinot Blanc ist fruchtbetont, offen, sehr reintönig, der Pinot Gris ist würziger, geradlinig und frisch. Die Hangen-Weisheimer Ortsweine sind fülliger und kraftvoller, der Silvaner besticht mit Konzentration und Reintönigkeit, der Riesling ist rauchig, füllig und strukturiert. Viel Konzentration besitzen die Reserveweine, der Pinot Blanc ist etwas druckvoller und komplexer als der Chardonnay. Highlight der Kollektion ist der Lagenriesling aus der Sommerwende, der kraftvoll, puristisch und zupackend ist. Die Rotweine sind intensiv fruchtig, der Cabernet Sauvignon besticht mit Reintönigkeit, viel Kraft und Substanz. Weiter so!

Weinbewertung

84	2019 Riesling	12,5%/8,60€
85	2019 Pinot Blanc	12,5%/8,40€
84	2019 Pinot Gris	13%/8,40€
87	2019 Silvaner Hangen-Weisheim	13,5%/12,60€
87	2019 Riesling Hangen-Weisheim	13%/13,60€
88	2019 Pinot Blanc „Reserve"	12,5%/19,80€
87	2019 Chardonnay „Reserve"	12,5%/14,80€
90	2019 Riesling Hangen-Weisheim Sommerwende	13%/23,40€
84	2019 Riesling „feinherb"	11,5%/8,20€
86	2019 Riesling Spätlese	8,5%/11,20€
87	2017 „Assemblage" Rotwein	13,5%/14,80€
89	2016 Cabernet Sauvignon	14%/28,-€

FREY
RIESLING | 2015

WÜRTTEMBERG — SCHORNDORF

Frick

★ ☆

Kontakt
Schillerstraße 64
73614 Schorndorf
Tel. 07181-9943412
www.weinbau-frick.de
info@weinbau-frick.de

Besuchszeiten
„Garagenwinzer", Termine und Weinproben gerne nach Vereinbarung

Inhaber/Betriebsleiter
Oliver Frick
Rebfläche
1,2 Hektar
Produktion
4.000 Flaschen

Oliver Frick ist Projektleiter in der Automobilindustrie, seit einem Vierteljahrhundert bereits aber auch Nebenerwerbs-Winzer „mit Leib und Seele", wie er schreibt. Anfang der neunziger Jahre hat er mit 10 Ar begonnen, mehr als ein Hektar ist bis heute daraus geworden. 2015 hat er den Betrieb auf ökologischen Anbau ausgerichtet, 2018 war der erste zertifizierte Jahrgang. Alle Weinberge liegen auf Weinstädter Gemarkung. Der älteste Weinberg liegt im Wetzstein in Endersbach, hier wird Zweigelt angebaut. In der Gewanne Hüttentobel in Strümpfelbach baut Oliver Frick Spätburgunder und Riesling an, auf einer 2011 erworbenen Fläche in unmittelbarer Nachbarschaft wächst Syrah. Im Sonnenberg zwischen Schnait und Manolzweiler wachsen Cabernet Franc und Grauburgunder, einen weiteren Grauburgunder-Weinberg hat er auf dem Schönbühl angelegt. Zweigelt, Spätburgunder, Grauburgunder, Weißburgunder (erste nennenswerte Ernte 2020) und Syrah sind die wichtigsten Rebsorten, dazu gibt es Riesling und Cabernet Franc. Die Ernte einer Spalierobstanlage in Beutelsbach nutzt Oliver Frick zur Herstellung von Edelbränden.

🍷 Kollektion

Auch in diesem Jahr sind es wieder einige Rotweine die hervorstechen im ansonsten sehr gleichmäßigen, überzeugenden Programm. Der Riesling-Sekt setzt ganz auf Frucht und Süße, der Riesling-Wein besitzt feine Reife, gute Struktur und Grip, der Grauburgunder ist kraftvoll, würzig und geradlinig bei reintöniger Frucht. Der Rosé ist würzig und geradlinig, der Syrah zeigt dezent Vanillenoten und viel Duft im Bouquet, ist kompakt im Mund, ein klein wenig bitter. Spannender finden wir dieses Jahr die anderen drei Rotweine. Der Pinot Noir ist fruchtbetont und würzig im Bouquet, frisch und klar im Mund, geradlinig und zupackend. Vom Zweigelt konnten wir gleich zwei Jahrgänge verkosten. Jahrgang 2017 zeigt rote Früchte, ist frisch, reintönig, zupackend, noch jugendlich, was aber auch für den 2016er gilt, der uns ein klein wenig besser gefällt, gute Struktur und intensive Frucht besitzt, Frische und Kraft, guten Druck und Grip.

🍇 Weinbewertung

82	„Noblesse" Riesling Sekt trocken	12%/12,50 €
84	2018 Riesling „Vitalität"	12,5%/6,50 €
83	2018 Grauburgunder trocken „Kolorit"	12,5%/6,50 €
82	2018 Rosé „Symbiose"	12,5%/6,50 €
86	2017 Pinot Noir trocken „Temperament"	13,5%/12,50 €
87	2016 Zweigelt trocken „Philosophie"	13,5%/14,50 €
86	2017 Zweigelt trocken „Philosophie"	13,5%/14,90 €
83	2017 Syrah trocken „Finesse"	13,5%/12,50 €

MOSEL ▶ EDIGER-ELLER

Friderichs

★★☆

Kontakt
Moselweinstraße 30
56814 Ediger-Eller
Tel. 02675-266, Fax: -1366
www.friderichs-wein.de
info@friderichs-wein.de
www.instagram.com/
weingutfriderichs

Besuchszeiten
Verkauf: Mo.-Sa. 14-20 Uhr
Weinproben Do.-So. ab 20 Uhr nach Vereinbarung
Vinothek im historischen Fachwerkhaus Do.-Sa. ab 17 Uhr

Inhaber Klaus Fett
Rebfläche 4 Hektar
Produktion 25.000 Flaschen

Die Weinberge von Sigrid Friderichs und Klaus Fett liegen in den Ediger Lagen Elzhofberg und Feuerberg, im Osterlämmchen sowie im Ellerer Calmont. Die Weinberge in den Steillagen wurden auf Querterrassierung umgestellt. Riesling dominiert im Anbau, nimmt gut die Hälfte der Rebfläche ein, dazu gibt es Spätburgunder, Müller-Thurgau, Dornfelder, Weißburgunder und St. Laurent. Die Weißweine werden, teils nach Kaltmazeration, kühl im Edelstahl vergoren, die Rotweine werden maischevergoren. Zweimal im Jahr findet ein Hof- und Kellerfest statt, darüber hinaus werden Ferienwohnungen angeboten. Weinproben für Gruppen werden in der Vinothek des 1628 erbauten historischen Fachwerkhauses abgehalten. Im Jahrgang 2019 wurde zum 550-jährigen Jubiläum des Weinanbaus der Familien Friderichs in Ediger ein Hoffest veranstaltet; die Feuerberg-Auslese firmiert als Jubiläumsedition.

Kollektion

Diesmal wurden Weine aus den Jahrgängen 2018 und 2019 vorgestellt, die ihren jeweiligen Charakter gut repräsentieren. Das zeigt sich schon beim 2019er aus dem Elzhofberg, fest, würzig und angenehm trocken. Eine trockene Spätlese aus dem Calmont interpretiert den Jahrgang 2018 auf durchaus angenehme Weise, sie wirkt kompakt, die Säure ist verhalten, sie besitzt aber Nachhall. Der 2018er von alten Reben aus dem Elzhofberg wirkt zunächst etwas verhaltener, zeigt aber eine gute Struktur. Der Wein namens „Steillagenhelden" stammt ebenfalls von alten Reben und aus 2018, diesmal aber aus dem Calmont, ist recht offen, duftig, im Geschmack eher hellfruchtig und fest, insgesamt sehr gut balanciert; die Süße ist nur ansatzweise zu spüren. Knackig und straff wirkt die halbtrockene Spätlese aus dem Jahrgang 2019. Die feinherbe Auslese zeigt eine hefig-würzige Aromatik, besitzt Schmelz und Struktur, die Süße ist deutlich zu spüren, aber nicht störend. Der Blanc de Noirs ist schließlich nicht zu unterschätzen: Er besitzt eine sehr angenehme Würze und eine straffe Art, ist nicht auf Gefälligkeit hin vinifiziert.

Weinbewertung

84	2019 Spätburgunder Blanc de Noirs trocken	13 %/5,70 €
84	2018 Riesling Kabinett trocken Ediger Elzhofberg	12 %/6,50 €
85	2019 Riesling trocken Ediger Elzhofberg	11,5 %/7,50 €
86	2018 Riesling Spätlese trocken Calmont	13 %/7,90 €
86	2018 Riesling trocken „Alte Reben" Ediger Elzhofberg	12 %/10,50 €
83	2019 Riesling „feinherb" Ediger Elzhofberg	11,5 %/6,90 €
85	2019 Riesling Spätlese halbtrocken Ediger Osterlämmchen	13 %/6,90 €
85	2019 Riesling Auslese „feinherb" Ediger Feuerberg	12,5 %/9,-€
87	2018 Riesling „Steillagenhelden Alte Reben" Calmont	11,5 %/13,50 €

MOSEL — NITTEL

★★ ⯪

Frieden-Berg

Kontakt
Weinstraße 19
54453 Nittel
Tel. 06584-99070
Fax: 06584-99072
www.frieden-berg.de
info@frieden-berg.de

Besuchszeiten
Weinverkauf täglich, am besten mit Anmeldung

Inhaber
Horst & Maximilian Frieden
Betriebsleiter
Maximilian Frieden
Kellermeister
Maximilian Frieden
Außenbetrieb
Horst Frieden
Rebfläche
13 Hektar
Produktion
90.000 Flaschen

Seit Generationen baut die Familie Wein an der Obermosel an, heute wird das Gut geführt von Horst Frieden zusammen mit seinem Sohn Maximilian, der auch als Kellermeister firmiert. Elbling, die typische Rebsorte der Obermosel, nimmt heute nur noch 35 Prozent ihrer Rebfläche von 13 Hektar ein, dazu gibt es 10 Prozent Auxerrois, jeweils 15 Prozent Grauburgunder, Weißburgunder und Spätburgunder sowie eine auf 5 Prozent geschrumpfte Fläche an Müller-Thurgau. Weitere Sorten kommen zusammen nur noch auf 5 Prozent der Fläche – ein Zeichen dafür, dass man auf Burgundersorten setzt. Die Reben wachsen auf Muschelkalkböden in den Nitteler Lagen Leiterchen, Rochusfels und Blümchen. Die Weine der Premiumlinie Max stammen aus ertragsreduzierten Anlagen und werden lange auf der Feinhefe ausgebaut. Im alten Kuhstall ist das Restaurant Novum untergebracht, das mediterrane und regionale Küche serviert und beweist, dass sich das Weingut in vielerlei Hinsicht modern präsentieren will.

Kollektion

Zwei gelungene Schaumweine führen das Feld an: Der 2015er (!) Pinot Crémant ist mit seiner ruhigen, leicht gereiften, aber nicht langweiligen Art besonders hervorzuheben. Sortencharakter, aber auch eine bei dieser Rebsorte nicht zu erwartende beachtliche Länge besitzt der „Novum"-Elbling. Straff und duftig, im Geschmack angenehm puristisch fällt der Sauvignon Blanc aus. Der 2019er Grauburgunder ist kompakt und besitzt leichten Schmelz, der „Max"-Grauburgunder aus 2017 (!) zeigt eine feine Hefewürze in der Nase, weist dezente Kräutertöne auf, ist im Geschmack durchaus eigenwillig, straff und puristisch trocken, aber auch mit einer feinen Reife ausgestattet, durchaus interessant. Ganz anders der kompakte, für den 2018er Jahrgang typische „Max"-Chardonnay. Ein Spätburgunder aus dem Jahrgang 2017 zeigt deutlich, wie gut sich die Obermosel für Rotwein eignet; er weist Gewürznoten in der Nase, ist ruhig und elegant.

Weinbewertung

85	2018 Elbling Crémant brut	12,5%/11,-€
86	2015 Pinot Crémant brut „Max"	12,5%/16,-€
84	2019 Elbling trocken „Novum" Nitteler Leiterchen	12,5%/7,50€
82	2019 Weißweincuvée trocken „Hand aufs Herz"	12,5%/7,80€
85	2019 Sauvignon Blanc trocken	12,5%/9,50€
84	2019 Weißburgunder trocken	12,5%/8,-€
85	2019 Grauburgunder trocken	12,5%/9,-€
85	2019 Chardonnay trocken	12%/9,-€
87	2017 Grauburgunder trocken „Max"	13%/15,50€
87	2018 Chardonnay trocken „Max"	12,5%/15,50€
83	2019 Spätburgunder Rosé trocken	12,5%/8,-€
86	2017 Spätburgunder trocken	13%/10,-€

FRIEDEN-BERG
ELBLING NOVUM
2016

RHEINHESSEN ▶ SPRENDLINGEN

Fritzsch & Sohn

★

Kontakt
Schmittstraße 16
55576 Sprendlingen
Tel. 06701-2007902
Fax: 06701-2007903
www.weingut-fritzsch.de
info@weingut-fritzsch.de

Besuchszeiten
Mo.-Fr. 18-19 Uhr
Sa. 9-15 Uhr
oder nach Vereinbarung
(Sonntag Ruhetag)

Inhaber
Norbert & Thomas Fritzsch
Rebfläche
20 Hektar
Produktion
60.000 Flaschen

Norbert und Thomas Fritzsch bewirtschaften 17 Hektar Weinberge in den Sprendlinger Lagen Wißberg, Honigberg, Klostergarten, Hölle und Sonnenberg, aber auch im St. Johanner Wißberg, im Welgesheimer Kirchgärtchen und im Horrweiler Goldberg, die Reben wachsen auf sehr unterschiedlichen Böden, von Muschelkalk und Kalksandstein bis hin zu Tonmergel- und Lössböden. Weiße Rebsorten nehmen zwei Drittel der Rebfläche ein, es gibt Riesling, Müller-Thurgau, Silvaner, Chardonnay, Grauburgunder und Weißburgunder, aber auch Gewürztraminer und Gelber Muskateller, Ortega, Bacchus und Scheurebe. An roten Sorten werden Spätburgunder, Frühburgunder, Portugieser, Dornfelder und St. Laurent angebaut, die besten Rotweine werden im Barrique ausgebaut. Die Weine werden in vier Linien angeboten: Traditionelle Weine (im Liter), Klassische Weine, Prestigeweine und Exklusive Weine.

Kollektion

Wie schon im vergangenen Jahr vermissen wir ein wenig die Highlights in einer sehr gleichmäßigen, recht verhaltenen Kollektion. Die Rotweine sind frisch und geradlinig, der Cabernet Sauvignon Rosé besitzt eine feine Frucht, aber auch eine merkliche Bitternote. Im weißen Segment gefallen uns zwei Weine von so genannten „Aroma-Rebsorten" am besten, beide trocken ausgebaut, wobei trocken im Hause Fritzsch 5 bis 6 Gramm Restzucker bedeutet. Der Gelber Muskateller vom Wißberg ist recht würzig und duftig im Bouquet, kommt frisch in den Mund, ist klar und zupackend, besitzt gute Struktur, dezente Süße und Grip. Der Gewürztraminer ist recht würzig im Bouquet, zeigt dezent Rosen, ist frisch und geradlinig im Mund, klar und zupackend, von einer merklichen Bitternote im Abgang geprägt. Unter den weiteren Weißweinen gefallen uns der süß-süffige Chardonnay vom Wißberg und der kraftvolle, leicht bittere Weißburgunder Prestige am besten.

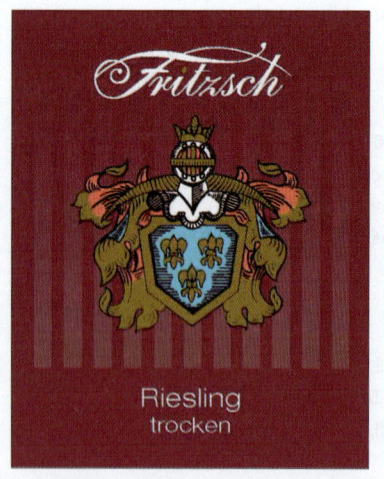

Weinbewertung

79	2019 Riesling trocken „Prestige"	13%/5,60€
81	2019 Weißer Burgunder trocken „Prestige"	12,5%/5,60€
79	2019 Riesling trocken „Exklusiv" vom Wißberg	13%/6,40€
81	2019 Chardonnay trocken „Exklusiv" vom Wißberg	12,5%/6,40€
80	2019 Scheurebe trocken „Exklusiv" vom Wißberg	13%/6,40€
83	2019 Gelber Muskateller trocken „Exklusiv" vom Wißberg	12,5%/6,40€
83	2019 Gewürztraminer trocken „11.1"	13,5%/5,60€
80	2019 Bacchus lieblich „klassisch"	10,5%/4,90€
81	2019 Cabernet Sauvignon Rosé trocken „Prestige"	12,5%/5,80€
81	2017 Blauer Frühburgunder trocken „Exklusiv" vom Wißberg	13%/7,60€
80	2018 Blauer Spätburgunder trocken „Exklusive" Sprendl. Klostergarten	13%/9,90€
81	2018 Cabernet Sauvignon trocken „Exklusiv" vom Klostergarten	14%/9,90€

FRANKEN ▬ ESCHERNDORF

★★★✩

Clemens Fröhlich

Kontakt
Bocksbeutelstraße 19
97332 Escherndorf
Tel. 09381-1776
Fax: 09381-6163
www.weingut-froehlich.de
info@weingut-froehlich.de

Besuchszeiten
Mo.-Fr. 9-18 Uhr
Sa. 9-17 Uhr
4 Gästezimmer (Aufenthaltsraum, Küche)

Inhaber
Clemens Fröhlich
Betriebsleiter
Clemens Fröhlich
Rebfläche
6 Hektar

Clemens Fröhlich begann 1987 mit der Selbstvermarktung, mit damals einem halben Hektar Weinberge. Heute bewirtschaftet er 6 Hektar, 3,5 Hektar davon in Steillagen. Ehefrau Ingrid Fröhlich ist für den Verkauf zuständig, Sohn Philip hat erstmals im Jahrgang 2015 Weine nach seinen eigenen Vorstellungen ausgebaut. Wichtigste Rebsorten sind Riesling und Silvaner. Hinzu kommen vor allem noch Müller-Thurgau, Kerner und Bacchus. Zum Weingut gehören auch ein Hektar Obstbäume, aus deren Ertrag Edelbrände erzeugt werden. Alle als trocken bezeichneten Weine (85 Prozent der Produktion) von Clemens Fröhlich sind „fränkisch trocken", Restzucker und Säure sind auf dem Etikett angegeben; die nicht als trocken bezeichneten Weine liegen in der Regel ebenfalls im gesetzlich trockenen Bereich.

Kollektion

Die neue Kollektion von Clemens Fröhlich gefällt uns gut, die Basis überzeugt und die trockenen Spätlesen ebenso wie die Weine der PP-Linie sind allesamt sehr gut. Die Kabinettweine sind fruchtbetont und sortentypisch: Der Morio-Muskat zeigt viel Duft und Reife, der Kerner ist klar und zupackend, der Silvaner lebhaft und geradlinig, die Ortega besitzt gute Struktur und Grip, unsere leichte Präferenz gilt dem lebhaften, zupackenden Müller-Thurgau. Die trockenen Spätlesen stammen alle aus dem Jahrgang 2018: Der gelbfruchtige Riesling ist füllig und kraftvoll bei reifer Frucht und guter Struktur, der Silvaner ist würzig und eindringlich, besitzt viel reife Frucht, was auch für den Beste Beere-Silvaner gilt, der noch etwas intensiver, füllig und saftiger ist. Sehr gut gefallen uns auch die drei PP-Weine („Philips Passion") von Sohn Philip: Der Müller-Thurgau zeigt gute Konzentration, eine dezente Muskatnote, ist kraftvoll und strukturiert, der Silvaner ist reintönig, besitzt Frische und Grip, was auch für den Riesling gilt, der gute Struktur und Länge besitzt.

Weinbewertung

Punkte	Wein
83	2019 Ortega Kabinett trocken Escherndorf ❙ 13,5%/7,50€
82	2019 Kerner Kabinett (Unsere Exoten) ❙ 13%/6,30€
84	2019 Müller-Thurgau Kabinett trocken Escherndorf ❙ 12,5%/6,50€
83	2019 Silvaner Kabinett trocken Escherndorf ❙ 12,5%/7,50€
83	2018 Morio-Muskat Kabinett trocken Escherndorfer ❙ 13,5%/7,-€
86	2018 Silvaner Spätlese trocken Escherndorfer Lump ❙ 14%/9,-€
87	2018 Riesling Spätlese trocken Escherndorfer Lump ❙ 13,5%/9,-€
86	2019 Müller-Thurgau Kabinett trocken „PP" ❙ 12,5%/8,50€
87	2018 Silvaner Spätlese trocken „Unsere Beste Beere" Lump ❙ 14%/10,50€
86	2019 Silvaner Kabinett trocken „PP" Escherndorfer Lump ❙ 13%/9,50€
86	2019 Riesling Kabinett trocken „PP" Escherndorfer Lump ❙ 12%/9,-€
83	2016 Dornfelder trocken Holzfass ❙ 13%/7,-€

FRANKEN — ESCHERNDORF

★★★★⯪

Michael Fröhlich

Kontakt
Bocksbeutelstraße 41
97332 Escherndorf
Tel. 09381-2847
Fax: 09381-71360
www.weingut-michael-froehlich.de
info@weingut-michael-froehlich.de

Besuchszeiten
Mo.-Fr. 9-18 Uhr
Sa. 10-17 Uhr
sowie nach Vereinbarung
Veranstaltungsraum
(bis 70 Personen)
Hofschoppenfest Ende August

Inhaber
Michael Fröhlich

Kellermeister
Michael Fröhlich,
Maximilian Fröhlich

Rebfläche
11 Hektar

Produktion
85.000 Flaschen

Michael Fröhlich gründete 1985 sein eigenes Weingut, anfangs mit einer Rebschule als zweitem Standbein. Heute werden er und Ehefrau Eva im Betrieb von Sohn Maximilian unterstützt. Die Weinberge liegen in Escherndorf, hauptsächlich in den Lagen Lump und Fürstenberg. Silvaner und Müller-Thurgau nehmen jeweils etwa ein Viertel der Rebfläche ein, Riesling 10 Prozent, dazu gibt es Rieslaner und Scheurebe, als Spezialität Muskateller und etwa 10 Prozent rote Rebsorten. Michael Fröhlich hat sein Sortiment den VDP-Vorgaben angepasst, die ehemaligen Kabinettweine sind nun die Escherndorfer Ortsweine, die trockenen Spätlesen aus dem Lump werden als „Erste Lage"-Weine bezeichnet, die Großen Gewächse als „Am Lumpen 1655", auf diese Bezeichnung haben sich die Escherndorfer VDP-Winzer festgelegt. 2019 wurde der neuausgebaute Veranstaltungsraum eröffnet.

Kollektion

Die Sortimentsstufen lassen sich auch im Jahrgang 2019 sehr gut nachvollziehen. Die Gutsweine sind frisch und klar, unsere leichte Präferenz gilt dem zupackenden Weißburgunder. Die Ortsweine sind kraftvoller, der Silvaner ist reintönig und strukturiert, der Riesling würzig und saftig. Der Lump-Silvaner besitzt Fülle, Kraft und Substanz, der Lump-Riesling besticht mit intensiver Frucht und viel Konzentration. Der Muskateller aus dem Fürstenberg ist reintönig, fruchtbetont und zupackend, der restsüße Muskateller Kabinett besitzt dezente Süße, Frische und Grip. Mehr Süße besitzt die Rieslaner Spätlese, zeigt etwas Grapefruit, ist füllig, harmonisch und frisch. An der Spitze der Kollektion stehen die beiden Großen Gewächse. Der Silvaner zeigt viel reife Frucht, gelbe Früchte, ist sehr offen, besitzt Fülle, Kraft und gute Substanz. Der Riesling ist konzentriert, fruchtbetont, zeigt weiße und gelbe Früchte, ist füllig und saftig im Mund, besitzt gute Struktur und klare reife Frucht.

Weinbewertung

83	2019 Müller-Thurgau trocken „Frank & Frei"	12%/7,-€
83	2019 Silvaner trocken	12,5%/7,-€
84	2019 Weißer Burgunder trocken	13,5%/10,-€
85	2019 Silvaner trocken Escherndorf	13%/8,-€
85	2019 Riesling trocken Escherndorf	12,5%/8,-€
86	2019 Silvaner trocken Escherndorfer Lump	13,5%/11,-€
86	2019 Riesling trocken Escherndorfer Lump	13,5%/11,-€
86	2019 Gelber Muskateller trocken Escherndorfer Fürstenberg	12,5%/11,-€
90	2019 Silvaner trocken „GG Am Lumpen 1655" Escherndorf	13,5%/21,-€
89	2019 Riesling trocken „GG Am Lumpen 1655" Escherndorf	13,5%/21,-€
85	2019 Gelber Muskateller Kabinett	11,5%/8,-€
87	2019 Rieslaner Spätlese Escherndorfer Lump	12%/11,-€

NAHE ▬ SCHWEPPENHAUSEN

★★ ☆

Fuchs-Jacobus

Kontakt
Hof Steyert
55444 Schweppenhausen
Tel. 06724-60970
www.fuchs-jacobus.de
info@fuchs-jacobus.de

Besuchszeiten
täglich 8-17 Uhr
So. & Feiertage geschlossen

Inhaber
Wilfried Jacobus
Betriebsleiter
Wilfried Jacobus
Kellermeister
Thorben Bosse
Außenbetrieb
Thorben Bosse
Rebfläche
16 Hektar

Das Weingut Fuchs-Jacobus entstand 1979 durch die Heirat von Marlene und Wilfried Jacobus und der darauf erfolgten Zusammenlegung der Weinberge der jeweiligen Familien. 1989 stellten die beiden auf biodynamischen Anbau um, durch Tausch von Weinbergsflächen mit Winzerkollegen gelang es ihnen, sich ganz auf den Schweppenhäuser Steyerberg zu konzentrieren. Heute liegen alle Weinberge im Süd- und Südosthang der von Schieferverwitterungsböden geprägten Steillage mit einer Neigung zwischen 33 und 45 Grad und auf dem Plateau über dem Hang, wo sich auch das Weingut selbst befindet. Für den Außenbetrieb und den Keller ist mittlerweile der Geisenheimabsolvent Thorben Busse verantwortlich, wichtigste Rebsorten sind Riesling, Spät-, Weiß- und Grauburgunder, sowie Regent, die zusammen drei Viertel der Fläche ausmachen, daneben gibt es noch Frühburgunder, Silvaner, Müller-Thurgau, Faberrebe, Gewürztraminer und Cabernet Blanc. Das Sortiment ist in vier Stufen eingeteilt: Basis, Lage, Terroir und Komplex.

Kollektion

Während wir beim Debüt im vergangenen Jahr die Stärken der Kollektion klar bei den Weißweinen erkannten, schwenken wir dieses Jahr auf rot um: Die Spät- und Frühburgunder sind deutlich besser, wie auch einige der Weißen brauchen sie aber zunächst etwas Luft. An der Spitze steht der spontan vergorene, unfiltrierte Stehkragen-Spätburgunder, der im feinen Bouquet Noten von Süß- und Sauerkirschen, roten Johannisbeeren und etwas Krokant zeigt, das Holz ist sehr gut in den eleganten, harmonischen Wein eingebunden, der Goldgrund-Pinot Noir besitzt kühle Art mit Aromen von Schwarzkirsche und Schwarztee und der Frühburgunder zeigt Noten von Kirschkern und Kräutern, ist schlank, elegant und frisch. Unter den Weißweinen ist der Riesling von alten Reben unser Favorit, er zeigt klare Reifenoten, etwas Petrol und Gebäck, besitzt aber auch noch ein animierendes Säurespiel und gute Länge, der Steyerberg-Riesling zeigt dagegen viel jugendliche Frucht, grünen Apfel, Ananas, und ist füllig, der Weißburgunder zeigt deutliche Holzwürze, ist saftig, füllig und weich.

Weinbewertung

81	2019 Grauer Burgunder trocken Schweppenhäuser Steyerberg	13%/9,20€
84	2019 Riesling trocken Schweppenhäuser Steyerberg	12%/9,20€
84	2018 Weißer Burgunder trocken „Dorneck"	13,5%/11,50€
85	2017 Riesling Spätlese trocken „Alte Reben"	12,5%/14,80€
84	2019 Riesling Kabinett „Schäfchen"	10,5%/12,50€
81	2018 Spätburgunder Im Schmelzer	12%/10,90€
85	2018 Frühburgunder trocken „Menschel"	12,5%/14,90€
85	2018 Pinot Noir trocken „Goldgrund"	13%/16,90€
87	2018 Spätburgunder trocken Barrique „Stehkragen"	13,5%/32,-€

FRANKEN ▬ BÜRGSTADT

★★★★★ Rudolf **Fürst**

Kontakt
Hohenlindenweg 46
63927 Bürgstadt
Tel. 09371-8642
Fax: 09371-69230
www.weingut-rudolf-fuerst.de
info@weingut-rudolf-fuerst.de

Besuchszeiten
nach Vereinbarung

Inhaber
Paul & Sebastian Fürst
Betriebsleiter
Sebastian Fürst
Kellermeister
Sebastian Fürst
Außenbetrieb
Sebastian Schür
Rebfläche
21,2 Hektar
Produktion
120.000 Flaschen

Monika und Paul Fürst errichteten 1979 ihr Gutsgebäude in den Weinbergen am Centgrafenberg. Heute werden sie im Betrieb unterstützt von Sohn Sebastian, der sich vor allem um den Ausbau der Rotweine kümmert. Sie besitzen neben Weinbergen im Centgrafenberg und im Hundsrück in Bürgstadt auch 4 Hektar im Volkacher Karthäuser, seit 2004 erzeugen sie auch Weine aus dem Klingenberger Schlossberg, wo sie einige Terrassen neu bepflanzten, sind auch im Großheubacher Bischofsberg vertreten. Allein ihnen ist es zu verdanken, dass der Centgrafenberg in Bürgstadt allen Weinkennern in Deutschland ein Begriff ist, und auch beim Schlossberg sind sie die Vorreiter für dessen Renaissance. Spätburgunder ist ihre wichtigste Rebsorte, dann folgen Riesling, Weißburgunder, Silvaner, Frühburgunder und Chardonnay. An der Spitze der Rotwein-Kollektion stehen die Großen Gewächse, der Spätburgunder aus dem Centgrafenberg und der Hundsrück, der erstmals 2003 als Hunsrück erzeugt wurde, aber inzwischen wieder „Hundsrück" heißt, nachdem die alte Einzellage anerkannt und in ihrer ursprünglichen Schreibweise in die Lagenrolle eingetragen wurde; 2008 brachte den ersten Jahrgang des Klingenberger Schlossbergs als „Großes Gewächs". Unter den Großen Gewächsen steht der Spätburgunder Bürgstadter Berg, darunter die Spätburgunder Ortsweine aus Bürgstadt und Klingenberg; quasi neben den Großen Gewächsen steht der Frühburgunder R. Das weiße Segment ist gegliedert in die „pur mineral" genannten Gutsweine, die Lagenweine vom Centgrafenberg, die inzwischen die neue Lagenbezeichnung Bürgstadter Berg tragen, sowie den Riesling Großes Gewächs aus dem Centgrafenberg; daneben gibt es den Chardonnay aus dem Karthäuser (der seit dem Jahrgang 2016 aber keine Lagenbezeichnung mehr trägt) und den Weißburgunder R aus dem Centgrafenberg, der ebenfalls seit 2016 ohne Lagenbezeichnung auf den Markt kommt.

🍷 Kollektion

Bei Paul und Sebastian Fürst folgt eine großartige Kollektion auf die nächste, schon die Gutsweine zeigen bemerkenswert hohes Niveau, weiß wie rot. Der Riesling pur mineral ist fruchtbetont und würzig, klar, frisch und zupackend, besitzt feine Frucht und Grip. Am anderen Ende der Scala steht der Riesling Großes Gewächs aus dem Centgrafenbeg, der auch 2019 wieder hervorragend ist, würzig, anfangs fast etwas streng im Bouquet, sehr präzise im Mund ist, mineralisch, druckvoll, jugendlich. Man muss warten können, auch der 2015er ist immer noch sehr jugendlich, ebenso der 2014er Erste Lage-Riesling. Der Weißburgunder R ist faszinierend reintönig im Bouquet, füllig und kraftvoll im Mund, besitzt gute Struktur und Frische. Faszinierend sind im Jahrgang 2018 auch beide Chardonnay: Der Astheimer zeigt gute Konzentration, weiße Früchte, rauchige Noten, ganz dezenten Toast im Hintergrund, ist füllig, harmonisch, komplex, sehr präsent, der Chardonnay R zeigt ebenfalls rauchige Noten, ist herrlich reintönig, präzise, zupackend, noch sehr jugendlich, was auch für den 2016er gilt. Der Spätburgunder Tradition ist frisch, würzig und fruchtbetont im Bouquet, lebhaft, klar und zupackend im Mund, besitzt gute Struktur und Frucht – ein feiner Spätburgunder-Gutswein. Der Klingenberger Spätburgunder besticht mit seiner Reintönigkeit, ist faszinierend klar im Bouquet, harmonisch und elegant im Mund bei guter Struktur und feiner Frische: Hervorragend! Noch ein klein wenig besser gefällt uns wie schon 2017 der Spätburgunder Bürgstadter Berg, ein faszinierend harmonischer, eleganter Wein, reintönig und komplex, druckvoll und nachhaltig, ein Erste Lage-Spätburgunder, der viele Große Gewächse in den Schatten stellt. Der Frühburgunder R zeigt viel reintönige Frucht, mit etwas Luft ganz leicht florale Noten, ist klar und kraftvoll, wunderschön reintönig und zupackend, der 2014er präsentiert sich derzeit in prächtiger Verfassung. Spannend ist dann wieder der Vergleich der Großen Gewächse, die Jahr für Jahr sich deutlich unterscheiden. Intensiv fruchtig mit ganz dezentem Toast im Hintergrund präsentiert sich der Centgrafenberg, ist wunderschön harmonisch, elegant, besitzt Frische und Grip; der Schlossberg ist etwas rauchiger und würziger, kraftvoller, enorm jugendlich, präzise; der Hundsrück ist rauchig, füllig, komplex, faszinierend reintönig, druckvoll, lang und nachhaltig. Großartige Kollektion!

🍇 Weinbewertung

88	2019 Riesling „pur mineral"	11,5%/11,-€
90	2014 Riesling Centgrafenberg	12,5%
93	2018 Chardonnay Astheimer	12,5%/28,-€
92	2015 Riesling „GG" Centgrafenberg	12,5%
92	2019 Riesling „GG" Centgrafenberg	12%/42,-€
92	2018 Weißer Burgunder „R"	13%/42,-€
93	2016 Chardonnay „R"	13%
93	2018 Chardonnay „R"	13%/49,-€
88	2018 Spätburgunder „Tradition"	13%/13,60€
92	2018 Spätburgunder Bürgstadter Berg	13%/32,-€
91	2018 Spätburgunder Klingenberger	13%/29,-€
91	2014 Frühburgunder „R" Centgrafenberg	13%
91	2018 Frühburgunder „R"	13,5%/65,-€
92	2015 Spätburgunder „GG" Centgrafenberg	13,5%
95	2018 Spätburgunder „GG" Centgrafenberg	13,5%/59,-€
94	2018 Spätburgunder „GG" Schlossberg	13%/79,-€
96	2018 Spätburgunder „GG" Hundsrück	13%/129,-€

Sebastian und Paul Fürst

Lagen
Centgrafenberg (Bürgstadt)
Hundsrück (Bürgstadt)
Schlossberg (Klingenberg)
Karthäuser (Volkach)

Rebsorten
Spätburgunder (50 %)
Riesling (18 %)
Frühburgunder (10 %)
Chardonnay (10 %)
Weißburgunder (7 %)
Silvaner (5 %)

RHEINHESSEN ▬ MÖLSHEIM

★★★

Full

Kontakt
Hauptstraße 21
67591 Mölsheim
Tel. 06243-7866
www.christopher-full.de
kontakt@christopher-full.de

Besuchszeiten
Mo.-Sa. 9-12 + 14-18 Uhr
So. nach Vereinbarung

Inhaber
Thomas Full
Kellermeister
Christopher Full
Rebfläche
13 Hektar
Produktion
45.000 Flaschen

Das Weingut Full ist ein Familienbetrieb im rheinhessischen Teil des Zellertals. Die Weinberge liegen in den Mölsheimer Lagen Zellerweg am Schwarzen Herrgott und Silberberg, in den Hohen-Sülzer Lagen Kirchenstück und Sonnenberg, im Nieder-Flörsheimer Frauenberg und im Monsheimer Silberberg. Der Rebsortenspiegel ist umfangreich: Riesling, Müller-Thurgau, Grau- und Weißburgunder sowie Spätburgunder stehen derzeit auf den vorderen Plätzen, es folgen Scheurebe, Portugieser und Sankt Laurent. Der Betrieb wird von Thomas Full geführt; Sohn Christopher hat eine eigene Wein-Linie begonnen, die von den „Full of Joy" genannten Basisweinen bis hin zu Lagenweinen aus Zellertal am Schwarzen Herrgott (Riesling, Spätburgunder) und Frauenberg (Portugieser, Weißburgunder) reicht.

Kollektion

Dies ist ganz klar die bisher stärkste Kollektion von Thomas und Christopher Full. Der Kalkstein-Riesling ist fruchtbetont und geradlinig, der Mölsheimer Riesling besitzt Fülle und Kraft, der Lagenriesling vom Zellerweg zeigt gute Konzentration, gelbe Früchte, besitzt herrlich viel Frucht und Substanz, und auch edelsüß kann Riesling punkten mit der Auslese vom Zellerweg, die gelbe Früchte und Pfirsich im Bouquet zeigt, Fülle und Saft besitzt und reife süße Frucht. Der Blanc de Noir aus Spätburgunder und St. Laurent ist lebhaft und zupackend, die im Tonneau ausgebaute Scheurebe Fumé zeigt intensive Frucht und gute Konzentration, besitzt Fülle, Kraft und Druck. Vom Frauenberg-Weißburgunder konnten wir gleich zwei Jahrgänge verkosten: Der 2018er ist intensiv und konzentriert, besitzt viel Substanz und eine eigenwillige Frische, der 2019er ist rauchig, stoffig, herrlich eindringlich, füllig und kraftvoll, noch sehr jugendlich. Spannend ist auch der maischevergorene Grauburgunder „Full Of Rage", intensiv, zeigt Orangenschalen, besitzt viel Substanz und Grip. Zwei klare, zupackende Rotweine runden die starke Kollektion ab.

Weinbewertung

83	2019 Riesling trocken „Kalkstein"	12 %/8,90 €
84	2019 „Blanc de Noir" „Beautifull"	12 %/9,90 €
85	2019 Riesling Mölsheim	12,5 %/14,90 €
87	2019 Scheurebe „Fumé" „Wonderfull"	12,5 %/15,90 €
88	2019 Riesling Mölsheim Zellerweg Am Schwarzen Herrgott	12,5 %/22,- €
89	2019 Grauburgunder „Full Of Rage"	12,5 %/16,90 €
88	2018 Weißburgunder Nieder-Flörsheim Frauenberg	12 %/18,- €
89	2019 Weißburgunder Nieder-Flörsheim Frauenberg	12,5 %/20,- €
88	2019 Riesling Auslese Mölsheim Zellerweg Am Schwarzen Herrgott	7,5 %/24,- €
84	2018 Spätburgunder	12,5 %/9,90 €
85	2018 Sankt Laurent Hohen-Sülzen	12,5 %/11,90 €

WÜRTTEMBERG ▶ LÖCHGAU

Fritz **Funk**

★★★★✯

Kontakt
Friedhofstraße 25
Postadresse: Finkenweg 13
74369 Löchgau
Tel. 07143-7666
Fax: 07143-24873
www.weinbau-fritz-funk.de
info@weinbau-fritz-funk.de

Besuchszeiten
nach Vereinbarung
Besenwirtschaft (2 x im Jahr für 4 Wochen geöffnet, Jan./Febr. und Sept.)

Inhaber
Fritz Funk

Rebfläche
2,2 Hektar

Produktion
16.000 Flaschen

Das Weingut Funk ist ein kleiner Betrieb in Löchgau, der bis 1987 seine Trauben an die Felsengartenkellerei Besigheim abgeliefert hatte. Die Weinberge von Fritz Funk liegen alle in der Gemeinde Löchgau, wo die Reben auf Keuper- und Muschelkalkböden wachsen. Riesling, Lemberger, Schwarzriesling, Trollinger und Spätburgunder sind die wichtigsten Rebsorten, dazu gibt es Cabernet Dorio, Zweigelt und Kerner, 2007 hatte Fritz Funk in seiner Toplage Trollinger gerodet und Syrah gepflanzt, 2009 brachte er den ersten Ertrag, der für ein Barrique reichte, 2012 brachte Weißburgunder den ersten Ertrag; im vergangenen Jahr hat er Dornfelder auf Weißburgunder umveredelt, einen Teil des Trollingers auf Syrah. Alle Weine werden durchgegoren und kompromisslos trocken ausgebaut. Seit 2019 stellt Fritz Funk seine Weine nicht mehr zur Qualitätsweinprüfung an, vermarktet sie zukünftig als „Schwäbischer Landwein".

Kollektion

Der klare, zupackende Liter-Riesling eröffnet den Reigen, der Riesling vom Keuper ist würzig und zupackend, der Weißburgunder reintönig und strukturiert: Feine Weißweine. Die Holzfass-Rotweine sind geradlinig und kraftvoll, Zweigelt und Lemberger gefallen uns besonders gut, beide sind intensiv fruchtig, reintönig und haben Grip. Mehr Kraft und Substanz besitzen die Barrique-Rotweine, die alle 24 Monate im Holz blieben und unfiltriert abgefüllt wurden. Die Cuvée Duett in Rot aus Lemberger und Spätburgunder ist leicht floral, frisch und zupackend, der Meunier besticht mit Reintönigkeit, Struktur und Frische. Rote Früchte zeigt der Spätburgunder im Bouquet, Kirschen, besitzt klare Frucht und Struktur. Der leicht gewürzduftige Lemberger vereint Fülle und Kraft mit reifer Frucht, der Cabernet Dorio ist geradlinig und zupackend. Unsere leichte Präferenz gilt wieder einmal dem Syrah, der intensive reintönige Frucht und gute Konzentration besitzt bei ganz leicht kräuterig-floralen Noten im Abgang.

Weinbewertung

Punkte	Wein	Alkohol/Preis
83	2019 Riesling trocken Muschelkalk (1l)	12%/5,50€
85	2018 Riesling trocken „Keuper"	13%/7,50€
85	2019 Weißburgunder trocken	13%/8,50€
84	2018 Trollinger trocken Steillage Holzfass	12%/5,50€
86	2018 Zweigelt trocken Holzfass	13,5%/6,50€ ☺
86	2018 Lemberger trocken Holzfass	13,5%/8,50€
87	2017 „Duett in Rot" Rotwein trocken Barrique	12,5%/14,-€
88	2017 Lemberger trocken Barrique	12,5%/15,-€
88	2017 Pinot Meunier trocken Barrique	12,5%/14,-€
87	2017 Cabernet Dorio trocken Barrique	13,5%/16,-€
87	2017 Spätburgunder trocken Barrique	12,5%/14,-€
89	2017 Syrah trocken Barrique	13%/22,-€

PFALZ — NIEDERKIRCHEN

★★★★⯪

Fusser

Kontakt
Weingut
Martin & Georg Fußer
Friedhofstraße 7
67150 Niederkirchen
Tel. 06326-259782
Fax: 06326-259782
www.mfg-wein.de
info@mfg-wein.de

Besuchszeiten
nach Vereinbarung

Inhaber
Martin & Georg Fußer

Rebfläche
13,5 Hektar

Produktion
70.000 Flaschen

Die Brüder Martin und Georg Fußer entschlossen sich während des Weinbaustudiums in Geisenheim, einige Weinberge aus dem elterlichen Betrieb auszugliedern, um sie nach eigener Idee und Philosophie zu kultivieren. Begonnen haben die Brüder im Jahr 2006 mit den Rebsorten Riesling, Weißburgunder, Muskateller und Spätburgunder, 2010 wurde das Sortiment um Sauvignon Blanc ergänzt. 2011 erfolgte die Umstellung auf ökologischen Weinbau, im Jahr darauf wurde begonnen, biodynamisch zu arbeiten. Seit 2017 werden auch die Weinberge der Eltern biologisch bewirtschaftet.

Kollektion

Martin und Georg Fusser haben in den letzten Jahren verstärkt an ihren Spätburgundern gefeilt und präsentieren uns jetzt ihre bisher stärksten Weine aus dieser Rebsorte: Der Herrgottsacker zeigt feine Krokantwürze, rote Frucht, Hagebutte und Waldboden im Bouquet, besitzt deutlichere Tannine und ist etwas strukturierter als die Mäushöhle, der der frischere, animierendere und elegantere der beiden Weine ist und im Bouquet klare Frucht mit Aromen von roter Johannisbeere, Sauerkirsche, Hagebutte und Sanddorn zeigt, auch der Deidesheimer Spätburgunder ist elegant und schlank und besitzt kühle, kräutrige Art, der Spätburgunder-Gutswein ist fruchtbetont mit feinen Noten von roter Johannisbeere und Himbeere. Die Lagenrieslinge sind etwas schlanker als aus dem 2017er Jahrgang, sind geradlinig, puristisch, brauchen Luft, bleiben dann aber über Tage hinweg stabil in der offenen Flasche, neu im Programm ist der Saumagen, der viel Grip besitzt, sehr mineralisch und nachhaltig, fein, aber druckvoll ist, der Reiterpfad ist ganz karg und animierend, besitzt salzige Länge und Druck, die Leinhöhle besitzt die meiste Frucht, zeigt feine Zitrusnoten, Ananas, Orangenschale, ist elegant, leicht salzig und nachhaltig.

Weinbewertung

85	2019 Riesling trocken	12,5%/8,20 €
85	2019 Weißburgunder trocken	12%/8,20 €
87	2019 Riesling trocken Ruppertsberger	13%/12,50 €
87	2019 Sauvignon Blanc trocken Ruppertsberger	12,5%/11,50 €
87	2019 Weißburgunder trocken Deidesheimer	13%/11,50 €
89	2018 Riesling trocken „No. 1" Leinhöhle Deidesheim	12,5%/29,- €
89	2018 Riesling trocken „No. 1" Reiterpfad Ruppertsberg	12,5%/29,- €
90	2018 Riesling trocken „No. 1" Saumagen Kallstadt	13%/29,- €
86	2018 Spätburgunder trocken	13%/11,50 €
87	2018 Spätburgunder trocken Deidesheimer	12,5%/14,50 €
89	2018 Spätburgunder trocken Mäushöhle Deidesheim	12,5%/29,- €
89	2018 Spätburgunder trocken Herrgottsacker Deidesheim	12,5%/27,- €

FUßER
RUPPERTSBERGER
RIESLING 2015

Gabel

★★★★✩

Kontakt
Weinstraße 45
67273 Herxheim am Berg
Tel. 06353-7462
Fax: 06353-91019
wein@weingut-gabel.de
www.weingut-gabel.de

Besuchszeiten
Mo.-Fr. 10-12 + 13-17 Uhr
Sa. 9-12 Uhr

Inhaber
Oliver & Wolfgang Gabel
Rebfläche
21 Hektar
Produktion
120.000 Flaschen

Caspar Gabel ließ sich 1655 als Küfer in der Pfalz nieder und begründete das Weingut, das bis heute im Familienbesitz ist. Seit 2014 ist Oliver Gabel in der 13. Generation für den heimischen Keller verantwortlich. Er führt das Gut gemeinsam mit den Eltern Wolfgang und Rianne, nachdem er Weinbau und Önologie in Neustadt an der Weinstraße studiert und Erfahrungen in Baden, Bordeaux, Burgund und Südafrika gesammelt hat. Das Sortiment ist gegliedert in Gutsweine, Traditionsweine, die in teilweise über 100 Jahre alten Holzfässern ausgebaut werden und Lagenweine, die im großen oder kleinen Holz spontan vergoren werden. 2019 ist der erste biologisch zertifizierte Jahrgang.

Kollektion

Oliver Gabels Spätburgunder sind im Jahrgang 2018 so elegant wie noch nie, der Honigsack ist der einzige Spätburgunder, bei dem das Holz leicht zu spüren ist, er zeigt kräutrige Noten und Schwarzkirsche im Bouquet, ist am Gaumen eher rotfruchtig, besitzt eine gute Struktur mit einer animierenden Säure und ist noch sehr jung, der „Tradition" ist sehr feingliedrig, schlank und schon zugänglich, zeigt rote Frucht, Himbeere, Johannisbeere, und etwas Waldboden, der Guts-Spätburgunder zeigt eine ähnliche Frucht, ist aber etwas weniger intensiv. Der Blaufränkisch vom Held ist von kräutrigen Noten und dunkler Beerenfrucht geprägt, ist elegant mit noch jugendlichen Tanninen, neu im Programm ist der ungeschwefelte und unfiltrierte Blaufränkisch „Pur", der klare, kühle Frucht besitzt, frisch und schlank ist. Die beiden Sekte sind sehr puristisch, fast schon karg, animierend und sehr nachhaltig, der Weißburgunder Steig zeigt deutliche Röstnoten, die aber am Gaumen gut eingebunden sind, besitzt gute Konzentration, gelbe Frucht und Potential, sehr gut sind auch der sehr reintönige, feine und leicht cremige Weißburgunder „Tradition" und der zitruswürzige, animierende, nachhaltige Goldberg-Riesling.

Weinbewertung

89	„Blanc de Blancs" Sekt brut nature	12,5%/18,50€
88	Pinot Rosé Sekt brut	12%/14,50€
85	2019 Weißburgunder trocken	12%/7,85€
87	2019 Weißburgunder trocken „Tradition"	12,5%/12,50€
89	2019 Weißburgunder trocken Bissersheimer Steig	13%/18,-€
88	2019 Riesling trocken Bissersheimer Goldberg	12,5%/16,-€
86	2018 Spätburgunder trocken	12,5%/9,-€
87	2018 Lagrein trocken „Tradition"	13%/12,50€
87	2019 Blaufränkisch „Pur"	12%/14,50€
88	2018 Spätburgunder trocken „Tradition"	12%/14,50€
89	2018 Spätburgunder trocken Herxheimer Honigsack	12,5%/22,50€
88	2018 Blaufränkisch trocken Bissersheimer Held	13%/19,50€

NAHE — NIEDERHAUSEN

★★

Gabelmann

Kontakt
Schulstraße 11
55585 Niederhausen
Tel. 06750-8004070
www.weingutgabelmann.de
kontakt@weingutgabelmann.de

Besuchszeiten
nach Vereinbarung

Inhaber/Betriebsleiter/Kellermeister
Sebastian Gabelmann

Rebfläche
7 Hektar

Produktion
25.000 Flaschen

Sebastian Gabelmann, zum Winzer ausgebildet bei Schick in Rheinhessen und Dönnhoff an der Nahe, konnte mit seiner Freundin Nathalie Schwartz, gelernte Werbe- und Produktfotografin, das ehemalige Weingut Germann in Niederhausen übernehmen. Die ersten eigenen Weine wurden 2014 erzeugt, unterstützt wird Gabelmann von seinem Vater Kurt, der zehn Jahre lang Betriebsleiter bei der ehemaligen staatlichen Domäne Niederhausen-Schlossböckelheim war und 2004 zum Rheingauer Weingut Graf von Kanitz wechselte. Zu den ursprünglich knapp vier Hektar Rebfläche zum Großteil in Steillagen, in Niederhausen in den Lagen Rosenheck und Rosenberg, im Duchrother Feuerberg, im Waldböckelheimer Mühlberg und im Schlossböckelheimer Heimberg kamen 2017 weitere drei Hektar in den Niederhäuser Lagen Felsensteyer und Klamm hinzu. Auf 70 Prozent der Fläche stehen Rieslingreben, dazu kommen 15 Prozent Weißburgunder und jeweils 5 Prozent Grauburgunder, Chardonnay und Spätburgunder. Das Sortiment ist in Guts-, Orts- und Lagenweine gegliedert.

Kollektion

Er war schon in den vergangenen Jahren unser Favorit und steht auch an der Spitze der aktuellen Kollektion: Der trockene Riesling aus der Klamm ist fruchtbetont, zeigt Noten von Ananas, Aprikose und Orangenschale und etwas steinig-mineralische Würze, besitzt Fülle und Länge. Knapp dahinter liegt der trockene Rosenheck-Riesling, der ebenfalls viel gelbe Frucht zeigt, Aprikose, Apfel, füllig, animierend und lang ist, auch der Felsensteyer ist füllig, zeigt klare Frucht und kräutrige Noten, während der Feuerberg ganz geradlinig und animierend ist und von herber Zitrusfrucht geprägt wird. Die Spätlese aus dem Rosenheck zeigt viel Frucht im Bouquet, ist saftig und leicht cremig mit dezenter Süße. Die drei Ortsweine liegen auf einem gleichmäßig guten Niveau, der Grauburgunder ist schlank, besitzt aber Schmelz, der Weißburgunder zeigt klare Birnenfrucht und florale Noten und der Riesling ist zitrusfruchtig, animierend und besitzt Biss.

Weinbewertung

83	2019 Riesling trocken	12%/6,90€
83	2019 Chardonnay trocken	13%/6,70€
85	2019 Weißburgunder trocken Niederhausen	13%/7,60€
85	2019 Grauburgunder trocken Waldböckelheim	12,5%/7,60€
85	2019 Riesling trocken Waldböckelheim	13%/7,80€
86	2019 Riesling trocken Niederhäuser Felsensteyer	13%/10,90€
86	2019 Riesling trocken Duchroth Feuerberg	13%/9,90€
87	2019 Riesling trocken Niederhäuser Rosenheck	13%/11,20€
88	2019 Riesling trocken Niederhäuser Klamm	13%/14,30€
86	2019 Riesling Spätlese Niederhausen Rosenheck	10%/10,60€

RHEINHESSEN ▶ HACKENHEIM

Gänz

Kontakt
BioWeingut A. Gänz
Bosenheimer Straße 46
55546 Hackenheim
Tel. 0671-8963453
Fax: 0671-8963455
www.gaenz.bio
info@gaenz.com

Besuchszeiten
Mo.-Fr. 8-12 + 14-16 Uhr
Sa. 8-16 Uhr
So. & Feiertage geschlossen
Bio-Hotel

Inhaber
Albert Gänz

Betriebsleiter
Peter Paul Gänz

Kellermeister
Peter Paul Gänz

Außenbetrieb
Albert Gänz

Rebfläche
10,5 Hektar

Produktion
70.000 Flaschen

Seit über 250 Jahren betreibt die Familie Acker- und Weinbau in Hackenheim, das ganz im Westen Rheinhessens liegt, unmittelbar an der Grenze zum Anbaugebiet Nahe. Seit Ende der achtziger Jahre wird auf den Einsatz von Mineraldünger und Herbiziden verzichtet, seit 1997 ist der Betrieb biologisch zertifiziert, man ist Mitglied bei Bioland. Im Jahr 2000 wurde der neue Biohof in den Weinbergen von Hackenheim errichtet, zu dem auch ein Bio-Hotel gehört. Seit 2001 ist Peter Gänz für den Weinausbau verantwortlich. Die Weinberge liegen in den Hackenheimer Lagen Kirchberg (Tonmergelböden, die von Porphyrfelsen durchzogen sind) und Sonnenberg (Lössböden), sowie im Kreuznacher Rosenberg (karge Böden mit feinem Kies), der zum Anbaugebiet Nahe gehört. Zwei Drittel der Weinberge nehmen weiße Rebsorten ein, vor allem Riesling, Grauburgunder, Sauvignon Blanc, Silvaner und Gewürztraminer. An roten Sorten werden Spätburgunder, Dornfelder und Regent angebaut.

Kollektion

Die Besten Beeren führten im vergangenen Jahr eine gute Kollektion an, und in diesem Jahr ist das bei den 2019ern nicht anders. Der Gewürztraminer zeigt feine Würze und reife Frucht, ist klar, kraftvoll und zupackend, der Sauvignon Blanc zeigt viel Duft, besitzt im Mund gute Struktur, reife Frucht und Grip, und auch der Riesling ist recht duftig, würzig, geradlinig. Spannend ist wieder der Petnat, fruchtbetont, harmonisch, süffig. Sehr gut gefällt uns der 24 Monate auf der Hefe ausgebaute Blanc de Blanc-Sekt aus Weiß- und Grauburgunder, zeigt rauchige Noten im Bouquet, viel Frische, ist klar und harmonisch im Mund, recht füllig, wirkt für einen Brut Nature erstaunlich süß. Sonst präsentiert sich die Kollektion sehr gleichmäßig, der Sauvignon Blanc gefällt uns in der trockenen Variante deutlich besser als halbtrocken, ist frisch und zupackend, der Weißburgunder vom Löss ist lebhaft und geradlinig.

Weinbewertung

83	2019 „Pétillant Naturel" Perlwein	12,5%/15,80€
85	2016 „Blanc de Blanc" Sekt brut nature	12,5%/14,50€
81	2019 Riesling trocken (Nahe)	12,5%/6,90€
82	2019 Weißburgunder trocken „vom Löss" Hackenheimer Sonnenberg	12,5%/8,90€
80	2019 Grauburgunder trocken	12,5%/6,90€
81	2019 Riesling trocken „vom Tonmergel" Hackenheimer Kirchberg	12,5%/8,90€
83	2019 Sauvignon Blanc trocken Hackenheimer Kirchberg	12%/9,50€
85	2019 Sauvignon Blanc trocken „Beste Beeren" Hackenheimer Kirchberg	13%/18,50€
83	2019 Riesling trocken „Beste Beeren"	12,5%/18,50€
81	2019 Sauvignon Blanc „feinfruchtig" Hackenheimer Kirchberg	12%/9,50€
85	2019 Gewürztraminer trocken „Beste Beeren"	13%/18,50€
81	2019 Riesling Spätlese „süß" Hackenheimer Kirchberg	9%/9,50€

PFALZ ➡ KIRCHHEIM

★ ★ ☆

Ansgar Galler

Kontakt
Bissersheimer Straße 13
67281 Kirchheim
Tel. 06359-919391
Fax: 06359-919388
www.weingut-galler.de
mail@weingut-galler.de

Besuchszeiten
nach Vereinbarung

Inhaber
Ansgar Galler
Betriebsleiter
Ansgar Galler
Kellermeister
Ansgar Galler
Außenbetrieb
Ansgar Galler
Rebfläche
11 Hektar
Produktion
70.000 Flaschen

Katja und Ansgar Galler konnten 2009 ein kleines Weingut in Kirchheim übernehmen und ihren eigenen Betrieb gründen. Seit 2012 setzen sie bei Neupflanzungen konsequent auf pilzwiderstandsfähige Rebsorten, die so genannten Piwis, und so stehen mittlerweile auf mehr als der Hälfte ihrer Rebfläche weiße Sorten wie Sauvignac, Cabernet Blanc, Johanniter und Muscaris und die roten Sorten Satin Noir, Cabernet Cantor, Cabernet Cortis und Pinotin, daneben gibt es aber auch noch die klassischen Rebsorten Riesling, Weißburgunder, Chardonnay, Auxerrois, Merlot, Dornfelder und Spätburgunder. Die Weinberge liegen in den Kirchheimer Lagen Steinacker, Kreuz, Römerstraße und Geiskopf, 2015 wurde ein alter Gewölbekeller aus dem 19. Jahrhundert restauriert, seit dem Jahrgang 2017 ist das Weingut biozertifiziert. Das Sortiment ist dreistufig gegliedert in „Klassisch" für die Basisweine, „Modern" für Weine mit vier- bis sechsmonatigem Hefelager und „Premium" für spontan im kleinen Holz vergorene und mit langem Hefelager ausgebaute Weine.

Kollektion

Die Gallers präsentieren uns zu ihrem Debüt eine gelungene, sehr eigenständige Kollektion, in der der Satin Noir an der Spitze liegt: Der sehr dunkle, schwarzrote Wein hat ein komplexes Bouquet mit Noten von Sauerkirsche, schwarzer Johannisbeere und Brombeere, ist harmonisch, besitzt gute Struktur und eine kühle Art. Genauso gut ist der drei Jahre auf der Hefe gereifte Sekt aus Sauvignac, der feine rauchige und hefige Noten und gelbe Frucht im Bouquet zeigt und auch am Gaumen viel Frucht und Frische besitzt, knapp dahinter liegt der kraftvolle, fruchtbetonte Pet Nat aus Cabernet Blanc und Sauvignac. Die beiden Cabernet Blanc sind harmonisch und ausgewogen, besitzen Frische, die beiden Sauvignac sind etwas verhaltener im Bouquet, zeigen dezente Frucht und feine Holzwürze.

Weinbewertung

86	Pet Nat Blanc trocken Jumelage	13,5%/14,90€
87	2016 Sauvignac Sekt brut „Feodora"	12,5%/19,90€
82	2019 Weißburgunder trocken	12,5%/6,90€
84	2018 Cabernet Blanc trocken	12%/8,90€
83	2018 Sauvignac trocken	12,5%/8,90€
86	2018 Cabernet Blanc trocken „Heinrich"	13%/12,90€
85	2018 Sauvignac Spätlese trocken „Feodora"	12,5%/12,90€
82	2018 Johanniter „feinherb"	11%/7,90€
79	2019 Dornfelder trocken	12,5%/6,90€
84	2015 Merlot trocken	13,5%/11,90€
84	2017 Pinotin trocken „Agnes"	13%/14,90€
87	2017 Satin Noir trocken „Kunigunde"	13%/16,90€

WÜRTTEMBERG ▬ INGELFINGEN

Gaufer

Kontakt
Mariannenstraße 24
74653 Ingelfingen
Tel. 07940-57373
Fax: 07940-55069
www.weingut-gaufer.de
info@weingut-gaufer.de

Besuchszeiten
Mi.-Fr. 17-19 Uhr
Sa. 9-14 Uhr
und nach Vereinbarung

Inhaber
Susanne & Peter Schmezer
Betriebsleiter
Susanne Schmezer,
Gerrit Schmezer
Kellermeister
Gerrit Schmezer
Rebfläche
11 Hektar
Produktion
50.000 Flaschen

Susanne Schmezer übernahm 1991 zusammen mit ihrem Ehemann Peter Schmezer die Weinberge ihrer Eltern Karl und Erika Gaufer und stellte den Genossenschaftsbetrieb auf Selbstvermarktung um, mit damals 5 Hektar Reben. Inzwischen hat sich die Rebfläche mehr als verdoppelt. Alle Weinberge liegen im Kochertal, in der Ingelfinger Lage Hoher Berg sowie den beiden Niedernhaller Lagen Burgstall und Engweg. Hauptrebsorten sind Müller Thurgau, Riesling, Silvaner, Portugieser und Spätburgunder. Des Weiteren werden Dornfelder, Schwarzriesling, Trollinger, Lemberger, Zweigelt und Cabernet, Grauburgunder und Weißburgunder sowie neuerdings wieder Kerner angebaut. In den letzten Jahren wurde in Fassraum (Edelstahl, Barriques, Holzfässer), Keltertechnik und Gärsteuerung investiert. Die Weißweine werden kühl vergoren, die Rotweine werden mit Ausnahme der Literweine generell maischevergoren. Seit einigen Jahren nehmen die Söhne Gerrit und Yannik Einfluss auf die Vinifizierung.

Kollektion

Die Weißweine der Linie Geschmackvolles (G) sind frisch, geradlinig und klar, die der Linie Erlesenes (E) sind deutlich kraftvoller und komplexer, allesamt sehr gut. Der Silvaner, Jahrgang 2017, ist enorm würzig und konzentriert, besitzt Fülle und Kraft, viel reife Frucht und Substanz, der 2018er Riesling zeigt feine Reifenoten, ist klar und zupackend, der 2017er Weißburgunder vereint Fülle und Kraft mit guter Struktur und reifer Frucht, besitzt feine Frische im Abgang. Die Rotweine der Geschmackvolles-Linie überzeugen: Der Pinot Meunier ist fruchtbetont und frisch wie auch der Burgstall-Spätburgunder. Die Rotweine der Erlesenes-Linie präsentieren sich nicht ganz so gleichmäßig wie die Weißweine. Unsere Favoriten sind der lebhafte, klare, zupackende Lemberger und der recht würzige und eindringliche Spätburgunder, der gute Struktur besitzt, klare Frucht und Frische.

Weinbewertung

82	2018 Silvaner trocken (G) Niedernhaller Burgstall	13,5%/6,70€
81	2019 Riesling trocken (G) Ingelfinger Hoher Berg	12,5%/6,70€
81	2018 Weißburgunder trocken (G) Ingelfinger Hoher Berg	12,5%/7,-€
85	2017 Silvaner trocken (E) Ingelfinger Hoher Berg	13%/12,20€
85	2018 Riesling trocken (E) Ingelfinger Hoher Berg	13,5%/13,50€
85	2017 Weißburgunder trocken (E) Ingelfinger Hoher Berg	13%/13,50€
82	2018 Pinot Meunier trocken (G) Niedernhaller Burgstall	13,5%/7,20€
82	2018 Blauer Zweigelt trocken (E) Ingelfinger Hoher Berg	13,5%/12,90€
81	2018 Spätburgunder trocken (G) Niedernhaller Burgstall	14%/6,70€
83	2018 Lemberger trocken (E) Ingelfinger Hoher Berg	14%/13,90€
84	2018 Spätburgunder trocken (E) Ingelfinger Hoher Berg	14%/12,90€
82	Rotwein Cuvée trocken (E) Ingelfinger Hoher Berg	12,5%/14,50€

PFALZ ■ GRÜNSTADT-ASSELHEIM

★★★★ Matthias **Gaul**

Kontakt
Weinstraße 10
67269 Grünstadt-Asselheim
Tel. 06359-3668
Fax: 06359-86575
www.gaul-weine.de
gaul@gaul-weine.de

Besuchszeiten
Mo.-Fr. 8-12 + 13-18 Uhr
Sa. 9-12 + 13-17 Uhr

Inhaber
Matthias Gaul
Betriebsleiter
Matthias Gaul, Tobias Müller
Kellermeister
Natalie Pletsch
Rebfläche
35 Hektar
Produktion
290.000 Flaschen

Matthias Gauls Großvater füllte 1956 den ersten Flaschenwein der Familie, einen Müller-Thurgau, aber erst in den siebziger Jahren spezialisierte Werner Gaul den damaligen Gemischtbetrieb auf Weinbau und stellte von Fass- auf Flaschenweinvermarktung um. Nach seinem Geisenheim-Studium und Auslandsaufenthalten ist Matthias Gaul 1995 in den elterlichen Betrieb mit damals 8 Hektar Reben eingestiegen, hat ihn 2003 übernommen und seitdem seine Rebfläche stetig auf heute 35 Hektar erweitert. Die Böden rund um Asselheim sind karg, steinig und kalkreich, die Lagen hier im Norden der Pfalz, wie St. Stephan, Schloss und Goldberg in Asselheim und der Sonnenberg in Mühlheim, liegen nicht mehr im Schutz des Haardtgebirges und des Pfälzer Waldes, durch die Winde, die vom Westen durch das Eistal über die Weinberge ziehen, entsteht ein kühles Mikroklima, das zu einer späteren und langsameren Traubenreife führt. Matthias Gaul produziert je zur Hälfte Weiß- und Rotwein, wichtigste weiße Sorte ist der Riesling, dazu kommen Grauburgunder, Weißburgunder, Sauvignon Blanc, Scheurebe und Chardonnay, den Gaul bereits 1990 pflanzte. Seit den 1990er Jahren baut er auch Cabernet Sauvignon, Cabernet Franc, Merlot und seit 2005 auch Tempranillo an, wichtigste rote Rebsorte ist aber der Spätburgunder, der mittlerweile auf fünf Hektar steht. Das Sortiment ist gegliedert in Basisweine, Ortsweine und Lagenweine, daneben gibt es noch eine Reihe von weißen und roten Cuvées. Zuletzt wurde in neue Weinberge investiert, in einer kühlen Lage auf 300 Höhenmetern wurde auf purem Kalkfels Grauburgunder gepflanzt, Chardonnay und Spätburgunder sollen dort folgen.

Kollektion

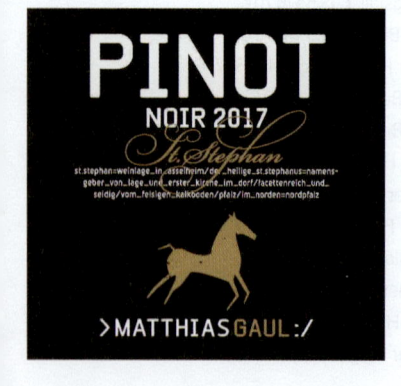

Zwei Rieslinge ragen aus der aktuellen, erneut sehr starken Kollektion von Matthias Gaul hervor: Die 2018er Réserve-Version des St. Stephan-Rieslings zeigt ein komplexes Bouquet mit feiner Holzwürze, Zitrusnoten, Ananas, grünem Apfel und kräutrig-mineralischer Würze, besitzt eine leicht cremige Textur, wirkt noch sehr jung und besitzt Potential, ist salzig, animierend und sehr nachhaltig, ähnlich komplex ist die in kleiner Menge erzeugte 2018er Trockenbeerenauslese, die im Bouquet Aromen von Aprikosenmark, Feige und Schwarztee zeigt, am Gaumen sehr konzentriert und ölig-dicht ist, viel klare Frucht, kräutrige Würze und ein lebendiges Säurespiel besitzt. Aber auch eine ganze Reihe weiterer Weine ist hervorragend, darunter auch ein Sekt: Der „Mademoiselle Anne" zeigt feine Noten von Brotkruste im Bouquet, bleibt zurückhaltend in der Frucht, ist geradlinig, puristisch und animierend, der Steinrassel „Réserve"-Pinot Noir zeigt dunkle und rote Frucht, Schwarzkirsche, Hagebutte, dazu etwas kräutrige Noten und Kakao im Bouquet, ist elegant, frisch und nachhaltig, der Pinot Noir aus dem St. Stephan zeigt feine Röstnoten, etwas Kirschkern, Himbeere und Waldboden, ist ebenfalls elegant, besitzt reife Tannine und eine frische Säure, die rote Cuvée Grand Jeté zeigt dunkle Frucht, Brombeere, Pflaume und etwas Räucherspeck im Bouquet, besitzt eine noch jugendliche Struktur, ist kraftvoll und nachhaltig. Der Riesling vom St. Stephan zeigt dezente Frucht, gelben Apfel, Aprikose, entwickelt am Gaumen feinen Druck, ist animierend und nachhaltig, der Sauvignon Blanc aus derselben Lage ist sehr eigenwillig und wirkt noch sehr jung, zeigt keine Frucht, aber viel Würze, das Bouquet erinnert an frisch geschnittenes Roggenbrot, am Gaumen besitzt er gute Konzentration, Struktur und ein animierendes Säurespiel, eine gänzlich eigene Interpretation der Sorte. Auch der weiße Entrelacé fällt aus der Reihe, ist eine Cuvée aus Gewürztraminer aus dem Elsass, der Heimat von Matthias Gauls Frau Anne, und Pfälzer Riesling, der Wein ist sehr aromatisch, zeigt Rosenblätter, Litschi und Ananas im Bouquet, ist kraftvoll, cremig, harmonisch und frisch, der Cabernet Franc zeigt dunkle Beerenfrucht, Brombeere, schwarze Johannisbeere, und etwas Schokonoten, besitzt reife Tannine, ist kraftvoll und lang, der Asselheimer Pinot Noir zeigt klare rote Frucht, Johannisbeere, Kirsche und Hagebutte, ist elegant und frisch, der Sauvignon Blanc aus Asselheim zeigt gelbe Frucht, Maracuja, Pfirsich und etwas Stachelbeere, besitzt Frische und Länge, der Steinrassel-Riesling ist fruchtbetont, kraftvoll, zeigt leichte Reifenoten und besitzt Grip. ←

🍇 Weinbewertung

87	2017 Pinot Sekt brut	11%/16,50€
90	2012 „Mademoiselle Anne" Sekt dosage zero	12,5%/35,-€
88	2018 „Entrelacé" Weißwein	14%/19,50€
86	2017 Riesling trocken Asselheim	12,5%/12,50€
88	2018 Sauvignon Blanc trocken Asselheim	12,5%/14,50€
88	2018 Riesling trocken „Steinrassel"	13,5%/18,50€
90	2018 Riesling trocken Asselheimer St. Stephan	12,5%/29,-€
90	2017 Sauvignon Blanc trocken Asselheimer St. Stephan	12,5%/35,-€
92	2018 Riesling trocken „Réserve" Asselheimer St. Stephan	13,5%
92	2018 Riesling Trockenbeerenauslese	6%/0,375l
89	2018 Cabernet Franc trocken	14%/25,-€
90	2018 „Grand Jeté" Rotwein trocken	14%/25,-€
88	2018 Pinot Noir trocken Asselheim	13%/14,50€
91	2018 Pinot Noir trocken „Steinrassel Réserve"	13%
90	2018 Pinot Noir trocken Asselheimer St. Stephan	13%/39,-€

Matthias Gaul

Lagen
St. Stephan (Asselheim)
Goldberg (Asselheim)
Sonnenberg (Mühlheim)
Schloss (Asselheim)

Rebsorten
Riesling
Grauburgunder
Chardonnay
Weißburgunder
Sauvignon Blanc
Spätburgunder
Dornfelder
Cabernet Sauvignon
Cabernet Franc
Merlot
Tempranillo

PFALZ ▶ GRÜNSTADT-SAUSENHEIM

★★★

Karl-Heinz Gaul

Kontakt
Bärenbrunnenstraße 15
67269 Grünstadt-Sausenheim
Tel. 06359-84569
Fax: 06359-87498
www.weingut-gaul.de
info@weingut-gaul.de

Besuchszeiten
Mo.-Fr. 8-12 + 13-18 Uhr
Sa. 9-16 Uhr
Ferienwohnungen

Inhaber
Karoline & Dorothee Gaul
Kellermeister
Dorothee Gaul
Rebfläche
20 Hektar
Produktion
130.000 Flaschen

2011 haben Karoline und Dorothee Gaul das Weingut von ihrem Vater übernommen, nachdem sie zuvor bereits seit 2008 für die Weinberge und den Keller verantwortlich waren. Beide haben in Top-Betrieben der Pfalz (Bassermann-Jordan, Mosbacher, Wehrheim) eine Winzerlehre absolviert, in Geisenheim studiert und danach Auslandserfahrungen in Neuseeland, Österreich und Südtirol gesammelt. Die Weinberge liegen vor allem in Sausenheim und Asselheim, wo die Böden hauptsächlich von Kalkstein geprägt sind. Wichtigste Rebsorte ist Riesling. Dazu kommen Spätburgunder, Sankt Laurent, Schwarzriesling, Cabernet Cubin und Blaufränkisch. Bei den weißen Sorten folgen Weiß- und Grauburgunder, Müller-Thurgau und Muskateller.

Kollektion

Unseren Favoriten der vergangenen Jahre finden wir in seiner 2019er Version sogar noch einen Tick spannender: Der „Zugpferd"-Riesling zeigt feine, komplexe kräutrig-mineralische Würze, besitzt am Gaumen Konzentration, etwas Fülle, dezente Zitruswürze und leicht salzige Noten, ist animierend und nachhaltig. Und noch zwei weitere starke Rieslinge konnten wir verkosten, der Honigsack ist ebenfalls komplex und animierend, besitzt Kraft, salzige Zitrusnoten, Grip und Struktur, der Hütt zeigt zunächst kräutrige Noten im Bouquet, mit etwas Luft kommt gelbes Steinobst dazu, am Gaumen ist er geradlinig und nachhaltig mit Grip und feinen salzigen Noten. Sehr gut sind auch der Spätburgunder „Zugpferd", der Noten von Kirschkern und feine röstige Würze zeigt, kraftvoll, konzentriert und gut strukturiert ist, aber insgesamt noch sehr jung wirkt und sich mit etwas Reifezeit noch steigern könnte, der dunkelfruchtige St. Laurent mit Aromen von Pflaume, Schokolade und deutlichen Röstnoten und der fruchtbetonte, geradlinige Rosé-Sekt, der im Bouquet feine Kirschfrucht und leicht hefige Würze zeigt.

Weinbewertung

87	2017 Rosé Sekt brut	12,5%/18,-€
84	2019 Riesling trocken	12,5%/6,90€
86	2019 Grauer Burgunder trocken Sausenheimer	12,5%/9,20€
86	2019 Riesling trocken Asselheimer	13%/9,80€
86	2019 Schwesterherz Weißwein trocken	12,5%/9,80€
85	2019 Gelber Muskateller trocken Sausenheimer	12%/9,80€
89	2019 Riesling trocken Sausenheimer Honigsack	13,5%/14,-€
88	2019 Riesling trocken Sausenheimer Hütt	13,5%/14,-€
90	2019 Riesling trocken „i.d.R." „Zugpferd" Sausenheimer Hütt	13%/19,50€
86	2018 Spätburgunder trocken Sausenheimer	14%/13,50€
87	2018 St. Laurent trocken Sausenheimer Honigsack	14%/18,-€
88	2018 Spätburgunder trocken „i.G." „Zugpferd" Sausenheimer Honigsack	14%/24,-€

MOSEL ▬ BRAUNEBERG

Gehlen-Cornelius

★ ★☆

Kontakt
Weingartenstraße 33
54472 Braneberg
Tel. 06534-496
Fax: 06534-1518
www.gehlen-cornelius.de
mail@gehlen-cornelius.de

Besuchszeiten
April-Okt. Mo.-So. 8-18 Uhr
oder nach Vereinbarung

Inhaber
Familie Gehlen
Kellermeister
Daniel Gehlen
Rebfläche
22 Hektar

Daniel Gehlen erzeugt in dem Brauneberger Familienbetrieb ein Sortiment an Weinen, das sich von dem anderer Weingüter im Ort und in der Umgebung durchaus unterscheidet. Riesling nimmt in dem insgesamt 22 Hektar Fläche umfassenden Betrieb zwar mit 60 Prozent immer noch die Hauptrolle ein und stammt aus den bekannten Lagen Brauneberger Juffer oder Wintricher Ohligsberg, doch auch andere Sorten besitzen eine vergleichsweise große Bedeutung. Grau- und Weißburgunder gibt es hier, Chardonnay und Sauvignon Blanc sowie die Rotweinsorten Merlot, Spätburgunder und – für die Mosel gänzlich ungewöhnlich – Blaufränkisch sowie Syrah. Pflanzenschutz und Düngung sind auf ein Minimum reduziert, langsame Reifung der Weine ist hier selbstverständlich, die mehrmonatige Lagerung der Weine auf der Feinhefe ist es auch. Ausgebaut wird in Tanks, beim Chardonnay und beim Rotwein kommen auch Barriques zum Einsatz. Zum Weingut gehört ein Gutshotel.

Kollektion

Erfreulich sind die Fortschritte, die in diesem Betrieb zu beobachten sind. Alle Weine sind gemäß ihrer Prädikatsstufe oder Bestimmung herausgearbeitet, stimmig und balanciert. Der Schieferschatz genannte Einstieg ist saftig und klar. Der trockene Jufferriesling zeigt Noten von Zitrus und Kernobst, ist straff mit Würze und Schmelz. Etwas eleganter ist der Ohligsberg-Riesling in trockener Version. Klare Frucht mit Noten von Birne und Melone sowie eine feste Struktur ohne aufdringliche Holzaromatik weist der Chardonnay aus dem Barrique auf. Der feinherbe Ohligsberg-Riesling zeigt eine süße Apfelfrucht, ist saftig, merklich süß, aber auch zupackend und animierend. Rasse besitzt dann die Ohligsberg-Spätlese in süßer Version, ist jetzt schon zugänglich. Welche Bedeutung in diesem Betrieb die Rotweine haben, wird schnell deutlich. Alle drei stammen aus 2018. Noten von Kirsche, Kakao und eine leicht rustikale Art weist der Merlot auf. Gelungen ist der Blaufränkisch mit Noten von reifen Kirschen und Rauch, er ist fest und würzig. Deutlich spannender der Syrah mit Noten von Schokolade und dunklen Beeren, würzig, kompakt, mit Frische und würzigem Nachhall.

Weinbewertung

84	2019 Riesling trocken „Schieferschatz"	12,5%/8,90 €
85	2019 Chardonnay trocken Barrique	13,5%/10,50 €
87	2019 Riesling trocken Wintricher Ohligsberg	12,5%/10,50 €
87	2019 Riesling trocken Brauneberger Juffer	13%/12,- €
86	2019 Riesling „feinherb" Wintricher Ohligsberg	12%/10,50 €
87	2019 Riesling Spätlese Wintricher Ohligsberg	8,5%/10,50 €
86	2018 Blaufränkisch trocken	13,5%/10,50 €
84	2018 Merlot trocken	13,5%/9,50 €
87	2018 Syrah trocken „Cerberus"	14,5%/19,90 €

RHEINHESSEN ➡ NIERSTEIN

★ ★½

Gehring

Kontakt
Außerhalb 17
55283 Nierstein
Tel. 06133-5470
www.weingut-gehring.com
info@weingut-gehring.com

Besuchszeiten
Vinothek: Fr. 17-19 Uhr, Sa. 10-16 Uhr; Weineinkauf: Mo.-Fr. 10-12 Uhr und nach Vereinbarung
Weinwirtschaft: Mai-Okt. Di.-Sa. ab 17 Uhr, Nov.-April Do.-Sa. ab 17 Uhr
gehrings Weinwirtschaft (Betriebsleiter Marvin Walter), Eventlocation, Wohnmobilstellplatz

Inhaber
Theo und Diana Gehring GbR
Betriebsleiter
Theo und Diana Gehring
Kellermeister
Theo Gehring
Außenbetrieb
Theo Gehring
Rebfläche
16 Hektar

Hans und Maria Gehring gründeten 1959 das Weingut im Niersteiner Ortskern. 1995 hat Theo Gehring den Betrieb übernommen, führt ihn zusammen mit Ehefrau Diana. 2001 haben sie einen Aussiedlerhof übernommen, wo sie ihre Gutsschänke einrichteten, heute „gehrings Weinwirtschaft" genannt; seit 2015 gibt es einen Event-Pavillon auf dem Weingut. Die Weinberge liegen alle in Nierstein in den Lagen Pettenthal, Hipping, Schloss Schwabsburg, Bildstock und Oelberg. Neben Riesling gibt es Weißburgunder, Grauburgunder und Chardonnay, Spätburgunder und Frühburgunder, Scheurebe und Muskateller, seit kurzem auch Gelber Orleans.

Kollektion

Eine starke, sehr gleichmäßige Kollektion präsentiert Theo Gehring zum Debüt, mit Highlights beim Riesling. Ein solches Highlight ist der Sekt aus der Lage Schloss Schwabsburg, brut nature: Rauchige Noten im Bouquet, reife Frucht, füllig, harmonisch und komplex im Mund, gute Struktur und Druck. Die weiteren Sortiments-Highlights sind die Lagen-Rieslinge aus Pettenthal und Hipping, beide aus dem Jahrgang 2018. Der Hipping-Riesling ist konzentriert und würzig bei feinen Reifenoten, besitzt gute Struktur und Frische im Mund, feine Länge. Etwas kraftvoller und stoffiger noch ist der Wein aus dem Pettenthal, besitzt reintönige Frucht, gute Struktur und Substanz. Aber nicht nur die Rieslinge überzeugen, auch der Chardonnay von alten Reben im Oelberg ist sehr gut, zeigt gute Konzentration und klare reife Frucht, besitzt Fülle und Kraft, reintönige Frucht und gute Struktur. Spannend ist auch der Gelber Orleans, ebenfalls aus dem Oelberg, sehr intensiv im Bouquet, zeigt etwas gelbe Früchte, Zitrus und Orangenschalen, ist klar und kraftvoll im Mund. Scheurebe und Muskateller überzeugen mit reintöniger, süßer Frucht, der Bildstock-Spätburgunder ist würzig und füllig. Ein überzeugendes Debüt! ➡

Weinbewertung

87	2017 Riesling Sekt brut nature Niersteiner Schloss Schwabsburg	12%/14,90€
81	2019 Grauer Burgunder trocken	12,5%/7,50€
81	2019 „Blanc de Noir" trocken	12,5%/7,20€
81	2018 Riesling trocken „Roter Hang"	12%/7,50€
86	2018 Riesling trocken Niersteiner Hipping	13%/15,-€
87	2018 Riesling trocken Niersteiner Pettenthal	12,5%/19,-€
85	2018 Chardonnay trocken „Alte Reben" Niersteiner Oelberg	14%/12,50€
84	2018 Gelber Orleans trocken Niersteiner Oelberg	12,5%/12,50€
83	2019 Scheurebe „fruchtig"	11,5%/7,20€
83	2019 Gelber Muskateller	9,5%/7,20€
80	2018 Frühburgunder trocken Niersteiner Bildstock	13%/9,90€
83	2018 Spätburgunder trocken Niersteiner Bildstock	14,5%/12,50€

gehring

MOSEL → WINTRICH

★★

Geierslay

Kontakt
Moselweinstraße 1
54487 Wintrich
Tel. 06534-18211
Fax: 06534-18212
www.geierslay.de
info@geierslay.de

Besuchszeiten
Juni-Okt. Mo.-Fr. 9-18 Uhr
Sa./So./Feiertage 10-18 Uhr
Nov.-Mai nach Vereinbarung
Straußwirtschaft Juli-Okt.
Mi.-Fr. 13-20 Uhr
Sa./So. 12-20 Uhr

Inhaber
Rudolf Kilburg
Kellermeister
Max Kilburg
Rebfläche
15 Hektar
Produktion
80.000 Flaschen

Tradition ist an der Mosel selbstverständlich, aber dass eine Familie auf 19 Generationen Weinbau zurückblicken kann, ist auch in dieser Region die absolute Ausnahme. Ein gewisser Johann von Kilburg machte 1465 den Anfang, seit 1975 verantwortet die Familie Kilburg die Weinerzeugung im Wintricher Weingut Geierslay. Dieser Name wiederum wurde schon im Jahre 1254 erstmals urkundlich erwähnt. Inzwischen ist Max Kilburg zuständig für die Weinbereitung, ein Jungwinzer, der bei Julian Haart gelernt, in Geisenheim studiert, in renommierten Betrieben in Südafrika, den USA und Australien Erfahrungen gesammelt hat. Inzwischen werden 15 Hektar bewirtschaftet, die sich beispielsweise in den Lagen Wintricher Ohligsberg oder Piesporter Goldtröpfchen befinden. Außer Riesling (70 Prozent der Fläche) werden auch Weiß-, Grau- und Spätburgunder angebaut.

🍷 Kollektion

Die 2019er Weine konnten erst kurz vor Redaktionsschluss verkostet werden und präsentierten sich verhalten, unruhig und jugendlich. Sie zeigen aber bereits, wie gut in diesem Weingut gearbeitet wird. Straff und fest ist etwa der Basisriesling, noch deutlich spannender der Alte-Reben-Riesling aus Piesport; ebenso wie sein Pendant aus Wintrich ist er straff, fein, puristisch. Dieser Stil setzt sich fort mit dem Goldtröpfchen-Riesling, der Anklänge an Pfirsichnoten, Hefe und Zitrus zeigt, sehr straff und fest ausfällt. Der Wein aus dem Ohligsberg ist noch etwas verschlossener, fest, puristisch, sehr trocken. Offen und frisch, nach Mirabellen und Ananas duftend, im Mund straff und balanciert ist der Kabinett aus dem Goldtröpfchen. Derjenige aus dem Ohligsberg wirkt etwas frischer, mit Noten von Kräutern, Hefe, Stachelbeere, ist straff und würzig. Die Ohligsberg-Spätlese ist noch sehr jung, zeigt eine kühle Steinobst-Hefe-Note, ist würzig, nachhaltig. Der „Sax"-Rotwein ist kühl, straff, würzig, sehr ausgewogen, der 2017er zeigt eine helle Frucht, ist straff und würzig, etwas trocknend im Nachhall.

🍇 Weinbewertung

83	2019 Riesling trocken	12 %/6,90 €
86	2019 Riesling trocken „Alte Reben" Wintricher	12,5 %/9,90 €
87	2019 Riesling trocken „Alte Reben" Piesporter	12,5 %/9,90 €
89	2019 Riesling trocken Wintricher Ohligsberg	12,5 %/14,90 €
89	2019 Riesling trocken Piesporter Goldtröpfchen	12,5 %/14,90 €
86	2019 Riesling „feinherb" „Alte Reben" Wintricher	11,5 %/8,90 €
87	2019 Riesling Kabinett Wintricher Ohligsberg	7,5 %/9,90 €
87	2019 Riesling Kabinett Piesporter Goldtröpfchen	8 %/9,90 €
88	2019 Riesling Spätlese Wintricher Ohligsberg	7,5 %/12,90 €
86	2018 Spätburgunder trocken	13 %/7,90 €
87	2018 Spätburgunder trocken „Sax" Wintricher	13 %/10,90 €
87	2017 Spätburgunder trocken Wintricher Ohligsberg	12,5 %/19,90 €

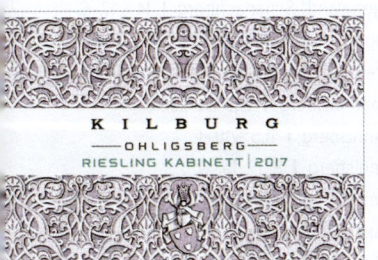

FRANKEN ━ THÜNGERSHEIM

★ ★ ⯪

Geiger + Söhne

Kontakt
Veitshöchheimer Straße 1
97291 Thüngersheim
Tel. 09364-9605
Fax: 09364-6673
www.geigerundsoehne.de
info@geigerundsoehne.com

Besuchszeiten
Mo.-Fr. 9-12 + 14-18 Uhr
Sa. 10-13 Uhr

Inhaber
Gunter Geiger
Betriebsleiter
Gunter Geiger
Kellermeister
Florian Schär
Rebfläche
42 Hektar
Produktion
400.000 Flaschen

Das 1850 gegründete Weingut ist der älteste Weinhandels- und Weinbaubetrieb in Thüngersheim, der größten fränkischen Weinbaugemeinde nördlich von Würzburg. Heute, nach Winzerlehre bei Robert Weil und Önologiestudium in Geisenheim, führt Gunter Geiger den Betrieb. Müller-Thurgau und Silvaner sind die beiden wichtigsten Rebsorten, es folgen Bacchus, Kerner, Grauburgunder, Spätburgunder, Riesling, Weißburgunder, Domina, Scheurebe und Regent.

Kollektion

Eine gewohnt umfangreiche Kollektion präsentiert Gunter Geiger auch in diesem Jahr, und diese Kollektion gewinnt Jahr für Jahr an Profil. Die Basis überzeugt, aus Platzgründen konzentrieren wir uns auf die Spitzen. Die im Tonneau ausgebaute jugendliche Pinot Blanc/Pinot Gris-Cuvée besitzt feinen Toast, viel reife Frucht und Substanz, noch etwas kraft- und druckvoller ist der rauchige, ebenfalls im Tonneau ausgebaute Freiberg-Chardonnay. Der gelbfruchtige Riesling Big G von 50 Jahre alten Reben besitzt intensive Frucht, gute Struktur und viel Kraft. Der im Tonneau ausgebaute Wagenwand-Silvaner ist rauchig, kraftvoll, herrlich dominant, wir sehen ihn gleichauf mit dem im großen Holzfass ausgebauten Rothlauf-Silvaner von 50 Jahre alten Reben, der intensive Frucht und viel Konzentration zeigt, Fülle und Kraft besitzt, gute Struktur und Frische. Auch die edelsüßen Weine setzen auf Füll und Konzentration, und dies gilt auch für die Rotweine wie den allzu jugendlichen Pinot Noir. Im Aufwind!

Weinbewertung

83	2019 Müller-Thurgau trocken „Mundart" Thüngersheim Scharlachberg	12,5%/6,-€
83	2019 Silvaner Kabinett trocken „Doppelstück" Johannisberg (Mundart)	13%/7,50€
84	2019 Weißburgunder Spätlese trocken „Erste Geige" Johannisberg	13,5%/10,20€
83	2019 Grauburgunder Spätlese trocken „Erste Geige" Johannisberg	14%/10,20€
85	2019 Scheurebe Spätlese trocken „Erste Geige" Johannisberg	13,5%/10,-€
84	2019 Riesling Spätlese trocken „Erste Geige" Thüngersheim Johannisberg	13%/10,-€
88	2018 Pinot Blanc/Gris Spätlese trocken „Big G" Thüngersheim Johannisberg	14%/17,-€
85	2019 Silvaner Spätlese trocken „Erste Geige" Johannisberg	13,5%/10,-€
89	2018 Chardonnay Spätlese trocken „Big G" „Freiberg" Johannisberg	13,5%/18,50€
89	2018 Silvaner Spätlese trocken „Big G" „Wagenwand" Scharlachberg	14%/17,-€
88	2018 Riesling Spätlese trocken „Big G" Thüngersheim Johannisberg	13,5%/17,-€
87	2018 Scheurebe Spätlese trocken „Big G" Freiberg Johannisberg	13,5%/17,-€
89	2018 Silvaner „Großes Gewächs" Rothlauf Johannisberg	13,5%/24,50€
85	2019 Rieslaner Spätlese Thüngersheim Johannisberg	11,5%/10,-€
87	2019 Rieslaner Auslese Thüngersheim Johannisberg	8,5%/15,-€
86	2019 Sauvignon Blanc Auslese Thüngersheim Johannisberg	9%/15,-€
86	2018 Cabernet Dorsa Spätlese trocken Barrique „Big G" Johannisberg	14%/18,50€
87	2018 Pinot Noir trocken „Big G" Thüngersheim Johannisberg	14%/18,50€

RHEINHESSEN — MONZERNHEIM

★★

Helmut Geil

Kontakt
Am Römer 26
55234 Monzernheim
Tel. 06244-220
Fax: 06244-57489
www.geilwein.de
info@geilwein.de

Besuchszeiten
Mo.-Fr. 9-12 + 13-18 Uhr
Sa. 9-13 Uhr
und nach Vereinbarung
Gästezimmer auf dem Weingut
Wohnmobilstellplatz

Inhaber
Andreas Geil
Kellermeister
Andreas & Helmut Geil
Außenbetrieb
Andreas & Helmut Geil
Rebfläche
9 Hektar
Produktion
50.000 Flaschen

2010, nach Abschluss seines Geisenheim-Studiums mit Auslands-Praktika in Argentinien und Neuseeland, ist Andreas Geil in den elterlichen Betrieb eingestiegen, Vater Helmut Geil kümmert sich seither vor allem um den Außenbetrieb, Andreas Geil, der den Betrieb inzwischen übernommen hat, um Vinifikation und Vermarktung. Ihre Weinberge liegen im heimischen Monzernheim (Goldberg), aber auch in Bechtheim (Hasensprung) und Westhofen (Kirchspiel, Steingrube). Riesling und Grauburgunder sind die wichtigsten Rebsorten, dazu gibt es Müller-Thurgau, Dornfelder, Weißburgunder, Sauvignon Blanc, St. Laurent, Portugieser und Albalonga. Andreas Geil arbeitet verstärkt mit Maischestandzeiten. Das Sortiment hat man mit dem Jahrgang 2019 dem in Rheinhessen üblichen dreistufigen System von Gutsweinen (bisher: Bonus), Ortsweinen (statt Melior) und Lagenweinen (statt Optimus) angepasst.

Kollektion

Lagenweine (die bisherigen Optimus-Weine) wurden in diesem Jahr nicht präsentiert, so dass die gewohnten Spitzen fehlen in einer durch und durch homogenen, gleichmäßigen Kollektion. Die Gutsweine sind frisch und fruchtbetont, der reintönige Weißburgunder mit seiner feinen süßen Frucht und die zupackende, frische Scheurebe gefallen uns in diesem Segment besonders gut. Unter den trockenen weißen Ortsweinen ist der Westhofener Grauburgunder unser Favorit, er ist klar, harmonisch, zupackend; der Bechtheimer Sauvignon Blanc kommt ihm nahe, besitzt feine Würze und etwas florale Noten, klare Frucht und Grip. Die süße Albalonga Spätlese ist würzig, frisch und süffig, die rhabarberduftige Huxelrebe Spätlese ist harmonisch und füllig bei reifer süßer Frucht. Sehr gleichmäßig präsentieren sich auch die beiden vorgestellten Rotweine aus dem Jahrgang 2018: Der St. Laurent ist reintönig, fruchtbetont, geradlinig, der Spätburgunder zeigt intensive Frucht im Bouquet, ist geradlinig und zupackend.

Weinbewertung

82	2019 Weißburgunder trocken	11,5%/7,10 €
80	2019 Grauburgunder trocken	11,5%/7,10 €
81	2019 Riesling trocken	12%/7,10 €
83	2019 Scheurebe trocken	11,5%/7,10 €
84	2019 Grauburgunder trocken Westhofener	13%/9,50 €
83	2019 Sauvignon Blanc trocken Bechtheimer	12%/9,50 €
81	2019 Weißburgunder & Chardonnay trocken	12,5%/9,90 €
80	2019 Scheurebe „feinherb" (1l)	11,5%/5,80 €
83	2019 Albalonga Spätlese „süß" Westhofener	10,5%/9,20 €
84	2019 Huxelrebe Spätlese „süß" Monzernheimer	10,5%/9,20 €
83	2018 St. Laurent trocken Bechtheimer	13,5%/8,90 €
83	2018 Spätburgunder trocken Westhofener	14%/9,90 €

RHEINHESSEN ▶ BERMERSHEIM

★★★

Geil^s

Kontakt
Geils Sekt- und Weingut
Zeller Straße 8
67593 Bermersheim
Tel. 06244-4413
Fax: 06244-57384
www.geils.de
mail@geils.de

Besuchszeiten
Mo.-Sa. nach Vereinbarung

Inhaber
Rudolf, Birgit & Florian R. Geil

Kellermeister
Florian R. Geil

Rebfläche
14 Hektar

Produktion
90.000 Flaschen

Das Weingut von Rudolf und Birgit Geil ist in einem alten Hof mitten in Bermersheim zuhause. Ihre Weinberge liegen vor allem im Dalsheimer Bürgel, im Nieder-Flörsheimer Frauenberg, im Bermersheimer Hasenlauf und im Gundersheimer Höllenbrand. Sie bauen vor allem weiße Rebsorten an: Riesling, Weißburgunder, Müller-Thurgau, Grauburgunder, Silvaner und Chardonnay spielen die wichtigste Rolle, bei den roten Sorten Spätburgunder, Portugieser und Dornfelder. Dazu gibt es aber auch Merlot und Cabernet Sauvignon (beide bereits seit 1995) und Gelber Muskateller. Bereits 1987 begannen sie mit der Herstellung eigener Sekte nach der klassischen Methode, seit 1989 bauen sie Weine im Barrique aus. Sohn Florian hat seine Lehre bei Schembs und Bergdolt absolviert, 2014 sein Geisenheim-Studium abgeschlossen (mit Praktika bei Chat Sauvage im Rheingau und Méo-Camuzet in Burgund), ist seither voll im Betrieb tätig.

Kollektion

Die 2016er Sekte hatten uns im vergangenen Jahr noch deutlich besser gefallen, in diesem Jahr nun treten dominant würzige Noten hervor. Die weißen Gutsweine aus 2019 präsentieren sich sehr geschlossen, sind klar und fruchtbetont, der lebhafte, geradlinige Riesling gefällt uns besonders gut. Sehr gut sind die drei präsentierten 2018er Weißweine. Die Cuvée P zeigt gute Konzentration, rauchige Noten, gelbe Früchte, besitzt Fülle, Kraft und viel Substanz. Der Nieder-Flörsheimer Riesling ist würzig und eindringlich, ebenfalls füllig und kraftvoll. Weißes Highlight ist einmal mehr der Riesling aus dem Frauenberg, der Fülle und Saft besitzt, gute Struktur, dezent mineralische Noten, sehr jugendlich und nachhaltig ist. Sehr gut sind auch die drei Rotweine. Der Nocturne zeigt intensive Frucht, besitzt Kraft, gute Struktur, viel Tannine. Der rotfruchtige Dalsheimer Spätburgunder besitzt klare Frucht, Frische und Grip, der Bürgel-Spätburgunder besitzt Fülle und Kraft, reife Frucht, gute Struktur und Substanz.

Weinbewertung

84	2016 „Blanc de Noirs" Sekt brut	12,5%/16,60€
83	2016 „Pinot3" Sekt brut nature	12,5%/20,30€
82	2019 Weißer Burgunder trocken	12,5%/8,40€
84	2019 Chardonnay trocken	12,5%/9,50€
84	2019 Riesling trocken	12,5%/8,40€
83	2019 Gelber Muskateller trocken	12,5%/9,40€
85	2018 Riesling „S" trocken Nieder-Flörsheim	13,5%/14,10€
85	2018 „Cuvée P" Weißwein „S" trocken	13,5%/17,50€
89	2018 Riesling trocken Frauenberg	13%/23,10€
85	2016 „Nocturne" Rotwein trocken	13,5%/12,80€
85	2017 Spätburgunder „S" trocken Dalsheim	13%/18,10€
89	2017 Spätburgunder trocken Bürgel	13%/30,60€

WÜRTTEMBERG — BEILSTEIN

Gemmrich

Kontakt
Löwensteiner Straße 34
71717 Beilstein
Tel. 07062-3514
Fax: 07062-23886
www.gemmrich.de
bg@gemmrich.de

Besuchszeiten
Verkauf:
Do./Fr. 9-18 Uhr
Sa. 9-15 Uhr
Weinstube (1x im Monat geöffnet)
„Feierabend After Work" (im August)

Inhaber
Bernd Gemmrich
Rebfläche
7,5 Hektar
Produktion
60.000 Flaschen

Das Weingut Gemmrich ist in Schmidhausen zu Hause, das am Schmidbach liegt, der talabwärts in die Bottwar mündet. Seit 1971 ist Schmidhausen ein Teil von Beilstein, alle Weinberge von Schmidhausen und der einst zu Schmidhausen gehörenden Weiler wurden der Lage Beilsteiner Wartberg zugeschlagen. Das Weingut Gemmrich wird von Bernd und Petra Gemmrich geführt, die heute von den Jungwinzern Simon und Anja unterstützt werden. Alle ihre Weinberge liegen im Beilsteiner Wartberg, die Reben wachsen auf verschiedenen Keuperformationen. Lemberger ist die mit Abstand wichtigste Rebsorte im Betrieb, nimmt etwa ein Drittel der Rebfläche ein. Es folgen Riesling, Trollinger und Regent, dann Spätburgunder, Bronner, Cabernet Cortis und Muscaris, dazu diverse andere Sorten wie Muskattrollinger und Gewürztraminer sowie weitere Piwi- und Cabernet-Sorten. Spezialität des Betriebes sind die im klassischen Verfahren hergestellten Sekte, die über 30 Edel- und Wildobstbrände (aus bio-zertifiziertem Obstanbau) sowie Liköre.

Kollektion

Der im Holz ausgebaute trockene Muscaris gefällt uns in diesem Jahr im weißen Segment besonders gut, zeigt viel Duft und Würze, besitzt Fülle, Kraft und gute Struktur – mit viel gutem Willen kann man über den hohen Alkohol hinwegschauen. Fülle, Kraft, reife süße Frucht und ebenfalls viel Alkohol besitzt die feinherbe Kontessa, ein reinsortiger Bronner, die weiteren 2019er Weißweine sind fruchtbetont und klar und deutlich niedriger im Alkohol. In der Spitze ein wenig besser gefällt uns das rote Segment, und das liegt vor allem an der Rebsorte Cabernet Cubin, die es in zwei Varianten gibt. Der zwei Jahre im Fass ausgebaute 2016er zeigt gute Konzentration und intensive Frucht, besitzt Fülle, Kraft und gute Struktur, ist noch sehr jugendlich. Auch der 2018er Cabernet Cubin aus eingetrockneten Trauben ist intensiv fruchtig, konzentriert, besitzt Tannine und Biss: Ein Gastronomiewein.

Weinbewertung

82	2019 Cuvée Weiß trocken „unkaputtbar" Beilsteiner Wartberg	12,5%/7,40€
85	2019 Muscaris trocken „unkaputtbar" Beilsteiner Wartberg	15%/15,90€
82	2019 Riesling trocken Beilsteiner Wartberg	12%/9,50€
82	2019 Sauvignon Blanc trocken Beilsteiner Wartberg	13%/9,40€
84	2019 „Kontessa" „feinherb" „unkaputtbar" Beilsteiner Wartberg	14,5%/7,20€
82	2019 Lemberger trocken „Alte Rebe" Beilsteiner Wartberg	13,5%/8,50€
81	2017 Regent trocken „unkaputtbar" Beilsteiner Wartberg	13%/7,60€
82	2015 „Cerubino" (Cabernet Cuvée) trocken Beilsteiner Wartberg	14,5%/9,90€
86	2016 Cabernet Cubin trocken Beilsteiner Wartberg	13,5%/16,50€
80	2017 Spätburgunder trocken	13,5%/8,50€
83	2016 Cabernet Cortis trocken „unkaputtbar" Beilsteiner Wartberg	14%/15,90€
86	2018 Cabernet Cubin – Wein aus eingetrockneten Trauben	15%/14,50€/0,375l

NAHE ▬ BAD KREUZNACH

★★

Gemünden

Kontakt
Brückes 33
55545 Bad Kreuznach
Tel. 0671-27925
Fax: 0671-4820090
www.weingut-gemuenden.de
info@weingut-gemuenden.de

Besuchszeiten
Mo.-Sa. nach Vereinbarung

Inhaber
Daniel Gemünden

Rebfläche
30 Hektar

Weinbau wird in der Familie Gemünden seit Mitte des 19. Jahrhunderts betrieben, 1929 gründete Josef Gemünden das Weingut, damals noch in Sommerloch vor den Toren Bad Kreuznachs. Seit 1976 befindet sich das Weingut an seiner heutigen Betriebsstätte, 1987 stieg Andreas Gemünden in den Betrieb ein, den er 2002 in vierter Generation übernahm. Seit 2009 ist sein Sohn Daniel Gemünden im Weingut tätig und ist seit seiner Weiterbildung zum Techniker für Weinbau und Önologie 2012 für den Ausbau der Weine und die Vermarktung zuständig. Mit dem 2014er Jahrgang brachte er seine erste eigene Weinkollektion auf die Flasche und produziert rund 20.000 Flaschen unter eigenem Etikett, 2017 übernahm er das Weingut von seinem Vater. Wichtigste Sorten auf den 30 Hektar Rebfläche sind Riesling, Müller-Thurgau und Grauburgunder, die besten Lagen sind Brückes, Forst und Narrenkappe in Bad Kreuznach.

🎂 Kollektion

Die Gutsweine sind wieder alle sehr reintönig und auf einem gleichmäßigen Niveau, alle besitzen etwas Fülle und sind sich, was Alkoholgehalt und Restzucker angeht, stilistisch sehr ähnlich. Zwei stechen etwas heraus: Der Grauburgunder zeigt Birnenfrucht und nussige Noten, ist konzentriert und frisch, der leicht cremige Chardonnay besitzt ebenfalls Frische, zeigt Noten von Aprikose, Banane und Zitruswürze. Die Lagenrieslinge brauchen wieder einiges an Luft, sie sind in diesem Jahr etwas kraftvoller und wesentlich fruchtbetonter als im vergangenen Jahr, der „Nature" zeigt im komplexen Bouquet Noten von Ananas, Orangenschale und Kräutern, besitzt salzige Länge, der Forst zeigt neben klaren Zitrusnoten auch etwas Tabakwürze, besitzt Druck und Länge, der Brückes besitzt guten Grip und ebenfalls viel klare Zitrusfrucht.

🍇 Weinbewertung

86	Riesling Sekt brut	12%/12,60€
84	2019 Silvaner trocken	13%/7,60€
83	2019 Riesling trocken	13%/7,60€
84	2019 Spätburgunder „Blanc de Noir" trocken	13%/8,60€
84	2019 Weißburgunder trocken	13%/8,60€
85	2019 Grauburgunder trocken	13%/8,60€
85	2019 Chardonnay trocken	13%/9,80€
83	2019 Scheurebe trocken	13%/8,80€
87	2019 Riesling trocken Kreuznacher Brückes	13,5%/12,-€
88	2019 Riesling trocken Kreuznacher Forst	13,5%/12,-€
88	2019 Riesling trocken „Nature"	13,5%/15,20€
83	2019 Riesling „feinherb" „Kiemen-Kitzler"	12,5%/7,60€
83	2019 Scheurebe „lieblich"	11,5%/8,60€

BADEN — GENGENBACH

Gengenbach

Kontakt
Weinmanufaktur Gengenbach-Offenburg eG
Am Winzerkeller 2
77723 Gengenbach
Tel. 07803-9658-33
Fax: 07803-9658-58
www.weinmanufaktur-gengenbach.de
info@weinmanufaktur-gengenbach.de

Besuchszeiten
Fr. 8-17 Uhr
Sa. 9-13 Uhr

Inhaber
200 Mitglieder
Geschäftsführer
Christian Gehring
Kellermeister
Marcus Huber
Rebfläche
280 Hektar

In der Stadt Gengenbach liegen die Wurzeln der Weingeschichte in der Ortenau, bereits seit 888 wird hier Wein angebaut. Nachdem die Zeller-Abtsberg Winzer im Jahr 2012 und die Winzer aus Fessenbach im Jahr 2015 mit den Gengenbacher Winzern fusionierten, treten die Genossen nun in einem gemeinsamen Auftritt unter dem neuen Dach „Weinmanufaktur Gengenbach-Offenburg" auf. Mit einem einheitlichen, gemeinsamen Erscheinungsbild soll dies in Zukunft sichtbar werden. Die Tradition der Weinkeller und die unterschiedlichen Charakteristiken der Weine sollen jedoch nicht verloren gehen. Deshalb werden die Weine in drei Kellern in drei Orten ausgebaut. Die Weinberge befinden sich in den Lagen Kirchherrenberg (Fessenbach), Abtsberg (Zell), Franzensberger (Ortenberg) und Freudental (Ortenberg). Spätburgunder ist die wichtigste Rebsorte, gefolgt von Müller-Thurgau, Riesling und Grauburgunder, dazu gibt es etwas Weißburgunder, Chardonnay, Riesling, Sauvignon Blanc, Muskateller und Gewürztraminer.

Kollektion

Gleichmäßig war die Kollektion der Weinmanufaktur Gegenbach im vergangenen Jahr und gleichmäßig ist sie auch in diesem Jahr. Die Riesling Spätlese aus der Klassik-Reihe weist eine klare Frucht auf, ähnlich der Weißburgunder Klassik, der ebenfalls klar und sehr reintönig ist, dem eine Spur mehr Eigenständigkeit aber womöglich gut stehen würde. Besser gefallen uns der Sauvignon Blanc mit seiner reifen tropischen Frucht und der Muskateller, der süße frische Litschiaromen zeigt. An der Spitze der weißen Kollektion steht der Viognier aus dem Zeller Abtsberg, der Kraft und eine konzentrierte reife Aprikosenfrucht mitbringt. Die Rotweine präsentieren sich recht füllig, der Syrah bringt eine kompottartige Frucht mit und der Spätburgunder SL Premium zeigt viel vollreife Süßkirsche. An der Spitze der Kollektion steht der Spätburgunder Zeller Rother, der mit einer animierenden Frische und ausgewogener klarer Kirschfrucht punktet.

Weinbewertung

81	2019 Weißburgunder Kabinett trocken FessenbacherBergle (Klassik)	12,5%/6,90€
81	2019 Grauburgunder Spätlese trocken (Klassik)	13%/7,90€
83	2019 Sauvignon Blanc trocken (Klassik)	13%/6,90€
84	2019 Viognier trocken „Premium SL" Zeller Abtsberg	14%/14,50€
82	2019 Riesling Spätlese trocken Zeller Abtsberg (Klassik)	12,5%/7,70€
83	2019 Muskateller (Klassik)	10,5%/6,80€
85	2018 Spätburgunder „Zeller Rother" Zeller Abtsberg	14,5%/18,-€
81	2018 Spätburgunder trocken „Premium SL"	14,5%/15,50€
80	2018 Syrah trocken „Premium SL" Zeller Abtsberg	14,5%/18,-€
83	2018 Cabernet Sauvignon (Klassik)	14%/8,10€

NAHE ━ GUTENBERG

★ ★ ★

Genheimer Kiltz

Kontakt
Zum Sportfeld 6
55595 Gutenberg
Tel. 06706-8633
Fax: 06706-6319
www.genheimer-kiltz.de
info@genheimer-kiltz.de

Besuchszeiten
Mo.-Sa. 9-17 Uhr oder nach Vereinbarung
Gästehaus

Inhaber
Harald, Georg & Gerlinde Kiltz

Rebfläche
12,5 Hektar

Produktion
100.000 Flaschen

Das in Gutenberg im Gräfenbachtal gelegene Weingut wird von Georg und Gerlinde Kiltz zusammen mit Sohn Harald geführt, der Weinbau studierte, in Frankreich und Australien gearbeitet hat und seit 2001 im elterlichen Weingut für den Weinausbau verantwortlich ist. Die Weinberge liegen in den Gutenberger Lagen Schlossberg (rötlicher, sandig-kiesiger Lehmboden), Römerberg (lehmiger Sand, sandig-kiesiger Lehm) und Felseneck (rotliegender Sandboden mit geringem Lehmanteil). Weitere Weinberge besitzen sie in den Kreuznacher Lagen Hinkelstein (feinsandige Lehmböden) und Narrenkappe (verschiedene Lehmarten, teils Kies und Schotter). Der Sauvignon Blanc ist mit 45 Prozent der Rebfläche die wichtigste Sorte im Betrieb, gefolgt von Riesling, Grau- und Weißburgunder. An roten Sorten werden Spätburgunder, Dornfelder und etwas Regent angebaut.

Kollektion

Die beiden Spitzen der aktuellen Kollektion hatten wir im vergangenen Jahr schon einmal verkostet, schätzen sie aber immer noch genauso stark ein: Der maischevergorene Sauvignon Blanc „Flavia" zeigt im komplexen Bouquet Aromen von Maracuja, Pfirsich und Grapefruit, besitzt Struktur und Grip, ist animierend, elegant und sehr nachhaltig, der Felseneck-Sauvignon Blanc zeigt neben gelber Frucht auch leicht kräutrige und rauchig-mineralische Noten, ist kraftvoll, aber elegant und harmonisch, besitzt Grip und Länge. Der Sauvignon Blanc aus der Narrenkappe ist etwas zurückhaltender, besitzt ebenfalls gelbe Frucht, ein animierendes Säurespiel und Länge und auch der Römerberg ist gelbfruchtig, harmonisch und frisch. Der im Barrique ausgebaute Pinot Noir aus dem Schlossberg zeigt nur dezente Röstnoten, aber viel klare rote Frucht mit Noten von Johannisbeere und Süßkirsche, ist kraftvoll und elegant, besitzt gute Struktur und Substanz.

Weinbewertung

84	2019 Sauvignon Blanc trocken Gutenberg	12,5%/7,50€
83	2019 Grauer Burgunder trocken „Terrassenkies"	12,5%/6,80€
85	2018 Grauer Burgunder trocken Kreuznacher Narrenkappe	13,5%/9,90€
87	2019 Sauvignon Blanc trocken Kreuznacher Narrenkappe	13,5%/13,-€
86	2019 Sauvignon Blanc trocken Gutenberger Römerberg	13%/9,90€
89	2018 Sauvignon Blanc trocken Gutenberger Felseneck	14%/17,-€
85	2019 Riesling trocken Kreuznacher Forst	12,5%/9,50€
90	2018 Sauvignon Blanc „Flavia" „Kein Felseneck"	13,5%/24,-€
85	2019 Sauvignon Blanc „fruchtig" Gutenberger Römerberg	9,5%/9,90€
83	2018 Spätburgunder trocken	13,5%/7,50€
85	2016 Pinot Noir trocken Gutenberger Felseneck	13,5%/10,90€
88	2017 Pinot Noir trocken Gutenberger Schlossberg	13,5%/26,-€

MOSEL ▶ ZELTINGEN

★★

Albert Gessinger

Kontakt
Moselstraße 9
54492 Zeltingen
Tel. 06532-2369
Fax: 06532-1578
www.weingut-gessinger.de
kontakt@weingut-gessinger.de

Besuchszeiten
nach Vereinbarung

Inhaber
Sarah Gessinger

Rebfläche
2,9 Hektar

Produktion
25.000 Flaschen

Bis zum Jahr 1680 reicht die Geschichte des Weinguts zurück, mindestens seit diesem Jahr betreibt die Familie Weinbau in Zeltingen. Albert Gessinger führte 40 Jahre den Betrieb, im Juli 2013 hat ihn Tochter Sarah nach abgeschlossener Winzerlehre übernommen, führt ihn seither in zehnter Generation. Ihre Weinberge liegen hauptsächlich in der Zeltinger Sonnenuhr, die Trauben aus den Zeltinger Lagen Schlossberg und Himmelreich werden als Blauschiefer- oder Steillagen-Riesling vermarktet. Neben dem dominierenden Riesling baut das Gut 4 Prozent Weißburgunder und 6 Prozent Spätburgunder an. Die Weine werden mit den traubeneigenen Hefen im traditionellen Fuder vergoren, reifen lange auf der Feinhefe. Die Late-Release-Weine spielen hier eine immer größere Rolle, die Weine der 1895 gepflanzten Parzellen Hifflay und Rothlay wurden 2020 mit einem Jubiläumsetikett versehen.

🍇 Kollektion

Es wurden Weine aus 2018 und 2019 sowie ein 2015er vorgestellt. Salzig ist der Pinot Blanc, spannend der Rothlay-Riesling, verhalten, im Mund mit nussig wirkender Würze, straff und würzig. Der 2018er Kabinett von alten Reben besitzt reife Frucht mit Steinobst-Beeren-Charakter, ist im Mund saftig, vibrierend. Das Große Gewächs aus der Hifflay ist offen mit Hefe- und dezenten Kräuternoten, im Mund straff, fest, leicht mineralisch, sehr präzise. Die Josefsberg-Spätlese mit zwei Sternen ist verhalten, im Mund angenehm straff und saftig. Auch die Zwei-Sterne-Auslese ist verhalten, dann zupackend, mit reifer Apfelfrucht im Nachhall und schöner Länge, sehr präzise. Die Drei-Sterne-Auslese ist enorm rassig und zupackend, die nach Zitronenkuchen duftende Beerenauslese besitzt trotz hoher Süße mineralische Würze, ist rassig und ausgewogen, lang und spannend. Eigenwillig dagegen ist der 2015er Spätburgunder, in der Nase mit Noten von Kirschen, Holzfass, Anklängen an Bratensauce, im Mund aber würzig und fein.

🍂 Weinbewertung

86	2019 Pinot Blanc trocken	12%/7,50€
85	2019 Riesling Kabinett trocken Zeltinger Himmelreich	11%/7,50€
88	2019 Riesling Spätlese** trocken „Rothlay Alte Reben" Sonnenuhr	12,5%/9,20€ ☺
90	2019 Riesling trocken „GG" „Hifflay Alte Reben" Zeltinger Sonnenuhr	13,5%/18,-€
84	2018 Riesling „Blauschiefer" Hochgewächs	9,5%/6,-€
85	2018 Riesling Kabinett „Alte Reben" Zeltinger Schlossberg	10%/6,-€ ☺
84	2018 Riesling Kabinett „feinherb" „Vom Devon"	11%/6,-€
88	2019 Riesling Spätlese „Josefsberg Alte Reben" Zeltinger Sonnenuhr	8,5%/10,50€
89	2019 Riesling Auslese „Caldo Infernale Alte Reben" Zeltinger Sonnenuhr	7,5%/16,-€
93	2019 Riesling Auslese*** „Alte Reben" „Auktionswein" Zeltinger Sonnenuhr	7,5%/Vst.
93	2019 Riesling Beerenauslese „Alte Reben" Zeltinger Sonnenuhr	7,5%/36,-€/0,375l
85	2015 Pinot Noir trocken „Reserve***"	13%/9,50€

FRANKEN → GROSSWALLSTADT

★★★

Giegerich

Kontakt
Weichgasse 19
63868 Großwallstadt
Tel. 06022-655355
Fax: 06022-655366
www.weingut-giegerich.de
info@weingut-giegerich.de

Besuchszeiten
Di.- Fr. 10-12 + 14-18 Uhr
Sa. 9-13 Uhr
Weinbergshüttenfest (Juli), Hofschoppenfest, Kulinarische Weinproben, Theater im Weingut

Inhaber
Helga & Klaus Giegerich
Kellermeister:
Klaus & Kilian Giegerich
Außenbetrieb
Kilian & Philipp Giegerich
Rebfläche
15 Hektar
Produktion
100.000 Flaschen

Klaus Giegerich übernahm 1992 den Betrieb mit damals 2,5 Hektar Weinbergen, entschloss sich 1994 zusammen mit Ehefrau Helga den Nebenerwerbsbetrieb in ein Weingut umzuwandeln, 1996 wurden Häckerstube und Kelterhalle fertig gestellt und das Weingut eingeweiht. Die Reben wachsen in Großwallstadt (Lützeltalerberg), Rück (Schalk, Jesuitenberg) und Wörth am Main, sowie im Klingenberger Schlossberg, wo 2019 weitere 0,5 Hektar hinzukamen, die im Frühjahr 2020 mit französischen Spätburgunder-Selektionen bepflanzt wurden. Man konzentriert sich immer mehr auf die Burgundersorten und Silvaner. Nach Abschluss seiner Weinbautechnikerausbildung ist Sohn Kilian seit September 2012 im Weingut tätig, der zweite Sohn Philipp seit 1. September 2020.

Kollektion

Eine ganz starke Kollektion präsentiert die Familie Giegerich in diesem Jahr. Das Einstiegsniveau ist hoch, die Gutsweine sind alle kraftvoll und klar, harmonisch und zupackend. Der Lösswingert-Riesling besitzt reife Frucht, gute Struktur und Grip, ist wunderschön reintönig und zupackend. Vom Kirchenstück-Chardonnay konnten wir gleich zwei Jahrgänge verkosten, wir sehen sie gleichauf: Der 2018er ist intensiv fruchtig, stoffig und kraftvoll, der 2019er ist rauchiger, konzentriert, enorm stoffig und jugendlich, besitzt klare Frucht und Substanz. Unser Favorit im weißen Segment ist der 2018er gelbfruchtige Schalk-Silvaner, der füllig und saftig ist, gute Struktur und klare reife Frucht besitzt. Im roten Segment trumpfen die 2018er Spätburgunder groß auf: Schon der Rücker von alten Reben ist sehr gut, der Steinterrassen punktet mit Reintönigkeit und Grip, der Pitztaler Berg ist intensiv fruchtig, leicht floral, der Schlossberg punktet mit Intensität, Reintönigkeit, Kraft und Substanz. Bravo!

Weinbewertung

85	2019 Silvaner trocken	12%/8,80€
85	2019 Weißer Burgunder trocken	12,5%/8,80€
88	2018 Riesling trocken Großwallstadter „Lösswingert"	13,5%/15,-€
84	2019 Sauvignon Blanc trocken	11,5%/8,80€
88	2018 Chardonnay trocken Großwallstadter Kirchenstück	14%/18,-€
88	2019 Chardonnay trocken Großwallstadter Kirchenstück	13%/15,-€
84	2018 Silvaner trocken „Alte Reben" Großwallstadter	14%/15,-€
89	2018 Silvaner trocken Rücker Schalk	13,5%/22,-€
85	2019 Riesling Kabinett Klingenberg	9,5%/15,-€
86	2018 Spätburgunder trocken „Alte Reben" Rücker	12,5%/16,-€
88	2018 Spätburgunder trocken „Steinterrassen" Klingenberger	13%/18,50€
84	2018 Frühburgunder trocken „vom roten Stein" Wörther/Großwallstadter	12,5%/18,50€
88	2018 Spätburgunder trocken Pitztaler Berg	13%/25,-€
91	2018 Spätburgunder trocken „16*26" Klingenberger Schlossberg	13%/35,-€

PFALZ — BIRKWEILER

★★★★

Gies-Düppel

Kontakt
Am Rosenberg 5
76831 Birkweiler
Tel. 06345-919156
Fax: 06345-919157
www.gies-dueppel.de
info@gies-dueppel.de

Besuchszeiten
Mo.-Fr. 9-12 +14-18 Uhr
Sa. 10-16 Uhr
So. + Feiertage geschlossen

Inhaber
Volker Gies
Außenbetrieb
Valentin Fischlhammer
Rebfläche
22 Hektar
Produktion
125.000 Flaschen

Weinbau wurde in den Familien Gies und Düppel schon lange betrieben, bevor Franz-Josef Gies und seine Frau Ulrike (geborene Düppel) 1976 das heutige Weingut am Ortsrand von Birkweiler erbauten, auf dem Rosenberg, von dem aus man einen herrlichen Rundumblick über die Lagen rund um Birkweiler und bis hinüber nach Albersweiler, auf der anderen Seite des Talkessels, genießen kann. Volker Gies hat den Familienbetrieb 1999 in der vierten Generation von seinem Vater übernommen. Zusammen mit seiner Frau Tanja hat er in den letzten Jahren an der Expansion des Weinguts gearbeitet, seit 2009 wurde die Rebfläche um rund sieben Hektar erweitert. Zu den Weinbergen in den Birkweiler Lagen Kastanienbusch (teils Quarzsandstein, teils roter Sandstein, teils Rotliegendes), Mandelberg (Ton- und Kalkmergel) und Rosenberg (Mergel) kamen Flächen im Ranschbacher Seligmacher (teils Muschelkalk, teils Rotliegendes) und in der Ilbesheimer Kalmit (Kalkstein) hinzu. Im Frühjahr 2013 wurden 1,3 Hektar im Albersweiler Latt (Rotliegendes und Buntsandstein) neu mit Riesling bestockt. Weitere Parzellen in der Latt und im Seligmacher wurden 2015 erworben, zuletzt wurde das Lagenportfolio mit einem Weinberg im Siebeldinger Im Sonnenschein (Muschelkalk) ergänzt. Riesling ist mit einem Flächenanteil von 40 Prozent die wichtigste Rebsorte im Betrieb, gefolgt von Spätburgunder, Weißburgunder und Grauburgunder. Dazu gibt es Chardonnay, Sauvignon Blanc und Dornfelder, Syrah und Merlot wurden 2012 und 2013 gepflanzt, die Flächen mit Scheurebe und Viognier wurden 2014 erweitert, 2017 wurde eine Parzelle in der Kalmit mit Chardonnay bestockt und 2018 wurde Cabernet Franc angelegt. Mehrmals konnten wir in den letzten Jahren neben dem aktuellen Jahrgang jeweils 10 Jahre alte Gies-Düppel-Weine verkosten, die fein gereift und noch sehr präsent und lebendig waren, noch viel Freude bereiteten.

Kollektion

Ein neuer Wein setzt sich in der aktuellen Kollektion von Tanja und Volker Gies aus dem Stand an die Spitze: Der „Réserve"-Weißburgunder aus einer Parzelle im Mandelberg zeigt feine Holzwürze und Zitrusnoten, etwas Orangenschale, besitzt am Gaumen Kraft und viel klare Frucht, Birne, Aprikose, ist frisch und sehr nachhaltig, knapp dahinter liegt der zweite Weißburgunder aus dem Mandelberg, der etwas fülliger ist, Schmelz und Länge besitzt, klare Birnenfrucht und florale Noten zeigt. Auch der Weißburgunder aus dem Rosenberg besitzt Schmelz, klare Frucht, florale Würze, Frische und gute Länge, der Grauburgunder aus dem Mandelberg besitzt gute Konzentration, Kraft, eine leicht cremige Textur und ein frisches Säurespiel. Bei den Rieslingen war in den vergangenen Jahren stets der Wein aus dem Kastanienbusch unser eindeutiger Favorit, aus dem 2019er Jahrgang finden wir nun den

Riesling aus der Latt genauso stark, er zeigt eindringliche kräutrige Würze mit Noten von Rosmarin und Roibuschtee, besitzt am Gaumen auch klare Frucht, gelben Apfel, Ananas, ist salzig und sehr nachhaltig, der Kastanienbusch zeigt kräutrig-mineralische Noten und klare gelbe Frucht, Aprikose, Ananas, besitzt etwas Fülle und guten Grip. Sehr gut sind auch der Dachsberg-Riesling mit viel klarer Zitruswürze, Ananas, Orangenschale, der Eleganz und Frische besitzt und der Seligmacher, der kräutrige Noten und grünen Apfel im Bouquet zeigt und am Gaumen Fülle und leicht süße Frucht besitzt. Der Viognier hat im Vergleich zu den Vorjahren an Ausdruck gewonnen, zeigt viel gelbe Frucht und besitzt Frische. Bei den Spätburgunder-Lagenweinen, die beide ein expressives Bouquet besitzen, geben wir knapp dem Wein aus der Kalmit den Vorzug, er zeigt feine Röstnoten, etwas Mokka, Schwarzkirsche und Waldboden, besitzt am Gaumen kühle kräutrige Noten und etwas deutlichere Tannine als der Sonnenschein, der Aromen von Sauerkirsche und etwas Hagebutte zeigt, Eleganz und Länge besitzt. Und die beiden 2009er Weine zeigen feine Reifenoten, wirken am Gaumen aber noch sehr frisch, sind kraftvoll und nachhaltig.

Weinbewertung

84	2019 Scheurebe trocken	13%/9,50€
87	2019 Riesling trocken „Granit"	12%/10,80€
87	2019 Riesling trocken „Kalkstein"	12,5%/10,80€
84	2019 Riesling trocken „Quarz"	12%/8,20€
87	2019 Riesling trocken „Roter Tonstein"	12%/10,80€
87	2019 Riesling trocken „Schiefer"	12,5%/10,80€
89	2019 Weißer Burgunder trocken Birkweiler Rosenberg	13,5%/13,50€
90	2019 Weißer Burgunder trocken Birkweiler Mandelberg	13,5%/19,-€
89	2009 Weißer Burgunder trocken Birkweiler Kastanienbusch	14%
89	2019 Grauer Burgunder trocken Birkweiler Mandelberg	13,5%/14,50€
90	2019 Riesling trocken Albersweiler Latt	12,5%/16,50€
88	2019 Riesling trocken Ranschbacher Seligmacher	12,5%/14,50€
89	2019 Riesling trocken Birkweiler Am Dachsberg	12,5%/14,50€
87	2019 Viognier trocken	13,5%/14,-€
89	2009 Riesling trocken Birkweiler Kastanienbusch	13,5%
90	2019 Riesling trocken Birkweiler Kastanienbusch	12,5%/19,-€
91	2019 Weißer Burgunder trocken „Réserve" Birkweiler Mandelberg	14%/25,-€
89	2018 Spätburgunder trocken Siebeldingen Im Sonnenschein	13%/18,-€
90	2018 Spätburgunder trocken Ilbesheimer Kalmit	13,5%/27,-€

Volker Gies

Lagen
Kastanienbusch (Birkweiler)
Mandelberg (Birkweiler)
Rosenberg (Birkweiler)
Seligmacher (Ranschbach)
Latt (Albersweiler)
Im Sonnenschein (Siebeldingen)

Rebsorten
Riesling (40 %)
Spätburgunder (14 %)
Weißburgunder (14 %)
Grauburgunder (13 %)
Sauvignon Blanc
Viognier
Scheurebe
Chardonnay
MuskatellerSyrah
Merlot
Cabernet Franc

MOSEL ▶ HATZENPORT

★★

Gietzen

Kontakt
Winzerhof Gietzen
Moselstraße 70
56332 Hatzenport
Tel. 02605-952371
Fax: 02605-952372
www.winzerhof-gietzen.de
service@winzerhof-gietzen.de

Besuchszeiten
am Wochenende während der Öffnungszeiten des Hofausschanks (Fr. ab 18 Uhr, Sa./So. ab 14 Uhr), in der Woche nach Vereinbarung
Gästezimmer,
Ferienwohnungen

Inhaber
Albrecht Gietzen
Betriebsleiter
Albrecht Gietzen
Kellermeister
Albrecht Gietzen
Rebfläche
3 Hektar
Produktion
16.000 Flaschen

Die Weinberge von Albrecht Gietzen liegen an der Terrassenmosel, in den Hatzenporter Lagen Stolzenberg, Kirchberg und Burg Bischofstein, überwiegend in Steillagen mit Süd- und Südwestausrichtung. Sowohl Kirchberg als auch Stolzenberg zählten in der preußischen Lagenklassifikation von 1897 zur obersten Güteklasse. 85 % seiner Rebfläche nimmt Riesling ein, dazu gibt es Spätburgunder und Weißburgunder. Die Weine werden langsam vergoren und lange auf der Feinhefe ausgebaut, teils im Holz, teils im Edelstahl. Prädikatsbezeichnungen werden nur für süße und edelsüße Rieslinge verwendet, die besten Weine aus Kirchberg und Stolzenberg werden mit einer Goldkapsel gekennzeichnet, der Spitzenriesling „Elatus Mons" stammt aus der Terrassenlage Lay-Geisinger im Stolzenberg. Dem Weingut ist ein Gästehaus angeschlossen.

🍷 Kollektion

Geradlinig sind die Weine, die das Weingut Gietzen in diesem Jahr anstellt, elegant, fruchtig, mit feiner Säure ausgestattet und leicht verständlich. Der Weißburgunder aus dem Hatzenporter Kirchberg ist süffig, besitzt eine angenehme Würze und wirkt angenehm trocken. Bei den drei offiziell trockenen oder fast trockenen Rieslingen kann man eher Schmelz als eine puristische Trockenheit feststellen. Klar und würzig ist der „Nikolaus Gietzen" genannte Wein, nicht allzu lang, aber gut balanciert. Der „Elatus Mons" genannte Riesling aus dem Hatzenporter Stolzenberg ist in der Nase noch deutlich verschlossen, im Mund offen, saftig, zupackend und würzig. Der Goldkapsel-Wein aus dem Hatzenporter Kirchberg ist nochmals etwas offener, stoffig, würzig, präzise, der Alkohol ist gut integriert. „Get the Feeling" heißt ein rassiger, schlanker und spritziger Wein mit einem Hauch von Süße, unkompliziert und animierend. Die beiden feinherben Weine besitzen beide Schmelz und Würze plus eine Spur Süße, jener aus dem Hatzenporter Stolzenberg ist allerdings merklich straffer als der Hatzenporter Burg Bischofstein, würziger und nachhaltiger, dabei gänzlich unangestrengt. Noch süßere Weine wurden in diesem Jahrgang nicht vorgestellt. ◀

🍇 Weinbewertung

85	2019 Riesling „Nikolaus Gietzen"	13 %/11,-€
84	2019 Weißburgunder trocken Hatzenporter Kirchberg	13 %/12,-€
87	2019 Riesling trocken Goldkapsel Hatzenporter Kirchberg	13 %/14,-€
86	2019 Riesling „Elatus Mons" Hatzenporter Stolzenberg	13,5 %/17,-€
84	2019 Riesling „Get the Feeling"	12,5 %/9,50€
84	2019 Riesling „feinherb" Hatzenporter Burg Bischofstein	13 %/11,-€
86	2019 Riesling „feinherb" Goldkapsel Hatzenporter Stolzenberg	13 %/14,-€

Glaser-Himmelstoß

★★★★

Kontakt
Langgasse 7
97334 Nordheim
Tel. 09381-4602
Fax: 09381-6402
www.weingut-glaser-himmelstoss.de
info@weingut-glaser-himmelstoss.de

Besuchszeiten
Vinothek Nordheim (Langgasse 7) / Vinothek Dettelbach (Bambergerstraße 3):
Mo./Mi.-Sa. 13-18 Uhr
So. & Feiertage 14-17 Uhr
Di. Ruhetag
Restaurant Himmelstoss,
Pächter: Roman Krückel

Inhaber
Wolfgang & Monika Glaser
Kellermeister
Wolfgang & Julia Glaser
Rebfläche
14 Hektar
Produktion
80.000 Flaschen

Das Weingut Glaser-Himmelstoss entstand durch die Vereinigung der jeweils elterlichen Weingüter von Wolfgang und Monika Glaser (Weingut Siegfried Glaser und Weingut Himmelstoss) und hat Betriebssitze in zwei fränkischen Ortschaften, Dettelbach und Nordheim, wo der Ausbau der Weine erfolgt. Inzwischen werden sie im Betrieb von Tochter Julia unterstützt, die sich zusammen mit ihrem Vater um den Keller kümmert. Die wichtigste Lage ist das Dettelbacher Berg-Rondell; innerhalb dieser recht großen Lage möchte Wolfgang Glaser die historische Einzellage Berg wieder zum Leben erwecken und als geschützte Ursprungsbezeichnung eintragen lassen. Weitere wichtige Lagen sind Nordheimer Vögelein, Sommeracher Katzenkopf und Dettelbacher Sonnenleite. Silvaner ist die wichtigste Rebsorte, nimmt 30 Prozent der Fläche ein, Müller-Thurgau ein Viertel. Es folgen Riesling und Spätburgunder, Grau- und Weißburgunder, dazu gibt es Spezialitäten wie Scheurebe, Schwarzriesling, Gewürztraminer und Rieslaner. Das Programm ist vierstufig gegliedert: Die Basis bilden die Gutsweine, dann folgen Ortsweine aus Dettelbach und Nordheim (bis 2013 als Kabinett trocken bezeichnet) und Erste Lage-Weine aus Berg-Rondell, Vögelein und Katzenkopf (bis 2012 Spätlese trocken), die zukünftigen Großen Gewächse sollten aus der Lage Berg kommen, hat Wolfgang Glaser uns vor Jahren erklärt, passiert ist aber seither nichts. Edelsüße Weine spielen eine wichtige Rolle im Betrieb, Wolfgang Glaser erzeugt, wenn es der Jahrgang erlaubt, die ganze Bandbreite an Prädikaten bis hin zur Trockenbeerenauslese. Seit einigen Jahren erzeugt er auch maischevergorene Weißweine. Schon seit der ersten Ausgabe empfehlen wir die Weine von Wolfgang Glaser, seither hat er uns niemals enttäuscht, mit keinem einzigen Wein, Jahr für Jahr sind seine Kollektionen hervorragend, Jahr für Jahr ist das Niveau schon der Basisweine sehr hoch, Jahr für Jahr faszinieren die trockenen Spitzen ebenso wie die edelsüßen.

Kollektion

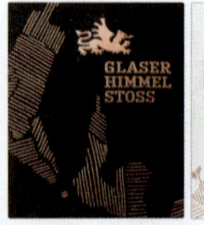

Auch 2019 bietet Glaser-Himmelstoß wieder mustergültige, wunderschön sortentypische Ortsweine. Der Dettelbacher Müller-Thurgau ist würzig und eindringlich, frisch und zupackend, der Nordheimer Silvaner ist füllig und saftig bei klarer reifer Frucht, der birnenduftige Dettelbacher Silvaner ist noch etwas fülliger, noch saftiger, aber ebenso reintönig und strukturiert. Der Dettelbacher Riesling ist frisch und würzig, strukturiert und zupackend, die Dettelbacher Scheurebe zeigt Holundernoten im Bouquet, besitzt feine Frische, klare Frucht und Grip. Der Nordheimer Weißburgunder ist fruchtbetont und wunderschön reintönig im Bouquet, lebhaft und klar im Mund, frisch und zupackend. Etwas fülliger und kraftvoller ist der intensive fruchtige Dettelbacher Grauburgunder, herrlich eindringlich und reintönig, besitzt viel reife Frucht, gute Struktur und Substanz. Und die Glaser'schen Grauburgunder waren schon immer beeindruckend gut, wie der noch frische 2014er Rebell unter Beweis stellt. Sehr hohes und sehr gleichmäßiges Niveau zeigen auch die Lagenweine. Der Riesling aus dem Vögelein zeigt feine Würze und reife Frucht, ist füllig und saftig, der Silvaner aus dem Katzenkopf punktet mit Fülle und Kraft, besitzt herrlich viel Frucht und gute Struktur, noch etwas komplexer ist der sehr offene, ja offensive Silvaner aus dem Berg-Rondell. Der Rieslaner aus dem Vögelein zeigt intensiv reintönige Frucht und viel Konzentration, ist füllig und saftig bei viel Substanz, der Traminer aus dem Vögelein, ist ebenfalls intensiv fruchtig, dominant, besitzt viel reife Frucht und Fülle. Neu im Programm sind vier Weine, die spontanvergoren und in mehrfach belegten Holzfässern ausgebaut wurden und nach langem Hefelager teilweise in Kombination mit einem rückverschnittenen Maischegäranteil im August gefüllt wurden. Die Graben-Scheurebe ist intensiv und dominant, kraftvoll und strukturiert, der Weißburgunder Knorz zeigt rauchige Noten, ist noch sehr jugendlich. Präsenter ist der Grauburgunder Hecken, besitzt reife Frucht, gute Struktur und Druck, kann aber ebenfalls noch etwas Lagerung vertragen. Großartig ist der Berg-Silvaner, sehr reintönig, kraftvoll, präzise und druckvolle, sehr nachhaltig mit leicht mineralischen Noten. Ganz faszinierend ist auch die Silvaner Beerenauslese aus dem Jahrgang 2015, herrlich eindringlich, reintönig, rauchig, komplex und lang.

Weinbewertung

85	2019 Müller-Thurgau trocken Dettelbach	12,5%/8,-€
86	2019 Silvaner trocken Nordheim	13%/9,-€
86	2019 Silvaner trocken Dettelbach	13%/9,50€
88	2019 Weißburgunder trocken Nordheim	13%/10,50€
86	2019 Riesling trocken Dettelbach	12,5%/9,-€
86	2019 Scheurebe trocken Dettelbach	13%/9,50€
89	2019 Grauer Burgunder trocken Dettelbach	13,5%/12,-€ ☺
89	2019 Scheurebe trocken „Graben" Dettelbach	13,5%
89	2019 Silvaner trocken Sommeracher Katzenkopf	13,5%/14,50€
91	2019 Silvaner trocken Dettelbacher Berg-Rondell	14%/16,-€ ☺
88	2019 Riesling trocken Nordheimer Vögelein	13,5%/14,50€
93	2019 Silvaner trocken „Berg" Dettelbach	13,5%
89	2019 Weißer Burgunder trocken „Knorz" Nordheim	13%
88	2019 Rieslaner trocken Nordheimer Vögelein	14%/14,50€
91	2014 Graubugunder trocken „Rebell" Dettelbach	14%/16,50€
90	2019 Grauer Burgunder trocken „Hecken" Dettelbach	13%
88	2019 Traminer trocken Nordheimer Vögelein	14%/14,50€
93	2015 Silvaner Beerenauslese Dettelbacher Berg-Rondell	9%/25,-€/0,375l

Lagen
Berg-Rondell (Dettelbach)
Vögelein (Nordheim)
Katzenkopf (Sommerach)

Rebsorten
Silvaner (30 %)
Müller-Thurgau (25 %)
Riesling (10 %)
Spätburgunder (10 %)
Graubugunder (6 %)
Weißburgunder (5 %)
Scheurebe (3 %)
Schwarzriesling (3 %)

BADEN ▬ VOGTSBURG-OBERROTWEIL

★★★★⯪ Freiherr von **Gleichenstein**

Kontakt
Bahnhofstraße 12, 79235
Vogtsburg-Oberrotweil
Tel. 07662-288
Fax: 07662-1856
www.gleichenstein.de
weingut@gleichenstein.de

Besuchszeiten
Vinothek:
Mo.-Fr. 10-12 + 13-17 Uhr
Sa. 10-17 Uhr (April - Okt.)
So. & Feiertage geschlossen

Inhaber
Johannes Freiherr von
Gleichenstein
Betriebsleiter
Johannes Freiherr von
Gleichenstein
Kellermeister
Odin Bauer
Außenbetrieb
Franz Galli
Rebfläche
45 Hektar
Produktion
300.000 Flaschen

Die Familie der jetzigen Freiherren von Gleichenstein erwarb 1634 die Gebäude und Ländereien des Benediktinerordens St. Blasien im damaligen Rothwyhl. Hans-Joachim von Gleichenstein hatte 1959 das Gut als landwirtschaftlichen Mischbetrieb übernommen und ganz auf Wein ausgerichtet. Seit 2003 führt Sohn Johannes von Gleichenstein das Gut in elfter Generation, seit 2004 unterstützt von Ehefrau Christina. Seine Weinberge liegen in den Oberrotweiler Lagen Eichberg (Vulkanverwitterungsgestein) und Henkenberg (Vulkanverwitterungsböden mit Basaltschichten), in der Oberbergener Bassgeige (mit mächtiger Lössschicht überlagertes Vulkangestein), im Achkarrer Schlossberg (Vulkanverwitterungsböden) und im Ihringer Winklerberg.

🍾 Kollektion

In diesem Jahr konnten wir auch die Liter- und Gutsweine verkosten. Sie sind alle reintönig, fruchtig-frisch und zupackend. Sehr gut haben uns die durchgegorenen Literweine von Grau- und Weißburgunder gefallen. Weißburgunder und Grauburgunder Gutswein von 2019 sind klar und reintönig, zeigen Frucht und Stein im Bouquet, sind saftig-straff mit gutem Druck und trotzdem schön leicht. So sollen Gutsweine sein. Elegant und saftig ist der Grauburgunder Henkenberg von 2017. Der Grauburgunder vom Winklerberg aus dem Jahrgang 2016 überzeugt wie im Vorjahr mit feinem Feuerstein-Aroma. Der Baron Louis Grauburgunder von 2016 zeigt im Bouquet einen stimmigen Dreiklang von Frucht, Würze und Feuerstein, am Gaumen ist er schlank und elegant, besitzt feine Würze und fruchtige Säure. Der Weißburgunder Eichberg zeigt gute Konzentration am Gaumen, dezente Phenolik, hat eine gute Säurestruktur. Der Pinot & Chardonnay Sekt extra Brut mit feinen Hefearomen ist im Mund straff und säurebetont. Der Spätburgunder Baron Philipp ist ein schlanker, eleganter, extraktreicher Wein. ◂

🍇 Weinbewertung

87	2015 Pinot & Chardonnay Sekt extra-brut	12 %/15,-€
84	2019 Grauer Burgunder (1l)	12,5 %/7,-€
86	2019 Weißer Burgunder trocken	12 %/9,-€
86	2019 Weißburgunder & Chardonnay trocken	12,5 %/9,-€
89	2016 Grauer Burgunder trocken Ihringer Winklerberg	12,5 %/21,50 €
88	2018 Weißer Burgunder trocken Oberrotweiler Eichberg	13 %/16,-€
88	2017 Grauer Burgunder trocken Oberrotweiler Henkenberg	12,5 %/16,-€
90	2016 Grauburgunder trocken „Baron Louis" Oberrotweiler Henkenberg	13 %/30,-€
83	2016 Spätburgunder trocken „Hofgarten"	13,5 %/9,-€
86	2016 Spätburgunder trocken „Aus dem Kessel" Oberrotweiler Eichberg	13,5 %/16,-€
89	2016 Spätburgunder trocken „Baron Philipp" Oberrotweiler Eichberg	13,5 %/50,-€

PFALZ — VENNINGEN

★★★

Der GlücksJäger

Kontakt
Raiffeisenstraße 5
67482 Venningen
Tel. 06323-5505
Fax: 06323-6937
www.derglueckjaeger.de
info@derglueckjaeger.de

Besuchszeiten
nach Vereinbarung

Inhaber
Andreas
Pfaffmann-Wiedemann

Rebfläche
4 Hektar

Produktion
16.000 Flaschen

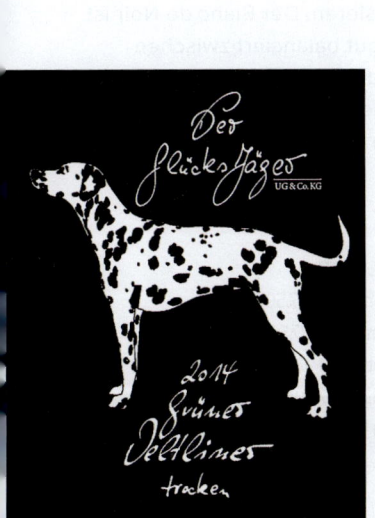

Andreas Pfaffmann-Wiedemann arbeitet eigentlich im Betrieb seines Schwiegervaters Georg Heinrich Wiedemann, der als „Essigdoktor" weit über die Pfalz hinaus Berühmtheit erlangt hat, da sein Doktorenhof in Venningen ausschließlich hochwertige Essige herstellt. Mit dem Jahrgang 2012 begann Andreas Pfaffmann-Wiedemann seine eigenen Weine zu erzeugen, zunächst nur Riesling und Cabernet Sauvignon, mittlerweile sind noch Weißburgunder, Grüner Veltliner, Sauvignon Blanc und etwas Chardonnay dazugekommen, die Produktion beschränkt sich auf wenige tausend Flaschen im Jahr. Die Trauben werden von Hand entrappt, bei den Weißweinen wird mit Maischestandzeiten und auch Maischegärung gearbeitet, alle Weine werden spontan vergoren, im Halbstückfass oder im Barrique ausgebaut und schließlich ohne Schönung oder Filtration mit möglichst geringer Schwefelzugabe abgefüllt.

Kollektion

Andreas Pfaffmann-Wiedemann baut sein sehr eigenständiges kleines Programm nach und nach aus: Neu sind in diesem Jahr die „Glücksbrause", ein Pet Nat vom Pinot Noir, der feine Kirschfrucht und etwas Zitrusnoten zeigt, frisch, schlank und geradlinig ist und der im Barrique ausgebaute Chardonnay, der dezente Röstnoten und Zitruswürze zeigt und ein animierendes Säurespiel besitzt. An der Spitze der Kollektion steht einmal mehr der hervorragende Cabernet Sauvignon „Réserve" mit klarer Frucht von schwarzer Johannisbeere und kräutriger Würze, der am Gaumen gute Konzentration und noch jugendliche Tannine besitzt, harmonisch und nachhaltig ist. Genauso stark ist der maischevergorene, in neuen Barriques und einer Amphore ausgebaute 2019er Sauvignon Blanc „Fumé", der im komplexen Bouquet Noten von Maracuja, Pfirsich, Zitrusfrüchten und Walnussschale zeigt und eine leicht cremige Textur, Frische, Struktur und Potential besitzt, beim 2018er Sauvignon Blanc „Réserve" ist das Holz noch sehr präsent, im Bouquet zeigt er auch Aromen von Quitte und Blutorange, besitzt Kraft und Länge.

Weinbewertung

87	2019 Pinot Noir Rosé „Pet-Nat" brut nature „Glücksbrause"	10,5%/19,-€
85	2019 Knochentrocken Weißwein trocken	13%/11,-€
86	2019 Riesling trocken „Junge Hunde"	12,5%/11,-€
88	2019 Weißer Burgunder trocken	13%/18,-€
88	2019 Riesling trocken	12,5%/15,-€
88	2019 Grüner Veltliner trocken	13%/18,-€
87	2019 Chardonnay trocken	13%/18,-€
90	2019 Sauvignon Blanc trocken „Fumé"	13%/18,-€
89	2018 Sauvignon Blanc trocken „Fumé Reserve"	13,5%/24,-€
88	2018 Cabernet Sauvignon trocken	13,5%/18,-€
90	2018 Cabernet Sauvignon trocken „Réserve"	13,5%/33,-€

BADEN — ANGELBACHTAL

⭐

Nico Gmelin

Kontakt
Wilhelmstraße 42
74918 Angelbachtal
Tel. 07265-917759
www.weingut-gmelin.de
info@weingut-gmelin.de

Besuchszeiten
Fr. 15-18 Uhr
Sa. 10-14 Uhr
Besenwirtschaft
(Events bis 80 Personen)
Gästehaus „SchlafGut"
(bis 10 Personen)

Inhaber
Nico Gmelin

Rebfläche
4,5 Hektar

Produktion
19.000 Flaschen

Der gelernte Winzer Nico Gmelin gründete 2009 mit 30 Ar Rebfläche, das sind 3000 Quadratmeter, sein eigenes Weingut. Mittlerweile ist das Weingut um ein Vielfaches gewachsen. In einem bäuerlichen, urigen Anwesen in der Karlstraße 14 in Angelbachtal betreibt er mit seiner Frau die Besenwirtschaft „Zum Geißenpeter", wo ein Großteil der Weine vermarktet wird. Im Frühjahr und im Herbst ist der Besen mit 40 Sitzplätzen für jeweils acht Wochen geöffnet. Weine und Besenwirtschaft kommen gut an, deshalb vergrößert sich das Weingut Jahr für Jahr. Mit dem 2018 fertig gestellten Neubau eines Wirtschaftsgebäudes mit neuester Verarbeitungs- und Kellereitechnik soll die Qualität gesteigert werden. Hauptrebsorte von Nico Gmelin ist der Spätburgunder mit einem Anteil von fast vierzig Prozent, dazu unterstreichen Weißburgunder und Grauburgunder mit jeweils rund 20 Prozent die Burgunderdominanz. Die Weinberge von Nico Gmelin liegen in verschiedenen Kraichgauer Lagen wie Eichtersheimer Sonnenberg, Malscher Ölbaum, Malscher Rotsteig, Weiler Goldberg und Elsenzer Spiegelberg.

Kollektion

Wie im vergangenen Jahr hat Nico Gmelin allen Reborten ihre Typizität gelassen, alle Weine sind gut strukturiert und verständlich, das sind im besten Sinne unkomplizierte „Geradeaus"-Weine. Lebendige, saftige Frische zeichnen Weißburgunder und Chardonnay aus, der Auxerrois ist noch fruchtbetonter, der Grauburgunder ist kräftig bei süßer Frucht. Der leicht roséfarbene Grauburgunder „B" kämpft noch etwas mit dem Holz, Vanillearomen sind im Moment dominant, das dürfte sich mit der Zeit aber harmonisieren. Der Blanc de Noir ist für unseren Geschmack zu süß geraten, gut balanciert zwischen Frucht, Süße und Säure präsentiert sich dagegen der Rosé. Beim Spätburgunder „B" sind die Vanille-Aromen bereits etwas besser integriert, dazu kommen kräftige Aromen von Kaffee, Kakao und Tabak.

Weinbewertung

83	2019 Auxerrois Malschenberg Ölbaum	13%/7,50 €
83	2019 Weißburgunder Malschenberger Ölbaum	13%/7,50 €
80	2019 „Blanc de Noir" Malschenberger Ölbaum	13%/7,50 €
82	2019 Grauburgunder Eichtersheimer Sonnenberg	13%/7,50 €
84	2019 Chardonnay Malschenberg Ölbaum	12,5%/7,50 €
83	2018 Grauburgunder Barrique Malschenberg Ölbaum	14%/11,90 €
83	2019 Spätburgunder Rosé	13%/7,50 €
82	2017 „Anne" Rotwein trocken	12,5%/7,40 €
85	2016 Spätburgunder „B"	13%/15,50 €

MOSEL — NEUMAGEN-DHRON

Lars Görgen

Kontakt
Lars Görgen Mosel.Wein.
Manufaktur
Weingartenstraße 24
54347 Neumagen-Dhron
Tel. 0171-1867219
www.larsgoergenweine.de
info@larsgoergenweine.de

Besuchszeiten
nach Vereinbarung

Inhaber
Lars Görgen
Betriebsleiter
Lars Görgen
Kellermeister
Lars Görgen
Außenbetrieb
Lars Görgen
Rebfläche
0,6 Hektar
Produktion
4.000 Flaschen

Gerade mal 0,6 Hektar bewirtschaftet Lars Görgen, der nicht aus einer klassischen Winzerfamilie stammt, sondern auf Umwegen zum Wein gekommen ist. Nach einer Ausbildung bei der DLR schnuppert er in der Nachbarschaft ins Winzerleben hinein, stellte sich dann auf eigene Füße. Im Jahr 2017 wurde die erste Parzelle angepflanzt, inzwischen ist die Fläche auf 0,6 Hektar gestiegen. 2018 wurden die ersten beiden Weine ausgebaut, der Jahrgang 2019 brachte dann eine deutliche Vergrößerung des Sortiments. 98 Prozent Riesling werden angebaut, der Spätburgunder spielt mit zwei Prozent der Fläche nur eine Miniaturrolle. Lars Görgen kümmert sich selbst um An- und Ausbau sowie um die Vermarktung, das alles im Nebenerwerb, vor allem am Wochenende, da er noch einem Vollzeitjob nachgeht. An eine deutliche Vergrößerung des Betriebes ist daher derzeit noch nicht zu denken.

Kollektion

Die zum Debüt vorgestellten Rieslinge sind gelungen und so präzise, wie man es sich nur wünschen kann. Ein kompakter, saftiger, wirklich puristisch trockener und animierender Basisriesling sowie ein feiner, eleganter Neumagener Ortsriesling führen das Sortiment an. Die mit drei Sternen gekennzeichnete trockene Spätlese ist duftig, straff, leicht mineralisch – für ein so neues Weingut eine beachtliche Leistung. Spannend, vibrierend und nachhaltig zeigt sich der Kabinettriesling, der erfreulich wenig Süße aufweist und an den sich nahtlos eine elegante Spätlese anschließt. Auch die Auslese passt sich dem Stil des Weinguts an. In der Nase ist dieser Riesling eher ruhig, zeigt Noten von Aprikosen und getrocknetem Apfel, wirkt im Mund fest und würzig mit deutlicher, aber bestens integrierter Süße. Aber nicht nur der Riesling kann sich hier sehen lassen, auch der Rotwein besitzt Charakter. Der Spätburgunder aus dem Jahrgang 2018 besitzt eine eher kühle Frucht mit Noten von Himbeere, Kirsche, Kräuterbonbons, wirkt am Gaumen schön präzise und geradlinig, besitzt Nachhall und, was vielleicht noch wichtiger ist, Frische.

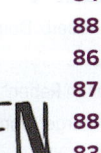

Weinbewertung

84	2019 Riesling trocken „Grauer Schiefer"	12 %/7,50 €
84	2019 Riesling trocken Neumagener	11,5 %/8,60 €
88	2019 Riesling trocken*** Laudamusberg	12,5 %/12,- €
86	2019 Riesling Kabinett Laudamusberg	9 %/9,- €
87	2019 Riesling Spätlese Laudamusberg	8,5 %/12,- €
88	2019 Riesling Auslese Laudamusberg	9,5 %/15,- €/0,5l
83	2019 Spätburgunder Rosé trocken	12 %/7,20 €
86	2018 Spätburgunder trocken	12 %/10,40 €

MOSEL — BRIEDERN

★★☆

Otto Görgen

Kontakt
Römerstraße 30-32
56820 Briedern
Tel. 02673-1809
Fax: 02673-900038
www.weingut-goergen.de
weingut-goergen@t-online.de

Besuchszeiten
Weingut:
tägl. 9-11:45 Uhr
Vinothek Beilstein:
Ostern bis Anfang Juli Sa./
So./Feiertage 14-19 Uhr,
Juli-Nov. tägl. 14-19 Uhr
Ferienwohnung

Inhaber
Matthias Görgen
Rebfläche
14,5 Hektar
Produktion
120.000 Flaschen

Die Familie Görgen betreibt seit mindestens 1707 Weinbau im Cochemer Krampen, wie man den windungsreichen Moselabschnitt zwischen Cochem und Zell nennt. Heute führt Matthias Görgen in achter Generation den Betrieb. Seine 14,5 Hektar Weinberge liegen in Briedern (Rüberberger Domherrenberg, Römergarten), Beilstein (Schlossberg, Silberberg), Briedel (Herzchen) und Mesenich (Goldgrübchen). Riesling ist die wichtigste Rebsorte im Betrieb, dazu gibt es Grauburgunder, Müller-Thurgau und Muscaris, aber auch 20 Prozent rote Rebsorten: Spätburgunder, Dornfelder und Schwarzriesling. Die Weine werden kühl vergoren und zum größten Teil im Edelstahl ausgebaut, ein Teil der Rotweine auch im Holz.

Kollektion

Ein extra trockener Sekt ist würzig, besitzt nur einen Anflug von Süße, dafür eine gute Länge. Noch besser gefällt diesmal allerdings der Spätburgundersekt, der sich frisch präsentiert, leicht hefig mit Noten von roten Johannisbeeren und Erdbeere, süffig und elegant, aber auch angenehm trocken. Schön stoffig ist der Riesling vom grauen Schiefer, während der Riesling „Nikolaus G" Schmelz und hintergründige Würze besitzt. Noch besser ist dann allerdings der Riesling von alten Reben aus dem Rüberberger Domherrenberg, hefe- und kräuterwürzig, fest und nachhaltig. Der feinherbe Riesling von alten Reben weist trotz merklicher Süße eine saftige Art mit leichtem Schmelz auf. Die Spätlese aus dem Domherrenberg wiederum besitzt eine rassige Art, ist straff und animierend, was auch mit der eher reduzierten Süße zu tun hat. Noch süßere Weine wurden in diesem Jahr nicht vorgestellt, aber dafür gefällt der angenehm trockene und feste Blanc de Noir, der wesentlich weniger beliebig wirkt, als dies in dieser Weinkategorie bei anderen Betrieben üblich ist. Ein im Holzfass gereifter Spätburgunder aus dem Jahrgang 2018 ist offen, mit Noten von Beeren und Gewürzen, im Mund saftig und ausgewogen.

Weinbewertung

86	2018 Spätburgunder Sekt brut	12,5%/8,80€
85	2018 Riesling Sekt extra trocken	12,5%/7,80€
82	2019 Riesling trocken (1l)	12%/5,20€
83	2019 Riesling trocken „vom Grauschiefer"	12,5%/6,20€
84	2019 Spätburgunder Blanc de Noir	12,5%/6,20€
84	2019 Riesling trocken „Nikolaus G"	12,5%/6,50€
87	2019 Riesling trocken „von alten Reben" Rüberb. Domherrenberg	12,5%/8,50€ ☺
81	2019 Grauburgunder Classic	12,5%/6,20€
86	2019 Riesling Spätlese „feinherb" „von alten Reben"	11,5%/8,50€
86	2019 Riesling Spätlese Briederner Rüberberger Domherrenberg	9,5%/8,50€
82	2019 Spätburgunder Rosé trocken	12%/6,20€
84	2018 Spätburgunder trocken Holzfass	14%/7,-€

BADEN ▶ VOGTSBURG-BISCHOFFINGEN

★★★

Armin Göring

Kontakt
Amthofstraße 2, 79235
Vogtsburg-Bischoffingen
Tel. 07662-452
www.goering-wein.de
info@goering-wein.de

Besuchszeiten
Fr./Sa. 10-18 Uhr
und nach Vereinbarung
Weinproben mit Vesper und
Veranstaltungen im Innenhof
(nach Vereinbarung)

Inhaber
Armin Göring, Ulrike Lenhardt
& Till Beierle

Rebfläche
1 Hektar

Produktion
7.000 Flaschen

Armin Göring war mehr als 30 Jahre in leitenden Positionen in der Weinwirtschaft tätig, viele kennen ihn noch als langjährigen Leiter des Deutschen Weininstituts in Mainz. Seine Ehefrau Ulrike Lenhardt-Göring ist Winzertochter aus dem Rheingau und ausgebildete Önologin. 2006 kehrte Armin Göring auf den elterlichen Winzerhof in Bischoffingen zurück und begann einen Teil der Weinberge der Familie selbst zu bearbeiten und zusammen mit seiner Frau Wein unter eigenem Namen zu vermarkten. Alle Weinberge befinden sich in Bischoffingen. Spätburgunder, Grauburgunder und Merlot stehen auf vulkanischen Böden, Weißburgunder und Müller-Thurgau auf Löss. Der Weißburgunder wächst in einer Hangfußlage am Hüttenberg, der Grauburgunder stammt von einer alten Terrasse im Hüttenberg. Der Pinot Noir wächst auf dem Haberbückle südlich des Dorfes auf schweren schwarzen Vulkanverwitterungsböden. Die Rotweine werden entrappt, maischevergoren und im Holzfass ausgebaut. Alle Weine werden auf einer über 100jährigen restaurierten Korbkelter schonend gepresst, durchgegoren ausgebaut und als Badischer Landwein vermarktet. Ulrike Lenhardt-Görings Sohn Till Beierle ist neben seinem Weinbaustudium in Geisenheim in die Arbeit für Weinberg und Keller mit eingestiegen.

Kollektion

Wie im vergangenen Jahr sind alle Weine – bis auf den einem Portwein ähnlichen Likörwein – mehr oder weniger durchgegoren. Die Weine sind so reintönig und ausbalanciert, dass sie keinen Zucker brauchen. Kraftvoll und puristisch ist der komplett durchgegorene Rivaner. Die Rebsortentypizität ist bei allen Weinen bestechend gut. Wunderbar saftig zeigt der Weißburgunder seine glasklare, helle Frucht. Der Pinot Rosé ist außergewöhnlich gut, saftig mit viel Spiel. Der Grauburgunder Goldkapsel zeigt jetzt schon viel Schmelz, das Kokosaroma vom Ausbau im neuen Holzfass passt gut in das jetzt schon stimmige Gesamtbild. Sehr gut ist auch der Pinot Noir mit klarer, kühler Frucht und guter Struktur, ein sehr feiner Gutswein. Der Pinot Noir Goldkapsel ist elegant, feinwürzig mit noch etwas dominanten Röstaromen, zeigt aber schon sein Potenzial. Tiefgründig, straff und konzentriert ist der Merlot.

Weinbewertung

83	2019 Rivaner „aus dem Garten"	12,5 %/5,20 €
86	2019 Weißer Burgunder „vom hellen Löss"	12,5 %/7,30 €
84	2019 Grauer Burgunder „vom Hüttenberg"	13 %/7,80 €
87	2018 Grauer Burgunder Goldkapsel	13,5 %/14,80 €
86	2019 Pinot Noir Rosé „Steinbückle"	13 %/7,30 €
86	2018 Pinot Noir	13 %/7,80 €
88	2018 Pinot Noir Goldkapsel	13 %/14,80 €
88	2018 Merlot Barrique	13,5 %/14,80 €
87	„Liquor"	20 %/20,- €/0,5l

NAHE ▸ MÜNSTER-SARMSHEIM

★★★

Göttelmann

Kontakt
Rheinstraße 77
55424 Münster-Sarmsheim
Tel. 06721-43775
Fax: 06721-42605
www.goettelmann-wein.de
goettelmannwein@aol.com

Besuchszeiten
nach Vereinbarung
Weinstube/Weingarten
März - Nov. Fr./Sa. ab 18 Uhr,
So. ab 17 Uhr

Inhaber
Ruth Göttelmann-Blessing,
Götz Blessing

Rebfläche
14 Hektar

Produktion
90.000 Flaschen

Die Weinberge von Ruth Göttelmann-Blessing und Götz Blessing liegen in Münster-Sarmsheim in den Lagen Dautenpflänzer, Kapellenberg, Pittersberg und Rheinberg. Wichtigste Rebsorte ist der Riesling, der etwa 60 Prozent der Rebfläche einnimmt. Hinzu kommen Weißburgunder, Grauburgunder, Chardonnay, Sauvignon Blanc und Gewürztraminer, sowie Dornfelder, Spätburgunder und Portugieser. Seit dem Jahrgang 2008 werden bei trockenen Weinen keine Prädikatsbezeichnungen mehr verwendet. Um die prägenden Terroirs hervorzuheben wurden die Weine vom roten Schiefer (Kapellenberg) und schwarzen Schiefer (Rheinberg) eingeführt. Seit dem Jahrgang 2010 erzeugt Götz Blessing aus dem vordersten Kapellenberg, unterhalb einer vor wenigen Jahren errichteten Bruchsandsteinmauer, aus besonders kleinbeerigen Trauben den „Le Mur" genannten Riesling, der spontan im großen Holzfass vergoren wird. 2016 wurde eine Parzelle mit Silvaner neu angelegt.

Kollektion

Fast alle Weine des 2019er Jahrgangs von Ruth Göttelmann-Blessing und Götz Blessing präsentieren sich etwas verhaltener als in den Vorjahren, bei den trockenen Rieslingen sehen wir dieses Mal den Dautenpflänzer und den „Le Mur" gleichauf: Der Dautenpflänzer zeigt leicht steinig-kräutrige Würze, besitzt am Gaumen herbe Zitrusnoten, Eleganz und salzige Länge, der „Le Mur" ist etwas prägnanter in der Frucht, zeigt etwas gelbes Steinobst und Ananas, besitzt Grip und ebenfalls leicht salzige Noten. Unser dritter Favorit ist die cremige Auslese aus dem Rheinberg mit viel klarer, süßer Frucht, deutlichen Zitrusnoten und guter Länge, unter den beiden Spätlesen ist der Dautenpflänzer etwas komplexer und fruchtbetonter, der Rheinberg besitzt dafür etwas mehr Biss, sehr gut ist auch der leicht rauchig-mineralische und herb-zitrusfruchtige trockene Riesling „vom roten Schiefer".

Weinbewertung

85	2019 Riesling trocken „vom schwarzen Schiefer" Münsterer	12,5%/8,-€
86	2019 Riesling trocken „vom roten Schiefer" Münsterer	12,5%/8,90€
84	2019 Chardonnay trocken Münsterer	13,5%/8,50€
84	2019 Sauvignon Blanc trocken Münsterer	12,5%/7,80€
81	2019 Schwarzriesling „Blanc de noirs" trocken Münsterer	12%/7,50€
84	2019 Riesling trocken Münsterer Pittersberg	12,5%/7,50€
88	2019 Riesling trocken Münsterer Dautenpflänzer	12,5%/9,80€ ☺
88	2019 Riesling trocken „Le Mur" Münsterer Kapellenberg	13%/12,80€
85	2019 Riesling „feinherb" „vom Schwarzen Schiefer" Münsterer	13%/7,20€
86	2019 Riesling Spätlese Münsterer Rheinberg	8%/8,90€
87	2019 Riesling Spätlese Münsterer Dautenpflänzer	7,5%/8,90€
88	2019 Riesling Auslese Münsterer Rheinberg	7,5%/18,90€/0,5l

Götz

Kontakt
Weinolsheimer Straße 10
55278 Uelversheim
Tel. 06249-8069478
Fax: 06249-8042133
www.weingut-goetz.de
weingut@weingut-goetz.de

Besuchszeiten
nach Vereinbarung

Inhaber
Holger Götz, Renate Götz
Betriebsleiter
Holger Götz
Kellermeister
Holger Götz
Außenbetrieb
Holger Götz
Rebfläche
11 Hektar
Produktion
75.000 Flaschen

Reinhard Götz übernahm von seinem Vater den landwirtschaftlichen Gemischtbetrieb, konzentrierte sich nach und nach ganz auf Weinbau. Sohn Holger, Diplom-Önologe, sammelte Erfahrungen im In- und Ausland (Johner, Château Margaux, Chard Farm), bevor er in den Betrieb einstieg, den er inzwischen übernommen hat. Die Weinberge liegen vor allem in den Uelversheimer Lagen Tafelstein und Aulenberg, sowie im Dienheimer Tafelstein. Weiße Rebsorten nehmen drei Fünftel der Fläche ein, es dominiert Riesling, gefolgt von Weißburgunder, Grauburgunder und Scheurebe, dazu gibt es Huxelrebe und Kanzler, inzwischen auch Sauvignon Blanc. Bei den roten Sorten dominieren Spätburgunder und Dornfelder, inzwischen ergänzt Merlot das Programm. Die Rotweine werden überwiegend im großen Holzfass ausgebaut, teilweise auch im Barrique, die Weißweine fast komplett im Edelstahl. Seit 2009 werden alle Weinberge biologisch bewirtschaftet, man ist Mitglied bei Ecovin.

Kollektion

Die neue Kollektion überzeugt, zeigt sich in der Spitze verbessert gegenüber dem Vorjahr. Die Gutsweine sind wieder sehr zuverlässig, fruchtbetont und saftig. Der Kalkstein-Riesling ist klar und zupackend, der Tafelstein-Riesling besitzt Konzentration, Fülle und reife Frucht, und auch als süße Spätlese kann Riesling punkten mit Fülle, feiner süßer Frucht und guter Harmonie. Der Pinot Blanc aus dem Aulenberg besitzt Fülle, Saft und reife süße Frucht, deutlich besser gefällt uns im Jahrgang 2019 der Pinot Gris, der gelbe Früchte im Bouquet zeigt, reintönig im Mund ist, gute Struktur, Fülle und Druck besitzt. Die rote Cuvée Wildnis aus Merlot, Spätburgunder und Cabernet Mitos, zeigt intensive Frucht, dunkle Früchte, besitzt Fülle, Kraft und Substanz. Unser Favorit aber ist der Pinot Noir aus dem Tafelstein, der rauchige Noten und reintönige Frucht zeigt, frisch und zupackend ist, fruchtbetont und reintönig, gute Struktur und Grip besitzt. Im Aufwind!

Weinbewertung

83	2019 Weißer Burgunder trocken	12,5 %/6,10 €
82	2019 Grauer Burgunder trocken	12,5 %/6,30 €
84	2019 Riesling trocken „Kalkstein"	12,5 %/6,90 €
85	2019 Riesling trocken „h4" Dienheimer Tafelstein	13 %/9,70 €
84	2019 Pinot Blanc trocken „h1" Uelversheimer Aulenberg	12,5 %/8,90 €
86	2019 Grauer Burgunder trocken „h2" Uelversheimer Aulenberg	12,5 %/8,90 €
82	2019 Riesling „feinherb"	11,5 %/6,- €
85	2019 Riesling Spätlese Uelversheimer Tafelstein	8,5 %/7,50 €
83	2019 Kanzler Spätlese	8,5 %/7,50 €
83	2018 „Hilarius" Rotwein trocken	13 %/6,40 €
85	2018 „Wildnis" Rotweincuvée trocken	13 %/10,- €
87	2018 Pinot Noir trocken „h3" Uelversheimer Tafelstein	13 %/13,90 €

WÜRTTEMBERG — WEINSTADT

★★★★⯪ **Gold**

Kontakt
Buocher Weg 9,
71384 Weinstadt
Tel. 07151-1691215,
Fax: 07151-1679121
www.weingut-gold.de
info@weingut-gold.de

Besuchszeiten
Weinverkauf Mi. 17-19 Uhr
Sa. 10-13 Uhr
und nach Vereinbarung
Gutsausschank Mi./Sa./So.

Inhaber
Leon Gold

Rebfläche
11 Hektar

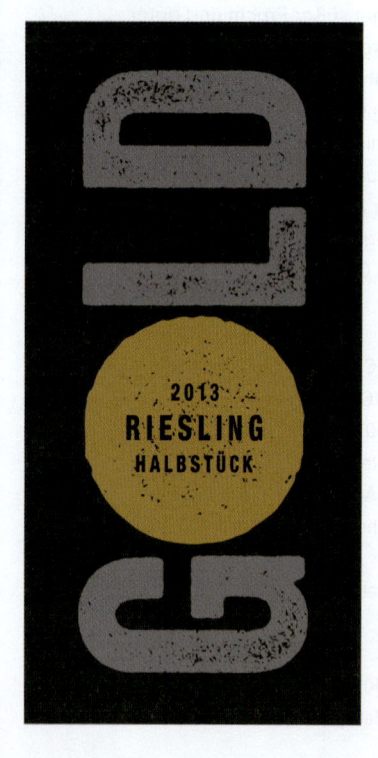

Über das Bottwartal (Weingut Bruker) und das Remstal (Weingut Bernhard Ellwanger) kam der aus dem Heilbronner Raum stammende Leon Gold in die Pfalz, wo er bei Sven Leiner in Ilbesheim mit ökologischem und biodynamischem Weinbau Bekanntschaft machte. Danach folgte die Ausbildung zum Weinbautechniker in Weinsberg, ab 2011 arbeitete er wieder in seiner Wahlheimat Remstal bei Jochen Beurer. Nebenher hat er sein eigenes Weingut gegründet, in Gundelsbach im ehemaligen Gasthaus „Im Krug zum grünen Kranze" mit einem historischen Gewölbekeller aus dem Jahr 1816. 2014 bzw. 2013 (Riesling Halbstück) erzeugte er seine ersten Weine. Seine Weinberge befinden sich in Gundelsbach, aber auch in Schnait, Beutelsbach, Großheppach, Beinstein und Geradstetten. Riesling nimmt inzwischen knapp die Hälfte der Rebfläche ein, es folgen Cabernet Sauvignon, Trollinger, Kerner und Müller-Thurgau, sowie Spätburgunder, inzwischen auch Chardonnay und Zweigelt. Die Reben wurden von jeher biologisch bewirtschaftet, 2018 wurde die Zertifizierung abgeschlossen.

Kollektion

Leon Gold legt stetig weiter zu. Der Petnat aus Trollinger und Muskattrollinger ist intensiv, hefig, fruchtig, sehr eigenständig. Der 2017er Ida Marie-Sekt ist rauchig, harmonisch, komplex, strukturiert, im Vergleich dazu ist der 2018er unruhig, ja „unfertig". Der Gutsriesling ist würzig und eindringlich, frisch und zupackend, der 2018er Gundelsbacher zeigt rauchige Noten, feine Würze, besitzt Fülle und Kraft, ist noch ein klein wenig spannender als der füllige, saftige 2017er und wird von etwas Flaschenreife profitieren. Der 2018er Halbstück-Riesling ist stoffig und kraftvoll, besitzt gute Struktur und Substanz, ist dem 2015er überlegen, der immer noch jugendlich ist, gute Fülle und Substanz besitzt. Hervorragend ist auch der rauchige, intensive Reserve-Chardonnay, auf Haltbarkeit angelegt. Der duftige 2017er Editions-Wein, ein lange auf der Vollhefe ausgebauter Kerner ist kraftvoll und eigenständig, der Wanne-Spätburgunder besitzt Saft und Substanz.

Weinbewertung

Bewertung	Wein
85	2019 „Pink Gold PetNat" I 11%/12,90€
88	2017 „Ida Marie" Sekt brut I 11%/14,-€
(86)	2018 „Ida Marie" Sekt brut I 11,5%/14,-€
84	2019 Riesling trocken I 11,5%/7,50€
88	2017 Riesling trocken Gundelsbach I 12%/12,90€
88	2018 Riesling trocken Gundelsbach I 12%/12,90€
89	2015 Riesling trocken „Halbstück" Beutelsbacher Altenberg I 12,5%/20,-€
90	2018 Riesling trocken „Halbstück" Gundelsbach „Koih" I 12,5%/22,-€
90	2018 Chardonnay „Réserve" I 13%/32,-€
88	2017 „Edition Leon Gold" I 12%
87	2017 Spätburgunder trocken Großheppacher Wanne I 13%/25,-€

RHEINHESSEN — WORMS-PFEDDERSHEIM

★ ★ ★

Goldschmidt

Kontakt
Enzingerstraße 27-31
67551 Worms-Pfeddersheim
Tel. 06247-7044
Fax: 06247-6205
www.wein-goldschmidt.de
weingut.goldschmidt@
t-online.de

Besuchszeiten
Vinothek im alten Kuhstall
Fr. 13-18 Uhr
Sa. 10-12 + 13-18 Uhr
Proben und Einkauf
Mo.-Do. nach Vereinbarung

Inhaber
Ulrich & Jonas Goldschmidt

Rebfläche
16 Hektar

Das Weingut Goldschmidt ist aus einem typisch rheinhessischen landwirtschaftlichen Mischbetrieb entstanden. Jochen Goldschmidt pflanzte Ende der sechziger Jahre die ersten Reben und begann mit der Selbstvermarktung. Seit 1998 wird das Gut von Ulrich Goldschmidt geführt, unterstützt wird er im Betrieb von Ehefrau Elke und seinen Eltern. Seine Weinberge liegen in Pfeddersheim (Kreuzblick, St. Georgenberg, Hochberg), Osthofen (Liebenberg, Klosterberg) und Dalsheim (Hubacker, Bürgel, Steig, Sauloch). In jeder Gemarkung herrscht ein anderer Bodentyp vor, so dass Ulrich Goldschmidt ein breites Spektrum von schweren, kalkhaltigen Tonböden bis hin zu leichten Lösslehmböden in seinen Weinbergen hat. 2002 stellte er den Betrieb auf ökologische Bewirtschaftung um, ist Mitglied bei Ecovin und Bioland. Sohn Jonas erzeugte mit dem Chardonnay S 2015 seinen ersten eigenen Wein, 2017 hat er Erfahrungen in Neuseeland gesammelt. Im Sommer 2019 ist er nach Abschluss seiner Technikerausbildung in den Betrieb eingestiegen.

Kollektion

Die starke Kollektion des Vorjahres wurde von Grauburgunder S und Chardonnay S angeführt. In der Spitze ist die neue Kollektion nicht ganz so stark, präsentiert sich dafür bestechend gleichmäßig. Die Weißweine sind fruchtbetont und klar, egal ob Grauburgunder oder Grünfränkisch, Riesling, Scheurebe oder Gewürztraminer. An der Spitze des weißen Segments stehen die drei sehr guten Weine der S-Klasse: Der Grauburgunder ist füllig und saftig, recht süß, der Chardonnay besitzt gute Struktur und Substanz, klare Frucht und Druck, der intensiv fruchtige Riesling aus dem Bürgel besitzt gute Struktur, Kraft und Grip. Der Cabernet Sauvignon aus dem Dalsheimer Steig ist recht würzig, klar und zupackend, der Spätburgunder S aus dem Bürgel besitzt reintönige Frucht, gute Struktur, Frische und Grip. Gute, stimmige Kollektion!

Weinbewertung

84	2019 Grauer Burgunder trocken Pfeddersheimer St. Georgenberg	12,5%/6,60€
84	2019 Grünfränkisch trocken	12,5%/8,-€
83	2019 Chardonnay trocken Pfeddersheimer Kreuzblick	12,5%/6,60€
84	2019 Riesling trocken Dalsheimer Hubacker	13%/6,60€
87	2019 Riesling „S" trocken Dalsheimer Bürgel	12,5%/9,30€
84	2019 Scheurebe trocken „Jeanette"	12%/6,30€
82	2019 Sauvignon Blanc trocken	12,5%/6,50€
84	2019 Gewürztraminer trocken Pfeddersheimer St. Georgenberg	13,5%/6,90€
85	2019 Grauer Burgunder „S" trocken "Edition Jonas"	13%/12,90€
87	2019 Chardonnay „S" trocken „Edition Jonas" Pfeddersheimer Kreuzblick	13%/12,90€
84	2018 Cabernet Sauvignon trocken Dalsheimer Steig	13,5%/7,60€
86	2017 Spätburgunder „S" trocken Dalsheimer Bürgel	13,5%/9,80€

WÜRTTEMBERG — ILSFELD

Golter

Kontakt
Klee 1, 74360 Ilsfeld
Tel. 07062-978940
Fax: 07062-978949
www.weingut-golter.de
info@weingut-golter.de

Besuchszeiten
Di.-Mi. 10-12 + 15-17:30 Uhr
Do. 15-17:30 Uhr
Fr. 10-12 + 15-17:30 Uhr
Sa. 9-12 Uhr
saisonale Wein- und Tapasstube

Inhaber
Reinhard & Christoph Golter
Betriebsleiter
Reinhard & Christoph Golter
Kellermeister
Martin Streicher,
Christoph Golter
Rebfläche
20 Hektar
Produktion
150.000 Flaschen

Weinbau wird in der Familie bereits seit 1743 betrieben, mit der Selbstvermarktung begann aber erst Reinhard Golter in den achtziger Jahren des letzten Jahrhunderts. Seit 1990 betreiben Reinhard und Christine Golter auch eine Besenwirtschaft, die zwei Mal im Jahr für zehn Tage geöffnet hat. Seit 2017 ist der jüngste Sohn Christoph im Weingut, der nun zusammen mit seinem Vater den Betrieb führt und begonnen hat die Anbau- und Produktionsprozesse neu zu strukturieren. Das Gros der Weinberge liegt im Schozachtal (Ilsfeld, Helfenberg, Abstatt), hinzu kommen Weinberge in Haberschlacht und Talheim. Neben traditionellen Württemberger Rebsorten wie Trollinger, Lemberger, Spätburgunder, Schwarzriesling, Samtrot, Riesling, Grauburgunder, Weißburgunder, Muskateller, Müller-Thurgau und Kerner baut Reinhard Golter auch internationale Rebsorten wie Merlot oder Neuzüchtungen wie Dornfelder, Acolon, Cabernet Mitos, Cabernet Dorio oder Cabernet Dorsa an. Christine Golter ist Mitbegründerin des Projektes „Der Trollinger".

Kollektion

Eine gewohnt gleichmäßige Kollektion präsentieren Reinhard und Christoph Golter auch in diesem Jahr, wobei die Weißwein etwas verhaltener sind als die Roten. Am besten gefallen uns im weißen Segment der lebhafte, fruchtbetonte Sauvignon Blanc mit seiner feinen Frische und Süße, und der Riesling vom Helfenberger Schlossberg, der würzig und eindringlich im Bouquet ist, klar, frisch und zupackend im Mund. Unter den roten Basisweinen überzeugt der fruchtbetonte, frische Trollinger aus dem Schlossberg. Sehr gleichmäßig präsentieren sich die drei vorgestellten Barriqueweine, die allesamt von eindringlichen Gewürz- und Schokonoten geprägt sind. Der Lemberger aus dem Abstatter Burgberg besitzt intensive Frucht, gute Struktur und Grip, sein Kollege aus der Schozacher Schelmenklinge besitzt Fülle und Kraft, Noten von Bitterschokolade, ist wie auch der würzige, kraftvolle Syrah sehr vom Barriqueausbau geprägt.

Weinbewertung

81	2019 Weißburgunder trocken	12%/6,90€
81	2019 Riesling trocken Ilsfelder	12%/7,40€
83	2019 Riesling trocken Helfenberger Schlossberg	13,5%/9,80€
82	2019 Sauvignon Blanc trocken Ilsfelder	12%/8,70€
81	2019 Lemberger Rosé „feinherb"	11,5%/7,10€
80	2017 Lemberger trocken Ilsfelder Schozachtal	13,5%/7,80€
82	2019 „Der" Trollinger trocken Helfenberger Schlossberg	12,5%/8,20€
84	2017 Lemberger trocken Barrique Schozacher Schelmenklinge	14%/23,50€
84	2017 Lemberger trocken Barrique Abstatter Burgberg	13,5%/18,50€
84	Syrah trocken Barrique Ilsfelder Rappen	13,5%/23,50€

MOSEL ▸ LEIWEN

★★★★✮ **Grans-Fassian**

Kontakt
Römerstraße 28
54340 Leiwen
Tel. 06507-3170
Fax: 06507-8167
www.grans-fassian.de
weingut@grans-fassian.de

Besuchszeiten
nach Vereinbarung

Inhaber
Gerhard Grans
Betriebsleiter
Catherina Grans
Kellermeister
Catherina Grans & Kilian Klein
Rebfläche
13 Hektar
Produktion
120.000 Flaschen

Gerhard Grans übernahm 1982 das Weingut von seinem Vater Matthias, vergrößerte den Betrieb von damals 4 Hektar auf die heutige Fläche und begann mit der Selbstvermarktung, sein Vater hatte nur für den Eigenverbrauch Flaschen abgefüllt. Er verfügt über Weinberge in einigen der besten Lagen der mittleren Mosel: Die Leiwener Laurentiuslay ist eine südwest-exponierte Steillage gegenüber von Leiwen mit tiefgründigem, verwittertem Grauschieferboden; die Apotheke, gegenüber von Trittenheim gelegen, ist eine Steillage mit grau-blauem Schiefergestein; der Dhroner Hofberg, in einem Seitental zwischen Trittenheim und Piesport gelegen, ist eine steile Südlage mit rötlichem Schiefergestein; das Piesporter Goldtröpfchen ist eine Südlage mit grau-blauem Schieferverwitterungsboden, der mit Quarz und Mineralien durchsetzt ist. Knapp die Hälfte der Fläche liegt in diesen Steillagen, dazu ist Grans im Trittenheimer Altärchen und im Leiwener Klostergarten vertreten. Neben dem dominierenden Riesling baut Gerhard Grans ein wenig Weißburgunder und Grauburgunder an. Tochter Catherina hat mit dem Jahrgang 2016 die Nachfolge des Vaters angetreten, was die Verantwortung für die Weinproduktion angeht, und übernahm 2018 auch die Leitung des Gutes. Kellermeister sind sie selbst und Kilian Klein. 2011 hatte Catherina Grans erstmals einen eigenen Wein kreiert, als „Steiles Stück" bezeichnet, der von 90 Jahre alten Reben in der Laurentiuslay stammt. Catherina Grans studierte in Geisenheim, hat inzwischen die Ausbildung zum European Master of Science in Viticulture & Enology mit einem Studium in Frankreich und Portugal abgeschlossen. Das Programm ist auch weiterhin überschaubar. Im trockenen Teil des Sortiments gibt es den „Mineralschiefer" genannten Gutsriesling, sein Pendant im feinherben Bereich nennt sich mittlerweile „Flussterrassen", die Alten Reben von über 50 Jahre alten Reben in der Laurentiuslay sowie seit 2005 Große Gewächse, inzwischen sind es vier – aus Laurentiuslay, Apotheke, Goldtröpfchen und Hofberg. Für die trockenen Rieslinge wird nur absolut gesundes Lesegut verwendet, je nach Jahrgang wird mit mehr oder weniger langer Maischestandzeit gearbeitet, die Moste werden bei 20 bis 25 Grad vergoren, die Weine werden ohne Schwefel recht lange auf der Hefe ausgebaut. Süß und edelsüß erzeugt Catherina Grans, so es der Jahrgang erlaubt, die ganze Bandbreite von Kabinett und Spätlese über Auslese bis hin zur Trockenbeerenauslese.

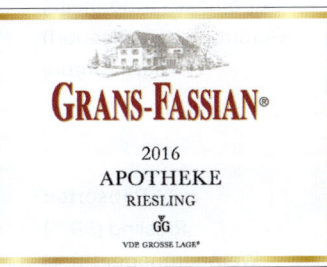

🎂 Kollektion

Fest, saftig, zupackend und klar: Das ist der Grundcharakter der Weine aus dem Hause Grans-Fassian, und das zeigt sich auch im Jahrgang 2019. Der Basisriesling namens „Mineralschiefer" ist das Musterbeispiel eines Gutsrieslings. Duftig, zupackend, straff und spitzig zugleich, mit

GRANS-FASSIAN®
2016
APOTHEKE
RIESLING
GG
VDP. GROSSE LAGE®

würzigem Nachhall. Der trockene Wein von alten Reben ist verhalten, dann stoffig, fest, weniger mit Spiel als vielmehr mit Substanz und reifer Säure ausgestattet. Dann die Großen Gewächse, insgesamt vier an der Zahl. Der Vertreter aus dem Hofberg ist klar, duftig, mit Noten von frischen und mittelreifen Elstar-Äpfeln, im Mund kühl, kompakt, eher würzig als rassig. Auch der Wein aus dem Goldtröpfchen zeigt Apfelnoten, aber auch eine merkliche Hefewürze, der Wein ist fest, saftig, würzig, ausdrucksstark. Der Riesling aus der Apotheke ist kühl, im Nachhall leicht kräuterig und würzig, besitzt von allen Großen Gewächsen vielleicht am meisten Nachhaltigkeit. Frisch und straff, noch entwicklungsfähig ist der Riesling aus der Leiwener Laurentiuslay. An der Qualität der vorgestellten trockenen Spitzen ist nicht zu rütteln, aber man könnte sich vorstellen, dass die Charaktere der einzelnen Lagen noch ein wenig deutlicher herausgearbeitet würden. Der „Flussterrassen"-Riesling ist geradlinig, kompakt, mit etwas Spiel und Schmelz. Bei den süßen Weinen gibt es wenig zu diskutieren. Der Kabinettriesling ist wunderbar offen, elegant, fein, die Spätlese wirkt deutlich reifer, hier ist die Süße derzeit noch etwas im Vordergrund, aber Potenzial besitzen beide Weine in höchst erfreulichem Maße. Dann die süße Spitze, die so saftig, rassig und animierend ausfällt, wie dies auch bei den Spitzenweingütern an der Mosel selten ist. Die Auslese ist typisch Grans-Fassian mit kühlen Noten von Apfel in seinen verschiedenen Formen – frisch, getrocknet, ein wenig Schale, daneben Kräuter –, wirkt dann straff und präzise. Die Goldkapsel-Auslese ist nochmals komplexer, zeigt in der Nase neben Apfel ganz feine tropische Noten, ist enorm rassig und lang, ganz und gar unangestrengt und animierend. Großartig!

🍇 Weinbewertung

86	2019 Riesling trocken „Mineralschiefer"	12%/9,90€
89	2019 Riesling trocken „Alte Reben" Leiwen	12,5%/15,-€
91	2019 Riesling trocken „GG" Leiwen Laurentiuslay	12,5%/30,-€
90	2019 Riesling trocken „GG" Dhron Hofberg	12,5%/30,-€
91	2019 Riesling trocken „GG" Piesport Goldtröpfchen	12,5%/30,-€
92	2019 Riesling trocken „GG" Trittenheim Apotheke	12,5%/30,-€
86	2019 Riesling „Flussterrassen"	12%/9,90€
88	2019 Riesling Kabinett Trittenheim	9,5%/14,-€
89	2019 Riesling Spätlese Trittenheimer Apotheke	8,5%/22,-€
92	2019 Riesling Auslese Trittenheimer Apotheke	8%/32,-€
95	2019 Riesling Auslese „Goldkapsel" Trittenheimer Apotheke	8%/32,-€/0,375l

Lagen
Laurentiuslay (Leiwen)
Apotheke (Trittenheim)
Goldtröpfchen (Piesport)
Hofberg (Dhron)

Rebsorten
Riesling (88 %)
Weißburgunder (10 %)
Grauburgunder (2 %)

BADEN ▬ SCHLIENGEN-OBEREGGENEN

Greiner

★★

Kontakt
Bürglerstraße 48, 79418
Schliengen-Obereggenen
Tel. 0176-32776202
info@weingut-greiner.com
www.weingut-greiner.com

Besuchszeiten
nach Vereinbarung

Inhaber
Maximilian Greiner
Rebfläche
1,8 Hektar
Produktion
5.000-6.000 Flaschen

Maximilian Greiner studierte nach der Ausbildung zum Weinküfer Weinbau und Önologie in Geisenheim. In dieser Zeit arbeitete er bei verschiedenen Weingütern in Deutschland und im Ausland bis es ihn wieder zurück in die Heimat zog. 2017 gründete er sein eigenes Weingut, das er 2018 auf biologisch-dynamische Wirtschaftsweise umgestellt hat. Die Weinberge von Maximilian Greiner liegen am Fuße des Hochblauen, einem der höchsten Berge des Schwarzwaldes. Die Bodenstruktur reicht von kalkreichen Lagen im Gennenbacher Paradies hin zu stark vulkangesteinshaltigen Böden im Feuerbacher Steingässle und zu schweren Lössböden in Obereggenen und Mauchen. Auf den kargeren Böden in Paradies und Steingässle wird ausschließlich Spätburgunder angebaut; hier wachsen auch die Sektgrundweine. Alle Lagen sind Süd-Südwest ausgerichtet. Die schonende Bewirtschaftung der Weinberge prägt auch den Weinausbau. Die Trauben werden so geerntet und gekeltert, dass später nicht mehr eingegriffen werden muss. Die Trauben werden auf einer traditionellen Korbpresse gekeltert, die Moste werden ohne weitere Filtrationen oder Behandlungen vergoren, ausschließlich spontan, die gärenden Weine werden nicht durch eine Temperatursteuerung manipuliert. Der Großteil der Weine durchläuft nach der alkoholischen die malolaktische Gärung, die Weine bleiben möglichst lange auf der Hefe liegen. Auf jegliche Art der Schönung wird verzichtet.

Kollektion

Nach dem Debüt im vergangenen Jahr waren wir gespannt auf den zweiten Jahrgang. Und wir wurden nicht enttäuscht. Maximilian Greiner ist auf dem richtigen Weg. Man kann das an zwei Weinen deutlich festmachen. Weißburgunder und Chardonnay von 2018 sind beide jugendlich und zurückhaltend im Bouquet, besitzen im Mund eine gute Attacke durch frische, angenehme Säure. Beide Weine sind sehr stoffig und zeigen salzige Länge, nach einigen Stunden öffnen sie sich zögerlich. Der Chardonnay hat einen Tick mehr Spiel, mehr Saft, mehr Struktur. Salzige, saftige Mineralität zeigen auch Rosé und Chasselas. Helle, kühle Frucht mit dezenter Kaugummi-Aromatik zeigt der Spätburgunder. Die beiden anderen Spätburgunder aus dem ersten Jahrgang 2017 besitzen eine gute Struktur, sind aber aromatisch unausgewogen.

Weinbewertung

86	2018 Chasselas trocken	12%/8,-€
88	2018 Weißburgunder trocken	13%/25,-€
89	2018 Chardonnay trocken	13%/35,-€
85	2018 Rosé „Saignée"	12%/10,-€
84	2017 Spätburgunder	13%/14,-€
84	2017 Spätburgunder „Steinkreuz"	12,5%/35,-€
83	2017 Pinot Noir „Vulkan"	12,5%/45,-€

RHEINHESSEN ▶ APPENHEIM

★★★

Gres

Kontakt
Ingelheimer Straße 6
55437 Appenheim
Tel. 06725-3310
Fax: 06725-5529
www.weingut-gres.de
weingut.gres@t-online.de

Besuchszeiten
Fr./Sa. 8-18 Uhr oder nach Vereinbarung
Weinstube, Straußwirtschaft, Gästezimmer

Inhaber
Klaus Gres
Betriebsleiter
Klaus Gres
Kellermeister
Klaus Gres
Außenbetrieb
Hans-Jürgen Gres
Rebfläche
15 Hektar
Produktion
100.000 Flaschen

Seit über 300 Jahren baut die Familie Gres Wein in Rheinhessen an, davor schon im Burgund und im Elsass. Klaus Gres, der seit Abschluss seines Weinbaustudiums für den Weinausbau verantwortlich ist, hat inzwischen den Betrieb von seinem Vater Hans-Jürgen Gres übernommen. Seine Weinberge verteilen sich auf fünf Gemeinden, liegen hauptsächlich aber in den Appenheimer Lagen Hundertgulden, Eselspfad und Daubhaus. Aus dem Niersteiner Hipping erzeugt Klaus Gres einen Lagenriesling. Spätburgunder, Riesling und Silvaner sind die wichtigsten Rebsorten, nehmen je 15 Prozent der Rebfläche ein, dazu gibt es Weißburgunder und eine breite Palette weiterer Rebsorten wie Huxelrebe, Sauvignon Blanc, Chardonnay, Dornfelder, Merlot und Frühburgunder. Die Weißweine werden im Edelstahl ausgebaut, Rotweine im Holz, auch im Barrique. Das Sortiment ist gegliedert in Guts-, Orts- und Lagenweine.

Kollektion

Die Weine von Klaus Gres zeigen die gewohnt klare Handschrift, sind reintönig und kraftvoll, besitzen gute Struktur und Substanz. Der Guts-Riesling besitzt schöne Frische und Frucht wie auch der reintönige, intensive Sauvignon Blanc. Gleich drei Orts-Rieslinge präsentiert Klaus Gres im Jahrgang 2019, die sich klar voneinander unterscheiden. Der Mainzer ist frisch, klar und zupackend, der Appenheimer fülliger und kraftvoller, der würzige Engelstadter ist noch ein klein wenig druckvoller und mineralischer: Ein feines Trio! Rauchige Noten, feine Frucht und dezenten Toast zeigt der Appenheimer Chardonnay im Bouquet, besitzt Fülle und Kraft, viel reife Frucht, gute Struktur und Frische. Sehr gut gefällt uns auch wieder einmal der Sauvignon Blanc aus dem Appenheimer Daubhaus, zeigt gute Konzentration und rauchige Noten im Bouquet, ist füllig und stoffig im Mund, kraftvoll, besitzt gute Struktur, reife Frucht und Substanz. Gleichauf sehen wir den Riesling aus dem Hipping, der konzentriert und würzig im Bouquet ist, Fülle und Kraft besitzt, herrlich viel Frucht und Substanz, beide sind – wie auch der Chardonnay – noch sehr jugendlich. Starke, überzeugende Kollektion!

Weinbewertung

83	2019 Riesling trocken	12,5%/6,30€
85	2019 Riesling trocken „von der Koralle" Appenheimer	13%/8,30€
85	2019 Riesling trocken „von der Kreide" Engelstadter	13%/8,30€
84	2019 Riesling trocken „vom Tertiär" Mainzer	13%/8,30€
84	2019 Sauvignon Blanc trocken	13%/7,60€
87	2019 Chardonnay trocken „vom Korallenriff" Appenheimer	13,5%/11,80€
88	2019 Sauvignon Blanc trocken Appenheimer Daubhaus	13%/11,80€
88	2019 Riesling trocken Niersteiner Hipping	12,5%/11,80€

HESSISCHE BERGSTRASSE ▶ BENSHEIM

★★★★

Griesel & Compagnie

Kontakt
Grieselstraße 34
64625 Bensheim
Tel. 06251-8696891
Fax: 06251-8696899
www.griesel-sekt.de
info@griesel-sekt.de

Besuchszeiten
Mi.-Fr. 15-18 Uhr
Sa. 10-14 Uhr
oder nach Vereinbarung

Inhaber
Petra Greißl-Streit
Betriebsleiter
Niko Brandner
Kellermeister
Rachele Crosara
Außenbetrieb
Rabea Trautmann
Rebfläche
14 Hektar
Produktion
85.000 Flaschen

Niko Brandner hat in Neustadt Weinbau studiert und ergriff im Jahr 2013 die Gelegenheit, Griesel als Sektmanufaktur nach seinen Vorstellungen aufzubauen. Ein Glücksgriff für alle Beteiligten. Das Unternehmerehepaar Jürgen Streit und Petra Greißl-Streit hatte gerade die ehemalige Domäne Bergstraße der Hessischen Staatsweingüter gekauft und suchte einen Betriebsleiter. Das erste Sekthaus an der Hessischen Bergstraße ist bereits jetzt das Aushängeschild der kleinsten deutschen Anbaugebiets. Heute werden 14 Hektar eigene Flächen, geteilt mit dem Weingut Schloss Schönberg, in den Auerbacher Lagen Höllberg und Fürstenlager bewirtschaftet. Niko Brandner hat bei einigen Großen der deutschen Weinszene gelernt, er war bei Paul Fürst und bei Volker Raumland, Deutschlands Sektmacher Nr. 1. Brandners Blick geht aber auch in die Champagne und auch dort orientiert er sich an den Spitzenbetrieben. Die grundsätzliche Idee Brandners für die Weinherstellung ist puristisch: Handlese, Ganztraubenpressung, keine Schönung oder Filtration, spontane erste Gärung, keine oder minimale Schwefelung. Für Stabilisierung sorgt die Zeit, der Grundwein liegt neun Monate auf der Vollhefe im Stahltank oder im Holzfass, bei der zweiten Gärung sind es mindestens 24 Monate. Nach dem Degorgieren bleiben die höchsten Qualitäten (Prestige und Grande Cuvée) ohne Dosage, das heißt sie bleiben durchgegoren mit null Gramm Zucker. Auch auf Schwefelung wird nach Möglichkeit verzichtet. Die anderen Sekte sind sehr zurückhaltend dosiert, in Schnitt bei vier Gramm Zucker. Das Sortiment ist dreistufig gegliedert in die Linien Tradition, Prestige und Exquisit.

🍾 Kollektion

Acht Sekte stellt Griesel in diesem Jahr vor. Riesling, Blanc de Noirs, Blanc de Blancs und Rosé aus der Linie Tradition vom Jahrgang 2017, sie tragen alle die Geschmacksangabe brut und sind mit drei bis maximal fünf Gramm Zucker dosiert. Aus der Prestige-Linie sind Chardonnay und Pinot brut nature vom Jahrgang 2016 mit null Gramm Zucker, der Rosé ist mit zwei Gramm Zucker extra brut dosiert. Sie alle profitieren vom mehrjährigen Hefelager, die Autolyse der Hefe sorgt für Nuss- und Butterteig-Aromen. Mit dem Riesling brut von 2017 beweist Niko Brandner, dass die bei Schaumwein-Freunden eher unbeliebte Rebsorte durchaus als Sekt eine Berechtigung hat. Hier passen Frucht und langes Hefelager gut zusammen. In der Nase deutlich Hefe und Apfel, dazu feine rauchige Noten, im Mund gehen Kohlensäure und Riesling-Säure eine druckvolle Verbindung ein, Charakter bekommt der Wein durch feine oxidative Elemente. Der Rosé brut hat ein animierend-frisches Bouquet mit feinen Hefe- und

Fruchtaromen, am Gaumen viel Frucht, zwischen Kirsche und Johannisbeere. Die Frische ist anhaltend, dazu kommt fast so etwas wie Schmelz mit mineralisch-salziger Länge. Der Blanc de Blancs brut von 2017 zeigt Haselnuss, Brioche und Zitrus im Bouquet, feine Hefearomen, dazu elegante, oxidative Töne. Am Gaumen präzise und karg, etwas Earl Grey, feine Salzigkeit. Blanc de Noirs brut von 2017 lässt ebenfalls den geringen Schwefeleinsatz erkennen, am Gaumen viel Zitrus und rote Früchte, auch grüner Tee, die prägnante Säure wirkt animierend, feine salzige Länge. Aus der Exquisit-Linie ist der Riesling Reserve Dosage Zero von 2013, dem ersten Jahrgang von Griesel. Im Bouquet zunächst reifer Riesling, dann Sekt mit reifen Hefearomen, sehr dicht und schwer. Am Gaumen feste, druckvolle Frucht mit etwas Honig, konzentrierte Eleganz. Der Sekt reifte fast sechs Jahre auf der Hefe und wurde im April 2020 ohne Dosage degorgiert. Der Rosé extra brut von 2016 wurde überwiegend im Holzfass ausgebaut, er lag fast drei Jahre auf der Hefe und wurde mit zwei Gramm dosiert. Er zeigt sehr feine Hefearomen im Bouquet, Haselnuss und Brotteig, dazu etwas grüner Apfel, ungemein elegant schon in der Nase. Am Gaumen sehr viel salziges Spiel, sehr schlank, sehr präzise, wenig Schwefel unterstreicht die Eleganz dieses großartigen Rosé-Sekts. Der Pinot brut nature von 2016 ist sehr klar und hell mit erkennbarem Spätburgunder-Bouquet plus den typischen Hefearomen. Ein sehr präziser, scharfkantig geschliffener Sekt mit viel Spannung. Mit einiger Zeit im Glas kommt eine zupackende, helle Frucht zum Vorschein, die lange nachhallt. Der Chardonnay brut nature von 2016 ist opulenter als der Pinot und deutlich offener. Allerdings auf einer subtilen Ebene, der Wein ist keinesfalls laut oder vorwitzig, sondern bleibt zurückhaltend elegant.

Weinbewertung

88	2017 Riesling brut „Tradition"	12,5%/15,50€
89	2017 „Blanc de Blancs" brut „Tradition"	12,5%/17,-€
92	2016 Chardonnay brut nature „Prestige"	12%/25,-€
88	2017 „Blanc de Noirs" brut „Tradition"	12,5%/15,50€
93	2016 Pinot brut nature „Prestige"	12%/25,-€ ☺
88	2017 Rosé brut „Tradition"	12,5%/15,50€
91	2016 Rosé extra-brut „Prestige"	12%/23,-€
92	2013 Riesling „Réserve" dosage zéro „Exquisit"	12,5%/50,-€

Lagen
Fürstenlager (Auerbach)
Höllberg (Auerbach)
Steingeröll (Zwingenberg)

Rebsorten
Riesling (50 %)
Burgunder (30 %)

PFALZ — SCHWEIGEN-RECHTENBACH

★★

Grimm

Kontakt
Paulinerstraße 3, 76889
Schweigen-Rechtenbach
Tel. 06342-7106
Fax: 06342-249
www.weingutgrimm.de
info@weingutgrimm.de

Besuchszeiten
Sa. 10-17 Uhr und nach Vereinbarung

Inhaber
Nina & Andreas Grimm
Betriebsleiter
Andreas Grimm
Kellermeister
Andreas Grimm
Außenbetrieb
Bruno Grimm
Rebfläche
10 Hektar
Produktion
75.000 Flaschen

Bruno Grimm gründete das Weingut, füllte 1974 seine ersten Flaschen ab. Sohn Andreas führt heute den Betrieb, er war bereits seit 2001 nach Winzerlehre und Weinbautechnikerausbildung für den Keller verantwortlich. Wie andere Winzer in Schweigen auch besitzt er Weinberge sowohl in der Pfalz als auch jenseits der Grenze im Elsass. Ihre Reben wachsen in der Lage Sonnenberg und den darin liegenden Gewannen Kammerberg, Wormberg und Rädling. Neben Riesling, den weißen Burgundersorten und Gewürztraminer bauen sie vor allem rote Sorten an, die inzwischen etwa ein Drittel der Fläche einnehmen. Mit dem Jahrgang 2013 verzichtet man auf die Angabe der Prädikate, das Sortiment gliedert sich seitdem in drei Stufen, die kenntlich gemacht sind durch blaue, silberne und goldene Kapseln.

Kollektion

Die Silber- und Goldkapselweine waren im Jahrgang 2018 sehr kraftvoll und stoffig geraten, im neuen Jahrgang sind diese Weine wieder wesentlich schlanker: Unsere Favoriten sind Pinot Gris und Chardonnay „âgé" mit der Goldkapsel, die beide frische Säure, gute Länge und Potential besitzen, der Pinot Gris zeigt klare Birnenfrucht und Zitrusnoten, besitzt Kraft und gute Konzentration und etwas deutlichere Holzwürze als der sehr elegante Chardonnay, der feinen Schmelz und leicht verhaltene gelbe Frucht mit Noten von Melone und Zitrusfrüchten besitzt. Pinot Blanc und Pinot Gris mit der silbernen Kapsel zeigen leicht verhaltene Birnenfrucht und florale Noten, besitzen am Gaumen Saft, Konzentration und Schmelz, der Sauvignon Blanc zeigt viel gelbe Frucht, Pfirsich, Maracuja und besitzt eine herbe Frische, der Riesling Buntsandstein ist kräutrig, frisch und schlank. Und auch die Basisweine mit der blauen Kapsel sind wie gewohnt alle sehr reintönig und liegen auf einem gleichmäßig guten Niveau, der Rosé zeigt rote Frucht, Kirsche und Erdbeere, der Grauburgunder ist dezent nussig, der Weißburgunder zeigt Birne, Melone und florale Noten und der Riesling ist schlank, zeigt viel klare Frucht, Apfel und Orangenschale.

Weinbewertung

83	2019 Riesling trocken	11,5%/6,10 €
83	2019 Weißburgunder trocken	12,5%/6,10 €
84	2019 Sauvignon Blanc trocken	13%/7,30 €
84	2019 Riesling „Buntsandstein"	12%/7,30 €
83	2019 Grauburgunder trocken	12,5%/6,10 €
86	2019 Pinot Blanc trocken	13%/7,30 €
86	2019 Pinot Gris trocken	13%/7,30 €
88	2019 Pinot Gris trocken „âgé"	14%/15,-€
88	2019 Chardonnay trocken „âgé"	13%/15,-€
83	2019 „Die Rose" Rosé trocken	11,5%/6,10 €

RHEINHESSEN ▶ WEINOLSHEIM

★★★

Eckehart Gröhl

Kontakt
Uelversheimer Straße 4
55278 Weinolsheim
Tel. 06249-809000
Fax: 06249-8090099
www.weingut-groehl.de
info@weingut-groehl.de

Besuchszeiten
Mo.-Fr. 8-12:30 + 14-17 Uhr
Sa. 10-16 Uhr
sowie nach Vereinbarung
Vinothek

Inhaber
Eckehart Gröhl
Betriebsleiter
Eckehart Gröhl
Kellermeister
Eckehart Gröhl
Rebfläche
25 Hektar
Produktion
170.000 Flaschen

Die Familie Gröhl lebt seit dem 16. Jahrhundert in Weinolsheim und baut heute in zwölfter Generation Wein an. Eckehart und Angela Gröhl haben das Weingut 1994 von seinen Eltern gepachtet und 2003 übernommen. Ihre Weinberge liegen in den Weinolsheimer Lagen Hohberg und Kehr, im Dalheimer Kranzberg und im Uelversheimer Aulenberg. Eckehart Gröhl hat seit 2003 durch Pacht sein Lagenpotenzial um Weinberge an der Rheinfront erweitert, in den Niersteiner Lagen Pettenthal, Hölle und Ölberg und in den Oppenheimer Lagen Sackträger und Herrenberg.

Kollektion

Die letztjährige Kollektion war stark, die neue schließt daran an. Der Gutsriesling ist reintönig, frisch und geradlinig, der Niersteiner Ortsriesling zeigt gute Konzentration und intensive Frucht, besitzt Fülle, Kraft und gute Struktur, der Oppenheimer Riesling ist intensiv, herrlich reintönig, besitzt Frische, klare Frucht und Grip. Eine weitere klare Steigerung bringen die beiden Lagen-Rieslinge, die wir als Fassproben kurz vor der Füllung verkostet haben: Der Ölberg-Riesling zeigt feine Würze und reife Frucht, ist füllig und saftig, besitzt gute Struktur und reintönige Frucht, der Pettenthal-Riesling ist deutlich konzentrierter und dominanter, herrlich eindringlich, besitzt viel reife Frucht, gute Struktur und Grip, beide sind noch recht jugendlich. Zweite wichtige weiße Rebsorte ist Weißburgunder, und auch hier hat Eckehart Gröhl eine feine Serie an Weinen zu bieten. Der Weinolsheimer Weißburgunder ist intensiv fruchtig, füllig und saftig, der Niersteiner Weißburgunder ist deutlich würziger und eindringlicher, besitzt Fülle und Kraft, gute Struktur und reife Frucht. Ganz klar an der Spitze des Weißburgunder-Trios steht der Lagenwein aus der Niersteiner Hölle, der rauchige Noten und feinen Toast zeigt, kraftvoll und zupackend, gute Struktur und Grip besitzt, noch sehr jugendlich ist. Sehr gut sind auch die beiden rauchigen, kraftvollen Pinot Noir aus dem Jahrgang 2016.

Weinbewertung

84	2016 „Blanc de Blancs" Sekt brut nature	12,5%/19,-€
83	2019 Riesling trocken	12,5%/6,90€
85	2019 Riesling trocken „Roter Hang" Nierstein	13%/8,90€
84	2019 Weißer Burgunder trocken Weinolsheim	13%/7,90€
84	2019 Grauer Burgunder trocken Dalheim	13%/8,70€
85	2019 Weißer Burgunder trocken „Kalkstein" Nierstein	13%/9,90€
86	2019 Riesling trocken „Kalkstein" Oppenheim	13%/9,70€
89	2018 Weißer Burgunder trocken Niersteiner Hölle	13%/25,-€
(88)	2019 Riesling trocken Niersteiner Ölberg	12,5%/15,50€
(90)	2019 Riesling trocken Niersteiner Pettenthal	12,5%/25,-€
86	2016 Pinot Noir trocken Oppenheimer Herrenberg	12,5%/17,50€
87	2016 Pinot Noir trocken Niersteiner Hölle	13%/26,50€

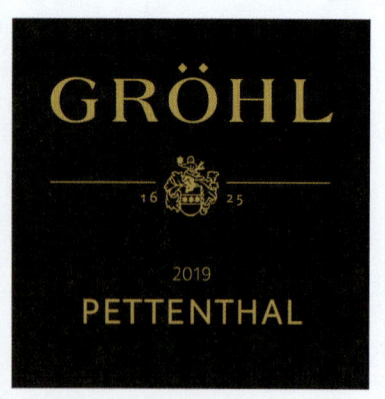

WÜRTTEMBERG — OBERSULM-ESCHENAU

★★

Gruber

Kontakt
Tannenhof 1
74182 Obersulm-Eschenau
Tel. 07130-450128
Fax: 07130-450128
www.weingut-gruber.de
info@weingut-gruber.de

Besuchszeiten
Mi./Fr. nachmittags
Sa. ganztägig
ansonsten (auch So.) nach Vereinbarung
Gutsgasthof (1 Woche im Monat geöffnet), Termine siehe Webseite
Wohnmobilstellplätze

Inhaber
Andrea & Markus Gruber

Rebfläche
8 Hektar

Anneliese und Reinhold Gruber begannen 1990 mit der Selbstvermarktung, seit 2007 führen Andrea und Markus Gruber – der zuvor schon für den Weinausbau verantwortlich war – das Gut, mit der Betriebsübernahme wurde das Sortiment neu gegliedert. Ihre Weinberge liegen im Weinsberger Tal, in Eschenau (Paradies), Lehrensteinsfeld (Steinacker), Weinsberg (Ranzenberg) und Affaltrach (Dieblesberg), sowie im Eichelberger Hundsberg, die Reben wachsen auf Gipskeuperböden. Anneliese und Reinhold Gruber bauen insgesamt siebzehn verschiedene Rebsorten an, Hauptrebsorten sind Lemberger und Riesling. Dazu gibt es vor allem Chardonnay, Kerner, Muskateller, Gewürztraminer, Müller-Thurgau und Weißburgunder, sowie die roten Sorten Trollinger, Spätburgunder, Dornfelder und Acolon.

Kollektion

Die neue Kollektion überzeugt durch das gleichmäßig gute Niveau aller Weine. Im weißen Segment sind unsere Favoriten die gleichen wie im vergangenen Jahr, nun aber Jahrgang 2018 statt 2017: Die Cuvée aus Chardonnay und Weißburgunder ist konzentriert und füllig bei viel reifer Frucht, die trockene Gewürztraminer Auslese besticht durch ihr intensives Bouquet, besitzt Fülle und Substanz, aber auch eine deutliche Bitternote, die dem heißen Jahrgang und dem hohen Alkohol geschuldet sind. Deutlich weniger Alkohol und eine feine Restsüße besitzt der frische, zupackende Muskateller aus dem Dieblesberg. Mit Frische und Frucht überzeugt der Lemberger Rosé, ist klar, lebhaft und zupackend, ein feiner Rosé, nicht nur für die Terrasse. Der Acolon ist konzentriert, füllig und kraftvoll, besitzt viel Frucht und Grip. Der Lemberger ist würzig und eindringlich, zupackend und strukturiert, er gefällt uns im roten Segment am besten, zusammen mit dem Spätburgunder, der wunderschön fruchtbetont und reintönig im Bouquet ist, sehr intensiv, frisch dann im Mund, klar und zupackend.

Weinbewertung

82	Cremant brut	13,5%/11,50€
82	2019 Weißer Riesling trocken Eschenauer Paradies	13,5%/6,90€
84	2018 Chardonnay mit Weißburgunder trocken Weinsberger Ranzenberg	13,5%/9,50€
84	2018 Gewürztraminer Auslese trocken	14,5%/9,50€
83	2019 Muskateller Affaltracher Dieblesberg	11%/6,90€
84	2019 Lemberger Rosé trocken Eschenauer Paradies	12,5%/6,90€
84	2017 Blauer Spätburgunder trocken Eschenauer Paradies	14%/7,50€
84	2017 Lemberger trocken Eschenauer Paradies	13%/7,50€
83	2017 Acolon trocken Eschenau Paradies	13,5%/7,50€
82	2018 Trollinger mit Lemberger (1l)	12,5%/5,30€
82	2017 Samtrot Affaltracher Dieblesberg	12,5%/7,50€

RHEINHESSEN → NACKENHEIM

★★★★ Gunderloch

Kontakt
Carl-Gunderloch-Platz 1
55299 Nackenheim
Tel. 06135-2341
Fax: 06135-2431
www.gunderloch.de
info@gunderloch.de

Besuchszeiten
Mo.-Fr. 9-16 Uhr
Sa. 11-14 Uhr

Inhaber
Johannes Hasselbach

Rebfläche
24 Hektar

Produktion
180.000 Flaschen

Das Weingut Gunderloch wurde 1890 vom Bankier Carl Gunderloch mit dem Erwerb von Weinbergen im Rothenberg gegründet, 1932 eröffnete er eine Straußwirtschaft, die jedoch später wieder aufgegeben wurde. 1979 traten Fritz und Agnes Hasselbach in den Betrieb ein, den sie anfangs mit ihren Eltern, seit 1986 dann alleine drei Jahrzehnte lang führten, in dieser Zeit vergrößerten sie den Betrieb, unter anderem 1996 durch die Übernahme des Niersteiner Weingutes Balbach Erben. 2013 ist Sohn Johannes Hasselbach in den Betrieb eingestiegen, hat ihn im Jahr 2015 übernommen. Er hatte Wirtschaftswissenschaften studiert, bei einer Weinweltreise bei Weingütern in Kanada, Chile, Neuseeland und Australien Station gemacht. Seine Weinberge liegen im Nackenheimer Rothenberg sowie in den Niersteiner Lagen Pettenthal und Hipping, also alle im Roten Hang, wo die Reben auf rotem Tonschiefer wachsen. 85 Prozent der Rebfläche nimmt Riesling ein, hinzu kommen Silvaner und Grauburgunder, sowie ein klein wenig Sauvignon Blanc, Spätburgunder und Weißburgunder. Johannes Hasselbach hat das Sortiment zweigeteilt in Weine aus dem Weingut Gunderloch und Weine der Carl Gunderloch Weingutsverwaltung. Das Sortiment des Weingutes Gunderloch ist dreistufig gegliedert in Gutsweine, die Ortsweine aus Nackenheim und Nierstein und die Großen Gewächse aus Rothenberg, Pettenthal und Hipping. Wenn es der Jahrgang erlaubt werden edelsüße Rieslinge bis hin zur Trockenbeerenauslese erzeugt. Seit 2013 wird mit längeren Maischestandzeiten gearbeitet, für jede Lage wird durch eine kleine Vorlese fünf Tage vor der Ernte ein eigener Göransatz aus den jeweiligen Weinbergen entwickelt. Mit dem „Virgo" („Vergoren Im Rothenberg Ganz Ohne") genannten Wein hat Johannes Hasselbach 2013 ein spannendes Experiment gestartet: Die Trauben werden mit den Füßen eingemaischt, im Weinberg gepresst, der Wein wird ohne jede Zusatzstoffe im Weinberg, aus dem er stammt, also dem Rothenberg, vergoren und ausgebaut. 2016 wurde mit der Renovierung und Erweiterung des Gutshofes begonnen, im August 2017 wurde die Eröffnung des neuen Baus gefeiert.

Kollektion

Lange Zeit präsentierte das Weingut fast ausschließlich Riesling, hin und wieder einmal ergänzt um einen Silvaner, Johannes Hasselbach aber stellt sich die letzten Jahre hinsichtlich der Rebsortenvielfalt etwas breiter auf. Wie schon im Vorjahr gibt es auch 2019 den Sauvignon Blanc „vom Stein", der frisch und fruchtbetont im Bouquet ist, dezent florale Noten und etwas Tropenfrüchte zeigt, lebhaft und klar dann im Mund ist, ein wenig bissig. Der Grauburgunder „vom Löss" ist würzig und frisch, zeigt etwas gelbe Früchte, ist lebhaft dann im Mund, geradlinig und harmonisch. Ein klein wenig besser gefällt uns der

GUNDERLOCH
WIR LEBEN ROTHENBERG
SEIT 1890

Weißburgunder „vom Kalk", zeigt feine Frische und etwas florale Noten im Bouquet, ist herrlich zupackend im Mund, besitzt gute Struktur und Grip. Der Gutsriesling „vom roten Schiefer" ist würzig und eindringlich, besitzt feine süße Frucht, viel Würze und Grip. Die beiden Ortsrieslinge sehen wir wie schon im Vorjahr gleichauf. Der Niersteiner zeigt gute Konzentration im Bouquet, feine Würze und reife Frucht, ist füllig und saftig im Mund, besitzt reintönige Frucht, gute Struktur und Grip. Noch jugendlich und deutlich verschlossener ist der Nackenheimer Riesling, zeigt gute Konzentration, viel Würze, ist kraftvoll und strukturiert, besitzt Substanz und Grip. Die Großen Gewächse liegen wie im Vorjahr qualitativ nah beieinander. Der Wein aus dem Hipping gefällt uns so gut wie noch nie, zeigt gute Konzentration, reintönige Frucht und feine Würze im herrlich eindringlichen Bouquet, ist kraftvoll, präzise, besitzt gute Struktur und Substanz, viel Druck, ist sehr jugendlich. Der Pettenthal-Riesling zeigt viel Würze und reife Frucht, ist geradlinig im Mund, stoffig, druckvoll, leicht mineralisch. Der Wein aus dem Rothenberg zeigt gute Konzentration und klare Frucht im recht offenen Bouquet, etwas gelbe Früchte, ist offen und fruchtbetont auch im Mund, besitzt gute Struktur, viel Frische und Grip. Der Riesling Kabinett Jean-Baptiste ist fruchtbetont und würzig im Bouquet, herrlich lebhaft dann im Mund, klar und zupackend, besitzt Frische und Grip. Reifen Apfel und etwas Pfirsich findet man im Bouquet der Rothenberg-Spätlese, auch viel Würze, im Mund ist sie harmonisch und klar, füllig und saftig, besitzt feine süße Frucht, Frische und Grip. Fazit: Eine stimmige Kollektion mit drei hervorragenden Großen Gewächsen an der Spitze!

Weinbewertung

84	2019 Riesling trocken „vom Roten Schiefer"	12%/9,60€
85	2019 Weißburgunder trocken „vom Kalk"	12%/8,90€
84	2019 Grauburgunder trocken „vom Löss"	12%/8,90€
83	2019 Sauvignon Blanc trocken „vom Stein"	12%/8,90€
87	2019 Riesling trocken Nierstein	11,5%/16,50€
87	2019 Riesling trocken Nackenheim	11,5%/18,-€
92	2019 Riesling „GG" Nierstein Hipping	11,5%/32,-€
91	2019 Riesling „GG" Nierstein Pettenthal	11,5%/36,-€
92	2019 Riesling „GG" Nackenheim Rothenberg	11,5%/40,-€
85	2019 Riesling Kabinett „Jean-Baptiste"	10,5%/9,60€
88	2019 Riesling Spätlese Nackenheim Rothenberg	7,5%/26,-€

Lagen
Rothenberg (Nackenheim)
Pettenthal (Nierstein)
Hipping (Nierstein)

Rebsorten
Riesling (85 %)
Silvaner
Spätburgunder
Weißburgunder
Grauburgunder
Sauvignon Blanc

SAALE-UNSTRUT ➤ NAUMBURG

★★★

Gussek

Kontakt
Winzerhof Gussek
Kösener Straße 66
06618 Naumburg
Tel. 03445-778428
Fax: 03445-778428
www.winzerhof-gussek.de
winzerhofgussek@t-online.de

Besuchszeiten
Mo.-Fr. 10-18 Uhr
Sa./So./Feiertage 14-18 Uhr
und nach Vereinbarung

Inhaber
André Gussek

Kellermeister
Hella Päger, André Gussek

Außenbetrieb
Thomas Gussek

Rebfläche
11 Hektar

Produktion
75.000 Flaschen

André Gussek war 20 Jahre lang Kellermeister des Landesweingutes Kloster Pforta. 1993 kaufte er die Gebäude und das Gelände der ehemaligen volkseigenen Rebschule in der Kösener Straße und gründete sein eigenes Weingut, seit 1993 werden die Weine im eigenen Keller ausgebaut, die damals 1,8 Hektar Reben wurden anfangs nebenberuflich bewirtschaftet. André Gussek besitzt die Kernlage des steilterrassierten Kaatschener Dachsberg (1 Hektar, unter anderem mit 1927 gepflanzten Silvanerreben), sowie weitere 1,5 Hektar im Dachsberg (in der früheren Lage Boxberg, die heute ebenfalls zum Dachsberg zählt), in Naumburg ist er in den Lagen Steinmeister und Sonneck vertreten. Zwei Drittel der Weinberge nehmen weiße Rebsorten ein. Hauptrebsorte ist Müller-Thurgau, es folgen Spätburgunder, Riesling, Zweigelt, Grauburgunder, Portugieser, Weißburgunder, Silvaner, Kerner und Traminer. Die Weine werden überwiegend trocken ausgebaut. Seit 1994 erzeugt André Gussek auch edelsüße Weine, im Jahr darauf hat er mit dem Barriqueausbau begonnen.

Kollektion

Wie so oft führt ein Rotwein die starke Kollektion an, und wieder einmal ist es der Zweigelt aus dem Dachsberg, diesmal Jahrgang 2017: Intensive Frucht, viel Konzentration, Fülle und Kraft, viel reife Frucht und Substanz, enorm viel Power: Ein beeindruckender Zweigelt! Ganz stark ist auch der gewürzduftige Spätburgunder aus dem Dachsberg, der ganz auf Fülle und Kraft setzt, während beim Frühburgunder mehr die reintönige Frucht im Vordergrund steht. Beim duftigen Cabernet Cortis irritiert derzeit der Kontrast aus Süße und Tanninen. Der barriqueausgebaute Weißburgunder ist füllig und kompakt bei deutlicher Vanille, er ist im weißen Segment unser Favorit zusammen mit den beiden Lagen-Rieslingen: Der Wein aus dem Steinmeister ist würzig, eindringlich, saftig, unsere leichte Präferenz aber gilt dem Dachsberg-Riesling, der reife Frucht, gute Struktur und Grip besitzt.

Weinbewertung

82	2019 Müller-Thurgau trocken	12%/8,-€
82	2019 Weißburgunder trocken	13,5%/9,50€
87	2018 Weißburgunder trocken Barrique „Brüderchen"	14%/22,-€
82	2019 Grauburgunder trocken Naumburger Muschelkalk	12,5%/11,-€
87	2018 Riesling trocken Naumburger Steinmeister	14,5%/16,50€
87	2018 Riesling trocken Kaatschener Dachsberg	13,5%/16,50€
85	2019 Roter Traminer Spätlese „feinherb"	13%/16,-€
85	2018 Roter Traminer Auslese	14%/19,-€
86	2018 Frühburgunder trocken Naumburger Göttersitz	13,5%/22,-€
90	2017 Blauer Zweigelt trocken „Breitengrad 51" Kaatschener Dachsberg	13,5%/33,-€
84	2018 Cabernet Cortis Naumburger Steinmeister	15,5%/24,-€
88	2017 Spätburgunder*** Kaatschener Dachsberg	14%/28,-€

RHEINHESSEN — FLONHEIM

GutGallé

★★

Kontakt
Langgasse 69
55237 Flonheim
Tel. 06734-8961
Fax: 06734-6676
www.weingut-galle.de
info@weingut-galle.de

Besuchszeiten
nach Vereinbarung

Inhaber
Klaus Gallé

Betriebsleiter/Außenbetrieb
Klaus Gallé

Kellermeister
Klaus & Jonathan Gallé

Rebfläche
13 Hektar

Produktion
60.000 Flaschen

Klaus und Ortrud Gallé kauften 1995 ein damals 5 Hektar großes Weingut in Flonheim und erweiterten es nach und nach auf die heutige Fläche. Ihre Weinberge liegen in der Uffhofener Lage La Roche, in den Flonheimer Lagen Rotenpfad, Klostergarten und Bingerberg, im Erbes-Büdesheimer Vogelsang, sowie in Badenheim, Pleitersheim und Wöllstein. An roten Sorten, 30 Prozent der Rebfläche, gibt es Spätburgunder, Cabernet Sauvignon, Dornfelder, Portugieser, Dunkelfelder und St. Laurent. Beim Weißwein überwiegen Riesling und die Burgundersorten, hinzu kommen Sauvignon Blanc, aber auch Silvaner und Chardonnay. Nur die Spitzenweine aus La Roche, Bingerberg und Rotenpfad tragen den Lagennamen auf dem Etikett, die weißen Lagenweine werden im 500 Liter-Holzfass ausgebaut, die roten im Barrique. Sohn Jonathan, nach Stationen bei Hirschhof, Thörle und Knipser, hat mit dem 2015er Rotenpfad-Silvaner seinen ersten eigenen Wein kreiert. Seit diesem Jahr tritt Klaus Gallé nun unter dem Namen GutGallé in neuer Ausstattung auf.

Kollektion

Im Vorjahr hatten der La Roche-Riesling und der Rotenpfad-Portugieser, Jahrgang 2013, die Nase vorne, und ähnlich ist das Bild in diesem Jahr, mit dem Unterschied, dass aus einem starken Duo ein starkes Trio geworden ist. Verantwortlich dafür ist der La Roche-Spätburgunder, Jahrgang 2016, der intensive Frucht besitzt, Fülle und Kraft, gute Struktur und Substanz. Bärenstark ist der 2017er Rotenpfad-Portugieser, zeigt intensive, herrlich eindringliche, reintönige Frucht, besitzt Fülle und Kraft, viel reife süße Frucht und Substanz. Unser eindeutiger Favorit im weißen Segment ist wie gehabt der La Roche-Riesling, der konzentriert und füllig ist, reintönige Frucht und viel Kraft besitzt. Die weißen Guts- und Ortsweine zeigen sehr gleichmäßiges, gutes Niveau unsere leichte Präferenz gilt dem klaren, zupackenden Flonheimer Weißburgunder und dem frischen intensiven, geradlinigen Sauvignon Blanc, sowie dem frischen, geradlinigen trockenen Riesling Kabinett, zu Recht „Guter Leichter" genannt.

Weinbewertung

Punkte	Wein	Alk./Preis
83	2019 Riesling Kabinett trocken „Guter Leichter"	11%/6,95€
82	2019 Grauer Burgunder trocken	12,5%/6,95€
84	2019 Sauvignon Blanc trocken „Identität"	12,5%/8,50€
82	2019 Riesling trocken Wöllsteiner	13%/8,50€
84	2019 Weißer Burgunder trocken Flonheimer	13%/9,50€
87	2019 Riesling trocken Uffhofener La Roche	13%/13,-€
82	2019 Scheurebe „Guter Fruchtiger"	11%/6,95€
81	2019 Rosé „feinherb" „Guter"	12,5%/6,-€
89	2017 Portugieser trocken Flonheimer Rotenpfad	14%/21,-€
88	2016 Spätburgunder trocken Uffhofener La Roche	13,5%/24,-€

NAME
Sauvignon Blanc
JAHRGANG
2019

*Ein Wein, der meine Handschrift trägt: Zwei Lagen, eine Rebsorte, einmalig knisternde Frische und lebhafte Aromen.
Ihr Klaus Gallé*

GUTGALLÉ
rheinhessen

RHEINHESSEN ▶ ALZEY-WEINHEIM

★★★★✮

Gysler

Kontakt
Großer Spitzenberg 8
55232 Alzey-Weinheim
Tel. 06731-41266
Fax: 06731-44027
www.weingut-gysler.de
info@weingut-gysler.de

Besuchszeiten
Mo.-Fr. 9-12 + 15-17 Uhr
Sa. 9-12 Uhr
Bitte um Vereinbarung
Hoffest (erstes Septemberwochenende)

Inhaber
Alexander Gysler

Rebfläche
12 Hektar

Produktion
80.000 Flaschen

Alexander Gysler, Geisenheim-Absolvent, hat das Weingut 1999 nach dem Tod seines Vater Gernot Gysler übernommen, der mit der Flaschenweinvermarktung begonnen hatte. Alexander Gysler bewirtschaftet das Weingut zusammen mit Ehefrau Heike und Mutter Renate. Seine Weinberge befinden sich in den Weinheimer Lagen Hölle, Kirchenstück, Kapellenberg und Mandelberg, eine Parzelle liegt auf Alzeyer Gemarkung. Alexander Gysler hat den Rieslinganbau forciert, die Rieslingfläche in den letzten Jahren auf 40 Prozent erweitert. Daneben spielen die Burgundersorten eine wichtige Rolle, Scheurebe und Huxelrebe möchte er als Spezialitäten erhalten. Im Jahr 2004 hat Alexander Gysler mit der Umstellung auf ökologische Bewirtschaftung begonnen, 2007 war der erste zertifiziert biologische Jahrgang, seit 2008 ist Alexander Gysler Mitglied bei Demeter.

Kollektion

Alexander Gyslers Kollektion werden stetig spannender und vielfältiger. Der Petnat ist intensiv, herrlich eindringlich und zupackend, der Blanc de Noir-Sekt besticht mit rauchigen Noten und Eleganz. Die Gutsweine zeigen sehr gleichmäßige Qualität: Der Riesling ist lebhaft, zupackend, die Scheurebe intensiv fruchtig, wunderschön reintönig, der Weißburgunder besitzt reintönige Frucht und Grip, der Graub009under ist lebhaft und klar, der Spätburgunder Rosé punktet mit Frische und Frucht. Der Weinheimer Riesling ist intensiv fruchtig, zupackend und mineralisch. Hervorragend ist der 2018er Lagen-Riesling aus der Weinheimer Hölle, knüpft nahtlos an den 2017er an, besitzt Frische und Grip, ist jugendlich, mineralisch und nachhaltig. Neben dieser „normalen" Kollektion, die schon alles andere als Mainstream ist, präsentiert Alexander Gysler in diesem Jahr gleich drei 2018er Naturweine: Die intensive, dominante Cuvée aus Weiß- und Graubog009er, den würzigen, zupackenden Riesling und den stoffigen, faszinierenden Mandelberg-Riesling – der viel Zeit und Luft braucht. Weiter im Aufwind!

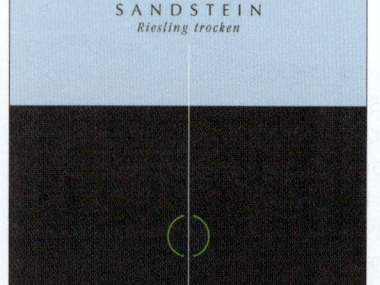

Weinbewertung

87	2018 Spätburgunder „Pet Nat" brut nature	12,5%/18,-€
88	2015 Pinot „Blanc de Noir" Sekt brut	13%/16,-€
84	2019 Riesling trocken „Sandstein"	11,5%/9,50€
85	2019 Scheurebe trocken „Sonnentau"	11,5%/9,50€
85	2019 Weißburgunder trocken „Sternenglanz"	12%/9,50€
84	2019 Graubog009er trocken „Feldstärke"	12%/9,50€
88	2019 Riesling trocken „Kammerton" Weinheimer	11,5%/12,50€
90	2018 Riesling trocken „Klangwerk" Weinheimer Hölle	13%/20,-€
88	2018 Riesling „Natural wine"	12%/20,-€
89	2018 Weißburgunder und Graubog009er „Natural wine"	13%/20,-€
90	2018 Riesling „Natural wine" Weinheimer Mandelberg	12%/28,-€
85	2019 Spätburgunder Rosé trocken „Funkenflug"	11,5%/9,50€

Haack

★★

Kontakt
Burg Layen 3
55452 Burg Layen
Tel. 06721-4978016
www.weingut-haack.de
info@weingut-haack.de

Besuchszeiten
nach Vereinbarung

Inhaber
Familie Haack
Gutsverwalter
Günter Thies
Önologe
Ruben Kretzschmann
Außenbetrieb
Lasse Haack
Rebfläche
9,45 Hektar
Produktion
29.000 Flaschen

2015 übernahm die Familie Haack das ehemalige Weingut Michael Schäfer in Burg Layen, bestehend aus einer 1732 erbauten dreiseitigen Hofreite, einem Kellereigebäude im Außenbereich und damals acht Hektar Weinbergen. Sohn Lasse, der in Geisenheim Weinbau und Önologie studiert hat, hat Anfang 2018 die Verantwortung für den Außenbetrieb übernommen, Ruben Kretzschmann, ebenfalls Geisenheim-Absolvent, ist der technische Betriebsleiter. Die Weinberge liegen im Dorsheimer Pittermännchen, im Burg Layer Schlossberg und im Laubenheimer Vogelsang. Riesling ist die wichtigste Rebsorte im Betrieb und steht auf 42 Prozent der Fläche, dazu kommen 12 Prozent Kerner, 10 Prozent Scheurebe, zusammen 14 Prozent Weiß- und Grauburgunder und zusammen knapp 20 Prozent Dornfelder und Spätburgunder.

Kollektion

Auch in diesem Jahr stehen wieder zwei edelsüße Weine an der Spitze der Kollektion: Die Riesling Auslese aus dem Pittermännchen besitzt gute Konzentration, zeigt Noten von Aprikosenmark, Blütenhonig und kräutrige Würze, ist animierend, schlank, elegant und lang, die Auslese vom Graburgunder zeigt leichte Reifenoten, ist cremig, besitzt viel süße Frucht und gute Länge. Direkt dahinter liegt der neu im Sortiment vertretene, im Halbstückfass ausgebaute Spätburgunder, der zunächst von sehr dominanten Röstnoten in Bouquet geprägt ist, mit Luft aber auch kräutrige Noten, Eukalyptus, und klare Sauerkirschfrucht entwickelt und trotz aller Kraft auch eine gewisse Eleganz besitzt, aber insgesamt noch etwas Zeit braucht. Sehr gut sind auch der animierende und zitruswürzige Riesling-Sekt, der fruchtbetonte Schlossberg-Kabinett mit Aromen von Aprikose, Orangenschale und Blütenhonig im Bouquet, der am Gaumen schlank und elegant ist, der Riesling von alten Reben, der leicht kräutrig-mineralische Noten zeigt, etwas füllig, animierend und leicht salzig ist und der noch leicht verschlossene Laubenheimer Riesling mit harmonischem Süße-Säure-Spiel.

Weinbewertung

86	2015 Riesling Sekt brut Burg Layer Schlossberg	12%/17,-€
82	2019 Weißer Burgunder	12,5%/9,50€
84	2019 Grauer Burgunder	13,5%/9,50€
85	2019 Riesling Laubenheimer	12,5%/12,-€
84	2019 Riesling Burg Layer	13%/12,-€
86	2019 Riesling „Alte Reben"	13,5%/13,-€
86	2019 Riesling Kabinett Burg Layer Schlossberg	9%/12,-€
88	2018 Grauer Burgunder Auslese	9,5%/12,-€/0,375l
89	2019 Riesling Auslese Dorsheimer Pittermännchen	8,5%/18,-€/0,375l
87	2018 Spätburgunder „Halbstück"	14%/19,-€

★★★★★ Fritz **Haag**

Kontakt
Dusemonder Straße 44
54472 Brauneberg
Tel. 06534-410
Fax: 06534-1347
www.weingut-fritz-haag.de
info@weingut-fritz-haag.de

Besuchszeiten
nach Vereinbarung

Inhaber
Oliver Haag
Kellermeister
Oliver Haag
Außenbetrieb
Nico Rieb
Rebfläche
25 Hektar
Produktion
175.000 Flaschen

Oliver Haag hat das Weingut 2005 von seinem Vater Wilhelm übernommen, führt es heute zusammen mit Ehefrau Jessica. Er hatte seine Lehre bei Dönnhoff und beim Karthäuserhof gemacht, dann in Geisenheim studiert, anschließend war er fast fünf Jahre Betriebsleiter des Rheingauer Wegeler-Gutes, bevor er zurück an die Mosel kam. Sein Vater Wilhelm Haag hatte den Betrieb seit den fünfziger Jahren geführt, dem Gut zu internationalem Renommee verholfen. Oliver Haags Weinberge, sind vor allem mit Riesling bepflanzt – allerdings gibt es auch eine kleine Menge Weißburgunder –, liegen in den besten Lagen von Brauneberg, in der Juffer und in der Juffer-Sonnenuhr, dem Herzstück der Juffer. Die Weine werden mit den natürlichen Hefen vergoren und teils im Holz, teils im Edelstahl ausgebaut. Das Sortiment wurde an das VDP-System angepasst, für trockene Weine werden keine Prädikatsbezeichnungen verwendet. Im trockenen Segment gibt es folglich nun Gutswein und Ortswein, an der Spitze standen lange die beiden Großen Gewächse aus Juffer und Juffer-Sonnenuhr, inzwischen sind zwei weitere dazugekommen. Einerseits der Riesling aus dem Falkenberg der Juffer-Sonnenuhr, andererseits ein Wein aus dem Kestener Paulinshofberg. Im feinherben Segment gibt es ebenfalls Guts- und Ortswein, dazu einen Wein aus der Juffer. Auch wenn die trockenen Weine zunehmend an Bedeutung und an Profil gewinnen, sind es doch die restsüßen Rieslinge, für die das Weingut weltweit bekannt ist, vor allem für seine immer wieder großartigen Serien von Spät- und Auslesen; zur Differenzierung der Auslesen werden die Top-Selektionen als Goldkapsel oder lange Goldkapsel gekennzeichnet.

Kollektion

Eine weitere Steigerung beim Weingut Fritz Haag erschien fast unmöglich. Aber 2019 hat tatsächlich für sehr überzeugende, ja grandiose Weine gesorgt, im trockenen wie im süßen Segment. Der Gutsriesling etwa ist unschlagbar in seiner animierenden Art und Würze, er ist saftig, straff und vibrierend. Nochmals nachhaltiger ist der „J", straffer, komplexer, auch etwas kraftvoller. Das Große Gewächs aus der Juffer ist das Musterbeispiel eines sehr klaren, verführerisch duftigen und jetzt schon angenehm zu trinkenden Spitzenrieslings. Er zeigt Noten von Hefe, Apfel und Mirabellen, ist fest und verspielt. Sein Pendant aus der Juffer-Sonnenuhr ist verschlossener, dunkelwürziger, hefiger, kompakter. Auch der neue „Im Falkenberg" ist verschlossen, zeigt eine helle Frucht in der Nase mit Anklängen an Zitrus und Kräuter, ist fest, straff, salzig, puristisch und nachhaltig, angenehm trocken und lang. Während dieser Riesling noch Zeit braucht, ist das ebenfalls neue Große Gewächs Paulinshofberg offener, besitzt feine Frucht, ist straff, kompakt und würzig. Im feinherben Bereich fällt der Traditionsriesling auf, der die Süße perfekt integriert. Wunderbar rassig ist der Kabinett aus der Juffer, der verspielt ist und schon im jetzigen Stadium Spaß macht. Die Spätlese aus der Juffer-Sonnenuhr mit der Nummer 14 ist eine Klasse für sich, vielschichtig, mit Noten von reifem Kern-

und Steinobst, extrem animierend und klar, straff, eher elegant als rassig, dicht, komplex und sehr lang. Unter den zahlreichen Auslesen, sieben an der Zahl, gibt es nur Highlights. Schon jene mit der Nummer 10 ist wunderschön klar mit kühlen Steinobstnoten und einem Hauch reifer Zitrusfrüchte. Die mit einer Goldkapsel ausgezeichnete aus der Juffer ist straff und elegant, jene aus der Juffer-Sonnenuhr noch etwas konzentrierter, fester, nachhaltiger. Merklich tropisch wirkt die Auslese mit der Nummer 12, die erst nach einer Weile wirklich zeigt, was in ihr steckt. Sehr lang ist die Auslese mit der langen Goldkapsel, die zu den besten Süßweinen zählt, die in diesem Jahr an der Mosel erzeugt wurden. Beerenauslesen (die aus der Juffer-Sonnenuhr zeigt feinste, cremig-tropische Würze und eine trotz hoher Süße enorme Präzision) und Trockenbeerenauslese können vielleicht in Zukunft in diesen Bereich vorstoßen, sind aber noch definitiv zu jung, um schon jetzt allerhöchste Punktzahlen zu erhalten. Auch in diesem Bereich aber zeigt sich die enorme Finesse, die in diesem Weingut vorherrscht – unabhängig von den Mostgewichten.

🍇 Weinbewertung

88	2019 Riesling trocken ❘ 12%/9,95€ ☺	
90	2019 Riesling trocken „J" Brauneberger ❘ 12,5%/15,80€	
91	2019 Riesling trocken „GG" Brauneberger Juffer ❘ 13%/24,50€	
92	2019 Riesling trocken „GG" Kestener Paulinshofberg ❘ 13%/29,-€	
93	2019 Riesling trocken „GG" Brauneberger Juffer-Sonnenuhr ❘ 13%/31,50€	
93	2019 Riesling trocken „GG" „Im Falkenberg" Brauneberger Juffer-Sonnenuhr ❘ 13%/Vst.	
89	2019 Riesling „Tradition" Brauneberger ❘ 11,5%/13,50€	
90	2019 Riesling Brauneberger Juffer ❘ 12,5%/21,50€	
90	2019 Riesling Kabinett Brauneberger Juffer ❘ 8,5%/13,50€ ☺	
93	2019 Riesling Spätlese Brauneberger Juffer ❘ 8%/17,-€ ☺	
93	2019 Riesling Spätlese Brauneberger Juffer-Sonnenuhr ❘ 7,5%/21,50€ ☺	
95	2019 Riesling Spätlese „#14" Brauneberger Juffer-Sonnenuhr ❘ 7,5%/Vst.	
92	2019 Riesling Auslese Brauneberger Juffer ❘ 7,5%/23,50€	**Lagen**
93	2019 Riesling Auslese Brauneberger Juffer-Sonnenuhr ❘ 7,5%/29,50€	Juffer-Sonnenuhr
95	2019 Riesling Auslese „#10" Brauneberger Juffer-Sonnenuhr ❘ 7,5%/a.A.	(Brauneberg)
92	2019 Riesling Auslese Goldkapsel Brauneberger Juffer ❘ 7,5%/19,90€/0,375l	Juffer (Brauneberg)
93	2019 Riesling Auslese Goldkapsel Brauneberger Juffer-Sonnenuhr ❘ 7,5%/49,-€	
94	2019 Riesling Auslese Goldkapsel „#12" Brauneberger Juffer-Sonnenuhr ❘ 7%/.A./0,375l	
97	2019 Riesling Auslese Lange Goldkapsel Brauneberger Juffer-Sonnenuhr ❘ 7%/Vst./0,375l	
93	2019 Riesling Beerenauslese Brauneberger Juffer ❘ 6,5%/a.A./0,375l	**Rebsorten**
95	2019 Riesling Beerenauslese Brauneberger Juffer-Sonnenuhr ❘ 6,5%/a.A.	Riesling (98 %)
96	2019 Riesling Trockenbeerenauslese Brauneberger Juffer-Sonnenuhr ❘ 6%/Vst./0,375l	Weißburgunder (2 %)

MOSEL ▶ BRAUNEBERG

★★★

Willi Haag

Kontakt
Burgfriedenspfad 5
54472 Brauneberg
Tel. 06534-450
Fax: 06534-689
www.willi-haag.de
info@willi-haag.de

Besuchszeiten
nach Vereinbarung

Inhaber
Marcus Haag
Kellermeister
Marcus Haag
Rebfläche
7 Hektar
Produktion
50.000 Flaschen

Die Familie ist seit dem Jahr 1500 in Brauneberg ansässig. Heute wird das Weingut von Marcus Haag geführt, der neben Weinbergen in den beiden Brauneberger Prestigelagen Juffer und Juffer-Sonnenuhr sowie im Piesporter Goldtröpfchen auch Reben in Veldenz, Burgen und Mülheim besitzt, letztere werden für den Gutsriesling genutzt. Die Weinberge, ausschließlich mit Riesling bepflanzt, liegen fast ganz in Steillagen. 80 Prozent der Weine werden süß ausgebaut, jeweils 10 Prozent trocken und halbtrocken bzw. „feinherb". Die Weine präsentieren sich stets als Rieslingklassiker: Finessenreich und elegant. Die Kabinette sind Kabinette und keine verkappten Auslesen, und die Spätlesen besitzen immer viel Frische. Werden Auslesen erzeugt, sind sie immer angenehm klar und feingliedrig, nie übertrieben mächtig.

Kollektion

Der Jahrgang 2019 kam dem Weingut sehr entgegen. Üppige Rieslinge entsprechen ohnehin nicht dem Stil des Hauses, die Finesse soll erhalten werden. Diesmal war dies perfekt möglich, von der Basis bis in die Auslesekategorie. Eher verhalten in der Nase, dann zupackend und stoffig ist der sehr gelungene Einstiegsriesling in der trockenen Variante. Ein zweiter trockener Wein wurde in diesem Jahr nicht vorgestellt, aber der halbtrockene Riesling ist ebenfalls saftig. Der feinherbe Kabinett wirkt kaum süß, ist stoffig und besitzt Schmelz. Rassig, zupackend, aber schon mit einer beachtlichen Fülle und vibrierender Art ausgestattet ist der Kabinett aus der Juffer. Eher verhalten mit reifer Steinobstfrucht zeigt sich die Spätlese aus dem Goldtröpfchen, sie fällt im Mund saftig und rund aus, ist merklich süß und verweist mit ihrem saftigen Nachhall deutlich auf den Charakter der Lage. Spannend ist auch der rassige, dichte Riesling aus der Juffer-Sonnenuhr, dessen Süße sich gut in die Gesamtstruktur einpasst. Offene Frucht mit Kernobst-, Steinobst- und leichten Hefenoten zeigt die Veldenzer Auslese vom grauen Schiefer – die hohe Süße dürfte sich mit der Zeit noch besser einbinden. Noch merklich vom Schwefel geprägt zeigt sich die Auslese aus der Juffer, aber sehr vielversprechend und sehr typisch für die Lage.

Weinbewertung

84	2019 Riesling trocken	11,5%/7,-€
84	2019 Riesling halbtrocken	11,5%/7,-€
87	2019 Riesling Kabinett „feinherb" Brauneberg Juffer	10,5%/10,-€
89	2019 Riesling Brauneberg Juffer Sonnenuhr	8%/13,50€
88	2019 Riesling Kabinett Brauneberg Juffer	9,5%/10,-€ ☺
88	2019 Riesling Spätlese Piesport Goldtröpfchen	8%/11,50€
88	2019 Riesling Auslese Veldenz „Grauschiefer"	7,5%/11,50€
89+	2019 Riesling Auslese Brauneberg Juffer	7,5%/15,-€

★★★★✮ Julian **Haart**

Kontakt
Triererstraße 12
54498 Piesport
Tel. 0160-5543432
www.julian-haart.de
info@julian-haart.de

Besuchszeiten
nach Vereinbarung

Inhaber
Julian & Nadine Haart
Betriebsleiter
Julian Haart
Kellermeister
Julian Haart
Rebfläche
5 Hektar
Produktion
30.000 Flaschen

Julian Haart gründete sein Weingut 2010 mit dem Kauf einer großen Parzelle mit 40 Jahre alten Rieslingreben im Wintricher Ohligsberg. Der Devonschieferboden im Ohligsberg ist stark mit hartem Quarzit durchsetzt. Anfang 2011 konnte er weitere Parzellen in Piesport in den Lagen Goldtröpfchen und Schubertslay erwerben, mit vor dem Ersten Weltkrieg gepflanzten Reben. Spätestens mit dieser Akquisition legte er die Grundlagen zu seinem weiteren Aufstieg. Dabei hatte seine Jugend noch nicht unbedingt vermuten lassen, was einige Jahre später passieren sollte. Julian Haart stammt zwar aus einer seit 650 Jahren in Piesport ansässigen Winzerfamilie, ist aber nicht den in dieser Situation zu vermutenden Weg gegangen, sondern hat zunächst als Koch in deutschen Spitzenrestaurants gearbeitet, bevor er über Stationen bei deutschen Spitzenweingütern (Heymann-Löwenstein, Emrich-Schönleber, Egon Müller, Klaus-Peter Keller) die Passion für Riesling verinnerlichte. Nicht zuletzt die Zeit bei Klaus-Peter Keller dürfte den letzten Anschub gegeben haben, um das heutige Qualitätsniveau zu erreichen. Mit dem Jahrgang 2013 hat sich die Rebfläche vergrößert durch die Übernahme eines Teiles der Weinberge seines Onkels (Weingut Joh. Haart). Die inzwischen vorhandenen fünf Hektar bewirtschaftet Haart nun zusammen mit seiner Frau Nadine, angebaut wird ausnahmslos Riesling. Nicht nur Haarts unter eigenem Label erzeugte Weine sind bemerkenswert eigenständig, auch die aus einer Zusammenarbeit mit dem Weingut A.J. Adam erzeugten Spezialitäten aus dem Goldtröpfchen sind von bemerkenswerter Güte. Neu im Sortiment ist der Riesling aus dem Nieder-Flörsheimer Frauenberg, der nicht an der Mosel, sondern in Reinhessen liegt. Alle Rieslinge – beginnend beim Riesling Mosel über die Ortsweine und die trockenen Lagenweine bis zu den mehr oder weniger (eher weniger!) süßen Kabinetten – begeistern mit saftiger, würziger Art. In manchen Fällen setzt Julian Haart auf signifikante Maischestandzeiten, um den Weinen eine gewisse Struktur zu verleihen – Übertreibungen sind aber nie festzustellen. Auch die dezidiert süßen Weine, die Spätlesen und Auslesen, zeigen sich enorm saftig, besitzen Kraft und bisweilen einen fast rauchigen Charakter, vibrieren beinah. Wenn man diesen Stil einmal verkostet hat, ist er unabhängig vom Jahrgang leicht wiederzuerkennen.

🎂 Kollektion

Am 17. September 2019 begann Julian Haart mit der Lese und merkte schon bald, dass es eher wenig geben würde. Ortsweine hat er deshalb nicht erzeugt, setzte stattdessen auf Kabinett sowie trockene Lagenweine und beeilte sich. Fast 20 Lesehelfer waren im Einsatz, sonst sind es nur etwa zehn. Der trockene Moselriesling zum Einstieg hat eine leichte Hefenote, ist dann aber straff und saftig, besitzt eine zugängliche Art und eine feine Säure. Er wurde im Stahl und im Fuder ausgebaut. Die drei trockenen Lagenweine überzeugen sehr: Der Frauenberg hat gerade mal rund zwei Gramm Restzucker, besitzt eine typische Spontangärungsnote, Hefe, Mirabellen, ist fest, kompakt, sehr trocken, weist einen langen, salzigen Nachhall auf, braucht Zeit. Der Goldtröpfchen-Riesling zeigt offene, helle Frucht, ist enorm präzise, lässt in der Fruchtausprägung das Goldtröpfchen erkennen, ist lang. Der trockene Spitzenwein aus dem Ohligsberg wirkt etwas offener, etwas reifer in der Nase, hat viel Zukunft, er ist kompakt und vibrierend gleichzeitig. Die Weine sind alle eher verhalten im Alkohol, besitzen aber dennoch Druck am Gaumen. Die Weine mit Restzucker sind alle sehr stimmig. Ein Kabinettriesling aus dem Goldtröpfchen besitzt eine sehr offenen Frucht, wirkt vibrierend, besitzt verblüffend viel Druck. Der Alte-Reben-Kabinett aus dem Goldtröpfchen ist viel zurückhaltender, besitzt neben Fruchtnoten eine leicht kräuterige Nase, ist im Mund straff, mit salzigem Nachhall. Sein Pendant aus dem Ohligsberg besitzt nur eine zarte Duftnote, aber enormen Extrakt, ist verblüffend lang. Die Herrgott-Spätlese wirkt viel ruhiger als die Kabinette, aber auch hier vibriert es, der Schmelz ist nicht dominant. Die Spätlese aus dem Ohligsberg wirkt etwas trockener und straffer als jene aus dem Goldtröpfchen, auch eine Spur nachhaltiger. Die Ein-Stern-Spätlese aus dem Goldtröpfchen begeistert mit Noten von Apfel und gehackten Kräutern in der Nase, zeigt im Nachhall gleichermaßen Schmelz und Spannung. Mit etwa 70 Gramm Restzucker ist sie die süßeste Spätlese des Jahrgangs. Unglaublich sauber und fein wirkt die Auslese mit drei Sternen aus dem Ohligsberg, die elegant ist, fein, duftig und einen fast seidigen Schmelz aufweist.

🍂 Weinbewertung

87	2019 Riesling trocken Mosel	11,5 %/a.A.
92	2019 Riesling trocken Goldtröpfchen	12,5 %/a.A.
93	2019 Riesling trocken Ohligsberg	13 %/a.A.
92+	2019 Riesling trocken Frauenberg	13 %/a.A.
89	2019 Riesling Kabinett Goldtröpfchen	8,5 %/a.A.
92	2019 Riesling Kabinett „Alte Reben" Goldtröpfchen	9 %/a.A.
93	2019 Riesling Kabinett „Alte Reben" Ohligsberg	9 %/a.A.
92	2019 Riesling Spätlese Ohligsberg	8,5 %/a.A.
91	2019 Riesling Spätlese Herrgott	8,5 %/a.A.
92	2019 Riesling Spätlese* Goldtröpfchen	8 %/a.A.
93	2019 Riesling Auslese*** Ohligsberg	7 %/a.A.

Lagen
Goldtröpfchen (Piesport)
Ohligsberg (Wintrich)
Schwarzer Herrgott (Wintrich)
Frauenberg
(Nieder-Flörsheim)

Rebsorten
Riesling (100 %)

MOSEL ▬ PIESPORT

★★★★☆

Reinhold Haart

Kontakt
Ausoniusufer 18
54498 Piesport
Tel. 06507-2015
Fax: 06507-5909
www.haart.de
info@haart.de

Besuchszeiten
nach Vereinbarung

Inhaber
Johannes Haart, Marcus Haart

Rebfläche
9 Hektar

Produktion
60.000 Flaschen

Seit 1337 betreibt die Familie Haart Weinbau in Piesport. Das Gut mitsamt der modern-eleganten Vinothek liegt im ursprünglichen Teil des Dorfes, nur wenige Meter von der Mosel entfernt und vor der Piesporter Paradelage, dem Goldtröpfchen. Dieser überwiegend südlich ausgerichtete Steilhang mit verwittertem, tiefgründigem Blauschieferboden ist die wichtigste Lage der Haarts. Theo Haart hat den Betrieb zu einem der Spitzenweingüter der Mosel entwickelt, seit 2007 wird er im Betrieb von Sohn Johannes, Geisenheim-Absolvent, unterstützt, der sich heute um den Keller kümmert, hauptsächlich, aber nicht ausschließlich, denn in einem kleinen Familienweingut kümmert sich jeder um alles. Neben dem Goldtröpfchen ist man im Piesporter Grafenberg vertreten, einem sehr steilen, südost-exponierten Hang mit steinigem, leichtem Rotschieferboden. Der Piesporter Kreuzwingert, nur 0,1 Hektar groß, ist eine Monopollage der Haarts. Der süd-exponierte Steilhang besitzt einen tonigen, tiefgründigen Boden mit grau-braunem Schiefer. Hinzu kommen Weinberge im Wintricher Ohligsberg, einem sehr steilen, süd- bis west-exponierten Hang mit hartem blau-grauem Schiefer und Quarzit. Theo und Johannes Haart bauen ausschließlich Riesling an. Die Weine werden spontanvergoren, teils im Fuder, teils im Edelstahl, bleiben sehr lange auf der Vollhefe. Das Sortiment wurde in den letzten Jahren nach den Vorgaben des VDP strukturiert: Gutsriesling und „Haart to Heart" bilden die Basis, dann folgen der Piesporter und der Wintricher Ortswein, schließlich drei Große Gewächse aus Goldtröpfchen, Ohligsberg und – erstmals mit dem Jahrgang 2012 – Kreuzwingert oder Grafenberg. Trockene Weine machen aber je nach Jahrgang nur 30 bis 40 Prozent der Produktion aus, die rest- und edelsüßen Rieslinge dominieren, vom Kabinett bis hin zu den Auslesen wird aus dem Goldtröpfchen und dem Ohligsberg in der Regel die ganze Bandbreite erzeugt, der Grafenberg wird als Kabinett angeboten. Das Weingut legt Wert darauf, immer wieder Weine zu archivieren, um auch 20 oder 30 Jahre nach der Ernte zeigen zu können, wie gut sich die Rieslinge aus dem Goldtröpfchen und den anderen Lagen entwickeln.

🍷 Kollektion

Die Weine des Jahrgangs 2019 wurden spät vorgestellt, waren zu einem beachtlichen Teil noch sehr unruhig, jugendlich, zeigten nur ansatzweise ihr Potenzial. Immerhin ist eine Menge Substanz festzustellen, nicht zuletzt bei den trockenen Weinen, die sehr fest, klar und wunderschön trocken ausfallen. Das gilt schon für den sehr gelungenen, stoffigen, aber auch mit Spiel ausgestatteten Basiswein. Noch unzugänglich und vom Schwefel geprägt war der Piesporter, trocken, straff, mit kräftiger Säure, viel Substanz und Spiel. Auch die Großen Gewächse ließen bei der Verkostung im Spätsommer 2020 erst ansatzweise erkennen, was in ihnen steckt. Jenes aus dem Goldtröpfchen wirkte frisch, verschlossen, lässt typische Steinobstnoten erkennen, ist im Mund straff und rassig, präzise und trocken. Noch etwas verschlossener ist der Ohligsberg-Riesling, auch er zeigt sich straff, rassig, sehr fest. Süße ist bei beiden Weinen nicht im Geringsten festzustellen, der Alkohol ist gut integriert. In einigen Monaten dürften sich dieses Weine sehr viel besser präsentieren und dann über viele Jahre hinweg gut reifen. Offener, saftiger, mit Spiel präsentiert sich der feinherbe Basiswein namens „Haart to Heart", auch der Kabinettriesling aus dem Goldtröpfchen ist offen, sehr fein, mit Noten von Kernobst und Kräutern und natürlich jener cremig-fruchtigen Art, wie sie typisch ist für dieses Weingut. Die beiden Spätlesen unterscheiden sich deutlich voneinander. Die eine duftig, typisch fürs Goldtröpfchen, im Mund straff mit überraschend verhaltener Süße, sehr spannend, vibrierend, mit viel Würze und Zukunft. Deutlich süßer, saftiger, aber ebenfalls sehr komplex und zudem weit überdurchschnittlich nachhaltig ist die Spätlese aus dem Ohligsberg, die sich von einer Auslese durch ihre insgesamt kühl-fruchtige Art unterscheidet. Die Auslese aus dem Goldtröpfchen ist noch vom Schwefel geprägt, lässt erst ansatzweise ihr Potenzial erkennen. Die Versteigerungsauslese ist da vergleichsweise offen, cremig, zeigt die typischen Eigenschaften sowohl des Weingutes als auch der Lage. Noten von saftigem Steinobst und tropischen Früchten sind bereits zu spüren, im Mund ist der Wein enorm saftig, schon jetzt verführerisch.

Weinbewertung

88	2019 Riesling trocken	12 %/9,50 € ☺
90	2019 Riesling trocken Piesporter	12,5 %/15,-€ ☺
90	2019 Riesling „GG" Ohligsberg	13 %/30,-€
91	2019 Riesling „GG" Goldtröpfchen	13 %/30,-€
87	2019 Riesling „feinherb" „Haart to Heart"	11,5 %/9,50 €
90	2019 Riesling Kabinett Goldtröpfchen	8,5 %/14,-€ ☺
91	2019 Riesling Spätlese Goldtröpfchen	9 %/20,-€
93	2019 Riesling Spätlese Ohligsberg	8 %/20,-€ ☺
91	2019 Riesling Auslese Goldtröpfchen	8 %/32,-€
93	2019 Riesling Auslese Goldtröpfchen	8 %/Vst.

Lagen
Goldtröpfchen (Piesport)
Kreuzwingert (Piesport)
Grafenberg (Piesport)
Ohligsberg (Wintrich)

Rebsorten
Riesling (100 %)

WÜRTTEMBERG ▬ WAIBLINGEN-NEUSTADT

Häußermann

★★★⯪

Kontakt
Seestraße 6
71336 Waiblingen-Neustadt
Tel. 07151-83483
Fax: 07151-272541
www.bioweingut-
häussermann.de
mail@bioweingut-
haeussermann.de

Besuchszeiten
Di. + Fr. 16-19 Uhr, sowie jederzeit nach Vereinbarung

Inhaber/Betriebsleiter/ Außenbetrieb
Albert Häußermann
Inhaber
Albert & Marlene Häußermann
Rebfläche
3,5 Hektar
Produktion
25.000 Flaschen

Seit 1735 betreibt die Familie Häußermann Landwirtschaft in Neustadt im Remstal, heute ein Stadtteil von Waiblingen. 1996 übernahmen Marlene und Albert Häußermann den Wein- und Obstbaubetrieb am Sö(h)renberg und begannen mit der Selbstvermarktung, 2010 erfolgte die Umstellung auf biodynamische Bewirtschaftung, seit 2014 sind sie biodynamisch zertifiziert, bei Ecovin und bei Demeter. Ihre Weinberge liegen im Neustadter Söhrenberg, einem Südwest- bis Südost-exponierten Hang, wo der Boden aus lehmigem Ton auf Gipskeuper besteht, sowie im östlichen Remstal im Bürger Schlossberg, einer kleinen, recht hoch gelegenen Steillage mit Keuperböden. Trollinger nimmt 30 Prozent der Rebfläche ein, Riesling 20 Prozent, es folgen Spätburgunder, Lemberger, Merlot, Sauvignon Blanc, Muskattrollinger, Cabernet Dorsa, Traminer und Dornfelder. Seit dem Jahrgang 2013 werden alle Weine spontanvergoren, der Ausbau erfolgt teils im Edelstahl, teils im Holz.

Kollektion

Weine aus den Jahren 2014 bis 2018 hat Albert Häußermann dieses Jahr präsentiert, keinen einzigen 2019er. Aber seine Weine reifen gut, wie beispielsweise der griffige, zupackende Blanc de Noir aus dem Jahrgang 2017 zeigt oder der fein gereifte, füllige, harmonische Riesling von alten Reben aus demselben Jahrgang. Die Weißweine präsentieren sich überhaupt sehr geschlossen, besitzen gute Struktur, Kraft und Grip. Sehr gut gefällt uns auch der 24 Monate auf der Hefe gereifte Blanc de Noir-Sekt, ist rauchig, füllig, komplex. In der Spitze noch ein wenig stärker sind die Rotweine. Der Merlot ist frisch, kraftvoll, zupackend, die Cuvée Großer Fuchs ist intensiv, offen, füllig, der feinduftige Reserve-Spätburgunder besitzt gute Struktur und Druck. Der 2016er Lemberger ist fruchtbetont, intensiv und strukturiert, die 2015er Reserve-Variante zeigt feine Gewürzno-ten, besitzt Fülle und Kraft, gute Struktur und Substanz.

Weinbewertung

85	2017 „Blanc de Noir" Sekt brut Neustadter Söhrenberg	11,5%/14,50 €
84	2017 „Blanc de Noir"	12%/8,80 €
83	2018 Cabernet Blanc trocken	12,5%/10,80 €
85	2017 Riesling trocken „Alte Reben" Neustadter Söhrenberg	12%/7,50 €
83	2018 Riesling trocken „Gipskeuper" Neustadter Söhrenberg	12,5%/10,80 €
84	2018 Sauvignon Blanc trocken Neustadter Söhrenberg	13,5%/10,80 €
83	2018 Pinot Noir Rosé trocken	11,5%/8,80 €
85	2016 Merlot trocken	14%/10,80 €
87	2016 Lemberger trocken Neustadter Söhrenberg	13,5%/10,80 €
85	2016 „Großer Fuchs" Rotwein trocken Neustadter Söhrenberg	14%/15,-€
87	2014 Spätburgunder trocken „Reserve" Neustadter Söhrenberg	13,5%/15,-€
88	2015 Lemberger trocken „Réserve" Neustadter Söhrenberg	13,5%/20,-€

NAHE ▸ MANNWEILER-CÖLLN

★★★★✩

Hahnmühle

Kontakt
Alsenzstraße 25
67822 Mannweiler-Cölln
Tel. 06362-993099
Fax: 06362-4466
www.weingut-hahnmuehle.de
info@weingut-hahnmuehle.de

Besuchszeiten
Mo.-Sa. 8-12 + 14-18 Uhr
Sa. 9-15 Uhr
und nach Vereinbarung

Inhaber
Familie Linxweiler
Betriebsleiter
Peter & Johannes Linxweiler
Kellermeister
Johannes Linxweiler
Rebfläche
16 Hektar
Produktion
90.000 Flaschen

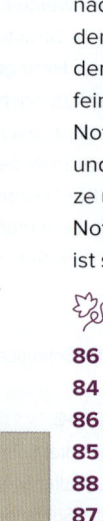

Martina und Peter Linxweiler bewirtschaften ihr Weingut im Alsenztal – einem Seitental der Nahe – seit 1987 ökologisch, konsequenterweise versorgt eine eigene Wasserkraftanlage in der ehemaligen Getreidemühle den Betrieb mit Strom. Wichtigste Rebsorte ist der Riesling, der 55 Prozent der Rebfläche einnimmt. Dazu gibt es je 10 Prozent Weißburgunder, Silvaner und Roten Traminer, sowie Spätburgunder als wichtigste rote Sorte. Der Alisencia genannte Riesling stammt aus einer Schieferlage, dem Alsenzer Elkersberg. Diese Steillage ist schon lange die Spitzenlage der Hahnmühle, zu der sich mit dem 2015er Jahrgang eine Parzelle im von Vulkangestein geprägten Ebernburger Schlossberg gesellt. Die weiteren Weinberge liegen im Cöllner Rosenberg, den Oberndorfer Lagen Beutelstein und Aspenberg und in der südlichsten Lage des Anbaugebiets Nahe, dem Steckweiler Mittelberg. Seit dem Jahrgang 2016 ist Sohn Johannes für den Ausbau der Weine verantwortlich.

Kollektion

Auch im Jahrgang 2019 spielt die Frucht bei den drei Lagenrieslingen und dem „Alisencia" nur eine untergeordnete Rolle, die Weine sind deutlich mineralisch, elegant und animierend, der Schlossberg zeigt steinige Noten und etwas gelben Apfel, besitzt leicht cremige Textur, ist salzig und nachhaltig, auch der Aspenberg besitzt salzige Noten, Druck und Länge, der Elkersberg ist noch leicht verhalten, besitzt herbe Grapefruitnoten und der „Alisencia" zeigt steinige Noten, etwas Tabakwürze und entwickelt feinen Druck. Der Oberndorfer Weißburgunder zeigt intensive florale Noten und etwas Birne im Bouquet, besitzt am Gaumen viel klare Frucht und Frische, der Chardonnay ist etwas verhaltener, zeigt etwas Zitruswürze und Melone, besitzt ebenfalls Frische, der „Blanc de Blancs"-Sekt zeigt Noten von Zitrusfrüchten und Butterkeks im Bouquet, der Spätburgunder ist stoffig und dunkelfruchtig, wirkt noch etwas unruhig.

Weinbewertung

86	„Blanc de Blancs" Sekt brut	12,5 %/11,30 €
84	Traminer Sekt extra trocken	12,5 %/12,20 €
86	2019 Riesling + Roter Traminer trocken Cöllner Rosenberg	12,5 %/8,80 €
85	2019 Riesling trocken „Alter Wingert"	12,5 %/8,60 €
88	2019 Weißburgunder trocken Oberndorfer	13 %/10,80 €
87	2019 Chardonnay trocken Oberndorfer	13 %/10,80 €
88	2019 Riesling trocken „Alisencia"	12,5 %/13,20 €
89	2019 Riesling trocken Alsenzer Elkersberg	13 %/18,50 €
90	2019 Riesling trocken Ebernburger Schlossberg	12,5 %/22,50 €
89	2019 Riesling trocken Oberndorfer Aspenberg	12,5 %/18,50 €
88	2019 Riesling Auslese Oberndorfer Beutelstein	7,5 %/18,60 €
86	2018 Spätburgunder trocken „Tertiär Reserve"	14,5 %/22,50 €

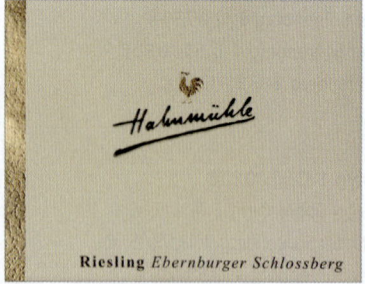

PFALZ — BATTENBERG

★★

Hahn Pahlke

Kontakt
Kirchgasse 1
67271 Battenberg
Tel. 06359-2118
Fax: 06359-92036
www.hahn-pahlke.de
info@hahn-pahlke.de

Besuchszeiten
Mo. 9-12 + 13-18 Uhr
Di. geschlossen
Mi.-Fr. 9-12 + 13-18 Uhr
Sa. 9-17 Uhr
So. nur nach Vereinbarung

Inhaber
Weingut Hahn-Pahlke GbR

Rebfläche
18 Hektar

Produktion
60.000 Flaschen

Seit rund 150 Jahren wird von der Familie in Battenberg Wein angebaut, in den 1950er Jahren wurde der ehemalige Gemischtbetrieb ganz auf den Wein ausgerichtet. Seit 1991 führen Carla und Wolfgang Pahlke das Weingut in siebter Generation, 2012 stieg Sohn Thomas nach seiner Lehre bei Neiss und Horcher, Praktika in der Wachau, auf Mallorca, in Neuseeland und Südafrika und seinem Abschluss als Weinbautechniker in den elterlichen Betrieb ein. Das Sortiment ist gegliedert in Guts-, Orts-, Lagen- und die unter der Regie von Thomas Pahlke entstehenden Premiumweine. Zu 60 Prozent werden weiße Sorten angebaut, wichtigste Sorte ist der Riesling, daneben gibt es Spätburgunder, Grauburgunder, Portugieser und Dornfelder, aber auch Sorten wie Cabernet Sauvignon, Sauvignon Blanc, Chardonnay und Chenin Blanc, der 2011 gepflanzt wurde. 2016 wurde mit der Umstellung auf ökologischen Weinbau begonnen (Bioland).

Kollektion

Thomas Pahlke kann in diesem Jahr bei einigen Weinen zulegen: Unser Favorit ist die Cuvée Roter Hahn aus Cabernet Sauvignon und Merlot, der Wein zeigt kräutrige Noten, Mokka, Gewürznelke und schwarze Johannisbeere im eindringlichen Bouquet, besitzt Kraft, Länge und noch jugendliche Tannine. Der Riesling „Alpha" ist fruchtbetont mit klaren Noten von Aprikose, Pfirsich, Mango und Ananas und wird von einem lebendigen Säuregerüst getragen, der Sauvignon Blanc Kia Ora ist präsenter und offener als sein Jahrgangsvorgänger, ist ebenfalls fruchtbetont mit Aromen von Maracuja, Pfirsich und Stachelbeere, wesentlich besser als der sehr vom Holz geprägte 2017er Chenin Blanc gefällt uns der 2018er, der im Bouquet typische Noten von Honigmelone und nasser Wolle zeigt, Konzentration, gut eingebundenes Holz und Schmelz besitzt. Und auch der Chardonnay „Réserve", der deutliche Röstnoten zeigt, Kraft, Substanz und Schmelz besitzt und der elegante Pinot Noir mit seiner klaren, herben Sauerkirschfrucht und Aromen von Kaffee und Kräutern, sind sehr gut gelungen.

Weinbewertung

83	2019 Sauvignon Blanc trocken Kleinkarlbacher	12,5%/8,-€
82	2019 Grauburgunder trocken Kleinkarlbacher	13%/7,50€
82	2019 Scheurebe trocken	12%/6,80€
85	2019 Chardonnay trocken Weisenheimer Mandelgarten	13%/9,80€
86	2018 Chenin Blanc trocken	13%/13,50€
87	2019 Riesling trocken „Alpha"	13%/13,50€
86	2019 Sauvignon Blanc trocken „Kia Ora"	13,5%/13,50€
87	2018 Chardonnay trocken „Réserve" Weisenheimer Mandelgarten	13,5%/18,50€
86	2017 Frühburgunder trocken Kleinkarlbacher Senn	13,5%/11,50€
88	2018 „Roter Hahn" Rotwein trocken	13,5%/19,50€
87	2017 Pinot Noir trocken	13%/18,50€

HAHN PAHLKE
MANDELGARTEN
Chardonnay
trocken

WÜRTTEMBERG — KERNEN-STETTEN

★★★★✩ Karl **Haidle**

Kontakt
Hindenburgstraße 21
71394 Kernen-Stetten
Tel. 07151-949110
Fax: 07151-46313
www.weingut-karl-haidle.de
info@weingut-karl-haidle.de

Besuchszeiten
Mo.-Fr. 8-12 + 13-18 Uhr
Sa. 9-15 Uhr

Inhaber
Moritz Haidle
Betriebsleiter
Moritz Haidle
Kellermeister
Moritz Haidle
Außenbetrieb
Werner Kuhnle
Rebfläche
23 Hektar
Produktion
130.000 Flaschen

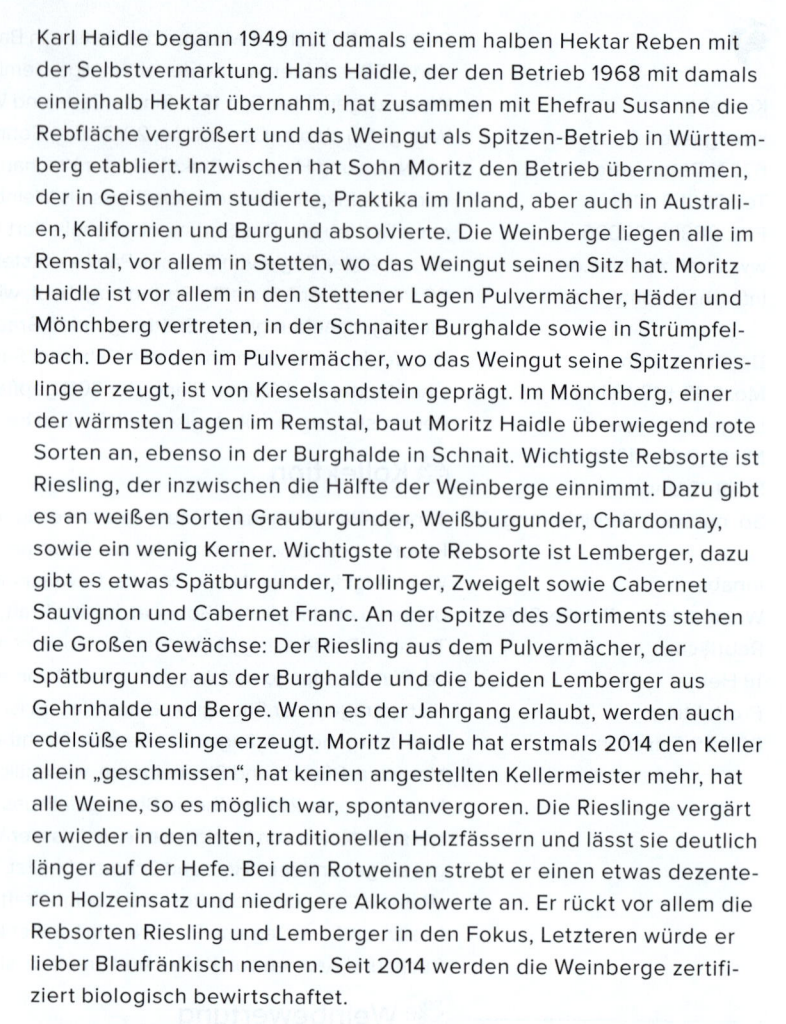

Karl Haidle begann 1949 mit damals einem halben Hektar Reben mit der Selbstvermarktung. Hans Haidle, der den Betrieb 1968 mit damals eineinhalb Hektar übernahm, hat zusammen mit Ehefrau Susanne die Rebfläche vergrößert und das Weingut als Spitzen-Betrieb in Württemberg etabliert. Inzwischen hat Sohn Moritz den Betrieb übernommen, der in Geisenheim studierte, Praktika im Inland, aber auch in Australien, Kalifornien und Burgund absolvierte. Die Weinberge liegen alle im Remstal, vor allem in Stetten, wo das Weingut seinen Sitz hat. Moritz Haidle ist vor allem in den Stettener Lagen Pulvermächer, Häder und Mönchberg vertreten, in der Schnaiter Burghalde sowie in Strümpfelbach. Der Boden im Pulvermächer, wo das Weingut seine Spitzenrieslinge erzeugt, ist von Kieselsandstein geprägt. Im Mönchberg, einer der wärmsten Lagen im Remstal, baut Moritz Haidle überwiegend rote Sorten an, ebenso in der Burghalde in Schnait. Wichtigste Rebsorte ist Riesling, der inzwischen die Hälfte der Weinberge einnimmt. Dazu gibt es an weißen Sorten Grauburgunder, Weißburgunder, Chardonnay, sowie ein wenig Kerner. Wichtigste rote Rebsorte ist Lemberger, dazu gibt es etwas Spätburgunder, Trollinger, Zweigelt sowie Cabernet Sauvignon und Cabernet Franc. An der Spitze des Sortiments stehen die Großen Gewächse: Der Riesling aus dem Pulvermächer, der Spätburgunder aus der Burghalde und die beiden Lemberger aus Gehrnhalde und Berge. Wenn es der Jahrgang erlaubt, werden auch edelsüße Rieslinge erzeugt. Moritz Haidle hat erstmals 2014 den Keller allein „geschmissen", hat keinen angestellten Kellermeister mehr, hat alle Weine, so es möglich war, spontanvergoren. Die Rieslinge vergärt er wieder in den alten, traditionellen Holzfässern und lässt sie deutlich länger auf der Hefe. Bei den Rotweinen strebt er einen etwas dezenteren Holzeinsatz und niedrigere Alkoholwerte an. Er rückt vor allem die Rebsorten Riesling und Lemberger in den Fokus, Letzteren würde er lieber Blaufränkisch nennen. Seit 2014 werden die Weinberge zertifiziert biologisch bewirtschaftet.

Kollektion

Moritz Haidle konzentriert sich vor allem auf Riesling und Lemberger, und so hat er lediglich neun Weine präsentiert, je vier Rieslinge und Lemberger, dazu den „Klassiker" Ypsilon, der ja auch auf Lemberger basiert, der 70 Prozent der Cuvée ausmacht, hinzu kommen Cabernet Sauvignon und Cabernet Franc. Der präsentiert sich auch im Jahrgang 2018 in bestechender Form, zeigt viel Frische und Frucht im Bouquet, rote und dunkle Früchte, ist harmonisch im Mund, komplex, elegant und frisch, besitzt gute Struktur und feine Tannine. Und kann exzellent reifen, wie alle Haidle-Weine. Dieses Jahr kam uns ein faszinierend komplexer 2007er Spätburgunder ins Glas, das Große Gewächs aus der Schnaiter

Burghalde, noch größer war die Überraschung beim 2003er Dornfelder, der sich nach siebzehn Jahren in blendender Verfassung präsentiert und noch nicht am Ende der Entwicklung ist. Der Gutsriesling, Ritzling genannt, ist frisch und fruchtbetont im Bouquet, klar und würzig, besitzt feine Frucht und Grip – ein schöner Einstieg ins Programm. Der trockene Stettener Ortswein zeigt intensive, reintönige Frucht im Bouquet, ist frisch, klar und zupackend im Mund, punktet mit Reintönigkeit und Grip. Der Pfeffer genannte Kabinett ist lebhaft schon im Bouquet, würzig, ist frisch und zupackend im Mund bei feiner süßer Frucht. Mehr Zug und Grip besitzt der Lagen-Kabinett aus dem Pulvermächer, bei moderater Süße zeigt er gute Struktur und Länge. Auch im roten Segment ist schon der Gutswein sehr gut: Der Blaufränkisch Bunter Mergel ist frisch und wunderschön fruchtbetont im Bouquet, lebhaft, frisch und zupackend im Mund, besitzt gute Struktur und Grip. Hervorragend ist der Lemberger aus dem Stettener Häder, zeigt faszinierend reintönige Frucht im Bouquet, feine Frische, ist reintönig im Mund, präzise und zupackend, besitzt gute Struktur und Frucht. Eine deutliche Steigerung bringen die beiden Großen Gewächse aus den Teillagen der Mönchhalde. Der Lemberger Berge ist enorm intensiv im Bouquet, offensiv, faszinierend reintönig und eindringlich, zeigt dezent Johannisbeeren, ist konzentriert und kraftvoll im Mund, reintönig und fruchtbetont, besitzt gute Struktur, feinen Grip und noch jugendliche Tannine. Ein klein wenig besser noch gefällt uns der Wein aus der Gehrhalde, der ebenfalls viel reife Frucht im Bouquet zeigt, sehr offen und reintönig ist, er ist füllig und kraftvoll im Mund, besitzt gute Struktur und Substanz, herrlich viel Frucht und merkliche Tannine. Großartige Lemberger!

Weinbewertung

85	2019 Riesling trocken „Ritzling"	11,5%/7,20€
88	2019 Riesling trocken „Schilfsandstein" Stettener	12,5%/10,40€
84	2019 Riesling Kabinett „Pfeffer" Stettener	11%/10,40€
86	2019 Riesling Kabinett Stettener Pulvermächer	8,5%/16,40€
85	2019 Blaufränkisch trocken „Bunter Mergel"	12%/9,90€
90	2018 Lemberger trocken Stettener Häder	13%/16,40€
92	2018 Lemberger „GG" „Berge" Stettener Mönchberg	13,5%/38,-€
93	2018 Lemberger „GG" „Gehrnhalde" Stettener Mönchberg	13%/48,-€
92	2018 „Ypsilon" Rotwein-Cuvée trocken	13,5%/32,-€
91	2007 Spätburgunder „GG" Schnaiter Burghalde	14%
89	2003 Dornfelder trocken Barrique	13,5%

Lagen
Pulvermächer (Stetten)
Mönchberg (Stetten)
– Gehrnhalde (Stetten)
– Berge (Stetten)
Häder (Stetten)
Lindhälder (Stetten)
Burghalde (Schnait)

Rebsorten
Riesling (50 %)
Lemberger (25 %)
Spätburgunder
Trollinger
Kerner
Chardonnay
Cabernet Sauvignon

MOSEL ▶ PIESPORT

★★★★

Hain

Kontakt
Am Domhof 5
54498 Piesport
Tel. 06507-2442
Fax: 06507-6879
www.weingut-hain.de
weingut-hain@t-online.de

Besuchszeiten
Mo.-Fr. 9-18 Uhr
Sa./So. nach Vereinbarung
Weinhotel „Piesporter Goldtröpfchen"

Inhaber
Gernot Hain
Rebfläche
10 Hektar
Produktion
80.000 Flaschen

Das Weingut Hain ist ein klassischer Familienbetrieb, der seit langer Zeit in Piesport verwurzelt ist und seine Tradition auf das 17. Jahrhundert zurückführt. Kurt Hain, der Vater des heutigen Inhabers Gernot Hain, begleitete die Erfolge des Betriebes mit, verstarb 2016. Gernot Hains Weinberge liegen alle in Piesport, vor allem in den Lagen Goldtröpfchen und Domherr. Er baut auf einer Fläche von inzwischen 10 Hektar zu 85 Prozent Riesling an, hinzu kommen jeweils 5 Prozent Weißburgunder, Spätburgunder und Chardonnay. Die Weine baut Gernot Hain überwiegend im Edelstahl aus, zu einem kleinen Teil auch in Holzfässern, den Spätburgunder im Barrique. Etwa die Hälfte der Weine wird trocken oder halbtrocken und feinherb ausgebaut, sowohl aus dem Piesporter Goldtröpfchen wie aus dem Domherr, in denen das Weingut zu den wichtigsten Besitzern zählt. Der Riesling von alten Reben und der Felsterrassen-Riesling signalisieren eine besondere Qualität innerhalb des Goldtröpfchens. In der Spitze sind immer wieder Auslesen, aber auch Beerenauslesen zu bewundern, aber auch Eiswein wurde bereits erzeugt, wenn die Bedingungen es zuließen. Seit der ersten Ausgabe empfehlen wir die Weine Gernot Hains, schon damals zählten wir ihn zur Spitze in Piesport, schon damals reüssierte er gleichermaßen mit trockenen und süßen Rieslingen. Seine Weine waren immer schon bestechend reintönig und fruchtbetont, sie zeigen Finesse und Länge, bringen den Charakter des Piesporter Goldtröpfchen ausgezeichnet zum Ausdruck, auch wenn man die Vorzüge der Lage Domherr nicht vergessen sollte. Mit dem Goldtröpfchen verbindet Gernot Hain übrigens eine besondere Beziehung: Bereits im Jahre 1875 verkaufte ein Vorfahr nachweislich Flaschen des Jahrgangs 1868 mit dieser Lagenbezeichnung, wie ein altes Verkaufsjournal beweist, das Gernot Hains Vater gefunden hatte. Sechs Mark für eine Flasche Goldtröpfchen-Wein waren auch damals eine durchaus beachtliche Summe Geld. Zum 150. Jubiläum des Goldtröpfchens im Sommer 2018 engagierte sich Gernot Hain deshalb auch stark, stellte sowohl jüngere als auch gereifte Weine vor. Zum Weingut gehört auch das Hotel Piesporter Goldtröpfchen, für das vor allem Gernot Hains Frau Susanne zuständig ist. Sogar ein eigenes Gutsrestaurant wird geführt, das kurz vor Weihnachten bis zum März geschlossen ist, das aber in der restlichen Zeit den familiären, aber stilvollen Aufenthalt mit ausgezeichneter Weinbegleitung ermöglicht.

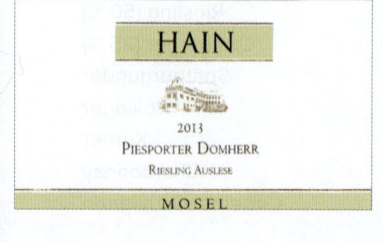

🍇 Kollektion

Für seine Basisweine ist der Betrieb schon seit langem bekannt – und das auch 2019 mit Recht. Der trockene Piesporter Riesling ist ein Meisterstück: mit Noten von Hefe und Kräutern, noch etwas verhalten, aber sehr klar. Der Wein ist im Mund stoffig, besitzt aber auch eine Menge Spiel, ist sogar vibrierend und erstaunlich nachhaltig. Schlanker, eleganter ist der trockene Kabinettriesling aus dem Goldtröpfchen, ganz anders, ebenfalls sehr stimmig. Beide Weine sind angenehm trocken. Der Riesling mit drei Sternen aus dem Domherr ist offen, duftet nach Pfirsichen und auch etwas reifem Apfel und Hefe, ist fest und würzig. Der Goldtröpfchen-Riesling mit drei Sternen wirkt noch etwas puristischer. Das Große Gewächs aus dem Goldtröpfchen hingegen konnte erst kurz vor Redaktionsschluss bewertet werden, zeigte sich zu diesem Zeitpunkt kompakt, würzig, straff, aber noch komplett verschlossen. Gut möglich, dass es mit etwas Reife eine höhere Bewertung verdient. Sehr gelungen sind die feinherb ausgebauten Weine, an erster Stelle und nicht unerwartet der Goldtröpfchen-Wein von alten Reben, enorm saftig, mit verhaltener Süße, vibrierend. Ein rassiger, zupackender, schon jetzt zugänglicher Kabinett leitet über zu den drei Spätlesen. Jene aus dem Goldtröpfchen ist saftig, besitzt Anklänge an Apfel und weiße Johannisbeeren, auch etwas Hefe und Kräuter, wirkt im Mund saftig, rassig, besitzt etwas Kohlensäure und ist ausgezeichnet balanciert. Die Spätlese aus dem Domherr wirkte zum Zeitpunkt der Verkostung noch sehr jugendlich, dürfte sich aber ausgezeichnet entwickeln. Schließlich die „Felsterrassen"-Spätlese, duftig, rassig, mit deutlicher, aber bestens integrierter Süße. Die beiden Auslesen bringen den Charakter der Lagen gut zum Ausdruck, sind elegant, balanciert – alles andere als Show-Weine. Der Spätburgunder zeigt sich in der Nase noch verschlossen mit dunklen Fruchtnoten, einem Hauch Holzwürze und einem dezenten Anklang an Miso, ist im Mund fest, saftig mit merklichen Tanninen.

Weinbewertung

88	2019 Riesling trocken Piesporter	12,5%/7,-€ ☺
88	2019 Riesling Kabinett trocken Piesporter Goldtröpfchen	11,5%/9,-€ ☺
90	2019 Riesling trocken*** Piesporter Goldtröpfchen	12,5%/13,50€ ☺
90	2019 Riesling trocken*** Piesporter Domherr	12,5%/13,50€ ☺
89+	2019 Riesling trocken „GG" Piesporter Goldtröpfchen	13%/24,-€
87	2019 Riesling Kabinett „feinherb" Piesporter Goldtröpfchen	11%/9,-€
90	2019 Riesling „feinherb" „Alte Reben" Piesporter Goldtröpfchen	11,5%/14,50€ ☺
88	2019 Riesling Kabinett Piesporter Goldtröpfchen	8,5%/9,-€ ☺
90	2019 Riesling Spätlese Piesporter Goldtröpfchen	8%/12,-€ ☺
92	2019 Riesling Spätlese „Felsterrassen" Piesporter Goldtröpfchen	7,5%/14,50€ ☺
90	2019 Riesling Spätlese Piesporter Domherr	8%/12,-€ ☺
92	2019 Riesling Auslese Piesporter Goldtröpfchen	7,5%/21,-€ ☺
92	2019 Riesling Auslese Piesporter Domherr	8%/21,-€ ☺
88	2018 Spätburgunder trocken Falkenberg	13,5%/18,50€

Lagen
Goldtröpfchen (Piesport)
Domherr (Piesport)

Rebsorten
Riesling (85 %)
Weißburgunder (5 %)
Chardonnay (5 %)
Spätburgunder (5 %)

WÜRTTEMBERG ▬ STUTTGART

Frank J. Haller

★★★✩

Kontakt
Masurenstraße 60
70374 Stuttgart
Tel. 0711-51882710
www.weingutfrankjhaller.de
mail@weingutfrankjhaller.de

Besuchszeiten
Erster Sa. im Monat 10-14 Uhr oder nach Vereinbarung

Inhaber
Frank Haller

Rebfläche
3 Hektar

Produktion
15.000 Flaschen

Frank Haller stammt nicht aus einer Winzerfamilie: Er absolvierte zunächst eine Lehre zum Hotelfachmann, schloss dann eine Winzerlehre bei Hans Haidle an, nach seiner Ausbildung zum Weinbautechniker arbeitete er sechs Jahre als Kellermeister bei Haidle in Stetten. Mit dem Jahrgang 2007 brachte Frank Haller seine ersten eigenen Weine auf die Flasche. Seine Weinberge liegen im Cannstatter Zuckerle und im Stuttgarter Kriegsberg, inzwischen ist er auch am Nordrand der Schwäbischen Alb in der Beurener Schlosssteige vertreten. Bei den roten Sorten, die 60 Prozent der Fläche einnehmen, liegt der Schwerpunkt auf Lemberger, Spätburgunder und Trollinger, dazu gibt es Zweigelt, sowie inzwischen auch Cabernet Franc. Bei den weißen Sorten überwiegt Riesling, dazu gibt es Silvaner sowie etwas Muskateller und inzwischen auch Chardonnay.

Kollektion

Eine durch die Bank sehr gute Kollektion präsentiert Frank Haller in diesem Jahr. Der Gutsriesling ist würzig, eindringlich und konzentriert, besitzt Fülle, Kraft und gute Substanz. Der Silvaner aus Beuren ist wunderschön reintönig, harmonisch und klar, besitzt feine Frucht und Grip. Der Chardonnay zeigt reife Frucht, feinen Duft, gelbe Früchte, ist füllig und kraftvoll bei klarer reifer Frucht. Der einzige Wein aus dem Jahrgang 2018, der Muskateller, punktet mit Reintönigkeit, Frische, Frucht und Grip. Sehr reintönig ist auch der Trollinger, frisch und fruchtbetont, besitzt gute Struktur und klare Frucht. Wie der Trollinger aus dem Cannstatter Zuckerle stammt auch der Zweigelt, der gute Konzentration und intensive Frucht zeigt, Fülle und Kraft besitzt, gute Struktur und jugendliche Tannine. Aus dem Stuttgarter Kriegsberg stammt die rote Cuvée aus Lemberger und Cabernet Franc, zeigt feine Frische im Bouquet, florale Noten, ist sehr offen, besitzt Frische auch im Mund, feine Frucht, gute Struktur und Grip. Unser Favorit aber ist der Lemberger, der wiederum aus dem Zuckerle stammt, intensive Frucht im herrlich eindringlichen und reintönigen Bouquet zeigt, frisch, klar und zupackend im Mund ist bei ganz leicht floralen Noten. Feine Kollektion!

Weinbewertung

86	2019 Riesling trocken	12,5%/8,-€
86	2019 Silvaner trocken Beuren	12,5%/9,-€
86	2018 Muskateller trocken	11,5%/9,-€
86	2019 Chardonnay trocken	13%/12,50€
85	2019 Trollinger trocken Cannstatter Zuckerle	12%/7,50€
88	2019 Lemberger trocken Cannstatter Zuckerle	13,5%/14,-€
87	2019 Zweigelt trocken Cannstatter Zuckerle	13,5%/16,-€
87	2019 Stuttgarter Kriegsberg Lemberger/Cabernet Franc	13,5%/20,-€

FRANKEN ► KLINGENBERG

★★✩

Bastian Hamdorf

Kontakt
Weingartenstraße 5
63911 Klingenberg
Tel. 09372-9290025
www.weingut-bastian-hamdorf.de
info@weingut-bastian-hamdorf.de

Besuchszeiten
nach Vereinbarung

Inhaber
Bastian Hamdorf
Betriebsleiter
Bastian Hamdorf
Kellermeister
Bastian Hamdorf
Außenbetrieb
Bastian Hamdorf
Rebfläche
1,5 Hektar
Produktion
10.000 Flaschen

Bastian Hamdorf ist Quereinsteiger, auf der Insel Föhr geboren, dort und dann in der Mitte Schleswig-Holsteins aufgewachsen. Es dauerte mehr als dreißig Jahre bis er sich dem Wein annäherte, erste Erfahrungen bei Gutzler in Rheinhessen und dann bei Neumeister in der Südost-Steiermark sammelte. Dann studierte er in Geisenheim, sammelte Erfahrungen bei Pegasus Bay in Neuseeland und vier Jahre lang bei FX Pichler in der Wachau, anschließend arbeitete er vier Jahre als Kellermeister und Betriebsleiter bei Fürst Löwenstein bevor er 2016 sein eigenes Weingut gründete; zwei Jahre zuvor hatte er den ersten Weinberg im Großheubacher Bischofsberg erworben. Er besitzt Terrassenweinberge im Klingenberger Schlossberg und im Großheubacher Bischofsberg, die Weinberge werden biologisch bewirtschaftet, 2018 wurde die dreijährige Umstellungsphase beendet; 2018 erwarb er weitere Weinberge im Schlossberg mit über 80 Jahre altem Portugieser und 60 Jahre altem Spätburgunder. Neben diesen Sorten gibt es Silvaner und Riesling, ein wenig Domina und Blaufränkisch. Die Weine werden überwiegend im Tonneau oder Barrique lange auf der Hefe ausgebaut. Zuletzt hat er weitere Terrassensteillagen im Bischofsberg gekauft, dafür Pachtfläche abgegeben, hat nun auch Müller-Thurgau im Sortiment.

Kollektion

Mit der neuen Kollektion schließt Bastian Hamdorf nahtlos an die beiden Vorjahre an und er bleibt seinem eigenständigen Stil treu, setzt ganz auf Struktur, wer primärfruchtige Weine sucht ist hier fehl am Platz. Alle Weine sind sehr gut. Der einzige 2019er, der Blanc de Noir, ist würzig, intensiv, füllig und kraftvoll. Der 2017er Sylvaner ist würzig, eindringlich, füllig und stoffig im Mund, ganz leicht salzig. Der 2017er Riesling zeigt feine Würze und Reife, ist klar und zupackend, besitzt gute Struktur, Frische und Grip, der 2018er ist ebenfalls würzig und zupackend, die deutlich höhere Restsüße nimmt etwas die Spannung. Die rote Cuvée ist intensiv würzig, frisch, klar und zupackend, besitzt gute Präzision und Struktur. Der Spätburgunder zeigt rauchige Noten, gute Konzentration, reintönige Frucht, ist klar, frisch und zupackend, besitzt feine Säure und Grip. Unser Favorit ist der Portugieser, der gute Konzentration und intensive reintönige Frucht im Bouquet zeigt, klar und kraftvoll ist, gute Struktur und Grip besitzt.

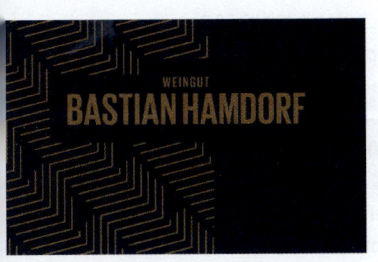

Weinbewertung

86	2019 „Blanc de Noir"	12,5%/12,-€
85	2017 Sylvaner	12%/18,-€
87	2017 Riesling	12%/18,-€
85	2018 Riesling	12,5%/18,-€
86	2017 Cuvée Rotwein	11,5%/22,-€
87	2017 Spätburgunder	12%/28,-€
88	2017 Portugieser	11,5%/32,-€

PFALZ — BAD DÜRKHEIM

Hanewald-Schwerdt

★★

Kontakt
Pochelstraße 37
67098 Bad Dürkheim
Tel. 06322-63206
www.hanewald-schwerdt.de
info@hanewald-schwerdt.de

Besuchszeiten
Mo.-Fr. 9-12 + 13-18 Uhr
Sa. 9-12 + 13-17 Uhr
oder nach Vereinbarung
Gästehaus mit Zimmern &
Winzerhof mit Ferienwohnungen

Inhaber
Rudi Hanewald &
Petra Schwerdt

Betriebsleiter
Thomas Hanewald &
Stephan Schwerdt

Außenbetrieb
Rudolf Schwerdt

Rebfläche
26 Hektar

Das Weingut Hanewald-Schwerdt, gegründet von Erhard Hanewald in den 1950er Jahren, entstand in seiner heutigen Form, als sich sein Sohn Rudi Hanewald 1997 mit seinem Schwager Rudolf Schwerdt zusammenschloss. Heute wird der Familienbetrieb von der nächsten Generation geleitet, den Cousins Thomas Hanewald und Stephan Schwerdt. Die Familie verfügt über Weinberge zwischen Weisenheim am Berg und Deidesheim, unter anderem in den Leistadter Lagen Herrenmorgen und Kalkofen, im Dürkheimer Steinberg und Hochbenn, im Deidesheimer Paradiesgarten und im Ruppertsberger Reiterpfad. Auf einem Drittel der Fläche wird Riesling angebaut, ein weiteres Drittel ist mit Rotweinsorten bepflanzt, hauptsächlich Spätburgunder, aber auch Blaufränkisch, Sankt Laurent, Cabernet Sauvignon, Merlot, Acolon und Regent, das restliche Drittel teilen sich die weißen Burgundersorten, Sauvignon Blanc, Goldmuskateller und Müller-Thurgau. Das Sortiment ist in Liter-, Guts-, Orts- und Lagenweine gegliedert.

Kollektion

Gleich sieben deutlich unterscheidbare Rieslinge konnten wir in diesem Jahr verkosten: An der Spitze steht die erst im April 2020 gefüllte, sehr starke 2017er „Réserve" aus der Leinhöhle, der Wein zeigt ein komplexes Bouquet mit Noten von Aprikose und Zitrusfrüchten, besitzt leicht cremige Textur, ist animierend, leicht salzig und lang, der Hochbenn ist gelbfruchtig und wirkt noch sehr jugendlich, der Reiterpfad ist harmonisch, zeigt kräutig-mineralische Noten und der Paradiesgarten zeigt leichte Reifenoten, besitzt aber auch noch Frische. Die vier Rotweine besitzen alle Kraft, gute Konzentration und deutliche Tannine, der Cabernet Franc zeigt grüne Paprika und etwas Schokolade im Bouquet, ist harmonisch und gut strukturiert, der Spätburgunder aus dem Kalkofen zeigt dunkle Frucht und kräutige Würze, besitzt gute Länge und noch Potential.

Weinbewertung

84	2019 Sauvignon Blanc trocken „Kalkriff" Leistadt	13 %/9,-€
84	2019 Riesling trocken „Buntsandstein" Ruppertsberg	13 %/9,-€
85	2019 Riesling trocken „Kalkriff" Leistadt	13 %/9,-€
86	2016 Riesling trocken Leistadter Herrenmorgen	13 %/12,50€
87	2017 Riesling trocken Deidesheimer Paradiesgarten	13 %/12,50€
87	2018 Riesling trocken Ruppertsberger Reiterpfad	13 %/12,50€
87+	2018 Riesling trocken Dürkheimer Hochbenn	13 %/15,30€
89	2017 Riesling trocken „Réserve 30" Deidesheimer Leinhöhle	13 %/18,-€
86	2015 Blaufränkisch trocken Dürkheim	14 %/13,30€
87	2017 Cabernet Franc trocken	13,5 %/14,90€
85	2015 Spätburgunder trocken „Kalkriff" Weisenheim am Berg	13,5 %/14,90€
87	2014 Spätburgunder trocken Leistadter Kalkofen	13,5 %/22,80€

WEINGUT HANEWALD-SCHWERDT

RHEINHESSEN ▸ STADECKEN-ELSHEIM

Peter Harth

Kontakt
Auf der Peterswiese 1
55271 Stadecken-Elsheim
Tel. 06136-916563
www.weingut-harth.de
info@weingut-harth.de

Besuchszeiten
nach Vereinbarung

Inhaber
Peter Harth

Betriebsleiter
Peter Harth

Rebfläche
20 Hektar

Nach seinem Studium in Geisenheim übernahm Peter Harth im Jahr 2000 das elterliche Fassweingut und legte den Fokus auf die Flaschenweinherstellung. Seine Weinberge befinden sich in Stadecken (Spitzberg, Bockstein, Blume), Elsheim (Blume) und Essenheim (Teufelspfad), die Reben wachsen auf kalkhaltigen Böden. Der Sortenspiegel reicht von klassisch-rheinhessischen Reben wie Riesling, Silvaner, Grau- und Weißburgunder über Kerner bis zu Scheurebe und Müller-Thurgau, aber auch Chardonnay, Sauvignon Blanc und Gelber Muskateller baut Peter Harth an. Bei den Rotweinsorten setzt Peter Harth vor allem auf Spätburgunder, Regent und Dornfelder. Nach einer schonenden Traubenverarbeitung, zum Teil mit Ganztraubenpressung, werden die Weine kontrolliert vergoren, die Rotweine werden auf der Maische vergoren und im Holz ausgebaut.

Kollektion

Beim guten Debüt im vergangenen Jahr hatten uns in einer gleichmäßigen Kollektion zwei Barriqueweine besonders gut gefallen, der Harthbreaker genannte Weißburgunder aus dem Jahrgang 2017 und der 2015er Regent. Der Nachfolger des Harthbreaker überzeugt auch im Jahrgang 2018, zeigt viel Duft und Vanille im Bouquet, ist kompakt im Mund, besitzt Fülle, Kraft und ausgeprägte Vanillenoten. Der 2018 Regent ist füllig und kraftvoll, allerdings noch von jugendlichen Bitternoten geprägt, der im Barrique ausgebaute Spätburgunder aus dem selben Jahrgang 2018 besitzt Fülle und Substanz, liegt recht hoch im Alkohol. Die weißen Gutsweine sind von sehr gleichmäßiger Qualität, sie sind geradlinig und klar, meist mit merklicher Süße, der Secco ist lebhaft und zupackend. Gut gefällt uns der Weine mit der höchsten Restsüße, die Riesling Spätlese, die recht würzig im Bouquet ist, frisch im Mund, klar und zupackend.

Weinbewertung

82	2019 „Secco" trocken	11%/5,80€
81	2019 Grauer Burgunder trocken	13%/6,20€
81	2019 Sauvignon Blanc trocken	12,5%/7,-€
81	2019 Scheurebe trocken	12,5%/6,-€
85	2018 Weißburgunder trocken Barrique „Heartbreaker"	14%/12,50€
82	2018 Sauvignon Blanc Spätlese trocken Barrique „Limited Edition"	13%/14,80€
81	2019 „Sommercuvée" Weißwein halbtrocken	11,5%/5,80€
82	2019 Chardonnay „feinherb"	12%/5,80€
84	2018 Riesling Spätlese „Special Edition"	12%/7,50€
81	2019 Dornfelder Rosé trocken	11%/5,80€
83	2018 Regent trocken Barrique	13,5%/12,50€
83	2018 Spätburgunder trocken Barrique „Wild Harth"	14,5%/12,50€

RHEINHESSEN ▶ GAU-ALGESHEIM

★★☆

Hattemer

Kontakt
Sektmanufaktur Hattemer –
Wein-und Sektgut Nikolaushof
Ockenheimer Straße 8
55435 Gau-Algesheim
Tel. 06725-2872
www.hattemer-sekt.de
info@hattemer-sekt.de

Besuchszeiten
Mo.-Sa. 10-18 Uhr
in den Wintermonaten
Gutsausschank geöffnet
(Termine siehe Webseite)

Inhaber
Klaus Hattemer

Betriebsleiter
Klaus & Anja Hattemer

Kellermeister
Anika Hattemer-Müller

Außenbetrieb
Klaus Hattemer

Rebfläche
19 Hektar

Anja und Klaus Hattemer führen das in Gau-Algesheim gelegene Wein- und Sektgut Nikolaushof. Sie werden heute im Betrieb unterstützt von Tochter Anika und ihrem Ehemann Johannes. Anika Hattemer-Müller hat mit dem Jahrgang 2015 ihre eigene Sektlinie „Sektmanufaktur Hattemer" gegründet. Die Weinberge der Hattemers liegen in den Gau-Algesheimer Lagen Goldberg und Johannisberg. Angebaut werden vor allem Weißburgunder, Grauburgunder, Riesling, Spätburgunder und Chardonnay. Die Grundweine werden teilweise im Holz ausgebaut, alle Sekte werden brut oder überhaupt nicht dosiert.

Kollektion

Eine spannende Kollektion präsentierten die Hattemers zum Debüt im vergangenen Jahr mit kompakten Weinen und interessanten Sekten. Der Pinot Blanc in der brut nature-Variante hatte uns im vergangenen Jahr besonders beeindruckt, wir konnten den druckvollen, zupackenden 2015er dieses Jahr erneut verkosten. Fast noch etwas besser, bei gleicher Bewertung, gefällt uns der Chardonnay-Sekt, zeigt feine Frische, reintönige Frucht, ist füllig und harmonisch, elegant und strukturiert. Der Pinot Blanc überzeugt auch in der Brut-Version, zeigt reife Frucht, ist harmonisch und süffig. Auch beim Riesling gefällt uns die weniger dosierte Variante etwas besser: Der Brut aus dem Jahrgang 2016 zeigt feine reife Rieslingfrucht, ist frisch und zupackend, besitzt feine Frucht und Grip, die trockene Variante ist geradlinig und zupackend, betont süffig, was auch für den rauchigen trockenen Blanc de Noir-Sekt gilt. Unter den Weißweinen ist der Riesling S aus dem Goldberg unser Favorit, ist würzig und eindringlich, frisch, fruchtbetont und zupackend. Sehr gut ist der 2016er Spätburgunder S aus dem Goldberg, wie schon im Vorjahr der 2014er, zeigt reintönige Frucht, rote Früchte, ist kraftvoll und zupackend, klar und strukturiert.

Weinbewertung

87	2015 Pinot Blanc Sekt brut nature	13%/12,90€
84	2016 Pinot Blanc Sekt brut	12,5%/12,90€
85	2016 Riesling Sekt brut	12,5%/12,-€
87	2017 Chardonnay Sekt brut	13%/12,50€
83	2018 Riesling Sekt trocken	13%/10,-€
83	2018 „Blanc de Noir" Sekt trocken	13%/10,-€
82	2019 Blauer Silvaner trocken „Edition" Gau-Algesheimer	13%/6,-€
81	2019 Weißburgunder trocken „Edition" Gau-Algesheimer	13%/5,40€
84	2019 Riesling „S" trocken Gau-Algesheimer Goldberg	13%/10,20€
81	2019 Grauburgunder halbtrocken	12,5%/4,50€
80	2018 Dakapo trocken „Edition"	13%/5,80€
85	2016 Spätburgunder „S" trocken Gau-Algesheimer Goldberg	13%/11,20€

RHEINHESSEN — BERMERSHEIM VOR DER HÖHE

★ ★

Hauck

Kontakt
Sonnenhof
Albiger Straße 15, 55234
Bermersheim vor der Höhe
Tel. 06731-1272,3195
Fax: 06731-45652
www.weingut-hauck.de
vinum@weingut-hauck.de

Besuchszeiten
Mo.-Sa. 9-17 Uhr

Inhaber
Heinz-Günter, Heike & Jana Hauck

Betriebsleiter
Heinz-Günter Hauck, Jana Hauck

Rebfläche
28 Hektar

Das von Heinz-Günter und Heike Hauck geführte Familienweingut ist in Bermersheim vor der Höhe zuhause, dem vermutlichen Geburtsort von Hildegard von Bingen. Ihre Weinberge liegen hauptsächlich in Bermersheim (Hildegardisberg, Klosterberg), aber auch in Ensheim (Kachelberg), Alzey und Albig (Hundskopf), die Reben wachsen auf tonreichen, kalksteindurchsetzten Böden. Zwei Drittel der Rebfläche nehmen weiße Rebsorten ein, vor allem Riesling, Silvaner, Weißburgunder, Grauburgunder und Müller-Thurgau, aber auch Auxerrois, Chardonnay und Sauvignon Blanc. Wichtigste rote Rebsorten sind Spätburgunder, Portugieser, St. Laurent, Regent und Dornfelder, sowie Merlot und Cabernet Sauvignon. 2017 ist Tochter Jana Hauck in den Betrieb eingestiegen.

Kollektion

Die große Überraschung in diesem Jahr ist der Sekt, und dabei ist es überhaupt erst das zweite Mal, dass in nun über 20 Jahren die Familie Hauck uns einen Sekt vorstellt. Der 31 Monate auf der Hefe gereifte Pinot-Sekt ist füllig und harmonisch, elegant, besitzt gute Struktur und Frische. Aber auch sonst überzeugt die Kollektion auf breiter Front, bietet zuverlässig gutes und sehr gutes Niveau. Der fruchtbetonte Hildegard-Silvaner ist wie immer eine sichere Bank, die trockene Riesling Spätlese von alten Reben im Klosterberg besitzt feine Würze und Frucht, Frische und Grip. Sehr gut gefällt uns einmal mehr die trockene Grauburgunder Spätlese aus dem Hildegardisberg, die gute Konzentration, feine Würze und reintönige Frucht im Bouquet zeigt, klar, frisch und zupackend im Mund ist. Sehr gut ist auch die harmonische, saftige Riesling Auslese aus dem Klosterberg. Im roten Segment überzeugt der Reserve-Spätburgunder mit Konzentration und Kraft, noch besser aber gefällt uns der fruchtintensive Reserve-St. Laurent, der rauchige Noten zeigt, klare Frucht und gute Struktur besitzt, viel Frische und Grip.

Weinbewertung

86	2016 Pinot Sekt brut	13%/11,50€
84	2019 Riesling Spätlese trocken „Alte Reben" Bermersheim Klosterberg	12,5%/7,80€
83	2019 Silvaner trocken „Hildegard"	12,5%/6,50€
82	2019 Auxerrois trocken	12,5%/8,-€
81	2019 Chardonnay & Weißer Burgunder Kabinett trocken	13%/7,-€
81	2019 Weißer Burgunder Auxerrois trocken „Kunststück"	12,5%/7,80€
85	2019 Grauer Burgunder Spätlese trocken Bermersheimer Hildegardisberg	13%/8,-€
85	2019 Riesling Auslese Bermersheimer Klosterberg	11,5%/9,50€
82	2019 „4 Rosés" Rosé trocken	12%/6,20€
81	2017 „essential Réserve" Merlot & Cabernet Sauvignon trocken	13,5%/9,90€
83	2018 Spätburgunder trocken „Reserve" Bermersheimer Klosterberg	14%/11,-€
84	2015 St. Laurent trocken „Réserve" Ensheimer Kachelberg	13%/9,90€

kunststück

Hauer

Kontakt
In den Kornwiesen 1
67098 Bad Dürkheim
Tel. 06322-63375
Fax: 06322-981247
www.katharinenhof-hauer.de
info@weingut-hauer.de

Besuchszeiten
Mo. 9-13 Uhr
Di.-Fr. 9-12 + 13-17 Uhr
Sa. 9-13 Uhr
oder nach Vereinbarung
sowie zu den Öffnungszeiten
des Gutsausschankes
Hauer's Gutsausschank
Ferienwohnungen
Wohnmobilstellplatz

Inhaber
Volker & André Hauer

Rebfläche
12 Hektar

Produktion
80.000 Flaschen

Das Weingut Hauer liegt direkt vor den Toren Bad Dürkheims. Volker Hauer begann 1980 seine Winzerlehre und richtete den ehemaligen landwirtschaftlichen Mischbetrieb ganz auf Weinbau aus. Die Weinberge befinden sich rund um Bad Dürkheim, in den Dürkheimer Lagen Steinberg, Rittergarten, Feuerberg, Hochmess und Nonnengarten aber auch im Leistadter Kalkofen und im Kallstadter Steinacker. Weiße Sorten nehmen 55 Prozent der Fläche ein, Riesling in erster Linie, aber auch Weißburgunder, Chardonnay, Gewürztraminer und Cabernet Blanc, zuletzt ist als neue Sorte noch Goldmuskateller dazugekommen. An Rotweinen werden Spätburgunder, Schwarzriesling, Dornfelder, St. Laurent, Cabernet Sauvignon und Cabernet Mitos angebaut. Zu dem Weingut gehört ein Gutsausschank, der rund sieben Monate im Jahr geöffnet hat.

Kollektion

Die Stärken der Hauer'schen Kollektion sehen wir auch dieses Jahr klar bei den trockenen Rieslingen, von denen wir vier deutlich unterscheidbare Weine verkosten konnten. Der Steinberg zeigt dezente Reifenoten, etwas Gebäck, besitzt am Gaumen viel klare Frucht, Ananas, Orangenschale, und gute Konzentration, die „Arme Sau" aus dem Kallstadter Steinacker zeigt leicht kalkig-mineralische Würze und grünen Apfel im Bouquet, besitzt Kraft und wirkt noch sehr jung, der „Tradition" ist füllig, kraftvoll und leicht cremig mit Zitrusnoten und dezenter Holzwürze und der maischevergorene „OH", den wir jetzt im vierten Jahr in Folge verkostet haben, zeigt Reifenoten im intensiven Bouquet, besitzt Grip und leicht salzige Noten und sollte jetzt getrunken werden. Die Rotweine sind wieder sehr stoffig und wuchtig, der Pinot Noir zeigt deutliche Röstnoten und etwas Trockenfrüchte im Bouquet, besitzt süße Frucht und gute Substanz, aber wir vermissen bei ihm die Rebsortentypizität.

Weinbewertung

Punkte	Wein	Alk./Preis
85	2017 Riesling trocken „Tradition" Dürkheimer	13,5%/8,40€
86	2019 Riesling trocken „Arme Sau" Kallstadter Steinacker	13,5%/7,90€
82	2019 Goldmuskateller trocken Dürkheimer	14%/8,80€
82	2019 Cabernet Blanc trocken Dürkheimer	13,5%/8,70€
83	2018 Rieslaner trocken Dürkheimer	12%/7,40€
82	2019 Gewürztraminer trocken Dürkheimer	14%/8,40€
86	2018 Riesling trocken Dürkheimer Steinberg	13%/9,70€
85	2016 Riesling trocken „OH"	11,5%/10,40€
83	2019 „Glücksau" Cuvée weiß "feinherb" Dürkheimer	13,5%/8,40€
82	2018 Cabernet Mitos trocken „Saustark"	13,5%/9,90€
82	2015 „Große Sau(se)" Rotwein trocken	14%/11,90€
83	2017 Pinot Noir Auslese trocken Dürkheimer	14,5%/12,40€

FRANKEN ▶ ERLABRUNN

★★★

Hausknecht

Kontakt
Würzburger Straße 59
97250 Erlabrunn
Tel. 09364-2533
Fax: 09364-79346
www.weingut-hausknecht.de
info@weingut-hausknecht.de

Besuchszeiten
Mo.-Fr. 8-12 + 13-18 Uhr
Sa. 8-16 Uhr
und nach Vereinbarung
Heckenwirtschaft
Gästezimmer

Inhaber
Frank Hausknecht
Kellermeister
Frank & Markus Hausknecht
Rebfläche
11 Hektar

Das Weingut Hausknecht war früher ein landwirtschaftlicher Gemischtbetrieb in Erlabrunn, der sich seit den achtziger Jahren ganz auf Wein- und Obstbau konzentrierte und die Rebfläche stetig vergrößerte. 1990 wurden die Betriebsgebäude erweitert, seit 1992 hat zweimal jährlich die Heckenwirtschaft geöffnet. Anfang der neunziger Jahre übernahm Frank Hausknecht den Betrieb von seinen Eltern Hans und Lydia. Seine Ehefrau Monika übernahm 2003 den elterlichen Betrieb in Escherndorf, weswegen sie Weinberge im Erlabrunner Weinsteig besitzen, aber auch im Escherndorfer Lump und in der Obereisenheimer Höll. Während Lump und Höll von reinem Muschelkalk geprägt sind, findet man im Weinsteig tiefgründigere Böden auf Muschelkalk, aber auch Ausläufer vom Buntsandstein. Weiße Rebsorten nehmen vier Fünftel der Rebfläche ein: Müller-Thurgau, Silvaner, Bacchus, Kerner, Scheurebe, Weißburgunder und Riesling. An roten Sorten bauen die Hausknechts Spätburgunder, Domina und Dornfelder an. Markus Hausknecht hat 2018 seine Ausbildung zum Weinbautechniker beendet und arbeitet seither im elterlichen Betrieb.

Kollektion

Wie im Vorjahr ist die Kollektion stark, bietet Highlights trocken wie süß. Und das Basisniveau stimmt, wie die trockenen Kabinettweine beweisen, die ganz auf Frische und Frucht setzen. Die trockene Silvaner Spätlese von alten Reben im Lump ist füllig und saftig, besitzt herrlich viel Frucht und Substanz. Die trockene Weißburgunder Spätlese aus der Obereisenheimer Höll zeigt gute Konzentration, und reintönige Frucht, besitzt gute Struktur, Fülle und Kraft. Unser Favorit ist die trockene Riesling Spätlese aus dem Lump, die intensiv und konzentriert ist, Fülle und Kraft besitzt, gute Struktur und reintönige Frucht. Sehr gut sind auch die restsüßen Spätlesen vom Erlabrunner Weinsteig, allen voran die faszinierend reintönige Scheurebe; zwei geradlinige Rotweine runden die gelungene Kollektion ab.

Weinbewertung

84	2019 Müller-Thurgau Kabinett trocken Erlabrunner Weinsteig	12%/5,-€ ☺
84	2019 „Cuvée M" Kabinett Weißwein trocken	12%/6,-€
84	2019 Silvaner Kabinett trocken Erlabrunner Weinsteig	12,5%/6,-€
87	2019 Silvaner Spätlese trocken „Alte Reben" Escherndorfer Lump	14%/9,30€
87	2019 Weißer Burgunder Spätlese trocken Obereisenheimer Höll	14%/9,-€
88	2018 Riesling Spätlese trocken Escherndorfer Lump	13,5%/9,-€ ☺
84	2019 Weißer Burgunder Kabinett Obereisenheimer Höll	13%/6,90€
85	2019 Bacchus Spätlese Erlabrunner Weinsteig	12%/7,50€
87	2019 Scheurebe Spätlese Erlabrunner Weinsteig	12%/7,80€ ☺
83	2019 Spätburgunder Weißherbst Kabinett Erlabrunner Weinsteig	12%/6,-€
83	2018 Domina Kabinett trocken Erlabrunner Weinsteig	13%/6,30€
84	2018 Spätburgunder Spätlese trocken Erlabrunner Weinsteig	14,5%/9,50€

C.A. Haussmann

Kontakt
Wilhelmstraße 13
56841 Traben-Trarbach
Tel. 0172-5375385
Fax: 06541-8167565
www.ca-haussmann.de
weingut@ca-haussmann.de

Besuchszeiten
Mo.-Sa. nach Vereinbarung

Inhaber
Stefan Stassen

Rebfläche
4 Hektar

Produktion
35.000 Flaschen

Stefan Stassen ist seit 2014 der Inhaber dieses Vier-Hektar-Weingutes in Traben-Trarbach, das seine Geschichte auf das Jahr 1559 zurückführt. Seine Familie kann ebenfalls Weinbautradition bis ins 16. Jahrhundert vorweisen, und Stefan Stassen hatte bereits seine Lehre bei der Familie Haussmann absolviert, bevor er sich viele Jahre später dazu entschied, den Betrieb zu übernehmen. Angebaut werden außer Riesling (85 Prozent der Rebfläche) noch Grauburgunder (eine Neuanlage, die immerhin ein Zehntel der gesamten Fläche ausmacht) und Müller-Thurgau. Stassens Parzellen befinden sich in den Lagen Taubenhaus, Königsberg, Kräuterhaus und Würzgarten (alle Traben-Trarbach) sowie im Ürziger Würzgarten. Außer den Lagennamen wird auch der Begriff „Schieferjuwel" verwendet, der als Adelstitel für einen besonderen Wein gilt. Inzwischen wurde ein neues Weingutsgebäude gekauft und renoviert; es gibt Platz für Veranstaltungen bis zu 140 Personen sowie zwei neue Ferienwohnungen.

Kollektion

Klare, frische, saftige Weine stellt Stefan Stassen aus dem Jahrgang 2019 vor. Die Rieslinge sind vergleichsweise zugänglich, besitzen eine unkomplizierte Art, sind aber ausgewogenen und animierend – mehr noch als in den Vorjahren. Zu erwähnen sind natürlich zunächst die nicht weniger als fünf trockenen Weine, die weniger puristisch als vielmehr ausgewogen sind. Duftig ist schon der Rivaner, der eine klare, feine Frucht aufweist mit leichten Blüten- und Wiesennoten und der neben der unverkennbaren Fülle durchaus auch eine gewisse Straffheit zeigt. Im weiteren Verlauf ist der Kabinettriesling zu nennen, der fein ist und Würze besitzt. Der trockene „Schieferjuwel"-Wein ist etwas hefig, fest, straff, mit Spiel, die trockene Spätlese (2018) ist noch spannender. Die trockene Auslese wiederum zeigt eine offene, klare Duftnote, erinnert an Mirabellen und Steinobst, ist im Mund saftig, straff, würzig. Ganz anders die süße Auslese, die noch etwas vom Schwefel geprägt ist, dahinter zeigen sich Kern- und Steinobstnoten, der Wein ist straff und saftig, die Süße ist gut integriert.

Weinbewertung

83	2019 Rivaner trocken *LängexBreite*	12%/6,90€
86	2019 Riesling Kabinett trocken „Alte Reben" Traben-Trarb. Würzgarten	11%/7,30€
85	2019 Riesling trocken „Schieferjuwel"	12%/8,30€
86	2018 Riesling Spätlese trocken „Schieferjuwel" Ürziger Würzgarten	12,5%/11,70€
87	2019 Riesling Auslese trocken Traben-Trarbacher Kräuterhaus	13%/19,90€
84	2019 Riesling „feinherb" „Schieferjuwel"	11,5%/8,30€
85	2019 Riesling Spätlese Traben-Trarbacher Taubenhaus	11%/8,90€
87	2019 Riesling Auslese „Schieferjuwel" Traben Trarbacher Kräuterhaus	8%/15,90€

Weingut C.A. Haussmann

RHEINHESSEN — ALSHEIM

Heck

Kontakt
Mühlstraße 29
67577 Alsheim
Tel. 06249-4249
Fax: 06249-803653
www.weingut-heck.de
email@weingut-heck.de

Besuchszeiten
1.4.-31.10.
Do.-Fr. 17-19 Uhr,
Sa. 10-12 Uhr
1.11.-31.3.
Do.-Fr. 16-18 Uhr
Sa. 10-12 Uhr
oder nach Vereinbarung

Inhaber/Betriebsleiter/ Kellermeister/Außenbetrieb
Dieter Heck
Rebfläche
24 Hektar

Seit Generationen baut die Familie Wein in Alsheim an. Die Weinberge von Dieter Heck liegen in den Alsheimer Lagen Frühmesse, Goldberg und Sonnenberg, die Reben wachsen auf Lösslehm, Kalkstein und Muschelkalk. Er baut Riesling, Weißburgunder, Grauburgunder, Chardonnay, Sauvignon Blanc, Kerner, Merlot, Spätburgunder, Dornfelder und Portugieser an. Das Programm ist gegliedert in „Lese.Gut" (Gutsweine), „Wein.Gut" (Ortsweine) und „Land.Gut" (Lagenweine).

Kollektion

Eine überzeugende Kollektion präsentiert Dieter Heck zum Debüt mit gleichmäßig guten Weiß- und Rotweinen, die Rieslinge haben uns in der Spitze besonders gut gefallen. Schon der Liter-Riesling ist würzig, frisch, geradlinig – ein feiner Einstiegswein. Sehr gut ist der Alsheimer Riesling, zeigt intensive Frucht im herrlich eindringlichen Bouquet, ist klar, fruchtbetont und zupackend im Mund, zum Schnäppchen-Preis! Deutlich fülliger ist dann der Lagen-Riesling aus der Frühmesse, zeigt gute Konzentration und reife Frucht im Bouquet, besitzt Fülle und Kraft, gute Struktur und Substanz. Der Weißburgunder aus der Frühmesse zeigt intensive Frucht im Bouquet, weiße Früchte, besitzt Fülle und Saft, feine Süße. Der Alsheimer Weißburgunder steht ihm kaum nach, ist fruchtbetont und wunderschön reintönig im Bouquet, klar, frisch und geradlinig im Mund, ebenfalls bei deutlicher Restsüße. Der Alsheimer Grauburgunder ist frisch und geradlinig, die weiße Cuvée ist saftig und süffig, der Classic Riesling ist würzig und eindringlich, klar, frisch und geradlinig. Der intensiv fruchtbetonte halbtrockene Rosé setzt ganz auf Frische und Süffigkeit. Dies gilt auch für den Alsheimer Spätburgunder, der reintönige Frucht besitzt, geradlinig und zupackend ist. Ein klein wenig besser gefällt uns im roten Segment die Cuvée Noir, die ebenfalls intensive Frucht im Bouquet zeigt, klar, frisch und zupackend ist. Ein gelungenes Debüt!

Weinbewertung

Punkte	Wein
81	2019 Riesling trocken (1l) I 12,5%/4,-€
83	2019 Weißer Burgunder trocken Alsheimer I 13%/5,-€
82	2019 Grauer Burgunder trocken Alsheimer I 13,5%/5,-€
85	2019 Riesling „H" trocken Alsheimer I 13%/5,50€ ☺
84	2019 Weißer Burgunder trocken Alsheimer Frühmesse I 13,5%/8,-€
86	2019 Riesling trocken „14hundert" Alsheimer Frühmesse I 13,5%/8,-€
82	2018 „LiebeLotte" „Sommernachsträumerei" Weißwein Alsheimer Cuvée I 12%/8,-€
83	2019 Riesling Classic Alsheimer I 13%/5,-€
82	2019 „What the Heck?" Rosé halbtrocken Alsheimer I 12%/5,-€
82	2018 Spätburgunder trocken Alsheimer I 13,5%/6,-€
83	2018 „Cuvée Noir" Rotwein trocken Alsheimer I 14%/6,-€

NAHE ➡ AUEN

★★★✮

Hees

Kontakt
Zur feuchten Ecke 6
55569 Auen
Tel. 06754-373
Fax: 06754-946925
www.heeswein.de
info@heeswein.de

Besuchszeiten
Mo./Di. 9-18 Uhr
Mi.-So. 9-21 Uhr
und nach Vereinbarung
Landgasthof „Zum Jäger aus Kurpfalz" (12 Gästezimmer, Gastronomie)

Inhaber
Marcus Hees

Rebfläche
10 Hektar

Produktion
69.000 Flaschen

Seit 2007 führt Marcus Hees das 1824 gegründete Weingut in der mittlerweile neunten Generation. Zu Weinbergen in den Auener Lagen Römerstich und Kaulenberg, wo die Reben in steilen Südlagen auf unterschiedlich zusammengesetzten Böden aus Sandstein, Schiefer und Tonschiefer wachsen, kam 2011 eine Anlage im Monzinger Halenberg dazu. Im Sommer 2014 entstanden am Ortsrand neue Gebäude für die Traubenverarbeitung, das Tank- und Flaschenlager. Und Marcus Hees weitet seine Fläche aus: Zuletzt wurden alte Weinberge in Auen rekultiviert.

Kollektion

An der Spitze der trockenen Weine von Marcus Hees steht in diesem Jahr einmal mehr der hervorragende Riesling aus dem Halenberg, der, wie auch die anderen Lagenweine, zum Zeitpunkt der Verkostung gerade frisch gefüllt war: Er zeigt Noten von nassem Stein im noch verhaltenen Bouquet, besitzt am Gaumen etwas herbe Zitruswürze, ist animierend, straff, sehr druckvoll und salzig, besitzt Potential, der Römerstich-Riesling ist etwas deutlicher in der Frucht, zeigt Aromen von Aprikose und Ananas, besitzt Druck, ebenfalls salzige Noten und ist nachhaltig. Der Weißburgunder aus dem Römerstich zeigt im Bouquet noch sehr präsentes Holz, besitzt am Gaumen feine Zitrusnoten, eine frische Säure und Länge, der Weißburgunder von der Auener Höhe zeigt feine rauchig-florale Würze und dezente Birnenfrucht, der Riesling aus dieser Lage ist mineralisch und herb, besitzt auch klare Frucht, viel Biss und Länge. Übertroffen werden die trockenen Weine allerdings noch von der Trockenbeerenauslese, die intensiv nach frischer Käsesahnetorte mit Mandarinen duftet, einen lebendigen Säurenerv und viel klare Frucht besitzt, ölig-dicht und sehr nachhaltig ist, auch die Auslese besitzt ein intensives Bouquet mit Aromen von Aprikosenmark, Feige, Limette und Mandarine, ist cremig, frisch und elegant. Klasse Kollektion!

Weinbewertung

Punkte	Wein	Alkohol/Preis
85	2019 Weißburgunder trocken „Steingewann"	12,5%/9,50€
86	2019 Riesling trocken „Steingewann"	12%/9,50€
88	2019 Riesling trocken Auener Höhe	12,5%/13,50€
87	2019 Weißburgunder trocken Auener Höhe	12,5%/13,50€
89	2019 Weißburgunder trocken Auener Römerstich	12,5%/19,50€
90	2019 Riesling trocken Auener Römerstich	12,5%/19,50€
91	2019 Riesling trocken Monzinger Halenberg	12,5%/19,50€
86	2019 Riesling Kabinett Auener Römerstich	8%/9,90€
88	2019 Riesling Spätlese Auener Römerstich	8,5%/12,50€
90	2019 Riesling Auslese Auener Römerstich	8%/15,90€
92	2018 Riesling Trockenbeerenauslese Auener Römerstich	8,5%/89,-€

BADEN — IHRINGEN

★★★★★ Dr. Heger

Kontakt
Bachenstraße 19-21
79241 Ihringen
Tel. 07668-99511-0
Fax: 07668-9300
www.heger-weine.de
info@heger-weine.de

Besuchszeiten
Mo.-Fr. 9-12 + 13:30-17:30 Uhr
(März-Okt. bis 18:30 Uhr)
Sa. 10-14 Uhr
(Sept. + Okt. bis 16 Uhr)
oder nach Vereinbarung

Inhaber
Silvia & Joachim Heger
Kellermeister
Team Dr. Heger
Außenbetrieb
Jürgen Kühnle
Rebfläche
28 Hektar
Produktion
180.000 Flaschen

Das 1935 von Dr. Max Heger gegründete Weingut wurde ab 1949 von seinem Sohn Wolfgang (genannt Mimus) geführt. Dessen Sohn Joachim trägt seit 1981 die Verantwortung im Keller, 1992 übernahm Joachim Heger zusammen mit Ehefrau Silvia das Gut. Die Weinberge von Joachim Heger befinden sich vor allem in den Lagen Ihringer Winklerberg und Achkarrer Schlossberg, etwas auch im Freiburger Schlossberg. Wichtigste Rebsorten sind Spätburgunder, Grauburgunder, Weißburgunder, Riesling und Silvaner. Dazu gibt es Chardonnay und Muskateller, aber auch etwas Scheurebe, Cabernet Sauvignon, Müller-Thurgau und Gewürztraminer. Für die ökologische Ausrichtung der Arbeit in den Weinbergen hat Joachim Heger Claude Bourguignon als Berater verpflichtet. Fast alle Weine baut Joachim Heger durchgegoren aus, in manchen Jahren erzeugt er auch mal Auslesen. Als Zweitmarke führt Joachim Heger das 1986 gegründete „Weinhaus Joachim Heger", dessen Weine aus den Erträgen einer Erzeugergemeinschaft entstehen. Das Programm des Weingutes Dr. Heger ist zweistufig gegliedert: Es gibt Weine aus dem Winklerberg als „Erste Lage", darüber stehen die Großen Gewächse aus Winklerberg und Schlossberg. Die aus dem Winklerberg trugen bisher die weingutsinternen Bezeichnungen von Teillagen wie Gras im Ofen, Rappenecker, vorderer Berg oder Häusleboden, seit dem Jahrgang 2013 steht darüber hinaus auch der Gewannname auf dem Etikett.

Kollektion

Joachim Heger macht es wie viele andere Winzer auch: Er hält die aktuellen Jahrgänge zurück, lässt den Weinen mehr Zeit, bevor sie auf den Markt kommen. Für die diesjährige Verkostung bedeutete das ein Jahr des Übergangs. Vom Jahrgang 2019 werden nur zwei Fassproben präsentiert und von den Großen Gewächsen zeigt das Weingut Dr. Heger nur drei weiße Fassproben. Spätburgunder Große Gewächse von 2018 wurden nicht vorgestellt, dafür konnten wir vier Weine von 2017 noch einmal verkosten – im vergangenen Jahr waren das zum Teil Fassproben. Der Silvaner „Pferd Willi" von 2018 stammt aus einer 40 Jahre alten Anlage, in der ein Kaltblut zum Pflügen eingesetzt wird, um die Bodenverdichtung zu verringern. Der Wein zeigt Feuerstein und Holzwürze im Bouquet, am Gaumen ist er dicht und würzig mit etwas Karamell und saftiger Süße. Der Winklerberg-Chardonnay zeigt rauchige Würze, ist ein saftiger, eleganter Wein, der schon einiges an Komplexität bietet. Der trockene Muskateller von 2018 zeigt typische Aromen, geht aber nicht verschwenderisch mit ihnen um. Er zeigt enorme Konzentration, bleibt aber schlank mit ausgeprägter Struktur und viel mineralischer Länge. Der Rosé Fumé ist im Holzfass ausgebaut, das würzt die Frucht. Zehn Prozent ganze Beeren wurden mit vergoren, das gibt Struktur und

Grip: Ein schlanker Wein mit milder Säure und feiner, salziger Länge. Zwei Erste Lage-Weine konnten wir als Fassproben verkosten: Der Silvaner ist schlank und präzise, strahlt große Klarheit aus, der Grauburgunder zeigt ein fruchtig-rauchiges Bouquet, am Gaumen präsentiert er viel saftige Frucht, etwas Karamell, die feine Säure gibt ihm Eleganz und Länge. Die drei Fassproben von Großen Gewächsen aus dem Gewann „Gras im Ofen" zeigen das Potenzial des Jahrgangs 2018: Der Chardonnay ist elegant und schlank, besitzt sehr feine Frucht, jugendliche Holzwürze und phenolische Länge. Der Weißburgunder wirkt noch sehr jung, ist aromatisch noch vom biologischen Säureabbau geprägt, ist saftig im Mund, besitzt gute Struktur, Konzentration und Länge. Der Grauburgunder zeigt eine ähnliche Aromatik, ist ebenfalls noch zu jung, am Gaumen zeigt er schöne Saftigkeit und eine straffe Phenolik. Die vier Großen Gewächse vom Spätburgunder, die wir im vergangenen Jahr bereits zum Teil als Fassproben verkostet hatten, wurden in diesem Jahr nochmals vorgestellt. Beim Spätburgunder Häusleboden hat sich die rauchige Aromatik vom Barrique bereits besser eingebunden, die enorme Konzentration und Balance ist weiterhin da. Der Schlossberg ist immer noch beeindruckend im Bouquet, ist ein saftiger, feingliedriger und eleganter Wein. Der duftige Rappenecker hat seinen jugendlichen Druck erhalten. Der Spätburgunder Vorderer Winklerberg hat seine dichte Frucht weiter entwickelt, seine Substanz und Länge sind enorm.

🍇 Weinbewertung

(86)	2019 Silvaner trocken Ihringer Winklerberg	13,5 %/12,80 €
88	2017 Spätburgunder trocken Ihringer	13,5 %/16,- €
(90)	2019 Grauburgunder trocken Ihringer Winklerberg	13,5 %/17,40 €
89	2018 Silvaner *** trocken „Pferd Willi"	13,5 %/21,50 €
(91)	2018 Weißburgunder „GG" „Hinter Winklen Gras im Ofen"	13,5 %/32,50 €
(91)	2018 Grauburgunder „GG" „Hinter Winklen Gras im Ofen"	13,5 %/32,50 €
90	2018 Chardonnay trocken Ihringer Winklerberg	13 %/21,50 €
(92)	2018 Chardonnay „GG" „Hinter Winklen Gras im Ofen"	13,5 %/32,50 €
90	2018 Muskateller*** Ihringer Winklerberg	12,5 %/32,50 €
88	2018 Rosé „Fumé"	12 %/14,60 €
93	2014 Spätburgunder „GG" Achkarren Schlossberg	14 %/50,- €
93	2017 Spätburgunder „GG" Achkarren Schlossberg	13,5 %/50,- €
92	2017 Spätburgunder „GG" „Vorderer Winklerberg" Ihringen	13,5 %/50,- €
92	2017 Spätburgunder „GG" „Winklen Rappenecker" Ihringer Winklerberg	13,5 %/50,- €
92	2017 Spätburgunder „GG" „Wanne Häusleboden" Ihringen Winklerberg	13,5 %/78,50 €

Lagen
Winklerberg (Ihringen)
– vorderer Winklerberg
– Winklen
– Hinter Winklen
– Wanne
Schlossberg (Achkarren)
Eckartsberg (Breisach)

Rebsorten
Spätburgunder (30 %)
Grauburgunder (30 %)
Weißburgunder (16 %)
Riesling (7 %)
Chardonnay (7 %)
Silvaner (3 %)
Muskateller (2 %)
Gewürztraminer (1 %)

WÜRTTEMBERG — FELLBACH

★★★★✮ # Heid

Kontakt
Cannstatter Straße 13/2
70734 Fellbach
Tel. 0711-584112
Fax: 0711-583761
www.weingut-heid.de
info@weingut-heid.de

Besuchszeiten
Mo.-Fr. 17-19 Uhr
Sa. 9-13 Uhr
& jederzeit nach Vereinbarung

Inhaber
Markus Heid

Rebfläche
10 Hektar

Produktion
70.000 Flaschen

Das Weingut Heid ist aus einem ehemaligen Gemischtbetrieb entstanden, der neben Weinbau vor allem Obstbau betrieb. Markus Heid übernahm das Weingut 1996 von seinen Eltern. Er setzte verstärkt auf Qualität und ging „weg von der Literflasche und vom Trollinger", der bei seiner Betriebsübernahme über die Hälfte der Weinberge einnahm. Seine Weinberge liegen vor allem in Fellbach in den Lagen Goldberg und Lämmler, hinzu kommen weitere Parzellen im Remstal, vor allem in Stetten (Pulvermächer) und in Neustadt. Drei Viertel seiner Weinberge sind mit roten Reben bepflanzt, vor allem Lemberger, Trollinger und Spätburgunder, aber auch St. Laurent und Syrah, sowie ein klein wenig Cabernet Mitos, Regent, Cabernet Dorio, Cabernet Dorsa, Merlot und Samtrot. Wichtigste Weißweinsorte ist Riesling. Zuletzt hat er Sauvignon Blanc und Johanniter gepflanzt, auch Silvaner findet man noch bei Markus Heid im Anbau. Die Weinberge werden biologisch bewirtschaftet (Ecovin). Die Weißweine werden kühl und langsam vergoren und ebenso wie Trollinger und Rosé lange auf der Feinhefe ausgebaut. Die Weine wurden bisher mit einer bis drei Trauben klassifiziert, mit der Aufnahme in den VDP hat Markus Heid das System angepasst in Gutsweine, Ortsweine (Steinmergel) und Lagenweine, an der Spitze stehen die Großen Gewächse aus Lämmler und Pulvermächer, sowie Große Reserve-Weine wie die Cuvée M, die nach Melchisedec Heid benannt ist, der 1699 von Heilbronn nach Fellbach zog. Sie bestand früher aus Lemberger und Spätburgunder, manchmal auch etwas Regent und Cabernet Mitos, in den letzten Jahrgängen gesellten sich aber Syrah und St. Laurent zum Lemberger. Seit dem Jahrgang 2015 trägt auch der Sauvignon Blanc den Zusatz Melchisedec. Die roten Gutsweine werden 4 bis 8 Monate in gebrauchten Barriques ausgebaut, die Ortsweine kommen 7 bis 11 Monate teils in gebrauchte, teils in neue Barriques, die Lagenweine schließlich bleiben 15 bis 22 Monate im Barrique, bei hohem Neuholzanteil. Die Weißweine werden überwiegend im Edelstahl ausgebaut, etwas Sauvignon Blanc und Riesling auch im Holz. Als wir in der ersten Ausgabe die Weine von Markus Heid empfahlen, waren er und das Weingut weitgehend unbekannt. Seither hat er uns Jahr für Jahr mit sehr guten Kollektionen erfreut, nicht nur mit kraftvollen Rotweinen, die den größten Anteil seiner Produktion ausmachen, auch mit fülligen, fruchtintensiven Weißweinen von Riesling und Sauvignon Blanc vermochte er uns immer wieder zu überraschen. Markus Heid hält Jahr für Jahr sein hohes Niveau, in der Basis ebenso wie in der Spitze. Die Guts- und Ortsweine setzen ganz auf Frucht und Frische, die Lagenweine sind deutlich konzentrierter, aber immer auch frisch und lebendig, Komplexität und Eleganz sind Markus Heid wichtiger als schiere Kraft oder gar Alkohol, das gilt für die Weißweine ebenso wie für die Roten, die Weine sind in den letzten Jahren zunehmend präziser und druckvoller geworden.

WEIN.GUT.HEID.
FELLBACH

Kollektion

Ein ganz starker Steinmergel-Silvaner eröffnet in diesem Jahr den Reigen. Er zeigt gute Konzentration und reife reintönige Frucht im Bouquet, ist füllig und kraftvoll, besitzt viel reife Frucht, gute Struktur, Frische und Länge. Noch stärker ist der Riesling aus dem Goldberg, der reife Frucht und feine Würze zeigt, herrlich eindringlich und reintönig ist, Fülle und Saft besitzt, viel reife Frucht und Substanz. Der Sauvignon Blanc aus dem Goldberg zeigt reintönige Frucht und feine Frische, ist lebhaft und zupackend bei klarer Frucht. Deutlich mehr Konzentration und Kraft besitzt der Sauvignon Blanc Melchisedec, zeigt im Bouquet, viel Konzentration, ist kraftvoll und stoffig im Mund, druckvoll und nachhaltig, jugendlich. Der Pulvermächer-Riesling ist sehr offensiv im Bouquet, zeigt viel Frucht, ist zupackend im Mund, noch jugendlich und verhalten bei viel Substanz und Mineralität. Der Trollinger Gutswein ist reintönig, zupackend, besitzt viel Frucht und Grip – ein feiner Einstieg ins rote Segment. Der St. Laurent zeigt intensive reintönige Frucht, ist frisch und klar, besitzt reintönige Frucht, gute Struktur und Grip. Der Goldberg-Lemberger zeigt reintönige Frucht, feine Frische, ist lebhaft und frisch, fruchtbetont und zupackend. Der Goldberg-Pinot Noir ist ebenfalls herrlich reintönig, besitzt Kraft, gute Struktur und Frische. Der Melchisedec Syrah zeigt rauchige Noten, viel Würze und Duft, ist kraftvoll, muss sich noch harmonisieren. Highlights der Kollektion sind die beiden Großen Gewächse aus dem Lämmler. Der Lemberger ist intensiv, leicht rauchig-wild, enorm präzise und druckvoll, jugendlich. Der Spätburgunder ist herrlich offen, zeigt viel reife Frucht, ist harmonisch, fruchtbetont, wunderschön reintönig.

Lagen
Lämmler (Fellbach)
Goldberg (Fellbach)
Pulvermächer (Stetten)

Weinbewertung

88	2019 Silvaner trocken „Steinmergel"	12 %/11,- €
90	2019 Riesling trocken Fellbacher Goldberg	12,5 %/12,- € ☺
87	2019 Sauvignon Blanc trocken Fellbacher Goldberg	12,5 %/12,- €
90	2019 Sauvignon Blanc trocken „Melchisedec"	13 %/20,- €
92	2019 Riesling „GG" Stettener Pulvermächer	12,5 %/20,- € ☺
86	2019 Trollinger trocken	11,5 %/8,50 €
89	2018 Lemberger trocken Fellbacher Goldberg	13 %/13,50 €
88	2018 Pinot Noir trocken Fellbacher Goldberg	12,5 %/13,50 €
88	2018 St. Laurent trocken „Steinmergel"	12,5 %/13,50 €
93	2018 Lemberger „GG" Fellbacher Lämmler	13 %/28,- €
94	2018 Spätburgunder „GG" Fellbacher Lämmler	12,5 %/28,- €
88	2018 Syrah trocken „Melchisedec"	13,5 %/28,- €

Rebsorten
Riesling (21 %)
Trollinger (20 %)
Spätburgunder (13 %)
Lemberger (11 %)
Sauvignon Blanc (6 %)
Kerner (5 %)
Grauburgunder (4 %)
Weißburgunder (4 %)
Silvaner (3 %)
Syrah (3 %)
St. Laurent (3 %)
Regent (2 %)

Markus Heid

★★★

Heilig Grab

Kontakt
Zelkesgasse 12
56154 Boppard
Tel. 06742-2371
Fax: 06742-81220
www.heiliggrab.de
weinhausheiliggrab@t-online.de

Besuchszeiten
Weinstube & Flaschenweinverkauf Mi.-So. 15-22 Uhr
Gartenwirtschaft unter Kastanienbäumen
5 Gästezimmer

Inhaber
Jonas Schoeneberger

Rebfläche
4 Hektar

Produktion
35.000 Flaschen

Das Weingut Heilig Grab ist ein ganz und gar in Boppard integrierter Betrieb, der seine Weine zum größten Teil in der eigenen Weinstube mit Gartenwirtschaft verkauft, die sich seit mehr als 200 Jahren in Familienbesitz befindet. Den Titel „älteste Weinstube in Boppard" kann dem Haus keiner nehmen, die Herkunft des Namens Heilig Grab, die mit einer Karfreitags-Tradition zu tun hat, erläutert man gern. Im vergangenen Jahr hat Jonas Schoeneberger den Betrieb von seinem Vater Rudolf übernommen. Die Weinberge, insgesamt vier Hektar, verteilen sich über die Einzellagen des Bopparder Hamm, allesamt reine Seilzuglagen: Fässerlay, Feuerlay, Ohlenberg und Mandelstein. Hauptrebsorte ist Riesling mit einem Anteil von 85 Prozent, daneben wird lediglich noch Spätburgunder angebaut. Das Gros der Weine vinifiziert Jonas Schoeneberger trocken oder halbtrocken, wenn der Jahrgang es erlaubt werden aber auch edelsüße Auslesen erzeugt. Die Weine werden im Edelstahl vergoren und je nach Bedarf anschließend in Eichenfässern gereift, bleiben recht lange auf der Feinhefe. Zuletzt wurde die Traubenverarbeitung modernisiert und das Kelterhaus mit Kühltechnik ausgestattet.

Kollektion

Die 2018er Kollektion von Jonas Schoeneberger war stark und ausgewogen, ähnlich präsentiert sich nun auch der Jahrgang 2019. Die trockene Spätlese aus der Feuerlay zeigt viel Würze und reife Frucht, ist füllig und saftig, besitzt reife Frucht, gute Struktur und Frische. Die mit einem Stern versehene trockene Spätlese, ebenfalls aus der Feuerlay, ist etwas konzentrierter, ebenfalls sehr würzig, füllig und saftig, besitzt etwas mehr Substanz. Das halbtrockene Hochgewächs ist fruchtbetont und frisch im Bouquet, herrlich lebhaft, frisch und zupackend im Mund. Die feinherbe Ein-Stern-Spätlese aus dem Ohlenberg ist herrlich eindringlich im Bouquet, zeigt viel reife Frucht und gute Konzentration, besticht mit reintöniger Frucht, guter Struktur, Frische und Grip. Die Auslese aus der Feuerlay ist sehr würzig und eindringlich, zeigt kandierte Früchte, ist füllig und saftig im Mund, besitzt viel reife Frucht und Substanz. Spätburgunder als Weißherbst kannten wir schon vom Heilig Grab, ein Spätburgunder Rotwein aber stellt für uns eine Premiere dar, nach 21 Jahren: Er zeigt rauchig-würzige Noten, klare Frucht, ist frisch, klar und zupackend.

Weinbewertung

86	2019 Riesling Spätlese trocken Bopparder Hamm Feuerlay	13%/9,-€
87	2019 Riesling Spätlese* trocken Bopparder Hamm Feuerlay	13,5%/12,80€
84	2019 Riesling Hochgewächs halbtrocken Bopparder Hamm	12,5%/6,-€
87	2019 Riesling Spätlese* feinherb Bopparder Hamm Ohlenberg	12,5%/12,80€
87	2019 Riesling Auslese Bopparder Hamm Feuerlay	8%/12,80€
84	2018 Spätburgunder trocken Bopparder Hamm	13,5%/8,-€

BADEN ▶ EHRENKIRCHEN-SCHERZINGEN

★★★★ # Heinemann

Kontakt
Mengenerstraße 4, 79238
Ehrenkirchen-Scherzingen
Tel. 07664-6351
Fax: 07664-600465
www.weingut-heinemann.de
weingut-heinemann@
t-online.de

Besuchszeiten
Vinothek Mo.-Fr. 10-18 Uhr
Sa. 10-16 Uhr; Weinproben
nach Vereinbarung
Eigene Weinstube in der
Freiburger Altstadt (Batzen-
bergstüble)

Inhaber
Lothar Heinemann
Betriebsleiter
Lothar & Niklas Heinemann
Kellermeister
Lothar Heinemann
Rebfläche
18 Hektar
Produktion
120.000 Flaschen

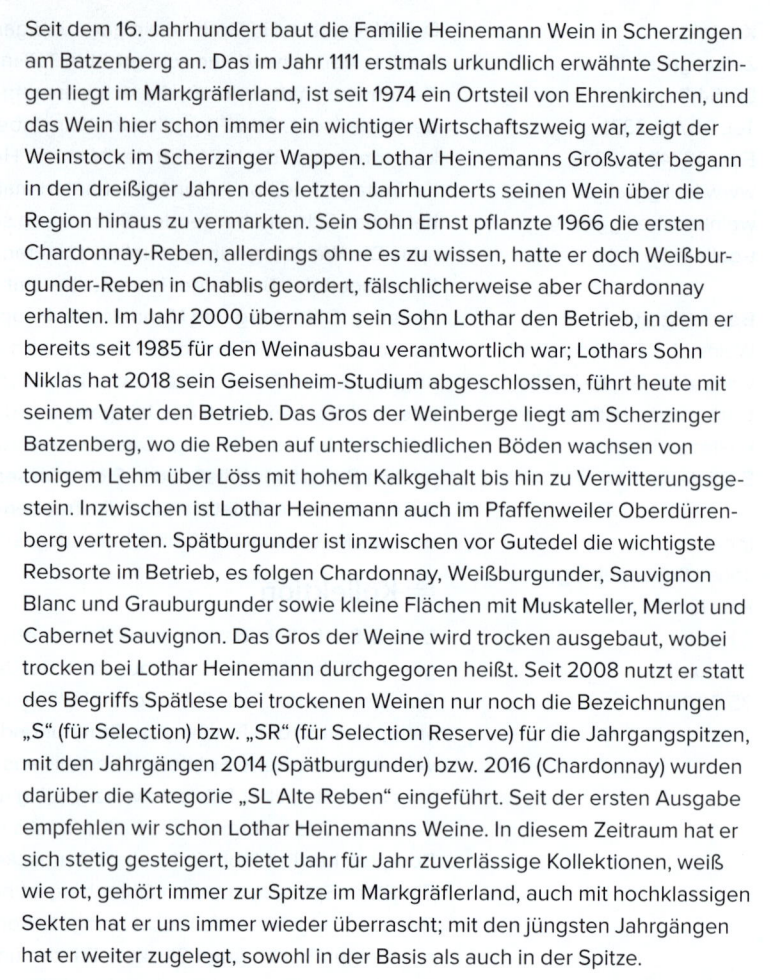

Seit dem 16. Jahrhundert baut die Familie Heinemann Wein in Scherzingen am Batzenberg an. Das im Jahr 1111 erstmals urkundlich erwähnte Scherzingen liegt im Markgräflerland, ist seit 1974 ein Ortsteil von Ehrenkirchen, und das Wein hier schon immer ein wichtiger Wirtschaftszweig war, zeigt der Weinstock im Scherzinger Wappen. Lothar Heinemanns Großvater begann in den dreißiger Jahren des letzten Jahrhunderts seinen Wein über die Region hinaus zu vermarkten. Sein Sohn Ernst pflanzte 1966 die ersten Chardonnay-Reben, allerdings ohne es zu wissen, hatte er doch Weißburgunder-Reben in Chablis geordert, fälschlicherweise aber Chardonnay erhalten. Im Jahr 2000 übernahm sein Sohn Lothar den Betrieb, in dem er bereits seit 1985 für den Weinausbau verantwortlich war; Lothars Sohn Niklas hat 2018 sein Geisenheim-Studium abgeschlossen, führt heute mit seinem Vater den Betrieb. Das Gros der Weinberge liegt am Scherzinger Batzenberg, wo die Reben auf unterschiedlichen Böden wachsen von tonigem Lehm über Löss mit hohem Kalkgehalt bis hin zu Verwitterungsgestein. Inzwischen ist Lothar Heinemann auch im Pfaffenweiler Oberdürrenberg vertreten. Spätburgunder ist inzwischen vor Gutedel die wichtigste Rebsorte im Betrieb, es folgen Chardonnay, Weißburgunder, Sauvignon Blanc und Grauburgunder sowie kleine Flächen mit Muskateller, Merlot und Cabernet Sauvignon. Das Gros der Weine wird trocken ausgebaut, wobei trocken bei Lothar Heinemann durchgegoren heißt. Seit 2008 nutzt er statt des Begriffs Spätlese bei trockenen Weinen nur noch die Bezeichnungen „S" (für Selection) bzw. „SR" (für Selection Reserve) für die Jahrgangsspitzen, mit den Jahrgängen 2014 (Spätburgunder) bzw. 2016 (Chardonnay) wurden darüber die Kategorie „SL Alte Reben" eingeführt. Seit der ersten Ausgabe empfehlen wir schon Lothar Heinemanns Weine. In diesem Zeitraum hat er sich stetig gesteigert, bietet Jahr für Jahr zuverlässige Kollektionen, weiß wie rot, gehört immer zur Spitze im Markgräflerland, auch mit hochklassigen Sekten hat er uns immer wieder überrascht; mit den jüngsten Jahrgängen hat er weiter zugelegt, sowohl in der Basis als auch in der Spitze.

Kollektion

Der Gutedel Kabinett hat ein sehr reintöniges, eindringliches, fruchtig-rauchiges Bouquet, am Gaumen ist er schön leicht, besitzt milde Säure und mineralische Länge. Drei Chardonnay von 2019: Der Kabinett zeigt ein feinfruchtiges Bouquet, im Hintergrund Grapefruit, auch am Gaumen besitzt er viel reife Frucht, der Wein ist schön leicht, hat viel Spiel, der Ausbau im großen Holzfass gibt Struktur. Die Selection „SR" Reserve überzeugt mit feinster Würze, ein Ergebnis von Spontangärung und Ausbau im Barrique. Am Gaumen gibt das Holz der saftigen Frucht einen würzigen Kick, die vielschichtige Struktur wird durch feine Säure transparent und zugänglich. Noch feiner, mit zusätzlichen Feuerstein-Noten, ist der Chardonnay SL von 1966 gepflanzten Reben. Er ist spontan vergoren und unfiltriert gefüllt und mit 12,5 Prozent Alkohol deutlich leichter als der Jahrgangsvorgänger. Das verleiht ihm am Gaumen trotz seiner Jugend eine schwebende Eleganz; das Alter der Reben sorgt für Extraktdichte und Konzentration, die von Zitrusfrüchten geprägte Aromatik findet in der Holzwürze einen kongenialen Katalysator. Der Grauburgunder Selection „S" ist der einzige der in diesem Jahr verkosteten Heinemann-Weißweine, dem man Fülle zuschreiben kann. Viel feine Frucht, der strukturierende Ausbau im großen Holzfass und eine passende Säure verleihen allerdings einen schlanken Rahmen. Der Weißburgunder Selection „S" gibt nicht den Eindruck von Fülle, entwickelt aber am Gaumen eine guten Zug. Ein Wein von zupackender Eleganz mit viel Frische und saftiger Frucht. Die Reben des Weißburgunder Selection „SL" sind noch zwei Jahre älter als die des Chardonnay. Das zeigt sich schon im komplexen Aromenbild in der Nase: Reife Frucht, rauchiger Feuerstein, dahinter nussige Karamellnoten. Am Gaumen ist das Holz noch sehr dominant, das sind allerdings keine Röstaromen, sondern klare Holztannine, die das wahre Potenzial des Weins noch verbergen. Aber das Bouquet und die spürbare Konzentration zeigen bereits die Richtung an. Der Spätburgunder „SR" zeigt im Bouquet zunächst speckige Röstaromen, darunter viel rote Frucht, am Gaumen mehr Frucht als Holzwürze, die jugendlichen Tannine sind noch sehr dominant und etwas ruppig, aber insgesamt ein vielversprechender Ansatz. Beim Spätburgunder „SL" kommt die Frucht mehr zum Tragen, am Gaumen spielt ein sehr feiner Saft mit Säure und Tannin, Potenzial zu einer eleganten Entwicklung ist da. Die Cuvée aus Cabernet Sauvignon und Merlot dürfte auch Bordeaux-Freunde erfreuen, reife Frucht und gut strukturierende Tannine geben ein harmonisches Bild.

Weinbewertung

86	2016 Gutedel Sekt brut nature	11,5%/14,-€
85	2019 Weißer Gutedel Kabinett trocken „Alte Reben" Batzenberg	10,5%/8,-€
87	2019 Chardonnay Kabinett trocken „Alte Reben" Batzenberg	12,5%/14,-€
87	2019 Weißburgunder „S" trocken Scherzinger Batzenberg	12,5%/14,-€
87	2019 Grauburgunder „S" trocken Scherzinger Batzenberg	13%/14,-€
89	2019 Chardonnay „SR" trocken Scherzinger Batzenberg	12,5%/19,-€
90	2019 Weißburgunder „SL" Alte Reben trocken Ehrenstetter Oelberg	12,5%/53,-€
91	2019 Chardonnay „SL" trocken „Alte Reben" Batzenberg	12,5%/51,-€
89	2016 Cabernet Sauvignon & Merlot Selection „S" trocken Batzenberg	13,5%/19,-€
90	2017 Blauer Spätburgunder „SR" trocken Scherzinger Batzenberg	13,5%/29,-€
92	2017 Blauer Spätburgunder „SL Alte Reben" trocken Batzenberg	13%/51,-€

Lagen
Batzenberg (Scherzingen)
Oberdürrenberg (Pfaffenweiler)
Oelberg (Ehrenstetten)

Rebsorten
Spätburgunder (30 %)
Gutedel (25 %)
Chardonnay (12 %)
Weißburgunder (10 %)
Sauvignon Blanc (9 %)
Grauburgunder (8 %)
Muskateller (2 %)
Merlot (2 %)
Cabernet Sauvignon (2 %)

WÜRTTEMBERG — HEILBRONN

G.A. Heinrich

★★★★⯪

Kontakt
Riedstraße 29
74076 Heilbronn
Tel. 07131-175948
Fax: 07131-166306
www.weingut-heinrich.de
info@weingut-heinrich.de

Besuchszeiten
Mo.-Fr. 9-12 + 13:30-18 Uhr
Sa. 10-14 Uhr
und nach Vereinbarung

Inhaber
Björn Heinrich,
Tobias Heinrich

Rebfläche
14 Hektar

Produktion
90.000 Flaschen

Martin Heinrich hat im Sommer 2017 den Betrieb nun offiziell an seine Söhne Björn und Tobias übergeben. Björn Heinrich hat nach Winzerlehre und Betriebswirtschaftsstudium als Marketing-Manager für Markenartikelunternehmen gearbeitet, Tobias Heinrich hat in Geisenheim studiert. Rote Sorten nehmen 70 Prozent der Fläche ein. Wichtigste Rebsorten sind Trollinger und Lemberger, sowie Riesling, der zwei Drittel der Weißweinfläche einnimmt. Björn und Tobias Heinrich möchten in Zukunft ihre Rotweine erst nach längerer Flaschenreife in den Verkauf bringen, sich als Lemberger- und Burgunderspezialisten positionieren.

Kollektion

Mit der neuen Kollektion schließen Björn und Tobias Heinrich nahtlos an die bärenstarke Vorjahreskollektion an. Die Basis stimmt, das zeigen der Gutsriesling, der frisch und würzig, klar und zupackend ist, und der Riesling von alten Reben, der feine Würze, gute Struktur und Frische besitzt. Der Weißburgunder GA zeigt reife Frucht und dezent rauchige Noten, ist füllig und saftig, besitzt reife Frucht, gute Struktur und Substanz. Deutlich konzentrierter ist der Weißburgunder Hinterer Hundsberg, zeigt etwas Vanille, ist füllig und kompakt, besitzt reintönige reife Frucht und viel Substanz. Spannend ist der TNT („Trollinger Non Traditional"), faszinierend frisch und klar, ein Wein mit viel Grip. Der Spätburgunder GA zeigt reintönige Frucht und feine rauchige Noten, ist harmonisch und klar, besitzt gute Struktur und Frucht. Der Lemberger GA ist ebenfalls bestechend reintönig im Bouquet, zeigt rote und dunkle Früchte, ist frisch und zupackend im Mund mit guter Struktur und feinen Tanninen. Der Löwenherz-Lemberger zeigt etwas florale Noten, ist füllig und kraftvoll, besitzt reife Frucht, gute Struktur und Substanz. Unsere leichte Präferenz gilt wie in der GA-Linie dem Spätburgunder, der Fülle und Kraft besitzt, enorm viel Konzentration, viel reife Frucht und Substanz. Hervorragend ist auch wieder der Dieb, zeigt intensive Frucht, rauchige Noten, dezent Schokolade im Hintergrund, ist füllig, harmonisch, besitzt gute Struktur und Komplexität.

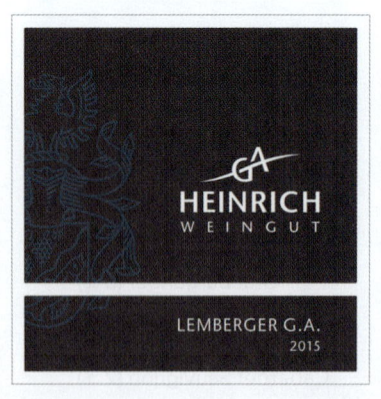

Weinbewertung

84	2019 Riesling trocken	11,5%/7,50 €
84	2019 Riesling trocken „alte Reben"	12,5%/9,50 €
87	2019 Weißer Burgunder trocken „GA" Heilbronner Stiftsberg	12,5%/15,-€
89	2018 Weißer Burgunder trocken Heilbronner Hinterer Hundsberg	13%/24,-€
88	2019 „TNT" Rotwein trocken	11,5%/12,90 €
89	2017 Spätburgunder trocken „GA" Heilbronner Stiftsberg	12,5%/15,-€
88	2017 Lemberger trocken „GA" Heilbronner Stiftsberg	12,5%/15,-€
89	2017 Lemberger trocken Heilbronner Löwenherz	13%/28,-€
90	2017 Spätburgunder trocken Heilbronner Löwenherz	12,5%/35,-€
90	2016 „Dieb" Rotweincuvée trocken	13,5%/30,-€

WÜRTTEMBERG — HEILBRONN

Rolf **Heinrich**

Kontakt
Riedstraße 23
74076 Heilbronn
Tel. 07131-982240
Fax: 07131-982249
www.heinrich-wein.de
info@heinrich-wein.de

Besuchszeiten
Mo.-Fr. 8-12 Uhr
Sa. 8-14 Uhr
oder nach Vereinbarung
Besenwirtschaft

Inhaber
Andreas & Thomas Heinrich
Rebfläche
19 Hektar
Produktion
120.000 Flaschen

Seit dem 16. Jahrhundert betreibt die Familie Heinrich Weinbau in Heilbronn, aber erst Rolf Heinrich begann 1955 mit dem Aufbau des eigenen Weingutes, 1972 siedelte er an die Riedstraße aus. Seit 1995 wird das Gut von seinen Söhnen Andreas und Thomas Heinrich geführt. Ihre Weinberge liegen in den Heilbronner Lagen Wartberg und Stiftsberg. Trollinger, Lemberger, Dornfelder, Samtrot, Clevner, Schwarzriesling und Spätburgunder werden angebaut, dazu die weißen Sorten Riesling, Kerner, Grauburgunder, Muskateller, Müller-Thurgau und Traminer. Alle Rotweine werden für 10 bis 21 Tage maischevergoren. Die Besenwirtschaft hat mehrmals im Jahr geöffnet.

Kollektion

Die im Barrique ausgebaute Sektcuvée aus Weiß- und Grauburgunder und der 2018er Merlot waren im vergangenen Jahr unsere Favoriten in einer sehr gleichmäßigen Kollektion. Im roten Segment gefällt uns in diesem Jahr nun eindeutig der Reserve-Lemberger am besten, der eindringlich gewürzduftig ist, Fülle und Kraft besitzt, reife Frucht und gute Struktur. Beim Spätburgunder sind Andreas und Thomas Heinrich eindeutig über das Ziel hinausgeschossen – warum man noch den Oechslegrad aufs Etikett schreiben muss, verstehen wir nicht. Noch weniger beim Grauburgunder – und dass man einen solchen Wein noch als Kabinett bezeichnen kann, ist eine der Schwächen des Deutschen Weingesetzes. Aber es gibt auch spannende Weißweine im Sortiment der Heinrichs: Der Reserve-Riesling aus dem Jahrgang 2016 zeigt feine Reife im Bouquet, ist harmonisch und kompakt im Mund bei feiner Frische; die ein wenig von Vanillenoten geprägte Cuvée blanc zeigt gute Konzentration und viel reife Frucht im Bouquet, ist füllig und kraftvoll, besitzt viel reife Frucht und Substanz.

Weinbewertung

81	2019 Riesling Kabinett trocken	12,5%/7,50€
81	2019 Weißburgunder Kabinett trocken	11,5%/7,50€
80	2019 Grauburgunder Kabinett trocken	12,5%/7,50€
82	2018 Grauburgunder Kabinett trocken „107°"	15%/9,90€
85	2018 Cuvée „blanc" Weißwein trocken „Reserve"	14%/13,50€
85	2016 Riesling „Reserve" „edelsüß"	11%/13,50€
81	2019 Rosé „de Saignée" trocken	13%/6,60€
80	2018 Cuvée Cabernet trocken	14%/9,90€
85	2015 Lemberger trocken „Reserve"	13%/14,50€
79	2017 Merlot trocken	13%/9,90€
82	2018 Spätburgunder trocken „110°"	15%/19,-€
79	2018 Lemberger „feinherb"	13,5%/6,90€

MOSEL ► ZELTINGEN-RACHTIG

★★★★⯪

Heinrichshof

Kontakt
Chur-Kölner-Straße 23
54492 Zeltingen-Rachtig
Tel. 06532-3151
Fax: 06532-933334
www.weingut-heinrichshof.de
mosel@weingut-heinrichshof.de

Besuchszeiten
Vinothek Moselstraße 11,
April bis Okt.
Mi.-Sa. 14-18 Uhr
oder nach Vereinbarung

Inhaber
Peter & Ulrich Griebeler
Betriebsleiter
Peter & Ulrich Griebeler
Kellermeister
Peter & Ulrich Griebeler
Rebfläche
7 Hektar
Produktion
70.000 Flaschen

Peter und Ulrich Griebeler übernahmen 2014 den elterlichen Betrieb. Peter Griebeler hat nach seiner Winzerlehre (unter anderem bei Fritz Haag) Weinbau studiert und bei Kellereien im In- und Ausland gearbeitet. Ulrich Griebeler schloss nach der Winzerlehre (unter anderem bei Müller-Catoir) eine Weinbautechnikerausbildung an, arbeitete dann beim Weingut Hofstätter in Südtirol. Sie haben die Rebfläche von 3 auf 7 Hektar erweitert. Ihre Weinberge liegen in den Zeltinger Lagen Sonnenuhr, Schlossberg und Himmelreich. Riesling dominiert im Anbau mit vier Fünftel der Fläche, zuletzt wurde Weißburgunder gepflanzt, dazu gibt es ein klein wenig Spätburgunder und Sauvignon Blanc. Die Weine werden kühl und langsam vergoren, teils im Fuder, teils im Edelstahl, bleiben lange auf der Feinhefe. Trockene Premiumweine reifen seit dem 2018er Jahrgang ein Jahr auf der Hefe und kommen erst im Folgejahr in den Verkauf. Dazu wurde und wird der Bestand an 500-Liter-Fässern ausgebaut.

Kollektion

Ein fester, angenehm trockener und in der Nase eher ruhiger und kühler Sauvignon Blanc sowie der animierende Weißburgunder führen das Feld an. Spannend ist der 2018er Weißburgunder Fass 73, erstaunlich cremig und würzig, mit burgundisch anmutender Eleganz und leicht salzigem Nachhall – ein Experiment, das zeigt, was beim Weißburgunder möglich ist an der Mosel. Der 2018er Riesling „Zulast" reifte im neuen 500-Liter-Fass auf der Vollhefe und hat Substanz. Kühl und apfelfruchtig, straff, nicht zu süß und angenehm lang ist der Kabinett aus dem Himmelreich. Offen in der Nase wirkt die Beerenauslese, die Noten von Pfirsich und Mango zeigt und sehr präzise ausfällt. Der „normale" Spätburgunder aus 2018 zeigt etwas Tabak in der Nase, ist fest, saftig, würzig und dennoch angenehm verspielt, die Réserve ist fester und würziger, das Holz ist allerdings noch deutlich spürbar, weshalb der Wein zum jetzigen Zeitpunkt etwas streng wirkt.

Weinbewertung

Punkte	Wein
85	2019 Weißburgunder trocken ׀ 13%/7,50€
86	2019 Sauvignon Blanc trocken ׀ 12,5%/7,50€
85	2019 Riesling trocken „Römische Kapelle" ׀ 12%/7,20€
87	2019 Riesling trocken Schlossberg ׀ 12%/8,50€ ☺
89	2018 Weißburgunder trocken „Fass 73" ׀ 13%/17,80€
89	2019 Riesling trocken „Rotlay" Sonnenuhr ׀ 12%/14,90€
89	2018 Riesling trocken „Zulast" Sonnenuhr ׀ 13%/19,80€
87	2019 Riesling Kabinett Himmelreich ׀ 9%/7,20€ ☺
90	2019 Riesling Auslese Sonnenuhr ׀ 8%/12,50€ ☺
92	2019 Riesling Beerenauslese Sonnenuhr ׀ 7,5%/29,-€/0,375l
87	2018 Spätburgunder trocken ׀ 13,5%/9,90€
86	2018 Spätburgunder trocken „Réserve" ׀ 13,5%/18,80€

BADEN ▪ ÖSTRINGEN-TIEFENBACH

Heitlinger

★★★★✩

Kontakt
Am Mühlberg 3
76684 Östringen-Tiefenbach
Tel. 07259-9112-0
Fax: 07259-911299
www.heitlinger-wein.de
info@weingut-heitlinger.de

Besuchszeiten
Öffnungszeiten siehe Homepage,
Heitlinger Genusswelten

Inhaber
Weingüter Heitlinger & Burg Ravensburg GmbH,
Heinz Heiler

Geschäftsführer
Claus Burmeister

Kellermeister
Daniel Rupp

Außenbetrieb
Timo Daiß

Rebfläche
80 Hektar

Produktion
580.000 Flaschen

Albert Heitlinger gründete 1960 das Weingut, sein Sohn Erhard expandierte stark. Inzwischen hat Heinz Heiler das Gut übernommen, seit 2009 ist die Weingut Heitlinger GmbH auch Pächter des benachbarten Weinguts Burg Ravensburg. Claus Burmeister, vorher Betriebsleiter bei Burg Ravensburg, übernahm die Leitung beider Weingüter. Die Weinberge liegen hauptsächlich in Tiefenbach (Keuper- und Lössböden, Sandsteinverwitterungsböden mit Kalkunterlage im Spiegelberg) und im Odenheimer Königsbecher. Wichtigste Rebsorten sind Spätburgunder, Grauburgunder, Weißburgunder und Riesling. Hinzu kommen Lemberger, Auxerrois, Schwarzriesling und Chardonnay. Seit 2010 werden die Weinberge biologisch bewirtschaftet.

Kollektion

Einen besonderen Wein präsentiert Heitlinger in diesem Jahr. „Gemeinsam" heißt er, vier Sommeliers haben ihn in diesem Frühjahr aus Weißweinen Großer Lagen cuvétiert. Es ist der holzwürzigste und auch der spannendste der Heitlinger-Weine. Sehr saftig, viel Spiel, die Rebsorten spielen Ping-Pong, komplex und tiefgründig. Von den Reserve-Weinen macht der Auxerrois den stärksten Eindruck, etwas Bratapfel im Bouquet, entwickelt er am Gaumen feinen Druck, hat viel Stoff und mineralische Länge. Elegant und stilsicher sind sie alle, die Heitlinger Weine, harmonisch und entspannt, „laid-back" wie das Gitarrenspiel von Eric Clapton. Die vier weißen Großen Gewächse bewegen sich alle auf dem gleichen hohen Niveau. Viel Stoff und Tiefe liegt im ruhigen Weißburgunder Eichelberg, phenolische Würze zeigt der feinsaftige Grauburgunder Spiegelberg, beim Chardonnay Heinberg beobachten wir ein harmonisches Spiel von Frucht, Würze, Säure und Salz. Der Riesling Schellenbrunnen ist aromatisch-würzig mit sehr guter Struktur, überraschend süß. Favorit bei den Rotweinen ist der Pinot Noir Königsbecher mit satter, tiefgründiger Kirschfrucht und einer guten Tannin- und Säurestruktur.

Weinbewertung

84	2019 Pinot Blanc trocken	12,5%/9,80€
87	2018 Pinot Blanc „Reserve"	13%/17,-€
87	2018 Chardonnay „Reserve"	13%/17,-€
88	2018 Auxerrois trocken „Hassapfel"	13%/28,-€
88	2018 Riesling „GG" Schellenbrunnen	12,5%/28,-€
89	2018 Pinot Gris „GG" Spiegelberg	13%/28,-€
89	2018 Pinot Blanc „GG" Eichelberg	13%/28,-€
89	2018 Chardonnay „GG" „Heinberg"	12,5%/35,-€
90	2019 „Gemeinsam Seite an Seite im Weinberg" Weißwein	13%/44,44€
88	2018 Pinot Meunier „Reserve"	12,5%/18,-€
88	2018 Pinot Noir „Reserve"	13%/18,-€
89	2017 Pinot Noir „GG" Königsbecher	13%/28,-€

FRANKEN ▶ BÜRGSTADT

★ ★ ★

Erhard & Max Helmstetter

Kontakt
Bainweg 1
63927 Bürgstadt
Tel. 09371-3341
Fax: 09371-66237
www.weingut-helmstetter.de
info@weingut-helmstetter.de

Besuchszeiten
Weinverkauf Mo.-Sa. 9-18 Uhr, in den Sommermonaten auch So. bis 13 Uhr
Häckerwirtschaften 5 x im Jahr je 14 Tage (März, Mai, Juli, Sept., Nov.)
Main-Vinotel
(20 Gästezimmer)

Inhaber
Erhard & Max Helmstetter
Rebfläche
4,9 Hektar
Produktion
27.000 Flaschen

Seit 100 Jahren betreibt die Familie Helmstetter Weinbau, aber erst in jüngster Zeit wurde aus dem Nebenerwerbsbetrieb ein Weingut. Die Weinberge liegen in den Bürgstadter Lagen Centgrafenberg und Hundsrück (bisher ein Teil des Centgrafenberg). Rote Rebsorten nehmen gut die Hälfte der Rebfläche ein, Spätburgunder spielt die wichtigste Rolle, dazu gibt es Frühburgunder, Portugieser und Domina, sowie die weißen Sorten Riesling, Silvaner, Weißburgunder, Sauvignon Blanc, Bacchus und Müller-Thurgau. 2011 ist man an den Ortsrand von Bürgstadt ausgesiedelt, wo nicht nur das neue Weingut errichtet wurde, sondern auch das so genannte Main-Vinotel mit zehn Zimmern, zwei Ferienwohnungen und einer Vinothek mit Weinlounge und Veranstaltungsräumen.

Kollektion

Ein fruchtbetonter, zupackender Rosé-Sekt eröffnet in diesem Jahr den Reigen. Die weißen Gutsweine sind frisch, klar und geradlinig, der Silvaner ebenso wie die weiße Cuvée. Der zehn Tage maischevergorene Grauburgunder Création besitzt gute Struktur, Frische und Grip, ist sehr gut wie auch alle Weißweine der Passion-Linie: Der Sauvignon Blanc besitzt intensive Frucht, gute Struktur und Grip, der 2018er Riesling besitzt viel Würze und Biss, unser Favorit ist der Weißburgunder, der herrlich eindringlich, füllig und kraftvoll ist, viel reife Frucht, gute Struktur und Substanz besitzt. Sehr gut ist auch der rotfruchtige, reintönige Spätburgunder Rosé, der Spätburgunder Churfranken aus dem Jahrgang 2016 zeigt reintönige Frucht, feine Frische, ist klar und zupackend. Ebenfalls aus dem Jahrgang 2015 stammt der Frühburgunder Passion, der reintönige Frucht im Bouquet zeigt, klar, frisch und zupackend ist. Noch ein Jahr älter ist unsere Favorit in der aktuellen Kollektion, der Spätburgunder aus dem Hundsrück, zeigt gute Konzentration und reintönige Frucht, ist harmonisch und elegant, besitzt gute Struktur und viel klare reife Frucht.

Weinbewertung

85	2017 Pinot Rosé Sekt brut	12,5%/21,-€
83	2019 Silvaner trocken „Tradition" Bürgstadt Centgrafenberg	12%/8,-€
83	2019 „Sommer Fusion" Weißwein trocken	11,5%/7,60€
87	2019 Weißburgunder trocken „Passion" Bürgstadt Centgrafenberg	13%/11,-€
85	2019 Grauburgunder trocken „Création" Bürgstadter Centgrafenberg	13%/10,-€
85	2019 Sauvignon Blanc trocken „Passion" Bürgstadt Centgrafenberg	12,5%/11,50€
85	2018 Riesling trocken „Passion" Bürgstadt Hundsrück	13%/15,-€
85	2019 Spätburgunder Rosé trocken	12%/8,50€
82	„Sommer Rot" Rotwein trocken	12%/8,80€
85	2016 Spätburgunder trocken „Churfranken" Bürgstadt Centgrafenberg	13,5%/12,-€
87	2016 Frühburgunder trocken „Passion" Bürgstadt Centgrafenberg	13,5%/18,-€
89	2015 Spätburgunder trocken „Passion" Bürgstadt Hundsrück	13,5%/28,-€

FRANKEN ▶ RÖDELSEE

★★✩

Hemberger

Kontakt
Aussiedlerhof 3
97348 Rödelsee
Tel. 09323-435
Fax: 09323-5072
www.weingut-hemberger.de
info@weingut-hemberger.de

Besuchszeiten
Mo. + Mi.-Sa. 10-17 Uhr
Di. nur nach Vereinbarung

Inhaber
Elisabeth & Roland Hemberger
Betriebsleiter
Roland Hemberger
Kellermeister
Tobias Hemberger
Rebfläche
13 Hektar
Produktion
90.000 Flaschen

Die Familie Hemberger baut seit Generationen Wein an, bis 1983 aber wurden die Trauben an eine Genossenschaft abgeliefert. Seit 1985 wird das Gut von Roland und Elisabeth Hemberger geführt, die ihren Aussiedlerhof an der Straße zwischen Rödelsee und Iphofen errichtet haben. Die Weinberge liegen in den Rödelseer Lagen Küchenmeister und Schwanleite und im Iphöfer Kronsberg. Hauptrebsorten sind Silvaner, Riesling, Domina und alle Burgundersorten, aber es werden auch Müller-Thurgau, Scheurebe, Bacchus, Kerner und Gewürztraminer angebaut. Nach Abschluss seiner Weinbautechnikerausbildung ist 2012 Sohn Tobias in den Betrieb eingestiegen, seit dem Frühjahr 2016 ist er vollzeitig im Betrieb tätig, ist heute verantwortlich für die Vinifikation. 2016 wurden drei Große Gewächse eingeführt, die die alten Lagennamen Hoheleite (Silvaner), Vilsenah (Grau- und Weißburgunder-Cuvée) und Im Roth (Spätburgunder) tragen. Diese Weine sind spontanvergoren und werden 18 Monate im Barrique ausgebaut, der Spätburgunder bleibt 24 Monate im Barrique und wird unfiltriert abgefüllt. Das Weingut befindet sich in der Umstellung auf biologischen Weinbau.

Kollektion

Große Gewächse aus den ehemaligen Rödelseer Einzellagen wurden dieses Jahr nicht vorgestellt, so dass sich die neue Kollektion sehr gleichmäßig präsentiert, weiß wie rot. Der Petnat-Silvaner ist intensiv und eindringlich im Bouquet, füllig und harmonisch im Mund bei feiner Süße. Der Gutssilvaner ist frisch, fruchtbetont und lebhaft, was auch für den Riesling mit seiner feinen süßen Frucht gilt. Der Silvaner vom Keuper ist fruchtbetont und saftig, zeigt feine Würze und klare Frucht im Bouquet, der Silvaner von alten Reben ist etwas würziger und eindringlicher, besitzt klare Frucht und Grip. Der Graububurgunder aus der Schwanleite ist ebenfalls recht würzig im Bouquet, besitzt gute Harmonie und klare reife Frucht. Unsere leichte Präferenz im weißen Segment gilt der Scheurebe, die reintönige Frucht im Bouquet zeigt, frisch und klar im Mund ist, gute Struktur und Grip besitzt. Sehr gut ist der 2018er Spätburgunder, fruchtbetont und klar, frisch und zupackend. ▶

Weinbewertung

84	2019 Silvaner „Pet Nat"	12,5%/12,-€
82	2019 Silvaner trocken	12,5%/7,-€
83	2019 Riesling trocken	12,5%/7,-€
83	2019 Silvaner trocken „vom Keuper" Rödelseer Küchenmeister	12,5%/7,50€
84	2019 Scheurebe trocken Rödelseer Küchenmeister	12,5%/10,-€
83	2019 Silvaner trocken „Alte Reben" Rödelseer Küchenmeister	13%/11,-€
83	2019 Grauer Burgunder trocken Rödelseer Schwanleite	13%/11,-€
85	2018 Spätburgunder trocken Rödelseer Küchenmeister	13%/11,-€

Hemer

★★⯨

Kontakt
Rathausstraße 1
67550 Worms-Abenheim
Tel. 06242-2222
Fax: 06242-904649
www.weingut-hemer.de
info@weingut-hemer.de

Besuchszeiten
Mo.-Fr. 10-18 Uhr
Sa. 10-14 Uhr
So. nach Vereinbarung

Inhaber
Stefan & Andreas Hemer
Betriebsleiter
Andreas Hemer
Kellermeister
Andreas Hemer
Kellermeister
Stefan Hemer
Rebfläche
45 Hektar
Produktion
280.000 Flaschen

Das Weingut Hemer ist ein Familienbetrieb in Abenheim bei Worms. 1960 hat man – bei damals 2 Hektar Weinbergen – erstmals Weine selbst auf Flaschen gefüllt. Bis in die siebziger Jahre wurde noch Viehhaltung betrieben und Spargel angebaut. Heute ist der Betrieb ausschließlich Weingut, wird von den Brüder Andreas und Stefan Hemer geführt. Andreas Hemer ist für Vinifikation und Vermarktung verantwortlich, Stefan Hemer für die Weinberge. Diese liegen im Abenheimer Klausenberg und im Ludwigshöher Teufelskopf. Neben den traditionellen Rebsorten wie Riesling, Silvaner, Grauburgunder, Spätburgunder, Portugieser oder Weißburgunder bauen die Brüder Andreas und Stefan Hemer eine Vielzahl von weiteren Rebsorten an. Die Weinberge werden seit 2003 biologisch bewirtschaftet, man ist Mitglied bei Ecovin. Die Weißweine werden möglichst kühl gelesen und reifen im Edelstahl bis März auf der Feinhefe. Die Rotweine werden maischevergoren und in kleinen und großen Eichenholzfässern ausgebaut.

Kollektion

Nach einer starken Kollektion im Vorjahr legen Stefan und Andreas Hemer mit der neuen Kollektion weiter zu. Schon die Gutsweine überzeugen, der etwas florale Weißburgunder besitzt Frische und Grip, was auch auf den strukturierten, fruchtbetonten Sauvignon Blanc zutrifft. Geschlossen sehr gutes Niveau zeigen die weißen Ortsweine: Der Grauburgunder besitzt intensive Frucht, Fülle und Kraft, der Weißburgunder ist konzentriert, strukturiert, fruchtbetont, die beiden Rieslinge sind intensiv, füllig und kraftvoll, der Abenheimer ist etwas saftiger, obgleich er weniger Alkohol aufweist. Herausragender Weißwein ist der Riesling aus dem Kapellenstück, der reintönige Frucht, Fülle und Kraft besitzt – nicht zu vergessen der intensive, duftige, konzentrierte Riesling Raw, dem kein Schwefel zugegeben wurde. Stark sind auch die Rotweine, allen voran die intensiv fruchtige, kraftvolle Cuvée Hommage. Im Aufwind!

Weinbewertung

83	2019 Weißer Burgunder trocken	12,5%/6,80€
85	2019 Sauvignon Blanc trocken	12%/6,50€
85	2019 Riesling trocken Abenheimer	12%/10,-€
85	2019 Riesling trocken Ludwigshöher	13%/10,-€
85	2019 Grauer Burgunder trocken Abenheimer	12,5%/12,-€
85	2019 Weißer Burgunder trocken Abenheimer	12,5%/12,-€
88	2019 Riesling trocken „Kapellenstück" Abenheimer Klausenberg	13%/15,-€
86	2018 Riesling trocken „Raw"	12%/15,-€
84	2018 Riesling Kabinett	8,5%/6,50€
83	2019 Spätburgunder Rosé trocken	12,5%/6,-€
84	2017 Merlot trocken	13,5%/6,80€
86	2016 Cuveé „Hommage" Rotwein trocken Abenheimer	14%/12,-€

FRANKEN ■ BÜRGSTADT

★★★★✩

Hench

Kontakt
Hauptstraße 32
63927 Bürgstadt
Tel. 09371-5752
Fax: 09371-948287
www.weingut-hench.de
info@weingut-hench.de

Besuchszeiten
Mo./Mi./Do./Fr. 15-18:30 Uhr
Sa. 9:30-13 Uhr
oder nach Vereinbarung
Di./So. geschlossen

Inhaber
Burkhard Hench
Betriebsleiter
Burkhard Hench
Kellermeister
Peter Hench
Rebfläche
7 Hektar

Der älteste Teil des mitten in Bürgstadt gelegenen Weingutes geht auf das Jahr 1563 zurück, unter dem Weingut ist ein historischer Sandsteingewölbekeller, aber auch ein 1998 erbauter neuer Keller. Die Weinberge von Burkhard Hench liegen im Bürgstadter Centgrafenberg, auch im Bürgstadter Hundsrück besitzt er einen Terrassenweinberg, ebenso ist er in der Bürgstadter Mainhölle vertreten. Er baut vor allem Burgundersorten an, der Rotweinanteil beträgt 65 Prozent. Spätburgunder dominiert, nimmt die Hälfte der Rebfläche ein, hinzu kommen Frühburgunder, Pinot Meunier, Regent und St. Laurent, die weißen Sorten Silvaner und Riesling sowie ein wenig Weißburgunder, Müller-Thurgau, Bacchus und Ortega. Burkhard Hench führt den Betrieb zusammen mit Ehefrau Helene, seit 2007 unterstützt von Sohn Peter, der für die Vinifikation verantwortlich ist. Seit 2004 wurden Versuche mit biologischem Weinbau unternommen, seit 2013 ist man zertifiziert, arbeitet heute auch nach biodynamischen Prinzipien.

Kollektion

Eine starke Kollektion präsentieren Burkhard und Peter Hench auch in diesem Jahr, wieder mit Vorteilen im roten Segment. Der einzige 2019er, der Ortega, ist frisch, klar, recht süß. Der im Kastanienfass ausgebaute Blanc de Noir ist würzig, kompakt, strukturiert, der im gebrauchten Barrique ausgebaute Silvaner zeigt viel Duft, etwas Vanille, besitzt reife Frucht und Substanz. Unser Favorit im weißen Segment ist der im Barrique ausgebaute Weißburgunder R, der Fülle und Kraft besitzt reife Frucht und gute Struktur. Der Regent ist füllig und saftig, der 2017er Frühburgunder reintönig und zupackend, der 2016er besitzt etwas mehr Grip. Beim Spätburgunder ist es umgekehrt, da gefällt uns der kraftvolle, fruchtbetonte 2017er ein klein wenig besser als der johannisbeerduftige 2016er. Noch spannender ist der füllige, komplexe 2016er R, der über neun Jahre im Barrique ausgebaute 2010er ist füllig, stoffig, strukturiert.

Weinbewertung

84	2019 Ortega „Sommerwein"	11%/8,-€
85	2018 Pinot Meunier „Blanc de Noirs" trocken	11,5%/18,-€
86	2018 Silvaner „R" Bürgstadt Centgrafenberg	12%/14,-€
88	2018 Weißburgunder „R" trocken Bürgstadt Centgrafenberg	13,5%/18,-€
86	2018 Regent Terrassenlage	12,5%/11,-€
89	2016 Spätburgunder trocken Bürgstadt Centgrafenberg	13%/14,-€
90	2017 Spätburgunder trocken Bürgstadt Centgrafenberg	13,5%/13,-€ ☺
88	2016 Frühburgunder trocken Bürgstadt Centgrafenberg	13,5%/20,-€
87	2017 Frühburgunder trocken Bürgstadt Centgrafenberg	13,5%/17,-€
90	2010 Spätburgunder „R" Bürgstadt Centgrafenberg	14%/32,-€
91	2016 Spätburgunder „R" Bürgstadt Centgrafenberg	13%/18,-€ ☺
86	2018 Spätburgunder Beerenauslese Centgrafenberg	9,5%/44,-€/0,375l

MOSEL — EDIGER

⭐⭐

Henrichs + Friderichs

Kontakt
Weingut: Paulusstraße 29
56814 Ediger
Tel. 02675-716
Vinothek: Moselstraße 10
56820 Nehren
Tel. 02673-4187
Fax: 02673-960281
www.wein-mosel-wein.de
info@wein-mosel-wein.de

Besuchszeiten
Vinothek im Nachbarort Nehren, Sa. nachmittags oder auf Anfrage

Inhaber
Bernadette Friderichs
Betriebsleiter
Thomas Henrichs
Rebfläche
1 Hektar
Produktion
8.000 Flaschen

Bernadette Friderichs und Thomas Henrichs übernahmen 1998 als Quereinsteiger den elterlichen Betrieb in Ediger. Sie ist Sprachheiltherapeutin, er Landschaftsarchitekt. Die „Mons Ignis" und „vom roten Schiefer" genannten Rieslinge kommen aus dem Ediger Feuerberg, einer steilen, felsigen Süd-Südwest-Lage mit eisenhaltigem roten Schiefer. Des Weiteren besitzen sie Weinberge im Bremmer Calmont, in den Ediger Lagen Osterlämmchen und Elzhofberg, sowie im Nehrener Römerberg. Neben Riesling, der drei Viertel der Fläche einnimmt, bauen sie Gewürztraminer und Weißburgunder an, konzentrieren sich mittlerweile also ganz auf weiße Sorten. 2003 eröffneten sie eine Vinothek im Nachbarort Nehren. Sie haben sich auf trockene und halbtrockene Weine spezialisiert, seit dem Jahrgang 2003 wird auf Prädikatsbezeichnungen verzichtet.

Kollektion

Bernadette Friderichs und Thomas Henrichs gehören zu jenen Winzern der Mosel, die über das Erreichte und die Zukunft nach- und gern auch mal querdenken. Über die Weinwelt im Allgemeinen und den Klimawandel im Besonderen. An dem vorgestellten Weinprogramm lässt sich die Sorge der Winzer gut ablesen. Nur wenige Weine haben sie eingereicht, da ein großer Teil ihrer Triebe im letzten Jahr erfroren ist – Gewürztraminer komplett, Weißburgunder zur Hälfte und Riesling zu einem knappen Drittel. Auch die Trockenheit, 2019 wie 2020 zu spüren, trägt ein Übriges zur Gesamtproblematik bei – zumal die beiden Winzer knackige Weine mit wenig Alkohol, Säure und Charakter bevorzugen. Genau die sind aber immer schwieriger zu erzeugen. Das kleine Programm indes überzeugt sehr. Charmant und zugänglich, dazu angenehm trocken ist die Cuvée aus Riesling und Weißburgunder. Der Riesling vom Devonschiefer ist angenehm straff, auch der „Mons Ignis" genannte Riesling überzeugt, weil er puristisch trocken wirkt, Würze besitzt und nicht zu hoch im Alkohol ist. Beim Gewürztraminer ist dagegen schon eine deutliche Fülle zu spüren, der Wein besitzt Schmelz. Der Versuchung, diesem Wein merkliche Süße zu belassen, widerstanden Bernadette Friderichs und Thomas Henrichs allerdings. Das Ergebnis wirkt angenehm sortentypisch, würzig und animierend.

Weinbewertung

86	2019 Pinot trocken	12,5 %/8,80 €
84	2019 Riesling + Weißburgunder trocken „unverzichtbar"	11,5 %/6,80 €
86	2019 Riesling trocken „Devonschiefer"	12,5 %/8,80 €
87	2019 Riesling trocken „Mons Ignis"	13 %/12,80 €
86	2019 Gewürztraminer trocken	14 %/8,80 €

HENRICHS+
FRIDERICHS

2013 RIESLING
DREI SONNEN ○○○

RHEINHESSEN — FRIESENHEIM

Henrici

★

Kontakt
Hauptstraße 29a
55278 Friesenheim
Tel. 06737-8543
Fax: 06737-9254
www.aura-weine.de
laura@aura-weine.de

Besuchszeiten
nach Vereinbarung
Gästehaus mit 6 Doppelzimmern

Inhaber
Horst Henrici & Laura Henrici
Kellermeister
Laura Henrici
Außenbetrieb
Laura Henrici
Rebfläche
17 Hektar

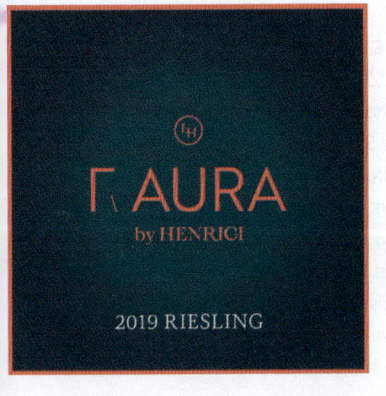

Seit der Mitte des 17. Jahrhunderts baut die Familie Wein in Friesenheim an, seit 1985 wird das Weingut, dem auch ein Gästehaus mit sechs Doppelzimmern angeschlossen ist, von Horst Henrici geführt. Tochter Laura hat als Veranstaltungskauffrau Erfahrungen in Gastronomie, Hotellerie und Event-Management gesammelt, dann in Geisenheim studiert, ein Praktikum in den Vereinigten Staaten absolviert. Sie hat ihre eigene Weinlinie „Aura by Henrici" kreiert, die derzeit fünf Weine umfasst: Riesling, Sauvignon Blanc, Weißburgunder, Grauburgunder und Rosé. Die Weinberge der Henricis befinden sich in den Lagen Dalheimer Kranzberg, Hahnheimer Moosberg, Köngernheimer Goldgrube und Friesenheimer Bergpfad. Das Sortenspektrum ist groß, umfasst Riesling und die Burgundersorten, Chardonnay, Bacchus und viele andere mehr. Dem Weingut ist ein Gästehaus mit 6 Doppelzimmern angeschlossen.

Kollektion

Beim guten Debüt im vergangenen Jahr überzeugte Laura Henrici mit der Gleichmäßigkeit ihrer kleinen Kollektion, mit der Zuverlässigkeit aller Weine. Und so ist das nun auch wieder mit der neuen Kollektion aus dem Jahrgang 2019. Die Weine bestechen mit ihrer Reintönigkeit, sie sind süffig, alle trocken ausgebaut, aber doch mit einer merklichen Restsüße versehen. Der Riesling überzeugt mit Frische und reintöniger Frucht im Bouquet, er ist klar und zupackend im Mund, geradlinig und frisch. Der Weißburgunder zeigt etwas rauchige Noten und feine süße Frucht im Bouquet, ist dann recht füllig und saftig im Mund bei klarer reifer Frucht und feiner Frische. Der Grauburgunder steht ihm nicht nach, ist frisch und fruchtbetont im Bouquet, wunderschön reintönig, harmonisch, klar und geradlinig im Mund, betont süffig. Eine gute Figur macht auch der würzige, leicht florale Sauvignon Blanc, zeigt viel Frische im Bouquet, ist lebhaft im Mund, geradlinig und zupackend, besitzt feine Frucht und Grip. Wenn wir einen spontanen Favoriten benennen müssten in der sehr gleichmäßigen Kollektion, dann würde unsere Wahl auf den Rosé fallen, der wunderschön frisch und fruchtbetont im Bouquet ist, rote Früchte zeigt, lebhaft und klar im Mund ist, zupackend, feine süße Frucht besitzt, feine dezente Tannine und Grip.

Weinbewertung

84	2019 Riesling trocken	12,5 % / 7,50 €
83	2019 Weißer Burgunder trocken	12,5 % / 7,50 €
83	2019 Grauer Burgunder trocken	12,5 % / 7,50 €
83	2019 Sauvignon Blanc trocken	13 % / 7,50 €
84	2019 Rosé trocken	12,5 % / 7,- €

Franz Herbster

Kontakt
Krozinger Straße 36
79238 Kirchhofen
Tel. 07633-4067095
Fax: 07633-4067097
www.herbster-weine.de
info@herbster-weine.de

Besuchszeiten
Do./Fr. 9-12 + 15-18 Uhr
Sa. 9-13 Uhr
und nach Vereinbarung
Weinproben bis 60 Personen

Inhaber
Franz Herbster
Betriebsleiter
Franz Herbster
Kellermeister
Franz Herbster
Rebfläche
12,2 Hektar
Produktion
100.000 Flaschen

Mit drei Hektar Weinbergen gründeten Franz und Marlene Herbster 2006 ihr eigenes Weingut. Franz Herbster war zuvor Kellermeister der Winzergenossenschaft Ehrenstetten und Betriebsleiter des Weingutes Fischer in Nimburg-Bottingen. Gut zehn Hektar sind seither daraus geworden, die sich auf verschiedene Lagen verteilen: Auf die Kirchhofener Lagen Batzenberg (mit der Gewanne Prälaten), Kirchberg und Höllhagen, die Ehrenstetter Lagen Oelberg (mit der Gewanne Alter Oelberg) und Rosenberg, den Bollschweiler Steinberg und den Norsinger Batzenberg. Gutedel, Weißburgunder, Grauburgunder und Spätburgunder sind die wichtigsten Rebsorten, dazu gibt es Riesling, Sauvignon Blanc, Gewürztraminer, Muskateller, Auxerrois (mit 1958 gepflanzten Reben), Chardonnay, Merlot, Müller-Thurgau und Silvaner. Am Ortsrand von Kirchhofen ist Franz Herbster mit seinem Weingut in einen Neubau mit Vinothek und großem Stückfasskeller eingezogen.

Kollektion

Die positive Überraschung ist der Pinot Noir „Prälaten" von 2018. Im Bouquet überzeugt er bereits mit kühler Kirschfrucht, auch am Gaumen bleibt ein fruchtig-frischer Eindruck, die guten Tannine sind jugendlich straff, der Wein hat Substanz, dafür spricht auch die salzige Länge. Der Gutedel ist fruchtig, zupackend mit reintöniger Frische. Der Weißburgunder hat eine helle Frucht, ist zupackend frisch mit gutem Biss. Der Grauburgunder ist ein etwas rauherer Bursche mit erdiger Frucht. Der Chenin Blanc ist blütenduftig und saftig mit viel Biss. Der Riesling zeigt eine typische Rieslingfrucht, ist schön leicht mit straffer Säure. Der Gewürztraminer ist rosenduftig, hat viel Spiel und Substanz. Der Chardonnay Prälaten zeigt Frucht und Würze im Bouquet, am Gaumen ist er füllig, mit feiner Frucht und ebensolcher Säure. Der Grauburgunder Vogelsang zeigt eine dezente Färbung, viel Frucht, feine Holzwürze, am Gaumen viel süße Frucht, Fülle und Wärme.

Weinbewertung

81	2019 Gutedel Kabinett trocken	11,5%/5,90€
82	2019 Weißburgunder Kabinett trocken	12,5%/7,90€
82	2019 Grauburgunder Kabinett trocken Kirchhofener Batzenberg	13%/7,90€
83	2019 Riesling Kabinett trocken Bollschweiler Steinberg	12%/10,50€
83	2019 Chenin Blanc Kabinett trocken Kirchhofener Kirchberg	12,5%/9,60€
85	2018 Chardonnay Spätlese trocken „Prälaten"	13,5%/12,50€
85	2018 Chardonnay Spätlese trocken „Prälaten"	13,5%/12,50€
83	2019 Gewürztraminer Spätlese trocken „Alter Oelberg"	13,5%/12,50€
85	2018 Grauburgunder Auslese trocken „Vogelsang"	14,5%/18,50€
81	2017 Spätburgunder Kabinett trocken Ehrenstetter Oelberg	13%/8,60€
87	2018 Pinot Noir Spätlese trocken „Prälaten"	13,5%/12,50€

BADEN ▶ VOGTSBURG

★★★★⯨ # Hermann

Kontakt
Alt-Vogtsburg 19
79235 Vogtsburg
Tel. 07662-6202
Fax: 07662-6202
www.weingut-hermann.de
mail@weingut-hermann.de

Besuchszeiten
Mo.-Fr. 9-19 Uhr
Sa. 9-17 Uhr
Probierstube

Inhaber
Falk Hermann
Rebfläche
3,5 Hektar
Produktion
15.000 Flaschen

Gitta und Klaus Hermann gründeten 1995 ihr eigenes Weingut in Alt-Vogtsburg am Kaiserstuhl. Sohn Falk, Geisenheim-Absolvent, kümmerte sich von jeher um den Weinausbau, inzwischen hat er den Betrieb übernommen, führt ihn zusammen mit Ehefrau Karin, die ebenfalls Önologin ist. Die Weinberge verteilen sich auf verschiedene Lagen des Kaiserstuhls und liegen in der Oberbergener Bassgeige, den Oberrotweiler Lagen Henkenberg, Eichberg und Käsleberg, im Schelinger Kirchberg und im Gottenheimer Kirchberg am Tuniberg. Im Anbau dominieren die Burgundersorten, die zwei Drittel der Rebfläche einnehmen, vor allem Spätburgunder, aber auch Grauburgunder und Weißburgunder. Hinzu kommen Chardonnay, Sauvignon Blanc, Cabernet Sauvignon und Syrah. Einige der Burgunderanlagen sind über 40 Jahre alt, ab Mitte der neunziger Jahre wurden Burgunderklone gepflanzt. Die Weine werden ausschließlich trocken und durchgegoren ausgebaut. Vor allem die Burgunder reifen recht lange auf der Feinhefe, die Rotweine werden grundsätzlich im Holzfass ausgebaut. Die Weine der Serie „Cantus Avis" („Gesang des Vogels", benannt nach dem Vogelsangpass) kommen für achtzehn Monate komplett in neue Barriques aus französischer Eiche und werden unfiltriert abgefüllt. Sie sind auf Haltbarkeit vinifiziert und reifen hervorragend, wovon wir uns schon des Öfteren überzeugen konnten.

Kollektion

Der Sauvignon Blanc ist vom rauchigen Typ. Frucht ist da, spielt bei diesem durchgegorenen Wein aber nicht die Hauptrolle. Am Gaumen verstärkt sich der rauchig-steinige Eindruck, dazu kommen mineralische Substanz und Länge. Der Chardonnay „Cantus Avis" von 2018 ist eindringlich feinwürzig, Frucht und noch etwas dominante Holzwürze am Gaumen, baut mineralischen Druck auf und ist deshalb nicht so füllig, wie der Alkoholgehalt suggeriert. Pinot Noir „Oratio" ist ein kraftvoller Spätburgunder mit feiner Frucht, guter Säure- und Tanninstruktur. Pinot Noir „Oratio" mit drei Sternen hat das gleiche Grundgerüst, ist aber komplexer, hat mehr Spiel und Tiefe. Pinot Noir „Cantus Avis" ist ein saftig-delikater Wein, mit viel Holzwürze und jugendlichem Tannin am Gaumen. Der Pinot Noir Reserve „Cantus Avis" ist sehr dunkel, sehr saftig, konzentriert.

Weinbewertung

87	2019 Sauvignon Blanc trocken „Oratio"	12,5%/11,-€
89	2018 Chardonnay trocken „Cantus Avis"	14%/18,-€
86	2018 Pinot Noir trocken „Oratio"	13,5%/12,-€
88	2018 Pinot Noir*** trocken „Oratio"	13,5%/17,-€
89	2018 Pinot Noir trocken „Cantus Avis"	13,5%/26,-€
90	2018 Pinot Noir trocken „Reserve Cantus Avis"	13,5%/45,-€

★★★★ Gut **Hermannsberg**

Kontakt
Ehemalige Weinbaudomaine
55585 Niederhausen
Tel. 06758-92500
Fax: 06758-925019
www.gut-hermannsberg.de
info@gut-hermannsberg.de

Besuchszeiten
März-Okt. Di.-Fr. 10-18 Uhr, Sa./So./Feiertage 12-18 Uhr; Nov.-Feb. Di.-Fr. 10-18 Uhr, Sa. 12-18 Uhr oder nach Vereinbarung; Geführte Weinproben für 8-15 Personen nach Vereinbarung; Gastronomie Do.-Sa. 18-21 Ur, Sa./So./Feiertage auch 12-17 Uhr; Gästehaus (11 Suiten und Doppelzimmer)

Inhaber Jens Reidel, Dr. Christine Dinse
Geschäftsführer Karsten Peter, Achim Kirchner, Jasper Reidel
Kellermeister Karsten Peter
Außenbetrieb Philipp Wolf
Rebfläche 30 Hektar
Produktion 150.000 Flaschen

Die ehemalige Weinbaudomäne wurde 1902 vom Königreich Preußen als Lehr- und Mustergut gegründet und gehörte nach 1946 dem Land Rheinland-Pfalz. 1998 wurde das Gut privatisiert und an die Pfälzer Familie Maurer verkauft, im Sommer 2009 erwarb es der Unternehmer Jens Reidel, 2010 wurde die ehemalige Staatsdomäne in Gut Hermannsberg umbenannt. Betriebsleiter und Kellermeister ist der Pfälzer Karsten Peter. Die Domäne besitzt ausschließlich Weinberge in Lagen, die vom VDP als „Große Lagen" klassifiziert wurden: Kupfergrube (Melaphyr, von eingebrachtem Carbonschiefer überdecktes Eruptivgestein) und Felsenberg (Melaphyr, mit steinig-grusigen Lehmen durchsetzt) in Schlossböckelheim, Hermannsberg (Monopollage mit Tonschiefer, Löss und Melaphyr), Steinberg (Porphyrit und steiniger Lehm) und Kertz (Carbonschiefer und Porphyrit) in Niederhausen, aber auch im Altenbamberger Rotenberg (steile Südlage mit Ryolith und Lehm) und in der Traiser Bastei (Ryolithgeröll) ist man vertreten. Neben Riesling, der 95 Prozent der Rebfläche einnimmt, gibt es ein klein wenig Weißburgunder. Das Sortiment ist derzeit dreistufig gegliedert in Gutsweine, Ortsweine und die Weine aus Großen Lagen, die trocken ausgebaut Große Gewächse heißen und bei Gut Hermannsberg aus den Lagen Hermannsberg, Kupfergrube und Bastei, mit dem Jahrgang 2015 auch erstmals aus dem Steinberg und dem Rotenberg und 2016 auch aus dem Felsenberg stammen. Die Trauben für den Riesling „Steinterrassen" stammen aus den Lagen Steinberg, Rotenberg und Kertz, die Ortsweine stammen aus Niederhausen und Schlossböckelheim, aus Steinberg und Rotenberg werden auch süße Rieslinge erzeugt.

Kollektion

Die Großen Gewächse aus der Bastei, dem Hermannsberg und der Kupfergrube kamen seit einigen Jahren zum 1. September zwei Jahre nach der Ernte in den Verkauf, doch jetzt geht das Gut Hermannsberg noch einen Schritt weiter: Bei der Kupfergrube wird der Veröffentlichungs-Rhythmus auf fünf Jahre ausgedehnt, den 2015er konnten wir in diesem Jahr als „Re-Release" also nochmals verkosten, der Wein zeigt deutliche Reifenoten im Bouquet, etwas Feige, Quitte und Mürbegebäck, besitzt am Gaumen eine leicht cremige Textur, eine animierende Säure, leicht salzige Noten und ist sehr nachhaltig. Genauso stark schätzen wir den 2018er Bastei ein, der im Bouquet steinig-kräutrige Noten, etwas Brotkruste, Honigmelone und einen Hauch von Waldhonig zeigt und am Gaumen gute Konzentration, viel feinen Druck und salzige Länge besitzt, knapp dahinter liegen der 2018er Hermannsberg mit dezenten Reifenoten und deutlicher steinig-mineralischer Würze, der am Gaumen guten Grip und Zitrusnoten, etwas Ananas, besitzt, animierend und nachhaltig ist und der

2019er Felsenberg, der im Duft an ein frisches Honigbrötchen erinnert, dazu kommen etwas kräutrige Würze und Zitrusnoten, am Gaumen besitzt er Kraft und viel klare Frucht, Aprikose, Melone, Druck und gute Länge. Der 2019er Steinberg zeigt leicht steinige Noten und dezente gelbe Frucht, etwas Ananas, im Bouquet, besitzt viel Grip, ist schon sehr präsent und animierend, der 2019er Rotenberg zeigt dagegen eher kräutrige Würze und dunklen Waldhonig im Bouquet, besitzt am Gaumen Kraft und gute Länge. Der „Steinterrassen" ist leicht verhalten im Bouquet, besitzt etwas Fülle, dezente Süße und guten Grip, ist animierend und nachhaltig, der Schlossböckelheimer Orts-Riesling zeigt feine rauchig-mineralische Würze, ist am Gaumen von herber Zitrusfrucht geprägt, besitzt leicht salzige Länge, der Niederhäuser zeigt leicht steinige Noten, ist etwas fülliger und besitzt ebenfalls salzige Noten, der „7 Terroirs" zeigt dezente gelbe Frucht und etwas Kräuter- und Tabakwürze im Bouquet, besitzt einen lebendigen Säurenerv. Unter den drei restsüßen Rieslingen favorisieren wir wieder einmal die Spätlese aus dem Steinberg, der Wein zeigt leicht kräutrige Noten, etwas Aprikose und Waldhonig im Bouquet, ist am Gaumen leicht cremig, aber schlank, besitzt eine feine Süße und ein animierendes Säurespiel, die Spätlese aus dem Rotenberg ist etwas verhaltener, zeigt etwas gelben Apfel und Zitrusnoten, besitzt ebenfalls eine leicht cremige Konsistenz und Frische, der Kabinett bleibt leicht zurückhaltend in der Frucht, besitzt deutliche mineralische Würze und eine frische Säure.

🍇 Weinbewertung

86	2019 Riesling trocken „7 Terroirs"	12,5 %/11,90 €
88	2019 Riesling trocken „Vom Schiefer" Niederhäuser	13 %/16,50 €
88	2019 Riesling trocken „Vom Vulkan" Schlossböckelheimer	13 %/16,50 €
89	2019 Riesling trocken „Steinterrassen"	13 %/19,90 €
92	2018 Riesling „GG" Bastei	12,5 %/48,- €
91	2018 Riesling „GG" Hermannsberg	12,5 %/42,- €
90	2019 Riesling „GG" Steinberg	13 %/32,- €
92	2015 Riesling „GG" Kupfergrube „Reserve"	12,5 %/55,- €
90	2019 Riesling „GG" Rotenberg	13 %/28,- €
91	2019 Riesling „GG" Felsenberg	13,5 %/36,- €
86	2019 Riesling Kabinett	9 %/13,50 €
88	2019 Riesling Spätlese Altenbamberger Rotenberg	9,5 %/19,90 €
89	2019 Riesling Spätlese Niederhäuser Steinberg	8,5 %/19,90 €

Lagen
Hermannsberg (Niederhausen)
Kupfergrube (Schlossböckelheim)
Steinberg (Niederhausen)
Rossl (Niederhausen)
Bastei (Traisen)
Rotenberg (Altenbamberg)
Felsenberg (Schlossböckelheim)

Rebsorten
Riesling (95 %)
Weißburgunder (5 %)

MOSEL – KRÖV

★★

Bernd Hermes

Kontakt
Im Flurgarten 31-32
54536 Kröv
Tel. 06541-3619
Fax: 06541-3584
www.bernd-hermes.de
weingut@bernd-hermes.de

Besuchszeiten
nach Vereinbarung
Luxusferienwohnungen
(5 Sterne)

Inhaber
Bernd Hermes
Kellermeister
Bernd & Maximilian Hermes
Rebfläche
4,5 Hektar
Produktion
45.000 Flaschen

Seit Generationen baut die Familie Wein in Kröv an, heute wird der Betrieb von Bernd Hermes geführt. Seine Weinberge liegen in den Kröver Lagen Steffensberg, Letterlay, Kirchlay und Paradies sowie im Wolfer Klosterberg. Riesling nimmt 70 Prozent der Rebfläche ein, dazu gibt es Müller-Thurgau (inzwischen nur noch 10 Prozent der Fläche), Spätburgunder (10 Prozent) sowie ein wenig Weißburgunder und Sauvignon Blanc. Die Weine werden temperaturgesteuert vergoren und reduktiv vinifiziert. Ein neues Flaschenlager und Luxusferienwohnungen im Penthousestil (sie sind mit der Bewertung von fünf Sternen versehen) wurden gebaut. Inzwischen bringt auch Sohn Maximilian, nach Lehrjahren bei Daniel Vollenweider, Thorsten Melsheimer und beim Pfälzer Weingut Fitz-Ritter, seine Erfahrungen in die Weinbereitung ein. Die zusätzliche Kompetenz kann man erkennen, die Weine haben in letzter Zeit deutlich an Finesse und Ausdruck gewonnen, das gilt sowohl für die trockenen und feinherben Rieslinge, allen voran die Spätlesen aus der Letterlay, als auch für die restsüßen Weine vom Kabinett bis hin zur Auslese.

Kollektion

Der Sauvignon Blanc ist frisch, weist in der Nase Noten von grünem Spargel und frischer Stachelbeere auf, ist rassig und straff. Noch ganz verschlossen wirkt die trockene Spätlese aus der Letterlay, mit nussiger Hefewürze in der Nase und viel Würze: ein gelungener trockener Wein, der sich gut entwickeln dürfte. Der feinherb ausgebaute „MX" ist kompakt, würzig, noch entwicklungsfähig. Ein Hauch Ananas in der Nase ist beim Kabinett aus der Kröver Kirchlay zu erkennen, der Wein ist gut balanciert, würzig, nicht zu süß. Vielschichtig gibt sich die Spätlese aus dem Kröver Nacktarsch, mit würziger, offener Frucht, Zitrusschale in der Nase, dann rassig und würzig im Nachhall; noch etwas kraftvoller, aber auch süßer fällt ihr Pendant aus dem Steffensberg aus. Würzig, aber durch den hohen Alkohol etwas mächtig wirkt der Rotwein „Red Max" aus dem Jahrgang 2018.

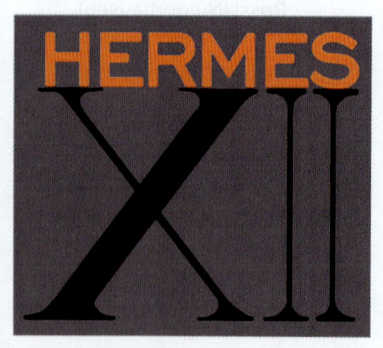

Weinbewertung

82	2019 Riesling trocken (1l)	11,5 %/7,30 €
85	2019 Sauvignon Blanc trocken	13 %/10,- €
85	2019 Riesling Spätlese trocken Kröver Letterlay	12,5 %/9,- €
85	2019 Riesling Kabinett halbtrocken Kröver Paradies	11,5 %/7,70 €
85	2019 Riesling „feinherb""MX"	10,5 %/8,50 €
85	2019 Riesling Spätlese „feinherb" Kröver Letterlay	11,5 %/9,30 €
84	2019 Riesling Kröver Nacktarsch (1l)	8,5 %/7,- €
85	2019 Riesling Kabinett Kröver Kirchlay	9 %/7,70 €
86	2019 Riesling Spätlese Kröver Nacktarsch	8,5 %/8,50 €
87	2019 Riesling Spätlese Kröver Steffensberg	8 %/11,- €
84	2018 Spätburgunder „Red Max"	14,5 %/11,- €

MOSEL — MINHEIM

Roman Herzog

Kontakt
Am Eichhaus 4
54518 Minheim
Tel. 06507-5233
www.weingut-roman-herzog.de
info@weingut-roman-herzog.de

Besuchszeiten
täglich nach Vereinbarung

Inhaber
Roman Herzog

Rebfläche
3 Hektar

Das Weingut ist ein echter Familienbetrieb, der in der dritten Generation von Roman Herzog geführt wird, allerdings Neuem gegenüber aufgeschlossen ist. Seit 2004 wurde der Weinbau auf ökologische Anbauweise umgestellt, ist Mitglied im ökologischen Weinbauverband Ecovin. Bewirtschaftet werden Parzellen in den Lagen Rosenberg, Günterslay, Burglay und Kapellchen, außer Riesling wachsen hier auch Spätburgunder, Rivaner und Kerner. Alle Weine sind spontan vergoren und vegan, wirken geradlinig und schlank, besitzen eine präzise Frucht. Zum Weingut gehört auch eine Brennerei, die wie das Weingut in der 3. Generation seit Anfang des 20. Jahrhunderts besteht.

Kollektion

In der Basis gefallen sowohl der trockene Rivaner als auch Grau- und Weißburgunder. Alle drei sind fein und klar, zugänglich und eher elegant als puristisch. „Kuckuck" nennt sich eine trockene Spätlese aus dem Jahrgang 2019 mit attraktivem Etikett, die noch etwas verschlossen wirkt, in der Nase etwas Kernobst und Hefe zeigt und im Mund schön straff ausfällt. Die trockene Spätlese aus 2018 ist schon deutlich offener, sie zeigt eine für den Jahrgang nicht selbstverständliche Balance, ist ebenfalls straff und zupackend. Die feinherbe Spätlese von alten Reben duftet nach Zitrus und Apfel, ist ausgewogen und würzig, die niedrige Süße ist gut integriert. Der Riesling Classic ist saftig und recht süß, aber stimmig. Noch etwas besser gefällt die Spätlese aus 2018, die eine gute Balance aufweist, feine Zitrus- und Steinobstaromen in der Nase zeigt und eine animierende Säure dazu. Dieser Wein hat eine erste Reife erreicht und macht jetzt besonders viel Spaß. Auch der Rosé ist gelungen, fest und würzig, gefällt noch besser als der Blanc de Noir. Was den Spätburgunder als Rotwein angeht: Er gefällt, weil er eine kühle, klare Frucht (Anklänge an frische Pflaumen) zeigt und eine schöne Frische aufweist.

Weinbewertung

82	2019 Rivaner trocken	12%/6,50€
82	2019 Weißer Burgunder trocken	12%/7,-€
83	2019 Grauer Burgunder trocken	12,5%/7,-€
81	2019 Blanc de Noir „Zaunkönig"	12,5%/7,-€
84	2019 Riesling Spätlese trocken „Kuckuck"	11,5%/7,50€
85	2018 Riesling Spätlese trocken	12%/7,50€
81	2019 Riesling Classic	10%/7,-€
82	2019 Weißer Burgunder „feinherb"	11,5%/6,90€
84	2019 Riesling Spätlese „feinherb" Minheimer Burglay	11,5%/7,50€
85	2018 Riesling Spätlese	7,5%/7,50€
83	2019 Spätburgunder Rosé trocken	12%/6,50€
84	2018 Spätburgunder trocken	13%/8,90€

RHEINGAU ▶ GEISENHEIM

★★★✩

Prinz von Hessen

Kontakt
Grund 1, 65366 Geisenheim
Tel. 06722-409180
Fax: 06722-4091820
www.prinz-von-hessen.de
weingut@prinz-von-hessen.de

Besuchszeiten
Di.-Sa. 12-17 Uhr

Inhaber
Hessische Hausstiftung

Betriebsleiterin
Bärbel Weinert

Kellermeister
Sascha Huber

Rebfläche
47 Hektar

Produktion
300.000 Flaschen

1957 erwarb Philipp Landgraf von Hessen für die Hessische Hausstiftung ein Weingut in Johannisberg mit damals 7 Hektar Weinbergen. In den darauf folgenden Jahren wurde der Besitz stark vergrößert, man erwarb Weinberge in verschiedenen Gemeinden des Rheingaus. Heute konzentriert man sich auf den Johannisberger Klaus, die Winkeler Lagen Hasensprung, Jesuitengarten und Dachsberg, die Kiedricher Sandgrub und den Geisenheimer Kläuserweg. Neben dem dominierenden Riesling werden Weißburgunder und Scheurebe, sowie Spätburgunder und Merlot angebaut. Das Sortiment ist gegliedert in Gutsweine, Ortsweine und Weine aus Großen Lagen, darunter fallen süße und edelsüße Rieslinge sowie drei trockene Große Gewächse aus Klaus, Jesuitengarten und Hasensprung.

Kollektion

Die Gutsweine sind alle harmonisch, bieten klaren Sortencharakter und Trinkfluss. Besonders gut gefallen uns die beiden kräftigen Scheureben: Die 2018er bietet jetzt optimalen Trinkgenuss, mit dezenter Stachelbeernote und guter Struktur macht sie durchaus internationalem Sauvignon Blanc Konkurrenz, die als Fassprobe präsentierte Variante aus 2019 verspricht ein ebenso guter Wein zu werden, vielleicht etwas fülliger. Der „Kabinett Royal" gefällt bei moderatem Alkohol mit saftiger Frucht, ist ansprechend frisch, der Johannisberger Riesling hingegen tendiert deutlich in Richtung Fülle, bei milder Säure ist er sehr eingängig. Das 2018er Große Gewächs aus dem Johannisberger Klaus ist eine runde Sache, die Aromen von reifen Zitrusfrüchten und frischen Kräutern sind intensiv, durch gekonnt eingesetzte Gerbstoffe besitzt es Struktur. Mehr überzeugt uns der im großen Holz ausgebaute Dachsfilet-Riesling, weil er sehr ausgewogen und von feiner Stoffigkeit ist, mehr Schliff bietet und nachhaltig ist. Die beiden Spätlesen sind fein, die Steckenpferd-Spätlese ist klassisch elegant, die aus dem Hasensprung erinnert in Ihrer Fülle eher an eine kleine Auslese.

Weinbewertung

85	2019 Weißburgunder trocken	11,5%/9,60€
86	2018 Scheurebe trocken	12%/8,90€
(86)	2019 Scheurebe trocken	11,5%/9,60€
85	2019 Riesling trocken	11,5%/9,60€
86	2019 Riesling trocken Johannisberger	12,5%/13,60€
87	2019 Riesling Kabinett trocken „Royal"	11,5%/13,60€
90	2018 Riesling trocken „Dachsfilet"	12,5%/22,55€
89	2018 Riesling trocken „GG „Johannisberger Klaus	13%/28,90€
85	2019 Riesling „Classic feinherb"	11,5%/9,60€
88	2019 Riesling Spätlese „Steckenpferd"	12,5%/22,55€
89	2019 Riesling Spätlese Winkel Hasensprung	8%/22,50€
84	2019 Rosé „feinherb"	12,5%/9,60€

PFALZ — RHODT

★★

Christian Heußler

Kontakt
Mühlgasse 5
76835 Rhodt
Tel. 06323-2235
Fax: 06323-980533
www.heussler-wein.de
info@heussler-wein.de

Besuchszeiten
Mo + Mi.-Fr. 10-12 + 13:30-18 Uhr, Sa. 10-17 Uhr

Inhaber
Christian Heußler
Rebfläche
16,5 Hektar
Produktion
90.000 Flaschen

Seit 1750 bearbeitet die Familie Heußler Weinberge in Rhodt und Umgebung, stieg aber erst 1996 in die eigene Vermarktung von Flaschenweinen ein. Die Weinberge befinden sich vor allem in Rhodt in den Lagen Schlossberg (je nach Parzelle Buntsandsteinverwitterung, Rotliegendes, Letten mit Kalkstein und Sand), Rosengarten (überwiegend sandiger Lehm mit fossilem Kalkgestein) und Klosterpfad (Lehm, Sand und schwerer Letten mit hohem Tonanteil), aber auch in den Nachbargemeinden Hainfeld und Edenkoben. Zwei Drittel der Fläche nehmen weiße Sorten ein, vor allem Riesling, Grau- und Weißburgunder, aber auch Chardonnay, Muskateller, Gewürztraminer und Sauvignon Blanc. Wichtigste rote Sorten sind Spätburgunder, Dornfelder und Portugieser. St. Laurent, Dunkelfelder, Cabernet Sauvignon und Syrah kamen in den letzten Jahren hinzu. Die Rosswingert-Weine stammen aus drei Weinbergen, bei denen die Bodenbearbeitung ohne Traktor ausschließlich mit Hilfe des Kaltbluts Rico durchgeführt wird.

Kollektion

Bereits der „kleine" Riesling von Sandsteinböden hat viel Biss. Mehr Stoff und mehr Opulenz bringt der Riesling Kalkmergel mit. Noch eine Spur besser sind „Granit" und Sandsteinterrassen, die mehr Feinheit und Finesse bei gleicher Fülle mitbringen. Die Kollektion führt wie in den vergangenen Jahren der Riesling aus dem Rosswingert an, der viel reife Frucht zeigt, aber dennoch kein fruchtbetonter Wein ist sondern viel mehr von seiner druckvollen Struktur und einem guten Grip lebt. Auch mit anderen Rebsorten kann Christian Heußler punkten. Der Weißburgunder Klosterpfad aus dem Tonneau hat viel Stoff, eine leicht süßliche gelbe Frucht und zarten Schmelz. Sehr gut ist auch der Sauvignon Blanc Fumé, der verhältnismäßig karg daherkommt und dezente Noten von weißem Pfirsich und Kirschblüte aufweist. Unter den Rotweinen gefällt uns der dichte, leicht rauchige Spätburgunder am besten.

Weinbewertung

83	2019 Sauvignon Blanc trocken	13,5%/7,20€
82	2019 Muskateller trocken	13%/7,20€
86	2019 Riesling trocken „Kalkmergel" Rhodter Schlossberg	12,5%/8,50€
84	2019 Riesling trocken „Sandstein"	12%/6,20€
87	2019 Riesling trocken „Granit" Rhodter Schlossberg	12,5%/8,80€
85	2019 Weißburgunder trocken Rhodter Klosterpfad	14%/8,20€
88	2019 Riesling trocken „Rosswingert" Rhodter Schlossberg	12,5%/9,80€ ☺
87	2019 Riesling trocken „Sandsteinterrassen" Rhodter Schlossberg	12,5%/9,80€
86	2019 Sauvignon Blanc trocken „Fumé"	14%/11,20€
83	2017 „Cuvée Georg H" Rotwein trocken	13%/7,20€
82	2018 Merlot trocken Holzfass	14%/8,20€
84	2018 Spätburgunder trocken „Rosswingert" Rhodter Rosengarten	13,5%/12,50€

WEINGUT CHRISTIAN HEUSSLER

SAALE-UNSTRUT ➡ NAUMBURG

★★★

Hey

Kontakt
Weinberge 1d
06618 Naumburg
Tel. 03445-6774165
www.weinguthey.de
kontakt@weinguthey.de

Besuchszeiten
Straußwirtschaft und
Ausschank April-Okt. Mi.-So.
12-18 Uhr, Nov.-Weihnachten
Fr./Sa. 12-18 Uhr
kulturelle und kulinarische
Veranstaltungen

Inhaber
Matthias Hey
Betriebsleiter
Matthias Hey
Kellermeister
Matthias Hey
Rebfläche
6 Hektar
Produktion
33.000 Flaschen

Das Weingut liegt wenige Kilometer westlich von Naumburg an der Straße von Roßbach nach Bad Kösen, im Naumburger Stadtteil Weinberge, am Fuße des Naumburger Steinmeisters. 2001 kauften Sigrun und Reinhard Hey den Gutshof und eine Parzelle im Steinmeister, sie setzten die alten Trockenmauern wieder instand und befreiten die noch vorhandenen Reben vom Gestrüpp, legten damit den Grundstein für das heutige Weingut Hey. Nach seinem Geisenheim-Studium und Praxissemestern in Italien kehrte ihr Sohn Matthias 2007 auf den Gutshof zurück und erzeugte die ersten Weine. Die Weinberge befinden sich in den Naumburger Lagen Steinmeister und Sonneck, die Reben wachsen teils auf Muschelkalk, teils auf Buntsandstein. Riesling nimmt die Hälfte der Rebfläche ein, hinzu kommt Weißburgunder sowie etwas Zweigelt, Grauburgunder und Spätburgunder. Das Sortiment wurde 2019 konsequent dem vierstufigen VDP-Modell angepasst.

Kollektion

Nach einer starken Kollektion im Vorjahr präsentiert sich der neue Jahrgangs nochmals geschlossener auf hohem Niveau. Der Weiße Hey ist frisch und zupackend, der Naumburger Riesling zeigt etwas Apfel und Pfirsich, ist klar und geradlinig, der Naumburger Weißburgunder besitzt gute Struktur, Frische und reintönige Frucht. Eine weitere Steigerung bringen die Lagenweine aus dem Sonneck: Der Grauburgunder ist reintönig, strukturiert und zupackend, der Riesling besitzt Frische, Grip und feine süße Frucht. An der Spitze der Kollektion stehen die Großen Gewächse aus dem Steinmeister. Vom Weißburgunder konnten wir gleich zwei Jahrgänge verkosten, der 2018er ist füllig, kraftvoll, besitzt Substanz und Wärme, der 2019er zeigt weiße und gelbe Früchte, besitzt gute Struktur, Kraft und reintönige Frucht. Der 2019er Grauburgunder ist intensiv, konzentriert, reintönig, füllig und dominant, der 2019er Riesling besitzt reintönige Frucht, viel Stoff und Druck. Große Klasse ist auch der Zweigelt „Breitengrad 51", besitzt Fülle, Kraft, intensive Frucht. Bravo!

Weinbewertung

84	2019 „Weißer Hey" Weißwein trocken	12%/12,90€
85	2019 Riesling Naumburg	11,5%/14,-€
86	2019 Weißburgunder Naumburg	12%/14,-€
87	2019 Grauburgunder Naumburger Sonneck	13,5%/19,-€
88	2019 Riesling Naumburger Sonneck	12,5%/19,-€
88	2018 Weißburgunder „GG" Naumburger Steinmeister	14%/28,-€
89	2019 Weißburgunder „GG" Naumburger Steinmeister	13,5%/28,-€
89	2019 Grauburgunder „GG" Naumburger Steinmeister	13%/28,-€
89	2019 Riesling „GG" Naumburger Steinmeister	12,5%/28,-€
89	2018 Blauer Zweigelt „Breitengrad 51"	15%/24,-€

WEINGUT HEY

RHEINHESSEN ▶ GUNTERSBLUM

★★

Hiestand

Kontakt
Weingut & Hofbrennerei Hiestand
Nordhöferstraße 19
67583 Guntersblum
Tel. 06249-2266
Fax: 06249-7835
www.hiestand-weingut.de
info@hiestand-weingut.de

Besuchszeiten
Mo.-Fr. nach Vereinbarung
Sa. 10-16 Uhr

Inhaber
Gunther Hiestand
Rebfläche
12 Hektar
Produktion
90.000 Flaschen

Die Weinberge von Gunther Hiestand liegen in den Guntersblumer Lagen Kreuzkapelle, Steig-Terrassen, Bornpfad (mit der Gewanne Kachelberg) und Eiserne Hand, sowie im Albiger Schloss Hammerstein. Seine wichtigsten Rebsorten sind Silvaner, Riesling, Weißburgunder und Gewürztraminer, dazu gibt es Grauburgunder, Scheurebe und Sauvignon Blanc sowie rote Sorten wie Portugieser oder Schwarzriesling; zuletzt wurden Piwi-Sorten gepflanzt. Die Weinberge werden biologisch bewirtschaftet. Während der Gutshof der Hiestands in der Nordhöferstraße liegt, befindet sich der Keller im Guntersblumer Kellerweg. Dort reifen die Weine in Fässern aus Spessarteiche. Alle Weine werden seit jeher mit den natürlichen Hefen vergoren. Seit 1997 wird das alte Brennrecht wieder ausgeübt und Trauben, Hefe, Holunder, Weinbergpfirsich und Quitte werden in der hauseigenen Destille gebrannt. Die Ortsweine kommen erst im zweiten Jahr nach der Ernte in den Verkauf, die Lagenweine noch ein Jahr später.

Kollektion

Im vergangenen Jahr sahen wir den Kachelberg-Weißburgunder knapp vor dem Kreuz-Riesling. Diese beiden Weine aus dem Jahrgang 2017 konnten wir nun erneut verkosten: Der sehr eigenständige, enorm würzige Weißburgunder besitzt Fülle, Saft und viel Substanz, dieses Jahr nun gefällt uns aber der Riesling ein klein wenig besser, der zwar recht süß ist, aber Fülle und Komplexität besitzt, viel Substanz und Saft. Die 2019er Gutsweine sind geradlinig und klar, die 2018er Ortsweine deutlich fülliger und kraftvoller. Der Sylvaner gefällt uns besonders gut, er ist konzentriert und würzig, besitzt Fülle, Kraft und gute Struktur – und kann reifen, wie der 2016er unter Beweis stellt. Gewürztraminer kann trocken wie süß punkten, beide Weine sind üppig, der Guntersblumer Schwarzriesling aus dem Jahrgang 2017 ist reintönig, füllig und saftig, besitzt reife Frucht und gute Struktur. Eine starke, gewohnt eigenständige Kollektion!

Weinbewertung

82	2019 Grüner Sylvaner trocken „organic"	11,5%/7,50 €
81	2019 Riesling trocken	12%/8,- €
82	2019 Weißer Burgunder trocken	12,5%/8,- €
85	2016 Sylvaner trocken Guntersblum	13%/12,- €
85	2018 Sylvaner trocken Guntersblum	14%/12,- €
82	2018 „Grauweiss" Burgunder trocken	13,5%/10,- €
84	2018 Riesling trocken Guntersblum	12,5%/12,- €
88	2017 Riesling trocken „JJ" Kreuz Guntersblumer Kreuzkapelle	12%/24,- €
84	2018 Gewürztraminer trocken Guntersblum	14,5%/12,- €
87	2017 Weißer Burgunder „JJ" Guntersblumer Kachelberg	12%/24,- €
84	2018 Gewürztraminer Spätlese Guntersblumer Bornpfad	11%/12,- €
85	2017 Schwarzriesling Guntersblum	13%/12,- €

FRANKEN ▬ HÜTTENHEIM

★★★

Hillabrand

Kontakt
Hüttenheim 96
97348 Hüttenheim
Tel. 09326-1765
Fax: 09326-979008
www.weingut-hillabrand.de
info@weingut-hillabrand.de

Besuchszeiten
nach Vereinbarung
Heckenwirtschaft
Gästezimmer

Inhaber
Markus Hillabrand

Rebfläche
9 Hektar

Produktion
45.000 Flaschen

Seit 1929 baut die Familie Wein in Hüttenheim an. Bis 2006 wurde der Weinbau im Nebenerwerb betrieben, mit dem Abschluss der Winzerlehre, beim Weingut Wirsching in Iphofen, konzentriert sich Markus Hillabrand seither ganz auf Weinbau. Bereits seit 1999 wird eine Heckenwirtschaft im historischen Fachwerkhaus von 1572 betrieben. Die Weinberge liegen größtenteils im Hüttenheimer Tannenberg, ein Teil in Steillagen, dazu besitzt man Parzellen in Bullenheim in der Lage Paradies, die nicht mehr in Unterfranken liegt, sondern schon zu Mittelfranken gehört, sowie im Reuscher Hohenlandsberg. Hüttenheim liegt am Fuß des südlichen Steigerwalds; seit 1199 ist Weinbau in Hüttenheim urkundlich belegt, die Reben wachsen auf Gipskeuperböden, in unterschiedlichen Expositionen. Scheurebe spielt eine wichtige Rolle im Betrieb, dazu gibt es Silvaner, Müller-Thurgau, Bacchus, Riesling, Weißburgunder, sowie die roten Sorten Dornfelder, Regent, Spätburgunder und Domina, zuletzt hat Markus Hillabrand Goldmuskateller gepflanzt. Eine neue Vinothek wurde gebaut, man bietet nun auch Gästezimmer an.

Kollektion

Der „g'scheit" trocken Silvaner gefällt uns 2019 besonders gut, er ist fruchtbetont, saftig, reintönig. Der Goldmuskateller ist klar und zupackend, der Bacchus würzig, reintönig, der Weißburgunder besitzt klare Frucht und gute Harmonie. Deutlich mehr Substanz und teilweise auch Alkohol besitzt die „Steiler Südhang"-Linie: Der Silvaner zeigt intensive Frucht, Birnen, ist füllig und saftig, der leicht pfirsichduftige Riesling besitzt reintönige Frucht und gute Struktur, die Scheurebe ist intensiv fruchtig und reintönig. Etwas besser noch gefällt uns die füllige, saftige Scheurebe von alten Reben in Bullenheim mit ihrem faszinierend reintönigen Bouquet. Highlight ist der 2018er Silvaner aus der Amphore, ein Gemeinschaftsprojekt der Keuper Connection, der neben Markus Hillabrand noch Maximilian Martin sowie Thomas Fröhlich (Ilmbacher Hof) angehören: Dominant, konzentriert, viel Duft, füllig und kraftvoll, enorm stoffig und intensiv bei ganz dezenter Bitternote im Abgang.

Weinbewertung

86	2019 Silvaner „g'scheit" trocken	13 %/7,-€ ☺
83	2019 Bacchus trocken Hüttenheimer Tannenberg	12 %/6,-€
84	2019 Weißer Burgunder trocken Hüttenheimer Tannenberg	13 %/7,-€
84	2019 Gold Muskateller trocken Hüttenheimer Tannenberg	12 %/7,-€
87	2019 Silvaner trocken „Steiler Südhang" Hüttenheimer Tannenberg	14 %/10,-€
87	2019 Riesling trocken „Steiler Südhang" Hüttenheimer Tannenberg	14 %/10,-€
85	2019 Scheurebe trocken „Steiler Südhang" Hüttenheimer Tannenberg	13 %/10,-€
87	2019 Scheurebe trocken „Alte Reben" Bullenheimer Paradies	13,5 %/10,-€
90	2018 „Amphorenwein"	14 %/35,-€

FRANKEN — RANDERSACKER

★★★

Hiller

Kontakt
Alandsgrundweg 8
97236 Randersacker
Tel. 0931-26094373
www.hiller-wein.de
post@hiller-wein.de

Besuchszeiten
jederzeit nach Vereinbarung

Inhaber
Christian Hiller
Rebfläche
1,5 Hektar
Produktion
5.000 Flaschen

Mitte der siebziger Jahre errichtete Walter Hiller das Betriebs- und Kellereigebäude im Alandsgrund, zwischen Randersacker und Würzburg. Er war Traubenproduzent, erzeugte Wein nur für den Eigenverbrauch. Otto Hiller übernahm später den Betrieb, richtete ihn ganz auf Traubenerzeugung aus und erweiterte die Rebfläche. Erst mit der Übernahme durch Christian Hiller änderte sich alles. Schon während seiner Winzerlehre und später während seines Geisenheim-Studiums – mit Auslandspraktika in Österreich und Kanada – fasste er den Entschluss selbst Wein zu erzeugen. 2014 vinifizierte er seine ersten eigenen Weine, einen Silvaner und einen Spätburgunder. Er führt den kleinen Betrieb im Nebenerwerb zusammen mit Ehefrau Karoline. Ihre Weinberge liegen alle in Randersacker, in den Lagen Marsberg (mit alten Silvanerreben), Sonnenstuhl und Teufelskeller. Zwei Drittel der Rebfläche nimmt Silvaner ein, ein Viertel Scheurebe, die aber inzwischen gerodet und im Frühjahr 2017 durch Riesling ersetzt wurde, dazu gibt es etwas Spätburgunder. Die Weine werden im Edelstahl vergoren, teils spontan, und lange auf der Feinhefe ausgebaut, der Spätburgunder wird maischevergoren und in Barriques aus heimischer und französischer Eiche ausgebaut und unfiltriert abgefüllt. Neu ins Programm kam mit dem Jahrgang 2018 der Rosé, Riesling folgte 2019.

Kollektion

Christian Hiller gehört zu den Shooting Stars der letzten Jahre in Franken. Die neue Kollektion bestätigt dies, die Weine zeigen eine klare Handschrift, die Lagenunterschiede werden mit dem Silvaner schön herausgearbeitet. Der Sonnenstuhl-Silvaner ist rauchig und konzentriert, füllig und kraftvoll, besitzt gute Struktur und klare Frucht. Der Teufelskeller-Silvaner ist wesentlich verschlossener, zeigt intensive Frucht, besitzt Fülle und Kraft, gute Struktur und Substanz, braucht Luft und Zeit. Der Silvaner aus dem Marsberg stammt aus dem Jahrgang 2018, zeigt dezente Reife im Bouquet, gute Intensität, ist füllig und saftig bei klarer reifer Frucht. Neu im Programm ist der intensiv zitrus- und pfirsichduftige Riesling, der lebhaft und frisch ist, deutlich süß wie auch der harmonische, süffige Spätburgunder Rosé. Den Spätburgunder aus dem Sonnenstuhl hatten wir schon im vergangenen Jahr vorgestellt, er besticht erneut mit seiner klaren Aromatik, mit Reintönigkeit und Frische.

Weinbewertung

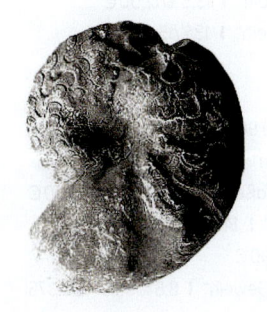

87	2019 Silvaner trocken Randersackerer Sonnenstuhl	13,5%/8,50€ ☺
88	2019 Silvaner trocken Randersackerer Teufelskeller	13,5%/8,50€ ☺
87	2018 Silvaner trocken Randersackerer Marsberg	14%/9,-€
85	2019 Riesling „steil & steinig"	12%/9,-€
83	2019 Spätburgunder Rosé Randersackerer	12%/7,50€
89	2017 Spätburgunder trocken Randersackerer Sonnenstuhl	13,5%/15,-€

WÜRTTEMBERG ▶ LEINGARTEN

Christian Hirsch

★★★

Kontakt
Kastanienstraße 1
74211 Leingarten
Tel. 07131-401682
Fax: 07131-403493
www.hirschweine.de
info@hirschweine.de

Besuchszeiten
Mo. 9-12 Uhr,
Di.-Fr. 9-12 + 14-18 Uhr
Sa. 9-13 Uhr

Inhaber
Christian Hirsch
Betriebsleiter
Björn Schilling
Rebfläche
13 Hektar
Produktion
180.000 Flaschen

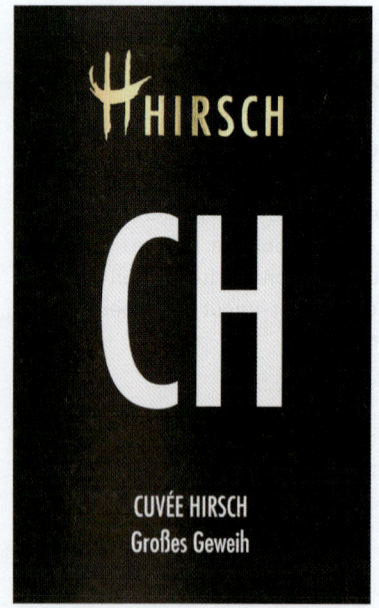

Seit drei Generationen baut die Familie Wein in Leingarten an, am Fuße des Heuchelbergs. Neben dem Ertrag der 10 Hektar eigenen Weinberge wird auch die Ernte einer angeschlossenen Leingartener Erzeugergemeinschaft mit weiteren 35 Hektar verarbeitet und vermarktet. 8 Hektar Weinberge besitzt man in Leingarten, wo die Reben auf Keuperböden wachsen; hinzu kommen 2 Hektar am Neckar, im Lauffener Katzenbeißer, wo Muschelkalkböden vorherrschen. Der Fokus liegt dabei auf den Burgundersorten, Lemberger, Riesling und Sauvignon Blanc. Christian Hirsch hat in Geisenheim und Davis Önologie studiert, war dann bei Reh-Kendermann für die Premiummarken verantwortlich, bevor er im Mai 2013 in den elterlichen Betrieb einstieg. Die Rotweine, 70 Prozent der Produktion, werden maischevergoren und 20 bis 30 Monate in Barriques aus schwäbischer Eiche ausgebaut, ausschließlich schwäbische Eiche wird genutzt. Die Weißweine werden nach Maischestandzeit gekühlt im Edelstahl vergoren und bleiben bis kurz vor der Füllung auf der Vollhefe.

Kollektion

Eine starke, gleichmäßige Kollektion präsentiert Christian Hirsch auch in diesem Jahr. Die vier Weißweine gefallen uns alle sehr gut: Der Grauburgunder ist reintönig, saftig, der Riesling besitzt intensive Frucht und Grip, die weiße Cuvée Fülle Kraft und Substanz. Unser Favorit ist der Sauvignon Blanc, der intensive Frucht, reintönige Frucht und gute Struktur besitzt. Im roten Segment trumpfen die Cabernet auf: Der Cabernet Franc besitzt intensive Frucht, feine Schokonoten, Fülle und Kraft, was auch für den Cabernet Sauvignon gilt, der deutlich gewürzduftiger ist. Noch mehr Gewürze und Schokolade zeigt der Syrah im Bouquet, besitzt reife Frucht, gute Struktur und Tannine. Auf intensive Frucht setzt der LL-Lemberger, ist klar und zupackend. Süß und konzentriert ist die Pinot Noir Trockenbeerenauslese, dominant und sehr klar.

Weinbewertung

85	2019 Grauburgunder trocken „Edition Junior"	13,5%/9,50€
85	2019 Riesling trocken „90 Südwest" Leingarten	13%/9,90€
86	„CH Cuvée Hirsch" Weißwein trocken „Großes Geweih"	13,5%/12,90€
87	2019 Sauvignon Blanc trocken „Virgina Großes Geweih"	13%/15,-€
83	2018 Lemberger trocken	13,5%/7,70€
83	„Rot und Wild" Rotwein trocken	13%/7,90€
85	2017 Lemberger trocken „LL" Leingartener	13,5%/9,90€
84	„CH Cuvée Hirsch" Rotwein trocken „Großes Geweih"	13,5%/12,90€
87	2016 Cabernet Sauvignon „RC" trocken „Reserve Großes Geweih"	14%/39,90€
87	2016 Cabernet Franc trocken „CF" „Großes Geweih"	14%/29,90€
86	2016 Shiraz trocken „SY Großes Geweih"	14%/24,90€
88	2018 Pinot Noir Trockenbeerenauslese „TBA Großes Geweih"	8,5%/39,90€/0,375l

RHEINHESSEN — WESTHOFEN

★★

Hirschhof

Kontakt
Seegasse 29
67593 Westhofen
Tel. 06244-349
Fax: 06244-57112
www.weingut-hirschhof.de
info@weingut-hirschhof.de

Besuchszeiten
nach Vereinbarung

Inhaber
Tobias Zimmer
Kellermeister
Tobias Zimmer
Außenbetrieb
Jens Beck
Rebfläche
30 Hektar
Produktion
200.000 Flaschen

Die Ursprünge des Hirschhofs reichen bis ins Jahr 1466 zurück, als ein Vorfahre des heutigen Besitzers seinen Landesherrn vor einem angreifenden Hirsch rettete und zum Dank dafür die Ländereien, das Wappen und den Namen erhielt. Seit 1991 werden alle Rebflächen des Weingutes nach ökologischen Gesichtspunkten bewirtschaftet, man ist Mitglied bei Ecovin. 2014 hat Tobias Zimmer das Gut von seinen Eltern übernommen. Neben den klassischen Sorten wie Riesling (30 Prozent), Silvaner und Burgundern spielen rote Sorten wie St. Laurent, Dornfelder und Portugieser eine wichtige Rolle in den Weinbergen, die vor allem in Westhofen in den Lagen Kirchspiel, Morstein und Aulerde liegen, sowie in Guntersblum und Bechtheim. Aber auch Chardonnay und Sauvignon Blanc baut Tobias Zimmer an. Neben Wein wird Traubensaft hergestellt, ein Riesling-Hefebrand, Marc vom Gewürztraminer sowie – bereits seit 1986 – Sekte im traditionellen Verfahren.

Kollektion

Gutes, sehr gleichmäßiges Niveau zeigt die neue Kollektion von Tobias Zimmer, so wie wir das gewohnt sind. Die trockenen Rieslinge überzeugen: Der Westhofener ist kraftvoll und zupackend, der Stückfass-Riesling etwas würziger, besitzt ebenfalls Frucht und Grip, der Morstein-Riesling schließlich ist nochmals kraftvoller und konzentrierter, besitzt reife Frucht und gute Struktur. Noch ein klein wenig besser gefällt uns im Jahrgang 2019 aber der Weißburgunder aus dem Kirchspiel, der Fülle und Kraft mit reifer Frucht und guter Struktur vereint. Unter den weiteren Weißweinen gefallen uns der intensive, florale Sauvignon Blanc und der kraftvolle Westhofener Chardonnay am besten, die Gewürztraminer Spätlese punktet mit Intensität und Saft. Sehr gut sind die beiden Rotweine, der Platzhirsch ist konzentriert, klar und kraftvoll, der Morstein-Spätburgunder ist wunderschön reintönig und frisch, besitzt Kraft, gute Struktur und Grip.

Weinbewertung

80	2019 Silvaner trocken (1l)	12,5 %/5,10 €
82	2019 Weißer Burgunder trocken Westhofener	12,5 %/7,20 €
83	2019 Sauvignon Blanc trocken	12,5 %/7,60 €
84	2019 Riesling trocken Westhofener	13 %/8,60 €
83	2019 Riesling trocken „Stückfass"	13 %/8,60 €
84	2019 Chardonnay trocken Westhofener	13,5 %/8,60 €
87	2019 Weißburgunder trocken Westhofener Kirchspiel	13 %/13,50 €
86	2019 Riesling trocken Westhofener Morstein	13 %/13,50 €
81	2019 Riesling „feinherb"	12 %/6,80 €
84	2019 Gewürztraminer Spätlese Westhofener Kirchspiel	10,5 %/8,60 €
85	2018 Merlot, Cabernet Sauvignon & Spätburgunder trocken „Platzhirsch"	13,5 %/12,- €
87	2018 Spätburgunder „S" trocken Westhofen Morstein	13,5 %/14,- €

RHEINGAU ▶ OESTRICH-WINKEL

★★✩

Hirschmann

Kontakt
Hauptstraße 10
65375 Oestrich-Winkel
Tel. 06723-2800
Fax: 06723-885484
www.hirschmann-wein.de
info@hirschmann-wein.de

Besuchszeiten
Mo.-Sa. nach Vereinbarung

Inhaber
Christoph Hirschmann

Rebfläche
5,5 Hektar

Produktion
50.000 Flaschen

Die Familie betreibt seit dem 17. Jahrhundert Weinbau in Oestrich-Winkel. 1860 erwarb Johann Hirschmann das historische Gutshaus in Winkel, in dessen altem Gewölbekeller immer noch die Weine ausgebaut werden. Christoph und Gabriele Hirschmann bauen neben Riesling auch 15 Prozent Spätburgunder an. Ihre besten Lagen sind Doosberg, Lenchen (beide Oestrich) sowie Hasensprung (Winkel), allerdings werden auch Parzellen im Mittelheimer Edelmann und im Mittelheimer Goldberg bewirtschaftet. Die im Stahl gereiften Rieslinge besitzen auch in schwierigen Jahrgängen eine eindrucksvolle Balance, vom einfachen trockenen Qualitätswein über die „Edition" bis hin zum Ersten Gewächs. Im Vergleich mit den Ersten Gewächsen anderer Rheingauer Weingüter drängt sich dieses nie auf, ist im Alkohol wie im Zucker gemäßigt.

Kollektion

Eine gewohnt zuverlässige Sache ist die Kollektion des kleinen Weinguts aus Winkel auch in diesem Jahr wieder, wenn auch der ein oder andere trockene Wein spürbaren Alkohol mit sich bringt. Der vollmundige, weiche Riesling „Alte Reben" aus dem Lenchen bietet eine gelungene Einstimmung in die reife Jahrgangsaromatik, die trockene Spätlese aus derselben Lage zeigt sich feiner und etwas luftiger. Dem setzt der Riesling „Edition" wiederum mehr Konzentration entgegen, in seinem füllligen Nachhall wirkt er aber auch etwas schwer. Auch das Große Gewächs aus dem Lenchen ist sicher kein Leichtgewicht, jedoch hat es die Struktur um seinen würzigen Schmelz in passende Bahnen zu lenken. Der bodenständige „Classic" ist ein schöner Schoppen, der geradlinige halbtrockene Kabinett ebenso klassisch, wie die halbtrockene Spätlese, beide bieten erfrischendes Spiel. Sehr gut gefällt uns die kräftige fruchtige Spätlese. Die Spätburgunder sind eher rustikal; vom Holztoast geprägt bietet die Reserve aus 2015 dabei harmonische Flaschenreife.

Weinbewertung

83	2019 Spätburgunder „Blanc de Noir" trocken	12,5%/7,20€
84	2019 Riesling trocken „Alte Reben" Oestricher Lenchen	13%/7,90€
85	2019 Riesling Spätlese trocken Oestricher Lenchen	13%/8,50€
85	2019 Riesling trocken „Edition" Winkeler Hasensprung	13,5%/10,50€
86	2019 Riesling trocken Großes Gewächs Oestricher Lenchen	14%/17,-€
83	2019 Riesling Classic	12,5%/6,20€
84	2019 Riesling Kabinett halbtrocken Winkeler Hasensprung	12%/6,70€
84	2019 Riesling Spätlese halbtrocken Oestricher Doosberg	12,5%/8,50€
85	2019 Riesling Spätlese Oestricher Lenchen	10,5%/8,50€
82	2019 Spätburgunder Rosé „feinherb"	12%/6,70€
84	2018 Spätburgunder trocken „S" Oestricher Klosterberg	14%/10,50€
85	2015 Spätburgunder trocken „Reserve" Oestricher Lenchen	13%/19,50€

WÜRTTEMBERG — LAUFFEN

★★★★✩

Hirschmüller

Kontakt
Wein- & Sektgut Hirschmüller
La-Ferté-Bernard-Straße 30
74348 Lauffen
(Verkauf: Leuchtmannshof 12,
74382 Neckarwestheim)
Tel. 0173-3763603
www.weingut-hirschmueller.de
info@weingut-hirschmueller.de

Besuchszeiten
Fr. 17-19 Uhr und nach Vereinbarung

Inhaber
Wiebke & Tobias Hirschmüller

Rebfläche
8 Hektar

Produktion
50.000 Flaschen

2013 haben die beiden Önologen Wiebke Krüger und Tobias Hirschmüller das Weingut gegründet. Tobias Hirschmüller stammt aus einer Lauffener Winzerfamilie, seit Generationen Mitglied der Lauffener Genossenschaft. Nach absolvierter Winzerlehre im Remstal studierte er in Geisenheim, sammelte Erfahrungen an der Sonoma Coast, begann aber schon während des Studiums die eigenen Weinberge zu bewirtschaften. Wiebke Krüger, nun Hirschmüller, stammt aus Hannover, studierte ebenfalls in Geisenheim und sammelte Erfahrungen in Franken, der Schweiz und Kalifornien. Wichtigste Rebsorte war bisher Schwarzriesling, inzwischen liegt Grauburgunder gleichauf, es folgen Chardonnay, Lemberger, Riesling, Spätburgunder und Muskateller.

Kollektion

Eine starke Kollektion präsentieren Wiebke und Tobias Hirschmüller auch in diesem Jahr, das Einstiegsniveau ist wieder zuverlässig hoch, und in der Spitze haben die Weißweine weiter zugelegt. Sehr gut sind auch wieder die beiden Sekte, der Perlage Blanc ist kompakt und harmonisch, der Perlage Rosé schön zurückgenommen in der Frucht, besitzt Struktur und Grip. Die Gutsweine überzeugen durch ihre Geschlossenheit, sind fruchtbetont und sortentypisch, besitzen gute Struktur und Biss Spannend sind die weißen Réserve-Weine des Jahrgangs 2018. Der Chardonnay zeigt intensive Frucht, weiße und gelbe Früchte, ist füllig und kraftvoll, besitzt gute Struktur und klare Frucht. Der Grauburgunder zeigt rauchige Noten, reintönige Frucht, besitzt reife Frucht, Kraft, Substanz und Länge. Der Riesling, unser Favorit, zeigt rauchig-würzige Noten und viel Konzentration im herrlich eindringlichen Bouquet, besitzt Fülle und Kraft, viel reife reintönige Frucht, gute Struktur und Druck. Auch die Rotweine sind stark, allen voran der intensiv fruchtige Réserve-Lemberger aus dem Jahrgang 2017, der Frische und feine süße Frucht besitzt. Weiter im Aufwind!

Weinbewertung

88	Perlage Blanc Sekt extra brut	12,5%/14,50€
87	Perlage Rosé Sekt brut nature	12,5%/14,50€
84	2019 Riesling trocken	12%/7,90€
85	2019 Grauburgunder trocken	12,5%/8,90€
85	2019 Chardonnay trocken	12%/7,90€
84	2019 Muskateller trocken	11,5%/7,90€
91	2018 Riesling trocken „Reserve"	13%/22,-€
90	2018 Grauburgunder trocken „Reserve"	13,5%/17,-€
88	2018 Chardonnay trocken „Réserve"	13%/14,50€
84	2018 Lemberger trocken	13%/7,90€
84	2017 „dreizehn" Rotwein trocken	13%/9,50€
88	2017 Lemberger trocken „Réserve"	13,5%/14,90€

Hirth

Kontakt
Im Rotenberg 1
74348 Lauffen
Tel. 07133-14206
Fax: 07133-14406
www.weinguthirth.de
info@weinguthirth.de

Besuchszeiten
nach Vereinbarung

Inhaber
Weingut Hirth GmbH

Betriebsleiter
Gebhard Steng

Rebfläche
7 Hektar

Produktion
50.000 Flaschen

Seit mehreren Generationen betreibt die Familie Hirth Weinbau in Willsbach. Walter Hirth begann Anfang der siebziger Jahre selbst Wein auszubauen, im Jahr 2000 übernahm Helmuth Hirth den Betrieb, 2010 wurde mit neuen Gesellschaftern die Weingut Hirth GmbH gegründet. Seit 2019 ist Gebhard Steng neuer Betriebsleiter, Ende 2019 erfolgte der Umzug der Verkaufsräume nach Lauffen am Neckar. Die Weinberge liegen in Willsbach und Umgebung, in den Gewannen Föhrenberg, Aurain und Brauchert, die Reben wachsen auf Keuper- und Mergelböden. Die Weinberge sind mit den roten Sorten – drei Fünftel der Fläche – Spätburgunder, Trollinger, Dornfelder, Lemberger Schwarzriesling und St. Laurent bestockt, inzwischen auch Merlot und Cabernet Sauvignon, sowie den weißen Sorten Auxerrois, Riesling, Weißburgunder, Grauburgunder und Chardonnay. Seit 2009 werden die Weinberge biologisch bewirtschaftet, man ist Mitglied bei Ecovin. Die Weißweine werden kühl vergoren, alle Rotweine werden maischevergoren.

Kollektion

Das Weingut hat sich neu aufgestellt, ist nun in Lauffen am Neckar zuhause, und nach einem Jahr Pause ist man wieder dabei. Allerdings mit einigen Weinen, die man uns auch schon vor zwei Jahren vorgestellt hatte, und einige dieser Weine haben von den zwei Jahren Flaschenreife nicht unbedingt profitiert. Gut behauptet hat sich der Auxerrois, der immer noch würzig und frisch ist, geradlinig und klar. Gut behauptet hat sich auch die weiße Cuvée Chronos, die feine Reife und etwas Kräuter im Bouquet zeigt, füllig und kompakt im Mund ist. Neu im Programm ist die Rebsorte Sauvitage, der Wein ist recht duftig, zeigt Traminernoten, im Mund ist er kompakt, etwas verhalten. Der Lemberger ist würzig, frisch, geradlinig, etwas verhalten wie auch die Kairos genannte Cuvée aus Lemberger und Spätburgunder. Unser Favorit ist die Cuvée Calma aus Merlot, Cabernet und Lemberger, diesmal eine Jahrgangscuvée: Etwas Gewürze und viel Duft im Bouquet, Fülle und Kraft im Mund, reife Frucht, gute Struktur und Substanz.

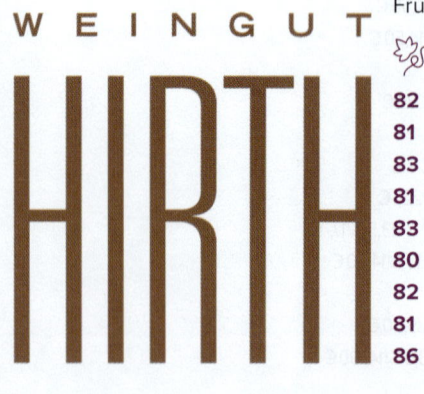

Weinbewertung

82	2016 Auxerrois Sekt extra brut	12,5%/19,-€
81	2017 Pinot Rosé Sekt brut	12%/14,-€
83	2017 Auxerrois trocken	12%/12,-€
81	2018 Sauvitage trocken	12%/9,-€
83	2017 „Chronos" Weißwein trocken	11,5%/10,-€
80	2019 Rosé trocken	10,5%/8,-€
82	2016 Lemberger trocken	13%/14,-€
81	2016 „Kairos" Rotwein trocken	13%/12,-€
86	„Calma" Rotwein trocken	13%/29,-€

BADEN — EICHSTETTEN

★★

Hiss

Kontakt
Hauptstraße 31
79356 Eichstetten
Tel. 07663-1236
Fax: 07663-2017
www.weingut-hiss.de
info@weingut-hiss.de

Besuchszeiten
Mo.-Fr. 10-12:30 + 14-18:30 Uhr, Sa. 10-16 Uhr
Ferienwohnung, Gästezimmer

Inhaber/Betriebsleiter
Andreas Hiss

Kellermeister
Manuel Mößner

Rebfläche
30 Hektar

Karl Hiss legte als Weinküfer und Winzer den Grundstock für den heutigen Betrieb. Sein Sohn Karl-Heinz gründete 1962 zusammen mit Ehefrau Christa eines der ersten selbstvermarktenden Weingüter in Eichstetten. Heute führt Andreas Hiss in dritter Generation zusammen mit Ehefrau Alexandra den Betrieb. Ortsbildprägend ist der markante Neubau des Weinguts von 2018, zur Straßenseite hin ist das Gebäude voll verglast. Neben den Burgundersorten baut Andreas Hiss Riesling, Muskateller, Müller-Thurgau, Chardonnay, Scheurebe und Gewürztraminer, sowie ein klein wenig Dornfelder und Cabernet Sauvignon an. Das Wein-Sortiment ist in vier Linien unterteilt: ständig, bodenständig, eigenständig, unanständig. Dazu kamen 2018 einige Weine, die als „unlimited" bezeichnet werden. Da alle Weinberge in Eichstetten zur riesigen Einzellage Herrenbuck zusammengefasst wurden, kennzeichnet Andreas Hiss seine Spitzenweine mit Gewannnamen, so Eichenlaub für den Spätburgunder, Eigenacker für Weißburgunder, Hasen für Grauburgunder und Hagen für Chardonnay, hinzu kommt der Müller-Thurgau Wannenberg.

Kollektion

Mit dem Jahrgang 2018 entstand die neue Weinlinie „unlimited". Gemeinsam ist diesen Weinen die hohe Konzentration und viel Alkohol, der – wohl auch wegen der langen Kaltmazeration – überraschenderweise vor allem bei den Weißweinen nicht negativ auffällt, sondern interessante Aromen aus den Rebsorten holt. Der Müller-Thurgau geht in die Viognier-Richtung, ist sehr elegant, weich, hat aber genügend Biss, viel Schmelz und salzige Länge. Der Weißburgunder zeigt feinste Würze, hat komplexe Tiefe, ist sehr lang. Der Chardonnay ist kerniger als der hell strahlende Weißburgunder. Der Grauburgunder ist üppig mit feiner Würze und viel süßer Frucht. Auch der Grauburgunder Hasen zeigt viel Schmelz, ein feines Frucht-Säure-Spiel, Substanz und Länge. Sehr gut sind die drei vorgestellten Spätburgunder.

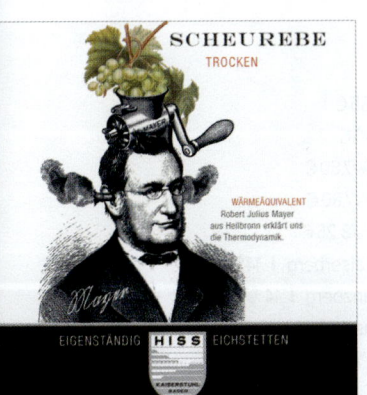

Weinbewertung

83	2019 Weißburgunder Kabinett trocken (bodenständig)	13,5%/7,50€
85	2019 Scheurebe trocken (eigenständig)	12,5%/8,20€
87	2019 Müller Thurgau trocken Wannenberg	13,5%/68,-€/1,5l
86	2018 Weißburgunder trocken Eigenacker (unanständig)	13,5%/13,90€
86	2018 Grauburgunder trocken Hasen (unanständig)	13,5%/13,90€
87	2018 Chardonnay trocken Hagen (unlimited)	14,5%/80,-€/1,5l
87	2018 Müller Thurgau trocken (unlimited)	13,5%/68,-€/1,5l
88	2018 Weißburgunder trocken (unlimited)	15,5%/80,-€/1,5l
87	2018 Grauburgunder trocken (unlimited)	15%/80,-€/1,5l
86	2018 Spätburgunder trocken (bodenständig)	14%/7,50€
88	2017 Spätburgunder trocken Eichenlaub (unanständig)	13,5%/25,-€
88	2018 Pinot Noir trocken (unlimited)	15%/88,-€/1,5l

PFALZ — LANDAU

Villa **Hochdörffer**

Kontakt
Lindenbergstraße 79
76829 Landau
Tel. 06341-649630
Fax: 06341-6496329
www.weingut-villa.de
info@weingut-villa.de

Besuchszeiten
Mo.-Fr. 8-12 + 14-19 Uhr
Sa. 8-12 Uhr
Gästehaus (35 Betten)
Eventlocation (für 120 Gäste)

Inhaber/Betriebsleiter
Hans-Martin Hochdörffer
Kellermeister/Außenbetrieb
David Hochdörffer
Rebfläche
45 Hektar
Produktion
280.000 Liter

Die Familie Hochdörffer betreibt bereits in der sechsten und siebten Generation Weinbau. Winzermeister Hans-Martin Hochdörffer und seine Frau Lieselotte Hahn-Hochdörffer, ebenfalls gelernte Winzerin, die bei Hans-Günther Schwarz in die Lehre ging, werden von ihren beiden Kindern im Betrieb unterstützt: Seit dem Jahrgang 2012 ist David Hochdörffer, der nach seiner Lehre in den Weingütern Lidy, Georg Mosbacher und Salwey noch eine Ausbildung zum Wirtschafter absolvierte, verantwortlich für den heimischen Keller, seine Schwester Anna ist für Marketing und Export zuständig. Die Familie besitzt rund 45 Hektar Weinberge in Frankweiler, Nußdorf, Godramstein und Birkweiler, angebaut wird ein breites Spektrum an Rebsorten. Über 70 Prozent der Fläche sind mit Weißweinreben bestockt, wichtigste Sorten sind Riesling, Grauburgunder, Gewürztraminer, Weißburgunder und Chardonnay, bei den roten Sorten sind es Spätburgunder, Dornfelder und Cabernet Sauvignon.

Kollektion

Vier Lagenweine liegen an der Spitze der aktuellen Kollektion der Familie Hochdörffer, darunter zwei, die wir im vergangenen Jahr schon einmal verkostet hatten: der Chardonnay vom Münzberg ist der nachhaltigste und präsenteste Wein, er ist kraftvoll und stoffig, zeigt Röstnoten, Vanille und gelbe Frucht, Aprikose, Melone, der Kaiserberg-Spätburgunder zeigt ebenfalls noch Röstnoten, dunkle Frucht, etwas Rumtopf und besitzt am Gaumen noch deutliche Tannine. Auch der Weißburgunder vom Kaiserberg ist deutlich vom Holz geprägt, zeigt leicht rauchige Noten und gelbe Frucht und der Riesling vom Kastanienbusch zeigt leichte Reifenoten, ist füllig und stoffig. Die restlichen Weißweine sind alle sehr fruchtbetont und reintönig mit deutlicher Restsüße, könnten aber etwas nachhaltiger sein.

Weinbewertung

81	2019 Riesling trocken (1l)	12,5%/6,55€
80	2019 Grauer Burgunder trocken (1l)	12%/6,55€
83	2019 Riesling trocken „Kalkstein"	12,5%/7,80€
83	2019 Weißer Burgunder trocken „Löss"	13%/7,80€
82	2019 Grauer Burgunder trocken „Löss"	12%/7,80€
83	2019 Sauvignon Blanc trocken „Letten"	13%/8,25€
85	2018 Weißer Burgunder trocken Nußdorfer Kaiserberg	14%/12,50€
86	2018 Chardonnay trocken Godramsteiner Münzberg	14%/14,50€
85	2018 Riesling trocken Birkweiler Kastanienbusch	14%/12,50€
83	2019 Gelber Muskateller halbtrocken „Letten"	12,5%/8,25€
79	2018 Spätburgunder trocken (1l)	13%/6,55€
85	2017 Spätburgunder trocken Nußdorfer Kaiserberg	13,5%/19,50€

Höfflin

★★★★

Kontakt
Biologisches Weingut Höfflin
Schambachhof
79268 Bötzingen
Tel. 07663-1474
Fax: 07663-1461
www.weingut-hoefflin.de
info@weingut-hoefflin.de

Besuchszeiten
Mo.-Mi. 8:30-12 Uhr
Do./Fr. 14-17 Uhr
Sa. 10-16 Uhr
oder nach Vereinbarung

Inhaber
Matthias Höfflin
Betriebsleiter
Matthias Höfflin
Kellermeister
Horst Frei
Außenbetrieb
Julius Höfflin
Rebfläche
13 Hektar
Produktion
70.000 Flaschen

Die Höfflins sind 1970 in das Schambachtal ausgesiedelt, einem Kastental bei Bötzingen, seit 1974 wird der Hof – Obst, Gemüse, Reben – biologisch bewirtschaftet (Bioland). 1994 wurde zur Weinlagerung ein Keller gebaut, dessen Dach mit einer Erdschicht bedeckt und begrünt ist. Mit der Selbstvermarktung begann man erst, nachdem Matthias Höfflin seine Ausbildung beendete und im Keller die Regie übernahm. Die Weinberge liegen in Bötzingen sowie im benachbarten Eichstetten. Da die Lagen dort zu sehr großen Lagen zusammengefasst wurden, verzichtete Matthias Höfflin lange Zeit auf Lagenbezeichnungen, seit einigen Jahren nutzt er die Gewannnamen für seine Spitzenweine. Im Anbau dominieren die Burgundersorten, allen voran Spätburgunder, gefolgt von Grau- und Weißburgunder. Dazu gibt es Chardonnay und Auxerrois, aber auch etwas Gewürztraminer. Muskateller, Sauvignon Blanc und Sauvignon Gris, aber auch pilzresistente Sorten wie Regent, Cabernet Carbon, Cabernet Carol (die zusammen die Cuvée Rufus ergeben) und Johanniter. Diese pilzresistenten Rebsorten sollen zukünftig ein Drittel der Rebfläche einnehmen. Alle Weine werden spontanvergoren und durchgegoren ausgebaut. 2015 wurden die Etiketten neu gestaltet, sie zeigen nun die kristalline Struktur der Weine, von einem Schweizer Labor unter dem Mikroskop fotografiert. Seit der ersten Ausgabe empfehlen wir die Weine von Matthias Höfflin. Mehr zufällig sind wir bei einer Veranstaltung mit Biowinzern auf ihn aufmerksam geworden. Die Qualität seiner Weine überraschte uns, wobei wir damals seine reintönigen weißen Burgunder präferierten. Seither steigerte er sich kontinuierlich, die Weine haben an Kraft und Konzentration gewonnen, vor allem auch im roten Segment, bieten Stoff und Fülle, sind kompromisslos vinifiziert, immer eigenständiger, manchmal auch eigenwilliger geworden in den letzten Jahren, nicht mehr so zugänglich, dafür fordernder, puristischer. Sicher mit ein Ergebnis der Spontangärung, die er seit einigen Jahren konsequent praktiziert, die Weine werden dadurch spannender, druckvoller, brauchen aber auch mehr Zeit. Die Weine gewinnen alle mit Flaschenreife an Komplexität, auch die Weißweine, die Rotweine, die jung oft recht verschlossen sind, verlieren das Rigorose, das Harte und Karge, das ihnen jung oft eigen ist, sie sind ganz natürlich vinifiziert, also von sehr guter Haltbarkeit und Entwicklungsfähigkeit. 2019 wurde mit dem Neubau von Keller und Kelterhalle begonnen.

Kollektion

In der Weinwerkstatt von Matthias Höfflin ist nun auch Sohn Julius aktiv, er zeichnet für den maischevergorenen Sauvignon Blanc von 2019 verantwortlich. Der Wein zeigt eine sehr feine, sortentypische Nase, am Gaumen wird er getragen von einer phenolischen, ausgewogenen Struktur und einer eleganten, unaufdringlichen Frucht. Die Höfflins setzen die Maischegärung bei den Weißweinen mit viel Geschick ein.

Zwei bis drei Wochen sind genug, meint Matthias Höfflin, das gibt den Weinen genügend Stabilität und hält auch die Alkoholwerte im Zaum. Außerdem kann so der Rebsortencharakter erhalten bleiben. Schwefel wird diesen Weinen möglichst wenig oder nicht zugesetzt. Der maischevergorene Müller-Thurgau hebt diese Rebsorte in eine neue Dimension. Er hat ein würzig-rauchiges Bouquet. Der Wein wirkt in sich ruhend, hat durch die Phenolik eine hohe Viskosität und entwickelt eine reife Pfirsichfrucht. Der maischevergorene Gewürztraminer zeigt elegante Konzentration, er wurde ohne Zusatz von Schwefel abgefüllt. Von den weißen Löss-Weinen des Jahrgangs 2019 gefällt uns der Weißburgunder am besten, er zeigt druckvolle Spannung, hat eine animierende Frische. Der Sekt Cuvée Prestige extra brut zeigt feine Hefearomen, auch der oxidative Ausbau klingt an, feinsalzige, elegante Frucht passt zum dezenten Sherry-Ton. Ein Naturwein ohne Schwefelzusatz ist der Spätburgunder Prestige von 2018. Er ist sehr stabil mit straffem Tannin und feiner Frische. Der Spätburgunder Schwarzkehlchen, der bisher Breitenacker hieß, zeigt viel kühle rote Frucht, das ausgewogene Verhältnis von Säure und fein geschliffenem Tannin überzeugt. Der Spätburgunder Rotkehlchen, bisher Biegarten, ist etwas konzentrierter, bereits harmonisch. Sehr spannende Kollektion! ◀

🍇 Weinbewertung

88	2016 „Cuvée Prestige" Sekt extra brut	12,5%/22,50€
85	2019 Souvignier Gris trocken „Löss"	13%/10,50€
87	2019 Weißer Burgunder trocken „Löss"	13%/10,50€
86	2019 Grauer Burgunder trocken „Löss"	13%/10,50€
91	2019 Müller-Thurgau trocken „maischevergoren" „Prestige"	12,5%/25,50€
88	2018 Weißer Burgunder trocken „Prestige" „Kaisermantel"	15%/18,50€
90	2018 Chardonnay trocken „maischevergoren" „Prestige"	13%/38€
89	2018 Chardonnay trocken „Prestige" „Weinschwärmer"	14%/25,50€
88	2018 Sauvignon Blanc trocken „Prestige" „Bienenfresser"	14%/25,50€
90	2019 Sauvignon Blanc trocken „Prestige" „Julius"	13,5%/25,50€
90	2018 Souvignier Gris „Prestige" „Orange Wine"	14%/25,50€
91	2019 Gewürztraminer trocken „maischevergoren" „Prestige"	13%/38,-€
86	2019 Muskateller „Lössperle"	9%/9,80€
88	2017 „Rufus" Rotweincuvée trocken Barrique „Prestige"	13%/21,-€
91	2017 Spätburgunder trocken Barrique „Prestige" „Schwarzkehlchen"	12%/25,50€
90	2018 Spätburgunder trocken „Prestige"	12,5%/25,50€
92	2017 Spätburgunder trocken Barrique „Prestige" „Rotkehlchen"	12%/42,-€

Lagen
– Schambach
– Breitenacker
– Biegarten
– Wächtelberg
– Endhahle
– Meisental
– Fohberg
– Laire

Rebsorten
Spätburgunder (25 %)
Grauburgunder (25 %)
Weißburgunder (15 %)
Chardonnay (10 %)

Matthias Höfflin

FRANKEN — ALZENAU-MICHELBACH

★★★★

Höfler

Kontakt
Albstädter Straße 1
63755 Alzenau-Michelbach
Tel. 06023-5495
Fax: 06023-31417
www.weingut-hoefler.de
info@weingut-hoefler.de

Besuchszeiten
Di.-Fr. 9-12:30 + 14-18 Uhr
Sa. 9-14:30 Uhr

Inhaber
Edeltraud & Bernd Höfler
Kellermeister
Stefan Kunkel &
Johannes Höfler
Rebfläche
10 Hektar
Produktion
60.000-75.000 Flaschen

Seit 1924 baut die Familie Wein in Michelbach an, als die Brüder Josef und Richard Höfler brachliegende Weinberge neu bepflanzten. Die nächste Generation, Karl und Irmgard Höfler, erweiterte die Rebfläche, errichtete einen neuen Hof mit Weinkeller und stellte nach und nach von Fasswein- auf Flaschenweinvermarktung um. Seit 1984 wird das Weingut von Edeltraud und Bernd Höfler geführt, inzwischen werden sie im Betrieb von Sohn Johannes unterstützt, der in Geisenheim studierte und praktische Erfahrungen unter anderem in Südafrika sammelte. Ihre Weinberge liegen hauptsächlich in Michelbach in den beiden Lagen Apostelgarten (der nicht flurbereinigt ist und seit 1985 unter Denkmalschutz steht) und Steinberg, sowie im Hörsteiner Abtsberg und in Wörth am Main. Die Reben wachsen in Michelbach und Hörstein, am Westrand des Spessarts, auf Quarzitschiefer, Gneis und Lössböden mit einem hohen Anteil an Mineralien. Riesling nimmt gut ein Drittel der Rebfläche ein, dazu gibt es Müller-Thurgau, Silvaner, Bacchus, Weiß- und Grauburgunder und ein wenig Gewürztraminer, sowie die roten Sorten Spätburgunder, Domina und Schwarzriesling. 2018 wurde mit der Umstellung auf biologischen Weinbau begonnen, Johannes Höfler möchte die Weinberge zukünftig nach biodynamischen Richtlinien bewirtschaften. Das Sortiment ist vierstufig gegliedert in Gutsweine, Ortsweine (die überwiegend aus Michelbach stammen, hinzu kommen jeweils ein Riesling aus Hörstein und Wörth am Main), Erste Lage-Weine aus dem Michelbacher Steinberg (Riesling, Schwarzriesling und Spätburgunder) sowie Große Gewächse aus dem Michelbacher Apostelgarten, dies ist derzeit ein einziger Wein, ein Riesling, der erst im zweiten Jahr nach der Ernte auf den Markt kommt, was auch für den Erste Lage-Riesling aus dem Steinberg gilt. Obstbrände ergänzen das Sortiment.

Kollektion

In den letzten Jahren sind die Weine hier stetig spannender geworden und auch die neue Kollektion ist ein weiterer Schritt voran. Schon die Gutsweine sind sehr gut. Der trockene Gutsriesling ist frisch im Bouquet, fruchtbetont und reintönig, zeigt dezent Zitrusnoten im Hintergrund, ist frisch und zupackend dann im Mund, besitzt gute Struktur und klare Frucht. Der feinherbe Gutsriesling zeigt feine Frische und Würze, ist ebenfalls lebhaft, klar und frisch bei feiner süßer Frucht. In den letzten Jahren hatte man uns immer einen Ortsriesling aus Michelbach präsentiert, dieses Jahr aber stellt man gleich zwei Ortsrieslinge vor, nicht aus Michelbach, sondern aus Hörstein und Wörth am Main. Der Hörsteiner ist würzig und eindringlich im Bouquet, frisch, klar und zupackend im Mund. Der Wörther Riesling besticht mit seiner reintönigen Frucht, ist lebhaft und frisch, besitzt gute Struktur und Grip. Ganz spannend sind dann die beiden Michelbacher Ortsweine von Weißburgunder und Chardonnay, beide aus dem Jahrgang 2018, sie als Ortsweine zu bezeichnen ist pures Understatement. Der Weißburgunder ist herrlich eindringlich im Bouquet, zeigt rauchige Noten, reintönige Frucht, ist füllig und komplex im Mund, besitzt viel reife Frucht, Substanz und Struktur. Der Chardonnay steht ihm nicht nach, zeigt gute Konzentration, rauchige Noten, ist klar und fruchtbetont im Mund, herrlich präzise, zupackend, besitzt gute Struktur und reintönige Frucht. Der Riesling aus dem Steinberg zeigt gute Konzentration und reife Frucht, ist füllig und kraftvoll im Mund, besitzt Substanz, gute Struktur und Frucht. Das Große Gewächs aus dem Apostelgarten ist klar im Bouquet, sehr offen, zeigt dezent Zitrus, reife Frucht, kommt frisch und geradlinig in den Mund, ist sehr präzise, besitzt Grip und dezent mineralische Noten. Die Rotweine können den Weißen Paroli bieten und auch im roten Segment ist das Einstiegsniveau hoch, wie der Michelbacher Spätburgunder beweist, der feine Würze und reintönige Frucht zeigt, frisch, klar und zupackend ist, Hervorragend ist der würzige eindringliche Schwarzriesling Magnificum, zeigt viel reife Frucht, besitzt Fülle und Kraft, gute Struktur und reintönige Frucht. Spannend ist auch der „2samkeit" genannte Spätburgunder, zeigt intensive reife Frucht, rauchige Noten, ist herrlich eindringlich reintönig im Bouquet, besitzt Fülle und Kraft, reife Frucht, gute Struktur, Substanz und Frische. Eine weitere Steigerung bringt der Spätburgunder Magnificum, der wie der Schwarzriesling aus dem Steinberg stammt, viel Konzentration im Bouquet zeigt, herrlich viel Frucht, Herzkirschen, ist faszinierend reintönig auch im Mund, füllig und kraftvoll, besitzt herrlich viel Frucht und Substanz, ist noch jugendlich. Klasse Kollektion!

Weinbewertung

85	2019 Riesling trocken	12%/7,-€
86	2019 Riesling trocken Wörth a. Main	12%/10,-€
86	2019 Riesling trocken Hörstein	12%/10,-€
90	2018 Weißburgunder trocken Michelbach	14%/19,50€
90	2018 Chardonnay trocken Michelbach	13,5%/19,50€
89	2018 Riesling trocken Michelbacher Steinberg	14%/18,-€
92	2018 Riesling trocken „GG" Michelbacher Apostelgarten	14%/38,-€
85	2019 Riesling „feinherb" „~Mahalo~"	11%/7,80€
86	2018 Spätburgunder trocken Michelbach	12,5%/10,-€
90	2018 Spätburgunder trocken „2samkeit" Michelbach	13,5%/18,-€
90	2018 Schwarzriesling trocken „Magnificum" Michelbacher Steinberg	13%/18,-€
92	2018 Spätburgunder trocken „Magnificum" Michelbacher Steinberg	13,5%/30,-€

Johannes Höfler

Lagen
Apostelgarten (Michelbach)
Steinberg (Michelbach)

Rebsorten
Riesling (35 %)
Müller-Thurgau (20 %)
Silvaner (12 %)
Spätburgunder (8 %)
Bacchus (7 %)
Domina (6 %)
Schwarzriesling (6 %)
Weißburgunder (3 %)
Grauburgunder (3 %)

FRANKEN — EUSSENHEIM

★★★★⯪

Höfling

Kontakt
Kellereigasse 14
97776 Eußenheim
Tel. 09353-7632
Fax: 09353-1264
www.weingut-hoefling.fwo.de
weingut-hoefling@t-online.de

Besuchszeiten
Mo.-Fr. 9-18 Uhr
Sa. 9-16 Uhr
Gastwirtschaft (saisonal geöffnet, bis 65 Personen)
kulinarische Weinproben
Bauernladen

Inhaber
Klaus Höfling
Rebfläche
20 Hektar
Produktion
150.000 Flaschen

Unter der Regie von Klaus Höfling hat das im Werntal gelegene Weingut in den letzten Jahren mächtig an Fahrt aufgenommen. Seit sein Vater die Genossenschaft verlies und die Selbstvermarktung begann, wurde das Weingut stetig erweitert, die Rebfläche vervielfacht. 2004 baute man einen neuen Keller, der in den letzten Jahren nochmals erweitert wurde. Die Weinberge verteilen sich auf vier Lagen: Eußenheimer First, Gössenheimer Homburg, Stettener Stein und Gambacher Kalbenstein.

Kollektion

Es geht weiter voran, Klaus Höfling schärft das Profil, vor allem bei den seit dem Jahrgang 2018 nunmehr sechs Lagen-Silvanern. Diese zeigen 2019 noch deutlichere Unterschiede: Der First-Silvaner besitzt reintönige Frucht, schöne Frische und Grip, der von der Homburg ist füllig, harmonisch, dezent mineralisch, der Stein-Silvaner zeigt gelbe Früchte, besitzt Frische und Saft, der Grenzstein, der ebenfalls aus dem Stein stammt, hat durch einen Maischegäranteil mehr Struktur und dezente Tannine. Der Kalbenstein-Silvaner ist enorm eindringlich, gelbfruchtig, hat viel Substanz, was auch für den Rotherberg gilt, der, mit einem Anteil Maischegärung im gebrauchten Barrique ausgebaut, enorm stoffig und kraftvoll ist. Die Guts- und Ortsweine zeigen zuverlässig hohes Niveau, der Homburg-Sauvignon Blanc besitzt Kraft, Frucht und Grip, die beiden Lagen-Rieslinge punkten mit Substanz und Frucht. Gewohnt stark sind auch Klaus Höflings Rotweine, zeigen durchweg sehr hohes Niveau, allen voran der faszinierend reintönige und nachhaltige Kalbenstein-Spätburgunder.

Weinbewertung

84	2019 Müller-Thurgau trocken „First Class"	11,5%/6,50€
85	2019 Silvaner trocken Gössenheim	12,5%/6,50€
85	2019 Scheurebe trocken Gössenheim	12,5%/8,-€
88	2019 Silvaner trocken First Eußenheim	13%/12,-€
89	2019 Silvaner trocken Homburg Gössenheim	13%/12,-€
88	2019 Silvaner trocken Stein Stetten	13,5%/12,-€
89	2019 Silvaner trocken Kalbenstein Gambach	14%/16,-€
88	2019 Sauvignon Blanc trocken Homburg Gössenheim	12,5%/12,-€
88	2018 Riesling trocken Stein Stetten	14%/12,-€
88	2018 Riesling trocken Kalbenstein Gambach	13,5%/12,-€
87	2018 Weißburgunder trocken Homburg Gössenheim	14%/12,-€
90	2019 Silvaner trocken „Grenzstein" Stein Stetten	13,5%/21,-€
90	2019 Silvaner trocken „Rotherberg" Kalbenstein Gambach	14%
88	2018 Domina trocken Stein Stetten	13,5%/15,-€
89	2018 Frühburgunder trocken First Eußenheim	13,5%/30,-€
88	2018 Spätburgunder trocken First Eußenheim	13,5%/16,-€
91	2018 Spätburgunder trocken Kalbenstein Gambach	13,5%/30,-€

RHEINGAU — WIESBADEN

Höhn

★ ★⯨

Kontakt
Freudenbergerstraße 200
65201 Wiesbaden
Tel. 0611-7168789
Fax: 0611-7242817
www.weinguthoehn.de
info@weinguthoehn.de

Besuchszeiten
Mi.-Sa. 16-23 Uhr
So. 12-19 Uhr

Inhaber
Jürgen Höhn
Rebfläche
19,55 Hektar
Produktion
130.000 Flaschen

Weinbau gibt es in der Familie Höhn schon seit dem Ende des 17. Jahrhunderts. Bis in die 1980er Jahre waren die Rebflächen in ihrer Größe noch sehr überschaubar, wurden danach stetig erweitert. Neben den Lagen in Dotzheim, Schierstein und Frauenstein sind vor kurzem auch Weinberge in Eltville und Kiedrich hinzu gekommen, sowie kleine Stücke im Marcobrunn und Nussbrunnen in Hattenheim, aus denen zwei im Holzfass gereifte Lagenweine entstehen. Mit 80 Prozent Anteil ist der Riesling die wichtigste Rebsorte im Weingut, daneben gibt es noch Spätburgunder und einen Mix verschiedener internationaler Weiß- und Rotweinsorten. Zum Weingut gehören auch eine Vinothek sowie ein Restaurant, in dem man die gutseigenen Weine serviert. Der Betrieb wird von Jürgen Höhn geführt, der mit den neuen Lagen sich im gehobenen Segment etablieren will.

Kollektion

Das Wiesbadener Weingut bestätigt die Leistung des Vorjahres. Chardonnay und Sauvignon Blanc sind beide sortentypisch und fruchtbetont. Auch der frische, trockene Riesling Kabinett aus der Sandgrub gefällt uns gut, ebenso wie sein halbtrockenes Pendant aus dem Sonnenberg, das recht üppig geraten ist. Spannend ist der Vergleich der Großen Gewächse. Die aus der Schiersteiner Hölle sind eher fruchtbetont, das 2018er verfügt über saftigen Gerbstoffbiss, das aus 2019 ist feiner geraten. Die Weine aus dem Marcobrunn sind stoffiger, 2018 besitzt Ausgewogenheit und großzügige Länge, 2019 ist im Moment noch stark vom Holzfass geprägt. Beide frucht- und edelsüßen Rieslinge gefallen uns sehr gut. Die fein saftige Spätlese aus dem Nussbrunnen ist aufgeschlossen, die Trockenbeerenauslese aus der Schiersteiner Hölle beerig. Mit rauchiger Toastwürze und klarer Frucht versehen, weckt der Spätburgunder wegen seiner hohen Reife Assoziationen an südliche Weine.

Weinbewertung

81	2019 Riesling trocken (1l)	11,5%/5,60€
83	2019 Chardonnay trocken	12,5%/7,60€
83	2019 Sauvignon Blanc trocken	12,5%/7,90€
83	2019 Riesling Kabinett trocken Kiedricher Sandgrub	12%/6,80€
87	2018 Riesling trocken Großes Gewächs Schiersteiner Hölle	13%/21,50€
88	2019 Riesling trocken Großes Gewächs Schiersteiner Hölle	12%/21,50€
88	2018 Riesling trocken Großes Gewächs Erbacher Marcobrunn	13%/23,50€
87	2019 Riesling trocken Großes Gewächs Erbacher Marcobrunn	12,5%/23,50€
83	2019 Riesling Kabinett halbtrocken Eltviller Sonnenberg	12%/6,80€
86	2019 Riesling Spätlese Hattenheimer Nussbrunnen	7,5%/13,50€
89	2018 Riesling Trockenbeerenauslese Schiersteiner Hölle	6,5%/95,-€/0,375l
86	2018 Spätburgunder „Holzfass" trocken Frauensteiner Herrnberg	15%/17,50€

PFALZ ━ HOCHSTADT

★ ★ ✩

Hörner – Hainbachhof

Kontakt
Hainbachhof
76879 Hochstadt
Tel. 06347-8814
www.hoerner-wein.de
info@hoerner-wein.de

Besuchszeiten
Di.-Fr. 10-12 + 14-18 Uhr
Sa. 10-12 + 14-17 Uhr

Inhaber
Reinhold & Thomas Hörner
Kellermeister
Thomas Hörner
Rebfläche
30 Hektar
Produktion
200.000 Flaschen

Weinbau betreibt die Familie Hörner seit einigen Generationen, aber erst Reinhold Hörner begann vor einem Vierteljahrhundert damit, Weine über die Flasche zu vermarkten. Sein Sohn Thomas, genannt Thommy, hat seine Winzerlehre bei den Weingütern Knipser und Münzberg gemacht und Praktika im Burgund und der Wachau absolviert. Wieder zuhause hat er auf Teilflächen des elterlichen Betriebs damit angefangen, seine eigenen Weine zu erzeugen, die Produktion in den Folgejahren ausgeweitet und sein Sortiment in drei durch verschiedene Hörner auf dem Etikett gekennzeichnete Linien eingeteilt: Stier für die Gutsweine, Steinbock für das Mittelsegment und Widder für seine Spitze. Die wichtigsten Sorten im Betrieb sind Sauvignon Blanc und Weiß-, Grau- und Spätburgunder, daneben gibt es Gelben Muskateller, Riesling und Müller-Thurgau.

Kollektion

Was wir im vergangenen Jahr geschrieben hatten, kann so auch über der aktuellen Kollektion stehen: Erneut sind alle Weine von Thommy Hörner sehr klar im Ausdruck, sehr reintönig und perfekt gemacht, aber eben auch ein bisschen brav und glatt. Am meisten Charakter zeigen die Widder-Weine, unser Favorit unter den Weißen ist der Weißburgunder, der etwas röstige Würze, Vanille und Aprikose zeigt und Konzentration und Frische besitzt, der Grauburgunder ist kraftvoller und schon etwas gereifter, besitzt präsentes, aber gut eingebundenes Holz, der Sauvignon Blanc zeigt ein feines Bouquet mit Noten von gerösteten Haselnüssen, ist ausgewogen, harmonisch und frisch. Die beiden Spätburgunder sind schlank und elegant, der Steinbock ist kühl und rotfruchtig mit Noten von Johannisbeere und Hagebutte, der Widder ist etwas dunkler in der Frucht, zeigt etwas Sauerkirsche und feine Röstnoten, besitzt Struktur und gut eingebundenes Holz. Und der restsüße Rieslaner ist im Bouquet leicht verhalten, entwickelt am Gaumen aber viel süße Frucht, ist leicht cremig, harmonisch und frisch.

Weinbewertung

83	2019 Riesling trocken „Steinbock"	12 %/8,-€
84	2019 Weißburgunder trocken „Steinbock"	12,5 %/8,-€
84	2019 Grauburgunder trocken „Steinbock"	12,5 %/8,-€
84	2019 Sauvignon Blanc trocken „Steinbock"	12 %/8,-€
83	2019 Gelber Muskateller trocken „Steinbock"	11,5 %/8,-€
88	2017 Weißburgunder trocken „Widder"	13 %/15,-€
87	2017 Grauburgunder trocken „Widder"	13,5 %/15,-€
87	2017 Sauvignon Blanc trocken „Widder"	13,5 %/15,-€
86	2018 Rieslaner „Steinbock"	8 %/19,-€
83	2019 „Cuvée Horny" Rosé „Stier"	11,5 %/7,50 €
86	2017 Spätburgunder trocken „Steinbock"	12,5 %/12,-€
88	2017 Spätburgunder trocken „Widder"	12,5 %/19,-€

★★★★✩ von Hövel

Kontakt
Agritiusstraße 5-6
54329 Konz-Oberemmel
Tel. 06501-15384
Fax: 06501-18498
www.weingut-vonhoevel.de
info@weingut-vonhoevel.de

Besuchszeiten
Mo.-Fr. 8:30-17 Uhr, Weinproben nach Vereinbarung

Inhaber
Maximilian von Kunow
Betriebsleiter
Maximilian von Kunow
Kellermeister
Maximilian von Kunow
Rebfläche
22 Hektar
Produktion
140.000 Flaschen

Das Weingut befindet sich seit mehr als zwei Jahrhunderten im Besitz der Familie und wird seit 2010 von Maximilian von Kunow geführt. Stolze 22 Hektar Rebfläche sind vorhanden, darunter nicht weniger als zwei Monopollagen: die Oberemmeler Hütte und der Kanzemer Hörecker. Eine andere Lage sollte allerdings nicht vergessen werden: Der Scharzhofberger sorgt immer wieder für kraftvolle und dennoch filigrane Weine der Kategorie Großes Gewächs oder finessenreiche Weine bis hinauf zur Trockenbeerenauslese. Schaumwein wird ebenso angeboten, und als einer der wenigen Winzer der deutschen Mosel interessiert sich Maximilian von Kunow für das, was jenseits des Flusses in Luxemburg entsteht. Das grenzüberschreitende Weinbauprojekt mit der Luxemburger Köchin Léa Linster nennt sich Crossmosel.

Kollektion

Seit Jahren beweist das Traditionsweingut, dass es sich nicht nur zu behaupten, sondern auch zu steigern weiß. 2019 ist ausgesprochen gut ausgefallen, schon beim festen Basiswein oder den Ortsweinen, von denen der straffe Niedermenniger noch eine Spur besser gefällt als der Krettnacher. Das Große Gewächs aus der Hütte ist noch völlig unzugänglich, merklich hefig mit Kräuterwürze, im Mund straff und präzise, erfreulich trocken. Der trockene Wein aus dem Scharzhofberger ist ganz anders, duftig, offen, elegant, mit verblüffend wenig Alkohol für ein Großes Gewächs, fein, schlank, mit einem Hauch von Süße, aber auch beachtlicher Präzision. Fast noch spannender ist der süße Bereich. Schon der Kabinett aus der Hütte ist ein Meisterstück, verspielt und mit wenig Süße ausgestattet. Frisch, recht offen, verführerisch klar mit Noten von Apfel, getrocknetem Apfel und gehackten Kräutern sowie Hefe zeigt sich der Versteigerungskabinett aus dem Scharzhofberger, der im Mund saftig, straff und rassig ausfällt. Bei der Spätlese aus dem Kanzemer Hörecker kommen zu Apfelnoten auch Steinobstklänge hinzu, der Wein ist enorm saftig, aber auch mineralisch, der Schmelz wird durch eine animierende Säure ausgeglichen.

Weinbewertung

87	2019 Riesling trocken	11,5%/12,80€
88	2019 Riesling trocken Krettnacher	11%/12,80€
88	2019 Riesling trocken Niedermenniger	11%/12,80€
93	2019 Riesling trocken „GG" Hütte	12%/36,-€
91	2019 Riesling trocken „GG" Scharzhofberger	11%/36,-€
93	2019 Riesling Hörecker	12%/48,-€
89	2019 Riesling Kabinett „S"	8,5%/18,90€
91	2019 Riesling Kabinett Scharzhofberger	8%/Vst.
91	2019 Riesling Spätlese Hütte	10,5%/24,-€
92	2019 Riesling Spätlese Hörecker	8,5%/Vst.

PFALZ — HEUCHELHEIM-KLINGEN

★★ ☆

Hof

Kontakt
Klingbachstraße 29
76831 Heuchelheim-Klingen
Tel. 06349-1591
Fax: 06349-3066
www.weingut-joachim-hof.de
info@weingut-joachim-hof.de

Besuchszeiten
Weinproben nach Vereinbarung

Inhaber
Philipp, Julian, Joachim & Karin Hof

Rebfläche
22 Hektar

Die Vorfahren der Familie Hof betrieben bereits seit 1769 Weinbau in der Südpfalz, über zwei Jahrhunderte hinweg blieb es aber bei einem typischen landwirtschaftlichen Mischbetrieb, in dem neben Wein auch Getreide angebaut und Vieh gehalten wurde. Joachim Hof richtete den Betrieb mit seiner Frau Karin ganz auf den Wein aus, seit 2011 führen ihre Söhne Julian und Philipp den Betrieb weiter. Wichtigste Lagen sind der Klingener und Heuchelheimer Herrenpfad. Die weißen und roten Burgundersorten stehen auf 35 Prozent der Fläche, Riesling auf 25 Prozent, daneben gibt es noch Sorten wie Silvaner, Muskateller, Gewürztraminer, St. Laurent, Merlot und Cabernet Sauvignon.

🍷 Kollektion

Mit ihren Rotweinen können die Hof-Brüder in ihrem aktuellen Sortiment zulegen: Bei den Burgundern ist der Frühburgunder deutlich präsenter und offener als der insgesamt noch sehr verhaltene Spätburgunder, er besitzt eine kühle Art, zeigt Sauerkirsche und kräutrige Noten, etwas Eukalyptus im Bouquet, ist harmonisch mit noch leicht jugendlichen Tanninen, auch der Merlot besitzt eine kühle, kräutrige Würze, ist aber mit deutlichen Röstnoten noch sehr vom Holz geprägt und könnte noch zulegen, der Cabernet Sauvignon zeigt typische Noten von schwarzer Johannisbeere und grüner Paprika, das Holz ist hier schon besser eingebunden, er ist harmonisch, besitzt reife Tannine und gute Länge. Die in Tonneaux ausgebauten weißen Lagenweine sind alle konsequent trocken, Weißburgunder und Chardonnay zeigen noch sehr deutliche Röstnoten, beim leicht cremigen Grauburgunder, der klare Birnenfrucht und Zitruswürze zeigt, ist das Holz am besten eingebunden, der Chardonnay ist straff, zeigt neben Kokosnoten auch gelbe Frucht, Aprikose, Banane, der Weißburgunder ist dagegen noch verhalten und braucht noch etwas Zeit, um sich zu harmonisieren.

🍃 Weinbewertung

80	2019 Silvaner trocken (1l)	12 %/4,90 €
81	2019 Muskateller trocken	12,5 %/7,10 €
82	2019 Riesling Kabinett trocken	11,5 %/6,10 €
80	2019 Chardonnay Kabinett trocken	12,5 %/6,10 €
83	2019 Weißer Burgunder trocken Herrenpfad	13,5 %/10,50 €
85	2019 Grauer Burgunder trocken Herrenpfad	13,5 %/10,50 €
85	2019 Chardonnay trocken Herrenpfad	13,5 %/10,50 €
86	2018 „Cuvée No. 29" Rotwein trocken Herrenpfad	13,5 %/10,50 €
87	2018 Frühburgunder trocken Herrenpfad	13 %/11,50 €
85	2018 Spätburgunder trocken Herrenpfad	13,5 %/11,50 €
86	2017 Merlot trocken Herrenpfad	13,5 %/14,- €
87	2017 Cabernet Sauvignon trocken Herrenpfad	13 %/18,- €

MOSEL — DETZEM

Rudolf Hoffmann

Kontakt
Neustraße 19
54340 Detzem
Tel. 06507-3594
Fax: 06507-802370
www.weingut-hoffmann.de
service@weingut-hoffmann.de

Besuchszeiten
Mo.-So. 10-20 Uhr
Straußwirtschaft, Vinothek, Weinseminare

Inhaber
Rudolf Peter Hoffmann
Betriebsleiter
Rudolf Hoffmann
Kellermeister
Rudolf Hoffmann
Außenbetrieb
Rudolf Hoffmann
Rebfläche
5 Hektar
Produktion
50.000 Flaschen

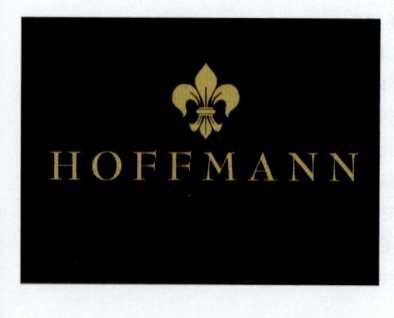

Das Weingut kann auf drei Jahrhunderte Weinbaugeschichte zurückblicken. Das Gebäude, in dem sich das Weingut heute befindet, wurde allerdings erst im Jahr 1921 von Nikolaus und Anna Hoffmann erbaut. Später nahmen Rudolf und Katharina Hoffmann Verantwortung wahr, seit 1987 sind Rudolf junior und Heike Hoffmann zuständig für die insgesamt fünf Hektar Reben in den Lagen Detzemer Maximiner Klosterlay, Detzemer Würzgarten und Thörnicher Schießlay. Neben Riesling werden auch Chardonnay, Gewürztraminer, Gelber Muskateller, Merlot, Cabernet Sauvignon und Spätburgunder angebaut. Eine Straußwirtschaft gehört, je nach Jahreszeit, ebenfalls zum Angebot.

Kollektion

Die zur Premiere vorgestellten Weine der Jahrgänge 2016, 2018 und 2019 sind leicht verständlich, geradlinig und straff, überraschen sehr angenehm. Süffig ist der Einstiegswein namens „Sunshine", den es in trockener Form und in einer Variante mit ganz leichter Süße gibt. Weißburgunder und Chardonnay sind gelungen, der zweite Wein wirkt noch etwas geradliniger und ausgewogener. Der trockene Gewürztraminer aus 2016 besitzt typisch erdige Noten und Teerosenaromatik, ist verblüffend würzig, wirklich gut vinifiziert. Er zeigt, dass diese Sorte Zukunft hat an der Mosel. Kompakt, zupackend, typisch für den Jahrgang 2018 ist der „Vier-Jahreszeiten"-Riesling, dem es lediglich etwas an Balance fehlt. Deutlich nachhaltiger, mit Noten von Apfel und Steinobst, ist der „Summa cum laude" aus 2019, der auch eine schöne Länge aufweist. Schön saftig wirkt der Riesling namens „Moselzauber"; der auch eine leichte Süße integriert. Ausgewogen, nur leicht süß ist der 2018er Gewürztraminer, süffig, würzig, straff. Eine recht kühle Kirsch-, Beeren- und Pflaumenfrucht mit etwas Kakaowürze besitzt der „Unikat C", in dem sich Spätburgunder, Merlot und Cabernet Sauvignon auf durchaus gelungene Weise verbinden.

Weinbewertung

80	2019 Riesling trocken „Sunshine" (1l)	12%/4,90€
83	2018 Riesling trocken „Vier Jahreszeiten"	12%/6,90€
83	2019 Weißburgunder trocken	13%/7,60€
84	2018 Chardonnay trocken	12,5%/7,60€
84	2019 Riesling trocken „Laudatio"	13%/8,90€
82	2018 Rotwein „Unikat C"	12,5%/9,90€
85	2019 Riesling trocken „Summa cum laude"	13%/14,90€
85	2016 Gewürztraminer trocken	13%/11,20€
79	2018 Riesling „Sunshine" (1l)	11%/4,90€
82	2018 Riesling „Carpe diem"	11%/6,90€
84	2018 Riesling „Moselzauber"	11,5%/8,90€
85	2018 Gewürztraminer	10,5%/9,90€

MOSEL ▶ PIESPORT

★ ★ ☆

Hoffmann-Simon

Kontakt
Kettergasse 24
54498 Piesport
Tel. 06507-5025
Fax: 06507-992227
www.hoffmann-simon.de
weingut@hoffmann-simon.de

Besuchszeiten
nach Vereinbarung

Inhaber
Dieter Hoffmann
Betriebsleiter
Dieter Hoffmann
Kellermeister
Dieter Hoffmann
Rebfläche
11,5 Hektar
Produktion
60.000 Flaschen

Dieter Hoffmann ist, nach Lehre in der Pfalz und Geisenheim-Studium, seit 1994 im Betrieb, 1999 hat er ihn übernommen. Seine Weinberge liegen vor allem in Piesport in den Lagen Goldtröpfchen, Günterslay und Treppchen, aber auch in Klüsserath (Bruderschaft) und Köwerich (Laurentiuslay, 1,1 Hektar im Herzstück der Lage), sowie in Maring (Honigberg). Riesling nimmt zwei Drittel der Rebfläche ein, dazu gibt es Müller-Thurgau, Weißburgunder, Spätburgunder, Sauvignon Blanc und Regent. Die Weine werden im Edelstahl kühl vergoren, die trockenen Rieslinge bleiben recht lange auf der Feinhefe. 2012 begann Dieter Hoffmann mit der Umstellung auf biologischen Weinbau, er ist Mitglied bei Ecovin. Er möchte in den nächsten Jahren den Ausbau im Holz forcieren.

Kollektion

Gleich mehrere Entwicklungsschritte scheint das Weingut mit den Jahrgängen 2018 und 2019 gegangen zu sein, die vorgestellten Weine sind ausdrucksstark. Die trockenen Rieslinge namens „Blauschiefer" und aus der Bruderschaft überzeugen voll. Das Große Gewächs aus dem Goldtröpfchen (2018) deutet in der Nase die lange Reifung auf der Hefe an, zeigt die saftige Art der Lage und eine schöne Länge, die den Alkohol gut integriert. Die feinherbe Auslese wurde im großen Holzfass ausgebaut und besitzt eine cremige Art, leichte Süße und Schmelz, ist schön saftig und im besten Sinne süffig. Auch der restsüße Bereich überzeugt: Die spontanvergorene Spätlese Fass Nr. 9 ist balanciert und spannend, die 2018er Auslese sehr ausgewogen, enorm saftig, mit nur dezenter, bestens eingebundener Süße. Schließlich der Rotwein. Ein Spätburgunder vom blaugrauen Tonschiefer mit Quarzanteil aus dem Jahrgang 2015 (!), zweieinhalb Jahre im Barrique ausgebaut und unfiltriert abgefüllt, besitzt eine sehr feine, elegante Art.

Weinbewertung

83	2019 Riesling Kabinett „Kieselstein"	11,5 %/7,50 €
84	2019 Riesling Kabinett trocken „Blauschiefer"	12 %/7,50 €
84	2019 Sauvignon Blanc trocken	12,5 %/7,50 €
85	2019 Riesling trocken Klüsserather Bruderschaft	12,5 %/9,90 €
88	2018 Riesling trocken „GG" Piesporter Goldtröpfchen	13,5 %/18,- €
84	2019 Riesling Kabinett „feinherb" Piesporter Günterslay	11 %/8,50 €
86	2019 Riesling Spätlese „feinherb" Köwericher Laurentiuslay	12 %/9,90 €
89	2019 Riesling Auslese „feinherb" Piesporter Goldtröpfchen	13 %/24,- €
86	2019 Riesling Spätlese Köwericher Laurentiuslay	9 %/9,90 €
89	2019 Riesling Spätlese „Fass 9" Piesporter Goldtröpfchen	10,5 %/13,90 €
88	2019 Riesling Spätlese*** Piesporter Goldtröpfchen	9 %/13,90 €
88	2018 Riesling Auslese Piesporter Goldtröpfchen	12,5 %/24,- €
89	2019 Riesling Auslese Piesporter Goldtröpfchen	9,5 %/18,- €
87	2015 Spätburgunder* trocken Barrique	12,5 %/19,50 €

HOFFMANN | SIMON

2016 riesling ***
piesporter goldtröpfchen

Hoffranzen

Kontakt
Classisches Weingut
Hoffranzen Schulstraße 22
54346 Mehring
Tel. 06502-8441
Fax: 06502-980574
www.weingut-hoffranzen.de
info@weingut-hoffranzen.de

Besuchszeiten
nach Vereinbarung
Gästehaus

Inhaber
Carolin Hoffranzen

Kellermeister
Carolin Hoffranzen,
Martin Schu-Hoffranzen

Außenbetrieb
Martin Schu-Hoffranzen

Rebfläche
10 Hektar

Seit 1601 baut die Familie Wein in Mehring an, heute wird das Weingut von Carolin Hoffranzen geführt, unterstützt von ihrem Vater Hans und ihrem Mann Martin. Die Weinberge liegen in den Mehringer Lagen Zellerberg, Goldkupp und Blattenberg sowie in der Detzemer Maximiner Klosterlay. 90 Prozent der Rebfläche nimmt Riesling ein, hinzu kommen ein wenig Weißburgunder und Spätburgunder. Der trockene und der halbtrockene Spitzenriesling, Layterrassen bzw. Contur, stammen beide aus dem Blattenberg. Alle Weine werden spontanvergoren, alle besitzen eine gewisse Eigenwilligkeit, sind das genaue Gegenteil austauschbarer Mainstream-Weine.

Kollektion

Aus den Jahrgängen 2018 und 2019 stellt das Weingut ein sehr überschaubares Sortiment an Weinen vor. Die Abfüllungen sind allesamt fest, rassig, wirken schon jetzt zugänglich; die Stilistik ist bei allen Weinen gut herausgearbeitet worden. Das ist schon beim Mehringer Riesling zu bemerken, dem trockenen Einstieg. Der Wein ist spritzig, fest, würzig mit deutlicher Säure und animierendem Charakter. Verhalten in der Nase mit würziger, tiefgründiger Art: Diese Attribute zeichnen den Riesling von alten Reben aus dem Mehringer Blattenberg aus. Er besitzt eine schöne Länge, ist fein, harmonisch, elegant, würzig; der Alkohol ist sehr verhalten. Eigenwillig wirkt der Weißburgunder aus dem Jahrgang 2018, ein Reservewein mit kühler, leicht nussiger Aromatik. Er ist würzig im Bouquet, bleibt im Mund schlank, ist elegant und bringt dennoch den Sortencharakter gut zum Ausdruck. Verschlossen ist der „Layet Layterrassen" von alten Reben im Mehringer Blattenberg, der sich allerdings im Glas gut entwickelt und eine schöne Struktur aufweist. Deutlich offener ist der Riesling namens „Contur", auch eine Spur süßer; er ist straff im Mund, saftig, fast vibrierend, besitzt eine sehr gute Länge, zeigt derzeit noch nicht ganz, was in ihm steckt. Erstaunlich verhalten in der Nase ist der Riesling „Caro", der leichte Apfelnoten zeigt und sich vermutlich noch entwickeln wird, der Wein ist saftig, besitzt eine schöne Länge, die Süße ist deutlich zu spüren, aber der Wein zeigt sich animierend und balanciert.

Weinbewertung

87	2019 Riesling trocken „Layet Layterrassen" Mehringer Blattenberg	12 %/15,-€
84	2019 Riesling trocken Mehringer	11,5 %/7,50 €
86	2018 Weißer Burgunder trocken „Reserve"	14 %/17,50 €
87	2019 Riesling trocken „Alte Reben" Mehringer Blattenberg	11,5 %/9,-€
86	2019 Riesling „Contur"	12 %/10,50 €
87	2019 Riesling „Caro"	8 %/9,-€

FRANKEN — WÜRZBURG

★★✩

Staatlicher Hofkeller

Kontakt
Staatlicher Hofkeller Würzburg
Residenzplatz 3
97070 Würzburg
Tel. 0931-3050923
Fax: 0931-3050966
www.hofkeller.de
hofkeller@hofkeller.bayern.de

Besuchszeiten
Mo.-Fr. 9-18 Uhr, Sa. 10-16 Uhr (Hauptsaison), 10-14 Uhr (Nebensaison); Veranstaltungen im Fasskeller (bis 320 Personen)

Inhaber
Freistaat Bayern

Betriebsleiter
Thilo Heuft

Kellermeister
Stefan Schäfer, Klaus Kuhn

Außenbetrieb
Stefan Schäfer

Rebfläche
120 Hektar

Produktion
800.000 Flaschen

Die Geschichte des Hofkellers lässt sich bis ins Jahr 1128 zurückverfolgen, ist das älteste urkundlich belegte Weingut Deutschlands. 1814 fiel der zuvor Fürstbischöfliche Hofkeller als Königlich Bayerischer Hofkeller an das Königreich Bayern, ist seit 1918 als Staatlicher Hofkeller Würzburg Eigentum des Freistaates Bayern. Der Hofkeller verfügt über umfangreichen Besitz nicht nur in Würzburg und Randersacker, sondern in ganz Franken. Die Geschäftsführung hat im Januar 2018 Thilo Heuft übernommen, der zuvor Geschäftsführender Vorstand der Weingärtner Stromberg-Zabergäu war.

Kollektion

Der Sauvignon Blanc ist würzig und frisch, beide Würzburger Ortsweine sind fruchtbetont und klar. Sehr gut gefallen und die drei Erste Lage-Weine aus dem Würzburger Stein: Der birnenduftige Silvaner ist klar und frisch, zupackend und strukturiert, der Riesling ist würzig, frisch, besitzt feine süße Frucht, der Weißburgunder zeigt gute Konzentration und reintönige Frucht, ist klar, geradlinig und fruchtbetont. Eine weitere Steigerung bringen die Großen Gewächse, die sich sehr gleichmäßig präsentieren im Jahrgang 2019. 1Der Silvaner aus dem Stein zeigt gute Konzentration und reintönige Frucht, ist klar und harmonisch, besitzt gute Struktur und Grip. Der Weißburgunder aus dem Stein zeigt ebenfalls gute Konzentration, ist klar und geradlinig, besitzt reife Frucht, gute Struktur und Substanz. Der Riesling aus dem Stein zeigt feine Würze und reife klare Frucht im Bouquet, ist füllig und saftig im Mund, besitzt gute Substanz und reife Frucht. Unsere leichte Präferenz gilt dem Riesling aus dem Pfülben, der reintönige Frucht zeigt, füllig und saftig ist, gute Struktur und Kraft besitzt, dabei deutlich druckvoller ist als seine Kollegen. Eine gute Figur macht auch der Spätburgunder aus dem Bischofsberg, besitzt intensive Frucht, gute Struktur und jugendliche Tannine.

Weinbewertung

82	2019 Sauvignon Blanc trocken	11,5%/7,90€
83	2019 Silvaner trocken Würzburger	12,5%/9,60€
83	2019 Riesling trocken Würzburger	12,5%/9,60€
86	2019 Weißburgunder trocken Würzburger Stein	13,5%/14,40€
86	2019 Silvaner trocken Würzburger Stein	13,5%/14,40€
85	2019 Riesling trocken Würzburger Stein	13%/14,40€
82	2019 Riesling trocken Würzburger Innere Leiste	13,5%/13,60€
88	2019 Silvaner trocken „GG" Würzburger Stein	13%/29,90€
88	2019 Riesling trocken „GG" Würzburger Stein	13,5%/29,90€
89	2019 Riesling trocken „GG" Randersackerer Pfülben	13,5%/29,90€
88	2019 Weißburgunder trocken „GG" Würzburger Stein	13,5%/32,50€
89	2018 Spätburgunder trocken „GG" Großheubacher Bischofsberg	13,5%/38,-€

RHEINHESSEN ▶ APPENHEIM

★★★★ Hofmann

Kontakt
Vor dem Klopp 4
55437 Appenheim
Tel. 06725-300063
Fax: 06725-300477
www.schiefer-trifft-muschelkalk.de
info@schiefer-trifft-muschelkalk.de

Besuchszeiten
Mo.-Sa. 9-12 + 13-18 Uhr

Inhaber
Carolin & Jürgen Hofmann
Betriebsleiter
Alexander Luff
Rebfläche
22 Hektar
Produktion
260.000 Flaschen

Klaus und Irene Hofmann begannen 1972 mit der Flaschenweinvermarktung, entwickelten aus dem landwirtschaftlichen Mischbetrieb ein Weingut. Ihr Sohn Jürgen Hofmann, der nach Studium in Geisenheim in Weinbaugebieten wie Kalifornien, Südafrika, Ungarn, Rumänien und Australien gearbeitet hatte, dann als Weinmacher bei Reh-Kendermann für die Premiummarken verantwortlich war, konzentrierte sich seit Ende der neunziger Jahre ganz auf den elterlichen Betrieb, investierte in Kellertechnik und Weinberge in besten Lagen, errichtete ein neues Weingut am Fuße des Kloppbergs. Seine Weinberge liegen in Appenheim in den Lagen Hundertgulden und Eselspfad, in St. Johann im Steinberg, in der Gau-Algesheimer St. Laurenzikapelle sowie im Niersteiner Ölberg. Er baut vor allem Riesling, Silvaner und die Burgundersorten – Weißburgunder, Spätburgunder, Grauburgunder – an, aber auch internationale Sorten wie Sauvignon Blanc, der fast schon so etwas wie das Markenzeichen von Jürgen Hofmann geworden ist, dazu regionale Spezialitäten wie Scheurebe und Huxelrebe. Das Sortiment ist dreistufig gegliedert in Gutsweine, Ortsweine und Lagenweine, im obersten Segment gibt es den Sauvignon Blanc aus der St. Laurenzikapelle, erstmals 2014 auch in einer im Betonei ausgebauten Version, inzwischen auch in einer Maischegärung-Version, Silvaner und Weißburgunder aus dem Eselspfad sowie die Rieslinge aus Hundertgulden und Ölberg, seit dem Jahrgang 2016 gibt es auch einen Riesling aus dem Gau-Algesheimer Goldberg, mit dem Jahrgang 2015 gab es erstmals den Lagen-Chardonnay aus dem St. Johanner Steinberg. Jürgen Hofmanns Ehefrau Carolin, ebenfalls ausgebildete Önologin, stammt aus dem Weingut Willems-Willems in Oberemmel an der Saar, sie führen heute beide Weingüter gemeinsam. 2019 wurde mit der Umstellung auf biologischen Weinbau begonnen.

Kollektion

In den letzten Jahren waren Weißburgunder, Chardonnay und Sauvignon Blanc immer stärker geworden, wetteiferten mit den Lagen-Rieslingen um die Spitzenbewertungen der Hofmann'schen Kollektion. In diesem Jahr sind die Rollen klar verteilt, was schlicht daran liegt, dass die Rieslinge stärker denn je sind, alle drei sind hervorragend. Der Riesling vom Niersteiner Oelberg zeigt gute Konzentration, viel reife Frucht, gelbe Früchte, ist füllig im Mund, besitzt herrlich viel Frucht, Kraft und Substanz. Deutlich druckvoller ist der Wein vom Gau-Algesheimer Goldberg, zeigt reintönige Frucht im Bouquet, feine Würze, etwas mineralische Noten, gelbe Früchte, ist füllig und kraftvoll im Mund, besitzt reife Frucht, gute Struktur und Intensität, ist noch enorm jugendlich. Unser Favorit aber ist wieder einmal der Riesling aus dem Appenheimer Hundertgulden, der viel Konzentration und herrlich viel Frucht im Bouquet zeigt, reife gelbe Rieslingfrucht, im Mund erstaunlich präzise und frisch ist, enorm druckvoll und mineralisch, reintönig und nachhaltig. Angesichts dieser tollen Lagenrieslinge sollte man nicht das hohe Niveau der Gutsweine übersehen, die große Stärke von Jürgen Hofmann, auch im Jahrgang 2019 sind alle wieder sehr gut. Der Riesling ist frisch, fruchtbetont und würzig, klar und zupackend, besitzt feine süße Frucht. Der Weißburgunder ist intensiv fruchtig im Bouquet, wunderschön reintönig, besitzt Fülle und Kraft, reife Frucht, gute Struktur und Frische. Der Sauvignon Blanc ist wie immer eine sichere Bank, zeigt reintönige Frucht im Bouquet, feine Frische, ist klar, frisch und zupackend im Mund. Der Appenheimer Riesling vom Muschelkalk zeigt herrlich viel Frucht im Bouquet, ist wunderschön reintönig, besitzt Fülle und Kraft, gute Struktur, Frucht und Druck. Der Appenheimer Weißburgunder vom Urmeer zeigt gute Konzentration und viel reife Frucht im herrlich eindringlichen Bouquet, ist füllig und saftig im Mund, besitzt ebenfalls reife Frucht, Struktur und Druck, ist noch sehr jugendlich: Ein ganz starker Ortswein. Das gilt auch für den Chardonnay vom Korallenriff, der wunderschön fruchtbetont im Bouquet ist, reintönig, herrlich eindringlich, Fülle und Kraft im Mund besitzt, viel reife Frucht, gute Struktur und Substanz. Der Lagen-Chardonnay vom St. Johanner Steinberg ist deutlich zugeknöpfter, ebenfalls sehr konzentriert, stoffig und kompakt, bleibt aber verschlossen. Das gilt auch für den Weißburgunder vom Appenheimer Eselspfad, der konzentriert und würzig, Fülle und Kraft besitzt, Substanz und gute Struktur. Ein wenig Zeit braucht auch noch der maischevergorene Sauvignon Blanc von der Gau-Algesheimer St. Laurenzikapelle, der konzentriert und herrlich eindringlich ist, gute Struktur und Substanz besitzt, aber noch jugendlich und verschlossen ist.

Weinbewertung

86	2019 Weißer Burgunder trocken	12%/8,80€
85	2019 Riesling trocken	12%/8,80€
88	2019 Weißburgunder trocken „Urmeer" Appenheimer	13%/11,20€
88	2019 Chardonnay trocken „vom Korallenriff"	13%/11,20€
87	2019 Sauvignon Blanc trocken	12,5%/11,20€
88	2019 Riesling trocken „vom Muschelkalk" Appenheimer	12,5%/11,20€
90	2019 Riesling trocken Nierstein Oelberg	12,5%/22,50€
92	2019 Riesling trocken Gau-Algesheim Goldberg	12,5%/22,50€
93	2019 Riesling trocken Appenheim Hundertgulden	12,5%/22,50€ ☺
89	2019 Weißer Burgunder trocken Appenheim Eselspfad	13%/22,50€
89	2019 Sauvignon Blanc trocken „MG" Gau-Algesheim St. Laurenzikapelle	13%/22,50€
88	2019 Chardonnay trocken St. Johann Steinberg	13%/22,50€

Lagen
Hundertgulden (Appenheim)
Eselspfad (Appenheim)
Ölberg (Nierstein)
St. Laurenzikapelle (Gau-Algesheim)
Goldberg (Gau-Algesheim)
Steinberg (St. Johann)

Rebsorten
Riesling (25 %)
Sauvignon Blanc (20 %)
Weißburgunder (15 %)
Silvaner (15 %)
Chardonnay
Spätburgunder
Scheurebe
Huxelrebe

Carolin & Jürgen Hofmann

Hofmann

★★★★✩

Kontakt
Strüther Straße 7
97285 Röttingen
Tel. 09338-1577
Fax: 09338-993375
www.weinguthofmann.com
info@weinguthofmann.com

Besuchszeiten
nach Vereinbarung
Gästezimmer

Inhaber
Jürgen Hofmann

Rebfläche
8 Hektar

Produktion
60.000 Flaschen

Alois Hofmann beschloss 1990 seine Trauben nicht länger an eine Weinkellerei abzuliefern und im Jahr darauf vermarktete er erstmals den Wein seiner damals 1,3 Hektar Weinberge komplett selbst. 2001 ist Sohn Jürgen nach Beendigung seines Geisenheim-Studiums (die Winzerlehre hat er bei Paul Fürst in Bürgstadt gemacht) in den Betrieb eingestiegen, hat ihn mittlerweile übernommen. Seine Weinberge liegen vor allem im Röttinger Feuerstein, wo die Reben auf Muschelkalkböden wachsen, die mit Feuerstein durchzogen sind. Hinzu kommen Weinberge im Markelsheimer Propstberg, der zur Region Württemberg gehört.

Kollektion

Das Basisniveau ist hoch, und die Rotweine sind in der Spitze besser denn je. Der Flint ist lebhaft und zupackend, wie immer eine sichere Bank. Die Kabinettweine sind fruchtbetont und süffig, der im Vorjahr neu eingeführte Chardonnay ist reintönig und zupackend. Die trockenen Spätlesen sind füllig, saftig, sortentypisch, alle merklich süß, was sie gar nicht nötig haben. Auch im roten Segment überzeugt die Basis mit Frucht und Reintönigkeit, das gilt für Schwarzriesling wie für Spätburgunder. Die drei Tauberschwarz sind spannend: Der R aus dem Propstberg ist würzig, reintönig, füllig, kraftvoll und strukturiert, etwas besser noch gefällt uns der R aus dem Feuerstein, der enorm würzig und eindringlich ist, reintönige Frucht und Präzision besitzt; noch viel mehr Kraft und Substanz besitzt der RR. Spannendster Wein aber ist der Spätburgunder RR, der wie die drei Tauberschwarz aus dem Jahrgang 2017 stammt: Faszinierend reintönig, komplex, lang und nachhaltig; und auf Haltbarkeit vinifiziert, wie der beeindruckende 2008er beweist. Klasse!

Weinbewertung

85	2019 „Flint" Weißwein trocken	11,5%/6,90€
85	2019 Silvaner Kabinett trocken Röttinger Feuerstein	12%/7,50€
84	2019 Riesling Kabinett Röttinger Feuerstein	12%/7,50€
85	2019 Chardonnay trocken Röttinger Feuerstein	12%/8,90€
85	2019 Riesling Spätlese trocken Röttinger Feuerstein	12,5%/9,80€
87	2019 Silvaner Spätlese trocken Röttinger Feuerstein	12,5%/9,80€
89	2019 Silvaner*** Spätlese trocken Röttinger Feuerstein	13%/11,50€ ☺
86	2019 Riesling*** Spätlese trocken Röttinger Feuerstein	12,5%/9,80€
86	2019 Riesling Spätlese „Sankt Martin" Röttinger Feuerstein	12%/11,50€
85	2018 Schwarzriesling trocken	13,5%/8,90€
85	2018 Spätburgunder trocken Röttinger Feuerstein	13,5%/8,50€
88	2017 Tauberschwarz „R" trocken Propstberg	13,5%/19,-€
89	2017 Tauberschwarz „R" trocken Röttinger Feuerstein	13,5%/19,-€
91	2017 Tauberschwarz „RR" trocken Röttinger Feuerstein	13,5%/19,-€
92	2008 Spätburgunder „RR" trocken Röttinger Feuerstein	13,5%
93	2017 Spätburgunder „RR" trocken Röttinger Feuerstein	13,5%/25,-€ ☺

FRANKEN ▸ IPSHEIM

★★★✩

Hofmann

Kontakt
Oberndorfer Straße 20
91472 Ipsheim
Tel. 09846-727
Fax: 09846-9791717
www.wein-hofmann.de
weingut@wein-hofmann.de

Besuchszeiten
Vinothek
Mo.-Fr. 8-18 Uhr
Sa. 9-17 Uhr

Inhaber
Bernd Hofmann

Rebfläche
24 Hektar

Produktion
170.000 Flaschen

Das Weingut Hofmann liegt in Ipsheim in Mittelfranken, wird von Bernd Hofmann geführt. Die Reben wachsen in den Lagen Bad Windsheimer Rosenberg (Gipskeuperboden mit Kalkstein im Untergrund), Ipsheimer Burg Hoheneck (schwere Tonböden) und Weimersheimer Roter Berg (tiefgründige Böden mit hohem Löss-Lehm-Anteil), im Hüttenheimer Tannenberg (mit Gips durchsetzter Keuper) sowie im Krassolzheimer Pfaffenberg (Gipskeuperböden), wo Regent und Domina angebaut werden. Zu den weißen Sorten Silvaner, Müller-Thurgau, Bacchus, Riesling und Kerner kamen in den letzten Jahren Weißburgunder, Scheurebe, Johanniter, Gewürztraminer und Sauvignon Blanc hinzu. An roten Sorten baut Bernd Hofmann Spätburgunder, Dornfelder, Regent und Domina an, inzwischen auch Cabernet Sauvignon. Die Weine werden recht kühl in Edelstahltanks vergoren und bleiben bis März auf der Feinhefe; ausgewählte Rotweine werden im Barrique ausgebaut.

Kollektion

Neu ist in diesem Jahr der Merlot aus dem Schlossberg in Ickelheim – und er gibt ein faszinierendes Debüt, ist herrlich eindringlich und reintönig bei intensiver Frucht, besitzt Fülle, Kraft und gute Struktur. Der Rosenberg-Spätburgunder steht ihm kaum nach, ist rauchig, reintönig, zupackend, der Burg Hoheneck-Cabernet Sauvignon punktet mit intensiver Frucht, Kraft und Struktur. Auch die Weißweine sind stark, an der Basis wie in der Spitze. Der „Hofmann & Pflüger"-Silvaner besitzt viel reife Frucht und Substanz, der Burg Hoheneck-Weißburgunder ist rauchig, herrlich eindringlich, kraftvoll, jugendlich-verschlossen, der Rosenberg-Riesling besitzt Kraft, gute Struktur und Grip, der Burg Hoheneck-Chardonnay besitzt gute Struktur und Substanz, der Sauvignon Blanc aus der selben Lage ist herrlich reintönig – und auch sonst ist die Kollektion bärenstark: Bravo!

Weinbewertung

85	2019 Silvaner trocken „vom Keuper"	12,5%/8,-€
85	2019 Riesling trocken „Keuper & Kalk"	13%/8,-€
87	2019 Silvaner „S" trocken	13,5%/10,-€
84	2019 Weißer Burgunder „S" trocken	13,5%/10,-€
87	2019 Chardonnay „S" trocken Ipsheimer Burg Hoheneck	13,5%/12,50€
87	2018 Riesling „S" trocken Bad Windsheim Rosenberg	12,5%/12,50€
86	2019 Sauvignon Blanc trocken Ipsheimer Burg Hoheneck	13,5%/12,50€
88	2018 Weißer Burgunder trocken Ipsheimer Burg Hoheneck	13,5%/25,-€
89	2018 Silvaner trocken „Hofmann & Pflüger"	13,5%/30,-€
83	2018 Rotweincuvée „F" trocken	13%/9,-€
89	2018 Spätburgunder trocken Bad Windsheim Rosenberg	14%/25,-€
90	2018 Merlot trocken Schlossberg Ickelheim	14,5%/40,-€
88	2018 Cabernet Sauvignon trocken Ipsheimer Burg Hoheneck	14,5%/30,-€

Franken ▬ Wiesenbronn

★

Hofmann

Kontakt
Weinbau Hofmann GbR
Schulgasse 2
97355 Wiesenbronn
Tel. 09325-6871
Fax: 09325-902672
www.weinbau-hofmann.de
info@weinbau-hofmann.de

Besuchszeiten
Mo.-Sa. 8-19 Uhr, Sonn- und Feiertage 9-12 + 13-18 Uhr Probierstube (bis 50 Personen) für Veranstaltungen

Inhaber
Mario & Heinrich Hofmann

Kellermeister
Mario Hofmann

Rebfläche
5,2 Hektar

Produktion
32.000 Flaschen

Seit 1750 sind die Hofmanns Weinbauern und Büttner (bis 1960) in Wiesenbronn. Michael Hofmann begann 1970 mit der Selbstvermarktung, sein Sohn Heinrich Hofmann übernahm 1993 den 20 Hektar großen Betrieb, einen Teil der Fläche nutzt er für Wein- und Obstbau. Seit 2004 kümmert sich Heinrich Hofmanns Sohn Mario um den Weinbereich. Die Weinberge liegen in Wiesenbronn in den Lagen Wachhügel und Geißberg, sowie in den Casteller Lagen Kirchberg und Bausch. Silvaner, Müller-Thurgau, Weißburgunder, Bacchus, Riesling und Graubugunder werden angebaut, dazu die roten Sorten Spätburgunder, Portugieser, Blauburger, Regent, Dornfelder und Domina. Edelbrände aus der eigenen Brennerei und von eigenen Früchten gewonnene Liköre ergänzen das Sortiment. In einem 200 Jahre alten ehemaligen Kellerhaus, das als Schankwirtschaft und Kegelbahn genutzt wurde, schräg gegenüber vom Weingut gelegen, wurde ein Vinotel mit zwei Zimmern eingerichtet.

Kollektion

Das gewohnt zuverlässige, gleichmäßige Niveau, das wir nun seit vielen Jahren kennen, kennzeichnet auch die neue Kollektion von Mario und Heinrich Hofmann. Die weißen Sommerfrischler sind frisch und unkompliziert, im ansonsten sehr gleichmäßigen weißen Segment sind es einige Silvaner, die uns besonders gefallen: Der „anno 1712" ist lebhaft, frisch und zupackend bei reintöniger Frucht, die trockene Spätlese aus dem Geisberg zeigt feine Würze und Birnen im Bouquet, ist füllig und kraftvoll im Mund bei guter Struktur und Frische, die Auslese ist konzentriert, zeigt kandierte Früchte, besitzt gute Substanz und ganz dezente Bitternoten. Sehr gleichmäßig präsentieren sich auch die beiden präsentierten Rotweine. Der Blauburger zeigt gute Konzentration, feine Würze, rote Früchte, ist klar, frisch und zupackend, die trocken Spätburgunder Spätlese aus dem Kirchberg ist lebhaft und klar, besitzt gute Struktur und Grip.

Weinbewertung

80	2019 Rivaner trocken „Sommerfrischler"	12,5%/5,50€
81	2019 Riesling trocken „Sommerfrischler"	12,5%/6,50€
83	2019 Silvaner trocken „anno 1712"	13,5%/6,50€
82	2019 Silvaner Spätlese trocken Casteller Kirchberg	13,5%/8,-€
83	2019 Silvaner Spätlese trocken Wiesenbronner Geisberg	13,5%/8,-€
82	2019 Riesling Spätlese trocken Wiesenbronner Wachhügel	12,5%/8,50€
82	2019 Weißer Burgunder Spätlese trocken Wiesenbronner Wachhügel	13,5%/8,-€
81	2019 Grauer Burgunder Spätlese trocken Wiesenbronner Geißberg	14%/8,-€
84	2019 Silvaner Auslese	11%/8,50€
82	2019 Rosé trocken „Sommerfrischler"	12,5%/5,50€
84	2016 Blauburger trocken	13%/8,-€
84	2016 Spätburgunder Spätlese trocken Casteller Kirchberg	13%/8,-€

FRANKEN ■— ERGERSHEIM

Hofmann

Kontakt
Winzerhof Hofmann
Herrengasse 9
91465 Ergersheim
Tel. 09847-203
Fax: 09847-984857
www.winzerhof-hofmann.de
info@winzerhof-hofmann.de

Besuchszeiten
Mo.-Sa. 9-12 + 13-18 Uhr
So. nach Vereinbarung

Inhaber
Stefan Hofmann, Anne Hahn
Rebfläche
8 Hektar
Produktion
60.000 Flaschen

Der Winzerhof Hofmann im mittelfränkischen Ergersheim wird heute von Stefan Hofmann und Anne Hahn geführt. Weinbau ist in Ergersheim seit dem 13. Jahrhundert urkundlich erwähnt, die Reben wachsen im Ergersheimer Altenberg ebenso wie im Bad Windsheimer Rosenberg auf Gipskeuperböden. Müller-Thurgau, Bacchus, Silvaner (auch die Spielart Blauer Silvaner), Grauburgunder, Rieslaner, Weißburgunder und Riesling werden angebaut, dazu die roten Sorten Dornfelder, Frühburgunder, Domina, Spätburgunder und Cabernet Dorsa. 2016 wurde mit der Umstellung auf biologischen Weinbau begonnen, Stefan Hofmann ist Mitglied bei Bioland. Neben jungen fruchtbetonten Weinen („JuLi") werden Lagenweine in den beiden Linien „Terra Argara" und „Collina Frankonia" angeboten.

Kollektion

Aufgrund von Hagel war die Menge 2018 so gering, dass Stefan Hofmann und Anne Hahn ihre 2019er etwas früher präsentieren als eigentlich geplant – und 2020 steht schon die nächste kleine Ernte ins Haus, diesmal bedingt durch Frühjahrsfröste. Die vorgestellte Kollektion aber überzeugt, angefangen beim zupackenden Liter-Silvaner. Sehr gut ist der Terra-Argara-Silvaner, zeigt etwas gelbe Früchte, besitzt Fülle und Kraft, der Blauer Silvaner aus dem Rosenberg punktet mit Reintönigkeit, guter Struktur und Grip, noch besser gefällt er uns als Blu aus dem Jahrgang 2017, ist intensiv, würzig, dominant, füllig, stoffig und kraftvoll: Ganz Struktur! Aber nicht nur Silvaner gibt es im Programm: Der Grauburgunder ist füllig und saftig bei reifer süßer Frucht, der Riesling besitzt reintönige Frucht, gute Substanz, Struktur und Grip, der edelsüße Rieslaner zeigt feine Würze und reife Frucht, ist füllig, kraftvoll und reintönig, der halbtrockene Bacchus besitzt reintönige Frucht, gute Struktur und Biss, ist betont süffig, was auch für Müller-Thurgau, Rosé und die rote Cuvée gilt. Interessante Kollektion!

Weinbewertung

Punkte	Wein	Alk./Preis
83	2019 Silvaner trocken (1l)	12,5%/5,50€
85	2019 Silvaner trocken „Terra Argara" Ergersheimer Altenberg	12,5%/6,80€
85	2019 Riesling trocken „Terra Argara" Bad Windsheimer Rosenberg	12,5%/6,80€
84	2019 Grauer Burgunder trocken „Terra Argara" Ergersheimer Altenberg	12,5%/6,80€
85	2019 Blauer Silvaner trocken „Collina Frankonia" Rosenberg	12,5%/8,90€
86	2017 Blauer Silvaner „Blu" „Collina Frankonia"	12%/14,80€
82	2019 Müller-Thurgau halbtrocken	11,5%/5,80€
83	2018 Bacchus halbtrocken Ergersheimer Altenberg	12%/5,80€
83	2018 „Sommerweiß" Weißweincuvée halbtrocken	12%/5,80€
85	2019 Rieslaner „edelsüß" „Collina Frankonia" Rosenberg	12%/8,90€
82	2018 Regent Rosé trocken Bad Windsheimer Rosenberg	12,5%/6,30€
83	2018 „sommerrot" Rotwein halbtrocken Ergersheimer Altenberg	12,5%/6,30€

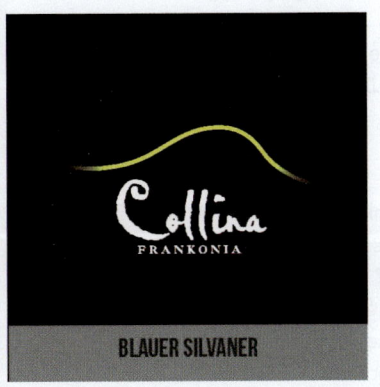

Pfalz ▬ Bad Dürkheim

★ ★ ☆

Philipp Hofmann

Kontakt
Hinterbergstraße 37
67098 Bad Dürkheim
Tel. 06322-9880250
www.hofmann-wein.de
philipp@hofmann-wein.de

Besuchszeiten
nach Vereinbarung

Inhaber
Philipp Hofmann
Rebfläche
0,8 Hektar
Produktion
2.500 Flaschen

Philipp Hofmann stammt aus einer Familie mit einer langen Weinbautradition, ist Winzer in der siebten Generation. Sein eigenes Weingut, das er nebenberuflich führt, hat er aber erst 2011 gegründet, als er von seiner Großtante eine kleine Parzelle mit Rieslingreben übernehmen konnte, gelegen an der höchsten Stelle des Dürkheimer Spielbergs, ein dem Haardtgebirge vorgelagertes ehemaliges Korallenriff mit Kalksteinböden. Sein erster Jahrgang war 2012, drei Jahre später kam ein zweiter Weinberg hinzu, bestockt mit Spätburgunder in der Dürkheimer Hochbenn, 2016 folgte ein dritter Weinberg im Wachenheimer Mandelgarten mit Weißburgunderreben. Heute erzeugt Hofmann auf seinem kleinen Weingut aus einer Fläche von gerade einmal 0,8 Hektar rund 2500 Flaschen im Jahr.

Kollektion

Von Philipp Hofmanns ersten Wein, dem Riesling vom Spielberg, konnten wir drei verschiedene Jahrgänge verkosten, von denen uns der jüngste am besten gefallen hat: Der 2018er zeigt leicht kräutigmineralische Noten – was auch für die beiden anderen Jahrgänge typisch ist – und etwas gelben Apfel im Bouquet, am Gaumen ist die Frucht noch deutlicher, mit Noten von Zitrusfrüchten, Orangenschale, der Wein besitzt Kraft und ein animierendes Säurespiel. Der 2017er und der 2016er zeigen feine Reifnoten im Bouquet, etwas Mürbegebäck, 2017 ist der kraftvollste der drei Weine, besitzt gute Konzentration und eine noch frische Säure, was auch für den 2016er gilt, der wesentlich schlanker ist, aber auch eine leicht cremige Textur besitzt. Auch von Hofmanns Weißburgunder bekamen wir zwei Jahrgänge zum Verkosten, der 2017er besitzt Kraft, gute Substanz und Länge, wirkt am Gaumen durch seine lebendige Säure noch frischer als im Bouquet, in dem er schon Reifenoten von Quitte und Gebäck zeigt, der 2018er Weißburgunder ist feinherb ausgebaut, besitzt eine feine, dezente Süße, aber auch eine frische Säure, zeigt klare gelbe Frucht mit Noten von Aprikose, Birne und etwas Zitruswürze. Der Spätburgunder, Jahrgang 2017, zeigt leichte Reifnoten, etwas Schwarzkirsche, Trockenfrüchte und Rosinen im Bouquet, besitzt am Gaumen reife Tannine und Eleganz.

Weinbewertung

86	2017 Weißer Burgunder trocken Wachenheimer Mandelgarten	14%/6,-€ ☺
86	2016 Riesling trocken Spielberg	12,5%/8,-€
86	2017 Riesling trocken Spielberg	13,5%/8,-€
87	2018 Riesling trocken Spielberg	13%/8,-€ ☺
85	2018 Weißer Burgunder „feinherb" Wachenheimer Mandelgarten	13%/7,-€
85	2017 Spätburgunder trocken Dürkheimer Hochbenn	13%/12,-€

WÜRTTEMBERG ▶ BEILSTEIN

Hohenbeilstein

★★★

Kontakt
Schlossgut Hohenbeilstein
Schlossstraße 40
71717 Beilstein
Tel. 07062-937110
Fax: 07062-9371122
www.schlossgut-
hohenbeilstein.de
info@schlossgut-
hohenbeilstein.de

Besuchszeiten
Mo.-Fr. 9-12 + 13-18 Uhr
Sa. 9-13 Uhr

Inhaber
Joscha Dippon

Rebfläche
15 Hektar

Produktion
90.000 Flaschen

Eberhard Dippon erwarb 1959 das von Kommerzienrat Robert Vollmöller gegründete Gut, 1987 begann er mit der Umstellung auf ökologischen Weinbau, seit 1990 führt sein Sohn Hartmann Dippon den Betrieb, seit 1994 ist das Weingut komplett auf ökologischen Weinbau umgestellt, Hartmann Dippon ist Mitglied bei Naturland. Seit 2014 arbeiten Sohn Joscha und Tochter Elske voll im Betrieb mit, zum 1. Juli 2019 hat Joscha Dippon den Betrieb übernommen. Der zum Teil terrassierte Hohenbeilsteiner Schlosswengert gehört der Familie im Alleinbesitz. Am Eingang zur Burg ist ein Lehrweinpfad mit pilzresistenten Rebsorten angelegt. Neben klassischen Württemberger Rebsorten wie Trollinger, Riesling, Lemberger, Spätburgunder, Weißburgunder, Silvaner, Samtrot oder Muskattrollinger werden Cabernet-Neuzüchtungen angebaut, aber auch pilzresistente Rebsorten wie Regent, Cabernet Blanc oder Johanniter. Das Sortiment ist gegliedert in Gutsweine, Ortsweine und die Großen Gewächse aus den Filetstücken des Schlosswengerts.

Kollektion

Wie im vergangenen Jahr eröffnet ein intensiver, zupackender Petnat den Reigen. Die Beilsteiner Ortsweine sind kraftvoll und klar, unser eindeutiger Favorit ist der 2018er Riesling, der gute Konzentration, feine Würze und reintönige Frucht zeigt, klar, frisch und zupackend ist. An der Spitze der Kollektion stehen die Großen Gewächse. Der 2018er Weißburgunder zeigt gute Konzentration, rauchige Noten, viel reife Frucht, besitzt Fülle und Kraft, gute Struktur und Frucht, ist enorm kompakt. Der 2017er Spätburgunder zeigt herrlich viel Frucht, rote Früchte, ist füllig und intensiv, besitzt gute Struktur, Substanz und Wärme. Den 2017er Lemberger sehen wir gleichauf, er ist würzig und eindringlich im Bouquet, enorm konzentriert, besitzt Fülle und Kraft, gute Struktur und Druck, viel reife Frucht und Substanz. Und dass Dippon-Weine hervorragend reifen können, beweist der faszinierend komplexe Lemberger des Jahrgangs 2003.

Weinbewertung

85	2019 „Pét Nat" Perlwein	12,5 %/14,90 €
82	2019 Riesling trocken	12,5 %/7,60 €
84	2019 Weißburgunder trocken Beilsteiner	13 %/8,70 €
84	2019 Cabernet Blanc trocken Beilsteiner	12,5 %/9,20 €
87	2018 Riesling trocken Beilsteiner	12,5 %/9,90 €
88	2018 Weißburgunder trocken „GG" Hohenbeilsteiner Schlosswengert	14 %/21,- €
84	2019 Muscaris Beilsteiner	13 %/9,90 €
85	2018 Silvaner Trockenbeerenauslese	11 %/45,- €/0,375 l
89	2017 Spätburgunder „GG" Hohenbeilsteiner Schlosswengert	14,5 %/23,- €
91	2003 Lemberger trocken Barrique („GG") Hohenbeilsteiner Schlosswengert	13,5 %
89	2017 Lemberger „GG" Hohenbeilsteiner Schlosswengert	14 %/23,- €

Fürst Hohenlohe-Oehringen

★★★★

Kontakt
Wiesenkelter
74613 Öhringen-Verrenberg
Tel. 07941-94910
Fax: 07941-37289
www.verrenberg.de
info@verrenberg.de

Besuchszeiten
Mo.-Fr. 9-18 Uhr
Sa. 10-14 Uhr
und nach Vereinbarung
Restaurant Wiesenkelter
direkt am Weingut

Inhaber
Fürst Kraft zu
Hohenlohe-Oehringen

Betriebsleiter
Joachim Brand

Rebfläche
30 Hektar

Produktion
175.000 Flaschen

Dem Weingut Fürst Hohenlohe-Öhringen gehört der 17 Hektar große Verrenberger Verrenberg im Alleinbesitz, ein erstmals 1260 urkundlich erwähnter Südhang mit bis zu 45 Prozent Hangneigung, wo die Reben in 260 bis 310 Meter Höhe auf Gipskeuperböden wachsen, die teilweise Einlagerungen von Muschelkalk aufweisen. Die weiteren Weinberge liegen ebenfalls in Verrenberg (Goldberg). 2016 kamen 8 Hektar in Untersteinbach und Harsberg hinzu, beides Ortsteile der Gemeinde Pfedelbach. Dort wachsen die Reben auf fast 400 Meter, der Keuperboden enthält weniger Lehmanteil als in Verrenberg. Das Weingut wurde 1253 gegründet, befindet sich seit 26 Generationen in Familienbesitz. 2008 errichtete man eine neue moderne Kellerei am Fuße des Verrenberg, das dazugehörige Restaurant Wiesenkelter wird von einem Pächter betrieben. Joachim Brand ist seit 2008 im Betrieb, 2011 übernahm er die Nachfolge des langjährigen Gutsverwalters Siegfried Röll. Nach der Ernte 2008 wurden ersten Versuche mit biologischem Weinbau unternommen, inzwischen ist man zertifizierter Biobetrieb. Wichtigste Rebsorte ist Riesling, der mehr als die Hälfte der Fläche einnimmt. Dazu gibt es Weißburgunder, Chardonnay und Sauvignon Blanc, Müller-Thurgau und Kerner wurden ebenso abgeschafft wie Grauburgunder. Bei den roten Sorten, die zwei Fünftel der Rebfläche einnehmen, dominieren Lemberger und Spätburgunder, dazu gibt es Cabernet Franc und Cabernet Sauvignon, Trollinger wurde etwas reduziert, dafür mehr Merlot angelegt, auch Malbec wurde versuchsweise gepflanzt. Das Sortiment ist eingeteilt in Gutsweine, Lagenweine der Gewanne „Butzen", sowie Hades-Weine und Große Gewächse, wenn es der Jahrgang erlaubt werden auch edelsüße Weine erzeugt. Das Weingut gehört als Mitglied der Hades-Gruppe zu den Pionieren des Barriqueausbaus in Deutschland, ebenso zu den Vorreitern roter Cuvées in Deutschland. Bereits 1986 wurde erstmals die nach dem Wappenspruch des Hauses benannte Cuvée „Ex flammis orior" erzeugt, die heute meist aus 60 bis 70 Prozent Lemberger, sowie Cabernet Franc und Merlot besteht, seit Anfang der neunziger Jahre gibt es die zweite Spitzencuvée „In senio", die nach Bordeauxvorbild aus Cabernet Franc, Merlot und Cabernet Sauvignon besteht. Die einzelnen Rebsorten werden gesondert vinifiziert und ein Jahr gesondert ausgebaut, dann werden die endgültigen Cuvées zusammengestellt und die Weine kommen für ein weiteres Jahr ins Barrique. Die Weine werden nach Maischestandzeiten von bis zu 36 Stunden teilweise spontan-, teilweise mit Reinzuchthefen vergoren.

Kollektion

Ein Riesling Eiswein führte im vergangenen Jahr zusammen mit dem Riesling Großes Gewächs und dem 2017er „In senio" eine starke Kollektion an. Auch die neue Kollektion überzeugt voll und ganz. Der

Gutsriesling ist würzig, frisch, klar und zupackend, der Ortsriesling ist konzentrierter, ebenfalls recht würzig, besitzt gute Struktur, Frucht und Biss. Der Verrenberger Sauvignon Blanc ist eindringlich, zeigt etwas florale Noten, besitzt klare Frucht, gute Struktur und Grip. Der Hades-Chardonnay zeigt intensive Frucht und rauchig-würzige Noten im Bouquet, besitzt Fülle und Kraft, viel reife Frucht, gute Struktur und Frische. An der Spitze des weißen Teils der Kollektion steht einmal mehr das Große Gewächs, das würzig und konzentriert ist, herrlich eindringlich, viel Frucht im Bouquet zeigt, dezente Zitrusnoten im Hintergrund, ist kraftvoll und konzentriert im Mund, geradlinig, jugendlich und zupackend, ganz auf Haltbarkeit vinifiziert. Im roten Segment konnten wir neben dem Verrenberger Lemberger und dem Lemberger Großes Gewächs ausschließlich Hades-Weine verkosten. Der Lemberger Ortswein ist fruchtbetont und frisch, das Große Gewächs ist intensiv und duftig im Bouquet, sehr offen, ist kraftvoll im Mund, geradlinig, besitzt reife Frucht und feine Frische. Der Hades-Merlot ist ebenfalls intensiv fruchtig im Bouquet, füllig und stoffig im Mund, besitzt viel reife Frucht und Substanz. Der Hades-Cabernet Franc zeigt etwas Gewürze und Kräuter, ist sehr reintönig, stoffig, hat Substanz und Kraft. Der Hades-Malbec ist recht duftig, zeigt florale Noten, besitzt Fülle und Kraft, gute Struktur und Frische. Unsere Favoriten sind die beiden roten Cuvées, die wir im Jahrgang 2018 gleichauf sehen. Der „In senio" zeigt rauchige Noten, dezent Gewürze, reife Frucht, ist füllig und kraftvoll, besitzt viel reife Frucht und Substanz. Der „Ex flammis orior" zeigt intensive Frucht, rote und dunkle Früchte, ist klar und zupackend, strukturiert und enorm druckvoll. Tolle Cuvées!

Weinbewertung

84	2019 Riesling trocken	12,5%/8,-€
86	2019 Riesling trocken Verrenberg	13%/14,-€
86	2019 Sauvignon Blanc trocken Verrenberg	13,5%/14,-€
89	2019 Chardonnay trocken „Hades"	14%/33,-€
90	2019 Riesling trocken „GG" Verrenberger Verrenberg	12,5%/26,-€
84	2018 Lemberger trocken Verrenberg	13%/16,-€
88	2018 Lemberger trocken „GG" Verrenberger Verrenberg	14%/35,-€
89	2018 Merlot trocken „Hades"	14%/35,-€
89	2018 Cabernet Franc trocken „Hades"	14%/35,-€
89	2018 Malbec trocken „Hades"	12,5%/35,-€
91	2018 „Ex flammis orior" Rotwein trocken „Hades"	14%/40,-€
91	2018 „In senio" Rotwein trocken „Hades"	14%/40,-€

Lagen
Verrenberg (Verrenberg)

Rebsorten
Riesling (45 %)
Lemberger (15 %)
Burgundersorten (30 %)

Hohlreiter

★★ ☆

Kontakt
Hauptstraße 33
76831 Göcklingen
Tel. 06349-929250
www.weingut-hohlreiter.de
mail@weingut-hohlreiter.de

Besuchszeiten
Mo.-Sa. 9-18 Uhr

Inhaber
Fritz Hohlreiter,
Klaus Hohlreiter
Betriebsleiter
Fritz Hohlreiter,
Klaus Hohlreiter
Kellermeister
Fritz Hohlreiter
Außenbetrieb
Klaus Hohlreiter
Rebfläche
11 Hektar

Die Wurzeln der Familie Hohlreiter lassen sich bis ins Jahr 1350 zurückverfolgen, der heute noch genutzte Gewölbekeller wurde 1617 erbaut, Weinbau in der Familie gibt es nachweislich seit 1772. Den heutigen Namen trägt das Weingut seit der Heirat von Klaus Hohlreiter und Hanne Frech, das Weingut wird mittlerweile von ihrem Sohn Fritz geleitet, der in Geisenheim Weinbau und Oenologie studiert hat und mit Regine Minges vom Weingut Theo Minges verheiratet ist. Bereits seit 1989 werden die Weinberge, die in Göcklingen, Heuchelheim und Klingenmünster liegen, biologisch bewirtschaftet, das Weingut ist seitdem Mitglied bei Ecovin. Das Hauptaugenmerk liegt auf Riesling und den Burgundersorten, daneben gibt es an weißen Sorten noch Silvaner, Sauvignon Blanc, Müller-Thurgau, Gewürztraminer und Muskateller und in rot Merlot, Cabernet Sauvignon und Dornfelder.

Kollektion

Die Familie Hohlreiter präsentiert uns eine Kollektion auf gleichmäßig gutem Niveau mit überzeugenden Weinen im trockenen wie im süßen Bereich, rot wie weiß und auch einen sehr guten Sekt konnten wir verkosten: Der Weißburgunder Crémant zeigt viel klare Frucht, Birne, Aprikose, ist auch am Gaumen sehr fruchtbetont, harmonisch und frisch, die beiden Rotweine sind kraftvoll, der Spätburgunder vom Herrenpfad zeigt Schwarzkirsche, etwas Röstnoten und kräutrige Würze im Bouquet, besitzt am Gaumen deutliches, aber gut eingebundenes Holz und gute Struktur, der Merlot ist noch etwas stoffiger, zeigt Noten von dunkler Frucht, Pflaume, etwas Rumtopf und Schokolade im Bouquet, besitzt am Gaumen aber auch kühle Kräuternoten. Die beiden süßen Auslesen sind fruchtbetont und schlank, der Riesling besitzt ein lebendiges Säurespiel, die Cuvée aus Gewürztraminer und Silvaner ist sehr aromatisch, duftet nach Litschi, Birne und Zitrusfrüchten und besitzt gute Länge. Der trockene Chardonnay vom Kiessand zeigt leicht rauchige Noten und etwas Banane im Bouquet, ist kraftvoll mit viel klarer Frucht, der Riesling vom Kalkstein zeigt Ananas, Aprikose und etwas grünen Apfel im Bouquet, ist saftig und frisch.

Weinbewertung

86	2017 Weißburgunder Crémant brut	12,5%/10,50€
83	2017 Gelber Muskateller Sekt brut	12%/10,50€
83	2019 Riesling trocken Heuchelheim	12%/5,80€
82	2019 Sauvignon Blanc trocken Göcklingen	11,5%/5,80€
85	2018 Chardonnay trocken „vom Kiessand"	13,5%/7,40€
85	2019 Riesling trocken „Kalkstein"	12,5%/8,40€
86	2018 Riesling Auslese Klingenmünsterer Maria Magdalena	8,5%/10,-€
86	2018 Gewürztraminer & Silvaner Auslese „Edition Annelie" Kaiserberg	9,5%/10,-€
86	2017 Spätburgunder trocken Heuchelheimer Herrenpfad	13,5%/12,-€
85	2016 Merlot trocken	14%/9,80€

BADEN ━ HERBOLZHEIM

★★★✯

Holub

Kontakt
Weinstraße 4
79336 Herbolzheim
Tel. 07643-9141412
Fax: 07643-9141414
www.weingut-holub.com
info@weingut-holub.com

Besuchszeiten
nach Vereinbarung
Weinprobe mit Vesper nach Voranmeldung

Inhaber
Horst Holub
Betriebsleiter
Horst Holub
Kellermeister
Horst Holub
Außenbetrieb
Tobias Holub
Rebfläche
2,1 Hektar
Produktion
10.000 Flaschen

Es begann mit 7 Ar Spätburgunder, die Horst Holub 1999 zu seinem 50. Geburtstag zum Geschenk erhielt. Ein Barrique ergab die erste Ernte. Jedes Jahr kamen dann einige Parzellen hinzu, so dass heute fast 2 Hektar Weinberge Horst Holub gehören. Spätburgunder ist die wichtigste Rebsorte, knapp gefolgt von Weißburgunder, der immer wichtiger geworden ist in den letzten Jahren, sowie Grauburgunder, aber auch Sauvignon Blanc gibt es sowie Gemischten Satz. Die Weinberge befinden sich in den Lagen Malterdinger Bienenberg, in der Sundhalde in Herbolzheim und in der Bombacher Sommerhalde. Die Spätburgunder werden nach der Maischegärung (2 bis 3 Wochen) etwa achtzehn Monate in neuen Barriques aus französischer Eiche ausgebaut und dann unfiltriert abgefüllt. Die Weißburgunder werden teils im Edelstahl, teils in einjährigen französischen Barriques, die Grauburgunder ganz in neuen und einjährigen Barriques ausgebaut.

🎂 Kollektion

Bei den fünf weißen Spätlesen von 2018 steht jeweils die 14 auf dem Etikett. Das sind füllige, opulente Weine, die aber mit genügend Präzision ausgestattet sind, so dass ein harmonischer Gesamteindruck entsteht. Der Weißburgunder aus der Sundhalde zeigt buttrige Würze im Bouquet, kommt mit weichem, fülligem Schmelz am Gaumen an, Säure ist da, dazu kommt ein feiner Sahnekaramell-Ton. Schon im Bouquet deutlich präziser ist der Weißburgunder vom Bienenberg, die Stilistik ist ähnlich, er hat etwas mehr Säuredruck. Der Sundhalde-Grauburgunder zeigt viel süße Frucht, ist insgesamt harmonisch mit genügend Säure und mineralischer Länge. Unser Favorit ist in diesem Jahr der Bienenberg-Grauburgunder, der deutlich Feuerstein im Bouquet zeigt, dazu reife gelbe Frucht, am Gaumen mächtig und füllig ist mit feiner Säure. Der Sauvignon Blanc im süßen Fumé-Stil ist ein opulenter Wein mit Substanz. Sehr lecker ist der lebhafte, durchgegorene Rosé, auch der leichte, feuersteinduftige Weißburgunder von 2019 ist sehr gut. Sehr feine Frucht und rauchige Würze zeigt der Spätburgunder SH mit samtigen, fließenden Tanninen, er hat Eleganz und Tiefe.

🍇 Weinbewertung

85	2019 Weißburgunder	12%/8,80€
84	2019 Gemischter Satz	12%/8,80€
86	2018 Weißburgunder Spätlese Malterdinger Bienenberg	14%/12,50€
86	2018 Weißburgunder Spätlese Herbolzheimer Sundhalde	14%/12,50€
86	2018 Grauburgunder Spätlese Herbolzheimer Sundhalde	14%/12,50€
87	2018 Grauburgunder Spätlese Malterdinger Bienenberg	14%/12,50€
84	2018 Sauvignon Blanc Spätlese Malterdinger Bienenberg	14%/12,50€
84	Spätburgunder Rosé	12%/8,80€
87	2018 Spätburgunder	13,5%/14,50€
89	2018 Spätburgunder „SH"	14%/24,-€

WÜRTTEMBERG ▸ NECKARSULM

Holzapfel

Kontakt
Wilfenseeweg 78/1
74172 Neckarsulm
Tel. 07132-37869
Fax: 07132-2706
www.weingut-holzapfel.de
info@weingut-holzapfel.de

Besuchszeiten
Di. 10-13 Uhr
Do. 11-18 Uhr
Fr. 14-18 Uhr
Sa. 9-13 Uhr

Inhaber
Bernhard Holzapfel

Rebfläche
14 Hektar

Produktion
100.000 Flaschen

Bereits im 17. Jahrhundert bauten die Holzapfels Wein in Neckarsulm an, und seit den siebziger Jahren des 20. Jahrhunderts konzentriert man sich ganz auf Weinbau. Tradition hat auch die Besenwirtschaft, die, mit Unterbrechungen, seit 1910 existiert. Heute führt Bernhard Holzapfel den Betrieb. Seine Weinberge liegen vor allem am Neckarsulmer Scheuerberg, aber auch am Erlenbacher und Oedheimer Kayberg, die Reben wachsen auf schweren Keuperböden. Rote Rebsorten nehmen 70 Prozent der Fläche ein: Trollinger, Spätburgunder, Samtrot, Lemberger und Schwarzriesling vor allem, aber es gibt auch Heroldrebe, Dornfelder, Cabernet Mitos, Acolon und Muskattrollinger. Im weißen Segment dominiert Riesling, hinzu kommen die Burgundersorten, aber auch etwas Kerner, Silvaner, Traminer, Muskateller und Cabernet Blanc. Die Weine werden gezügelt vergoren und lange auf der Feinhefe ausgebaut.

Kollektion

Im vergangenen Jahr war der Lemberger aus dem Jahrgang 2015 unser Favorit in einer sehr gleichmäßigen Kollektion, und in diesem Jahr ist das Bild sehr ähnlich, die Kollektion präsentiert sich geschlossen, und wieder ist mit dem 2018er Pinot Noir ein Rotwein unser Favorit, zeigt klare Frucht und feine Frische, ist zupackend und strukturiert. Auch die beiden Sekte überzeugen, der Riesling zeigt intensive sortentypische Frucht im Bouquet, ist füllig, harmonisch, süffig, und der Muskateller ist ebenso sortentypisch, sehr muskatwürzig, klar, frisch und süffig. Muskateller gibt es nicht nur als Sekt, sondern auch als Wein, ebenfalls mit kräftiger Restsüße und ebenfalls sehr sortentypisch, klar und zupackend. Unter den trockenen Weißweinen gefällt uns der Chardonnay am besten, der klare reife Frucht im Bouquet zeigt, frisch, harmonisch und geradlinig im Mund ist.

Weinbewertung

83	2018 Riesling Sekt brut	13%/9,80€
83	2018 Muskateller Sekt trocken	12,5%/9,80€
81	2019 Pinot Blanc trocken Neckarsulmer Staufenberg	12%/6,50€
80	2019 Grauburgunder trocken Neckarsulmer Scheuerberg	12,5%/6,50€
82	2019 Chardonnay trocken Neckarsulmer Scheuerberg	12,5%/9,80€
78	2019 Riesling Neckarsulmer Scheuerberg (1l)	11%/4,90€
82	2019 Muskateller Neckarsulmer Scheuerberg	10,5%/6,50€
81	2019 Lemberger Rose trocken Neckarsulmer Scheuerberg	12%/9,80€
80	2019 Muskattrollinger Rose Neckarsulmer Scheuerberg	9%/6,50€
80	„Don Pato" Rotwein Cuvee Neckarsulmer Scheuerberg	12%/5,90€
81	„W.H.1" Rotwein Cuvee trocken Neckarsulmer Staufenberg	12,5%/8,50€
84	2018 Pinot Noir trocken Neckarsulmer Scheuerberg	14%/9,80€

NAHE ▶ LANGENLONSHEIM

★★★✩

Clemens Honrath

Kontakt
Obere Grabenstraße 2
55450 Langenlonsheim
Tel. 06704-729
Fax: 06704-717
www.weingut-honrath.de
info@weingut-honrath.de

Besuchszeiten
Mo.-Fr. 9-16 Uhr nach Vereinbarung
3 Appartements im ehemaligen Winzerhaus

Inhaber
Clemens & Christian Honrath
Betriebsleiter/Kellermeister
Christian Honrath
Außenbetrieb
Clemens Honrath
Rebfläche
7 Hektar
Produktion
45.000 Flaschen

Die Familie baut schon lange Wein in Langenlonsheim an, so richtig Schwung in den Betrieb kam aber erst 2007, als Christian Honrath in den Betrieb einstieg, der in diesem Jahr sein Geisenheim-Studium abschloss, Praktika bei Emrich-Schönleber, in Neuseeland (Oyster Bay Winery) und Südafrika absolviert hatte. Heute führt er das Weingut zusammen mit seinen Eltern Inge und Clemens, der mit der Übernahme des Betriebs 1977 aus der Genossenschaft ausgetreten war und das eigene Weingut aufbaute. Die Weinberge liegen fast ganz auf Langenlonsheimer Gemarkung, in den Lagen Rothenberg, Königsschild, Löhrer Berg und Steinchen, nur ein Grauburgunder-Weinberg liegt in Guldental in der Lage Hipperich. Weiße Sorten nehmen drei Viertel der Rebfläche ein, vor allem Riesling, gefolgt von Weiß- und Grauburgunder. Wichtigste rote Rebsorten sind Spätburgunder und Acolon.

Kollektion

Im vergangenen Jahr standen erstmals die beiden Rieslinge aus den Lagen Rothenberg und Königsschild gleichauf an der Spitze der Honrath'schen Kollektion, aber in diesem Jahr hat der Rothenberg wieder klar die Nase vorne: Er ist zurückhaltend in der Frucht, zeigt steinig-mineralische Noten, besitzt feinen Grip, etwas Zitruswürze und gute Länge, der Königsschild zeigt kräutrige Noten, etwas grünen Apfel, Ananas und besitzt leicht salzige Noten, ist aber nicht ganz so nachhaltig wie der Rothenberg. Der „Kieselstein" ist deutlich trockener als die beiden Lagenrieslinge, besitzt Tabakwürze, herbe Zitrusnoten und Biss, der Löss-Riesling ist gelbfruchtig und schlank. Der Weißburgunder ist geradlinig, besitzt Frische und zeigt feine florale Noten und etwas Birne und Aprikose im Bouquet, der Grauburgunder ist fülliger, zeigt ebenfalls florale und auch leicht nussige Noten, der Müller-Thurgau ist frisch und schlank mit etwas Muskat- und Tabakwürze. Und die rote Cuvée aus Acolon und Spätburgunder zeigt dunkle Frucht, Pflaume, Schokolade und etwas Mokka im Bouquet, ist kraftvoll und harmonisch.

Weinbewertung

83	2019 Müller-Thurgau trocken „Herr Müller"	12%/6,-€
84	2019 Grauer Burgunder trocken	12%/7,-€
84	2019 Riesling trocken „Löss"	11,5%/7,-€
85	2019 Riesling trocken „Kieselstein"	12,5%/7,-€
85	2019 Weißer Burgunder trocken Langenlonsheimer Steinchen	12,5%/7,-€
87	2019 Riesling trocken Langenlonsheimer Königsschild	12,5%/9,50€
88	2019 Riesling trocken Langenlonsheimer Rothenberg	12,5%/12,50€
83	2019 Riesling „feinherb"	11%/6,-€
83	2019 Scheurebe Kabinett	8%/6,50€
85	2018 Acolon & Spätburgunder trocken „AS"	13,5%/9,80€

PFALZ ▶ KALLSTADT

Horcher

★★★

Kontakt
Freinsheimer Straße 86a
67169 Kallstadt
Tel. 06322-941520
Fax: 06322-941521
www.weingut-horcher.de
w.gruen@horcher-wein.de

Besuchszeiten
jederzeit nach Vereinbarung

Inhaber
Herbert Beltle
Betriebsleiter
Wolfgang Grün
Eigene Rebfläche
5 Hektar
Produktion
40.000 Flaschen

Herbert Beltle, Gastronom in Berlin, erwarb 2005 ein Weingut in der Pfalz. Seine Weinberge liegen in Kallstadt in den Lagen Saumagen, Kreidkeller, Kobnert, Steinacker und Kronenberg und in Leistadt im Kalkofen und Herrenmorgen, auf Lagenbezeichnungen wird aber verzichtet. Betriebsleiter ist seit Gründung des Weingutes der gebürtige Heidelberger Wolfgang Grün, der nach Studium und Praktika in verschiedenen Ländern auch bei Paul Fürst arbeitete. Wolfgang Grün macht sich viel Arbeit mit seinen Reben und seinen Weinen, entwickelt klare Vorstellungen über die Stilistik. Bei einigen Weinen ergibt das eine hohe Wiedererkennbarkeit, bei anderen weist der Jahrgang den Weg. Ein starres Schema gibt es also nicht.

Kollektion

Zum ersten Mal konnten wir in diesem Jahr einen Syrah von Wolfgang Grün verkosten, nach einem 30-monatigen Ausbau im Barrique wirkt der Wein immer noch sehr jung, zeigt dunkle Beerenfrucht, Brombeere und Cassis, besitzt Kraft, Konzentration, leicht pfeffrige Würze, reife Tannine und gute Länge. Auch der Merlot lag 30 Monate im Holz, zeigt im Bouquet kräutrige Würze, etwas Pflaume und dezente Röstnoten, ist kraftvoll, gut strukturiert und harmonisch, vom Spätburgunder gibt es im Jahrgang 2017 keine „Gold"-Version, der „Silber" besitzt eine kühle, kräutrige Art mit klarer, feiner Schwarzkirschfrucht. Der Chardonnay „B" wurde nach zehn Monaten im Barrique noch zwei Jahre auf der Flasche gereift, er zeigt feine gelbe Frucht mit Noten von Quitte und Banane, besitzt eine leicht cremige Konsistenz und ein nachhaltiges Säurespiel, genauso stark ist auch der Riesling aus dem Steinacker mit kreidig-kräutriger Würze und Noten von gelbem Apfel und etwas Honigmelone, er besitzt guten Grip, ist animierend und sehr elegant, der Sauvignon Blanc ist schlank und gelbfruchtig mit leicht kräutriger Würze und frischer Säure.

Weinbewertung

87	2019 Sauvignon Blanc „Silber"	11,5%/11,90€
87	2019 Chardonnay „Silber"	13%/11,90€
86	2019 Riesling „Lagenspiel" „Silber"	11,5%/9,90€
88	2017 Chardonnay „B"	13%/22,-€
88	2019 Riesling Steinacker	12,5%
85	2019 Riesling „feinherb"	11%/9,90€
85	2019 Muskateller	11,5%/11,90€
84	2019 Rosé „Silber"	12,5%/8,90€
85	2017 „Cuvée Horcher" Rot „Bronze"	13%/7,90€
87	2017 Spätburgunder „Silber"	13%/11,90€
88	2017 Merlot	14%
89	2017 Syrah	14%

★★

Hornstein am See

Kontakt
Conrad-Forster-Straße 50
88149 Nonnenhorn
Tel. 08382-98780
www.hornstein-am-see.de
info@hornstein-am-see.de

Besuchszeiten
nach Vereinbarung
Urlaub auf dem Weingut

Inhaber
Familie Hornstein

Rebfläche
6 Hektar

Schon lange betreibt die Familie Weinbau am Bodensee, aber erst seit 1999 erzeugt man selbst Wein. Die Reben wachsen auf über 400 Metern Höhe in den Nonnenhorner Lagen Seehalde und Sonnenbichl und damit am Bayerischen Abschnitt des Bodensees, der aber weingesetzlich Württemberg zugeordnet ist. Während der Kern der Seehalde einen hohen Steinanteil durchsetzt mit Carbonatsanden aufweist, besteht der Sonnenbichl aus tiefgründigen carbonathaltigen Böden. Spätburgunder ist mit einem Anteil von 40 Prozent die wichtigste Rebsorte im Betrieb, es folgen Müller-Thurgau und Chardonnay mit jeweils 20 Prozent, hinzu kommen Grauburgunder und Weißburgunder. Das Sortiment ist gegliedert in Regionsweine (Gutsweine), die Ortsweine aus Nonnenhorn und Lagenweine, derzeit ein Spätburgunder aus der Seehalde, zu dem sich mit dem Jahrgang 2019 ein Chardonnay aus der Seehalde gesellen wird und zukünftig auch Weine aus dem Sonnenbichl.

Kollektion

Bestechend stilsicher präsentiert sich die Kollektion, die Simon Hornstein zum Debüt präsentiert. Der Müller-Thurgau ist faszinierend reintönig im Bouquet, klar und zupackend, besitzt Frische, Frucht und Grip – ach gäbe es doch mehr solchen Müller-Thurgau am Bodensee! Der Junge Reben ist eine Cuvée aus den jungen Chardonnay-, Weißburgunder- und Grauburgunder-Anlagen. Er zeigt feine Würze und etwas rauchige Noten, ist frisch und fruchtbetont, strukturiert und zupackend. Der Nonnenhorner Grauburgunder zeigt reintönige Frucht und feine Frische im intensiven Bouquet, ist lebhaft im Mund, frisch, reintönig und zupackend. Noch etwas druckvoller ist der Nonnenhorner Chardonnay, zeigt rauchige Noten, gute Konzentration, ist zupackend, reintönig, präzise und nachhaltig. Auch der Spätburgunder Gutswein, unfiltriert abgefüllt, ist sehr gut, zeigt feine Frische, rote Früchte, besitzt klare Frucht, Struktur und Frische. Der Nonnenhorner Spätburgunder zeigt feine rauchige Noten, etwas Vanille, besitzt reintönige Frucht und gute Struktur. Eine weitere Steigerung bringt der Spätburgunder von der Seehalde, der intensiv fruchtig, herrlich eindringlich und reintönig ist, Kraft, Struktur und Druck besitzt – der 2017er, der nicht mehr verfügbar ist, ist noch ein klein wenig komplexer und eleganter. Bravo!

Weinbewertung

86	2019 Müller-Thurgau	12,5%/8,-€
85	2019 „Junge Reben" Weißwein	12,5%/9,50€
88	2019 Grauburgunder Nonnenhorner	12,5%/13,-€
89	2019 Chardonnay Nonnenhorner	12,5%/13,-€
85	2018 Spätburgunder	13%/9,50€
88	2018 Spätburgunder Nonnenhorner	13,5%/14,-€
91	2017 Spätburgunder Seehalde	13,5%/22,-€
90	2018 Spätburgunder Seehalde	13,5%/22,-€

RHEINHESSEN ▶ ASPISHEIM

★★

Hothum

Kontakt
Dörrgasse 1
55459 Aspisheim
Tel. 06727-8696
Fax: 06727-8411
www.hothum.com
info@hothum.com

Besuchszeiten
nach Vereinbarung

Inhaber
Karlfried, Andreas & Christoph Hothum GbR

Rebfläche
18 Hektar

Produktion
90.000 Flaschen

Seit dem 19. Jahrhundert baut die Familie Wein in Aspisheim an, das ganz im Nordwesten Rheinhessens liegt, wenige Kilometer südlich von Bingen. Karlfried und Regina Hothum betreiben seit 1989 in ihrem Weingut „Am Rothes" ökologischen Weinbau nach den Richtlinien von Naturland und Ecovin, stellten den landwirtschaftlichen Gemischtbetrieb ganz auf Weinbau um. Heute führen ihre Söhne Andreas und Christoph, beide Önologen, den eingeschlagenen Weg fort. „Am Rothes" bedeutet im rheinhessischen Dialekt „Am Rathaus", der Name des Weingutes rührt daher, dass es direkt am Rathaus in Aspisheim liegt. Die Weinberge liegen vor allem in und um Aspisheim (Sonnenberg, Johannisberg), aber auch im St. Johanner Steinberg und in Bingen in der Lage Schlossberg Schwätzerchen, wo die Reben auf Quarzitböden wachsen, sowie in Burgsponheim an der Nahe, wo ihr Bruder Benjamin einen Steillagenweinberg pachten konnte, mit Riesling bestockt. Riesling und Silvaner sind die wichtigsten Rebsorten, gefolgt von Dornfelder, Portugieser, Grau-, Weiß- und Spätburgunder, sowie Sauvignon Blanc, St. Laurent, Frühburgunder und Gewürztraminer, dazu gibt es diverse Neuzüchtungen.

Kollektion

Es geht weiter voran bei den Brüdern Hothum, die Weine zeigen eine klare Handschrift, die Kollektion ist schlüssig. Der Silvaner Gutswein ist füllig und saftig, der Grauburgunder zeigt intensive Frucht und ganz leicht florale Noten. Die Ortsweine bringen eine weitere Steigerung. Der Sauvignon Blanc ist würzig und eindringlich, klar und zupackend, der zu einem Viertel in neuen Barriques ausgebaute Chardonnay besitzt intensive Frucht, gute Struktur und Grip. Der Blanc de Noir vom Cabernet Sauvignon ist klar und zupackend, der Restzucker passt gut zu den merklichen Tanninen: der Frühburgunder zeigt feine rauchige Noten, besitzt reintönige Frucht und gute Struktur. Unser Favorit im Ortswein-Segment ist der Riesling, der rauchige Noten und eindringliche Frucht besitzt, gute Struktur und Grip. In blendender Verfassung präsentiert sich nach wie vor der 2017er Lagen-Riesling aus dem Schlossberg Schwätzerchen, besitzt reintönige Frucht, gute Struktur und feine Reife.

Weinbewertung

83	2019 Grüner Silvaner trocken	12%/6,40€
86	2019 Riesling trocken „Vom Kalkstein" Aspisheimer	12,5%/7,90€
83	2019 Grauburgunder trocken	12,5%/6,90€
85	2019 Sauvignon Blanc trocken Aspisheimer	12,5%/7,90€
85	2019 Chardonnay trocken Aspisheimer	13%/9,50€
88	2017 Riesling trocken Binger Schlossberg Schwätzerchen	13%/12,50€
84	2019 Cabernet Sauvignon „Blanc de Noir" Aspisheimer	12%/7,90€
85	2019 Frühburgunder trocken Aspisheimer	13,5%/8,90€

BADEN ▶ GENGENBACH

★★

Simon Huber

Kontakt
Mattenhofweg 3
77723 Gengenbach
Tel. 07803-934850
Fax: 07803-934840
www.simonhuber-wein.de
mail@simonhuber-wein.de

Besuchszeiten
Mo./Di./Do./Fr. 15-19 Uhr,
Sa. 10-17 Uhr
So. 10-12 Uhr
Weinhotel und Restaurant
„Pfeffer & Salz"
Moderne Vinothek

Inhaber
Simon Huber
Rebfläche
4,5 Hektar
Produktion
25.000 Flaschen

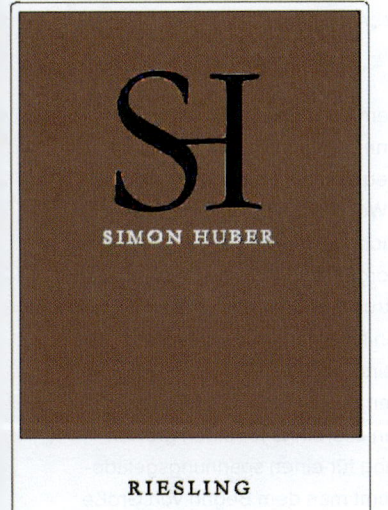

Simon Huber gründete 2012 sein eigenes Weingut, Keller und Vinothek befinden sich im Hotel-Restaurant Pfeffer & Salz. Nach Winzer- und Weintechnikerausbildung sammelte er Erfahrungen in Österreich und Neuseeland, zurück in Baden gründete er zusammen mit Ehefrau Julia das eigene Weingut. Seine Weinberge liegen größtenteils in Gengenbach (Lehm und Granitverwitterung), aber auch in Berghaupten (Gneisverwitterung), Ohlsbach (Granitverwitterung und Lösslehm) und in Fessenbach (Granitverwitterung). Spätburgunder nimmt ein Drittel der Rebfläche ein, es folgen Riesling, Grauburgunder, Müller-Thurgau, Weißburgunder, St. Laurent und Muskateller. Anfangs arbeitete Simon Huber hauptsächlich mit Vertragswinzern zusammen, heute werden die meisten Weinberge selbst bewirtschaftet. Die Weißweine werden teils im Edelstahl, teils im Holz ausgebaut, bleiben lange auf der Feinhefe, die Rotweine werden maischevergoren und in neuen oder gebrauchten Barrique ausgebaut. 2018 wurden Flaschenlager und Vinothek neu gebaut, das Weinhotel wurde erweitert.

🎂 Kollektion

Auch in diesem Jahr bereitet uns schon Simon Hubers Basissegment Freude, an dessen Spitze wir den frischen und überraschend eleganten Weißburgunder sehen. Der Schritt von 13,5 Volumenprozent des 2018er Jahrgangs auf 12,5 Prozent beim 2019er scheint sich ausgezahlt zu haben. Ebenfalls frisch und elegant trotz üppiger Frucht zeigt sich der restsüße Muskateller. Von seiner Frucht und Frische lebt auch der jugendliche Spätburgunder der Basislinie. Fülliger und kraftvoller ist der Chardonnay Reserve, der Röstaromen und eine klare Frucht vorweisen kann. Ähnlich rauchig ist der Spätburgunder Reserve, der außerdem von einer recht intensiven Frucht geprägt ist. Noch besser gefällt uns der St. Laurent Reserve, in dem wir sowohl dichte, warme Frucht als auch Finesse und an Eukalyptus erinnernde Frische ausmachen können. Ein toller Wein, den wir an der Spitze einer kurzweiligen Kollektion sehen.

🍇 Weinbewertung

82	2019 „Cuvée S" Weißwein trocken	12%/6,20 €
83	2019 Riesling trocken	12%/7,80 €
84	2019 Weißer Burgunder trocken	12,5%/7,80 €
84	2019 Grauer Burgunder trocken	13%/7,80 €
83	2019 Chardonnay trocken	13%/8,-€
85	2018 Chardonnay trocken „Réserve"	14,5%/12,50 €
84	2019 Gelber Muskateller	11,5%/8,-€
83	2019 Spätburgunder Rosé trocken	12,5%/7,30 €
82	2018 Spätburgunder trocken	14%/8,20 €
87	2018 St. Laurent trocken „Réserve"	12,5%/15,50 €
86	2018 Spätburgunder trocken „Réserve"	13,5%/14,50 €

BADEN ▶ MALTERDINGEN

★★★★★ Bernhard **Huber**

Kontakt
Heimbacher Weg 19
79364 Malterdingen
Tel. 07644-929722-0
Fax: 07644-929722-99
www.weingut-huber.com
info@weingut-huber.com

Besuchszeiten
Mo.-Fr. 14-18 Uhr
Sa. 10-12 Uhr

Inhaber
Barbara & Julian Huber
Betriebsleiter
Julian Huber
Rebfläche
28 Hektar
Produktion
145.000 Flaschen

Barbara Huber führt Bernhard Hubers Werk fort zusammen mit Sohn Julian, der neue Akzente setzt. Der Weg von Bernhard und Barbara Huber war bemerkenswert. Bei Null hatten sie angefangen, 1987 mit der Selbstvermarktung begonnen, in einem Jahrzehnt zusammen den Betrieb als Spitzenweingut etabliert, dann sich aber nicht zufrieden zurückgelehnt, sondern immer weiter an der Qualität gefeilt, die Weine sind immer noch besser geworden. Das Portfolio an Weinbergen haben sie stetig erweitert über das heimatliche Malterdingen und den Bienenberg hinaus, mit Weinbergen im Hecklinger Schlossberg und in der Bombacher Sommerhalde. Und von Anfang an auf Spätburgunder gesetzt und sich immer an Burgund orientiert, Burgund war Bernhard Hubers zweites Zuhause. Zwei Drittel der Weinberge nimmt Spätburgunder ein, dazu gibt es vor allem Chardonnay, auch Weißburgunder und Grauburgunder, daneben ein klein wenig Auxerrois, Muskateller, Freisamer, Riesling und Müller-Thurgau. Der Guts-Spätburgunder, früher als Spätburgunder von jungen Reben bekannt, bildet die Basis des Sortiments, es folgt der Malterdinger Spätburgunder und dann der Spätburgunder von alten Reben, quasi der Zweitwein hinter den Großen Gewächsen. An der Spitze der roten Kollektion stehen vier Große Gewächse, die Spätburgunder aus Bienenberg, Sommerhalde und Schlossberg, sowie der Wildenstein, ein besonderer Weinberg innerhalb des Bienenbergs. Beim Weißwein konzentriert sich Julian Huber inzwischen hauptsächlich auf Chardonnay. Vom Chardonnay gab es immer zwei Weine, einen Chardonnay ohne Lagenbezeichnung und den Schlossberg-Chardonnay, mit dem Jahrgang 2014 wurde ein weiterer Lagen-Chardonnay aus dem Bienenberg als Großes Gewächs eingeführt, der Chardonnay ohne Lagenbezeichnung erhielt den Zusatz „Alte Reben".

🍷 Kollektion

Es waren Winzer wie Bernhard Huber, die dem Konsumenten wie auch den Kollegen zeigten, dass große deutsche Weine nicht mächtig und opulent sein müssen. Bernhard Huber war der Konsequenteste von allen. Und sein Sohn Julian geht den vom Vater eröffneten Weg seit sechs Jahren weiter – genauso konsequent und mit eigener Handschrift. Der weiße Malterdinger ist der offenste und zugänglichste der vorgestellten Weine, zeigt schon im Bouquet viel Frucht, ebenso im Mund, Zitrus und Steinobst, dazu kommen Salz, Säure, Tannine, die zusammen für einen druckvollen Zug sorgen. Die drei vorgestellten Chardonnay sind noch sehr jung, aber sie zeigen deutlich, dass sie auch noch in einigen Jahren frisch und lebendig sein werden. Frische und Leichtigkeit reichen allerdings für einen großen Wein nicht aus. Wenn sie aber die Verpackung für einen spannungsgeladenen, präzise definierten Kern sind, dann kommt man dem Begriff von Größe schon näher. Diese kann man schon dem Chardonnay Alte Reben attestieren. Im Bouquet zeigt sich zunächst feiner Feuerstein, dann kommen auch

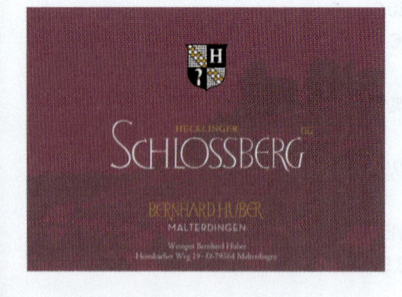

Hefearomen zum Vorschein, am Gaumen ist er sehr schlank und fokussiert, besitzt große Präzision und einen enormen Zug. Der Bienenberg Chardonnay ist reduktiv, sehr frisch und klar im Bouquet, am Gaumen besitzt er Eleganz, Kraft und Griffigkeit durch jugendliche Gerbstoffe, mineralischen Nerv und eine sehr feine Säurestruktur. Das fällt auch beim sehr eleganten Schlossberg Chardonnay auf: Das Säure-Management bei den Huber-Weinen ist subtiler geworden. Dadurch zeigt der Schlossberg schon jetzt eine enorme Finesse. Beim Malterdinger Spätburgunder zeigt sich am Gaumen eine feste, saftige Kirschfrucht. Schon bei diesem Ortswein kann man festmachen, was bei den „Alten Reben" und den Lagenweinen zum Tragen kommt: Wie bei den Chardonnay hat Julian Huber auch bei den Spätburgundern das Säure- und Tanninmanagement weiterentwickelt, das führt dazu, dass man schon bei den sehr jugendlichen Weinen einen samtigen Ansatz erkennen kann, auch wenn er noch nicht zum Tragen kommt. Bei den „Alten Reben" wird die anfängliche Wildheit im Bouquet von feiner Sauerkirschfrucht abgelöst, am Gaumen zeigt sich saftige, von Gerbstoffen und Säure unterstützte Würze. Der Schlossberg ist offen, mit saftiger, eleganter Struktur und sehr klarem Zug. Der Wildenstein ist säurebetonter, ist auch mit viel Luft noch sehr verschlossen, hat aber eine großartige Tanninstruktur. Ein neuer Wein ist der Spätburgunder Köndringer Alte Burg. Er zeigt Frucht und hefige Würze, ist saftig, frisch und mineralisch-druckvoll. Die Sommerhalde ist rauchig-würzig, besitzt ein elegantes Tanningerüst und lebendige Frische mit mineralischem Biss. Im Bienenberg manifestiert sich burgundische Wildheit in ihrer elegantesten Form. Im Bouquet ist er saftig-pfeffrig. Die geradlinige, von Frische geprägte Struktur bekommt Halt durch eine feine, mineralische Säure.

🍇 Weinbewertung

89	2018 Malterdinger Weißwein	12,5 %/18,- €
91	2018 Chardonnay trocken „Alte Reben" Malterdinger	12,5 %/30,- €
93	2018 Chardonnay trocken „GG" Bienenberg	12,5 %/48,- €
94	2018 Chardonnay trocken „GG" Schlossberg	12,5 %/72,- €
89	2018 Spätburgunder trocken Malterdinger	13 %/18,- €
90	2018 Spätburgunder trocken „Alte Reben" Malterdinger	13 %/30,- €
93	2018 Spätburgunder Köndringer	13 %/48,- €
94	2018 Spätburgunder „GG" Malterdinger Bienenberg	13 %/48,- €
93	2018 Spätburgunder „GG" Bombacher Sommerhalde	13 %/48- €
96	2018 Spätburgunder „GG" Hecklinger Schlossberg	13 %/72,- €
93	2018 Spätburgunder „GG" „Wildenstein"	13 %/120,- €

Lagen
Bienenberg (Malterdingen)
– Wildenstein (Malterdingen)
Schlossberg (Hecklingen)
Sommerhalde (Bombach)
Alte Burg (Köndringen)

Rebsorten
Spätburgunder (70 %)
Chardonnay (15 %)
Weißburgunder (7 %)
Grauburgunder (7 %)
Müller-Thurgau (1 %)

BADEN ▬ EFRINGEN-KIRCHEN

Huck-Wagner

★ ★

Kontakt
Engetalstraße 31
79588 Efringen-Kirchen
Tel. 07628-1462
Fax: 07628-800319
www.huck-wagner.de
info@huck-wagner.de

Besuchszeiten
Mo.-Sa. 8-19 Uhr

Inhaber
Familie Huck-Wagner

Betriebsleiter
Christiane Huck-Wagner &
Roland Wagner

Kellermeister
Christiane Huck-Wagner

Rebfläche
15 Hektar

Produktion
100.000 Flaschen

Das Weingut der Familie Huck-Wagner liegt am Fuße des Efringer Ölbergs. Dort befindet sich auch der größte Teil der Weinberge, die Reben wachsen in Efringen auf Jura-Kalk-Formationen. Hinzu kommen Parzellen in den Lagen Binzener Sonnhole, Blansinger Wolfer und Riedlinger Steingässle, über 100 Parzellen besitzt man insgesamt. Wichtigste Rebsorten sind Gutedel (auch die Spielart Roter Gutedel), Müller-Thurgau und Spätburgunder. Dazu gibt es Silvaner (inzwischen im Markgräflerland eine Seltenheit, hier in einer 1969 gepflanzten Terrassenlage), Muskateller, Grauburgunder, Riesling, Chardonnay, Weißburgunder und Gewürztraminer, sowie Regent und Merlot. Die Weißweine reifen vorwiegend im Edelstahl, einige auch im Holz, die Rotweine werden maischevergoren und im Holz ausgebaut. Sekte und Brände aus der eigenen Brennerei ergänzen das Sortiment. Das Weingut wird seit 1992 in dritter Generation von Christine Huck-Wagner, die für den Keller verantwortlich ist, und Ehemann Roland Wagner geführt, 2005 haben sie den Betrieb übernommen; inzwischen haben auch ihre Kinder Simone und Oliver ihre Liebe zum Wein entdeckt und zum Beruf gemacht.

🍷 Kollektion

Der Silvaner-Sekt zeigt interessante Aromen von gebrannten Mandeln und Zitrusfrüchten, hat viel Stoff und feine, salzige Länge. Die Ruländer Trockenbeerenauslese hat ein komplexes Bukett von getrockneten Früchten, ausreichend Säure hält die schwere Süße im Zaum. Viel Spaß machen die beiden Gutedel, sie springen einen mit ihrer Leichtigkeit und Saftigkeit regelrecht an. Feine Nelken-Würze und viel saftige Frucht zeigt der Grauburgunder Ölberg, ist gut strukturiert und lang. Feine Frucht mit Tiefgang zeigt der balancierte Chardonnay. Gut entwickelt haben sich sowohl der Spätburgunder Barrique von 2016 als auch der cremig-salzige Chasselas und der konzentrierte Silvaner, der sich langsam öffnet – beide sind vom Jahrgang 2017. Feine Frucht und saftige Alkoholsüße besitzt der 2017er Pinot Noir.

🍇 Weinbewertung

84	2018 Silvaner Sekt brut	12,5%/9,50€
84	2019 Roter Gutedel trocken	11,5%/6,-€
84	2019 Gutedel Kabinett trocken	11,5%/6,-€
84	2019 Grauburgunder Kabinett trocken	13,5%/8,-€
82	2019 Muskateller trocken	12%/8,-€
86	2017 Silvaner trocken Katzenrain	13%/14,-€
87	2019 Chardonnay Spätlese trocken Efringer Ölberg	13,5%/9,50€
86	2017 Chasselas trocken Efringer Ölberg	12,5%/12,-€
86	2019 Grauburgunder Spätlese trocken Efringer Ölberg	13,5%/10,-€
87	2018 Ruländer Trockenbeerenauslese Efringer Ölberg	10%/29,-€/0,375l
86	2016 Spätburgunder trocken Barrique Efringer Ölberg	13,5%/9,50€/0,5l
87	2017 Pinot Noir trocken Efringer Ölberg	14%/19,-€

MOSEL ▶ KRÖV

★★★

Hüls

Kontakt
Moselweinstraße 44
54536 Kröv
Tel. 06541-8189369
Fax: 06541-8167926
www.weinguthuels.de
kontakt@weinguthuels.de

Besuchszeiten
Mo.-Sa. 10-17 Uhr

Inhaber
Markus Hüls
Rebfläche
5 Hektar
Produktion
25.000 Flaschen

Markus Hüls stammt aus einem Weingut, hat zu Hause und bei Markus Molitor seine Winzerlehre gemacht. Inzwischen hat er sein eigenes Weingut gegründet, das mittlerweile auf 5 Hektar gewachsen ist, bietet darüber hinaus einen Steillagenbewirtschaftungsservice als Dienstleistung für andere Weingüter an. Seine Weinberge liegen in Kröv in den Lagen Steffensberg, Letterlay und Kirchlay, aber auch in der Zeltinger Sonnenuhr. Neben Riesling baut er ein wenig Spätburgunder und Weißburgunder an. Die Weine werden nach Maischestandzeiten spontanvergoren, teils im traditionellen Fuder, teils im Edelstahl, bleiben lange auf der Feinhefe. Sie werden auf dem Etikett mit Zahlen von 1 bis 9 gekennzeichnet, die den Grad der Restsüße von trocken bis edelsüß wiedergeben: Eine Methode, die in ähnlicher Form im Elsass Verbreitung gefunden und sich dort bewährt hat, in Deutschland aber noch als Neuheit gilt.

🍷 Kollektion

Im vergangenen Jahr hatte sich gezeigt, dass die Weine erstens schon in der Basis präzise sind und zweitens die Spitze sehr schön nach Terroir differenzierte Rieslinge bietet. Auch 2019 ist der trockene Riesling, fest und straff, der als „Schieferspiel" bezeichnete Wein bringt noch mehr Komplexität mit. Bei den trockenen Lagenweinen überzeugt derjenige aus der Letterlay, weil er eine animierende Säure mitbringt und rassig ist; sein Pendant aus dem Steffensberg ist kompakter, noch etwas unzugänglich. Der Wein aus der Sonnenuhr weist die typische Frucht der Lage auf. Die Spätlese ist sehr fein, aber ruhig, mit Noten von Apfel und Kräutern, besitzt Spiel und eine nur verhaltene Süße. Auch die Edelsüßen sind sehr gelungen. Die Beerenauslese ist mit ihren Noten nach kandiertem Apfel erstaunlich kühl, die Trockenbeerenauslese zeigt Anklänge an Schwarztee, ist fein und sehr animierend. Sehr gelungen ist der 2018er Spätburgunder, der Noten von Kirschen und Tabak aufweist und den Alkohol gut einbindet.

🍇 Weinbewertung

85	2019 Riesling trocken	12%/8,50€
87	2019 Riesling trocken „Schieferspiel"	12,5%/12,50€
88	2019 Weißburgunder trocken „Goldstück"	14%/17,50€
90	2019 Riesling trocken Kröver Letterlay	12,5%/24,50€
89	2019 Riesling trocken Kröver Steffensberg	12%/24,50€
90	2019 Riesling trocken Zeltinger Sonnenuhr	12%/24,50€
85	2019 Riesling „feinherb"	11%/8,50€
88	2019 Riesling „Alte Reben"	11,5%/14,50€
88	2019 Riesling Spätlese Zeltinger Sonnenuhr	8%/14,50€
90	2019 Riesling Beerenauslese Kröver Letterlay	7%/55,-€/0,375l
92	2019 Riesling Trockenbeerenauslese Zeltinger Sonnenuhr	6%/a.A./0,375l
89	2018 Spätburgunder Kröver Letterlay	14%/39,50€

von Hünersdorff

★★

Kontakt
Hofgut von Hünersdorff
Landstraße 42
63939 Wörth am Main
Tel. 09372-5443
Fax: 09372-72410
www.huenersdorff.com
info@huenersdorff.com

Besuchszeiten
nach Vereinbarung

Inhaber
Hasso-Philipp von Hünersdorff

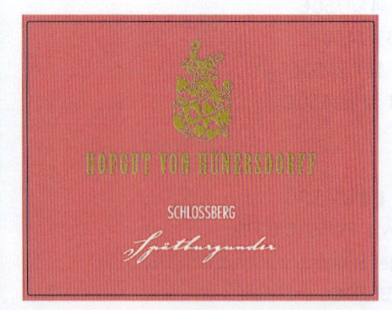

Das Hofgut von Hünersdorff ist eine Event-Location in Wörth am Main, in einem fränkischen Vierseithof aus dem 18. Jahrhundert, kann für private Feiern oder Business Events gemietet werden. Zum Hofgut gehören auch Weinberge im Klingenberger Schlossberg sowie in der Wörther Lage Campestres, die Reben wachsen auf Buntsandsteinböden. Spätburgunder und Riesling sind die beiden wichtigsten Rebsorten, dazu gibt es Silvaner und Weißburgunder.

Kollektion

Eine spannende, bärenstarke und sehr umfangreiche Kollektion präsentierte das Hofgut von Hünersdorff zum starken Debüt im vergangenen Jahr, vor allem die beiden Spätburgunder aus dem Schlossberg, Jahrgang 2015 und Jahrgang 2016, begeisterten, der 2017er Klingenberger Blanc de Noir gehörte zu den besten Blanc de Noir in Deutschland. Die in diesem Jahr nun vorgestellte Kollektion ist klein und überschaubar, umfasst vier trockene Weißweine aus dem Jahrgang 2019, keinen Rotwein. Diese Weißweine aber sind alle vier sehr gut. Der Weißburgunder zeigt gute Konzentration und reife reintönige Frucht im Bouquet, weiße Früchte, ist füllig und saftig im Mund, besitzt viel reife Frucht, gute Struktur und Substanz. Der Silvaner und die beiden Rieslinge tragen die Lagenbezeichnung Campestres Wörth, eine Lage die 2008 in die Lagenrolle eingetragen wurde. Die Weinberge wachsen am Schneesberg in der eigentlich Sauerberg genannten Flur, wo bereits im 17. Jahrhundert Reben standen, die aber nach der Reblauskatastrophe verschwunden sind. Sauerberg wollte man als Lagennamen nicht haben, weshalb nach einem unterhalb des Schneesberges gefundenen römischen Weihesteins, der den Matronae Campestres, den Schutzgöttinnen des Exerzierplatzes gewidmet war, der Name Campestres gewählt wurde. Der Silvaner ist würzig, klar und eindringlich, besitzt reife Frucht, gute Struktur und Substanz, Frische. Der Riesling ist würzig und eindringlich bei reintöniger Frucht im Bouquet, ist leicht, klar und zupackend, besitzt gute Struktur und Grip. Deutlich eindringlicher und konzentrierter ist der im Holzfass spontanvergorene Riesling R, zeigt herrlich viel Frucht und etwas florale Noten, ein klein wenig Zitrus im Hintergrund, ist klar, frisch und zupackend im Mund, besitzt gute Struktur und Druck.

Weinbewertung

86	2019 Weißer Burgunder trocken	13%/14,-€
85	2019 Silvaner trocken Campestres Wörth	11,5%/13,-€
86	2019 Riesling trocken Campestres Wörth	11,5%/13,-€
88	2019 Riesling „R" trocken Campestres Wörth	12%/16,-€

RHEINHESSEN ▶ NIERSTEIN

★★★

Fritz Ekkehard Huff

Kontakt
Hauptstraße 90
55283 Nierstein
Tel. 06133-58003
Fax: 06133-58617
www.weinguthuff.de
info@weingut-huff.de

Besuchszeiten
Mo.-Fr. 8-12 + 13-18 Uhr
Sa. 9-17 Uhr
mit Bitte um Vereinbarung

Inhaber
Fritz Ekkehard Huff &
Christine Huff
Betriebsleiter
Ekkehard & Christine Huff
Kellermeister
Christine Huff &
Jeremy Bird-Huff
Rebfläche
9 Hektar
Produktion
50.000 Flaschen

Seit über 300 Jahren baut die Familie Wein in Schwabsburg an, aus dem ursprünglichen Gemischtbetrieb entwickelte sich nach und nach ein reines Weingut. Heute führen Fritz Ekkehard Huff und seine Ehefrau Doris den Betrieb. Seit Beendigung ihres Geisenheim-Studiums 2010 ist Tochter Christine für die Vinifikation verantwortlich, unterstützt von ihrem Ehemann Jeremy, einem gebürtigen Neuseeländer. Die Weinberge liegen in Nierstein und Schwabsburg, unter anderem in den Lagen Schloss Schwabsburg, Orbel und Paterberg, zuletzt kam eine Parzelle im Pettenthal hinzu. Riesling und die Burgundersorten dominieren im Anbau, dazu gibt es Silvaner und Scheurebe, rote Sorten wie Spätburgunder oder St. Laurent nehmen inzwischen 30 Prozent der Fläche ein. Das Sortiment ist dreistufig gegliedert in Guts-, Orts- und Lagenweine, an der Spitze der Kollektion stehen die Lagenrieslinge aus Orbel und Pettenthal sowie der Rabenturm aus dem nicht flurbereinigten Filetstück der Lage Schloss Schwabsburg mit über 50 Jahre, teilweise 80 Jahre alten Reben.

Kollektion

Die neue Kollektion erinnert uns sehr an die letztjährige, mit dem Unterschied, dass die edelsüßen Weine noch etwas besser sind. Die litschiduftige Sauvignon Blanc Beerenauslese ist klar und konzentriert, die Riesling Beerenauslese ist noch etwas komplexer und druckvoller. Wie überhaupt die Rieslinge ein ganz starkes Bild zeichnen, angefangen beim enorm würzigen trockenen Niersteiner Ortswein, dem etwas druckvolleren, strukturierten Schwabsburger Ortswein und dem wunderschön zupackenden Kabinett bis hin zu drei spannenden Lagenweinen: Der gelbfruchtige Orbel-Riesling ist füllig, kraftvoll, strukturiert, der Rabenturm intensiv fruchtig und zupackend, der Pettenthal noch enorm jugendlich bei bitter-mineralischen Noten, braucht Zeit. Sortentypisch und fruchtbetont wie gewohnt sind der grüne und der gelbe Vogel.

Weinbewertung

82	2019 Sylvaner trocken	12,5%/7,50€
84	2019 Scheurebe trocken „The Green Bird"	12%/7,50€
82	2019 Grauburgunder trocken Niersteiner	13%/9,20€
84	2019 Riesling trocken „vom Rotliegenden" Nierstein	12,5%/9,20€
85	2019 Sauvignon Blanc trocken „The Yellow Bird"	12,5%/9,20€
85	2019 Riesling trocken Schwabsburg	12,5%/9,20€
87	2019 Riesling trocken Orbel	13%/17,30€
88	2019 Riesling trocken „Rabenturm"	12,5%/20,-€
88	2019 Riesling trocken Pettenthal	12,5%/23,-€
84	2019 Riesling Kabinett „The Blue Bird"	10%/8,-€
88	2019 Sauvignon Blanc Beerenauslese Niersteiner Findling	11,5%/28,80€/0,375l
89	2019 Riesling Beerenauslese Niersteiner Schloss Schwabsburg	8%/32,-€/0,375l

RHEINHESSEN ▶ NIERSTEIN

★ ★ ★

Georg Gustav Huff

Kontakt
Woogstraße 1
55283 Nierstein
Tel. 06133-50514
Fax: 06133-61395
www.weingut huff.com
info@weingut-huff.com

Besuchszeiten
Mo.-Fr. 8-12 + 13:30-18 Uhr
Sa. 9-17 Uhr
So. 10-12 Uhr

Inhaber
Familie Huff
Betriebsleiter
Familie Huff
Kellermeister
Daniel & Stefan Huff
Außenbetrieb
Dieter Huff
Rebfläche
25 Hektar
Produktion
180.000 Flaschen

Seit 300 Jahren baut die Familie Wein in Nierstein an. Dieter Huff hat das Weingut 1989 übernommen. Die Weinberge liegen unter anderem in den Niersteiner Lagen Hipping, Pettenthal, Schloss Schwabsburg, Bildstock, Rosenberg und Kirchplatte. Riesling nimmt etwa ein Viertel seiner Rebfläche ein. Es folgen Spätburgunder, Dornfelder, Müller-Thurgau, Portugieser, Chardonnay, Grauburgunder und Weißburgunder. Sohn Daniel, Weinbautechniker, ist seit 2003 für den Ausbau der Weine verantwortlich. Der jüngere Sohn Stefan ist nach Beendigung seiner Technikerausbildung in Weinsberg und praktischen Erfahrungen in Rheinhessen (Peth-Wetz), an der Ahr (Burggarten), in Österreich und in Australien 2010 ebenfalls in den Betrieb eingestiegen, kümmert sich um den Ausbau der Rotweine.

Kollektion

Die neue Kollektion ist in der Spitze stärker denn je, was nicht allein, aber vor allem, den faszinierenden Lagen-Rieslingen zu verdanken ist. Der Schloss-Schwabsburg-Riesling zeigt etwas Orangen und Aprikosen im Bouquet, ist füllig und saftig im Mund bei guter Struktur und Frische. Der Wein von alten Reben im Hipping ist konzentriert und stoffig, kraftvoll und dominant, besitzt herrlich viel Frucht und Struktur. Der Rehbacher Steig Sommerseite, aus dem steilsten Teil des Pettenthal, ist herrlich würzig und konzentriert, besitzt Fülle, Substanz und viel reife Frucht. Noch etwas spannender ist der Reserve-Riesling aus dem Jahrgang 2018, achtzehn Monate im großen Holzfass ausgebaut, der intensiv würzig und konzentriert ist, reintönige Frucht, viel Substanz und Kraft besitzt. Spannend sind auch die beiden anderen Reserveweine: Der maischevergorene Pinot Gris besitzt Fülle, Kraft und viel Struktur, der Pinot Blanc viel reife Frucht und Substanz. Ein sehr guter saftiger Niersteiner Silvaner und zwei kraftvolle, zupackende Spätburgunder runden die starke Kollektion ab. Im Aufwind!

Weinbewertung

Punkte	Wein	Preis
85	2019 Silvaner trocken Niersteiner	12,5%/12,-€
83	2019 Riesling trocken „vom Löss"	12%/6,50€
87	2019 Riesling trocken Niersteiner Schloss Schwabsburg	13%/13,50€
89	2019 Riesling trocken „Alte Reben" Niersteiner Hipping	13%/18,-€
90	2019 Riesling trocken „Rehbacher Steig Sonnenseite" Pettenthal	13%/22,-€
91	2018 Riesling trocken „Réserve"	12,5%/27,-€
87	2019 Pinot Blanc trocken „Reserve"	13%/12,50€
88	2018 Pinot Gris „Réserve"	13,5%/15,50€
83	2019 Riesling Kabinett Niersteiner	11%/6,90€
88	2019 Riesling Beerenauslese Niersteiner Schloss Schwabsburg	7%/15,50€
84	2017 Spätburgunder trocken Niersteiner	12,5%/11,50€
86	2017 Spätburgunder trocken „Alte Reben" Niersteiner Rosenberg	12,5%/18,-€

RHEINHESSEN ▸ HORRWEILER

Huff-Doll

★★⯨

Kontakt
Weedstraße 6
55457 Horrweiler
Tel. 06727-343
Fax: 06727-5366
www.huff-doll.de
weingut@huff-doll.de

Besuchszeiten
Mo.-Sa. nach Vereinbarung

Inhaber
Bettina & Ulrich Doll
Kellermeister
Ulrich Doll
Rebfläche
13 Hektar
Produktion
60.000 Flaschen

Seit 1848 bewirtschaftet die Familie Weinberge rund um Horrweiler, wo die Reben auf schweren, kalkhaltigen Böden wachsen. Gudrun und Ernst Doll übernahmen 1960 das Gut und stellten von einem landwirtschaftlichen Mischbetrieb auf Weinbau und Flaschenweinvermarktung um. 2002 ist ihr Sohn Ulrich, Weinbautechniker, in den Betrieb eingestiegen, den er inzwischen übernommen hat. Seit 2011 ist auch seine Frau Bettina im Betrieb tätig, kümmert sich um Büro und Marketing. Die Weinberge liegen in Horrweiler, nur beim Spitzenriesling wird die Lage Gewürzgärtchen auf dem Etikett hervorgehoben. Grauburgunder, Riesling und Spätburgunder sind die wichtigsten Rebsorten, gefolgt von Silvaner und Weißburgunder, dazu gibt es Scheurebe, Chardonnay, St. Laurent und Cabernet Dorsa. 2014 konnte die Rebfläche kräftig erweitert werden von bisher gut 8 Hektar auf nun 13 Hektar. Das Sortiment wurde neu eingeteilt in Guts-, Orts- und Lagenweine: Die neue Vinothek sowie Ferienwohnungen werden 2021 fertiggestellt.

Kollektion

In der ansonsten sehr gleichmäßigen Kollektion im vergangenen Jahr war der Riesling aus dem Gewürzgärtchen unser klarer Favorit, und auch im Jahrgang 2019 ist er wieder sehr gut, zeigt gute Konzentration und intensive Frucht, besitzt Fülle und Kraft, viel reife Frucht, gute Struktur und Frische. Aber dieses Jahr erhält er starke Konkurrenz durch zwei Chardonnay aus dem Jahrgang 2018. Der Frederick genannte Chardonnay zeigt gute Konzentration, reife Frucht, dezent rauchige Noten, ist kraftvoll im Mund, reintönig, besitzt viel Substanz, gute Struktur und klare Frucht. Noch spannender ist der Reserve-Chardonnay, der rauchige Noten im herrlich eindringlichen Bouquet zeigt, komplex und kraftvoll im Mund, konzentriert und stoffig, noch sehr jugendlich ist. Feine Frische und etwas gelbe Früchte zeigt die Riesling Spätlese im Bouquet, ist harmonisch, klar und frisch bei feiner süßer Frucht. Die trockenen Guts- und Ortsweine sind sehr gleichmäßig, setzen ganz auf sortentypische Frucht.

Weinbewertung

83	2019 Scheurebe trocken „Independent"	12,5%/6,90€
82	2019 Grauburgunder trocken	12,5%/6,90€
82	2019 Riesling trocken	12,5%/6,90€
83	2019 Grauburgunder trocken Horrweiler	13,5%/9,50€
83	2019 Riesling trocken Horrweiler	13%/9,50€
83	2019 Silvaner trocken Horrweiler	13%/9,50€
88	2019 Riesling trocken Gewürzgärtchen	13%/11,50€
87	2018 Chardonnay trocken „Frederick" Horrweiler	14%/12,90€
89	2018 Chardonnay trocken „Réserve"	14%/19,90€
84	2019 Riesling Spätlese	8,5%/7,50€

FRANKEN ▶ HOMBURG AM MAIN

Huller

★★

Kontakt
Maintalstraße
97855 Homburg am Main
Tel. 09395-7809520
Fax: 09395-7809522
www.weingut-huller.de
info@weingut-huller.de

Besuchszeiten
Mo./Mi./Fr. 13-18 Uhr oder nach Vereinbarung

Inhaber
Michael Huller

Rebfläche
8 Hektar

Produktion
keine Angabe

Michael Huller, gelernter Schreiner, beschloss die Familienweinberge nicht länger im Nebenerwerb zu bewirtschaften, sammelte Erfahrungen bei bekannten Weingütern in Franken (Schloss Sommerhausen, Fürst, Stadt Klingenberg), in Kalifornien (Boeger) und in der Toskana (Corzano e Paterno), kaufte 2010 zusammen mit Ehefrau Isabella einen alten Gutshof aus dem Jahr 1860 und legte damit den Grundstein für das eigene Weingut. Nach Umbauten und der Erweiterung der Rebfläche begannen sie im Jahr 2013 den Wein komplett in eigener Regie auszubauen. 2018 wurde ein über 100 Jahre brach liegender, 1,2 Hektar großer Terrassenweinberg in Collenberg im Gemischten Satz neu bestockt. Der Rest der Reben wächst in den Homburger Lagen Kallmuth und Edelfrau, wo vor allem weiße Rebsorten, aber auch 20 Prozent rote Sorten angebaut werden. Ein Kellerneubau wurde 2019 in Angriff genommen, ein Vinotel ist in Planung.

Kollektion

Die neue Kollektion zeigt sehr gleichmäßige Qualität, weiß wie rot, das Einstiegsniveau ist hoch, wie der reintönige, süffige Frank & Frei-Müller-Thurgau, den Michael Huller als neues Mitglied der Vereinigung 2019 erstmals erzeugt hat. Der Weißburgunder Kabinett ist saftig und süffig, der Silvaner Kabinett fruchtbetont und zupackend. Deutlich mehr Substanz, mehr Fülle und Kraft besitzt der Silvaner von alten Reben im Kallmuth, die Luna genannte Spätlese ist intensiv fruchtig, kompakt und füllig. Spannend ist die trockene Rieslaner Spätlese aus dem Kallmuth, würzig und eindringlich, besitzt Fülle und Kraft, gute Struktur und reife süße Frucht. Der Blanc de Noir aus dem Jahrgang 2018 ist reintönig im Bouquet, im Mund etwas süß bei dezenter Bitternote, die Scheurebe und die beiden Rosés sind fruchtig und betont süffig, die intensiv fruchtige Domina ist klar und zupackend. Unser Favorit in diesem Jahr ist der Spätburgunder, der reife Frucht, gute Struktur und Grip besitzt.

Weinbewertung

84	2019 Frank & Frei Müller-Thurgau	12,5%/7,-€
83	2018 „Alma Blanc de Noir" trocken	13%/12,-€
84	2019 Silvaner Kabinett trocken Homburger Kallmuth	13%/7,50€
83	2019 Weißer Burgunder Kabinett trocken Homburger Kallmuth	13%/7,50€
86	2019 Silvaner „Alte Reben" Homburger Kallmuth	13,5%/9,50€
85	2018 Silvaner Spätlese „Luna"	13,5%/12,-€
86	2019 Rieslaner Spätlese trocken Homburger Kallmuth	13,5%/10,-€
83	2019 Scheurebe	12%/7,50€
82	2019 Spätburgunder Rosé trocken	12,5%/9,50€
83	2019 Domina Rosé	11%/6,-€
84	2018 Domina trocken Homburger Kallmuth	13%/8,-€
87	2018 Spätburgunder trocken	12,5%/15,-€

BADEN — MALSCH

★★★

Hummel

Kontakt
Wein & Sektgut Bernd Hummel,
Inh. Daniel Rhein
Oberer Mühlweg 5
69254 Malsch
Tel. 07253-27148
Fax: 07253-25799
www.weingut-hummel.de
info@weingut-hummel.de

Besuchszeiten
Mo.-Fr. 17-19 Uhr
Sa. 10-14 Uhr

Inhaber/Betriebsleiter/Kellermeister/Außenbetrieb
Daniel Rhein
Rebfläche
7,5 Hektar
Produktion
50.000 Flaschen

Daniel Rhein ist seit 1. Juli 2016 neuer Inhaber des Weinguts Hummel in Malsch. Der junge Oberfranke hat in Geisenheim Weinbau und Önologie studiert und an der Uni Gießen einen Masterabschluss erlangt. Während des Studiums hatte er bereits ein Praktikum bei Bernd Hummel gemacht. Burgundersorten (inklusive Schwarzriesling und Auxerrois) nehmen 80 Prozent der Rebfläche ein, rote Sorten zusammen zwei Drittel. Spätburgunder, Lemberger, Schwarzriesling und Cabernet Sauvignon werden angebaut, aber auch Cabernet Mitos, Regent und Dornfelder, inzwischen auch Syrah. Bei den weißen Sorten dominieren Riesling und die Burgundersorten, Sauvignon Blanc spielt eine immer wichtigere Rolle.

Kollektion

Eine starke Rotwein-Kollektion vom Jahrgang 2017 zeigt uns Daniel Rhein in diesem Jahr. Das gilt auch schon für den Saignée genannten Rosé, der zu 80 Prozent aus dem Saftabzug der Cabernet Sauvignon-Maische stammt. Ein frischer, sehr fruchtiger Rosé mit Substanz. Die Cuvée Rouge, eine wilde Mischung aus Merlot, Spätburgunder, Regent und Syrah, ist dunkelfruchtig, mit straffem Tanningewand und dezentem, passenden Bitterton. Fein und saftig ist der Schwarzriesling. Der Syrah Reserve kommt mit einem typischen, fleischig-metallischen Bouquet mit einer Prise Pfeffer in die Nase. Er ist im Mund saftig, dicht, konzentriert, hat viel Spiel – man könnte ihn auch an die nördliche Rhone verorten. Fein-rauchige Aromatik zeigt der Spätburgunder Reserve, er ist sehr gut strukturiert durch feine Tannine, die einen saftigen Kern umhüllen. Noch eine Spur delikater und dichter ist der Spätburgunder RR, auch kräftiger, die Tannine sind fein, er ist sehr saftig, sehr charmant. Die Weißweine sind bis auf den Auxerrois sehr füllig, an der Spitze steht ein enorm stoffiger, kraftvoller Sauvignon Blanc Reserve.

Weinbewertung

86	„Auguste" Riesling Sekt brut	13%/12,90 €
86	2019 Auxerrois Kabinett trocken Malscher Ölbaum	12,5%/9,90 €
85	2019 Grauburgunder Kabinett trocken Malscher Ölbaum	13%/9,90 €
85	2019 Chardonnay Kabinett trocken Malscher Ölbaum	13,5%/9,90 €
85	2019 Sauvignon Blanc Kabinett trocken Malscher Ölbaum	13,5%/11,50 €
87	2017 Sauvignon Blanc trocken „Reserve" Malscher Ölbaum	14%/29,- €
85	2019 „Saignée" Rosé Kabinett trocken Malscher Rotsteig	12,5%/9,90 €
89	2017 Spätburgunder trocken „Reserve" Malscher Rotsteig	13%/25,- €
85	2017 „Cuvée Rouge" trocken Malscher Rotsteig	13%/12,90 €
85	2017 Schwarzriesling Spätlese trocken Malscher Rotsteig	12,5%/12,90 €
89	2017 Syrah trocken „Reserve" Malscher Rotsteig	14%/29,- €
91	2017 Spätburgunder Auslese „RR" trocken Malscher Rotsteig	14%/75,- €

BADEN ▶ GOTTENHEIM

★★⯪

Kilian und Martina Hunn

Kontakt
Rathausstraße 2
79288 Gottenheim
Tel. 07665-6207
Fax: 07665-6223
www.weingut-hunn.de
mail@weingut-hunn.de

Besuchszeiten
Mo.-Fr. 9-12 Uhr + 14-19 Uhr
Sa. 9-12 + 14-16 Uhr
So. geschlossen
Straußwirtschaft (Mitte Juni bis Ende Aug., Mo.-Fr. ab 17 Uhr, Sa. ab 16 Uhr)

Inhaber
Kilian & Martina Hunn

Rebfläche
24 Hektar

Produktion
190.000 Flaschen

Das Weingut Hunn in Gottenheim, westlich von Freiburg am Tuniberg gelegen, wurde 1982 von Felix Hunn gegründet mit damals einem halben Hektar Weinberge. 1998 übernahmen es Sohn Kilian und Ehefrau Martina. Nach und nach erweiterten sie die Rebfläche auf die heutige Größe (überwiegend in der Lage Gottenheimer Kirchberg). Der Gottenheimer Kirchberg ist eine mit einer Lössschicht überzogene Kalkscholle aus der Zeit des Jura. Des Weiteren sind sie im Merdinger Bühl und im Opfinger Sonnenberg vertreten. Die Burgundersorten nehmen drei Viertel der Weinberge ein. Wichtigste Rebsorte ist Spätburgunder mit einem Anteil von 35 Prozent. Es folgen Weiß- und Grauburgunder, Chardonnay und Müller-Thurgau. Seit 1993 gibt es im traditionellen Verfahren erzeugte Sekte. 2011 wurde die Ausstattung geändert, drei verschiedene Farben kennzeichnen die Weinlinien „Die jungen Frischen", „Die jungen Wilden" und die „Hunn-Reserve".

Kollektion

Die „Jungen Frischen" gefallen mit viel süßer, saftiger Frucht. Der reintönige Weißburgunder hat viel spielerischen Schmelz, der Grauburgunder ist etwas üppiger in der Frucht, der Spätburgunder Rosé ist sehr fruchtig, macht trotz höherer Restsüße einen feinen, herben Eindruck. Die „Jungen Wilden" sind straffer, komplexer. Der Grauburgunder ist kraftvoll, stoffig, hat Substanz. Der Auxerrois ist ähnlich kraftvoll, baut schönen Druck auf. Der durchgegorene Weißburgunder ist knackig und saftig. Der Viognier Reserve ist ein lebhafter, vielschichtiger Wein mit feiner Würze. Der Chardonnay Reserve zeigt opulente Frucht im Bouquet, Mangostan und Litschi, am Gaumen viel Schmelz und elegante Vielschichtigkeit. Der Grauburgunder Reserve ist fruchtbetont mit feiner Säure. Der Pinot Noir von 2016 gefällt uns mit seiner kühlen, saftigen Frucht und den eleganten Tanninen etwas besser als der traditionellere Spätburgunder Reserve.

Weinbewertung

Punkte	Wein	Details
83	2019 Weißburgunder trocken (Junge Frische)	12,5%/8,50€
84	2019 Grauburgunder trocken (Junge Frische)	12,5%/9,-€
85	2018 Auxerrois trocken (Junge Wilde)	13,5%/9,90€
85	2019 Pinot Noir Blanc de Noir (Junge Wilde)	13%/8,50€
85	2019 Weißer Burgunder trocken „Alte Reben" (Junge Wilde)	13%/9,50€
85	2019 Grauburgunder trocken (Junge Wilde)	14%/9,50€
87	2016 Grauburgunder trocken „Reserve"	14%/16,50€
89	2016 Chardonnay trocken „Reserve"	13,5%/16,50€
88	2017 Viognier trocken „Reserve"	14%/18,50€
84	2019 Spätburgunder Rosé trocken (Junge Frische)	12,5%/7,40€
88	2016 Pinot Noir trocken	14%/16,50€
87	2015 Spätburgunder trocken „Reserve"	13,5%/19,80€

RHEINHESSEN — INGELHEIM

Huster

★ ★✩

Kontakt
Huster Ökologischer
Weinbau
Rosenstraße 13
55218 Ingelheim
Tel. 06130-944114
Fax: 06130-944116
www.weingut-huster.de
info@weingut-huster.com

Besuchszeiten
Di.-Fr. 17-19 Uhr
Sa. 10-16 Uhr
Straußwirtschaft

Inhaber
Raimund & Jutta Huster,
Tobias Huster
Betriebsleiter/Kellermeister/Außenbetrieb
Tobias Huster
Rebfläche
12 Hektar

Friedrich und Anneliese Huster gründeten 1955 den Betrieb als typischen rheinhessischen Gemischtbetrieb mit Viehzucht, Acker- und Weinbau, Anfang der siebziger Jahre spezialisierte man sich auf Wein. Sohn Raimund begann mit damals 3 Hektar Reben mit der Flaschenweinvermarktung. Zusammen mit Ehefrau Jutta Huster baut er den Betrieb weiter aus, eröffnet 1996 eine Straußwirtschaft, die drei Monate im Jahr an den Wochenenden geöffnet hat. Im gleichen Jahr wurde auf ökologische Bewirtschaftung umgestellt. Nach Abschluss seines Geisenheim-Studiums stieg Sohn Tobias 2008 in den Betrieb ein und übernahm die Verantwortung für den Keller. 2012 wurden Traubenproduktion und Außenbetrieb ausgesiedelt, befinden sich nun inmitten der Ingelheimer Weinberge. 55 Prozent der Rebfläche nehmen weiße Sorten ein, wie Riesling, Silvaner, Weiß- und Grauburgunder. Wichtigste rote Rebsorten sind Spätburgunder, Portugieser, Regent und St. Laurent.

Kollektion

Das Gros der Weine zeigt in diesem Jahr gleichmäßiges Niveau, einige aber ragen hervor, weiß wie rot. Unter den Rotweinen gefällt uns der Frühburgunder besonders gut, er zeigt intensive, herrlich reintönige Frucht im eindringlichen Bouquet, besitzt Fülle und Kraft, gute Struktur und Frische. Gleich mehrere Highlights bietet das weiße Segment. Der Blanc de Noirs ist etwas verhalten im Bouquet, aber klar und geradlinig im Mund. Der Gewürztraminer besitzt gute Konzentration und klare reife Frucht, ist füllig und kraftvoll, wunderschön reintönig. Der Grauburgunder aus dem Burgberg zeigt gute Konzentration, reife Frucht, gelbe Früchte, ist füllig, kraftvoll und strukturiert. Noch ein klein wenig besser gefällt uns der Silvaner aus dem Ingelheimer Horn, der reintönige reife Frucht im Bouquet zeigt, Fülle und Kraft besitzt, gute Struktur und Druck.

Weinbewertung

81	2019 „frizzz" Perlwein trocken	11%/6,90€
80	2019 Grüner Silvaner trocken	12,5%/6,50€
81	2019 Souvignier Gris tr	12,5%/6,90€
79	2019 Weißburgunder	11,5%/6,80€
80	2019 Grauer Burgunder trocken	12,5%/6,70€
83	2019 Spätburgunder „Blanc de Noirs" trocken	13%/7,20€
86	2018 Grüner Silvaner trocken Ingelheimer Horn	14%/11,90€
85	2019 Grauburgunder trocken Ingelheimer Burgberg	14%/13,90€
84	2019 Gewürztraminer trocken	11%/7,90€
81	2018 Spätburgunder trocken	14%/6,70€
85	2016 Frühburgunder trocken	13,5%/11,80€
80	2018 Regent trocken	13,5%/6,70€

WÜRTTEMBERG ▶ WEINSTADT-STRÜMPFELBACH

★★★⯪

Idler

Kontakt
Lehenweg 21, 71384
Weinstadt-Strümpfelbach
Tel. 07151-9947699
www.weingut-idler.de
info@weingut-idler.de

Besuchszeiten
Mi. 17-19 Uhr, Sa. 10-13 Uhr
und nach Vereinbarung
Bio-Appartement
Vinothek Lehenstein mit
kleinen saisonalen Speisen

**Inhaber/Betriebsleiter/
Kellermeister/Außenbetrieb**
Marcel Idler

Rebfläche
7,5 Hektar

Produktion
45.000 Flaschen

Marcel Idler gründete 2012, mit 24 Jahren, sein eigenes Weingut, das mitten in Strümpfelbach liegt. Er hat nach seiner Winzerlehre in Geisenheim studiert und zahlreiche Praktika absolviert (Südafrika, Roussillon, Provence, Schweiz). Seine Weinberge liegen in Strümpfelbach, wo die Reben auf kalkhaltigen Keuper- und Mergelböden wachsen, die mit Schichten von Sandstein durchzogen sind. Er baut vor allem Lemberger, Riesling und Trollinger an, aber auch Müller-Thurgau, Cabernet Blanc, Sauvignon Blanc, Weißburgunder, Grauburgunder und Chardonnay sowie an weiteren roten Rebsorten Zweigelt, Cabernet Sauvignon, Merlot, Portugieser und Dornfelder. Die Weine werden teils im Holz, teils im Edelstahl ausgebaut. Die Weinberge werden biologisch bewirtschaftet, Marcel Idler ist Mitglied bei Bioland. 2020 wurde der Neubau am Ortseingang von Strümpfelbach fertiggestellt.

Kollektion

Auch in diesem Jahr eröffnet wieder ein klasse Pinot-Sekt den Reigen, brut nature, zeigt feine rauchige Noten, ist komplex, druckvoll und zupackend. Der Gutsriesling ist frisch, klar, recht süß, der Riesling vom bunten Mergel fruchtbetont und zupackend, unser klarer Favorit im Riesling-Trio ist aber der Wein von 45 Jahre alten Reben, der gute Konzentration und herrlich viel Frucht zeigt, Fülle und Kraft besitzt, reife Frucht und gute Struktur. Der Weißburgunder vom Gipskeuper ist fruchtbetont, füllig, saftig, der Sauvignon Blanc würzig, intensiv und zupackend. Die weiße Keupergrund-Cuvée ist intensiv, würzig, zupackend, die Pinot-Cuvée kraftvoller, strukturiert. Die rote Basis überzeugt, das beweisen der frische, herrlich reintönige Lemberger und die intensiv fruchtige, zupackende Keupergrund-Cuvée, deren Reserve-Variante mit offensiver Frucht, guter Struktur und Grip punktet. Gleichauf sehen wir den Reserve-Lemberger, der viel Frucht zeigt, Weihrauch, Gewürze, Schokolade, Fülle, Kraft und Struktur besitzt.

Weinbewertung

Punkte	Wein	Details
88	2016 Pinot Sekt brut nature	11,5%/12,90€
83	2019 Riesling trocken	11,5%/7,40€
85	2019 „Vom Keupergrund" Weißweincuvée trocken	12%/7,40€
84	2018 Riesling trocken „vom bunten Mergel"	12,5%/8,90€
84	2019 Weißburgunder trocken „vom Gipskeuper"	12,5%/8,90€
84	2019 Sauvignon Blanc trocken	12%/12,-€
85	2018 „Pi-not" Weißweincuvée trocken	13,5%/14,50€
87	2018 Riesling trocken „Alte Reben"	13%/16,-€
83	2018 „Vom Keupergrund" Rotweincuvée trocken	13%/8,90€
83	2018 Lemberger trocken	13%/10,50€
87	2017 „Vom Keupergrund" Rotweincuvée trocken „Reserve"	13%/21,-€
87	2017 Lemberger trocken „Reserve"	13%/23,-€

RHEINHESSEN ▶ BECHTHEIM

★★☆

Illian-Arnd

Kontakt
Rheinstraße 2
67595 Bechtheim
Tel. 06242-3219
Fax: 06242-60402
www.weingut-illian-arnd.de
info@weingut-illian-arnd.de

Besuchszeiten
nach Vereinbarung

Inhaber
Karin & Heinz-Jürgen Arnd
Kellermeister
Heinz-Jürgen Arnd
Rebfläche
3,5 Hektar
Produktion
25.000 Flaschen

Auf über 250 Jahre Weinbautradition blickt die Familie Arnd zurück. Karin und Heinz-Jürgen Arnd führen heute den Betrieb, Tochter Annika hat als Quereinsteigerin in den letzten Jahren frischen Wind in den Betrieb gebracht. Die Weinberge von Karin und Heinz-Jürgen Arnd liegen in Bechtheim in den Lagen Geyersberg, Stein und Rosengarten. Sie bauen klassische rheinhessische Rebsorten wie Riesling, Silvaner, Müller-Thurgau, Spätburgunder, Grauburgunder und Portugieser an, dazu rheinhessische Spezialitäten wie Huxelrebe und Scheurebe, aber auch internationale Rebsorten wie Chardonnay, Sauvignon Blanc oder Cabernet Franc.

Kollektion

Beim guten Debüt im vergangenen Jahr überzeugten neben dem Riesling vom reifen Berg vor allem die vier Barriqueweine, Pinot Gris, Chardonnay, Portugieser und Cabernet Franc. Der Geyersberg-Riesling aus dem Jahrgang 2018 hat sich prächtig weiterentwickelt, ist herrlich reintönig, füllig, kraftvoll, strukturiert und lang, dabei gelbfruchtig, sehr typisch für Geyersberg. Der Top-Select-Riesling, ebenfalls aus dem Geyersberg, zeigt feine Reife, ist klar und strukturiert, unter den 2019er Weißweinen gefällt uns der intensive, zupackende Bechtheimer Sauvignon Blanc besonders gut. Im roten Segment überrascht der konzentrierte, herrlich reintönige Schwarzriesling aus dem Jahrgang 2012, der fruchtbetont und harmonisch ist und keinerlei Altersnoten aufweist. Auch die beiden Barriqueweine des Jahrgangs 2015 präsentieren sich in prächtiger Verfassung. Der Syrah zeigt feine Würze und reintönige Frucht im Bouquet, ist klar, frisch und zupackend im Mund bei guter Struktur und feiner Frucht. Der Cabernet Franc beeindruckt mit seiner intensiven Frucht im herrlich eindringlichen, reintönigen Bouquet, ist klar auch im Mund, frisch und zupackend, besitzt gute Struktur und reife Frucht. Prächtige Rotweine, bravo!

Weinbewertung

81	2019 Silvaner trocken	13,5%/6,90€
81	2019 Chardonnay & Weißburgunder trocken	12,5%/6,40€
84	2018 Riesling trocken „Top Select" Bechtheimer Geyersberg	12,5%/6,80€
81	2019 Grauer Burgunder trocken	13%/6,40€
83	2019 Sauvignon Blanc trocken Bechtheimer	12%/6,60€
88	2018 Riesling trocken „vom Reifen Berg" Bechtheimer Geyersberg	13%/9,80€ ☺
82	2019 Scheurebe Spätlese „feinherb" Bechtheimer	12,5%/6,20€
81	2016 Schwarzriesling trocken Bechtheimer	14%/6,80€
81	2018 Spätburgunder trocken „Furioso" Bechtheimer	13,5%/7,40€
85	2012 Schwarzriesling trocken „Pinot vom Reifen Berg" Bechtheimer	14%/12,80€
86	2015 Cabernet Franc trocken Barrique „vom Reifen Berg" Bechth.	13,5%/18,80€
86	2015 Syrah trocken „vom Reifen Berg" Barrique Bechtheimer	14%/18,80€

Ilmbacher Hof

★★★☆

Kontakt
Lange Gasse 36
97346 Iphofen
Tel. 09323-3657
Fax: 09323-6306
www.ilmbacher-hof.de
info@ilmbacher-hof.de

Besuchszeiten
Mo.-Fr. 10-18 Uhr, Di. 14-18 Uhr, Sa. 10-16 Uhr sowie nach Vereinbarung
Besenwirtschaft (Mai, Sept., Fr./Sa. ab 17 Uhr)
2 Ferienwohnungen
Vinothek und Event-Location
kulturelle Veranstaltungen, Konzerte, Ausstellungen, Weinmenüs, Künstlermärkte

Inhaber
Thomas Fröhlich

Rebfläche
5,7 Hektar

Produktion
35.000 Flaschen

Der mitten in Iphofen gelegene Ilmbacher Hof, ursprünglich ein Gutshof der Kartäusermönche des Klosters Ilmbach, befindet sich seit sechs Generationen im Besitz der Familie Fröhlich, wird heute von Thomas und Andrea Fröhlich geführt. Ihre Weinberge liegen in den Iphöfer Lagen Julius-Echter-Berg, Kalb und Kronsberg (mit über 40 Jahre alten Reben), sowie im Rödelseer Küchenmeister, die Reben wachsen auf Keuperböden. Silvaner ist die wichtigste Rebsorte im Betrieb und rückt immer stärker in den Fokus, nimmt inzwischen knapp die Hälfte der Fläche ein (darunter 1 Hektar mit 1974 gepflanzten Reben in der Lage Kalb, es folgen Müller-Thurgau, Bacchus, Weißburgunder, Kerner, Scheurebe und Riesling, sowie rote Sorten wie Domina, Regent oder Acolon. Die Weine werden teils im Holz, teils im Edelstahl ausgebaut, Thomas Fröhlich hat zuletzt weiter in Holz investiert. Im Mai 2016 war erstmalig die Besenwirtschaft geöffnet, im Winter 2018/2019 wurde die Karthäuser-Scheune zur Vinothek und Event-Location umgebaut; neue Wein-Projekte wie Stollenwein oder Amphoren-Silvaner wurden lanciert.

Kollektion

Recht füllige Weine präsentiert Thomas Fröhlich mit dem Jahrgang 2019, wie die beiden Weine von alten Reben, der kraftvolle Müller-Thurgau und der rauchige Silvaner aus dem Kalb, der viel Substanz besitzt, was auch für die Scheurebe aus dem Kronsberg gilt. Präziser ist da der kraftvolle, würzige Müller-Thurgau „Edition 107", die Basisweine sind stark wie gewohnt. Spannend ist der 2018er Stollenwein, ein Silvaner, ist würzig, kompakt, besitzt viel Stoff und Substanz. Eindeutiges Highlight ist aber der 2018er Silvaner aus der Amphore, ein Gemeinschaftsprojekt der Keuper Connection, der neben Thomas Fröhlich noch Maximilian Martin Markus Hillabrand angehören: Dominant, konzentriert, viel Duft im Bouquet, füllig und kraftvoll im Mund, enorm stoffig und intensiv bei ganz dezenter Bitternote im Abgang. Spannende Weine!

Weinbewertung

82	2019 Silvaner (1l)	12,5%/6,50€
86	2019 Müller-Thurgau trocken „Edition 107"	12,5%/8,50€
(86)	2019 Weißer Burgunder trocken „JMF" Iphöfer Kronsberg	13%/9,90€
(86)	2019 Scheurebe trocken Iphöfer Kronsberg	14%/9,90€
85	2019 Silvaner trocken „Echter" Iphöfer Julius-Echter-Berg	13%/9,90€
87	2019 Müller-Thurgau trocken „Alte Reben"	13,5%/17,-€
87	2019 Silvaner trocken „Alte Reben"	14%/17,-€
88	2018 Silvaner trocken „Stollenwein"	13%/25,-€
90	2018 Silvaner „Amphore"	14%/33,-€
83	2019 „SommerTime" Weißwein	11,5%/7,-€
84	2019 Rosé trocken	12%/7,-€

PFALZ — MAIKAMMER

★★

Immengarten Hof

Kontakt
Marktstraße 62
67487 Maikammer
Tel. 06321-59400
Fax: 06321-57437
www.immengarten-hof.de
info@immengarten-hof.de

Besuchszeiten
Mo.-Fr. 14-18 Uhr
Sa. 10-17 Uhr
So. 10:30-12:30 Uhr
und nach Vereinbarung
Gästezimmer, Ferienwohnung

Inhaber
Frank Höhn
Betriebsleiter
Frank Höhn
Rebfläche
15 Hektar
Produktion
100.000 Flaschen

Der Immengarten Hof in Maikammer gehört seit 1894 der Familie Höhn. Frank Höhn, der seit dem Jahr 2000 seine Eltern im Betrieb unterstützt hatte, hat das Gut 2010 übernommen. Die Weinberge liegen nicht nur in Maikammer (Heiligenberg, Kapellenberg) sondern auch in Diedesfeld (Berg), Hambach (Schlossberg) und Venningen. Die Sortenvielfalt ist groß bei den Höhns, über 20 verschiedene Rebsorten werden angebaut. So findet man neben Dornfelder, Spätburgunder und Sankt Laurent auch Merlot, Syrah, Cabernet Franc, Blaufränkisch und einige der Weinsberger Neuzüchtungen (Cabernet Dorsa, Cabernet Cubin). Im weißen Segment gibt es Riesling, Weiß- und Grauburgunder, Auxerrois, Chardonnay, Sauvignon Blanc, Muskateller und Gewürztraminer, dazu aber auch Neuzüchtungen wie Kerner, Müller-Thurgau und Huxelrebe. Zuletzt wurden Rieslaner und Cabernet Sauvignon gepflanzt und eine neue Vinothek errichtet.

Kollektion

Auch in diesem Jahr steht wieder ein starker Rotwein an der Spitze einer Kollektion auf durchgängig gutem Niveau: Der „CabMerl" zeigt dunkle Frucht, Pflaume, Brombeere, und etwas Rumtopf im eindringlichen Bouquet, das Holz ist in den kraftvollen Wein gut eingebunden, er wirkt noch jung, besitzt Länge und Potential. Der Chardonnay zeigt deutliche Röstnoten und klare Fruchtnoten von Banane und Pfirsich, der Riesling „Großes Gewächs" zeigt kräutrig-mineralische Noten, wirkt noch sehr jung und frisch. Auch die beiden anderen Rieslinge zeigen klare Frucht, grünen Apfel und kräutrige Würze, der „Buntsandstein" ist etwas ausgewogener als der fülligere „Kiessand". Gut gefällt uns auch die trockene Scheurebe, die expressiv und präsent ist, Kraft und Fülle besitzt, der Sauvignon Blanc ist ausgewogen, zeigt etwas Stachelbeere und Pfirsich, der Auxerrois ist gelbfruchtig, besitzt leicht florale Noten.

Weinbewertung

83	2019 Sauvignon Blanc trocken „Buntsandstein"	13%/6,90€
83	2019 Auxerrois trocken „Buntsandstein"	12%/7,20€
84	2019 Scheurebe trocken „Kalkmergel"	14%/7,90€
84	2019 Riesling trocken „Buntsandstein"	13%/7,50€
83	2019 Riesling trocken „Kiessand"	12%/7,50€
86	2018 Chardonnay trocken Maikammer Heiligenberg	13,5%/11,90€
82	2019 Grauburgunder trocken „sandiger Lehm"	13,5%/6,90€
86	2019 Riesling trocken „Großes Gewächs" Maikammer Heiligenberg	13%/9,90€
83	2019 Scheurebe	10%/7,30€
83	2019 Gewürztraminer Spätlese	9,5%/7,50€
83	2019 „Königin" Rosé trocken	13,5%/5,90€
88	2015 Cuvée „CabMerl" Rotwein trocken	14,5%/16,90€

Immich-Anker

★★

Kontakt
Am Steffensberg 19
56850 Enkirch
Tel. 06541-6230
Fax: 06541-4965
www.mosel.net
immich-anker@mosel.net

Besuchszeiten
täglich 9-18 Uhr,
Vinothek
Ferienwohnung &
Gästezimmer

Inhaber
Daniel S. Immich
Kellermeister
Daniel S. Immich
Rebfläche
3,5 Hektar
Produktion
23.000 Flaschen

Daniel Immich führt das Weingut im Zentrum von Enkirch seit 2009. Selbstverständlich war diese Entscheidung nicht, denn der junge Mann studierte erst Politik, BWL, Englisch und Germanistik, arbeitete in England, begann 2007 eine Winzerausbildung bei Clüsserath-Weiler und in den Bischöflichen Weingütern. Die Familie kann ihre Weinbaugeschichte bis ins Jahr 1425 zurückverfolgen, was nicht bedeutet, dass nicht auch neue Ideen umgesetzt werden. So hat Immich alte Flächen rekultiviert und eine schonende Weinpresse angeschafft, er investierte auch in Edelstahltanks. 3,5 Hektar werden bewirtschaftet, in Enkircher Lagen wie Zeppwingert, Monteneubel, Eschewingert oder Kanzel. Die Weine vergären teils spontan, auf die Zugabe von Enzymen verzichtet er. Dank seiner Erfahrungen hat Immich auch im Export Erfolge vorzuweisen; die USA sind ein wichtiger Markt geworden.

Kollektion

Eine Vielzahl spannender Weine stellt Daniel Immich diesmal vor. Angefangen beim puristischen 2017er Sekt brut nature über den 2018er „Eisbruch", sur lie abgefüllt, leicht hefig in der Nase, im Mund fest, puristisch, straff und würzig bis zum sehr präsenten, rassigen, Riesling von alten Reben aus dem Zeppwingert; noch etwas straffer ist der „Red Anchor" aus dem Steffensberg. Der halbtrockene „Liebling vom Chef" ist saftig, nicht allzu lang, sehr animierend. Der Eschewingert-Riesling wirkt sehr offen, besitzt die für Rotschiefer vielfach typische Aromatik, ist dann schön saftig, zwar merklich süß, aber auch mit etwas Kräuterwürze im Nachhall. Unkompliziert wirkt die süße Spätlese aus dem Steffensberg, die eine gute Balance zwischen Restzucker und Säure aufweist. Kühl und schlank wirkt die Auslese aus dem Steffensberg, die Süße ist bestens integriert, der Wein macht schon jetzt viel Spaß. Eine Beerenauslese duftet nach getrockneten Beeren und süßem Apfel, klingt würzig mit Aromen von Maulbeeren nach: ein saftiger, zugänglicher Süßwein.

Weinbewertung

88	2017 Riesling Sekt brut nature „1425" Enkircher Zeppwingert	12%/14,50€
87	2017 Riesling Sekt brut Enkircher Zeppwingert	12%/11,90€
86	2019 Riesling trocken „Eisbruch"	11%/9,-€
87	2018 Riesling trocken „Eisbruch sur lie"	12%/13,-€
87	2019 Riesling trocken „Alte Reben" Enkircher Zeppwingert	12%/10,-€
88	2019 Riesling trocken „Alte Reben" „Red Anchor" Enkircher Steffensberg	11%/12,-€
85	2019 Riesling halbtrocken „I-A" (1l)	11%/6,80€ ☺
87	2019 Riesling „feinherb" „Eschewingert"	10%/8,50€ ☺
86	2019 Riesling Spätlese halbtrocken „Liebling vom Chef" Herrenberg	11,5%/10,-€
87	2019 Riesling Spätlese Enkircher Steffensberg	9%/10,-€
88	2019 Riesling Auslese Enkircher Steffensberg	7,5%/12,-€/0,5l
88	2019 Riesling Beerenauslese Enkircher Steffensberg	7%/25,-€/0,5l

BADEN — ETTENHEIM

★★★

Isele

Kontakt
Hauptstraße 46
77955 Ettenheim
Tel. 07822-2712
www.weingut-isele.de
fi@weingut-isele.de

Besuchszeiten
ganzjährig geöffnete
Gutsschänke

Inhaber
Familie Isele
Rebfläche
9,5 Hektar
Produktion
60.000 Flaschen

Münchweier liegt im Breisgau, ist sein 1971 ein Stadtteil von Ettenheim. Seit 1986 bewirtschaftet die Familie Isele Weinberge am Münchweierer Kirchberg. Die Reben wachsen im Münchweierer Kirchberg an süd- bis südwest-exponierten Hängen auf tiefgründigen Löss-Lehm-Böden. Spätburgunder ist die wichtigste Rebsorte im Betrieb, es folgen Müller-Thurgau, Weißburgunder, Grauburgunder und Chardonnay, dazu gibt es etwas Riesling, Gewürztraminer und Muskateller. In der angeschlossenen Gutsschänke können die Weine ganzjährig verkostet werden.

Kollektion

Der Weißburgunder ist rauchig-fruchtig und elegant, frisch, eine feine Säure macht ihn schlank und leicht, und doch hat er Substanz. Der leicht angefärbte Grauburgunder ist etwas rauchiger und kräftiger als der Weißburgunder, die feine Säure lässt ihn dennoch tanzen. Bei der Cuvée aus Chardonnay und Weißburgunder gesellt sich zu der expressiven Chardonnay-Frucht feine Würze und etwas Feuerstein, feine Mineralität zeigt sich in salziger Länge. Beim Barrique-Chardonnay von 2018 springt die feine Feuerstein-Aromatik schon aus dem Glas. Dahinter liegt viel helle Frucht, am Gaumen dominieren würzig-mineralische Noten, flankiert von präziser Säure. Der Rosé ist ebenfalls sehr präzise und von den trockenen Weinen der einzige mit spürbarem Restzucker. Aber die Kombination von saftiger Frucht und bitzelnder Säure passt. Auch wenn man keine süßen Weine mag, den „feinfruchtigen" Muskateller sollte man probiert haben. 48 Stunden Maischestandzeit geben das Gerüst, die Gärung wurde im richtigen Moment abgestoppt. Ein bei 7,5 Prozent Alkohol geradezu schwebend-leichter Wein mit feinster Frucht und lebhafter Säure. Die Spätburgunder sind wieder sehr gut, hervorragend ist der Pinot Noir Kirchberg. Dunkle Kirschen im Bouquet, dazu diese betörende, fleischig-metallische Wildheit, am Gaumen zieht sich das durch, zunächst viel saftige, glasklare Frucht, dann kommen – noch holzbetonte – Tannine und eine präzise Säure. Noch sehr jugendlich, aber ein Volltreffer, der erst in einigen Jahren sein volles Potenzial zeigen wird.

Weinbewertung

86	2019 Weißer Burgunder trocken Münchweier Kirchberg	12,5%/7,-€ ☺
86	2019 Grauer Burgunder trocken Münchweier Kirchberg	13%/7,-€ ☺
87	2019 Weißburgunder & Chardonnay trocken	13%/8,-€ ☺
89	2018 Chardonnay trocken Münchweier Kirchberg	12,5%/12,50€
87	2019 Muskateller „feinfruchtig" Münchweierer Kirchberg	7,5%/8,50€ ☺
85	2019 Spätburgunder Rosé Münchweier Kirchberg	12,5%/7,-€
86	2018 Spätburgunder trocken „alte Reben" Münchweierer Kirchberg	13,5%/9,-€
90	2018 Pinot Noir trocken Münchweierer Kirchberg	13,5%/15,-€ ☺
88	2018 Spätburgunder trocken Barrique Münchweierer Kirchberg	13,5%/15,-€

WEINGUT ISELE
Münchweier

Baden ▶ Schriesheim

★★ ☆

Max Jäck

Kontakt
Aussiedlerhof 7a
69198 Schriesheim
Tel. 06203-692725
Fax: 06203-692726
www.weingut-max-jaeck.de
max@weingut-max-jaeck.de

Besuchszeiten
Mo.-Fr. 9-13 + 15-18:30 Uhr
Sa. 8-13 Uhr
oder nach Vereinbarung

Inhaber
Maximilian Jäck

Rebfläche
3,5 Hektar

Max Jäck hat sein Weingut 2014 mit Übernahme von zwei Hektar Rebfläche aus dem elterlichen Betrieb (Obstbau, Weinbau, Brennerei, Hofladen, Veranstaltungslocation) gegründet. Vater und Großvater haben auch schon Wein angebaut, aber anderes Obst stand bei den Jäcks immer im Vordergrund. Max Jäcks Weinberge sind meist sehr klein, die Parzellen sind im Rebenmeer zwischen Leutershausen und Dossenheim verteilt. Nach der Ausbildung zum Weinküfer studierte Max Jäck Weinbau und Önologie in Geisenheim, Das Basissegment nennt Jäck „Stiel", das Mittelsegment heißt „Schale". Die Weißweine im stark ertragsreduzierten Premiumsegment „Kern" werden nach zwei bis drei Tagen Maischestandzeit zwölf Monate in neuen und gebrauchten Barriques ausgebaut und unfiltriert abgefüllt, die Rotweine bleiben 18 Monate in Barriques.

🍷 Kollektion

Im vergangenen Jahr hatten wir angemerkt, dass Max Jäck seinen Weg geht, dass er eine klare Vorstellung von seinen Weinen hat und sich intensiv mit jedem seiner Weine beschäftigt. In diesem Jahr hatten wir nur eine kleinere Auswahl an Weinen zur Verkostung. Die bekannten Umstände führten auch bei Max Jäck zur späten Füllung vieler Weine des neuen Jahrgangs. Und wir können wieder etwas feststellen: Max Jäck traut sich etwas. Zum ersten Mal hat er uns einen Orange-Wein vorgestellt. Es ist ein Weißburgunder aus dem Jahr 2018, der auf der Maische vergoren, nur minimal geschwefelt und ohne Schönung oder Filtration abgefüllt wurde. Es ist trotz des Verzichts auf Filtration sehr klar mit glänzender Messingfarbe, im Bouquet zeigt er viel klare Frucht, im Mund gute phenolische Aromatik, ist schlank und strukturiert. Sehr gut hat uns der Riesling Kern von 2017 gefallen. Er ist zwar hoch im Alkohol, aber die Mineralität der 1989 in einem Steilhang (bis 40 Prozent) gepflanzten Reben steckt das locker weg. Er fasziniert mit sehr feinen Sekundäraromen und viel Substanz. Der Spätburgunder von 2017 ist noch sehr vom Holz und seinen Röstaromen dominiert, die gute Säure- und Tanninstruktur lässt Potenzial erkennen.

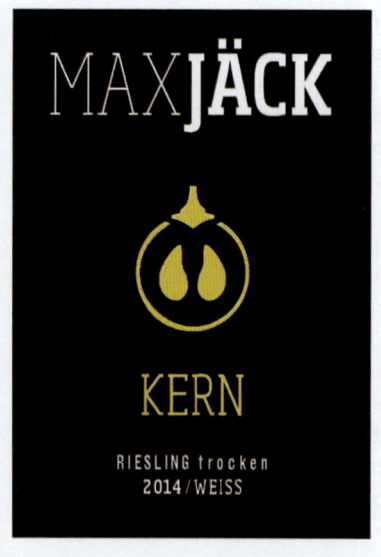

🍇 Weinbewertung

Punkte	Wein	Alk./Preis
84	2019 Grauburgunder trocken „Schale"	13 %/8,- €
85	2019 Riesling „Schale"	11,5 %/7,50 €
85	2018 Sauvignon Blanc trocken „Kern"	13 %/11,- €
87	2017 Riesling trocken „Kern"	14 %/13,- €
86	2018 Weißburgunder „Orange"	13 %/16,- €
84	2018 Pinot Noir trocken „Schale"	12,5 %/9,- €
87	2017 Spätburgunder trocken „Kern"	12,5 %/18,- €

RHEINHESSEN — OCKENHEIM

Jäger

★

Kontakt
Rheinstraße 17
55437 Ockenheim
Tel. 06725-2330
Fax: 06725-5586
www.jaegerwein.de
weingut@jaegerwein.de

Besuchszeiten
Mo.-Fr. 10-12 + 13-17 Uhr
Sa./So. nach Vereinbarung

Inhaber
Armin & Diana Jäger
Rebfläche
16 Hektar
Produktion
90.000 Flaschen

Das Ockenheimer Weingut Jäger wird seit dem Jahr 2000 in fünfter Generation von den Geschwistern Armin und Diana Jäger geführt. Unterstützt werden sie im Betrieb von Dianas Sohn Benedikt, der sich zusammen mit Armin Jäger um Weinbau und Keller kümmert, während Diana Jäger für den Vertrieb verantwortlich ist. Dem Weingut ist eine Rebveredlung und Rebenzüchtung angegliedert, man betreibt eine eigene Klonen- und Rebsortenzüchtung. Die Weinberge liegen zu 90 Prozent auf Ockenheimer Gemarkung in den Lagen Kreuz, Hockenmühle, Laberstall, Schönhölle und St. Jakobsberg, dazu sind sie in den Binger Lagen Pfarrgarten und Schwarzenberg vertreten. Weißburgunder, Riesling, Müller-Thurgau, Silvaner, Grauburgunder und Chardonnay sind die wichtigsten weißen Rebsorten, im roten Segment dominieren Spätburgunder, Dornfelder und Portugieser. Die Weißweine werden nach mehr oder weniger langen Maischestandzeiten in temperaturgesteuerten Edelstahltanks überwiegend spontanvergoren, alle Rotweine werden ein bis zwei Wochen maischevergoren und anschließend in Holzfässern ausgebaut.

Kollektion

Die neue Kollektion ist der letztjährigen ähnlich, die weißen Spitzenweine gefallen uns im Jahrgang 2019 gar etwas besser als zuletzt. Die trockene Riesling Spätlese aus der Schönhölle besitzt Fülle und Saft, viel reife Frucht und Substanz. Der Silvaner aus der Schönhölle zeigt gute Konzentration, etwas Birnen und gelbe Früchte, ist ebenfalls füllig und saftig bei guter Struktur. Die trockene Chardonnay Spätlese aus der Schönhölle besitzt Kraft, reife Frucht und Substanz. Die weiteren Weißweine zeigen gleichmäßige, zuverlässige Qualität. Im roten Segment ist der Schönhölle-Spätburgunder aus dem Jahrgang 2016 unser Favorit, der eindringlich Vanille und rauchige Noten im Bouquet zeigt, Fülle und Kraft besitzt, feine süße Frucht und Vanillenoten.

Weinbewertung

81	2019 Silvaner Kabinett trocken Ockenheimer St. Jakobsberg	12%/5,20€
81	2019 Chardonnay Spätlese trocken Ockenheimer St. Jakobsberg	13%/5,50€
82	2019 Sauvignon Blanc trocken Ockenheimer Schönhölle	11,5%/5,80€
85	2019 Silvaner trocken Ockenheimer Schönhölle	13%/12,50€
84	2019 Chardonnay Spätlese trocken Ockenheimer Schönhölle	13,5%/8,50€
81	2019 Riesling Spätlese trocken Ockenheimer Laberstall	12,5%/5,50€
85	2019 Riesling Spätlese trocken Ockenheimer Hockenmühle	13%/12,50€
79	2019 Scheurebe Kabinett Binger Schwarzenberg	9%/5,50€
80	2018 St. Laurent trocken Ockenheimer Kreuz	13,5%/5,30€
81	2018 Blauer Burgunder trocken Ockenheimer Schönhölle	13,5%/5,50€
84	2016 Blauer Spätburgunder trocken Ockenheimer Schönhölle	13,5%/12,50€
81	2018 Neronet trocken Ockenheimer Kreuz	13%/5,50€

BADEN ▬ KENZINGEN

★★

Jägle

Kontakt
Balger Straße 8
79341 Kenzingen
Tel. 07644-4105
Fax: 07644-930031
www.weingut-jaegle.de
info@weingut-jaegle.de

Besuchszeiten
Mo.-Do. 16:30-18:30 Uhr
Fr. 15-18:30 Uhr
Sa. 9-13 Uhr
oder nach Vereinbarung

Inhaber
Gudrun & Bernhard Jägle
Kellermeister
Bernhard & Maximilian Jägle
Vertrieb/Verkauf
Gudrun Jägle
Rebfläche
13 Hektar
Produktion
80.000 Flaschen

Das Weingut Jägle, 1987 gegründet, liegt in Kenzingen im Breisgau. Alle Weinberge liegen in Kenzingen in den Lagen Hummelberg und Roter Berg, wo die Reben teils auf Löss-, Löss-Lehm-, Kalkmergel- und Muschelkalkböden wachsen. Riesling und Spätburgunder sind die beiden wichtigsten Rebsorten im Betrieb, nehmen jeweils etwa ein Viertel der Weinberge ein. An roten Sorten bauen Gudrun und Bernhard Jägle neben Spätburgunder auch etwas Merlot, Cabernet Sauvignon und Dornfelder an. An weißen Sorten gibt es neben Riesling noch Müller-Thurgau, Weißburgunder, Chardonnay, Grauburgunder, Roter Traminer und Auxerrois. Die Weißweine werden kühl vergoren, durchlaufen den biologischen Säureabbau, die Rotweine werden maischevergoren und in großen oder kleinen Eichenholzfässern ausgebaut. Die Spitzenweine von alten Reben werden in der Reihe „MJ" (Methode Jägle) angeboten, Lagenbezeichnungen werden nicht verwendet. In der hauseigenen Destillerie werden Edelbrände erzeugt.

Kollektion

Der Cremant brut aus dem Jahrgang 2017 ist fruchtig, zeigt im Bouquet sehr feine Hefearomen mit etwas Haselnuss, am Gaumen besitzt er eine angenehme, ausgewogene Leichtigkeit und eine feine Perlage. Der Rosé ist rauchig-fruchtig in der Nase, zupackend am Gaumen, besitzt viel klare Frucht und eine gute Säurestruktur. Der Riesling MJ aus dem Jahrgang 2018 hat eine sehr schöne, hellfruchtig-rauchige Nase, ist zupackend am Gaumen, entwickelt einen guten, kraftvollen Zug, hat eine mineralisch geprägte Substanz. Der Chardonnay MJ, ebenfalls aus dem Jahrgang 2018, ist sehr duftig, zeigt Frucht und exotische Blüten, etwas Vanille, ist am Gaumen noch deutlich vom Holz geprägt, besitzt dezent laktische Noten, dazu viel Frucht. Die rote Cuvée Nerolo zeigt viel konzentriertes Fruchtbonbon im Bouquet, schwarze Johannisbeeren vor allem, am Gaumen besitzt sie viel saftig-süße Frucht und eine kräftige Tanninstruktur. Der Pinot 777 aus dem Jahrgang 2017, ein Spätburgunder vom Buntsandstein-Boden, zeigt feine Kirschfrucht im Bouquet, am Gaumen viel saftige Frucht und straffe Tannine.

Weinbewertung

83	2017 Crémant Sekt brut	12,5%/12,30€
85	2018 Riesling trocken „MJ"	12,5%/10,-€
85	2018 Chardonnay trocken „MJ"	13%/12,30€
82	2019 Spätburgunder Rosé trocken	12,5%/7,60€
82	2018 „Nerolo" Rotwein trocken	14%/6,90€
85	2017 Pinot „777" trocken	13%/9,90€

JÄGLE
Riesling MJ
2014 · TROCKEN

PFALZ ━ RUPPERTSBERG

Jaillet

★★

Kontakt
In den Kappesgärten 3
67152 Ruppertsberg
Tel. 0151-11692380
philipp.jaillet@t-online.de

Besuchszeiten
nach Vereinbarung

Inhaber
Philipp Jaillet
Rebfläche
1,1 Hektar
Produktion
6.000 Flaschen

Philipp Jaillet, der Sohn von Joachim Jaillet, der im Weingut von Winning den Außenbetrieb leitet, startete 2016 während seiner Winzerausbildung seine eigene Weinlinie, damals auf einer Fläche von gerade einmal 0,12 Hektar. Mittlerweile bewirtschaftet er 1,1 Hektar in den Deidesheimer Lagen Mäushöhle und Paradiesgarten und in Haardt im Herrenletten und im Herzog. Er arbeitet mit biodynamischen Präparaten und konzentriert sich auf Riesling, Sauvignon Blanc, Müller-Thurgau, Cabernet Blanc und Spätburgunder, von denen er zusammengenommen rund 6000 Flaschen erzeugt.

Kollektion

Philipp Jaillets kleine Kollektion, die sich in diesem Jahr auf einem gleichmäßig sehr guten Niveau befindet, wurde um einen Wein erweitert: Der „Fass 101" ist eine Cuvée aus Müller-Thurgau aus einem 60 Jahre alten Weinberg und Cabernet Blanc und wurde zehn Monate auf der Vollhefe im Barrique ausgebaut, im Bouquet ist der Wein sehr aromatisch, zeigt etwas Maracuja, Muskatwürze, Brotkruste und sehr dezentes Holz, besitzt Struktur, frische Säure und gute Länge. Der „Fumé Blanc" aus Cabernet Blanc lag ebenfalls 10 Monate auf der Vollhefe im Holz, zeigt deutliche Röstnoten und etwas Walnussschale im Bouquet, besitzt eine leicht cremige Textur, ist saftig und aromatisch, der Riesling aus dem Paradiesgarten ist ebenfalls leicht cremig, zeigt dezente Reifenoten, bleibt in der Frucht ganz zurückhaltend, besitzt ein animierendes Säurespiel und gute Länge. Der Sauvignon Blanc zeigt gelbe Frucht, Maracuja, Pfirsich, und etwas Stachelbeerwürze, ist auch am Gaumen fruchtbetont, schlank und frisch, der Deidesheimer Riesling ist noch leicht verhalten, besitzt Fülle und dezente gelbe Frucht, der 15 Monate im Holz ausgebaute Pinot Noir ist von klarer Sauerkirschfrucht und etwas Mokkanoten geprägt, ist elegant, besitzt gute Struktur und eine frische Säure.

Weinbewertung

85	2019 Sauvignon Blanc „NN120"	12,5%/7,-€
85	2019 Riesling Deidesheimer	13,5%/7,-€
87	2018 Riesling Deidesheimer Paradiesgarten	13%/13,-€
87	2018 „Fumé Blanc" „NurErdeUndkeinBERG"	13%/13,-€
87	2018 „Fass 101" Weißwein	12,5%/14,-€
87	2018 Pinot Noir „Vater & Sohn"	13,5%/9,50€

MOSEL ▶ KINHEIM

★ ★ ★

Jakoby-Mathy

Kontakt
Königstraße 4
54538 Kinheim
Tel. 06532-3819
Fax: 06532-953443
www.jakobypur.de
info@jakobypur.de

Besuchszeiten
nach Vereinbarung

Inhaber
Erich Jakoby
Kellermeister
Erich & Peter Jakoby
Rebfläche
4,5 Hektar
Produktion
40.000 Flaschen

Seit der Mitte des 19. Jahrhunderts betreibt die Familie Weinbau an der Mosel. Heute führt Erich Jakoby zusammen mit seinem Sohn Peter den Betrieb. Sie sind beide auch für den Keller zuständig, während sich Stefan, der zweite Sohn, in erster Linie um den Verkauf kümmert. Angebaut wird vor allem Riesling, aber auch Spätburgunder, Kerner, Müller-Thurgau und Dornfelder. Die Weinberge liegen vor allem in den Kinheimer Lagen Rosenberg (mit der alten Gewanne Eulenlay) und Hubertuslay. Insgesamt werden 4,5 Hektar bewirtschaftet. Die Weine werden zum großen Teil an Privatkunden verkauft, ein guter Teil geht in den Export.

Kollektion

Fein, elegant und präzise: Das Weingut hat seinen Stil gefunden und zeigt dies im Jahrgang 2019. Klar, duftig und animierend ist der Weißburgunder, der insgesamt eher schlank wirkt und angenehm trocken dazu. Straff und würzig mit prägnanter Säure ausgestattet ist der trockene „Aufbruch"-Riesling. Klarer und zugänglicher ist die so genannte „Bergspitze". Ein spritziger Wein, würzig, mit Schmelz im Nachhall und merklichem Alkohol. Schmelz besitzt auch der Kabinett in feinherber Version, der sich „Weitblick" nennt und leichte Kernobstnoten erkennen lässt; im Mund wirkt er nur sehr verhalten süß, besitzt eine überdurchschnittliche Würze. Noch sehr jugendlich ist der Kabinett aus dem Rosenberg, nur leicht duftig, im Mund fest, recht kompakt, mit wenig Süße: ein eigener Stil. Die Auslese ist offen mit Kern- und Steinobstnoten (getrockneter Apfel, frischer Pfirsich), im Mund ist sie saftig, insgesamt eher schlank, mit würzigem Nachhall. Schön klar ist die 2019er Beerenauslese, die Noten von Pfirsichhaut, Blüten, auch etwas Honig zeigt, der Wein ist im Mund zupackend, würzig, eher saftig als elegant und mit beachtlicher Würze im Nachhall. Eine 2018er Beerenauslese ist cremig mit Pfirsich, Blüten und frischen Datteln, im Mund seidig, aber auch frisch. Die Trockenbeerenauslese ist sehr süß, klar und viel zu jung.

Weinbewertung

85	2019 Riesling trocken „Aufbruch" Kinheimer Hubertuslay	12,5%/6,50€
86	2019 Weißburgunder trocken	12,5%/7,50€
86	2019 Riesling Kabinett trocken „Aufstieg" Kinheimer Hubertuslay	12,5%/7,50€
88	2019 Riesling Spätlese trocken „Bergspitze" Kinheimer Hubertuslay	13,5%/9,50€ ☺
87	2019 Riesling Kabinett „feinherb" „Weitblick" Kinheimer Hubertuslay	12%/7,50€ ☺
86	2019 Riesling Kabinett Kinheimer Rosenberg	10%/7,50€
88	2019 Riesling Spätlese Kinheimer Rosenberg	10%/9,50€ ☺
89	2019 Riesling Auslese Kinheimer Rosenberg	8%/14,-€
90	2019 Riesling Beerenauslese Kinheimer Rosenberg	7,5%/28,-€/0,375l
91	2018 Riesling Beerenauslese „Goldkapsel" Kinheimer Rosenberg	8%/32,-€/0,375l
90+	2018 Riesling Trockenbeerenauslese Kinheimer Hubertuslay	7%/70,-€/0,375l

RHEINHESSEN ▶ VENDERSHEIM

★ ☆

Janson

Kontakt
Hauptstraße 7
55578 Vendersheim
Tel. 06732-8771
Fax: 06732-64137
www.weingutjanson.de
mail@weingutjanson.de

Besuchszeiten
Weinverkauf nach Vereinbarung oder während der Öffnungszeiten der Straußwirtschaft; Straußwirtschaft Fr. ab 18 Uhr
Gästehaus mit 5 Doppelzimmern und 1 Ferienwohnung

Inhaber
Oliver, Wolfgang & Jutta Janson
Betriebsleiter
Oliver Janson
Kellermeister
Oliver Janson
Rebfläche
20 Hektar

1790 erwirbt Daniel Janson die ersten Weinberge, aber erst 1973 füllt Wolfgang Janson die ersten Weine auf Flaschen. Wolfgang Janson stammt aus Wolfsheim, seine Frau Jutta aus dem benachbarten Vendersheim, mit ihrer Hochzeit 1974 wird Vendersheim als Betriebsstandort gewählt. 1990 eröffnen sie als eines der ersten Weingüter in Rheinhessen ein Gästehaus und die Straußwirtschaft. Ihr Sohn Oliver steigt 2001 in den Betrieb ein, ist seither für den Weinausbau verantwortlich. Das Programm ist gegliedert in Gutsweine, Ortsweine und Lagenweine. Diese Lagenweine stammen von zwei Gewannen in Vendersheim, die das Weingut sich hat eintragen lassen. Das Güldenloch ist ein süd-exponierter Hang mit Muschelkalkboden, das sich westlich anschließende Gewann Am Hohlweg ist süd- bis südwestexponiert, der Boden besteht ebenfalls aus Muschelkalk.

Kollektion

Beim guten Debüt im vergangenen Jahr gefielen uns mit dem Weißburgunder Am Hohlweg und dem Reserve-Spätburgunder Guldenloch zwei Weine aus dem Jahrgang 2015 am besten. Von Letzterem konnten wir nun den Jahrgangsnachfolger verkosten, er ist unser eindeutiger Favorit in diesem Jahr, besitzt gute Konzentration, viel reife Frucht, Fülle und Kraft, gute Struktur und dezente Vanillenoten. Aber auch der Spätburgunder Ortswein aus dem Jahrgang 2017 ist sehr gut, besitzt intensive Frucht, viel Kraft, ist reintönig und strukturiert; der Spätburgunder Gutswein ist klar, fruchtbetont und geradlinig. Das weiße Segment präsentiert sich sehr geschlossen, schon die Gutsweine besitzen Frische, klare Frucht und Grip, die Ortsweine sind kraftvoller, der Chardonnay ist intensiv fruchtig, was auch auf den Sauvignon Blanc zutrifft. Unser Favorit ist der Muschelkalk-Riesling, der gute Konzentration und viel reife Frucht besitzt, füllig, harmonisch und saftig ist. Im Aufwind! ◀

Weinbewertung

83	2019 Riesling trocken	12,5%/6,10€
83	2019 Grauer Burgunder trocken	12,5%/6,10€
84	2019 Sauvignon Blanc trocken „Kalkmergel" Wallertheim	12,5%/9,30€
83	2019 Scheurebe trocken „Roter Kiessand" Wolfsheim	12,5%/7,30€
85	2019 Riesling trocken „Muschelkalk" Vendersheim	13%/8,40€
82	2019 Grauer Burgunder trocken „vom Kalkmergel" Vendersheim	13%/8,40€
84	2019 Chardonnay trocken „Kalkmergel" Vendersheim	13,5%/8,40€
83	2019 „Weinbergsglück" Weißwein „feinherb"	11,5%/6,90€
83	2019 Spätburgunder Rosé trocken „La vie est Rosé"	11,5%/7,40€
83	2017 Spätburgunder trocken	12,5%/6,-€
85	2017 Spätburgunder trocken „Muschelkalk" Vendersheim	13%/8,10€
87	2016 Spätburgunder trocken „Reserve" Vendersheim Güldenloch	13%/14,40€

PFALZ ▶ HERXHEIM AM BERG

★★

Frederik Janus

Kontakt
Weinstraße 38
67273 Herxheim am Berg
Tel. 06353-9019129
www.weingut-frederik-janus.de
info@weingut-frederik-janus.de

Besuchszeiten
nach Vereinbarung

Inhaber
Frederik Janus

Rebfläche
6,5 Hektar

Produktion
50.000 Flaschen

Katharina und Frederik Janus stammen ursprünglich aus Bremen, wurden aber schon früh vom Weinvirus gepackt. Im Jahr 2013 ergab sich für den Geisenheim-Absolventen und die Ernährungswissenschaftlerin die Gelegenheit, zunächst einen Hektar des Weinguts Jakob Pfleger zu pachten und ihr eigenes Weingut zu gründen. In den folgenden Jahren übernahmen die beiden nach und nach die komplette Fläche sowie die Maschinen und Gerätschaften von Roland Pfleger, der auf der Suche nach einem Nachfolger für seinen Betrieb war. In ihren Weinbergen rund um Herxheim verzichten die beiden seit Anfang an auf Herbizide und Insektizide, angebaut werden Riesling, Chardonnay, Grauburgunder, Sauvignon Blanc und Viognier, ergänzt durch die roten Sorten Spätburgunder, Merlot, Cabernet Franc und Cabernet Cubin. Das Sortiment ist in Guts-, Orts- und Lagenweine gegliedert.

Kollektion

Wie schon beim Debüt im vergangenen Jahr ist wieder der Pinot Noir aus dem Gewann Am Dettenbrunnen im Herxheimer Honigsack unser Favorit, er zeigt klare Frucht, rote Johannisbeere, Schwarzkirsche und dezente Röstnoten, ist kühl, frisch und gut strukturiert. Die beiden anderen verkosteten Rotweine „Frieder" und „Emilie" sind Cuvées aus Merlot, Cabernet Franc und Cabernet Cubin, „Emilie" stammt aus den Jahrgängen 2014 und 2015 und zeigt dunkle Beerenfrucht, etwas grüne Paprika und Schokolade im Bouquet, ist kraftvoll und besitzt ebenfalls eine kühle Art. Sehr gut ist auch wieder der Viognier, der Kraft und Länge besitzt und klare gelbe Frucht, Aprikose, Ananas und feine nussige Noten zeigt, der Chardonnay besitzt Schmelz und dezente Kokos- und Zitrusnoten, der Herxheimer Riesling zeigt jugendliche Frucht und kräutrige Noten, besitzt ein frisches Säurespiel. Und die 2019er Gutsweine sind alle klar und reintönig in der Frucht, sind sehr schlank und besitzen Frische.

Weinbewertung

83	2019 Riesling trocken	12%/7,80€
82	2019 Sauvignon Blanc trocken	11,5%/7,80€
83	2019 Grauburgunder trocken	12%/7,80€
82	2019 Chardonnay & Weißburgunder trocken	11,5%/7,80€
87	2018 Viognier trocken	13,5%/10,50€
85	2019 Riesling trocken Herxheimer	13%/10,50€
85	2018 Chardonnay trocken Herxheimer	13%/10,50€
82	2019 Rosé trocken „rötlich"	11,5%/7,80€
83	2017 „Cuvée Frieder" Rotwein trocken	13%/8,80€
86	„Cuvée Emilie" Rotwein trocken	13,5%/15,-€
88	2017 Pinot Noir trocken Am Dettenbrunnen	13,5%/24,-€

PFALZ ▶ DIRMSTEIN

★★★

Jesuitenhof

Kontakt
Obertor 6
67246 Dirmstein
Tel. 06238-2942
Fax: 06238-4601
www.jesuitenhof.de
jesuitenhof.dirmstein@t-online.de

Besuchszeiten
Mo.-Fr. 8-18 Uhr
Sa. 9-16 Uhr

Inhaber
Klaus & Moritz Schneider
Rebfläche
25 Hektar
Produktion
140.000 Flaschen

Der Jesuitenhof in Dirmstein ist seit 1803 als Guts- und Weingutsbetrieb in Familienbesitz. Nach einer Erbteilung 1969 wurde die Flaschenweinvermarktung eingestellt. Erst Mitte der achtziger Jahre wurde wieder mit der Selbstvermarktung begonnen, die Betriebsfläche seither auf die heutige Größe von 25 Hektar erweitert. Seit Beendigung seines Geisenheim-Studiums 2011 und einem Praktikum in Neuseeland ist Moritz Schneider fest in den Betrieb eingestiegen. Die Weinberge liegen vor allem in Dirmstein in den Lagen Mandelpfad und Herrgottsacker, sowie im Jesuitenhofgarten, der Klaus und Moritz Schneider im Alleinbesitz gehört. Die 2,5 Hektar innerhalb der ehemaligen Klostergartenmauer sind ausschließlich mit Riesling und Spätburgunder bestockt. Wichtigste Rebsorte ist Riesling, es folgen Spätburgunder, Weißburgunder und Grauburgunder.

🍷 Kollektion

Klaus und Moritz Schneider präsentieren uns auch aus dem 2019er Jahrgang wieder sehr reintönige und fruchtbetonte Weißweine, an der Spitze einer Kollektion auf durchgängig sehr gutem Niveau liegen die beiden im Halbstück ausgebauten Weine: Der Riesling zeigt leicht rauchige Noten und Zitrusfrüchte im Bouquet, ist kraftvoll und füllig mit einem frischen Säurespiel, der Weißburgunder, dessen 2018er Vorgänger uns etwas zu stoffig war, ist in der 2019er-Version harmonischer, er zeigt klare Birnenfrucht und dezente Zitrusnoten, besitzt Kraft, Schmelz und gut eingebundene Holzwürze. Auch beim gelbfruchtigen Chardonnay „Reserve" ist das Holz gut eingebunden, der Jesuitenhofgarten-Riesling besitzt ebenfalls viel klare, leicht süße gelbe Frucht. Die beiden Spätburgunder ähneln sich stilistisch, zeigen Schwarzkirsche und etwas Mokka im Bouquet, besitzen Kraft und reife Tannine, der „Kleine Garten" ist aber etwas eleganter und nachhaltiger als der Kirschgarten.

🍇 Weinbewertung

86	2019 Silvaner trocken „Kalkmergel" Laumersheimer	13,5%/9,-€
85	2019 Riesling trocken „Kalkmergel" Dirmsteiner	13%/8,50€
86	2019 Weißer Burgunder trocken „Kalkmergel" Dirmsteiner	13,5%/8,50€
85	2019 Chardonnay trocken „Löss" Dirmsteiner	13,5%/8,50€
85	2019 Sauvignon Blanc trocken Dirmsteiner	12,5%/8,-€
87	2019 Riesling trocken Dirmsteiner Jesuitenhofgarten	13%/10,50€
88	2019 Riesling trocken „Halbstück" Dirmsteiner Mandelpfad	13,5%/11,50€
88	2019 Weißer Burgunder trocken „Halbstück" Dirmsteiner Mandelpfad	14%/11,50€
87	2019 Chardonnay trocken „Reserve" Dirmsteiner Mandelpfad	13,5%/14,-€
87	2018 Merlot trocken Dirmsteiner Herrgottsacker	14,5%/15,-€
87	2018 Spätburgunder trocken Laumersheimer Kirschgarten	13,5%/15,-€
88	2018 Spätburgunder trocken „Kleiner Garten" Jesuitenhofgarten	13,5%/18,-€

WÜRTTEMBERG ▶ FELLBACH

★★★☆

Johannes B.

Kontakt
Höhe 1
70736 Fellbach
Tel. 0711-534128,
0174-2486728
Fax: 0711-5360777
www.weingut-johannesb.de
info@weingut-johannesb.de

Besuchszeiten
zu Besenzeiten sowie Mi. + Fr. 16-19 Uhr, Sa. 10-14 Uhr
Bauerles Besen 4 x im Jahr (mit eigenem Spargel, Limousin-Rindern, Gänsebraten), www.bauerle-fellbach.de

Inhaber
Johannes Bauerle
Kellermeister
Johannes Bauerle
Rebfläche
13,5 Hektar
Produktion
80.000 Flaschen

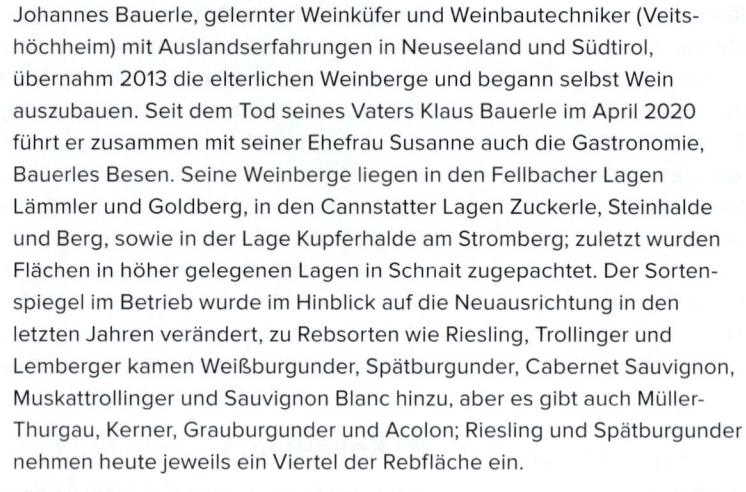

Johannes Bauerle, gelernter Weinküfer und Weinbautechniker (Veitshöchheim) mit Auslandserfahrungen in Neuseeland und Südtirol, übernahm 2013 die elterlichen Weinberge und begann selbst Wein auszubauen. Seit dem Tod seines Vaters Klaus Bauerle im April 2020 führt er zusammen mit seiner Ehefrau Susanne auch die Gastronomie, Bauerles Besen. Seine Weinberge liegen in den Fellbacher Lagen Lämmler und Goldberg, in den Cannstatter Lagen Zuckerle, Steinhalde und Berg, sowie in der Lage Kupferhalde am Stromberg; zuletzt wurden Flächen in höher gelegenen Lagen in Schnait zugepachtet. Der Sortenspiegel im Betrieb wurde im Hinblick auf die Neuausrichtung in den letzten Jahren verändert, zu Rebsorten wie Riesling, Trollinger und Lemberger kamen Weißburgunder, Spätburgunder, Cabernet Sauvignon, Muskattrollinger und Sauvignon Blanc hinzu, aber es gibt auch Müller-Thurgau, Kerner, Grauburgunder und Acolon; Riesling und Spätburgunder nehmen heute jeweils ein Viertel der Rebfläche ein.

Kollektion

Eine sehr gleichmäßige Kollektion präsentiert Johannes Bauerle in diesem Jahr, weiß wie rot, wobei die Rotweine in der Spitze nicht ganz an ihre Vorgänger heranreichen. Der Spätburgunder Best Barrels ebenso wie die Cuvée Dickes B sind im Jahrgang 2018 stark von Schokonoten geprägt, der Spätburgunder besitzt Gewürznoten, intensive Frucht und Grip, die Cuvée zeigt Bitterschokolade, ist füllig und ebenfalls intensiv. Riesling überzeugt dieses Jahr als zupackender Sekt und als zitrusduftige Symphonie, noch mehr aber in der Plan B-Version: Im Holz spontanvergoren, eindringlich, würzig, zupackend und strukturiert. Der Sauvignon Blanc zeigt reife Frucht und intensiv rauchige Noten, der im Holz ausgebaute Grauburgunder von Mergel und Keuper überzeugt mit klarer Frucht, guter Struktur und Grip.

Weinbewertung

84	2018 Riesling Sekt brut	12 %/13,50 €
83	2019 Riesling trocken „Symphonie"	12 %/8,-€
83	2019 Weißburgunder trocken „Berg + Tal"	12,5 %/9,-€
84	2019 Sauvignon Blanc trocken „Partie Fumé"	12,5 %/12,-€
84	2019 Grauburgunder trocken „Mergel + Keuper" Holzfass	13 %/12,-€
82	2019 Grauburgunder & Chardonnay trocken	12,5 %/9,50 €
85	2019 Riesling trocken „Plan B" Cannstatter Steinhalde	13 %/13,50 €
82	2019 Muskat-Trollinger Rosé Cannstatter Steinhalde	11,5 %/8,-€
82	2018 Pinot Noir trocken	13 %/9,-€
81	2018 Blaufränkisch trocken	14 %/9,50 €
85	2018 „Dickes B" Rotweincuvée trocken	14 %/18,50 €
85	2018 Spätburgunder trocken „Best Barrels"	13 %/16,50 €

Johanneshof

Kontakt
Hansengasse 13
55239 Gau-Odernheim
Tel. 06733-588
Fax: 06733-929589
www.johanneshof-becker.de
weingut@johanneshof-becker.de

Besuchszeiten
nach Vereinbarung

Inhaber
Axel Becker

Rebfläche
23 Hektar

Produktion
90.000 Flaschen

Das Weingut Johanneshof liegt am Fuß des Petersberg, in Gau-Odernheim. Die Weinberge von Axel Becker, der den einstigen landwirtschaftlichen Mischbetrieb ganz auf Weinbau umstellte und mit Ehefrau Liane den Betrieb führt, liegen vor allem in den Gau-Odernheimer Lagen Herrgottspfad und Oelberg, aber auch im Dolgesheimer Kreuzberg sowie im Bechtolsheimer Homberg. Insgesamt sechzehn Rebsorten baut er an, die wichtigsten sind Grauburgunder, Riesling, Spätburgunder, Chardonnay, Weißburgunder, Dornfelder und Silvaner.

Kollektion

Zwei trockene 2018er Spätlesen – Riesling Herrgottspfad und Grauburgunder Oelberg – waren im vergangenen Jahr unsere Favoriten in einer sonst sehr gleichmäßigen Kollektion, und die beiden Jahrgangsnachfolger gefallen uns auch in diesem Jahr wieder besonders gut, ein klein wenig besser noch als im Vorjahr. Beide wurden erst Ende August gefüllt, waren aber bei der Verkostung im September sehr präsent. Der Grauburgunder zeigt viel reife Frucht und Konzentration, gelbe Früchte, ist füllig und saftig, besitzt viel Frucht, Struktur und Substanz. Der Riesling ist enorm fruchtbetont und intensiv, sehr offen, würzig, kommt frisch und geradlinig in den Mund, besitzt gute Substanz, Grip und Länge. Sehr gut gefällt uns auch die Muscaris Auslese aus dem Jahrgang 2018, die viel Duft zeigt, intensive Frucht, füllig und harmonisch ist, wunderschön saftig, viel Substanz und gute Länge besitzt. Der 2018er Chardonnay-Sekt ist frisch und fruchtbetont, zeigt Apfel und weiße Früchte, ist klar und zupackend bei guter Substanz. Die weißen Gutsweine zeigen zuverlässig gutes Niveau, sind klar und saftig bei merklicher Restsüße; der im Barrique ausgebaute Petersberg-Spätburgunder aus dem Jahrgang 2016 ist fruchtbetont und rauchig, zeigt ganz dezent Speck, ist klar und zupackend im Mund, besitzt gute Struktur und feine süße Frucht bei einer dezenten Bitternote im Abgang.

Weinbewertung

82	2019 Riesling „Secco" Perlwein	12%/5,80 €
84	2018 Chardonnay Sekt brut	12,5%/9,50 €
82	2019 Riesling trocken	12,5%/5,30 €
82	2018 Cabernet Blanc trocken	13,5%/5,80 €
82	2019 Weißer Burgunder trocken	13%/5,30 €
81	2019 Grauer Burgunder trocken	13%/5,50 €
82	2019 Chardonnay trocken	13%/5,50 €
86	2019 Riesling Spätlese trocken „RJ" Gau-Odernheimer Herrgottspfad	12,5%/7,50 €
87	2019 Grauer Burgunder Spätlese trocken „GJ" Oelberg	13,5%/7,50 € ☺
81	2019 Cabernet Blanc „feinherb"	12,5%/5,50 €
86	2018 Muscaris Auslese „edelsüß"	9,5%/9,50 €
83	2016 Spätburgunder trocken „SJ" Barrique Petersberg	13,5%/9,50 €

Johanninger

★ ★

Kontakt
Hauptstraße 4-6
55546 Biebelsheim
Tel. 06701-8321
www.johanninger.de
mail@johanninger.de

Besuchszeiten
Mo.-Fr. 8-18 Uhr, Sa. 9-16 Uhr
und nach Vereinbarung
Nickl´s Speisekammer
(Restaurant und Eventlocation)

Inhaber
Markus Haas, Lara Haas,
Oliver Herzer, Gabriel
Schmidt

Kellermeister
Oliver Herzer

Rebfläche
20 Hektar

Das Weingut Johanninger wurde 1994 von den Familien Haas und Schufried gegründet. Die Weinberge liegen zu etwa gleichen Teilen in Rheinhessen (in den Biebelsheimer Lagen Kieselberg und Honigberg) und im Anbaugebiet Nahe (in den Kreuznacher Lagen Junker, Himmelgarten und Römerhelde (Kreuznach). 2013 wurde die Umstellung zum biologischen Weinbau abgeschlossen. An der Nahe werden vor allem die Burgundersorten sowie Chardonnay und Scheurebe angebaut, in Rheinhessen Riesling, Müller-Thurgau, St. Laurent und Sauvignon Blanc. Von Anfang an wurden die Weine fast ausschließlich trocken ausgebaut, dabei auf Prädikatsangaben verzichtet.

Kollektion

Eine prächtige Kollektion präsentiert Kellermeister Oliver Herzer zum Debüt mit bärenstarken Weiß- und Rotweinen. Das Einstiegsniveau ist hoch, wie der lebhafte, fruchtbetonte Weißburgunder oder der zupackende Rosé beweisen. Der Honigberg-Silvaner ist füllig und kraftvoll, der Chardonnay aus der Römerhelde besitzt Substanz und reintönige Frucht. Noch etwas besser gefallen uns im weißen Segment der konzentrierte, stoffige Kieselberg-Riesling und der Reserve-Grauburgunder, der gute Konzentration und reife Frucht besitzt, gute Struktur und Druck. Ganz stark präsentiert sich auch das rote Segment. Der Cabernet Sauvignon zeigt intensive Frucht, gute Konzentration, etwas Cassis, ist reintönig, fruchtbetont und zupackend. Der 2018er Honigberg-Spätburgunder ist rauchig, etwas floral, frisch und zupackend. Der 2015er Junker-Spätburgunder zeigt ebenfalls rauchige und florale Noten, besitzt gute Struktur, Frische und Druck. Das Highlight der Kollektion ist der Reserve-Spätburgunder aus dem Jahrgang 2016, der reife Frucht zeigt, etwas Vanille und florale Noten, reintönige Frucht, füllig und komplex im Mund ist, reintönige Frucht, gute Struktur und Frische besitzt. Tolles Debüt!

Weinbewertung

84	2019 Riesling trocken „Stein" Biebelsheimer	12 %/9,-€
84	2019 Weißburgunder trocken	12 %/7,20 €
85	2018 Silvaner Biebelsheimer Honigberg	13 %/15,60 €
87	2016 Chardonnay Kreuznacher Römerhelde	13,5 %/15,60 €
88	2018 Riesling Biebelsheimer Kieselberg	13 %/15,60 €
88	2017 Grauburgunder „Réserve" Kreuznacher Himmelgarten	14 %/27,50 €
82	2019 Riesling halbtrocken „Kies"	11,5 %/7,20 €
85	2019 Spätburgunder Rosé trocken	12 %/6,70 €
86	2018 Spätburgunder Biebelsheimer Honigberg	14 %/19,70 €
88	2015 Spätburgunder Kreuznacher Junker	14 %/19,70 €
86	2018 Cabernet Sauvignon Biebelsheimer Kieselberg	13 %/19,70 €
90	2016 Spätburgunder „Réserve" Kreuznacher Junker	13,5 %/29,-€

RHEINGAU ▬ GEISENHEIM-JOHANNISBERG

★★★★ ## Schloss **Johannisberg**

Kontakt
Weinbaudomäne Schloss Johannisberg, 65366 Geisenheim-Johannisberg
Tel. 06722-70090
Fax: 06722-700933
www.schloss-johannisberg.de
info@schloss-johannisberg.de

Besuchszeiten
täglich 10-18 Uhr
Schlossschänke Schloss Johannisberg täglich ab 11:30 Uhr geöffnet, Tel. 06722-96090, Fax: 7392, restaurant@schloss-johannisberg.de

Geschäftsführer
Stefan Doktor, Marcel Szopa

Kellermeister
Gerd Ritter

Außenbetrieb
Michel Städter

Rebfläche
45 Hektar

Produktion
300.000 Flaschen

Das Weingut zählt zu den traditionsreichsten Betrieben Deutschlands. Bereits im 18. Jahrhundert waren die hier erzeugten Weine berühmt, seit 1784 existieren lückenlose Aufzeichnungen über die Qualität der Ernten. Schloss Johannisberg gehört heute zur Henkel-Freixenet Gruppe. Auf Johannisberg wird ausschließlich Riesling angebaut. Die Weinberge umgeben voll arrondiert das Schloss und bilden die Monopollage Schloss Johannisberger. Da Schloss Johannisberg ein eigener Ortsteil von Geisenheim ist, erlaubt das Weingesetz, dass Schloss Johannisberger ohne Ortsbezeichnung auf dem Etikett stehen darf. Die Reben wachsen auf einem Untergrund aus Taunusquarzit mit einer Lehm-Löss-Auflage. Mit Einführung des deutschen Weingesetzes 1971 hat man die gutseigene Kennzeichnung der Weine mit Lackfarben an die Prädikatsstufen des Weingesetzes angepasst. Christian Witte, der seit 2005 Gutsverwalter des Betriebs war, hat ihn wieder in die Spitze der Rheingauer Betriebe geführt. Im Laufe der Jahre fanden umfangreiche Neubau- und Sanierungsarbeiten auf Schloss Johannisberg statt, ein neues Kelterhaus wurde gebaut und mit neuster Technik ausgerüstet, ein lange nicht genutzter Teil des historischen Kellers wiederbelebt. Das Sortiment wurde gestrafft, baut heute auf die beiden Gelblack Rieslingen an der Basis auf von einer trocken, der andere feinherb ausgebaut wird. Darauf folgen auf Augenhöhe der trockene Goldlack und der feinherbe Rotlack Kabinett. Eine Stufe höher bilden, der auch als VDP Großes Gewächs bezeichnete trockene Silberlack und die Grünlack Spätlese ein Paar. Die Spitze der Pyramide gehört dem trockenen Goldlack auf der einen Seite sowie den drei edelsüßen Spezialitäten Purpurlack Beerenauslese, Violettlack Eiswein und Blaulack Trockenbeerenauslese auf der anderen. Der Schloss Johannisberger Silberlack gehört regelmäßig zu den besten trockenen Weinen des Rheingaus, ebenso wie der Goldlack, der auf dem Weingut reift und erst später in den Verkauf kommt. Die Süßweine sind schon jung saftig, sie sind ungemein reintönig und komplex, sicher auch eine Folge der verbesserten Weinbergsarbeit. Christian Witte hat die Geschäftsführung von Schloss Johannisberg mittlerweile an Stefan Doktor und Marcel Szopa abgegeben, die den Betrieb als Doppelspitze leiten.

Kollektion

Die beiden Gelblackweine bilden die Basis der 2019er Kollektion, und sie gefallen uns wieder einmal sehr gut. Beide sind sie recht mild und jahrgangstypisch eingängig. Das ist nicht zu Ihrem Nachteil. Ihre ausgewogene, schnörkellose Art macht schon jetzt sehr viel Spaß. Der feinherbe Gelblack wirkt in seinem Spiel von Frucht und kontrastierender Frische sehr saftig, steckt ebenso voller Würze, wie sein trockenes Pendant, das mit gut gesetztem Gerbstoffbiss der fülligen Frucht im Nachgeschmack gekonnt Halt gibt. Der Bronzelack, als Kronprinz der trockenen Weine, ist kraftvoll, kann etwas Kellerlagerung sehr gut vertragen, damit er sich weiter entfalten kann, die nötige Tiefe der Aromen dazu hat er. Außergewöhnlich gut ist in diesem Jahr auch der Silberlack. Seine Dichte ist ebenso beeindruckend wie die Intensität seines Auftretens. Jugendlich kompakt, strotzt er nur so vor Kraft und Ausdauer. Auch er kann etwas Lagerung sehr gut vertragen, um sich weiter zu verfeinern. Den feinherben Rotlack Kabinett muss man einfach lieben, er ist das aromatische Pendant zum Bronzelack, mit mehr Frucht, aber ebenso wohl dosierter Kraft. Das Prädikat täuscht, denn hier geht es nicht nur um Leichtigkeit und Frische, sondern auch um Komplexität und Würze, der Wein ist strukturiert und harmonisch, elegant, lang und nachhaltig. Die Grünlack Spätlese ist auf den ersten Blick auf die leiseren Töne eingestellt, sie ist grazil, harmonisch, sehr reintönig. Die Säure ist agil und jugendlich roh. Hier ist Geduld gefragt, denn das, was sich an Tiefe und Klarheit jetzt schon andeutet, braucht viel Zeit, um sich ganz zu zeigen. Eine Klasse für sich ist auch die Rosalack Auslese, selten spielte sie so fulminant auf. Sie ist enorm würzig und zupackend. Die satten Beerenaromen sind von toller Klarheit, sie besitzt Komplexität und Finesse, Harmonie und Eleganz, ist reintönig und lang. Den würdigen Schlusspunkt unter die starke, überzeugende Kollektion setzt die Trockenbeerenauslese mit ihrer beeindruckenden Frische und intensiven Würze, sie ist enorm konzentriert und dominant, dabei rasant und elegant, ein Wein, der auch in vielen Jahrzehnten noch Freude bereiten wird.

🍃 Weinbewertung

86	2019 Riesling trocken „Gelblack" Schloss Johannisberger	12,5%/15,50 €
91	2019 Riesling trocken „Bronzelack" Schloss Johannisberger	12,5%/24,90 €
92	2019 Riesling trocken „GG" „Silberlack" Schloss Johannisberger	13%/44,90 €
86	2019 Riesling „feinherb" „Gelblack" Schloss Johannisberger	12%/15,50 €
91	2019 Riesling Kabinett „Rotlack" Schloss Johannisberger	11,5%/24,90 €
91	2019 Riesling Spätlese „Grünlack" Schloss Johannisberger	8,5%/36,- €
93	2019 Riesling Auslese „Rosalack" Schloss Johannisberger	8%/70,- €
95	2019 Riesling Trockenbeerenauslese „Blaulack" Johannisberger	7%/325,- €/0,375l

Lagen
Schloss Johannisberger

Rebsorten
Riesling (100 %)

PFALZ ▬ NEUSTADT-MUSSBACH

Johannitergut

★★ ✩

Kontakt
Staatsweingut mit Johannitergut, Breitenweg 71
67435 Neustadt-Mußbach
Tel. 06321-671319
Fax: 06321-671222
www.staatsweingut-johannitergut.de
staatsweingut-neustadt
@dlr.rlp.de

Besuchszeiten
Mo.-Do. 9-13 + 14-17 Uhr
Fr. 9-14:30 Uhr

Inhaber
Land Rheinland-Pfalz
Direktor
Dr. Günter Hoos
Betriebsleiter
Sascha Wolz
Außenbetrieb
Steffen Schüssler
Rebfläche
22,5 Hektar
Produktion
150.000 Flaschen

STAATSWEINGUT_
NEUSTADT

Das Staatsweingut in seiner heutigen Form ist 1970 entstanden, als das Land Rheinland-Pfalz das Johannitergut erwarb, eines der ältesten Weingüter in Deutschland, dessen Ursprünge bis ins 8. Jahrhundert zurück reichen. In den siebziger und achtziger Jahren wurden am Ortsrand von Mußbach neue Gebäude für die staatliche Lehr- und Forschungsanstalt (SLFA) errichtet, die seit 1993 diesen Namen trägt. Sie unterhält Lehr- und Versuchsbetriebe für Weinbau, Gartenbau, Obstbau und Rebveredlung. Die Weinberge des Staatsweinguts liegen im Haardter Herrenletten, in den Mußbacher Lagen Johannitergarten (im Alleinbesitz), Glockenzehnt, Kurfürst und Eselshaut, im Gimmeldinger Kapellenberg, im Königsbacher Ölberg, in Ruppertsberg und im Deidesheimer Herrgottsacker. Ein gutes Drittel der Rebfläche ist mit Riesling bestockt. An sonstigen Rebsorten hat man alles zu bieten, was in der Pfalz üblicherweise angebaut wird, einschließlich der vor 500 Jahren bekanntesten Rebsorte in der Pfalz, den wegen unsicherer Erträge in Vergessenheit geratenen Gänsfüßer.

🍇 Kollektion

Das Staatsweingut überrascht immer wieder mit gelungenen Experimenten: In diesem Jahr steht ein in der Amphore vergorener und acht Monate auf der Maische ausgebauter Merlot an der Spitze des Sortiments, er zeigt dunkle Frucht, Schokolade und kräutrige Noten im komplexen Bouquet, ist stoffig, konzentriert und sehr nachhaltig. Der Lagrein zeigt ebenfalls dunkle Frucht, besitzt viel Kraft aber auch Eleganz. Neu im Programm ist der Chenin Blanc, ein schlanker und eleganter Vertreter der Rebsorte, der wie auch der Chardonnay feine Zitruswürze und dezente Röstnoten besitzt. Immer verlässlich sind die Rieslinge, mit dem animierenden und nachhaltigen Wein aus dem Herrenletten an der Spitze, die beiden trockenen Kabinette sind fruchtbetont, schlank und frisch.

🍃 Weinbewertung

83	2019 Weißburgunder trocken Haardter ❙ 12 %/6,50 €
82	2019 Grauburgunder trocken Haardter ❙ 12,5 %/6,50 €
82	2019 Spätburgunder „Blanc de Noir" trocken Mußbacher ❙ 12 %/6,50 €
85	2019 Chardonnay trocken ❙ 13 %/9,- €
82	2019 Muskateller trocken Haardter ❙ 10,5 %/7,50 €
84	2019 Riesling Kabinett trocken Deidesheimer Herrgottsacker ❙ 11,5 %/7,- €
83	2019 Riesling Kabinett trocken Mußbacher Johannitergarten ❙ 11,5 %/7,- €
85	2019 Chenin Blanc trocken Ruppertsberger ❙ 11,5 %/9,- €
87	2018 Riesling Spätlese trocken Haardter Herrenletten ❙ 13 %/12,50 €
81	2019 Riesling halbtrocken (1l) ❙ 10,5 %/5,- €
87	2018 Lagrein trocken ❙ 14 %/18,- €
89	2017 Merlot trocken „Amphorenwein" ❙ 14,5 %/20,- €

PFALZ ▬ NEUSTADT

★★★★✩ Frank **John**

Kontakt
Weingut Hirschhorner Hof
Hirschhornring 34
67435 Neustadt
Tel. 06321-670537
Fax: 06321-670804
www.hirschhornerhof.de
f.john@hirschhornerhof.de

Besuchszeiten
nach Vereinbarung
Ferienwohnung

Inhaber
Frank John
Betriebsleiter
Frank John
Rebfläche
5 Hektar
Produktion
30.000 Flaschen

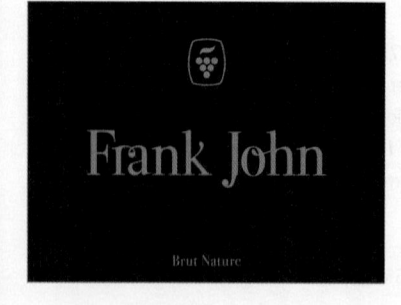

Frank John wurde bekannt als Betriebsleiter des Deidesheimer Weingutes Reichsrat von Buhl, fast neun Jahre war er dort tätig. Er ist Diplom-Agraringenieur, hat in Hohenheim und Gießen studiert, dann in Montpellier, sich sein Studium über einen eigenen Weinhandel finanziert, bei Hans-Günter Schwarz assistiert, vier Jahre bei Heyl zu Herrnsheim gearbeitet, zur Zeit der Umstellung auf biologischen Weinbau. 1994 ging er dann zu Reichsrat von Buhl; nach seinem Ausscheiden dort begann er sein eigenes Projekt, mehrere eigene Projekte, genau genommen. Unter der Bezeichnung Hirschhorner Hof erzeugte er im Jahrgang 2003 seinen ersten Wein, gleichzeitig begann er als Berater für Weingüter zu arbeiten, vor allem was biologischen und biodynamischen Weinbau betrifft, heute berät er Weingüter in ganz Europa. Von Anfang an setzte Frank John auf biologisch und biodynamisch erzeugte Trauben, die teils aus den eigenen Weinbergen kommen, teils von Winzern stammen, die ihre Weinberge nach den Vorgaben von Frank John biodynamisch bewirtschaften, Winzer, die er meist schon aus seiner Zeit bei Reichsrat von Buhl kennt, als eine seiner Aufgaben war, die an Buhl abliefernden Winzer weinbautechnisch zu beraten. 2013 ist Frank John Demeter beigetreten, sein kompletter Betrieb ist Demeter-zertifiziert. Inzwischen ist der Hirschhorner Hof auf dem Etikett verschwunden, Frank John stellt seinen eigenen Namen in den Vordergrund, vielleicht wird es einmal Frank John & Sohn werden, sollte denn Sohn Sebastian, der am Niederrhein Landwirtschaft studiert hat und gerade in Stuttgart-Hohenheim in Kooperation mit dem Institut für Bodenkultur der Universität Wien seinen Master gemacht hat, den Betrieb einmal fortführen wollen; oder aber Frank John & Tochter, wenn Tochter Dorothea, die zur Ernte 2019 in Bordeaux war und nun in Geisenheim studiert, vielleicht einmal den Betrieb übernehmen wird; dann würde Frank John auch die eigene Rebfläche vergrößern, die bisher etwa die Hälfte der Produktion deckt. Die Trauben für seine Weine kommen überwiegend aus nördlich von Neustadt gelegenen Weinbergen, aus Gimmeldingen und Königsbach, auch aus Kallstadt und einigen anderen Gemeinden. Alle Moste werden spontanvergoren, Frank John vergärt ganze Beeren mit den Mosten, arbeitet mit mehr oder weniger langen Maischestandzeiten; alle Weine werden in Eichenholzfässern unterschiedlicher Größe ausgebaut, Frank John nutzt Fässer mit 500, 1200 und 2400 Litern Inhalt, die malolaktische Gärung wird nicht verhindert, sie erfolgt ebenfalls spontan; für die 2018er Ernte hat er ein neues 8.000 Liter-Fass angeschafft. Alle Weine bleiben recht lang auf der Feinhefe, ohne dass Schwefel zugegeben wird, fast ein Jahr der Riesling, noch länger der Spätburgunder, den Frank John erst nach knapp zwei Jahren abfüllt. Der Riesling, in 1200 und 1400 Liter-Fässern ausgebaut, wird einmal ganz leicht filtriert, der Spätburgunder wird unfiltriert abgefüllt, die Schwefelgaben sind auf ein Minimum reduziert. Der Spätburgunder wird nur in Tonneaux ausgebaut. Alle Weine werden trocken und durchgegoren ausgebaut. Alle Weine kommen frühestens ein halbes Jahr nach der Abfüllung in den Verkauf. Das Programm ist überschaubar: Es gibt je einen Riesling und einen Spätburgunder, dazu mehrere Rieslingsekte, ein weiterer Sekt, ein Blanc de Noir, soll zukünftig das Sortiment ergänzen. Beim Rieslingsekt bietet Frank John je nach Dauer des Ausbaus drei Varianten: 32 Monate, 41 Monate oder 50 Monate Flaschenreifung, diese drei Varianten basieren auf leicht unterschiedlichen Cuvées, in denen der Anteil der ersten Pressung und der Holzeinsatz variiert, eine vierte Variante wird brut nature ausgebaut, bei einem fünften Sekt mit 100 Monaten Flaschenreife ist die Cuvée identisch mit der mit 50 Monaten Flaschenreifung. Frank John nutzt in geringem Umfang Reserveweine, aber so wenig, dass er trotzdem den Jahrgang auf dem Etikett ausweisen kann. Frank John bietet seinen Kunden an, jede ungeöffnete Flasche ohne Angabe von Gründen zurückzunehmen und gegen einen anderen Jahrgang auszutauschen.

Kollektion

Gleich drei hervorragende Riesling-Sekte konnten wir in diesem Jahr verkosten, die alle im Laufe des Jahres 2020 degorgiert wurden: Der -32- zeigt feine Hefenoten und etwas gelben Apfel im Bouquet, besitzt eine straffe Säure, animierende Zitruswürze, ist schlank und nachhaltig, der ohne Dosage und komplett ohne Schwefel ausgebaute Riesling brut nature zeigt Noten von frischem Brot und Kräutern im Bouquet, ist geradlinig, puristisch und elegant, besitzt Frische und sehr dezente Holzwürze, der -50- zeigt feine Zitrusfrucht und rauchige Noten vom Ausbau der Grundweine in Tonneaux, besitzt auch am Gaumen feine Holzwürze, Grip, etwas Grapefruit, ist schlank, elegant, sehr animierend und nachhaltig. Der Riesling vom Buntsandstein ist auch im Jahrgang 2019 wieder sehr schlank, aber intensiv und schon sehr präsent, zeigt feine Zitrusnoten, Ananas und etwas mürben, gelben Apfel im Bouquet, ist präzise, sehr elegant, besitzt leicht salzige Noten und eine feine, subtile Säure, der Pinot Noir zeigt dunkle Würze im Bouquet, etwas Pflaume, Gewürznelke und einen Hauch von Leder, besitzt Struktur und Länge, ist am Gaumen aber noch sehr unzugänglich, straff und karg.

Weinbewertung

90	2019 Riesling trocken „Buntsandstein"	11,5%/20,-€
91	Riesling brut nature	11,5%/30,-€
90	2016 Riesling -32- Sekt brut	11,5%/24,-€
92	2015 Riesling Sekt -50- brut	11,5%/39,-€
89	2018 Pinot Noir „Kalkstein"	12,5%/40,-€

Lagen
Gimmeldingen
Königsbach
Kallstadt
Leistadt
Hambach

Rebsorten
Riesling (80 %)
Spätburgunder (20 %)

Jonas

Kontakt
Schwalbacher Straße 101
65343 Eltville
Tel. 06123-2367
Fax: 06123-5805
www.weingut-jonas.de
steffen.jonas@weingut-jonas.de

Besuchszeiten
Di.-Sa. 10-19 Uhr; Weinausschank Di.-Sa. ab 16 Uhr

Inhaber
Wilhelm & Silvia Jonas
Betriebsleiter
Steffen Jonas
Kellermeister
Steffen Jonas
Außenbetrieb
Axel Jonas
Rebfläche
9 Hektar
Produktion
60.000 Flaschen

Johann Jonas legte 1925 den Grundstein für Gutshaus samt Weingut in Eltville, nach und nach wurde die Fläche auf die heute bewirtschafteten neun Hektar vergrößert. Der Betrieb wird inzwischen von Wilhelm und Silvia Jonas geleitet, allerdings teilen sich die Brüder Steffen Jonas, staatlich geprüfter Wirtschafter und Weinbautechniker, Axel Jonas und Markus Jonas die anfallenden Aufgaben. Angebaut werden primär Riesling (81 Prozent der Rebfläche) und Spätburgunder (15 Prozent), auch der Rote Riesling ist jetzt im Anbau sowie ein klein wenig Gewürztraminer. Es werden Parzellen in zahlreichen Lagen des Rheingaus bewirtschaftet – in Kalbspflicht, Langenstück, Sonnenberg und Taubenberg (alle in Eltville), in den Kiedricher Lagen Klosterberg und Sandgrub sowie in den Rauenthaler Lagen Rothenberg, Steinmächer und Wülfen. An der Spitze des Sortiments stehen die Weine namens „Prima Noctis"; sie zeigen mit ihrer in der Regel kraftvollen, animierenden Art die Zukunft des Betriebes auf.

Kollektion

Die Rieslinge sind alle gut. Schon die Basisrieslinge aus der Literflasche bilden ein stimmiges Trio. Von trocken über halbtrocken bis feinherb ist für jeden Geschmack etwas dabei. Die trockene Spätlese ist dagegen eher mild, deshalb sollte man sie jung genießen, sie ist füllig, bleibt süßlich im Nachhall. Der „Prima Noctis" ist wuchtig und würzig, dabei aber auch etwas schwer. Lebhaft und im besten Sinne süffig ist der Riesling Classic. Auch die fruchtige Spätlese bietet eingängigen Charakter. Leider zeigen sich die anderen Weine nicht ganz auf Augenhöhe. Am besten ist der feinherbe Spätburgunder Weißherbst mit seiner sortentypischen Frucht. Der voluminöse „Prima Noctis" Rotwein ist ordentlich, leidet aber unter dem Alkohol. Der Gewürztraminer ist zwar typisch, aber etwas bitter, ebenso der kernige Rotling.

Weinbewertung

82	2019 Riesling trocken Eltviller Taubenberg (1l)	12,5%/5,-€
84	2019 Riesling trocken „Prima Noctis" Rauenthaler Rothenberg	13%/9,50€
83	2019 Riesling Spätlese trocken Eltviller Sonnenberg	13%/8,-€
82	2019 Riesling halbtrocken Eltviller Langenstück (1l)	11,5%/5,-€
83	2019 Riesling Classic	12%/6,50€
82	2019 Riesling „feinherb" „Schütz Hannes" Rauenthaler Steinmächer (1l)	12%/4,60€
81	2019 Gewürztraminer Kabinett „feinherb" Kiedricher Sandgrub	13%/7,30€
83	2019 Riesling Spätlese „süß" Rauenthaler Steinmächer	10%/8,-€
81	2019 Spätburgunder Weißherbst Kabinett „feinherb" Kiedricher Sandgrub	12%/6,90€
79	2019 Rotling „feinherb" Rauenthaler Steinmächer (1l)	12%/5,20€
81	2018 Spätburgunder trocken (1l)	15%/7,50€
84	2018 Spätburgunder Auslese trocken „Prima Noctis" Kiedricher Sandgrub	16%/18,50€

MITTELRHEIN ▶ REMAGEN

★★★

Josten & Klein

Kontakt
Ringofenstraße 3
53424 Remagen
Tel. 02643-902550
Fax: 02643-902570
www.josten-klein.com
info@josten-klein.com

Besuchszeiten
nr nach Vereinbarung

Inhaber
Marc Josten
Rebfläche
6 Hektar
Produktion
40.000 Flaschen

Marc Josten, Weinbautechniker, und Torsten Klein, Diplom-Önologe, gründeten 2011 ihr eigenes Weingut, inzwischen aber hat Torsten Klein das Weingut verlassen, Marc Josten macht mit etwas verringerter Rebfläche alleine weiter. Seine Weinberge erstrecken sich über zwei Anbaugebiete, Ahr und Mittelrhein. An der Ahr ist er in den Mayschosser Lagen Mönchberg und Laacherberg vertreten, dazu im Ahrweiler Daubhaus, am Mittelrhein liegen seine Weinberge alle in Leutesdorf, wo es heute nur noch die Lage Gartenlay gibt, er nutzt zusätzlich den Gewannnamen Im Forstberg, der namensgebend für die einstige Einzellage Forstberg war. In Leutesdorf baut Marc Josten neben Riesling ein wenig Grauburgunder und Sauvignon Blanc an, an der Ahr Spätburgunder sowie ein klein wenig Frühburgunder.

🍰 Kollektion

Obwohl wir Marc Jostens Weine schon lange kennen, sind wir doch immer wieder überrascht, dass da einer am Mittelrhein so alles anders macht als seine Kollegen, auf Sauvignon Blanc und Grauburgunder setzt und den dezidierten Ausbau im Holz. Und man muss Holzausbau mögen, will man sich am kraftvollen Glanzstück-Grauburgunder erfreuen oder am recht fülligen Glanzstück-Sauvignon Blanc. Beide sind aus dem Jahrgang 2017 wie auch der Gartenlay-Sauvignon Blanc, der teils auch in neuen Barriques ausgebaut wurde, enorm dominant und kraftvoll ist, füllig und konzentriert, aber auch eindringliche Barriquenoten aufweist. Wer mehr die Frucht im Vordergrund wünscht, der sei auf die beiden überwiegend im Edelstahl ausgebauten Schiefer-Weißweine verwiesen: Der Grauburgunder ist reintönig und frisch, der Sauvignon Blanc besitzt gute Struktur und Grip. Im roten Segment war in den letzten Jahren der Mönchberg-Pinot Noir unser Favorit, der sich nun im Jahrgang 2017 recht gewürzduftig präsentiert, füllig und saftig ist bei viel Substanz. Dieses Jahr präferieren wir ganz leicht die Privatedition, ebenfalls aus dem Mönchberg, der etwas frischer ist, reintöniger, einfach „stimmiger". ◀

🍇 Weinbewertung

84	2019 Grauburgunder trocken „vom Schiefer"	13%/9,90 €
85	2019 Sauvignon Blanc trocken „vom Schiefer"	13%/12,50 €
86	2017 Sauvignon Blanc „Glanzstück"	13%/18,-€
85	2017 Grauburgunder „Glanzstück"	13%/18,-€
88	2017 Sauvignon Blanc trocken Leutesdorf Gartenlay	13,5%/36,-€
82	2017 Pinot Noir trocken „vom Schiefer"	13%/12,50 €
81	2017 „Cuvée Noir" trocken „vom Schiefer"	12,5%/12,50 €
85	2017 Pinot Noir trocken Mayschoß Laacherberg	13%/36,-€
88	2017 Pinot Noir trocken (Privatedition) Mayschoß Mönchberg	13%/36,-€
87	2017 Pinot Noir trocken Mayschoß Mönchberg	13,5%/48,-€

★★★★ Jülg

Kontakt
Hauptstraße 1, 76889
Schweigen-Rechtenbach
Tel. 06342-919090
Fax: 06342-919091
www.weingut-juelg.de
info@weingut-juelg.de

Besuchszeiten
Weinstube Jülg
Sa.-Mi. 11:30-21 Uhr
Fr. 17-21 Uhr
Do. geschlossen

Inhaber
Familie Jülg

Betriebsleiter
Werner & Johannes Jülg

Kellermeister
Johannes Jülg & Sören Söllner

Außenbetrieb
Heinrich Eck

Rebfläche
20 Hektar

Produktion
220.000 Flaschen

Oskar Jülg gründete das Weingut 1961 mit seiner Frau Erika. Schon früh setzte er auf trockene Weine, pflanzte auch schon in den 1960er Jahren Chardonnay, zu einer Zeit als die Sorte in Deutschland noch gar nicht zugelassen war. Sohn Werner übernahm 1984 mit seiner Frau Karin das Weingut, begann damit, eigene Sekte herzustellen und seinen besten Rotweine in Barriques auszubauen. Heute ist Werners Sohn Johannes für den Keller verantwortlich, der, bevor er ins elterliche Weingut zurückkehrte, sieben Jahre lang in anderen Weingütern gearbeitet hat, bei Minges, Weegmüller, Klaus Peter Keller, Emrich-Schönleber, Stodden, Clemens Busch und zuletzt bei der Domaine de Lambrays im Burgund. Die Weinberge der Familie Jülg liegen rund um Schweigen, jeweils ungefähr zur Hälfte auf der deutschen und der französischen Seite der Grenze, zum großen Teil in der nach dem Weingesetz einzigen Einzellage für Schweigen, dem Sonnenberg. Da der aus unterschiedlichen Bodenarten besteht, unterscheiden die Jülgs nach Teillagen wie Kammerberg (gelber Kalkstein mit hohem Lehmanteil), St. Paul (Mix aus Kalksteinfels und Buntsandsteinverwitterung) oder Wormberg (Kalkmergelboden über Kalksteinfels). Da diese Teillagen auf der französischen Seite liegen, können sie in Deutschland nicht als eigenständige Gewanne eingetragen werden und dürfen auch nicht auf den Etiketten verwendet werden, dort tauchen sie nur als Abkürzungen wie „KB" oder „WB" auf. Neben dem Sonnenberg gibt es noch Flächen im Oberotterbacher Springberg (grauer Kalkstein mit geringer Bodenauflage) und im Rechtenbacher Pfarrwingert (Buntsandsteinverwitterung über einer Felsunterlage aus reinem Kalkstein). Werner und Johannes Jülg bauen zu zwei Dritteln weiße Sorten an, vor allem Riesling, Weiß- und Grauburgunder, aber auch Chardonnay, Sauvignon Blanc, Silvaner, Gewürztraminer und Muskateller, an roten Sorten gibt es Spätburgunder, St. Laurent, Merlot, Cabernet Sauvignon und Dornfelder. Das Sortiment ist gegliedert in Liter-, Guts-, Terroir- und Lagenweine, als neue Topkategorie oberhalb der Lagenweine wurde in den letzten Jahren die dem Weingutsgründer gewidmete „Opus Oskar"-Linie eingeführt, die Weine werden mit langem Hefelager in neuen 500-Liter-Tonneaux ausgebaut.

Kollektion

Unsere letztjährige Auszeichnung zum „Aufsteiger des Jahres" bestätigen die Jülgs in diesem Jahr mit einer erneut sehr starken, von der stimmigen, reintönigen Basis bis zu den Spitzen der „Opus Oskar"-Linie rundum überzeugenden Kollektion: Der Spätburgunder „Opus Oskar" braucht viel Luft, zeigt dann nach einem Tag ein feines, vielschichtiges Bouquet mit Aromen von Schwarzkirsche, Kräutern, Eukalyptus, etwas Krokant und Waldboden, besitzt am Gaumen eine feine innere Dichte und eine gute Struktur mit noch jugendlichen Tanninen, knapp dahinter liegt der Chardonnay „Opus Oskar", der in diesem Jahr sehr deutliche Röstnoten zeigt, dazu etwas Zitrusnoten, und der auch am Gaumen noch sehr jung wirkt, auch hier noch vom Holz geprägt ist und Druck, Frische und Länge besitzt. Auch der dritte „Opus Oskar"-Wein, der Sauvignon Blanc ist hervorragend, er zeigt feine Noten von gerösteten Haselnüssen und gelbe Frucht, Pfirsich, Maracuja und Zitrusnoten, besitzt am Gaumen Kraft und Frische, ist leicht salzig und sehr nachhaltig, genauso stark sind der „Reitschul"-Weißburgunder, der feine Röstnoten und dezente Frucht im Bouquet zeigt, am Gaumen kraftvoll, nachhaltig und harmonisch ist und der Spätburgunder „KB", der eine kräutrig-kühle Art mit Aromen von Schwarzkirsche und Waldboden besitzt, elegant und lang ist. Dahinter gibt es eine ganze Reihe weiterer sehr guter Weine, der Spätburgunder „WB" ist ebenfalls kühl und kräutrig mit noch jugendlicher Struktur, der Sonnenberg-Chardonnay besitzt gut eingebundene Röstnoten und etwas Salzzitrone, ist harmonisch und nachhaltig und der Riesling aus dem Sonnenberg zeigt kräutrig-mineralische Noten, Aprikose und Zitrusfrucht, besitzt salzige Länge. Und auch einen sehr guten Sekt konnten wir verkosten, der 42 Monate auf der Hefe gelagerte Pinot „Réserve" zeigt feine hefige Würze, etwas Brotkruste und nussige Noten, ist frisch, würzig, animierend und nachhaltig.

Weinbewertung

89	2015 Pinot „Réserve" Sekt extra brut	12,5%/28,-€
84	2019 Riesling trocken	13%/7,50€
85	2019 Weißburgunder trocken	12,5%/7,50€
87	2019 Riesling trocken „Buntsandstein"	13,5%/9,70€
87	2019 Riesling trocken „Kalkmergel"	13%/9,70€
86	2019 Weißburgunder trocken „Kalkmergel"	12,5%/9,90€
89	2019 Weißburgunder trocken Schweigener Sonnenberg	13,5%/17,50€
90	2019 Chardonnay trocken Schweigener Sonnenberg	13,5%/17,50€
89	2019 Riesling trocken Schweigener Sonnenberg	13,5%/17,-€
91	2019 Weißburgunder trocken „Reitschul" Schweigener Sonnenberg	13,5%/35,-€
91	2019 Sauvignon Blanc trocken „Opus Oskar"	13,5%/48,-€
92	2019 Chardonnay trocken „Opus Oskar"	13,5%/48,-€
87	2018 Spätburgunder trocken „Kalkmergel"	13,5%/11,90€
88	2018 Spätburgunder trocken Schweigener Sonnenberg	13%/19,-€
90	2018 Spätburgunder trocken „WB" Schweigener Sonnenberg	13%/29,-€
91	2018 Spätburgunder trocken „KB" Schweigener Sonnenberg	13%/38,-€
93	2018 Spätburgunder trocken „Opus Oskar"	13%/84,-€

Lagen
Sonnenberg (Schweigen)
Springberg (Dörrenbach)
St. Paul (Schweigen)
Wormberg (Schweigen)
Kammerberg (Schweigen)

Rebsorten
Riesling (20 %)
Weißburgunder (20 %)
Grauburgunder (20 %)
Spätburgunder (20 %)
Chardonnay (10 %)

Julianenhof

★★ ☆

Kontakt
Uttrichstraße 9
55283 Nierstein
Tel. 06133-58121
Fax: 06133-57451
www.weingut-julianenhof.de
schmitt@weingut-julianenhof.de

Besuchszeiten
nach Vereinbarung
Gästehaus (10 Doppelzimmer)

Inhaber
Jochen Schmitt
Kellermeister
Laurenz Schmitt
Rebfläche
13 Hektar
Produktion
60.000 Flaschen

Seit 1618 baut die Familie Wein in Nierstein an, seit Anfang der neunziger Jahre ist Jochen Schmitt im Weingut aktiv, der den Betrieb heute zusammen mit Ehefrau Beatrice führt. Ihre Weinberge befinden sich in verschiedenen Niersteiner Lagen wie Pettenthal, Hipping, Orbel, Rosenberg oder Paterberg. Riesling spielt die wichtigste Rolle im Betrieb, aber es werden eine Vielzahl weiterer Rebsorten wie Silvaner, Müller-Thurgau, Grauburgunder, Weißburgunder, Chardonnay, Sauvignon Blanc und Bacchus sowie die roten Sorten Spätburgunder, Dornfelder und Cabernet Cubin angebaut. Seit Anfang der neunziger Jahre ist dem Weingut ein Gästehaus mit 10 Doppelzimmern im Herzen Niersteins angegliedert.

Kollektion

Den Jahrgang 2018 hatten Jochen und Laurenz Schmitt im Griff, und Gleiches gilt nun auch für den Jahrgang 2019. Die Guts- und Ortsweine überzeugen mit sehr gleichmäßigem Niveau. Der Grauburgunder ist füllig, saftig, etwas süß, der Silvaner von alten Reben ist klar, fruchtbetont und zupackend. Der Chardonnay besitzt reintönige Frucht, ist frisch und geradlinig, was auch für den reintönigen Sauvignon Blanc gilt. Sehr stimmig präsentieren sich die Rieslinge. Der Riesling vom roten Hang ist reintönig und frisch bei feiner süßer Frucht, sein Kollege vom Kalk ist etwas kraftvoller und zupackender. Der feinherbe Riesling vom Rotliegenden ist würzig, frisch und süffig, die Spätlese besitzt intensive Frucht, ist harmonisch, frisch und saftig. Unsere Favoriten aber sind ganz klar die beiden trockenen Lagen-Rieslinge. Der Pettenthal zeigt gute Konzentration, reife Frucht, etwas gelbe Früchte, besitzt Fülle und Kraft, viel reife Frucht und Substanz. Etwas mehr Spannung hat für uns der Wein aus dem Hipping, ist konzentriert, reintönig, gelbfruchtig, besitzt Fülle und Saft, gute Struktur und Substanz. Feine Kollektion!

Weinbewertung

83	2019 Grauer Burgunder trocken Niersteiner	12,5%/6,20€
83	2019 Silvaner trocken „Alte Reben" Niersteiner	12,5%/7,50€
84	2019 Chardonnay trocken Niersteiner	13%/7,50€
83	2019 Sauvignon Blanc trocken	12,5%/7,-€
83	2019 Riesling trocken „Roter Hang" Niersteiner	13%/7,20€
84	2019 Riesling trocken „Vom Kalk" Niersteiner	12,5%/7,-€
86	2019 Riesling trocken Niersteiner Pettenthal	13%/13,50€
88	2019 Riesling trocken Niersteiner Hipping	13%/10,50€
83	2019 Riesling „feinherb" „vom Rotliegenden" Niersteiner	13%/7,20€
82	2019 Bacchus	8,5%/4,90€
84	2019 Riesling Spätlese Roter Hang" Niersteiner	10%/7,20€
82	2019 Spätburgunder Weißherbst	11,5%/4,90€

RHEINHESSEN ▶ GUNDHEIM

★ ★ ☆

Julius

Kontakt
Hauptstraße 5
67599 Gundheim
Tel. 06244-905218
Fax: 06244-905219
www.weingut-julius.de
info@weingut-julius.de

Besuchszeiten
nach Vereinbarung

Inhaber
Georg Julius
Betriebsleiter
Georg Julius
Kellermeister
Georg Julius
Rebfläche
19 Hektar

Georg und Helene Julius kauften 1926 einen Bauernhof mit Ackerbau, Vieh und einigen Reben in Gundheim, legten damit den Grundstock für das heutige Weingut. Inzwischen führt ihr Enkel Georg Julius zusammen mit Ehefrau Marianne den Betrieb, sie erweiterten das Gut von damals 5 Hektar auf die heutige Größe. Die Weinberge befinden sich unter anderem im Nieder-Flörsheimer Frauenberg, in den Gundheimer Lagen Mandelbrunnen und Sonnenberg, im Abenheimer Klausenberg, im Dalsheimer Sauloch, im Bermersheimer Hasenlauf und in den Westhofener Lagen Morstein (2009 mit Riesling bepflanzt) und Rotenstein. Die Weinberge werden seit 2007 ökologisch bewirtschaftet, 2010 war der erste zertifiziert biologische Jahrgang (Mitglied bei Naturland). 60 Prozent der Weinberge sind mit weißen Sorten bepflanzt, vor allem Riesling, Silvaner, Müller-Thurgau, Weißburgunder, Grauburgunder, Chardonnay und Sauvignon Blanc. Wichtigste rote Sorten sind Dornfelder, Spätburgunder, Portugieser und Merlot. Die Weine werden überwiegend trocken ausgebaut. Neu im Sortiment sind alkoholfreier Sekt und Perlwein.

Kollektion

Einige angekündigte Weine wie der Morstein-Riesling haben uns vor Redaktionsende nicht mehr erreicht, die vorgestellte Kollektion besteht aus acht 2019er Weinen und drei Sekten. Unter Letzteren gefällt uns klar der Riesling am besten, er zeigt feine rauchige Noten im Bouquet, ist füllig im Mund, harmonisch und klar. Unter den weißen Lagenweinen gefallen uns die Burgunder am besten. Der Weißburgunder aus dem Abenberg zeigt feine Würze und reintönige Frucht im Bouquet, ist füllig und saftig im Mund, besitzt reife Frucht und gute Struktur. Noch ein klein wenig besser gefällt uns der Grauburgunder aus dem Frauenberg, zeigt gute Konzentration und Intensität, ist füllig, kraftvoll, strukturiert. Gut gefällt uns auch der jugendliche Pinot 19, der frisch und fruchtbetont im Bouquet ist, klar, frisch und zupackend im Mund.

Weinbewertung

84	Riesling Sekt brut	12%/11,50€
81	Weißburgunder Sekt brut	12,5%/12,50€
81	Rosé Sekt brut	12,5%/12,50€
82	2019 Silvaner trocken Westhofener Rotenstein	12%/7,90€
81	2019 Sauvignon Blanc trocken Abenheimer Klausenberg	12,5%/8,80€
83	2019 Weißer Burgunder trocken Abenheimer Klausenberg	13%/7,90€
84	2019 Grauer Burgunder trocken Niederflörsheimer Frauenberg	13%/8,80€
82	2019 Chardonnay trocken Abendheimer Klausenberg	12,5%/8,80€
80	2019 Riesling trocken Bermersheimer Hasenlauf	11%/7,90€
81	2019 Rosé trocken Cuvée Pinot Noir & Merlot	12%/7,50€
84	2019 Spätburgunder trocken „Pinot 19"	13%/8,80€

Franken ▶ Würzburg

★★★★✩

Juliusspital Würzburg

Kontakt
Klinikstraße 1
97070 Würzburg
Tel. 0931-3931400
Fax: 0931-3931414
www.juliusspital.de
weingut@juliusspital.de

Besuchszeiten
Mo.-Do. 7:30-17 Uhr,
Fr. 7:30-12 Uhr; Restaurant Weinstuben (Juliuspromenade 19), täglich 10-24 Uhr; Weinverkauf im Weineck „Julius Echter" (Koellikerstraße 1a), Mo.-Fr. 9:30-18:30 Uhr, Sa. 9-16 Uhr

Inhaber
Stiftung des öffentlichen Rechts
Leiter
Horst Kolesch
Kellermeister
Nicolas Frauer, Helmut Klüpfel
Rebfläche
180 Hektar
Produktion
1.100.000 Flaschen

Die Stiftung Juliusspital wurde 1576 vom Würzburger Fürstbischof Julius Echter von Mespelbrunn gegründet. Das Weingut der Stiftung trägt mit seinen Erlösen zu den gemeinnützigen Stiftungsaufgaben (z.B. Klinik, Altenpflege) bei. Der ausgedehnte Besitz verteilt sich auf viele Lagen, darunter so renommierte Namen wie Würzburger Stein, Würzburger Innere Leiste, Iphöfer Julius-Echter-Berg, Randersackerer Pfülben, Volkacher Karthäuser, Rödelseer Küchenmeister oder Escherndorfer Lump. Wichtigste Rebsorten sind Silvaner, Riesling und Müller-Thurgau.

🍷 Kollektion

Mit der neuen Kollektion knüpft das Juliusspital an die starke Vorjahresleistung an. Die Gutsweine sind frisch und geradlinig, was auch für den birnenduftigen Würzburger Silvaner gilt. Sehr gleichmäßiges Niveau zeigen auch die Erste Lage-Weine die alle spontanvergoren und im großen Holzfass ausgebaut wurden: Der Kronsberg-Silvaner ist reintönig, füllig, kraftvoll, der Stein-Weißburgunder besitzt Kraft, viel reife Frucht und Substanz, der Stein-Riesling punktet mit Reintönigkeit und Kraft. Der in Barriques und Tonneaux ausgebaute Sauvignon Blanc ist kraftvoll und konzentriert, besitzt viel reife Frucht, Substanz und Grip. Hohes Niveau zeigen die Großen Gewächse. Der Stein-Silvaner zeigt eigenwillige Gewürznoten, etwas Orangenschalen, besitzt viel Fülle und Kraft und eine ganz dezente Bitternote, sein Kollege aus dem Julius-Echter-Berg ist sehr offen, zeigt viel Frucht, ist füllig und komplex, ebenfalls bei ganz dezenter Bitternote. Der Stein-Riesling ist kraftvoll, stoffig und zupackend bei jugendlicher Bitternote. Unser Favorit ist der Weißburgunder aus dem Karthäuser, der feine rauchige Noten und gute Konzentration zeigt, füllig und komplex ist, lang und nachhaltig. Dazu gibt es mit der Rieslaner Trockenbeerenauslese aus dem Pfülben ein edelsüßes Highlight: Kandierte Früchte, viel Konzentration und Stoff, faszinierend reintönig!

🍇 Weinbewertung

83	2019 Silvaner trocken	12,5%/8,50€
83	2019 Riesling trocken	13%/8,50€
84	2019 Silvaner trocken Würzburger	13%/10,-€
86	2019 Silvaner trocken Iphöfer Kronsberg	13%/13,50€
87	2019 Weißburgunder trocken Würzburger Stein	13%/15,-€
87	2019 Riesling trocken Würzburger Stein	13%/15,-€
89	2018 Silvaner trocken „GG" Würzburger Stein	13,5%/30,-€
90	2018 Silvaner trocken „GG" Iphöfer Julius-Echter-Berg	13,5%/30,-€
91	2018 Weißer Burgunder trocken „GG" Volkacher Karthäuser	13,5%/32,-€
90	2018 Riesling trocken „GG" Würzburger Stein	13,5%/32,-€
88	2018 Sauvignon Blanc trocken	13,5%/32,-€
92	2018 Rieslaner Trockenbeerenauslese Randersackerer Pfülben	7%/85,-€/0,5l

RHEINGAU — ELTVILLE-ERBACH

★★★★✩

Jakob Jung

Kontakt
Eberbacher Straße 22
65346 Eltville-Erbach
Tel. 06123-900620
Fax: 06123-900621
www.weingut-jakob-jung.de
info@weingut-jakob-jung.de

Besuchszeiten
Mo.-Fr. 13-18 Uhr
Sa. 10-17 Uhr

Inhaber
Alexander Johannes Jung
Kellermeister
Alexander Johannes Jung
Außenbetrieb
Ludwig Jung &
Burkhard Kirchner
Rebfläche
18 Hektar
Produktion
130.000 Flaschen

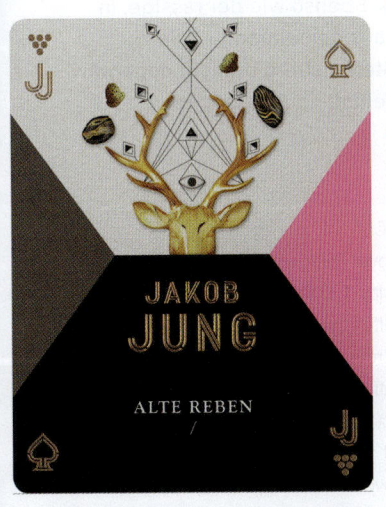

Seit 1799 befindet sich das Weingut im Besitz der Familie. Ludwig Jung stieg 1969 mit 18 Jahren in den Betrieb ein, inzwischen wird das Gut von seinem Sohn Alexander Johannes Jung geleitet. Vater Ludwig ist allerdings immer noch aktiv und unterstützt den Junior im Weinberg. Alexander Jung absolvierte ein Studium in Geisenheim sowie Praktika in Baden und Südafrika. Die Reben befinden sich in Erbach (Steinmorgen, Honigberg, Michelmark, Hohenrain) und Kiedrich (Sandgrub). Wichtigste Rebsorte ist der Riesling, der 85 Prozent der Fläche einnimmt. Hinzu kommen vor allem Spätburgunder, aber auch Chardonnay und Weißburgunder. Die Rieslinge von Alexander Johannes Jung bleiben nach einer kühlen Gärung, die im Edelstahl stattfindet, recht lange auf der Feinhefe. Sie werden größtenteils erst im Spätsommer abgefüllt.

Kollektion

Die Weine von Alex Jung sind in den letzten Jahren immer feiner geworden, begeistern von der Basis bis zur Spitze. Der Gutsriesling ist saftig, sehr animierend, der Erbacher kräftiger und würziger. Fein ziseliert, bieten die Alten Reben Trinkgenuss mit mineralisch gebündelter Frische. Der Riesling aus dem Steinmorgen ist deutlich würziger, hält nicht zurück mit Kraft und Fülle. Danach wirkt der Charta Riesling harmonisch, saftig und trinkfreudig. Das Große Gewächs Hohenrain mit seiner intensiven, cremigen Art gepaart mit exotischer Frucht ist in seiner Vielschichtigkeit sehr vielversprechend. Mit seiner apfelfruchtigen Ader ähnelt der feinherbe Steinmorgen dem Charta Riesling. Die animierende, tropisch herbe Spätlese und der immens würzige Eiswein runden die feine Riesling-Kollektion ab. Auch der zart cremige und angenehm trocken ausgebaute Sauvignon Blanc überzeugt, wie auch die beiden Spätburgunder. Von denen ist der aus dem Steinmorgen eingängig dunkelfruchtig und ätherisch, der Alexander Johannes spiegelt die Fülle des Jahrgangs mit satter Frucht und saftigen Tanninen.

Weinbewertung

86	2019 Riesling trocken	12%/8,20€
87	2019 Sauvignon Blanc trocken	12,5%/11,90€
87	2019 Riesling trocken Erbach	12,5%/9,60€
88	2019 Riesling trocken Erbach Steinmorgen	13%/13,40€
89	2019 Riesling trocken „Alte Reben"	12,5%/13,40€
92	2019 Riesling trocken „GG" Erbach Hohenrain	13%/26,40€
88	2019 Riesling trocken „Charta"	12,5%/13,40€
87	2019 Riesling „feinherb" Erbach Steinmorgen	12%/13,40€
87	2019 Riesling Spätlese Erbacher Michelmark	8,5%/13,40€
89	2018 Riesling Eiswein Erbacher Michelmark	8,5%/39,-€/0,375l
88	2016 Spätburgunder trocken Erbach Steinmorgen	13,5%/15,40€
90	2016 Spätburgunder trocken „Alexander Johannes"	13,5%/20,40€

Junglen

Kontakt
Stablostrasse 20
54536 Kröv
Tel. 06541-3292
Fax: 06541-814537
www.junglenwein.de
info@junglenwein.de

Besuchszeiten
nach Vereinbarung
Gästehaus „Weinquartier"
mit 5 Gästezimmern und
2 Ferienwohnungen

Inhaber
Markus Junglen

Rebfläche
4,6 Hektar

Produktion
35.000 Flaschen

Hermann-Josef Junglen und Ehefrau Gerti bauten den Nebenerwerbsbetrieb zum Weingut aus, seit 2008 wurden sie im Betrieb unterstützt von Sohn Markus, nach Winzerlehre, Technikerlehre und vier Jahren Kellermeistertätigkeit an der unteren Mosel. 2016 übernahmen Markus und Linda Junglen die Verantwortung komplett. Ihre Weinberge liegen in den Kröver Lagen Steffensberg, Letterlay und Paradies. Der Kröver Steffensberg ist ein steiler Südwesthang mit tiefgründigen Devonschieferböden, in der über 160 Hektar großen Einzellage Kröver Paradies sind die Böden schwerer, vor allem im unteren Teil. Außer Riesling, der mit 65 Prozent dominiert, werden auch Müller-Thurgau, Weiß- und Spätburgunder, Sauvignon Blanc und Dornfelder angebaut. Die Weißweine werden kühl vergoren, teilweise mit den natürlichen Hefen, teils im Edelstahl, teils im Holz ausgebaut. 90 Prozent der Produktion wird an Privatkunden verkauft. Das Weingut bietet Ferienwohnungen und Gästezimmer an, im Herbst hat die Straußwirtschaft geöffnet.

Kollektion

Die Weine des Jahrgangs 2019 sind hier saftig ausgefallen, wirken zugänglich, sind allerdings auch teilweise etwas vom Alkohol geprägt. Für den Basisriesling gilt freilich, dass hier alles in der Balance ist und sich zu einem saftigen Gesamtbild zusammenfügt. Die beiden trockenen Lagenrieslinge dagegen müssen sich noch finden, sie besitzen Substanz, aber auch eine beachtliche Fülle, könnten sich in Zukunft noch entwickeln. Noch mehr Schmelz besitzt der Weißburgunder aus 2018, mit reifer Frucht, Kraft und einer dezenten Bitternote im Nachhall. Zwei sehr gelungene feinherbe Rieslinge, beide saftig und zupackend, machen schon jetzt viel Spaß. Ebenso wie der rassige, in der Süße angenehm reduzierte Kabinett aus dem Paradies. Die saftige, deutlich süße Auslese aus dem Steffensberg braucht dagegen noch Zeit, aber die Anlagen sind unzweifelhaft vorhanden.

Weinbewertung

82	2019 Riesling trocken	12,5 %/6,20 €
82	2019 Sauvignon Blanc trocken	12,5 %/7,50 €
84	2018 Weißburgunder trocken Edition „M" Kröver Paradies	14,5 %/11,50 €
85	2019 Riesling Spätlese trocken Kröver Letterlay	13,5 %/9,- €
85	2019 Riesling trocken „Edition M" Kröver Steffensberg	14 %/11,50 €
87	2019 Riesling „feinherb" „von alten Reben" Kröver Steffensberg	13 %/11,50 €
86	2019 Riesling Spätlese „feinherb" Kröver Steffensberg	13 %/9,- €
85	2019 Riesling Kabinett Kröver Paradies	10 %/6,20 €
87	2019 Riesling Auslese Kröver Steffensberg	8,5 %/13,50 €
86	2018 Spätburgunder trocken „Edition M" Kröver Paradies	15 %/11,50 €

PFALZ ▬ GEROLSHEIM

★★

Kaiserbaum

Kontakt
Weingut am Kaiserbaum
Hauptstraße 33
67229 Gerolsheim
Tel. 06238-3562
Fax: 06238-929272
www.weingut-am-kaiserbaum.de
info@weingut-am-kaiserbaum.de

Besuchszeiten
Mi.-Fr. 13-18 Uhr
Sa. 10-17 Uhr
und nach Vereinbarung

Inhaber
Familie Hundinger

Rebfläche
20 Hektar

Das Weingut am Kaiserbaum ist in der nördlichen Pfalz, in Gerolsheim, gelegen. Die Weinberge befinden sich vor allem in Gerolsheim (Lerchenspiel), Weisenheim (Rosenbühl, Hasenzeile, Altenberg) und Kirchheim (Schwarzerde), aber auch in Freinsheim, Laumersheim und Herxheim. Der Anteil der mit Spätburgunder und anderen roten Sorten bestockten Rebfläche ist hoch. Seit einigen Jahren bringt auch Gerald Hundinger seine Rotwein-Erfahrung ein. Sammeln konnte er diese unter anderem bei seinem Önologie-Studium in Bordeaux und bei Rotwein-Pionieren in der Pfalz. Burgundersorten und Riesling liegen bei den weißen Sorten im Fokus des jungen Kellermeisters, der letzter Schüler des Weißweinspezialisten Hans-Günter Schwarz bei Müller-Catoir war. Bei den edelsüßen Weinen spielen Rieslaner und Gewürztraminer eine besondere Rolle.

Kollektion

Nachdem sich das Weingut am Kaiserbaum im vergangenen Jahr mit einem überraschend feinen Händchen für edelsüße Rieslaner hervortun konnte, durften wir in diesem Jahr vor allem trockene Weine aus dem Keller der Inhaberfamilie Hundinger verkosten. Sowohl Weißburgunder als auch Grauburgunder sind sehr klar und mit 12 und 12,5 Volumenprozent Alkohol angenehm animierend. Eine leichte Präferenz haben wir für den Weißburgunder, der zart nach weißen Blüten duftet und viel Saft mitbringt. Ähnlich überzeugt uns die Cuvée „Frauke" aus Cabernet Blanc und Riesling, die eine sehr expressive Frucht und grüne Aromen von Apfel, Paprika und Limette zeigt. Sehr gut ist der „Rosenbühl" aus Chardonnay und Weißburgunder, der eine expressive, leicht tropische Frucht aufweist, durch einen guten Schmelz aber nicht zu sehr ins Fruchtbetonte kippt. Seit längerer Zeit verkosten wir in diesem Jahr auch wieder einen Chardonnay der Familie Hundinger. Der Wein wurde im Barrique vergoren und zeigt dementsprechend schmelzige Noten, die nicht überlagernd wirken sondern noch genug Wein durchscheinen lassen, der eine gute Länge und zarte Blütenaromen aufweist. Einen süßen Rieslaner konnten wir auch aus dem Jahrgang 2019 verkosten, wenn auch „nur" eine Auslese an Stelle der Trockenbeerenauslese aus 2018. Die Süße ist hier nicht plakativ sondern wird von knackigen grünen Apfelaromen umspielt, sehr schön! ➝

Weinbewertung

83	2019 „Frauke" Weißwein trocken	12,5 %/9,50 €
85	2019 Chardonnay & Weißburgunder trocken Weisenheimer Rosenbühl	13 %/9,50 €
86	2019 Chardonnay trocken „Auf dem Kalkstein"	13,5 %/12,- €
83	2019 Grauburgunder trocken „Vum Wingertshaisel"	12,5 %/8,50 €
84	2019 Weißburgunder trocken „Unner'm Mandelbaam"	12 %/8,50 €
83	2019 Gewürztraminer & Riesling „fruchtig"	11,5 %/9,50 €
86	2019 Rieslaner Auslese Gerolsheimer Lerchenspiel	9,5 %/15,- €

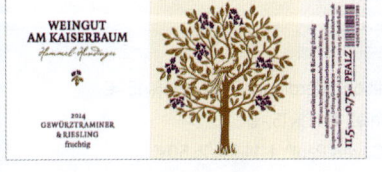

BADEN — MERDINGEN

★★★✩

Kalkbödele

Kontakt
Weingut der Gebrüder Mathis
Enggasse 21
79291 Merdingen
Tel. 07668-334010
Fax: 07668-3340199
www.kalkboedele.de
weingut@kalkboedele.de

Besuchszeiten
Mo.-Fr. 10-12 + 14-17 Uhr
Sa. 10-13 Uhr

Inhaber
Sonja Mathis-Stich

Gutsverwalter
Manfred Zimmermann

Kellermeister
Manfred Zimmermann

Rebfläche
20 Hektar

Produktion
130.000 Flaschen

Paul Mathis, Gründer eines Kalkwerks in Merdingen, und seine Brüder Bernhard und Franz begannen 1978 mit der Herstellung eigener Weine vom Tuniberg. Sie setzten von Anfang an auf trocken ausgebaute Weine und auf den Barriqueausbau. Heute wird das Weingut von Sonja Mathis-Stich geführt, Betriebsleiter und Kellermeister ist Manfred Zimmermann. Rote Rebsorten nehmen über die Hälfte der Rebfläche ein, Spätburgunder vor allem, aber auch Merlot, Cabernet Sauvignon und Lagrein. Weiß- und Grauburgunder sind die wichtigsten weißen Sorten, dazu gibt es Müller-Thurgau und Chardonnay, aber auch Auxerrois und Riesling, dazu ein wenig Cabernet Sauvignon und Merlot. Die Rotweine werden maischevergoren und in Holzfässern ausgebaut, auch ein Teil der Weißweine kommt ins Holz. Alle Weine werden durchgegoren ausgebaut. Schon seit der ersten Ausgabe empfehlen wir die Weine vom Kalkbödele, in den letzten Jahren haben die Kollektionen deutlich an Konstanz gewonnen, die Weißweine sind fruchtbetonter und reintöniger geworden, den Holzeinsatz bei den Rotweinen hat man etwas zurückgefahren.

Kollektion

Die im Holz ausgebauten Reserve-Weine führen auch in diesem Jahr eine stimmige, homogene Kollektion an. Der Weißburgunder zeigt feine Würze und viel Frucht im Bouquet, auch am Gaumen ist er sehr würzig mit ausbalancierter Struktur und stoffiger, salziger Länge. Der Chardonnay zeigt ein rauchiges Bouquet mit feiner Würze, im Hintergrund feine Frucht, am Gaumen mächtig und opulent, Tannine straffen den Wein in die Länge, verleihen Druck. Weißburgunder und Grauburgunder Kabinett sind fruchtbetont, durchgegoren mit kraftvoller Frische. Pinot Blanc und Pinot Gris aus dem Holzfass sind intensiv im Bouquet, am Gaumen saftige, kräftige Eleganz, viel Stoff. Leicht und fruchtbetont sind die beiden Sekte, beim Rosé kommen würzige Noten dazu. Gut gefällt uns der frische und saftige Pinot Noir.

Weinbewertung

83	„Mathis Cuvée" Pinot Blanc Sekt brut	12,5%/15,90€
84	„Mathis Cuvée" Pinot Rosé Sekt extra-brut	12,5%/15,90€
83	2018 Weißburgunder Kabinett trocken	13,5%/8,90€
83	2018 Grauburgunder Kabinett trocken	13,5%/8,90€
86	2018 Pinot Blanc trocken Holzfass	13,5%/10,50€
86	2018 Pinot Gris trocken Holzfass	13,5%/10,50€
88	2017 Weißburgunder trocken „Reserve"	13,5%/17,-€
87	2018 Chardonnay trocken „Reserve"	15%/17,-€
85	2016 Pinot Noir	13,5%/12,-€
85	2016 Spätburgunder trocken Barrique „Tradition" Merdinger Bühl	14%/15,-€
86	2016 Spätburgunder trocken „Edition Kastanie"	14%/15,-€
86	2018 Cabernet Sauvignon Merlot trocken „Cuvée Paul"	14,5%/15,50€

RHEINHESSEN ▶ FLONHEIM

★★★

Kampf

Kontakt
Langgasse 75
55237 Flonheim
Tel. 06734-1626
Fax: 06734-7117
www.weingut-kampf.de
info@weingut-kampf.de

Besuchszeiten
Mo.-Fr. 8-12 + 14-18 Uhr,
Sa. 9-15 Uhr,
Anmeldung empfohlen

Inhaber
Familie Kampf
Betriebsleiter
Hanspeter & Patrick Kampf
Kellermeister
Nadine Schoch &
Patrick Kampf
Rebfläche
13 Hektar
Produktion
40.000 Flaschen

Lange Zeit wurden die Weine zwar ausgebaut, aber dann füllfertig an andere Betriebe verkauft. Mit dem Einstieg von Patrick Kampf hat sich dies geändert: Geisenheim-Studium, Praktika bei Wagner-Stempel, Schäfer-Fröhlich und BattenfeldSpanier, bei Pichler in Oberloiben und bei Hartford Family in Sonoma – da will man mehr erreichen. Seit 2008 werden die Weinberge biologisch bewirtschaftet, 2011 war der erste zertifizierte Jahrgang. Der Fokus liegt auf Riesling, dazu gibt es Weiß- und Grauburgunder, Scheurebe, Sauvignon Blanc und Silvaner, auch etwas rote Sorten. Das Sortiment ist gegliedert in Gutsweine, Ortsweine und Lagenweine, wobei die Gutsweine absolut dominieren, einen Lagen-Riesling aus der Uffhofener La Roche gab es erstmals 2012, dann wieder im Jahrgang 2015.

Kollektion

Im vergangenen Jahr führte der großartige Pinot-Sekt brut nature aus dem Jahrgang 2015 eine starke Kollektion an. Der 2018er Riesling-Sekt reicht da nicht heran, ist aber sehr gut, rauchig, harmonisch und elegant bei feiner Süße. Die Gutsweine zeigen das gewohnt hohe und gewohnt gleichmäßige Niveau, alle Weine sind klar und sortentypisch, besitzen viel Frucht, ganz dezente Süße und Grip. Unter den weißen Gutsweinen gilt unsere leichte Präferenz dem zupackenden Blanc de Blancs aus Weißburgunder und Chardonnay, der wunderschön reintönigen Scheurebe und dem würzigen, lebhaften Riesling. Den rotfruchtigen, zupackenden Rosé und den frischen Spätburgunder sehen wir auf gleichem Niveau. Lagenweine gibt es dieses Jahr nicht und auch nur einen einzigen Ortswein konnten wir verkosten, den Flonheimer Riesling, der auch unser eindeutiger Favorit in der aktuellen Kollektion von Hanspeter und Patrick Kampf ist. Er zeigt gute Konzentration, reintönige Frucht, feine Frische, etwas gelbe Früchte, ist füllig und kraftvoll, besitzt reife Frucht, gute Struktur und Grip.

Weinbewertung

86	2018 Riesling Sekt brut	10,5%/12,50€
83	2019 „Cuvée Weiß" Weißwein trocken	12,5%/6,50€
84	2019 „Blanc de Blancs" Weißwein trocken	12,5%/7,80€
83	2019 Grauburgunder trocken	13%/7,80€
84	2019 Riesling trocken	13%/7,80€
84	2019 Scheurebe trocken	13%/7,80€
83	2019 Sauvignon Blanc trocken	12%/7,80€
87	2019 Riesling trocken Flonheim	13%/12,50€
83	2019 Riesling „feinherb"	12,5%/6,-€
84	2019 Rosé trocken	12,5%/7,50€
84	2018 Spätburgunder trocken	12,5%/9,50€

MOSEL ▶ PÖLICH

★★★⯨

Kanzlerhof

Kontakt
Hauptstraße 23
54340 Pölich
Tel. 06507-9389660 /
0175-7145501
Fax: 06507-9389661
www.kanzlerhof.de
weingutkanzlerhof@web.de

Besuchszeiten
Weinverkauf nach Vereinbarung, Tel. 0175-7145501
Weinstube, Gästezimmer, Straußwirtschaft „Weinstube Schömann" ab Ostern an den Wochenenden geöffnet
Gästezimmer

Inhaber
Familie Schömann-Kanzler
Betriebsleiter/Kellermeister
Alfred Schömann
Rebfläche
4,9 Hektar
Produktion
33.000 Flaschen

Seit vielen Generationen betreibt die Familie Schömann-Kanzler ein Weingut in Pölich, das heute von Alfred Schömann geführt wird; Neffe Simon Schömann studiert nach der Ausbildung bei Nik Weis nun in Geisenheim. Die Weinberge des Kanzlerhofs liegen in den Lagen Mehringer Blattenberg und Pölicher Held (zum Teil noch mit wurzelechten Reben bestockt). Neben Riesling, der 90 Prozent der Rebfläche einnimmt, gibt es ein klein wenig Weißburgunder, Spätburgunder und Müller-Thurgau. Das Stammhaus, der Kanzlerhof, wo die Weine heute noch vinifiziert werden, wurde im Jahr 1578 als Fronhaus der Trierer Abtei St. Maximin errichtet. Der Ausbau der Weine erfolgt teils im traditionellen Fuderfass, teils im Edelstahl. 80 Prozent der Weine werden trocken oder halbtrocken ausgebaut. Zum Weingut gehören ein Gästehaus und Schömanns Weinstube, die ab Ostern an den Wochenenden geöffnet hat.

Kollektion

Ein gelungener, saftiger Sekt aus 2016 führt das Sortiment an. Wie gut das Weingut auch im Jahrgang 2019 gearbeitet hat, beweist schon der schön trockene und angenehm stoffige Literriesling, der ein unschlagbares Preis-Leistungs-Verhältnis aufweist. Der Weißburgunder wirkt frisch, spritzig, sehr animierend. Der trockene Riesling „S" aus der Lage Held ist fest und stoffig, es fehlt in diesem Falle höchstens etwas an Spiel. Die feinherbe Blattenberg-Spätlese wirkt in der Nase verhalten, ist stoffig und bestens balanciert. Sehr gelungen fallen die restsüßen Weine aus. Eine Spätlese Goldkapsel aus dem Blattenberg, zupackend und rassig, ist als erstes zu nennen; die Held-Auslese aus 2018 ist sehr direkt, saftig, schon jetzt zugänglich, während die 2018er Held-Trockenbeerenauslese Noten von Pfirsichkompott aufweist, absolut reintönig ist, allerdings im Moment extrem süß wirkt. Dieser Wein dürfte erst in einigen Jahren wirklich zur Trinkreife finden.

Weinbewertung

86	2016 Riesling Crémant brut	12,5%/11,-€
83	2019 Riesling trocken Pölicher (1l)	11,5%/6,-€
86	2019 Riesling trocken „S" Pölicher Held	12,5%/8,50€
85	2019 Weißburgunder trocken	13%/6,50€
84	2019 Riesling Kabinett „feinherb" Pölicher Held	11,5%/6,50€
84	2019 Riesling „Simons IV. Generation"	11,5%/7,50€
87	2019 Riesling Spätlese „feinherb" Mehringer Blattenberg	11,5%/8,50€ ☺
88	2019 Riesling Spätlese Goldkapsel Mehringer Blattenberg	8%/11,-€
88	2018 Riesling Auslese Pölicher Held	7%/16,-€/0,5l
89+	2018 Riesling Trockenbeerenauslese Pölicher Held	5,5%/54,-€/0,375l

RHEINHESSEN — SELZEN

★★✩

Kapellenhof

Kontakt
Weingut Kapellenhof Oek.Rat
Schätzel Erben
Kapellenstraße 18
55278 Selzen
Tel. 06737-204
Fax: 06737-8670
www.kapellenhof-selzen.de
kapellenhof@t-online.de

Besuchszeiten
Mo.-Fr. 8-12 + 13-17 Uhr
Sa. 9-14 Uhr
Kaupers Restaurant im
Kapellenhof
(info@kaupers-kapellenhof.de)

Inhaber
Thomas Schätzel
Rebfläche
18 Hektar
Produktion
120.000 Flaschen

Der Kapellenhof in Selzen wurde erstmals 1373 als „Capell-Hube" urkundlich erwähnt, gehörte bis zum 16. Jahrhundert dem Wormser Domstift. Heute wird das Gut in fünfter Generation von Thomas Schätzel geführt, der nach dem Abschluss seines Weinbaustudiums 1984 in den elterlichen Betrieb eingetreten ist. Seine wichtigsten Lagen sind Hahnheimer Knopf, wo die Reben auf Kalkmergelböden wachsen, und Selzener Gottesgarten und Osterberg, auch im Sörgenlocher Moosberg ist er vertreten. Die Lohnkelterei wurde abgeschafft, Thomas Schätzel konzentriert sich nun ganz auf die eigene Weinproduktion, arbeitet zunehmend mit Spontangärung und längerem Feinhefelager.

Kollektion

Die neue Kollektion überzeugt auf breiter Front. Der Sauvignon Blanc ist frisch und fruchtbetont, der Weißburgunder klar und süffig, der Silvaner besitzt viel Würze und reife Frucht. Sehr gut gefällt uns der Selzener Chardonnay, der geradlinig, reintönig und frisch ist. Das Riesling-Quartett besteht aus dem leicht apfelduftigen trockenen Kalkstein-Riesling, dem saftig-süffigen feinherben Hahnheimer Wein, der fülligen, harmonischen Selzener Spätlese und, als Highlight, dem Oekonomie-Rat E, der Fülle und Kraft besitzt, gute Struktur und Frische, 2019 noch mehr beeindruckt als 2018. Der Grauburgunder Am Dicken Stein setzt ganz auf Fülle und reife Frucht, während die barriqueausgebauten Grauburgunder ganz auf Struktur setzen: Der zehn Wochen auf der Maische vergorene O-Range besitzt Kraft und Druck, 2018 ist etwas stoffiger als 2017, der zwanzig Monate im Barrique ausgebaute 2016er Beyond ist leicht vanilleduftig, der 2019er ist stoffig und kraftvoll, aber noch jugendlich verschlossen. Stark!

Weinbewertung

83	2019 Weißer Burgunder trocken „Kalkmergel" Hahnheim	13,5%/7,80€
83	2019 Sauvignon Blanc trocken	12,5%/7,20€
84	2018 Sylvaner trocken Selzener	13%/9,80€
83	2019 Riesling trocken „Kalkmergel" Hahnheim	13,5%/8,30€
85	2019 Chardonnay trocken Selzener	12%/7,80€
84	2019 Grauer Burgunder trocken „Am Dicken Stein" Selzener	13%/7,80€
83	2019 Spätburgunder „Blanc de Noirs" trocken Selzener	12%/7,20€
88	2018 Riesling trocken „Oekonomie-Rat E" Hahnheimer Knopf Sel. Rhh	13,5%/18,-€
89	2019 Riesling trocken „Oekonomie-Rat E" Hahnheimer Knopf Sel. Rhh	13,5%/18,-€
88	2017 Grauer Burgunder trocken Barrique „O-Range" Selz. Gottesgarten	12%/18,-€
89	2018 Grauer Burgunder trocken Barrique „O-Range" Selz. Gottesgarten	12%/18,-€
88	2016 Grauer Burgunder trocken Barrique „Beyond" Selz. Gottesgarten	12%/21,-€
88	2019 Grauer Burgunder trocken Barrique „Beyond" Selz. Gottesgarten	12%/21,-€
84	2019 Riesling „feinherb" Hahnheimer	13,5%/7,80€
85	2019 Riesling Spätlese Selzener	10%/7,80€

★★★ Karlsmühle

Kontakt
Im Mühlengrund 1
54318 Mertesdorf
Tel. 0651-5124
Fax: 0651-5610296
www.weingut-karlsmühle.de
anfrage@weingut-karlsmuehle.de

Besuchszeiten
Mo.-Sa. 8-17 Uhr und nach Vereinbarung
Gutsausschank Karlsmühle (Di.-So. ab 12 Uhr)

Inhaber
Peter Geiben

Rebfläche
15 Hektar

Produktion
70.000 Flaschen

Die Geschichte der Mühle, die als älteste Gesteinsmühle nördlich der Alpen gilt, reicht bis weit ins erste nachchristliche Jahrtausend zurück. 1889 heiratete der erste Geiben in die Besitzerfamilie ein, seit Ende der siebziger Jahre führt Peter Geiben den im Ruwertal gelegenen Betrieb. Die Mertesdorfer Einzellagen Lorenzhöfer Mäuerchen und Lorenzhöfer Felslay gehören ihm im Alleinbesitz (vermarktet werden sie nur als Lorenzhöfer), hinzu kommen Weinberge in den Lagen Nies'chen, Kehrnagel, sowie im Kaseler Timpert auf der linken Ruwerseite, der Peter Geiben ebenfalls im Alleinbesitz gehört und wodurch die Karlsmühle zum einzigen Ruwer-Weingut geworden ist, das auf beiden Ruwerseiten Weinberge besitzt. Neben 90 Prozent Riesling gibt es ein wenig Spätburgunder, Grau- und Weißburgunder, Müller-Thurgau, Dornfelder und Elbling. Die Weine werden überwiegend im Edelstahl ausgebaut. Das dazugehörige Hotel und das Restaurant werden von einem Pächter betrieben.

🍷 Kollektion

In diesem Jahr stellt Peter Geiben lediglich ein kleines Sortiment an Rieslingen an, aber das ist schon in der Basis ausgezeichnet. Da wäre etwa der „Molaris L." genannte Riesling zu nennen, der fein und duftig wirkt und im Mund zupackend ist. Ein ausgezeichneter Einstieg ins Sortiment. Ganz anders der feine, schlanke, trockene Kabinett namens Lorenzhöfer, der feiner und eleganter ist, aber auch nachhaltig und straff ausfällt. Wiederum einen anderen Stil weist der Riesling von alten Reben auf, eine Selektion, die in vielen Jahren im jungen Stadium schwer zu beurteilen ist. So ist es auch diesmal: Der Wein ist eher verschlossen, duftet nach Hefe, Melone und Kräutern, wirkt kompakt und würzig, besitzt unzweifelhaft Substanz, dürfte aber eher in etwa einem Jahr von sich reden machen. Deutlich offener sind die beiden feinherben Weine, der „Molaris L.", der saftig ausfällt, aber nicht ganz so präzise ist wie seine trockene Variante, und der feinherbe Kabinett mit merklicher Süße, aber auch einer feinen, eher schlanken Art. Die Spätlese aus dem Nies'chen ist wunderbar duftig, fein, offen und rassig, die Süße ist verhalten. Ein Wein, wie er wohl nur an der Ruwer und allenfalls noch an der Saar gelingen kann.

🍇 Weinbewertung

87	2019 Riesling trocken „Molaris L."	12%/9,-€
87	2019 Riesling Kabinett trocken Lorenzhöfer	11,5%/9,-€
88	2019 Riesling Spätlese trocken „Selektion von alten Reben"	12%/12,-€
86	2019 Riesling „feinherb" „Molaris L."	10,5%/9,-€
87	2019 Riesling Kabinett „feinherb" Kaseler Nies'chen	10,5%/9,-€
89	2019 Riesling Spätlese Kaseler Nies'chen	8,5%/12,-€ ☺

MOSEL ▶ BRAUNEBERG

★★

Karp-Schreiber

Kontakt
Moselweinstraße 186
54472 Brauneberg
Tel. 06534-236
Fax: 06534-790
www.karp-schreiber.de
karp-schreiber@t-online.de

Besuchszeiten
nach Vereinbarung

Inhaber
Jobst-Julius Karp

Rebfläche
7 Hektar

Produktion
40.000 Flaschen

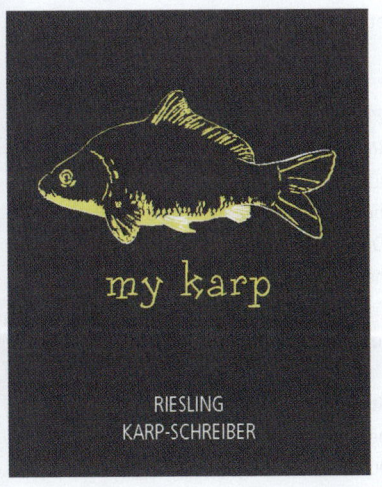

Die Familie betreibt seit dem 17. Jahrhundert Weinbau an der Mosel und möchte Weine erzeugen, die reife Säure und Frucht miteinander vereinen. Geleitet wird der Betrieb inzwischen von Jobst-Julius Karp, der vor allem Riesling anbaut (zu 80 Prozent), allerdings auch Weißburgunder, Sauvignon Blanc und Regent im Ertrag hat. Jobst-Julius Karp studierte in Geisenheim, verbrachte einige Zeit in Kalifornien, in Neuseeland in der Kellerei Cloudy Bay, in Australien sowie in Spanien. Die professionelle Basis für die Erzeugung überdurchschnittlich guter Weine ist also allein schon durch die Erfahrung gelegt worden, und mit den Lagen Brauneberger Juffer und Juffer-Sonnenuhr sind auch die entsprechenden Flächen vorhanden. Die Straußwirtschaft öffnet traditionell zweimal im Jahr und bietet dann Speisen, die weit über das normale Angebot einer derartigen Winzerwirtschaft hinausgehen. Auch stilvoll übernachten kann man auf dem Weingut.

🎂 Kollektion

Die Weine des Jahrgangs 2019 sind erfreulich straff, zugänglich, gut balanciert. Ein Sauvignon Blanc mit Noten von Stachelbeere und Guave wirkt straff und würzig, auch wenn er einen Hauch von Süße erkennen lässt. Der trockene Basiswein namens „Dry Karp" ist sehr gut vinifiziert, besitzt in der Nase Anklänge an Zitrus, ist dann stoffig, zugänglich, mit etwas Spiel. Überdurchschnittlich balanciert ist der trockene Kabinettriesling, würzig und stoffig, verhalten im Alkohol. Dann der einzige vorgestellte Wein des Jahrgangs 2018, dem die Zeit seit der Ernte gutgetan zu haben scheint: Das Große Gewächs ist, für den Jahrgang nicht selbstverständlich, eher auf der spritzigen und schlanken Seite, besitzt im Mund aber eine feste Art mit einem Hauch von Gerbstoffen, ist würzig, nachhaltig und angenehm trocken. Auch bei der feinherb ausgebauten Spätlese ist die Balance deutlich zu bemerken; dieser Wein gefällt mit seiner saftigen Art schon jetzt gut. Noch deutlich spannender, auch länger wirkt die feinherbe Spätlese von alten Reben, welche Würze zeigt, eine merkliche Süße erkennen lässt und bereits jetzt Spaß macht. Die Auslese dagegen war bei der Verkostung noch ein wenig vom Schwefel geprägt, wirkte eher schlank als üppig, ließ eine straffe Art erkennen und im Nachhall Noten von kandierter Zitrone. ◂

🍷 Weinbewertung

85	2019 Riesling trocken „Dry Karp"	12,5%/6,-€ ☺
85	2019 Sauvignon Blanc	12%/7,-€
86	2019 Riesling Kabinett trocken Brauneberger Juffer	12,5%/7,90€
88	2018 Riesling trocken „GG" Brauneberger Juffer-Sonnenuhr	12,5%/15,-€
84	2019 Riesling „feinherb" „My Karp"	11%/6,-€
87	2019 Riesling Spätlese „feinherb" „Alte Reben"	12,5%/9,90€

my karp

RIESLING
KARP-SCHREIBER

PFALZ – BAD DÜRKHEIM

Karst

★★ ⯪

Kontakt
In den Almen 15
67098 Bad Dürkheim
Tel. 06322-2862
Fax: 06322-65965
www.weingut-karst.de
info@weingut-karst.de

Besuchszeiten
Weinverkauf:
Di.-Sa. 10-12 + 14-18 Uhr,
Vinothek:
Fr. ab 16 Uhr
Sa./So. ab 12 Uhr
Gästehaus, Vinothek
„Weinwinkl"

Inhaber
Uli Karst
Betriebsleiter
Uli Karst
Kellermeister
Uli Karst
Rebfläche
15 Hektar
Produktion
120.000 Flaschen

Seit 1765 wird in der Familie Karst Weinbau betrieben, heute wird das Weingut von Uli Karst geleitet, der nach Abschluss seiner Ausbildung zum Weinbauingenieur und Praktika in den USA und Franken 2010 den Betrieb von seinen Eltern Manfred und Erika übernommen hat. Seine Frau Karina, eigentlich Juniorprofessorin an der Fakultät für Sozialwissenschaften der Universität Mannheim, unterstützt ihn bei Marketing, Vertrieb und Events. Die Weinberge liegen in den Bad Dürkheimer Lagen Hochbenn, Steinberg, Spielberg, Rittergarten und Nonnengarten und in Wachenheim im Mandelgarten und im Königswingert. Riesling spielt mit einem Flächenanteil von 30 Prozent die wichtigste Rolle im Weingut, daneben gibt es 20 Prozent Spätburgunder, je 10 Prozent Grauburgunder, Sauvignon Blanc und Cabernet Sauvignon, auf den restlichen 20 Prozent der Fläche stehen Chardonnay, Weißburgunder, Muskateller, Gewürztraminer, Grüner Veltliner, St. Laurent, Lemberger, Syrah und Merlot. Im Sommer 2018 wurde im Weingut die Vinothek Weinwinkl eröffnet und das bereits vorher bestehende Gästehaus erweitert.

Kollektion

In einer Kollektion auf durchgängig gutem Niveau ragen drei Weine heraus: Die Cuvée aus Grauburgunder und Chardonnay zeigt im eindringlichen Bouquet klare gelbe Frucht, Birne, Melone, und etwas Brotkruste, besitzt Kraft und Schmelz, der Sauvignon Blanc ist ebenfalls ganz klar in der Frucht mit Noten von Maracuja und Stachelbeere, ist konzentriert und ausgewogen und der Riesling aus der Hochbenn zeigt kräutrige Noten und grünen Apfel im Bouquet, ist kraftvoll und nachhaltig. Sehr gut sind auch der gelbfruchtige, weiche Grauburgunder aus dem Königswingert und der Weißburgunder aus dem Mandelgarten mit leicht nussig-floralen Noten, unser Favorit unter den Rotweinen ist der kraftvolle Cabernet Sauvignon mit seinen reintönigen Aromen von schwarzer Johannisbeere und etwas grüner Paprika.

Weinbewertung

82	2019 „Kleine Blume" Weißwein trocken	12 %/6,90 €
82	2019 Riesling Kabinett trocken Dürkheimer Rittergarten	12,5 %/7,- €
85	2019 Weißburgunder Spätlese trocken Wachenheimer Mandelgarten	13 %/9,50 €
83	2019 Grauburgunder Kabinett trocken Dürkheimer Nonnengarten	12,5 %/7,- €
86	2019 Riesling Spätlese trocken „einzelstück" Dürkheimer Hochbenn	13,5 %/12,50 €
85	2019 Grauburgunder Spätlese trocken Wachenheimer Königswingert	13 %/9,- €
86	2019 Sauvignon Blanc trocken „einzelstück"	12,5 %/12,50 €
87	2018 Grauburgunder-Chardonnay trocken „einzelstück" Königswingert	13,5 %/12,50 €
82	2019 „Rosalie" Rosé trocken	12 %/7,- €
82	2018 Spätburgunder trocken Dürkheimer Rittergarten	13,5 %/9,50 €
84	2018 Cabernet Sauvignon trocken Wachenheimer Mandelgarten	13,5 %/9,50 €
83	2018 Spätburgunder trocken „einzelstück" Dürkheimer Rittergarten	14 %/15,90 €

MOSEL ▸ TRIER-EITELSBACH

Karthäuserhof

★★★★✩

Kontakt
Karthäuserhof, Eitelsbach
54292 Trier-Eitelsbach
Tel. 0651-5121
Fax: 0651-53557
www.karthaeuserhof.com
mail@karthaeuserhof.com

Besuchszeiten
Büro + Verkauf:
Mo.-Fr. 8:30-17 Uhr

Inhaber
Albert Behler
Geschäftsführer
Richard Grosche
Kellermeister
Mathieu Kauffmann &
Sascha Dannhäuser
Außenbetrieb
Tim Thesen
Rebfläche
26 Hektar
Produktion
120.000 Flaschen

Bis ins 14. Jahrhundert reicht die Geschichte, über Epochen hinweg sammelte der Betrieb Ruhm an, wurde nicht zuletzt durch sein charakteristisches Etikett und den feinziselierten Ruwer-Weinstil bekannt. Auf die Mönche und, seit 1811, die Familie Rautenstrauch folgten die Tyrells, bis Christoph Tyrell das Weingut an seinen Cousin Albert Behler übergab. Ein paar Jahre lange war dann nicht recht zu erkennen, wohin der Weg führt, doch dann schien alles geregelt mit Julia Lübcke als Geschäftsführerin. 2018 wurden weitere Ruwertalweinberge gekauft sowie Lücken durch Neuanpflanzungen geschlossen – die Rebfläche stieg auf heute 26 Hektar. Außer Riesling (97 %) wird auch Weißburgunder angebaut. Für die nächsten Jahre sind weitreichende Renovationsmaßnamen geplant. Im Frühjahr 2020 stand dann völlig überraschend ein erneuter Wechsel an: Richard Grosche (zuvor Reichsrat von Buhl) firmiert als Geschäftsführer, der einstige Champagner-Macher Mathieu Kauffmann hat zusammen mit Sascha Dannhäuser die Position des Kellermeisters übernommen.

Kollektion

Im vergangenen Jahr begeisterte das Sortiment an Weinen durchweg, knüpfte an die besten Zeiten der Geschichte an. Dieses Jahr ist das vorgestellte Repertoire vergleichsweise klein – was vor allem im trockenen Bereich zu spüren ist. Der Riesling namens „Schieferkristall" ist offen, besitzt die typischen Ruwernoten. Etwas reifer wirkt der Alte-Reben-Riesling, der nun als Eitelsbacher firmiert und fest, straff und würzig ausfällt. Er dürfte sich noch gut entwickeln. Ein Großes Gewächs aus 2019 wurde bislang nicht vorgestellt. Bei den süßen Weinen fällt auf, dass sie vergleichsweise trocken ausfallen, besonders rassig wirken und sich ausgezeichnet entwickeln sollten. Besonders die Spätlese profiliert sich in dieser Hinsicht: Sie besitzt eine kühle Frucht mit Kern- und Steinobstnoten, ist fein, rassig, zupackend, verhalten süß. Etwas verhalten wirkt im Moment noch die kühl-fruchtige Auslese, einen deutlich offeneren Eindruck vermittelt die Beerenauslese, die neben Steinobstnoten auch Anklänge an tropische Früchte aufweist. Die Süße wird von der Säure gut balanciert.

Weinbewertung

87	2019 Weißburgunder trocken	12,5%/9,90€
87	2019 Riesling trocken „Schieferkristall"	11,5%/13,90€
89	2019 Riesling trocken „Alte Reben" Eitelsbacher	12%/17,90€
88	2019 Riesling Kabinett Karthäuserhofberg	10,5%/16,90€
89	2019 Riesling Spätlese Karthäuserhofberg	9%/21,90€
90	2019 Riesling Auslese Karthäuserhofberg	8,5%/39,90€
92	2019 Riesling Beerenauslese Karthäuserhofberg	7,5%/a.A./0,375l

PFALZ — FREINSHEIM

★★

Kaßner-Simon

Kontakt
Am Musikantenbuckel 7
67251 Freinsheim
Tel. 06353-989320
Fax: 06353-989321
www.kassner-simon.de
info@kassner-simon.de

Besuchszeiten
Mo.-Sa. 13-18 Uhr
So. 10-13 Uhr (mit Anmeldung) sowie nach Vereinbarung; Feiertage nur nach Vereinbarung
Gutsausschank „MusikantenbuckelKostBar (saisonale Wochenendgastronomie, Öffnungszeiten siehe Webseite)
3 Ferienwohnungen Landhotel „Altes Wasserwerk"

Inhaber
Thomas Simon

Rebfläche
18,3 Hektar

Produktion
120.000 Flaschen

Das 1949 von Mathilde Kassner und Willi Simon gegründete Weingut wird heute von Thomas Simon geführt. 2011 wurde mit dem Neubau der Kellerei am Ortsrand von Freinsheim begonnen, nachdem die neue Vinothek fertig gestellt war, zog das Weingut Anfang 2016 dann komplett aus der Ortsmitte an den Fuß des Musikantenbuckels. Simons Weinberge befinden sich in den Freinsheimer Lagen Musikantenbuckel, Oschelskopf und Schwarzes Kreuz. Für seine Spitzenweine nutzt er die Gewannnamen Im Tal (im Musikantenbuckel) und Auf dem vorderen Groß (im Oschelskopf). Wichtigste Rebsorte ist Riesling, der gut ein Drittel der Rebfläche einnimmt. Es folgen an weißen Sorten Weiß- und Grauburgunder sowie Chardonnay, die roten Sorten Spätburgunder, Merlot und Portugieser, dazu gibt es Sauvignon Blanc, Auxerrois, Scheurebe, Rieslaner, Müller-Thurgau, Cabernet Dorsa, Cabernet Sauvignon, Dornfelder und Cabernet Franc.

Kollektion

Thomas Simon kann sich auch in der aktuelle Kollektion wieder bei einigen Weinen steigern: Der Weißburgunder im Tal lag bis Ende Juli im Tonneau auf der Feinhefe, ist noch sehr deutlich vom Holz geprägt, besitzt Kraft, gelbe Frucht und gute Substanz, braucht noch etwas Zeit der Riesling auf dem vorderen Groß ist expressiv, zeigt klare Frucht und kräutrige Würze, besitzt am Gaumen herbe Zitrusnoten und guten Grip. Noch etwas höher bewerten wir die Rieslaner Beerenauslese, die im Bouquet typische Noten von Aprikosenmark und weißem Nougat zeigt, eine cremige Textur, viel klare Frucht und eine lebendige Säure besitzt. Sehr gut sind auch die von deutlichem, aber gut eingebundenem Holz geprägten Rotweine, der „Kostbar" aus Cabernet Sauvignon, Merlot und Cabernet Franc zeigt dunkle Frucht, Pflaume, Brombeere, besitzt gute Konzentration und kräutrige Frische, der kraftvolle Spätburgunder im Tal zeigt Noten von Mokka und Sauerkirsche im Bouquet.

Weinbewertung

85	2017 Pinot Rosé Sekt brut	12,5 %/12,80 €
81	2019 Riesling trocken (1l)	12,5 %/5,90 €
83	2019 Riesling trocken	12,5 %/7,40 €
85	2019 Sauvignon Blanc trocken Freinsheimer Musikantenbuckel	13,5 %/9,10 €
86	2019 Chardonnay-Weißburgunder Spätlese trocken	13,5 %/9,10 €
85	2019 Riesling Spätlese trocken Freinsheimer Oschelskof	12,5 %/9,10 €
87	2019 Riesling Spätlese trocken Freinsheimer auf dem vorderen Groß	12,5 %/13,70 €
87	2019 Weißer Burgunder Spätlese trocken Freinsheimer im Tal	13,5 %/13,70 €
88	2018 Rieslaner Beerenauslese Freinsheimer Oschelskopf	10,5 %/17,50 €
87	2017 Spätburgunder trocken Freinsheimer im Tal	14 %/18,- €
87	2017 „Kostbar" Rotwein trocken	14 %/18,- €
86	2018 Merlot trocken Freinsheimer Oschelskopf	14,5 %/9,70 €

NAHE — WINDESHEIM

★ ★ ★

Gebrüder Kauer

Kontakt
Bruchgasse 15
55452 Windesheim
Tel. 06707-255
Fax: 06707-517
www.kauerwein.de
info@kauerwein.de

Besuchszeiten
Vinothek Bruchgasse,
Kauerlounge: Do. 17-19 Uhr,
Sa. 10-16 Uhr und nach
Vereinbarung

Inhaber
Markus & Christoph Kauer
Kellermeister
Christoph Kauer
Rebfläche
12 Hektar
Produktion
90.000 Flaschen

Der einstige landwirtschaftliche Gemischtbetrieb hat sich seit den achtziger Jahren ganz auf Weinbau konzentriert. 1992 hat Markus Kauer die Führung des Gutes übernommen, seit 2000 steht ihm sein Cousin Christoph zur Seite, der sich um den Weinausbau kümmert. Die Weinberge liegen in den Windesheimer Lagen Sonnenmorgen, Rosenberg, Saukopf und Römerberg, sowie im Schlossböckelheimer Felsenberg. Die Reben wachsen auf Sandsteinverwitterungsböden des Rotliegenden und des Hunsrückschiefers, aber auch auf Sand und Lehm, im Felsenberg auf Vulkangestein. 2017 kam eine Parzelle im Schweppenhäuser Schlossgarten mit Grauschieferböden hinzu. Die Burgundersorten – Weißburgunder, Grauburgunder, Spätburgunder – nehmen inzwischen 55 Prozent der Rebfläche ein, Riesling wächst auf 35 Prozent der Rebfläche, hinzu kommen je fünf Prozent Müller-Thurgau und Scheurebe.

Kollektion

Nach den kraftvollen 2018er Weinen sind die 2019er der Familie Kauer wieder eine Spur schlanker, die Spitzen liegen bei den Lagenrieslingen und den „Reserve"-Burgundern: Der Felsenberg-Riesling zeigt steinige Noten im leicht verhaltenen Bouquet, besitzt am Gaumen herbe Zitrusfrucht, animierenden Säuregrip und gute Länge, der Römerberg ist eher auf der kräutrig-mineralischen Seite, besitzt Biss und baut feinen Druck auf, die Auslese aus dem Römerberg ist konzentriert und cremig, besitzt viel gelbe Frucht mit Noten von Aprikose und Ananas, und ein frisches Säurespiel, Grau- und Weißburgunder „Reserve" besitzen Schmelz, florale Noten, gut eingebundenes Holz und Länge. Auch bei den Ortsweinen ist das Niveau sehr gut, der Weißburgunder besitzt Schmelz und klare Birnenfrucht, der Grauburgunder zeigt leicht nussige Würze, der „Grauschiefer"-Riesling besitzt klare Frucht mit Noten von Ananas und Orangenschale, der „Rote Sandstein" ist kräutrig-mineralisch und besitzt Biss.

Weinbewertung

86	2015 Riesling Sekt brut	12,5%/14,50 €
84	2019 Weißburgunder trocken	12,5%/7,70 €
84	2019 Scheurebe trocken	12%/9,40 €
86	2019 Riesling trocken „Roter Sandstein" Windesheimer	13%/9,70 €
86	2019 Riesling trocken „Grauschiefer" Schweppenhäuser	12,5%/10,-€
86	2019 Weißburgunder „S" trocken Windesheimer	13%/12,-€
86	2019 Grauburgunder „S" trocken Windesheimer	13,5%/12,-€
88	2019 Riesling trocken Windesheimer Römerberg	13%/16,50 €
89	2019 Riesling trocken Schlossböckelheimer Felsenberg	13%/17,50 €
88	2019 Weißburgunder trocken „Reserve" Windesheimer	13%/17,50 €
88	2019 Grauburgunder trocken „Reserve" Windesheimer	13,5%/20,-€
88	2019 Riesling Auslese Windesheimer Römerberg	8%/14,50 €/0,375l

Dr. Kauer

★★★

Kontakt
Mainzer Straße 21
55422 Bacharach
Tel. 06743-2272
Fax: 06743-93661
www.weingut-dr-kauer.de
info@weingut-dr-kauer.de

Besuchszeiten
bis Okt.
Fr./Sa. 11-17 Uhr
sowie nach Vereinbarung

Inhaber
Martina & Dr. Randolf Kauer,
Anne Kauer
Betriebsleiter
Dr. Randolf Kauer,
Anne Kauer
Rebfläche
3,6 Hektar
Produktion
18.000 Flaschen

Randolf Kauer legte 1982 mit Beginn seines Weinbau-Studiums den Grundstein für sein eigenes Weingut, erweiterte es seither nach und nach auf die heutige Betriebsgröße. Zusammen mit seiner Ehefrau Martina bewirtschaftet Randolf Kauer, der im Hauptberuf an der Fachhochschule Geisenheim Professor für ökologischen Weinbau ist, die Weinberge nach den Richtlinien des ökologischen Weinbaus (Mitglied bei Ecovin), 1996 wurden die Räumlichkeiten einer ehemaligen Weinkellerei in Bacharach bezogen. Die Weinberge, allesamt Steillagen, liegen in den Bacharacher Lagen Wolfshöhle und Kloster Fürstental, im Oberweseler Oelsberg und im Oberdiebacher Fürstenberg. 90 Prozent der Rebfläche nimmt Riesling ein, die restliche Fläche ist mit Spätburgunder bestockt. Randolf Kauer hat eine benachbarte Parzelle in der Wolfshöhle, vor allem aber weitere Parzellen im Fürstenberg erworben, die nach und nach bepflanzt werden. Tochter Anne beendete 2017 ihr Geisenheim-Studium und ist 2018 in den Betrieb eingestiegen, möchte zukünftig das Weingut übernehmen, weshalb die Rebfläche kontinuierlich erweitert werden soll. Es wurde eine Vinothek eingerichtet und ein weiterer Sektkeller erworben.

Kollektion

Dies ist die bisher beste Kollektion von Randolf Kauer! Der Gutsriesling ist würzig und zupackend, unter den trockenen Kabinettweinen gefällt uns der kraftvolle Riesling aus der Wolfshöhle besonders gut. Gleichauf sehen wir die trockenen Spätlesen von alten Reben, Kloster Fürstental (gepflanzt 1970) ist füllig und saftig, Oelsberg (gepflanzt 1973) etwas würziger, eindringlicher. Spannend ist die 2018er Fürstental-Selektion, rauchig, stoffig, nicht zu süß, noch spannender der zwanzig Monate auf der Hefe ausgebaute, enorm kraft- und druckvolle 2017er Riesling „von Herzen". Im feinherben Segment ragt die faszinierend reintönige 2018er Fürstental-Selektion hervor.

Weinbewertung

Punkte	Wein
84	2019 Riesling trocken I 12,5%/8,50 €
84	2019 Riesling Kabinett trocken Bacharacher Kloster Fürstental I 11,5%/9,80 €
86	2019 Riesling Kabinett trocken Bacharacher Wolfshöhle I 11%/9,80 €
89	2019 Riesling Spätlese trocken „Alte Reben" Kloster Fürstental I 13,5%/13,80 €
89	2019 Riesling Spätlese trocken „Alte Reben" Oberweseler Oelsberg I 13,5%/13,80 €
89	2018 Riesling Spätlese trocken „Selektion Alte Reben" Kloster Fürstental I 13%/19,50 €
90	2017 Riesling Spätlese trocken „von Herzen" Oberdiebacher Fürstenberg I 12,5%
86	2019 Riesling Kabinett „feinherb" Bacharacher Kloster Fürstental I 11%/9,80 €
86	2019 Riesling Spätlese „feinherb" Oberweseler Oelsberg I 13,5%/13,80 €
89	2018 Riesling Spätlese „feinherb Selektion Alte Reben" Kloster Fürstental I 13%/19,50 €
84	2019 Spätburgunder Rosé trocken „Tornado" I 12,5%/8,50 €
86	2018 Spätburgunder trocken I 12%/16,-€

RHEINGAU — HATTENHEIM

Kaufmann

★★★★✩

Kontakt
Rheinallee 6
65347 Hattenheim
Tel. 06723-2475
Fax: 06723-7963
www.kaufmann-weingut.de
info@kaufmann-weingut.de

Besuchszeiten
Mo.-Fr. 8-17 Uhr
Sa. 9-13 Uhr
oder nach Vereinbarung

Inhaber
Urban Kaufmann
Kellermeister
Urban Kaufmann
Rebfläche
20 Hektar
Produktion
120.000 Flaschen

Der Schweizer Urban Kaufmann, Inhaber einer Appenzeller-Käserei, und Eva Raps, VDP-Geschäftsführerin, übernahmen 2013 das Weingut Hans Lang in Hattenheim, sie gaben ihre bisherigen Tätigkeiten auf und konzentrieren sich seither ganz auf das Weingut. Die Weinberge liegen in den Hattenheimer Lagen Wisselbrunnen, Hassel und Schützenhaus, sowie in den Hallgartener Lagen Hendelberg, Jungfer und Schönhell. Neben Riesling, der drei Viertel der Fläche einnimmt, gibt es Spätburgunder, aber auch etwas Weißburgunder Chardonnay, Silvaner und Grauburgunder, der Spätburgunder-Anteil wurde von Urban Kaufmann erhöht, er hat 2014 weitere Parzellen mit französischen Klonen in Dichtpflanzung angelegt. Die Weinberge werden weiterhin biologisch bewirtschaftet, 2009 hatte Johann Maximilian Lang den kompletten Betrieb auf ökologische Bewirtschaftung umgestellt, seit 2017 ist das Weingut Demeter-zertifiziert. Die Weine werden überwiegend im Edelstahl ausgebaut, teilweise aber auch in kleinen und großen Eichenholzfässern. Im Sommer 2016 wurde die neue Vinothek fertig gestellt, 2017 erfolgte die Umbenennung des Weingutes.

Kollektion

Der feine Gutsriesling mit dezenter, saftiger Zitrusfrucht eröffnet den Reigen. Stoffig und doch fein ist der Hattenheimer Ortsriesling, besitzt mineralische Noten im Abgang. Der Tell vereint Kraft mit animierendem Trinkfluss. Das gilt auch für das Große Gewächs aus dem Wisselbrunnen, das dabei deutlich mehr Struktur und Finesse bietet. Die Cuvée Uno aus Weißburgunder und Chardonnay bleibt verhalten, ist jedoch vielversprechend. Dann gibt es vier charakterstarke Pinots. Der „+"-Pinot steckt bei entspannten 12,5 % Alkohol voll saftiger Frische und Würze. Der „++" bietet mehr Dichte und Schmelz, im Duft vermischen sich reife Kirschen und jahrgangstypisches Süßholz zu einem sinnlichen Ganzen. Beim „+++"-Pinot wird es ernsthaft: Intensiv, mit toller Prägnanz und viel Substanz, seine markanten, feinen Gerbstoffe verlangen zwei bis drei Jahre Geduld. Das gilt auch für das Große Gewächs das in dunklen Beeren und ätherischer Würze schwelgt und im Finish dekadente Extraktsüße offenbart.

Weinbewertung

Punkte	Wein	Alkohol/Preis
87	2019 Riesling trocken	12,5%/10,50 €
88	2019 Riesling trocken Hattenheim	13%/14,-€
88	2019 Weißburgunder & Chardonnay trocken „Uno"	13%/18,50€
90	2019 Riesling trocken „Tell"	12,5%/18,50€
92	2019 Riesling trocken Großes Gewächs Wisselbrunnen	13%/25,-€
88	2018 Pinot Noir „+"	12,5%/12,-€
90	2018 Pinot Noir „++"	13,5%/20,-€
91	2018 Pinot Noir „+++" Hattenheim	13,5%/35,-€
92	2018 Pinot Noir GG Hassel	13,5%/70,-€

Kay-Weine

★★ ⯪

Kontakt
Bergstraße 45
53639 Königswinter
Tel. 0170-4173317
www.kay-weine.de
kay@kay-weine.de

Besuchszeiten
10-18 Uhr

Inhaber
Kay Thiel
Betriebsleiter
Kay Thiel
Kellermeister
Felix Pieper & Kay Thiel
Außenbetrieb
Kay Thiel
Rebfläche
1,8 Hektar
Produktion
10.000 Flaschen

Kay Thiel ist Autodidakt, hat bei Bernhard Kirsten in Klüsserath an der Mosel sich mit Weinbau vertraut gemacht, mit einem Freund einen ersten Weinberg gekauft. In Oberdollendorf am Rhein hat er mit seiner Frau seinen Lebensmittelpunkt gefunden und angefangen dort selbst Wein auszubauen, unterstützt von Felix Pieper aus Königswinter. Seine bisherigen Weine stammen alle aus dem Niederdollendorfer Heisterberg, einst als Pfaffenröttchen bekannt. Vier Fünftel der Rebfläche nimmt Riesling ein, dazu gibt es Spätburgunder, Frühburgunder, Dornfelder und Elbling, sowie 5 Prozent Gelber Malinger, eine Sorte, die hauptsächlich als Tafeltraube in Gärten angebaut wird, im kommerziellen Weinbau keine Rolle spielt. Die Weine werden in der Regel spontanvergoren, die Weißweine werden im Edelstahl ausgebaut, die Rotweine kommen nach der offenen Maischegärung ins Holz. 2020 hat Kay Thiel weitere Weinberge in der Leutesdorfer Gartenlay und im Dattenberger Gertrudenberg erworben. Seit 2020 ist er Bioland-zertifiziert.

Kollektion

Eine starke, sehr eigenständige Kollektion präsentiert Kay Thiel zum Debüt, mit kraft- und druckvollen Weinen. Die fünfzehn Monate auf der Hefe ausgebaute Cuvée Henry aus 80 Prozent Elbling und je 10 Prozent Malinger und Riesling ist würzig und frisch, im Bouquet kommt der Riesling zur Geltung, er ist klar, frisch und zupackend im Mund. Der feinherbe Elbling ist sehr offen, leicht apfelduftig, besitzt gute Struktur, Frische und Frucht. Auch der Riesling ist offen und duftig, klar und frisch, besitzt gute Struktur, Frucht und Grip. Der Malinger zeigt intensive Frucht, gelbe Früchte, etwas Orangen, feine Frische, ist klar, zupackend und fruchtbetont. Der zwölf Monate im Barrique ausgebaute Frühburgunder zeigt feine Frische und reintönige Frucht im Bouquet, rote Früchte, ist frisch und klar im Mund, geradlinig und zupackend bei feiner, reintöniger Frucht. Doppelt so lang, fast zwei Jahre, wurde der Spätburgunder im Barrique ausgebaut, er zeigt feine Frische, viel Würze, rote Früchte, ist klar und zupackend im Mund, besitzt gute Struktur und Frucht und eine dezente Vanillenote. Spannende Weine!

Weinbewertung

85	2018 „Cuvee Henry" Sekt brut Niederdollendorfer Heisterberg	11,5%/14,90€
86	2019 Riesling Niederdollendorfer Heisterberg	12,5%/13,50€
87	2019 Malinger trocken Niederdollendorfer Heisterberg	12%/11,90€
84	2019 Elbling „feinherb"	10%/10,90€
86	2019 Frühburgunder trocken Niederdollendorfer Heisterberg	12,5%/16,90€
86	2018 Spätburgunder trocken Niederdollendorfer Heisterberg	13,5%/16,90€

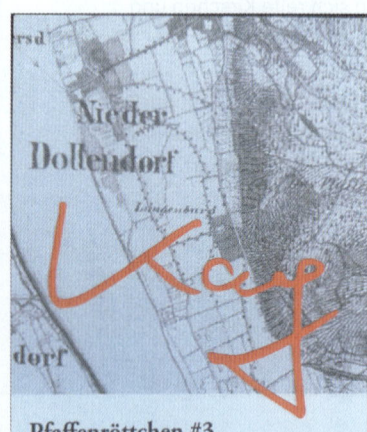

Pfaffenröttchen #3
Cuvée Henry Brut | 2018
Niederdollendorfer Heisterberg

MOSEL — GRAACH

★★★★

Kees-Kieren

Kontakt
Hauptstraße 22
54470 Graach
Tel. 06531-3428
Fax: 06531-1593
www.kees-kieren.de
weingut@kees-kieren.de

Besuchszeiten
Mo.-Sa. 10-18 Uhr,
So. 10-12 Uhr, jedoch nur
nach Vereinbarung
Gutsausschank, Tage der
offenen Weinkeller (Pfingsten, Mo.-Fr., und Fronleichnam, Do.-So.)
Gästezimmer

Inhaber
Ernst-Josef & Werner Kees
Kellermeister
Ernst-Josef Kees
Außenbetrieb
Werner Kees
Rebfläche
7 Hektar
Produktion
60.000 Flaschen

Im Jahre 1648 wird das Weingut erstmals urkundlich erwähnt, im Jahr 1920 entsteht mit der Heirat von Angela Kieren und Franz-Josef Kees das heutige Weingut Kees-Kieren. Seit 1980 führen die Brüder Ernst-Josef und Werner Kees diesen Graacher Betrieb, unterstützt werden sie von ihren Frauen Sylvia Rabbow und Gerlinde Schäfer. Mit Niklas Kees, der nach einem Studium zum Wirtschaftsingenieur Weinwissen an der Fachhochschule Geisenheim erwirbt, steht allerdings schon die nächste Generation bereit, um das Gut fortzuführen. Die Weinberge des Familienbetriebes befinden sich in Graach (Himmelreich und Domprobst), in Erden (Treppchen), in Kinheim (Rosenberg) sowie in Kesten (Paulinshofberg). Neben Riesling, der 90 Prozent der Fläche einnimmt, gibt es lediglich noch Spätburgunder auf fünf Prozent der Fläche sowie kleine Anteile an Weißburgunder und Rivaner (jeweils zwei Prozent). Die Weine werden überwiegend spontanvergoren und in traditionellen Fuderfässern ausgebaut, das lange Feinhefelager gehört ebenfalls zur Philosophie des Gutes. Die Weine sind, wie wir beobachten konnten, über die Jahre und Jahrgänge hinweg immer präziser und klarer geworden – beginnend beim trockenen Einstieg und endend oft bei den dreifach besternten Auslesen. Auf die Basis im trockenen Bereich legten die Brüder Kees schon immer großen Wert, aber auch in der trockenen Spitze hat das Weingut einiges zu bieten. Die halbtrockenen bzw. feinherben Weine haben Klasse, sind gut balanciert. Zu den interessantesten Rieslingen rechnen wir schon seit geraumer Zeit den süßen Ein-Stern-Kabinett aus dem Erdener Treppchen, der oft zu den besten Weinen dieser Qualitätsstufe an der Mosel zählt. Obwohl die hier erzeugten Weine generell sehr saftig wirken, zupackend und im Grunde leicht verständlich sind, besitzen sie doch eine bemerkenswerte Länge und Komplexität, sind in Blindverkostungen oft deutlich herauszuschmecken. Und sie reifen gut, wie wiederholte Nachverkostungen von Weinen aus den letzten beiden Jahrzehnten zeigen. Der Kunde kann davon profitieren. Einige ältere Weine aus der Schatzkammer werden nach wie vor zum Kauf angeboten, die Preise sind auch hier sympathisch. 2015 wurde eine neue Vinothek erbaut, auch Gästezimmer sind vorhanden.

Kollektion

Die Weine des Jahrgangs 2018, die im letzten Sommer vorgestellt wurden, waren saftig, kraftvoll und würzig, besaßen trotz der hohen Reife der damals geernteten Trauben eine beachtliche Balance. Deutlich anders wirken nun die 2019er, die kraftvoll und zupackend ausfallen, eine deutliche, aber nie unreif wirkende Säure aufweisen. Zu erkennen ist dieser Stil bereits in der Basis. Das trockene Hochgewächs, der Einstieg, ist frisch, duftet nach Zitrus, Kräutern und etwas Kernobst, ist im Mund fest und rassig, eher saftig als puristisch – ein schon jetzt viel Spaß machendes Schnäppchen. Sehr gut gefällt dann der trockene Kabinettwein, der fest, saftig und schon jetzt zugänglich wirkt. Nahtlos geht es dann weiter mit den beiden trockenen Spitzenweinen aus dem Domprobst – beide wirken kraftvoll, kompakt, sind vergleichsweise offen, sind duftig und erstaunlich würzig und nachhaltig, aber kein bisschen angestrengt oder gar alkoholisch. Das Hochgewächs in halbtrockener Variante ist in der Nase etwas verhaltener als sein trockenes Pendant, im Mund straff und saftig. Der feinherbe Kabinett aus dem Himmelreich ist sehr jugendlich, lässt in der Nase noch für einen Moment an Schwefel denken, ist im Mund zupackend, mit sehr verhaltener Süße. Schmelz besitzt dann die feinherbe Spätlese aus dem Domprobst, die eine gewisse Fülle zeigt und eine leichte Süße, aber auch Substanz, die sie für lange Reifung prädestiniert. Noten von Apfel und Kräuter sowie ein großartiges Süße-Säure-Spiel weist der Himmelreich-Kabinett auf. Der Ein-Sterne-Kabinettriesling aus dem Erdener Treppchen ist offen, besitzt Anklänge an Zitrusfrüchte, ist etwas süßer als sein Pendant, aber enorm rassig. Die Zwei-Sterne-Spätlese aus dem Himmelreich wirkt dagegen kühl mit Noten von getrocknetem Apfel, ist im Mund zupackend, rassig, der leichte Schmelz und die Steinobstnote im Nachhall machen sehr viel Spaß. Noch etwas spannender wirkt die Spätlese aus dem Erdener Treppchen. Schließlich die erstaunlich offen wirkende Drei-Sterne-Auslese, die im Duft an reife Papaya erinnert und deren hohe Süße durch eine enorm präsente Säure ausgeglichen wird. Ein langer, vibrierender Wein, der sich ausgezeichnet entwickeln dürfte – wie praktisch alle Rieslinge des Sortiments.

Weinbewertung

86	2019 Riesling Hochgewächs trocken (1l)	12,5%/8,50€ ☺
87	2019 Riesling Kabinett trocken Graacher Domprobst	12,5%/9,-€
89	2019 Riesling Spätlese trocken „S" Graacher Domprobst	13,5%/13,-€
91	2019 Riesling** „GG" Graacher Domprobst	13,5%/18,-€ ☺
86	2019 Riesling Hochgewächs halbtrocken Graacher Himmelreich	12%/7,-€ ☺
87	2019 Riesling Kabinett „feinherb" Graacher Himmelreich	12%/8,50€ ☺
88	2019 Riesling Spätlese „feinherb" Graacher Domprobst	13,5%/12,-€
88	2019 Riesling Kabinett Graacher Himmelreich	10%/8,50€ ☺
89	2019 Riesling Kabinett* Erdener Treppchen	8,5%/11,-€ ☺
89	2019 Riesling Spätlese** Graacher Himmelreich	8,5%/13,-€
91	2019 Riesling Spätlese** Erdener Treppchen	8%/Vst.
93	2019 Riesling Auslese*** Graacher Domprobst	7%/Vst.

Ernst-Josef & Werner Kees

Lagen
Domprobst (Graach)
Himmelreich (Graach)
Treppchen (Erden)
Paulinshofberg (Kesten)
Rosenberg (Kinheim)

Rebsorten
Riesling (90 %)
Spätburgunder (5 %)
Weißburgunder (2 %)
Müller-Thurgau (2 %)

WÜRTTEMBERG — PFEDELBACH-UNTERSTEINBACH

Keil

Kontakt
Alt-Renzener Weg 2, 74629
Pfedelbach-Untersteinbach
Tel. 07949-528
Fax: 07949-940645
www.weingut-keil.de
info@weingut-keil.de

Besuchszeiten
Mo.-Fr. 18 -20 Uhr
Sa. 13:30-18 Uhr
Destillatherstellung mit
Schaubrennerei
3 Weinfeste pro Jahr
Ferienwohnungen

Inhaber
Ralf Keil
Rebfläche
3,5 Hektar
Produktion
30.000 Flaschen

Ralf Keil gründete 2004 mit damals 1,7 Hektar Weinbergen sein eigenes Weingut. Seine Weinberge liegen alle im Steinbacher Tal in der Lage Heuholzer Dachsteiger. Dort wachsen die Reben überwiegend auf schweren Keuperböden, einzelne Parzellen sind mit Muschelkalk durchsetzt. Ralf Keil hat neue Rebsorten gepflanzt und mit dem Barriqueausbau begonnen. Neben traditionellen Rebsorten wie Riesling, Muskateller, Trollinger, Lemberger und Spätburgunder, die wichtigsten Rebsorten im Betrieb, gibt es viele weitere Rebsorten, darunter internationale Rebsorten wie Chardonnay und Sauvignon Blanc, Neuzüchtungen wie Cabernet Dorsa und Cabernet Mitos oder Württemberger Klassiker wie Muskattrollinger. Die besten Weine werden betriebsintern mit 2 oder 3 Sternen gekennzeichnet, zusätzlich aber auch mit Prädikatsbezeichnungen versehen. Neben Weinbergen besitzt Ralf Keil auch 5 Hektar Sonderkulturen, darunter Obst und Beerenfrüchte, stellt daraus Destillate und Liköre her, in seiner Probierstube ist eine Schaubrennerei integriert.

Kollektion

Mit Ausnahme des 3-Sterne-Lemberger stellt uns Ralf Keil dieses Jahr ausschließlich XXL-Weine vor, alle aus dem Jahrgang 2018, alle im Barrique ausgebaut. Darunter ist ein einziger Weißwein, ein im Barrique ausgebauter Sauvignon Blanc, der viel Duft und Intensität zeigt, im Mund von Vanille und einer Bitternote im Abgang geprägt ist. In der Spitze stärker sind die Rotweine, das ist meistens so bei Ralf Keil. Sehr gut ist die Cabernet-Cuvée, die intensive Frucht im Bouquet zeigt, Bitterschokolade, Fülle und Saft im Mund besitzt, viel reife Frucht und Substanz, aber auch eine gute Struktur. Das gilt auch für den Cabernet Cubin, der viel Konzentration und enorm intensive Frucht zeigt, Fülle und Kraft besitzt, herrlich viel Frucht und Substanz, aber auch die für die Rebsorte typischen kräftigen Tannine. Sehr gut ist auch der Samtrot, der viel Würze zeigt, reife rote Früchte, Himbeeren, gute Konzentration, im Mund viel reife Frucht besitzt, Fülle und Substanz, die Vanillenoten vom Barriqueausbau halten den Alkohol in Zaum. Was beim enorm duftigen Spätburgunder nicht ganz gelingt, der viel reife Frucht und Schokonoten besitzt, aber die hohe Reife nicht verleugnen kann, die auch der intensiv fruchtige Lemberger besitzt.

Weinbewertung

82	2018 Sauvignon Blanc „XXL" trocken Heuholzer Dachsteiger	14%/20,-€
85	2018 Samtrot „XXL" trocken Heuholzer Dachsteiger	14,5%/18,-€
83	2018 Spätburgunder „XXL" trocken Heuholzer Dachsteiger	15%/22,-€
82	2018 Lemberger*** Spätlese trocken Heuholzer Dachsteiger	13,5%/14,50€
86	2018 Cabernet Cuvée „XXL" Auslese trocken Heuholzer Dachsteiger	14%/18,-€
86	2018 Cabernet Cubin „XXL" Auslese trocken Heuholzer Dachsteiger	14%/20,-€

BADEN ▶ VOGTSBURG-OBERBERGEN

★★★★★ Franz Keller

Kontakt
Badbergstraße 44, 79235
Vogtsburg-Oberbergen
Tel. 07662-93300
Fax: 07662-719
www.franz-keller.de
keller@franz-keller.de

Besuchszeiten
Mo.-Fr. 9-18 Uhr, Sa. 10-18 Uhr, So. 10-16 Uhr, Feiertage + Jan./Feb. siehe Homepage; Hotel & Restaurant Schwarzer Adler, Restaurant Kellerwirtschaft, Winzerhaus Rebstock

Inhaber
Fritz Keller

Betriebsleiter
Uwe Barnickel

Außenbetrieb
Matthias Willi

Rebfläche
35 Hektar

Produktion
200.000 Flaschen

Kein Anderer in Deutschland hat sich so für trockene, durchgegorene Weine eingesetzt wie Franz Keller. Sein Sohn Fritz Keller führt diesen Weg konsequent fort: Alle Weine sind durchgegoren und trocken, auch wenn dies nicht auf dem Etikett vermerkt ist. Dafür stehen Restzucker und Säure auf dem Etikett. Seine Weinberge liegen vor allem in der Oberbergener Bassgeige, wo er begonnen hat Gewannnamen wieder zu beleben wie Leh, Kähner oder Schäfacker. Dazu ist er im Oberbergener Pulverbuck vertreten, im Achkarrer Schlossberg, im Jechtinger Enselberg sowie in den Oberrotweiler Lagen Kirchberg und Eichberg. Im Anbau dominieren die Burgundersorten und Chardonnay. Dazu kommen vor allem Müller-Thurgau und Silvaner, beide aber mit abnehmender Bedeutung. Ein wenig Sauvignon Blanc hat Fritz Keller gepflanzt, auch Merlot und Cabernet Sauvignon. Alle Selectionsweine werden zu 100 Prozent im Holz ausgebaut. Bei den Weißweinen geht Fritz Keller weg vom Barrique und hin zu 360 Liter-Fässern. Er hat begonnen das Sortiment neu zu strukturieren, vor allem die Selections-Linien S und A. Diese trugen lange Zeit keine Lagenbezeichnungen, seit 2013 ist dies anders. Die S-Linie bleibt wie bisher ohne Lagennamen, die A-Linie aber trägt nun Lagennamen. 2013 wurde der neue Keller mitten in den Oberbergener Weinbergen eröffnet, mit einem Restaurant, der Kellerwirtschaft, nunmehr Fritz Kellers drittes Restaurant nach Schwarzem Adler und Rebstock. Winzer, Gastronom und Hotelier, aber auch Weinhändler ist Fritz Keller, war nebenher (?) Präsident des SC Freiburg, nun ist er DFB-Präsident. Nur gut, dass er inzwischen Unterstützung von Sohn Friedrich hat – und natürlich von einem Team von engagierten Mitarbeitern.

🎂 Kollektion

Die Leichtigkeit des Weins ist das Motto von Friedrich Keller: Bei keinem der 22 vorgestellten Weine stehen mehr als 12,5 Prozent Alkohol auf dem Etikett. Das ist ein klares Statement, zumal am Kaiserstuhl. Zwei großartige Sekte bilden den Auftakt zu einer wiederum sehr guten Kollektion. Dass der Pinot Rosé lange auf der Hefe lag, deuten Brioche und Haselnuss im Bouquet an, er besitzt eine präzise Führung und feinsalzige Länge. Die Grande Cuvée lag 52 Monate auf der Hefe, die goldene Farbe deutet es an: Eine hefegeprägte Aromatik mit straffer Phenolik und präziser Säurestruktur legt sich um einen saftigen Kern. Die Gutsweine „vom Löss" sind fruchtbetont und schlank, saftig und klar. Der Saignée Rosé ist besonders fruchtig und hat eine prägnante, animierende Säurestruktur. Der Weißburgunder Bassgeige zeigt viel Frucht und dezent Karamell, ist relativ mild. Der Weißburgunder Pulverbuck hat ein reifes, hellfruchtiges Bouquet, besitzt viel saftige Frucht und Frische. Der Weißburgunder „Franz Anton" präsentiert sich mit viel heller Frucht und Holzwürze, besitzt elegantes Spiel. Der Chardonnay „Franz Anton" ist noch stärker, zeigt ein sehr feines, würzig-steiniges Bouquet, ist elegant und komplex mit nachhaltiger Mineralität.

Der Weißburgunder Im Leh hat eine saftig-kernige, elegante Struktur, hat viel Druck. Der Grauburgunder Kähner ist sehr typisch und saftig, strahlt Klarheit aus, der Schlossberg ist ebenfalls saftig und klar. Der Spätburgunder „vom Löss" ist sehr frisch und fruchtig. Der Spätburgunder Bassgeige ist ebenfalls sehr fruchtig, zeigt eine sehr gut balancierte Struktur mit Tanninen und Säure im Gleichgewicht. Einen neuen Wein präsentiert Friedrich Keller: Der Steinriese aus der Bassgeige besetzt die Nase mit einer wilden Aromatik von Kirschen, salzhaltiger Meeresluft und Algen, besitzt eine straffe Tannin- und Säurestruktur, die ihn im Moment verschließt. Spannung und Druck sind jetzt bereits da. Zugänglich und kraftvoll ist der komplexe, hervorragend strukturierte Schlossberg Spätburgunder. Der Enselberg ist rauchig und feinfruchtig, bereits sehr zugänglich. Der Kirchberg zeigt komplexe Tiefe unter einem straffen Tanningerüst. Der Eichberg zeigt animierende Frische und komplexe Tiefe.

Weinbewertung

92	2014 Grande Cuvée Chardonnay brut nature	12 %/32,-€
90	2016 Pinot Rosé brut	12 %/16,-€
86	2019 Müller-Thurgau „vom Löss"	11 %/8,-€
87	2019 Weißburgunder „vom Löss"	12,5 %/9,50 €
86	2019 Grauburgunder „vom Löss"	12,5 %/9,50 €
88	2019 Weißburgunder Oberbergener Bassgeige	12,5 %/14,50 €
89	2018 Weißburgunder Oberbergener Pulverbuck	12,5 %/21,-€
90	2014 Weißburgunder „Franz Anton"	13 %/18,-€
90	2018 Weißburgunder „Franz Anton"	12,5 %/18,-€
90	2018 Chardonnay „Franz Anton"	12,5 %/21,-€
93	2018 Weißburgunder „GG" „Leh"	12,5 %/35,-€
91	2018 Grauburgunder „GG" „Kähner"	12,5 %/26,-€
91	2018 Grauburgunder „GG" Schlossberg	12,5 %/35,-€
92	2018 Chardonnay „GG" Kirchberg	12,5 %/40,-€
86	2019 Jedentag Saignée Rosé	12 %/8,50 €
87	2018 Spätburgunder „vom Löss"	12,5 %/12,-€
89	2018 Spätburgunder Oberbergener Bassgeige	12,5 %/16,-€
88	2018 Cabernet Sauvignon & Lemberger „Franz Anton"	12,5 %/25,-€
92	2018 Spätburgunder „GG" Enselberg	12,5 %/32,-€
93	2018 Spätburgunder „GG" Eichberg	12,5 %/45,-€
93	2018 Spätburgunder „GG" Kirchberg	12,5 %/45,-€
93	2018 Spätburgunder „GG" Schlossberg	12,5 %/65,-€
92	2018 Spätburgunder Steinriese	12,5 %/105,-€

Lagen
Bassgeige (Oberbergen)
– Kähner (Oberbergen)
– Leh (Oberbergen)
Pulverbuck (Oberbergen)
Schlossberg (Achkarren)
Eichberg (Oberrotweil)
Kirchberg (Oberrotweil)
Enselberg (Jechtingen)

Rebsorten
Grauburgunder (35 %)
Spätburgunder (30 %)
Weißburgunder (15 %)
Chardonnay (10 %)

WÜRTTEMBERG ▶ SACHSENHEIM

★★★ Gerd **Keller**

Kontakt
Rechentshofer Straße 8
74343 Sachsenheim
Tel. 07147-7909 oder
0170-2343949
www.weinbauer-gerd-keller.de
kontakt@weinbauer-gerd-keller.de

Besuchszeiten
Di.-Fr. 14-18 Uhr
Sa. 9-16 Uhr
Veranstaltungsraum im Weingut und im Weinbergshäusle

Inhaber
Gerd Keller
Rebfläche
5 Hektar
Produktion
36.000 Flaschen

Bereits mit 17 Jahren bepflanzte Gerd Keller die ersten Terrassenlagen im Geigersberg in Ochsenbach, einen halben Hektar, seit dem Jahr 2000 erzeugt er selber Wein. Seine Lehre hatte er bei Wöhrwag in Stuttgart absolviert, später dann im In- und Ausland Erfahrungen gesammelt, unter anderem bei Bründlmayer und Mosbacher, bei anderen Betrieben gearbeitet, erst seit 2013 kümmert er sich ganz um das eigene Weingut. Seine Weinberge liegen alle im Kirbachtal, in den Lagen Hohenhaslacher Kirchberg, Ochsenbacher Liebenberg (mit den Terrassen am Geigersberg) und Häfnerhaslacher Heiligenberg, die Reben wachsen auf Keuperböden. Zu 70 Prozent baut Gerd Keller Rotweine an, Lemberger vor allem, dazu Trollinger, Portugieser, Schwarzriesling, Regent, Spätburgunder, Cabernet Sauvignon und Merlot, inzwischen hat er Muskat-Trollinger gepflanzt und in den Terrassen am Geigersberg etwas Syrah. Dazu gibt es weiße Sorten wie Riesling, Grauburgunder, Kerner, Müller-Thurgau und Gewürztraminer, neu gepflanzt hat Gerd Keller Weißburgunder, Sauvignon Blanc und Muskateller.

Kollektion

Ein harmonischer, eleganter Schwarzriesling-Sekt eröffnet in diesem Jahr den Reigen. Die Weißweine zeigen sehr gleichmäßiges Niveau, und die Basis ist stark, wie der fruchtbetonte, harmonische Graßdackel-Riesling im Liter beweist. Der Sauvignon Blanc ist intensiv, floral, besitzt Fülle und Kraft, gute Struktur und Frucht, die Cuvée Hannah ist frisch und zupackend, besitzt feine Frucht und Grip, der Grauburgunder besticht mit seiner Reintönigkeit. Besonders stark sind wieder einmal die trockenen Rieslinge: Der Nachtgrabb ist kraftvoll, zupackend und strukturiert, der Wein von alten Reben besticht mit Frische, Frucht und Grip. Der Muskattrollinger setzt ganz auf Frische und Frucht, was auch für den intensiven, Feger genannten Rosé gilt. Herausragender Rotwein ist der reintönige Syrah, der Pfeffer und Brombeeren zeigt, gute Struktur und Grip besitzt.

Weinbewertung

87	2014 Schwarzriesling Sekt brut	11%/10,50 €
85	2019 „Hannah" Weißwein trocken	12,5%/6,40 €
84	2019 Grauburgunder trocken Hohenhaslacher Kirchberg	13%/6,80 €
85	2019 Sauvignon Blanc trocken	12,5%/6,80 €
86	2019 Riesling trocken „Nachtgrabb"	13%/7,50 €
87	2019 Riesling trocken „Alte Reben" Hohenhaslacher Kirchberg	12%/7,90 € ☺
82	2019 Riesling „Graßdackel" (1l)	12%/4,50 €
84	2019 Muskattrollinger „Badkap"	12%/6,40 €
85	2019 „Feger" Rosé trocken	11,5%/4,80 € ☺
82	2019 Trollinger Lemberger „Der Bruddler" (1l)	12%/4,50 €
84	2018 „Rambaß" Rotwein trocken	13%/6,40 €
88	2018 Syrah	13,5%/14,90 €

RHEINHESSEN — WORMS-PFIFFLIGHEIM

★★★★✫

Karlheinz Keller

Kontakt
Landgrafenstraße 74-76
67549 Worms-Pfiffligheim
Tel. 06241-75562
Fax: 06241-74836
www.weingutkeller.de
info@weingutkeller.de

Besuchszeiten
Mo./Di./Do./Fr. 9-18 Uhr
Mi. 9-13 Uhr
Sa. 9-14 Uhr

Inhaber
Markus Johannes Keller

Betriebsleiter/Kellermeister
Markus Keller

Außenbetrieb
Karlheinz Keller

Rebfläche
21 Hektar

Produktion
180.000 Flaschen

Markus Keller hat zum 1. Januar 2019 den Betrieb von seinen Eltern übernommen, in dem er schon lange für den Weinausbau verantwortlich war und den er nun zusammen mit Ehefrau Judith führt. Sein Vater Karlheinz hatte seinerseits 1975 den Betrieb von seinen Eltern übernommen und die Rebfläche verdoppelt. Die Weinberge liegen in Pfiffligheim (Nonnenwingert, Lössböden), Pfeddersheim (St. Georgenberg und Hochberg, roter Kiesboden mit hohem Lehmanteil, auch Löss und teils Kalk), Mettenheim (Schlossberg) und Nieder-Flörsheim (Frauenberg).

Kollektion

Das Einstiegsniveau ist hoch, das ist die große Stärke, alle Weine haben wir mit „sehr gut" bewertet. Die Weißweine setzen ganz auf Frucht und Sortentypizität. Besonders gut gefallen uns der intensiv fruchtige, kraftvolle Sauvignon Blanc S, der wunderschön füllige, reintönige Viognier und der Roter Riesling, der Fülle und Kraft besitzt, gute Struktur und viel Grip. Ebenfalls hohes Niveau zeigen die Rotweine, sind aber in der Spitze auch dieses Jahr wieder stärker als die Weißen. Unter den Spätburgundern gefällt uns der intensiv fruchtige, kraftvolle Wein aus dem Frauenberg am besten. Der Syrah R ist faszinierend reintönig, der Lagrein R intensiv fruchtig, konzentriert und kraftvoll. Von beiden Rebsorten gibt es noch „Theresia von Waldner"-Selektionen: Der Syrah zeigt Brombeeren, Pfeffer, intensive Frucht, ist kraftvoll und stoffig, der Lagrein besticht mit Intensität und Reintönigkeit, ist druckvoll, komplex und enorm nachhaltig. Klasse!

Weinbewertung

85	2019 Weißburgunder „S" trocken Pfeddersheimer St. Georgenberg	13%/7,20€
85	2019 Grauer Burgunder „S" trocken Wormser Nonnenwingert	13%/7,20€
85	2019 Sauvignon Blanc trocken Pfeddersheimer	12,5%/6,30€
85	2019 Chardonnay „S" trocken Pfeddersheimer St. Georgenberg	13%/6,80€
85	2019 Riesling „S" trocken Nieder-Flörsheimer Frauenberg	13%/7,60€
86	2019 Riesling „S" trocken Pfeddersheimer St. Georgenberg	13%/7,60€
88	2019 Sauvignon Blanc „S" trocken Pfeddersheimer St. Georgenberg	13%/7,90€ ☺
88	2019 Viognier trocken Wormser Nonnenwingert	13%/10,80€
87	2018 Grauer Burgunder trocken „Blush"	15%/9,40€
88	2019 Roter Riesling trocken Flörsheimer Frauenberg	13%/10,60€
87	2017 „Cuvée Gabriel" Rotwein trocken	13,5%/10,90€
85	2018 Merlot trocken Wormser Nonnenwingert	13,5%/8,-€
87	2018 Syrah „R" trocken Wormser Nonnenwingert	13,5%/9,10€
88	2018 Lagrein „R" trocken Pfeddersheimer St. Georgenberg	13,5%/9,90€ ☺
86	2018 Spätburgunder trocken Pfeddersheimer Hochberg	13%/9,10€
91	2018 Lagrein trocken Pfeddersheimer St. Georgenberg (Th. v. Waldner)	13,5%/18,90€
90	2018 Syrah trocken Wormser Nonnenwingert (Theresia von Waldner)	13,5%/18,50€
88	2018 Spätburgunder trocken Flörsheimer Frauenberg	13,5%/15,-€

★★★★★ Keller

Kontakt
Bahnhofstraße 1
67592 Flörsheim-Dalsheim
Tel. 06243-456
Fax: 06243-6686
www.keller-wein.de
info@keller-wein.de

Besuchszeiten
Mo.-Fr. 8-12 + 13-17 Uhr,
Sa. 10-15 Uhr (Bitte um Anmeldung)

Inhaber
Familie Keller

Rebfläche
19,5 Hektar

Produktion
100.000 Flaschen

Klaus Keller hat das Weingut aufgebaut, das heute von seinem Sohn Klaus Peter geführt wird. Klaus Keller hatte sich schon in den neunziger Jahren einen Namen gemacht für seine edelsüßen Weine, heute steht der Name Keller ganz oben, trocken wie edelsüß. Die Rieslinge der Kellers wachsen im Dalsheimer Hubacker, einem nach Südosten geneigten Hang (Kalksteinfels), sowie in Westhofen in den Lagen Morstein, Brunnenhäuschen (Abtserde) und Kirchspiel. Die Spätburgunder kommen von Muschelkalkböden aus dem Dalsheimer Bürgel und vom Nieder-Flörsheimer Frauenberg, mit dem Jahrgang 2012 kam ein Wein aus dem Morstein hinzu, von überpropften alten Reben. 2009 hat Klaus Peter Keller Weinberge im Niersteiner Pettenthal zugepachtet, die er 2011 erwerben konnte, dazu einen halben Hektar im besten Teil des Niersteiner Hipping. Die Kellers bauen vor allem Riesling und die Burgundersorten an. Dazu gibt es Silvaner, Rieslaner und Scheurebe. Die Moste werden bei niedrigen Temperaturen möglichst spontan vergoren. Die Gärung dauert mindestens acht bis zehn Wochen, edelsüße Spitzenweine gären oft ein halbes Jahr. Die Weine werden teils im Edelstahl, teils in Eichenholzfässern ausgebaut. Das Programm ist gegliedert in Gutsweine, den Westhofener Riesling als Ortswein, dazwischen steht der Riesling von der Fels, an der Spitze stehen die großen Gewächse aus Hubacker, Morstein, Kirchspiel, Abtserde, Pettenthal und Hipping (Riesling), bzw. Bürgel, Frauenberg und Morstein (Spätburgunder), darüber steht der G-Max, der keine Lagenbezeichnung trägt. Top-Weiß- und Grauburgunder tragen die Bezeichnung „S", der Spitzensilvaner hört auf den Namen Feuervogel. Neu im Programm hat Klaus Peter Keller mit dem Jahrgang 2018 Weine von der Mosel, aus der Lage Schubertslay in Piesport, die Julian Haart gepachtet hat, Haart erzeugt dafür im Gegenzug einen Spätburgunder aus dem Nieder-Flörsheimer Frauenberg.

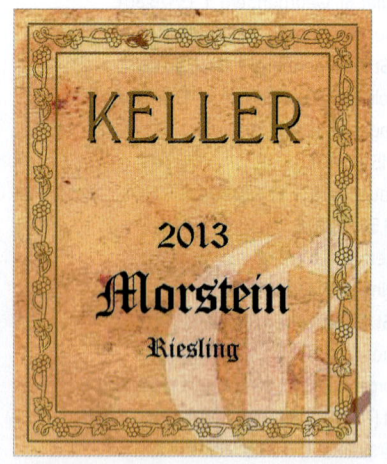

🎂 Kollektion

Es wird viel gesprochen und geschrieben über die „großen Weine" von Klaus Peter Keller, den G-Max vor allen Dingen, der zu Preisen gehandelt wird, die für trockene deutsche Weine bisher unvorstellbar waren. Die stilistische Weiterentwicklung der letzten Jahre hin zu noch mehr Präzision findet man aber nicht nur beim G-Max und bei den Großen Gewächsen, sie durchzieht die gesamte Kollektion, auch die Gutsweine sind immer präziser und puristischer geworden. Das sieht man auch 2019. Der Silvaner ist präzise, reintönig, wie an der Schnur gezogen, und dies gilt auch für die Scheurebe, bei aller rebsortentypischen Aromatik, Restzucker braucht es nicht, bei den Gutsweinen nicht und schon gar nicht bei den Großen Gewächsen, etwas Luft tut aber auch schon den Gutsweinen gut. Man sieht das vor allem beim Riesling von der Fels, der anfangs enorm würzig im Bouquet ist und verschlossen im Mund, einen

Tag später sich aber spannend entwickelt hat – und trotzdem noch von etwas Flaschenreife profitiert. Eine Klasse für sich ist der Westhofener Ortswein, der seine Herkunft – Westhofen und Morstein – nicht verleugnen kann und sich auch in einer Großen Gewächs-Probe hervorragend behaupten würde: Reintönig, konzentriert, kraftvoll und faszinierend klar in der Frucht, stoffig und nachhaltig. Der Kirchspiel-Riesling ist bei weitem der offenste Wein unter den Großen Gewächsen, ist sehr präsent, offen in der Frucht, reintönig, strukturiert und nachhaltig. Der Hubacker präsentiert sich faszinierend komplex, stoffig, kraftvoll, ist enorm präzise und druckvoll im Jahrgang 2019, großartig! Aber es wird ja noch spannender, noch faszinierender. Die Abtserde ist enorm intensiv im Bouquet, zeigt gelbe Früchte, gelbe Rieslingbeeren, ist faszinierend stoffig und zupackend im Mund, druckvoll, enorm nachhaltig. Der Morstein besitzt dieselbe Stoffigkeit und Nachhaltigkeit, ist faszinierend reintönig und intensiv im Bouquet, zeigt reife gelbe Rieslingbeeren, ist druckvoll, präzise und konzentriert. Der G-Max setzt dies konsequent fort, ist faszinierend reintönig und konzentriert, enorm präzise, druckvoll, mineralisch und nachhaltig. Riesling at its best! Süßweine hat Klaus Peter Keller in diesem Jahr nicht vorgestellt, dafür aber seine drei großen Spätburgunder. Der Morstein kristallisiert sich immer mehr als Primus inter pares heraus, schon der 2017er war großartig, der 2018er zeigt rauchige Noten, reintönige Frucht, ist harmonisch, bestechend elegant, besitzt Frische und Präzision. Der Bürgel ist intensiv, offen, herrlich lebhaft und frisch, der Frauenberg zeigt wie immer viel Intensität im Bouquet, setzt auf Struktur und Frische, Säure und Grip. Große Kollektion!

Weinbewertung

88	2019 Grüner Silvaner trocken	12,5%/9,80€ ☺
88	2019 Scheurebe trocken	12,5%/9,80€ ☺
89	2019 Riesling trocken „von der Fels"	12,5%/19,90€
92	2019 Riesling trocken Westhofen	12,5%/42,-€
92	2019 Riesling „GG" Kirchspiel	13%/a.A.
94	2019 Riesling „GG" Hubacker	13%/a.A.
96	2019 Riesling „GG" Morstein	12,5%/a.A.
97	2019 Riesling „GG" „Abts E"	13%/a.A.
98	2019 Riesling „G-Max"	13%/a.A.
92	2018 Spätburgunder „GG" Bürgel	12,5%/a.A.
92	2018 Spätburgunder „GG" Frauenberg	12,5%/a.A.
94	2018 Spätburgunder „GG" Morstein	12,5%/Vst.

Lagen
Hubacker (Dalsheim)
Bürgel (Dalsheim)
Frauenberg (Nieder-Flörsheim)
Morstein (Westhofen)
Kirchspiel (Westhofen)
Aulerde (Westhofen)
Abtserde (Westhofen)
Hipping (Nierstein)
Pettenthal (Nierstein)
Silberberg (Monsheim)

Rebsorten
Riesling (60 %)
Burgunder/Silvaner (30 %)
Scheurebe/Rieslaner (10 %)

BADEN ▸ KLETTGAU-ERZINGEN

★★

Lorenz & Corina Keller

Kontakt
Steinbuck 36
79771 Klettgau-Erzingen
Tel. 07742-858664
Fax: 07742-858670
www.weingut-lck.de
info@weingut-lck.de

Besuchszeiten
Mi. 15-18 Uhr, Do. 15-20 Uhr,
Fr. 15-18 Uhr, Sa. 10-15 Uhr

Inhaber
Lorenz Keller
Rebfläche
15 Hektar
Produktion
90.000 Flaschen

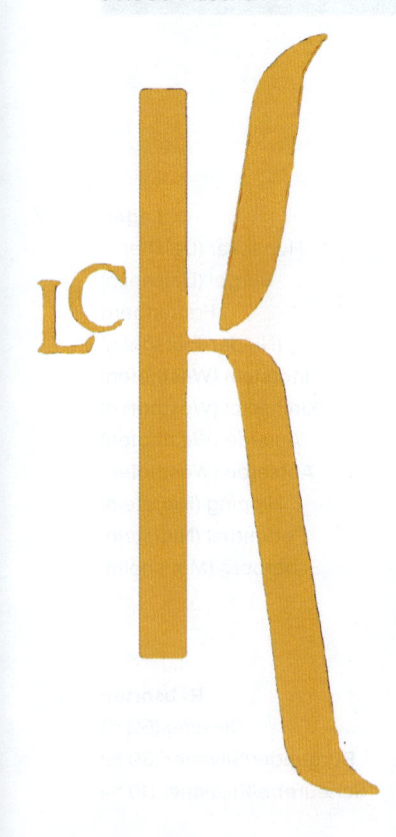

Das Weingut Lorenz und Corina Keller befindet sich ganz im Süden von Baden, in Erzingen im Klettgautal, an der Schweizer Grenze. Lorenz Keller ist gelernter Weinküfer, Corina Keller Konditormeisterin. Die schon zum Teil von Schweizer Luft verwöhnten Trauben wachsen größtenteils in der Lage Erzinger Kapellenberg, einem Südhang, 400 bis 450 Meter über dem Meeresspiegel, benannt nach der weithin sichtbaren Bergkapelle. Die Juraausläufer mit ihren lehm- und tonhaltigen Kalkböden bieten eine gute Grundlage für alle Burgundersorten, neben Spät-, Weiß- und Grauburgunder werden Chardonnay und Müller Thurgau, sowie Dornfelder, Cabernet Dorsa und Cabernet Cortis angebaut, zuletzt wurde versuchsweise Elbling gepflanzt. 2020 hat Lorenz Keller das Weingut Schloss Rheinburg mit 10 Hektar Weinbergen übernommen.

Kollektion

Zwei Reserve-Weine stehen in diesem Jahr an der Spitze der wiederum sehr spannenden Kollektion. Da ist zum einen der Weißburgunder Reserve vom Böld von 2018. Intensiver Duft nach Blüten und Früchten, am Gaumen viel reife Frucht, fülliger Schmelz und Konzentration. Der zweite Reserve-Wein, ein Spätburgunder 2017 vom Böld, zeigt dunkle, reife Frucht sowie etwas Tabak und dunkle Schokolade im Bouquet, viel saftige Frucht am Gaumen, jugendlich straffe Tannine, gute Konzentration. Der Sekt Carolina Elisabeth ist wie der Jahrgangsvorgänger frisch und hellfruchtig-saftig. Die Gutsweine sind frisch und lebhaft, der Muskateller sehr saftig mit guter Säurestruktur, der Müller-Thurgau ist ähnlich gebaut mit sortentypischer Aromatik. Der Elbling aus Versuchsanbau zeigt helle Blüten und Früchte, hat eine lebendige Säure. Der Chardonnay Selektion hat ein würzig-rauchiges Bouquet, füllige Wärme trifft am Gaumen auf eine gute Säurestruktur. Viel reife, saftige Frucht und eine lebendige Säure geben dem Grauburgunder Selektion Länge. ◂

Weinbewertung

85	2018 „Carolina Elisabeth" Cuvée Sekt brut	12,5 %/12,90 €
84	2019 Müller Thurgau trocken Erzinger Kapellenberg	12,5 %/7,70 €
84	2019 Elbling trocken Erzinger Kapellenberg	12,5 %/6,10 €/0,5 l
88	2018 Weißburgunder trocken „vom Böld" „Reserve" Kapellenberg	14 %/18,50 €
86	2019 Grauburgunder trocken „Selektion" Erzinger Kapellenberg	13,5 %/12,90 €
87	2019 Chardonnay trocken „Selektion" Erzinger Kapellenberg	14 %/14,90 €
85	2019 Muskateller trocken Erzinger Kapellenberg	12,5 %/9,50 €
87	2018 Weißburgunder Beerenauslese Erzinger Kapellenberg	10 %/19,- €/0,375 l
85	2018 Cabernet Cortis trocken „Selektion" Erzinger Kapellenberg	14 %/14,90 €
85	2018 „Leopold[2]" Blaufränkisch & Zweigelt trocken Kapellenberg	13 %/14,90 €
84	2017 Spätburgunder trocken „Selektion" Barrique Kapellenberg	13,5 %/15,80 €
88	2017 Spätburgunder trocken „vom Böld" „Reserve" Kapellenberg	14 %/24,- €

Pfalz — Böchingen

Kern

⭐

Kontakt
Hauptstraße 17
76833 Böchingen
Tel. 06341-63461
Fax: 06341-960489
www.weingut-kern.com
info@weingut-kern.com

Besuchszeiten
Mo.-Fr. 10-12 + 14-18 Uhr
Sa. 10-16 Uhr

Inhaber
Michael Kern
Betriebsleiter
Michael Kern
Kellermeister
Michael Kern
Außenbetrieb
Lothar Kern
Rebfläche
22 Hektar
Produktion
40.000 Flaschen

Das Weingut Lothar Kern befindet sich gerade in der Phase des Generationenwechsels: Während Lothar Kern in dem ehemaligen landwirtschaftlichen Gemischtbetrieb noch für den Außenbetrieb zuständig ist, kümmert sich sein Sohn Michael, staatlich geprüfter Techniker für Weinbau und Önologie, um den Keller und das Marketing. Renate Kern, Lothars Frau und Michaels Mutter, ist für Büro und Kundenmanagement verantwortlich. Auf rund einhundert verschiedenen Parzellen – unter anderem in den Lagen Böchinger Rosenkranz, Walsheimer Silberberg, Godramsteiner Münzberg und Frankweiler Königsgarten – stehen 19 verschiedene Rebsorten: Wichtigste weiße Sorten sind Müller Thurgau, Riesling und Grauburgunder, bei den roten Sorten sind es Dornfelder, Spätburgunder und Regent. Neben Reben gibt es noch einen Anteil an Obstbäumen, deren Ertrag in der hauseigenen Brennerei verwertet wird. Das Sortiment ist gegliedert in Traditionsweine in der Literflasche, die „Privat Edition" und die Linie „Privat Réserve" für im Holz ausgebaute Weine.

🛢 Kollektion

An der Spitze von Michael Kerns Kollektion steht in diesem Jahr eine Überraschung: Unser Favorit ist der im kleinen Holz ausgebaute Cabernet Sauvignon Rosé, der im eindringlichen, komplexen Bouquet rote und dunkle Frucht, rote Johannisbeeren, Brombeeren, und etwas Vanille zeigt und am Gaumen Kraft, Struktur und eine perfekte Balance zwischen Frucht und Holz besitzt, ein mutiger und sehr gelungener Rosé. Sehr gut sind in diesem Jahr auch die rote „Cuvée Nr. 09" mit dezentem Holzeinfluss und dunkler Beerenfrucht, Brombeere und schwarzer Johannisbeere, die harmonisch und frisch ist und der kraftvolle, konzentrierte Grauburgunder, der klare Birnenfrucht und florale Noten zeigt. Auch bei den anderen Weinen ist die reintönige Frucht jeweils gut herausgearbeitet, der Silvaner ist gelbfruchtig und würzig, der Weißburgunder stoffig und fruchtbetont und der Muskateller ist ganz aromatisch und leicht füllig mit Aromen von Holunderblüte und Zitrusfrüchten.

🍇 Weinbewertung

83	2019 Silvaner „Tradition" Böchinger Bischofskreuz	13,5%/3,90€ ☺
82	2019 Riesling trocken „Tradition" Böchinger Bischofskreuz (1l)	12%/4,30€
83	2019 Riesling trocken „Privat Edition" Böchinger Rosenkranz	12%/5,90€
83	2019 Weißburgunder trocken „Privat Edition" Böchinger Bischofskreuz	14%/5,90€
85	2019 Grauburgunder trocken „Privat Edition" Böchinger Rosenkranz	14%/5,90€ ☺
82	2019 Kerner „feinherb" „Tradition" Böchinger Bischofskreuz	12%/3,90€
83	2019 Gelber Muskateller „Privat Edition" Godramsteiner Münzberg	13%/5,90€
87	2019 Cabernet Sauvignon Rosé trocken „Privat Réserve" Bischofskreuz	14%/12,-€
85	2016 „Cuveé Nr. 09" Rotwein trocken „Privat Rèserve"	12,5%/8,50€

MOSEL ▶ BERNKASTEL-WEHLEN

★★★★✩

Kerpen

Kontakt
Uferallee 6
54470 Bernkastel-Wehlen
Tel. 06531-6868, Fax: 06531-3464
www.weingut-kerpen.de
info@weingut-kerpen.de

Besuchszeiten
Mo.-Fr. 9-17 Uhr
Sa. 10-15 Uhr
und nach Vereinbarung
Weinprobierstube
Weinkellerwoche (Christi Himmelfahrt bis Pfingsten)
Riesling Café (Mitte Mai-Ende Juni + Mitte Aug.- Ende Sept. Do./Fr. 12-18 Uhr)

Inhaber
Martin Kerpen
Rebfläche
8 Hektar
Produktion
65.000 Flaschen

Das Weingut blickt auf 250 Jahre Tradition zurück, die Familie Kerpen betreibt Weinbau in der achten Generation. Martin Kerpen hat 1988 den elterlichen Betrieb übernommen, inzwischen ist auch Sohn Matthias auf dem besten Wege, die Geschichte der Kerpens als einer der führenden Weinbaubetriebe weiterzuführen. Als Jahrgangsbester beendete der Filius seine zweijährige Ausbildung zum Winzer, die er im Weingut Melsheimer in Reil und im Weingut Meßmer in der Pfalz absolvierte. Das Gros der Weinberge des Betriebes liegt in Steillagen in Wehlen (Sonnenuhr) und Graach (Domprobst, Himmelreich), hinzu kommen Parzellen im Bernkasteler Bratenhöfchen. Martin Kerpen baut ausschließlich Riesling an.

Kollektion

Die Weine des Weinguts Kerpen sind oft leicht zu erkennen, geradlinig, saftig, nicht ausladend und sehr gut alterungsfähig. Auf den Riesling „Zero" trifft dies besonders zu, er ist wirklich trocken, zeigt in der Nase Frische mit Noten von Zitrus und Hefe, ist im Mund zupackend und fest, würzig, aber mit einer gewissen Fülle im Nachhall. Präzise ist auch die trockene Spätlese von alten, mindestens 90 Jahre alten Reben; sie gefällt im Moment noch besser als das klare, geradlinige Große Gewächs, das sich noch gut entwickeln könnte. Die feinherbe Auslese aus dem Bratenhöfchen ist noch etwas unfertig, der Wein zeigt primäre Apfelnoten, im Mund lässt er saftige Struktur erkennen, wirkte recht süß. Hier muss unbedingt abgewartet werden. Sehr viel klarer und nachhaltiger ist die feinherbe Spätlese aus der Wehlener Sonnenuhr, würzig und rassig, mit viel Schmelz ausgestattet. Erstaunlich frisch und fein wirkt die Spätlese mit einem Stern aus der Wehlener Sonnenuhr, die kühle Apfelnoten besitzt, sehr saftig ist und im Nachhall kraftvoll. Offen ist die Zwei-Sterne-Auslese mit Noten von Kräutern, Apfel, auch etwas Karamell, sie ist saftig und zugänglich, während die deutlich süße Beerenauslese noch Zeit braucht.

Weinbewertung

86	2019 Riesling Spätlese trocken Wehlener Sonnenuhr	12,5%/11,-€
87	2019 Riesling Spätlese trocken „Zero" Graacher Himmelreich	12,5%/10,50€
88	2019 Riesling Spätlese trocken „Alte Reben" Wehlener Sonnenuhr	12,5%/13,50€
87	2019 Riesling trocken „GG" Wehlener Sonnenuhr	13%/18,50€
82	2019 Riesling Classic	7,5%/7,50€
85	2019 Riesling Kabinett „feinherb" Graacher Himmelreich	11%/9,50€
88	2019 Riesling Spätlese „feinherb" „Alte Reben" Wehlener Sonnenuhr	11,5%/13,50€
84?	2019 Riesling Auslese „feinherb" Bernkasteler Bratenhöfchen	11,5%/18,50€
85	2019 Riesling Kabinett Wehlener Sonnenuhr	9%/9,50€
88	2019 Riesling Spätlese* Wehlener Sonnenuhr	7,5%/13,50€
87	2019 Riesling Auslese** Wehlener Sonnenuhr	8%/22,-€
88+	2019 Riesling Beerenauslese Wehlener Sonnenuhr	7%/40,-€

MOSEL — MORSCHEID

Reichsgraf von Kesselstatt

★★★✩

Kontakt
Schloss Marienlay
54317 Morscheid
Tel. 06500-91690
Fax: 06500-9169-69
www.kesselstatt.com
info@kesselstatt.de

Besuchszeiten
Mo.-Do. 8-16:45 Uhr, Fr. 8-13 Uhr; Weinproben nach Vereinbarung

Inhaber
Familie Günther Reh
Betriebsleiter/Kellermeister/ Außenbetrieb
Wolfgang Mertes
Rebfläche
46 Hektar
Produktion
300.000 Flaschen

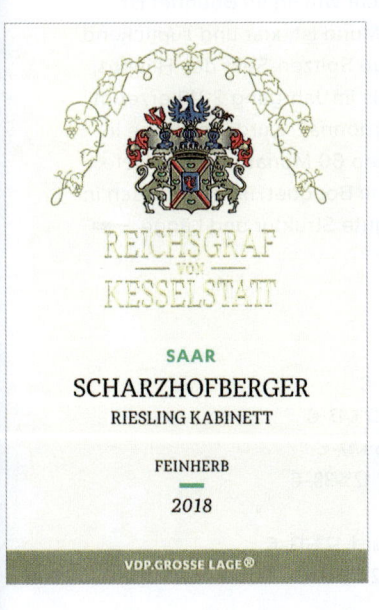

An dem traditionsreichen Gut kommt man kaum vorbei, wenn man die Geschichte des Moselweins erzählen möchte. 1349 wurde das Gut erstmals urkundlich erwähnt, wenig später war ein Friedrich von Kesselstatt zuständig für die Verwaltung der kurfürstlichen Kellerei. Seit 1978 wird das Unternehmen von der Familie Reh geführt. Das Weingut wurde viele Jahre lang von Annegret Reh-Gartner geprägt, nun ist Dr. Karsten Weyand als Geschäftsführer tätig, der zuvor bei den Bischöflichen Weingütern Impulse setzte; Betriebsleiter und Kellermeister ist Wolfgang Mertes. Die Fülle der hier auf fast 50 Hektar produzierten Weine ist bemerkenswert und erstreckt sich von der Ruwer (Kaseler Nies'chen oder Kehrnagel) über die Saar (Ockfener Bockstein) bis zur Mittelmosel, wo sich die Lage Josephshöfer im Alleinbesitz befindet. Zu 95 Prozent wird Riesling angebaut, der Rest der Fläche entfällt auf Weißburgunder.

Kollektion

Die vorgestellten Weine stammen aus den Jahrgängen 2018 und 2019. Ein fester Riesling Schloss Marienlay bildet den Einstieg, an den sich etwas ein verspielter Kaseler Riesling anschließt. Erfreulich trocken wirken die Großen Gewächse aus 2018 – der Josephshöfer ist kraftvoll und würzig, der Scharzhofberger straff, das Kaseler Nies'chen verspielt; auch der sehr offene, fruchtige Goldtröpfchen-Riesling hat seinen Reiz. Der feinherbe Riesling aus dem Josephshöfer ist besonders hervorzuheben, im süßen Bereich dann der verspielte Kabinett aus dem Nies'chen. Die Auslese dagegen braucht noch deutlich Zeit, sie hat Substanz, ist fest würzig, mit gut eingebundener Süße.

Weinbewertung

83	2019 Riesling trocken Schloss Marienlay	12%/9,90€
85	2019 Riesling trocken Kaseler	11,5%/13,-€
84	2019 Riesling trocken Wiltinger	11,5%/13,-€
87	2019 Riesling trocken „Alte Reben"	11,5%/18,-€
90	2018 Riesling „GG" Scharzhofberger	13,5%/33,10€
89	2018 Riesling „GG" Piesport Goldtröpfchen	13%/31,50€
89	2018 Riesling „GG" Kasel Nies'chen	13%/31,50€
91	2018 Riesling „GG" Josephshöfer	13%/33,10€
87	2019 Riesling Kabinett „feinherb" Kasel Kehrnagel	10,5%/15,20€
87	2019 Riesling Kabinett „feinherb" Josephshöfer	11,5%/15,70€
86	2019 Riesling Kabinett „feinherb" Scharzhofberger	10,5%/15,70€
86	2019 Riesling Kabinett Ockfen Bockstein	8,5%/15,20€
87	2019 Riesling Kabinett Kasel Nies'chen	9%/15,20€
88	2019 Riesling Spätlese Scharzhofberger	8,5%/23,20€
89	2019 Riesling Spätlese Josephshöfer	7,5%/23,20€
91	2019 Riesling Auslese Goldkapsel „#6" Josephshöfer	7,5%/65,30€

Kessler Sekt

Kontakt
Georg-Christian-von-Kessler-Platz 12-16
73728 Esslingen am Neckar
Tel. 0711-3105930
Fax: 0711-31059350
www.kessler-sekt.de
info@kessler-sekt.de

Besuchszeiten
Kessler Karree
Di.-Fr. 14-19 Uhr
Sa. 10-16 Uhr

Geschäftsf. Gesellschafter
Christopher Baur
Betriebsleiter
Markus Mosgowi
Kellermeister
Nico Strieth, Michael Weber
Produktion
1.850.000 Flaschen

Kessler Sekt, 1826 von Georg Christian Kessler gegründet, ist die älteste Sektkellerei in Deutschland. Kessler nahm Carl Weiss-Chenaux als Teilhaber auf, dessen Nachkommen die Sektkellerei bis 2004 führten. Nach einer Insolvenz übernahm 2005 ein neuer Gesellschafterkreis unter Führung von Christopher Baur das Unternehmen, mit dem Einstieg von Cavit im Jahr 2013 wurden umfangreiche Investitionen getätigt und die langfristige Versorgung mit Grundweinen sichergestellt. Neben Chardonnay und Spätburgunder werden Garganega und Riesling versektet.

Kollektion

Der Brut ohne Jahrgang ist klar und geradlinig, der Rosé zeigt rauchig-würzige Noten und rote Früchte, ist frisch, klar und harmonisch, süffig und recht süß. Während diese beiden Sekte mindestens neun Monate auf der Hefe ausgebaut werden, bleiben die folgenden Sekte ohne Jahrgang mindestens 20 Monate auf der Hefe. Der Jägergrün genannte Riesling besitzt feine süße Frucht und Grip, der Hochgewächs Chardonnay ist würzig, frisch, leicht floral, geradlinig und zupackend. Unser Favorit unter den Nicht-Jahrgangs-Sekten ist der Hochgewächs Rosé aus Pinot und Chardonnay, der klar und geradlinig ist, kraftvoll und zupackend. Der 2016er Riesling Reserve, 30 Monate auf der Hefe ausgebaut, ist klar und geradlinig, kraftvoll und zupackend. 36 Monate blieb der 2016er Blanc Reserve auf der Hefe, ist recht würzig, eindringlich, besitzt feine süße Frucht, Frische und Grip. Ebenso lang reifte der 2015er Rosé Reserve auf der Hefe, der recht würzig im Bouquet ist, dezent rauchige Noten zeigt, kraftvoll im Mund ist, klar und zupackend. Jüngster Zugang im Programm ist der neue Spitzen-Sekt des Hauses, der Grande Réserve Georges, der erstmals im Jahrgang 2013 erzeugt wurde. Er besteht aus Pinot Noir und Chardonnay, wurde teilweise in gebrauchten Barriques ausgebaut und blieb 60 Monate auf der Hefe. Er zeigt feine Würze und rauchige Noten im Bouquet, ist harmonisch im Mund, füllig und klar, besitzt feine Reife, gute Struktur und Länge.

Weinbewertung

82	Kessler brut	12%/10,-€
83	„Jägergrün" Riesling brut	12%/13,-€
83	Hochgewächs Chardonnay brut	12,5%/13,-€
85	2016 „Blanc Réserve Vintage" extra Brut	12%/17,-€
84	2016 Riesling „Réserve Vintage" Sekt	12,5%/17,-€
88	2013 „Grande Réserve Georges Vintage"	12%/38,-€
83	Rosé brut	11,5%/10,-€
85	Hochgewächs Rosé Pinot & Chardonnay brut	12%/13,-€
85	2015 Rosé „Réserve Vintage" extra brut	12,5%/19,-€

BADEN – EICHSTETTEN

★★★⯪

Kiefer

Kontakt
Bötzinger Straße 13
79356 Eichstetten
Tel. 07663-1063
Fax: 07663-3927
www.weingutkiefer.de
info@weingutkiefer.de

Besuchszeiten
Mo.-Fr. 8-12 + 13-17:30 Uhr
Sa. 10-14 Uhr

Inhaber
Helen & Martin Schmidt
Kellermeister
Anna Dießlin & Martin König
Rebfläche
155 Hektar
Produktion
1.250.000 Flaschen

Helen und Martin Schmidt übernahmen 2008 den Betrieb, der 1851 von Friedrich Kiefer gegründet worden war. Der Önologe Martin Schmidt war bereits seit dem Jahrgang 2003 für die Vinifikation der Weine verantwortlich, sowohl des 12 Hektar großen eigenen Weingutes als auch der angeschlossenen Erzeugergemeinschaft. In den letzten Jahren wurden neue Weinberge erworben, der Keller erneuert und neue große Holzfässer und Barriques für den Ausbau der Rotweine angeschafft. Das Weingut ist auf die Burgundersorten spezialisiert: 32 Prozent der Rebfläche nimmt Spätburgunder ein, 24 Prozent Grauburgunder und 12 Prozent Weißburgunder. Hinzu kommen Rebsorten wie Scheurebe, Muskateller oder Sauvignon Blanc. Die Paradelage des Weingutes, der Eichstetter Herrenbuck, besteht aus Löss-, Lehm- und Vulkanverwitterungsböden in unterschiedlicher Zusammensetzung. Die Weine werden nach intensiver Vorklärung langsam und kühl vergoren und auf der Feinhefe ausgebaut. Die Rotweine werden maischevergoren und in großen Eichenholzfässern oder im Barrique ausgebaut.

Kollektion

Großen Wert legt Martin Schmidt auf die Qualität der Literweine, das beweist er jedes Jahr mit einer anderen Rebsorte. Konnten wir in den Vorjahren Weißburgunder und Riesling loben, so ist es in diesem Jahr der Grauburgunder. Er ist typisch, klar und fruchtig, kräftig, aber nicht schwer. So geht Literwein! Zupackend ist der saftige Grauburgunder aus der Bio-Linie. Auch Weißburgunder und Auxerrois sind glasklare, rebsortentypische Basisweine, die schmecken. Mehr in die Tiefe geht der Grauburgunder Tradition, er hat mehr Volumen und Spiel. Trockener als die anderen Burgunder ist der Pino Magma, eine fruchtige Cuvée aus Weiß- und Grauburgunder. Feinwürzig sind die Dreistern-Weine. Der Weißburgunder zeigt Stein und Frucht, eine sehr gute Konzentration, ist etwas zu süß. Kraftvoll ist der Grauburgunder, der Ausbau im Holzfass gibt Stabilität.

Weinbewertung

83	2019 Grauburgunder trocken (1l)	12,5%/7,30€
84	2019 Weißburgunder Kabinett trocken Eichstetter Herrenbuck	12,5%/7,90€
85	2019 Auxerrois trocken Eichstetter Herrenbuck	13%/8,10€
84	2019 Grauburgunder trocken „Bio-Charakterwein"	13%/9,50€
86	2019 Grauburgunder trocken „Tradition" Eichstetter Herrenbuck	13,5%/10,90€
85	2018 „Pino Magma" Weißwein trocken	13%/10,50€
87	2018 Weißburgunder trocken „Dreistern" Eichstetter Herrenbuck	13,5%/15,50€
87	2018 Grauburgunder trocken „Dreistern" Eichstetter Herrenbuck	13,5%/15,50€
86	2018 Grauburgunder Beerenauslese „Prachtstück"	10%/15,-€/0,375l
85	2017 Spätburgunder trocken Eichstetter Herrenbuck	13%/8,10€
86	2017 Spätburgunder Spätlese trocken „Tradition" Eichstetter Herrenbuck	13,5%/12,-€
86	2018 Spätburgunder Beerenauslese „Prachtstück"	12,5%/15,-€/0,375l

PFALZ ➤ ST. MARTIN

★★★✫

Alois Kiefer

Kontakt
Wein- und Sekthaus Alois
Kiefer Mühlstraße 2
67487 St. Martin
Tel. 06323-2099
Fax: 06323-5149
www.aloisiushof.de
weinundsekthaus@
aloisiushof.de

Besuchszeiten
Stammhaus:
Mo.-Sa. 9-12 + 13-17 Uhr
Vinothek Maikammer Straße:
Mo.-So. 9-12 + 13-17 Uhr

Inhaber
Bernhard, Michael, Andreas &
Philipp Kiefer
Kellermeister
Philipp Kiefer
Außenbetrieb
Michael Kiefer
Rebfläche
22 Hektar
Produktion
220.000 Flaschen

Alois und Rita Kiefer gründeten 1950 den Betrieb mit damals 2 Hektar Reben. Ihre drei Söhne Bernhard, Michael und Andreas haben das Gut zur heutigen Größe ausgebaut. Bernhard Kiefer und sein Sohn Philipp sind für den Weinausbau verantwortlich. Die Weinberge liegen vor allem in St. Martin (Kirchberg, Baron), sowie auf Edenkobener Gemarkung, das in Querterrassen bestockte Gewann Am Guckuckberg befindet sich im Alleinbesitz.

Kollektion

Drei hervorragende Weißweine stehen in diesem Jahr an der Spitze der Kollektion: Der Riesling vom Guckuckberg zeigt ein komplexes Bouquet mit kräutrigen Noten, Rosmarin, etwas Heu und Aprikose, ist am Gaumen geradlinig, druckvoll und besitzt salzige Länge, der Chardonnay aus dem Baron zeigt feine Zitrusnoten und dezentes Holz, besitzt Kraft und Schmelz, ist elegant und nachhaltig, unser dritter Favorit ist der maischevergorene, in Keramikflaschen gefüllte Sauvignon Blanc „Was zum Guckuck", der eine cremige Textur, Kraft, Grip und leicht salzige Noten besitzt und ausgewogen und nachhaltig ist, eine spannende Interpretation der Rebsorte. Knapp hinter dem Führungstrio liegen der elegante und nachhaltige Sauvignon Blanc „Fumé", der von viel gelber Frucht, Pfirsich, Maracuja und dezenten Röstnoten geprägt ist, der Merlot „Réserve", der im Bouquet dunkle Beerenfrucht, etwas Kräuter und Lakritze zeigt, Kraft und Potential besitzt und der Pinot Noir vom Kirchberg, der ebenfalls Potential und eine gute Struktur mit noch jugendlichen Tanninen besitzt. Und auch die Basis mit dem frischen, saftigen Liter-Riesling und dem reintönigen, leicht fülligen Weißburgunder ist stimmig. ➤

Weinbewertung

87	2015 Blanc de Blancs Sekt brut	12,5%/14,90€
82	2019 Riesling trocken „25" (1l)	12,5%/4,90€
84	2019 Weißer Burgunder trocken	13%/6,90€
86	2019 Riesling trocken „vom Buntsandstein" St. Martiner	12,5%/8,90€
87	2019 Grauburgunder trocken „vom Löss" St. Martiner	14%/13,90€
88	2019 Riesling trocken St. Martiner Kirchberg	13%/16,90€
90	2018 Sauvignon Blanc trocken „Was zum Guckuck"	13,5%/19,90€
89	2019 Sauvignon Blanc trocken „Fumé" St. Martiner Am Guckuckberg	13%/19,90€
90	2019 Chardonnay trocken St. Martiner Baron	14%/18,90€
88	2018 Pinot Blanc trocken „Pinotimes"	13,5%/16,90€
90	2019 Riesling trocken St. Martiner am Guckuckberg	13,5%/22,90€
85	2019 Merlot Rosé trocken „Fumé"	13%/11,90€
87	2017 „Alois K." Rotwein trocken	14%/13,90€
89	2018 Pinot Noir trocken St. Martiner Kirchberg	13,5%/22,90€
89	2017 Merlot trocken „Réserve" St. Martiner Baron	14%/24,90€

PFALZ ⬩ DEIDESHEIM

★★★✩

Jul. Ferd. Kimich

Kontakt
Weinstraße 54
67146 Deidesheim
Tel. 06326-342
Fax: 06326-980414
www.weingut-kimich.de
info@weingut-kimich.de

Besuchszeiten
Mo.-Fr. 8-12 + 13-18 Uhr
Sa. 9-12 + 13:30-18 Uhr
So. & Feiertage 10-13 Uhr
(Ende März bis Mitte Dez.)
Gutsausschank zur Deidesheimer Weinkerwe

Inhaber
Franz & Matthias Arnold
Kellermeister
Fabian Kerbeck &
Matthias Arnold
Rebfläche
20 Hektar
Produktion
160.000 Flaschen

Der Elsässer Küfer Andreas Kimich gründete 1758 ein Weingut, das noch heute in der achten Generation in Familienbesitz ist. 1949 heiratete Joachim Arnold eine Tochter von Julius Ferdinand Kimich, heute führt Franz Arnold zusammen mit seinem Sohn Matthias, Geisenheim-Absolvent und für den Ausbau der Weine verantwortlich, das Gut. Die Weinberge liegen in den Deidesheimer Lagen Grainhübel, Kieselberg, Paradiesgarten, Kalkofen, Mäushöhle und Leinhöhle, in den Forster Lagen Ungeheuer und Pechstein sowie im Ruppertsberger Reiterpfad. Riesling ist die wichtigste Rebsorte, nimmt knapp zwei Drittel der Rebfläche ein. Dazu gibt es je 7 Prozent Grau- und Weißburgunder und etwas Sauvignon Blanc, Müller-Thurgau, Chardonnay, Gewürztraminer, Spätburgunder und Regent. In den letzten Jahren wurde in neue Tanks und große Holzfässer investiert, die Erweiterung des Flaschenlagers und die Optimierung der Traubenannahme stehen als nächste Projekte an, ebenso wie die Umstellung auf biologischen Anbau, die gerade läuft.

Kollektion

Die vier trockenen Riesling Spätlesen an der Spitze des Sortiments sind etwas schlanker als im Vorjahr, der Grainhübel zeigt im komplexen Bouquet viel klare Frucht mit Noten von gelbem Apfel, Aprikose und Orangenschale, besitzt Zug, ist animierend und leicht salzig. Der noch leicht verschlossene Kalkofen zeigt steinige Noten, besitzt Grip und Biss, der Ungeheuer zeigt viel klare gelbe Frucht, Aprikose, Ananas und kräutrig-mineralische Noten, der Kieselberg besitzt gute Konzentration, animierende Zitrusnoten, viel Biss und gute Länge. Und auch zwei starke Rotweine konnten wir verkosten, beide sind kraftvoll, expressiv und harmonisch, der Cabernet Franc zeigt dunkle Frucht und kräutrige Würze im Bouquet, besitzt reife Tannine und eine frische Säure, der Syrah ist eleganter, zeigt rote und dunkle Frucht und sehr dezente Röstnoten, ist kühl und nachhaltig.

Weinbewertung

84	2019 Riesling Kabinett trocken Ruppertsberger	12%/7,-€
85	2019 Riesling Kabinett trocken Deidesheimer Mäushöhle	12,5%/9,-€
85	2019 Riesling Kabinett trocken Deidesheimer Leinhöhle	12,5%/8,50€
87	2019 Riesling Spätlese trocken Deidesheimer Kieselberg	13%/11,50€
88+	2019 Riesling Spätlese trocken Deidesheimer Kalkofen	13%/13,50€
88	2019 Riesling Spätlese trocken Forster Ungeheuer	13%/14,50€
89	2019 Riesling Spätlese trocken Deidesheimer Grainhübel	13%/17,-€
84	2019 Scheurebe Spätlese trocken	13%/9,20€
87	2018 Chardonnay Spätlese trocken	14%/17,50€
85	2018 Gewürztraminer Spätlese	10%/11,-€
89	2017 Syrah trocken	14%/22,50€
88	2016 Cabernet Franc trocken	14%/18,-€

RHEINHESSEN ▶ MÖRSTADT

Kinges-Kessel

★★☆

Kontakt
Langgasse 30
67591 Mörstadt
Tel. 06247-377
Fax: 06247-1067
www.kinges-kessel.de
weingut@kinges-kessel.de

Besuchszeiten
Mo.-Sa. 8-17 Uhr oder nach Vereinbarung
Winzerhotel & Weinrestaurant (ab 17 Uhr)

Inhaber
Familie Kessel

Betriebsleitung
Hans & Jochen Kessel

Kellermeister
Jochen Kessel

Rebfläche
14 Hektar

Seit fünf Generationen betreibt die Familie Weinbau in Mörstadt, heute führt Hans Kessel zusammen mit seinem Sohn Jochen den Betrieb. Ihre Weinberge befinden sich in den Mörstadter Lagen Nonnengarten und Katzenbuckel sowie im benachbarten Flörsheim-Dalsheim, dort in den Nieder-Flörsheimer Lagen Goldberg, Frauenberg und Steig. Riesling, die Burgundersorten und Silvaner sind die wichtigsten weißen Rebsorten im Betrieb, bei den roten Sorten dominieren Spätburgunder, St. Laurent und Dornfelder. Sohn Jochen Kessel hat nach Abschluss einer Weinbautechnikerausbildung in Weinsberg und diversen Praktika im Ausland (Kanada, Neuseeland) die Verantwortung im Keller übernommen. Dem Weingut sind ein Winzerhotel sowie ein ganzjährig geöffnetes Weinrestaurant angeschlossen. Das Sortiment ist gegliedert in Literweine, Guts- und Selectionsweine („S") sowie Lagenweine.

Kollektion

Wie schon im Vorjahr präsentiert Jochen Kessel eine sehr gleichmäßige Kollektion, weiß wie rot. Der Weißburgunder Gutswein ist frisch und geradlinig, unter den weißen Ortsweinen gefallen uns der saftig-frische Graubrurgunder und der ebenfalls saftige, fruchtbetont Chardonnay besonders gut, die Scheurebe Spätlese von alten Reben ist reintönig und zupackend. Unser Favorit im weißen Segment ist der Sauvignon Blanc Fumé, der gute Konzentration im Bouquet zeigt, viel Intensität, dezent Rhabarber, klar, frisch und zupackend im Mund ist. Die rote S-Klasse zeigt einheitliches Niveau, der Merlot ist fruchtbetont und intensiv, der Cabernet Sauvignon zupackend, recht süß, der Spätburgunder frisch und reintönig. Eine Steigerung bringen die beiden Barriqueweine aus dem Niederflörsheimer Steig: Der Spätburgunder zeigt gute Konzentration und intensive Frucht, ist frisch, zupackend, strukturiert, die Cabernet-Merlot-Cuvée punktet mit Fülle und Kraft.

Weinbewertung

81	2019 Weißburgunder trocken	13%/5,80€
82	2019 Sauvignon Blanc „S" trocken Mörstadter	12%/6,50€
83	2019 Graubrurgunder „S" trocken Mörstadter	12,5%/6,70€
83	2019 Chardonnay „S" trocken Mörstadter	13%/6,60€
82	2019 Riesling „S" trocken Nieder-Flörsheimer	12,5%/7,50€
85	2019 Sauvignon Blanc trocken „Fumé" Mörstadter Nonnengarten	13%/9,20€
83	2019 Scheurebe Spätlese „Alte Reben" Mörstadter Nonnengarten	9,5%/5,80€
83	2018 Spätburgunder „S" trocken Holzfass	13,5%/6,60€
83	2018 Merlot „S" trocken Holzfass	14%/7,10€
82	2018 Cabernet Sauvignon „S" trocken Holzfass	14%/7,50€
85	2018 Spätburgunder trocken Barrique Nieder-Flörsheimer Steig	13,5%/9,60€
85	2018 Cabernet x Merlot trocken Barrique Nieder-Flörsheimer Steig	14%/12,50€

WÜRTTEMBERG ▶ VAIHINGEN/ENZ

★★✯

Kinzinger

Kontakt
Berghof 1
71665 Vaihingen/Enz
Tel. 07042-4660
Fax: 07042-370988
www.weingut-kinzinger.com
info@weingut-kinzinger.com

Besuchszeiten
Mi.+Do. 8-13 + 17-18 Uhr
Fr. 8-18 Uhr
Sa. 8-13 Uhr
sowie nach Vereinbarung
Besenwirtschaft Kinzinger
Berghof (saisonal geöffnet)

Inhaber
Gerd & Michael Kinzinger
Betriebsleiter
Gerd & Michael Kinzinger
Rebfläche
6,5 Hektar
Produktion
43.000 Flaschen

Seit 2011 gibt es das Weingut Kinzinger. Der schon lange bestehende Weinbaubetrieb wurde mit dem Einstieg von Sohn Michael erweitert, man setzt seither ganz auf Selbstvermarktung. Michael Kinzinger absolvierte seine Ausbildung im Remstal bei den Weingütern Bernhard Ellwanger und Schnaitmann, bis zu Beginn seiner Technikerausbildung in Weinsberg im Herbst 2012 hat er bei Hofstätter in Tramin und Wachtstetter in Pfaffenhofen gearbeitet. Die Reben wachsen auf tiefgründigen Keuperböden in den beiden Vaihinger Stadtteilen Horrheim (Klosterberg) und Enzweihingen (Halde). Rotweine nehmen zwei Drittel der Rebfläche ein. Trollinger, Lemberger und Spätburgunder spielen die wichtigste Rolle, dazu gibt es Muskattrollinger, Acolon, Merlot und Schwarzriesling. An weißen Sorten gibt es Sauvignon Blanc, Silvaner, Riesling und Kerner. Neben dem Weingut betreibt die Familie eine Edelbrennerei, einen Hofladen zur Vermarktung der eigenen landwirtschaftlichen Produkte sowie eine Besenwirtschaft, die zehn Wochen im Jahr geöffnet ist.

Kollektion

Es geht weiter voran, das Sortiment nimmt Konturen an, die Weine gewinnen an Profil, die Basis überzeugt ebenso wie die Spitze. Die White genannte Cuvée ist klar und süffig, der Sauvignon Blanc würzig und eindringlich, der Riesling besitzt gute Struktur, reintönige Frucht und Grip. Der Horrheimer Chardonnay ist intensiv fruchtig und reintönig, der Rosé besitzt ebenfalls intensive Frucht, dazu Frische und Grip, der Muskat-Trollinger Rosé ist lebhaft und zupackend. Die rote Cuvée zeigt rote Früchte, ist süß und süffig, der Trollinger von alten Reben besitzt intensive Frucht, Frische und Grip. Sehr stimmig präsentiert sich das Lemberger-Trio: Der Gutswein ist wunderschön reintönig, fruchtbetont und zupackend, der Enzweihinger Ortswein ist leicht rauchig, besitzt Fülle und Kraft, der Reserve-Lemberger aus dem Klosterberg ist herrlich eindringlich und reintönig, füllig und kraftvoll, besitzt gute Struktur und herrlich viel Frucht. Bravo! ◀

Weinbewertung

85	2019 Riesling trocken „Muschelkalk"	12%/6,50€
85	2019 Sauvignon Blanc trocken „Bergluft"	12,5%/9,-€
84	2019 „White" Weißwein	12%/6,-€
85	2019 Chardonnay trocken Horrheim	12,5%/9,-€
85	2019 Rosé trocken	12%/6,50€
84	2019 Muskat-Trollinger Rosé	12%/6,50€
83	2018 „Red" Rotwein trocken	12,5%/6,-€
84	2018 Lemberger trocken „Fundament"	12%/6,50€
85	2018 Trollinger trocken „Alte Reben"	13%/7,-€
87	2018 Lemberger trocken Enzweihingen	13,5%/9,50€
90	2017 Lemberger trocken „Reserve" Horrheimer Klosterberg	13%/18,-€

Kissinger

★★★★

Kontakt
Außerhalb 13
55278 Uelversheim
Tel. 06249-7969
Fax: 06249-7989
www.weingutkissinger.de
info@weingutkissinger.de

Besuchszeiten
nach Vereinbarung
Jahrgangspräsentation Ende April/Anfang Mai

Inhaber
Jürgen Kissinger

Kellermeister
Moritz & Jürgen Kissinger

Rebfläche
13 Hektar

Produktion
85.000 Flaschen

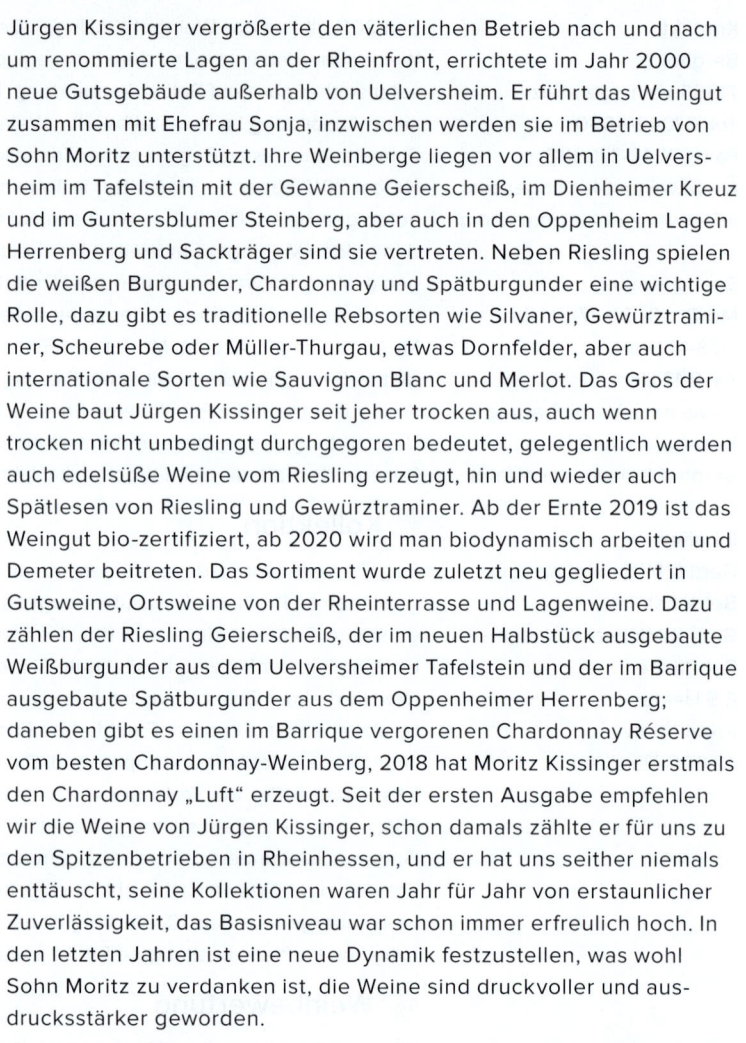

Jürgen Kissinger vergrößerte den väterlichen Betrieb nach und nach um renommierte Lagen an der Rheinfront, errichtete im Jahr 2000 neue Gutsgebäude außerhalb von Uelversheim. Er führt das Weingut zusammen mit Ehefrau Sonja, inzwischen werden sie im Betrieb von Sohn Moritz unterstützt. Ihre Weinberge liegen vor allem in Uelversheim im Tafelstein mit der Gewanne Geierscheiß, im Dienheimer Kreuz und im Guntersblumer Steinberg, aber auch in den Oppenheim Lagen Herrenberg und Sackträger sind sie vertreten. Neben Riesling spielen die weißen Burgunder, Chardonnay und Spätburgunder eine wichtige Rolle, dazu gibt es traditionelle Rebsorten wie Silvaner, Gewürztraminer, Scheurebe oder Müller-Thurgau, etwas Dornfelder, aber auch internationale Sorten wie Sauvignon Blanc und Merlot. Das Gros der Weine baut Jürgen Kissinger seit jeher trocken aus, auch wenn trocken nicht unbedingt durchgegoren bedeutet, gelegentlich werden auch edelsüße Weine vom Riesling erzeugt, hin und wieder auch Spätlesen von Riesling und Gewürztraminer. Ab der Ernte 2019 ist das Weingut bio-zertifiziert, ab 2020 wird man biodynamisch arbeiten und Demeter beitreten. Das Sortiment wurde zuletzt neu gegliedert in Gutsweine, Ortsweine von der Rheinterrasse und Lagenweine. Dazu zählen der Riesling Geierscheiß, der im neuen Halbstück ausgebaute Weißburgunder aus dem Uelversheimer Tafelstein und der im Barrique ausgebaute Spätburgunder aus dem Oppenheimer Herrenberg; daneben gibt es einen im Barrique vergorenen Chardonnay Réserve vom besten Chardonnay-Weinberg, 2018 hat Moritz Kissinger erstmals den Chardonnay „Luft" erzeugt. Seit der ersten Ausgabe empfehlen wir die Weine von Jürgen Kissinger, schon damals zählte er für uns zu den Spitzenbetrieben in Rheinhessen, und er hat uns seither niemals enttäuscht, seine Kollektionen waren Jahr für Jahr von erstaunlicher Zuverlässigkeit, das Basisniveau war schon immer erfreulich hoch. In den letzten Jahren ist eine neue Dynamik festzustellen, was wohl Sohn Moritz zu verdanken ist, die Weine sind druckvoller und ausdrucksstärker geworden.

Kollektion

Im vergangenen Jahr hatte uns die Kollektion sehr gut gefallen, das Einstiegsniveau war hoch, an der Spitze standen der Chardonnay Luft und der Geierscheiß-Riesling. Auch in diesem Jahr ist das Einstiegsniveau hoch, die Gutsweine sind frisch und sortentypisch, doch hin und wieder, und das gilt auch für einige Ortsweine, finden wir die meist merkliche Restsüße überflüssig, dies war in der 2018er Kollektion anders. Der Gutsriesling ist frisch und fruchtbetont im Bouquet, fruchtbetont und saftig im Mund, besitzt gute Harmonie. Der Weißburgunder Gutswein besticht mit seiner reintönigen Frucht, besitzt gute

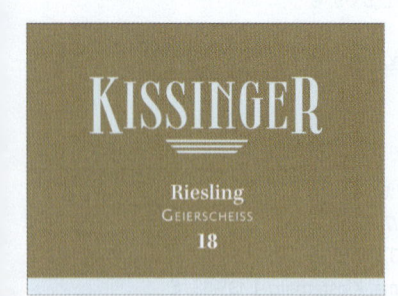

Struktur und Biss, aber auch eine deutliche Restsüße, die uns auch beim Ortswein, dem Weißburgunder vom Löss, ein wenig irritiert, der würzig und eindringlich im Bouquet ist, füllig und saftig im Mund bei reifer süßer Frucht. Der Guntersblumer Chardonnay zeigt gute Konzentration, etwas gelbe Früchte, ist füllig und kraftvoll, klar und strukturiert. Der Dienheimer Grauburgunder ist würzig und klar im Bouquet, ebenfalls füllig und saftig im Mund bei guter Substanz. Feine Würze und reife Frucht zeigt der Oppenheimer Riesling, er ist füllig und kraftvoll, besitzt feine Süße und Grip. Duo No1 und Duo No2 sehen wir wie schon im Vorjahr auch im Jahrgang 2019 gleichauf. Der mit dem Jahrgang 2015 eingeführte Sauvignon Blanc Duo No1 zeigt intensive Frucht, dezent Stachelbeeren, ist füllig und saftig im Mund, wie immer mit deutlicher Restsüße ausgebaut. Die Scheurebe Duo No2 ist herrlich eindringlich und intensiv im Bouquet, besitzt gute Struktur und Grip. Der Weißburgunder Halbstück aus dem Uelversheimer Tafelstein schließt nahtlos an den starken Vorgängerjahrgang an, zeigt feine Würze und reife Frucht, ist füllig und saftig, besitzt viel Substanz, gute Struktur und Länge. Der Geierscheiß-Riesling ist auch dieses Jahr wieder unser Favorit, zeigt intensive Frucht, gelbe Früchte, ist herrlich konzentriert und reintönig, besitzt viel Substanz, reintönige Frucht und Länge. Der Uelversheimer Spätburgunder ist fruchtbetont und reintönig im Bouquet, frisch und zupackend im Mund, besitzt Säure und Biss. Deutlich kraftvoller ist der im Barrique ausgebaute Spätburgunder aus dem Herrenberg, zeigt ebenfalls intensive Frucht, rauchig-würzige Noten, besitzt viel Kraft und Substanz.

Weinbewertung

84	2019 Riesling trocken	12,5%/6,80€
84	2019 Weißburgunder trocken	12%/6,80€
86	2019 Riesling trocken „Kalkmergel" Oppenheim	12,5%/9,40€
84	2019 Weißburgunder trocken „Löss" Uelversheim	12,5%/9,40€
86	2019 Chardonnay trocken „Kalkstein" Guntersblum	13%/9,40€
85	2019 Grauburgunder trocken „Kalkmergel" Dienheim	13%/9,40€
87	2019 Sauvignon Blanc trocken „Fumé Duo No1"	12%/10,40€
87	2019 Scheurebe trocken „Duo No2"	12%/8,10€ ☺
89	2019 Weißburgunder trocken „Halbstück" Uelversheimer Tafelstein	13%/19,40€
90	2019 Riesling trocken Uelversheimer „Geierscheiß"	13%/19,40€
86	2018 Spätburgunder trocken Uelversheim	13%/8,10€
88	2018 Spätburgunder trocken Barrique Oppenheimer Herrenberg	13,5%/15,80€

Lagen
Herrenberg (Oppenheim)
Tafelstein (Uelversheim)
Geierscheiß (Uelversheim)

Rebsorten
Weiße Burgundersorten (32 %)
Riesling (28 %)
Spätburgunder (18 %)
Chardonnay (10 %)
Silvaner (5 %)

Kitzer

★★ ☆

Kontakt
Ernst-Ludwig-Straße 28
55576 Badenheim
Tel. 06701-2449
Fax: 06701-2490
www.weingut-kitzer.de
wg@weingut-kitzer.de

Besuchszeiten
nach Vereinbarung

Inhaber
Hans-Friedrich, Tobias & Björn Kitzer

Rebfläche
95 Hektar

Seit sechs Generationen baut die Familie Kitzer Wein in Badenheim an. Heute führt Hans-Friedrich Kitzer den Betrieb zusammen mit seinen drei Söhnen: Die beiden älteren, Tobias und Björn, sind Weinbautechniker, der jüngste, Julian, hat nach Geisenheim-Studium bei Dönnhoff gearbeitet, ist seit 2017 ebenfalls im elterlichen Betrieb tätig. Fast 100 Hektar Reben besitzen sie, die sich auf verschiedene Gemarkungen und Lagen verteilen, darunter der Siefersheimer Höllberg, das Wöllsteiner Äffchen und die Alte Römerstraße in Volxheim. An Rebsorten gibt es unter anderem Riesling, Grauburgunder, Weißburgunder, Spätburgunder, Sauvignon Blanc, Gewürztraminer, Silvaner und Scheurebe.

Kollektion

In einer überzeugenden Kollektion im vergangenen Jahr gab es mit dem Porphyr-Riesling einen sehr guten Weißwein, mit dem Cabernet Sauvignon einen sehr guten Roten, sowie mehrere sehr gute edelsüße Weine, angeführt vom Silvaner Eiswein aus dem Rheingrafenstein. Auch in diesem Jahr ist wieder ein Silvaner Eiswein absolute Spitze, erneut ein 2018er, der aber aus dem Badenheimer Galgenberg stammt. Er zeigt viel Konzentration im Bouquet, eindringlich Litschi, etwas kandierte Früchte, ist dick und konzentriert im Mund, klar und dominant, auch im Mund erinnert er an kandierte Früchte. Auch die Kerner Spätlese überzeugt, ist würzig, klar und frisch im Bouquet, harmonisch und saftig im Mund, besitzt reintönige Frucht und Grip. Die Gutsweine sind frisch und unkompliziert, schon der Müller-Thurgau im Liter überzeugt. Die Ortsweine sind etwas kraftvoller, kompakt und klar, bleiben aber ein wenig hinter ihren Vorgängern zurück. Im feinherben Segment zeigt die Scheurebe reintönige Frucht, besitzt feine Frische und Grip.

Weinbewertung

81	2019 „Anytime" Weißwein trocken	11%/7,50€
81	2019 Müller Thurgau trocken (1l)	11,5%/5,70€
79	2019 „Blanc de Noir" trocken	11,5%/8,50€
82	2019 Riesling trocken „vom Porphyr" Wöllsteiner	12%/8,-€
82	2019 Weißburgunder trocken „vom Muschelkalk" Volxheimer	12,5%/8,-€
82	2019 Grauburgunder trocken „vom Tonmergel" Wöllsteiner	12,5%/8,-€
82	2019 Chardonnay „vom Kalkstein" Voxheimer	12,5%/8,-€
81	2019 Sauvignon Blanc trocken Volxheimer	12,5%/9,-€
80	2019 Riesling „feinherb" (1l)	11,5%/6,-€
82	2019 Scheurebe „feinherb"	10,5%/7,50€
84	2019 Kerner Spätlese Volxheimer Liebfrau	10%/9,-€
88	2018 Silvaner Eiswein Badenheimer Galgenberg	7,5%/35,-€/0,375l

Franken — Lisberg

★★★

KL-Weine

Kontakt
Burg 2
96170 Lisberg
Tel. 0151-16138376
www.kl-weine.de
kerstinlaufer@kl-weine.de

Besuchszeiten
Mo. + Mi. 9-12 + 13-18 Uhr
Sa. 9-12 + 13-16 Uhr
So. 9:30-12 Uhr

Inhaber
Dieter Laufer
Rebfläche
11,5 Hektar
Produktion
110.000 Flaschen

Kerstin Laufer ist Winzerin, Steuerfachangestellte, Technikerin für Weinbau und Önologie – und will ihre eigenen Weine machen. Ihre Eltern unterstützen sie dabei, aus deren Weinberge kann sie sich die Trauben aussuchen, die sie für ihre eigenen Weine haben möchte. So entstand KL-Weine, im ersten Jahr 2018 hat Kerstin Laufer 10.000 Flaschen erzeugt. Der elterliche Betrieb ist ein Weingut mit mehreren Standorten: Burggut Lisberg nahe Bamberg (1976 erworben), Schlossgut Bimbach sowie einer Verkaufsstelle auf Hof Wöllmen bei Leipzig. Dieter Laufer besitzt Weinberge in Sommerach (Katzenkopf, Rosenberg) und Obervolkach (Landsknecht), den Schlossgarten in Bimbach-Prichsenstadt, dazu Weinberge am nördlichen Steigerwald in Wiebelsberg (Dachs), Kammerforst (Teufel) und Traustadt (Falkenberg) sowie im Unterhaider Röthla im Landkreis Bamberg, ganz im Osten des fränkischen Weinanbaugebietes. Silvaner und Bacchus sind die wichtigsten Rebsorten, gefolgt von Kerner, Müller-Thurgau und Riesling, das rote Spektrum wird angeführt von Regent.

Kollektion

Spannende Weine: Die neue Kollektion ist ein weiterer klarer Schritt voran! Schon die Weine der Klassik-Linie, alle spontanvergoren, zeigen hohes Niveau, sie sind klar und frisch, kraftvoll und zupackend, der griffige Weißburgunder und der rauchige Chardonnay gefallen uns besonders gut. Die Weine der Exklusiv-Linie, alle im Holz ausgebaut und ebenfalls spontanvergoren, beeindrucken mit ihrer Individualität. Aus dem Jahrgang 2019 stammen der reintönige, kraftvolle Silvaner und der stoffige, strukturierte Rosé, alle anderen sind aus 2018. Der Kerner zeigt feine rauchige Noten, besitzt gute Struktur und Grip, der Weißburgunder ist konzentriert, saftig, komplex, der Chardonnay rauchig und füllig. Der Reserve-Chardonnay ist nochmals kraftvoller und komplexer, der beerige maischevergorene Orange-Silvaner ist stoffig und faszinierend klar. Bravo!

Weinbewertung

Punkte	Wein	Alkohol/Preis
83	„Sommerwein" Weißwein	11,5%/7,50€
84	2019 Silvaner trocken ([KL]assik) Bimbacher Schlossgarten	12,5%/7,50€
85	2019 Weißburgunder trocken ([KL]assik) Bimbacher Schlossgarten	12%/8,50€
85	2019 Chardonnay trocken ([KL]assik) Bimbacher Schlossgarten	12%/8,50€
87	2018 Kerner trocken Unterhaider Röthla (Ex[KL]usiv)	12,5%/12,-€
88	2019 Silvaner trocken (Ex[KL]usiv) Bimbacher Schlossgarten Prichsenstadt	13%/12,-€
89	2018 Weißburgunder trocken (Ex[KL]usiv) Bimbacher Schlossgarten	13,5%/15,-€
89	2018 Chardonnay trocken „Reserve" Bimbacher Schlossgarten	13%/22,50€
87	2018 Chardonnay trocken (Ex[KL]usiv) Bimbacher Schlossgarten	13,5%/15,-€
90	2018 Silvaner „Orange Wine" Bimbacher Schlossgarten	12,5%/19,50€
84	2019 Rosé trocken ([KL]assik)	11,5%/8,50€
88	2019 Rosé trocken (Ex[KL]usiv)	12%/15,-€

[KL]
KERSTIN LAUFER

WÜRTTEMBERG ➤ WALHEIM

★ ★ ★ ✫

Eberhard Klein

Kontakt
Blumenstraße 1
74399 Walheim
Tel. 07143-35745
Fax: 07143-35720
www.schalkstein.de
terrassenweinbau@t-online.de

Besuchszeiten
nach Vereinbarung

Inhaber
Eberhard Klein

Rebfläche
3,3 Hektar

Knapp die Hälfte der Weinberge von Eberhard Klein liegt in terrassierten Steillagen am Zusammenfluss von Neckar und Enz, wo die Reben auf Muschelkalkböden wachsen. Bis auf einen Weinberg in Besigheim (Wurmberg) liegen alle Parzellen in Walheim, darunter einige im ursprünglichen Schalkstein, der 1971 Namensgeber für alle Walheimer Weinberge wurde. Die Weinberge, 28 Parzellen, zwischen 4 und 40 Ar groß, sind dauerbegrünt, befinden sich zur Hälfte in Steillagen. Eberhard Klein baut Riesling, Grauburgunder, Traminer, Lemberger, Trollinger, Schwarzriesling und Zweigelt an, er setzte verstärkt auf Chardonnay und Spätburgunder, legte Merlot an. Die Weißweine werden komplett spontanvergoren, die Rotweine teilweise, alle Rotweine werden 15 bis 20 Tage maischevergoren und in großen und kleinen Eichenholzfässern ausgebaut, Weißweine kommen ebenfalls gelegentlich ins Barrique. In der hauseigenen Brennerei werden Obst- und Tresterbrände erzeugt, die teilweise in Fässern aus Eichen-, Eschen- oder Kirschholz reifen. Seit dem Jahrgang 2018 werden die Weine nicht mehr bei der amtlichen Qualitätsweinprüfung eingereicht und kommen als Schwäbischer Landwein auf den Markt.

🍷 Kollektion

Bestechend hoch und gleichmäßig ist auch in diesem Jahr wieder das Niveau bei Eberhard Klein. Der Riesling von alten Reben besitzt Fülle und Kraft, der Grauburgunder ist würzig und zupackend bei feiner süßer Frucht, der im Barrique ausgebaute Chardonnay zeigt deutliche Vanillenoten im Bouquet, ist füllig und saftig bei reifer Frucht und guter Struktur. Die beiden Trollinger sind fruchtbetont und reintönig, klar und zupackend, der 2019er ist etwas intensiver als der 2018er. Das gilt auch für den Zweigelt, beide Weine sind wunderschön reintönig und harmonisch, der 2019er besitzt etwas mehr Intensität. Der Lemberger ist faszinierend reintönig, intensiv, dezent floral, die Cuvée Epona besitzt herrlich viel Frucht und gute Struktur, Merlot und Spätburgunder besitzen intensive reintönige Frucht und Grip. Stark! ◀

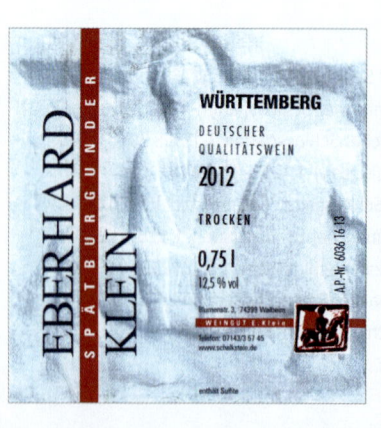

🍇 Weinbewertung

86	2019 Riesling „Alte Reben"	12%/8,40 €
85	2019 Grauburgunder („Rosengold")	13%/7,40 €
86	2019 Chardonnay trocken Barrique	13%/10,50 €
84	2018 Trollinger trocken Terrassenlage	13,5%/5,40 €
85	2019 Trollinger trocken Terrassenlage	13%/5,40 € ☺
85	2018 Zweigelt trocken	13,5%/7,40 €
86	2019 Zweigelt trocken	12%/7,40 €
86	2018 Lemberger trocken (Holzfass)	13,5%/6,20 € ☺
85	2018 „Epona" Rotwein trocken	13,5%/7,40 €
87	2018 Spätburgunder trocken	14%/10,50 €
87	2018 Merlot trocken (Holzfass)	14,5%/13,50 €

PFALZ ▬ HAINFELD

★★★

Gerhard Klein

Kontakt
Weinstraße 38
76835 Hainfeld
Tel. 06323-2713
Fax: 06323-81343
www.kleinwein.com
klein-wein@t-online.de

Besuchszeiten
Mo.-Fr. 10-12 + 13-17 Uhr
Sa. 12-16 Uhr

Inhaber
Peter, Gerhard & Sieglinde Klein
Betriebsleiter
Peter Klein
Kellermeister
Pascal Schlosser & Barbara Klein
Rebfläche
26 Hektar
Produktion
150.000 Flaschen

Gerhard und Sieglinde Klein haben die Regie in dem 350 Jahre alten Familienbetrieb mittlerweile ihren Kindern Barbara und Peter überlassen. Ihre Weinberge liegen vor allem in den Hainfelder Lagen Letten, Kirchenstück und Kapelle, hinzu kommen Parzellen im Burrweiler Altenforst, im Weyherer Michelsberg und mittlerweile auch im Ilbesheimer Kalmit. Neben den Burgundersorten und Riesling wurden auch Sauvignon Blanc, Cabernet Sauvignon und Syrah gepflanzt, und nachdem Peter Klein in der Wachau gearbeitet hatte auch etwas Grüner Veltliner. Im September 2020 wurde im Ortskern von Hainfeld die neue Vinothek eröffnet.

Kollektion

Die Weißweine der Familie Klein sind in diesem Jahr alle sehr fruchtbetont und besitzen eine deutlich schmeckbare Restsüße, die den Weinen Fülle verleiht, gleich vier Weine sehen wir an der Spitze: Die beiden „Fumé"-Weine wurden gekonnt im Holz ausgebaut, der Sauvignon Blanc zeigt dezente Noten von gerösteten Haselnüssen, besitzt am Gaumen viel gelbe Frucht, Pfirsich, Maracuja, und ein frisches Säurespiel, bei der Scheurebe ist das Holz noch dezenter, der Wein zeigt klare, intensive Frucht, schwarze Johannisbeere, Zitrusnoten, ist kraftvoll und harmonisch. Auch der Chardonnay vom Letten zeigt feine Röstnoten und Zitruswürze im Bouquet, besitzt gelbe Frucht, ist harmonisch und elegant, der Kalmit-Riesling zeigt etwas kräutrige Würze und Zitrusnoten, Orangenschale, besitzt am Gaumen viel Saft, gute Konzentration und ein animierendes Säurespiel. Den Tempranillo konnten wir erstmals verkosten, er zeigt dunkle Frucht, Pflaume, Kakao, Schokolade und Gewürznelke im intensiven Bouquet, ist kraftvoll und besitzt noch eine ganz jugendliche Struktur, der „Blanc de Blanc"-Sekt ist fruchtbetont und elegant, zeigt auch etwas hefige Würze und auch die Terroirweine liegen durchgehend auf einem sehr guten Niveau, sind kraftvoll und reintönig.

Weinbewertung

87	2018 Blanc de Blanc Sekt brut	12,5%/13,50€
86	2019 Riesling trocken „vom Schiefer"	13,5%/10,-€
86	2019 Riesling trocken „vom Kalkmergel"	13,5%/9,-€
84	2019 Sauvignon Blanc trocken	12,5%/7,90€
83	2019 Gelber Muskateller trocken	11,5%/8,50€
86	2019 Weißburgunder trocken „vom Kalkmergel"	13,5%/9,-€
88	2019 Riesling trocken Ilbesheimer Kalmit	13%/15,-€
86	2019 Grüner Veltliner trocken „vom Löss"	14%/10,-€
88	2018 Chardonnay trocken Hainfelder Letten	13%/15,-€
88	2019 Scheurebe trocken „Fumé"	13,5%/13,50€
88	2019 Sauvignon Blanc trocken „Fumé"	13%/13,50€
88	2017 Tempranillo trocken Rhodter Schlossberg	14%/28,-€

Klenert

Kontakt
Rathausstraße 4
76703 Kraichtal
Tel. 07250-3319755
Fax: 07250 -3319950
www.klenert-wein.de
david@klenert-wein.de

Besuchszeiten
Mi.-Fr. 16-19 Uhr
Sa. 8-14 Uhr

Inhaber
David Klenert
Rebfläche
14 Hektar
Produktion
90.000 Flaschen

David Klenert, Bachelor Weinbau & Önologie, ist im Schwarzrieslingdorf Kürnbach aufgewachsen und somit von klein auf mit Wein und Weinanbau verwachsen. Er studierte von 2009 bis 2013 im dualen System Weinbau & Önologie in Neustadt an der Weinstraße. Während des Studiums lernte er verschiedene Weinbauregionen in Deutschland kennen und reiste darüber hinaus nach Neuseeland und in die Schweiz, um sich Ideen und Anregungen zu holen. Unterstützt wird David Klenert von seiner Frau Eva. Die Sozialpädagogin unterstützt das „Abenteuer Selbständigkeit". David Klenerts Weinberge liegen im Lerchenberg und im Silberberg, zwei Lagen, die sich jeweils über mehrere Gemarkungen im Kraichgau erstrecken. Er hat sich auf klassische Sorten konzentriert: Angebaut werden die weißen Sorten Grauburgunder, Weißburgunder, Chardonnay, Riesling und Auxerrois sowie die Rotweinsorten Spätburgunder, Schwarzriesling und Lemberger. Klenert ist bestrebt, die Eigenheiten jeder Sorte herauszuarbeiten. Sein Ziel ist bei den Weißweinen Frische, Frucht und Eleganz, bei den Rotweinen Frucht, Wärme und Substanz. Er ist inzwischen biologisch zertifiziert, Mitglied bei Ecovin, hat im vergangenen Jahr die Rebfläche erweitert.

Kollektion

Die Klarheit und Rebsortentypizität der Weine von David Klenert erfreut uns Jahr für Jahr. Die Kollektion beginnt in diesem Jahr mit dem Sekt Pinot Rosé brut, ein frischer Sprudler mit elegant-herber Süße. Der Secco ist frisch und erdbeerfruchtig, nicht zu süß. Ein feines, leichtes Fruchtspiel zeigt der Weißburgunder, der Chardonnay ist gelbfruchtig, der Auxerrois zeigt druckvollen Biss, der Grauburgunder ist sehr saftig, hat viel Spiel und eine gute Struktur, auch beim Riesling liegt die Betonung auf Klarheit der Frucht. Der „S" zeigt ein feines Frucht-Säurespiel mit gut integrierter Süße. Der Rosé ist rotfruchtig, lebendig, süß-saftig mit gutem Biss. Bei den Rotweinen liegt der Spätburgunder knapp vorne.

Weinbewertung

82	2019 „Secco"-Rosé	12%/7,50€
84	2018 Pinot Rosé Sekt brut	12,5%/13,50€
83	2019 Riesling trocken	12,5%/8,-€
84	2019 Auxerrois trocken	13%/8,-€
83	2019 Weißburgunder trocken	13%/8,-€
84	2019 Grauburgunder trocken	13%/8,-€
83	2019 Chardonnay trocken	13%/9,-€
83	2019 „Klenert S" Weißwein trocken	13%/8,-€
83	2019 Rosé	13%/7,50€
80	2018 „Cuvée Rot" Rotwein trocken	13%/8,50€
82	2018 Spätburgunder trocken	13,5%/10,50€
82	2019 Lemberger trocken	14%/10,50€

WÜRTTEMBERG — WEINSTADT-GROSSHEPPACH

★★★★

Wolfgang Klopfer

Kontakt
Gundelsbacher Straße 1
71384 Weinstadt-Großheppach
Tel. 07151-603848
Fax: 07151-600956
www.weingut-klopfer.de
info@weingut-klopfer.de

Besuchszeiten
Weinverkauf
Di.- Fr. 16-19 Uhr
Sa. 9-16 Uhr
oder nach Vereinbarung

Inhaber
Familie Klopfer
Betriebsleiter
Christoph & Wolfgang Klopfer
Rebfläche
15 Hektar
Produktion
90.000 Flaschen

Wein baut die Familie Klopfer schon lange im Remstal an, das eigene Weingut hat Wolfgang Klopfer Anfang der achtziger Jahre gegründet, führt es zusammen mit Ehefrau Dagmar. Seit 2013 ist Sohn Christoph im Betrieb tätig, der in Neustadt Weinbau studiert hat (sein Kooperationsbetrieb war das Weingut Bassermann-Jordan), Auslandserfahrungen im kanadischen Okanagan Valley sammelte. Christoph Klopfer kümmert sich überwiegend um den Keller. Ihre Weinberge, ein großer Teil in Steillagen, liegen in Großheppach in den Lagen Steingrüble (mit den Gewannen Trosthalde und Klingenberg) und Wanne, sowie im Kleinheppacher Greiner, aber auch in Grunbach (Klingle), Gundelsbach und Geradstetten (Lichtenberg), hinzu kommt eine terrassierte Steillage im Cannstatter Zuckerle, in der Riesling angebaut wird, wo man Trockenmauern restauriert und eine pilzresistente rote Sorte aus der Schweiz (VB Cal. 1-22) neu angepflanzt hat, die 2015 den ersten Ertrag brachte und den „Mauerpfeffer" genannten Wein ergibt. Rote Sorten nehmen zwei Drittel ihrer Fläche ein. Trollinger, Schwarzriesling, Lemberger und Spätburgunder sind die Hauptsorten. Seit 1995 bauen sie auch Merlot, Cabernet Dorio und Cabernet Dorsa an, später dann kamen Frühburgunder und Zweigelt hinzu. Mit Abstand wichtigste Weißweinsorte ist Riesling, dazu gibt es Sauvignon Blanc und Sauvignon Gris – zusammen einen Hektar, Weiß- und Grauburgunder, etwas Gewürztraminer, inzwischen auch Goldmuskateller. Die Weinberge werden seit 2013 biologisch bewirtschaftet, man ist seit 2015 Mitglied bei Ecovin, 2015 war auch der erste zertifizierte Jahrgang. Wolfgang Klopfer hat von Beginn an das Gros seiner Weine trocken und durchgegoren ausgebaut. Die Rotweine werden maischevergoren und im Holz ausgebaut, sie bleiben wie auch die Weißweine lange auf der Hefe. Die neu gebaute Vinothek Am Steingrüble, auf drei Seiten verglast, bietet Sitzplätze für bis zu 80 Personen und kann für private Feste, Firmenfeiern oder Seminare gemietet werden.

Kollektion

Die Rotweine waren in den vergangenen Jahren die herausragenden Weine in den Kollektionen von Wolfgang und Christoph Klopfer, und dies ist auch in diesem Jahr wieder so, wobei auch die Weißweine wie in den Vorjahren durch die Bank sehr gutes Niveau zeigen. Auch der Brut Nature-Sekt ist spannend, der 2015er schließt nahtlos an die starken Jahrgänge 2010 und 2012 an, besteht aus Pinot Noir, Pinot Meunier und Chardonnay, wurde 42 Monate auf der Hefe ausgebaut. Er zeigt feine rauchige Noten, ist füllig und saftig, wunderschön komplex, harmonisch und lang. Der Weißburgunder Gutswein ist frisch und fruchtbetont im Bouquet, wunderschön klar und zupackend im Mund, besitzt gute Struktur und Frische. Deutlich stoffiger und konzentrierter ist der 2018er Lagen-Weißburgunder aus dem Steingrüble, zeigt viel reife Frucht, besitzt Fülle und Kraft, gute Struktur und Substanz, reintönige Frucht. Der Gundelsbacher Sauvignon Blanc ist würzig und eindringlich, frisch, klar und zupackend. Der im Barrique vergorene Reserve-Sauvignon Gris zeigt gute Konzentration und intensive Frucht, etwas rauchig-würzige Noten, ist füllig, stoffig und kraftvoll, besitzt reife Frucht, Substanz, ist noch deutlich vom Ausbau im Holz geprägt. Aus dem Jahrgang 2017 stammen die beiden Lagenrieslinge, die wir schon im vergangenen Jahr vorgestellt hatten. Der Wein aus dem Steingrüble gefällt uns auch dieses Jahr ein klein wenig besser, auch wenn wir sie gleich bewertet haben, zeigt etwas Zitrus und gelbe Früchte, besitzt Fülle und Kraft und dezent mineralische Noten; der Zuckerle-Riesling ist intensiv fruchtig, sehr offen, ist frisch und zupackend, besitzt gute Struktur und Grip. Enorm eigenständig ist der Modus-K Rosé, ist rauchig und konzentriert, füllig und saftig, besitzt viel reife Frucht, gute Struktur und Substanz. Sehr gut sind die beiden roten Ortsweine aus dem Jahrgang 2018: Der Großheppacher Lemberger ist reintönig, fruchtbetont und intensiv, herrlich frisch und zupackend, der Geradstettener Spätburgunder ist wunderschön reintönig, strukturiert und zupackend. Faszinierende Frucht zeigt wieder einmal der Mauerpfeffer, ist frisch und klar, besitzt gute Struktur und Grip. Der Spätburgunder aus dem Steingrüble zeigt rauchig-würzige Noten, ist kraftvoll, klar und zupackend – und kann gut reifen, wie der 2009er zeigt. Der Modus-K ist eindringlich und konzentriert, kraftvoll, setzt auf Frische und Frucht, der Lemberger aus dem Greiner ist sehr offen, zeigt Herzkirschen, besitzt gute Harmonie, Kraft und reintönige Frucht.

🍇 Weinbewertung

89	2015 Sekt brut nature	12,5%/14,80€
87	2019 Weißburgunder trocken	12,5%/7,40€ ☺
86	2019 Sauvignon Blanc trocken Gundelsbach	12,5%/10,20€
89	2017 Riesling trocken Großheppacher Steingrüble	12,5%/14,80€
89	2017 Riesling trocken Cannstatter Zuckerle	12,5%/14,80€
89	2018 Weißburgunder trocken Großheppacher Steingrüble	13%/14,80€
89	2018 Sauvignon Gris trocken „Reserve"	13,5%/14,80€
89	2019 „Modus K" Rosé trocken	13%/14,80€
86	2018 Spätburgunder trocken Geradstetten	12,5%/10,20€
87	2018 Lemberger trocken Großheppach	12,5%/10,20€
90	2018 „Mauerpfeffer" Rotwein trocken Cannstatter Zuckerle	13%/19,-€
90	2009 Spätburgunder trocken Barrique	13,5%
90	2018 Spätburgunder trocken Großheppacher Steingrüble	13%/24,-€
91	2018 „Modus-K" Rotwein trocken	14%/24,-€
92	2018 Lemberger trocken Kleinheppacher Greiner	13,5%/24,-€

Lagen

Steingrueble (Großheppach)
Greiner (Kleinheppach)
Klingle (Grunbach)
Zuckerle (Cannstatt)
Wanne (Großheppach)
Lichtenberg (Geradstetten)

Rebsorten

Riesling (20 %)
Weißburgunder (15 %)
Lemberger (15 %)
Spätburgunder (10 %)
Sauvignon Blanc (10 %)
Grauburgunder (6 %)
Merlot (6 %)

Wolfgang & Christoph Klopfer / Foto: Rainer Kwiotek

RHEINGAU ▬ ELTVILLE

★★
Kloster Eberbach

Kontakt
Hessische Staatsweingüter GmbH Kloster Eberbach, Kloster Eberbach, 65346 Eltville
Tel. 06123-6046-0
Fax: 06123-6046-420
www.kloster-eberbach.de
weingut@kloster-eberbach.de

Besuchszeiten
Vinothek im Kloster Eberbach: April-Oktober tägl. 10-19 Uhr; November-März tägl. 10-18 Uhr; Vinothek Domäne Bergstraße, Darmstädter Straße 133, 64646 Heppenheim (Tel. 06252-1262690), April-Okt. tägl. 10-19 Uhr; Nov.-März: Mo.-Fr. 10-18 Uhr; Sa., So. & Feiertage 10-16 Uhr; Pfortenhaus Kloster Eberbach, Gutsausschank im Baiken (Eltville). Schwarzes Häuschen (Domäne Steinberg)

Inhaber Land Hessen
Direktor Dieter Greiner
Önologin Kathrin Puff
Kellermeister Bernd Kutschick
Rebfläche 238 Hektar
Produktion 2.300.000 Fl.

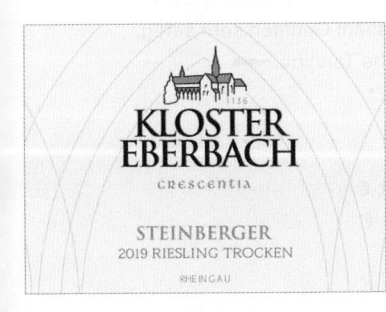

Die Hessischen Staatsweingüter sind das größte Weingut in Deutschland: Außer den Rheingauer Gütern (Domäne Assmannshausen, Kloster Eberbach) wird auch das an der Hessischen Bergstraße von Kloster Eberbach aus verwaltet. Die Hessische Landesregierung hat den Staatsbetrieb in eine GmbH umgewandelt, die aber weiterhin zu hundert Prozent in Staatsbesitz ist.

Kollektion

Der Riesling Sekt aus dem Baiken ist elegant und angenehm frisch. Auch der Gutsriesling gefällt uns gut, seine frische Art vermittelt sortentypische Saftigkeit. Spürbar feiner und ausdrucksstärker spiegelt der trockene Riesling aus dem Baiken mit seiner kühlen Frucht voll rasanter Frische den Lagencharakter wider. Deutlich cremiger ist der eingängige Neroberg Riesling, auch wenn sich ein kräftiger Gerbstoffbiss bemerkbar macht. Der 2018er Riesling Großes Gewächs Steinberg ist konzentriert und würzig, mit milder und reifer Säure. Er neigt ein wenig ins Üppige, eine straffe Ader hält aber alles fest zusammen. Der feinherbe Berg Roseneck Riesling ist ansprechend leicht und frisch, mit bestens integrierter Fruchtsüße, seine mineralische Textur bietet Trinkvergnügen. Im Steinberger Kabinett ist die Cassis in diesem Jahr stark ausgebildet, er ist saftig und zupackend. Die Spätlese aus dem Baiken hingegen ist deutlich straffer, bei hoher Konzentration und Süße bleibt sie immer kühl und präzise. Die Spätburgunder sind alle sehr moderat im Alkohol. Der Pinot Noir ist saftig und leicht, punktet mit ätherischen Aromen. Das gilt noch mehr für den nach Cassis duftenden Höllenberg Spätburgunder, der filigran und zurückhaltend ist. Das Große Gewächs aus dem Schlossberg ist grazil, dabei doch auch sehr kraftvoll. Die Dichte ist vielversprechend, der recht niedrige Alkohol lässt Platz für frische Aromen. Eine durchaus spannende Mischung.

Weinbewertung

Punkte	Wein
86	2016 Riesling Sekt brut „Crescentia" Rauenthaler Baiken I 12%/15,-€
84	2019 Riesling trocken I 12,5%/8,50€
84	2019 Grauburgunder trocken „Crescentia" Heppenheimer Centgericht I 12,5%/12,40€
85	2019 Riesling trocken „Crescentia" Rauenthaler Baiken I 12%/12,40€
85	2019 Riesling trocken „Crescentia" Wiesbadener Neroberg I 12,5%/12,40€
89	2018 Riesling trocken Großes Gewächs Steinberg I 13%/35,-€
85	2019 Riesling „feinherb" Berg Roseneck I 11,5%/14,50€
85	2019 Riesling Kabinett „Crescentia" Steinberger I 8%/12,40€
86	2019 Riesling Spätlese „Crescentia" Rauenthaler Baiken I 8%/16,50€
86	2017 Pinot Noir trocken „Crescentia" I 13%/15,50€
88	2017 Spätburgunder trocken „Crescentia" Assmannshäuser Höllenberg I 12,5%/21,-€
90	2018 Spätburgunder trocken Großes Gewächs Berg Schlossberg I 12,5%/39,-€

BADEN ▶ EFRINGEN-KIRCHEN

★ am Klotz

Kontakt
Auf der Festung 2
79588 Efringen-Kirchen
Tel.
Fax:
www.weingut-am-klotz.de

Besuchszeiten
nach Vereinbarung

Inhaber
Familie Keller &
Familie Reinecker

Rebfläche
3,5 Hektar

Produktion
15.000 Flaschen

Im Mai 2018 haben der Winzer und DFB-Präsident Fritz Keller aus Vogtsburg-Oberbergen, der Sektkellereibesitzer Herbert Reinecker aus Auggen und deren Söhne Steffen Reinecker und Friedrich Keller den Reingerhof in Istein gekauft. Benannt wurde das Weingut nach dem markanten Isteiner Klotz mit Ausblick nach Basel und in das Dreiländereck. Motivation für den Aufbau eines neuen Weinguts waren Weinberglagen auf Korallenkalk und die damit verbundene Aussicht auf eigenständige, vom Kalk geprägte und naturbelassene Weine. 2018 wurden die ersten Weine ausgebaut, bisher geschieht das in den Betrieben der Eigentümer. Mittelfristig soll ein schlichtes, autarkes Kellereigebäude auf dem Hof entstehen. Alle Entscheidungen werden gemeinschaftlich getroffen, den Außenbetrieb in Istein leitet Philipp Schlegel. Der Fokus wird auf Burgunderweine und die Markgräfler Spezialität Gutedel gesetzt. Ziel ist es, die Weine möglichst unverfälscht auf die Flasche zu bringen, mit so wenig Eingriff wie möglich sowohl im Keller wie auch im Weinberg. Alle Parzellen befinden sich rund um das Kalkmassiv des Isteiner Klotzes, teils auf purem Kalkfels, teils mit Löss gemischt. In Zukunft soll die maximale Betriebsgröße acht bis zehn Hektar betragen.

Kollektion

Die ersten Weine der Jahrgänge 2018 und 2019, die das Weingut am Klotz erzeugt hat, wurden in den Betrieben der Eigentümer-Familien Keller und Reinecker ausgebaut. Der einzige Wein des Jahrgangs 2019 in der vorgestellten Kollektion ist ein Gutedel „Kalk und Löss". Er hat ein hefigwürziges Bouquet, ist schön leicht, dennoch fest und griffig am Gaumen. Die Frucht ist deutlich Birne, aber dezent, endet leicht salzig. Mineralisch geprägt ist auch der Kalk und Löss „Weiß": Helle, aber zurückhaltende Frucht im Bouquet, viel Frucht im Mund, feiner, samtiger Schmelz, guter Grip. Der Spätburgunder Kalk und Löss zeigt kühle rote Frucht im Bouquet mit dezenter Kaugummi-Aromatik, am Gaumen spielen Frucht und Säure, die leicht bitzelt. Der Isteiner Spätburgunder zeigt im Bouquet eine deutlich intensivere rote Frucht, am Gaumen würzige Aromen und rote Johannisbeere, angenehm lebhafte Säure- und Tanninstruktur. Der Isteiner Cabernet Sauvignon zeigt feinwürzige Aromen und viel reife Frucht im Bouquet, Johannisbeeren und Maulbeeren, ist am Gaumen sehr saftig, besitzt gute Struktur und Substanz, jugendliche Tannine. ◀

Weinbewertung

83	2019 Gutedel „Kalk & Löss"	11,5 %/8,- €
85	2018 „Weiß" Weißwein „Kalk & Löss"	12 %/11,- €
83	2018 Spätburgunder „Kalk & Löss"	12,5 %/11,- €
87	2018 Spätburgunder Isteiner	12,5 %/21,- €
87	2018 Cabernet Sauvignon Isteiner	12,5 %/19,- €

BADEN ▬ BRUCHSAL

★★★★

Klumpp

Kontakt
Heidelberger Straße 100
76646 Bruchsal
Tel. 07251-16719
Fax: 07251-10523
www.weingutklumpp.com
info@weingut-klumpp.com

Besuchszeiten
Mo.-Fr. 9-12 + 14-18 Uhr
Sa. 9-13 Uhr
und nach Vereinbarung

Inhaber
Markus & Andreas Klumpp
Betriebsleiter
Markus & Andreas Klumpp
Kellermeister
Markus Klumpp
Außenbetrieb
Andreas Klumpp
Rebfläche
32,4 Hektar
Produktion
180.000 Flaschen

Ulrich Klumpp machte sich 1983 selbstständig mit damals 4,5 Hektar Weinbergen. 1990 baute er das neue Weingut am Stadtrand von Bruchsal. Seit 1996 wird der gesamte, mittlerweile 28,5 Hektar große Betrieb nach den Richtlinien des ökologischen Weinbaus (Ecovin) bewirtschaftet. Die Böden im Kraichgau sind sehr heterogen, man findet auf kleinstem Raum Buntsandstein, Muschelkalk und Keuper. Seit 2007 tragen die Premiumweine Lagenbezeichnungen. Grauburgunder, Spätburgunder (Alte Reben) und St. Laurent kommen aus der neu eingetragenen Lage Rothenberg in Bruchsal (zuvor trugen sie die Bezeichnung Eichholz), einer 2,7 Hektar großen Lage im Alleinbesitz. Weißburgunder und Chardonnay, sowie die Cuvée M aus Cabernet Sauvignon, Merlot und Cabernet Franc und der Syrah kommen aus dem Kirchberg in Unteröwisheim, einer windexponierten Südlage aus Kalksandstein mit hoher Lössauflage. Der Pinot Noir wächst im Weiherberg südlich von Bruchsal, einer windoffenen Süd-Ost-Lage mit Kalksandsteinverwitterungsboden mit lehmiger Tonauflage, die 1,1 Hektar große Lage gehört ganz dem Weingut Klumpp. Im Zeuterner Himmelreich (Tonmergel in unterschiedlichen Verwitterungsstufen) wachsen Riesling und Lemberger. Ein weiterer Lagen-Riesling wird im Bruchsaler Klosterberg erzeugt (Muschelkalk mit dünner Löss- bzw. Keuperauflage). Wichtigste Rebsorte ist Spätburgunder, gefolgt von Riesling, Grauburgunder, Weißburgunder, Auxerrois (die älteste Anlage wurde 1965 gepflanzt) und Lemberger. Bei den roten Sorten setzen die Klumpps neben Spätburgunder und Blaufränkisch auf St. Laurent, rote Rebsorten nehmen etwa ein Drittel der Rebfläche ein. Seit 2004 ist Markus Klumpp für die Vinifikation zuständig, seit 2010 ist auch der zweite Sohn Andreas im Betrieb tätig, sie haben inzwischen gemeinsam den Betrieb übernommen. Sie fokussieren sich noch stärker auf die Burgunderrebsorten. Alle neu angelegten Flächen werden mit „Selection Massale"-Reben aus dem Burgund bepflanzt. Die Lagenweißweine vergären alle im Tonneau, mit bis zu 10 Monaten Hefelager und Battonage. Ausnahme ist der Chardonnay, der in Barriques vergoren wird. Die Fässer beziehen die Klumpps in den letzten Jahren ausschließlich aus dem Burgund. Barrique-Fässer aus dem Burgund haben ein Volumen von 228 Litern. Die Rotweine lagern alle in Barriques, die Gutsweine etwa zehn Monate, die Lagenweine 15 bis 24 Monate in Barriques. Alle Lagenweine werden unfiltriert gefüllt. Die Kollektion ist klar gestaltet: Es gibt neun Gutsweine und neun Lagenweine, mit dem Jahrgang 2019 werden erstmals Ortsweine angeboten.

Kollektion

Markus und Andreas Klumpp überraschen in diesem Jahr mit zwei Ortsweinen, die eine eigene Stilistik haben. Zum einen sind sie praktisch durchgegoren, im Unterschied zu allen anderen Weißweinen steht beim Restzucker die 1 vor dem Komma. Das lässt die Typizität der Rebsorten und des Terroirs deutlich aufscheinen und sorgt im Zusammenspiel mit gut strukturierender

Säure für hohe Präzision. Der Grauburgunder aus Ubstadt ist kraftvoll dicht, zeigt Frucht und Würze, mineralische, schlanke Eleganz, viel Stoff. Der Chardonnay aus Bruchsal zeigt sehr klare, helle Frucht, ein leichter, eleganter Wein mit viel Spiel und präziser Säurestruktur. Die 2019er Gutsweine zeichnen sich durch saftige, zupackende Frische aus. Der Auxerrois hat salzigen Biss, der Grauburgunder ist kraftvoll. Die weißen Lagenweine von 2018 haben wir im vergangenen Jahr bereits verkostet, mittlerweile sind sie zugänglicher.
Eindringlich duftig ist der Riesling Himmelreich, er hat eine süße, reife, zupackende Frucht, ist säurebetont, baut ordentlich Druck auf. Der Weißburgunder Kirchberg zeigt feine, helle, reife Frucht, Mirabelle, Heu und Kamille, am Gaumen angenehm schlank, präzise, zeigt Schmelz, ist konzentriert. Der Grauburgunder Rothenberg zeigt sich ganz leicht angefärbt mit viel offener Frucht, besitzt feine Säure, Konzentration und salzige Länge. Beim Chardonnay Kirchberg gesellt sich zur feinen Frucht eine deutliche Holzwürze, auch im Mund sind Frucht und Würze präsent. Die Rotweine sind wie gewohnt von transparenter Leichtigkeit, Säure und Tannine sind harmonisch vereint. Aus der Reihe fällt die fruchtbetont-süßliche Cuvée N°1. Der Spätburgunder Gutswein ist sehr saftig mit klarer Kirschfrucht. Der Pinot Noir Weiherberg zeigt dunkle Kirsche und Würze, besitzt viel Saft, eingebettet in mürbe Tannine. Der Spätburgunder aus dem Rothenberg zeigt Frucht und Würze, besitzt sehr feine, elegant-kühle, strahlende Kirschfrucht, sehr gute, fein gewebte Tannin- und Säurestruktur, ist sehr frisch. Der Blaufränkisch aus dem Himmelreich zeigt viel Frucht und pfeffrige Würze, Veilchenwurzel, ist saftig, dicht, präzise, harmonisch.

Andreas & Markus Klumpp

🍇 Weinbewertung

86	2019 Auxerrois trocken	12,5%/10,50€
85	2019 Grauburgunder trocken	13%/9,50€
87	2019 Grauburgunder trocken „Tonmergel" Ubstadt	13%/15,-€
88	2019 Chardonnay trocken „Muschelkalk" Bruchsal	12,5%/15,-€
88	2018 Riesling trocken Zeuterner Himmelreich	12%/17,-€
89	2018 Weißburgunder trocken Unteröwisheimer Kirchberg	13%/17,-€
88	2018 Grauburgunder trocken Bruchsaler Rothenberg	13%/17,-€
89	2018 Chardonnay trocken Unteröwisheimer Kirchberg	13%/21,-€
83	2018 „Cuvée N 1" Rotwein trocken	13%/9,50€
85	2018 Spätburgunder trocken	13%/11,50€
89	2017 Blaufränkisch trocken Zeuterner Himmelreich	13,5%/19,-€
89	2017 Pinot Noir trocken Bruchsaler Weiherberg	13%/19,-€
90	2017 Spätburgunder trocken Bruchsaler Rothenberg	13,5%/25,-€

Lagen
Rothenberg (Bruchsal)
Weiherberg (Bruchsal)
Kirchberg (Unteröwisheim)
Himmelreich (Zeutern)

Rebsorten
Grauburgunder (25 %)
Weißburgunder (20 %)
Spätburgunder (15 %)
Riesling (15 %)
Auxerrois (10 %)
Chardonnay (10 %)
Blaufränkisch (5 %)

PFALZ ▬ LANDAU

★★★

Klundt

Kontakt
Mörzheimer Hauptstraße 15
76829 Landau
Tel. 06341-32392
Fax: 06341-932703
www.klundt.de
weingut@klundt.de

Besuchszeiten
nach Voranmeldung
Mo.-Fr. 8:30-12 + 13:30-18 Uhr
Sa. 9-16 Uhr
So. & Feiertage geschlossen

Inhaber
Hans und Sven Klundt
Betriebsleiter
Sven Klundt
Kellermeister
Sven Klundt
Außenbetrieb
Hans Klundt
Rebfläche
21 Hektar

Die Familie Klundt richtete in den 1970er Jahren ihren traditionellen landwirtschaftlichen Mischbetrieb mehr und mehr auf Weinbau aus, Hans Klundt beschäftigte sich aber hauptsächlich mit der Erzeugung von Fasswein. Sven Klundt, Geisenheim-Absolvent mit Auslandserfahrungen in Österreich, begann mit dem Jahrgang 2009 seine eigenen Weine zu erzeugen. Er konzentriert sich dabei auf nur wenige Rebsorten, Weißburgunder, Chardonnay, Riesling, Sauvignon Blanc, Silvaner, Muskateller und Pinot Noir, die er als Guts- und Ortsweine, „Obsession"-Weine und als Lagenweine vermarktet. Die Lagenweine stammen aus dem Birkweiler Kastanienbusch (Rotliegendes), dem Hochborn (eine Parzelle im Godramsteiner Münzberg, Kalk) und dem Wacholderberg (eine Parzelle im Mörzheimer Pfaffenberg, Kalkmergel).

Kollektion

Die Rieslinge sind in diesem Jahr alle zurückhaltend in der Frucht, aber deutlich mineralisch, die Lagenrieslinge sind schlanker und feingliedriger als ihre Jahrgangsvorgänger aus 2018: Der Kastanienbusch-Riesling zeigt kräutrige und steinige Noten, aber auch dezente gelbe Frucht, besitzt viel Druck, ist animierend und nachhaltig, der Hochborn-Riesling zeigt leicht rauchige Feuersteinnoten, entwickelt mit Luft auch etwas Zitruswürze, ist zwar noch leicht verhalten, aber sehr salzig und lang. Der Weißburgunder vom Wacholderberg wirkt noch sehr jung, zeigt florale Würze und etwas Birnenfrucht, besitzt Grip, der Spätburgunder zeigt viel kräutrige Würze, ist elegant und gut strukturiert, der Sauvignon Blanc „Réserve" zeigt feine Röstnoten und dezent Stachelbeere, ist frisch und nachhaltig, sehr gut gefällt uns auch der geradlinige Silvaner mit seiner erdigen, floralen und leicht rauchigen Würze, der Sauvignon Blanc aus der Basislinie zeigt leicht grasige Noten, etwas Stachelbeere und Maracuja, bietet viel Wein fürs Geld. ◄

Weinbewertung

82	2019 Riesling trocken (1l)	12,5 %/4,50 €
84	2019 Sauvignon Blanc trocken	12,5 %/6,- €
86	2019 Silvaner trocken Birkweiler	13 %/8,- €
86	2019 Riesling trocken Birkweiler	13 %/8,- €
86	2019 Riesling trocken „Obsession"	12,5 %/9,- €
86	2019 Weißer Burgunder trocken „Obsession"	13 %/8,50 €
88	2019 Weißer Burgunder trocken Mörzheimer Wacholderberg	13 %/13,- €
88+	2019 Riesling trocken Godramsteiner Hochborn	12,5 %/14,50 €
90	2019 Riesling trocken Birkweiler Kastanienbusch	12,5 %/15,- € ☺
87	2019 Sauvignon Blanc „Réserve" „Zwei Freunde - Ein Wein"	13 %/10,- €
86	2017 Pinot Noir trocken „Obsession"	13 %/10,- €
88	2017 Pinot Noir trocken Birkweiler Kastanienbusch	13 %/16,- €

BADEN ▬ ENDINGEN

★★★★ # Knab

Kontakt
Hennengärtle 1a
79346 Endingen
Tel. 07642-6155
Fax: 07642-931377
www.knabweingut.de
regina-rinker@t-online.de

Besuchszeiten
Mo.-Fr. 17-18:30 Uhr
Sa. 10-14 Uhr
vinologische Exkursionen mit dem Unimog-Oldtimer

Inhaber
Thomas, Regina & Johannes Rinker

Betriebsleiter
Thomas Rinker,
Johannes Rinker

Kellermeister
Johannes Rinker

Außenbetrieb
Thomas Rinker,
Johannes Rinker

Rebfläche
23 Hektar

Produktion
150.000 Flaschen

Thomas und Regina Rinker haben das Weingut Knab 1994 übernommen. Ihr Sohn Johannes ist nach Geisenheim-Studium und praktischen Erfahrungen in Neuseeland, Italien und der Schweiz 2016 in den Betrieb eingestiegen. Ihre Weinberge befinden sich fast ganz in der großen Lage Endinger Engelsberg (mit den früheren Einzellagen Wihlbach, Schönenberg, Eckkinzig) sowie in der Amolterer Steinhalde. Jeweils etwa 30 Prozent der Fläche nehmen Weißburgunder, Grauburgunder und Spätburgunder ein, dazu gibt es etwas Chardonnay, aber auch ein klein wenig Muskateller, Gewürztraminer, Auxerrois und Riesling. Die Weine werden, teils nach Maischestandzeiten, kühl vergoren und lange auf der Feinhefe ausgebaut. Die Weißweine werden im Edelstahl ausgebaut, der Chardonnay auch im Barrique. Die Spätburgunder werden alle im Holz ausgebaut. Thomas Rinker nutzt nach wie vor Prädikate bei den Weißweinen, mit dem Jahrgang 2017 erhielten die beiden weißen trockenen Spätlesen, den Zusatz Alte Reben, dies gilt auch für den bisherigen Barrique-Spätburgunder. An der Spitze der Kollektion stehen die 3 Sterne-Selektionen von Weißburgunder, Grauburgunder und Spätburgunder, die seit dem Jahrgang 2015 bei den Weißweinen präzisere Lagennamen tragen. Es gibt nun jeweils zwei Grauburgunder und Weißburgunder. Die 3 Sterne-Weißburgunder stammen aus den Endinger Lagen Wihlbach (kalkreicher Lössboden, über 35 Jahre alte Reben) und Schönenberg, eine hochgelegene Terrassenlage mit Vulkanverwitterungsboden, auf dem über 40 Jahre alte Reben stehen, die Grauburgunder aus der Amolterer Steinhalde (Vulkanverwitterungsböden) und aus der Endinger Lage Wihlbach (tiefgründige Lössböden). Seit dem Jahrgang 2017 werden die 3 Sterne-Weißweine im großen Holzfass ausgebaut, ein kleiner Anteil im Barrique.

Kollektion

Der Weißburgunder Kabinett zeigt fruchtige und reduktive Noten im Bouquet, besitzt am Gaumen viel saftige Frucht, cremigen Schmelz mit zupackender Säure, der Grauburgunder Kabinett ist etwas fülliger, besitzt viel saftige Frucht. Die drei Spätlesen vom Endinger Engelsberg tragen die Zusatzbezeichnung „Alte Reben". Der Weißburgunder ist hellfruchtig und feinduftig im Bouquet, kraftvoll, fruchtig, elegant, extraktreich stoffig, mit salziger Länge. Der Chardonnay ist etwas reduktiver, zeigt viel Frucht und dezent Schießpulver, besitzt viel Saft und feine Würze. Der Grauburgunder ist sehr sortentypisch, saftig-füllig, mit der gleichen guten Struktur wie die beiden anderen „Alte Reben"-Weine. Der Weißburgunder Schönenberg wächst auf über 300 Meter auf einer Lössterrasse. Er zeigt ein sehr helles, florales Bouquet, mit viel Frucht am Gaumen, viel Stoff und mineralischer Länge mit etwas Säure-Schärfe. Der Weißburgunder Wihlbach besticht durch viel saftige Frucht, hier kommt elegante Komplexität ins Spiel, mit viel mineralischer Länge. Der Chardonnay Eckkinzig stammt aus einem über 30 Jahre alten Weinberg. Feine Zitrusfrucht und elegante Würze im Bouquet, saftige, cremige Fülle am Gaumen, eingerahmt von Holzwürze und feiner Säure. Der Grauburgunder aus der Amolterer Steinhalde zeigt sehr elegante Frucht und reduktive Noten, ist füllig bei viel Schmelz, eine feine Säure und mineralischer Druck sorgen dennoch für einen schlanken Eindruck. Der Wihlbach-Grauburgunder ist ähnlich druckvoll und konzentriert, etwas robuster. Dass die Weine der Familie Rinker hervorragend reifen, zeigen drei Exemplare des Jahrgangs 2010. Der Weiße Burgunder Engelsberg zeigt im Bouquet sehr reife Früchte und etwas salziges Karamell, am Gaumen sind diese Aromen auch präsent, dazu viel Frische, ist insgesamt sehr harmonisch und elegant, ein großes Vergnügen! Der Graue Burgunder Engelsberg ist noch frischer als der Weißburgunder, sehr lebhaft, besitzt gute Struktur und Länge. Der Spätburgunder Alte Reben zeigt herrlich kühle Frucht, die am Gaumen wärmer und tiefer wird, aber sehr saftig bleibt. Der Spätburgunder Wihlbach ist ruhiger, eleganter, konzentrierter und komplexer, aber nicht minder saftig. Deutlich traditioneller in der Frucht und noch konzentrierter ist der Spätburgunder Steinhalde „R", der sein Potenzial erst noch entfalten wird. Das hat der 2010er R bereits getan, ist sehr fein gereift, immer noch sehr frisch und zeigt die Grazilität und Eleganz der Rebsorte. Die Spätburgunder Beerenauslese besitzt viel süßen Saft, dazu Tabak und feine Holzwürze – erinnert an Amarone oder Portwein.

🍇 Weinbewertung

86	2019 Weißer Burgunder Kabinett trocken Endinger Engelsberg	13%/8,50€
86	2019 Grauer Burgunder Kabinett trocken Endinger Engelsberg	13%/8,50€
88	2019 Weißer Burgunder trocken „Alte Reben" Endinger Engelsberg	13,5%/11,70€
88	2019 Grauer Burgunder trocken „Alte Reben" Endinger Engelsberg	13,5%/11,70€
89	2019 Chardonnay trocken „Alte Reben" Endinger Engelsberg	13,5%/11,70€ ☺
90	2010 Weißer Burgunder*** Spätlese trocken Endinger Engelsberg	13,5%
91	2019 Weißburgunder*** trocken Wihlbach	13,5%/18,-€ ☺
90	2019 Weißburgunder*** trocken Schönenberg	13,5%/18,-€
89	2010 Grauer Burgunder*** Spätlese trocken Endinger Engelsberg	13,5%
90	2019 Grauburgunder*** trocken Wihlbach	13,5%/18,-€
91	2019 Grauburgunder*** trocken Amolterer Steinhalde	13,5%/18,-€ ☺
91	2019 Chardonnay*** trocken Eckkinzig	13,5%/18,-€ ☺
88	2018 Spätburgunder trocken „Alte Reben" Endinger Engelsberg	13%/14,70€
90	2018 Spätburgunder*** trocken Wihlbach	13,5%/24,50€
91	2010 Spätburgunder trocken Barrique Endinger Engelsberg „R"	13%
92	2018 Spätburgunder*** trocken „R" Amolterer Steinhalde	13,5%/42,-€
91	2018 Spätburgunder „edelsüß" „Quintessenz"	16,5%/30,-€

Lagen
Engelsberg (Endingen)
– Wihlbach (Endingen)
– Schönenberg (Endingen)
– Eckkinzig (Endingen)
Steinhalde (Amoltern)

Rebsorten
Weißburgunder (35 %)
Grauburgunder (30 %)
Spätburgunder (30 %)
Chardonnay (5 %)

★★★★ Knauß

Kontakt
Nolten 2, 71384
Weinstadt-Strümpfelbach
Tel. 07151-606345
Fax: 07151-960145
www.weingut-knauss.com
info@weingut-knauss.com

Besuchszeiten
nach Vereinbarung
Besenwirtschaft „Sonna-Besa"

Inhaber
Familie Knauß
Betriebsleiter
Andreas & Horst Knauß
Kellermeister
Andreas Knauß
Außenbetrieb
Horst Knauß
Rebfläche
18 Hektar
Produktion
110.000 Flaschen

Mit damals 50 Ar Reben begann 1995 das Abenteuer Selbstvermarktung. 1998 ist man an den Ortsrand von Strümpfelbach ausgesiedelt, seit dem Einstieg von Andreas Knauß im Jahr 2003 wurde die Rebfläche kräftig erweitert, 2012 wurde ein komplett neuer Keller erbaut. Die Weinberge liegen vor allem in Strümpfelbach in den Lagen Altenberg und Nonnenberg, aber auch in Schnait besitzt die Familie Knauß 5 Hektar Reben in den Lagen Altenberg und Burghalde, des Weiteren ist man in Beutelsbach (Altenberg, Sonnenberg) und in Endersbach vertreten. In Löwenstein besitzt man eine über einen Hektar große Parzelle mit 1982 gepflanztem Lemberger. Die Remstaler Böden sind sehr variabel, man findet Gipskeuper, Schilfsandstein, Stubensandstein, Kieselsandstein und Mergel. Seit 2013 werden die Weinberge biologisch bewirtschaftet, 2015 begann die zertifizierte Umstellung. 65 Prozent der Fläche ist mit roten Reben bestockt. Der Schwerpunkt liegt auf gebietstypischen Sorten wie Trollinger, Lemberger, Spätburgunder und Riesling. Dazu gibt es internationale Sorten wie Merlot, Chardonnay und Sauvignon Blanc. Die Weine werden überwiegend mit den weinbergseigenen Hefen vergoren, mit je nach Jahrgang unterschiedlich langen Maischestandzeiten. Die Weißweine werden kalt und gezügelt vergoren, im Edelstahl, aber auch im Holz ausgebaut, die Rotweine prinzipiell alle auf der Maische vergoren und teils im Edelstahl, teils in kleinen (300 oder 500 Liter) oder großen Eichenholzfässern ausgebaut. Andreas Knauß hat in den letzten Jahren den Holzausbau forciert, den Neuholz-Anteil aber reduziert. Die Spitzenweine werden unfiltriert abgefüllt. 40 Prozent der Produktion wird exportiert. Mit dem Jahrgang 2016 hat Andreas Knauß sein Sortiment neu gegliedert. Die Basis bilden weiterhin die Gutsweine, dann kommen die Ortsweine (die bisherigen Selektionsweine) und schließlich die Lagenweine (die bisherigen Reserveweine). Im weißen Segment gibt es Riesling aus dem Altenberg in Schnait (genau genommen aus der Gewanne Sandmorgen, auf Stubensandstein), Sauvignon Blanc aus dem Altenberg in Beutelsbach, Chardonnay aus dem Sonnenberg in Beutelsbach und Grauburgunder aus dem Strümpfelbacher Nonnenberg. An der Spitze des roten Segments stehen der Spätburgunder aus dem Nonnenberg (der auf buntem Mergel wächst), der Lemberger aus dem Altenberg in Schnait und ein zweiter Lemberger aus dem Löwensteiner Wohlfahrtsberg. Dazu gibt es die rote Altenberg-Cuvée, die anfangs überwiegend aus Merlot bestand, seit dem Jahrgang 2012 aber dominiert Lemberger (60 bis 70 Prozent), hinzu kommen Merlot und Zweigelt.

Kollektion

Mit dem neuen Jahrgang bestätigt Andreas Knauß die starken Kollektionen der letzten Jahre. Seine Weine sind kraftvoll und schnörkellos, zeigen eine klare Handschrift, sind alles andere als gefällig und ganz auf Haltbarkeit vinifiziert. Wir haben einige vor zwei Jahren präsentierte Weine nochmals verkostet, alle sind kraftvoll, strukturiert, immer noch enorm jugendlich. Auch die Basisweine braucht man nicht unbedingt schon im Sommer nach der Ernte zu trinken, sie zeigen die gleichen Charakteristika wie die Lagenweine. Die weiße Signatur-Cuvée ist frisch und fruchtbetont, klar und zupackend, besitzt gute Struktur und Grip. Der Sauvignon Blanc zeigt florale Noten, ist eindringlich, zupackend, besitzt viel Frische und ebenfalls viel Grip, was auch für den intensiv fruchtigen Schnaiter Riesling gilt. Noch enorm jugendlich ist der Riesling aus dem Altenberg, intensiv fruchtig und konzentriert, stoffig und kraftvoll. Auch der Reserve-Weißburgunder braucht noch Zeit, zeigt gute Konzentration, reife Frucht, dezent Vanille, besitzt Kraft, gute Struktur, Substanz und Frucht. Der Chardonnay aus dem Altenberg zeigt intensive Frucht, ist herrlich eindringlich und reintönig, kraftvoll und stoffig, noch jugendlich verschlossen. Sehr verschlossen ist anfangs auch der Grauburgunder aus dem Nonnenberg, intensiv, reintönig, stoffig und dominant, gewinnt dann an Komplexität und Nachhaltigkeit. Auch im roten Segment sind die Einstiegsweine sehr gut wie die intensiv fruchtige Signatur-Cuvée und der faszinierend reintönige Strümpfelbacher Lemberger beweisen. Hervorragend sind dann die Lagen-Rotweine: Der Lemberger aus dem Altenberg besitzt intensive Frucht, Fülle und Kraft, braucht Zeit wie auch sein Kollege aus dem Wohlfahrtsberg, der enorm kraftvoll, aber auch sehr verschlossen ist, beide werden von mehr Flaschenreife profitieren. Etwas offener ist der herrlich eindringliche und reintönige Spätburgunder aus dem Nonnenberg, besitzt Fülle und Kraft, klare Frucht und viel Substanz. Tolle Kollektion!

Weinbewertung

86	2019 Sauvignon Blanc trocken	12%/14,90€
86	2019 Riesling trocken Schnait	12,5%/10,90€
85	2019 „Signatur Weiß" Weißwein trocken	12,5%/11,90€
89	2019 Riesling trocken Schnait Altenberg	12,5%/19,80€
92	2019 Grauburgunder trocken Strümpfelbach Nonnenberg	13%/23,-€
90	2017 Chardonnay trocken Beutelsbach Sonnenberg	12,5%
91	2019 Chardonnay trocken Beutelsbach Altenberg	12,5%/25,-€
90	2019 Weißburgunder trocken „Reserve"	12,5%/25,-€
85	2018 Lemberger trocken Strümpfelbach	12,5%/11,90€
85	2018 „Signatur Rot" Rotwein trocken	13%/11,90€
91	2018 Spätburgunder trocken Strümpfelbach Nonnenberg	12,5%/32,-€
90	2016 Lemberger trocken Schnait Altenberg	13%
90	2018 Lemberger trocken Schnait Altenberg	13,5%/32,-€
90	2018 Lemberger trocken Löwenstein Wohlfahrtsberg	12,5%/32,-€
90	2016 Altenberg Rotwein trocken	13,5%

Lagen
Nonnenberg (Strümpfelbach)
Altenberg (Strümpfelbach)
Altenberg (Beutelsbach)
Sonnenberg (Beutelsbach)
Altenberg (Schnait)
Burghalde (Schnait)
Wohlfahrtsberg (Löwenstein)

Rebsorten
Lemberger (18 %)
Riesling (14 %)
Trollinger (13 %)
Spätburgunder (12 %)
Merlot (8 %)
Weißburgunder (6 %),
Chardonnay (5 %)
Sauvignon Blanc (5 %)
Zweigelt (5 %)
Grauburgunder (4 %)

Kneisel

Kontakt
Weinstraße 50
67269 Grünstadt-Asselheim
Tel. 06359-3951
Fax: 06359-6749
www.weingut-kneisel.de
kontakt@weingut-kneisel.de

Besuchszeiten
Mo.-Fr. 9-12 + 13-18 Uhr
Sa. 9-12 + 13-16 Uhr

Inhaber
Rüdiger & Stephan Kneisel

Betriebsleiter
Stephan Kneisel

Rebfläche
15 Hektar

Produktion
150.000 Flaschen

Stephan Kneisel führt den Familienbetrieb in der Nordpfalz, der maßgeblich von seinen Eltern Rüdiger und Agathe auf- und ausgebaut wurde, in der dritten Generation. Die Weinberge befinden sich in den Asselheimer Lagen St. Stephan und Goldberg, im Mühlheimer Sonnenberg, dem Heidesheimer Schloss und der Albisheimer Benn und sind überwiegend von Kalk-, Löss- und Lehmböden geprägt. Stephan Kneisel will sich mehr und mehr auf die Burgundersorten und Riesling konzentrieren, daneben gibt es aber noch eine Vielzahl von Rebsorten wie Sauvignon Blanc, Muskateller, Silvaner, Scheurebe, Gewürztraminer, Dornfelder und Blaufränkisch. Das Sortiment ist in Guts-, Orts- und Lagenweine gegliedert.

Kollektion

Die zehn Weine, die wir von Stephan Kneisel verkosten konnten, liegen alle auf einem gleichmäßig guten Niveau, ohne Ausreißer nach unten oder oben: Unser Favorit ist der schon von deutlichen Reifenoten geprägte 2017er Riesling aus der Lage St. Stephan, er zeigt Noten von Gebäck und Quitte im Bouquet, ist leicht cremig, besitzt gute Konzentration und ein feines Säurespiel. Knapp dahinter liegen der Sauvignon Blanc mit Aromen von Stachelbeere, etwas Eisbonbon und Zitrusnoten, der am Gaumen saftig, animierend und frisch ist und die bereits aus dem Jahrgang 2012 stammende „Cuvée Jakob" aus Cabernet Sauvignon und Merlot, die im vielschichtigen Bouquet Noten von schwarzer Johannisbeere, kräutrige Würze, Minze, und etwas dunkle Schokolade zeigt, am Gaumen zwar auch klare Frucht besitzt, aber sehr stoffig ist, etwas unter dem hohen Alkohol leidet und leicht staubige Tannine besitzt. Der 2017er Chardonnay zeigt Reifenoten, etwas Quitte und dezentes Holz, der 2019er Chardonnay ist straffer mit floralen Noten und etwas Zitruswürze, bei beiden vermissen wir jedoch etwas die Typizität. Der Grauburgunder ist etwas klarer im Ausdruck mit Noten von Birne, der Riesling besitzt Biss und dezente Zitrusnoten, der Blaufränkisch besitzt süße Beerenfrucht und etwas grüne Paprika, bleibt aber nur kurz am Gaumen.

Weinbewertung

83	2019 Grauer Burgunder trocken Mühlheim	12,5%/7,50€
84	2019 Sauvignon Blanc trocken	13%/7,30€
83	2019 Chardonnay trocken Asselheim	13%/7,50€
83	2019 Riesling trocken „Alte Reben" Asselheim	12,5%/8,20€
83	2017 Chardonnay trocken Albsheimer Benn	12,5%/12,90€
85	2017 Riesling trocken Asselheimer St. Stephan	12,5%/12,90€
83	2019 Gelber Muskateller „feinherb"	11%/7,20€
82	2019 Cuvée Rosé trocken	12,5%/6,50€
82	2018 Blaufränkisch trocken	12%/6,30€
84	2012 Cabernet Sauvignon & Merlot trocken „Cuvée Jakob"	14,5%/13,90€

RHEINHESSEN — APPENHEIM

★★★★

Knewitz

Kontakt
Rheinblick 13
55437 Appenheim
Tel. 06725-2949
Fax: 06725-96003
www.weingut-knewitz.de
info@weingut-knewitz.de

Besuchszeiten
nach Vereinbarung

Inhaber
Familie Knewitz
Betriebsleiter
Tobias & Björn Knewitz
Rebfläche
25 Hektar
Produktion
150.000 Flaschen

Seit Ende des 19. Jahrhunderts baut die Familie Wein in Appenheim an. Erwin und Magdalena Knewitz siedelten 1968 an den heutigen Standort aus. Unter der Regie ihres Sohnes Gerold wird 1976 erstmals Wein auf Flaschen gefüllt, die Rebfläche wird ausgeweitet. Gerolds Sohn Tobias Knewitz studierte nach seiner Winzerlehre bei den Weingütern Dautermann in Rheinhessen, Kuhn und Meßmer in der Pfalz in Geisenheim, er strukturierte seit 2009 den Familienbetrieb um, seit 2010 ist er für den Weinausbau verantwortlich. Heute unterstützen ihn seine Lebensgefährtin Corina und sein jüngerer Bruder Björn, der nach Abschluss seiner Weinküfer-Ausbildung in den Betrieb eingestiegen ist. Wichtigste Lage im Betrieb ist der Appenheimer Hundertgulden, wo die Reben auf Kalkmergel und Kalklehm über Kalkstein wachsen, in dieser extrem kalkreichen Lage baut die Familie Knewitz ausschließlich Riesling an. Die benachbarte Lage Goldberg liegt auf Gau-Algesheimer Gemarkung, hat kalkige, mergelige Böden, hier wachsen Riesling und ein wenig Chardonnay. In der Lage Steinacker in Nieder-Hilbersheim besitzt die Familie recht hoch gelegene Weinberge am Waldrand mit sehr kargen Böden mit hohem Eisenerz und Kalkanteil, wo neben Riesling die Reben für den Chardonnay Réserve stehen. Im Eselspfad in Appenheim wachsen die Reben auf tiefgründigen, aber leichten Lehmböden über einem Kalksteinsockel, hier werden Weißburgunder, Silvaner und Riesling angebaut. Der Honigberg grenzt in südöstlicher Richtung an den Hundertgulden, auf Nieder-Hilbersheimer Gemarkung, in den kalkreichen, etwas lehmigeren Böden findet man roten Kalk und Eisenerz, hier stehen Riesling, Weißburgunder und Chardonnay. In der Lage St. Laurenzikapelle in Gau-Algesheim findet man Tonmergel und tonigen Lösslehm über dem Kalksteinsockel, hier konzentriert man sich auf den Anbau von Riesling. Riesling ist inzwischen die mit Abstand wichtigste Rebsorte im Betrieb, Weißburgunder und Chardonnay nehmen ebenfalls einen wichtigen Platz ein, hinzu kommen Silvaner und Sauvignon Blanc. Das Sortiment ist gegliedert in Gutsweine, Ortsweine und Lagenweine, zum Weißburgunder aus dem Eselspfad und den Rieslingen aus Hundertgulden und Goldberg gesellte sich mit dem Jahrgang 2014 ein Riesling aus dem Steinacker, sowie seit 2013 ein Chardonnay-Réserve, der ebenfalls aus dem Steinacker stammt, aber keine Lagenbezeichnung trägt.

Kollektion

Das Weingut Knewitz gehört zu den Shooting Stars der letzten Jahre in Deutschland, und die neue Kollektion ist besser denn je. Schon die Gutsweine sind sehr gut. Der Gutsriesling zeigt rauchige Noten, herrlich eindringliche reintönige Frucht, ist frisch, zupackend und strukturiert. Die Cuvée aus Weißburgunder und Chardonnay besitzt viel reife Frucht, ist saftig, kraftvoll und strukturiert. Rauchige Noten und feine Frische zeigt der Holzfass-Chardonnay im Bouquet, ist herrlich frisch und klar dann im Mund, besitzt gute Struktur und Grip. Spannend sind die beiden Riesling-Ortsweine. Der Eisenerz aus Nieder-Hilbersheim ist würzig, dominant, herrlich eindringlich, zeigt viel reife Frucht, ist füllig und stoffig im Mund, braucht Zeit und Luft. Der Kalkstein-Riesling aus Appenheim zeigt gute Konzentration, herrlich viel Frucht, ist füllig und kraftvoll, besitzt gute Struktur und viel reife Frucht, ist ebenfalls noch jugendlich, aber nicht ganz so verschlossen wie sein Kollege. Der Weißburgunder aus dem Eselspfad knüpft nahtlos an den hervorragenden 2018er an, zeigt rauchige Noten, gute Konzentration, herrlich viel Frucht, ist füllig und kraftvoll, besitzt reintönige Frucht, gute Struktur, Grip und Frische. Highlights der Kollektion aber sind die drei Lagen-Rieslinge. Der Wein aus dem Gau-Algesheimer Goldberg ist konzentriert und klar, zeigt herrlich viel Frucht, besitzt viel Frucht auch im Mund, viel Substanz, Kraft und Grip. Konzentriert und mineralisch ist der Steinacker-Riesling im Bouquet, herrlich eindringlich, ist sehr präzise und druckvoll im Mund, stoffig, enorm jugendlich, nachhaltig. Deutlich offener ist der Riesling aus dem Hundertgulden, zeigt viel Frucht im Bouquet, etwas Orangenschalen, ist füllig und saftig im Mund, komplex und eindringlich, besitzt viel reife Frucht, Substanz und gute Struktur. Auch auf edelsüße Weine verstehen sich Tobias und Björn Knewitz, gleich zwei hervorragende Riesling Auslesen präsentieren sie im Jahrgang 2019. Die Steinacker-Auslese ist eindringlich, würzig und konzentriert bei viel Substanz, die Auslese aus dem Hundertgulden zeigt kandierte Früchte und viel Würze, dezent Litschi, ist konzentriert, klar und zupackend. Tolle Kollektion!

Weinbewertung

87	2019 „Weth & Welz" trocken „WB I CH"	13%/10,50 €
85	2019 Riesling trocken	12,5%/8,90 €
89	2019 Chardonnay trocken Holzfass	13%/14,-€
89	2019 Riesling trocken „Eisenerz" Nieder-Hilbersheim	12,5%/14,-€
89	2019 Riesling trocken „Kalkstein" Appenheimer	12,5%/14,-€
91	2019 Weißer Burgunder trocken Appenheimer Eselspfad	13,5%/25,-€
92	2019 Riesling trocken Gau-Algesheimer Goldberg	12,5%/22,-€ ☺
92	2019 Riesling trocken Nieder-Hilbersheimer Steinacker	12,5%/29,-€
93	2019 Riesling trocken Appenheimer Hundertgulden	12,5%/29,-€
90	2019 Riesling Auslese Nieder-Hilbersheimer Steinacker	7%/20,-€/0,5l
90	2019 Riesling Auslese Appenheimer Hundertgulden	8%/20,-€/0,5l

Lagen
Hundertgulden (Appenheim)
Eselspfad (Appenheim)
Goldberg (Gau-Algesheim)
Steinacker (Nieder-Hilbersheim)

Rebsorten
Riesling (45 %)
Weißburgunder (22 %)
Chardonnay (15 %)
Silvaner (8 %)

PFALZ ▬ LAUMERSHEIM

★★★★★ Knipser

Kontakt
Hauptstraße 47
67229 Laumersheim
Tel. 06238-742
Fax: 06238-4377
www.weingut-knipser.de
mail@weingut-knipser.de

Besuchszeiten
Mo.-Fr. 10-12 + 14-18 Uhr
Sa. 10-16 Uhr
So. & Feiertage geschlossen
„Knipsers Halbstück"
(Hollergasse 2, 67281
Bissersheim, Tel. 06359-
9459211, wwwhalbstueck.de):
Mo. + Do. 17-22 Uhr
Fr./Sa./So. 12-22 Uhr
2 Ferienwohnungen

Inhaber
Werner Knipser, Volker
Knipser, Stephan Knipser
Betriebsleiter
Stephan Knipser
Kellermeister
Stephan Knipser & Amrei
Pelzer
Rebfläche
80 Hektar
Produktion
500.000 Flaschen

Werner und Volker Knipser haben Laumersheim bekannt gemacht. Für Rotwein zunächst, aber in den letzten Jahren erzeugen sie regelmäßig auch faszinierende Chardonnay, Grauburgunder und Rieslinge, die zur Spitze in der Pfalz und in Deutschland zählen. Daneben gibt es insbesondere noch Weißburgunder, Sauvignon Blanc, Gewürztraminer und Silvaner. Als Spezialitäten bauen sie früher in der Pfalz und in Deutschland weit verbreitete Sorten wie Gelber Orleans oder Blauer Arbst an, die inzwischen ganz aus deutschen Weinbergen verschwunden sind. An roten Sorten gibt es neben Spätburgunder, Sankt Laurent und Dornfelder schon recht lange auch internationale Rebsorten wie Cabernet Sauvignon, Cabernet Franc, Merlot und Syrah. Seit 2005 ist auch Werner Knipsers Sohn Stephan im Betrieb tätig.

🍷 Kollektion

Wie schon im vergangenen Jahr gehören auch aus dem Jahrgang 2018 die beiden Spätburgunder „RdP" und Kirschgarten zu den besten deutschen Pinots – nur in diesem Jahr in umgekehrter Reihenfolge: An der Spitze der aktuellen Kollektion liegt der „RdP", der im komplexen Bouquet viel kräutrige Würze zeigt, Eukalyptus, dazu sehr feines Holz, dunkle Frucht, etwas Waldboden und leicht reduktive Noten, etwas Gummiabrieb, auch am Gaumen besitzt er Kräuternoten, feine Schwarzkirschfrucht, ist animierend, gut strukturiert und sehr nachhaltig, ein noch sehr junger Wein, der unbedingt noch reifen muss, aber ohnehin erst im September 2023 in den Verkauf kommt. Der Kirschgarten ist dagegen schon sehr präsent und zugänglich, zeigt im Bouquet intensive Schwarzkirschfrucht, sehr dezente Röstnoten und etwas Waldboden, besitzt am Gaumen auch kräutrige Frische, ist kraftvoll aber feingliedrig und elegant und kommt ein Jahr vor dem „RdP" auf den Markt, im September 2022. Auch die beiden anderen Großen Gewächse vom Spätburgunder sind hervorragend, der Mandelpfad zeigt ähnliche Frucht, Schwarzkirsche, etwas Krokantwürze und feine Kräuternoten, Menthol, besitzt am Gaumen Kraft, gute Konzentration und eine noch ganz jugendliche Struktur, der Große Garten zeigt ein ähnliches Bouquet, ist aber noch etwas verhaltener, besitzt am Gaumen dann klare Frucht, feine röstige Würze, gute Struktur und Länge. Die beiden roten Cuvées und die Syrahs sind ebenfalls wieder sehr stark, auch wenn die Syrahs nicht ganz an ihre überragenden Jahrgangsvorgänger aus 2016 herankommen, beide besitzen ein sehr komplexes Bouquet, der Syrah zeigt dunkle Frucht, Brombeere, feine Röstnoten und kräutrige Würze, Eukalyptus, besitzt am Gaumen kühle kräutrige Art, ist kraftvoll und elegant, der Syrah „Reserve" zeigt ein ähnliches Bouquet mit röstiger Würze und Kräuternoten, besitzt am Gaumen ebenfalls eine kühle Art, auch leicht pfeffrige Würze, reife, aber noch sehr jugendliche Tannine, ist sehr nachhaltig und könnte sich noch steigern, bis er im September 2023 in den Verkauf kommt. Die „Cuvée X" zeigt im Bouquet feine Röstnoten, dunkle Beerenfrucht, Brombeere, und etwas Gummiabrieb, besitzt am Gaumen sehr dezentes, perfekt eingebundenes Holz, kräutrige Frische und eine noch jugendliche Struktur, der „XR" ist noch etwas komplexer, zeigt ein feines, eindringliches Bouquet mit Aromen von Brombeeren, schwarzen Johannisbeeren, Krokantwürze und kräutrigen Noten, besitzt Konzentration, Frische und Potential, ist kraftvoll und sehr nachhaltig. Die vier weißen Spitzen sind alle noch leicht verhalten im Bouquet und brauchen einiges an Luft, der Chardonnay**** zeigt etwas Walnussschale und kräutrige Würze im Bouquet, ist noch ganz zurückhaltend in der Frucht, besitzt Kraft, gute Substanz, ist nachhaltig und könnte sich mit etwas Reife noch steigern, der Kirschgarten-Weißburgunder öffnet sich langsam nach zwei Tagen, zeigt dann etwas gelbe Frucht, Birne und feine Kräuternoten, besitzt am Gaumen ebenfalls gute Substanz, feine Zitrusnoten, eine leicht cremige Textur und gute Länge, der Steinbuckel-Riesling zeigt feine Zitrusnoten, Ananas, im Bouquet, ist auch am Gaumen von herber Zitruswürze geprägt, besitzt Grip, ist animierend, leicht salzig und nachhaltig, der Mandelpfad-Riesling ist im Bouquet etwas würziger, zeigt leicht steinige Noten, besitzt am Gaumen etwas Fülle, Grip, Druck und Länge.

Weinbewertung

86	2019 Grauburgunder trocken	13%/12,80€
84	2019 Sauvignon Blanc trocken	12%/9,80€
83	2019 Chardonnay & Weißburgunder trocken	13,5%/10,80€
91	2019 Riesling „GG" Steinbuckel	12,5%/ a.A.
91	2019 Riesling „GG" Mandelpfad	13%/27,-€
90	2019 Weißburgunder „GG" Kirschgarten	13%/27,-€
91+	2019 Chardonnay trocken****	14%/ a.A.
83	2019 „Clarette" Rosé trocken	12%/9,40€
86	2016 Blauer Spätburgunder trocken	13,5%/11,20€
91	2018 Spätburgunder „GG" Im großen Garten	13,5%/ a.A./Verkauf ab 09/22
92	2018 Spätburgunder „GG" Mandelpfad	14%/ a.A./Verkauf ab 09/22
94	2018 Spätburgunder „GG" Kirschgarten	13,5%/ a.A./Verkauf ab 09/22
96	2018 Spätburgunder trocken „RdP"	13,5%/ a.A./Verkauf ab 09/23
90	2017 Syrah trocken	13,5%/ a.A./Verkauf ab 09/22
91	2017 „Cuvée X" Rotwein trocken	13,5%/42,-€
92	2017 „Cuvée XR" Rotwein trocken	14%/ a.A./Verkauf ab 09/23
91+	2017 Syrah trocken „Reserve"	14%/ a.A./Verkauf ab 09/23

Lagen
Kirschgarten (Laumersheim)
Steinbuckel (Laumersheim)
Burgweg (Großkarlbach)
Mandelpfad (Dirmstein)

Rebsorten
Spätburgunder (25 %)
Riesling (25 %)
Chardonnay
Merlot
Cabernet Sauvignon
Grauburgunder
St. Laurent
Sauvignon Blanc

RHEINHESSEN — OBER-FLÖRSHEIM

★★

Knobloch

Kontakt
Saurechgäßchen 7
55234 Ober-Flörsheim
Tel. 06735-344
Fax: 06735-8244
www.bioweingut-knobloch.de
info@bioweingut-knobloch.de

Besuchszeiten
siehe
www.bioweingut-knobloch.de

Inhaber
Ralf & Arno Knobloch
Betriebsleiter
Ralf & Arno Knobloch
Kellermeister
Ralf Knobloch
Rebfläche
30 Hektar
Produktion
300.000 Flaschen

Klaus Knobloch wurde 1988 Mitglied bei Ecovin, heute wird das Weingut von seinen Söhnen Ralf (Keller) und Arno (Weinberge) geführt. In den letzten Jahren setzten sie verstärkt auf die weißen Burgundersorten, Riesling und Rotwein. An roten Sorten gibt es Dornfelder, Spätburgunder, Portugieser, St. Laurent, Lemberger, Regent, Cabernet Mitos und Dunkelfelder. Die Rotweine werden maischevergoren, überwiegend im Holz ausgebaut. Für die Weine der Edelsteinlinie, die aus den besten Lagen Westhofener Morstein, Steingrube und Brunnenhäuschen, Gundersheimer Höllenbrand, Dintesheimer Felsen, Eppelsheimer Felsen und Esselborner Goldberg stammen, wird der Ertrag auf 25 bis 30 hl/ha reduziert. Die Rotweine der Edelsteinlinie werden 12 Monate in neuen und gebrauchten Barriques ausgebaut. Die Barriqueweine werden bis zu 18 Monate im Holz ausgebaut, wobei meist drei Viertel neue Barriques verwendet werden, in der Regel Allier- und Spessarteiche. 2019 wurden Traubenannahme und Presse erneuert.

Kollektion

Wie schon im Vorjahr stellen Ralf und Arno Knobloch nur Gutsweine und die Edelsteinlinie vor, die Kollektion zeigt sehr gleichmäßiges, zuverlässiges Niveau. Der Jade-Riesling ist fruchtbetont, klar und frisch, besitzt gute Struktur, der für den Fachhandel vorbehaltene trockene Riesling Kabinett besitzt feine süße Frucht und Grip. Der Auxerrois Edeltopas ist würzig, füllig und saftig, recht süß, weist wie alle Weine, auch die Roten, eine merkliche Restsüße auf. Den Grauburgunder Feueropal gibt es in zwei Versionen: Der Wein vom Dintesheimer Felsen zeigt viel reife Frucht im Bouquet, ist kompakt im Mund, etwas fülliger und saftiger ist der Wein aus der Westhofener Steingrube, beiden merkt man den recht hohen Alkohol an. Der Weißburgunder Achat aus dem Westhofener Morstein ist würzig und eindringlich, besitzt reife Frucht, gute Fülle und Saft.

Weinbewertung

81	2019 Riesling trocken	11,5 %/6,50 €
83	2019 Riesling Kabinett trocken	12,5 %
82	2019 Weißer Burgunder trocken	12 %/6,50 €
81	2019 Grauer Burgunder trocken	12,5 %/6,50 €
84	2019 Riesling trocken „Jade" Westhofen Brunnenhäuschen	12,5 %/9,90 €
83	2019 Auxerrois trocken „Edeltopas" Ober-Flörsheim Blücherpfad	14 %/9,90 €
84	2019 Weißer Burgunder trocken „Achat" Westhofen Morstein	14 %/9,90 €
84	2019 Grauer Burgunder trocken „Feueropal" Westhofen Steingrube	14 %/9,90 €
83	2019 Grauer Burgunder trocken „Feueropal" Dintesheim Felsen	14 %/9,90 €
82	2019 Rosé „feinherb"	11,5 %/5,80 €
82	2018 Spätburgunder trocken	13 %/6,50 €
83	2017 Regent trocken „Violan"	14 %/9,90 €

MOSEL ▶ KRÖV

★★ ⋆

Knodt-Trossen

Kontakt
Plenterstraße 47
54536 Kröv
Tel. 06541-4795
Fax: 06541-4765
www.weingut-knodt-trossen.de
info@weingut-knodt-trossen.de

Besuchszeiten
Mo.-Fr. 9-19 Uhr
Sa. 9-16 Uhr
So. 10-12 Uhr
3 Ferienwohnungen
3 Gästezimmer
1 Suite

Inhaber
Andrea & Udo Knodt

Betriebsleiter/Kellermeister/ Außenbetrieb
Udo Knodt

Rebfläche
3 Hektar

Produktion
25.000 Flaschen

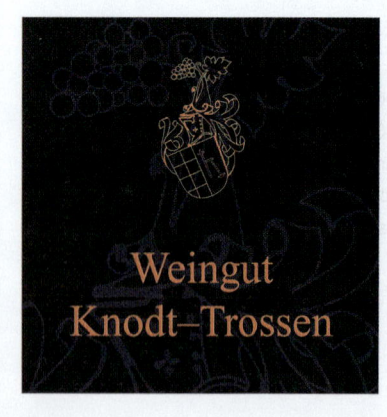

Das Weingut wird heute von Andrea und Udo Knodt geleitet und verfügt über Parzellen in den Lagen Paradies, Kirchlay, Letterlay und Steffensberg (alle in Kröv) sowie in der Kinheimer Hubertuslay. Neben Riesling (50 Prozent) baut das Weingut auch Weiß- und Spätburgunder, Dornfelder, Müller-Thurgau und Kerner an. Das Kürzel „J.A." kennzeichnet Weine, die den Töchtern Josephine und Aline gewidmet werden und bei denen die Spitze dessen erreicht werden soll, was in einem Jahr machbar ist. Doch auch jenseits dieser Spitze sind die Weine klar und feingliedrig, neigen nicht zu Opulenz, besitzen eine feine Frucht. Die Weißweine werden in temperaturgesteuerten Tanks ausgebaut und lange auf der Feinhefe gelagert, für die Rotweinbereitung kommen Barriques zum Einsatz. Dem Weingut sind Ferienwohnungen und Gästezimmer angeschlossen.

Kollektion

Stoffig wirkt der „Grauschiefer"-Riesling aus dem Jahrgang 2019, fest und würzig, allerdings ist ihm sein nicht ganz trockenes Pendant vom blauen Schiefer etwas überlegen, was Spiel und Frische angeht. Die „Cuvée Blanc" wiederum entpuppt sich als interessantes Experiment, das Spätburgunder und Riesling miteinander verbindet; der Wein ist trocken, wurde im kleinen Holzfass ausgebaut und besitzt eine kompakte Art mit einem Hauch von Tabak im Nachhall. Auch bei den „J.A." genannten Spätlesen in trockener und feinherber Version spielte das kleine Holzfass eine Rolle: Vor allem bei der trockenen Version gefällt der auf diese Weise herausgearbeitete Stil mit ganz leicht cremiger Art und viel Würze im Nachhall. Die süße Spätlese wirkt derzeit recht süß, zeigt aber viel Substanz, auch die Auslese braucht noch Zeit, sie besitzt attraktive Steinobst-Apfel-Noten, ist aber noch nicht ganz in der Balance. Der Spätburgunder aus 2017 reifte 20 Monate im Barrique, besitzt aber dennoch eine feine, kühle Beerenfrucht, dazu Würze und Schmelz.

Weinbewertung

84	2018 Weißburgunder trocken Kröver Paradies ❙ 13,5%/12,20€
84	2019 „Cuvée Blanc" Weißwein trocken ❙ 13,5%/9,20€
83	2019 Riesling Kabinett trocken „Grauschiefer" Kröver Kirchlay ❙ 12%/7,20€
86	2019 Riesling Spätlese trocken „J.A." Kröver Steffensberg ❙ 13%/12,50€
82	2019 Riesling „feinherb" ❙ 12%/6,70€
84	2019 Riesling Spätlese „feinherb" „J.A." Kröver Steffensberg ❙ 12,5%/9,90€
85	2019 Riesling Kabinett Kröver Kirchlay ❙ 9,5%/7,40€
85	2019 Riesling Spätlese „J.A." „Kröver Steffensberg ❙ 9%/10,-€
85	2019 Riesling „vom blauen Schiefer" ❙ 12,5%/7,20€
87	2019 Riesling Auslese Kröver Steffensberg ❙ 7,5%/19,-€
85	2018 Spätburgunder trocken ❙ 13,5%/8,-€
87	2017 Spätburgunder „J.A." Kröver Kirchlay trocken ❙ 14%/12,50€

Weingut Knodt–Trossen

★★★★✩ Ludwig **Knoll**

Kontakt
Weingut Am Stein
Mittlerer Steinbergweg 5
97070 Würzburg
Tel. 0931-25808
Fax: 0931-25880
www.weingut-am-stein.de
mail@weingut-am-stein.de

Besuchszeiten
Mo.-Fr. 10-18 Uhr
Sa. 10-14 Uhr
„Weinstein" Weinbar - Restaurant; Gästehaus
Blick über die Stadt
Musikfestival Wein am Stein im Juli

Inhaber
Ludwig Knoll
Kellermeister
Dominik Diefenbach
Außenbetrieb
Daniel Full
Rebfläche
37 Hektar
Produktion
200.000 Flaschen

Das Weingut Am Stein liegt umgeben von Reben am Fuße des berühmten Würzburger Stein. Ludwig Knoll hat es 1990 von seinem Vater übernommen und führt es mit Ehefrau Sandra. Er besitzt Weinberge in den Würzburger Lagen Innere Leiste und Stein, sowie im Stettener Stein, aber auch in Randersacker, Escherndorf und Thüngersheim. Gut die Hälfte seiner Reben aber besitzt er im Stettener Stein. In dessen Kernlage wachsen die Reben 80 Meter über dem Main oberhalb eines Kalksteinabbruches auf Muschelkalkböden. 2007 stellte Ludwig Knoll auf biologische Bewirtschaftung um, inzwischen werden die Weinberge nach der biodynamischen Methode bearbeitet, Ludwig Knoll ist Mitglied bei Naturland. Silvaner und die Burgundersorten (Weißburgunder, Grauburgunder, Spätburgunder) nehmen jeweils etwa 30 Prozent der Rebfläche ein, Riesling 20 Prozent. Dazu gibt es Rieslaner, Müller-Thurgau, Bacchus und Scheurebe. Die Weine werden spontanvergoren, einige werden unfiltriert abgefüllt; der Ausbau erfolgt teils im Edelstahl, teils im Holz, teils auch im Betonei – Ludwig Knoll hat nach der Kellererweiterung 2015 im neuen Steinkeller, der dem ganzheitlichen Konzept der Biodynamie auch bei der Weinbereitung Rechnung trägt, nun mehr Platz, so dass er sich noch einige Betoneier zulegen konnte. Die Basis des Programms bilden die Gutsweine, dann folgen die Ortsweine aus Stetten, Würzburg und Randersacker, sowie die Lagenweine aus Würzburger Stein, Würzburger Innere Leiste und Randersackerer Pfülben. Die Spitze des Programms bilden „Vinz" (Silvaner und Scheurebe von den besten Parzellen im Stettener Stein mit über 40 Jahre alten Reben), „Montonia" (im Barrique ausgebaute Burgunder, der Weißburgunder wird zur Hälfte im großen Holzfass ausgebaut) und die beiden Großen Gewächse aus dem Stettener Stein; Silvaner und Riesling, edelsüße Spitzen ergänzen Jahr für Jahr das Programm. Die „Hoch 3" genannten Weine stammen von alten Reben aus dem Stettener Stein, ebenfalls aus der steilen Kernlage direkt am Main, von Weinbergen, die Ludwig Knoll zusammen mit zwei Freunden bewirtschaftet. Bei der Vinifikation arbeitet Ludwig Knoll zunehmend mit Spontangärung und längeren Maischestandzeiten, mit höheren Resttrubgehalten und längerem Vollhefelager, setzt verstärkt auf große Holzfässer, aber auch auf Betoneier und Amphoren, viele Weine werden ohne Filtration abgefüllt. Der Ausbau im Betonei über fast alle Rebsorten hinweg und der Rückverschnitt mit in der Amphore maischevergorenen Partien sind strukturbildend.

Kollektion

Fast schon Kultstatus hat in allerkürzester Zeit der „Pure & Naked" erreicht, was natürlich nicht nur an seiner Ausstattung liegt, sondern auch an der Qualität, gehört er doch jedes Jahr zu den spannendsten Petnats in Deutschland, er wird weder filtriert noch geschwefelt. Spannend ist auch im Jahrgang 2019 wieder die Silvaner-Serie. Schon der Gutssilvaner ist sehr gut, ist sehr intensiv, fruchtbetont und frisch im Bouquet, klar und zupackend im Mund. Der Würzburger Ortswein ist ebenfalls sehr intensiv, zeigt gute Konzentration und viel Frucht, ist kraftvoll, präzise und lang. Der Silvaner von der Inneren Leiste ist noch würziger und eindringlicher, zeigt kräutrige Noten im Bouquet, ist füllig und kraftvoll im Mund, besitzt gute Struktur, Substanz und Frucht und viel Nachhall. Eine weitere Steigerung bringt das Große Gewächs aus dem Stettener Stein, ist im Bouquet sehr offen, leicht rauchig, zeigt etwas Quitten, ist füllig und kraftvoll im Mund, besitzt gute Struktur und viel Grip, dezent mineralische Noten, ist noch sehr jugendlich. Der im großen Holzfass ausgebaute Stettener Grauburgunder ist eindringlich und klar, besitzt Fülle und Kraft, gute Struktur und Druck. Der Weißburgunder Montonia, teils im Stückfass, teils im Barrique ausgebaut, zeigt gute Konzentration im Bouquet, viel reife Frucht, gelbe Früchte, dezent Vanille im Hintergrund, ist füllig und stoffig im Mund, besitzt viel reife Frucht, gute Struktur, Substanz und Grip. Auch die Riesling-Serie stimmt: Der Stettener Riesling ist würzig, frisch, klar und zupackend, der Wein von der Inneren Leiste ist konzentrierter, noch würziger, besitzt Fülle und Kraft, viel Substanz und Druck, ist noch sehr jugendlich. Das Große Gewächs aus dem Stettener Stein ist würzig, eindringlich und konzentriert, füllig und kraftvoll, besitzt klare Frucht, gute Struktur und viel Druck, ist noch sehr jugendlich. Die teils im Betonei, teils im Barrique ausgebaute Scheurebe von alten Reben ist spannend wie nie, zeigt florale Noten, viel Intensität, ist druckvoll, präzise und zupackend, besitzt Substanz, Grip und Nachhall. Klasse!

🍇 Weinbewertung

88	2019 „Pure & Naked PetNat"	12 %/20,-€
85	2019 Silvaner trocken	12 %/9,50 €
87	2019 Silvaner trocken Würzburger	12,5 %/12,-€
88	2019 Grauburgunder trocken Stetten	12,5 %/12,-€
87	2019 Riesling trocken Stetten	12,5 %/12,-€
90	2019 Silvaner trocken Würzburger Innere Leiste	13 %/17,-€
89	2019 Riesling trocken Würzburger Innere Leiste	13 %/17,-€
90	2019 Weißburgunder trocken „Montonia"	13 %/24,-€
92	2019 Scheurebe trocken „Vinz" „Alte Reben"	13 %/39,-€
92	2019 Silvaner „GG" Stettener Stein	13,5 %/39,-€
92	2019 Riesling „GG" Stettener Stein	13 %/39,-€

Sandra & Ludwig Knoll

Lagen
Stein (Stetten)
Innere Leiste (Würzburg)
Stein (Würzburg)
Pfülben (Randersacker)
Sonnenstuhl (Randersacker)

Rebsorten
Silvaner (30 %)
Riesling (20 %)
Müller-Thurgau (10 %)
Scheurebe (8 %)
Spätburgunder (8 %)
Weißburgunder (6 %)
Grauburgunder (4 %)

RHEINGAU — ELTVILLE-ERBACH

★★

Baron Knyphausen

Kontakt
Erbacher Straße 28
65346 Eltville-Erbach
Tel. 06123-790710
Fax: 06123-7907118
www.baron-knyphausen.de
weingut@baron-knyphausen.com

Besuchszeiten
Vinothek:
tägl. 10-18 Uhr
Weinbar/Weinlounge „1818":
Di.-Fr. ab 17 Uhr
Sa. ab 14 Uhr
So./Feiertage ab 13 Uhr
Gutshotel Baron Knyphausen,
Weinbar 1818
Weinlounge 1141 im historischen Gutspark

Inhaber
Frederik zu Knyphausen
Kellermeister
Arne Wilken
Rebfläche
12 Hektar
Produktion
60.000 Flaschen

Der im 12. Jahrhundert von den Zisterziensern der Abtei Kloster Eberbach gegründete Draiser Hof in Erbach ist seit 1818 Sitz des Weinguts Baron Knyphausen. Seit Januar 2015 wird das Weingut wieder von der Familie geführt, Frederik zu Knyphausen, der älteste Sohn von Gerko Freiherr zu Knyphausen, hat die Führung des Betriebes übernommen. Die Weinberge verteilen sich auf eine Vielzahl von Lagen in Erbach (Steinmorgen, Michelmark, Hohenrain, Marcobrunn), Kiedrich (Sandgrub), Eltville (Rheinberg) und Hattenheim (Rheingarten). Riesling nimmt drei Viertel der Rebfläche ein, hinzu kommen Spätburgunder und Roter Riesling. 2011 wurde im Eltviller Rheinberg ein Weinberg im Gemischten Satz angepflanzt, der sieben Rebsorten enthält: Gelber Orleans, Weißer Heunisch, Elbling, Silvaner, Riesling, Roter Riesling und Gewürztraminer.

Kollektion

Die neue Kollektion ist gut, aber nicht ganz so geschlossen wie im Vorjahr. Die trockenen Weine verdienen ihre Geschmacksbezeichnung, sie sind markant und präzise. Der Gutsriesling ist vorbildlich, schnörkellos, hat aber auch Fülle. Das gilt auch für den Erbacher Ortswein, dessen staubtrockener Ausbau im aromatisch üppigen Jahrgang 2019 besonders gut sitzt. Der Steinmorgen Riesling verbindet Kraft mit Finesse, hat durchaus genug Druck und Potenzial, um weiter zuzulegen. Der einerseits cremige, andererseits an herbe Kräuter erinnernde Charta-Riesling geht (noch) nicht richtig zusammen. Mild und zugänglich ist das Große Gewächs aus dem Hohenrain, es fehlt ihm aber etwas an Spannung, so ist es solide, aber auch brav. Sehr gelungen sind alle eher ungewöhnlichen Weine wie Roter Riesling, Gewürztraminer und Historischer Rebsatz, jeder auf seine Art. Auch der Spätburgunder hat alles, was es braucht, ist noch etwas feiner als im letzten Jahr. Den passenden Abschluss bildet die sehr gereifte, opulente und intensiv würzige 2003er Trockenbeerenauslese: Ein besonderer Riesling für Liebhaber.

Weinbewertung

85	2019 Riesling trocken „1141"	12%/9,30€
86	2019 Roter Riesling	11,5%/15,-€
86	2019 Gewürztraminer trocken	12%/12,50€
86	2019 Riesling trocken Erbach	12%/11,-€
86	2019 Weißweincuvée trocken „Historischer Rebensatz"	11,5%/15,-€
88	2019 Riesling trocken Erbacher Steinmorgen	12%/17,50€
88	2019 Riesling trocken Erbacher Hohenrain GG	13,5%/28,50€
84	2019 Riesling „feinherb" „1818"	12%/9,30€
83?	2019 Riesling „Charta"	12%/12,50€
86	2019 Riesling Spätlese „fruchtsüß"	9%/13,50€
92	2003 Riesling Trockenbeerenauslese Hattenheimer Wisselbrunnen	9%/110,-€/0,375l
87	2017 Spätburgunder trocken	13,5%/14,50€

PFALZ ▬ HAINFELD

★★★

Bernhard Koch

Kontakt
Weinstraße 1
76835 Hainfeld
Tel. 06323-2728
Fax: 06323-7577
www.weingut-koch.com
info@weingut-koch.com

Besuchszeiten
Weinverkauf:
Mo.-Fr. 9-12 Uhr + 13-18 Uhr
Sa. 9-12 + 13-17 Uhr
So. 12-17 Uhr
Bewirtung im Weinpavillon
„Wanns Licht brennt isch uff":
Mi.-Fr. 15-22 Uhr, Sa./So./
Feiertage 12-22 Uhr

Inhaber
Bernhard, Alexander &
Konstantin Koch
Betriebsleiter
Bernhard & Alexander Koch
Kellermeister
Chie Sakata &
Christopher Knorr
Rebfläche
50 Hektar
Produktion
500.000 Flaschen

Weinbau wird in der Familie nachweislich seit 1610 betrieben, heute leitet Bernhard Koch den Betrieb zusammen mit seiner Frau Christine. Der ältere Sohn Alexander ist nach seiner Lehre bei Knipser und Dr. Heger und dem Studium in Geisenheim seit Ende 2017 im Weingut, sein Bruder Konstantin hat Weinbetriebswirtschaft in Heilbronn studiert. Gerade mal fünf Hektar eigene Weinberge hatte Bernhard Koch Anfang der 1990er Jahre, heute sind es stolze 50 Hektar in einer Vielzahl von Lagen: Letten, Kapelle und Kirchenstück in Hainfeld, im Weyherer Michelsberg, in Flemlingen im Herrenbuckel und Vogelsprung, im Walsheimer Silberberg, in den Edesheimer Lagen Rosengarten und Mandelhang, im Roschbacher Rosenkränzel und im Burrweiler Altenforst. In den letzten Jahren entstand ein Neubau für den Holzfasskeller, das Flaschenlager und eine Vinothek.

Kollektion

Die vier verkosteten Pinot Noirs aus dem Jahrgang 2017 wirken alle noch sehr jung, besitzen eine gute Struktur mit noch jugendlichen Tanninen und bleiben über Tage in der offenen Flasche stabil – was für ihr Reifepotential spricht. Die „Grande Réserve" ist noch etwas verschlossen, zeigt dezente röstige Würze, verhaltene Frucht und etwas mineralische Noten, ist unter den vier Pinots der eleganteste und nachhaltigste Wein, „Réserve Alte Reben" und „Réserve" sind von dunkler Kirschfrucht geprägt, besitzen reife Tannine und Länge, der Kirchenstück besitzt Kraft und deutliche Röstnoten. Der neue Chardonnay „Réserve du Fils" zeigt dezentes Holz und Aromen von Banane, Quitte und Melone im Bouquet, ist elegant und leicht buttrig, aber wir vermissen etwas die Länge, der „Réserve" ist nachhaltiger und frischer, besitzt guten Grip, der Rosengarten-Chardonnay wirkt schon leicht gereift, zeigt Noten von Quitte, Birne und Butterscotch, sehr gut ist auch der gelbfruchtige, geradlinige und frische Riesling „Réserve".

Weinbewertung

86	2017 Pinot Blanc Sekt extra brut	12%/11,-€
87	2019 Weißburgunder trocken „Réserve" Walsheimer Silberberg	13%/9,-€
87	2019 Grauburgunder trocken „Réserve" Hainfelder Letten	13%/9,80€
87	2018 Chardonnay trocken Rhodter Rosengarten	13%/14,50€
88	2019 Riesling trocken „Réserve" Hainfelder Letten	13%/13,-€
89	2018 Chardonnay trocken „Réserve" Hainfelder Letten	13%/16,-€
88	2018 Chardonnay trocken „Réserve du Fils" Hainfelder Letten	13%/29,-€
87	2019 Rieslaner Auslese Roschbacher Rosenkränzel	9%/13,50€
88	2017 Pinot Noir trocken Hainfelder Kirchenstück	14%/18,-€
89	2017 Pinot Noir trocken „Réserve" Hainfelder Letten	13,5%/24,-€
90	2017 Pinot Noir trocken „Réserve Alte Reben" Hainfelder Letten	13,5%/28,-€
91	2017 Pinot Noir trocken „Grande Réserve" Hainfelder Letten	13,5%/40,-€

Carl Koch

★ ★

Kontakt
Wormser Straße 62
55276 Oppenheim
Tel. 06133-2326
Fax: 06133-4132
www.carl-koch.de
info@carl-koch.de

Besuchszeiten
Mo.-Fr. 9-12:30 + 14-16:30 Uhr

Inhaber
Paul Berkes
Betriebsleiter
Agustín G. Novoa
Kellermeister
Agustín G. Novoa
Außenbetrieb
Agustín G. Novoa
Rebfläche
12 Hektar
Produktion
60.000 Flaschen

Friedrich Koch legte mit ersten Weinbergskäufen im Jahr 1833 den Grundstein für das heutige Weingut, sein Sohn Carl Koch, Bürgermeister von Oppenheim und Namensgeber des Weingutes, machte es Ende des Jahrhunderts weithin bekannt. Seit 2009 ist Paul Berkes in siebter Generation Inhaber des Weingutes. Die Weinberge liegen zu 80 Prozent in Oppenheim und Dienheim, in den Oppenheimer Lagen Sackträger, Kreuz und Herrenberg sowie im Dienheimer Kreuz, die Reben wachsen auf Kalkmergel mit Lössauflagen. Seit 2010 werden die Weinberge biologisch bewirtschaftet, seit 2018 ist das Weingut Mitglied bei Ecovin. Riesling nimmt 40 Prozent der Weinberge ein, dazu gibt es Silvaner und Weißburgunder, aber auch Grauburgunder, Müller-Thurgau, Gewürztraminer und Scheurebe sowie die roten Sorten Spätburgunder und St. Laurent.

Kollektion

In der starken Kollektion im vergangenen Jahr war der Crux-Riesling aus dem Jahrgang 2017 unser Favorit. Auch der 2018er, nach 72 Stunden Maischestandzeit im Stockinger-Fass ausgebaut, ist wieder sehr gut, deutlich duftiger und intensiver im Bouquet, im Mund dann füllig und saftig bei reifer süßer Frucht und viel Substanz. Der Riesling aus dem Sackträger, mit 18 Stunden Maischestandzeit, steht ihm kaum nach, ist kraftvoll und zupackend, besitzt gute Substanz und klare reife Frucht. Gut gefällt uns auch die trockene Silvaner Spätlese aus dem Dienheimer Tafelstein, zeigt gute Konzentration und feine rauchige Noten, ist klar, füllig und harmonisch im Mund. Der erst im Dezember gelesene Gewürztraminer Intakt ist konzentriert, kompakt und stoffig, dann aber etwas bitter-alkoholisch im Abgang. Vom Alkohol merkt man fast nichts beim Petnat aus Riesling, der würzig, rauchig und intensiv im Bouquet ist, frisch, klar und zupackend im Mund. Ein „Fun-Wein".

Weinbewertung

85	2019 „Oppnat Rural" „Petnat" brut nature	11,5%/11,70€
84	2019 Silvaner Spätlese trocken Dienheim Tafelstein	12,5%/6,80€
82	2019 Grauburgunder trocken Oppenheimer Sackträger	13%/8,-€
82	2019 Chardonnay trocken Oppenheimer Herrenberg	13%/7,20€
81	2018 „Drei Trauben" Weißwein trocken	13%/8,20€
84	2018 Riesling trocken Oppenheimer Sackträger	13,5%/8,50€
84	2018 Gewürztraminer trocken „Intakt"	15%/9,-€
85	2018 Riesling trocken „Crux" Oppenheimer Kreuz	13%/14,-€
82	2010 Riesling Auslese „SF" Oppenheimer Sackträger	7,5%/16,-€
81	2018 „Drei Trauben ein Fass Rot" Rotwein trocken	13%/12,70€
80	2018 „El Santo" Rotwein trocken	13%/6,20€
81	2018 Spätburgunder trocken	14%/7,70€

Holger Koch

★★★★

Kontakt
Mannwerk 3
79235 Bickensohl
Tel. 07662-912258
Fax: 07662-949859
www.weingut-holger-koch.de
hk@weingut-holger-koch.de

Besuchszeiten
nach Vereinbarung

Inhaber
Holger Koch, Gabriele Engesser

Rebfläche
8 Hektar

Produktion
50.000 Flaschen

Seit Generationen betreibt die Familie Weinbau am Kaiserstuhl. Holger Koch war unter anderem Praktikant beim Grafen Neipperg in St. Emilion und Kellermeister bei Franz Keller in Oberbergen bevor er 1999 den Winzerhof der Familie übernahm, den er zusammen mit seinen Eltern und Ehefrau Gabriele Engesser führt. 2001 war sein erster Jahrgang; bis dahin hatte man die Trauben an die Genossenschaft geliefert. Seine Weinberge befinden sich in Bickensohl, vor allem in den höher gelegenen Teilen der Lage Herrenstück, die höchst gelegenen liegen in 350 bis fast 400 Meter Höhe, seine besten Weinberge liegen in Gewannen wie Halbuck, Eichbuck, Katzenloch und Scheibenhardt. Er baut ausschließlich Weißburgunder, Grauburgunder, Chardonnay und Spätburgunder an, diese Konzentration auf nur vier Rebsorten ist selten, selbst in der „Burgunderregion" Kaiserstuhl. Die Weine werden spontanvergoren, die weißen Qualitätsweine im Edelstahl ausgebaut, Rotweine und weiße Selektionsweine kommen in Barriques aus französischer Eiche, inzwischen nutzt Holger Koch überwiegend 300 und 500 Liter-Fässer, aber auch 1.200 Liter-Fässer. Die Weine bleiben bis zur Abfüllung auf der Feinhefe liegen. Alle Weine sind durchgegoren und trocken, auch wenn dies nicht auf dem Etikett vermerkt ist. Im Weinberg arbeitet Holger Koch biologisch, ohne aber zertifiziert zu sein. Das Programm ist gegliedert in die Kaiserstuhl-Linie, die Herrenstück-Linie und die Selectionsweine (***), in jeder Linie gibt es je Rebsorte einen Wein, nur beim Pinot Noir differenziert Holger Koch, erzeugt zwei Selectionsweine (gekennzeichnet mit einem Stern respektive drei Sternen), darüber hinaus gibt es den Pinot Noir Reserve aus der Terrassenlage Halbuck. Bereits seit der dritten Ausgabe empfehlen wir die Weine von Holger Koch. Seither hat er sich stilistisch weiterentwickelt, setzt ganz auf Frische und Eleganz, auf Komplexität und Finesse, wobei seine Pinot Noir trotzdem druckvoll und nachhaltig sind. Wer den traditionellen Kaiserstühler Spätburgunder-Stil mit ganz auf Reife und Fülle setzenden Weinen liebt, wird mit den im Vergleich dazu schlank erscheinenden Koch'schen Weinen wenig anfangen können, wer sich im Geschmacksbild eher auf Burgund eingeschossen hat, dafür umso mehr. Meist ragen die Pinot Noir-Selektionen aus den stets starken, zuverlässigen Kollektionen hervor, aber auch mit Weiß- und Grauburgunder nähert Holger Koch sich der badischen – und deutschen – Spitze.

Kollektion

Die Qualität der Weine von Holger Koch bleibt bestechend hoch. Der Grauburgunder Kaiserstuhl 2019 hat nicht die dezente Färbung des Jahrgangsvorgängers, hatte also weniger Maischekontakt. Dennoch schmeckt man eine dezent straffe Phenolik, die dem Wein ein angenehmes Mundgefühl gibt. Er ist aber auch saftig mit lebhafter, präziser Säure, die ihm jede Schwere nimmt. In der Nase übt der Wein Zurückhaltung, was Frucht betrifft, im Vordergrund steht eine feine Würze, im Hintergrund eher Melone als Birne. Auch den Weißburgunder Kaiserstuhl 2019 zeichnet eine durchgegorene Saftigkeit aus. In der Nase etwas offener, helle Frucht und Gesteinspulver, am Gaumen sehr klar und frisch, baut schon gut Druck auf, hat eine gute Säurestruktur und ist leicht salzig. Ausgebaut werden die Kaiserstuhl-Weine jeweils zur Hälfte im Holzfass und im Edelstahltank. Der Grauburgunder Herrenstück 2019 hat ein eindringliches, mineralisch-steiniges Bouquet mit reifer gelber Frucht. Am Gaumen straff mit phenolischem Druck, der Wein ist fest, tiefgründig und kraftvoll, geht aber nicht in die Breite. Der Weißburgunder Herrenstück hat eine elegantes, tiefgründiges Bouquet mit viel hellem Steinobst, am Gaumen ist er spielerisch-saftig, sehr frisch, besitzt eine gute Säurestruktur und feinsalzige Länge. Der Chardonnay Herrenstück zeigt reife gelbe Frucht im Bouquet, aber auch viel Frische, ist saftig-zupackend am Gaumen, hat trotz malolaktischer Gärung viel Biss. Ein junger Wein mit Potenzial. Der Chardonnay mit drei Sternen zeigt sehr viel Frucht im Bouquet, ist elegant im Mund. Der Wein baut feingliedrigen Druck auf, im Hintergrund spürt man viel Kraft, die auch Länge gibt. Der Pinot Noir 2018 Herrenstück zeigt rote Früchte mit dezent rappigen Anteilen - ein viel versprechendes Bouquet. Am Gaumen ist der Wein saftig und balanciert, Tannin- und Säurestruktur sind in großer Harmonie, das wird den Wein bald weich und rund machen, er hat eine mineralisch-salzige Länge. Die Weine aus der Lage Herrenstück werden im Holzfass spontan vergoren und ausgebaut. Der Pinot Noir mit drei Sternen ist duftig, zeigt Frucht und Würze, sogar Gewürze im Bouquet. Er kommt sehr saftig an den Gaumen, aus dem Saft entwickelt sich ein angenehmes Tanninkleid. Der Wein hat viel Spiel, ist konzentriert, wirkt trotzdem federleicht, setzt auf Säure, ist jugendlich.

Weinbewertung

87	2019 Weißburgunder Kaiserstuhl	12,5 %/8,90 €
86	2019 Grauburgunder Kaiserstuhl	12,5 %/9,50 €
89	2019 Weißburgunder Herrenstück	13 %/12,50 €
88	2019 Grauburgunder Herrenstück	13 %/12,50 €
90	2019 Chardonnay Herrenstück	12,5 %/14,- € ☺
91	2019 Chardonnay***	13,5 %/25,- €
88	2018 Pinot Noir Herrenstück	13 %/14,- €
91	2018 Pinot Noir***	13 %/35,- €

Lagen
Herrenstück (Bickensohl)

Rebsorten
Spätburgunder (45 %)
Grauburgunder (25 %)
Weißburgunder (20 %)
Chardonnay (10 %)

Sabine Koch

Kontakt
Jesinger Hauptstraße 108/2
72070 Tübingen
Tel. 07073-302999
www.koch-unterjesingen.de
wein@koch-unterjesingen.de

Besuchszeiten
Fr. 18-20:30 Uhr und nach Vereinbarung

Inhaber
Sabine Koch &
Stefan Haderlein

Rebfläche
2 Hektar

Produktion
10.000 Flaschen

Was als Hobby begann, hat sich zu einem kleinen Weingut entwickelt. Sabine Koch und Stefan Haderlein, beide promovierte Geoökologen, bewirtschaften zusammen mit ihrem ältesten Sohn Lukas Haderlein zwei Hektar Reben in Unterjesingen bei Tübingen, größtenteils in nicht flurbereinigten Steil- und Terrassenlagen. Das Hauptaugenmerk liegt auf Riesling, Weiß- und Spätburgunder, dazu gibt es die regionalen Klassiker Kerner und Schwarzriesling, aber auch pilzwiderstandsfähige Rebsorten wie Cabernet Blanc und Regent. Sabine Koch stellte die Rebflächen auf zertifizierten ökologischen Anbau um. Ihr Ehemann Stefan Haderlein, im Hauptberuf Professor für Umwelt- und Wasserchemie, kümmert sich um den Keller, Lukas Haderlein ist für die Vermarktung zuständig. 2017 wurde ein neues Kellergebäude errichtet. Die Rotweine werden maischevergoren und im Holz ausgebaut, die Weißweine werden durch natürliche Sedimentation geklärt und im Edelstahl vergoren, teils mit den natürlichen Hefen.

Kollektion

Nachdem wir seit vielen Jahren schon zwei Weingüter vom Fuß der Schwäbischen Alb empfehlen, freut es uns besonders nun auch ein Weingut vom oberen Neckar vorstellen zu können, beides Cool Climate-Regionen, die in Zukunft aufgrund der Klimaerwärmung an Bedeutung gewinnen werden. Das Niveau ist gleichmäßig und hoch, die Weine sind sortentypisch, besitzen Fülle und Kraft. Im weißen Segment gefällt uns der leicht florale, aprikosenduftige Cabernet Blanc besonders gut, er besitzt Fülle und Saft, reife Frucht und Substanz. Spannend ist auch der Riesling, vor allem der stoffige, druckvolle 2018er, den 2019er lässt die Restsüße allzu süffig erscheinen, beim Weißburgunder gefällt uns die im Barrique ausgebaute Variante „N" trotz der Restsüße ein klein wenig besser als der leicht florale, durchgegorene Wein. Spannend sind auch die Rotweine: Der Regent R ist würzig und eindringlich, konzentriert und druckvoll, der Spätburgunder zeigt rauchig-würzige Noten, besitzt Fülle und Kraft, reife Frucht und gute Struktur. Ein starkes Debüt!

Weinbewertung

83	2019 Kerner Tübinger Sonnenhalden	12%/7,-€
82	2019 Riesling Tübinger Sonnenhalden	12%/8,-€
83	2019 Weißburgunder trocken Tübinger Sonnenhalden	12%/8,-€
85	2019 Cabernet Blanc trocken Tübinger Sonnenhalden	12%/9,-€
85	2018 Riesling „N" trocken Tübinger Sonnenhalden	12%/11,-€
83	2019 Riesling „N" trocken Tübinger Sonnenhalden	12%/11,-€
84	2019 Weißburgunder „N" trocken Tübinger Sonnenhalden	12%/11,-€
83	2018 Regent trocken Tübinger Sonnenhalden	12,5%/9,-€
86	2018 Regent „R" trocken Tübinger Sonnenhalden	13%/12,-€
85	2018 Spätburgunder trocken Tübinger Sonnenhalden	13%/12,-€

WEIN. NATÜRLICH. AUS TÜBINGEN

MOSEL — LIESER

Kochan & Platz

Kontakt
Beethovenstraße 8
54470 Lieser
Tel. 06531-6432 oder 9729320
Fax: 06532-972395
www.kochan-platz.de
wein@kochan-platz.de

Besuchszeiten
Weinproben und -verkauf nach Vereinbarung, einmal im Monat Weinverkostungen auf dem Moselschiff

Inhaber
Aribert Kochan, Daniel Kochan, Oliver Platz

Rebfläche
9,5 Hektar

Produktion
80.000 Flaschen

Über viele Generationen hinweg haben die Familienbetriebe Kochan und Platz, der eine in Lieser angesiedelt, der andere in Veldenz, Erfahrungen im Weinbau gesammelt. Seit 2015 bündeln Aribert Kochan, Daniel Kochan und Oliver Platz ihre Ressourcen unter dem Label Kochan & Platz und haben die Weichen für die Zukunft gestellt. Doch nicht nur die Besitzverhältnisse unterscheiden sich von dem, was üblich ist in der Region, die Inhaber haben auch ein modernes Erscheinungsbild geschaffen und bringen Weine auf den Markt, die auf charmante Weise Bezug nehmen auf den Namen des Unternehmens. „Platz an der Sonne" oder „Plätzchen" heißen sie, aber Lagenweine aus Niederberg-Helden (Lieser) beziehungsweise Kirchberg (Veldenz) existieren auch. Insgesamt werden neun Hektar Reben bewirtschaftet, außer um Riesling und Rivaner kümmert man sich auch um Weiß- und Grauburgunder, um Dornfelder und Kerner, inzwischen werden aber auch Roter Riesling und Gewürztraminer gepflegt. Einmal im Monat werden Weinverkostungen auf dem Moselschiff angeboten, ansonsten finden Verkostungen nach Vereinbarung statt.

Kollektion

Kompakt, trocken und sortentypisch ist der Graue Burgunder, frisch in der Nase und spritzig im Mund ist der Weiße Burgunder. Verhalten, noch etwas hefig und dann fest und stoffig ist der trockene Riesling von alten Reben, schön ausgewogen der trockene Kabinett. Etwas leichter wirkt der feinherbe Riesling „Lieblingsplatz", schön spritzig und überdurchschnittlich saftig ist der Literriesling in der restsüßen Version. Duftig mit Noten von Apfel, Mandarine und Kräutern präsentiert sich der Kerner, der verblüffend saftig und rassig ausfällt. Die Riesling Spätlese wirkt etwas verhaltener, besitzt aber ebenfalls klare Frucht und saftige Art, die Süße ist sehr gut integriert. Frische Noten von getrockneten Äpfeln und kandierter Zitrone weist die Auslese auf, sie ist saftig, zupackend und präzise, deutlich süß, aber voller Substanz.

Weinbewertung

84	2019 Grauer Burgunder trocken	12,5%/7,-€
85	2019 Riesling Kabinett trocken Veldenzer Kirchberg	12,5%/7,-€
85	2019 Riesling trocken „Alte Reben"	12,5%/7,50€
83	2019 Weißer Burgunder	12,5%/7,-€
80	2019 Riesling halbtrocken (1l)	12%/6,-€
82	2019 Riesling Classic	11,5%/6,50€
83	2019 Riesling „feinherb" „Lieblingsplatz"	11%/6,-€
86	2019 Riesling Spätlese „feinherb" Veldenzer Kirchberg	12,5%/9,-€
82	2019 Riesling (1l)	9,5%/6,-€
84	2019 Kerner	8,5%/7,-€
85	2019 Riesling Spätlese	8,5%/8,-€
88	2019 Riesling Auslese Veldenzer Kirchberg	8%/19,-€/0,375l

BADEN — EICHSTETTEN

★★★★ Arndt **Köbelin**

Kontakt
Altweg 131
79356 Eichstetten
Tel. 07663-1414
Fax: 07663-912666
www.weingut-koebelin.de
info@weingut-koebelin.de

Besuchszeiten
Mi.- Fr. 9-12 + 15-18 Uhr
Sa. 9-12 Uhr
und nach Vereinbarung

Inhaber
Arndt Köbelin
Weinverkauf
Monika Köbelin, Alexandra Dinger, Katrin Schmidt, Karin Meier
Kellermeister
Arndt Köbelin, Daniel Landerer
Außenbetrieb
Arndt Köbelin, Florian Höfflin
Rebfläche
22 Hektar
Produktion
125.000 Flaschen

Arndt Köbelin gründete – nach Küferlehre und Tätigkeit in verschiedenen Betrieben, zuletzt als Kellermeister der Winzergenossenschaft Durbach – 2005 sein eigenes Weingut. Seine Eltern hatten bis dahin den Ertrag ihrer 3,5 Hektar Reben an die örtliche Genossenschaft abgeliefert. Arndt Köbelin erweiterte nach und nach die Rebfläche, baute 2006 ein neues Weingut mit Keller, 2011 wurde ein neuer Degustations- und Verkaufsraum eröffnet. Die Weinberge liegen alle im Eichstetter Herrenbuck, der einzigen Lage, die das Weingesetz für Eichstetten „übriggelassen" hat. Die Lage ist sehr unterschiedlich, nicht nur, was die Höhe betrifft (von 200 bis 350 Meter), sondern auch, was den Boden betrifft. Während am Waldrand die Reben auf Vulkanverwitterungsböden wachsen, stehen andere Reben auf bis zu 50 Meter hohen Lössschichten in den Eichstetter „Burgunderterrassen". Arndt Köbelin baut vor allem die Burgundersorten an, Spätburgunder, Grauburgunder und Weißburgunder nehmen jeweils etwa ein Viertel der Rebfläche ein. Dazu gibt es Riesling, Müller-Thurgau, Scheurebe, Muskateller, Gewürztraminer und Elbling, sowie Sauvignon Blanc. Die ältesten Reben sind über 40 Jahre alt, Junganlagen werden mit altem, ungeklontem Pflanzmaterial bestockt. Die Trauben werden schonend gepresst und langsam mit den weinbergseigenen Hefen vergoren. Sie werden lange auf der Hefe ausgebaut, auch die Weißweine durchlaufen teilweise den biologischen Säureabbau. Die Spätburgunder werden unfiltriert abgefüllt. Das Programm ist gegliedert in Gutsweine, die als Kabinettweine angeboten werden, und drei Selektionsweine sowie den Eichenlaub-Spätburgunder, diese stammen von alten Reben. Die beiden weißen Selektionsweine – Weißburgunder (von 1970 gepflanzten Reben) und Grauburgunder – werden in 500 Liter-Fässern vergoren und ausgebaut und tragen seit dem Jahrgang 2014 den Namen Lösswand auf dem Etikett, der Spätburgunder wird im Barrique ausgebaut. An der Spitze des Sortiments steht der Reserve-Spätburgunder aus der Einzellage Eichenlaub, der erstmals im Jahrgang 2010 erzeugt wurde. Mit dem Jahrgang 2015 gibt es erstmals auch zwei weiße Reserveweine, den Weißburgunder aus dem Steinenweg und den Grauburgunder Kaltenbrunnen. In den letzten Jahren hat Arndt Köbelin verstärkt auch edelsüße Weine erzeugt. Arndt Köbelin führt das Weingut zusammen mit Ehefrau Monika, die sich hauptsächlich um Verkauf und Marketing kümmert.

Kollektion

Der Rivaner ist auch in diesem Jahr ein außergewöhnlicher Müller-Thurgau. Die helle, glockenklare Frucht springt förmlich aus dem Glas, am Gaumen ist der Wein saftig-süffig, ein echter Spaß. Zupackend und frisch ist der Weißburgunder, am Gaumen kommt viel süße Frucht zum Tragen, das bringt viel Schmelz bei feiner Säurestruktur. Ein ähnliches Bild liefert der Grauburgunder, die Rebsorte macht sich mit einer etwas dunkleren, kräftigeren Frucht bemerkbar. Während Arnd Köbelin bei den Gutsweinen alle Register der Restzucker-Orgel zieht, wird bei den Lösswand- und Reserve-Weißweinen mehr Zurückhaltung bei der Süße geübt, durchgegoren sind allerdings auch diese Weine nicht. Der von alten Reben stammende, im 500-Liter-Eichenfass ausgebaute Weißburgunder Lösswand hat ein rauchig-fruchtiges Bouquet, unterlegt von feiner Würze, besitzt am Gaumen viel süße Frucht, hat Substanz und Länge. Der Weißburgunder Steinenweg wurde im 500-Liter-Fass aus eigener Eichstetter Eiche ausgebaut. Sie prägt das rauchig-steinige, von reifer Frucht getragene Bouquet, er ist mild und cremig, dabei komplex, Süße spielt hier keine Rolle. Der Grauburgunder Lösswand, wie der Weißburgunder im 500-Liter-Fass ausgebaut, zeigt im Bouquet viel Birnenfrucht. Am Gaumen ist er genauso saftig wie der Weißburgunder, aber nicht so süß, besitzt gute Konzentration und Substanz, feine mineralische Länge und Grip. Der Grauburgunder Kaltenbrunnen hat das gleiche steinig-rauchige Bouquet wie der Weißburgunder Sternenweg, allerdings ist es kräftiger, besitzt saftige Feuerstein-Aromatik mit feiner Holzwürze, feine salzige Länge. Bei den Süßweinen punktet der Gewürztraminer mit seinem Rosenduft, der Rosé mit der Säure und der Grauburgunder mit einer tollen Aromatik. Der Spätburgunder Gutswein ist sehr jugendlich, viel saftige Frucht trifft auf straffe Tannine, mit etwas Reife könnte das ein schönes Gleichgewicht ergeben. Dunkle Beerenfrüchte prägen das Bouquet des Spätburgunders Lösswand, er besitzt feine Tannine und stützende Säure, insgesamt ein stimmiges Bild. Dunkle Frucht und räucherspeckige Röstaromen prägen den Spätburgunder Eichenlaub, der sehr saftig ist, konzentriert und komplex, eine gute Tanninstruktur besitzt.

Weinbewertung

85	2019 Rivaner Kabinett trocken	12%/6,50€
85	2019 Weißer Burgunder Kabinett trocken	13%/9,-€
85	2019 Grauer Burgunder Kabinett trocken	13%/9,-€
88	2018 Weißer Burgunder*** trocken „Lösswand" Holzfass	14%/16,-€
88	2018 Grauer Burgunder*** trocken „Lösswand" Holzfass	14%/16,-€
90	2018 Weißer Burgunder*** trocken „Reserve" „Steinenweg" Holzfass	14%/35,-€
90	2018 Grauer Burgunder*** trocken „Reserve" „Kaltenbrunnen"	14%/35,-€
86	2019 Gewürztraminer Spätlese	13%/12,-€
88	2019 Grauer Burgunder Auslese „edelsüß"	11%/14,50€
87	2019 Spätburgunder Rosé Auslese „edelsüß"	11,5%/14,50€
86	2018 Spätburgunder trocken Holzfass	13,5%/10,-€
89	2017 Spätburgunder*** trocken „Lösswand"	13,5%/18,50€
91	2017 Spätburgunder*** trocken „Reserve" Barrique Eichenlaub	13,5%/40,-€

Lagen
Herrenbuck (Eichstetten)
– Eichenlaub
– Niemandstal
– Steinenweg
– Kaltenbrunnen

Rebsorten
Spätburgunder (25 %)
Weißburgunder (25 %)
Grauburgunder (25 %)
Müller-Thurgau (10 %)
Riesling
Sauvignon Blanc
Muskateller
Gewürztraminer
Scheurebe

MOSEL ▶ MINHEIM

★★

Christoph Koenen

Kontakt
Am Eichhaus 4a
54518 Minheim
Tel. 06507-939970
Fax: 06507-939975
www.ck-weine.de
info@ck-weine.de

Besuchszeiten
täglich nach Vereinbarung

Inhaber
Simone & Christoph Koenen

Rebfläche
4,5 Hektar

Produktion
25.000 Flaschen

Christoph Koenen übernahm im Jahr 2000 den elterlichen Betrieb in Minheim, begann nach und nach mit der Selbstvermarktung. Das Gut führt er heute zusammen mit seiner Frau Simone. Alle seine Weinberge liegen in Minheim, allerdings nutzt er keine Lagenbezeichnungen. Er baut auf 4,5 Hektar zu 95 Prozent Riesling an, daneben gibt es Weißburgunder. Seit dem Umzug in ein neues Kellereigebäude werden die Weine überwiegend im Edelstahl vergoren und sehr lange auf der Feinhefe ausgebaut. Sein Spitzenriesling von alten Reben, Goldschiefer genannt, wurde 2015 erstmals im Holz ausgebaut. Mit seiner Flaschengestaltung fällt das Weingut Koenen auf. Die moderne Ausstattung, die hier geschätzten Schraubverschlüsse und das durchdachte Programm heben den Betrieb ab von der Masse der Weingüter an der Mosel.

Kollektion

Auch im Jahrgang 2019 konnte das Weingut seinen Stil bewahren. Alle vorgestellten Weine zeigen eine präzise, frische Art, sind straff und unabhängig von Prädikat und Süßestufe stimmig. Die trockenen Weine sind wirklich trocken, die süßen zwar süß, aber nicht übertrieben zuckrig. Ein frischer, sortentypischer und animierender Weißburgunder führt das Feld an. Sehr gut gefällt auch der trockene Riesling von alten Reben, würzig und fest, jetzt schon relativ zugänglich. Noch etwas nachhaltiger wirkt der Rosenberg-Riesling in der schweren Flasche. In der Nase ist dieser Wein noch sehr verhalten, im Mund kompakt, würzig, angenehm trocken, alles andere als gefällig. Er braucht ebenso noch etwas Zeit zur Reife wie der „Goldschiefer" genannte Spitzenriesling in trockener Version, teilweise im großen Holz ausgebaut, der sich im Moment leicht hefig zeigt, der im Mund dann eine beachtliche Fülle aufweist und sich mit straffer Säure präsentiert; er benötigt definitiv noch Zeit. Zugänglicher, saftiger, aber nicht zu süß ist der feinherbe Riesling. Verhalten, rassig mit reduzierter Süße zeigt sich der Kabinett, ausgezeichnet balanciert, zupackend und animierend wirkt die Spätlese aus dem Minheimer Rosenberg.

Weinbewertung

85	2019 Pinot Blanc trocken	12 %/9,90 €
83	2019 Riesling trocken Minheimer	11,5 %/8,90 €
87	2019 Riesling trocken „Alte Reben" Minheimer	12 %/9,90 €
88	2019 Riesling trocken Minheimer Rosenberg	12 %/14,90 €
87+	2019 Riesling trocken „Goldschiefer"	11,5 %/19,90 €
83	2019 Riesling „feinherb" Minheimer	10 %/8,90 €
86	2019 Riesling Kabinett Minheimer Kapellchen	8 %/8,90 €
87	2019 Riesling Spätlese Minheimer Rosenberg	8 %/9,90 €

MOSEL ▶ KONZ-FILZEN

★★ ☆

König Johann

Kontakt
Saartalstraße 9-9a
54329 Konz-Filzen
Tel. 06501-969810
Fax: 06501-9698120
www.koenig-johann.eu
info@koenig-johann.eu

Besuchszeiten
Mo- Sa. 10-18 Uhr

Inhaber
Andrea Schmitt, Sarah & Dennis Schmitt

Kellermeister
Sarah & Dennis Schmitt

Rebfläche
11 Hektar

Produktion
74.000 Flaschen

König Johann ist ein Traditionsweingut in Konz-Filzen, das den Generationenwechsel schon früh vollzogen hat. Neben Andrea Schmitt, der Mutter, sind nun auch die Tochter, Sarah, sowie Sohn Dennis Schmitt in diesem Betrieb involviert, der über elf Hektar Reben verfügt. Die Geschwister teilen sich auch den Job des Kellermeisters. Bewirtschaftet werden Parzellen in den Filzener Lagen Steinberger, Unterberg und Urbelt sowie im Serriger König Johann Berg. Außer Riesling, der mit 94 Prozent der Fläche dominiert, finden sich auch kleine Anteile Weißburgunder und Regent. Die Weine werden inzwischen zum Teil mit originellen Bezeichnungen wie „Hummingbird" oder „Mehrwert" bezeichnet, stehen für ein zeitgemäßes Marketing und einen unverwechselbaren Stil des Weinguts. Gästezimmer und eine Straußwirtschaft werden ebenfalls betrieben und ergänzen das Gesamtprogramm des Familienbetriebes.

🍇 Kollektion

Ein kleines Sortiment stellt das Weingut in diesem Jahr vor – und eines, das schon sehr zugänglich wirkt. Saftige, im besten Sinne süffige Weine sind hier zu finden, sie wirken vergleichsweise unkompliziert, aber alles andere als einfach. Dem Weißburgunder aus der Lage Filzener Urbelt ist der Jahrgang 2018 anzumerken. Er präsentiert sich offen, besitzt eine reife Frucht, ist eher weich und charmant als puristisch. Schmelz ist festzustellen, auch eine Spur Süße schimmert durch, aber der Alkohol ist auf erfreuliche Weise eingebunden. Ganz anders, nämlich recht fest wirkt der trockene Riesling „Fernblick", ebenfalls aus dem Filzener Urbelt, der in der Nase frisch ausfällt, dezente Hefenoten und Würze sowie eine gute Länge aufweist. Saftig mit einem Hauch von Süße präsentiert sich der „Hummingbird", während der „Lebenslust" genannte Wein duftig ist, sehr fein im Mund, dennoch enorm saftig, im besten Sinne süffig. Ausgezeichnet gefällt auch der Riesling „Mehrwert" mit kühlen Noten von getrocknetem Apfel, einer eleganten Art und einer zarten Süße. Dieser Wein zeigt ausgezeichnet das, was vielen anderen Rieslingen des Anbaugebietes im restsüßen Bereich fehlt: die unangestrengte Art, verbunden mit einer animierenden Säure. ◀

🍷 Weinbewertung

84	2018 Weißburgunder Filzener Urbelt	12%/8,-€
86	2019 Riesling trocken „Fernblick" Filzener Urbelt	11%/8,-€
83	2019 Riesling Classic „Hummingbird"	11%/6,90€
87	2019 Riesling „Lebenslust" Wiltinger Scharzberg	9%/9,90€
87	2019 Riesling Kabinett „feinherb" „Zeitvertreib" König-Johann-Berg	10,5%/8,50€ 😊
88	2019 Riesling Auslese „Mehrwert" Wiltinger Scharzberg	8%/10,-€

Königsrain

★ ⯪

Kontakt
Königsrainstraße 19
77887 Sasbachwalden
Tel. 0151-23549011
www.koenigsrain.de
koenigrain@googlemail.com

Besuchszeiten
Fr. 17-19 Uhr, Sa. 16-18 Uhr, nach Vereinbarung Weinproben für Gruppen mit Vesper, BBQ, Flammkuchen oder Flammlachs

Inhaber
Katja & Tobias Pfeifer

Rebfläche
2 Hektar

Produktion
15.000 Flaschen

Katja und Tobias Pfeifer, die beide aus Weinbaubetrieben stammen, gründeten 2011 ihr eigenes Weingut und pflanzten die ersten Reben, 2012 erzeugten sie von zugekauften Trauben ihre ersten Weine, ganze 2000 Flaschen, die im Frühjahr 2013 abgefüllt wurden. Katja Pfeifer machte nach dem Abitur eine Winzerlehre, studierte dann in Geisenheim. Tobias Pfeifer stammt aus einem landwirtschaftlichen Betrieb in Sasbachwalden, ist ebenfalls gelernter Winzer. Ihre Weinberge liegen in Sasbachwalden und angrenzenden Gemarkungen. Knapp die Hälfte der Rebfläche nimmt Spätburgunder ein, hinzu kommt ein Viertel Riesling, dazu gibt es jeweils etwa 10 Prozent Müller-Thurgau, Grauburgunder und Sauvignon Blanc.

Kollektion

Wie auch im vergangenen Jahr können uns Katja und Tobias Pfeifer mit einer reintönigen klaren Kollektion überzeugen, an deren Spitze wir erneut einen Spätburgunder sehen. Der Müller-Thurgau ist in diesem Jahr trocken ausgebaut – im vergangenen Jahr verkosteten wir hier einen feinherben Wein –, von sehr zarten Aromen geprägt und duftet nach Blütenstaub. Aromatisch würziger ist der Izibizi Secco, der sich strukturell aber immer noch auf der leichteren Seite bewegt. Klar und frisch sind auch Blanc de Noir und Grauburgunder, wobei letzterer etwas mehr Eigenständigkeit zeigt. Unter den Weißweinen sehen wir den trockenen Riesling an der Spitze, der uns mit seiner grasigen erfrischenden Art an Sauerampfer erinnert. Gerade in alkohol- und extraktreichen Jahren wie 2019, muss man solch grazile Weine – 12 Volumenprozent – wertschätzen. Für den Spätburgunder trocken haben die Pfeifers Weine aus 2018 und 2017 verschnitten, weswegen er ohne Jahrgangsangabe vertrieben wird; er Wein ist ein wenig zu sehr von Oxidationsnoten geprägt. Viel besser und viel näher an dem Niveau, das wir von Königsrain ansonsten kennen ist der unfiltrierte Spätburgunder, der sich deutlich reintöniger präsentiert. Frische, Zugkraft und die dezent rauchige Noten sind schön ausbalanciert und werden von einer guten Struktur getragen.

Weinbewertung

80	2018 „Izibizi Secco" Perlwein trocken	12%/7,-€
82	2019 Müller-Thurgau trocken	12,5%/6,-€
82	2019 „Blanc de Noir" trocken	13%/7,-€
84	2019 Riesling trocken	12%/7,-€
83	2019 Grauburgunder trocken	13%/7,50€
81	2019 Rosé trocken	12,5%/7,-€
80	Spätburgunder trocken	13,5%/10,-€
85	2018 Spätburgunder trocken „unfiltriert"	13%/15,-€

MOSEL — LEIWEN

★ ★ ★

Nick Köwerich

Kontakt
Maximinstraße 11
54340 Leiwen
Tel. 06507-4282
Fax: 06507-3037
www.weingutkoewerich.de
weingut.koewerich@t-online.de

Besuchszeiten
nach Vereinbarung

Inhaber
Nick Köwerich
Betriebsleiter
Nick Köwerich
Rebfläche
10,5 Hektar
Produktion
110.000 Flaschen

Nick Köwerich, Geisenheim-Absolvent, übernahm das Weingut 1994 von seinen Eltern Annemie und Stefan. Er baut ausschließlich Riesling an. Seine Weinberge liegen in der Leiwener Laurentiuslay, der Köwericher Laurentiuslay sowie der Klüsserather Bruderschaft. Das Programm ist klar und überschaubar, es werden vergleichsweise wenige Weine erzeugt, in manchen Jahren ergänzen edelsüße Spezialitäten das Programm. „Einblick No. 1" und „Für Feen und Elfen" werden reduktiv ausgebaut, der Für Träumer und Helden-Riesling im großen Holzfass. Das Weingut ist mit seinem Marketingkonzept, den ungewöhnlichen Weinnamen und den originellen Etiketten weit über die Region hinaus bekannt geworden. In der Linie Nikolaus Köwerich gibt es ältere Jahrgänge noch im Verkauf, von denen Nick Köwerich regelmäßig welche zu unseren Verkostungen einschickt.

Kollektion

Ein so eingängiges Weinsortiment mit durchdachtem Marketing und Etiketten mit Wiedererkennungswert würde man vielen Weingütern wünschen. Doch auch die Qualität stimmt, im Einstieg, wie beim „Einblick No. 1", oder im Mittel- und Obersegment. Der „Herr Mosel" genannte Wein ist im wahrsten Sinne rassig mit deutlicher Säure und Zug am Gaumen. Fest, straff, bestens balanciert ist der trockene Laurentiuslay-Riesling. Die süße Spätlese aus der Leiwener Laurentiuslay zeigt Aromen von süßem Apfel, besitzt noch etwas CO_2, ist im Mund rassig, deutlich süß, braucht noch Zeit. Die Auslese ist enorm saftig, leicht cremig, eigentlich bereits eine Beerenauslese, die nominelle Beerenauslese besitzt Noten von Pfirsichkompott und frischen Datteln, ist seidig und lang mit viel Würze: Weine für die Ewigkeit. Spannend sind auch die drei reifen Rieslinge. Eine enorm saftige Spätlese aus 2009, eine elegante, feingliedrige 2004er Auslese, die jetzt auf dem Höhepunkt ihrer Trinkreife angelangt ist, sowie eine zupackende, dichte Beerenauslese aus 2009 mit leichten Karamellnoten und Aromen von Pfirsichkompott.

Weinbewertung

86	2019 Riesling trocken „Herr Mosel" Köwericher Laurentiuslay	12%/13,-€
83	2019 Riesling "Einblick No. 1"	11%/8,-€
88	2019 Riesling trocken Leiwener Laurentiuslay	12,5%/19,-€
84	2019 Riesling „Für Feen und Elfen"	10%/10,-€
86	2019 Riesling Kabinett „Fräulein Mosel" Leiwener Laurentiuslay	9%/13,-€
87	2019 Riesling Spätlese „Für Träumer und Helden" Kl. Bruderschaft	8,5%/15,-€
90	2009 Riesling Spätlese Leiwener Laurentiuslay	8,5%/28,-€
89	2019 Riesling Spätlese Leiwener Laurentiuslay	8,5%/28,-€
87	2004 Riesling Auslese Leiwener Laurentiuslay	8,5%/38,-€/0,5l
89	2019 Riesling Auslese Leiwener Laurentiuslay	8%/38,-€/0,5l
90	2009 Riesling Beerenauslese Leiwener Laurentiuslay	8,5%/68,-€/0,375l
91	2019 Riesling Beerenauslese Leiwener Laurentiuslay	8%/68,-€/0,375l

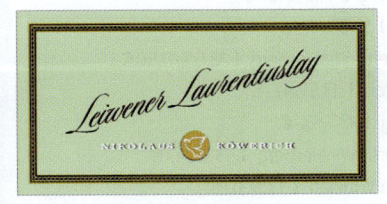

BADEN — IHRINGEN

★★★

Konstanzer

Kontakt
Quellenstraße 22
79241 Ihringen
Tel. 07668-5537
Fax: 07668-5097
www.weingut-konstanzer.de
info@weingut-konstanzer.de

Besuchszeiten
Mo.-Do. 17-19 Uhr
Nov.-März 16-18 Uhr
Fr. 13-18 Uhr
Sa. 10-16 Uhr
Ferienwohnung im Weingut

Inhaber
Horst & Petra Konstanzer

Betriebsleiter
Horst Konstanzer

Kellermeister
Horst Konstanzer

Außenbetrieb
Horst Konstanzer

Rebfläche
10 Hektar

Produktion
65.000 Flaschen

1983 haben Horst und Petra Konstanzer, damals noch im Nebenerwerb, ihren ersten Wein gemacht. 1989 übernahmen sie den elterlichen Betrieb, der bis dahin die Trauben an die Genossenschaft abgeliefert hatte und betreiben ihn seither im Haupterwerb. Ihre mittlerweile zehn Hektar Weinberge liegen in Ihringen in den Lagen Winklerberg und Fohrenberg; als Große Lagen werden Vorderer Winklerberg und Winklen abgefüllt. Grau- und Spätburgunder sind die wichtigsten Rebsorten, gefolgt von Weißburgunder, Silvaner, Chardonnay und Muskateller. Das Sortiment ist eingeteilt in Qualitätsweine in der Literflasche, Ortsweine von den Lössterrassen rund um Ihringen, Weine aus Erster Lage und aus Großer Lage.

Kollektion

Nach einigen Jahren Abstinenz sind die Konstanzers wieder dabei – und die Kollektion hat uns sehr gut gefallen. Die durchgegorenen Ortsweine sind bereits sehr anspruchsvoll und auf hohem Niveau, das sich über die Weine aus Erster Lage bis zur Großen Lage weiter steigert. Der Silvaner hat ein eindringliches, leicht rauchiges Bouquet, besitzt viel Frucht, Fülle und Saft, eine gute Säurestruktur und enorme Länge. Viel helle Frucht, viel Spiel und feine Säure zeigt der Weißburgunder, rauchige Frucht und strukturgebende Säure geben dem Grauburgunder Länge. Der Winklerberg-Weißburgunder ist sehr saftig und dicht, der Winklerberg-Grauburgunder ist vom gleichen Typ, etwas kräftiger. Vollreife Frucht mit rauchigen Noten zeigt der Chardonnay, ist füllig und saftig mit feiner Würze. Der Muskateller ist ganz typisch, besitzt feine salzige Länge. Herrlich viel Frucht besitzt der Weißburgunder Vorderer Winklerberg, beispielhafte Sortentypizität und feine Würze zeigt der glasklare Grauburgunder Winklen. Die Spätburgunder sind allesamt fein und elegant, haben eine balancierte Säure- und Tanninstruktur. Sehr präzise und harmonisch ist der 2016er Spätburgunder Winklen, besitzt filigrane, vielschichtige Aromatik.

Weinbewertung

87	2019 Silvaner trocken „Alte Reben" Ihringen	14%/10,50€
86	2019 Weißburgunder trocken Ihringen	13%/8,80€
86	2019 Grauburgunder trocken Ihringen	13,5%/8,80€
87	2019 Weißburgunder trocken Ihringer Winklerberg	13,5%/13,-€
87	2019 Grauburgunder trocken Ihringer Winklerberg	13%/13,-€
87	2018 Chardonnay trocken Ihringer Winklerberg	14,5%/15,-€
86	2019 Muskateller trocken Ihringen Winklen	13,5%/13,-€
88	2018 Weißburgunder trocken Ihringen Vorderer Winklerberg	13,5%/17,50€
88	2018 Grauburgunder trocken Ihringen Winklen	13,5%/17,-€
87	2017 Pinot Noir trocken Ihringer Winklerberg	13%/13,-€
88	2017 Spätburgunder trocken Ihringen Vorderer Winklerberg	13%/24,-€
89	2016 Spätburgunder trocken „-pur-" Ihringen Winklen	13%/31,-€

NAHE ▶ BAD KREUZNACH-BOSENHEIM

★★★ Korrell

Kontakt
Weingut Johanneshof
Parkstraße 4, 55545
Bad Kreuznach-Bosenheim
Tel. 0671-63630
Fax: 0671-71954
www.korrell.com
weingut@korrell.com

Besuchszeiten
Mo./Di./Do./Fr.
10-12 + 14-18 Uhr
Sa. 10-15 Uhr
Mi. + So. geschlossen

Inhaber
Britta & Martin Korrell
Betriebsleiter
Martin Korrell
Kellermeister
Martin Korrell
Außenbetrieb
Martin Korrell
Rebfläche
30 Hektar
Produktion
200.000 Flaschen

Seit 1832 baut die Familie Wein im Nahetal an, heute führen Martin und Britta Korrell das Gut in sechster Generation. Die Weinberge befinden sich in den Kreuznacher Lagen Rosenberg, St. Martin und Paradies, hinzu kamen zuletzt Flächen in der Schlossböckelheimer Lage In den Felsen und Königsfels, im Norheimer Kirschheck, in der Niederhäuser Klamm und im Schlossböckelheimer Felsenberg. Wichtigste Rebsorte beim Weingut Korrell ist der Riesling, der die Hälfte der Fläche einnimmt. Dazu gibt es 40 Prozent Burgundersorten, etwas Portugieser, Müller-Thurgau, Scheurebe und Gelber Muskateller. Mit dem Jahrgang 2015 wurde das Sortiment reduziert, nur noch das Paradies wird als Lagenwein abgefüllt, die anderen Lagen ergeben den Riesling „von den großen Lagen".

Kollektion

Die dritte Version des „Étape"-Rieslings aus dem Jahrgang 2017 kommt nicht ganz an seine beiden sehr starken Vorgänger heran, der Wein zeigt feine Holzwürze und dezente Reifenoten, ist am Gaumen intensiv, animierend und nachhaltig und besitzt Grip, aber auch eine deutliche Restsüße, die dem Wein etwas den Druck und die Präzision nimmt. Dahinter steht gleich eine ganze Reihe weiterer sehr guter Weine: Der 2018er Riesling aus dem Paradies zeigt kräutrig-steinige Noten, besitzt herbe Zitruswürze, Druck und gute Länge, der 2019er „von den großen Lagen" ist etwas fülliger, besitzt Biss und Länge, sein 2013er Pendant zeigt deutliche Reifenoten, besitzt aber auch noch ein feines, lebendiges Säurespiel. Die Burgunder-Cuvée „Steinmauer" zeigt etwas geröstete Haselnüsse und Zitrusnoten im Bouquet, besitzt Kraft und Schmelz, der Spätburgunder aus dem Paradies zeigt viel rote Frucht mit Aromen von Süßkirsche und Hagebutte, ist elegant, gut strukturiert und lang und die Paradies-Auslese zeigt gelbes Steinobst und feine kräutrige Noten, ist cremig, frisch und schlank.

Weinbewertung

84	2019 Weißer Burgunder trocken	12,5%/8,90€
84	2019 Riesling trocken	12%/8,90€
88	2019 Grauburgunder/Weißburgunder/Chardonnay trocken „Steinmauer"	13,5%/16,-€
88	2013 Riesling trocken „von den Großen Lagen"	13%/26,-€
88	2019 Riesling trocken „von den Großen Lagen"	13%/18,-€
86	2013 Riesling trocken Kreuznacher Paradies	13%/28,-€
89	2018 Riesling trocken Kreuznacher Paradies	13%/20,-€
89	2017 Riesling trocken „Étape Korrell XXII"	13%/52,-€
85	2019 Muskateller & Riesling	8%/9,90€
84	2019 Riesling „feinherb"	11%/8,90€
89	2019 Riesling Auslese Kreuznacher Paradies	7,5%/12,50€
88	2016 Spätburgunder trocken Kreuznacher Paradies	13%/25,-€

FRANKEN ▶ AUERNHOFEN

★★★★   # Kraemer

Kontakt
Ökologischer Weinbau
Kraemer
Lange Dorfstraße 24
97215 Auernhofen
Tel. 09848-96845
Fax: 09848-96847
www.kraemer-oeko-logisch.de
info@kraemer-oeko-logisch.de

Besuchszeiten
Weinproben jederzeit nach Vereinbarung
Bewirtung ab 15 Personen auf Anfrage
Ferienwohnungen

Inhaber
Stephan Krämer
Betriebsleiter
Stephan Krämer
Kellermeister
Stephan Krämer
Rebfläche
4 Hektar
Produktion
20.000 Flaschen

Seit 1989, mit dem Beitritt zu Naturland, bewirtschaftet die Familie Krämer ihr Land ökologisch, auch die 1983 erworbenen Weinberge in Tauberzell. Erst in den letzten Jahren hat Stephan Krämer den Weinausbau forciert, der bei Philipp Wittmann in Westhofen und Gerhard Roth in Wiesenbronn in die Lehre ging. Die Weinberge lagen ursprünglich alle in der Steillage Tauberzeller Hasennestle. Weinbau in Tauberzell ist seit dem 13. Jahrhundert urkundlich belegt. Im 16. Jahrhundert waren 89 Hektar mit Reben bestockt, 1973 gab es ganze 0,6 Hektar. Mit der Flurbereinigung 1984 wurde der beste Teil unter der Bezeichnung Hasennestle rekultiviert, danach gab es auch wieder Neuanpflanzungen außerhalb der flurbereinigten Lage, die Reben wachsen auf Muschelkalkböden an einem überwiegend südwest-exponierten Hang, der nicht flurbereinigte Teil ist süd-exponiert. Inzwischen hat Stephan Krämer mehrere Weinberge im Röttinger Feuerstein erworben, ebenfalls im fränkischen Teil der Tauber gelegen, flussabwärts von Tauberzell. Auch in Röttingen gibt es Weinbau seit dem Mittelalter, Ende des 17. Jahrhunderts sollen 180 Hektar mit Reben bepflanzt gewesen sein, auch hier wachsen die Reben an einem süd-exponierten Hang auf Muschelkalkböden, das Besondere in Teilen der Röttinger Weinberge sind die Feuerstein-Einlagerungen. Den ersten Wein aus Röttingen gab es im Jahrgang 2013, inzwischen besitzt Stephan Krämer 1,5 Hektar an einem Stück im steilsten Teil des Feuerstein. Silvaner und Müller-Thurgau sind die wichtigsten Rebsorten, dazu gibt es Johanniter, Bacchus und Schwarzriesling, sowie ein wenig Regent. Zuletzt kam mit den Röttinger Weinbergen Riesling hinzu. Im Röttinger Feuerstein hat er eine 20 Ar große Fläche im Altfränkischen Satz bestockt, mit 13 verschiedenen Rebsorten, darunter mehrere Silvaner-Varianten aber auch alte, in Vergessenheit geratene Sorten wie Adelfränkisch. Die Weine werden teils im Edelstahl, teils im Holz ausgebaut, spontanvergoren, blieben anfangs mindestens fünf Monate auf der Hefe, inzwischen ist Stephan Krämer dazu übergegangen sie noch länger auf der Hefe zu belassen, im Jahrgang 2014 hat er erstmals einige Weine unfiltriert abgefüllt, die Schwefelgaben sind sehr niedrig. Alle Weine werden durchgegoren ausgebaut. Inzwischen arbeitet Stephan Krämer verstärkt mit Maischeangärung oder mit IZ (Interzellularer Gärung), füllt die Weine später ab. Da Stephan Krämer seine Weine inzwischen als Taubertäler Landwein vermarktet, dürfen sie keine Lagenbezeichnungen mehr tragen, die Bezeichnung Muschelkalk steht nun für die Weine aus dem Tauberzeller Hasennestle, Silex bezeichnet die Weine aus dem Röttinger Feuerstein.

🍷 Kollektion

Stephan Krämer setzt den eingeschlagenen Weg konsequent fort, die Weine werden immer „natürlicher", puristischer, eigenwilliger, was aber auch heißt, dass sie mehr Zeit brauchen und viele im zweiten Jahr nach der Ernte, wenn sie in den Verkauf kommen, immer noch sehr jugendlich und verschlossen sind. Aber wer diese Art Weine kennt und schätzt, der weiß dies. Die Petnats muss man nicht unbedingt lagern, sie sollen ja ungestüm sein, das macht ihren Charme aus. Der „Just B" aus Bacchus ist intensiv und dominant, herrlich vordergründig und offen. Rauchiger und stoffiger ist der Müller-Thurgau, kraftvoll und intensiv, darauf muss man sich einlassen. Beim Rosé kommt dann nicht nur mehr Farbe sondern auch mehr Frucht mit ins Spiel – ein Spaßwein. Die „Keuper & Kalk"-Cuvée ist würzig, puristisch, zupackend – lässt erahnen, was noch folgen wird. Der Silvaner ist ebenso rauchig, würzig, puristisch, ganz Struktur. Der Johanniter zeigt viel Duft und Würze, florale Noten, ist geradlinig und zupackend, sehr karg, völlig verschlossen. Der Muschelkalk-Müller-Thurgau ist enorm kompakt und verschlossen, stoffig und druckvoll. Noch druckvoller und dezent mineralisch ist der Silex-Müller-Thurgau, würzig und eindringlich, man glaubt Apfel im Hintergrund zu erkennen, auch wenn Fruchtassoziationen eher abwegig sind bei den Weinen von Stephan Krämer, der Wein ist puristisch und nachhaltig. Der Pinot Meunier ist wunderschön klar und kraftvoll, strukturiert und zupackend, nicht ganz so extrem wie seine Kollegen. Der Alte Reben-Silvaner ist stoffig, würzig, dominant, sehr kompakt, will sich so gar nicht öffnen. Völlig verschlossen ist anfangs auch der Silex-Silvaner, konzentriert und stoffig, gewinnt mit viel Zeit und Luft an Komplexität, Druck und Nachhall. Ähnlich präsentiert sich der Silex-Riesling, ist noch etwas puristischer, dezent mineralisch, bleibt aber auch mit viel Zeit im Glas noch immer verschlossen. Solche Weine brauchen eben Zeit!

Weinbewertung

87	2019 „Just B" „Pet Nat" brut nature	12%/11,-€
88	2019 Müller-Thurgau „Pet Nat" brut nature „Muschelkalk"	11,5%/15,-€
87	2019 Rosé „Pet Nat" brut nature „Muschelkalk"	12,5%/17,-€
87	2018 Silvaner	11%/10,-€
87	2018 „Keuper & Kalk" Weißwein trocken	10,5%/7,50€ ☺
87	2018 Johanniter trocken „Muschelkalk"	11,5%/12,-€
87	2018 Müller-Thurgau trocken Steillage „Muschelkalk"	11,5%/12,-€
88	2018 Müller-Thurgau trocken Steillage „Silex"	11%/12,-€
88	2018 Pinot Meunier Rosé trocken Terrassen	12,5%/17,-€
89	2018 Silvaner trocken Steillage „Alte Reben"	12,5%/17,-€
91	2018 Silvaner trocken Steillage „Silex"	12%/21,-€
90	2018 Riesling trocken Steillage „Silex"	12,5%/21,-€

Lagen
Hasennestle (Tauberzell)
Feuerstein (Röttingen)

Rebsorten
Silvaner
Müller-Thurgau
Johanniter
Riesling
Regent
Bacchus
Schwarzriesling

Krämer

★★★

Kontakt
Untere Pforte 19
55578 Gau-Weinheim
Tel. 06732-8460
Fax: 06732-63288
www.kraemer-straight.de
info@kraemer-straight.de

Besuchszeiten
nach Vereinbarung

Inhaber
Hans-Bernhard & Tobias Krämer

Rebfläche
19 Hektar

Tobias Krämer, Winzersohn aus Rheinhessen, ist nach Ausbildung und Geisenheim-Studium in den elterlichen Betrieb eingestiegen und kreierte dort seine eigene Weinlinie, die er Krämer Straight nennt. 2013 hat er seine ersten vier Weißweine erzeugt: Riesling, Silvaner, Grauburgunder und Chardonnay, dazu eine rote Cuvée aus Cabernet, Regent und Dornfelder. Die Weinberge der Familie Krämer liegen rund um Gau-Weinheim am Wißberg, die Böden sind von weißem Kalkstein geprägt, der dem Wißberg („weißer Berg") auch seinen Namen einbrachte, sowie in Uffhofen. Den Großteil ihrer Weine verkaufen Hans-Bernhard und Tobias Krämer bisher als Fassware, das Flaschenweingeschäft soll mit der Straight-Linie zukünftig an Bedeutung gewinnen. Mit dem Jahrgang 2018 wurden erstmals zwei Riesling-Ortsweine sowie der Chardonnay Kaisergarten erzeugt, den La Roche-Lagenriesling gibt es bereits seit 2016.

Kollektion

Die Gutsweine sind frisch und klar, der zupackende Riesling ebenso wie der leicht rauchige, geradlinige Grauburgunder; am besten gefällt uns der reintönige Chardonnay, der feine süße Frucht und Grip besitzt. Der 2018er Gau-Weinheimer Riesling zeigt dezent Reife, ist recht karg, der 2019er ist würzig und eindringlich, besitzt schöne Frische und feine süße Frucht. Ein klein wenig besser gefällt uns der 2019er Ortsriesling aus Uffhofen, der rauchige Noten im Bouquet zeigt, viel Würze und reife Frucht, klar, frisch und zupackend im Mund ist. Der Kaisergarten-Chardonnay ist rauchig und konzentriert, füllig und kraftvoll, sehr kompakt und sehr jugendlich, braucht Zeit. Unser Favorit ist wieder einmal der La Roche-Riesling, von dem wir zwei Jahrgänge verkosten konnten. 2018 zeigt gute Konzentration, feine rauchige Noten, viel Intensität, besitzt gute Struktur und Substanz, ist deutlich druckvoller als der noch allzu jugendliche, vielversprechende 2019er. Die kraftvolle, zupackende rote Red Stuff-Cuvée rundet die überzeugende Kollektion ab.

Weinbewertung

82	2019 Riesling trocken „Straight"	12,5%/7,90€
83	2019 Grauburgunder trocken „Straight"	12%/7,90€
84	2019 Chardonnay trocken „Straight"	12,5%/8,90€
85	2018 Riesling trocken Gau-Weinheimer	12,5%/12,40€
85	2019 Riesling trocken Gau-Weinheimer	12,5%/12,40€
86	2019 Riesling trocken Uffhofer	12%/12,40€
89	2018 Riesling trocken La Roche	12,5%/16,50€
88	2019 Riesling trocken La Roche	12,5%/16,50€
87	2019 Chardonnay Gau-Weinheimer Kaisergarten	13%/21,50€
84	2017 „Red Stuff" Rotwein trocken	12,5%/8,90€

PFALZ — ILBESHEIM

★★★★

Kranz

Kontakt
Mörzheimer Straße 2
76831 Ilbesheim
Tel. 06341-939206
Fax: 06341-939207
www.weingut-kranz.de
info@weingut-kranz.de

Besuchszeiten
Mo.-Mi. 8-12 Uhr
Do.-Fr. 8-12 + 14-18 Uhr
Sa. 9-16 Uhr

Inhaber
Boris Kranz
Rebfläche
25 Hektar
Produktion
120.000 Flaschen

Wein wird schon lange angebaut in der Familie Kranz, aber erst in den siebziger Jahren entschlossen sich Robert und Lilo Kranz ihren Wein selbst abzufüllen und zu vermarkten. Seit 1990 ist Sohn Boris für den Weinausbau im Betrieb verantwortlich, den er mittlerweile übernommen hat und zusammen mit seiner Ehefrau Kerstin führt. Ihre Weinberge liegen vor allem in Ilbesheim und Arzheim, aber auch in Ranschbach und Göcklingen. Das Weingesetz von 1971 hat die ehemaligen Einzellagen in den beiden Gemeinden Ilbesheim und Arzheim in drei sehr große Lagen zusammengefasst, Rittersberg für Ilbesheim, Seligmacher und Rosengarten für Arzheim. 2008 wurde die Einzellage Kalmit neu in die Lagenrolle eingetragen, als erste neue Einzellage in der Pfalz seit Verabschiedung des Deutschen Weingesetzes, aber auch diese neue Lage Kalmit wurde recht groß „geschnitten", umfasst neben der eigentlichen Lage Kalmit mehrere frühere Einzellagen wie Kirchberg oder Westerberg. Die Lage Kalmit enthält Landschneckenkalk im Untergrund, im Oberboden findet man wechselnd Löss, Mergel oder Lehm. Um diesen Unterschieden Rechnung zu tragen, differenziert Boris Kranz innerhalb der Lage Kalmit weitere Teillagen, nutzt die in Rheinland-Pfalz heute gegebene Möglichkeit alte Gewannnamen eintragen zu lassen und diese als Lagenbezeichnung auf dem Etikett zu verwenden. Innerhalb der Lage Kalmit hat Boris Kranz die Lagen Kirchberg und Westerberg eintragen lassen, innerhalb der Arzheimer Lage Seligmacher die Gewanne Am Fürstenweg und Klingenwingert. Wichtigste Rebsorten im Betrieb sind Riesling, Weißburgunder (mit steigender Tendenz) und Spätburgunder, dazu gibt es Silvaner, Auxerrois und bereits seit dem Jahrgang 1999 auch Chardonnay, zuletzt wurden Grauburgunder und Sauvignon Blanc gepflanzt. Mit der Aufnahme in den VDP 2012 hat Boris Kranz sein Sortiment neu am vierstufigen VDP-Modell ausgerichtet und in Gutsweine, Ortsweine, Erste Lage- und Große Lage-Weine unterteilt. An der Spitze der Kollektion stehen drei Große Gewächse aus dem Kalmit (Riesling, Weißburgunder, Spätburgunder), sowie ein weiterer Riesling als Großes Gewächs aus dem Kirchberg. Riesling aus Westerberg, Weißburgunder aus Klingenwingert und Chardonnay und Spätburgunder aus der Lage Am Fürstenweg bietet er in der Erste Lage-Linie an. Seit dem Jahrgang 2016 ist das Weingut bio-zertifiziert.

Kollektion

Die beiden weißen Großen Gewächse aus der Kalmit sind einmal mehr sehr stark, der Riesling zeigt – wie in diesem Jahr alle Rieslinge – nur wenig Frucht, dafür aber steinige und leicht rauchig-erdige Noten im Bouquet, am Gaumen finden sich dann aber auch prägnante Zitrusnoten, Limette, Orangenschale, Grapefruit, viel Grip, Druck und Länge, der

Weißburgunder zeigt ein komplexes Bouquet mit Aromen von Birne, Aprikose, etwas Honigmelone und floralen Noten, er besitzt ebenfalls Grip, ist konzentriert, kraftvoll und sehr nachhaltig. Auch der Erste-Lage-Weißburgunder aus dem Klingenwingert ist hervorragend, zeigt deutliche Holzwürze, kräutrige Noten und gelbe Frucht, besitzt Kraft, Schmelz, eine frische Säure und gute Länge, der Weißburgunder vom Landschneckenkalk zeigt ebenfalls gelbe Frucht, Birne, und florale Würze, ist kraftvoll, cremig und nachhaltig. Der Erste-Lage-Riesling vom Westerberg ist leicht verhalten im Bouquet, zeigt leicht steinige Noten, ist am Gaumen von herber Zitruswürze geprägt, ist schlank, animierend und lang, der Riesling vom Landschneckenkalk zeigt etwas kreidige Würze, besitzt am Gaumen leichte Süße Frucht, Fülle, aber auch guten Grip, der Ranschbacher Riesling ist dagegen ganz geradlinig und puristisch, besitzt ein animierendes Säurespiel und zeigt leicht rauchig-mineralische Noten. Der Arzheimer Chardonnay zeigt feine Röstnoten und viel gelbe Frucht, Melone, Apfel und Zitrusnoten, besitzt Kraft, Grip und Länge, der Sylvaner zeigt etwas nussige Noten im Bouquet, besitzt Schmelz und Druck. Die drei Spätburgunder besitzen Eleganz, das Große Gewächs zeigt feine rote Frucht, Johannisbeere, Himbeere und etwas Waldboden, besitzt eine gute Struktur mit reifen Tanninen und könnte sich mit etwas Reife noch steigern, der Fürstenweg-Spätburgunder ist ebenfalls rotfruchtig, zeigt dezente Röstnoten, besitzt Saft und ein feines, frisches Säurespiel, der Ilbesheimer Spätburgunder ist etwas dunkler in der Frucht, zeigt neben Johannisbeere auch etwas Schwarzkirsche, besitzt Struktur und Frische.

Weinbewertung

84	2019 Riesling trocken	12,5%/8,50€
88	2019 Sylvaner trocken „vom Ton" Ilbesheim	13,5%/13,-€
88	2019 Weißer Burgunder trocken „vom Landschneckenkalk" Ilbesheim	14%/15,50€
88	2019 Riesling trocken „Rotliegend" Ranschbach	13%/13,-€
88	2019 Riesling trocken „vom Landschneckenkalk" Ilbesheim	13%/15,50€
89	2019 Riesling trocken Ilbesheimer Westerberg	12,5%/17,-€
90	2019 Weißer Burgunder trocken Arzheimer Klingenwingert	13,5%/18,-€
89	2019 Chardonnay trocken „RF" Arzheim	14%/18,-€
91	2019 Riesling „GG" Kalmit	13,5%/30,-€
91	2019 Weißer Burgunder „GG" Kalmit	14%/30,-€
87	2017 Spätburgunder trocken Ilbesheim	13%/14,50€
88	2017 Spätburgunder trocken Arzheimer am Fürstenweg	13%/20,-€
90+	2017 Spätburgunder „GG" Kalmit	13%/35,-€

Lagen
Kalmit (Ilbesheim)
– Westerberg (Ilbesheim)
– Kirchberg (Ilbesheim)
Seligmacher (Arzheim)
– Am Fürstenweg (Arzheim)
– Klingenwingert (Arzheim)

Rebsorten
Riesling (25 %)
Weißburgunder (20 %)
Spätburgunder (20 %)

Boris & Kerstin Kranz

MOSEL — BRAUNEBERG

★★ ⯪

Kranz-Junk

Kontakt
Brunnenstraße 7
54472 Brauneberg
Tel. 06534-223
Fax: 06534-18314
www.kranz-junk.de
kranz-junk@t-online.de

Besuchszeiten
jederzeit nach Vereinbarung
Gästezimmer

Inhaber
Gerti & Josef Kranz
Rebfläche
6 Hektar
Produktion
40.000 Flaschen

Seit dem 15. Jahrhundert betreibt die Familie Weinbau an der Mosel, heute führen Gerti und Josef Kranz den kleinen Brauneberger Familienbetrieb. Ihre Weinberge liegen vor allem in Brauneberg, in der Juffer und in der Juffer-Sonnenuhr, aber auch im Klostergarten und im Mandelgraben, daneben sind sie auch im Kestener Paulinshofberg vertreten. Riesling ist naturgemäß die wichtigste Rebsorte im Betrieb, aber in den beiden letzten Jahrzehnten wurde der Rebsortenspiegel nach und nach erweitert, es gibt heute auch Weißburgunder, Grauburgunder und Chardonnay, Spätburgunder und Dornfelder. Die Weine werden überwiegend im Edelstahl ausgebaut, zum Teil aber auch noch im klassischen Fuder, der Spätburgunder auch im Barrique. Gerti und Josef Kranz bieten zudem Gästezimmer an.

Kollektion

Kompakt und saftig ist der trockene Literriesling, ein kompakter, nussig-würziger Grauburgunder zeigt die Rebsortenalternative auf. Deutlich mehr Nachhall besitzt die trockene Spätlese aus der Juffer-Sonnenuhr: Der Wein wirkt schon jetzt zugänglich. Frische strahlt die trockene Spätlese von alten Reben aus dem Brauneberger Klostergarten aus, zeigt in der Nase Noten von Zitrus, Kräutern, auch etwas Hefe, ist im Mund würzig, hat Spiel. Schön, dass zwei durchaus unterschiedlich wirkende trockene Spätlesen erzeugt wurden. Die trockene Auslese, die auch unter dem Begriff Großes Gewächs firmiert, ist eher saftig als puristisch, besitzt eine schöne Würze im Nachhall, wirkt schon recht zugänglich. Alle trockenen Weine sind in der Balance, der Alkohol ist gut eingebunden. Offen sind sowohl der Kabinett aus der Juffer als auch die Spätlese aus der Juffer-Sonnenuhr mit Noten von Apfel, Steinobst und einem Hauch von Exotik. Die Beerenauslese aus dem Jahrgang 2018 ist konzentriert, aber dennoch balanciert, fast elegant, die Süße dominiert zum Glück nicht. Eher neutral in der Nase und saftig-kompakt im Mund zeigt sich der angenehme, gekonnt vinifizierte Blanc de Noir, der nur einen winzigen Hauch Süße erahnen lässt.

Weinbewertung

Punkte	Wein	Alk./Preis
82	2019 Riesling trocken (1l)	11,5 % / 6,20 €
83	2019 Grauburgunder trocken	13,5 % / 6,90 €
85	2019 Riesling Kabinett trocken Brauneberger Juffer	11,5 % / 7,70 €
87	2019 Riesling Spätlese trocken Brauneberger Juffer-Sonnenuhr	12,5 % / 11,50 €
87	2019 Riesling Spätlese trocken „Alte Reben" Brauneberger Klostergarten	12,5 % / 11,- €
82	2019 Spätburgunder „Blanc de Noir"	13 % / 7,70 €
88	2019 Riesling Auslese trocken „GG" „Im Falkenberg" Juffer-Sonnenuhr,	12,5 % / 19,- €
86	2019 Riesling Kabinett Brauneberger Juffer	9,5 % / 7,70 €
87	2019 Riesling Spätlese Brauneberger Juffer-Sonnenuhr	8,5 % / 11,50 €
89	2018 Riesling Beerenauslese Brauneberger Juffer-Sonnenuhr	9,5 % / 30,- € / 0,375l

FRANKEN ▸ IPSHEIM

Kreiselmeyer

★

Kontakt
Kirchplatz 4
91472 Ipsheim
Tel. 09846-977208
Fax: 09846-327
www.weingut-kreiselmeyer.de
info@weingut-kreiselmeyer.de

Besuchszeiten
im Gasthof Goldener Hirsch,
Mi.-Mo. 9-19 Uhr

Inhaber
Thomas Kreiselmeyer

Rebfläche
8 Hektar

Produktion
55.000-60.000 Flaschen

Ipsheim liegt im Oberen Aischtal, in Mittelfranken, am Rand von Steigerwald und Frankenhöhe, ganz im Süden des fränkischen Weinbaugebietes. Hier ist das Weingut Kreiselmeyer zuhause, das aus einem ursprünglichen landwirtschaftlichen Gemischtbetrieb, zu dem ein Gasthof gehörte, entstand. Im Jahr 2010 übernahm Thomas Kreiselmeyer die Rebflächen seiner Eltern, expandierte, bewirtschaftet heute zusammen mit seiner Ehefrau Sabine 8 Hektar Reben. Die Weinberge liegen vor allem in Ipsheim in der sehr großen Einzellage Burg Hoheneck sowie im Weimersheimer Roter Berg, aber auch im Bad Windsheimer Rosenberg ist Thomas Kreiselmeyer vertreten. Während in Ipsheim und Bad Windsheim Gipskeuperböden vorherrschen, findet man in Weimersheim Lösslehmböden mit einer rötlichen Färbung. Silvaner, Bacchus und Müller-Thurgau sind die wichtigsten Rebsorten im Betrieb, hinzu kommen insbesondere Scheurebe, Weißburgunder, Grauburgunder und Gewürztraminer, sowie die roten Sorten Dornfelder, Domina und Spätburgunder, die Rotweine werden teils im Edelstahl, teils im Holz ausgebaut.

Kollektion

Die neue Kollektion überzeugt weiß wie rot, trocken wie süß. Die trockenen Weißweine sind frisch und geradlinig, fruchtbetont und zupackend. Unser Favorit hier ist der im Halbstück ausgebaute Silvaner Roter Berg, der gute Konzentration und reife Frucht im Bouquet zeigt, füllig und saftig im Mund ist, viel reife süße Frucht und Substanz besitzt. Wunderschön reintönig, frisch und zupackend ist der feinfruchtige Bacchus Kabinett, die feinfruchtige Scheurebe besitzt intensive Frucht und Grip. Die süße Gewürztraminer Spätlese ist fruchtbetont und intensiv, füllig und harmonisch, zupackend bei reintöniger süßer Frucht. Gute Konzentration, reife Frucht und etwas Litschi zeigt die Grauburgunder Auslese, ist süß, konzentriert und reintönig bei feiner Frische. Der Rosé ist intensiv und fruchtbetont wie auch die reintönige Domina und die füllige, kraftvolle trockene Spätburgunder Auslese.

Weinbewertung

81	2019 „Sonnenschein" Weißwein Cuvée trocken	12%/5,50€
83	2019 Silvaner trocken Burg Hoheneck	12,5%/6,-€
82	2019 Weißburgunder Kabinett trocken Burg Hoheneck	13,5%/7,-€
83	2019 „Blanc de Noir" Kabinett trocken Burg Hoheneck	13%/7,-€
85	2018 Silvaner trocken „Halbstück" Roter Berg	14%/12,50€
84	2019 Bacchus Kabinett „feinfruchtig" Burg Hoheneck	12%/6,-€
83	2019 Scheurebe „feinfruchtig" Burg Hoheneck	12,5%/6,50€
84	2018 Gewürztraminer Spätlese „feine Süße" Burg Hoheneck	12,5%/10,50€
86	2018 Grauburgunder Auslese „edelsüß"	10,5%/9,50€/0,5l
83	2019 „Sonnenfänger" Rose „feinfruchtig"	11,5%/5,50€
84	2018 Domina trocken Burg Hoheneck	13%/7,-€
85	2018 Spätburgunder Auslese trocken Burg Hoheneck	14%/9,50€

★★★⯨

Kremers Winzerhof

Kontakt
Mühlgasse 12
63920 Großheubach
Tel. 09371-3270
Fax: 09371-3271
www.kremers-winzerhof.de
winzerhof-kremer@t-online.de

Besuchszeiten
Mo.-Fr. 8:30-18:30 Uhr
Sa. 8:30-15 Uhr
Heckenwirtschaft

Inhaber
Stefan Kremer
Kellermeister
Stefan & Ulrich Kremer
Rebfläche
9 Hektar
Produktion
60.000 Flaschen

Kremers Winzerhof, mit Sitz in der „unteren Mühle" im Ortszentrum von Großheubach, hat sich seit 1975 auf Weinbau spezialisiert und die alte Mühle zur Heckenwirtschaft umgebaut. Stefan Kremer übernahm, nach Ausbildung und Tätigkeit beim Staatlichen Hofkeller, 1990 den elterlichen Betrieb, führt ihn zusammen mit Ehefrau Christine, heute unterstützt von Sohn Ulrich, der zusammen mit seinem Vater für den Weinausbau verantwortlich ist. In den Weinbergen, überwiegend Buntsandstein-terrassen, alle im Großheubacher Bischofsberg, bauen sie eine Vielzahl an Rebsorten an, so die weißen Sorten Müller-Thurgau, Silvaner, Bacchus, Kerner, Riesling, Scheurebe, Weißburgunder und Chardonnay. Rote Sorten nehmen zwei Fünftel der Rebfläche ein: Spätburgunder, Portugieser, Regent, St. Laurent, Dornfelder, Domina und Cabernet Dorsa. Die Rotweine werden maischevergoren, teilweise im Barrique ausgebaut.

Kollektion

Dies ist die bisher beste Kollektion von Stefan und Ulrich Kremer, sie bietet hohes Einstiegsniveau und weiße wie rote Spitzen. Schon der fruchtbetonte, zupackende Müller-Thurgau bereitet Freude, der Muskateller besitzt gute Struktur und Grip wie auch die reintönige Scheurebe. Der trockene Weißburgunder Kabinett ist reintönig und zupackend, der Riesling besitzt feine Riesling-Reife und Grip, der Silvaner intensive Frucht. Geschlossen hohes Niveau präsentieren die 3-Sterne-Weine: Der quittenduftige Silvaner besitzt Kraft und Frucht, was auch für den intensiv fruchtigen Weißburgunder gilt, der Chardonnay punktet mit reintöniger Frucht und Fülle, der Riesling besitzt klare Frucht und gute Struktur. Hohes Niveau zeigen auch die beiden vorgestellten Rotweine: Der St. Laurent ist intensiv fruchtig, füllig und kraftvoll, der Reserve-Pinot Noir zeigt herrlich eindringliche, reintönige Frucht im Bouquet, besitzt viel Substanz im Mund, gute Struktur, Kraft und reintönige Frucht. Bravo!

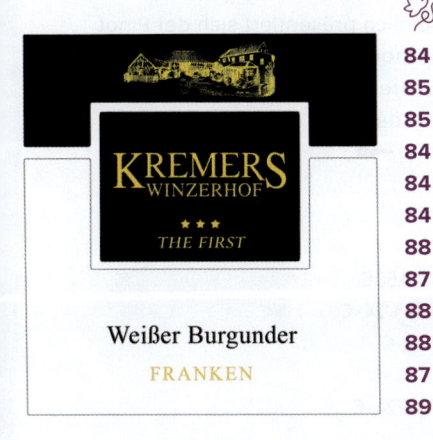

Weinbewertung

84	2019 Müller-Thurgau trocken Großheubacher	12%/7,50€
85	2018 Silvaner trocken Großheubacher Bischofsberg	13%/7,-€
85	2019 Weißer Burgunder Kabinett trocken Großheubacher Bischofsberg	12,5%/8,20€
84	2018 Riesling Kabinett Großheubacher Bischofsberg	12,5%/7,50€
84	2019 Scheurebe trocken Großheubacher	12,5%/8,20€
84	2019 Muskateller trocken Großheubacher	11,5%/8,20€
88	2018 Silvaner*** trocken Großheubacher Bischofsberg	13,5%/10,-€ ☺
87	2018 Weißer Burgunder*** trocken Großheubacher Bischofsberg	13,5%/10,-€
88	2018 Chardonnay*** trocken Großheubacher Bischofsberg	13%/11,50€
88	2018 Riesling*** trocken Großheubacher Bischofsberg	13%/10,-€ ☺
87	2017 St. Laurent trocken Barrique Großheubacher Bischofsberg	13%/11,-€
89	2017 Pinot Noir trocken „Reserve" „Fass 29" Großheub. Bischofsberg	13,5%/25,-€

BADEN ▸ ÜBERLINGEN

Kress

★★☆

Kontakt
Mühlbachstraße 115
88662 Überlingen
Tel. 07551-65855
Fax: 07551-3600
www.weingut-kress.de
info@weingut-kress.de

Besuchszeiten
Mo.-Fr. 9-12:30 + 14-18 Uhr
Sa. 10-13 Uhr

Inhaber
Familie Kress
Kellermeister
Volker Blum
Rebfläche
32 Hektar
Produktion
200.000 Flaschen

Kristin und Thomas Kress haben nach ihrem Austritt aus der Genossenschaft 2001 ihren ersten eigenen Wein erzeugt. 2013 wurde das traditionsreiche Spitalweingut zum Heiligen Geist in Überlingen übernommen, das 25 Hektar Weinberge bewirtschaftet, die größtenteils von der Stadt bzw. dem Spital- und Spendfonds gepachtet sind. Damit haben sie ihre ursprünglich 7,5 Hektar in Hagnau mehr als vervierfacht. In Hagnau bauen sie vor allem Auxerrois, Weißburgunder, Grauburgunder, Spätburgunder, Müller-Thurgau und Kerner an, mit der Übernahme kamen viel Müller-Thurgau und Spätburgunder hinzu, dazu gibt es Chardonnay, Riesling und Gewürztraminer, Cabernet Sauvignon und Sauvignon Blanc wurden neu gepflanzt. Sohn Johannes hat seine Winzerlehre beim Weingut Dr. Heger beendet und ist jetzt im Betrieb tätig.

🍷 Kollektion

Wie gewohnt präsentiert uns die Familie Kress eine sehr solide Kollektion, an deren Spitze wir wie in den vergangenen Jahren die holzfassgelagerten Weine der Goldbach-Reihe sehen. Doch bereits der einfache Müller-Thurgau zeugt von sauberem Handwerk, ist duftig-blütig, klar und durch die halbtrockene Ausbauweise sehr saftig und animiert zum zügigen Trinken. Ähnlich der trockene Rosé, der Noten von Walderdbeere und Süßkirsche aufweist, ohne zu sehr ins „Bowlige" zu kippen. Weniger Frische aber eine gute Fülle hat der Grauburgunder, der herbe Noten aufweist, die diese Rebsorte typischerweise preisgeben kann. Mehr Tiefe und eine gute schmelzige Struktur hat der Auxerrois, der viel Frische aber auch einen eleganten dezenten Feinhefe-Ton aufweist. Der Pinot Blanc Goldbach ist stark vom Holz geprägt, bringt aber „genug Wein" mit, um sich gegen das Fass zu behaupten und lebt so von einem spannenden Röstig-Saftig-Wechselspiel. Seine 14 Volumprozent Alkohol kann der Wein zwar nicht ganz verstecken, gut umgesetzt ist die offenbar angepeilte breitschultrige Stilistik aber allemal. Ähnlich präsentiert sich der Pinot Noir Goldbach. Auch hier ist das Eichenholz sehr präsent, erinnert an Brotkruste und wird von einer guten Säurestruktur und einer dichten, fülligen Beerenfrucht abgefedert. So ist das zwar durchaus ein schwerer, aber kein schwerfälliger Wein. ◂

🍇 Weinbewertung

84	2019 Auxerrois trocken	12,5%/13,50€
81	2019 Grauer Burgunder trocken	13,5%/11,50€
87	2018 Pinot Blanc trocken „Goldbach"	14%/24,-€
82	2019 Müller-Thurgau halbtrocken	12%/9,-€
82	2019 Rosé trocken	12,5%/11,-€
87	2018 Pinot Noir trocken „Goldbach"	14%/24,-€

AHR ▶ DERNAU

★★★★

H.J. Kreuzberg

Kontakt
Schmittmann-Straße 30
53507 Dernau
Tel. 02643-1691, Fax: -3206
www.weingut-kreuzberg.de
info@weingut-kreuzberg.de

Besuchszeiten
Mo.-Fr. 8-18 Uhr
Sa./So. 10-18 Uhr
Straußwirtschaft Mitte Juni bis Ende Okt. Sa./So. 12-20 Uhr; Juni-Aug. Sa. Grill- und Musikabende

Inhaber/Geschäftsführer
Ludwig Kreuzberg & Frank Josten

Kellermeister
Ludwig Kreuzberg & Benno Wagner

Rebfläche
9,2 Hektar

Produktion
60.000 Flaschen

Hermann-Josef Kreuzberg, Prokurist des Dernauer Winzervereins, gründete 1953 sein eigenes Gut, das in 40 Jahren auf 3,5 Hektar anwuchs. Ludwig Kreuzberg hat es 1994 übernommen und auf die heutige Größe von mehr als 9 Hektar erweitert. 2013 ist Frank Josten in die Geschäftsführung eingetreten, führt seither zusammen mit Ludwig Kreuzberg den Betrieb. Sandra Kreuzberg betreut die zugehörige Straußwirtschaft und die Pension. Die Weinberge, über 60 Parzellen, liegen in den Dernauer Lagen Pfaffenwingert und Hardtberg, im Marienthaler Trotzenberg, in den Ahrweiler Lagen Rosenthal und Silberberg sowie in den Neuenahrer Lagen Schieferlay und Sonnenberg; zwei Drittel der Rebfläche liegt in Steillagen. Spätburgunder nimmt gut drei Viertel der Weinberge ein, Frühburgunder ist zweitwichtigste Rebsorte, dazu gibt es Dornfelder und Portugieser, seit 1999 auch Regent, Cabernet Sauvignon und Cabernet Franc, sowie ein klein wenig Riesling und Weißburgunder. Das Gros der Rotweine wird nach der klassischen Maischegärung – 10 bis 12 Tage für die Basisweine, 14 bis 20 Tage für die Großen Gewächse – in großen Holzfässern oder im Barrique ausgebaut, alle durchlaufen die malolaktische Gärung und werden ganz schonend filtriert. Weißweine und Weißherbst werden kalt vergoren um Frische und Lebendigkeit zu erhalten. An der Spitze des Sortiments stehen der Spätburgunder Devonschiefer R, sowie vier Große Gewächse – die Spätburgunder aus Schieferlay, Silberberg und Sonnenberg, und der Frühburgunder aus dem Hardtberg. Der Devonschiefer R (2011 gab es einmalig auch einen Devonschiefer RR) ist bisher eine Lagencuvée, Ludwig Kreuzberg hatte uns einmal gesagt, dass er zukünftig vielleicht einmal ganz aus einer Lage kommen würde, aber er trägt auch heute noch keine Lagenbezeichnung auf dem Etikett.

Kollektion

Der Spätburgunder Blanc de Noir eröffnet in diesem Jahr den Reigen, der einzige Wein aus dem Jahrgang 2019, er ist frisch und fruchtbetont, klar und zupackend. Der Basis-Spätburgunder aus dem Jahrgang 2018 ist sehr gut, frisch, fruchtbetont und reintönig im Bouquet, klar und fruchtbetont, auch im Mund besitzt er gute Struktur und Grip. Intensive Frucht zeigt der Spätburgunder Unplugged im Bouquet, dezent rauchige Noten, ist klar und harmonisch im Mund, zupackend und strukturiert. Der Neuenahrer Spätburgunder zeigt reintönige Frucht, rote Früchte, dezente Kräuternoten, ist frisch und klar im Mund, geradlinig und zupackend. Auch der Devonschiefer zeigt rote Früchte und Kräuter im Bouquet, besitzt aber etwas mehr Fülle und Kraft im Mund, reife Frucht und gute Struktur. Der Frühburgunder C ist würzig, frisch und fruchtbetont im Bouquet, klar, lebhaft und zupackend im Mund. Frühburgunder gibt es auch als Großes Gewächs aus dem

Frank Josten & Ludwig Kreuzberg

Dernauer Hardtberg: Ein würzig-duftiger Wein, intensiv, kraftvoll und frisch, leicht floral. Vom Spätburgunder gibt es drei Große Gewächse. Der Wein aus der Neuenahrer Schieferlay zeigt intensiv florale Noten und rote Früchte im Bouquet, besitzt gute Fülle und Substanz im Mund und noch eine jugendliche Bitternote. Der Spätburgunder aus dem Neuenahrer Sonnenberg ist sehr fruchtbetont und eindringlich im Bouquet, kraftvoll im Mund, besitzt klare reife Frucht und gute Substanz. Unser Favorit unter den Großen Gewächsen ist der Wein aus dem Ahrweiler Silberberg, der würzig und eindringlich ist, intensive Frucht zeigt, stoffig und kraftvoll im Mund sich präsentiert, noch sehr jugendlich ist. Der Devonschiefer R zeigt florale Noten im Bouquet, gute Konzentration, intensive Frucht, ist füllig und kraftvoll im Mund, besitzt reife Frucht und gute Struktur, viel Frucht und Druck. Der 2012er ist fruchtbetont, floral, immer noch sehr jugendlich im Bouquet, ist frisch und zupackend im Mund, besitzt gute Struktur und Grip: Kreuzberg-Spätburgunder kann altern!

Weinbewertung

84	2019 Spätburgunder „Blanc de Noir" trocken	11,5 %/9,90 €
86	2018 Spätburgunder trocken	12,5 %/10,- €
86	2018 Spätburgunder „Unplugged"	12,5 %/16,- €
87	2018 Spätburgunder Neuenahrer	12,5 %/17,- €
86	2018 Frühburgunder „C"	13,5 %/22,- €
87	2018 Spätburgunder „Devonschiefer"	13 %/22,- €
88	2018 Frühburgunder „GG" Dernauer Hardtberg	13 %/39,- €
89	2018 Spätburgunder „GG" Neuenahrer Schieferlay	13 %/35,- €
90	2018 Spätburgunder „GG" Ahrweiler Silberberg	13 %/42,- €
89	2018 Spätburgunder „GG" Neuenahrer Sonnenberg	13,5 %/42,- €
90	2012 Spätburgunder „Devonschiefer" „R"	13,5 %/85,- €
90	2018 Spätburgunder „Devonschiefer" „R"	13,5 %

Lagen
Hardtberg (Dernau)
Pfarrwingert (Dernau)
Trotzenberg (Marienthal)
Schieferlay (Neuenahr)
Sonnenberg (Neuenahr)
Silberberg (Ahrweiler)
Rosenthal (Ahrweiler)
Alte Lay (Walporzheim)

Rebsorten
Spätburgunder (77 %)
Frühburgunder (9 %)
Dornfelder (4 %)
Cabernet (4 %)
Portugieser (2 %)
Riesling (2 %)
Weißburgunder (2 %)

PFALZ — RHODT

★★★✩

Thorsten Krieger

Kontakt
Theresienstraße 71
76835 Rhodt
Tel. 06323-704998
Fax: 06323-938728
www.weingut-thorsten-krieger.de
info@weingut-thorsten-krieger.de

Besuchszeiten
nach Vereinbarung

Inhaber
Thorsten Krieger

Rebfläche
26 Hektar

Das Weingut Krieger befindet sich seit 1652 in Familienbesitz. Mit dem Jahrgang 2001 hat Thorsten Krieger das Weingut von seinem Vater Ludwig übernommen, er hat in Heilbronn Betriebswirtschaft mit Schwerpunkt Weinwirtschaft studiert, eine Sommelierausbildung angeschlossen. Seine Weinberge befinden sich vor allem in den Rhodter Lagen Rosengarten, Klosterpfad und Schlossberg, aber auch im Edenkobener Bergel und im Burrweiler Schäwer. Weiße Sorten nehmen 65 Prozent der Rebfläche ein. Sortenschwerpunkte sind Riesling, sowie weiße und rote Burgunder. Hinzu kommen Dornfelder, Dunkelfelder, St. Laurent und Portugieser, sowie Scheurebe, Chardonnay und Gewürztraminer. Neu gepflanzt wurden zuletzt Cabernet Sauvignon, Merlot und Regent.

Kollektion

Thorsten Krieger kann auch in diesem Jahr wieder mit mehreren starken Rotweinen auftrumpfen: Der Pinot Noir zeigt feine Röstnoten, rote Johannisbeere, Süßkirsche und Kräuter im komplexen Bouquet, besitzt noch jugendliche Tannine, eine gute Struktur und Potential, was auch für den Syrah gilt, der im Bouquet dunkle Beerenfrucht, kräutrige Noten und etwas Mokka und Vanille zeigt. Auch der kraftvolle Merlot zeigt dunkle Frucht, Pflaume, Beeren und feine Röstnoten, besitzt reife Tannine. Bei den Weißweinen schätzen wir den Grauburgunder aus dem Rosengarten etwas stärker als seinen Jahrgangsvorgänger ein, er zeigt dezente röstige Würze und Zitrusnoten im Bouquet, besitzt Kraft, Schmelz, viel klare Frucht und gute Länge. Die Auslese vom Gewürztraminer ist konzentriert, reintönig und leicht cremig, besitzt gute Länge und viel klare Frucht mit Noten von Litschi, Holunderblüte und Zitrusfrüchten, die trockene Scheurebe zeigt ebenfalls klare Frucht, schwarze Johannisbeere und Zitrusnoten, ist saftig und frisch, der Sauvignon Blanc zeigt typische Stachelbeer- und Maracujanoten. Und auch einen Sekt konnten wir in diesem Jahr verkosten, der „Blanc de Blancs" zeigt dezente hefige Würze, etwas Birne und Zitrusnoten im Bouquet, besitzt auch am Gaumen klare Frucht und ein frisches Säurespiel.

Weinbewertung

87	2018 „Grande Cuvée Blanc de Blancs" Sekt brut	12%
85	2019 Sauvignon Blanc trocken	13%
85	2019 Scheurebe trocken	13%
88	2019 Grauburgunder „S" Spätlese trocken Rhodter Rosengarten	13,5%
88	2019 Gewürztraminer Auslese	8%
85	2018 Saint Laurent trocken	13,5%
89	2018 Pinot Noir trocken Rhodter Rosengarten	13,5%
88	2018 Merlot „S" trocken Rhodter Rosengarten	14%
89	2018 Syrah trocken Rhodter Rosengarten	13,5%

MOSEL ▸ WINNINGEN

★★★★✩

Rüdiger Kröber

Kontakt
Hahnenstraße 14
56333 Winningen
Tel. 02606-351
Fax: 02606-2600
www.weingut-kroeber.de
info@weingut-kroeber.de

Besuchszeiten
Mo.-Sa. 9-18 Uhr

Inhaber
Rüdiger Kröber

Rebfläche
7 Hektar

Produktion
50.000 Flaschen

Ute und Rüdiger Kröber übernahmen das Weingut 1991 von Erika und Werner Kröber. Werner Kröber hatte als Küfer den Grundstock für das Weingut gelegt. Seither haben Ute und Rüdiger Kröber, die inzwischen von Sohn Florian im Betrieb unterstützt werden, die Rebfläche mehr als verdoppelt, indem sie Weinberge in Steil- und Terrassenlagen zugekauft haben. Ihre Weinberge befinden sich in den Winninger Lagen Uhlen, Röttgen, Brückstück und Hamm. Die Hälfte der Weinberge liegt in Steillagen, weitere 40 Prozent in Terrassenlagen. Neben Riesling – 92 Prozent der Rebfläche – gibt es ein klein wenig Spätburgunder und Weißburgunder. Die Weine werden teils im Holz, teils im Edelstahl ausgebaut, zuletzt wurden neue Doppelstückfässer angeschafft.

🍷 Kollektion

Der Stil des Weinguts ist, über alle Jahrgangsunterschiede hinweg, leicht zu erkennen, deutet sich bereits beim Literriesling an, der nicht gefällig ist, sondern zupackend, saftig und angenehm trocken. Auch der spritzige Weißburgunder fällt in diese Kategorie. Er duftet leicht nach Hefe, ist spritzig, nicht allzu straff, leicht zugänglich, aber durchaus mit Substanz ausgestattet. Der Schiefer-Riesling ist etwas straffer als der feinere „Steinig", frisch und animierend sind beide. Frisch ist auch der Uhlen „S", der nach Kernobst und etwas Hefe duftet, schlank und beinah spritzig ist. Ein wenig reifer wird es dann bei den übrigen Lagenweinen. Der Uhlen Laubach duftet nach Melone und Hefe, ist fest, würzig, noch unzugänglich, wirkt nicht ganz trocken, dürfte sich ausgezeichnet entwickeln. Mineralische Noten in der Nase, auch Anklänge an Kräuter und Kernobst sind dem Wein aus der Blaufüßer Lay zueigen, er wirkt etwas trockener und verspielter als der Laubach-Riesling, hat aber nicht ganz dieselbe Struktur. Die beiden feinherben Weine sind sehr gut balanciert, die Süße ist ausgezeichnet integriert. Sehr offen und duftig ist die Spätlese. Mit Noten von Boskop und einem Hauch von Cassis zeigt sie sich, ist im Mund rassig, zwar deutlich süß, aber auch voller Substanz.

🍃 Weinbewertung

83	2019 Riesling trocken (1l)	11,5 %/7,-€
86	2019 Riesling trocken „vom Schiefer"	12 %/7,50 €
86	2019 Riesling trocken „Steinig"	11,5 %/9,50 €
84	2019 Weißer Burgunder	11,5 %/6,80 €
87	2019 Riesling Uhlen „S"	12 %/10,50 €
89	2019 Riesling trocken Uhlen Blaufüßer Lay	12,5 %/15,-€
90	2019 Riesling Uhlen Laubach	12 %/17,50 €
87	2019 Riesling Kabinett „feinherb" Winninger Brückstück	11,5 %/7,80 € ☺
88	2019 Riesling „feinherb" „Alte Reben" Winninger Röttgen	11,5 %/10,50 €
89	2019 Riesling Spätlese „Alte Reben" Winninger Röttgen	8,5 %/12,80 €

RHEINHESSEN — WORMS

Kron

Kontakt
Rheinbergstraße 22/24
67550 Worms
Tel. 06242-7839
www.weingut-kron.de
info@weingut-kron.de

Besuchszeiten
Mo.-Fr. 10-12 Uhr + 13-18 Uhr
Sa. 10-12 Uhr + 13-16 Uhr

Inhaber
Bernhard & Sebastian Kron
Kellermeister
Sebastian Kron
Rebfläche
24 Hektar
Produktion
100.000 Flaschen

Seit Generationen baut die Familie Kron Wein in Abenheim an, am Fuß des Klausenbergs. Bereits 2011 hat Sebastian Kron die Verantwortung für den Weinausbau übernommen, 2015 schloss er sein Weinbaustudium ab; sein Vater Bernhard Kron kümmert sich vor allem um die Weinberge. Das Sortiment ist dreistufig gegliedert in Gutsweine, Ortsweine und Lagenweine, die die Bezeichnungen Ritter, Fürst und König tragen. Perlweine und Sekte, Liköre und Brände ergänzen das Sortiment.

Kollektion

Ausschließlich Orts- und Lagenweine präsentieren Bernhard und Sebastian Kron zum Debüt. Der Abenheimer Weißburgunder ist frisch und geradlinig, der Grauburgunder zeigt gelbe Früchte, der Blanc de Noir vom St. Laurent ist recht verhalten. Unsere Favoriten im Ortsweinsegment sind der feinherbe Muskateller, der reintönige Frucht im Bouquet zeigt, frisch, klar und zupackend im Mund ist, und der Spätburgunder aus dem Jahrgang 2018, der etwas florale Noten im Bouquet zeigt, geradlinig und klar ist. Mehr Substanz besitzen die Lagenweine aus dem Klausenberg. Der Sauvignon Blanc ist intensiv und floral im Bouquet, kraftvoll, klar und zupackend im Mund, besitzt feine süße Frucht. Der im Holz ausgebaute Chardonnay aus dem Jahrgang 2018 zeigt feine rauchige Noten, ist füllig und harmonisch bei viel Substanz. Der Gewürztraminer ist wunderschön reintönig im Bouquet, zeigt Rosen, ist frisch und klar im Mund, recht süß. Unser Favorit unter den weißen Lagenweinen ist der Riesling aus dem Jahrgang 2018, der feine Würze und reintönige Frucht im Bouquet zeigt, klar, frisch und zupackend im Mund ist, gute Struktur und Frucht besitzt. Die beiden Lagen-Rotweine stammen aus dem Jahrgang 2017. Die Cuvée Jean aus Merlot und Cabernet zeigt intensive Frucht, rote und dunkle Früchte, ist klar und frisch, zupackend und strukturiert. Intensiv fruchtig und reintönig ist der Spätburgunder, besitzt feine Frische, klare Frucht, gute Struktur und Harmonie. Ein gelungenes Debüt!

Weinbewertung

80	2019 Weißer Burgunder trocken Abenheimer	12 %/6,40 €
81	2019 Grauer Burgunder trocken Abenheimer	13 %/6,50 €
85	2018 Riesling trocken Abenheimer Klausenberg	12,5 %/8,50 €
83	2019 Sauvignon Blanc trocken Abenheimer Klausenberg	12,5 %/8,- €
84	2018 Chardonnay trocken Abenheimer Klausenberg	13,5 %/8,70 €
82	2019 Gewürztraminer trocken Abenheimer Klausenberg	13 %/8,70 €
79	2019 St. Laurent „Blanc de Noir" trocken Abenheimer	12 %/6,50 €
82	2019 Gelber Muskateller „feinherb" Abenheimer	12 %/6,50 €
82	2018 Spätburgunder trocken Abenheimer	13 %/6,80 €
85	2017 Spätburgunder trocken Abenheimer Klausenberg	13 %/9,60 €
83	2017 „Jean Rouge" Rotwein trocken Abenheimer Klausenberg	13,5 %/9,90 €

RHEINGAU ▬ ASSMANNSHAUSEN

★★★★½

Krone Assmannshausen

Kontakt
Niederwaldstraße 2
65385 Assmannshausen
Tel. 06722-2525
Fax: 06722-48346
www.weingut-krone.de
info@weingut-krone.de

Besuchszeiten
April-Okt. Weinkontor Fr. ab 16 Uhr, Sa. ab 14 Uhr, So. ab 13 Uhr, jeweils bis 18 Uhr, bei schönem Wetter auch länger Hotel Krone Assmannshausen

Inhaber
Familie Wegeler-Drieseberg

Betriebsleiter
Michael Burgdorf

Kellermeister
Michael Burgdorf, Dominic Borgwardt, Peter Perabo

Außenbetrieb
Dominic Borgwardt

Rebfläche
5,5 Hektar

Produktion
20.000 Flaschen

Seit dem 16. Jahrhundert gibt es das Gasthaus Krone in Assmannshausen, seit 1860 das gleichnamige Weingut, für das im gleichen Jahr ein 60 Meter langer Felsenkeller gebaut wurde, in dem die Weine noch heute vinifiziert werden. 2006 wurden erstmals in der Geschichte Hotel und Weingut nicht gemeinsam an die nächste Eigentümergeneration übergeben. Das Weingut blieb im Besitz von Botho Jung, im Jahr 2007 ist die Familie Drieseberg (Weingüter Wegeler) als Mitgesellschafter in das Weingut Krone eingestiegen, das sie seit dem Tod von Botho Jung im Jahr 2014 allein führt. Die Weinberge liegen in den Assmannshäuser Lagen Höllenberg, Frankenthal und Hinterkirch, sowie in Rüdesheim im Berg Schlossberg und im Drachenstein, aber auch im Lorcher Schlossberg. Spätburgunder nimmt vier Fünftel der Fläche ein, dazu gibt es etwas Weißburgunder und Riesling. Der Spitzen-Spätburgunder des Hauses trägt seit 2005 den Namen Juwel – aber keinen Lagennamen, auch wenn er überwiegend aus dem Höllenberg stammt.

Kollektion

Die beiden Weißweine sind sortentypisch und fein. Mit dezenter Zitrusfrucht ist der Riesling „Alte Reben" zugleich geradlinig und mineralisch, aber auch angenehm saftig. Der Weißburgunder aus Hallgarten ist gewohnt elegant, steckt voller Kraft. Der Pinot Rosé mit Cranberryfrucht und knackiger Säure ist etwas für Liebhaber des frischen Stils. Bei den Spätburgundern spiegelt sich der kühle, eher traditionelle Stil des Hauses schon im feinen und aromatischen Gutswein wieder, der sich jetzt perfekt genießen lässt. Mit reifer Waldbeerenfrucht, unterlegt von dezenten Cassisaromen, ist der 2016er Ortswein ein typischer Assmannshäuser, der nicht füllig ist, sondern von einer feinen Frische bestimmt wird, die ihn in den langen Nachhall begleitet. All diese Eigenschaften finden sich auch im Spätburgunder aus dem Frankenthal, der spürbar feiner und straffer ist, mehr Potenzial besitzt. Der 2015er Höllenberg Großes Gewächs besitzt wohl dosierte Kraft, feine Frucht und viel Länge. Einen würdigen Schlussakkord setzt das Juwel von 2014, die beginnende erste Reife wirkt zusammen mit wohltemperierter Kraft sehr attraktiv: Ein Klassiker.

Weinbewertung

86	2019 Riesling „Alte Reben"	12,5%/17,50 €
89	2019 Weißburgunder trocken Hallgarten	13%/22,- €
85	2019 Pinot Rose	11%/14,- €
87	2017 Spätburgunder trocken	12%/17,50 €
88	2016 Spätburgunder trocken Assmannshäuser	12,5%/22,- €
90	2016 Spätburgunder trocken Assmannshausen Frankenthal	13%/33,- €
91	2015 Spätburgunder trocken Großes Gewächs Höllenberg	13%/44,- €
92	2014 Spätburgunder trocken „Juwel" Assmannshäuser	13,5%/67,- €

RHEINHESSEN ▬ GAU-ALGESHEIM

Kronenhof

Kontakt
Langgasse 8
55435 Gau-Algesheim
Tel. 06725-95703
Fax: 06725-95704
www.kronenhof.de
weingut@kronenhof.de

Besuchszeiten
Fr. 13-18 Uhr
Sa. 10-13 Uhr
oder nach Vereinbarung
Restaurant „Raphiniert":
Mi.-Sa. ab 17 Uhr
So./Feiertage ab 11 Uhr
Gästehaus

Inhaber
Andreas Hattemer
Betriebsleiter
Andreas Hattemer
Kellermeister
Andreas Hattemer
Rebfläche
8,5 Hektar
Produktion
40.000 Flaschen

Seit Mitte des 15. Jahrhunderts betreiben die Hattemers Weinbau in Gau-Algesheim. Vor hundert Jahren, damals noch ein landwirtschaftlicher Mischbetrieb mit Ackerbau und Viehhaltung, bezog man den Kronenhof im Stadtkern von Gau-Algesheim. 2001 übernahm Andreas Hattemer, Geisenheim-Absolvent, von seinem Vater Bernhard die Leitung des Weinguts. Er stellte auf ökologische Bewirtschaftung um, ist seit 2008 Mitglied bei Ecovin. Die Weinberge liegen alle in Gau-Algesheim in den Lagen Steinert, Johannisberg, Rothenberg und Goldberg. Riesling nimmt ein Viertel der Rebfläche ein, hinzu kommen mit etwa gleichen Anteilen Silvaner, Grauburgunder, Weißburgunder, Müller-Thurgau, Spätburgunder und Portugieser, des Weiteren Scheurebe, Cabernet Blanc, Kerner, Merlot und Frühburgunder. Dem Weingut ist ein Gästehaus angeschlossen.

Kollektion

Vor allem mit seinen Rieslingen kann Andreas Hattemer in diesem Jahr punkten. Gut gefällt uns schon der Literwein, zeigt feine Würze und etwas Zitrus im Bouquet, ist harmonisch und klar im Mund. Sehr gut ist die trockene Spätlese, fruchtbetont und würzig, zeigt ebenfalls etwas Zitrus im Bouquet, ist klar, frisch und zupackend im Mund, besitzt gute Struktur und reife Frucht. Herausragender Wein der aktuellen Kollektion aber ist der Riesling Pur aus dem Jahrgang 2018, ein unfiltriert abgefüllter Naturwein, dem kein Schwefel zugesetzt wurde. Und man vermisst den Schwefel auch nicht, der Pur ist konzentriert und intensiv, zeigt gelbe Früchte, intensiv Beeren, ist füllig und stoffig im Mund, besitzt viel Substanz, gute Struktur und Druck. Spannend! Sonst präsentiert sich die Kollektion gleichmäßig, der Blanc de Noir ist reintönig bei feiner Süße, der Weißburgunder frisch und süffig, der Silvaner geradlinig und frisch, der feinherbe Auxerrois würzig und duftig. Grauburgunder gibt es trocken und feinherb, wir sehen beide gleichauf, sie zeigen gelbe Früchte im Bouquet, sind füllig, harmonisch und saftig, die trockene Version kommt etwas frischer daher, die feinherbe Variante etwas süffiger.

Weinbewertung

81	2019 Riesling trocken (1l)	13%/6,-€
82	2019 Frühburgunder „Blanc de Noirs" trocken	13%/8,50€
81	2019 Grüner Silvaner trocken	12,5%/5,90€
82	2019 Weißer Burgunder trocken	12%/6,20€
83	2019 Grauer Burgunder trocken	13%/7,90€
85	2019 Riesling Spätlese trocken	13%/7,70€
88	2018 Riesling „Pur"	12%/15,20€
83	2019 Grauer Burgunder „feinherb"	12%/7,90€
82	2019 Auxerrois „fruchtsüß"	11%/5,90€

NAHE ━ MÜNSTER-SARMSHEIM

★★★★ **Kruger-Rumpf**

Kontakt
Rheinstraße 47
55424 Münster-Sarmsheim
Tel. 06721-43859
Fax: 06721-41882
www.kruger-rumpf.com
info@kruger-rumpf.com

Besuchszeiten
Mo.-Sa. 9-18 Uhr, während der Öffnungszeiten der Weinstube und nach Vereinbarung
Weinstube (Di.-Fr. ab 17 Uhr, Sa./So. 12-14 Uhr + ab 16 Uhr)

Inhaber
Stefan Rumpf, Georg Rumpf

Betriebsleiter
Stefan Rumpf

Kellermeister
Georg Rumpf

Außenbetrieb
Georg Rumpf

Rebfläche
40 Hektar

Produktion
300.000 Flaschen

Weinbau wird in der Familie seit 1708 betrieben, das Gutshaus des Betriebs wurde 1830 erbaut. Bis 1983, als Stefan Rumpf nach seinem Studium der Agrarwissenschaften und Praktika in Kalifornien das damals sieben Hektar große Weingut von seinen Eltern übernahm, wurden die Weine vorwiegend im Fass vermarktet. Stefan Rumpf änderte den Namen des Weinguts von Kruger Erben in Kruger-Rumpf, stellte auf Selbstvermarktung um, setzte ganz auf die klassischen Rebsorten wie Riesling und die Burgundersorten und gliederte dem Weingut eine Straußwirtschaft an, die sich unter der Leitung seiner Frau Cornelia längst zu einem regulären Restaurant entwickelt hat. Bereits 1992 wurde das Gut daraufhin in den VDP aufgenommen. Heute wird der Betrieb von seinen Söhnen Georg, der 2008 nach seinem Weinbaustudium in das Weingut einstieg, und Philipp geführt, der seit 2015 für Vertrieb und Marketing zuständig ist. Das Weingut ist in den letzten Jahren kräftig gewachsen, ist mittlerweile eines der größten an der Nahe, und auch im angrenzenden Rheinhessen besitzt man einige Weinberge, die aktuell elf Prozent der Fläche ausmachen. Weinberge liegen in den Münster-Sarmsheimer Lagen Dautenpflänzer (Lösslehm über Quarzit und Schiefer), Rheinberg (überwiegend Quarzit und Schiefer), Kapellenberg (Quarzitverwitterung mit Lösslehm und rotem Schiefer) und in den Gewannen Im Langenberg (Quarzit und Devonschiefer mit Lehmauflage) und Im Pitterberg (grauer Devonschiefer), außerdem in der Bingerbrücker Abtei Rupertsberg (Phyllit-Schiefer, bis zu 80 Prozent Steigung), im Dorsheimer Burgberg (eisenhaltiger Lehm mit Schiefer und Quarzit) und im Binger Scharlachberg (Quarzit- und Schieferverwitterung mit hohem Eisenoxidanteil). Heute sind 70 Prozent der Fläche mit Riesling bestockt, dazu gibt es Weiß-, Grau- und Spätburgunder, sowie etwas Scheurebe, Sauvignon Blanc und Chardonnay, den Stefan Rumpf bereits in den 1980er Jahren anpflanzte.

Kollektion

Aus der umfangreichen Kollektion der Familie Rumpf konnten wir in diesem Jahr leider nur eine kleine Auswahl aus zehn Weinen verkosten, darunter aber alle vier Großen Gewächse, die auch in diesem Jahr im Bouquet zunächst verschlossen sind, sich dann am Gaumen aber etwas offener als ihre Vorgänger aus dem Jahrgang 2018 präsentieren. Da die Weine wieder viel Luft brauchen, um sich zu entfalten, haben wir sie über mehrere Tage hinweg verkostet, der Im Pitterberg entpuppt sich dabei wieder als der präsenteste und komplexeste Riesling, zeigt im Bouquet steinige Noten, auch etwas Kräuter und Zitruswürze, besitzt am Gaumen dezente, aber klare gelbe Frucht und herbe Zitrusnoten, Aprikose, Ananas, viel Grip, eine animierende Säure und gute Länge. Knapp dahinter liegt der Burgberg, den wir im letzten Jahr gleichauf sahen, er bleibt auch nach zwei Tagen noch leicht verhalten im Bouquet, zeigt etwas steinig-mineralische Würze und dezente Frucht, Aprikose, Honigmelone, besitzt am Gaumen gute Konzentration, herbe Zitrusfrucht, ist animierend, elegant, leicht salzig und nachhaltig und könnte sich mit Reife noch steigern. Das Große Gewächs aus dem Dautenpflänzer ist ebenfalls am Gaumen präsenter als im Bouquet, besitzt klare Frucht mit Noten von Ananas und Grapefruit, ist ganz geradlinig und animierend, der Scharlachberg zeigt kräutrig-mineralische Noten und ist dann am Gaumen das fruchtbetonteste der Großen Gewächse, besitzt Noten von Aprikose, Ananas und Orangenschale und ein frisches Säurespiel. Der Erste-Lage-Riesling aus der Steillage der Bingerbrücker Abtei Rupertsberg zeigt steinig-mineralische Noten, besitzt gute Konzentration, Grip und eine animierende Säure, ist elegant, leicht salzig und nachhaltig und auch der Binger Orts-Riesling besitzt eine animierende Art, zeigt kräutrige Noten und etwas gelbe Frucht, Ananas, Aprikose, im Bouquet, besitzt auch am Gaumen klare Frucht und gute Länge. Unter den drei rest- und edelsüßen Rieslingen liegt die Auslese aus dem Burgberg vorne, sie zeigt klare Frucht, Aprikose, etwas Feige und Zitrusnoten, aber auch leicht steinige Würze, ist am Gaumen konzentriert, leicht cremig, schlank und elegant mit animierender Zitruswürze, die Versteigerungsspätlese aus der Abtei Rupertsberg zeigt ebenfalls klare Frucht, Aprikosenmark und Feige, besitzt am Gaumen viel Saft, ein frisches, animierendes Säurespiel, Grip und Länge, ist elegant und schlank, der Im Pitterberg-Kabinett zeigt gelbe Frucht, Steinobst und kräutrige Würze und besitzt ein ausgewogenes Süße-Säure-Spiel. Und der einzige Nicht-Riesling, den wir verkosten konnten, der Sauvignon Blanc, ist sehr reintönig, fruchtbetont und geradlinig, hat gute Struktur und Grip.

Weinbewertung

86	2019 Riesling trocken Binger	12,5 %/10,90 €
88	2019 Sauvignon Blanc trocken	12,5 %/9,90 € ☺
88	2019 Riesling trocken Bingerbrücker Abtei Rupertsberg	12,5 %/18,- €
90+	2019 Riesling „GG" Burgberg	12,5 %/39,- €
91	2019 Riesling „GG" Im Pitterberg	12,5 %/37,- €
90	2019 Riesling „GG" Dautenpflänzer	13 %/35,- €
89	2019 Riesling „GG" Scharlachberg	12,5 %/32,- €
86	2019 Riesling Kabinett Münsterer Im Pitterberg	9 %/13,- €
89	2019 Riesling Spätlese „1937" Bingerbrücker Abtei Rupertsberg	8 %/Vst.
90	2019 Riesling Auslese Dorsheimer Burgberg	7,5 %/40,- €

Georg & Philipp Rumpf

Lagen
Pittersberg (Münster)
– Im Pitterberg (Münster)
Dautenpflänzer (Münster)
Scharlachberg (Bingen)
Burgberg (Dorsheim)
Kapellenberg (Münster)
– Im Langenberg (Münster)
Abtei Ruppertsberg (Bingerbrück)
Rheinberg (Münster)

Rebsorten
Riesling (70 %)
Weißburgunder (15 %)
Grauburgunder (10 %)
Spätburgunder (5 %)

MITTELRHEIN ▶ BRUCHHAUSEN

Krupp

Kontakt
Weingut Familie Krupp,
Oliver Krupp
Weinbergstraße 9
53572 Bruchhausen
Tel. 02224-79921
Fax: 02224-79921
oliver.krupp@weingut-krupp.de
www.weingut-krupp.de

Besuchszeiten
keine festen Öffnungszeiten,
„wenn immer jemand
zuhause ist" oder nach
Vereinbarung

Inhaber
Oliver Krupp
Betriebsleiter
Oliver Krupp
Kellermeister
Oliver Krupp
Außenbetrieb
Bruno Krupp
Rebfläche
2,5 Hektar

Oliver Krupp machte seine Winzerlehre beim Weingut Scheidgen in Hammerstein, studierte dann in Geisenheim, nach seinem Abschluss arbeitete er über ein Jahrzehnt beim Weingut Scheidgen, bevor er 2010 sein eigenes Weingut gründete. Weinbau betreibt die Familie bereits seit dem 17. Jahrhundert, für den Eigenverbrauch, war Mitglied des örtlichen Winzervereins. Die Weinberge von Oliver Krupp liegen alle in Unkel, der nördlichsten Weinbaugemeinde in Rheinland-Pfalz am Mittelrhein. In der nicht flurbereinigten Lage Unkeler Sonnenberg wachsen die Reben in steilen Hanglagen oder auf historischen Terrassen auf Devonschieferboden, die Weinberge sind süd- und südwest-exponiert. Riesling nimmt ein Drittel der Rebfläche ein, es folgen Spätburgunder, Müller-Thurgau und Weißburgunder, aber es gibt auch Regent, Portugieser, Dornfelder, Roter Riesling, Souvignier Gris und Johanniter. Unkel war einst als Rotweinstadt bekannt und Oliver Krupp möchte zukünftig den Fokus wieder verstärkt auf Spätburgunder ausrichten. Die Weißweine werden, je nach Jahrgang mit Maischestandzeiten bis zu zwölf Stunden, langsam im Edelstahl vergoren und lange auf der Feinhefe ausgebaut. Der Spätburgunder wird kaltmaceriert und kommt mindestens zehn Monate in gebrauchte 300 Liter-Fässer.

Kollektion

Beim guten Debüt im vergangenen Jahr waren die als Fassproben verkosteten 2018er Terra Stux-Weine unsere Favoriten in einer guten, gleichmäßigen Kollektion. Beide konnten wir nun nach der Füllung verkosten, sie führen nun auch die neue Kollektion an. Der Riesling zeigt gute Konzentration und reintönige Frucht, ist frisch, klar und zupackend, besitzt gute Struktur und klare Frucht. Der Spätburgunder ist konzentriert, reintönig, herrlich eindringlich, kommt frisch in den Mund, klar und zupackend, besitzt gute Struktur und Grip. Sehr gut ist auch der zweite Spätburgunder, der „Funkeler", zeigt rauchige Noten, reife klare Frucht, ist frisch, zupackend und strukturiert – die Fokussierung auf Spätburgunder erscheint uns folgerichtig; aber auch die Weißweine zeigen zuverlässig gutes Niveau.

Weinbewertung

82	2019 Rivaner trocken Unkeler	12%/5,70€
80	2019 Riesling Hochgewächs trocken Unkeler Sonnenberg	12%/6,70€
81	2019 „Blanc de Noir" trocken Unkeler Sonnenberg	12%/7,50€
82	2019 Weißer Burgunder trocken Unkeler Sonnenberg	12%/8,30€
83	2019 „Felsenpfeffer" Weißwein trocken	12%/7,20€
86	2018 Riesling trocken „Terra Stux" Unkeler Sonnenberg	12%/8,-€
81	2019 „Zwei Von Der Ley" Weißwein halbtrocken	11,5%/5,70€
85	2018 Spätburgunder trocken „Funkeler" Unkeler Sonnenberg	13%/9,80€
87	2018 Spätburgunder trocken „Terra Stux" Unkeler Sonnenberg	13%/15,80€

BADEN — ENDINGEN

★★

Kublin

Kontakt
Obere Guldenstraße 12
79346 Endingen
Tel. 0172-7235915
www.weingut-kublin.de
info@weingut-kublin.de

Besuchszeiten
nach Vereinbarung

Inhaber
Wolfram & Sebastian Kublin

Kellermeister
Sebastian Kublin

Außenbetrieb
Wolfram & Sebastian Kublin
mit Team

Rebfläche
4 Hektar

Produktion
17.000 Flaschen

Der Wein- und Obstbaubetrieb Kublin liegt im Endinger Ortsteil Königschaffhausen, wurde 1992 von Petra und Wolfram Kublin gegründet. Weinbau spielte anfangs nur eine Nebenrolle, mit dem Einstieg von Sohn Sebastian im Jahr 2004 wurde die Rebfläche nach und nach erweitert. Die Burgundersorten dominieren im Anbau, wie könnte das anders sein am Kaiserstuhl. Grauburgunder ist die wichtigste Rebsorte im Betrieb, nimmt ein Drittel der Rebfläche ein, gefolgt von Spätburgunder und Müller-Thurgau, dazu gibt es Weißburgunder und Chardonnay, aber auch Gewürztraminer. Das Sortiment ist zweistufig gegliedert. Die Basis bilden die Qualitäts- und Kabinettweine, das Premium-Segment wird Edition SK genannt. Die Weine werden langsam und gekühlt vergoren und überwiegend trocken ausgebaut. Destillate aus eigener Herstellung ergänzen das Sortiment.

Kollektion

Die Kabinett-Weine sind kräftige Vertreter ihres Typs. Der Weißburgunder ist sehr saftig, der Grauburgunder ist etwas straffer, hat auch viel Kraft, der Chardonnay zeigt kräftige, würzige Noten, ist fast durchgegoren. Der Spätburgunder Rose ist sehr saftig und süffig, nicht zu süß, mit feinfruchtiger Säure. Der Muskateller ist sehr duftig, zeigt typische Aromen von Holunderblüten. Der Weißburgunder SK ist füllig, saftig, kräftig, aber nicht breit, harmonisch, Holz ist noch deutlich, aber nicht dominant. Der Chardonnay SK ist buttrig mit feiner Würze, elegant und saftig. Der Grauburgunder SK hat ebenfalls viel Kraft, viel Saft und eine gute Struktur. Alle drei sind hoch im Alkohol, sie stecken das aber gut weg. Die typische Frucht zeichnet die Auslese vom Gewürztraminer aus. Der Merlot ist typisch, hat weiche, fließende Tannine, viel Wärme, ist aber nicht marmeladig. Der Spätburgunder SK ist von saftiger Fülle und Wärme, die Tannine sind gut geformt. Sehr elegant mit würzig kühler Frucht ist der Spätburgunder Alte Reben, noch jung, zeigt aber bereits viel fließendes Tannin mit guter Säurestruktur.

Weinbewertung

83	2019 Weißer Burgunder Kabinett trocken	13,5%/6,-€
84	2019 Grauer Burgunder Kabinett trocken	13,5%/6,-€
85	2019 Chardonnay trocken „Junge Reben"	13%/8,50€
86	2018 Weißer Burgunder trocken „Edition SK"	14%/10,80€
86	2018 Grauer Burgunder trocken „Edition SK"	14%/10,80€
85	2018 Chardonnay trocken „Edition SK" Barrique	13,5%/12,80€
83	2019 Muskateller Kabinett „feinherb"	11,5%/6,50€
83	2018 Gewürztraminer Auslese	10,5%/9,80€
84	2019 Spätburgunder Rosé Kabinett trocken	12%/6,-€
86	2016 Merlot trocken	14,5%/12,80€
84	2016 Spätburgunder trocken „Edition SK"	14%/12,80€
87	2016 Spätburgunder trocken „Alte Reben" Königschaffhauser Reute	13,5%/19,80€

Weingut KUBLIN

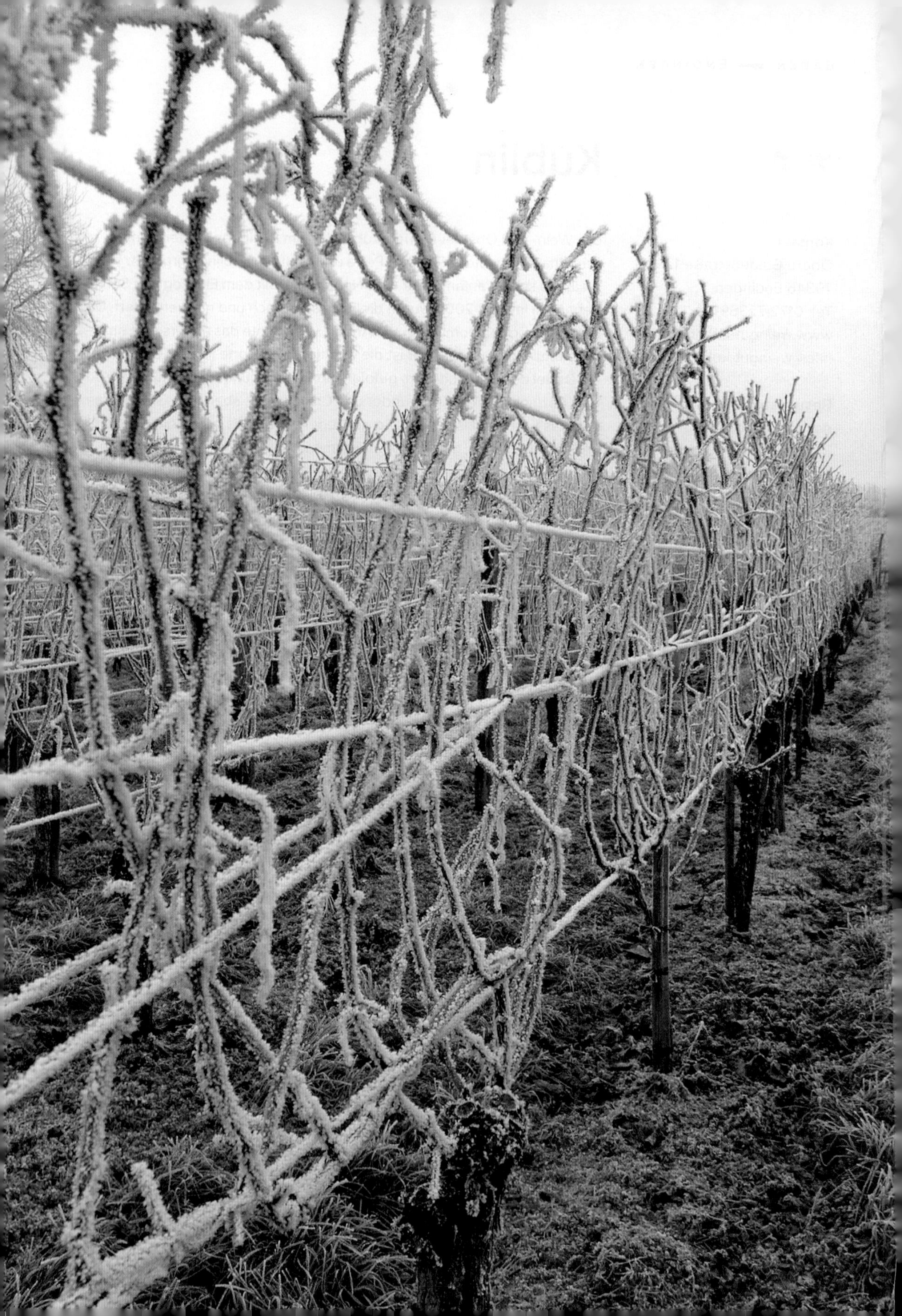

Kühling

★★⯨

Kontakt
Gartenstraße 2
67599 Gundheim
Tel. 06244-666
Fax: 06244-840
www.weingut-kuehling.de
info@weingut-kuehling.de

Besuchszeiten
nach Vereinbarung

Inhaber
Berthold & Benedikt Kühling

Rebfläche
16 Hektar

Produktion
50.000 Flaschen

Berthold und Silvia Kühling führen heute das Gut, das sich seit mehreren Generationen in Familienbesitz befindet. 2008, nach Beendigung seines Geisenheim-Studiums, ist Sohn Benedikt in den Betrieb eingestiegen. Ihre Weinberge liegen in Gundheim (Sonnenberg, Hungerbiene, Mandelbrunnen), Westhofen (Rotenstein), Abenheim (Klausenberg) und Monzernheim (Steinböhl). Riesling nimmt ein Viertel der Rebfläche ein, die Burgundersorten zusammen 35 Prozent, dazu gibt es Sauvignon Blanc, Müller-Thurgau, Silvaner, Dornfelder und andere Rebsorten. Die Rotweine werden maischevergoren und überwiegend im Holzfass, auch im Barrique ausgebaut. Die Weißweine werden großteils im Edelstahl ausgebaut. Seit 2007 werden die Weinberge ökologisch bewirtschaftet, man ist Mitglied bei Naturland; 2010 war der erste zertifiziert biologische Jahrgang. Im gleichen Jahr wurde das Sortiment neu gegliedert in Guts-, Orts- und Lagenweine. Zuletzt wurde in neue Edelstahltanks, aber auch in Stückfässer und Tonneaux investiert.

Kollektion

Die Gutsweine sind frisch und fruchtbetont, zeigen sehr gleichmäßiges Niveau, der zupackende, reintönige Muskateller gefällt uns besonders gut, die apfel- und pfirsichduftige Riesling Spätlese besitzt klare Frucht, Frische und Biss, der Westhofener Sauvignon Blanc ist intensiv und zupackend. Sehr gut sind alle Lagenweine. Der Weißburgunder aus dem Mandelbrunnen zeigt rauchige Noten, reife Frucht, besitzt gute Struktur, Kraft und Grip. Der Grauburgunder aus der Hungerbiene ist reintönig, strukturiert und fruchtbetont, der Chardonnay aus dem Sonnenberg ist intensiv fruchtig, herrlich reintönig, strukturiert und zupackend. Die Rotweine stehen den weißen nicht nach, der Gundheimer Pinot Noir ist fruchtbetont, klar, zupackend, der Reserve-Pinot Noir besitzt Konzentration, Kraft und intensive Frucht, was auch für den reintönigen Reserve-Cabernet Sauvignon gilt. Starke, stimmige Kollektion!

Weinbewertung

82	2019 Weißburgunder trocken	12%/6,90€
83	2019 Chardonnay trocken	12,5%/6,90€
83	2019 Sauvignon Blanc trocken Westhofener	12%/7,90€
86	2019 Weißburgunder trocken Gundheimer Mandelbrunnen	13%/8,90€
87	2019 Grauburgunder trocken Gundheimer Hungerbiene	13%/8,90€
87	2019 Chardonnay „S" trocken Gundheimer Sonnenberg	13%/9,90€
88	2018 Riesling trocken Monzernheimer Steinböhl	12,5%/13,50€
84	2019 Gelber Muskateller trocken	11,5%/7,90€
84	2019 Riesling Spätlese	9,5%/6,90€
84	2018 Pinot Noir trocken Gundheimer	13%/7,90€
87	2018 Pinot Noir „Reserve" Gundheimer Sonnenberg	13%/13,50€
87	2018 Cabernet Sauvignon „Reserve" Gundheimer Sonnenberg	13,5%/15,50€

★★★★✫ Kühling-Gillot

Kontakt
Ölmühlstraße 25
55294 Bodenheim
Tel. 06135-2333
Fax: 06135-6463
www.kuehling-gillot.com
info@kuehling-gillot.de

Besuchszeiten
Mo.-Fr. 9-17 Uhr, Sa. 11-14 Uhr und nach Vereinbarung mehrmals im Jahr „LiquidLife" Restaurant und Weinbar mit Gastköchen aus Europa (Termine siehe Homepage)

Inhaber
Carolin Spanier-Gillot & H.O. Spanier
Verkauf
Frank Schuber
Kellermeister
Axel Thieme
Außenbetrieb
Johannes Trautwein
Rebfläche
18 Hektar
Produktion
90.000 Flaschen

Das Weingut Kühling-Gillot entstand in seiner heutigen Form 1970 durch die Heirat von Roland Gillot und Gabi Kühling, mit der die beiden Weingüter Kühling und Gillot verschmolzen wurden. Seit 2002 führt Tochter Carolin das Gut, die mit Hans Oliver Spanier vom Weingut BattenfeldSpanier verheiratet ist, sie führen beide Weingüter gemeinsam. Ihre Weinberge liegen in den Niersteiner Lagen Pettenthal und Ölberg, inzwischen sind sie auch im Hipping vertreten, in den Oppenheimer Lagen Kreuz, Sackträger und Herrenberg, im Nackenheimer Rothenberg (mit teils wurzelechten Reben) und im Bodenheimer Burgweg. Wichtigste Rebsorte ist Riesling, nimmt mehr als zwei Drittel der Weinberge ein. Es folgt Spätburgunder, hinzu kommen ein wenig Grauburgunder, Scheurebe, Gewürztraminer und Chardonnay, Silvaner und Weißburgunder gibt es nicht mehr bei Kühling-Gillot, diese Rebsorten erhält man im Weingut BattenfeldSpanier. Die Weine der beiden Weingüter werden von Hans Oliver Spanier vinifiziert, behalten aber ihre eigene Lagenidentität. Das Programm von Kühling-Gillot ist in drei Stufen gegliedert: Die Basis bilden die Gutsweine, Qvinterra genannt, es folgen die Ortsweine, die Rieslinge aus Nierstein, Nackenheim und Oppenheim, dann die Reserve-Weine mit Chardonnay und erstmals 2017 auch Grauburgunder, an der Spitze stehen die Großen Gewächse, wobei man sich beim Riesling inzwischen auf die Lagen Pettenthal, Rothenberg und Oelberg beschränkt, mit dem Jahrgang 2014 ist ein Wein aus dem Hipping hinzugekommen. Aus Oppenheim werden vom Riesling keine Großen Gewächse mehr erzeugt, aber es gibt einen Spätburgunder Großes Gewächs aus dem Oppenheimer Kreuz. Das Große Gewächs aus dem Pettenthal stammt von einer extrem steilen Parzelle, das Große Gewächs aus dem Rothenberg stammt aus dem steilsten Stück des Rothenberg, aus der Gewanne Kapellchen, ist von einer Steinmauer umfasst, die Reben wurden noch wurzelecht gepflanzt. Wenn es der Jahrgang erlaubt, werden auch edelsüße Weine erzeugt. Die Weinberge werden biologisch bewirtschaftet. 2020 wurde ein Reifekeller in Hohen-Sülzen eröffnet, in dem Weine aus Ersten und Großen Lagen reifen um nach fünf Jahren als „Treasure Collection" in den Verkauf zu kommen.

Kollektion

Auch im Jahrgang 2019 ist das Einstiegsniveau wieder hoch, die beiden vorgestellten Gutsweine sind sehr gut. Der Qvinterra Riesling ist fruchtbetont und würzig im Bouquet, zeigt ganz dezente Zitrusnoten im Hintergrund, ist klar, frisch und zupackend im Mund, besitzt gute Struktur und Grip. Die Qvinterra Scheurebe zeigt feine Frische, reintönige Frucht, ist ebenfalls klar, zupackend, fruchtbetont. Der in französischen Tonneau vergorene und ausgebaute Grauburgunder R zeigt gelbe Früchte im Bouquet, gute Konzentration, ist füllig und kraftvoll, besitzt reintönige Frucht, gute Struktur und Frische. Der in zur Hälfte neuen Barriques und Tonneaux ausgebaute

Chardonnay R zeigt in den letzten Jahren konstant hervorragendes Niveau, und das ist auch im Jahrgang 2019 wieder so. Er zeigt gute Konzentration im Bouquet, rauchige Noten, viel reife Frucht, ist füllig und kraftvoll, besitzt reintönige Frucht, gute Struktur und Substanz. Sehr hohes Niveau zeigen 2019 auch wieder die drei Riesling Ortsweine, und sie zeigen wieder sehr deutliche Unterschiede. Der Niersteiner Riesling ist würzig und frisch, herrlich eindringlich, füllig und saftig, aber doch sehr kompakt, noch sehr verschlossen und jugendlich. Der Nackenheimer Riesling ist enorm konzentriert und füllig, besitzt viel Kraft und gute Struktur, Frucht, Substanz und Länge. Der Oppenheimer Riesling zeigt gute Konzentration und rauchige Noten im Bouquet, ist sehr präsent im Mund mit viel reifer Frucht, Substanz und Länge. Hohes Ortswein-Niveau! Sehr hohes Niveau dann auch bei den Großen Gewächsen, wobei wir uns etwas schwer tun mit dem Wein aus dem Hipping, der sehr offen im Bouquet ist, duftig und würzig, offen auch im Mund ist, füllig und saftig, aber wir vermissen Struktur und Grip – ob wir ihn zu kurz nach der Füllung verkostet haben? Sehr offen ist auch der Ölberg, wie gewohnt, zeigt viel Frucht, besitzt Fülle und Saft, Kraft und Struktur. Der Rothenberg ist würzig und dominant, herrlich eindringlich, dann im Mund überraschend offensiv mit Fülle, Saft und klarer reifer Frucht. Auch der Pettenthal ist sehr offen und intensiv im Bouquet, besitzt Fülle und Kraft, viel Konzentration und viel reife Frucht. Zwei starke Spätburgunder runden die Kollektion ab: Der Bodenheimer zeigt feine rauchige Noten und reintönige Frucht, besitzt gute Struktur und Grip, das Große Gewächs zeigt viel reife Frucht, ist kraftvoll, zupackend, besitzt gute Struktur und Tannine, ist noch sehr jugendlich.

Carolin Spanier-Gillot

🍇 Weinbewertung

85	2019 Riesling trocken „Qvinterra"	12 %/11,80 €
86	2019 Scheurebe trocken „Qvinterra"	12 %/11,80 €
90	2019 Riesling Oppenheim	12,5 %/18,50 €
89	2019 Riesling Nierstein	12,5 %/22,- €
90	2019 Riesling Nackenheim	12,5 %/22,- €
88	2019 Grauer Burgunder „R" trocken	12,5 %/13,80 €
90	2019 Chardonnay „R" trocken	12,5 %/25,- €
91	2019 Riesling „GG" Ölberg	12,5 %/45,- €
89	2019 Riesling „GG" Hipping	12,5 %/52,- €
92	2019 Riesling „GG" Pettenthal	12,5 %/52,- €
92	2019 Riesling „GG" „wurzelecht" Rothenberg	12,5 %/180,- €
89	2018 Spätburgunder Bodenheim	13,5 %/25,- €
90	2018 Spätburgunder „GG" Kreuz	13 %/48,- €

Lagen
Pettenthal (Nierstein)
Oelberg (Nierstein)
Hipping (Nierstein)
Rothenberg (Nackenheim)
Kreuz (Oppenheim)
Burgweg (Bodenheim)

Rebsorten
Riesling (75 %)
Spätburgunder (10 %)
Grauburgunder
Scheurebe
Chardonnay

★★★★★ Peter Jakob **Kühn**

Kontakt
Mühlstraße 70
65375 Oestrich-Winkel
Tel. 06723-2299
Fax: 06723-87788
www.weingutpjkuehn.de
info@weingutpjkuehn.de

Besuchszeiten
Vinothek:
Mo.-Fr. 9-17 Uhr
Sa. 11-17 Uhr

Inhaber
Peter Bernhard Kühn

Rebfläche
20 Hektar

Produktion
100.000 Flaschen

Seit über 200 Jahren baut die Familie Wein im Rheingau an. Das Weingut in seiner heutigen Form haben Peter Jakob und Angela Kühn seit Ende der siebziger Jahre aufgebaut. Heute werden sie im Betrieb unterstützt von Sohn Peter Bernhard und den Töchtern Kathrin und Sandra; Peter Bernhard Kühn hat inzwischen den Betrieb von seinem Vater übernommen. Die Weinberge liegen in den Oestricher Lagen Doosberg (mit der alten Einzellage Landpflecht), Lenchen und Klosterberg, im Mittelheimer St. Nikolaus (mit der alten Einzellage Schlehdorn) und im Hallgartener Hendelberg und der alten Einzellage Hallgartener Frühenberg, sowie in der Hallgartener Jungfer. Neben dem dominierenden Riesling wird ein klein wenig Spätburgunder angebaut. Seit 2004 arbeitet Peter Jakob Kühn biologisch und biodynamisch, seit 2009 ist er Mitglied bei Demeter. Die Weine werden mit den natürlichen Hefen vergoren, ohne Temperaturkontrolle, teilweise durchlaufen sie auch die malolaktische Gärung. Peter Jakob und Peter Bernhard Kühn haben in den letzten Jahren wieder verstärkt auf Holz gesetzt, heute werden alle Orts- und Lagenweine im Holz ausgebaut. Und sie haben die Ausbaudauer deutlich verlängert. Die Weine der ersten Lagen (Klosterberg, Hendelberg) bleiben ein Jahr im Fass, die Großen Gewächse (Doosberg, St. Nikolaus und erstmals mit dem Jahrgang 2018 auch aus der Hallgartener Jungfer und dem Oestricher Lenchen) zwei Jahre, noch länger – angestrebt sind drei Jahre – bleiben Schlehdorn und Landgeflecht im Fass, bis zu fünf Jahre sind für den Kühn R vorgesehen.

Kollektion

Der zugängliche 2019er Jacobus ist in seiner würzigen Aromenfülle mit frischem Ingwer-Biss der kompletteste der letzten Jahre und gehört in den Keller jedes Riesling-Liebhabers. Mit herrlichem Charakter frischer Zitrusfrüchte ist der Quarzit in diesem Jahr ausgesprochen gut, er ist transparent, saftig und herb. Ein Ortswein mit echtem Terroir. Davon braucht es mehr. Kein Problem bei den Kühns. Der „Rheinschiefer"-Riesling aus Hallgarten ist so kühl und geschliffen, so zupackend und fein saftig, dabei so trinkfreudig, dass es einfach eine Freude ist. Ein Highlight. Man darf auf die 2019er Lagenweine, die im nächsten Jahr präsentiert werden, mehr als gespannt sein. Das Warten wird aber nicht schwer werden, denn die offenherzigen 2018er Erste und Große Lage Rieslinge überzeugen auf ganzer Linie. Beim Riesling aus dem Klosterberg tritt, wie bei allen Top Rieslingen, schon im eindringlichen Duft der Ausbau im Holz zu Tage. Am Gaumen stehen sich würzige Fülle und markante Säure spannungsreich gegenüber, so folgt auf vollmundigen Fruchtgeschmack von reifem gelben Steinobst herbe Frische im Nachhall, die eindringlich Lust auf mehr macht. Der Erste Lage Wein aus dem Hendelberg ist feiner und straffer geraten, hat sehr viel Substanz. Reife Zitrusfrüchte geben sich ein Stelldichein mit rasanter Schieferwürze und ätherischer Frische. Die Großen Gewächse sind wieder alle individuell. Der Doosberg ist unser Favorit. Kandierter Ingwer und rauchige Würze im Duft weisen den Weg zum immens saftigen Geschmack mit herber Kräuterwürze. Er bleibt mild mit kraftvoller Länge. Der Wein aus der Jungfer ist erwartungsgemäß etwas kühler im Aroma, auch sind die Frucht mit ihren herben Schalenaromen und das cremige Holz noch nicht ganz zusammengewachsen. Die Spannung und innere Stimmigkeit, wird sich aber bestens weiter in der Flasche entwickeln können. Stark ist in diesem Jahr auch der Riesling aus dem Sankt Nikolaus in Mittelheim. Beerig und ausgewogen, bietet er großzügigen Schmelz und rauchige Würze. Die Säure ist vital und bestens integriert. Ein kompletter Riesling, gediegen und spannungsreich zugleich. Bei den fruchtsüßen Weinen, die alle wie gehabt aus dem Oestricher Lenchen stammen, hat man die Wahl zwischen einem weinigen, eher trocken schmeckenden Kabinett mit attraktivem Spiel zwischen Würze und Frische und einer kraftvollen vollmundigen Spätlese mit viel reifer Frucht, viel Saft, Finesse und Länge. Den Abschluss bildet die saftige, feine, recht schnörkellose Auslese, die lange nachhallt und voll herber Frische steckt. Alle drei bereiten schon in Ihrer Jugend sehr viel Freude, weil das Zusammenspiel von Frische und Frucht stimmt. Das ist eine der besten Kollektionen der letzten Jahre, die vor allem im trockenen Segment das Profil weiter geschärft hat, eine Kollektion, die zur absoluten Spitze in Deutschland gehört.

🍷 Weinbewertung

88	2019 Riesling trocken „Jacobus"	12,5%/12,50€
91	2019 Riesling trocken „Rheinschiefer" Hallgarten	12,5%/15,50€ ☺
90	2019 Riesling trocken „Quarzit" Oestrich	12,5%/17,50€
91	2018 Riesling trocken Erste Lage Oestricher Klosterberg	12,5%/24,-€
92	2018 Riesling trocken Erste Lage Hallgartener Hendelberg	12,5%/27,-€
93	2018 Riesling „Großes Gewächs" Mittelheim St. Nikolaus	12,5%/47,-€
93	2018 Riesling „Großes Gewächs" Hallgartener Jungfer	12,5%/44,-€
94	2018 Riesling „Großes Gewächs" Oestrich Doosberg	12,5%/44,-€
89	2019 Riesling Kabinett Oestrich Lenchen	10%/17,-€
90	2019 Riesling Spätlese Oestrich Lenchen	9%/26,-€
91	2019 Riesling Auslese Oestrich Lenchen	7,5%/39,-€

Lagen
Doosberg (Oestrich)
- Landgeflecht
Lenchen (Oestrich)
St. Nikolaus (Mittelheim)
- Schlehdorn
Klosterberg (Oestrich)
Hendelberg (Hallgarten)

Rebsorten
Riesling (95 %)
Spätburgunder (5 %)

★★★★ Künstler

Kontakt
Geheimrat-Hummel-Platz 1a
65239 Hochheim
Tel. 06146-8386-0
Fax: 06146-7335
www.weingut-kuenstler.de
info@weingut-kuenstler.de

Besuchszeiten
Mo.-Fr. 8-12 + 13-18 Uhr
Sa. 10-16 Uhr
So. 11-16 Uhr (von Ostern bis Silvester)

Inhaber
Gunter Künstler
Betriebsleiter
Rolf Schregel
Kellermeister
Gunter Künstler & Rolf Schregel
Rebfläche
48 Hektar
Produktion
350.000 Flaschen

Die Geschichte des Weinguts Künstler unterscheidet sich deutlich von dem anderer Betriebe im Rheingau. Seit Mitte des 17. Jahrhunderts betrieb die Familie Künstler in Südmähren Weinbau. Nach dem Zweiten Weltkrieg musste sie die Heimat verlassen. Franz Künstler leitete 15 Jahre lang andere Weingüter in Hochheim, bevor er sich 1965 selbstständig und rasch Karriere machte. Bereits in den Siebzigern schloss der Newcomer qualitativ zu vielen etablierten Erzeugern auf. Seit 1988 führt sein Sohn Gunter das Weingut, seit 1994 ist es Mitglied im VDP. 1996 übernahm Künstler das Weingut Aschrott Erben, vor einigen Jahren zog er in neue Räume um: Hier ist ausreichend Platz, um die Erträge der mit der Zeit auf fast 49 Hektar angewachsenen Rebfläche zu verarbeiten. Künstler baut 80 Prozent Riesling an, hinzu kommen Spätburgunder und kleine Mengen Chardonnay, Sauvignon Blanc und Grüner Veltliner, inzwischen auch Merlot und Albariño. Er bewirtschaftet Parzellen in den Hochheimer Lagen Hölle, Kirchenstück oder Domdechaney, aber auch im Kostheimer Weiß Erd oder im Rüdesheimer Berg Rottland. Die Hochheimer Lagen Stein und Reichestal sind von großer Bedeutung für die Rotweinerzeugung, ebenso wie die Weinberge im Assmannshäuser Höllenberg. Im Keller wie im Außenbetrieb wird Gunter Künstler von Rolf Schregel unterstützt.

Kollektion

Der kräftige Gutsriesling stimmt in die jahrgangstypisch reife Kollektion milder Rieslinge ein. Er bleibt zart würzig und recht füllig. Der Riesling aus dem Hochheimer Herrnberg ist saftiger und frischer, mineralische Anklänge setzten einen passenden Kontrapunkt zu seiner reifen Frucht. Fein und spannungsreich präsentiert sich der Riesling aus der Hölle, der seit dem letzten Jahr als Erste Lage gefüllt wird und jetzt noch den Zusatz „Im Neuenberg" trägt. Man sollte sich hier aber nicht zu lange mit Bezeichnungen aufhalten, denn er ist geradlinig und subtil, wie lange nicht mehr. Auch die Alten Reben aus dem Stielweg sind in diesem Jahr besonders gut gelungen. Druckvoll und satt, werden sie frühes Trinkvergnügen bieten, aber auch sehr gut reifen können. Mit perfekt eingepassten Schalenaromen bauen sie kraftvoll eine Brücke zu den Großen Gewächsen. Das Große Gewächs aus der Weiß Erd ist wie immer das offenherzigste. Mit saftiger Frucht von süßen Äpfeln spricht es unmittelbar an. Mit genug Frische, um bei aller Fülle animierend zu wirken. Beeindruckend konzentriert und kraftvoll, ist das Große Gewächs aus dem Kirchenstück aber von anderem Holz. Vielschichtige, würzige Fruchtaromen verbinden sich mit spannender Kräuterfrische, strukturiert und ausgewogen, ist lang und nachhaltig. Das Große Gewächs aus der

Hochheimer Hölle erscheint in diesem Jahr etwas zugeknöpfter als sonst, filigran, gefällt uns die passend gesetzte phenolische Ader, die den würzigen Schmelz durchzieht. Mit herrlich klaren Zitrusaromen im langen Nachhall gehört es zu den stärksten Vertretern der letzten Jahre. Die beiden Rieslinge aus dem Rüdesheimer Berg sind in diesem Jahr sehr feingliedrig und komplex. Der Berg Rottland baut subtilen Stoff auf, ist würzig durch und durch, zeigt feines mineralisches Salz. Sicher der geschliffenste Berg Rottland, der hier bisher bereitet wurde, trotzdem ist hier – auf hohem Niveau – noch weiter Luft nach oben. Das gilt auch für den Berg Schlossberg, der noch komplexer und kraftvoller ist, bei großer Reife auch enorme Kühle zeigt. Ohne jede Anstrengung bleibt er präzise verwoben, harmonisch, ist enorm lang und nachhaltig. Die beiden weißen „Nicht-Rieslinge" sind wie immer sortentypisch und ansprechend geraten. Der Sauvignon Blanc übt sich stilistisch in Zurückhaltung. Er gehört zu den feinen Vertretern der Rebsorte, strotzt vor Frische und Lebendigkeit. Der Chardonnay hingegen ist demonstrativer, sein süßes Holz vermählt sich schnell mit der weichen Frucht. Es wird sicher viele Liebhaber für diesen zugänglichen, dabei durchaus feinen Wein geben, den man jung genießen sollte. Beim Spätburgunder aus dem Höllenberg von 2017 stellt der recht herbe Gerbstoffbiss eine gewisse Zäsur im Geschmacksbild der letzten Jahre dar. Hier muss alles noch zusammenwachsen. Das sehen wir durchaus positiv, denn in einem eher schwierigen Jahrgang ist hier genug Saft und Substanz für weiteres Potenzial.

Weinbewertung

85	2019 Riesling trocken	12,5%/9,90€
88	2019 Sauvignon Blanc trocken „Kalkstein"	13%/18,50€
88	2019 Chardonnay trocken „Kalkstein"	13,5%/16,90€
86	2019 Riesling trocken Erste Lage Hochheim Herrnberg	13%/12,50€
90	2019 Riesling trocken Erste Lage „Alte Reben" Hochheim Stielweg	13%/18,-€
88	2019 Riesling trocken Erste Lage „Im Neuenberg" Hochheim Hölle	12,5%/13,90€
92	2019 Riesling trocken Großes Gewächs Hochheim Kirchenstück	12,5%/37,-€
90	2019 Riesling trocken Großes Gewächs Kostheim Weiß Erd	13%/26,-€
92	2019 Riesling trocken Großes Gewächs Hochheim Hölle	13%/37,-€
91	2019 Riesling trocken Großes Gewächs Rüdesheim Berg Rottland	12,5%/37,-€
92	2019 Riesling trocken Großes Gewächs Rüdesheim Berg Schlossberg	12,5%/48,-€
90+	2017 Spätburgunder trocken Großes Gewächs Assmannsh. Höllenberg	14%/55,-€

Lagen
Herrnberg (Hochheim)
Hölle (Hochheim)
Kirchenstück (Hochheim)
Stielweg (Hochheim)
Domdechaney (Hochheim)
Stein (Hochheim)
Reichestal (Hochheim)
Weiß Erd (Kostheim)
Berg Roseneck (Rüdesheim)
Berg Rottland (Rüdesheim)
Berg Schlossberg (Rüdesheim)
Höllenberg (Assmannshausen)

Rebsorten
Riesling (79 %)
Spätburgunder (14,8 %)
Chardonnay (2,7 %)
Sauvignon Blanc (1,6 %)
Albariño (1,1 %)
Grüner Veltliner (0,4 %)

★★★★☆ Philipp Kuhn

Kontakt
Großkarlbacherstraße 20
67229 Laumersheim
Tel. 06238-656
Fax: 06238-4602
www.weingut-philipp-kuhn.de
info@weingut-philipp-kuhn.de

Besuchszeiten
Mo.-Fr. 10-12 + 13:30-17 Uhr
Sa. 10-12 + 13-16 Uhr
So. + Feiertage geschlossen

Inhaber
Philipp Kuhn
Kellermeister
Philipp Kuhn
Rebfläche
38 Hektar
Produktion
280.000 Flaschen

Philipp Kuhn übernahm 1992 mit gerade einmal 20 Jahren bereits die Verantwortung für das elterliche Weingut. Heute erzeugt er zu ungefähr 60 Prozent Weißweine und zu 40 Prozent Rotweine. Seine Weinberge liegen rund um Laumersheim, in den Lagen Kirschgarten, Steinbuckel und Kapellenberg, im Großkarlbacher Burgweg, in Kallstadt im Saumagen und Steinacker und seit einigen Jahren auch im Zeller Schwarzen Herrgott. Der Schwerpunkt beim Rotwein liegt auf Spätburgunder, daneben gibt es Cabernet Sauvignon, Merlot, Frühburgunder, St. Laurent, und Blaufränkisch. Alle Rotweine werden in Holzfässern ausgebaut, die Topweine lagern bis zu 20 Monate in neuen Barriques. Bei den Weißweinen dominiert Riesling, gefolgt von Weißburgunder, Sauvignon Blanc, Chardonnay und Grauburgunder, daneben gibt es etwas Viognier und Gewürztraminer. Der Ausbau erfolgt teils im Edelstahl, teils in Holzfässern (auch Barriques). Seit der ersten Ausgabe empfehlen wir die Weine von Philipp Kuhn, kaum ein anderer in Deutschland hat sich in diesem Zeitraum so gesteigert, so dass er heute mit Rotweinen und Weißweinen regelmäßig zur Jahrgangsspitze in Deutschland zählt. Philipp Kuhn setzt bei den Rotweinen auf Haltbarkeit, die Spätburgunder sind beim Verkostungstermin knapp zwei Jahre nach der Lese oft noch sehr verschlossen, zeigen aber bereits ihre Qualität und deuten großes Potenzial an. Es wäre schade, diese Weine zu früh zu öffnen, einige Jahre Flaschenreife sollte man ihnen gönnen. Aber auch seine Weißweine, vor allem die Rieslinge, sind in den vergangenen Jahren immer spannender geworden, sind straffer und präziser als früher, einige sind mittlerweile besser als die besten Roten.

Kollektion

Es sind auch im Jahrgang 2019 die Rieslinge, für die wir uns in Philipp Kuhns Kollektion am meisten begeistern können, allen voran der faszinierende Schwarze Herrgott, der im komplexen Bouquet kreidige und kräutrige Würze zeigt, etwas nassen Stein, dezent Brotkruste und Zitrusnoten, am Gaumen besitzt er einen festen Kern und dichte Textur, herbe Zitrusfrucht, viel Druck und Potenzial. Der Saumagen zeigt feine kreidig-kalkige Würze, besitzt dezente gelbe Frucht und guten Grip, ist schlank, elegant, salzig-animierend und sehr nachhaltig, der Kirschgarten zeigt kräutrige Noten, ist animierend und von herber Zitrusfrucht geprägt, besitzt Grip, Druck und Länge, der Steinbuckel ist leicht verhalten, zeigt etwas steinige Noten, besitzt ein feines, nachhaltiges, leicht salziges Säurespiel, der Große Garten besitzt unter den fünf Großen Gewächsen die deutlichste Frucht, mit Noten von gelbem Apfel, Ananas und Orangenschale, ist frisch und lang. Und auch die Erste-Lage-Rieslinge sind stark, der Steinacker ist kreidig, geradlinig, leicht salzig und nachhaltig, der Burgweg zeigt etwas steinige Noten und gelbe Frucht, Orangenschale, ist animierend und lang und der Kapellenberg ist kraftvoll und kräutrig, besitzt Biss. Bei den drei weißen „Réserve"-Weinen sind der Chardonnay und der lachsrosafarbene Pinot Gris vor allem im Bouquet noch sehr von deutlichen Röstnoten geprägt, am Gaumen besitzen beide auch gelbe Frucht und gute Länge, der Sauvignon Blanc zeigt wesentlich dezenteres Holz, dazu klare Frucht, Stachelbeere und etwas Maracuja, ist kraftvoll, ausgewogen, frisch und harmonisch. Die beiden Großen Gewächse vom Pinot Noir konnten wir in diesem Jahr leider nicht verkosten, daher sind drei andere Weine unsere Favoriten im roten Segment, der „Luitmar" zeigt dunkle Beerenfrucht, etwas Röstnoten und kräutrige Würze, ist kraftvoll und besitzt Potential, der Cabernet Franc zeigt viel klare Frucht, schwarze Johannisbeere, Brombeere, besitzt am Gaumen feine röstige Würze, Kraft und Struktur und der Frühburgunder zeigt rote und dunkle Frucht, Johannisbeere, Schwarzkirsche, ist elegant und nachhaltig.

Weinbewertung

88	2016 „Blanc de Noirs" Sekt brut nature	12%/20,90€
85	2019 Riesling trocken „Tradition"	11,5%/10,40€
87	2019 Riesling trocken „vom Kalksteinfels" Laumersheimer	13%/13,60€
88	2019 Riesling trocken Laumersheimer Kapellenberg	13,5%/19,90€
89	2019 Riesling trocken Großkarlbacher Burgweg	13%/19,90€
89	2019 Riesling trocken Kallstadter Steinacker	13%/19,90€
89	2018 Sauvignon Blanc trocken „Réserve" Dirmsteiner	13,5%/21,50€
88+	2018 Chardonnay trocken „Réserve" Laumersheimer Kapellenberg	13%/25,-€
88	2018 Pinot Gris trocken „Réserve" Großkarlbacher Burgweg	13%/21,50€
91	2019 Riesling „GG" Steinbuckel	13%/30,-€
92	2019 Riesling „GG" Kirschgarten	13%/34,-€
91	2019 Riesling „GG" Im Großen Garten	13%/30,-€
92	2019 Riesling „GG" Saumagen	12,5%/34,-€
93	2019 Riesling „GG" Schwarzer Herrgott	13%/34,-€
86	2017 Spätburgunder trocken „Tradition"	13,5%/13,50€
89	2017 „Luitmar" Rotwein trocken Laumersheimer	14%/26,80€
87	2017 Blaufränkisch trocken „Réserve" Laumersheimer	13,5%/26,80€
89	2016 Frühburgunder trocken „Réserve" Großkarlbacher	13%/26,80€
88	2017 Pinot Noir trocken „Réserve" Laumersheimer	13,5%/26,80€
89	2017 Cabernet Franc trocken „Réserve" Laumersheimer	13,5%/26,80€

Lagen

Kirschgarten (Laumersheim)
Steinbuckel (Laumersheim)
Burgweg (Großkarlbach)
Im Großen Garten (Großkarlbach)
Saumagen (Kallstadt)
Schwarzer Herrgott (Zell)
Kapellenberg (Laumersheim)
Steinacker (Kallstadt)

Rebsorten

Riesling (28 %)
Spätburgunder (22 %)
Weißburgunder (18 %)
Sauvignon Blanc (7 %)
Cabernet Sauvignon (5 %)
Merlot (5 %)
Chardonnay (4 %)

Kusterer

★★★★

Kontakt
Untere Beutau 44
73728 Esslingen
Tel. 0711-357909
Fax: 0711-3508105
www.weingut-kusterer.de
weinwelt.hmkusterer@
weingut-kusterer.de

Besuchszeiten
Di. 16-19 Uhr
Gravitationskelter,
Gayernweg 55,
Sa. 11-15 Uhr
und nach Vereinbarung

Inhaber
Maximilian Kusterer
Kellermeister
Maximilian Kusterer
Rebfläche
6 Hektar
Produktion
40.000 Flaschen

Zum 1. Juli 2020 hat Maximilian Kusterer das Weingut von seinen Eltern übernommen. Er studierte in Geisenheim, machte Praktika bei Haidle, Friedrich Becker, Paul Fürst und bei Newton Johnson in Südafrika, hatte 2012 seinen ersten eigenen Wein kreiert und war bereits seit 2016 für den Keller verantwortlich, setzt verstärkt auf Maischestandzeiten und Holzeinsatz. Das Weingut Kusterer lag lange Zeit im Herzen der Altstadt von Esslingen. 2012 wurde eine neue viergeschossige Kelter mitten in die Weinberge der Neckarhalde gebaut, inklusive Vinothek. Anfang der neunziger Jahre erwarben Hans und Monika Kusterer ein Keltergebäude aus dem 14. Jahrhundert, das sie restaurierten und wo sie heute Veranstaltungen abhalten. Die knapp 6 Hektar Weinberge, 50 Parzellen, befinden sich in den um das Jahr 1200 angelegten Terrassen des Esslinger Schenkenberg, sowie in der kleinsten Einzellage Württembergs, der Esslinger Neckarhalde. 2007 konnte man diese Lage ganz erwerben, hier werden Spätburgunder und Chardonnay angebaut. Der Schenkenberg besteht im unteren Teil aus buntem Mergel, dazwischen findet man Stubensandstein, darüber Knollenmergel. Die Neckarhalde besteht aus kalkhaltigem, tonreichen Knollenmergel. Die wichtigsten Rebsorten sind Lemberger, Spätburgunder und Riesling, gefolgt von Merlot (den es bereits seit 1994 im Weingut gibt, der aber anfangs vor allem für Cuvées genutzt wurde), Zweigelt, Trollinger und Muskattrollinger. Hinzu kommen Grauburgunder und Chardonnay, ein wenig Silvaner, zuletzt wurde ein klein wenig Cabernet Franc gepflanzt, in Zukunft soll noch mehr Chardonnay angepflanzt werden, auch weil man die Sekterzeugung forcieren möchte. Die Top-Rotweine werden alle mindestens zwei Jahre in neuen Barriques ausgebaut, der Spätburgunder Rosenholz drei Jahre. Alle Weine werden in der Regel durchgegoren ausgebaut. In den letzten Jahren wurden das Sortiment und die Etiketten neu gestaltet, man nutzt seither für die Topweine alte Flurstücksbezeichnungen wie Herzogen (Steillage im oberen Teil des Schenkenbergs, tonreicher, tiefgründiger Boden mit Mergelanteil, mit Zweigelt bestockt), Rosenholz (Südwest-exponiert mit kalkhaltigem Bunten Mergel, mit Spätburgunder bepflanzt) oder Felsen (Steillage im oberen Teil des Schenkenbergs, Stubensandstein, darüber geringe Bodenauflage mit Buntem Mergel, hier wächst Lemberger), erstmals im Jahrgang 2017 wurde ein im Barrique ausgebauter Grauburgunder aus der Lage Gern erzeugt, 2018 ein „neuer" Neckarhalde-Spätburgunder, von einer mit 10.000 Stock je Hektar dichtbepflanzten Neuanlage mit Selection Massale-Reben aus Burgund.

Kollektion

Der neue Spätburgunder aus der Neckarhalde, mit ganzen Trauben vergoren und im neuen Barrique ausgebaut, setzt sich auch gleich an die Spitze der Kollektion: Er zeigt reintönige Frucht im Bouquet, feine Würze,

Frische, ist reintönig auch im Mund, fruchtbetont, zupackend, besitzt gute Struktur, viel Grip und Frische noch im Abgang. Der Mélac aus dem Jahrgang 2015 – 60 Prozent Zweigelt, 30 Prozent Cabernet Franc und 10 Prozent Merlot – zeigt gute Konzentration, rauchige Noten, reife Frucht, ist kompakt und kraftvoll im Mund, strukturiert und nachhaltig; und dass er auch in warmen Jahren gut reifen kann, zeigt der füllige, komplexe 2009er. Auch sonst präsentieren sich die Rotweine in sehr guter Form. Der im Barrique ausgebaute 2018er Esslinger Spätburgunder ist würzig und eindringlich, zeigt klare Frucht, besitzt Frische, Struktur, reintönige Frucht und Grip. Der in gebrauchten Barriques ausgebaute 2016er Blaufränkisch aus der Steillage zeigt rauchige Noten, reife Frucht, ist frisch, klar und zupackend, der Blaufränkisch Felsen, aus dem selben Jahrgang, ist würzig und eindringlich, besitzt gute Struktur und Grip. Fruchtbetont und intensiv ist der 2015er Zweigelt Herzogen, besitzt Fülle, Kraft, gute Struktur, Grip und kräftige Tannine. Sehr gut ist auch der Muskattrollinger Rosé, fruchtbetont und intensiv, frisch, klar und zupackend: Mustergültig. Auch die drei vorgestellten Weißweine präsentieren sich bestens. Der lange auf der Vollhefe ausgebaut Riesling vom bunten Mergel ist herrlich eindringlich im Bouquet bei klarer Frucht, ist füllig und saftig, besitzt herrlich viel Frucht und Substanz. Der zu 80 Prozent im Barrique ausgebaute Chardonnay aus der Neckarhalde zeigt gute Konzentration und rauchige Noten, besitzt Fülle und Kraft, reife Frucht, gute Struktur, Frische und Druck. Spannend ist der schon im vergangenen Jahr vorgestellte Grauburgunder Gern, der gute Konzentration und intensive Frucht zeigt, herrlich eindringlich und reintönig ist, gute Struktur, Kraft und Frucht besitzt.

Weinbewertung

85	2018 Riesling trocken „vom bunten Mergel"	12,5 %/9,80 €
90	2018 Grauburgunder trocken „Gern"	13,5 %/23,- €
88	2017 Chardonnay trocken Neckarhalde	13,5 %/15,- €
85	2019 Muskattrollinger Rosé trocken	12,5 %/9,80 €
86	2016 Blaufränkisch trocken Steillage	13,5 %/9,80 €
88	2015 Blauer Zweigelt trocken „Herzogen"	14,5 %/15,- €
89	2016 Blaufränkisch trocken „Felsen"	13,5 %/17,- €
88	2018 Spätburgunder trocken Esslinger	13,5 %/16,- €
90	2009 „Mélac"*** Rotwein trocken Esslinger Schenkenberg	13,5 %/21,- €
91	2015 „Mélac" Rotwein trocken	14,5 %/28,- €
92	2018 Spätburgunder trocken Neckarhalde	12,5 %/48,- €

Lagen
Schenkenberg (Esslingen)
Untere Herzogen (Esslingen)
Gern (Esslingen)
Neckarhalde (Esslingen)

Rebsorten
Lemberger (18 %)
Spätburgunder (15 %)
Riesling (12 %)
Merlot (10 %)
Zweigelt (10 %)
Muskattrollinger (10 %)
Grauburgunder (8 %)
Trollinger (7 %)

Lämmlin-Schindler

★★★✩

Kontakt
Müllheimer Straße 4
79418 Mauchen
Tel. 07635-440
Fax: 07635-436
www.laemmlin-schindler.de
weingut@laemmlin-schindler.de

Besuchszeiten
Mo.-Fr. 9-12 + 14-18 Uhr
Sa. 9-12 + 14-16:30 Uhr
Gutsausschank Gasthaus
„Zur Krone" in Mauchen

Inhaber/Betriebsleiter
Gerd Schindler
Kellermeister
Friedhelm Maier
Rebfläche
19,6 Hektar
Produktion
140.000 Flaschen

Weinbau ist seit dem 12. Jahrhundert in der Familie nachgewiesen, seit dem 17. Jahrhundert ist die Familie in Mauchen ansässig. 1995 übernahm Gerd Schindler das Gut, dem die Gastwirtschaft Zur Krone angeschlossen ist. Seine Weinberge liegen in den Mauchener Lagen Sonnenstück und Frauenberg, wo die Reben auf Kalkverwitterungsböden mit Lösslehmauflage wachsen, die Reben werden ökologisch bewirtschaftet. Wichtigste Rebsorte ist Spätburgunder, der gut ein Drittel der Fläche einnimmt. Es folgen Gutedel, Weißburgunder und Chardonnay, dazu gibt es unter anderem Grauburgunder, Sauvignon Blanc, Gewürztraminer und Riesling. Rotweine werden grundsätzlich im Holzfass ausgebaut.

Kollektion

Die weißen Ortsweine zeigen auch in diesem Jahr eine klare Handschrift: Sie sind leicht und elegant, mit einem feinen Frucht-Säurespiel, wie aus einem Guss, Rebsorte für Rebsorte ist klar erkennbar. Mit reifer, tiefgründiger Frucht, zurückhaltendem Bukett und guter Konzentration und Dichte ragen der Sauvignon Blanc und die druckvoll-fruchtige Cuvée von Weißburgunder und Chardonnay leicht heraus. Saftige, rauchige Würze und salzige Länge zeichnet den Chasselas Reserve aus. Mineralisch geprägt ist auch der Sonnenstück Weißburgunder aus erster Lage, er zeigt gute Konzentration und dichte, saftige Frucht. Der Sonnenstück-Grauburgunder hat ebenfalls eine feine Zitrus-Prägung, er ist noch etwas kräftiger. Das Große Gewächs vom Chardonnay vom Jahrgang 2017 aus dem Mauchener Frauenberg zeigt sehr feine Frucht und Würze im Bouquet, ist sehr elegant und spielerisch im Mund, besitzt gute Konzentration und Länge. Der Spätburgunder Ortswein zeigt klare, kühle Frucht. Fruchtbetont ist der Frauenfels Cabernet-Merlot, mit lebhafter Säure und sehr guter Tanninstruktur.

Weinbewertung

86	Lämmlin-Schindler Sekt brut	12,5%/13,-€
84	2018 Riesling trocken Mauchen	13%/9,80€
84	2019 Weißburgunder trocken Mauchen	13%/9,-€
86	2019 Weißburgunder & Chardonnay trocken	13,5%/9,-€
85	2018 Chardonnay trocken Mauchen	13,5%/9,-€
86	2019 Sauvignon Blanc trocken Mauchen	13,5%/9,50€
87	2018 Chasselas trocken „Reserve"	11,5%/10,20€
87	2018 Weißburgunder trocken „Alte Reben" Mauchen Sonnenstück	13,5%/12,50€
87	2018 Grauburgunder trocken „Selektion" Mauchen Sonnenstück	13%/12,50€
89	2017 Chardonnay trocken „GG" Mauchen Frauenberg	13,5%/23,-€
85	2016 Spätburgunder trocken Mauchen	12%/8,50€
88	Frauenfels Rotwein trocken	13,5%/19,50€

BADEN — DURBACH

★★★

Alexander Laible

Kontakt
Unterweiler 48
77770 Durbach
Tel. 0781-2842380
Fax: 0781-2842180
www.weingut-alexanderlaible.de
info@weingut-alexanderlaible.de

Besuchszeiten
Mo.-Fr. 14-18 Uhr
Sa. 9-17 Uhr

Inhaber/Betriebsleiter
Alexander Laible
Außenbetrieb
Eugen Schlindwein
Rebfläche
12,5 Hektar
Produktion
70.000 Flaschen

Alexander Laible, Sohn von Andreas Laible übernahm 2007 ein Anwesen am Eingang zum Durbachtal und im Herbst des gleichen Jahres erzeugte er seinen ersten eigenen Wein. Nach Winzerlehre und Ausbildung zum Weinbautechniker war er mehrere Jahre an der Mosel tätig, seit 2004 ist er wieder in der Ortenau. Seine Weinberge liegen zum Teil in Sinzheim bei Baden-Baden, in den Lagen Sätzler und Frühmessler, teils aber auch im Durbacher Plauelrain, auf Lagenbezeichnungen verzichtet Alexander Laible. Die Reben wachsen teils auf Lehmlöss, teils auf Kalkmergel und Muschelkalk. Riesling ist die wichtigste Rebsorte, nimmt knapp die Hälfte der Weinberge ein, dazu gibt es Spätburgunder, Weißburgunder, Grauburgunder, Chardonnay und Sauvignon Blanc, sowie ein wenig Scheurebe und Lemberger.

🍰 Kollektion

Wie auch in den vergangenen Jahren kann Alexander Laible mit klaren und rebsortentypischen Weinen punkten. Obwohl alle Weine im oberen trockenen Bereich liegen, zieht sich eine ansprechende Leichtigkeit durch die gesamte Kollektion, die sich recht geschlossen präsentiert. Bereits die Basis-Rieslinge Alte Reben, SL*** und Kalkmergel sind saftig und zeigen eine opulente Frucht ohne schwer zu werden. Ein ähnliches Bild zeichnet sich bei Chardonnay, Grauburgunder und Weißburgunder ab. SL*** ist jeweils etwas zarter und feiner während die Muschelkalk-Weine eine kleine Spur druckvoller auftreten. Aus der Premium-Linie dürfen wir in diesem Jahr einen Riesling und einen Sauvignon Blanc verkosten, die mehr Komplexität und Finesse mitbringen. Maria Sophie ist im ersten Moment verhalten, zeigt mit etwas Luft aber eine klare Stachelbeerfrucht, ist elegant und nachhallend. Tausend Sterne ist zum Zeitpunkt unserer Verkostung noch recht verschlossen, gibt aber durch eine gute Struktur und Länge Anzeichen für eine positive Entwicklung in den kommenden Jahren.

🍇 Weinbewertung

84	2019 Riesling*** trocken „Alte Reben"	13%/11,50€
84	2019 Riesling*** trocken „SL"	13%/12,-€
84	2019 Riesling trocken „Kalkmerkel"	13%/13,50€
84	2019 Weißer Burgunder*** trocken „SL"	13%/12,50€
84	2019 Chardonnay*** trocken „SL"	13%/12,50€
85	2019 Weißer Burgunder*** trocken „Muschelkalk"	13%/15,-€
85	2019 Chardonnay trocken „Muschelkalk"	13%/15,-€
83	2019 Grauer Burgunder*** trocken „SL"	13%/12,50€
84	2019 Grauer Burgunder*** trocken „Muschelkalk"	13%/15,-€
86+	2019 Riesling trocken „Tausend Sterne"	13%/22,-€
85	2019 Sauvignon Blanc*** trocken „Chara"	13%/14,50€
87	2019 Sauvignon Blanc*** trocken „Marie Sophie"	13%/22,-€

★★★★ Andreas Laible

Kontakt
Am Bühl 6
77770 Durbach
Tel. 0781-41238
Fax: 0781-38339
www.weingut-laible.de
post@andreas-laible.com

Besuchszeiten
Mo.-Fr. 8-11:30 + 13:30-18 Uhr
Sa. 8-16 Uhr
oder nach Vereinbarung

Inhaber
Andreas Christian Laible
Kellermeister
Andreas Christian Laible
Rebfläche
7,5 Hektar
Produktion
50.000 Flaschen

Bis ins 17. Jahrhundert lässt sich die Weinbautradition der Familie Laible in Durbach zurückverfolgen. Andreas Laible hatte zusammen mit Ehefrau Ingrid das Weingut in der Spitze der deutschen Rieslingerzeuger etabliert. Heute führt sein Sohn Andreas Christian Laible zusammen mit Ehefrau Petra den Betrieb. Ihre Weinberge liegen alle im Durbacher Plauelrain, einer teils sehr steilen Süd-Lage mit Granitverwitterungsböden, Porphyr, Gneis und Achat. In den letzten Jahren wurden für die Großen Gewächse zwei alte Lagennamen reaktiviert, die 1971 im Durbacher Plauelrain aufgingen. Das ist zum einen die Lage Am Bühl, unmittelbar am Weingut gelegen; zum anderen die Lage Stollenberg, die am östlichen Ortsrand von Durbach unterhalb der Ruine Stollenburg liegt. Gut die Hälfte der Rebfläche nimmt Riesling ein, ein Dutzend verschiedene Riesling-Klone werden angebaut, einige hat Andreas Laible sen. selbst selektioniert. Neben Riesling werden vor allem die Burgundersorten angebaut, Spätburgunder, Weißburgunder und Grauburgunder, aber auch Chardonnay, Traminer (Clevner) und Gewürztraminer, Scheurebe, Muskateller und Sauvignon Blanc. Der Achat als der Spitzen-Riesling des Weingutes ist seit dem Jahrgang 2005 nur noch die Nummer 2, wurde an der Spitze abgelöst durch das Große Gewächs, das seit dem Jahrgang 2013 den Namen der Gewanne Am Bühl auf dem Etikett trägt. Mit dem Jahrgang 2007 gab es erstmals ein Großes Gewächs vom Grauburgunder, 2010 dann vom Weißburgunder, der aber heute nicht mehr erzeugt wird, 2011 folgte ein Spätburgunder, 2013 ein Chardonnay, 2014 kam ein zweiter Grauburgunder aus der Gewanne Stollenberg hinzu. An der Spitze der Kollektion stehen heute insgesamt fünf Große Gewächse, die aus den Gewannen Am Bühl (Riesling, Grauburgunder, Chardonnay, Spätburgunder) und Stollenberg (Grauburgunder) kommen. Die zweite Stufe des Sortiment, unterhalb der Großen Gewächse, bilden die Erste Lage-Weine aus dem Plauelrain, die Basis stellen die Gutsweine dar. Neben trockenen Weinen werden auch süße und edelsüße Weine angeboten, Riesling vor allem, aber auch Traminer, Gewürztraminer und Scheurebe.

Kollektion

Wie auch in den vergangenen Jahren kann Andreas Laible mit einem hohen Einstiegsniveau punkten. Schon der „kleine" Riesling ist wunderbar saftig, frisch und animierend. Sehr gut sind auch die trockenen Aromarebsorten-Weine, die zwar jede Menge Frucht mitbringen, aber nicht klebrig-kitschig schmecken: Der Muskateller hat eine herrliche Exotik, die Scheurebe zeigt finessenreiche Aromen von Sauerampfer, Zitronenmelisse und Maracuja. Molliger und deutlich cremiger ist der Clevner Alte Reben, den Laible im alten Tonneau ausbaut, was einen Teil seiner Expressivität raubt, aber für mehr Druck und Komplexität sorgt, wenngleich wir eine gewisse alkoholische Schärfe nicht leugnen können. Bei den Rieslingen sehen wir 1782 und

Achat fast auf Augenhöhe, wobei letzterer mit einer scharfkantigeren Säurestruktur und einer kecken, bissigen Limettenaromatik die Nase leicht vorn hat. 1782 bleibt ruhiger und zeigt eine feine Aprikosenfrucht – die stilistischen Unterschiede sind hier größer als die qualitativen. Das Große Gewächs kann die Stärken beider Weine vereinen, hat den Biss vom Achat, die Tiefe vom 1782, wird durch eine ganz zarte Phenolik und eine präsente Frucht getragen. Ein Wein mit viel Druck, der derzeit noch viel Luft braucht. Bei den Grauburgunder Großen Gewächsen, sehen wir den im Tonneau ausgebauten Stollenberg vorn, der Saftigkeit, viel Cremigkeit, Würze und ein sehr schön eingebundenes Holz aufweist, während der Grauburgunder „Am Bühl" eher von seiner Fruchtaromatik lebt. Eine Spur komplexer ist das Große Gewächs vom Chardonnay, das im ersten Moment noch sehr vanillig ist, mit etwas Luft das Holz aber sehr schön einbindet. Schmelz und Saftigkeit stehen in einer guten Balance, die durch zart rauchige Töne und Aromen von Johannisbeere und Mirabelle aufrecht gehalten wird. Sehr überzeugend sind auch die edelsüßen Weine, bei denen Andreas Laible wieder einmal sein feines Gespür für Aromarebsorten unter Beweis stellt. Die Scheurebe Auslese ist wunderbar klar und tropisch, hat eine feine süße Frucht und eine gute straffe Säure. Sehr gut auch die Gewürztraminer Auslese, die durch ihre Klarheit besticht und kein bisschen der Bitternoten aufweist, die in Gewürztraminer häufig zu finden sind. Eine ebenfalls sehr gute duftige Clevner-Auslese setzt den Schlusspunkt unter eine überzeugende, klassische Kollektion.

Andreas Christian Laible

Weinbewertung

85	2019 Scheurebe trocken Durbacher Plauelrain	13,5 %/13,- €
86	2019 Riesling Kabinett trocken	12 %/10,- €
85	2019 Muskateller trocken	12,5 %/13,- €
85	2019 Weißer Burgunder trocken Durbacher Plauelrain	13 %/14,- €
86	2019 Riesling trocken „SL" Durbacher Plauelrain	12,5 %/14,- €
88	2019 Klingelberger trocken „1782" Durbacher Plauelrain	12,5 %/16,50 €
89	2019 Riesling trocken „Achat" Durbacher Plauelrain	12,5 %/18,50 €
91	2019 Riesling „GG" Am Bühl Durbacher Plauelrain	12,5 %/24,- €
88	2019 Grauer Burgunder „GG" Am Bühl Durbacher Plauelrain	13,5 %/24,- €
90	2019 Grauer Burgunder trocken „GG" Stollenberg Durbacher Plauelrain	13,5 %/24,- €
90	2019 Chardonnay trocken „GG" Am Bühl Durbacher Plauelrain	14 %/24,- €
84	2019 Clevner trocken „Alte Reben" Durbacher Plauelrain	14 %/15,- €
90	2019 Scheurebe Auslese Durbacher Plauelrain	11 %/16,50 €
88	2019 Clevner-Traminer Auslese Durbacher Plauelrain	12 %/16,50 €
89	2019 Gewürztraminer Auslese Durbacher Plauelrain	11 %/16,50 €

Lagen
Plauelrain (Durbach)
– Am Bühl (Durbach)
– Stollenberg (Durbach)

Rebsorten
Riesling (55 %)
Spätburgunder (13 %)
Weißburgunder (10 %)
Grauburgunder (6 %)
Gewürztraminer &
Traminer (5 %)
Chardonnay (3 %)
Muskateller (3 %)
Scheurebe (3 %)
Sauvignon Blanc (3 %)

RHEINHESSEN — LUDWIGSHÖHE

★★✩

Lamberth

Kontakt
Kirchstraße 20
55278 Ludwigshöhe
Tel. 06249-8611
Fax: 06249-906434
www.weingut-lamberth.de
info@weingut-lamberth.de

Besuchszeiten
Mo.-Sa. nach Vereinbarung

Inhaber
Armin & Carsten Lamberth

Rebfläche
19 Hektar

Produktion
60.000 Flaschen

Das Weingut Lamberth wird in dritter Generation von Armin Lamberth geführt. Inzwischen steigt mit Carsten Lamberth und Ehefrau Nicole, beide Weinbauingenieure, die nächste Generation in den Betrieb mit ein, wobei Carsten Lamberth bis 2011 acht Jahre lang Kellermeister beim Weingut Knipser in Laumersheim war. Im elterlichen Weingut war er schon zuvor für die Lagenweine aus den besten, kalkgeprägten Lagen wie Guntersblumer Himmelthal und Authental verantwortlich; dazu ist man in den Guntersblumer Lagen Kreuz-Kapelle und Steig-Terrassen, im Dienheimer Tafelstein und im Ludwigshöher Teufelskopf vertreten. Besondere Weine werden im Barrique ausgebaut, herausragende Weine werden als Reserveweine („R") gekennzeichnet, so der Riesling von alten Reben aus der östlichen Parzelle des Teufelskopfs, die durch starke Lösslehmauflage über Kalkstein geprägt ist, oder der Grauburgunder aus der Parzelle Himmelthal, dem Filetstück der gleichnamigen Einzellage (dünne Lösslehmauflage über Kalkstein), sowie der Himmelthal-Merlot.

Kollektion

Nach einer rot wie weiß starken Kollektion im vergangenen Jahr, trumpfen in diesem Jahr in der Spitze die Rotweine groß auf. Der 2015er Merlot R zeigt intensive Frucht und Würze, ist füllig und kraftvoll bei viel Substanz. Ebenfalls aus 2015 stammt der herrlich eindringliche Syrah, der reife Frucht, viel Kraft und gute Struktur besitzt. Der 2016er Pinot Noir „Très Fins" besitzt viel reife Frucht und Substanz, auch der Kalkstein-Spätburgunder aus demselben Jahrgang ist sehr gut. Die weißen Gutsweine sind klar und fruchtbetont, der zupackende Sauvignon Blanc gefällt uns besonders gut. Unser Favorit im weißen Segment ist der 2018er Grauburgunder aus dem Himmelthal, der sehr kompakt, füllig und kraftvoll ist. Spannend ist auch der Blanc de Noir-Sekt aus dem Jahrgang 2008, zeigt rauchig-würzige Noten, feine Reife, ist harmonisch, gereift, etwas süß.

Weinbewertung

85	2008 Pinot „Blanc de Noir" Sekt brut	12%/10,70€
82	2019 Silvaner trocken	12,5%/5,20€
82	2019 Cabernet Sauvignon & Merlot „Blanc de Noir" trocken	12%/7,-€
84	2019 Sauvignon Blanc trocken	12,5%/7,-€
82	2018 Riesling trocken „Kalkstein"	12,5%/7,-€
86	2018 Grauburgunder trocken Himmelthal	13%/12,50€
82	2019 Gewürztraminer trocken	13%/6,90€
83	2019 „Cuvée" Rosé trocken	11,5%/5,30€
85	2016 Spätburgunder trocken „Kalkstein"	13,5%/10,70€
89	2015 Merlot „R" trocken Guntersblumer Himmelthal	14%/23,-€
88	2015 Syrah trocken Steig-Terrassen	13%/17,50€
88	2016 Pinot Noir trocken „Très Fins"	13,5%/21,-€

MITTELRHEIN — OBERWESEL-DELLHOFEN

Goswin Lambrich

Kontakt
Auf der Kripp 3
55430 Oberwesel-Dellhofen
Tel. 06744-8066
Fax: 06744-8003
www.weingut-lambrich.de
info@weingut-lambrich.de

Besuchszeiten
Mo.-Fr. 8:30-12:30 Uhr
Di./Do./Fr. 14-18 Uhr
Sa. 9-12:30 Uhr
Gutsausschank

Inhaber
Christiane Lambrich-Henrich
& Matthias Lambrich

Rebfläche
15 Hektar

Produktion
90.000 Flaschen

Das Weingut Goswin Lambrich wird heute in dritter Generation von den Geschwistern Christiane Lambrich-Henrich und Matthias Lambrich geführt. Gerhard Lambrich hatte den Betrieb Mitte der siebziger Jahre von seinem Vater Goswin, dem Namensgeber des Weingutes, übernommen und mit der Selbstvermarktung begonnen. Innerhalb eines Jahrzehnts vergrößerte er den Betrieb und macht aus dem Hobby seinen Beruf, gab die anfänglich mitbetriebene Landwirtschaft komplett auf. Tochter Christiane ist nach ihrem Abschluss in Geisenheim 2002 in den Betrieb eingestiegen, ihr Bruder ist ausgebildeter Koch, war unter anderem bei Bareiss in Baiersbronn, hat dann in Geisenheim Internationale Weinwirtschaft studiert. Ihre Weinberge liegen überwiegend in Steillagen, in den Oberweseler Lagen Oelsberg, St. Martinsberg und Römerkrug, sowie im Dellhofener St. Wernerberg. Riesling nimmt drei Viertel der Rebfläche ein, dazu gibt es Spätburgunder, Weißburgunder, Cabernet Dorsa, Dornfelder, Sauvignon Blanc und Gewürztraminer.

Kollektion

Zwei Riesling Auslesen führten im vergangenen Jahr die Kollektion, in diesem Jahr nun ist die Spitze deutlich vielfältiger. Der Sauvignon Blanc ist füllig und saftig, was auch für den vanilleduftigen, im Barrique ausgebauten Weißburgunder gilt. Sehr gut gefällt uns auch der Roter Riesling, der gelbe Früchte im Bouquet zeigt, reife süße Frucht und gute Struktur besitzt. Die feinherbe Cuvée Goswin ist würzig und eindringlich, der Vollsteil-Riesling besitzt viel reife Frucht. Die Riesling Spätlese ist zupackend, enorm süß, was von der Auslese noch getoppt wird, die viel Süße, Säure und Grip besitzt. Sehr gut sind auch die beiden vorgestellten Rotweine: Der 2018er Spätburgunder ist rauchig, strukturiert und fruchtbetont, die 2015er Cuvée Goswin, Spätburgunder und Cabernet Dorsa, zeigt rote und dunkle Früchte im Bouquet, ist kraftvoll und tanninbetont bei viel Substanz.

Weinbewertung

84	2019 Sauvignon Blanc trocken Oberweseler	12,5%/10,10€
81	2019 Riesling trocken „Blauschiefer" Oberweseler	14%/8,90€
80	2019 Riesling Hochgewächs trocken Oberweseler	12,5%/6,90€
85	2019 Roter Riesling trocken Oberweseler St. Martinsberg	12,5%/12,90€
85	2018 Weißer Burgunder trocken Barrique Oberweseler	13,5%/14,50€
84	2019 „Cuvee Gowin" Weißwein „feinherb"	12%/8,90€
81	2019 Riesling Hochgewächs halbtrocken Oberweseler	13%/6,90€
84	2019 Riesling „feinherb" „Vollsteil" Oberweseler	12,5%/9,90€
84	2019 Riesling Spätlese Dellhofener St. Wernerberg	7,5%/11,90€
85	2019 Riesling Auslese Oberweseler St. Martinsberg	8%/15,90€
85	2018 Spätburgunder trocken Oberweseler	13%/10,-€
86	2015 „Cuvee Gowin" Rotwein trocken	14%/15,90€

BADEN ▶ VOGTSBURG-OBERROTWEIL

★★★★✫

Landerer

Kontakt
Niederrotweil 3, 79235
Vogtsburg-Oberrotweil
Tel. 07662-1070
Fax: 07662-94485
www.weingut-landerer.de
info@weingut-landerer.de

Besuchszeiten
Mo.-Fr. 8-12 + 14-17:30 Uhr
Sa 8-16 Uhr
und nach Vereinbarung
Ferienwohnungen(****)

Inhaber
Karin & Johannes Landerer

Betriebsleiter/Kellermeister/Außenbetrieb
Johannes Landerer

Rebfläche
22 Hektar

Produktion
150.000 Flaschen

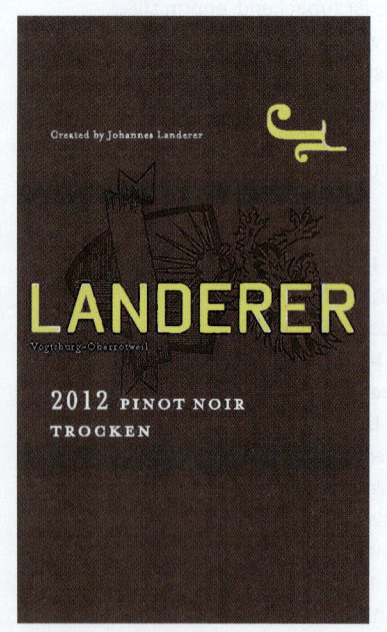

Das Weingut Landerer ist aus einem bäuerlich-landwirtschaftlichen Betrieb entstanden und wurde seit 1989 von Thomas und Karin Landerer geführt; seit dem Tod von Thomas Landerer führt Karin Landerer den Betrieb zusammen mit ihrem Sohn Johannes, der nach seiner Technikerausbildung bei Weingütern in Deutschland und Italien arbeitete und seit 2013 im elterlichen Weingut tätig ist. 1989 gab es 6 Hektar Reben, die Ernte wurde zum Teil als Trauben, zum Teil als Fasswein weiterverkauft. Thomas und Karin Landerer sanierten den Winzerhof und erweiterten die Rebfläche. Die Weinberge befinden sich in den Oberrotweiler Lagen Käsleberg, Henkenberg und Eichberg sowie im Leiselheimer Gestühl. Spätburgunder nimmt 40 Prozent der Rebfläche ein, Grauburgunder 30 Prozent.

Kollektion

Johannes Landerer pirscht sich weiter an die Spitzengruppe der Kaiserstühler Winzer heran. Er schärft weiter das Profil seiner Weine: Moderat im Alkoholgehalt, der Fokus der prinzipiell durchgegorenen Weine liegt auf Struktur, ohne das Herausarbeiten der Frucht zu vernachlässigen. Die Ortsweine sind klar und reintönig. Der Weißburgunder ist sehr saftig, der Grauburgunder sehr sortentypisch. Die Cuvée aus Weißburgunder und Chardonnay zeigt dezent rauchige Noten, besitzt helle Frucht und viel Saft. Der Chardonnay spielt bereits in einer höheren Liga mit filigraner Struktur, Eleganz und Tiefe. Die beiden Sauvignon Blanc sind wieder eine Klasse für sich. Die ganze Frucht-Klaviatur der Sorte spielt der Ortswein, beim Fumé verändert der Ausbau im Holz die Aromatik in Richtung Feuerstein und gewürztem Rhabarber-Kompott. Johannes Landerer kann auch Spätburgunder: Schon die Ortsweine glänzen mit kühler Frucht und präziser Säurestruktur, der Henkenberg ist sehr saftig und fruchtig-elegant, der Eichberg ist etwas dichter, besitzt mineralische Kraft.

Weinbewertung

86	2019 Weißburgunder trocken Oberrotweiler	12,5%/9,-€
85	2019 Grauburgunder trocken Oberrotweiler	12,5%/9,50€
87	2019 Sauvignon Blanc trocken Oberrotweiler	12%/10,-€
86	2019 Weißburgunder & Chardonnay trocken Oberrotweiler	12,5%/10,-€
89	2019 Sauvignon Blanc trocken „Fumé"	13%/20,-€
88	2019 Chardonnay trocken „Schwarze Erde" Leiselheimer	12,5%/13,-€
88	2018 Weißburgunder trocken Leiselheimer Gestühl	13%/18,-€
84	2018 „Insider" Rotwein trocken Oberrotweiler	13,5%/10,50€
87	2018 Spätburgunder trocken „Alte Reben" Oberrotweiler	13%/10,50€
88	2018 Pinot Noir trocken „Schwarze Erde" Oberrotweiler	13%/13,50€
89	2018 Spätburgunder trocken Oberrotweiler Henkenberg	13%/22,-€
90	2018 Spätburgunder trocken Oberrotweiler Eichberg	13%/32,-€
88	2018 Syrah trocken Oberrotweiler Kirchberg	13,5%/25,-€

BADEN ▸ VOGTSBURG-OBERBERGEN

★★

Daniel Landerer

Kontakt
Furtmatten 18, 79235
Vogtsburg-Oberbergen
Tel. 07662-9358344
info@daniellanderer.de

Besuchszeiten
Sa. 10-13 Uhr,
Verkauf nach Vereinbarung

Inhaber
Daniel Landerer
Betriebsleiter
Daniel Landerer
Kellermeister
Daniel Landerer
Außenbetrieb
Klaus & Cornelia Landerer
Rebfläche
4,5 Hektar
Produktion
22.500 Flaschen

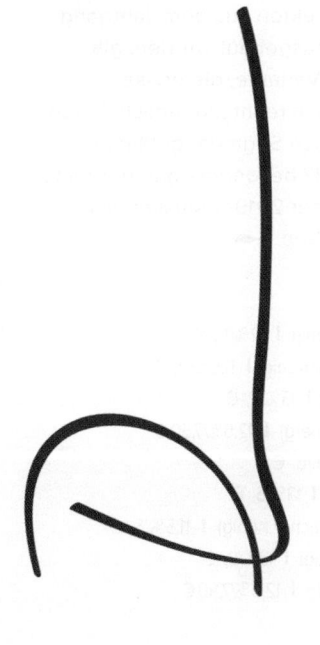

Daniel Landerer hat nach Ausbildungen zum Weintechnologen und Winzer bei Arndt Köbelin gearbeitet und 2013 das eigene Weingut in Oberbergen gegründet. Die Eltern waren bis zu diesem Zeitpunkt Genossenschaftswinzer. Der Betrieb wird nach und nach auf Selbstvermarktung umgestellt. Nicht geeignete Rebflächen wurden abgeben, kleinparzellierte Grundstücke mit Gesteinsboden wurden zugekauft und mit schwachwachsenden Burgunderklonen aus Frankreich bepflanzt. Im Weinberg wird schonend und naturnah gearbeitet, im Keller arbeitet Landerer nach dem Prinzip des geringstmöglichen Eingriffes: Spontangärung, lange Hefekontakte, keine Süßung.

Kollektion

Daniel Landerer Sortiment besitzt eine klar gegliederte Struktur und eine ebenso klare Stilistik. Alle Weine sind durchgegoren. Daniel Landerer hat auch keine Angst vor Säure. Die Gutsweine sind frisch und klar, mit anspringender, zupackender Frucht. Die Lagenweine: Weißburgunder Langeneck mit konzentrierter Eleganz und präziser, würzig-mineralischer Länge. Chardonnay Steingrube: Feuerstein, viel Frucht und Würze am Gaumen, bei aller Konzentration sehr schlank, Phenolik, Salz und Säure straffen den Wein. Elegantfruchtig ist der Grauburgunder Kirchberg, mit steiniger Würze am Gaumen, druckvoll, mineralisch und präzise. Bei den Spätburgundern – alle vier vom Jahrgang 2017 – setzt Daniel Landerer ganz deutlich auf Säure und damit auf ein sicheres Reifepotenzial. Diese Weine werden auch in einigen Jahren noch stehen wie eine Eins und an Charme und Eleganz gewinnen. Spätburgunder Kirchberg: Rappige, saftig-kühle Frucht, eindringliche Würze, deutliche Konzentration. Spätburgunder Schlossberg: Ein sehr komplexer, filigraner Wein, der viele Facetten des Pinot ausleuchtet.

Weinbewertung

85	2019 Müller-Thurgau	12%/7,-€
85	2019 Auxerrois	12%/8,80€
85	2019 Weißburgunder	13%/8,80€
85	2019 Grauburgunder	13%/8,80€
85	2019 Pinot „trifft" Chardonnay	12,5%/8,80€
86	2019 Sauvignon Blanc	12,5%/8,80€
86	2019 Grauburgunder Bassgeige	13%/12,50€
88	2018 Weißburgunder Langeneck	13%/22,50€
87	2018 Grauburgunder „AR" „Heimatgut"	13%/22,50€
88	2018 Grauburgunder Kirchberg	13%/22,50€
89	2018 Chardonnay Steingrube	13%/22,50€
86	2017 Spätburgunder „Junge Reben"	13%/11,50€
87	2017 Spätburgunder „AR" „Mein Wein"	13%/18,50€
89	2017 Spätburgunder Kirchberg	13%/25,-€
90	2017 Spätburgunder Schlossberg	13%/30,-€

Anita Landesvatter

Kontakt
Schlossstraße 15
74336 Brackenheim
Tel. 07135-9318781
Fax: 07135-9318782
www.weingut-landesvatter.de
info@weingut-landesvatter.de

Besuchszeiten
Fr. 14-18 Uhr
Sa. 11-16 Uhr
oder nach Vereinbarung

Inhaber
Anita Landesvatter
Kellermeister
Anita Landesvatter
Rebfläche
5 Hektar
Produktion
40.000 Flaschen

Nach ihrer Winzerlehre arbeitete Anita Landesvatter ein Jahr in Kalifornien, schon während der anschließenden Technikerausbildung gründete sie 1998 auf dem Anwesen der Eltern und Großeltern in Brackenheim ihr eigenes Weingut. Zusammen mit ihrem Ehemann bewirtschaftet sie 5 Hektar Weinberge im Diefenbacher König sowie in Brackenheim (Zweifelberg) und in Haberschlacht (Dachsberg), die Reben wachsen auf Keuper- und Sandsteinböden. Trollinger und Lemberger sind die wichtigsten Rebsorten, nehmen jeweils ein Fünftel der Fläche ein, es folgen Riesling und Muskattrollinger. Dazu gibt es Muskateller, Chardonnay, Weißburgunder und Cabernet Mitos, aber auch Acolon, Portugieser, Dornfelder, Traminer und Silvaner. Die Rotweine, 70 Prozent der Rebfläche, werden maischevergoren, die Spitzenweine werden im Holz ausgebaut.

Kollektion

Ein sehr gut, im Holz ausgebauter Trollinger war im vergangenen Jahr unser Favorit in einer sehr gleichmäßigen Kollektion. Einen Trollinger konnten wir dieses Jahr nicht verkosten, aber erneut sind es die Rotweine, die uns besonders gut gefallen. Aus dem Jahrgang 2018 stammt der im Holz ausgebaute 44er, zeigt intensive Frucht im Bouquet, rote und dunkle Früchte, ist frisch und zupackend im Mund, fruchtbetont und strukturiert. Aus dem Jahrgang 2014 stammt der Cabernet Mitos, zeigt enorm viel Frucht im Bouquet, ist intensiv und eindringlich, besitzt viel Frucht auch im Mund, gute Struktur und Frische. Unter den beiden Weißburgunder-Sekten aus dem Jahrgang 2018, die beide zwölf Monate auf der Hefe ausgebaut wurden, gilt unsere leichte Präferenz der brut dosierten Variante, die etwas griffiger ist, fruchtbetont und zupackend, noch recht jugendlich, beide zeigen intensive Frucht im Bouquet. Im weißen Segment gefällt uns der 2 Sterne-Riesling aus dem Jahrgang 2017 besonders gut, der feine Reife im Bouquet zeigt, füllig und saftig ist, der 2019er Muskateller punktet mit reintöniger Frucht, Frische und Grip.

Weinbewertung

83	2018 Weißburgunder Sekt brut Diefenbacher König	12%/11,-€
82	2018 Weißburgunder Sekt trocken Diefenbacher König	11,5%/11,-€
81	2019 Chardonnay trocken (Diefenbacher König)	13%/6,-€
83	2017 Riesling** trocken (Haberschlachter Dachsberg)	12,5%/7,50€
80	2019 Kerner trocken (Diefenbacher König)	13%/6,-€
82	2019 Muskateller trocken (Diefenbacher König)	13%/6,-€
81	2019 Muskat-Trollinger „Blanc de Noir" (Diefenbacher König)	11,5%/6,-€
84	2018 „44er" Rotwein trocken (Diefenbacher König)	13%/8,-€
84	2014 Cabernet Mitos trocken Diefenbacher König	12,5%/7,90€

RHEINHESSEN ▬ SAULHEIM

Landgraf

★★★★

Kontakt
Außerhalb 9
55291 Saulheim
Tel. 06732-5126
Fax: 06732-62646
www.weingut-landgraf.de
info@weingut-landgraf.de

Besuchszeiten
nach Vereinbarung

Inhaber
Andre Landgraf
Betriebsleiter
Andre Landgraf
Kellermeister
Andre Landgraf
Rebfläche
20 Hektar
Produktion
150.000 Flaschen

Seit 1752 betreibt die Familie Weinbau. Bernd Landgraf konzentrierte sich zunehmend auf Weinbau und erweiterte die Rebfläche. Seit 2001 wird er im Betrieb unterstützt von Sohn Andre, Geisenheim-Absolvent, der ihn inzwischen übernommen hat. Der ältere Bruder Johannes gründete 2006 mit seiner Ehefrau Julia das Weingut Becker-Landgraf in Gau-Odernheim. Die Weinberge liegen allesamt in Saulheim, etwa 20 Kilometer südwestlich von Mainz, in den Lagen Hölle, Schlossberg und Haubenberg. Der Schlossberg ist eine geschützte, leicht ansteigende Lage, deren Boden aus tertiärem Mergel mit einer Kalksteinschicht besteht. Die Hölle ist eine offene, nach Süden ausgerichtete Hanglage, deren Boden aus tiefgründigem Löss besteht, der mit Kalkstein durchsetzt ist. Sortenschwerpunkte sind Riesling mit inzwischen 40 Prozent Anteil an der Gesamtfläche, die weißen Burgunder – Weißburgunder und Grauburgunder – sowie Spätburgunder, mit steigender Tendenz. Dazu gibt es Chardonnay, etwas Silvaner und Portugieser, zuletzt wurden ein wenig Cabernet Sauvignon und Merlot gepflanzt. Weiße Rebsorten nehmen knapp drei Viertel der Rebfläche ein. Die Weine werden zum größten Teil direkt an den Endverbraucher vermarktet. Seit 2004 werden die Weinberge biologisch bewirtschaftet. Das Sortiment ist klar gegliedert in Gutsweine, Ortsweine (Saulheimer) und die Spitzenweine mit Lagenbezeichnung, Rieslinge aus Schlossberg und Hölle sowie Weißburgunder und Spätburgunder aus der Hölle. Vielleicht kommen zukünftig Lagenweine aus dem Haubenberg hinzu, wo Andre Landgraf Riesling und Spätburgunder gepflanzt hat. Bei den Weißweinen arbeitet Andre Landgraf mit Maischestandzeiten, Spontangärung und langem Feinhefelager, ausgebaut werden sie teils im Edelstahl, teils im Holz, auch die Weißweine durchlaufen oft ganz oder teilweise die malolaktische Gärung. Rotweine werden maischevergoren und im kleinen oder großen Holzfass ausgebaut. Orts- und Lagenweine werden prinzipiell nicht filtriert. Die Weine haben in den letzten Jahren stetig an Profil gewonnen. Seit 2006 werden alle mit den natürlichen Hefen vergoren, inzwischen wird selbst bei den Gutsweinen mit Maischestandzeiten gearbeitet. Diese Gutsweine sind stets von guter, zuverlässiger Qualität, überzeugen mit reintöniger Frucht. Die Ortsweine bringen eine weitere Steigerung, ein Mehr an Fülle und Kraft. Die herausragenden Weine aber sind die Lagenweine, die in den letzten Jahren stets zu den Jahrgangsbesten in Rheinhessen gehörten.

Kollektion

Andre Landgraf präsentiert seit vielen Jahren enorm zuverlässige Kollektionen, in denen die Dreiteilung in Guts-, Orts- und Lagenweine immer sehr gut durch eine Qualitätssteigerung der jeweiligen Weine nachzuvollziehen ist. Und das Einstiegsniveau ist immer hoch, das gilt auch in diesem Jahr wieder. Der Guts-Riesling ist fruchtbetont und reintönig im Bouquet, zeigt etwas gelbe Früchte, Pfirsiche, ist kompakt und klar dann im Mund. Ein klein wenig besser gefallen uns im Jahrgang 2019 die weißen Burgunder. Der Weißburgunder zeigt dezent rauchige Noten im Bouquet, ist frisch, klar und zupackend im Mund, der Grauburgunder ist etwas würziger und eindringlicher, aber ebenso frisch und zupackend bei feiner süßer Frucht. Einen deutlichen Qualitätssprung bieten die Saulheimer Ortsweine. Der Grauburgunder zeigt gute Konzentration und viel reife Frucht, ist füllig und kraftvoll, besitzt reife Frucht und Substanz. Etwas druckvoller und präziser ist der Weißburgunder, der gute Konzentration und reintönige Frucht zeigt, wunderschön füllig und saftig ist, feine Frische und Länge besitzt. Gleichauf sehen wir den wunderschön saftigen Saulheimer Riesling, der reintönig und füllig ist, kraftvoll, reife Frucht und Substanz besitzt. Auch der Saulheimer Spätburgunder präsentiert sich in prächtiger Form, zeigt reintönige Frucht, feine Frische, rote Früchte, ist klar und zupackend bei guter Fülle und Frucht. Die nächste Steigerung folgt mit den Lagenweinen. Der Weißburgunder aus der Hölle, Jahrgang 2018, zeigt gute Konzentration und viel reife Frucht, besitzt Fülle und Kraft, Struktur, viel reife Frucht und Substanz. Die beiden Lagen-Rieslinge sehen wir im Jahrgang 2019 gleichauf. Der Wein aus dem Schlossberg ist würzig, dominant, herrlich eindringlich im Bouquet, stoffig und druckvoll im Mund, kraftvoll und klar. Sein Kollege aus der Hölle ist sehr offen im Bouquet, zeigt viel reife Frucht, gelbe Früchte, ist dann überraschend stoffig und etwas verschlossen im Mund, jugendlich, besitzt aber viel Länge. Ebenfalls hervorragend ist der 2017er Spätburgunder aus der Hölle, zeigt reintönige Frucht, feine Frische, ist fruchtbetont, zupackend und strukturiert. Starke Kollektion!

Weinbewertung

85	2019 Weißburgunder trocken	12%/8,50€
85	2019 Grauburgunder trocken	12,5%/8,50€
84	2019 Riesling trocken	12%/8,50€
88	2019 Weißburgunder trocken Saulheimer	12,5%/12,50€
87	2019 Grauburgunder trocken Saulheimer	13%/12,50€
88	2019 Riesling trocken Saulheimer	12%/12,50€
89	2018 Weißburgunder trocken Saulheimer Hölle	13%/21,-€
90	2019 Riesling trocken Saulheimer Hölle	12,5%/21,-€
90	2019 Riesling trocken Saulheimer Schlossberg	12%/21,-€
88	2018 Spätburgunder trocken Saulheimer	13%/13,50€
90	2017 Spätburgunder trocken Saulheimer Hölle	13%/22,-€

Lagen
Schlossberg (Saulheim)
Hölle (Saulheim)
Haubenberg (Saulheim)

Rebsorten
Riesling (40 %)
Weißburgunder (20 %)
Grauburgunder (16 %)
Spätburgunder (13 %)

BADEN ▬ FREIBURG-WALTERSHOFEN

Landmann

★ ☆

Kontakt
Umkircher Straße 29
79112 Freiburg-Waltershofen
Tel. 07665-6756
Fax: 07665-51945
www.weingut-landmann.de
info@weingut-landmann.de

Besuchszeiten
Mo.-Sa. 8-18 Uhr
Geführte Weinproben
auf Anfrage
7 Ferienwohnungen

Inhaber
Jürgen Landmann
Kellermeister
Jürgen Landmann
Rebfläche
29 Hektar
Produktion
150.000 Flaschen

Josef Landmann hatte seine Trauben immer an die Genossenschaft abgeliefert. Als seine Söhne Peter und Jürgen das Weingut 1995 mit 2 Hektar Weinbergen übernahmen, bauten sie einen eigenen Keller und begannen mit der Selbstvermarktung. Inzwischen ist Jürgen Landmann alleiniger Inhaber. Das Gros der Weinberge liegt in der Lage Freiburg-Waltershofener Steinmauer, hinzu kommen Weinberge im Freiburger Kapellenberg und im Merdinger Bühl. Spätburgunder ist die wichtigste Rebsorte, nimmt zwei Fünftel der Fläche ein. Hinzu kommen Weißburgunder, Müller-Thurgau, Grauburgunder, Sauvignon Blanc und Chardonnay, sowie Cabernet Sauvignon, Gewürztraminer, Riesling und Bronner. Von Anfang an wurden die Weine unter Verzicht auf Prädikatsbezeichnungen konsequent trocken ausgebaut. Seit 2007 werden die Weinberge kontrolliert biologisch bewirtschaftet (Mitglied bei Bioland).

Kollektion

Eine Reihe von viel versprechenden Fassproben präsentiert Jürgen Landmann in diesem Jahr. Aber auch die gefüllten Gutsweine des Jahrgangs 2019 sind gut - fruchtbetont, zupackend, saftig bis mineralisch und nicht schwer. Und bis auf Riesling, Rosé und die Cuvée durchgegoren. Von der Hefe geprägt ist der frische Sekt, gut strukturiert mit feinem salzigem Finale. Noch sehr unruhig war bei den Verkostungen der Chardonnay SL. Der Pinot Blanc SL zeigt deutlich weniger Holz im Bouquet, auch am Gaumen setzt sich eine zupackende Frucht mit pointierter Säure und salziger Länge durch. Dicht und füllig ist der wuchtige Jahrgangsvorgänger. Der Pinot Gris zeigt sehr feine Würze im Bouquet, viel Substanz am Gaumen, viel Spiel und mineralische Länge. Der Sauvignon Blanc SL ist im Fumé-Stil gehalten, etwas Feuerstein, unaufdringliche, elegante Frucht, salzige Länge. Rappige Würze zeigt der Pinot Noir, besitzt eine gute Tanninstruktur, ist jugendlich.

Weinbewertung

84	Pinot & Chardonnay Sekt brut	12%/13,90 €
82	2019 „Cuvée La Tuni" Weißwein	11,5%/6,90 €
84	2019 Pinot Blanc trocken Freiburger Steinmauer	12,5%/9,90 €
83	2019 Riesling Freiburger Steinmauer	11%/9,90 €
84	2019 Pinot Gris trocken	13%/9,90 €
84	2019 Chardonnay trocken Freiburger Steinmauer	12,5%/12,20 €
85	2018 Pinot Blanc „SL" trocken Freiburger Steinmauer	14,5%/19,90 €
(86)	2019 Pinot Blanc „SL" trocken Freiburger Steinmauer	12,5%/19,90 €
(87)	2019 Pinot Gris trocken Barrique Freiburger Steinmauer	13%/21,60 €
(87)	2019 Sauvignon Blanc „SL" trocken Freiburger Steinmauer	13%/19,90 €
(85)	2019 Chardonnay „SL" trocken Freiburger Steinmauer	13%/19,90 €
81	2019 Pinot Noir Rosé trocken	11,5%/8,90 €
(87)	2018 Spätburgunder „SL" trocken Freiburger Steinmauer	13,5%/19,90 €

LANDMANN
SEIT 1730
Pinot Blanc
Baden Tuniberg Qualitätswein
TROCKEN
FREIBURG

BADEN ► STAUFEN

Peter Landmann

★★

Kontakt
Auf dem Rempart 2
79219 Staufen
Tel. 07633-5510
Fax: 07633-500472
www.landmann-wein.de
info@landmann-wein.de

Besuchszeiten
Mo.-So. 10-18 Uhr
„Weinbrunnen" Mo.-So. 11-22 Uhr (Dez.-Feb. jeweils eingeschränkte Öffnungszeiten) Rebbergführungen, Sektempfänge, Events; Veranstaltungen im Gewölbekeller (Konzerte, Ausstellungen)

Inhaber/ Betriebsleiter
Kellermeister/Außenbetrieb
Peter Landmann
Rebfläche
23 Hektar
Produktion
120.000 Flaschen

Peter Landmann hatte zusammen mit seinem Bruder Jürgen das Weingut Landmann in Freiburg-Waltershofen am Tuniberg aufgebaut. 2013 trennten sie sich, er übernahm die Winzergenossenschaft Staufen und wandelte sie in ein privates Weingut um. Neben den eigenen Weinbergen, die biologisch bewirtschaftet werden (Bioland), verarbeitet er im Weinhaus Peter & Judit Landmann die Trauben von ehemaligen Genossenschafts-Winzern. Seine Weinberge liegen teils im Markgräflerland im Staufener Schlossberg und im Ehrenstetter Ölberg, teils am Tuniberg in den Lagen Kapellenberg und Steinmauer. In Judit Landmanns Heimat in Villány (Ungarn) bauen sie Syrah, Cabernet Sauvignon, Cabernet Franc und Merlot an. Spätburgunder und Gutedel sind die wichtigsten Rebsorten, nehmen jeweils ein gutes Viertel der Rebfläche ein, es folgen Graub800under, Weißburgunder, Chardonnay und Müller-Thurgau, aber auch Cabernet Sauvignon, Cabernet Franc, Syrah, Sauvignon Blanc, Gewürztraminer, Riesling, Muskateller und Merlot werden angebaut.

Kollektion

Sehr gut gefällt uns in diesem Jahr der Syrah „Margit" aus der Serie „Judit Landmann – Meine Wurzeln", der aus Villány stammt. Er ist sehr reintönig mit dem typischen Aroma von schwarzem Pfeffer und dunklen Beeren, am Gaumen sehr saftig, nicht zu üppig, eher elegant, mit jugendlichen Tanninen. Der Spätburgunder von 2016 hat sich gut entwickelt, ist am Gaumen fein und saftig, die Tannine sind bereits angeschliffen. Opulent und kraftvoll verspielt ist der saftig-süße Gewürztraminer. Der Graubmourguner zeigt reife gelbe Steinfrucht im Bouquet, am Gaumen kommt saftige Würze dazu. Der Auxerrois zeigt reife gelbe Früchte und feinwürzige Aromen vom Holz, gutes Mundgefühl mit saftiger Säure und salziger Länge. Feinduftig und hellfruchtig ist der Weißburgunder, besitzt Schmelz, viel Stoff, gute Struktur und eine feine Säure. Eindringlich im Bouquet ist der Sauvignon Blanc mit dominantem Minze-Aroma mit Johannisbeere, zupackend und saftig am Gaumen. Der Gutedel zeigt im Bouquet viel Frucht und dezent grüne Nussschale, am Gaumen wenig Säure.

Weinbewertung

82	2019 Gutedel trocken Staufener Schlossberg	11%/6,90€
85	2019 Sauvignon Blanc trocken Staufener Schlossberg	13%/9,90€
86	2019 Auxerrois Spätlese trocken Ehrenstetter Ölberg	13%/12,50€
85	2019 Weißer Burgunder „S" trocken Ehrenstetter Ölberg	13%/12,50€
86	2019 Grauer Burgunder Spätlese trocken Ehrenstetter Ölberg	13,5%/12,50€
85	2018 Gewürztraminer	13%/12,50€
88	2016 Spätburgunder trocken Barrique Staufener Schlossberg	13,5%/19,50€
88	2015 Syrah Barrique „Margit"	13,5%/19,50€

WEINGUT
PETER
LANDMANN

BADEN ▶ FREIBURG-MUNZINGEN

★★✩

Philipp Lang

Kontakt
Alter Weg 52
79112 Freiburg-Munzingen
Tel. 07664-59283
Fax: 07664-400052
www.philipp-lang.com
contact@philipp-lang.com

Besuchszeiten
nach Vereinbarung Mo.-Sa.

Inhaber
Philipp Lang

Rebfläche
10 Hektar

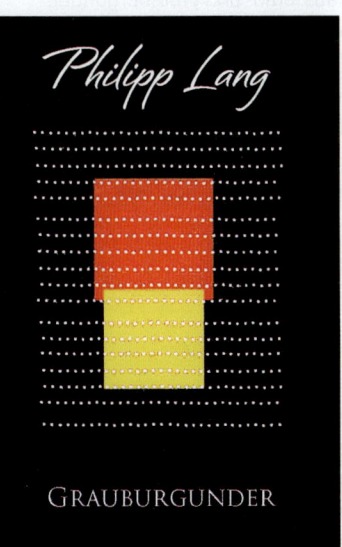

Seit mehreren Generationen betreibt die Familie Weinbau und eine Küferei am Tuniberg. 2009 gründete Philipp Lang nach Abschluss seines Geisenheim-Studiums zusammen mit seinem Vater Meinrad Lang das Weingut. Die Reben wachsen alle auf tiefgründigen Löss-Lehmböden im Munzinger Kapellenberg. Spätburgunder, Grauburgunder und Weißburgunder nehmen zusammen 70 Prozent der Rebfläche ein. Hinzu kommen 15 Prozent Riesling, aber auch Muskateller, Gewürztraminer und Müller-Thurgau, inzwischen auch Syrah. Die Weißweine werden kalt vergoren, lagern meist bis zum Frühjahr auf der Hefe, die Spätburgunder werden entrappt und lange auf der Maische vergoren, dann überwiegend in Stückfässern oder im Barrique ausgebaut.

🎂 Kollektion

Im vergangenen Jahr zeigte uns Philipp Lang eine umfangreiche Kollektion, die erstmals zwei Sekte enthielt: Einen fruchtbetonten, lebhaft-frischen Rosé und einen füllig-saftigen, harmonischen Pinot Blanc. Spannend waren unter anderem auch zwei edelsüße Weine: Eine intensive, harmonisch gereifte Spätburgunder-Beerenauslese von 2013 und ein nach kandierten Früchten duftender Spätburgunder-Eiswein. Deutlich kleiner ist die diesjährige Kollektion: Der Rivaner ist reintönig, im Bouquet zeigen sich fruchtige und steinig-erdige Aromen, auch Mandel, am Gaumen angenehm, spielerisch leicht, genügend Substanz und Säure bringen Harmonie. Der Riesling zeigt ein intensives, fruchtbetontes Bouquet mit reifer, voller Frucht, besitzt viel süße Frucht, ist sehr klar und reintönig. Der feinherbe Riesling hat ein ebenso intensiv-fülliges, fruchtbetontes Bouquet. Am Gaumen viel süße Frucht, eine feine Säure lässt den Wein leicht und spielerisch wirken, er ist sehr reintönig und strahlend klar. Der Rosé zeigt Frucht und Kräuter im Bouquet, viel rote Frucht am Gaumen, Schmelz und Säure. Der Weißburgunder zeigt ein komplexes Bouquet, besitzt kräftig-trockenen Schmelz im Mund, stoffige, salzige Länge. Der Grauburgunder zeigt gelbe Früchte in der Nase, er ist füllig und kraftvoll, viel Schmelz am Gaumen, Säure hält den Wein lebendig. Der Chardonnay zeigt reife, buttrige Frucht, am Gaumen setzt sich die Frucht mit fülliger Wärme durch.

🍇 Weinbewertung

82	2019 Rivaner trocken	12%/5,-€
83	2019 Weißburgunder Kabinett trocken	13%/7,20€
84	2019 Grauburgunder Spätlese trocken	14%/9,20€
83	2019 Riesling Spätlese trocken	12%/8,40€
85	2018 Chardonnay Spätlese	14%/12,90€
83	2019 Riesling Spätlese „feinherb"	11,5%/8,40€
82	2019 Spätburgunder Rosé Kabinett	12%/6,40€

FRANKEN ▶ HAMMELBURG

★★★

Lange – Schloss Saaleck

Kontakt
Am Marktplatz 1
97762 Hammelburg
Tel. 09732-7887450
Fax: 09732-7887451
www.weingut-schloss-saaleck.de
info@weingut-schloss-saaleck.de

Besuchszeiten
Vinothek im Rathaus Mo.-Fr. 9-13 + 14-18 Uhr, Sa. 9-14 Uhr, So. (Juni-Okt.) 11-16 Uhr
Wohnmobilstellplatz

Inhaber
Ulrike Lange
Betriebsleiter/Kellermeister
Thomas Lange
Rebfläche 18 Hektar

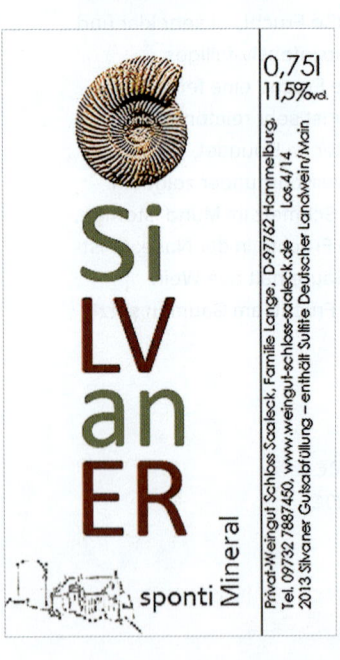

Hammelburg nennt sich „älteste Weinstadt Frankens", denn in einer Schenkungsurkunde Karl des Großen aus dem Jahr 777 ist erstmals Weinbau in Franken dokumentiert. Schloss Saaleck, lange Zeit in Klosterbesitz, wurde 1816 Bayerische Staatsdomäne, nach mehreren Besitzerwechseln wurde aus dem Betrieb das Städtische Weingut der Stadt Hammelburg. 2011 verkaufte die Stadt das Weingut an die Familie Lange aus Bergtheim; Ulrike Lange führt zusammen mit Ehemann Thomas das Gut. Der 15 Hektar große Saalecker Schlossberg gehört dem Weingut im Alleinbesitz; der historische Teil der Lage ist von einer 1729 errichteten Weinbergsmauer umgeben, die Weinberge des benachbarten Seitentals, Walterstal genannt, gehören ebenfalls zum Saalecker Schlossberg. Daneben ist man im Hammelburger Heroldsberg vertreten, genau genommen im Eschental, die Böden in allen Lagen sind vom Muschelkalk geprägt. Angebaut werden Silvaner, Weiß- und Grauburgunder und Riesling, aber auch Müller-Thurgau, Bacchus, Perle, Ortega, Kerner, Dornfelder, Domina, Spätburgunder, Schwarzriesling und Zweigelt. Die Weinberge werden biologisch bewirtschaftet (Mitglied bei Naturland).

🍷 Kollektion

Die neue Kollektion schließt nahtlos an das starke Vorjahr an. Ein fruchtbetonter, zupackender Rosé-Sekt eröffnet den Reigen. Hohes Einstiegsniveau zeigen der Liter-Silvaner und der reintönige Müller-Thurgau, der Burg-Silvaner besitzt gute Struktur und Grip. Der rauchig-würzige Bacchus ist ebenso eine sichere Bank wie die strukturierte Cuvée aus Grau- und Weißburgunder. Spannend ist der füllige, enorm kraftvolle Cabernet Blanc, der Struktur und reintönige Frucht besitzt. Unser Favorit ist der im 500-Liter-Tonneau spontan vergorene Grauburgunder „G" aus dem Heroldsberg, der rauchige Noten zeigt, gute Konzentration, Fülle und Kraft besitzt, gute Struktur und Nachhall. Der fruchtige Riesling ist klar und harmonisch, der Rosé – Spätburgunder und Zweigelt – punktet mit viel Frucht und Grip. Starke Kollektion!

🍃 Weinbewertung

85	2017 Rosé Sekt brut Saalecker Schlossberg	12%/17,50€
83	2019 Silvaner trocken (1l)	12%/7,50€
84	2019 Müller-Thurgau trocken Saalecker Schlossberg	12%/7,50€
85	2018 Silvaner trocken Hammelburger Burg	13%/8,50€
87	2018 Bacchus trocken „sponti mineral" Hammelburger Heroldsberg	13%/9,50€
87	2018 „Burg und Er" Weißwein trocken Hammelburger Heroldsberg	12,5%/9,50€
88	2019 Cabernet Blanc trocken	13%/14,50€
89	2018 Grauburgunder „G. Steilhang Muschelkalk" Heroldsberg	14,5%/19,50€
85	2019 Riesling „fruchtig" Hammelburger Burg	11,5%/8,-€
86	2019 Rosé trocken	12%/12,-€
83	2018 Spätburgunder trocken Saalecker Schlossberg	13,5%/12,-€

PFALZ — WEISENHEIM AM SAND

★★

Langenwalter

Kontakt
Bahnhofstraße 45
67256 Weisenheim am Sand
Tel. 06353-7390
Fax: 06353-4152
www.weingut-langenwalter.de
info@weingut-langenwalter.de

Besuchszeiten
Mo.-Mi. + Fr. 10-12 + 14-18 Uhr
Sa. 9-15 Uhr

Inhaber
Thorsten Langenwalter
Betriebsleiter
Thorsten Langenwalter
Kellermeister
Thorsten Langenwalter
Rebfläche
30 Hektar
Produktion
180.000 Flaschen

Die Familie von Thorsten Langenwalter betreibt seit dem 17. Jahrhundert Weinbau in der Pfalz. Willi Langenwalter hatte in den sechziger Jahren mit der Selbstvermarktung begonnen, sein Sohn Klaus und dessen Ehefrau Renate erweiterten den Betrieb. 2002 stieg ihr Sohn Thorsten in den Betrieb mit ein, den er mittlerweile übernommen hat und zusammen mit Ehefrau Daniela führt. 2012 hat er den Betrieb der Schwiegereltern in Freinsheim übernommen. Die Weinberge liegen in Weisenheim am Sand in den Lagen Burgweg, Hahnen, Goldberg, Altenberg, Hasenzeile und Halde, sowie in den Freinsheimer Lagen Schwarzes Kreuz und Musikantenbuckel, die Reben wachsen teils auf sandigen Lehmböden, teils auf kalkhaltigen, tiefgründigen Böden, teils auf Lösslehm. Wichtigste Rebsorten sind Riesling, Weißburgunder, Grauburgunder und Spätburgunder, die auf jeweils 15 Prozent der Rebfläche stehen, hinzu kommen Chardonnay, Cabernet Sauvignon und Portugieser sowie etwas Gewürztraminer, Silvaner und St. Laurent.

Kollektion

Die drei verkosteten Lagenweine vom Riesling und Weißburgunder besitzen eine schnörkellose, geradlinige Art, die uns gut gefällt: Der Riesling vom Burgweg zeigt im eindringlichen Bouquet kräutrige Noten, etwas Rosmarin und dezente Holzwürze, ist am Gaumen animierend, besitzt herbe Zitrusnoten, feinen Druck und gute Länge, der Weißburgunder vom Hahnen ist leicht zurückhaltend im Bouquet, zeigt dezente Frucht und florale Noten, besitzt am Gaumen dann aber gute Konzentration, Schmelz, klare Frucht und ein feines Säurespiel, der Weißburgunder aus dem Gewann Auf dem Kalkstein zeigt rauchig-florale Noten, besitzt ebenfalls gute Konzentration, etwas Zitruswürze und eine animierende Säure. Sehr gut sind auch der Pinot-Sekt mit leicht hefiger, floraler und nussiger Würze, der kraftvolle Gewürztraminer mit viel klarer, reintöniger Frucht mit Noten von Litschi, Zitrusfrüchten und Rosenblättern und der St. Laurent, der Aromen von Pflaumenkompott und Gewürznelke zeigt, Kraft und Struktur besitzt, die beiden Weine vom Löss zeigen ebenfalls klare Frucht, der Weißburgunder ist dabei etwas präsenter als der Riesling.

Weinbewertung

86	Pinot „Blanc et Noir" Sekt brut	12%/11,90€
83	2019 Riesling trocken „vom Löss"	12,5%/7,20€
84	2019 Weißer Burgunder trocken „vom Löss"	12,5%/7,20€
86	2019 Weißer Burgunder trocken Weisenheim Auf dem Kalkstein	13%/10,90€
86	2019 Gewürztraminer trocken Weisenheim Am Burgweg	13,5%/10,90€
88	2019 Riesling trocken Weisenheimer Burgweg	13%/16,90€
87	2019 Weißer Burgunder trocken Weisenheimer Hahnen	13%/16,90€
85	2018 St. Laurent trocken Weisenheimer Halde	13%/11,90€

Ulrich **Langguth**

★★☆

Kontakt
Rissbacherstraße 1
56841 Traben-Trarbach
Tel. 06541-9396
Fax: 06541-4557
www.langguth-ulrich.com
info@langguth-ulrich.com

Besuchszeiten
Mo.-Fr. 8-17 Uhr
Sa. nach Vereinbarung

Inhaber
Patrick U. & Markus Langguth
Betriebsleiter
Peter Burens &
Patrick U. Langguth
Kellermeister
Peter Burens
Rebfläche
4,5 Hektar
Produktion
30.000 Flaschen

Seit 1789 betreibt die Familie Weinhandel an der Mosel. Das heutige Weingut Ulrich Langguth wurde im Rahmen einer Erbteilung 1921 von Ulrich Langguth gegründet und wird heute von seinen Enkeln Patrick und Markus Langguth geführt, unterstützt von Betriebsleiter Peter Burens. Ihre Weinberge, alle in Steillagen, liegen im Trabener Gaispfad, in der Enkircher Ellergrub sowie in den Piesporter Lagen Goldtröpfchen und Günterslay. Neben dem dominierenden Riesling wird ein klein wenig Reichensteiner (in der Günterslay) angebaut, der unter dem Namen „Madeleine" vermarktet wird, auch eine kleine Menge Spätburgunder gehört ins Repertoire. Der 1905 von Franz Langguth erbaute Gutskeller befindet sich in Enkirch. Das Weingut bietet auch noch ältere Jahrgänge zum Verkauf an. Die Weine werden teils im traditionellen Fuder, teils im Edelstahl ausgebaut.

Kollektion

Der Sekt zeigt deutlich den Charakter des warmen Jahrgangs 2018, ist würzig und kompakt, allerdings auch gekonnt vinifiziert. Würzig, aber auch frisch und ansatzweise rassig ist der 2019er Riesling Gourmet, zugänglich, saftig, alles andere als puristisch. Sehr gut gefällt der Riesling aus dem Trabener Gaispfad, der stoffig und würzig ausfällt, allerdings in puncto Würze und Nachhall hinter dem Riesling von alten Reben aus der Ellergrub zurücksteht. Das Große Gewächs ist recht offen, im Mund straff, besitzt eine sehr zugängliche Art und etwas Spiel, ist absolut trocken. Apropos Spiel: Das besitzt auch die lediglich ganz leicht süße Spätlese aus dem Gaispfad, die erfreulich balanciert ist. Eine eher verhaltene Säure, aber eine saftige Frucht besitzt der Wein aus der Rebsorte Reichensteiner, der unter dem Namen Madeleine verkauft wird. Der Kabinett aus der Günterslay ist eher füllig und saftig als elegant. Schließlich die Auslese namens „Harmonie", die mit kühler Steinobstfrucht und einer erfreulichen Eleganz gefällt.

Weinbewertung

85	2018 Riesling Sekt brut Traben Gaispfad	13%/17,-€
84	2019 „Madeleine"	12%/9,50€
83	2019 Riesling trocken „Gourmet"	11,5%/9,-€
86	2019 Riesling trocken Trabener Gaispfad	12%/12,-€
87	2019 Riesling Spätlese trocken „Alte Reben" Enkircher Ellergrub	11,5%/15,-€
88	2019 Riesling trocken „GG" Piesporter Goldtröpfchen	12,5%/20,-€
83	2019 Riesling „feinherb" „Gourmet"	11%/9,-€
85	2019 Riesling Kabinett „feinherb" Trabener	9,5%/12,-€
87	2019 Riesling Reserve „Urschiefer" Traben Gaispfad	12%/18,-€
85	2019 Riesling Kabinett Piesporter Günterslay	8%/12,-€
87	2019 Riesling Spätlese Piesporter Günterslay	7,5%/15,-€
88	2019 Riesling Auslese** „Harmonie"	7,5%/20,-€
87	2019 Riesling Auslese Piesporter Günterslay	7,5%/18,-€

MITTELRHEIN ▶ OBERWESEL

★★★★½

Lanius-Knab

Kontakt
Mainzer Straße 38
55430 Oberwesel
Tel. 06744-8104
Fax: 06744-1537
www.lanius-knab.de
weingut@lanius-knab.de

Besuchszeiten
Mo.-Sa. 9-18 Uhr, April-Dez.
auch So. 10-18 Uhr
So. + feiertags kulinarische Weinproben, Gewölbekellerführung mit Weinprobe

Inhaber
Jörg Lanius

Rebfläche
10,5 Hektar

Produktion
65.000 Flaschen

Jörg Lanius übernahm 1991 den elterlichen Betrieb, baute ihn kontinuierlich aus und führt ihn zusammen mit Ehefrau Anja Lanius-Kastien. Die Weinberge liegen im Engehöller Tal in den Lagen Engehöller Bernstein (grauer Schiefer, mit der Gewanne Am Lauerbaum) und Goldemund (Schiefer mit eingelagertem Quarzit und hohem Lehmanteil) sowie im Oberweseler Oelsberg (Schiefer, Lösslehm und Buntsandstein). Neben dem dominierenden Riesling baut Jörg Lanius ein wenig Spätburgunder und inzwischen auch Weißburgunder und Grauburgunder an. Die Weine werden im Edelstahl mit den traubeneigenen Hefen vergoren und reifen anschließend in alten Eichenholzfässern. Jörg Lanius bringt den neuen Jahrgang immer erst recht spät in den Verkauf. Eine Spezialität sind edelsüße Weine, von denen er in vielen Jahren eine breite Auswahl bis hin zur Trockenbeerenauslese im Programm hat.

Kollektion

Gewohnt hoch ist auch 2019 wieder das Basisniveau, der trockene Gutsriesling ist füllig, saftig und frisch, der feinherbe harmonisch bei feiner süßer Frucht. Der trockene Ortswein ist würzig und strukturiert, der feinherbe setzt ganz auf Fülle und Saft, der fruchtbetonte Rosé ist frisch und zupackend. Der trockene Bernstein-Riesling besitzt viel reife Frucht und Substanz, was auch für die würzige feinherbe Variante gilt, die Spätlese besitzt viel Frucht, Frische und Grip. Die beiden Großen Gewächse sehen wir im Jahrgang 2019 gleichauf: Der Oelsberg ist würzig und intensiv, besitzt Frische und Eleganz, viel Substanz, ist ein wenig nachhaltiger als der kompakte, füllige „Am Lauerbaum", der noch ein wenig von jugendlichen Bitternoten geprägt ist, beide werden von etwas Flaschenreife profitieren. Auch die beiden Auslesen sehen wir derzeit gleichauf, die aus dem Bernstein ist konzentriert und dominant bei viel Substanz, die Rheinhell-Auslese ist intensiv, stoffig: Beide brauchen Zeit.

Weinbewertung

84	2019 Riesling trocken	12,5%/8,30€
86	2019 Riesling trocken „Rheinschiefer" Oberweseler	14%/9,30€
88	2019 Riesling trocken Engehöller Bernstein	14%/13,90€
89	2019 Riesling trocken „GG" Am Lauerbaum Engehöller Bernstein	14%/27,80€
89	2019 Riesling trocken „GG" Oberweseler Oelsberg	14%/27,80€
84	2019 Riesling „feinherb"	11,5%/8,30€
85	2019 Riesling „feinherb Rheingold" Oberweseler	12,5%/9,30€
87	2019 Riesling „feinherb" Engehöller Bernstein	12,5%/13,90€
88	2019 Riesling Spätlese Engehöller Bernstein	10%/13,90€
89	2019 Riesling Auslese Oberweseler In der Rheinhell	10%/27,50€/0,5l
89	2019 Riesling Auslese Engehöller Bernstein	9%/27,50€
84	2019 Spätburgunder Rosé trocken Oberwesel	13%/9,20€

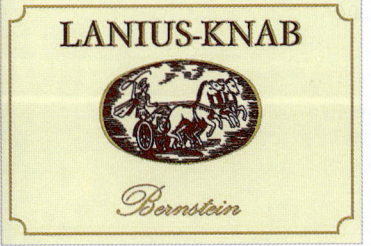

WÜRTTEMBERG ▶ NONNENHORN

★★

Lanz

Kontakt
Sonnenbichlstraße 8
88149 Nonnenhorn
Tel. 08382-888579
Fax: 08382-8383
www.lanzwein.de
info@lanzwein.de

Besuchszeiten
nach Vereinbarung

Inhaber
Benjamin Lanz, Ingeborg Lanz, Johannes Haug

Rebfläche
5,5 Hektar

Produktion
30.000 Flaschen

Seit 1836 besitzt die Familie das Gut am Bodensee, 1994 wurde auf ökologische Bewirtschaftung umgestellt (Bioland-Mitglied), 2003 wurden die ersten Reben gepflanzt, Weinbau ist heute das zweite Standbein neben dem Obstbau. Ingeborg Lanz und Johannes Haug, studierter Önologe, leiten den Betrieb heute zusammen mit Sohn Benjamin, der nach seinem Geisenheim-Studium praktische Erfahrungen in Österreich, Südafrika und Neuseeland sammelte. Die Weinberge befinden sich in den Lagen Nonnenhorner Sonnenbichl und Seehalde, Lindauer Entenberg und Bodolzer Halde, inzwischen auch am Antoniusberg und am Hoyerberg. Man setzt ganz auf pilzwiderstandsfähige Rebsorten: Johanniter, Souvignier Gris, Cabernet Blanc, Solaris, Cabertin, Pinotin und Muscaris. Die Weine werden spontanvergoren, nur mittels Schwerkraft bewegt.

Kollektion

Die Weine werden immer spannender. Schon der Spannenlanger Hansel genannte Perlwein ist sehr gut, besitzt Frische und Frucht, gute Struktur und Grip. Viel Frische und Grip besitzt auch die Sprudeldicke Dirn, ein nicht dosierter Sekt mit guter Fülle und Komplexität. Die weiße Cuvée Kalimbula aus Johanniter und Muscaris ist frisch, fruchtbetont und würzig im Bouquet, besitzt gute Struktur, Frucht und Grip. Der reinsortige Johanniter zeigt intensive Frucht und viel Frische im Bouquet, ist lebhaft, klar und zupackend im Mund. Intensiv und würzig ist auch der Cabernet Blanc, klar, strukturiert und zupackend. Der Solaris zeigt intensive reife Frucht im Bouquet, Tropenfrüchte, ist füllig und kompakt, klar, frisch und strukturiert bei feiner Säure, die man bei Solaris so gar nicht erwarten würde. Den Muscaris prägt eine intensive Muskatellernote im Bouquet, er besitzt feine süße Frucht und Grip. Besonders spannend ist der Souvignier Gris aus dem Jahrgang 2018, zeigt gute Konzentration, reife Frucht, ist füllig und saftig, besitzt reife Frucht, gute Struktur und viel Substanz. Sehr gut sind auch die Rotweine: Der Pinotin ist fruchtbetont, reintönig, zupackend, der Cabertin besitzt intensive Frucht, Fülle, Struktur, Kraft und Tannine. Im Aufwind! ▬

Weinbewertung

85	2019 „Spannenlanger Hansel" Perlwein	12 %/8,50 €
87	2017 „Sprudeldicke Dirn" Sekt brut nature	12 %/17,50 €
84	2019 „Kalimbula" Weißwein trocken	12 %/9,50 €
84	2019 Johanniter trocken	12 %/10,- €
84	2019 Cabernet Blanc trocken	12 %/13,- €
87	2018 Souvignier Gris	14 %/15,- €
85	2019 Solaris	13,5 %/12,- €
84	2019 Muscaris	9,5 %/13,- €
86	2018 Pinotin	11,5 %/15,- €
86	2018 Cabertin	13 %/18,- €

RHEINGAU — LORCH

★★★

Paul Laquai

Kontakt
Park Wispertal 2
65391 Lorch
Tel. 06726-830838
Fax: 06726-830840
www.weingut-laquai.de
kontakt@weingut-laquai.de

Besuchszeiten
Vinothek
(Schwalbacher Straße 20):
Mo. + Mi.-Fr. 10-12 + 15-17 Uhr
Sa. 10-12 Uhr
Gutsausschank Weinwirtschaft Laquai in Lorch,
Schwalbacher Straße 20-22,
Mi.-Fr. ab 17 Uhr
Sa. ab 15 Uhr

Inhaber
Gundolf Laquai,
Gilbert Laquai
Kellermeister
Gilbert Laquai
Außenbetrieb
Gundolf Laquai
Rebfläche
24 Hektar
Produktion
120.000 Flaschen

Das Weingut Paul Laquai ging 1990 an die beiden Brüder Gilbert und Gundolf Laquai über. Seither wurde die Rebfläche von 3,5 auf die heutige Fläche erweitert, auf 12 Hektar wurden alte, brachliegende Rebflächen rekultiviert, teils in Querterrassen. Mit der Erweiterung des Weingutes wurden die alten Anlagen zu klein, deshalb kaufte man in Wispertal bei Lorch neue Betriebsgebäude. 2003 haben Gilbert und Gundolf Laquai eine Gutsschänke im alten Fachwerkhaus der Familie in Lorch eröffnet, einige Jahre später kam die Gutsschänke Langehof in Rauenthal hinzu. Die Weinberge, fast alle in Steillagen, liegen vor allem in Lorch, in den Lagen Kapellenberg, Bodental-Steinberg, Schlossberg und Pfaffenwies. Riesling ist die dominierende Rebsorte im Betrieb, gefolgt von Spätburgunder, dazu gibt es etwas Weißburgunder, Merlot, Cabernet Sauvignon, Silvaner und Auxerrois.

Kollektion

Der vollmundige Blanc de Noir-Sekt ist fein und ausgewogen. Die weißen Burgundersorten bestätigen den guten Eindruck aus dem Vorjahr. Der Weißburgunder ist aromatisch, angenehm würzig, der Rosa Chardonnay frisch und geradlinig. Primus ist aber wieder der stoffige Auxerrois, auch wenn sein markantes Holzaroma sich noch weiter integrieren muss. Die 2019er Rieslinge sind von der Basis an sehr gut geraten. Der „Schiefer" zeigt feine Zitrusfruchtnoten, der „Löss" ist rund und würzig. Der feinherbe „vom Quarzit" mit seiner knackigen, leichtfüßigen Art passt sich da bestens ein. Druckvoll und zugleich zieliert ist der Riesling „Q" aus dem Schlossberg, von mineralischer Struktur, bietet er auch tolle Fruchtaromen. Ein Highlight. Daneben wirkt das 2018er Große Gewächs aus derselben Lage schon gut entwickelt, ausgewogen, kraftvoll und lang. Von den beiden offenherzigen Spätburgundern ist der Gutswein frisch und süffig, das Große Gewächs vollmundig und dezent toastwürzig.

Weinbewertung

86	2017 Spätburgunder „Blanc de Noir" Sekt brut	12,5%/12,50 €
87	2018 Auxerrois trocken	12,5%/11,50 €
86	2018 Weißer Burgunder trocken	12,5%/9,-€
84	2019 Spätburgunder „Blanc de Noir" trocken	12%/8,-€
86	2019 Riesling trocken „vom Löss"	12%/9,-€
86	2019 Riesling trocken „vom Schiefer"	13%/9,-€
85	2018 Rosa Chardonnay trocken	12,5%/11,50 €
88	2019 Riesling trocken „Q" Lorcher Schlossberg	13%/14,50 €
88	2018 Riesling trocken Großes Gewächs Lorcher Schlossberg	13%/21,50 €
85	2019 Riesling „feinherb vom Quarzit"	12%/9,-€
85	2018 Spätburgunder trocken	13,5%/11,50 €
88	2018 Spätburgunder trocken Großes Gewächs Bodenthal-Steinberg	14%/25,-€

PFALZ ▶ BOCKENHEIM/WSTR.

★★☆

Lauermann & Weyer

Kontakt
Leininger Ring 79
67278 Bockenheim
Tel. 06359-4231
Fax: 06359-409238
www.lauermannundweyer.de
info@lauermannundweyer.de

Besuchszeiten
Mo.-Fr. 8-12 + 13-18 Uhr
Sa. 9-12 + 13-18 Uhr
So. geschlossen

Inhaber
Elisabeth Weyer

Betriebsleiter
Hans-Jörg Weyer &
Hans Heinrich Weyer

Kellermeister
Hans Heinrich Weyer

Außenbetrieb
Hans-Jörg Weyer

Rebfläche
20 Hektar

Seit Mitte des 18. Jahrhunderts wird in der Familie Weinbau betrieben, seit 1904 besteht das Weingut am nördlichen Zipfel der deutschen Weinstraße, ist seither in Familienbesitz. Heute wird es von Elisabeth Weyer geführt, unterstützt wird sie dabei von den Söhnen Hans-Jörg und Hans Heinrich. Die insgesamt 20 Hektar Reben wachsen auf unterschiedlichsten Bodentypen wie Kalkstein, Ton oder Letten, die für geschmackliche Vielfalt sorgen. Das Sortiment ist gegliedert in Gutsweine mit der Anthrazitkapsel, Ortsweine mit der Kupferkapsel und Lagenweine (Goldkapsel) aus Bockenheim wie den Riesling aus der Goldgrube, den Riesling Vogelsang (bis 2016 hieß der Wein „Mulde", ab 2017 darf der Begriff aber nicht mehr verwendet werden) aus dem ältesten Weinberg des Betriebes, den Riesling Kerzenstümmel, den Riesling Heiligenkirche oder den Weißburgunder Vogelsang.

🎂 Kollektion

Die drei 2018er Lagenriesling der Familie Weyer lagen jeweils ein Jahr auf der Vollhefe, wir favorisieren in diesem Jahr ganz knapp den im Edelstahl ausgebauten Kerzenstümmel vor dem in einem 100 Jahre alten Holzfass ausgebauten Riesling aus der Heiligenkirche: Beide Weine zeigen leichte Reifenoten, der Kerzenstümmel ist zunächst leicht verhalten im Bouquet, besitzt am Gaumen Kraft, eine leicht cremige Konsistenz, klare Zitrusnoten und ein leicht salziges Säurespiel, der Heiligenkirche wirkt etwas weicher, ist ebenfalls zurückhaltend in der Frucht, entwickelt feinen Druck und gute Länge, während der dritte Lagenriesling, der Vogelstang, deutliche gelbe Frucht im Bouquet zeigt, Aprikose, Ananas, und am Gaumen etwas fülliger ist, aber auch einen feinen Säurenerv besitzt. Sehr gut ist auch der Weißburgunder aus dem Vogelsang, er zeigt eindringliche Röstnoten, etwas Vanille, ist kraftvoll und füllig, besitzt Schmelz und Frische, die restlichen Weine liegen auf einem gleichmäßig guten Niveau, sind alle reintönig und harmonisch. ◀

🍇 Weinbewertung

83	2019 Riesling trocken	12,5%/6,50 €
84	2019 Riesling trocken „Villa Lauermann"	13%/7,50 €
83	2019 Cabernet Blanc trocken	13%/6,90 €
83	2019 Weißburgunder trocken	12%/6,90 €
84	2019 Grauburgunder trocken	12,5%/6,90 €
84	2019 Sauvignon Blanc trocken	12,5%/7,50 €
83	2019 Chardonnay trocken	12,5%/6,90 €
87	2018 Riesling trocken Bockenheimer Vogelsang	13%/12,90 €
88+	2018 Riesling trocken „Kerzenstümmel"	13,5%/12,90 €
88	2018 Riesling trocken Bockenheimer Heiligenkirche	12%/14,90 €
88	2018 Weißburgunder trocken Bockenheimer Vogelsang	14%/12,90 €
83	2018 Ro{3S}é trocken	12%/7,90 €

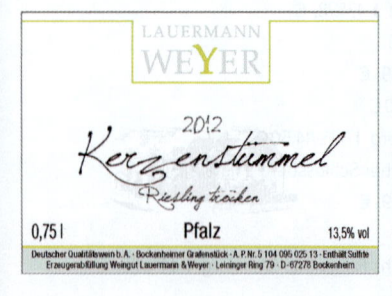

MOSEL — BREMM

★★ ☆

Laurentiushof

Kontakt
Gartenstraße 13
56814 Bremm
Tel. 02675-508
Fax: 02675-910285
www.weingut-laurentiushof.de
info@weingut-laurentiushof.de

Besuchszeiten
nach Vereinbarung
Komfort-Ferienhaus und
Luxus-Loft-Wohnung

Inhaber/ Betriebsleiter/ Kellermeister/ Außenbetrieb
Thomas Franzen-Martiny

Rebfläche
3 Hektar

Produktion
25.000 Flaschen

Thomas Franzen-Martiny und Liz Martiny führen den Laurentiushof in Bremm nach ökologischen Richtlinien; das Weingut ist Mitglied bei Ecovin. Ihre Weinberge liegen in Bremm, Neef und Bullay, gut die Hälfte davon befindet sich in Steillagen wie dem Bremmer Calmont oder dem Neefer Frauenberg, ein Teil der Reben ist 100 Jahre alt. Riesling nimmt 70 Prozent der inzwischen auf lediglich drei Hektar verkleinerten Fläche ein, hinzu kommen 20 Prozent Elbling sowie 10 Prozent Weißburgunder. Die Weine werden spontanvergoren und im Edelstahl ausgebaut. Dem Weingut sind ein Komfort-Ferienhaus und eine Luxus-Loft-Wohnung angeschlossen, deren Komfort weit über das hinausgeht, was anderswo bezüglich Ferienwohnungen an der Mosel üblich ist.

Kollektion

Aus dem Jahrgang 2019 wurde nur ein sehr kleines Sortiment vorgestellt, was mit dem mengenmäßig kleinen Jahrgang zu erklären ist. Was erzeugt wurde, hat es allerdings in sich, zeigt gut den Charakter des Herbstes und die Philosophie des Weingutes. Überzeugend ist schon der trockene Gutswein, der für einen Literriesling eine beachtliche Länge aufweist, der zudem frisch und würzig ausfällt und ein ausgezeichnetes Preis-Leistungs-Verhältnis besitzt. Der Weißburgunder ist klar und fein, zeigt florale Noten, besitzt aber auch einen Hauch Zitrus, lässt etwas frisches Kernobst erkennen. Im Mund ist dieser Wein geradlinig, würzig, recht straff, mit schöner sortentypischer Art, einem stoffigen Charakter und einem weit überdurchschnittlichen Nachhall. Der Wein wirkt zudem angenehm trocken. Ähnliches gilt für den Riesling aus dem Calmont, der sich zwar noch relativ verschlossen präsentiert, der im Mund angenehm würzig ausfällt, der trocken ist und Spiel aufweist. Ein sehr überzeugender Abschluss des unbedingt empfehlenswerten Sortiments des Jahrgangs 2019.

Weinbewertung

86	2019 Weißburgunder trocken	11%/8,-€
85	2019 Riesling trocken (1l)	11,5%/6,50€ ☺
88	2019 Riesling trocken „Urgestein" Bremmer Calmont	13%/9,10€ ☺

BADEN — IHRINGEN

★★★

Hubert Lay

Kontakt
Scherkhofenstraße 52
79241 Ihringen
Tel. 07668-1870
Fax: 07668-626
www.weingut-hubert-lay.de
info@weingut-hubert-lay.de

Besuchszeiten
Wochentags nachmittags und Sa. vormittags oder nach Vereinbarung

Inhaber
Christian Lay
Betriebsleiter
Christian Lay
Kellermeister
Christian Lay
Rebfläche
5 Hektar
Produktion
22.000 Flaschen

Den Grundstein für das heutige Weingut legten Stephan Lay und sein Sohn Gustav im Jahr 1870 mit der Pflanzung der ersten Rebstöcke. Anfang der 1920er Jahre gründete Adolf Lay Senior das Lay'sche Weingut. Ab 1953 führte sein Sohn Adolf Lay Junior die Tradition fort. 1987 übernahm dessen Sohn Hubert Lay die Verantwortung und stellte das Weingut auf biologische Bewirtschaftung um. 2020 übernahm Sohn Christian Lay zusammen mit seiner Ehefrau Corinna das Gut. Die Weinberge befinden sich alle in den Ihringer Lagen Winklerberg und Fohrenberg. Wichtigste Rebsorten sind Spätburgunder, Grauburgunder Weisburgunder, Chardonnay, Silvaner und Riesling, dazu gibt es etwas Cabernet Sauvignon, Regent, Muskateller und Gewürztraminer. Es werden auch Weine unfiltriert und ohne den Zusatz von Schwefel gefüllt. Das Portfolio des Weingutes ist dreistufig gegliedert: Die Basis bilden die Qualitäts- und Kabinettweine, das Mittelsegment ist die SL-Linie (Selection Lay), darüber stehen die Reserve-Weine Steihäckerle, Glockenschlag und Lösskindel.

Kollektion

Mainstream war noch nie das Anliegen von Hubert Lay. Und Sohn Christian modernisiert diese spannende Art des Weinmachens. Es sind im besten Sinne „Weine wie früher". Nicht jeder Wein ist auf den ersten Blick verständlich, man muss sich mit ihnen auseinandersetzen und kann dabei eine bisweilen erstaunliche Entdeckungsreise erleben. Bei einigen Weinen wird auf den Zusatz von schwefliger Säure verzichtet. Das muss nicht jedermanns Geschmack sein, aber die Beschäftigung mit diesen Weinen lohnt sich; sie haben Ecken und Kanten, aber keine Fehltöne. Am besten haben uns der Chardonnay Lösskindel (elegant, intensive Frucht, viel Substanz) und der Spätburgunder Wiedehopf (viel kühle Frucht, fleischig-dicht, junge Tannine) gefallen, von den ungeschwefelten Weinen Riesling und Weißburgunder.

Weinbewertung

84	2019 Silvaner Kabinett trocken	13,5%/7,-€
83	2019 Weißer Burgunder Kabinett trocken	12,5%/7,-€
85	2019 Riesling Kabinett trocken	12%/7,-€
85	2019 Riesling trocken „S schwefelfrei"	12%/9,90€
85	2019 Weißer Burgunder „S schwefelfrei"	14%/9,90€
84	2019 Grauer Burgunder „S schwefelfrei"	14%/9,90€
87	2019 Chardonnay trocken „Lösskindel"	14%/13,50€
83	2019 Rose Kabinett trocken	13%/7,-€
83	2018 „PinoRe" Rotwein Cuvée	13,5%/13,50€
86	2018 Spätburgunder „S schwefelfrei" „Wiedehopf"	13%/11,40€
86	2017 Spätburgunder Spätlese trocken „SL"	13,5%/14,50€
87	2018 Pinot Noir trocken „Steihäckerle"	15,5%/26,50€

PFALZ — BAD DÜRKHEIM

★★

Weinbau der Lebenshilfe

Kontakt
Sägmühle 15
67098 Bad Dürkheim
Tel. 06322-980580
Fax: 06322-938197
www.lebenshilfe-weinbau.de
weinbau@lebenshilfe-duew.de

Besuchszeiten
Mo.-Do. 8-12 + 13-16 Uhr
Fr. 8-12 + 13-18 Uhr
Sa. 10-14 Uhr
Weine zu gleichen Preisen erhältlich in den LePrima Ökomärkten der Lebenshilfe

Inhaber
Lebenshilfe Bad Dürkheim e.V.

Betriebsleiter
Gabriel Huber

Rebfläche
23 Hektar

Produktion
160.000 Flaschen

Die Lebenshilfe Bad Dürkheim e.V. ist ein 1965 von Angehörigen geistig behinderter Menschen gegründeter Selbsthilfeverein. Seit Anfang der 1980er Jahre wird im Rahmen der Schaffung persönlichkeitsfördernder Arbeitsplätze auch Weinbau betrieben, seit Beginn wird biologisch gewirtschaftet. Heute arbeiten hier sechs ausgebildete Winzer zusammen mit rund 35 zu betreuenden Mitarbeitern. Unter den 23 Hektar Rebfläche sind knapp drei Hektar rekultivierte Terrassenweinberge, am Wachenheimer Schlossberg (karger Sandstein) und dem Dürkheimer Michelsberg (Kalkeinlagerungen), von denen die Riesling-Lagenweine des Betriebs stammen. Rote Lagenweine werden in der Wachenheimer Altenburg (Cabernet Sauvignon) und im Friedelsheimer Schlossgarten (Spätburgunder) angebaut. Die Guts- und Ortsweine stammen von Lagen rund um Bad Dürkheim und Wachenheim. In den letzten Jahren wurde in die Kellertechnik investiert, eine zweite Presse, neue Tanks und Holzfässer angeschafft.

Kollektion

Die sieben trockenen Rieslinge sind klar unterscheidbar, alle besitzen klare Frucht, die aber nie zu sehr im Vordergrund steht, sind harmonisch und ausgewogen: „Die Burg" zeigt kräutrig-mineralische Würze, besitzt animierende Zitrusnoten, ist nachhaltig und baut feinen Druck auf, der Michelsberg zeigt etwas Holzwürze im Bouquet, besitzt viel klare Frucht mit Noten von Aprikose und Ananas, ist animierend, leicht salzig und elegant, unter den beiden Ortsrieslingen schätzen wir den gelbfruchtigen, von einer lebendigen Säure getragenen Dürkheimer stärker ein als den kräuterwürzigen, geradlinigen Wachenheimer. Der Weißburgunder vom Michelsberg zeigt leicht rauchige Noten, besitzt Konzentration und Frische, die beiden Rotweine besitzen dunkle Frucht und noch deutliche Tannine, wirken noch sehr jung und verschlossen, der Spätburgunder zeigt deutliche Röstnoten.

Weinbewertung

81	2019 Riesling trocken (1l)	12%/5,60 €
83	2019 Riesling trocken „5 Wingert"	12,5%/6,20 €
83	2019 Weißburgunder trocken	12,5%/7,50 €
84	2019 Riesling trocken Wachenheimer	12,5%/8,- €
86	2019 Riesling trocken Dürkheimer	12%/9,- €
87	2018 Riesling trocken Wachenheimer Schlossberg	13%/11,- €
88	2018 Riesling trocken Dürkheimer Michelsberg	12,5%/15,- €
87	2018 Weißburgunder trocken Dürkheimer Michelsberg	12,5%/15,- €
89	2018 Riesling trocken „Die Burg" Wachenheimer Schlossberg	13,5%/18,- €
85	2019 Riesling „Spätsommerliebe"	10%/8,- €
85	2017 „Lebenshilfe mal anders" Rotwein trocken	13%/12,- €
86	2017 Spätburgunder trocken Friedelsheimer Schlossgarten	12,5%/18,- €

MOSEL ➡ MÜLHEIM AN DER MOSEL

★★ Dr. Leimbrock – C. Schmidt

Kontakt
Bergfried 2
54486 Mülheim an der Mosel
Tel. 06534-357
Fax: 06534-948727
www.dr-leimbrock.de
info@dr-leimbrock.de

Besuchszeiten
April-Okt.
Mo.-Fr. 9:30-12 + 14-18 Uhr
Sa./So. 9:30-12 Uhr
Mi. Ruhetag
Nov.-März
Mo.-Fr. 10-12 Uhr
Sa. 10-12 Uhr
Mi. Ruhetag

Inhaber
Ulrike Leimbrock
Betriebsleiter
Ulrike Leimbrock
Kellermeister
Friedhelm Leimbrock
Außenbetrieb
Ulrike Leimbrock
Rebfläche
9 Hektar
Produktion
40.000 Flaschen

Das Weingut befindet sich seit mehr als 250 Jahren im Familienbesitz, wird heute von Ulrike Leimbrock geführt, Kellermeister ist Friedhelm Leimbrock. Die Weinberge befinden sich in den Brauneberger Lagen Juffer und Juffer-Sonnenuhr, im Graacher Himmelreich, der Bernkasteler Badstube, dem Veldenzer Grafschafter Sonnenberg, dem Veldenzer Im Bitsch und in der Mülheimer Sonnenlay. Riesling nimmt mit 92 Prozent der Fläche die Hauptrolle ein, Kerner und Weißburgunder sind lediglich Ergänzungen.

🍷 Kollektion

Jahr für Jahr stellt das Weingut eine Fülle an nachhaltigen Rieslingen an, die unaufgeregt daherkommen, aber die Lage und ihre Prädikatsstufe ausgezeichnet widerspiegeln. Im Jahrgang 2019 war dies nicht anders, alle Weine sind gut balanciert, nicht übertrieben süß oder breit, wirken jetzt schon zugänglich. Doch es muss nicht immer Riesling sein. Der trockene Weißburgunder präsentiert sich offen, zeigt deutlich seine Sortencharakteristik, ist kühl und angenehm trocken. Einen so gelungenen trockenen Kerner wie hier wird man so schnell kein zweites Mal finden, er ist würzig, angenehm schlank, besitzt eine animierende Säure. Auch die trockenen Rieslinge überzeugen voll – das Hochgewächs und der verspielte Kabinettwein. Straff und spritzig ist die feinherbe Spätlese. Die süße, aber sehr ausgewogene Spätlese aus der Badstube duftet nach Apfel und Kräutern, ist wunderschön süffig, ganz leicht rassig, ihr Pendant aus der Sonnenlay ist etwas verhaltener. Man tendiert dann dazu, die Auslese aus der Juffer-Sonnenuhr zunächst zu unterschätzen; sie besitzt schöne Boskop-Aromatik, ist süffig und zugänglich, aber auch rassig auf den zweiten Schluck, entwickelt sich sehr gut im Glas. Die Klasse der Lage Badstube wird auch durch die herrlich rassige Auslese bewiesen, die gar nicht cremig, sondern sehr präzise fruchtig wirkt. Bei beiden Auslesen ist die Süße überdurchschnittlich gut ins Gesamtbild integriert. ◄

🍇 Weinbewertung

84	2019 Weißer Burgunder trocken	12%/7,50€
85	2019 Riesling Hochgewächs trocken	11,5%/6,90€
84	2019 Kerner trocken	11%/6,-€
87	2019 Riesling Kabinett trocken Brauneberger Juffer	12%/8,50€ ☺
83	2019 Riesling Classic	12%/6,50€
85	2019 Riesling Kabinett halbtrocken Mülheimer Sonnenlay	11%/8,-€
86	2019 Riesling Spätlese „feinherb" Graacher Himmelreich	11%/9,90€
86	2019 Riesling Spätlese Mülheimer Sonnenlay	9,5%/9,50€
88	2019 Riesling Spätlese Bernkasteler Badstube	9,5%/9,50€ ☺
89	2019 Riesling Auslese Bernkasteler Badstube	8,5%/14,50€/0,5l
90	2019 Riesling Auslese Brauneberger Juffer-Sonnenuhr	8%/16,-€/0,5l

DR. LEIMBROCK

Brauneberger Juffer-Sonnenuhr
Riesling Auslese

PFALZ ■— ILBESHEIM

★★★★

Jürgen Leiner

Kontakt
Arzheimer Straße 14
76831 Ilbesheim
Tel. 06341-30621
Fax: 06341-34401
www.weingut-leiner.de
info@weingut-leiner.de

Besuchszeiten
Mo.-Fr. nach Vereinbarung
Sa. 9:30-16 Uhr
Ferienwohnungen

Inhaber
Sven Leiner
Rebfläche
16 Hektar
Produktion
120.000 Flaschen

Das in den siebziger Jahren gegründete Weingut Jürgen Leiner liegt im Ortskern von Ilbesheim, am Fuß der Kleinen Kalmit. Die Weinberge liegen in Ilbesheim, Arzheim und Göcklingen. Nachdem Sohn Sven, der mittlerweile das Weingut leitet, in den Familienbetrieb einstieg, stellte er zunächst auf biologischen Anbau um und ging anschließend noch einen Schritt weiter zur biodynamischen Bewirtschaftung, seit 2011 ist das Weingut Demeter-zertifiziert. Riesling und Grauburgunder nehmen jeweils rund 20 Prozent der Weinberge ein, Weißburgunder, Chardonnay und Spätburgunder zusammen weitere 40 Prozent, dazu kommen noch etwas Gewürztraminer, Dornfelder und Tempranillo, den Leiner 1998 gepflanzt hat und mit dem Jahrgang 2001 erstmals auf die Flasche brachte. Die besten Weine wurden eine zeitlang mit Gewannnamen bezeichnet, seit dem 2013er Jahrgang ergänzt durch den Ortsnamen, respektive mit der Lagenbezeichnung Ilbesheimer Kalmit, die mit dem Jahrgang 2009 als Einzellage anerkannt wurde, mit dem Jahrgang 2014 schließlich fielen dann bei den Ortsweinen die Gewannnamen weg. Mit dem Jahrgang 2018 ging Sven Leiner dann noch einen Schritt weiter, verzichtet jetzt komplett auf die Lagen- und Ortsbezeichnungen und füllt alle seine Weine als Landweine ab. Aus seinem bislang vierstufigen System wird so ein dreistufiges: Die Cuvées der Fusion-Linie, die Gutsweine der Handwerk-Linie und als oberste Stufe die Herkunftsweine. Die Rotweine kommen nach der Maischegärung ins Holzfass oder Barrique. Die Weine der Handwerk-Linie werden komplett spontan im Edelstahl vergoren und liegen bis Ende Februar auf der Vollhefe. Die Herkunftsweine vom Riesling, Chardonnay, Weiß- und Grauburgunder bleiben lange auf der Presse, wodurch Leiner auf eine Mostvorklärung verzichten kann. Für ihren anschließenden Ausbau gibt es kein Patentrezept, je nach Jahrgang verwendet Leiner verschiedene Holzgebinde und verschiedene Anteile von Holz und Edelstahl, die Weine bleiben meist bis kurz vor der nächsten Ernte auf der Vollhefe.

Kollektion

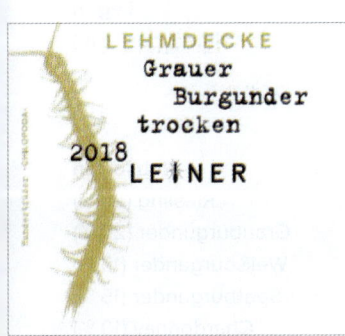

Aus dem Jahrgang 2017 war der Weißburgunder aus der Kalmit unser Favorit und auch sein Nachfolger, jetzt einfach „Kalkbank" genannt, steht wieder an der Spitze einer sehr eigenständigen Kollektion auf hohem Niveau: Der Wein zeigt ein feines, komplexes Bouquet mit Aromen von Birne, etwas gelbem Apfel und feinen Zitrusnoten, besitzt am Gaumen Kraft, Konzentration, Schmelz und Frische, ist sehr nachhaltig. Der „Kalkband"-Riesling zeigt im Bouquet feine Holzwürze und Noten von frischem Brot, besitzt am Gaumen herbe Zitrusfrucht, Ananas, Grapefruit, ist elegant, harmonisch, animierend, leicht salzig und nachhaltig, der Chardonnay „Tonmassiv" braucht viel Luft, beginnt erst nach einem Tag sich zu öffnen, zeigt dann feine Holzwürze, kräutrige Noten und Aromen von Birne, Quitte und Melone, besitzt am Gaumen kräutrige Frische, Eukalyptus, Salbei, eine animierende Säure, ist dicht und sehr nachhaltig. Auch der wieder komplett ohne Additive ausgebaute „16/17/18"-Sekt ist hervorragend, zeigt ein feines, komplexes Bouquet mit Aromen von gelbem Apfel, Apfelmost und kräutrigen und nussigen Noten, ist schlank, präzise, animierend, ganz puristisch und sehr nachhaltig, der „Lehmdecke"-Gewürztraminer ist knochentrocken ausgebaut, besitzt ein intensives Bouquet mit Noten von Litschi, Rosenblättern und Kräutern, ist leicht cremig, besitzt Druck, Grip und Länge, auch der „Kalkbank"-Spätburgunder ist sehr komplex, zeigt feine rote Frucht, Johannisbeere, etwas Krokant und Waldboden, besitzt reife Tannine, ist elegant und lang, der „Lehmdecke"-Grauburgunder zeigt nussige und florale Noten, ist noch leicht zurückhaltend, besitzt gute Länge. Unter den fünf sehr guten „Handwerk"-Weinen ragen der Weißburgunder und der Chardonnay etwas heraus, der Weißburgunder ist im Bouquet etwas dezent, besitzt am Gaumen viel gelbe Frucht, Birne, Aprikose, herbe Zitrusnoten und ein animierendes Säurespiel, der Chardonnay zeigt florale Noten und gelbe Frucht, Birne, Melone, besitzt gute Konzentration, Schmelz und Frische. Der Riesling zeigt feine Zitrusnoten und kräutrige Würze, ist schlank, frisch und animierend, der Grauburgunder ist ebenfalls schlank, zeigt gelbe Frucht, Apfel, Birne und der Spätburgunder ist rotfruchtig mit Aromen von Süßkirsche, Himbeere und roter Johannisbeere, besitzt am Gaumen Frische und eine kühle Art.

Weinbewertung

90	16/17/18 Sekt brut nature	11,5 %/25,-€
87	2019 Weißer Burgunder trocken „Handwerk"	12 %/9,-€
86	2019 Grauer Burgunder trocken „Handwerk"	12,5 %/9,-€
86	2019 Riesling trocken „Handwerk"	11,5 %/9,-€
87	2019 Chardonnay trocken „Handwerk"	12,5 %/9,-€
88	2018 Grauer Burgunder trocken „Lehmdecke"	13 %/15,-€
90	2018 Chardonnay trocken „Tonmassiv"	12,5 %/20,-€
89	2018 Gewürztraminer trocken „Lehmdecke"	13 %/15,-€
90	2018 Riesling trocken „Kalkbank"	13 %/20,-€
91	2018 Weißer Burgunder trocken „Kalkbank"	14 %/20,-€
86	2017 Spätburgunder trocken „Handwerk"	13 %/9,50 €
89	2018 Spätburgunder trocken „Kalkband"	13 %/35,-€

Lagen
Kalmit (Ilbesheim)

Rebsorten
Riesling (20 %)
Grauburgunder (20 %)
Weißburgunder (15 %)
Spätburgunder (15 %)
Chardonnay (10 %)

Sven Leiner

FRANKEN — EIBELSTADT

★★★✩

Leininger

Kontakt
Theilheimer Weg 3-5
97246 Eibelstadt
Tel. 09303-2209
info@weingut-leininger.de
www.weingut-leininger.de

Besuchszeiten
Mo.-Sa. 8-18 Uhr und nach Vereinbarung

Inhaber
Dirk Engelmann
Betriebsleiter
Dirk Engelmann
Kellermeister
Florian Engelmann
Rebfläche
8 Hektar
Produktion
55.000 Flaschen

Das Eibelstadter Weingut Leininger wird von Dirk und Monika Engelmann geführt, heute unterstützt von Sohn Florian, der seit 2016 für den Weinausbau verantwortlich ist. Die Weinberge liegen in den Eibelstadter Lagen Kapellenberg und Mönchsleite sowie im Randersackerer Sonnenstuhl, die Reben wachsen auf Muschelkalkböden. Silvaner ist mit Abstand wichtigste Rebsorte, nimmt 40 Prozent der Fläche ein, es folgen Riesling, Scheurebe, Müller-Thurgau, Bacchus, Regent, Spätburgunder, Traminer, Grauburgunder, Rieslaner und Albalonga. Das Sortiment ist gegliedert in die Linien Tagwerk, Handwerk und Meisterwerk, dazu gibt es „Unikate". Florian Engelmann setzt verstärkt auf Maischestandzeiten, Spontangärung und langes Vollhefelager.

Kollektion

Die neue Kollektion bestätigt das starke Debüt des vergangenen Jahres, bietet tolle Spitzen, weiß wie rot. Die Basis stimmt, das zeigt der süffige Tagwerk-Silvaner. Der Handwerk-Silvaner besitzt gute Struktur, Frische und Frucht, was auch für den halbtrocken ausgebauten Riesling Kabinett und den Weißburgunder gilt: Feine Ortsweine. Die beiden Meisterwerke von alten Reben aus der Mönchsleite sind deutlich fülliger und kraftvoller, der Silvaner besitzt viel Saft, gute Struktur und reintönige Frucht, der Grauburgunder besticht mit Reintönigkeit und Fülle. Der Unikat-Traminer ist konzentriert und reintönig im Bouquet, kraftvoll und kompakt im Mund, noch recht verschlossen. Auch der im Tonneau ausgebaute Unikat-Silvaner ist noch enorm jugendlich, deutet aber schon an, was in ihm steckt, zeigt herrlich viel Frucht, ist faszinierend reintönig, stoffig und druckvoll, wird noch von Flaschenreife profitieren. Noch Zeit braucht auch der im Barrique ausgebaute Reserve-Grauburgunder, obwohl er aus dem Jahrgang 2018 stammt, er ist füllig, stoffig, herrlich eindringlich und dominant. Der Unikat-Spätburgunder ist konzentriert und klar, besitzt gute Struktur, reife Frucht und Frische. Klasse Kollektion – klar im Aufwind!

Weinbewertung

82	2019 Silvaner trocken „Tagwerk"	12%/6,-€
85	2019 Silvaner trocken „Handwerk" Eibelstadter	13%/7,50€
84	2019 Weißburgunder trocken „Handwerk" Eibelstadter	12,5%/8,-€
86	2019 Silvaner trocken „Alte Reben Meisterwerk" Eibelstadter Mönchsleite	13,5%/12,-€
86	2019 Grauburgunder trocken „Alte Reben Meisterwerk" Mönchsleite	13,5%/10,50€
89	2019 Silvaner „I Unikat" Eibelstadter Mönchsleite „Altenberg 1172"	13,5%/20,-€
85	2019 Traminer trocken „Unikat" Mönchsleite „Altenberg 1172"	13,5%/20,-€
89	2018 Grauburgunder Reserve „Unikat" Eibelstadter Mönchsleite	13,5%/18,-€
85	2019 Riesling Kabinett „Handwerk" Randersackerer	11%/8,-€
83	2018 Spätburgunder trocken „Handwerk"	13%/9,-€
89	2018 Spätburgunder trocken „Unikat" Mönchsleite „Altenberg 1172"	14%/25,-€

FRANKEN ▶ OBERVOLKACH

★★★

Leipold

Kontakt
Landsknechtstraße 14
97332 Obervolkach
Tel. 09381-4472
Fax: 09381-716728
www.weingut-leipold.de
paul-leipold@t-online.de

Besuchszeiten
Mo.-Fr. 9-12 + 13-19 Uhr
Sa. 9-17 Uhr

Inhaber
Paul & Inge Leipold

Rebfläche
6,5 Hektar

Produktion
45.000 Flaschen

Weinbau wird in der Familie Leipold in Obervolkach, einem Ortsteil von Volkach, seit den dreißiger Jahren des letzten Jahrhunderts betrieben, aber erst mit der Übernahme des Betriebes durch Paul Leipold wurde die Fläche erweitert und in die Vermarktung investiert. Die Weinberge liegen alle im Obervolkacher Landsknecht. 40 Prozent der Fläche nimmt Silvaner ein, hinzu kommen vor allem Riesling, Scheurebe und Spätburgunder. Sohn Peter arbeitete nach der Winzerlehre zwei Jahre bei Klaus Peter Keller, absolvierte 2014 die Weinbaufachschule in Veitshöchheim (hatte 2006 ein Praktikum bei Paul Fürst, 2013 bei Comte Liger-Belair in Burgund gemacht), arbeitete weitere zwei Jahre bei Klaus Peter Keller, dann in Teilzeit im Außenbetrieb bei Rainer Sauer, ist 2018 komplett in den elterlichen Betrieb eingestiegen. Zuletzt wurden ein neues Stückfass und Barriques angeschafft, sowie Riesling und Spätburgunder gepflanzt mit massalen Selektionen von Saar und Vosne-Romanée, bestockt mit 6.500 Reben je Hektar. Im Mai 2020 waren die Weinberge von großen Frostschäden betroffen.

Kollektion

Das Programm nimmt Konturen an, das Einstiegsniveau ist hoch. Der Muschelkalk-Silvaner ist reintönig, füllig und kraftvoll, der Muschelkalk-Riesling besitzt gute Struktur, feine Frische, reife Frucht und Grip. Die Scheurebe von alten Reben zeigt intensive Frucht im Bouquet, ist kraftvoll im Mund, besitzt gute Struktur und reife Frucht. Der im Stückfass ausgebaute Silvaner von alten Reben ist intensiv, herrlich eindringlich, besitzt Fülle, Kraft und Substanz. Der teils im Barrique ausgebaute Schilfsandstein-Silvaner ist konzentriert und kraftvoll, noch sehr jugendlich, der teils im Tonneau ausgebaute Gässberg ist offener, besitzt herrlich viel Frucht und Druck. Sehr gut sind auch die beiden reintönigen, frischen Spätlesen. Die intensiv fruchtige Domina R zeigt Johannisbeeren im Bouquet, besitzt Frische und Grip; auch der Spätburgunder R ist intensiv fruchtig, faszinierend reintönig, besitzt gute Struktur im Mund, reintönige Frucht, Frische und Grip. Es geht weiter voran!

Weinbewertung

85	2019 Silvaner trocken „Muschelkalk" Obervolkacher	13%/6,90€
86	2019 Riesling trocken „Muschelkalk" Obervolkacher	13,5%/6,90€ ☺
86	2019 Silvaner trocken „Alte Reben" Obervolkacher Landsknecht	14%/9,-€
89	2018 Silvaner trocken „Schilfsandstein" Obervolkacher Landsknecht	13,5%/13,-€
89	2018 Silvaner trocken „Gässberg" Obervolkacher Landsknecht	13,5%/12,-€ ☺
86	2019 Scheurebe trocken „Alte Reben" Obervolkacher Landsknecht	13%/9,-€
85	2019 Bacchus Spätlese Obervolkacher Landsknecht	7,5%/9,-€
86	2019 Riesling Spätlese Obervolkacher Landsknecht	8%/10,-€
86	2018 Domina „-R-" trocken Obervolkacher Landsknecht	13%/9,-€
88	2018 Spätburgunder „-R-" trocken Obervolkacher Landsknecht	14%/12,-€

WÜRTTEMBERG — GELLMERSBACH

Leiss

★★★✩

Kontakt
Lennacher Straße 7
74189 Gellmersbach
Tel. 07134-14389
Fax: 07134-20621
www.weingut-leiss.de
info@weingut-leiss.de

Besuchszeiten
Mo.-Fr. 10:30-12 + 17:30-19 Uhr
Sa. 9-12 + 13-16 Uhr
„Leissium" (Besenwirtschaft)

Inhaber/Betriesleiter
Wolf-Peter Leiss
Kellermeister
Gerhard Leiss,
Matthias Hechler
Rebfläche
18 Hektar
Produktion
130.000 Flaschen

Das von Gerhard Leiss gegründete Weingut wird heute von seinem Sohn Wolf-Peter und dessen Ehefrau Christa geführt. Tochter Stefanie studiert Weinbetriebswirtschaft, Sohn Gerhard studierte, nach Ausbildung bei Aldinger, in Geisenheim. Die Weinberge liegen vor allem in Gellmersbach (Dezberg) und Erlenbach (Kayberg, mit Teillage Herzgrüble), die Reben wachsen teils auf Gipskeuper-, teils auf Sandsteinverwitterungsböden.

Kollektion

Drei bärenstarke Rotweine führen in diesem Jahr die Kollektion an. Die Cabernet Mitos Trockenbeerenauslese stammt aus dem Jahrgang 2018, stammt von eingetrockneten Trauben, zeigt intensiv Waldbeeren im Bouquet, rote Früchte, ist konzentriert, stoffig, dominant. Der zwanzig Monate in zur Hälfte neuen Barriques ausgebaute Kayberg-Lemberger zeigt reife reintönige Frucht im Bouquet, ist kraftvoll und zupackend im Mund, besitzt gute Struktur und Substanz. Er stammt aus dem Jahrgang 2017 wie auch die Leitwolf genannte Cuvée aus Cabernet Cubin, Lemberger, Spätburgunder, Merlot und Cabernet Dorsa, die gute Konzentration und etwas Schokolade im Bouquet zeigt, enorm füllig und stoffig im Mund ist. Der Trollinger ist reintönig und frisch, was auch für den zupackenden Riesling gilt. Sehr gutes, gleichmäßiges Niveau zeigen die weiteren 2019er Weißweine: Der Weißburgunder von jungen Reben ist reintönig, frisch, merklich süß, der Sauvignon Blanc besitzt klare Frucht und Grip, der Muskateller ist würzig und eindringlich, frisch und zupackend. Der Kayberg-Riesling ist füllig und saftig, der Dezberg-Grauburgunder besitzt feine Frische und reintönige Frucht, der Hägenkorb-Sauvignon Blanc Substanz und reife süße Frucht, er ist unser Favorit im weißen Segment zusammen mit dem zwölf Monate im Barrique ausgebauten Chardonnay aus dem Kelterweinberg, der gute Konzentration und rauchige Noten zeigt, Fülle und Kraft besitzt, reife klare Frucht und gute Struktur.

Weinbewertung

83	2019 Riesling trocken „Vorspiel"	12,5%/6,30€
85	2019 Weißburgunder trocken „Junge Reben"	13,5%/14,-€
85	2019 Sauvignon Blanc trocken Gellmersbach	13%/10,-€
85	2019 Muskateller trocken Gellmersbach	12%/8,80€
87	2019 Riesling trocken Kayberg	12,5%/15,-€
87	2019 Grauburgunder trocken Dezberg	13%/15,-€
88	2019 Sauvignon Blanc trocken „Hägenkorb" Gellmersbach	13%/17,-€
88	2018 Chardonnay trocken Gellmersbach Kelterweinberg	13,5%/18,-€
84	2018 Trollinger trocken Steillage Gellmersbach	13%/7,80€
89	2017 Lemberger trocken Kayberg Erlenbach	13,5%/19,50€
89	2017 „Leitwolf" Rotwein trocken	13,5%/19,50€
89	2018 Cabernet Mitos Trockenbeerenauslese Erlenbacher Kayberg	11%/28,-€/0,375l

★★★★★ Leitz

Kontakt
Theodor-Heuss-Straße 5
65385 Rüdesheim
Tel. 06722-48711
Fax: 06722-47658
www.leitz-wein.de
Johannes.leitz@leitz-wein.de

Besuchszeiten
Mo.-Fr. 8-17 Uhr nach Vereinbarung

Inhaber
Johannes Leitz
Betriebsleiter
Markus Roll
Kellermeister
Manuel Zuffer
Außenbetrieb
Alexaner hregel
Rebfläche
120 Hektar
Produktion
900.000 Flaschen

Weinbau gibt es in der Familie Leitz bereits seit 1744, aber erst in den fünfziger Jahren des letzten Jahrhunderts hatte sich Josef Leitz, der Großvater des heutigen Besitzers Johannes Leitz, ganz auf Weinbau spezialisiert. Nach dem frühen Tod des Vaters hat die Mutter von Johannes Leitz das Weingut als Feierabendbetrieb erhalten. Er selbst vinifizierte bereits 1985 seinen ersten Jahrgang. Seither hat Johannes Leitz das Weingut beträchtlich vergrößert und zu einem der führenden Betriebe im Rheingau entwickelt. Das Gros seiner Weinberge liegt in Rüdesheim. Er ist in allen vier Rüdesheimer Berg-Lagen vertreten, in Rottland, Roseneck, Schlossberg und Kaisersteinfels, sowie in den weiteren Rüdesheimer Lagen Drachenstein, Magdalenenkreuz, Bischofsberg, Kirchenpfad und Klosterlay. Seine Spitzenweine, mit natürlichen Hefen vergoren und im Holz vinifiziert, erzeugt er aus dem Rüdesheimer Berg, aus den Lagen Berg Roseneck, Berg Schlossberg und Berg Rottland sowie aus dem Berg Kaisersteinfels, wo er alte, brachliegende Terrassen rekultiviert hat. Mit dem Jahrgang 2011 fielen die „Alten Reben", die lange die Prestigegewächse des Hauses waren, weg: Die Spitzenrieslinge nennen sich nun „Terrassen" (Kaisersteinfels), „Hinterhaus" (Rottland), „Katerloch" (Roseneck) und „Ehrenfels" (Schlossberg), mit dem Jahrgang 2016 kam ein Großes Gewächs aus dem Rosengarten hinzu. Der Riesling aus dem Berg Kaisersteinfels wurde lange Zeit halbtrocken ausgebaut, 2015 wurde er erstmals trocken angeboten als Großes Gewächs wie seine drei Kollegen. In diesem Jahrgang 2015 gab es auch erstmals einen Wein der neuen „Erste Lage"-Kategorie des Rheingauer VDP, den Riesling aus dem Rüdesheimer Drachenstein. Das Sortiment ist insgesamt klar und straff gegliedert, der Gutsriesling nennt sich „Eins-Zwei-Dry", dann folgen der Rüdesheimer Ortwein und der „Magic Mountain", der ebenfalls ein Rüdesheimer Orts-Riesling ist. Das Gros der Weine wird trocken ausgebaut, im restsüßen Segment gibt es einen feinherben Kabinett aus dem Kirchenpfad, einen süßen Kabinett aus der Klosterlay sowie zwei Spätlesen aus Magdalenenkreuz und Berg Roseneck.

Kollektion

Alle Rieslinge sind fein und ausdrucksstark. Der „Eins-Zwei-Dry" profitiert sehr vom Jahrgang, ist saftig und animierend. Der Rüdesheimer Riesling ist kräuterwürzig und spürbar kraftvoller, steckt voll spannender mineralischer Würze, ist lang und nachhaltig. Ein Ausrufezeichen setzt der trockene Riesling aus dem Bischofsberg, der mit seinem geradlinigen, agilen Auftreten einen goldenen Mittelweg zwischen Reife und Frische findet. Seine attraktiven Fruchtaromen – Ananas und Mirabellen – kontrastieren mit Schalenaromen und einer feinen Salzigkeit. Der Magic Mountain aus Rüdesheimer Lagen ist deutlich fülliger und jetzt schon voll präsent. Die fantastisch reife Frucht spielt mit einer kleinen Süße, zugleich ist er angenehm herb, zart cremig, sehr aromatisch, saftig und animierend. Wie eine Symbiose aus beiden, verbindet der Riesling aus dem Drachenstein Fülle und Finesse, schmeichelt den Gaumen mit würzigem Schmelz, im langen Nachhall zeigt er Zitrusfrüchte und Verbene. Bei den Großen Gewächsen aus dem Jahrgang 2018 bietet das aus dem Rosengarten saftigen Charakter und feine ätherische Holzaromen mit floralen Konturen. Nach reifen Zitronen und weißem Pfirsich duftend, ist es für den frühen Genuss bestens geeignet, zeigt wie viel Finesse in dieser Lage auch in Hitzejahren möglich ist. Das Roseneck ist deutlich drahtiger, hat aber in diesem milden Jahrgang auch weiche Konturen. Dadurch wirkt die enorme Mineralität, die den Wein von Anfang bis Ende begleitet, förmlich wie weich gebettet. Das macht schon jetzt enorme Freude, wird aber mit etwas Flaschenreife noch besser werden: Unser subjektiver Favorit. Daran rüttelt auch das üppige Große Gewächs aus dem Schlossberg nichts. Es ist etwas mehr vom Holz geprägt, sein süßlich herber Gaumenabdruck ist delikat, sicher ist es nicht ganz so präzise wie im bärenstarken Vorjahr, gehört aber wieder zu den besten Weinen der Region. Das Große Gewächs Kaisersteinfels hingegen ist deutlich kompakter als im letzten Jahr. Sein herbes Gerbstoffgerüst hält alles fest im Griff. So ist etwas Geduld gefragt. Die enorm reife, würzige Frucht wird sich weiter öffnen und er wird zu einem breitschultrigen Riesling mit würziger Ader reifen. Der leichtfüßige feinherbe Kabinett und die klare und schnörkellose Spätlese runden eine auch in diesem Jahr wieder herausragende Kollektion ab.

Weinbewertung

86	2019 Riesling trocken „Eins-Zwei-Dry"	12%/8,90€
86	2019 „Blanc de Noir" trocken Assmannshausen	12%/a.A.
87	2019 Riesling trocken Rüdesheim	12%/12,50€
90	2019 Riesling trocken „Magic Mountain" Rüdesheim	12,5%/18,-€
91	2019 Riesling trocken Erste Lage Rüdesheim Drachenstein	12,5%/24,-€
90	2019 Riesling trocken Erste Lage Rüdesheimer Bischofsberg	12,5%/a.A.
93	2018 Riesling trocken Großes Gewächs „Katerloch" Berg Roseneck	13%/40,-€
92	2018 Riesling trocken Großes Gewächs Rüdesheimer Rosengarten	13%/40,-€
93	2018 Riesling trocken Großes Gewächs „Ehrenfels" Berg Schlossberg	12,5%/40,-€
93	2018 Riesling trocken Großes Gewächs „Terrassen" Berg Kaisersteinfels	13%/40,-€
86	2019 Riesling Kabinett „feinherb" Rüdesheimer Kirchenpfad	11%/9,90€
87	2019 Riesling Spätlese Magdalenenkreuz	8,5%/12,50€

Lagen

Berg Schlossberg
– Ehrenfels (Rüdesheim)
Berg Rottland
– Hinterhaus (Rüdesheim)
Berg Roseneck
– Katerloch (Rüdesheim)
Berg Kaisersteinfels
(Rüdesheim)
Drachenstein (Rüdesheim)
Bischofsberg (Rüdesheim)
Kirchenpfad (Rüdesheim)
Magdalenenkreuz
(Rüdesheim)

Rebsorten

Riesling (99 %)
Spätburgunder (1 %)

Günter **Leitzgen**

★★

Kontakt
Wein- und Sektgut
Auf Cales 28
56814 Bremm
Tel. 02675-1673
Fax: 02675-1709
www.leitzgen-weine.de
info@leitzgen-weine.de

Besuchszeiten
nach Vereinbarung

Inhaber
Günter & Susanne Leitzgen
Betriebsleiter
Günter Leitzgen
Rebfläche
3 Hektar
Produktion
25.000 Flaschen

Nach zehn Jahren Tätigkeit als Kellermeister in zwei großen Kellereibetrieben machte sich Günter Leitzgen selbständig. Die Weinberge von ihm und seiner Frau Susanne befinden sich in Bremm (darunter der legendäre Calmont), Eller (Pfirsichgarten und Bienenlay) und Neef (Frauenberg). Neben Riesling (75 Prozent der 3 Hektar Rebfläche) baut er ein ganz klein wenig Müller-Thurgau und immerhin fast ein Viertel Elbling an. Die Weine werden langsam und kühl vergoren, teilweise mit natürlichen Hefen, die Spitzenweine lagern anschließend rund sechs Monate auf der Feinhefe. Das Gros der Weine wird trocken oder halbtrocken ausgebaut. Sekt spielt eine bedeutende Rolle im Sortiment, wird selbst in traditioneller Flaschengärung erzeugt.

Kollektion

Nimmt man die Größe des Weinguts als Maßstab, erzeugt Günter Leitzgen eine beachtliche Fülle an Weinen, die dazu noch angenehm unterschiedlich ausfallen. Da wären etwa die beiden Sekte – der Elbling aus 2017 ist saftig, fein mit einem Hauch von Süße; der Rosésekt aus 2018 ist angenehm süffig, weist aber auch eine schöne Länge auf. Schön fest und würzig ist der Basisriesling aus 2019, viel Spaß macht auch der kühlfruchtige, in der Nase eher neutrale, im Mund aber offene Elbling. Der trockene Traditionsriesling ist straff und fest, der 2019er Wein aus dem Bremmer Calmont wirkte bei der Verkostung noch ein wenig unzugänglich. Offener schienen da schon die beiden Calmont-Weine aus 2018, die den typisch ruhigen Charakter des Jahrgangs zeigen. Der Terroir-Wein ist noch ein bisschen ausdrucksstärker als der Ein-Stern-Wein, zeigt in der Nase Anklänge an Melone, ist fest und vibriert sogar ein wenig. Ein Riesling aus der Bienenlay besitzt deutliche Kohlensäure, ist insgesamt spritzig, besitzt aber auch Spiel. Apropos: Die „Spielerei" ist eher auf der trockenen Seite, wirkt animierend und rassig, die Süße ist nur zu erahnen.

Weinbewertung

85	2017 Elbling Sekt brut	12 %/11,60 €
85	2018 Rosé Sekt extra dry	12,5 %/14,20 €
84	2019 Elbling trocken	11,5 %/8,20 €
86	2019 Riesling trocken „Tradition"	13 %/10,40 €
87	2019 Riesling trocken Bremmer Calmont	12 %/10,40 €
86	2019 Riesling Ellerer Bienenlay	12,5 %/10,40 €
86	2018 Riesling „Stern" Ellerer Pfirsichgarten	13 %/12,- €
87	2018 Riesling „Stern" Bremmer Calmont	13 %/12,- €
83	2019 Riesling „feinherb"	12 %/8,60 €
87	2019 Riesling halbtrocken Bremmer Calmont	12 %/10,40 €
89	2018 Riesling „Terroir" Bremmer Calmont	13 %/23,50 €
87	2019 Riesling „Spielerei"	11,5 %/10,40 €

Leo's

Kontakt
Weingartenstraße 58
54492 Zeltingen
Tel. 06532-3994
Fax: 06532-1796
www.weingut-leos.de
johannes.kappes@weingut-leos.de

Besuchszeiten
siehe Webseite;
Verkostungen jederzeit nach Vereinbarung

Inhaber
Leo Kappes
Betriebsleiter
Leo Kappes
Rebfläche
8 Hektar

Dorothee und Leo Kappes führen das Weingut, bauen auf acht Hektar nicht nur Riesling – er nimmt drei Viertel der Fläche ein –, sondern auch Müller-Thurgau und Weißburgunder, Spätburgunder und Merlot an. Schon in den Neunzigern des vergangenen Jahrhunderts hatte man hier bereits auf Rotwein gesetzt. Die Parzellen verteilen sich auf Zeltinger Sonnenuhr, Zeltinger Schlossberg und Zeltinger Himmelreich. Schon jetzt ist allerdings absehbar, dass sich bald etwas ändern wird in diesem Traditionsbetrieb. Sohn Johannes Kappes wird in Kürze in das Weingut einsteigen. Bis dahin bildet er sich fort im Rahmen eines Masterstudiums in Weinbau, Önologie und Weinwirtschaft, das als Kooperation zwischen der Hochschule Geisenheim und der Universität Wien stattfindet.

Kollektion

Straffe, würzige, gut balancierte Rieslinge hatte der Betrieb schon im vergangenen Jahr zu bieten, und genau solche stellt das Weingut auch aus dem Jahrgang 2019 vor. Saftig und zupackend ist schon der Literriesling in der trockenen Variante, duftig und angenehm trocken wirkt der sortentypische Weißburgunder. Die trockene Spätlese namens „Lucas K." präsentiert sich duftig mit Apfel- und Zitrusnoten in der Nase sowie stoffiger Art, fest und ausgewogen, auch Spiel ist mit von der Partie. Die „#freshman" genannte trockene Spätlese ist straff und fast verspielt, macht schon jetzt viel Spaß, wurde von Johannes Kappes im Alleingang ausgebaut. Die feinherbe Spätlese „Johannes K." duftet nach Kernobst und Hefe, zeigt einen Hauch von Melone, ist schön saftig, auch wenn die Süße im Moment noch deutlich zu spüren ist. Saftig, rassig sind auch die süßen Spätlesen: Jene aus dem Schlossberg ist deutlich straffer und fester als die aus der Sonnenuhr, aber beide bewahren den grundsätzlichen Charakter der hier erzeugten Weine. Wer keinen Riesling kaufen möchte, ist mit dem trockenen, angenehm straffen und würzigen Rosé gut bedient.

Weinbewertung

82	2019 Riesling trocken Zeltinger (1l)	11,5%/5,90€
84	2019 Weißburgunder trocken Zeltinger	12%/7,50€
85	2019 Riesling Spätlese trocken „Lucas K." Zeltinger Sonnenuhr	12,5%/9,-€
86	2019 Riesling trocken „#freshman" Zeltinger Schlossberg	12,5%/9,-€
81	2019 Riesling „feinherb" Zeltinger (1l)	11,5%/5,90€
86	2019 Riesling Spätlese „feinherb" „Johannes K." Zeltinger Sonnenuhr	12%/9,-€
86	2019 Riesling Kabinett Zeltinger Schlossberg	10,5%/7,50€
87	2019 Riesling Spätlese Zeltinger Schlossberg	10%/9,-€
87	2019 Riesling Spätlese „Niklas K." Zeltinger Sonnenuhr	8,5%/9,90€
83	2019 Rosé trocken Zeltinger	12%/7,20€

Lidy

Kontakt
Frankenburgstraße 6
76833 Frankweiler
Tel. 06345-3472
Fax: 06345-5238
www.weingut-lidy.de
info@weingut-lidy.de

Besuchszeiten
Mo.-Fr. 9-11:30 + 13-17 Uhr
Sa. 9-15 Uhr

Inhaber
Bertram & Marcel Lidy

Rebfläche
20 Hektar

Seit den fünfziger Jahren vermarktet die Familie Lidy ihre Weine selbst. Die Aufgaben sind in der Familie klar verteilt: Senior Bertram Lidy kümmert sich um die Destillerie, Sohn Marcel leitet den Außenbetrieb, sein Bruder ist für das Marketing zuständig und arbeitet im Keller, wo sich alle drei über den Ausbau der Weine abstimmen. Die Weinberge liegen in Frankweiler, wo die Reben auf Schichten von Kalkstein, blauem Keuper und Buntsandstein wachsen. Ein Drittel der Rebfläche nimmt Riesling ein, ein Drittel rote Sorten (Spätburgunder, St. Laurent, Frühburgunder, Portugieser, Schwarzriesling und Dornfelder), dazu kommen Sorten wie Silvaner, Weißburgunder, Grauburgunder, Chardonnay, Gewürztraminer, Rieslaner und Müller-Thurgau. Das Sortiment wird nach den vier Metallen Kupfer (Basisweine in der Literflasche), Silber (Gutsweine), Gold (Ortsweine) und Platin (Lagenweine aus den Frankweiler Lagen Kalkgrube und Biengarten) gegliedert.

Kollektion

Fünf der sechs verkosteten Lagenweine aus der „Pt"-Linie sehen wir in diesem Jahr gleichauf an der Spitze der Kollektion: An den weißen Lagenweinen gefällt uns wieder ihre geradlinige, knackig trockene Art, der Riesling besitzt Kraft und herbe Zitrusnoten, ist animierend und lang, der Weißburgunder, zur Hälfte im Holz ausgebaut, besitzt klare Birnenfrucht, florale Noten, dezente Holzwürze und Frische und der lachsrosafarbene, teilweise im Barrique ausgebaute Grauburgunder besitzt ebenfalls florale Noten und Kokos- und Zitruswürze. Unter den beiden Lagen-Spätburgundern ist der Biengarten mit seinen Noten von roten Johannisbeeren, Mokka und Kräutern etwas expressiver, charmanter und schon offener als der ernsthaftere, noch leicht zurückhaltende Wein aus der Kalkgrube, beide besitzen gut eingebundenes Holz und eine jugendliche Struktur. Die Cuvée „Platina" aus Syrah, St. Laurent und Spätburgunder zeigt dunkle Beerenfrucht, etwas Mokka und Pfeffer, besitzt Kraft, lässt aber den Alkohol leicht spüren.

Weinbewertung

84	2019 Riesling trocken „Au" Frankweiler I 13%/7,90€
85	2019 Riesling trocken „Au" „Alte Reben" Frankweiler I 13%/8,40€
82	2019 Weißer Burgunder trocken „Ag" I 12,5%/6,50€
83	2019 Grauer Burgunder trocken „Ag" I 12,5%/6,50€
85	2019 Chardonnay trocken „Au" Frankweiler I 13,5%/7,90€
87	2019 Riesling trocken „Pt" „Steinacker" Frankweiler Kalkgrube I 13,5%/13,90€
87	2019 Weißer Burgunder trocken „Pt" Frankweiler Kalkgrube I 13,5%/13,90€
87	2019 Grauer Burgunder trocken „Pt" Frankweiler Kalkgrube I 13,5%/13,90€
84	2018 Spätburgunder trocken „Au" Frankweiler I 13,5%/8,40€
87	2018 Spätburgunder trocken „Pt" Frankweiler Biengarten I 13,5%/13,90€
86	2017 „Platina" Rotwein trocken „Pt" Godramsteiner Münzberg I 14%/20,90€
87	2018 Spätburgunder trocken „Pt" Frankweiler Kalkgrube I 13,5%/17,90€

★★★★

Schlossgut Liebieg

Kontakt
Krainstraße 5
54340 Klüsserath
Tel. 06507-99115
www.schlossgut-liebig.de
mail@weingut-kirsten.de

Besuchszeiten
nach Vereinbarung

Inhaber
Schlossgut Liebieg GmbH
Betriebsleiter
Bernhard Kirsten
Rebfläche
22 Hektar
Produktion
100.000 Flaschen

Viele Jahre war das Weingut unter dem Namen Kirsten bekannt, seit Anfang 2019 firmiert es als Schlossgut Liebieg. Mit Andreas Kreuter als neuem Partner an ihrer Seite verfolgen Bernhard Kisten und Inge von Geldern neue Ziele, ohne die in vielen Jahren ausgearbeitete Stilistik zu ändern. Das bislang Geschaffene soll bewahrt und in die Zukunft geführt werden, nach weiteren Lagen hält man Ausschau. Mit Schloss Liebieg in Kobern-Gondorf wurde zudem eine geeignete Liegenschaft gefunden. Neben einem neuen Weinkeller soll hier in den nächsten Jahren ein Gesamtensemble aus Restaurant, Hotel und Parkanlage entstehen. Es ist der konsequente nächste Schritt eines Winzers, der immer Maßstäbe gesetzt hat. Schon 2007 hatte Bernhard Kirsten erste Versuche mit biologischem Weinbau angestellt, in einer 1,6 Hektar großen Parzelle im Herzstück der Klüsserather Bruderschaft. Im Jahr darauf hat er den gesamten Betrieb, komplett umgestellt. Ein mutiges Unterfangen angesichts einer Betriebsgröße von heute 22 Hektar, die sich auf verschiedene Gemeinden und zahlreiche Parzellen verteilen, alle in Steillagen. Das Weingut ist heute Mitglied von Fair'N Green. Längst ist es auch über Bernhard Kirstens Heimatgemeinde Klüsserath hinausgewachsen. Es ist in der Köwericher Laurentiuslay vertreten, im Pölicher Held, im Mehringer Zellerberg und im Longuicher Maximiner Herrenberg sowie in der Trittenheimer Apotheke. Riesling dominiert in diesem Weingut, schon lange aber gibt es auch etwas Weißburgunder und Spätburgunder, inzwischen sogar ein wenig Sauvignon Blanc. Nach wie vor ist es also die Handschrift von Bernhard Kirsten, welche die Weine prägt. Die Weine werden spontan vergoren, und nur bei trockenen Weinen, die nicht zu Ende gären wollen, werden später Reinzuchthefen zugesetzt. Außer den Klassikern „Herzstück" (aus der ursprünglichen Bruderschaft) und „Alte Reben" überzeugte Kirsten auch viele Jahre mit dem „von Geldern pur", alle drei aus der Klüsserather Bruderschaft; dazu gibt es den Riesling „1904" (jetzt als „19null4" bezeichnet), der von alten Rebstöcken aus dem Longuicher Maximiner Herrenberg stammt. Nicht vergessen sollte man die Alten Reben aus der Trittenheimer Apotheke und den Free Run, den in Magnumflaschen gefüllten Riesling, der einen eleganten, imposanten Stil verkörpert. Inzwischen bereichern weitere Lagenweine das Programm: der Riesling aus dem Winninger Hamm und jener aus dem Winninger Brückstück. Das Weingut Kirsten hat sich in den letzten Jahren auch immer wieder dem Sekt gewidmet und dort eine Präzision erreicht, wie sie an der Mosel keineswegs üblich ist.

Kollektion

Gelungene Schaumweine stehen diesmal am Anfang des Programms. Derjenige in Rosé duftet sehr fein nach Hefe und gequetschten Erdbeeren, ist finessenreich, animierend, besitzt ebenso wie der Rieslingsekt einen gewissen Schmelz. An trockenen Basisweinen wurden beispielsweise der Riesling „Vierpass" und der Sauvignon Blanc vorgestellt, die ausgezeichnet gefallen – schon der Riesling besitzt nicht nur Zitruswürze, sondern auch eine straffe, ungemein animierende Art. Der Sauvignon Blanc ist kraftvoll und erfreulich trocken geraten, rassig, animierend. Sehr gelungen ist dann schon der „Schloss" genannte Riesling, der frisch und fest ist, erfreulich trocken ausfällt. Er besitzt auch eine kräftige Art, wie sie sich durch das trockene Programm zieht. Die Weine sind durchaus würzig und zupackend, aber auch fein, straff, individuell und derzeit noch sehr jung, zum Zeitpunkt der Verkostung noch etwas von der späten Abfüllung geprägt. Zu nennen ist natürlich der „Pur", der seinem Namen Ehre macht, kraftvoll wirkt, fast rassig und direkt. Spannend ist der Vergleich der drei Lagenweine. Jener aus der Apotheke ist recht offen, fein und kühl mit Noten von Mirabelle, Hefe und Pfirsich, im Mund fest, trocken, kompakt und würzig, auch recht warm im Nachhall. Der Wein aus dem Winninger Hamm besitzt eine dunkle, verhaltene Würzaromatik, ist kompakt, sehr fest, puristisch; jener aus dem Brückstück ist feiner und heller in der Nase, zeigt Verspieltheit, aber auch einen derzeit wärmenden Alkohol; er benötigt noch Zeit, fasziniert aber auch mit eigenständiger Art. Der Riesling von alten Reben ist kraftvoller, würzig, lässt lediglich einen Hauch von Süße erkennen. Nur beim „19null4" genannten Wein ist die Süße deutlich zu spüren, sie fügt sich aber ausgezeichnet ein in das Gesamtpaket: Der Wein ist fein, hell, leicht hefig in der Nase, besitzt eine straffe Art, eine überzeugende Würze.

Bernhard Kirsten

Weinbewertung

87	Riesling Sekt brut	12,5%/15,-€
87	Pinot Sekt brut	12%/15,-€
87	2019 Riesling trocken „Vierpass"	12%/10,-€
89	2019 Riesling „Schloss"	13%/12,-€ ☺
88	2019 Sauvignon Blanc trocken	12,5%/12,-€
92	2019 Riesling trocken Winninger Hamm	13%/32,-€
89	2019 Riesling trocken Winninger Brückstück	15%/32,-€
89	2019 Riesling „Pur" Klüsserather Bruderschaft	13%/18,-€
89	2019 Riesling „Herzstück" Klüsserather Bruderschaft	13%/19,50€
90	2019 Riesling trocken Trittenheimer Apotheke	13,5%/28,-€
89	2019 Riesling Köwericher Laurentiuslay	12,5%/16,-€
90	2019 Riesling „Alte Reben" Klüsserather Bruderschaft	13,5%/22,-€ ☺
90	2019 Riesling „19null4" Longuicher Maximiner Herrenberg	12,5%/22,-€

Lagen
Bruderschaft (Klüsserath)
Held (Pölich)
Laurentiuslay (Köwerich)
Zellerberg (Mehring)
Maximiner Herrenberg (Longuich)
Apotheke (Trittenheim)

Rebsorten
Riesling (72 %)
Weißburgunder (20 %)
Spätburgunder (5 %)
Sauvignon Blanc (3 %)

MOSEL ▬ LIESER

★★★★★ ## Schloss Lieser

Kontakt
Am Markt 1-5
54470 Lieser
Tel. 06531-6431
Fax: 06531-1068
www.weingut-schloss-lieser.de
info@weingut-schloss-lieser.de

Besuchszeiten
Mo.-Fr. 10-17 Uhr
Sa. 10-15 Uhr
Apartment

Inhaber
Thomas & Ute Haag
Betriebsleiter
Thomas Haag
Kellermeister
Thomas Haag
Außenbetrieb
Philipp Veser
Rebfläche
23 Hektar
Produktion
130.000 Flaschen

Das Weingut Schloss Lieser wurde 1904 in unmittelbarer Nachbarschaft zum 1875 aus Grauschiefer erbauten Schloss Lieser errichtet. Nach mehreren Besitzerwechseln übernahm 1992 Thomas Haag die Betriebsleitung des Gutes. 1997 konnte er zusammen mit Ehefrau Ute das Gut übernehmen, sie haben es von Grund auf saniert und auf die heutige Größe erweitert. Das Gros ihrer Weinberge liegt in Lieser, vor allem in der Lage Niederberg-Helden, des Weiteren sind sie in der Brauneberger Juffer-Sonnenuhr und der Brauneberger Juffer vertreten, in der Wehlener Sonnenuhr, im Graacher Himmelreich, im Piesporter Goldtröpfchen und im Bernkasteler Doctor.

Kollektion

Die 2019er sind ausgezeichnet ausgefallen, ja sie setzen in mancher Beziehung Maßstäbe. Etwa beim straffen, festen, aber dennoch mit Spiel ausgestatteten trockenen „SL", dem Einstieg. Die übrigen trockenen Basisweine bzw. der trockene Mittelbau sind spannend. Etwa das „Kabinettstück", das sich sehr offen zeigt, mit Noten von gehackten Kräutern und einer dezenten Gewürzkomponente, straff und rassig. Merkliche Steinobstnoten weist der Lieserer Ortsriesling auf, während das „Goldstück" aus Piesport reifere Fruchtnoten zeigt, kompakt ausfällt, würzig, typisch für Piesport. Wurden die Lagen bereits hier gut herausgearbeitet, sind sie bei den Großen Gewächsen nochmals deutlich zu spüren. Der Wein aus dem Himmelreich allerdings wirkt sehr zugeknöpft; in der Nase dominieren Noten von Hefe und spontaner Vergärung, später auch etwas getrockneter Apfel, im Mund ist der Wein fest, würzig, fein und präzise. Der Niederberg-Helden zeigt eine dunkle Hefewürze, ist verführerisch klar, straff mit hefiger Würze, lang. Jenes aus der Juffer-Sonnenuhr ist fast explosiv hefig, im Mund sehr präzise mit animierender Säure. Ruhiger wirkt der Vertreter aus dem Goldtröpfchen, kompakt und würzig, sehr dem Charakter der Lage entsprechend, er entwickelt sich im Glas ausgezeichnet. Der süße Bereich ist mindestens ebenso spannend wie der trockene, allein schon die vier (!) Kabinettrieslinge setzen Maßstäbe, weil sie ausgezeichnet balanciert sind. Der saftige Sonnenuhr-Kabinett wäre die Nummer eins, gäbe es nicht den Domprobst-Kabinett, einen Versteigerungswein, der eine wunderbar klare, frische, vielschichtige Aromatik zeigt, mit Noten von Kräutern, Steinobst, auch etwas Melone, der im Mund wunderbar geschliffen wirkt. Die Goldtröpfchen-Spätlese ist mit feiner, süß und zugänglich wirkender Frucht ausgestattet, wirkt saftig und zugänglich, versteckt aber eine beachtliche Struktur. Straffer und kühler wirkt die Niederberg-Helden-Spätlese. Wunderbar fein, unaufdringlich dann die Spätlese aus dem Doctor, die noch Zeit braucht. Die Auslesen beweisen allesamt ein faszinierend hohes Niveau, wirken aber keineswegs austauschbar. Während die normale Auslese Niederberg-Helden mit süßer Frucht und fast cremig anmutender Fülle aufwartet, ist jene aus der Juffer-Sonnenuhr etwas würziger. Auch in diesem Segment ist der Vertreter des Goldtröpfchens unverkennbar saftig.

Unter den Goldkapsel-Auslesen ist diejenige aus der Juffer-Sonnenuhr zu nennen, weil sie unter der hohen Süße eine straffe, würzige Art zeigt. Ihre Pendants mit langer Goldkapsel sind faszinierend klar und präzise, allerdings scheint der Vertreter der Wehlener Sonnenuhr am meisten Potenzial aufzuweisen. Die Beerenauslese Niederberg-Helden war bei der Verkostung faszinierend klar, aber noch verschlossen. Gut möglich, dass sich dieser unglaublich dichte, deutlich cremig und ansatzweise tropisch duftende Wein bald noch höher bewerten lässt.

Weinbewertung

87	2019 Riesling trocken „SL"	12,5%/9,50€
87	2019 Riesling trocken „Kabinettstück"	12,5%/11,90€
89	2019 Riesling trocken „Heldenstück" Lieser	12,5%/16,90€
89	2019 Riesling trocken „Goldstück" Piesport	12,5%/16,90€
92	2019 Riesling trocken „GG" Lieser Niederberg-Helden	12,5%/29,50€
92	2019 Riesling trocken „GG" Graacher Himmelreich	12,5%/29,50€
93	2019 Riesling trocken „GG" Piesport Goldtröpfchen	12,5%/29,50€
92	2019 Riesling trocken „GG" Brauneberg Juffer-Sonnenuhr	12,5%/29,50€
92	2019 Riesling trocken „GG" Wehlen Sonnenuhr	12,5%/29,50€
90	2019 Riesling Kabinett Wehlener Sonnenuhr	7,5%/13,90€ ☺
89	2019 Riesling Kabinett Brauneberger Juffer	8,5%/13,90€
88	2019 Riesling Kabinett Lieser Niederberg-Helden	9%/13,90€
89	2019 Riesling Kabinett Graacher Himmelreich	8,5%/13,90€
92	2019 Riesling Kabinett Graacher Domprobst	7,5%/Vst.
90	2019 Riesling Spätlese Lieser Niederberg-Helden	8%/18,50€
92	2019 Riesling Spätlese Brauneberger Juffer-Sonnenuhr	7%/18,50€ ☺
91	2019 Riesling Spätlese Wehlener Sonnenuhr	7%/18,50€
92	2019 Riesling Spätlese Piesporter Goldtröpfchen	8%/18,50€ ☺
93	2019 Riesling Spätlese Bernkasteler Doctor	7%/Vst.
93	2019 Riesling Auslese Brauneberger Juffer-Sonnenuhr	7%/28,-€
93	2019 Riesling Auslese Piesporter Goldtröpfchen	7,5%/28,-€
92	2019 Riesling Auslese Wehlener Sonnenuhr	7%/28,-€
90	2019 Riesling Auslese Lieser Niederberg Helden	7%/28,-€
93	2019 Riesling Auslese „Goldkapsel" Lieser Niederberg-Helden	7%/41,-€
94	2019 Riesling Auslese „Goldkapsel" Brauneberger Juffer-Sonnenuhr	7%/41,-€
93	2019 Riesling Auslese „Goldkapsel" Wehlener Sonnenuhr	7%/41,-€
96	2019 Riesling Auslese „Lange Goldkapsel" Wehlener Sonnenuhr	7%/56,-€
94	2019 Riesling Auslese „Lange Goldkapsel" Lieser Niederberg-Helden	7%/56,-€
95	2019 Riesling Auslese „Lange Goldkapsel" Juffer Sonnenuhr	7%/Vst.
93	2019 Riesling Beerenauslese Lieser Niederberg-Helden	6%/58,-€/0,375l

Lagen
Niederberg-Helden (Lieser)
Juffer-Sonnenuhr (Brauneberg)
Juffer (Brauneberg)
Sonnenuhr (Wehlen)
Himmelreich (Graach)
Goldtröpfchen (Piesport)
Doctor (Bernkastel)
Domprobst (Graach)

Rebsorten
RIESLING (100 %)

NAHE ▶ WINDESHEIM

★★★★☆

Lindenhof

Kontakt
Lindenhof
55452 Windesheim
Tel. 06707-330
Fax: 06707-8310
www.weingutlindenhof.de
info@weingutlindenhof.de

Besuchszeiten
Mo.-Fr. 10-12 + 14-18 Uhr
Sa. 10-16 Uhr
Weinproben nach Vereinbarung

Inhaber
Martin Reimann
Rebfläche
10 Hektar
Produktion
70.000 Flaschen

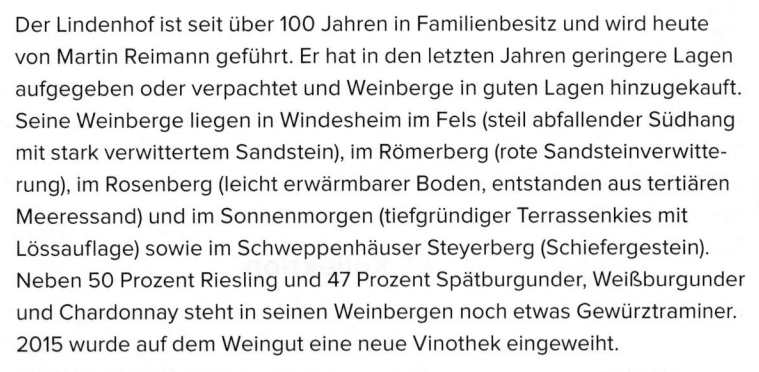

Der Lindenhof ist seit über 100 Jahren in Familienbesitz und wird heute von Martin Reimann geführt. Er hat in den letzten Jahren geringere Lagen aufgegeben oder verpachtet und Weinberge in guten Lagen hinzugekauft. Seine Weinberge liegen in Windesheim im Fels (steil abfallender Südhang mit stark verwittertem Sandstein), im Römerberg (rote Sandsteinverwitterung), im Rosenberg (leicht erwärmbarer Boden, entstanden aus tertiären Meeressand) und im Sonnenmorgen (tiefgründiger Terrassenkies mit Lössauflage) sowie im Schweppenhäuser Steyerberg (Schiefergestein). Neben 50 Prozent Riesling und 47 Prozent Spätburgunder, Weißburgunder und Chardonnay steht in seinen Weinbergen noch etwas Gewürztraminer. 2015 wurde auf dem Weingut eine neue Vinothek eingeweiht.

Kollektion

Martin Reimanns Kollektion ist auch in diesem Jahr wieder auf gewohnt hohem Niveau und kann mit mehreren Spitzen auftrumpfen: Der Weißburgunder „Reserve" zeigt feine röstige Würze und Zitrusnoten im komplexen Bouquet, besitzt Konzentration, Schmelz und sehr gut eingebundenes Holz, ist animierend und sehr nachhaltig, die „Reserve" vom Chardonnay ist sogar noch etwas eleganter, zeigt neben dezenten Röstnoten viel gelbe Frucht, Pfirsich, Ananas, und besitzt salzige Länge und der Spätburgunder „Reserve" zeigt feine Noten von Waldboden, Krokant und Schwarzkirsche im Bouquet, ist kraftvoll, elegant und nachhaltig und besitzt Potential. Die trockenen Rieslinge besitzen alle merkliche Restsüße, aber auch viel Biss, die „Reserve" aus dem Fels ist rauchig und mineralisch im Duft, besitzt am Gaumen herbe Zitrusnoten und Grip, ist animierend und lang, der normale Fels-Riesling zeigt ebenfalls rauchige Noten im Bouquet, ist etwas deutlicher in der Fruchtausprägung mit Noten von Aprikose und Grapefruit, besitzt leicht salzige Länge.

Weinbewertung

84	2019 Weißburgunder trocken	12%/8,-€
84	2019 Riesling trocken „Eleven"	11%/8,50€
86	2019 Riesling trocken „Grauschiefer" Schweppenhäuser	12,5%/10,50€
86	2019 Weißburgunder trocken Windesheim	13%/10,50€
88	2019 Weißburgunder trocken Windesheimer Sonnenmorgen	13,5%/14,50€
88	2019 Riesling trocken Windesheimer Fels	12,5%/14,50€
89	2019 Riesling trocken „Reserve" Windesheimer Fels	12,5%/24,50€
90	2018 Weißburgunder trocken „Reserve" Windesheimer Sonnenmorgen	13,5%/21,50€
90	2017 Chardonnay trocken „Reserve" Windesheimer Saukopf	13,5%/34,50€
86	2019 Riesling Kabinett Windesheimer Römerberg	9%/8,50€
88	2017 Spätburgunder trocken Windesheimer Rosenberg	13,5%/24,50€
90	2017 Spätburgunder trocken „Reserve" Windesheimer Rosenberg	13,5%/34,50€

BADEN ▶ ENDINGEN

Linder

★★★ ☆

Kontakt
Winzerhof Linder
Röstehof 2
79346 Endingen
Tel. 07642-5525
Fax: 07642-5525
ronald@winzerhof-linder.de
www.winzerhof-linder.de

Besuchszeiten
Mo.-Fr. 17-19 Uhr
Sa. 11-14 Uhr
oder nach Vereinbarung
Weinbergführungen mit Tierkontakt, Kräuterwanderungen, Kellergeschichten

Inhaber
Ronald Linder
Betriebsleiter
Ronald Linder, Maik Merbitz
Kellermeister
Ronald Linder, Maik Merbitz
Außenbetrieb
Ronald Linder, Maik Merbitz
Rebfläche
5 Hektar

Ronald Linder ist ein Quereinsteiger. Der Medieningenieur übernahm Anfang der 2010er Jahre das elterliche Weingut in Endingen und stellte den Betrieb auf biologisch-dynamische Wirtschaftsweise um. Seit 2017 macht Roland Linder auch Naturweine, sie sind alle spontan vergoren, zum Teil auf der Maische angegoren oder vergoren, ungeschönt, unfiltriert und ohne zugesetzten Schwefel direkt von der Vollhefe abgefüllt.

Kollektion

Das starke Debüt als „Entdeckung des Jahres" bestätigt Roland Linder in diesem Jahr. Vielschichtig und saftig ist die 2019er weiße Cuvée Grünfink aus Sauvignon Blanc und Weißburgunder, ist zupackend, besitzt viel Stoff und guten Zug. Eine schöne Frucht besitzt der 2019er Grauburgunder. Der maischevergorene „Grau Natür" von 2019 ist im Bouquet sehr komplex, zeigt Frucht, Stein und Gewürze, deutlich Nelken, am Gaumen ist er saftig und würzig, besitzt eine feine Säure. Der „Gewürzschlawiner" aus Gewürztraminer und Müller-Thurgau ist ebenfalls ein Naturwein. Im Bouquet zeigt er feinen Rosenduft, am Gaumen hat er viel Frucht und eine feine Säure, ist durch Maischegärung sehr stabil. Der 2017er Cabernet Sauvignon ist würzig-käuterig im Bouquet, im Mund klar und stabil, besitzt Kraft und Substanz. Unser Favorit ist der 2015er Cabernet Sauvignon mit seiner typischen, reifen Cabernet-Aromatik, er besitzt Biss und eine feine Tanninstruktur. Der Cabernet Sauvignon steckt den geringen Schwefelgehalt besser weg als die Kaiser-Cuvée aus Cabernet Mitos, Spätburgunder und Dunkelfelder. Hinter den oxidativen Noten bietet der Wein viel Spannung und guten Biss. Noch ein Naturwein: Der Spoth (Spätburgunder) von 2017 ist gut strukturiert und hat Spannung.

Weinbewertung

85	2019 Grauburgunder trocken	12%/8,90€
86	2018 Cuvée „Grünfink 55" trocken	12,5%/9,70€
86	2019 Weißwein-Cuvée trocken „Grünfink"	13%/9,70€
83	2018 Müller Thurgau trocken „[dr] Miller 124"	11,5%/7,90€
84	2018 Grauburgunder trocken „[dr] Grau"	12%/7,90€
85	2018 Müller-Thurgau trocken „[dr] Miller Natür 124"	11,5%/11,90€
89	2018 Grauburgunder trocken „[dr] Grau Natür 65"	14%/11,90€ ☺
89	2019 Grauburgunder trocken „[dr] Grau Natür"	13%/11,90€ ☺
88	„Gewürzschlawiner Natür" Weißwein-Cuvée trocken trocken	11,5%/11,90€
88	2015 Cabernet Sauvignon 51 trocken	13%/18,90€
87	2017 Spätburgunder trocken „[dr] SPOTH Natür 41"	13%/15,90€
86	2017 „Kaiser 48 Natür" Rotwein-Cuvée trocken	12,5%/15,90€
87	2017 Cabernet Sauvignon trocken „24 Natür"	13%/22,90€

RHEINHESSEN ▸ DORN-DÜRKHEIM

★ ✫

Listmann

Kontakt
Bechtheimerstraße 12
67585 Dorn-Dürkheim
Tel. 06733-1650
info@weingut-listmann.com
www.weingut-listmann.com

Besuchszeiten
nach Vereinbarung

Inhaber
Eckhard, Welf & Leif Listmann
Betriebsleiter
Eckhard, Welf & Leif Listmann
Kellermeister
Welf & Leif Listmann
Außenbetrieb
Welf & Eckhard Listmann
Rebfläche
30 Hektar

Seit 1853 baut die Familie Wein in Dorn-Dürkheim an. Heute führt Eckhard Listmann zusammen mit seinen Söhnen Welf und Leif den Betrieb. Ihre Weinberge verteilen sich auf fünf Gemeinden und neun Lagen, befinden sich in den Alsheimer Lagen Frühmesse, Römerberg, Goldberg, Fischerpfad und Sonnenberg, im Westhofener Brunnenhäuschen, der Guntersblumer Eiserne Hand, im Dorn-Dürkheimer Römerberg sowie im Mettenheimer Goldberg, die Reben wachsen auf unterschiedlichen Böden von Löss über Terra Fusca bis hin zu Mergel. Zum Gut gehören Weinstube und Winzercafé sowie ein Viktorianischer Garten mit Teehaus.

Kollektion

Beim guten Debüt im vergangenen Jahr führten drei edelsüße Rieslinge zusammen mit dem Grauburgunder aus dem Fischerpfad eine überzeugende Kollektion an. In der neuen Kollektion gefällt uns ein Rotwein am besten, der 2015er Spätburgunder aus der Frühmesse, der Fülle und Kraft besitzt, reintönige Frucht und gute Struktur. Sehr gut ist auch die rote Gründercuvée, zeigt etwas rauchige Noten, intensive Frucht, besitzt Fülle, Kraft und Substanz, der Kalkmergel-Spätburgunder ist frisch, klar und zupackend. Das weiße Segment, das ansonsten sehr gleichmäßig ist, führen der schon im Vorjahr vorgestellte 2017er Fischerpfad-Grauburgunder sowie zwei Rieslinge aus dem Jahrgang 2016 an: Der trockene Frühmesse-Riesling zeigt gute Konzentration im Bouquet, feine Würze und Reife, ist füllig und kraftvoll im Mund, besitzt viel reife Frucht und Substanz; die süße Auslese zeigt viel Duft und ebenfalls klare Reife im Bouquet, kandierte Früchte und Zitrus, ist süß und dominant im Mund bei viel Substanz. Sehr gut ist auch der im 500-Liter-Fass ausgebaute Sauvignon Blanc Small Batch aus dem Jahrgang 2019, ist würzig, eindringlich und konzentriert, besitzt Fülle und Kraft, reife Frucht und gute Struktur. Im Aufwind! ▸

Weinbewertung

80	2019 Riesling trocken (1l) ❙ 12%/5,-€
82	2019 Riesling trocken „vom Kalkstein" (Westhofener Brunnenhäuschen) ❙ 12,5%/6,40€
82	2019 Riesling trocken „Alte Reben" Alsheim ❙ 13,5%/7,50€
82	2019 Merlot „Blanc de Noir" trocken ❙ 12,5%/6,90€
81	2019 Chardonnay trocken Alsheim ❙ 13%/6,90€
86	2016 Riesling trocken Alsheimer Frühmesse ❙ 12,5%/12,50€
86	2017 Grauer Burgunder trocken Alsheimer Fischerpfad ❙ 13,5%/9,90€
85	2019 Sauvignon Blanc trocken „Small Batch" ❙ 12,5%/12,90€
86	2016 Riesling Auslese „111 Oe°" ❙ 8%/9,50€
84	2016 Spätburgunder trocken „Kalkmergel" ❙ 13,5%/6,90€
85	2017 „1853 Gründercuveé" Rotwein trocken ❙ 14%/9,90€
87	2015 Spätburgunder trocken Alsheimer Frühmesse ❙ 13%/15,-€

Löffler

★★ ☆

Kontakt
Fohrenbergstraße 43
79219 Staufen-Wettelbrunn
Tel. 07633-6307
Fax: 07633-808994
www.weingut-loeffler.de
info@weingut-loeffler.de

Besuchszeiten
Mo.-Fr. 8:30-12 + 14-17 Uhr
Sa. 9-12 Uhr
gerne auch nach Vereinbarung
Straußwirtschaft
Weinverkostung
Weinproben auch für große Gruppen

Inhaber
Wolfgang Löffler
Kellermeister
Andreas Löffler
Rebfläche
21 Hektar
Produktion
160.000 Flaschen

Wolfgang Löffler arbeitete als Kellermeister bei Winzergenossenschaften, bevor er 1988 das eigene Weingut gründete, 1994 zog er in einen Neubau in Staufen-Wettelbrunn. 1996 erweiterte man den Betrieb um Keller, Flaschenlager und Veranstaltungsraum, 2009 wurde ein Holzfasskeller gebaut, im vergangenen Jahr eine neue Vinothek. Seit 2001 wird Wolfgang Löffler im Betrieb von Sohn Andreas unterstützt, der ausgebildeter Weinküfer und Kellermeister ist. Die Weinberge liegen im Castellberg in Ballrechten-Dottingen, sowie im Grunerner Altenberg. Gutedel nimmt knapp ein Drittel der Rebfläche ein, Spätburgunder ein Viertel, dazu gibt es Müller-Thurgau, Weißburgunder und Grauburgunder, Regent, Gewürztraminer, Chardonnay und Sauvignon Blanc. Von den bewirtschafteten Obstwiesen werden in der hauseigenen Brennerei Edelbrände und Liköre erzeugt.

Kollektion

Wolfgang und Andreas Löffler bleiben auch mit den neuen Jahrgängen auf ihrem eingeschlagenen Weg: Auf der einen Seite eine Editions-Linie frischer Gutsweine, auf der anderen Seite anspruchsvolle Reserve-Weine. Die aktuelle Kollektion bietet wie im vergangenen Jahr wieder sehr ordentliche, zupackend-saftige Editions-Weine mit klar herausgearbeiteter Frucht. Das gilt für die beiden Gutedel ebenso wie für Muskateller, Sauvignon Blanc und Weißburgunder. Einen Tick mehr von allem hat der Chardonnay. Die Reserve-Weine: Der Weißburgunder punktet mit feiner Würze und einer komplexen Aromenstruktur, er ist füllig und kraftvoll, schön salzig. Der Chardonnay hat eine ähnlich feine Würze wie der Weißburgunder, ist etwas zurückhaltender als dieser. Mehr Fülle zeigt der Grauburgunder, gute Konzentration und würzig-salzige Länge. Der Reserve-Spätburgunder zeigt immer noch ein straffes Tanninkleid, er dürfte immer noch am Anfang seiner Entwicklung stehen. Der Spätburgunder „Alte Rebe" hat eine ähnlich strenge Tanninstruktur, setzt aber viel würzige Frucht dagegen.

Weinbewertung

82	2019 Roter Gutedel trocken Ballrechten-Dottinger Castellberg	11,5%/6,50€
83	2019 Gutedel Kabinett trocken Ballrechten-Dottinger Castellberg	12%/6,50€
83	2019 Weißburgunder trocken „Edition" B-D. Castellberg	12,5%/7,50€
83	2019 Sauvignon Blanc trocken Ballrechten-Dottinger Castellberg	12%/9,-€
84	2019 Chardonnay trocken	13%/8,-€
84	2019 Muskateller trocken „Edition"	12%/9,50€
87	2018 Weißer Burgunder trocken „Reserve" B-D. Castellberg	13,5%/15,-€
87	2018 Grauburgunder trocken „Reserve" Ballrechten-Dottinger Castellberg	14%/15,-€
86	2018 Chardonnay trocken „Reserve" Ballrechten-Dottinger Castellberg	13,5%/15,-€
81	2019 Spätburgunder Rosé trocken „Rosa Markgräfler" B-D. Castellberg	12%/7,50€
86	2016 Spätburgunder trocken „Reserve" B-D. Castellberg	13,5%/15,-€
87	2016 Pinot Noir trocken Barrique Ballrechten-Dottinger Castellberg	13%/19,50€

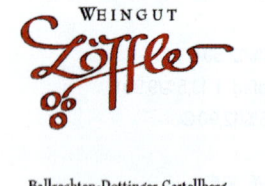

MOSEL ━ LEIWEN/ZUMMET

★★★★

Loersch

Kontakt
Tannenweg 11
54340 Leiwen/Zummet
Tel. 06507-3229
Fax: 06507-3205
www.weingut-loersch.de
info@weingut-loersch.de

Besuchszeiten
nach Vereinbarung
Gästehaus mit Panoramablick
„RieslingSkylounge"

Inhaber
Alexander Loersch
Rebfläche
8 Hektar
Produktion
70.000 Flaschen

Das Weingut befindet sich dort, wo man gewiss die beste Aussicht über die Mosel und die Weinberge von Leiwen und Trittenheim hat: hoch oben, auf der so genannten Zummethöhe. Der Betrieb führt seine Tradition über einen Zeitraum von rund 400 Jahren zurück. Alexander Loersch war bereits seit dem Jahr 2002 im elterlichen Weingut für den Ausbau der Weine verantwortlich, 2009 hat er den Betrieb von seinem Vater Ernst-Albrecht übernommen. Die bewirtschaftete Fläche wurde in den letzten Jahren deutlich ausgeweitet, auch die Flaschenausstattung wurde überarbeitet, und der früher genutzte Weingutsname Loersch-Eifel verwandelte sich in den weniger verwechselbaren heutigen Namen. Loerschs Weinberge, liegen in den Trittenheimer Lagen Apotheke und Altärchen, im Leiwener Klostergarten, im Dhroner Hofberg, im Neumagener Rosengärtchen und im Piesporter Goldtröpfchen. Neben Riesling (98 Prozent der Fläche) wird auch noch etwas Spätburgunder angebaut. Die Weine werden temperaturgekühlt mit den natürlichen Hefen vergoren, teils im Fuder, teils im Edelstahl ausgebaut, die Rotweine auch im Barrique. Einer der trockenen Spitzenrieslinge, Devon-Terrassen genannt, stammt von 70 bis 100 Jahre alten Reben im Kernstück der Trittenheimer Apotheke, ein anderer aus der Parzelle Sängerei im Dhroner Hofberg, ein weiterer aus der Jungheld, heute Teil der Apotheke; dieser Wein kommt erst im zweiten Sommer nach der Ernte in den Verkauf. Ausgebaut werden auch Weine aus den Parzellen Vogelsang und Laurentiusberg, die sich ebenfalls in der Apotheke befinden. In den vergangenen Jahren wurden die Rieslinge immer komplexer, saftiger, spannender; sie sind in der Jugend häufig noch verschlossen, entwickeln dann aber eine vibrierende, nachhaltige Art. Dem Weingut ist ein Gästehaus angeschlossen, inzwischen wurde auch die neue Vinothek, die so genannte Riesling-Sky-Lounge, eröffnet: Sie bietet einen Panoramablick über nicht weniger als zwölf verschiedene Steillagen. Weinproben werden nach telefonischer Anmeldung angeboten.

Kollektion

So mancher 2019er des Weinguts Loersch war zum Zeitpunkt der Verkostung noch jung, zeigte erst allmählich seine ganze Komplexität. Dennoch ist schon jetzt zu konstatieren, dass der Jahrgang großartig ausgefallen ist. Ein angenehm würziger „Blauschiefer" führt das Feld an. Der Wein aus den „Devon-Terrassen", vorgestellt aus den Jahrgängen 2018 und 2019, ist straff und präzise, erfreulich trocken und aus dem Jahrgang 2019 noch etwas fokussierter. Spannend wirken die Spitzen aus Vogelsang und Jungheld. Der erste Wein (ein 2019er) ist noch hefig in der Nase, im Mund sehr fest, präzise, glasklar und salzig; der zweite, aus der Jungheld stammend und ein 2017er, ist enorm straff und rassig, fest, lang, ist offen, dicht, enorm würzig und präzise. Dezent süß und enorm saftig ist beispielsweise der feinherbe Kabinett aus dem Rosengärtchen, der noch etwas unruhig wirkt und Potenzial für eine höhere Bewertung hat. Bei den „Fels-Terrassen", ist die leichte Süße perfekt ins Gesamtbild integriert, der Wein ist recht offen, noch leicht hefig, apfelwürzig und vibrierend, aber nicht so lang und mineralisch wie beispielsweise der trockene Vogelsang. Offen sind die süßen Kabinette aus Apotheke und Goldtröpfchen. Der eine eher straff, der andere würzig, mit reifer Frucht und merklicher Süße, aber auch einer schön saftigen, den Charakter der Lage widerspiegelnden Art. Ausgezeichnet gefällt unter den süßen Weinen die Spätlese von alten Reben aus der Apotheke, die in der Nase Noten von Boskop und getrocknetem Apfel zeigt, im Mund enorm rassig und vibrierend ausfällt, mit langem Nachhall. Die Süße ist absolut unaufdringlich. Angenehm kühl und fein wirkend die beiden vorgestellten Auslesen. Die eine erinnert noch an getrockneten und kandierten Apfel sowie helles Steinobst, die andere, von alten Reben stammend, ist sehr viel reifer, wirkt duftig, fast explosiv mit Anklängen an Pfirsich, Mango, Mirabellen und kandierten Apfel, ist im Mund rassig, lang und dicht – außergewöhnlich komplex für eine Auslese. Schließlich die Trockenbeerenauslese, die für einen Wein dieser Kategorie enorm kühl ist, mit Noten von Weinbergspfirsich, gelben Pflaumen, aber auch Aprikosenkompott und Anklängen an kandierte tropische Früchte. Auch im Mund ist der Wein kühl, dazu lang, fokussiert, mineralisch und mit einer messerscharfen Säure ausgestattet. Der 2018er Spätburgunder ist kühl, wenig fruchtig, im Mund fest, saftig, mit einem Hauch von Tabak, ohne aufdringliche Tannine, gleichzeitig zugänglich und nachhaltig.

Weinbewertung

88	2019 Riesling trocken „Blauschiefer"	11 %/8,-€ ☺
92	2019 Riesling trocken „Vogelsang" Trittenheimer Apotheke	12 %/14,50 € ☺
88	2018 Riesling trocken „Devon-Terrassen" Trittenheimer Apotheke	12,5 %/18,50 €
89	2019 Riesling trocken „Devon-Terrassen" Trittenheimer Apotheke	12,5 %/18,50 €
93	2017 Riesling trocken „Jungheld" Trittenheimer Apotheke	12,5 %/30,-€
88	2019 Riesling „feinherb" „Glimmerschiefer"	10 %/8,-€ ☺
88	2019 Riesling Kabinett „feinherb" Dhroner Hofberg	10,5 %/10,-€ ☺
89	2019 Riesling Kabinett „feinherb" Neumagener Rosengärtchen	10,5 %/12,50 €
91	2019 Riesling Spätlese „feinherb" „Fels-Terrassen" Apotheke	12 %/18,50 €
89	2019 Riesling Kabinett Trittenheimer Apotheke	9 %/10,-€ ☺
89	2019 Riesling Kabinett Piesporter Goldtröpfchen	8 %/10,80 € ☺
92	2019 Riesling Spätlese „Alte Reben" Trittenheimer Apotheke	9 %/18,50 € ☺
92	2019 Riesling Auslese Trittenheimer Apotheke	8,5 %/20,-€ ☺
94	2019 Riesling Auslese „Alte Reben" Trittenheimer Apotheke	8 %/17,50 €/0,375l
95	2019 Riesling Trockenbeerenauslese Dhroner Hofberg	6,5 %/69,-€/0,375l
88	2018 Spätburgunder trocken Barrique	13 %/19,80 €

Lagen
Apotheke (Trittenheim)
– Laurentiusberg (Trittenheim)
– Vogelsang (Trittenheim)
– Jungheld (Trittenheim)
Altärchen (Trittenheim),
Hofberg (Dhron)
Goldtröpfchen (Piesport)
Rosengärtchen (Neumagen)

Rebsorten
Riesling (98 %)
Spätburgunder (2 %)

MOSEL ▬ LEIWEN

★★★★✫ Carl **Loewen**

Kontakt
Matthiasstraße 30
54340 Leiwen
Tel. 06507-3094
Fax: 06507-802332
www.weingut-loewen.de
mail@weingut-loewen.de

Besuchszeiten
Mo.-Fr. nach Vereinbarung
Sa. 13-16 Uhr

Inhaber
Karl Josef & Christopher Loewen

Rebfläche
15 Hektar

Produktion
130.000 Flaschen

Die Geschichte des Weinguts lässt sich auf die Zeit Napoleons zurückführen. Damals war ein Vorfahr von Karl Josef Loewen Verwalter des Detzemer Gutshofs der Benediktinerabtei St. Maximin. Mit der Säkularisation übernahm er Weinberge des Klosters in der Detzemer Maximiner Klosterlay. Darauf basiert das heutige Weingut Carl Loewen. 1982 wurden Weinberge in der Laurentiuslay erworben, 1995 ein Weinberg in der Thörnicher Ritsch. 2008 wurde das Weingut Carl Schmitt-Wagner in Longuich übernommen, womit Karl Josef Loewen, der heutige Besitzer, seinen Weinbergsbesitz noch einmal vergrößert hat. Seine großen Lagen sind Laurentiuslay (Grauschiefer), Maximin Herrenberg (Südlage, roter Schiefer), Ritsch (brüchiger Grauschiefer) und Maximin Klosterlay (Blauschiefer), dazu besitzt er Weinberge im Leiwener Klostergarten (wo beispielsweise Varidor und „Alte Reben" herstammen) und im Pölicher Held. Neben Riesling baut er ein wenig Weißburgunder und Müller-Thurgau an. Inzwischen unterstützt Sohn Christopher seinen Vater im Betrieb. Karl Josef Loewen hat sein Programm klar gegliedert. Es gibt Riesling im Liter, Blauschiefer, Quant (erstmals 2004 erzeugt), Varidor, „Neun" (ein bewusst alkoholarmer trockener Riesling) und den Riesling von alten Reben (die jüngsten 1962 gepflanzt, die ältesten nach dem Krieg) im trockenen Segment. Dann folgen trockene Lagenweine: Aus der Maximin Klosterlay, „Alte Reben" von fast 100-jährigen wurzelechten Reben der Laurentiuslay, „Herrenberg 1896" von 1896 gepflanzten wurzelechten Reben und das Große Gewächs aus der Thörnicher Ritsch. Aus diesen Lagen erzeugt Karl Josef Loewen auch süße und edelsüße Rieslinge, hin und wieder Eisweine aus dem Klostergarten. Alkoholarme, klassische Moselrieslinge will Karl Josef Loewen erzeugen. 12,5 Prozent Alkohol in trockenen Rieslingen ist für ihn das Maximum dessen, was Moselriesling braucht, angestrebt sind 11,5 bis 12 Volumenprozente. Alle Weine werden spontanvergoren, alle Lagenweine im Fuder ausgebaut. Schon seit der ersten Ausgabe zählen wir das Weingut Carl Loewen zu den Top-Betrieben an der Mosel. Schon damals fiel besonders auf, dass trockene und edelsüße Rieslinge gleichermaßen überzeugen. Dies gilt nach wie vor: Wie nur wenige andere Winzer an der Mosel zeigt Karl Josef Loewen hohes Niveau sowohl im trockenen als auch im restsüßen Segment, schon die Basisweine sind immer zuverlässig gut. Mit Sohn Christopher ist neuer Schwung ins Weingut gekommen, neue Ideen sind zu spüren, auch neue Weine wie der „1896". Auch Engagement in der Lage Thörnicher Ritsch gehört dazu: Das Weingut erwarb 2016 eine Brache, bestockte sie mit Reben aus eigener Selektion, 2017 konnte eine weitere Fläche erworben werden, 2018 wurde eine vergessene Parzelle in der Ritsch neu bepflanzt.

Kollektion

Eine mengenmäßig vergleichsweise kleine Ernte kennzeichnet den Jahrgang 2019, aber die Qualität ist nochmals beeindruckender als 2018. Auf den

Basiswein trifft das besonders zu. Der „Varidor" zeigt eine offene, feinfruchtige Nase nach gelben Früchten und Gewürzen, ist dann fest und voller Spannung. Der Riesling von alten Reben ohne Lagenbezeichnung bringt etwas mehr Schmelz, wirkte zum Zeitpunkt der Verkostung noch verhalten. Fokussierter war da schon der Wein aus der Leiwener Laurentiuslay, straff und kräuterwürzig, bereits jetzt sehr fein. Ein Quantensprung ist es dann bis zum Wein von alten Reben aus dem Longuicher Maximiner Herrenberg, der sehr offen wirkt mit sehr feinen Steinobstnoten und Anklängen von Hefe, der Wein ist würzig, angenehm trocken, besitzt eine ganz eigene Charakteristik. Der Unterschied zum Großen Gewächs aus dem Maximiner Herrenberg ist deutlich: Das GG wirkt frischer in der Nase, besitzt Kernobst- und Zitrusnoten, auch mineralische Anklänge, ist straff, würzig und lang. Beide Weine beweisen, dass Alkohol kein wichtiges Element ist für trockene Spitzenweine. Auch das Große Gewächs aus der Ritsch ist nicht vom Alkohol geprägt, wirkt allerdings etwas kraftvoller. Der Wein zeigt Kernobst- und Zitrusnoten, aber auch deutliche Hefewürze, ist straff, mineralisch, trocken und präzise; er muss sich noch entwickeln. Der „1896" genannte Topwein ist ganz anders, wirkt verhalten, zeigt erst ansatzweise Noten von Kräutern und Zitrus, ist straff, fest, mineralisch und fein, lässt einen Hauch von Süße allenfalls erahnen. Der Kabinettwein ist ein echter Klassiker, duftig, verführerisch, noch deutlich hefig mit weniger Süße als erwartet, aber sehr viel Würze. Auch die kühlfruchtige Spätlese ist perfekt so vinifiziert, die Süße ist verhalten, das Alterungspotenzial hoch. Enorm dicht und viel versprechend ist die Beerenauslese mit Eiswein-Frische.

🍁 Weinbewertung

87	2019 Riesling trocken „Varidor"	12 %/9,30 €
89	2019 Riesling „Alte Reben"	12 %/11,- € ☺
91	2019 Riesling trocken „Alte Reben" Laurentiuslay	12,5 %/16,50 € ☺
92	2019 Riesling trocken „1896 Alte Reben" Maximin Herrenberg	12,5 %/23,- €
93	2019 Riesling trocken „GG" Ritsch	13 %/25,- € ☺
93	2019 Riesling trocken „GG" Maximin Herrenberg	12,5 %/27,- €
90	2019 Riesling Maximin Klosterlay	12 %/14,50 € ☺
94	2019 Riesling „1896"	12,5 %/45,- €
89	2019 Riesling Kabinett Maximin Herrenberg	9 %/11,50 € ☺
89	2019 Riesling Spätlese Leiwener Laurentiuslay	9 %/14,50 €
92	2019 Riesling Auslese Thörnicher Ritsch	8,5 %/19,90 € ☺
95	2018 Riesling Beerenauslese „-8 Celsius"	7 %/Vst.

Karl Josef & Christopher Loewen / Foto: David Maupilé

Lagen
Laurentiuslay (Leiwen)
Ritsch (Thörnich)
Maximin Herrenberg
(Longuich)
Maximin Klosterlay
(Longuich)
Klostergarten (Leiwen)

Rebsorten
Riesling (96 %)
Weißburgunder (3 %)
Müller-Thurgau (1 %)

FRANKEN — KLEINHEUBACH

Fürst Löwenstein

★★★

Kontakt
Schlosspark 3
63924 Kleinheubach
Tel. 09371-9486600
Fax: 09371-9486633
www.loewenstein.de
weingut@loewenstein.de

Besuchszeiten
Mo.-Fr. 10-12 + 13-18 Uhr
Tagungs- und Seminarhotel im Schloss

Inhaber
Dr. Stephanie Erbprinzessin zu Löwenstein

Technischer Leiter
Peter Arnold

Außenbetriebsleiter Franken
Martin Amend

Außenbetriebsleiter Rheingau
Henning Brömser

Rebfläche
22 Hektar

Produktion
100.000 Flaschen

Das traditionsreiche Weingut mit Gründungsjahr 1611 besitzt Weinberge in Franken und im Rheingau. 2009 wurde das Weingut komplett umstrukturiert, 2010 zog man von Kreuzwertheim in den Fürstlichen Schlosspark nach Kleinheubach. Seit dieser Umstrukturierung konzentriert man sich auf die Spitzenlagen, auf den unter Denkmalschutz gestellten Terrassenweinberg Kallmuth in Homburg und auf die Lagen Jungfer, Schönhell und Hendelberg in Hallgarten. In dem Kallmuth benachbarten Lengfurter Oberrot wird Spätburgunder angebaut. Wichtigste Rebsorten sind Silvaner und Riesling. Die beiden Spitzenweine aus dem Homburger Kallmuth tragen die Bezeichnungen Asphodill (Silvaner) und Coronilla (Riesling). Nach dem Tod von Carl Friedrich Prinz zu Löwenstein hat seine Frau Erbprinzessin Stephanie zu Löwenstein die Leitung der Betriebe übernommen, neuer Technischer Leiter ist seit 2016 Peter Arnold.

Kollektion

Auch ohne Große Gewächse überzeugt die neue Kollektion. Die Gutsweine sind klar und frisch, der kraftvolle Rosé gefällt uns besonders gut. Silvaner und Riesling vom Kallmuth sind kompakt und klar, die S- respektive R-Varianten sind deutlich kraftvoller: Der 2019er Silvaner zeigt intensiv Birnen, besitzt Fülle und gute Struktur, der 2015er zeigt feine Reife, besitzt immer noch viel Frucht, der 2019er Riesling ist reintönig und zupackend bei reifer süßer Frucht, der 2017er Riesling ist würzig, harmonisch und saftig. Spannend ist auch der intensiv fruchtige, konzentrierte Sauvignon Blanc, besitzt Fülle, Kraft und Substanz. Die Rheingauer Weinberge steuern einen eindringlichen, füllgen Riesling Ortswein bei und einen klaren, zupackenden Lagenriesling aus dem Hendelberg.

Weinbewertung

83	2019 Silvaner trocken „CF"	13%/9,-€
83	2019 Sauvignon Blanc trocken „Genuss"	13%/6,80€
83	2019 Riesling trocken „Genuss" Rheingau	12,5%/6,80€
85	2019 Silvaner trocken Homburg Kallmuth	13%/12,50€
84	2019 Riesling trocken Homburg Kallmuth	13,5%/12,50€
86	2019 Riesling trocken Hallgarten	12%/12,-€
87	2015 Silvaner „S" trocken Homburg Kallmuth	14%/17,90€
88	2019 Silvaner „S" trocken Homburg Kallmuth	13%/16,80€
85	2017 Riesling „R" Spätlese Homburger Kallmuth	12,5%/16,80€
86	2019 Riesling „R" Spätlese Homburger Kallmuth	13,5%/16,80€
87	2019 Riesling „H" Spätlese Hallgarten Hendelberg	12,5%/16,-€
87	2018 Sauvignon Blanc trocken „1102" Homburg Kallmuth	14%/25,-€
82	2019 Riesling „feinherb" „Genuss"	12,5%/6,80€
84	2019 Rose trocken „CF"	13,5%/9,-€
82	2017 Spätburgunder trocken Lengfurt	13%/13,-€

Löwensteinhof

Kontakt
Löwensteinhof 0
56333 Winningen
Tel. 02606-1944
www.loewensteinhof.de
info@loewensteinhof-mueller.de

Besuchszeiten
nach Vereinbarung oder während der Straußwirtschaftzeiten
Straußwirtschaft Mai/Juni/Juli/Sept. Sa. 15-20 Uhr, So. + Feiertage 14-18 Uhr

Inhaber
Andreas Müller
Betriebsleiter
Andreas Müller
Kellermeister
Andreas Müller
Außenbetrieb
Andreas Müller
Rebfläche
1,62 Hektar

Im Jahre 2019 übernahmen Anne und Andreas Müller den Löwensteinhof in Winningen – mit einem nicht gerade selbstverständlichen beruflichen Hintergrund. Sie ist als Krankenschwester und Sozialpädagogin Quereinsteigerin ins Weinbusiness, er stammt aus der Landwirtschaft in Baden-Württemberg, erlernte an der Ahr das Winzerhandwerk, bildete sich dann doppelt fort – einerseits zum Winzermeister und andererseits, um die Geheimnisse des Weißweinausbaus zu erlernen, am Mittelrhein. Es folgte schließlich der Wechsel ins Moseltal. Während Andreas Müller für den Weinan- und -ausbau zuständig ist, unterstützt Anne ihren Mann vom Weinberg bis zur Vermarktung. Die Pläne sind hier durchaus ambitioniert. Zurzeit werden zwar lediglich 1,62 Hektar Reben bewirtschaftet, allerdings ist es das Ziel des Paares, die Fläche in den kommenden Jahren auf fünf bis sechs Hektar zu vergrößern. Bislang werden 65 Prozent Riesling angebaut, der Rest der Fläche verteilt sich auf Johanniter, Spät- und Weißburgunder sowie andere Sorten.

Kollektion

Das vorgestellte Premierensortiment ist nachvollziehbar klein, aber durchweg überzeugend. Alle vier Weine stammen aus der Lage Domgarten, zeigen sich klar, fruchtig, fest, sind handwerklich einwandfrei vinifiziert und spiegeln den sehr guten Jahrgang 2019 wider. Der Weißburgunder ist fest, angenehm trocken, gut balanciert. Deutlich spannender fällt der trocken ausgebaute Riesling aus, spontan vergoren, was sich schon in der Nase bemerkbar macht. Ein straffer, überdurchschnittlich würziger Wein mit vibrierender Art und einer gewissen Fülle, die aber gut ins Gesamtbild integriert ist. Sehr offen wirkt schon in der Nase der feinherb ausgebaute Riesling, duftig, mit Apfelnoten und einem Touch Johannisbeere, im Mund saftig straff, ungemein erfrischend und animierend. Etwas unruhiger wirkt der wiederum spontan vergorene „Schieferstück"-Riesling, eine Spätlese mit einem Hauch Restzucker, würzig mit einer gewissen Fülle im Nachhall. Gut möglich, dass sich dieser Wein in den nächsten Monaten noch positiv entwickeln wird.

Weinbewertung

86	2019 Riesling trocken Winninger Domgarten	13%/10,50€
84	2019 Weißburgunder trocken Winninger Domgarten	13%/7,50€
84	2019 Riesling „feinherb" Winninger Domgarten	12%/8,80€
87	2019 Riesling Spätlese „Schieferstück" Winninger Domgarten	12%/12,50€

MOSEL — KLOTTEN

★★ ☆

Theo Loosen

Kontakt
Mittelstraße 12
56818 Klotten
Tel. 02671-7501
Fax: 02671-4839
www.weingut-loosen.de
weingut-loosen@t-online.de

Besuchszeiten
Mo.-Sa. 9-18 Uhr
So. 9-13 Uhr
jederzeit nach Vereinbarung
Ferienwohnung

Inhaber
Hans-Theo Loosen
Betriebsleiter
Hans-Theo Loosen
Kellermeister
Hans-Theo Loosen
Außenbetrieb
Hans-Theo Loosen
Rebfläche
5,5 Hektar
Produktion
55.000 Flaschen

Hans-Theo Loosen führt heute dieses Familienweingut in Klotten, das auch Gästezimmer anbietet. Seine Weinberge liegen in den Klottener Lagen Brauneberg und Burg Coraidelstein (dem ursprünglichen Burgberg wurde nach der Flurbereinigung 1983 die Lage Sonnengold zugeschlagen). Der Brauneberg mit seinem reinen Schieferverwitterungsboden wurde in den Steuerkarten des 19. Jahrhunderts unter seinem ursprünglichen Namen Wirges der höchsten Kategorie zugerechnet. Riesling ist die mit Abstand wichtigste Rebsorte (75 % der Fläche), die ältesten Reben sind über 60 Jahre alt. Dazu gibt es Weißburgunder, Müller-Thurgau, Dornfelder und Spätburgunder, sowie als Spezialität – fast ist man versucht zu sagen Kuriosität – Ehrenfelser. Der „VigNoble R" ist eine Cuvée aus Spätburgunder und Cabernet Dorsa, im Barrique gereift. Die Rieslinge werden weit überwiegend mit den natürlichen Hefen vergoren. 2011 wurde die neue Vinothek fertig gestellt; 2013 wurde durch Zukauf und Neuanlage von Querterrassen die Rebfläche ein wenig vergrößert.

Kollektion

Das vorgestellte Sortiment des Jahrgangs 2019 ist nicht riesig, aber sehr erfreulich – was sich schon bei den vier trockenen Weinen zeigt. Kompakt und angenehm geradlinig sowie trocken zeigt sich der Chardonnay, der auch eine attraktive Frucht mitbringt. Gelungen ist der Riesling vom grauen Schiefer, der einen gewissen Schmelz aufweist und Würze im Nachhall: ein Basiswein mit sehr gutem Preis-Leistungs-Verhältnis. Deutlich straffer und würziger fällt der spontanvergorene Wein namens „S" aus, der eine eher helle Frucht aufweist und angenehm trocken wirkt, allerdings auch jugendlich; er braucht noch etwas Zeit, um sich zu finden. Ganz anders der Wein von alten Reben, fest, straff und mit deutlich würziger, dunkler, fast schon leicht nussiger Art. Auch in diesem Falle dürfte Zeit hilfreich sein. Der „Grauschiefer"-Riesling in der halbtrockenen Version wirkt etwas stimmiger als jener in der süßen. Viel Spaß macht der Ehrenfelser, eine fast nirgendwo sonst an der Mosel so intensiv gepflegte Sorte, die hier saftig ausfällt und durchaus eine gewisse Länge besitzt.

Weinbewertung

83	2019 Riesling trocken „Grauschiefer"	12,5 %/7,-€
85	2019 Chardonnay trocken	14,5 %/9,50 €
86	2019 Riesling trocken „S" Klottener Brauneberg	13 %/9,-€
87	2019 Riesling trocken „Alte Rebe" Klottener Burg Coraidelstein	13 %/11,-€
83	2019 Riesling halbtrocken „Grauschiefer"	12,5 %/7,-€
87	2019 Riesling „Finesse" Klottener Brauneberg	12,5 %/9,-€
82	2019 Riesling „Grauschiefer"	10 %/7,-€
86	2019 Ehrenfelser Spätlese Klottener Burg Coraidelstein	9 %/9,-€

RHEINHESSEN ▶ FRIESENHEIM

★ ★

Bioweingut Lorenz

Kontakt
Gaustraße 28
55278 Friesenheim
Tel. 06737-9703
Fax: 06737-1448
www.weingut-lorenz.de
info@weingut-lorenz.de

Besuchszeiten
nach Vereinbarung

Inhaber
Wendelin & Johannes Lorenz
Betriebsleiter
Johannes Lorenz
Kellermeister
Johannes Lorenz
Außenbetrieb
Wendelin Lorenz
Rebfläche
17 Hektar
Produktion
150.000 Flaschen

Das Bioweingut Lorenz, inzwischen Mitglied bei Bioland, gehört Wendelin Lorenz und Sohn Johannes, Geisenheim-Absolvent, der heute den Betrieb leitet. Ihre Weinberge liegen rund um Friesenheim, im Windschatten des Petersberg. Die Reben wachsen hier teils auf tiefgründigen Löss- und Lehmböden, teils auf kalkreichen Ton-Mergelböden, sie werden seit 2003 biologisch bewirtschaftet. Wendelin und Johannes Lorenz bauen Riesling an, Weißburgunder, Chardonnay, Müller-Thurgau, Huxelrebe und Scheurebe, sowie an roten Sorten Dornfelder, Regent, Cabernet Sauvignon und St. Laurent. Die Weine werden spontan vergoren, Weißweine lagern bis Ende März auf der Feinhefe, Rotweine bleiben bis zu vier Jahre im Keller. 95 Prozent der Produktion wird trocken ausgebaut. Das Sortiment ist klar und übersichtlich, mit Kopfstand und Urschrei wurden zwei leicht verständliche Markenweine geschaffen, die Rebsortenweine tragen als Zusatz die dominierende Bodenart auf dem Etikett, nur für süße und edelsüße Weine (vor allem von Huxelrebe und Scheurebe) werden Prädikatsbezeichnungen verwendet.

Kollektion

Gewohnt zuverlässiges, hohes Niveau zeigt einmal mehr die Kollektion von Wendelin und Johannes Lorenz. Der Weißburgunder ist frisch, klar und zupackend, der Riesling würzig und geradlinig, die Kopfstand genannte Cuvée aus Müller-Thurgau, Cabernet Blanc und Riesling ist harmonisch und süffig. Unser Favorit unter den trockenen Weißweinen ist der Chardonnay, der gute Konzentration und reife Frucht zeigt, füllig und saftig ist, viel reife Frucht und gute Struktur besitzt. Sehr gut sind auch die edelsüßen Weißweine: Die Scheurebe Spätlese zeigt intensive, herrlich reintönige Frucht, ist reintönig, frisch und zupackend, enorm süß; die Huxelrebe Auslese ist konzentriert im Bouquet, zeigt Litschi und Rhabarber, besitzt viel Substanz, viel süße Frucht und Grip. Die rote Urschrei-Cuvée ist wie immer eine sichere Bank, ist würzig, fruchtbetont, intensiv, besitzt Fülle und Kraft, klare Frucht und gute Substanz. Noch stoffiger und konzentrierter ist der „zensierte" Portugieser, besitzt intensive Frucht, Fülle und Kraft, gute Struktur und viel Länge.

Weinbewertung

84	2019 Weißer Burgunder trocken „Kalkmergel"	13 %/8,-€
83	2019 „Kopfstand" Weißwein	12 %/7,50 €
85	2019 Chardonnay trocken	13 %/8,-€
83	2019 Riesling trocken	13,5 %/8,-€
85	2019 Scheurebe Spätlese „edelsüß" Friesenheimer Knopf	7 %/8,-€
88	2019 Huxelrebe Auslese Friesenheimer Bergpfad	7,5 %/8,-€
85	2017 „Urschrei" Rotwein	13,5 %/8,-€
86	2015 Portugieser „Zensiert" „von alten Reben"	14 %/11,-€

NAHE ▬ BAD KREUZNACH

Lorenz und Söhne

Kontakt
Rheinhessenstraße 87
55545 Bad Kreuznach
Tel. 0671-65563
Fax: 0671-76015
www.lorenzwein.de
info@lorenzwein.de

Besuchszeiten
Weinkolonnade,
Kurhausstraße 87,
55545 Bad Kreuznach
Mo.-Di. 14-18 Uhr
Sa. 10-15 Uhr

Inhaber
Werner & Ulrich Lorenz

Rebfläche
50 Hektar

Produktion
150.000 Flaschen

Das Weingut Lorenz & Söhne startete in den 1950er Jahren als typischer Mischbetrieb, der seine Trauben an die Genossenschaft ablieferte. Seniorchef Werner Lorenz konzentrierte sich auf den Weinbau und leitet das Weingut zusammen mit Sohn Ulrich, der für den Keller verantwortlich ist. Der Familienbetrieb hat mit 50 Hektar eine beträchtliche Größe, die Weinberge liegen unter anderem in den Kreuznacher Lagen Paradies (kalkhaltiger Ton), Kahlenberg (Sand-Lehm-Verwitterung über Sandstein) und Brückes (verwittertes Rotliegendes und sandiger Lehm mit dünner Lössdecke), im Sommerlocher Steinrossel (hoher Kiesgehalt mit Schieferanteilen), im Roxheimer Höllenpfad (kalkhaltiger, feinkörniger roter Sandstein) und im Wallhäuser Johannisberg (Kiessand, Kieslehm, querterrassiertes Hochplateau). Riesling steht auf 35 Prozent der Rebfläche, 28 Prozent machen Weiß- und Grauburgunder aus, dazu kommen Chardonnay, Sauvignon Blanc, Müller-Thurgau, Gewürztraminer und Muskateller. Zu 30 Prozent werden rote Sorten angebaut, Spätburgunder, Portugieser, Dornfelder, Cabernet Sauvignon und Merlot.

Kollektion

In diesem Jahr sind es zwei Rieslinge aus der Tatort-Linie, die an der Spitze der Kollektion der Familie Lorenz stehen: Der trockene Wein aus dem Höllenpfad zeigt leichte Reifenoten, ist füllig und fruchtbetont mit Noten von Aprikose und Ananas und besitzt guten Grip, der halbtrocken ausgebaute Steinrossel zeigt feine, komplexe gelbe Frucht, Aprikose, Mango, Mandarine, ist ebenfalls füllig, aber weicher als der Höllenpfad. Der dritte Tatort-Riesling aus dem Paradies fällt dagegen etwas ab, ist im Bouquet leicht verhalten und bleibt mit seiner leicht gereiften Frucht nur recht kurz am Gaumen. Erstmals gibt es auch Weine aus anderen Rebsorten in der Tatort-Linie, der Weißburgunder zeigt klare, aber dezente gelbe Frucht und feine Holzwürze, der halbtrockene Sauvignon Blanc zeigt im Bouquet leicht grasige Noten, etwas Stachelbeere, ist füllig, besitzt aber auch ein frisches Säurespiel.

Weinbewertung

82	2019 Riesling trocken „Valentin" Kreuznacher	12%/6,90€
82	2019 Weißer Burgunder trocken Kreuznacher	12%/7,10€
83	2019 Grauer Burgunder trocken Bosenheimer	13%/7,30€
83	2019 Chardonnay trocken Kreuznacher	13%/7,50€
84	2018 Riesling trocken „Tatort" Kreuznacher Paradies	13%/10,-€
86	2018 Riesling trocken „Tatort" Kreuznacher Höllenpfad	13%/10,50€
85	2019 Weißer Burgunder trocken „Tatort" Kreuznacher Vogelsang	12,5%/10,50€
86	2018 Riesling „Tatort" Sommerlocher Steinrossel	13%/10,-€
84	2019 Sauvignon Blanc „Tatort" Kreuznacher Forst	12%/12,-€
81	2019 Muskateller „fruchtig" Bosenheimer	7,5%/7,50€

FRANKEN ▶ WIPFELD

Lother

★★ ☆

Kontakt
Birkenstraße 3
97537 Wipfeld
Tel. 09384-1867
Fax: 09384-8486
www.weingut-lother.de
info@weingut-lother.de

Besuchszeiten
Mo.+ Mi.-Fr. 9-18 Uhr
Sa. 9-16 Uhr

Inhaber
Sebastian Lother
Betriebsleiter
Sebastian Lother
Kellermeister
Sebastian Lother
Außenbetrieb
Sebastian Lother
Rebfläche
15 Hektar
Produktion
150.000 Flaschen

Wipfeld liegt am rechten Mainufer zwischen Schweinfurt und Volkach, an der Mündung des Kembachs in den Main. Weinbau in Wipfeld ist seit dem 13. Jahrhundert urkundlich erwähnt. Ende des 19. Jahrhunderts gab es 40 Hektar Reben in Wipfeld, nach dem Ersten Weltkrieg waren davon noch knapp 15 Hektar übrig geblieben. Heute gibt es etwa 85 Hektar Reben in der Lage Zehntgraf, die allerdings keine historische Wipfelder Einzellage ist, sondern eine sprachliche Neuschöpfung des Deutschen Weingesetzes von 1971. Seit drei Generationen baut die Familie Lother Wein in Wipfeld an, heute wird der Betrieb von Sebastian Lother geführt. Seine Weinberge liegen überwiegend im Wipfelder Zehntgraf, aber auch in der Obereisenheimer Höll ist er vertreten, die Reben wachsen auf Muschelkalkböden. Bacchus, Müller-Thurgau und Silvaner sind die mit Abstand wichtigsten Rebsorten, dazu gibt es Kerner, Grauburgunder, Scheurebe, Gewürztraminer und Chardonnay, sowie die roten Sorten Domina, Spätburgunder, Cabernet Dorsa, Blauburger und Dornfelder. Liköre, Edelbrände, Gelees, Traubenkernöl und Rotweinessig runden das Sortiment ab. 2017 wurden Flaschenlager und Rot- und Weißweinkeller umgebaut und erweitert.

Kollektion

Eine sehr ausgewogene Kollektion präsentiert Sebastian Lother in diesem Jahr, mit je zwei sehr guten Weiß- und Rotweinen an der Spitze. Und auch die Basis überzeugt: „Der Müller" ist frisch und würzig, der Blanc de Noir harmonisch und klar, der Riesling frisch, geradlinig, der birnenduftige trockene Silvaner Kabinett klar, saftig. Beim klaren, zupackenden Pinot Grigio stört allein der Name, der halbtrockene Bacchus ist süffig und reintönig. An der Spitze der Weißweine stehen der Sponti-Silvaner, der gute Konzentration, feine Würze und Frucht zeigt, kraftvoll und strukturiert ist bei dezenter Bitternote, und der im Barrique ausgebaute 2018er Chardonnay, der konzentriert und füllig ist, viel reife Frucht und Substanz besitzt. Sehr gut sind die beiden 2016er Barrique-Rotweine: Der Pinot Noir leicht rauchig, vanillig, zupackend, der Cabernet Dorsa intensiv, fruchtbetont und kraftvoll.

Weinbewertung

82	2019 „Der Müller" trocken	12,5%/6,20€
82	2019 „Blanc de Noir" trocken	12,5%/7,50€
82	2019 Silvaner Kabinett trocken Wipfelder Zehntgraf	13%/6,90€
82	2019 Riesling trocken	13%/6,90€
83	2019 Pinot Grigio trocken	13,5%/7,20€
85	2019 Silvaner trocken „Sponti" Wipfelder Zehntgraf	14%/8,90€
85	2018 Chardonnay trocken Barrique Wipfelder Zehntgraf	13,5%/13,90€
82	2019 Bacchus halbtrocken Wipfelder Zehntgraf	12,5%/6,90€
85	2016 Pinot Noir trocken Barrique Wipfelder Zehntgraf	14%/13,90€
85	2016 Cabernet Dorsa trocken Barrique Wipfelder Zehntgraf	14%/13,90€

PFALZ — FORST

Lucashof

★★★

Kontakt
Wiesenweg 1a
67147 Forst
Tel. 06326-336
Fax: 06326-5794
www.lucashof.de
weingut@lucashof.de

Besuchszeiten
Mo.-Fr. 8-12 + 13-18 Uhr
Sa. 8-16 Uhr
So. 10-12 Uhr
Landhotel (7 Doppelzimmer)

Inhaber
Klaus Lucas
Kellermeister/Betriebsleiter
Klaus & Philipp Lucas
Außenbetrieb
Hans & Philipp Lucas
Rebfläche
25 Hektar
Produktion
180.000 Flaschen

Anfang der sechziger Jahre wurde der Lucashof gegründet, heute führen Klaus Lucas und Ehefrau Christine das Weingut und das angeschlossene Landhotel. Bruder Hans Lucas ist für die Weinberge verantwortlich. Neben Weinbergen in den Forster Lagen Ungeheuer, Pechstein, Musenhang, Elster, Bischofsgarten und Stift besitzt die Familie Lucas auch Reben im Deidesheimer Herrgottsacker und in den Wachenheimer Lagen Goldbächel und Altenberg. 80 Prozent der Weinberge sind mit Riesling bepflanzt. Im Februar 2018 ist Philipp Lucas, nach seiner Ausbildung bei Wittmann und Emrich-Schönleber und seinem Geisenheim-Studium, als nächste Generation in den Betrieb eingestiegen und übernimmt nach und nach die Verantwortung im Keller und in den Weinbergen.

Kollektion

Die beiden Spitzen vom vergangenen Jahr konnten wir jetzt noch einmal verkosten und der Riesling „LS" aus dem Pechstein konnte sich sogar noch etwas steigern: Er zeigt leicht rauchige Noten, besitzt am Gaumen klare Frucht, Grip, Druck, salzige Länge und Potential und wirkt noch frischer als der Ungeheuer „LS", der dezente Reifenoten zeigt, leicht cremige Konsistenz und herbe, animierende Zitruswürze besitzt. Zwei Weine sind neu im Programm: Vom Pechstein gibt es mit dem 2018er Jahrgang erstmals eine „Réserve"-Version, der Riesling wirkt noch sehr jung, zeigt feine gelbe Frucht, Aprikose, Ananas, besitzt etwas Fülle und subtilen Säuregrip, erstmals separat ausgebaut wurde der Petershöhle-Riesling aus einem hoch – unmittelbar am Waldrand – gelegenen Gewann im Herrgottsacker, er besitzt eine kühle, kräutrige Art, zeigt auch dezente gelbe Frucht, ist animierend, leicht salzig und ist etwas nachhaltiger als der fruchtbetonte 2019er Ungeheuer-Riesling und der von Kräuterwürze und herben Zitrusnoten geprägte Riesling aus dem Goldbächel.

Weinbewertung

86	2017 Pinot Rosé Sekt brut	12,5 %/16,-€
84	2019 Sauvignon Blanc trocken	12,5 %/9,50 €
85	2019 Riesling trocken Deidesheimer Herrgottsacker	12,5 %/9,-€
86	2019 Riesling trocken Forster Musenhang	12,5 %/11,-€
87	2019 Riesling trocken Forster Ungeheuer	12,5 %/12,-€
87	2019 Riesling trocken Wachenheimer Goldbächel	13 %/13,-€
86	2019 Riesling trocken „P. Lucas" Forster	12 %/10,-€
88	2019 Riesling trocken Deidesheim In der Petershöhle	12,5 %/15,-€
88	2018 Riesling trocken „LS" Forster Ungeheuer	12,5 %/21,-€
90	2018 Riesling trocken „LS" Forster Pechstein	12,5 %/24,-€
89	2018 Riesling trocken „Réserve" Forster Pechstein	12,5 %/28,-€
85	2019 Riesling Kabinett Forster	9 %/9,50 €

MOSEL ▶ THÖRNICH

★★★✩

Gebr. Ludwig

Kontakt
Im Bungert 10
54340 Thörnich
Tel. 06507-3760
Fax: 06507-4677
www.gebruederludwig.de
info@gebruederludwig.de

Besuchszeiten
nach Vereinbarung
Gästehaus am Weingut
(6-10 Personen)

Inhaber
Thomas Ludwig
Betriebsleiter
Thomas Ludwig
Kellermeister
Thomas Ludwig
Rebfläche
10,5 Hektar
Produktion
90.000 Flaschen

Seit dem Jahr 1628 betreibt die Familie Ludwig Weinbau in Thörnich. Seit 2005 wird das Gut von Meike und Thomas Ludwig geführt. Ihre Weinberge, insgesamt 10,5 Hektar, liegen hauptsächlich in der Thörnicher Lage Ritsch, einer steilen, reinen Südlage, in der ausschließlich Riesling angebaut wird; daneben sind sie in der Thörnicher Schießlay vertreten, wo neben Riesling auch Burgundersorten angebaut werden, sowie in der Klüsserather Bruderschaft. Riesling – mit bis zu 100 Jahre alten Reben – nimmt 80 Prozent der Rebfläche ein, hinzu kommen Sauvignon Blanc, Weißburgunder, Grauburgunder und der an der Mosel eher seltene St. Laurent. Nach umfangreichen Umstrukturierungen in der Thörnicher Ritsch sowie im Weingutskeller wurden mit dem 2019er Jahrgang die ersten Weine der „neuen" Ritsch abgefüllt.

Kollektion

Die Weine sind 2019 schlank ausgefallen, würzig und straff, sie besitzen Spiel und Finesse. Ein Sauvignon Blanc zeigt eher verhaltene Duftnoten nach Zitrus, Apfel, auch etwas Spargel, ist angenehm trocken und geradlinig. Noch etwas spannender als der Weißburgunder ist der Grauburgunder. Der trockene Ritsch-Riesling ist schlank und puristisch, er braucht noch Zeit. Das Große Gewächs stammt aus dem Jahrgang 2018, besitzt eine deutliche Hefenote in der Nase, ist erfreulich trocken, straff mit einem Hauch von Gerbstoffen, die Fülle wird gut ausgependelt. Spannend ist auch der feinherbe Wein aus der Bruderschaft, im Tonneau ausgebaut, würzig und nachhaltig: ein sehr eigenständiger Wein, dessen Restsüße sehr verhalten ausfällt. Auch bei der Spätlese ist die Balance in erfreulichem Maße gewahrt. Die Beerenauslese zeigt in der Nase Noten von gebratener Ananas, ist im Mund üppig und würzig, aber durchaus lang und vor allem eigenständig. Ein 2018er St. Laurent, im Barrique gereift, ist kühl-würzig mit Kirschnoten im Nachhall – die Tannine sind gut integriert, die Länge ist überdurchschnittlich.

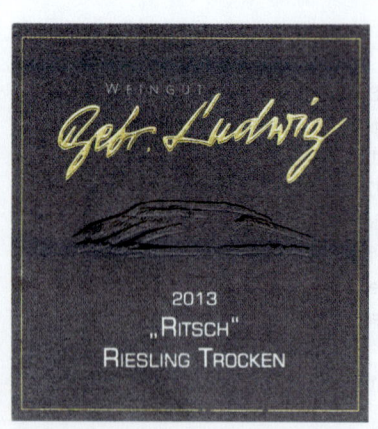

Weinbewertung

83	2019 Riesling trocken	12%/6,90€
85	2019 Riesling trocken Thörnicher	12,5%/7,90€
84	2019 Sauvignon Blanc trocken	12,5%/9,50€
85	2019 Weißer Burgunder trocken	12,5%/9,50€
86	2019 Grauer Burgunder trocken	12,5%/9,50€
86	2019 Riesling trocken Ritsch	12,5%/10,90€
88	2018 Riesling trocken „GG" Thörnicher Ritsch	13%/24,90€
86	2019 Riesling „feinherb" Thörnicher	11,5%/7,90€
87	2019 Riesling „feinherb" Bruderschaft	11,5%/12,50€
87	2019 Riesling Spätlese	9,5%/12,50€
89	2019 Riesling Beerenauslese	11,5%/49,-€
86	2018 St. Laurent trocken	13%/9,50€

Luff

Kontakt
Hauptstraße 20
55270 Jugenheim
Tel. 06130-7090829
www.luffwein.de
weingut@luffwein.de

Besuchszeiten
nach Vereinbarung

Inhaber
Harald Luff
Betriebsleiter
Alexander Luff
Kellermeister
Alexander Luff
Außenbetrieb
Harald & Alexander Luff
Rebfläche
12,5 Hektar

Lange Zeit hat die Familie Luff den Ertrag ihrer Weinberge als Trauben oder als Fasswein verkauft, 2019 hat man begonnen selbst Wein auszubauen und zu vermarkten. Harald Luff und sein Sohn Alexander führen den Betrieb, der sich in Jugenheim befindet, einer nicht ganz so bekannten Weinbaugemeinde im nördlichen Rheinhessen. In den Jugenheimer Lagen Goldberg, Hasensprung und St. Georgenberg werden Sorten wie Riesling, Weißburgunder, Grauburgunder, Spätburgunder und Sauvignon Blanc angebaut; die Reben wachsen auf tonigen Lehmböden, gelegentlich durchsetzt mit Mergel. Das Programm ist derzeit gegliedert in Guts- und Ortsweine, ist aber dreistufig angelegt und soll zukünftig um Lagenweine ergänzt werden. Für den Weinausbau ist Sohn Alexander Luff verantwortlich, der in Geisenheim studiert hat und beim Weingut Hofmann in Appenheim arbeitet.

Kollektion

Zum Debüt in diesem Jahr wurden uns Weine aus dem Premierenjahrgang 2019 vorgestellt, mit Ausnahme des Riesling Ortsweins ausschließlich Gutsweine. Es ist ein guter Anfang, die Weine sind sortentypisch, fruchtbetont und frisch, geradlinig und unkompliziert: Darauf kann man aufbauen. Der Weißburgunder zeigt ganz dezent weiße Früchte im Bouquet, ist frisch und geradlinig im Mund, harmonisch und unkompliziert, der Grauburgunder ist deutlich würziger und duftiger, dabei frisch und zupackend. Der Jugenheimer Riesling zeigt ebenfalls viel Würze und Duft im Bouquet, ist lebhaft und zupackend im Mund, geradlinig und klar. Unser Favorit unter den trockenen Weißweinen ist der Sauvignon Blanc, der reintönige Frucht und feine Frische im Bouquet zeigt, etwas florale Noten und viel Frucht, Maracuja und Stachelbeere, klar, lebhaft und zupackend dann im Mund ist. Der feinherbe Riesling ist süffig und unkompliziert, der Rosé zeigt feine Frische im Bouquet, etwas rote Früchte, ist lebhaft und fruchtbetont im Mund, geradlinig. Ganz klares Highlight der Kollektion ist die Huxelrebe Auslese, die etwas Litschi und süße Aprikosen im Bouquet zeigt, ein klein wenig Rhabarber im Hintergrund, wunderschön klar und saftig im Mund ist, viel reife süße Frucht besitzt, gute Struktur, Frische und Grip.

Weinbewertung

81	2019 Weißburgunder trocken	12,5%/6,50€
81	2019 Grauburgunder trocken	12,5%/6,50€
83	2019 Sauvignon Blanc trocken	12,5%/6,50€
82	2019 Riesling trocken Jugenheimer	12,5%/9,-€
80	2019 Riesling „feinherb"	11,5%/6,50€
86	2019 Huxelrebe Auslese	11,5%/12,-€
81	2019 Rosé	12%/6,50€

Lutz

★ ★ ☆

Kontakt
Amthof 1
75038 Oberderdingen
Tel. 07045-201900
Fax: 07045-2019030
www.weingut-lutz.com
kontakt@weingut-lutz.com

Besuchszeiten
Mo.-Sa. 9-18 Uhr; Weinstube Lutz Mi.-So. 11-22 Uhr

Inhaber
Manuel Lutz

Rebfläche
17 Hektar

Produktion
140.000 Flaschen

Das Weingut Lutz hat seinen Sitz mitten in Oberderdingen, in der im 18. Jahrhundert erbauten Amtsschreiberei des ehemaligen Rentamts Derdingen. Seit 2012 führt Manuel Lutz in vierter Generation den Betrieb. Oberderdingen liegt in Württemberg, direkt an der Grenze zu Baden, Manuel Lutz besitzt Weinberge sowohl auf Württemberger Seite in der Oberderdinger Kupferhalde, als auch im benachbarten Kraichgau in den Lagen Sulzfelder Lerchenberg und Kürnbacher Lerchenberg, die Reben wachsen auf Gipskeuperböden. Riesling und Lemberger sind seine wichtigsten Rebsorten, es folgen Trollinger, Schwarzriesling, Grauburgunder, Weißburgunder, Spätburgunder, Cabernet, Sauvignon Blanc und andere mehr. Zum Weingut gehören ein Gästehaus und eine Weinstube. Die Spitzenweine werden in der Linie „ML" (Manuel Lutz) vermarktet, bei diesen Weinen gibt Manuel Lutz in einer Broschüre, nicht auf dem Etikett, die genaue Herkunft an.

Kollektion

Nachdem im vergangenen Jahr der Einsendetermin verpasst wurde, ist das Oberderdinger Weingut wieder mit an Bord – mit einer guten Kollektion! Die kraftvollen, klaren weißen Editions-Weine zeigen sehr gleichmäßige Qualität, unsere leichte Präferenz gilt dem gelbfruchtigen Grauburgunder. Durch die Bank sehr gut sind die weißen ML-Weine: Der Sauvignon Blanc ist konzentriert, intensiv, besitzt herrlich viel Frucht und Substanz, der Riesling ist füllig, kraftvoll und reintönig, der moderat süße Gewürztraminer setzt ganz auf Reintönigkeit und reife Frucht. In der Spitze noch stärker sind die roten ML-Weine: Der 2018er Spätburgunder zeigt rote Früchte, rauchige Noten, ist klar, frisch und zupackend, die 2016er Cuvée ist intensiv fruchtig bei dezenten Gewürz- und Schokonoten Unser Favorit ist der Lemberger aus dem Jahrgang 2017, der rauchige Noten zeigt, viel Konzentration und Frucht, füllig und kraftvoll ist, Struktur und Substanz besitzt. Im Aufwind!

Weinbewertung

83	2019 Riesling trocken „Edition" Kürnbacher Lerchenberg	12%/7,90€
83	2019 Sauvignon Blanc trocken „Edition" Kürnbacher Lerchenberg	13%/8,90€
83	2019 Weißburgunder trocken „Edition" Sulzfelder Lerchenberg	13%/7,90€
84	2019 Grauburgunder trocken „Edition" Sulzfelder Lerchenberg	13%/7,90€
86	2019 Sauvignon Blanc trocken „ML"	13%/13,90€
86	2019 Riesling trocken „ML" (Baden)	12%/12,90€
83	2019 Riesling mit Gewürztraminer „Jakobs Satz Edition" Kupferhalde	12%/7,90€
85	2019 Gewürztraminer „ML" (Baden)	11,5%/14,90€
83	2017 Lemberger trocken „Edition" Oberderdinger Kupferhalde	13%/8,90€
82	2016 Merlot trocken „ML" (Württemberg)	13%/14,90€
86	2018 Spätburgunder trocken „ML"	13%/18,90€
88	2017 Lemberger trocken „ML"	12,5%/18,90€
87	2016 „ML Cuvée" Rotwein trocken (Baden)	13,5%/18,90€

WÜRTTEMBERG — SCHWAIKHEIM

★★★★⯪

Maier

Kontakt
Zehnmorgenweg 2
71409 Schwaikheim
Tel. 07195-5565
Fax: -139508
www.maier-weingut.de
info@maier-weingut.de

Besuchszeiten
Di.-Fr. 17-19 Uhr
Sa. 9-14 Uhr
Gutsausschank Jan./Febr.

Inhaber
Weingut Maier GbR
Betriebsleiter
Lothar Maier
Kellermeister
Michael Maier
Außenbetrieb
Rosemarie Maier
Rebfläche
14,5 Hektar
Produktion
80.000 Flaschen

Das Weingut in seiner heutigen Form besteht seit 1986 als Lothar Maier begann den Weinbaubetrieb auszuweiten und zusammen mit Ehefrau Rose eine Besenwirtschaft eröffnete. Heute werden sie im Betrieb unterstützt von Sohn Michael, Geisenheim-Absolvent, der seine eigene Weinlinie „vom Stein" kreiert hat. Ihre Weinberge liegen im Remstal, alle in einer Entfernung von nicht mehr als 5 Kilometer vom Weingut, vor allem in Korb (Sommerhalde) und Hanweiler (Berg, Maien), aber auch in Neustadt (Sörenberg), Steinreinach (Hörnle), Breuningsweiler (Haselstein) und Winnenden (Haselstein, Holzenberg) sowie in Endersbach (Wetzstein). Rote Sorten überwiegen im Anbau: Trollinger, Lemberger, Muskat-Trollinger, Samtrot, Zweigelt und Spätburgunder, dazu Cabernet Dorio und Dornfelder. An weißen Sorten gibt es Riesling, Silvaner, Kerner, Weißburgunder und Traminer, inzwischen auch Sauvignon Blanc und Grauburgunder.

Kollektion

Eine klasse Kollektion präsentieren Lothar und Michael Maier in diesem Jahr. Der Weißburgunder ist frisch und lebhaft, der leicht florale Sauvignon Blanc besitzt Struktur und Grip wie auch der Riesling vom Stein, der Grauburgunder vom Stein hat weiter zugelegt, ist immer noch enorm jugendlich. Der Silvaner von alten Reben ist wunderschön reintönig, noch besser gefällt uns Silvaner als Amphorenwein; Konzentriert, intensiv, stoffig, druckvoll und lang. Ganz stark sind auch wieder die Rotweine, schon die Selektionsweine besitzen Kraft und Struktur, sind reintönig und zupackend. Der Lemberger vom Stein punktet mit intensiver Frucht und viel Konzentration, besitzt gute Struktur und reintönige Frucht. Der 2017er Spätburgunder vom Stein ist kraftvoll, geradlinig und klar, nochmals spannender ist dann der Reserve-Spätburgunder aus dem Jahrgang 2016, der faszinierend viel Frucht zeigt, dezent rauchige Noten, wunderschön reintönig und komplex ist, gute Struktur und viel Länge besitzt. Im Aufwind!

Weinbewertung

86	2019 Silvaner trocken „Alte Reben"	12,5%/8,90€
84	2019 Weißburgunder trocken (Selektion)	12,5%/7,80€
85	2019 Sauvignon Blanc trocken (Selektion)	12%/9,60€
87	2018 Riesling „vom Stein" trocken Hanweiler Maien	13,5%/15,90€
89	2018 Grauburgunder trocken „vom Stein" Breuningsweiler Haselstein	13,5%/14,50€
90	2018 „Amphore Weiß"	14%/16,80€
86	2018 Spätburgunder trocken (Selektion)	12,5%/9,60€
86	2017 Lemberger trocken (Selektion)	13,5%/12,80€
87	2017 Merlot trocken (Selektion)	13,5%/12,80€
90	2017 Lemberger trocken „vom Stein" Hanweiler Berg	13,5%/18,90€
89	2017 Spätburgunder trocken „vom Stein" Steinreinacher Hörnle	13%/18,50€
91	2016 Spätburgunder trocken „Reserve"	12,5%/29,50€

BADEN — BADEN-BADEN-HAUENEBERSTEIN

Maier

Kontakt
Karlsruher Straße 8, 76532
Baden-Baden-Haueneberstein
Tel. 07221-64197
Fax: 07221-995479
www.weingut-maier.de
info@weingut-maier.de

Besuchszeiten
Di.-Fr. 9-12 + 15-18 Uhr
Sa. 9-13 Uhr
Mi. nachm. geschlossen,
sowie nach Vereinbarung
Straußwirtschaft Peter's
Brennstub 2 x im Jahr (April/
Mai + Sept./Okt.)
Gästehaus „Die WeinBleibe",
ganzjährig geöffnet, 6 DZ, 2
EZ, buchbar mit Frühstück

Inhaber
Volker Maier

Rebfläche
8,5 Hektar

Produktion
70.000 Flaschen

Volker Maier pflegt badische Weinbau-Tradition in fünfter Generation. Urgroßvater und Winzer Ignatz Fritz begann mit Reben in Neuweier, von denen einige Lagen noch heute im Familienbesitz sind. Der Weißwein vom Ignatz war ausgezeichnet, beurkundete der Landwirtschaftliche Verein Großherzogtum Baden anno 1884 in Bühl. Volker Maier übernahm nach seinem Geisenheim-Studium 2001 den Betrieb mit damals gerade einmal einem halben Hektar Reben, heute bewirtschaftet er knapp neun Hektar. 2006 erwarb er die Gebäude der ehemaligen Winzergenossenschaft Bühlertal und renovierte sie: Dort baut er heute die Weine aus. Seine Weinberge liegen zwischen Baden-Baden und Bühlertal. Hauptsorte ist der Riesling, des Weiteren werden Grauburgunder, Weißburgunder, Müller-Thurgau, Scheurebe und Gewürztraminer angebaut, sowie die roten Sorten Dornfelder, St. Laurent und Spätburgunder. Das Weingut befindet sich in der Umstellung zu einem zertifizierten Öko-Weinbetrieb. 2019 wurde ein Gästehaus gebaut.

Kollektion

Volker Maier bringt wie auch in den letzten Jahren eine stimmige geradlinige Kollektion in die Flasche, die uns an einigen Stellen besser gefällt als die der vergangenen Jahre. Wie gewohnt führt ein Riesling das Sortiment an, der in diesem Jahr SI genannt wird und durch seine grasige Art, eine gut balancierte Aprikosenfrucht und frische Zitrusaromen punktet. Der Weißburgunder weist eine kräutrige Note nach Gartenkresse auf und lebt von seinem animierenden Trinkfluss. Überzeugend ist auch der Riesling Sekt, der auf frische, süßliche Fruchtaromen setzt. Der Badisch Rotgold zeigt ein knackige Frucht, ist dabei ziemlich elegant und zart würzig. Von den beiden Rotweinen gefällt uns der Re(d)volution am besten, der eine kompottartige Beerenfrucht und eine angenehme Frische aufweist.

Weinbewertung

84	2017 Riesling Sekt trocken	12,5%/13,60€
84	2019 Weißer Burgunder trocken	12,5%/9,10€
85	2018 Riesling Kabinett trocken „BB"	12%/9,10€
82	2019 Johanniter „JO"	12%/9,70€
81	2019 Souvignier Gris trocken	12,5%/9,70€
83	2018 Grauer Burgunder „HF"	13%/15,80€
88	2018 Riesling „SI"	13%/18,20€
83	2018 Gewürztraminer „Josefa"	13,5%/15,80€
84	2019 Scheurebe	11,5%/9,10€
84	2019 Badisch Rotgold	12,5%/8,90€
86	2018 „Re(d)volution" Rotwein	13,5%/19,80€
81	2018 „Rubeum Auri" Rotwein	14%/19,80€

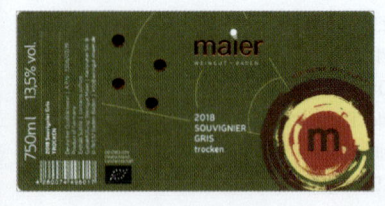

MOSEL — AYL

★

Margarethenhof

Kontakt
Kirchstraße 17
54441 Ayl
Tel. 06581-2538
Fax: 06581-6829
www.margarethenhof-ayl.de
mail@margarethenhof-ayl.de

Besuchszeiten
Mo.-Fr. 9:30-12:30 + 14-18 Uhr
Sa. 9:30-17 Uhr
und nach Vereinbarung

Inhaber
Jürgen Weber
Betriebsleiter
Jürgen Weber
Kellermeister
Nicolas Weber
Außenbetrieb
Nicolas Weber
Rebfläche
23 Hektar

Das Weingut, ursprünglich in Tawern zuhause, wird heute in dritter Generation von Jürgen Weber geführt, der seit 2000 den Betrieb erweitert hat und im benachbarten Ayl das historische Gebäude des ehemaligen Winzervereins erwarb. Sohn Nicolas Weber, ein ausgebildeter Önologe, steht bereits in den Startlöchern und wird nächstes Jahr mit seiner eigenen Weinlinie auf den Markt gehen. Die Weinberge, stolze 23 Hektar, liegen sowohl an der Saar auf Schieferböden (dort vor allem in der Ayler Kupp) als auch an der Obermosel, wo die Reben auf Muschelkalk wachsen. Riesling nimmt 40 Prozent der Rebfläche ein, Elbling 30 Prozent, hinzu kommen 25 Prozent Burgundersorten – Weißburgunder, Grauburgunder, Auxerrois – und etwas Sauvignon Blanc sowie rote Rebsorten, Spätburgunder und Dornfelder. Die Weine werden langsam und kühl in Edelstahltanks vergoren. Das Sortiment ist klar und überschaubar, lässt auf Basis- und Rebsortenweine die Lagenweine folgen, stellt Riesling von alten Reben aus der Ayler Kupp unter dem Begriff „GL" an die Spitze.

🍰 Kollektion

Straff und würzig fällt der Sauvignon Blanc aus, der Kräuternoten und Anklänge an weiße Johannisbeeren zeigt, fest und präzise ist. „Auf Spieß" nennt sich eine im Holzfass ausgebaute Cuveé – sie ist leicht cremig, das Holz ist nicht im Geringsten aufdringlich. Der Chardonnay besitzt eine reife, leicht cremige Nase mit einem Hauch von Kräuterbonbons, zeigt im Mund kühle Würze und Struktur. Beim Weißburgunder Réserve überrascht die frische, nur leicht cremige Steinobstfrucht mit einem Hauch Tabak, im Mund ist eine beachtliche Balance zu beobachten. Der trockene Riesling „GL" ist verhalten, zeigt Noten von Hefe, ist dann schön kompakt mit guter Länge und Würze. Das feinherbe Pendant ist vibrierend, merklich süß. Beim „R1511" ist die dezente Süße gut integriert, die Auslese von alten Reben ist fest und würzig, angenehm saftig. Auch der feste Rosé gefällt gut.

🍇 Weinbewertung

86	Elbling Sekt brut	12%/10,90€
84	2019 Riesling Hochgewächs trocken Ayler Kupp	12%/9,40€
84	2019 Sauvignon Blanc trocken	12,5%/12,90€
87	2018 „Auf Spieß" Burgunder Cuveé	13%/14,90€
88	2018 Riesling Auslese trocken „GL" Ayler Kupp	12,5%/19,90€
87	2019 Weißer Burgunder Réserve	12%/14,90€
87	2018 Chardonnay Réserve	13%/14,90€
84	2019 Riesling „feinherb" „Schieferstein" Ayler Kupp	11%/9,40€
88	2018 Riesling Auslese „feinherb" „GL" Ayler Kupp	12%/19,90€
87	2018 Riesling „R1511"	9,5%/12,90€
88	2018 Riesling Auslese „GL" Ayler Kupp	9%/19,90€
83	2018 Spätburgunder Rosé „Lambertus"	12%/14,90€

MARGARETHENHOF
WEINGUT WEBER

PFALZ ━ FORST

★ ★ ★

Margarethenhof

Kontakt
Wiesenweg 4
67147 Forst
Tel. 06326-8302
Fax: 06326-980161
www.margarethenhof-forst.de
info@margarethenhof-forst.de

Besuchszeiten
Mo. + Mi.-Sa. 9-12 + 13-18 Uhr,
Di. Ruhetag; mit Bitte um
Vereinbarung
Wohnmobilstellplätze

Inhaber
Martin Lucas & Yvonne Libelli
Betriebsleiter
Martin Lucas & Yvonne Libelli
Kellermeister
Martin Lucas & Yvonne Libelli
Außenbetrieb
Martin Lucas
Rebfläche
17 Hektar
Produktion
140.000 Flaschen

Das 1950 von Günther Lucas und seiner Mutter Margaretha gegründete Weingut Margarethenhof besitzt Weinberge in besten Lagen von Forst (Ungeheuer, Musenhang, Jesuitengarten und Pechstein) und Deidesheim (Herrgottsacker). Der Riesling ist mit einen Flächenanteil von 70 Prozent die wichtigste Sorte, dazu kommen an Weißweinen Weiß- und Grauburgunder, Chardonnay und Auxerrois, aber auch Sauvignon Blanc, Rieslaner und Scheurebe, im roten Bereich sind es Spätburgunder, Dornfelder, Sankt Laurent und etwas Portugieser. Martin Lucas und seine Schwester Yvonne Libelli haben im Sommer 2019 das Weingut von ihren Eltern Franz und Elisabeth Lucas übernommen nachdem sie bereits seit 2011 gemeinsam für den Keller verantwortlich waren. In den vergangenen Jahren wurde in schonendere Verarbeitungsmöglichkeiten im Keller investiert, bei den Weißweinen wird zunehmend mit Maischestandzeiten gearbeitet, in den nächsten Jahren soll das Rotweinangebot ausgebaut werden. Das Sortiment ist in Basis (Literweine), Kernstück (Rebsortenweine), Erste Lage und Spitze (Lagenweine) gegliedert.

Kollektion

Im vergangenen Jahr waren die drei Lagenrieslinge gleichauf an der Spitze, in der aktuellen Kollektion liegt der Pechstein knapp vorne, er zeigt die lagentypischen rauchig-mineralischen Noten, ist geradlinig und animierend, besitzt eine leicht cremige Textur, Zug und salzige Länge. Der Ungeheuer ist noch leicht verhalten im Bouquet, zeigt etwas kräutrige Noten und besitzt gute Konzentration, der Jesuitengarten ist offener, zeigt dezente Reifenoten, klare gelbe Frucht, ist mineralisch und animierend. Der Herrgottsacker wurde zum ersten Mal separat ausgebaut, ist der kraftvollste der Rieslinge und wie auch der restsüße Musenhang sehr fruchtbetont – und auch die Basis stimmt, der Riesling Kernstück und der Literriesling sind frisch und knackig.

Weinbewertung

82	2019 Riesling trocken „Basis" (1l)	12%/5,50€
83	2019 Weißburgunder trocken „Kernstück"	12%/7,50€
85	2019 Chardonnay trocken „Kernstück"	13,5%/8,-€
84	2019 Sauvignon Blanc trocken „Kernstück"	12%/7,70€
84	2019 Riesling trocken „Kernstück"	13%/7,-€
85	2019 Riesling trocken Forster	13%/8,50€
86	2019 Riesling „Erste Lage" Deidesheimer Herrgottsacker	14%/10,-€
86	2019 Riesling „Erste Lage" Forster Musenhang	9,5%/9,-€
88	2018 Riesling trocken „Spitze" Forster Ungeheuer	13%/14,-€
88	2018 Riesling trocken „Spitze" Forster Jesuitengarten	13%/19,-€
89	2018 Riesling trocken „Spitze" Forster Pechstein	13%/18,-€

Markelsheim

Kontakt
Weingärtner Markelsheim eG
Scheuerntorstraße 19
97980 Bad Mergentheim-Markelsheim
Tel. 07931-90600
Fax: 07931-906030
www.markelsheimer-wein.de
info@markelsheimer-wein.de

Besuchszeiten
Mo.-Fr. 9-12 + 13-18 Uhr
Sa. 9-12 + 13-16 Uhr
So. (April-Dez.) 10-16 Uhr

Inhaber
250 Mitglieder
Geschäftsführender Vorstand
Michael Schmitt
Kellermeister
Peter Kilburg
Rebfläche
193 Hektar
Produktion
800.000 Flaschen

Die 1898 gegründete Genossenschaft von Markelsheim gehört zu den ältesten in Württemberg. Ihre Mitglieder bewirtschaften das Gros der Weinberge im Tauber- und Vorbachtal, die zu Württemberg gehören. Weinbau hat hier eine lange Tradition, wurde in Markelsheim bereits 1096 erstmals urkundlich erwähnt. Bis ins späte 19. Jahrhundert hinein waren die Rebflächen wesentlich größer, Weinbau war neben Ackerbau und Viehzucht der zentrale Wirtschaftsfaktor im Taubertal. Durch Fusionen mit den Genossenschaften von Niederstetten 1978 und Laudenbach 1999 wuchs die Mitgliederzahl, so dass heute Weinberge in den Gemeinden Markelsheim, Laudenbach, Weikersheim, Schäftersheim, Vorbachzimmern, Haagen, Ebertsbronn, Elpersheim, Niederstetten und Oberstetten bewirtschaftet werden. Auf knapp der Hälfte der Fläche wachsen weiße Rebsorten, Müller-Thurgau und Silvaner vor allem, aber auch Riesling, Kerner, Weiß- und Grauburgunder, Traminer und Sauvignon Blanc. Bei den roten Sorten dominiert Schwarzriesling, hinzu kommen Acolon, Zweigelt, Spätburgunder, Dornfelder, Trollinger sowie die regionale Spezialität Tauberschwarz.

Kollektion

Eine sehr gleichmäßige Kollektion hat Kellermeister Peter Kilburg auch dieses Jahr wieder auf die Flasche gebracht, wobei wir unsere Favoriten diesmal im roten Segment finden: Da ist zum einen der wunderschön reintönige, fruchtbetonte Tauberschwarz (dazu mit sehr attraktivem Preis!), zum anderen der im Barrique ausgebaute Zweigelt aus dem Jahrgang 2015, der gute Konzentration und deutlich Vanille zeigt, Fülle und Kraft besitzt, gute Struktur und Substanz. Auch sonst zeigen Rotweine und Weißherbst gutes Niveau, der Riesling-Sekt ist geradlinig und klar. Das weiße Segment bietet eine geradlinige trockene Riesling Spätlese und zwei füllige Auslesen, der Grauburgunder hätte mit mehr Restsüße sich noch besser punkten können.

Weinbewertung

83	2018 Riesling Sekt brut	12,5%/7,95€
79	2019 Sauvignon Blanc Kabinett trocken Markelsheimer Tauberberg	13%/5,95€
79	2019 Weißburgunder Kabinett trocken Markelsheimer Tauberberg	12,5%/5,80€
82	2019 Riesling Spätlese trocken Markelsheimer Propstberg	13%/5,95€
83	2018 Silvaner Auslese trocken Markelsheimer Propstberg	13,5%/14,50€/0,5l
80	2019 Traminer Spätlese Weikersheimer Tauberberg	12%/6,90€
83	2019 Grauburgunder Auslese Markelsheimer Tauberberg	12%/14,50€/0,5l
82	2019 Schwarzriesling Weißherbst Kabinett Markelsheimer Mönchsberg	11,5%/5,-€
84	2018 Tauberschwarz trocken Weikersheimer Tauberberg	12%/5,-€ ☺
82	2018 Schwarzriesling Kabinett trocken Markelsheimer Tauberberg	13%/5,-€
81	2017 Acolon trocken Markelsheimer Tauberberg	13%/5,10€
85	2015 Zweigelt Spätlese trocken Barrique Markelsheimer Tauberberg	13,5%/14,50€

FRANKEN ▬ EIBELSTADT

Max Markert

★★★

Kontakt
Am Zöller 1
97246 Eibelstadt
Tel. 09303-1795
Fax: 09303-1090
www.weingut-markert.de
info@weingut-markert.de

Besuchszeiten
Mo.-Fr. 9-12 + 15-18 Uhr
Sa. 10-15 Uhr
und nach Vereinbarung

Inhaber
Max Markert
Kellermeister
Thomas Heil
Rebfläche
11,1 Hektar
Produktion
75.000 Flaschen

Max Markert betreibt Weinbau seit 1995 im Vollerwerb; 1974 hatte er seine ersten Reben gepflanzt, seit 1977 das Weingut im Nebenerwerb geführt. Seine Weinberge liegen in den Eibelstadter Lagen Mönchsleite, Kapellenberg und Teufelstor (seit 1971 Großlage), sowie im Randersackerer Dabug, die Reben wachsen auf Muschelkalkböden. Weiße Rebsorten nehmen drei Viertel der Fläche ein: Silvaner, Müller-Thurgau, Bacchus, Kerner, Scheurebe, Rieslaner, Riesling und Weißburgunder; an roten Sorten gibt es Domina, Spätburgunder, Portugieser, Dornfelder und Cabernet Dorsa.

Kollektion

Eine umfangreiche Kollektion präsentiert Max Markert in diesem Jahr, mit gewohnt hohem Einstiegsniveau und Spitzen weiß, rot wie edelsüß. Die trockenen Kabinettweine sind fruchtbetont und harmonisch wie gewohnt, der Mosaik genannte Silvaner ragt hervor, besitzt reintönige Frucht, gute Struktur, Fülle und Saft. Unter den trockenen Spätlesen ist der Silvaner Magna unser klarer Favorit, zeigt gute Konzentration, rauchige Noten, besitzt viel Fülle und Kraft, gute Struktur und Substanz. Beide stammen aus dem Jahrgang 2018 wie auch die beiden edelsüßen Weine: Die Rieslaner Auslese ist süß, konzentriert, wunderschön reintönig, die Silvaner Beerenauslese besitzt viel Konzentration und Substanz. Gutes und sehr gutes Niveau zeigen auch die Rotweine, allen voran die im Barrique ausgebaute Domina, die gute Konzentration, Gewürze und Toast im Bouquet zeigt, Fülle und Kraft besitzt bei noch jugendlichen kräftigen Bitternoten.

Weinbewertung

83	2019 Müller-Thurgau trocken „Frank & Frei" ❙ 12%/7,-€
83	2019 Silvaner Kabinett trocken ❙ 12%/7,50€
84	2018 Silvaner Kabinett trocken „Alte Reben" ❙ 13%/8,-€
83	2018 Riesling Kabinett trocken ❙ 12%/7,50€
83	2018 Riesling Kabinett trocken Eibelstadter Kapellenberg ❙ 12,5%/8,-€
83	2019 „Alina" „Blanc de Noir" Spätlese trocken Eibelstadter Mönchsleite ❙ 13%/9,-€
84	2019 Scheurebe Kabinett trocken Eibelstadter Kapellenberg ❙ 13%/7,50€
87	2018 Silvaner Kabinett trocken „Mosaik" ❙ 13%/12,-€
85	2018 Silvaner Spätlese trocken Eibelstadter Kapellenberg ❙ 13%/9,-€
88	2018 Silvaner Spätlese trocken „Magna" ❙ 13%/14,-€
84	2019 Scheurebe Kabinett „feinherb" Eibelstadter Mönchsleite ❙ 12,5%/7,50€
88	2018 Rieslaner Auslese ❙ 11,5%/18,-€
88	2018 Silvaner Beerenauslese ❙ 10%/24,-€/0,375l
82	2017 „Carolus" Rotwein trocken ❙ 13%/7,-€
86	2016 Spätburgunder trocken Eibelstadter Kapellenberg ❙ 13%/9,-€
84	2017 Domina trocken ❙ 12,5%/8,50€
85	2017 Cabernet Dorsa trocken ❙ 13%/9,-€
88	2017 Domina trocken Barrique ❙ 13%/16,-€

BADEN — EFRINGEN-KIRCHEN

Markgräfler Winzer eG

★★☆

Kontakt
Winzerstraße 2
79588 Efringen-Kirchen
Tel. 07628-91140
Fax: 07628-2976
www.markgraeflerwinzer.de
info@markgraeflerwinzer.de

Besuchszeiten
Mo.-Fr. 9-18 Uhr, Sa. 9-13 Uhr

Geschäftsführender Vorstand
Hagen H. Rüdlin

Kellermeister
Martin Leyh

Winzer aus mehr als 20 Ortschaften hatten 1952 die Bezirkskellerei als Genossenschaft des badischen Bezirks Markgräflerland mit anfangs 115 Hektar Fläche gegründet. 2004 erfolgte die Fusion mit der WG Ballrechten-Dottingen, 2010 dann mit den bereits zusammengeschlossenen Genossenschaften Ehrenstetten und Kirchhofen. Im Jahr 2018 erfolgte die Umbenennung in „Markgräfler Winzer eG" mit 940 Winzern, die 940 Hektar bewirtschaften; vom Batzenberg im Norden bis zum Grenzacher Hornfelsen, dem südlichsten Weinberg Deutschlands. Seit 2016 ist Hagen Rüdlin Geschäftsführender Vorstand. Seit August 2019 ist Martin Leyh als 1. Kellermeister für den Ausbau der Weine verantwortlich. Seit 2017 ist er im Betrieb, deshalb tragen auch die vorgestellten Weine von 2018 bereits seine Handschrift. Martin Leyh war früher Betriebsleiter beim Weingut Schumacher in Herxheim in der Pfalz. Als Qualitätsmanager sorgt Rainer Müller im engen Kontakt mit den Winzern für das den hohen Ansprüchen genügende Lesegut.

Kollektion

Eine erstaunliche Kollektion stellen uns die Markgräfler Winzer zum Debüt vor. Der Sekt, die Weine der Linien Handwerk und Kunstwerk sowie die beiden Landweine sind wie aus einem Guss, als kämen sie von einem sehr gut arbeitenden Weingut und nicht von vielen Winzern einer 940 Mitglieder starken Genossenschaft. Hier funktioniert das Qualitätsmanagement! Die Handwerk-Weine setzen auf Frucht, ohne die Bedeutung von Struktur zu vernachlässigen. Feine Salzigkeit und zupackende Säure ergeben in Kombination mit expressiver Frucht balancierte Weine. Die Kunstwerk-Weine sind geprägt von saftigem Schmelz, straffem Gerüst und mineralischer Länge. Sehr elegant sind die beiden unfiltrierten Landweine. „Der" Chardonnay zeigt dezente Würze und Frucht im Bouquet, im Mund sehr saftig mit schlanker, gut eingebundener Holzwürze und eleganter Säurestruktur. „Der" Spätburgunder zeigt kühle Frucht und feine Würze, ist noch dominiert vom Holz.

Weinbewertung

84	2016 Pinot Blanc Sekt brut	12,5%/11,-€
83	2019 Weißburgunder trocken „Handwerk" Blansingen Wolfer	12,5%/6,50€
82	2019 Chardonnay trocken „Handwerk" Oetlingen Sonnhohle	13,5%/6,50€
83	2019 Sauvignon Blanc trocken „Handwerk" Ehrenstetten Rosenberg	11%/8,-€
84	2019 Gutedel trocken „Kunstwerk" Istein Kirchberg	12,5%/8,-€
84	2018 Weißburgunder trocken „Kunstwerk" Ehrenstetten Oelberg	13%/8,-€
86	2019 Grauburgunder trocken „Kunstwerk" Ballrechten-Dottingen Castellberg	13%/8,-€
88	2018 „Der" Chardonnay trocken (Landwein)	13%/15,-€
87	2018 „Der" Chardonnay trocken	13%/15,-€
86	2017 Spätburgunder trocken „Kunstwerk" Feuerbach Steingässle	13%/10,-€
86	2015 Rotwein trocken „Kunstwerk" Grenzach Hornfelsen	13,5%/13,-€
88	2018 „Der" Spätburgunder trocken (Landwein)	13,5%/18,-€

★★★ Tomislav Markovic

Kontakt
Kupfertorplatz 1
79206 Breisach
Tel. 07667-2070046
www.monsieurmarkovic.de
eintritt@monsieurmarkovic.de

Besuchszeiten
nach Vereinbarung

Inhaber
Tomislav Markovic

Rebfläche
0,45 Hektar

Produktion
2.500 Flaschen

Die Eltern von Tomislav Markovic stammen aus Slawonien, er selbst aber ist im Rhein-Main-Gebiet geboren und aufgewachsen. Er studierte BWL, arbeitete danach bei großen Banken in Frankfurt. 2011 beendete er seinen Bankjob und begann sich seiner Leidenschaft Wein zu widmen, studierte Weinbau und Önologie am Weincampus in Neustadt, damit einher ging die Ausbildung zum Winzer beim Weingut Bercher in Burkheim. Es folgten Praktika bei Luisa Borges (Viera de Sousa) in Portugal und bei Domaine de Montille in Volnay. Derzeit hat er eine Teilzeitstelle als Berater für ökologischen Weinbau & Önologie in Baden-Württemberg, davor war er ein Jahr für den Weinbau beim Weingut Höfflin verantwortlich. Er greift derzeit auf Rebflächen von Freunden am Kaiserstuhl und in Rheinhessen zurück, sowohl beim Spätburgunder aus Jechtingen und Eichstetten als auch beim Riesling vom Porphyr in Eckelsheim sind die Reben über 30 Jahre alt. Die Reben in Rheinhessen werden nach seiner Vorgabe bewirtschaftet, die Reben am Kaiserstuhl bewirtschaftet er selbst nach ökologischen und biodynamischen Gesichtspunkten. Die Spätburgunder werden offen auf der Maische vergoren, je nach Jahrgang mit einem Anteil ganzer Trauben, auf einer Korbpresse gekeltert, in französischen Barriques ausgebaut, maximal zur Hälfte neu, unfiltriert abgefüllt. Die Rieslinge werden spontanvergoren, in gebrauchten Barriques und in neuen oder gebrauchten Tonneaux ausgebaut, bleiben mindestens bis Sommer auf der Hefe.

Kollektion

Der Quo Vadis-Riesling aus Eckelstein in der rheinhessischen Schweiz zeigt feine Maischegäraromen im Bouquet, besitzt viel süße Frucht am Gaumen, ist angenehm stoffig, eine feinsalzige Bitternote hält die Frucht im Zaum. Der Riesling aus dem Siefersheimer Höllberg ist ein sehr leichter, feinfruchtiger Kabinett, der seinem Namen alle Ehre macht. Der Wein ist zwar süß, macht aber eher einen herben Eindruck. Kühle rote Frucht und feine Würze zeigt der Windspiel genannte Spätburgunder im Bouquet, besitzt viel saftige Frucht im Mund mit einer leicht metallischen Komponente, ist straff und kompakt. Der Spätburgunder „On the Rocks" ist dichter, komplexer, besitzt eine sehr klare Sauerkirschfrucht und feine Tannine. Der Spätburgunder Parabole ist noch komplexer, zeigt Veilchen und Sauerkirschen im Bouquet, ist dicht im Mund, elegant und saftig.

Weinbewertung

88	2018 Riesling „Quo Vadis"	12%/18,-€	
86	2019 Riesling Kabinett Siefersheimer Höllberg	9%/13,-€	
87	2018 Spätburgunder „Windspiel"	13%/16,-€	
88	2018 Spätburgunder „On the Rocks"	12,5%/28,-€	
90	2018 Spätburgunder „Parabole"	13%/42,-€	

FRANKEN ▬▶ ZEIL AM MAIN

★★

Martin

Kontakt
Ziegelanger 6
97475 Zeil am Main
Tel. 0160-94906447
Fax: 09524-5701
www.weingut-max-martin.de
info@weingut-max-martin.de

Besuchszeiten
Mi.-So. 11-20 Uhr
Mo./Di. nach Vereinbarung

Inhaber
Maximilian Martin
Rebfläche
7,4 Hektar
Produktion
50.000 Flaschen

Ziegelanger liegt am Main, zwischen Haßfurt und Bamberg, ist ein Ortsteil von Zeil am Main. Hier ist das Weingut Martin zuhause, das in vierter Generation von Max Martin geführt wird. Die Reben wachsen in den Lagen Ziegelanger Ölschnabel, Steinbacher Nonnenberg und Krümler Himmelreich, die alle zur Großlage Zeiler Kapellenberg gehören. Silvaner und Müller-Thurgau sind die wichtigsten Rebsorten, gefolgt von Bacchus, Kerner, Dornfelder, Spätburgunder, Weißburgunder, Blauer Silvaner und Riesling. Der Familie Martin gehört auch das Restaurant Martinsklause. Die Bocksbeutelweine und die „vom Keuper"-Weine werden lange auf der Feinhefe ausgebaut und zukünftig erst im August abgefüllt.

🍾 Kollektion

Wieder eröffnet ein fruchtbetonter, kraftvoller Liter-Silvaner den Reigen. Der Blaue Silvaner aus dem Nonnenberg ist wunderschön reintönig, frisch und zupackend, der Ölschnabel-Silvaner ist füllig und saftig bei reifer Frucht. Noch besser gefällt uns der Silvaner vom Keuper, ebenfalls aus dem Ölschnabel, zeigt gute Konzentration und reintönige Frucht, ist füllig und kraftvoll, besitzt viel reife Frucht und Substanz. Eindeutiges Highlight des Silvaner-Reigens ist aber der 2018er aus der Amphore, ein Gemeinschaftsprojekt der Keuper Connection, der neben Maximilian Martin noch Markus Hillabrand sowie Thomas Fröhlich (Ilmbacher Hof) angehören: Dominant, konzentriert, viel Duft im Bouquet, füllig und kraftvoll im Mund, enorm stoffig und intensiv bei ganz dezenter Bitternote im Abgang. Aber nicht nur mit Silvaner kann Maximilian Martin reüssieren: Der Kerner aus dem Kapellenberg besitzt reintönige Frucht, gute Struktur und Grip, der Weißburgunder aus dem Krümler Himmelreich ist würzig und eindringlich im Bouquet, besitzt Fülle, klare Frucht, Kraft und Substanz, und auch die restsüßen Weine wie Rivaner, Riesling und Scheurebe zeigen ebenso wie die Roten durchweg gutes Niveau.

🍇 Weinbewertung

83	2019 Silvaner trocken (1l)	12,5%/6,-€
85	2019 Blauer Silvaner trocken Steinbacher Nonnenberg	12%/7,-€
85	2019 Silvaner trocken Ziegelangerer Ölschnabel	12,5%/9,50€
85	2019 Kerner trocken Zeiler Kapellenberg	13%/7,-€
87	2019 Silvaner trocken „vom Keuper" Ziegelanger Ölschnabel	13%/13,50€
86	2019 Weißburgunder trocken „vom Keuper" Krümler Himmelreich	13%/9,50€
90	2018 Silvaner „Amphore"	14%/33,-€
82	2019 Rivaner halbtrocken (1l)	11,5%/6,-€
84	2019 Riesling Ziegelangerer Ölschnabel	11,5%/8,50€
83	2019 Scheurebe „lieblich"	12%/7,-€
84	2018 Dornfelder „Barbarossa" Zeiler Kapellenberg	12,5%/7,-€
82	2019 Domina	12%/8,50€

RHEINHESSEN ▶ DIENHEIM

Martinshof

Kontakt
Außerhalb 1
55276 Dienheim
Tel. 06133-2280
Fax: 06133-70763
www.wein-martinshof.de
info@wein-martinshof.de

Besuchszeiten
nach Vereinbarung

Inhaber
Martin GbR
Betriebsleiter
Achim Martin
Kellermeister
Achim Martin
Außenbetrieb
Achim Martin
Rebfläche
30 Hektar
Produktion
120.000 Flaschen

Die Weinberge der Familie Martin liegen in Dienheim und Oppenheim, seit 2003 ist man auch in Nierstein vertreten. Heute führt Achim Martin den Betrieb. Seine wichtigsten Lagen sind Paterhof in Dienheim, Sackträger, Kreuz und Herrenberg in Oppenheim, sowie Heiligenbaum in Nierstein. Die Reben wachsen teils auf schweren Kalksteinverwitterungsböden und teils auf tiefgründigen Lösslehmböden, in Nierstein auf Rotliegendem. Vor allem Riesling und die Burgundersorten werden angebaut, aber auch Silvaner, Müller-Thurgau, Huxelrebe und Scheurebe. An roten Sorten gibt es Dornfelder, St. Laurent, Spätburgunder, Portugieser, Cabernet Dorio, Merlot und Cabernet Sauvignon.

Kollektion

Weine zurück bis zum Jahrgang 2013 präsentiert Achim Martin in diesem Jahr, und es sind vor allem diese älteren Jahrgänge, die uns besonders gut gefallen in der neuen Kollektion. Die 2019er Weißweine sind frisch, klar und unkompliziert. Aus dem Jahrgang 2018 gefällt uns der im Holz ausgebaute Grauburgunder besonders gut, er ist intensiv und konzentriert, füllig und kraftvoll, die Rieslinge aus Herrenberg und Sackträger zeigen feine Reife, besitzen Fülle und Harmonie. Deutlich spannender aber ist der Magister genannte 2015er Riesling aus dem Herrenberg, zeigt ebenfalls feine Reife, gute Konzentration, ist füllig, kraftvoll und komplex, besitzt gute Struktur und Frische. Aus dem selben Jahrgang 2015 stammt der im Barrique ausgebaute Merlot aus dem Oppenheimer Kreuz, der intensiv Gewürze und viel Frucht im Bouquet zeigt, füllig und kraftvoll im Mund ist, reife Frucht und gute Struktur besitzt. Noch zwei Jahre älter ist die ebenfalls im Barrique ausgebaute und ebenfalls aus dem Oppenheimer Kreuz stammende rote Cuvée Passion, die gute Konzentration zeigt, Gewürze und Duft, ebenfalls füllig und kraftvoll ist, gute Struktur und viel Substanz besitzt.

Weinbewertung

81	2019 Silvaner trocken „Der Deutsche"	13%/5,-€
83	2018 Riesling trocken Oppenheimer Herrenberg	13,5%/8,-€
83	2018 Riesling trocken Oppenheimer Sackträger	12,5%/10,50€
85	2018 Grauer Burgunder* trocken Holzfass	13,5%/10,50€
86	2015 Riesling trocken „Magister" Oppenheimer Herrenberg	13,5%/14,50€
81	2019 Riesling „feinherb"	12,5%/6,50€
82	2019 Gewürztraminer „feinherb" Oppenheimer Schloss	12,5%/7,-€
81	2019 Scheurebe	10,5%/5,-€
82	2018 Saint Laurent trocken	13,5%/8,-€
83	2018 „Symphonie" Rotwein trocken	14%/9,-€
86	2015 Merlot* trocken Barrique Oppenheimer Kreuz	14%/14,50€
85	2013 „Cuvée Passion" Rotwein trocken Barrique Oppenheimer Kreuz	14%/14,50€

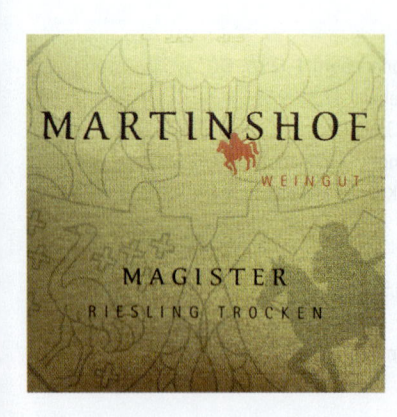

NAHE ▸ WINDESHEIM

★★✫

Marx

Kontakt
Im Setzling 6
55452 Windesheim
Tel. 06707-316
Fax: 06707-1669
www.weingutmarx.com
info@weingutmarx.com

Besuchszeiten
nach Vereinbarung
Ferienwohnung

Inhaber
Rainer Marx
Rebfläche
9,5 Hektar
Produktion
75.000 Flaschen

Seit über 300 Jahren betreibt die Familie Weinbau an der Nahe. Die Weinberge von Rainer Marx, der das Gut 2005 von seinen Eltern übernahm, liegen in Windesheim (Fels, Rosenberg, Römerberg, Sonnenmorgen), Waldlaubersheim (Altenberg) und Schweppenhausen (Schlossgarten). Grauburgunder ist mit einem Flächenanteil von 25 Prozent die wichtigste Rebsorte, auf je 20 Prozent stehen Spätburgunder, Riesling und Weißburgunder, dazu gibt es noch Chardonnay, Scheurebe, Müller-Thurgau und Cabernet Dorsa, 2017 wurde die Rebfläche um 0,8 Hektar erweitert und mit Grauburgunder und Cabernet Dorsa bepflanzt, ein halber Hektar wurde mit Scheurebe wieder bepflanzt.

Kollektion

Wieder sind es die vier „R"-Weine die an der Spitze der aktuellen Kollektion stehen: Unter den weißen Burgundersorten ist der Weißburgunder etwas komplexer und nachhaltiger als der Grauburgunder, er ist kraftvoll, besitzt Schmelz, klare gelbe Frucht, gut eingebundenes Holz, eine frische Säure und gute Länge, der Grauburgunder zeigt feine Holzwürze und klare Frucht, besitzt ebenfalls viel Kraft und Schmelz. Der Spätburgunder besitzt ein eindringliches Bouquet mit Noten von Schwarzkirsche, roter Johannisbeere und etwas Mokka, am Gaumen besitzt er auch kräutrige Würze und trotz aller Kraft auch Eleganz, der 2018er Riesling bleibt in der Frucht ganz zurückhaltend, zeigt steinige Noten und etwas Tabak, ist am Gaumen sehr würzig und besitzt Biss, aber die Nachhaltigkeit fehlt etwas. Auch die „S"-Weine befinden sich auf sehr gutem Niveau, der Weißburgunder besitzt klare Frucht, leicht florale Noten und gute Länge, der Grauburgunder besitzt Schmelz und nussige Noten, der Riesling ist füllig mit klaren Zitrusnoten und frischer Säure und der Spätburgunder ist elegant, besitzt kühle, rote Frucht mit Noten von Johannisbeere und Hagebutte.

Weinbewertung

83	2019 Grauer Burgunder trocken	12,5%/7,-€
82	2019 Spätburgunder „Blanc de Noir"	11,5%/7,-€
82	2019 Scheurebe trocken	12%/7,50€
85	2019 Riesling „S" trocken Windesheimer Sonnenmorgen	12,5%/9,-€
86	2019 Weißer Burgunder „S" trocken Windesheimer Rosenberg	13%/9,50€
86	2019 Grauer Burgunder „S" trocken Waldlaubersheimer Altenburg	13%/9,50€
87	2018 Riesling „R" trocken Windesheimer Fels	12,5%/14,-€
89	2018 Weißer Burgunder „R" trocken „Halbstück" Windesheimer Rosenberg	14%/14,-€
88	2018 Grauer Burgunder „R" trocken Windesheimer Römerberg	13,5%/16,-€
86	2019 Riesling Spätlese Windesheimer Römerberg	9,5%/9,50€
85	2017 Spätburgunder „S" trocken Windesheimer Rosenberg	13,5%/12,50€
88	2016 Spätburgunder „R" trocken Windesheimer Rosenberg	14%/22,-€

★★★★ Karl **May**

Kontakt
Ludwig-Schwamb-Straße 22
67574 Osthofen
Tel. 06242-2356
Fax: 06242-3690
www.weingut-karl-may.de
info@weingut-karl-may.de

Besuchszeiten
Mo.-Fr. 8-12 + 13-17 Uhr
und nach Vereinbarung

Inhaber
Peter May, Fritz May
Rebfläche
34 Hektar
Produktion
180.000 Flaschen

Der schon im Jahr 1309 beurkundete Liebenauer Hof wurde nach der Säkularisation 1815 von den Vorfahren der heutigen Besitzer erworben. Karl May erweiterte zusammen mit Ehefrau Irmgard den Betrieb auf die heutige Größe. Heute führen ihre Söhne Peter und Fritz May in siebter Generation den Betrieb, unterstützt von ihren Eltern und Ehefrauen. Ihre Weinberge liegen vor allem in Osthofen und Bechtheim. Seit 2007 werden die Weinberge biologisch bewirtschaftet. Die breite Rebsortenpalette wird angeführt von Riesling, der 30 Prozent der Rebfläche einnimmt. Es folgen Weißburgunder, Silvaner, Grauburgunder und Spätburgunder, dazu gibt es Sorten wie Chardonnay, Sauvignon Blanc oder Cabernet Sauvignon. Das Programm ist gegliedert in Gutsweine, Ortsweine und Lagenweine, die an der Spitze der Kollektion stehen, sie stammen aus dem Osthofener Goldberg (Riesling) und dem Bechtheimer Geyersberg (Riesling, Spätburgunder), sowie aus den Osthofener Gewannen Auf dem Schnapp (Silvaner, bisher nur 2012 erzeugt) und Vordere Mulde (Frühburgunder); seit dem Jahrgang 2017 gibt es einen weiteren Lagen-Riesling aus dem Westhofener Morstein. Dazu gibt es seit dem Jahrgang 2014 Reserve-Weine, zunächst von Silvaner und Weißburgunder, mit dem Jahrgang 2015 folgte ein Chardonnay, 2017 ein Sauvignon Blanc; diese werden jedoch nicht in jedem Jahrgang erzeugt, was auch für die roten Reserveweine von Spätburgunder und Cabernet Sauvignon gilt. 2010 wurde das 300 Jahre alte Fachwerkhaus renoviert, es wurde ein neues Barriquelager errichtet und die Vinothek fertig gestellt. Der Schwerpunkt der Produktion liegt auf trockenen, durchgegorenen Weinen, hin und wieder werden auch edelsüße Rieslinge erzeugt.

Kollektion

Peter und Fritz May haben sich in den letzten Jahren stetig gesteigert, und auch mit der neuen Kollektion geht es weiter voran. Das Einstiegsniveau ist hoch, alle Gutsweine sind auch 2019 wieder sehr gut. Der Gutsriesling ist fruchtbetont und würzig, frisch, klar und zupackend, besitzt gute Struktur und Frucht – und kann gut auch ein paar Jahre reifen, wie der mitgeschickte 2017er zeigt, der feine dezente Reifenoten aufweist, herrlich lebhaft ist und Grip besitzt. Der Weißburgunder ist fruchtbetont, lebhaft und zupackend, der Sauvignon Blanc würzig und eindringlich, sehr reintönig und zupackend. Eine deutliche Steigerung bringen die Ortsweine. Der Osthofener Riesling zeigt gute Konzentration und klare Frucht, ist frisch, klar und zupackend, wunderschön druckvoll und präzise. Der Osthofener Weißburgunder zeigt feine rauchige Noten und reintönige Frucht, besitzt Fülle und Kraft, gute Struktur und Substanz. Der Osthofener Grauburgunder punktet ebenfalls mit Fülle und Kraft, mit reintöniger Frucht und ganz dezent mineralischen Noten. Ein starkes Ortswein-Trio! Sauvignon Blanc gibt es 2019 nicht nur als Gutswein, sondern auch als Réserve, der Wein ist konzentriert und eindringlich, besitzt viel Kraft, gute Struktur und Grip. An der Spitze der Kollektion stehen die drei Lagenrieslinge, alle drei aus dem Jahrgang 2019. Der Wein aus dem Morstein zeigt gute Konzentration und klare reife Frucht, ist kraftvoll und zupackend, besitzt gute Struktur und Grip. Der Geyersberg-Riesling ist herrlich offen, ja offensiv, zeigt faszinierend viel Frucht im Bouquet, die typische gelbe Geyersberg-Frucht, ist saftig, harmonisch und lang: Viel Riesling. Quasi der Gegenentwurf hierzu ist der Riesling aus dem Goldberg, der ganz auf Präzision, Frische und Grip setzt, mineralische Noten aufweist, faszinierend reintönig ist, aber noch sehr jugendlich und recht verschlossen. Tolle Rieslinge, aber auch die Rotweine sind stark wie nie. Der Osthofener Pinot Noir zeigt reintönige Frucht, gute Konzentration, ist harmonisch im Mund, wunderschön reintönig und strukturiert. Mehr Fülle und Substanz besitzt der Pinot Noir aus dem Geyersberg, der feine Frische und reintönige Frucht im Bouquet zeigt, harmonisch und elegant im Mund ist, strukturiert und frisch. Hervorragend ist auch der Réserve-Cabernet Sauvignon, konzentriert, herrlich eindringlich und reintönig im Bouquet, kraftvoll im Mund mit reifer Frucht, viel Substanz und ganz dezenten Schokonoten. Ganz starke Kollektion – es geht weiter voran!

Weinbewertung

85	2017 Riesling trocken	12%/9,90€
85	2019 Riesling trocken	12,5%/8,50€
85	2019 Weißer Burgunder trocken	12,5%/8,50€
85	2019 Sauvignon Blanc trocken	12%/8,50€
88	2019 Riesling trocken Osthofen	13%/11,90€
88	2019 Weißburgunder trocken Osthofen	13,5%/10,90€
88	2019 Grauburgunder Osthofen	13,5%/12,90€
93	2019 Riesling trocken Bechtheimer Geyersberg	13,5%/18,90€ ☺
91	2019 Riesling trocken Westhofener Morstein	13%/19,90€
93	2019 Riesling trocken Osthofener Goldberg	12,5%/24,-€ ☺
89	2019 Sauvignon Blanc trocken „Réserve"	13%/16,-€
88	2018 Pinot Noir Osthofen	13%/13,90€
90	2018 Pinot Noir trocken Bechtheimer Geyersberg	13%/19,90€
90	2017 Cabernet Sauvignon „Réserve"	14%/19,90€

Lagen
Goldberg (Osthofen)
Geyersberg (Bechtheim)
Morstein (Westhofen)
Auf dem Schnapp (Osthofen)
Vordere Mulde (Osthofen)

Rebsorten
Riesling (30 %)
Weißburgunder (15 %)
Grauburgunder (10 %)
Spätburgunder (10 %)
Silvaner (10 %)

Rudolf May

★★★★✩

Kontakt
Im Eberstal
97282 Retzstadt
Tel. 09364-5760
Fax: 09364-896434
www.weingut-may.de
info@weingut-may.de

Besuchszeiten
nach Vereinbarung
Weinprobierraum für Veranstaltungen

Inhaber
Petra & Rudolf May
Betriebsleiter
Rudolf May
Kellermeister
Benedikt May
Rebfläche
15,9 Hektar
Produktion
45.000 Flaschen

Seit 1987 vermarktet Rudolf May seine Weine selbst. Seither hat er seine Rebfläche vervielfacht. 1997 wurde der Betrieb in das Eberstal an den Ortsrand von Retzstadt ausgesiedelt, wo Petra und Rudolf May ein neues Weingut errichtet haben. Die Weine wachsen in Retzstadt und Umgebung, hauptsächlich auf Muschelkalkböden. Die wichtigsten Lagen sind Retzstadter Langenberg, Retzbacher Benediktusberg und Thüngersheimer Johannisberg mit der Teillage Rothlauf, im Stettener Stein hat Rudolf May Grauburgunder stehen sowie Silvaner in der ehemaligen Einzellage Rossthalberg. Zuletzt hat Rudolf May Müller-Thurgau- und Rotweinflächen abgegeben, dafür neue Rebflächen gekauft in den Lagen Rothlauf (Silvaner), Himmelspfad (Silvaner), Benediktusberg (Spätburgunder) und Langenberg (Silvaner, Spätburgunder). 2016 hat er mit der Umstellung auf biologischen Weinbau begonnen, ist seit 2019 Mitglied bei Naturland. Eindeutig wichtigste Rebsorte bei Rudolf May ist heute der Silvaner, der inzwischen mehr als zwei Drittel seiner Rebfläche einnimmt. Dazu gibt es Spätburgunder, Weißburgunder, Grauburgunder, Riesling und Rieslaner, die Scheurebe wurde 2019 auf Chardonnay umveredelt. Ausgewählte Weine, auch Weißweine, baut er im Barrique aus. Die Spitzenweine werden in der Linie „Recis" vermarktet, mit der Aufnahme in den VDP wurde aus dem Recis-Silvaner, der von 1966 gepflanzten Reben stammt und zur Hälfte im Betonei, zur Hälfte im Edelstahl ausgebaut wird, 2013 das Große Gewächs Rothlauf (eine Teillage des Thüngersheimer Johannisberg), so dass es kurzfristig wieder nur einen Recis-Silvaner gab, den Recis 1963, der erstmals 2011 erzeugt wurde. Im Jahrgang 2014 durfte dieser dann erstmals ebenfalls als Großes Gewächs vermarktet werden, nachdem der VDP die Einzellage ebenfalls als Große Lage anerkannte, er trägt nun die Bezeichnung Himmelspfad nach der Gewanne im Herzstück des Retzstadter Langenbergs, aus der er stammt. Der älteste Sohn von Petra und Rudolf May, Benedikt, hat seine Winzerlehre in der Pfalz bei Münzberg und Mosbacher absolviert, dann Praktika an der Mosel und in Australien gemacht, ist inzwischen im Betrieb tätig. In den letzten Jahren wurden weitere Holzfässer und Holzgärständer aus 400 Jahre alter Spessarteiche angeschafft; 2019 wurden erstmals alle Lagenweine im Doppelstückfass ausgebaut. In diesem ersten bio-zertifizierten Jahrgang liegt der Gesamtschwefelgehalt unter 50 mg/l. Es war schon beeindruckend zu verfolgen, wie Rudolf May sich kontinuierlich gesteigert hat. Als wir ihn in der ersten Ausgabe vorstellten, war er noch weitgehend unbekannt, ebenso Retzstadt, wo er zuhause ist. Damals waren seine Weine klar, saftig und süffig. Diese Stilistik findet man auch heute noch bei seinen Weinen: Sie sind reintönig, fruchtbetont und wunderschön süffig, haben dabei aber deutlich an Struktur und Komplexität gewonnen, profitieren von geringerer Restsüße, denn nun durchgegoren ausgebaut, zeigen sie, was in ihnen steckt, nicht nur die Spitzenweine gewinnen in den jüngsten Jahren mehr und mehr an Länge und Nachhaltigkeit, auch in der Basis hat Rudolf May stetig weiter zugelegt.

Kollektion

Aufgrund von Frühjahrsfrösten lag der Ertrag in 2019 bei durchschnittlich 22 Hektoliter je Hektar – das kann keinen Winzer freuen. Nur die Kunden, die können sich freuen, angesichts der tollen Qualität. Schon der Gutssilvaner ist sehr gut, frisch, reintönig und zupackend. Der Retzstadter Silvaner ist wunderschön reintönig, harmonisch und saftig. Der Langenberg-Silvaner besitzt Fülle und Saft, reintönige Frucht, gute Struktur und Harmonie; der Wein aus dem Rossthalberg ist etwas stoffiger und kraftvoller, besitzt gute Struktur und Substanz, beide wurden neun Monate auf der Vollhefe im Holzfass ausgebaut. Der teils im Stückfass, teils im Tonneau und Barrique ausgebaute Schäfer ist enorm kompakt, braucht Zeit und viel Luft; dies gilt auch für den erstmals aufgelegten Schäfer Reserve, der nach neun Monaten im Stückfass weitere neun Monate ins Tonneau kam. Das Große Gewächs aus dem Rothlauf wurde teils im Betonei, teils im Holz ausgebaut, es ist duftig, sehr offen im Bouquet, dann kompakt und stoffig im Mund, besitzt gute Struktur und Grip. Das im Holz ausgebaute Große Gewächs aus dem Himmelspfad ist ebenfalls sehr offen im Bouquet, zeigt noch deutlichere Vanillenoten, ist füllig und komplex, besitzt reife Frucht, gute Struktur und Frische, hat Potenzial. Neben diesem Silvaner-Festival hat Rudolf May Burgunder präsentiert: Der Weißburgunder aus dem Langenberg ist füllig, kraftvoll, strukturiert, der Grauburgunder aus dem Benediktusberg besticht mit viel reifer Frucht und Substanz, der Langenberg-Spätburgunder ist fruchtbetont und zupackend, der 2017er Spätburgunder Recis zeigt rauchige Noten, ist deutlich druckvoller, besitzt reintönige Frucht und Grip – und wird fein reifen, wie man am harmonischen 2014er sieht.

Weinbewertung

86	2019 Silvaner trocken	12 %/8,50 €
88	2019 Silvaner trocken Retzstadt	12 %/11,- €
89	2019 Silvaner trocken Retzstadt Langenberg	12,5 %/15,- €
89	2019 Silvaner trocken Stetten Rossthalberg	12,5 %/20,- €
90	2019 Silvaner trocken Retzstadt „Der Schäfer"	13 %/27,- €
88	2019 Weißburgunder trocken Retzstadt Langenberg	12,5 %/14,- €
88	2019 Grauburgunder trocken Retzbach Benediktusberg	13,5 %/14,- €
90	2018 Silvaner trocken Retzstadt „Der Schäfer" Reserve	13,5 %/35,- €
91	2019 Silvaner trocken „GG" „Rothlauf" Johannisberg Thüngersheim	13 %/45,- €
92	2019 Sylvaner trocken „GG" „Himmelspfad" Langenberg Retzstadt	13 %/45,- €
88	2018 Spätburgunder Retzstadt Langenberg	13 %/18,- €
90	2014 Spätburgunder „Recis" Retzbach Benediktusberg	13 %
90	2017 Spätburgunder „Recis" Retzbach Benediktusberg	13 %/35,- €

Rudolf & Benedikt May

Lagen
Langenberg (Retzstadt)
Himmelspfad (Retzstadt)
Der Schäfer (Retzstadt)
Benediktusberg (Retzbach)
Rothlauf (Thüngersheim)
Stein (Stetten)
Rossthalberg (Stetten)

Rebsorten
Silvaner (69 %)
Spätburgunder (13 %)
Weißburgunder (5 %)
Grauburgunder (5 %)
Riesling (4 %)
Rieslaner (2 %)

WÜRTTEMBERG ▶ WEINSTADT

Jochen Mayer

Kontakt
Friedrichstraße 9
71384 Weinstadt
Tel. 07151-609763
Fax: 07151-62846
www.weingut-jochen-mayer.de
jm@weingut-jochen-mayer.de

Besuchszeiten
Fr. 17-19 Uhr und nach Vereinbarung

Inhaber
Jochen Mayer

Betriebsleiter
Jochen Mayer

Kellermeister
Jochen Mayer

Außenbetrieb
Jochen Mayer

Rebfläche
4,5 Hektar

Produktion
35.000 Flaschen

Die Familie baut schon lange Wein im Remstal an, aber erst 1986 begann man mit der Selbstvermarktung, als Jochen Mayer anfing seine eigenen Weine zu erzeugen. Seine Weinberge befinden sich hauptsächlich in den beiden Großheppacher Lagen Wanne und Steingrüble sowie im Grunbacher Klingle, aber auch in Kleinheppach (Steingrüble) und Neustadt. Die Hälfte seiner Weinberge nehmen rote Rebsorten ein: Lemberger, Spätburgunder, Zweigelt, Syrah, Merlot, Acolon, Trollinger und Muskattrollinger. An weißen Sorten gibt es Riesling, Weißburgunder, Sauvignon Blanc, Chardonnay und Müller-Thurgau. Das Sortiment ist gegliedert in Gutsweine (2 Sterne), Selektionsweine (3 Sterne) und Premiumweine (Blue Label, im Barrique ausgebaut).

Kollektion

Nach zwei Jahren Abstinenz ist Jochen Mayer wieder an Bord, und wie schon in früheren Jahren sind es die Barriqueweine, die uns besonders gut gefallen. Der 2015er Zweigelt ist würzig, eindringlich und konzentriert, kraftvoll und zupackend, besitzt gute Struktur und Frucht. Der 2018er Shiraz steht ihm nicht nach, ist intensiv würzig, leicht pfeffrig, besitzt gute Struktur, Frische und Grip. Nur der 2015er Merlot ist uns etwas zu oxidativ, besser gefällt uns der 3-Sterne-Lemberger aus demselben Jahrgang, der reintönige Frucht und Grip besitzt. Die Weißweine präsentieren sich etwas gleichmäßiger als die Roten. Der Weißburgunder ist frisch und geradlinig, der Sauvignon Blanc würzig, ein wenig floral, zupackend. Die trockene Riesling Spätlese aus dem Steingrüble ist klar und kraftvoll bei feiner süßer Frucht, der 3-Sterne-Chardonnay füllig und kompakt, aber recht verschlossen. Am besten gefällt uns die fruchtsüße Kerner Spätlese aus dem Steingrüble, wie der Chardonnay aus dem Jahrgang 2018, die viel Frucht im Bouquet zeigt, Apfel und Pfirsich, wunderschön klar und zupackend im Mund ist, feine süße Frucht und Grip besitzt.

Weinbewertung

82	2019 Weißburgunder** trocken	13%/6,50€
83	2019 Sauvignon Blanc** trocken	12,5%/7,50€
83	2019 Riesling Spätlese trocken Großheppacher Steingrüble	12%/8,80€
82	2018 Chardonnay*** trocken	13,5%/13,50€
84	2018 Kerner Spätlese „fruchtsüß" Großheppacher Steingrüble	9,5%/7,-€
81	2018 Muskat-Trollinger Rosé trocken	12,5%/6,50€
81	2018 Trollinger** trocken Steillage	13%/7,50€
82	2017 Spätburgunder*** trocken	13%/9,90€
83	2015 Lemberger*** trocken	13,5%/9,90€
86	2015 Zweigelt trocken (blue Label)	13,5%/13,50€
86	2018 Shiraz trocken (blue Label)	13,5%/16,-€
81	2015 Merlot trocken (blue Label)	14%/16,-€

Mayschoss-Altenahr

★★

Kontakt
Winzergenossenschaft
Ahrrotweinstraße 42
53508 Mayschoß
Tel. 02643-93600
Fax: 02643-936093
www.wg-mayschoss.de
baltes@wg-mayschoss.de

Besuchszeiten
täglich 10-18 Uhr
täglich Führungen mit Filmvorführung; Terrasse von Mai bis Okt. (14-20 Uhr) bewirtet mit Wein und Flammkuchen

Inhaber
420 Mitglieder
Geschäftsführer
Matthias Baltes
Kellermeister
Rolf Münster
Verkaufsleiter
Rudolf Stodden
Rebfläche
150 Hektar
Produktion
1.300.000 Flaschen

Der Winzerverein Mayschoß wurde 1868 gegründet, ist damit die älteste Winzergenossenschaft der Welt. 1982 erfolgte die Fusion mit der Winzergenossenschaft Altenahr, im September 2009 mit der 1871 gegründeten Winzergenossenschaft Walporzheim. Über 400 Mitglieder hat die Winzergenossenschaft, die Weinberge in einer Vielzahl von Lagen bewirtschaften, unter anderem im Walporzheimer Kräuterberg, in den Mayschosser Lagen Laacherberg und Mönchberg sowie im Altenahrer Eck. Gut drei Fünftel der Weinberge der Mitglieder nimmt Spätburgunder ein, ein Fünftel Riesling, je 5 Prozent Portugieser und Frühburgunder, hinzu kommen 10 Prozent mit anderen weißen und roten Rebsorten wie Domina, Dornfelder, Müller-Thurgau, Kerner, Weißburgunder und Regent. Im vergangenen Jahr wurde ein neues Edelstahltanklager gebaut.

Kollektion

Starke Lagen-Spätburgunder führen auch in diesem Jahr wieder die Kollektion an, und wieder hat für uns der Wein aus dem Laacherberg knapp die Nase vorn, zeigt intensive Frucht, ist herrlich eindringlich und reintönig, besitzt Frische, Grip und Frucht, gute Struktur und Substanz. Der Alte Lay-Spätburgunder zeigt etwas Gewürznoten und Vanille, besitzt viel Konzentration, gute Struktur und klare reife Frucht, aber noch recht kräftige, jugendliche Tannine, während der Wein aus dem Kräuterberg viel Gewürze und Toast zeigt, viel reife Frucht besitzt, Fülle und Kraft, aber auch viel Alkohol. Sehr gut gefällt uns auch der Pinot Noir R, ist fruchtbetont, würzig und eindringlich im Bouquet, klar, frisch und zupackend im Mund, besitzt gute Struktur und Biss. Der „XII Trauben"-Spätburgunder ist würzig, klar und zupackend, der Spätburgunder Edition Ponsart besitzt reintönige Frucht und dezente Süße, der Goldkapsel-Frühburgunder ist recht würzig und duftig, der Gründerwein geradlinig und frisch: Eine stimmige Spätburgunder-Serie. Spätburgunder gibt es auch noch als zupackenden Blanc de Noir, der Weißburgunder zeigt ein interessantes Spiel aus Vanille- und Kräuternoten.

Weinbewertung

81	2019 Spätburgunder „Blanc de Noir" trocken	12,5%/7,95€
83	2019 Weißburgunder*** trocken	13%/11,90€
81	2018 Spätburgunder trocken „Gründerwein"	13,5%/8,40€
83	2018 Spätburgunder trocken „Edition Ponsart"	14%/15,70€
82	2018 Frühburgunder trocken „Goldkapsel"	13,5%/18,90€
84	2018 Spätburgunder trocken „XII Trauben"	13,5%/20,50€
86	2018 Pinot Noir „R" trocken	14%/20,90€
87	2018 Spätburgunder trocken Walporzheimer Alte Lay	14%/38,-€
87	2018 Spätburgunder trocken Walporzheimer Kräuterberg	15%/33,-€
88	2018 Spätburgunder trocken Mayschosser Laacherberg	14,5%/38,-€

WÜRTTEMBERG ▶ KERNEN-STETTEN

★★★ Medinger

Kontakt
Brühlstraße 6
71394 Kernen-Stetten
Tel. 07151-44513
Fax: 07151-41737
www.weingut-medinger.de
weingut.medinger@t-online.de

Besuchszeiten
Mo.-Fr. 18-19:30 Uhr
Sa. 15:30-18 Uhr

Inhaber
Barbara Medinger-Schmid &
Markus Schmid

Rebfläche
5,8 Hektar

Produktion
35.000 Flaschen

Weinbau betreibt die Familie seit dem 18. Jahrhundert, aber erst 1988, als Barbara Medinger ihre Ausbildung beendet hatte, begann man mit der Selbstvermarktung. Barbara Medinger-Schmid und Ehemann Markus Schmid führen das Weingut, sie kümmert sich um den Ausbau der Weine, er um den Außenbetrieb. Seit 2013 werden sie im Betrieb unterstützt von Sohn Christian. Die Weinberge befinden sich in den Stettener Lagen Pulvermächer, Häder und Mönchberg, sowie im Strümpfelbacher Altenberg. Riesling ist die wichtigste weiße Sorte, dazu gibt es Kerner, Sauvignon Blanc und Chardonnay. An roten Sorten gibt es Trollinger, Lemberger, Schwarzriesling, Spätburgunder und Dornfelder, aber auch Regent, Cabernet Cubin, Syrah und Acolon. Die Rotweine werden in 800 bis 1000 Liter-Fässern ausgebaut, teilweise auch im Barrique, Barriqueweine werden 18 bis 24 Monate im Fass ausgebaut.

Kollektion

Die Barrique-Rotweine sind Jahr für Jahr die herausragenden Weine in den Kollektionen von Barbara Medinger-Schmid und Markus Schmid, Lemberger und Cabernet Cubin, Jahrgang 2017, gefielen uns im vergangenen Jahr besonders gut. Dieses Jahr nun wurden keine Barriqueweine vorgestellt, so dass die Highlights fehlen in einer dennoch überzeugenden, sehr gleichmäßigen Kollektion. Der geradlinige, zupackende Literriesling ist eine sichere Bank – ein schöner Einstieg ins Sortiment. Der Pulvermächer-Riesling ist reintönig, herrlich zupackend, die halbtrockene Spätlese Terra besitzt Frische und Grip, dies gilt auch für Kerner und Muskateller. Der Chardonnay ist klar und zupackend, der Grauburgunder – der erste Grauburgunder, den wir vom Weingut verkosten – lebhaft und frisch, unser Favorit unter den Weißweinen ist der fruchtbetonte, griffige Sauvignon Blanc. Gleichmäßig sehr gutes Niveau zeigen die Rotweine der M-Klasse, sind fruchtbetont und sortentypisch, kraftvoll und zupackend.

Weinbewertung

82	2019 Riesling trocken „Nr. 9" (1l)	12,5%/5,20€
84	2019 Riesling „M" trocken Stettener Pulvermächer	13%/9,90€
86	2019 Sauvignon Blanc trocken	13%/8,90€
84	2019 Chardonnay „M" trocken	12,5%/9,90€
84	2019 Grauburgunder trocken	12%/7,50€
84	2019 Muskateller „feinherb"	11%/7,50€
84	2019 Riesling Spätlese „Terra"	12,5%/12,50€
84	2019 Kerner „feinherb"	12%/6,50€
85	2017 Spätburgunder „M" trocken	13%/9,90€
85	2018 Lemberger „M" trocken	13,5%/12,90€
85	2018 Cabernet Cubin „M" trocken	14,5%/12,90€
86	2018 Syrah „M" trocken	13,5%/12,90€

PFALZ — DEIDESHEIM

★★★

Mehling

Kontakt
Weinstraße 55
67146 Deidesheim
Tel. 06326-274
Fax: 06326-7473
www.weingut-mehling.de
info@weingut-mehling.de

Besuchszeiten
Mo.-Sa. 9-12 + 14-18 Uhr
So. Ruhetag

Inhaber
Familie Mehling-Otte
Betriebsleiter
Christoph Knäbel &
Kathrin Otte
Kellermeister
Marie Garthe
Rebfläche
10 Hektar
Produktion
55.000 Flaschen

Der Jahrgang 2014 brachte eine Zäsur im Weingut Mehling: Seitdem sind Kathrin Otte, nach Beendigung ihres Önologie-Studiums in Geisenheim, und ihr Freund Christoph Knäbel, der vorher für den Außenbetrieb beim Weingut Christmann verantwortlich war, für den Weinan- und -ausbau zuständig. Kathrins Eltern Bernd Otte und Anne Mehling-Otte sind weiterhin im Weingut tätig, haben sich aber in den Hintergrund zurückgezogen. Seit 2014 werden knapp zwei Hektar Weinberge mehr bewirtschaftet (unter anderem in Lagen wie Königsbacher Ölberg, Forster Ungeheuer und Forster Musenhang), seit demselben Jahrgang ist das Weingut auch bio-zertifiziert. Riesling ist mit einem Anteil von 85 Prozent die wichtigste Rebsorte. Die Orts- und Lagenweine werden in mehreren Durchgängen selektiv von Hand gelesen und nach einer Maischestandzeit spontan vergoren, die Ersten Lagen liegen mindestens neun Monate, die Großen Lagen 20 Monate auf der Vollhefe.

Kollektion

Kathrin Otte und Christoph Knäbel haben in den vergangenen Jahren nach und nach das Vollhefelager bei ihren Lagenrieslingen ausgebaut, was die Weine zu charakterstarken Typen werden lässt: Der Ungeheuer-Riesling ist im Bouquet von Noten von Kräutern, Tabak, Heu und Stein geprägt, ist druckvoll und nachhaltig, gleichzeitig aber auch subtil, der Kalkofen zeigt etwas mehr Frucht, gelben Apfel, Aprikose, und dunkle kräutrige Würze, besitzt eine cremige Textur und gute Länge, der Ölberg zeigt rauchige und kräutrige Noten, etwas Tabakwürze, ist salzig, druckvoll und nachhaltig. Unter den Erste-Lage-Weinen stechen der Kieselberg mit seinem vielschichtigen Bouquet mit Noten von Kräutern, Grapefruit, gelbem Apfel und Ananas, der am Gaumen etwas Fülle und Grip besitzt, und der Musenhang mit herber Zitruswürze, mineralischen Noten und einem animierenden Säurespiel heraus. Dies ist ein starke und sehr eigenständige Riesling-Kollektion: Im Aufwind!

Weinbewertung

86	2018 Riesling Sekt brut	12%/14,50€
84	2019 Riesling trocken „Herr Mehling"	12%/7,50€
85	2019 Riesling trocken Deidesheimer	12%/9,50€
86	2019 Riesling trocken Ruppertsberger	11,5%/9,50€
88	2018 Riesling trocken Forster Musenhang	13%/14,-€
88	2019 Riesling trocken Deidesheimer Kieselberg	12,5%/14,-€
87	2019 Riesling trocken Deidesheimer Leinhöhle	12,5%/14,-€
87	2019 Riesling trocken Deidesheimer Paradiesgarten	12,5%/15,-€
89	2018 Riesling trocken Deidesheimer Kalkofen	13%/21,-€
90	2018 Riesling trocken Forster Ungeheuer	13%/21,-€
89	2018 Riesling trocken Königsbacher Ölberg	13%/23,-€

PFALZ ▶ WEYHER

★★★

Meier

Kontakt
Hübühl 9
76835 Weyher
Tel. 06323-988599
Fax: 06323-988598
www.v-z-s.de
wein@v-z-s.de

Besuchszeiten
Mo.-Fr. 14-18 Uhr
Sa. 10-16 Uhr
Meier-Weinbar in Weyher
(Frühjahrsfeiertage, Ernte)
Ferienwohnungen

Inhaber
Helmut, Barbara & Georg Meier
Betriebsleiter
Helmut & Georg Meier
Kellermeister
Georg Meier
Außenbetrieb
Helmut Meier
Rebfläche
20 Hektar
Produktion
100.000 Flaschen

Barbara Meiers Urgroßvater Valentin Ziegler gründete das Weingut 1885, Helmut Meier übernahm mit seiner Frau 1999 den Betrieb. Seit 2005 ist Sohn Georg, der unter anderem bei Siegrist und Christmann in die Lehre ging, für den Ausbau der Weine verantwortlich. Nachdem es in den Jahren zuvor bereits eine „Georg Meier"-Weinlinie gab, entschloss sich die Familie mit dem Jahrgang 2015 zur Namensänderung: Das ehemalige Weingut Valentin Ziegler Sohn heißt seitdem Weingut Meier. Die Weinberge liegen im Weyherer Michelsberg (Buntsandstein), im Burrweiler Altenforst (Granit und Rotliegendes), im Hainfelder Letten (Ton- und Kalkmergel), im Roschbacher Rosenkränzel und im Rhodter Rosengarten. Seit dem Jahrgang 2016 ist das Sortiment in Basis-, Guts-, Orts- und Lagenweine gegliedert, derzeit läuft die Umstellungsphase auf biologischen Anbau.

Kollektion

Die Primärfrucht spielt bei den zehn verkosteten trockenen Rieslingen von Georg Meier keine große Rolle, als roter Faden zieht sich eine deutliche kräutrige Würze durch alle Weine: Gleich vier Rieslinge stehen gleichauf an der Spitze, die beiden spontan im kleinen Holz vergorenen Altenforst-Weine besitzen gute Konzentration, Druck und Länge, sind animierend, der 2019er ist dabei deutlich schlanker, eleganter und etwas salziger als der leicht cremige und kraftvollere 2018er. Den im Granitfass ausgebauten „2G" hatten wir vergangenes Jahr schon verkostet, er zeigt steinige und kräutrige Würze, besitzt Grip und Druck, der Schiefer-Riesling lag als maischevergorener Orangewein sechs Monate auf der Vollhefe und wurde trüb gefüllt, im eindringlichen Bouquet zeigt er feine kräutrige Noten, gelben Apfel und Grapefruit, ist schlank, geradlinig, besitzt viel Grip und deutliche Tannine. Die beiden Rieslinge aus dem Michelsberg sind etwas deutlicher in der Frucht, der 2018er zeigt leichte Reifenoten und Zitruswürze, der 2019er besitzt neben steinigen Noten auch gelbe Frucht, Aprikose, und Biss.

Weinbewertung

87	2017 Riesling trocken „Granit" Weyher	13%/13,-€
85	2019 Riesling trocken „Granit" Weyher	13%/9,90€
86	2019 Riesling trocken „Rotliegendes" Burrweiler	13%/9,90€
89	2018 Riesling trocken „Schiefer"	12%/22,-€
86	2019 Riesling trocken „Schiefer" Burrweiler	13%/9,90€
88	2018 Riesling trocken Weyher Michelsberg	13,5%/17,-€
88	2019 Riesling trocken Weyher Michelsberg	13%/17,-€
89	2018 Riesling trocken Burrweiler Altenforst	13%/22,-€
89	2019 Riesling trocken Burrweiler Altenforst	12%/22,-€
89	2018 Riesling trocken „2G"	13%/18,90€
86	2017 Spätburgunder trocken „Granit" Weyher	13,5%/13,-€
88	2015 Cabernet Sauvignon trocken „Réserve" Hainfeld	14%/22,-€

FRANKEN ▸ ULSENHEIM

Meier Schmidt

★★☆

Kontakt
Nr. 114, 91478 Ulsenheim
Tel. 09842-2479
weingut@meier-schmidt.de
www.meier-schmidt.de

Besuchszeiten
Vinothek Ulsenheim
Mo.-Fr. 13-19 Uhr
Sa. 10-18 Uhr
So. 13-19 Uhr
Weinverkauf Bullenheim
Mo.-Fr. 10-17 Uhr,
Sa./So. 11-19 Uhr
kulinarische Weinproben,
Alpaka & Wein-Touren,
Picknick in den Weinbergen,
Weinbergswanderungen,
Seminare & Firmen-Events

Inhaber/Betriebsleiter
Markus Meier &
Lukas Schmidt
Kellermeister
Oliver Six & Markus Meier
Rebfläche
35 Hektar
Produktion
220.000 Flaschen

Zum 1. März 2019 haben die Weingüter Markus Meier in Ulsenheim und Schmidt in Bullenheim fusioniert, nennen sich nun Weingut Meier Schmidt. Die Weinberge werden biologisch bewirtschaftet, 2020 wurde die Zertifizierung begonnen (Bioland). Die Weinberge liegen in den mittelfränkischen Lagen Bullenheimer Paradies und Frankenberger Schlossstück, aber auch im Sommerhäuser Steinbach, im Escherndorf Lump, im Marktbreiter Sonnenberg und in den Randersackerer Lagen Sonnenstuhl und Pfülben. Silvaner und Riesling sind die wichtigsten Rebsorten, gefolgt von Burgundern, Scheurebe, Bacchus und Müller-Thurgau, rote Rebsorten nehmen ein Zehntel der Fläche ein. Das Sortiment ist gegliedert in Rebsortenweine, Lagenweine und Große Gewächse. 2019 wurde ein neues Kellergebäude errichtet.

Kollektion

Die neue Kollektion präsentiert sich wieder ein wenig heterogen, wartet aber mit Spitzen auf, weiß wie rot, trocken wie edelsüß. Der einzige vorgestellte Rotwein, der Cabernet aus dem Frankenberger Schlossstück, ist sehr gut, zeigt intensive Frucht und Gewürznoten, ist füllig und kraftvoll, besitzt viel reife Frucht und Substanz. Sehr gut ist auch der als Großes Gewächs bezeichnete 2018er Steinbach-Riesling: Konzentriert, füllig, kraftvoll, besitzt viel Substanz und reife Frucht. Der 2018er Lump-Silvaner besitzt Fülle und Saft, dezente Reife, der Weißburgunder aus dem Reifenstein ist vom Holzausbau dominiert. Wesentlich stimmiger ist der im Tonneau ausgebaute 2017er Chardonnay aus dem Steinbach, zeigt viel Konzentration, Vanille und Gewürze, ist füllig und kraftvoll bei viel Substanz. Die 2019er Weißweine zeigen sehr gleichmäßiges Niveau, mit Ausnahme des Highlights der Kollektion, der Rieslaner Beerenauslese, die viel Duft im Bouquet zeigt, kandierte Früchte, klar und konzentriert ist, viel Substanz und reife süße Frucht besitzt.

Weinbewertung

82	2019 Scheurebe trocken Bullenheimer Paradies	12,5%/12,50€
82	2019 Sauvignon Blanc „aus dem" Paradies	13%/12,50€
82	2019 Silvaner trocken Marktbreiter Sonnenberg	13%/9,50€
82	2019 Weißburgunder trocken Sommerhäuser Reifenstein	13%/12,50€
82	2019 Riesling trocken Sommerhäuser Steinbach	13%/12,50€
86	2018 Riesling trocken „Großes Gewächs" Sommerhäuser Steinbach	13,5%/25,-€
84	2018 Silvaner trocken „Großes Gewächs" Escherndorfer Lump	13,5%/25,-€
81	2018 Weißburgunder trocken „Großes Gewächs" Reifenstein	14%/35,-€
85	2017 Chardonnay trocken „Großes Gewächs" Sommerhäuser Steinbach	14%/49,-€
81	2019 Traminer Spätlese Sommerhäuser Reifenstein	12,5%/12,50€
88	2019 Rieslaner Beerenauslese Sommerhäuser Steinbach	6,5%/39,-€
86	2018 Cabernet trocken „Großes Gewächs" Frankenberger Schlossstück	14%/35,-€

Meiser

★★ ☆

Kontakt
Alzeyer Straße 131
55239 Gau-Odernheim
Tel. 06733-508
Fax: 06733-8326
www.weingut-meiser.de
frank.meiser@weingut-meiser.de

Besuchszeiten
nach Vereinbarung
Gutsschänke (Fr., Sa., Mo. ab 18 Uhr, Sonn- und Feiertage ab 11 Uhr), Gästehaus

Inhaber
Frank Meiser
Kellermeister
Charlotte Meiser
Rebfläche
35 Hektar
Produktion
150.000 Flaschen

Seit 1696 ist die Familie in Gau-Köngernheim ansässig, heute ein Ortsteil von Gau-Odernheim, betreibt dort Landwirtschaft und Weinbau. In den 30er Jahren des letzten Jahrhunderts hat man verstärkt in den Weinbau investiert, heute führt Frank Meiser das Gut. Tochter Charlotte hat 2015 ihr Geisenheim-Studium beendet, praktische Erfahrungen im Burgenland (Günter Triebaumer), in Bordeaux (Weingüter von Neipperg), in der Pfalz (von Winning) und in Neuseeland (Framingham) gesammelt, ist 2018 in den Betrieb eingestiegen und für Vinifikation und Vermarktung verantwortlich. Die Weinberge erstrecken sich von Bechtheim (Hasensprung) und Westhofen über Gau-Köngernheim und Gau-Odernheim (Herrgottspfad) bis nach Lonsheim (Mandelberg), Alzey (Römerberg, Rotenfels) und Weinheim (Kirchenstück, Hölle), die Reben wachsen auf unterschiedlichen Böden wie Löss, Kalkschotter, Kalkmergel, Rotliegendem, Austernsand oder vulkanischem Gestein. Die Burgundersorten nehmen die Hälfte der Rebfläche ein, Riesling 20 Prozent, man will sich verstärkt auf die traditionellen Rebsorten konzentrieren und den Ausbau im Stückfass forcieren, Sauvignon Blanc ist neu im Programm. Dem Weingut sind eine Gutsschänke sowie ein Gästehaus angeschlossen. Das Gros der Weine wird über den Fachhandel vertrieben.

Kollektion

Die starke Kollektion im vergangenen Jahr überzeugte weiß wie rot, trocken wie süß. Dieses Jahr wurden ausschließlich trockene Weine vorgestellt, und wir haben diesmal einen eindeutigen Favoriten: Der spontanvergorene, im Stückfass ausgebaute Riesling aus dem Alzeyer Rotenfels, Jahrgang 2018, zeigt gute Konzentration und klare reife Frucht, ist füllig und kraftvoll bei reintöniger Frucht, guter Struktur und Substanz. Der im Barrique ausgebaute Weißburgunder aus dem Herrgottspfad besitzt ebenfalls viel Fülle und Kraft, aber auch dezente Bitternoten, die wohl vom recht hohen Alkohol herrühren. Deutlich süffiger sind da die fruchtbetonten Gutsweine, die alle viel Trinkfreude bieten, allen voran der frische, zupackende Silvaner. Die beiden Rotweine sind fruchtbetont und klar, unsere leichte Präferenz gilt dem reintönigen, frischen Frühburgunder.

Weinbewertung

83	2019 Grüner Silvaner trocken	12,5 % / 6,20 €
81	2019 Weißer Burgunder trocken	12 % / 6,20 €
81	2019 Grauer Burgunder trocken Westhofener	13 % / 8,20 €
82	2019 Chardonnay trocken Gau-Köngernheimer	12,5 % / 8,20 €
82	2019 Gelber Muskateller trocken	11,5 % / 7,80 €
84	2018 Weißer Burgunder trocken Gau-Odernheimer Herrgottspfad	14 % / 13,50 €
87	2018 Riesling trocken Alzeyer Rotenfels	13 % / 13,50 €
83	2018 Frühburgunder trocken Weinheimer Kirchenstück	13 % / 8,90 €
82	2018 Spätburgunder trocken Weinheimer Hölle	14 % / 8,90 €

Melsheimer

★★★★

Kontakt
Dorfstraße 21, 56861 Reil
Tel. 06542-2422, Fax: -1265
www.melsheimer-riesling.de
mail@melsheimer-riesling.de

Besuchszeiten
Mo.-Fr. 9-11 + 14-18 Uhr
Sa. 11-18 Uhr
So. 10-12 Uhr
Gästehaus (Frühstückspension, Ferienwohnungen)

Inhaber
Thorsten Melsheimer
Rebfläche
12 Hektar
Produktion
55.000 Flaschen

Das Weingut ist seit 200 Jahren in Familienbesitz. 1995, nach seinem Weinbaustudium, ist Thorsten Melsheimer in den Betrieb eingestiegen, begann mit der Umstellung auf biologischen Weinbau. Seit 1997 ist er Mitglied bei Ecovin, inzwischen bewirtschaftet er seine Weinberge nach biodynamischen Prinzipien, seit 2013 ist er auch Demeter-zertifiziert. Die Weinberge liegen zur Hälfte in Steillagen, vor allem in der Lage Mullay-Hofberg, die erstmals 1143 urkundlich als Hofgut Molun des Klosters Springiersbach belegt ist, und ihm heute zu 90 Prozent gehört. Einzelne Parzellen im Mullay-Hofberg baut Thorsten Melsheimer in manchen Jahren gesondert aus, so Schäf, Kellerchen, Langeberg und Pfefferberg; trockene Premiumweine gibt es nur in Jahren, in denen botrytisfreies Lesegut eingebracht werden kann. Einige Flächen werden extensiv bewirtschaftet, um die Landschaft zu erhalten, wie Thorsten Melsheimer betont. Inzwischen verfügt das Weingut sogar über eine kleine Ziegenherde. Zwei Hektar Reben besitzt das Gut in der Reiler Goldlay, hinzu kommen kleine Flächen im Burger Thomasberg (0,5 Hektar), Burger Hahnenschrittchen (0,5 Hektar), in der Pünderischer Marienburg (0,2 Hektar), der Kröver Burglay (0,2 Hektar) und der Reiler Falkenlay (0,04 Hektar). Thorsten Melsheimer baut ausschließlich Riesling an, sieht man von Versuchsanlagen mit pilzresistenten Rebsorten ab. Die Weine werden natürlich vergoren, ohne Reinzuchthefen, ohne Erwärmung und Kühlung, ohne Zusatz von Schwefel, normalerweise werden alle Weine in traditionellen Fuderfässern ausgebaut, nur falls er einmal kleine Mengen an Auslesen erzeugt, kommen diese in kleine Edelstahltanks. Der „Vade Retro" wird in gebrauchten Barriques ausgebaut, ohne Zusatz von Schwefel und ohne Pumpvorgang, ebenso der erstmals 2014 erzeugte maischevergorene Orange-Riesling. Die Vergärung dauert extrem lange, oft über ein Jahr, so dass Thorsten Melsheimer seine Weine oft erst im zweiten Jahr nach der Ernte auf den Markt bringt, im Normalfall durchlaufen alle trockenen Weine den biologischen Säureabbau. Filtration und Schwefel reduziert er auf ein Minimum. Ein wichtiges Standbein ist die Sektproduktion: Hier möchte Thorsten Melsheimer die bisher zwei bis drei Jahre Hefelager in den nächsten Jahren deutlich verlängern auf bis zu fünf Jahre.

Kollektion

Kaum einem anderen Weingut an der Mosel gelingt es so gut, sich einerseits mit einem komplett eigenen Stil in Szene zu setzen und andererseits kommerziell erfolgreich zu sein. Thorsten Melsheimer macht auch diesmal sein eigenes Ding. Etwa bei den beiden Pet-Nats, die kraftvoll wirken und fruchtig, auch etwas ungestüm, aber eine Menge Substanz aufweisen – der „Insanus" aus Riesling und Pinot Noir wirkt noch etwas spannender als der „Rurale". Die beiden Schaumweine wirken da fast ein wenig verhalten, sind aber ebenfalls schön klar, frisch, duftig und sehr puristisch. Der Jahrgang 2016, aus dem sie stammen, macht sich mit seiner Stringenz deutlich bemerkbar. Dass es irgendwann aus 2019 ebenfalls spannende Schaumweine geben wird, ist anzunehmen – zunächst werden allerdings stille Weine dieses Jahrgangs vorgestellt, dazu aber auch 2018er. Der trockene 2019er Basisriesling duftet nach Hefe und Zitrus, ist stoffig, fest, durchaus substanzreich. Der „Molun" aus dem Jahrgang 2018 ist offen, aber zurückhaltend mit Noten von Hefe und Steinobst, im Mund straff, enorm würzig, verspielt, fest im Nachhall, mit einer ganz eigenen Stilistik. Der Orange-Wein aus 2018 ist klar in der Nase, zeigt Anklänge an Trockenkräuter und Tee mit einem Hauch von Kaffee, ist im Mund enorm frisch, fest, rassig, mit Würze, sehr präzise und fest mit dezenten Gerbstoffen. Sehr eigenständig ist auch der 2018er „Plaine Morte" genannte Riesling, der nach vier Monaten auf der Maische im Barrique ausgebaut wurde. In der Nase ist dies klar ein Naturwein ohne zugesetzten Schwefel, im Mund ist er fest mit typischer Riesling-Säure, straff und würzig, die Gerbstoffe sind schmeckbar, aber nicht dominant. Ein spannendes Projekt! Bei der Spätlese ist wieder mal der typische Stil der Schäf-Spätlesen Melsheimers festzustellen: Der Wein besitzt eine kühle Frucht mit Anklängen von Kräutern, Zitrus und getrocknetem Apfel sowie frischem Boskop. Die Auslese zeigt noch etwas Schwefel in der Nase, dahinter finden sich kühle Apfel-Kräuter-Noten, sie ist im Mund saftig, schlank, rassig. Noch süßere Weine wurden aus dem Jahrgang 2019 bislang nicht vorgestellt.

Thorsten Melsheimer

Weinbewertung

87	2018 Riesling Pet-Nat „Rurale" I 11,5%/15,-€	
88	2019 Riesling & Pinot Noir Pet-Nat „Insanus" I 12%/15,-€	
88	2016 Riesling Sekt brut Reiler Mullay-Hofberg I 11,5%/16,-€	
89	2016 Riesling Sekt „Dosage Zéro" Reiler Mullay-Hofberg I 11,5%/16,-€	
87	2019 Riesling trocken I 11,5%/10,-€	
90	2018 Riesling trocken „Molun" Reiler Mullay-Hofberg I 13%/16,-€	
90	2018 Riesling „Orange" I 12,5%/22,-€	
92	2018 Riesling trocken „Plaine Morte" I 12,5%/50,-€	
87	2018 Riesling „feinherb" I 11,5%/10,-€	
89	2019 Riesling Kabinett Reiler Mullay-Hofberg I 9,5%/12,50€	
92	2019 Riesling Spätlese „Schäf" Reiler Mullay-Hofberg I 8%/18,-€	
91	2019 Riesling Auslese Reiler Mullay-Hofberg I 8%/30,-€	

Lagen
Mullay-Hofberg (Reil)
– Langeberg
– Kellerchen
– Pfefferberg
– Schäf
Goldlay (Reil)

Rebsorten
Riesling (fast 100%)

RHEINHESSEN ▬ INGELHEIM

★ ☆

Merl

Kontakt
Schwabenheimer Straße 32
55218 Ingelheim
Tel. 06130-1300
Fax: 06130-941450
www.weingut-merl.de
info@weingut-merl.de

Besuchszeiten
Mo.-Sa. 9-19 Uhr

Inhaber
Hans-Peter & Dominik Merl
Kellermeister
Dominik Merl
Rebfläche
23 Hektar

Der Christopherushof in Groß-Winternheim, seit 1972 ein Stadtteil von Ingelheim, wird heute von Hans-Peter Merl und Sohn Dominik sowie ihren Ehefrauen Erna und Bettina geführt. Früher ein landwirtschaftlicher Mischbetrieb mit Ackerbau, Viehzucht, Obst- und Weinbau, hat man sich seit den neunziger Jahren ganz auf Weinbau spezialisiert, sich aber erst in den letzten Jahren verstärkt auf den Flaschenweinverkauf konzentriert. Die Weinberge befinden sich in den Groß-Winternheimer Lagen Schlossberg, Klosterbruder, Heilig Häuschen und Bockstein. Neben traditionellen Rebsorten wie Spätburgunder, Portugieser, Riesling und Silvaner werden auch Sorten wie St. Laurent, Dornfelder, Domina, aber auch die weißen Burgundersorten, Gewürztraminer, Chardonnay und Sauvignon Blanc angebaut.

Kollektion

Die neue Kollektion von Hans-Peter und Dominik Merl gefällt uns gut, in der Basis wie auch in der Spitze. Die weißen Gutsweine des Jahrgangs 2019 sind fruchtbetont und sortentypisch, unkompliziert und süffig. Am besten gefallen uns der saftig-süffige Silvaner und der Sauvignon Blanc, der leicht florale Noten im Bouquet zeigt, lebhaft, frisch und zupackend im Mund ist. Der herausragende Weißwein ist der Riesling Unikum, der klare reife Frucht und etwas Zitrus zeigt, füllig und saftig im Mund ist, viel reife Frucht besitzt, gute Struktur und Frische. Insgesamt etwas stärker noch sind die Rotweine, die alle aus dem Jahrgang 2018 stammen. Der Spätburgunder ist frisch und fruchtbetont, klar und zupackend, der St. Laurent besticht mit Reintönigkeit und Frucht, Frische und Grip. Sehr gut ist der wunderschön reintönige und herrlich eindringliche Pinot Madeleine, der füllig und saftig im Mund ist, reintönige Frucht und gute Struktur besitzt. Sehr gut ist auch die im Barrique ausgebaute trockene Spätburgunder Auslese, zeigt Gewürze, viel Konzentration, besitzt Struktur und Kraft. Im Aufwind! ◂

Weinbewertung

82	2019 Silvaner trocken	12,5%/5,-€
83	2019 Sauvignon Blanc trocken	13%/6,30€
81	2019 Weißer Burgunder trocken	12%/5,10€
81	2019 Riesling trocken	12,5%/5,10€
81	2019 Pinot Noir „blanc de noirs" trocken	12,5%/5,10€
81	2019 Chardonnay trocken	13%/5,40€
85	2019 Riesling trocken „Unikum"	12,5%/5,90€ ☺
81	2019 Gewürztraminer „feinherb"	10,5%/5,80€
83	2018 Spätburgunder trocken	14,5%/5,10€
84	2018 St. Laurent trocken	13%/5,10€
86	2018 Pinot Madeleine trocken	13,5%/7,40€
86	2018 Spätburgunder Auslese trocken Barrique	14,5%/14,20€

MOSEL ▶ WALDRACH

★★

Wolfgang Mertes

Kontakt
Hermeskeiler Straße 36
54326 Waldrach
Tel. 06500-480
Fax: 06500-9109876
www.mertes-waldrach.de
mail@mertes-waldrach.de

Besuchszeiten
Sa. 9-16 Uhr und nach Vereinbarung
Ferienwohnung, Gästezimmer

Inhaber
Wolfgang Mertes

Rebfläche
2,6 Hektar

Produktion
15.000 Flaschen

Heinrich und Alberta Mertes gründeten das Weingut, heute wird es von Wolfgang Mertes geführt, der hauptberuflich als Betriebsleiter und Kellermeister beim Weingut Reichsgraf von Kesselstatt auf Schloss Marienlay in Morscheid arbeitet. Seine Weinberge liegen alle in Steillagen, hauptsächlich in den Waldracher Lagen Sonnenberg und Meisenberg. Neben 60 Prozent Riesling baut Wolfgang Mertes auf seinen 2,6 Hektar noch 30 Prozent Spätburgunder und 10 Prozent Grauburgunder an.

Kollektion

Die Weine des kleinen Gutes sind in einer Blindprobe fast in jedem Jahr schnell herauszufinden, denn sie besitzen einen ganz eigenen, würzigen, bisweilen fast erdigen Stil. Sie unterscheiden sich übrigens auch deutlich von den Weinen des Weingutes Reichsgraf von Kesselstatt, selbst von jenen, die in den von diesem bewirtschafteten Ruwerweinbergen wachsen. Der Charakter des Hauses zeigt sich erfreulicherweise schon im Basiswein – so war es in den Vorjahren, und so ist es auch im Jahrgang 2019. Der Literriesling aus Waldrach, kompakt, stoffig, aber durchaus mit Spiel, ist in seiner Preis- und Qualitätsklasse ziemlich unschlagbar an der Ruwer. Der trockene Kabinett aus dem Sonnenberg wirkt dann noch etwas straffer, aber die eigentliche Überraschung ist der lediglich unter dem Begriff Ruwer vermarktete Wein: trocken, in der Nase eher verhalten mit Würze und leicht erdigem Charakter, straff und präzise. Bei der feinherb ausgebauten Spätlese aus dem Sonnenberg ist die Süße zwar deutlich zu spüren, sie ist aber gut ins Gesamtpaket integriert. Die Auslese aus dem Meisenberg ist duftig und klar, zeigt Aromen von Steinobst und Cassis, ist saftig, zupackend und nachhaltig. Wie gut Wolfgang Mertes sich auch auf Rotweine versteht, beweist der Pinot Noir aus dem Jahrgang 2018, der im Barrique ausgebaut wurde und Aromen von Kirsche, Kräutern und etwas Holunder mitbringt, frisch und würzig wirkt und ganz leicht erdig, aber kein bisschen vom Holz dominiert wird.

Weinbewertung

84	2019 Riesling trocken Waldracher (1l)	11%/6,50€ ☺
87	2019 Riesling trocken Ruwer	11%/7,50€ ☺
86	2019 Riesling Kabinett trocken Waldracher Sonnenberg	11%/7,-€ ☺
87	2019 Riesling Spätlese „feinherb" Waldracher Sonnenberg	10,5%/9,-€
88	2019 Riesling Auslese Waldracher Meisenberg	8,5%/10,-€ ☺
87	2018 Pinot Noir trocken Barrique „Lara"	13%/9,50€

Mertz

★★

Kontakt
Hauptstraße 16
55599 Eckelsheim
Tel. 06703-1271
Fax: 06703-3806
www.weingut-mertz.de
info@weingut-mertz.de

Besuchszeiten
nach Vereinbarung

Inhaber
Sina Mertz

Rebfläche
11 Hektar

Produktion
45.000 Flaschen

Sina Mertz hat mit 25 Jahren das elterliche Weingut übernommen und komplett neu ausgerichtet – neue Sortimentsstruktur, neue Weine, neue Etiketten. Ihr Weingut liegt in Eckelsheim, im Westen von Rheinhessen, nicht weit vom Anbaugebiet Nahe. Hier herrschen Porphyrböden vor, insbesondere in den Eckelsheimer Weinbergen. Ihre Weinberge liegen in Eckelsheim (Eselstreiber, Kirchberg), Wöllstein (Ölberg, Äffchen) und Gumbsheim. Riesling nimmt ein Viertel der Rebfläche ein, es folgen Silvaner und Grauburgunder, Scheurebe, Weißburgunder, Spätburgunder und Dornfelder und eine Reihe weiterer Rebsorten. Das Sortiment ist gegliedert in Liter- und Gutsweine, Ortsweine und Lagenweine, Orts- und Lagenweine werden spontan vergoren und bis zur Füllung auf der Vollhefe belassen.

Kollektion

Auch die neue Kollektion von Sina Mertz gefällt uns sehr gut, zeigt eine klare Linie, alle Weine sind wunderschön reintönig. Das fängt schon beim frischen, fruchtbetonten Weißburgunder Gutswein an. Der Weißburgunder vom Kalkmergel zeigt weiße und gelbe Früchte, ist kraftvoll, stoffig, jugendlich. Der Grauburgunder vom Kalkmergel steht ihm nicht nach, zeigt etwas rauchige Noten, reife Frucht, besitzt gute Struktur, Fülle und Frische. Sehr gut ist auch die Scheurebe vom Kliff, wunderschön reintönig und eindringlich, besitzt gute Struktur und schöne Frische. Auch als süße Spätlese kann Scheurebe überzeugen, zeigt etwas Rhabarber im Bouquet, ist frisch und klar im Mund bei feiner süßer Frucht, der rosenduftige feinherbe Gewürztraminer besitzt gute Struktur und Grip. Highlight der Kollektion ist der Kirchberg-Riesling aus dem Jahrgang 2017, der gute Konzentration und feine Reife im Bouquet zeigt, füllig und kraftvoll im Mund ist, gute Substanz besitzt und fein gereift ist. Der Rosé im Liter ist fruchtbetont und harmonisch, der Spätburgunder Gutswein klar und zupackend, der sehr gute Spätburgunder Ortswein besitzt reintönige Frucht, gute Struktur und Grip. Weiter im Aufwind!

Weinbewertung

83	2019 Weißburgunder trocken	12,5%/5,90€
85	2019 Weißburgunder trocken „vom Kalkmergel" Gumbsheim	13%/10,-€
85	2019 Grauburgunder trocken „vom Kalkmergel" Eckelsheim	13%/10,-€
85	2019 Scheurebe trocken „vom Kliff"	13%/7,30€
88	2017 Riesling trocken Eckelsheim Kirchberg	12,5%/13,20€
83	2019 Gewürztraminer „feinherb"	12,5%/7,-€
84	2019 Scheurebe Spätlese	9%/7,50€
82	2019 Rosé (1l)	12,5%/4,90€
83	2018 Spätburgunder trocken	13%/5,80€
85	2017 Spätburgunder trocken Eckelsheim	12%/10,-€

★★★

Meßmer

Kontakt
Gaisbergstraße 5
76835 Burrweiler
Tel. 06345-2770
Fax: 06345-7917
www.weingut-messmer.de
m.messmer@weingut-messmer.de

Besuchszeiten
Mo.-Mi. 8-11:30 + 13:30-17 Uhr,
Do./Fr. 8-11 Uhr, Sa. 9-13 Uhr
Restaurant Ritterhof zur Rose
und Vinothek das Weinhaus
(Weinstraße 6, Burrweiler)
Ferienwohnung Burrweilerhof

Inhaber
Familie Meßmer

Betriebsleiter
Jonas Bosch

Kellermeister
Bernd Henninger

Rebfläche
28 Hektar

Produktion
180.000 Flaschen

Herbert und Elisabeth Meßmer gründeten 1960 ihr Weingut. Beide stammen aus Winzerfamilien und machten sich mit dem Kauf eines bestehenden Weingutes selbstständig. Sohn Martin ist als zweite Generation heute für die Unternehmensführung, Vertrieb und Marketing verantwortlich, sein Bruder Gregor der seit 1984 im Weingut tätig war, hat den Betrieb 2019 verlassen, Nachfolger als Betriebsleiter ist Jonas Bosch, der zuvor im Weingut Mugler im Gimmeldingen tätig war. Die Weinberge liegen in Burrweiler in den Lagen Schäwer, Altenforst und Schlossgarten, im Weyherer Michelsberg, in der Gleisweiler Hölle und in der Hainfelder Kapelle. Riesling nimmt 45 Prozent der Rebfläche ein. Es folgen Spät-, Grau- und Weißburgunder mit zusammen ebenfalls 45 Prozent, dazu gibt es St. Laurent, Gewürztraminer, Rieslaner, Muskateller, Chardonnay, Cabernet Sauvignon und Merlot. Die Großen Gewächse stammen aus Schäwer (Riesling) sowie Auf der Hohl (Spätburgunder) und Im Goldenen Jost (Weißburgunder), zwei Teillagen des Schlossgartens.

Kollektion

Bis auf den fruchtbetonten „Granit" sind die trockenen Rieslinge in diesem Jahr noch sehr verhalten im Bouquet und brauchen noch Zeit, das Große Gewächs aus dem Schäwer zeigt etwas rauchige Feuersteinnoten, ist kraftvoll und animierend mit leicht herben Zitrusnoten, der „einzig & artig"-Riesling vom Devonschiefer besitzt ebenfalls Kraft, etwas steinig-kräutrige Würze und klare Zitrusnoten, ist deutlich präsenter als der „einzig & artig" vom Michelsberg, der Biss und Länge besitzt. Das Große Gewächs vom Weißburgunder zeigt gelbe Frucht im Bouquet, Birne, und etwas erdige Noten, besitzt gute Konzentration und eine frische Säure, genauso gut schätzen wir auch den Grauburgunder aus der Hölle, der klare Frucht, Schmelz, dezente Holzwürze und gute Länge besitzt und den Chardonnay aus dem Schlossgarten ein, der feine gelbe Frucht mit Noten von Melone und Zitrusfrüchten zeigt und ein animierendes Säurespiel besitzt.

Weinbewertung

85	2019 Riesling trocken „Granit" Hainfelder	12,5%/9,50 €
85	2019 Riesling trocken „Schiefer" Burrweiler	12,5%/10,- €
85	2019 Weißburgunder trocken Gleisweiler	12%/8,50 €
85	2019 Grauburgunder trocken „Muschelkalk" Burrweiler	12,5%/9,50 €
86+	2019 Riesling trocken „einzig & artig" Weyherer Michelsberg	13,5%/16,- €
88	2019 Riesling trocken „einzig & artig" „Devonschiefer"	13,5%/16,- €
88	2019 Chardonnay trocken Burrweiler Schlossgarten	13,5%/18,- €
88	2019 Grauburgunder trocken Gleisweiler Hölle	13,5%/18,- €
89	2019 Riesling „GG" Schäwer	13,5%/28,- €
88	2019 Weißburgunder „GG" Im Goldenen Jost	13,5%/28,- €
85	2019 Muskateller „feinherb" Burrweiler	11,5%/10,50 €

RHEINHESSEN ▬ INGELHEIM

★★

Mett & Weidenbach

Kontakt
Mainzer Straße 31
55218 Ingelheim
Tel. 06132-2682
Fax: 06132-3271
www.weingut-mett.de
info@weingut-mett.de

Besuchszeiten
Di.-Fr. 9-12:30 + 14-18 Uhr
Sa. 9-14 Uhr
und nach Vereinbarung
Vinothek mit Kreuzgewölbe

Inhaber
Jürgen Mett

Rebfläche
14 Hektar

Produktion
120.000 Flaschen

Die Familie Mett bewirtschaftet seit 1842, seit fünf Generationen, Weinberge auf den Hügeln rund um Ingelheim, in den Lagen Pares, Rotes Kreuz Lottenstück und Höllenweg, sowie in der Gewanne In der Unft in der Lage Sonnenhang. Mehr als zwei Drittel der Weinberge sind mit roten Sorten bestockt, wobei Spätburgunder zusammen mit Frühburgunder mit 30 Prozent den größten Anteil einnimmt. Neben Spätburgunder wird vor allem noch Riesling, Silvaner, Grauburgunder, Müller-Thurgau und Portugieser angebaut, aber auch Cabernet Sauvignon. 2004 übernahm Jürgen Mett einige Weinberge seiner Schwiegereltern (Weingut Weidenbach) in besten Ober-Ingelheimer Lagen. Weißweine werden im Edelstahl ausgebaut, Rotweine werden 6 bis 14 Tage auf der Maische vergoren. Die Weine werden zum größten Teil ab Hof an Privatkunden verkauft.

🎂 Kollektion

Jürgen Mett hat in den letzten Jahren stetig zugelegt und auch die neue Kollektion überzeugt wieder voll und ganz, weiß wie rot. Die Gutsweine sind frisch und fruchtbetont, sortentypisch. Die weißen Ortsweine präsentieren sich sehr geschlossen: Der Grauburgunder ist konzentriert, reintönig, zupackend, der im Halbstück ausgebaute Chardonnay rauchig, füllig und strukturiert, der Muskateller geradlinig und zupackend. Unser Favorit im weißen Segment ist wieder einmal der Riesling aus der Unft, der intensive Frucht im Bouquet zeigt, Fülle und Kraft besitzt, reife Frucht, gute Struktur und Frische. Hohes Niveau zeigt das komplette Rotweinsortiment. Der Spätburgunder Ortswein zeigt reintönige Frucht, ist lebhaft und zupackend, der Cabernet Sauvignon ist intensiv fruchtbetont, was auch für die Cuvée Mariage gilt. Der Portugieser Rotes Kreuz besitzt Fülle, Kraft und viel Substanz, der Pares- Frühburgunder ist intensiv und rauchig, füllig und kraftvoll, was auch für seinen intensiv fruchtigen, herrlich reintönigen Spätburgunder-Kollegen gilt. Weiter im Aufwind! ◀

🍇 Weinbewertung

81	2019 Grüner Silvaner trocken	12,5%/6,20€
82	2019 Weißer Burgunder trocken	12,5%/6,80€
84	2019 Grauer Burgunder trocken Ingelheimer	13%/9,80€
85	2019 Chardonnay „S" trocken Ingelheimer	13%/9,80€
84	2019 Gelber Muskatteller trocken Ingelheimer	12,5%/8,20€
87	2019 Riesling trocken „Unft"	13%/12,20€
85	2017 Blauer Spätburgunder trocken Ingelheimer	13,5%/9,50€
84	2017 „No. 6" Cabernet Sauvignon Spätburgunder trocken Ingelheimer	13%/9,50€
84	2017 „Mariage" Pinot Noir & Pinot Madeleine trocken	13%/9,50€
86	2018 Blauer Portugieser trocken Ingelheimer Rotes Kreuz	13,5%/17,90€
87	2016 Blauer Frühburgunder trocken Ingelheimer Pares	13,5%/18,90€
87	2017 Blauer Spätburgunder trocken Ingelheimer Pares	13,5%/17,90€

PFALZ ■ GLEISZELLEN-GLEISHORBACH

★ ★

Stiftsweingut Frank Meyer

Kontakt
Winzergasse 4, 76889
Gleiszellen-Gleishorbach
Tel. 06343-9395880
Fax: 06343-9395881
www.stiftsweingut-meyer.de
info@stiftsweingut-meyer.de

Besuchszeiten
Sa. 10-17 Uhr, wochentags nach Vereinbarung

Inhaber
Frank Meyer

Rebfläche
11,5 Hektar

Produktion
75.000-90.000 Flaschen

Es kommt selten vor, dass ein Weingut umzieht – und noch seltener, dass dabei gleich der Ort gewechselt wird. Frank und Manuela Meyer, die das Weingut seit 1999 führen und inzwischen von ihren Söhnen Nico und Johannes unterstützt werden, haben sich dieser Mammutaufgabe im Verlauf des Jahres 2015 gestellt. Sie haben den alten Klosterkeller der ehemaligen Benediktinerabtei in Klingenmünster verlassen und sind in einen Winzerhof im Nachbardorf Gleiszellen gezogen, dessen historische Wurzeln bis 1754 zurück reichen. Ihre Weinberge befinden sich in den Lagen Maria Magdalena in Klingenmünster und Frühmess in Gleiszellen. Weiße Sorten stehen auf 70 Prozent der Rebfläche, wichtigste weiße Rebsorten sind Riesling, Weiß- und Grauburgunder, Chardonnay, Sauvignon Blanc und Silvaner, bei den roten Sorten sind es Spätburgunder und Portugieser.

Kollektion

Wie schon im Vorjahr präsentiert Frank Meyer eine homogene, sehr gleichmäßige Kollektion. Der Quarzsand-Riesling ist frisch, fruchtbetont und geradlinig, der Kalkfels-Riesling würzig und eindringlich, am besten im vorgestellten Riesling-Trio gefällt uns der Rote Riesling, der füllig und saftig ist, reife süße Frucht besitzt. Die Cuvée Weiß ist frisch und fruchtbetont, der Blanc de Noir würzig, lebhaft und klar. Der Weißburgunder vom Löss ist klar und geradlinig, deutlich mehr Fülle und Substanz besitzt der Weißburgunder S aus dem Jahrgang 2018, ist intensiv und recht süß. Sehr gut gefällt uns der Silvaner Halbstück, der füllig und saftig ist, viel reife süße Frucht besitzt. Gleichauf sehen wir den „wilden" Sauvignon Blanc mit seiner klaren Frucht, guter Struktur und Grip, und auch den „wilden" Kalkfels-Chardonnay, der Fülle und Saft besitzt, recht süß ist. Im roten Segment kann der Black Pino mit intensiver Frucht, feiner Frische und Grip punkten.

Weinbewertung

82	2019 Riesling trocken „Quarzsand"	12%/7,40€
83	2019 Riesling trocken „Kalkfels"	11,5%/8,-€
82	2019 Cuvée Weiß „N 1"	11,5%
84	2019 Roter Riesling trocken „Kalkfels"	12,5%/12,-€
83	2019 Weißer Burgunder trocken „Löss"	12,5%/7,40€
82	2019 „Blanc de Noir"	12,5%/7,40€
85	2019 Sauvignon Blanc trocken „Wild"	12%/8,-€
85	2019 Silvaner „Halbstück"	13,5%/12,50€
85	2018 Weißer Burgunder „S"	14%/12,50€
85	2019 Chardonnay „Kalkfels" „Wild"	13%/9,-€
82	„Wilder Roter" trocken „Wild"	14%/9,50€
84	2018 „Black Pino" Rotwein trocken	14%/9,50€

FRANKEN ▬ RÖDELSEE

★ ✩

Meyer

Kontakt
Alte Iphöfer Straße 15b
97348 Rödelsee
Tel. 09323-5198
Fax: 09323-6372
www.weingut-karl-meyer.de
info@weingut-karl-meyer.de

Besuchszeiten
Mo.-Sa. 9-12 + 13-18 Uhr

Inhaber
André Meyer

Rebfläche
11,2 Hektar

Zum 1. Juli 2018 hat André Meyer das Weingut von seinen Eltern Karl und Ilse Meyer übernommen, die es 1984 gegründet hatten. Seine Weinberge liegen vor allem in der Rödelseer Lage Küchenmeister, daneben ist er in der Rödelseer Schwanleite und im Iphöfer Kronsberg vertreten. Die Reben wachsen hier, an den Hängen des Schwanbergs am Rande des Steigerwalds, auf Gipskeuperböden. Weiße Sorten dominieren im Betrieb: Silvaner, Müller-Thurgau, Bacchus, Scheurebe, Kerner und Kanzler werden angebaut, inzwischen auch Weißburgunder, Grauburgunder und Riesling. An roten Sorten gibt es Spätburgunder, Domina, Dornfelder und Cabernet Dorsa. Die Weine werden im Edelstahl ausgebaut, ein Teil der Rotweine im Barrique.

Kollektion

In einer sehr gleichmäßigen Kollektion im vergangenen Jahr gefielen uns der im Barrique ausgebaute „Level Fünfzehn"-Grauburgunder aus dem Jahrgang 2017 und die 2018er Kanzler Spätlese aus dem Küchenmeister besonders gut. Auch die neue Kollektion überzeugt mit dem zuverlässigen, gleichmäßigen Niveau aller Weine – will heißen 4 Weißweine aus dem Jahrgang 2019, 3 Rotweine aus 2017. Die Scheurebe ist reintönig und geradlinig, der trockene Silvaner Kabinett aus dem Küchenmeister frisch, fruchtbetont und würzig. Etwas besser gefällt uns der trockene Riesling Kabinett aus dem Küchenmeister, zeigt feine Würze und Frucht, ist klar und fruchtbetont, zupackend und strukturiert. Gleichauf sehen wir den trockenen Weißburgunder, ebenfalls aus dem Küchenmeister, der wunderschön reintönig im Bouquet ist, klar, frisch und zupackend im Mund. Die Red M genannte Cuvée aus Cabernet Dorsa und Spätburgunder ist fruchtbetont und intensiv. Deutlich mehr Substanz besitzen die beiden anderen Rotweine. Die trockene Domina Spätlese aus dem Küchenmeister zeigt intensive Frucht im Bouquet, ist frisch und klar im Mund bei guter Struktur. Der Barriqueausbau ist dann deutlich spürbar beim Cabernet Dorsa, der intensive Frucht im Bouquet zeigt, aber auch Gewürze und rauchige Noten, sogar ein klein wenig Speck im Hintergrund, kraftvoll und füllig dann zwar im Mund ist, aber doch ein wenig zu deutlich vom Holz geprägt ist.

Weinbewertung

81	2019 Scheurebe trocken	13 %/7,50 €
82	2019 Silvaner Kabinett trocken Rödelseer Küchenmeister	13,5 %/8,50 €
83	2019 Riesling Kabinett trocken Rödelseer Küchenmeister	13 %/8,50 €
83	2019 Weißer Burgunder Kabinett trocken Rödelseer Küchenmeister	13 %/8,50 €
82	2018 „Red M" Rotwein trocken	13 %/8,50 €
84	2018 Domina Spätlese trocken Rödelseer Küchenmeister	13 %/13,50 €
84	2018 Cabernet Dorsa trocken Barrique Rödelseer Küchenmeister	13 %/16,- €

Karl-Heinz & Andreas Meyer

★★

Kontakt
Bahnhofstraße 10
76831 Heuchelheim-Klingen
Tel. 06349-5895
Fax: 06349-7812
www.meyer-weingut.de
mail@meyer-weingut.de

Besuchszeiten
Mo.-Fr. 9-12 + 13-17 Uhr
Sa. 9-15 Uhr

Inhaber
Karl-Heinz & Andreas Meyer
Betriebsleiter
Andreas Meyer
Kellermeister
Andreas Meyer & Hauke Kerkau
Rebfläche
17 Hektar
Produktion
120.000 Flaschen

Das 1949 von Edmund Meyer gegründete Weingut begann Anfang der fünfziger Jahre mit der Selbstvermarktung. Karl-Heinz Meyer und Ehefrau Gudrun haben sich seit der Übernahme 1980 ganz auf Weinbau konzentriert und die ursprüngliche Rebfläche von 3,5 Hektar deutlich erweitert. Nach Abschluss seiner Technikerprüfung – und Ausbildung bei Weingütern wie Siegrist, Dr. Wehrheim und Christmann – ist Sohn Andreas 2008 in den Betrieb eingestiegen. 2013 wurde er in das Spitzentalente-Programm des VDP Pfalz aufgenommen. Die Weinberge liegen in Heuchelheim (Herrenpfad), Klingenmünster (Maria Magdalena) und Appenhofen (Steingebiss). Das Sortiment ist gegliedert in Liter-, Guts- (Blaukapsel), Terroir- (Silberkapsel) und Lagenweine (Goldkapsel). Das Weingut befindet sich aktuell in der Umstellungsphase auf biologischen Anbau.

Kollektion

Der 2018er Riesling aus der Lage Maria Magdalena ist der bislang stärkste Riesling der Meyers, den wir verkosten konnten, er ist zunächst leicht verhalten und braucht Luft, besitzt gute Konzentration, Substanz und Grip, ist animierend, mineralisch, salzig und sehr nachhaltig. Auch die beiden anderen Lagenweine sind wieder sehr gut, der Herrenpfad-Riesling ist kraftvoll, zeigt kräutrig-mineralische Noten und etwas Tabakwürze, besitzt Grip und Zug, der Weißburgunder aus dem Herrenpfad zeigt deutliche Holzwürze im Bouquet, ist am Gaumen aber ausgewogener, besitzt Kraft, Frische und klare gelbe Frucht. Grauburgunder Kalkmergel und Weißburgunder Muschelkalk besitzen beide Kraft, Konzentration und Schmelz, bei den Rieslingen liegen Buntsandstein und Kalkmergel auf einem Niveau, auch wenn der Buntsandstein schon etwas offener und präsenter ist. Die Rotweine sind beide von dunkler Frucht geprägt, der Spätburgunder besitzt leichte Süße, die Cuvée ist etwas besser strukturiert.

Weinbewertung

83	2019 Weißer Burgunder trocken	12,5%/6,50€
83	2019 Grauer Burgunder trocken	12,5%/6,50€
86	2019 Riesling trocken „Kalkmergel" Heuchelheim	12,5%/8,90€
86	2019 Riesling trocken „Buntsandstein" Klingenmünster	13%/8,90€
86	2019 Weißer Burgunder trocken „Muschelkalk" Klingenmünster	13,5%/8,90€
86	2018 Grauer Burgunder trocken „Kalkmergel" Heuchelheim	13,5%/8,90€
83	2019 Sauvignon Blanc trocken	12%/7,10€
88	2018 Riesling trocken Heuchelheimer Herrenpfad	13%/13,90€
88	2018 Weißer Burgunder trocken Heuchelheimer Herrenpfad	13,5%/13,90€
89	2018 Riesling trocken Klingenmünster Maria-Magdalena	12,5%/17,50€
86	2017 Spätburgunder trocken „Kalkmergel" Heuchelheim	13,5%/9,50€
86	2017 „Cuvée Großes M" Rotwein trocken	14%/14,90€

PFALZ ━ RHODT

★ ★ ☆

Klaus Meyer

Kontakt
Theresienstraße 80a
76835 Rhodt
Tel. 06323-93233
Fax: 06323-93235
www.weingut-meyer.com
marius@weingut-meyer.com

Besuchszeiten
Weinverkauf mit Verkostung
Mo.-Sa. 14-18 Uhr
So. 10-12 Uhr

Inhaber
Klaus Meyer & Marius Meyer
Kellermeister
Marius Meyer
Rebfläche
17 Hektar
Produktion
180.000 Flaschen

Klaus und Dorit Meyer haben das Weingut in Rhodt unter Rietburg 1987 gegründet. 2006 hat Sohn Marius Meyer nach Lehr- und Wanderjahren unter anderem bei Ökonomierat Rebholz in Siebeldingen und Praktika in Österreich, Burgund und Neuseeland die Verantwortung für den Keller übernommen. Seither wurde die Rebfläche auf 15 Hektar erweitert, wichtigste Rebsorten sind Riesling, Weiß- Grau- und Spätburgunder, Gewürztraminer, Dornfelder und St. Laurent. Die Reben stehen im Schlossberg und im Rosengarten in Rhodt und im Edenkobener Bergel, neu hinzugekommen sind mit dem Jahrgang 2014 Parzellen im Godramsteiner Münzberg, der Frankweiler Kalkgrube und in Schäwer und Altenforst in Burrweiler. Mit dem Jahrgang 2018 wurde das neue Kellereigebäude eingeweiht.

Kollektion

Auch in diesem Jahr präsentieren uns Klaus und Marius Meyer eine ausdrucksstarke, sehr gute Kollektion, die auf klar umrissene, intensive Aromen setzt – „laut" sind die Weine, aber nicht „vorlaut". Die drei Basis-Rieslinge sehen wir auf einem Niveau bei recht unterschiedlichen Charakteristiken. „Schiefer" ist noch zurückhaltend, „Rotliegendes" lauter und zugänglicher und „Granit" wieder ruhiger und tiefer. Der Weißburgunder besitzt einen schönen Schmelz, aber auch eine frische Zitrusnote und einen komplexen Nachhall. Unter den Sauvignon Blanc gefällt uns der „In der Blenk" am besten, der intensiv nach Feuerstein duftet, intensiv Limette und eine dezente Note von grüner Paprika zum Vorschein kommen lässt. An der Spitze der Kollektion sehen wir den Riesling aus dem Schlossberg, der nach Yuzu, Aprikose und Salbei duftet, Fülle und Finesse besitzt und viel Nachhall. Unter den Rotweinen gefällt uns der recht karge Syrah am besten, der rauchig Noten aufweist, viel pfeffrige Würze mitbringt und lang am Gaumen bleibt.

Weinbewertung

85	2019 Sauvignon Blanc trocken	12%/7,50€
87	2019 Sauvignon Blanc trocken „Fumé" Rhodt u. R.	13%/9,70€
86	2019 Riesling trocken „Granit" Rhodt u. R.	12,5%/9,70€
86	2019 Riesling trocken „Schiefer" Burrweiler	12,5%/9,70€
86	2019 Riesling trocken „Rotliegendes" Rhodt u. R.	12,5%/9,70€
88	2019 Riesling trocken „Aus den ersten Lagen"	12,5%/11,50€
90	2019 Riesling trocken Rhodt Schlossberg	12,5%/15,-€ ☺
88	2019 Weißburgunder trocken Rhodt Rosengarten	14%/15,-€
88	2019 Sauvignon Blanc trocken „In der Blenk" Rhodt Schlossberg	13,5%/15,-€
84	2018 Spätburgunder „Réserve" Edesheim	13,5%/14,50€
85	2018 Spätburgunder trocken Rhodt Rosengarten	13,5%/24,50€
88	2018 Syrah trocken Rhodt Rosengarten	14%/34,50€

PFALZ ▬ RHODT

★ ★ ★

Stefan Meyer

Kontakt
Edesheimer Straße 17
76835 Rhodt
Tel. 06323-2348
Fax: 06323-81446
www.meyer-rhodt.de
weingut@meyer-rhodt.de

Besuchszeiten
Mo.-Fr. 13-18 Uhr
Sa. 10-16 Uhr
Ferienwohnung,
Reisemobilstellplätze

Inhaber
Stefan Meyer

Rebfläche
16 Hektar

Produktion
100.000 Flaschen

Die Familie Meyer betreibt seit 1702 Weinbau in Rhodt. Seit 2007, nach Abschluss seiner Ausbildung zum Weinbautechniker und Auslandsaufenthalten in Kalifornien und Österreich, ist Sohn Stefan im Betrieb tätig, 2010 übernahm er das Weingut von seinem Vater. Die besten Lagen sind Rhodter Schlossberg (Buntsandstein und roter Sandstein), Rhodter Rosengarten (Muschelkalk, schwerer Lehm), Rhodter Klosterpfad und Edenkobener Schwarzer Letten (schwerer Lehm). Die Lagenweine werden im Holz ausgebaut, die Weißweine in großen Holzfässern und 500 Liter-Fässern, die weißen Ortsweine werden im August des auf die Ernte folgenden Jahres gefüllt, die weißen Lagenweine erst nach der nächsten Ernte. Die Rotweine liegen elf bis achtzehn Monate in großen Fässern und neuen Barriques. Das Sortiment ist gegliedert in Literweine, die „3/4"-Liter-Linie und Orts- und Lagenweine.

Kollektion

Stefan Meyer präsentiert uns in diesem Jahr gleich fünf starke Lagenweine: Der Syrah zeigt kräutrige Würze, dunkle Beerenfrucht und dezentes Holz im komplexen Bouquet, ist kraftvoll, gut strukturiert, besitzt eine kühle Art, noch jugendliche Tannine und gute Länge, die beiden Pinot sehen wir in diesem Jahr wieder gleichauf, der Rosengarten ist schon etwas zugänglicher, besitzt ein feines Bouquet mit Noten von Sauerkirsche und Waldboden, ist kühl und elegant, der Schwarze Letten ist noch deutlich straffer, ist etwas dunkler und würziger mit kühlen kräutrigen Noten und gutem Grip, könnte auf lange Sicht noch etwas zulegen. Bei den Weißweinen favorisieren wir im Gegensatz zum vergangenen Jahr knapp den Chardonnay, er zeigt im Bouquet leicht reduktive Noten, etwas Schießpulver, feine röstige Würze und etwas Zitrusfrüchte, ist kraftvoll, aber elegant, besitzt ein animierendes Säurespiel und gute Länge, der Weißburgunder ist ebenfalls animierend und elegant, besitzt feinen Schmelz, klare gelbe Frucht und sehr dezente Röstnoten, bei den Ortsweinen hat der Chardonnay eine ähnliche Stilistik wie der Lagenwein, besitzt Noten von gerösteten Haselnüssen und Salzzitrone.

Weinbewertung

84	2019 Riesling trocken „3/4-Liter"	12%/7,20€
87	2018 Chardonnay trocken „aus" Rhodt	13,5%/11,50€
88	2018 Weißer Burgunder trocken Rhodter Rosengarten	13%/17,-€
89	2018 Chardonnay trocken Rhodter Rosengarten	13,5%/18,-€
86	2018 Cabernet Cuvée trocken 3/4-Liter	14%/10,-€
87	2018 Pinot Noir trocken „aus" Rhodt	13%/13,50€
89	2018 Pinot Noir trocken Edenkobener Schwarzer Letten	13%/22,-€
89	2018 Pinot Noir trocken Rhodter Rosengarten	13%/22,-€
89	2018 Syrah trocken Rhodter Klosterpfad	14%/24,-€

RHEINHESSEN ▶ FLONHEIM

★★

Meyerhof

Kontakt
Meyerhof
55237 Flonheim
Tel. 06734-8714
Fax: 06734-6857
www.weingut-meyerhof.de
info@weingut-meyerhof.de

Besuchszeiten
Verkostung, Weinverkauf & offener Ausschank: Mo.-Fr. 9-12 + 14-18 Uhr, Sa. 10-17 Uhr und nach Vereinbarung; Gästehaus mit 10 Doppelzimmern

Inhaber
Bernd Hammer,
Alina & Sebastian Engel

Rebfläche
12 Hektar

Produktion
70.000 Flaschen

Bernd Hammer hat 1981 das von seinem Großonkel Artur Meyer gegründete und nach ihm benannte Weingut übernommen. Nach ihrem Geisenheim-Studium ist 2013 seine Tochter Alina in den Betrieb eingestiegen, die Praktika unter anderem beim Weingut Georg Breuer und beim Winzerhof Thörle absolvierte. Seit dem Herbst 2017 ist auch Alinas Ehemann Sebastian Engel im Betrieb, der nach seinem Maschinenbaustudium eine Winzerlehre bei Wagner-Stempel und Weinreich absolvierte. Die Weinberge liegen in der Uffhofener La Roche (kalkreiche Ton-, Schluff- und Sandsteine des Oberrot-liegenden, mit über 40 Jahre alten Rieslingreben) und in den Flonheimer Lagen Geisterberg (Sandstein, steinhaltige, quarzitreiche Böden) und Rothenpfad (Löss- und Lehmböden mit Anteilen von vulkanischem Basaltge-stein). 60 Prozent der Rebfläche nehmen weiße Sorten ein wie Riesling, Grauburgunder und Chardonnay, aber auch Sauvignon Blanc und Huxelre-be, hinzu kommen Spätburgunder und Dornfelder, Cabernet Sauvignon, Merlot und andere Sorten. 2017 wurde mit der Umstellung auf ökologischen Weinbau begonnen, die mit dem Jahrgang 2020 Vollzogen ist.

Kollektion

Die neue Kollektion schließt nahtlos an das starke Vorjahr an. War im vergangenen Jahr der 2018er Sauvignon Blanc aus dem Geisterberg das Highlight, so ist es nun der 2019er Riesling aus der Uffhofer La Roche: Er zeigt gute Konzentration, feine Würze, reintönige Frucht, besitzt gute Struktur und klare Frucht, Druck und Länge. Die Gutsweine sind fruchtbetont, klar und zupackend, der sehr gute Sauvignon Blanc gefällt uns besonders gut, besitzt reintönige Frucht, Frische und Grip. Sehr gut sind auch die beiden Flonhei-mer Ortsweine, der Grauburgunder ist reintönig und zupackend, besitzt gute Struktur und Frucht, der Chardonnay punktet mit Frische und Reintönigkeit, was auch für den feinfruchtigen Kerner gilt, unser Favorit unter den Rotwei-nen ist der fruchtintensive Spätburgunder. Weiter im Aufwind!

Weinbewertung

83	2019 Riesling trocken	12%/6,50€
84	2019 Grauer Burgunder trocken	12%/6,50€
85	2019 Sauvignon Blanc trocken	12%/6,50€
85	2019 Grauer Burgunder trocken „vom Basalt" Flonheimer	13%/7,90€
85	2019 Chardonnay trocken „vom Löss" Flonheimer	13%/7,90€
88	2019 Riesling trocken Uffhofer La Roche	13%/13,50€
83	2019 Riesling „feinherb"	10,5%/6,50€
85	2019 Kerner „feinfruchtig"	9,5%/6,50€
83	2019 Cuvée Rosé trocken	11,5%/6,50€
83	2019 „Sommermagie" Rosé „feinherb"	11%/6,50€
85	2017 Spätburgunder trocken „vom Sandstein" Flonheimer	13,5%/8,90€
84	2016 Cabernet Sauvignon & Merlot trocken Flonheimer	13,5%/8,90€

AHR ━ DERNAU

★★★★★ Meyer-Näkel

Kontakt
Hardtbergstraße 20
53507 Dernau
Tel. 02643-1628
Fax: 02643-3363
www.meyer-naekel.de
weingut@meyer-naekel.de

Besuchszeiten
nach Vereinbarung
Gutsschenke Restaurant
Hofgarten Weingut Meyer-Näkel, Inhaber Hartwig Näkel, Bachstraße 26, 53507 Dernau (An der Kirche, Tel. 02643-1540); Ferienwohnung

Inhaber
Werner Näkel

Rebfläche
22 Hektar

Produktion
135.000 Flaschen

Werner Näkel ist der renommierteste Winzer an der Ahr, ihm ist der Aufschwung, den die Region in den letzten zwanzig Jahren genommen hat, maßgeblich zu verdanken. Als er in den achtziger Jahren anfing trockene Weine zu erzeugen und Rotweine im Barrique auszubauen, war die Verwunderung groß. Heute sind Ahrweine überwiegend trocken, Barriqueausbau für die Spitzenweine ist heute eine Selbstverständlichkeit. Entstanden ist das Weingut 1950 mit der Heirat von Paula Meyer und Willibald Näkel, den Eltern von Werner Näkel, die 1,5 Hektar Reben besaßen. Unter Werner Näkels Regie hat sich die Rebfläche vervielfacht. Walporzheimer Kräuterberg, Dernauer Pfarrwingert und Neuenahrer Sonnenberg sind seine traditionellen Paradelagen, der Ahrweiler Silberberg gehört mittlerweile auch dazu. Spätburgunder ist die absolute Nummer Eins in den Weinbergen, nimmt drei Viertel der Rebfläche ein. Dazu gibt es Frühburgunder, etwas Weißburgunder (erster Jahrgang war 2003) und Riesling. Seine Spitzenweine baut er in 300 Liter-Fässern aus, medium getoastet. Werner Näkel füllte diese früher meist im Herbst vor der neuen Ernte ab, heute bleiben die Topweine deutlich länger im Fass. Inzwischen hat Werner Näkel starke Unterstützung erhalten: Tochter Meike, Geisenheim-Absolventin, ist seit 2005 im Betrieb und kümmert sich um die Vinifikation, die zweite Tochter Dörte, ebenfalls Geisenheim-Absolventin, ist seit 2008 mit dabei. Zusammen mit Neil Ellis erzeugt Werner Näkel auch in Südafrika Weine, die unter dem Namen „Zwalu" (auf deutsch „Neubeginn") vermarktet werden. Aber auch in Portugal ist er aktiv, an der Quinta da Carvalhosa beteiligt, im Douro-Gebiet. Das Spätburgunder-Sortiment ist klar und überschaubar gegliedert in Guts-Spätburgunder, Blauschiefer, dem mit dem Jahrgang 2016 als Pendant der Grauwacke-Spätburgunder zur Seite gestellt wurde, und Spätburgunder S, an der Spitze der Kollektion stehen die drei Großen Spätburgunder-Gewächse aus Kräuterberg, Pfarrwingert und Sonnenberg, zu denen sich mit dem Jahrgang 2015 ein vierter Wein gesellte, der Spätburgunder aus dem Silberberg; aus dem Pfarrwingert gab es eine zeitlang auch einen Frühburgunder als Großes Gewächs.

🍷 Kollektion

Die neue Kollektion ist stark wie nie, nicht nur die Großen Gewächse präsentieren sich in Bestform, auch die Basis zeigt sehr hohes Niveau, weiß wie rot. Der Riesling ist würzig, frisch und eindringlich, klar und zupackend. Der Weißburgunder zeigt reintönige Frucht und feine Frische im Bouquet, ist wunderschön klar und zupackend im Mund bei guter Struktur. Hervorragend ist der in französischen Barriques ausgebaute Weißburgunder S, zeigt gute Konzentration, rauchige Noten, feine Würze und Toast, ist füllig, kraftvoll und komplex, besitzt reife Frucht, gute Struktur und Frische. Der Illusion genannte Blanc de Noir ist ein Klassiker, ist fruchtbetont, harmonisch, besitzt gute Substanz und Länge. Viel Frucht zeigt auch der Spätburgunder Rosé, ist intensiv, herrlich eindringlich im Bouquet, frisch und zupackend im Mund bei klarer Frucht. Der Frühburgunder zeigt reintönige Frucht, feine Frische, ist klar, frisch und zupackend, besitzt klare reife Frucht. Der Grauwacke-Spätburgunder ist würzig und eindringlich, wunderschön reintönig, frisch und zupackend. Der Blauschiefer-Spätburgunder ist gut wie nie, faszinierend reintönig und konzentriert im Bouquet, füllig, harmonisch und elegant, besitzt gute Struktur und reintönige Frucht. Der Spätburgunder S ist nochmals stoffiger, ebenfalls faszinierend reintönig, besitzt viel Frisch, Grip und klare reife Frucht. Eine weitere Steigerung bringen die vier Großen Gewächse. Der mit dem Jahrgang 2015 eingeführte Silberberg präsentiert sich im Jahrgang 2018 in blendender Verfassung, ist faszinierend reintönig und eindringlich, vereint Fülle und Kraft mit reintöniger Frucht und Präzision. Der Sonnenberg läuft ebenfalls zur Höchstform auf, ist leicht floral, enorm druckvoll, intensiv, sehr jugendlich. An der Spitze aber liefern sich Pfarrwingert und Kräuterberg wieder mal ein Kopf-an-Kopf-Rennen, beide gehören zur Jahrgangsspitze in Deutschland. Der Kräuterberg ist faszinierend reintönig im Bouquet, fruchtbetont, konzentriert, zeigt Kirschen, auch Sauerkirschen: Was für ein faszinierendes Bouquet! Im Mund ist er präzise und druckvoll, herrlich reintönig, komplex, besitzt feine Frische, viel Druck und Nachhall. Faszinierend reintönig, konzentriert und herrlich eindringlich ist auch der Pfarrwingert im Bouquet, ist faszinierend reintönig auch im Mund, druckvoll, komplex, enorm lang und nachhaltig. Großes Kino!

Weinbewertung

86	2019 Riesling	12%/10,50€
87	2019 Weißburgunder	12%/11,-€
90	2019 Weißburgunder „S"	13%/27,-€
86	2019 Spätburgunder „Blanc de Noir" „Illusion"	12,5%/12,50€
86	2019 Rosé	12%/9,90€
88	2018 Frühburgunder	13,5%/18,-€
88	2018 Spätburgunder „Grauwacke"	13,5%/16,50€
90	2018 Spätburgunder „Blauschiefer"	13,5%/21,-€
91	2018 Spätburgunder „S"	13,5%/31,-€
94	2018 Spätburgunder „GG" Ahrweiler Silberberg	13,5%/45,-€
93	2018 Spätburgunder „GG" Ahrweiler Sonnenberg	13,5%/45,-€
96	2018 Spätburgunder „GG" Dernauer Pfarrwingert	13,5%/54,-€
96	2018 Spätburgunder „GG" Walporzheimer Kräuterberg	13,5%/72,-€

Lagen
Kräuterberg (Walporzheim)
Pfarrwingert (Dernau)
Sonnenberg (Neuenahr)
Silberberg (Ahrweiler)

Rebsorten
Spätburgunder (75%)
Frühburgunder (10%)
Dornfelder (5%)
Weißburgunder (4%)
Riesling (4%)

★★★★★ Michel

Kontakt
Winzerweg 24
79235 Achkarren
Tel. 07662-429
Fax: 07662-763
www.weingutmichel.com
info@weingutmichel.com

Besuchszeiten
Mo.-Fr. 14-17 Uhr
Sa. 10-13 Uhr und gerne nach Vereinbarung
Straußwirtschaft

Inhaber
Josef Michel

Rebfläche
13 Hektar

Produktion
90.000 Flaschen

Das Gros der Weinberge von Josef Michel liegt in Achkarren in den Lagen Schlossberg und Castellberg. Hinzu kommen 2 Hektar in Munzingen am Tuniberg in der Lage Kapellenberg, wo er ausschließlich Spätburgunder stehen hat. Die Liebe von Josef Michel galt schon immer eindeutig den Burgundersorten, die zusammen über 90 Prozent der Weinberge einnehmen – Grauburgunder hat inzwischen Spätburgunder überholt, dann folgt mit etwas Abstand Weißburgunder. Das bisschen Chardonnay, den man ja auch meist zu den Burgundern zählt, und Müller-Thurgau fällt da nicht ins Gewicht. Josef Michel hat mit der Aufnahme in den VDP sein Sortiment neu bezeichnet, verzichtet nun auf Prädikate, so dass die bisherigen Kabinettweine nun die Achkarrer Ortsweine sind, die bisherigen Spätlesen heißen nun Tephrit (der geologische Name des in Achkarren vorherrschenden Vulkangesteins), bei den Drei Sterne-Spätlesen wird ebenfalls auf die Prädikatsbezeichnung verzichtet, sie sind jetzt die Großen Gewächse von Josef Michel. Beim Spätburgunder gab es bisher die Basisweine aus Kapellenberg und Achkarren, dann den Wein von alten Reben, schließlich die Barrique-Selektion aus dem Schlossberg, diese seit einigen Jahren auch in einer Reserve-Variante. Mit dem Jahrgang 2014 kam der Sumertal-Spätburgunder neu hinzu, der betriebsintern zwischen Alte Reben und 3 Sterne-Selektion angesiedelt war, den es aber seither nicht mehr gab. Seit der ersten Ausgabe empfehlen wir die Weine von Josef Michel, seit damals rechnen wir ihn zu den Top-Winzern in Deutschland. Zweifel kamen nie auf, im Gegenteil, Jahr für Jahr hat er uns bestärkt in unserer Auffassung, Jahr für Jahr hat er weiter zugelegt. Immer bestechend reintönig und fruchtbetont präsentieren sich seine Basisweine, die Spätlesen und 3 Sterne-Selektionen (nun die Großen Gewächse) von Weiß- und Grauburgunder und Chardonnay gehören immer zu den Jahrgangsbesten in Deutschland, und mit seinen Spätburgundern spielt er seit einigen Jahren auch in der allerersten Liga. Das Ziel von Josef Michel ist es reintönige Weine zu erzeugen, die Frucht, Spiel und Frische aufweisen. Was ihm in den zwei Jahrzehnten, die wir seine Weine nun kennen, immer ganz fantastisch gelungen ist, die Konzentration auf die Burgunder macht sich bezahlt.

Kollektion

Die Weine von Josef Michel sind eine Bank. Das hat verschiedene Gründe. Zum einen ist das die Lage – die wichtigsten Weine kommen aus dem Achkarrer Schlossberg, vom Vulkanverwitterungsgestein und den mächtigen Lössterrassen. Zum anderen ist das die Konzentration auf die Rebsorten Weißburgunder, Grauburgunder, Chardonnay und Spätburgunder. Und last, but not least ist es das handwerkliche Können des Winzers, seine Handschrift, die Jahr für Jahr, mit großer Zuverlässigkeit, Höchstleistungen hervorbringt. So auch in diesem Jahr: Die drei vorgestellten Großen Gewächse – die weißen vom Jahrgang 2019, der Spätburgunder von 2018 – haben sich in den Blindverkostungen alle in der Spitzengruppe etabliert, gehören wieder zum Besten, was Winzer in Deutschland auf die Flasche bringen. Der Grauburgunder zeigt viel reife Frucht, ist füllig-saftig, der Ausbau im Holz gibt der unaufdringlich-komplexen Struktur des Weines Substanz, mit einiger Luft entwickelt sich ein elegantes Spiel. Finesse prägt auch den Chardonnay nach einiger Zeit im Glas. Zunächst ist er noch von einer sehr jugendlichen, holzwürzigen Frucht mit etwas Sahnekaramell geprägt, am Gaumen produziert das Holz tabakähnliche Aromen, die aber gegen den saftigen Kern nicht lange Bestand haben. Der elegante Zug, den der Wein mit der Zeit entwickelt, deutet viel Potenzial an. Beide Weine sind noch sehr jung und jugendlich, stehen erst am Anfang ihrer Entwicklung. Der Spätburgunder ist ein Musterbeispiel für seine Sorte und das Lehrbuch des reinen Weins. Ein glasklares Bouquet mit betörend duftiger Kirschfrucht, auch am Gaumen gibt es keinerlei aromatische oder strukturelle Unebenheiten, dieser Wein ist wunderbar saftig und sehr elegant, liegt in einem Bett aus feinstem Tannin. Die Ortsweine: Der Weißburgunder zeigt eine reintönige, helle Frucht, ist etwas süßer als durchgegoren, was ihn sehr saftig macht. Der Grauburgunder ist durchgegoren, das ergibt mehr Spannung. Der Weißburgunder Tephrit ist rauchig-würzig im Bouquet, am Gaumen saftig mit gut gefasster, eleganter Struktur. Der Chardonnay Tephrit ist ähnlich, hat mehr Spannung, die sich allmählich mit feinem Säurespiel entlädt. Der Grauburgunder ist sehr typisch und reintönig, saftig-würzig mit guter Konzentration. Der Spätburgunder „Alte Reben" ist ein klassischer Vertreter seiner Rebsorte, gediegen und ausgewogen mit etwas Wärme. Der Spätburgunder Tephrit zeigt elegante Kirschfrucht, hat eine balancierte Tanninstruktur, ist schon sehr zugänglich, hat etwas Warmes und Weiches.

Weinbewertung

87	2019 Weißer Burgunder trocken Achkarren	13%/9,-€
88	2019 Grauer Burgunder trocken Achkarren	13,5%/9,-€ ☺
89	2019 Weißer Burgunder trocken „Tephrit" Achkarren	13%/12,50€
89	2019 Grauer Burgunder trocken „Tephrit" Achkarren	13%/12,50€
90	2019 Chardonnay trocken „Tephrit" Achkarren	13%/12,50€ ☺
92	2019 Grauer Burgunder trocken „GG" Achkarrer Schlossberg	13,5%/23,-€
93	2019 Chardonnay trocken „GG" Achkarrer Schlossberg	13,5%/23,-€ ☺
88	2018 Spätburgunder trocken „Alte Reben"	13,5%/12,80€
90	2018 Spätburgunder trocken „Tephrit" Achkarren	13,5%/25,-€
96	2018 Spätburgunder trocken „GG" Achkarrer Schlossberg	13,5%/40,-€

Lagen
Schlossberg (Achkarren)
Castellberg (Achkarren)
Winklerberg (Ihringen)
Kapellenberg (Munzingen)

Rebsorten
Grauburgunder (41%)
Spätburgunder (32%)
Weißburgunder (17%)
Chardonnay (8%)
Müller-Thurgau (2%)

RHEINHESSEN ▶ HOCHBORN

★★★½

Dieter Michel

Kontakt
Dittelsheimer Weg 31
55234 Hochborn
Tel. 06735-283
Fax: 06735-1598
www.weingut-michel.de
info@weingut-michel.de

Besuchszeiten
nach Vereinbarung

Inhaber
Dieter Michel
Kellermeister
Sebastian Michel
Rebfläche
20 Hektar
Produktion
60.000 Flaschen

Dieter und Anneli Michel studierten zur gleichen Zeit in Hohenheim Agrarwissenschaft. In den achtziger Jahren übernahmen sie Annelis elterlichen Gemischtbetrieb, 1992 begannen sie mit der Selbstvermarktung. Die Weinberge liegen unter anderem im Westhofener Morstein und im Gundersheimer Höllenbrand, wo vor allem rote Rebsorten angebaut werden, des Weiteren ist man im Dautenheimer Himmelacker vertreten. Wichtigste Rebsorten sind Riesling, Dornfelder und Silvaner, dazu gibt es vor allem noch Weißburgunder, Grauburgunder und Chardonnay, Spätburgunder und Portugieser, aber auch rheinhessische Spezialitäten wie Scheurebe und Huxelrebe; im Zuge der Flurbereinigung im Höllenbrand wurden Merlot, Cabernet Franc, Cabernet Sauvignon und Sauvignon Blanc gepflanzt. Sohn Sebastian hat nach seiner Winzerausbildung (bei Gaul, Seehof, Dreissigacker) in Geisenheim studiert, ist seit 2013 für den Weinausbau verantwortlich. Das Sortiment ist gegliedert in Guts-, Orts- und Lagenweine.

🍾 Kollektion

Die 2019er Gutsweine sind frisch, klar und fruchtbetont. Deutlich kraftvoller sind die beiden weißen Kalkstein-Weine, der Chardonnay zeigt reintönige Frucht, besitzt Fülle und Saft, klare Frucht und gute Struktur, der Weißburgunder aus dem Jahrgang 2018 ist reintönig und zupackend. Highlights der Kollektion sind die trockenen Lagenweine aus dem Morstein. Vom Sylvaner konnten wir gleich zwei Jahrgänge verkosten: Der 2019er zeigt intensive jugendliche Frucht, ist kraftvoll, klar und zupackend, besitzt gute Struktur, der 2018er ist intensiv gelbfruchtig, etwas fülliger und saftiger, besitzt viel Intensität und Substanz. Der gelbfruchtige 2019er Morstein-Riesling zeigt gute Konzentration, ist füllig, saftig, besitzt reintönige Frucht, gute Struktur und Substanz. Im roten Segment kann die intensiv fruchtige, kompakte Ithaka Cuvée aus Merlot, Cabernet Franc und Cabernet Sauvignon punkten.

🍇 Weinbewertung

83	2016 „Prestige" Pinot brut	12,5%/16,90€
83	2019 Riesling trocken „J.J.Class"	13%/7,70€
84	2019 Weißburgunder & Chardonnay trocken	13%/7,70€
84	2019 Grauburgunder trocken	12%/7,90€
84	2018 Weißburgunder trocken „Kalkstein"	13%/10,90€
86	2019 Chardonnay trocken „Kalkstein"	13,5%/10,90€
88	2018 Sylvaner trocken Westhofener Morstein	13,5%/18,-€
88	2019 Sylvaner trocken Westhofener Morstein	13%/18,-€
89	2019 Riesling trocken Westhofener Morstein	12,5%/21,-€
84	2019 Riesling Kabinett Westhofener Morstein	10%/8,50€
82	2018 Spätburgunder trocken „Kalkstein"	13,5%/10,90€
86	2018 „Ithaka Cuvée" Rotwein trocken	14%/15,90€

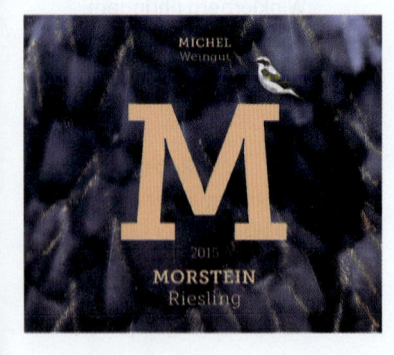

RHEINHESSEN ▬ GUNDHEIM

Gernot und Thomas Michel

Kontakt
Schlossgasse 14
67599 Gundheim
Tel. 06244-4644
www.weingut-gernot-michel.de
weingut-gernot.michel@t-online.de

Besuchszeiten
nach Vereinbarung

Inhaber
Anja, Gernot & Thomas Michel

Rebfläche
19 Hektar

Seit dem 19. Jahrhundert baut die Familie Wein in Gundheim an. Gernot Michel hat den Betrieb 1996 von seinem Vater übernommen, den damaligen landwirtschaftlichen Gemischtbetrieb in ein reines Weingut umgewandelt. Mit dem Einstieg von Thomas Michel, der 2010 seine Ausbildung zum Winzer begann, entschied man sich den damaligen reinen Fassweinbetrieb auf teilweise Flaschenweinvermarktung umzustellen, 2011 wurden die ersten eigenen Flaschen abgefüllt. 2014 im alten Weinkeller eine neue Vinothek eingerichtet. Die Weinberge von Gernot Michel liegen in Gundheim und Westhofen, wo er in den Lagen Kirchspiel und Aulerde vertreten ist. Weiße Sorten dominieren im Anbau, Riesling, Silvaner, Weißburgunder, Grauburgunder und Gewürztraminer spielen eine wichtige Rolle. An roten Sorten werden Spätburgunder, Portugieser, Regent und Dornfelder angebaut. Das Sortiment umfasst derzeit nur Gutsweine und Ortsweine.

🍰 Kollektion

Beim guten Debüt im vergangenen Jahr gefiel uns in einer gleichmäßigen Kollektion der Gundheimer Riesling am besten. Die neue Kollektion gefällt uns nochmals besser, was vor allem an gleich vier sehr guten Ortsweinen liegt. Der frische, würzige Literriesling ist ein guter Einstieg, die Ortsweine sind fruchtbetont, klar und süffig, meist bei merklicher Restsüße. Der Bechtheimer Riesling ist fruchtbetont und saftig, frisch und klar, besitzt feine süße Frucht und Biss. Der Westhofener Silvaner zeigt klare reife Frucht im Bouquet, gelbe Früchte, besitzt viel reife Frucht und Substanz, dezente Süße und auch eine dezente Bitternote. Unsere leichte Präferenz gilt dem Westhofener Weißburgunder, der gute Konzentration und feine Würze im Bouquet zeigt, Fülle und Kraft besitzt, reife Frucht und gute Struktur. Aber auch im roten Segment warten Gernot und Thomas Michel mit einem sehr guten Wein auf, dem Gundheimer Spätburgunder aus dem Jahrgang 2017, der reintönige Frucht und gute Konzentration zeigt, Fülle und Kraft besitzt, gute Struktur und klare Frucht. Weiter so! ▬

🍇 Weinbewertung

80	2019 Riesling trocken (1l)	12%/5,10 €
82	2019 Weißburgunder trocken	12%/5,90 €
82	2019 Grauburgunder trocken	12%/6,50 €
82	2019 Gewürztraminer trocken	13%/6,50 €
85	2019 Silvaner trocken Westhofener	13,5%/9,90 €
85	2019 Riesling trocken Bechtheimer	13%/9,90 €
86	2019 Weißburgunder trocken Westhofener	13,5%/9,90 €
82	2019 Silvaner halbtrocken	12%/5,90 €
81	2019 „Cuvée Regina" Rotwein trocken	13,5%/7,90 €
85	2017 Spätburgunder trocken Gundheimer	14%/11,50 €

RHEINHESSEN ▶ FLOMBORN

★★★ Michel-Pfannebecker

Kontakt
Langgasse 18/19
55234 Flomborn
Tel. 06735-355,1363
Fax: 06735-8365
www.michel-pfannebecker.de
info@michel-pfannebecker.de

Besuchszeiten
Mo.-Sa. 9-18 Uhr

Inhaber
Heinfried & Gerold Pfannebecker

Rebfläche
11,7 Hektar

Produktion
60.000 Flaschen

Bis ins 17. Jahrhundert lässt sich die Geschichte der Familien Michel (aus Burgund) und Pfannebecker (aus Holland) in Flomborn zurückverfolgen. Heute führen Heinfried und Gerold Pfannebecker den Betrieb, den sie ganz auf Weinbau ausgerichtet haben. Heinfried Pfannebecker kümmert sich vor allem um die Weinberge, Gerold Pfannebecker mehr um den Keller. Die Weinberge liegen in Flomborn (Feuerberg, Goldberg) und Westhofen (Steingrube, Morstein), im Eppelsheimer Felsen, im Ober-Flörsheimer Blücherpfad und im Gundersheimer Höllenbrand. Die Reben wachsen auf leichten bis mittelschweren Lösslehmböden, teils mit extrem hohem Kalkanteil. Riesling nimmt gut ein Viertel der Rebfläche ein, es folgen Silvaner, Spätburgunder, Grauburgunder, Weißburgunder und Chardonnay, dazu gibt es etwas Müller-Thurgau, Scheurebe, Gewürztraminer und Würzer. Rote Sorten nehmen insgesamt ein Drittel der Fläche ein, neben Spätburgunder gibt es Portugieser, Dornfelder, Merlot und Cabernet Sauvignon.

Kollektion

Die 2019er Weißweine zeigen sehr gleichmäßige Qualität. Die trockene Scheurebe Spätlese ist herrlich reintönig, intensiv und saftig. Ansonsten können vor allem die Rieslinge punkten: Die trockene Spätlese aus dem Morstein ist füllig und saftig, besitzt gute Struktur und reife Frucht, der Wein von alten Reben im Feuerberg besitzt feine Würze, viel Substanz und Saft, noch ein klein wenig besser gefällt uns der Riesling von alten Reben in der Steingrube, der intensive reife Frucht und viel Substanz besitzt. Ganz stark sind die Rotweine: Der Merlot ist intensiv fruchtig und kraftvoll, der Höllenbrand-Spätburgunder besitzt Fülle, Struktur und Frucht, noch spannender ist sein Kollege aus dem Morstein, der herrlich reintönig, komplex und nachhaltig ist, und der faszinierende 2007er Höllenbrand-Spätburgunder beweist, dass diese Rotweine auch sehr gut reifen können.

Weinbewertung

82	2019 Riesling Kabinett trocken Flomborner Feuerberg	12,5%/6,90€
83	2019 Silvaner Spätlese trocken Flomborner Feuerberg	13%/7,20€
85	2019 Riesling Spätlese trocken Westhofener Morstein	13,5%/8,70€
83	2019 Weißburgunder Spätlese trocken Flomborner Feuerberg	13,5%/7,40€
84	2019 Grauer Burgunder Spätlese trocken Flomborner Feuerberg	13%/7,40€
86	2019 Riesling trocken „Alte Reben" Westhofener Steingrube	13,5%/10,50€
85	2019 Riesling trocken „Alte Reben" Flomborner Feuerberg	13,5%/10,50€
85	2019 Scheurebe Spätlese trocken Flomborner Feuerberg	13%/7,20€
83	2019 Chardonnay Spätlese trocken Flomborner Goldberg	13,5%/7,40€
86	2017 Merlot trocken Flomborner Goldberg	14%/9,70€
90	2017 Spätburgunder trocken „Alte Reben" Westhofener Morstein	14%/19,50€
91	2007 Spätburgunder trocken Selection Rhh. Gundersheimer Höllenbrand	14%
88	2017 Spätburgunder trocken Gundersheimer Höllenbrand	14%/14,50€

RHEINHESSEN ▸ MONSHEIM

★★★★✩

Karl-Hermann Milch

Kontakt
Rüstermühle, Mühlstraße 14
67590 Monsheim
Tel. 06243-337
Fax: 06243-6707
www.weingut-milch.de
info@weingut-milch.de

Besuchszeiten
Mo.-Fr. nach Vereinbarung
Sa. 9-12 + 13-17 Uhr

Inhaber
Karl-Hermann Milch
Rebfläche
13 Hektar
Produktion
90.000 Flaschen

Karl-Hermann Milch übernahm 2001 das Weingut von seinem Vater Karlheinz Milch. Seine Winzerlehre verbrachte er bei den Weingütern Keller in Flörsheim-Dalsheim und Knipser in Laumersheim, die Ausbildung zum Weinbautechniker schloss er im Jahr 2000 ab. Das Weingut ist in der Rüstermühle untergebracht, einer ehemaligen Getreidemühle, die von der Familie 1926 erworben wurde. Der landwirtschaftliche Gemischtbetrieb begann nach dem Zweiten Weltkrieg mit der Flaschenweinvermarktung, seit den achtziger Jahren hatte man sich auf Weinbau konzentriert. Die Weinberge liegen in den Monsheimer Lagen Silberberg (mit der Gewanne Im Blauarsch) und Rosengarten sowie im Mörstadter Nonnengarten mit der Gewanne Im Wasserland, in der Karl-Hermann Milch kleinbeerige Chardonnay-Reben aus Burgund gepflanzt hat.

Kollektion

Karl-Hermann Milch hat nochmals eine Reihe von Chardonnay des Jahrgangs 2017 vorgestellt, die wir schon im vergangenen Jahr präsentierten. Das Jahr mehr auf der Flasche hat sie kaum verändert, sie sind weiterhin sehr frisch und jugendlich, so dass man davon ausgehen kann, dass sie auch in einigen Jahren noch viel Freude bereiten werden. Aus dem Jahrgang 2019 stammen der frische, zupackende Chardonnay Valentin und der konzentrierte Monsheimer Chardonnay, der Fülle und Kraft besitzt, reife Frucht und Grip. Der Grauburgunder vom Kalkstein ist frisch, reintönig, zupackend, der 2018er Monsheimer Grauburgunder besitzt intensive Frucht, Fülle und Kraft. Nachdem wir schon länger keine Rotweine von Karl-Hermann Milch mehr verkostet haben, stellt er dieses Jahr zwei 2018er vor, beide sind sehr gut. Der Spätburgunder ist frisch und fruchtbetont, klar, zupackend und strukturiert, der Monsheimer Frühburgunder zeigt ganz leicht rauchige Noten und reintönige reife Frucht, ist klar und zupackend im Mund, besitzt gute Struktur und Grip.

Weinbewertung

85	2019 Grauer Burgunder trocken „vom Kalkstein"	13%/8,20€
83	2019 Spätburgunder „Blanc de Noir" trocken	12,5%/7,20€
84	2019 Chardonnay trocken „Valentin"	13%/8,20€
86	2019 Chardonnay trocken Monsheim	13%/12,50€
87	2018 Grauer Burgunder trocken Monsheim	13,5%/12,50€
88	2017 Chardonnay trocken Monsheim Im Blauarsch	13,5%/18,50€
90	2017 Chardonnay trocken „809"	13%/25,-€
90	2017 Chardonnay trocken „Réserve" Monsheim Im Blauarsch	13,5%/29,-€
89	2017 Chardonnay trocken „Réserve" Mörstadt Nonnengarten	13,5%/29,-€
91	2017 Chardonnay trocken Mörstadt Im Wasserland	13,5%/49,-€
85	2018 Spätburgunder trocken	13%/9,20€
86	2018 Frühburgunder trocken Monsheimer	13%/12,50€

★★★★ Theo Minges

Kontakt
Bachstraße 11
76835 Flemlingen
Tel. 06323-93350
Fax: 06323-93351
www.weingut-minges.com
info@weingut-minges.com

Besuchszeiten
Mo.-Fr. 9-12 + 13-18 Uhr
Sa. 9-17 Uhr

Inhaber
Theo Minges
Betriebsleiter
Theo Minges, Regine Minges,
Fritz Hohlreiter
Kellermeister
Theo Minges,
Lukas Hammelmann,
Fritz Hohlreiter
Rebfläche
25 Hektar
Produktion
180.000 Flaschen

Ende der siebziger Jahre übernahm Theo Minges den elterlichen Betrieb, den er seither mit Ehefrau Martina führt, heute werden sie unterstützt von Tochter Regine, Geisenheim-Absolventin. Das Weingut hat seinen Sitz in einem Anwesen, das im 16. Jahrhundert den Grafen von der Leyen gehörte, von denen unter anderem der heute noch erhaltene Zehntkeller stammt, seit 1847 ist das Anwesen im Besitz der Familie Minges. Die Weinberge befinden sich in der Gleisweiler Hölle, den Flemlinger Lagen Vogelsprung und Herrenbuckel, im Böchinger Rosenkranz und in den Burrweiler Lagen Schlossgarten und Schäwer. Riesling ist die wichtigste Rebsorte im Betrieb, nimmt ein gutes Drittel der Rebfläche ein, ein Fünftel entfällt auf die weißen Burgundersorten, es folgen Spätburgunder und Scheurebe, dazu gibt es Chardonnay, Gewürztraminer, Rieslaner und Muskateller, Dornfelder und St. Laurent sowie Cabernet Sauvignon, Cabernet Franc und Merlot. Seit dem Jahrgang 2013 ist das Weingut bio-zertifiziert. Für die Weißweine werden die Trauben nach Maischestandzeiten von 6 bis 30 Stunden schonend gepresst und langsam und kühl im Holz oder im Edelstahl vergoren, sie reifen lange auf der Vollhefe. Seine Rotweine baut Theo Minges sehr lange im Fass aus. Das Programm ist gegliedert in Gutsweine, Ortsweine, Erste Lage und Große Lage. Ein Erste Lage-Riesling kommt aus der Gleisweiler Hölle, ein Grauburgunder aus dem Böchinger Rosenkranz. Das Große Gewächs aus der Hölle trägt seit dem Jahrgang 2014 den Gewannnamen Unterer Faulenberg. Ein weiterer Großes Gewächs-Riesling, erstmals 2014 erzeugt, kommt aus dem Burrweiler Schäwer, der Weißburgunder aus dem Böchinger Rosenkranz trägt seit dem Jahrgang 2014 den Gewannnamen Im untern Kreuz, der Spitzen-Spätburgunder stammt aus der Gewanne Zinkelerde im Böchinger Rosenkranz. Schon in der ersten Ausgabe lobten wir die Weine von Theo Minges, besonders die Rieslinge und Rotweine. Die Rieslinge haben sich seither immer mehr als seine Stärke erwiesen, auch die Rotweine haben uns immer beeindruckt, wenn wir denn welche zu verkosten bekamen, denn nicht jedes Jahr hat Theo Minges uns Rotweine vorgestellt. Die Qualität ist stetig gestiegen, die Konsistenz der Kollektionen ist beeindruckend.

Kollektion

Unter den vier Großen Gewächsen favorisieren wir in diesem Jahr wieder den Weißburgunder aus dem Gewann Im Untern Kreuz, er zeigt klare, feine Birnenfrucht und leicht rauchig-mineralische Noten im Bouquet, besitzt gute Konzentration, Kraft und Potential, ist geradlinig und noch sehr jung. Auch die beiden Großen Gewächse vom Riesling brauchen noch etwas Zeit und sind im Bouquet noch leicht verhalten, der Untere Faulenberg zeigt kräutrige Noten und dezente Frucht, ist dann am Gaumen kraftvoll, animierend und geradlinig, besitzt viel Druck

Riesling Schäwer

und ist etwas nachhaltiger als der Schäwer, der im Bouquet etwas steinig-mineralische Noten zeigt und am Gaumen herbe Zitruswürze mit Noten von Ananas und Grapefruit und ein animierendes Säurespiel besitzt. Der Zinkelerde-Spätburgunder ist ebenfalls kraftvoll und konzentriert, zeigt feine Röstnoten, etwas Krokant und Sauerkirsche, besitzt eine gute Struktur mit noch jugendlichen Tanninen, Potential und Länge, der zweite Spätburgunder ist stilistisch ähnlich, ebenfalls von dunkler Kirschfrucht und dezentem Holz geprägt, ist kraftvoll und nachhaltig. Sehr gut sind auch der konsequent trocken ausgebaute, geradlinige Gewürztraminer, der reintönige Aromen von Litschi, Rosenblättern und Zitrusfrüchten zeigt, sehr kraftvoll, fast stoffig, und lang ist, der Chardonnay vom Kalkmergel mit feiner gelber Frucht im Bouquet, Birne, Melone, der Konzentration, Schmelz und dezentes Holz besitzt, harmonisch und nachhaltig ist, und der Riesling aus dem Gewann Im oberen Letten, der viel klare Frucht, Aprikose, Orangenschale, und kräutrig-mineralische Noten zeigt und am Gaumen auch herbe Zitruswürze, Biss und Länge besitzt. Unter den beiden Grauburgunder favorisieren wir leicht den sehr kraftvollen, fülligen „Muschelkalk", der im Bouquet noch deutliches Holz und etwas gelbe Frucht zeigt, der Rosenkranz-Grauburgunder ist ebenfalls füllig, das Holz ist hier etwas dezenter und lässt der Frucht und auch floralen Noten viel Raum. Die beiden Rieslinge aus der Hölle und vom Buntsandstein haben eine ähnliche Aromatik, zeigen kräutrige Noten und etwas grünen Apfel im Bouquet, der „Buntsandstein" besitzt Frische, der Hölle ist aber insgesamt deutlich nachhaltiger und animierender.

🍇 Weinbewertung

86	2019 Grauburgunder trocken Böchinger Rosenkranz	13,5%/9,80€
85	2019 Riesling trocken „Buntsandstein"	12,5%/9,80€
87	2019 Grauburgunder trocken „Muschelkalk"	14%/12,80€
88	2019 Chardonnay trocken „Kalkmergel"	13%/12,80€
88	2019 Gewürztraminer trocken „Edition Rosenduft"	14%/12,80€
87	2019 Riesling trocken Gleisweiler Hölle	12,5%/12,-€
91	2019 Weißburgunder „GG" Rosenkranz Im untern Kreuz	13,5%/24,-€
90	2019 Riesling „GG" Schäwer	13%/24,-€
88	2019 Riesling trocken Gleisweiler „Im oberen Letten"	12,5%/16,-€
90	2019 Riesling „GG" Hölle Unterer Faulenberg	13,5%/24,-€
88	2017 Spätburgunder trocken Böchinger Rosenkranz	13,5%/16,-€
90	2017 Spätburgunder „GG" Rosenkranz Zinkelerde	13,5%/32,-€

Lagen
Hölle (Gleisweiler)
Unterer Faulenberg (Gleisweiler)
Rosenkranz (Böchingen)
Im Untern Kreuz (Böchingen)
Zinkelerde (Böchingen)
Schlossgarten (Burrweiler)
Herrenbuckel (Flemlingen)
Schäwer (Burrweiler)

Rebsorten
Riesling (35 %)
Spätburgunder (12 %)
Scheurebe (8 %)

WÜRTTEMBERG ▸ WEINSTADT-STRÜMPFELBACH

★★ Mödinger

Kontakt
Waldstraße 27
71384 Weinstadt
Tel. 07151-61172
Fax: 07151-9440858
www.moedinger-weingut.de
info@moedinger-weingut.de

Besuchszeiten
Fr. 16-19 Uhr
Sa. 10-13 Uhr
und nach Vereinbarung

Inhaber
Sven Mödinger
Betriebsleiter
Sven Mödinger
Rebfläche
4 Hektar
Produktion
30.000 Flaschen

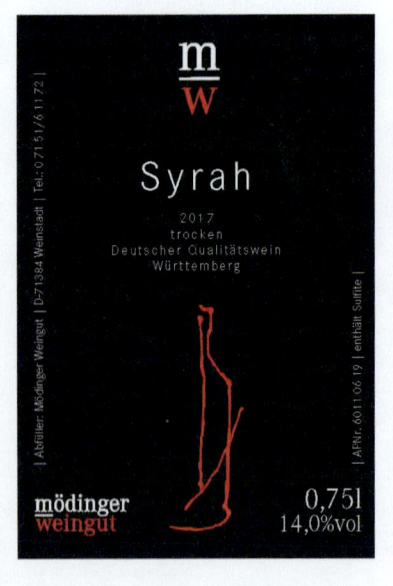

Seit vier Generationen baut die Familie Wein im Remstal an, im Nebenerwerb, war lange Zeit Mitglied einer Genossenschaft, ehe man selbst mit dem Weinausbau begann, nachdem Sven Mödinger seine Winzerlehre abgeschlossen hatte. Die Weinberge liegen in den Strümpfelbacher Lagen Altenberg und Nonnenberg sowie den Beutelsbacher Lagen Altenberg und Burghalde. Angebaut werden hauptsächlich typische Württemberger Rebsorten wie Riesling, Müller-Thurgau oder Kerner – weiße Rebsorten nehmen 70 Prozent der Fläche ein – sowie rote Sorten wie Trollinger, Lemberger, Portugieser, Dornfelder und Muskattrollinger. Die Top-Weine, derzeit ein Riesling und ein Schillerwein, stammen aus der ehemaligen Einzellage Gastenklinge, die direkt am Gut liegt. Die Rotweine werden alle maischevergoren. Die Weine kann man alle auch in der hauseigenen Besenwirtschaft genießen, dem Koppa-Besa. 250 Meter vom Weingut entfernt wurde 2019 ein neues Kelterhaus mit kleinem Verkostungsraum in der Gastenklinge 10 errichtet.

Kollektion

Die Rieslinge führen in diesem Jahr ganz klar den weißen Teil der Kollektion an. Der 2018er Wein aus der Gastenklinge ist enorm druckvoll, reintönig und zupackend; vom „60er" von 1960 gepflanzten Reben konnten wir zwei Jahrgänge verkosten: Der 2018er ist füllig, harmonisch, klar und kompakt, beim 2019er steht mehr die intensive Frucht im Vordergrund, er besitzt Kraft und gute Struktur. Auch der rauchige, strukturierte Chardonnay gefällt uns sehr gut, obwohl er etwas süß geraten ist. Spannend wie immer ist der im Holz ausgebaute Gastenklinge-Schiller, der gute Struktur und Kraft besitzt. Unser Favorit im roten Segment ist die intensiv fruchtige Cuvée aus Lemberger und Syrah.

Weinbewertung

80	„Romy" 2018 Riesling mit Chardonnay Sekt brut ❙ 13%/11,50€
83	2018 „Alte Reben" Weißwein trocken ❙ 13%/6,80€
84	2019 „WeinHochZwei" Weißwein trocken ❙ 12,5%/8,-€
85	2019 Chardonnay trocken ❙ 13%/14,20€
88	2018 Riesling trocken „Gastenklinge" ❙ 13,5%/9,50€ ☺
88	2018 Riesling trocken „60er" ❙ 12,5%/20,50€/1,5l
87	2019 Riesling trocken „60er" ❙ 12,5%/9,20€
82	2018 Riesling „feinherb" ❙ 12%/7,-€
86	2018 Schiller trocken „Gastenklinge" ❙ 13%/8,50€
82	2019 Muskat-Trollinger Rosé ❙ 11,5%/6,50€
83	2019 Rosé „Luis" ❙ 11%/5,80€
82	2018 Trollinger trocken ❙ 12%/5,50€
85	2018 Lemberger trocken ❙ 14%/6,80€
88	2018 Lemberger/Syrah trocken ❙ 14%/14,20€

Mönchhof, Robert Eymael

★★★✩

Kontakt
Mönchhof, 54539 Ürzig
Tel. 06532-93164
Fax: 06532-93166
www.moenchhof.de
info@moenchhof.de

Besuchszeiten
Mo.-Sa. 9-17 Uhr, am Wochenende nach Vereinbarung
3 Gästezimmer

Inhaber
Weingüter M&C Management GmbH

Betriebsleiter
Philippe Conzen

Kellermeister
Philippe Conzen

Rebfläche
10 Hektar

Der Mönchhof in Ürzig, der ehemals der Zisterzienserabtei Himmerod gehörte, ist eines der ältesten Weingüter an der Mosel. 1804, nach der Säkularisierung unter Napoleon, ersteigerte die Familie Eymael das Weingut in Paris, seither ist es in Familienbesitz, wird seit 1994 von Robert Eymael geführt, der später auch das Weingut Christoffel Erben übernahm. Inhaberin des Betriebes ist mittlerweile die Weingüter M&C Management GmbH, als Betriebsleiter und Kellermeister fungiert Philippe Conzen. Die Weinberge finden sich im Ürziger Würzgarten (zu dessen Fuß das Weingut liegt) sowie in den beiden Erdener Lagen Treppchen und Prälat, sie sind mit wurzelechten, teilweise hundert Jahre alten Rieslingreben bepflanzt – andere Sorten werden hier aus Prinzip nicht angebaut. Das Weingut hat seinen Sitz in einem Gutsgebäude aus dem 16. Jahrhundert. Alle Weine werden im alten Gewölbekeller in Holzfässern ausgebaut. Dem Weingut ist ein Gästehaus angeschlossen.

Kollektion

Die Weine des Mönchhofs sind stets fein, präzise und zupackend. 2019 gefallen sie besonders gut. Der trockene Grand Lay ist straff, würzig mit reifer, animierender Säure: Ein tadelloser Basiswein der gehobenen Art. Die trockene Spätlese ist dann schon ein ganz anderes Kaliber, stoffig und rassig, angenehm nachhaltig und im Restzucker sehr verhalten. Sie macht bereits jetzt Spaß, sollte sich aber mühelos noch einige Jahre ausgezeichnet entwickeln. Der Salve ist noch jugendlich, besitzt eine fast nussig wirkende Hefenote, einen Hauch von Süße und eine reife Säure. Der Alkohol ist angenehm niedrig gehalten, was ja generell ein Merkmal der hier erzeugten Rieslinge ist. Auch der feinherbe Wein aus dem Fass 33 ist gelungen, besitzt Schmelz, aber gerade im rechten Maße. Der Kabinett aus dem Würzgarten ist offen, rassig, animierend, mit verhaltener Süße – sehr gelungen mit seiner vibrierenden Art. Neben der gelungenen Spätlese muss auch die 2019 besonders stimmige Auslese aus dem Prälat erwähnt werden. Sie weist Noten von cremigem Apfel, Steinobst und Kräutern auf, ist saftig und ausgezeichnet balanciert. Sehr vielversprechend ist auch die erfreulich balancierte und nicht übertrieben mächtige Beerenauslese.

Weinbewertung

85	2019 Riesling trocken „Grand Lay"	12%/8,90€
88	2019 Riesling Spätlese trocken „Alte Reben" Ürzig Würzgarten	12%/15,90€
84	2019 Riesling „feinherb" „Salve"	11,5%/8,90€
87	2019 Riesling Spätlese „feinherb" „Fass 33" Ürzig Würzgarten	11%/14,90€
88	2019 Riesling Kabinett Ürzig Würzgarten	8%/11,90€
88	2019 Riesling Spätlese Ürzig Würzgarten	8%/13,90€
92	2019 Riesling Auslese Erden Prälat	8%/29,90€
91+	2019 Riesling Beerenauslese Ürzig Würzgarten	9%/a.A.

RHEINGAU ▶ LORCH

★★★ Mohr

Kontakt
Rheinstraße 21
65391 Lorch
Tel. 06726-9484
Fax: 06726-1694
www.weingut-mohr.de
info@weingut-mohr.de

Besuchszeiten
nach Vereinbarung
Straußwirtschaft mit orientalischer Küche: Ende April-Ende Mai, Fr./Sa. ab 17 Uhr, So. & Feiertage ab 15 Uhr (Pfingstmontag geschlossen)
Kochkurse

Inhaber
Jochen Neher
Betriebsleiter
Jochen Neher
Kellermeister
Jochen Neher
Rebfläche
10 Hektar
Produktion
70.000 Flaschen

Das 1875 von Wilhelm Mohr gegründete Weingut wird heute von dessen Urenkel Jochen Neher und seiner Frau Saynur Sonkaya-Neher geführt. Ihre Weinberge liegen in den Lorcher Lagen Krone (grauer Taunusschiefer), Bodental-Steinberg (roter und blauer Phyllitschiefer) und Schlossberg (blauer Taunusschiefer), wo Jochen Neher einen Weinberg mit 1934 gepflanzten Reben besitzt, die wohl ältesten im Rheingau, sowie im Assmannshäuser Höllenberg (roter Phyllitschiefer und Quarzit). Haupttrebsorte im Betrieb ist der Riesling, der 70 Prozent der Rebfläche einnimmt. Daneben gibt es Spätburgunder und Weißburgunder, sowie ein klein wenig Silvaner, Scheurebe, Grauburgunder und Muskateller. Die Weinberge werden zertifiziert biologisch bewirtschaftet, Jochen Neher ist seit 2014 Mitglied bei Ecovin. 2017 erweiterte er die Rebfläche um einen Hektar in Lorch und in Assmannshausen.

Kollektion

Die Weine des Lorcher Bio-Weingutes leben auch im Hitzejahr 2019 wieder von ihrer Leichtigkeit, Frische und harmonischen Art. Sommerlich verspielt sind der expressiv-fruchtige Blanc de Blanc und der elegante Blanc de Noir, schlank und zugänglich ist auch der Weißburgunder. Die Einstiegsrieslinge sind geradlinig. Der Literriesling süffig, der aus der normalen Flasche spürbar feiner. Der Lorcher Ortswein präsentiert sich würzig und nachhaltig. Deutlich tiefgründiger und pointierter bilden die Alten Reben den passenden Übergang zu den Lagenrieslingen. Bei den Großen Gewächsen tun sich spannende Unterschiede auf. Der Wein aus der Lorcher Krone ist mineralisch gewirkt und zart-würzig, harmonisch und mild. Der Riesling aus dem Bodental-Steinberg ist deutlich vollmundiger und dichter, lang und angenehm cremig. Tiefgründig und mit immens reifer Frucht rundet der Riesling „34" die Kollektion ab.

Weinbewertung

87	2015 Riesling Sekt brut nature „Grande Réserve" Lorcher Krone	13%/30,-€
85	2018 Pinot Sekt brut	13%/18,90€
83	2019 Riesling trocken (1l)	12,5%/8,90€
83	2019 „Blanc de Blancs" trocken	12,5%/9,90€
84	2019 Weißburgunder trocken	12%/9,90€
84	2019 Spätburgunder „Blanc de Noir" trocken	12,5%/9,90€
84	2019 Riesling trocken	12,5%/9,20€
86	2019 Riesling trocken Lorch	13%/13,90€
87	2019 Riesling trocken „Alte Reben"	12,5%/16,90€
89	2019 Riesling trocken „34" Lorcher Schlossberg	13%/34,-€
88	2019 Riesling trocken Großes Gewächs Lorcher Krone	13%/22,90€
89	2019 Riesling trocken Großes Gewächs Lorcher Bodental-Steinberg	13%/25,90€

★★★★★ # Markus **Molitor**

Kontakt
Haus Klosterberg
54470 Bernkastel-Wehlen
Tel. 06532-954000
Fax: 06532-9540029
www.markusmolitor.com
info@markusmolitor.com

Besuchszeiten
Mo.-Fr. 10-17 Uhr
Sa./So. nach Vereinbarung
Vinothek (bis 50 Personen)

Inhaber
Markus Molitor
Rebfläche
100 Hektar
Produktion
500.000 Flaschen

Ganz klein und sehr jung hat er angefangen, heute ist Markus Molitor größter Weingutsbesitzer an der mittleren Mosel. Direkt am Weingut besitzt Markus Molitor 10 Hektar Weinberge, das größte arrondierte Stück an der Mittelmosel (Wehlener Klosterberg). Beträchtlichen Besitz hat er in der Zeltinger Sonnenuhr, ist aber auch auf der Wehlener Seite vertreten und im Zeltinger Schlossberg. Hinzu kommen unter anderem Weinberge im Graacher Domprobst und Himmelreich, Erdener Treppchen, Ürziger Würzgarten und in der Bernkasteler Lay. Auch aus den Lagen Thörnicher Ritsch, Brauneberger Juffer-Sonnenuhr oder Erdener Prälat erzeugt Markus Molitor mittlerweile Wein. An der Saar hat er 3 Hektar im Saarburger Rausch erworben, einen halben Hektar im Ockfener Bockstein; als nächstes Projekt folgte die Wiederbestockung des Geisbergs, einer brachgefallenen Lage in Ockfen, danach erwarb er die ehemalige Staatsdomäne in Serrig. Mittlerweile hat Molitor den Geisberg wieder abgegeben, investiert umso mehr in die Domäne Serrig, deren Weine noch im Keller reifen. Neben Riesling baut das Weingut Molitor Weiß- und Spätburgunder an. Die Burgunder werden bei ihm prinzipiell im Holz ausgebaut. Markus Molitor vergärt alle Weine mit den natürlichen Hefen. Zum Keltern benutzt er in den letzten Jahren verstärkt Korbpressen, lässt die Weine 12 bis 18 Stunden macerieren, je nach Jahrgang auch mal zwei Tage. Zum Ausbau nutzt er Edelstahl und Holzfässer, hat den Holzfassanteil in den letzten Jahren weiter vergrößert. Er baut die Weine lange auf der Feinhefe aus, füllt sehr spät ab. Solche Weine sollte man eigentlich erst nach ein paar Monaten Flaschenreife zeigen, noch besser: nach ein paar Jahren. Sie altern großartig, auch die trockenen Weine und selbst in Jahrgängen wie 2003. Bezeichnungen wie trocken oder „feinherb" hat Markus Molitor mit dem Jahrgang 2007 abgeschafft. Für ihn trocken schmeckende Weine (auch wenn nicht im gesetzlich trockenen Bereich) werden mit weißer Kapsel ausgestattet, feinherbe mit grüner und süße mit goldener.

Kollektion

2019 ist großartig ausgefallen. Alle Weine besitzen Frische und Rasse, was sich schon in der Basis feststellen lässt. Der Haus Klosterberg-Riesling zeigt ein bemerkenswertes Preis-Leistungs-Verhältnis, der Schiefersteil besitzt noch deutlich mehr Finesse. Unter den Kabinetten gefällt der Wein aus dem Würzgarten mit Präzision, der „Fuder 6" ist duftig, besitzt Druck. Straff und salzig ist die Spätlese aus dem Würzgarten, wie überhaupt diese Lage in 2019 besonders bemerkenswerte Weine hervorgebracht hat. Die Spätlese aus der Zeltinger Sonnenuhr ist fest, puristisch, verspielt. Bei den Alte-Reben-Weinen gefällt jener von der Saar noch etwas besser als der von der Mosel, ist duftig, straff, typisch. Die trockenen Zwei-Sterne-Auslesen unterscheiden sich deutlich voneinander: Das Exemplar der Juffer-Sonnenuhr gefällt besonders gut mit seiner straffen Mineralität, jenes aus der Zeltinger Sonnenuhr besitzt

MARKUS MOLITOR

Zeltinger Sonnenuhr
Spätlese

Riesling
Mosel

deutlich mehr Schmelz. Bei den Auslesen mit drei Sternen sind beispielsweise der saftige Wein aus der Wehlener Sonnenuhr und der eigenständige, feste Riesling aus dem Erdener Prälat zu nennen. Der animierende feinherbe Bereich leitet über zu sehr ausgewogenen süßen Weinen, unter denen beispielsweise die Auslese Haus Klosterberg und die grandiosen Drei-Sterne-Auslesen aus Juffer, Wehlener und Zeltinger Sonnenuhr auffallen. Unglaublich frisch sind die Beerenauslesen ohne Stern, während jene mit einem Stern Schmelz aufweisen. Unter den Rotweinen aus 2017 gefällt die Basis, aber auch die straffen, teilweise noch sehr jugendlichen Lagenweine überzeugen – etwa der mineralische Klostergarten-Pinot Noir.

Weinbewertung

88	2019 Riesling „Haus Klosterberg"	9,90 € ☺
89	2019 Riesling „Schiefersteil"	12,80 €
90	2019 Riesling Kabinett Ürziger Würzgarten	10,5 %/15,80 €
88	2019 Riesling Kabinett Erdener Treppchen	11 %/14,80 €
91	2019 Riesling Kabinett „Fuder 6" Zeltinger Sonnenuhr	11,5 %/24,- €
91	2019 Riesling Spätlese Ürziger Würzgarten	11 %/19,50 €
92	2019 Riesling Spätlese Zeltinger Sonnenuhr	12 %/22,- € ☺
91	2019 Riesling „Alte Reben" Saar	11,5 %/17,80 € ☺
90	2019 Riesling „Alte Reben" Mosel	11,5 %/17,80 €
92	2019 Riesling Auslese** Ürziger Würzgarten	12 %/36,- €
93	2019 Riesling Auslese** Brauneberger Juffer-Sonnenuhr	12 %/45,- €
92	2019 Riesling Auslese** Zeltinger Sonnenuhr	12,5 %/45,- €
94	2019 Riesling Auslese*** Wehlener Sonnenuhr	13 %/76,- €
94	2019 Riesling Auslese*** Zeltinger Sonnenuhr	13 %/85,- €
94	2019 Riesling Auslese*** Erdener Prälat	590,- €
94	2019 Riesling Auslese*** Zeltinger Sonnenuhr	12 %/85,- €
91	2019 Riesling Auslese „Haus Klosterberg"	7,5 %/24,- €
94	2019 Riesling Auslese** Zeltinger Sonnenuhr	7,5 %/45,- €
95	2019 Riesling Auslese*** Brauneberger Juffer	7,5 %/76,- €
95	2019 Riesling Auslese*** Wehlener Sonnenuhr	7,5 %/76,- €
96	2019 Riesling Auslese*** Zeltinger Sonnenuhr	8 %/85,- €
96	2019 Riesling Beerenauslese Ürziger Würzgarten	6 %/53,- €/0,375l
97	2019 Riesling Beerenauslese* Zeltinger Sonnenuhr	6,5 %/77,- €/0,375l
97	2019 Riesling Trockenbeerenauslese Zeltinger Sonnenuhr	6,5 %/129,- €/0,375l
90	2017 Pinot Noir* Brauneberger Mandelgraben	12,5 %/29,- €
92	2017 Pinot Noir** Ockfener Bockstein	13 %/39,80 €
90	2017 Pinot Noir** Brauneberger Klostergarten	13 %/39,80 €
93	2017 Pinot Noir*** Brauneberger Klostergarten	13 %/79,- €

Lagen
Sonnenuhr (Zeltingen)
Schlossberg (Zeltingen)
Sonnenuhr (Wehlen)
Domprobst (Graach)
Himmelreich (Graach)
Würzgarten (Ürzig)
Treppchen (Erden)
Rausch (Saarburg)
Bockstein (Ockfen)
Lay (Bernkastel)
Badstube (Bernkastel)
Klosterberg (Wehlen)
Rosenberg (Kinheim)
Hubertuslay (Kinheim)
Himmelreich (Zeltingen)

Rebsorten
Riesling (92 %)
Spätburgunder (5 %)
Weißburgunder (3 %)

NAHE — LAUBENHEIM

★★★

Montigny

Kontakt
Weidenpfad 46
55452 Laubenheim
Tel. 06704-1468
Fax: 06704-1602
www.montigny.de
sascha.montigny@montigny.de

Besuchszeiten
Mo.-Fr. 10-12 + 14-18 Uhr,
Sa. 10-14 Uhr, jeweils nur
nach Vereinbarung

Inhaber
Sascha Montigny
Rebfläche
8 Hektar
Produktion
55.000 Flaschen

Das Weingut Montigny wurde in den sechziger Jahren von den Eltern des heutigen Besitzers gegründet, Sascha Montigny hat es 1994 übernommen. Ungewöhnlich für die Nahe ist, dass die Hälfte der Rebfläche mit roten Sorten bestockt ist. Spätburgunder, den es bereits seit 1975 gibt, ist die wichtigste rote Sorte. Zweite wichtige Rotweinsorte ist der St. Laurent, einige Frühburgunderanlagen hat Sascha Montigny jetzt angesichts des Klimawandels mit Merlot ersetzt. Der Schwerpunkt bei den Weißweinen liegt beim Riesling, der ein Viertel der Rebfläche einnimmt, dazu gibt es Grauburgunder und Weißburgunder, 2020 wurde etwas Viognier gepflanzt.

Kollektion

2018 konnte Sascha Montigny seinen ersten Merlot ernten, die Menge war allerdings noch so gering, dass er den Merlot mit Saint Laurent assemblieren musste, um ein Barrique füllen zu können: Wie auch die anderen Rotweine braucht die Cuvée einiges an Luft, im Bouquet ist der Wein von dunkler Frucht, Mokka, Lakritze und etwas Leder geprägt, ist kraftvoll, harmonisch und besitzt gute Länge. Noch etwas stärker schätzen wir allerdings unseren Favoriten der vergangenen Jahre ein, den Spätburgunder aus der Krone, der von allen Roten wieder das komplexeste Bouquet besitzt, mit Noten von Schwarzkirsche, roter Johannisbeere, Minze und Waldboden, am Gaumen ist er noch von jugendlichen Tanninen geprägt, ist harmonisch und lang. Auch der Saint Laurent besitzt eine jugendliche Struktur, im Bouquet zeigt er viel kräutrige Würze, Eukalyptus, Mokka und dunkle Frucht, die „Cuvée Mariage" ist ähnlich im Bouquet, aber etwas weniger intensiv, der Frühburgunder besitzt klare Kirschfrucht und eine frische Säure. Die Krone besitzt unter den von Zitrusnoten geprägten, leicht verhaltenen Rieslingen am meisten Grip, der Grauburgunder besitzt Kraft, Fülle, gelbe Frucht und gut eingebundenes Holz und der 60 Monate auf der Hefe ausgebaute „Blanc de Noir"-Sekt zeigt gelbe Frucht, auch etwas Kirsche und feine hefige Würze, ist cremig und harmonisch.

Weinbewertung

87	2014 Pinot Noir „Blanc de Noir" Sekt brut	13,5%/14,-€
85	2016 Riesling Sekt brut	12%/11,-€
82	2019 Riesling trocken Laubenheimer	12,5%/6,-€
84	2019 Riesling trocken Laubenheimer Karthäuser	13%/8,50€
85	2019 Riesling trocken Laubenheimer Krone	12,5%/13,50€
86	2019 Grauburgunder trocken Laubenheimer Karthäuser	13,5%/11,-€
87	2018 Frühburgunder trocken Laubenheimer Krone	13,5%/17,50€
87	2018 Cuvée Mariage Rotwein trocken Laubenheimer Krone	13,5%/19,50€
88	2018 Saint Laurent „R" trocken Laubenheimer Krone	13,5%/24,50€
88	2018 Merlot & Saint Laurent trocken Laubenheimer	14%/69,-€
89	2018 Spätburgunder trocken Laubenheimer Krone	13,5%/29,50€

★★★ Moosmann

Kontakt
Schwarzwaldstraße 78
79183 Waldkirch-Buchholz
Tel. 07681-7574
Fax: 07681-25118
www.weingut-moosmann.de
weingut.moosmann@t-online.de

Besuchszeiten
Vinothek:
Mo.-Fr. 8-18:30 Uhr
Sa. 8-16 Uhr

Inhaber/Betriebsleiter
Georg Moosmann
Kellermeister
Georg Moosmann, Marco Hammer
Außenbetrieb
Ingo Killy, Daniel Brückner
Rebfläche
25 Hektar

1986 begann Siegfried Moosmann seine Weine selbst auszubauen, seit 1994 ist Sohn Georg Moosmann für den Weinausbau verantwortlich, 2014 hat er den Betrieb von seinem Vater übernommen. Von ursprünglich 7,5 Hektar ist die Rebfläche auf die heutige Größe angewachsen. Die Weinberge liegen vor allem in Buchholz und Sexau (Sonnhalde), aber auch in Mundingen (Alte Burg) und Herbolzheim (Kaiserberg), dort stehen die Reben auf tiefgründigen Lössböden. Die Hälfte der Rebfläche nimmt Spätburgunder ein, es folgen Grauburgunder, Weißburgunder und Chardonnay. Dazu gibt es etwas Müller-Thurgau, Riesling, Gewürztraminer und Muskateller, seit 2005 auch Sauvignon Blanc. Im Oktober 2017 wurde die neue Vinothek in der Schwarzwaldstraße bezogen. Nachdem der Riesling bereits seit dem Jahrgang 2013 den Namen der Gewanne Reichenbächle trägt (inzwischen gibt es auch einen Reichenbächle-Chardonnay), werden seit 2017 auch die besten Weiß-, Grau- und Spätburgunder mit Gewannnamen bezeichnet.

Kollektion

Wie im vergangenen Jahr sehen wir bei den trockenen Weißweinen den im Barrique ausgebauten Chardonnay Reichenbächle an der Spitze des Lagen-Quartetts, er ist der fruchtigste der Lagenweine, Fülle und Saft halten zudem den jahrgangsbedingt hohen Alkoholwert im Schach. Beim Grauburgunder Riddele, dem Maischestandzeit eine schöne Färbung gibt, ist der Alkohol bereits im füllig-warmen Bouquet deutlich, dank einer guten Säurestruktur geht er aber nicht in die Breite. Der reintönige Weißburgunder Riddele zeigt feine Zitrus- und helle Apfelaromen. Der druckvoll mineralische Riesling stellt nicht die Frucht in den Vordergrund, lebt von vibrierender Säure, ist deutlich restsüß. Immer noch beeindruckend gut ist der aus getrockneten Muskatellertrauben gekelterte Opal S. Sehr gut ist der Sekt, der süße Gewürztraminer ist durch feine Säure fast schlank. Bei den Spätburgundern dominiert süße Frucht.

Weinbewertung

84	2017 Pinot Sekt brut	12,5%/12,90€
83	2019 Grauburgunder Kabinett trocken	13%/7,-€
84	2018 Riesling Spätlese trocken „Reichenbächle" Buchholzer Sonnhalde	13%/15,50€
84	2019 Muskateller trocken Herbolzheimer Kaiserberg	13%/8,50€
86	2018 Weißburgunder „Riddele"	14%/15,50€
86	2018 Grauburgunder „Riddele"	14,5%/15,50€
87	2018 Chardonnay Spätlese trocken „Reichenbächle" Buchh. Sonnhalde	14%/16,90€
86	2019 Gewürztraminer Spätlese Buchholzer Sonnhalde	11,5%/11,90€
90	2018 „Opal*S" Weißwein	9,5%/22,-€
82	2018 Spätburgunder trocken „Alte Rebe" Buchholzer Sonnhalde	14%/9,-€
84	2018 Spätburgunder Spätlese trocken Buchholzer Sonnhalde	14%/11,-€
86	2017 Spätburgunder trocken Barrique Buchholzer Sonnhalde	14%/17,90€

PFALZ ▬ FORST

★★★★⯨

Georg Mosbacher

Kontakt
Weinstraße 27
67147 Forst
Tel. 06326-329
Fax: 06326-6774
www.georg-mosbacher.de
info@georg-mosbacher.de

Besuchszeiten
Mo.-Fr. 9-12 + 13:30-18 Uhr
Sa. 10-13 Uhr

Inhaber
Familie Mosbacher
Betriebsleiter
Sabine Mosbacher-Düringer,
Jürgen Düringer
Rebfläche
22 Hektar
Produktion
150.000 Flaschen

Seit über 200 Jahren betreibt die Familie Weinbau in Forst. Richard Mosbacher Sen. gründete das Weingut 1920 zusammen mit seinen Schwestern und benannte es nach seinem Vater Georg. Sein Sohn Richard und Ehefrau übernahmen das Gut in den sechziger Jahren, seit 1992 leiten Tochter Sabine und ihr Ehemann Jürgen Düringer, beide Geisenheim-Absolventen, den Betrieb. 1993 wurde das Weingut in den VDP aufgenommen. Die Weinberge liegen in Forst und Deidesheim. Große Gewächse erzeugen sie in den Forster Lagen Pechstein (Basalt, Buntsandsteingeröll), Ungeheuer (Buntsandstein mit Kalkgeröll und Basalt), Jesuitengarten (kräftiger Lehmboden, durchzogen mit Buntsandstein und Basaltgeröll) und Freundstück (Buntsandsteingeröll, stellenweise etwas Kalkgeröll), sowie im Deidesheimer Kieselberg (lehmiger Sand, stellenweise Buntsandstein und Geröll) und seit dem Jahrgang 2018 im Deidesheimer Langenmorgen (Buntsandsteinverwitterung mit Kalk und lehmigem Sand). Weitere Weinberge besitzen sie in den Forster Lagen Musenhang, Stift und Elster, in den Deidesheimer Lagen Herrgottsacker, Mäushöhle und Leinhöhle und in Wachenheim in den Lagen Gerümpel, Altenburg und Goldbächel. Riesling ist die mit Abstand wichtigste Rebsorte im Betrieb, steht auf drei Vierteln der Rebfläche. Daneben gibt es ein klein wenig Weiß- und Grauburgunder, Gewürztraminer, Sauvignon Blanc und Cabernet Blanc, Rotweinsorten stehen auf 10 Prozent der Fläche, Spätburgunder, Dornfelder und Merlot. Nach der Umstellung auf biologischen Anbau ist 2019 der erste zertifizierte Jahrgang.

🍷 Kollektion

Der Holzanteil bei den Großen Gewächsen wurde in diesem Jahr etwas heruntergefahren, nur noch drei der sechs Weine wurden in verschiedenen Gebindegrößen ausgebaut, darunter unsere zwei Favoriten: Der Jesuitengarten wurde in erst- und zweitbelegten Tonneaux gelagert, zeigt feine Holzwürze und leicht kräutrige Noten, besitzt am Gaumen klare, herbe Frucht, guten Grip, sehr feinen Druck und Länge, der Pechstein wurde im zweijährigen Stückfass ausgebaut, ist im Bouquet noch leicht verhalten, besitzt am Gaumen klare Frucht, Aprikose, Ananas, eine leicht cremige Textur und Druck, ist elegant und sehr nachhaltig, der Ungeheuer wurde im Edelstahl und einem Doppelstückfass ausgebaut, zeigt dezente kräutrig-mineralische Noten, ist am Gaumen animierend und von herben Zitrusnoten geprägt, besitzt salzige Länge. Der Langenmorgen, wie auch Kieselberg und Freundstück komplett im Edelstahl ausgebaut, zeigt sehr deutliche Frucht im Bouquet, gelbes Steinobst, Aprikose, etwas Honigmelone, besitzt Fülle und leicht süße Frucht, ist animierend und nachhaltig, auch der Kieselberg zeigt gelbes Steinobst, dazu Zitrusnoten und etwas kräutrige Würze, besitzt auch am Gaumen viel klare Frucht, Saft und Biss, der

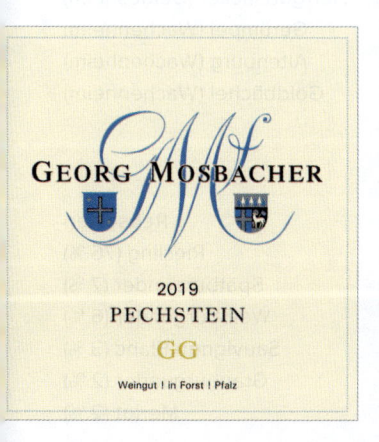

Freundstück ist ebenfalls gelbfruchtig mit Noten von Pfirsich und Orangenschale, besitzt Kraft, guten Grip und Länge. Unser Favorit unter den Erste-Lage- und Ortsrieslingen ist der „Basalt", der dezente Holzwürze, leicht rauchige und kräutrige Noten zeigt, Kraft und Druck besitzt, der „Kalkstein" zeigt kreidig-steinige Noten, bleibt in der Frucht ganz zurückhaltend, besitzt Grip und Länge, der „Buntsandstein" ist fruchtbetont, kräutrig und füllig, das Gerümpel besitzt Kraft, Konzentration und klare Frucht, Aprikose, Ananas und gelben Apfel. Die Leinhöhle zeigt gelbe Frucht, Ananas, Orangenschale, besitzt guten Grip, der Musenhang zeigt feine kräutrige Noten, ist fruchtbetont und frisch, der Paradiesgarten ist schlank, herb und animierend und der Gutsriesling ist schlank, leicht kräutrig und zitruswürzig. Bei den anderen Rebsorten zeigt der Sauvignon Blanc „Fumé" viel gelbe Frucht, Pfirsich, Maracuja, und sehr dezentes Holz, ist saftig, frisch und nachhaltig, der Weißburgunder „SL" ist ebenfalls gelbfruchtig, zeigt feine Holzwürze, dezent Vanille, besitzt am Gaumen klare Frucht und Fülle, der Cabernet Blanc ist frisch und harmonisch, zeigt klare Aromen von Maracuja, Mango und Pfirsich und die Cuvée aus Weißburgunder und Chardonnay zeigt klare Frucht, Birne, Melone, und florale Würze, besitzt Schmelz.

🍇 Weinbewertung

84	2019 Riesling trocken	11,5 %/8,- €
88	2019 Riesling trocken Wachenheimer Gerümpel	13,5 %/16,- €
87	2019 Riesling trocken Forster Musenhang	12,5 %/14,60 €
87	2019 Riesling trocken Deidesheimer Leinhöhle	13 %/14,- €
86	2019 Riesling trocken Deidesheimer Paradiesgarten	12 %/13,- €
86	2019 Cabernet Blanc trocken	12,5 %/10,80 €
86	2019 Weißburgunder & Chardonnay trocken	13 %/10,80 €
88	2018 Weißburgunder trocken „SL" Wachenheimer Altenburg	13 %/16,- €
88	2019 Sauvignon Blanc trocken „Fumé"	13 %/18,- €
88	2019 Riesling trocken „Buntsandstein" Wachenheim	13 %/17,- €
88	2019 Riesling trocken „Kalkstein" Deidesheim	13 %/15,- €
89	2019 Riesling trocken „Basalt" Forst	13 %/17,- €
91	2019 Riesling „GG" Kieselberg	13 %/29,- €
91	2019 Riesling „GG" Freundstück	13 %/32,- €
92	2019 Riesling „GG" Pechstein	12,5 %/35,- €
92	2019 Riesling „GG" Jesuitengarten	13 %/40,- €
91	2019 Riesling „GG" Langenmorgen	13 %/40,- €
91	2019 Riesling „GG" Ungeheuer	13 %/35,- €

Lagen
Ungeheuer (Forst)
Pechstein (Forst)
Freundstück (Forst)
Jesuitengarten (Forst)
Musenhang (Forst)
Stift (Forst)
Elster (Forst)
Kieselberg (Deidesheim)
Langenmorgen (Deidesheim)
Paradiesgarten (Deidesheim)
Leinhöhle (Deidesheim)
Mäushöhle (Deidesheim)
Herrgottsacker (Deidesheim)
Gerümpel (Wachenheim)
Altenburg (Wachenheim)
Goldbächel (Wachenheim)

Rebsorten
Riesling (76 %)
Spätburgunder (7 %)
Weißburgunder (6 %)
Sauvignon Blanc (3 %)
Grauburgunder (2 %)
Merlot (2 %)

MOSEL — BERNKASTEL-KUES

Moselland – Goldschild

Kontakt
Bornwiese 6
54470 Bernkastel-Kues
Tel. 06531-57253
Fax: 06531-85057253
www.moselland.de
dmeyer@moselland.de

Besuchszeiten
nach Vereinbarung

Vorstandsvorsitzender
Henning Seibert
Kellermeister
Dominik Meyer
Rebfläche
10 Hektar (Moselland Goldschild)
Produktion
50.000 Flaschen

An der Genossenschaft Moselland kommt man nicht vorbei im Anbaugebiet. Unter der Leitung des Vorstandsvorsitzenden Henning Seibert und des Kellermeisters Dominik Meyer stellt die größte Kooperative der Region mit Sitz in Bernkastel-Kues, die längst auch außerhalb der Grenzen des Anbaugebietes aktiv ist, eine Fülle von Weinen her. Für die Linie namens Goldschild werden lediglich zehn Hektar genutzt, die sich in den Lagen Erdener Treppchen, Ürziger Würzgarten, im Müdener Funkenberg, im Kestener Paulinshofberg, im Lieserer Niederberg-Helden und im dortigen Schlossberg sowie in der Brauneberger Juffer und im Graacher Himmelreich befinden. Interessant ist, dass für diese Prestigeserie der Schraubverschluss Verwendung findet und nicht nur Riesling, sondern auch Weißer Burgunder, Chardonnay und Gewürztraminer genutzt werden.

Kollektion

Zwei trockene Weine sind Bestandteil des vorgestellten Sortiments. Der Saar-Riesling zeigt, dass sich dieser Teil des Anbaugebietes 2019 gut geschlagen hat, er ist spritzig, frisch, erfreulich trocken. Der Riesling von großen Lagen ist da schon ein anderes Kaliber, präsentiert sich fest und spritzig, mit etwas Kohlensäure, ist nicht zu mächtig und insgesamt ein sehr gut vinifizierter, kompakter und zudem angenehm trockener Moselwein. Klein ist dann der feinherbe Bereich mit einem saftigen, aber nicht allzu langen Riesling, der eine deutliche Süße aufweist. Die nun folgenden dezidiert süßen Weine wirkten zum Zeitpunkt der Verkostung recht süß und zugänglich. Der Kabinett aus dem Schlossberg ist klar, fruchtig, saftig, aber nicht allzu lang. Offen und präzise wirkt die Spätlese aus dem Treppchen. Noch vielschichtiger als ihr für die Lage typisches Pendant aus dem Würzgarten ist die Spätlese aus dem Himmelreich mit Hefenoten in der Nase und straffer Art sowie schöner Länge; die hohe Süße wirkt ein wenig störend, dürfte sich aber mit der Zeit besser einbinden. Die Auslese aus dem Paulinshofberger gefällt sehr gut mit ihrer Nase nach Boskop und süßen Kräutern sowie der saftigen, präzisen Art; die Süße steht hier noch deutlich im Vordergrund, allerdings ist Substanz vorhanden.

Weinbewertung

83	2019 Riesling trocken „Goldschild" Saar	11,5%/7,20 €
86	2019 Riesling trocken „von Großen Lagen"	12,5%/9,99 €
82	2019 Riesling „feinherb" „Goldschild" Mosel	11%/7,20 €
84	2019 Riesling Kabinett „Goldschild" Lieserer Schlossberg	8%/8,- €
85	2019 Riesling Spätlese „Goldschild" Ürziger Würzgarten	7,5%/9,20 €
87	2019 Riesling Spätlese „Goldschild" Graacher Himmelreich	7%/9,20 €
86	2019 Riesling Spätlese „Goldschild" Erdener Treppchen	7%/9,20 €
86	2019 Riesling Spätlese „von Großen Lagen"	8%/9,99 €
86	2019 Riesling Auslese „Goldschild" Kestener Paulinshofberger	7%/10,50 €

PFALZ — FORST

★★★ Eugen **Müller**

Kontakt
Weinstraße 34a
67147 Forst
Tel. 06326-330
Fax: 06326-6802
www.weingut-eugen-mueller.de
kontakt@weingut-eugen-mueller.de

Besuchszeiten
Mo.-Fr. 8-12 + 13:30-18 Uhr
Sa. 10-16 Uhr
Ferienwohnungen

Inhaber
Stephan Müller
Kellermeister
Jürgen Meißner
Rebfläche
17 Hektar
Produktion
150.000 Flaschen

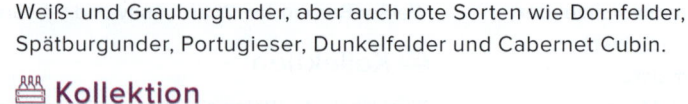

Eugen Müller heiratete in die Familie Wallbillich ein, die seit 1767 eine Küferei in Forst betrieb. 1952 baute er seinen ersten Wein aus, später kaufte und pachtete er Weinberge zu, 1971 gründete er das Weingut Eugen Müller, das dann von seinem Sohn Kurt Müller und heute von dessen Sohn Stephan geführt wird. Er besitzt Weinberge in den besten Lagen von Forst: Kirchenstück (Buntsandsteingeröll mit Kalksteingeröll, sandigem Lehm und Basalt), Jesuitengarten (Sandsteingeröll, sandiger Lehm und Basalt), Pechstein (Basalt), Ungeheuer (Buntsandstein vermischt mit Kalksandsteingeröll und Basalt) und Freundstück (Buntsandsteingeröll mit Kalksteingeröll durchsetzt). Mehr als drei Viertel der Weinberge sind mit Riesling bestockt. Hinzu kommen Weiß- und Grauburgunder, aber auch rote Sorten wie Dornfelder, Spätburgunder, Portugieser, Dunkelfelder und Cabernet Cubin.

Kollektion

Bei den Rieslingen aus dem Kirchenstück und dem Ziegler im Ungeheuer konnten wir zwei Jahrgänge vergleichen, in beiden geben wir dem Kirchenstück den Vorzug, der 2019er hat ein sehr komplexes Bouquet mit Noten von Stein, Apfel und Orangenschale, besitzt Kraft, Druck und salzige Länge, der 2018er ist am Gaumen ähnlich, im Bouquet aber etwas verhaltener, die beiden Ziegler zeigen kräutrig-mineralische Noten und sind leicht füllig, der 2018er zeigt leichte Reifenoten, der 2019er ist etwas prägnanter in der Frucht, besitzt ein lebendiges Säurespiel. Der Pechstein-Riesling zeigt leicht rauchige Noten, besitzt am Gaumen Grip und salzige Länge, der Jesuitengarten ist kräutrig, zitruswürzig und nachhaltig, bei den Spätburgundern ist der 2017er prägnanter und komplexer als der 2015er.

Weinbewertung

82	2019 Riesling Kabinett trocken (1l)	11,5%/7,-€
86	2019 Riesling Kabinett trocken Ungeheuer Forst	12,5%/9,90€
86	2019 Riesling Kabinett trocken Jesuitengarten Forst	12,5%/10,50€
84	2019 Sauvignon Blanc trocken	13%/9,50€
83	2019 Weißburgunder Kabinett trocken	12%/8,80€
87	2019 Riesling Spätlese trocken „Element"	13%/13,-€
89	2019 Riesling Spätlese trocken Pechstein Forst	12,5%/20,-€
88	2018 Riesling Spätlese trocken „Im Ziegler" Forster Ungeheuer	12,5%/20,-€
88	2019 Riesling Spätlese trocken „Ziegler" Ungeheuer Forst	12,5%/20,-€
88	2019 Riesling Spätlese trocken Jesuitengarten Forst	12,5%/20,-€
90	2018 Riesling Spätlese trocken Kirchenstück Forst	13%/23,-€
90	2019 Riesling Spätlese trocken Kirchenstück Forst	13%/23,-€
87	2019 Riesling Auslese Kirchenstück Forst	10%/20,-€
86	2015 Spätburgunder trocken „Alte Reben"	13,5%/20,-€
87	2017 Spätburgunder trocken „Alte Reben"	13%/20,-€

RHEINGAU ▬ HATTENHEIM

★★★ Georg-**Müller**-Stifung

Kontakt
Eberbacher Straße 7-9
65347 Hattenheim
Tel. 06723-2020
Fax: 06723-2035
www.georg-mueller-stiftung.de
info@georg-mueller-stiftung.de

Besuchszeiten
Mo.-Fr. 9-12 + 14-17 Uhr
Wochenende nach Vereinbarung

Inhaber
Peter Winter

Betriebsleiter
Tim Lilienström

Rebfläche
19 Hektar

Produktion
100.000 Flaschen

Georg Müller, Miteigentümer der Eltviller Sektkellerei „Matheus Müller", stiftete 1913 sein Weingut seiner Heimatgemeinde. Hattenheim wurde 1972 zu Eltville eingemeindet, seitdem trug das Weingut den Namen „Weingut der Stadt Eltville". 2003 erwarb schließlich Peter Winter das Gut. Seine Weinberge liegen vor allem in Hattenheim, in den Lagen Schützenhaus, Wisselbrunnen, Nussbrunnen, Hassel und Engelmannsberg, sowie in der Hallgartener Jungfer. Riesling nimmt 80 Prozent der Fläche ein, Spätburgunder 15 Prozent. Dazu gibt es ein klein wenig Frühburgunder, Auxerrois, Scheurebe, Ehrenfelser und Müller-Thurgau. Das Weingut hat sich auf klare, elegante Weine spezialisiert und verfolgt diesen Kurs auch unter Betriebsleiter Tim Lilienström weiter. Der Ausbau der Weißweine erfolgt in aller Regel im Edelstahl, für die Rotweine sowie weiße Spezialitäten kommen auch Barriques zum Einsatz.

🍷 Kollektion

Der Gutsriesling ist rasant und leicht. Dem Ortswein aus Hallgarten steht der frische Biss bestens, er bietet Mineralität und Nachhaltigkeit. Die beiden 2018er Großen Gewächse sind individuell. Das aus der Jungfer ist sehr vom Holz geprägt, bleibt abzuwarten, wie es sich entwickelt. Das aus dem Nussbrunnen ist harmonischer, besitzt Tiefe und Potenzial. Auch das feinsaftige 2019er Große Gewächs aus dem Hassel ist sehr gut, dabei deutlich geradliniger. Die beiden Spätlesen sind echte Highlights, perfekt reif und vielversprechend. Neben der sehr dichten Trockenbeerenauslese gefällt uns die feine Auslese aus dem Lenchen besonders gut. Der Auxerrois ist noch sehr vom Holz dominiert. Die intensiven 2018er Spätburgunder sind alle jahrgangstypisch, die 2017er feiner, der vollmundige „Hommage" gehört zu den besten Vertretern der Region.

🍇 Weinbewertung

84	2019 Riesling trocken „Rheinstorm"	12%/9,95€
86	2019 Riesling trocken „Alte Reben" Hallgarten	11,5%/12,95€
85+?	2018 Auxerrois trocken	13,5%/19,80€
88+?	2018 Riesling trocken Großes Gewächs Hallgarten Jungfer	13%/34,-€
90	2018 Riesling trocken Großes Gewächs Hattenheim Nussbrunnen	13%/38,-€
89	2019 Riesling trocken Großes Gewächs Hattenheim Hassel	13%/27,50€
89	2019 Riesling Spätlese Hattenheim Hassel	9%/18,50€
90	2019 Riesling Spätlese Hattenheim Nussbrunnen	8,5%/18,50€
90	2019 Riesling Auslese Oestricher Lenchen	7,5%/0,375l/a.A.
93	2018 Riesling Trockenbeerenauslese Hattenheim Hassel	6%/0,375l/a.A.
88	2018 Spätburgunder trocken „Daniel"	13%/24,-€
89	2017 Pinot Noir „Artist Edition Tumarova"	13%/28,-€
90	2018 Spätburgunder trocken Assmannshäuser Frankenthal	13%/28,-€
91+	2017 Pinot Noir trocken „Hommage à George"	13,5%/98,-€

Müller!

★★☆

Kontakt
Müller! Das Weingut
Am Marktplatz 12
97762 Hammelburg
Tel. 09732-78770
Fax: 09732-787749
www.weingut-weinhotel-mueller.de
weingut@frankenwein-mueller.de

Besuchszeiten
Vinothek Mi.-Mo. 9-20 Uhr
Di. nach Vereinbarung
Weinhotel,
Restaurant (Mi.-Mo. 9-20 Uhr)

Inhaber
Thomas & Florian Müller GbR
Kellermeister/Außenbetrieb
Florian Müller
Rebfläche
10 Hektar
Produktion
50.000 Flaschen

Thomas Müller, damals Betriebsleiter des Städtischen Weinguts Schloss Saaleck, und Ehefrau Gabriele gründeten 1991 ihr eigenes Weingut. 2008 übernahmen sie den Gasthof Zum Engel am Hammelburger Marktplatz, den sie zum Weinhotel Müller umbauten und in dem sie eine Vinothek einrichteten. Heute ist Sohn Florian Müller, gelernter Weinbautechniker mit Auslandserfahrungen in Neuseeland und Österreich, für den Weinausbau verantwortlich. Die Weinberge von Thomas und Florian Müller liegen vor allem in den Hammelburger Lagen Trautlestal und Heroldsberg, aber auch in der Fuchsstadter Rubenhöll und im Feuerthaler Kreuz. Silvaner ist mit einem Anteil von 40 Prozent die mit Abstand wichtigste Rebsorte, es folgen Müller-Thurgau, Bacchus, Kerner, Weißburgunder und Riesling, als Spezialität gibt es Merzling, an roten Sorten werden Domina, Spätburgunder, Regent und Dornfelder angebaut, die Spitzenweine werden im Barrique ausgebaut, hin und wieder auch Weißweine. 2017 wurde mit der Umstellung auf biologischen Weinbau begonnen, die nun abgeschlossen ist.

Kollektion

Die Basisweine der Läuft-Linie setzen wie gewohnt ganz auf Frische, Frucht und Süffigkeit. Der Sauvignon Blanc ist frisch, würzig und zupackend, deutlich spannender finden wir den Merzling, eine der frühen pilzresistenten Neuzüchtungen, die sich aber nicht durchsetzen konnte: Feine Frische und Frucht im Bouquet, etwas Zitrusnoten, harmonisch und fruchtbetont im Mund, feine süße Frucht und Biss. Der Guts-Silvaner zeigt Birnen, feine Würze und Frische im Bouquet, ist fruchtbetont im Mund, geradlinig, hat Biss. Mehr Substanz hat der Erbgut-Silvaner von alten Reben, zeigt viel reife Frucht, gute Konzentration und feine Würze, ist füllig und saftig im Mund, intensiv, der hohe Alkohol geht mit einer leichten Bitternote im Abgang einher. Der 2018er Reserve-Spätburgunder hat von allem zu viel (vor allem vom Alkohol), da gefällt uns die Domina deutlich besser, zeigt gute Konzentration im Bouquet, feine Würze und reife Frucht, ist füllig und kraftvoll im Mund, besitzt reife Frucht, gute Struktur und Frische.

Weinbewertung

83	2019 Silvaner	12,5%/6,30€
84	2019 Merzling	12%/6,30€
82	2019 Sauvignon Blanc Hammelburger Trautlestal	12,5%/10,50€
87	2018 Silvaner Spätlese „Erbgut"	14,5%/19,50€
82	2019 „Läuft Weiß" Weißwein	12%/6,30€
81	2019 „Läuft Rosa" Rotling	11,5%/6,30€
82	2019 „Läuft Rot" Rotwein	12%/7,50€
86	2018 Domina Hammelburger Trautlestal	13,5%/9,50€
82	2018 Spätburgunder „Reserve" Hammelburger Heroldsberg	15%/19,50€

FRANKEN — IPHOFEN

Gebrüder Müller

Kontakt
Holzgasse 1
97346 Iphofen
Tel. 09323-89941
Fax: 09323-89993
www.olingerwein.de
hallo@olingerwein.de

Besuchszeiten
Mo.-Fr. 9-13 Uhr und gerne nach Vereinbarung
Gästehaus

Inhaber
Josef Olinger, Nicolas Olinger
Betriebsleiter
Nicolas Olinger
Kellermeister
Nicolas Olinger
Außenbetrieb
Nicolas Olinger
Rebfläche
16 Hektar

Josef und Nicolas Olinger führen heute das mitten in Iphofen gelegene Gut; die Betriebsübergabe an Nicolas ist in Gange. Die Weinberge liegen teils in Iphofen in den Lagen Julius-Echter-Berg, Kronsberg und Kalb, teils in Mittelfranken, die Reben wachsen auf Gipskeuperböden. Das Hauptaugenmerk gilt Silvaner, Riesling und den Burgundersorten, aber es gibt auch Müller-Thurgau, Bacchus, Kerner, sowie Dornfelder, Domina und Regent. Neben den „Gebrüder Müller"-Weinen gibt es die Weine der Olinger-Linie. Dem Weingut ist ein Gästehaus angeschlossen. Zusammen mit einer Nürnberger Brauerei hat Nicolas Olinger ein „GrapeAle" aus Silvanertrauben entwickelt.

Kollektion

Einige spannende Weine führen eine ansonsten gleichmäßige Kollektion an. Der spontanvergorene Silvaner von 50 Jahre alten Reben im Kronsberg zeigt gute Konzentration und Intensität, etwas Birnen, ist füllig und kraftvoll, besitzt reife Frucht, gute Struktur und Substanz. Gleichauf an der Spitze sehen wir den spontan in Steingut-Fässern vergorenen Riesling, der ebenfalls von alten Reben stammt, gute Konzentration im Bouquet zeigt, viel Würze und reife Frucht, wie der Silvaner viel Fülle und Kraft besitzt, stoffig und zupackend ist. Sehr gut ist auch die Sylvaner Auslese aus dem Jahrgang 2018, zeigt viel Duft im Bouquet, ist enorm konzentriert und saftig im Mund. Der im Barrique ausgebaute Spätburgunder aus demselben Jahrgang ist ebenfalls stark, er ist frisch, fruchtbetont und reintönig im Bouquet, klar und zupackend im Mund bei guter Struktur. Der in gebrauchten Barriques spontanvergorene Chardonnay ist würzig und eindringlich, besitzt Fülle und Substanz, reife Frucht und gute Struktur; der Weißburgunder aus dem Iphöfer Kalb ist würzig, fruchtbetont und zupackend, was auch auf die weiteren Weißweine zutrifft.

Weinbewertung

81	„Secco" Rotling Perlwein trocken	12%/7,50€
82	2019 „Blanc de Blancs" trocken	12%/7,50€
81	2019 „Blanc de Noir" trocken	12%/8,-€
82	2019 Grüner Sylvaner trocken (Iphofen)	13,5%/7,50€
82	2019 Auxerrois trocken	12,5%/10,-€
83	2019 Weißer Burgunder trocken (Iphöfer Kalb)	13,5%/8,50€
84	2019 Chardonnay trocken (Iphofen)	14%/10,-€
86	2019 Riesling trocken (Iphofen, „Steingut")	13%/10,-€
86	2019 Silvaner trocken „Alte Reben"	13,5%/12,90€
85	2018 Sylvaner Auslese	12%/25,-€
81	2018 „Cuvée Rot" trocken	13%/8,50€
85	2018 Spätburgunder trocken	14%/12,-€

★★★★⯪ Matthias **Müller**

Kontakt
Mainzer Straße 45
56322 Spay
Tel. 02628-8741
Fax: 02628-3363
www.weingut-matthiasmueller.de
info@weingut-matthiasmueller.de

Besuchszeiten
Mo.-Sa. 9-19 Uhr
So. 10-16 Uhr
Kulinarische Veranstaltungen in der neuen Vinothek

Inhaber
Familie Matthias Müller
Betriebsleiter
Matthias Müller
Kellermeister
Johannes & Matthias Müller
Außenbetrieb
Johannes Müller
Rebfläche
17 Hektar
Produktion
130.000 Flaschen

Seit 300 Jahren baut die Familie Wein am Mittelrhein an. Lange Zeit ein traditioneller Mischbetrieb, konzentriert man sich seit drei Generationen mehr und mehr auf Weinbau und die Flaschenweinvermarktung. Matthias Müller übernahm Ende der neunziger Jahre den Betrieb von seinen Eltern Heinrich und Hilde Müller, führt ihn seither mit Ehefrau Marianne. Die Söhne Johannes und Christoph wirken bereits bei der Erzeugung der Weine mit, Johannes Müller ist seit März 2016, nach Abschluss seines Geisenheim-Studiums, voll im Betrieb tätig, führt ihn heute zusammen mit seinem Vater; seine Winzerlehre hatte er bei Emrich-Schönleber gemacht. Der zweite Sohn Christoph macht nach Geographie- und Wirtschaftsstudium nun eine Winzerlehre beim Weingut Jülg in der Südpfalz. Die Weinberge von Matthias Müller liegen in den Steillagen des Bopparder Hamm. Der Bopparder Hamm liegt zwischen Boppard und Spay an der größten Schleife des Rheins im Oberen Mittelrheintal, das seit 2002 zum Unesco-Weltkulturerbe zählt. Er bildet die größte zusammenhängende Rebfläche im Weinbaugebiet Mittelrhein, ist überwiegend Süd-exponiert. Die Weinberge von Matthias Müller liegen hauptsächlich in den Lagen Feuerlay, Mandelstein, Ohlenberg und Engelstein. Neben 92 Prozent Riesling baut er ein wenig Graubugunder und Weißburgunder an, allerdings haben diese Sorten nur einen geringen Einfluss auf den in den letzten Jahren immer mehr gewachsenen Ruhm des Weinguts. Bereits seit dem Jahrgang 2000 werden ausgewählte Spitzenweine in der „Edition MM" (nach den Initialen von Matthias und Marianne Müller) vermarktet. 2007 gab es dann das erste Große Gewächs, aus dem Mandelstein, 2009 gab es dann ein Großes Gewächs aus dem Ohlenberg, 2010 und 2011 wieder aus dem Mandelstein, 2012 bis 2015 aus dem Engelstein, mit dem Jahrgang 2016 gab es dann erstmals zwei Große Gewächse, eines aus dem Engelstein, das andere aus dem Filetstück des Ohlenbergs, der Gewanne „An der Rabenlei", die schon immer gesondert ausgebaut wurde. 2010 wurde eine neue Kelterhalle mit Flaschenlager gebaut, eine neue Vinothek wurde eröffnet. 2019 wurde in die Steillagenmechanisierung investiert, um eine Flächenerweiterung in den extremen Steillagen des Bopparder Hamms zu ermöglichen. Es gibt wohl kaum ein zweites Weingut am Mittelrhein, das so intensiv in die Zukunft der Region investiert. Matthias Müller versucht alle Weine spontan zu vergären, das heißt ohne Reinzuchthefen. Alle seine Rieslinge weisen sehr eigenständige Aromen auf, unterscheiden sich klar voneinander. Die nominell trockenen Weine sind meist von einer zarten, bemerkbaren, aber kaum je störenden Restsüße geprägt, aber dennoch ungemein saftig und animierend. Neben halbtrockenen Weinen gibt es seit einigen Jahren noch mit „feinherb" bezeichnete Rieslinge, die in der Restsüße noch einmal deutlich höher liegen. Angeführt werden die Kollektionen in der Regel von edelsüßen Rieslingen, bis hin zur Trockenbeerenauslese.

Kollektion

Die Müllers haben die Zeichen der Zeit erkannt, setzen in den letzten Jahren verstärkt auf trockene Weine, bieten nun mit dem Jahrgang 2019 erstmals drei Große Gewächse an. Und alle drei sind hervorragend. Der Wein aus dem Engelstein zeigt viel Intensität im herrlich eindringlichen Bouquet, leicht salzige Noten, ist füllig und saftig im Mund, sehr geschmeidig, harmonisch und lang. Auch der Riesling „An der Rabenlei" zeigt viel reife Frucht im Bouquet, besitzt gute Struktur und Substanz im Mund, viel reife Frucht und Länge. Unsere ganz leichte Präferenz gilt dem neuen Großen Gewächs aus der Feuerlay, einer Lage, die schon in den beiden letzten Jahren spannende trockene Rieslinge der „Edition MM" lieferte. Der Wein ist recht offen im Bouquet, zeigt gute Konzentration, gelbe Früchte, besitzt viel reife Frucht im Mund und viel Substanz. Auch sonst ist die Kollektion stark, zeigt durchgängig sehr gutes Niveau. Der trockene Riesling von alten Reben ist würzig, frisch und zupackend, was auch für den geradlinigen Riesling vom Feuerschiefer gilt. Der trockene „Edition MM" trägt jetzt nur noch die Lagenbezeichnung Bopparder Hamm, zeigt klare reife Frucht im Bouquet, gelbe Früchte, dezent Zitrus im Hintergrund, ist füllig und kraftvoll bei viel reifer Frucht und Substanz. Auch das feinherbe Trio überzeugt: Der Riesling von alten Reben zeigt gelbe Früchte und Pfirsiche, ist wunderschön reintönig, harmonisch und saftig, der Feuerlay-Riesling ist ebenfalls herrlich reintönig, besitzt etwas mehr Substanz, was auch für die füllige feinherbe „Edition MM" gilt. Unter den Spätlesen präferieren wir den reintönigen, wunderschön saftigen Wein aus der Feuerlay, der der noch konzentrierteren Auslese aus dem Mandelstein Paroli bieten kann.

Weinbewertung

85	2019 Riesling trocken „Alte Reben" Bopparder Hamm	12,5%/8,80€
85	2019 Riesling trocken „vom Feuerschiefer" Bopparder Hamm	13%/10,-€
89	2019 Riesling trocken „Edition MM" Bopparder Hamm	13,5%/14,90€
90	2019 Riesling trocken „GG" Bopparder Hamm Engelstein	13,5%/25,-€
90	2019 Riesling trocken „GG" An der Rabenlei Bopparder Hamm	13,5%/25,-€
91	2019 Riesling trocken „GG" Bopparder Hamm Feuerlay	13,5%/29,-€
87	2019 Riesling „feinherb" „Alte Reben" Bopparder Hamm	12%/8,80€
88	2019 Riesling „feinherb" Bopparder Hamm Feuerlay	12%/12,-€
89	2019 Riesling „feinherb Edition MM" Bopparder Hamm Engelstein	12,5%/14,90€
87	2019 Riesling Spätlese Bopparder Hamm Mandelstein	7,5%/10,-€
89	2019 Riesling Spätlese Bopparder Hamm Feuerlay	7,5%/14,-€
89	2019 Riesling Auslese Bopparder Hamm Mandelstein	7%/19,50€

Lagen
Mandelstein (Bopparder Hamm)
Engelstein (Bopparder Hamm)
Ohlenberg (Bopparder Hamm)
An der Rabenlei (Bopparder Hamm)
Feuerlay (Bopparder Hamm)

Rebsorten
Riesling (92 %)
Grauburgunder (6 %)
Weißburgunder (2 %)

FRANKEN ▬ VOLKACH

★★★★⯨ **Max Müller I**

Kontakt
Hauptstraße 46
97332 Volkach
Tel. 09381-1218
Fax: 09381-1690
www.max-mueller.de
info@max-mueller.de

Besuchszeiten
Mo.-Fr. 9-18 Uhr
Sa. 9-15 Uhr
So. 10-12 Uhr

Inhaber
Familie Rainer & Christian Müller
Betriebsleiter
Rainer Müller
Kellermeister
Rainer & Christian Müller
Außenbetrieb
Christian Müller
Rebfläche
10,6 Hektar
Produktion
135.000 Flaschen

Das seit 1991 von Rainer und Monika Müller geführte Familienweingut hat seinen Sitz in einem 1692 von den Würzburger Fürstbischöfen erbauten Winzerhof. Die Weinberge liegen in Volkach, Astheim, Sommerach, Escherndorf und Obereisenheim. Wichtigste Rebsorte ist Silvaner, der 38 Prozent der Rebfläche einnimmt. Es folgen Müller-Thurgau und Riesling, dazu gibt es Weißburgunder, Scheurebe und Bacchus. Die roten Sorten Spätburgunder, Domina und Portugieser nehmen 12 Prozent der Rebfläche ein. Die Weißweine werden teils im Edelstahl, teils im Holz ausgebaut, besondere Lagen im Halbstückfass, die Weine bleiben lange auf der Vollhefe. Die Maischestandzeiten wurden ausgedehnt, ebenso Spontangärung und Batonnage. Die Rotweine kommen nach der Maischegärung ins große Holzfass, Domina auch ins Barrique. 2008 wurde eine moderne Vinothek eröffnet. Traditionell bildeten die trockenen Spätlesen die Spitze des Sortiments; diese Spitze wurde durch die Lancierung neuer Weine in den vergangenen Jahren erweitert. 2008 wurden zwei Silvaner neu eingeführt. Der Eigenart genannte Silvaner wird in neuen 600 Liter-Fässern ausgebaut; der Silvaner Alte Reben stammt von über 40 Jahre alten Reben in der Lage Wilm, einer Teillage des Sommeracher Katzenkopf. Mit dem Jahrgang 2011 wurden gleich drei „neue" Weine im Top-Segment eingeführt: Die trockene Riesling Spätlese aus dem Lump gibt es nun auch in einer „Alte Reben"-Version; der „Lump 64", stammt von einem 1964 gemischt gepflanzten Weinberg aus etwa 55 Prozent Riesling, 40 Prozent Silvaner und etwas Traminer; der Riesling „Berg" stammt aus dem steilen Filetstück des Volkacher Ratsherr. 2012 brachte das Debüt des „Main Stoff", eines maischevergorenen Silvaners, 2015 des Lump-Silvaners. Nicht viele Weingüter in Franken zeigen seit den neunziger Jahren ein solch konstant hohes Niveau. Rainer Müller hat die Rebfläche kontinuierlich erweitert, der Qualität tat dies keinen Abbruch, im Gegenteil. In den letzten Jahren haben die Spitzenweine weiter an Profil und Klasse gewonnen, vor allem der Silvaner von alten Reben und der „Eigenart"-Silvaner, aber auch Weißburgunder, Riesling und Lump 64. Sohn Christian hat die Verantwortung im Keller übernommen.

🍷 Kollektion

Eine ganz starke Kollektion präsentieren Rainer und Christian Müller in diesem Jahr. Schon der Gutssilvaner bereitet viel Freude, besitzt reintönige Frucht, Frische und Grip. Der Volkacher Silvaner ist nochmals fülliger, saftiger, besitzt ebenfalls viel reintönige Frucht, Struktur und Grip. Das Silvaner-Festival kulminiert im Jahrgang 2019 in gleich vier hervorragenden Lagenweinen. Der Wein aus dem Ratsherr präsentiert sich in blendender Verfassung, ist faszinierend reintönig, saftig, harmonisch und lang. Der im Holz ausgebaute Eigenart-Silvaner zeigt gute Konzentration und reintönige Frucht, ist stoffig, kraftvoll, besitzt gute Struktur, Substanz und Frucht – er ist wie immer eine sichere Bank, dabei sehr eigenständig. Der Alte Reben zeigt viel Frucht und viel Intensität, weiße und gelbe Früchte, ist herrlich reintönig und offen, füllig, komplex und lang, gehört nun seit vielen Jahren regelmäßig zu den Jahrgangsbesten in Deutschland. Der Lump-Silvaner zeigt gelbe Früchte, rauchig-würzige Noten, ist füllig, saftig, strukturiert, besitzt feine bitter-mineralische Noten und ist sehr nachhaltig. Die Katzenkopf-Scheurebe ist reintönig, füllig, saftig, der Katzenkopf-Weißburgunder besitzt klare reife Frucht und Substanz. Hervorragend sind die drei Lagen-Rieslinge: Der Berg ist reintönig und zupackend, hat enorm viel Grip, der Lump ist etwas fülliger, saftiger, fruchtbetonter, der Lump R ist enorm konzentriert und stoffig, noch allzu jugendlich, was auch für den Gemischten Satz Lump 64 gilt, der enorm druckvoll und stoffig ist, aber doch noch sehr verschlossen. Tolle Kollektion!

Weinbewertung

86	2019 Silvaner trocken	12%/7,50€
88	2019 Silvaner trocken Volkach	12%/9,-€ ☺
91	2019 Silvaner trocken Volkach Ratsherr	13%/18,-€ ☺
89	2019 Weißburgunder trocken Sommerach Katzenkopf	13%/12,50€
88	2019 Scheurebe trocken Sommerach Katzenkopf	12,5%/12,50€
90	2019 Riesling trocken „Berg"	12,5%/18,-€
90	2019 Riesling trocken Escherndorf Lump	12,5%/18,-€
92	2019 Silvaner trocken „Eigenart" Holzfass	13%/18,-€ ☺
93	2019 Silvaner trocken „Alte Reben" Katzenkopf	12,5%/23,-€ ☺
93	2019 Silvaner „R" trocken Escherndorfer Lump	13%/29,-€
91	2019 „Lump 64" Gemischter Satz trocken	13%/a.A.
91	2019 Riesling „R" trocken Escherndorf Lump	12,5%/29,-€

Lagen
Ratsherr (Volkach)
– Berg (Volkach)
Karthäuser (Volkach)
Lump (Escherndorf)
Katzenkopf (Sommerach)

Rebsorten
Silvaner (40 %)
Weißburgunder (15 %)
Müller-Thurgau (12 %)
Riesling (12 %)

★★★★⋆ Müller-Catoir

Kontakt
Mandelring 25
67433 Neustadt-Haardt
Tel. 06321-2815
Fax: 06321-480014
www.mueller-catoir.de
weingut@mueller-catoir.de

Besuchszeiten
Mo.-Fr. 8-12 + 13-17 Uhr
Sa. 10-14 Uhr
(Gruppen nach Vereinbarung)

Inhaber
Philipp David Catoir
Betriebsleiter
Philipp David Catoir
Kellermeister
Martin Franzen
Außenbetrieb
Martin Franzen
Rebfläche
25 Hektar
Produktion
150.000 Flaschen

Die Familie Catoir, eine Hugenottenfamilie, betreibt nachweislich seit 1744 Weinbau in der Pfalz, hat ihren Sitz in einem im 18. Jahrhundert ursprünglich im Barockstil erbauten Gutshaus im Neustadter Stadtteil Haardt. An der Wende vom 19. zum 20. Jahrhunderts erhielt das Gebäude sein heutiges Gesicht als es – ganz typisch für die Gründerzeit – im neoklassizistischen Stil erweitert wurde. Jakob Heinrich Catoir hatte zusammen mit Kellermeister Hans Günter Schwarz das Weingut Müller-Catoir seit den sechziger Jahren in die Pfälzer Spitzenklasse geführt. 2002 hat sein Sohn Philipp David Catoir, studierter Architekt, den Betrieb übernommen, führt ihn in neunter Generation, und auch im Keller fand ein Stabwechsel statt, Martin Franzen hat die Nachfolge von Hans Günter Schwarz angetreten. Franzen stammt ursprünglich von der Mosel, hat in Geisenheim und Dijon studiert und war danach an der Nahe und in der Ortenau tätig. Die Weinberge von Philipp David Catoir liegen in den Haardter Lagen Bürgergarten, Herzog, Mandelring und Herrenletten, in den Gimmeldinger Lagen Mandelgarten und Schlössel, in der Mußbacher Eselshaut, aber auch in Neustadt (Grain, Mönchgarten) und Hambach (Römerbrunnen). Im Jahr 2018 wurden Teilstücke der historischen Lage Neustadter Vogelsang übernommen, der oberhalb der Neustadter Altstadt gelegene Südhang mit Muschelkalkböden wurde in Zusammenarbeit mit dem Weingut Christmann neu angelegt. Im Kernstück des Bürgergartens besitzt das Weingut eine 2,8 Hektar große arrondierte Fläche, „Im Breumel" genannt, von Sandsteinmauern umgeben, aus der das einzige Große Gewächs erzeugt wird. Der Boden im Breumel ist tiefgründig und karger als im unteren Teil des Bürgergartens, besteht aus Buntsandsteinschotter mit hohem zersetzten Steinanteil und Lösslehmeinlagerungen, die Lage ist Süd-Südost-exponiert, erwärmt sich morgens schnell, kühlt abends aber durch die Nähe zum Waldrand deutlich ab. Riesling ist mit Abstand die wichtigste Rebsorte, nimmt 60 Prozent der Rebfläche ein. Hinzu kommen Weißburgunder und Grauburgunder, Rieslaner, Muskateller und Scheurebe, sowie Spätburgunder. Seit dem Jahrgang 2015 ist das Weingut ökologisch zertifiziert.

Kollektion

Der trockene Teil der Kollektion wird einmal mehr klar vom Riesling-Großen Gewächs „Im Breumel" angeführt, der Wein zeigt kräutrig-steinige Noten und klare gelbe Frucht im Bouquet, besitzt auch am Gaumen viel Frucht, Ananas, grünen Apfel, Limette, ist druckvoll, salzig-animierend und nachhaltig. Unter den beiden Erste-Lage-Rieslingen ist der Bürgergarten schon sehr präsent, zeigt gelbe Frucht, Aprikose, Ananas, und kräutrige Noten im Bouquet, ist am Gaumen elegant und animierend, der Herrenletten ist noch etwas verhaltener, zeigt nur dezente Frucht, besitzt am Gaumen aber feinen Druck, ist geradlinig und nachhaltig. Der Weißburgunder aus dem Herzog besitzt ein reintöniges Bouquet mit klarer Birnenfrucht und floraler Würze, ist kraftvoll und konzentriert, besitzt ein lebendiges Säurespiel und Länge, der Haardt-Weißburgunder ist ähnlich in der Aromatik und am Gaumen noch etwas fruchtbetonter. Ungewöhnlich ist, dass es auch vom Muskateller einen Erste-Lage-Wein gibt, der Wein aus dem Bürgergarten ist der beste Muskateller, den wir in diesem Jahr aus der Pfalz verkosten konnten, er zeigt florale Noten und Aromen von Holunderblüte und Zitrusfrüchten, Ananas, Limette, besitzt am Gaumen ein lebendiges Säurespiel, ist ausgewogen und nachhaltig, der Haardter Muskateller ist ebenfalls sehr reintönig und aromatisch, besitzt dezente, animierende Bitternoten und Frische, die Haardter Scheurebe besitzt ein eindringliches Bouquet mit Noten von schwarzer Johannisbeere und Zitrusfrüchten, ist saftig und frisch. Unter den Süßweinen ist wie immer Verlass auf die Rieslaner, die Beerenauslese besitzt ein herrlich fruchtbetontes, komplexes Bouquet mit Aromen von Mango, Limette, Banane und etwas weißem Nougat, ist am Gaumen cremig und ölig, besitzt ein animierendes Säurespiel und ist deutlich konzentrierter und dichter als die Auslese, die ein ähnlich komplexes Bouquet besitzt und auch am Gaumen fruchtbetont, animierend, frisch und nachhaltig ist, die Riesling Spätlese aus dem Mandelgarten zeigt viel gelbes Steinobst, Aprikose, Pfirsich, besitzt eine feine Süße, ist harmonisch und frisch.

🍇 Weinbewertung

84	2019 Riesling trocken „MC"	12%/9,80€
87	2019 Weißburgunder trocken Haardt	12,5%/14,20€
86	2019 Scheurebe trocken Haardt	12,5%/14,20€
86	2019 Muskateller trocken Haardt	12,5%/14,20€
86	2019 Riesling trocken Haardt	12,5%/14,20€
86	2019 Riesling trocken Gimmeldingen	12,5%/14,20€
88	2019 Muskateller trocken Haardter Bürgergarten	13%/20,40€
89	2019 Riesling trocken Haardter Bürgergarten	12,5%/20,40€
89	2019 Riesling trocken Haardter Herrenletten	13%/20,40€
88	2019 Weißburgunder trocken Haardter Herzog	13,5%/20,40€
91	2019 Riesling „GG" Bürgergarten „Im Breumel?	13%/33,40€
86	2019 Riesling Kabinett Gimmeldingen	10%/14,20€
88	2019 Riesling Spätlese Gimmeldinger Mandelgarten	10%/20,40€
90	2019 Rieslaner Auslese Haardter Herzog	11,5%/18,80€/0,375l
92	2019 Rieslaner Beerenauslese Haardter Herzog	10%/39,40€/0,375l

Lagen
Bürgergarten (Haardt)
Im Breumel (Haardt)
Herrenletten (Haardt)
Herzog (Haardt)
Mandelgarten (Gimmeldingen)
Mandelring (Haardt)
Schlössel (Gimmeldingen)
Vogelsang (Neustadt)

Rebsorten
Riesling (60%)
Weißburgunder (15%)
Muskateller (5%)
Grauburgunder (5%)
Spätburgunder (5%)
Scheurebe (5%)
Rieslaner (5%)

PFALZ ▬ LANDAU-GODRAMSTEIN

★★★

Münzberg

Kontakt
Böchinger Straße 51
76829 Landau-Godramstein
Tel. 06341-60935
Fax: 06341-64210
www.weingut-muenzberg.de
wein@weingut-muenzberg.de

Besuchszeiten
Mo.-Fr. 8-12 + 14-18 Uhr
Sa. 10-15 Uhr
Weinbistro „Fünf Bäuerlein"
(Marktplatz Landau)

Inhaber
Gunter Keßler
Kellermeister
Nico Keßler
Außenbetrieb
Nico Keßler
Rebfläche
17 Hektar
Produktion
120.000 Flaschen

Lothar Keßler zog 1974 vom Godramsteiner Ortskern an den Münzberg um. Nachdem seine Söhne Rainer und Gunter Keßler das Gut zunächst gemeinsam führten, leitet Gunter seit Oktober 2013 alleine den Betrieb. Für den Keller und den Außenbetrieb ist mittlerweile Sohn Nico verantwortlich. 65 Prozent der Fläche nehmen die Burgundersorten und Chardonnay ein, Riesling steht auf 16 Prozent.

Kollektion

Die Spätburgunder sind in diesem Jahr etwas eleganter als im Vorjahr, das Große Gewächs vom „Schlangenpfiff" zeigt klare rote Frucht, Himbeere, Johannisbeere, besitzt eine kühle kräutrige Art und ist etwas nachhaltiger als der Affolter, der stilistisch ähnlich ist und sogar ein noch etwas expressiveres Bouquet besitzt. Auch bei den Weißweinen steht das Große Gewächs vom Weißburgunder an der Spitze, er zeigt komplexe gelbe Frucht mit Aromen von Birne, Aprikose und Zitrusfrucht, ist kraftvoll und lang. Knapp dahinter liegen drei starke Erste-Lage-Weine und ein Ortswein: Der Ochsenloch-Weißburgunder besitzt Kraft und Frische, zeigt Birne und sehr dezentes Holz im Bouquet, der Graubugunder vom Schneckenberg zeigt florale und nussige Noten, besitzt am Gaumen viel gelbe Frucht und gute Länge, die beiden Chardonnay sind noch sehr vom Holz geprägt, besitzen aber gute Substanz, der Stahlbühl ist noch leicht verhalten im Bouquet, zeigt etwas gelbe Frucht, Zitrusnoten, der „Kalkmergel" ist schon etwas offener, zeigt Noten von Banane, Quitte und Kokos, besitzt Druck. Der dritte Chardonnay, der „Kalkgestein", ist noch etwas fruchtbetonter, kraftvoll und lang.

Weinbewertung

84	2019 Grauer Burgunder trocken	13 %/7,80 €
84	2019 Weißer Burgunder trocken	12,5 %/7,80 €
83	2019 Riesling trocken	12 %/8,80 €
87	2019 Weißer Burgunder trocken „Kalkgestein" Godramstein	13,5 %/12,50 €
87	2019 Weißer Burgunder trocken „Löss-Lehm" Godramstein	13 %/12,50 €
87	2019 Grauer Burgunder trocken „Kalkmergel" Godramstein	13,5 %/12,50 €
88	2019 Chardonnay trocken „Kalkgestein" Godramstein	13,5 %/12,50 €
89	2019 Chardonnay trocken „Kalkmergel" Godramstein	13,5 %/17,- €
89	2019 Weißer Burgunder trocken Godramstein Ochsenloch	13,5 %/17,- €
89	2019 Grauer Burgunder trocken Godramstein Schneckenberg	13,5 %/17,- €
89	2019 Chardonnay trocken Godramstein Im Stahlbühl	13,5 %/24,- €
90	2019 Weißer Burgunder „GG" Münzberg „Schlangenpfiff"	14 %/24,- €
85	2019 Gewürztraminer Kabinett	9,5 %/8,80 €
87	2017 Spätburgunder trocken „Kalkgestein" Godramstein	13,5 %/18,- €
89	2017 Spätburgunder trocken Godramstein Mittlerer Affolter	13,5 %/28,- €
90	2017 Spätburgunder „GG" Münzberg „Schlangenpfiff"	13,5 %/32,- €

RHEINHESSEN — ZORNHEIM

Münzenberger

★ ★/

Kontakt
Lindenplatz 9
55270 Zornheim
Tel. 06136-44573
Fax: 06136-46904
www.weingut-muenzenberger.de
info@weingut-muenzenberger.de

Besuchszeiten
nach Vereinbarung

Inhaber
Andreas Münzenberger
Betriebsleiter
Andreas Münzenberger
Kellermeister
Andreas Münzenberger
Rebfläche
19 Hektar
Produktion
70.000 Flaschen

Andreas Münzenberger führt heute in zweiter Generation das 1963 von Hans-Walter Münzenberger gegründete Weingut, hat sich ganz auf Weinbau spezialisiert. Seine Weinberge liegen in Zornheim in den Lagen Pilgerweg, Vogelsang, Mönchbäumchen und Guldenmorgen, in den beiden Hahnheimer Lagen Knopf und Moosberg, aber auch in Selzen (Gottesgarten, Osterberg) und in Nierstein (Pfaffenkappe). Wichtigste weiße Rebsorten sind Riesling, Grauburgunder, Weißburgunder, Chardonnay, Silvaner und Sauvignon Blanc, wichtigste rote Rebsorten sind Spätburgunder, Frühburgunder und Dornfelder. Andreas Münzenberger wird heute im Betrieb unterstützt von Sohn Dominik, der eine eigene Weinlinie kreiert hat, in Geisenheim Internationale Weinwirtschaft studiert. Zuletzt wurde in Edelstahltanks und eine Kühlanlage investiert.

Kollektion

Andreas Münzenberger präsentiert wieder einmal eine umfangreiche Kollektion, aus der zwei Weine herausragen. Der Spätburgunder von alten Reben im Zornheimer Vogelsang zeigt eindringliche Frucht und rauchige Noten im Bouquet, besitzt Fülle, reife Frucht und gute Struktur. Im weißen Segment gefällt uns der Riesling von alten Reben im Selzener Osterberg besonders gut, zeigt gute Konzentration, feine Würze und Frucht, besitzt Kraft, gute Substanz und klare Frucht. Der Grauburgunder Quercus ist füllig und saftig bei reifer Frucht, der Chardonnay Chronos ist konzentriert bei viel reifer Frucht, der Weißburgunder von alten Reben im Zornheimer Guldenmorgen ist würzig-duftig, füllig und saftig, der Ringelpiez genannte Riesling Kabinett ist würzig, harmonisch und süffig; einige Weine sind recht verhalten.

Weinbewertung

80	2019 Scheurebe trocken „Shiny Day"	12,5%/6,90€
80	2019 Weißer Burgunder & Chardonnay trocken „Horizon Effect"	12,5%/8,40€
79	2019 Riesling trocken „Feuerstein" Hahnheim	13%/8,30€
81	2019 Riesling trocken „Decoded Poetry" Zornheim	12,5%/10,50€
87	2018 Riesling trocken „Alte Reben" Selzener Osterberg	12,5%/15,90€
83	2018 Weißer Burgunder trocken „Alte Reben" Zornheimer Guldenmorgen	14%/14,90€
84	2018 Grauer Burgunder trocken „Quercus" Zornheimer Guldenmorgen	14%/14,90€
84	2018 Chardonnay trocken „Chronos" Selzener Gottesgarten	13,5%/24,90€
82	2019 Gelber Muskateller „La Fleur"	11,5%/6,80€
80	2019 Gewürztraminer „Ursa Major" Zornheim	9%/8,-€
83	2019 Riesling Kabinett „Ringelpiez"	11,5%/6,90€
81	2019 Rosé „Insomnia"	12%/8,-€
82	2018 Merlot trocken „Kalkmergel" Zornheim	13,5%/7,50€
87	2016 Spätburgunder trocken „Alte Reben" „Reserve" Zornh. Vogelsang	13%/17,40€
82	2018 Cabernet Sauvignon trocken „Prometheus" Zornheim	13%/8,20€

PFALZ — NEUSTADT-HAMBACH

★★

Georg Naegele

Kontakt
Schlossstraße 27-29
67434 Neustadt-Hambach
Tel. 06321-2880
Fax: 06321-30708
www.naegele-wein.de
info@naegele-wein.de

Besuchszeiten
Mo.-Fr. 9:30-17:30 Uhr
Sa. 9:30-14:30 Uhr
und nach Vereinbarung
Vinothek und Probenräume im alten Barockanwesen, Jahrgangspräsentation und Weinfest „Schwarz-Rot-Gold" am 3. Juni-Wochenende

Inhaber
Familie Bonnet

Kellermeister
Alfred Leiner

Rebfläche
15 Hektar

Produktion
140.000 Flaschen

Das Weingut Georg Naegele am Schlossberg in Hambach ist ein bereits 1796 gegründetes Familien-Weingut. Zu den Trauben der 14 Hektar eigenen Weinberge werden die Trauben von befreundeten Winzern hinzugekauft. Eva und Ralf Bonnet führen heute das Gut, unterstützt von ihren Eltern Volker und Gerda Bonnet. In den Weinbergen haben sie verstärkt rote Sorten angepflanzt, wie Spätburgunder, Dornfelder, Portugieser, Merlot, Cabernet Sauvignon, Cabernet Franc, Merlot und Domina. Hauptrebsorte ist aber weiterhin der Riesling mit einem Anteil von einem Drittel. An weißen Sorten gibt es noch Chardonnay, Grau- und Weißburgunder, Gewürztraminer, Sauvignon Blanc, Rieslaner, Silvaner, Kerner, Müller-Thurgau und Muskateller. Unter dem Namen „Naegele Chronos" werden die im Barrique ausgebauten Spitzenweine angeboten.

Kollektion

Gleich vier Weine sehen wir in diesem Jahr an der Spitze der Kollektion: Der „Sekt ohne Namen" ist jedes Jahr verlässlich, er zeigt leicht rauchige Noten und gereifte Frucht mit Noten von Quitte und Rosine, besitzt am Gaumen ein lebendiges Säurespiel und gute Länge, der weiße „Chronos" besitzt gut eingebundenes Holz, Kraft und Schmelz, zeigt gelbe Frucht, etwas Banane und Zitrusnoten, unter den Lagen-Weißweinen ist der Weißburgunder der komplexeste und präsenteste, er zeigt viel gelbe Frucht, Birne, Aprikose, besitzt Kraft und Frische und der Spätburgunder „Kairos" zeigt deutliche Röstnoten und dunkle Frucht, ist kraftvoll, stoffig und gut strukturiert. Der zweite Spätburgunder, der „Feuer" zeigt ebenfalls dunkle Frucht, auch etwas Schokonoten, aber das Holz ist etwas dezenter, der Heidengraben-Grauburgunder besitzt Kraft, Schmelz und leicht nussige Noten, der Riesling vom Kirchenberg zeigt kräutrige Noten, ist füllig, besitzt leicht süße gelbe Frucht und Biss.

Weinbewertung

Punkte	Wein	Alk./Preis
88	2016 Pinot Noir & Chardonnay „Sekt ohne Namen" brut nature	13%/16,-€
83	2019 Riesling trocken „Schwarzrotgold" Hambach	12%/6,30€
83	2019 Muskateller trocken Hambach	12,5%/7,50€
83	2019 Sauvignon Blanc trocken	12,5%/7,50€
88	2019 Weißburgunder trocken Im Kirschgarten Hambach	13,5%/12,-€
87	2019 Grauburgunder trocken Am Heidengraben Hambach	13,5%/12,-€
85	2019 Chardonnay trocken Hambacher Schlossberg	13,5%/9,-€
88	2019 Naegele Chronos Weißwein trocken	14%/15,-€
87	2019 Riesling trocken Am Kirchenberg Hambach	13%/12,-€
87	2018 Spätburgunder trocken „Naegele Feuer" Schlossberg Hambach	13,5%/14,-€
88	2018 Spätburgunder trocken „Naegele Kairos" Schlossberg Hambach	14%/20,-€
87	2018 Naegele Chronos Rotwein trocken	13,5%/17,-€

BADEN — SINSHEIM-WEILER

★ ⯪

Nägele

Kontakt
Schafgasse 12
74889 Sinsheim-Weiler
Tel. 07261-9718870
Fax: 07143-811931
www.naegele-baden.de
weingut@naegele-baden.de

Besuchszeiten
Fr. 14-18 Uhr oder nach Vereinbarung

Inhaber
Tobias Nägele
Rebfläche
5 Hektar
Produktion
30.000 Flaschen

Tobias Nägele ist nach Winzerlehre beim Weingut Zipf und Wirtschafterausbildung in Weinsberg seit 2003 Winzermeister, arbeitet seither im elterlichen 10 Hektar-Betrieb in Hessigheim, der seine Trauben an die Genossenschaft abliefert. 2011 kaufte er Weinberge in Michelfeld im Kraichgau und pachtete die Weinberge des Weinguts Rapp-Kiess am Eichtersheimer Kletterberg (mit 1975 gepflanzten Spätburgunder- und Rieslingreben), für den ersten Jahrgang 2012 kaufte er noch Trauben aus dem Eschelbacher Sonnenberg zu, ist auch im Michelbacher Himmelfeld vertreten. Vergoren wurden die Weine in Hessigheim, abgefüllt aber dann in Sinsheim, wo man eine alte Scheune erwarb und zur Weinkellerei umbaute. 2013 eröffnete er offiziell sein Weingut in Sinsheim-Weiler. Anfangs hatte Tobias Nägele Riesling, Kerner, Spätburgunder, Grauburgunder, Müller-Thurgau und Dornfelder im Anbau. 2014 hat er einen Hektar Reben neu bepflanzt mit Lemberger, Cabernet Franc, Sauvignon Blanc, Weißburgunder und Chardonnay. 2019 wurden 6,5 Hektar Weinberge des Weinguts Hoensbroech gepachtet.

Kollektion

Der Sekt ist süffig und saftig, bei feiner Perlage. Die Zahl der Rieslinge ist auf drei angewachsen, zum ersten Mal zeigt uns Tobias Nägele einen Wein aus dem Granitfass. Er ist sehr leicht, hat eine zupackende Frucht, eine gut gewebte Textur, ist deutlich restsüß. Das ist auch der Kabinett vom Himmelberg, die Frucht ist fein, die Säure hält den Wein lebendig. Deutlich trockener ist der Riesling vom Kletterberg, zeigt eine gute Frucht mit feinen Spontangäraromen, ist straff, präzise, hat guten Biss. Der Auxerrois zeigt reife Frucht, kommt mit strukturiertem Schmelz an den Gaumen, hat genügend Säure und Substanz. Der dunkelfruchtige 2018er Spätburgunder ist kühl am Gaumen, besitzt straffe, jugendliche Tannine. Der Blaufränkisch zeigt dunkle Frucht und Noten von schwarzem Pfeffer, besitzt mineralische Länge. Konzentriert ist die Cuvée Wildcat aus Blaufränkisch und Cabernet Franc, zeigt dunkle Frucht, Tabak und Leder, hat Substanz und Länge.

Weinbewertung

84	2018 „Grande Cuvée" Rosé Sekt brut	12,5%/12,90€
85	2019 Auxerrois „Alte Reben" Weilerer Steinsberg	13%/13,80€
86	2017 Riesling trocken Steillage Eichtersheimer Kletterberg	12%/9,70€
85	2019 Riesling „aus dem Granitfass"	11%/14,90€
84	2019 Riesling Kabinett Michelfelder Himmelberg	11%/12,80€
83	2019 Rosé + trocken	12%/6,50€
80	2018 „Rot+Holz" Rotwein	13%/8,50€
79	2016 Spätburgunder trocken „Alte Reben" Eichtersheimer Kletterberg	13,5%/13,80€
82	2018 Spätburgunder trocken „Alte Reben" Eichtersheimer Kletterberg	13%/14,90€
86	2018 Blaufränkisch Michelfelder Himmelberg	14%/16,50€
86	2018 „Wildcat" Rotwein	14,5%/26,-€

BADEN — BADEN-BADEN (VARNHALT)

★★★

Nägelsförst

Kontakt
Nägelsförst 1
76534 Baden-Baden (Varnhalt)
Tel. 07223-35550
Fax: 07223-355556
www.naegelsfoerst.de
info@naegelsfoerst.de

Besuchszeiten
Mo.-Fr. 9-18 Uhr
Sa. 10-16 Uhr
So. + Feiertage geschlossen
Probierstube, Herrenhaus mit Bankett-Räumen, Gutspark für Wein-Menüs

Inhaber
Weingut Nägelsförst

Betriebsleiter
Steffen Röll

Produktion
Annette Bähr

Verkauf
Waldemar Krapiec

Rebfläche
33 Hektar

Produktion
170.000 Flaschen

Gut Nägelsförst wurde 1268 als Hofgut des Zisterzienserinnenklosters Lichtenthal gegründet. Aus der Klosterchronik geht hervor, dass die Nonnen bereits 1344 Pinot Noir am „Klosterberg", dem Hausberg von Gut Nägelsförst pflanzten. Die Reben hatten die Nonnen aus dem Mutterkloster aus Cîteaux bei Beaune im Burgund mitgebracht. Mit dieser Erstpflanzung war der Grundstein für den Weinbau in der Region gesetzt. Nach der Säkularisierung gelangte das Anwesen in den Besitz der Markgrafen von Baden, später gehörte es unter anderem einem Bankier. Im Frühjahr 2016 hat eine Familie aus Mittelfranken das Weingut gekauft. Die Weinberge liegen im Varnhalter Klosterbergfelsen (granithaltige Böden), im Umweger Stich den Buben (Granit und Löss) und im Neuweierer Mauerberg (Granit und Porphyrschutt mit Lösslehmauflagen), aber auch in Waldulm und in Bühlertal. Wichtigste Rebsorten sind Riesling und Spätburgunder.

Kollektion

Wie auch in den vergangenen Jahren kann die Kollektion durch Weine punkten, die „gut abgeschmeckt" wirken. Besonders in der Basis treffen wir auf rebsortentypische Weine, die animierend und saftig sind, allen voran der intensiv tropisch duftende Sauvignon Blanc „Flugkünstler". Mehr Komplexität verspricht der Chardonnay „Umweg zum Glück", der ohne große Umwege zu einer für Chardonnay recht aromatischen, fast schon exotischen Frucht gelangt und eine gute Länge sowie einen zarten Schmelz zeigt. Den schmelzigen Charakter greift auch der Weißburgunder „Stich den Buben" auf, der außerdem viel gelbe Frucht und einen feinhefigen Charakter mitbringt. Sehr gut ist auch die Riege der Rieslinge, die für uns der „Mauerheld" anführt, der erst mal verschlossen bleibt, aber mit etwas Luft kräutrige Aromen und eine ausgewogene Aprikosenfrucht sowie einen guten Grip preis gibt. Dem schließt sich der Pinot Noir an, der ein zartes Tannin, eine gute Länge und rauchige Noten aufweist.

Weinbewertung

84	2019 Sauvignon Blanc trocken „Flugkünstler"	12%/9,9=€
85	2019 Chardonnay trocken „Umweg zum Glück" Baden-Baden	13%/12,9=€
82	2019 Weißburgunder trocken „Tautänzer"	12,5%/8,9=€
84	2019 Grauburgunder trocken „Vorfreude"	13%/8,9=€
85	2019 Riesling trocken „Steinwurf" Baden-Baden	13%/12,9=€
88	2019 Riesling trocken „Mauerheld" Mauerberg	13%/15,9=€
87	2019 Riesling trocken „Steilflug" Klosterbergfelsen	13%/15,9=€
87	2019 Weißburgunder trocken Baden-Baden Stich den Buben	13%/18,9=€
84	2019 Gewürztraminer „feinherb" „Rosengold"	12,5%/12,9=€
83	2019 Rosé trocken „Trinkstorch"	12,5%/8,9=€
83	2017 „Quantum rot" Rotwein trocken	13,5%/9,9=€
87	2017 Pinot Noir trocken „Herzenslust"	13,5%/29,9=€

FRANKEN — DETTELBACH

★★★

Nagel

Kontakt
Winzerhof Nagel
Raiffeisenstraße 1
97337 Dettelbach
Tel. 09324-2963
Fax: 09324-903602
www.winzerhof-nagel.de
mail@winzerhof-nagel.de

Besuchszeiten
Mo.-Fr. 9-18 Uhr
Sa. 10-16 Uhr
Sonn- und Feiertage nach Vereinbarung
Gästehaus (3 Doppelzimmer, 1 Ferienwohnung)

Inhaber
Roland Nagel
Betriebsleiter
Roland & Tobias Nagel
Kellermeister
Tobias Nagel
Außenbetrieb
Roland Nagel
Rebfläche
6 Hektar
Produktion
36.000 Flaschen

Roland Nagel führt heute den Winzerhof in Dettelbach, unterstützt von Sohn Tobias, der seine Lehre beim Juliusspital in Würzburg absolvierte und im Rahmen seiner Weintechnikerausbildung Praktika bei Knoll in der Wachau und bei Preisinger im Burgenland machte. Die Weinberge liegen in Dettelbach in den beiden Lagen Berg-Rondell und Sonnenleite. Silvaner nimmt 60 Prozent der Rebfläche ein, dazu gibt es Weißburgunder, Müller-Thurgau und Bacchus, Riesling, Chardonnay und Sauvignon Blanc wurden neu angelegt, 2016 wurden Kerner und Domina gerodet, dafür nochmals Weißburgunder und erstmals Spätburgunder gepflanzt. Das Programm ist in drei Linien gliedert: Die Weine der Basislinie Stahlnagel werden im Edelstahl ausgebaut, sie sollen unkomplizierten Trinkspaß bieten. Für die Linie Ankernagel werden die Trauben aus der besten Lage, dem Berg-Rondell, ausgewählt, die Weine werden teils im Edelstahl, teils im Tonneau ausgebaut. Die Weine der Holznagel-Linie schließlich stammen von den ältesten Weinbergen, sie werden im Holzfass vergoren und ausgebaut, bleiben lange auf der Hefe und werden unfiltriert abgefüllt. Bis auf den „No Cuvée No Party" werden alle Weine spontanvergoren. Dem Weingut ist ein Gästehaus angeschlossen.

Kollektion

Jahr für Jahr wird an der Qualität gefeilt, wird die Stilistik verfeinert: Auch mit der neuen Kollektion geht es weiter voran. Die weißen Cuvées sind frisch und lebhaft, was auch für die Scheurebe und den griffigen Riesling gilt. Unsere Favoriten im Stahlnagel-Segment sind der reintönige, zupackende Silvaner und der strukturierte, druckvolle Weißburgunder. Ganz stark sind dann wieder die Holznagel-Weine, alle vier. Der Chardonnay ist rauchig, füllig, kraftvoll, noch sehr jugendlich, was auch für den Weißburgunder gilt, der etwas Vanillenoten zeigt, gute Struktur und Frische besitzt. Der Sauvignon Blanc ist intensiv fruchtig, stoffig, noch unruhig, braucht Zeit. Hervorragend ist der 22 Monate auf der Vollhefe ausgebaute 2018er Silvaner, kraftvoll, konzentriert, stoffig, enorm druckvoll. Bravo!

Weinbewertung

84	2019 „Blanc" Weißwein trocken „Stahlnagel"	12 %/7,50 €
86	2019 Silvaner trocken „Stahlnagel"	12,5 %/8,-€
84	2019 Scheurebe trocken „Stahlnagel"	12,5 %/8,50 €
84	2019 Riesling trocken „Stahlnagel"	11,5 %/9,-€
86	2019 Weißburgunder trocken „Stahlnagel"	13 %/8,50 €
90	2018 Silvaner trocken „Holznagel"	12,5 %/19,-€
88	2019 Weißburgunder trocken „Holznagel"	13 %/16,-€
88	2019 Sauvignon Blanc trocken „Holznagel"	12,5 %/16,-€
88	2019 Chardonnay trocken „Holznagel"	12,5 %/17,-€
84	2019 „No Cuvée No Party" Weißwein „Stahlnagel"	12 %/7,-€

STAHLNAGEL
Silvaner

Dettelbach — Winzerhof Nagel — Franken

PFALZ ■ SCHWEIGEN-RECHTENBACH

Nauerth-Gnägy

★★★

Kontakt
Müllerstraße 5
76889 Schweigen-Rechtenbach
Tel. 06342-919042, 06349-8529
Fax: 06342-919043, 06349-6795
www.nauerth-gnaegy.de
info@nauerth-gnaegy.de

Besuchszeiten
Sa. 9-17 Uhr. Mo.-Fr. nach Vereinbarung
Weinprobierstube, Destillate aus eigener Brennerei, Gästezimmer

Inhaber
Familie Nauerth-Gnägy
Betriebsleiter
Mareen Nauerth & Michael Gnägy
Außenbetrieb
Daniel Scheib
Rebfläche
29 Hektar
Produktion
180.000 Flaschen

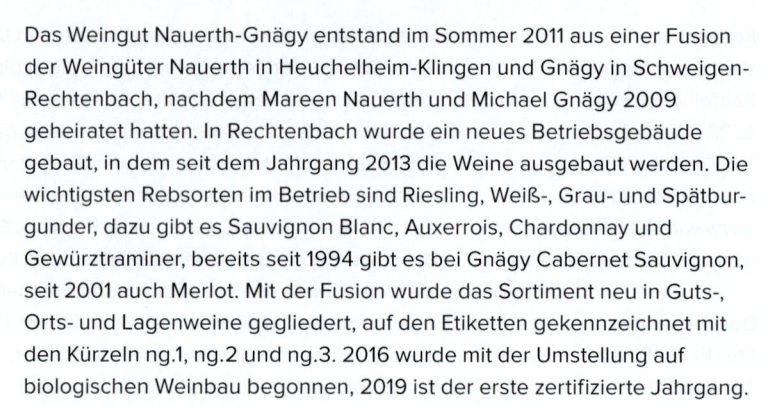

Das Weingut Nauerth-Gnägy entstand im Sommer 2011 aus einer Fusion der Weingüter Nauerth in Heuchelheim-Klingen und Gnägy in Schweigen-Rechtenbach, nachdem Mareen Nauerth und Michael Gnägy 2009 geheiratet hatten. In Rechtenbach wurde ein neues Betriebsgebäude gebaut, in dem seit dem Jahrgang 2013 die Weine ausgebaut werden. Die wichtigsten Rebsorten im Betrieb sind Riesling, Weiß-, Grau- und Spätburgunder, dazu gibt es Sauvignon Blanc, Auxerrois, Chardonnay und Gewürztraminer, bereits seit 1994 gibt es bei Gnägy Cabernet Sauvignon, seit 2001 auch Merlot. Mit der Fusion wurde das Sortiment neu in Guts-, Orts- und Lagenweine gegliedert, auf den Etiketten gekennzeichnet mit den Kürzeln ng.1, ng.2 und ng.3. 2016 wurde mit der Umstellung auf biologischen Weinbau begonnen, 2019 ist der erste zertifizierte Jahrgang.

Kollektion

Ihre Rotweine bringt die Familie Nauerth-Gnägy erst mit etwas Flaschenreife auf den Markt, die verkosteten Weine sind die aktuell sich im Verkauf befindenden Jahrgänge: Der 2015er „Eisenbart"-Spätburgunder zeigt feine rote Frucht, Johannisbeere, Hagebutte, und dezent Mokka im Bouquet, ist am Gaumen kraftvoll und kräutrig und besitzt noch Potential, auch der 2014er Herrenwingert kann noch etwas reifen, besitzt noch spürbare Tannine und zeigt dezente Röstnoten und Gewürznelke, der 2015er Sonnenberg zeigt dagegen schon leichte Reifenoten, besitzt kräutrige Würze und sollte jetzt getrunken werden. Neu im Programm ist der Chardonnay „Réserve" aus einer kleinen Parzelle im Herrenwingert, er besitzt Kraft, Eleganz, feine Zitrusnoten und eine animierend Säure, wirkt noch sehr jung, der Chardonnay „ng.3" zeigt deutliche Frucht mit Noten von Banane und Melone, besitzt Schmelz und Länge und auch Grau- und Weißburgunder aus der „ng.3"-Linie besitzen Kraft, Schmelz und sind nachhaltig.

Weinbewertung

84	2019 Sylvaner trocken „ng.2"	13%/6,80€
84	2019 Auxerrois trocken „ng.2"	12,5%/6,80€
83	2019 Weißer Burgunder trocken „ng.2"	13%/6,80€
85	2019 Gewürztraminer trocken „ng.2"	14%/8,-€
87	2018 Riesling trocken „ng.3" Schweigen-Rechtenbacher Herrenwingert	13%/9,90€
88	2019 Weißer Burgunder trocken „ng.3" Schweigen-Rechtenbach Lorch	13,5%/10,30€
88	2019 Grauer Burgunder trocken „ng.3" Schweigen-Recht. Pfarrwingert	14%/10,40€
88	2019 Chardonnay trocken „ng.3" Schweigen-Recht. Herrenwingert	13%/10,60€
89	2019 Chardonnay trocken „Réserve" Schweigen-Recht. Herrenwingert	13,5%/16,50€
87	2015 Spätburgunder trocken „ng.3" Schweigener Sonnenberg	13,5%/13,40€
88	2014 Pinot Noir trocken „ng.3" Schweigen-Recht. Herrenwingert	13,5%/19,90€
89	2015 Spätburgunder trocken „ng.3" Eisenbart Schweigen-Recht.	13,5%/20,70€

FRANKEN — RAMSTHAL

★★★

Neder

Kontakt
Urbanusweg 9
97729 Ramsthal
Tel. 09704-5692
Fax: 09704-7469
www.weingut-neder.de
wein@weingut-neder.de

Besuchszeiten
Mo.-Fr. 14-18 Uhr
Sa. 9-16 Uhr
oder nach Vereinbarung
Neue Vinothek, Veranstaltungsraum mit Aussicht auf Ramsthal und Pavillon im Hof

Inhaber
Ewald Neder
Betriebsleiter/Außenbetrieb
Ewald & Lorenz Neder
Kellermeister
Lorenz Neder
Rebfläche
11 Hektar
Produktion
60.000 Flaschen

Ganz im Norden des fränkischen Anbaugebietes liegt in einem Seitental der Fränkischen Saale der Ort Ramsthal mit etwa 50 Hektar Weinbergen. Eugen Neder begann Ende der siebziger Jahre mit der Flaschenweinvermarktung und dehnte die Rebfläche aus, die größte Erweiterung erfolgte mit der Flurbereinigung 1981, in dem Jahr, in dem Ewald Neder den Betrieb mit damals 4,5 Hektar Weinbergen von seinen Eltern übernahm. 1991 errichtete er neben dem Wohnhaus im Urbanusweg ein neues Kellereigebäude, das 2015 vergrößert wurde. Die Weinberge liegen allesamt in Steillagen vor allem im Ramsthaler St. Klausen, aber auch im Wirmsthaler Scheinberg und seit kurzem im Westheimer Längberg. Er baut Silvaner, Müller-Thurgau, Bacchus, Kerner, Grauburgunder, Weißburgunder und Scheurebe an, sowie die roten Sorten Domina, Dornfelder und Regent. Seit 2012 ist Sohn Lorenz im Betrieb, hat die Verantwortung für den Keller übernommen.

Kollektion

Ein rauchiger, reintöniger Scheurebe-Sekt eröffnet in diesem Jahr den Reigen. Die weiße Cuvée und der Bacchus sind betont süffig, klar und frisch. Die drei 2019er Silvaner sind alle sehr gut, der „Ethos Klassik" besitzt Frische und Grip, der Scheinberg-Silvaner besitzt Fülle, Kraft, reife Frucht und Substanz, der St. Klausen ist etwas offensiver, besitzt ebenfalls viel Fülle und Substanz. Eine weitere Steigerung hinsichtlich Fülle und Substanz, Saft und Kraft bringt der 2018er Silvaner „Am Urban": Etwas zu viel von allem. Der 2018er Weißburgunder ist füllig, harmonisch und zupackend, der im Barrique ausgebaute 2016er zeigt gute Konzentration und viel reife Frucht, besitzt viel Kraft und Substanz, aber auch gute Struktur und klare Frucht. Eine starke Vorstellung geben die Grauburgunder: Der 2019er ist harmonisch, reintönig, fruchtbetont, der 2018er von alten Reben zeigt feine rauchige Noten, ist füllig, konzentriert, druckvoll, der maischevergorene 2016er „81|16 GB" ist würzig und dominant, herrlich eindringlich und stoffig. Stark!

Weinbewertung

85	2016 Scheurebe Sekt extra brut	12,5%/13,-€
85	2019 Silvaner trocken „Ethos Klassik"	12,5%/7,-€
85	2019 Silvaner trocken Wirmsthaler Scheinberg	13%/7,50€
85	2019 Silvaner trocken Ramsthaler St. Klausen	13,5%/7,50€
85	2019 Grauer Burgunder trocken Ramsthaler St. Klausen	13,5%/7,-€
85	2018 Weißer Burgunder trocken Ramsthaler St. Klausen	13,5%/12,50€
89	2018 Grauer Burgunder trocken „Alte Reben" Ramsthaler St. Klausen	13%/12,50€
88	2016 Weißburgunder trocken Barrique Ramsthaler St. Klausen	14%/14,50€
87	2018 Silvaner trocken „Am Urban" Ramsthaler St. Klausen	14,5%/18,-€
89	2016 „81|16 GB" trocken	13%/24,-€
84	2019 Bacchus „feinfruchtig" Westheimer Längberg	11,5%/6,50€
84	2019 „a weng weiß" Weißwein	12,5%/6,-€

WEINGUT NEDER

★ ★ ☆

Neef-Emmich

Kontakt
Alzeyerstraße 15
67593 Bermersheim
Tel. 06244-905254
Fax: 06244-905255
www.neef-emmich.de
info@neef-emmich.de

Besuchszeiten
nach Vereinbarung
Verkostungsraum

Inhaber
Dirk Emmich
Rebfläche
22 Hektar
Produktion
120.000 Flaschen

Die Weinberge von Dirk Emmich liegen in Bermersheim (Seilgarten, Hasenlauf) und benachbarten Gemeinden wie Westhofen (Rotenstein), Gundersheim (Höllenbrand) und Albig (Hundskopf, Schloss Hammerstein), wo unterschiedliche Böden zu finden sind von Kalkgestein über Rotliegendes bis hin zu schwerem Tonmergel. Riesling nimmt ein Viertel der Rebfläche ein, es folgen Silvaner, Müller-Thurgau, Weiß- und Grauburgunder sowie einige Bukettsorten im Weißweinbereich. An roten Sorten gibt es St. Laurent, Spätburgunder, Dornfelder und Portugieser. Dirk Emmich hat Weinbergsflächen im Höllenbrand in Gundersheim erworben, wo er nach der Flurbereinigung 2012 Riesling und Spätburgunder pflanzte. Die Rotweine werden nach der Maischegärung im Holz ausgebaut. 2010 wurde das Kelterhaus innerhalb des historischen Baubestandes umgebaut. 2012 wurde ein neuer Verkostungsraum in einer ehemaligen Kuhkapelle eröffnet.

Kollektion

Die starke Kollektion des vergangenen Jahres wurde angeführt von einer Phalanx an sehr guten Lagenweinen, der Hundskopf-Riesling war unser Favorit. Im Jahrgang 2019 nun hat ganz klar der quittenduftige Riesling aus dem Höllenbrand die Nase vorne, ist konzentriert, kraftvoll, komplex, nachhaltig. Aber auch die anderen Lagenweine sind wieder sehr gut: Der Hundskopf-Riesling, wie sein Pendant im großen Holzfass ausgebaut, besitzt Fülle, Kraft und gute Substanz, der im Halbstück ausgebaute Weißburgunder aus dem Rotenstein ist intensiv fruchtig, füllig, saftig und strukturiert. Im Ortswein-Segment ist der Albiger St. Laurent unser Favorit, er besitzt Fülle und Kraft, klare Frucht und Grip. Die weißen Ortsweine präsentieren sich sehr gleichmäßig, der harmonische, saftige Weißburgunder ist unser Favorit, und diese Gleichmäßigkeit trifft auch auf die Gutsweine zu, die sich gewohnt zuverlässig präsentieren mit klarer Frucht.

Weinbewertung

Punkte	Wein
82	2019 Grüner Silvaner trocken ‌ I 12,5%/7,30€
82	2019 Weißer Burgunder trocken I 12,5%/7,30€
82	2019 Scheurebe trocken I 12%/7,30€
83	2019 Silvaner Bermersheim I 12,5%/9,50€
84	2019 Weißer Burgunder trocken Westhofen I 12,5%/9,50€
83	2019 Riesling trocken Dalsheim I 12,5%/9,50€
87	2019 Weißer Burgunder trocken Westhofener Rotenstein I 13%/14,-€
87	2019 Riesling trocken Albiger Hundskopf I 12,5%/14,-€
89	2019 Riesling trocken Gundersheimer Höllenbrand I 12,5%/19,-€
84	2019 Riesling Kabinett I 10,5%/7,30€
85	2018 St. Laurent trocken Albiger I 14%/15,50€
81	2018 Frühburgunder trocken Westhofener I 14%/19,-€

WÜRTTEMBERG ■— SCHWAIGERN

★★★✦

Neipperg

Kontakt
Weingut Graf Neipperg
Schloss Neipperg
74193 Schwaigern
Tel. 07138-941400
Fax: 07138-4007
www.graf-neipperg.de
info@graf-neipperg.de

Besuchszeiten
Mo.-Fr. 8-12 + 13-16 Uhr und nach Vereinbarung
Restaurant & Hotel „Altes Rentamt" (www.altesrentamt.de, Tel. 07138-5258)

Inhaber
Erbgraf zu Neipperg

Kellermeister
Bernd Supp

Außenbetrieb
Jochen Alt

Rebfläche
32 Hektar

Produktion
180.000 Flaschen

Die beiden Spitzenlagen des Gutes sind seit dem 13. Jahrhundert mit Reben bestockt. Im Neipperger Schlossberg ebenso wie in der Schwaigerner Ruthe wachsen die Reben auf Keuperböden. Anders in der dritten Lage des Weinguts, die seit dem Jahrgang 2008 ebenfalls auf Etiketten erscheint: Im Klingenberger Schlossberg – Klingenberg ist ein Stadtteil von Heilbronn – besteht der Boden aus Lösslehm auf Muschelkalkgestein. Lemberger und Riesling sind die wichtigsten Rebsorten im Weingut.

Kollektion

Der Muskateller ist frisch und klar, unter den Ortsweinen gefallen uns Weißburgunder und Lemberger am besten, im Erste Lage-Segment der intensiv fruchtige Lemberger aus dem Mönchsberg. Lemberger ist die große Stärke des Weingutes, das zeigen die beiden hervorragenden Großen Gewächse: Der Schlossberg zeigt Herzkirschen, ganz dezenten Toast, besitzt reintönige Frucht, gute Struktur, Frische und Grip, der Wein aus der Ruthe ist ebenfalls bestechend reintönig, harmonisch, komplex und lang. Die Rotweine der SE-Linie sind kompakt und füllig, unser Favorit ist der würzige, pfeffrige Syrah. Die weißen Großen Gewächse zeigen sehr gleichmäßiges Niveau, der gelbfruchtige Schlossberg-Weißburgunder ist füllig, kraftvoll, der Ruthe-Riesling sehr kompakt, der Schlossberg-Riesling offen im Bouquet, kraftvoll, etwas verschlossen bei jugendlicher Bitternote und viel Substanz; ein hervorragender Traminer Eiswein rundet die starke Kollektion ab.

Weinbewertung

83	2019 Muskateller trocken	11,5%/8,90€
85	2019 Weißburgunder trocken Neipperg	13%/9,50€
84	2019 Sauvignon Blanc trocken Neipperg	12,5%/9,50€
84	2018 Riesling trocken Klingenberger Schlossberg	12%/9,90€
89	2019 Weißburgunder trocken „GG" Neipperger Schlossberg	13,5%/21,50€
88	2019 Riesling trocken „GG" Schwaigerner Ruthe	12,5%/21,50€
89	2019 Riesling trocken „GG" Neipperger Schlossberg	12,5%/21,50€
87	2018 Muskateller Auslese Neipperger Schlossberg	8%/10,50€/0,375l
90	2018 Traminer Eiswein Neipperger Schlossberg	8%/39,-€/0,375l
83	2016 Spätburgunder trocken Neipperger	12,5%/14,-€
85	2017 Lemberger trocken Neipperg	13%/14,-€
88	2018 Lemberger trocken Dürrenzimmerner Mönchsberg	14%/20,-€
89	2018 Spätburgunder trocken „GG" Neipperger Schlossberg	13,5%/30,-€
91	2014 Lemberger trocken „GG" Schwaigerner Ruthe	12,5%/30,-€
92	2018 Lemberger trocken „GG" Schwaigerner Ruthe	13,5%/30,-€
92	2018 Lemberger trocken „GG" Neipperger Schlossberg	13%/30,-€
88	2018 Merlot trocken „S.E."	13%/47,-€
90	2018 Syrah trocken „S.E."	13%/47,-€
88	2018 Cabernet Sauvignon trocken „S.E."	13%/47,-€

AHR ▶ BAD NEUENAHR-AHRWEILER

★★★

Nelles

Kontakt
Göppinger Straße 13a, 53474
Bad Neuenahr-Ahrweiler
Tel. 02641-24349
Fax: 02641-79586
www.weingut-nelles.de
info@weingut-nelles.de

Besuchszeiten
Mo.-Fr. 9-12 + 14-18 Uhr
Sa. 10-14 Uhr
Restaurant „Dinoris" im
Weinhaus Nelles (Mo.-Fr.
17-22:30 Uhr, Sa./So./
Feiertage 12-14:30 + 17:30-
22:30 Uhr, Di. Ruhetag

Inhaber
Thomas Nelles
Betriebsleiter
Philip Nelles
Kellermeister
Philip Nelles
Außenbetrieb
Philip Nelles
Rebfläche
9 Hektar
Produktion
60.000 Flaschen

Die Anfänge des Weinguts lassen sich bis ins Jahr 1479 zurückverfolgen, weshalb diese Jahreszahl auch die Etiketten ziert. Seit den siebziger Jahren führt Thomas Nelles das Gut, wird dabei unterstützt von Sohn Philip, der für den Weinausbau verantwortlich ist. Die Weinberge liegen vor allem in den Heimersheimer Lagen Landskrone (3,8 Hektar) und Burggarten (1,8 Hektar), sowie in den Neuenahrer Lagen Sonnenberg (1 Hektar) und Schieferlay. Drei Viertel der Rebfläche nimmt Spätburgunder ein, hinzu kommen Riesling, Grauburgunder, Frühburgunder, Domina und Weißburgunder. Bereits seit Ende der achtziger Jahre gibt es „B 48" und „B 52" als Spitzenweine des Hauses, seit dieser Zeit werden auch keine Prädikatsbezeichnungen mehr verwendet. Die beiden Spitzen-Spätburgunder „B 48" und „B 52" werden heute als Große Gewächse bezeichnet und mit Lagennamen (Landskrone respektive Burggarten) ausgezeichnet; 2016 wurde erstmals ein Großes Gewächs aus der Schieferlay erzeugt. Die Rotweine werden entrappt und maischevergoren, alle werden im Holz ausgebaut, geschönt wird nicht und sie werden möglichst ohne Filtration abgefüllt.

🍷 Kollektion

Ein würziger, reifer Pinot-Sekt eröffnet in diesem Jahr den Reigen. Im weißen Segment gefällt uns der eindringliche, zupackende Riesling von alten Reben am besten, der eine leichte Bitternote im Abgang aufweist. Der reintönige, Pinot Noir genannte Spätburgunder gefällt uns ein wenig besser als der florale, zupackende „1Ahr" und der würzige, ebenfalls recht florale Frühburgunder. An der Spitze der Kollektion stehen unangefochten die drei Großen Gewächse. Der „B 48" aus der Landskrone zeigt gute Konzentration, eindringlich florale Noten, besitzt klare Frucht, gute Struktur und Grip. Der „B 52" aus dem Burggarten zeigt herrlich viel Frucht, etwas rauchige und florale Noten, ist frisch und zupackend im Mund bei guter Struktur und Grip. Gleichauf sehen wir den Wein aus der Schieferlay, der rote Früchte zeigt, würzig und eindringlich ist, viel Kraft besitzt, Struktur und reife Frucht.

🍇 Weinbewertung

85	2018 Cuvée Pinot Sekt brut	12,5%/14,-€
84	2019 Riesling „Alte Reben" Heimersheimer	13,5%/11,-€
81	2018 Weißburgunder	13%/11,-€
82	2019 Spätburgunder „Blanc de Noir"	12,5%/11,-€
82	2018 Spätburgunder „Ruber"	12,5%/11,-€
85	2018 Pinot Noir Spätburgunder	12,5%/14,50€
84	2018 Spätburgunder trocken „1 Ahr"	13,5%/24,-€
84	2018 Pinot Madeleine Frühburgunder trocken	13%/19,50€
88	2018 Spätburgunder „B 48" „GG" Heimersheimer Landskrone	13,5%/35,-€
90	2018 Spätburgunder „B 52" „GG" Heimersheimer Burggarten	13,5%/45,-€
90	2017 Spätburgunder „GG" „SL" Schieferlay	13,5%/55,-€

FRANKEN — BÜRGSTADT

★★★

Neuberger

Kontakt
Freudenberger Straße 7
63927 Bürgstadt
Tel. 09371-2562
Fax: 09371-7008
www.weingut-neuberger.de
info@weingut-neuberger.de

Besuchszeiten
Di.-Fr. 9-12 + 14-18:30 Uhr
Sa. 9-15 Uhr
Häckerwirtschaft (3 x jährlich)

Inhaber
Burkhard Neuberger
Rebfläche
11 Hektar
Produktion
80.000 Flaschen

Bis 1983 war das Gut ein landwirtschaftlicher Gemischtbetrieb, dann hat man sich ganz auf Weinbau konzentriert. Burkhard Neuberger besitzt über 30 Parzellen im Bürgstadter Berg. Spätburgunder nimmt die Hälfte seiner Weinberge in den beiden Bürgstadter Lagen Centgrafenberg und Hundsrück ein, hinzu kommen weitere rote Sorten wie Frühburgunder, Domina, Cabernet Dorsa und Cabernet Mitos. Die Rotweine werden alle maischevergoren und grundsätzlich trocken ausgebaut. An weißen Sorten gibt es Riesling, Silvaner, Müller-Thurgau, Weißburgunder, Bacchus, Kerner und Rieslaner. Liköre und Brände ergänzen das Sortiment. Dreimal im Jahr hat die Häckerstube geöffnet, im Winter im historischen Fachwerkhaus, im Sommer im Innenhof des Gutes. Mit dem Jahrgang 2016 wurde das Sortiment neu strukturiert, auf Prädikatbezeichnungen für trockene Weine wird nun verzichtet; der Spätburgunder aus dem Hundsrück kommt erst nach drei Jahren in den Verkauf. Nach Abschluss seiner Weinbautechnikerausbildung und Praktika in Südtirol und am Kaiserstuhl ist Sohn Lukas seit September 2018 im Betrieb tätig. Neubau von Keller und Kelterhaus befinden sich in Planung.

Kollektion

Eine gewohnt starke und zuverlässige Kollektion präsentiert uns Burkhard Neuberger auch in diesem Jahr. Sehr gleichmäßig präsentieren sich die Weißweine. Der birnenduftige Silvaner ist fruchtbetont und frisch, klar, harmonisch und süffig, der Riesling ist würzig, leicht zitrusduftig, lebhaft, frisch und zupackend. Der im Halbstück ausgebaute Weißburgunder ist würzig, eindringlich und konzentriert, besitzt Fülle und Kraft, reife Frucht und Substanz. Muskat- und Zitrusnoten zeigt der Muscaris im Bouquet, ist klar und harmonisch im Mund. In der Spitze etwas stärker sind wieder einmal die Rotweine. Der Bürgstadter Spätburgunder zeigt rote Früchte, ist frisch und klar, der Centgrafenberg-Spätburgunder ist würzig und eindringlich, besitzt gute Struktur und reintönige Frucht, er gefällt uns ein wenig besser als der ebenfalls fruchtbetonte, reintönige Centgrafenberg-Frühburgunder. Angeführt wird die Kollektion vom Hundsrück-Spätburgunder aus dem Jahrgang 2015, der sehr offen ist, leicht floral und fruchtbetont.

Weinbewertung

84	2019 Silvaner trocken Bürgstadter	12 %/6,- €
84	2019 Riesling trocken Bürgstadter	12 %/7,20 €
84	2017 Weißburgunder trocken „Halbstück" Bürgstadter Centgrafenberg	13 %/10,- €
83	2019 Muscaris Bürgstadter Centgrafenberg	13 %/10,- €
83	2018 Spätburgunder trocken Bürgstadter	13,5 %/8,50 €
85	2018 Frühburgunder trocken Bürgstadt Centgrafenberg	13,5 %/14,- €
87	2017 Spätburgunder trocken Bürgstadt Centgrafenberg	%/13,- €
88	2015 Spätburgunder trocken Bürgstadt Hundsrück	13,5 %/19,- €

Neuspergerhof

★ ★ ☆

Kontakt
Bioland Weingut
Neuspergerhof
76865 Rohrbach
Tel. 06349-4110803
Fax: 06349-3668
www.neuspergerhof.de
info@neuspergerhof.de

Besuchszeiten
Vinothek Sa. 10-15 Uhr

Inhaber
Jochen Gradolph
Betriebsleiter/Kellermeister
Jochen Gradolph
Außenbetrieb
Hans Gradolph
Rebfläche
15 Hektar
Produktion
60.000 Flaschen

Hans Gradolph baute 1977 den Neuspergerhof außerhalb von Rohrbach und baute das Weingut zu einem selbstvermarktenden Betrieb auf. Seit 2009 ist sein Sohn Jochen, studierter Betriebswirt, als Quereinsteiger für den Ausbau der Weine verantwortlich, der den Betrieb auf ökologischen Anbau umstellte. Die Weinberge liegen im Rohrbacher Mandelpfad und im Billigheimer Venusbuckel und sind durch sandige Lehmböden geprägt, angebaut werden zu 60 Prozent weiße Sorten, Riesling und die Burgundersorten, aber auch Chardonnay, Sauvignon Blanc, Silvaner, Kerner und Müller-Thurgau, an roten Sorten gibt es Spätburgunder, Merlot, Dornfelder, Cabernet Dorio und Portugieser.

Kollektion

Jochen Gradolph präsentiert uns in diesem Jahr seine bislang stärkste Kollektion auf durchgängig sehr gutem Niveau mit mehreren Spitzen: Der Riesling Großes Gewächs vom Mandelpfad besitzt Kraft, Konzentration und viel klare Frucht mit Noten von gelbem Apfel und Steinobst, ist leicht mineralisch und nachhaltig, neu im Programm sind der 20 Monate im Barrique ausgebaute Syrah, der im komplexen Bouquet Noten von dunklen Beerenfrüchten, Pflaume, etwas Trockenfrüchte und Schokolade zeigt und Struktur, Frische und Länge besitzt und der Riesling-Crémant, der im Bouquet und am Gaumen ungewöhnlich expressiv und fruchtbetont ist und ebenfalls Frische besitzt. Auch der zweite Crémant, der Pinot, ist sehr fruchtbetont, besitzt Saft und Fülle, der Chardonnay „Réserve" zeigt ebenfalls viel gelbe Frucht und etwas Vanille, der Grauburgunder „Réserve" ist kraftvoll und füllig mit deutlichem, aber gut eingebundenem Holz und der neue Jahrgang des „Auszeit Grand Réserve" aus Merlot, Cabernet Sauvignon und erstmals Petit Verdot besitzt viel Kraft, dunkle Frucht, etwas Mokkanoten und wirkt noch sehr jung.

Weinbewertung

88	2018 Riesling „Grande Cuvée" Crémant brut	13%/34,90€
87	2018 Pinot Crémant brut	12,5%/17,90€
85	2019 Grauburgunder „Kalkmergel"	13%/9,30€
85	2019 Riesling „Bienenglück"	13%/9,30€
85	2019 „Genusszeit" Weißwein Mandelpfad	13%/10,30€
85	2019 Cabernet Blanc Mandelpfad	13,5%/10,30€
86	2019 Grauburgunder „Réserve" Rosenstall	13,5%/12,50€
86	2017 Riesling „Réserve" Galgengrund	13,5%/13,-€
88	2018 Riesling „GG" Mandelpfad	13,5%/22,-€
87	2019 Chardonnay „Réserve" Sperberbaum	13,5%/12,50€
86	2016 Pinot Noir „Réserve"	14,5%/16,-€
87	2017 „Auszeit Grand Réserve" Rotwein Mandelpfad	14,5%/19,80€
88	2018 Syrah „Réserve" Kirschbaum	14%/17,90€

Baden ▶ Baden-Baden (Neuweier)

★★★★⯨

Schloss Neuweier – Robert Schätzle

Kontakt
Mauerbergstraße 21
76534 Baden-Baden
(Neuweier)
Tel. 07223-96670
Fax: 07223-966743
www.weingut-schloss-
neuweier.de
kontakt@weingut-schloss-
neuweier.de

Besuchszeiten
Mo.-Fr. 9-12 + 13-18 Uhr
Sa. 10-15 Uhr
Hotel-Restaurant Schloss
Neuweier (Öffnungszeiten
siehe Webseite)

Inhaber
Familie Schätzle
Betriebsleiter
Robert Schätzle
Kellermeister
Robert Schätzle
Außenbetrieb
Robert Schätzle
Rebfläche
16 Hektar
Produktion
100.000 Flaschen

Die Geschichte des Schlosses reicht bis ins 12. Jahrhundert zurück. 2012 wurde es von Klaus Schätzle erworben, dessen Sohn Robert den Betrieb führt, er hatte zuvor unter anderem für Joachim Heger und Fritz Keller gearbeitet, bei Zind-Humbrecht und Clos du Val. Wichtigste Lagen sind der Neuweierer Mauerberg, unter anderem mit dem jahrzehntelang brachgelegenen Teilstück, dem so genannten „Goldenen Loch", und der Neuweierer Schlossberg, der dem Weingut im Alleinbesitz gehört. Riesling ist mit einem Anteil von 85 Prozent die mit Abstand wichtigste Rebsorte bei Schloss Neuweier. Hinzu kommen Spätburgunder, Weißburgunder, Sauvignon Blanc, Scheurebe und Gewürztraminer.

Kollektion

Gewohnt hoch ist bei Schloss Neuweier das Basisniveau. Bereits der „kleine" Riesling aus der großen Literflasche ist sehr saftig und rebsortentypisch. Mehr Biss und Eigenständigkeit zeigt der Riesling Alte Reben, der von einer zarten schmelzigen Aprikosennote geprägt ist – ein Wein voller Leichtigkeit mit nur 12 Volumenprozent Alkohol. Mehr Kraft hat das Riesling Große Gewächs aus dem Jahr 2017, das am Anfang noch verschlossen wirkt, mit Luft aber Fahrt aufnimmt und vor allem durch eine gute griffige Textur punkten kann. Dass solche Weine nach ein paar Jahren durchaus zulegen können, zeigt der 2014er aus der gleichen Lage, der Aromen von Roiboostee sowie tropische und speckig-rauchige Noten aufweist. Zwei erst 2020 auf den Markt gebrachte Pinot Noir aus der Ersten Lage Heiligenstein – ein 2015er und ein 2016er – sind ebenfalls beeindruckend und bestechen durch eine leichtfüßige Art bei gleichzeitiger Fülle und Würze. An der Spitze der Kollektion stehen zwei Trockenbeerenauslesen, wobei wir eine leichte Präferenz für den Rieslaner haben, der eine ölig-dichte Frucht und frische Aromen von grünem Apfel und Limette zeigt.

Weinbewertung

84	2019 Riesling trocken	12%/12,90€
86	2018 Riesling trocken „Alte Reben" Neuweier	12%/12,90€
85	2019 Weißer Burgunder trocken „RS" Neuweier	13%/12,90€
91	2014 Riesling trocken „GG" „Mauer-Wein" Neuweierer Mauerberg	12%/37,50€
88	2017 Riesling trocken „GG" „Mauer-Wein" Neuweierer Mauerberg	12,5%/32,50€
92	2018 Riesling Trockenbeerenauslese Neuweierer Mauerberg	8,5%/0,375l/a.A.
93	2018 Rieslaner Trockenbeerenauslese Neuweierer Mauerberg	7%/0,375l/a.A.
83	2019 Rosé	12,5%/9,50€
84	2018 Pinot Noir	13%/10,30€
86	2018 Pinot Noir „R" trocken Neuweier	13%/13,90€
90	2015 Pinot Noir trocken „Late Release" Neuweierer Heiligenstein	13%/a.A.
89	2016 Pinot Noir trocken „Late Release" Neuweierer Heiligenstein	13%/a.A.

RHEINHESSEN ▶ VENDERSHEIM

★★★

Neverland

Kontakt
Neverland Vineyards
Außerhalb 2
55578 Vendersheim
Tel. 06732-6006767
Fax: 06732-6006767
www.neverland-vineyards.com
info@neverland-vineyards.com

Besuchszeiten
nach Vereinbarung
Hotel (9 Doppelzimmer)

Inhaber
Sebastian & Marcel Class
Betriebsleiter
Sebastian Class
Kellermeister
Marcel Class
Außenbetrieb
Marcel Class
Rebfläche
15 Hektar
Produktion
40.000 Flaschen

Neverland Vineyards nennen die Brüder Marcel und Sebastian Class ihr Weingut. Aufgewachsen auf dem elterlichen Weingut in Vendersheim, sind sie zunächst getrennte Wege gegangen. Marcel Class stieg nach Winzerlehre und Weintechnikerausbildung in das elterliche Weingut ein, wo er sich um Weinberge und Keller kümmerte, Sebastian Class war im Finanzmanagement tätig. Mit dem Ausscheiden des Vaters 2013 entstand die Idee, das Weingut völlig neu auszurichten. Der Betrieb wurde auf ökologischen Weinbau umgestellt, Geräte wie der Vollernter wurden verkauft. Eine Vielzahl an Rebsorten wird angebaut, Lagenbezeichnungen werden nicht verwendet.

Kollektion

Sebastian und Marcel Class legen weiter zu. Nicht viele Weingüter in Rheinhessen bieten eine ähnlich vielfältige und spannende Kollektion. Junge Weine sind nicht ihr Ding, weswegen sie auch keinen einzigen 2019er vorgestellt haben. Und das ist gut so. Auch im dritten Jahr, in dem wir nun ihre Kollektion vorstellen, fällt es uns immer noch schwer uns zurechtzufinden im Sortiment. „Good old times", das ist eingängig, der Wein ist fruchtbetont, etwas floral, lebhaft und zupackend. Nun gibt es ihn auch als „Granite Reserve" aus dem Jahrgang 2016, mit im Granitfass vergorenem Traminer und barriqueausgebauter Scheurebe: Gute Konzentration, viel Intensität, stoffig, kraftvoll, gute Struktur und Druck. Der Grauburgunder vom Kalkmergel ist füllig und kraftvoll, der Grauburgunder vom Kalkriff deutlich druckvoller, strukturiert. Apocalypse Now nennt sich ein Chardonnay, der 30 Monate in Barriques aus amerikanischer Eiche ausgebaut wurde – und „Chardonnay + US-Eiche" muss nicht automatisch zur Apokalypse führen, der Wein ist rauchig, kraftvoll, zupackend, besitzt viel Substanz. Noch faszinierender aber ist der Hidden Vineyard-Chardonnay, ebenfalls 30 Monate im Barrique ausgebaut, diesmal aber in französischer Eiche: Intensiv, konzentriert, stoffig, kraftvoll, Struktur und Druck. Spannend!

Weinbewertung

84	2018 Weißburgunder „C" trocken „Mineral"	12,5%/9,90€
86	2018 Grauburgunder trocken „vom Kalkmergel Class A"	13%/9,90€
86	2018 „Got Good Old Times" Weißwein trocken	13%/11,-€
87	2018 Grauburgunder trocken „Handwerk" Class A vom Kalkriff	13,5%/15,-€
89	2016 Chardonnay trocken „Reserve" „Apocalypse Now!"	13,5%/39,-€
91	2016 Chardonnay trocken „Reserve" „Hidden Vineyard"	13,5%/51,-€
89	2016 „Got Granite Reserve" Weißwein trocken	13%/25,-€
83	2018 Riesling Spätlese „feinherb"	12,5%/14,-€
87	2018 Riesling Auslese „edelsüß"	9%/15,-€
86	2018 „L'Étoile des Rosés" trocken	13%/9,90€
82	2014 Pinot Noir trocken „Reserve"	13%/39,-€

NEVERLAND
WWW.NEVERLAND-WINE.DE

BADEN ▸ BADEN-BADEN

★★★★⯪

Sven Nieger

Kontakt
Gartenstraße 21
76534 Baden-Baden
Tel. 07223-2837795
Fax: 07223-2837796
www.sven-nieger.de
info@sven-nieger.de

Besuchszeiten
Mo.-Fr. 14-18 Uhr
Sa. 11-17 Uhr

Inhaber
Sven Nieger
Betriebsleiter
Sven Nieger
Kellermeister
Sven Nieger
Außenbetrieb
Sven Nieger
Rebfläche
13 Hektar
Produktion
40.000 Flaschen

Sven Nieger ist Geisenheim-Absolvent, sammelte praktische Erfahrungen in Deutschland (bei Peter Siener in der Pfalz und Schloss Neuweier in der Ortenau), aber auch in Österreich (beim Weingut Salomon-Undhof im Kremstal) und in Neuseeland (bei Framingham in Marlborough). Im Jahr 2010 wurde er Besitzer eines eigenen Weinbergs in Varnhalt, 2011 hat er dann seine ersten eigenen Weine erzeugt, im Nebenerwerb. Inzwischen sind dreizehn Hektar daraus geworden, in Varnhalt in der Lage Klosterbergfelsen, im Neuweierer Mauerberg und im Umweger Stich den Buben. Sven Nieger baut zu 80 Prozent Riesling an, 20 Prozent der Fläche ist mit Spätburgunder bestockt. Seit dem Jahrgang 2015 werden alle Weine als Badischer Landwein abgefüllt, dürfen folglich keine Lagenbezeichnungen mehr tragen, was schade ist, wollen wir doch immer wissen, wo spannende Weine gewachsen sind.

Kollektion

Da Sven Nieger seine Weine wie gewohnt spät auf die Flasche bringt, verkosten wir in diesem Jahr neun Fassproben. Allesamt weiß – bis auf einen Rosé – und allesamt trocken und sehr eigenwillig. Bereits die Basis-Cuvée „Unbeschwert" unterstreicht Sven Niegers wilden und charakterstarken Stil mit knackiger Säure und ausgereizter Phenolik, der sich durch die gesamte Kollektion zieht. Besonders wild sind die Rieslinge: „Underdog" hat viel Wucht, spürbaren Gerbstoff und Aromen von angetrocknetem Apfel und Fichtensprossen. Ähnlich schrill und dabei beeindruckend neuartig schmeckt der Riesling „Unbestechlich", der Aromen von grüner Kiwi zeigt und eine sehr gute Länge hat. Die beiden „Seven"-Weine heben sich vom Sortiment ein wenig ab, sind deutlich schmelziger, was aber nicht bedeutet, dass sie braver sind. Ganz im Gegenteil, besonders der Weißburgunder lebt von einer herb-hefigen Note und zeigt Aromen von ganz frischen Champignons. Eine äußerst spannende Kollektion mit einem hohen Wiedererkennungswert, die mit ihrer klaren Kante allerdings polarisieren dürfte.

Weinbewertung

(84) 2019 „Cuvée unbeschwert" Weißwein | 12,5 %/9,50 €
(88) 2019 Riesling „ungeschminkt" | 12,5 %/10,- €
(85) 2019 Weißburgunder „Underdog" | 12,5 %/15,- €
(87) 2019 Riesling „Underdog" | 12,5 %/15,- €
(90) 2019 Riesling „unbestechlich" | 12,5 %/25,- €
(87) 2019 Riesling „ungezähmt" | 12,5 %/25,- €
(89) 2019 Weißburgunder „Seven" | 12,5 %
(88) 2019 Riesling „Seven" | 12,5 %
(85) 2019 Rosé trocken „Sophia" | 12,5 %/15,- €

★★✩

Ingo Norwig

Kontakt
Am Frohnbach 1
54472 Burgen
Tel. 06534-763
Fax: 06534-763
www.weingut-norwig.de
weingut-norwig@t-online.de

Besuchszeiten
Mo.-Sa. 8-18 Uhr
Ferienwohnungen/
Ferienhaus

Inhaber
Ingo Norwig
Kellermeister
Ingo Norwig
Außenbetrieb
Günter Norwig
Rebfläche
8,5 Hektar
Produktion
70.000 Flaschen

Die Weinberge von Ingo Norwig befinden sich in den Lagen Brauneberger Juffer und Mandelgraben, Mülheimer Sonnenlay, Veldenzer Kirchberg, Burgener Hasenläufer und Kirchberg. Er baut neben Riesling, der gut die Hälfte der 8,5 Hektar Rebfläche einnimmt, auch ein wenig Müller-Thurgau, Grauburgunder, Kerner, Spätburgunder und Dornfelder an, auch Chardonnay gehört ins Repertoire. Die Weine werden gezügelt vergoren und bleiben recht lange auf der Feinhefe. Schon seit der ersten Ausgabe empfehlen wir die Weine von Ingo Norwig, vor allem die süßen Spät- und Auslesen hatten es uns schon damals angetan, Jahr für Jahr bietet er seither sehr zuverlässige Kollektionen auf gutem Niveau, trocken wie süß – zu nach wie vor sehr moderaten Preisen. Derzeit wird ein neues Multifunktionsgebäude erbaut. Auch Ferienwohnungen und ein Ferienhaus gehören zum Gesamtpaket.

Kollektion

Wie immer ist das vorgestellte Repertoire des Weinguts überschaubar – es handelt sich um zwei trockene Weine, zwei halbtrockene respektive feinherbe und zwei Auslesen. Saftig und kühl wirkt der trockene Graue Burgunder, der im Geschmack einen Hauch von Kohlensäure erkennen lässt und insgesamt eher schlank ausfällt. Anders als viele andere Weine dieser Sorte, die an der Mosel erzeugt werden, ist dieser wirklich trocken, fest, wirkt durchdacht. Noch besser gefällt allerdings der Chardonnay, der schon in der Nase präsenter ausfällt und im Mund angenehm straff und würzig wirkt; auch hier ist keinerlei merkbare Süße im Spiel. Der halbtrockene Literwein kommt überdurchschnittlich saftig daher, ist zum Glück nicht zu süß. Eine feinherbe Spätlese aus der Lage Burgener Hasenläufer ist angenehm saftig, würzig und animierend. Schließlich die beiden Süßweine. Die Auslese aus dem Jahrgang 2018 und der Lage Veldenzer Kirchberg wirkt in der Nase sehr verhalten, sie ist im Mund saftig, würzig, eher elegant als zupackend. Ihr Nachhall ist nicht unendlich, aber der Wein ist gut balanciert, was man nun wirklich nicht von jeder Auslese an der Mosel sagen kann, und wirkt schon jetzt zugänglich. Deutlich straffer und vibrierender ist die Auslese aus 2019, die sich „Nonplusultra" nennt, eine saftige, würzige, leicht vibrierende Art aufweist und beachtlich lang ausfällt.

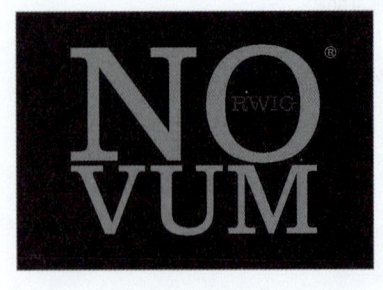

Weinbewertung

84	2019 Grauburgunder trocken	13%/7,50€
86	2019 Chardonnay trocken Mülheimer Sonnenlay	13%/7,50€
83	2019 Riesling halbtrocken Bernkastel Kurfürstlay (1l)	11,5%/6,-€
86	2019 Riesling Spätlese „feinherb" „NO" Burgener Hasenläufer	11,5%/8,-€
87	2018 Riesling Auslese Veldenzer Kirchberg	8,5%/10,-€
89	2019 Riesling Auslese „Nonplusultra" Veldenzer Kirchberg	8,5%/12,-€ ☺

WÜRTTEMBERG ▸ SACHSENHEIM-HOHENHASLACH

★★★★✰
Notz

Kontakt
Langmantel 1, 74343
Sachsenheim-Hohenhaslach
Tel. 07147-12759
Fax: 07147-8414
www.weingut-notz.de
info@weingut-notz.de

Besuchszeiten
Di.-Fr. 14-18 Uhr
Sa. 8:30-16 Uhr

Inhaber
Martin Notz
Kellermeister
Philipp Notz
Rebfläche
12,5 Hektar
Produktion
80.000 Flaschen

Seit Generationen baut die Familie Wein in Hohenhaslach an, das Weingut wird heute von Martin Notz und seiner Ehefrau Andrea geführt. Der älteste Sohn Philipp studierte Weinbau und Önologie in Geisenheim, der jüngste Sohn Julian hat seine Winzerlehre bei den Weingütern Wachtstetter und Leiss absolviert, anschließend die Technikerschule für Weinbau in Weinsberg besucht, beide haben 2016 erfolgreich abgeschlossen und sind nun im Betrieb tätig, Philipp kümmert sich mehr um den Keller, Julian um den Außenbetrieb. Die Weinberge liegen alle im Hohenhaslacher Kirchberg. Lemberger nimmt gut ein Drittel der Rebfläche ein, gefolgt von Trollinger und Riesling, hinzu kommt eine breite Palette an weiteren Rebsorten wie Müller-Thurgau, Dornfelder, Kerner, Spätburgunder, Muskateller, Portugieser, Muskattrollinger und Acolon, inzwischen ergänzen Grauburgunder, Weißburgunder und Cabernet Franc den Rebsortenspiegel.

🎂 Kollektion

Es geht weiter voran, die neue Kollektion ist stark wie nie. Die Weißweine sind kraftvoll und sortentypisch, zeigen recht gleichmäßiges Niveau, der Reserve-Chardonnay ragt hervor, ist fruchtbetont, kraftvoll und strukturiert. Auch der intensive Reserve-Rosé ist sehr gut, die Roten zeigen dann durchgängig sehr hohes Niveau. Die Paradestück genannte Cuvée aus gleichen Teilen Merlot, Cabernet Franc und Cabernet Sauvignon ist fruchtintensiv, füllig und kraftvoll, der reinsortige Merlot besticht mit Reintönigkeit und reifer Frucht, der Reserve-Lemberger ist kraftvoll, stoffig und nachhaltig, der Gipskeuper-Lemberger punktet mit Intensität und Reintönigkeit – und das trifft auf alle Rotweine zu. Klar im Aufwind!

🍂 Weinbewertung

84	2019 Riesling „S" trocken Hohenhaslach ❙ 12,5%/7,50€
83	2019 Grauburgunder „S" trocken Hohenhaslach ❙ 13%/7,50€
83	2019 „Grau- & Weiß" trocken ❙ 13%/10,-€
85	2019 Sauvignon Blanc trocken „Kalkmergel" Hohenhaslacher Kirchberg ❙ 13%/12,-€
86	2019 Weißburgunder trocken „Steinmergel" Hohenhaslacher Kirchberg ❙ 13%/12,-€
86	2019 Grauburgunder trocken „Steinmergel" Hohenhaslacher Kirchberg ❙ 13,5%/12,-€
89	2019 Chardonnay trocken „Reserve" Hohenhaslacher Kirchberg ❙ 13%/17,-€
86	2019 Rosé trocken „Reserve" Hohenhaslacher Kirchberg ❙ 13%/10,-€
87	2018 Lemberger „S" trocken Hohenhaslacher Kirchberg ❙ 13,5%/10,-€
88	2018 Spätburgunder trocken „Bunter Mergel" Hohenhaslacher Kirchberg ❙ 13%/17,-€
87	2018 Portugieser trocken „Tonmergel" Hohenhaslacher Kirchberg ❙ 13%/12,-€
86	2018 „Zwölferstein" Rotwein trocken Hohenhaslacher Kirchberg ❙ 14%/14,-€
90	2018 Merlot trocken „Reserve" Hohenhaslacher Kirchberg ❙ 14%/22,-€
89	2018 Lemberger trocken „Gipskeuper" Hohenhaslacher Kirchberg ❙ 14%/22,-€
91	2018 „Paradestück" Rotwein trocken „Reserve" Hohenhaslacher Kirchberg ❙ 14%/28,-€
90	2018 Lemberger trocken „Reserve" Hohenhaslacher Kirchberg ❙ 14%/28,-€

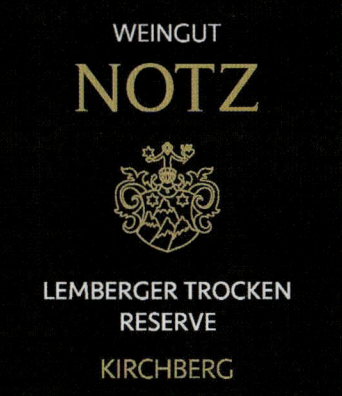

PFALZ ▶ NEUSTADT

★★

Nussbaum Projekt

Kontakt
Erika-Köth-Straße 78
67435 Neustadt
Tel. 0176-96986552
www.nussbaumprojekt.de
nussbaumprojekt@gmail.com

Besuchszeiten
nach Vereinbarung

Inhaber
Matthias Rau, Joachim Schmidt, Benedikt Grein

Produktion
3.000 Flaschen

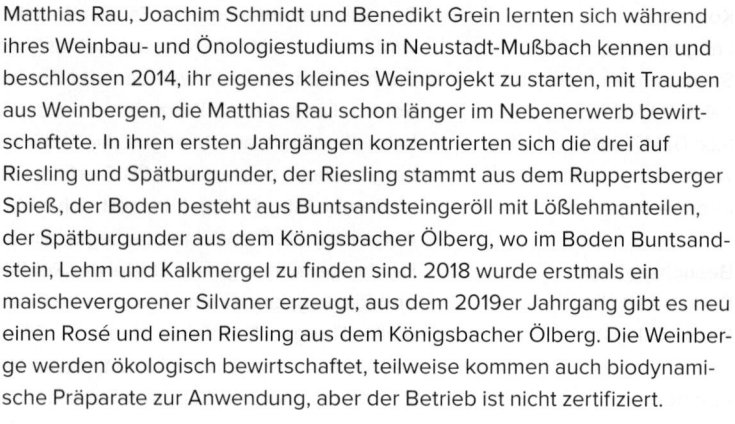

Matthias Rau, Joachim Schmidt und Benedikt Grein lernten sich während ihres Weinbau- und Önologiestudiums in Neustadt-Mußbach kennen und beschlossen 2014, ihr eigenes kleines Weinprojekt zu starten, mit Trauben aus Weinbergen, die Matthias Rau schon länger im Nebenerwerb bewirtschaftete. In ihren ersten Jahrgängen konzentrierten sich die drei auf Riesling und Spätburgunder, der Riesling stammt aus dem Ruppertsberger Spieß, der Boden besteht aus Buntsandsteingeröll mit Lößlehmanteilen, der Spätburgunder aus dem Königsbacher Ölberg, wo im Boden Buntsandstein, Lehm und Kalkmergel zu finden sind. 2018 wurde erstmals ein maischevergorener Silvaner erzeugt, aus dem 2019er Jahrgang gibt es neu einen Rosé und einen Riesling aus dem Königsbacher Ölberg. Die Weinberge werden ökologisch bewirtschaftet, teilweise kommen auch biodynamische Präparate zur Anwendung, aber der Betrieb ist nicht zertifiziert.

Kollektion

Die neue Kollektion ist noch spannender als das ohnehin gute Debüt im vergangenen Jahr: Die zwei Lagenrieslinge unterscheiden sich deutlich, der Spieß zeigt im Bouquet kräutrige Würze, Schwarztee und etwas Zitrusnoten, ist am Gaumen animierend, intensiv, aber schlank und elegant, besitzt Grip, feinen Druck und Länge, der in Kooperation mit Alexander Pflüger vom Weingut Pflüger erzeugte Ölberg-Riesling ist fruchtbetonter, zeigt Noten von Ananas, Aprikose und Orangenschale, besitzt am Gaumen herbe Zitruswürze und salzige Länge. Vom Ölberg-Spätburgunder konnten wir zwei Jahrgänge verkosten, der 2017er zeigt etwas rote Frucht, Johannisbeere, Kirsche und kräutrige Noten, ist aber insgesamt verhaltener als der präsentere 2018er, der deutliche Noten von Sauerkirsche und Kirschkern zeigt und auch am Gaumen feine rote Frucht, Eleganz und noch jugendliche Tannine besitzt. Der Sylvaner und der Rosé lagen bis August ohne Schwefel auf der Hefe und wurden dann mit einer geringen Schwefeldosage unfiltriert gefüllt, der Sylvaner zeigt kräutrige Noten, gelben Apfel und etwas Birnenmost im Bouquet, ist schlank, geradlinig und puristisch, besitzt Struktur und Grip, der Rosé zeigt eine intensive Kirschfrucht, ist knochentrocken und geradlinig, besitzt eine frische Säure und wirkt noch sehr jung. ◀

Weinbewertung

84	2018 Riesling trocken „Buntsandstein"	11,5%/7,50€
88	2019 Riesling trocken Ruppertsberger Spieß	11,5%/9,50€ ☺
88	2019 Riesling trocken Königsbacher Ölberg	12,5%/9,50€ ☺
88	2019 Sylvaner trocken „Löss und Kalk"	11%/12,-€
86	2019 Spätburgunder Rosé trocken	12%/12,-€
87	2017 Spätburgunder Königsbacher Ölberg	13%/12,-€
88	2018 Spätburgunder Königsbacher Ölberg	13%/12,-€

PFALZ — KLEINKARLBACH

★ ☆

Gut **Obercarlenbach**

Kontakt
Hauptstraße 13
67271 Kleinkarlbach
Tel. 06359-9458100
www.obercarlenbach.de
bernd@obercarlenbach.de

Besuchszeiten
Weinproben nach
Vereinbarung
Straußwirtschaft (Öffnungs-
zeiten siehe Webseite)
Ferienwohnung

Inhaber
Bernd & Annette Meckel
Betriebsleiter
Bernd Meckel
Rebfläche
3,5 Hektar

Bernd Meckel wuchs auf einem landwirtschaftlichen Betrieb auf, machte zunächst eine Ausbildung als Landmaschinenmechaniker und gründete 1992 ein Maschinenbauunternehmen, dessen Geschäftsführer er heute noch ist. 2016 konnte er sich zusammen mit seiner Frau Annette einen Traum erfüllen: Sie erwarben die renovierungsbedürftigen Betriebsgebäude und Teile der Weinberge des ehemaligen Weinguts Kommerzienrat G.F. Spiess, einst eines der größten Weingüter in der nördlichen Pfalz, renovierten in den folgenden Jahren den historischen Dreiseithof, richteten unter anderem eine moderne Weinbar ein und erneuerten auch die Kellerwirtschaft komplett. In den Weinbergen finden sich in erster Linie Kalk- und Lehmböden, die Parzellen liegen im Neuleininger Schlossberg, den Kleinkarlbacher Lagen Herrenberg und Kieselberg und im Dackenheimer Liebesbrunnen. Je zur Hälfte werden weiße und rote Sorten angebaut, weiß sind es Riesling und Müller-Thurgau, rot sind es vor allem Sankt Laurent und Spätburgunder, dazu kommt etwas Portugieser.

🍷 Kollektion

In diesem Jahr bekamen wir nur eine kleine Auswahl aus sechs Weinen zur Verkostung, unter denen wir die beiden Rotweine aus dem Jahrgang 2017 favorisieren: Der Pinot Noir zeigt feine rote Frucht mit Noten von Johannisbeere und Süßkirsche, besitzt am Gaumen kühle kräutrige Würze, noch leicht spürbare Tannine, ist elegant und gut strukturiert, der St. Laurent ist dunkler in der Frucht, zeigt Aromen von Pflaume, Schwarzkirsche, Gewürznelke und etwas Röstnoten, besitzt ebenfalls noch leicht spürbare Tannine und gute Länge. Knapp dahinter liegt der Riesling aus dem Herrenberg, der etwas Luft braucht, um sich zu öffnen und dann im Bouquet kräutrige Noten und viel klare Frucht zeigt, etwas Aprikose, Ananas, am Gaumen ganz geradlinig ist und eine animierende Säure besitzt. Auch der Müller-Thurgau ist geradlinig und konsequent trocken ausgebaut, zeigt feine Würze, etwas Kräuter und Muskat, besitzt aber auch klare gelbe Frucht, Birne, und eine lebendige Säure, der Gutsriesling besitzt dagegen eine leichte Süße, zeigt Zitrusnoten, Grapefruit und etwas Aprikose im Bouquet; der Rosé aus St. Laurent zeigt Aromen von roten Beeren, Erd- und Himbeere, besitzt Saft und einen dezente, animierende Bitternote.

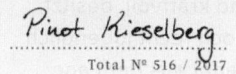

🍇 Weinbewertung

83	2019 Riesling trocken	12%/7,50€
85	2019 Müller-Thurgau trocken Liebesbrunnen	13%/9,-€
86	2019 Riesling trocken Kleinkarlbacher Herrenberg	12,5%/14,50€
83	2019 Rosé trocken „Réserve"	12%/9,-€
87	2017 St. Laurent „Laurentius Réserve"	13%/14,50€
87	2017 Pinot Noir Kieselberg	13%/14,50€

FRANKEN ▶ SOMMERACH

★★★★ Richard **Östreicher**

Kontakt
Hauptstraße 15
97334 Sommerach
Tel. 09381-1698
www.weingut-richard-oestreicher.de
weingut@richard-oestreicher.de

Besuchszeiten
nach Vereinbarung

Inhaber
Richard Östreicher

Rebfläche
3,5 Hektar

Produktion
18.000 Flaschen

Richard Östreicher hat seit der Betriebsübernahme von seinem Vater 1995 quasi alles verändert, das über 250 Jahre alte Anwesen umgestaltet, die Remise wurde zur Weinstube. Aber auch in den Weinbergen leitete er einen radikalen Wandel ein in dem er verstärkt auf Weiß- und Spätburgunder setzte, Cabernet Sauvignon und Merlot pflanzte, 2012 kam Chardonnay hinzu, das Rebmaterial stammt zum Teil aus Meursault aus den Weinbergen von Coche-Dury, 2015 gab es den ersten Ertrag. Seine Weinberge liegen vor allem im Sommeracher Katzenkopf, ein kleiner Teil auch in angrenzenden Gemarkungen. Im Katzenkopf ist Richard Östreicher bestrebt sich auf die Toplagen zu konzentrieren, in der Gewanne Hölzlein steht der Weißburgunder, in der früheren Einzellage Augustbaum sein Silvaner, den Chardonnay hat er im Engelsberg gepflanzt in der Gewanne Rossbach, der Spätburgunder steht im Original Katzenkopf (dieser wurde 2015 erstmals separat ausgebaut), in der Gewanne Rosen und in der Gewanne Berg, Cabernet Sauvignon und Merlot in der Gewanne Rosen. Mit dem Jahrgang 2018 kam ein Silvaner aus der Lage Maria im Weingarten im Volkacher Ratsherr hinzu. Ein Drittel der Rebfläche nimmt Spätburgunder ein, ein Viertel Silvaner. Dazu gibt es Cabernet Sauvignon und Merlot, Chardonnay und Weißburgunder. Die Weinberge werden inzwischen biologisch bewirtschaftet, das Weingut befindet sich in der zertifizierten Umstellung. Richard Östreicher ist Mitglied bei Naturland. Die Rotweine reifen nach langer Maischegärung in kleinen Bottichen lange auf der Hefe, werden ohne Filtration abgefüllt und kommen, abgesehen vom Spätburgunder Tradition, erst im dritten Jahr nach der Ernte in den Verkauf. Alle Weine werden spontanvergoren und durchgegoren ausgebaut. Die Weine von Richard Östreicher sind kraftvoll und puristisch, strukturiert und druckvoll, sie profitieren alle von etwas Flaschenreife, auch die Weißweine, wer Primärfrucht sucht ist hier fehl am Platz.

Kollektion

Es hat ein bisschen gedauert, bis Richard Östreicher sich mit Silvaner anfreunden konnte, aber inzwischen hat er ihn schätzen gelernt und zeigt, dass sein Weinstil auch zu Silvaner passt. Der Basis-Silvaner kommt aus dem Dettelbacher Honigberg, er ist frisch und fruchtbetont im Bouquet, lebhaft, klar und zupackend, besitzt gute Struktur und Frucht. Deutlich zurückhaltender ist die Frucht beim Silvaner Maria im Weingarten aus dem Volkacher Ratsherr, der im Jahrgang 2018 erstmals erzeugt wurde. Der 2019er ist würzig und kraftvoll, besitzt Fülle und Kraft, gute Struktur und Substanz, ist noch recht jugendlich und zurückgenommen. Das gilt auch für den Silvaner aus der Lage Augustbaum im Sommeracher Katzenkopf, der seit einigen Jahren nun konstant hervorragendes Niveau zeigt – und in unseren Silvaner-Schlussverkostungen regelmäßig vom üblichen, dominierenden, auf Fruchtintensität setzenden Geschmacksbild abweicht. Auch 2019 wieder, wobei er im Bouquet faszinierend reintönige Frucht zeigt, etwas gelbe Früchte, im Mund dann stoffig und kraftvoll ist, sehr verschlossen, dezent mineralisch, druckvoll und nachhaltig. Der Weißburgunder aus dem Hölzlein ist intensiv im Bouquet, eigenwillig würzig, sehr verhalten in der Frucht (wie jedes Jahr), herrlich präzise im Mund, fordernd, zupackend, dabei völlig zurückgenommen in der Frucht. Deutlich präsenter und auch etwas fruchtbetonter ist der Chardonnay aus der Lage Rossbach, ist konzentriert und herrlich eindringlich im Bouquet, klar, frisch und druckvoll im Mund, ganz Struktur, mit Präzision und Säure – ein super spannender Chardonnay! Die beiden Lagen-Spätburgunder aus der großen Lage Katzenkopf stammen aus dem Jahrgang 2017: Der Rosen zeigt reintönige Frucht, feine Frische, etwas florale Noten, ist kraftvoll, klar, zupackend, jugendlich, der Katzenkopf, aus dem ursprünglichen Katzenkopf, zeigt feine Würze und Frische, rote Früchte, besitzt gute Struktur, Frische und Grip, ist anfangs deutlich präsenter, aber verschließt sich dann. Aus dem Jahrgang 2016 stammen Merlot, Cabernet Sauvignon und die rote Cuvée. Der Merlot zeigt feine Würze und Duft, rote Früchte, ist klar, geradlinig und zupackend bei festen Tanninen. Der Cabernet Sauvignon ist würzig, eindringlich, zeigt dezent Cassis, ist geradlinig, klar, zupackend, besitzt gute Struktur und ebenfalls kräftige Tannine. Im Bouquet deutlich präsenter und fruchtintensiver ist die Cuvée R, zeigt dezent Schokolade im Hintergrund, ist füllig und kraftvoll im Mund, sehr kompakt bei reifer Frucht und guter Struktur.

🌿 Weinbewertung

87	2019 Silvaner Dettelbacher Honigberg	12,5%/14,50€
91	2019 Silvaner „Augustbaum" Sommeracher Katzenkopf	13%/22,-€
90	2019 Silvaner „Maria im Weingarten" Volkacher Ratsherr	13%/22,-€
91	2019 Weißburgunder „Hölzlein" Sommeracher Katzenkopf	13%/28,-€
92	2019 Chardonnay „Rossbach" Sommeracher Katzenkopf	13%/42,-€
90	2017 Spätburgunder „Rosen" Sommeracher Katzenkopf	13%/34,-€
90	2017 Spätburgunder „Katzenkopf" Sommeracher Katzenkopf	13%/38,-€
88	2016 Merlot Sommeracher Katzenkopf	13,5%/34,-€
88	2016 Cabernet Sauvignon Sommeracher Katzenkopf	13,5%/38,-€
88	2016 „Cuvée R" Rotwein Sommeracher Katzenkopf	13,5%/34,-€

Lagen
Katzenkopf (Sommerach)
– Hölzlein (Sommerach)
– Augustbaum (Sommerach)
– Katzenkopf (Sommerach)
– Rossbach (Sommerach)
– Rosen (Sommerach)

Rebsorten
Spätburgunder (33 %)
Silvaner (25 %)
Chardonnay (16 %)
Cabernet Sauvignon (12 %)
Merlot (9 %)
Weißburgunder (5 %)

Johann F. Ohler

Kontakt
Meerspinnstr. 33, 67435 Neustadt-Gimmeldingen
Tel. 06321-6116
Fax: 06321-60382
www.weingut-ohler.de
webmaster@weingut-ohler.de

Besuchszeiten
Mo.-Fr. 9-12 + 14-17:30 Uhr
Sa. 10-16 Uhr
So. geschlossen

Inhaber
Sabine Ohler-Jost
Kellermeister
Sabine Ohler-Jost
Außenbetrieb
Thomas Bauer
Rebfläche
7,8 Hektar
Produktion
45.000-50.000 Flaschen

Seit mehr als 200 Jahren betreibt die Familie Weinbau in Gimmeldingen. 1758 begründete Johann Michael Ohler die Weinbautradition in der Familie, sein Enkel Georg betrieb ab 1890 neben dem Weinbau eine Küferei. Sein Sohn wiederum, Johann Friedrich, der Namensgeber des heutigen Weinguts, begann in den 1920er Jahren mit der Flaschenvermarktung, 1962 hat Reinhard Ohler die Küferei eingestellt und sich ganz auf Weinbau konzentriert. Sabine Ohler-Jost übernahm 2007 das Weingut von ihrem Vater Reinhard Ohler und führt es zusammen mit ihrem Ehemann Arnim Jost. Ihre Weinberge liegen in Gimmeldingen in den Lagen Mandelgarten, Biengarten und Schlössel, in Königsbach im Idig und im Ölberg, in der Mußbacher Eselshaut sowie in Haardt. Riesling nimmt 39 Prozent der Rebfläche ein, es folgen Spätburgunder, Weißburgunder, Cabernet Sauvignon, Chardonnay, St. Laurent, Grauburgunder und Cabernet Franc.

Kollektion

Gleich drei Favoriten haben wir in der aktuellen Kollektion von Sabine Ohler-Jost: Der im Barrique ausgebaute Chardonnay zeigt dezente Röstnoten und klare gelbe Frucht, mit Noten von Banane, Pfirsich und Zitrusfrüchten, am Gaumen ist er kraftvoll und frisch, der Riesling aus dem Idig ist zunächst etwas verhalten im Bouquet, zeigt dann leichte Reifenoten, besitzt gute Konzentration, ein animierendes Säurespiel und gute Länge und der Spätburgunder von alten Reben zeigt dunkle Kirschfrucht und leicht kräutrige Noten, besitzt gut eingebundenes Holz, ist harmonisch und ausgewogen. Knapp dahinter liegt der Riesling aus dem Mandelgarten, der nicht ganz so nachhaltig wie der Idig ist, feine Reifenoten von Aprikose und Quitte besitzt. Gut gelungen sind auch Weiß- und Grauburgunder, die sich etwas ähneln, klare Birnenfrucht und florale Noten zeigen, ebenso der halbtrockene, gelbfruchtige Biengarten-Riesling und der frische, schlanke Rosé von Cabernet Sauvignon, der viel klare Frucht mit Noten von schwarzen Johannisbeeren und Erdbeeren zeigt.

Weinbewertung

81	2019 Riesling trocken (1l)	12%/6,-€
84	2019 Weißer Burgunder trocken	13%/8,20€
84	2019 Grauer Burgunder trocken	13%/8,20€
83	2018 Riesling Kabinett trocken Gimmeldinger Schlössel	13%/8,-€
84	2019 Riesling Gimmeldinger Biengarten	12%/8,-€
86	2018 Chardonnay trocken „JFO"	13,5%/13,50€
85	2018 Riesling trocken „Alte Reben" Gimmeldinger Mandelgarten	12,5%/11,-€
86	2018 Riesling trocken „JHB" Königsbacher Idig	13%/12,50€
84	2019 Cabernet Sauvignon Rosé trocken „CS"	11,5%/9,-€
83	2017 Spätburgunder trocken	13,5%/8,50€
86	2017 Spätburgunder trocken „Alte Reben"	14%/16,-€

BADEN ▸ ORTENBERG

★★★✮

Schloss Ortenberg

Kontakt
Am St. Andreas 1
77799 Ortenberg
Tel. 0781-93430
Fax: 0781-934320
www.weingut-schloss-ortenberg.de
info@weingut-schloss-ortenberg.de

Besuchszeiten
Mo.-Fr. 8-12 + 13-17 Uhr
Sa. 9-12 Uhr
geführte Erlebnisweinproben
Onlineweinproben
Reblounge
(für Veranstaltungen)

Inhaber
Zweckverband
Weingut Schloss Ortenberg
Geschäftsführer
Matthias Wolf
Kellermeister
Hanspeter Rieflin
Außenbetrieb
Hanspeter Rieflin
Rebfläche
45 Hektar
Produktion
300.000 Flaschen

Das Weingut Schloss Ortenberg ist 1997 durch Zusammenlegung des Weingutes Schloss Ortenberg des Ortenaukreises mit dem St. Andreas-Weingut der Stadt Offenburg entstanden, es ist das größte kommunale Weingut in Deutschland. Das 1300 gegründete St. Andreas-Hospital bewirtschaftete seit 1500 Rebhöfe, vor der Fusion umfasste es 29 Hektar Reben. Das 1950 gegründete Weinbauversuchsgut des Ortenaukreises führte seit 1992 den Namen Weingut Schloss Ortenberg, der dann auch für das fusionierte Weingut übernommen wurde. Seit 2010 ist Matthias Wolf Geschäftsführer. Die Weinberge liegen vor allem in Ortenberg (Schlossberg, Freudental), Käfersberg (Andreasberg), Zunsweier (Halde), sowie in Zell-Weierbach (Abtsberg) und Gengenbach (Nollenköpfle). Die Reben stehen auf Granitverwitterungsböden.

Kollektion

Eine klare und überzeugende Kollektion präsentiert uns Schloss Ortenberg auch in diesem Jahr. Der Weißburgunder ist zart, floral, besitzt feinen Schmelz und gute Struktur. Ebenfalls klar und frisch aber rebsortentypisch etwas bissiger ist der trockene Riesling Kabinett. Die Weißweine der Meisterstück-Reihe sind fülliger und extraktreicher, angefangen mit einer Cuvée aus Sauvignon Blanc und Sauvignon Gris, die intensiv nach Stachelbeere duftete. Der Riesling 1782 ist klar, dicht und – ähnlich wie im vergangenen Jahr – von sehr reifen Aromen gelber Früchte sowie einer dezenten Petrolnote geprägt. Gut gefällt uns der Chardonnay von alten Reben, der Frische und feinen Schmelz besitzt. Der Spätburgunder Alte Reben kann mit seinen klaren Beerenaromen überzeugen, besitzt Fülle und dennoch eine gewisse Eleganz. Der Merlot besitzt warme Frucht, ist dicht und füllig. Sehr gut ist der pfeffrige Syrah, der mit einer guten Struktur und viel Frische punkten kann, ebenso die dichte, süße Spätburgunder Beerenauslese, die entfernt an Ruby-Port erinnert.

Weinbewertung

83	2019 Riesling-Klingelberger Kabinett trocken	13%/8,80€
81	2019 Weißburgunder & Chardonnay trocken	13%/9,-€
83	2019 Weißburgunder trocken	13,5%/6,90€
83	2019 Sauvignon Blanc et Gris trocken	14%/13,50€
85	2018 Chardonnay trocken „Alte Reben"	13,5%/11,-€
85	2018 Klingelberger-Riesling trocken „1782"	12,5%/15,-€
78	2018 Grauburgunder trocken „Réserve"	14,5%/15,-€
83	2019 Gewürztraminer Kabinett	13%/9,-€
85	2018 Spätburgunder trocken „Alte Reben"	14%/12,-€
84	2018 Merlot trocken „Reserve"	13,5%/17,50€
86	2017 Syrah trocken „Réserve"	13%/17,50€
86	2018 Spätburgunder Beerenauslese Barrique	12%/28,-€

Weingut Schloss Ortenberg

pars pro toto

★ ★

Kontakt
Mittelgasse 7
91438 Bad Windsheim
Tel. 0151-28920713
www.ppt-wein.de
ar@ppt-wein.de

Besuchszeiten
Verkostungen nach Voranmeldung

Inhaber
Andreas Roppel
Betriebsleiter
Andreas Roppel
Kellermeister
Andreas Roppel
Außenbetrieb
Andreas Roppel
Rebfläche
0,3 Hektar

Bisher bewirtschaftet Andreas Roppel einen Weinberg mit Silvaner im Randersackerer Pfülben, im Original-Pfülben, west-exponiert und sehr hoch gelegen. Die 1984 gepflanzten Reben wurzeln in einer alten Steinrutsche mit wenig Bodenauflage. Der Weinberg weist einen hohen Anteil von verwittertem Muschelkalk in weißer und bläulicher Färbung auf, der karge, steinreiche Boden ist mit Mergel und etwas Lehm durchzogen. 2020 hat Andreas Roppel Weinberge mit 80 Jahre alten Silvanerreben im Ickelsheimer Schlossberg (in Mittelfranken) erworben; dort im Schlossberg gibt es einen der ältesten fränkischen Weinberge im Gemischten Satz, einen um das Jahr 1930 gepflanzten Pfahlweinberg mit achtzehn Rebsorten. Weitere neu erworbene Flächen will er ebenfalls mit alten Silvanerklonen bepflanzen, die er aus alten, noch bestehenden Weinbergen selektionieren wird. Die Umstellung auf biologisch-dynamischen Weinbau ist abgeschlossen. Jahr für Jahr setzt Andreas Roppel mehr Präparate aus eigener Herstellung ein, neben der Kompostbereitung sammelt er Brennnesseln, Schafgarbe, Löwenzahn und Kamille. Ab dem Jahrgang 2020 nutzt er eine alte Korbpresse zum Keltern. Andreas Roppel baut ausschließlich Silvaner an.

Kollektion

Drei Jahrgänge seines Pfülben-Silvaners präsentiert Andreas Roppel zum Debüt, die Jahrgänge 2016 bis 2018, der 2019er wird erst nach der 2020er Ernte gefüllt. Und diese kleine Jahrgangsvertikale, zeigt eine spannende Entwicklung, jedes Jahr ist der Wein noch ein wenig interessanter. Schon der 2016er ist sehr gut, zeigt kaum Reife, aber immer noch klare Frucht, ist konzentriert und füllig, besitzt gute Struktur und Substanz und feine Länge. Der 2017er dann ist noch etwas kraftvoller und konzentrierter, zeigt gute Konzentration und viel reife Frucht im Bouquet, ist füllig im Mund, klar und saftig, besitzt viel Substanz, reife Frucht und gute Länge. Noch besser gefällt uns der Wein im Jahrgang 2018, den heißen Jahrgang merkt man im gar nicht an, was wohl der guten Durchlüftung in diesem hoch gelegenen Teil des Pfülben zu verdanken ist, denn Pfülben-Weine neigen schon gerne zu Opulenz. Nicht so bei Andreas Roppel, der Wein ist offen und eindringlich, besitzt herrlich viel Frucht und Substanz, aber auch gute Struktur. Ein starkes Debüt: Wir freuen uns auf die kommenden Jahrgänge – und auf die Weine aus Ickelsheim!

Weinbewertung

87	2016 pfülben Weißwein	12,5%
88	2017 pfülben Weißwein	13%
89	2018 pfülben Weißwein	13%/30,-€

MOSEL → KESTEN

★★★☆

Paulinshof

Kontakt
Paulinsstraße 14
54518 Kesten
Tel. 06535-544
Fax: 06535-1267
www.paulinshof.de
paulinshof@t-online.de

Besuchszeiten
Mo.-Fr. 8-18 Uhr
Sa. 9-17 Uhr
und nach Vereinbarung

Inhaber
Klaus & Oliver Jüngling
Kellermeister
Oliver Jüngling
Rebfläche
9,5 Hektar
Produktion
75.000 Flaschen

Der Paulinshof ist ein ehemaliger Stiftshof der Kirche St. Paulin, der erstmals im Jahr 936 urkundlich erwähnt wurde, der Hof in seiner heutigen Form stammt aus dem Jahr 1716. Er wurde 1803 säkularisiert, seit 1967 gehörte er Klaus und Christa Jüngling. Heute firmieren Klaus Jüngling und sein Sohn Oliver als Inhaber. Letzterer ist auch für den Keller verantwortlich. Die Lage Brauneberger Kammer, eine der kleinsten Einzellagen an der Mosel, bewirtschaftet das Gut im Alleinbesitz. Daneben gehören ihm Weinberge in den Kestener Lagen Paulins-Hofberger, Paulinsberg und Herrenberg sowie in den Brauneberger Lagen Juffer und Juffer-Sonnenuhr. Neben Riesling bauen die Jünglings ein klein wenig Weißburgunder an. Die Weine werden überwiegend trocken und halbtrocken ausgebaut, besitzen eine enorme Würze.

Kollektion

In einem Jahr wie diesem kann das Weingut seine Vorzüge ausspielen. Der trockene Kabinett aus der Juffer ist verhalten, im Mund stoffig, eher schlank und fest. Die trockene Spätlese aus der Juffer-Sonnenuhr ist verschlossen, schlank, würzig, zeigt erst ansatzweise ihr Potenzial. Der Riesling vom roten Schiefer ist sehr geradlinig. Eine feinherbe Spätlese aus der Brauneberger Kammer ist würzig, vergleichsweise trocken, benötigt noch Zeit. Verhalten, aber verblüffend tiefgründig: der feinherbe Paulins-Hofberger. Auch der trockene Riesling aus der Lage Juffer-Sonnenuhr gefällt mit seiner rassigen Art. Ausgezeichnet gefällt der süße Kabinett aus der Juffer, der sehr angenehm duftet (Zitrus, Hefe, Kräuter) und im Mund Spannung besitzt. Der Vergleich der beiden süßen Spätlesen ist interessant: Die Juffer ist noch stark vom Schwefel geprägt, ist im Mund rassig, fest, fast salzig. Ihr Pendant aus dem Paulinsberg ist etwas weicher mit viel Schmelz, zeigt aber beachtliche Würze. Die Auslese aus der Juffer ist kühl, beeindruckt mit Noten von Kräutern, und Zitrus, ist saftig und elegant, sehr fein und animierend, nur dezent süß und sehr gelungen – wie das gesamte Programm.

Weinbewertung

85	2019 Riesling Kabinett trocken Brauneberger Juffer	12,5%/11,50€
86	2019 Riesling trocken „Urstück"	12,5%/8,90€
90	2019 Riesling Spätlese trocken Brauneberger Juffer-Sonnenuhr	12,5%/16,-€
86	2019 Riesling „vom roten Schiefer"	12,5%/11,50€
87	2019 Riesling „feinherb" Kestener Paulins-Hofberger	12%/12,75€
88	2019 Riesling Spätlese „feinherb" Brauneberger Kammer	12%/17,-€
87	2019 Riesling Kabinett Brauneberger Juffer	11%/11,50€
89	2019 Riesling Spätlese Kestener Paulinsberg	10%/16,-€
88+	2019 Riesling Spätlese Brauneberger Juffer	9,5%/17,-€
90	2019 Riesling Auslese Brauneberger Juffer	9%/24,-€

MOSEL ▬ LIESER

★★★★⯪

Axel Pauly

Kontakt
Hochstraße 80
54470 Lieser
Tel. 06531-6143, Fax: -915007
www.wein-pauly.de
info@wein-pauly.de

Besuchszeiten
Bitte um Anmeldung

Inhaber
Axel & Sabrina Pauly

Kellermeister
Axel Pauly

Außenbetrieb
Gökhan Tuna

Rebfläche
9,5 Hektar

Produktion
100.000 Flaschen

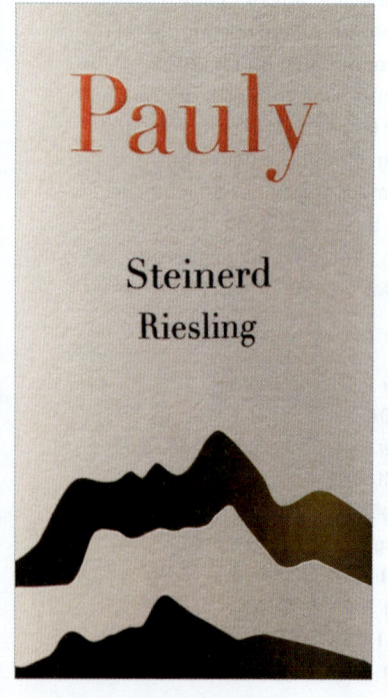

Das Weingut der Paulys ist ein typischer Familienbetrieb, lange geführt von Rudolf und Ursel Pauly. Seit 2004 ist Axel Pauly für den Keller verantwortlich, 2009 übernahm er das Weingut, und inzwischen wurde auch der Name des Gutes angepasst. Axel Paulys Frau Sabrina ist mittlerweile ebenfalls im Betrieb tätig. 2009 wurden weitere Parzellen im Niederberg-Helden gepachtet oder erworben, 2010 Weinberge mit alten Reben in Bernkastel-Kues (Kardinalsberg) und Lieser (Niederberg-Helden), 2014 in Bernkastel-Kues (unter anderem mit alten Spätburgunder-Reben) und in der so genannten Bärlay im Lieser Niederberg-Helden. Riesling nimmt drei Viertel der Rebfläche ein, dazu gibt es Dornfelder, Müller-Thurgau, Spätburgunder, Weißburgunder und Frühburgunder. Eine moderne Vinothek ist vorhanden. Axel Pauly hat sich für feine, präzise gearbeitete Weiß- und elegante Rotweine einen Namen gemacht. Letztere werden inzwischen mindestens 18 Monate im Barrique ausgebaut.

🎂 Kollektion

Axel Pauly hat eine sehr genaue Vorstellung von seinen Weinen und setzt diese konsequenter um, als dies in vielen anderen Weingütern der Fall ist. Der „purist" ist auch in diesem Jahr besonders spannend: Absolut trocken, fein, schlank, aber nachhaltig. Der „Helden"-Wein von alten Reben ist ebenfalls straff und rassig, aber kompakter und noch verschlossen. Beim Großen Gewächs wurde lediglich der 2018er vorgestellt, der sich spannend präsentiert, fest, animierend. Eher verhalten ist der Reserve-Weißburgunder, ein nach Hefe und Kräutern duftender Wein, straff, eher schlank, mit Würze und Schmelz. Der Kabinett ist erstaunlich wenig süß, rassig, animierend, auch Spät- wie Auslese sind bestens balanciert. Der 2017er Spätburgunder zeigt eine recht helle Frucht mit Anklängen an Kirschen und gequetschte Beeren, ist straff, würzig, im Nachhall deutlich tabakig, der 2018er Frühburgunder ist etwas kraftvoller. Beide sind sehr eigenständige Rotweine. ◄

🍁 Weinbewertung

87	2019 Riesling trocken „purist"	11%/8,50€ ☺
87	2019 Riesling trocken „Tres Naris"	12%/7,80€ ☺
89	2019 Riesling trocken „Helden" Lieserer Niederberg-Helden	12,5%/12,50€
91	2018 Riesling trocken „GG" Lieser Niederberg-Helden	13%/24,-€
88	2018 Weißer Burgunder trocken „Reserve"	13,5%/24,-€
87	2019 Riesling „feinherb" „Generations"	11%/7,80€ ☺
90	2019 Riesling „feinherb" „Steinerd" Bernkastel-Kueser Kardinalsberg	11,5%/12,50€
87	2019 Riesling Kabinett Lieser Niederberg-Helden	9,5%/8,60€
89	2019 Riesling Spätlese Lieser Niederberg-Helden	9%/12,50€
90	2019 Riesling Auslese Lieser Niederberg-Helden	8%/9,80€
89	2018 Frühburgunder trocken „Reserve" Lieserer Niederberg-Helden	13%/24,-€
90	2017 Spätburgunder trocken „Reserve"	13%/24,-€

Dr. Pauly-Bergweiler

★★✩

Kontakt
Gestade 15
54470 Bernkastel-Kues
Tel. 06531-3002
Fax: 06531-7201
www.pauly-bergweiler.de
info@pauly-bergweiler.com

Besuchszeiten
Mo.-Fr. 13–18 Uhr
Sa. 14-18 Uhr
So. nach Vereinbarung

Inhaber
Stefan Pauly

Rebfläche
16,2 Hektar

Produktion
134.000 Flaschen

Stefan Pauly übernahm 2006 das Weingut von seinen Eltern Peter und Helga, die den Betrieb viele Jahre führten. Seine Weinberge liegen in Bernkastel (Alte Badstube am Doctorberg, Badstube, Schlossberg, Lay, Johannisbrünnchen), Graach (Himmelreich, Domprobst), Wehlen (Sonnenuhr, Klosterberg), Zeltingen (Himmelreich), Ürzig (Goldwingert, Würzgarten), Erden (Treppchen, Prälat) und Brauneberg (Juffer, Juffer-Sonnenuhr). Die 1,8 Hektar große Alte Badstube am Doctorberg ist die Paradelage des Betriebes, sie ist fast komplett im Besitz der Familie. Mit Ausnahme einer sehr kleinen Menge Spätburgunder wird ausschließlich Riesling angebaut.

Kollektion

Die in diesem Jahr vorgestellten trockenen Weine sind fein, eher schlank, geradlinig und vergleichsweise zugänglich. Etwa der feste, straffe, trockene Wein aus dem Ürziger Würzgarten. Fein, duftig, schlank fällt der trockene Wein aus der Alten Badstube am Doctorberg aus. Die Weine bringen die Vorzüge der Lagen gut zum Ausdruck, unterscheiden sich deutlich, besitzen jeweils ihren Reiz. Noch sehr verschlossen wirkt das kompakte Große Gewächs aus der Alten Badstube, offener ist da schon sein Pendant aus dem Ürziger Würzgarten. In beiden Fällen handelt es sich um feine, nicht übertrieben mächtige Große Gewächse. Eine merkliche Süße zeigt der feinherbe Wein aus der Lage Klosterberg. Duftig, fein, schlank mit wenig Süße und feiner, ansatzweise rassiger Art präsentiert sich der Kabinettwein. Die Spätlese aus der Alten Badstube am Doctorberg ist fein, die Süße ist alles andere als aufdringlich, der Wein ist im besten Sinne süffig. Das gilt auch für die ganz leicht fruchtiger und süßer wirkende Spätlese aus der Sonnenuhr. Die beiden Auslesen gefallen gut, sind aber sehr unterschiedlich. Jene aus der Sonnenuhr ist eher kühl und saftig, jene aus der Alten Badstube wirkt zwar offen, zeigt kühle Steinobstnoten, auch Anklänge an Kernobst, ist im Mund aber noch deutlich süß, braucht noch Zeit, hat viel Potenzial.

Weinbewertung

87	2019 Riesling trocken Ürziger Würzgarten	12 %/11,- €
87	2019 Riesling trocken Bernkasteler Alte Badstube am Doctorberg	12 %/14,- €
89	2019 Riesling „GG" Ürziger Würzgarten	12,5 %/20,- €
88	2019 Riesling „GG" Bernkasteler Alte Badstube am Doctorberg	12 %/20,- €
84	2019 Riesling „feinherb" Wehlener Klosterberg	10,5 %/11,- €
87	2019 Riesling Spätlese Bernkasteler Alte Badstube am Doctorberg	8,5 %/14,- €
85	2019 Riesling Kabinett Bernkasteler Badstube	10 %/10,50 €
85	2019 Riesling Kabinett Bernkasteler Alte Badstube am Doctorberg	10 %/11,- €
86	2019 Riesling Spätlese Bernkasteler Badstube	8 %/12,50 €
87	2019 Riesling Spätlese Wehlener Sonnenuhr	8 %/13,- €
90	2019 Riesling Auslese Bernkasteler Alte Badstube am Doctorberg	8,5 %/24,- €
89	2019 Riesling Auslese Wehlener Sonnenuhr	8 %/24,- €

MITTELRHEIN ▶ BOPPARD

★ August Perll

Kontakt
Oberstraße 77-81
56154 Boppard
Tel. 06742-3906
Fax: 06742-81726
www.perll.de
post@perll.de

Besuchszeiten
nach Vereinbarung; Gruppen-Weinproben (bis 90 Personen); jeden 2. Sa. im Juni Jahrgangsverkostung

Inhaber
Thomas Perll

Rebfläche
11 Hektar

Seit Generationen baut die Familie Perll Wein am Bopparder Hamm an, hat nach dem Zweiten Weltkrieg den landwirtschaftlichen Mischbetrieb ganz auf Wein spezialisiert; heute führt Thomas Perll den auf 11 Hektar angewachsenen Betrieb. Das 1606 erbaute Stammhaus befindet sich nach wie vor in Familienbesitz und ziert die Etiketten. Die Weinberge befinden sich in verschiedenen Teillagen des Bopparder Hamm: Fässerlay, Feuerlay und Mandelstein. Riesling nimmt drei Viertel der Weinberge ein, Spätburgunder 20 Prozent, hinzu kommen ein klein wenig Weißburgunder, Grauburgunder, Scheurebe und Dornfelder. Zum Gut gehört auch eine Obstbrennerei. 2019 wurden die Verkaufsräume neu gestaltet.

🍰 Kollektion

Nach einer sehr gleichmäßigen Kollektion zum guten Debüt im vergangenen Jahr gefällt uns die neue Kollektion von Thomas Perll noch ein klein wenig besser. Die Basis überzeugt mit guten Kabinett- und Hochgewächs-Weinen, trocken, halbtrocken wie süß. Das trockene Segment bietet einen intensiv würzigen, saftigen Grauburgunder, die saftige, füllige Riesling Spätlese aus der Fässerlay und als Highlight die Auslese aus dem Mandelstamm, die gute Konzentration und gelbe Früchte im Bouquet zeigt, füllig und kraftvoll im Mund ist, viel reife Frucht und Substanz besitzt. Halbtrocken gefällt uns die Spätlese aus dem Mandelstein am besten, sie zeigt viel Würze und Duft im Bouquet, besitzt Fülle und Saft. Das süße Segment bietet den saftigen, recht süßen Alte Reben-Riesling aus dem Mandelstein, eine holunderduftige, zupackende Scheurebe Spätlese aus der Feuerlay und als Highlight die Riesling Auslese aus dem Mandelstein, die enorm würzig, duftig und eindringlich im Bouquet ist, füllig und saftig im Mund, viel reife süße Frucht und Substanz besitzt.

🍃 Weinbewertung

81	2019 Riesling Hochgewächs trocken Bopparder Hamm Feuerlay	12,5%/5,75€
82	2019 Riesling Kabinett trocken Bopparder Hamm Feuerlay	12,5%/6,-€
83	2019 Riesling Spätlese trocken Bopparder Hamm Fässerlay	13%/7,-€
83	2019 Grauer Burgunder Auslese trocken Bopparder Hamm Feuerlay	13,5%/8,-€
86	2019 Riesling Auslese trocken Bopparder Hamm Mandelstein	13,5%/9,50€
81	2019 Riesling Hochgewächs halbtrocken Bopparder Hamm Fässerlay	12,5%/5,75€
81	2019 Riesling Kabinett halbtrocken Bopparder Hamm Fässerlay	12,5%/6,-€
84	2019 Riesling Spätlese halbtrocken Bopparder Hamm Mandelstein	12,5%/7,-€
83	2019 Riesling „Alte Reben" Bopparder Hamm Mandelstein	9,5%/6,-€
81	2019 Riesling Kabinett Bopparder Hamm Feuerlay	9,5%/6,-€
83	2019 Scheurebe Spätlese Bopparder Hamm Feuerlay	10,5%/7,50€
85	2019 Riesling Auslese Bopparder Hamm Mandelstein	8%/10,-€

MOSEL — WILTINGEN

Peters

★ ★

Kontakt
Zum Schlossberg
54459 Wiltingen
Tel. 06501-18753
Fax: 06501-18755
www.peterswein.de
info@peterswein.de

Besuchszeiten
nach Vereinbarung

Inhaber
Johannes Peters
Rebfläche
7 Hektar
Produktion
60.000 Flaschen

Johannes Peters arbeitete nach seiner Ausbildung und einem Auslandspraktikum in Australien bei verschiedenen deutschen Weingütern, bevor er 1991 das elterliche Weingut in Wiltingen übernahm, wo seine Familie seit mehr als 250 Jahren Weinbau betreibt. In den siebziger Jahren war die Familie aus dem Dorfkern an den Fuß des Wiltinger Schlossbergs ausgesiedelt. Die Weinberge von Johannes Peters liegen in den Wiltinger Lagen Scharzhofberger, Braunfels, Kupp, Rosenberg und Klosterberg. Drei Fünftel der Rebfläche nimmt Riesling ein, der Rest verteilt sich auf Weißburgunder, Grauburgunder, Müller-Thurgau und Sauvignon Blanc. Die Weine werden temperaturkontrolliert vergoren und teilweise im Holzfass, teilweise im Edelstahltank auf der Feinhefe ausgebaut. Der Großteil der Weine wird trocken ausgebaut.

🍷 Kollektion

Die 2019er Kollektion ist der 2018er sehr ähnlich, ist in der Basis sehr gleichmäßig, zwei Rieslinge ragen hervor. Da ist einmal der Scharzhofberger, wie im Vorjahr und meist als trockene Spätlese ausgebaut, er zeigt gute Konzentration, feine Würze und Duft im Bouquet, ist kraftvoll, klar und zupackend im Mund, besitzt gute Struktur und reife Frucht. Noch besser aber gefällt uns die trockene Auslese aus Martha's Weinberg, zeigt gute Konzentration und viel reife Frucht, gelbe Früchte, besitzt Fülle und Kraft im Mund, reife Frucht und viel Substanz. Der Riesling-Sekt präsentiert sich gewohnt zuverlässig, ist jugendlich. Die beiden Cuvées sind fruchtbetont, lebhaft und süffig, der Grau-Weiß zeigt etwas florale Noten. Betont süffig und restsüß ist auch der Weißburgunder, der würzig und lebhaft ist, wie auch der gelbfruchtige Grauburgunder, der klar und geradlinig ist. Unsere ganz leichte Präferenz unter den „Nicht-Rieslingen" gilt dem würzigen, floralen Sauvignon Blanc, der klar und zupackend ist, geradlinig, gute Struktur und Grip besitzt.

🍇 Weinbewertung

83	Riesling Sekt brut	12,5 %/11,07 €
80	2019 Riesling trocken (1l)	12,5 %/7,14 €
84	2019 Sauvignon Blanc trocken	12 %/8,45 €
83	2019 „Strandgut" Weißwein trocken	12 %/7,50 €
83	2019 „Grau-Weiß" Weißwein trocken	12,5 %/7,74 €
83	2019 Weißburgunder trocken	12,5 %/7,50 €
83	2019 Grauburgunder trocken	12,5 %/7,97 €
83	2019 Riesling trocken „Grauschiefer"	12,5 %/7,14 €
83	2019 Riesling Kabinett trocken „Blauschiefer"	12 %/8,21 €
86	2019 Riesling Spätlese trocken Scharzhofberger	13 %/10,23 €
88	2019 Riesling Auslese trocken „Martha's Weinberg"	13,5 %/13,80 €
81	2019 Riesling Classic	12 %/7,74 €

Petgen-Dahm

Kontakt
Winzerstraße 3-7
66706 Perl-Sehndorf
Tel. 06807-309
Fax: 06807-1367
www.petgen-dahm.de
info@petgen-dahm.de

Besuchszeiten
7.4.-8.12. nach Vereinbarung,
Sa. 11-13 Uhr

Inhaber
Ralf Petgen

Rebfläche
17 Hektar

Das Weingut Petgen-Dahm ist alles andere als ein kleiner Liebhaberbetrieb, sondern ein ambitioniertes, vielseitig interessiertes Gut, das sich als eines der wenigen namhaften Weingüter des Anbaugebietes Mosel im Saarland befindet. Ralf Petgen verweist gern auf die Besonderheit, dass es sich beim Weingut Petgen-Dahm um einen der wenigen Betriebe handelt, die sowohl an der Obermosel als auch an der Saar Reben bearbeiten. Insgesamt spielt der Riesling mit 18 Prozent der gesamten Fläche von immerhin 17 Hektar allerdings nur eine mittelgroße Rolle. Die Burgundersorten sind ein unverkennbarer Schwerpunkt – Grauburgunder mit 40 Prozent der Fläche, Auxerrois, Spätburgunder und St. Laurent. Auch Chardonnay und Sauvignon Blanc werden geschätzt, Gewürztraminer, Cabernet Sauvignon und Viognier sind vorhanden, und die an der Obermosel traditionell beliebte Sorte Elbling vervollständigt in kleinem Rahmen das Sortiment.

Kollektion

Unverwechselbar ist der Stil der Weine: Eine gewisse Opulenz ist ihnen manchmal eigen, der Ausbau im Holz ist bisweilen spürbar. Doch an der Qualität ist nicht zu rühren, was sich schon an den Schaumweinen zeigt. Der aus Chardonnay gewonnene Sekt aus 2016 besitzt eine schöne Frucht, bei seinem Pendant aus Spätburgunder ist ein Hauch von Restsüße zu bemerken. Ungewöhnlich ist der halbtrockene Gewürztraminer mit sortentypischer Frucht und Länge: ein vielfältig einsetzbarer Dessertsekt. Unter den stillen trockenen Weinen gefallen der Chardonnay „P" und der straffe, würzige Grauburgunder von alten Reben besonders gut. Die „Grande Réserve" vom Chardonnay besitzt eine leichte Vanillenote, das Barrique ist gut eingebunden. Beim Viognier ist die typische Frucht (heller Pfirsich) bemerkbar, der Wein zeigt cremige Holzwürze und Schmelz, wirkt nicht absolut trocken. Der elegante, sortentypische Traminer und die duftige, süffige Beerenauslese runden das spannende Sortiment ab.

Weinbewertung

86	2017 Spätburgunder Crémant Blanc de Noir brut I 12,5%/13,-€
87	2016 Chardonnay Sekt brut I 12,5%/13,-€
87	2015 Gewürztraminer Sekt demi-sec „Les deux dames" I 12,5%/13,-€
86	2018 Auxerrois trocken „-P-" I 12,5%/12,-€
87	2018 Grauer Burgunder Auslese trocken „Alte Reben" I 12,5%/13,-€
87	2019 Chardonnay Auslese trocken „-P-" I 12,5%/12,-€
85	2019 Grauer Burgunder Auslese trocken „-P-" I 12,5%/12,-€
87	2018 Chardonnay Auslese trocken Barrique „Grande Réserve" I 13%/25,-€
86	2018 Viognier „Réserve" Barrique I 12,5%/16,-€
84	2019 Riesling „Saar-Schiefer" Ayler Kupp I 11,5%/13,-€
87	2018 Traminer Auslese „Alte Reben" I 10,5%/13,-€
87	2018 Grauer Burgunder Beerenauslese I 10,5%/40,-€/0,5l

RHEINHESSEN ▸ FLÖRSHEIM-DALSHEIM

★ ⭒

Wolfgang & René Peth

Kontakt
Alzeyer Straße 28
67592 Flörsheim-Dalsheim
Tel. 06243-908800
Fax: 06243-9088090
www.peth.de
wolfgang@peth.de

Besuchszeiten
„VinoPeth":
Mo.-Do. 16-18 Uhr
Fr. 13-18 Uhr
Sa. 10-17 Uhr
Gästehaus

Inhaber
Wolfgang & René Peth
Kellermeister
René Peth
Rebfläche
15 Hektar

Das Flörsheim-Dalsheimer Weingut wird von Wolfgang Peth und seinem Sohn René geführt, der nach seinem Geisenheim-Studium in den Betrieb eingestiegen ist. Ihre Weinberge liegen in den Nieder-Flörsheimer Lagen Frauenberg und Goldberg, im Dalsheimer Bürgel, Kriegsheimer Rosengarten und Monsheimer Silberberg. Die Burgundersorten und Riesling dominieren im Anbau, hinzu kommen Sorten wie Müller-Thurgau, Scheurebe, Portugieser oder Dornfelder. Die Weißweine werden temperaturkontrolliert im Edelstahl oder im Holz vergoren, die Rotweine werden in offenen Bottichen auf der Maische vergoren und in kleinen oder großen Eichenholzfässern ausgebaut. Das Sortiment wurde umgestellt in Guts-, Orts- und Lagenweine. Das angeschlossene Gästehaus wird von Wolfgang Peths Frau Jutta geführt.

🎂 Kollektion

Nach dem guten Debüt im vergangenen Jahr bringt die neue Kollektion eine Steigerung. Das weiße Segment präsentiert sich recht gleichmäßig. Die Gutsweine sind frisch, fruchtbetont und geradlinig. Unter den Ortsweinen gefallen uns besonders gut der Dalsheimer Grauburgunder, der reintönige reife Frucht, Fülle, Saft und gute Struktur besitzt, und die Scheurebe von alten Reben in Nieder-Flörsheim, die intensive Frucht im herrlich eindringlichen Bouquet zeigt, Fülle und Kraft besitzt, viel reife Frucht und Substanz. Die Riesling Spätlese ist würzig und frisch, besitzt viel Substanz und viel Süße. Unser Favorit im weißen Segment ist der Weißburgunder aus dem Frauenberg, der gute Konzentration, viel reife Frucht und feine rauchige Noten im Bouquet zeigt, enorm füllig und kraftvoll im Mund ist, viel reife Frucht und Substanz besitzt. Highlights der Kollektion sind die beiden im Barrique ausgebauten Spätburgunder aus dem Jahrgang 2018. Der Wein von alten Reben im Nieder-Flörsheimer Steig zeigt gute Konzentration, etwas rauchige Noten, Gewürze, ist klar, fruchtbetont und zupackend. Der Spätburgunder aus dem Frauenberg fasziniert mit seiner Reintönigkeit, besitzt gute Struktur, Frische und herrlich viel Frucht.

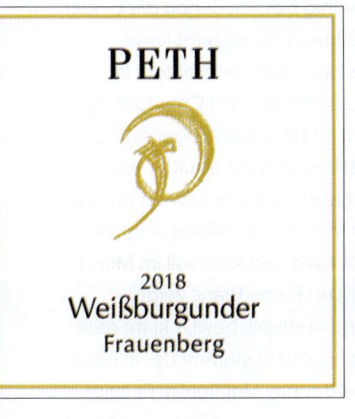

🍇 Weinbewertung

82	2019 Riesling trocken	13%/6,60 €
82	2019 Weißburgunder & Chardonnay trocken	12,5%/6,- €
81	2019 Grauburgunder trocken	13%/6,- €
84	2019 Grauburgunder trocken Dalsheimer	13%/7,50 €
82	2019 Chardonnay trocken Nieder-Flörsheimer	12,5%/7,50 €
84	2019 Scheurebe trocken „Alte Reben" Nieder-Flörsheimer	12,5%/7,50 €
85	2019 Weißburgunder trocken Nieder-Flörsheimer Frauenberg	13,5%/12,50 €
84	2019 Riesling Spätlese	8%/6,60 €
86	2018 Spätburgunder trocken „Alte Reben" Barrique Nieder-Flörsh. Steig	13%/19,- €
88	2018 Spätburgunder trocken Barrique Nieder-Flörsheimer Frauenberg	13,5%/25,- €

RHEINHESSEN ▶ BERMERSHEIM

★★★★ Peth-Wetz

Kontakt
Alzeyer Straße 16
67593 Bermersheim
Tel. 06244-4494
Fax: 06244-4424
www.peth-wetz.com
info@peth-wetz.com

Besuchszeiten
Weinproben nur nach Vereinbarung

Inhaber
Christian Peth

Rebfläche
30 Hektar

Produktion
200.000 Flaschen

Christian Peth hat seine Ausbildung bei Keller und Knipser absolviert, in Geisenheim studiert und Praktika in USA, Australien und Chile gemacht. Er führt heute in vierter Generation zusammen mit Ehefrau Maja das Weingut. Die Weinberge befinden sich vor allem in Bermersheim und Westhofen. Die wichtigsten Lagen sind Westhofener Rotenstein (sehr kalkhaltig), Bermersheimer Hasenlauf (leichte Lösslehmböden mit hohem Kalkgehalt) und Dalsheimer Hubacker (Terra Fusca-Böden mit hohem Kalkgehalt), in den letzten Jahren kamen Weinberge in Siefersheim (Heerkretz) hinzu. Es werden vor allem Riesling und die Burgundersorten angebaut, auch Müller-Thurgau und Silvaner. Bei den roten Sorten setzte Christian Peth in den letzten Jahren verstärkt auf Spätburgunder, hat aber auch Cabernet Sauvignon, Cabernet Franc, Merlot, Petit Verdot und Malbec gepflanzt. Daneben gibt es Dornfelder, Portugieser und St. Laurent. Grundsätzlich werden nur gesunde Trauben verarbeitet. Die Weine werden kühl vergoren und lagern bis Januar auf der Feinhefe, hochwertige Qualitäten bis Februar auf der Vollhefe. Alle Rotweine werden maischevergoren und in großen Holzfässern oder im Barrique ausgebaut. Das Programm ist gegliedert in die Linien Estate, Unfiltered, Réserve und Grand Vintage; Lagenbezeichnungen werden nicht mehr verwendet. In der Grand Vintage-Linie gibt es Merlot, Cabernet Franc, Cabernet Sauvignon, Petit Verdot und Malbec, die Weine werden nach etwa sechswöchiger offener Maischegärung mit täglichem Unterstoßen des Tresterkuchens etwa achtzehn Monate in neuen französischen Barriques ausgebaut und unfiltriert abgefüllt. Bei den Weißweinen wird je nach Jahrgang und Rebsorte mit Maischestandzeiten von bis zu vier Tagen gearbeitet. 2019 wurde die Vinothek neu gestaltet. Seit neunzehn Jahren empfehlen wir nun schon die Peth-Wetz, so gut wie heute waren sie noch nie, die Konzentration auf internationale Rebsorten trägt Früchte.

🍷 Kollektion

Schon in den letzten Jahren präsentierte Christian Peth starke Kollektionen, die neue Kollektion gefällt uns noch mal ein wenig besser. Schon die beiden präsentierten Gutsweine sind tiptop. Der Sauvignon Blanc zeigt feine Konzentration, rauchige Noten, reife Frucht, ist klar und fruchtbetont im Mund, geradlinig und zupackend. Die Cuvée aus 60 Prozent Chardonnay und 40 Prozent Weißburgunder, zu 20 Prozent im Barrique ausgebaut, ist fruchtbetont, zeigt weiße Früchte im Bouquet, besitzt gute Struktur und Frische im Mund, feine Frucht und Grip. Sehr gleichmäßiges Niveau zeigen dann die Weißweine der Unfiltered-Linie. Der Riesling Unfiltered zeigt viel Konzentration und feine Würze im Bouquet, ist füllig und kraftvoll im Mund, besitzt gute Struktur, Frische und reife Frucht. Der Fumé Blanc zeigt Konzentration und viel reife Frucht, ist füllig und kraftvoll, besitzt klare reife Frucht, Struktur und Substanz. Aus dem Jahrgang 2018 stammt der in neuen und zweitbelegten Barriques ausgebaute Chardonnay Unfiltered. Er zeigt viel reife Frucht im Bouquet, etwas gelbe Früchte, dezent rauchige Noten, besitzt viel reife Frucht und Substanz, Kraft und Struktur, Länge und Frische. Auch die Rotweine zeigen durchgängig hohes Niveau. Der Assemblage Unfiltered, eine Cuvée aus Dornfelder, Cabernet Sauvignon und ein klein wenig Cabernet Mitos, fünfzehn Monate in gebrauchten französischen Barriques ausgebaut, zeigt intensive Frucht, rote und dunkle Früchte, ist füllig, kraftvoll, strukturiert und frisch. Der Pinot Noir Unfiltered, achtzehn Monate in zu drei Viertel neuen französischen Barriques ausgebaut, zeigt intensive Frucht, rote und dunkle Früchte, besitzt gute Struktur, viel Substanz und reife Frucht. Die folgenden Weine stammen alle aus dem Jahrgang 2017. Der Assemblage Reserve, ein Bordeaux-Blend aus Cabernet Franc, Merlot, Cabernet Sauvignon, Malbec und Petit Verdot, zwanzig Monate im Barrique ausgebaut, ist konzentriert und würzig, herrlich fruchtbetont, ist stoffig im Mund, kraftvoll, zupackend, besitzt viel Substanz und feine Tannine. Der Grand Vintage Merlot ist relativ offen im Bouquet, fruchtintensiv, eindringlich, besitzt herrlich viel Frucht und Substanz, gute Fülle und Länge. Der Cabernet Sauvignon ist rauchig, würzig, konzentriert im Bouquet, kraftvoll im Mund, besitzt gute Struktur, jugendliche Frucht und kräftige Tannine. Der Cabernet Franc besticht mit seiner Reintönigkeit, zeigt viel reife Frucht, ist komplex im Mund, kraftvoll und klar, besitzt gute Struktur, Druck und Länge, er gefällt uns im Jahrgang 2017 besser denn je. Auch der Petit Verdot ist im Jahrgang 2017 beeindruckend, stoffig und konzentriert, enorm kraftvoll bei viel Frucht und kräftigen, aber sehr gut eingebundenen Tanninen; obwohl alle Grand Vintage-Weine in neuen französischen Barriques ausgebaut sind, steht das Holz niemals im Vordergrund.

Weinbewertung

85	2019 Sauvignon Blanc	12,5%/8,-€
85	2019 Chardonnay & Weißer Burgunder	13%/8,50€
88	2019 Riesling „Unfiltered"	12,5%/12,50€
88	2018 Chardonnay „Unfiltered"	14%/17,-€
88	2019 „Fumé Blanc" „Unfiltered"	13%/17,-€
86	2018 „Assemblage Unfiltered" Rotwein	14%/9,50€
88	2018 Pinot Noir „Unfiltered"	13%/18,-€
90	2017 „Assemblage Reserve" Rotwein	14%/28,-€
90	2017 Merlot „Grand Vintage"	14%/43,-€
91	2017 Cabernet Franc „Grand Vintage"	14%/43,-€
90	2017 Cabernet Sauvignon „Grand Vintage"	14%/43,-€
91	2017 Petit Verdot „Grand Vintage"	14%/48,-€

Lagen
Rotenstein (Westhofen)
Heerkretz (Siefersheim)
Hasenlauf (Bermersheim)
Hubacker (Dalsheim)

Rebsorten
Riesling (25 %)
weiße Burgunder (25 %)
rote Sorten (40 %)
Sauvignon Blanc (10 %)

PFALZ — HERXHEIM AM BERG

★★★✩

Petri

Kontakt
Weinstraße 43
67273 Herxheim am Berg
Tel. 06353-2345
Fax: 06353-4181
www.weingut-petri.de
info@weingut-petri.de

Besuchszeiten
Mo.-Fr. 9-12 + 13:30-18 Uhr
Sa. 10-12 + 13:30-17 Uhr
So. + feiertags geschlossen
Gutsausschank (mit Pfälzer Spezialitäten)

Inhaber
Familie Petri

Rebfläche
22 Hektar

Produktion
180.000 Flaschen

Als Gerd Petri das Weingut 1977 von seinem Vater übernahm, wurde noch die komplette Ernte als Fassware vermarktet. Inzwischen wird alles über die Flasche verkauft. Die Weinberge liegen in den Herxheimer Lagen Himmelreich und Honigsack, aber auch im Kallstadter Saumagen. Wichtigste Rebsorte ist Riesling, der gut zwei Fünftel der Weinberge einnimmt. Hinzu kommen vor allem Spätburgunder und Grauburgunder, aber auch Weißburgunder, Chardonnay, St. Laurent und Portugieser. Cabernet Cubin, Merlot und Frühburgunder vervollständigen das Programm. Die Rotweine werden alle im Holzfass ausgebaut, ebenso wie die meisten Rieslinge. 80 Prozent der Weine werden trocken ausgebaut. Die Söhne Maximilian und Philipp, die die mittlerweile 14. Generation im Weingut sind, hatten in den vergangenen Jahren einzelne Weine in ihrer eigenen Linie erzeugt. Für den Jahrgang 2018 waren sie erstmals komplett verantwortlich.

Kollektion

Nachdem die Familie Petri im vergangenen Jahr mit dem Goldberg-Riesling den ersten Wein ihrer neuen Premium-Linie vorgestellt hatte, folgt jetzt mit dem „Horn" der zweite Wein, der von den ältesten Reben der Petris im Saumagen stammt. Beide Rieslinge werden in alten Stückfässern ausgebaut und liegen bis Ende Juni auf der Vollhefe, der „Horn" zeigt steinig-mineralische Noten, besitzt gute Konzentration, dezente Zitruswürze, feinen Druck, ist elegant, leicht salzig und nachhaltig, der Goldberg aus einer Parzelle im Honigsack zeigt ebenfalls steinige Noten, dazu etwas Honigmelone, ist schlank, elegant, ebenfalls zurückhaltend in der Frucht und animierend. Bei den beiden trockenen Riesling Spätlesen ist der Honigsack füllig, besitzt herbe Zitrusfrucht und ein lebendiges Säurespiel, der Saumagen zeigt etwas kreidige Noten, besitzt gute Konzentration und Länge, sehr gut ist auch der gelbfruchtige, leicht cremige und harmonische Sauvignon Blanc.

Weinbewertung

82	2019 Riesling trocken (1l)	12%/5,40€
84	2019 Riesling Kabinett trocken Herxheimer Honigsack	11,5%/5,70€
84	2019 Riesling Kabinett trocken Kallstadter Saumagen	12,5%/5,70€
86	2019 Riesling Spätlese trocken Herxheimer Honigsack	12,5%/7,50€
87	2019 Riesling Spätlese trocken Kallstadter Saumagen	12%/8,80€
85	2019 Sauvignon Blanc trocken	12,5%/7,80€
88	2019 Riesling trocken „Am Goldberg"	11%/13,-€
89	2019 Riesling trocken Saumagen „Horn"	12%/13,-€
85	2019 Riesling Spätlese halbtrocken Kallstadter Saumagen	11,5%/7,50€
83	2017 Spätburgunder trocken	13,5%/5,90€
84	2018 Frühburgunder trocken „Pinot Madeleine"	13,5%/7,-€

PFALZ ➡ WALSHEIM

Heinz **Pfaffmann**

Kontakt
Hauptstraße 19-25
76833 Walsheim
Tel. 06341-61696
Fax: 06341-61483
www.1616pfaffmann.com
info@pfaffmann-wein.de

Besuchszeiten
nach Vereinbarung

Inhaber
Gustav Pfaffmann
Betriebsleiter
Gustav Pfaffmann &
Pawel Hener
Kellermeister
Eugen Schurk
Außenbetrieb
Sebastian Rohr
Rebfläche
160 Hektar

Die Vorfahren der Familie Pfaffmann kamen im frühen 17. Jahrhundert aus Franken in die Pfalz, wo sie 1616 mit dem Weinbau begannen. Zum reinen Weingut entwickelte sich der ursprüngliche Mischbetrieb ab den 1950er Jahren unter Emma Pfaffmann, der Mutter des heutigen Inhabers Gustav, die Fläche wurde von acht Hektar kontinuierlich auf heute stolze 160 Hektar ausgeweitet. 2013 wurde auf der kompletten Fläche mit der Umstellung auf biologische Bewirtschaftung begonnen, das größte Bioweingut Deutschlands ist Mitglied bei Bioland. Insgesamt 37 verschiedene Rebsorten werden angebaut, 46 Prozent der Fläche sind mit traditionellen Sorten wie Riesling, Silvaner, Kerner, Müller-Thurgau und Gewürztraminer bestockt, rund ein Drittel entfällt auf die Burgundersorten, auf dem Rest der Fläche stehen „internationale" Sorten wie Sauvignon Blanc und Gris, Syrah, Merlot und Chardonnay.

Kollektion

Neben fünf frischen, reintönigen, aber nur recht kurz am Gaumen bleibenden 2019er Weinen konnten wir in diesem Jahr auch einige gereifte Weine verkosten: Der 2011er Merlot zeigt deutliche Reifenoten, etwas grüne Paprika und dunkle Schokolade im Bouquet, das Holz ist am Gaumen gut eingebunden, der Wein besitzt Kraft und Struktur, sollte aber jetzt getrunken werden. Deutlich gereift ist auch der 2015er Spätburgunder, er zeigt Aromen von Pflaumen, Trockenfrüchten, Rosinen und Schokolade und wirkt schon leicht gezehrt. Auch die beiden edelsüßen Weine zeigen Reifenoten, besitzen aber auch noch frische Säure, die Huxel-Beerenauslese zeigt Noten von Gebäck und Quittengelee, besitzt dezente Süße und wirkt eher wie eine Auslese, und auch beim leicht cremigen Eiswein mit Noten von getrockneten Feigen und Zitrusfrüchten vermissen wir etwas den typischen Eiswein-Charakter. Der 2017er Chardonnay wirkt noch frisch, ist sehr stoffig und zeigt sehr deutliche, dominante Röstnoten und viel Kokoswürze, besitzt aber gute Substanz.

Weinbewertung

82	2019 Riesling trocken	13%/7,90€
82	2019 Weißburgunder trocken	13,5%/7,50€
81	2019 Grauburgunder trocken	13%/7,90€
83	2019 Sauvignon Blanc trocken	12,5%/7,90€
82	2019 Chardonnay trocken	13%/7,50€
84	2017 Chardonnay trocken Barrique „Kalksteinmergel"	15%/21,-€
82	2018 Gewürztraminer „feinherb"	13%/8,50€
86	2015 Huxelrebe Beerenauslese Nußdorfer Bischofskreuz	12%/22,50€/0,5l
85	2016 Riesling Eiswein Frankweiler Kalkgrube	12%/200,-€/0,375l
85	2011 Merlot trocken Barrique Frankweiler Königsgarten	14%/20,-€
84	2015 Spätburgunder trocken Edenkobener Kirchberg	13%/21,-€

PFALZ ➤ WALSHEIM

★★★

Karl Pfaffmann

Kontakt
Allmendstraße 1
76833 Walsheim
Tel. 06341-96913-0
Fax: 06341-96913-20
www.karl-pfaffmann.de
info@karl-pfaffmann.de

Besuchszeiten
Vinothek Nußdorfer Straße 2,
Mo.-Fr. 8-12 + 13-18 Uhr
Sa. 10-16 Uhr
So. & Feiertage geschlossen

Inhaber
Helmut & Markus Pfaffmann
Betriebsleiter
Markus Pfaffmann
Kellermeister
Markus Pfaffmann & Bernhard Schwaab
Rebfläche
80 Hektar
Produktion
550.000 Flaschen

Etwa ein Drittel der Weinberge von Helmut Pfaffmann und Sohn Markus sind mit roten Reben bepflanzt, vor allem Spätburgunder, Dornfelder und Portugieser, aber auch Dunkelfelder, Sankt Laurent, Cabernet Sauvignon und Merlot. Wichtigste Weißweinsorte ist Riesling, gefolgt von Weiß- und Grauburgunder, Chardonnay, Müller-Thurgau, Silvaner, Huxelrebe und Gewürztraminer. Die Weinberge befinden sich in Walsheim, Nussdorf, Gleisweiler und Knöringen.

Kollektion

Die beiden roten Spitzen hatten wir im vergangenen Jahr schon einmal verkostet, der Pinot Noir „Charlotte" zeigt feine Röstnoten, rote Johannisbeere, Hagebutte und etwas Waldboden im komplexen Bouquet, besitzt Kraft, Struktur und Länge, Lara, die Cuvée aus Cabernet Sauvignon und Merlot, ist kraftvoll und konzentriert, zeigt dunkle Frucht, kräutrige Würze, etwas Cola und Mokka im Bouquet. Unter den trockenen Weißen liegt die „Grande Réserve" vom Chardonnay vorne, sie zeigt dezente Röstnoten, etwas Melone und Zitrusnoten, ist kraftvoll, harmonisch, besitzt Schmelz; die Grauburgunder-Réserve ist stilistisch sehr ähnlich, aber etwas weniger nachhaltig, besitzt ebenfalls Schmelz und klare Frucht. Der Chardonnay vom Linzenbuckel zeigt dezente Holzwürze und etwas Banane im Bouquet, ist kraftvoll und harmonisch, der Chardonnay vom Silberberg ist etwas fülliger, zeigt auch florale Noten, der Weißburgunder vom Hohenrain besitzt nussige Noten, viel gelbe Frucht und etwas mehr Grip als der Silberberg-Grauburgunder, der füllig und kraftvoll ist. Der Riesling vom Silberberg besitzt leicht süße Frucht mit Noten von Honigmelone und Zitrusfrucht, die edelsüßen Spitzen fehlen in diesem Jahr, die Riesling Auslese zeigt viel klare Frucht, Aprikosenmark und Feige im Bouquet, ist cremig, besitzt guten Grip, die Spätlese ist fruchtbetont mit viel süße Frucht und leicht kräutriger Würze.

Weinbewertung

85	2019 Riesling trocken „Selection" Walsheimer Silberberg	13,5%/9,70€
84	2019 Grauburgunder trocken „Selection" Walsheimer Silberberg	13,5%/8,70€
85	2019 Weißburgunder trocken „Selection" Knöringer Hohenrain	13,5%/9,70€
86	2019 Chardonnay trocken „Selection" Walsheimer Linzenbuckel	13,5%/11,60€
85	2019 Chardonnay trocken „Selection" Walsheimer Silberberg	13,5%/8,70€
84	2019 Gelber Muskateller trocken „Selection" Walsheimer Silberberg	12,5%/8,70€
87	2019 Grauburgunder trocken „Réserve Pauline" Walsheimer Silberberg	13,5%/15,70€
88	2019 Chardonnay trocken „Grande Réserve" Walsheimer Silberberg	13,5%/21,90€
86	2019 Riesling Spätlese Walsheimer Silberberg	9,5%/8,70€
88	2019 Riesling Auslese Walsheimer Silberberg	9,5%/8,80€
89	2017 Pinot Noir trocken „Grande Réserve" „Charlotte" Silberberg	13,5%/21,90€
88	2017 Cabernet Sauvignon & Merlot trocken „Grande Réserve" „Lara"	14,5%/21,90€

PFALZ ▶ LANDAU-NUSSDORF

★★

Thomas Pfaffmann

Kontakt
Lindenbergstraße 36
76829 Landau-Nußdorf
Tel. 06341-969187
Fax: 06341-969188
www.vinopan.de
info@vinopan.de

Besuchszeiten
Mo.-Fr. 9-12 + 14-18 Uhr
Sa. 9-18 Uhr

Inhaber
Thomas Pfaffmann

Rebfläche
12 Hektar

Theobald Pfaffmann wollte seine Weine nicht mehr länger an den Handel abgeben und hat deshalb 1983 mit der Selbstvermarktung begonnen. Nach seiner Ausbildung zum Weinbautechniker und Praktika in Frankreich und Australien ist Sohn Thomas seit 2003 im heimischen Betrieb tätig und seitdem für den Ausbau der Weine verantwortlich. 2016 hat er den Betrieb von seinen Eltern übernommen und den alten Namen, Weingut Theobald Pfaffmann, in Wein.Gut. Pan Thomas Pfaffmann geändert. Die Familie baut zu 60 Prozent weiße und zu 40 Prozent rote Sorten an. Die Rotweine werden maischevergoren und in Holzfässern, auch Barriques, ausgebaut. Die Weine werden überwiegend trocken angeboten.

🎂 Kollektion

Die Sekte aus dem Jahrgang 2013 lagen 66 Monate auf der Hefe, wurden im April 2020 degorgiert, sind beide cremig, besitzen feine Reifenoten aber auch ein lebendiges Säurespiel, der Pinot zeigt Noten von Quitte und Gebäck, noch besser gefällt uns allerdings der elegante Rosé, der insgesamt noch mehr Frische besitzt und feine hefige Würze im Bouquet zeigt. Ebenso stark schätzen wir den Pinot Noir ein, der im Bouquet deutliche Röstnoten, etwas Mokka und kräutrige Würze zeigt und am Gaumen eine kühle, kräutrige Art, klare Frucht von Schwarzkirsche und Himbeere, noch jugendliche Tannine und gute Länge besitzt. Auch der in neuen Tonneaux ausgebaute Weißburgunder „Zeit Los" zeigt prägnante Röstnoten, besitzt Kraft, Stoff und Substanz, ist gelbfruchtig und cremig. Beim Sauvignon Blanc Fumé stehen die Röstnoten noch im Vordergrund und lassen der Frucht wenig Raum, der Chardonnay zeigt neben Kokoswürze viel gelbe Frucht, ist cremig und weich, beim Riesling „Zeit Los" ist das Holz sehr dezent, er besitzt klare Frucht und leicht salzige Noten und der Auxerrois besitzt Schmelz, florale Noten und feine Birnenfrucht.

🍷 Weinbewertung

87	2013 „Pan" Pinot Sekt brut	12,5%/17,-€
88	2013 „Pan" Rosé Sekt brut	12,5%/17,-€
84	2019 Riesling trocken „Kalkmergel"	12,5%/8,-€
84	2019 Riesling trocken Hirschen	11,5%/8,-€
85	2019 Auxerrois trocken Kaiserberg	13%/9,-€
83	2019 Weißer Burgunder trocken	13%/8,-€
86	2018 Chardonnay trocken	13%/10,-€
86	2018 Riesling trocken „Zeit Los"	12,5%/15,-€
85	2019 Sauvignon Blanc trocken „Fumé"	12%/14,-€
87	2018 Weißer Burgunder trocken „Zeit Los"	14%/15,-€
85	2017 Merlot trocken	13,5%/10,-€
88	2017 Pinot Noir trocken	13,5%/19,-€

WEIN.GUT.PAN
NUSSDORF

★★★★ # Pfeffingen – Fuhrmann-Eymael

Kontakt
Pfeffingen 2, 67098 Bad Dürkheim-Pfeffingen
Tel. 06322-8607
Fax: 06322-8603
www.pfeffingen.de
info@pfeffingen.de

Besuchszeiten
Mo.-Fr. 8-12 + 13-18 Uhr
Sa. 9-12 + 13-16 Uhr

Inhaber
Doris Eymael, Jan Eymael
Betriebsleiter
Jan Eymael
Kellermeister
Rainer Gabel
Rebfläche
17 Hektar
Produktion
120.000 Flaschen

Das Weingut Pfeffingen hat seinen Namen vom gleichnamigen Bad Dürkheimer Ortsteil, der zwischen 500 und 600 n. Chr. gegründet wurde und Ausgangspunkt für die Besiedlung der Gegend war. Die Familie betreibt seit rund 250 Jahren Weinbau in der Pfalz, 1991 übernahm Doris Eymael das Weingut von ihrem Vater Karl Fuhrmann, seit 2002 leitet ihr Sohn Jan nach seinem Geisenheim-Studium und Auslandspraktika in Kalifornien, Bordeaux und Australien den Familienbetrieb. In den letzten Jahren wurden die Weinberge umstrukturiert, Riesling bleibt mit einem Anteil von 55 Prozent die wichtigste Rebsorte, ein weiterer Schwerpunkt liegt bei Weißburgunder, Chardonnay und Spätburgunder, die zusammen auf 25 Prozent der Fläche stehen. Scheurebe ist seit mehr als 50 Jahren eine Spezialität des Weinguts, sie nimmt mittlerweile 15 Prozent der Fläche ein und wird in mehreren Varianten angeboten, trocken, im Holz ausgebaut, je nach Jahrgang als Auslese, Beerenauslese und Trockenbeerenauslese, oder auch als Sekt. Daneben gibt es noch etwas Silvaner, Gewürztraminer, St. Laurent und Cabernet Dorsa, zuletzt wurde Merlot gepflanzt. Als weitere Spezialität gibt es den Roten Riesling, vom Großvater als spontane Mutation im Weinberg entdeckt und von Jan Eymael gezielt weiter vermehrt, eine robuste, dickschalige Sorte, die etwas moderatere Säure als der Riesling aufweist. Das Sortiment ist vierstufig gegliedert in Gutsweine, Ortsweine und Weine aus Erster Lage und Großer Lage. Die drei Großen Gewächse stammen aus den besten Lagen des Weinguts, Herrenberg und Weilberg, die Rieslinge wachsen im Herrenberg in der von Sandsteinmauern und Hecken geschützten Teillage „Mardelskopf" (Kalkstein mit Löss-Lehm-Auflage) und im ein Hektar großen Herzstück des Weilbergs (Terra Rossa-Böden), der Weißburgunder stammt aus der Parzelle „Vogelsang" im Herrenberg. Der Riesling aus dem Ungsteiner Nussriegel (Buntsandstein, teilweise auch Lehmboden mit Kalksteinanteilen) fällt in die zweite VDP-Lagenkategorie, in die Kategorie Erste Lage. Nachdem Jan Eymael in den vergangenen Jahren in neue Stückfässer investiert hatte, stand 2018 ein Umbau im Keller an, in dessen Zuge ein neuer Barriquekeller eingerichtet wurde.

Kollektion

Jan Eymaels Lagenweine brauchen in diesem Jahr einiges an Luft, um sich zu entfalten: Das Große Gewächs vom Weißburgunder aus dem Herrenberg schätzen wir in diesem Jahr etwas stärker als seinen Vorgänger ein, der Wein zeigt klare Frucht, Birne, feine rauchig-erdige Noten und etwas florale Würze, besitzt am Gaumen gute Konzentration, ausgewogene Frucht und Länge, ist geradlinig und harmonisch, unter den beiden Riesling-Großen Gewächsen geben wir im Jahrgang 2019 knapp dem Herrenberg den Vorzug, er hat ein komplexes Bouquet mit feiner kräutriger Würze und herben Zitrusnoten, besitzt Stoff, Grip,

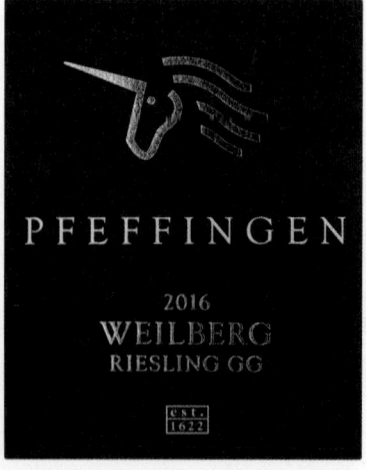

Druck und Länge, der Weilberg ist etwas fruchtbetonter, zeigt klare Aromen von gelbem Steinobst, Aprikose, Orangenschale, ist am Gaumen frisch und nachhaltig. Neu im Programm ist die maischevergorene, im Holz ausgebaute, leicht goldfarbene Scheurebe „O", der Wein zeigt feine Cassisnoten und kräutrige Würze, besitzt am Gaumen viel Schmelz, Druck und ein animierendes Säurespiel, ist cremig-dicht und sehr nachhaltig, eine sehr eigenständige Interpretation der Sorte und die beste trockene Scheurebe der Pfalz. Auch die beiden anderen Scheureben sind sehr gut, der „SP" besitzt nach etwas Maischestandzeit ebenfalls eine leicht goldene Farbe, zeigt dezente Holzwürze und Zitrusnoten, besitzt Schmelz, ist kraftvoll, geradlinig und harmonisch, die Ungsteiner Scheurebe ist etwas fruchtbetonter mit reintönigen Aromen von schwarzer Johannisbeere und Zitrusfrüchten, besitzt am Gaumen etwas florale Würze und ist harmonisch. Der als Fassprobe verkostete Spätburgunder zeigt ein feines Bouquet mit Noten von Schwarzkirsche und Krokant, besitzt gute Struktur, ist elegant und nachhaltig, die Riesling Auslese vom Herrenberg ist saftig, leicht cremig, besitzt klare gelbe Frucht, eine dezente Süße und ein frisches Säurespiel. Bei den drei trockenen Rieslingen zeigt der Nussriegel etwas steinige Noten, aber auch klare Frucht mit Noten von grünem Apfel und Orangenschale, besitzt guten Grip und Länge, ist elegant, der „Kalkstein" besitzt ebenfalls Grip, ist kraftvoll, zeigt leicht kreidige Noten und Zitrusfrucht, der „Terra Rossa" ist im Bouquet etwas verhaltener, besitzt dann am Gaumen aber klare gelbe Frucht, Fülle und eine frische Säure.

Weinbewertung

85	2019 Riesling trocken „EY mal 1"	12%/8,50€
87	2019 Scheurebe trocken Ungstein	13%/12,-€
87	2019 Riesling trocken „Kalkstein" Ungstein	13,5%/14,-€
87	2019 Riesling trocken „Terra Rossa" Ungstein	13%/14,-€
88	2019 Riesling trocken Ungsteiner Nussriegel	12%/17,-€
89	2019 Scheurebe trocken „SP" Ungstein	13,5%/17,50€
90	2019 Riesling „GG" Weilberg	13%/27,-€
91	2019 Riesling „GG" Herrenberg	14%/27,-€
91	2019 Weißburgunder „GG" Herrenberg	13,5%/22,-€
91	2019 Scheurebe trocken „O"	13,5%/41,-€
87	2019 Riesling Auslese Ungsteiner Herrenberg	11%/17,-€/0,375l
(89)	2018 Spätburgunder trocken „SP" Ungstein	13%/22,-€

Lagen
Weilberg (Ungstein)
Herrenberg (Ungstein)
Nussriegel (Ungstein)

Rebsorten
Riesling (55%)
Scheurebe (15%)
Weißburgunder (10%)
Spätburgunder (10%)

PFALZ ▶ LANDAU-WOLLMESHEIM

★★★★⯪ **Pfirmann**

Kontakt
Wollmesheimer Hauptstraße 84
76829 Landau-Wollmesheim
Tel. 06341-32584
Fax: 06341-930066
www.weingut-pfirmann.de
info@weingut-pfirmann.de

Besuchszeiten
nur nach Vereinbarung

Inhaber
Jürgen Pfirmann
Betriebsleiter
Jürgen Pfirmann
Kellermeister
Jürgen Pfirmann
Rebfläche
15 Hektar
Produktion
80.000 Flaschen

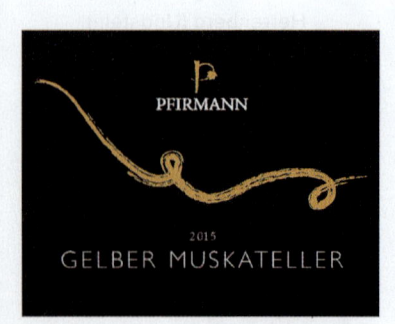

Das Weingut Pfirmann wird heute in fünfter Generation von Jürgen Pfirmann geführt, der bereits seit seinem Abschluss zum Weinbautechniker 2001 für den Ausbau der Weine verantwortlich ist. Die Weinberge befinden sich in den Lagen Wollmesheimer Mütterle, Mörzheimer Pfaffenberg, Leinsweiler Sonnenberg und Ilbesheimer Kalmit. Wichtigste Rebsorten sind die weißen Burgundersorten, gefolgt von Riesling, Spätburgunder, Dornfelder, Sauvignon Blanc, Chardonnay, Gelbem Muskateller, Silvaner, Merlot und Cabernet Sauvignon. Das Programm ist gegliedert in Gutsweine, Terroirweine, Erste Lage und Große Lage, seit dem Jahrgang 2018 gibt es darüber noch zwei „Reserve"-Weine vom Weißburgunder und Sauvignon Blanc.

Kollektion

Die sechs verschiedenen Weißburgunder, die wir in diesem Jahr verkostet haben, sind alle kraftvoll, harmonisch und sehr klar, aber nie übertrieben in der Frucht: An der Spitze steht der „Reserve", der feine Röstnoten, etwas Birne und Zitrusnoten im Bouquet zeigt, am Gaumen sehr gut eingebundenes Holz und ein lebendiges Säurespiel besitzt und sehr nachhaltig ist, auch beim Kalmit-Weißburgunder ist das Holz dezent, er besitzt Kraft, klare Frucht und eine animierende Art, der Zollstock zeigt neben klarer Birnenfrucht auch florale Noten, besitzt Schmelz. Der Riesling von der Kalmit zeigt leicht kreidige Noten und gelbe Frucht, ist elegant und lang, der Kalmit-Spätburgunder besitzt viel klare, rote Frucht, dezente Röstnoten und gute Struktur. Der Sauvignon Blanc-„Reserve" zeigt Noten von gerösteten Haselnüssen und dezente Stachelbeerwürze, ist kraftvoll, leicht salzig und nachhaltig, bei den Terroirweinen sind der Riesling und der Weißburgunder vom Landschneckenkalk jeweils etwas prägnanter und nachhaltiger als die Weine vom Kalkmergel.

Weinbewertung

84	2019 Weißer Burgunder trocken	12,5%/6,90€
86	2019 Sauvignon Blanc trocken	12,5%/8,50€
85	2019 Gelber Muskateller trocken	12,5%/8,50€
86	2019 Riesling trocken „Kalkmergel"	12,5%/8,90€
87	2019 Riesling trocken „Landschneckenkalk"	13%/8,90€
86	2019 Weißer Burgunder trocken „Kalkmergel"	13,5%/8,90€
87	2019 Weißer Burgunder trocken „Landschneckenkalk"	13,5%/8,90€
86	2019 Grauer Burgunder trocken „Kalkmergel"	14%/8,90€
88	2019 Weißer Burgunder trocken Wollmesheim Am Zollstock	13,5%/12,-€
89	2019 Weißer Burgunder trocken Ilbesheimer Kalmit	13,5%/18,-€
88	2019 Riesling trocken Ilbesheimer Kalmit	13%/18,-€
90	2019 Weißer Burgunder trocken „Reserve"	13,5%/25,-€
89	2019 Sauvignon Blanc trocken „Reserve"	13,5%/25,-€
89	2017 Spätburgunder trocken Ilbesheimer Kalmit	13,5%/22,-€

PFALZ — BAD DÜRKHEIM

★★★

Pflüger

Kontakt
Gutleutstraße 48
67098 Bad Dürkheim
Tel. 06322-63148
Fax: 06322-66043
www.weingut-pflueger.de
info@pflueger-wein.de

Besuchszeiten
Mo.-Fr. 9-12 + 14-18 Uhr
Sa. 10-16 Uhr

Inhaber
Familie Pflüger
Betriebsleiter
Alexander Pflüger
Kellermeisterin
Ina Schwarzbach
Rebfläche
38 Hektar
Produktion
400.000 Flaschen

Alexander Pflüger ist nach seinem Abschluss als Ingenieur für Weinbau und Önologie 2007 ins väterliche Weingut eingestiegen, im Jahr 2010 übernahm er zusammen mit seiner Frau Aline die Verantwortung im Betrieb. Das Weingut arbeitet seit über 20 Jahren biologisch und biodynamisch, ist Mitglied bei Ecovin und Demeter. Die Weinberge liegen in den Dürkheimer Lagen Michelsberg, Spielberg, Fuchsmantel und Fronhof, im Ungsteiner Herrenberg und jetzt auch im Königsbacher Ölberg. Wichtigste Rebsorte ist mit 38 Prozent Flächenanteil der Riesling, daneben gibt es 12 Prozent Spätburgunder, je 10 Prozent Weißburgunder, Chardonnay und Sauvignon Blanc, 5 Prozent Gewürztraminer und noch einige andere Sorten.

Kollektion

Wieder einmal ist es der Riesling aus dem Herrenberg, der an der Spitze von Alexander Pflügers Sortiment steht, er zeigt steinig-kräutrige Noten, entwickelt am Gaumen feinen Druck, ist leicht salzig und etwas nachhaltiger als der Michelsberg-Riesling, der ebenfalls salzig und animierend ist, aber schon etwas Reifenoten zeigt, der Riesling vom Spielberg besitzt herbe Zitrusnoten und Biss, der Michelsberg-Weißburgunder ist schlank, besitzt leicht nussige Noten. Die Pinot Noirs sind elegant und besitzen sehr dezente, kaum spürbare Holzwürze, der neue Wein aus dem Ölberg zeigt dunkle und rote Frucht, Schwarzkirsche, Kirschkern, Himbeere, ist gut strukturiert und lang, der Herrenberg ist ähnlich, aber eine Spur dunkler in der Frucht, besitzt gute Länge und Frische. Sehr gut sind auch die beiden Sekte, der „Rassig", ein Riesling, zeigt leicht hefige Würze und Zitrusnoten, ist animierend und frisch, „Sophie Helene" aus Chardonnay, Pinot Noir und Pinot Meunier zeigt etwas Brotkruste im Bouquet, ist frisch und schlank.

Weinbewertung

87	„Cuvée Rassig" Sekt brut I 12%/13,50€
87	„Cuvée Sophie Helene" Sekt brut I 11,5%/16,-€
82	2019 „Blanc de Noir" trocken I 11,5%/8,-€
84	2019 Sauvignon Blanc trocken „Quarzit" I 11,5%/8,-€
85	2019 „Cuvée Biodynamite" Weißwein I 12%/11,-€
86	2019 Riesling trocken „Tradition" I 12,5%/11,-€
87	2018 Weißburgunder trocken Dürkheimer Michelsberg I 12%/18,-€
87	2019 Riesling trocken Dürkheimer Spielberg I 12,5%/15,-€
89	2018 Riesling trocken Ungsteiner Herrenberg I 13%/18,-€
88	2018 Riesling trocken Dürkheimer Michelsberg I 13%/18,-€
86	2018 Pinot Noir trocken „Tradition" I 13%/14,50€
88	2018 Pinot Noir trocken Königsbacher Ölberg I 13%/20,-€
88	2018 Pinot Noir trocken Ungsteiner Herrenberg I 13%/25,-€

SAALE-UNSTRUT ▶ BAD KÖSEN

Kloster Pforta

★★✩

Kontakt
Landesweingut Kloster Pforta
Saalberge 73
06628 Bad Kösen
Tel. 034463-3000
Fax: 034463-30025
www.kloster-pforta.de
service@kloster-pforta.de

Besuchszeiten
Vinothek Schulpforte
(Schulstraße 8, Naumburg-Schulpforte) täglich von
10-18 Uhr
Weinstube
Do.-Mo. 11-18 Uhr

Inhaber
Landgesellschaft
Sachsen-Anhalt
Betriebsleiter
Bastian Remkes
1. Kellermeister
Olaf Stintzing
2. Kellermeister
Maximilian Handt
Außenbetrieb
Franziska Zobel
Rebfläche
50 Hektar
Produktion
320.000 Flaschen

Das Zisterzienser-Kloster Pforta wurde 1137 gegründet, mit dieser Gründung begann der Weinbau in der Region. Bereits Mitte des 12. Jahrhunderts wurde der zwischen Bad Kösen und Schulpforte gelegene Köppelberg von Mönchen mit Reben bepflanzt (urkundlich belegt erstmals 1154). Das heutige Landesweingut Kloster Pforta, 1993 vom Land Sachsen-Anhalt gegründet, ist heute Besitzer dieser Reben am Köppelberg. Es ist ein Muster- und Demonstrationsweingut, das den bestehenden und künftigen Weinbau an Saale und Unstrut fördern soll. Neben dem Köppelberg (Muschelkalk) besitzt man die weiteren Monopollagen Saalhäuser (Muschelkalk) und Gosecker Dechantenberg (roter Buntsandstein), ist vertreten im Eulauer Heideberg und im Naumburger Paradies (tiefgründige Lösslehmböden). Bei den weißen Rebsorten dominieren Weißburgunder, Müller-Thurgau, Silvaner, Riesling, Traminer, Gutedel, Blauer Silvaner, Weißer Heunisch und Elbling. An roten Sorten (30 Prozent der Fläche), gibt es Portugieser und Spätburgunder, dazu André und recht viel Zweigelt, der bereits seit 1983 angebaut wird.

Kollektion

Es geht weiter voran beim Landesweingut Kloster Pforta. Die Basis stimmt – und der spontanvergorene, im Granitfass gereifte Breitengrad-Weißburgunder ist der bisher beste trockene Weißwein des Gutes. Er zeigt gute Konzentration und herrlich viel Frucht im Bouquet, ist füllig und kraftvoll, besitzt klare reife Frucht und viel Substanz. Die Gutsweine sind klar und geradlinig. Die trockenen Lagen-Weißweine besitzen gute Substanz und zeigen gleichmäßiges Niveau, unsere leichte Präferenz gilt dem intensiven, zitrusduftigen Saalhäuser-Riesling und dem im Holzfass ausgebauten, kraftvollen Saalhäuser-Weißburgunder. Sehr gut sind die an kandierte Früchte erinnernde Riesling Beerenauslese aus dem Dechantenberg und die intensive, eindringliche Spätburgunder Beerenauslese aus dem Saalhäuser.

Weinbewertung

82	2019 Weißer Burgunder trocken	12%/9,90€
81	2019 Weißer Riesling trocken	12%/9,90€
83	2019 Weißer Heunisch trocken Pfortenser Klöppelberg	12%/12,50€
83	2018 Blauer Silvaner trocken Pfortenser Köppelberg	13%/12,50€
84	2018 Weißer Burgunder trocken Holzfass Saalhäuser	13,5%/12,50€
84	2019 Weißer Riesling trocken Saalhäuser	13%/16,90€
88	2019 Weißer Burgunder trocken „Breitengrad 51" Saalhäuser	13,5%/24,-€
86	2019 Weißer Riesling Beerenauslese Gosecker Dechantenberg	9,5%/25,50€/0,375l
82	2018 Blauer Spätburgunder trocken Saalhäuser	13,5%/12,50€
80	2017 Blauer Zweigelt trocken „Alte Reben" Saalhäuser	12,5%/18,90€
83?	2018 Blauer Zweigelt trocken Barrique „Breitengrad 51" Saalhäuser	13,5%/26,-€
87	2019 Spätburgunder Beerenauslese Saalhäuser	13,5%/39,-€/0,375l

MOSEL ▶ GRAACH

★★★⯪

Philipps-Eckstein

Kontakt
Panoramastr. 11
54470 Graach
Tel. 06531-6542
Fax: 06531-4593
www.weingut-philipps-eckstein.de
info@weingut-philipps-eckstein.de

Besuchszeiten
täglich 12:30-18 Uhr
Gästehaus (8 Doppelzimmer, 1 Einzelzimmer)
Winzerwirtschaft (60 Sitzplätze, Fr. 17-22 Uhr, Sa. 13-22 Uhr, So. 13-20 Uhr)

Inhaber
Patrick Philipps
Betriebsleiter
Patrick Philipps
Kellermeister
Patrick Philipps
Außenbetrieb
Patrick Philipps, Patrick Thiesen
Rebfläche
7 Hektar
Produktion
55.000 Flaschen

Hans und Gisela Philipps bewirtschafteten seit 1969 einen knappen Hektar Reben im Nebenerwerb. 1987 wagten sie den Schritt in die Selbständigkeit und eröffneten im Graacher Ortsteil Schäferei eine Weinstube mit Winzerwirtschaft und Gästezimmern. Zehn Jahre später stieg Sohn Patrick in den Betrieb ein, den er heute mit Ehefrau Michaela führt. Die Rebfläche ist mittlerweile auf 7 Hektar gestiegen. Seine Weinberge befinden sich vor allem in den Graacher Lagen Domprobst und Himmelreich, hinzu kommen Parzellen in der Bernkasteler Lay. Riesling nimmt das Gros der Weinberge ein, dazu gibt es noch etwas Weißburgunder, Spätburgunder, Grauburgunder und Chardonnay.

🎂 Kollektion

Der Jahrgang kommt dem Weingutstil, der ja eher auf Rasse denn auf Eleganz setzt, entgegen. Ein trockener Kabinett ist präzise, fest, erfrischend, dazu aber auch stoffig, kompakt mit unerwartetem Nachhall. Die trockene Spätlese aus der Lay gefällt ausgezeichnet, auch wenn der Wein über eine gewisse Fülle und nicht unerheblichen Alkohol verfügt. Deutlich balancierter ist der trockene Riesling von alten Domprobst-Reben. Besonders gut gefällt in diesem Jahr der feinherbe Bereich. Eine spontanvergorene Himmelreich-Spätlese ist straff und saftig, sehr animierend, die Süße ist gut eingebettet; auch die feinherbe Domprobst-Spätlese gefällt sehr gut. Der süße Himmelreich-Kabinett ist kräuterig-würzig gehalten, Süße und Säure sind in der Balance. Deutlich kompakter wirkt der Domprobst-Kabinett von alten Reben, recht kompakt wirkt auch die Gehr-Spätlese, die eine gewisse Fülle aufweist: Sie sollte sich noch positiver entwickeln. Präsenter ist ihr Pendant namens „Laurine". Die Sonnenuhr-Auslese zeigt reife Zitrusnoten und ist zupackend, mit hoher, aber gut integrierter Süße. Noch etwas besser gefällt die animierende, rassige Himmelreich-Auslese mit drei Sternen; sie zeigt in der Nase Noten von getrocknetem Apfel, weißen Johannisbeeren und Hefe, ist straff und balanciert.

🍷 Weinbewertung

86	2019 Riesling Kabinett trocken Graacher Domprobst	12,5%/8,90€
87	2019 Riesling Spätlese trocken Bernkasteler Lay	13,5%/9,50€
88	2019 Riesling Spätlese trocken „Alte Reben" Graacher Domprobst	13%/11,50€
86	2019 Riesling Kabinett „feinherb" Graacher Domprobst	12%/8,90€
88	2019 Riesling Spätlese „feinherb" Graacher Domprobst	12%/11,-€
88	2019 Riesling Spätlese „feinherb spontan" Graacher Himmelreich	12%/9,50€ ☺
85	2019 Riesling Kabinett Graacher Himmelreich	9,5%/8,50€
87	2019 Riesling Kabinett „Alte Reben" Graacher Domprobst	9,5%/9,-€
88	2019 Riesling Spätlese „Laurine" Graacher Domprobst	8%/10,-€ ☺
87+	2019 Riesling Spätlese „Gehr" Graacher Himmelreich	8%/12,-€
89	2019 Riesling Auslese Zeltinger Sonnenuhr	8%/17,-€
90	2019 Riesling Auslese*** Graacher Himmelreich	8%/18,-€

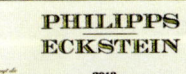

MITTELRHEIN ▶ ST. GOAR

Philipps-Mühle

★★★

Kontakt
Gründelbach 49
56329 St. Goar
Tel. 06741-1606, Fax: -981838
www.philipps-muehle.de
info@philipps-muehle.de

Besuchszeiten
täglich von 10-18 Uhr oder nach Vereinbarung; Wein-Café an der Loreley täglich 10-18 Uhr (April bis Ende Okt.); Winzerschenke Philipps-Mühle Do.-So. ab 15 Uhr (Ostern bis Ende Okt.)

Inhaber
Thomas & Martin Philipps
Kellermeister
Martin Philipps
Rebfläche
6,7 Hektar
Produktion
50.000 Flaschen

Martin und Thomas Philipps rücken den Weinbau mehr und mehr in den Mittelpunkt der alten Getreidemühle, der ein Hofladen und eine Winzerschenke angeschlossen sind. Thomas Philipps studierte in Geisenheim Önologie, sein Bruder Martin machte eine Winzerlehre beim Weingut Toni Jost, studierte anschließend ebenfalls in Geisenheim. Sie haben die Rebfläche binnen kurzer Zeit von 0,3 Hektar auf die heutige Größe erweitert, möchten weitere Brachflächen rekultivieren. Ihre Weinberge liegen vor allem in den St. Goarer Lagen Frohwingert und Ameisenberg, aber auch im Urbarer Beulsberg und in Ober- und Niederheimbach. Sie bauen 75 Prozent Riesling und 10 Prozent Müller-Thurgau an, dazu etwas Weißburgunder, Spätburgunder und Roter Riesling. Das Sortiment ist in drei Linien gegliedert: Das Basissegment Steilhang, das Mittelsegment trägt den Namen der Großlage St. Goarer Burg Rheinfels und das Premiumsegment mit den Weinen aus den St. Goarer Einzellagen, dem trockenen Riesling aus dem Frohwingert und dem restsüßen Riesling aus dem Ameisenberg, der von 60 Jahre alten Reben stammt. In den letzten Jahren wurden weitere Flächen am Ameisenberg rekultiviert, Roter Riesling wurde gepflanzt.

Kollektion

Ein wunderschöner Sekt eröffnet in diesem Jahr den Reigen. Der Pinot Blanc-Sekt, 51 Monate auf der Hefe ausgebaut, zeigt feine rauchige Noten, etwas Brioche, ist harmonisch und elegant bei guter Struktur. Der Weißburgunder Gutswein ist klar und süffig, der Müller-Thurgau besitzt gute Struktur, reintönige Frucht und Grip. Die Steilhang-Rieslinge sind reintönig und fruchtbetont, unsere leichte Präferenz gilt im Jahrgang 2019 der halbtrockenen Variante. Der trockene Burg Rheinfels-Riesling ist würzig, füllig und saftig, was auch für den halbtrockenen gilt, der viel reife Frucht und Substanz besitzt. Beide stammen aus dem Jahrgang 2018 — wie auch die Rieslinge aus Frohwingert und Ameisenberg. Der Frohwingert ist konzentriert, kraftvoll, besitzt gute Struktur und klare reife Frucht, der Ameisenberg ist faszinierend reintönig und zupackend. Starke Kollektion!

Weinbewertung

88	2015 Pinot Blanc Sekt brut	13%/13,50 €
85	2019 Müller-Thurgau trocken	12%/8,-€
83	2019 Weißburgunder trocken	11,5%/8,-€
84	2019 Riesling trocken „Steilhang"	11%/8,-€
87	2018 Riesling trocken St. Goarer Burg Rheinfels	13%/11,-€
89	2018 Riesling trocken St. Goarer Frohwingert	13,5%/16,-€
85	2019 Riesling halbtrocken „Steilhang"	11,5%/8,-€
87	2018 Riesling halbtrocken St. Goarer Burg Rheinfels	12%/11,-€
84	2019 Riesling „lieblich" „Steilhang"	11,5%/8,-€
89	2018 Riesling St. Goarer Ameisenberg	9,5%/16,-€

MOSEL ➤ KINHEIM

★ ☆

Pichterhof

Kontakt
Königsstraße 44
54538 Kinheim
Tel. 06532-2284
info@pichterhof.de
www.pichterhof.de

Besuchszeiten
Mo.-Sa. 9-17 Uhr
So. nach Vereinbarung

Inhaber
Nico & Susanne Kaufmann

Betriebsleiter
Nico Kaufmann

Kellermeister
Nico Kaufmann

Außenbetrieb
Nico Kaufmann

Rebfläche
3,5 Hektar

Produktion
20.000 Flaschen

Das Kinheimer Weingut wird von Nico Kaufmann und seiner Frau Susanne geleitet. Im Jahr 2007, mit nur 21 Jahren, übernahm der Winzer den Betrieb, der auf eine Tradition in der Familie bis 1791 zurückblickt. Riesling macht nur 50 Prozent der Rebfläche aus, dafür sind die Burgundersorten stark vertreten. Der Grauburgunder mit 10 Prozent, der Weißburgunder mit gleichem Anteil, der Spätburgunder gar mit 20 Prozent. Alle Rieslingweine stammen aus der Steillage Kinheimer Hubertuslay und werden selektiv geerntet und spontan vergoren. Auch der Spätburgunder wächst im Steilhang der Hubertuslay und liegt vor der Abfüllung fünfzehn Monate im Holzfass. Der erste jemals im Weingut gelesene Eiswein wurde am 21. Januar 2019 eingebracht.

Kollektion

Ein gelungener Schaumwein führt das Feld der Weine an – er ist nicht wirklich puristisch trocken, aber angenehm saftig. Würzig, straff, eher schlank fällt der Riesling „Prestige" aus, einer von zwei trockenen Weißweinen des vorgestellten Programms, während der andere, das Große Gewächs, ein eigenwilliger Wein ist, derzeit verschlossen, würzig, mit Substanz, aber auch etwas streng. Hier heißt es abwarten. Schlank und würzig ist der feinherbe „Tradition", animierend, ganz leicht rustikal. Ein saftiger Riesling „Emotion" besitzt dezente Süße, noch besser gefällt der Riesling namens „Edition S", ist vibrierend bei verhaltener Süße. Süffig und ansatzweise rassig gibt sich der „Gold"-Riesling, dessen Restzucker alles andere als aufdringlich wirkt. Ein 2010er (!) mit drei Sternen ist leicht gereift, mit Noten von Tabak, Kräutern und etwas getrocknetem Fenchel, die Süße ist abgemildert, der Nachhall lang. Ein spannender Wein. Die Trockenbeerenauslese ist klar, duftig, besitzt reife Steinobst- und Karamellnoten, ist auch im Mund dicht und süß, gut vinifiziert. Schließlich der Spätburgunder mit drei Sternen aus dem Jahrgang 2015: Mit Sauerkirschnoten, leicht welker Zwetschgenwürze, etwas Tabak, dann saftig, würzig, leicht gereift, durchaus interessant.

Weinbewertung

84	2018 Riesling Sekt brut	12%/9,90€
85	2019 Riesling Spätlese trocken „Prestige"	12,5%/6,90€
85	2019 Riesling Auslese trocken „Prestige GG"	13%/14,90€
82	2019 Riesling Spätlese feinherb „Tradition"	11,5%/6,90€
84	2019 Riesling „Edition S"	10,5%/7,90€
83	2019 Riesling Spätlese „Emotion"	10%/6,90€
87	2019 Riesling Auslese „Gold"	7%/8,90€
87	2010 Gold ***	8%/19,90€
89	2019 Riesling Trockenbeerenauslese	9%/50,-€/0,375l
85	2015 Spätburgunder ***	14%/12,90€

MITTELRHEIN ➤ KÖNIGSWINTER

★ ★ ★

Pieper

Kontakt
Hauptstraße 458
53639 Königswinter
Tel. 02223-22650
Fax: 02223-904152
www.weingut-pieper.de
info@weingut-pieper.de

Besuchszeiten
Weinverkauf und Gutsausschank im Jesuiter Hof in Königswinter Di./Mi./Fr./Sa. ab 16.30 Uhr, So. ab 12 Uhr

Inhaber
Adolf Wilhelm Pieper & Felix Pieper

Betriebsleiter
Felix Pieper

Kellermeister
Felix Pieper

Außenbetrieb
Felix Pieper

Rebfläche
9 Hektar

Produktion
75.000 Flaschen

Das Weingut Pieper ist mit 9 Hektar Reben das größte Weingut in Nordrhein-Westfalen. Die Weinberge von Adolf Wilhelm Pieper und Sohn Felix liegen in Königswinter und Rhöndorf am Fuß des Drachenfels, der im Siebengebirge liegt, sind überwiegend süd- und südwestexponiert. Der Boden besteht aus kalireichem Trachytgestein und tonhaltiger Grauwacke, der Steinanteil ist hoch. Trachyt ist eine besondere geologische Formation, ein vulkanisches Ergussgestein. Neben zehn weißen Sorten werden zwei rote Sorten angebaut. Felix Pieper hat Weinbau und Önologie studiert und ist seit 2007 für den Weinausbau verantwortlich.

Kollektion

Felix Pieper ist der Shooting Star am Mittelrhein, kein anderer bietet eine solche Vielfalt, solch spannende Weine von verschiedenen Rebsorten. So gleich zwei faszinierende Sauvignon Blanc: Der im Tonneau ausgebaute Fumé ist herrlich eindringlich, füllig, saftig und strukturiert, der maischevergorene Alia Via Natur noch kraftvoller und stoffiger, konzentriert und klar. Der im neuen 500-Liter-Tonneau ausgebaute Chardonnay zeigt gelbe Früchte, Vanille, besitzt herrlich viel Frucht und Substanz. Der Grüner Veltliner ist klar, harmonisch, zupackend, der Weißburgunder besitzt Fülle, Saft und klare Frucht. Der im Barrique ausgebaute Spätburgunder, Jahrgang 2017, zeigt rauchige Noten und reintönige Frucht, ist klar, kraftvoll und zupackend. Auf Riesling versteht sich Felix Pieper aber auch, der Rüdenet besitzt Kraft und gute Struktur, die süße Spätlese ist klar, präzise und zupackend, unser Favorit ist der füllige, saftige, wunderschön komplexe im Stückfass ausgebaute Septimontium. Im Aufwind!

Weinbewertung

84	2019 Weißburgunder trocken Königswinterer Drachenfels	13%/8,-€
83	2019 Riesling trocken „Trachyt"	11,5%/6,50€
83	2019 Riesling trocken „Domkaule" Rhöndorfer	12,5%/8,50€
88	2019 Riesling „Septimontium" Königswinterer Drachenfels	12,5%/14,50€
86	2019 Riesling trocken „Rüdenet" Königswinterer Drachenfels	11,5%/8,-€
85	2019 Grüner Veltliner Königswinterer Drachenfels	13%/13,-€
88	2019 Sauvignon Blanc „Fumé"	13%/13,-€
88	2019 Chardonnay Barrique Königswinterer Drachenfels	13%/15,-€
89	2019 Sauvignon Blanc „Alia Via Natur"	13%/17,50€
83	2019 Riesling „feinherb" Rhöndorfer	11%/8,-€
84	2019 Gewürztraminer & Riesling	11,5%/8,-€
83	2019 Scheurebe Kabinett Königswinterer	9,5%/7,50€
84	2019 Riesling Kabinett „Drachenlay" Königswinterer Drachenfels	8,5%/9,-€
86	2019 Riesling Spätlese „süß" Königswinterer Drachenfels	8,5%/10,50€
83	2019 Ehrenfelser Spätlese Rhöndorfer Drachenfels	8%/10,50€
87	2017 Spätburgunder trocken Barrique „Mönchenberg" Drachenfels	12,5%/15,-€

BADEN — OFFENBURG-ZELL-WEIERBACH

Pieper Basler

★ ★☆

Kontakt
Weierbächle 1&3, 77654
Offenburg-Zell-Weierbach
Tel. 0160-96863544
www.pieperbasler.de
weingut@pieperbasler.de

Besuchszeiten
nach Vereinbarung

Inhaber
Kirsten Pieper &
Jochen Basler
Betriebsleiter
Jochen Basler
Kellermeister
Jürgen von der Mark &
Jochen Basler
Außenbetrieb
Jochen Basler
Rebfläche
5,5 Hektar
Produktion
35.000 Flaschen

Jochen Basler und Kirsten Pieper haben 2017 ihr eigenes Weingut gegründet, in einem alten unter Denkmalschutz stehenden Fachwerkhaus, das sie zur Zeit zum Weingut umbauen. Jochen Baslers Vorfahren haben schon lange Weinbau in Zell-Weierbach betrieben, wo Weinbau seit 1242 urkundlich belegt ist, er selbst war zehn Jahre lang Geschäftsführer der Genossenschaft Zell-Weierbach bzw. nach deren Fusion mit der Genossenschaft in Gengenbach der neu gegründeten Weinmanufaktur Gengenbach-Offenburg. Die Weinberge liegen alle im Zell-Weierbacher Abtsberg, wo die Reben auf Granitverwitterungsböden wachsen und Jochen Basler und Kirsten Pieper vor allem die Burgundersorten anbauen: Spätburgunder nimmt mehr als ein Drittel der Weinberge ein, gefolgt von Grauburgunder und Weißburgunder, dazu gibt es aber auch Riesling, Chardonnay, Sauvignon Blanc und Viognier. Das Sortiment ist gegliedert in die Linien Plaisir, Saveur und Idée. 2018 wurde die Rebfläche um 1,5 Hektar erweitert, in Kooperation mit Vincent Sipp wird ein Gewürztraminer in Riquewihr erzeugt.

Kollektion

Nach einem starken Debüt vor zwei Jahren und einer sehr überzeugenden Folgekollektion konnten 2019 vor allem die Plaisir-Weine zulegen. Der Sauvignon Blanc ist zwar weniger opulent als andere Weine dieser Rebsorte zeigt aber Kraft und steinige Aromen. Chardonnay Plaisir und Saveur sind aromatischer und dürften mit ihrer wilden Art polarisieren – uns holen sie damit ab. Weißburgunder und Viognier Saveur aus 2019 sind hingegen deutlich wuchtiger. Der Weißburgunder zeigt rauchige Noten, der Viognier konzentrierte Orangenschale und kandierte Ananas, wobei besonders letzterer durch seinen hohen Alkoholgehalt von 15,5 Prozent brandige Töne aufweist. Der Spätburgunder Saveur ist trotz des hohen Alkoholgehalts knackiger, hat ein zartes aber griffiges Tannin und zeigt Fülle und Würze. An der Spitze steht für uns ein unfiltrierter Riesling, ein so genannter Naturwein, der eine spannende Gerbstoffstruktur, viel Saft und eine gute Länge aufweist.

Weinbewertung

83	2019 Weißburgunder trocken „Plaisir"	12,5%/8,50 €
84	2019 Chardonnay trocken „Plaisir"	13%/8,50 €
84	2019 Sauvignon Blanc trocken „Plaisir"	12%/9,50 €
85	2019 Weißburgunder trocken „Saveur"	14,5%/15,-€
86	2018 Chardonnay trocken „Saveur"	13,5%/13,-€
84	2019 Viognier trocken „Saveur"	15,5%/16,-€
87	2019 Riesling trocken „Nature"	12,5%/15,-€
85	2019 Gewürztraminer „Saveur"	14%/13,-€
83	2018 Spätburgunder trocken „Plaisir"	14,5%/9,50 €
86	2018 Spätburgunder trocken „Saveur"	13,5%/15,-€

PIEPER BASLER
REBMÄNNER SEIT 1797

NAHE ▶ RÜMMELSHEIM

Piri Wein

Kontakt
Hauptstraße 21
55452 Rümmelsheim
Tel. 06721-994606
www.piriwein.de
info@weinheimer-hof.de

Besuchszeiten
nach Vereinbarung

Inhaber
Christine Pieroth,
Philipp Pieroth,
Ulrich Pieroth

Rebfläche
15 Hektar

Produktion
45.000 Flaschen

Die Geschwister Christine und Philipp Pieroth haben beide in Geisenheim studiert, sie nach ihrer Lehre bei den Weingütern Keller und Dr. Crusius Weinbau und Oenologie, er nach einer Banklehre Internationale Weinwirtschaft. 2018 sind sie in das elterliche Weingut an der Nahe eingestiegen, den Weinheimer Hof, den ihr Vater Ulrich in den 1960er Jahren übernommen und den ehemaligen klassischen Mischbetrieb ganz auf Weinbau ausgerichtet hatte. Ulrich Pieroth vergrößerte die ursprüngliche Rebfläche, heute besitzt der Betrieb Weinberge in den Dorsheimer Lagen Goldloch, Pittermännchen und Burgberg, im Burg Layer Schlossberg und im Rümmelsheimer Steinköpfchen. Die Geschwister kümmern sich beide um den Außenbetrieb, Christine ist für den Keller verantwortlich, Philipp für Vertrieb und Marketing. Im Jahr 2020 haben sie neben dem Programm des Weinheimer Hofs ihre eigene, „Piri" genannte Weinlinie auf den Markt gebracht, neben den bislang sieben Piri-Weinen, deren Anteil an der Kollektion in den kommenden Jahren gesteigert werden soll, macht Christine Pieroth in ihrer Piri Naturel-Linie als einer von nur zwei Erzeugern an der Nahe auch Naturweine. Die Piri-Weine werden alle spontan vergoren und mit einem langen Hefelager ausgebaut, 2020 wurde mit der Umstellung auf biologischen Weinbau begonnen.

Kollektion

Wir konnten die komplette Piri-Linie verkosten, aber leider keine Weine aus der sicherlich genauso spannenden Piri Naturel-Linie: An der Spitze steht der bislang einzige Lagenwein, der Riesling aus dem Pittermännchen. Er zeigt im eindringlichen Bouquet steinig-kräutrige Würze und Zitrusnoten, etwas Ananas, besitzt am Gaumen klare, aber dezente Frucht, etwas Steinobst, und eine animierende Säure, ist elegant und ausgewogen. Grau- und Weißburgunder „Terroir" wurden zwei Jahre auf der Vollhefe in 500-Liter-Tonneaux ausgebaut und sind noch deutlich vom Holz geprägt, beide besitzen gute Substanz, Schmelz und feine Zitrusnoten, der Weißburgunder ist etwas präsenter und nachhaltiger als der Grauburgunder. Die Gutsweine sind noch leicht verhalten, der Riesling zeigt Zitrusnoten und etwas kräutrige Würze, besitzt Biss, Grau- und Weißburgunder zeigen dezente Birnenfrucht, die Cuvée Blanc ist füllig und gelbfruchtig.

Weinbewertung

81	2019 „Cuvée blanc"	12%/7,90€
83	2019 Riesling trocken	12,5%/7,50€
82	2019 Weißburgunder trocken	12,5%/8,30€
81	2019 Grauburgunder trocken	12,5%/8,30€
87	2017 Weißburgunder trocken „Terroir"	13%/13,90€
86	2017 Grauburgunder trocken „Terroir"	13%/13,90€
88	2019 Riesling Dorsheim Pittermännchen	12,5%/20,90€

BADEN — IHRINGEN

★★★

Pix

Kontakt
Eisenbahnstraße 19
79241 Ihringen
Tel. 07668-879
www.weingut-pix.de
info@weingut-pix.de

Besuchszeiten
Di.-Fr. 17-19 Uhr
Sa. 11-14 Uhr

Inhaber
Hannes Pix
Betriebsleiter
Hannes Pix
Rebfläche
8 Hektar

Die Weinberge, sowie 10 Hektar Acker und Wiesen wurden von Helga und Reinhold Pix seit 1984 nach den Bioland-Richtlinien bewirtschaftet, seit 2013 ist das Weingut Demeter-zertifiziert. Schon in der ersten Ausgabe haben wir die Weine von Helga und Reinhold Pix empfohlen. Seit dem Jahr 2012 ist Sohn Hannes hauptverantwortlich im Weinberg und im Keller. Im Jahr 2017 wurde der Betrieb an die zweite Generation übergeben. Hannes Pix ist jetzt Inhaber und Betriebsleiter. Spezialität des Weinguts sind die Burgundersorten, aber auch Silvaner. Dazu gibt es Gewürztraminer von alten Reben. Und der gebürtige Stuttgarter Reinhold Pix hat auch etwas Lemberger gepflanzt, inzwischen auch Cabernet. Alle Weine werden durchgegoren ausgebaut, die Rotweine bleiben mindestens ein Jahr im Barrique. Die Qualität der Gutsweine ist immer wieder erstaunlich hoch, Enttäuschungen erlebt man nicht.

Kollektion

Der Cremant PinotPix von 2018 ist wie immer eine Bank, eine feine, milde, von Hefe unterlegte Frucht wird von cremigem Schmelz umspült. Der Weißburgunder Gutswein 2018 hat ein rauchig-fruchtiges Bouquet, am Gaumen viel Stoff, zupackende Säure, feinsalzige Mineralität. Der Grauburgunder Gutswein 2018 hat ein rauchig-steiniges Bouquet, ist am Gaumen saftig und salzig bei sehr guter Struktur. Der Rosé „Kamikätzchen" ist ein milder, durchgegorener Rosé, eher würzig als fruchtig. Der Grauburgunder Selektion von 2017 hat ein eindringliches Bouquet, geprägt vom oxidativen Ausbau, besitzt Fülle und cremige Struktur. Der Gewürztraminer hat ein rebsortentypisches, eindringliches Rosen-Bouquet, er ist füllig, kraftvoll, hat viel Spiel und feine Säure. Der auf der Maische vergorene Grauburgunder Titus von 2017 hat eine phenolisch-cremige Struktur, die füllige Tiefe wird von feiner Frucht begleitet. Der Spätburgunder Selektion von 2018 duftet eindringlich nach Kirschen und Veilchen, zeigt am Gaumen noch mehr Kirsche, besitzt eine gute Säure- und Tanninstruktur, ist jugendlich, salzig. Geprägt vom oxidativen Ausbau ist der Lemberger Linus, am Gaumen säurebetont mit straffen Tanninen.

Weinbewertung

87	2018 Pinot Pix Crémant brut	12,5%/14,-€
86	2018 Weißburgunder	12,5%/8,50€
86	2018 Grauburgunder	13%/9,-€
89	2018 Gewürztraminer „Selektion Pix"	13,5%/14,-€
87	2017 Grauburgunder Selektion	14%/15,-€
89	2017 Grauburgunder „Titus"	14%/24,50€
84	2019 „Kamikätzchen" Rosé	13%/8,-€
89	2018 Spätburgunder „Selektion Pix"	15%/15,-€
86	2016 Lemberger „Linus"	13,5%/18,-€

BADEN ▶ KÜRNBACH

★★★★⯪

Plag

Kontakt
Leiberger Weg 1
75057 Kürnbach
Tel. 07258-234
Fax: 07258-9269561
www.weingut-plag.de
info@weingut-plag.de

Besuchszeiten
Mi. + Fr. 14-18 Uhr
Sa. 9-12 + 13-16 Uhr
und nach Vereinbarung
Besenwirtschaft
„Plag's Weinstube" (3 x im Jahr eine Woche)

Inhaber
Philipp Plag

Rebfläche
14 Hektar

Produktion
100.000 Flaschen

Reinhold Plag, der Urgroßvater des heutigen Besitzers, trat 1982 aus der Genossenschaft aus und begann mit der Selbstvermarktung. Sohn Werner Plag baute den Betrieb aus, heute führt dessen Sohn Philipp das Gut. Das Weingut ist in Kürnbach im Kraichgau zu Hause, wo auch die Weinberge liegen, die Reben wachsen auf Keuperböden. 70 Prozent der Rebfläche nehmen rote Rebsorten ein. Schwarzriesling ist die wichtigste Rebsorte im Betrieb, gefolgt von Pinot Noir, Lemberger, Riesling und Weißburgunder. Die Weine werden seit 2006 in den drei Linien Gutsweine, Premiumweine und Excellance vermarktet, die Excellance-Weine werden im Barrique ausgebaut, ebenso der Lemberger Reserve.

Kollektion

Der Schwerpunkt der Kollektion von Philipp Plag liegt in diesem Jahr auf einer beeindruckenden Palette kraftvoller Rotweine. Am feinsten kommt der Schwarzriesling Albert daher, allerdings ist auch der Wein aus der Kürnbacher Signatur-Rebsorte kein Leichtgewicht. Die gute Säure- und Tanninstruktur macht den saftigen Albert aber elegant, harmonisch und präzise. Der Pinot Noir zeigt reife Frucht und etwas Speck, die Tanninstruktur ist sehr gut, der hohe Alkohol belastet den eher delikaten Charakter der Rebsorte. Der Syrah dagegen kommt mit 15,5 Prozent Alkohol zurecht. Schwerer, intensiv würziger Duft, am Gaumen üppig, enorm saftig, Marzipan und Pfeffer kommen dazu, ein Wein wie ein wärmender Lammfellmantel. Zweigelt und Cuvée Red sind ebenfalls saftige Gesellen mit viel Wärme. Das Trio der Lemberger wird angeführt von der Reserve, die mit ihrer Dichte und weichen, fließenden Tanninen überzeugt. Die weißen Premium-Weine sind wie immer frisch und fruchtbetont, bei den „S"-Weinen kommt Schmelz und Holzwürze dazu, die beim fülligen Chardonnay kulminiert.

Weinbewertung

84	2018 Pinot Rosé Sekt brut	12%/11,50€
84	2019 Auxerrois trocken „Premium"	13%/7,-€
84	2019 Weißburgunder trocken „Premium"	13%/7,-€
87	2018 Grauburgunder trocken „S"	14%/9,50€
86	2018 Chardonnay mit Weißburgunder trocken „S"	14%/9,50€
87	2018 Chardonnay trocken „Excellance"	14%/15,50€
86	2018 Zweigelt trocken „Premium S"	14%/12,50€
85	2018 Lemberger trocken „Premium S"	14%/9,50€
87	2018 Schwarzriesling trocken „Premium S" „Albert"	14%/12,50€
86	2018 „Red" Syrah Cabernet Merlot trocken	14,5%/14,50€
87	2018 Pinot Noir trocken „Excellance"	14%/18,50€
89	2018 Lemberger trocken „Excellance"	14,5%/19,50€
89	2018 Syrah trocken „Excellance"	15,5%/21,50€
92	2018 Lemberger trocken „Reserve"	14,5%/29,50€

MOSEL ▸ BERNKASTEL-WEHLEN

★★

Karl O. Pohl

Kontakt
Reitzengang 9
54470 Bernkastel-Wehlen
Tel. 06531-8372
Fax: 06531-1792
www.weinpohl.de
info@weinpohl.de

Besuchszeiten
täglich 9-20 Uhr
Gutsweinstube Mai- Anfang Okt., Mi.-Sa. ab 17 Uhr, So. ab 11 Uhr und nach Vereinbarung

Inhaber
Stefan K. & Christopher Pohl

Betriebsleiter
Stefan Pohl

Kellermeister
Stefan Pohl

Außenbetrieb
Stefan Pohl

Rebfläche
2,4 Hektar

Dieses kleine Wehlener Weingut befindet sich seit 400 Jahren in Familienbesitz. Die Weinberge liegen in der Wehlener Sonnenuhr, der Maring-Noviander Sonnenuhr sowie in den beiden Graacher Lagen Himmelreich und Domprobst. Es wird ausschließlich Riesling angebaut, alle Weine werden im Edelstahl ausgebaut. In der von Mai bis Oktober geöffneten Gutsweinstube werden moseltypische Spezialitäten serviert und Weinproben für bis zu 50 Personen durchgeführt. Im Sommer 2014 haben die Brüder Stefan und Christopher Pohl das Weingut übernommen. Seit der zweiten Ausgabe dieses Buches empfehlen wir bereits das Weingut Pohl, damals begeisterten uns vor allem die restsüßen, gereiften Rieslinge – und in den meisten Jahrgängen seither hatten die süßen Spätlesen und Auslesen die Nase vorne, was nicht bedeutet, dass nicht auch die trockenen oder halbtrockenen bzw. feinherben Weine überzeugen könnten.

Kollektion

In diesem Jahr gefallen die Rieslinge des Weinguts besonders gut durch ihre Präzision: Nichts wirkt übertrieben mächtig oder zu süß, alles ist in der Balance. Der Kabinett aus dem Graacher Himmelreich ist fest und straff, sein Pendant aus dem Domprobst wirkt etwas saftiger – empfehlenswert sind beide. Die trockene Spätlese aus der Wehlener Sonnenuhr ist offen, fruchtig, im Mund stoffig mit Spiel, wirklich gelungen, wirkt noch etwas komplexer als die Himmelreich-Spätlese. Schön balanciert ist der vorgestellte Wein mit der Bezeichnung „feinherb" aus dem Himmelreich; die Süße ist bei dieser Spätlese nur verhalten wahrzunehmen, Schmelz sorgt für ein angenehmes Mundgefühl. Schließlich das süße Segment, das in diesem Jahr aus drei Auslesen besteht. Klar, duftig mit Noten von Steinobst und einem Hauch Ananas gibt sich die Auslese aus der Wehlener Sonnenuhr, während die Himmelreich-Auslese etwas offener ist, im Mund straffer, auch ein wenig süßer wirkt. Sehr balanciert sind beide. Etwas verhaltener, aber ebenfalls fein und elegant: die Auslese aus der Maring-Noviander Sonnenuhr.

Weinbewertung

85	2019 Riesling Kabinett trocken Graacher Domprobst	11,5%/9,-€
86	2019 Riesling Kabinett trocken Graacher Himmelreich	11,5%/8,30€
87	2019 Riesling Spätlese trocken Wehlener Sonnenuhr	13%/10,50€
86	2019 Riesling Spätlese trocken Graacher Himmelreich	12%/9,30€
87	2019 Riesling Spätlese „feinherb" Graacher Himmelreich	12%/9,50€
87	2019 Riesling Auslese Maring-Noviander Sonnenuhr	10%/13,50€
88	2019 Riesling Auslese Graacher Himmelreich	9,5%/14,-€
89	2019 Riesling Auslese Wehlener Sonnenuhr	10,5%/16,-€

Weingut
KARL O. POHL
Wehlen · Mosel

PFALZ ▶ KLINGENMÜNSTER

★★★

Porzelt

Kontakt
Steinstraße 91
76889 Klingenmünster
Tel. 06349-8186
Fax: 06349-3950
www.weingut-porzelt.de
info@weingut-porzelt.de

Besuchszeiten
Vinothek im historischen
Sandsteingewölbe
Mo.-Fr. 9-12 + 14-18 Uhr
Sa. 10-16 Uhr
Gästehaus,
Weinstube (bis 50 Personen)

Inhaber
Andreas Porzelt
Betriebsleiter
Andreas Porzelt
Kellermeister
Andreas Porzelt
Außenbetrieb
Andreas Porzelt
Rebfläche
17 Hektar
Produktion
95.000 Flaschen

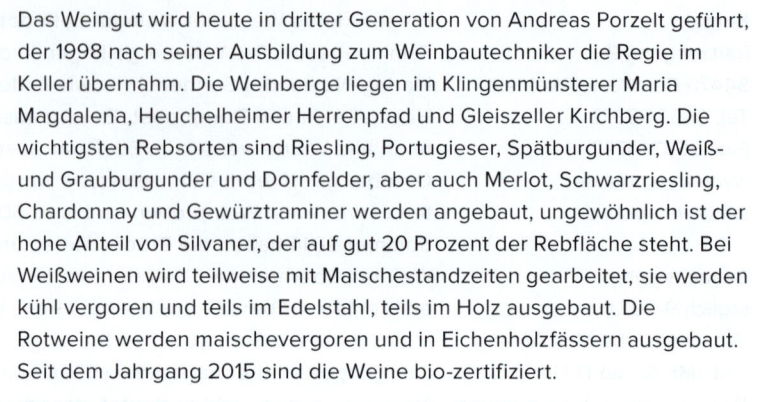

Das Weingut wird heute in dritter Generation von Andreas Porzelt geführt, der 1998 nach seiner Ausbildung zum Weinbautechniker die Regie im Keller übernahm. Die Weinberge liegen im Klingenmünsterer Maria Magdalena, Heuchelheimer Herrenpfad und Gleiszeller Kirchberg. Die wichtigsten Rebsorten sind Riesling, Portugieser, Spätburgunder, Weiß- und Grauburgunder und Dornfelder, aber auch Merlot, Schwarzriesling, Chardonnay und Gewürztraminer werden angebaut, ungewöhnlich ist der hohe Anteil von Silvaner, der auf gut 20 Prozent der Rebfläche steht. Bei Weißweinen wird teilweise mit Maischestandzeiten gearbeitet, sie werden kühl vergoren und teils im Edelstahl, teils im Holz ausgebaut. Die Rotweine werden maischevergoren und in Eichenholzfässern ausgebaut. Seit dem Jahrgang 2015 sind die Weine bio-zertifiziert.

Kollektion

Andreas Porzelt kann auch in diesem Jahr mit etlichen starken Weinen auftrumpfen, unser Favorit ist wieder der im Tonneau ausgebaute Silvaner aus dem Kirchberg: Er ist auch in seiner 2018er-Version der beste Silvaner der Pfalz, zeigt feine Noten von gerösteten Haselnüssen im Bouquet, besitzt am Gaumen Kraft, Schmelz, gut eingebundenes Holz, Substanz und Länge. Knapp dahinter liegen zwei weitere Weine aus dem Kirchberg, der Weißburgunder zeigt deutliche Röstnoten, Kokos und Vanille, besitzt klare gelbe Frucht und ein nachhaltiges Säurespiel, der Chardonnay zeigt ein komplexes Bouquet mit Noten von Quitte, Honigmelone, Birne und Kokos, besitzt Kraft und Schmelz und ebenfalls eine lebendige Säure. Der Riesling aus der Lage Maria Magdalena zeigt dezente Reifenoten, ist animierend und lang, sehr hoch ist auch das Niveau bei den Ortsweinen, unter denen der Sauvignon Blanc mit seiner ungewöhnlichen Aromatik nach herber Grapefruit etwas heraussticht.

Weinbewertung

84	2019 Silvaner trocken	12%/8,20€
87+	2019 Sauvignon Blanc trocken Klingenmünster	12%/12,50€
87	2019 Silvaner trocken „Muschelkalk"	13%/12,50€
86	2019 Riesling trocken „Buntsandstein" Klingenmünster	12%/12,50€
86	2019 Riesling trocken „Muschelkalk" Klingenmünster	12%/12,50€
87	2019 Weißer Burgunder trocken „Muschelkalk" Klingenmünster	12,5%/12,50€
87	2019 Grauer Burgunder trocken Klingenmünster	13,5%/12,50€
87	2019 Chardonnay trocken „Muschelkalk" Klingenmünster	13%/12,50€
88	2018 Riesling trocken Klingenmünster Maria Magdalena	12,5%/19,50€
89	2018 Weißer Burgunder trocken Klingenmünster Kirchberg	13,5%/19,50€
89	2018 Chardonnay trocken Klingenmünster Kirchberg	13,5%/19,50€
90	2018 Silvaner trocken „500.6" Gleiszellen Kirchberg	13,5%/22,50€
85	2019 Spätburgunder Rosé trocken „Saignée"	13%/10,50€

NAHE ▸ WINDESHEIM

★★★⯨

Poss

Kontakt
Goldgrube 20-22
55452 Windesheim
Tel. 06707-342
Fax: 06707-8332
www.weingut-poss.de
info@weingut-poss.de

Besuchszeiten
Mo.-Sa. 10-17 Uhr
oder nach Vereinbarung

Inhaber/Betriebsleiter
Karl-Hans & Harald Poss
Kellermeister
Karl-Hans Poss
Außenbetrieb
Harald Poss
Rebfläche
13 Hektar
Produktion
70.000 Flaschen

Die Weinberge der Brüder Karl-Hans, der für den Keller verantwortlich ist, und Harald Poss, der sich um den Außenbetrieb kümmert, befinden sich in den Windesheimer Lagen Römerberg, Rosenberg, Saukopf und Fels, im Winzenheimer Berg, sowie in Waldlaubersheim. Die Burgundersorten spielen mit einem Flächenanteil von zusammen über 85 Prozent die Hauptrolle bei der Familie Poss, 40 Prozent der Rebfläche nimmt Weißburgunder ein, Grauburgunder 37 Prozent und Spätburgunder 10 Prozent, dazu kommen 3 Prozent Chardonnay sowie etwas Riesling, Cabernet Dorsa und St. Laurent. Das Sortiment ist gegliedert in Guts-, S- und Lagenweine, daneben gibt es die auf der Maische vergorenen und im Barrique oder im Granitfass ausgebauten „vogelfrei-Weine".

Kollektion

Wie im vergangenen Jahr sind es auch dieses Mal wieder zwei hervorragende Grauburgunder, die das Sortiment der Familie Poss anführen: Der drei Jahre auf der Vollhefe im neuen Barrique ausgebaute Wein aus dem Fels zeigt ein komplexes Bouquet mit dezenten Röstnoten und leicht gereifter Frucht, Quitte, Birne und Melone, besitzt Kraft, Schmelz und Länge, der maischevergorene, zwei Jahre auf der Vollhefe im neuen Holz ausgebaute 2018er „vogelfrei" besitzt eine intensive, rostrote Farbe, zeigt kräutrige Würze, etwas Kirsche, ist am Gaumen animierend und nachhaltig, besitzt etwas Tannine und Druck. Der im Granit ausgebaute, hell roséfarbene 2019er „vogelfrei"-Grauburgunder besitzt ebenfalls Druck, Tannine und herbe kräutrige Würze, zeigt feine Frucht mit Noten von Kirsche, Birne und Pfirsich, Chardonnay und Spätburgunder lagen beide drei Jahre auf der Vollhefe in neuen Barriques, der Chardonnay zeigt deutliche Röstnoten, Kokos, besitzt Kraft und Länge, könnte sich noch steigern, der Spätburgunder zeigt dunkle Frucht und kräutrige Würze, besitzt viel Stoff und noch spürbare Tannine. Der Weißburgunder „vogelfrei" ist schlank, elegant und zeigt feine gelbe Frucht, Birne und Apfel, der Weißburgunder vom Römerberg ist dagegen sehr stoffig, zeigt neben etwas Birne auch nussige und florale Noten.

Weinbewertung

85	2019 Weißer Burgunder trocken	12,5 %/9,50 €
86	2019 Grauer Burgunder trocken	12,5 %/9,50 €
88	2018 Weißer Burgunder trocken Windesheimer Römerberg	14 %/19,40 €
88	2019 Weißer Burgunder trocken „vogelfrei"	12,5 %/23,-€
89	2019 Grauer Burgunder trocken „vogelfrei Granit"	13,5 %/22,40 €
90	2016 Grauer Burgunder trocken Windesheimer Fels	14 %/24,90 €
90	2018 Grauer Burgunder trocken „vogelfrei" Barrique	14 %/35,-€
89+	2016 Chardonnay trocken „Euphoros"	13,5 %/42,90 €
88	2016 Spätburgunder „S" trocken	14 %/42,90 €

RHEINHESSEN ▶ STADECKEN-ELSHEIM

★★⯪

Posthof – Doll & Göth

Kontakt
Kreuznacher Straße 2
55271 Stadecken-Elsheim
Tel. 06136-3000
Fax: 06136-6001
www.doll-goeth.de
weingut.posthof@doll-goeth.de

Besuchszeiten
Mo.-Fr. 8-12 + 13:30-18:30 Uhr
Sa. 9-17 Uhr
und nach Vereinbarung
Weinbar – Rotwein-Lounge –
Weintafel

Inhaber
Familie Doll

Betriebsleiter
Roland & Erika Doll

Kellermeister
Linus Doll

Außenbetrieb
Manuel Paul

Rebfläche
21 Hektar

Produktion
200.000 Flaschen

Mit der Heirat von Erika Göth und Roland Doll 1988 wurde der Grundstein gelegt für die Zusammenlegung der beiden Weingüter Göth in Gau-Bischofsheim und Doll in Stadecken, seit 1993 firmiert man als Weingut Posthof Doll & Göth, mit Sitz in der ehemaligen kaiserlichen Postagentur in Stadecken. Erika und Roland Doll führen den Betrieb, Sohn Linus hat nach Lehrjahren an der Nahe und in Nierstein und Studium in Geisenheim die Verantwortung im Keller übernommen. Die Weinberge liegen in Stadecken (Lenchen, Spitzberg), Elsheim (Bockstein, Blume), Gau-Bischofsheim (Kellersberg, Glockenberg, Herrnberg) und Essenheim (Teufelspfad). Riesling, Grauburgunder und Weißburgunder nehmen jeweils ein Fünftel der Rebfläche ein, es folgen Silvaner, Spätburgunder und St. Laurent. Dazu gibt es Spezialitäten wie Gewürztraminer, Huxelrebe und Scheurebe, zuletzt sind Merlot und Syrah hinzugekommen, im Spitzberg wurde Chardonnay gepflanzt.

Kollektion

Gutes Niveau zeigt die neue Kollektion, an der Spitze stehen einige sehr gute Lagenweine, aber auch die Basis überzeugt, wie der Riesling Classic und die trockenen Gutsweine beweisen, unter denen uns die zupackende Scheurebe besonders gut gefällt, die saftige Kerner Spätlese ist wunderschön reintönig, der Weißburgunder-Sekt ist fruchtbetont und harmonisch, recht süß. Der Spitzberg-Weißburgunder besitzt Fülle und Kraft, reife Frucht und Substanz, der Lenchen-Riesling ist würzig, kraftvoll, geradlinig und klar. Unser Favorit ist der schon im Vorjahr als Fassprobe vorgestellte Riesling aus dem Kellersberg, der gute Konzentration und herrlich eindringliche reintönige Frucht zeigt, füllig und saftig im Mund ist, viel reife Frucht besitzt, Kraft und Substanz. Im roten Segment gilt unsere Präferenz dem Merlot aus dem Bockstein, dem man den hohen Alkohol nicht anmerkt, der intensive Frucht besitzt, Fülle, Kraft und Substanz.

Weinbewertung

84	2016 Weißer Burgunder Sekt brut	12,5%/9,50€
82	2019 Silvaner trocken	13,5%/5,50€
82	2019 Grauer Burgunder trocken	13%/6,60€
83	2019 Scheurebe trocken	13%/7,10€
85	2019 Riesling trocken Stadecker Lenchen	14%/8,10€
85	2019 Weißer Burgunder trocken Stadecker Spitzberg	13%/7,40€
86	2018 Riesling trocken Gau-Bischofsheimer Kellersberg	13%/8,10€
81	2019 Riesling Classic	12%/5,50€
84	2019 Kerner Spätlese	10,5%/6,10€
82	2019 Rosé trocken „Linus"	13%/7,40€
83	2018 Spätburgunder Auslese trocken Gau-Bischofsheimer Kellersberg	14%/12,50€
85	2018 Merlot Auslese trocken Elsheimer Bockstein	15%/15,50€

Weingut Posthof
Doll & Göth

RHEINGAU — KIEDRICH

★★ ☆

Hans Prinz

Kontakt
Suttonstraße 13
65399 Kiedrich
Tel. 06123-3192
Fax: 06123-6013817
www.wein-prinz.de
info@wein-prinz.de

Besuchszeiten
Mo.-Sa. 9-19 Uhr, So. & Feiertage nach Vereinbarung
WeinRestaurant „Historisches Weinhaus Engel" Mi.-Sa. 17-22 Uhr, So. 12-14 + 17-22 Uhr

Inhaber
Thomas Prinz
Kellermeister
Philipp Prinz
Rebfläche
9,5 Hektar
Produktion
50.000 Flaschen

Seit 1792 werden in diesem Familienbetrieb Reben angebaut. Die Weinberge befinden sich in den Kiedricher Lagen Gräfenberg, Wasseros, Sandgrub und Klosterberg. Riesling nimmt 85 Prozent der Fläche ein, daneben gibt es Spätburgunder, sowie ein wenig Grauburgunder, Cabernet Dorsa und Dornfelder. Während Thomas Prinz das Weingut leitet, fungiert Sohn Philipp als Kellermeister, hat mit seiner „Privat-Linie" einen eigenen Stil entwickelt. In dieser Linie werden Riesling und Spätburgunder ausgebaut; die Trauben müssen gehobene Auslesequalität aufweisen, die Vergärung erfolgt spontan. Der Riesling Privat wird nach einer kurzen Maischestandzeit schonend abgepresst, die Vergärung erfolgt in einem speziell für das Weingut angefertigten Stückfass. Der Privat-Spätburgunder reift in Barriques. Zum Gesamtangebot der Familie gehört seit 2013 auch das von Theresa Prinz geführte „Historisches Weinhaus Engel".

Kollektion

Beim Kiedricher Weingut Hans Prinz bekommt man durch die Bank handwerklich sehr solide und wohlschmeckende Weine. Die Qualitäten der Literrieslinge überzeugen uns mehr denn je, beide sind schnörkellose Zechweine. Andere Weine sind deutlich exzentrischer. Das fängt beim üppigen Sekt an, der Grundwein vergärt im Holz, danach folgt ein 3-jähriges Hefelager. Die trockene Scheurebe ist ebenso stoffig und sehr reif. Der trockene Riesling Privat, hat sich wie im letzten Jahr bei 14 Prozent Alkohol einpendelt. Das ist viel, keine Frage. Aber nicht zu viel, denn der Wein hat die Statur, um das zu tragen. Die Vergärung und Lagerung im Holzfass, verleiht ihm Schmelz. Die fruchtige Spätlese ist sehr reif, ohne jeden Tadel, die edelsüße Auslese satt und würzig. Ein nicht alltäglicher Spätburgunder schließt die Kollektion ab. Bei 15 Prozent Alkohol nach 30-monatigem Ausbau im Barrique, muss man sich über Fülle nicht wundern. Stünde Saint-Émilion auf der Flasche, wäre das nicht ganz abwegig. Losgelöst von Sorte und Herkunft, haben Puristen deshalb jedes Recht uns Protestbriefe zu schreiben.

Weinbewertung

87	2016 „1792 Privat" Riesling Sekt brut	13,5%/14,80€
84	2019 Riesling trocken (1l)	12,5%/4,70€ ☺
85	2019 Scheurebe trocken	13%/8,-€
87	2018 Riesling Auslese trocken „Privat" Kiedricher Sandgrub	13,5%/12,-€
84	2019 Riesling Classic (1l)	11,5%/5,80€ ☺
85	2019 Riesling Spätlese Kiedricher Sandgrub	7,5%/8,-€
86	2019 Riesling Auslese „edelsüß" Kiedricher Gräfenberg	8%/14,-€
87	2016 Spätburgunder trocken „M"	15%/20,50€

Weingut Hans
PRINZ

RHEINGAU ▶ HALLGARTEN (OESTRICH-WINKEL)

★★★★ Prinz

Kontakt
Im Flachsgarten 5
65375 Hallgarten
(Oestrich-Winkel)
Tel. 06723-999847
Fax: 06723-999848
www.prinz-wein.de
info@prinz-wein.de

Besuchszeiten
nach Vereinbarung

Inhaber
Familie Prinz
Betriebsleiter
Fred Prinz
Außenbetrieb
Florian Prinz
Rebfläche
9 Hektar
Produktion
50.000 Flaschen

Ein Weingut, das sich entwickelt hat wie kaum ein zweites in der Region. Großeltern und Eltern von Fred Prinz lieferten die Trauben noch an die Genossenschaft ab, 1991 vermarktete man dann die ersten 3.000 Flaschen eigenen Wein. Fred Prinz führte den Betrieb lange im Nebenerwerb, arbeitete nach dem Studium bei Breuer, dann bei den Staatsweingütern Kloster Eberbach. 2003 bot sich die Möglichkeit, einen Betrieb im Ort zu übernehmen, Keller, Lager und Weinberge inklusive. Im Jahr darauf wagte Fred Prinz den Schritt in die Selbständigkeit, schon ein Jahr später wurde er in den VDP aufgenommen. Inzwischen sind die beiden Kinder intensiv dabei, sich auf die Mitarbeit vorzubereiten, einem weiteren Ausbau des Gutes steht nichts mehr im Wege. Die Weinberge des Betriebes befinden sich rund um Hallgarten in den Lagen Schönhell (teils sandige, teils steinige Lösslehmböden), Hendelberg (blauer und grüner Schiefer, Phyllit) und Jungfer (Taunusquarzit mit Lösslehmeinlagerungen). Über 90 Prozent der Rebfläche nimmt Riesling ein, traditionell gibt es Spätburgunder, hinzu kamen Sauvignon Blanc (erste Ernte 2006) und Roter Riesling (erste Ernte 2008); inzwischen wurde Traminer neu gepflanzt. Das Programm ist in vier Linien gegliedert. Die Basis bilden die Gutsweine, dann folgen die Kabinettweine und der Riesling „Tradition". Die dritte Linie bilden die traditionellen Spätlesen, trocken wie süß. Auch der Rote Riesling und der Sauvignon Blanc gehören in diese Linie. Das Topsegment schließlich wird von den beiden Großen Gewächsen gekrönt. Die Weine werden fast ganz im Edelstahl vinifiziert, nur für den Riesling „Tradition" wird ein Teil des Weines im Halbstück ausgebaut, auch der in kleinen Mengen ausgebaute Spätburgunder kommt mit Holz in Berührung. Die Basisweine werden überwiegend mit Reinzuchthefen vergoren, alle höherwertigen Weine mit natürlichen Hefen, wobei Fred Prinz dies nicht dogmatisch sieht, auch noch einmal etwas Hefen zusetzt, wenn die Weine nicht weit genug vergären.

Kollektion

Eine in der Breite gewohnt stimmige Kollektion, die aber auch kleine Fragen aufwirft. Beginnen wir jedoch mit den guten Nachrichten: Der Gutsriesling ist wie immer eine sichere Bank. Mehr noch: Der 2019er ist der beste der letzten Jahre. Reif und kraftvoll, ist er straff und mineralisch von Anfang bis Ende. Der feinherbe „vom Schiefer" ähnelt ihm in seiner frischen Art, hat genug Saft und Säure, um fein zu reifen: Für Liebhaber halbtrockener Rieslinge ein Muss. Deutlich expressiver ist der Hallgartener Ortsriesling, seine schalenherbe Frucht und der ausladende wildwürzige Geschmack fügen sich zu einem spannenden Ganzen. Der Hendelberg mit seiner reifen Frucht von Zitrusfrüchten und Mango spricht unmittelbar an, neben seiner aromatischen Fülle zeigt er feine mineralische Aromen, ist lang und zart salzig. Etwas braver ist der offene, fruchtbetonte Frühernberg, auch wenn er mit animierender Frucht fein und ausgewogen daherkommt. Spannend ist die 2018er trockene Auktionsreserve, die im Frühjahr 2021 zur Versteigerung kommt. Noch reserviert, zeigt sie vielversprechende Anlagen. Ihre kraftvolle, austarierte Art wird im Laufe der nächsten Jahre zu einem Riesling mit Finesse heranreifen, der ebenso sehr auf Spannung wie auf Harmonie baut. Sie trägt keine Lagenbezeichnung, wurde traditionell mit den Füßen eingestampft und 24 Stunden auf der Maische belassen, nach einer Spontangärung blieb sie lange auf der Hefe. Die beiden Großen Gewächse sind zweifellos wieder sehr gut, aber nicht so prägnant, wie man sie kennt. Das gilt vor allem für den Wein aus der Jungfer, der sehr offen und reif ist, auf hohem Niveau aber etwas Tiefe und Länge missen lässt. Die weitere Entwicklung bleibt ebenso abzuwarten wie die des Großen Gewächses aus dem Doosberg, das noch sehr verschlossen ist, mit sehr viel Luft dann auch Druck entwickelt, aber vielleicht nicht ganz so viel, wie man von einem Spitzenwein aus dieser Lage erwartet. Der Kabinett aus der Jungfer hingegen ist ein beispielhafter Vertreter seiner Art, erinnert an eine kleine Spätlese, er mäandert zwischen saftigem Pfirsich und nerviger Säureader. Die Spätlese ist reif und würzig, zeigt Noten von gezuckerter Ananas und Grapefruit. Der immer zuverlässige Sauvignon Blanc ist anfänglich verhalten, entfaltet schnell cremige Fülle, besitzt genug vitale Frische, die für Spannkraft und Trinkfluss sorgt.

🍇 Weinbewertung

86	2019 Riesling trocken	12%/9,50€
87	2019 Riesling trocken Hallgartener	12,5%/12,-€
89	2019 Riesling trocken Hallgarten Hendelberg	13%/17,30€
88	2019 Riesling trocken Hallgarten Frühernberg	13%/17,30€
88	2019 Sauvignon Blanc trocken	13,5%/16,90€
90	2019 Riesling trocken Großes Gewächs Hallgarten Jungfer	13%/34,-€
90+	2018 Riesling trocken Großes Gewächs Oestrich Doosberg	13%/34,-€
92	2018 Riesling trocken „Reserve"	13%/a.A.
86	2019 Riesling „feinherb vom bunten Schiefer"	12%/9,50€
88	2019 Riesling Kabinett Hallgartener Jungfer	8%/12,60€
90	2019 Riesling Spätlese Hallgartener Jungfer	8,5%/25,-€

Lagen
Jungfer (Hallgarten)
Schönhell (Hallgarten)
– Frühernberg (Hallgarten)
Hendelberg (Hallgarten)

Rebsorten
Riesling (93 %)
Spätburgunder (5 %)
Sauvignon Blanc
Traminer

FRANKEN ▶ RETZBACH

★★★

Christine **Pröstler**

Kontakt
Obere Hauptstraße 100
97225 Retzbach
Tel. 09364-8178895
Fax: 09364-8178896
www.cproestlerweine.de
kontakt@cproestlerweine.de

Besuchszeiten
Vinothek:
Mi. 16-19 Uhr
Sa. 10-14 Uhr
oder jederzeit nach Vereinbarung

Inhaber
Christine Pröstler

Kellermeister
Christine Pröstler

Außenbetrieb
Johannes Pröstler & Sebastian Lehrmann

Rebfläche
7 Hektar

Produktion
50.000 Flaschen

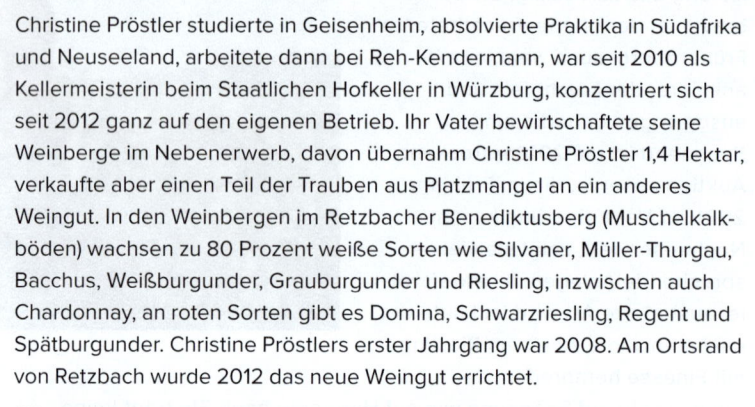

Christine Pröstler studierte in Geisenheim, absolvierte Praktika in Südafrika und Neuseeland, arbeitete dann bei Reh-Kendermann, war seit 2010 als Kellermeisterin beim Staatlichen Hofkeller in Würzburg, konzentriert sich seit 2012 ganz auf den eigenen Betrieb. Ihr Vater bewirtschaftete seine Weinberge im Nebenerwerb, davon übernahm Christine Pröstler 1,4 Hektar, verkaufte aber einen Teil der Trauben aus Platzmangel an ein anderes Weingut. In den Weinbergen im Retzbacher Benediktusberg (Muschelkalk-böden) wachsen zu 80 Prozent weiße Sorten wie Silvaner, Müller-Thurgau, Bacchus, Weißburgunder, Grauburgunder und Riesling, inzwischen auch Chardonnay, an roten Sorten gibt es Domina, Schwarzriesling, Regent und Spätburgunder. Christine Pröstlers erster Jahrgang war 2008. Am Ortsrand von Retzbach wurde 2012 das neue Weingut errichtet.

Kollektion

Eine spannende, stimmige Kollektion präsentiert Christine Pröstler in diesem Jahr. Der Pinot-Sekt, ein drei Jahre auf der Hefe ausgebauter Schwarzriesling, ist füllig und harmonisch gereift. Der Gutssilvaner ist frisch und klar, alle Ortsweine sind sehr gut, alle besitzen Fülle und Kraft, klare Frucht und gute Struktur. Besonders gut gefallen uns der reintönige, zupackende Weißburgunder, der gelbfruchtige, reintönige Grauburgunder und der intensive, leicht tropenfruchtduftige Sauvignon Blanc. Der im Tonneau ausgebaute 2019er Silvaner vom Scharlachberg besitzt gute Konzentration und klare reife Frucht, gute Struktur und Druck. Der ein Jahr ältere Silvaner von alten Reben im Benediktusberg ist faszinierend reintönig, füllig und saftig, besitzt gute Struktur und Substanz. Ebenfalls aus dem Jahrgang 2018 stammt der Benediktusberg-Weißburgunder, ist rauchig, würzig, füllig und kraftvoll. Der sehr jugendliche Chardonnay besitzt herrlich viel Frucht, gute Struktur und Kraft, die reintönige zupackende Rieslaner Spätlese rundet die starke Kollektion ab.

Weinbewertung

87	2015 Pinot Sekt zero dosage	12,5%/13,50 €
83	2019 Silvaner trocken	13%/7,-€
85	2019 Riesling trocken Retzbacher	12,5%/10,-€
85	2019 Silvaner trocken Retzbacher	13,5%/10,-€
86	2019 Weißburgunder trocken Retzbacher	13,5%/10,-€
87	2019 Grauburgunder trocken Retzbacher	13,5%/10,-€
87	2019 Sauvignon Blanc trocken Retzbacher	12,5%/12,80 €
89	2019 Silvaner trocken Thüngersheimer Scharlachberg	13%/14,50 €
89	2018 Silvaner trocken „Alte Reben" Retzbacher Benediktusberg	13,5%/22,-€
88	2018 Weißburgunder trocken Retzbacher Benediktusberg	13,5%/20,-€
89	2019 Chardonnay trocken Retzbacher Benediktusberg	13,5%/20,-€
86	2019 Rieslaner Spätlese Thüngersheimer Scharlachberg	8%/9,50 €

SACHSEN — ZADEL

★★

Schloss Proschwitz – Prinz zur Lippe

Kontakt
Dorfanger 19
01665 Zadel
Tel. 03521-76760,
Fax: 03521-767676
www.schloss-proschwitz.de
weingut@schloss-proschwitz.de

Besuchszeiten
Vinothek Mo.-So. 10-18 Uhr
Gästehaus im Weingutshof

Inhaber
Prof. Dr. Georg Prinz zur Lippe
Kellermeister
Tobias Röderer
Önologischer Berater
Martin Schwarz
Außenbetrieb
Walter Beck
Rebfläche:
70 Hektar
Produktion:
400.000 Flaschen

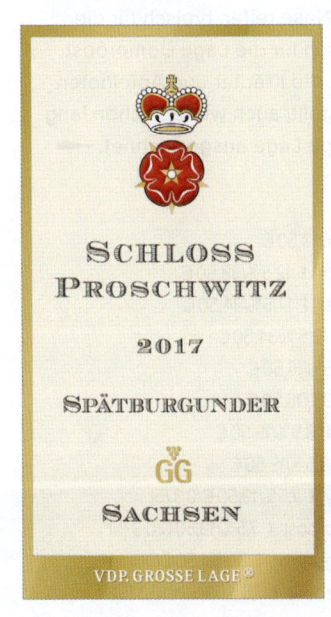

Das seit 1990 wieder aufgebaute Gut Schloss Proschwitz ist das älteste private Weingut in Sachsen. Zur größten Einzellage Sachsens „Schloss Proschwitz" kam die linkselbisch gelegene Einzellage „Kloster Heilig Kreuz" hinzu, die komplett neu angelegt wurde und 2008 den ersten Ertrag brachte. Die wichtigsten Rebsorten sind Grauburgunder, Weißburgunder, Müller-Thurgau, Elbling, Spätburgunder, Riesling, Traminer, Dornfelder, Goldriesling, Scheurebe, Traminer und Frühburgunder. Neben Schloss Proschwitz baute Georg Prinz zur Lippe ein zweites Weingut auf, und zwar in Thüringen, in Kromsdorf in der Nähe von Weimar, dessen Ernte auf Schloss Proschwitz verarbeitet wurde, das er jedoch an die Agrargenossenschaft Gleina verkaufte. Die Weine werden kühl und langsam vergoren, Edelbrände ergänzen das Sortiment. Der Südafrikaner Jacques du Preez, seit 2013 Erster Kellermeister, hat das Weingut verlassen und ein Sekthaus gegründet.

Kollektion

Die neue Kollektion überzeugt, bietet gleichmäßige Qualität, weiß wie rot, an der Spitze steht erneut der Spätburgunder Großes Gewächs. Der hervorragende 2016er, unser klarer Favorit im vergangenen Jahr, hat mit dem 2017er einen würdigen Nachfolger, er zeigt etwas Gewürznoten im Bouquet, gute Konzentration, reife Frucht, ein klein wenig Weihrauch, ist klar, frisch und zupackend im Mund, besitzt gute Struktur, Frucht und Substanz. Sehr gut ist auch die rote Cuvée Moritz aus dem Jahrgang 2016, zeigt viel Würze und viel Frucht im Bouquet, ist füllig und kraftvoll im Mund, besitzt reife Frucht, gute Struktur, Tannine und dezente Bitternoten. Die weißen Gutsweine sind klar und frisch, die Ortsweine sind kraftvoller und fülliger, der saftige Weißburgunder und der rauchige Grauburgunder gefallen uns besonders gut. Der Grauburgunder Großes Gewächs aus dem Jahrgang 2018 ist füllig und süß; die beiden Auslesen gefallen uns da mehr, bei ihnen passt die Süße wesentlich besser.

Weinbewertung

82	2019 Elbling trocken	11,5 %/11,-€
82	2019 Goldriesling trocken	11,5 %/11,-€
85	2019 Weißburgunder trocken Meißen	13 %/13,-€
85	2019 Grauburgunder trocken Meißen	12,5 %/13,-€
84	2019 Scheurebe trocken Meißen	12,5 %/14,-€
84	2018 Grauburgunder trocken „GG" Schloss Proschwitz	14,5 %/29,-€
83	2019 Spätburgunder „Blanc de Noir" Spätlese	12,5 %/16,50€
85	2019 Riesling Auslese Kloster Heilig Kreuz	13 %/29,50€
85	2017 Traminer Riesling Auslese	10,5 %/29,50€
83	2019 Rosé trocken	11,5 %/11,-€
85	2016 „Cuvée Moritz" Rotwein trocken Meißen	13 %/15,-€
89	2017 Spätburgunder „GG" Schloss Proschwitz	13 %/42,-€

MOSEL ▶ BERNKASTEL-WEHLEN

★★★★✩ S. A. Prüm

Kontakt
Uferallee 25-26
54470 Bernkastel-Wehlen
Tel. 06531-3110
Fax: 06531-8555
www.sapruem.com
info@sapruem.com

Besuchszeiten
Mo.-Fr. 8-12 + 13-17 Uhr
Sa. 10-16 Uhr
Gästehaus mit 8 Doppelzimmern + 2 Ferienwohnungen

Inhaber
Saskia A. Prüm
Kellermeister
Eryk Franzen
Rebfläche
13 Hektar

Seit dem 12. Jahrhundert betreibt die Familie Weinbau in Bernkastel, Wehlen, Graach und Zeltingen, Jodocus Prüm baute 1842 die berühmte Sonnenuhr, die der gleichnamigen Wehlener und Zeltinger Lage ihren Namen gab. Das heutige Weingut S.A. Prüm entstand aus einer Erbteilung im Jahr 1911, wurde von Sebastian Alois Prüm gegründet. Seit 1971 leitete Raimund Prüm das Weingut, inzwischen hat Tochter Saskia, Geisenheim-Absolventin, die Leitung des Betriebes übernommen, als Kellermeister firmiert Eryk Franzen. Die Weinberge liegen traditionell in der berühmten Wehlener Sonnenuhr, außerdem verfügt man über Besitz in Graach (Domprobst) und Bernkastel (Graben, Lay, Bratenhöfchen), in Ürzig (Würzgarten), Erden, Kinheim und Lösnich. Angebaut wird ausschließlich Riesling.

Kollektion

Fest und straff ist der „Blue"-Riesling, stoffig mit etwas Spiel und Würze, zupackend und kraftvoll, angenehm trocken dazu. Das Große Gewächs aus der Lay ist duftig, fein, würzig und elegant, jenes aus dem Domprobst zeigt eine recht verschlossene Kräuter-Hefe-Note, ist dann straff, fest, präzise. Der Vertreter aus der Wehlener Sonnenuhr ist fest, aber immer noch verhalten, hat erkennbar viel Potenzial. Generell wirken die trockenen Spitzen präziser als in früheren Jahren, was zeigt, dass das Weingut auf dem richtigen Weg ist. Schön saftig ist der feinherbe Kabinettriesling, der Kabinett mit Süße aus der Sonnenuhr ist sehr offen, fast explosiv, im Mund zupackend, mit Schmelz im Nachhall. Die Spätlese aus der Badstube ist verhaltener, im Mund allerdings rassig, schlank, animierend. Ihr Pendant aus der Sonnenuhr wirkt in der Nase reifer, typisch für die Sonnenuhr, ist saftig und hat Schmelz. Typisch für die Lage Domprobst wiederum ist die Spätlese aus dem Fass 25, die Kräuter und Apfelnoten zeigt, dann zupackend, straff und rassig ausfällt, auch wunderschön lang ist. Die Auslesen repräsentieren ihre jeweilige Lage ausgezeichnet.

Weinbewertung

85	2019 Riesling trocken „S. A. Prüm Blue"	12%/13,50€
90+	2019 Riesling trocken „GG" Wehlen Sonnenuhr	12,5%/38,50€
91	2019 Riesling trocken „GG" Graach Dompropst	12,5%/34,50€
89	2019 Riesling trocken „GG" Bernkastel Lay	12,5%/34,50€
87	2019 Riesling Kabinett „feinherb" Erden	10,5%/16,50€
87	2019 Riesling Kabinett Wehlen Sonnenuhr	9%/16,50€
87	2019 Riesling Spätlese Bernkastel Badstube	8,5%/19,50€
88	2019 Riesling Spätlese Wehlen Sonnenuhr	8,5%/19,50€
90	2019 Riesling Auslese „Fass 4" Bernkastel Lay	7,5%/19,50€/0,375l
90	2019 Riesling Auslese „Fass 12" Graach Dompropst	7,5%/19,50€/0,375l
91	2019 Riesling Spätlese „Fass 25" Graach Dompropst	8%/21,50€
92	2019 Riesling Auslese „Fass 8" Wehlen Sonnenuhr	7,5%/19,50€/0,375l

★★★★✩ **Querbach**

Kontakt
Lenchenstraße 19
65375 Oestrich-Winkel
Tel. 06723-3887
Fax: 06723-87405
www.querbach.com
info@querbach.com

Besuchszeiten
Mo.-Fr. 8-12 + 14-17:30 Uhr
Sa. 9-14 Uhr
und nach Vereinbarung

Inhaber
Peter Querbach
Rebfläche
10 Hektar
Produktion
60.000-80.000 Flaschen

Die Weinberge von Peter Querbach liegen vor allem in den beiden Oestricher Lagen Doosberg und Lenchen, aber auch in Hallgarten (Schönhell) und Winkel (Hasensprung) ist er vertreten. Neben Riesling baut er etwas Spätburgunder an, den er teils als Rotwein, teils als Blanc de Noir und Sekt ausbaut; zukünftig soll etwas mehr Spätburgunder angepflanzt werden. Das Sortiment ist klar gestaltet: Die Basis bilden der Schoppen genannte Riesling, anfangs nur im Liter, inzwischen aber in der 0,75 Liter-Flasche erhältlich, und der Riesling Classic, der mit dem Jahrgang 2014 den Namen Riesling „sur lie" erhielt, dann folgt der Orts-Riesling aus Hallgarten, schließlich die beiden Lagenrieslinge aus dem Oestricher Lenchen („Querbach N° 1") und dem Oestricher Doosberg, der heute den Namen Milestone trägt. Pinot Noir sowie Sekte, mal aus Riesling, mal aus Pinot Noir, ergänzen immer wieder das Sortiment. Bereits seit dem Jahrgang 1999 bietet das Weingut Querbach seine Weine mit dem von Peter Querbach entwickelten Verschlusssystem, basierend auf einem Edelstahlverschluss (eine Art Kronkorken) an. Nach einer Maischestandzeit von etwa zwölf Stunden werden die Moste mit den natürlichen Hefen vergoren, alle Weine werden in Edelstahltanks ausgebaut. Die Weine bleiben recht lange auf der Hefe und werden relativ spät abgefüllt, sie liegen im Restzucker im oberen trockenen respektive unteren halbtrockenen Bereich. Seit der ersten Ausgabe empfehlen wir die Querbach'schen Weine, schon damals waren wir beeindruckt vom guten Niveau der Basis-Rieslinge, schon damals fanden wir den Spitzenwein aus dem Doosberg hervorragend. Die Weine zeigen eine klare Handschrift, sie sind klar und geradlinig, besitzen Frucht und Kraft, die Kollektionen sind immer stimmig, man findet immer eine klare Steigerung von den Guts- hin zu den Orts- und Lagenweinen. Und es sind Weine, die hervorragend altern können, wovon wir uns schon mehrfach überzeugen konnten, nicht nur die Topweine. Und für Liebhaber gereifter Rieslinge ein Tipp: Peter Querbach hat noch viele alte Jahrgänge im Verkauf – und diese bietet er erstaunlicherweise zu den gleichen Preisen an wie die jeweils aktuellen Weine.

Kollektion

Peter Querbach bringt seine Weine ohnehin erst im zweiten Jahr nach der Ernte auf den Markt, in diesem Jahr nun hat er uns mit dem Schoppen und dem Milestone nochmals zwei Rieslinge aus dem Jahrgang 2017 präsentiert, der 2018er Milestone war im Sommer 2020 immer noch am Gären. Aber wir verkosten ja gerne zurückliegende Jahrgänge, wissen wir doch, wie gut die Querbach'schen Rieslinge sich auf der Flasche entwickeln. Der 2017er Schoppen ist würzig und eindringlich, zeigt reife Frucht, besitzt Fülle und Kraft, viel reife Frucht und Substanz, ist recht süß, aber wunderschön saftig. Auch den 2015er Schoppen hat Peter

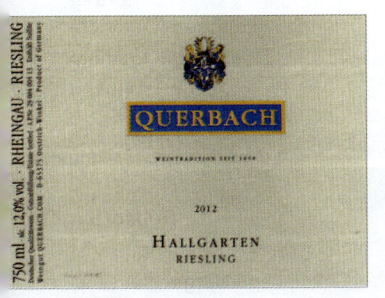

Querbach nochmals mitgeschickt, da der Jahrgang 2015 gerade auf dem Punkt sei – und er hat recht, der Wein zeigt gute Konzentration, feine Würze und reife Frucht, ist füllig und saftig im Mund, besitzt reife Frucht, gute Struktur, Frische und Grip. Gute Konzentration und reife Frucht zeigt auch der 2018er Riesling sur lie im Bouquet, ist herrlich eindringlich, füllig und saftig, besitzt herrlich viel Frucht und Substanz: Ein Maul voll Riesling. Der 2018er Riesling Edition ist würzig und eindringlich im Bouquet, zeigt anfangs eine leichte Schärfe, die sich dann aber verliert, besitzt Fülle und Kraft im Mund, reintönige reife Frucht und Substanz, gute Struktur. Auch der Hallgartener Riesling und der Wein aus dem Lenchen tragen nun das „sur lie" in ihrem Namen. Der Riesling Hallgarten ist im Jahrgang 2018 hervorragend, zeigt gute Konzentration und Intensität, leicht rauchig-würzige Noten, ist füllig und stoffig im Mund, besitzt viel Kraft und Substanz, ist noch sehr jugendlich. Der Riesling Q1 aus dem Oestricher Lenchen ist im Jahrgang 2018 enorm würzig und eindringlich im Bouquet, zeigt viel reife Frucht, gute Konzentration, ist enorm füllig und kraftvoll im Mund, besitzt, bei moderatem Alkoholwert, was für alle Querbach'schen Weine gilt, enorm viel Substanz, gute Struktur und reife süße Frucht. Da der 2018er Milestone noch am Gären war, hat Peter Querbach uns nochmals den 2017er mitgeschickt, der uns im vergangenen Jahr ganz hervorragend gefallen hat, sich nun auch sehr offen im Bouquet präsentiert, intensiv fruchtig, etwas Aprikosen zeigt, im Mund aber kompakt und verschlossen ist, „zugemacht" hat, derzeit nicht die Komplexität zeigt, die uns vor einem Jahr so gut gefallen hat. Was wohl auch Peter Querbach weiß, denn er hat uns auch noch den 2015er Milestone eingepackt, der sich in blendender Verfassung präsentiert, würzig und eindringlich im Bouquet ist bei leichter Schärfe, füllig und stoffig im Mund ist, viel Substanz und Druck besitzt und dezent mineralische Noten.

Weinbewertung

86	2015 Riesling „Schoppen"	12%/9,-€
85	2017 Riesling „Schoppen"	12%/9,-€
88	2018 Riesling „sur lie"	12%/12,-€
89	2018 Riesling „Edition"	12%/15,-€
90	2018 Riesling „sur lie" Hallgarten	12%/18,-€
91	2018 Riesling „Q 1" „sur lie" Oestrich Lenchen	12%/21,-€
92	2015 Riesling „Milestone" Oestrich Doosberg	12%/24,-€
90	2017 Riesling „Milestone" Oestrich Doosberg	12%/24,-€

Lagen
Lenchen (Oestrich)
Doosberg (Oestrich)
Hasensprung (Winkel)

Rebsorten
Riesling (98 %)
Spätburgunder (2 %)

Peter Querbach

Quint

★ ☆

Kontakt
Schulstraße 1
54487 Wintrich
Tel. 06534-93150
Fax: 06534-93152
www.weingut-quint.de
info@weingut-quint.de

Besuchszeiten
Winzerwirtschaft:
Mai/Juni, Aug.-Okt.
Wintricher Genusstage
(Pfingsten)
Weinparty (Anfang Juli)

Inhaber
Thomas & Constantin Quint
Betriebsleiter
Thomas & Constantin Quint
Rebfläche
9,5 Hektar
Produktion
55.000 Flaschen

Das Familienweingut in Wintrich wird heute von Thomas und Constantin Quint geführt. Ihre Weinberge liegen vor allem in Wintrich in den beiden Lagen Großer Herrgott und Stefanslay, ein kleiner Teil im Nachbarort Brauneberg in der Lage Mandelgraben. Thomas und Constantin Quint besitzen eine für die Mosel erstaunliche Sortenvielfalt. Riesling, die Paradesorte der Mosel, nimmt nur 43 Prozent der Rebfläche ein. Weitere weiße Sorten im Anbau sind Müller-Thurgau, Chardonnay, Weißburgunder, Grauburgunder, Kerner und Sauvignon Blanc. Rote Sorten nehmen über 20 Prozent der Rebfläche ein, neben Dornfelder, Merlot und Spätburgunder gibt es ein wenig Cabernet Mitos. Die Weißweine werden gekühlt vergoren und überwiegend im Edelstahl ausgebaut, teilweise auch im Barrique. Rotweine werden maischevergoren und durchlaufen den biologischen Säureabbau, die besten Rotweine werden im Barrique ausgebaut. Die Vermarktung erfolgt vor allem über Endverbraucher, aber auch über Gastronomie und Fachhandel, die Winzerwirtschaft hat im September und Oktober geöffnet.

Kollektion

Die Weine des Jahrgangs 2019 scheinen noch etwas präziser, als dies in den vergangenen Jahren der Fall war. Der Grauburgunder präsentiert sich recht neutral und kompakt, der Wintricher Riesling ist straff, frisch, mit deutlicher Säure. Der „Quintessenz"-Riesling ist dann eher verhalten in der Nase, straff mit einem Zusammenwirken aus Fülle und hintergründiger Mineralität. Die feinherbe Spätlese aus dem Großen Herrgott ist offen, saftig, besitzt Schmelz. Der feinherbe Chardonnay wirkt fast trocken, ist sortentypisch, die Süße ist nur angedeutet. Die Spätlese ist rassig, besitzt aber auch eine gewisse Fülle, die Auslese wiederum ist enorm offen, fast explosiv mit Noten von Orange, dann saftig, süß und straff. Auch die Trockenbeerenauslese nimmt die Orangenoten auf, fügt aber noch Anklänge an kandierten Fenchel und Engelwurz hinzu, ist straff, extrem süß, aber dennoch vergleichsweise elegant und nachhaltig.

Weinbewertung

84	2019 Riesling trocken Wintricher	12,5%/6,50€
84	2019 Grauburgunder trocken	12,5%/7,20€
87	2018 Riesling trocken „Quintessenz" Wintricher Großer Herrgott	12%/9,50€
81	2019 Blanc de Noir „feinherb"	12%/7,50€
84	2019 Chardonnay „feinherb"	12%/7,50€
83	2019 Riesling „feinherb" Wintricher	11,5%/6,50€
85	2019 Riesling Spätlese „feinherb" Wintricher Großer Herrgott	12%/9,50€
85	2019 Riesling Kabinett Wintricher Großer Herrgott	8,5%/8,70€
86	2019 Riesling Spätlese Wintricher Großer Herrgott	7,5%/9,50€
87	2019 Riesling Auslese Wintricher Großer Herrgott	9%/12,90€
89	2018 Riesling Trockenbeerenauslese Wintricher Großer Herrgott	7,5%/70,-€/0,375l

WEINGUT QUINT

WÜRTTEMBERG ▶ STUTTGART

★ ★⯪

70469R! – Fabian Rajtschan

Kontakt
Schenkensteinstraße 20
70469 Stuttgart
Tel. 0711-12295385
Fax: 0711-5050064
www.70469r.de
info@70469r.de

Besuchszeiten
Sa. 9-12 Uhr oder nach Vereinbarung
Besenwirtschaft „dr'Emil" im Februar + November (Schenkensteinstraße 20)

Inhaber
Fabian Rajtschan

Rebfläche
5 Hektar

Produktion
30.000 Flaschen

Fabian Rajtschan stammt aus einer Familie, die seit sieben Generationen Weinbau in Feuerbach betreibt, einem Stadtteil von Stuttgart. Er hat Praktika im Remstal, in Baden und an der Mosel absolviert, in Geisenheim studiert und ein weiteres halbjähriges Praktikum bei Opus One in Kalifornien absolviert, dort seine Liebe zu kräftigen Rotweinen entdeckt. 2011 begann er Weine aus dem Nebenerwerbsbetrieb seiner Eltern unter dem Namen 70469R! zu vermarkten (70469 ist die Postleitzahl von Feuerbach). Seine Weinberge liegen am Lemberg und in der Hohen Wart im Stuttgarter Stadtteil Feuerbach, die Weinberge sind mit denen anderer Stuttgarter Stadtteile zur Lage Berg zusammengefasst, die Fabian Rajtschan aber nicht nutzt; die Reben wachsen auf Keuperverwitterungsböden. Er baut Trollinger und Riesling an, Lemberger, Dornfelder, Helfensteiner, Weißburgunder, Kerner, Zweigelt, Merlot, Cabernet Franc, St. Laurent, Gewürztraminer, Cabernet Dorsa und Cabernet Cortis, inzwischen auch Satin Noir, will verstärkt auf Lemberger und rote Cuvées setzen. An fünf Wochen im Jahr hat die Besenwirtschaft „dr'Emil" geöffnet. Das Programm ist gegliedert in die Linien Wind, Regen, Boden und Sonne.

Kollektion

Wind heißt „Gutes im Liter", das gilt für den würzigen Riesling wie für den fruchtbetonten Rosé. In der Regen-Linie gefällt uns der Regentanz genannte Rosé besonders gut, der intensiv fruchtig, klar und zupackend ist. Die Boden-Linie bietet einen feinen Kerner, der leicht floral ist, klar und zupackend, und einen Weißburgunder mit guter Struktur und Grip. Aus der Sonnen-Linie stellt Fabian Rajtschan zwei im Holz ausgebaute Rotweine vor. Der 2018er Dornfelder ist intensiv fruchtig und dominant im Bouquet, füllig im Mund, kraftvoll und saftig. Der 2016er Lemberger zeigt gute Konzentration und reife reintönige Frucht, besitzt Fülle und Kraft, viel Substanz, viel reife Frucht, gute Struktur und Grip.

Weinbewertung

81	2019 Riesling trocken (1l) (Linie Wind)	12%/6,40€
82	2019 „Blanc de Noirs" trocken (Linie Regen)	11%/8,80€
84	2019 Kerner trocken (Linie Boden)	12%/10,-€
83	2019 „Flotter Dreier" Weißwein trocken (Linie Boden)	11%/9,60€
84	Weißburgunder trocken (Linie Boden)	12,5%/14,20€
82	2019 Rosé trocken (1l) (Linie Wind)	11%/6,40€
84	2019 „Regentanz" Rosé trocken (Linie Regen)	11,5%/8,80€
81	2017 „Cuvée Alois" Rotwein trocken (Linie Regen)	12,5%/8,50€
83	2018 Trollinger „SL" trocken (Linie Regen)	12,5%/9,30€
81	2017 Cuvée Rotwein trocken Eichenfass (Linie Boden)	13%/12,30€
84	2018 Dornfelder trocken Eichenfass (Linie Sonne)	12,5%/13,50€
87	2016 Lemberger trocken Eichenfass (Linie Sonne)	13%/18,80€

BADEN — OFFENBURG

Rammersweier

Kontakt
Winzergenossenschaft
Rammersweier, Weinstraße
87 77654 Offenburg
Tel. 0781-31424, Fax:
0781-34674
www.wg-rammersweier.de
info@wg-rammersweier.de

Besuchszeiten
Mo.-Fr. 8-12 + 14-18 Uhr
Sa. 9-13 Uhr

Mitglieder
87
Vorstandsvorsitzender
Meinrad Hurst
Geschäftsführer
Georg Lehmann
Kellermeister
Siegfried Kiefer
Rebfläche
58 Hektar
Produktion
320.000 Flaschen

Seit dem 13. Jahrhundert ist Weinbau in Rammersweier urkundlich belegt, seit 1971 ist Rammersweier ein Stadtteil von Offenburg. 1926 gründeten 29 Winzer die Winzergenossenschaft Rammersweier, die mit 100 Mitgliedern und 56 Hektar Weinbergen zu den kleinsten Genossenschaften in Baden zählt. Müller-Thurgau ist die wichtigste Rebsorte in den Weinbergen der Mitglieder, nimmt zwei Fünftel der Rebfläche ein, auf ein Drittel bringt es Spätburgunder. Es folgen Riesling und Grauburgunder, des Weiteren gibt es Weißburgunder, Chardonnay, Kerner, Scheurebe, Gewürztraminer, sowie als Spezialitäten pilzresistente Rebsorten wie Solaris und Muscaris. Auf Lagenbezeichnungen bei den Weinen wird verzichtet.

Kollektion

Wie auch in den letzten Jahren präsentiert sich die Kollektion der Winzergenossenschaft Rammersweier sehr gleichmäßig. Zwischen der Basis und dem Premium-Segment sehen wir vor allem stilistische Unterschiede aber weniger qualitative Sprünge: Die im Barrique gereiften Weine sind deutlich fülliger und konzentrierter, weisen aber auch mehr Alkohol und weniger Finesse auf. Der Grauburgunder Tradition – aus dem Basis-Segment – besitzt eine opulente Frucht, bringt aber auch genug Frische mit, ähnlich die Weißburgunder Spätlese. Der Klingenberger Riesling Kabinett zeigt sich knackiger, spritziger und hat rieslingtypische Aprikosenaromen. Der Chardonnay Barrique ist sehr cremig, mit Noten von Kokos, Banane und Vanille. Der restsüße Muscaris Kabinett duftet üppig exotisch, die deutlich süßere Kerner Spätlese ist konzentrierter und eindringlicher, hat aber auch weniger Frische. Unter den Rotweinen sticht der einfache Spätburgunder SR mit seiner Kirschfrucht hervor, während die Spätburgunder Spätlese und der Spätburgunder aus dem Barrique eine warme und süßliche Beerenaromatik an den Tag legen.

Weinbewertung

81	2019 Grauburgunder trocken „Tradition"	13,5%/6,-€
80	2019 Chardonnay trocken	13%/7,10€
82	2018 Chardonnay trocken Barrique	13,5%/10,50€
81	2019 Klingelberger (Riesling) Kabinett trocken	12,5%/6,60€
81	2019 Weißer Burgunder Spätlese trocken	13%/8,10€
80	2019 Muscaris Kabinett	12,5%/6,60€
79	2019 Kerner Spätlese	11,5%/8,10€
80	2019 Spätburgunder Rosé trocken „Tradition"	12,5%/5,60€
83	2017 Spätburgunder „SR" trocken	14%/7,50€
81	2018 Spätburgunder Spätlese trocken	14,5%/9,10€
80	2016 Spätburgunder trocken Barrique	13,5%/14,-€
80	2018 Spätburgunder Spätlese	14%/9,10€

MOSEL ▶ THÖRNICH

★★★☆

Familie Rauen

Kontakt
Hinterm Kreuzweg 5
54340 Thörnich
Tel. 06507-8382
Fax: 06507-3403
www.familie-rauen.de
info@weingut-familie-rauen.de

Besuchszeiten
nach Vereinbarung
Weinprobierstube,
Ferienapartments****

Inhaber
Maria & Harald Rauen,
Matthias Rauen

Kellermeister
Matthias Rauen

Rebfläche
13 Hektar

Harald Rauen übernahm 1982 das elterliche Weingut, damals überwiegend Fassweinbetrieb, und verlagerte 1997 den Sitz von Detzem nach Thörnich. Seine Weinberge befinden sich in den Lagen Detzemer Würzgarten, Detzemer Maximiner Klosterlay und Thörnicher Ritsch. Neben Riesling gibt es ein wenig Weißburgunder, Spätburgunder, Müller-Thurgau und Dornfelder, sowie Sauvignon Blanc. Die Weißweine werden im Edelstahl vergoren und bleiben bis zum Frühjahr auf der Feinhefe; die Rotweine werden nach zweiwöchiger Maischegärung mindestens zwölf Monate im Barrique ausgebaut und nicht filtriert. 80 bis 90 Prozent der Weine werden trocken ausgebaut, zwei Drittel der Produktion wird über den Fachhandel vermarktet. Inzwischen unterstützt Sohn Matthias als Mitinhaber und Kellermeister seine Eltern im Betrieb. 2011 wurde ein Gästehaus mit fünf Apartments eröffnet.

Kollektion

Ein straffer, kühler, angenehm frischer und zugleich sortentypischer Sauvignon Blanc führt das Feld der 2019er an. Dieser Wein überzeugt auch mit seiner Aromatik, die an weiße Johannisbeeren erinnert. Eigene Stilistik besitzt der Riesling aus der Hinkellay, er ist kräuterwürzig und kompakt, besitzt Würze und schönen Nachhall. Der Kirchenberg-Riesling von alten Reben wirkt mit Zitrus-Kräuterwürze und schlanker Art eher verhalten, er besitzt aber viel Substanz. Eine straffe, stoffige „Edition Matthias" ist ebenfalls zu nennen, ein spannender Wein ist der „Meilenstein", der mit cremiger Hefewürze und Schmelz auf sich aufmerksam macht. Rassig fällt der „Felsenterrasse"-Riesling aus, er duftet nach Boskop, zeigt eine animierende Art und deutliche, aber gut eingebundene Süße. Mit Apfelnoten und feiner Frucht sowie beachtlicher Balance wartet die Beerenauslese auf. Mit der Trockenbeerenauslese legt das Weingut einen sehr eigenständigen Süßwein vor, der nach Zitronencreme und etwas frischer Mango duftet, der trotz der sehr hohen Süße immer noch vergleichsweise schlank und präzise wirkt.

Weinbewertung

83	2019 Sauvignon Blanc trocken	12,5%/8,50€
86	2019 Riesling trocken Kirchenberg	12,5%/8,-€
86	2019 Riesling trocken „Hinkellay"	12,5%/9,90€
85	2019 Riesling halbtrocken „Edition Matthias"	11%/7,-€
86	2019 Riesling „feinherb" „Schieferfels"	11,5%/9,90€
87	2019 Riesling „Meilenstein"	13%/15,50€
85	2019 Riesling Thörnicher Ritsch	7,5%/9,-€
87	2019 Riesling „Felsenterrasse"	9,5%/12,50€/0,5l
89	2019 Riesling Beerenauslese	7,5%/25,-€/0,375l
89	2018 Riesling Trockenbeerenauslese	7%/55,-€/0,375l

RHEINHESSEN — FLÖRSHEIM-DALSHEIM

★★★★★ Raumland

Kontakt
Sekthaus Raumland
Alzeyer Straße 134
67592 Flörsheim-Dalsheim
Tel. 06243-908070
Fax: 06243-908077
www.raumland.de
info@raumland.de

Besuchszeiten
Mo.-Fr. 8:30-17 Uhr,
Sa. 10-13 Uhr,
nach Vereinbarung

Inhaber
Volker Raumland
Rebfläche
9,9 Hektar
Produktion
100.000 Flaschen

Volker und Heide-Rose Raumland haben 1990 die Villa Merkel in Flörsheim-Dalsheim gekauft, 1991 dann haben sie die ersten Sekte aus eigenen Trauben erzeugt, vorher hatten sie Trauben zugekauft. Volker Raumland stammt aus einem Weingut in Bockenheim in der Pfalz, Heide-Rose Raumland stammt aus Württemberg, ist die Schwester von Hans-Peter Wöhrwag, der das gleichnamige Weingut in Untertürkheim führt. Volker Raumland hat als Betriebsleiter bei einem Pfälzer Weingut gearbeitet, nebenher mit einer mobilen Sektabfüllung begonnen; die Idee dafür war durch ein Sekt-Projekt während des Geisenheim-Studiums entstanden. Bis beides zusammen nicht länger zu vereinbaren war, er ganz auf die Sekt-abfüllung setzte und sich schließlich die Gelegenheit ergab, das Anwesen in Flörsheim-Dalsheim zu erwerben, mit vier Hektar Weinbergen. Diese haben Volker und Heide-Rose Raumland neu angelegt, mit Rebsorten natürlich, aus denen sie Sekt bereiten wollten. Ihre weiteren Weinberge liegen in Hohen-Sülzen und Bockenheim, seit 2002 sind die Weinberge biologisch zertifiziert. Spätburgunder war lange Zeit die mit Abstand wichtigste Rebsorte im Betrieb, inzwischen gibt es genauso viel Chardonnay, hinzu kommen Riesling und Weißburgunder, sowie ein wenig Schwarzriesling. Nach der Ganztraubenpressung – die Taille wird inzwischen nicht mehr verwendet – werden die Weine lange bei kühler Temperatur vergoren. Seit 1997 durchlaufen alle Sekte den biologischen Säureabbau. Volker Raumlands Sekte werden Spitzenchampagner immer ähnlicher, ohne dass sie versuchen, diese zu kopieren, nein, sie sind eigenständig – und sie brauchen Zeit, profitieren vom langen Hefelager. Und Volker Raumland arbeitet permanent an weiteren, kleinen Veränderungen, probiert aus, was möglich ist. Die jüngsten Jahrgänge sind noch präziser und druckvoller, die Dosage hat Volker Raumland insgesamt weiter reduziert, bei manchen Cuvées verzichtet er völlig auf Dosage, die meisten anderen werden im Bereich extra-brut dosiert. Auch die Zugabe von Schwefel hat er nach und nach reduziert, schon vor einigen Jahren Sekte ausgebaut, denen gar kein Schwefel zugesetzt wurde. Im Oktober 2019 ist Marie-Luise, die ältere Tochter von Volker und Heide-Rose Raumland, in den Betrieb eingestiegen, die jüngere Tochter Katharina hat sich zu einem Zweitstudium entschieden, studiert derzeit Internationale Weinwirtschaft in Geisenheim und wird nach Beendigung des Studiums ebenfalls in den Betrieb einsteigen.

Kollektion

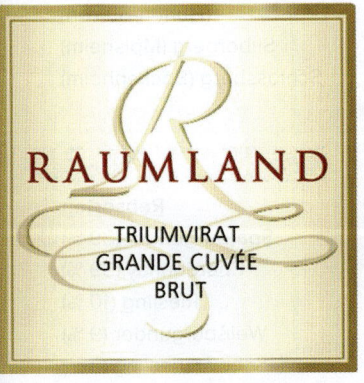

Auch in diesem Jahr präsentiert Volker Raumland wieder eine Mischung aus Sekten, die bereits in vergangenen Jahren vorgestellt wurden, nun aber in einem späteren Dégorgement mit längerem Hefelager angeboten werden, sowie neuen Jahrgängen seiner altbekannten Klassiker, dazu gibt es in diesem Jahr aber auch gleich zwei Neuheiten. Der Tradition Brut, ein Sekt ohne Jahrgang, Burgundersorten aus Reserveweinen, Basis 2015, zeigt gute Konzentration und feine rauchige Noten im Bouquet, besitzt gute Fülle und Substanz im Mund, gute Harmonie, aber ist noch jugendlich; der Pinot Brut Nature aus dem Kirchenstück, Jahrgang 2011, nach den VDP-Richtlinien für Lagensekte erzeugt, ist konzentriert, würzig und rauchig, ist enorm kompakt im Mund, stoffig, noch etwas verschlossen. Der 2013er Riesling zeigt feine rauchige Noten und dezente Reife, besitzt gute Komplexität, ist harmonisch gereift; der 2018er Riesling ist frisch und direkt, geradlinig und zupackend, noch etwas von jugendlich-ungestümer Frucht geprägt. Die Cuvée Marie-Luise gewinnt durch das längere Hefelager, zeigt feine rauchige Noten, ist komplex, besitzt gute Struktur und Länge, feinen Nachhall mit dezent mineralischen Noten. Die Cuvée Katharina zeigt viel Konzentration, dezent rauchige Noten und reife Frucht, ist stoffig und kraftvoll im Mund, jugendlich und zupackend. Der 2010er Blanc de Blancs Prestige zeigt feine Würze und rauchige Noten, ist füllig und kraftvoll, präzise und frisch, besitzt reife Frucht und Substanz. Der 2011 Chardonnay Prestige zeigt rauchige Noten, gute Konzentration, weiße Früchte, ist füllig und kraftvoll, besitzt aber auch eine schöne Präzision, Frische und Grip. Der 2015er Rosé Prestige reiht sich da schön ein, zeigt rauchige Noten, feine Reife, ist harmonisch und elegant, besitzt gute Struktur, Frucht und Grip. Die beiden 2008er Vintage-Sekte haben wir schon in den vergangenen Jahren vorgestellt, sie entwickeln deutlichere Reife im Bouquet, sind im Mund aber komplex und harmonisch, der Blanc de Blancs attackiert mit viel Säure und Grip. Unser Favorit ist das XI. Triumvirat aus dem Jahrgang 2011, zeigt feine rauchige Noten, gelbe Früchte, ist faszinierend klar und konzentriert, ist komplex und stoffig im Mund, kraftvoll und lang, noch sehr jugendlich. Bravo!

🍇 Weinbewertung

88	2013 Riesling brut	11,5 % / 18,- €
87	2018 Riesling brut	12 % / 19,- €
90	2013 „Cuvée Marie-Luise" brut	12 % / 19,- €
89	2014 „Cuvée Katharina" brut nature	12 % / 19,- €
89	„Tradition" brut	12 % / 24,- €
91	2010 „Blanc de Blancs" „Prestige" brut	12 % / 26,- €
90	2011 Chardonnay „Prestige" brut	12 % / 31,- €
91	2011 Pinot „Prestige" brut nature Kirchenstück	12 % / 36,- €
93	2011 „XI. Triumvirat Grande Cuvée" brut	12 % / 49,- €
91	2008 „Vintage Blanc de Blancs" extra brut	11 % / 69,- €
92	2008 „Vintage Blanc de Noirs" brut	11,5 % / 69,- €
90	2015 Rosé „Prestige" brut	12 % / 22,- €

Lagen
Bürgel (Dalsheim)
Kirchenstück
(Hohen-Sülzen)
Silberberg (Mölsheim)
Schlossberg (Bockenheim)

Rebsorten
Spätburgunder (39 %)
Chardonnay (39 %)
Riesling (10 %)
Weißburgunder (9 %)
Schwarzriesling (3 %)

BADEN ━ SULZFELD

★★★★⯪

Burg Ravensburg

Kontakt
75056 Sulzfeld
Tel. 07269-91410
Fax: 07269-914140
www.burg-ravensburg.de
weingut@burg-ravensburg.de

Besuchszeiten
Vinothek in Tiefenbach (Am Mühlberg 3), Restaurant im Weingut Heitlinger, Tiefenbach, siehe Webseite

Inhaber
Weingüter Heitlinger & Burg Ravensburg GmbH, Heinz Heiler
Geschäftsführer
Claus Burmeister
Kellermeister
Daniel Rupp
Außenbetrieb
Timo Daiß
Rebfläche 38 Hektar
Produktion 300.000 Flaschen

Das Weingut Burg Ravensburg besitzt die arrondierten Weinberge rund um die gleichnamige Burg mit den drei Einzellagen Löchle, Dicker Franz und Husarenkappe. Die Reben wachsen hier auf Gipskeuperböden. Die Husarenkappe ist eine reine Rieslinglage, das Löchle überwiegend Burgunderlage und die Lage Dicker Franz ist für Lemberger bekannt. Wichtigste Rebsorte ist Riesling, gefolgt von Lemberger, Spätburgunder, Weißburgunder und Grauburgunder. 2009 wurde das Weingut von Heinz Heiler übernommen, dem auch das Weingut Heitlinger in Tiefenbach gehört. Claus Burmeister ist seither für beide Weingüter verantwortlich. Seit 2010 werden die Weinberge ökologisch bewirtschaftet.

Kollektion

Burg Ravensburg setzt den Fokus auf Große Gewächse von Riesling und Blaufränkisch. Noch vor das weiße Flaggschiff Riesling Husarenkappe setzt sich der würzig-rauchige Grauburgunder Löchle, der komplexeste, druckvollste und auch saftigste der Weißen. Der Weißburgunder ist würzig-fruchtig, sehr fein und harmonisch, unaufdringlich, tiefenentspannt. Sehr gut ist auch der Weißburgunder Ortswein, saftig, straff und mineralisch. Der Sulzfelder Riesling zeigt feinwürzige Spontan-Aromen, viel süße Frucht, hat Biss. Der Riesling Lerchenberg hat ein reintöniges Bouquet, am Gaumen viel süße Frucht, zeigt spielerische Leichtigkeit. Der Riesling Kappellenberg hat viel Spiel, ist cremig, die Husarenkappe zeigt ein sehr elegantes und präzises Bouquet, ist auch am Gaumen elegant bei spielerischer Säure, feinsalzig, sehr süß für ein Großes Gewächs. Sehr saftig und konzentriert ist der Pinot Noir Löchle. Der 2015er Blaufränkisch Dicker Franz zeigt ein sehr stimmiges, feinwürziges Bouquet, besitzt viel saftige Frucht und straffe, dichte Tannine. Der 2016er setzt mehr auf Schattenmorelle als auf pfeffrige Würze, ist am Gaumen sehr saftig und elegant bei straffer Tanninstruktur; auch die beiden anderen Blaufränkisch sind gut strukturiert.

Weinbewertung

85	2019 Riesling trocken Sulzfeld	12%/9,80€
86	2019 Weißburgunder trocken Sulzfeld	12,5%/9,80€
86	2019 Riesling trocken Sulzfelder Lerchenberg	12%/15,-€
89	2018 Riesling „GG" Husarenkappe	13%/35,-€
89	2018 Riesling „GG" Kapellenberg	12%/28,-€
89	2018 Weißburgunder „GG" Löchle	13%/28,-€
90	2018 Grauburgunder „GG" Löchle	13%/28,-€
86	2017 Blaufränkisch trocken Sulzfeld	13%/10,70€
88	2017 Blaufränkisch trocken Sulzfelder Lerchenberg	13,5%/15,-€
90	2017 Pinot Noir „GG" Löchle	13%/28,-€
89	2015 Blaufränkisch „GG" Dicker Franz	13,5%/28,-€
90	2016 Blaufränkisch „GG" Dicker Franz	13%/28,-€

MOSEL ▶ ÜRZIG

★★★

Rebenhof – Johannes Schmitz

Kontakt
Hüwel 2-3
54539 Ürzig
Tel. 06532-4546
Fax: 06532-1565
www.rebenhof.de
info@rebenhof.de

Besuchszeiten
Mai-Sept. Mo.-Sa. 10-18 Uhr,
So. 10-12 Uhr oder nach
Vereinbarung
Gästezimmer, Apartment,
Ferienwohnung, kulinarische
Wochenenden

Inhaber
Johannes Schmitz
Rebfläche
7,2 Hektar
Produktion
60.000 Flaschen

Der Rebenhof in Ürzig wird von Johannes Schmitz bewirtschaftet, angebaut wird auf 7,2 Hektar ausschließlich Riesling. Die Weinberge liegen größtenteils in Steillagen an der Ürziger Moselschleife, in der Lage Ürziger Würzgarten; die meisten Lagenrieslinge von Johannes Schmitz kommen aus dem Würzgarten, teils von alten, wurzelechten Reben, allerdings gibt es auch Weine – die trockene Spätlese und das Große Gewächs – aus dem Erdener Treppchen. Die Trauben aus benachbarten Lagen gehen in den Gutsriesling ein. Johannes Schmitz baut ausschließlich Riesling an.

Kollektion

Der Jahrgang 2019 kann sich sehen lassen: Würzig, straff und balanciert präsentieren sich die Rieslinge. Schon der Literwein ist straff und würzig, gut balanciert und animierend, sicher einer der besten Literweine in diesem Jahr an der Mosel. Der trockene Kabinett von wurzelechten Reben ist geradlinig, in der Nase noch verhalten, am Gaumen fest und fast elegant. Unter den beiden Großen Gewächsen gefällt jenes aus dem Treppchen besser als das aus dem Würzgarten. Es ist straffer, fester, verspielter, während der Topwein aus Ürzig eher kompakt ausfällt, zwar dicht und würzig, aber auch mit einer gewissen Fülle. Schön, dass hier zwei deutlich unterschiedlich wirkende Große Gewächse vorgestellt werden. Schmelz und Würze besitzen die feinherben Weine, bei denen die Süße zwar deutlich zu spüren ist, die aber dennoch stimmig wirken. Die Spätlese „Grand Ley" ist rassig, eher verhalten in der Süße, zudem würzig und nachhaltig; ihr Pendant namens „Urglück" wirkt nicht ganz so spannend, auch etwas süßer, ist aber sehr direkt und saftig. Schließlich das süße Spitzensegment, in dem die „normale" Auslese überraschend frisch und animierend wirkt. Ganz anders die Auslese aus dem Fass 11, die reife Zitrusnoten und Anklänge an getrockneten Apfel aufweist, rassig, süß und lang ist. Ein Wein, der viele Jahre ausgezeichnet reifen wird.

Weinbewertung

Punkte	Wein	Preis
85	2019 Riesling trocken (1l)	11,5%/10,-€
86	2019 Riesling Kabinett trocken „Von Wurzelechten Reben" Würzgarten	11,5%/11,-€
87	2019 Riesling Spätlese trocken Erdener Treppchen	12%/16,-€
90	2019 Riesling trocken „GG" Erdener Treppchen	12,5%/28,-€
89	2019 Riesling trocken „GG" Ürziger Würzgarten	12,5%/28,-€
86	2019 Riesling Kabinett „feinherb" „Vom Roten Schiefer" Würzgarten	10,5%/11,-€
87	2019 Riesling Spätlese „feinherb" Ürziger Würzgarten	12%/16,-€
89	2019 Riesling Spätlese „feinherb" „Von den Felsen" Würzgarten	12,5%/28,-€
87	2019 Riesling Spätlese „Urglück" Ürziger Würzgarten	7,5%/16,-€
88	2019 Riesling Spätlese „Grand Ley" Ürziger Würzgarten	8,5%/19,50€
90	2019 Riesling Auslese Ürziger Würzgarten	9,5%/27,50€
91	2019 Riesling Auslese „Fass Nr. 11" Ürziger Würzgarten	9%/0,5l/a.A.

WÜRTTEMBERG — NONNENHORN

Rebhof

★ ★⯨

Kontakt
Conrad-Forster-Straße 23
88149 Nonnenhorn
Tel. 08382-887116
Fax: 08382-887960
www.rebhof-am-see.de
weingut@rebhof-am-see.de

Besuchszeiten
Mo.-Sa. 9-12:30 + 13:30-19
Uhr, So. nach Vereinbarung
Ferienhaus mit Appartements
und eigenem Badestrand

Inhaber
Ulrike & Oliver Schaugg
Betriebsleiter
Ulrike Schaugg
Kellermeister
Ulrike & Oliver Schaugg
Außenbetrieb
Oliver & Ulrike Schaugg
Produktion
30.000 Flaschen

Ulrike und Oliver Schaugg haben ihren Rebhof in der ehemaligen Dorfkäserei in Nonnenhorn errichtet, die sie 1999 gekauft und umgebaut haben, dabei alt und neu zu einem architektonischen Gesamtkonzept verbunden haben. Ihre Reben befinden sich in der Nonnenhorner Seehalde, in der die Reben auf eiszeitlichen Moränenböden wachsen. Neben den traditionellen Rebsorten vom Bodensee bauen sie verstärkt Piwi-Sorten an, die inzwischen mehr als die Hälfte der Rebfläche einnehmen. An weißen Rebsorten gibt es Bacchus, Müller-Thurgau (mit teils 1969 gepflanzten Reben) und Sauvignon Blanc, sowie Souvignier und Muscaris, 2020 wurde Sauvignac neu gepflanzt; an roten Rebsorten gibt es Spätburgunder und Regent. Seit zehn Jahren werden keine Herbizide mehr eingesetzt, man ist dabei von umweltschonende auf biologische Bewirtschaftung umzustellen. Ulrike Schaugg ist Oenologin, hat nach ihrer Ausbildung verschiedene Praktika in Franken (bei Paul Fürst), in der Schweiz und in Zimbabwe absolviert, Oliver Schaugg stammt aus einer Künstlerfamilie, seine Glasobjekte sind in den oberen Räumen der Vinothek ausgestellt.

Kollektion

Eine interessante, sehr eigenständige Kollektion präsentieren Ulrike und Oliver Schaugg zum Debüt. An der Spitze des weißen Teils der Kollektion stehen zwei Souvignier Gris. Der nach langer Maischestandzeit teilweise im Holz vergorene 2019er ist intensiv und fruchtbetont, würzig, floral, frisch und zupackend. Deutlich mehr Substanz besitzt die teilweise maischevergorene Reserve aus dem Jahrgang 2018, die etwas Tropenfrüchte im Bouquet zeigt, Mango, füllig und saftig ist bei viel Substanz und guter Struktur. Sehr gut ist auch der intensiv fruchtige, füllige Sauvignon Blanc, der holunderduftige Bacchus besitzt Struktur und Grip. Im roten Segment ist der in französischen Barriques ausgebaut, Poesie genannte Pinot unser Favorit, der intensive Frucht und etwas Vanille zeigt, Fülle und Kraft besitzt, reife Frucht und gute Struktur. Starkes Debüt!

Weinbewertung

81	2019 „Schaumkrönchen Secco"	11,5%/9,-€
83	2019 Müller-Thurgau Nonnenhorner Seehalde	11,5%/7,50€
82	2019 „Duett" Weißwein	11,5%/8,-€
85	2018 Sauvignon Blanc Nonnenhorner Seehalde	13,5%/9,-€
85	2019 Souvignier Gris Nonnenhorner Seehalde	12,5%/12,50€
88	2018 Souvignier „Reserve" Nonnenhorner Seehalde	14%/18,-€
84	2019 Bacchus Nonnenhorner Seehalde	11,5%/8,-€
83	2019 „Renommée" Rosé Nonnenhorner Seehalde	11,5%/8,-€
82	2018 Spätburgunder Nonnenhorner Seehalde	13,5%/10,-€
81	2017 „Rubin" Rotwein Nonnenhorner Seehalde	13,5%/9,-€
86	2018 „Poesie" Rotwein Barrique Nonnenhorner Seehalde	13,5%/15,-€

PFALZ ▬ SIEBELDINGEN

★★★★★ Rebholz

Kontakt
Weingut Oekonomierat
Rebholz, Weinstraße 54
76833 Siebeldingen
Tel. 06345-3439, Fax: -7954
www.weingut-oekonomierat-rebholz.de
wein@oekonomierat-rebholz.de

Besuchszeiten
Mo.-Fr. 9-12:30 + 13:30-17:30 Uhr, Sa. 10-16 Uhr, Gruppen ab 5 Personen nur nach Vereinbarung

Inhaber/ Betriebsleiter
Hansjörg Rebholz

Kellermeister
Hansjörg, Hans & Valentin Rebholz

Außenbetrieb
Michael Anselmann, Hans & Valentin Rebholz

Rebfläche
25 Hektar

Produktion
150.000 Flaschen

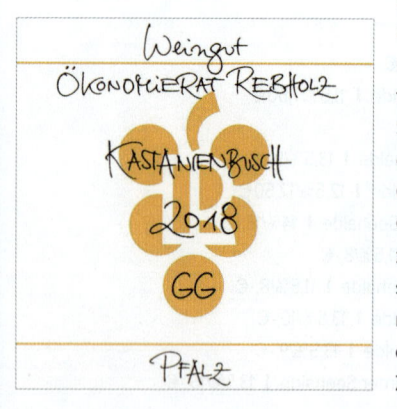

Wichtigste Rebsorten bei Hansjörg Rebholz sind Riesling und Spätburgunder. Hinzu kommen die weißen Burgundersorten, Chardonnay, Silvaner und Sauvignon Blanc, sowie als Spezialitäten Gewürztraminer und Muskateller. An der Basis des Programms von Hansjörg Rebholz stehen die Rebsorten- bzw. Gutsweine, darüber die Orts- bzw. Terroirweine. Darüber wiederum stehen die Weine aus Ersten Lagen – wie dem Frankweiler Biengarten und dem Godramsteiner Münzberg – und Großen Lagen, aus denen die Großen Gewächse stammen: Riesling aus dem Birkweiler Kastanienbusch, Riesling, Weißburgunder und Spätburgunder aus dem Siebeldinger Im Sonnenschein, Riesling aus dem alten Gewann „Ganz Horn" im Siebeldinger Im Sonnenschein und erstmals mit dem Jahrgang 2012 ein Weißburgunder aus dem Birkweiler Mandelberg. Daneben gibt es noch die im Barrique ausgebauten „R"-Weine. Seit 2005 werden die Weinberge nach ökologischen Richtlinien bewirtschaftet, kurz darauf folgte die Umstellung auf biodynamischen Anbau. Mittlerweile ist die nächste Generation mehr und mehr im Weingut involviert, die Söhne Hans und Valentin haben die Verantwortung im Keller und im Außenbetrieb übernommen.

Kollektion

Wie schon im vergangenen Jahr ist auch im Jahrgang 2019 mit einer Ausnahme die gesamte Kollektion konsequent trocken unter einem Gramm Restzucker ausgebaut, die Basis bewerten wir in diesem Jahr sogar etwas höher. Der Riesling Gutswein ist intensiv, schlank, leicht salzig, nachhaltig und sehr präsent, der Weißburgunder ist kraftvoller, besitzt eine leicht cremige Textur und nussige Würze, der Muskateller ist schlank, intensiv, herb und frisch. Bei den Ortsweinen ist der Riesling „vom Rotliegenden" ebenfalls etwas stärker als im Vorjahr, er zeigt steinig-mineralische Noten, ist herb, animierend, besitzt Druck, Grip und salzige Länge, der Riesling vom Biengarten zeigt wieder seine typische kräutrige Würze, etwas Roibusch- und Schwarztee, ist puristisch, fast karg, animierend und nachhaltig. Unter den weißen „R"-Weinen favorisieren wir den Chardonnay, der im Bouquet feine röstige Würze, Zitrusnoten, etwas Melone und Butterscotch zeigt, am Gaumen eine animierende Säure besitzt, elegant und lang ist, der „π No." zeigt deutlicheres Holz, etwas Kokosnoten, und dezente Pfirsichfrucht, ist elegant und besitzt Grip. An der Spitze im weißen Segment der Kollektion stehen wieder die Großen Gewächse vom Riesling, der Kastanienbusch ist sehr expressiv, zeigt feine gelbe Frucht, Aprikose, Ananas, Apfel, und kräutrig-mineralische Noten, ist auch am Gaumen sehr präsent, besitzt herbe Frucht, ein markantes, lebendiges Säurespiel, ist animierend und sehr nachhaltig, der „Ganz Horn" ist verhaltener, zeigt etwas Kräuterwürze und dezente Zitrusnoten, besitzt am Gaumen fast keine Frucht, eine herbe kräutrig-steinige Würze, viel Druck, Grip und Länge, der Sonnenschein zeigt im Bouquet feine, dezente, kräutrig unterlegte Aprikosenfrucht, besitzt Grip, gute Konzentration und Länge. Die beiden Großen Gewächse vom Weißburgunder bewerten wir gleich, der Mandelberg zeigt leicht rauchig-nussige Noten und dezente Frucht, ist kraftvoll und nachhaltig, der Sonnenschein ist etwas deutlicher in der Frucht, zeigt Birne und florale Würze, ist ebenfalls sehr nachhaltig. Den neu im Programm vertretenen Spätburgunder „Förster" schätzen wir genauso stark wie das Große Gewächs ein, er zeigt ein feines Bouquet mit Aromen von roter Frucht, Hagebutte, Johannisbeere, und etwas Waldboden, besitzt eine kühle, kräutrige Frische, ist sehr präsent, schlank, elegant und nachhaltig, das Große Gewächs aus dem Sonnenschein zeigt deutliche Kräuternoten, Minze, Eukalyptus, besitzt am Gaumen klare Frucht, Schwarzkirsche, dezentes Holz und gute Struktur, knapp dahinter liegt der „Muschelkalk"-Spätburgunder, der rote Frucht zeigt, Johannisbeere, feine Krokantwürze und etwas Waldboden, und auch am Gaumen klare Frucht besitzt, elegant und frisch ist.

Weinbewertung

Punkte	Wein	
87	2019 Riesling trocken	12%/11,30€
87	2019 Weißer Burgunder trocken	13,5%/11,30€
87	2019 Muskateller trocken	12%/14,80€
89	2019 Weißer Burgunder trocken „vom Muschelkalk" Siebeldingen	14%/24,50€
89	2019 Riesling trocken „vom Buntsandstein" Siebeldingen	12%/19,50€
90	2019 Riesling trocken „vom Rotliegenden" Birkweiler	12,5%/19,50€
89	2019 Riesling trocken „vom Muschelkalk" Siebeldingen	13%/19,50€
90	2019 Riesling trocken Frankweiler Biengarten	12,5%/25,50€
89	2019 Sauvignon Blanc „R" trocken	12%/30,-€
91	2019 Weißer Burgunder „GG" Mandelberg	13%/46,-€
91	2019 Weißer Burgunder „GG" Im Sonnenschein	13%/46,-€
90	2019 „π No" „R" Weißwein trocken	13%/38,-€
91	2019 Chardonnay „R" trocken	13%/38,-€
93	2019 Riesling „GG" „Ganz Horn" Im Sonnenschein	12,5%/49,-€
92	2019 Riesling „GG" Im Sonnenschein	12,5%/49,-€
93	2019 Riesling „GG" Kastanienbusch	13%/55,-€
88	2018 Spätburgunder trocken „R"	12,5%/21,50€
90	2017 Spätburgunder trocken „vom Muschelkalk" Siebelldinger	12,5%/33,-€
91	2016 Spätburgunder trocken „Förster" Siebeldinger	12,5%/56,-€
91	2015 Spätburgunder „GG" Im Sonnenschein	12,5%/62,-€

Lagen
Im Sonnenschein (Siebeldingen)
Ganz Horn (Siebeldingen)
Kastanienbusch (Birkweiler)
Mandelberg (Birkweiler)
Latt (Albersweiler)
Biengarten (Frankweiler)
Münzberg (Godramstein)

Rebsorten
Riesling (40 %)
Spätburgunder (22 %)
Weißburgunder (13 %)
Chardonnay (10 %)
Grauburgunder (5 %)
Gewürztraminer
Muskateller
Sauvignon Blanc
Silvaner

MOSEL — KLÜSSERATH

★★★ F.-J. Regnery

Kontakt
Mittelstraße 39
54340 Klüsserath
Tel. 06507-4636
Fax: 06507-3053
www.weingut-regnery.de
mail@weingut-regnery.de

Besuchszeiten
Sa. 10-18 Uhr
Mo.-Fr. jederzeit nach Vereinbarung

Inhaber
Peter Regnery

Rebfläche
8,5 Hektar

Produktion
50.000 Flaschen

Die Geschichte des Weinguts Regnery geht auf das 17. Jahrhundert zurück. Franz-Josef Regnery hatte seine Weinberge in Flachlagen verkauft und Parzellen in den besten Lagen der Klüsserather Bruderschaft hinzugekauft. Davon profitiert heute sein Sohn Peter, der 2000 sein Studium in Geisenheim beendete und inzwischen das Weingut übernommen hat. Neben 68 Prozent Riesling und einer kleinen Portion des Roten Rieslings baut Peter Regnery 30 Prozent Spätburgunder an, von dem es bei ihm vier verschiedene Klone gibt, zuletzt hat er ein klein wenig Syrah gepflanzt, auch eine kleine Menge Cabernet Sauvignon existiert. Die Rieslinge werden teilweise im Edelstahl ausgebaut, doch reifen alle besseren Qualitäten im Fuderfass. Immer wieder zeigen ältere Weine, die wir verkosten konnten, das Entwicklungspotenzial und die Experimentierfreude des Weingutes — bis hin zum Orange Wine.

Kollektion

Die Rieslinge sind klar, straff, würzig und bisweilen puristisch, die Spätburgunder ausdrucksstark und dennoch voller Spiel. Was in den vergangenen Jahren zutage trat, gilt auch in den Jahrgängen 2019 respektive 2018. Wunderschön klar und fest ist der Kabinettriesling, schön trocken und animierend. Feiner und nachhaltiger, wunderbar präzise ist der Alte-Reben-Riesling. Das GG aus 2018 ist straff, leicht hefig in der Nase, im Mund fest und vibrierend. Die beiden feinherben Rieslinge sind elegant und balanciert, auch die Auslesen sind hochelegant: Jene aus Rotem Riesling ist etwas reifer in der Nase, auch eine Spur süßer. Bei den Rotweinen ist etwa die 2015er Reserve aus Spätburgunder zu nennen, zweieinhalb Jahre im Barrique gereift, kühl in der Nase mit Noten von Kirschen und etwas Gewürzen, für den Jahrgang erstaunlich zurückhaltend im Alkohol, mit sehr gutem Holzeinsatz. Letztere Aussage trifft auch auf Syrah und Cabernet Sauvignon zu.

Weinbewertung

86	2019 Riesling Kabinett trocken Bruderschaft	12 %/7,80 €
89	2019 Riesling trocken „Alte Reben" Bruderschaft	11,5 %/13,80 €
90	2018 Riesling trocken „GG" Bruderschaft	13 %/21,60 €
85	2019 Riesling Kabinett „feinherb" Bruderschaft	11,5 %/7,80 €
88	2019 Riesling „feinherb" „Edition Michelskirch"	12,5 %/11,40 €
88	2018 Riesling „feinherb" „Mineralquadrat"	11,5 %/13,80 €
87	2019 Riesling Spätlese Bruderschaft	8,5 %/12,- €
90	2019 Riesling Auslese Bruderschaft	8,5 %/10,20 €
91	2019 Roter Riesling Auslese Bruderschaft	9 %/11,40 €
87	2017 Spätburgunder trocken „Bestes Fuder"	13 %/11,40 €
88	2017 Spätburgunder trocken Barrique	13,5 %/15,- €
88	2018 Cabernet Sauvignon trocken	14,5 %/19,20 €
89	2018 Syrah trocken Bruderschaft	14,5 %/21,60 €
90	2015 Spätburgunder trocken „Reserve" Bruderschaft	12 %/38,- €

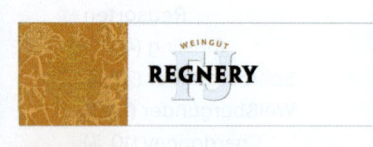

MOSEL ▶ SCHLEICH

★★★

Reh

Kontakt
Weierbachstraße 12
54340 Schleich
Tel. 06507-99110
Fax: 06507-99111
www.weingut-reh.de
weingut-reh@t-online.de

Besuchszeiten
nach Vereinbarung

Inhaber
Winfried & Sigrid Reh

Betriebsleiter
Winfried & Lukas Reh

Kellermeister
Winfried & Lukas Reh

Außenbetrieb
Winfried & Lukas Reh

Rebfläche
10 Hektar

Produktion
50.000 Flaschen

Die Weinberge von Sigrid und Winfried Reh liegen vor allem in den Mehringer Lagen Blattenberg (mit der Teillage Layet) und Zellerberg, aber auch im Pölicher Held, im Schleicher Sonnenberg und im Rioler Römerberg. Im Mehringer Blattenberg besitzen sie 1,1 Hektar wurzelechte Rieslingreben, die vor über 100 Jahren gepflanzt wurden. Riesling nimmt 85 Prozent der insgesamt 9,5 Hektar Rebfläche ein, dazu gibt es je 5 Prozent Spätburgunder, Weißburgunder und Müller-Thurgau. Einen Großteil ihrer Weine bauen die Rehs trocken und feinherb aus, allerdings werden immer in kleinen Mengen restsüße Spätlesen und, wenn es der Jahrgang erlaubt, Auslesen sowie Beerenauslesen erzeugt. Sohn Lukas ist 2017 in den Betrieb eingestiegen – nach Winzerlehre, Studium in Geisenheim und Winzermeisterausbildung – und firmiert jetzt zusammen mit seinem Vater als Betriebsleiter und Kellermeister.

Kollektion

Der trockene Literwein ist wie immer eine echte Referenz: Er ist straff, würzig und besitzt feines Spiel. Gelungen ist auch der elegante, im besten Sinne süffige Weißburgunder, der „Schieferterrassen"-Riesling fällt würzig und straff aus. Der „normale" Layet ist verhalten in der Nase, straff und fest, mit viel Würze im Nachhall. Nochmals ein ganz anderes Kaliber ist der Layet-Spitzenwein, der als Großes Gewächs bezeichnet wird. Er ist verhalten, zeigt Noten von Hefe und Melone, ist straff und vibrierend mit einem Hauch von Kohlensäure und beachtlicher Länge. Der Wein ist zwar nicht puristisch, sondern mit Schmelz und Würze ausgestattet, aber sehr gelungen. Die Spätlese überzeugt mit Balance, die Beerenauslese stammt aus dem Jahrgang 2018 und ähnelt stilistisch eher einer Trockenbeerenauslese mit ihren cremigen Noten, die auch einen Hauch von frischen Datteln umfassen. Der Wein ist sehr lang und dicht, gleichzeitig sauber und animierend. Ein saftiger, nicht zu süßer Rosé rundet das Sortiment ab.

Weinbewertung

84	2019 Riesling trocken (1l)	12 %/6,-€ ☺
85	2019 Riesling trocken „Schieferterrassen"	12,5 %/7,50 €
84	2019 Weißer Burgunder trocken	12,5 %/7,20 €
89	2019 Riesling Spätlese trocken „Layet" Mehringer Blattenberg	13 %/9,50 € ☺
91	2019 Riesling „Großes Gewächs" „Layet" Mehringer Blattenberg	13 %/15,-€ ☺
84	2019 Riesling „feinherb" Sonnenberg (1l)	11,5 %/6,-€ ☺
84	2019 Riesling halbtrocken „Schieferterrassen"	12 %/7,50 €
85	2019 Riesling „LR fineherb"	11 %/7,50 €
89	2019 Riesling Spätlese „feinherb" „Alte Reben" Mehringer Zellerberg	13 %/9,50 € ☺
90	2019 Riesling Spätlese Mehringer Zellerberg	8,5 %/9,50 € ☺
92	2018 Riesling Beerenauslese Mehringer Blattenberg	7 %/30,-€
85	2019 Spätburgunder Rosé trocken	12 %/6,80 €

PFALZ ▬ FREINSHEIM

Reibold

★★☆

Kontakt
Wallstraße 19
67251 Freinsheim
Tel. 06353-1821
Fax: 06353-4548
www.weingut-reibold.de
post@weingut-reibold.de

Besuchszeiten
Mo.-Sa. 10-18 Uhr

Inhaber
Philipp & Johannes Reibold
Rebfläche
14 Hektar
Produktion
90.000 Flaschen

Seit 1975 werden im Weingut Reibold eigene Flaschenweine vermarktet. Hans-Dieter Reibold hatte den Betrieb zusammen mit seinem Vater aufgebaut, heute führen seine beiden Söhne Philipp und Johannes den Betrieb. Philipp Reibold hat seine Winzerlehre bei den Weingütern Pfeffingen – Fuhrmann-Eymael und Gabel gemacht, Johannes Reibold bei Schick und Knipser. Die Weinberge der Reibolds liegen vor allem in Freinsheimer Lagen wie Schwarzes Kreuz und Musikantenbuckel, aber auch im Herxheimer Honigsack und im Großkarlbacher Burgweg. Wichtigste Sorte ist mit einem Flächenanteil von 30 Prozent der Riesling, gefolgt von Spätburgunder, Chardonnay, Grauburgunder, Cabernet Sauvignon, Weißburgunder, Merlot und Cabernet Franc sowie etwas Sauvignon Blanc, Dornfelder, Portugieser, Scheurebe und Gewürztraminer. Seit dem Jahrgang 2017 ist das Weingut bio-zertifiziert.

Kollektion

Auch in diesem Jahr ist wieder der Riesling aus dem „großen Garten" einer unserer Favoriten von Johannes und Philipp Reibold, auch wenn er nicht ganz an seinen sehr starken 2018er-Vorgänger herankommt, er zeigt noch leichte Sponti-Noten in der Nase, dazu kräutrige Würze, etwas Ananas, ist am Gaumen konzentriert und geradlinig, besitzt feinen Druck und leicht salzige Länge. Die zweite Spitze ist der Spätburgunder aus der gleichen Lage mit feinen Röstnoten und Schwarzkirsche im Bouquet, er ist kräutrig, kühl und elegant mit noch leicht jugendlichen Tanninen, der Orts-Spätburgunder ist stilistisch ähnlich, ist ebenfalls kühl mit klarer Schwarzkirschfrucht und guter Struktur. Kräutrige Noten finden wir auch beim Grenache, dazu kommen Brombeeren, etwas Lakritze und deutliche Röstnoten, beim Chardonnay sind die Röstnoten dezenter, er ist elegant und animierend mit feinen Zitrusnoten und guter Länge. Der 54 Monate auf der Hefe ausgebaute Chardonnay-Sekt zeigt ebenfalls Zitrusnoten, ist geradlinig, besitzt Frische und Biss, der „Kalkstein"-Riesling ist puristisch mit klarer, aber dezenter Frucht und einem animierenden Säurespiel.

Weinbewertung

87	2014 Chardonnay Sekt brut nature	11,5%/16,-€
88	2018 Chardonnay trocken	13%/16,-€
85	2019 Chardonnay & Weißburgunder trocken	12,5%/8,20€
85	2019 Sauvignon Blanc trocken	11,5%/8,20€
86	2019 Riesling trocken „vom Kalkstein"	12,5%/10,80€
89	2019 Riesling trocken „Im großen Garten" Burgweg	12,5%/22,-€
85	2017 Cuvée Rot trocken	13%/8,20€
87	2018 Spätburgunder trocken Freinsheim	13%/12,-€
88	2017 Grenache trocken	13%/32,-€
89	2018 Spätburgunder trocken „Im großen Garten" Großkarlbacher Burgweg	13%/32,-€

BADEN ━ AUGGEN

★ ★ ★

Reinecker

Kontakt
Privat-Sektkellerei Reinecker
Kleinmattweg 1
79424 Auggen
Tel. 07631-3441
Fax: 07631-14509
www.sektkellerei-reinecker.de
info@sektkellerei-reinecker.de

Besuchszeiten
Mo.-Fr. 9-12 + 14-18 Uhr
Sa. 11-14 Uhr

Inhaber
Herbert Reinecker

Rebfläche
5 Hektar

Herbert Reinecker gehört mit Volker Raumland zu den Pionieren, die den Grundstein für den aktuellen Boom deutscher, in klassischer Flaschengärung hergestellter Sekte gelegt haben. Reinecker ist auch Vorstandsmitglied des ehemaligen Verbandes der klassischen Flaschengärer, der sich im November 2019 in den Verband klassischer Sektmacher umbenannt hat. Bei den Reinecker-Sekten schmeckt man die jahrzehntelange Erfahrung im Anbau und Ausbau von Schaumweinen. Die Sektgrundweine werden in Stahltanks oder Barriques ausgebaut. Nach der Füllung für die zweite Gärung lagern sie meist mehrere Jahre im Keller, ehe sie gerüttelt und degorgiert werden. Sie werden ausschließlich brut oder extra-brut dosiert.

Kollektion

Schon der Basiswein, der Crémant aus dem Jahrgang 2018, ist stark. Die Cuvée aus Chardonnay, Spätburgunder, Weißburgunder und Sauvignon Blanc ist elegant und schlank, zeigt feine, nussige Hefearomen mit Zitrus im Hintergrund, dazu kommt eine feine dezente Süße. Der Chardonnay Blanc de Blancs von 2016 zeigt ein leicht buttriges, von feinen Nusstönen unterlegtes Bouquet, das sich im Mund zu in Butter gerösteten Haselnüssen verstärkt, gerahmt und gehalten von einem feinen Zitrus-Säure-Spiel. Der Rosé von 2016 zeigt feinen Brioche-Duft, besitzt saftige Frucht mit dezenter Süße, etwas Haselnuss-Yoghurt. Der Pinot Blanc de Noirs ist sehr frisch, zeigt feine Würze und viel Frucht, zusammen mit der niedrigen Dosage entwickeln sich Eleganz und Länge. Der einzige Lagen-Sekt, der Pinot Noir aus dem Feuerbacher Steingässle von 2016, profitiert vom Ausbau im Barrique. Das gibt ihm eine komplexe, dennoch schlanke Struktur, in der feine Reife- und Hefenoten, Nüsse und Zitrusfrüchte zu einer glücklichen Allianz zusammenfinden. Die Cuvée Classic Réserve von 2015 ist eine klassische Champagne-Cuvée aus Chardonnay, Pinot Noir und Pinot Meunier, hierzulande Schwarzriesling genannt. Sie zeigt ein komplexes Bouquet aus floralen, fruchtigen und würzigen Aromen, ist im Mund tiefgründig, zupackend, vereinet Kraft und Eleganz; schlank ist der Wein nicht, aber auch nicht zu opulent, besitzt eine feine, salzige Länge.

Weinbewertung

85	2018 Crémant brut Baden	12%/12,-€
85	2016 Rosé Sekt brut	12%/14,-€
89	2015 „Cuvée Classic Réserve" Sekt brut	12,5%/21,-€
86	2016 Pinot „Blanc de Noirs" Sekt extra-brut	12%/15,-€
86	2016 Chardonnay „Blanc de Blancs" Sekt brut	12%/15,-€
89	2016 Pinot Noir Sekt extra brut Feuerbach Steingässle	12%/18,-€

PFALZ ▶ NIEDERKIRCHEN

★★

Reinhardt

Kontakt
Hintergasse 58
67150 Niederkirchen
Tel. 06326-8372
www.weingut-reinhardt.de
info@weingut-reinhardt.de

Besuchszeiten
Mo. 9-12 + 14-18 Uhr
Di. geschlossen
Mi.-Fr. 9-12 + 14-18 Uhr
Sa. 9-12 + 14-16 Uhr
Vinothek „Weinwerk" mit saisonaler Küche (ab 2021)

Inhaber
Stefan Reinhardt,
Lukas Reinhardt,
Anna Reinhardt-Weisbrodt
Rebfläche
17 Hektar

Leander Reinhardt erwarb 1952 seine ersten Weinberge, 1987 füllte er mit seinem Sohn Stefan die ersten Weine unter dem eigenen Namen. Mittlerweile ist dessen Sohn Lukas nach seiner Ausbildung zum Weinbautechniker für den Ausbau der Weine verantwortlich, seine Schwester Anna Reinhardt-Weisbrodt kümmert sich um Vertrieb und Marketing. Die 17 Hektar Weinberge liegen in den Deidesheimer Lagen Herrgottsacker, Mäushöhle und Nonnenstück, in Ruppertsberg im Reiterpfad und im Nußbien sowie im Niederkirchner Schlossberg, Riesling nimmt 60 Prozent der Rebfläche ein, Weißburgunder steht auf 20 Prozent, dazu kommen 7 Prozent Spätburgunder und andere Sorten wie Chardonnay, St. Laurent und Grauburgunder. Mitten in den Weinbergen am Ortsrand von Deidesheim wird Anfang 2021 die neue Vinothek Weinwerk eröffnen, in der neben Gastronomie auch das Flaschenlager und Büros Platz finden werden. Das Weingut befindet sich aktuell in der Umstellungsphase auf biologischen Weinbau, 2020 wird der erste zertifizierte Jahrgang sein.

Kollektion

Die Familie Reinhardt präsentiert uns eine rundum überzeugende Kollektion zum Debüt mit einer stimmigen, fruchtbetonten Basis und etlichen Spitzen: Der Weißburgunder aus dem Nonnenstück zeigt etwas Röstnoten, leicht nussige Würze und viel Frucht mit Noten von Aprikose, Mango und Zitrusfrüchten im Bouquet, ist saftig und geradlinig mit gut integriertem Holz, der Deidesheimer Weißburgunder ist stilistisch ähnlich, ist schlank, elegant und nachhaltig, der Riesling aus dem Reiterpfad zeigt kräutrig-mineralische Noten, besitzt leicht süße Frucht, feinen Druck und Länge. Auch bei den beiden Lagen-Rotweinen ist das Holz gut eingebunden, der Spätburgunder braucht Luft, zeigt leicht gereifte Frucht, besitzt am Gaumen Frische und gute Struktur, der Saint Laurent zeigt dunkle Frucht, etwas Mokka und Gewürznelke, der Sekt zeigt feine hefige Würze, ist leicht gereift und animierend.

Weinbewertung

87	2016 „Blanc et Noir" Sekt brut nature	12 %/15,- €
84	2019 Riesling trocken	12,5 %/7,90 €
84	2019 Grauburgunder trocken	12 %/7,90 €
85	2019 Riesling trocken Deidesheim	12 %/10,50 €
87	2018 Weißer Burgunder trocken Deidesheim	12,5 %/11,- €
88	2018 Weißer Burgunder trocken Deidesheimer Nonnenstück	12,5 %/20,- €
86	2018 Riesling trocken Deidesheimer Herrgottsacker	12,5 %/13,- €
87	2018 Riesling trocken Ruppertsberger Reiterpfad	12,5 %/18,- €
85	2018 Riesling Kabinett Deidesheimer Mäushöhle	9,5 %/10,50 €
86	2016 Spätburgunder trocken Ruppertsberg	13 %/12,50 €
87	2017 Saint Laurent trocken Niederkirchner Schlossberg	13 %/20,- €
87	2016 Spätburgunder trocken Ruppertsberger Nußbien	13 %/20,- €

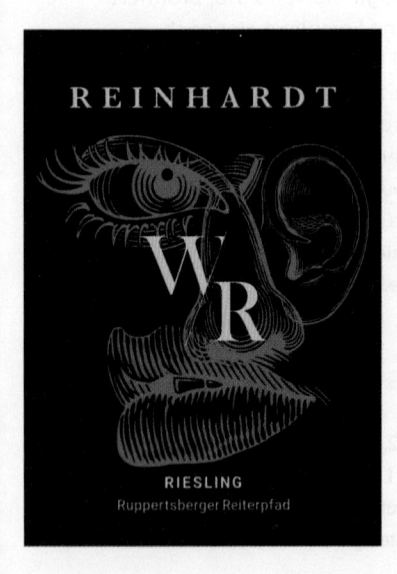

RHEINHESSEN — ASPISHEIM

Reis & Luff

★

Kontakt
Am Sonnenberg 16
55459 Aspisheim
Tel. 06727-8881
Fax: 06727-8156
shanna.reis@reis-luff.de
www.reis-luff.de

Besuchszeiten
nach Vereinbarung

Inhaber
Familie Reis
Betriebsleiter
Shanna Reis
Kellermeister
Shanna Reis
Außenbetrieb
Wolfgang Reis
Rebfläche
20 Hektar

Seit vier Generationen baut die Familie Wein an; Anfang des 20. Jahrhunderts stellte die Familie Reis Wein in Briedel an der Mosel her, die Familie Bretz betrieb Landwirtschaft und Weinbau in Aspisheim in Rheinhessen. Der rheinhessische Teil der Familie stieg mit der Hochzeit von Inge Bretz und Gottlieb Luff ganz auf Wein um und gründete das Weingut Luff. Wolfgang Reis und Sigrun Luff lernten sich auf der Weinbauschule Bad Kreuznach kennen, zogen nach ihrer Hochzeit 1987 von der Mosel nach Rheinhessen. 2017, nach Abschluss ihres Geisenheim-Studiums, hat ihre Tochter Shanna den Betrieb übernommen, berufsbegleitend besucht sie den Weincampus Neustadt. Die Weinberge liegen in Aspisheim, zu 60 Prozent werden weiße Rebsorten angebaut. Shanna Reis hat ihre eigene Weinlinie kreiert, die derzeit aus vier Weinen besteht, einem trockenen und einem süßen Riesling, dem Liebfraumilch sowie einem Orangewine aus Silvaner.

Kollektion

Beim Debüt im vergangenen Jahr war der Orangewein aus dem Jahrgang 2018 unser klarer Favorit in einer ansonsten sehr gleichmäßigen Kollektion. Und auch in diesem Jahr gefällt er uns am besten: Erneut ein Silvaner, nun Jahrgang 2019, besticht er mit Würze und Eindringlichkeit, ist frisch und kraftvoll im Mund, besitzt gute Struktur und Grip. Einen feinen Einstieg bietet der Silvaner im Liter, ist geradlinig und unkompliziert, was auch für den frischen, zupackenden trockenen Gutsriesling gilt. Sein großer Bruder, nach dem niedrigsten Rheinpegel des Jahres benannt, zeigt feine Würze und Reife im Bouquet, ist klar und geradlinig im Mund. Der halbtrockene Grauburgunder ist fruchtbetont und saftig, der Riesling Classic lebhaft und geradlinig. Im süßen Segment gefällt uns der 2018er Riesling am besten, zeigt feine Würze, dezente Reife, ist klar und lebhaft bei feiner süßer Frucht.

Weinbewertung

81	2019 Grüner Sylvaner trocken (1l)	12,5%/5,30€
81	2018 Riesling trocken	12,5%/5,10€
83	2018 Riesling trocken „47 mü NHN"	14%/8,50€
85	2019 Silvaner trocken „Orangewine"	13%/8,50€
82	2018 Grauer Burgunder halbtrocken	12,5%/5,10€
82	2019 Riesling Classic	12%/5,10€
81	2018 „Liebfraumilch" Weißwein	11%/8,50€
84	2018 Riesling „süß"	9%/8,50€
80	2019 Riesling „süß"	9,5%/5,20€
80	2018 Rotling „lieblich"	10%/5,20€
81	2017 Cabernet-Sauvignon/Merlot Barrique	12,5%/6,90€
79	2018 Dornfelder (1l)	10,5%/5,40€

REIS & LUFF
WEINE AUS RHEINHESSEN

Reuscher-Haart

★★☆

Kontakt
Sankt-Michael-Straße 20-22
54498 Piesport
Tel. 06507-2492
Fax: 06507-5674
www.weingut-reuscher-haart.de
info@weingut-reuscher-haart.de

Besuchszeiten
jederzeit nach Vereinbarung
Appartments an der Mosel

Inhaber
Mario Schwang
Betriebsleiter
Mario Schwang
Kellermeister
Mario Schwang
Außenbetrieb
Mario Schwang
Rebfläche
6,2 Hektar
Produktion
45.000 Flaschen

Seit 1337 existiert das Weingut Reuscher-Haart, der Doppel-Name entstand 1919 mit der Heirat von Elisabeth Haart und Matthias Reuscher, den Urgroßeltern des heutigen Besitzers Mario Schwang, der, nach Geisenheim-Studium und Arbeit in der Provence, das Weingut 2006 von seinem Vater Hugo Schwang übernahm und es zusammen mit seiner Ehefrau Sabine führt. Sohn Carlo Schwang wurde im Jahrgang 2019 geboren und könnte die 29. Winzergeneration des Gutes werden. 96 Prozent der Rebfläche nimmt Riesling ein, dazu gibt es Müller-Thurgau, Regent, Spätburgunder und, eine echte Rarität an der Mosel, die weiße Neuzüchtung Cabernet Blanc. Die Weinberge befinden sich in den Piesporter Lagen Goldtröpfchen, Domherr, Falkenberg, Treppchen, Grafenberg und Günterslay. Die Weine werden kalt vergoren und lagern einige Monate auf der Feinhefe. 2020 wurden die Etiketten neu gestaltet.

Kollektion

Die Weine des Gutes werden spät abgefüllt – 2020 begann man hier am 2. Juli – und benötigen dann nochmals Zeit. Der saftige Literwein ist allerdings schon offen, der trockene Kabinett sehr balanciert. Noch deutlich nach Hefe duftet der Riesling vom Urgestein aus dem Piesporter Domherr, der als straffer, würziger, nachhaltiger, schön präzise gehaltener Wein durchgeht und angenehm trocken wirkt. Der Cabernet Blanc besitzt Schmelz, ist verhalten in der Säure, aber stimmig, der Hauch Süße fügt sich gut ein; noch saftiger und spannender ist aber der „ÜberSchwang"-Riesling. Der süße Kabinett ist duftig, frisch, mit Kräuter-, Hefe- und Steinobstnoten, dann saftig, deutlich süß, aber sehr animierend. Die Auslese aus dem Goldtröpfchen duftet nach weißen Pfirsichen, ist schön saftig, straff, mit rassiger Säure. Die Trockenbeerenauslese aus dem Jahrgang 2018 duftet nach frischen Datteln und kandierten Pfirsichen, ist seidig, elegant, klar und trotz hoher Süße angenehm saftig.

Weinbewertung

84	2019 Riesling trocken „Rieselmosling" (1l)	12 %/6,30 € ☺
86	2019 Riesling Kabinett trocken Piesporter Falkenberg	12 %/7,- € ☺
87	2019 Riesling Spätlese trocken Piesporter Goldtröpfchen	12,5 %/9,50 €
88	2019 Riesling Spätlese trocken ?Urgestein? Piesporter Domherr	12,5 %/11,- €
86	2019 Riesling Kabinett „feinherb" Piesporter Goldtröpfchen	11,5 %/7,50 €
88	2019 Riesling Spätlese „feinherb" „ÜberSchwang" Goldtröpfchen	11,5 %/10,50 €
85	2019 Cabernet Blanc „feinherb"	12,5 %/8,- €
87	2019 Riesling Kabinett Piesporter Goldtröpfchen	9 %/7,50 € ☺
87	2019 Riesling Spätlese Piesporter Goldtröpfchen	8 %/10,- €
89	2019 Riesling Auslese Piesporter Goldtröpfchen	7,5 %/19,- €
91	2019 Riesling Beerenauslese Piesporter Goldtröpfchen	9 %/28,- €/0,375l
93	2018 Riesling Trockenbeerenauslese Piesporter Goldtröpfchen	9,5 %/60,- €/0,375l

MOSEL ▸ KONZ-FILZEN

★★

Reverchon

Kontakt
Saartalstraße 2-3
54329 Konz-Filzen
Tel. 06501-923500
Fax: 06501-923509
www.weingut-reverchon.de
kontakt@weingut-reverchon.de

Besuchszeiten
Weinverkauf Mo.-Fr. 8:30-16:30 Uhr, Weinproben nach Vereinbarung
Landhaus mit 4 Ferienwohnungen und 2 Doppelzimmern

Inhaber
Hans Maret
Betriebsleiter
Ralph Herke
Kellermeister
Ralph Herke
Außenbetrieb
Sebastian Ehses
Rebfläche
19 Hektar
Produktion
105.000 Flaschen

Das Gut wurde 1685 von der Kirche an die Familie Staadt verkauft, 1921 kam es in den Besitz der Familie Reverchon, 2007 wurde es von der Weingut Reverchon KG unter Führung des geschäftsführenden Gesellschafters Hans Maret übernommen. Inzwischen wurde die Rebfläche auf 19 Hektar erweitert, die Spontanvergärung eingeführt, auch eine Vinothek wurde mittlerweile eröffnet. Die Weinberge befinden sich in den Filzener Lagen Herrenberg (im Alleinbesitz) und Pulchen sowie im Konzer Karthäuser Klosterberg, neuerdings auch im Ockfener Bockstein. Außer Riesling werden etwas Weißburgunder, Spätburgunder und Chardonnay angebaut; ein Viertel der Produktion entfällt auf die Sektherstellung. Seit 2014 ist Ralph Herke Betriebsleiter und Kellermeister.

🍷 Kollektion

Wie wichtig Schaumwein für das Weingut ist, zeigen schon die beiden vorgestellten Protagonisten. Sie sind eher fein als puristisch, aber ausdrucksstark – beim 2012er „Blanc et Noir" ist dies noch stärker zu beobachten als beim Rieslingsekt. Der Basisriesling in der Literflasche ist zugänglich mit feiner Frucht. Schlank und spritzig wirkt der trockene Weißburgunder. Spritzig und animierend mit reifer Säure zeigt sich der Herrenberg-Riesling von alten Reben, der nicht komplett trocken wirkt, aber sehr straff, würzig, rassig. Der feinherbe Kabinettriesling ist enorm saftig, ausgewogen, würzig – ein echtes Highlight des Sortiments. Ein Kabinett aus dem Bockstein duftet nach Boskop, besitzt eine gewisse Fülle, ist erfreulich wenig süß und sehr animierend. Nach Hefe, Apfel und Kräutern duftet die Spätlese aus dem Filzener Herrenberg, die im Mund enorm straff und rassig ausfällt. Klar, duftig, mit Noten von frischem und getrocknetem Apfel, auch etwas Steinobst präsentiert sich die Auslese, die im Mund rassig und straff ausfällt. Schließlich der Spätburgunder aus dem Jahr 2018, der geradlinig und würzig ist: ein schönes Beispiel eines Saar-Rotweins.

🍂 Weinbewertung

87	Riesling Sekt brut	12,5%/14,-€
88	2012 „Blanc et Noir" Sekt brut	11,5%/19,-€
82	2019 Riesling trocken (1l)	11,5%/7,90€
85	2019 Weißburgunder trocken	12%/9,40€
84	2019 Riesling trocken	11%/9,40€
84	2019 Riesling „feinherb" „Mineral"	10,5%/9,40€
87	2019 Riesling Kabinett „feinherb" Ockfener Bockstein	11%/11,90€
87	2019 Riesling „Alte Reben" Filzener Herrenberg	11,5%/14,90€
88	2019 Riesling Spätlese Filzener Herrenberg	8%/14,90€
89	2019 Riesling Auslese Ockfener Bockstein	8%/24,-€
86	2018 Spätburgunder trocken Filzener Herrenberg	13%/15,90€

★ ★ ☆

Richard **Richter**

Kontakt
Marktstraße 19
56333 Winningen
Tel. 02606-311
Fax: 02606-312
www.weingut-richter.net
info@weingut-richter.net

Besuchszeiten
Mo.-Fr. 8-18 Uhr
und nach Vereinbarung

Inhaber
Thomas & Claus-Martin Richter

Rebfläche
9 Hektar

Produktion
64.000 Flaschen

Karl-Friedrich Richter gründete 1838 ein Weinhandelshaus. Heute wird das Gut von den Cousins Thomas und Claus-Martin Richter geführt, die Handelsaktivitäten hat man bereits 1990 aufgegeben. 82 Prozent ihrer Rebfläche nimmt Riesling ein, dazu gibt es etwas Spätburgunder, Weißburgunder und Chardonnay. Die Weinberge liegen alle auf Winninger Gemarkung in den Lagen Uhlen, Brückstück, Röttgen und Hamm. Die Rieslinge werden temperaturgeführt vergoren und in Edelstahltanks ausgebaut, die Spätburgunder in gebrauchten Barriques. Die Weine werden überwiegend trocken und feinherb ausgebaut, an der Spitze des Sortiments stehen seit dem Jahrgang 2014 die Großen Gewächse aus Röttgen und Laubach sowie der Réserve-Riesling, der immer erst ein Jahr später in den Verkauf kommt und nicht immer aus der gleichen Lage stammt: eine überzeugende Idee.

Kollektion

Spannend, sehr präzise ist der Sekt. Fest, trocken, geradlinig und leicht kräuterwürzig im Nachhall zeigt sich der Brückstück-Kabinettriesling. Das Große Gewächs aus dem Röttgen ist noch sehr verhalten, besitzt aber Stoff, Salzigkeit, vibriert. Der Uhlen Roth Lay ist schon viel offener, zeigt Kräuter- und Steinobsthautnoten, wirkt sehr würzig, ist erfreulich trocken. Sein Pendant aus dem Uhlen Laubach ist verhaltener, schlanker, aber fest und würzig, dieser Wein benötigt noch Zeit. Der Chardonnay zeigt Würze und einen beachtlichen Schmelz, er wirkt nicht ganz trocken und besitzt Fülle, aber auch vibrierende Säure: ein eigenständiger Wein. Eine beachtliche Fülle besitzt der feinherbe „Terra V.", in der Nase noch hefig wirkend, im Mund viel Schmelz zeigend. Noten von Aprikosenhaut in der Nase zeigt die Auslese, sie ist saftig und rund, besitzt Schmelz. Dunkle Beeren und einen Hauch von Tabak weist der Pinot Noir aus dem Jahrgang 2018 auf, er ist würzig, kraftvoll, besitzt wiederum leichte Tabaknoten im Nachhall. Schön, dass die Richters sich auch dem Rotwein widmen!

Weinbewertung

88	2018 Riesling Sekt extra brut Uhlen	12,5%/17,50€
85	2019 Riesling Kabinett trocken Winninger Brückstück	12,5%/8,-€
86	2019 Chardonnay trocken	13%/12,50€
86	2019 Riesling trocken Winninger Brückstück Terrassen	13,5%/13,50€
90	2019 Riesling „Großes Gewächs" Röttgen Terrassen	13,5%/19,50€
90	2019 Riesling trocken „Großes Gewächs" Uhlen Laubach	13%/19,50€
89	2019 Riesling trocken „Großes Gewächs" Uhlen Roth Lay	13%/19,50€
86	2019 Riesling Kabinett „feinherb" Winninger Brückstück	12%/8,-€
88	2019 Riesling „feinherb" „Terra V." Terrassen	12,5%/16,50€
86	2019 Riesling Kabinett Winninger Brückstück	9%/8,-€
90	2019 Riesling Röttgen Auslese	9%/26,50€
87	2018 Pinot Noir trocken Barrique	14%/16,50€

BADEN — BUGGINGEN-BETBERG

★★★

Rieger

Kontakt
Noblingstraße 13b
79426 Buggingen-Betberg
Tel. 07634-2013
Fax: 07634-553452
www.weingutrieger.de
info@weingutrieger.de

Besuchszeiten
Mo.-Fr. 9-12 + 14-18 Uhr
Sa. 9-15 Uhr

Inhaber
Philipp Rieger
Betriebsleiter
Philipp Rieger
Kellermeister
Markus Brauchle
Außenbetrieb
Bernhard Rieger
Rebfläche
20 Hektar
Produktion
170.000 Flaschen

Seit Generationen ist der Hof in Familienbesitz, war ein landwirtschaftlicher Gutshof mit Ackerbau, Viehhaltung und Weinbau. Mitte der achtziger Jahre spezialisierten sich Bernhard und Josepha Rieger auf Weinbau, die Flaschenvermarktung wurde forciert, 1986 wurde die Besenwirtschaft eröffnet. Sohn Philipp stieg 2008 voll in den elterlichen Betrieb ein, den er inzwischen übernommen hat. Seit 2005 werden alle Weinberge biologisch bewirtschaftet (Ecovin), seit 2010 befasst sich Philipp Rieger mit biodynamischem Anbau, ist heute Demeter-zertifiziert. Die Weinberge liegen in Betberg (Maltesergarten), Britzingen (Sonnhole) und Laufen (Altenberg), 2020 wurden Flächen im Staufener Schlossberg übernommen. Spätburgunder, Grauburgunder und Gutedel sind die wichtigsten Rebsorten, dazu gibt es Weißburgunder, Muskateller, Riesling, Gewürztraminer, Cabernet Sauvignon, Merlot und Regent.

Kollektion

Der Weißburgunder-Sekt bietet eindringliche, fruchtig-feine Hefearomen, Äpfel und Mandeln, ist saftig-süffig mit guter Säurestruktur. Alle SR-Weine sind sehr gut. Der Weißburgunder ist sehr elegant und fein, bestechend reintönig, saftig, durchgegoren. Der Chardonnay zeigt gute Konzentration, feine Frucht, ist wie der Weißburgunder harmonisch und ausbalanciert. Der leicht lachsfarbene Grauburgunder ist kräftiger als seine weißen Brüder, mit feiner phenolischer Struktur. Der Spätburgunder zeigt sehr klare, kühle rote Frucht, die Balance von Frucht, Tannin und Säure stimmt. Ein Knaller ist der Spätburgunder Eiswein von 2014. Sehr klare Bernsteinfarbe, eindringliches Bukett von getrockneten Früchten, die Säurestruktur macht den Wein schlank und lässt die Süße fast vergessen. Klarheit in der Frucht, eine gute Konzentration und eine harmonische Tannin- und Säurestruktur zeichnen den noch sehr jungen Spätburgunder Bettebura von 2018 aus, von gleicher Machart ist die Cabernet geprägte Cuvée Padaperc. Sehr gut!

Weinbewertung

86	2017 Weißer Burgunder „SR" „Alte Rebe" Sekt brut	12,5%/13,50€
84	2019 Grauer Burgunder trocken	12,5%/9,-€
86	2018 Chasselas trocken „Steinig"	12,5%/9,-€
89	2018 Weißer Burgunder „SR" trocken „Alte Rebe"	13,5%/18,-€
87	2018 Grauer Burgunder „SR" trocken „Alte Rebe"	13%/13,50€
88	2018 Chardonnay „SR" trocken	14%/15,-€
87	2019 Gewürztraminer trocken „Betberg"	13%/15,-€
85	2018 Spätburgunder trocken Holzfass	13,5%/10,-€
87	2016 Spätburgunder „SR" trocken „Alte Rebe"	13,5%/16,50€
88	2018 Spätburgunder trocken „Bettebura"	15%/28,-€
88	2017 Cabernet Sauvignon & Merlot „Padaperc"	14%/18,-€
92	2014 Spätburgunder „SR" Eiswein „Alte Rebe"	9%/49,-€/0,375l

WÜRTTEMBERG ➤ FELLBACH

Rienth

Kontakt
Im Hasentanz 8-10
70734 Fellbach
Tel. 0711-581655
Fax: 0711-5781286
www.rienth-weingut.de
markus@rienth-weingut.de

Besuchszeiten
Weinverkauf ganzjährig
Mi.-Fr. 16-19 Uhr
Sa. 9-13 Uhr
Weinstube „Rienth's Weintreff"

Inhaber
Gerhard Rienth
Betriebsleiter
Markus Rienth
Kellermeister
Markus Rienth
Außenbetrieb
Markus Rienth
Rebfläche
6,5 Hektar
Produktion
38.000 Flaschen

Seit dem 16. Jahrhundert baut die Familie Wein im Remstal an. Gerhard Rienth wird im Betrieb unterstützt von Sohn Markus, der nach seiner Weintechnikerausbildung praktische Erfahrungen in Südtirol und in Australien sammelte. Die Weinberge liegen in den beiden Fellbacher Lagen Goldberg und Lämmler, die Reben wachsen auf Keuperböden. Das Sortenspektrum ist groß: Riesling und Trollinger sind die wichtigsten Rebsorten im Betrieb, dazu gibt es Sauvignon Blanc, Müller-Thurgau, Chardonnay, Gewürztraminer, rote Burgunder, Lemberger, Muskat-Trollinger, Merlot, Syrah, Cabernet Sauvignon und andere mehr. Die Weißweine werden kühl und langsam vergoren, die Rotweine werden nach bis zu 20 Tagen Maischestandzeit teils im Edelstahl, teils in kleinen und großen Eichenholzfässern ausgebaut.

Kollektion

Eine gleichmäßige Kollektion präsentierte Markus Rienth zum guten Debüt im vergangenen Jahr, angeführt von zwei sehr guten Rotweinen und zwei sehr guten Chardonnay (Sekt und 3 Sterne-Chardonnay). Der neue 2017er Chardonnay-Sekt gefällt uns nicht ganz so gut wie im Vorjahr der 2013er, ist allzu duftig; der im Holz ausgebaute 3 Sterne-Chardonnay aus dem Goldberg und aus dem Jahrgang 2018 ist aber dem im Vorjahr verkosteten 2016er ebenbürtig, zeigt rauchige Noten, etwas Vanille, besitzt Fülle und Kraft, reife Frucht, gute Struktur und Frische. Ansonsten präsentieren sich die Weißweine sehr gleichmäßig, der Sauvignon Blanc ist würzig, geradlinig und frisch, was auch für den Alexander genannten trockenen Rosé gilt, während der feinherbe Rosé von Muskat-Trollinger ganz auf Süffigkeit setzt, viel Frische und feine süße Frucht besitzt. Das rote Segment präsentiert sich sehr gleichmäßig, am besten gefällt uns der im Holz ausgebaute Merlot, der gute Konzentration und ganz leicht rauchige Noten im Bouquet zeigt, harmonisch im Mund ist, zupackend und klar.

Weinbewertung

81	2017 Chardonnay*** Sekt brut Holzfass Fellbacher Goldberg	13%/22,50€
79	2019 Riesling trocken Fellbacher Goldberg (1l)	12,5%/5,50€
80	2019 Riesling mit Sauvignon Blanc trocken	12%/7,80€
82	2019 Sauvignon Blanc** trocken	12%/9,80€
85	2018 Chardonnay*** trocken Fellbacher Goldberg	13,5%/17,20€
80	2019 Riesling* Kabinett „feinherb" Fellbacher Goldberg	12%/6,90€
81	2019 „Alexander" Rosé Cuvée trocken	12%/7,20€
82	2019 Muskat-Trollinger Rosé „feinherb"	12%/7,40€
82	2017 Lemberger* trocken Fellbacher Goldberg	12%/7,50€
81	2018 Spätburgunder* trocken Fellbacher Goldberg	12,5%/7,80€
81	2017 „Limes"*** Rotwein trocken	13,5%/10,40€
83	2016 Merlot** trocken	14%/16,-€

RHEINHESSEN — BINGEN

★★★★✩

Riffel

Kontakt
Mühlweg 14A
55411 Bingen
Tel. 06721-994690
Fax: 06721-994691
www.weingut-riffel.de
service@weingut-riffel.de

Besuchszeiten
Mo.-Fr. 10-12 + 14-18 Uhr
Sa. 10-16 Uhr
Sommerfest am 4. Wochenende im Juli

Inhaber
Erik & Carolin Riffel
Betriebsleiter
Carolin & Erik Riffel
Kellermeister
Erik Riffel
Außenbetrieb
Erik Riffel
Rebfläche
17 Hektar
Produktion
120.000 Flaschen

Das Weingut Riffel hat in den siebziger Jahren die ersten eigenen Weine vermarktet und sich danach immer mehr auf Weinbau spezialisiert. Die wichtigsten Rebsorten sind Riesling, der gut die Hälfte der Rebfläche einnimmt, Silvaner und Weißburgunder, dazu gibt es Chardonnay und Sauvignon Blanc sowie Spätburgunder. An der Binger Lage Scharlachberg besitzt das Weingut inzwischen 6 Hektar, die anderen Weinberge liegen in den Bingener Lagen Schlossberg Schwätzerchen und Bubenstück, inzwischen ist man auch im Binger Kirchberg und im Osterberg vertreten. 2009 wurde das Weingut komplett auf biologische und biodynamische Bewirtschaftung umgestellt, ist Mitglied bei Ecovin.

Kollektion

Die neue Kollektion ist in der Basis zuverlässig und bietet faszinierende Spitzen. Die drei Lagenrieslinge beispielsweise: Der neue Osterberg besitzt intensive Frucht, Fülle und Saft, der Kirchberg ist noch recht jugendlich, hat Substanz und Grip, der Scharlachberg ist stoffig und strukturiert, besitzt viel Grip und Mineralität. Spannend sind auch die reintönigen edelsüßen Rieslinge aus dem Scharlachberg, angeführt von der an kandierte Früchte erinnernden Beerenauslese. Oder die Sekte und vor allem die spannenden Petnats, ebenso die Reserve-Weine wie der stoffige Chardonnay, der sehr kompakte Sauvignon Blanc oder der reintönige Pinot Noir.

Weinbewertung

87	2019 „Orange Naked" trocken	13%/15,90€
88	2019 „Pet Nat"	12%/18,90€
85	Pinot & Chardonnay Sekt brut	12%/15,90€
88	Riesling Sekt brut nature Binger Scharlachberg	12%/39,-€
83	2019 Weißer Burgunder trocken	12,5%/8,-€
83	2019 Riesling trocken	11,5%/8,-€
86	2019 Riesling trocken „Quarzit" Binger	12,5%/12,50€
89	2019 Riesling trocken Binger Osterberg	13%/25,-€
90	2019 Riesling trocken Binger Kirchberg	13%/25,-€
91	2019 Riesling trocken Binger Scharlachberg	13%/25,-€
88	2018 Chardonnay trocken „Réserve"	13%/25,-€
88	2019 Sauvignon Blanc trocken „Réserve"	12%/25,-€
85	2019 Riesling Kabinett Scharlachberg	9%/9,90€
87	2019 Riesling Spätlese Binger Scharlachberg	9%/12,50€
90	2019 Riesling Auslese „105°" Binger Scharlachberg	8%/19,-€
91	2019 Riesling Auslese „116°" Binger Scharlachberg	9%/29,-€
88	2019 Riesling Auslese Binger Scharlachberg	7,5%/12,90€
92	2019 Riesling Beerenauslese Binger Scharlachberg	8,5%/49,-€
86	2017 Spätburgunder trocken „Mariage" Binger	13%/14,50€
88	2017 Pinot Noir trocken „Réserve" Binger Bubenstück	12,5%/25,-€

RIFFEL
2019 Scharlachberg Riesling
TROCKEN

Rinck

★★☆

Kontakt
Klingbachstraße 11
76831 Heuchelheim-Klingen
Tel. 06349-8542
www.weingut-richard-rinck.de
info@weingut-richard-rinck.de

Besuchszeiten
Mo.-Fr. 9-12 Uhr + 14-18 Uhr
Sa. 9-16 Uhr
3 Gästezimmer auf dem Weingut

Inhaber
Annette Rinck & Niko Leonhard

Rebfläche
13 Hektar

Ende der 1970er Jahre gründeten Richard und Ingrid Rinck ihr Weingut im südpfälzischen Klingen, Annette Rinck übernahm den Betrieb 2008 von ihren Eltern und führt ihn seit 2013 gemeinsam mit ihrem Sohn Niko Leonhardt, der seine Lehre bei den Weingütern Wilker, Siegrist und von Winning absolviert hat. Die Weinberge liegen im Klingener Herrenpfad und im Mörzheimer Pfaffenberg, wichtigste Rebsorten sind Riesling, Silvaner und Grau-, Weiß- und Spätburgunder, daneben gibt es noch Scheurebe, Gewürztraminer, Portugieser, Schwarzriesling, Saint Laurent und Cabernet Cubin. Alle Rotweine und einige der Weißweine werden in alten Holzfässern mit Größen zwischen 600 und 4500 Litern ausgebaut, das Sortiment ist in Gutsweine in der Literflasche, Orts- und Lagenweine gegliedert.

Kollektion

Wir hatten zum ersten Mal die Gelegenheit, die Weine von Annette Rinck und Niko Leonhardt zu verkosten und es sind vor allem die gekonnt im Holz ausgebauten Weine, die uns überzeigt haben: Grau- und Weißburgunder vom Pfaffenberg besitzen Kraft, gute Substanz, Schmelz, Länge und deutliches, aber gut eingebundenes Holz, der Silvaner „RR" wurde zu einem Drittel auf der Maische vergoren und unfiltriert gefüllt, zeigt im eindringlichen Bouquet feine Noten von Birnenmost und Zitruswürze, ist geradlinig, besitzt klare Frucht und Grip. Knapp dahinter liegen die in gebrauchten Barriques ausgebaute Scheurebe, die feine Röstnoten und kräutrige Würze zeigt, ebenfalls guten Grip besitzt und sich mit etwas Reifezeit noch steigern könnte und der leicht füllige Herrenpfad-Riesling, der klare Zitrusnoten und ein leicht salzig unterlegtes Säurespiel besitzt, der Silvaner von alten Reben besitzt erdige Würze und klare Frucht. Die beiden Rotweine zeigen dunkle Frucht und besitzen Kraft, der Spätburgunder ist etwas strukturierter und harmonischer als der Portugieser.

Weinbewertung

85	2019 Silvaner trocken „Alte Reben"	12,5%/7,-€
83	2019 Weißburgunder trocken	12,5%/5,70€
83	2019 Grauburgunder trocken	12,5%/5,70€
83	2019 Scheurebe trocken	11,5%/7,-€
83	2019 Riesling trocken „Element"	12,5%/6,50€
87	2019 Weißburgunder trocken Mörzheimer Pfaffenberg	13,5%/9,-€
87	2019 Grauburgunder trocken Mörzheimer Pfaffenberg	13,5%/9,-€
86	2018 Riesling trocken Klingener Herrenpfad	12,5%/9,-€
87	2019 Silvaner trocken „RR"	12,5%/8,-€ ☺
86+	2019 Scheurebe trocken „Fumé"	12%/11,-€
85	2017 Portugieser trocken Klingener Herrenpfad	13,5%/10,50€
86	2017 Spätburgunder trocken Klingener Herrenpfad	14%/11,50€

PFALZ ▶ FREINSHEIM

★★★★✩ **Rings**

Kontakt
Dürkheimer Hohl 21
67251 Freinsheim
Tel. 06353-2231
Fax: 06353-915164
www.weingut-rings.de
info@weingut-rings.de

Besuchszeiten
Mo.-Sa. 10-12 + 13-17 Uhr

Inhaber
Steffen & Andreas Rings
Rebfläche
33,5 Hektar
Produktion
190.000 Flaschen

Seit sechs Generationen wird in der Familie Rings Weinbau betrieben. 1960 siedelte Friedrich Weinsheimer in die Dürkheimer Hohl aus und errichtete den neuen Winzerhof. 1973 übernahmen seine Tochter Traudel und ihr Mann Willi Rings den Betrieb. Bis zum Jahr 2000 haben sie ihren Wein als Fasswein verkauft, erst als Steffen Rings seine Ausbildung beendete und die Verantwortung im Keller übernahm, begann man mit der Selbstvermarktung. Zum 1. Juni 2015 wurde das Weingut in den VDP aufgenommen, ein steiler Aufstieg! Heute führt Steffen Rings den Betrieb zusammen mit seinem Bruder Andreas. Das Gros ihrer Weinberge liegt in Freinsheim, in den Lagen Schwarzes Kreuz und Gottesacker, zugekauft haben sie Weinberge in Lagen wie Weilberg, Nussriegel, Steinacker, Kalkofen und Saumagen. Im Jahr 2011 rekultivierten sie eine jahrzehntelang brachliegende Gewanne in der Lage Leistadter Felsenberg und bestockten den nach Süden ausgerichteten Hang mit einem Pinot Noir-Klon aus dem Burgund. Rote Rebsorten nehmen die Hälfte der Rebfläche ein: vor allem Spätburgunder, aber auch Cabernet Sauvignon, Merlot, Portugieser, St. Laurent und Syrah. Neben Riesling gibt es an weißen Sorten Weißburgunder und Grauburgunder, Chardonnay, Silvaner und Sauvignon Blanc. Seit dem Jahrgang 2017 sind die Weine biologisch zertifiziert, im Laufe des Sommers 2018 fand der Umzug in ein komplett neues Weingut mit reichlich Raum für Produktion, Keller und Lager statt, gelegen am südwestlichen Rand Freinsheims in der Lage Schwarzes Kreuz.

Kollektion

In den vergangenen Jahren sind die Rotweine von Steffen und Andreas Rings auf ganzer Linie beständig besser geworden, besonders die Spätburgunder haben an Profil gewonnen, sind eigenständiger und feiner geworden, die Cuvées sind herrlich komplex, besitzen neben Kraft auch Frische und auch mit Spezialitäten wie Syrah und Portugieser können die Brüder immer wieder überraschen. Gründe genug, sie in diesem Jahr mit dem Preis für die beste Rotweinkollektion des Jahres in Deutschland auszuzeichnen! An der Spitze stehen die beiden Großen Gewächse vom Spätburgunder, der Felsenberg zeigt feine rote Frucht, Johannisbeere, Süßkirsche, dezente Röstnoten, etwas Waldboden und Gummiabrieb – was auch für die anderen Spätburgunder-Lagenweine typisch ist – besitzt auch am Gaumen feine Frucht, einen festen Kern, jugendliche Tannine, ist sehr elegant feingliedrig und nachhaltig, der Saumagen ist ebenfalls sehr elegant und komplex, zeigt Sauerkirsche, Hagebutte und kräutrige Noten, besitzt noch spürbare Tannine, eine frische Säure, ist animierend und lang und auch die beiden Spätburgunder aus Steinacker und Kalkofen sind elegant, intensiv und frisch, besitzen eine jugendliche Struktur, Steinacker ist dunkler in der Frucht, Schwarzkirsche, der Kalkofen heller, Süßkirsche, Johannisbeere. Der Syrah ist ebenfalls sehr komplex, kraftvoll aber elegant, besitzt viel klare Beerenfrucht, Brombeere, Heidelbeere, pfeffrige Würze und reife Tannine, das „Kreuz" zeigt intensive Noten von schwarzer Johannisbeere, Brombeere und Salbeipastillen, ist animierend, frisch, nachhaltig und noch sehr jung, besitzt viel Potential. Aber auch der weiße Teil der Kollektion ist nochmals etwas stärker geworden, der Saumagen ist das zweite Jahr in Folge der höchstbewertete Riesling der Pfalz: Der Wein braucht Luft, zeigt kreidige Würze und dezente Frucht, etwas gelben Apfel, besitzt am Gaumen herbe Zitruswürze und viel Grip, ist sehr animierend und nachhaltig und steht noch ganz am Anfang seiner Entwicklung, der „Kreid" zeigt steinige und kalkig-kreidige Noten, besitzt absolut keine Frucht, aber viel Zug und Druck, ist puristisch, salzig und sehr nachhaltig, auch der Weilberg besitzt keine Frucht, zeigt im Bouquet etwas Stein, kräutrige Noten und Heu, ist sehr salzig, druckvoll und nachhaltig. Der Steinacker zeigt rauchige Feuersteinnoten, ist schlank, aber druckvoll und nachhaltig, der Nussriegel besitzt etwas deutlichere Frucht, ist animierend, leicht salzig und die beiden Ortsrieslinge besitzen eine messerscharfe Säure, dezente Frucht und gute Länge, sehr spannend ist auch der 17 Monate auf der Vollhefe ausgebaute, schlanke und präzise „Kalk & Stein" aus Chardonnay und Weißburgunder.

Weinbewertung

86	2019 Riesling trocken „Kalkmergel"	12%/9,90€
88	2019 Riesling trocken „Vom Eisenstein" Ungstein	12,5%/15,-€
89	2019 Riesling trocken „Vom Kalkfels" Kallstadt	12,5%/15,-€
90	2018 „Kalk & Stein" Weißwein trocken	12%/19,-€
90	2019 Riesling trocken Ungsteiner Nussriegel	12,5%/20,-€
91	2019 Riesling trocken Kallstadter Steinacker	12%/24,-€
93	2019 Riesling „GG" Weilberg	13%/36,-€
95	2019 Riesling „GG" Saumagen	13%/36,-€
94	2019 Riesling trocken „Kreid"	12,5%/60,-€
86	2018 Spätburgunder trocken	13%/11,90€
88	2018 Spätburgunder trocken „Vom Kalkfels" Kallstadt	12,5%/19,-€
90	2018 „Das Kleine Kreuz" Rotwein trocken	14,5%/20,-€
92	2018 „Das Kreuz" Rotwein trocken	14,5%/40,-€
91	2018 Spätburgunder trocken Kallstadter Steinacker	12,5%/32,-€
90	2018 Spätburgunder trocken Leistadter Kalkofen	12,5%/32,-€
94	2018 Spätburgunder „GG" Saumagen	12,5%/59,-€
94	2018 Spätburgunder „GG" Felsenberg	13%/79,-€
92	2018 Syrah trocken „Réserve"	14,5%/40,-€

Steffen & Andreas Rings

Lagen
Schwarzes Kreuz (Freinsheim)
Saumagen (Kallstadt)
Steinacker (Kallstadt)
Weilberg (Ungstein)
Nussriegel (Ungstein)
Kalkofen (Leistadt)
Felsenberg (Leistadt)

Rebsorten
Riesling (30 %)
Spätburgunder (30 %)

MOSEL — MERTESDORF

★ ★ ★

Rinke

Kontakt
Grünhäuser Mühle,
Hauptstraße 4
54318 Mertesdorf
Tel. 0151-11181457
Fax: 0651-9935838
www.weingut-rinke.com
info@weingut-rinke.com

Besuchszeiten
zu den Öffnungszeiten der Grünhäuser Mühle (Do.-Sa. 1b 17:30 Uhr, So. ab 11:30 Uhr) und nach Vereinbarung Weinproben nach Vereinbarung in der Grünhäuser Mühle oder in der Weinwirtschaft in Trier

Inhaber
Dr. Marion Rinke,
Alexander Rinke

Betriebsleiter
Dr. Marion Rinke

Kellermeister
Gernot Kollmann, Dr. Marion
& Alexander Rinke

Außenbetrieb
Alexander Rinke

Rebfläche
4,4 Hektar

Produktion
20.000 Flaschen

Das Quereinsteiger-Weingut von Alexander und Marion Rinke existiert nicht in Form eines repräsentativen Gebäudes, sondern als Projekt mit mehreren Standorten. Alles begann mit der Rekultivierung des Langsurer Brüderbergs nach Art eines Gemischten Satzes; vor allem Chardonnay, aber auch diverse weitere Sorten wurden angepflanzt – darunter Gewürztraminer und Viognier. Rotwein aus dem Langsurer Brüderberg gehört ebenfalls zum Repertoire. Später kamen noch Flächen an der Saar dazu.

Kollektion

War das Weingut Rinke zunächst nur für seinen Wein nach Art eines Gemischten Satzes sowie für Rotwein bekannt, hat es sich erfolgreich diversifiziert. Der Schaumwein aus 2016 ist frisch, fein duftig, im Mund sehr fest mit feiner Säure: Er wirkt wirklich völlig trocken. Kompromisslos trocken sind auch Weiß- und Grauburgunder. Der Pinot Blanc gefällt noch ein bisschen besser, ist fein, elegant, mit verhaltenem Alkohol und beachtlicher Länge. Unter den trockenen Rieslingen begeistert derjenige aus 1963 gepflanzten Reben, weil er vielschichtige Noten von Hefe, Kräutern und Zitrus zeigt und lang ausfällt. Bei den Zweitweinen („Muschelkalk") aus dem Brüderberg zeigt der 2018er, dass sich die 22 Monate Reife positiv auswirken. Beim Topwein aus dem Brüderberg („S") werden gleich zwei 2018er vorgestellt – der normale und eine Variante mit 22 Monaten Reifezeit, welche dunkle Hefewürze zeigt, nach Schwarztee, Orangenblüten und getrockneter Melone duftet. Fast trocken wirken die beiden feinherben Rieslinge. Sehr sauber mit floralen Noten, einer animierenden Säure und einer wunderschön geradlinigen Art zeigt sich der „Contrapunct" genannte Orange Wine, duftig, straff, trotz 16 Monaten Barriquelagerung sehr präzise.

Weinbewertung

Punkte	Wein
89	2016 Riesling Sekt extra brut „Passion Saar" I 12%/18,50€
88	2019 Pinot Blanc trocken „Schiefergestein" I 11,5%/9,90€ ☺
86	2019 Pinot Gris trocken „Schiefergestein" I 12%/9,90€
87	2019 Riesling Kabinett trocken „Wild auf Schiefer" I 10,5%/11,50€
88	2019 Muschelkalk trocken Langsurer Brüderberg I 12%/14,-€
89	2018 Muschelkalk Late Release trocken Langsurer Brüderberg I 12,5%/14,50€
90	2018 „S" Langsurer Brüderberg I 13,5%/19,-€
90	2018 „S Réserve" trocken Langsurer Brüderberg I 13,5%/22,50€
89	2019 Riesling trocken „Alte Reben Limited Edition 1963" Klosterberg I 11,5%/17,50€
90	2019 „Orange Contrapunct" trocken I 12%/22,50€
87	2019 Riesling „feinherb" „Alte Reben" Wiltinger Klosterberg I 10%/12,50€
86	2019 Riesling „feinherb" „Alte Reben" Oberemmeler Altenberg Saar I 10,5%/13,50€
88	2018 Pinot Noir trocken „Vom Schiefer unfiltriert" I 12,5%/17,50€
89	2018 Pinot Noir trocken „Muschelkalk S unfiltriert" Langsurer Brüderberg I 13%/23,-€

BADEN ▶ BÖTZINGEN

★ ★ ★

Stefan Rinklin

Kontakt
Hauptsraße 102,
79268 Bötzingen
Tel. 07663-949706
Fax: 07663-949707
www.weingut-stefan-rinklin.de
kontakt@weingut-stefan-rinklin.de

Besuchszeiten
nach Vereinbarung

Inhaber
Stefan Rinklin
Rebfläche
6,5 Hektar
Produktion
60.000 Flaschen

Das Weingut wurde 2007 von Stefan Rinklin und Miriana Rinklin gegründet. Stefan Rinklin ist ausgebildeter Weinküfer, hat bei Schwörer im Breisgau gearbeitet, bei Fritz Keller am Kaiserstuhl, dann bei Dörflinger im Markgräflerland und beim Weingut Fischer, wieder am Kaiserstuhl, bevor er den Schritt in die Selbständigkeit wagte. Auch seine Ehefrau Miriana ist Weinküferin, hat Weinmarketing in Heilbronn studiert. Ihre Weinberge liegen alle in Bötzingen. Sie bauen hauptsächlich die Burgundersorten an, Grauburgunder liegt an erster Stelle, gefolgt von Weißburgunder und Spätburgunder, dazu gibt es ein klein wenig Müller-Thurgau. Die Weine werden alle trocken ausgebaut, bleiben recht lange auf der Feinhefe, auf Prädikatsangaben wird verzichtet, anfangs ebenso auf Lagenangaben, wobei sich dies inzwischen geändert hat und Stefan Rinklin heute die Bötzinger Kleinlagen/Gewanne für seine Spitzenweine verwendet.

Kollektion

Die Literweine sind in diesem Jahr etwas schlanker, was ihnen gut tut und die Saftigkeit noch mehr zum Tragen kommen lässt. Bei den Weinen der „SR"-Linie kommt Fülle dazu und Konzentration. Der Weißburgunder zeigt viel Spiel und Substanz, feine Würze, klare helle Frucht. Der Grauburgunder hat eine ähnliche Struktur, aber eine andere Aromatik. Der Rosé hat dank einer feinen Säure einen straffen Charakter. Beim Weißburgunder Meisental geht es nicht um Frucht, sondern um Struktur, er ist geprägt von feiner Säure. Der Grauburgunder besitzt viel Würze und eine durchgegorene Saftigkeit. Der Hahlen-Weißburgunder zeigt Frucht und dezent rauchige Würze, besitzt Eleganz und mineralische Konzentration. Ähnlich in der Struktur ist der Grauburgunder Biegarten. Der Spätburgunder Tiefental zeigt konzentrierte Frucht und im Hintergrund dezente rauchig-würzige Noten, besitzt mittlerem Körper mit saftigem Kern. Der Spätburgunder Reserve ist eindringlich und komplex, sehr elegant, besitzt mineralische Länge.

Weinbewertung

83	2019 Weißburgunder trocken (1l)	13 %/7,- €
83	2019 Grauburgunder trocken (1l)	12,5 %/7,- €
86	2019 Weißburgunder trocken „Edition SR"	13,5 %/8,- €
84	2019 Grauburgunder trocken „Edition SR"	13,5 %/8,50 €
87	2019 Weißburgunder trocken Bötzinger Meisental	13,5 %/10,- €
87	2019 Grauburgunder trocken Bötzinger Meisental	13 %/10,50 €
88	2019 Weißburgunder trocken Bötzinger „Hahlen"	13,5 %/19,- €
87	2019 Grauburgunder trocken Bötzinger Biegarten	13 %/19,- €
85	2019 Spätburgunder Weißherbst trocken „Edition SR"	13 %/8,- €
84	2018 Spätburgunder trocken „Edition SR"	13 %/8,50 €
87	2018 Spätburgunder trocken Bötzinger „Tiefental"	13,5 %/12,50 €
90	2018 Spätburgunder „Reserve"	13,5 %/42,- €

FRANKEN — SAND AM MAIN

★★☆

A. & E. Rippstein

Kontakt
Sandgasse 26
97522 Sand am Main
Tel. 09524-1341
Fax: 09524-301046
www.weingut-rippstein.de
info@weingut-rippstein.de

Besuchszeiten
Sa. 15-18 Uhr und nach Vereinbarung
Heckerstube (täglich von April bis September)
Weinsommerfest am 2. Wochenende im August

Inhaber
Mathias Rippstein

Rebfläche
8 Hektar

Produktion
60.000 Flaschen

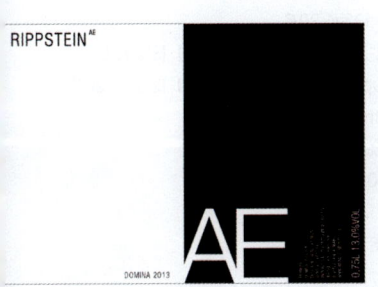

Die Familie baut seit Generationen Wein in Sand am Main an, heute führt Mathias Rippstein das Gut. Die Reben wachsen teils auf verwittertem Sandsteinkeuper, teils auf tonigem Lehm und lehmigen Sand in den beiden Sander Lagen Kronberg und Himmelsbühl. Wichtigste Rebsorte ist Silvaner, der 40 Prozent der Fläche einnimmt. Es folgen Müller-Thurgau, Weißburgunder, Riesling, Bacchus und Kerner. Rote Sorten nehmen 20 % der Fläche ein, vor allem Domina, dazu gibt es Dornfelder und Merlot. Die Weißweine werden langsam bei 16 bis 18° C vergoren und bis März auf der Feinhefe ausgebaut, teilweise mit Batonnage. Die roten Trauben werden entrappt, zwei Tage kaltmaceriert, dann maischevergoren (10 bis 16 Tage) und anschließend 12 bis 18 Monate im Barrique ausgebaut bevor sie unfiltriert abgefüllt werden.

Kollektion

Die trockenen Qualitäts- und Kabinettweine sind fruchtbetont, klar und frisch, deutlich kraftvoller sind die trockenen Spätlesen. Der Müller-Thurgau ist würzig und eindringlich, besitzt reife Frucht und gute Struktur. Der Riesling S aus dem Jahrgang 2018 zeigt gute Konzentration, reife Frucht, Pfirsiche, besitzt reife süße Frucht im Mund und eine dezente Bitternote. Das gilt auch für den Weißburgunder S aus dem Jahrgang 2018, der gute Konzentration und intensive Frucht im Bouquet zeigt, Fülle und Kraft besitzt reife Frucht und Substanz. Die trockene 2019er Weißburgunder-Spätlese zeigt weiße und gelbe Früchte, besitzt Fülle, Saft und reife süße Frucht. Highlight der Kollektion ist der 2018er Silvaner Eiswein, der würzig und eindringlich ist, kandierte Früchte zeigt, konzentriert und füllig ist, Substanz und Länge besitzt. Sehr gut ist auch der Merlot aus dem Jahrgang 2017, ist fruchtbetont und intensiv im Bouquet, klar, frisch und zupackend im Mund, besitzt gute Struktur und reife Frucht.

Weinbewertung

83	2019 „Secco Saignée" Perlwein trocken	12,5%/7,-€
82	2019 Silvaner trocken	13,5%/6,50€
83	2019 Silvaner Kabinett trocken Sander Kronberg	13%/7,-€
82	2019 Weißer Burgunder trocken	13%/6,50€
82	2019 Riesling Kabinett trocken	13%/7,50€
84	2019 Müller-Thurgau Spätlese trocken „M&TH" Sander Himmelsbühl	13%/8,-€
86	2019 Weißer Burgunder Spätlese trocken Sander Himmelsbühl	13,5%/8,50€
86	2018 Weißer Burgunder „S" Spätlese trocken Sander Himmelsbühl	14,5%/11,-€
84	2018 Riesling „S" Spätlese trocken Sander Kronberg	14%/11,-€
84	2019 Sylvaner „-orange-" Sander Kronberg	13,5%/8,50€
89	2018 Silvaner Eiswein Sander Kronberg	6,5%/32,-€/0,375l
85	2017 Merlot trocken Sander Kronberg	13%/9,-€

FRANKEN — SAND AM MAIN

★★

Bernhard Rippstein

Kontakt
Anger 14
97522 Sand am Main
Tel. 09524-5167
www.rippstein.de
info@rippstein.de

Besuchszeiten
Do.+Fr. 14-18 Uhr
Sa. 9-16 Uhr
und nach Vereinbarung

Inhaber
Stefan Rippstein
Kellermeister
Stefan & Nadine Rippstein
Außenbetrieb
Stefan & Nadine Rippstein
Rebfläche
7 Hektar
Produktion
40.000 Flaschen

Das Weingut wurde 1980 von Bernhard und Elfriede Rippstein gegründet, heute wird es von ihrem Sohn Stefan geführt, der seit 2017 von Tochter Nadine unterstützt wird, die nach ihrem Geisenheim-Studium direkt in den Betrieb eingestiegen ist. In den Weinbergen in den Sander Lagen Himmelsbühl und Kronberg und im Steinbacher Nonnenberg baut man Müller-Thurgau, Bacchus, Silvaner und Kerner an, inzwischen komplettieren Weißburgunder, Riesling und Scheurebe das Programm. An roten Rebsorten gibt es Dornfelder, Schwarzriesling und Cabernet Dorsa, inzwischen auch Domina und Spätburgunder. Ein Teil der Rotweine wird im Barrique ausgebaut, auch vom Silvaner gibt es eine Barrique-Variante, sowie eine weitere, die im großen Holzfass ausgebaut wird. 2017 wurde mit der Umstellung auf biologischen Weinbau begonnen. Im November 2019 wurde die neue Vinothek eröffnet, der ein Raum für Weinproben angeschlossen ist.

Kollektion

Bestechend gleichmäßig ist die neue Kollektion, bei Stefan Rippstein kann man sich auf jeden Wein verlassen. Die trockenen Kabinettweine setzen ganz auf Frische und Frucht, sind wirkliche Kabinettweine und keine Alkoholmonster: Der Bacchus zeigt etwas Holunder, ist lebhaft und klar, der birnenduftige Silvaner ist geradlinig und zupackend, der Blanc de Noir fruchtbetont und frisch und auch der Rosé setzt ganz auf Frucht und Frische, ohne gefällige Restsüße. Die trockenen Spätlesen besitzen dann etwas mehr Substanz. Der Silvaner vom Mergel ist würzig und eindringlich, klar und zupackend, sein Kollege vom Keuper besitzt gute Struktur und viel Kraft. Der 2019er Weißburgunder ist konzentriert und würzig, besitzt gute Struktur und Grip, der im Holz ausgebaute 2018er Weißburgunder ist füllig und kraftvoll, besitzt viel reife Frucht und Substanz, die Scheurebe punktet mit Reintönigkeit und Frische. Dies gilt auch für die süße Scheurebe Spätlese, die Kerner Spätlese ist würziger und hat mehr Grip.

Weinbewertung

84	2019 Bacchus Kabinett trocken	11,5%/6,-€
83	2019 Silvaner Kabinett trocken	12,5%/6,-€
83	2019 „Blanc de Noir" Kabinett trocken	12%/6,70€
84	2019 Müller Thurgau „S" Spätlese trocken	13%/6,20€
85	2019 Silvaner Spätlese trocken „vom Mergel" Sander Himmelsbühl	13%/7,20€
84	2019 Silvaner trocken „alte Reben" „vom Keuper" Sander Kronberg	12,5%/7,20€
85	2018 Weißburgunder „S" Spätlese Holzfass trocken	13,5%/7,20€
85	2019 Weißburgunder Spätlese trocken	13%/6,80€
85	2019 Scheurebe Spätlese trocken	13%/6,70€
85	2019 Kerner Spätlese „süß"	10%/6,70€
84	2019 Scheurebe Spätlese „süß"	10%/6,70€
84	2019 Rosé Kabinett trocken	12%/6,-€

AHR — DERNAU

★★★

Erwin Riske

Kontakt
Wingertstraße 28
53507 Dernau
Tel. 02643-8406
Fax: 02643-3531
www.weingut-riske.de
weingut-riske@t-online.de

Besuchszeiten
Mo.-Fr. nach Vereinbarung, Sa. 10-18 Uhr, So. + Feiertage 15-18 Uhr und zu den Öffnungszeiten der Straußwirtschaft: 1. Mai - Mitte Juni, 1. Sept. bis Mitte Nov., Di.-Do. 15-20 Uhr (Sept./Okt.), Fr. 15-22 Uhr, Sa. 12-22 Uhr, So. + Feiertage 12-20 Uhr
*****Ferienwohnungen

Inhaber
Volker Riske
Betriebsleiter
Jan Riske
Kellermeister
Jan Riske
Außenbetrieb
Jan Riske
Rebfläche
8 Hektar
Produktion
40.000 Flaschen

Volker Riske führt zusammen mit Ehefrau Mechthild in vierter Generation den Betrieb. Seit 2016 ist Sohn Jan Riske, Geisenheim-Absolvent, im Betrieb tätig, hat inzwischen die Verantwortung in Weinberg und Keller übernommen, setzt neue Akzente wie Ertragsreduktion durch Traubenteilung, Kaltmazeration, Spontangärung und das Unterstoßen der Maische per Hand, der Ausbau im Barrique wurde auf 18 Monate verlängert, der Neuholzanteil reduziert. Neben Weinbergen an der Ahr besitzt Volker Riske auch zwei Hektar Reben in Leutesdorf (Gartenlay) am Mittelrhein, wo überwiegend Riesling sowie ein klein wenig Müller-Thurgau und Weißburgunder angebaut werden. Die Ahr-Weinberge liegen vor allem in den Dernauer Lagen Hardtberg und Pfarrwingert, sowie im Neuenahrer Sonnenberg, aber auch in Marienthal, Ahrweiler und Bachem. Spät- und Frühburgunder nehmen drei Viertel der Fläche ein, Riesling 15 Prozent, dazu gibt es Portugieser, Dornfelder sowie Weißburgunder und Müller-Thurgau. Die Rotweine werden alle spontanvergoren, die Spitzen-Spätburgunder werden fünfzehn bis achtzehn Monate in neuen Barriques ausgebaut.

Kollektion

Der Aufwärtstrend hält an, das Einstiegsniveau ist hoch. Der Riesling von alten Reben ist fruchtbetont und süffig, der Gartenlay-Riesling besitzt Fülle, Kraft und Grip. Der Frühburgunder ist reintönig, geradlinig, der Lagenwein aus dem Hardtberg besitzt gute Struktur und Biss. Reintönigkeit kennzeichnet auch Schieferfels und Schieferturm, beide setzen ganz auf Frucht und Frische, besitzen gute Struktur und Grip. Diese Reintönigkeit zieht sich durch die gesamte Kollektion, Frucht und Frische stehen im Vordergrund, die Alkoholwerte sind moderat. Der Hardtberg-Spätburgunder zeigt rote Früchte, Johannisbeeren, ist präzise und zupackend. Der Wein aus dem Sonnenberg ist herrlich eindringlich und intensiv, zeigt rote und dunkle Früchte, besitzt gute Struktur und klare Frucht. Der Pfarrwingert-Spätburgunder ist frisch, lebhaft, strukturiert, die R-Variante ist nochmals intensiver, wunderschön harmonisch und elegant: Bravo!

Weinbewertung

84	2019 Riesling trocken „Alte Reben"	12,5%/9,90€
86	2019 Riesling trocken Leutesdorfer Gartenlay	13%/14,-€
84	2018 Frühburgunder	13%/15,90€
85	2018 Spätburgunder trocken „Schieferfels"	13%/14,90€
87	2018 Frühburgunder trocken Dernauer Hardtberg	13%/19,90€
86	2018 Spätburgunder trocken „Schieferturm"	13%/16,90€
89	2018 Spätburgunder trocken Dernauer Hardtberg	13%/25,50€
89	2018 Spätburgunder trocken Dernauer Pfarrwingert	13%/29,-€
89	2018 Spätburgunder trocken Bad Neuenahrer Sonnenberg „R"	13,5%/32,-€
91	2018 Spätburgunder trocken Dernauer Pfarrwingert „R"	13%/42,-€

WEINGUT
ERWIN RISKE
2015
DERNAUER PFARRWINGERT
Spätburgunder Trocken
unfiltriert
· AHR ·

MOSEL ▶ RIOL

★ ★ ★

Römerhof

Kontakt
Burgstraße 2
54340 Riol
Tel. 06502-2189
Fax: 06502-20671
www.weingut-roemerhof.de
mail@weingut-roemerhof.de

Besuchszeiten
Fr. 13-18 Uhr
Sa. 10-17 Uhr
und nach Vereinbarung;
So. + Feiertage geschlossen
Römerhof-Vinothek

Inhaber
Franz-Peter & Daniel Schmitz
Kellermeister
Franz-Peter & Daniel Schmitz
Rebfläche
11 Hektar
Produktion
80.000 Flaschen

Franz-Peter Schmitz hat seit den siebziger Jahren das Weingut aufgebaut. Heute wird er im Betrieb von seinem Sohn Daniel unterstützt, der in Geisenheim studiert hat und Auslandserfahrungen in Chile, Argentinien und Österreich sammelte. Ihre Weinberge liegen im Schweicher Herrenberg, im Longuicher Maximiner Herrenberg, im Rioler Römerberg sowie in den Mehringer Lagen Zellerberg und Blattenberg. Familie Schmitz bewirtschaftet steile Parzellen – beispielsweise die Felsenterrasse im Zellerberg – und besitzt über 60 Jahre alte Reben. Neben Riesling, der 70 Prozent der Fläche einnimmt, bauen sie Weißburgunder sowie Spät- und Frühburgunder an und nun auch Sauvignon Blanc. Die Weine werden teils in Holzfässern, teils in Edelstahltanks ausgebaut. Das Gros der Weine wird trocken und halbtrocken ausgebaut, der immer saftige und zugängliche Sekt namens Rigodulum gehört hier schon lange zur Tradition. Neu ist die Vinothek, die sich den Kunden als Zusammenspiel von Weinarchitektur, Weingenuss und Sinnesbegeisterung präsentiert.

🍷 Kollektion

Wenn ein Weingut wie dieses eine neue Rebsorte ausbaut, dann durchaus mit Ambitionen. Eher saftig als puristisch wirkt der Sauvignon Blanc, ist angenehm rassig und würzig. Eine feste Spätlese mit Spiel leitet über zur noch sehr jugendlich wirkenden trockenen Auslese namens Constantin mit dunklen Hefenoten in der Nase und einer vibrierenden Art. Die halbtrockene Spätlese namens „Filius IX" aus dem Zellerberg wirkt straff und rassig, die Säure ist präsent, die geringe Süße gut integriert. Auch bei der „Felsenterrasse" und bei der feinherben Spätlese ist die Balance bemerkenswert. Offen wirkt die Auslese aus dem Maximiner Herrenberg, nach Aprikosen und getrocknetem Apfel duftend, im Mund rassig, aber auch mit einer gewissen Fülle. Trotz hohen Mostgewichts ist die Beerenauslese eher kühlfruchtig mit Noten von kandierter Zitrone, im Mund ist die Süße eher verhalten, die Säure animierend.

🍃 Weinbewertung

85	2019 Sauvignon Blanc trocken	12,5%/8,50€
83	2019 Spätburgunder „Blanc de Noir" trocken	12%/7,-€
87	2019 Riesling Spätlese trocken „Alte Reben"	13,5%/11,-€
89	2019 Riesling Auslese trocken „Constantin"	12,5%/13,50€
87	2019 Riesling Spätlese halbtrocken „Filius IX" Mehringer Zellerberg	12,5%/9,50€
88	2019 Riesling Spätlese halbtrocken „Felsenterrasse" Mehringer Zellerberg	12%/11,-€
87	2019 Riesling Spätlese „feinherb" „vom grauen Tonschiefer" Zellerberg	12%/10,-€
88	2019 Riesling Spätlese „No. 1" Mehringer Zellerberg	8,5%/11,-€
90	2019 Riesling Auslese Longuicher Maximiner Herrenberg	8,5%/15,-€ 😊
90	2019 Riesling Beerenauslese „131" Mehringer Zellerberg	7,5%/26,-€/0,5l

MOSEL — MARING-NOVIAND

zur Römerkelter

★★★✩

Kontakt
In der Duhr 6
54484 Maring-Noviand
Tel. 06535-430
Fax: 06535-7739
www.roemerkelter.de
info@roemerkelter.de

Besuchszeiten
Mo.-Fr. 8-18 Uhr und nach Vereinbarung

Inhaber
Timo Dienhart

Rebfläche
15 Hektar

Produktion
85.000 Flaschen

In zehnter Generation führt Timo Dienhart den Familienbetrieb in Maring-Noviand. Er hat in den letzten Jahren eine klare Philosophie entwickelt und sich nicht nur mit guten Weinen einen Namen gemacht, sondern auch mit zertifiziert biologischem Anbau. Dienhart, der auch über 20 Jahre Erfahrungen mit biodynamischen Methoden verfügt, ist Mitglied bei Ecovin, produziert vegane Weine und denkt auch bei der Stilistik nicht daran, alles ebenso zu machen wie die Konkurrenz. 15 Hektar bewirtschaftet er, zu knapp 70 Prozent Riesling, hinzu kommen 15 Prozent Spätburgunder, ein beachtlicher Anteil Rivaner und 6 Prozent pilzwiderstandsfähige Rebsorten. Seine Parzellen verteilen sich auf die Lagen Honigberg und Klosterberg, Sonnenuhr und Römerpfad. Die Weißweine werden zum Großteil im Stahl, aber auch im großen Fass oder im Steinzeug ausgebaut, die Rotweine im kleinen Fass.

Kollektion

Die Weine des Gutes zeigen stets einen eigenen, unverwechselbaren Stil – auch 2019. Sehr klar ist der „beetle", merklich kräuterig, mit Hefenote, straff und rassig. Der Kräuterwingert-Riesling ist verschlossen, leicht hefig, im Mund zupackend, fest, rassig, sehr gelungen. Hefig mit Anklängen von Mirabellen zeigt sich der „Titan", der im Mund sehr präzise wirkt, aber auch eine sehr feine Frucht und Länge zeigt. Die Kreutzlay wirkt frischer, schlanker, ist sehr fein und fest, nachhaltig und eigenständig: ein trockener Spitzenwein. Der Kabinett zeigt eine eher warme Nase mit leichten Blütenanklängen, ist im Mund fest, wenig süß, rassig. Die 2018er Spätlese aus dem Fass 9 ist verhalten, duftet nach Kräutern und Hefe, ist im Mund straff, rassig. Die 2018er Auslese wiederum zeigt Noten von Schwefel und getrocknetem Apfel sowie Kräutern, ist fest, rassig mit gut eingebundener Süße. Der Top-Rotwein aus 2018 zeigt eine offene, mittelwarme Kirsch-Pflaumennote, ist im Mund kompakt, würzig, straff, mit gutem Holzeinsatz und festen Tanninen, ist jetzt aber noch etwas unzugänglich.

Weinbewertung

85	2019 „Blanc de Noir"	12,5 %/9,80 €
86	2019 Riesling trocken „beetle"	12 %/8,20 €
89	2019 Riesling trocken „Kräuterwingert" Honigberg	12,5 %/9,80 € ☺
89	2019 Riesling trocken „Titan" Honigberg	12,5 %/11,80 € ☺
90	2019 Riesling trocken Kreutzlay Honigberg	12,5 %/16,80 €
87	2019 Riesling Kabinett „Blauschiefer" Honigberg	11 %/9,80 €
86	2019 Riesling Kabinett	7,5 %/8,20 €
89	2018 Riesling Spätlese „Fass 9" Honigberg	8 %/9,80 € ☺
89	2018 Riesling Auslese Honigberg	8 %/16,80 €
86	2019 Pinot Noir Rosé trocken	12 %/8,20 €
87	2018 Pinot Noir trocken	13,5 %/11,80 €
89	2018 Pinot Noir trocken „Private Reserve" Honigberg	13,5 %/28,- €

Röschard

★★

Kontakt
Breslauer Straße 75
79576 Weil am Rhein
Tel. 07621-74000
Fax: 07621-577332
www.weingut-roeschard.com
info@weingut-roeschard.de

Besuchszeiten
Mo.-Fr. 8-13 + 17-19 Uhr
Sa. 8-13 Uhr

Inhaber
Gerd Röschard

Kellermeister
Ralf Röschard

Rebfläche
8,5 Hektar

Ganz im Süden des Markgräflerlandes, in Weil am Rhein an der Grenze zur Schweiz, ist das Weingut Röschard zuhause, das heute in dritter Generation von Gerd Röschard und seinem Bruder Werner geführt wird; Werners Sohn Ralf ist seit dem Jahrgang 2011 für den Weinausbau verantwortlich. Ralf Röschard, der das Weingut einmal weiterführen soll, hat seine Winzerlehre beim Weingut Klumpp in Bruchsal absolviert. Die Weinberge liegen im Weiler Schlipf und in der Haltinger Stiege. Der Weiler Schlipf ist eine Süd- bis Südwest-exponierte Lage mit schweren, kalkhaltigen Böden. In der etwas flacheren Haltinger Stiege, teils West-, teils Süd-exponiert, herrschen lehmhaltige Böden mit Lössauflage vor, hier baut Gerd Röschard vor allem weiße Rebsorten an, im Weiler Schlipf Spätburgunder und Chardonnay. Die Markgräfler Paraderebsorten Gutedel und Spätburgunder sind die wichtigsten Rebsorten im Betrieb, dazu gibt es Weißburgunder, Grauburgunder und Chardonnay. Die Weißweine werden gekühlt vergoren und lange auf der Hefe ausgebaut; alle Rotweine werden maischevergoren. Sekte und Perlweine ergänzen zusammen mit Edelbränden das Sortiment. In den kommenden Jahren sollen die Rebfläche etwas erweitert und der Ausbau im Holz forciert werden.

Kollektion

Dass alle Weine aus dem Hause Röschard mehr oder weniger durchgegoren sind, verhilft zu einem klaren Profil. Der Gutedel ist typisch, zeigt viel Frucht, ist herrlich leicht und unkompliziert. Der Weißburgunder ist sehr frisch, hat Biss, ist klar wie ein Gebirgsbach. Der Sauvignon Blanc zeigt intensive Würze, üppige Frucht, gute Struktur. Der Grauburgunder hat das typische Birnenaroma, er ist fest. Die Cuvée Blanc zeigt feine Würze, das Holz umspielt eine reife Frucht, straffe Tannine verleihen eine gewisse Strenge. Eine feine Frucht und Mineralität zeichnen den durchgegorenen Rosé aus. Saftig-süffig bei null Gramm Zucker ist der kühl-fruchtige Spätburgunder von 2016, der Spätburgunder von 2015 ist etwas reifer und hat mehr Spiel, der SR von 2016 ist immer noch jung, zeigt viel kühle Frucht.

Weinbewertung

83	2019 Gutedel trocken	12%/5,50 €
86	2018 Cuvée Blanc Weißwein trocken	13%/9,50 €
84	2019 Weißburgunder trocken	12,5%/7,50 €
85	2019 Grauburgunder trocken	13%/8,-€
85	2019 Sauvignon Blanc trocken	12,5%/8,50 €
83	2019 Rosé trocken	12%/6,50 €
86	2016 Spätburgunder trocken	13,5%/7,-€ ☺
86	2015 Spätburgunder trocken „großes Fass"	13,5%/9,50 €
87	2016 Spätburgunder „SR" trocken	13,5%/15,50 €

RHEINHESSEN — GROSS-WINTERNHEIM

Rolletter

★★☆

Kontakt
Obentrautstraße 58
55218 Groß-Winternheim
Tel. 06130-1872
Fax: 06130-9199928
www.rolletter.com
weingut@rolletter.com

Besuchszeiten
Mo.-Fr. 17:30-18:30 Uhr
Sa. 10-16 Uhr
oder nach Vereinbarung

Inhaber
Bernhard Rolletter
Betriebsleiter
Simon Rolletter
Rebfläche
20 Hektar

Als Jakob Rolletter 1895 das Gutshaus in der Groß-Winternheimer Obentrautstraße baute, war das Gut ein landwirtschaftlicher Gemischtbetrieb. Landwirtschaft und Obstbau werden nicht mehr betrieben, man konzentriert sich ganz auf Weinbau. Heute wird der Betrieb von Bernhard Rolletter geführt, der nach seinem Geisenheim-Studium mit einem Freund eine Sektkellerei gründete. Inzwischen ist Sohn Simon im Betrieb tätig, und mit seinem Einstieg fingen die Rolletters an den Fassweinbetrieb auf Flaschenweinvermarktung umzustellen; derzeit überwiegt aber noch die Fassweinvermarktung. Die Weinberge liegen in Ingelheim (Horn, Sonnenhang, Schlossberg), Groß-Winternheim (Heilighäuschen, Klosterbruder, Schlossberg, im Schwabenheimer Klostergarten sowie in den Bubenheimer Lagen Honigberg und Kallenberg. Riesling ist die wichtigste Rebsorte, gefolgt von Regent, Dornfelder, Müller-Thurgau und Spätburgunder, Portugieser, Grauburgunder, Silvaner, Bacchus, Weißburgunder, St. Laurent und Faberrebe ergänzen das Programm.

Kollektion

Beim guten Debüt im vergangenen Jahr konnten vor allem Silvaner, Riesling und Spätburgunder punkten, und auch in diesem Jahr gefallen uns die Weine dieser drei Rebsorten besonders gut. Die beiden Sekte sind geradlinig und frisch, der Literriesling ist lebhaft und zupackend. Die Guts- und Ortsweine besitzen Kraft und Substanz. Sehr gut ist der 2018er Riesling aus dem Heilighäuschen, besitzt viel reife Frucht, Struktur, Fülle und Grip. Auch edelsüß kann Riesling punkten, die Auslese aus dem Ingelheimer Horn ist reintönig, frisch, besitzt feine süße Frucht und Biss. Dem 32 Monate im Holz ausgebauten Reserve-Silvaner hat das Jahr auf der Flasche gut getan, er zeigt rauchige Noten, ist eindringlich und reintönig, füllig und kraftvoll, besitzt gute Struktur und Frucht – ein Wein mit Potenzial! Sehr gut ist auch der 2016er Spätburgunder aus Groß-Winternheim, zeigt rauchige Noten, klare Frucht, ist zupackend, fruchtbetont, strukturiert. Interessante Kollektion!

Weinbewertung

83	2017 Riesling Sekt brut	12,5%/8,-€
82	2017 Pinot Rosé Sekt extra trocken	12%/8,50€
81	2019 Riesling trocken (1l)	12%/5,-€
83	2019 Grauburgunder trocken	12,5%/5,90€
84	2019 Riesling trocken Groß-Winternheim	12,5%/6,50€
86	2018 Riesling trocken Groß-Winternheimer Heilighäuschen	13%/9,50€
88	2015 Sylvaner trocken „Réserve"	13%/12,50€
83	2019 Riesling „feinherb"	12,5%/5,90€
81	2019 „Cuvée Auszeit" Weißwein „feinherb"	12%/5,90€
85	2019 Riesling Auslese Ingelheimer Horn	7,5%/9,50€
82	Spätburgunder trocken „Die Krönung" Ingelheimer	13,5%/9,50€
86	2016 Spätburgunder trocken Groß-Winternheimer	13%/7,20€

MOSEL — LEIWEN

★★★★½ Josef **Rosch**

Kontakt
Mühlenstraße 8
54340 Leiwen
Tel. 06507-4230
Fax: 06507-8287
www.weingut-rosch.de
weingut-josef-rosch@t-online.de

Besuchszeiten
Mo.-Sa. nach Vereinbarung

Inhaber
Werner & Nico Rosch

Rebfläche
8,5 Hektar

Produktion
70.000 Flaschen

Anfang der achtziger Jahre hat Werner Rosch den elterlichen Betrieb übernommen, mit damals gerade einmal 1,2 Hektar Weinbergen. Bis heute sind 8,5 Hektar daraus geworden, ob es einmal mehr werden sollen, muss Sohn Nico entscheiden, der seinen Vater im Betrieb unterstützt. Der Sohn hat bei Peter Jakob Kühn im Rheingau, dem Karthäuserhof an der Ruwer und Knipser in der Pfalz gelernt, dann die Ausbildung in Weinsberg gemacht, danach bot er anderen Winzer seinen Steillagen-Bewirtschaftungs-Service an. Die Weinberge von Werner Rosch liegen vor allem in Leiwen in der Laurentiuslay und im Klostergarten sowie in den Trittenheimer Lagen Apotheke und Altärchen. Darüber hinaus ist er in der Klüsserather Bruderschaft und in der Lage Dhron Hofberger vertreten, inzwischen auch im Piesporter Goldtröpfchen. Werner Rosch baut seit jeher ausschließlich Riesling an. Zur Säurereduzierung werden die Trauben 5 bis 8 Stunden eingemaischt, ohne Schwefel, alle Weine werden spontanvergoren. Im trockenen Segment gibt es in der Spitze einen Lagenwein aus dem Dhron Hofberger (als Spätlese trocken) sowie als Großes Gewächs einen Apotheke-Riesling. Die Weine aus Bruderschaft und Laurentiuslay werden feinherb ausgebaut. Süßweine spielen eine wichtige Rolle im Betrieb. Der Basiswein ist der Kabinett aus dem Klostergarten, dann gibt es Spätlesen und Auslesen (mit bis zu 3 Sternen) aus Apotheke und Goldtröpfchen, wenn es der Jahrgang erlaubt werden auch Beerenauslesen und Trockenbeerenauslesen sowie Eisweine erzeugt. 30 Prozent der Produktion werden exportiert. Die Weine von Werner Rosch sind nach wie vor Geheimtipps, auch deshalb, weil der Winzer selten so im Rampenlicht steht wie andere Kollegen der Region. Seine Weine wirken geradlinig, ruhen in sich selbst, sind unangestrengt und trotzdem lang und mineralisch.

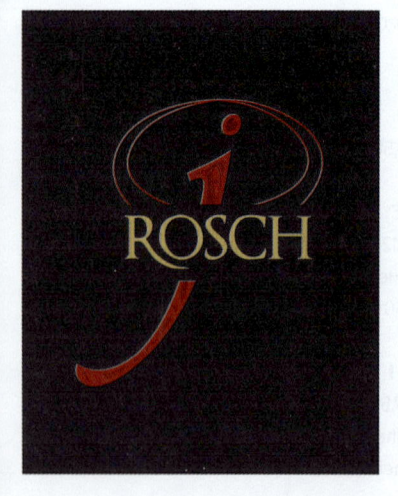

Kollektion

Wenn es um den Einstieg geht, ist das Weingut schon seit Jahren eine Referenz – und auch diesmal ist schon der trockene Riesling mit Ortsbezeichnung überzeugend. Der Leiwener Riesling ist ein Musterbeispiel eines trockenen Basisweines: straff, fest, mit etwas Spiel, ganz unangestrengt wirkend, aber dennoch mit überraschender Substanz. Er ist zudem angenehm trocken, nicht mit Restsüße auf Gefälligkeit getrimmt. Bei den Lagenweinen ergibt sich ein ganz anderes Bild, denn mit denen sollte man sich eingehend beschäftigen. Der Wein aus der Apotheke ist straff, kompakt, besitzt beachtliche Substanz, er wirkte zum Zeitpunkt der Verkostung allerdings verschlossen, braucht wohl noch einige Monate, bis er sich wirklich zugänglich präsentiert. Sehr viel offener dagegen der trockene

Riesling aus dem Dhroner Hofberg, mit frischen, feinen Duftnoten und viel Spiel; er besitzt nicht ganz die Komplexität des Apotheke-Weines, ist aber ebenfalls sehr stimmig, finessenreich und lang. Noch spannender ist der fast trockene Wein aus der Leiwener Laurentiuslay, der vibriert und eine erstaunliche Würze zeigt; der Hauch von Süße ist kaum zu bemerken, geht im komplexen Gesamtbild auf. Auch in diesem Fall dürfte es sich lohnen, den Wein für einige Zeit beiseitezulegen, seine Reife abzuwarten. Im süßen Bereich ist die Spätlese aus dem Goldtröpfchen schon relativ offen, zeigt Noten von süßem Apfel, wirkt im Mund zwar deutlich süß, aber auch enorm rassig und dicht. Die Auslese aus dem Goldtröpfchen ist fein und fast unglaublich ziseliert, trotz der nicht unbeträchtlichen Süße, jene aus der Apotheke dagegen wirkt deutlich fester und straffer, auch etwas nachhaltiger. Die Lagenunterschiede werden in diesem Weingut gut herausgearbeitet – selbst in diesem Segment. Beeindruckend ist auch die Dreisterne-Auslese, die in der Nase reife Zitrusnoten erkennen lässt und ebenso lang wie dicht wirkt. Sie gefällt im jetzigen Zustand noch ein bisschen besser als die zwar intensive, aber auch sehr jung wirkende und deutlich süße Beerenauslese. Seinen Höhepunkt dürfte dieser Wein erst in einigen Jahren erreichen. Zusammenfassend lässt sich von einem sehr überzeugenden Sortiment sprechen: Den typischen Charakter der Rosch-Weine, die auf unaufdringliche Weise Rasse und Finesse transportieren, beweist das Weingut zum wiederholten Male.

Weinbewertung

87	2019 Riesling trocken Leiwener I 12%/8,-€	
90	2019 Riesling Spätlese trocken Dhroner Hofberg I 12,5%/15,-€	
90+	2019 Riesling trocken Trittenheimer Apotheke I 12,5%/24,-€	
92	2019 Riesling Leiwener Laurentiuslay I 12,5%/24,-€	
85	2019 Riesling „feinherb" Leiwener I 11%/8,-€	
88	2019 Riesling Spätlese „feinherb" Klüsserather Bruderschaft I 11%/15,-€	
87	2019 Riesling Kabinett Leiwener Klostergarten I 9%/11,-€	
89	2019 Riesling Spätlese Trittenheimer Apotheke I 9%/15,-€	
90	2019 Riesling Spätlese Piesporter Goldtröpfchen I 8,5%/18,-€	
90	2019 Riesling Auslese Trittenheimer Apotheke I 8%/15,-€/0,5l	
89	2019 Riesling Auslese Piesporter Goldtröpfchen I 8%/18,-€/0,5l	
92	2019 Riesling Auslese*** Trittenheimer Apotheke I 8,5%/22,-€/0,375l	
90+	2019 Riesling Beerenauslese Trittenheimer Apotheke I 8,5%/75,-€/0,375l	

Lagen

Laurentiuslay (Leiwen)
Apotheke (Trittenheim)
Hofberg (Dhron)
Bruderschaft (Klüsserath)
Goldtröpfchen (Piesport)
Klostergarten (Leiwen)

Rebsorten

Riesling (100 %)

BADEN — LADENBURG

★★

Rosenhof

Kontakt
Schriesheimer Straße 101
68526 Ladenburg
Tel. 0151-40524106
www.weingut-rosenhof.eu
m.schmidt@weingut-rosenhof.eu

Besuchszeiten
Fr. 15-18 Uhr
Nov./Dez. auch Sa. 11-14 Uhr

Inhaber
Matthias Schmidt
Rebfläche
3,5 Hektar
Produktion
20.000 Flaschen

Matthias Schmidt übernahm von seinem Vater Rebflächen in Schriesheim und gründete 2010 das Weingut Rosenhof, dies hat seinen Sitz zwischen Ladenburg und Schriesheim, im ehemaligen Gutshof Rosenhof, nach dem das Weingut auch benannt ist. Hier befinden sich die komplette Traubenverarbeitung, der Weinausbau und die Vinothek. Die Weinberge bewirtschaftet Matthias Schmidt in der Lage Schriesheimer Kuhberg. Vor allem Riesling, aber auch Grauburgunder, Weißburgunder, Chardonnay, Silvaner, Gewürztraminer, Sauvignon Blanc sowie die roten Sorten Spätburgunder, Cabernet Sauvignon und Merlot. Die Premium Rot- und Weißweine werden zum Teil im Holz ausgebaut. Matthias Schmidt hat bei Georg Bielig in Schriesheim eine Ausbildung zum Winzer gemacht, in Weinsberg den Weinbautechniker. Er betreibt sein eigenes Weingut von 3,5 Hektar im Nebenerwerb. Hauptberuflich ist er in einem Weinbaubetrieb an der Bergstraße tätig. Das Weingut ist Gründungsmitglied der Weiße Burgunder Charta.

Kollektion

Die Weine von Matthias Schmidt sind zuverlässig gut, die neue Kollektion bestätigt die positiven Eindrücke der Vorjahre. Die meisten Weißweine haben drei Gramm oder weniger Restzucker, das ergibt schon ein klares Bild. Der Silvaner ist typisch, erdig, salzig, hat Biss. Der Riesling zeigt viel Frucht, ist klar und leicht, gut balanciert. Der Weißburgunder hat ein Aroma von Birnen, Mirabellen und Blüten, er ist sehr geschmeidig und hat viel Schmelz ohne Süße. Der Chardonnay ist ähnlich, hat etwas mehr Würze im Bukett und ist kräftiger. Der Grauburgunder ist lebhaft, hat saftige Fülle. Die Charta-Cuvée ist ein schmelziger Burgunder mit weichen Holz-Tanninen, dezent Vanille, feine Säure. Der Sauvignon Blanc hat ein sehr eindringliches, komplexes Bukett mit harzigen Blüten, Hopfen, grüne und rote Früchte, viel Schmelz ohne Süße. Der Spätburgunder von 2017 zeigt Kirschfrucht und Veilchenwurzel im Bukett, er ist einfach, aber ordentlich strukturiert. Der Merlot von 2017 ist typisch, zeigt reife rote Paprika, im Mund viel Saft und weiche Tannine.

Weinbewertung

84	2019 Silvaner trocken	12,5%/6,10€
83	2019 Riesling trocken	12,5%/6,30€
84	2019 Weißburgunder trocken	12,5%/8,-€
85	2019 Grauburgunder trocken	13%/8,-€
85	2019 Chardonnay trocken	13,5%/8,90€
87	2019 Sauvignon Blanc trocken	13%/10,10€
85	2019 „Charta-Cuvée" Weißwein trocken	13%/9,-€
83	2017 Spätburgunder trocken	13,5%/8,20€
85	2017 Merlot trocken	13%/13,50€

ROSENHOF

Chardonnay
trocken

ROSENHOF LADENBURG

BADEN ▬ GLOTTERTAL

Roter Bur Glottertäler Winzer

Kontakt
Winzerstraße 2
79286 Glottertal
Tel. 07684-91091
Fax: 07684-910910
www.roter-bur.de
info@roter-bur.de

Besuchszeiten
Mo.-Fr. 8-12:30 + 13:30-18 Uhr
Sa. 9-13 Uhr
So. & Feiertage 10-12 Uhr

Inhaber
100 Mitglieder
Geschäftsführer
Udo Opel
Kellermeister
Norbert Faller
Rebfläche
62 Hektar
Produktion
500.000 Flaschen

Das Glottertal ist ein recht hoch gelegenes Schwarzwaldtal, die Reben wachsen anders als sonst im Breisgau auf Granit-Gneis-Verwitterungsböden. Das Gros der Reben wird von der Winzergenossenschaft verarbeitet, die sich nach der weit über die Region hinaus bekannten Einzellage Roter Bur nennt, alle anderen Lagen im Glottertal sind seit 1971 zur Lage Eichberg zusammengefasst. Spätburgunder ist mit weitem Abstand die wichtigste Rebsorte der Glottertäler Winzer, nimmt mehr als drei Viertel der Rebfläche ein, wobei Spätburgunder Weißherbst eine wichtige Rolle spielt im Betrieb. Daneben gibt es Grauburgunder und Müller-Thurgau, Gewürztraminer, Weißburgunder und Chardonnay, sowie etwas Riesling und Gutedel. Weitere rote Rebsorten sind Cabernet Sauvignon, Merlot, Regent und Cabernet-Neuzüchtungen.

Kollektion

Auch in diesem Jahr liefern die Glottertäler Winzer eine überzeugende Kollektion ab. Die 2019er Weißweine sind frisch und fruchtbetont, die Spätburgunder sind von traditioneller bis moderner Machart. Dazu kommen zwei Barrique-Weißweine. Der Weißburgunder von 2018 zeigt feine Würze im Bouquet, im strukturellen Ansatz ein präziser, eleganter Wein, der es schwer hat, sich gegen 15 Prozent Alkohol durchzusetzen. Besser gelingt das dem Grauburgunder von 2017, der ist zwar ebenfalls von wuchtiger Fülle, hat aber einen präzisen, schlanken Kern. Der fruchtbetonte Gutedel ist kräftig mit guter Säure. Etwas Eisbonbon-Aromen zeigt auch der Grauburgunder. Kernig ist der fruchtig-saftige Weißburgunder. Bei den Spätburgundern ragen die beiden vom Glottertäler Eichberg heraus. Der vom Jahrgang 2016 zeigt würzige, kühle Frucht, ist gut strukturiert mit dezent bitteren Tanninen. Die würzige Reserve von 2015 ist noch dichter und komplexer, viel süße Frucht hat in einer feinen Säure einen Gegenpart.

Weinbewertung

81	2019 Gutedel trocken	12,5%/4,50€
81	2019 Weißer Burgunder Kabinett trocken	12,5%/6,30€
82	2019 Grauer Burgunder Kabinett	13%/6,30€
84	2018 Weißer Burgunder Barrique	15%/14,90€
87	2017 Grauer Burgunder Barrique	14%/14,90€
85	2015 Ruländer Beerenauslese Barrique	11%/23,90€
81	2019 Spätburgunder Weißherbst Spätlese	11,5%/7,50€
82	2019 Spätburgunder Rosé trocken	12,5%/5,95€
79	2018 Spätburgunder trocken	13,5%/6,90€
81	2018 Spätburgunder Spätlese trocken Glottertäler Roter Bur	13,5%/7,50€
84	2016 Spätburgunder Barrique	13,5%/14,90€
85	2015 Spätburgunder „Reserve"	13,5%/28,90€

FRANKEN ▶ WIESENBRONN

★★★★⯪

Roth

Kontakt
Büttnergasse 11
97355 Wiesenbronn
Tel. 09325-902004
Fax: 09325-902520
www.weingut-roth.de
info@weingut-roth.de

Besuchszeiten
Mo.-Fr. 9-12 + 13-17 Uhr
Sa. 9-12 + 13-16 Uhr
„Rothweinhotel"
(23 Doppelzimmer)

Inhaber
Nicole Roth, Gerhard Roth
Kellermeister
Andreas Hopfengart
Rebfläche
24 Hektar
Produktion
150.000 Flaschen

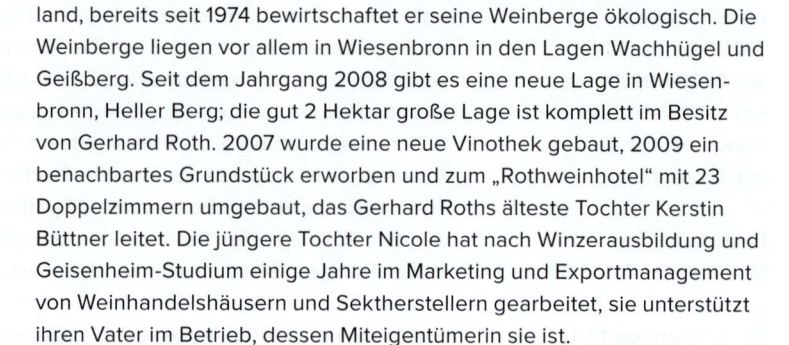

Gerhard Roth gehört zu den Pionieren biologischen Anbaus in Deutschland, bereits seit 1974 bewirtschaftet er seine Weinberge ökologisch. Die Weinberge liegen vor allem in Wiesenbronn in den Lagen Wachhügel und Geißberg. Seit dem Jahrgang 2008 gibt es eine neue Lage in Wiesenbronn, Heller Berg; die gut 2 Hektar große Lage ist komplett im Besitz von Gerhard Roth. 2007 wurde eine neue Vinothek gebaut, 2009 ein benachbartes Grundstück erworben und zum „Rothweinhotel" mit 23 Doppelzimmern umgebaut, das Gerhard Roths älteste Tochter Kerstin Büttner leitet. Die jüngere Tochter Nicole hat nach Winzerausbildung und Geisenheim-Studium einige Jahre im Marketing und Exportmanagement von Weinhandelshäusern und Sektherstellern gearbeitet, sie unterstützt ihren Vater im Betrieb, dessen Miteigentümerin sie ist.

Kollektion

Der Burgundersekt zeigt deutliche Reife, ist füllig und harmonisch. Der Gutssilvaner ist geradlinig, der birnenduftige Wiesenbronner harmonisch und klar, der Geißberg-Silvaner füllig, kompakt, ganz dezent bitter, der 2018er Silvaner von alten Reben besitzt reife Frucht und Substanz. Der dezent zitrusduftige Riesling „aus dem FF" ist frisch und zupackend, klar und fruchtbetont, der Wiesenbronner Weißburgunder besitzt gute Struktur, Frische und Grip, der Weißburgunder aus dem Küchenmeister ist deutlich fülliger und kraftvoller, sehr kompakt, besitzt gute Substanz und reife Frucht. Spannend ist der 2018er All Nature: Dominant, stoffig, konzentriert, geradlinig. Kandierte Früchte zeigt die Rieslaner Beerenauslese im Bouquet, ist enorm konzentriert und stoffig. Der 2017er Blaufränkisch G besitzt reife Frucht und gute Struktur, Tannine und Grip, der 2016 Spätburgunder G ist würzig und eindringlich, besitzt gute Struktur und Substanz und kräftige Tannine.

Weinbewertung

86	2015 Burgunder Sekt brut	13%/15,-€
82	2019 Silvaner trocken	12,5%/7,-€
85	2019 Silvaner trocken Wiesenbronn	13,5%/8,50€
85	2019 Weißer Burgunder trocken Wiesenbronn	13,5%/8,50€
86	2018 Riesling trocken „aus dem FF"	13%/10,50€
85	2019 Silvaner trocken Wiesenbronner Geißberg	13,5%/12,50€
86	2019 Weißer Burgunder trocken Rödelseer Küchenmeister	13,5%/12,50€
86	2018 Silvaner trocken „alte Reben"	14%/17,-€
88	2018 „All Nature" Weißwein trocken	13%/25,-€
90	2017 Rieslaner Beerenauslese Rödelseer Küchenmeister	8%/34,-€/0,5l
84	2017 Pinot Noir trocken Wiesenbronner Wachhügel	13%/15,-€
88	2017 Blaufränkisch „G" trocken Wiesenbronner Heller Berg	13,5%/19,50€
88	2016 Spätburgunder „G" trocken Wiesenbronner Heller Berg	13,5%/26,50€

Andreas Roth

Kontakt
Auf der Lährwiese 8
54538 Kinheim-Kindel
Tel. 06532-953761
Fax: 06532-954493
www.andreas-roth.wine
info@andreas-roth.wine

Besuchszeiten
nach Vereinbarung

Inhaber
Andreas Roth
Rebfläche
5,2 Hektar
Produktion
40.000 Flaschen

Andreas Roth bewirtschaftet mit seinem Weingut etwas mehr als 5 Hektar in den Lagen Rosenberg, Hubertuslay und Römerhang (alle drei Kinheim) und Treppchen (Erden). Wie bei so vielen Weingütern an der Mosel ist der Rebbau hier tief in der Familie verwurzelt. Andreas Roths Vater gab die Landwirtschaft auf und konzentrierte sich auf den Weinbau, auch der Gästebetrieb wurde aufgebaut. Andreas Roth schließlich verbrachte seine Lehrzeit als Weinküfer nirgendwo anders als bei Selbach-Oster, blieb dem Weingut auch danach treu, addierte noch eine Ausbildung zum Winzer und den Meisterbrief. Im Jahr 2006 übernahm er schließlich auch das elterliche Weingut, das er zusammen mit seiner Familie führt. Außer Riesling werden noch Müller-Thurgau, Spätburgunder, Dornfelder und Kerner vinifiziert. Andreas Roth ist bestrebt, die Unterschiede der Lagen, beginnend bei den wurzelechten Rieslingreben im Erdener Treppchen, endend bei den Basisweinen aus der eher flachen Lage Kinheimer Römerberg, herauszuarbeiten.

Kollektion

Auch im Jahrgang 2019 wurden Weine vorgestellt, denen man ausnahmslos das Adjektiv saftig zubilligen kann. Wirklich trocken ist nur ein einziger Wein, der trockene Kabinett aus dem Rosenberg, der fest und vergleichsweise stoffig ausfällt. Unter den feinherb ausgebauten Weinen gefällt die Spätlese namens „Fuchs" am besten – sie wirkt zwar recht verhalten in der Nase, ist aber fest, saftig mit einer gewissen Fülle, die Süße ist gut integriert: ein Wein, der sich gut entwickeln dürfte. Bei der Spätlese aus dem Erdener Treppchen ist die Süße schon deutlich zu spüren, der Wein zeigt aber auch eine schöne Würze. Der „Kitz" genannte Riesling ist typisch fürs Weingut, also offen, saftig, derzeit allerdings auch sehr süß: Er muss sich entwickeln. Die Auslese aus dem Kinheimer Rosenberg ist saftig, besitzt hohe Süße und Schmelz. In der Drei-Sterne-Auslese, die nach Ananas und süßem Steinobst duftet, ist die Süße schon jetzt etwas besser integriert.

Weinbewertung

85	2019 Riesling Kabinett trocken Kinheimer Rosenberg	11,5%/6,70€
83	2019 Auxerrois	11,5%/9,20€
84	2019 Riesling Kabinett „feinherb" Kinheimer Rosenberg	11%/6,70€
80	2019 Riesling „feinherb" (1l)	11,5%/5,70€
85	2019 Riesling Spätlese „feinherb" Kinheimer Hubertuslay	11,5%/8,20€
86	2019 Riesling Spätlese „feinherb" „Fuchs" Kinheimer Hubertuslay	11,5%/12,-€
80	2019 Riesling Hochgewächs (1l)	8,5%/5,70€
85	2019 Riesling Spätlese Erdener Treppchen	9%/8,20€
84	2019 Riesling Spätlese Kinheimer Rosenberg	8,5%/8,-€
84+	2019 Riesling Spätlese „Kitz" Kinheimer Rosenberg	7%/12,-€
86	2019 Riesling Auslese Kinheimer Rosenberg	8,5%/15,-€
87	2019 Riesling Auslese*** Kinheimer Rosenberg	8%/20,-€

FRANKEN ▶ NORDHEIM

★ ★ ★

Rothe

Kontakt
Heerweg 6
97334 Nordheim
Tel. 09381-8479530
Fax: 09381-8479532
www.wein-rothe.de
info@wein-rothe.de

Besuchszeiten
Weinverkauf
Mo.-Sa. 9-18 Uhr
So. 9-12 Uhr
Weingarten/Bistro (April-Okt.)
Mi.-Sa. 12-20 Uhr
Gästehaus der Tochter Maria
Hör im Ort

Inhaber
Christine & Manfred Rothe
Betriebsleiter
Manfred Rothe
Kellermeister
Manfred Rothe
Rebfläche
12 Hektar
Produktion
70.000-80.000 Flaschen

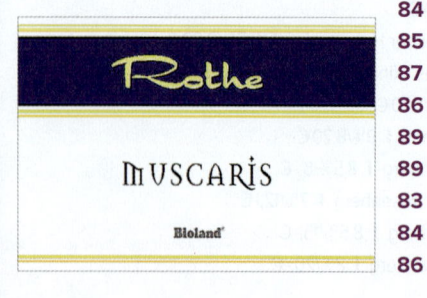

Die Weinberge von Manfred Rothe liegen vor allem in der Mainschleife bei Nordheim (Vögelein) und Sommerach (Katzenkopf), auch im Astheimer Karthäuser. Bis 2002 hat er sie im Nebenerwerb bewirtschaftet, seither ist er vollberuflich Winzer. Die Weinberge werden biologisch bewirtschaftet (Bioland), inzwischen werden biodynamische Grundsätze umgesetzt. Seit dem Kauf eines Weingutes in Nordheim hat Manfred Rothe deutlich mehr Platz und Möglichkeiten zum Ausbau seiner Weine. Die Besonderheiten im Programm sind der erstmals 2011 erzeugte maischevergorene Indigenius-Silvaner und die Kvevri-Weine aus georgischen Amphoren, die es seit 2013 gibt. Zukünftig werden die Weine als Landweine angeboten.

Kollektion

Kvevri-Weine konnten wir dieses Jahr nicht verkosten, der Indigenius-Silvaner aber präsentiert sich in blendender Form: Der 2016er ist eindringlich, würzig, füllig und stoffig, besitzt gute Struktur und Substanz, der 2018er ist noch etwas konzentrierter und dominanter, besitzt viel Substanz und Potenzial, ist noch jugendlich. Der 30 Monate auf der Hefe ausgebaute Muscaris-Sekt ist würzig und zupackend. Gutes Niveau zeigen die fruchtbetonten klaren Gutsweine, allen voran der reintönige, strukturierte Weißburgunder – und der 2015er Weißburgunder zeigt, dass sie keineswegs jung getrunken werden müssen. Sehr gut ist die Grande-Scheurebe, würzig und eindringlich, kraftvoll, klar und zupackend. Auch die beiden Grande-Silvaner sind sehr gut: Der 2018er ist klar, kraftvoll und strukturiert, der im Stückfass ausgebaute 2019er zeigt rauchige Noten, ist klar und zupackend, etwas stoffiger und druckvoller. Unser Favorit im roten Segment ist der Schwarzriesling Grande, der reintönige Frucht, Frische und Grip besitzt.

Weinbewertung

85	Muscaris Sekt brut nature	13%/15,-€
84	2019 Silvaner trocken	12,5%/8,-€
86	2015 Weißer Burgunder trocken	12%/10,-€
85	2019 Weißer Burgunder trocken	12,5%/8,50€
84	2019 Grauer Burgunder trocken	13,5%/8,50€
84	2019 Müller-Thurgau trocken „Grande"	12,5%/10,-€
85	2018 Silvaner trocken „Grande"	13,5%/12,-€
87	2019 Silvaner trocken „Grande"	13%/14,-€
86	2019 Scheurebe trocken „Grande"	12,5%/12,-€
89	2016 Silvaner trocken „Indigenius"	12,5%/25,-€
89	2018 Silvaner trocken „Indigenius"	13,5%/25,-€
83	2018 Schwarzriesling trocken	12,5%/12,-€
84	2018 Spätburgunder trocken	13%/12,-€
86	2018 Schwarzriesling trocken „Grande"	12,5%/18,-€

HESSISCHE BERGSTRASSE ▶ BENSHEIM-AUERBACH

★★

Rothweiler

Kontakt
GuterWein Rothweiler
Berliner Ring 184
64625 Bensheim-Auerbach
Tel. 06251-76569
Fax: 06251-788385
www.hanno-rothweiler.de
mail@hanno-rothweiler.de

Besuchszeiten
Mo.-Fr. 17-19 Uhr, Sa. 10-13 Uhr und nach Vereinbarung (Tel. 0171-6825773)

Inhaber
Hanno Rothweiler

Rebfläche
4 Hektar
(+ 2,5 ha Traubenzukauf)

Produktion
50.000 Flaschen

Hanno Rothweiler, der nicht aus einer Winzerfamilie stammt, hat schon während seiner Ausbildung 1983 seine ersten eigenen Weine gemacht. Seine Weinberge liegen in den Lagen Zwingenberger Steingeröll, Auerbacher Fürstenlager sowie in den Heppenheimer Lagen Steinkopf und Eckweg. Wichtigste Rebsorte in seinem Betrieb ist Riesling, der knapp die Hälfte seiner Rebfläche einnimmt. Es folgen Grauburgunder, St. Laurent und Syrah. Dazu gibt es Sorten wie Ehrenfelser, Silvaner, Chardonnay, Gewürztraminer, Muskateller, Merlot und Dakapo, Roter Riesling und Auxerrois. Die Rotweine werden mit den Rappen maischevergoren und dann gut ein Jahr im Barrique ausgebaut. Die Weine baut Hanno Rothweiler zu 90 Prozent trocken aus. Neben Weinen führt Hanno Rothweiler auch Obstbrände und Liköre im Programm.

Kollektion

In diesem Jahr eröffnet Hanno Rothweiler die Kollektion mit dem Jahrgangsnachfolger des weiß gekelterten Sekts aus Merlot und Lemberger. Der 2018er hat ein feines Bouquet mit Frucht und Hefe, feine Himbeer-Aromatik mit gutem, straffem Gerüst. Die drei Rotweine vom Jahrgang 2018 sind geprägt von dominanten Röstaromen, straffen Tanninen und fruchtiger Süße. In der Kombination ist das stimmig. Alle drei sind keine Kuschelweine, eine gewisse Härte im Nehmen ist angesagt. Der Pinot Noir ist der strengste Wein des Trios mit viel herber Würze und dunkler Frucht, hinter der Tanninwand schimmert eine Kirschfrucht durch. Etwas offener wird die Frucht bei der Cuvée von Syrah und Cabernet Sauvignon. Der saftigste Rotwein ist der Cabernet Sauvignon, reife rote und grüne Paprika sind klar im Zentrum des Geschehens. Die Weißweine sind alle frisch und klar, mit deutlicher Frucht und viel Saft. Die Weine sind gut strukturiert, Säure und Süße sind harmonisch ausgewogen. Unser Favorit ist der kraftvoll zupackende, fruchtig-steinige, mineralische Rote Riesling.

Weinbewertung

85	2018 Merlot/Lemberger „Blanc de Noir" Sekt brut nature	12,5%/14,50€
86	2019 Roter Riesling trocken Auerbacher Fürstenlager	12%/9,30€
83	2019 Riesling trocken „Der Federleichte"	10%/8,90€
84	2019 Roter Riesling + Weißburgunder trocken „Crossover"	12%/8,90€
84	2019 Auxerrois trocken Auerbacher Fürstenlager	12%/8,90€
84	2019 Weißer Burgunder trocken Heppenheimer Steinkopf	12%/8,90€
83	2019 Gelber Muskateller trocken Auerbacher Fürstenlager	12%/9,10€
83	2019 „Das Sommercuvée" Roter Riesling/Morio Muskat feinherb	11,5%/8,90€
84	2019 Cabernet Sauvignon Weißherbst trocken Auerbacher Fürstenlager	12%/9,30€
86	2018 Cabernet Sauvignon trocken Auerbacher Fürstenlager	13%/11,50€
85	2018 Pinot Noir trocken Heppenheimer Eckweg	13%/12,40€
85	2018 Shiraz/Cabernet Sauvignon trocken Auerbacher Fürstenlager	13%/11,50€

BADEN ▶ STRAUBENHARDT

Rüdiger

Kontakt
Hindenburgstraße 83
75334 Straubenhardt
Tel. 0157-77923536
www.weingut-ruediger.de
info@ruedigers-weinwelt.de

Besuchszeiten
nach Vereinbarung

Inhaber
Jens Rüdiger
Rebfläche
2 Hektar
Produktion
10.000 Flaschen

Jens Rüdiger absolvierte seine Winzerausbildung beim Weingut Reichsrat von Buhl in der Pfalz, schloss sein Studium in Gießen mit dem Master in Önologie ab. Parallel zum Geisenheim-Studium gründete er 2011 sein eigenes Weingut, aus ersten Versuchsflächen sind inzwischen 2 Hektar Weinberge geworden. Diese liegen alle in Keltern im Enzkreis, zwischen Karlsruhe und Pforzheim, in den Ortsteilen Ellmendingen (Lage Keulebuckel) und Dietlingen (Lage Klepberg). Er baut vor allem die für die Region typischen Rebsorten Müller-Thurgau (die Hauptrebsorte in Dietlingen) und Schwarzriesling (zusammen mit Spätburgunder die Hauptrebsorte in Ellmendingen) an, inzwischen baut er auch etwas Riesling und Spätburgunder an. Die Reben wachsen an süd- teils west-exponierten Hängen, die Böden bestehen aus Muschelkalk, zum Teil mit Buntsandstein, im Ellmendinger Keulebuckel finden sich auch Auflagen von Keuper.

Kollektion

Der MTH-Gold-Sekt steht wieder an der Spitze der diesjährigen Kollektion von Jens Rüdiger. Er ist frisch, zeigt feine Fruchtaromen, viel Saft, er hat eine feine Perlage, die dezente Bitternote steht ihm gut. Der Rosé-Sekt ist feinfruchtig, zeigt eine dezente Tanninstruktur und viel Süße. Der Rosé Stillwein ist trockener als der Sekt, schmeckt aber genau wie dieser, schön straff. Der Holzschlag weiß von 2018 hat sich gut entwickelt, das Holz hält sich im Hintergrund, er zeigt immer noch fruchtige, feine Würze mit einem vielgestaltigen Aromenspektrum. Der Holzschlag rot von 2018 ist saftig, das Holz ist nicht aufdringlich, das Aroma ist geprägt von Veilchenwurzel. Den Pinot Meunier „S" von 2018 hatten wir im vergangenen Jahr bereits verkostet, damals suchte er seine Balance zwischen süß-saftiger Frucht und den Holz-Gerbstoffen. Mittlerweile sind die beiden Komponenten auf einem guten Weg zueinander.

Weinbewertung

84	2018 Müller-Thurgau „Gold" Sekt brut	13 % / 12,- €
82	2018 Rosé Sekt	13,5 % / 12,- €
84	2018 „Holzschlag" Weißwein trocken	12 % / 7,90 €
83	2018 Rosé trocken	12,5 % / 6,90 €
82	2018 Pinot Meunier „S" trocken	14,5 % / 8,90 €
82	2018 „Holzschlag" Rotwein trocken	14 % / 8,90 €

Müller-Thurgau „S"

RHEINHESSEN — DITTELSHEIM-HESSLOCH

★★ Ruppert-Deginther

Kontakt
Kämmerergasse 8
67596 Dittelsheim-Hessloch
Tel. 06244-292
Fax: 06244-57134
www.ruppert-deginther.de
kontakt@ruppert-deginther.de

Besuchszeiten
nach Vereinbarung

Inhaber
Justus Ruppert
Kellermeister
Milena Ruppert
Rebfläche
26 Hektar
Produktion
150.000 Flaschen

Seit sechs Generationen betreibt die Familie Weinbau in Hessloch. Heute wird der Betrieb von Karl-Joachim Ruppert und Ehefrau Gabi geführt. Karl-Joachim Ruppert hatte den landwirtschaftlichen Gemischtbetrieb auf Weinbau umgestellt, die Rebfläche vergrößert und die Vermarktung ausgebaut. Sohn Justus ist nach Geisenheim-Studium und Praktika bei Klaus Peter Keller und Knipser in den Betrieb eingestiegen, den er inzwischen übernommen hat. Zuletzt wurde die Traubenannahme komplett geändert, so dass keine Pumpen mehr verwendet werden müssen; neue Edelstahltanks in Größen von 240 bis 2.100 Liter wurden angeschafft. Die Weinberge liegen in den Hesslocher Lagen Liebfrauenberg und Mondschein, im Bechtheimer Hasensprung und in der Westhofener Aulerde. Der Riesling „Calx" (zuvor: „Weißer Stein") stammt aus der ehemaligen Einzellage Lebkuchenberg, heute Teil der Lage Hesslocher Edle Weingärten. Rote Sorten wie Dornfelder, Portugieser und Spätburgunder nehmen 30 Prozent der Rebfläche ein. Wichtigste weiße Sorten sind Riesling und Silvaner. Die roten Lagenweine werden zwei Jahre in deutschen oder französischen Barriques ausgebaut.

Kollektion

Mit der neuen Kollektion schließt Justus Ruppert nahtlos an das Vorjahr an. Die beiden Calx-Weine ragen im weißen Segment wieder hervor: Der von Vanillenoten geprägte Chardonnay besitzt Fülle, Kraft und Substanz, der Riesling zeigt viel Würze und Frucht, ist zupackend, klar und strukturiert, noch recht jugendlich. Die restlichen Weißweine präsentieren sich geschlossen auf gutem Niveau, die füllige, kraftvolle, noch jugendliche Burgundercuvée besitzt Potenzial. Auch die Rotweine zeigen sich geschlossen, vom reintönigen Spätburgunder über die beiden fruchtintensiven Cuvées bis hin zum Cabernet Sauvignon aus dem Liebfrauenberg, der auch in diesem Jahr wieder unser Favorit ist, intensive reintönige Frucht im Bouquet zeigt, kraftvoll, klar und zupackend im Mund ist bei guter Struktur und feiner Frucht. Gute Kollektion!

Weinbewertung

82	2019 Sauvignon Blanc trocken	12,5%/8,25 €
83	2019 Riesling trocken Hesslocher	13%/9,20 €
81	2019 Grauer Burgunder trocken Bechtheimer	14,5%/8,80 €
87	2018 Chardonnay trocken „Calx"	14%/13,65 €
86	2019 Riesling trocken „Calx"	13%/17,50 €
84	2019 Burgunder „Trilogie" Weißwein trocken Hesslocher	14%/10,95 €
83	2017 Spätburgunder trocken Bechtheimer	14%/11,85 €
84	2018 „SchwarzWild" Rotwein trocken	14%/14,05 €
84	2017 „RotWild" Rotwein Cuvée trocken	14%/16,45 €
87	2017 Cabernet Sauvignon trocken Hesslocher Liebfrauenberg	14%/28,30 €

BADEN — LAUDA-KÖNIGSHOFEN

★ Sack

Kontakt
Johann August Sack
Weingut im Taubertal
Bahnhofstraße 30
97922 Lauda-Königshofen
Tel. 09343-62210
Fax: 09343-622130
www.weingut-sack-lauda.de
info@weingut-sack-lauda.de

Besuchszeiten
Mo.-Fr. 9-12 + 14-18 Uhr
Sa. 9-12:30 Uhr
kulinarische Weinprobe mit Gastwinzer am letzten Wochenende im Juni

Inhaber
Karlheinz Sack
Betriebsleiter
Karlheinz Sack
Kellermeister
Carsten Pochopien
Außenbetrieb
Johannes Sack
Rebfläche
8,6 Hektar
Produktion
80.000 Flaschen

Seit den zwanziger Jahren des 20. Jahrhunderts vermarktet die Familie Sack Weine, gehört damit zu den ersten Weingütern im Taubertal, die Weine in Flaschen abfüllten. Durch die Übernahme der Rebflächen des ehemaligen staatlichen Weinversuchsgutes Lauda, kurz Rebgut genannt, im Jahr 2010 vergrößerte sich die Rebfläche auf heute gut 8 Hektar. Karlheinz Sack führt den Betrieb, unterstützt von Sohn Johannes. Die Weinberge verteilen sich auf die Oberlaudaer Lagen Altenberg und Steinklinge, den Laudaer Altenberg, den Marbacher Frankenberg, den Königshofer Kirchberg sowie den Unterschüpfer Mühlberg. Durch die Übernahme des Rebgutes ist der Sortenspiegel recht umfangreich, Müller-Thurgau und Schwarzriesling sind die wichtigsten Rebsorten, gefolgt von Tauberschwarz, Bacchus, Weißburgunder, Chardonnay, Silvaner, Zweigelt, Spätburgunder, Riesling, Kerner, Acolon, Grauburgunder, Souvignier Gris, Regent, Dornfelder und Gewürztraminer.

Kollektion

Drei Weine stehen in diesem Jahr an der Spitze einer homogenen Kollektion. Der Weißburgunder Sekt brut vom Jahrgang 2014 ist sehr gut gereift, Zitrus- und Apfelnoten sind eingebettet in eine feinperlige, angenehm cremige Hefearomatik. Der Barrique-Weißburgunder zeigt viel süße Frucht, ist saftig-füllig mit stoffigem Schmelz, das Holz ist gut integriert. Dritter im Bunde der sehr guten Weine ist ein roter, der Zweigelt, er ist kraftvoll, zeigt viel fruchtige Würze und dunkle Schokolade. Der Tauberschwarz ist ein zupackend-frischer, nicht zu schwerer Wein. Der Spätburgunder ist gekennzeichnet von einer Aromatik von roten Johannesbeeren, der Acolon von dunkler Schokolade mit Zitrusstückchen. Schön leicht ist der saftig-süffige Riesling, ein fruchtbetonter Wein, bei dem Grapefruit-Aromen dominieren. Kraftvolle Fülle zeigt der Silvaner, gut strukturiert ist der feinfruchtige Weißburgunder.

Weinbewertung

85	2014 Weißer Burgunder Sekt brut Lauda Altenberg	12,5%/14,90€
82	2018 „gute Struktur" trocken Lauda	12,5%/7,80€
83	2018 Silvaner trocken „Alte Reben" Lauda Altenberg	12,5%/9,40€
84	2019 Weißer Burgunder trocken Lauda	12,5%/8,80€
83	2019 Grauer Burgunder trocken Unterschüpf	13%/8,80€
83	2018 Chardonnay trocken Lauda Altenberg	13%/8,40€
85	2018 Weißer Burgunder trocken Barrique Lauda Altenberg	13%/14,40€
84	2019 Riesling Lauda Altenberg	11%/9,40€
81	2018 Acolon trocken Königshofen	12,5%/8,80€
83	2018 Tauberschwarz trocken Königshofen	12,5%/8,40€
82	2018 Spätburgunder trocken Unterschüpf	13%/8,80€
85	2018 Zweigelt trocken Barrique Königshofen Kirchberg	13%/14,40€

NAHE ▬ WALLHAUSEN

Prinz zu Salm-Dalberg

★ ★ ☆

Kontakt
Prinz zu Salm-Dalberg'sches Weingut
Schlossstraße 3
55595 Wallhausen
Tel. 06706-944411
Fax: 06706-944434
www.salm-salm.de
info@prinzsalm.de

Besuchszeiten
Mo.-Fr. 9-17 Uhr
Sa. 12-16 Uhr

Inhaber
Felix Prinz zu Salm-Salm

Rebfläche
18 Hektar

Produktion
100.000 Flaschen

Seit über 800 Jahren und aktuell in der 32. Generation betreibt die Familie Weinbau an der Nahe. Michael Prinz zu Salm-Salm, der 17 Jahre Vorsitzender des VDP war, begann 1988 mit der Umstellung auf ökologischen Weinbau, das Weingut ist seit 1995 zertifizierter Naturland-Betrieb. 2013 wurde das vorher separat geführte Weingut Rheingraf in Bingen mit dem Stammbetrieb an der Nahe zusammengeführt und Felix Prinz zu Salm-Salm übernahm 2014 die alleinige Regie. Die Weinberge liegen in Wallhausen im Johannisberg und im Felseneck, in Roxheim (Berg), Sommerloch (Steinrossel) und Dalberg (Ritterhölle), sowie in Bingen (Scharlachberg, Kirchberg). Riesling dominiert im Anbau, nimmt drei Viertel der Rebfläche ein, neben Weiß-, Grau- und Spätburgunder gibt es noch etwas Scheurebe und Merlot.

Kollektion

Der aktuelle Jahrgang der Großen Gewächse ist 2017, unsere beiden Favoriten stammen einmal aus Rheinhessen und einmal von der Nahe: Der Scharlachberg zeigt kräutrige Noten, besitzt gute Konzentration und herbe Zitrusnoten, ist kraftvoll, geradlinig und animierend, der Johannisberg ist deutlich fülliger, zeigt etwas rauchige Würze, besitzt leicht gereifte Frucht, Druck und Länge. Auch der Kirchberg wirkt schon leicht gereift, besitzt klare Zitrusnoten und eine frische Säure, das Felseneck besitzt das markanteste Bouquet mit steinigen Noten, etwas Honig und Brotkruste, ist füllig, besitzt aber auch guten Grip. Unter den Erste-Lage-Rieslingen zeigt der Steinrossel schon deutliche Reifenoten von getrockneter Feige und Quitte, die Ritterhölle ist noch frischer und gelbfruchtig. Sehr gut sind auch die Spätlese und die Auslese, die beide schlank, elegant und frisch sind, die Spätlese ist etwas zurückhaltender, die Auslese ist nachhaltiger und sehr expressiv mit viel gelber Frucht.

Weinbewertung

84	2019 Riesling „vom roten Schiefer"	12%/14,40€
83	2019 Riesling „Grünschiefer"	12%/14,40€
85	2019 Riesling trocken Bingen	12,5%/16,50€
87	2017 Riesling trocken Sommerlocher Steinrossel	13%/21,-€
87	2017 Riesling trocken Dalberger Ritterhölle	12,5%/23,-€
88	2017 Riesling „GG" Felseneck	12,5%/36,-€
89	2017 Riesling „GG" Johannisberg	12,5%
88	2017 Riesling „GG" Kirchberg	12,5%/32,-€
89	2017 Riesling „GG" Scharlachberg	13%/38,-€
86	2019 Riesling Kabinett Wallhäuser Felseneck	10%/15,-€
87	2019 Riesling Spätlese Roxheimer Berg	8%/21,-€
89	2019 Riesling Auslese Scharlachberg Bingen	7%/28,-€

BADEN ━ OBERROTWEIL

★★★★✩ Salwey

Kontakt
Hauptstraße 2
79235 Oberrotweil
Tel. 07662-384
Fax: 07662-6340
www.salwey.de
weingut@salwey.de

Besuchszeiten
Mo.-Fr. 14-18 Uhr (Jan./Feb. bis 17 Uhr), Sa. 11-17 Uhr und nach Vereinbarung,
So. & Feiertage geschlossen

Inhaber
Konrad Salwey
Betriebsleiter
Konrad Salwey
Kellermeister
Konrad Salwey, Simon Kreutner
Außenbetrieb
Marcus Schür
Rebfläche
23 Hektar
Produktion
150.000 Flaschen

Seit 2002 bereits war Konrad Salwey für An- und Ausbau der Weine im Weingut verantwortlich, das er seit dem Tod seines Vaters Wolf-Dietrich Salwey führt. Das Gros seiner Weinberge liegt in Oberrotweil am Kaiserstuhl, in den Lagen Käsleberg (Lössboden), Henkenberg und Eichberg (beide vulkanischen Ursprungs mit Asche und tuffhaltigem Gestein), sowie der kleinen Lage Kirchberg mit steinigen, felsigen Böden, die dem Weingut zu etwa 80 Prozent gehört. Im Oberrotweiler Kirchberg wurden 2009 die Weinberge wieder überwiegend in ihren Zustand vor der Terrassierung zurückversetzt, mit Hangneigungen bis zu 45 Prozent. Den Rinzberghof und die Weinberge im Glottertal, einem Schwarzwaldtal, an dessen Südwesthängen auf Gneisverwitterungsböden in der Lage Eichberg vor allem Spätburgunder angebaut wird, hat Konrad Salweys Schwester Franziska übernommen. Spätburgunder und Grauburgunder sind mit Abstand die wichtigsten Rebsorten im Betrieb, hinzu kommt noch Weißburgunder, Konrad Salwey möchte sich nach und nach ganz auf diese drei Burgundersorten konzentrieren. Das Sortiment ist dreistufig gegliedert in Gutsweine, RS-Weine und Große Gewächse. RS steht für Reserve Salwey: Weiß- und Grauburgunder werden zu 80 Prozent im großen Holzfass, zu 20 Prozent im Barrique ausgebaut, der RS-Spätburgunder in zu jeweils einem Drittel neuen, zweit- und drittbelegten Barriques. An der Spitze stehen die Großen Gewächse aus den drei großen Oberrotweiler Lagen Eichberg, Henkenberg und Kirchberg. Die Jahrgänge 2012, 2013 und 2014 (in diesem Jahrgang wiesen die weißen Großen Gewächse alle nur 12 Prozent Alkohol auf dem Etikett aus) setzen konsequent den Weg fort, den Konrad Salwey mit dem Jahrgang 2011 begonnen hat. Er hat auch beschlossen seine Großen Gewächse, weiß wie rot, erst im dritten Jahr nach der Ernte in den Verkauf zu bringen, dies erstmals mit dem Jahrgang 2015 umgesetzt. Die weißen Großen Gewächse werden mit den natürlichen Hefen vergoren und zwei Jahre auf der Vollhefe in Fässern aus Kaiserstühler Eiche ausgebaut, in denen sie auch den biologischen Säureabbau durchlaufen; die Abfüllung erfolgt ohne Filtration. Bei den Spätburgundern werden zum Teil die Rappen mitvergoren, sie werden zwölf Monate in neuen Barriques ausgebaut, das Holz für diese Fässer kommt vom Kaiserstuhl, gefertigt werden sie in Burgund. Die weißen RS-Weine werden überwiegend im großen Holzfass, zum kleinen Teil im Barrique ausgebaut, der RS-Spätburgunder wird in zu etwa einem Drittel neuen Barriques ausgebaut. Die Weine sind sämtlich durchgegoren – leider nicht die Selbstverständlichkeit, wie man sie bei Burgundern erwarten sollte – und trotzdem sehr niedrig im Alkohol, puristisch, klar und präzise bei betonter Säure, was sehr an Burgund denken lässt.

🏛 Kollektion

Selbstverständlich gibt es im Weingut Salwey auch Weine der Kategorie „easy drinking". „Vive le 83" ist so ein Wein. Es ist ein leichter, feinfruchtiger Rosé Perlwein – unkompliziert, aber gut. Dazu gehören auch die Gutsweine, von denen wir in diesem Jahr einige verkosten konnten. Sie sind alle reintönig und sortentypisch, saftig und zupackend. Vor allem die weißen Großen Gewächse sorgen bei Verkostungen für Diskussionen. Nehmen wir den Weißburgunder Kirchberg GG. Er ist vom Jahrgang 2017 wie alle in diesem Jahr vorgestellten weißen GG. Ein Wein wie ein nackter Fels. Wer sich mit den Weinen von Konrad Salwey intensiver beschäftigt, ist begeistert. Andere lehnen ihn ab. Die Bewertungen gehen krass auseinander. Warum ist das so? Der Kirchberg von 2017 ist alles andere als zugänglich. Leicht trüb ist schon das erste Indiz für einen Salwey, denn die Großen Gewächse werden nach jahrelanger Hefelagerung unfiltriert abgefüllt. Der Wein ist extrem karg, wird dominiert von Säure. Das tut weh. Mehr Präzision ist bei einem Weißwein aber schwer vorstellbar. Nach einiger Zeit im Glas ist durchaus etwas Frucht, Karamell und Walnuss im Hintergrund zu erkennen. Also: Zehn Jahre liegen lassen, dann wird das ein ganz großer Wein sein. Bei einem großen Chardonnay aus dem Burgund ist das nicht anders. Die Spätburgunder Großen Gewächse von 2018 sind zugänglicher.

Konrad Salwey

🍇 Weinbewertung

83	2019 „Vive le 83" Rosé Perlwein	10,5%/10,70€
88	2019 Weißburgunder	12,5%/9,70€ ☺
88	2019 Grauburgunder	12,5%/9,70€ ☺
88	2019 Muskateller	12%/10,-€ ☺
91	2017 Weißburgunder trocken „GG" Henkenberg Oberrotweil	13%/29,-€
91	2017 Weißburgunder trocken „GG" Kirchberg Oberrotweil	12,5%/39,-€
92	2017 Grauburgunder trocken „GG" Henkenberg Oberrotweil	13%/29,-€
92	2017 Grauburgunder trocken „GG" Eichberg Oberrotweil	13%/35,-€
87	2019 Spätburgunder Rosé	12,5%/8,50€ ☺
86	2018 Spätburgunder	13,5%/9,70€
88	2018 Spätburgunder Kaiserstuhl	13,5%/12,-€
89	2017 Spätburgunder „RS" trocken Oberrotweil	13%/19,-€
90	2018 Spätburgunder „RS" trocken Oberrotweil	13,5%/19,-€
92	2018 Spätburgunder trocken „GG" Henkenberg Oberrotweil	13,5%/29,-€
92	2018 Spätburgunder trocken „GG" Eichberg Oberrotweil	13,5%/45,-€
93	2018 Spätburgunder trocken „GG" Oberrotweiler Kirchberg	13,5%/55,-€

Lagen
Kirchberg (Oberrotweil)
Eichberg (Oberrotweil)
Henkenberg (Oberrotweil)

Rebsorten
Grauburgunder (40 %)
Spätburgunder (40 %)
Weißburgunder (18 %)

RHEINHESSEN — METTENHEIM

Sander

★★★★✮

Kontakt
In den Weingärten 11
67582 Mettenheim
Tel. 06242-1583
Fax: 06242-6589
www.sanderweine.de
info@sanderweine.de

Besuchszeiten
Mo.-Fr. 9-17 Uhr
und nach Vereinbarung

Inhaber
Familie Sander
Betriebsleiter
Stefan Sander
Kellermeister
Stefan Sander
Rebfläche
31 Hektar
Produktion
200.000 Flaschen

Bereits in den fünfziger Jahren hatte Otto Heinrich Sander konsequent auf chemische Mittel verzichtet und sich dem ökologischen Weinbau verschrieben, das Weingut gilt allgemein als ältestes Bio-Weingut in Deutschland. Sohn Gerhard, der den Betrieb 1979 übernahm, und Enkel Stefan führen heute diese Arbeit fort, das Weingut wird biodynamisch bewirtschaftet, ist Mitglied bei Naturland. Die Weinberge liegen vor allem in den Mettenheimer Lagen Schlossberg und Michelsberg, aber auch im Bechtheimer Geyersberg. Riesling ist die wichtigste Rebsorte, gefolgt von Weißburgunder, Spätburgunder und Sauvignon Blanc. Dazu gibt es Chardonnay, Silvaner und Müller-Thurgau, aber auch Dornfelder, Cabernet Sauvignon und Merlot, sowie historische Rebsorten wie Grünfränkisch (erste Ernte 2018). Die Weine werden zu über 90 Prozent trocken ausgebaut.

Kollektion

Die neue Kollektion bestätigt den starken Eindruck der Vorjahre, zeigt gutes Einstiegsniveau und bietet weiße wie rote Spitzen. Der Weißburgunder ist klar und geradlinig, der Chardonnay füllig, reintönig, der Sauvignon Blanc leicht floral, besitzt Frische und Grip. Der Lössterrassen-Riesling ist frisch und zupackend, der Silvaner von alten Reben besitzt Fülle, Kraft und Substanz. Der intensiv fruchtige Grünfränkisch besitzt Fülle und Saft, Säure und Biss, muss sich noch harmonisieren. Viel reife Frucht und Substanz besitzt der Weißburgunder aus dem Michelsberg, was auch für den 2018er Reserve-Chardonnay gilt, der deutliche Vanille-noten aufweist. Unsere Favoriten unter den Weißweinen sind zwei Rieslinge: Der 2019er Schlossberg-Riesling ist füllig, saftig, besitzt viel Substanz und Wärme, der 2018er Reserve-Riesling ist intensiv, reintönig, ebenfalls füllig und saftig. Ganz stark sind auch die Spätburgunder: Der 2018er Michelsberg besitzt gute Struktur, Frucht und Grip, der 2017er Reserve-Pinot Noir punktet mit Fülle, Kraft und floralen Noten. Klasse!

Weinbewertung

Punkte	Wein
84	2019 Weißburgunder trocken I 12,5%/7,90€
84	2019 Riesling trocken „Lössterrassen" Mettenheimer I 12,5%/12,-€
85	2019 Sauvignon Blanc trocken I 13%/9,90€
85	2019 Chardonnay trocken I 13,5%/9,90€
87	2019 Silvaner trocken „Alte Rebe" I 12,5%/13,90€
88	2019 Weißburgunder trocken Mettenheimer Michelsberg I 13,5%/14,50€
87	2019 Grünfränkisch „Zeiten-Sprung" I 12,5%/15,-€
90	2019 Riesling trocken Mettenheimer Schlossberg I 13,5%/21,50€
90	2018 Riesling „Reserve" I 13%/32,-€
88	2018 Chardonnay „Reserve" I 13%/34,-€
89	2018 Spätburgunder trocken Mettenheimer Michelsberg I 13%/22,-€
90	2017 Pinot Noir „Reserve" I 13,5%/34,-€

PFALZ — BURRWEILER

★★★

St. Annaberg

Kontakt
St. Anna-Straße 203
76835 Burrweiler
Tel. 06323-949260
Fax: 06323-9492620
www.sankt-annaberg.com
v.lergenmueller@
lergenmueller.de

Besuchszeiten
Gastronomie mit Landhotel
Di.-So. ab 15 Uhr

Inhaber
Anna M. Lergenmüller
**Betriebsleiter/Kellermeister/
Außenbetrieb**
Victoria Lergenmüller
Rebfläche
7 Hektar
Produktion
30.000 Flaschen

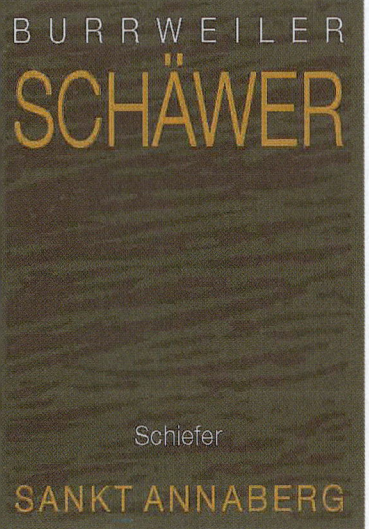

Die Familie Lergenmüller hat das Weingut 1998 übernommen und seitdem als eigenständigen Betrieb weitergeführt. Seit dem Jahrgang 2012 ist Victoria Lergenmüller für die Weine des Guts verantwortlich und hat den Anbau mittlerweile komplett auf Riesling umgestellt. Sie hat in Geisenheim Weinwirtschaft studiert, Praktika in Frankreich und Südafrika absolviert und in Bordeaux ihren Master in Weinmarketing und -Management abgeschlossen. Die Weinberge liegen in der teilweise terrassierten Monopollage Burrweiler St. Annaberg (sandiges Verwitterungsgestein), in der Gleisweiler Hölle (Buntsandstein, bis zu 65 Jahre alte Reben), im Ilbesheimer Kalmit (Landschneckenkalk) und im Burrweiler Schäwer (Schiefer). Derzeit befindet sich das Weingut in der Umstellungsphase auf biologischen Weinbau.

Kollektion

Leider bekamen wir in diesem Jahr wenig Neues von Victoria Lergenmüller zu verkosten, von den sieben Weinen hatten wir die vier 2018er alle schon im vergangenen Jahr im Glas. Aber die 2018er besitzen noch einiges an Potential, sind konzentrierte, elegante Rieslinge, die in ihrer Jugend viel klare gelbe Frucht besitzen, die aber mit etwas Reife dezenter wird. Der Riesling aus dem Schäwer zeigt im Bouquet etwas steinige Würze, besitzt dann am Gaumen viel klare Frucht, Aprikose, Ananas, Orangenschale, feinen Druck und salzige Länge, der Kalmit zeigt kalkig-mineralische und kräutrige Noten, ist elegant, animierend und nachhaltig, beim „Edition Johanniskreuz" ist das sehr gut eingebundene Holz kaum noch zu spüren, er ist von kräutriger Würze und Zitrusnoten geprägt und der feinherbe „Promptus" ist der einzige 2018er, der leichte Reifenoten zeigt, er besitzt dezente Süße und viel gelbe Frucht, ist harmonisch und animierend. Bei den 2019er Rieslingen zeigt der Wein aus der Gleisweiler Hölle leicht verhaltene, aber klare Frucht mit Aromen von Aprikose und Ananas, ist auch am Gaumen fruchtbetont, besitzt Saft und Grip, auch der „Terrassenlage"-Riesling ist sehr fruchtbetont, zeigt gelbes Steinobst, Pfirsich, Mango, und besitzt ein frisches Säurespiel, der feinherb ausgebaute „355NN" besitzt viel gelbe Frucht, dezente Süße und guten Grip.

Weinbewertung

86	2019 Riesling trocken Terrassenlage Burrweiler St. Annaberg	12%/11,-€
87	2019 Riesling trocken „Alte Reben" Gleisweiler Hölle	12,5%/13,50€
88	2018 Riesling trocken „Edition Johanniskreuz" Burrweiler St. Annaberg	13%/20,-€
89	2018 Riesling trocken Ilbesheimer Kalmit	13%/24,-€
90	2018 Riesling trocken Burrweiler Schäwer	13%/25,50€
86	2019 Riesling „feinherb" „355 NN" Burrweiler St. Annaberg	11,5%/11,-€
88	2018 Riesling „feinherb" „Promptus" Burrweiler St. Annaberg	12%/20,50€

RHEINHESSEN ▶ NIERSTEIN

★★★★

St. Antony

Kontakt
Wilhelmstraße 4
55283 Nierstein
Tel. 06133-509110
Fax: 06133-50911299
www.st-antony.de
info@st-antony.de

Besuchszeiten
Mo.-Fr. 8-12 + 13-17 Uhr
Sa. 11-17 Uhr
So. & Feiertage 12-18 Uhr

Inhaber
Familie Meyer & Dirk Würtz
Betriebsleiter
Dirk Würtz
Kellermeister
Sebastian Strub
Außenbetrieb
Adrian Stanciu
Rebfläche
60 Hektar
Produktion
220.000 Flaschen

1912 kaufte die Gute-Hoffnungs-Hütte, die Vorgängerfirma der MAN AG, ein kalkhaltiges Gelände mit Weinbergen in Nierstein um dort Kalk für die Eisenproduktion abzubauen. 1920 wurden die ersten Weine erzeugt und abgefüllt. 2005 verkaufte die MAN AG St. Antony an Detlev Meyer. Das ehemalige Weingut Heyl zu Herrnsheim wurde ebenfalls von Detlef Meyer erworben und in das Weingut St. Antony integriert. Die Weine werden vom selben Team und im selben Keller (ein Neubau ist in Planung) ausgebaut, Heyl zu Herrnsheim bleibt aber als eigenständige Marke erhalten. Ein guter Teil der Rebfläche liegt im Roten Hang. Dort besitzt das Weingut größere Anteile an den Lagen Orbel, Oelberg, Hipping und Pettenthal, die nur 0,6 Hektar große Lage Zehnmorgen besitzt man seit 2010 ganz, die Lage Brudersberg ist ebenfalls im Alleinbesitz des Weingutes, wird aber ausschließlich für die Marke Heyl zu Herrnsheim genutzt. Wichtigste Rebsorte ist Riesling, der 60 Prozent der Fläche einnimmt. Dazu gib es vor allem Spätburgunder, Weißburgunder und Blaufränkisch, den es bereits seit 2008 im Roten Hang gibt. Seit 2007 werden alle Weinberge biologisch, seit 2011 biodynamisch bewirtschaftet, das Weingut ist inzwischen Mitglied bei Demeter. Das Programm ist gegliedert in Gutsweine, Ortsweine und Lagenweine. Beim Riesling gibt es seit 2016 insgesamt sechs Große Gewächse: Zu den Weinen aus Orbel und Pettenthal gesellten sich mit dem Jahrgang 2014 die Großen Gewächse aus Zehnmorgen (der erstmals 2012 gesondert ausgebaut und erstmals 2014 als Großes Gewächs deklariert wurde, der Wein stammt von einer Parzelle mit 1955 gepflanzten Reben) und Hipping (der bis zum Verkauf des Weingutes schon einige Jahre lang als Großes Gewächs angeboten worden war), seit 2015 gibt es auch wieder ein Großes Gewächs aus dem Oelberg, diesen Wein gab es wie den Hipping im letzten Jahrzehnt schon als Großes Gewächs; 2016 kam schließlich das Große Gewächs aus dem Brudersberg hinzu, ein Wein, der lange unter dem Namen Heyl zu Herrnsheim vermarktet wurde. Die Weine werden allerdings nicht identisch ausgebaut: Oelberg und Hipping im Edelstahl, Zehnmorgen im gebrauchten Halbstückfass, Orbel teils im alten Doppelstückfass, teils im Edelstahl, Pettenthal im Barrique. Im roten Segment stehen zwei Spätburgunder Große Gewächse aus Kranzberg und Paterberg zusammen mit den beiden Blaufränkisch Rothe Bach (eine Parzelle im Pettenthal) und Lange Berg (aus der Lage Oberer Auflangen, seit 1971 Bestandteil des Oelbergs) an der Spitze der Kollektion, der Rothe Bach stammt von einer 1978 gepflanzten Rieslingparzelle, die Reben wurden überpropft.

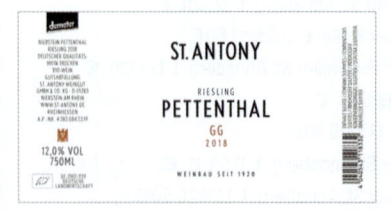

Kollektion

Im vergangenen Jahr sahen wir in einer starken Kollektion den Blaufränkisch Rothe Bach gleichauf mit dem besten Lagen-Riesling.

Auch in diesem Jahr ist er wieder hervorragend – aber noch viel zu jung. Er zeigt intensive Frucht und viel Konzentration im herrlich eindringlichen Bouquet, ist füllig und stoffig, konzentriert und druckvoll, noch recht tanninge- prägt – ein Wein mit viel Potenzial. Stark ist auch der Pinot Noir aus dem Paterberg, zeigt reife Frucht, rote Früchte, besitzt Fülle und Kraft, klare Frucht, gute Struktur, Frische, Grip und kräftige Tannine. Der Rosé setzt ganz auf Süffigkeit, ist frisch und fruchtbetont im Bouquet, lebhaft und leicht im Mund, geradlinig, besitzt feine Süße und Frucht. Ähnlich konzipiert ist der Weißburgunder, der reintönige Frucht besitzt, lebhaft, frisch und unkompliziert ist. Die Riesling- Serie beginnt mit dem Rotschiefer, der viel Würze im Bouquet zeigt, im Mund betont saftig und süffig ist. Deutlich mehr Substanz besitzt der Niersteiner Ortsriesling, ist würzig, eindringlich und konzentriert im Bouquet, füllig und saftig im Mund, besitzt reintönige Frucht, gute Struktur und Grip. Es folgen vier hervorragende Große Gewächse. Der Zehnmorgen ist intensiv fruchtig im Bouquet, wie immer recht offen, ist klar, frisch und zupackend im Mund, besitzt gute Struktur und viel Frucht. Der Orbel ist würzig und eindringlich, zeigt reife Frucht, ist reintönig und frisch im Mund, wie immer sehr offen und zugänglich, harmonisch und lang. Der Hipping zeigt viel Konzentration im Bouquet, intensive Frucht, viel Würze, ist füllig und saftig im Mund, besitzt viel reife Frucht und Substanz, ist aber doch auch recht süß, wodurch er an Spannung verliert, hervorragend aber ist er allemal. Unser Favorit aber ist, noch klarer als im Vorjahr, der Wein aus dem Pettenthal: Gute Konzentration, viel reife Frucht, herrlich reintönig im Bouquet und im Mund, strukturiert, viel Substanz und Druck, viel Potenzial – klasse!

Weinbewertung

83	2019 Weißburgunder trocken	11,5%/8,50€
83	2019 Riesling trocken „Rotschiefer"	12%/9,80€
86	2019 Riesling trocken Nierstein	13%/12,50€
90	2019 Riesling trocken „GG" Nierstein Zehnmorgen	13,5%/22,-€
90	2019 Riesling trocken „GG" Nierstein Orbel	13%/19,-€
92	2019 Riesling trocken „GG" Nierstein Pettenthal	12,5%/28,-€
90	2019 Riesling trocken „GG" Nierstein Hipping	12,5%/30,-€
83	2019 Rosé trocken	11,5%/7,50€
89	2018 Pinot Noir trocken „GG" Nierstein Paterberg	12,5%/38,-€
90	2018 Blaufränkisch trocken Nierstein „Rothe Bach"	13%/42,-€

Lagen
Pettenthal (Nierstein)
– Rothe Bach (Nierstein)
Orbel (Nierstein)
Zehnmorgen (Nierstein)
Hipping (Nierstein)
Oelberg (Nierstein)
Kranzberg (Nierstein)
Paterberg (Nierstein)
Brudersberg (Nierstein)

Rebsorten
Riesling (55 %)
Blaufränkisch (15 %)
Weißburgunder (10 %)
Spätburgunder (10 %)
Chardonnay (5 %)

MOSEL ▶ LEIWEN

★★✩

St. Nikolaus-Hof

Kontakt
Mühlenstraße 44
54340 Leiwen
Tel. 06507-8107
Fax: 06507-802821
www.st-nikolaus-hof.de
klausschweicher@t-online.de

Besuchszeiten
nach Vereinbarung

Inhaber
Klaus & Annegret Schweicher
Kellermeister
Klaus Schweicher
Rebfläche
7,5 Hektar

Der Vater von Klaus Schweicher hatte diesen Leiwener Betrieb bis in die achtziger Jahre als reinen Fassweinbetrieb geführt und dann nach und nach begonnen, Weine auch über die Flasche zu verkaufen. Im Jahr 2000 übernahm Klaus Schweicher den Betrieb und setzte seither konsequent auf Ertragsbeschränkung und Qualität. Durch Zukauf hat er seine Fläche in der Leiwener Spitzenlage Laurentiuslay vergrößert, wo er Querterrassen anlegte und einen Hektar neu bepflanzte. Daneben besitzt Klaus Schweicher auch Weinberge in der Trittenheimer Apotheke sowie im Leiwener Klostergarten. Neben Riesling, der 96 Prozent seiner Weinberge einnimmt, baut Klaus Schweicher etwas Spät- und Weißburgunder an. Besonders stolz ist Klaus Schweicher auf die Lage „Vor dem Stortel", gut einen halben Hektar groß, die sich im Alleinbesitz des Gutes befindet.

🎂 Kollektion

Das Programm des Weingutes ist auch in diesem Jahr überschaubar und klar strukturiert, bietet zwar wenige Überraschungen, aber dafür Zuverlässigkeit. Ein würziger, leicht nussig wirkender trockener Weißburgunder gefällt gut, weil er Frische ausstrahlt und auch einen gewissen Schmelz besitzt. Das Hochgewächs in trockener Version ist eher verhalten in der Nase, wirkt im Mund recht schlank und geradlinig, die Säure ist gut eingebunden. Einen weiteren trockenen Wein stellt der Betrieb nicht vor, aber dafür den halbtrockenen Literwein, geradlinig und zugänglich, verhalten in der Süße. Sehr gut gefällt der feinherbe Kabinett aus der Parzelle „Vor dem Stortel", der zwar deutlich süß wirkt, aber auch Schmelz und eine gute Länge aufweist. Das Hochgewächs in der süßen Variante ist gut balanciert und saftig. Offen, duftig und rassig wirkt die Spätlese aus der Trittenheimer Apotheke, ihre merkliche Süße wird durch die Säure ausgeglichen; dieser Wein dürfte sich gut entwickeln und noch an Balance gewinnen. Die Auslese ist elegant und fein, die Süße ist gut eingebunden; es handelt sich um ein gutes Beispiel für eine zugänglich, nicht allzu nachhaltige Auslese. Einzig der als feinherb bezeichnete, deutlich süße Rosé wirkte zum Zeitpunkt der Verkostung noch etwas unfertig.

🍇 Weinbewertung

84	2019 Riesling Hochgewächs trocken Leiwener Klostergarten	11,5%/6,50€
84	2019 Weißburgunder trocken Leiwener Klostergarten	12,5%/6,50€
80	2019 Riesling halbtrocken (1l)	11,5%/6,50€
84	2019 Riesling Hochgewächs halbtrocken Leiwener Klostergarten	11%/6,50€
85	2019 Riesling Kabinett „feinherb" „Vor dem Stortel" Leiwener Laurentiuslay	10%/7,50€
83	2019 Riesling Hochgewächs Leiwener Klostergarten	9%/6,50€
85	2019 Riesling Spätlese Trittenheimer Apotheke	7,5%/8,50€
85	2019 Riesling Auslese „Vor dem Stortel" Leiwener Laurentiuslay	7%/14,50€
81	2019 Spätburgunder Rosé „feinherb" Leiwener Klostergarten	11,5%/6,50€

PFALZ ▶ BÖCHINGEN

★★★★⯪

Heiner Sauer

Kontakt
Hauptstraße 44
76833 Böchingen
Tel. 06341-61175
Fax: 06341-64380
www.weingut-sauer.com
info@weingut-sauer.com

Besuchszeiten
Mo.-Fr. 9-18 Uhr
Sa. 10-17 Uhr
Gastronomische Angebote in der neuen Vinothek

Inhaber
Heiner Sauer, Moni Sauer, Valentin Sauer

Betriebsleiter
Heiner Sauer, Valentin Sauer

Kellermeister
Heiner Sauer, Felix Haertel

Außenbetrieb
Heiner Sauer, Valentin Sauer

Rebfläche
32 Hektar

Produktion
180.000 Flaschen

Die Familie von Heiner Sauer betreibt schon sehr lange Weinbau, das Weingut in seiner jetzigen Form aber existiert erst seit 1987. Von Anfang an hat Heiner Sauer nach biologischen Grundsätzen gearbeitet und sich dem Bioland-Verband angeschlossen. Seine Weinberge liegen im Böchinger Rosenkranz, in den Nußdorfer Lagen Herrenberg und Kaiserberg, im Godramsteiner Münzberg, im Frankweiler Biengarten, in der Gleisweiler Hölle und im Burrweiler Schäwer. Riesling, Grau- und Weißburgunder sind seine wichtigsten Weißweinsorten, bei den Rotweinen sind es Spätburgunder und St. Laurent. 1998 gründete Heiner Sauer als Geschäftsführer und Teilhaber das ebenfalls ökologisch bewirtschaftete Gut Bodegas Palmera in Utiel-Requeña. Im Sommer 2018 ist Sohn Valentin in den Betrieb eingestiegen, mit der Fertigstellung des neuen Kellers, des Kelterhauses und der Vinothek im Frühjahr 2021 steht ein Umzug des Weinguts von Böchingen nach Nußdorf an.

Kollektion

Heiner und Valentin Sauer präsentieren uns in diesem Jahr wieder eine sehr starke Kollektion: Die Schäwer- und Steinreich-Rieslinge sind geradlinig und puristisch, der Schäwer besitzt etwas herbe Zitruswürze, ist druckvoll und nachhaltig, der Steinreich ist etwas eleganter, besitzt keine Frucht, aber deutliche steinig-mineralische Noten, der Grünfränkisch ist kraftvoll, zeigt viel gelbe Frucht, Birne, Apfel, Ananas, besitzt florale Würze und guten Grip, der neue Weißburgunder „Holz und Ton" zeigt dezente Holzwürze, etwas Walnussschale und Zitrusnoten im Bouquet, ist kraftvoll und nachhaltig. Sehr gut sind auch der leicht füllige, gelbfruchtige Sauvignon Blanc „Fumé", der nur eine Spur Holz zeigt, frisch und lang ist und der von kühler, roter Frucht und kräutrigen Noten geprägte, elegante Spätburgunder.

Weinbewertung

87	2016 Pinot Sekt brut	12,5 %/12,50 €
84	2019 Weißburgunder trocken	12,5 %/6,90 €
85	2019 Riesling trocken „Buntsandstein" Gleisweiler	12,5 %/7,40 €
85	2019 Riesling trocken „Kalkmergel" Böchingen „Zinkler"	13 %/7,90 €
85	2019 Sauvignon Blanc trocken „Löss"	12 %/8,50 €
87	2019 Weißburgunder trocken „Kalkgestein" Godramstein	13,5 %/9,-€
86	2019 Grauburgunder trocken „Löss" Nußdorf	13,5 %/9,50 €
88	2019 Riesling trocken Gleisweiler Hölle	13 %/14,50 €
89	2019 Riesling trocken „Steinreich" Godramstein	12,5 %/14,50 €
89	2019 Riesling trocken Burrweiler Schäwer	13 %/17,50 €
88	2019 Sauvignon Blanc trocken „Fumé" Böchinger Rosenkranz	13,5 %/15,-€
89	2019 Grünfränkisch trocken Böchinger Rosenkranz	14 %/15,-€
89	2018 Weißburgunder trocken „Holz und Ton"	14 %/19,50 €
88	2017 Spätburgunder trocken Nußdorfer Kaiserberg	13 %/18,50 €

★★★★★ Horst **Sauer**

Kontakt
Bocksbeutelstraße 14
97332 Escherndorf
Tel. 09381-4364
Fax: 09381-6843
www.weingut-horst-sauer.de
mail@weingut-horst-sauer.de

Besuchszeiten
Mo.-Fr. 9-12 + 13-18 Uhr
Sa. 11-17 Uhr

Inhaber
Magdalena & Horst Sauer
Kellermeister
Sandra Sauer
Rebfläche
20 Hektar
Produktion
190.000 Flaschen

Seit Mitte der achtziger Jahre hat Horst Sauer seinen Betrieb kontinuierlich auf die heutige Größe ausgedehnt. Seine Weinberge liegen in den Escherndorfer Lagen Lump und Fürstenberg. Silvaner nimmt inzwischen fast 40 Prozent der Fläche ein, ein knappes Viertel ist mit Müller-Thurgau bestockt, 15 Prozent mit Riesling. Dazu gibt es etwas Bacchus, Scheurebe, Weißburgunder, Spätburgunder und Domina. Seit 2005 werden Magdalena und Horst Sauer im Betrieb von Tochter Sandra unterstützt. Sandra Sauer kümmert sich um die Burgunder (in Weinberg und Keller), Horst Sauer um die edelsüßen Weine, um das sonstige Sortiment kümmern sie sich gemeinsam. Sie haben ihr Sortiment dem VDP-Modell angepasst, was gar nicht so einfach war, wie bei vielen anderen fränkischen Betrieben auch. Die ehemaligen Kabinettweine sind nun die Ortsweine, die ehemaligen Spätlesen tragen ja schon einige Zeit das „S" auf dem Etikett, sie sind nun die Weine aus den so genannten „Ersten Lagen", Lump und Fürstenberg, während die Großen Gewächse nun die Bezeichnung „Escherndorf am Lumpen 1655" tragen. Daneben gibt es den Sehnsucht genannten Silvaner, wie das Große Gewächs erstmals 2001 erzeugt, der teils im Barrique, teils im Edelstahl vergoren wird, der Ausbau erfolgt in gebrauchten Barriques. Seit unserer ersten Ausgabe haben wir Horst Sauer und sein Weingut mit unserer Höchstnote bedacht, und in diesem ganzen Zeitraum kam uns nie der leiseste Zweifel, ob diese Höchstbewertung denn gerechtfertigt sei. Schon damals waren wir begeistert von seinen edelsüßen Weinen, genauso begeistert aber auch vom hohen Niveau seiner Basisweine. Niemand macht Jahr für Jahr so schönen Müller-Thurgau. Aufmerksamkeit erregt man mit Müller-Thurgau nicht, und ist er noch so gut. In Deutschland ist Riesling gefragt, in Franken der Silvaner. Und Horst und Sandra Sauer beherrschen beide Rebsorten, von der Basis bis zur Spitze, vom Gutswein bis hin zu den Großen Gewächsen und den edelsüßen Weinen.

Kollektion

Es gibt nicht mehr viele Winzer, die Müller-Thurgau schicken, auch in Franken nicht, Horst Sauer aber schickt gleich zwei – und beide sind sehr gut. Der Escherndorfer Müller-Thurgau ist frisch und fruchtbetont, klar und zupackend, der Wein aus dem Fürstenberg zeigt gute Konzentration, feine Würze und reife Frucht, besitzt Fülle und Kraft, deutlich mehr Substanz, gute Struktur und Frische. Der Silvaner Gutswein ist frisch und fruchtbetont, klar und zupackend. Der Silvaner Ortswein zeigt reintönige Frucht, weiße und gelbe Früchte, etwas Birnen, ist wunderschön klar und harmonisch im Mund, hat Grip; das trifft auch für den Riesling Ortswein zu, der wunderschön reintönig, frisch und zupackend ist. Deutlich saftiger und fülliger sind da die beiden Erste Lage-Weine aus dem Lump. Der Silvaner zeigt und reife Frucht, hier dominieren die gelben Früchte im Bouquet, er ist füllig und saftig, besitzt reife süße Frucht. Der Riesling zeigt etwas rauchige Noten, gute Konzentration, besitzt ebenfalls Fülle und Kraft, viel reife Frucht und Substanz. Der Sehnsucht genannte Silvaner zeigt dezente Vanillenoten im Bouquet, besitzt gute Konzentration, reife Frucht, ist füllig und saftig, zeigt auch im Mund etwas Vanille, besitzt gute Struktur und Länge. Das Große Gewächs dann ist deutlich stoffiger und druckvoller, zeigt faszinierend reintönige Frucht, ist druckvoll im Mund, kraftvoll und präzise, recht offen, lang und nachhaltig. Der Riesling steht ihm nicht nach, ist würzig, recht duftig, konzentriert, ist enorm stoffig im Mund, jugendlich, zurückhaltend, kraftvoll und lang. Die Scheurebe Spätlese ist wieder einmal bestechend reintönig, zeigt etwas Cassis und Holunder, besitzt herrlich viel Frucht, feine Süße und Grip. Relativ klein ist im Jahrgang 2019 das edelsüße Segment, lediglich drei Weine hat Horst Sauer vorgestellt, die sind aber alle drei großartig. Die Riesling Beerenauslese ist faszinierend reintönig, zeigt gelbe Beeren, kandierte Früchte, ist herrlich konzentriert und reintönig auch im Mund, komplex und lang. Die gleiche Stilistik zeigt die Silvaner Beerenauslese, ist faszinierend klar, konzentriert, zeigt reife Beeren, ist enorm konzentriert im Mund, glasklar, bestechend reintönig und dominant, lang und nachhaltig. Sehr ähnlich präsentiert sich die Silvaner Trockenbeerenauslese, ist noch ein klein wenig dicker und konzentrierter, faszinierend klar und lang: Drei Weine für den Schatzkeller! Ein würziger, eindringlicher Spätburgunder mit Struktur und Grip rundet die starke Kollektion ab.

Weinbewertung

84	2019 Silvaner trocken „Just"	12%/7,50 €
85	2019 Müller-Thurgau trocken Escherndorf	12,5%/8,-€
86	2019 Silvaner trocken Escherndorf	12,5%/9,-€
86	2019 Riesling trocken Escherndorf	12%/10,-€
87	2019 Müller-Thurgau „S" trocken Escherndorfer Fürstenberg	13%/10,-€
88	2019 Silvaner „S" trocken Escherndorfer Lump	13,5%/13,50 €
89	2019 Riesling „S" trocken Escherndorfer Lump	13,5%/13,50 €
90	2019 Silvaner trocken „Sehnsucht"	13,5%/20,-€
92	2019 Silvaner trocken „GG" „Escherndorf am Lumpen"	13,5%/27,-€
92	2019 Riesling trocken „GG" „Escherndorf am Lumpen"	13,5%/27,-€
88	2019 Scheurebe Spätlese Escherndorfer Lump	12%/12,50 €
94	2019 Silvaner Beerenauslese Escherndorfer Lump	7%/40,-€
93	2019 Riesling Beerenauslese Escherndorfer Lump	7%/40,-€
95	2019 Silvaner Trockenbeerenauslese Escherndorfer Lump	6,5%/70,-€
88	2016 Spätburgunder „S." trocken Escherndorfer Fürstenberg	13,5%/16,-€

Lagen
Lump (Escherndorf)
Fürstenberg (Escherndorf)

Rebsorten
Silvaner (40 %)
Müller-Thurgau (20 %)
Riesling (14 %)
Scheurebe (4 %)
Weißburgunder (3 %)
Spätburgunder (3 %)

Horst & Sandra Sauer / Foto: Michael Wilfling

★★★★★ Rainer **Sauer**

Kontakt
Bocksbeutelstraße 15
97332 Escherndorf
Tel. 09381-2527
Fax: 09381-71340
www.weingut-rainer-sauer.de
info@weingut-rainer-sauer.de

Besuchszeiten
Mo.-Fr. 9-12 + 13-18 Uhr
Sa. 10-17 Uhr
Wein-Sommerfest (3. Juli-Wochenende)

Inhaber
Rainer Sauer
Kellermeister
Daniel Sauer
Rebfläche
15 Hektar
Produktion
135.000 Flaschen

Seit 1979 führen Helga und Rainer Sauer das elterliche Weingut und haben mit der Selbstvermarktung begonnen. Seither haben sie den Betrieb auf die heutige Größe erweitert, wovon ein guter Teil im Escherndorfer Lump liegt, insgesamt 7 Hektar in Steillagen. Die anderen Weinberge liegen im Fürstenberg, hinzu kommen 40 Ar in Untereisenheim. Helga und Rainer Sauer werden im Betrieb unterstützt von Sohn Daniel, der 2007 seinen Abschluss in Geisenheim machte. Silvaner ist die mit Abstand wichtigste Rebsorte, nimmt über 60 Prozent der Weinberge ein. Mit weitem Abstand folgen Müller-Thurgau und Riesling, dazu gibt es etwas Traminer, Kerner, Weißburgunder und rote Sorten. Seit 2007 werden 2,5 Hektar von Daniel Sauer biodynamisch bewirtschaftet. Seit 1999 gibt es den Silvaner „L" aus dem Herzstück des Lump, nach und nach haben Rainer und Daniel Sauer ihr Silvaner-Sortiment weiter differenziert mit „Freiraum", „Alte Reben" und „Muschelkalk", setzen nach und nach Spontangärung ein und haben begonnen einen Wein in einem 900 Liter-Beton-Ei auszubauen, einen Silvaner, was sonst, der Wein hat den Namen „ab ovo" erhalten. Mit der Anpassung an das vierstufige VDP-Modell wurde auf Prädikatsbezeichnungen bei den trockenen Weinen verzichtet, die vormaligen Kabinettweine sind nun die Ortsweine, die Spätlesen wurden die Erste Lage-Weine aus dem Lump, „L" und „ab ovo" tragen keine Lagenbezeichnung mehr, die Großen Gewächse erhalten wie bei allen VDP-Betrieben die Bezeichnung „Escherndorf am Lumpen 1655". 2019 wurde die Umstellung auf ökologischen Weinbau begonnen. Schon in der ersten Ausgabe haben wir die Weine von Rainer Sauer empfohlen, seither haben er und Sohn Daniel gewaltig zugelegt. Wer sich für Silvaner interessiert, der kommt an ihnen nicht vorbei, und wer sich nicht für Silvaner interessiert, der sollte nach Escherndorf fahren und Rainer und Daniel Sauer besuchen! Die Weine sind alle wunderschön reintönig, die Spitzen-Silvaner sind puristisch und doch erstaunlich komplex, faszinieren mit ihrer Nachhaltigkeit. Dass auch die Weine aus anderen Rebsorten sehr gut sind, das versteht sich von selbst.

Kollektion

Was für ein schöner Gutssilvaner! Jahr für Jahr zeigt er sehr gutes Niveau, ist bestechend reintönig und frisch, harmonisch und fruchtbetont. Auch der Muschelkalk-Silvaner gefällt uns wieder ausnehmend gut, ihn kennzeichnen die gleichen Eigenschaften wie beim Gutssilvaner, aber er ist noch etwas intensiver und fülliger, noch etwas kräftiger, ist wunderschön harmonisch und lang. Der Freiraum genannte Silvaner ist wie immer ein wenig offensiver, ein wenig intensiver in der Frucht, die ganz dezente Restsüße – unter 4 Gramm – ist gewollt und liegt über den Werten aller anderer Silvaner, er ist harmonisch, fruchtbetont, saftig und lang. Der Erste Lage-Silvaner aus dem Lump zeigt Birnen, weiße und gelbe Früchte, ist noch ein wenig fülliger, besitzt viel reife Frucht, gute Substanz. Harmonie und Länge. Noch ein klein wenig druckvoller ist der Silvaner von alten Reben im Lump, er ist faszinierend reintönig, zeigt gelbe Früchte, dezent Birnen, ist füllig, harmonisch, komplex, besitzt gute Struktur, Substanz und viel Länge. Weiße und gelbe Früchte zeigt der Silvaner L im Bouquet, ist klar und harmonisch im Mund, besitzt Frische und reintönige Frucht und eine überraschende Säure am Ende. Das Große Gewächs zeigt gute Konzentration, viel reife Frucht, ist sehr würzig, sehr eindringlich, besitzt Fülle und Kraft, viel Druck, ist „sehr Struktur", auf Haltbarkeit vinifiziert. Noch mehr zurückgenommen ist der „ab ovo", konzentriert, aber doch verschlossen im Bouquet, mit Fülle und Substanz, mit Luft und Zeit entwickelt er viel Druck und Komplexität, ist aber deutlich puristischer als seine Kollegen: Spannend! Die große Überraschung für uns aber ist der Spätburgunder Blanc de Noir: Zwar wussten wir das Rainer Sauer auch rote Sorten anbaut, schließlich steht es bei uns im Text zum Weingut, verkostet aber haben wir noch nie einen Wein von einer roten Rebsorte, nun also ein weißgekelterter Spätburgunder: Würzig, eindringlich, leicht rauchig, klar, frisch, zupackend und strukturiert. Riesling kennen wir schon lange, auch dieses Jahr präsentieren Rainer und Daniel Sauer ein starkes Trio. Der Ortswein ist würzig und eindringlich, frisch, klar und zupackend, der Erste Lage-Riesling punktet mit Fülle und Kraft, besitzt reife Frucht, gute Struktur, Substanz und Frische. Super spannend ist das Große Gewächs, sehr offen, konzentriert und fruchtbetont im Bouquet, intensiv und herrlich eindringlich, im Mund stoffig, füllig, strukturiert, noch enorm jugendlich – was auch immer noch für die Jahrgänge 2016 und 2017 gilt, vor allem der 2016er hat von der Flaschenreife profitiert. Tolle Kollektion!

🍇 Weinbewertung

87	2019 Silvaner trocken I 12,5%/8,-€ ☺	
89	2019 Silvaner trocken „Muschelkalk" Escherndorf I 13%/10,-€ ☺	
87	2019 Riesling trocken Escherndorf I 12,5%/10,-€	
88	2019 Silvaner trocken „Freiraum" I 13%/12,50€	
89	2019 Silvaner trocken Escherndorfer Lump I 13%/13,50€	
90	2019 Silvaner trocken „Alte Reben" Escherndorfer Lump I 13%/14,50€ ☺	
89	2019 Riesling trocken Escherndorfer Lump I 12,5%/13,50€	
88	2019 Spätburgunder „weiß gekeltert" trocken Escherndorfer Lump I 12,5%/15,-€	
90	2019 Silvaner „L" trocken I 13%/18,-€	
92	2019 Silvaner trocken „ab ovo" I 13,5%/23,-€	
92	2019 Silvaner trocken „GG" „Escherndorf am Lumpen 1655" I 13%/29,-€	
92	2016 Riesling trocken „GG" „Escherndorf am Lumpen 1655" I 13%	
91	2017 Riesling trocken „GG" „Escherndorf am Lumpen 1655" I 13%	
92	2019 Riesling trocken „GG" „Escherndorf am Lumpen 1655" I 12,5%/29,-€	

Lagen
Lump (Escherndorf)
Fürstenberg (Escherndorf)

Rebsorten
Silvaner (65 %)
Müller-Thurgau (20 %)
Riesling (11 %)

M. Schädler

★ ★ ☆

Kontakt
Weinstraße Süd 43
67487 Maikammer
Tel. 06321-5235
Fax: 06321-57394
www.m-schaedler.de
weingut@m-schaedler.de

Besuchszeiten
Sa. 9-16 Uhr
nach Vereinbarung

Inhaber
Steffen Mugler
Rebfläche
10 Hektar
Produktion
60.000 Flaschen

Steffen Mugler war nach seiner Lehre bei Bassermann-Jordan und einer Zeit beim Kallstadter Weingut Henninger über zehn Jahre lang im elterlichen Weingut Mugler in Gimmeldingen für den An- und Ausbau der Weine verantwortlich, mit Michael Andres zusammen gründete er 1989 die Sektkellerei Andres & Mugler. 2002 übernahm er mit seiner Frau Daniela das Weingut Manfred Schädler in Maikammer. Seine Weinberge liegen in den Maikammer Lagen Heiligenberg, Kirchenstück und Mandelhöhe und im Alsterweiler Kapellenberg. Wichtigste Rebsorte ist mit einem Flächenanteil von 40 Prozent der Riesling, im weiten Abstand folgen Spät-, Weiß- und Grauburgunder, außerdem werden noch Chardonnay, Sauvignon Blanc, Scheurebe, Auxerrois, Müller-Thurgau und Merlot angebaut. Das Sortiment ist in Literweine, Gutsweine und Lagenweine gegliedert. Seit 2011 wirtschaftet Mugler biodynamisch.

Kollektion

Steffen Mugler überrascht uns in diesem Jahr mit einem sieben Monate lang in einer in die Erde eingelassenen 200-Liter-Tonamphore ausgebauten Merlot, der Wein zeigt im expressiven und komplexen Bouquet dunkle Frucht, etwas Trockenfrüchte, Kakao und Kräuter und ist am Gaumen noch wild und würzig mit jugendlichen Tanninen, lässt aber auch schon Eleganz und Länge erkennen. Sehr gut gefällt uns auch wieder der Grauburgunder mit feinen Noten von gerösteten Haselnüssen und gelber Frucht, der ebenfalls elegant und lang ist, der Riesling aus dem Heiligenberg besitzt etwas Zitruswürze, leicht cremige Textur, feinen Druck und gute Länge, der Kirchenstück-Riesling ist fruchtbetonter und besitzt ein feines, nachhaltiges Säurespiel. Neu im Programm ist der gelungen im Holz ausgebaute Souvignier Gris, eine Piwi-Sorte, der gelbe Frucht, Birne, und etwas florale Noten zeigt, elegant und nachhaltig ist und von einer feinen Säure getragen wird.

Weinbewertung

82	2019 „Blanc de Noir" trocken	12,5%/6,20 €
83	2019 Weißburgunder trocken	12,5%/6,20 €
83	2019 Riesling Kabinett trocken	11,5%/6,10 €
83	2019 Sauvignon Blanc trocken	12%/7,20 €
81	2019 „Creation M" Weißwein trocken	12%/6,20 €
86	2018 Souvignier Gris trocken Maikammer Kapellenberg	13%/9,- €
87	2018 Riesling trocken Maikammer Heiligenberg	12,5%/9,- €
86	2019 Riesling trocken Maikammer Kirchenstück	13%/9,- €
87	2019 Grauburgunder trocken Maikammer Heiligenberg	13%/9,- €
83	2019 Muscaris Spätlese Maikammer Mandelhöhe	11%/6,70 €
86	2017 Spätburgunder trocken Maikammer Heiligenberg	13%/12,30 €
89	2018 Merlot trocken	13%

PFALZ ■ NEUSTADT A.D. WEINSTRASSE

Schäfer

★★

Kontakt
Schießmauer 56, 67345
Neustadt a.d. Weinstraße
Tel. 06321-6447
Fax: 06321-68770
www.weingutschaefer.com
weingutschaefer@t-online.de

Besuchszeiten
Mo.-Fr. 8-18 Uhr, Sa. 10-16 Uhr, So. 10-12 Uhr (März-Okt.)
Gutsausschank (Mai/Juni/Juli/Sept.) Do.-So.

Inhaber
Axel Schäfer

Betriebsleiter
Axel & Frank Schäfer

Kellermeister
Frank Schäfer

Außenbetrieb
Max Eitel

Rebfläche
26,5 Hektar

Produktion
180.000 Flaschen

Edgar Schäfer füllte 1948 seinen ersten Wein in Flaschen und gründete das Familienweingut, das 1964 an den Rand von Mußbach aussiedelte. 1991 übernahm Sohn Axel den Betrieb und baute die Rebfläche aus. Nach seiner Ausbildung zum Weinbautechniker und einem Praktikum in Neuseeland stieg Frank Schäfer 2013 in das Gut ein. Er ist seitdem für den Keller verantwortlich und baut seine „Limit" genannte Premiumlinie aus, bei der er mit Maischestandzeiten arbeitet und die nicht gepumpten, unfiltrierten Weine lange auf der Vollhefe liegen lässt. Der Schwerpunkt liegt auf Riesling und den weißen Burgundersorten, daneben gibt es auch Chardonnay, Scheurebe und Sauvignon Blanc, wichtigste rote Sorten sind Spätburgunder, St. Laurent, Merlot und Cabernet Sauvignon. Die Weinberge sind in den Mußbacher Lagen Eselshaut und Glockenzehnt, im Gimmeldinger Mandelgarten und den Lagen Herzog, Herrenletten und Bürgergarten in Haardt. Im November 2018 konnten die Schäfers ihre Fläche um 6,5 Hektar vergrößern, vor allem in den Haardter Lagen, aber auch in Gimmeldingen im Schlössel und Kapellenberg und in einer terrassierten Steillage mit der Katasterbezeichnung „Hinterer Berg". Im August 2020 wurde mit der Umstellung auf biologischen Weinbau begonnen (Bioland).

Kollektion

Es waren schon in den vergangenen Jahren die Spätburgunder, die es uns in Frank Schäfers Sortiment am meisten angetan hatten und das ist auch im Jahrgang 2018 nicht anders: Der Mandelgarten zeigt viel klare rote Frucht, Johannisbeere, Hagebutte, besitzt Struktur und ist sehr elegant, der Bürgergarten ist etwas dunkler in der Frucht, zeigt viel kräutrige Würze und besitzt noch leicht jugendliche Tannine. Grau- und Weißburgunder lagen jeweils zehn Monate auf der Hefe, der Weißburgunder zeigt klare Birnenfrucht und florale Würze, besitzt Kraft, eine feine Säure und Länge, der Grauburgunder zeigt Röstnoten, gelbe Frucht und Zitrusnoten im Bouquet, besitzt Frische und Länge, der Riesling vom Herrenletten ist noch leicht verhalten, besitzt Grip und ist nachhaltig, der Glockenzehnt ist nicht ganz durchgegoren, besitzt viel gelbe Frucht, Steinobst, Fülle und Länge.

Weinbewertung

84	2019 Riesling trocken Haardter	12,5%/7,50€
83	2019 Chardonnay trocken	12,5%/7,-€
88	2019 Weißburgunder trocken „Limit" Haardter Herzog	13,5%/12,-€
88	2019 Grauburgunder trocken „Limit" Haardter Herzog	13,5%/14,-€
87	2019 Riesling „Limit" Mußbacher Glockenzehnt	13%/12,-€
87	2019 Riesling trocken „Limit" Haardter Herrenletten	13%/15,-€
84	2017 „Ovium" Rotwein trocken	13,5%/9,90€
88	2018 Spätburgunder trocken „Limit" Haardter Bürgergarten	13,5%/18,-€
89	2018 Spätburgunder trocken „Limit" Gimmeldinger Mandelgarten	13,5%/22,-€

NAHE ▶ BURG LAYEN

★★★★

Joh. Bapt. Schäfer

Kontakt
Burg Layen 8
55452 Burg Layen
Tel. 06721-43552
Fax: 06721-47841
www.jbs-wein.de
schaefer@jbs-wein.de

Besuchszeiten
nur nach Vereinbarung

Inhaber
Sebastian Schäfer
Rebfläche
8 Hektar
Produktion
60.000 Flaschen

Das Weingut Joh. Bapt. Schäfer ist ein Familienbetrieb in vierter Generation, die erste Flaschenabfüllung erzeugte man mit dem 1921er Jahrgang. Seit Beendigung seiner Lehre 1997 baut Sohn Sebastian die Weine aus, 2002 hat er den Betrieb übernommen, sein Programm neu strukturiert und die Weinberge auf Riesling (60 Prozent der Rebfläche) und Weiß-, Grau- und Spätburgunder (30 Prozent der Fläche) ausgerichtet, daneben gibt es noch Chardonnay etwas Scheurebe und Silvaner. Die Weinberge befinden sich in den Dorsheimer Lagen Goldloch (0,6 Hektar, von Felsen geprägter Lehmboden mit Quarzit und Quarzitkonglomeraten) und Pittermännchen (1,5 Hektar, mit Tonschiefer und Kieselsteinen durchsetzter Lehmboden), sowie in Laubenheim, wo neben einem Hektar Riesling im Karthäuser (rote Sandsteinverwitterung) vorwiegend Burgunderreben stehen. Hinzu kommen Weinberge in Rümmelsheim, darunter ein Weinberg im Burg Layer Schlossberg (Ton mit rötlicher und bläulicher Schieferverwitterung) und im Steinköpfchen (steinig-kiesiger Untergrund mit geringer Löss- und Geröllauflage), von dem im Jahrgang 2018 erstmals ein Erste Lage-Riesling erzeugt wurde. Die Weine werden teils spontanvergoren und lange auf der Feinhefe ausgebaut, teils im Holz, in wenigen Barriques und in Stück- und Doppelstückfässern, teils im 2003 neu erbauten Edelstahlkeller. 2013 wurde das Weingut in den VDP aufgenommen – die erste Neuaufnahme an der Nahe seit zwölf Jahren. Aus Pittermännchen und Goldloch, wo schon immer seine besten trockenen Rieslinge herstammten, erzeugt Sebastian Schäfer seither zwei Große Gewächse, beide Weine stammen von 30 bis 40 Jahre alten Reben und werden mit langem Hefekontakt in großen Holzfässern ausgebaut.

🍰 Kollektion

Wir konnten aus dem Jahrgang 2019 nur eine vergleichsweise kleine Kollektion von Sebastian Schäfers Weinen verkosten und wie schon im vergangenen Jahr sind die trockenen Rieslinge auch im aktuellen Jahrgang zunächst sehr verschlossen im Bouquet und auch am Gaumen nicht richtig präsent, sind teilweise auch wieder von leicht schwefligen Noten geprägt. Mit viel Luft und Geduld beginnen sie aber, sich zu öffnen und um das nachvollziehen zu können haben wir sie über einen Zeitraum von vier Tagen immer wieder verkostet: Das Große Gewächs aus dem Dorsheimer Goldloch, das die Kollektion anführt, zeigt dann dezente steinig-mineralische und auch leicht kräutrige Noten, dazu kommt etwas gelbe Frucht, am Gaumen entwickelt der Wein Zitrusnoten, Limette, Ananas, und viel Biss, ist kraftvoll, salzig, animierend und nachhaltig, das Große Gewächs aus dem Dorsheimer Pittermännchen ist auch nach zwei Tagen noch leicht verhalten, entwickelt dann am vierten Tag feinen Druck und steinige Noten, besitzt am Gaumen Kraft, gute Konzentration, klare Zitrusnoten, Ananas und salzige Länge. Auch der Riesling vom Burg Layer Schlossberg ist zunächst von leicht schwefligen Noten geprägt, zeigt dann auch etwas steinige Würze und Zitrusfrucht, besitzt dann auch am Gaumen klare, aber dezente Frucht, gelben Apfel, viel Grip, Biss, ist salzig und nachhaltig, die beiden Ortsweine sind ebenfalls nach zwei Tagen viel offener, der Dorsheimer zeigt dann gelbe Frucht, Aprikose, Ananas, ist am Gaumen von herben Zitrusnoten geprägt, besitzt eine straffe Säure, viel Biss und gute Länge, der Rümmelsheimer ist schlank und straff, zeigt etwas Tabakwürze und Zitrusnoten, Orangenschale, besitzt ebenfalls viel Biss. Und auch der Gutsriesling ist von herber Zitrusfrucht geprägt, Ananas, Grapefruit, besitzt ein lebendiges Säurespiel, der Weißburgunder ist offener als die Rieslinge, zeigt klare Frucht, Birne, Aprikose, Zitrusnoten, besitzt Saft, Schmelz und Frische, ist harmonisch. Und während in manchen Jahrgängen die Riege von Sebastian Schäfers rest- und edelsüßen Rieslingen sehr umfangreich ist, konnten wir in diesem Jahr nur zwei süße Weine verkosten, beide aus dem Dorsheimer Pittermännchen, der Kabinett ist noch von schwefligen Noten geprägt, zeigt etwas rauchige Tabakwürze, besitzt am Gaumen Zitrusnoten, guten Grip und eine dezente Süße, die Spätlese ist wesentlich präsenter, zeigt im Bouquet viel klare Frucht mit Aromen von Aprikosenmark, Feige, Zitrusfrucht, Ananas, besitzt eine leicht cremige Konsistenz, aber auch ein animierendes Säurespiel, ist elegant und harmonisch.

Weinbewertung

87	2019 Weißer Burgunder trocken „Flusskiesel"	12,5%/11,90€
85	2019 Riesling trocken	12%/10,50€
87	2019 Riesling trocken „Kieselstein" Rümmelsheim	12,5%/14,50€
88	2019 Riesling trocken Dorsheim	12,5%/15,50€
88+	2019 Riesling trocken Burg Layer Schlossberg	13%/19,50€
90	2019 Riesling „GG" Pittermännchen	13%/32,-€
91	2019 Riesling „GG" Goldloch	13%/32,-€
87	2019 Riesling Kabinett Dorsheim Pittermännchen	8%/14,50€
89	2019 Riesling Spätlese Dorsheim Pittermännchen	8%/19,50€

Lagen
Goldloch (Dorsheim)
Pittermännchen (Dorsheim)
Schlossberg (Burg Layen)
Karthäuser (Laubenheim)
Steinköpfchen (Rümmelsheim)

Rebsorten
Riesling (60 %)
Weißburgunder (10 %)
Grauburgunder (10 %)
Spätburgunder (10 %)

PFALZ ▸ BAD DÜRKHEIM

★★

Karl Schaefer

Kontakt
Weinstraße 30
67098 Bad Dürkheim
Tel. 06322-2138
Fax: 06322-8729
www.weingutschaefer.de
info@weingutschaefer.de

Besuchszeiten
Mo.-Fr. 9-12 + 13-18 Uhr
Sa. 10-16 Uhr

Inhaber
Dr. Job & Nana von Nell
Betriebsleiter
Patrick Müller, Johann Seibt
Kellermeister
Johann Seibt
Außenbetrieb
Patrick Müller
Rebfläche
18 Hektar
Produktion
80.000 Flaschen

Der Arzt Dr. Christian Schaefer kaufte 1843 das klassizistische Gutshaus in Bad Dürkheim, sein Sohn Karl Schaefer vergrößerte das Gut und wurde einer der ersten Flaschenweinvermarkter in der Region. Bis 2009 hatte es in fünfter Generation Gerda Lehmeyer geführt, dann wurde es von Job und Nana von Nell übernommen. Die Weinberge liegen in Bad Dürkheim (Steinberg, Spielberg, Michelsberg), Wachenheim (Fuchsmantel, Gerümpel), Forst (Pechstein) und Ungstein (Herrenberg, Weilberg). Im Fuchsmantel und in der darin befindlichen Teillage Quetschenbaum besitzt man 6 Hektar Reben. Die dominierende Rebsorte ist Riesling, der 80 Prozent der Rebfläche einnimmt. Daneben gibt es eine für die Mittelhaardt ungewöhnlich breite Palette an anderen Rebsorten wie Weißburgunder, Chardonnay, Grauburgunder, Gewürztraminer, Muskateller, Rieslaner und Spätburgunder. Seit 2008 sind die Weine biologisch zertifiziert.

Kollektion

Nach etlichen Jahren gibt es mit dem 2018er Jahrgang wieder ein Großes Gewächs aus dem Pechstein, das sich direkt an die Spitze des Sortiments setzt, der Riesling zeigt steinig-mineralische Noten, besitzt feinen Druck, ist geradlinig und etwas nachhaltiger als die anderen Großen Gewächse, bei denen, wie auch beim Pechstein, vordergründige Frucht keine große Rolle spielt, Weilberg und Herrenberg zeigen leichte Reifenoten und besitzen Grip, der Michelsberg ist etwas fülliger und frischer, zeigt deutliche Kräuternoten und klare Frucht, Aprikose und etwas Feige. Unter den Erste-Lage-Rieslingen ist das Gerümpel der fruchtbetonteste, der „Quetschenbaum" zeigt leichte Reifenoten und etwas kräutrige Würze, der Spielberg ist ganz geradlinig und konsequent trocken, die „Schöne Anna" besitzt Saft und viel klare, süße Frucht mit Noten von Aprikose und Ananas.

Weinbewertung

83	2019 Riesling trocken ❙ 12%/8,50€
85	2019 Riesling trocken „Sonnentropfen" Dürkheim ❙ 12,5%/11,50€
87	2018 Riesling trocken Wachenheimer Gerümpel ❙ 12,5%/16,50€
86	2019 Riesling trocken „Basalt" Wachenheim ❙ 12%/12,-€
87	2018 Riesling trocken „Quetschenbaum" Dürkheimer Fuchsmantel ❙ 12,5%/16,50€
87+	2018 Riesling trocken Dürkheimer Spielberg ❙ 12,5%/16,50€
88	2018 Riesling „GG" Weilberg ❙ 13%/33,-€
88	2018 Riesling „GG" Michelsberg ❙ 13%/29,-€
88	2018 Riesling trocken „GG" Herrenberg ❙ 13%/29,-€
89	2018 Riesling „GG" Pechstein ❙ 12,5%/48,-€
83	2019 Riesling „feinherb" ❙ 10,5%/8,50€
85	2019 Riesling „feinherb" „Sonnentropfen" Wachenheim ❙ 10,5%/11,50€
87	2018 Riesling Spätlese „Schöne Anna" Dürkheimer Spielberg ❙ 9%/16,50€

Reinhard Schäfer

★★

Kontakt
Weinbergstraße 21
71711 Steinheim-Kleinbottwar
Tel. 07148-8937
Fax: 07148-4545
www.schaeferwein.com
info@schaeferwein.com

Besuchszeiten
Mo.-Fr. 17-18:30 Uhr, Sa. 8-13 Uhr und jederzeit nach Vereinbarung
Ferienwohnung auf dem Weingut

Inhaber
Reinhard Schäfer
Betriebsleiter
Karin & Reinhard Schäfer
Kellermeister
Reinhard Schäfer
Rebfläche
4,5 Hektar

Reinhard Schäfer war zweiter Kellermeister bei der Genossenschaft in Mundelsheim als er sich 1981 mit damals 70 Ar selbstständig machte. Von Anfang an hat er auf durchgegorene Weine gesetzt – damals eine Seltenheit in Württemberg. Seine inzwischen auf 4,5 Hektar angewachsene Rebfläche liegt rund um Kleinbottwar, vor allem am Götzenberg. Die Reben wachsen hier auf tiefgründigen Keuperböden. Reinhard Schäfer baut zu 70 Prozent rote Sorten an, zu 30 Prozent weiße Sorten, bei denen Riesling und Grauburgunder dominieren. Hinzu kommen als Spezialitäten Silvaner und Gewürztraminer, aber auch Müller-Thurgau, Johanniter, Helios und Sauvignon Blanc. Bei den Rotweinen spielen die Burgundersorten (Spätburgunder, Samtrot, Schwarzriesling) die Hauptrolle, hinzu kommen Lemberger und Trollinger, sowie etwas Cabernet Dorsa, Dornfelder und Merlot. Die Rotweine werden nach der Maischegärung (bis zu 3 Wochen) überwiegend in Holzfässern ausgebaut und reifen in einem aus dem Fels gehauenen Gewölbekeller aus dem 17. Jahrhundert; die Weine werden, mit wenigen Ausnahmen, durchgegoren ausgebaut. 2009 begann Reinhard Schäfer mit der Umstellung auf biologischen Weinbau (Ecovin), 2012 war der erste zertifizierte Jahrgang.

Kollektion

Die neue Kollektion ist stark, bietet zuverlässig hohes Niveau. Die beiden Perlweine – der weiße aus Johanniter und Helios, der Rosé aus Spätburgunder und Samtrot – sind frisch und klar, der Cabernet Dorsa Rosé setzt ganz auf Frucht. Die S-Klasse ist enorm konstant: Der Riesling ist reintönig und zupackend, was auch für den gelbfruchtigen Grauburgunder gilt, der Helios ist etwas floral, intensiv, kraftvoll, der Johanniter würzig, ebenfalls intensiv. Trollinger und Samtrot setzen auf intensive Frucht, der Lemberger auf Frische, der Spätburgunder auf Struktur und Reintönigkeit. Highlight der Kollektion ist der Grauburgunder „77", der viel reife Frucht besitzt, Fülle und Kraft, gute Struktur, Substanz und dezente Vanillenoten.

Weinbewertung

83	2019 „Secco Blanc"	11,5%/6,50€
84	2019 „Secco" Rosé	11,5%/6,50€
85	2018 Grauburgunder „*S*" trocken	12%/7,20€
85	2019 Riesling „*S*" trocken	12,5%/6,80€
85	2019 Helios „*S*" trocken	11,5%/6,20€
84	2017 Johanniter „*S*" trocken	13%/7,20€
88	2018 Grauburgunder „77" trocken	13,5%/12,50€
84	2019 Cabernet Dorsa Rosé trocken	12%/5,80€
84	2019 Trollinger „*S*" trocken	12,5%/6,20€
85	2017 Samtrot „*S*" trocken	13%/7,80€
84	2017 Lemberger „*S*" trocken	13,5%/8,80€
85	2016 Spätburgunder „*S*" trocken	13%/8,50€

RHEINGAU — HOCHHEIM

★★

W.J. Schäfer

Kontakt
Elisabethenstraße 4
65239 Hochheim
Tel. 06146-2112
Fax: 06146-61560
www.weingut-schaefer-hochheim.de
info@wj-schaefer.de

Besuchszeiten
Mo.-Fr. 10-18 Uhr
Sa. 10-14 Uhr

Inhaber
Josef Schäfer
Betriebsleiter
Josef Schäfer, Anja Schäfer
Rebfläche
7 Hektar
Produktion
50.000 Flaschen

Wilhelm Joseph Schäfer hat den Betrieb in seiner heutigen Form aufgebaut. Seit 1988 wird das Weingut von Josef Schäfer geführt, der neben dem dominierenden Riesling ein wenig Spätburgunder und, seit 2004, auch etwas Weißburgunder anbaut. Als Spezialität des Hauses wird auf 5 Prozent der sieben Hektar Fläche der Gewürztraminer gepflegt. Die Weinberge befinden sich in den Hochheimer Lagen Domdechaney, Kirchenstück, Hölle und Reichestal, im Stielweg und im Stein. Josef Schäfer ist stolz auf seine alten Reben, die ältesten wurden 1943 gepflanzt, und sie dürften einen Grund liefern für die beachtliche Struktur der hier erzeugten Weine. Jahr für Jahr gelingen saftige, rassige Rieslinge, die sofort überzeugen und eine duftige Art aufweisen – bis hinauf zu den immer mal wieder produzierten, im besten Sinne süffigen edelsüßen Spezialitäten. Tochter Anja ist nach abgeschlossenem Önologiestudium in den Betrieb eingestiegen.

Kollektion

Fruchtbetonte, saftige Rieslinge sind das Aushängeschild des Hochheimer Weinguts. Dem heißen Jahrgang folgend sind schon die beiden trockenen Kabinett Rieslinge füllig und mild. Der aus dem Stielweg bietet viel reife Gelbfrucht und würzigen Schmelz, der Kabinett aus der Hölle wirkt etwas pointierter, auch wenn er nur geringfügig trockener ausgebaut ist. Etwas weniger Alkohol würde beiden sicher gut tun. Wie gewohnt punktet die trockene Spätlese aus dem Kirchenstück mit merklich mehr Feinheit und Tiefe. Der kompletteste Riesling ist aber das Große Gewächs. Vollmundig und zart nussig, setzt seine frische Frucht belebende Akzente bis in den langen Nachhall. Liebhabern von Gewürztraminer sei die trockene Spätlese empfohlen, die sehr sortentypisch und intensiv ist. Mit markanten Toastaromen präsentiert sich der kraftvolle Weißburgunder substanzreich und vielversprechend. Noch besser gefällt uns der satte Spätburgunder, der zwar eher an einen Wein aus südlichen Gefilden erinnert, jedoch nicht nur aus dieser Sicht ausgesprochen gut gelungen ist.

Weinbewertung

84	2019 Riesling Kabinett trocken Hochheimer Stielweg	13,5%/7,-€
84	2019 Riesling Kabinett trocken Hochheimer Hölle	13,5%/8,-€
86	2019 Riesling Spätlese trocken Hochheimer Kirchenstück	13%/10,50€
82	2019 Spätburgunder „Blanc de Noir" trocken	13%/8,-€
87	2018 Riesling trocken Großes Gewächs Hochheimer Hölle	13%/22,-€
85	2019 Gewürztraminer Spätlese trocken	14%/10,50€
86	2018 Weißburgunder Spätlese trocken Barrique	13,5%/13,50€
84	2019 Riesling Kabinett halbtrocken Hochheimer Reichestal	13%/7,-€
87	2018 Spätburgunder Spätlese trocken Barrique	15%/16,-€

FRANKEN — UNTERERTHAL

Schäfers Weingut

★ ★

Kontakt
Von-Erthal-Straße 16
97762 Untererthal
Tel. 09732-4627
www.schaefers-weingut.de
julia@schaefers-weingut.de

Besuchszeiten
Vinothek
Di.-Fr. 14:30-18 Uhr
Sa. 10-15 Uhr
Weinevents: Kulinarische Weinproben, Sommernachtskino, Barbecue im Weingut...

Inhaber
Klaus Schäfer
Kellermeister
Klaus Schäfer
Rebfläche
5 Hektar

Seit Generationen betreibt die Familie Schäfer Landwirtschaft in Untererthal bei Hammelburg. Klaus Schäfer absolvierte eine Winzerausbildung, pachtete 1995 seinen ersten Weinberg und legte damit den Grundstein für das heutige Weingut, das lange Zeit nur im Nebenerwerb betrieben wurde. Erst als sich die Kinder Julia und Thomas für den Wein entschieden, wurde das Weingut stetig vergrößert. Thomas Schäfer machte nach dem Abitur eine Winzerlehre bei Rudolf May, studierte dann Önologie in Geisenheim, sein Praktikum absolvierte er bei der Domäne Wachau. Julia Schäfer hat Kultur- und Eventmanagement studiert, dann Internationales Weinmarketing, absolvierte ein Praktikum im Haus des Frankenweins, hat bei einem Weingut in der Regionalvinothek Frankens Saalestück gearbeitet, ist nun hauptsächlich aber im Weingut tätig. Die Weinberge liegen alle im Hammelburger Trautlestal. Silvaner und Müller-Thurgau sind die wichtigsten Rebsorten, dazu gibt es Bacchus und Weißburgunder sowie ein wenig Grauburgunder, Ortega und Domina. Die Weine werden zu 80 Prozent trocken ausgebaut.

Kollektion

Mit der neuen Kollektion bestätigt Klaus Schäfer den guten Eindruck vom Debüt im vergangenen Jahr. Die beiden Cuvées und der Rotling setzen ganz auf Süffigkeit. Der trockene Silvaner Kabinett ist reintönig, frisch und zupackend, der Weißburgunder Kabinett besitzt gute Struktur, reintönige Frucht und Grip, der feinfruchtige Bacchus ist intensiv, reintönig und fruchtbetont, hat Grip. Deutlich kraftvoller und konzentriert er sind die 2018er Weißweine. Der Silvaner S ist füllig und saftig, der Silvaner von Erthal besitzt viel Kraft und Substanz. Der Grauburgunder von Erthal besitzt Fülle und Kraft, gute Struktur und viel Frucht, der Weißburgunder von Erthal ist bestechend reintönig, besitzt reife Frucht, gute Struktur und Kraft. Die intensive fruchtige Domina aus dem Jahrgang 2017 rundet die stimmige, sehr gelungene Kollektion ab.

Weinbewertung

82	2019 „Schäferwein" Weißwein trocken	12%/6,-€
84	2019 Silvaner Kabinett trocken Hammelburger Trautlestal	12%/6,50€
86	2019 Weißer Burgunder Kabinett trocken Hammelburger Trautlestal	13%/7,50€
85	2018 Silvaner „S" trocken	14%/10,50€
86	2018 Silvaner trocken „von Erthal"	14%/12,50€
87	2018 Weißer Burgunder trocken „von Erthal"	13%/12,50€
86	2018 Grauer Burgunder trocken „von Erthal"	13%/12,50€
84	2019 Bacchus Kabinett „feinfruchtig" Hammelburger Trautlestal	12%/6,50€
83	2019 Rotling „feinfruchtig"	12%/6,-€
84	2017 Domina trocken Hammelburger Trautlestal	12,5%/7,-€
83	2017 Cuvée rot „feinherb"	12%/6,50€

NAHE ─ BOCKENAU

★★★★★ Schäfer-Fröhlich

Kontakt
Schulstraße 6
55595 Bockenau
Tel. 06758-6521
Fax: 06758-8794
www.weingut-schaefer-froehlich.de
info@weingut-schaefer-froehlich.de

Besuchszeiten
nach Vereinbarung

Inhaber
Hans, Karin & Tim Fröhlich

Rebfläche
20 Hektar

Produktion
120.000 Flaschen

Bockenau liegt im Tal des Ellerbachs, eines Nebenflusses der Nahe. Seit Anfang der siebziger Jahre wird das Weingut Schäfer-Fröhlich von Hans und Karin Fröhlich geführt, seit 1995 ist ihr Sohn Tim Fröhlich für den Weinausbau verantwortlich. Neben Weinbergen in Bockenau (mit ihrer Paradelage Felseneck, aber auch dem Bockenauer Stromberg) besitzen sie auch Weinberge in Schlossböckelheim (Felsenberg, Kupfergrube) und Monzingen (Halenberg, Frühlingsplätzchen). Sie bauen zu 85 Prozent Riesling an, hinzu kommen 15 Prozent Burgundersorten: Weißburgunder, Grauburgunder und Spätburgunder. Das Programm ist gegliedert in Guts-, Orts- und Lagenweine, insgesamt sechs Große Gewächse hat Tim Fröhlich im Programm. Eine breite Palette an rest- und edelsüßen Rieslingen – je nachdem, was der Jahrgang erlaubt – bis hin zu Trockenbeerenauslesen oder einem Eiswein, ergänzen das Sortiment.

Kollektion

Die Großen Gewächse von Tim Fröhlich haben uns in diesem Jahr sehr überrascht: Seit vielen Jahren haben sie sich im jugendlichen Stadium nicht so offen wie bei der aktuellen Verkostung gezeigt, vereinzelt waren zwar noch ein paar schweflige Noten erkennbar, aber der Trend der letzten Jahrgänge, dass die Weine weniger vom Schwefel geprägt sind, hat sich fortgesetzt. Vor allem die Kupfergrube, unser Favorit unter den 2019er Großen Gewächsen, ist schon sehr präsent und komplex, zeigt feine rauchige Noten und klare Frucht, Aprikose, Ananas, Grapefruit, besitzt auch am Gaumen ungewöhnlich viel Frucht und markanten Säurebiss, ist sehr druckvoll und nachhaltig, das Felseneck ist dagegen noch leicht schweflig, zeigt nach zwei Tagen in der offenen Flasche dann auch gelbe Frucht, etwas Steinobst, ist am Gaumen sehr konzentriert, elegant und nachhaltig, besitzt Grip und Biss und könnte sich mit etwas Reife noch steigern und zu der Kupfergrube aufschließen. Der Stromberg zeigt etwas steinige Noten im Bouquet, entwickelt mit viel Luft am Gaumen auch deutliche gelbe Frucht, Aprikose, Zitrusnoten, besitzt viel feinen Druck, Grip und Länge, der Halenberg zeigt rauchig-mineralische Noten, bleibt im Bouquet auch nach zwei Tagen noch leicht verhalten, besitzt am Gaumen Kraft, herbe Zitruswürze, ist animierend und leicht salzig, der Felsenberg zeigt zunächst leicht schweflig zugedeckte gelbe Frucht, mit Luft dann deutlich Steinobst, ist am Gaumen sehr animierend und nachhaltig, besitzt Biss, das Frühlingsplätzchen zeigt mit Luft klare gelbe Frucht, Aprikose, Ananas, besitzt dezente Süße, ein animierendes Säurespiel und Länge. Bei den Burgundern ist der Weißburgunder „R" in diesem Jahr sehr elegant, zeigt im Bouquet feine Frucht, Aprikose, Ananas und sehr dezentes Holz, besitzt am Gaumen Noten von Salzzitrone, Frische und Länge, die beiden „S"-Burgunder zeigen ebenfalls klare

Frucht und besitzen Frische, der Weißburgunder zeigt feine florale und kräutrige Noten, der Grauburgunder ist leicht nussig. An der Spitze der Süßweine stehen die Beerenauslesen, die beide eine leicht cremige Konsistenz besitzen, schlank, animierend und nachhaltig sind und ein lebendiges Säurespiel besitzen, sich aber im Bouquet unterscheiden, „Goldkapsel I" zeigt klare Frucht, Feige, Aprikose, Ananas, „Goldkapsel II" ist etwas verhaltener, zeigt dezente Apfelfrucht und leicht kräutrige Noten. Die „Goldkapsel"-Auslese zeigt im Bouquet leicht schweflig unterlegte gelbe Frucht, ist am Gaumen aber schon sehr offen, besitzt feine gelbe Frucht, Ananas, etwas Grapefruit, ist cremig, sehr elegant, animierend und lang, die normale Auslese ist im Bouquet präsenter, zeigt gelbes Steinobst, Pfirsich, Aprikose, etwas Yuzu und Ananas, ist schlank, frisch und besitzt guten Grip. Unter den beiden Spätlesen ist die normale Version schon sehr präsent und offen im Bouquet, zeigt viel gelbe Frucht, besitzt ein lebendiges Säurespiel, die „Goldkapsel"-Spätlese ist noch leicht verhalten, besitzt herbe Zitruswürze, Grip und etwas salzige Noten.

Weinbewertung

85	2019 Riesling trocken	12%/10,90€
86	2019 Weißer Burgunder trocken	12,5%/9,90€
88	2019 Riesling trocken „Vulkangestein"	12%/16,90€
89	2019 Riesling trocken „Schiefergestein" Bockenauer	12,5%/19,90€
88	2019 Weißer Burgunder „S" trocken Bockenauer	13%/15,90€
88	2019 Grauburgunder „S" trocken	13%/15,90€
91	2019 Weißer Burgunder „R" trocken	13%/32,-€
92	2019 Riesling „GG" Felsenberg	13%/45,-€
92	2019 Riesling „GG" Stromberg	13%/49,-€
93	2019 Riesling „GG" Kupfergrube	13%/49,-€
91	2019 Riesling „GG" Frühlingsplätzchen	13%/45,-€
92	2019 Riesling „GG" Halenberg	13%/49,-€
92+	2019 Riesling „GG" Felseneck	13%/53,-€
88	2019 Riesling Kabinett Bockenauer Felseneck	8,5%/16,90€
90	2019 Riesling Spätlese Bockenauer Felseneck	8%/19,90€
90+	2019 Riesling Spätlese „Goldkapsel" Bockenauer Felseneck	8%/26,-€
91	2019 Riesling Auslese Bockenauer Felseneck	7,5%/25,-€/0,375l
92	2019 Riesling Auslese „Goldkapsel" Bockenauer Felseneck	7%/0,375l
93	2019 Riesling Beerenauslese „Goldkapsel I" Bockenauer Felseneck (30/20)	7%/0,375l
93	2019 Riesling Beerenauslese „Goldkapsel II" Bockenauer Felseneck	7%/0,375l/Vst.
86	2017 Spätburgunder „R" trocken Bockenauer	13%

Lagen
Felseneck (Bockenau)
Stromberg (Bockenau)
Halenberg (Monzingen)
Frühlingsplätzchen (Monzingen)
Felsenberg (Schlossböckelheim)
Kupfergrube (Schlossböckelheim)

Rebsorten
Riesling (85%)
Weißburgunder (5%)
Grauburgunder (5%)
Spätburgunder (5%)

Tim Fröhlich

WÜRTTEMBERG ▸ HEILBRONN

★★★ Schäfer-Heinrich

Kontakt
Letten 3
74074 Heilbronn
Tel. 07131-162454
Fax: 07131-165659
www.schaefer-heinrich.de
weingut@schaefer-heinrich.de

Besuchszeiten
Mo.-Do. 17-19:30 Uhr
Fr. 13-19:30 Uhr
Sa. 9-18 Uhr

Inhaber
Elke & Andreas Hieber
Betriebsleiter
Andreas & Lars Hieber
Kellermeister
Lars & Andreas Hieber
Rebfläche
18 Hektar
Produktion
120.000 Flaschen

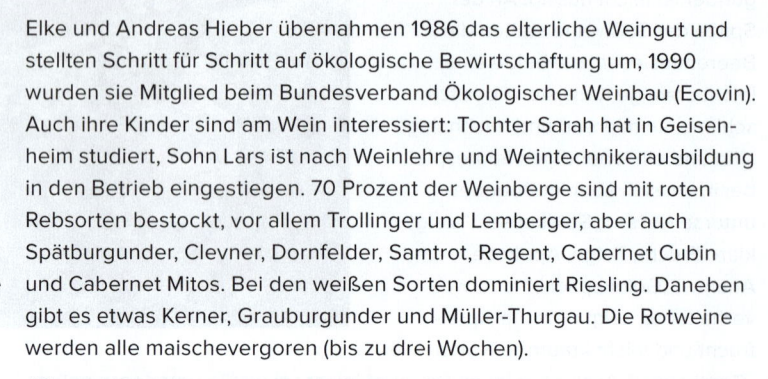

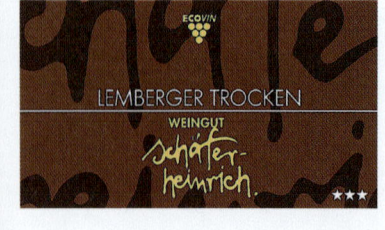

Elke und Andreas Hieber übernahmen 1986 das elterliche Weingut und stellten Schritt für Schritt auf ökologische Bewirtschaftung um, 1990 wurden sie Mitglied beim Bundesverband Ökologischer Weinbau (Ecovin). Auch ihre Kinder sind am Wein interessiert: Tochter Sarah hat in Geisenheim studiert, Sohn Lars ist nach Weinlehre und Weintechnikerausbildung in den Betrieb eingestiegen. 70 Prozent der Weinberge sind mit roten Rebsorten bestockt, vor allem Trollinger und Lemberger, aber auch Spätburgunder, Clevner, Dornfelder, Samtrot, Regent, Cabernet Cubin und Cabernet Mitos. Bei den weißen Sorten dominiert Riesling. Daneben gibt es etwas Kerner, Grauburgunder und Müller-Thurgau. Die Rotweine werden alle maischevergoren (bis zu drei Wochen).

🎂 Kollektion

Jahr für Jahr sind die Kollektionen erstaunlich zuverlässig, das Einstiegsniveau ist hoch, und es gibt Spitzen. Ein fruchtgeprägter Crémant eröffnet den Reigen. Der Rivaner ist wunderschön reintönig, süffig, die beiden Rieslinge sind klar und zupackend, der „N" ist deutlich druckvoller als der Kabinett. Der im Barrique ausgebaute Sauvignon Blanc besitzt rauchige Noten, gute Struktur, Frucht und Kraft, der Grauburgunder Fülle, Substanz und reife Frucht. Die Frage „Was ist das" muss wieder mit Souvignier Gris beantwortet werden, der Wein ist intensiv, duftig, hat Säure und Biss. Bunter Mergel nennt sich die intensiv fruchtige Cuvée aus Lemberger und Merlot, der reinsortige Lemberger zeigt ebenfalls intensive Frucht und besitzt viel Frische, und auch der Cabernet Mitos fügt sich ein in das Bild, setzt ganz auf Frucht, besitzt Fülle und Kraft. An der Spitze der Kollektion stehen die beiden 3-Sterne-Rotweine: Der 2017er Merlot zeigt intensive Frucht, etwas Gewürze, ist kraftvoll und strukturiert, der 2015er Spätburgunder ist herrlich eindringlich und konzentriert, zeigt viel reintönige Frucht, besitzt Fülle und Kraft, reintönige Frucht, gute Struktur und Frische.

🍇 Weinbewertung

85	2017 Riesling Cremant brut	11,5%/15,50 €
84	2019 Rivaner* trocken Heilbronner Stiftsberg	12%/5,90 €
83	2019 Riesling* Kabinett trocken Heilbronner Stiftsberg	11,5%/7,20 €
85	2018 Riesling** „N" trocken Heilbronner Stiftsberg	12,5%/10,50 €
87	2019 Sauvignon Blanc** trocken	12,5%/12,50 €
86	2019 Grauburgunder** Spätlese trocken Heilbronner Stiftsberg	13%/10,20 €
85	2018 „Was ist das? Orangewine"	12,5%/11,20 €
85	2017 „Bunter Mergel"*** Rotweincuvée trocken	13%/9,90 €
85	2017 Lemberger** trocken Heilbronner Stiftsberg	13,5%/10,80 €
84	2017 Cabernet Mitos** trocken	13%/12,80 €
88	2017 Merlot*** trocken	14%/21,- €
89	2015 Spätburgunder*** trocken Heilbronner Stiftsberg	13,5%/21,- €

FRANKEN — ESCHERNDORF

★★★

Egon Schäffer

Kontakt
Astheimer Straße 17
97332 Escherndorf
Tel. 09381-9350
Fax: 09381-4834
www.weingut-schaeffer.de
info@weingut-schaeffer.de

Besuchszeiten
Mo.-Sa. 10-17 Uhr, am besten nach Vereinbarung
Ferienwohnung

Inhaber
Egon Schäffer

Kellermeister
Peter Schäffer

Rebfläche
3,44 Hektar

Produktion
25.000 Flaschen

Die Weinberge von Egon Schäffer liegen in den Escherndorfer Lagen Lump (eine große Parzelle in der ältesten urkundlich belegten Lage Frankens, der Eulengrube, die 1971 Teil des Lump wurde) und Fürstenberg, sowie im Untereisenheimer Sonnenberg, zwei Drittel in Steillagen. Silvaner ist seine wichtigste Rebsorte, es folgen Müller-Thurgau und Riesling, dazu gibt es etwas Weißburgunder, Bacchus, Spätburgunder und Schwarzriesling. Seit 2014 ist Egon Schäffers Sohn Peter für den Weinausbau verantwortlich. Die Weine werden teils im Edelstahl, teils im Holz ausgebaut, Süßreserve und Anreicherung sind seit jeher tabu. Egon Schäffer baut seine Weine konsequent durchgegoren aus und lässt ihnen viel Zeit zur Reife, alle Weine bleiben mindestens sechs Monate auf der Hefe, die Spitzenweine kommen erst nach einem Jahr in den Verkauf. Dem Weingut ist eine Brennerei angeschlossen in der Obst- und Tresterbrände erzeugt werden.

🎂 Kollektion

Es geht weiter von, die neue Kollektion ist stark und stimmig. Die Gutsweine sind klar, frisch und geradlinig. Die sehr guten Ortsweine besitzen Substanz und Kraft: Der Untereisenheimer Silvaner ist reintönig und saftig, der Escherndorfer Bacchus ist fruchtbetont und zupackend, der Müller-Thurgau von alten Reben in Escherndorf besitzt gute Struktur, reintönige Frucht und Grip. Eine weitere Steigerung bringen die Erste Lage-Weine. Der Fürstenberg-Silvaner ist reintönig und zupackend, der Lump-Silvaner, wie alle folgenden Weine aus dem Jahrgang 2018, setzt auf Fülle und Substanz. Der in Barriques aus Steigerwaldeiche vergorene Fürstenberg-Weißburgunder ist kraftvoll und stoffig, der Lump-Riesling sehr lagentypisch, der „Stairway to heaven"-Silvaner besitzt viel Fülle und Wärme. Viel Kraft und Substanz besitzen die Großen Gewächse, der gelbfruchtige, saftige Silvaner ebenso wie der stoffige, druckvolle, sehr eigenständige Riesling – beide „sehr typisch Lump". Im Aufwind!

🍇 Weinbewertung

83	2019 Rivaner trocken	12,5%/6,-€
83	2019 Silvaner trocken	12%/7,-€
85	2019 Silvaner trocken Untereisenheim	12,5%/9,-€
85	2019 Müller-Thurgau trocken „Alte Reben" Escherndorf	12,5%/9,-€
85	2019 Bacchus trocken Escherndorf	12,5%/9,-€
87	2019 Silvaner trocken Escherndorfer Fürstenberg	12,5%/14,-€
86	2018 Silvaner trocken Escherndorfer Lump	13,5%/14,50€
88	2018 Weißburgunder trocken Escherndorfer Fürstenberg	13,5%/16,-€
87	2018 Riesling trocken Escherndorfer Lump	13,5%/14,50€
88	2018 Silvaner trocken „Stairway to heaven" Escherndorfer Lump	14,5%/18,-€
89	2018 Silvaner trocken „GG" Escherndorf „am Lumpen 1655"	14%/27,-€
90	2018 Riesling trocken „GG" Escherndorf „am Lumpen 1655"	13,5%/27,-€

BADEN ▶ VOGTSBURG-SCHELINGEN

★★★

Gregor & Thomas Schätzle

Kontakt
Heinrich-Kling-Straße 38
79235 Vogtsburg-Schelingen
Tel. 07662-9461-0
Fax: 07662-946120
www.weingutschaetzle.de
info@weingutschaetzle.de

Besuchszeiten
Mo.-Fr. 8-12 + 13:30-18 Uhr
Sa. 9-16 Uhr oder nach Vereinbarung
Wohnmobilstellplätze „Genuss-Rucksack"

Inhaber
Familie Schätzle

Kellermeister
Martin Schmidt

Rebfläche
15 Hektar

Produktion
90.000 Flaschen

Gregor Schätzle erbaute 1972 einen Aussiedlerhof außerhalb von Schelingen und verließ 1982 mit damals 5 Hektar Reben die Genossenschaft. 1994 übernahm Thomas Schätzle das Weingut von seinem Vater. Seine Weinberge befinden sich vor allem in der Lage Schelinger Kirchberg (Verwitterungsgestein vulkanischen Ursprungs), aber auch in der Oberbergener Bassgeige (mit Lösslehm überlagertes Vulkangestein) und in der Amolterner Steinhalde. Wichtigste Rebsorten sind Spätburgunder und Grauburgunder, die jeweils etwa ein gutes Drittel der Rebfläche einnehmen. Dazu gibt es Müller-Thurgau, Weißburgunder, Chardonnay, Gewürztraminer und Merlot. Die Spitzenweine von den Terrassen im Schelinger Kirchberg werden in der Linie „RS" (Reserve Schätzle) angeboten, in der es Grauburgunder, Chardonnay und Spätburgunder gibt. 2013 ist Tochter Franziska in den Betrieb eingestiegen, die in Geisenheim und Dijon studierte. Zuletzt wurde in eine neue Ausstattung und das Wein-Archiv investiert.

Kollektion

Sehr fein, komplex und elegant ist der 60 Monate auf der Hefe gereifte Sekt, der ohne Dosage und damit durchgegoren gefüllt wurde. Die Ortsweine von Weißburgunder, Grauburgunder und Chardonnay zeigen die gleiche Stilistik: Der Fokus liegt auf Klarheit der Frucht, sie sind alle kraftvoll mit guter, stimmiger Säurestruktur. Der Grauburgunder „Schatz vom Vulkan" duftet fein, zeigt am Gaumen saftigen, füllingen Schmelz, ist gut balanciert. Der Gewürztraminer aus der gleichen Reihe ist sortentypisch im Bouquet, zeigt im Mund viel Spiel und ist sehr griffig, wirkt fast leicht. Die Reserve-Weine: Chardonnay 2018 zeigt buttrigen Schmelz, ist füllig, langes Hefelager macht ihn schmiegsam. Grauburgunder 2018 zeigt ein würziges Bouquet, am Gaumen viel Spiel, feine Säurestruktur, Länge und Substanz. Feinduftig ist der kraftvoll-elegante Spätburgunder mit fließendem Tannin und salziger Länge. Köstlich ist der saftige, süße Muskateller.

Weinbewertung

87	2014 Pinot & Chardonnay Sekt brut nature	12,5%/20,-€
84	2019 Weißburgunder trocken Schelinger	13,5%/9,80€
85	2019 Grauburgunder trocken Schelinger	14%/9,80€
85	2019 Chardonnay trocken Schelinger	13%/9,80€
86	2018 Grauburgunder trocken „Schatz vom Vulkan"	14%/15,-€
87	2019 Gewürztraminer trocken „Schatz vom Vulkan"	13,5%/15,-€
88	2018 Grauburgunder trocken „Reserve" Schelinger Kirchberg	14%/24,-€
88	2018 Chardonnay trocken „Reserve" Schelinger Kirchberg	14%/28,-€
86	2019 Muskateller „petit trésor" „aus eingetrockneten Trauben"	10,5%/15,-€
86	2016 Spätburgunder trocken „Schatz vom Vulkan"	13,5%/19,-€
89	2017 Spätburgunder trocken „Reserve" Schelinger Kirchberg	13,5%/45,-€

Mittelrhein — Hammerstein

★★✩

Scheidgen

Kontakt
Hauptstraße 10
56598 Hammerstein
Tel. 02635-2329
Fax: 02635-6082
www.weingut-scheidgen.de
winzer@weingut-scheidgen.de

Besuchszeiten
Mo.-Sa. 8-19 Uhr
So. 9:30-18 Uhr
Weinprobierstube bis 60 Personen; Ferienwohnung

Inhaber
Georg Scheidgen

Rebfläche
22 Hektar

Produktion
200.000 Flaschen

Seit sieben Generationen baut die Familie Wein am Mittelrhein an, heute wird der Betrieb von Georg Scheidgen geführt, der das Weingut stetig vergrößert hat, inzwischen ist das Weingut Scheidgen der größte Betrieb am Mittelrhein. Die Weinberge von Georg Scheidgen liegen in den Hammersteiner Lagen In den Layfelsen, Schlossberg und Hölle, in der Leutesdorfer Gartenlay sowie in den Rheinbrohler Lagen Römerberg und Monte Jup, wo zuletzt brachliegende Rebflächen rekultiviert und mit Grauburgunder bepflanzt wurden, auch in Hammerstein wurden brachliegende Flächen rekultiviert. Elf verschiedene Rebsorten baut Georg Scheidgen an, neben Riesling, der die Hälfte der Rebfläche einnimmt, spielen Grau- und Weißburgunder eine wichtige Rolle, daneben gibt es Chardonnay, Silvaner, Kerner und Müller-Thurgau sowie an roten Sorten Portugieser, Dornfelder und Spätburgunder. Die Weißweine werden kühl, die Rotweine werden auf der Maische vergoren, die Weine werden überwiegend im Edelstahl ausgebaut.

Kollektion

Eine kleine Kollektion von sechs Weinen präsentiert Georg Scheidgen in diesem Jahr. Der Spätburgunder Blanc de Noirs ist frisch, würzig, geradlinig. Der Weißburgunder aus der Hammersteiner Hölle zeigt viel Duft im Bouquet, reife Frucht, ist füllig und saftig im Mund bei reifer, recht süßer Frucht. Auch die trockene Grauburgunder Auslese aus dem Rheinbrohler Monte Jup ist deutlich restsüß, zeigt gute Konzentration, viel Würze und Frucht im Bouquet, ist füllig und saftig im Mund bei reifer süßer Frucht. Der Meisterstück genannte trocken Riesling aus der Leutesdorfer Gartenlay zeigt gute Konzentration und reife Frucht im herrlich eindringlichen Bouquet, ist ebenfalls recht süße im Mund, besitzt aber Fülle und Kraft, klare reife Frucht und Substanz, er ist unser Favorit in diesem Jahr. Der feinherbe Riesling aus den Hammersteiner In den Layfelsen ist würzig, eindringlich, anfangs etwas schwefelgeprägt, ist kompakt im Mund, süß und saftig. Aus dem Jahrgang 2018 stammt der im Barrique ausgebaute Spätburgunder aus dem Rheinbrohler Römerberg, der feine Würze und reintönige Frucht im Bouquet zeigt, füllig und kraftvoll im Mund ist bei kräftigen Tanninen.

Weinbewertung

81	2019 Spätburgunder „Blanc de Noir" trocken	13%/7,90€
83	2019 Weißer Burgunder trocken „Edition Pinot" Hammersteiner Hölle	12,5%/8,90€
83	2019 Grauer Burgunder Auslese trocken Rheinbrohler Monte Jup	13%/8,90€
85	2019 Riesling trocken „Meisterstück" Leutesdorfer Gartenlay	12,5%/15,70€
83	2019 Riesling „feinherb" „Bestes Fass" Hammersteiner In den Layfelsen	12%/21,50€
83	2018 Spätburgunder trocken Barrique Rheinbrohler Römerberg	13%/15,90€

Max Schell

★★☆

Kontakt
Rotweinstraße 41
53506 Rech
Tel. 02643-3580
Fax: 02643-3580
www.max-schell.de
info@max-schell.de

Besuchszeiten
Vinothek:
Mo.-Fr. 10-18 Uhr
Sa./So./Feiertage 10-18 Uhr
2 Ferienwohnungen

Inhaber
Wolfgang Schulze-Icking
Betriebsleiter
Wolfgang Schulze-Icking
Kellermeister
Wolfgang Schulze-Icking
Außenbetrieb
Calvin Zimmermann
Rebfläche
3 Hektar
Produktion
22.000 Flaschen

Das Weingut Max Schell wird heute in dritter Generation vom Enkel des Gründers, Wolfgang Schulze-Icking und Ehefrau Katarina geführt, Tochter Annika hat ihre Winzerlehre abgeschlossen und im Herbst 2020 ihr Studium in Geisenheim begonnen. Die Weinberge befinden sich in den Recher Lagen Blume, Herrenberg und Hardtberg, in der Dernauer Goldkaul, im Mayschosser Mönchberg und im Walporzheimer Pfaffenberg, zuletzt hat man das Lagenportfolio um Weinberge in den Ahrweiler Lagen Silberberg und Rosenthal erweitert. Das Weingut soll durch Zukauf weiterer Rebflächen in den kommenden Jahren stetig vergrößert werden. Spätburgunder nimmt 70 Prozent der Rebfläche ein, hinzu kommen Riesling und Frühburgunder sowie ein klein wenig Portugieser; zuletzt kamen weitere Flächen mit Chardonnay, Frühburgunder und Spätburgunder hinzu. Derzeit wird primär in die Mechanisierung der Außenwirtschaft investiert.

Kollektion

Beim Debüt im vergangenen Jahr war der Quantum-Spätburgunder aus dem Jahrgang 2014 unser klarer Favorit in einer starken Kollektion. Die neue Kollektion schließt nahtlos daran an. Die Weißweine überzeugen, allen voran der fein gereifte feinherbe 2018er Riesling, in der Spitze stärker aber sind die Rotweine, wobei lediglich die oft merkliche Restsüße ein wenig irritiert, die Weine allzu süffig erscheinen lässt. Stark sind alle „Grand Max"-Spätburgunder, allesamt aus dem Ahrweiler Rosenthal, allen voran der Grand Max S aus dem Jahrgang 2016, der gute Struktur und wunderschön reintönige Frucht besitzt. Der 2018er Spätburgunder aus dem Silberberg zeigt feine Würze und Frucht, ist füllig im Mund bei reifer süßer Frucht, die (auch) von der hohen Traubenreife herrührt. Unser Favorit aber ist der im Rollfermenter vergorene, 21 Monate in neuen Barriques ausgebaute 2017er Spätburgunder aus dem Rosenthal, der gute Konzentration und rauchige Noten zeigt, viel Fülle, Saft, gute Struktur und reintönige Frucht besitzt.

Weinbewertung

82	2019 Riesling trocken „Tradition"	13%/11,50€
82	2019 Spätburgunder „Blanc de Noir" trocken	13%/8,80€
84	2018 Riesling „feinherb" „Pulsahr"	12%/13,80€
81	2018 Spätburgunder trocken „Tradition"	13,5%/8,80€
83	2017 Frühburgunder trocken „Alte Reben"	13,5%/14,50€
84	2018 Frühburgunder trocken „Pulsahr"	13,5%/14,50€
84	2017 Spätburgunder trocken „Grand Max"	13,5%/16,80€
85	2018 Spätburgunder trocken „Grand Max"	13,5%/16,80€
86	2016 Spätburgunder trocken „Grand Max S"	14%/22,50€
86	2018 Spätburgunder trocken Ahrweiler Silberberg	14,5%/19,50€
87	2017 Spätburgunder trocken Ahrweiler Rosenthal	13,5%/29,50€

FRANKEN — STAMMHEIM

★★★

Scheller

Kontakt
Bocksbeutelweingut Scheller
Weinbergstraße 24
97509 Stammheim
Tel. 09381-3295
Fax: 09381-710686
www.bocksbeutelweingut.de
info@bocksbeutelweingut.de

Besuchszeiten
nach Vereinbarung

Inhaber
Michael Scheller

Rebfläche
5,3 Hektar

Produktion
37.000 Flaschen

Stammheim liegt nördlich von Volkach, am linken Mainufer. Wahrzeichen und Namensgeber des Bocksbeutelweinguts Scheller ist seit 2003 ein fast 12 Meter hoher Bocksbeutel am Stammheimer Eselsberg, in dem 50 Personen Platz finden. Michael Scheller, der seit 2008 für den Weinausbau verantwortlich ist, hat 2015 den Betrieb von den Eltern übernommen und um 2 Hektar erweitert. Die Reben wachsen auf Muschelkalkböden mit Lössauflage im Stammheimer Eselsberg, einer überwiegend Süd- bis Südwest-exponierten Hanglage. Neben Silvaner baut Michael Scheller Müller-Thurgau, Bacchus, Kerner, Weißburgunder und Rieslaner an, dazu die roten Sorten Domina und Dornfelder, inzwischen auch Scheurebe. 2019 wurden zwei weitere Parzellen erworben, so dass nun auch Riesling und Traminer Bestandteil des Sortiments sind.

🍷 Kollektion

Es geht weiter voran, die trockenen Weißweine haben in der Spitze weiter zugelegt. Und auch die Basis ist stark und gleichmäßig wie nie. Die beiden neuen Weine, Riesling und Traminer, sind füllig und kraftvoll, sortentypisch. Der trockene Silvaner Kabinett besitzt Frische und feine süße Frucht, die trockene Spätlese von alten Reben ist füllig und saftig, wunderschön reintönig, besitzt gute Struktur und viel Frucht. Genauso stark ist die trockene Weißburgunder Spätlese, zeigt gute Konzentration, reintönige Frucht, weiße Früchte, ist klar und harmonisch im Mund, besitzt gute Struktur, Frische und Grip. Der Bacchus Kabinett ist reintönig und zupackend, der Scheurebe Kabinett besitzt feine Frische und klare Frucht. Die moderat süße Kerner Spätlese zeigt Aprikose und Pfirsich im Bouquet, ist füllig, saftig und lebhaft. Deutlich süßer und konzentrierter ist die Rieslaner Spätlese, zeigt kandierte Früchte, was noch ausgeprägter auf die Trockenbeerenauslese zutrifft. Sehr gut ist auch die im Barrique ausgebaute Domina, intensiv fruchtig, füllig und strukturiert. Im Aufwind!

🍇 Weinbewertung

84	2019 Riesling trocken	13%/10,-€
84	2019 Silvaner Kabinett trocken	13%/6,70€
88	2019 Silvaner Spätlese trocken „alte Reben"	13,5%/10,-€ ☺
88	2019 Weißburgunder Spätlese trocken	13,5%/10,-€ ☺
84	2019 Traminer trocken	13%/10,-€
85	2019 Bacchus Kabinett	12%/6,50€
84	2019 Scheurebe Kabinett	12%/6,70€
85	2019 Kerner Spätlese	12,5%/8,50€
86	2019 Rieslaner Spätlese „edelsüß"	11%/10,50€
91	2018 Rieslaner Trockenbeerenauslese	7,5%/35,-€/0,375l
82	2018 Domina trocken	13,5%/7,50€
87	2018 Domina trocken Barrique	13,5%/11,-€

RHEINHESSEN ▶ WORMS

★★★

Château Schembs

Kontakt
Herrnsheimer Hauptstraße 1c
67550 Worms
Tel. 06241-52056
Fax: 06241-591720
www.schembs-worms.de
info@schembs-worms.de

Besuchszeiten
nur nach Vereinbarung
Château Schembs am See
(Fahrweg 64, 67550 Worms)

Inhaber
Arno Schembs
Betriebsleiter
Arno Schembs
Kellermeister
Sebastian Rösch
Rebfläche
10 Hektar
Produktion
80.000 Flaschen

Wichtigste Rebsorten bei Arno Schembs sind Riesling und Spätburgunder, die jeweils 30 Prozent seiner Weinberge einnehmen. Dazu gibt es vor allem noch Weißburgunder und Grauburgunder, Schwarzriesling und Chardonnay, aber auch Sauvignon Blanc und Muskateller. Die Weine baut er „eigentlich nur trocken" aus. Bereits Mitte der achtziger Jahre begann er sich im Vertrieb auf den Fachhandel zu konzentrieren. Seine Weinberge liegen in verschiedenen Gemeinden im Norden von Worms, auch im Liebfrauenstift Kirchenstück, einer ehemals sehr berühmten Lage (und Namensgeber für die Liebfraumilch), ist er vertreten. Zusammen mit Freunden hat er Räumlichkeiten im Herrnsheimer Schloss gepachtet. Jeweils einen Weiß- und Rotwein baut er im Schloss aus. Im Sommer 2020 wurde „Chateau Schembs am See" fertiggestellt, die Rebfläche im Kirchenstück wurde vergrößert.

Kollektion

Eine recht gleichmäßige Kollektion präsentiert Arno Schembs in diesem Jahr, Weiß- und Rotweine überzeugen gleichermaßen. Der Sauvignon Blanc „Wilde 19" setzt auf Frische, Frucht und florale Noten, der rauchig-würzige Sauvignon Blanc Fumé ist deutlich kraftvoller. Der Blanc de Noir ist klar und zupackend, der Moscado besitzt intensive Frucht, Frische und Grip. Sehr fruchtbetont und reintönig ist der Chardonnay und die Scheurebe verrät schon im Namen wie sie schmeckt: Süß und lecker. Unsere leichte Präferenz im weißen Segment gilt dem 2016er Riesling aus dem Liebfrauenstift Kirchenstück, der feine Reife und Würze im Bouquet zeigt, füllig und kraftvoll ist, viel reife Frucht und Substanz besitzt. Die rote Purple Jam-Cuvée ist geprägt vom Kontrast von Tanninen und Süße, der schlicht Noir genannte Pinot Noir besitzt feine Frische und reintönige Frucht, was auch auf den zupackenden Schwarzriesling zutrifft. Rotes Highlight ist der NoirNoir – ebenfalls ein Pinot Noir – aus dem Jahrgang 2015, der rauchige Noten zeigt, Fülle und Kraft besitzt, Struktur und Frucht.

Weinbewertung

85	2019 Sauvignon Blanc trocken „Wilde 19"	11%/8,70 €
85	2019 Pinot Noir „Blanc de Noir" trocken „Born to be Wild"	11,5%/8,70 €
85	2019 Roter & Gelber Muskateller trocken „Moscado"	12%/8,70 €
87	2019 Chardonnay trocken „raw like sushi"	13%/10,-€
88	2016 Riesling trocken Wormser Liebfrauenstift Kirchenstück	13%/20,-€
87	2019 Sauvignon Blanc trocken „Fumé"	12%/10,-€
85	2019 Scheurebe „süß & lecker"	8,5%/8,70 €
83	2016 „Purple Jam" Rotwein trocken	13%/10,-€
85	2016 „Noir" Rotwein trocken	13%/10,-€
85	2017 Schwarzriesling trocken „Paint it Black"	13%/10,-€
88	2015 „NoirNoir" Rotwein trocken	13%/20,-€

PFALZ — GRÜNSTADT

Schenk-Siebert

Kontakt
Leiningerstraße 16
67269 Grünstadt
Tel. 06359-2159
Fax: 06359-83034
www.weingut-schenk-siebert.de
schenk-siebert@t-online.de

Besuchszeiten
Mo.-Fr. 10-18 Uhr
Sa. 10-16 Uhr
oder nach Vereinbarung

Inhaber
Gerhard & Hildegard Siebert
Betriebsleiter
Gerhard, Christoph & Johannes Siebert
Kellermeister
Johannes Siebert
Außenbetrieb
Christoph Siebert
Rebfläche
37 Hektar
Produktion
220.000 Flaschen

Die Vorfahren der heutigen Besitzer Gerhard und Hildegard Siebert betrieben schon seit 1675 Weinbau. Das Weingut in seiner heutigen Form entstand Mitte der 1980er Jahre, als Gerhard Siebert den elterlichen Betrieb in Grünstadt verließ und ins Weingut seiner Ehefrau einstieg. Heute werden sie von ihren Söhnen unterstützt, Christoph ist seit 2012 für den Außenbetrieb zuständig, Geisenheimabsolvent Johannes zeichnet seit 2018 für den Keller verantwortlich. Die 37 Hektar Weinberge der Familie liegen rund um Sausenheim, Grünstadt und Neuleiningen, aber auch in Kirchheim und Weisenheim, die besten Lagen sind Hütt und Honigsack in Sausenheim und das Neuleininger Feuermännchen, wo die Reben auf Muschelkalk- und Steinverwitterungsböden wachsen. Wichtigste Rebsorte ist Riesling mit einem Flächenanteil von 30 Prozent, auf einem Drittel der Fläche wachsen Spät-, Grau- und Weißburgunder. Seit dem Jahrgang 2017 wird das Sortiment in Guts-, Orts- und Lagenweine eingeteilt.

Kollektion

Nachdem wir bereits im vergangenen Jahr Fortschritte bei den Rotweinen feststellten, können wir in der aktuellen Kollektion auch Verbesserungen im Weißweinbereich, allen voran bei den Rieslingen, konstatieren. Bereits der „Dry as a bone" hat viel Zugkraft, gute Struktur und Grip. Stilistisch ähnlich ist der Riesling aus dem Honigsack, besitzt etwas mehr Länge und Substanz. An der Spitze der Weißweinkollektion steht der Röth-Riesling, der Noten von reifer Orangenschale und Salbei zeigt und viel Biss hat. Sehr gut gefällt uns auch das rote Segment, das von einem frischen, klaren, saftigen Spätburgunder eröffnet wird. Die Spätburgunder „Roter Mohr" und „Feuermännchen" sehen wir in diesem Jahr auf einem Niveau. „Roter Mohr" ist stärker vom Holz geprägt, molliger, lebt von einem zarten aber tragenden Tannin. „Feuermännchen" ist ähnlich strukturiert, besitzt aber mehr kräutrige Noten und duftet nach frisch geschnittener Gartenkresse.

Weinbewertung

81	2019 Riesling trocken (1l)	12,5 %/5,50 €
84	2019 Grüner Silvaner trocken „Zweiter Haufen"	12,5 %/6,80 €
83	2019 Weißer Burgunder trocken	12 %/6,80 €
85	2019 Riesling trocken „dry as a bone" Grünstadter	13 %/7,50 €
84	2019 Sauvignon Blanc trocken Kleinkarlbacher	12,5 %/7,80 €
86	2019 Riesling trocken „Kalkstein" Sausenheimer Honigsack	13 %/11,- €
85	2019 Riesling trocken „Alte Reben" Sausenheimer Hütt	13,5 %/11,50 €
87	2019 Riesling trocken „Reserve" Grünstadter Röth	13 %/14,50 €
84	2017 „Cuvée Trio" Rotwein trocken	13,5 %/9,20 €
85	2018 Spätburgunder trocken Grünstadter	14 %/7,50 €
88	2018 Spätburgunder trocken „Roter Mohr" Grünstadter Röth	14 %/14,- €
88	2018 Spätburgunder trocken Neuleininger Feuermännchen	14,5 %/16,- €

BADEN — BAD KROZINGEN

★ ★

Scherer&Zimmer

Kontakt
Im Bergfeld 6
79189 Bad Krozingen
Tel. 0160-8421315
www.weingut-scherer.de
info@weingut-scherer.de

Besuchszeiten
nach Vereinbarung

Inhaber
Felix Scherer
Kellermeister
Michael Zimmer
Außenbetrieb
Felix Scherer
Rebfläche
2,5 Hektar
Produktion
12.000 Flaschen

Scherer&Zimmer wurde 2011 in Bad Krozingen gegründet von Felix Scherer und Michael Zimmer. Felix Scherer stammt vom Schererhof in Bad Krozingen, einem Spargelhof, der auch Reben besitzt, hat eine Lehre beim Staatsweingut Blankenhornsberg gemacht, dann in Geisenheim studiert. Michael Zimmer ist in Berlin aufgewachsen, hat mit Felix Scherer zusammen in Ihringen gelernt, war auch in Geisenheim, ging dann aber ein Jahr nach Neuseeland bevor er zurück nach Deutschland kam, wo beide dann das gemeinsame Projekt starteten. Spätburgunder ist ihre wichtigste Rebsorte, gefolgt von Gutedel, Weißburgunder, Grauburgunder und Müller-Thurgau, auch Muskateller und Sauvignon Blanc bauen sie an, seit 2013 werden die Reben biologisch bewirtschaftet (Mitglied bei Ecovin).

Kollektion

Das Gutedel-Trio zeigt auch in diesem Jahr die Möglichkeiten dieser Rebsorte. Der 2019er ist ein typisches, reintöniges Leichtgewicht. Die spontan vergorene, in gebrauchten Barriques ausgebaute und unfiltriert abgefüllte Variante von 2018 zeigt in der Nase feine Spontan-Noten, besitzt viel Stoff, dezent oxidative Noten. Sehr spannend ist der „MG", der zwei Wochen spontan auf der Maische vergor, in gebrauchten Barriques ausgebaut und ebenfalls unfiltriert abgefüllt wurde. Schon von der Farbe her leicht als Orange-Wein zu identifizieren, mit typischen, in diesem Fall feinen Maischegäraromen, er besitzt straffe Tannine und viel salzige Länge. Der PetNat ist ein hefewürzig-lebendiger Geselle. Auch der Blanc de Noir-Sekt ist sehr süffig, saftig-elegant, mit einer feinwürzigen Hefearomatik, viel Klarheit und filigranem Spiel am Gaumen. Zupackend ist der frische Blanc de Noir, durchgegoren wie fast alle anderen Weine auch, ist lebhaft bei straffer Säure. Der „Grau&Weiß" besteht jeweils zur Hälfte aus 2017er Weißburgunder und 2018er Grauburgunder. Er ist kraftvoll mit gutem Grip und Schmelz. Der Sauvignon Blanc ist sehr würzig, erinnert im Bouquet vor allem Orangenminze, besitzt viel Stoff, Substanz und Länge. Würzig und kühlfruchtig ist der feine Spätburgunder von 2017.

Weinbewertung

86	2019 „PetNat"	11%/13,50€
86	2017 „Blanc de Noirs" Sekt brut	12,5%/14,90€
83	2019 Gutedel trocken	10%/7,90€
85	2018 Gutedel trocken „Spontan"	11%/11,90€
87	2018 Gutedel trocken „MG"	11%/22,-€
84	2019 „Blanc de Noir"	12,5%/8,90€
83	2019 Grauburgunder trocken	13%/8,90€
85	„Grau&Weiß Komposition"	12,5%/11,90€
86	2019 Sauvignon Blanc trocken	13%/11,90€
87	2017 Spätburgunder trocken	13%/9,90€

RHEINHESSEN ▶ FLÖRSHEIM-DALSHEIM

★★

Scherner-Kleinhanss

Kontakt
Alzeyer Straße 10
67592 Flörsheim-Dalsheim
Tel. 06243-435
Fax: 06243-5665
www.scherner-kleinhanss.de
info@scherner-kleinhanss.de

Besuchszeiten
nach Vereinbarung

Inhaber
Klaus Scherner

Betriebsleiter
Klaus Scherner

Kellermeister
Klaus Scherner

Außenbetrieb
Klaus Scherner

Rebfläche
12 Hektar

Produktion
80.000 Flaschen

Seit 1726 ist das Gut in Familienbesitz, wird heute in neunter Generation von Klaus Scherner geführt. Klaus Scherner war nach seinem Studium in Geisenheim sechs Jahre in Nordamerika tätig, bevor er die Verantwortung im Weingut der eigenen Familie übernahm. Seine Weinberge liegen in den Nieder-Flörsheimer Lagen Frauenberg (Muschelkalk, Löss, quarz- und kieshaltige Böden), Goldberg (Lehmmergel auf Kalksteinuntergrund) und Steig (Löss), im Monsheimer Rosengarten (Löss mit Kies), dem Dalsheimer Bürgel (schwere Böden) und dem Dalsheimer Sauloch (Löss mit Muschelkalk). Weißburgunder nimmt ein Viertel der Rebfläche ein, es folgen Riesling und Spätburgunder, Grauburgunder, Müller-Thurgau und Dornfelder, als Spezialitäten gibt es Muskat-Ottonel und Sauvignon Blanc. Die Weine werden überwiegend trocken ausgebaut. Zuletzt wurde in eine neue Kühlanlage investiert.

🎂 Kollektion

Der trockene Goldberg-Riesling aus dem Jahrgang 2018 hatte uns in einer guten Kollektion im vergangenen Jahr am besten gefallen, eine vergleichbar gute Kollektion schließt sich nun an. Der in diesem Jahr präsentierte Lagen-Riesling stammt aus dem Bürgel, ist würzig und eindringlich, füllig und saftig, besitzt viel reife Frucht, die Süße nimmt etwas die Spannung. Der trockene Dalsheimer Riesling ist würzig und eindringlich, klar und zupackend, geprägt vom Kontrast aus Süße und Biss. Auch sonst überzeugen die weißen Guts- und Ortsweine mit klarer Frucht. Unser klarer Favorit im weißen Segment ist der im Barrique ausgebaute Steig-Weißburgunder aus dem Jahrgang 2018, der viel Vanille im Bouquet zeigt, füllig und stoffig im Mund ist, viel Substanz besitzt, aber auch deutliche Vanillenoten. Aus dem Jahrgang 2018 stammt auch die ebenfalls im Barrique ausgebaute rote Cuvée J aus Cabernet Sauvignon und Cabernet Mitos, die viel reife Frucht im Bouquet zeigt, intensiv dunkle und rote Früchte, füllig und kraftvoll im Mund ist, viel reife Frucht und Substanz besitzt. Sehr gut ist auch der Blanc de Noirs-Sekt aus dem Jahrgang 2016, zeigt rauchige Noten im Bouquet, feine Frische und Würze, ist füllig im Mund, harmonisch und kompakt bei feiner Reife.

🍇 Weinbewertung

86	2016 Pinot „Blanc de Noirs" Sekt brut	12%/15,-€
82	2019 Grauer Burgunder trocken	12,5%/7,50€
83	2019 Weißer Burgunder trocken Dalsheimer	13%/9,-€
82	2019 Sauvignon Blanc trocken Nieder-Flörsheimer	12%/9,-€
84	2019 Riesling trocken Dalsheimer	13%/9,-€
86	2018 Weißer Burgunder trocken Barrique Nieder-Flörsheimer Steig	13,5%/20,-€
84	2019 Dalsheimer Bürgel Riesling	13%/22,-€
86	2018 „Cuvée J" Rotwein trocken Barrique	14%/14,-€

Scherner - Kleinhanß
2019
Dalsheimer Bürgel
Riesling

Schilling

★

Kontakt
Frankenstraße 7
97342 Seinsheim
Tel. 09332-4515
Fax: 09332-591966
www.weinbau-schilling.de
kontakt@
winzerstubeschilling.de

Besuchszeiten
Weinverkauf täglich, gerne nach Vereinbarung; Winzerstube mit saisonaler und authentisch fränkischer Küche, Übernachtungsmöglichkeiten: 6 Doppelzimmer (DLG Urlaub auf dem Winzerhof)

Inhaber
Klaus Schilling

Kellermeister
Sophia Schilling,
Sebastian Lehrmann

Rebfläche
4,9 Hektar

Produktion
35.000 Flaschen

Seit fünf Generationen baut die Familie Wein in Seinsheim am südwestlichen Steigerwald an, heute führt Klaus Schilling mit Ehefrau Evi das Gut, unterstützt von den Töchtern Sophia, die sich zusammen mit Sebastian Lehrmann um den Keller kümmert, und Julia, die die Gäste betreut. 2007 hat Klaus Schilling begonnen die Weine selbst auszubauen. Die Weinberge liegen hauptsächlich in Seinsheim in der Lage Hohenbühl und im Krassolzheimer Pfaffenberg, der bereits in Mittelfranken liegt, hier wachsen die Reben auf Gipskeuperböden; aber auch einen Silvaner aus dem am Main gelegenen Retzbach hat man im Sortiment, hier stehen die Reben auf Muschelkalkböden. Silvaner und Müller-Thurgau nehmen jeweils etwa ein Viertel der Rebfläche ein, dazu gibt es Bacchus, Traminer und Weißburgunder, etwa ein Sechstel der Fläche ist mit roten Rebsorten bestockt. Zum Weingut gehören eine Destillerie, eine Winzerstube mit saisonaler fränkischer Küche, auch Übernachtungsmöglichkeiten werden angeboten.

Kollektion

Eine starke, überzeugende und sehr gleichmäßige Kollektion präsentiert das Weingut Schilling zum Debüt. Das Einstiegsniveau ist hoch, das beweist der halbtrockene Bacchus im Liter, der würzig und frisch ist, Johannisbeeren im Bouquet zeigt, gute Struktur und Grip besitzt. Der Domina Rosé zeigt rote Früchte, besitzt feine süße Frucht und Biss. Der Traminer, Jahrgang 2017, ist herrlich eindringlich und reintönig im Bouquet, zeigt Rosenduft, ist füllig und saftig im Mund bei guter Substanz. Viel Saft und Frucht besitzt auch der Weißburgunder, reife Frucht und gute Struktur, zeigt weiße Früchte im Bouquet, ist harmonisch und klar. Wie der Weißburgunder aus dem Jahrgang 2019 stammt der Seinsheimer Silvaner, ist frisch, fruchtbetont und klar bei ganz leicht floralen Noten, besitzt gute Struktur und reintönige Frucht. Interessant ist der Vergleich der beiden Lagen-Silvaner aus dem Jahrgang 2018: Der Wein aus dem Hohenbühl ist würzig und eindringlich, füllig und saftig, besitzt reife Frucht und gute Struktur. Ein klein wenig druckvoller und konzentrierter noch ist der Wein aus dem Benediktusberg, zeigt weiße Früchte im Bouquet, ist füllig und saftig, wunderschön reintönig, besitzt gute Struktur und Substanz. Eine schöne Entdeckung!

Weinbewertung

84	2019 Silvaner trocken Seinsheimer	13%/8,-€
85	2018 Silvaner Spätlese trocken Seinsheimer Hohenbühl	13,5%/7,-€
86	2018 Silvaner Spätlese trocken Retzbacher Benediktusberg	13,5%/9,-€
85	2017 Traminer Spätlese trocken Seinsheimer Hohenbühl	13%/7,50€
85	2019 Weißer Burgunder trocken Seinsheimer Hohenbühl	13%/9,-€
83	2019 Bacchus halbtrocken (1l)	12%/5,-€ ☺
83	2019 Domina Rosé trocken	12,5%/6,-€

SCHILLING

von Schleinitz

Kontakt
Kirchstraße 15
56330 Kobern-Gondorf
Tel. 02607-972020
Fax: 02607-972022
weingut@vonschleinitz.de
www.vonschleinitz.de

Besuchszeiten
nach Vereinbarung

Inhaber
Bruno Reufels
Betriebsleiter
Martin Gerlach
Kellermeister
Martin Gerlach
Außenbetrieb
Martin Gerlach
Rebfläche
22 Hektar
Produktion
130.000 Flaschen

Das Weingut von Schleinitz besitzt eine lange Tradition, präsentiert sich seit dem 1. Mai 2018 aber in neuer Form. Die beiden Weingüter von Schleinitz und Gerlachs Mühle haben sich zu diesem Zeitpunkt offiziell zusammengeschlossen. Der bisherige Betriebsleiter des Weinguts von Schleinitz, Konrad Hähn, hat sich in den Ruhestand verabschiedet, Martin Gerlach leitet nun das Unternehmen. Zum ersten Mal in der Geschichte der beiden Weingüter wurde im Keller komplett auf Reinzuchthefen sowie Entsäuerung verzichtet. Neu ist zudem der Ausbau der Rotweine in gebrauchten Barriques. Bewirtschaftet werden Parzellen in den Lagen Winninger Domgarten, Koberner Uhlen und Weißenberg, Lehmener Klosterberg und Ausoniusstein, Katteneser Fahrberg und Steinchen sowie Niederfeller Fächern. Neben Riesling gibt es auch Weißburgunder, Chardonnay, Grauburgunder sowie Früh- und Spätburgunder.

Kollektion

Das Weingut stellte dieses Mal nur ein kleines Sortiment vor, dem man bescheinigen kann, dass der Stil von vorne bis hinten durchgehalten wird. Alle Weine überzeugen durch eine zugängliche Art und Schmelz, sind saftig und besitzen nicht selten eine dezente, die Trinkfreude noch betonende Süße. Saftig und charmant wirkt etwa der Weißburgunder, der Schmelz zeigt und eine animierende Säure, aber nicht ganz trocken wirkt. Der Grauburgunder ist noch etwas schmelziger, er hat Substanz und eine im besten Sinne süffige Art. Wer puristische Weine sucht, ist hier fehl am Platz, aber alle anderen werden ihre Freude haben an dem, was Weinmacher Martin Gerlach auf die Flasche bringt. Der Nitor genannte Riesling ist verhalten in der Nase, zeigt im Mund Schmelz und Würze, ein Hauch von Süße ist allenfalls zu erahnen. Der Wein aus dem Uhlen ist kühl, recht straff und würzig, er braucht noch Zeit, hat vermutlich das größte Potenzial aller vorgestellten Weine. Schließlich der „Apollo" genannte Wein, bei dem die Süße schon deutlich zu spüren ist. Er zeigt abschließend den Charakter der hier erzeugten Weißweine, wirkt saftig, süffig, eher kühl, mit Schmelz. Schön fest und würzig, auch sortentypisch ist der Spätburgunder Weißherbst.

Weinbewertung

85	2019 Riesling „Nitor"	12,5%/8,50€
86	2019 Riesling Koberner Uhlen	12%/12,-€
83	2019 Weißburgunder	12,5%/7,50€
84	2019 Grauburgunder	12,5%/8,90€
85	2019 Riesling „Apollo"	12%/9,-€
83	2019 Spätburgunder Weißherbst	11,5%/7,50€

★★★★ Schlör

Kontakt
Martin-Schlör-Straße 22
97877 Wertheim-Reicholzheim
Tel. 09342-4976
www.weingut-schloer.de
info@weingut-schloer.de

Besuchszeiten
nach Vereinbarung

Inhaber
Konrad Schlör
Betriebsleiter
Konrad Schlör
Kellermeister
Konrad Schlör
Rebfläche
6 Hektar
Produktion
22.000 Flaschen

Reicholzheim liegt im badischen Teil des Taubertals, im badischen Weinbaubereich Tauberfranken. Hier sind Konrad und Monika Schlör zuhause, die 1984 die Genossenschaft verließen, mit damals 3 Hektar Reben ihr eigenes Weingut gründeten und seither ihre Weine selbst vermarkten. Ihre Weinberge liegen im Reicholzheimer First, in unmittelbarer Nachbarschaft zum Kloster Bronnbach, das von Zisterziensermönchen aus Burgund gegründet wurde. Die süd-exponierte Lage First, bis zu 300 Meter hoch gelegen, wurde erstmals 1476 urkundlich als „Fyerst" erwähnt. Der Boden besteht aus Unterem Muschelkalk mit hohem Steinanteil und Wellenkalk, die westliche Spitze des Hangfußes steht auf Oberem Buntsandstein. Schwarzriesling und Spätburgunder nehmen schon lange zusammen über 40 Prozent der Rebfläche ein, mit der Neupflanzung von Pinot Noir- und mischbeerigen Spätburgunder-Klonen wurde die Rotweinfläche auf nahezu 50 Prozent erweitert. An weißen Sorten gibt es Weißburgunder, Müller-Thurgau, Riesling und Silvaner. Die Weißweine werden kühl oder kalt vergoren, die Rotweine werden alle maischevergoren, ausgewählte Weine werden bis zu achtzehn Monate im Barrique ausgebaut, sie durchlaufen alle die malolaktische Gärung. Im Weingut Schlör wurde investiert: Ein neues Barriquelager wurde gebaut, weitere neue Maischegärtanks ermöglichen es nun, jeden Tank im Herbst nur einmal befüllen zu müssen. Dadurch können alle Rotweine bei optimaler Reife geerntet werden. Das Sortiment ist vierstufig gegliedert in Gutsweine, Ortsweine, Reicholzheimer First und schließlich die Großen Gewächse, die an der Spitze der Kollektion stehen, diese tragen seit dem Jahrgang 2014 (Weißburgunder) bzw. 2013 (Spätburgunder) den Gewannnamen Oberer First. Schon seit der ersten Ausgabe empfehlen wir die Weine von Konrad Schlör und sein Weingut als sehr guten Betrieb, schon damals stellten wir fest: „Was für eine schöne Überraschung in Tauberfranken!". Und man mag es rückwirkend kaum glauben: Für die erste Ausgabe dieses Buches hatte Konrad Schlör ausschließlich Weißweine eingeschickt. Im Jahr darauf folgten dann die ersten Rotweine, und seither sind Rotweine immer wichtiger geworden in seinem Programm, vor allem mit Spätburgunder und Schwarzriesling hat er sich weit über die Region hinaus einen Namen gemacht, 2016 zeichneten wir ihn für die beste Rotweinkollektion des Jahres in Deutschland aus. Konrad Schlörs Rotweine sind über die Jahre hinweg zunehmend feiner geworden, sie setzen ganz auf Eleganz, Finesse und Frische; die Weißweine können in der Spitze da noch nicht ganz gleichziehen, auch wenn der Weißburgunder Oberer First in den letzten Jahren stetig zugelegt hat; die Basis und das hohe Einstiegsniveau überzeugt aber wie bei den Roten.

Kollektion

Der Müller-Thurgau ist durchgegoren und herrlich leicht, lebt vom Spiel zwischen Frucht und nussigen Aromen. Der ebenfalls durchgegorene Weißburgunder Ortswein zeigt viel helle Frucht, ist zupackend mit feiner Säure und viel Extrakt. Der First-Weißburgunder zeigt klare, helle Frucht, ist zupackend, präzise und dicht. Der First-Riesling zeigt rauchige Frucht, ist saftig, besitzt mineralische Kraft und Länge. Der Schwarzriesling Ortswein ist ein enorm saftiger Wein mit einer konzentrierten, tiefgründigen Frucht, sehr gut strukturiert, besitzt eine ausgewogene Säure, straffe Tannine, viel Kraft und Substanz. Der Schwarzriesling R Fyerst zeigt dunkle Beeren, unterlegt von rauchig-speckiger Holzwürze, am Gaumen kommt ein strahlend klares Juwel zum Vorschein; Ein sehr saftiger, kirschfruchtiger Kern ist umhüllt von präziser Säure und jetzt schon eleganten Gerbstoffen. Der Spätburgunder Ortswein besitzt dunkle, reife Kirschfrucht. Würzige, dunkle Frucht und Veilchen prägen das Bouquet des Spätburgunder R, am Gaumen dominiert im Moment ein straffes Tanningerüst, darunter meldet sich eine dunkle Kirschfrucht. Der Spätburgunder Oberer First hat ein feinfruchtiges, intensiv würziges Bouquet, am Gaumen zeigt der Wein seine Klasse mit einer druckvollen, komplexen Spannung, er ist enorm nachhaltig. Sehr reintönig und saftig ist der Weißburgunder Oberer First, er ist saftig, konzentriert, stoffig und balanciert. Bei der Spätburgunder Beerenauslese bildet eine köstlich-süße Frucht den Gegenpol zu einer scharfkantigen Säure, sie ist ein blitzsauberer Süßwein mit großem Reifepotential.

Weinbewertung

84	2019 Müller-Thurgau trocken Reicholzheim	11,5%/6,50€
88	2019 Riesling trocken Reicholzheimer First	13%/14,-€
86	2019 Weißburgunder trocken Reicholzheim	13%/8,50€
88	2019 Weißburgunder trocken Reicholzheimer First	13%/14,-€
92	2019 Weißburgunder „GG" Oberer First	13,5%/22,-€ ☺
88	2018 Schwarzriesling trocken Reicholzheim	14%/14,-€
88	2018 Spätburgunder trocken Reicholzheim	13,5%/15,-€
91	2018 Schwarzriesling „R" trocken Reicholzheimer First	13,5%/25,-€
90	2018 Spätburgunder „R" trocken Reicholzheimer First	13,5%/25,-€
93	2018 Spätburgunder trocken „GG" „Oberer First"	13,5%/35,-€
93	2017 Schwarzriesling trocken „R" Reicholzheimer First „Fyerst 1476"	13,5%/65,-€
91	2019 Spätburgunder Beerenauslese Oberer First	6,5%/45,-€/0,5l

Lagen
First (Reicholzheim)
– Oberer First (Reicholzheim)

Rebsorten
Schwarzriesling (21 %)
Spätburgunder (20 %)
Weißburgunder (15 %)
Müller-Thurgau (15 %)
Riesling (10 %)
Silvaner (8 %)

Schlossmühlenhof

Kontakt
Weingut Schlossmühlenhof,
Walter und Nicolas Michel
Kirchgasse 18
55234 Kettenheim
Tel. 06731-43459
Fax: 06731-42105
www.schlossmuehlenhof.de
info@schlossmuehlenhof.de

Besuchszeiten
nach Vereinbarung
Ferienwohnung (50 qm)

Inhaber
Walter & Nicolas Michel

Betriebsleiter
Nicolas Michel

Kellermeister
Nicolas Michel

Außenbetrieb
Walter & Nicolas Michel

Rebfläche
25 Hektar

Produktion
120.000 Flaschen

Der Schlossmühlenhof in Kettenheim, südlich von Alzey, war einst eine Mahlmühle für Weizen und Roggen. Der Mühlenbetrieb wurde während des Zweiten Weltkrieges eingestellt, man konzentrierte sich dann auf Landwirtschaft und Weinbau, legte schließlich den Fokus ganz auf Weinbau. Seit 2015 führt Nicolas Michel in sechster Generation das Gut, zusammen mit seiner Familie und seinen Eltern; bereits seit 2007 ist er für den Weinausbau verantwortlich. Seine Weinberge liegen im Kettenheimer und Alzeyer Wartberg, im Wahlheimer Schelmen sowie im Esselborner Goldberg, in etwas kühleren, höher gelegenen Lagen. 88 Prozent der Fläche nehmen weiße Rebsorten ein wie Grauburgunder, Weißburgunder, Chardonnay, Riesling, Sauvignon Blanc, Müller-Thurgau und Silvaner, an roten Rebsorten gibt es Spätburgunder, Portugieser, Dornfelder und St. Laurent.

Kollektion

Eine umfangreiche Kollektion präsentiert Nicolas Michel zum guten Debüt. Die Riesling-Serie stimmt vom klaren Literriesling über den zupackenden Gutswein und den geradlinig Riesling vom Muschelkalk bis hin zum Lagenwein aus dem Wartberg, der Fülle und Kraft besitzt gute Struktur und Substanz. Überzeugend ist auch die Chardonnay-Serie, der 2019er Reserve-Chardonnay ist noch jugendlich und braucht Zeit, 2018er sur Lie ist deutlich offener und harmonischer. Spannend ist auch der 2018er Reserve-Grauburgunder, besitzt reintönige Frucht, Kraft und Substanz.

Weinbewertung

81	2019 Riesling trocken (1l)	12,5%/6,-€
82	2019 „Guter Lauf" Weißwein trocken	12,5%
82	2019 Riesling trocken	12,5%/6,80€
83	2019 Sauvignon Blanc trocken	12,5%/7,50€
83	2019 Scheurebe trocken	12,5%/7,-€
82	2019 Spätburgunder „Blanc de Noirs" trocken	13%/7,-€
83	2019 Weißer Burgunder trocken	13%/7,-€
84	2019 Grauer Burgunder trocken	13%/7,-€
82	2019 Chardonnay trocken	13%/6,80€
85	2019 Riesling trocken „vom Muschelkalk"	13%/8,-€
84	2019 Weißer Burgunder trocken „vom Muschelkalk"	13%/8,-€
86	2018 Chardonnay trocken „sur Lie"	13%/8,-€
85	2019 Chardonnay trocken Holzfass	13%
84	2019 Gelber Muskateller trocken „vom Kalkstein"	12%/7,-€
87	2019 Riesling trocken Kettenheimer Wartberg	13%/10,-€
87	2018 Grauer Burgunder „Reserve"	13,5%/14,-€
85	2019 Chardonnay trocken „Reserve"	13%
81	2019 Riesling „feinherb"	12%/6,80€
83	2019 Gelber Muskateller „feinherb"	12%/7,-€

BADEN — SULZBURG-LAUFEN

★★★

Rainer Schlumberger

Kontakt
Obere Holzgasse 4
79295 Sulzburg-Laufen
Tel. 07634-592240
Fax: 07634-592241
www.weingut-schlumberger.de
info@weingut-schlumberger.de

Besuchszeiten
Mo.-Sa. 14-18 Uhr „oder mit etwas Glück"
Ferienwohnung über dem alten Holzfasskeller

Inhaber
Rainer Schlumberger

Rebfläche
5,5 Hektar

Produktion
25.000-30.000 Flaschen

Rainer und Stephanie Schlumberger führen in vierter Generation diesen Laufener Betrieb, schon Urgroßvater Wilhelm Konrad, dessen Portrait die Etiketten ziert, hatte Wein im Markgräflerland angebaut. Die Weinberge liegen alle in Laufen, wo alle ehemaligen Einzellagen wie beispielsweise die Lage Eich 1971 zur nunmehr einzigen Lage Altenberg zusammengefasst wurden. Wichtigste Rebsorten bei Rainer Schlumberger sind Spätburgunder und Gutedel mit 40 bzw. knapp 20 Prozent Anteil an der Rebfläche, es folgen Weißburgunder, Grauburgunder und als Spezialität Huxelrebe, die uns sonst noch bei keinem anderen badischen Weingut begegnet ist. Spezialität ist der naturtrüb abgefüllte, als Tafelwein verkaufte Gutedel (seit 1999). Tochter Josefine, die in Geisenheim studiert, wurde 2015 zur Deutschen Weinkönigin gekrönt.

Kollektion

Auch in diesem Jahr zeigt uns Rainer Schlumberger eine beeindruckende Kollektion eigenständiger Weine. Der PetNat ist auch in diesem Jahr wieder stark, der Gutedel Kabinett ist herrlich leicht, durchgegoren und stoffig, hat Substanz. Beim Gutedel Feinhefe kommen hefig-reduktive Aromen dazu, er ist noch stoffiger. Der Chasselas ist zupackend und straff, zeigt Frucht und Stein, hat genügend Säure. Die Huxelrebe ist saftig mit dezenter Süße. Sehr typisch ist der Weißburgunder Kabinett, saftig und elegant, mit guter Konzentration und Länge, dennoch leicht. Auch der Grauburgunder Kabinett ist typisch, durchgegoren, aber dennoch saftig. Bei der kraftvollen Weißburgunder Spätlese hilft die Säure den Alkohol zu zügeln. Beim aromatisch-würzigen Grauburgunder Streulicht gelingt das nicht mehr, hier springt die schiere Wucht aus dem Glas. Sehr fein ist der kühlfruchtige, sehr klare Spätburgunder „imfassgereift", eine Steigerung gegenüber dem Jahrgangsvorgänger. Beim Spätburgunder Eich kommt eine rappige Würze dazu, der Wein ist sehr saftig, kraftvoll, hat eine gute Struktur.

Weinbewertung

85	2019 FritzS „pét nat" vom Weißburgunder	12,5%/9,30€
84	2019 Gutedel Kabinett trocken	11,5%/6,80€
84	2019 Gutedel trocken „Feinhefe"	12%/6,80€
83	2019 Huxelrebe trocken	13%/6,80€
85	2019 Weißburgunder Kabinett trocken	12,5%/7,80€
84	2019 Grauburgunder Kabinett trocken	13%/7,80€
86	2018 Weißburgunder Spätlese trocken	14,5%/9,70€
84	2018 Grauburgunder trocken „Streulicht"	15%/13,70€
85	2019 Chasselas trocken	12%/8,50€
86	Muscaris Auslese	12%/13,70€
86	2016 Spätburgunder „imfassgereift"	13,5%/8,80€
87	2016 Pinot Noir „Eich"	13,5%/15,-€

BADEN — SULZBURG-LAUFEN

★★★★ Schlumberger-Bernhart

Kontakt
Weinstraße 19
79295 Sulzburg-Laufen
Tel. 07634-8992
Fax: 07634-8255
www.schlumbergerwein.de
info@schlumbergerwein.de

Besuchszeiten
Mo.-Fr. 10-12 + 14-18 Uhr
Sa. 10-14 Uhr
Dormitorium, Hotel am Klostergarten

Inhaber
Claudia Schlumberger-Bernhart & Ulrich Bernhart

Rebfläche
9 Hektar

Produktion
50.000 Flaschen

Weinbau wird in der Familie seit über 500 Jahren betrieben, das Weingut in seiner heutigen Form geht zurück auf Hartmut Schlumberger, der sich stolz „Privat-Weingut" nannte und schon früh auf trockene, durchgegoren ausgebaute Weine setzte. Heute wird der Betrieb von seiner Tochter Claudia und deren Ehemann Ulrich Bernhart geführt, der aus dem gleichnamigen Weingut in Schweigen in der Südpfalz stammt. Die Weinberge liegen alle rund um Laufen im Markgräflerland, einer Gemeinde, in der Weinbau schon seit dem 8. Jahrhundert urkundlich belegt ist. In Laufen gibt es nur eine eingetragene Einzellage, den Altenberg, aber deutlich unterschiedliche Teillagen mit unterschiedlichen Kalk- und Lehmanteilen. Spätburgunder nimmt ein Viertel der Rebfläche ein, hat flächenmäßig den lange Zeit dominierenden Gutedel überholt, ebenso der Weißburgunder, der heute ein Fünftel der Fläche einnimmt. Danach folgen Gutedel und Grauburgunder, schließlich Riesling, Sauvignon Blanc und Chardonnay, sowie Cabernet Sauvignon und Merlot. Bereits seit Mitte der fünfziger Jahre sind die Weinberge begrünt, seit 2008 ist man Mitglied im Beratungsring ökologischer Weinbau, 2012 wurde mit der zertifizierten Umstellung begonnen. 70 Prozent der Produktion wird an Privatkunden verkauft. Aus dem Herzstück des Altenberg, Wingerte genannt, der höchstgelegenen Lage in Laufen, erzeugen Claudia Schlumberger-Bernhart und Ulrich Bernhart ihre Großen Gewächse. Der Grauburgunder wurde erstmals 2007 erzeugt, der Weißburgunder 2008, der Spätburgunder wurde erstmals mit dem Jahrgang 2006, nach der Aufnahme in den VDP, als Großes Gewächs bezeichnet, vorher sorgte er als „Pinot Noir R" für Furore, seit dem Jahrgang 2009 trägt er den Zusatz Wingerte, stammt aus der Lage Weingarten, Weiß- und Grauburgunder seit 2010. Unter den Großen Gewächsen stehen Weiß- und Grauburgunder Laufener Altenberg (bis 2009 als trockene Spätlesen bezeichnet) und die Kalkstein-Weine von Riesling und Chardonnay, die seit dem Jahrgang 2014 den Zusatz Muggardter Berg tragen. Die immer betörend reintönige Kalkstein-Scheurebe gibt es nicht mehr, der Weinberg wurde gerodet. Claudia Schlumberger-Bernhart und Ulrich Bernhart haben ein ehemaliges klösterliches Gebäude in Sulzburg zu einem Hotel mit 10 Zimmern umgebaut, dieses „Dormitorium, Hotel am Klostergarten" wurde am 1. Mai 2018 eröffnet.

🍷 Kollektion

Ulrich Bernhart macht es wie viele andere Kollegen aus dem VDP: Er bringt die weißen Großen Gewächse erst im zweiten Jahr nach der Lese auf den Markt, es wurden in diesem Jahr also keine 2019er angestellt. Bernhart setzt weiter auf durchgegorene Weine, selbst der Riesling hat nur zwei Gramm Zucker, auch die Alkoholwerte sind moderat, 12,5 oder 13 Prozent sowohl bei den Rot- wie bei den Weißweinen. Der Gutedel hat nur elf Prozent, außerdem ist er mit 0,3 Gramm Zucker der trockenste Wein in der vorgestellten Kollektion. Wie im vergangenen Jahr ist er ein idealtypischer Vertreter seiner Sorte: Er präsentiert sich zupackend frisch, zeigt klare Frucht, ist geradlinig. Der Sauvignon Blanc zeigt etwas Feuerstein und reife Frucht, trotz fehlendem Zucker ist er saftig-würzig, hat viel Stoff durch hohen Extrakt. Der Weißburgunder Gutswein zeigt helle Frucht und Blüten, ist sehr typisch, besitzt lebhafte Frische und salzige Länge. Die hat auch der Grauburgunder Gutswein, er ist etwas fülliger, aber ebenfalls sehr frisch. Der Riesling Muggardter Berg zeigt sehr typische, reife Fruchtaromen, besitzt gute Struktur und Substanz, ist sehr mineralisch-salzig und harmonisch. Kurz vor Redaktionsschluss hat Ulrich Bernhart noch einige frisch gefüllte weiße Lagenweine des Jahrgangs 2019 und einige Spätburgunder von 2018 vorgestellt. Der Chardonnay Muggardter Berg zeigt trotz seiner Jugend schon eine erstaunliche Tiefe und Finesse, gestützt von Frische und Phenolik. Reintönig und stimmig ist der Weißburgunder Altenberg, dessen feine Säurestruktur auffällt. Kraftvoll mit gutem Grip präsentiert sich der Grauburgunder Altenberg. Außergewöhnlich gut ist der Spätburgunder Gutswein, er zeigt feine kühle Kirschfrucht, ist reintönig, am Gaumen gefällt uns die Ausgewogenheit zwischen Frucht, Säure und Tannin. Etwas konzentrierter ist der Spätburgunder S, die Tannine sind deutlich straffer. Jugendlich ungestüm ist der kraftvolle Pinot Noir Altenberg. Der 2017er Pinot Noir „Wingerte" ist elegant und druckvoll, noch sehr jugendlich.

Weinbewertung

85	2019 Gutedel trocken „vom Löss"	11%/7,-€
85	2019 Weißburgunder trocken „vom Löss"	12,5%/8,50€
86	2019 Grauburgunder trocken „vom Löss"	12,5%/8,50€
88	2019 Weißburgunder trocken Laufener Altenberg	13%/13,50€
88	2019 Grauburgunder trocken Laufener Altenberg	13%/13,50€
87	2019 Riesling trocken Muggardter Berg	13%/13,50€
88	2019 Sauvignon Blanc trocken „Fumé"	13%/18,-€
88	2019 Chardonnay trocken Muggardter Berg	13%/16,-€
91	2016 Weißburgunder „GG" „Wingerte" Altenberg	13,5%
90	2018 Weißburgunder „GG" „Wingerte" Weingarten	13%/22,-€
92	2018 Grauburgunder „GG" „Wingerte" Weingarten	13%/22,-€ ☺
91	2018 Chardonnay „GG" „Wingerte" Weingarten	13,5%/28,-€
86	2018 Spätburgunder trocken	12,5%/9,-€
88	2018 Spätburgunder „S" trocken	12,5%/13,-€
90	2018 Pinot Noir trocken Laufener Altenberg	13%/20,-€
92	2017 Pinot Noir „GG" „Wingerte" Weingarten	13%/32,-€

Lagen
Altenberg (Laufen)
– Wingerte
– Muggardter Berg

Rebsorten
Spätburgunder (25 %)
Weißburgunder (20 %)
Gutedel (15 %)
Grauburgunder (15 %)
Riesling (5 %)
Chardonnay (4 %)
Sauvignon Blanc (4 %)
Cabernet Sauvignon
Merlot

FRANKEN ▶ RANDERSACKER

Schmachtenberger

★★

Kontakt
Klosterstraße 43
97236 Randersacker
Tel. 0931-707850
Fax: 0931-708961
www.weine-mit-charakter.de
mail@weine-mit-charakter.de

Besuchszeiten
Mo.-Fr. 10-18:30 Uhr
Sa. 10-15 Uhr

Inhaber
Markus Schmachtenberger
Rebfläche
9 Hektar
Produktion
60.000 Flaschen

Berthold Schmachtenberger führte seit 1977 in elfter Generation den Betrieb, der sich bis ins Jahr 1598 in den Nachbarort Eibelstadt zurückverfolgen lässt, 2015 haben Markus und Claudia Schmachtenberger das Gut übernommen. Ihre Weinberge liegen vor allem in Randersacker (Muschelkalk) in den Lagen Sonnenstuhl, Marsberg und Teufelskeller, sowie in der früheren Lage Gerstberg (heute Großlage Ewig Leben), wo sie rote Rebsorten und Silvaner anbauen. Markus Schmachtenberger baut vor allem Silvaner an, aber auch Müller-Thurgau, Weißburgunder, Bacchus, Sauvignon Blanc, Scheurebe, Riesling, Kerner, Traminer und Rieslaner. Hinzu kommen die roten Sorten Domina, Spätburgunder, Dornfelder und Portugieser. Bereits seit einigen Jahren wurden 1,5 Hektar nach ökologischen Richtlinien bewirtschaftet, 2017 wurde der komplette Betrieb umgestellt, seit 2019 ist Markus Schmachtenberger Mitglied bei Ecovin, im vergangenen Jahr wurde der alte Gewölbekeller zum Rotweinkeller mit Schatzkammer ausgebaut.

Kollektion

Die neue Kollektion ist stark, bietet zuverlässig Basisweine und Spitzen weiß wie rot. Man ist es ja fast nicht mehr gewohnt, dass alle Weine noch Lagennamen tragen, auch im Einstiegssegment, das gleichmäßige Qualität und sortentypische Weine bietet; die Quaderkalk-Weine sind etwas würziger und kraftvoller. Eine klare Steigerung bringen die trockenen Spätlesen aus dem Jahrgang 2018: Der Weißburgunder ist füllig und kompakt, der Silvaner von alten Reben fruchtbetont und zupackend, der Greif-Silvaner besitzt Fülle, Kraft und viel reife Frucht. Der im Muschelkalkfass ausgebaute Quaderkalk^2-Silvaner ist im Bouquet verschlossen, besitzt aber viel Substanz, der „Ethos No. 2" ist duftig, würzig. Unser Favorit ist der füllige, stoffige, im Barrique ausgebaute Caractère-Silvaner. Ganz stark ist auch der 2017er Greif-Spätburgunder, der Fülle, Substanz und klare Frucht besitzt.

Weinbewertung

83	2019 Grüner Silvaner trocken Randersacker Ewig Leben	12,5%/6,20€
82	2019 Weißburgunder trocken Randersacker Sonnenstuhl	13%/6,50€
83	2019 Sauvignon Blanc trocken Randersacker Marsberg	12,5%/6,50€
84	2019 Silvaner trocken „Quaderkalk" Randersacker Marsberg	13%/7,50€
84	2019 Riesling trocken „Quaderkalk" Randersacker Ewig Leben	12,5%/8,-€
83	2019 Weißburgunder trocken „Quaderkalk" Randersacker Sonnenstuhl	13,5%/8,-€
86	2018 Silvaner Spätlese trocken „Alte Reben" Randersacker Sonnenstuhl	13%/9,50€
86	2018 Silvaner Spätlese trocken „Greif" Randersacker Sonnenstuhl	14%/10,50€
85	2018 Weißburgunder Spätlese trocken „Greif" Randersacker Sonnenstuhl	14%/14,-€
88	2018 „Caractère" trocken Randersacker Sonnenstuhl	14%/16,-€
87	2018 „Quaderkalk^2" trocken (Muschelkalkfass) Randersacker Sonnenstuhl	14%/25,-€
85	2016 „Ethos No.2"	13%/35,-€
87	2017 Spätburgunder trocken „Greif" Randersacker Ewig Leben	13,5%/14,-€

Heinrich Schmidt

★★

Kontakt
Hauptstraße 8
55452 Windesheim
Tel. 06707-414
Fax: 06707-1725
www.weingut-heinrich-schmidt.de
weingut-heinrich-schmidt@t-online.de

Besuchszeiten
nach Vereinbarung

Inhaber
Günter Schmidt
Betriebsleiter
Günter Schmidt
Kellermeister
Lukas Schmidt
Rebfläche
8,5 Hektar
Produktion
45.000 Flaschen

Seit dem 18. Jahrhundert betreibt die Familie Weinbau in Windesheim im Guldenbachtal, aber erst in den achtziger Jahren des 20. Jahrhunderts konzentrierte man sich ganz auf Weinbau. Seit 1990 führt Günter Schmidt den Betrieb, Sohn Lukas, der für den Weinausbau verantwortlich ist, soll einmal die Nachfolge antreten. Die Weinberge liegen in den Windesheimer Lagen Römerberg, Fels, Sonnenmorgen, Saukopf und Rosenberg sowie im Schweppenhäuser Schlossgarten, die Hälfte davon in Steillagen. Auf den Schweppenhäuser Schieferverwitterungsböden baut Günter Schmidt vor allem Riesling und Spätburgunder an, in Windesheim überwiegend Grau- und Weißburgunder. Die Burgundersorten nehmen mit 80 Prozent der Rebfläche einen außergewöhnlich hohen Stellenwert ein: Weißburgunder ist die wichtigste Rebsorte im Betrieb, gefolgt von Spätburgunder und Grauburgunder, als Spezialität gibt es Frühburgunder. Riesling und Scheurebe komplettieren das Sortiment. Die Spitzenweine werden in den Linien „S" (Selektion) und „R" (Reserve) vermarktet.

Kollektion

Die beiden weißen R-Burgunder aus dem Jahrgang 2018 liegen in diesem Jahr gleichauf an der Spitze der Kollektion von Günter und Lukas Schmidt, beide besitzen viel Kraft, der Weißburgunder ist sehr expressiv und noch deutlich vom Holz geprägt, besitzt Schmelz, gute Substanz und Länge, der Grauburgunder ist etwas zurückhaltender, ausgewogener und eleganter, das Holz ist hier schon besser eingebunden und ein feiner Säurenerv verleiht ihm Frische. Sehr gut sind auch die weißen S-Weine, der Riesling ist schlank und frisch mit etwas Tabakwürze, Grau- und Weißburgunder sind harmonisch, zeigen klare Birnenfrucht und dezente florale Noten. Die Rotweine punkten mit Kraft, dunkler Frucht, röstiger und kräutriger Würze, der Frühburgunder besitzt von den drei Roten die beste Struktur, er zeigt Noten von Schwarzkirsche und etwas Trockenfrüchte im Bouquet, besitzt gute Länge.

Weinbewertung

84	2017 Pinot Sekt brut	12,5 %/12,50 €
83	2019 Weißburgunder trocken	12 %/6,90 €
82	2019 Grauburgunder trocken	12 %/6,90 €
86	2019 Riesling „S" trocken Schweppenhäuser Schlossgarten	11,5 %/8,90 €
86	2019 Weißburgunder „S" trocken	13 %/8,90 €
86	2019 Grauburgunder „S" trocken	13 %/8,90 €
88	2018 Weißburgunder „R" trocken	14 %/12,50 €
88	2018 Grauburgunder „R" trocken Windesheimer Fels	14 %/12,-€
84	2016 Spätburgunder „S" trocken Schweppenhäuser Schlossgarten	13,5 %/9,90 €
86	2016 Spätburgunder „R" trocken Schweppenhäuser Schlossgarten	14 %/14,-€
87	2016 Frühburgunder „R" trocken Schweppenhäuser Schlossgarten	14 %/16,50 €

Susanne Schmidt

Kontakt
Weinbergstraße 1
79235 Vogtsburg
Tel. 07662-295
Fax: 07662-935199
www.schmidts-weingut.de
info@schmidts-weingut.de

Besuchszeiten
nach Vereinbarung
Wohnmobilstellplatz

Inhaber
Susanne Schmidt
Betriebsleiter
Gerhard Schmidt
Kellermeister
Gerhard Schmidt
Rebfläche
9 Hektar

Seit vielen Generationen wird in der Familie Schmidt Wein- und Obstbau betrieben. 1970 konnten die Eltern von Gerhard Schmidt im Zuge einer Flurbereinigung mitten in den Weinbergen von Bischoffingen einen Winzerhof errichten. Im Jahre 1988 gründeten Gerhard und Susanne Schmidt das heutige Weingut. Den Sortenspiegel beherrschen mit 85 Prozent die Burgundersorten. Susanne Schmidt, gelernte Kinderkrankenschwester, ist die Inhaberin des Weingutes. Sie ist unter anderem zuständig für sämtliche Arbeiten im Weinberg. Winzermeister Gerhard Schmidt ist verantwortlich für Weinbau, Kelterwirtschaft und Marketing. Auch die Kinder Samira und Jonas konnten für den Wein begeistert werden. Jonas ist nach seiner Ausbildung zum Techniker für Weinbau & Oenologie in Weinsberg im elterlichen Betrieb tätig. Samira studierte Weinbetriebswirtschaft in Heilbronn und Marketing & Sales Management in Geisenheim und ist in einem großen genossenschaftlichen Betrieb für das Produktmanagement verantwortlich.

Kollektion

Kabinett steht für leichte, fruchtbetonte Weine. Oft genug wird diese Kategorie missverstanden. Nicht so beim Familienweingut Schmidt aus Vogtsburg. Die fünf Weine dieses Prädikats, die uns zum Debüt vorgestellt werden, passen genau in das Schema Kabinett. Der Silvaner ist fruchtbetont, geschmeidig, hat Schmelz und im Hintergrund eine feine, präzise Säurestruktur. Der Weißburgunder ist wirklich trocken, hat trotzdem viel Frucht, tänzelt auf der Zunge, hat mineralische Substanz. Der Grauburgunder zeigt reife Frucht, ebenfalls ein leichtes Kabinett-Stückchen mit kernigem Ausdruck. Der Rosé zeigt viel Frucht, dezent Erdbeere, viel Schmelz mit feinem Säurespiel. Feine reife Frucht zeigt die Chardonnay Spätlese im Bouquet, besitzt auch im Mund viel Frucht, zupackend, harmonisch, gezügelte Kraft. Eindingliche reife Frucht und feine Holzwürze zeigt die Grauburgunder Spätlese, besitzt viel Kraft und Fülle, gute Struktur, Substanz und Länge. Der Spätburgunder Kabinett besitzt saftig-süße Frucht, die Spätburgunder Spätlese ist ein gut gemachter, sehr saftiger, vielfruchtiger Wein mit gutem Tanningewand.

Weinbewertung

83	2019 Silvaner Kabinett trocken Bischoffinger Rosenkranz	12,5%/5,-€
82	2019 Weißer Burgunder Kabinett trocken Ihringer Winklerberg	13%/5,50€
82	2019 Grauer Burgunder Kabinett trocken	12,5%/5,50€
86	2019 Grauer Burgunder Spätlese trocken	13,5%/7,50€
85	2019 Chardonnay Spätlese Ihringer Winklerberg	13,5%/7,50€
83	2019 Spätburgunder Rosé Kabinett trocken	12%/5,-€
81	2019 Spätburgunder Kabinett trocken	12%/5,50€
83	2018 Spätburgunder Spätlese trocken	12,5%/8,50€

WÜRTTEMBERG ▶ WASSERBURG

★★

Schmidt am Bodensee

Kontakt
Hattnau 62
88142 Wasserburg
Tel. 08382-9432174
www.schmidt-am-bodensee.de
weingut@schmidt-am-bodensee.de

Besuchszeiten
Mo.-Sa. ab 14 Uhr

Inhaber
Schmidt am Bodensee GbR
Betriebsleiter
Sebastian Schmidt
Rebfläche
10 Hektar

Eugen Schmidt stammt von der Nahe, seine Frau Margret vom Bodensee. Ihre Eltern hatten einen landwirtschaftlichen Betrieb, auf dem Eugen und Margret Schmidt nach und nach mehr Reben pflanzten, sich schließlich ganz auf Weinbau konzentrierten. 2012, nach Studium und Aufenthalten in der Wachau und in Burgund, stieg ihr Sohn Sebastian in den Betrieb ein, er ist für den Keller verantwortlich. Die Weinberge liegen in Hattnau, in der Lage Wasserburger Weinhalde, das Gros der Rebfläche liegt beim neu errichteten Weingut, das ganz aus Beton und Holz erbaut wurde. Die Böden bestehen aus sandigem Lehm mit Schotter und Kieselgeröll. Spätburgunder ist die wichtigste Rotweinsorte im Betrieb und wie überhaupt am Bodensee, die dort wichtigste Weißweinsorte, Müller-Thurgau, baut man ebenfalls an, setzt aber verstärkt auf die Burgundersorten, auf Chardonnay, Weißburgunder und Grauburgunder. Zum Weingut gehören zwei Gastronomiebetriebe und mehrere Ferienhäuser.

Kollektion

In einer starken Kollektion beim Debüt im vergangenen Jahr gefielen uns Chardonnay und Grauburgunder Reserve besonders gut. Eine vergleichbar starke Kollektion schließt sich nun an, wieder mit kraftvollen, kompakten Weinen, die eine klare Handschrift zeigen. Der Sekt ist würzig, geradlinig, kompakt. Der Weißburgunder zeigt gute Konzentration und feine Würze im Bouquet, ist füllig und kraftvoll, besitzt reife Frucht und gute Substanz. Der Grauburgunder ist enorm intensiv im Bouquet, zeigt eindringliche reife Frucht, ist im Mund dann recht zugeknöpft und kompakt, füllig und klar. Unser Favorit unter den Weißweinen ist der Réserve-Chardonnay aus dem Jahrgang 2018, der viel reife Frucht zeigt, füllig, kraftvoll und kompakt im Mund ist, gute Struktur und Substanz besitzt. Die Cuvée Noir aus Zweigelt und Spätburgunder zeigt rauchige Noten im Bouquet, rote Früchte, ist frisch, klar und zupackend im Mund, besitzt gute Struktur und Frucht. Highlight der kleinen Kollektion ist ganz klar der Réserve-Spätburgunder aus dem Jahrgang 2017, der rauchige Noten und feine Würze im Bouquet zeigt, etwas florale Noten, er ist konzentriert und kraftvoll im Mund, besitzt gute Struktur und reintönige reife Frucht.

Weinbewertung

82	2018 Sekt brut	12,5 %/19,-€
84	2019 Weißburgunder Wasserburger Weinhalde	13 %/15,-€
84	2019 Grauburgunder Wasserburger Weinhalde	13 %/15,-€
87	2018 Chardonnay „Réserve" Wasserburger Weinhalde	12,5 %/27,-€
85	2018 „Cuvée Noir" Rotwein Wasserburger Weinhalde	13 %/15,-€
88	2017 Spätburgunder „Réserve" Wasserburger Weinhalde	13,5 %/27,-€

MOSEL → TRITTENHEIM

★★★★⯨ Claes **Schmitt** Erben

Kontakt
Moselweinstraße 43
54349 Trittenheim
Tel. 06507-701736
Fax: 06507-701738
www.claeswein.de
info@claeswein.de

Besuchszeiten
nach Vereinbarung
Weinlounge (Ortsmitte)
Ferienappartements

Inhaber
Niko Schmitt

Rebfläche
5,1 Hektar

Produktion
42.000 Flaschen

Niko Schmitt absolvierte seine Winzerlehre beim Weingut Dr. Crusius und anschließend in Weinsberg die Ausbildung zum Weinbautechniker. Im Jahr 2001 übernahm er das elterliche Weingut, und nach und nach verfeinerte er den Stil der Weine, die Vinifikation findet teils im Edelstahl, teils im Holz statt. Der Name des Weingutes wurde geändert im Andenken an den Großvater des heutigen Besitzers, der Nikolaus Schmitt hieß, kurz Claes genannt. Die Weinberge befinden sich in den beiden Trittenheimer Lagen Apotheke und Altärchen. 2006 kam eine steile Terrassenlage mit 70 Jahre alten Rebstöcken hinzu, der Jungheld, ein Gemeinschaftsprojekt von Niko Schmitt und Paul Weltner aus Rödelsee; seit 2012 ist das Weingut auch im Neumagener Rosengärtchen vertreten. Inzwischen wurde ein ehemaliges benachbartes Weingut gekauft. Neben Riesling, der 75 Prozent der Rebfläche einnimmt, gibt es Müller-Thurgau und Spätburgunder, 2010 wurde ein klein wenig Sauvignon Blanc gepflanzt, neu ist der Weißburgunder (5 Prozent). Neue Apartments – mit Klimaanlage und Sauna – und eine neue Vinothek mit Weinlounge wurden im Sommer 2020 eingeweiht.

🍷 Kollektion

Auf einen festen, würzigen Basiswein vom Schiefer folgt der erfreulich trockene, nach Hefe und Kräutern duftende Urgesteinsriesling, der im Mund betont würzig wirkt, vibrierend, insgesamt eher schlank. Der Sonntheilen-Riesling ist noch etwas verhalten in der Nase, dann fest und würzig, mit hefewürzigem Nachhall: Er dürfte sich sehr gut entwickeln. Der Jungheld-Riesling ist ganz anders, besitzt Schmelz und eine reife Säure, die dem Wein etwas Tänzelndes verleiht, er wirkt trocken. Balanciert sind die feinherben Weine, die beide sehr gut gefallen. Der Kabinettriesling ist offen, steinobstfruchtig, recht füllig, während die Spätlese aus dem Rosengärtchen ebenfalls eine gewisse Fülle zeigt, enorm saftig wirkt. Die beiden Auslesen gefallen sehr gut; jene mit zwei Sternen zeigt neben Apfel- und Steinobstnoten auch solche von weißen Johannisbeeren und Erdbeeren, sie ist saftig, sehr süß, benötigt noch Zeit.

🍂 Weinbewertung

83	2019 Riesling trocken „Schiefer"	12%/6,50€
86	2019 Riesling trocken „Urgestein" Neumagener Rosengärtchen	12,5%/10,-€
88	2019 Riesling trocken Sonntheilen	12,5%/13,-€
87	2019 Riesling „feinherb" Trittenheimer Apotheke	11,5%/10,-€
87	2019 Riesling Kabinett „feinherb" Trittenheimer Altärchen	10,5%/7,50€ ☺
89	2019 Riesling Jungheld Trittenheimer Apotheke	12,5%/16,50€
84	2019 Riesling Kabinett Neumagener Rosengärtchen	8,5%/7,50€
87	2019 Riesling Spätlese Neumagener Rosengärtchen	8%/10,-€
88	2019 Riesling Auslese* Trittenheimer Apotheke	8,5%/25,-€
88	2019 Riesling Auslese** Trittenheimer Apotheke	7,5%/30,-€

RHEINHESSEN ▶ METTENHEIM

Schmitt

★★★✫

Kontakt
In den Weingärten 7
67582 Mettenheim
Tel. 06242-1717
Fax: 06242-60004
www.schmitt-weine.com
info@schmitt-weine.com

Besuchszeiten
nach Vereinbarung

Inhaber
Daniel Schmitt

Rebfläche
18 Hektar

Produktion
80.000 Flaschen

Nach Geisenheim-Studium und Auslandsaufenthalten in Neuseeland (Isabel Estate) und Südafrika übernahm Daniel Schmitt 2009 das elterliche Weingut, das am Ortsrand von Mettenheim inmitten der Weinberge liegt. Er erweiterte seither die Rebfläche von 8 auf 18 Hektar, vergrößerte das Weingut. Seine Weinberge liegen in Mettenheim (Schlossberg, Michelsberg, Goldberg) und Bechtheim (Geyersberg, Stein). Das Sortiment ist gegliedert in Guts-, Orts- und Lagenweine, Letztere kommen bisher aus dem Mettenheimer Schlossberg (Riesling, Spätburgunder) dem Bechtheimer Geyersberg (Spätburgunder) und dem Bechtheimer Stein (Spätburgunder). Daniel Schmitt baut Riesling an, dazu Weißburgunder, Grauburgunder und Spätburgunder, sowie Sauvignon Blanc, Scheurebe, Huxelrebe und Silvaner, aber auch Cabernet Dorsa. Die Weine werden überwiegend trocken ausgebaut.

🍷 Kollektion

Geyersberg-Riesling und Stein-Spätburgunder waren im vergangenen Jahr unsere Favoriten, und wir konnten beide Weine dieses Jahr erneut verkosten, zusammen mit ihren Jahrgangs-Nachfolgern, die ebenbürtig sind. Wobei uns der Riesling, bei gleicher Bewertung, fast noch ein wenig besser gefällt, er zeigt gute Konzentration, intensive Frucht, gelbe Früchte, ist füllig und kraftvoll, besitzt viel reife Frucht und Substanz, ist noch sehr jugendlich, ein klein wenig präziser als der 2017er, der immer noch die sehr ausgeprägte, offensive typische Geyersberg-Frucht zeigt. Der 2017er Stein-Spätburgunder ist ebenfalls noch recht jugendlich, zeigt Konzentration, feine Würze, rote Früchte und florale Noten, ist strukturiert, zupackend, hat Potenzial; der 2016er punktet mit Reintönigkeit und Struktur. Auch der zupackende Mettenheimer Spätburgunder und der intensiv gewürzduftige, kraftvolle Syrah überzeugen, die trockenen Weißweine sind fruchtbetont und klar, die Huxelrebe Beerenauslese ist intensiv und konzentriert.

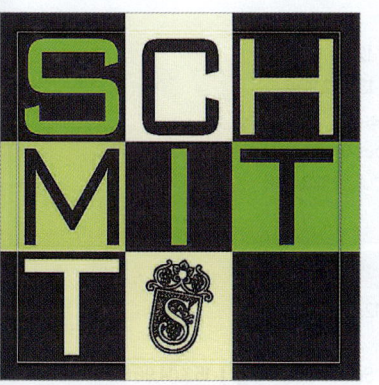

🍇 Weinbewertung

82	2019 Silvaner trocken	13%/6,70€
82	2019 Riesling trocken	12,5%/6,70€
83	2019 Grauer Burgunder trocken	13%/6,80€
82	2019 Chardonnay-Weißburgunder trocken	13%/6,80€
89	2017 Riesling trocken Bechtheimer Geyersberg	13%/12,50€
89	2018 Riesling trocken Bechtheimer Geyersberg	12,5%/12,50€
87	2019 Huxelrebe Beerenauslese	11%/17,50€
82	2019 Rosé Cuvée trocken	12,5%/6,60€
84	2015 Spätburgunder trocken Mettenheim	13,5%/9,80€
85	2014 Syrah trocken	13%/9,80€
88	2016 Spätburgunder trocken Bechtheimer Stein	13,5%/15,80€
88	2017 Spätburgunder trocken Bechtheimer Stein	14%/15,80€

RHEINHESSEN ▬ MOMMENHEIM

Bürgermeister Adam Schmitt

Kontakt
Gausstraße 19
55278 Mommenheim
Tel. 06138-1214
Fax: 06138-8256
www.weingut-schmitt-mommenheim.de
weingut.b.a.schmitt@t-online.de

Besuchszeiten
nach Vereinbarung

Inhaber
Eckhard Höbel

Betriebsleiter
Eckhard Höbel

Außenbetrieb
Christian Smolin

Rebfläche
10 Hektar

Produktion
40.000 Flaschen

Das Mommenheimer Weingut Bürgermeister Adam Schmitt wird seit 2011 von Eckhard Höbel geführt; bereits seit 1996 werden die Weinberge biologisch bewirtschaftet, man ist Mitglied bei Ecovin. Die Weinberge verteilen sich auf verschiedene Gemarkungen und Lagen, liegen in Selzen im Osterberg, im Nackenheimer Rothenberg und im Eppelsheimer Felsen, aber auch im Rheingau ist Eckhard Höbel aktiv, wo er den steilsten Weinberg im Rauenthaler Rothenberg bewirtschaftet. Riesling und rote Rebsorten nehmen jeweils 30 Prozent der Rebfläche ein, auf 20 Prozent der Fläche stehen Grau- und Weißburgunder. Die Weine werden überwiegend spontanvergoren und recht lange auf der Feinhefe ausgebaut.

Kollektion

Eine sehr eigenständige Kollektion mit einer Reihe sehr guter Weißweine an der Spitze präsentiert Eckhard Höbel zum Debüt. Der Gutsriesling ist frisch und geradlinig, der im großen Holzfass ausgebaute Selzer Riesling ist würzig und duftig, klar, frisch und zupackend, beide sind halbtrocken ausgebaut. Der Riesling aus dem Rauenthaler Rothenberg ist frisch und würzig im Bouquet, klar, geradlinig und zupackend im Mund. Unser Riesling-Favorit aber ist eindeutig der Selectionswein aus dem Osterberg, der gute Konzentration und viel reife Frucht zeigt, füllig und kraftvoll ist, viel reife Frucht besitzt, Substanz und gute Struktur. Spannend ist auch der im Barrique ausgebaute Cabernet Blanc, enorm intensiv, konzentriert und eindringlich, füllig und saftig, besitzt reife Frucht, gute Struktur und viel Frucht. Der zur Hälfte als Orangewein ausgebaute Grüner Veltliner, Naturbursch genannt, ist konzentriert und eindringlich, füllig und kraftvoll bei viel Substanz. Ein kompletter Orangewein ist der 2018er Pinot Gris, der bis April 2020 auf der Hefe ausgebaut wurde: Intensiv, dominant, würzig, füllig, stoffig, gute Struktur und Substanz. Spannende, sehr eigenständige, ja eigenwillige Weine!

Weinbewertung

83	2019 Grauer Burgunder Spätlese trocken	12,5%/6,50€
86	2019 Riesling Selection Selzer Osterberg	13%/12,90€
84	2019 Riesling trocken Rauenthaler Rothenberg	12%/10,90€
86	2019 Cabernet Blanc Spätlese „Utschebebbes fume" Barrique	12,5%/12,90€
86	2019 Grüner Veltliner trocken „Naturbursch"	12%/8,90€
86	2018 Pinot Gris „Sauvage"	12,5%/19,90€
79	2019 Silvaner und Riesling (1l)	11,5%/5,-€
82	2019 Riesling	12%/6,50€
84	2019 Riesling Spätlese „feinherb" Selzer	12,5%/5,80€
81	2019 Riesling Kabinett	9,5%/8,90€
81	2017 Cabernet Sauvignon Merlot „Resérve" Selzer Osterberg	15%/14,90€

PFALZ — BAD DÜRKHEIM

★★★ Egon **Schmitt**

Kontakt
Am Neuberg 6
67098 Bad Dürkheim
Tel. 06322-5830
Fax: 06322-68899
www.weingut-egon-schmitt.de
info@weingut-egon-schmitt.de

Besuchszeiten
Mo./Di./Do./Fr.
10:30-12 + 14-18 Uhr
(Mi. nur nach Voranmeldung),
Sa. 9-15 Uhr
So. + Feiertage geschlossen

Inhaber
Jochen Schmitt
Betriebsleiter
Jochen Schmitt
Kellermeister
Meike Schwaab
Außenbetrieb
Andreas Weißler
Rebfläche
19 Hektar
Produktion
150.000 Flaschen

Bis in die siebziger Jahre war das Weingut ein Gemischtbetrieb in der Stadtmitte von Bad Dürkheim. 1976 bauten Inge und Egon Schmitt den Betrieb am Neuberg, zwei Jahre später folgte der Austritt aus der Genossenschaft. Heute führt ihr Sohn Jochen den Betrieb, der bereits seit 1997 für den Keller verantwortlich war. Die Weinberge befinden sich in verschiedenen Dürkheimer und Ungsteiner Lagen: Spielberg, Hochbenn, Fronhof, Rittergarten und Herrenberg, außerdem im Kallstadter Kreidkeller. An roten Sorten gibt es neben Spätburgunder, Sankt Laurent und Regent auch Cabernet Sauvignon, Merlot und Lagrein. Wichtigste Weißweinsorte ist der Riesling. Seit 2016 ist das neue Kelterhaus in Betrieb, in dem Jochen Schmitt auch bei seinen Weißweinen verstärkt mit Maischestandzeiten, Spontangärung und Holzfasseinsatz arbeitet.

Kollektion

Der neue Riesling Suiseki, eine bis in den Mai auf der Hefe im Halbstück ausgebaute Selektion aus dem Leistadter Kalkofen, setzt sich direkt an die Spitze von Jochen Schmitts starker Kollektion: Er zeigt leicht steinige Noten im eindringlichen Bouquet, dazu feine gelbe Frucht, Apfel, Ananas und Aprikose, besitzt eine leicht cremige Konsistenz, salzig-animierende Noten, Druck und ein subtiles, nachhaltiges Säurespiel. Der Herrenberg-Riesling ist etwas fülliger, zeigt noch deutlichere Frucht, besitzt Grip, der Riesling vom Spielberg zeigt ebenfalls gelbe Frucht, etwas Waldhonig und dezente Holzwürze, ist konzentriert und elegant. Die sehr gute Rotwein-Riege wird wieder vom „Duca XI" angeführt, der dunkle Frucht und kräutrige Noten zeigt, kraftvoll, harmonisch und nachhaltig mit noch jugendlichen Tanninen ist, der Lagrein zeigt ebenfalls viel dunkle Frucht, wirkt noch sehr jung, wie auch der Cabernet Sauvignon, der im Bouquet Noten von Pflaume, grüner Paprika und Mokka zeigt.

Weinbewertung

86	2018 Riesling Sekt brut I 12%/14,50 €
88	2018 „Herr Schmitt & die Pinots" Sekt extra brut I 12%/17,-€
86	2019 Sauvignon Blanc trocken Dürkheimer Steinberg I 12%/12,-€
87	2019 Grauer Burgunder trocken Wachenheim Mandelgarten I 13%/14,-€
88	2019 Sauvignon Blanc trocken „Fumé" „Sherlock Schmitt" I 12,5%/16,-€
88	2019 Riesling trocken Dürkheimer Spielberg I 12,5%/17,-€
88	2019 Chardonnay trocken Dürkheimer Spielberg I 13%/15,-€
89	2019 Riesling trocken „Ausblick" Ungsteiner Herrenberg I 13%/18,-€
90	2019 Riesling trocken „Suiseki" I 13%/26,-€
88	2018 Lagrein trocken Dürkheimer Nonnengarten I 13,5%/15,50 €
88	2018 Spätburgunder trocken Leistadter Kalkofen I 13%/19,-€
88	2017 Cabernet Sauvignon trocken I 14%/19,-€
90	2017 Cuvée „Duca XI" Rotwein trocken I 13,5%/22,-€

RHEINHESSEN ▶ FLÖRSHEIM-DALSHEIM

Schmitt

★★★

Kontakt
Ökologisches Weingut Schmitt GbR Bianka und Daniel Schmitt
Weedenplatz 1
67592 Flörsheim-Dalsheim
Tel. 0173-3174117 / 0172-4520987
www.biankaunddaniel.de
info@biankaunddaniel.de

Besuchszeiten
Mo.-Sa. 9-18 Uhr
Weinprobe nach Vereinbarung

Inhaber
Bianka & Daniel Schmitt

Betriebsleiter
Bianka & Daniel Schmitt

Kellermeister
Bianka Schmitt

Außenbetrieb
Daniel Schmitt

Rebfläche
17 Hektar

Produktion
110.000 Flaschen

Daniel Schmitt stammt aus einem Weingut in Flörsheim-Dalsheim, das seit 2010 bio-zertifiziert, seit 2012 Demeter-zertifiziert ist. 2012 lernte er auch seine heutige Frau Bianka kennen, Weinbautechnikerin wie er, und sie entwickelten ihre gemeinsame Begeisterung für Naturweine. Ihre Weinberge liegen im Wonnegau, in den Nieder-Flörsheimer Lagen Goldberg und Frauenberg sowie im Monsheimer Silberberg. Das Sortenspektrum ist groß, die wichtigsten Rebsorten sind Riesling, Weißburgunder und Grauburgunder, Silvaner, Chardonnay und Sauvignon Blanc, sowie die roten Sorten Merlot und Dornfelder, Die Weine werden spontanvergoren und teils im Edelstahl, teils im Holz ausgebaut, bereits 2013 haben Bianka und Daniel Schmitt ihren ersten Wein in der Amphore ausgebaut.

Kollektion

Eine sehr eigenständige und eigenwillige Kollektion präsentieren Bianka und Daniel Schmitt auch in diesem Jahr, die Weine gewinnen stetig an Profil. Spannend ist der weiße Pétillant aus Ortega, Silvaner und Riesling, ist lebhaft, frisch und zupackend. Der Pinot-Sekt besteht jeweils zur Hälfte aus Weiß- und Spätburgunder, zeigt viel Duft und Würze, ist füllig und kraftvoll bei guter Struktur. Im Liter gibt es „Frei.Körper.Kultur" in weiß, rosé und rot, die Weine sind stoffig, kompakt, eigen. Der Müller-Thurgau ist fruchtbetont, intensiv und zupackend, der Silvaner dominant und geradlinig, besitzt gute Struktur und Substanz. Der Riesling ist füllig und kraftvoll, der 2018er Riesling „M", spätgelesen aus Monsheim, ist würzig und stoffig bei viel Biss. Die duftige Erdreich-Cuvée aus Muskateller und Scheurebe ist kraftvoll und zupackend. Der Rosé aus Merlot und Spätburgunder duftet nach Fleischbällchen, besitzt Kraft und Grip. Der Merlot ist intensiv und würzig, besitzt viel süße Frucht, der Blaufränkisch ist duftig und frisch, klar und zupackend. Viele spannende Weine!

Weinbewertung

86	2019 „Pétillant" Weiß	11,5%/16,-€
87	2017 Pinot Sekt brut nature	12,5%/22,-€
83	2019 „Frei.Körper.Kultur" Weiß (1l)	11,5%/12,50€
85	2019 Müller-Thurgau	12%/13,20€
86	2018 Zöld (Silvaner)	12,5%/16,-€
85	2019 Riesling	12,5%/13,20€
87	2018 Riesling „M"	12,5%/16,-€
86	2018 „Erdreich" Weißwein	12,5%/22,-€
82	2019 „Frei.Körper.Kultur" Rosé (1l)	11,5%/12,50€
85	2019 Rosé	12%/13,20€
82	2018 „Frei.Körper.Kultur Rot (1l)	13%/12,50€
86	2018 Piros (Merlot)	13%/22,-€
86	2019 Kékfrankos (Blaufränkisch)	12%/22,-€

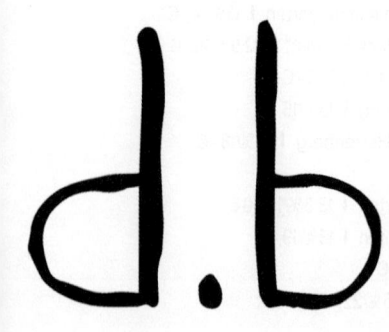

MOSEL ▬ LEIWEN

★★

Heinz Schmitt Erben

Kontakt
Stephanusstraße 4
54340 Leiwen / Mosel
Tel. 06507-4276
Fax: 06507-8161
www.weingut-heinz-schmitt.de
weingutheinzschmitt@t-online.de

Besuchszeiten
nach Vereinbarung
Weinproben mit oder ohne Essensbegleitung

Inhaber
Silvia, Senta & Carlo Schmitt
Betriebsleiter
Carlo Schmitt
Kellermeister
Carlo Schmitt
Außenbetrieb
Carlo Schmitt
Rebfläche
2 Hektar
Produktion
14.000 Flaschen

Das Weingut Heinz Schmitt Erben gehörte bis vor einigen Jahren zu den bekanntesten Betrieben der Mittelmosel. Inhaber Heinz Schmitt war ein akribischer und neugieriger Winzer, der stets nach den besten Trauben und der bestmöglichen Ausbauweise suchte. Für dieses Buch stellte er immer wieder eine Phalanx an Weinen an, vom saftigen Basiswein bis zu edelsüßen Spitzen, auch bewies er immer wieder, wie gut seine Weine reifen konnten. Nachdem Heinz Schmitt im Weinberg tödlich verunglückt war, wurde die Fläche drastisch von 24 Hektar auf 1,5 Hektar verkleinert, inzwischen ist sie auf zwei Hektar gestiegen, neue Weinberge in der Köwericher Laurentiuslay wurden erworben. Inhaber des Weinguts sind heute Silvia, Senta und Carlo Schmitt, Jungwinzer Carlo kümmert sich um den An- und Ausbau der Weine. Angebaut werden heute zu 90 Prozent Rieslingreben, die restliche Fläche entfällt auf Müller-Thurgau und Weißburgunder.

🍰 Kollektion

Der Jahrgang 2019 wird als Meilenstein in die Geschichte des Weinguts eingehen, denn was Carlo Schmitt aus diesem Jahr auf die Flasche gebracht hat, ist von ausgezeichneter Qualität. Das beginnt schon in der Basis. Ein Gutswein wie der hier erzeugte kann sich sehen lassen: In der Nase ist der Riesling angenehm jugendlich, leicht hefig, wirkt dann straff und kompakt, ist zwar nicht allzu lang, aber sehr präzise vinifiziert. Auch der spritzige Rivaner, der angenehm trocken wirkt, und der süffige, fast schon elegante Weißburgunder können sich sehen lassen. Der Alte-Reben-Riesling wirkt verschlossen, mit Noten von Hefe und Kräutern sowie herbem Apfel, ist dann straff und würzig, das Spiel wird derzeit nur angedeutet, ein Hauch Süße ist zu erahnen. Kräftiger, trockener, nachhaltiger ist der Riesling aus dem Rosengärtchen, straff, sogar leicht mineralisch. Der feinherbe Laurentiuslay-Wein kommt da zwar nicht ganz heran, aber auch er ist schön klar, präzise. Der Galgenberg-Wein ist etwas weicher, im besten Sinne süffig, besitzt nur leichte Süße. Sehr gelungen, mit feinen Apfelnoten und Eleganz präsentiert sich die Auslese aus wurzelechten Reben, voller Struktur und mit beachtlichem Nachhall.

🍃 Weinbewertung

83	2019 Rivaner trocken	11,5%/6,50€
83	2019 Riesling trocken	11,5%/7,50€
84	2019 Weißburgunder	12%/8,50€
88	2019 Riesling trocken Rosengärtchen	12%/14,-€
83	2019 Riesling „feinherb"	10,5%/7,50€
87	2019 Riesling „feinherb" Laurentiuslay	11%/14,-€
86	2019 Riesling „Alte Reben" Klüsserather	11%/9,-€
85	2019 Riesling Galgenberg	10,5%/9,-€
89	2019 Riesling Auslese Rosengärtchen	8%/15,-€/0,5l

★★★★ Schmitt's Kinder

Kontakt
Am Sonnenstuhl
97236 Randersacker
Tel. 0931-7059197
Fax: 0931-7059198
www.schmitts-kinder.de
info@schmitts-kinder.de

Besuchszeiten
Mo.-Fr. 8-18 Uhr
Sa. 9-17 Uhr
oder nach Vereinbarung
Wechselnde Ausstellungen des Landschaftsmalers Andi Schmitt

Inhaber
Martin Schmitt

Betriebsleiter
Martin, Karl & Renate Schmitt

Rebfläche
14 Hektar

Produktion
100.000 Flaschen

Die Familie betreibt seit Generationen Weinbau in Randersacker, das Stammhaus im Ortskern wurde 1712 erbaut. Der Name Schmitt's Kinder geht auf eine Erbteilung von 1910 zurück: Entgegen den fränkischen Gepflogenheiten wurde der Betrieb nicht aufgeteilt sondern von den Geschwistern zusammen bewirtschaftet und weitergeführt. 1984 wurde ein neuer Betrieb am Fuß des Sonnenstuhls erbaut. Karl Martin und Renate Marie Schmitt bauten das Weingut aus, 2014 hat Sohn Martin Schmitt den Betrieb übernommen, der bereits seit 2008 für den Keller verantwortlich war. Seine Weinberge liegen in den Randersackerer Lagen Sonnenstuhl, Marsberg (mit der ehemaligen Einzellage Spielberg), Teufelskeller und Pfülben. Silvaner ist die wichtigste Rebsorte, die gut ein Drittel der Fläche einnimmt. Es folgen Riesling, Müller-Thurgau, Spätburgunder, Bacchus, Domina und Weißburgunder, sowie etwas Rieslaner und Scheurebe. Die Weine werden langsam vergoren und lange auf der Feinhefe ausgebaut, teils im Edelstahl, teils im Holz, alle Erste und Große Lagen-Weine werden normalerweise zur Hälfte im Holz ausgebaut, einzelne Partien kommen ins Barrique, die Spätburgunder werden achtzehn Monate im Barrique ausgebaut. Das Sortiment wurde schrittweise an das 4-stufige System des fränkischen VDP angepasst. An der Spitze der trockenen Weine stehen derzeit drei Große Gewächse, Silvaner und Riesling aus dem Pfülben, sowie Spätburgunder aus dem Sonnenstuhl, der nun den Katasternamen Hohenroth trägt. Mit dem Jahrgang 2018 wurden Reserve-Weine von Silvaner und Riesling eingeführt, die ein Jahre auf der Hefe ausgebaut werden. Martin Schmitt hat weiter in den Keller investiert, in Saftvorabzug und Kühlung, hat neue Stückfässer angeschafft. Des Weiteren hat er neue Silvaner-Premium-Klone gepflanzt, die bei höherer Säure einen natürlichen (also ohne Ausdünnen) Ertrag von nur 50 Hektoliter je Hektar erbringen sollen. Zuletzt hat er mehr Spätburgunder (deutsche und französische Klone) und Sauvignon Blanc gepflanzt, in Barriquekeller und Außenbetrieb investiert. Seit der ersten Ausgabe schon empfehlen wir die Weine von Schmitt's Kinder, seither zählt das Weingut zur fränkischen Spitze. Wie kaum ein anderes Weingut hat es in diesem Zeitraum Jahr für Jahr homogene Kollektionen sowohl im trockenen als auch im edelsüßen Segment hervorgebracht. Die Weine sind füllig und kraftvoll, dabei aber immer auch wunderschön reintönig, schon die Gutsweine machen viel Freude.

Kollektion

Die weiße Basiscuvée aus Müller-Thurgau, Bacchus und Scheurebe heißt nun „Le Blanc" und nicht länger „Blanc de Blancs", sie ist frisch und lebhaft, klar und fruchtbetont. Der im Edelstahl ausgebaute Randersackerer Silvaner zeigt reintönige Frucht im Bouquet, Birnen, ist lebhaft, geradlinig und zupackend. Mehr Substanz besitzt der zur Hälfte im Holz ausgebaute Erste Lage-Silvaner aus dem Sonnenstuhl, ist füllig und saftig bei reintöniger Frucht und guter Struktur. Klar besser gefällt uns im Jahrgang 2019 der komplett im Holz ausgebaute Silvaner aus dem Marsberg, der gute Konzentration und viel reife Frucht zeigt, füllig und saftig ist, viel reife Frucht und Substanz besitzt. Der ebenfalls komplett im Holz ausgebaute Weißburgunder aus dem Marsberg ist ebenfalls füllig und saftig, besitzt reintönige reife Frucht und gute Länge. Die beiden weißen Großen Gewächse aus dem Pfülben werden unterschiedlich ausgebaut, der Silvaner im Holz, der Riesling im Edelstahl. Der Silvaner zeigt viel Würze im Bouquet, ist füllig und kompakt, besitzt Substanz, gute Struktur und Länge. Der Riesling ist sehr offen, zeigt intensive Frucht, ist füllig und kraftvoll, besitzt reife reintönige Frucht und Nachhall. Neu im Programm sind die beiden „Großen Reserven", die beide aus dem Jahrgang 2018 stammen. Der über ein Jahr im Edelstahl ausgebaute Riesling stammt aus dem Spielberg, zeigt gute Konzentration, rauchige Noten, ist füllig, saftig, kraftvoll, besitzt reife süße Frucht und Länge. Besonders spannend ist der ein Jahr im Holz ausgebaute Silvaner, zeigt intensive Frucht, viel Konzentration, ist anfangs recht hefig, besitzt Fülle und Kraft, viel reife Frucht und Substanz, gute Struktur, Druck und Länge. Jahr für Jahr spannender werden die Spätburgunder. Der Spätburgunder Tradition zeigt gute Konzentration, rote Früchte, besitzt Fülle und Kraft, reife Frucht und gute Struktur. Das komplett in neuen Barriques ausgebaute Große Gewächs zeigt herrlich viel Frucht im Bouquet, ist intensiv und eindringlich, sehr offen, ist reintönig im Mund, besitzt feine Frische, gute Struktur und Tannine, hat Potenzial. Starke Kollektion!

Lagen
Sonnenstuhl (Randersacker)
Pfülben (Randersacker)
– Weinberg Mendelssohn (Randersacker)
Marsberg (Randersacker)
– Spielberg (Randersacker)

Weinbewertung

Punkte	Wein	Rebsorten
84	2019 „Le Blanc" Weißwein trocken I 12%/8,20€	Silvaner (37 %)
83	2019 Silvaner trocken Randersackerer I 12,5%/8,60€	Riesling (14 %)
85	2019 Silvaner trocken Randersackerer Sonnenstuhl I 13%/10,50€	Spätburgunder (10 %)
87	2019 Weißer Burgunder trocken Randersackerer Marsberg I 13,5%/14,60€	Müller-Thurgau (8 %)
88	2019 Silvaner trocken Randersackerer Marsberg I 13,5%/13,70€	Bacchus
90	2019 Silvaner trocken „GG" Randersackerer Pfülben I 14%/27,-€	Scheurebe
91	2019 Riesling trocken „GG" Randersackerer Pfülben I 13,5%/27,50€	Sauvignon Blanc
90	2018 Riesling trocken „Große Reserve" „Spielberg" I 13%/24,-€	Weißburgunder
92	2018 Silvaner trocken „Große Reserve" Randersacker I 14%/46,-€	Domina
88	2018 Spätburgunder trocken „Tradition" Randersackerer Sonnenstuhl I 13,5%/15,60€	Rieslaner
92	2018 Spätburgunder trocken „GG" Randersackerer „Hohenroth" I 14%/42,-€	

Rainer **Schnaitmann**

★★★★★

Kontakt
Untertürkheimer Straße 4
70734 Fellbach
Tel. 0711-574616
Fax: 0711-5780803
www.weingut-schnaitmann.de
info@weingut-schnaitmann.de

Besuchszeiten
Mo.-Fr. 14-18 Uhr
(morgens mit Anmeldung)
Sa. 9-13 Uhr

Inhaber
Rainer Schnaitmann

Rebfläche
24 Hektar

Produktion
160.000 Flaschen

Rainer Schnaitmann vermarktete mit dem Jahrgang 1997 die ersten Weine unter dem eigenen Etikett. „Das war ein Aufruhr in Fellbach, als sich der Rainer selbständig machte", erinnert sich sein Vater noch heute. Davor hatte der Geisenheim-Absolvent Praktika in Neuseeland (Morton) und in Südtirol (Waldthaler) gemacht. Das Gros seiner Weinberge liegt im Fellbacher Lämmler, aber auch in benachbarten Lagen ist er vertreten, so in Uhlbach im Götzenberg, in Untertürkheim im Mönchberg oder in Schnait im Altenberg. Seine wichtigsten Rebsorten sind Riesling, Spätburgunder und Lemberger, dazu gibt es Schwarzriesling und Trollinger, aber auch internationale Rebsorten wie Cabernet Sauvignon, Merlot, Syrah und Sauvignon Blanc, sowie Spezialitäten wie Gewürztraminer und Muskattrollinger; auch einen Silvaner aus Schnait, einem einst für Silvaner bekannten Ort, hat Rainer Schnaitmann im Programm. Ausgesuchte Weine werden im Barrique ausgebaut und seit dem ersten Jahrgang unter dem Namen „Simonroth" verkauft, nach dem Namen der Lämmler-Teillage, in der Rainer Schnaitmann seine größte zusammenhängende Parzelle besitzt. Darüber stehen die Großen Gewächse aus dem Lämmler – Riesling, Spätburgunder, Lemberger – und dem Götzenberg (Riesling). 2011 wurde für reinsortige Weine aus Fellbacher und Stuttgarter Lagen die Bezeichnung Steinwiege eingeführt. Inzwischen werden die Weinberge biologisch bewirtschaftet, zertifiziert seit 2013, Rainer Schnaitmann ist aber bisher noch keinem Verband beigetreten. Schon in der ersten Ausgabe empfahlen wir die Weine von Rainer Schnaitmann – den damals noch niemand kannte, kein Wunder, hatte er doch erst zwei Jahre zuvor mit der Selbstvermarktung begonnen. Heute kennt man ihn nicht nur in Württemberg, sondern in ganz Deutschland. Jahr für Jahr konnte er die Qualität steigern, Jahr für Jahr haben uns seine Kollektionen besser gefallen. Dies gilt gleichermaßen für Weiß- wie für Rotweine.

Kollektion

Auch 2019 ist es Rainer Schnaitmann gelungen spannende Weine mit wenig Alkohol auf die Flasche zu bringen. Sein Steinwiege-Weißburgunder ist herrlich eindringlich und reintönig, frisch und zupackend, besitzt eine tolle Präzision. Der Muskateller ist würzig, lebhaft und zupackend, der Steinwiege-Sauvignon Blanc ist reintönig, geradlinig, wie an der Schnur gezogen. Deutlich fülliger, aber doch auch präzise und schlank ist der Iflinger Sauvignon Blanc, besitzt reintönige Frucht und Grip. Fast schon ein Klassiker ist der „Grau.Weiß", der noch nie so viel Präzision besaß wie nun im Jahrgang 2018, würzig und herrlich eindringlich im Bouquet ist, kraftvoll und strukturiert im Mund, viel Frucht und Grip besitzt. Der Graubrugunder Großes Gewächs aus dem Lämmler ist intensiv und dominant, zeigt viel Konzentration im herrlich eindringlichen Bouquet, ist ganz Struktur dann im Mund, besitzt Tannine und Biss – wer saftige, fruchtbetonte Graubrugunder liebt, der ist hier fehl am Platz. Das gilt auch für die beiden Großen Riesling-Gewächse, die wie der

Grauburgunder aus dem Jahrgang 2018 stammen. Der Wein aus dem Götzenberg ist sehr offen, duftig und rauchig, besitzt Fülle, Kraft und Substanz, während der Lämmler anfangs verschlossen ist, dann ganz leicht Melisse im Bouquet zeigt, gute Struktur, viel Grip und Kraft besitzt. Der sehr gute Muskattrollinger Rosé ist würzig und eindringlich, reintönig und zupackend, der Steinwiege-Lemberger betört mit seiner reintönigen Frucht, besitzt viel Frische und Grip. Der Trollinger von alten Reben ist zwar hinsichtlich des Alkohols ein Leichtgewicht, besitzt aber herrlich viel Frucht und Intensität, ist reintönig, frisch und zupackend. Der dunkelfruchtige Simonroth D besitzt Fülle, Kraft und Substanz, der Simonroth-Lemberger ist wunderschön reintönig, besitzt Frische und Grip, der Simonroth-Spätburgunder punktet mit Reintönigkeit und Frische, ist recht jugendlich, was auch noch für den 2016er gilt. Große Klasse ist wieder einmal einer unserer Klassiker, der 2018 Lämmler-Spätburgunder besitzt viel Duft und Intensität viel Kraft, Präzision und Grip, ist noch sehr jugendlich, was auch für den 2016er gilt. Was beim Spätburgunder gefällt, wurde beim Lämmler-Lemberger kontrovers diskutiert, der sehr präzise, floral und druckvoll ist, aber doch wesentlich puristischer als viele der anderen Lemberger in unserem Finale. „Anti-Lemberger" – oder die Zukunft?

Weinbewertung

87	2019 Weißburgunder „Steinwiege"	11%/9,50€
87	2019 Sauvignon Blanc trocken „Steinwiege"	12%/10,90€
85	2019 Muskateller „Steinwiege"	10,5%/10,90€
90	2018 „Grau.Weiss" Weißwein trocken	12,5%/15,20€
89	2019 Sauvignon Blanc trocken „Iflinger"	12,5%/18,50€
91	2018 Riesling „GG" Fellbacher Lämmler	13%/32,-€
91	2018 Riesling trocken „GG" Götzenberg Uhlbach	13%/32,-€
91	2018 Graubugunder „GG" Lämmler Fellbach	13%/32,-€
86	2019 Muskattrollinger Rosé trocken „Steinwiege"	10,5%/8,70€
87	2018 Lemberger „Steinwiege"	12,5%/11,50€
88	2019 Trollinger trocken „Alte Reben"	10,5%/12,50€
89	2018 „Simonroth D" Rotwein	13%/14,50€
90	2018 Lemberger „Simonroth"	13%/21,-€
91	2016 Spätburgunder „Simonroth"	13%/29,-€
91	2018 Spätburgunder „Simonroth"	13%/32,-€
92	2016 Spätburgunder „GG" Fellbacher Lämmler	13%/48,-€
95	2018 Spätburgunder „GG" Fellbacher Lämmler	13%/52,-€
91	2018 Lemberger „GG" Fellbacher Lämmler	13%/36,-€

Lagen
Lämmler (Fellbach)
Götzenberg (Uhlbach)
Altenberg (Schnait)
Burghalde (Beutelsbach)

Rebsorten
Burgundersorten (40 %)
Riesling (15 %)
Lemberger (15 %)
Sauvignon Blanc (8 %)
Trollinger (5 %)
Merlot (5 %)
Cabernet Franc (5 %)

RHEINHESSEN ▶ NIERSTEIN

★ ★

G.A. Schneider

Kontakt
Wilhelmstraße 6
55283 Nierstein
Tel. 06133-5655
Fax: 06133-5415
www.schneider-nierstein.de
ursula@schneider-nierstein.de

Besuchszeiten
Mo.-Sa. nach Vereinbarung

Inhaber
Ursula & Steffen Müller
Kellermeister
Steffen Müller
Rebfläche
17 Hektar
Produktion
100.000 Flaschen

Mehr als 40 Jahre führte Albrecht Schneider den Betrieb, 2012 hat seine Tochter Ursula ihn übernommen, führt ihn seither mit ihrem Ehemann Steffen Müller, Geisenheim-Absolvent, der selbst ein Weingut in Nierstein besitzt und seither auch für den Weinausbau im Weingut G.A. Schneider verantwortlich ist. Ursula Müllers Weinberge liegen in den Niersteiner Lagen Hipping, Oelberg, Orbel und Pettenthal, wo die Reben auf Rotliegendem wachsen, sowie im Paterberg (mit dem Filetstück Hummerthal), dort ist der Boden vom Muschelkalk geprägt. Riesling ist mit Abstand die wichtigste Rebsorte im Betrieb, dazu gibt es Grauburgunder, Weißburgunder, Müller-Thurgau und Silvaner, sowie Scheurebe, Sauvignon Blanc, Gewürztraminer, Dornfelder und Spätburgunder.

Kollektion

Im vergangenen Jahr war der 2018er Riesling Niersteiner Hipping Berg, als Fassprobe verkostet, unser Favorit in einer stimmigen Kollektion, und auch in diesem Jahr gefällt uns der 2019er sehr gut, auch wenn er, unmittelbar nach der Abfüllung verkostet, noch sehr jugendlich ist. Er zeigt reintönige Frucht, gelbe Früchte, Aprikosen, ist füllig und saftig im Mund, enorm kraftvoll und noch etwas verschlossen, hat Potenzial. Gleichauf sehen wir den Pettenthal-Riesling, der ebenfalls viel reife Frucht zeigt, gelbe Früchte, viel Kraft, Substanz und klare reife Frucht besitzt. Auch sonst sind die Rieslinge stark, angefangen beim geradlinigen Literwein. Der Riesling vom Kalk ist würzig und klar, geradlinig und frisch, ein klein wenig besser gefällt uns der intensiv fruchtige Riesling vom Rotliegenden, der gute Struktur, Frische und Grip hat, beide besitzen feine süße Frucht. Deutlich süßer sind der „Last night a Riesling saved my life" und die Spätlese aus dem Hipping, beide sind betont süffig. Der Sauvignon Blanc ist fruchtbetont, intensiv, der Grauburgunder füllig und saftig, der Silvaner von alten Reben besitzt feine süße Frucht und Biss. Noch sehr jugendlich ist der kompakte, von Vanillenoten geprägte Weißburgunder aus dem Rosenberg.

Weinbewertung

81	2019 Riesling trocken (1l)	12%/5,90€
83	2019 Grauer Burgunder trocken	13%/6,80€
82	2019 Sauvignon Blanc trocken	12%/7,30€
82	2019 Silvaner trocken „alte Reben"	13%/7,50€
83	2019 Riesling trocken „vom Kalk" Niersteiner	12,5%/8,30€
84	2019 Riesling trocken „vom Rotliegenden" Niersteiner	12,5%/8,30€
84	2019 Weißburgunder trocken Rosenberg	12,5%/10,-€
87	2019 Riesling trocken Niersteiner Pettenthal	
87	2019 Riesling trocken Niersteiner Hipping Berg	12,5%/17,50€
82	2019 Riesling „Last night a Riesling saved my life" „Roter Hang"	11,5%/7,30€
83	2019 Riesling Spätlese Niersteiner Hipping	12,5%/8,30€

NAHE ▪ BAD SOBERNHEIM

★ ★ ★

K.H. Schneider

Kontakt
Meddersheimer Straße 29
55566 Bad Sobernheim
Tel. 06751-2505
Fax: 06751-3657
www.weingut-schneider.com
info@weingut-schneider.com

Besuchszeiten
Mo.-Sa. 10-18 Uhr,
So. nach Vereinbarung

Inhaber
Bernd Schneider
Kellermeister
Andi Schneider
Rebfläche
14,5 Hektar
Produktion
70.000 Flaschen

Das Weingut wurde 1956 von Karlheinz Schneider gegründet, seit 1999 führen Bernd Schneider und seine Frau Marion den Betrieb. Nach Abschluss seines Studiums in Heilbronn, sowie praktischen Erfahrungen in Neuseeland und bei Wagner-Stempel ist Sohn Andi in den Betrieb eingetreten und für den Weinausbau verantwortlich, Bruder Christoph hat seine Winzerlehre abgeschlossen und kümmert sich um den Außenbetrieb. Die Weinberge liegen in den Bad Sobernheimer Lagen Marbach und Domberg (60 Prozent Steillagen), wo die Böden aus rotem Lehm mit hohem Steinanteil bestehen, teils mit Schiefer durchsetzt, 2011 kamen 0,9 Hektar Riesling in Schlossböckelheim dazu, darunter eine Parzelle im Felsenberg mit vulkanischem Porphyrverwitterungsboden. 2017 wurde das Lagenportfolio noch um 0,6 Hektar Steillage im Schlossböckelheimer Königsfels ergänzt.

Kollektion

Die Rieslinge der Familie Schneider sind in diesem Jahr alle zunächst sehr verschlossen, teilweise auch noch von schwefligen Noten geprägt und brauchen mehrere Stunden Luft, um sich zu öffnen: Unsere Favoriten sind wieder der von steinig-mineralischen Noten geprägte Königsfels, der Kraft, Druck und ein animierendes Säurespiel besitzt und der trockene Marbach-Riesling, der kräutrige Würze und Zitrusnoten im Bouquet zeigt und Grip und Länge besitzt. Genauso stark schätzen wir auch die Auslese aus dem Felsenberg ein, die feine Süße, Zitrusnoten, leicht cremige Konsistenz und ein animierendes Säurespiel besitzt. Knapp dahinter liegen die trockenen Rieslinge aus dem Domberg mit klarer gelber Frucht, Aprikose, Ananas, und Biss und aus dem Felsenberg, der insgesamt noch sehr verhalten ist, etwas herbe Zitruswürze und gute Länge besitzt. Der Sauvignon Blanc ist offener als die Rieslinge, zeigt klare Frucht mit Aromen von Maracuja und Stachelbeere, besitzt Biss und ist harmonisch.

Weinbewertung

83	2019 Riesling trocken I 12%/7,90€
86	2019 Riesling trocken „Roter Tonschiefer" Sobernheimer I 12,5%/11,-€
86	2019 Riesling trocken „Vulkanstein" Schlossböckelheim I 12,5%/11,-€
87	2019 Sauvignon Blanc trocken Sobernheim I 12,5%/11,-€
89	2019 Riesling trocken Sobernheimer Marbach I 13%/17,-€
88	2019 Riesling trocken Sobernheimer Domberg I 12,5%/17,-€
88	2019 Riesling trocken Schlossböckelheimer Felsenberg I 12,5%/19,-€
89	2019 Riesling trocken Schlossböckelheimer Königsfels I 13%/19,-€
85	2019 Riesling Kabinett Sobernheim I 9%/9,-€
87	2019 Riesling Spätlese Sobernheimer Marbach I 8,5%/11,-€
87	2019 Riesling Spätlese Sobernheimer Domberg I 8,5%/11,-€
89	2019 Riesling Auslese Schlossböckelheimer Felsenberg I 8,5%/19,-€/0,5l

WEINGUT K.H. SCHNEIDER
BAD SOBERNHEIM / NAHE

RHEINHESSEN ▶ MAINZ-HECHTSHEIM

★ ★ ☆

Schneider – Mirjam Schneider

Kontakt
Klein-Winternheimer-Weg 6
55129 Mainz-Hechtsheim
Tel. 06131-59678
Fax: 06131-9728804
www.schneider-weingut.com
info@schneider-weingut.com

Besuchszeiten
Di.-Fr. 9-12 + 14-18 Uhr
Sa. 9-13 Uhr
Mo. geschlossen

Inhaber
Mirjam Schneider
Kellermeister
Mirjam Schneider
Außenbetrieb
Marc Schühle
Rebfläche
6 Hektar
Produktion
40.000 Flaschen

Bereits 2002 hat Mirjam Schneider die Regie im Keller übernommen, 2005 beendete sie ihre Ausbildung zur Weinbautechnikerin, machte ein Praktikum in Neuseeland (Neudorf Vineyards), seit 2006 ist sie im elterlichen Betrieb tätig, den sie nach dem Tod ihres Vaters Lothar 2018 übernommen hat. Die Weinberge liegen in Laubenheim in den Lagen Edelmann (Lösslehm, im Untergrund Kalkstein) und Johannisberg (Lösslehm mit hohem Lehmanteil), in den Gau-Bischofsheimer Lagen Kellersberg und Herrnberg, wo Spätburgunder und Merlot wachsen, sowie im Niersteiner Pettenthal (Rotliegendes). Sie konzentriert sich auf klassische Rebsorten wie Riesling, Silvaner und Portugieser, dazu die Burgundersorten, baut aber auch Merlot an. Die Weißweine werden langsam und kühl im Edelstahl vergoren, die Rotweine kommen nach der Maischegärung ins Holz, werden lange auf der Feinhefe ausgebaut. Die Weine werden betriebsintern mit drei (Gutsweine), vier (Ortsweine) oder fünf Sternen (Lagenweine) klassifiziert. 2014 wurde ein neuer Verkaufs- und Verkostungsraum inklusive Hofladen („Kraut & Reben") fertig gestellt. Seit 2014 ist Mirjam Schneiders Freund Marc Schühle für den Außenbetrieb zuständig.

Kollektion

Unser Favorit im vergangenen Jahr war der 2018er Riesling aus dem Pettenthal, den wir nun erneut verkosten konnten, er bestätigt den starken Eindruck des Vorjahres, ist reintönig, druckvoll und zupackend. Der 2019er Edelmann-Riesling ist füllig und harmonisch, besitzt viel reife Frucht, der Edelmann-Silvaner zeigt gute Konzentration und reife Frucht, besitzt Fülle und Kraft, reife Frucht und Grip. Die 3- und 4-Sterne-Weine sind geradlinig und klar, sehr gleichmäßig, unsere leichte Präferenz gilt der fruchtbetonten, zupackenden Scheurebe; der unfiltrierte Grauburgunder ist noch etwas vom Holz und von Bitternoten geprägt. Sehr gut ist der im Barrique ausgebaut Herrnberg-Spätburgunder, besitzt rauchige Noten und Substanz.

Weinbewertung

83	2019 Silvaner*** trocken	12,5%/7,-€
82	2019 Riesling*** trocken	13%/7,40€
83	2019 Weißer Burgunder**** trocken Bodenheimer	13%/8,60€
82	2019 Grauer Burgunder**** trocken	14%/8,60€
84	2019 Scheurebe**** trocken „Distelfink" Laubenheimer	13%/8,60€
83	2019 Sauvignon Blanc**** trocken „Wirbelwind" Laubenheimer	12,5%/8,60€
87	2019 Silvaner***** trocken Laubenheimer Edelmann	14%/13,-€
87	2019 Riesling***** trocken Laubenheimer Edelmann	14%/15,-€
89	2018 Riesling***** trocken Niersteiner Pettenthal	12,5%/25,-€
84	2019 Grauer Burgunder trocken „Edition unfiltriert"	14%/15,80€
81	2016 Spätburgunder**** trocken Gau-Bischofsheimer	13,5%/10,80€
85	2016 Spätburgunder***** trocken Gau-Bischofsheimer Herrnberg	14%/17,80€

NAHE ▶ GULDENTAL

★ ★ ☆

Wolfgang Schneider

Kontakt
Naheweinstraße 35
55452 Guldental
Tel. 06707-324
Fax: 06707-7201
www.weingut-wolfgang-schneider.de
info@weingut-wolfgang-schneider.de

Besuchszeiten
täglich nach Vereinbarung

Inhaber
Wolfgang & Nils Schneider
Betriebsleiter
Wolfgang & Nils Schneider
Rebfläche
20 Hektar
Produktion
150.000 Flaschen

Das heutige Weingut wurde über mehrere Generationen als landwirtschaftlicher Gemischtbetrieb mit Weinbau, Ackerbau und Viehzucht geführt. Die Viehzucht gab Wolfgang Schneider, der den Betrieb zusammen mit Ehefrau Birgitt seit 1975 führt, bereits 1978 auf, 1993 verpachtete er die Äcker und spezialisierte sich ganz auf Weinbau. Sohn Nils, Diplom-Ingenieur für Weinbau und Önologie, arbeitet seit 2003 im Betrieb mit. Die Weinberge befinden sich in verschiedenen Lagen von Guldental (Hipperich, Sonnenberg, Apostelberg), aber auch in Roxheim und in Langenlonsheim. Besonderes Augenmerk liegt im Weingut auf den Burgundersorten, hinzu kommen Riesling und Müller-Thurgau, aber auch Silvaner, Gewürztraminer, Bacchus, Scheurebe, Dornfelder und Regent.

🎂 Kollektion

Die Familie Schneider bleibt auch im – was die Alkoholgehalte bei den Weißweinen angeht – etwas moderateren Jahrgang 2019 ihrer Linie der kraftvollen Weißen treu. Wir haben gleich drei Favoriten: Der Silvaner zeigt klare Frucht, Birne und Zitrusnoten, besitzt feinen Schmelz, Grip und gute Länge, der Grauburgunder zeigt neben gelber Frucht auch etwas Holzwürze und Kokosnoten, ist füllig und cremig, besitzt aber auch eine frische Säureader und der trockene „S"-Riesling aus dem Hipperich besitzt ebenfalls Fülle, kräutrige Noten und klare gelbe Frucht mit Aromen von Aprikose, Ananas und Orangenschale, ist harmonisch und frisch. Genauso gut gelungen ist auch der Frühburgunder, der von roter Frucht, Süßkirsche, und etwas Krokantwürze vom gut eingebundenen Holz geprägt ist, der Spätburgunder ist stoffiger und dunkler in der Frucht, besitzt deutliche Tannine. Sehr gut ist auch die intensiv gelbfruchtige und frische Riesling Spätlese aus dem Sonnenberg, der ausgewogene Gewürztraminer zeigt florale Noten, Rosenblätter und Zitruswürze.

🍇 Weinbewertung

83	2019 Riesling Spätlese trocken Guldentaler Hipperich	13%/6,-€
82	2019 Scheurebe trocken Guldentaler Apostelberg	12,5%/6,-€
86	2019 Grauer Burgunder „S" trocken Guldentaler Hipperich	13,5%/9,50€
86	2019 Grüner Silvaner „S" trocken Guldentaler Hipperich	14%/7,50€
84	2019 Chardonnay Spätlese „S" trocken Guldentaler Sonnenberg	12,5%/8,-€
86	2019 Riesling „S" trocken Guldentaler Hipperich	13,5%/8,50€
84	2019 Gewürztraminer Auslese „S" trocken Guldentaler Schlosskapelle	13,5%/7,50€
82	2019 Riesling Classic	12,5%/5,50€
85	2019 Riesling Spätlese Guldentaler Sonnenberg	10%/6,50€
82	2019 Frühburgunder Rosé trocken „Gemini"	12,5%/5,50€
85	2018 Spätburgunder trocken Barrique Guldentaler Sonnenberg	14,5%/9,90€
86	2018 Frühburgunder Auslese trocken Barrique Guldentaler Hipperich	14%/12,-€

BADEN ▶ MÜLLHEIM-ZUNZINGEN

★★✩

Dr. Schneider

Kontakt
Rosenbergstraße 10
79379 Müllheim-Zunzingen
Tel. 07631-2915
Fax: 07631-15399
www.weingut-dr-schneider.de
info@weingut-dr-schneider.de

Besuchszeiten
Mo.-Fr. 9-18 Uhr
Sa. 14-18 Uhr
Gutsschänke Di.-Sa. 17-23 Uhr, So./Feiertage 12-23 Uhr (Tel. 07631-171230); Weinetiketten-Museum, Hoffeste (Ende Mai und Ende August)

Inhaber
Dr. Gustav Schneider

Rebfläche
13 Hektar

Produktion
90.000-95.000 Flaschen

Das 1950 von der Familie Bolanz im Müllheimer Stadtteil Zunzingen gegründete Gut wurde 1995 von Elisabeth und Gustav Schneider übernommen und in Weingut Dr. Schneider umbenannt. Die Weinberge liegen in den Gemarkungen Zunzingen (Rosenberg), Badenweiler (Römerberg), Müllheim (Reggenhag und Pfaffenstück) sowie in Auggen (Letten). Vor allem die Burgundersorten werden angebaut: Spätburgunder nimmt ein Drittel der Rebfläche ein, gefolgt von Gutedel, Weißburgunder und Grauburgunder, dazu gibt es internationale Sorten wie Chardonnay, Sauvignon Blanc, Cabernet Franc, Merlot und Cabernet Sauvignon. Rote Sorten nehmen knapp die Hälfte der Rebfläche ein. 2004 wurde eine Gutsschänke eröffnet, die regionale Speisen anbietet; bereits seit 1997 gib es ein Weinetikettenmuseum auf dem Weingut.

Kollektion

Sehr fein ist der Chardonnay-Sekt aus dem Jahrgang 2016, zeigt feine Reife und hefige Noten im Bukett, besitzt im Mund viel Frucht mit dezenter Haselnussnote im Hintergrund, ist sehr elegant und lang. Süffig ist der elegant-fruchtige Rosé-Sekt, frisch, klar und zupackend. Der komplexe 2015er Spätburgunder aus dem Zunzinger Rosenberg zeigt duftige Würze im Bouquet, Frucht und Kräuter, das Holz ist gut integriert, er ist immer noch frisch. Der Spätburgunder vom Römerberg aus demselben Jahrgang ist offener, zeigt noch mehr Frucht, vor allem Kirschen, besitzt viel Spiel, Eleganz und feine Tannine. Die Bordeaux-Cuvée Antoine von 2017 duftet eindringlich nach reifen, dunklen Früchten, dazu kommen Tabak und Schokolade, im Mund auch Graphit, sie weist gute Konzentration und Struktur auf. Gut präsentiert sich auch die Chardonnay Auslese vom reifen Jahrgang 2015, ist nicht zu süß, zeigt rauchige Würze und viel reife Frucht. Der durchgegorene Gutedel zeigt ein konzentriert nussig-fruchtiges Bouquet, der rote Gutedel ist beerig-kräuterig, hat Biss.

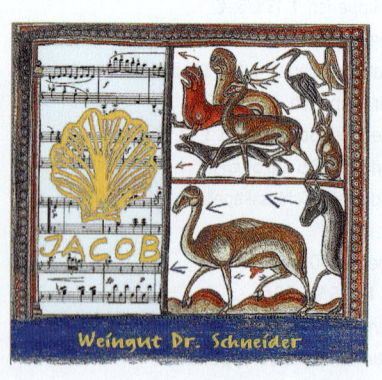

Weinbewertung

85	2016 Chardonnay Sekt brut nature	12,5%/12,50€
84	2016 Rosé Sekt brut	11%/9,90€
83	2019 Gutedel trocken	11%/6,20€
83	2019 Weißburgunder trocken	12,5%/9,20€
83	2019 Roter Gutedel trocken	11,5%/6,90€
85	2015 Chardonnay Auslese	12,5%/9,90€
84	2019 Spätburgunder trocken	14,5%/7,90€
87	2017 „Edition Antoine" Rotwein trocken Barrique	14%/16,90€
87	2015 Spätburgunder trocken Barrique Zunzinger Rosenberg	13,5%/19,90€
86	2015 Spätburgunder trocken Barrique Badenweiler Römerberg	13,5%/19,50€

Baden — Weil am Rhein

★★★

Claus Schneider

Kontakt
Lörracher Straße 4
79576 Weil am Rhein
Tel. 07621-72817
www.schneiderweingut.de
info@schneiderweingut.de

Besuchszeiten
Di.-Fr. 9-12 + 14:30-18:30 Uhr
Sa. 9-14 Uhr

Inhaber
Claus Schneider
Betriebsleiter
Johannes & Christoph Schneider
Kellermeister
Johannes & Christoph Schneider
Rebfläche
14 Hektar
Produktion
90.000 Flaschen

Ganz im Süden Badens, in Weil am Rhein, befindet sich das Weingut Schneider. Claus Schneider übernahm 1982 den elterlichen Betrieb, den seit 2015 seine Söhne Johannes und Christoph führen. Ihre Weinberge liegen vor allem im Weiler Schlipf, aber auch in der Ötlinger Sonnhole, in der Haltinger Stiege und im Tüllinger Sonnenbrunnen. Spätburgunder ist die wichtigste Rebsorte im Betrieb, gefolgt von Gutedel, Weißburgunder, Grauburgunder und Chardonnay. Alle Weine werden vollständig durchgegoren und ohne Restzucker ausgebaut. Die Weißweine bleiben lange auf der Hefe, werden nicht vor Ende Juli abgefüllt, die Rotweine reifen mindestens zwölf Monate in großen Holzfässern oder Barriques.

Kollektion

Die neue Kollektion ist noch stärker, noch klarer und präziser als die des Vorjahres. Große Weine müssen nicht kompliziert sein, aber sie dürfen komplex sein. Das Quartett der 2017er Spätburgunder ist wie aus einem Guss, eine klar aufsteigende Reihe. Schon der „vom Kalkstein" zeigt die typische kühle, rote Frucht, die salzig-mineralische Substanz, ist dabei zugänglicher und saftiger als die anderen. Mit dem Weiler steigt die Konzentration, die Komplexität, die Klarheit und die Substanz. Beim Schlipf gesellt sich zur Frucht feinste Würze, bereits jetzt sind sehr präzise, elegante Strukturen erkennbar, die noch nicht voll entwickelt sind. Der Kapf setzt noch einen drauf, ist ein sehr burgundischer Typ. Zucker ist auch bei den Weißweinen kein Thema, alle Weine weisen bei der Restsüße eine Null vor dem Komma auf. Zwei Gutedel ragen aus der sehr guten Kollektion heraus: Die Haltinger Stiege von 2018 ist verführerisch duftig, steinig-würzig, zeigt Feuerstein und Ananas. Dieser Wein von burgundischer Eleganz zeigt, was elf Prozent Alkohol zu leisten imstande sind! Haus Gupi – El Fayoum heißt der ungeschwefelte Gutedel vom Jahrgang 2019, der noch sehr reduktiv ist, sehr klar, feinwürzig, leicht und spielerisch.

Weinbewertung

85	2018 Gutedel „vom Kalkstein"	11,5%/7,50€
86	2018 Weißburgunder „vom Kalkstein"	13%/9,60€
89	2018 Gutedel Haltinger Stiege	11%
87	2018 „Le Blanc vom Kalkstein"	13,5%
88	2019 „Haus Gupi - El Fayoum" (Gutedel)	9,5%
85	2019 Rosé „vom Kalkstein"	12,5%
87	2019 „Haus Gupi - grès" rose (Spätburgunder)	11,5%
86	2017 Spätburgunder „vom Kalkstein"	13%/10,80€
88	2017 Spätburgunder Weiler	13%/15,40€
90	2017 Spätburgunder Weiler Schlipf	12,5%
91	2017 Spätburgunder „Kapf" Weiler Schlipf	12,5%

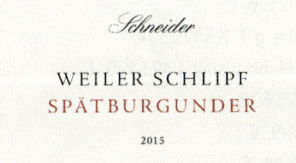

Schneider-Faber

Kontakt
Am Römerhang 2
54538 Kinheim
Tel. 06532-1348
Fax: 06532-953179
www.schneider-faber.de
info@schneider-faber.de

Besuchszeiten
Mo.-Sa. 9-20 Uhr,
So. nach Vereinbarung
Gästezimmer, Ferienwohnung

Inhaber
Guido & Christoph Schneider

Rebfläche
6,2 Hektar

Produktion
30.000 Flaschen

Die Anfänge des Weinguts als Mischbetrieb reichen bis ins 18. Jahrhundert zurück, allerdings fand schon ab Mitte des letzten Jahrhunderts eine zunehmende Spezialisierung zum Weingut statt. Der heutige Name des Betriebes ging aus der Heirat der Eltern von Guido und Christoph Schneider 1965 hervor. Im Jahr 1999 wurde das Weingut von den Brüdern übernommen, die Rebfläche wurde kontinuierlich erweitert, so dass mittlerweile etwa 6,2 Hektar bewirtschaftet werden. Für die Mosel außergewöhnlich ist die große Auswahl an Rebsorten, die sich etwa in der „Cuvée Sieben" widerspiegelt, in der sieben Sorten miteinander vermählt werden. Neben Riesling (55 %), den Burgundersorten (20 %) und Rivaner (10 %) werden auch die pilzwiderstandsfähige Sorte Muscaris, der Rote Riesling, Sauvignon Blanc oder Gewürztraminer angebaut. Die Parzellen des Weinguts befinden sich in den Lagen Kinheimer Rosenberg, Kinheimer Hubertuslay, Erdener Treppchen sowie in der Wehlener Sonnenuhr. Gästezimmer und Ferienwohnung stehen zur Verfügung.

Kollektion

Ein stoffiger Weißburgunder mit etwas Schmelz fällt in dem zur Premiere in diesem Buch vorgestellten Sortiment angenehm auf. Dem trockenen Kabinett, duftig und fest, fehlt allenfalls noch etwas Spiel, um eine höhere Note zu erreichen. Die Spätlese in der trockenen Version hat davon schon etwas, ist stoffig, fest, zugänglich, besitzt einen angenehmen Nachhall. Die Sonnenuhr-Spätlese ist rassig mit nur verhaltener Süße, während die Auslese aus der Wehlener Sonnenuhr kühle Frucht mit Anklängen an Apfel und Kräuter besitzt, enorm saftig ist, im besten Sinne süffig. Eigenwillig wirkt der Spätburgunder. Er ist offen mit Noten von Kirschen und getrockneten Beeren, ist im Mund sehr kompakt mit viel Alkohol, der ihn etwas brandig erscheinen lässt, und mit würzigem Nachhall. Insgesamt handelt es sich um ein überzeugendes, stimmiges Programm.

Weinbewertung

83	2019 Grauer Burgunder trocken	12,5 %/6,-€
84	2019 Riesling Kabinett trocken Kinheimer Hubertuslay	12 %/5,50 €
84	2019 Riesling Spätlese trocken Kinheimer Hubertuslay	13 %/8,-€
82	2018 Cuvée weiß „Sieben"	12,5 %/7,-€
82	2019 Weißer Burgunder	11,5 %/6,-€
81	2019 Spätburgunder Blanc de Noir halbtrocken	12 %/6,-€
83	2019 Riesling Kabinett „feinherb" Kinheimer Rosenberg	11,5 %/5,50 €
85	2019 Roter Riesling Spätlese „feinherb" Kinheimer Hubertuslay	12,5 %/9,-€
84	2019 Riesling Kabinett Erdener Treppchen	10,5 %/5,60 €
85	2019 Riesling Spätlese Wehlener Sonnenuhr	10 %/9,-€
85	2019 Riesling Auslese Wehlener Sonnenuhr	9,5 %/14,-€
82	2018 Spätburgunder trocken	15 %/15,-€/0,5l

BADEN — HEITERSHEIM

★★

Schneider-Pfefferle

Kontakt
Kolpingstraße 7
79423 Heitersheim
Tel. 07634-2836
Fax: 07634-551393
www.weingut-schneider-pfefferle.de
info@weingut-schneider-pfefferle.de

Besuchszeiten
nach Vereinbarung
Straußwirtschaft, Ferienwohnung

Inhaber
Katharina & Mathias Pfefferle
Rebfläche
8,3 Hektar
Produktion
30.000 Flaschen

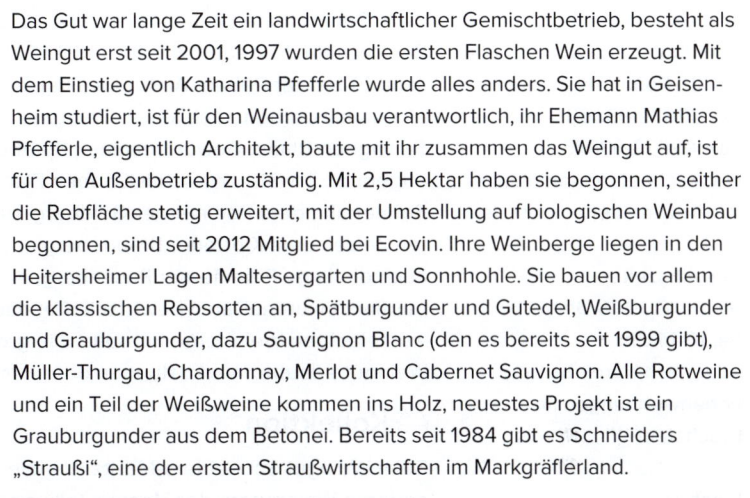

Das Gut war lange Zeit ein landwirtschaftlicher Gemischtbetrieb, besteht als Weingut erst seit 2001, 1997 wurden die ersten Flaschen Wein erzeugt. Mit dem Einstieg von Katharina Pfefferle wurde alles anders. Sie hat in Geisenheim studiert, ist für den Weinausbau verantwortlich, ihr Ehemann Mathias Pfefferle, eigentlich Architekt, baute mit ihr zusammen das Weingut auf, ist für den Außenbetrieb zuständig. Mit 2,5 Hektar haben sie begonnen, seither die Rebfläche stetig erweitert, mit der Umstellung auf biologischen Weinbau begonnen, sind seit 2012 Mitglied bei Ecovin. Ihre Weinberge liegen in den Heitersheimer Lagen Maltesergarten und Sonnhohle. Sie bauen vor allem die klassischen Rebsorten an, Spätburgunder und Gutedel, Weißburgunder und Grauburgunder, dazu Sauvignon Blanc (den es bereits seit 1999 gibt), Müller-Thurgau, Chardonnay, Merlot und Cabernet Sauvignon. Alle Rotweine und ein Teil der Weißweine kommen ins Holz, neuestes Projekt ist ein Grauburgunder aus dem Betonei. Bereits seit 1984 gibt es Schneiders „Straußi", eine der ersten Straußwirtschaften im Markgräflerland.

Kollektion

Auch in diesem Jahr macht es Freude, die Weine von Matthias und Katharina Pfefferle zu verkosten. Vier Mal Gutedel! Der „Grüne Markgräfler" ist noch leichter geworden, nur 10 Volumenprozent Alkohol stehen auf dem Etikett. In der Flasche steckt entsprechend viel Leichtigkeit und viel süßer Saft. Frisch und klar ist der Gutedel in der Literflasche, durchgegoren und kräftiger ist die Variante in der Dreiviertelliterflasche. Elf Monate lag der Steiwii-Chasselas auf der Hefe im Betonei. Das gibt Struktur, das lange Hefelager macht ihn geschmeidig. Der Sauvignon Blanc S zeigt die typischen Aromen von Stachelbeere und schwarzer Johannisbeere. Der Wein ist saftig, zupackend, durchgegoren. Die Fumé-Variante des Sauvignon Blanc ist etwas zurückhaltender in der Frucht, eher salzig mit guter Struktur. Der Steiwii-Grauburgunder ist wie der Chasselas ausgebaut, er ist kräftig, produziert ein angenehmes Mundgefühl, hat Struktur und Substanz.

Weinbewertung

81	2018 Gutedel trocken (1l)	12,5%/5,80€
83	2019 Gutedel trocken „Grüner Markgräfler"	10%/6,-€
83	2019 Weißer Gutedel trocken	12,5%/6,-€
85	2019 Sauvignon Blanc „S" trocken	13%/10,50€
85	2017 Chasselas trocken „Steiwii."	13%/14,50€
85	2016 Grauer Burgunder trocken „Steiwii"	13%/14,50€
83	2019 Sauvignon Blanc „Fumé" trocken	13%/12,-€
82	2019 Spätburgunder Rosé trocken „Rosa Markgräfler"	12%/7,-€
83	2017 „Red!Red!Red" Rotwein trocken	14%/8,80€
82	2017 Blauer Spätburgunder trocken	14%/8,80€

MOSEL ▬► POMMERN

Schneiders-Moritz

Kontakt
Zehnthofstraße 8
56829 Pommern
Tel. 02672-93660
Fax: 02672-93676
www.schneiders-moritz.de
info@schneiders-moritz.de

Besuchszeiten
Mo.-Fr. 8:30-18 Uhr
Sa. 10-14 Uhr
oder nach Vereinbarung
Ferienwohnungen im
Bruchstein-Winzerhaus

Inhaber
Kilian Moritz

Betriebsleiter
Kilian Moritz,
Hildegard Moritz

Kellermeister
Kilian Moritz

Außenbetrieb
Stefan Andres

Rebfläche
10 Hektar

Produktion
50.000-65.000 Flaschen

Zwei Generationen kümmern sich heute um das Weingut in Pommern: Seniorchefin Hildegard Moritz und ihr Sohn Kilian bewirtschaften insgesamt 10 Hektar Reben. Außer Riesling, der 70 Prozent der Fläche einnimmt, werden auch Müller-Thurgau, Weiß- und Grauburgunder, Sauvignon Blanc, Gewürztraminer, Spätburgunder sowie Merlot angebaut. Erwähnenswert ist, neben Flächen in der Pommerner Sonnenuhr, dem Pommerner Goldberg, dem ebenfalls hier angesiedelten Zeisel, dem Klottener Brauneberg und dem Treiser Kapellenberg, auch die Lage Pommerner Rosenberg, die 1860 von einem Vorfahren bepflanzt wurde. Damit bewirtschaftet das Weingut einen der ältesten wurzelechten Weinberge Europas. Die großzügigen Räumlichkeiten im Weingut erlauben Verkostungen oder Feste bis zu 150 Personen.

Kollektion

Beim Weingut Schneiders-Moritz ist vieles ein bisschen anders als bei anderen Weingütern der Mosel – teilweise die Flaschenform, auch die Etiketten fallen auf. Nur zwei der in diesem Jahr vorgestellten Weine wirken konsequent trocken: Spritzig wirkt der Weißburgunder mit etwas Kohlensäure und guter Struktur; man merkt ihm den guten, ausgewogenen Jahrgang an. Der „Mons Martis" entpuppt sich als frischer Riesling mit Noten von Zitrus und Apfel, ist im Mund spritzig und fest, mit gutem Nachhall, insgesamt sehr animierend. Der Weißwein „Eine gute Zeit" wirkt süffig, ein Hauch Süße ist eher zu erahnen als zu erschmecken. Auch eine Sorte ist zu nennen, für die sich das Weingut einen Namen gemacht hat: Der Gewürztraminer aus dem Jahrgang 2018 ist eher verhalten in der Nase, allerdings typisch, im Geschmack dann süffig mit weicher, würziger, sortentypischer Art, deutlicher Süße und einem Hauch von Rosenwürze im Nachhall: ein durchaus interessanter Wein. Kühle Frucht und rassige Art besitzt die Auslese aus 2019 und aus dem Klottener Brauneberg, die Süße ist gut integriert. Beim Rosé wirkt der Restzucker ein wenig präsent, aber Süffigkeit besitzt dieser Wein gleichwohl. ▬►

Weinbewertung

85	2019 Riesling trocken „Mons Martis"	12%/7,50 €
84	2019 Weißburgunder trocken	13,5%/8,90 €
83	2019 Riesling halbtrocken	11,5%/7,50 €
82	2019 „Max & Moritz" Weißwein	11,5%/7,- €
83	2019 „Eine gute Zeit" Weißwein	12%/9,90 €
86	2019 Riesling Auslese Klottener Brauneberg	8,5%/12,50 €
85	2018 Gewürztraminer Auslese Pommerner Sonnenuhr	12,5%/12,50 €
82	2019 Riesling	10,5%/7,50 €
81	2019 Spätburgunder Rosé	11%/7,50 €

MOSEL — ZELTINGEN

★★

Martin Schömann

Kontakt
Uferallee 50
54492 Zeltingen
Tel. 06532-2347
Fax: 06532-1010
www.schoemann-weine.de
info@schoemann-weine.de

Besuchszeiten
nach Vereinbarung
Gutsausschank von Juli bis
Ende Oktober; Ferienhaus
(„Winzerhäuschen im Bioweingut")

Inhaber
Martin Schömann
Kellermeister
Martin Schömann &
Bartho Kroth
Rebfläche
5,7 Hektar
Produktion
30.000 Flaschen

Das von Martin Schömann mit großem Engagement geführte Weingut gehört seit Jahren zu den besten Betrieben Zeltingens. Auf 5,7 Hektar baut er praktisch ausschließlich Riesling an, wenn man mal von dem einen Prozent Dornfelder absieht. Das Weingut, das inzwischen Mitglied bei Ecovin und Demeter ist, verfügt über Flächen in den Lagen Zeltinger Sonnenuhr, Zeltinger Himmelreich und Zeltinger Schlossberg sowie im Graacher Himmelreich. Spontanvergärung hat hier Vorrang, der Ausbau im Eichenfass gehört zur Tradition des Weinguts. Schömann und sein Co-Kellermeister Bartho Kroth haben sich einen Namen gemacht für trockene Weine, haben in den letzten Jahren aber auch immer wieder bei den leicht und ganz süßen Rieslingen gepunktet, einen eigenen, sehr würzigen Stil gefunden.

Kollektion

Wie immer wurden die Weine des Gutes erst spät vorgestellt, zeigten folglich erst ansatzweise ihre Substanz, konnten aber schon den typischen Stil des Gutes zum Ausdruck bringen. 2019 ist, das steht fest, sehr überzeugend ausgefallen. Schon der trockene Kabinett ist wunderbar klar und straff, zeigt eine dunkel wirkende Kräuterwürze, ist kraftvoll und spannend. Sein Pendant aus dem Himmelreich wirkt etwas heller in der Frucht, ist schlanker, würzig, ebenfalls gelungen und sehr präzise. Die trockene Spätlese zeigt in der Nase Noten von Hefe, Kräutern und Mirabellen, ist straff, fest, stoffig und verspielt gleichermaßen. Obwohl man erst ansatzweise erkennt, wie sie sich entwickeln wird, ist eines bereits klar: Das ist ein sehr feiner, geradliniger, vielversprechender Wein. Der Literwein ist offen, duftet nach Kräutern und Kernobst, auch etwas Hefe, ist saftig und straff, besitzt einen Hauch von Süße, der aber auf sympathische Weise integriert wird. Rassig, fein, straff und wenig süß ist der Kabinett aus dem Schlossberg. Die Spätlese ist offen, zeigt Noten von Apfel und einen Anflug von Cassis, während die Auslese noch sehr verschlossen ist, eine Hefenote und Anklänge an Apfel und etwas Apfelschale aufweist, im Mund fest ist, schlank, präzise und verhalten süß. Sie zeigt einen ganz eigenen Stil und dürfte sich über Jahre hinweg ausgezeichnet entwickeln.

Weinbewertung

87	2019 Riesling Kabinett trocken Zeltinger Himmelreich	11,5 % / 8,50 € ☺
88	2019 Riesling Kabinett trocken Zeltinger Schlossberg	11,5 % / 9,50 € ☺
90	2019 Riesling Spätlese trocken Zeltinger Sonnenuhr	12,5 % / 14,50 € ☺
85	2019 Riesling „feinherb" Zeltinger Himmelreich (1l)	11,5 % / 8,50 €
87	2019 Riesling Kabinett Zeltinger Schlossberg	10 % / 9,50 €
89	2019 Riesling Spätlese Zeltinger Sonnenuhr	9,5 % / 15,- €
89	2019 Riesling Auslese Zeltinger Sonnenuhr	9 % / 19,50 € / 0,375l

NAHE ▶ DORSHEIM

★ ★

Meinolf Schömehl

Kontakt
Binger Straße 2
55452 Dorsheim
Tel. 06721-45675
Fax: 06721-48623
www.schoemehl.de
weingut@schoemehl.de

Besuchszeiten
Mo.-Sa. 9-12 + 13-18 Uhr und nach Vereinbarung
Hoffest, Herbstpräsentation

Inhaber
Hartmut Hahn,
Elke Schömehl-Hahn
Kellermeister
Hartmut Hahn
Rebfläche
15 Hektar
Produktion
90.000 Flaschen

Das von Meinolf und Otti Schömehl gegründete Weingut wird seit den neunziger Jahren von Hartmut Hahn und Elke Schömehl-Hahn geführt, Tochter Anna studiert derzeit Weinbau in Geisenheim. Ihre Weinberge liegen in den Dorsheimer Lagen Pittermännchen, Goldloch und Burgberg sowie in den Laubenheimer Lagen Karthäuser, Hörnchen und Vogelsang. Riesling spielt schon lange die wichtigste Rolle im Betrieb, weiße Burgunder – Weißburgunder, Grauburgunder, Auxerrois – und rote Sorten wie Spätburgunder, St. Laurent und Frühburgunder haben in den beiden letzten Jahrzehnten an Bedeutung gewonnen. Dazu gibt es vor allem noch Müller-Thurgau, Dornfelder, Silvaner, Scheurebe und Gewürztraminer. Nach Erweiterungen in den Jahren 2011 und 2013 wurden auch 2015 nochmals Riesling und Spätburgunder gepflanzt, 2018 kamen Neuanlagen mit Chardonnay und Sauvignon Blanc dazu.

Kollektion

Im vergangenen Jahr waren die trockenen Rieslinge eher zurückhaltend in der Frucht, besaßen aber viel Würze, in diesem Jahr sind sie deutlich fruchtbetonter und etwas schlanker: An der Spitze steht wieder der Riesling aus dem Goldloch, der kräutrig-mineralische Noten zeigt, leicht füllig ist und herbe Zitrusfrucht, Limette und Grapefruit besitzt, der Burgberg zeigt komplexe gelbe Frucht, Aprikose, Apfel, Ananas und besitzt gute Länge, der Karthäuser-Riesling ist etwas weniger nachhaltig, besitzt ebenfalls klare Frucht und Biss. Und auch die restsüße Spätlese aus dem Goldloch ist fruchtbetont, besitzt gute Konzentration und leicht cremige Konsistenz. Der neue, im Barrique ausgebaute Grauburgunder „Visium" zeigt Röstnoten und klare Frucht, Pfirsich und Birne, im Bouquet, besitzt Kraft und Schmelz, Grau- und Weißburgunder „S" besitzen ebenfalls Kraft und viel klare Frucht.

Weinbewertung

84	2017 Cuvée Riesling Sekt brut	12,5%/9,20 €
82	2019 Weißburgunder trocken Laubenheimer	12,5%/6,20 €
83	2019 Chardonnay trocken Laubenheimer Krone	13%/6,90 €
84	2019 Riesling trocken „Rotliegendes" Laubenheimer Karthäuser	12,5%/7,20 €
86	2019 Riesling Spätlese trocken „Alte Reben" Dorsheimer Burgberg	12,5%/7,50 €
85	2019 Weißburgunder „S" trocken Laubenheimer Hörnchen	13,5%/8,90 €
86	2019 Grauburgunder „S" Spätlese trocken Laubenheimer Hörnchen	13,5%/8,90 €
87	2019 Riesling „S" trocken Dorsheimer Goldloch	13%/9,90 €
87	2018 Grauburgunder „R" Spätlese trocken „Visium" Laubenh. Hörnchen	14%/12,90 €
86	2019 Riesling Spätlese Dorsheimer Goldloch	7,5%/9,50 €
84	2019 Gewürztraminer Spätlese Laubenheimer Karthäuser	9,5%/7,80 €
83	2018 Saint Laurent trocken „Edition B" Laubenheimer Krone	13,5%/9,60 €
84	2018 Spätburgunder „S" trocken Laubenheimer Vogelsang	13,5%/9,90 €

★★

Franziska Schömig

Kontakt
Versbacher Straße 13
97222 Rimpar
Tel. 0151-54671919
www.weingut-franziska-schoemig.de
info@weingut-franziska-schoemig.de

Besuchszeiten
nach Vereinbarung

Inhaber
Franziska Schömig
Rebfläche
2,7 Hektar
Produktion
15.000 Flaschen

Franziska Schömig führt seit 2016 dieses kleine Weingut in Rimpar, das ihr Vater Manfred Schömig und Klemens Rumpel 1986 als Rumpel & Schömig gegründet hatten. Von Beginn an wurden die Weinberge biologisch bewirtschaftet, das Weingut ist Mitglied bei Naturland und beim Bund Fränkischer Ökowinzer. Die Weinberge liegen alle im Rimparer Kobersberg, einem Südhang mit Muschelkalkböden Franziska Schömig baut Silvaner und Müller-Thurgau, sowie Domina und Portugieser an, dieser wurde lange nur für den Rotling genutzt, im Jahrgang 2014 wurde er erstmals auch als Rosé vinifiziert; Riesling und Weißburgunder wurden neu gepflanzt. Die Weine werden heute alle spontanvergoren, die Weißweine im Edelstahl ausgebaut, inzwischen auch im Holz, der Herbstblut genannte Rotwein kommt nach der offenen Maischegärung für zwölf Monate ins Tonneau. 2017 hat Franziska Schömig erstmals einen Silvaner maischevergoren, 2018 dann einen Müller-Thurgau. Eine Spezialität des Weinguts ist der Perlwein, den es unter dem Namen „Schnelzer Secco" sowohl in weißer Form als auch als Rotling gibt.

Kollektion

Der Schnelzer Secco genannte Perlwein ist auch 2019 eine sichere Bank, er ist frisch, klar und zupackend bei nur ganz dezenter Süße. Der Müller-Thurgau am Wasserhäusle ist frisch und würzig im Bouquet, lebhaft, klar und zupackend im Mund, sehr moderat im Alkohol, wie das Gros der Weine von Franziska Schömig. Der Silvaner am Wengertshäusle ist recht duftig und würzig, geradlinig und klar. Wesentlich mehr Power hat der Herbstblut-Silvaner, der nach Maischestandzeit acht Monate im Tonneau ausgebaut wurde und unfiltriert und ohne Zusatz von Schwefel abgefüllt wurde. Er ist unser Favorit in der aktuellen Kollektion, zeigt gute Konzentration im Bouquet, viel Intensität, ist füllig und saftig im Mund, kraftvoll, besitzt reife Frucht, gute Struktur und Druck. Der Rosé am Kobel, ein reinsortiger Portugieser, ist duftig, zeigt viel reife Frucht, kommet frisch, klar und zupackend in den Mund, besitzt gute Struktur und Grip. Sehr duftig und intensiv im Bouquet ist die Herbstblut genannte Domina, besitzt Fülle und Kraft im Mund, aber auch eine deutliche Bitternote, ein Wein, der sich noch harmonisieren muss.

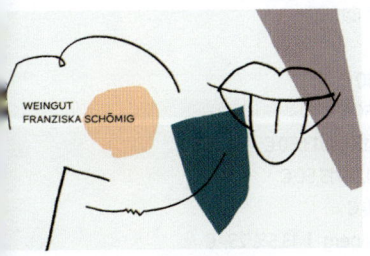

Weinbewertung

84	2019 „Schnelzer Secco weiß" Perlwein	11,5%/7,-€
82	2019 Silvaner trocken „am Wengertshäusle"	11,5%/7,-€
83	2019 Müller-Thurgau trocken „am Wasserhäusle"	11,5%/7,-€
86	2019 Silvaner trocken „Herbstblut"	11,5%/12,-€
84	2019 Rosé trocken „am Kobel"	11%/7,-€
84	2018 „Herbstblut" Rotwein trocken	13,5%/10,-€

★★★ Schloss **Schönberg**

Kontakt
Zwischen den Bächen 23-25
64625 Bensheim
Tel. 06251-7030320
www.schloss-schoenberg.com
info@schloss-schoenberg.com

Besuchszeiten
Grieselstraße 34: Mi.-Fr. 15-18 Uhr, Sa. 10-14 Uhr und nach Vereinbarung

Inhaber
Jürgen Streit & Petra Greißl-Streit GbR
Betriebsleiter/Kellermeister/ Außenbetrieb
Rabea Trautmann
Rebfläche
14 Hektar
Produktion
30.000 Flaschen

Nach dem Sektgut Griesel & Compagnie hat die Unternehmerfamilie Streit das Weingut Schloss Schönberg gegründet. Von einem aufgebenden Betrieb konnten Weinberge im Auerbacher Fürstenlager und im Auerbacher Höllberg übernommen werden. Betriebsleiterin ist Rabea Trautmann. Die ehemalige Landschaftsarchitektin aus Ostwestfalen kam als Quereinsteigerin zum Wein, machte eine Ausbildung zur Winzerin im südbadischen Weingut Engelhof und arbeitete dort auch nach der Lehre. Die ersten Weine wurden im Keller des Sekthauses Griesel ausgebaut. Im Jahr 2019 erfolgte der Umzug in eine eigene Kellerei in der Bensheimer Ebene.

Kollektion

Die Stilistik der Weine von Rabea Trautmann ist einzigartig an der Hessischen Bergstraße. Die Weine sind mehr oder weniger komplett durchgegoren, allein der Rosé hat drei Gramm Restzucker. Und leicht sind sie auch. Die meisten Weine haben 12,5 Prozent Alkohol oder weniger. Und den Weinen fehlt nichts. Im Gegenteil. Sie sind präzise, saftig, straff, mineralisch strukturiert. Rabea Trautmann gibt den Weinen Zeit, deshalb haben wir vom Jahrgang 2019 nur zwei Weine verkostet. Der Grauburgunder Gutswein ist in der Nase geprägt von einer präzisen Spontangär-Aromatik, mehr Stein als Frucht, am Gaumen setzt sich die Präzision fort, straff durch eine prägnante Säure, dabei sehr saftig und leicht, das macht nicht satt. Ein herausragender Gutswein! Von der Leichtigkeit des Weins kann auch der 11-prozentige Spätburgunder Rosé berichten. Mehr Würze als Frucht im Bouquet, die Saftigkeit entwickelt sich am Gaumen, schlank mit pointierter Säure. Sehr gut ist auch der von Feuerstein-Aromatik geprägte Weißburgunder Gutswein von 2018, sehr griffig ist der feinwürzige Silvaner Ortswein von 2018. Die Ortsweine von 2017 sind immer noch frisch und jugendlich-straff, aber sie haben an Eleganz und Transparenz gewonnen. Fülle und Kraft hat der kühle, feinwürzige Höllberg-Spätburgunder, er bleibt aber dank einer prägnanten Säure schlank.

Weinbewertung

87	2018 Weißburgunder trocken	13%/8,50€	☺
87	2019 Grauburgunder trocken	12,5%/8,50€	☺
86	2018 Müller-Thurgau „Fumé"	12,5%/9,50€	
87	2017 Riesling trocken Auerbacher	12%/13,50€	
87	2018 Silvaner trocken Auerbacher	12%/13,50€	
88	2017 Weißburgunder trocken Auerbacher	12,5%/13,50€	
88	2017 Grauburgunder trocken Auerbacher	12%/13,50€	
86	2019 Spätburgunder Rosé trocken	11%/9,50€	
91	2018 Spätburgunder trocken Auerbacher Höllberg	13,5%/23,-€	

FRANKEN ▸ VOLKACH

★★★

Graf von Schönborn

Kontakt
Schloss Hallburg
97332 Volkach
Tel. 09381-2415
Fax: 09381-3780
www.weingut-schloss-hallburg.de
schlosshallburg@schoenborn.de

Besuchszeiten
Vinothek: Jan. Sa./So./ Feiertage, Feb/März + Nov./ Dez. Mi.-So. & Feiertage April-Okt. Mo.-So. jeweils 11-17 Uhr oder nach Vereinbarung
Gutsverwaltung: Mo.-Do. 8:30-16 Uhr, Fr. 8:30-14 Uhr

Inhaber
Graf Paul von Schönborn

Gutsdirektor
Georg Hünnerkopf

Kellermeister
Klaus Wagenbrenner

Außenbetrieb
Georg Hünnerkopf

Rebfläche
33 Hektar

Produktion
240.000 Flaschen

Das 30 Hektar große, arrondierte Weingut Schloss Hallburg ist seit 1806 in Familienbesitz, urkundlich erstmals erwähnt wurde das Schloss bereits 1284. Die beiden reinen Südlagen Hallburger Schlossberg und Gaibacher Schlosspark mit Muschelkalk- und Keuperverwitterungsböden sind Monopollagen von Schloss Hallburg. Dazu besitzt man Weinberge im Gaibacher Kapellenberg, unter anderem einen 1867 gepflanzten Silvanerweinberg, ist neuerdings auch im Volkacher Ratsherr vertreten.

Kollektion

Die Gutsweine präsentieren sich sehr gleichmäßig in gewohnt zuverlässiger Qualität, unsere leichte Präferenz gilt dem druckvollen Riesling. Der Gaibacher Silvaner von alten Reben ist klar, zupackend, strukturiert, der Volkacher Riesling besitzt Kraft und Grip. Der 3 Sterne-Weißburgunder ist füllig und stoffig, besitzt reife Frucht und Substanz, was auch für den enorm kraftvollen Grauburgunder gilt. Bei den Lagen-Silvanern ist der aus dem Ratsherr intensiv fruchtig im Bouquet, dann aber sehr kompakt im Mund bei ganz leichter Bitternote, so dass uns der ein Jahr jüngere Schlossberg-Silvaner deutlich besser gefällt, der reintönige Frucht, gute Struktur und Substanz besitzt – und hervorragend reifen kann, wie der feine entwickelte 2012er zeigt, der immer noch viel Frische besitzt. Dies gilt auch für den wunderschön gereiften 2015er Schlossberg-Riesling, der 2018er besitzt Fülle, Kraft und Substanz. Der intensiv fruchtige Schlossberg-Spätburgunder, Jahrgang 2017, ist kraftvoll und zupackend, besitzt gute Struktur, klare Frucht und Druck. Starke, stimmige Kollektion!

Weinbewertung

83	2019 Müller-Thurgau trocken	10,5%/7,40€
83	2019 „Milchbar Summer" Weißweincuvée trocken	12,5%/10,50€
83	2019 Silvaner trocken	11%/7,70€
83	2019 Grauer Burgunder trocken	11,5%/8,50€
84	2019 Riesling trocken	12%/7,90€
83	2019 Scheurebe trocken	12,5%/9,70€
86	2019 Silvaner trocken „Alte Reben" Gaibacher	11,5%/9,90€
85	2019 „Genus" Weißwein trocken Hallburg	12,5%/9,90€
85	2019 Riesling trocken Volkach	12%/9,90€
88	2012 Silvaner trocken Hallburger Schlossberg	14%/15,50€
88	2019 Silvaner trocken Hallburger Schlossberg	13,5%/14,80€
86	2018 Silvaner trocken Vollkacher Ratsherr	14%/19,50€
89	2015 Riesling trocken Hallburger Schlossberg	14%/19,50€
88	2018 Riesling trocken Hallburger Schlossberg	13,5%/19,50€
87	2018 Weißer Burgunder*** Hallburger	13%/19,90€
87	2018 Grauer Burgunder*** trocken Hallburger	13,5%/19,90€
89	2017 Spätburgunder trocken*** Hallburger Schlossberg	13%/28,80€

GRAF VON SCHÖNBORN
Aus den Hallburger Weinbergen
GENUS
14.09.2018

RHEINHESSEN ▶ BIEBELNHEIM

★★⯪

Schönhals

Kontakt
Hauptstraße 23
55234 Biebelnheim
Tel. 06733-960050
Fax: 06733-960052
www.weingut-schoenhals.de
schoenhals@weingut-schoenhals.de

Besuchszeiten
Mo.-Sa. nach telefonischer Vereinbarung
Jahrgangsverkostungen im Frühjahr und Herbst
Wohnmobilstellplätze
kulinarische Weinproben nach Vereinbarung

Inhaber
Hanneke Schönhals
Betriebsleiter
Martin Knab
Rebfläche
13 Hektar
Produktion
100.000 Flaschen

Eugen Schönhals stellte 1986 auf ökologischen Weinbau um, wurde 1988 Ecovin-Mitglied. Seit 1995 führte er den Betrieb zusammen mit Martin Knab. 2016 ist Hanneke Schönhals, die Tochter von Eugen Schönhals, in den Betrieb eingestiegen, hat ihn im August 2018 von ihrem Vater übernommen. Sie hat die Sortimentsstruktur schrittweise an das in Rheinhessen heute übliche dreistufige System von Guts-, Orts- und Lagenweinen angepasst, bewirtschaftet die Weinberge biodynamisch, seit 2019 ist das Weingut Demeter-zertifiziert. Weiße Rebsorten nehmen gut drei Fünftel der Rebfläche ein, Riesling ist mit einem Anteil von 30 Prozent die mit Abstand wichtigste Rebsorte im Betrieb. Es folgen die Burgundersorten, ein Viertel der Fläche nehmen pilzwiderstandsfähige Rebsorten wie Regent, Cabernet Blanc, Saphira, Cabertin oder Rondo ein.

Kollektion

Wie schon im vergangenen Jahr präsentiert Hanneke Schönhals eine stimmige, starke Kollektion. Das Einstiegsniveau überzeugt: Der Riesling Steine zeigt reintönige Frucht, feine Frische, ist klar, geradlinig und zupackend, der Saphira zeigt Aprikosen, ist füllig und saftig im Mund, besitzt reife Frucht und feine Süße. Die Ortsweine sind etwas kraftvoller. Der Weißburgunder vom Muschelkalk zeigt gute Konzentration und reife Frucht, ist füllig und saftig, besitzt feine Frucht und dezente Süße. Der Riesling vom Kalkmergel ist würzig und eindringlich im Bouquet, klar und zupackend im Mund, besitzt gute Struktur und Grip. Unser Favorit im weißen Segment ist der Oranje genannte Orangewein aus Cabernet Blanc, der konzentriert und würzig ist, etwas Orangenschalen im Bouquet zeigt, feinen Duft, kraftvoll und zupackend im Mund ist bei guter Struktur. Sehr gut ist auch der Pinot Noir vom Löss aus dem Jahrgang 2018, fruchtbetont, reintönig und intensiv im Bouquet, klar, frisch und zupackend im Mund, besitzt gute Struktur und Grip. Ganz besonders spannend ist der Pinot Noir aus dem Biebelnheimer Pilgerstein, zeigt im Jahrgang 2018 gute Konzentration und intensive Frucht, ist klar und zupackend im Mund, besitzt gute Struktur und reintönige Frucht – ein feiner Pinot!

Weinbewertung

83	2019 Saphira trocken	13 %/6,50 €
83	2019 Riesling trocken „Steine"	11,5 %/6,60 €
85	2019 Riesling trocken „Kalkmergel" Biebelnheim	13,5 %/8,90 €
84	2019 Weißburgunder trocken „Muschelkalk" Biebelnheim	12,5 %/8,90 €
87	2019 Cabernet Blanc trocken „Oranje"	12,5 %/14,90 €
85	2018 Pinot Noir trocken „Löss" Biebelnheimer	13,5 %/9,90 €
88	2018 Pinot Noir trocken Biebelnheimer Pilgerstein	13,5 %/16,90 €

FRANKEN — FATSCHENBRUNN

★

Nico Scholtens

Kontakt
Rieneckstraße 6
97514 Fatschenbrunn
Tel. 09529-326
www.weingut-scholtens.com
info@weingut-scholtens.com

Besuchszeiten
Weinstube: Sa. ab 17 Uhr, So.
& Feiertage ab 14 Uhr,
Weinverkauf durchgehend

Inhaber
Noël Scholtens
Rebfläche
5 Hektar
Produktion
30.000 Flaschen

Nico Scholtens, gebürtiger Niederländer, begann in den siebziger Jahr Wein am nördlichen Steigerwald zu erzeugen. Er legte neue Weinberge an und eröffnete zusammen mit Ehefrau Salomé in den achtziger Jahren eine Weinstube in Fatschenbrunn. Heute führt ihr Sohn Noël Scholtens den Betrieb. Das Gros der Weinberge befindet sich in Zell am Ebersberg in der Lage Schlossberg, aber auch im Steinbacher Nonnenberg ist Noël Scholtens vertreten. In Zell besitzt er einen über 100 Jahre alten Weinberg im Alten Fränkischen Satz, der neben vier Silvaner-Varianten unter anderem Heunisch, Adelfränkisch, Vogelfränkisch, Trollinger, Portugieser, Spätburgunder, St. Laurent, Elbling, Gutedel und Blauer Köllner enthält. Des Weiteren werden Perle, Müller-Thurgau, Silvaner, Weißburgunder, Kerner, Riesling, Johanniter, Portugieser, Schwarzriesling, Regent und Spätburgunder angebaut. Alle Weine werden durchgegoren ausgebaut und nicht geschönt.

Kollektion

Eine sehr eigenständige Kollektion mit ausdrucksstarken Weinen präsentiert Noël Scholtens zum Debüt, weitab vom Mainstream. Der Riesling-Sekt ist rauchig, würzig, klar und zupackend. Die vorgestellten Weißweine aus den Jahrgängen 2015 bis 2018 sind alle geradlinig, zupackend, klar und puristisch, zeigen so gut wie keine Reifenoten. Sehr gut gefällt uns der im großen Holzfass ausgebaute 2015er Riesling vom Schlossberg, ist rauchig, würzig, herrlich eindringlich und zupackend. Spannend ist der Alter Fränkischer Satz, von dem wir gleich drei Jahrgänge verkosten konnten: 2015 ist füllig, kraftvoll, besitzt viel reife Frucht und Substanz, 2017 ist offen im Bouquet, dann zupackend und verschlossen im Mund, unsere Präferenz gilt dem 2018er, der herrlich stoffig und kraftvoll ist, dominant, enorm jugendlich. Sehr gut sind auch die beiden Rotweine, der kraftvolle, intensive 2016er Regent und der würzige, intensive und zupackende Spätburgunder aus dem Jahrgang 2015. Spannende Weine!

Weinbewertung

84	2017 Riesling Sekt brut nature Zeller Schlossberg	12%/13,90€
83	2016 Weißburgunder trocken Zeller Schlossberg	12,5%/6,-€
82	2016 Silvaner trocken Steinbacher Nonnenberg	12%/7,-€
83	2017 Perle trocken Zeller Schlossberg	11%/7,-€
83	2018 Kerner trocken Zeller Schlossberg	14%/9,50€
85	2015 Riesling trocken Zeller Schlossberg	11,5%/17,50€
86	2015 „Alter Fränkischer Satz vom historischen Weinberg" trocken	12,5%/21,-€
84	2017 „Alter Fränkischer Satz vom historischen Weinberg" trocken	10,5%/12,90€
87	2018 „Alter Fränkischer Satz vom historischen Museumsweinberg" trocken	12,5%/21,-€
82	2017 Spätburgunder Weißherbst trocken Zeller Schlossberg	10,5%/9,50€
85	2015 Spätburgunder trocken Zeller Schlossberg	12%/12,90€
85	2016 Regent trocken Zeller Schlossberg	13%/14,90€

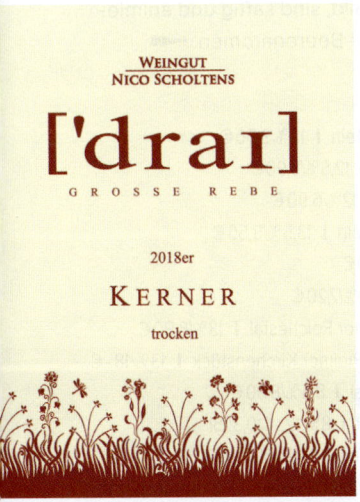

RHEINGAU ▶ HOCHHEIM

★★

Schreiber

Kontakt
Johanneshof
65239 Hochheim
Tel. 06146-9171
Fax: 06146-61737
www.weingut-schreiber.de
info@weingut-schreiber.de

Besuchszeiten
Mo.-Fr. 10-19 Uhr,
Sa. 10-16 Uhr

Inhaber
Uwe Schreiber
Kellermeister
Uwe & Simon Schreiber
Rebfläche
10,5 Hektar
Produktion
75.000 Flaschen

Vor allem Riesling baut das Weingut Schreiber an, ein mittelständischer Familienbetrieb, der seinen Sitz im Johanneshof in Hochheim am Main hat und heute von Uwe Schreiber geleitet wird. Auf den 9 Hektar Fläche stehen heute 75 Prozent der weißen Leitsorte des Anbaugebietes Rheingau, dazu 20 Prozent Spätburgunder (die Fläche wurde im Laufe der Zeit deutlich ausgeweitet) und etwas Weißburgunder und Merlot. Bewirtschaftet werden Parzellen in den Hochheimer Lagen Kirchenstück, Hölle, Reichestal, Stein, Berg und Stielweg. Im Keller spielt der Stahltank eine wichtige Rolle, allerdings werden in kleinem Umfang auch Barriques eingesetzt. Eine Spezialität des Hauses sind die Sekte aus eigener Produktion. Sie werden in den Geschmacksstufen extra trocken, brut, aber auch brut nature angeboten. Die Weinberge werden biologisch bewirtschaftet, man ist Mitglied bei Ecovin.

Kollektion

Das Weingut ist weiter im Aufwind. Hier bekommt man ausgewogene Weine mit brillanter Frucht zu einem attraktiven Preis. Schon der Hochheimer Riesling ist ein schöner Einstieg, denn er schafft es im Hitzejahr 2019 Leichtigkeit und Frische zu wahren, ohne Aroma zu vermissen. Mehr Spiel, Finesse und aromatische Länge bringt der saftige Riesling aus der Hölle mit. Der Reichestal Riesling zeigt die Substanz und Tiefe, die der Zusatz „Alte Reben" suggeriert. Das schon im letzten Jahr präsentierte Große Gewächs Kirchenstück entwickelt sich schnell, ist kraftvoll und würzig, ist dabei auch fein. Nicht vergessen sollte man die beiden stoffigen Weißburgunder. Der ganz trocken ausgebaute Hochheimer ist geradlinig, der für kurze Zeit im Fass gereifte aus dem Stein cremig und füllig, dabei angenehm frisch. Absolut empfehlenswert sind auch die beiden Sekte, von denen uns der straffe Riesling Brut nature, wie immer besser gefällt. Auch die beiden fruchtigen Rieslinge passen ins Bild, sind saftig und animierend, die Auslese bietet darüber hinaus feine Beerenaromen.

Weinbewertung

85	2018 Riesling Sekt brut nature Hochheimer Stein	13%/9,50€
84	2018 Spätburgunder Sekt brut Hochheimer	12,5%/9,90€
84	2019 Weißburgunder trocken Hochheimer	12%/6,90€
85	2019 Weißburgunder trocken Hochheimer Stein	13,5%/8,50€
84	2019 Riesling trocken Hochheim	11,5%/6,20€
85	2019 Riesling trocken Hochheimer Hölle	12%/7,20€
86	2019 Riesling trocken „Alte Reben" Hochheimer Reichestal	13%/8,90€
87	2018 Riesling trocken Großes Gewächs Hochheimer Kirchenstück	13%/18,-€
85	2019 Riesling Spätlese Hochheimer Reichestal	8,5%/8,90€
87	2019 Riesling Auslese Hochheimer Reichestal	8%/12,-€/0,375l
83	2019 Spätburgunder Rosé „feinherb" Hochheimer	11,5%/6,90€
85	2018 Spätburgunder trocken Hochheimer	12,5%/9,50€

WEINGUT
schreiber
HOCHHEIM

Dr. Schreiber

Kontakt
Fronstraße 34
67550 Worms-Abenheim
Tel. 06242-2279
Fax: 06242-60032
www.weingutschreiber.de
mail@weingutschreiber.de

Besuchszeiten
Mo.-Fr. 10-12 + 14-18 Uhr,
Sa. 9-14 Uhr,
So. + Feiertage geschlossen

Inhaber
Dr. Andreas Schreiber
Betriebsleiter
Dr. Andreas Schreiber
Kellermeister
Dr. Andreas Schreiber
Außenbetrieb
Dr. Andreas Schreiber
Rebfläche
12 Hektar
Produktion
120.000 Flaschen

Andreas Schreiber, der in Hohenheim Allgemeine Agrarwissenschaft studiert und promoviert hat, kümmert sich seit 2011 um sein eigenes Weingut in Abenheim bei Worms. Seine Weinberge liegen im Abenheimer Klausenberg, im Herrnsheimer Schloss sowie in Osthofen. Weiße Rebsorten dominieren im Anbau, vor allem Grauburgunder, Riesling, Weißburgunder und Sauvignon Blanc sowie andere Sorten wie Gewürztraminer, Silvaner oder Muskateller. An roten Sorten, die 40 Prozent der Rebfläche einnehmen, baut Andreas Schreiber eine breite Palette an Rebsorten wie Spätburgunder, Dornfelder, Portugieser, Merlot, Cabernet Sauvignon, Regent, St. Laurent und Syrah an.

Kollektion

In diesem Jahr sehen wir wie vor zwei Jahren Weiß- und Rotwein gleichauf. Wobei gerade manche der Weißweine etwas allzu verhalten sind, dafür aber finden wir im weißen Segment mit dem 2018er Kapelle-Riesling aber auch unseren Favoriten in der aktuellen Kollektion: Er zeigt gute Konzentration und feine rauchige Noten im Bouquet, ist füllig und kraftvoll im Mund, besitzt reife Frucht, gute Struktur und Substanz. Der Luginsland-Riesling aus dem Jahrgang 2019 ist ähnlich konzentriert und kraftvoll, aber derzeit noch allzu kompakt und von dezenten Bitternoten geprägt, die mit etwas Flaschenreife aber in den Hintergrund treten werden. Deutlich gleichmäßiger präsentieren sich in diesem Jahr die drei vorgestellten Rotweine. Die Carat genannte Cuvée ist füllig und süffig, der Herrnsheimer Syrah frisch und geradlinig, aber doch auch etwas von Kräuternoten geprägt, die mit der süßen Frucht kontrastieren. Besser gefällt uns der Abenheimer Cabernet Sauvignon, der feine Würze und reife Frucht im Bouquet zeigt, Fülle und Kraft im Mund besitzt, feine Süße und Biss.

Weinbewertung

82	2018 Pinot Sekt brut	12,5 %/10,80 €
79	2019 Grauer Burgunder trocken	12,5 %/6,30 €
80	2019 Riesling „S" trocken Abenheimer	12,5 %/6,80 €
81	2019 Weißburgunder „S" trocken Herrnsheimer	12,5 %/7,30 €
80	2019 Sauvignon Blanc „S" trocken Osthofener	12,5 %/7,80 €
85	2018 Riesling „S" trocken „Kapelle"	12 %/9,80 €
82	2019 Riesling trocken Luginsland	12,5 %/10,80 €
79	2019 Spätburgunder „Blanc de Noir"	12 %/6,30 €
80	2019 Spätburgunder Weißherbst trocken	12,5 %/5,80 €
82	2017 „Carat" Rotwein trocken	13,5 %/10,80 €
84	2018 Cabernet Sauvignon „S" trocken Abenheimer	13 %/8,80 €
82	2017 Syrah „S" trocken Herrnsheimer	13 %/9,30 €

RHEINHESSEN ▶ KLEIN-WINTERHEIM

★★ ✫

Schreiber-Kiebler

Kontakt
Hauptstraße 42
55270 Klein-Winterheim
Tel. 06136-89219
Fax: 06136-88427
www.schreiber-kiebler.de
weingut@schreiber-kiebler.de

Besuchszeiten
Mo.-Fr. 9-19 Uhr
Sa. 9-18 Uhr
Weinprobiertage am letzten Wochenende vor dem Advent, Fr. 17-22 Uhr, Sa. 16-19 Uhr
Weinproben zu den Öffnungszeiten

Inhaber
Familie Schreiber-Kiebler
Kellermeister
Romy Kiebler
Rebfläche
15 Hektar

Stephan Kiebler führt das Weingut zusammen mit Ehefrau Romy, die aus einem Ökoweingut stammt, über den Umweg als Konditorin und Patissière doch noch zum Wein und zurück in die Heimat kam und seit 2011 für die Vinifikation verantwortlich ist. Die Reben wachsen in den Lagen Klein-Winternheimer Geiershölle (Tonböden mit Kalksteineinlagen), Hahnheimer Moosberg und Sörgenlocher Moosberg (Lehmböden mit hohem Anteil an Kalksteinen) sowie im Ober-Olmer Kapellenberg. Zuletzt kamen neue Weinberge in Groß-Winternheim (Heiligenhäuschen) hinzu. Riesling ist derzeit mit einem Anteil von einem Viertel die meist angebaute Rebsorte, es folgen Müller-Thurgau, Chardonnay, Morio-Muskat und Regent, dann Portugieser, Silvaner, Weißburgunder, Spätburgunder, Dornfelder, St. Laurent, Grauburgunder und Scheurebe. Flaschenausstattung und Vinothek wurden neu gestaltet, die Spitzenweine des Sortiments werden mit den Weinbergskoordinaten versehen, sowohl Riesling als auch Spätburgunder stammen aus dem Moosberg, der Riesling aus Hahnheim, der Spätburgunder aus Sörgenloch.

Kollektion

Eine sehr gleichmäßige Kollektion präsentiert Romy Kiebler auch in diesem Jahr. Wie schon im Vorjahr gefällt uns der im Barrique ausgebaute Chardonnay besonders gut, er besitzt viel Frucht und Fülle, Frische, Kraft und feine Vanillenoten. Aber auch sonst überzeugen die Weißweine auf breiter Front, sie sind fruchtbetont und reintönig, harmonisch und saftig, die strukturierte Scheurebe gibt ein gutes Debüt — was auch für den Sankt Laurent Rosé gilt, der ganz auf Frische und Frucht setzt. Der rote Reserve-Sankt Laurent ist kraftvoll und noch recht tanningeprägt, der neue Black Earth genannte Regent besitzt intensive Frucht und gute Struktur. Unser Favorit unter den Roten ist aber der Spätburgunder vom Sörgenlocher Moosberg, der reintönige Frucht, gute Struktur und Grip besitzt. Weiter so!

Weinbewertung

83	2019 Silvaner trocken Ober-Olmer Kapellenberg	13,5%/5,90€
84	2019 Scheurebe trocken Klein-Winternheimer Geiershölle	13,5%/6,90€
83	2019 Riesling trocken „49 52´16,45˝N 8 12´32.75˝O" Hahnh. Moosberg	14%/8,20€
85	2018 Chardonnay trocken Barrique „49 56´04,8˝N 8 11´29.4˝E" Kapellenberg	14%/11,30€
83	2019 Riesling „süß-fruchtig" Ober-Olmer Kapellenberg	10,5%/5,80€
84	2019 Saint Laurent Rosé trocken Ober-Olmer Kapellenberg	13%/6,90€
81	2018 Portugieser trocken Klein-Winternheimer Geiershölle	13%/6,40€
82	2018 Saint Laurent trocken Ober-Olmer Kapellenberg	13,5%/7,40€
82	2018 Spätburgunder trocken	13,5%/7,30€
84	2018 „Black Earth" Rotwein trocken	13,5%/8,40€
86	2018 Spätburgunder trocken „49 52´47,86˝N 8 12´11.51˝O" S. Moosberg	13,5%/10,-€
84	2016 Saint Laurent „Reserve" trocken Ober-Olmer Kapellenberg	13,5%/18,20€

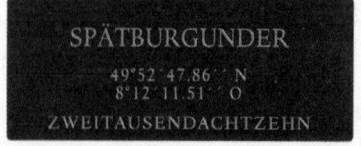

WÜRTTEMBERG — ERLENBACH

★★ ☆

Martin Schropp

Kontakt
Straßenäcker 1
74235 Erlenbach
Tel. 07132-7644
Fax: 07132-5553
www.schroppwein.de
weingut@schroppwein.de;
vertrieb@schroppwein.de

Besuchszeiten
Mo.-Fr. 15-18 Uhr
Sa. 8-18 Uhr
oder nach Vereinbarung
Besenwirtschaft
„Schroppbesen"

Inhaber
Martin Schropp

Rebfläche
13 Hektar

Hermann Schropp pflanzte die ersten Reben, sein Sohn Martin konzentrierte sich mehr und mehr auf Weinbau, 1992 dann übernahm Enkel Martin den Betrieb und spezialisierte sich ganz auf Wein. Der Hof und das Gros der Weinberge liegen in Erlenbach-Binswangen in der Lage Erlenbacher Kayberg, des Weiteren ist man im Neckarsulmer Scheuerberg vertreten. 70 Prozent der Fläche nehmen rote Rebsorten ein. Hauptrebsorten sind Lemberger, Trollinger, Muskat-Trollinger und Riesling, hinzu kommen Sorten wie Weiß- und Grauburgunder, Gewürztraminer und Cabernet Blanc, aber auch Zweigelt, Samtrot und Cabernet Mitos. Die Weine werden teils im Edelstahl, teils im Holz und Barrique ausgebaut.

Kollektion

Im Vorjahr gefielen uns mit Lemberger und Merlot zwei 2017er Rotweine am besten in einer ansonsten sehr gleichmäßigen Kollektion. Die neue Kollektion ist noch ausgewogener, weiß wie rot, bietet einige eigenständige, ja eigenwillige Weine. Beispielsweise die beiden Haustrank genannten Rotweine aus dem Jahrgang 2018, die beide mit merklicher Restsüße ausgestattet sind, knapp 9 Gramm Restzucker beim Merlot und 15 Gramm beim Cabernet Cubin. Bei Letzterem hilft aber auch dieser Restzucker nicht um die gewaltigen Tannine abzupuffern, der Kontrast aus Süße und Tanninen prägt den Wein, der an sich reife Frucht und viel Saft besitzt, gute Konzentration und etwas Gewürze im Bouquet zeigt. Der Haustrank-Merlot ist würzig und eindringlich, klar und zupackend, gefällt uns trotz der Süße besser als die durchgegorene Merlot-Variante des Jahrgangs 2017; (zu) viel Alkohol haben beide. Auch bei den 2019er Lembergern ziehen wir die süße Variante ganz leicht der trockenen vor. Im weißen Segment gefällt uns der Gewürztraminer mit seinem intensiven Rosenduft am besten, er besitzt Fülle und Saft, reife Frucht und gute Struktur; knapp dahinter folgt der konzentrierte, würzige Weißburgunder, der gute Struktur und Substanz besitzt.

Weinbewertung

82	2019 Riesling Erlenbacher Kayberg	13%/6,90€
83	2019 Weißer Burgunder Erlenbacher Kayberg	13%/6,90€
81	2019 Grauer Burgunder Erlenbacher Kayberg	13,5%/6,90€
82	2019 Sauvignac Erlenbacher Kayberg	12,5%/6,90€
82	2019 Cabernet Blanc Erlenbacher Kayberg	13,5%/10,90€
84	2019 Gewürztraminer „Gipskeuper" Erlenbacher Kayberg	11,5%/10,90€
82	2019 Lemberger trocken Neckarsulmer Scheuerberg	13%/6,90€
81	2017 Merlot Erlenbacher Kayberg	16%/12,90€
83	2019 Lemberger (süß) Erlenbacher Kayberg	12%/6,90€
83	2018 Cabernet Cubin „Haustrank" Erlenbacher Kayberg	16%/20,-€
83	2018 Merlot „Haustrank" Erlenbacher Kayberg	15%/20,-€

PFALZ ▬► ASSELHEIM

★ ★ ★☆

Michael Schroth

Kontakt
Auweg 42
67269 Asselheim
Tel. 06359-8015251
Fax: 06359-8015257
www.weingut-schroth.de
michael@weingut-schroth.de

Besuchszeiten
Mo.-Sa. 9-17 Uhr
Vinothek mit Terrasse
Wohnmobilstellplatz
Events siehe Webseite

Inhaber
Michael Schroth
Betriebsleiter
Michael Schroth
Rebfläche
20 Hektar
Produktion
260.000 Flaschen

Michael Schroths Vater führte den Weinbaubetrieb noch im Nebenerwerb, aber für ihn war es nach seiner Ausbildung bei den Weingütern Siegel-Heilmann und Bassermann-Jordan und der Beendigung der Meisterschule im Jahr 2002 klar, dass er sich ganz auf das Weingut konzentrieren würde. Die drei Hektar Rebfläche, mit denen er startete, hat er inzwischen vervielfacht, die Weinberge liegen in den Asselheimer Lagen St. Stephan, Höllenpfad und Goldberg, die Reben wachsen auf kalkreichen Lehmböden, 2016 siedelte Schroth mit seinem Weingut an den Ortsrand von Asselheim aus, direkt in die Lage Goldberg. Ab der Kategorie der Ortsweine wird von Hand gelesen und der Ertrag streng reduziert, für die roten Lagenweine – zum Teil auch für die Weißweine – wird größtenteils neues Holz verwendet.

Kollektion

Die fünf Rotweine, die uns Michael Schroth in diesem Jahr präsentiert, sind alle sehr kraftvoll, zeigen viel dunkle Frucht und sehr deutliche Röstnoten, der „Handgemacht" aus Cabernet Sauvignon und Merlot, von dem wir in diesem Jahr die dritte Füllung verkostet haben, zeigt dunkle Beerenfrucht, besitzt gute Struktur, reife Tannine und noch einiges an Potential. Die beiden Réserve-Spätburgunder zeigen Noten von Mokka und Trockenfrüchten im Bouquet, besitzen viel Stoff und sind gut strukturiert, der 2017er ist eine Spur harmonischer als der 2016er. Bei den weißen Lagenweinen ist das Holz sehr gut eingebunden, unser Favorit ist hier der Weißburgunder, der viel gelbe Frucht, Aprikose, Pfirsich und Zitrusnoten im komplexen Bouquet zeigt, Frische und Länge besitzt, Chardonnay und Grauburgunder sind etwas dezenter in der Frucht, besitzen Kraft, Schmelz und gute Länge. Beim Sauvignon Blanc aus dem Goldberg ist das Holz im Bouquet noch sehr dominant, am Gaumen besitzt er aber auch viel gelbe Frucht, Aprikose, Maracuja. ▬►

Weinbewertung

86	2015 „Handgeformt" Sekt brut	12,5%/13,90€
84	2019 Weißburgunder trocken Asselheimer	12,5%/6,90€
87	2018 Grauer Burgunder trocken Asselheimer St. Stephan	13,5%/9,80€
87	2018 Chardonnay trocken Asselheimer St. Stephan	13,5%/9,80€
83	2019 Sauvignon Blanc trocken Asselheimer	12,5%/6,90€
88	2018 Weißburgunder trocken Asselheimer St. Stephan	13%/9,80€ ☺
86	2016 Sauvignon Blanc trocken „Réserve" Asselheimer Goldberg	13%/9,80€
88	2017 Merlot trocken Asselheimer St. Stephan	14%/17,90€
89	2016 „Handgemacht" Cuvée rot trocken	14,5%/19,40€
87	2017 Spätburgunder trocken Asselheimer Goldberg	14%/17,90€
88	2016 Spätburgunder trocken „Réserve" Asselheimer Goldberg	14%/21,40€
88+	2017 Spätburgunder trocken „Réserve" Asselheimer Goldberg	14%/21,40€

★★★

Paul Schumacher

Kontakt
Marienthaler Straße 6
53474 Marienthal
Tel. 02641-4345
Fax: 02641-359419
www.weingut-ps.de
ps-info@weingut-ps.de

Besuchszeiten
Mo.-Do. 9-12 Uhr
Fr.-So. 10-12 Uhr
oder nach Vereinbarung
Straußwirtschaft Mai, Sept.,
Okt., Sa. + So. ab 12 Uhr

Inhaber
Paul Schumacher
Außenbetrieb
Marc Schumacher
Rebfläche
5 Hektar
Produktion
25.000 Flaschen

Paul Schumacher hat zunächst für andere und nur im Nebenerwerb für sich selbst Wein erzeugt, bevor er die Gebäude des ehemaligen Winzervereins Marienthal bezog und sich auf sein eigenes Weingut konzentrierte. Seine Weinberge liegen unter anderem im Walporzheimer Kräuterberg, im Marienthaler Trotzenberg und in den Ahrweiler Lagen Silberberg und Rosenthal. Inzwischen ist Paul Schumacher auch am Mittelrhein vertreten, in Leutesdorf baut er auf einem halben Hektar Riesling an. Er baut vor allem Spätburgunder an, der 70 Prozent der Rebfläche einnimmt, aber auch Frühburgunder und Riesling, sowie ein klein wenig Merlot und Cabernet Sauvignon. Zwei Drittel der Reben sind über 40 Jahre, die ältesten sind 75 Jahre alt. Aufgrund der steigenden Nachfrage kauft er seit 2005 auch Trauben von anderen Winzern zu. Im Keller arbeitet er mit offener Maischegärung (8 bis 14 Tage), teilweise mit Kaltmaceration, langen Maischestandzeiten, Mostentzug, Spontangärung und Holzfassausbau, ein Teil der Weine wird ohne Filtration abgefüllt.

Kollektion

Den Jahrgang 2018 hat Paul Schumacher gut im Griff. Schon der Guts-Spätburgunder ist reintönig und fruchtbetont, zupackend und frisch. Sehr gut ist der Frühburgunder Alegria, fruchtbetont, sehr reintönig, zupackend und strukturiert. Sehr gut oder hervorragend sind auch alle nun folgenden Spätburgunder. Der Carpe Diem ist würzig, frisch und reintönig, besitzt gute Struktur und Grip. Der PurPinot zeigt gute Konzentration und ebenfalls viel reintönige Frucht, besitzt Frische, Grip und kräftige Tannine. Der Trotzenberg zeigt viel Würze, reife Frucht, gute Konzentration, ist reintönig, frisch, besitzt Struktur und Grip. Der Spätburgunder aus dem Rosenthal zeigt feine Frische, reintönige Frucht, etwas florale Noten und rote Früchte, ist frisch, klar und geradlinig. Aus dem Rosenthal stammt auch der hervorragende Magna Essentia, der nur in der Magnum angeboten wird, gute Konzentration und reintönige Frucht im herrlich eindringlichen Bouquet zeigt, Fülle und Kraft besitzt, klare Frucht, gute Struktur, Frische und Druck. Gleichauf sehen wir den Kräuterberg, der herrlich reintönig und präzise ist, strukturiert und fruchtbetont. Starke Kollektion!

Weinbewertung

83	2018 Spätburgunder	13%/9,-€
85	2018 Spätburgunder „Carpe Diem"	13%/12,50€
85	2018 Frühburgunder „Alegria"	13%/22,-€
86	2018 Spätburgunder „PurPinot"	13%/20,-€
87	2018 Spätburgunder Ahrweiler Rosenthal	13%/26,-€
88	2018 Spätburgunder Marienthaler Trotzenberg	13%/26,-€
90	2018 Spätburgunder „Magna Essentia" Ahrweiler Rosenthal	13%/79,-€/1,5l
90	2018 Spätburgunder Walporzheimer Kräuterberg	13%/44,-€

Schumacher

Kontakt
Am Moselstausee 32
56858 St. Aldegund
Tel. 06542-900788
Fax: 06542-900789
joachim-schumacher@
vinotheca-sutoris.de
www.vinotheca-sutoris.de

Besuchszeiten
Nov.-Mai nach Vereinbarung,
Juni-Okt. Mo.-Sa. 10-18 Uhr,
So. 10-14 Uhr

Inhaber
Joachim Schumacher
Betriebsleiter
Joachim Schumacher
Kellermeister
Joachim Schumacher
Außenbetrieb
Joachim Schumacher
Rebfläche
3 Hektar

St. Aldegund ist nicht unbedingt das, was man einen aufstrebenden Weinort nennen kann. Nur wenige Winzer im Städtchen haben Ambitionen. Joachim Schumacher ist einer von ihnen und hat sich seit einigen Jahren nicht nur auf Riesling, sondern auch auf Rotwein spezialisiert. Rote Sorten nehmen bei ihm 30 Prozent der Fläche von insgesamt drei Hektar ein. Spätburgunder, Frühburgunder und Schwarzriesling, aber auch Merlot und Cabernet Sauvignon sind vorhanden. Joachim Schumacher erzeugt sehr individuelle Weine, oft spontan vergoren, spät gefüllt, teilweise mit üppiger Frucht und Würze. Die besten brauchen Zeit, bevor sie sich voll entfalten, sie entwickeln sich dann aber auch gut. Das Barrique spielt vor allem für Rotwein eine Rolle, wurde aber auch schon für Riesling genutzt. Auch mit schwefelfreien Weinen experimentiert Joachim Schumacher.

Kollektion

Eigenwillig waren die Weine des Weinguts Schumacher in den letzten Jahren immer, und sie sind es auch, was die nun aus den Jahrgängen 2017, 2018 und 2019 vorgestellten Abfüllungen angeht. Doch sie scheinen balancierter zu sein als früher. Der „Urahn", unfiltriert und ohne Schwefel ausgebaut, zeigt eine schöne Würze. Der „Facil" ist in der Nase sehr offen, duftig, zeigt Anklänge an Apfel und Zitrus, ist dann angenehm würzig. Offen wirkt der „Antik"-Riesling mit Pfirsich-Kräuer-Noten und einer leichten Süße. Ganz anders der „Bed8sam" aus dem Jahrgang 2017, nicht weniger als 22 Monate vergoren. Er zeigt deutliche Mandelnoten in der Nase, besitzt würzig-nussigen Nachhall. Recht verhalten in der Nase, dann mit Noten von cremigem Apfel aufwartend zeigt sich die Auslese namens „Augustus". Sie ist elegant, merklich süß, mit seidigem Charakter. Der feinherbe Rosé ist saftig, lässt Noten von roten Johannisbeeren erkennen, ist ganz leicht süß. Würzig, mit eher dunkler Frucht und Nachhall präsentieren sich die beiden Frühburgunder. Der „Corruptio" aus Cabernet Sauvignon und Merlot ist zurzeit merklich vom Alkohol geprägt.

Weinbewertung

85	2019 Riesling Kabinett „Facil"	11%/9,50€
85	2019 Riesling Spätlese „Antik"	11%/9,50€
86	2018 Riesling trocken „Urahn"	11%/14,50€
87	2018 Riesling Auslese „Probus"	12%/16,50€
87	2017 Riesling „Bed8sam"	11,5%/12,50€
87	2019 Riesling Auslese „Augustus"	8,5%/16,50€
82	2019 Spätburgunder Rosé	11,5%/8,50€
83	2019 Spätburgunder Rosé Spätlese „feinherb" „Alexa Sommer"	9,5%/8,50€
87	2018 Frühburgunder Auslese trocken	13%/28,50€
87	2018 Frühburgunder trocken „Commodus"	13%/38,50€
85	2018 „Corruptio" Rotwein trocken	14,5%/42,50€

BADEN — BAHLINGEN AM KAISERSTUHL

★★★

Bettina Schumann

Kontakt
Weinhaus Bettina Schumann
Lilienstraße 9
79353 Bahlingen am Kaiserstuhl
Tel. 0160-92146529
www.schumann-wein.com
frau@schumann-wein.de

Besuchszeiten
nach Vereinbarung

Inhaber
Bettina Schumann & Melanie Panitzke

Rebfläche
7 Hektar

Produktion
65.000 Flaschen

Bettina Schumann, gebürtige Berlinerin, studierte in Geisenheim, erwarb zusätzlich ein Diplom der Partner-Universität Udine. 2009 wurde sie Betriebsleiterin beim Weingut Zimmerlin in Bötzingen am Kaiserstuhl. 2010 gründete sie zusammen mit ihrem damaligen Partner das Weinhaus Rabe. 2015 gab sie die Stelle als Betriebsleiterin auf, arbeitet seither als önologische Beraterin, gleichzeitig gründete sie das Weinhaus Schumann, das sie seit 2018 mit Melanie Panitzke führt. Die Trauben kauft sie von Partnerwinzern zu, produziert werden die Weine in Königschaffhausen in den Räumen der ehemaligen St. Katharinen-Kellerei. Sie konzentriert sich ganz auf die Burgundersorten, erzeugt zu jeweils etwa einem Drittel Weißburgunder, Grauburgunder und Spätburgunder. Die Weinnamen zeugen von ihrer Berliner Herkunft, die Etiketten von ihrer zweiten Passion, auf allen sind Schuhe abgebildet.

Kollektion

Die Weine von Bettina Schumann sind noch präziser geworden. Nicht nur die Spontangärung, auch der Einsatz von mehr oder weniger Maischegärung passt zu den Weinen. Der Weißburgunder „Bis in die Puppen" wird durch einen kleinen Anteil Maischegärung sehr griffig (und hat sogar einen ganz leichten Rosa-Ton), am Gaumen zeigt er viel Kraft und Saft, viel Substanz und Länge. Der Grauburgunder „Famose Schose" hat nur wenig mehr Farbe als der Weißburgunder, etwas mehr Würze und Feuerstein, ist noch saftiger, ebenso straff und kraftvoll. Der Rosé „Mittenmang" zeigt pfeffrige Würze und viel Frucht, ist saftig und zupackend. Konzentriert und kraftvoll ist der Weißburgunder „Bagalut". Er entwickelt ordentlich Druck am Gaumen, Säure und feinsalziger Extrakt machen ihn sehr lang. Ein feines Bouquet hat der Spätburgunder „Haute Volaute", am Gaumen viel Saft, straffes, aber angenehmes Tanninkleid, viel Biss. Toller PetNat! Der Badisch Rotgold zeigt feine Sponti-Noten, die durchaus süße Frucht hat ein Gegengewicht durch Säure.

Weinbewertung

87	„Pétillant Naturel" Rosé	12,5%/15,90€
87	2019 Weißer Burgunder „Bis in die Puppen"	13%/10,90€
87	2019 Grauer Burgunder „Famose Schose"	12,5%/11,90€
88	2018 Grauer Burgunder „Famose Schose à la pink"	13%/15,90€
90	2018 Weißer Burgunder „Bagalut"	13,5%/22,50€
89	2018 Grauer Burgunder „Dit is der Clou von''t Janze"	13,5%/22,50€
84	2019 Badisch Rotgold	12%/9,90€
86	2019 Blauer Spätburgunder Rosé „Mittenmang"	13%/10,90€
88	2018 Blauer Spätburgunder Rosé „Chaiselongue"	12,5%/36,-€/1,5l
84	2018 Blauer Spätburgunder „Achtkantig"	13%/13,90€
89	2018 Blauer Spätburgunder „Haute Volaute"	13%/22,50€

MOSEL — LIESER

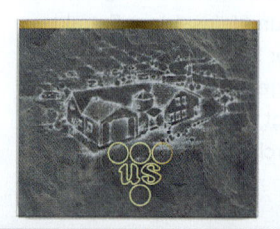

Schumann

★★ ☆

Kontakt
Beethovenstraße 36
54470 Lieser
Tel. 06531-6353
Fax: 06531-6454
www.weingut-schumann.de
info@weingut-schumann.de

Besuchszeiten
täglich nach Vereinbarung
Gästezimmer mit Moselblick, Dachterrasse, Panoramaturm

Inhaber
Ulrich Schumann
Rebfläche
4,2 Hektar
Produktion
30.000 Flaschen

Bereits seit dem 16. Jahrhundert betreibt die Familie Weinbau an der Mosel, heute führt Ulrich Schumann den Betrieb. Seine Weinberge – insgesamt 4,2 Hektar werden bewirtschaftet – liegen in Lieser in den Lagen Rosenlay, Niederberg-Helden und Schlossberg, sowie im Piesporter Goldtröpfchen; 70 Prozent seiner Weinberge befinden sich in Steillagen. Ulrich Schumann baut zu 83 Prozent Riesling an, dazu gibt es ein wenig Chardonnay und Weißburgunder, nun auch Rosa Chardonnay und Gewürztraminer. Die Weine werden fast ausschließlich an Privatkunden verkauft. Seit 1992 ist dem Weingut ein Ferienhaus angeschlossen. Ulrich Schumann vergärt seine Weine teils mit Reinzuchthefen, teils mit den natürlichen Hefen; fast alle Weine werden im Edelstahl vergoren und ausgebaut.

🍷 Kollektion

Nach dem reifen Jahrgang 2018 lag der Fokus nun bei Ulrich Schumann in nachvollziehbarer Weise auf der Erzeugung frischer, fruchtiger und leichterer Weine, die sich für den täglichen Genuss eignen. Das ist gelungen, wie man beispielsweise schon beim zupackenden, animierenden Literriesling in der trockenen Variante sehen kann. Sein süßes Pendant wirkt übrigens ausgewogen, saftig, ist angenehm balanciert. Der Weißburgunder passt da genau hinein, er ist duftig, etwas zitrusgeprägt, wirkt frisch, spritzig, weist merkliche Kohlensäure auf: Er ist komplett trocken, was nochmals mehr für ihn spricht. Etwas fester wirkt der Riesling Kabinett, er ist stoffig, würzig und besitzt eine gute Länge; bei diesem Wein wurden zehn Prozent aus dem großen Holzfass dazu gegeben. Deutlich mehr Spiel weist der Thurm-Riesling auf, der Noten von Apfel, Kräutern und etwas Hefe zeigt. Er ist enorm saftig und zupackend, ausgezeichnet vinifiziert aus erkennbar reifen Trauben, dann im großen Holzfass vergoren. Der Rosa Chardonnay, eine Spezialität des Weinguts, zeigt Schmelz, bleibt aber fein, wirkt beinah trocken. Als einer der wenigen Winzer an der Mosel widmet sich Schumann auch dem Gewürztraminer, den er im Falle des 2019ers schlank ausfallen lässt; er zeigt in der Nase nur dezente Rosen-, dazu Zitrusnoten, ist am Gaumen aber schnell als Gewürztraminer zu erkennen, weist eine leichte, aber passende Süße auf.

🍇 Weinbewertung

82	2019 Riesling trocken (1l)	11,5%/6,20€
84	2019 Weißburgunder trocken	12,5%/7,50€
84	2019 Riesling Kabinett trocken Lieser Rosenlay	12%/7,20€
87	2019 Riesling trocken „Thurm" Lieser Schlossberg	12,5%/9,50€
85	2019 Riesling Kabinett halbtrocken Lieser Rosenlay	10,5%/7,20€
86	2019 Rosa Chardonnay halbtrocken Lieser Schlossberg	12,5%/10,-€
86	2019 Gewürztraminer „feinherb" Lieser Rosenlay	12,5%/10,-€
83	2019 Riesling (1l)	11%/6,20€

RHEINGAU — GEISENHEIM

★★

Schumann-Nägler

Kontakt
Nothgottestraße 29
65366 Geisenheim
Tel. 06722-5214
Fax: 06722-5246
www.schumann-naegler.de
info@schumann-naegler.de

Besuchszeiten
8-17 Uhr

Inhaber
Fred, David, Philipp Schumann

Rebfläche
38 Hektar

Das Geisenheimer Weingut schaut auf eine lange Tradition zurück und wird heute in der 24. Generation von Fred Schumann geleitet, zusammen mit seinen Söhnen David und Philipp. David ist für die Pflege der Weinberge verantwortlich, während Philipp sich um den Keller kümmert und Vater Fred im Marketing und Vertrieb unterstützt. Die Weinberge befinden sich in den Geisenheimer Lagen Kläuserweg und Rothenberg sowie in den Hattenheimer Lagen Schützenhaus und Wisselbrunnen. 90 Prozent der Weinberge sind mit Riesling bestockt, des Weiteren werden Weiß- und Grauburgunder sowie Spätburgunder und Cabernet Sauvignon angebaut. Der Schwerpunkt liegt auf trockenen Weinen. Die Weißweine werden schonend gepresst, temperaturkontrolliert in Stahltanks vergoren und auf der Feinhefe ausgebaut. Um auch bei den trockenen Weißen eine natürlich Fruchtsüße zu erhalten, wird die Gärung durch Herunterkühlen gestoppt. Aus Grau- und Weißburgunder im Verschnitt mit Riesling entsteht die Cuvée S, aus Spätburgunder und Cabernet Sauvignon ihr rotes Pendant Cuvée N.

Kollektion

In diesem Jahr gibt es einen Mix aus aktuellen Weinen und solchen aus den Vorjahren zu verkosten. Besonders gut gefallen uns die aktuellen Réserven, die kräftig und würzig sind, es nicht an reifer Frucht und Ausgewogenheit missen lassen. Der 2019er Kabinett trocken aus dem Hattenheimer Schützenhaus fügt dem Ganzen einen Spritzer pointierte Frische hinzu, was ihm gut steht. Spannend ist der Jahrgangsvergleich der beiden kräftigen Toprieslinge aus dem Geisenheimer Rothenberg: Der 2017er duftet ausgeprägt kräutrig, ist weit entwickelt. Das ist nicht zu seinem Nachteil. Kraftvoll und würzig, gibt seine großzügige Art dem jugendlich frischen 2018er im Moment das Nachsehen, wenn auch nur knapp; sehr gut sind sie beide. Der Riesling Sekt Supranova ist frisch und aromatisch, eingängig und animierend. Eine beeindruckend konzentrierte und immens würzige Trockenbeerenauslese aus 2018 rundet die Kollektion stimmig ab.

Weinbewertung

87	2018 Riesling Sekt brut „Supranova"	12,5%/20,-€
84	2019 Riesling trocken „Schumann's Oscar"	12%/7,50€
85	2019 Riesling trocken „Réserve"	12,5%/8,50€
85	2019 Riesling Kabinett trocken Hattenheimer Schützenhaus	12,5%/10,50€
88	2017 Riesling trocken Erstes Gewächs Geisenheimer Rothenberg	12%/21,-€
87+	2018 Riesling trocken Großes Gewächs Geisenheimer Rothenberg	13%/21,-€
85	2019 Riesling halbtrocken „Réserve"	12,5%/8,50€
90	2018 Riesling Trockenbeerenauslese Geisenheimer Rothenberg	7%/125,-€
83	2018 Spätburgunder trocken	13%/9,-€

Seit 1438

Schumann —Nägler

MOSEL ▬ BRUTTIG

★ ★ ½

Paul Schunk

Kontakt
Hauptstraße 26
56814 Bruttig
Tel. 02671-1458
Fax: 02671-8221
www.weingut-schunk.de
info@weingut-schunk.de

Besuchszeiten
Mo.-Sa. 9-18 Uhr

Inhaber
Paul Schunk
Außenbetrieb
Johannes Fuchs
Rebfläche
4,3 Hektar
Produktion
38.000 Flaschen

Seit 1625 betreibt die Familie Schunk Weinbau in Bruttig im Cochemer Krampen. Paul Schunk baut vor allem Riesling an – fast vier Fünftel der Rebfläche sind mit dieser Sorte bestockt, dazu gibt es etwas Müller-Thurgau und Elbling sowie Dornfelder. Seine Weinberge liegen in den Bruttiger Lagen Götterlay (eine Steillage mit graublauem, aber auch rotem Schiefer) und Pfarrgarten (Terrassen-Steillage mit grauem und rötlichem steinigem Schiefer, in der Paul Schunk wurzelechte Rieslingreben besitzt), im Fankeler Rosenberg (eine Südwest-exponierte Steillage mit steinigem Quarzit) und im Valwiger Herrenberg. Die 2018 gepachtete Fläche von 1,3 Hektar in Pommern hat Paul Schunk wieder zurückgegeben. Nachdem der Verkauf des Weingutes nicht funktioniert hatte, zeichnet sich eine andere Nachfolgeregelung ab. Nachwuchswinzer Philipp Schneiders (Weingut Stephan Schneiders in Bruttig) hat zunächst 2,5 Hektar gepachtet, eine kleine Fläche will Paul Schunk auch weiterhin bewirtschaften.

Kollektion

Dieses Mal wurden Weine der Weingüter Paul Schunk und Stephan Schneiders vorgestellt. Saftig und fest ist der Kabinett in trockener Version. Viel Schmelz besitzt der „Vinovation" genannte Wein, der in der Nase noch deutliche Hefenoten zeigt, im Mund dann saftig ist. Die trockene Auslese aus der Sonnenuhr ist ein ungewöhnlich eleganter Wein, der eigenständigen Stil aufweist. Der ist auch beim saftigen feinherben Wein aus dem Bruttiger Pfarrgarten zu erkennen, der alles andere als süß wirkt. Sehr reintönig wirkt die Beerenauslese, die nach Pfirsich, Kräutern und einem Hauch von Mandarinenschalen duftet, im Mund zupackend und saftig ist. Mit dem Etikett des Weingut Schneiders präsentiert sich beispielsweise die 2018er Auslese vom Spätburgunder: Der Wein weist Noten von Kirschen, Beeren und Schokolade auf, wirkt saftig und zupackend.

Weinbewertung

83	2019 Riesling Hochgewächs trocken	13%/6,70€
86	2019 Riesling Kabinett trocken Bruttiger Rathausberg	12%/6,80€ ☺
87	2019 Riesling Spätlese trocken Pommerner Sonnenuhr	12,5%/9,50€
86	2019 Riesling Spätlese trocken Fankeler Rosenberg	13%/9,50€
87	2019 Riesling Auslese trocken „Vinovation"	13,5%/12,30€
87	2018 Riesling Auslese trocken Pommerner Sonnenuhr	12,5%/12,10€
83	2019 Chardonnay trocken Reserve	12,5%/7,90€
82	2019 Riesling Hochgewächs „feinherb" „Edition S"	12,5%/6,70€
87	2019 Riesling Spätlese „feinherb" „Alte Reben" Bruttiger Pfarrgarten	11,5%/9,30€
85	2019 Riesling Spätlese „von alten Reben"	8%/12,80€
(88)	2019 Riesling Auslese „Steilvorlage" Fankeler Rosenberg	9%/19,80€
(89)	2019 Riesling Beerenauslese Bruttiger Götterlay	7,5%/25,80€
84	2018 Spätburgunder Auslese trocken	14%/14,90€

Schwab

★★★✫

Kontakt
Bühlstraße 17
97291 Thüngersheim
Tel. 09364-89183
Fax: 09364-89184
www.weingut-schwab-franken.de
info@weingut-schwab-franken.de

Besuchszeiten
Mo.-Fr. 9-12 + 13-18 Uhr
Sa. 10-16 Uhr
sonst nach Vereinbarung
Probierstube (bis 70 Personen), Vinothek,
Ferienzimmer (5 Doppelzimmer, 1 Einzelzimmer)

Inhaber
Thomas & Martin Schwab
Betriebsleiter
Thomas & Martin Schwab
Kellermeister
Thomas & Martin Schwab
Rebfläche
12 Hektar
Produktion
85.000 Flaschen

Das Weingut Schwab war ursprünglich ein landwirtschaftlicher Mischbetrieb, bevor Gregor und Barbara Schwab Mitte der siebziger Jahre sich ganz auf Weinbau spezialisierten. Seit 1990 bewirtschaftet mit Thomas und Andrea Schwab die nächste Generation das Familienweingut, seit Herbst 2014 ist auch ihr Sohn Martin im Betrieb tätig, der seit 2017 Mitinhaber ist und sich alle Aufgaben mit seinem Vater teilt. 2016 wurde ein neuer Barriquekeller gebaut, der vom Hof aus einsehbar ist. Die Weinberge liegen in den Thüngersheimer Lagen Johannisberg und Scharlachberg. Silvaner und Müller-Thurgau nehmen jeweils ein Viertel der Rebfläche ein, es folgen Riesling, Bacchus, Weißburgunder und Scheurebe, dazu gibt es Solaris, sowie die roten Sorten Dornfelder, Portugieser und Spätburgunder. Das Sortiment wird vierstufig gegliedert in Gutsweine, Ortsweine, die Lagenweine aus dem Johannisberg und das Große Gewächs (Silvaner) aus dem Rothlauf, einer Lage, die früher als Rothlaufsberg zu den fünf besten Lagen Thüngersheims zählte, 1971 aber im Johannisberg aufging.

Kollektion

Die frische, süffige weiße Cuvée ist ein schöner Einstieg. Die Ortsweine zeigen sehr gleichmäßiges Niveau: Der Müller-Thurgau ist würzig und füllig, der birnenduftige Silvaner ist saftig, harmonisch, die Scheurebe reintönig und zupackend, der Weißburgunder besitzt Fülle und Substanz, der gelbfruchtige Riesling reife süße Frucht. Eine weitere Steigerung bringen die Erste Lage-Weine. Der Riesling aus dem Scharlachberg zeigt gute Konzentration und klare Frucht, ist füllig, saftig, besitzt viel reife Frucht und Substanz; der Johannisberg-Silvaner zeigt viel reife Frucht, Birnen und weiße Früchte, besitzt Fülle und Kraft, viel Substanz und klare reife Frucht. Sehr gut ist auch die leicht an kandierte Früchte erinnernde, zupackende Riesling Auslese, der Spätburgunder Ortswein besitzt Frische und Frucht. Unser Favorit in der überzeugenden Kollektion ist der Johannisberg-Spätburgunder, der rauchige Noten, gute Struktur und reintönige Frucht besitzt.

Weinbewertung

Punkte	Wein	Alk./Preis
83	2019 „enjoy white" Weißwein trocken	12,5%/6,50€
83	2019 Müller-Thurgau trocken Thüngersheim	12,5%/6,70€
83	2019 Silvaner trocken Thüngersheim	13%/7,70€
84	2019 Weißburgunder trocken Thüngersheim	12,5%/7,70€
84	2019 Riesling trocken Thüngersheim	13%/7,70€
84	2019 Scheurebe trocken Thüngersheim	12,5%/7,70€
85	2019 Riesling trocken Thüngersheimer Scharlachberg	13,5%/12,50€
86	2019 Silvaner trocken Thüngersheimer Johannisberg	14%/10,-€
86	2019 Riesling Auslese Thüngersheim	10,5%/12,50€
84	2018 Spätburgunder trocken Thüngersheim	13,5%/7,70€
88	2018 Spätburgunder trocken Thüngersheimer Johannisberg	13,5%/15,50€

WÜRTTEMBERG ▸ BRETZFELD-DIMBACH

Heinz J. Schwab

★

Kontakt
Wassergasse 4
74626 Bretzfeld-Dimbach
Tel. 07946-1418
www.schwab-wein.de
kontakt@schwab-wein.de

Besuchszeiten
nach Vereinbarung
Weinstube, Vinotel (Hotel Garni mit 16 Doppelzimmern direkt auf dem Weingut)

Inhaber
Familie Heinz J. Schwab

Betriebsleiter
Heinz J. Schwab &
Lucas Schwab

Kellermeister
Heinz J. Schwab &
Lucas Schwab

Außenbetrieb
Heinz J. Schwab &
Lucas Schwab

Rebfläche
7,5 Hektar

Seit Generationen baut die Familie Wein im Hohenloher Land an, seit 1991 vermarktet man selbst Wein, 1997 eröffneten Heinz und Karin Schwab ihre Weinstube, in der traditionelle Besengerichte zu den hauseigenen Weinen angeboten werden. Lemberger, Spätburgunder und Trollinger sind die wichtigsten roten Rebsorten, dazu gibt es Schwarzriesling, Samtrot und Merlot. Riesling, Grauburgunder und Chardonnay sind die wichtigsten weißen Rebsorten, hinzu kommen Muskateller, Scheurebe und Kerner. Die Weine tragen keine Lagenbezeichnungen und werden betriebsintern mit bis zu vier Sternen klassifiziert. Die Familie betreibt auch ein „Vinotel" mit sechzehn Doppelzimmern.

Kollektion

Eine sehr gleichmäßige Kollektion präsentieren Heinz und Lukas Schwab zum Debüt. Die 2 Sterne-Weißweine sind fruchtbetont und sortentypisch, besonders gut gefällt uns der intensiv fruchtige, reintönige Muskateller, der Frische besitzt, gute Struktur und Grip. Auch bei den mit 3 Sternen versehenen Weißweinen finden wir einen klaren Favoriten: Der Chardonnay zeigt gute Konzentration und reife Frucht, ist füllig und kraftvoll, besitzt herrlich viel Frucht, gute Struktur und Substanz. Die weiße Cuvée Juventus Alba besitzt Frische, feine süße Frucht und Grip, der Rosé ist fruchtbetont und geradlinig. Der 3 Sterne-Lemberger ist lebhaft, klar und zupackend, der Spätburgunder mit den 3 Sternen zeigt eindringliche klare Frucht, besitzt gute Struktur und Frische. Die mit 4 Sternen versehenen Rotweine bringen eine weitere Steigerung. Der Spätburgunder, Jahrgang 2014, zeigt intensive Frucht und feine Würze im Bouquet, besitzt Fülle und Kraft im Mund, gute Struktur, reife Frucht und Substanz. Der Merlot aus dem Jahrgang 2018 steht ihm nicht nach, zeigt viel Konzentration, viel Würze und intensive Frucht, besitzt Fülle, Kraft und Substanz, ist noch sehr jugendlich. Ein überzeugendes Debüt!

Weinbewertung

81	2018 Riesling** trocken	12%/6,90€
82	2019 Grauburgunder** trocken	12%/6,90€
84	2019 Muskateller** trocken	12%/6,90€
80	2019 Scheurebe*** trocken	14%/9,-€
85	2018 Chardonnay*** trocken	12,5%/8,-€
80	2019 „Cito!"*** Weißwein	12%/6,90€
83	2019 „Juventus Alba" Weißwein	9%/6,90€
82	2018 Rosé***	12%/8,-€
83	2018 Lemberger*** trocken	13%/8,-€
84	2018 Spätburgunder*** trocken	12,5%/8,-€
86	2014 Spätburgunder**** trocken	14%/18,-€
86	2018 Merlot**** trocken	13,5%/18,-€

Franken ▶ Volkach

★★

zur Schwane

Kontakt
Erlachhof 7
97332 Volkach
Tel. 09381-71760
Fax: 09381-717620
www.schwane.de
weingut@schwane.de

Besuchszeiten
Mo.-So. 8-22 Uhr (Vinothek Hauptstraße 12)
Mo.-Fr. 8-15 Uhr (Erlachhof 7)
Romantik-Hotel Zur Schwane
Restaurant „1404"
Restaurant „Weinstock"

Inhaber
Eva Pfaff-Düker &
Ralph Düker
Betriebsleiter
Christian Kallisch
Kellermeister
Stefan Ott
Rebfläche
27 Hektar
Produktion
200.000 Flaschen

Schon seit 1404 gibt es das Gasthaus Zur Schwane in Volkach, benannt nach der Gründerfamilie Schwan. Die Familie Pfaff übernahm es in den dreißiger Jahren des 20. Jahrhunderts, heute führen Eva Pfaff-Düker und Ralph Düker das Hotel mit den beiden Restaurants und das Weingut, Weingutsleiter ist Christian Kallisch. Die Weinberge liegen im Volkacher Ratsherr und im Escherndorfer Lump, aus beiden Lagen werden Große Gewächse erzeugt, dazu ist man im Escherndorfer Fürstenberg vertreten; alle Reben wachsen auf Muschelkalkböden. Silvaner ist klar die wichtigste Rebsorte, es folgen Riesling, Weißburgunder, Spätburgunder, Müller-Thurgau und Bacchus, dazu gibt es Spezialitäten wie Scheurebe, Rieslaner, Gewürztraminer und Domina.

🎂 Kollektion

Die Gutsweine sind frisch und fruchtbetont, aber ein wenig verhalten, die Ortsweine sind etwas kraftvoller, der füllige, kraftvolle Urtyp-Silvaner aus Volkach gefällt uns besonders gut, die Volkacher Scheurebe ist geradlinig und klar. Der Lump-Silvaner zeigt intensiv Birnen im Bouquet, ist im Mund dann sehr kompakt und zugeknöpft, der Traminer aus dem Fürstenberg zeigt gute Konzentration, intensive Frucht und Rosen, ist füllig und saftig, aber auch ganz leicht bitter. Highlights der Kollektion sind ganz klar die drei Großen Gewächse. Der 2018er Riesling aus dem Volkacher Ratsherr zeigt reife Frucht im Bouquet, gute Konzentration, feine Würze, gelbe Früchte, ist füllig und kraftvoll im Mund, besitzt viel reife Frucht, gute Struktur und Frische. Der Silvaner aus dem Ratsherr, ebenfalls aus dem Jahrgang 2018, zeigt reintönige Frucht, gelbe Früchte, ist füllig und saftig im Mund bei klarer reifer Frucht. Unser Favorit ist der Silvaner aus dem Escherndorfer Lump, Jahrgang 2019, der viel Konzentration im Bouquet zeigt, viel reife Frucht, gelbe Früchte, Fülle und Kraft im Mund besitzt, die offensive, sehr lagentypische Lump-Frucht und viel Substanz, gute Struktur, Druck und Länge.

🍃 Weinbewertung

81	2019 Silvaner trocken	12%/7,70 €
81	2019 Weißburgunder trocken	12%/7,70 €
83	2019 Scheurebe trocken Volkach	12,5%/10,-€
82	2019 Silvaner trocken Volkach	12,5%/9,50 €
84	2018 Silvaner trocken „Urtyp" Volkach	13%/14,-€
83	2019 Silvaner trocken Escherndorfer Lump	13%/16,-€
84	2019 Traminer trocken Escherndorfer Fürstenberg	13,5%/14,-€
87	2018 Silvaner trocken „GG" Volkacher Ratsherr	13%/27,-€
89	2019 Silvaner trocken „GG" Escherndorf „Am Lumpen 1655"	13,5%/27,-€
88	2018 Riesling trocken „GG" Volkacher Ratsherr	13%/27,-€

Schwarz

★★★

Kontakt
Ötztaler Straße 44
70327 Stuttgart
Tel. 0711-334727
Fax: 0711-332413
www.weingut-schwarz.eu
info@weingut-schwarz.eu

Besuchszeiten
Di.-Fr. 9:30-13 + 15-18 Uhr
Sa. 9-13 Uhr
oder nach Vereinbarung
Besenwirtschaft

Inhaber
Markus Schwarz

Betriebsleiter
Ludwig Schwarz

Kellermeister
Ludwig Schwarz

Außenbetrieb
Ludwig Schwarz

Rebfläche
10 Hektar

Produktion
65.000 Flaschen

Seit mehr als 300 Jahren baut die Familie Wein an, heute führt Markus Schwarz den Betrieb, unterstützt von Sohn Ludwig und Tochter Stefanie. Stefanie hat Internationale Weinwirtschaft studiert und Auslandserfahrungen in Ontario und Österreich gesammelt, Ludwig Schwarz hat nach Lehre bei Drautz-Able und Aldinger die Weinbautechnikerausbildung mit Auslandsaufenthalt in Südafrika absolviert, ist hauptverantwortlich für Keller und Außenbetrieb. Die Weinberge befinden sich in den Untertürkheimer Lagen Mönchberg und Altenberg, am Rotenberger Schlossberg, in Bad Cannstatt und Wangen. 60 Prozent der Fläche nehmen rote Rebsorten ein, der Fokus liegt auf Lemberger, Spätburgunder, Merlot und Trollinger. Wichtigste weiße Rebsorte ist Riesling, dazu gibt es Silvaner. Weißburgunder und Grauburgunder.

Kollektion

Eine starke Kollektion folgt auf die nächste: Die Familie Schwarz legt in der Basis weiter zu und bietet Spitzen, weiß wie rot. Der Gutsriesling ist klar, zupackend, der Grauburgunder saftig, etwas süß, der Muskateller punktet mit Reintönigkeit und Grip, der Silvaner ist klar und frisch. Highlight im weißen Segment ist wieder einmal der Mönchberg-Weißburgunder, Jahrgang 2018, dem man allerdings viel Luft geben muss, ist er anfangs doch recht verschlossen, sind die Vanillenoten etwas allzu dominant, er besitzt Fülle, Saft, viel Kraft und Substanz. Sehr gut gefällt uns der fruchtbetonte, intensive Rosé, der Trollinger ist reintönig und geradlinig, zupackend und frisch. Der Untertürkheimer Lemberger besitzt reintönige Frucht und feine Frische, der Untertürkheimer Spätburgunder zeigt intensive, herrlich eindringliche und reintönige Frucht, ist frisch, reintönig und strukturiert. Der Merlot aus dem Altenberg ist intensiv fruchtig, reintönig, kraftvoll und zupackend, noch ein klein wenig besser gefällt uns der Altenberg-Lemberger, der Fülle und Kraft besitzt, gute Struktur und reintönige Frucht.

Weinbewertung

84	2019 Riesling trocken	12,5%/6,50€
84	2018 Silvaner trocken Untertürkheimer	12,5%/8,20€
83	2019 Grauburgunder trocken	12,5%/7,30€
88	2018 Weißburgunder trocken Mönchberg	13,5%/16,50€
85	2019 Muskateller	12%/8,50€
85	2019 „Rosé" Roséweincuvée trocken	12%/6,50€
82	2018 „Rot" Rotweincuvée trocken	14%/8,50€
84	2019 Trollinger trocken	12,5%/5,80€
86	2018 Lemberger trocken Untertürkheimer	14%/9,90€
87	2018 Spätburgunder trocken Untertürkheimer	13,5%/9,80€
89	2017 Lemberger trocken Altenberg	14%/20,-€
88	2017 Merlot trocken Altenberg	14,5%/20,-€

PFALZ — HOCHSTADT

Schweder

★ ★ ☆

Kontakt
Hauptstraße 211
76879 Hochstadt
Tel. 06347-7760
www.weingut-schweder.de
info@weingut-schweder.de

Besuchszeiten
Mo.-Fr. 10-18 Uhr
Sa. 10-15 Uhr

Inhaber
Heinz & Henrik Schweder
Betriebsleiter
Henrik Schweder
Kellermeister
Henrik Schweder
Rebfläche
18 Hektar
Produktion
70.000 Flaschen

Heinrich Schweder war Ende des 19. Jahrhunderts nach Pennsylvania ausgewandert, kehrte aber 1898 in seine Heimat zurück, erwarb in Hochstadt das Gasthaus Zur Krone und begann damit, Wein für den eigenen Ausschank anzubauen. 1970 begann die Familie mit der Flaschenabfüllung, seit 2012 ist das Weingut Haupterwerbsbetrieb, die Fläche wurde von ursprünglich drei Hektar auf heute 18 Hektar erweitert. Nach seiner Lehre bei den Weingütern Neiss und Gies-Düppel, einem Weinbau- und Oenologiestudium am Weincampus Neustadt und Praktika an der Mosel, im Burgund, der Wachau und im Sonoma Valley ist mittlerweile Hendrik Schweder in der fünften Generation für das Weingut verantwortlich. Die Reben wachsen auf den Lehm-Löss-Böden des Hochstadter Roten Bergs, wichtigste Sorte ist mit einem Anteil von 14 Prozent der Grauburgunder, dazu kommen je rund 10 Prozent Müller-Thurgau, Kerner, Dornfelder, Riesling und Weißburgunder, in den letzten Jahren wurden die Piwi-Sorten Cabernet Blanc und Sauvignac gepflanzt, daneben gibt es noch Silvaner, Spätburgunder, Portugieser, Goldmuskateller und Chardonnay.

Kollektion

Hendrik Schweders Weine konnten wir in diesem Jahr zum ersten Mal verkosten, an der Spitze des Sortiments stehen zwei im kleinen Holz ausgebaute Weine: Der in Barriques ausgebaute Spätburgunder zeigt deutliche Röstnoten, rote und dunkle Frucht und etwas Mokka im Bouquet, besitzt auch am Gaumen viel röstige Würze, ist aber trotzdem harmonisch, kraftvoll und gut strukturiert, der in Tonneaux gereifte Chardonnay zeigt ebenfalls prägnante Röstnoten und gelbe Frucht, Banane, Melone, ist auch am Gaumen ganz fruchtbetont, kraftvoll, mit feiner Zitruswürze. Auch der Weißburgunder ist sehr fruchtbetont, saftig und leicht füllig, zeigt klare Noten von Aprikose und Birne, der feinherb ausgebaute Goldmuskateller ist sehr aromatisch, besitzt feine Süße und ein frisches Säurespiel. Der Cabernet Blanc und der „Alte Schwede(r)", ein reinsortiger Sauvignac, zeigen dezente Stachelbeernoten, aber auch gelbe Frucht, Maracuja, Pfirsich und besitzen Frische, und auch der restsüße Riesling ist sehr fruchtbetont und frisch.

Weinbewertung

83	2019 Alter Schwede(r) Weißwein trocken	13%/6,90€
82	2019 Grauer Burgunder trocken	12,5%/6,90€
83	2019 Cabernet Blanc trocken	12,5%/6,90€
84	2019 Weißer Burgunder „S" trocken	12,5%/9,90€
86	2019 Chardonnay „S" trocken	14,5%/15,-€
80	2019 Müller-Thurgau „feinherb" (1l)	12%/4,50€
84	2019 Goldmuskateller „feinherb"	11,5%/7,90€
83	2019 Riesling „Only for best friends"	10,5%/6,90€
87	2016 Spätburgunder „S" trocken	14%/15,-€

PFALZ ━ ZELLERTAL

★ ★ ★

Schwedhelm

Kontakt
Klosterhof
67308 Zellertal
Tel. 06355-521
Fax: 06355-3673
www.schwedhelm-zellertal.de
info@schwedhelm-zellertal.de

Besuchszeiten
Mo.-Fr. 8-18 Uhr
Sa. 10-17 Uhr
oder nach Vereinbarung

Inhaber
Schwedhelm GbR
Betriebsleiter
Stephan Schwedhelm
Kellermeister
Stephan Schwedhelm
Außenbetrieb
Stephan Schwedhelm
Rebfläche
17 Hektar
Produktion
125.000 Flaschen

Das Weingut Schwedhelm nannte sich bis zum Jahrgang 2014 Klosterhof und ist ein noch junges Weingut im Zellertal. Entstanden ist es, nachdem Stephan Schwedhelm 2006 sein Geisenheim-Studium beendete und in den elterlichen Betrieb eingestiegen ist, heute führt er ihn zusammen mit seinem Bruder Georg. Die Weinberge liegen in den Zeller Lagen Kreuzberg (Ton mit hohem Anteil an Kalkstein, mit der Gewanne Karlspfad), Klosterstück (Lehm, Einschlüsse von Kalkmergel, hauptsächlich rote Sorten im Anbau) und Schwarzer Herrgott (Tonmergel mit hohem Anteil an Kalkstein), wo ausschließlich Riesling und Gewürztraminer angebaut wird. Riesling ist die wichtigste Rebsorte, nimmt gut 40 Prozent der Rebfläche ein, es folgen Spätburgunder, Weißburgunder und Müller-Thurgau, Portugieser, Silvaner und Dornfelder. Seit 2010 werden die Weinberge biologisch bewirtschaftet, 2014 war der erste zertifizierte Jahrgang. Im Frühjahr 2015 wurde eine neue Vinothek eröffnet.

Kollektion

Zwei Rieslinge aus dem Schwarzen Herrgott stehen in diesem Jahr an der Spitze der Kollektion: Der trockene Riesling ist 2019 ungewöhnlich kraftvoll, zeigt steinig-mineralische Noten, besitzt am Gaumen klare Frucht und feinen Druck, ist salzig, animierend und sehr nachhaltig, die Beerenauslese besitzt eine cremige Konsistenz, viel klare Frucht, Aprikose, Feige, Limette, Grapefruit, ein animierendes Säurespiel und gute Länge. Der „Wotanfels"-Riesling zeigt die typische kreidige Würze und Noten von Ananas und Orangenschale, ist elegant, leicht salzig und nachhaltig. Unter den beiden stilistisch ähnlichen Spätburgundern ist das Klosterstück der intensivere und präsentere Wein, zeigt im Bouquet klare Schwarzkirschfrucht, etwas Krokantwürze und besitzt eine noch jugendliche Struktur.

Weinbewertung

84	2019 Riesling trocken	12 %/6,30 €
85	2019 Weißburgunder trocken Zellertal	12,5 %/8,50 €
85	2019 Riesling trocken Zellertal	12,5 %/8,50 €
85	2019 Chardonnay trocken Zellertal	13 %/8,50 €
87	2019 Riesling trocken Zeller Kreuzberg	13 %/11,50 €
87	2019 Weißburgunder trocken Zeller Karlspfad	12,5 %/12,- €
87	2019 Chardonnay trocken Zeller Kreuzberg	13 %/12,50 €
88	2019 Riesling trocken „Wotanfels"	12,5 %/15,- €
90	2019 Riesling trocken Zeller Schwarzer Herrgott	13,5 %/18,50 €
85	2019 Riesling Kabinett Zeller Karlspfad	10 %/12,- €
90	2019 Riesling Beerenauslese Zeller Schwarzer Herrgott	9,5 %/55,- €
86	2018 Spätburgunder trocken Zellertal	13,5 %/9,50 €
88	2017 Spätburgunder trocken Zeller Klosterstück	13 %/19,50 €

Albrecht Schwegler

★★★★

Kontakt
Steinstraße 35
71404 Korb
Tel. 07151-34895
Fax: 07151-34978
www.albrecht-schwegler.de
weingut@albrecht-schwegler.de

Besuchszeiten
nach Vereinbarung

Inhaber
Aaron Schwegler
Betriebsleiter
Aaron Schwegler
Kellermeister
Aaron Schwegler
Außenbetrieb
Aaron Schwegler,
Christian Medinger
Rebfläche
11 Hektar
Produktion
50.000 Flaschen

Andrea und Albrecht Schwegler erzeugten 1990 ihre ersten Weine, ausschließlich Rotweine, seit dem Einstieg von Julia und Aaron Schwegler im Jahr 2009 wurde die Rebfläche vergrößert auf inzwischen 11 Hektar. 2016 hat Aaron Schwegler den Betrieb übernommen. Er absolvierte eine Winzerlehre bei Bernhard Ellwanger und Joachim Heger, machte Praktika bei Daniel Gantenbein in der Schweiz, bei Jim Clendenen in Kalifornien und bei Seyfried in Neuseeland. Seit der Übernahme wurde die Ausstattung erneuert, neue Weine ergänzen nun das Programm. Die Weinberge liegen in Korb und angrenzenden Gemeinden, Lagenbezeichnungen wurden noch nie verwendet, alle Weine sind Cuvées verschiedener Lagen. Neue Weinberge werden mit einer Dichte von 7.500 bis 14.000 Reben je Hektar sehr dicht bepflanzt. Die Schweglers setzten beim Rotwein von Anfang an ganz auf Cuvées. Zweigelt ist die wichtigste Rebsorte, dazu gibt es Lemberger, Merlot und Trollinger, dann wurden auch etwas Syrah, Regent und Cabernet Franc angepflanzt. Sie verwenden ausschließlich französische Barriques, nur Allier- und Limousineiche. Die Weine werden zwei Jahre lang nach Rebsorten getrennt im Fass ausgebaut, sie bleiben bis sechs bis acht Wochen vor der Füllung im Barrique, dann erst werden die Cuvées zusammengestellt, abgefüllt wird ohne jede Filtration und ohne jede Schönung. Vier Weine gab es lange Zeit nur – und die auch nicht in jedem Jahr. Zunächst einmal in der Literflasche, „d'r Oifache", der meist einen größeren Anteil Trollinger enthält und Wein aus zwei aufeinander folgenden Jahrgängen und in dritt- bis fünftbelegten Barriques ausgebaut wird. Dann kommt der „Beryll", der in zweitbelegten Barriques ausgebaut wird, anschließend der „Saphir", der zu etwa zwei Dritteln in neuen, zu einem Drittel in zweitbelegten Barriques ausgebaut wird, und schließlich – aber wirklich nur in Spitzenjahren – der „Granat", der es zu gewissem Kultstatus unter Weinliebhabern gebracht hat. 1990 gab es den ersten Granat, dann erst wieder 1993, 1994 und 1997. Danach alle zwei Jahre: 1999, 2001, 2003, seither immer außer 2008. Es gibt keine feste Regel, wie sich der Granat zusammensetzt, außer Trollinger hat jede Rebsorte die Chance Bestandteil des Granat zu werden, der Granat wird ausschließlich in neuen Barriques ausgebaut. Weißwein spielte lange Zeit überhaupt keine Rolle im Hause Schwegler, ab 2006 gab es dann ein paar Jahrgänge lang etwas Kerner, später den „Rock'n Roll", der im Jahrgang 2013 eine Cuvée aus jeweils zur Hälfte Riesling und Grauburgunder war, im Barrique ausgebaut. Zwischenzeitlich konnten wir auch einmal Schwegler-Riesling verkosten, auch 2017 wurde wieder ein teils im Holz, teils im Edelstahl ausgebauter Riesling erzeugt, zuletzt aber war es ein in neuen Barriques ausgebauter Chardonnay von noch jungen Reben, den man uns präsentiert hat; 2017 wurde auch ein Rosé aus Spätburgunder, Trollinger und Syrah erzeugt, ebenso ein reinsortiger Pinot Noir.

🍷 Kollektion

Sieben aktuelle Weine konnten wir verkosten, das Sortiment wird allmählich ein wenig größer. Der einzige 2019er, der Riesling von alten Reben ist würzig und eindringlich im Bouquet, zeigt reife Frucht, ist füllig und kompakt im Mund, besitzt Kraft und Substanz. Die Cuvée aus 70 Prozent Grauburgunder und 30 Prozent Chardonnay, im zweitbelegten Barrique ausgebaut, zeigt rauchige Noten, reife Frucht, viel Vanille, ist füllig und kraftvoll bei viel Substanz, derzeit sehr vom Holz geprägt. Das gilt auch für den Chardonnay, der zu 70 Prozent in neuen Barriques ausgebaut wurde, gute Konzentration zeigt, Vanille, gelbe Früchte, füllig und kraftvoll im Mund ist, stoffig, das Holz dominiert aber allzu sehr. Aus dem Jahrgang 2018 stammt auch der Pinot Noir, der feinen Duft und reife Frucht im Bouquet zeigt, füllig und kraftvoll im Mund ist bei reifer Frucht und etwas harten Tanninen. Die roten Cuvées stammen alle aus dem Jahrgang 2017 – und trotzdem brauchen sie alle noch Zeit. Der Beryll ist würzig und eindringlich, zeigt rauchige Noten, etwas Kräuter, rote Früchte, ist klar und tanninbetont im Mund, zupackend und strukturiert, noch sehr jugendlich. Der Saphir zeigt intensive Frucht im herrlich eindringlichen, faszinierenden Bouquet, etwas Johannisbeeren, ist klar und geradlinig im Mund, fruchtbetont und strukturiert, sehr verschlossen, tanninbetont: Ein Wein mit viel Potenzial! Das gilt auch für den Granat, der intensiv, konzentriert und dominant ist, viel Substanz und Tannine besitzt – dass er exzellent reifen wird, zeigen die Weine aus den Jahrgängen von 1999 bis 2009, die wir dieses Jahr verkosten konnten, die teils noch sehr jugendlich sind (2004 oder 2009) und alle noch nicht am Ende ihrer Entwicklung angekommen sind.

Aaron & Julia Schwegler

🍇 Weinbewertung

86	2019 Riesling „Alte Reben"	12,5 %/23,50 €
86	2018 Chardonnay Grauburgunder	13 %/23,50 €
86	2018 Chardonnay „Reserve"	13 %/33,- €
87	2017 „Beryll" Rotwein	14 %/19,- €
87	2018 Pinot Noir	13,5 %/38,- €
88	2017 „Saphir" Rotwein	14 %/38,- €
90	1999 „Granat" Rotwein	13,5 %/34,50 €
91	2001 „Granat" Rotwein	13,5 %/39,- €
89	2004 „Granat" Rotwein	14 %/44,- €
91	2005 „Granat" Rotwein	14 %/45,- €
91	2007 „Granat" Rotwein	14 %/45,- €
89	2009 „Granat" Rotwein	13,5 %/48,- €
89+	2017 „Granat" Rotwein	14 %/56,- €

Lagen
Hörnle
Kriegsberg
Altenberg
Wanne
Immenreich

Rebsorten
Zweigelt (20 %)
Chardonnay (10 %)
Cabernet Franc (10 %)
Cabernet Sauvignon (10 %)
Riesling (10 %)
Spätburgunder (10 %)
Trollinger (10 %)
Merlot (5 %)

RHEINHESSEN ► APPENHEIM

Schweickardt

★★

Kontakt
Breitgasse 48
55437 Appenheim
Tel. 06725-2723
Fax: 06725-963046
www.weingut-schweickardt.de
info@weingut-schweickardt.de

Besuchszeiten
Mo.-Fr. 10-12 Uhr + (außer Mi.)
14-18 Uhr, Sa. 10-15 Uhr
Vinothek (bis 70 Personen),
Gästezimmer

Inhaber
Gunnar Schweickardt
Betriebsleiter
G. Schweickardt
Rebfläche
14 Hektar

Der Weidenhof ist ein 1870 gegründeter Familienbetrieb, der von Gunnar Schweickardt geführt wird. Seine Weinberge liegen vor allem in den Appenheimer Lagen Eselspfad und Hundertgulden, aber auch im Appenheimer Daubhaus, sowie im Gau-Algesheimer Goldberg. Der Boden im Eselspfad ist durch einen hohen Sandanteil geprägt, im Daubhaus findet man leichten Lösslehm mit etwas Feinsandanteil, in den Lagen Hundertgulden und Goldberg tonige Lehmböden. Riesling ist die wichtigste Rebsorte, nimmt ein Viertel der Fläche ein, es folgen Weißburgunder und Grauburgunder, auch Chardonnay und Silvaner werden angebaut, aber ebenso Bacchus, Huxelrebe und Kerner, 2009 brachte Sauvignon Blanc den ersten Ertrag. An roten Sorten gibt es Spätburgunder, Frühburgunder, Portugieser, St. Laurent, Dornfelder und Merlot, die Rotweine werden maischevergoren und im Holz ausgebaut.

Kollektion

Hohes Einstiegsniveau bei Gunnar Schweickardt: Die Gutsweine sind reintönig, fruchtbetont, betont süffig. Der Sauvignon Blanc ist wunderschön geradlinig und zupackend, der Chardonnay saftig und süß, die Scheurebe duftig und geradlinig, der Grauburgunder setzt ganz auf Süffigkeit. Anders der im Barrique ausgebaute Grauburgunder S aus dem Eselspfad, der gute Konzentration und reintönige Frucht besitzt, Fülle, Kraft und Substanz. Einen Tick besser noch gefällt uns aber auch in diesem Jahr wieder der Riesling aus dem Hundertgulden, der gute Konzentration, feine Würze und reintönige Frucht im Bouquet zeigt, frisch, klar und zupackend im Mund ist, gute Struktur und Grip besitzt. Der feinfruchtige Riesling ist wunderschön reintönig, geradlinig und frisch und auch die Huxelrebe Auslese setzt ganz auf Reintönigkeit, besitzt Frische, Harmonie und Grip. Ganz stark ist der einzige vorgestellte Rotwein, der im Barrique ausgebaute Reserve-Frühburgunder aus dem Appenheimer Eselspfad, der viel Konzentration besitzt, feine Vanillenoten, Fülle und Kraft im Mund vereint mit guter Struktur und reintöniger Frucht, auch im Mund sind Vanillenoten präsent. Stimmige, gute Kollektion!

Weinbewertung

82	2019 Grauer Burgunder trocken	14%/6,-€
85	2019 Sauvignon Blanc trocken	12,5%/8,-€
83	2019 Chardonnay „S" trocken	14,5%/7,-€
84	2019 Scheurebe trocken	13%/7,-€
87	2018 Riesling trocken Appenheimer Hundertgulden	13%/9,90€
86	2019 Grauer Burgunder „S" trocken Appenheimer Eselspfad	14,5%/10,40€
83	2019 Riesling „feinfruchtig"	13%/6,-€
85	2019 Huxelrebe Auslese	11,5%/7,50€
87	2018 Frühburgunder trocken „Reserve Fass 22" Appenh. Eselspfad	14,5%/15,-€

BADEN — DURBACH

★★✩

Schwörer

Kontakt
Weingut-Weinhaus
Schwörer GmbH
Grol 8
77770 Durbach
Tel. 0781-42362
Fax: 0781-33408
www.weingut-schwoerer.de
info@weingut-schwoerer.de

Besuchszeiten
Mo.-Fr. 8:30-12 + 13:30-18 Uhr,
Sa. 8:30-13 Uhr, So. 10-12 Uhr
(außer Jan./Febr.)

Inhaber
Josef Rohrer

Rebfläche
25 Hektar

Produktion
180.000 Flaschen

Die Familie Schwörer hatte seit 1812 mit Wein zu tun in Durbach, zunächst als Weinküferei und Weinkommission, später kam Weinbau hinzu. Franz Schwörer und nach ihm Hermann Schwörer bauten den Betrieb aus, man schloss Pacht- und Bewirtschaftungsverträge mit Durbacher Winzern. 2001 übernahm Josef Rohrer, zuvor Gutsverwalter des Weingutes Graf Wolff Metternich in Durbach, den Betrieb. Die Weinberge befinden sich in den Durbacher Lagen Plauelrain, Kochberg und Ölberg wo die Reben auf Granitverwitterungsböden wachsen. Riesling und Spätburgunder sind die wichtigsten Rebsorten. Hinzu kommen Müller-Thurgau, Grauburgunder, Traminer, Weißburgunder und Chardonnay, dazu Spezialitäten wie Scheurebe, Cabernet Sauvignon und Sauvignon Blanc; die Rotweine werden alle im Holz ausgebaut. In der hauseigenen Brennerei werden Edelbrände erzeugt.

Kollektion

Wie in den vergangenen Jahren präsentiert Josef Rohrer auch in diesem Jahr eine sehr gleichmäßige Kollektion. Weißburgunder und Grauburgunder Kabinett sind sehr klar und harmonisch, ähnlich die Chardonnay Spätlese. Der trockene Clevner zeigt Litschi im Bouquet, ist im Mund sehr verhalten. Etwas mehr Eigenständigkeit zeigen die Rieslinge. Der Riesling Kabinett ist frisch und hat eine klare Aprikosennote, ähnlich der Riesling „HS", der mehr Reife und Fülle aufweist. Wie auch im vergangenen Jahr sehen wir die Riesling Auslese an der Spitze der weißen Kollektion, die eine konzentrierte Frucht aufweist und mit einem schönen Süße-Säure-Spiel punkten kann. Die Rotweine von Josef Rohrer sind wie gewohnt konzentriert und vom Holzausbau geprägt. Der im Barrique ausgebaute Cabernet Sauvignon weist einen festen Gerbstoff, Länge und eine vegetabile Note auf. Der Barrique-Spätburgunder ist enorm füllig, vanillig und zeigt eine intensive warme Beerenfrucht.

Weinbewertung

82	2019 Klingelberger Riesling Kabinett trocken Durbacher Plauelrain	12,5%/8,-€
80	2019 Weißburgunder Kabinett trocken Durbacher Kochberg	12,5%/8,-€
80	2019 Grauer Burgunder Kabinett trocken Durbacher Plauelrain	13%/8,-€
79	2019 Clevner Traminer Kabinett trocken Durbacher Ölberg	13%/8,80€
82	2019 Klingelberger Riesling trocken „HS" Durbacher	13%/8,80€
82	2019 Chardonnay Spätlese trocken „HS" Durbach	13%/9,80€
85	2019 Klingelberger Riesling Auslese Durbacher Plauelrain	9,5%/14,50€/0,5l
81	2019 Spätburgunder Rosé trocken Durbacher	12,5%/6,80€
82	2018 Spätburgunder trocken „Maz" Durbacher Plauelrain	14%/11,80€
83	2018 Spätburgunder trocken Barrique Durbacher Plauelrain	14%/12,50€
82	2018 Cabernet Sauvignon trocken Barrique Durbacher	13,5%/13,50€

BADEN ▶ KIPPENHEIM-SCHMIEHEIM

★★

Lothar Schwörer

Kontakt
Waldstraße 6
77971 Kippenheim-Schmieheim
Tel. 07825-7411
Fax: 07825-2381
www.weingut-lothar-schwoerer.de
mail@weingut-lothar-schwoerer.de

Besuchszeiten
Mo.-Fr. 16-19 Uhr
Sa. 9-15 Uhr
oder gerne nach Vereinbarung

Inhaber
Lothar Schwörer

Rebfläche
11 Hektar

Produktion
65.000 Flaschen

Lothar und Cornelia Schwörer führen das Weingut seit 1993 in fünfter Generation. Sie haben die Rebfläche verdoppelt, das Sortenspektrum erweitert und in neue Kellerei- und Betriebstechnik investiert. Ihre wichtigsten Lagen sind Schmieheimer Kirchberg (mit der Premiumlage Kalkofen) und Kippenheimer Haselstaude. Die Reben wachsen hier, im nördlichen Breisgau, teils auf Kalkstein, teils aber auch auf Löss und auf Muschelkalkverwitterungsböden. Zwei Drittel der Rebfläche nehmen die Burgundersorten ein, vor allem Spätburgunder, aber auch Auxerrois (10 Prozent der Fläche!), Grauburgunder und Weißburgunder. Hinzu kommen Riesling und Müller-Thurgau, Chardonnay und Muskateller. Die Weine aus dem Gewann Kalkofen (weiß-gelblicher Kalksteinfels) tragen die Bezeichnung „Vom Kalksteinfels". Zuletzt hat Lothar Schwörer weitere Filetstücke in seinen Paradelagen erworben.

🍰 Kollektion

Sehr frisch ist einmal mehr der Cremant, die dezent süße Frucht und eine feine Perlage ergeben ein ausgewogenes Bild. Der Auxerrois ist frisch und reintönig, der Grauburgunder zupackend und fruchtig. Der Sauvignon Blanc ist sehr typisch, zeigt im Bouquet viel Beerenfrucht und auch grasige und minzige Töne, er ist sehr harmonisch und ausgewogen. Der Muskateller ist intensiv duftig, sehr saftig mit viel süßer, typischer Litschi- und Holunderblütenfrucht. Der Weißburgunder Kalksteinfels hat eine sehr feine Frucht, viel mineralische, fokussierte Kraft und Länge. Beim Grauburgunder kommt etwas Holzwürze zum Tragen, auch der leichte angemaischte Grauburgunder hat mineralische Kraft, ist etwas robuster als der elegantere Weißburgunder. Wie im vergangenen Jahr gefällt uns der Chardonnay Kalksteinfels am besten. Er lag acht Monate in neuen Barriques, ist sehr elegant und feinwürzig, verspielt und lang. Die Rotweincuvée Salomé zeigt viel Frucht vom Merlot, der Cabernet gibt Struktur. Viel Duft und Würze besitzt der Spätburgunder Alte Reben. ◀

🍇 Weinbewertung

84	2018 Riesling Cremant brut	12%/13,-€
83	2019 Grauburgunder** trocken Schmieheimer Kirchberg	13%/8,30€
83	2019 Auxerrois trocken „Hugenottenwein"	12,5%/8,30€
85	2019 Sauvignon Blanc** trocken	13%/9,-€
85	2019 Weißburgunder trocken „Kalkstein"	13,5%/12,-€
85	2019 Muskateller trocken	12%/9,-€
84	2019 Grauburgunder*** trocken Barrique „Kalksteinfels"	13,5%/12,-€
87	2019 Chardonnay*** trocken Barrique „Kalksteinfels"	13%/12,-€
81	2017 Spätburgunder** trocken „Fass Nr. 1"	13,5%/9,90€
81	2018 Merlot trocken	14%/9,90€
85	2017 „Salomé" Rotwein trocken	13%/15,-€
85	2017 Spätburgunder trocken „Alte Reben"	13,5%/17,-€

BADEN ▶ LEIMEN

★★★★★ Seeger

Kontakt
Rohrbacher Straße 101
69181 Leimen
Tel. 06224-72178
Fax: 06224-78363
www.seegerweingut.de
info@seegerweingut.de

Besuchszeiten
Do./Fr. 15-18 Uhr
Sa. 10-14 Uhr
oder nach Vereinbarung
Gutsausschank „Jägerlust",
Di.-Fr. 18-23 Uhr, Tel.
06224-77207

Inhaber
Thomas Seeger
Rebfläche
10 Hektar
Produktion
70.000 Flaschen

Thomas Seeger hat 1984 seinen ersten Wein gemacht, noch als Geisenheim-Student. Nach und nach hat er die Regie im Keller und im Betrieb übernommen und das elterliche Weingut zu einem der deutschen Spitzenbetriebe aufgebaut. Seine Weinberge liegen vor allem im Herrenberg, der teils zu Leimen, teils zu Heidelberg gehört. Spätburgunder und Weißburgunder sind die wichtigsten Rebsorten, gefolgt von Grauburgunder, Blaufränkisch und Riesling, dazu gibt es Schwarzriesling und einige wenige andere Sorten; Sauvignon Blanc und Chardonnay haben in den letzten Jahren an Bedeutung gewonnen. Die Weine werden überwiegend spontanvergoren, teils im Edelstahl, teils im Holz, und recht lange auf der Hefe ausgebaut. Thomas Seeger hat mit dem Jahrgang 2019 Guts- und Ortsweine zusammengefasst, so dass das Sortiment nun nur noch dreistufig gegliedert ist in Gutsweine, Erste Lage-Weine aus dem Heidelberger Herrenberg und dem Leimener Herrenberg und Große Gewächse aus Gewannen wie Oberklam, Spermen und Lange Wingert. Alle Weine werden trocken und durchgegoren ausgebaut.

🍷 Kollektion

Auch 2019 zeigen die Gutsweine sehr gutes und sehr gleichmäßiges Niveau, sie sind geradlinig und fruchtbetont, der Weißburgunder recht cremig, der Chardonnay ist etwas fülliger als seine Kollegen. Unter den Erste Lage-Weine gefällt uns der Sauvignon Blanc besonders gut, er besitzt reintönige Frucht, gute Struktur und Grip. Der Auxerrois AS besitzt Fülle und Kraft, viel reife Frucht und Substanz, der Weißburgunder AS ist rauchig, strukturiert und druckvoll, der Grauburgunder AS besitzt gute Fülle und Substanz bei einer ganz dezenten Bitternote, die Cuvée Georg ist im Jahrgang 2019 sehr cremig. Der Riesling Philipp Georg ist würzig, kraftvoll, leicht mineralisch, ein klein wenig besser gefällt uns die Anna Marie, die etwas mehr Substanz und Länge besitzt. Faszinierend komplex und druckvoll ist der Sauvignon Blanc R, zeigt feinen Toast und rauchige Noten – ein toller Sauvignon Blanc! Großartig ist auch der Chardonnay RR, zeigt feine rauchige Noten, gute Konzentration, herrlich eindringliche reintönige Frucht, ist füllig und saftig, sehr reintönig. Der Chardonnay S wurde mit dem Jahrgang 2019 zum Großen Gewächs Lange Wingert, steht preislich nach wie vor unter dem RR, der kein Großes Gewächs ist, er ist herrlich reintönig, fruchtbetont und präzise, besitzt gute Struktur und Grip. Auch die anderen weißen Großen Gewächse, alle aus der Oberklam, zeigen hervorragendes Niveau. Der Weißburgunder zeigt rauchige Noten, dezenten Toast, ist komplex, druckvoll und nachhaltig, der Grauburgunder zeigt herrlich viel reintönige Frucht, dezenten Toast, ist kraftvoll, stoffig, enorm druckvoll, der Riesling ist konzentriert, zeigt etwas gelbe Früchte, besitzt Saft und Substanz. Auch im roten Segment ist das Einstiegsniveau bei Blaufränkisch und Spätburgunder hoch. Wie immer eine sichere Bank ist die Cuvée Anna, ist kraftvoll und klar, besitzt feine Tannine und Grip. Die Cuvée Naan ist konzentriert, stoffig, tanninbetont, der Frühburgunder R zeigt etwas florale Noten, besitzt feine Frucht und Grip, der Schwarzriesling R besitzt gute Struktur und reintönige Frucht. Faszinierend sind die beiden Blaufränkisch: Der S ist offen, intensiv, fruchtbetont und komplex bei feiner Sponti-Prägung, das Große Gewächs zeigt Herzkirschen, ist stoffig, enorm komplex. Hervorragend sind auch wieder die Spätburgunder: Der Spermen ist faszinierend reintönig, elegant und frisch, der Oberklam konzentriert, kompakt, zurückhaltend, der RRR ist intensiv und offen im Bouquet, kraft- und druckvoll im Mund, noch recht jugendlich.

🍇 Weinbewertung

85	2019 Weißer Burgunder trocken	12,5%/8,-€
86	2019 Grauer Burgunder trocken	12,5%/8,-€
86	2019 Chardonnay trocken	13,5%/8,90€
86	2019 Auxerrois trocken	12,5%/8,90€
90	2019 Sauvignon Blanc „S" L. Herrenberg	12,5%/14,-€ ☺
88	2019 Weißer Riesling trocken „Philipp Georg"	12%/14,50€
89	2019 Weißer Riesling trocken „Anna Marie"	12%/14,50€
89	2019 Auxerrois trocken „AS" H. Herrenberg	13%/14,50€
89	2019 Weißer Burgunder trocken „AS" Heidelberger Herrenberg	12,5%/13,50€
89	2019 Grauer Burgunder trocken „AS" Heidelberger Herrenberg	13%/13,50€
88	2019 „Cuvée Georg" Weißwein	13%/14,-€
92	2019 Sauvignon Blanc „R"	13%/29,50€
93	2019 Weißer Burgunder „GG" Oberklam	13%/21,50€ ☺
92	2019 Grauer Burgunder „GG" Oberklam	13%/21,50€ ☺
92	2019 Chardonnay „GG" Lange Wingert	13,5%/22,-€ ☺
92	2019 Riesling „GG" Oberklam	13%/25,-€
93	2019 Chardonnay „RR"	13,5%/39,50€
92	2018 Riesling „RR"	13%
85	2018 Blauer Spätburgunder trocken	12,5%/8,90€
85	2018 Blaufränkisch	13,5%/8,90€
89	2018 „Cuvée Anna" Rotwein	13%/14,80€
93	2018 Blaufränkisch „S"	13,5%/19,50€ ☺
88	2018 Spätburgunder „S" Heidelberger Herrenberg	13,5%/22,-€
90	2018 „Naan" Rotwein	14,5%/20,50€
90	2018 Schwarzriesling „R"	13,5%/27,50€
93	2018 Blaufränkisch „R" „GG" Spermen	13,5%/27,50€
88	2018 Frühburgunder „R"	12,5%/27,50€
92	2018 Spätburgunder „R" „GG" Spermen	13%/36,-€
91	2018 Spätburgunder „RR" „GG" Oberklam	13%/64,-€
93	2018 Spätburgunder „RRR" Heidelberger Herrenberg	13%/120,-€

Lagen
Herrenberg (Leimen)
– Oberklamm
– Spermen
– Lange Wingert
Herrenberg (Heidelberg)

Rebsorten
Spätburgunder (25 %)
Weißburgunder (25 %)
Grauburgunder (15 %)
Lemberger (15 %)
Riesling (10 %)
Sauvignon Blanc (6 %)
Schwarzriesling (2 %)

★★★★✰ **Selbach-Oster**

Kontakt
Uferallee 23
54492 Zeltingen
Tel. 06532-2081
Fax: 06532-4014
www.selbach-oster.de
info@selbach-oster.de

Besuchszeiten
Vinothek Selbach, Gänsfelderstraße 20, April-Okt.
Mo.-Sa. 11-17 Uhr, Nov.-März
Mo.-Fr. 11-17 Uhr; So./
Feiertage nach Vereinbarung

Inhaber/Betriebsleiter
Johannes Selbach,
Barbara Selbach

Kellermeister
Christian Vogt,
Klaus-Rainer Schäfer

Außenbetrieb
Frank Prüm

Rebfläche
24 Hektar

Produktion
140.000-150.000 Flaschen

Die Geschichte des Weinguts Selbach-Oster lässt sich bis ins Jahr 1600 zurückverfolgen. Heute führt Johannes Selbach zusammen mit Ehefrau Barbara das Gut, allerdings ist schon die nächste Generation aktiv – die Geschwister Hannah und Sebastian. Das Weingut besitzt Weinberge in den besten Lagen von Zeltingen (Schlossberg, Sonnenuhr, Himmelreich), Wehlen (Sonnenuhr), Graach (Domprobst) sowie in den Bernkasteler Lagen Graben, Bratenhöfchen und Mathiasbrünnchen, die aber unter dem Namen der (kleinen) Großlage Badstube vermarktet werden. Mehr als die Hälfte der Weinberge ist mit alten, wurzelechten Reben bepflanzt. Neben Riesling baut Johannes Selbach ein klein wenig Weißburgunder an. Die Trauben werden mit niedrigem Druck schonend gekeltert, die Klärung erfolgt durch Absitzen lassen. Die Weine werden bei niedrigen Temperaturen vergoren, überwiegend mit den natürlichen Hefen, und etwa zur Hälfte im traditionellen Fuder, zur Hälfte im Edelstahl ausgebaut; aufgrund des Platzmangels im Keller hat Johannes Selbach inzwischen erste Doppelfuder angeschafft. Ein großer Teil der Produktion wird exportiert. Johannes Selbachs Vater hatte die Idee, die besten Parzellen gesondert auszubauen und zwar so, wie gewachsen, „nature", also ohne Selektion von edelsüßen Beeren. 2003 wurde erstmals die Schmitt genannte Parzelle im Schlossberg gesondert ausgebaut, 2004 dann die Parzelle Rotlay in der Sonnenuhr, 2008 sah das Debüt des Anrecht-Weines aus dem Zeltinger Himmelreich. 2011 wurde dann erstmals der Bömer im Schlossberg gesondert vinifiziert, im Gegensatz zu den anderen, die in der Regel als Auslese geerntet aber nicht als solche bezeichnet werden, soll der Bömer möglichst immer trocken ausgebaut werden. Ansonsten nutzt Johannes Selbach sowohl für trockene als auch für halbtrockene respektive feinherbe und süße Rieslinge Prädikatsbezeichnungen. An der Spitze des trockenen Sortiments stehen die Spätlese von alten Reben aus der Sonnenuhr und der Bömer, den feinherben Teil führt die 2012 eingeführte Spätlese von „Ur-Alten Reben" an. Die Rieslinge von Selbach-Oster bestechen durch ihre Eleganz und Reintönigkeit, die Süße ist niemals vordergründig, der Alkoholgehalt immer sehr moderat: klassische Mosel-Rieslinge! Zusammen mit Paul Hobbs hat Johannes Selbach in den Vereinigten Staaten ein ambitioniertes Projekt lanciert. Im Bundesstaat New York, an den Finger Lakes, genau genommen am südlichen, recht steilen Ende des Lake Seneca, haben sie auf schieferähnlichen, aber doch deutlich härterem Gestein Riesling gepflanzt. 20 Hektar sollen es einmal werden. Zu Hause an der Mosel ist die neue Vinothek in der Ürziger Mühle ebenfalls einen Besuch wert.

Kollektion

Johannes Selbach und seine Familie führen eines der sympathischsten Weingüter an der Mosel und eines der neugierigsten. Man erkennt dies spätestens bei Verkostungen vor Ort, wenn sich immer wieder Kunden aus den USA – wo die Selbachs schon früh aktiv waren – einfinden. Wenn sie Glück haben, können sie dort den sehr feinen, nur in kleinen Mengen erzeugten trockenen Gewürztraminer probieren. Den stellte das Weingut nicht zur Verkostung an, dafür überzeugte der wunderbar klare trockene Zeltinger, der eine offene Kräuter-Kernobst-Aromatik und eine zupackende Art besitzt. Es war der bislang einzige präsentierte trockene Wein des 2019er Sortiments, zu dem der halbtrockene Himmelreich-Wein, frisch und ausgewogen, aufschließen kann. Die rassige Spätlese aus dem Schlossberg ist sehr ausgewogen, auch bei der Ein-Stern-Spätlese aus der Wehlener Sonnenuhr ist die Süße sehr verhalten: Dieser Wein wirkt kühl, mit Anklängen an getrockneten Apfel, gehackte Kräuter, ist auch ganz leicht cremig, im Mund straff, vibrierend. Die Auslese namens Schmitt begeistert besonders, denn sie besitzt eine sehr kühle Frucht, Anklänge an weiße Pfirsich, ist fein, klar, im Mund enorm präzise und straff, entwickelt sich erst nach einer Weile zur Höchstform. Die Rotlay-Auslese ist wesentlich reifer, besitzt Anklänge an Ananas, aber auch Steinobst und Kräuternoten, wirkt deutlich süß, aber auch lang und strukturiert. Noch etwas süßer wirkt die Auslese mit zwei Sternen aus der Wehlener Sonnenuhr, die nach saftigen Pfirsichen duftet, aber auch einen Hauch tropischer Früchten aufweist, die aber auch eine herrlich frische Duftnote besitzt, im Geschmack sehr saftig und dennoch ausgewogen ist. Die Beerenauslese ist glasklar, duftet nach Blütenhonig und kandiertem Apfel, ist wunderbar fein, ausgewogen und lang; die Süße ist perfekt integriert.

Weinbewertung

88	2019 Riesling Kabinett trocken Zeltinger	12%/11,50€
88	2019 Riesling Kabinett halbtrocken Zeltinger Himmelreich	11,5%/11,50€
90	2019 Riesling Spätlese „feinherb" „Alte Reben" Graacher Domprobst	12%/21,-€
89	2019 Riesling Kabinett Zeltinger Sonnenuhr	9,5%/12,-€ ☺
91	2019 Riesling Spätlese Zeltinger Schlossberg	9%/18,-€ ☺
92	2019 Riesling Spätlese* Wehlener Sonnenuhr	9%/20,-€ ☺
92	2019 Riesling Auslese „Anrecht" Zeltinger Himmelreich	7%/28,-€
93	2019 Riesling Auslese „Rotlay" Zeltinger Sonnenuhr	7,5%/39,-€
94	2019 Riesling Auslese „Schmitt" Zeltinger Schlossberg	8%/37,-€
92	2019 Riesling Auslese* Zeltinger Sonnenuhr	8%/27,-€
93	2019 Riesling Auslese** Wehlener Sonnenuhr	7,5%/31,-€
95	2019 Riesling Beerenauslese* Zeltinger Sonnenuhr	6,5%/55,-€/0,375l

Sebastian & Johannes Selbach

Lagen
Schlossberg (Zeltingen)
– Schmitt
– Bömer
Sonnenuhr (Zeltingen)
– Rotlay
Himmelreich (Zeltingen)
– Anrecht
Sonnenuhr (Wehlen)
Domprobst (Graach)
Badstube (Bernkastel)

Rebsorten
Riesling (98 %)
Weißburgunder (2 %)

MITTELRHEIN ▬ LEUTESDORF

Selt

★★

Kontakt
Zehnthofstraße 22
56599 Leutesdorf
Tel. 02631-75118
Fax: 02631-77352
www.weingutselt.de
weinmaster@weingutselt.de

Besuchszeiten
Mo.-Fr. nach Vereinbarung,
Sa. 9-18 Uhr
Gutsausschank in historischem Winzerhaus mit Weingarten am Rhein,
Mo.-Fr. ab 14:30 Uhr,
Sa./So. ab 12 Uhr

Inhaber
Horst Peter Selt
Rebfläche
5 Hektar
Produktion
45.000 Flaschen

Die Familie baut seit dem 18. Jahrhundert Wein am Mittelrhein an. Seit 1979 führt Horst Peter Selt den Betrieb. Seine Weinberge befinden sich überwiegend in Steillagen mit bis zu 75 Prozent Steigung. Riesling ist bei ihm die wichtigste Rebsorte mit einem Anteil von 70 Prozent. Hinzu kommen etwas Weißburgunder, Kerner, Müller-Thurgau, Dornfelder und Portugieser, 2019 brachte Roter Riesling den ersten Ertrag. Seit dem Jahrgang 2006 kennzeichnet Horst Peter Selt seine Weine mit den Bezeichnungen Blauschiefer (Forstberg), Goldschiefer (Gartenlay) und Rosenschiefer (Rosenberg), weil er seine Weine lagenspezifisch ausbaut, die Leutesdorfer Winzerschaft aber mehrheitlich beschlossen hat, die Leutesdorfer Weinbergslagen Forstberg, Gartenlay und Rosenberg in der Lagenbezeichnung Gartenlay zu vereinen – alles andere als ein zeitgemäßer Beschluss, wünscht man doch in vielen anderen Weinbaugemeinden kleinere, präzisere Herkunftsbezeichnungen. Die Weine werden gekühlt in Edelstahltanks mit den natürlichen Hefen vergoren. 70 Prozent der Weine werden trocken ausgebaut, weitere 25 Prozent halbtrocken, wenn es der Jahrgang erlaubt werden auch edelsüße Weine erzeugt. Im Mai 2018 wurde ein Gutsausschank in einem restaurierten Winzerhaus von 1567 mit einem Weingarten direkt am Rhein eröffnet.

🍷 Kollektion

Recht gleichmäßig präsentiert sich die neue Kollektion, allein der allzu duftige Weißburgunder kommt da nicht ganz mit. Der Gutsriesling ist würzig und eindringlich, frisch, klar und zupackend, was auch für den lebhaften trockenen Kabinett gilt. Unser Favorit unter den trockenen Weißweinen ist die trockene Riesling Spätlese, die würzig und eindringlich ist, reife Frucht im Bouquet zeigt, füllig und saftig im Mund ist, viel reife Frucht und Süße besitzt. Der halbtrockene Riesling Kabinett ist recht würzig im Bouquet, wie eigentlich alle Rieslinge, frisch und klar im Mund, wunderschön süffig. Der deutlich süßere Rote Riesling ist würzig, eindringlich, füllig und kraftvoll dann im Mund, besitzt gute Struktur und Frucht. Die Kerner Spätlese zeigt feine Frische und Frucht, ist lebhaft, klar und zupackend. Aus dem Jahrgang 2018 stammt das Highlight der Kollektion, die Riesling Auslese, die viel Duft und Frische im Bouquet zeigt, füllig und klar ist bei viel Substanz. ◀

🍃 Weinbewertung

80	2019 Weißburgunder trocken „Blauschiefer" Leutesdorfer	12%/6,50€
83	2019 Riesling trocken „Blauschiefer" Leutesdorfer	12%/6,50€
83	2019 Riesling Kabinett trocken „Goldschiefer" Leutesdorfer	12,5%/7,40€
85	2019 Riesling Spätlese trocken „Blauschiefer" Leutesdorfer	13,5%/9,90€
83	2019 Riesling Kabinett halbtrocken „Rosenschiefer" Leutesdorfer	12,5%/7,40€
84	2019 Roter Riesling „Blauschiefer"	12,5%/9,70€
83	2019 Kerner Spätlese „Rosenschiefer"	10,5%/9,50€
86	2018 Riesling Auslese „Goldschiefer"	9%/14,-€

AHR ► ALTENAHR

★★★

Sermann

Kontakt
Seilbahnstraße 22
53505 Altenahr
Tel. 02643-7105
Fax: 02643-901646
www.sermann.de
info@sermann.de

Besuchszeiten
Do.-Di 10-18 Uhr
Gutsausschank mit regionalen und saisonalen Speisen
Gästehaus (ganzjährig)

Inhaber
Lukas Sermann
Betriebsleiter
Lukas Sermann
Kellermeister
Lukas Sermann
Rebfläche
8,2 Hektar
Produktion
60.000 Flaschen

Seit 1775 betreibt die Familie Weinbau aber erst seit 1936 besteht das eigene Weingut. Mit der Übernahme des Gutes durch Klaus Sermann im Jahr 1995 und dem Erwerb des Weingutes Kreuzberg in Reimerzhoven wurde das Weingut erweitert, 2017 hat sein Neffe Lukas Sermann den Betrieb übernommen, der nun Weingut Sermann und nicht mehr Sermann-Kreuzberg heißt. Seine Weinberge liegen in Altenahr (Eck, Übigberg), Dernau (Pfarrwingert), Marienthal (Trotzenberg) und Walporzheim (Alte Lay), zuletzt kamen Flächen im Recher Herrenberg und im Neuenahrer Sonnenberg hinzu. Spätburgunder nimmt drei Fünftel der Rebfläche ein. Es folgen Riesling, Weißburgunder und Frühburgunder, hinzu kommt ein klein wenig Chardonnay. Zum Weingut gehören ein Gutsausschank und ein Gästehaus. 2017 wurde ein neuer Keller gebaut, 2019 wurde ein neues Tonneau-Lager installiert, so dass nun alle Rotweine mindestens zwölf Monate im Barrique oder Tonneau reifen können.

Kollektion

Mehr Weiß- als Rotweine präsentiert Lukas Sermann in diesem Jahr. Der Riesling von den Terrassen ist frisch, fruchtbetont und reintönig, der von 1939 gepflanzten Reben besitzt intensive Frucht, Fülle und Saft, reife süße Frucht und gute Struktur. Die Riesling Spätlese ist reintönig und fruchtbetont bei einer ganz dezenten Bitternote, die Auslese rauchiger und konzentrierter, besitzt herrlich viel Frucht und Substanz. Sehr gut ist auch der Gypsy One genannte Blanc de Noir, sehr offen, fruchtbetont, klar und zupackend. Der unmittelbar nach der Füllung verkostete Weißburgunder „Auf Graben" ist stoffig, kompakt, braucht noch Zeit. In der Spitze etwas besser als die Weißweine gefallen uns die Spätburgunder. Schon der reintönige Ahrweiler Ortswein ist sehr gut, der Wein aus der Schieferlay ist intensiv fruchtig, zupackend, der Trotzenberg faszinierend reintönig und kraftvoll. Highlight der Kollektion ist der neue Goldkapsel-Wein aus dem Pfarrwingert, der faszinierend viel Frucht, Kraft und Substanz besitzt.

Weinbewertung

84	2019 Riesling Kabinett trocken „von den" Terrassen Altenahrer Eck	10,5%/9,70 €
85	2019 Spätburgunder „Blanc de Noir" trocken „Gypsy One"	12,5%/11,90 €
85	2019 Weißburgunder trocken „Auf Graben" Altenahrer Übigberg	12,5%/17,40 €
87	2019 Riesling trocken „1939 Alte Reben" Altenahrer Eck	12,5%/14,40 €
85	2019 Riesling Spätlese Altenahrer Eck	7,5%/12,90 €
87	2019 Riesling Auslese Altenahrer Eck	8,5%/22,90 €
83	2018 Frühburgunder trocken	13%/9,40 €
85	2018 Spätburgunder trocken Ahrweiler	13%/9,40 €
87	2018 Spätburgunder trocken Dernauer Schieferlay	12,5%/14,40 €
88	2018 Spätburgunder trocken Marienthaler Trotzenberg	13,5%/17,90 €
91	2018 Spätburgunder trocken „Goldkapsel" Dernauer Pfarrwingert	13,5%/24,90 €

FRANKEN → IPHOFEN

★★★

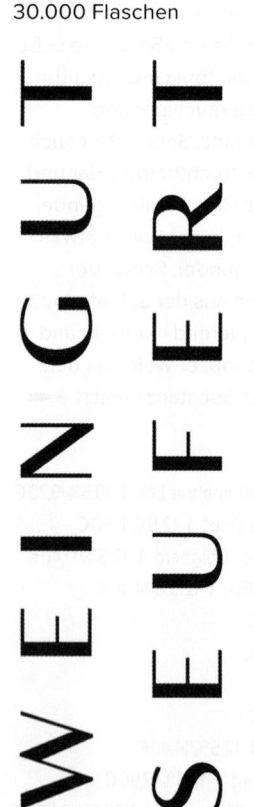

Seufert

Kontakt
Silvaner Weingut Seufert
Bahnhofstraße 33
97346 Iphofen
Tel. 09323-3344
Fax: 09323-5202
www.weingut-seufert.de
weinhaus-seufert@t-online.de

Besuchszeiten
nach Vereinbarung

Inhaber
Jürgen & Laura Seufert
Rebfläche
5 Hektar
Produktion
30.000 Flaschen

Seit Generationen baut die Familie Wein in Iphofen an, heute führen Jürgen Seufert und Ehefrau Edith den Betrieb, unterstützt von Tochter Laura, die die Weinbautechnikerschule in Veitshöchheim absolviert hat, während ihrer Ausbildung unter anderem bei Ludwig Knoll und Peter Jakob Kühn sowie in Südtirol war, danach in Geisenheim studierte. Die Weinberge liegen alle in Iphofen, in den Lagen Kronsberg, Kalb und Julius-Echter-Berg. Silvaner nimmt 80 Prozent der Rebfläche ein, weswegen man sich Silvaner-Weingut nennt, dazu gibt es Riesling, Müller-Thurgau, Bacchus, Kerner und Domina. Dem Weingut ist ein Hotel Garni mit 4 Gästezimmern und zwei Apartments angeschlossen. Alle Weine werden spontanvergoren, lagern lange auf der Vollhefe, teils im Holz, teils im Edelstahl, und werden unfiltriert abgefüllt.

Kollektion

Auch in diesem Jahr präsentiert Laura Seufert wieder eine kleine, aber sehr feine Kollektion, in der wir alle Weine mit „sehr gut" bewertet haben. Der Gutssilvaner ist fruchtbetont im Bouquet, herrlich eindringlich und reintönig, klar, frisch und zupackend, besitzt Frucht und Struktur. Der Müller-Thurgau ist fruchtbetont und würzig im Bouquet, ebenfalls herrlich eindringlich und reintönig, besitzt klare Frucht, Frische und Grip. Die beiden Lagensilvaner sind deutlich unterschiedlich, was einmal der Lage, zum anderen aber auch dem unterschiedlichen Jahrgang und dem unterschiedlichen Ausbau geschuldet ist. Der im Edelstahl ausgebaute 2019er Julius-Echter-Berg-Silvaner zeigt reife Frucht, etwas gelbe Früchte, besitzt Kraft und Substanz, ist fülliger und strukturierter als der teils im Halbstück, teils im Edelstahl ausgebaute Kalb-Silvaner aus dem Jahrgang 2018, der fünf Monate länger auf der Vollhefe ausgebaut wurde, reintönige Frucht, gute Struktur, Druck und viel Frische besitzt. Bärenstark ist auch der 2018er Riesling aus dem Kronsberg, fruchtbetont, würzig, herrlich eindringlich, besitzt klare Frucht, gute Struktur, Kraft und Grip. Der in gebrauchten Barriques ausgebaute Rosé ist fruchtbetont und intensiv im Bouquet, zeigt reife Frucht, ist frisch und zupackend im Mund, besitzt gute Struktur und Grip – ist ein „ernsthafter" Rosé, ohne jeden Restzucker. Eine kleine, aber ganz starke Kollektion, mit klarer Handschrift und Stilistik. Weiter im Aufwind!

Weinbewertung

86	2019 Silvaner trocken	12%/8,-€
85	2019 Müller-Thurgau trocken	12%/8,-€
89	2018 Silvaner trocken Iphöfer Kalb	13,5%/13,-€
89	2019 Silvaner trocken Iphöfer Julius-Echterberg	12,5%/13,-€
89	2018 Riesling trocken Iphöfer Kronsberg	13%/15,-€
86	2019 Rosé trocken	12%/8,-€

WÜRTTEMBERG ■ LAUFFEN/NECKAR

★★

Seybold

Kontakt
In den Herrenäckern 28/1
74348 Lauffen/Neckar
Tel. 07133-12899
Fax: 07133-12899
www.weingut-seybold.de
info@weingut-seybold.de

Besuchszeiten
Mi. 17-19 Uhr
Fr. 17-19 Uhr
Sa. 9-14 Uhr
oder nach Vereinbarung
„Wein unter Palmen"
(mehrmals jährlich, Termine siehe Homepage)

Inhaber
Peter Seybold
Kellermeister
Christian Seybold
Rebfläche
6 Hektar

Der kleine Familienbetrieb in Lauffen am Neckar wird heute in vierter Generation von Peter und Gudrun Seybold geführt. Sie werden im Betrieb von ihren Kindern unterstützt. Sohn Christian hat neben dem Studium praktische Erfahrungen in Neuseeland und Baden gesammelt. Cathrin Seybold, gelernte Goldschmiedin, führt als Weinerlebnisführerin durch die Lauffener Weinberge. Die Weinberge liegen größtenteils in Lauffen, aber da die ehemaligen Einzellagen zur sehr großen Lage Lauffener Katzenbeißer zusammengefasst wurden, verzichtet man auf Lagenangaben. Die Reben wachsen teils auf Muschelkalk, teils auf Lösslehmböden. Schwarzriesling, Lemberger, Grauburgunder, Weißburgunder und Riesling sind die wichtigsten Rebsorten, hinzu kommen Sauvignac und Muskateller. 2014 wurden die ersten beiden Weine erzeugt, im Jahrgang 2015 wurde erstmals eine umfassende Kollektion vorgestellt mit der die Selbstvermarktung gestartet wurde. Die Weinberge werden biologisch bewirtschaftet, 2016 war der erste zertifizierte Jahrgang. Die Weine der Y-Linie werden im Eichenholz oder im Granitfass ausgebaut. Die Weine werden wenn immer möglich durchgegoren ausgebaut.

Kollektion

Nach einer umfangreichen, sehr gleichmäßigen Kollektion im vergangenen Jahr präsentiert sich auch die neue Kollektion sehr ausgewogen, weiß wie rot. Ein feiner Rieslingsekt eröffnet den Reigen, er zeigt dezente Reife, rauchige Noten, ist harmonisch und klar; der Muskatellersekt setzt ganz auf Frische und offensive Muskatellerfrucht. Sehr gut gefallen uns die beiden Rieslinge: Der im Granit ausgebaute 2018er Y ist würzig, füllig und saftig, besitzt herrlich viel Frucht und Substanz, der im Barrique ausgebaute 2019er YS besitzt reife Frucht und Kraft, viel Substanz und gute Struktur, ist noch recht jugendlich. Unser eindeutiger Favorit im roten Segment ist der im Granit ausgebaute Pinot Noir Y aus dem Jahrgang 2018, der feine Frische im Bouquet zeigt, klare Frucht, rote Früchte, frisch, klar und zupackend im Mund ist, gute Struktur und Grip besitzt.

Weinbewertung

85	2016 Riesling Sekt extra brut	12 %/13,50 €
84	2018 Muskateller Sekt brut	11,5 %/13,50 €
82	2019 Weißburgunder trocken	12,5 %/7,50 €
84	2018 Weißburgunder „Y" trocken	13,5 %/13,50 €
85	2018 Riesling „Y" trocken	12,5 %/13,50 €
86	2019 Riesling „YS" trocken	13 %/13,50 €
83	2016 „Cyvée Rot" „YS" trocken	13,5 %/7,50 €
83	2018 Samtrot „Y" trocken	13,5 %/13,50 €
82	2018 Spätburgunder „Y" trocken	14 %/13,50 €
86	2018 Pinot Noir „Y" trocken	14 %/13,50 €

WEINGUT
SEYBOLD

PFALZ ▶ DEIDESHEIM

Georg **Siben** Erben

Kontakt
Weinstraße 21
67146 Deidesheim
Tel. 06326-989363
Fax: 06326-989365
www.weingut-siben.de
info@weingut-siben.de

Besuchszeiten
Di.-So. 10-18 Uhr

Inhaber
Andreas Siben
Rebfläche
12 Hektar
Produktion
80.000 Flaschen

Anfang des 18. Jahrhunderts übersiedelte die Familie Siben aus den Niederlanden in die Pfalz und gründete 1710 das Weingut, das sich seither im Familienbesitz befindet. Die Familie war Gründungsmitglied des Vereins der Naturweinversteigerer der Rheinpfalz, des Vorläufers des heutigen VDP Pfalz, Wolfgang Siben war von 1967 bis 1999 dessen Vorsitzender. Heute wird das Weingut in zehnter Generation von Andreas Siben geleitet, der auf beste Lagen in Deidesheim wie Grainhübel, Kalkofen, Kieselberg, Langenmorgen, Paradiesgarten, Leinhöhle und Herrgottsacker zurückgreifen kann, aber auch im Ruppertsberger Reiterpfad und im Forster Ungeheuer Weinberge besitzt. Wichtigste Rebsorte ist Riesling, außerdem gibt es Burgundersorten, Regent, Gewürztraminer und Muskateller. Seit Anfang der 1990er Jahre werden die Weinberge ökologisch bewirtschaftet.

Kollektion

An der Spitze der Fünf Großen Gewächse steht der kräuterwürzige Ungeheuer mit klarer Frucht, Aprikose, Pfirsich, der Kraft, eine animierende Säure und gute Länge besitzt, der beste Riesling, den wir in den vergangenen Jahren von Siben verkostet haben. Der Grainhübel besitzt ebenfalls klare gelbe Frucht, eine frische Säure und Druck, neu sind der leicht kreidige Kalkofen, der zurückhaltend in der Frucht ist, aber ein nachhaltiges Säurespiel besitzt und der leicht füllige Kieselberg mit herben Zitrusnoten. Der Riesling „vom Kiesel" ist fruchtbetont und füllig mit feiner Säureader, der „vom Kalk" zeigt mit Luft ebenfalls klare Frucht, der Reiterpfad besitzt ein nachhaltiges Säurespiel.

Weinbewertung

83	2019 Riesling trocken Deidesheimer	12,5%/8,-€
81	2019 Riesling trocken Forster	13%/8,-€
80	2019 Blanc de Noirs trocken Deidesheim	12,5%/9,-€
78	2019 Weißburgunder trocken Ruppertsberg	13%/9,-€
83	2019 Auxerrois trocken Ruppertsberg	12,5%/9,-€
84	2019 Riesling trocken „Vom Kalk"	13%/12,-€
85	2019 Riesling trocken „Vom Kiesel"	12,5%/12,-€
79	2019 Grauburgunder trocken Ruppertsberg	13%/9,-€
83	2019 Riesling trocken Deidesheimer Paradiesgarten	12,5%/9,-€
83	2019 Riesling trocken Deidesheimer Herrgottsacker	12,5%/9,-€
82	2019 Riesling trocken Deidesheimer Leinhöhle	13%/9,-€
84	2019 Riesling trocken Ruppertsberger Reiterpfad	13%/9,-€
88	2019 Riesling „GG" Grainhübel	13%
89	2019 Riesling „GG" Ungeheuer	13,5%
88	2019 Riesling „GG" Kalkofen	13%
87	2019 Riesling „GG" Kieselberg	12,5%

PFALZ — LEINSWEILER

★★★★ # Siegrist

Kontakt
Am Hasensprung 4
76829 Leinsweiler
Tel. 06345-1309
Fax: 06345-7542
www.weingut-siegrist.de
wein@weingut-siegrist.de

Besuchszeiten
Mo.-Fr. 8-12 + 13:30-18 Uhr
Sa. 9-16 Uhr
oder nach Vereinbarung

Inhaber
Familien Siegrist & Schimpf
Kellermeister
Bruno Schimpf
Rebfläche
16 Hektar
Produktion
100.000 Flaschen

Die Familie Siegrist betreibt in Leinsweiler seit vielen Generationen Weinbau, bis in die 1970er Jahre hinein in der damals häufigen Form als landwirtschaftlicher Gemischtbetrieb. Als Thomas Siegrist 1974 zusammen mit seiner Frau Gisela den Betrieb übernahm, konzentrierte er sich nur noch auf den Weinbau und stellte konsequent auf Selbstvermarktung um. Schon Mitte der 1980er Jahre begann er als einer der ersten Winzer in der Pfalz damit, seine Rotweine im Barrique auszubauen – woraufhin die damit offensichtlich überforderte Weinkontrolle ihm bescheinigte, diese Weine seien „nicht verkehrsfähig". Heute führt er das Weingut, das längst eine feste Größe in der Südpfalz ist, zusammen mit seiner Tochter Kerstin und seinem Schwiegersohn Bruno Schimpf, der die Verantwortung im Keller übernommen hat. Ihre Weinberge liegen in Leinsweiler (Sonnenberg), Ilbesheim (Kalmit), Eschbach und Wollmesheim. Im Kernstück des Leinsweiler Sonnenberg besitzen sie 2,5 Hektar. Auf 70 Prozent der Rebfläche stehen weiße Sorten, wichtigste Rebsorte ist Riesling, mit einem Anteil von 30 Prozent an der Gesamtfläche, gefolgt von Weißburgunder, Chardonnay, Grauburgunder, Sauvignon Blanc, Muskateller und etwas Silvaner. Wichtigste rote Sorte ist der Spätburgunder, der auf 12 Prozent der Fläche steht, außerdem gibt es noch Cabernet Sauvignon, Frühburgunder, Dornfelder und Merlot. Das Sortiment ist gegliedert in Gutsweine, Ortsweine und Lagen- sowie Reserve-Weine, Große Gewächse gibt es mit Riesling und Spätburgunder aus dem Sonnenberg und dem Spätburgunder aus der Kalmit, mit dem Jahrgang 2019 gab es erstmals auch ein Großes Gewächs vom Weißburgunder aus dem Sonnenberg. Seit der ersten Ausgabe empfehlen wir die Siegrist-Weine und seither haben Thomas Siegrist und Bruno Schimpf stetig zugelegt, beim Weißwein wie beim Rotwein. Und dass die Weine Zeit brauchen und hervorragend reifen können, davon konnten wir uns in der Vergangenheit immer wieder bei der Verkostung älterer Jahrgänge überzeugen.

Kollektion

In diesem Jahr konnten wir nur eines der beiden Großen Gewächse vom Pinot Noir verkosten, der Kalmit zeigt im Bouquet dezente Röstnoten, dunkle Kirschfrucht und kräutrige Noten, besitzt am Gaumen Kraft, Frische, eine gute Struktur mit noch jugendlichen Tanninen, Länge und Potential. Genauso stark schätzen wir den noch als Fassprobe verkosteten Sauvignon Blanc „Réserve" ein, der im komplexen Bouquet sehr feine Röstnoten und viel gelbe Frucht zeigt, auch am Gaumen viel Frucht, Kraft und guten Grip besitzt und sehr nachhaltig ist – einmal mehr einer der besten Sauvignon der Pfalz. Das Große Gewächs vom Riesling aus dem Sonnenberg zeigt etwas steinig-kräutrige Würze im leicht verhaltenen Bouquet, am Gaumen besitzt der Wein dann auch dezente Frucht, Grip und feinen Druck, ist animierend, harmonisch und nachhaltig. Knapp dahinter folgt eine ganze Reihe weiterer starker Weine: Der Schelmenstück-Pinot Noir besitzt kühle kräutrige Würze und viel Sauerkirschfrucht, der Cabernet Sauvignon, eine Cuvée aus den Jahrgängen 2014, 2015 und 2016, zeigt dunkle Beerenfrucht, schwarze Johannisbeere, Brombeere, und etwas kräutrige Würze, Minze, besitzt eine noch jugendliche Struktur und gute Länge, das erstmals erzeugte Sonnenberg-Große Gewächs vom Pinot Blanc wirkt noch sehr jung und leicht verhalten, besitzt aber auch klare Frucht, Birne, Schmelz und gute Länge, auch der Pinot Gris aus dem Mütterle ist noch sehr jung, zeigt feine Röstnoten, etwas Kokos, besitzt Kraft, Potential und Länge. Die beiden Auslesen vom Riesling und Sauvignon Blanc sind aromatisch, fruchtbetont und besitzen ein lebendiges Säurespiel, der Chardonnay zeigt leicht gereifte Frucht, Quitte, Banane, besitzt Frische, die beiden Rieslinge „Eigensinn" und „Heidenbäumel" sind geradlinig, herb und animierend, besitzen klare Frucht. Und auch das Niveau der Gutsweine stimmt wieder, ist schon lange hoch und konnte in den letzten Jahren sogar noch etwas gesteigert werden, der Pinot Blanc zeigt klare Frucht, Birne, florale und erdige Würze, ist schlank, besitzt Frische und Länge, der Sauvignon Blanc ist gelbfruchtig mit Aromen von Pfirsich, Mango und Maracuja und ist am Gaumen herb und animierend, der Muskateller ist aromatisch, ausgewogen und schlank.

Weinbewertung

87	2019 Pinot Blanc trocken	12,5%/8,50€ ☺
87	2019 Sauvignon Blanc trocken	13%/9,50€
85	2019 Gelber Muskateller trocken	12%/8,50€
88	2019 Riesling trocken „Eigensinn" Leinsweiler	12,5%/12,50€
88	2019 Riesling trocken „Heidenbäumel" Leinsweiler	12,5%/12,50€
88	2017 Chardonnay trocken „Hagestolz"	13,5%/14,50€
89	2019 Pinot Gris trocken Wollmesheimer Mütterle	13,5%/24,-€
(91)	2018 Sauvignon Blanc trocken „Réserve"	14%/24,-€
89	2019 Pinot Blanc „GG" Sonnenberg	13%/26,-€
90	2019 Riesling „GG" Sonnenberg	12,5%/24,-€
89	2018 Riesling Auslese	10%/24,-€
89	2018 Sauvignon Blanc Auslese	10%/26,-€
89	2016 Pinot Noir trocken „Réserve" „Schelmenstück"	13,5%/22,-€
91	2016 Pinot Noir „GG" Kalmit	13,5%/35,-€
89	Cabernet Sauvignon trocken „Réserve" „Cuvée Trois Années"	14%/26,-€

Kerstin & Bruno Schimpf

Lagen
Sonnenberg (Leinsweiler)
Kalmit (Ilbesheim)
Mütterle (Wollmesheim)

Rebsorten
Riesling (30 %)
Weißburgunder (14 %)
Spätburgunder (12 %)
Chardonnay (11 %)
Grauburgunder (6 %)
Cabernet Sauvignon (6 %)
Frühburgunder (5 %)
Sauvignon Blanc (4 %)
Dornfelder (4 %)
Muskateller (3 %)
Merlot (3 %)

PFALZ — BIRKWEILER

★★★★⯨

Siener

Kontakt
Weinstraße 31
76831 Birkweiler
Tel. 06345-3539
Fax: 06345-919100
www.weingutsiener.de
info@weingutsiener.de

Besuchszeiten
Mo. + Mi.-Fr. 9-12 + 14-18 Uhr,
Sa. 10-16 Uhr (um Anmeldung
wird gebeten), Di. So. +
feiertags geschlossen

Inhaber
Peter Siener
Rebfläche
15,5 Hektar
Produktion
100.000 Flaschen

Seit Peter Siener in den elterlichen Betrieb eingestiegen ist ging es qualitativ steil bergauf, die Rebfläche wurde mehr als verdoppelt. Seine Weinberge liegen vor allem in Birkweiler, ein großer Teil im Kastanienbusch und in der Lage Am Dachsberg (seit 1971 ein Teil des Kastanienbuschs), aber auch im Mandelberg und im Rosenberg sowie im Leinsweiler Sonnenberg ist Peter Siener vertreten. Wichtigste Rebsorte ist der Riesling, der auf 45 Prozent der Fläche steht, gefolgt von 20 Prozent Spätburgunder und 15 Prozent Weißburgunder, daneben gibt es noch Grauburgunder, Chardonnay; Muskateller und St. Laurent. Seit dem Jahrgang 2015 werden die Weine komplett spontanvergoren, teils mit Maischestandzeiten, die Weißweine bleiben lange auf der Feinhefe, die Spätburgunder reifen zwei Jahre im Fass.

Kollektion

In der aktuellen Kollektion liegt einmal mehr der Schiefer-Riesling aus dem Kastanienbusch vorne, dieses Mal in nur einer Version und nicht in drei verschiedenen Ausbauvarianten wie im Jahrgang 2018: Im eindringlichen Bouquet zeigt er feine, klare Zitrusnoten, Orangenschale, gelben Apfel und etwas kräutrige Noten, auch am Gaumen besitzt er viel klare Frucht, guten Grip, Druck und leicht salzige Länge, knapp dahinter liegt der Weißburgunder aus dem Mandelberg, der ebenfalls klare Frucht zeigt, Birne, Melone, Zitrusnoten und sehr dezente Holzwürze, er ist animierend und herb, wirkt insgesamt noch sehr jung. Sehr gut sind auch der Riesling vom Rotliegenden, der kräutrige Noten, grünen Apfel und Ananas zeigt und etwas fruchtbetonter ist als der Dachsberg-Riesling, der im Bouquet kräutrige und leicht rauchige Noten zeigt und herb, leicht füllig und salzig ist und der hell roséfarbene Sekt aus Chardonnay und Spätburgunder, der von herber Kirschfrucht und Zitrusnoten geprägt ist, Frische und Würze besitzt. Auch die anderen Weine sind fruchtbetont, der Buntsandstein-Riesling ist etwas animierender und nachhaltiger als der Kalkmergel, der Weißburgunder vom Muschelkalk zeigt gelbe Frucht und florale und leicht erdige Würze.

Weinbewertung

87	2016 Chardonnay & Spätburgunder Sekt brut	12%/15,50 €
84	2019 Weißer Burgunder trocken „Muschelkalk"	12,5%/8,80 €
83	2019 Muskateller trocken	11,5%/8,80 €
84	2019 Riesling trocken „Kalkmergel"	12,5%/8,80 €
85	2019 Riesling trocken „Buntsandstein"	11,5%/8,80 €
87	2019 Riesling trocken „Rotliegend" Birkweiler Kastanienbusch	12%/14,50 €
89	2019 Weißer Burgunder trocken Birkweiler Mandelberg	12,5%/22,50 €
87	2019 Riesling trocken Birkweiler am Dachsberg	12%/14,50 €
90	2019 Riesling trocken „Schiefer" Birkweiler Kastanienbusch	12,5%/24,50 €
83	2017 Spätburgunder trocken	13%/9,60 €

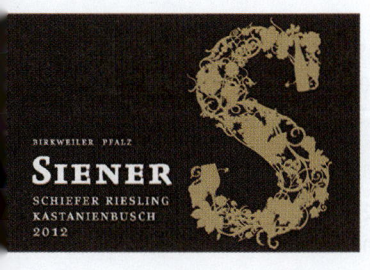

WÜRTTEMBERG ➤ HESSIGHEIM

★★★✩

Siggi

Kontakt
Besigheimer Straße 75
74994 Hessigheim
Tel. 0173-7054970
www.siggi-weine.de
info@siggi-weine.de

Besuchszeiten
Fr. 16-18 Uhr
Sa. 10-16 Uhr

Inhaber
Siegfried Mayer
Betriebsleiter
Siegfried Mayer
Kellermeister
Siegfried Mayer
Rebfläche
3 Hektar
Produktion
12.000 Flaschen

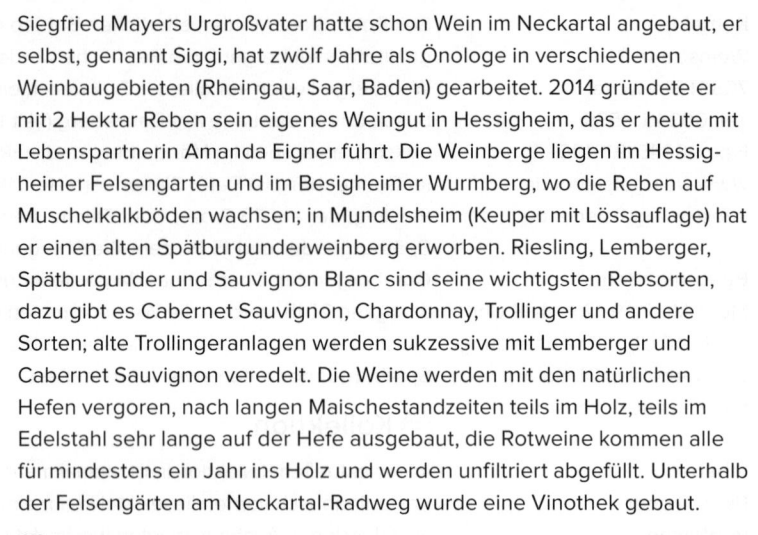

Siegfried Mayers Urgroßvater hatte schon Wein im Neckartal angebaut, er selbst, genannt Siggi, hat zwölf Jahre als Önologe in verschiedenen Weinbaugebieten (Rheingau, Saar, Baden) gearbeitet. 2014 gründete er mit 2 Hektar Reben sein eigenes Weingut in Hessigheim, das er heute mit Lebenspartnerin Amanda Eigner führt. Die Weinberge liegen im Hessigheimer Felsengarten und im Besigheimer Wurmberg, wo die Reben auf Muschelkalkböden wachsen; in Mundelsheim (Keuper mit Lössauflage) hat er einen alten Spätburgunderweinberg erworben. Riesling, Lemberger, Spätburgunder und Sauvignon Blanc sind seine wichtigsten Rebsorten, dazu gibt es Cabernet Sauvignon, Chardonnay, Trollinger und andere Sorten; alte Trollingeranlagen werden sukzessive mit Lemberger und Cabernet Sauvignon veredelt. Die Weine werden mit den natürlichen Hefen vergoren, nach langen Maischestandzeiten teils im Holz, teils im Edelstahl sehr lange auf der Hefe ausgebaut, die Rotweine kommen alle für mindestens ein Jahr ins Holz und werden unfiltriert abgefüllt. Unterhalb der Felsengärten am Neckartal-Radweg wurde eine Vinothek gebaut.

Kollektion

Nach zwei Jahren Abstinenz, in denen Siggi Mayer alle Energie für den Kellerneubau verwendet hat, ist er wieder an Bord – und besser denn je. Ganz faszinierend ist der Müller-Thurgau von 1955 gepflanzten Reben, intensiv, stoffig, druckvoll: Klasse! Der Sauvignon Blanc Im Rosen ist intensiv, puristisch, herrlich kraftvoll und zupackend, sehr jugendlich, der Muschelkalk-Riesling ist würzig, füllig, saftig und strukturiert. Der Terrassen-Trollinger besitzt reintönige Frucht und Grip. Der Spätburgunder vom Lösskeuper besitzt Fülle, Kraft, Frucht und Struktur, der „Venus von Mondelse" ist noch etwas stoffiger und druckvoller. Der Cabernet Sauvignon ist intensiv und offensiv im Bouquet, im Mund noch verschlossen, besitzt klare Frucht und Grip. Der Lemberger vom Muschelkalk punktet mit intensiver Frucht, Fülle und Kraft, noch spannender ist der Lemberger von den Terrassen, der konzentriert ist, faszinierend reintönig und dominant, auch im Mund mit Reintönigkeit besticht, viel Kraft besitzt, Struktur und Substanz. Klasse!

Weinbewertung

87	2018 Sauvignon Blanc Im Rosen	13 %/12,50 €
87	2018 Riesling „Muschelkalk"	12 %/12,50 €
88	2018 Müller-Thurgau trocken „1955er"	13,5 %/19,50 €
85	2018 Trollinger trocken Terrassen	12 %/13,50 €
88	2018 Lemberger trocken „Muschelkalk"	13,5 %/16,50 €
87	2018 Spätburgunder trocken „Lösskeuper"	13 %/16,50 €
88	2018 Cabernet Sauvignon trocken Terrassen	14 %/27,50 €
90	2018 Lemberger trocken Terrassen	13,5 %/27,50 €
88	2017 Spätburgunder trocken „Venus von Mondelse"	13,5 %/27,50 €

BADEN — FREIBURG-TIENGEN

★★★☆

Josef J. Simon

Kontakt
Vogteistraße 15
79112 Freiburg-Tiengen
Tel. 07664-6116480
www.josef-simon-wein.de
mail@josef-simon-wein.de

Besuchszeiten
Sa. 11-12 Uhr, am besten nach Vereinbarung, Festnetz oder mobil (Tel. 0179-1050690)

Inhaber
Josef J. Simon
Rebfläche
2,4 Hektar
Produktion
24.000 Flaschen

Josef Simons Großvater und Vater waren Mitglied bei einer Genossenschaft. Er selbst absolvierte eine Winzerlehre, studierte aber anschließend Betriebswirtschaft und kam erst 2005 in die Heimat zurück, und es dauerte noch ein paar Jahre bis er beschloss, selbst Wein am Tuniberg zu erzeugen. 2009 gründete er zusammen mit seiner Ehefrau das eigene Weingut. Sie bauen zu einem Drittel Spätburgunder an, zu einem Drittel Weiß- und Grauburgunder, hinzu kommen Sauvignon Blanc, Muskateller und Müller-Thurgau; Josef Simon hat seine Rebfläche in den vergangenen Jahren verkleinert, um seinen „hohen Ansprüchen im Weinberg entspannter genügen" zu können. Alle Weine werden trocken und durchgegoren ausgebaut.

Kollektion

Sehr elegant und schlank ist der frische, fein perlende Muskateller Sekt, der mit seinen würzigen Holunder- und Litschi-Aromen an eine neue Dimension von Almdudler erinnert. Würzig-kernig ist das Zwitscherli, ein durchgegorener, typischer Rivaner, wie der Müller-Thurgau auch genannt wird. Der Rosé ist rotfruchtig, etwas buttrig, griffig und feinsalzig. Der Weißburgunder ist reintönig, zitrus-fruchtig, kraftvoll saftig, stoffig, salzig. Der Grauburgunder zeigt volle, reife Frucht im Bouquet, am Gaumen füllig-saftig, salzige Länge. Der Sauvignon Blanc ist dezent in der Aromatik, besitzt zurückhaltende, exotische Frucht, ist sehr mineralisch. Ähnlich gebaut wie der Sekt ist der Muskateller-Stillwein, er ist von saftiger Eleganz, stoffig und mineralisch. Die Muskateller Beerenauslese zeigt Holunder und reife Mangostan im Bouquet, ist sehr reintönig, besitzt viel saftige, süße Frucht, eine feine Säure hält den Wein lebendig. Von den Spätburgundern, die wir zum Teil schon im vergangenen Jahr verkostet hatten, wirken einige zur Zeit verschlossen, beim Pinot Noir Holzweg dominieren derzeit neben der Johannisbeerfrucht die würzigen, an Räucherspeck erinnernden Röstaromen des Holzfasses.

Weinbewertung

84	2018 Muskateller Sekt extra-brut	12%/13,-€
82	2019 „Zwitscherli" Weißwein trocken	13%/7,-€
84	2019 Sauvignon Blanc trocken	13%/10,-€
84	2019 Weißburgunder trocken	13,5%/7,50€
85	2019 Grauburgunder trocken	13,5%/8,-€
85	2019 Muskateller trocken	13,5%/11,-€
87	2018 Muskateller Beerenauslese	10%/20,-€/0,5l
82	2019 Rose trocken	12,5%/7,50€
82	2017 Spätburgunder	13%/10,-€
84	2015 Pinot Noir trocken Barrique	13%/19,-€
85	2017 Pinot Noir trocken Barrique	13%/25,-€
88	2016 Pinot Noir trocken „Holzweg"	13%/29,-€

MOSEL ⟶ PÜNDERICH

Simonis

★★✩

Kontakt
Rathausstraße 61
56862 Pünderich
Tel. 06542-2867
Fax: 06542-1578
www.weingut-simonis.de
info@weingut-simonis.de

Besuchszeiten
Vinothek:
Mo./Mi./Fr. 17:-19 Uhr
Ferienwohnungen

Inhaber
Elke Simonis, Nico Simonis
Kellermeister
Nico Simonis
Rebfläche
3,6 Hektar
Produktion
30.000 Flaschen

Der Weinort Pünderich ist allmählich auf dem Weg, sich zu einer Hochburg des guten Rieslings zu entwickeln. Zur erweiterten Spitze des Ortes muss man inzwischen auch das Weingut Simonis rechnen, einen von Elke Simonis sowie Sohn Nico Simonis geführten Betrieb, der nun fast vier Hektar bewirtschaftet. Nico Simonis hat nach seiner Technikerausbildung die Verantwortung im Keller übernommen. Riesling dominiert in diesem Weingut, das Parzellen in den Lagen Pünderischer Marienburg und Pünderischer Nonnengarten besitzt, nimmt drei Viertel der Rebfläche ein, aber auch Weiß- und Grauburgunder sowie Spätburgunder spielen eine nicht zu unterschätzende Rolle, hinzu kommen ein klein wenig Müller-Thurgau und Dornfelder. Die Weißweine werden langsam und gekühlt vergoren und in Edelstahltanks ausgebaut; seit 2012 wird der Großteil der Rieslinge spontanvergoren. Alle Rotweine werden nach klassischer Maischegärung hergestellt und entweder im großen Holzfass oder im Barrique gereift. Mehrere Ferienwohnungen komplettieren das Angebot des Hauses.

Kollektion

Ein feiner, schlanker und angenehm ausgewogener Grauburgunder führt das Feld der 2019er Weine an. Dann allerdings geht es vor allem um Riesling. Das Hochgewächs ist stoffig, zupackend, ausgewogen, besitzt eine schöne Würze und einen guten Nachhall. Auch der Kabinett vom Riesling, der vom roten Schiefer stammt, gefällt gut – er wirkt zunächst schlank, besitzt aber doch eine gewisse Fülle, wie sie für diese Art des Bodens typisch ist. Der halbtrockene Kabinett aus dem Pündericher Nonnengarten mit einem Hauch vom Schaumzucker in der Nase ist nicht zu süß, sondern saftig mit einer sehr animierenden Säure. Sehr jugendlich ist die feinherbe Spätlese aus der Marienburg, mit Noten von süßem Apfel in der Nase, im Mund saftig und ausgewogen – er ist für uns der hiesige Spitzenwein des Jahrgangs. Allerdings zeigt auch der Rotwein, dass sich das Weingut breit aufgestellt hat: Der Spätburgunder aus dem Jahrgang 2018 ist fest, würzig, tadellos vinifiziert.

Weinbewertung

83	2019 Riesling Hochgewächs trocken	12,5%/6,80€
85	2019 Grauer Burgunder trocken	13%/7,50€
85	2019 Riesling Kabinett trocken „Rot-Schiefer"	11,5%/6,50€
85	2019 Riesling Kabinett halbtrocken Pündericher Nonnengarten	11%/6,50€
83	2019 Grauer Burgunder „feinherb"	11,5%/7,50€
83	2019 Riesling Hochgewächs „feinherb"	11,5%/6,80€
87	2019 Riesling Spätlese „feinherb" Pündericher Marienburg	11,5%/9,50€
83	2019 Spätburgunder Weißherbst „feinherb"	11%/7,50€
84	2018 Spätburgunder trocken	13%/7,80€

HESSISCHE BERGSTRASSE ▶ ZWINGENBERG

★★★ Simon-Bürkle

Kontakt
Wiesenpromenade 13
64673 Zwingenberg
Tel. 06251-76446
Fax: 06251-788641
www.simon-buerkle.de
info@simon-buerkle.de

Besuchszeiten
Mo.-Fr. 9-12 + 15-18 Uhr
Sa. 9-13 Uhr

Inhaber
Dagmar Simon,
Johannes Bürkle
Kellermeister
Jan Faber
Rebfläche
12 Hektar
Produktion
80.000 Flaschen

Die Studienkollegen Kurt Simon, der 2003 verstarb, und Wilfried Bürkle, im Januar 2013 im Alter von 54 Jahren verstorben, haben 1991 gemeinsam dieses Weingut in Zwingenberg gegründet und an die Spitze des Anbaugebietes geführt. Wilfried Bürkles Sohn Johannes führt das Weingut nun gemeinsam mit Dagmar Simon. Die Weinberge liegen in den Zwingenberger Lagen Steingeröll und Alte Burg, im Auerbacher Höllberg und im Alsbacher Schöntal. Riesling, Weiß- und Grauburgunder, Chardonnay, Silvaner und Kerner werden angebaut, hinzu kommt ein für die Hessische Bergstraße recht hoher Rotweinanteil von 15 Prozent, der sich aufteilt auf Spätburgunder, Lemberger, Cabernet Sauvignon, St. Laurent und Dunkelfelder.

Kollektion

Lag der qualitative Schwerpunkt der im vergangenen Jahr vorgestellten Kollektion auf den Weißweinen, sind es in diesem Jahr drei Rotweine, die ein gleichwertiges Trio an der Spitze bilden. Zwei sind vom warmen Jahrgang 2015, der früh reife Trauben mit guten Säurewerten lieferte. Von dieser Frische profitieren auch die vorgestellten Top-Rotweine des südhessischen Weinguts. Das Bouquet des Barrique-Spätburgunders wird dominiert von würzigen Röstaromen, dahinter scheint ein komplexes Fruchtbild auf, im Mund viel Wärme und dunkle, konzentrierte Würze, seidige Tannine. Bei der roten Cuvée Pan, ebenfalls von 2015, kommt Bordeaux-Feeling auf: Frucht, Tabak, Schokolade, Graphit. Dazu kommt eine komplexe Struktur, die sich zu öffnen beginnt. Der Lemberger Reserve vom Jahrgang 2017 ist typisch pfeffrig, zeigt viel dunkle Frucht, hat Substanz und eine gute Struktur, ist etwas eleganter als der dichte Spätburgunder. Die Basis der Weißweine in der Literflasche ist überzeugend wie immer. Insgesamt sind die Restzuckerwerte der Weiß- und Rose-Weine, auch bei den „trockenen" Weinen, auffallend hoch. Das gilt auch für den Riesling Granit, dessen mineralischer Charakter durch die Süße etwas ins Hintertreffen gerät.

Weinbewertung

82	2019 Silvaner trocken (1l)	12,5 %/7,-€
83	2019 Riesling trocken (1l)	12 %/7,-€
85	2019 Riesling trocken „Granit"	12,5 %/9,-€
82	2018 Silvaner „feinherb" Zwingenberger Steingeröll	12 %/8,50€
86	2019 Riesling Spätlese Zwingenberger Alte Burg	10 %/9,50€
83	2019 Rotling	11,5 %/8,-€
83	2019 „Pan" Rosé trocken	13 %/8,-€
83	2018 Spätburgunder trocken Zwingenberger	14 %/10,50€
84	2018 St. Laurent trocken Auerbacher Höllberg	13,5 %/13,-€
88	2015 „Pan" Rotwein trocken	14,5 %/17,-€
88	2015 Spätburgunder trocken Barrique Zwingenberger Steingeröll	14,5 %/19,-€
88	2017 Lemberger trocken „Reserve" Zwingenberger Steingeröll	13,5 %/17,-€

WÜRTTEMBERG ▶ KERNEN

Singer-Bader

★★

Kontakt
Albert-Moser-Straße 100
71394 Kernen
Tel. 07151-9865707
Fax: 07151-9865708
www.weingut-singer.de
www.weingut-bader.de
www.weinkorb.de
info@weinkorb.de

Besuchszeiten
Mo.-Fr. 15-18 Uhr, Sa. 10-14 Uhr; Vinothek „Weinkorb"
Mi.-Fr. 15-18 Uhr, Sa. 10-14 Uhr
Wohnmobilstellplätze

Inhaber/Betriebsleiter
Julian & Barbara Singer
Kellermeister
Hans Bader
Außenbetrieb
Julian Singer
Rebfläche
7 Hektar
Produktion
35.000 Flaschen

Aus den Weingütern Bader in Stetten und dem Weingut Singer in Korb ist das Weingut Singer-Bader geworden. Hans und Iris Bader hatten ihr Weingut in Stetten aufgebaut, ihre Tochter Barbara hatte zusammen mit Ehemann Julian Singer 2009 ihr eigenes Weingut gegründet, nun wurden beide Weingüter zu einem Betrieb zusammengelegt, die Weine beider Weingüter werden schon seit einigen Jahren zusammen vertrieben. Julian Singer absolvierte seine Lehre bei Bernhard Ellwanger und Aldinger, studierte dann in Geisenheim. Die Bader'schen Weinberge liegen in den Stettener Lagen Pulvermächer, Mönchberg, Lindhälder und Häder, die von Julian und Barbara Singer in der Korber Sommerhalde, im Steinreinacher Hörnle und im Kleinheppacher Sonnenberg. Neben Riesling und Trollinger, Lemberger und Spätburgunder gibt es eine breite Palette internationaler Sorten wie Sauvignon Blanc, Zweigelt, Merlot, Cabernet Sauvignon, Cabernet Franc und Syrah. Das Weingut befindet sich in der Umstellung zum ökologischen Weinbau, 2020 wird der erste zertifizierte Jahrgang sein.

Kollektion

Eine umfangreiche Kollektion präsentieren Julian und Barbara Singer, mit Vorteilen im weißen Segment. Der Pulvermächer-Riesling von alten Reben besitzt intensive Frucht, gute Struktur und Grip. Auch die im Holz ausgebaute weiße Cuvée ist sehr gut, besitzt Fülle und Kraft, der Sauvignon Blanc ist intensiv und reintönig, der Stettener Riesling frisch und zupackend, was auch auf den Stettener Weißburgunder zutrifft. Manche Rotweine sind etwas duftig, von dezent oxidativen Noten geprägt; unser Favorit im roten Segment ist der Korber Trollinger, der fruchtbetont und reintönig ist, geradlinig und zupackend, was auch auf Cabertin und Merlot zutrifft.

Weinbewertung

82	Rosé de Saignée Sekt brut	12,5%/12,50€
83	2019 Weißburgunder trocken Stettener	12%/8,40€
83	2019 Riesling trocken Stettener	11,5%/8,-€
82	2019 Graugurgunder trocken Endersbacher	12,5%/8,40€
86	2018 Riesling trocken „alte Y Reben" Stettener Pulvermächer	13,5%/8,80€
84	2019 Sauvignon Blanc trocken Stettener	12%/8,80€
85	2018 Weißwein trocken Holzfass Korber Steingrüble	12,5%/9,20€
82	2019 Scheurebe Riesling „feinherb" „Plaisir"	11,5%/7,50€
84	2017 Trollinger trocken Korber	12,5%/8,-€
83	2018 Cabertin trocken Steinreinacher	13,5%/8,60€
81	2016 Spätburgunder trocken Stettener	12,5%/8,50€
83	2017 Merlot trocken Kleinheppacher	14%/12,50€
82	2017 Lemberger trocken Stettener	12,5%/8,80€
80	2016 Cabernet Franc Cabernet Sauvignon trocken Korber	13,5%/10,80€
80	2017 Syrah trocken Korber Sommerhalde	13,5%/15,-€

NAHE ▸ WINDESHEIM

★★★☆

Sinß

Kontakt
Hauptstraße 18
55452 Windesheim
Tel. 06707-253
Fax: 06707-8510
www.weingut-sinss.de
info@weingut-sinss.de

Besuchszeiten
Mo.-Sa. 9-18 Uhr und nach Vereinbarung

Inhaber
Familie Sinß
Kellermeister
Johannes Sinß
Rebfläche
13 Hektar
Produktion
80.000 Flaschen

1791

Rudolf Sinß übernahm 1985 den elterlichen Betrieb. In den neunziger Jahren richtete er das Weingut auf Riesling und die Burgundersorten aus. Seine Weinberge liegen in den Windesheimer Lagen Rosenberg, Römerberg und Sonnenmorgen. Riesling und Spätburgunder nehmen jeweils ein Viertel der Rebfläche ein, Weiß- und Grauburgunder jeweils 20 Prozent, dazu gibt es ein wenig Chardonnay, Scheurebe und Müller-Thurgau. Die Rotweine werden alle maischevergoren und teilweise in Holzfässern, auch Barriques, ausgebaut. Die Weißweine werden in Edelstahltanks kühl vergoren. Nach seinem Geisenheim-Studium ist Sohn Johannes Sinß seit 2010 für den Weinausbau verantwortlich. 2016 ist auch Johannes Bruder Markus mit in den Betrieb eingestiegen, die beiden haben mit dem gleichen Jahrgang begonnen, die Weinberge auf ökologischen Anbau umzustellen, 2019 ist nun der erste zertifizierte Jahrgang.

🎂 Kollektion

Alle Weißweine der Familie Sinß sind in diesem Jahr sehr klar und direkt im Fruchtausdruck und entwickeln Tiefe, weshalb wir einige Weine höher als im Vorjahr bewerten: Unser Favorit ist der trockene Römerberg-Riesling, der leicht cremig und animierend ist, feine Holzwürze, Biss, Druck und salzige Länge besitzt, knapp dahinter liegen der Grauburgunder vom Rosenberg, der deutliches Holz im Bouquet zeigt und am Gaumen viel Kraft, Substanz und Länge besitzt und der stoffige „Réserve"-Chardonnay, der dezentes Holz und klare Frucht mit Noten von Banane und Zitrusfrucht zeigt. Der vier Jahre auf der Hefe gereifte „Rößler"-Sekt aus Weißburgunder, Spätburgunder und Chardonnay zeigt feine hefige Würze, besitzt animierende, herbe Zitrusnoten und gute Länge, der Pinot Noir ist einer der besten Vertreter seiner Rebsorte an der Nahe, er zeigt dezente Röstnoten, kräutrige Würze und Hagebutte im Bouquet, ist kraftvoll und trotzdem elegant und feingliedrig.

🍇 Weinbewertung

88	2015 Pinot & Chardonnay „Rößler" Sekt brut	12,5%/19,-€
84	2019 Riesling trocken	12%/7,40€
84	2019 Grauburgunder trocken	12,5%/7,60€
86	2019 Riesling „S" trocken Windesheim	12,5%/9,80€
86	2019 Weißburgunder „S" trocken Windesheim	13%/9,80€
89	2018 Riesling „R" trocken Windesheim Römerberg	13%/17,-€
88	2018 Grauburgunder „R" trocken Windesheim Rosenberg	14%/17,-€
88	2018 Chardonnay trocken „Réserve" Windesheim Rosenberg	14%/23,-€
86	2019 Riesling Kabinett Windesheim Römerberg	10,5%/9,-€
86	2017 Spätburgunder „S" trocken Windesheim	13%/11,50€
87	2016 Spätburgunder „R" trocken Windesheim Rosenberg	13%/19,50€
89	2015 Pinot Noir	13,5%/35,-€

Six

★★

Kontakt
Friedhofstraße 1a
97717 Wirmsthal
Tel. 09704-6317
www.six-wein.de
info@six-wein.de

Besuchszeiten
nur nach Vereinbarung

Inhaber
Anton Six

Betriebsleiter
Oliver Six, Daniel Six

Kellermeister
Oliver Six

Außenbetrieb
Oliver Six

Rebfläche
3,5 Hektar

Produktion
20.000 Flaschen

Wirmsthal liegt ganz im Norden des fränkischen Weinbaugebietes, unmittelbar nördlich von Ramsthal, in einem Seitental des Sulzbaches, der bei Euerdorf in die Saale mündet, ist seit 1978 ein Ortsteil des Marktes Euerdorf. Anton Six hatte Weinbau immer im Nebenerwerb betrieben, seit absehbar war, dass die Söhne sich für Wein interessieren, wurde die Rebfläche vergrößert und in die Selbstvermarktung investiert. 2015 wurde die Rebfläche von 1,3 Hektar auf 3 Hektar erweitert. Die Weinberge liegen im Wirmsthaler Scheinberg, der seit 1971 einzigen Lage in Wirmsthal, sowie im Ramsthaler St. Klausen, die Reben wachsen an Südhängen auf Muschelkalkböden, bestehen derzeit aus 85 Prozent weißen und 15 Prozent roten Sorten. 2015 haben Daniel und Oliver Six den Betrieb übernommen. Die Weine werden alle spontanvergoren und lange auf der Vollhefe ausgebaut, die Lagenweine kommen erst ein Jahr nach der Ernte in den Verkauf. Die Ernte 2018 wurde erstmals im eigenen Keller in Wirmsthal vinifiziert. Die Weine werden zur Hälfte in Doppelstückfässern ausgebaut, die Rotweine alle in Tonneaux oder Barriques.

Kollektion

Eine sehr gleichmäßige Kollektion präsentiert die Familie Six in diesem Jahr. Nur zwei Weine stammen aus dem Jahrgang 2019: Der Saalestück-Silvaner ist frisch und lebhaft, klar und zupackend, der Rotling ist fruchtbetont und intensiv, betont süffig. Alle andere Weine stammen aus dem Jahrgang 2018, auch der Blanc de Six, der intensive Frucht und dezent Muskat zeigt, geradlinig und zupackend ist, und der Rosé de Six, ein wunderschön fruchtbetonter, intensiver Rosé. Die Lagenweine aus dem Scheinberg zeigen sehr gutes und sehr gleichmäßiges Niveau: Der Silvaner ist intensiv fruchtbetont, dezent süß, der Bacchus besitzt gute Struktur und reintönige Frucht, der Müller-Thurgau ist eindringlich, kraftvoll, besitzt gute Struktur und Substanz. Auch der zupackende, fruchtbetonte, dreizehn Monate im gebrauchten Barrique ausgebaute Spätburgunder aus dem Längberg reiht sich da ein. Unser Favorit ist der Meunier St. Klausen, der viel Substanz und reife Frucht besitzt aber auch recht hohen Alkohol.

Weinbewertung

84	2019 Silvaner trocken Frankens Saalestück	12%/7,50 €
85	2018 Silvaner trocken Wirmsthaler Scheinberg	13%/10,- €
85	2018 Müller-Thurgau trocken Wirmsthaler Scheinberg	13%/9,- €
85	2018 Bacchus trocken Wirmsthaler Scheinberg	12%/9,- €
84	2018 „Blanc de Six" trocken Weißwein Frankens Saalestück	12%/7,50 €
83	2019 Rotling Frankens Saalestück	11%/7,50 €
85	2018 Rosé „de Six" Frankens Saalestück	11,5%/7,50 €
85	2018 Spätburgunder trocken Westheimer Längberg	13%/15,- €
87	2018 Pinot Meunier „R" trocken Ramsthaler St. Klausen	14%/29,- €

2014 | silvaner

RHEINGAU ▬ GEISENHEIM

★ ★ ☆

Sohns

Kontakt
Nothgottesstraße 33
65366 Geisenheim
Tel. 06722-8940
Fax: 06722-75588
www.weingut-sohns.de
info@weingut-sohns.de

Besuchszeiten
Weinverkauf / Vinothek:
Mo.-Fr. 9-12 + 14-18 Uhr
Sa. 10-15 Uhr
Straußwirtschaft (Ende Juli bis Mitte Sept.)
Ferienwohnungen

Inhaber/Betriebsleiter
Erich & Pascal Sohns
Kellermeister Pascal Sohns
Außenbetrieb
Erich Sohns & Dirk Rehling
Rebfläche 10 Hektar
Produktion 70.000 Flaschen

Jakob Sohns kaufte 1933 den ersten Weinberg. Hauptberuflich baute er Weinflaschenregale, im Nebenerwerb erweiterte er die Weinbaufläche, entwickelte zusammen mit Sohn Otto nach dem Zweiten Weltkrieg das Weingut zum Haupterwerbsbetrieb. Otto Sohns übernahm 1969 das Gut mit 3 Hektar Reben, forcierte den Flaschenweinverkauf, sein Sohn Erich stieg nach Weinbaustudium 1983 in den Betrieb ein, erweiterte die Rebfläche und eröffnete 1987 zusammen mit Ehefrau Sabine die Sohn'sche Straußwirtschaft. Ihr Sohn Pascal studierte zunächst Sportökonomie in München, zog dann mit Ehefrau Denise ins Rheingau, mit Beendigung des anschließenden Weinbaustudiums trat er 2012 in den Betrieb ein. Die Weinberge liegen vor allem in den Geisenheimer Lagen Kläuserweg, Kilzberg, Fuchsberg, Mäuerchen und Mönchspfad. Das Weingut wurde in den letzten Jahren erweitert, ist heute auch im Lorchhäuser Seligmacher und im Winkeler Hasensprung vertreten. 2017 wurde das neue Weingut inmitten der Weinberge fertig gestellt.

Kollektion

Das Weingut nutzt die Verzögerungen durch die Pandemie, um den Rieslingen längere Reifung auf der Hefe zu ermöglichen und präsentiert deshalb in der Mehrzahl Weine aus dem Vorjahr. Das ist sicher kein Fehler. Im Gegenteil. Denn sie profitieren stark von der Flaschenreife. Straight und saftig spricht der frische Geisenheimer Riesling unmittelbar an. Die beiden „kleinen" Lagenrieslinge sind konzentrierter, der 2018er aus dem Hasensprung punktet mit zarter Würze, der 2019er aus dem Fuchsberg ist fruchtbetont und frisch. Der milde, feingliedrige 2018er Seligmacher hat sich gegenüber dem Vorjahr schön entwickelt, ebenso der satte feinherbe Riesling von alten Reben. Auch das Große Gewächs aus dem Kläuserweg präsentiert sich bestens, mit Harmonie und Finesse. Die Cuvée Pascal ist eher trocken, kräftig, hat Würze und Biss. Die Spätburgunder überzeugen in ihrer zeitgemäßen Interpretation von Frische und Finesse.

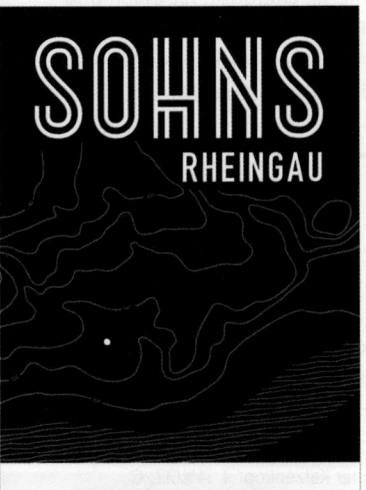

Weinbewertung

87	2017 „Cuvée Pascal" Sekt brut	12,5%/12,50€
84	2019 Riesling trocken Geisenheimer	12%/7,50€
85	2019 Riesling trocken Geisenheimer Fuchsberg	13%/9,-€
86	2018 Riesling trocken Winkeler Hasensprung	13%/10,50€
87	2018 Riesling trocken Lorchhäuser Seligmacher	13%/11,50€
87	2018 Weißburgunder trocken „M" Geisenheimer Mönchspfad	13,5%/12,50€
87	2018 Riesling „Alte Reben" Geisenheimer Kläuserweg	12,5%/12,50€
89	2018 Riesling trocken Großes Gewächs Geisenheimer Kläuserweg	13%/17,50€
85	2019 Riesling Spätlese Geisenheimer Mäuerchen	9,5%/9,50€
86	2019 Riesling Auslese Geisenheimer Kläuserweg	8%/12,50€/0,5l
87	2018 Spätburgunder trocken Geisenheimer Mönchspfad	13,5%/11,50€
89	2017 Spätburgunder „M" trocken Geisenheimer Mäuerchen	13,5%/17,50€

Sommerach

★★ ☆

Kontakt
Winzer Sommerach – die Genossenschaft,
Zum Katzenkopf 1
97334 Sommerach
Tel. 09381-80610
www.winzer-sommerach.de
info@winzer-sommerach.de

Besuchszeiten
Mo.-Fr. 9-18 Uhr
Sa./So./Feiertage 10-18 Uhr
„Sommerbar":
April-Okt. bis 19 Uhr

Inhaber
Winzer Sommerach

Betriebsleiter
Frank Dietrich

Kellermeister
Stefan Gerhard

Rebfläche
190 Hektar

1901 gründeten 15 Winzer die Sommeracher Genossenschaft, die erste Winzergenossenschaft in Franken. Heute umfasst Winzer Sommerach 90 Familien, die 190 Hektar Reben bewirtschaften, nicht nur in den Sommeracher Lagen Katzenkopf und Rosenberg, sondern auch in Volkach (Ratsherr), Escherndorf (Fürstenberg, Lump), Obereisenheim (Höll), Iphofen (Kalb), Wiebelsberg (Dachs), Kammerforst (Teufel) und Oberschwarzach (Steige). Silvaner und Müller-Thurgau sind die wichtigsten Rebsorten, gefolgt von Bacchus, Domina und Riesling und vielen anderen Sorten. Mit dem Jahrgang 2019 ist man Fair & Green-Mitglied.

Kollektion

Der gewaltige 2018er Supremus-Traminer führte im vergangenen Jahr eine sehr gleichmäßige, überzeugende Kollektion an, sein Jahrgangsnachfolger schließt nahtlos an, ist duftig, würzig, intensiv und kompakt. Den Supremus-Silvaner sehen wir gleichauf, er zeigt gute Konzentration, klare reife Frucht, Birnen, ist füllig und saftig, besitzt viel reife Frucht und gute Struktur. Sehr gut ist auch der Sauvignon Blanc, zeigt etwas Tropenfrüchte im Bouquet, eindringliche Frucht, ist klar im Mund, zupackend und strukturiert; der duftige Weißburgunder besitzt viel Fülle und Saft, die trockene Riesling Spätlese ist frisch und zupackend bei ganz dezenter Bitternote im Abgang, die trockene Silvaner Spätlese setzt ganz auf Fülle und reife süße Frucht. Sehr gut gefällt uns auch der einzige präsentierte Rotwein, der Spätburgunder S aus dem Jahrgang 2017, zeigt rote Früchte im Bouquet, ist frisch und klar im Mund, besitzt gute Struktur, feine Frucht und Grip. Unser klarer Favorit unter den in diesem Jahr vorgestellten Weinen ist aber die Rieslaner Auslese, die viel Würze und Duft im Bouquet zeigt, ein wenig Litschi und Grapefruit, klar und zupackend im Mund ist, gute Substanz und reintönige Frucht besitzt.

Weinbewertung

80	2019 Silvaner Kabinett trocken Sommeracher	13,5%/8,50€
81	2019 Weißer Burgunder Kabinett trocken Sommeracher	13,5%/8,50€
85	2019 Sauvignon Blanc trocken Sommeracher Katzenkopf	13%/12,-€
83	2019 Weißburgunder trocken Sommeracher Katzenkopf	14%/12,-€
81	2019 „Alter Satz" trocken Sommeracher Katzenkopf	13,5%/12,-€
82	2019 Silvaner Spätlese trocken Sommeracher Katzenkopf	14%/11,-€
83	2019 Riesling Spätlese trocken Sommeracher Katzenkopf	12,5%/12,-€
85	2019 Silvaner trocken „Supremus" Sommeracher Katzenkopf	14%/22,-€
85	2019 Traminer trocken „Supremus" Sommeracher Katzenkopf	14%/22,-€
81	2019 Gewürztraminer Spätlese Sommeracher Katzenkopf	12,5%/12,-€
87	2019 Rieslaner Auslese Sommeracher Katzenkopf	9%/15,50€/0,375l
85	2017 Spätburgunder „S" trocken Sommeracher Katzenkopf	13,5%/22,-€

FRANKEN — SOMMERHAUSEN

★★★★✩

Schloss Sommerhausen

Kontakt
Hauptstraße 25
97286 Sommerhausen
Tel. 09333-260
Fax: 09333-1488
www.sommerhausen.com
info@sommerhausen.com

Besuchszeiten
Di.-Fr. 10-18 Uhr
Sa. 10-16 Uhr
So. + Feiertage 10-14 Uhr
Mo. geschlossen
Ausschank im Schlosshof von April bis Oktober bei schönem Wetter

Inhaber
Martin Steinmann
Betriebsleiter
Martin Steinmann
Kellermeister
Martin Steinmann
Rebfläche
20 Hektar
Produktion
130.000 Flaschen

Johann Kaspar Steinmann kaufte 1968 das Schloss Sommerhausen mit den dazugehörigen Weinbergen. Heute führt Sohn Martin das Weingut, die vormals zum Weingut gehörende Rebschule wird von seiner Schwester weitergeführt. Dadurch, dass dem Weingut immer eine Rebzüchtung angeschlossen war, erklärt sich auch, dass neben Silvaner und Riesling die Burgundersorten – mit für Franken ungewöhnlichen 35 Prozent – einen wichtigen Platz in den Weinbergen in Sommerhausen, Eibelstadt, Randersacker und Iphofen einnehmen. Hinzu kommen Spezialitäten wie Chardonnay, Rieslaner, Blauer Silvaner oder Auxerrois, an roten Sorten gibt es neben Spät- und Frühburgunder noch Zweigelt und Blauburger. Bereits seit 1984 kommen besondere Weine ins Barrique, seit 1982 wird Sekt erzeugt, seit 1990 werden alle Sekte komplett im eigenen Haus hergestellt, alle werden mindestens drei Jahre, meist vier Jahre und mehr auf der Hefe ausgebaut. Die Großen Gewächse tragen den Namen „Alttenberg 1172". Ein neuer Produktionskeller wurde in Sommerhausen rechtzeitig zur Ernte 2019 fertiggestellt.

Kollektion

Eine sehr gute Kollektion mit vielen spannenden Sekten und Weißweinen präsentiert Martin Steinmann in diesem Jahr. Der 2013er Le Grand Blanc ist füllig, harmonisch, elegant, fein gereift, beim spät degorgierten 2008er sind die Reifenoten noch ausgeprägter, eine Honignote gesellt sich hinzu. Feine Reife zeigt auch der Riesling-Sekt, der Rosé ist rauchig und eindringlich, hat Grip. Muskateller und Muskatsilvaner sind reintönig und zupackend, ebenso der Rosé. Die Steinbach-Lagenweine sind füllig und kraftvoll: Der Silvaner zeigt rauchige Noten, der Weißburgunder ist intensiv würzig, der Riesling besitzt gute Struktur und Grip. Noch etwas mehr Substanz weisen die Großen Gewächse auf, beide sind eindringlich und konzentriert, füllig und stoffig, sehr kompakt. Starke Kollektion!

Weinbewertung

89	2008 „Le Grand Blanc" Sekt brut nature „dégorgement tardif"	12,5%/89,-€
89	2013 „Le Grand Blanc" Sekt brut nature	12,5%/29,-€
88	2012 „Le Grand" Riesling Sekt brut	12,5%/29,-€
88	2015 „Le Grand" Rosé Sekt extra-brut	12,5%/29,-€
85	2019 Muskateller trocken	11%/9,50€
86	2019 Muskatsilvaner trocken	13,5%/9,50€
88	2018 Weißer Burgunder trocken Sommerhäuser Steinbach	13%/14,-€
88	2019 Silvaner trocken Sommerhäuser Steinbach	12,5%/12,-€
87	2019 Riesling trocken Sommerhäuser Steinbach	12,5%/12,-€
89	2018 Silvaner „GG" „Alttenberg 1172" Sommerhäuser Steinbach	13%/25,-€
89	2018 Riesling „GG" „Alttenberg 1172" Sommerhäuser Steinbach	12,5%/25,-€
85	2019 Rosé „de Provinz" trocken	12,5%/9,50€

AHR ▸ BAD NEUENAHR-AHRWEILER

★★ Sonnenberg

Kontakt
Heerstraße 98, 53474
Bad Neuenahr-Ahrweiler
Tel. 02641-6713, Fax: -201037
www.weingut-sonnenberg.de
info@weingut-sonnenberg.de

Besuchszeiten

Mo.-Fr. 10-12 + 14-18 Uhr
Sa. 10-14 Uhr
So. & feiertage 10-12 Uhr
Straußwirtschaft im Sommer und Herbst
Ferienwohnungen
Stellplätze

Inhaber/Betriebsleiter/Kellermeister/Außenbetrieb
Marc Linden
Rebfläche 6 Hektar
Produktion 45.000 Flaschen

Das Weingut Sonnenberg wurde 1981 von Norbert und Elsbeth Görres mit 1,5 Hektar Weinbergen gegründet, heute führt ihr Enkel Marc Linden zusammen mit Ehefrau Michaela das Gut. Sie bewirtschaften 6 Hektar Weinberge, wovon sich ein Hektar in denkmalgeschützten Terrassenlagen befindet. Die Reben wachsen in den Neuenahrer Lagen Sonnenberg und Schieferlay, sowie in den Ahrweiler Lagen Rosenthal und Ursulinengarten, wo Frühburgunder angebaut wird. Spätburgunder ist die mit weitem Abstand wichtigste Rebsorte im Betrieb, nimmt 70 Prozent der Rebfläche ein. Hinzu kommen Grauburgunder, Weißburgunder, Frühburgunder und Riesling. Zwei Drittel der Weine wird trocken ausgebaut. Zum Weingut gehört eine Straußwirtschaft, die im Herbst geöffnet hat, man bietet auch Ferienwohnungen und ein Ferienhaus an, ebenso geführte Weinbergswanderungen. Zuletzt hat Marc Linden in Kellerwirtschaft und Steillagenmechanisierung investiert.

Kollektion

Der 2017er Spätburgunder S führte im vergangenen Jahr die Kollektion an; in diesem Jahr gibt es mit dem Jahrgang 2018 zwar nun auch Spätburgunder A und Spätburgunder R, beide schießen aber doch etwas über das Ziel hinaus: So hohe Alkoholwerte beim Spätburgunder sind in einem Jahrgang wie 2018 nicht nötig. Nun weist zwar unser Favorit in der aktuellen Kollektion, der Inspiration Z, ebenfalls 14,5 Prozent Alkohol auf dem Etikett aus, bei ihm aber stört er nicht, er zeigt intensive Frucht im Bouquet, ist dominant, füllig und stoffig, besitzt viel Substanz und gute Struktur. Der unfiltriert abgefüllte Spätburgunder R ist konzentriert, offen und intensiv im Bouquet, stoffig und kraftvoll im Mund, aber von Bitternoten geprägt, was auch für den Spätburgunder A gilt und in etwas geringerem Maße ebenso für den fruchtintensiven Spätburgunder S. Der Rest der Kollektion ist moderater im Alkohol, der fruchtbetonte Frühburgunder gefällt uns am besten.

Weinbewertung

81	2019 Weißburgunder trocken	12%/8,-€
82	2019 „Blanc de Noir" Spätburgunder trocken	12,5%/9,-€
81	2019 Grauburgunder „feinherb"	11,5%/8,-€
81	2019 Spätburgunder „Blanc de Noir" „feinherb"	12,5%/9,-€
81	2019 Spätburgunder „Blanc de Noir" „mild"	12%/8,-€
82	2018 Spätburgunder trocken Neuenahrer Schieferlay	13,5%/9,-€
83	2018 Frühburgunder trocken Ahrweiler	13%/15,-€
85	2018 Spätburgunder „S" trocken	14%/14,-€
84	2018 Spätburgunder „A" trocken	14,5%/19,-€
85	2018 Spätburgunder „R" trocken „unfiltriert"	14,5%/25,-€
88	2018 „Inspiration Z" Rotwein trocken „unfiltriert"	14,5%/49,-€
81	2018 Spätburgunder "feinherb"	13%/10,-€

WÜRTTEMBERG ■— VAIHINGEN

★★

Sonnenhof

Kontakt
Sonnenhof 2
71665 Vaihingen
Tel. 07042-81888-0
Fax: 07042-81888-6
www.weingutsonnenhof.de
info@weingutsonnenhof.de

Besuchszeiten
Mo.-Fr. 8-12 + 13-18 Uhr
Sa. 9-15 Uhr
Sundowner Do. ab 18 Uhr auf der Weinterrasse (in den Sommermonaten)
Weinerlebnistouren

Inhaber
Martin Fischer
Betriebsleiter
Walter Bibo
Kellermeister
Julian Böllmann
Außenbetrieb
Gerhard Setzer
Vertrieb
Martin Hahn
Rebfläche
50 Hektar
Produktion
380.000 Flaschen

Bis in die siebziger Jahre waren auf dem Bezner-Hof und dem Fischer-Hof Weinbau und Landwirtschaft nebeneinander betrieben worden. Dann hat sich Albrecht Fischer – bei gerade mal 5 Hektar Weinbergen – ganz auf Weinbau verlegt und den Betrieb, Gründungsmitglied der Hades-Gruppe, stark erweitert. 2008 haben seine Söhne Martin und Joachim das Weingut übernommen, seit Juli 2019 führt Martin Fischer das Gut alleine, neuer Betriebsleiter ist Walter Bibo. Das Gros der Reben wächst an Südhängen mit Keuperböden, viele der Weinberge gehörten ehemals dem Kloster Maulbronn. Zwei Drittel der Weinberge liegen im Gündelbacher Wachtkopf, direkt beim Weingut. Hinzu kommen Weinberge im Hohenhaslacher Kirchberg, im Spielberger und Ochsenbacher Liebenberg und im Häfnerhaslacher Heiligenberg. Rote Sorten nehmen drei Viertel der Fläche ein, den größten Anteil haben Lemberger, Spätburgunder und Trollinger.

Kollektion

Die neue Kollektion ist bestechend gleichmäßig, weiß wie rot. Die Weißweine, alle aus dem Jahrgang 2019, setzen ganz auf Frucht und Sortentypizität. Der Hohenhaslacher Weißburgunder ist neu im Programm, diese Rebsorte fehlte bisher im Sonnenhof-Repertoire. Er ist frisch und fruchtbetont, klar und zupackend. Der würzige Graubrugunder ist etwas fülliger und kraftvoller, der Sauvignon Blanc setzt auf Frische und Grip. Würzig ist der trockene Wachtkopf-Riesling, fruchtbetont und zupackend, geprägt von einem Zitrusbiss. Unser Favorit im weißen Segment ist der Chardonnay, der reintönige Frucht besitzt, gute Struktur, Frische und Harmonie. Insgesamt noch höheres Niveau zeigen die Rotweine, alle aus dem Jahrgang 2018, deuten an, dass man in Zukunft mehr auf Frucht setzen will denn auf Holzwürze. Der Cabernet Sauvignon ist intensiv fruchtig, kraftvoll, der Merlot frisch und zupackend, der Spätburgunder reintönig und kompakt, was auch für den rotfruchtigen Lemberger gilt. Unser Favorit ist der intensiv fruchtige Syrah mit seinen Brombeer- und Pfeffernoten.

Weinbewertung

84	2019 Weißburgunder trocken Hohenhaslacher	13 %/9,50 €
84	2019 Graubrugunder trocken Gündelbacher Wachtkopf	13 %/13,- €
85	2019 Chardonnay trocken Gündelbacher Wachtkopf	13 %/13,- €
83	2019 Riesling trocken Gündelbacher Wachtkopf	13 %/13,- €
83	2019 Sauvignon Blanc trocken Gündelbacher	12,5 %/9,50 €
82	2019 Riesling Kabinett „feinherb" Spielberger	10,5 %/9,50 €
85	2018 Spätburgunder trocken Gündelbacher Wachtkopf	12,5 %/15,- €
84	2018 Lemberger trocken Gündelbacher Wachtkopf	12,5 %/13,- €
86	2018 Syrah trocken Gündelbacher Wachtkopf	13 %/15,- €
85	2018 Merlot trocken Gündelbacher Wachtkopf	13,5 %/15,- €
85	2018 Cabernet Sauvignon trocken Gündelbacher Wachtkopf	13,5 %/15,- €

Sonnenhof

Kontakt
Sonnenhof 1
79241 Ihringen
Tel. 07668-5809
Fax: 07667-7767
www.sonnenhofwein.de
info@sonnenhofwein.de

Besuchszeiten
10-18 Uhr

Inhaber
Michael Mattmüller

Betriebsleiter
Michael Mattmüller

Kellermeister
Michael Mattmüller

Rebfläche
10 Hektar

Seit drei Generationen baut die Familie Wein am Kaiserstuhl an, heute wird der Sonnenhof in Ihringen von Michael Mattmüller geführt. Seine Weinberge liegen in den Ihringer Lagen Winklerberg (Vulkanverwitterungsböden) und Fohrenberg (teils Vulkanverwitterungsböden und teils tiefgründige Löss-Lehm-Böden) sowie im Merdinger Bühl (Löss mit Kalkanteilen). Mehr als vier Fünftel der Rebfläche nehmen die Burgundersorten ein, hauptsächlich Spätburgunder und Grauburgunder, aber auch Weißburgunder, hinzu kommen Müller-Thurgau und Chardonnay, sowie ein klein wenig Scheurebe, Gewürztraminer und Silvaner, aber auch Cabernet Cubin. Die im Barrique ausgebauten besten Weine eines Jahrgangs werden als „Grande Réserve" vermarktet.

Kollektion

Den „Grande Réserve"-Grauburgunder von 2018 aus dem Ihringer Fohrenberg hatten wir schon im vergangenen Jahr vorgestellt. Nun konnten wir den Wein noch einmal verkosten und er hat sich sehr gut entwickelt. Die Vanille hat sich verflüchtigt, was dem Bouquet sehr zugute kommt. Am Gaumen dominiert immer noch das Holz, aber es ist ein feines Holz. Dahinter steckt eine saftige, füllige Frucht, nach viel Wärme vom Alkohol kommt eine schöne Erfrischung durch Säure. Diese wird den Wein auch weiter gut reifen lassen. Die Grauburgunder Spätlese von 2019 zeigt viel gelbe Frucht im Bouquet, ist eindringlich, besitzt saftige Frucht, dezente Süße, wird von feiner Säure getragen. Die Weißburgunder Spätlese von 2019 zeigt klare helle Frucht im Bouquet, ist am Gaumen saftig mit fülligem Schmelz, guter Struktur und Substanz, besitzt eine schöne Länge. Der 2018er Pinot Noir ist ein reintöniger Spätburgunder mit sehr klarer Frucht, am Gaumen ist er weich und füllig bei dezenter Süße und guter Tanninstruktur. Der Pinot Noir „Edition 962" von 2018 zeigt im Bouquet eine ähnliche Würze wie der Grauburgunder, allerdings arbeitet sich die dunkle, tanningeladene Frucht des Spätburgunders stärker in den Vordergrund. Am Gaumen kommen viel reife und süße Frucht, auch Pflaume und Tabak zum Vorschein, der Wein ist füllig, besitzt viel Wärme, er ist konzentriert mit guter Struktur und Länge. Der Syrah Resérve von 2016 zeigt viel dunkle Frucht im Bouquet, besitzt saftige Frucht am Gaumen und feine Tannine.

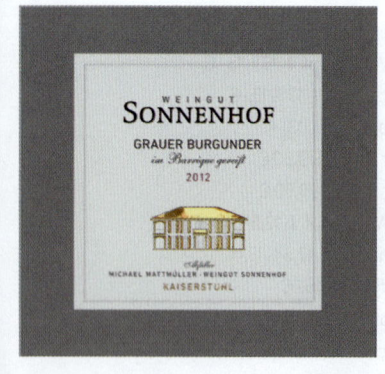

Weinbewertung

85	2019 Weißer Burgunder Spätlese trocken Ihringer Winklerberg	13,5%/9,50€
86	2019 Grauer Burgunder Spätlese trocken Ihringer Fohrenberg	14%/9,50€
87	2018 Grauer Burgunder trocken „Grande Réserve" Fohrenberg	15%/15,90€
83	2018 Pinot Noir trocken	13,5%/8,90€
85	2018 Syrah trocken „Réserve"	13%/19,-€
87	2018 Pinot Noir trocken „Edition 962"	14,5%/28,90€

RHEINHESSEN ▸ DITTELSHEIM-HESSLOCH

★★★☆

David Spies

Kontakt
Hauptstraße 26
67596 Dittelsheim-Heßloch
Tel. 06244-7416
Fax: 06244-57500
www.weinfuersleben.de
info@weingut-spies.de

Besuchszeiten
Mo.-Fr. 14-18 Uhr, Sa. 9-17 Uhr
möglichst nach Vereinbarung

Inhaber
Uwe & David Spies
Kellermeister
David Spies
Außenbetrieb
Uwe Spies
Rebfläche
22 Hektar

Werner und Elisabeth Spies begannen 1958 mit der Selbstvermarktung, nach und nach konzentrierten sie sich ganz auf Weinbau. Seit 1989 führen Uwe und Ingrid Spies das Gut, haben es auf die heutige Größe erweitert. Sohn David studierte nach seiner Winzerausbildung bei Bassermann-Jordan und Rings in Geisenheim, ist nach Abschluss des Studiums 2015 in den Betrieb eingestiegen und seit 2016 Mitinhaber. Die Reben wachsen hauptsächlich in den Dittelsheimer Lagen Pfaffenmütze, Geiersberg und Leckerberg, vorwiegend auf sehr kalkhaltigen Löss- und Tonmergelböden. Inzwischen wurde von der Gemeinde eine größere Fläche im Dittelsheimer Kloppberg gekauft, wo 2017 Riesling und Weißburgunder gepflanzt wurden, im Morstein wurde ein Chardonnay-Weinberg gepachtet. Riesling nimmt 30 Prozent der Fläche ein, es gibt Silvaner, Grauburgunder, Weißburgunder und Sauvignon Blanc. Wichtigste rote Rebsorte ist Spätburgunder, dazu gibt es Dornfelder, Portugieser, Merlot und St. Laurent. Das Programm ist gegliedert in Guts-, Orts- und Lagenweine.

🎂 Kollektion

Die neue Kollektion ist stark. Die weißen Gutsweine sind frisch, klar und geradlinig. Die Steinschleuder genannte Cuvée aus Weißburgunder und Chardonnay besitzt Fülle, Kraft und viel reife Frucht, ist sehr gut wie auch der Riesling von alten Reben in Dittelsheim, der gute Struktur, klare Frucht und Grip besitzt. Der Leckerberg-Riesling besitzt reintönige Frucht, Substanz und Kraft, gute Struktur und Frische, unsere leichte Präferenz aber gilt seinem Kollegen aus dem Morstein, der intensiv würzig und konzentriert ist, viel Fülle und guten Druck besitzt. Spannend ist auch der im Barrique ausgebaute Chardonnay aus dem Morstein, besitzt rauchige Noten, gute Struktur, Kraft und klare Frucht. Eine sichere Bank ist die Scheurebe Auslese, die frisch und zupackend ist. Sehr gut sind auch die drei präsentierten Barrique-Rotweine: Die Cuvée setzt auf Kraft und Substanz, der Spätburgunder auf Fülle und Frucht, was auch für den intensiven Portugieser gilt.

🍇 Weinbewertung

83	2019 „wurzel & wind" Weißwein trocken	12,5%/8,90€
83	2019 Riesling trocken	12,5%/6,90€
85	2019 Riesling trocken „Alte Reben" Dittelsheimer	12,5%/8,90€
86	2019 Weißburgunder & Chardonnay trocken „Steinschleuder"	13%/9,90€
88	2019 Riesling trocken Dittelsheimer Leckerberg	13%/15,-€
89	2019 Riesling trocken Westhofener Morstein	13%/15,-€
88	2019 Chardonnay trocken Westhofener Morstein	13%/15,-€
86	2019 Scheurebe Auslese „kalk.stein.scheu" Brunnenhäuschen	10,5%/10,90€
85	2018 „Davids Goliat" Rotwein trocken Barrique	14%/15,-€
85	2018 Portugieser trocken Barrique „Eisenstein" Dittelsheimer Geiersberg	14,5%/15,-€
86	2018 Spätburgunder trocken Barrique „Blutmond" Geiersberg	13,5%/15,-€

RHEINHESSEN ▶ BECHTHEIM

★★★★☆

Spiess

Kontakt
Riederbacherhof
Gaustraße 2
67595 Bechtheim
Tel. 06242-7633
Fax: 06242-6412
www.spiess-wein.de
info@spiess-wein.de

Besuchszeiten
Mo.-Fr. 8-12 + 13-18 Uhr
Sa. 8-18 Uhr
So. Vormittag nach Vereinbarung

Inhaber
Jürgen, Johannes & Christian Spiess
Kellermeister
Johannes Spiess
Außenbetrieb
Christian Spiess
Rebfläche
32 Hektar
Produktion
240.000 Flaschen

Seit Beginn des 16. Jahrhunderts betreibt die Familie Landwirtschaft in Bechtheim. Heute führen Jürgen und Ute Spiess den Riederbacherhof. Sie werden im Betrieb unterstützt von ihren beiden Söhnen: Johannes Spiess absolvierte seine Winzerlehre bei Keller und Knipser, studierte dann in Geisenheim, ist für den Keller verantwortlich. Der zweite Sohn Christian hatte seine Winzerlehre bei Philipp Kuhn und Wagner-Stempel gemacht, ist für den Außenbetrieb verantwortlich. Die Weinberge liegen in Bechtheim in den Lagen Hasensprung, Geyersberg, Stein, Heilig-Kreuz und Rosengarten, seit 2017 ist man auch im Oppenheimer Herrenberg vertreten.

Kollektion

Eine bärenstarke Kollektion präsentiert die Familie Spiess auch in diesem Jahr, die Weißweine sind in der Spitze so stark und geschlossen wie nie. Und die Basis stimmt, das zeigen die Gutsweine, Weiß- wie Grauburgunder sind fruchtbetont, harmonisch und klar. Drei Lagen-Rieslinge gibt es wie schon im vergangenen Jahr: Der Wein aus dem Rosengarten zeigt gelbe Früchte, gute Konzentration, ist füllig, harmonisch, saftig, der Geyersberg-Riesling zeigt viel Würze und reife Frucht, besitzt Fülle und Kraft, gute Struktur und Substanz, unser Favorit aber ist erneut der Wein aus dem Herrenberg, der noch etwas präziser und druckvoller ist als seine beiden Bechtheimer Kollegen, anders als diese auch durchgegoren ist. Hervorragend sind im Jahrgang 2019 die beiden weißen Reserve-Weine: Der Chardonnay zeigt rauchige Noten, Vanille, dezenten Toast, ist füllig und saftig, stoffig und kraftvoll, der Weißburgunder ist konzentriert im Bouquet, herrlich eindringlich und reintönig, besitzt ebenfalls Fülle, Saft und viel reife Frucht. Geschlossen auf hohem Niveau präsentiert sich das rote Segment, bietet pfeffrigen, schokoduftigen Syrah, cassisfruchtigen, kraftvollen Cabernet Sauvignon, gewürzduftigen, zupackenden Merlot, reintönigen, kraftvollen Cabernet Franc und frischen, reintönigen Pinot Noir. Bravo!

Weinbewertung

83	2019 Weißer Burgunder trocken	13%/7,10 €
84	2019 Grauer Burgunder trocken	13%/8,10 €
89	2019 Riesling trocken Bechtheimer Geyersberg	13,5%/21,- €
88	2019 Riesling trocken Bechtheimer Rosengarten	13,5%/21,- €
90	2019 Riesling trocken Oppenheimer Herrenberg	13%/28,- €
90	2019 Weißer Burgunder „R" trocken	13,5%/25,- €
90	2019 Chardonnay „R" trocken	13,5%/25,- €
88	2017 Merlot „R" trocken	14%/22,- €
89	2017 Cabernet Franc „R" trocken	13,5%/28,- €
89	2017 Cabernet Sauvignon „R" trocken	13%/22,- €
89	2017 Syrah „R" trocken	13%/36,- €
88	2017 Pinot Noir trocken Bechtheim Hasensprung	13%/22,- €

RHEINHESSEN — OSTHOFEN

★★★

Spiess

Kontakt
Spiess Weinmacher
Friedrich-Ebert-Straße 53
67574 Osthofen
Tel. 06242-60899
Fax: 06242-912374
www.wein-spiess.de
info@wein-spiess.de

Besuchszeiten
Mo.-Fr. 9-12 + 14-18 Uhr
Sa. 9-17 Uhr
und nach Vereinbarung
Restaurant mit Weinbar
„Vis à Vis"

Inhaber
Burkhard & Christine Spiess

Rebfläche
36 Hektar

Das Weingut von Burkhard und Christine Spiess liegt mitten in Osthofen. Zum Weingut gehört auch das Restaurant mit Weinbar „Vis à Vis". Die Weinberge liegen im Osthofener Goldberg, in den Bechtheimer Lagen Geyersberg, Rosengarten und Stein sowie in den Westhofener Lagen Kirchspiel und Aulerde. Spätburgunder und Riesling sind die wichtigsten Rebsorten im Betrieb, dazu gibt es Scheurebe, Weißburgunder und Chardonnay, aber auch ein klein wenig Cabernet Sauvignon, Merlot und Syrah. Die Weißweine werden im Edelstahl kontrolliert gekühlt vergoren, die Rotweine werden alle im Holz ausgebaut. 2016 wurden die neuen Betriebsgebäude bezogen, seit 2017 arbeiten die beiden Söhne Julius und Carl nach abgeschlossener Winzerausbildung im Betrieb mit.

Kollektion

Bärenstark sind nach den 2018er nun auch die 2019er Lagenrieslinge ebenso wie die 2017er Rotweine, die nahtlos an die 2015er anschließen. Die Gutsweine sind geradlinig und sortentypisch, der klare, zupackende Riesling und der füllige, saftige Chardonnay gefallen uns besonders gut. Stark ist der Osthofener Riesling, zeigt gute Konzentration, reife Frucht, besitzt klare Frucht, gute Struktur und Grip. Die beiden Lagen-Rieslinge sehen wir wie im Vorjahr gleichauf. Der Wein aus dem Goldberg besitzt Fülle und Kraft, reife Frucht und gute Struktur, etwas Zitrus und mineralische Noten. Der jugendlich-kompakte, gelbfruchtige Geyersberg-Riesling ist kraftvoll und konzentriert, besitzt viel reife Frucht und Substanz. Sehr hohes Niveau zeigen die drei vorgestellten Rotweine des Jahrgangs 2017, sie präsentieren sich sehr geschlossen und zeigen eine klare Handschrift. Der Geyersberg-Spätburgunder zeigt intensive, reintönige Frucht, besitzt Fülle und Kraft, gute Struktur und Substanz. Auch der Reserve-Cabernet Sauvignon ist intensiv fruchtig und reintönig, leicht floral, kraftvoll und strukturiert. Unsere leichte Präferenz gilt dem Syrah aus dem Bechtheimer Stein, der intensiv fruchtig und reintönig ist, herrlich eindringlich, füllig und saftig, den hohen Alkohol merkt man ihm nicht an. Starke Kollektion!

Weinbewertung

84	2019 Riesling trocken	12%/10,20 €
82	2019 Weißburgunder trocken	13%/8,50 €
82	2019 Grauburgunder trocken	12,5%/8,- €
85	2019 Chardonnay trocken	12,5%/8,50 €
86	2019 Riesling trocken Osthofener	12%/10,20 €
89	2019 Riesling trocken Osthofener Goldberg	12,5%/19,50 €
89	2019 Riesling trocken Bechtheimer Geyersberg	12,5%/21,50 €
88	2017 Spätburgunder trocken Bechtheimer Geyersberg	14%/28,50 €
89	2017 Syrah trocken Bechtheimer Stein	15%/36,- €
88	2017 Cabernet Sauvignon trocken „Reserve"	14%/21,50 €

PFALZ ■ WEINGARTEN

★★

Spieß

Kontakt
Neugasse 5
67366 Weingarten (Pfalz)
Tel. 06344-2830
Fax: 06344-938098
www.wein-gut-spiess.de
info@wein-gut-spiess.de

Besuchszeiten
Mo.-Sa. 9-12 + 13-19 Uhr

Inhaber
Wilfried & Adrian Spieß
Rebfläche
25 Hektar
Produktion
90.000 Flaschen

Albert Spieß füllte 1965 in dem damaligen landwirtschaftlichen Mischbetrieb seinen ersten Wein in die Flasche ab, einen Müller-Thurgau. Als sein Sohn Wilfried 1993 den Ackerbau und die Viehzucht aufgab und sich nur noch auf den Weinbau konzentrierte, wurde aus dem Betrieb das erste Vollerwerbsweingut im weit draußen in der Rheinebene gelegenen Weingarten. Sohn Adrian ist nach seinem Weinbaustudium in Geisenheim 2012 in den Familienbetrieb eingestiegen und führt nun zusammen mit seinem Vater das Weingut. Auf 25 Hektar werden 19 verschiedene Rebsorten angebaut. Das Sortiment ist gegliedert in Basisweine in der Literflasche, Gutsweine und Lagenweine aus den besten Parzellen des Weingartener Schlossbergs.

Kollektion

Wie wir das aus den vergangenen Jahren schon kennen sind die Weine der Familie Spieß wieder alle sehr klar, harmonisch und fruchtbetont, unsere beiden Favoriten sind die schlanke und frische Riesling Auslese mit viel reintöniger Frucht, Aprikose, Ananas und Limette und der kraftvolle Grauburgunder, der ebenfalls klare gelbe Frucht, Schmelz und sehr gut eingebundenes Holz besitzt. Knapp dahinter liegt der Chardonnay, der füllig und cremig ist und im Bouquet Noten von Banane, Aprikose, Zitrusfrüchten und leicht laktische Noten zeigt, der Sauvignon Blanc ist schlank und gelbfruchtig mit Aromen von Pfirsich, Aprikose und Maracuja und besitzt ein frisches Säurespiel, was auch für den trockenen Riesling Kabinett gilt, der klare Aromen von grünem Apfel, kräutrige Noten und etwas Zitruswürze im Bouquet zeigt. Die beiden verkosteten Rotweine sind beide sehr kraftvoll, von dunkler Frucht, leichter Süße und gut eingebundenem Holz geprägt, der Spätburgunder ist etwas nachhaltiger als die Cuvée aus Syrah und Dornfelder. Und auch auf die zwei Literweine ist wieder Verlass, Riesling und Chardonnay sind leicht füllig, frisch und sehr fruchtbetont. ■

Weinbewertung

82	2019 Riesling trocken „Basis" (1l)	12,5%/3,50€ ☺
82	2019 Chardonnay trocken „Basis" (1l)	13%/3,70€ ☺
84	2019 Riesling Kabinett trocken	12,5%/4,50€ ☺
83	2019 Weißburgunder trocken	12,5%/4,50€
85	2019 Sauvignon Blanc trocken Weingartener Schlossberg	12%/5,50€ ☺
87	2019 Grauburgunder Spätlese trocken Weingartener Schlossberg	14%/7,50€ ☺
86	2019 Chardonnay Spätlese trocken Weingartener Schlossberg	14%/6,50€ ☺
83	2019 Muskateller	12%/4,50€
87	2019 Riesling Auslese Weingartener Schlossberg	8%/6,-€ ☺
84	2018 „Roter Ritter" Rotwein Weingartener Schlossberg	14%/8,-€
86	2018 Spätburgunder trocken Barrique Weingartener Schlossberg	14%/9,-€

1040

PFALZ ▶ FORST

★ ☆

Eugen Spindler

Kontakt
Lindenhof, Weinstraße 55
67147 Forst
Tel. 06326-338
Fax: 06326-7556
www.spindler-lindenhof.de
info@spindler-lindenhof.de;

Besuchszeiten
Mo.-Fr. 10-12 Uhr + 14-17 Uhr
Sa. 10 -16 Uhr

Inhaber
Timo Spindler
Rebfläche
11 Hektar
Produktion
80.000 Flaschen

Die Familie Spindler, deren Vorfahren aus dem Burgund stammen, betreibt seit 1620 Weinbau an der Mittelhaardt. Vor drei Generationen wurde der stattliche Weinbergsbesitz in drei Weingüter aufgeteilt. Eines davon ist der Lindenhof, dessen Gutsgebäude mit ihren Sandsteingewölbekellern Mitte des 19. Jahrhunderts erbaut wurde. Im Innenhof stehen zwei über einhundert Jahre alte Lindenbäume, denen das Weingut seinen Namen zu verdanken hat. Nachdem Peter Spindler den Betrieb seit 1992 geführt hatte, hat mittlerweile sein Sohn Timo, der schon länger für den An- und Ausbau der Weine verantwortlich ist, das Weingut übernommen. Die Weinberge liegen in den Forster Lagen Jesuitengarten, Pechstein, Ungeheuer und Musenhang, in Deidesheim in den Lagen Langenmorgen, Leinhöhle und Herrgottsacker, sowie in den Ruppertsberger Lagen Hoheburg und Reiterpfad. Wichtigste Rebsorte ist der Riesling, daneben gibt es Weißburgunder, Grauburgunder, Chardonnay, Gewürztraminer und Scheurebe, an roten Sorten werden Spätburgunder, Cabernet Sauvignon und Dornfelder angebaut. Die Weißweine werden in Edelstahltanks ausgebaut. Die Rotweine vergären auf der Maische und reifen in Eichenholzfässern und Barriques.

Kollektion

Die aktuelle Kollektion von Timo Spindler befindet sich auf einem sehr gleichmäßigen Niveau, die drei trockenen Rieslinge besitzen Biss, bleiben aber alle etwas zurückhaltend in der Frucht: Der Ungeheuer zeigt die lagentypischen kräutrig-mineralischen Noten, besitzt am Gaumen Kraft und herbe Zitruswürze, am Ende bleibt die Säure etwas stehen, was beim Pechstein ähnlich ist, der steinige Würze im Bouquet zeigt und etwas straffer als der Ungeheuer ist, am Gaumen besitzt er auch Noten von Limette und Grapefruit, der dritte Riesling vom Musenhang ist etwas kürzer als die beiden anderen, zeigt klare Zitrusnoten und etwas kräutrige Würze. Der Chardonnay ist sehr kraftvoll und stoffig, zeigt Röstnoten, etwas Kokos und Aromen von Banane und Zitrusfrucht, der „Blanc de Noir" zeigt etwas rote Frucht und florale Noten, ist geradlinig, besitzt guten Grip und der Spätburgunder vom Herrgottsacker zeigt dunkle Frucht, Schwarzkirsche, etwas Zuckerwatte und kräutrige Noten im Bouquet, ist kraftvoll, besitzt leicht süße Frucht und gute Struktur.

Weinbewertung

84	2019 Blanc de Noir trocken	12%/8,50€
84	2019 Riesling trocken Forster Musenhang	12,5%/9,-€
86	2019 Riesling trocken Forster Pechstein	13%/10,-€
86	2019 Riesling trocken Forster Ungeheuer	13,5%/12,-€
86	2019 Chardonnay trocken „Fumé" Deidesheimer Langenmorgen	14,5%/12,-€
86	2017 Spätburgunder trocken Deidesheimer Herrgottsacker	13,5%/15,-€

PFALZ ▶ FORST

★★★★ **Heinrich Spindler**

Kontakt
Weinstraße 46
67147 Forst
Tel. 06326-96291-0
Fax: 06326-96291-22
www.weinguteinrichspindler.de
info@weinguteinrichspindler.de

Besuchszeiten
Di.-Fr. 9-12 + 13-18 Uhr
Sa. 10-17 Uhr
Weinrestaurant Gutsausschank Spindler (Di.-Sa. 11:30-21 Uhr, durchgehend warme Küche)

Inhaber
Markus Spindler
Betriebsleiter
Markus Spindler
Kellermeister
Jochen Fleischmann
Außenbetrieb
Steffen Götze
Rebfläche
20 Hektar
Produktion
120.000 Flaschen

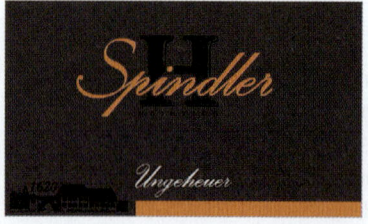

Seit 1620 ist die Familie in Forst ansässig, als Sontag Spindler sich während des Dreißigjährigen Krieges dort niederließ. Das heutige Gutshaus wurde im Jahr 1770 erbaut, 1933 wurde der Gutsausschank eröffnet. Seit 1978 führte Hans Spindler in zehnter Generation den Betrieb, 2007 ist Sohn Markus in den Betrieb eingestiegen, der in Geisenheim studiert hat und Auslandspraktika in Frankreich, Österreich und Kalifornien absolvierte, den Betrieb inzwischen übernommen hat. Seine Weinberge liegen vor allem in Forst, wo er in sämtlichen Spitzenlagen vertreten ist, in Ungeheuer, Pechstein, Kirchenstück, Freundstück und Jesuitengarten, sowie in Musenhang und Elster. Hinzu kommen Weinberge in Ruppertsberg (Reiterpfad) und Deidesheim (Herrgottsacker). Das Gros der Rebfläche ist mit Riesling bestockt, dazu gibt es Weiß- und Grauburgunder, Gewürztraminer, Spätburgunder und Sauvignon Blanc, auch etwas Blaufränkisch und Merlot. Seit 2012 wird die gesamte Rebfläche biologisch bewirtschaftet. Florian Schindler, der Bruder von Markus, ist 2013 in den Gutsausschank eingestiegen. Die Spitzenrieslinge werden größtenteils in Holzfässern vergoren und lange auf der Feinhefe ausgebaut. Rotweine werden maischevergoren und in Doppelstückfässern oder Barriques ausgebaut. Das Sortiment ist vierstufig gegliedert in Guts-, Orts-, Erste Lage- und Große Lage-Weine. Die Gutsweine tragen eine beige Kapsel, die Ortsweine aus Deidesheim, Forst und Ruppertsberg eine grüne. Die mit einer goldenen Kapsel ausgestatteten Erste Lage-Weine kommen aus den beiden Forster Lagen Elster und Musenhang sowie aus dem Deidesheimer Herrgottsacker. Die Große Lage-Weine tragen eine schwarze Kapsel und kommen ausschließlich aus den Forster Spitzenlagen Freundstück, Jesuitengarten, Kirchenstück, Pechstein und Ungeheuer, seit dem Jahrgang 2016 kommen die Weine im September nach dem Erntejahr auf den Markt. Seit der ersten Ausgabe schon empfehlen wir die Weine der Spindlers, schon damals waren wir überrascht von ihren durchweg klaren, fruchtbetonten Rieslingen – und den moderaten Preisen. In den letzten Jahren sind die Preise vor allem für die Weine von Großen Lagen gestiegen, aber die Weine haben auch an Konzentration und Kraft gewonnen, die Guts- und Ortsweine überraschen immer wieder mit ihrer Präzision und Reintönigkeit. Nicht viele Weingüter in der Pfalz zeigten eine solche Zuverlässigkeit und Konstanz in den beiden vergangenen Jahrzehnten.

Kollektion

2020 kann das Weingut Heinrich Spindler sein 400-jähriges Jubiläum feiern und Markus Spindler liefert dazu einmal mehr eine rundum überzeugende Kollektion ab: An der Spitze stehen zwei hervorragende Rieslinge, das Kirchenstück zeigt kräutrig-steinige Noten und dezente

Frucht, etwas Steinobst, besitzt am Gaumen Kraft, Konzentration, viel Druck und ist sehr nachhaltig, aber noch eine Spur verhaltener als der Jesuitengarten, der ebenfalls kräutrig-steinige Würze zeigt, etwas deutlicher in der Frucht mit Noten von gelbem Apfel und Orangenschale ist, am Gaumen herbe Zitrusnoten, feinen Druck und Grip besitzt, leicht salzig und schon sehr präsent ist. Knapp dahinter liegt der Pechstein, der im Bouquet noch etwas von der Spontangärung geprägt ist, am Gaumen subtile Zitruswürze, Substanz und Druck besitzt, elegant und lang ist, das Ungeheuer zeigt unter den Lagen-Rieslingen wieder die deutlichste Frucht mit Noten von gelbem Apfel und Ananas, dazu die lagentypische kräutrig-mineralische Würze, ist am Gaumen sehr präsent, leicht salzig und animierend. Stark ist auch die Auslese aus dem Ungeheuer, die im Bouquet viel klare Frucht mit Aromen von Aprikosenmark, Feige und Zitrusfrüchten zeigt, konzentriert und cremig ist, guten Grip und Frische besitzt, der zweite Süßwein, der Forster Kabinett besitzt dezente Süße und Aromen von gelbem Steinobst. Der Elster-Riesling zeigt dezentes Holz, etwas rauchige Noten, besitzt eine animierende Säure, unter den gleich bewerteten Orts-Rieslingen ist der schlanke und fruchtbetonte Deidesheimer etwas expressiver als der noch leicht verhaltene Forster, der guten Grip besitzt. Der Graubugunder zeigt klare Birnenfrucht und etwas florale Noten, besitzt Saft und etwas Fülle, der Sauvignon Blanc zeigt viel gelbe Frucht, Maracuja, Pfirsich, Mango und besitzt Frische und der „3 Trauben" aus Weißburgunder, Riesling und Sauvignon Blanc zeigt im Bouquet etwas Stachelbeere und Zitrusnoten, ist saftig, frisch und schlank.

Weinbewertung

86	2018 „3 Trauben" Weißwein trocken	12%/9,20€
85	2019 Sauvignon Blanc trocken	12%/9,20€
86	2019 Riesling trocken Deidesheimer	11,5%/8,40€
86	2019 Riesling trocken Forster	12,5%/9,-€
87	2019 Riesling trocken Elster Forst	12%/12,50€
87	2019 Graubugunder „S" trocken	13%/13,90€
89	2019 Riesling trocken Ungeheuer Forst	13%/19,50€
90	2019 Riesling trocken Pechstein Forst	13%/21,-€
91	2019 Riesling trocken Jesuitengarten Forst	13,5%/28,-€
91	2019 Riesling trocken Kirchenstück Forst	13,5%/35,-€
85	2019 Riesling Kabinett Forster	9%/9,80€
90	2019 Riesling Auslese Ungeheuer Forst	8%/28,-€/0,5l

Markus & Lola Spindler

Lagen
Ungeheuer (Forst)
Pechstein (Forst)
Kirchenstück (Forst)
Freundstück (Forst)
Jesuitengarten (Forst)
Musenhang (Forst)
Elster (Forst)
Reiterpfad (Ruppertsberg)
Herrgottsacker (Deidesheim)

Rebsorten
Riesling (82 %)
Weißburgunder (5 %)
Spätburgunder (5 %)
Graubugunder (3 %)
Sauvignon Blanc (3 %)

★★★★ **Josef Spreitzer**

Kontakt
Rheingaustraße 86
65375 Oestrich-Winkel
Tel. 06723-2625
Fax: 06723-4644
www.weingut-spreitzer.com
info@weingut-spreitzer.de

Besuchszeiten
Mo.-Fr. 9-12 + 13:30-18:30 Uhr,
Sa. 10-16 Uhr
an Sonn- und Feiertagen
geschlossen
„Schlemmerwochen" Ende
April/Anfang Mai

Inhaber
Bernd & Andreas Spreitzer

Rebfläche
28 Hektar

Produktion
190.000 Flaschen

Das Weingut Spreitzer wird seit 1997 von den Brüdern Bernd und Andreas Spreitzer geführt, die den Betrieb von ihrem Vater Bernhard übernahmen. Der Großvater Josef Spreitzer war Verwalter des Oestricher Weinguts Hess, das er 1929 kaufte und damit den Grundstein für das heutige Weingut legte. Das Gut ist in einer Jugendstilvilla in der Nähe des Rheins untergebracht, wo die Weine in einem alten, 1743 erbauten Gewölbekeller lagern. Die Weinberge liegen in den Oestricher Lagen Lenchen und Doosberg, im Winkeler Jesuitengarten, im Hattenheimer Wisselbrunnen sowie im Mittelheimer St. Nikolaus. Die Weinberge sind zu 97 Prozent mit Riesling bepflanzt, hinzu kommt etwas Spätburgunder. Die Moste werden, wenn möglich, spontanvergoren. Der Ausbau der Weine erfolgt teils im Edelstahl, teils in Holzfässern, wobei auch die im Edelstahl vergorenen Weine für kurze Zeit ins Holzfass kommen. An der Spitze des trockenen Teils der Kollektion stehen die Großen Gewächse aus den Lagen Lenchen und Wisselbrunnen, neu hinzugekommen ist mit dem Jahrgang 2012 der Riesling aus dem Mittelheimer St. Nikolaus. Das Große Gewächs aus dem Lenchen stammt aus der ehemaligen Einzellage Rosengarten, die isoliert vom restlichen Lenchen in Rheinnähe liegt und teilweise von Mauern umgeben ist und inzwischen wieder offiziell als Einzellage eingetragen ist, so dass der Weine seit 2013 als „Oestricher Rosengarten" bezeichnet werden darf. Im restsüßen Segment werden, wenn es der Jahrgang erlaubt, alle Prädikate bis hin zur Trockenbeerenauslese geerntet. Das restsüße Pendant zu den Großen Gewächsen ist die mit dem Jahrgang 2000 eingeführte Spätlese „303", deren Name an eine vom Großvater geerntete 1920er Oestricher Bremerberg-Eiserberg Trockenbeerenauslese erinnert. Dieser Wein wurde mit einem Mostgewicht von 303 Grad Oechsle gelesen, zwei Jahre vergoren. Sieben Jahre später dann wurde auf der Versteigerung im Kloster Eberbach das ganze Fass (600 Liter) zum Preis von 75.000 Reichsmark verkauft. Die Spätlese 303 kommt immer aus der ehemaligen Lage Eiserberg. Zuletzt haben Bernd und Andreas Spreitzer ihre Vinothek neu gestaltet und in eine Photovoltaikanlage investiert.

Kollektion

Die Einstiegsrieslinge und mittleren Qualitäten bieten jahrgangstypische Frische bei perfekt reifer Grundsubstanz, was ihnen Fluss und Präzision gibt. Der Gutsriesling ist saftig, wohl dosierte Frische schafft Trinkvergnügen. Von den beiden Ortsrieslingen offeriert der „Muschelkalk" ansprechende Frische, ist dabei leichtfüßig und klar, der kühle und schlanke „Buntschiefer" punktet mit akzentuiertem mineralischen Schliff. Ein ebensolches Duo bilden auch die beiden „Alte Reben"-Rieslinge. Vom Doosberg bekommt man erwartungsgemäß reife Fruchtaromen und wohldosierte Kraft, vom Hendelberg mineralische Spannung und feine Substanz. Bei beiden werden diese erwarteten Eigenschaften geradezu beispielhaft in Szene gesetzt, der

Hendelberg hat dabei leicht die Nase vorn. Von ihm ist es dann auch nicht mehr weit zu den Großen Gewächsen. Der Wein aus dem Wisselbrunnen bietet neben Klarheit und saftiger Frische auch Feinheiten. Der Wein aus dem Rosengarten ist sehr reif und würzig, füllig und nachhaltig, fast etwas breit. Das Große Gewächs aus dem St. Nikolaus entfaltet mehr Druck, ist lang und würzig, dabei agil, hat Potenzial. Der halbtrockene „Alte Reben"-Riesling aus dem Jesuitengarten ist balanciert und würzig, in seiner Finesse adäquat zu den trockenen Lagenrieslingen. Die fruchtigen Qualitäten sind wieder aromatisch und sehr saftig. Das fängt mit dem unkomplizierten Kabinett an. Die Spätlese aus dem Lenchen ist sehr fein, wird gut reifen können. Die edelsüße Spätlese „303" ist bei aller Konzentration besonders elegant, wird ebenfalls sehr gut reifen können. Das gilt auch für die Auslese, die sehr klar mit feinen Beerenaromen ausklingt. Aus der Phalanx hervorragender Trockenbeerenauslesen ragen die beiden Goldkapseln von 2018 noch einmal heraus. Die 2019er aus dem Lenchen ist sehr mild und sehr fein, die aus dem Hendelberg ist agiler, ihre herbe Würze im Nachhall fasziniert. Die Goldkapsel Trockenbeerenauslese aus dem Lenchen mit ihrer prägnanten Frische begeistert uns, genau wie die aus dem Rosengarten, die zwar nicht ganz so fein, dafür in ihrer intensiven Würze sehr einnehmend ist.

Weinbewertung

Note	Wein	Preis
85	2019 Riesling trocken	12,5%/8,40€
87	2019 Riesling trocken „Buntschiefer" Hallgarten	11,5%/10,80€
86	2019 Riesling trocken „Muschelkalk" Oestrich	11,5%/10,80€
89	2019 Riesling trocken „Alte Reben" Hallgarten Hendelberg	12,5%/14,90€
88	2019 Riesling trocken „Alte Reben" Oestrich Doosberg	12,5%/14,90€
90	2019 Riesling trocken Großes Gewächs Hattenheim Wisselbrunnen	13%/27,-€
89	2019 Riesling trocken Großes Gewächs Oestrich Rosengarten	13%/27,-€
90+	2019 Riesling trocken Großes Gewächs Mittelheim St. Nikolaus	13%/27,-€
88	2019 Riesling halbtrocken „Alte Reben" Winkel Jesuitengarten	11,5%/14,90€
86	2019 Riesling Kabinett Oestrich Lenchen	8,5%/10,80€
89	2019 Riesling Spätlese Oestrich Lenchen	7,5%/14,90€
90	2019 Riesling Spätlese „303" Oestrich Lenchen	7,5%/23,50€
90	2019 Riesling Auslese Oestrich Lenchen	7,5%/21,50€/0,375l
93	2019 Riesling Trockenbeerenauslese Oestrich Lenchen	7%/94,-€/0,375l
93	2019 Riesling Trockenbeerenauslese Hallgarten Hendelberg	7,5%/94,-€/0,375l
94	2018 Riesling Trockenbeerenauslese Goldkapsel Oestrich Lenchen	6%/a.A./0,375l
94	2018 Riesling Trockenbeerenauslese Goldkapsel Oestrich Rosengarten	6%/a.A./0,375l

Lagen
Lenchen (Oestrich)
Rosengarten (Oestrich)
Doosberg (Oestrich)
St. Nikolaus (Mittelheim)
Wisselbrunnen (Hattenheim)
Jesuitengarten (Winkel)
Hendelberg (Hallgarten)
Würzgarten (Hallgarten)

Rebsorten
Riesling (95 %)
Spätburgunder (5 %)

WÜRTTEMBERG ▶ HEILBRONN

Springer

★★ ☆

Kontakt
Staufenberger Weg 4
74074 Heilbronn
Tel. 07131-570695
Fax: 07131-256196
www.weingut-springer.de
info@weingut-springer.de

Besuchszeiten
Mo.-Do. 12-13:30 Uhr
Fr. 13-19 Uhr
Sa. 9-18 Uhr
und nach Vereinbarung
Besenwirtschaft

Inhaber
Felix Springer

Rebfläche
6 Hektar

Felix Springer absolvierte seine Lehre bei Ellwanger, studierte dann in Geisenheim, machte ein Praxissemester bei Paul Fürst – seit 2007 ist er für den Weinausbau im elterlichen Weingut verantwortlich, das er inzwischen übernommen hat. Seine Weinberge liegen hauptsächlich im Heilbronner Stiftsberg, aber auch im Fleiner Sonnenberg ist er vertreten. Hauptrebsorten sind Trollinger, Riesling, Spätburgunder und Lemberger. Dazu gibt es Schwarzriesling, Samtrot, Weißburgunder, Cabernet Dorsa, Müller-Thurgau, Clevner, Gewürztraminer und Dornfelder, aber auch Zweigelt und Frühburgunder. Das Gros der Weine wird an Privatkunden verkauft, ein Teil in der Besenwirtschaft ausgeschenkt.

Kollektion

Die Weißweine sind von gleichmäßiger Qualität, mit leichten Vorteilen bei den restsüßen Rieslingen, aber auch dieses Jahr sehen wir die Stärken wieder ganz klar im roten Segment. Und die Roten haben in der Spitze weiter zugelegt, der Lemberger Terrasse ist der bislang beste Rotwein, den Felix Springer präsentiert: Gute Konzentration im Bouquet, intensive Frucht, herrlich eindringlich und reintönig; Frische und Grip im Mund, Fülle und Kraft, gute Struktur und faszinierend reintönige Frucht. Bravo! Eine sehr gute Figur macht wieder einmal auch die rote Cuvée Der Springer, zeigt intensive Frucht, rote und dunkle Früchte, ist klar, frisch und zupackend im Mund bei guter Struktur und intensiver Frucht. Der Cabernet Dorsa setzt ganz auf Fruchtintensität und Frische, was auch für den Zweigelt gilt, der durch den Ausbau im Holz aber strukturierter ist, feine rauchige Noten zeigt, gute Struktur und feine Tannine besitzt. Der im Holz ausgebaute Frühburgunder ist würzig und rauchig im Bouquet, frisch, klar und zupackend im Mund, der Spätburgunder, ebenfalls im Holz ausgebaut, fasziniert mit Frische und Reintönigkeit im Bouquet, ist geradlinig im Mund, klar, strukturiert und zupackend. Weiter so! ◀

Weinbewertung

81	2019 Rivaner trocken	12%/5,-€
81	2019 Riesling Kabinett trocken	12,5%/5,80€
81	2019 Weißburgunder trocken	13%/6,20€
82	2019 Riesling Kabinett Heilbronner Stiftsberg	12,5%/5,80€
83	2019 Riesling Spätlese Talheimer Schlossberg	12,5%/8,-€
82	2019 Rosé trocken Heilbronner Stiftsberg	12,5%/5,-€
82	2018 Cabernet Dorsa trocken Heilbronner Stiftsberg	14%/5,80€
83	2018 Frühburgunder trocken Holzfass	13,5%/6,50€
84	2018 Spätburgunder trocken Holzfass	13,5%/7,50€
84	2018 Zweigelt trocken Holzfass Heilbronner Stiftsberg	14%/6,50€
87	2017 „Der Springer" Rotwein trocken Barrique	13,5%/15,-€
89	2016 Lemberger Terrasse	13,5%/15,-€

PFALZ ▸ MAIKAMMER

★ ★ ☆

Stachel

Kontakt
Bahnhofstraße 40
67487 Maikammer
Tel. 06321-5112
Fax: 06321-58561
www.weingut-stachel.de
info@weingut-stachel.de

Besuchszeiten
Mo.-Fr. 9-12 + 14:30-18 Uhr
Sa. 10-16 Uhr
Sonn- & Feiertage nach Vereinbarung

Inhaber
Erich Stachel
Betriebsleiter
Erich & Matthias Stachel
Kellermeister
Matthias Stachel
Rebfläche
19 Hektar
Produktion
100.000 Flaschen

Matthias Stachel absolvierte seine Ausbildung bei den Weingütern Emil Bauer, Knipser und Müller-Catoir. Nach Praktika in Kalifornien und Neuseeland und einer Weiterbildung zum Weinbautechniker unterstützt er seit 2003 seinen Vater Erich im elterlichen Betrieb. Der Junior ist seitdem für den Keller verantwortlich, der Senior kümmert sich um den Außenbetrieb. Die Weinberge von Erich und Matthias Stachel liegen in Maikammer (Heiligenberg und Kirchenstück), in Diedesfeld (Paradies und Johanniskirchel), im Kirrweiler Römerweg und im Alsterweiler Kapellenberg. An weißen Sorten bauen sie Riesling, Weißburgunder, Auxerrois, Silvaner, Chardonnay, Kerner, Müller-Thurgau, Gewürztraminer und Sauvignon Blanc an, rot gibt es Spätburgunder, St. Laurent, Dornfelder, Syrah, Regent, Merlot, Cabernet Sauvignon und Malbec.

🍷 Kollektion

Mit dem 2017er Jahrgang präsentiert uns die Familie Stachel ihre bislang stärkste Rotweinkollektion: Die Weine besitzen Kraft, aber auch Eleganz und Frische, das Holz steht nirgends im Vordergrund und sie brauchen alle Luft, um sich zu entfalten. Ganz stark sind Syrah und Cabernet Sauvignon, der Syrah besitzt kühle Frucht, kräutrige Würze, reife Tannine und pfeffrig-animierende Noten, ist harmonisch und lang, der Cabernet entwickelt mit Luft Noten von Pflaume, schwarzer Johannisbeere und etwas Mokka, besitzt eine gute Struktur mit noch jugendlichen Tanninen. Der Malbec zeigt im komplexen Bouquet Noten von Brom- und Himbeere, kräutrige Würze, Eukalyptus, Minze, besitzt viel Kraft und ein frisches Säurespiel, der Merlot ist gut strukturiert, zeigt dunkle Frucht und die Cuvée „Ericius" besitzt noch jugendliche Tannine, dunkle Beerenfrucht, ist harmonisch. Unter den Weißen ist der leicht gereifte Weißburgunder aus dem Römerweg unser Favorit, der Sekt und der Sauvignon Blanc sind beide sehr fruchtbetont. ▬

🍇 Weinbewertung

85	2018 Chardonnay Sekt brut	12,5%/12,50€
84	2019 Auxerrois trocken Maikammer	13,5%/6,90€
83	2019 Weißburgunder trocken Kirrweiler	13,5%/6,80€
85	2018 Sauvignon Blanc trocken Diedesfelder Paradies	12%/9,90€
84	2018 Riesling trocken „Alte Reben" Alsterweiler Kapellenberg	13%/10,80€
86	2017 Weißburgunder trocken Kirrweiler Römerweg	13%/15,90€
85	2017 „Red Moon" Rotwein trocken	13,5%/9,80€
88	2017 Merlot trocken Maikammer Kirchenstück	14,5%/18,80€
90	2017 Cabernet Sauvignon trocken Maikammer Kirchenstück	14%/21,-€
89	2017 Malbec trocken Maikammer Heiligenberg	14,5%/28,-€
89	2017 „Ericius" Rotwein trocken	14%/28,-€
90	2017 Syrah trocken Maikammer Heiligenberg	13,5%/32,-€

Stahl

★★★★⯪

Kontakt
Winzerhof Stahl
Lange Dorfstraße 21
97215 Auernhofen
Tel. 09848-96896
Fax: 09848-96898
www.winzerhof-stahl.de
mail@winzerhof-stahl.de

Besuchszeiten
täglich nach Vereinbarung
Weinrestaurant (Events und Menüs nach Anmeldung)

Inhaber
Christian Stahl

Rebfläche
30 Hektar

Produktion
250.000 Flaschen

Bis 1984 war der Betrieb ein Bauernhof mit Ackerbau und Viehzucht. In diesem Jahr kaufte Albrecht Stahl im Zuge der Flurbereinigung Weinbergflächen im zehn Kilometer entfernten Taubertal. Anfangs wurde der Ertrag komplett an eine Weinkellerei abgeliefert, erst 1992 begann Albrecht Stahl seine Weine selbst auszubauen. Sohn Christian ist seit dem Jahrgang 2000 für die Vinifikation verantwortlich, inzwischen hat er den Betrieb übernommen. Die Weinberge liegen nicht nur im Tauberzeller Hasennestle und an der Tauber, sondern auch am Main in Gemeinden wie Randersacker, Sommerhausen oder Sulzfeld. Silvaner ist immer wichtiger geworden im Betrieb, ebenso Sauvignon Blanc und Scheurebe, die Burgundersorten und Riesling, auch wenn es immer noch Müller-Thurgau gibt, mit dem Christian Stahls Erfolgsgeschichte begann. Seit dem Jahrgang 2004 wird auf Prädikatsbezeichnungen verzichtet, die Weine werden betriebsintern in die Linien Federstahl, Damaszener Stahl und Edelstahl respektive Ehl-Stahl klassifiziert.

Kollektion

Eine starke Kollektion mit allesamt sehr guten Weinen präsentiert Christian Stahl in diesem Jahr, alle Weine kommen aus dem Jahrgang 2019. Der Hasennest genannte Müller-Thurgau ist wie immer eine sichere Bank, ist reintönig, zupackend und strukturiert. Der Sauvignon Blanc Damaszener Stahl besitzt herrlich viel Frucht, Substanz und Frische, deutlich kraftvoller und konzentrierter ist der intensive Zweimännerwein-Sauvignon Blanc. Die Bodenstoff-Scheurebe ist würzig und eindringlich im Bouquet, sehr reintönig, besitzt Frische und klare Frucht im Mund, gute Struktur und Grip. Der Weißburgunder ist füllig und kraftvoll, besitzt herrlich viel Frucht, gute Substanz und Struktur, der Riesling ist würzig und fruchtig, klar und zupackend. Aus der Edelstahl-Linie stammt der Silvaner „best of", gute Konzentration, feine Würze und Frucht zeigt, Fülle und Kraft besitzt, enorm stoffig und druckvoll ist, noch allzu jugendlich. Spannend ist auch der zweite vorgestellte Edelstahl-Wein, der Grüner Veltliner, der herrlich eindringlich und reintönig im Bouquet ist, Fülle und Kraft besitzt, klare Frucht, gute Struktur und Frische.

Weinbewertung

86	2019 Müller-Thurgau trocken „Hasennest" „Damaszener Stahl"	12,5%/12,50€
87	2019 Sauvignon Blanc trocken „Damaszener Stahl"	12,5%/12,50€
88	2019 Weißburgunder trocken „Damaszener Stahl"	13%/12,50€
87	2019 Scheurebe trocken „[Bodenstoff] Damaszener Stahl"	12,5%/12,50€
86	2019 Riesling trocken „Damaszener Stahl"	12,5%/12,50€
88	2019 Grüner Veltliner trocken „Edelstahl"	13%/15,-€
88	2019 Silvaner trocken „Edelstahl best of"	13,5%/18,-€
88	2019 Sauvignon Blanc trocken [zweimännerwein]	13,5%/18,-€

RHEINHESSEN ▶ UELVERSHEIM

★★★

Stallmann-Hiestand

Kontakt
Eisgasse 15
55278 Uelversheim
Tel. 06249-8463
Fax: 06249-8614
www.stallmann-hiestand.de
info@stallmann-hiestand.de

Besuchszeiten
nach Vereinbarung

Inhaber
Familie Hiestand
Kellermeister
Christoph Hiestand
Rebfläche
21 Hektar
Produktion
180.000 Flaschen

Christoph Hiestand will noch stärker auf die klassischen Rebsorten setzen, auf die Burgunder, hat Chardonnay neu gepflanzt. Die Weinberge liegen in Dienheim (Tafelstein, Kreuz, Siliusbrunnen), Uelversheim (Aulenberg, Schloss, Tafelstein mit der Lage Geierscheiß) sowie Guntersblum (Kreuz, Bornpfad, Steigterrassen). Riesling und Spätburgunder sind die wichtigsten Rebsorten, gefolgt von den weißen Burgundern, Silvaner und Gewürztraminer. Portugieser, Weinsberger Cabernet-Kreuzungen (Cabernet Dorsa, Cabernet Cubin), Sankt Laurent und Sauvignon Blanc sind wichtige Bestandteile des Sortiments. Christoph Hiestand, als gelernter Krankenpfleger quasi Quereinsteiger, schloss 2007 sein Geisenheim-Studium ab, hatte Praktika bei Meyer-Näkel, Nederburg (Südafrika) und Knipser absolviert bevor er in den Betrieb einstieg, den er inzwischen übernommen hat und zusammen mit Ehefrau Nora führt.

🍇 Kollektion

Eine stimmige Kollektion präsentiert Christoph Hiestand auch in diesem Jahr, mit Spitzen weiß wie rot. Die Basis stimmt, das zeigen der geradlinige Liter-Riesling und die frischen weißen Gutsweine. Der Weißburgunder aus dem Aulenberg ist kraftvoll und zupackend, der Aulenberg-Grauburgunder besitzt intensive Frucht. Die beiden Lagen-Rieslinge sehen wir im Jahrgang 2019 gleichauf, der Wein aus dem Dienheimer Tafelstein ist würzig, eindringlich, zupackend, sein Kollege aus dem Kreuz besitzt klare Frucht und feinen Grip. Sehr gut ist auch der rosenduftige, reintönige Gewürztraminer aus dem Uelversheimer Tafelstein, aus dem auch der gelbfruchtige Geierscheiß-Riesling stammt. Unser Favorit im weißen Segment ist der 2018er Schloss-Grauburgunder, der rauchige Noten zeigt, Fülle und Kraft mit reintöniger Frucht vereint. Die Rotweine sind alle sehr gut, allen voran die fruchtintensive Cabernet Cubin-basierte Cuvée Nero.

🍷 Weinbewertung

81	2019 Riesling trocken (1l)	12,5%/4,90€
82	2019 Silvaner trocken	12,5%/5,60€
84	2019 Weißer Burgunder trocken Uelversheimer Aulenberg	13%/8,50€
84	2019 Grauer Burgunder trocken Uelversheimer Aulenberg	13,5%/10,50€
83	2019 Sauvignon Blanc trocken	12,5%/8,50€
85	2019 Riesling trocken Dienheimer Tafelstein	12,5%/8,50€
85	2019 Riesling trocken Dienheimer Kreuz	12,5%/10,50€
88	2018 Grauer Burgunder trocken Uelversheimer Schloss	14%/16,-€
85	2019 Gewürztraminer trocken Uelversheimer Tafelstein	13%/10,50€
87	2019 Riesling Spätlese „Geierscheiß" Uelversheimer Tafelstein	11%/9,50€
87	2016 Spätburgunder Dienheimer Güldenmorgen	13,5%/12,50€
85	2018 „Roteruh" Rotwein trocken	13%/14,50€
88	2018 „Nero" Rotwein trocken	14,5%/22,50€

FRANKEN ▶ SULZFELD

★★ ☆

Roland Staudt

Kontakt
Am Maustal 3
97320 Sulzfeld
Tel. 09321-6826
Fax: 09321-6927
www.weingut-staudt.de
info@weingut-staudt.de

Besuchszeiten
Mo.-Sa.
So. nach Vereinbarung
Wohnmobilstellplätze

Inhaber
Roland Staudt
Rebfläche
10,6 Hektar
Produktion
80.000 Flaschen

Roland Staudt erzeugte 1984 seinen ersten Jahrgang. Seine Weinberge liegen alle in den beiden Sulzfelder Einzellagen Maustal und Cyriakusberg, wo die Reben auf Muschelkalkböden wachsen. Er baut vor allem Müller-Thurgau und Silvaner an, die jeweils etwa ein Viertel seiner Rebfläche einnehmen. Hinzu kommen Bacchus, Riesling, Weißburgunder, Rieslaner und Grauburgunder als weitere weiße Rebsorten; an roten Sorten, die 9 Prozent der Rebfläche einnehmen, gibt es Spätburgunder, Dornfelder, Cabernet Dorsa und Domina. Die Weißweine werden in temperaturgesteuerten Edelstahltanks ausgebaut, die Rotweine kommen nach der Maischegärung ins Holz. Auf Prädikatsbezeichnungen verzichtet Roland Staudt inzwischen, das Sortiment ist heute gegliedert in Ortsweine und Lagenweine. 2018 hat Roland Staudt mit der Umstellung auf biologischen Weinbau begonnen. Im Keller setzt er verstärkt auf Spontangärung, Maischestandzeiten und Maischegärung.

Kollektion

Man beginnt allmählich eine Struktur zu erkennen, die Unterscheidung in Orts- und Lagenweine wird klarer mit dem neuen Jahrgang. Und das Basisniveau stimmt wie gewohnt, das zeigen die beiden saftigen, fruchtbetonten Literweine. Der Monte C ist frisch, klar und geradlinig, was auch für den würzigen Sulzfelder Weißburgunder gilt. Der Sulzfelder Riesling zeigt etwas Zitrus und Pfirsich, ist klar und geradlinig, der Sulzfelder Sauvignon Blanc besitzt intensive reife Frucht, ist füllig, saftig, recht süß. Sehr gut sind die beiden Lagen-Weißweine aus dem Cyriakusberg: Der Grauburgunder besitzt Fülle und Kraft, gute Struktur und klare Frucht, der Rieslaner ist wunderschön reintönig, kraftvoll, besitzt gute Struktur und Substanz – so guter trocken ausgebauter Rieslaner ist selten. Das rote Segment führt der im Barrique ausgebaute 2017er Cabernet Dorsa an, der rote Früchte zeigt, Fülle, Kraft und Substanz besitzt.

Weinbewertung

81	2018 Riesling Sekt brut Sulzfelder Cyriakusberg	12,5%/14,40 €
81	2019 Silvaner trocken Sulzfelder (1l)	13%/6,20 €
81	2019 Müller-Thurgau trocken Sulzfelder (1l)	12%/5,90 €
83	2019 „Monte C" Weißwein trocken	12%/6,20 €
83	2019 Weißburgunder trocken Sulzfelder	13%/7,20 €
84	2019 Riesling trocken Sulzfelder	12,5%/7,20 €
84	2019 Sauvignon Blanc Sulzfelder	13%/7,20 €
85	2019 Grauburgunder trocken Sulzfelder Cyriakusberg	12,5%/9,30 €
86	2019 Rieslaner trocken Sulzfelder Cyriakusberg	13%/9,- €
83	2018 Cabernet Dorsa trocken Sulzfelder	13%/7,50 €
82	2018 Domina trocken Sulzfelder	13%/7,50 €
86	2017 Cabernet Dorsa trocken Barrique Sulzfelder Cyriakusberg	13%/19,- €

RHEINHESSEN ▶ FLOMBORN

Stauffer

★★☆

Kontakt
Borngasse 24/26
55234 Flomborn
Tel. 06735-1521
Fax: 06735-1579
www.weingutstauffer.de
info@weingutstauffer.de

Besuchszeiten
nach Vereinbarung

Inhaber
Karl-Michael, Doris & Alexander Stauffer

Betriebsleiter
Karl-Michael & Alexander Stauffer

Kellermeister
Alexander Stauffer

Außenbetrieb
Karl-Michael Stauffer

Rebfläche
16 Hektar

Produktion
80.000 Flaschen

Seit 1790 bewirtschaftet die Familie Weinberge in Flomborn, einem kleinen Ort südlich von Alzey, der alte Winzerhof ist seit der Säkularisierung in Familienbesitz. Seit 1989 wird das ehemalige Klostergut von Karl-Michael und Doris Stauffer geführt, 2011 ist Sohn Alexander in den Betrieb eingestiegen und übernahm seither immer mehr die Verantwortung im Keller. Karl-Michael Stauffer hat Landwirtschaft mit Schwerpunkt Weinbau an der Universität Hohenheim studiert, Alexander Stauffer studierte in Geisenheim sowie an der University of California in Davis, sammelte Erfahrungen im In- und Ausland. Die Weinberge liegen zum größten Teil in Flomborner Lagen Feuerberg und Goldberg, sowie im Eppelsheimer Felsen, die Lagen sind sehr kalksteingeprägt und liegen relativ hoch. Die Burgundersorten nehmen ein knappes Drittel der Rebfläche ein, es folgen Riesling, Portugieser (davon 1,5 Hektar mit über 80 Jahre alten wurzelechten Reben), Müller-Thurgau und Silvaner. Das Sortiment ist gegliedert in Guts-, Orts- und Lagenweine. Die Rotweine werden überwiegend im Holzfass ausgebaut, die Weißweine meist im Edelstahl. 2018 wurde mit der Umstellung auf ökologischen Weinbau begonnen.

Kollektion

Wir erkennen weitere Fortschritte, angefangen beim fruchtbetonten, frischen Literriesling bis hin zum Lagenriesling aus dem Feuerberg, der, als Fassprobe verkostet, intensive reintönige Frucht zeigt, Fülle und Kraft besitzt, gute Struktur und Frische. Der Grauburgunder ist reintönig, frisch, was auch auf die Scheurebe zutrifft, der Auxerrois ist würzig und süffig, der Reserve-Sauvignon Blanc besitzt Fülle und Kraft. An der Spitze der Kollektion stehen die Lagenweine, neben dem eingangs erwähnten Feuerberg-Riesling sind dies der 2018er Goldberg-Silvaner, der fruchtbetont und konzentriert ist, Substanz und Kraft besitzt, sowie der Felsen-Chardonnay, der intensive Frucht und dezent rauchige Noten zeigt, gute Struktur, Frische und Grip besitzt. Fruchtbetonte Rotweine runden die gelungene Kollektion ab.

Weinbewertung

81	2019 Riesling trocken (1l) ❘ 12%/5,-€
83	2019 Grauer Burgunder trocken ❘ 13%/6,50€
82	2019 Scheurebe trocken ❘ 12%/6,50€
83	2019 Auxerrois trocken Eppelsheim ❘ 13%/8,10€
86	2018 Silvaner trocken Flomborner Goldberg ❘ 13,5%/12,50€
(88)	2019 Riesling trocken Flomborner Feuerberg ❘ 13%/12,50€
86	2019 Chardonnay trocken Eppelsheimer Felsen ❘ 12,5%/12,50€
85	2019 Sauvignon Blanc trocken „Reserve" ❘ 13%/9,50€
82	2019 Riesling „Kalkgestein" ❘ 12,5%/6,80€
82	2018 Spätburgunder trocken ❘ 14%/6,90€
84	2018 Cabernet Sauvignon trocken „Reserve" ❘ 13%/8,70€
84	2018 Portugieser trocken Flomborner Goldberg ❘ 13%/12,50€

MOSEL ▶ REIL

★★★★☆

Steffens-Keß

Kontakt
Moselstrasse 63
56861 Reil
Tel. 06542-1246
Fax: 06542-1353
www.steffens-kess.de
weingut@steffens-kess.de

Besuchszeiten
nach Vereinbarung

Inhaber
Harald Steffens
Betriebsleiter
Harald Steffens
Kellermeister
Harald Steffens
Rebfläche
4 Hektar
Produktion
35.000 Flaschen

Harald Steffens und Marita Keß bewirtschaften seit 1982 ihre Weinberge biologisch, sind Mitglied bei Ecovin. Ihre Weinberge liegen überwiegend in Steillagen der mittleren Mosel, in der Reiler Goldlay, im Burger Wendelstück und im Burger Hahnenschrittchen. Sie bauen fast ausschließlich Riesling an (97 Prozent), nur eine kleine Parzelle ist mit Müller-Thurgau bepflanzt, kaufen ein wenig zu von ebenfalls biologisch arbeitenden Winzern. Die Weine werden in Eichenholzfässern ausgebaut, ist in einem Jahrgang die Menge überdurchschnittlich groß, kommen einige Partien auch ins Edelstahl. Praktisch alle Weine werden trocken abgefüllt, nur in Ausnahmejahren, wenn die Gärung stockt, gibt es auch Weine mit ein wenig Restsüße. Neben Wein stellt Harald Steffens Riesling-Balsam-Essig her, den er in Holzfässern aus Eiche und Maulbeerbaum ausbaut, sowie Mosto Cotto, ein Konzentrat aus eingedampftem Rieslingtraubensaft. Auch dank seines Blogs, in dem Steffens über die Arbeit in Weinberg und Keller berichtet, gehört er zu den bekanntesten Winzern in diesem Teil der Mosel.

Kollektion

Fielen die im vergangenen Jahr vorgestellten 2018er Weine kompakt und würzig aus, sind die 2019er wieder straffer und fester. Dieser Stil kommt dem Weingut besonders entgegen. Ein straffer, animierender Sekt führt das Sortiment an, der Literriesling, fest, trocken und würzig, ist weitaus spannender, als dies in diesem Einstiegsbereich üblich ist an der Mosel. Die sechs folgenden Weine stammen je zur Hälfte aus den Burger Lagen Hahnenschrittchen respektive Wendelstück sowie aus der Reiler Goldlay. Erstere wirken durchweg finessenreicher, spritziger, letztere eher kompakter. Straff und trocken sind sie ausnahmslos. Der Kabinettriesling aus dem Hahnenschrittchen ist mit seiner ziselierten Art besonders hervorzuheben. Im Spätlesebereich ist die Variante aus der Goldlay zunächst noch sehr verschlossen, zeigt aber nach einer Weile schöne Kernobstnoten und feine Kräuterwürze, präsentiert sich im Mund straff und würzig; ein puristischer trockener Riesling mit nachhaltiger Würze, alles andere als gefällig. ▶

Weinbewertung

87	2018 Riesling Sekt brut	12 %/11,60 €
85	2019 Riesling trocken (1l)	11,5 %/7,70 € ☺
87	2019 Riesling trocken Burger Hahnenschrittchen	11,5 %/7,80 € ☺
87	2019 Riesling trocken Reiler Goldlay	11,5 %/7,90 € ☺
88	2019 Riesling Kabinett trocken Burger Hahnenschrittchen	11,5 %/8,90 € ☺
87	2019 Riesling Kabinett trocken Reiler Goldlay	11,5 %/9,10 €
89	2019 Riesling Spätlese trocken Burger Wendelstück	12 %/11,90 € ☺
90	2019 Riesling Spätlese trocken Reiler Goldlay	12 %/12,- € ☺

NAHE ▬ OBERHAUSEN

★★

Karl Stein

Kontakt
Auf dem Stiel 12
55585 Oberhausen
Tel. 06755-242
Fax: 06755-741
www.steinwein.de
info@steinwein.de

Besuchszeiten
Mo.-Sa. 8-17 Uhr
und nach Vereinbarung
Jahrgangspräsentation am 1.
So. nach Pfingsten; kulinarische Weinproben im Herbst

Inhaber
Edith & Rainer Schneider
Betriebsleiter
Edith & Rainer Schneider
Kellermeister
Rainer Schneider
Rebfläche
13 Hektar
Produktion
85.000 Flaschen

Seit 1801 erzeugt die Familie Wein in Oberhausen an der Nahe, 1960 kam die Sektherstellung dazu, heute wird der Betrieb geführt von Edith Schneider und ihrem Sohn Karl Rainer, der seit 2010 für die Weinbereitung zuständig ist. Riesling nimmt mittlerweile 65 Prozent der Rebfläche ein, dazu gibt es 20 Prozent Weißburgunder und Grauburgunder, sowie ein wenig Gewürztraminer, Silvaner, Müller-Thurgau und Chardonnay. Die Reben stehen in den Oberhäuser Lagen Leistenberg (kalkhaltiger Schieferton), Kieselberg (karg und sandig mit hohem Kieselsteinanteil) und Felsenberg (felsiger, vulkanischer Boden) sowie in Niederhausen im Felsensteyer (schluffiger Boden auf vulkanischem Fels) und in der Klamm (vulkanischer Boden), ein Drittel der Fläche wird in Steillagen bewirtschaftet.

🎂 Kollektion

In der Spitze konnte sich die Familie Schneider in diesem Jahr steigern: Die 2019er Riesling Auslese aus dem Felsensteyer schätzen wir stärker ein als den 2018er, sie zeigt viel gelbe Frucht, Aprikosenmark, und kräutrige Noten, ist konzentriert, cremig, animierend und leicht salzig. Auch der trockene Riesling aus dieser Lage ist etwas stärker als sein 2018er Pendant, er zeigt rauchig-mineralische Noten, ist kraftvoll, salzig und nachhaltig und braucht, wie auch die anderen trockenen Rieslinge, etwas Luft, der „#stayhome"-Riesling ist fruchtbetont mit klaren Noten von Aprikose und Ananas, der Leistenberg ist noch etwas unnahbar mit steinig-mineralischer Würze und der Kieselberg zeigt grünen Apfel und Kräuter im Bouquet, wirkt noch sehr jung. Die Spätlese aus der Klamm ist sehr fruchtbetont mit Aromen von gelbem Steinobst, unter den beiden Sekten besitzt die „Cuvée Stein" leicht süße gelbe Frucht und Frische, der Pinot Sekt ist würziger, zeigt feine Reifenoten, etwas Quitte und besitzt ein animierendes Säurespiel.

🍃 Weinbewertung

85	2014 Pinot Sekt brut ❙ 12%/16,-€
85	Cuvée Stein Sekt brut ❙ 13%/16,-€
83	2019 Silvaner trocken „Blitz" ❙ 12%/8,90€
82	2019 Müller-Thurgau „Hanggarten" ❙ 11,5%/6,-€
86	2019 Riesling trocken „#stayhome" ❙ 12,5%/9,90€
84	2019 Riesling trocken Oberhäuser Kieselberg ❙ 13%/7,-€
85	2019 Riesling trocken Oberhäuser Leistenberg ❙ 13%/10,-€
87	2019 Riesling trocken Niederhäuser Felsensteyer ❙ 13,5%/12,-€
84	2019 Riesling „feinherb" „Wolf" ❙ 12%/8,-€
86	2019 Riesling Spätlese Niederhäuser Klamm ❙ 8%/9,-€
85	2019 Riesling und Gewürztraminer Spätlese Oberhäuser Rotenberg ❙ 8,5%/9,-€
88	2019 Riesling Auslese Niederhäuser Felsensteyer ❙ 8%/16,-€

Artur Steinmann

★★★

Kontakt
Plan 4
97286 Sommerhausen
Tel. 09333-90460
Fax: 09333-904627
www.pastoriushaus.de
info@pastoriushaus.de

Besuchszeiten
Mo.-Sa. 8-12 + 13-18 Uhr
So. 9-12 Uhr
Weinproben, Weinseminare, Tagungen, Kellerführungen
Hotel (1 Einzelzimmer, 6 Doppelzimmer, 1 Appartement)

Inhaber
Artur Steinmann

Betriebsleiter
Artur Steinmann

Kellermeister
Artur Steinmann & Lukas Steinmann

Außenbetrieb
Lukas Steinmann & Frank Schönig

Rebfläche
18 Hektar

Produktion
120.000 Flaschen

Das 1916 von Karl Steinmann gegründete Gut hat seinen Sitz in einem im 17. Jahrhundert erbauten Haus, in dem Franz David Pastorius geboren wurde, der erste deutsche Auswanderer nach Amerika, der 1683 in Pennsylvania die Stadt German-Town gründete. Karl Steinmanns Sohn konzentrierte sich seit den sechziger Jahren auf Weinbau, seit 1982 führt Enkel Artur Steinmann das Gut. Seine Weinberge liegen vor allem in Sommerhausen (Steinbach, Reifenstein sowie Ölspiel, die Lage, die 1971 zur Großlage „umfunktioniert" wurde), dazu ist er in Frickenhausen im Kapellenberg vertreten. Silvaner ist die wichtigste Rebsorte, nimmt etwa ein Drittel der Weinberge ein. Es folgen Müller-Thurgau und Riesling, dazu gibt es Weißburgunder, Scheurebe sowie ein klein wenig Kerner und Traminer. Rote Rebsorten nehmen ein Fünftel der Fläche ein: Schwarzriesling, Spätburgunder, Dornfelder und Domina. Dem Weingut ist ein Hotel mit Tagungsräumen angeschlossen. Artur Steinmann ist Initiator der Gruppe Frank & Frei und Präsident des Fränkischen Weinbauverbandes.

Kollektion

Wie gewohnt sehr geschlossen präsentiert sich die neue Kollektion von Artur Steinmann. Und das Einstiegsniveau ist hoch, das zeigen der klare, zupackende trockene Silvaner Kabinett im Liter und der reintönige, frische Müller-Thurgau Frank & Frei. Der trockene Ölspiel-Kabinett ist fruchtbetont und klar, dabei enorm füllig und kompakt, der trockene Traminer Kabinett besticht mit Reintönigkeit, guter Struktur und Grip. Der halbtrocken ausgebaute Scheurebe Kabinett ist fruchtbetont, harmonisch und klar. An der Spitze der Kollektion sehen wir gleichauf drei Weine. Aus dem Jahrgang 2019 stammt die trockene Riesling Spätlese, die Fülle und Kraft besitzt, viel reife Frucht und Substanz. Ein Jahr älter ist die trockene Silvaner Spätlese, ebenfalls aus dem Steinbach, die feine Würze und reife Frucht zeigt, ebenfalls viel Fülle und Substanz besitzt. Aus dem Jahrgang 2017 schließlich und ebenfalls aus der Lage Steinbach stammt der Spätburgunder Pastorius 1683, der reintönige Frucht zeigt, Frische und Grip besitzt, klare Frucht und gute Struktur.

Weinbewertung

83	2019 Silvaner Kabinett trocken Mainsüden (1l)	12,5 %/7,-€
84	2019 Müller-Thurgau trocken „Frank & Frei"	12 %/7,50 €
84	2019 Silvaner Kabinett trocken Sommerhausen Ölspiel	13,5 %/8,50 €
84	2019 Traminer Kabinett trocken Sommerhausen Reifenstein	12,5 %/9,-€
87	2018 Silvaner Spätlese trocken „Pastorius 1683" Sommerh. Steinbach	13,5 %/14,-€
87	2019 Riesling Spätlese trocken „made by Luk" Sommerhausen Steinbach	14 %/14,-€
82	2019 „Cuvée Weiß" Weißwein „feinfruchtig"	12 %/6,50 €
83	2019 Scheurebe Kabinett Sommerhausen Ölspiel	11,5 %/8,50 €
87	2017 Spätburgunder trocken „Pastorius 1683" Sommerhausen Steinbach	13,5 %/16,-€

MOSEL ▶ BRAUNEBERG

★★★✩

Günther Steinmetz

Kontakt
Moselweinstraße 154
54472 Brauneberg
Tel. 06534-751
Fax: 06534-940921
www.weingut-guenther-steinmetz.de
info@weingut-guenther-steinmetz.de

Besuchszeiten
nach Vereinbarung

Inhaber
Stefan Steinmetz
Betriebsleiter
Stefan Steinmetz
Kellermeister
Stefan Steinmetz
Rebfläche
13 Hektar
Produktion
60.000 Flaschen

Kollektion

Der trockene Brauneberger ist offen, duftig, straff und überraschend nachhaltig. Ganz anders dann das Goldtröpfchen in der trockenen Version. Der Wein ist offen, frisch, würzig, kompakt, lang und verführerisch. Herauszuheben ist auch der Wein von alten Reben in Wiltingen: Duftig mit Noten von Kern- und Steinobst, fein, präzise. Unter den Lagenweinen mit Kürzeln ist der „GW" aus dem Ohligsberg noch verschlossen, mit Hefe-Pfirsich-Noten, kompakt, saftig, besitzt Schmelz. Viel eleganter, charmanter und leichter ist der „GD" aus dem Hofberg. An der Spitze stehen die trockenen Weine „von den Terrassen" aus dem Treppchen und aus dem Rosengärtchen. Der erstgenannte Wein ist kompakt, straff, würzig – braucht noch Zeit. Offener ist der Neumagener Riesling, duftig, fast charmant, wunderbar fein und balanciert, nachhaltig und verspielt. Sehr typisch für die Lage ist der kühlfruchtige Kabinett aus der Wehlener Sonnenuhr, der Noten von gelben Früchten und viel Schmelz aufweist. Deutlich mehr Zucker weist die Goldtröpfchen-Spätlese auf, die klare, leicht würzig akzentuierte Pfirsichnoten besitzt. Pfirsich ist auch der Auslese aus der Geierslay eigen, aber es kommen noch Noten von Mirabellen, Zitronengras und Galgant hinzu. Dieser Wein besitzt eine enorm kühle Präzision und Länge. Etwas voluminöser sind die beiden Auslesen aus Brauneberg, beide sind geradlinig, die Süße ist sehr gut integriert. Die Rotweine besitzen beachtliche Fülle, beeindrucken mit Balance, die schon beim Pinot Noir aus dem Paulinsberg, der kühle Beeren- und Würznoten aufweist, zu spüren ist, noch deutlicher beim Wein aus dem Herrenberg.

Weinbewertung

87	2019 Riesling trocken Brauneberger	12,5%/9,-€
89	2019 Riesling trocken „Alte Reben" „Saar" Wiltinger Rosenberg	12%/14,80€
90	2019 Riesling trocken „GD" Dhroner Hofberg	12%/22,-€
90	2019 Riesling trocken „GW" Wintricher Ohligsberg	13,5%/22,-€
91	2019 Riesling trocken „von den Terrassen" Piesporter Treppchen	13,5%/36,-€
91	2019 Riesling „von den Terrassen" Neumagener Rosengärtchen	13%/32,-€
89	2019 Riesling trocken Piesporter Goldtröpfchen	12,5%/14,80€
87	2019 Riesling Kabinett „feinherb" Brauneberger Juffer	11%/11,80€
89+	2019 Riesling trocken „GP" Piesporter Grafenberg	12,5%/22,-€
87	2019 Riesling Kabinett Wehlener Sonnenuhr	8%/14,80€
86	2019 Riesling Kabinett Mülheimer Sonnenlay	8,5%/11,80€
90+	2019 Riesling Spätlese Goldkapsel Piesporter Goldtröpfchen	7%/22,-€
93	2019 Riesling Auslese Goldkapsel Wintricher Geierslay	8%/29,50€
93	2019 Riesling Auslese Goldkapsel Brauneberger Juffer	8%/29,50€
93	2019 Riesling Auslese Goldkapsel Brauneberger Juffer-Sonnenuhr	8%/36,-€
87	2018 Pinot Noir trocken	13%/12,80€
90	2018 Pinot Noir trocken Kestener Paulinsberg	13,5%/19,50€
91	2018 Pinot Noir trocken Kestener Herrenberg	13,5%/26,50€

RHEINHESSEN ▶ OSTHOFEN

★★★

Steinmühle

Kontakt
Eulenberg 18
67574 Osthofen
Tel. 06242-1478
Fax: 06242-1580
www.weingut-steinmuehle.de
info@weingut-steinmuehle.de

Besuchszeiten
nach Vereinbarung
Gästehaus Steinmühle
(Inh. Stefanie Schösler)

Inhaber
Axel May

Rebfläche
20 Hektar

Das 1275 erstmals erwähnte Hof- und Weingut Steinmühle ist seit Anfang des 18. Jahrhunderts im Besitz der Familie, wird seit 2009, nach Abschluss seines Geisenheimstudiums, von Axel May geführt. Die Weinberge liegen vor allem in Osthofen in den Lagen Liebenberg (mit der Gewanne Auf dem Schnapp), Goldberg und Klosterberg, sowie im Dittelsheimer Leckerberg. Axel May will stärker auf Riesling setzen, daneben gibt es die Burgundersorten und Silvaner, Sauvignon Blanc brachte 2014 den ersten Ertrag. Mit dem Jahrgang 2011 wurde das Sortiment neu gegliedert in Guts-, Orts- und Lagenweine. Derzeit gibt es als Lagenweine den Riesling „Auf dem Schnapp", den Leckerberg-Riesling und den Klosterberg-Spätburgunder, zukünftig sollen Lagenrieslinge aus dem Goldberg hinzukommen. Die Weine werden spontanvergoren, teils im Edelstahl, teils in 500 Liter-Holzfässern. 2017 begann Axel May mit der Umstellung auf biologischen Weinbau.

Kollektion

2019 ist der erst bio-zertifizierte Jahrgang – und der 2019er Riesling Auf dem Schnapp ist der bisher beste Wein von Axel May, zeigt intensiv rauchige Noten, ist herrlich eindringlich, braucht Zeit um sich zu öffnen, besticht mit Mineralität, Präzision und Druck, auch der 2018er ist immer noch enorm jugendlich, präzise und druckvoll. Schon die Gutsweine sind klar, frisch und zupackend: Das Einstiegsniveau ist hoch. Der Osthofener Riesling zeigt etwas Zitrus, ist lebhaft, klar und zupackend. Neu im Programm ist der Dittelsheimer Riesling (aus dem Leckerberg), der konzentriert und kraftvoll ist, etwas druckvoller als sein Osthofener Kollege. Die 2017er Cuvée Opus aus Grau- und Weißburgunder ist intensiv und würzig, besitzt Kraft und Substanz, die Riesling Auslese ist reintönig und lebhaft. Im roten Segment gefällt uns der wunderschön reintönige 2017er Osthofener Pinot Noir noch ein klein wenig besser als der intensiv fruchtige 2018er Klosterberg.

Weinbewertung

84	2019 Riesling trocken	12,5%/6,90€
84	2019 Sauvignon Blanc trocken	11%/7,90€
86	2019 Riesling trocken Osthofen	12,5%/10,90€
87	2019 Riesling trocken Dittelsheim	12,5%/10,90€
86	2017 „Opus" Weißwein trocken	12,5%/9,90€
90	2018 Riesling trocken „Auf dem Schnapp"	13%/17,90€
91	2019 Riesling trocken „Auf dem Schnapp"	13%/17,90€ ☺
84	2019 Riesling „feinherb"	11,5%/6,90€
86	2019 Riesling Auslese	7,5%/9,90€/0,5l
83	2019 Rosé trocken	12%/6,90€
88	2017 Pinot Noir Osthofen	13%/13,90€
82	2019 „Speiseschieber" Rotwein trocken	12,5%/6,90€
87	2018 Pinot Noir trocken Osthofener Klosterberg	13,5%/17,90€

FRANKEN ▸ KLINGENBERG

★★★★

Steintal

Kontakt
Wilhelmstraße 107
63911 Klingenberg
Tel. 09372-2438
Fax: 09372-921059
www.weingut-steintal.de
info@weingut-steintal.de

Besuchszeiten
Sa. 10-17 Uhr
und gerne nach Vereinbarung

Inhaber
Weingut Klingenberg GmbH
Geschäftsführer
Carl-Julius Cromme
Kellermeister
Benedikt Baltes
Rebfläche
11 Hektar
Produktion
40.000 Flaschen

Nun müssen wir uns erneut an einen neuen Namen gewöhnen. Erst 2017 war aus dem Weingut der Stadt Klingenberg das Weingut Benedikt Baltes geworden, seit dem 1. September 2019 trägt das Weingut den Namen Steintal. Benedikt Baltes zog es zurück an die Ahr, wo seine Familie lebt, seine Ehefrau Julia ihr Weingut Julia Bertram betreibt, das inzwischen in Weingut Bertram-Baltes umbenannt wurde. Benedikt Baltes wird dem Weingut für eine Übergangsphase als beratender Önologe zur Seite stehen. Baltes ist in Mayschoß an der Ahr aufgewachsen, machte seine Lehre bei Adeneuer, dann hatte er in Österreich und Ungarn gearbeitet, nach seiner Technikerausbildung in Bad Kreuznach folgten Aufenthalte in Portugal und Rheinhessen. Das 1912 gegründete Weingut der Stadt Klingenberg hatte er 2010 erworben. 2016 hat er offiziell mit der Umstellung auf biologischen Weinbau begonnen, er arbeitet nach den Prinzipien der Biodynamie und der Permakultur; man hält auch Schafe zur Weinbergspflege. All dies wollen die neuen Eigentümer, die bisher schon Teilhaber waren, so beibehalten. Die Weinberge liegen im Klingenberger Schlossberg und im Großheubacher Bischofsberg, beides Lagen mit überwiegend Terrassen-Weinbergen, 2016 sind dann Weinberge in den Bürgstadter Lagen Centgrafenberg und Hundsrück hinzugekommen. Es wird hauptsächlich Spätburgunder angebaut, derzeit liegt der Anteil bei 90 Prozent, es gibt noch ein wenig Portugieser, Riesling, Cabernet Franc und Müller-Thurgau. Seit dem Jahrgang 2016 gibt es neben den Lagenweinen aus Schlossberg (Großes Gewächs) und Bischofsberg (2016 als Großes Gewächs) zwei weitere Lagenweine aus dem Bürgstadter Berg (Erste Lage) und dem Bürgstadter Hundsrück (Großes Gewächs). Die Basis des Sortiments bildet der Buntsandstein-Spätburgunder, dann folgen die Ortsweine, der Klingenberger Spätburgunder und der Großheubacher Spätburgunder. Mit dem Jahrgang 2013 wurde der „Terra 1261" eingeführt, eine spezielle Selektion aus dem Schlossberg, der nach dem Jahr benannt wurde, in dem erstmals urkundlich Weingärten „auf dem hohen Berge" als Eigentum des Schenken von Clingenburg und Prozelten erwähnt wurden. Die Weine werden etwas kaltmaceriert und spontanvergoren, der Ausbau erfolgt überwiegend in 300 Liter-Fässern, ein kleiner Teil wird in 500 Liter-Fässern ausgebaut, die Eiche hierfür stammt aus der Region.

Kollektion

Das Einstiegsniveau ist hoch, das gilt auch im Jahrgang 2018. Der Buntsandstein-Spätburgunder ist frisch und fruchtbetont im Bouquet, zeigt intensiv Johannisbeeren, ist lebhaft, klar und frisch im Mund, besitzt gute Struktur und Grip. Der Großheubacher Spätburgunder von alten Reben zeigt rauchig-würzige Noten im Bouquet, viel Frucht, ist reintönig im Mund, frisch und zupackend; in blendender Form präsentiert sich derzeit der Jahrgang 2016, besticht mit Reintönigkeit, Frische und Grip. Unsere leicht Präferenz unter den beiden Ortsweinen gilt im Jahrgang 2018 dem Klingenberger Spätburgunder von alten Reben, der feine Würze zeigt, reintönige Frucht, viel Frische, klar und zupackend ist, klare Frucht und Grip besitzt. Eine weitere Steigerung bringt der Spätburgunder vom Bürgstadter Berg, zeigt rote Früchte, ist würzig und eindringlich, faszinierend reintönig, ist komplex, kraftvoll und frisch im Mund, strukturiert und präzise. Alle diese Weine weisen im Jahrgang 2018 12,5 Prozent Alkohol auf dem Etikett aus, und dies gilt auch für die drei Großen Gewächse und ebenfalls für den Klingenberger Cabernet Franc. Dieser ist würzig und intensiv, das Bouquet ist von viel Frische und einer markanten Spontinote geprägt, er ist reintönig im Mund, frisch und zupackend, ganz Struktur, hat Grip. Die drei Großen Gewächse liefern sich im Jahrgang 2018 ein Kopf-an-Kopf-Rennen. Der Wein aus dem Schlossberg ist enorm intensiv, offen und fruchtbetont im Bouquet, zeigt eindringlich Johannisbeeren, ist klar und präzise im Mund, besitzt gute Struktur und viel Frische. Der Spätburgunder aus dem Bischofsberg zeigt viel Duft und Intensität im Bouquet, ganz dezenten Toast, Johannisbeeren, ist etwas kompakter im Mund, besitzt gute Struktur und Substanz, Frische und Länge. Unsere leichte Präferenz gilt im Jahrgang 2018 dem Hundsrück, der intensive Frucht zeigt wie seine Kollegen, intensiv Johannisbeeren, besitzt gute Struktur, reintönige Frucht, feine Tannine und Grip. In prächtiger Verfassung präsentieren sich die beiden 2015er Schlossberg-Spätburgunder, Großes Gewächs und Terra 1261, beide sind immer noch enorm jugendlich und besitzen viel Potenzial.

Benedikt Baltes

🍇 Weinbewertung

87	2018 Spätburgunder „Buntsandstein"	12%/16,50 €
90	2016 Spätburgunder „Alte Reben" Großheubach	13%
88	2018 Spätburgunder „Alte Reben" Großheubach	12,5%/19,50 €
89	2018 Spätburgunder „Alte Reben" Klingenberg	12,5%/29,-€
90	2018 Spätburgunder Bürgstadt Berg	12,5%/39,-€
89	2018 Cabernet Franc Klingenberg	12,5%/25,-€
91	2018 Spätburgunder „GG" Großheubach Bischofsberg	12,5%/55,-€
92	2018 Spätburgunder „GG" Bürgstadt Hundsrück	12,5%/55,-€
93	2015 Spätburgunder „GG" Klingenberg Schlossberg	13%
91	2018 Spätburgunder „GG" Klingenberg Schlossberg	12,5%/69,-€
94	2015 Spätburgunder „Terra 1261" Schlossberg	13%

Lagen
Schlossberg (Klingenberg)
Bischofsberg (Großheubach)
Berg (Bürgstadt)
Hundsrück (Bürgstadt)
Centgrafenberg (Bürgstadt)

Rebsorten
Spätburgunder (90 %)
Portugieser
Riesling
Cabernet Franc
Müller-Thurgau

★★ Stepp

Kontakt
Friedelsheimer Straße 15
67098 Bad Dürkheim
Tel. +44-7798765430
g_stepp@yahoo.de,
udo@mail-bischoff.de

Besuchszeiten
nach Vereinbarung

Inhaber
Gerd Stepp
Betriebsleiter
Gerd Stepp
Kellermeister
Gerd Stepp
Rebfläche
9 Hektar
Produktion
75.000 Flaschen

Beim Debüt vor zwei Jahren hatten wir das Weingut noch unter dem Namen GP Winery geführt, seit dem vergangenen Jahr trägt es den Namen Stepp. Gerd Stepp stammt aus einer Bad Dürkheimer Winzerfamilie, entschied sich aber nach seinem Weinwirtschaftsstudium zunächst für eine internationale Karriere. Nach Stationen in Neuseeland, Simbabwe, Nigeria, Italien und Südafrika arbeitete er rund zehn Jahre lang für ein großes britisches Einzelhandelsunternehmen im Einkauf und als „Flying Winemaker". Zurück in der Pfalz, begann er seine eigene Weinlinie aufzubauen, die international vertrieben wird. Stepp konzentriert sich auf wenige, für die Pfalz typische Rebsorten, vor allem Riesling und Spätburgunder, aber auch Weiß- und Grauburgunder, Gewürztraminer und Scheurebe. Die Trauben stammen von der Mittelhaardt, 2019 auch erstmals aus den Weinbergen der Familie im Dürkheimer Fuchsmantel und im Wachenheimer Königswingert.

Kollektion

In diesem Jahr stehen drei Weine an der Spitze der Kollektion von Gerd Stepp: Der Riesling vom Saumagen zeigt feine kreidig-mineralische Noten, besitzt am Gaumen viel klare Frucht, Aprikose und Zitrusnoten, ist elegant und animierend, besitzt Grip und Länge, der 17 Monate in gebrauchten Barriques ausgebaute „Buntsandstein"-Spätburgunder zeigt dunkle Frucht, Schwarzkirsche, und kräutrige Noten, besitzt noch leicht jugendliche Tannine und dezente Holzwürze. Die Beerenauslese zeigt im eindringlichen Bouquet Noten von Quitte, Aprikose und Milchschokolade, ist leicht cremig und präsenter als der Silvaner Eiswein, der etwas verhalten bleibt, dezente Süße und ein frisches Säurespiel besitzt. Die beiden neuen Lagenrieslinge sind von Zitrusnoten geprägt, zeigen Ananas und Orangenschale, der Fuchsmantel besitzt etwas mehr Grip und ist nachhaltiger als der Königswingert.

Weinbewertung

85	2019 Pinot Blanc	13 %/8,50 €
84	2019 Pinot Gris	13 %/8,50 €
83	2019 Riesling	12,5 %/8,90 €
86	2019 Riesling vom Königswingert	13 %/12,50 €
88	2019 Riesling „vom" Kallstadter Saumagen	13 %/14,90 €
87	2019 Riesling vom Fuchsmantel	13 %/14,90 €
85	2019 Gewürztraminer	12,5 %/9,50 €
88	2018 S Beerenauslese	12 %/16,90 €
87	2018 Silvaner Eiswein	12 %/29,- €
83	2019 Pinot Noir Rosé	12,5 %/7,90 €
86	2018 Pinot Noir	13,5 %/12,90 €
88	2018 Pinot Noir „Buntsandstein"	13,5 %/19,90 €

PFALZ ▬ HOCHSTADT

★★★✫ **Stern**

Kontakt
Hauptstraße 199
76879 Hochstadt
Tel. 06347-700580
Fax: 06347-7309
www.weingut-stern.de
info@weingut-stern.de

Besuchszeiten
Mo.-Fr. 9- 12 + 13:30-18 Uhr
Sa. 9-17 Uhr
und nach Vereinbarung,
So. & Feiertage geschlossen
Weinstube „Zum Sterne
Sepp" in der Ortsmitte

Inhaber
Wolfgang & Dominic Stern
Betriebsleiter/Kellermeister
Dominic Stern
Rebfläche
11 Hektar
Produktion
100.000 Flaschen

Josef Stern kaufte 1952 den ersten Weinberg, 1960 begann er mit der Brennerei. 1980 übernahm Sohn Wolfgang den Betrieb, den er heute mit seinem Sohn Dominic führt. In den Weinbergen rund um Hochstadt wachsen die Reben auf sandigen Lössböden mit leichtem Kalkgehalt. Die Sterns haben den Anbau von Riesling und den Burgundersorten in den letzten Jahren forciert, haben in Lagen an der Mittelhaardt investiert, im Forster Ungeheuer, Deidesheimer Kieselberg und Ruppertsberger Reiterpfad. Die Burgundersorten nehmen mittlerweile 40 Prozent der Rebfläche ein, Riesling 30 Prozent. Anfang 2019 wurde ein neuer, klimatisierter Barriquekeller gebaut.

Kollektion

Die drei Mittelhaardter Lagenrieslinge sind etwas schlanker als im vergangenen Jahr, allen voran der im Halbstück ausgebaute, elegante und sehr nachhaltige Ungeheuer, der feine Zitrusnoten, guten Grip und salzige Länge besitzt, der Kieselberg zeigt kräutrig-steinige Noten und Zitruswürze, ist druckvoll und animierend, auch der Reiterpfad entwickelt feinen Druck, besitzt herbe Frucht, Ananas, grünen Apfel, mineralische Noten und gute Länge, der vierte Riesling aus dem Roten Berg ist dagegen ganz fruchtbetont mit Aromen von Aprikose, Ananas und Orangenschale. Noch stärker als die Rieslinge ist allerdings der Pinot Noir „Pinotimes Réserve", der sehr elegant, feingliedrig und nachhaltig ist und im komplexen Bouquet rote Johannisbeere, Hagebutte und dezente Röstnoten zeigt, auch der zweite Pinot ist elegant, aber etwas dunkler in der Frucht, besitzt noch eine jugendliche Struktur, der St. Laurent zeigt im Bouquet dunkle Frucht, Pflaume, Brombeere, Mokka und Gewürznelke, besitzt Kraft und Potential. Der „Pinotimes"-Sekt zeigt feine Reifenoten, besitzt aber auch noch Frische, die Spätlese aus dem Ungeheuer ist elegant, animierend und sehr schlank. ▬

Weinbewertung

88	2013 Pinot Rosé Sekt brut „Pinotimes"	13%/18,-€
89	2018 Riesling trocken Ruppertsberger Reiterpfad	12,5%/22,-€
90	2019 Riesling trocken Forster Ungeheuer	12%/28,-€
89	2019 Riesling trocken Deidesheimer Kieselberg	12,5%/24,-€
87	2019 Riesling Spätlese Forster Ungeheuer	7%/15,-€
86	2019 Rieslaner Spätlese	7%/10,-€
86	2019 Syrah Rosé trocken „Fumé"	12%/16,50€
88	2018 St. Laurent trocken „Réserve"	14%/18,50€
86	2019 Riesling trocken Hochstadter Roter Berg	12,5%/10,50€
87	2017 Cuvée Josef Rotwein trocken	13,5%/15,50€
90	2018 Pinot Noir trocken „Réserve"	13,5%/26,-€
91	2017 Pinot Noir trocken „Pinotimes" „Réserve"	13%/65,-€

WÜRTTEMBERG ▶ REMSHALDEN

Sterneisen

Kontakt
Am Hisch 3
73630 Remshalden
Tel. 0176-38641541
www.weingut-sterneisen.de
info@weingut-sterneisen.de

Besuchszeiten
Weinverkauf im Hofladen
Frank: Mo.-Sa. 8-12:30 Uhr,
Mo. + Do. 16-18 Uhr, Fr. 14-18
Uhr (für Beratung/Verkostung
Bitte um Vereinbarung)

Inhaber
Claudia & Hagen Dorn
Betriebsleiter
Claudia Dorn
Rebfläche
3 Hektar
Produktion
20.000 Flaschen

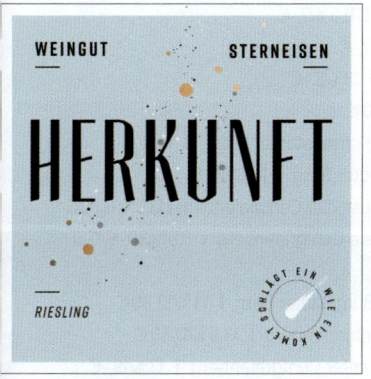

2017 wurde das Weingut von Claudia und Hagen Dorn gegründet, mit gerade einmal einem halben Hektar Reben, die in einer kleinen Garage verarbeitet wurden, der zweite Jahrgang wurde dann schon im eigenen Keller ausgebaut. Claudia Dorn stammt aus einer Winzerfamilie, hat nach einer Ausbildung zur Krankenschwester und zwei Jahren im Beruf ein Weinbetriebswirtschaftsstudium in Heilbronn angeschlossen. Benannt wurde das Weingut nach der ehemaligen Einzellage Sterneisen in Grunbach, in der schon Claudia Dorns Großeltern Reben besaßen. Inzwischen sind drei Hektar daraus geworden; vor allem Riesling, Lemberger und Trollinger, aber auch Grauburgunder, Sauvignon Blanc, Merlot und Syrah werden angebaut.

Kollektion

Eine überzeugende Kollektion präsentiert Claudia Dorn zum Debüt. Die Begegnung genannte halbtrockene Weißweincuvée ist frisch und fruchtbetont im Bouquet, leicht aprikosenduftig, besitzt feine süße Frucht und Biss. Der Grauburgunder Abendrot zeigt gute Konzentration und reintönige Frucht, ist klar und zupackend, besitzt gute Struktur, Säure, Frische und Biss. Der Riesling Herkunft ist fruchtbetont und intensiv, klar, frisch und zupackend. Unser Favorit im weißen Teil der Kollektion ist der Riesling Herkunft, der gute Konzentration und viel klare Frucht im Bouquet zeigt, Fülle und Kraft besitzt, reintönige Frucht, Substanz und gute Struktur. Der Brücke genannte Rosé ist fruchtbetont, würzig und frisch, betont süffig. Dickhäuter ist der Name einer roten Cuvée, die konzentriert und fruchtintensiv im Bouquet ist, rote und dunkle Früchte zeigt, fruchtbetont auch im Mund ist, zupackend und strukturiert. Der Heimat genannte Lemberger ist frisch und fruchtbetont im Bouquet, wunderschön reintönig, ist lebhaft und klar im Mund, besitzt gute Struktur und Grip. Den Heimat-Lemberger präsentiert Claudia Dorn auch in einer Blue Label-Version, die mehr Konzentration zeigt, viel Duft und Würze, im Mund enorm füllig und kraftvoll ist, viel Substanz besitzt, herrlich viel Frucht und schönen Grip. Ein starkes Debüt!

Weinbewertung

84	2019 Riesling trocken „Herkunft"	12,5 %/7,80 €
85	2018 Grauburgunder trocken „Abendglut"	12,5 %/8,90 €
87	2019 Riesling trocken „Herkunft" „Blue Label"	13 %/14,80 €
82	2019 „Begegnung" Weißweincuvée	11,5 %/8,20 €
83	2019 „Brücke" Rosé trocken	12 %/6,90 €
84	2018 „Dickhäuter" Rotweincuvée trocken	13,5 %/9,90 €
85	2017 Lemberger trocken „Heimat"	13 %/9,60 €
87	2018 Lemberger trocken „Heimat" „Blue Label"	14 %/17,- €

FRANKEN ▶ BÜRGSTADT

★★★

Stich

Kontakt
Freudenberger Straße 73
63927 Bürgstadt
Tel. 09371-5705
Fax: 09371-80973
www.weingut-stich.de
info@weingut-stich.de

Besuchszeiten
Mo.-Fr. 9-12 + 14-18 Uhr
Sa. 9-16 Uhr
oder nach Vereinbarung
Gutsausschank „Im Löwen"
(ab Ostermontag 2 Wochen,
10 Tage Anfang Juli, 14 Tage
ab Mitte Nov.), Weinproben
(8 bis 150 Personen)

Inhaber
Gerhard Stich
Betriebsleiter
Gerhard & Helga Stich
Kellermeister
Gerhard & Philipp Stich
Rebfläche
9,5 Hektar
Produktion
60.000 Flaschen

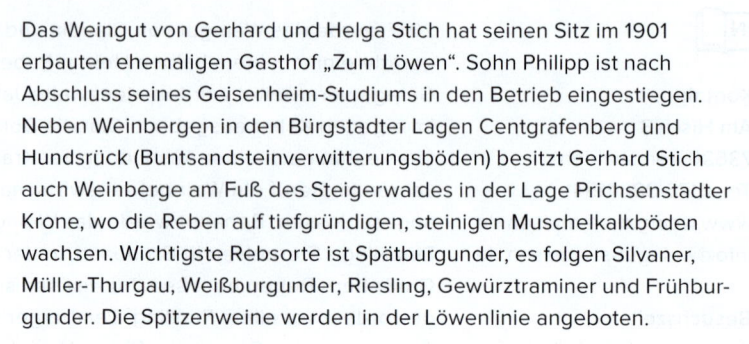

Das Weingut von Gerhard und Helga Stich hat seinen Sitz im 1901 erbauten ehemaligen Gasthof „Zum Löwen". Sohn Philipp ist nach Abschluss seines Geisenheim-Studiums in den Betrieb eingestiegen. Neben Weinbergen in den Bürgstadter Lagen Centgrafenberg und Hundsrück (Buntsandsteinverwitterungsböden) besitzt Gerhard Stich auch Weinberge am Fuß des Steigerwaldes in der Lage Prichsenstadter Krone, wo die Reben auf tiefgründigen, steinigen Muschelkalkböden wachsen. Wichtigste Rebsorte ist Spätburgunder, es folgen Silvaner, Müller-Thurgau, Weißburgunder, Riesling, Gewürztraminer und Frühburgunder. Die Spitzenweine werden in der Löwenlinie angeboten.

Kollektion

Die Basiscuvées setzen ganz auf Süffigkeit, sind frisch und zupackend, merklich süß, das gilt für den weißen Tigris ebenso wie für den Onca-Rosé. Der Müller-Thurgau ist lebhaft, frisch und geradlinig. Der Bürgstadter Riesling besitzt feine Frische und Frucht, Würze und Grip, der Bürgstadter Silvaner besitzt klare Frucht und gute Harmonie. Spannend ist wieder einmal der Weißburgunder von alten Reben aus der Prichsenstadter Krone, Jahrgang 2018, besitzt gute Struktur und Substanz, Fülle und Kraft. Der Silvaner Großes Holz aus dem Jahrgang 2017 steht ihm kaum nach, besitzt rauchige Noten, gute Struktur, Kraft und Substanz. Sehr gut ist auch der 2019er Gewürztraminer von alten Reben im Centgrafenberg, er ist sortentypisch und saftig, besitzt reife Frucht und gute Struktur. Aus dem Jahrgang 2018 stammt die Spätburgunder Weißherbst Beerenauslese, die viel Duft und Konzentration zeigt, viel Stoff und Substanz besitzt. Der rotfruchtige Spätburgunder Großes Holz ist fruchtbetont und geradlinig, die leicht gewürzduftige Barrique-Variante besitzt gute Struktur und Grip. Auf gleichem Niveau sehen wir den 2018er Frühburgunder, der reintönige Frucht, gute Struktur und Frische besitzt.

Weinbewertung

84	2019 Müller-Thurgau trocken „Frank & Frei"	11,5%/7,-€
83	2019 „Tigris" Weißweincuvée trocken	12%/7,-€
84	2019 Silvaner Kabinett trocken Bürgstadter	13%/8,-€
84	2019 Riesling trocken Bürgstadter	12%/8,80€
87	2018 Weißburgunder trocken „Alte Reben" Prichsenstadter Krone	14%/11,-€
86	2017 Silvaner trocken „Großes Holz" Bürgstadter Berg	14%/12,-€
85	2019 Gewürztraminer trocken „Alte Reben" Bürgstadter Centgrafenberg	13,5%/13,50€
89	2018 Spätburgunder Weißherbst Beerenauslese Centgrafenberg	8,5%/30,-€/0,5l
83	2019 „Onca" Rosé	12%/7,-€
85	2017 Spätburgunder trocken „Großes Holz" Bürgstadter Berg	13%/12,80€
88	2018 Frühburgunder trocken Bürgstadter Centgrafenberg	13,5%/17,50€
88	2017 Spätburgunder trocken Barrique Bürgstadter Centgrafenberg	13%/19,-€

★★★★★ Jean **Stodden**

Kontakt
Rotweinstraße 7-9
53506 Rech
Tel. 02643-3001
Fax: 02643-3003
www.stodden.de
info@stodden.de

Besuchszeiten
Mo. 9-12 + 13:30-17:30 Uhr
Di. 9-12 + 13:30-17:30 Uhr
Mi. 9-12 Uhr
Do. 9-12 + 13:30-17:30 Uhr
Fr. 9-12 + 13:30-17:30 Uhr
Sa. 10-13 Uhr

Inhaber
Alexander Stodden
Rebfläche
8,5 Hektar
Produktion
55.000 Flaschen

Seit dem 16. Jahrhundert baut die Familie Wein im Ahrtal an, im Jahr 1900 begann Alois Stodden selbst Wein zu keltern. Gerhard Stodden machte seit den neunziger Jahren den Betrieb auch überregional bekannt. Seit seinem Tod 2013 führt sein Sohn Alexander Stodden den Betrieb, der zuvor schon ein Jahrzehnt zusammen mit seinem Vater das Weingut geleitet hatte, zusammen hatten sie ihren Stil verfeinert hin zu mehr Eleganz und Finesse, hin zu mehr Burgund. Alexander Stoddens Weinberge liegen zu 90 Prozent in Steilhängen: Der Recher Herrenberg ist die Paradelage, hinzu kommen Weinberge in den Lagen Neuenahrer Sonnenberg, Ahrweiler Rosenthal, Mayschosser Mönchberg und Dernauer Hardtberg und Burggarten. Neben Spätburgunder wird ein wenig Riesling und Frühburgunder angebaut. Alle Trauben werden entrappt, nach einer Maischegärung von bis zu 24 Tagen kommen alle Rotweine ins Holz, ausgesuchte Weine werden im Barrique ausgebaut. Diese Weine werden in der Serie „JS" vermarktet, die es seit 1989 gibt. In den letzten Jahren wurde der Barriqueanteil kräftig erhöht, ebenso der Anteil neuen Holzes; genutzt werden 228 Liter-Barriques aus Alliereiche, medium getoastet; seit 1999 finden für die Spitzenweine nur noch neue Barriques Verwendung, seit dem Jahrgang 1999 werden sie unfiltriert abgefüllt. Ziel ist es gerbstoffreiche Weine zu erzeugen, die sich durch gute Lagerfähigkeit auszeichnen. Während die meisten anderen Winzer an der Ahr ihre Spitzenweine schon im August oder September des auf die Ernte folgenden Jahres abfüllen, bleiben bei Alexander Stodden die Weine mindestens fünfzehn Monate im Barrique oder im großen Holzfass. Mit dem Effekt, dass seine Weine wesentlich haltbarer sind als die manch anderer Ahrwinzer. Aber auch mit dem Effekt, dass sie jünger, in manchen Jahrgängen etwas unzugänglicher sind. An der Spitze der Kollektion stehen der Spätburgunder Alte Reben (der immer aus dem Herrenberg stammt, was allerdings nicht auf dem Etikett steht) und die Großen Gewächse: Zu den Spätburgundern aus Herrenberg, Rosenthal, Sonnenberg und Mönchberg gesellten sich mit dem Jahrgang 2012 ein Spätburgunder aus dem Hardtberg sowie ein Frühburgunder aus dem Herrenberg; in manchen Jahrgängen wird zusätzlich ein Spätburgunder „Lange Goldkapsel" erzeugt.

Kollektion

Alexander Stodden reiht eine großartige Kollektion an die nächste. Schon der Basis- Spätburgunder ist frisch und herrlich reintönig, besitzt gute Struktur, Frucht und Grip. Der Spätburgunder J zeigt gute Intensität und reintönige Frucht im Bouquet, ist frisch, klar und zupackend im Mund, besitzt Struktur und reintönige Frucht. Noch präziser, noch druckvoller ist der Spätburgunder JS, zeigt reintönige Frucht, feine Frische, ist wunderschön reintönig und strukturiert. Präzision und Reintönigkeit beschreiben den Jahrgang 2018 von Alexander Stodden besonders gut, gelten für die komplette Kollektion, alle Weine sind gewohnt puristisch, setzen auf Finesse und Druck, die Frucht ist präsent, steht aber niemals im Vordergrund. Der Recher Spätburgunder ist dafür ein wunderschönes Beispiel, ist reintönig und frisch im Bouquet, herrlich geradlinig im Mund, wie an der Schnur gezogen, präzise, dezent mineralisch, lang und nachhaltig. Der fruchtintensivste Wein ist der Frühburgunder aus dem Herrenberg, aber das ist der Rebsorte geschuldet, er ist intensiv, leicht floral, besitzt gute Substanz, klare reife Frucht und Länge. Es folgt eine Reihe großartiger Großer Gewächse, aus der sich jeder selbst seinen Favoriten auswählen kann. Der Wein aus dem Hardtberg ist etwas für Pinot-Puristen, er hat das faszinierendste Bouquet, ist reintönig und lebhaft, frisch und zupackend, sehr präzise und nachhaltig. Der Spätburgunder aus dem Sonnenberg ist sehr offen und intensiv im Bouquet, zeigt etwas Johannisbeeren, ist kraftvoll im Mund, besitzt viel reife Frucht, Substanz und Länge. Der Wein aus dem Rosenthal ist enorm intensiv und dominant, leicht floral, besitzt gute Struktur und viel Frucht, Kraft, Druck und Länge. Noch floraler und würziger ist der Mönchberg im Bouquet, präzise und druckvoll im Mund, noch sehr jugendlich und deutlich verschlossener als seine Kollegen. Der Wein aus dem Herrenberg zeigt viel Konzentration und wunderschön reintönige Frucht im Bouquet, ist kraftvoll im Mund, klar und zupackend, besitzt gute Struktur, Präzision und Grip, auch er wird von weiterer Flaschenreife profitieren. Große Klasse ist auch wieder der Spätburgunder Alte Reben, der ebenfalls aus dem Herrenberg stammt, herrlich intensiv und reintönig im Bouquet, stoffig im Mund, druckvoll und lang, herrlich nachhaltig und doch jugendlich verschlossen – ein Wein mit großer Zukunft! Tolles Pinot-Kino!

Alexander Stodden

Weinbewertung

88	2018 Spätburgunder	13%/15,-€
89	2018 Spätburgunder „J"	12,5%/19,-€
90	2018 Spätburgunder „JS"	13%/25,-€
91	2018 Spätburgunder Recher	13%/31,-€
90	2018 Frühburgunder „GG" Herrenberg	13%/39,-€
94	2018 Spätburgunder „GG" Hardtberg	12,5%/49,-€
91	2018 Spätburgunder „GG" Sonnenberg	12,5%/59,-€
93	2018 Spätburgunder „GG" Rosenthal	12,5%/69,-€
93	2018 Spätburgunder „GG" Herrenberg	13,5%/79,-€
92	2018 Spätburgunder „GG" Mönchberg	12,5%/Vst.
94	2018 Spätburgunder „Alte Reben"	12,5%/125,-€

Lagen
Herrenberg (Rech)
Hardtberg (Dernau)
Rosenthal (Ahrweiler)
Sonnenberg (Neuenahr)
Mönchberg (Mayschoss)

Rebsorten
Spätburgunder (85 %)
Frühburgunder (11 %)
Riesling (4 %)

J. Störrlein & Krenig

★★★★

Kontakt
Schulstraße 14
97236 Randersacker
Tel. 0931-708281
Fax: 0931-701155
www.stoerrlein.de
info@stoerrlein.de

Besuchszeiten
Mo.-Fr. 9-18 Uhr
Sa. 9-16 Uhr
So. nach Vereinbarung
mehrmals kultur-kulinarische Wochenenden

Inhaber
Armin Störrlein &
Martin Krenig

Rebfläche
12 Hektar

Produktion
80.000 Flaschen

An den neuen Namen hat man sich inzwischen lange gewöhnt: Störrlein & Krenig. 2008 wurde das Weingut Josef Störrlein mit dem Weinbaubetrieb von Armin Störrleins Schwiegersohn Martin Krenig (4,5 Hektar) verschmolzen und trägt seither den Namen Weingut J. Störrlein & Krenig. Armin Störrlein und Tochter Christiane Störrlein-Krenig kümmern sich im Wesentlichen um Vinifikation und Vermarktung, Martin Krenig um die Bewirtschaftung der Weinberge. Durch den Zusammenschluss besitzt das Weingut nun über 5 Hektar mit alten Silvaner- und Rieslingreben. Die Weinberge von Armin Störrlein und Martin Krenig liegen in den Randersackerer Lagen Sonnenstuhl, Marsberg und Pfülben. Silvaner ist die mit Abstand wichtigste Rebsorte im Betrieb, nimmt zwei Fünftel der Weinberge ein. Es folgen Riesling und Müller-Thurgau, dazu gibt es die roten Sorten Spätburgunder, Schwarzriesling und Domina, sowie Frühburgunder und Cabernet Sauvignon. Weißburgunder hat in den letzten Jahren an Bedeutung gewonnen, die Burgundersorten zusammen nehmen inzwischen ein Viertel der Rebfläche ein. Die Rotweine baut Armin Störrlein immer im Holz aus (teils auch im Barrique). Die Weißweine werden, teilweise nach Maischestandzeiten, teils im Edelstahl, teils im Holz ausgebaut, alle bleiben mindestens bis April auf der Feinhefe, geschönt wird nicht. Guts- und Ortsweine bilden die Basis des Sortiments, dann kommen Lagenweine der Trias-Linie, die Trias-Kennzeichnung tragen auch die Großen Gewächse, die alle aus dem schon im 15. Jahrhundert urkundlich erwähnten Sonnenstuhl kommen, aus den Weinbergen, die unter dem Turm liegen: Silvaner, Riesling, Weißburgunder und Spätburgunder. Auch edelsüße Weine spielen seit langem eine wichtige Rolle, regelmäßig werden Auslesen, Beerenauslesen und Trockenbeerenauslesen erzeugt; nicht zu vergessen sind die immer zuverlässigen Sekte. Eine Besonderheit ist der Frentsch, ein Gemischter Satz, der zu 40 Prozent Silvaner enthält, dazu Muskateller, Gewürztraminer, Riesling, Weißburgunder und ein wenig Spätburgunder. Seit der ersten Ausgabe empfehlen wir das Weingut, schon damals haben wir es als einen der Top-Betriebe in Franken gelobt, haben besonders gewürdigt, dass hier gleichermaßen hervorragende Weiß- und Rotweine erzeugt werden. Dies gilt uneingeschränkt auch heute noch. In den jüngsten Jahrgängen ging es weiter voran, die Basisweine sind noch reintöniger und fruchtbetonter, die Spitzenweine haben weiter an Komplexität gewonnen.

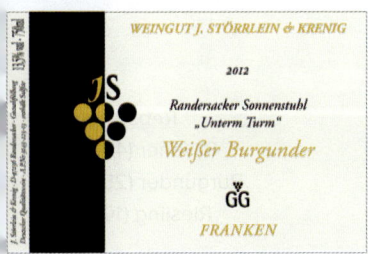

Kollektion

Eine starke Kollektion folgt auf die nächste; schon der Gutssilvaner vom Muschelkalk ist sehr gut, er ist wunderschön fruchtbetont, frisch und zupackend. Der Sonnenstuhl-Silvaner ist deutlich konzentrierter, fülliger und kraftvoller, besitzt reife Frucht und Substanz. Wir sehen ihn im Jahrgang 2019 gleichauf mit dem Silvaner von alten Reben im Marsberg, der würzig und herrlich eindringlich ist, viel reife Frucht, Substanz und

Länge besitzt. Highlight des Silvaner-Reigens ist ganz klar das Große Gewächs aus dem Jahrgang 2018: Gute Konzentration, rauchige Noten, weiße Früchte, füllig, saftig, kraftvoll, lang – ein Bilderbuch-Silvaner. Der im Barrique ausgebaute 2017er Sauvignon Blanc springt uns nicht an, er ist kompakt, relativ schlank, zurückgenommen in der Frucht; der Frentsch schon mehr, er ist fruchtbetont, lebhaft und zupackend, hat Grip. Der maischevergorene, im Barrique ausgebaute Weißburgunder Pure Grapes zeigt viel Konzentration im Bouquet, ist herrlich eindringlich, im Mund ist er konzentriert und stoffig, sehr kompakt, muss noch an Komplexität gewinnen. Eine Komplexität, die der fein gereifte 2011 Weißburgunder aus dem Sonnenstuhl aufweist, bei dezenter Süße ist er füllig, harmonisch und lang. Hervorragend ist der 2018er Riesling Großes Gewächs, herrlich eindringlich und konzentriert, trotz des heißen Jahrgangs sehr präzise und dezent mineralisch, ein sehr eigenständiger Wein. Ganz faszinierend ist auch die Silvaner Trockenbeerenauslese, zeigt kandierte Früchte, ist konzentriert und dominant bei viel Substanz. Im roten Segment punktet der Casparus, eine Cuvée aus Cabernet Sauvignon und Spätburgunder, mit intensiver Frucht, Frische und Grip, der im Barrique ausgebaute Frühburgunder Pure Grapes mit Intensität und Konzentration, klarer Frucht, Kraft und Grip. Starke Kollektion!

Weinbewertung

85	2019 Silvaner trocken „vom Muschelkalk"	12,5%/7,30€
87	2017 Sauvignon Blanc trocken Randersacker	12%/15,-€
88	2019 Silvaner trocken Randersacker Sonnenstuhl	12,5%/10,20€
88	2019 Sylvaner trocken „Alte Reben" Randersacker Marsberg	13%/12,-€
88	2018 „Frentsch" Weißwein trocken Randersacker	13%/10,-€ ☺
89	2011 Weißer Burgunder „GG" Randersacker Sonnenstuhl	14%
92	2018 Silvaner „GG" „Hohenroth" Randersacker Sonnenstuhl	14%/25,-€
91	2018 Riesling „GG" „Hohenroth" Randersacker Sonnenstuhl	13,5%/25,-€
89	2018 Weißburgunder „WB" trocken „Pure Grapes"	13,5%/30,-€
92	2018 Silvaner Trockenbeerenauslese Randersacker Sonnenstuhl	7,5%/50,-€/0,375l
87	2017 „Casparus" Rotwein trocken	13%/18,-€
90	2018 Frühburgunder trocken „FR" „Pure Grapes"	14%/32,-€

Lagen
Sonnenstuhl (Randersacker)
Pfülben (Randersacker)
Marsberg (Randersacker)
Teufelskeller (Randersacker)

Rebsorten
Silvaner (40 %)
Burgunder (25 %)
Riesling (10 %)

RHEINHESSEN ▶ ALZEY

Stoll

★

Kontakt
Sonnenbergstraße 13
55232 Alzey
Tel. 06731-41194
www.weingut-stoll.de
info@weingut-stoll.de

Besuchszeiten
nach Vereinbarung

Inhaber
Iris Stoll & Philipp Stork
Betriebsleiter
Iris Stoll & Philipp Stork
Kellermeister
Philipp Stork
Außenbetrieb
Iris Stoll & Philipp Stork
Rebfläche
9,5 Hektar
Produktion
40.000 Flaschen

Seit mehr als 300 Jahren baut die Familie Wein rund um Heimersheim an. Iris Stoll führt heute den Betrieb zusammen mit ihrem Sohn Philipp Stork, der 2014 sein Weinbau- und Önologie-Studium in Geisenheim beendet und die Verantwortung im Keller übernommen hat. Ihre Weinberge liegen vor allem in den Heimersheimer Lagen Sonnenberg und Rotenfels. Weißweine wie Riesling, Weißburgunder, Grauburgunder, Silvaner, Scheurebe und Sauvignon Blanc nehmen drei Viertel der Rebfläche ein, auf einem Viertel wachsen rote Rebsorten wie Spätburgunder, Dornfelder und Portugieser. Das Programm ist gegliedert in Liter- und Gutsweine, Ortsweine aus Heimersheim und Bornheim, sowie Lagenweine, derzeit ein Riesling aus dem Rotenfels.

Kollektion

Eine gleichmäßige, stimmige Kollektion präsentiert Philipp Stork zum Debüt. Das Einstiegsniveau überzeugt, die Gutsweine zeigen zuverlässig gutes Niveau. Der trockene Gutsriesling ist fruchtbetont und frisch, lebhaft und zupackend, der feinherbe Gutsriesling steht ihm nicht nach, besitzt klare Frucht, schönen Saft und viel Frische. Der Grauburgunder zeigt reintönige Frucht im Bouquet, gelbe Früchte, ist klar, frisch und harmonisch im Mund. Unsere leichte Präferenz unter den trockenen Gutsweinen gilt dem Sauvignon Blanc, der schöne Sortentypizität zeigt, Stachelbeeren, klar, frisch und geradlinig im Mund ist. Auch die süßen Weißweine überzeugen: Der Scheurebe Kabinett ist wunderschön reintönig und frisch, besitzt gute Harmonie und feine süße Frucht, die Riesling Spätlese besticht ebenfalls mit klarer Frucht und viel Frische, ist saftig, harmonisch und klar. Der Weißburgunder Ortswein aus Bornheim ist würzig und eindringlich, besitzt Fülle und viel reife Frucht im Mund, gute Struktur und Kraft, beim 2018er Heimersheimer Spätburgunder stehen die süße Frucht und der hohe Alkohol etwas zu sehr im Vordergrund. Sehr gut ist der einzige Lagenwein, der 2018er Riesling aus dem Rotenfels, zeigt gute Konzentration, feine Würze und reife Frucht, ist füllig und kraftvoll im Mund, besitzt reife süße Frucht und Substanz. Ein gelungenes Debüt!

Weinbewertung

82	2019 Riesling trocken	12,5%/5,-€
82	2019 Grauer Burgunder trocken	12,5%/5,-€
83	2019 Sauvignon Blanc trocken	13%/5,50€
83	2019 Riesling trocken Heimersheim	12,5%/8,50€
84	2019 Weißer Burgunder trocken Bornheim	13,5%/8,50€
85	2018 Riesling trocken Heimersheimer Rotenfels	13%/14,-€
82	2019 Riesling „feinherb"	12%/5,-€
83	2019 Scheurebe Kabinett	12%/5,-€
84	2018 Riesling Spätlese	9,5%/7,50€
81	2018 Spätburgunder trocken Heimersheim	15%/12,-€

WEINGUT *Stoll*

Stortz-Nicolaus

★★

Kontakt
Weinstraße 601
67434 Neustadt-Diedesfeld
Tel. 06321-31575
Fax: 06321-927870
www.stortz-nicolaus.de
info@stortz-nicolaus.de

Besuchszeiten
Sa. 10-17 Uhr und nach Vereinbarung

Inhaber
Roland Stortz-Nicolaus

Betriebsleiter
Roland Stortz-Nicolaus

Kellermeister
Roland Stortz-Nicolaus

Außenbetrieb
Roland Stortz-Nicolaus

Rebfläche
5 Hektar

Produktion
25.000 Flaschen

Roland Stortz-Nicolaus arbeitete nach dem Studium in Geisenheim in Neuseeland und in Südafrika, bevor er im Jahr 2000 den elterlichen Betrieb übernahm. Er bepflanzte vier Fünftel der Weinberge neu, 2002 erzeugte er die ersten Weine, 2003 war dann der erste "richtige" Jahrgang, mit Weinen aus den neu angelegten Weinbergen. Zu 60 Prozent baut er rote Sorten an, vor allem Spätburgunder, aber auch Merlot, Cabernet Sauvignon und Syrah. 2005 pflanzte er Auxerrois, im Jahr darauf Riesling, den er bis dahin, ganz ungewöhnlicherweise für ein Pfälzer Weingut, nicht im Programm hatte. Auch Sauvignon Blanc hat er gepflanzt, dazu Muskateller, der mit der Ernte 2013 in Ertrag kam, inzwischen auch Grauburgunder. Seit der Betriebsübernahme werden die Weinberge biologisch bewirtschaftet, seit 2004 ist Roland Stortz-Nicolaus Mitglied bei Bioland, seit 2006 bietet er zertifiziert biologische Weine an. Seit dem Jahrgang 2019 steht Sohn Philipp Aloys seinem Vater zur Seite.

Kollektion

Schon immer hatten die Rotweine von Roland Stortz-Nicolaus gegenüber den Weißweinen die Nase vorne und in diesem Jahr fällt das umso deutlicher aus. Gleich mehrere Weißweine wirkten auf uns recht oxidativ. Besonders deutlich wird das beim Chardonnay Reserve, der Noten von Apfelmus zeigt, womöglich auch unterstützt durch einen hohen Restzuckergehalt von 8 Gramm pro Liter, der an der oberen trockenen Grenze kratzt; ähnlich präsentiert sich der „Invictus" aus Chardonnay, Riesling und Sauvignon Blanc. Deutlich besser ist der Auxerrois „Phillips Premiere", der erste Wein der neuen Generation, der eine klare frische Frucht und eine feine Kräutrigkeit aufweist. Die Rotweine sind gewohnt überzeugend, allen voran ein sehr guter, 52 Monate in französischen Barriques ausgebauter Syrah, der gleichzeitig Eleganz und Frische, gute Struktur und Substanz besitzt.

Weinbewertung

Punkte	Wein	Alkohol/Preis
77	2017 „Invictus" Sekt brut	12,5%/14,60€
83	2018 „Invictus" weiß trocken	13,5%/9,80€
83	2018 Chardonnay trocken	13,5%/9,80€
84	2019 Auxerrois trocken „Philipps Premiere"	14%/9,80€
81	2019 Sauvignon Blanc trocken	11,5%/8,30€
79	2018 Sauvignon Blanc trocken „fumé"	12%/9,30€
83	2018 Chardonnay trocken „Reserve"	14%/14,60€
81	2018 Spätburgunder „S" trocken	13,5%/8,80€
84	2018 Pinot Noir trocken	14%/10,80€
84	2015 „Invictus" rot trocken	14,5%/14,60€
85	2018 Pinot Noir trocken „Reserve"	13,5%/14,60€
88	2015 Syrah trocken	14%/19,-€

RHEINHESSEN ━ OSTHOFEN

Strauch

★ ★ ★

Kontakt
Strauch Sektmanufaktur
Dalbergstraße 14-18
67574 Osthofen
Tel. 06242-913000
Fax: 06242-9130020
www.strauch-sektmanufaktur.de
is@strauch-sektmanufaktur.de

Besuchszeiten
Vinothek/Büro Platz an der kleinen Kirche 2, Mi.-Fr. 14-18 Uhr oder nach Vereinbarung, Verkostung der Sekte und Destillate; jeden 1. Samstag im Monat „Sekt-Samstag" mit Führung durch die Manufaktur (10-18 Uhr)

Inhaber
Isabel Strauch-Weißbach & Tim Weißbach

Betriebsleiter/Kellermeister
Tim Weißbach

Rebfläche
25 Hektar

Produktion
40.000 Flaschen

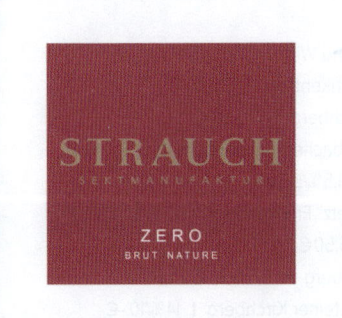

Aus der traditionellen Sektkellerei Dalbergerhof entstand 2011 ein neuer Betrieb, die Strauch Sektmanufaktur. Isabel Strauch-Weißbach und Tim Weißbach erzeugen mit neuen Geräten aus Frankreich ausschließlich Sekte im traditionellen Verfahren, aus eigenen biologischen Grundweinen. Ihre Weinberge liegen vor allem in Osthofen (Goldberg, Liebenberg) und Mettenheim (Michelsberg). Ihre Hauptrebsorten sind Chardonnay, Spätburgunder, Weißburgunder, Schwarzriesling, Riesling, Silvaner und Gewürztraminer. Die Grundweine werden nach Ganztraubenpressung teils im Edelstahl, teils im Holzfass oder Barrique ausgebaut. Die Trauben für ihren Lagensekt „Der Michelsberg" stammen von einem 1,5 Hektar großen, mit Bruchsteinmauern umgebenen Weinberg, in dessen Mitte die Michaelskapelle steht. Dieser Weinberg ist mit alten Riesling- und Gewürztraminerreben bepflanzt. Vor zwei Jahren haben Isabel Strauch-Weißbach und Tim Weißbach in eine neue Traubenannahme und in Kellerräume investiert, im vergangenen Jahre wurde im Zentrum Osthofens eine neue Vinothek eröffnet, in der zukünftig Events stattfinden sollen. Neben Sekten werden auch Destillate und alkoholfreie Sekte angeboten.

Kollektion

Waren im vergangenen Jahr Riesling 40 und Vieilles Vignes unsere Favoriten, so hat in diesem Jahr der Zero genannte Weißburgunder ganz knapp die Nase vorne, ein in gebrauchten Barriques ausgebauter Sekt, dem kein Schwefel zugesetzt wurde und der natürlich auch nicht dosiert wurde, wie der Name verrät: Rauchige Noten, feine Würze, enorm stoffig und zupackend im Mund, gute Struktur und Grip. Auch der im Bouquet intensiv fruchtige Vieilles Vignes aus dem Mettenheimer Michelsberg, 40 Monate auf der Hefe ausgebaut, ist wieder stark, komplex und zupackend bei feiner, dezenter Bitternote. Der 2012er Reserve steht ihm nicht nach, ist kraftvoll, kompakt, aus einem Guss. Der Riesling 40 zeigt feine Würze und Reife, ist stoffig, geradlinig, zupackend. Auch der Rosé Prestige reiht sich ein auf diesem Niveau, ist füllig und harmonisch, saftig und lang. Der Blanc de Blancs zeigt feine rauchige Noten, ist harmonisch und saftig, und auch Pinot Blanc und Riesling überzeugen: Starke Kollektion!

Weinbewertung

88	„Zero" brut nature	12 %/19,90 €
87	2012 „Reserve" brut nature	12 %/34,90 €
84	Riesling brut	12 %/13,90 €
87	Riesling „40" extra-brut	12 %/17,50 €
87	„Vieilles Vignes" brut	12,5 %/27,80 €
83	Pinot Blanc brut	12 %/15,90 €
85	„Blanc de Blancs" brut	12 %/15,90 €
87	Rosé „Prestige" brut	12 %/18,90 €

BADEN — LAUDA-BECKSTEIN

Strebel

★

Kontakt
Winzerhof Strebel
Geisbergstraße 8
97922 Lauda-Beckstein
Tel. 0172-9164096
Fax: 09343-613496
www.winzerhof-strebel.de
strebelst@t-online.de

Besuchszeiten
nach Vereinbarung

Inhaber
Silke Pabel
Betriebsleiter
Stefan Strebel
Kellermeister
Stefan Strebel
Rebfläche
1,3 Hektar
Produktion
8.000 Flaschen

Seit vier Generationen baut die Familie Wein im Taubertal an, mit der Selbstvermarktung wurde aber erst 2012 begonnen. Stefan Strebel, Techniker für Weinbau und Kellerwirtschaft, führt zusammen mit seinen Eltern Hilde und Horst Strebel den Betrieb. Die Weinberge liegen im Becksteiner Kirchberg und im Marbacher Frankenberg, die Reben wachsen auf Muschelkalkböden. Das Gros der Trauben wird an die Genossenschaft abgeliefert, eigene Weine werden aus den Rebsorten Grauburgunder, Schwarzriesling und Sauvignon Blanc bereitet und unter dem Namen von Stefan Strebels Schwester Silke Pabel vermarktet. Neben den 17 Hektar Weinbergen werden 5 Hektar Streuobstwiesen bewirtschaftet, in zwei eigenen Brennereien werden Destillate und Liköre erzeugt. Die trockenen Weine werden ohne Prädikatsbezeichnungen vermarktet, die Spitzenweine der Edition S werden im Barrique ausgebaut. Mit der neuen Kollektion gibt es erstmals Weine der Rebsorten Tauberschwarz und Riesling.

Kollektion

Die neue Kollektion ist wiederum stimmig und gleichmäßig gut. Der Fokus ist bei den Weißweinen auf saftige, animierende Frische gerichtet, zur Frucht kommen strukturgebende Tannine hinzu. Neben der edelsüßen Beerenauslese vom Grauburgunder von 2018 sehen wir ein trockenes Trio an der Spitze: Der Grauburgunder „S" aus dem Frankenberg von 2018 hat sich gut entwickelt, zeigt feine, rauchige Würze im Bukett, ist eher ein schlanker Vertreter seiner Rebsorte, kein Kraftprotz. Der Schwarzriesling „S" von 2018 vom Becksteiner Kirchberg zeigt reintönige Mandel- und Kirscharomatik, er ist kräftig, aber nicht fett, hat eine gute Struktur. Sehr gut gefällt uns auch der Tauberschwarz von 2019. Delikate, feine Frucht, gut strukturiert mit einem feinen Spiel von Frucht und Säure. Beim fruchtbetonten, halbtrockenen Regent fällt der Restzucker nicht negativ auf. Gelungen sind auch die Weißweine: Die „Leidenschaft", ein saftig-süßes Leichtgewicht ebenso wie der grasig-fruchtige Sauvignon Blanc und der zupackende, balancierte Riesling und der sehr frische Grauburgunder.

Weinbewertung

83	2019 Riesling trocken „Der Boden Die Sonne und Wir"	12%/9,-€
82	2019 Grauer Burgunder trocken Marbacher Frankenberg	13%/7,-€
84	2019 Sauvignon Blanc trocken Becksteiner Kirchberg	13%/8,-€
85	2017 Grauer Burgunder trocken „Edition S" Marbacher Frankenberg	12,5%/10,-€
83	2019 „Leidenschaft" Weißwein halbtrocken	11,5%/5,50€
85	2018 Grauer Burgunder Beerenauslese „Goldschatz" Frankenberg	11,5%/15,-€/0,375l
82	2019 „Sonnenkind" Rosé halbtrocken	11,5%/5,50€
85	2019 Tauberschwarz trocken Becksteiner Kirchberg	12,5%/8,-€
86	2018 Schwarzriesling trocken „Edition S" Becksteiner Kirchberg	14%/10,-€
82	2018 Regent halbtrocken „Herzblut"	12%/6,50€

Winzerhof
STREBEL
Wein – Destillate – Likör
www.winzerhof-strebel.de

RHEINGAU — RÜDESHEIM

★★

Thilo Strieth

Kontakt
Hauptstraße 43
65385 Rüdesheim
Tel. 06722-4646
www.weingut-strieth.de
weingut-strieth@t-online.de

Besuchszeiten
nach Vereinbarung

Inhaber
Fred Strieth

Rebfläche
3,5 Hektar

Die Wurzeln des Weingutes reichen bis ins 18 Jahrhundert zurück. Fred Strieth führt das Weingut heute mit Hilfe von Sohn Nico, der 2017 sein Weinbaustudium in Geisenheim beendet hat. Die Weinberge liegen in Rüdesheim in den Lagen Schlossberg, Kaisersteinfels und Drachenstein sowie in den Assmannshäuser Lagen Frankenthal, Hinterkirch und Höllenberg. 60 Prozent der Rebfläche nimmt Spätburgunder ein, 40 Prozent Riesling.

Kollektion

Der saftige Riesling Perlwein mit seiner herben Frucht ist trinkfreudig und in der Restsüße bestens austariert. Die beiden Blanc de Noir-Weine überzeugen, der Assmannshäuser Blanc de Noir ist angenehm trocken, geradlinig und frisch, der feinfruchtige „Fuck off Intolerance" ausgewogen und würzig. Die beiden 2018er Rieslinge aus dem Berg Schlossberg zeigen sich gut entwickelt. Der milde Saxum mit seiner reifen Gelbfrucht ist saftig, sein ausladender, würziger Schmelz endet mit salziger Mineralität im langen Nachhall. Die Alten Reben sind feiner gewirkt und zugleich komplexer, schön balanciert, gleichzeitig versprechen sie weitere Entwicklung. Die Spätburgunder sind alle kräftig und besitzen ausgeprägte Röstaromen. Die 2018 sind frischer, was nicht nur ihrer Jugend geschuldet ist, sondern auch einem kleinen stilistischen Wandel. Der aromatische Pinot aus dem Frankenthal tritt würzig und jugendlich forsch auf. Seine griffige Tanninstruktur kommt noch deutlich zur Geltung, etwas Flaschenlagerung wird ihm gut tun. In dieser Linie steht auch der 2018er Höllenberg, er ist ausgewogen und frisch. Bei den beiden reiferen Spätburgundern kommt mehr Komplexität ins Spiel. Der SF aus 2016 spiegelt die milde Saftigkeit des Jahrgangs, sein süßer Kern wird von überraschend herber Kräuterfrische umspült. Noch fülliger ist der Berg Schlossberg Pinot aus 2015, dessen immenses Holz mit ausgeprägten Nussaromen einer modernen Gran Reserva aus der Rioja ebenso gut zu Gesicht stehen würde. Ein Rotwein mit kleinen Ecken und Kanten, die ihm aber durchaus stehen.

Weinbewertung

84	2018 Riesling „Secco Fred Friedrich" Rüdesheim	11%/9,-€
85	2019 Spätburgunder trocken „Blanc de Noir" Assmannshäuser	12%/8,50€
86	2019 Spätburgunder trocken „Blanc de Noir" „Fuck Off Intolerance"	13%/11,-€
86	2018 Riesling trocken „Saxum" Rüdesheim Berg Schlossberg	12,5%/8,50€
87	2018 Riesling trocken „Alte Reben" Rüdesheim Berg Schlossberg	13%/14,-€
83	2019 Riesling „feinherb" „Jungspund" Rüdesheim	11%/7,50€
85	2018 Pinot Noir trocken Assmannshäuser Frankenthal	14%/11,-€
86	2018 Spätburgunder trocken Assmannshäuser Höllenberg	14%/18,-€
87	2015 Spätburgunder trocken Rüdesheim Berg Schlossberg	13,5%/26,-€
86	2016 Pinot Noir „SF unfiltriert" Rüdesheim	14%/28,-€

FRANKEN ➤ KLINGENBERG

★★★✩

Stritzinger

Kontakt
Bergwerkstraße 19
63911 Klingenberg
Tel. 09372-922954
Fax: 09372-922512
www.weinbau-stritzinger.de
info@weinbau-stritzinger.de

Besuchszeiten
nach Vereinbarung

Inhaber
Anja Stritzinger

Rebfläche
2 Hektar

Produktion
10.000 Flaschen

Willi Stritzinger war 1985 Gründungsmitglied beim Bundesverband ökologischer Weinbau, 1972 hatte er mit einem Traminerweinberg mit dem Weinbau begonnen. Nach langjährigem Probieren wagte er 1990 die Umstellung auf ökologischen Weinbau (Mitglied bei Bioland). Seit 2001 führt seine Tochter Anja das Gut. Ihre Weinberge liegen alle in Terrassen-Steillagen im Klingenberger Schlossberg, die Reben wachsen auf Buntsandsteinverwitterungsböden. Zur Hälfte baut Anja Stritzinger rote Sorten an, vor allem Spätburgunder, dazu Portugieser und Regent, zuletzt hat sie Pinotin gepflanzt, hinzu kommt ein Musterweinberg im Alten Satz, in dem teilweise auch historische Rebsorten stehen. Die Rotweine werden etwa zehn Tage auf der Maische vergoren. An weißen Sorten gibt es Riesling, der ein Viertel der gesamten Fläche einnimmt, Gewürztraminer und Johanniter. Das Weingut ist Demonstrationsbetrieb Ökologischer Landbau.

Kollektion

Nach einer sehr ausgewogenen Kollektion im vergangenen Jahr präsentiert sich auch die neue Kollektion sehr gleichmäßig, bietet dazu aber ein Highlight: Der im Barrique ausgebaute „Vinum frankonium purpureum", der Gemischte Satz aus etwa zwanzig verschiedenen Rebsorten, besticht mit Frische und Frucht, ist herrlich eindringlich im Bouquet, kraftvoll im Mund, frisch und zupackend, besitzt gute Struktur und Tannine, ist noch sehr jugendlich. Von der Spätburgunder Auslese konnten wir gleich zwei Versionen verkosten: Der im großen Holzfass ausgebaute Wein (10/19) ist rauchig-würzig, füllig und kompakt, die im Kastanienfass gereifte Variante (14/19) ist deutlich druckvoller, besitzt klare Frucht, Frische und Grip. Sehr gut ist auch der Regent, der intensive Frucht zeigt, herrlich eindringlich und dominant ist, Fülle und Kraft besitzt, gute Struktur, Tannine und Biss; auch der Portugieser besitzt kräftige Tannine und Biss. Im weißen Segment gibt es neben einer geradlinigen Cuvée aus Johanniter und Gewürztraminer zwei sehr gute Gewürztraminer aus dem Jahrgang 2018: Die halbtrockene Spätlese zeigt viel Rosenduft, Litschi, besitzt Fülle und Kraft, die Auslese zeigt viel Reife und Würze, ist füllig und saftig bei viel Substanz.

Weinbewertung

82	2019 „Sommer-Inspiration" Weißwein Kabinett trocken	12%/8,90€
85	2018 Gewürztraminer Spätlese halbtrocken Klingenberger Schlossberg	12,5%/13,50€
86	2018 Gewürztraminer Auslese Klingenberger Schlossberg	13,5%/17,50€
83	2018 Portugieser Klingenberger Schlossberg	12%/9,70€
85	2018 Regent Auslese Klingenberger Schlossberg	14%/16,50€
88	2018 „Vinum frankonium purpureum" Klingenberger Schlossberg	12,5%/22,50€
85	2018 Spätburgunder Auslese 10/19 Klingenberger Schlossberg	13,5%/18,50€
86	2018 Spätburgunder Auslese 14/19 Klingenberger Schlossberg	14%/22,50€

FRANKEN — SOMMERACH

Stephan Strobel

Kontakt
Schwarzacher Straße 17
97734 Sommerach
Tel. 09381-9357
Fax: 09381-6019
www.weingut-strobel.de
weingut-strobel@t-online.de

Besuchszeiten
Mo.-Sa. 9-18 Uhr
So. & Feiertage 9-12 Uhr

Inhaber
Stephan Strobel
Betriebsleiter
Stephan Strobel
Kellermeister
Stephan Strobel
Außenbetrieb
Stephan Strobel
Rebfläche
9 Hektar
Produktion
80.000 Flaschen

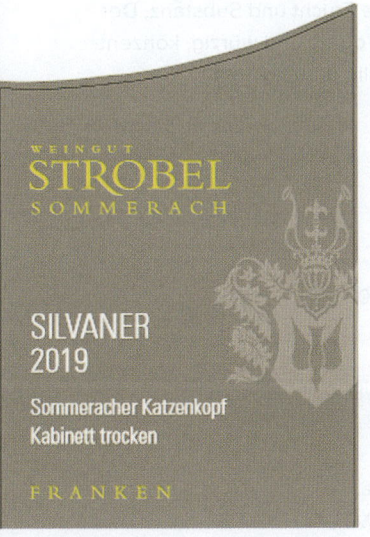

Seit dem Jahr 2000 führt Stefan Strobel zusammen mit Ehefrau Marion das Weingut. Ihre Weinberge liegen zur Hälfte auf der Weininsel in den Sommeracher Lagen Katzenkopf und Engelsberg, zur Hälfte im Obervolkacher Landsknecht, die Reben wachsen auf Muschelkalkböden. Silvaner, Müller-Thurgau, Bacchus und Scheurebe sind die wichtigsten weißen Rebsorten, dazu gibt es etwas Johanniter, Weißburgunder, Riesling und Solaris. Spätburgunder ist die wichtigste rote Rebsorte, ergänzt um Schwarzriesling, Cabernet Dorsa, Dornfelder und Domina. Brände aus der eigenen Brennerei ergänzen das Sortiment.

Kollektion

Nach einem guten Debüt im vergangenen Jahr gefällt uns die neue Kollektion nochmals besser. Die Kabinettweine zeigen sehr gleichmäßiges Niveau: Der birnenduftige trockene Silvaner ist klar, harmonisch, geradlinig, der Blanc de Noir kraftvoll und zupackend, ganz leicht bitter, der restsüße Bacchus intensiv fruchtig und frisch, der Rosé geradlinig und klar. Mehr Substanz dann besitzen die trockenen Spätlesen: Der Riesling aus dem Landsknecht ist würzig und eindringlich, zeigt etwas Zitrus, besitzt gute Struktur und klare Frucht, der Weißburgunder aus dem Katzenkopf ist füllig und saftig, die Scheurebe, ebenfalls aus dem Katzenkopf, zeigt viel reintönige Frucht und Duft, besitzt Fülle und Kraft, reife Frucht und gute Struktur. Über den trockenen Spätlesen gibt es zwei als Große Gewächse bezeichnete Weine aus dem Katzenkopf. Der 2019er Silvaner, sein Jahrgangsvorgänger war im vergangenen Jahr unser Favorit, besitzt viel Duft, viel reife Frucht und Substanz, der 2018er Weißburgunder ist würzig und eindringlich im Bouquet, füllig und kraftvoll im Mund, besitzt reife Frucht, gute Struktur und Frische, er ist unser Favorit in der aktuellen Kollektion. Dass Stephan Strobel sich auch auf Rotwein versteht zeigen der kirschduftige, reintönige Schwarzriesling und der geradlinige, strukturierte Cabernet Dorsa. Weiter so!

Weinbewertung

82	2019 Silvaner Kabinett trocken Sommeracher Katzenkopf	13 %/6,20 €
83	2019 „Blanc de Noir" Kabinett trocken Obervolkacher Landsknecht	13 %/6,20 €
85	2019 Riesling Spätlese trocken Obervolkacher Landsknecht	12,5 %/7,70 €
83	2019 Weißer Burgunder Spätlese trocken Sommeracher Katzenkopf	13,5 %/7,70 €
85	2019 Scheurebe Spätlese trocken Sommeracher Katzenkopf	13 %/7,70 €
84	2019 Silvaner trocken „Großes Gewächs" Sommeracher Katzenkopf	14 %/9,50 €
86	2018 Weißer Burgunder trocken „Großes Gewächs" Katzenkopf	13,5 %/9,-€
82	2019 Bacchus Kabinett Sommeracher Katzenkopf	11 %/6,20 €
81	2019 Rosé Kabinett trocken Obervolkacher Landsknecht	12 %/5,-€
83	2019 Schwarzriesling trocken Obervolkacher Landsknecht	12,5 %/7,-€
85	2019 Cabernet Dorsa Spätlese trocken Obervolkacher Landsknecht	13 %/8,-€

RHEINHESSEN ▶ OFFSTEIN

★★

Strohm

Kontakt
Neu-Offsteiner Straße 44
67591 Offstein
Tel. 06243-905117
Fax: 06243-905118
www.weingut-strohm.de
weingut-strohm@t-online.de

Besuchszeiten
nach Vereinbarung
3 Gästesuiten

Inhaber
Rüdiger Strohm
Betriebsleiter
Rüdiger Strohm
Kellermeister
Rüdiger Strohm
Rebfläche
13,5 Hektar

Das Weingut Strohm liegt in Offstein, ganz im Süden Rheinhessens. Es wird geführt von Rüdiger Strohm und Lydia Bollig-Strohm, die von der Mosel stammt und 1991/1992 Deutsche Weinkönigin war. 1996 haben sie das Weingut von den Eltern übernommen, im Jahr darauf mit der Selbstvermarktung begonnen. 70 Prozent der Rebfläche nehmen weiße Rebsorten ein, die Hälfte davon Riesling. Hinzu kommen Weißburgunder und Grauburgunder, aber auch Chardonnay und Sauvignon Blanc. Wichtigste rote Rebsorten sind Spätburgunder, Cabernet Dorsa und Dornfelder. Rüdiger Strohm verwendet für seine Weine keine Prädikatsbezeichnungen und auch keine Lagenangaben, die Weine werden intern mit bis zu drei Sternen klassifiziert. Tochter Sophie studiert Agrarwissenschaften in Stuttgart-Hohenheim.

🎂 Kollektion

Im vergangenen Jahr war die 2014er weiße Cuvée Nobilis unser Favorit in einer starken Kollektion. Mangels neuer Nobilis-Cuvée haben in diesem Jahr die Rotweine knapp die Nase vorne. Die im Barrique ausgebaute Cultus genannte Cuvée aus Spätburgunder, Cabernet Dorsa und Acolon zeigt gute Konzentration, reife rote Früchte, besitzt Fülle und Kraft, reife Frucht, gute Struktur und Substanz. Auch die Cuvée Amicus, Spätburgunder mit Acolon, überzeugt mit Frucht, Frische und Grip. Der frische, geradlinige Liter-Riesling bietet einen feinen Einstieg ins weiße Sortiment. Die 2-Sterne-Weißweine bieten gute Fülle und klare Frucht, was auch für den geradlinigen, zupackenden Rosé gilt. Eine weitere Steigerung bringen die 3-Sterne-Weißweine. Unser Favorit ist der trockene Riesling von alten Reben, der viel Würze und Duft im Bouquet zeigt, Fülle und Kraft im Mund besitzt, reife Frucht und Substanz. Der restsüße Fructus Pura ist ebenfalls enorm duftig und würzig, konzentriert und süß im Mund, aber auch eigenwillig unruhig. ◀

🍇 Weinbewertung

81	2019 Riesling* trocken (1l)	11,5%/6,50€
81	2019 Rivaner* trocken	11,5%/6,-€
83	2019 Weißburgunder** trocken	13%/7,80€
83	2019 Grauburgunder** trocken	13%/8,30€
81	2019 Sauvignon Blanc** trocken	12%/8,30€
83	2019 Chardonnay** trocken	13%/8,30€
83	2019 Riesling** trocken	12,5%/8,30€
85	2019 Riesling*** trocken „Alte Reben"	13%/15,-€
84	„Fructus Pura"****	8,5%/12,-€
83	2019 Rosé** trocken	11,5%/7,50€
84	„VII Amicus"**** Rotwein trocken	13,5%/13,-€
86	„X Cultus"**** Rotwein trocken Barrique	13%/23,-€

STROHM
★★★
IX
CULTUS

WÜRTTEMBERG ▬ BRACKENHEIM

★ ☆

Stromberg-Zabergäu

Kontakt
Weingärtner
Stromberg-Zabergäu eG
Neipperger Straße 60
74336 Brackenheim
Tel. 07135-98550
Fax: 07135-985555
www.wg-sz.de
info@wg-sz.de

Besuchszeiten
Mo.-Fr. 8-18 Uhr
Sa. 8-13 Uhr

Mitglieder
1100
Vorstandsvorsitzender
Jürgen Conz
Kellermeister
Thomas Eberbach
Rebfläche
760 Hektar
Produktion
6.500.000 Flaschen

2012 schlossen sich die Strombergkellerei Bönnigheim und der Weinkeller Brackenheim zusammen und nennen sich seither Weingärtner Stromberg-Zabergäu. Die 1925 gegründete Brackenheimer Genossenschaft hatte mit den Genossenschaften Neipperg und Haberschlacht, Meimsheim und Botenheim fusioniert. Der 1919 gegründeten Bönnigheimer Genossenschaft schlossen sich später die Winzer aus Kirchheim-Hohenstein, Hohenhaslach, Hofen und Erligheim an. Die Weingärtner Stromberg-Zabergäu sind derzeit die drittgrößte Württemberger Genossenschaft, besitzen über 20 Millionen Liter Lagerkapazität an den Standorten Bönnigheim und Brackenheim. Die Weinberge der Mitglieder erstrecken sich über eine Vielzahl von Lagen an Heuchelberg und Stromberg. Rote Rebsorten nehmen gut drei Viertel der Rebfläche ein, vor allem Lemberger, Trollinger, Schwarzriesling und Spätburgunder. Bei den weißen Sorten dominiert Riesling.

Kollektion

Die immer sehr gute rote Octavio-Cuvée hat dazu geführt, dass es nun eine neue Octavio-Linie mit verschiedenen Weiß- und Rotweinen gibt. Und alle sind sehr gut. Der Octavio-Riesling besitzt Fülle und Kraft, viel reife Frucht und Substanz, der Octavio-Grauburgunder zeigt viel Vanille und Konzentration, ist stoffig, dominant, (noch) sehr vom Holz geprägt. Der Octavio-Spätburgunder zeigt eindringlich Gewürze im Bouquet, besitzt reife Frucht, gute Substanz und Tannine, der Octavio-Merlot ist füllig und kraftvoll bei reifer Frucht und Substanz. Und dann ist da auch weiterhin die rote Octavio-Cuvée, die Fülle und Kraft besitzt, gute Struktur und Frische. Auch die beiden Signum-Lemberger können überzeugen, beide sind gewohnt gewürzduftig und besitzen kräftige Tannine, die beim Signum I durch ein Mehr an Fülle und Kraft besser im Zaum gehalten werden. Spannend ist auch der intensiv duftige 2016er Riesling Eiswein.

Weinbewertung

81	2019 Weißburgunder trocken „Excellent Weisser"	12,5%/6,50€
82	2019 Cabernet Blanc trocken	12%/10,-€
81	2019 Sauvignon Blanc trocken „Epos"	12%/12,-€
86	2019 Riesling trocken „Octavio"	12,5%/20,-€
85	2018 Grauburgunder trocken „Octavio"	13%/20,-€
88	2016 Riesling Eiswein	8%/25,-€
81	2019 Trollinger Lemberger Rosé	11,5%/5,-€
84	2017 Lemberger trocken „Signum II"	13,5%/15,-€
86	2017 Lemberger trocken „Signum I"	13,5%/23,-€
85	2018 Merlot trocken „Octavio"	14,5%/20,-€
86	2017 „Octavio" Rotwein trocken	13,5%/22,50€
85	2017 Spätburgunder trocken „Octavio"	13,5%/20,-€

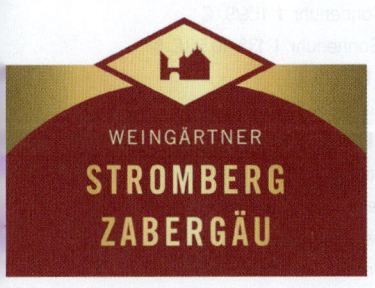

MOSEL ▬ BERNKASTEL-WEHLEN

★★★½ Studert-Prüm

Kontakt
Uferallee 22
54470 Bernkastel-Wehlen
Tel. 06531-2487
Fax: 06531-3920
www.studert-pruem.com
info@studert-pruem.com

Besuchszeiten
Mo.-Do. 9-12 + 16-17:30 Uhr
Fr. 9-12 Uhr
sonst nach Vereinbarung

Inhaber
Michael Studert
Rebfläche
2,7 Hektar
Produktion
20.000 Flaschen

Die Weinbaugeschichte des Betriebes beginnt mit der Säkularisation; 1805 kam der Maximinhof in Familienbesitz. Der Name Studert taucht freilich schon Ende des 16. Jahrhunderts in den Annalen auf. Studert-Prüm entstand 1971 mit der Zusammenlegung des Weinguts Studert mit dem Weingut Peter Prüm. Lange Zeit wurde das Gut von den Brüdern Stephan und Gerhard Studert geführt, dann aber hat Gerhard Studert seinen Teil an das Weingut Dr. Loosen verkauft. Stephan Studerts Sohn Michael, der zuvor schon für den Weinausbau verantwortlich war, ist nun der Inhaber. Er baut in seinen Weinbergen ausschließlich Riesling an. Der größte Teil der Reben befindet sich in der Wehlener Sonnenuhr (1,5 ha), hinzu kommen Parzellen im Graacher Himmelreich und im Bernkasteler Graben. Die Weine werden teils im Edelstahl, teils im Holz ausgebaut; allerdings reifen auch die zunächst im Edelstahl ausgebauten Weine für mindestens drei Monate im Holz.

Kollektion

Zum Zeitpunkt der Verkostung wirkte die trockene Spätlese noch sehr verschlossen. Sie war fest, stoffig, würzig, das Spiel sollte sich mit der Zeit noch durchsetzen. Der feinherbe Kabinettriesling aus der Wehlener Sonnenuhr (Jahrgang 2019) ist enorm rassig, würzig, wirkt sehr animierend. Noch spannender indes wirkt die feinherbe 2018er Spätlese, die zwölf Monate auf der Vollhefe ausgebaut wurde. Der Kabinettwein in restsüßer Variante wirkt noch etwas verhalten, aber besitzt Steinobstnoten, ist straff, enorm würzig. Die Spätlese ist saftig, wirkt derzeit noch etwas süß. Leichte Zitruswürze in der Nase besitzt die Auslese*** aus der Wehlener Sonnenuhr, sie ist rassig, frisch, die Säure ist perfekt integriert. Ihr Pendant aus dem Himmelreich besitzt mehr Kräuter- und dunkle Hefenoten, wirkt etwas saftiger, ist qualitativ auf gleichem Niveau angesiedelt. Schließlich die beiden Trockenbeerenauslesen. Sie stammen aus den Jahrgängen 2017 und 2015 (!), zeigen opulente Süße, aber auch eine sehr stimmige Art.

Weinbewertung

87	2019 Sekt trocken Maximiner Cabinet	12,5%/11,50€
86	2019 Riesling Kabinett trocken Wehlener Sonnenuhr	11,5%/9,-€
89	2019 Riesling Spätlese trocken Wehlener Sonnenuhr	12,5%/10,50€ ☺
87	2019 Riesling Kabinett „feinherb" Wehlener Sonnenuhr	11%/9,-€
89	2018 Riesling Spätlese „feinherb" Wehlener Sonnenuhr	13%/10,50€ ☺
87	2019 Riesling Kabinett Wehlener Sonnenuhr	9%/9,-€
87	2019 Riesling Spätlese Wehlener Sonnenuhr	8,5%/10,50€
90	2019 Riesling Auslese Wehlener Sonnenuhr	8,5%/14,-€ ☺
91	2019 Riesling Auslese*** Wehlener Sonnenuhr	8%/20,-€
91	2019 Riesling Auslese*** Graaacher Himmelreich	8%/20,-€
95	2015 Riesling Trockenbeerenauslese Wehlener Sonnenuhr	5,5%/60,-€
94	2017 Riesling Trockenbeerenauslese Wehlener Sonnenuhr	6%/60,-€

PFALZ — LEINSWEILER

Peter Stübinger

Kontakt
Hauptstraße 12
76829 Leinsweiler
Tel. 06345-1572
www.weingut-stuebinger.de
info@weingut-stuebinger.de

Besuchszeiten
Mo.-Sa. 8-12 + 13-19 Uhr
Eventlocation für Hochzeiten, Geburtstage & Firmenfeiern bis 100 Personen, Ferienwohnungen und Gästehaus für bis zu 30 Personen, Straußwirtschaft (Sept.-Okt.)

Inhaber
Peter Stübinger
Betriebsleiter
Peter Stübinger
Kellermeister
Peter & Daniel Stübinger
Außenbetrieb
Peter & Daniel Stübinger
Rebfläche
18 Hektar

Seit 1899 ist das Weingut Stübinger in Leinsweiler ansässig, zunächst noch als klassischer Mischbetrieb mit Ackerbau, Weinbau und Viehhaltung, seit 1969 konzentriert sich die Familie auf Wein- und Obstbau, dessen Erzeugnisse auch in der eigenen Brennerei verwertet werden. Winzermeister Peter Stübinger übernahm den Betrieb 2006 und wird heute von seinem Sohn Daniel unterstützt, der nach seiner Ausbildung zum Weinbautechniker in das Weingut eingestiegen ist. Riesling, Weißburgunder und Spätburgunder stehen auf jeweils 10 Prozent der Rebfläche, Chardonnay, Sauvignon Blanc und Merlot auf jeweils fünf Prozent, daneben gibt es eine Vielzahl weiterer Rebsorten. Die Weinberge befinden sich im Leinsweiler Sonnenberg, im Pleiswiler-Oberhofener Schlossberg, dem Ilbesheimer Ritterberg, dem Göcklinger Kaiserberg und im Niederhorbacher Silberberg.

Kollektion

Wir konnten die Weine der Familie Stübinger zum ersten Mal verkosten, und während sich die Kollektion noch etwas uneinheitlich präsentiert, gab es doch auch einige Spitzen bei weiß, rot und auch beim Sekt: Der sieben Jahre auf der Hefe ausgebaute Pinot Blanc zeigt gelbe Frucht, leichte Reifenoten und Brotkruste, ist harmonisch, animierend und lang, der Chardonnay mit dreijährigem Hefelager zeigt etwas rauchige Noten, ist leicht füllig und würzig. Sehr gut ist auch der Sonnenberg-Riesling, der Reifenoten zeigt, mineralische und salzige Noten und gute Länge besitzt, die Cuvée aus Cabernet Sauvignon, Syrah und Merlot zeigt grüne Paprika, etwas Rumtopf und Schokolade, besitzt leicht trocknende Tannine, der Rest der Kollektion ist von sehr gleichmäßiger Qualität.

Weinbewertung

87	Pinot Blanc Sekt extra brut	12,5 %/13,70 €
85	Chardonnay Sekt brut	11,5 %/14,- €
82	Pinot Rosé Sekt trocken	11,5 %/12,90 €
83	Muskateller Sekt trocken	11 %/13,50 €
79	2019 Riesling trocken (1l)	12 %/4,70 €
78	2019 Spätburgunder „Blanc de Noir" trocken Niederhorbach	12 %/6,10 €
81	2019 Gewürztraminer trocken Pleiswiler	13 %/6,50 €
83	2019 Riesling trocken „vom Kalkstein"	12,5 %/7,- €
80	2019 Scheurebe trocken „vom Löss"	12 %/6,50 €
81	2019 Weißburgunder trocken Ilbesheim	12 %/6,10 €
82	2019 Chardonnay trocken Leinsweiler	13,5 %/6,20 €
86	2016 Riesling trocken Sonnenberg	12,5 %/8,50 €
80	2019 Muskateller „feinherb"	11,5 %/6,50 €
79	2019 St. Laurent Rosé „Summer Kiss"	12 %/6,- €
81	2018 Spätburgunder trocken	13 %/6,30 €
84	2017 Cabernet Sauvignon, Syrah & Merlot „Cuvée S"	13,5 %/14,- €

Christian Sturm

Kontakt
Freudenberger Straße 91
63927 Bürgstadt
Tel. 09371-67854
Fax: 09371-959725
www.weingut-sturm.com
info@weingut-sturm.com

Besuchszeiten
Mo.-Fr. 9-12 + 14-18:30 Uhr
Sa. 9-15 Uhr
oder nach Vereinbarung
Häckerwirtschaft (Januar,
Pfingsten, August)

Inhaber
Christian & Felix Sturm

Rebfläche
10 Hektar

Produktion
65.000 Flaschen

Seit dem 15. Jahrhundert baut die Familie Wein am Centgrafenberg in Bürgstadt an. 1993 übernahm Christian Sturm gemeinsam mit Ehefrau Michaela das Gut von seinem Vater Ludwig. Das Gros seiner Weinberge liegt im Bürgstadter Centgrafenberg. An roten Sorten gibt es vor allem Spätburgunder, aber auch Frühburgunder, Regent und Portugieser. Hinzu kommen die weißen Rebsorten Silvaner, Müller-Thurgau, Riesling, Weißburgunder und Bacchus, inzwischen auch Scheurebe. Die Weißweine werden im Edelstahl ausgebaut. Die Rotweine werden maischevergoren und im Holz ausgebaut. Die Häckerwirtschaft ist drei Mal im Jahr geöffnet. Mit dem Jahrgang 2015 hat Christian Sturm sein Sortiment neu gestaltet, er verzichtet nun auf Prädikatsbezeichnungen bei trockenen Weinen, die bisherigen Kabinettweine werden nun in der Sandsturm-Linie angeboten. Nach dem Abschluss seines Geisenheim-Studiums ist Sohn Felix in den Betrieb eingestiegen, seine „Made by Felix"-Linie, eingeführt im 2015er Jahrgang mit Scheurebe und Spätburgunder, dann ergänzt um einen Rosé, soll weiter ausgebaut werden.

Kollektion

Ein kleines Sortiment von nur 5 Weinen haben Christian und Felix Sturm dieses Jahr vorgestellt, alle aus dem Jahrgang 2018, Weine aus der Basislinie waren nicht darunter, neben vier „Sturm und Drang"-Weinen gab es den Herzblut-Spätburgunder, der auch unser Favorit in der kleinen Kollektion ist. Er zeigt gute Konzentration im Bouquet, reintönige Frucht, feine Frische, rote Früchte; ist klar, frisch und zupackend, besitzt gute Struktur und Biss. Der „Sturm und Drang"-Spätburgunder steht ihm kaum nach, zeigt eine ähnliche Aromatik im Bouquet (reintönige Frucht, rote Früchte, feine Frische), ist klar und zupackend, besitzt Struktur und Grip. Noch fruchtintensiver ist der Frühburgunder, herrlich eindringlich und reintönig, intensiv, besitzt Frische und Grip im Mund, reintönige Frucht und gute Struktur. Der Silvaner zeigt reife Frucht im Bouquet, gute Konzentration, etwas Birnen, ist füllig und saftig im Mund bei klarer Frucht. Der Weißburgunder zeigt gute Konzentration und klare reife Frucht im Bouquet, besitzt ebenfalls Fülle und Saft, gute Struktur und reife Frucht, ist etwas griffiger als der Silvaner.

Weinbewertung

83   2018 Silvaner trocken „Sturm und Drang" Bürgstadter Centgrafenberg | 13 %/10,90 €
85   2018 Weißer Burgunder trocken „Sturm und Drang" Centgrafenberg | 13 %/12,50 €
87   2018 Frühburgunder trocken „Sturm und Drang" Centgrafenberg | 13,5 %/16,- €
87   2018 Spätburgunder trocken „Sturm und Drang" Centgrafenberg | 13 %/21,- €
88   2018 Spätburgunder trocken „Herzblut Made by Felix" | 13,5 %/26,- €

Pfalz ▸ Ilbesheim

★

Sturm

Kontakt
Hauptstraße 6
76831 Ilbesheim
Tel. 06349-9966817
www.weingut-sturm-ilbesheim.de
sandtsturm2014@gmail.com

Besuchszeiten
nach Vereinbarung; geführte Weinwanderungen und Weinproben ebenfalls nach Vereinbarung

Inhaber
Ulrich Sturm
Betriebsleiter
Ulrich Sturm & Sabrina Sandt
Kellermeister
Sabrina Sandt
Außenbetrieb
Ulrich Sturm
Rebfläche
20 Hektar

Ulrich Sturm hat das Weingut im Juli 2019 von seinem Vater Uwe übernommen, zuvor hatte er bereits 2017 mit seiner Lebensgefährtin Sabrina Sandt, die für den Keller verantwortlich ist, mit dem Aufbau einer eigenen Weinlinie begonnen. Die 20 Hektar Weinberge, von denen momentan 5 Hektar für die Erzeugung der eigenen Weine dienen, liegen unter anderem in den Ilbesheimer Lagen Kalmit und Rittersberg, im Wollmesheimer Mütterle und im Leinsweiler Sonnenberg. Wichtigste Sorten sind derzeit Riesling, Portugieser, Dornfelder, Kerner, Gewürztraminer und die Burgundersorten, auf die in Zukunft verstärktes Augenmerk gelegt werden soll, daneben kümmern sich Ulrich Sturm und Sabrina Sandt aber auch um seltene Rebsorten, im Frühjahr 2019 wurden zwei Weinberge mit Rotem Veltliner und Schwarzurban angelegt, im Frühjahr 2020 folgte eine Pflanzung der historischen Rebsorte Weißer Lagler. Das Sortiment ist in die drei Linien „Liter"-, „Guts"- und „Lagensturm" gegliedert.

🎂 Kollektion

Beim Debüt im vergangenen Jahr hatten wir Sabrina Sandts gute Hand für ausgewogene Weine gelobt, was sich vor allem an ihren halbtrockenen Weinen zeigte. Zwei dieser Weine aus dem 2018er Jahrgang konnten wir jetzt nochmals verkosten, der Riesling „Mitternachtssonne" besitzt ein harmonisches Süße-Säure-Spiel und zeigt Noten von gelbem Steinobst, wirkt aber auch schon leicht gereift, wie auch der Kerner „Regentanz", der florale Noten und etwas Aprikose und Zitrusfrucht zeigt. Der Spätburgunder „Sonnenrot" besitzt eine kühle Art, zeigt etwas Aromen von Sauerkirschen, besitzt aber auch leicht grüne, kräutrige Noten, gut gefallen uns der Weißburgunder „Aprilwetter", der im Bouquet leicht florale, kräutrige und nussige Noten zeigt und füllig und leicht cremig ist und der Chardonnay Oktobersonne, der leicht zurückhaltende, aber klare Frucht zeigt, etwas Banane und Birne, leicht cremig ist und Frische besitzt. Die restlichen Weine fallen dagegen deutlich ab, die beiden Seccos und der Rosé besitzen eine gewisse Frische, sind aber alle recht süß, einfach und kurz. ◂

🍇 Weinbewertung

78	2019 „Secco" weiß trocken „Hundewetter"	11,5%/6,90€
79	2019 „Secco" Rosé trocken „Hundewetter"	11%/6,90€
83	2018 Weißburgunder trocken „Aprilwetter" Ilbesheimer Kalmit	13%/7,30€
83	2019 Chardonnay trocken „Oktobersonne"	13%/6,90€
82	2018 Kerner halbtrocken „Regentanz"	13%/6,20€
83	2018 Riesling halbtrocken „Alte Reben" „Mitternachtssonne"	13%/7,20€
78	2019 Rosé trocken „Sommersonne"	12%/6,90€
82	2018 Spätburgunder trocken „Sonnenrot"	13,5%/7,90€

WÜRTTEMBERG ▶ STUTTGART

★★☆

Stadt Stuttgart

Kontakt
Weingut der Stadt Stuttgart
Sulzerrainstraße 24
70372 Stuttgart
Tel. 0711-21657507
Fax: 0711-21657509
weingut@stuttgart.de
www.stuttgart.de/weingut

Besuchszeiten
Weinverkauf:
Di. + Do. 10-18 Uhr

Inhaber
Stadt Stuttgart
Betriebsleiter
Timo Saier
Kellermeister
Frank Haller
Außenbetrieb
Rainer Dürr
Rebfläche
16 Hektar

1949 baute die Stadt Stuttgart in Bad Cannstatt eine eigene Kelter für den Ausbau und die Abfüllung ihrer Weine und legte damit den Grundstein für das heutige Weingut der Stadt Stuttgart. Von Bad Cannstatt bis Degerloch, vom Hasenberg bis Obertürkheim sind die Flurstücke über die Stadt verstreut. Die Weinberge liegen in den Lagen Stuttgarter Mönchhalde, Cannstatter Halde, Cannstatter Zuckerle und Obertürkheimer Kirchberg. In der Lage Stuttgarter Mönchhalde sind verschiedene kleine Weinbergslagen im ganzen Stadtgebiet zusammengefasst, so die Weinberge an Hasenberg, Wolfersberg, Pragsattel, Karlshöhe und der eigentlichen Mönchhalde. Man baut eine Vielzahl von Rebsorten an, jeweils zur Hälfte rote und weiße Rebsorten: Lemberger, Spätburgunder, Trollinger, Syrah, Merlot, Saint Laurent und Muskat-Trollinger, sowie Riesling, Sauvignon Blanc, Cabernet Blanc und Weißburgunder, will in den kommenden Jahren verstärkt auf pilzwiderstandsfähige Sorten setzen; der städtische Weinberg an der Weinsteige wurde gerodet um die historischen Steinmauern zu restaurieren; die Wiederbepflanzung erfolgt mit Piwi-Sorten, der Weinberg soll zukünftig biologisch bewirtschaftet werden.

Kollektion

Beim starken Debüt im vergangenen Jahr gefielen uns Riesling und Spätburgunder aus der Mönchhalde besonders gut. In diesem Jahr bietet der extra-brut dosierte Riesling-Sekt einen feinen Einstieg: Er zeigt rauchige Noten, schöne Rieslingreife, ist harmonisch und klar im Mund, strukturiert, fein gereift. Der brut dosierte Spätburgunder-Rosé-Sekt steht ihm kaum nach, zeigt feine Würze, rote Früchte, ist frisch und harmonisch im Mund, besitzt gute Struktur, Frische und Frucht. Neben diesen beiden Sekten aus dem Jahrgang 2016 präsentieren Timo Saier und Frank Haller jeweils zwei 2018er Weißweine und 2017er Rotweine. Der Riesling aus dem Zuckerle ist klar und kompakt bei feiner süßer Frucht, der Weißburgunder aus der Mönchhalde zeigt gute Konzentration und klare Frucht, besitzt Fülle, Kraft und Substanz. Aus der Mönchhalde stammt der Lemberger, der lebhaft, klar und geradlinig ist, Fülle und Kraft besitzt. Unser Favorit in der kleinen Kollektion ist der Merlot aus dem Zuckerle, der intensive Frucht im Bouquet zeigt, leicht florale Noten, klar, frisch und zupackend ist, gute Struktur und Frucht besitzt.

Weinbewertung

85	2016 Riesling Sekt extra-brut	12,5%/14,90€
84	2016 Spätburgunder Rosé Sekt brut	12,5%/13,50€
82	2018 Riesling trocken Cannstatter Zuckerle	12%/12,-€
84	2018 Weißburgunder trocken Stuttgarter Mönchhalde	14%/12,-€
84	2017 Lemberger trocken Stuttgarter Mönchhalde	14%/9,-€
86	2017 Merlot trocken Cannstatter Zuckerle	13,5%/14,90€

WÜRTTEMBERG ▸ WEINSBERG-GELLMERSBACH

★★

Supp

Kontakt
Weinsberger Straße 16, 74189
Weinsberg-Gellmersbach
Tel. 07134-14360
Fax: 07134-23263
www.supp-weingut.de
info@supp-weingut.de

Besuchszeiten
Mi.-Do. 17-19 Uhr
Fr. 14-19 Uhr
Sa. 9-14 Uhr
oder nach Vereinbarung
Pension
Gaststube „Dezbergstube"

Inhaber
Benjamin Supp & Martin Supp

Rebfläche
7,5 Hektar

Produktion
60.000 Flaschen

Seit Generationen betreibt die Familie Weinbau in Gellmersbach, seit 1982 vermarktet sie Weine selbst. Bereits seit 1988 gibt es selbst hergestellte Sekte, seit 1994 baut Martin Supp Weine im Barrique aus. Nach Lehre bei Kistenmacher-Hengerer und im Staatsweingut und seinem Abschluss in Weinsberg ist Benjamin Supp in den Betrieb eingestiegen, den er zusammen mit seinem Vater führt. Die Weinberge liegen rings um Gellmersbach, im unteren Teil des Hanges wachsen die Reben auf Lehm-Lössböden, im oberen Teil auf Keuper und Sandsteinverwitterungsböden. Zuletzt haben Benjamin und Martin Supp sich Gewanne wie Blumental oder Schnellberg eintragen lassen. An weißen Sorten werden Riesling, Kerner, Grauburgunder, Muskateller und Gewürztraminer angebaut, an roten Sorten Trollinger, Lemberger, Spätburgunder, Schwarzriesling, Samtrot, Cabernet Mitos und Muskattrollinger, seit 2011 auch Syrah.

Kollektion

Der rauchige Blanc de Noir-Sekt besitzt gute Fülle und reife Frucht. Die 2019er Weißweine präsentieren sich sehr geschlossen. Der pfirsichduftige Blumental-Riesling ist füllig und saftig, der Muskateller frisch, geradlinig, die Kerner Auslese intensiv fruchtig. Unser Favorit im weißen Segment ist der im neuen Barrique vergoren und ausgebaute Grauburgunder mit den 5 Sternen, der gute Konzentration und intensive Würze im Bouquet zeigt, Fülle, Kraft und reife süße Frucht besitzt. Insgesamt etwas stärker sind die Rotweine. Der Syrah ist frisch, fruchtbetont, zupackend, der Spätburgunder RS besitzt gute Struktur und Grip. Die intensive fruchtige Cuvée NO 1 aus Cabernet Mitos und Lemberger besitzt Fülle, Saft und reife Frucht. Spannend ist das Lemberger-Trio, schon der reintönige 3-Sterne-Lemberger aus dem Jahrgang 2017 ist sehr gut, der mit 4 Sternen besticht mit noch mehr Frucht und Grip, ist allerdings ein 2018er, die 5-Sterne-Variante aus dem Jahrgang 2017 ist intensiv gewürzduftig und kraftvoll.

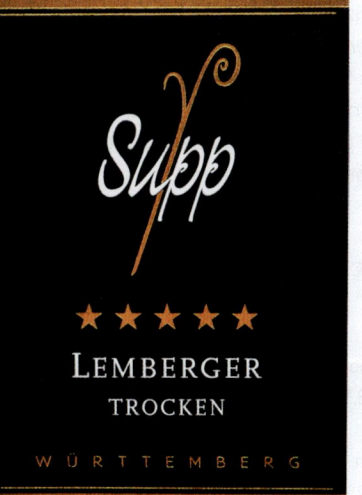

Weinbewertung

83	2016 Pinot „Blanc de Noir" Sekt brut Gellmersbacher Dezberg	13%/11,-€
84	2019 Riesling trocken Gellmersbacher Blumental	12,5%/8,20€
82	2019 Grauburgunder*** trocken Gellmersbacher Dezberg	13%/7,70€
82	2019 Muskateller*** trocken Gellmersbacher Dezberg	11%/8,20€
85	2019 Grauburgunder***** trocken Gellmersbacher Dezberg	13%/12,50€
83	2019 Kerner Auslese Gellmersbacher Blumental	11,5%/8,90€
85	2017 Lemberger*** trocken Gelmersbacher Dezberg	13,5%/8,60€
84	2017 Syrah*** trocken Gellmersbacher Dezberg	13,5%/9,80€
87	2018 Lemberger**** trocken „Paul" Gellmersbacher Dezberg	13,5%/10,50€
84	2017 Spätburgunder „RS" **** trocken Gellmersbacher Dezberg	13,5%/9,80€
87	2017 Lemberger***** trocken Gellmersbacher Dezberg	14%/14,80€
86	2017 „NO 1"***** Rotwein trocken Gellmersbacher Dezberg	13,5%/15,80€

FRANKEN ▸ IPHOFEN

★ ★

von der Tann

Kontakt
Birklinger Straße 1
97346 Iphofen
Tel. 09323-89970
Fax: 09323-89971
www.weingut-vondertann.de
von-der-tann@t-online.de

Besuchszeiten
Do./Fr. 8-18 Uhr
Sa. 9-18 Uhr

Inhaber
Steffen von der Tann
Betriebsleiter
Steffen von der Tann
Rebfläche
2,5 Hektar
Produktion
15.000 Flaschen

Das kleine Iphöfer Weingut, in den fünfziger Jahren gegründet, wird heute von Steffen von der Tann und Margarete Schauner geführt. Die Weinberge liegen im Iphöfer Kronsberg, die Reben wachsen auf tiefgründigen, schweren Gipskeuperböden. Müller-Thurgau nimmt die Hälfte der Rebfläche ein, dazu gibt es Bacchus, Silvaner, Dornfelder, Domina und ein wenig Kerner. Müller-Thurgau steht im Fokus der Produktion, ihn gibt es in verschiedenen Varianten, auch mal maischevergoren oder im kleinen Holzfass ausgebaut, langes Feinhefelager ist selbstverständlich. „Wein, der Spaß macht und Neues entdecken lässt", lautet das Motto von Steffen von der Tann und Margarete Schauner.

🍷 Kollektion

Jedes Jahr nimmt die Kollektion von Steffen von der Tann klarere Konturen an, hat „Spaßweine" zu bieten, aber auch einige „ernsthafte Weine". Ganz auf der Spaßseite ist der „Blubber Müller", ein merklich süßer und süffiger Perlwein, aus Müller-Thurgau wie der Name verrät: Würzig, lebhaft, frisch – nichts, worüber man sich tiefsinnige Gedanken machen soll. Der Sonnenschein genannte halbtrockene Müller-Thurgau Kabinett zeigt rauchige Noten, feine Würze, ist ebenfalls frisch und klar, hat Grip. Hier reiht sich auch der halbtrockene Silvaner Kabinett ein, ist frisch, klar und lebhaft, deutlich süßer als der Müller-Thurgau. Der halbtrockene Rotling ist ebenfalls frisch und fruchtbetont, besitz Frucht und feinen Grip. Beim „Sommer in Pink" genannten Rosé setzt man dem Namen nach ebenfalls auf Spaßfaktor, ist dann aber doch überrascht wie ernsthaft er daherkommt, ist fruchtbetont und intensiv im Bouquet, zeigt rote Früchte, ist klar und zupackend im Mund, besitzt gute Struktur und Grip. Der trockene Kerner Kabinett zeigt feine Frische und reintönige Frucht, etwas Pfirsich und Apfel, ist lebhaft und zupackend, hat Grip. Mehr Kraft und Substanz besitzt der Müller-Thurgau OMG, was für offene Maischegärung steht, er zeigt gute Konzentration und Intensität, besitzt Kraft, reife Frucht und gute Struktur. Ganz auf der ernsthaften Seite steht dann auch der Rotbart, zeigt intensive Frucht, etwas Gewürze, feine rauchige Noten, besitzt Fülle und Kraft, viel reife Frucht, Substanz und Frische. Eine wirklich interessante Kollektion! ▸

🍁 Weinbewertung

82	2019 „Blubber Müller" Perlwein	11,5 %/6,90 €
86	2018 Müller-Thurgau Kabinett trocken „OMG"	12 %/9,- €
84	2019 Kerner Kabinett trocken	12 %/7,80 €
83	2019 Müller-Thurgau Kabinett halbtrocken „Sonnenschein"	12 %/6,50 €
82	2018 Silvaner Kabinett halbtrocken	12,5 %/8,50 €
83	2019 Rotling halbtrocken	11,5 %/5,80 €
85	2018 „Sommer in Pink" Rosé Kabinett trocken	12 %/6,90 €
87	2018 Domina Spätlese trocken „Rotbart"	12 %/14,50 €

WEINGUT VON DER TANN
IPHOFEN

MOSEL — BERNKASTEL-KUES

Thanisch, Erben Müller-Burggraef

★★★

Kontakt
Junkerland 14
54470 Bernkastel-Kues
Tel. 06531-9179010
Fax: 06531-8179099
www.dr-thanisch.de
office@dr-thanisch.de

Besuchszeiten
Mo.-Fr. 10-16 Uhr

Inhaber
Peter Mertes
Familienweingüter

Gutsverwalter
Maximilian Ferger

Kellermeister
Edgar Schneider

Rebfläche
15 Hektar

Produktion
75.000 Flaschen

Das Weingut in seiner heutigen Form entstand mit der Teilung des Gutes Witwe Dr. H. Thanisch im Jahr 1988, die Weinbautradition in der Familie reicht aber Jahrhunderte zurück, 1882 hatte die Familie den Berncasteler Doctor erworben. Inhaber sind heute die Peter Mertes Familienweingüter, Gutsverwalter ist Maximilian Ferger, Kellermeister Edgar Schneider. Die Weinberge verteilen sich auf viele Lagen der mittleren Mosel in Bernkastel (Doctor, Lay, Graben, Badstube), Wehlen (Sonnenuhr), Graach (Himmelreich), Brauneberg (Juffer-Sonnenuhr), Lieser (Niederberg-Helden, Schlossberg) und Kues (Weisenstein, Kardinalsberg). Früher gab es ausschließlich Riesling, inzwischen wird auch etwas Spätburgunder angebaut. Die Weine werden überwiegend spontan, kühl und langsam vergoren, teils im Edelstahl, teils im traditionellen Fuder ausgebaut.

🍷 Kollektion

Das Weingut stellte Rieslinge aus den Jahrgängen 2018 und 2019 vor. Der trockene Bernkasteler Kabinettriesling ist klar, mit Noten von Kräutern, Hefe und getrocknetem Apfel, straff und würzig, der Lay-Kabinett ist duftig, verspielt und noch etwas ausdrucksstärker. Beim Großen Gewächs aus dem Doctor (ein 2018er) sollte man etwas warten: Der Wein ist zu Beginn verschlossen, entwickelt dann aber Noten von Pfirsich, Melone, Kräutern und Hefe, ist straff und würzig mit kräftigem Nachhall; sein Pendant aus der Lay, ebenfalls ein 2018er, ist würzig und direkt, jenes aus dem Himmelreich besitzt eine sehr feine Frucht und ist verblüffend elegant. Die feinherbe Spätlese von alten Reben ist offen, duftig mit Noten von Melone, Hefe und Kräutern, im Mund erstaunlich trocken. Sehr fein ist die Graben-Spätlese, die eine präzise Aromatik aufweist, schlank ist, fast zart mit sehr verhaltener Süße: Ein eigener Stil. Spannend ist auch der 2016er Spätburgunder, der eine komplexe Frucht mit Noten von Kirschen, Zwetschgen und Gewürzen aufweist, saftig und kraftvoll ist, mit bestens eingebundenem Holz.

🍇 Weinbewertung

85	2019 Riesling Kabinett trocken Bernkasteler	11,5%/8,-€
87	2019 Riesling Kabinett trocken Bernkasteler Badstube	12%/12,-€
90	2018 Riesling trocken „GG" Bernkasteler Lay	13%/20,-€
91	2018 Riesling trocken „GG" Berncasteler Doctor	12,5%/35,-€
90	2018 Riesling trocken „GG" Graacher Himmelreich	12%/20,-€
85	2019 Riesling „feinherb"	10,5%/7,50€
87	2019 Riesling Kabinett „feinherb" Bernkasteler	10,5%/8,-€ ☺
89	2019 Riesling Spätlese „feinherb" „Alte Reben" Bernkasteler Lay	12%/15,-€
87	2019 Riesling Kabinett Bernkasteler Badstube	8%/12,-€
88	2019 Riesling Kabinett Berncasteler Doctor	9%/20,-€
88	2019 Riesling Spätlese Bernkasteler Graben	8%/15,-€
88	2016 Pinot Noir trocken	13,5%/25,-€

Daniel Theisen

Kontakt
Weingartenstraße 21
56820 Nehren
Tel. 02673-4329
Fax: 02673-4205
info@weingut-theisen.de
www.weingut-theisen.de

Besuchszeiten
9-17 Uhr
Restaurant+Vinothek Rathausstübchen (Moselweinstraße 15, 56814 Ediger) Mitte März-Ende Okt. 10-22 Uhr (Mi. Ruhetag), 4 Gästezimmer und 1 Ferienwohnung

Inhaber
Daniel Theisen

Betriebsleiter
Daniel & Andrea Theisen

Kellermeister
Daniel Theisen

Außenbetrieb
Daniel Theisen

Rebfläche
9,5 Hektar

Produktion
70.000 Flaschen

Das Weingut bezeichnet sich selbst als Ferienweingut und wird als Familienbetrieb geführt. Zwei Generationen teilen sich die Hauptverantwortung. Andrea und Georg Theisen sowie Daniel Theisen und seine Frau Anne. Daniel Theisen firmiert als Kellermeister, kümmert sich auch um die Bewirtschaftung der 9,5 Hektar in Lagen wie Bremmer Calmont, Ediger Elzhofberg oder Römerberg (Nehren und Senheim). Ungewöhnlich ist das Rebsortenspektrum, das lediglich 40 Prozent Riesling, aber auch Rivaner, Spätburgunder, Chardonnay, Gelben Muskateller, Gewürztraminer, Rieslaner oder Souvignier Gris sowie andere Sorten umfasst. Das Restaurant mit Vinothek namens Rathaus-Stübchen wird selbst geführt, vier Gästezimmer und eine Ferienwohnung stehen Reisenden zur Verfügung.

Kollektion

Es muss nicht immer Riesling sein – jedenfalls nicht in diesem Betrieb. Der Souvignier Gris, eine pilzwiderstandsfähige Sorte, besitzt eine weiche, dezent aromatische Nase, duftet nach Apfel, etwas Banane, Stachelbeere, wirkt im Mund ganz leicht grasig mit einem Hauch von Gerbstoffen und fester Würze. Der trockene Chardonnay ist frisch, schlank, schön ausgewogen. Das Riesling Hochgewächs aus dem Elzhofberg ist zupackend und stoffig, der Riesling aus dem Calmont ist verschlossen in der Nase, im Mund straff, frisch, schlank und spritzig, während der „Herzblut"-Riesling, der im neuen Stückfass ausgebaut wurde, eine recht reife, würzige Aromatik besitzt, zupackend und im Nachhall wiederum würzig wirkt. Der „XXL"-Riesling ist zum Glück nicht extrem breit, wie der Name vermuten lassen könnte, sondern kräuterig mit einem Hauch Süße. Der Gelbe Muskateller, eine Rarität an der Mosel, ist sortentypisch, im Mund saftig, zupackend mit leichter Süße. Eher schlank ist die nach Boskop und getrocknetem Apfel duftende Feuerberg-Auslese, die Trockenbeerenauslese mit Noten von kandiertem Rhabarber gefällt trotz hoher Süße.

Weinbewertung

83	2019 Riesling Hochgewächs trocken Ediger Elzhofberg	12,5%/5,50€
82	2019 Souvignier Gris trocken Nehrener Römerberg	12,5%/6,50€
82	2019 Chardonnay trocken Ediger Feuerberg	13%/6,50€
86	2019 Riesling trocken „Herzblut"	12,5%/9,50€
86	2019 Riesling trocken Bremmer Calmont	12,5%/8,50€
85	2019 Riesling „XXL" Ediger Osterlämmchen	12,5%/6,50€
82	2019 Riesling Hochgewächs „feinherb" Ediger Osterlämmchen	12%/5,50€
84	2019 Riesling „feinherb" „Alte Reben" Eller Kapplay	11,5%/7,-€
84	2019 Gelber Muskateller Ediger Osterlämmchen	11,5%/7,-€
84	2019 Riesling „Schieferterassen"	8,5%/7,-€
86	2019 Riesling Auslese Ediger Feuerberg	7,5%/10,-€
89	2018 Rieslaner Trockenbeerenauslese Nehrener Römerberg	8%/28,-€/0,375l

WEINGUT-THEISEN

FRANKEN ▶ SOMMERACH

Then

★★★

Kontakt
Hauptstraße 1
97334 Sommerach
Tel. 09381-9268
Fax: 09381-4810
www.weingut-then.de
info@weingut-then.de

Besuchszeiten
siehe Webseite
2 Gästezimmer
Weinbergsführungen
Kellerführungen

Inhaber
Daniel Then

Betriebsleiter
Daniel Then

Kellermeister
Daniel Then

Außenbetrieb
Daniel Then

Rebfläche
6,5 Hektar

Produktion
50.000 Flaschen

Seit fünf Generationen baut die Familie Wein in Sommerach an. Das Weingut, das heute von Daniel Then geführt wird, der es von seinem Vater Arthur übernommen hat, hat seinen Sitz mitten in Sommerach in einem historischen Fachwerkgebäude mit einem Gewölbekeller aus dem 16. Jahrhundert. Die Weinberge liegen vor allem im Sommeracher Katzenkopf, aber auch im Sommeracher Rosenberg (Bacchus, Müller-Thurgau), im Nordheimer Vögelein (etwas Riesling) und im Volkacher Ratsherr, allesamt Lagen mit Muschelkalkböden. Weiße Rebsorten nehmen 80 Prozent der Rebfläche ein. Silvaner spielt die Hauptrolle, Weißburgunder wird immer wichtiger, aber auch Müller-Thurgau, Bacchus, Scheurebe, Riesling sowie als Kuriosität Faberrebe (25 Ar mit 40 Jahre alten Reben) werden angebaut, dazu die roten Rebsorten Spätburgunder, Portugieser und Domina. Seit 2018 wird der Pflanzenschutz nach Bio-Richtlinien betrieben, Daniel Then hat die Umstellung auf biologischen Weinbau eingeleitet. Ein Silvaner wird in einem Betonei vergoren und ausgebaut.

🎂 Kollektion

Die neue Kollektion ist in der Basis sehr gleichmäßig, bietet spannende Lagenweine und weiße und rote Spitzen. Der im Betonei ausgebaute Ovum-Silvaner, mit 10 Prozent Silvanerbeeren vergoren, ist im weißen Segment unser Favorit, besitzt Konzentration und Intensität, Fülle, viel Stoff, gute Substanz und Struktur. Der Tiefental-Weißburgunder besitzt Fülle und Saft, reife Frucht und Kraft, der Silvaner von alten Reben zeigt rauchige Noten, gelbe Früchte, Birnen, ist druckvoll und zupackend. Sehr gut ist auch der trockene Silvaner Kabinett „Am Hölzlein", leicht rauchig, reintönig, frisch und zupackend, die Scheurebe ist fruchtbetont und intensiv, besitzt Frische, gute Struktur und Grip. Im roten Segment ragt der Spätburgunder R aus dem Jahrgang 2017 hervor, zeigt gute Konzentration und reife reintönige Frucht, besitzt Kraft, reife Frucht und Substanz.

🍇 Weinbewertung

82	2019 Silvaner trocken	12%/6,10€
82	2019 Riesling trocken	11,5%/6,10€
85	2019 Scheurebe trocken Sommeracher Katzenkopf	12,5%/7,20€
85	2019 Silvaner Kabinett trocken „Am Hölzlein" Sommeracher Katzenkopf	12,5%/8,-€
83	2019 „Oskar 4.0" Weißwein trocken Sommeracher Katzenkopf	12,5%/8,-€
88	2018 Silvaner trocken „Ovum" Volkacher Ratsherr	13%/21,-€
86	2019 Weißburgunder trocken „Am Tiefental" Sommeracher Katzenkopf	13%/12,50€
86	2019 Silvaner Spätlese trocken „Alte Rebe" Sommeracher Katzenkopf	13%/9,50€
83	2019 Rotling trocken	11%/6,10€
83	2017 Spätburgunder trocken „Holzfass Nr. 3" Sommeracher Katzenkopf	12,5%/9,50€
82?	2017 Spätburgunder „T" trocken „Tradition" Sommeracher Katzenkopf	13,5%/12,50€
88	2017 Spätburgunder „R" trocken Sommeracher Katzenkopf	13,5%/21,-€

MOSEL — MINHEIM

Thielen-Feilen

Kontakt
Moselweinstraße 11
54518 Minheim
Tel. 06507-9397051
Fax: 06507-9397052
info@thielen-feilen.de
www.thielen-feilen.de

Besuchszeiten
nach Vereinbarung

Inhaber
Stephan Thielen

Betriebsleiter
Stephan Thielen

Kellermeister
Stephan Thielen

Außenbetrieb
Stephan Thielen

Rebfläche
5,5 Hektar

Produktion
40.000 Flaschen

Das Weingut Thielen-Feilen ist ein klassischer Familienbetrieb, dessen Wurzeln sich in Minheim über viele Generationen hinweg zurückverfolgen lassen. 1928 gründen Anna und Johann ihr Weingut in Minheim, fast 90 Jahre später trat Urenkel Stephan in ihre Fußstapfen. Nach der Ausbildung sammelte der gelernte Winzer und Weinbautechniker in einem bekannten VDP-Weingut im Rheingau reichlich Praxiserfahrung. Nach dem Studium der Betriebswirtschaft und jahrelanger Tätigkeit im Großhandel zog es ihn 2013 ins elterliche Weingut an die Mosel zurück. Die Rebfläche von 5,5 Hektar liegt „rund um den Kirchturm": in den Minheimer Lagen Rosenberg, Günterslay und Burglay. Angebaut werden außer Riesling auch Weißburgunder, Chardonnay, Johanniter, Sauvignon Blanc, Gewürztraminer und Acolon.

Kollektion

Ein saftiger Sekt führt das Sortiment an. Weißburgunder, Chardonnay und Sauvignon Blanc gefallen fast im gleichen Maße. Bei allen drei Weinen wurde die Sortencharakteristik gut herausgearbeitet, die Süße ist nicht zu spüren, die Frische wurde bewahrt. Der rassige Sauvignon Blanc mit Noten von Guave in der Nase ist am spannendsten und gehört zu den besten Weinen dieser Sorte, die wir aus diesem Jahrgang an der Mosel probieren konnten. Eine eher zarte Frucht weist der trockene Gewürztraminer auf, eine schöne klare Struktur mit animierender Säure auch. Ein fester, straffer Riesling „Unikum" zeigt sich in der Nase noch verhalten, ist am Gaumen angenehm saftig. Ein Riesling von alten Reben wurde sur lie abgefüllt und weist spritzige Art und Schmelz auf. Das „Beste Fass" besitzt Kräuternoten: ein saftiger, spannender, betont würziger Wein. De facto eine hochkarätige Auslese ist der Riesling „Ultimo", nach Apfelschalen und Zitrusfrüchten duftend, enorm saftig und zupackend. Ein Rosé ist frisch, saftig, unkompliziert, der Rotwein „Inkognito" weist eine dichte Farbe und eine satte Frucht auf.

Weinbewertung

84	2016 Riesling Sekt brut „Privat"	12,5%/11,50€
84	2019 Riesling trocken „Unikum"	12%/6,50€
84	2019 Weißburgunder trocken „Stadtgespräch"	12%/6,50€
83	2019 Chardonnay trocken „Wolke Sieben"	12%/7,20€
85	2019 Sauvignon Blanc trocken „Zenit"	12,5%/7,90€
85	2019 Riesling trocken „Alte Reben" Minheimer Rosenberg	12,5%/8,50€
84	2019 Gewürztraminer trocken „Charisma"	13%/8,50€
87	2018 Riesling trocken „Bestes Fass" Minheimer Günterslay	13%/11,50€
82	2019 Riesling „feinherb" „Favorit"	11%/6,50€
86	2018 Riesling „Ultimo" Minheimer Burglay	7,5%/9,50€
81	2019 Rotling trocken „Auszeit"	11,5%/6,50€
82	2018 Rotwein trocken „Inkognito"	13%/7,50€

Thielmann & Schinnen

Kontakt
Weingartenstraße 75
56874 Ernst
Tel. 02672-7078
Fax: 02672-7166
www.weingut-thielmann.de
info@weingut-thielmann.de

Besuchszeiten
nach Vereinbarung
Ferienwohnungen in Ernst
und Ediger-Eller

Inhaber
Jana Thielmann &
Christian Schinnen

Betriebsleiter
Jana Thielmann &
Christian Schinnen

Rebfläche
8 Hektar

Die Weinbaugemeinde Ernst ist bislang nicht wirklich bekannt bei Weinliebhabern im In- oder Ausland, aber das könnte sich nun ändern. Das Weingut Thielmann wird nun in fünfter Generation von den Cousins Jana Thielmann und Christian Schinnen geführt. Beide sind Geisenheim-Absolventen, haben sich nach ihren Abschlüssen 2011 bzw. 2008 eingearbeitet und das Weingut im Juli 2017 übernommen. Zu den bisherigen Flächen kamen solche hinzu, die bislang zum Margaretenhof in Ediger-Eller gehörten, dem elterlichen Weingut von Christian Schinnen. Riesling steht auf 60 Prozent der Fläche, Spätburgunder auf 20, aber es gibt auch Weißburgunder, Müller-Thurgau, Chardonnay und Kerner sowie Elbling und Dornfelder. Die beiden Inhaber wollen frischen Wind in den Betrieb und nach Ernst bringen, wollen auch die jüngere Kundschaft ansprechen. Inzwischen ist ein neuer Auftritt mit neugestalteten Etiketten und den drei Linien „Weinsteiger", „Charakterfest" und „Steiler & Schiefer" etabliert.

Kollektion

Generell saftig und zugänglich präsentieren sich die Weine des Jahrgangs 2019 – nur die beiden trockenen Weine „Felsenfest" und Valwiger Herrenberg wirkten zum Zeitpunkt der Verkostung noch unruhig. Sie besitzen allerdings unzweifelhaft Potenzial und dürften sich nach einigen Monaten der Reife vermutlich noch etwas spannender präsentieren. Der trockene Riesling namens „Ernsthaft" wirkt bereits jetzt zugänglich, zeigt aber auch recht viel Alkohol. Geradlinig wirken der Chardonnay, im Barrique gereift, aber zum Glück nicht vom Holz dominiert, sowie der mit einem Hauch von Süße ausgestattete Weißburgunder. Im feinherben Segment gefällt beispielsweise der saftige, ungemein animierende Riesling „Bestes Fass", im süßen der zupackende „Felsenfest"-Riesling. Ein süffiger Spätburgunder-Rosé sowie der 2018er Spätburgunder Rotwein (schöne Frucht und Eleganz) runden das durchaus überzeugende Sortiment ab.

Weinbewertung

Punkte	Wein
84	2019 Riesling trocken „Felsenfest" ∣ 12,5%/7,-€
83?	2018 Riesling trocken „Ernsthaft" ∣ 13,5%/9,50€
82	2019 Chardonnay trocken ∣ 12,5%/7,-€
85	2019 Riesling trocken Valwiger Herrenberg ∣ 13%/9,-€
79	2019 „Weinsteiger" Weißwein halbtrocken ∣ 12%/4,80€
84	2019 Riesling halbtrocken „Felsenfest" ∣ 12,5%/7,-€
86	2019 Riesling „feinherb" „Bestes Fass" ∣ 12%/13,50€
84	2019 Riesling halbtrocken Ediger Elzhofberg ∣ 12%/8,50€
81	2019 Weißburgunder ∣ 12%/6,50€
85	2019 Riesling „Felsenfest" ∣ 9,5%/9,-€
81	2019 Spätburgunder Rosé ∣ 11,5%/6,50€
83	2018 Spätburgunder trocken ∣ 12,5%/7,-€

RHEINHESSEN ▶ SAULHEIM

★★★★ Thörle

Kontakt
Am Norenberg 0
55291 Saulheim
Tel. 06732-5443
Fax: 06732-960860
www.thoerle-wein.de
info@thoerle-wein.de

Besuchszeiten
Mo.-Fr. 9-13 + 14-18 Uhr
Sa. 10-17 Uhr

Inhaber
Christoph & Johannes Thörle
Rebfläche
25 Hektar
Produktion
150.000 Flaschen

Rudolf und Uta Thörle begannen 1985 mit der Selbstvermarktung, aus dem landwirtschaftlichen Gemischtbetrieb wurde nach und nach ein reines Weingut. 2006 haben ihre Söhne Christoph und Johannes den Betrieb übernommen, ihn seither fokussiert auf Riesling, Silvaner und die Burgundersorten. Ihre Weinberge liegen alle in Saulheim in den Lagen Hölle, Schlossberg und Probstey, wo die Reben auf sehr kalkhaltigen Böden wachsen. Wichtigste Rebsorte ist Riesling, der die Hälfte der Fläche einnimmt. Es folgen Spätburgunder auf einem Viertel der Fläche, sowie Silvaner, dazu gibt es ein wenig Weißburgunder, Sauvignon Blanc und Chardonnay. Christoph und Johannes Thörle haben Maischestandzeiten eingeführt, alle Weine werden spontanvergoren. Die Rotweine werden in Eichenholzfässern ausgebaut, die Weißweine in Edelstahltanks, aber auch verstärkt in neuen (Silvaner, Burgunder) und älteren Holzfässern (500 bis 1.200 Liter). Das Sortiment ist gegliedert in Guts-, Orts- und Lagenweine sowie Reserveweine von Chardonnay und Sauvignon Blanc. An Lagenweinen gibt es drei Rieslinge aus Probstey, Hölle und Schlossberg, Silvaner aus der Probstey und Spätburgunder aus Probstey und Hölle. Edelsüße Weine ergänzen das Programm. 2019 wurde das neue Weingut am Norenberg eingeweiht, die Umstellung auf biologischen Weinbau begonnen.

🍰 Kollektion

Es war spannend zu sehen wie sich Christoph und Johannes Thörle in den vergangenen Jahren stetig gesteigert haben, bei Weißweinen wie Rotweinen, an der Basis wie an der Spitze. Die neue Kollektion präsentiert sich geschlossen auf hohem Niveau. Der Gutsriesling ist frisch und lebhaft, klar und zupackend, ein feiner Einstieg in die Kollektion. Deutlich kraftvoller ist der Kalkstein-Riesling, besitzt gute Konzentration, Fülle, Struktur und klare reife Frucht. Der Kalkstein-Silvaner steht ihm nicht nach, zeigt feine Würze und reife Frucht, besitzt Fülle und Kraft, viel reife Frucht und gute Struktur und auch der Kalkstein-Weißburgunder reiht sich da ein, besticht mit Reintönigkeit, Kraft und Frucht. Gute Konzentration und reintönige Frucht zeigt der Reserve-Chardonnay, im Mund ist er herrlich kraftvoll und strukturiert, besitzt viel reife Frucht und Substanz, ist noch sehr jugendlich. Das gilt auch für den Silvaner aus der Probstey, der im Abgang noch etwas von jugendlichen Bitternoten geprägt ist, gute Konzentration zeigt, reife Frucht und viel Würze, viel Fülle, Kraft und Substanz besitzt. An der Spitze der weißen Kollektion stehen die drei Lagenrieslinge, die sich klar voneinander unterscheiden. Relativ offen ist der Wein aus der Probstey, zeigt etwas gelbe Früchte im Bouquet, auch Orangen und Zitrus, gute Konzentration, ist füllig und kraftvoll im Mund, besitzt viel reife Frucht, Substanz, gute Harmonie und Länge. Oft galt in den letzten Jahren dem Riesling aus dem Schlossberg unsere leichte Präferenz, im Jahrgang 2019 sehen wir Hölle und Schlossberg gleichauf – und bei beiden sehen wir noch viel Potenzial. Der Schlossberg zeigt gelbe

Früchte im Bouquet, ist intensiv und konzentriert, ist füllig und saftig im Mund, besitzt viel reife Frucht, gute Struktur, Substanz und Länge. Intensiv fruchtig ist auch der Hölle-Riesling im Bouquet, konzentriert, deutlich würziger, besitzt viel Grip und Kraft im Mund, gute Struktur und Nachhall. Aus allen drei Lagen gibt es auch Beerenauslesen im Jahrgang 2019 – die sich sehr viel ähnlicher sind als die trockenen Weine. Etwas kandierte Früchte und Litschi zeigt die Beerenauslese aus der Probstey, ist kompakt, süß und konzentriert, der Wein aus dem Schlossberg ist etwas würziger, ebenso dominant, dick und konzentriert, bei der Beerenauslese aus der Hölle findet man etwas Litschi im Bouquet, er ist noch etwas dominanter und stoffiger. Die Spätburgunder waren noch nie so gut wie im Jahrgang 2018. Schon der Gutswein ist sehr gut, zeigt intensive Frucht, rote Früchte, besitzt Fülle, Kraft und Tannine, der Ortswein ist ebenso intensiv fruchtig, sehr reintönig und kraftvoll, die Tannine sind nicht ganz so präsent. Der Spätburgunder aus der Probstey ist ebenfalls intensiv fruchtig, reintönig, füllig und kraftvoll, besitzt gute Struktur und klare Frucht, der Wein aus der Hölle ist noch etwas kraft- und druckvoller, auch etwas nachhaltiger, beide werden sich sehr gut entwickeln, was der 2007er beweist, obwohl dieser damals noch nicht so kompromisslos vinifiziert war. Starke Kollektion!

🍇 Weinbewertung

84	2019 Riesling trocken	12,5%/9,50€
86	2019 Silvaner trocken „Kalkstein" Saulheimer	13%/13,50€
86	2019 Riesling trocken „Kalkstein" Saulheimer	13%/14,50€
86	2019 Weißburgunder trocken „Kalkstein" Saulheimer	13%/15,-€
88	2019 Chardonnay trocken „Réserve"	13%/25,-€
89	2019 Silvaner trocken Saulheimer Probstey	13%/25,-€
90	2019 Riesling trocken Saulheimer Probstey	13%/24,-€
91	2019 Riesling trocken Saulheimer Schlossberg	13%/30,-€
91	2019 Riesling trocken Saulheimer Hölle	13%/32,-€
90	2019 Riesling Beerenauslese Saulheimer Probstey	7%/65,-€/0,375l
91	2019 Riesling Beerenauslese Saulheimer Hölle	7%/85,-€/0,375l
90	2019 Riesling Beerenauslese Saulheimer Schlossberg	7%/75,-€/0,375l
86	2018 Spätburgunder trocken	13%/11,50€
88	2018 Spätburgunder trocken Saulheim	13%/17,-€
90	2018 Spätburgunder trocken Saulheimer Probstey	13,5%/36,-€
88	2007 Spätburgunder trocken Saulheimer Hölle	14%
91	2018 Spätburgunder trocken Saulheimer Hölle	13%/42,-€

Lagen
Hölle (Saulheim)
Schlossberg (Saulheim)
Probstey (Saulheim)

Rebsorten
Riesling (50 %)
Spätburgunder (25 %)
Silvaner (10 %)

BADEN ▶ BÖTZINGEN

★★

Ralf Trautwein

Kontakt
Hauptstraße 106
79268 Bötzingen
Tel. 07663-5185
Fax: 07663-913463
www.weingut-ralf-trautwein.de
weingut.trautwein@gmx.de

Besuchszeiten
nach Vereinbarung

Inhaber
Ralf Trautwein
Betriebsleiter
Ralf Trautwein
Kellermeister
Ralf Trautwein
Rebfläche
9,3 Hektar
Produktion
65.000 Flaschen

Ralf Trautwein ist ausgebildeter Weinküfer, war dann einige Jahre Betriebsleiter des Schlossguts Istein im Markgräflerland. Während dieser Zeit, 2001, gründete er sein eigenes Weingut. Seine Weinberge befinden sich überwiegend in den Bötzinger Lagen Eckberg und Lasenberg, wo die Reben teils auf Vulkangestein, teils auf Löss wachsen. Spätburgunder ist die wichtigste Rebsorte im Betrieb, nimmt gut ein Drittel der Rebfläche ein. Hinzu kommen jeweils ein Fünftel Grauburgunder und Weißburgunder, aber auch Müller-Thurgau, Auxerrois, Sauvignon Blanc, Chardonnay, Muskateller und Acolon werden angebaut. Die besten Weiß- und Rotweine werden im Holz ausgebaut. Ralf Trautwein verwendet Prädikatsbezeichnungen, auch für trockene Weine, aber keine Lagenbezeichnungen. Edelbrände ergänzen das Programm.

Kollektion

Im Jahrgang 2019 ist die „Editions-Linie wieder etwas schlanker ausgefallen. Fruchtbetont ist der reintönige Weißburgunder, der Grauburgunder ist zupackender, die Frucht ist bei beiden Burgundern saftig-süß. Auch der Spätburgunder Rosé ist sehr saftig und zeigt am Gaumen eine lebhafte Säure. Der Sauvignon Blanc zeigt schon im Bouquet sehr schöne Aromen von Beerenfrüchten mit etwas Gras und Minze, am Gaumen zeigt sich ein feines, ausgewogen-lebhaftes Frucht-Säurespiel. Der trockene Muskateller lebt von seiner typischen Frucht und einer nachhaltigen Mineralität am Gaumen, beim feinherben Muskateller steht die saftige Süße im Vordergrund. Die Grauburgunder Spätlese zeigt reife Frucht und Würze, besitzt viel Frucht, feine Säure und mineralische Länge. Die von reifen Zitrusnoten gezeichnete Frucht der Chardonnay Spätlese ist vom Ausbau im Holz geprägt, besitzt gute Struktur. Der Spätburgunder von 2017 hat ein sehr feines Bouquet von kühlen roten Früchten, ist am Gaumen deutlich wärmer, hat viel Saft und straffe Tannine. Der Spätburgunder Reserve von 2018 ist sehr komplex, rauchig-fruchtig, warm am Gaumen, saftig und konzentriert mit jugendlichen Tanninen.

Weinbewertung

85	2019 Weißer Burgunder Kabinett trocken „Edition"	13%/6,80€
84	2019 Grauer Burgunder Kabinett trocken „Edition"	13%/7,50€
85	2019 Sauvignon Blanc trocken „Edition"	12,5%/8,50€
84	2019 Muskateller Kabinett trocken „Edition"	12,5%/7,50€
88	2019 Grauer Burgunder Spätlese trocken*** Holzfass „Premium"	13,5%/10,-€ ☺
87	2017 Chardonnay Spätlese trocken Holzfass „Premium"	14%/13,-€
84	2019 Muskateller Kabinett „feinherb" „Edition"	12%/7,50€
83	2019 Spätburgunder Rosé Kabinett trocken	12,5%/6,50€
88	2017 Spätburgunder Spätlese trocken „Alte Reben TT Eichenfass"	13,5%/14,-€
(89)	2018 Spätburgunder Spätlese trocken Barrique „Reserve Alte Rebe TT"	14%/25,-€

RHEINGAU ▸ GEISENHEIM

★★✩

Trinks-Trinks

Kontakt
Bischof-Blum-Platz 4
65366 Geisenheim
Tel. 06722-406097
www.trinks-trinks.de
weingut@trinks-trinks.de

Besuchszeiten
nach Vereinbarung

Inhaber
Johanna Döring & Matthias Friedel

Rebfläche
1,25 Hektar

Produktion
9.000 Flaschen

Das Weingut Trinks-Trinks wurde mit dem Jahrgang 2014 aus der Taufe gehoben. Zuvor hatten die an der Forschungsanstalt in Geisenheim arbeitenden Johanna Döring und Matthias Friedel gemeinsam einen heruntergekommenen Hof erworben und vollständig renoviert. 2013 übernahmen sie dann auch die dazu gehörenden 1,2 Hektar großen Weinberge mit über 25 Jahre alten Rieslingreben, die sich auf drei Gewanne in den Geisenheimer Lagen Mäuerchen und Mönchspfad verteilen. Diese werden separat ausgebaut. Alle Reben wachsen auf Lösslehm, aber mit unterschiedlichen Ausprägungen. Während der Boden im Gewann "In allen Ehren" tiefgründiger und sandiger ist, ist der in der Steingrub, wie der Name schon verrät, skelettartiger, steiniger. In der warmen Lage „Im Schorchen" schließlich kommt eine Beimengung von kalkhaltigem Löss hinzu. Alle Weinberge werden nach ökologischen Standards bewirtschaftet, die Traubenlese erfolgt ausschließlich per Hand. Im mittelalterlichen Keller des Weingutes werden die Moste mit weinbergseigenen Hefen spontan vergoren, lange auf der Hefe belassen und frühestens im Sommer nach der Lese gefüllt. Durch die schonende und auf ein geringes Maß reduzierte Einflussnahme im Keller keltern die beiden jungen Winzer individuelle Rieslinge mit Spannung und Würze.

Kollektion

Es ist wirklich erfreulich zu sehen, dass das junge Weingut seinen Stil wie selbstverständlich gefunden und konsequent weiterentwickelt hat. Hier lässt man den Rieslingen Zeit und Raum zum individuellen Ausdruck. Der attraktive kräftige Rieslingsekt macht den Einstieg wieder leicht. Dem wie gewohnt recht eingängigen Mitanand steht in diesem Jahr ein balanciertes, halbtrockenes Pendant zur Seite, das mit zarter Würze punktet. Der „In allen Ehren" braucht etwas Luft, dann entwickelt er zupackendes, vollmundiges Aroma mit feinem Salz im Nachhall. Der fruchtigere „Im Schorchen" wirkt zugleich auch etwas feiner und verspielter. Den Höhepunkt setzt der mineralische, dichte Steingrub Riesling, der auf hohem Niveau spielt. Perfekt abgerundet wird die authentische Kollektion mit einer reintönigen Beerenauslese aus dem Geisenheimer Mönchspfad.

Weinbewertung

87	2017 Riesling Sekt brut „Feiertag"	12,5%/13,90€
86	2018 Riesling trocken „Mitanand"	12%/7,90€
87	2018 Riesling trocken „Im Schorchen"	12,5%/10,90€
87	2018 Riesling trocken „In allen Ehren"	12,5%/10,90€
88	2018 Riesling trocken „Steingrub"	13%/11,90€
86	2018 Riesling halbtrocken „Mitanand"	12%/7,90€
90	2018 Riesling Beerenauslese „Geheimrat X"	8%/24,90€/0,375l

Trockene Schmitts

★★★☆

Kontakt
Maingasse 14a
97236 Randersacker
Tel. 0931-700490, -708206
Fax: 0931-3048815
www.naturreine-weine.de
info@durchgegorene-weine.de

Besuchszeiten
Mo.-Fr. 8-18 Uhr
Sa. 9:30-16 Uhr
oder nach Vereinbarung
Weinrestaurant „Ewig Leben"
Ferienwohnungen „Sartoriushaus"

Inhaber
Bruno & Lothar Schmitt
Rebfläche
17 Hektar
Produktion
120.000 Flaschen

Die Brüder Paul Schmitt („Haus der trockenen Weine") und Bruno Schmitt („Weingut Robert Schmitt") aus Randersacker haben ihre beiden Betriebe zusammengelegt und vermarkten seit dem Jahrgang 2002 ihre Weine gemeinsam unter dem Namen Weingut Trockene Schmitts. Paul Schmitt hat inzwischen an seinen Sohn Lothar übergeben, der nach Ausbildung unter anderem bei Paul Fürst und F.X. Pichler nun gemeinsam mit Bruno Schmitt den Betrieb führt. Der Name ist Programm: Seit jeher werden alle Weine „naturrein" ausgebaut, es wird niemals angereichert, keine Süßreserve zugesetzt, alle Weine dürfen durchgären; nur Weine bis maximal 4 Gramm Restzucker werden als trocken bezeichnet. Die Weinberge verteilen sich auf die verschiedenen Randersackerer Lagen. Silvaner nimmt zwei Fünftel der Rebfläche ein, hinzu kommen Müller-Thurgau, Riesling, Weiß- und Grauburgunder, aber auch Gewürztraminer, Rieslaner und Albalonga, rote Sorten nehmen 10 Prozent der Rebfläche ein. Alle Weine kommen nach der Gärung im Edelstahl zur Reifung ins traditionelle Holzfass.

Kollektion

Eine Kollektion aus einem Guss präsentieren Bruno und Lothar Schmitt in diesem Jahr. Die trockenen Kabinettweine sind geradlinig, klar, die trockenen Spätlesen besitzen, ganz unabhängig von der Rebsorte, Substanz und Power, Fülle und Struktur. Besonders gut gefällt uns der Sylvaner von alten Reben im Sonnenstuhl, der konzentriert und rauchig ist viel reife Frucht und viel Länge besitzt. Nochmals stoffiger sind die Großen Gewächse vom Sonnenstuhl: Der Sylvaner ist rauchig, stoffig, enorm kraftvoll, der Riesling zeigt gelbe Früchte, Zitrus, besitzt viel reife Frucht und Substanz. An kandierte Früchte lässt die Rieslaner Beerenauslese denken, die zusammen mit zwei intensiv fruchtigen, jugendlichen Rotweinen die starke Kollektion abrundet.

Weinbewertung

83	2019 Silvaner Kabinett trocken Randersacker Pfülben	13%/9,80€
84	2019 Blauer Silvaner Kabinett trocken Randersacker Ewig Leben	13%/7,50€
86	2019 Silvaner Spätlese trocken Randersacker Sonnenstuhl	13,5%/9,50€
88	2018 Sylvaner Spätlese trocken „Alte Reben" Randersacker Sonnenstuhl	14%/11,90€
85	2018 Riesling Spätlese trocken Randersacker Pfülben	13,5%/11,50€
86	2018 Albalonga Spätlese trocken Randersacker Marsberg	14%/13,50€
85	2018 Weißer Burgunder Spätlese trocken Randersacker Pfülben	14%/12,80€
85	2018 Rieslaner Spätlese trocken „Alte Reben" Randersacker Sonnenstuhl	14%/13,50€
85	2019 Gewürztraminer Spätlese trocken Randersacker Lämmerberg	13,5%/11,50€
89	2018 Sylvaner „R Großes Gewächs" Randersacker Sonnenstuhl	14%/22,-€
88	2018 Riesling „R Großes Gewächs" Randersacker Sonnenstuhl	13,5%/22,-€
88	2018 Rieslaner Beerenauslese Randersacker Sonnenstuhl	8,5%/22,-€
87	2018 Spätburgunder Spätlese trocken Randersacker Sonnenstuhl	13,5%/15,80€
87	2018 Frühburgunder Spätlese trocken Randersacker Sonnenstuhl	13,5%/14,90€

MOSEL ▬ KRÖV

★★ ☆

Michael Trossen

Kontakt
Jesuitenhofstraße 42
54536 Kröv
Tel. 06541-812005
Fax: 06541-812033
www.das-weingut.com
mt@das-weingut.com

Besuchszeiten
Vinothek
Mai-Okt. Mo-Sa 14-18 Uhr
oder nach Vereinbarung
Gästehaus Trossen
Weinhotel „Riesling-Quartier"
(Moselweinstraße 100, Kröv)

Inhaber
Michael Trossen
Rebfläche
4,5 Hektar
Produktion
35.000 Flaschen

Die Weinberge von Michael Trossen, insgesamt 4,5 Hektar, liegen alle in Kröv in den Lagen Letterlay, Steffensberg, Kirchlay und Paradies. Das Weingut hat seinen Fokus in den letzten Jahren ganz klar auf Riesling gelegt, was sich auch in der Rebsortenstatistik des Hauses widerspiegelt. Riesling nimmt 82 Prozent der Rebfläche ein, dazu gibt es jeweils 9 Prozent Spätburgunder und Weißburgunder. Unter dem Namen Bergblüter werden die Spitzen-Rieslinge aus den Steillagen Kröver Letterlay und Kröver Steffensberg vermarktet. Dem Weingut ist ein Gästehaus angeschlossen, die Vinothek „Terra Vinum" wurde 2009 eröffnet. Das von Rosel und Hans Trossen geführte Gästehaus liegt direkt an der Moselweinstraße, bietet sowohl Gästezimmer als auch Ferienwohnungen an. 2019 wurde der Neubau eines kleinen Weinhotels unmittelbar an der Mosel abgeschlossen, das Riesling-Quartier definiert Moseltourismus mit modernen Komfortzimmern, Junior- und Familiensuiten neu.

🎂 Kollektion

Klare, straffe, geradlinige Weine sind seit vielen Jahren das Markenzeichen des Weinguts. Zu bemerken ist dies beispielsweise beim Literriesling in der trockenen Version, der saftig und straff ausfällt, oder beim festen, sortentypischen Weißburgunder. Allerdings kann Michael Trossen auch anders, wie die trockene „Bergblüter"-Spätlese beweist. Der Wein besitzt Länge und Struktur, aber auch Schmelz. Etwas mehr Restzucker weist die feinherbe Spätlese aus dem Jahrgang 2019 auf. Bei der 2018er Spätlese von alten Reben („Eröffnungswein" aus Anlass des neuen Weinhotels), die sich bis August 2019 in der Gärung befand, zeigen sich ebenfalls Schmelz und eine saftige Art, die Süße ist bestens integriert. Überdurchschnittlich gut gefällt auch der Kabinett aus der Kröver Kirchlay, der viel Spiel aufweist. Bei der Auslese dagegen heißt es abwarten: Der Wein zeigt viel Substanz, aber im Moment steht die Süße noch etwas im Vordergrund.

🍇 Weinbewertung

83	2019 Riesling trocken (1l)	12%/5,80€
85	2019 Weißburgunder trocken	12,5%/6,50€
85	2019 Riesling Kabinett trocken Kröver Kirchlay	12,5%/6,50€
87	2019 Riesling Spätlese trocken „Bergblüter" Kröver Letterlay	14%/8,90€
82	2019 Riesling halbtrocken (1l)	11,5%/5,80€
83	2019 Weißburgunder „feinherb"	11,5%/6,50€
84	2019 Riesling „feinherb"	12,5%/6,50€
86	2019 Riesling Spätlese „feinherb" „Bergblüter" Kröver Letterlay	13%/8,90€
86	2019 Riesling Kabinett Kröver Kirchlay	9,5%/6,50€ ☺
87	2018 Riesling Spätlese „Alte Reben" „Eröffnungswein"	12,5%/8,50€ ☺
88	2019 Riesling Auslese „Bergblüter" Kröver Letterlay	8%/18,-€
84	2019 Spätburgunder Rosé trocken	13%/6,50€

★★★

Daniel Twardowski

Kontakt
Im Hof 23
54347 Neumagen-Dhron
Tel. 0160-97766714,
06507-9389225
Fax: 06507-9391826
www.pinot-noix.com/de
lafite90@gmx.de

Besuchszeiten
nach Vereinbarung

Inhaber
Daniel Twardowski
Rebfläche
2,8 Hektar
Produktion
3.000 Flaschen

Daniel Twardowski studierte Betriebswirtschaft in Heilbronn, war schon seit dem Abitur als Weinraritäten-Händler tätig, mit Schwerpunkt Burgund. 2006 gründete er sein eigenes Weingut, begann in diesem Jahr einige Steillagenparzellen im Dhroner Hofberg mit Spätburgunder zu bepflanzen, französische Pinotklone wählte er dafür aus. Im Keller setzt er auf „Low Tech", die Trauben werden auf einer alten Korbpresse gekeltert, kommen bei niedrigen Temperaturen in Holz-Cuves, danach in Barriques aus französischer Eiche. Heute bewirtschaftet er knapp 3 Hektar Reben, alle im Dhroner Hofberg, ausschließlich Pinot Noir, französische Klone. Im Dhroner Hofberg findet man roten und blauen Schiefer, alle Arbeiten werden per Hand ausgeführt, Herbizide werden nicht eingesetzt. Erzeugt werden inzwischen zwei Weine, die „Pinot Noix" und „Pinot Noix Hofberg" genannt werden. Sie werden in französischen Barriques ausgebaut, medium light getoastet, derzeit werden zu 60 Prozent neue Fässer verwendet, je nach Jahrgang bleibt der Wein 14 bis 18 Monate im Barrique bevor er unfiltriert abgefüllt wird. Erster Jahrgang war 2011, in diesem Jahr wurden 1.800 Flaschen erzeugt, in den beiden Folgejahren dann etwas weniger, 2014 stieg die Produktion auf 3.000 Flaschen. Daniel Twardowski hat dazu beigetragen, dass die Mosel als Anbaugebiet spannender Rotweine wahrgenommen wird – auch im Ausland.

Kollektion

Das Programm des Weinguts ist stets ausgesprochen übersichtlich, auch wenn es nun nicht mehr bloß einen Wein umfasst, sondern zwei. Der normale Pinot Noir aus dem Jahrgang 2018 wirkt erstaunlich offen, lässt eine feine Frucht erkennen mit Anklängen an dunkle Kirschen und Beeren, aber auch eine florale Note ist mit etwas Luft deutlich zu spüren; der Wein ist straff, würzig, mit fast seidiger Eleganz, schon jetzt zugänglich. Beim Spitzenwein aus dem Hofberg ist die florale Note nach etwas Belüftung noch mehr zu spüren. Dieser Wein zeigt eine deutliche Mineralität am Gaumen, ist bei aller Länge und Struktur aber schon wundersam zugänglich. Der 2017er, der in diesem Jahr als einziger Wein erzeugt wurde, wirkt etwas kühler in der Nase, zeigt Anklänge an rote Beeren, wirkt im Mund würzig, ist nicht ganz so straff wie der 2018er Hofberg, der neue Spitzenwein. Holzwürze ist bei allen drei Weinen kaum zu spüren: Den Umgang mit dem Barrique beherrscht Daniel Twardowski! ➤

Weinbewertung

91 2017 Pinot Noir trocken „Pinot Noix" | 12,5%/69,-€
91 2018 Pinot Noir trocken „Pinot Noix" | 12,5%/69,-€
92 2018 Pinot Noir trocken „Pinot Noix" Hofberg | 12,5%/125,-€

WÜRTTEMBERG — PFEDELBACH-RENZEN

Ungerer

★★

Kontakt
Harsberger Straße 15
74629 Pfedelbach-Renzen
Tel. 07949-940690
Fax: 07949-940699
www.weingut-ungerer.de
info@weingut-ungerer.de

Besuchszeiten
Mo.-Do. 17:30-19 Uhr
Fr. 14-19 Uhr
Sa. 8-13 Uhr
oder nach Vereinbarung
Weinstube
(6 Tage im Monat geöffnet)

Inhaber
Familie Ungerer
Rebfläche
9 Hektar
Produktion
75.000 Flaschen

Karl Ungerer und Sohn Karlheinz begannen 1993 mit der Selbstvermarktung. Alle ihre Weinberge befinden sich in der Lage Heuholzer Dachsteiger, wo die Reben auf Keuperböden wachsen. 65 Prozent der Fläche nehmen rote Sorten ein, vor allem Lemberger, Trollinger und die Burgundersorten, dazu gibt es Dornfelder und Cabernet Mitos, zuletzt wurde etwas Regent in einer Steillage gepflanzt, auch Cabernet Franc gibt es inzwischen im Anbau. Mit Abstand wichtigste weiße Rebsorte ist Riesling, dazu gibt es Kerner und Chardonnay, Silvaner, Bacchus und Sauvignon Blanc. Die Rotweine werden maischevergoren. Die Weißweine vergären in Edelstahltanks, ausgesuchte Partien auch im Barrique (Chardonnay) oder Betonei (Riesling). Destillate (von eigenem Obst), Liköre und Gelees ergänzen das Sortiment.

Kollektion

In diesem Jahr legen die Weißweine weiter zu, die Rotweine bestätigen das konstant hohe Niveau. Der trockene Riesling Kabinett ist frisch und klar, der Muskateller lebhaft und zupackend, der Sauvignon Blanc besitzt intensive Frucht und gute Struktur. In der Linie „Große Tradition" gibt es einen intensiv würzigen Gewürztraminer und einen konzentrierten, rauchigen Riesling, der klar und zupackend ist, gute Struktur und Frucht besitzt. Noch etwas besser gefällt uns der im Barrique ausgebaute Chardonnay aus dem Jahrgang 2018, der gelbe Früchte im Bouquet zeigt, Fülle und Kraft besitzt und viel Substanz. Der Samtrot ist fruchtbetont, dezent süß, der Pinot Meunier besitzt gute Struktur und Grip, die Cabernet Mitos Beerenauslese ist intensiv und konzentriert, ein klein wenig bitter. Hinzu kommen drei Cuvées: „Unglaublich" zeigt Herzkirschen, dunkle Früchte, „Saltatium virium" ist ebenfalls intensiv fruchtig, sehr offen, „Respekt" ist enorm konzentriert, besitzt viel süße Frucht, alle drei sind füllig und kraftvoll, besitzen viel Substanz und viel reife Frucht. Starke Kollektion!

Weinbewertung

83	2019 Riesling Kabinett trocken Heuholzer Dachsteiger	12,5 %/6,55 €
84	2019 Gelber Muskateller trocken Heuholzer Dachsteiger	12,5 %/7,75 €
85	2019 Sauvignon Blanc trocken „Sehnsucht"	13 %/10,95 €
86	2019 Riesling trocken „Große Tradition"	13,5 %/15,- €
87	2018 Chardonnay trocken Barrique	14 %/19,60 €
84	2018 Gewürztraminer trocken „Große Tradition"	14 %/15,- €
83	2018 Samtrot Spätlese trocken Heuholzer Dachsteiger	14 %/8,95 €
85	2018 Pinot Meunier trocken	14 %/9,50 €
87	2018 „Unglaublich" Rotwein trocken Barrique	13,5 %/13,70 €
88	2018 „Saltatium virium" Rotwein trocken Barrique	13,5 %/21,40 €
88	2018 „Respekt" Rotwein trocken Barrique	13,5 %/30,- €
86	2018 Cabernet Mitos Beerenauslese	14,5 %/25,- €/0,5 l

WÜRTTEMBERG ➤ STUTTGART

★ ★

Weinmanufaktur Untertürkheim

Kontakt
Strümpfelbacher Straße 47
70327 Stuttgart
Tel. 0711-336381-0
Fax: 0711-336381-24
www.weinmanufaktur.de
info@weinmanufaktur.de

Besuchszeiten
Mo.-Fr. 9-18 Uhr
Sa. 9-14 Uhr
Weinproben (nach Vereinbarung)

Inhaber
87 Mitglieder
Geschäftsführer
Dr. Stefan Hübner
Kellermeister
Jürgen Off
Rebfläche
90 Hektar
Produktion
700.000 Flaschen

Die Weinberge der 1887 gegründeten Untertürkheimer Genossenschaft liegen in den Untertürkheimer Lagen Mönchberg und Altenberg. Zwei Drittel der Weinberge sind mit roten Reben bestockt. Wichtigste Rebsorten sind Trollinger und Riesling, die jeweils ein Viertel der Rebfläche einnehmen, dann folgen – mit gehörigem Abstand – Lemberger und Spätburgunder. Die Weine sind betriebsintern mit bis zu drei Sternen klassifiziert, auf Prädikatsbezeichnungen bei trockenen Weinen wird verzichtet. Die Weißweine werden überwiegend im Edelstahl ausgebaut, der Grauburgunder auch im Holzfass. Die besten Weine kommen im 1902 erbauten Kreuzgewölbekeller auch ins große Holzfass oder ins Barrique. Die als Barriqueweine gekennzeichneten Weine kommen ausschließlich in neue Fässer, Weine mit der Bezeichnung „Holzfass" werden in gebrauchten Barriques ausgebaut. Kellermeister Jürgen Off ist seit 1987 in Untertürkheim tätig, seit 2001 trägt er die Verantwortung im Keller.

Kollektion

Die 3-Sterne-Rotweine sind immer die herausragenden Weine der Untertürkheimer Genossen, in diesem Jahr aber bekommen sie starke Konkurrenz durch die 3-Sterne-Weißweine: Der Chardonnay ist konzentriert, füllig und kraftvoll, der Riesling zeigt gelbe Früchte und Zitrus im Bouquet, viel Konzentration, besitzt gute Struktur, reife Frucht, Kraft und Grip. Sehr gut gefällt uns auch der 2-Sterne-Viognier, ist füllig, saftig, wunderschön reintönig, der 2-Sterne-Grauburgunder besitzt gute Struktur und reife Frucht. Auch die rote 2-Sterne-Klasse besitzt Fülle und Frucht, eine deutliche Steigerung aber bringen die Rotweine der 3-Sterne-Klasse. Der Lemberger zeigt etwas florale Noten und Kräuter, besitzt Fülle, Kraft und Substanz. Die Mönch Berthold-Cuvée zeigt intensive Frucht und Gewürze, besitzt gute Struktur und kräftige Tannine. Unser Favorit ist der strukturierte, wunderschön reintönige Cabernet Franc!

Weinbewertung

81	2019 Riesling* trocken	12%/7,60€
81	2019 Weißer Burgunder* trocken	12,5%/7,60€
84	2019 Grauer Burgunder** trocken	13%/9,90€
85	2019 Viognier** trocken	13,5%/9,90€
88	2019 Riesling*** trocken Untertürkheimer Mönchberg	13%/18,-€
87	2019 Chardonnay*** trocken	13,5%/18,-€
82	2018 Trollinger* trocken	12,5%/6,10€
83	2018 „Mönch Berthold"*** Rotwein trocken	13,5%/9,90€
84	2018 Spätburgunder** trocken	12,5%/9,90€
89	2018 Cabernet Franc*** trocken Untertürkheimer Altenberg	13,5%/19,50€
88	2018 „Mönch Berthold"*** Rotwein trocken	13,5%/25,-€
87	2018 Lemberger*** trocken Untertürkheimer Mönchberg	13,5%/27,-€

RHEINGAU — ELTVILLE

★★★

Schloss Vaux

Kontakt
Sektkellerei Schloss Vaux
Kiedricher Straße 18a
65343 Eltville
Tel. 06123-6206-0
Fax: 06123-63339
www.schloss-vaux.de
kontor@schloss-vaux.de

Besuchszeiten
Mo.-Fr. 9-18 Uhr, Sa. 11-14 Uhr
Aktuelle Veranstaltungen
siehe Webseite

Vorstand
Nikolaus Graf von Plettenberg
Vertriebsleiter
Christoph Graf
Betriebsleiter
Joachim Renk
Kellermeisterin
Maike Maria Münster
Rebfläche
7 Hektar
Produktion
450.000 Flaschen

Die 1868 gegründete Sektmanufaktur Schloss Vaux verdankt ihren Namen dem gleichnamigen Herrschaftsgebäude bei Metz. Ein Freundeskreis übernahm das Unternehmen, seit 1998 führt Nikolaus Graf von Plettenberg die Sektmanufaktur, der inzwischen unterstützt wird von Vertriebsleiter Christoph Graf. 2014 wurden die Lagen des Weinguts Erbslöh übernommen, man besitzt nun selbst 6 Hektar Riesling und ein Hektar Spätburgunder. Die Grundweine stammen teils aus dem Rheingau, teils aus der Pfalz und aus Rheinhessen, Riesling, Spätburgunder und Weißburgunder sind die wichtigsten Rebsorten. 2007 wurde erstmals ein Sekt aus Sauvignon Blanc erzeugt, inzwischen hat man auch einen Sekt aus Grünem Veltliner im Programm. Die Dosage der überwiegend brut ausgebauten Sekte liegt deutlich unter den gesetzlich zulässigen Höchstwerten, viele sind im Bereich extra-brut dosiert.

Kollektion

Hut ab. Das ist wieder durch die Bank sehr stark. Der Stil des Hauses mit ausgewogenen, feinen Sekten wird immer elaborierter. Wer Finesse und Frische sucht, sollte sich für den Blanc de Blancs entscheiden, der fein moussiert und elegant akzentuiert ist. Zartes Spiel von roten Beeren und Ausgewogenheit am Gaumen bietet der Blanc de Noir. Die Sekte vom Veltliner und Sauvignon Blanc sind stilsicher gelungen, beide sind kräftig, der Sauvignon Blanc bleibt mit packender Frische. Die Riesling Sekte grenzen sich in der Abfolge sehr schön voneinander ab, der Riesling brut schmeckt fruchtbetont, saftig und frisch, die Réserve zeigt feine Züge von Brioche und süßen Gewürzen, wirkt präzise, elegant und kraftvoll. Im knackigen Nachhall offenbart sie markanten Sortencharakter. Genau wie der Lagensekt aus dem Marcobrunn, der weinig und konzentriert, vor reifer Fülle geradezu birst, ohne dabei an Spannkraft zu missen. Unser persönliches Highlight ist aber der Rosé Reserve Sekt mit seinem weinigen Charakter, dem animierend zarte Gerbstoffe gegenüberstehen, die für Spannkraft bis in den langen Nachhall sorgen.

Weinbewertung

86	2018 Riesling Sekt brut	12%/14,-€
87	2016 Sauvignon Blanc Sekt brut	12%/17,-€
88	2017 Grüner Veltliner Sekt brut	12%/20,-€
90	2016 Riesling Sekt brut Erbacher Marcobrunn	12,5%/39,-€
89	2016 Riesling Sekt brut Rheingauer „Reserve"	12%/21,-€
88	„Blanc de Blancs" Sekt brut	12,5%/19,-€
87	2018 „Blanc de Noirs" Sekt brut	12%/16,-€
87	2018 Rosé Sekt brut	12%/15,-€
90	2017 Rosé „Reserve" Sekt brut	12%/26,-€
88	2015 Pinot Noir Sekt brut Assmannshäuser	12,5%/26,-€

WÜRTTEMBERG ▶ INGERSHEIM

★ ★

Velte

Kontakt
Forststraße 12
74379 Ingersheim
Tel. 0157-80309037
www.wein-velte.de
info@wein-velte.de

Besuchszeiten
nach Vereinbarung

Inhaber
Vanessa & Felix Velte
Betriebsleiter
Vanessa & Felix Velte
Kellermeister
Felix Velte
Außenbetrieb
Heinz Groß
Rebfläche
0,6 Hektar

Felix Velte stammt aus Ingersheim, das etwa 20 Kilometer nördlich von Stuttgart am linken Neckarufer liegt. Er hat eine Ausbildung zum Weinküfer gemacht, dann die Weiterbildung zum Weinbautechniker. 2016 bot sich ihm die Gelegenheit einen verwilderten Weinberg von der Gemeinde Ingersheim zu pachten, in der kleinen Lage Ingersheimer Schlossberg, den er instand setzte; 2018 kamen einige Flächen in Mühlhausen an der Enz hinzu, inzwischen noch ein familieneigener Weinberg, der seit Generationen für den Eigenbedarf genutzt wurde. Felix Velte baut vor allem Weißburgunder, Lemberger, Gewürztraminer und Riesling an, aber auch ein wenig Schwarzriesling und Muskateller. Die Reben wachsen an steilen süd- bis südost-exponierten Hängen auf kleinen Terrassen, den so genannten „Schranna", auf Muschelkalkböden. Felix Velte arbeitet mit bis zu 48 Stunden Maischestandzeit bei den Weißweinen, die bis Mitte März auf der Feinhefe lagern, die Rotweine werden zwei Wochen maischevergoren, im Barrique ausgebaut und unfiltriert abgefüllt.

Kollektion

Eine starke Kollektion präsentiert Felix Velte zum Debüt. Der 2018er Riesling zeigt feine Reife und reintönige Frucht, ist frisch, klar und zupackend; der 2019er ist konzentrierter, ebenfalls wunderschön reintönig, besitzt gute Struktur, Frische und klare Frucht. Der Weißburgunder ist frisch und fruchtbetont im Bouquet, herrlich reintönig, zeigt weiße Früchte, ist geradlinig und zupackend im Mund bei guter Struktur und feiner Frucht. Der Rosé besteht aus 90 Prozent Lemberger und 10 Prozent Schwarzriesling. Der 2019er ist frisch und fruchtbetont, geradlinig und zupackend, der 2018er ist etwas druckvoller. Sehr gut ist der 2018er Lemberger, fruchtbetont, herrlich eindringlich und reintönig im Bouquet, klar und frisch im Mund bei guter Struktur und viel Frucht. Highlight der Kollektion aber ist ganz klar der Lemberger Schrannawengert, der ebenfalls aus dem Jahrgang 2018 stammt: Faszinierend reintönige Frucht im Bouquet, intensiv, dominant, faszinierend reintönig dann auch im Mund, viel Frucht und Intensität, gute Struktur und Länge. Weiter so! ▶

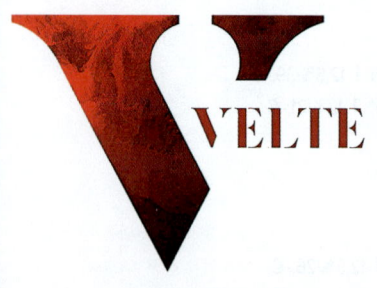

Weinbewertung

85	2018 Riesling trocken	12,5%/9,-€
86	2019 Riesling trocken Ingersheimer	11,5%/10,-€
86	2019 Weißburgunder trocken Ingersheimer	12%/8,-€
84	2018 Rosé trocken	12,5%/7,50€
83	2019 Rosé trocken	12%/8,-€
85	2018 Lemberger trocken	12,5%/10,-€
88	2018 Lemberger trocken „Schrannawengert"	13%/16,-€

Stefan Vetter

★★★★

Kontakt
Neuweg 2
97753 Gambach
Tel. 09353-9843505
www.vetter-wein.de
post@vetter-wein.de

Besuchszeiten
Verkostungen
nach Vereinbarung

Inhaber
Stefan Vetter
Rebfläche
4 Hektar
Produktion
25.000 Flaschen

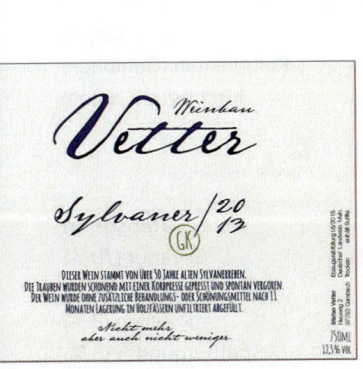

Stefan Vetter ist Franke, hat aber zunächst im Burgenland gearbeitet. 2010 pachtete er seinen ersten Weinberg, mit 1958 gepflanzten Reben im Casteller Kirchberg, zwei Jahre später, nach seiner Rückkehr aus dem Burgenland, kamen weitere Parzellen hinzu, in Iphofen, auch im Gambacher Kalbenstein, 2015 ist er ganz nach Gambach gezogen, konzentriert sich nun auf den Kalbenstein und auf Silvaner, der gut zwei Drittel seiner Weinberge einnimmt, dazu gibt es etwas Müller-Thurgau und Riesling. Ein klein wenig hat er in den letzten Jahren die Rebfläche vergrößert, besitzt nun 4 Hektar. Stefan Vetter ist Quereinsteiger, stammt nicht aus einem Weingut, aber vielleicht hilft das ja sogar, braucht man doch keine Rücksicht zu nehmen auf bestehende Kunden. Denn solche gibt es ja nicht, wenn man bei Null anfängt. Die Weinberge werden manuell bearbeitet, biologisch, versteht sich, Stefan Vetter achtet darauf kerngesunde Trauben zu ernten, Oechsle sind ihm egal. Die Weine werden auf einer Korbpresse gekeltert, chaptalisiert wird nicht, ist der potentielle Alkohol auch noch so niedrig, und selbstverständlich wird auch nicht geschönt oder filtriert. Die Weine werden im Holz ausgebaut, teils in Stückfässern, teils in 300 Liter-Barriques, teils in 500 Liter-Tonneaux, sie durchlaufen die malolaktische Gärung, Silvaner und Riesling bleiben achtzehn Monate im Fass, vor der Abfüllung wird ein klein wenig geschwefelt, ganz minimal, im Jahrgang 2013 hat Stefan Vetter erstmals einen Silvaner 18 Monate maischevergoren und überhaupt nicht geschwefelt. "Schale, Stiel & Stengel" nennt er diesen Wein. Naturweine nennt man Weine in dieser oder ähnlicher Machart heute gerne, dafür gibt es eine Szene-Klientel in manchen deutschen Großstädten und im Ausland sowieso, das sind auch für Stefan Vetter wichtige Märkte. Wobei solchermaßen im Einklang mit der Natur und „natürlich" erzeugten Weine nicht Szene-Thema sein sollten, sondern als das „Normale" betrachtet werden sollten. Der Gambacher Kalbenstein ist eine großartige, beeindruckende Lage. Direkt am Main gelegen, steil, Terrassen, nicht flurbereinigt und der Boden besteht teils aus Muschelkalk, teils aus Buntsandstein, ist man doch hier direkt am Übergang von einer Bodenformation zur nächsten. Beeindruckend hieß lange Zeit aber vor allem: Optisch beeindruckend. Dass diese Lage aber auch in puncto Wein großartig ist, wissen wir spätestens seit Stefan Vetter hier Wein erzeugt. Doch Achtung: Wer fruchtbetonte Weine sucht, ist bei Stefan Vetter fehl am Platz, seine Weine sind puristisch, ganz Struktur, ganz Natur.

Kollektion

Die neue Kollektion ist spannender denn je. Sie zeigt eine klare Handschrift – und doch besitzt jeder Wein viel Individualität. Das Sortiment ist etwas kleiner als sonst, einige Weine waren im Spätsommer noch am Gären – aber das bringt Stefan Vetter nicht aus der Ruhe.

Ruhe ist überhaupt die passende Vokabel für Stefan Vetters Weine, noch nie haben sie so viel Ruhe und Gelassenheit ausgestrahlt wie in diesem Jahr, die 2018er ebenso wie die 2019er. Während alle vorgestellten Silvaner aus dem Jahrgang 2018 kommen, stammen die immerhin drei Nicht-Silvaner aus 2019. Der Müller-Thurgau ist herrlich eindringlich, würzig, konzentriert, ist kraftvoll, klar, zupackend, besitzt gute Struktur und Druck – da mag man gleich die Flasche leeren, so ausgeglichen kommt er daher. Das gilt auch für den Müller-Thurgau Steinterrassen, der noch etwas kraftvoller ist, noch etwas stoffiger und druckvoller, aber die gleiche Gelassenheit ausstrahlt. Der Spätburgunder von den Steinterrassen ist etwas würziger und duftiger im Bouquet, zeigt dezent rote Früchte, ist lebhaft und klar dann im Mund, wunderschön zupackend, besitzt gute Struktur und Grip. Ganz spannend ist dann die Sylvaner-Riege aus dem Jahrgang 2018. Der Wettstreit der beiden unterschiedlichen Terroirs im Gambacher Kalbenstein wird in diesem Jahr ganz knapp vom Buntsandstein gewonnen. Der Steinterrassen-Sylvaner vom Muschelkalk ist würzig und dominant, recht offen, er besitzt faszinierend viel Stoff und Struktur; der Wein vom Sandstein besitzt viel Frische und etwas mehr Druck und Präzision. Präzision ist auch die Vokabel, die den Sylvaner Himmelslücke am besten beschreibt, er ist faszinierend puristisch, wie an der Schnur gezogen, zurückhaltend und doch enorm nachhaltig. Diese Eigenschaften zeigt auch der Sylvaner Rosenrain, nur alles noch in etwas gesteigerter Form, ist er noch präziser, noch puristischer, noch nachhaltiger – großartig! Ein wenig anders ist wie immer der maischevergorene Sylvaner „Schale, Stiel & Stengel", ist ganz Struktur, kompakt, verschlossen, ganz puristisch, eindringlich. Klasse Kollektion!

Weinbewertung

88	2019 Müller-Thurgau	10,5%/11,50€
89	2019 Müller-Thurgau „Steinterrassen"	10,5%/16,-€
89	2018 Sylvaner „Steinterrassen Sandstein"	10%/20,-€
88	2018 Sylvaner „Steinterrassen Muschelkalk"	10,5%/20,-€
90	2018 Sylvaner „Himmelslücke"	10,5%/27,-€
92	2018 Sylvaner „Rosenrain"	10%/68,-€
90	2018 Sylvaner trocken „Schale, Stiel & Stengel"	10%/25,-€
88	2019 Spätburgunder „Steinterrassen"	10,5%/24,-€

Stefan Vetter

Lagen
Kalbenstein (Gambach)
Kirchberg (Castell)

Rebsorten
Silvaner (70 %)
Müller-Thurgau (14 %)
Riesling (8 %)
Spätburgunder (8 %)

PFALZ ▶ NIEDERHORBACH

★ ★ ☆

Viermorgen

Kontakt
Weincooperative Viermorgen
Hauptstraße 23
76889 Niederhorbach
Tel. 06343-700260
www.viermorgen-wein.de
info@viermorgen-wein.de

Besuchszeiten
nach Vereinbarung

Inhaber
Axel Becht & Dr. Boris Peter
Betriebsleiter
Dr. Boris Peter
Kellermeister
Dr. Boris Peter
Rebfläche
1,4 Hektar

Auf gerade mal einem Hektar, also vier Morgen, bauen die beiden Südpfälzer Quereinsteiger Axel Becht und Boris Peter seit 2011 Wein an – inzwischen haben sie die Fläche ein wenig vergrößert. Ihre Parzellen befinden sich in den Gleiszeller Lagen Kirchberg und Frühmess, im Klingenmünsterer Maria Magdalena und im Niederhorbacher Silberberg. Sie beschränken sich auf wenige Sorten: Riesling, Weißburgunder, Chardonnay und Sauvignon Blanc bei den Weißweinen, sowie auf Spätburgunder, Syrah und Cabernet Franc bei den Rotweinen.

🍷 Kollektion

Die 24 Monate in Barriques ausgebaute Cuvée „No.1" aus Shiraz und Cabernet Franc hatten wir im vergangenen Jahr schon einmal verkostet, aber das zusätzliche Jahr an Reifezeit hat dem Wein gut getan und wir bewerten ihn jetzt etwas höher, im Bouquet zeigt er dunkle Frucht, Pflaume, etwas Rumtopf und Noten von Minze, am Gaumen besitzt er leicht süße dunkle Frucht, eine gute Struktur und Frische. Der im Tonneau ausgebaute Pinot Noir zeigt klare Süßkirschfrucht, etwas Zuckerwatte und kräutrige Würze im Bouquet, besitzt Kraft, Struktur und auch schon dezente Reifenoten. Auch einer unserer beiden favorisierten Weißweine wurde im Tonneau ausgebaut, der Chardonnay zeigt klare gelbe Frucht, Banane, Melone und Zitrusnoten, das Holz ist gut eingebunden, am Gaumen besitzt er Eleganz und eine frische Säure, könnte aber etwas nachhaltiger sein, der Riesling aus dem Kirchberg zeigt ein komplexes, fruchtbetontes Bouquet mit Aromen von Ananas, Orangenschale und Aprikose, besitzt auch am Gaumen viel Frucht, eine leichte Süße und guten Grip. Der Sauvignon Blanc ist von grünen Noten geprägt, etwas Erbse und Paprika, besitzt Saft, Fülle und eine frische Säure, der Weißburgunder ist gelbfruchtig mit Noten von Birne und Aprikose, besitzt Frische, der Rosé aus Shiraz und Cabernet Franc zeigt viel rote Frucht, Erdbeere, Himbeere, Süßkirsche und etwas florale Noten, der leicht süßliche und kurz bleibende Secco aus Spätburgunder ist der einzige Wein, der etwas abfällt, während der Liter-Riesling mit klarer Frucht, Saft und Biss überzeugt.

🍇 Weinbewertung

80	2019 Secco Rosé	11,5%/7,50€
84	2019 Weißer Burgunder Klingenmünster Maria Magdalena	13%/7,-€
84	2019 Sauvignon Blanc Gleiszellen Kirchberg	12%/7,-€
82	2019 Riesling (1l)	12,5%/5,-€
86	2019 Riesling Gleiszellen Kirchberg	12%/8,-€
86	2019 Chardonnay trocken „500" Niederhorbach Silberberg	13%/9,50€
83	2019 Shiraz & Cabernet Franc Rosé Gleiszellen Kirchberg	11,5%/7,-€
87	2015 Shiraz & Cabernet Franc „Cuvée No.1" Gleiszellen Kirchberg	13%/12,50€
86	2017 Pinot Noir Gleiszellen Frühmess	14%/11,50€

MOSEL ▶ KINHEIM

★ ★

Viermorgenhof

Kontakt
In den Viermorgen 8
54538 Kinheim
Tel. 06532-2025
Fax: 06532-1680
www.viermorgenhof.de
daniel@viermorgenhof.de

Besuchszeiten
Mo.-So. jederzeit nach Vereinbarung

Inhaber
Familie Dr. Molitor

Betriebsleiter
Julia Molitor-Justen

Kellermeister
Reinhard Molitor &
Dr. Daniel Molitor

Außenbetrieb
Dr. Daniel Molitor

Rebfläche
6,7 Hektar

Produktion
25.000 Flaschen

Der Viermorgenhof, benannt nach dem alten Flurstück „in den Viermorgen", hat seit 1974 seinen Sitz auf der rechten Moselseite im Kinheimer Ortsteil Kindel, wurde lange von Reinhard Molitor und Julia Molitor-Justen geführt. Mit dem Jahrgang 2019 ist die Verantwortung für das Weingut an Dr. Daniel Molitor und Julia Molitor-Justen übergegangen. Daniel hat in Geisenheim und Gießen Önologie studiert und wurde in Gießen zum Doktor der Agrarwissenschaften promoviert. Zusammen mit Ehefrau Julia, die aus dem Weingut Meulenhof in Erden stammt, hat er mit dem Jahrgang 2015 die Weinlinie Stairs n' Roses kreiert. Ihre Weinberge befinden sich in den Kinheimer Lagen Rosenberg und Hubertuslay. Neben Riesling werden etwas Müller-Thurgau, Weißburgunder, Spätburgunder sowie Cabernet Blanc und die pilzwiderstandsfähige Rebsorte Sauvignac (früher Cal 6-04) angebaut, auch Souvignier Gris und Hibernal wurden angelegt. 2018 wurde eine Parzelle mit Rotem Riesling gepflanzt. Aus dem Jahrgang 2018 gab es erstmalig ein Großes Gewächs aus Rosenberg-Riesling.

Kollektion

Die Weine sind mit normalen Maßstäben kaum zu messen: Neben klaren, typischen Gewächsen entstehen hier immer wieder eigenwillige Abfüllungen, die Mut zeigen. Der Ruby Riesling besitzt Frische, aber auch den typisch würzigen Schmelz des Roten Rieslings. Der Next Generation ist offen, unruhig in der Nase, im Mund würzig. Sehr eigenwillig ist der Orange Wine Ohrenschwein, würzig, mit Gerbstoffen und leichter Bitternote. Verhalten, aber würzig mit Struktur präsentiert sich das Große Gewächs vom Riesling aus dem Rosenberg. Auch im süßen Bereich ist hier vieles anders als anderswo. Der Sweet Child ist saftig, könnte aber noch rassiger ausfallen. Genau diese Rasse bringt die Auslese mit, sie ist saftig und balanciert. Der Honeymoon aus getrockneten Trauben und die Beerenauslese sind präsent, sehr süß, bringen aber balancierende Würze und Säure mit.

Weinbewertung

83	2019 Riesling Kabinett trocken	11,5%/6,-€
85	2019 Roter Riesling „Ruby Riesling Stairs n' Roses"	12,5%/9,-€
86	2019 „Next Generation Stairs n' Roses" trocken	12,5%/8,50€
85	2018 „Ohrenschwein" trocken	12,5%/10,50€
87	2019 Riesling trocken „GG" Rosenberg-Terrassen	14%/15,-€
85	2019 Riesling „feinherb" „Stairs n' Roses"	12%/11,50€
83	2019 „Sweet Child Stairs n' Roses"	9%/9,50€
85	2019 Riesling Spätlese Kinheimer Rosenberg	8,5%/8,-€
86	2019 Riesling Auslese Kinheimer Rosenberg	7%/12,-€
87	2019 „Honeymoon" „Stairs n' Roses"	9%/18,-€/0,375l
88	2019 Riesling Beerenauslese Kinheimer Rosenberg-Terrassen	7%/22,-€/0,375l
84	2018 „Red Lion" „Stairs n' Roses"	14%/15,-€

WÜRTTEMBERG ➤ OBERDERDINGEN

Vinçon-Zerrer

★★★

Kontakt
Heilbronner Straße 50
75038 Oberderdingen
Tel. 07045-761
Fax: 07045-912728
weingut@vincon-zerrer.de
www.vincon-zerrer.de

Besuchszeiten
Mi. 10-18 Uhr
Do. 10-20 Uhr
Fr. 10-18 Uhr
Sa. 10-16 Uhr
Weinprobe in der Weinbergs-
hütte oder im Weingut
(auf Anfrage)

Inhaber/ Betriebsleiter/ Kellermeister
Benjamin Zerrer
Außenbetrieb
Benjamin & Friedrich Zerrer
Rebfläche
11 Hektar
Produktion
60.000-80.000 Flaschen

Großvillars ist ein kleiner Ort im Kraichgau, der heute zu Oberderdingen und damit zum Weinbaugebiet Württemberg gehört. Seit vier Generationen baut die Familie Wein an, seit 2015 ist der Betrieb bio-zertifiziert. 2017 hat Benjamin Zerrer das Weingut von seinen Eltern Friedrich und Monika übernommen. 2018 hat er erstmals alle Weine spontanvergoren; seit dem Jahrgang 2018 werden alle Weine als Schwäbischer Landwein vermarktet. Die Weinberge liegen im Umkreis von 3 Kilometern um Großvillars, verteilen sich hauptsächlich auf drei Hänge: Wilfenberg, Bergwald und Soosenberg, die Reben wachsen auf verschiedenen Keuperschichten, von Schilfsandstein bis Gipskeuper. Das Sortenspektrum ist groß: Lemberger, Riesling, Sauvignon Blanc, Portugieser, Weißburgunder, Spätburgunder, St. Laurent, Cabernet Dorsa, Schwarzriesling, Trollinger, Kerner, Müller-Thurgau und Muscaris werden angebaut.

Kollektion

Beim starken Debüt im vergangenen Jahr waren Sauvignon Blanc und Lemberger unsere Favoriten. Die neue Kollektion ist nochmals klar stärker, das Basisniveau ist hoch: Der leicht limonenduftige Riesling ist klar und zupackend, der Weißburgunder besitzt Fülle, Kraft und reife Frucht, der Sauvignon Blanc ist fruchtbetont und intensiv. Der als Fassprobe verkostete Weißburgunder vom Löss besitzt herrlich viel Frucht, Struktur und Frische, führt den weißen Teil der Kollektion zusammen mit dem Gipskeuper-Sauvignon Blanc an, der intensiv, füllig und kraftvoll ist. Unter den roten Gutsweinen gefällt uns der herrlich zupackende Lemberger besonders gut. Der Gipskeuper-Spätburgunder ist kraftvoll und zupackend bei klarer Frucht, die Cabernet-Cuvée besitzt Fülle und reife Frucht. Auch im Jahrgang 2018 gefällt uns der Schilfsandstein-Lemberger wieder besonders gut, ist intensiv fruchtig, konzentriert, reintönig, noch etwas besser gefällt uns der Blaufränkisch „Hans & Gloria", der druckvoll und sehr jugendlich ist. Starke Kollektion!

Weinbewertung

84	2019 Riesling trocken	12%/8,50€
(85)	2019 Weißburgunder trocken	13%/8,50€
84	2019 Sauvignon Blanc trocken	13,5%/8,50€
(88)	2019 Weißburgunder trocken „vom Löss"	13%/14,50€
88	2019 Sauvignon Blanc trocken „Gipskeuper"	13,5%/14,50€
84	2018 „Façon" Cuvée Rot	13%/8,-€
82	2018 Spätburgunder trocken	14%/9,-€
85	2018 Lemberger trocken	13%/9,-€
88	2018 Spätburgunder trocken „Gipskeuper"	13,5%/14,50€
88	2018 Lemberger trocken „Schilfsandstein"	14%/14,50€
86	2018 Cabernet Cuvée trocken „Gipskeuper"	14%/14,50€
89	2018 Blaufränkisch trocken „Hans & Gloria"	13%/18,-€

FRANKEN ▶ Rödelsee

Vollhals

Kontakt
Crailsheimstraße 3
97348 Rödelsee
Tel. 09323-3738
Fax: 09323-3736
www.weingut-vollhals.de
info@weingut-vollhals.de

Besuchszeiten
Mo.-Fr. 8-18 Uhr
Häckerstube

Inhaber
Jens Vollhals

Rebfläche
7,08 Hektar

Produktion
80.000 Flaschen

Jens Vollhals, Weinbautechniker, hat das Weingut 2012 von seinen Eltern Erwin und Sigrid Vollhals übernommen. Seine Weinberge liegen alle am Fuße des Steigerwalds, vor allem in den beiden Rödelseer Lagen Küchenmeister und Schwanleite, aber auch im Wiesenbronner Wachhügel, im Iphöfer Kronsberg und im Großlangheimer Kiliansberg, die Reben wachsen auf Gipskeuperböden. Silvaner ist die wichtigste Rebsorte im Betrieb, nimmt gut ein Drittel der Rebfläche ein. Es folgen Müller-Thurgau und Bacchus, Scheurebe, Grauburgunder und Riesling, dazu gibt es die roten Sorten Dornfelder, Regent und Domina.

Kollektion

In einer ansonsten gleichmäßigen Kollektion im vergangenen Jahr gab es mit der trockenen Spätlese aus dem Küchenmeister und dem im Barrique ausgebauten „Nature" zwei Silvaner-Highlights. Solche Highlights fehlen in diesem Jahr in einer Kollektion, die sich sehr gleichmäßig präsentiert. Der würzig-duftige Petnat ist klar und zupackend, der Rosé-Sekt fruchtbetont, recht süß. Aus dem Jahrgang 2019 wurde mit dem Liter-Silvaner nur ein einziger Wein vorgestellt, alle anderen kommen aus den Jahrgängen 2018 und 2017. Unter den 2018ern gilt unsere leichte Präferenz der würzigen Scheurebe, die Holunder im Bouquet zeigt, frisch und klar im Mund ist bei süßer Frucht. Der Rivaner ist unkompliziert, der Grauburgunder geradlinig, der Riesling würzig und zupackend, der Bacchus reintönig und unkompliziert, die Lustvolle Cuvée setzt ganz auf Süffigkeit, was auch für die rote Cuvée aus dem Jahrgang 2017 gilt. Besser gefallen uns da die beiden Silvaner aus dem Jahrgang 2017: Der trockene Kabinett aus der Schwanleite zeigt feine Würze und Reife im Bouquet, ist klar und kompakt im Mund, und auch die trockene Spätlese aus dem Küchenmeister zeigt klare reife Frucht, gute Konzentration, besitzt gute Fülle und Substanz.

Weinbewertung

82	„Pet Nat" Scheurebe Schaumwein	12%/10,50€
83	„Pink Pearls" Rosé Sekt brut	12%/11,50€
80	2019 Silvaner trocken (1l)	13%/5,30€
82	2017 Silvaner Kabinett trocken Rödelseer Schwanleite	13%/7,50€
81	2018 Rivaner Kabinett	11,5%/5,80€
82	2018 Scheurebe	11%/5,80€
81	2018 Grauburgunder Kabinett Rödelseer Schlossberg	13%/7,50€
81	2018 Riesling Kabinett Rödelseer Schwanleite	13,5%/7,50€
83	2017 Silvaner Spätlese trocken Rödelseer Küchenmeister	12,5%/13,50€
81	2018 „LustVoll" Weißweincuvée	11%/5,80€
81	2018 Bacchus	11%/5,80€
81	2017 „Versuchung" Rotweincuvée	13%/6,90€

BADEN — HILZINGEN

Vollmayer

Kontakt
Weingut Elisabethenberg 1
78247 Hilzingen
Tel. 07731-64127
Fax: 07731-60472
www.vollmayer-weingut.de
info@vollmayer-weingut.de

Besuchszeiten
Mo.-Fr. 9-12:30 + 14-18 Uhr
Sa. 9-13 Uhr

Inhaber
Georg Vollmayer
Rebfläche
15 Hektar
Produktion
80.000-90.000 Flaschen

Seit über tausend Jahren gibt es Weinbau am Hohentwiel, einem Berg in der Nähe des Bodensees, an dem sich die höchstgelegenen Weinberge Deutschlands befinden. Ende des 19. Jahrhunderts kam er zum Erliegen und es dauerte bis 1928, als Robert Vollmayer wieder die ersten Reben an der Ostseite des Hohentwiels pflanzte; ab 1934 wurde der Elisabethenberg, am Südwesthang des Hohentwiels, wiederbepflanzt. 1962 wurde am Fuße des Elisabethenbergs das Weingut Vollmayer gebaut. Heute führt Georg Vollmayer zusammen mit Ehefrau Beate den Betrieb, Tochter Lisa hat ihr Studium der Weinwirtschaft abgeschlossen, die jüngste Tochter Desirée hat eine Winzerlehre gemacht und die dritte Tochter Isabell kümmert sich um die „Weinvilla", das 2017 eröffnete Gästehaus. Alle Weinberge liegen am Elisabethenberg, Wein wird bis in eine Höhe von 562 Meter angebaut. Spätburgunder ist die wichtigste Rebsorte im Betrieb, nimmt ein Viertel der Fläche ein, es folgen Müller-Thurgau, Bacchus, Grauburgunder, Dornfelder, Weißburgunder, Chardonnay, Cabernet Dorsa, Sauvignon Blanc, Regent, Auxerrois, Muskateller und Riesling. Seit 2013 ist der Betrieb bio-zertifiziert.

Kollektion

Wie in den letzten Jahren bringt das Weingut Vollmayer eine stimmige Kollektion auf die Flasche. Die Weine punkten vor allem durch ihre Rebsortentypizität und ihre Klarheit. An der Spitze der 2019er Weißweine sehen wir den trockenen Sauvignon Blanc, der viel Saftigkeit und eine knackige Stachelbeeraromatik mitbringt. Aus dem Jahrgang 2018 präsentiert uns das Weingut Vollmayer erstmals einen Chardonnay aus dem Barrique, der fülliger und eleganter zugleich daherkommt als die restlichen Weine. Für uns der beste Weißwein der Kollektion! In diesem Jahr verkosteten wir lediglich einen Spätburgunder, welcher mit wenig Gerbstoff auskommt aber dafür viel reife Beerenfrucht zeigt und wie auch in den letzten Jahren einen recht hohen Alkoholgehalt aufweist. An der Spitze sehen wir die Cabernet Spätlese, die viel rauchige Konzentration zeigt und dabei eine saftige Frische bewahrt.

Weinbewertung

81	2019 Müller-Thurgau trocken Hohentwieler Elisabethenberg	12%/7,90€
81	2018 Riesling trocken Hohentwieler Elisabethenberg	11,5%/9,20€
81	2018 Weißburgunder trocken Hohentwieler Elisabethenberg	13%/10,20€
82	2019 Grauburgunder trocken Hohentwieler Elisabethenberg	13,5%/10,20€
83	2019 Sauvignon Blanc trocken Hohentwieler Elisabethenberg	13%/12,80€
84	2018 Chardonnay Spätlese trocken Barrique Elisabethenberg	12,5%/16,50€
81	2018 Spätburgunder Kabinett trocken Elisabethenberg	14%/12,90€
77	2018 Regent Spätlese trocken Hohentwieler Elisabethenberg	14%/13,50€
85	2015 Cuvée Cabernet Spätlese trocken Barrique	14,5%/23,50€

BADEN ▬ DURBACH

Vollmer

Kontakt
Lautenbach 1
77770 Durbach
Tel. 0781-41841
Fax: 0781-9485903
www.vollmer-durbach.de
info@vollmer-durbach.de

Besuchszeiten
Mo.-Fr. 9:30-12 Uhr + 13:30-18 Uhr, Sa. 9-16 Uhr

Inhaber
Andreas Vollmer
Rebfläche
10 Hektar
Produktion
50.000 Flaschen

Das Weingut Vollmer liegt im Lautenbachtal, südlich von Durbach, es wird heute von Andreas Vollmer geführt. Neben Weinbergen im Durbacher Kochberg bewirtschaftet er inzwischen auch den Durbacher Kasselberg. Der Kasselberg, eine der elf Durbacher Einzellagen, ist eine extrem steile, überwiegend süd-exponierte Lage mit sehr hartem Granitverwitterungsboden, die in den neunziger Jahren in zweijähriger Arbeit querterrassiert und mit Riesling, Weiß- und Grauburgunder bepflanzt wurde. Riesling und Spätburgunder sind die wichtigsten Rebsorten bei Andreas Vollmer, nehmen jeweils etwa 30 Prozent der Rebfläche ein, es folgen Weißburgunder und Grauburgunder, dazu gibt es Traminer und Chardonnay, Merlot und Cabernet Sauvignon.

Kollektion

„Haus der trockenen Weine" nennt Andreas Vollmer sein Weingut ganz offiziell. Und tatsächlich hält er sich so sklavisch wie nur wenige andere Winzer daran, stets völlig trockene Weine auszubauen – keiner hat mehr als ein Gramm Restzucker. Das sorgt vor allem im Basis-Segment für eine schöne Leichtigkeit. Am besten gefällt uns hier der Riesling Kabinett, der eine knackige Säure besitzt und einen guten Biss an den Tag legt. Ein Wein mit echtem Kabinettcharakter, was in heißen Jahren wie 2019 leider keine Selbstverständlichkeit mehr ist. Mehr Fülle und mehr Reife hat der Riesling 1782, der, wie auch die Riesling Spätlese, weniger Leichtfüßigkeit zeigt als der Kabinett. Unter den weißen Burgundersorten gefällt uns der Weißburgunder Alte Reben am besten, der eine feine Blütenaromatik und zarte schmelzige Noten aufweist. Auch zwei gänzlich trockene Rotweine konnten wir verkosten. Der Merlot hat eine gute Struktur und eine klare Beerenfrucht, die ohne Süße auskommt. Der Spätburgunder besitzt eine gute Länge und Struktur, ist vollmundig ohne fett zu sein.

Weinbewertung

84	2019 Klingelberger Kabinett trocken Durbacher Kasselberg	12,5%/6,20€
82	2019 Weißburgunder Kabinett trocken Durbacher Kasselberg	12,5%/6,20€
80	2019 Grauburgunder Kabinett trocken Durbacher Kasselberg	12,5%/6,20€
81	2019 Chardonnay trocken Durbacher Kochberg	13%/7,60€
82	2019 Klingelberger trocken „alte Reben" Durbacher Kochberg	13%/8,90€
84	2019 Weißburgunder trocken „Alte Reben" Durbacher Kochberg	13%/8,90€
82	2019 Klingelberger Spätlese trocken Durbacher Kasselberg	13%/11,80€
82	2018 Klingelberger trocken „1782" Durbacher Kochberg	13%/18,90€
79	2019 Clevner Traminer Spätlese trocken Durbacher Kochberg	13%/7,60€
80	2019 Spätburgunder Rosé trocken Durbacher Kochberg	13%/5,20€
84	2018 Spätburgunder trocken Barrique Durbacher Kochberg	13%/9,60€
83	2018 Merlot trocken Barrique Durbacher Kochberg	13%/9,60€

Weingut Vollmer
Haus der trockenen Weine.

RHEINHESSEN ▶ MAINZ-EBERSHEIM

★★★

Dr. Eva Vollmer

Kontakt
Nieder-Olmer-Straße 65
55129 Mainz-Ebersheim
Tel. 06136-46472
Fax: 06136-46489
www.evavollmer-wein.de
info@evavollmer-wein.de

Besuchszeiten
Mo./Di./Do. 16-19 Uhr, Fr. 13-19 Uhr, Sa. 9-18 Uhr; in den Sommermonaten jeden 1. Freitag + Samstag im Monat ab 17 Uhr Weinpicknick

Inhaber
Dr. Eva Vollmer &
Robert Wagner
Kellermeister
Dr. Eva Vollmer
Außenbetrieb
Robert Wagner
Rebfläche
11 Hektar
Produktion
55.000 Flaschen

„Scheue Göre im Profil: Gefühlvolle Grapefruchtlerin mit adretter Ananasnase flechtet verführerisch dichte Gaumenzöpfe. Verspielt und rundum dufte."

Scheurebe „Kalkader"
trocken 2019

eva vollmer weine

Eva Vollmer und Robert Wagner gründeten 2007 ihr eigenes Weingut. Sie ist Diplom-Ingenieurin für Weinbau, machte Praktika in Deutschland und Kalifornien. Ihr Vater Ottmar Vollmer führte einen typischen rheinhessischen Gemischtbetrieb, die Trauben wurden an eine Genossenschaft abgeliefert. Die Weinberge von Eva Vollmer und Robert Wagner liegen in Ebersheim (Hüttberg), Gau-Bischofsheim (Herrnberg), Zornheim und Harxheim, seit einigen Jahren sind sie auch im Niersteiner Pettenthal vertreten. Die Weinberge werden biologisch bewirtschaftet, Eva Vollmer ist Mitglied bei Bioland und Ecovin. Riesling und Weißburgunder sind die wichtigsten Rebsorten im Betrieb, es folgen Spätburgunder, Dornfelder, Silvaner und Scheurebe, Roter Riesling ergänzt inzwischen das Sortiment.

Kollektion

Der hervorragende 2018er Pettenthal führte im vergangenen Jahr eine starke Kollektion an. Den 2019er hat Eva Vollmer noch nicht vorgestellt, weil er noch zu jung sei, Zeit brauche. Trotzdem überzeugt die Kollektion auf der ganzen Linie. Der Roter Riesling Sekt zeigt feine Reife, ist klar und zupackend – ein feiner Einstieg in die Kollektion. Der Gutsriesling ist frisch und zupackend, deutlich mehr Substanz besitzt der Rote Riesling, ist füllig und saftig bei reifer Frucht. Ganz stark ist der Kalkader-Riesling, zeigt gelbe Früchte, besitzt Struktur, Substanz und Frucht. Die Kalkader-Scheurebe ist reintönig, intensiv und zupackend, der Spätburgunder Weißherbst zeigt feine Würze, besitzt gute Struktur und Grip, der Tonmergel-Riesling besitzt Fülle und Kraft, reife Frucht und Länge. Der 2018er Hüttberg-Riesling zeigt reife Frucht, gelbe Früchte, ist füllig und saftig bei guter Substanz, sein Kollege aus dem Herrnberg, ebenfalls aus dem Jahrgang 2018, ist strukturiert und kraftvoll, ganz leicht mineralisch-bitter im Abgang. Ganz stark ist auch wieder der im Halbstück ausgebaute Weißburgunder, Jahrgang 2017, besitzt gute Struktur, Kraft und Substanz; ein fein gereifter 2015er Barrique-Spätburgunder rundet die überzeugende Kollektion ab.

Weinbewertung

86	2017 Roter Riesling Sekt brut	13%/13,50 €
84	2019 Riesling trocken	12,5%/9,20 €
87	2019 Roter Riesling trocken	13%/13,50 €
88	2019 Riesling trocken „Kalkader"	13%/12,50 €
85	2019 Scheurebe trocken „Kalkader" Ebersheim	12,5%/12,20 €
85	2019 Spätburgunder Weißherbst trocken „Tonmergel" Ebersheim	13%/11,20 €
88	2017 Weißburgunder trocken „Halbstück" Gau-Bischofsheim	13,5%/14,80 €
87	2018 Riesling trocken Ebersheimer Hüttberg	13,5%/17,20 €
88	2018 Riesling trocken Gau-Bischofsheimer Herrnberg	13,5%/22,- €
86	2019 Riesling „Tonmergel"	12,5%/11,20 €
85	2015 Spätburgunder trocken Barrique	13,5%/16,50 €

Vols

★★★

Kontakt
Zuckerberg 3A
54441 Ayl
Tel. 06581-9850300
Fax: 06581-9850301
www.vols.de
info@vols.de

Besuchszeiten
nach Vereinbarung

Inhaber
Helmut Plunien
Rebfläche
8 Hektar

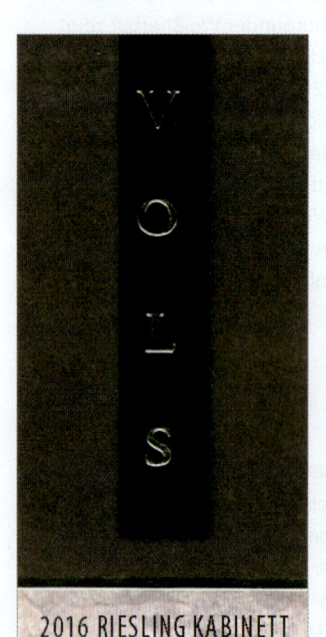

Aus einem kleinen Nebenerwerbsbetrieb entstand nach und nach ein namhaftes Saarweingut, das heute über eine Rebfläche von acht Hektar verfügt. Helmut Plunien, einst Güterdirektor der Bischöflichen Weingüter, begann mit einer überschaubaren Fläche im Wiltinger Schlangengraben. 2010 übernahm er das Weingut Altenhofen in Ayl und damit Weinberge in den Ayler Lagen Kupp, Scheidt und Schonfels; in der Wiltinger Kupp konnte Helmut Plunien einen Rieslingweinberg mit 40 Jahre alten Reben erwerben. Inzwischen bewirtschaftet der Betrieb 8 Hektar. Riesling spielt die Hauptrolle in seinen Weinbergen, aber es gibt auch Weißburgunder, Spätburgunder, Chardonnay, Müller-Thurgau und sogar Cabernet Sauvignon. Das Sortiment beginnt mit den Basisweinen wie dem Saar-Riesling, geht über Orts- und Lagenweine bis zum „Vols I", der auf stark verwittertem Devonschiefer in einer wurzelechten Parzelle wächst, die unmittelbar an den Scharzhofberger angrenzt. Alle Weine werden spontanvergoren und bleiben bis kurz vor der Abfüllung auf der Vollhefe.

Kollektion

Sehr ausdrucksstarke Weine keltert Helmut Plunien immer und nun auch aus 2019. Sein Sauvignon Blanc ist mitnichten gefällig und saftig, sondern straff und kräuterig. Auch der Basisriesling besitzt viel Spiel und Finesse – erstaunlich für einen Wein dieser Qualitätsstufe. Beim Rotschiefer-Kabinett sind in der Nase Noten von roten Beeren zu erkennen, der Wein ist saftig und elegant, nur leicht süß, ungemein animierend. Der Kabinettriesling aus der Parzelle Stirn macht enorm viel Spaß, er ist straff und rassig, lang und verspielt. Die Spätlese „Vols I" ist der einzige Wein des Sortiments, der zum Zeitpunkt der Verkostung unfertig wirkte, mit deutlich reifer Nase, Schmelz und einer beachtlichen, noch nicht optimal integrierten Süße. Noten von Kirsche, etwas Paprika, Rauch und Asche zeigt die Cuvée aus Pinot Noir und Cabernet Sauvignon, ist würzig und durchaus nachhaltig.

Weinbewertung

86	2019 Riesling trocken	11,5%/7,50€
86	2019 Sauvignon Blanc trocken	12%/9,90€
84	2019 Riesling „feinherb"	10%/7,50€
86	2019 Riesling Kabinett „feinherb" Ayler	10%/8,50€
86	2019 Riesling Kabinett „Rotschiefer"	10%/8,50€
86	2019 Riesling Kabinett Ayler Kupp	10%/12,50€
88	2019 Riesling Kabinett „Stirn" Ayler Kupp	8%/15,-€
87	2019 Riesling Kabinett Wiltinger Kupp	9%/12,50€
89	2019 Riesling Spätlese Ayler Kupp	9,5%/18,-€
87?	2019 Riesling Spätlese „Vols I"	7,5%/20,-€
85	2019 Pinot Noir Rosé trocken	11%/8,50€
87	2018 Pinot Noir-Cabernet Sauvignon trocken	12,5%/10,-€

Wachtstetter

★★★★

Kontakt
Michelbacher Straße 8
74397 Pfaffenhofen
Tel. 07046-329
Fax: 07046-931000
www.wachtstetter.de
info@wachtstetter.de

Besuchszeiten
Do. + Fr. 9-12 + 13:30-18 Uhr
Sa. 9-16 Uhr
und nach Vereinbarung
Gasthaus Adler

Inhaber
Rainer Wachtstetter
Rebfläche
19,8 Hektar
Produktion
130.000 Flaschen

Seit Generationen baut die Familie Wein an, aber erst 1979 begannen Ernst Combé und sein Schwiegersohn Roland Wachtstetter selbst Wein abzufüllen. Mitte der achtziger Jahre wurden die landwirtschaftlichen Flächen verpachtet, erfolgte die Konzentration auf Wein, 1987 stieg Rainer Wachtstetter in den Betrieb ein, kümmert sich seither um den Weinausbau, 2003 hat er das Weingut übernommen, führt es zusammen mit Ehefrau Anette. Bereits seit Beginn des 20. Jahrhunderts gehört der Familie auch das Gasthaus Adler. Seit Rainer Wachtstetter die Regie übernommen hat, wurde die Rebfläche erweitert, der Rotweinanteil ist zuletzt deutlich angestiegen, inzwischen aber hat Rainer Wachtstetter auch sein Herz für weiße Rebsorten entdeckt, glaubt man in den Verkostungen erkennen zu können. Die Weinberge liegen an den steilen Südhängen des Heuchelbergs, hauptsächlich in Pfaffenhofen, die dortige Einzellage heißt Hohenberg. Im unteren Teil des Hanges wachsen die Reben auf Gipskeuper, im oberen Drittel auf Schilfsandsteinböden. Lemberger nimmt gut ein Drittel der Rebfläche ein, es folgen Spätburgunder und Trollinger, vor beiden liegt allerdings inzwischen der Riesling, der ein Fünftel der Fläche einnimmt. Dazu gibt es Grauburgunder, Weißburgunder und Gewürztraminer, sowie einige weitere rote Sorten. Die Rotweine werden im Holz ausgebaut – die Spitzenweine 12 bis 24 Monate im Barrique – und meist unfiltriert abgefüllt, die Weißweinen werden überwiegend im Edelstahl vergoren, nur der Grauburgunder kommt auch ins Holz. Das Sortiment ist vierstufig gegliedert in Gutsweine, Ortsweine, Weine aus Ersten Lagen und Großen Lagen. Die barriqueausgebauten Spitzenweine vermarktet Rainer Wachtstetter in der Linie „Ernst Combé", benannt nach seinem Großvater, der Spitzen-Rotwein war lange Zeit der Lemberger „Junges Schwaben". Seit dem Jahrgang 2009 ergänzt ein Lemberger-Großes Gewächs das Programm, wie der Lemberger Junges Schwaben, der 2002 eingeführt wurde, stammt er aus dem Pfaffenhofener Hohenberg, allerdings kommen sie von unterschiedlichen, auch räumlich getrennten Parzellen. Die Parzelle für den Junges Schwaben ist windoffener, die für das Große Gewächs liegt in einer leichten Mulde. Der Lemberger Großes Gewächs trug seit dem Jahrgang 2011 wie auch der mit dem Jahrgang 2013 erstmals präsentierte Riesling Großes Gewächs den Namen Glaukós; mit dem Jahrgang 2013 gab es erstmals auch einen Spätburgunder als Großes Gewächs. Dies wurde nun geändert, die Großen Gewächse tragen nun mit den Jahrgängen 2017 (Riesling) respektive 2016 (Lemberger und Spätburgunder) den Namen der Gewanne, aus denen sie stammen: Der Riesling kommt aus dem Mühlberg, der Lemberger aus dem Spitzenberg, der Spätburgunder aus dem Geißberg. Zum Weingut gehört eine Brennerei.

🏛 Kollektion

Bestechend hoch ist auch dieses Jahr wieder das Niveau, und es gibt Spitzen, weiß wie rot. Der weißgekelterte Lemberger Sekt eröffnet den Reigen, er ist harmonisch, fruchtbetont, besitzt gute Harmonie und Länge. Der Anna genannte Ortsriesling zeigt gute Konzentration, reife reintönige Frucht, besitzt Fülle und Saft, viel reife Frucht und Substanz. Der Weißburgunder aus Weiler ist lebhaft, klar und geradlinig, der Grauburgunder aus Pfaffenhofen füllig und saftig, besitzt viel reife Frucht und gute Struktur. Angeführt wird das weiße Segment von dem Riesling Großes Gewächs aus dem Mühlberg, Jahrgang 2018, der rauchige Noten zeigt, klare Frucht, gute Struktur und Substanz besitzt, viel Grip, noch sehr jugendlich ist. Der Trollinger von alten Reben ist frisch und fruchtbetont im Bouquet, lebhaft und klar im Mund, zupackend und strukturiert; der Felix genannte Lemberger zeigt gute Konzentration und reintönige Frucht, ist frisch, reintönig und zupackend, besitzt gute Struktur und Grip: Feine Ortsweine! Die Cuvée Ernst Combé zeigt rote und dunkle Früchte, gute Konzentration, ist füllig und saftig im Mund bei viel reifer Frucht. Der Ernst Combé Lemberger zeigt gute Konzentration, reintönige Frucht, dezent Gewürze, ist füllig, kraftvoll, besitzt gute Struktur und klare reife Frucht. Der Lemberger Junges Schwaben ist intensiver, rauchig und würzig, konzentriert und kraftvoll, das Große Gewächs aus dem Spitzenberg punktet mit reifer Frucht, reifen Herzkirschen, ist stoffig und druckvoll bei kräftigen Tanninen. Hervorragend ist auch der Spätburgunder aus dem Geißberg, der reintönige Frucht zeigt, etwas florale Noten, Fülle, Kraft und Druck besitzt. Starke Kollektion! ◄

🍇 Weinbewertung

88	2017 Lemberger Sekt brut	12 %/13,- €
87	2019 Riesling trocken „Anna" Pfaffenhofen	12,5 %/9,80 €
85	2019 Weißburgunder trocken „Weiler a.d. Zaber"	12,5 %/10,50 €
86	2019 Grauburgunder trocken Pfaffenhofen	13 %/10,50 €
91	2018 Riesling „GG" Pfaffenhofener Mühlberg	13,5 %/23,- €
86	2018 Trollinger trocken „Alte Reben" Pfaffenhofen	13,5 %/9,80 €
87	2018 Lemberger trocken „Felix" Pfaffenhofen	13,5 %/10,50 €
89	2017 Lemberger trocken „Ernst Combé" Pfaffenhofen Hohenberg	13,5 %/18,- €
90	2017 „Cuvée Ernst Combé" Rotwein trocken	13,5 %/18,- €
92	2017 Lemberger trocken „Junges Schwaben" Pfaffenhofen Hohenberg	13,5 %/28,- €
92	2017 Lemberger „GG" Pfaffenhofener Spitzenberg	13,5 %/28,- €
91	2017 Spätburgunder „GG" Pfaffenhofener Geißberg	13,5 %/28,- €

Rainer Wachstetter

Lagen
Hohenberg (Pfaffenhofen)
– Spitzenberg (Pfaffenhofen)
– Geißberg (Pfaffenhofen)
– Mühlberg (Pfaffenhofen)
Kaiserberg (Güglingen)

Rebsorten
Lemberger (30 %)
Riesling (25 %)
Spätburgunder (15 %)
Trollinger (10 %)
Weißburgunder
Grauburgunder

SACHSEN ▶ RADEBEUL

★ ★ ✩

Schloss Wackerbarth

Kontakt
Wackerbarthstraße 1
01445 Radebeul
Tel. 0351-89550
Fax: 0351-8955150
www.schloss-wackerbarth.de
kontakt@schloss-wackerbarth.de

Besuchszeiten
Gutsmarkt: täglich 11-19 Uhr
Weingarten: Mai-Okt. Di.-So.
ab 11 Uhr; Gasthaus Feb.-Dez.
Do.-Sa. 12-21 Uhr, So. 10-18 Uhr
Veranstaltungen, tägliche Führungen & Verkostungen

Inhaber
Sächsische Aufbaubank (SAB)
Geschäftsführerin
Sonja Schilg
Leiter Önologie
Jürgen Aumüller
Leiter Vertrieb/Marketing
Michael Thomas
Rebfläche
92 Hektar
Produktion
600.000 Flaschen

Reichsgraf August Christoph von Wackerbarth, Minister im Kabinett von August dem Starken, ließ sich in Niederlößnitz, heute Stadtteil von Radebeul, in den Jahren 1727 bis 1730 als Alterssitz ein Barockschloss mit Französischem Garten erbauen. Heute ist Schloss Wackerbarth Sitz des Sächsischen Staatsweingutes, das 1928 in Radebeul gegründet worden war und seit 1998 unter der Regie der Sächsischen Aufbaubank steht. 2002 wurde die umfangreiche, zweijährige Sanierung des Schlosses abgeschlossen. Dieses bewirtschaftet an der Sächsischen Weinstraße zwischen Diesbar-Seußlitz und Radebeul fast 100 Hektar Weinberge, ein Drittel davon in Steillagen. Dazu gehören die Radebeuler Lagen Goldener Wagen, Steinrücken und Johannisberg, die 2015 neu in die Lagenrolle eingetragene Lage Paradies (zuvor Teil des Steinrücken), sowie die Seußlitzer Lage Heinrichsburg. An weißen Sorten gibt es vor allem Riesling, Bacchus, Müller-Thurgau, Kerner und Weißburgunder, dazu Spezialitäten wie Traminer, Scheurebe und Goldriesling. An roten Rebsorten baut man Dornfelder, Spätburgunder und Frühburgunder an, inzwischen auch Blaufränkisch. Die Sektproduktion spielt eine sehr wichtige Rolle auf Schloss Wackerbarth.

Kollektion

Beginnen wir mit der Überraschung: Der Spätburgunder aus dem Laubacher Thonberg besitzt intensive, reintönige Frucht, gute Struktur und Grip, den hohen Alkohol merkt man ihm nicht an: Klasse! Im weißen Segment sind die süßen und edelsüßen Weine besonders stark, die litschiduftige Riesling Beerenauslese aus dem Wackerbarthberg besitzt Fülle und Saft, die Goldener Wagen-Auslese ist klar bei viel Biss, die Paradies-Spätlese besitzt reife Frucht und Substanz. Die Traminer Spätlese steht ihr nicht nach, zeigt Litschi und Rosen, besitzt Fülle und Saft. In der Magnum angeboten werden zwei trockene Goldener Wagen-Weißweine, der kompakte Riesling und der kraftvolle, strukturierte Alte Reben-Wein.

Weinbewertung

84	2016 Rosé Sekt brut	12,5%/24,90€
82	2018 Scheurebe Sekt	12,5%/24,90€
83	2019 Scheurebe	11,5%/14,90€
86	2019 Riesling Radebeuler Goldener Wagen	13%/59,-€/1,5l
86	2019 „Alte Reben" Weißwein Radebeuler Goldener Wagen	13%/59,-€/1,5l
84	2019 Riesling & Traminer Kabinett „Edition" Paradies	11,5%/18,90€
85	2019 Riesling Spätlese Radebeuler Paradies	10,5%/16,90€/0,5l
85	2019 Traminer Spätlese Radebeuler Goldener Wagen	12,5%/16,90€/0,5l
87	2019 Riesling Auslese Radebeuler Goldener Wagen	9%/24,90€/0,5l
89	2019 Riesling Beerenauslese Radebeuler Wackerbarthberg	8%/79,-€/0,375l
84	2018 Blaufränkisch trocken	13,5%/18,90€
89	2018 Spätburgunder trocken Laubacher Thonberg	14,5%/43,-€

PFALZ ▶ BISSERSHEIM

★★★✩ Wageck-Pfaffmann

Kontakt
Luitpoldstraße 1
67281 Bissersheim
Tel. 06359-2216
Fax: 06359-86668
www.wageck-pfaffmann.de
weingut@wageck-pfaffmann.de

Besuchszeiten
Mo.-Sa. 8-12 + 13-18 Uhr
So. 10-12 Uhr
und nach Vereinbarung

Inhaber
Gunter & Gertraud Pfaffmann
Frank & Thomas Pfaffmann

Rebfläche
39 Hektar

Produktion
350.000 Flaschen

Das Weingut in seiner heutigen Form ist entstanden, als Gunter Pfaffmann aus Walsheim 1973 in den Betrieb eingeheiratet hat. Gunter und Gertraud Pfaffmann werden im Betrieb unterstützt von ihren Söhnen Frank und Thomas. Geisenheim-Absolvent Frank kümmert sich hauptsächlich um Keller und Außenbetrieb, Thomas ist für Büro und Verkauf zuständig. Die Weinberge der Familie Pfaffmann liegen in Bissersheim (Goldberg, Steig, Orlenberg), Großkarlbach (Burgweg und Osterberg) und Kirchheim (Steinacker). In den letzten Jahren wurde das Sortiment gestrafft und in Guts-, Orts- und Lagenweine gegliedert, auf den neuen Etiketten steht wieder der alte Weingutsname Wageck.

Kollektion

Die Rotweine sind in diesem Jahr wieder sehr stark, allen voran die drei Lagenspätburgunder, die feine Schwarzkirschnoten zeigen, gut strukturiert und elegant sind und noch jugendliche, aber reife Tannine und Potential besitzen, der Burgweg ist schon sehr präsent, zeigt viel klare Frucht, der Goldberg ist etwas zurückhaltender und strenger und der Geisberg ist noch leicht verschlossen, besitzt eine animierende Art und ist sehr nachhaltig. Fast genauso gut sind die von dunkler Beerenfrucht und dezenten Röstnoten geprägte Cuvée „Wilhelm" und der kräuterwürzige und elegante St. Laurent. Auch bei den Weißweinen steht der Geisberg an der Spitze, der Chardonnay zeigt feine Zitrusnoten und sehr dezentes Holz im Bouquet, ist etwas eleganter und ausgewogener als der Sülzner Weg, bei dem das Holz präsenter ist, der Sauvignon Blanc „Fumé" zeigt von feinen Röstnoten unterlegte gelbe Frucht, besitzt Frische und Grip.

Weinbewertung

84	2019 Riesling trocken „Fundament"	12,5 %/7,90 €
84	2019 Sauvignon Blanc trocken „Tertiär"	12 %/9,90 €
85	2019 Chardonnay & Weißburgunder trocken „Tertiär"	13 %/9,90 €
84	2019 Grauer Burgunder trocken „Tertiär"	13,5 %/9,90 €
89	2018 Sauvignon Blanc trocken „Fumé Réserve"	14,5 %/19,90 €
89	2018 Chardonnay trocken Links am Sülzner Weg	13,5 %/21,90 €
90	2018 Chardonnay trocken Am unteren Geisberg	13,5 %/34,90 €
83	2019 Cuvée Rosé trocken „Fundament"	12,5 %/7,90 €
90	2016 Portugieser trocken „Réserve"	13 %/28,90 €
90	2016 Cuvée Wilhelm Rotwein trocken	14 %/21,90 €
85	2017 Spätburgunder trocken „Tertiär"	13,5 %/11,90 €
87	2017 Spätburgunder trocken „Kalkmergel" Bissersheim	13 %/16,90 €
90	2016 St. Laurent trocken „Réserve"	13,5 %/28,90 €
91	2017 Spätburgunder trocken Bissersheimer Goldberg	13 %/29,90 €
91	2017 Spätburgunder trocken Großkarlbacher Burgweg	13 %/29,90 €
92	2017 Pinot Noir trocken Geisberg	13 %/54,90 €

MOSEL ➝ SAARBURG

★★★

Dr. Heinz Wagner

Kontakt
Bahnhofstraße 3
54439 Saarburg
Tel. 06581-2457
Fax: 06581-6093
www.weingutdrwagner.de
info@weingutdrwagner.de

Besuchszeiten
Mo.-Fr. 10-12 + 13:30-17 Uhr
Sa. 10-13 Uhr
Weinproben bis 20 Personen
mit Kellerbesichtigung
Ferienhaus, Ferienwohnung,
standesamtliche Trauungen

Inhaber
Christiane Wagner

Rebfläche
6,5 Hektar

Produktion
50.000 Flaschen

Josef Heinrich Wagner gründete 1880 eine Wein- und Sektkellerei, seit 2009 wird das daraus entstandene Familienweingut in fünfter Generation von Geisenheim-Absolventin Christiane Wagner geführt. Ihre Weinberge befinden sich in den Saarburger Lagen Rausch, Laurentiusberg und Kupp sowie im Ockfener Bockstein. Angebaut wird ausschließlich Riesling. Die Weine werden im traditionellen Fuder vergoren und ausgebaut, reifen im größten Gewölbekeller der Saar. Seit den neunziger Jahren wird auch wieder Sekt erzeugt und die alte Familientradition fortgeführt, war Josef Heinrich Wagner doch der Erste an der Saar, der Sekte im klassischen Verfahren erzeugte. Christiane Wagner entwickelt das Weingut weiter, wie die besonders spannenden Weine aus dem Laurentiusberg zeigen oder der Pétillant Naturel.

🎂 Kollektion

Die 2019er Weine überzeugen sowohl im trockenen als auch im süßen Bereich – dort vielleicht sogar noch ein bisschen mehr. Ein Pétillant Naturel ist frisch und verspielt, gut vinifiziert. Der trockene Basiswein ist frisch, straff und würzig, sehr präzise. Deutlich offener und komplexer in der Nase ist der Riesling von alten Reben, der Kräuterwürze, aber auch helle, sehr feine Fruchtnoten zeigt und am Gaumen fest und finessenreich ausfällt. Ähnlich gut, tiefgründig und nachhaltig ist der „Laurentius"-Riesling. Die beiden vorgestellten Großen Gewächse stammen noch aus dem Jahrgang 2018, sind recht offen mit Kernobst- und Kräuternoten, besitzen Würze; der Bockstein-Vertreter gefällt noch ein bisschen mehr als jener aus der Rausch. Sehr schön saftig ist der feinherbe Saar-Riesling, noch saftiger fällt der „Generation V" genannte Wein aus, nur ganz leicht süß, saftig, straff. Der Kabinett aus dem Laurentiusberg begeistert mit seinen Duftnoten – Hefe, Kräuter, weißer Pfirsich – ebenso wie die Spätlese aus dem Bockstein.

🍃 Weinbewertung

86	2019 Riesling Pétillant Naturel	12 %/13,-€
85	2019 Riesling trocken Saar	11,5 %/9,50 €
88	2019 Riesling trocken „Alte Reben" Saarburger	10 %/13,50 €
89	2019 Riesling trocken Saarburger Laurentius	11 %/17,-€
88	2018 Riesling „GG" Saarburger Rausch	12,5 %/25,-€
89	2018 Riesling „GG" Ockfener Bockstein	12,5 %/25,-€
88	2019 Riesling „Generation V"	10,5 %/13,-€
84	2019 Riesling „feinherb" Saar	11 %/9,50 €
87	2019 Riesling Kabinett „feinherb"	9 %/12,50 €
88	2019 Riesling Spätlese „Josef Heinrich" Saarburger Rausch	9 %/17,-€
87	2019 Riesling Kabinett Ockfener Bockstein	9 %/12,50 €
88	2019 Riesling Kabinett Saarburger Laurentius	8,5 %/17,-€
88	2019 Riesling Spätlese Ockfener Bockstein	8 %/17,-€
89	2019 Riesling Auslese Ockfener Bockstein	8 %/19,50 €/0,5l

BADEN ━ OBERROTWEIL

★★★★⯪

Peter Wagner

Kontakt
Hauptstraße 32
79235 Oberrotweil
Tel. 0176-64013967
www.wagner-weingut.de
info@wagner-weingut.de

Besuchszeiten
nach Vereinbarung

Inhaber
Peter Wagner
Rebfläche
6 Hektar
Produktion
35.000 Flaschen

Peter Wagner aus Oberrotweil hat sein eigenes Weingut gegründet, seine ersten eigenen Weine erzeugt. Seine Weinberge liegen in den Oberrotweiler Lagen Kirchberg, Henkenberg, Eichberg und Käsleberg sowie im Achkarrer Schlossberg. Spätburgunder nimmt 40 Prozent der Rebfläche ein, Grauburgunder ein knappes Drittel, hinzu kommen Chardonnay und Müller-Thurgau. Die Weinberge sind begrünt, nur organischer Dünger wird eingebracht. Neue Weinberge werden mit Reben aus Frankreich bestockt. Das Programm ist gegliedert in Gutsweine und Ortsweine, die auf tiefgründigem Löss wachsen, teilweise in Terrassen, und teils im Holz ausgebaut werden, sowie Lagenweine von vulkanischen Böden. 2019 kam als erster Lagenwein ein Grauburgunder aus dem Schlossberg auf den Markt, vom Jahrgang 2017. Alle Weine werden trocken und durchgegoren ausgebaut und lange auf der Hefe gelagert, sie werden nicht geschönt, nur bei Bedarf filtriert.

Kollektion

Wir wagen eine Prognose: Peter Wagner wird ein ganz Großer. Schon jetzt sind seine Weine großartig – präzise, elegant, von schlanker, gar karger Tiefe, mit mineralischem Druck. Das gilt schon für den Müller-Thurgau: Animierende Spontan-Note, Präzision und mineralischer Druck. Und das mit 11,5 Prozent Alkohol! Auch die beiden anderen Gutsweine, Grauburgunder und Spätburgunder, zählen zu den Besten ihrer Klasse. Bei den Ortsweinen kommt Würze und Komplexität hinzu. Herausragend in dieser Klasse ist der Spätburgunder Alte Reben, der mit Feuerstein, dunklen Beeren, Leder, Pfeffer, präziser Säure-Tanninstruktur besticht. Die Lagenweine: Grauburgunder Henkenberg: Feinste Würze, Frucht, Feuerstein, Säure und Salz spielen ein tiefes, komplexes Spiel. Grauburgunder Schlossberg: Schon als Fassprobe kann man die künftige spielerische Eleganz erkennen, noch druckvoller, konzentrierter, ohne Einbußen an Eleganz. Spätburgunder Henkenberg: Wie bei allen Spätburgundern keinerlei störende Holz- oder Röstaromen; reiner Wein, reine Frucht und Struktur, fleischig, salzig, sehr frisch. Sehr großes Potenzial!

Weinbewertung

86	2019 Müller-Thurgau trocken	11,5%/7,50 €
(87)	2019 Grauburgunder trocken	12,5%/9,-€
88	2018 Grauburgunder trocken Oberrotweil	12,5%/14,-€
88	2018 Chardonnay trocken Oberrotweil	12%/18,-€
90	2018 Grauburgunder trocken Henkenberg	12,5%/28,-€
(92)	2018 Grauburgunder trocken „Vom" Schlossberg	13%/32,-€
86	2018 Spätburgunder trocken	13%/9,50 €
87	2018 Spätburgunder trocken Oberrotweil	12,5%/16,-€
91	2018 Spätburgunder trocken „Alte Reben"	13%/22,-€
92	2018 Spätburgunder trocken Henkenberg	13%/48,-€

★★★★⯨ Wagner-Stempel

Kontakt
Wöllsteiner Straße 10
55599 Siefersheim
Tel. 06703-960330
Fax: 06703-960331
www.wagner-stempel.de
info@wagner-stempel.de

Besuchszeiten
Mo.-Fr. 9-12 + 13-17 Uhr
Sa. 10 16 Uhr
So. & Feiertage geschlossen

Inhaber
Daniel Wagner
Rebfläche
20 Hektar
Produktion
180.000 Flaschen

1845 wurde der Grundstein des Wagnerschen Hofes gelegt, Daniel Wagner führt heute in neunter Generation das Gut, hat den Betrieb in die rheinhessische und deutsche Spitze geführt. Seine Weinberge liegen in den Siefersheimer Lagen Heerkretz, Höllberg und Goldenes Horn. Das Besondere an den Siefersheimer Lagen ist der Porphyrfels im Untergrund, der den Weinen eine ganz eigene Note verleiht. Hauptlage ist die Siefersheimer Heerkretz, in der Daniel Wagner inzwischen 9 Hektar in mehr als 20 Parzellen besitzt, wovon allerdings ein Teil derzeit brachliegt. Die Heerkretz, ein vulkanischer Steilabbruch südlich von Siefersheim, ist stark zerklüftet, südost-exponiert, der Boden besteht aus Porphyr und Ton. Der Höllberg, nördlich von Siefersheim gelegen, ist süd- bis west-exponiert, besitzt steindurchsetzte Böden auf Porphyr. Aber nicht nur in Siefersheim besitzt Daniel Wagner Weinberge, auch in den Nachbargemeinden Fürfeld und Neu-Bamberg ist er vertreten. Wichtigste Rebsorte ist Riesling mit einem Anteil von 50 Prozent. Dazu gibt es ein Viertel weiße Burgundersorten und Chardonnay, 15 Prozent Silvaner, sowie Scheurebe und Sauvignon Blanc. Rote Rebsorten nehmen ganze 5 Prozent der Rebfläche ein. Alle Rotweine kommen ins Barrique und werden unfiltriert abgefüllt. Seit September 2008 werden die Weinberge zertifiziert biologisch bewirtschaftet. Das Sortiment ist dreistufig gegliedert in Gutsweine, Ortsweine und Lagenweine, diese werden trocken als Große Gewächse (aus Heerkretz und Höllberg) oder süß mit Prädikatsbezeichnungen vermarktet; die Spitzenweine von nicht für Große Gewächse zugelassene Rebsorten wie Chardonnay oder Sauvignon Blanc tragen den Zusatz Reserve. Seit dem Jahrgang 2016 bewirtschaftet Daniel Wagner einen Weinberg im oberen, querterrassierten Teil des Binger Scharlachbergs (im Gegenzug die Brüder Runkel vom Weingut Bischel einen Weinberg in der Heerkretz), aus dem er ein weiteres Großes Gewächs erzeugt. Seit der ersten Ausgabe empfehlen wir die Weine von Wagner-Stempel, im Jahr davor hatten wir die Weine erstmals in Mondo vorgestellt. In diesen zwei Jahrzehnten wurde aus einem unbekannten Weingut eine feste Größe in Rheinhessen, der vormals unbekannte Ort Siefersheim ist heute mit seinen Lagen Höllberg und Heerkretz allen Weinfreunden bekannt.

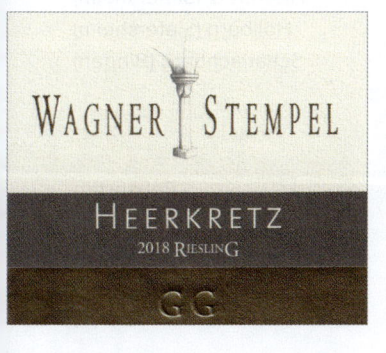

Kollektion

Mit der neuen Kollektion bestätig Daniel Wagner den blendenden Eindruck aus dem Vorjahr. Die Gutsweine sind frisch und klar, lebhaft und zupackend. Unsere Favoriten sind der würzige, saftige Riesling und der wunderschön reintönige Sauvignon Blanc, der feine Frische, gute Struktur und Grip besitzt. Interessant ist wieder der Vergleich der drei Ortsrieslinge. Der Neu-Bamberger zeigt reife Frucht, ist offen, intensiv, würzig, besitzt Fülle und Kraft, reife Frucht und Substanz, der Fürfelder ist ein wenig stoffiger, puristischer, zeigt mehr gelbe Früchte im Bouquet, der

Siefersheimer ist würziger, druckvoller, besitzt feine mineralische Noten. Spannend sind auch die Reserveweine: Der Silvaner besitzt gute Struktur und Frucht, Frische und Grip, der Sauvignon Blanc ist kraftvoll, saftig und dominant, der Weißburgunder punktet mit rauchigen Noten, Struktur und Frische. Der Versteigerungsriesling EMT zeigt intensiv rauchige Noten, reintönige Frucht, ist füllig und stoffig im Mund, besitzt viel Spannung, ist präzise und mineralisch. Große Klasse sind die Großen Gewächse: Der Höllberg besitzt reintönige Frucht, viel Substanz und Grip, der Scharlachberg ist faszinierend eindringlich und reintönig, besitzt Kraft und Konzentration, braucht Zeit und Luft, der Heerkretz ist faszinierend klar, füllig und saftig. Das süße Riesling-Heerkretz-Trio wird angeführt von der intensiven, litschiduftigen Auslese. Stark sind auch die Rotweine: Beim Spätburgunder sehen wir Ortswein und Reserve gleichauf, der Reserve-Merlot besitzt viel Konzentration und kräftige Tannine, der Reserve-St. Laurent ist reintönig, hat Struktur und Grip.

Weinbewertung

84	2019 Grüner Silvaner trocken	12 %/9,30 €
84	2019 Weißburgunder trocken	12 %/9,70 €
85	2019 Scheurebe trocken	12 %/9,70 €
86	2019 Riesling trocken	12 %/9,70 €
87	2019 Sauvignon Blanc trocken	12 %/13,50 €
89	2019 Riesling trocken „Melaphyr" Fürfeld	12 %/18,- €
90	2019 Riesling trocken „vom Porphyr" Siefersheim	12,5 %/18,- €
88	2019 Riesling trocken „Rotliegend" Neu-Bamberg	13 %/18,- €
89	2019 Silvaner trocken „Reserve"	12,5 %/17,- €
89	2019 Sauvignon Blanc trocken „Reserve"	12,5 %/18,- €
89	2019 Weißburgunder trocken „Reserve"	13 %/17,- €
91	2019 Riesling trocken „EMT"	13 %/Vst.
92	2019 Riesling „GG" Höllberg Siefersheim	13 %/31,- €
93	2019 Riesling „GG" Scharlachberg Bingen	13 %/37,- €
93	2019 Riesling „GG" Heerkretz Siefersheim	13 %/38,- €
86	2019 Riesling Kabinett Heerkretz Siefersheim	9 %
89	2019 Riesling Spätlese Heerkretz Siefersheim	7,5 %
91	2019 Riesling Auslese Heerkretz Siefersheim	7,5 %
85	2018 Spätburgunder trocken	12,5 %/10,70 €
88	2018 Spätburgunder trocken Siefersheim	13 %/18,- €
89	2018 St. Laurent trocken „Reserve"	13 %/24,- €
88	2018 Merlot trocken „Reserve"	14 %/24,- €
88	2018 Spätburgunder trocken „Reserve"	13 %/24,- €

Lagen
Heerkretz (Siefersheim)
Höllberg (Siefersheim)
Scharlachberg (Bingen)

Rebsorten
Riesling (50 %)
Burgundersorten (30 %)
Scheurebe (10 %)
Silvaner (5 %)

FRANKEN — ERLENBACH AM MAIN

A. Waigand

★★✩

Kontakt
Dr. Vits-Straße 8
63906 Erlenbach am Main
Tel. 09372-4596
Fax: 09372-940230
www.waigand-wein.de
kontakt@waigand-wein.de

Besuchszeiten
Weinproben und Weinbergswanderung in den Steillagen nach Vereinbarung
Häckerwirtschaft (4 x im Jahr)

Inhaber
Albert Waigand
Ansprechpartner
Verena Waigand-Sacher
Kellermeister
Albert & Verena Waigand
Rebfläche
2 Hektar
Produktion
12.000 Flaschen

Alois Waigand pflanzte kurz nach dem Zweiten Weltkrieg die ersten Reben. Nach und nach erwarb er weitere Parzellen im Erlenbacher Hochberg. Heute führen Albert und Heike Waigand den Betrieb, unterstützt von Tochter Verena, die nach Weinküferlehre ihr Studium der Weinbetriebswirtschaft in Heilbronn abgeschlossen hat. Die Weinberge liegen alle in Querterrassen im steilen Erlenbacher Hochberg, wo die Reben wie im unmittelbar angrenzenden Klingenberger Schlossberg auf roten Buntsandsteinböden wachsen. An weißen Sorten, welche die Hälfte der Fläche einnehmen, werden Silvaner, Müller-Thurgau, Riesling und Weißburgunder angebaut, wichtigste rote Rebsorte ist Spätburgunder, daneben gibt es ein wenig Portugieser, sowie Dornfelder und Cabernet Mitos, die ältesten Portugieserreben wurden 1951 gepflanzt. Die Weine werden teils im Edelstahl, teils im Holz (Weißburgunder und Spätburgunder) ausgebaut. Zusammen mit der Stadt Erlenbach wurde ein brachliegender Weinberg in der Teillage Felsenröder 2014 neu bestockt, aus dem ein Premium-Spätburgunder erzeugt wird, erstmals 2017.

Kollektion

War im vergangenen Jahr der im Barrique ausgebaute Spätburgunder aus dem Jahrgang 2016 unser klarer Favorit in einer ansonsten sehr gleichmäßigen Kollektion, gibt es neben dem neuen Felsenröder-Spätburgunder in diesem Jahr auch einen ganz starken Weißburgunder. Aber auch der trockene Weißburgunder Kabinett aus dem Jahrgang 2018 ist schon sehr gut, ist frisch und würzig bei klarer Frucht im Bouquet, ist lebhaft im Mund, klar, zupackend und strukturiert. Der 2018er Riesling Kabinett, mit 9 Gramm Restzucker ausgebaut, ist würzig, zeigt dezente Reife, ist im Mund klar, frisch und geradlinig. Weißes Highlight der Kollektion ist die im großen Holzfass ausgebaute trockene Weißburgunder Spätlese, die ebenfalls aus dem Jahrgang 2018 stammt, gute Konzentration und feine Würze zeigt, Fülle und Kraft besitzt, gute Struktur und reife Frucht. Der Einstiegs-Spätburgunder ist frisch, etwas floral, besitzt gute Struktur und feine Frucht, der Churfranken-Spätburgunder ist reintönig, ebenfalls mit floralen Noten versehen, ist zupackend, strukturiert und lang. Rotes Highlight ist der neue Spätburgunder aus dem Felsenröder, der siebzehn Monate im Barrique ausgebaut wurde, gute Konzentration und feine Frische zeigt, reintönig und zupackend ist, gute Struktur und reife süße Frucht besitzt.

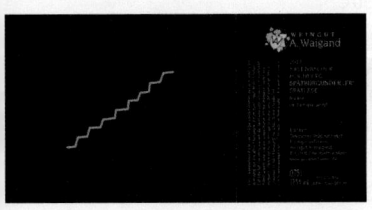

Weinbewertung

85	2018 Weißer Burgunder Kabinett trocken Erlenbacher Hochberg	13 %/9,80 €
88	2018 Weißburgunder Spätlese trocken Erlenbacher Hochberg	13 %/16,- €
84	2018 Riesling Kabinett Erlenbacher Hochberg	12 %/9,- €
84	2018 Spätburgunder trocken Erlenbacher Hochberg	13 %/8,50 €
85	2018 Spätburgunder trocken „Churfranken" Erlenbacher Hochberg	13,5 %/9,50 €
88	2017 Spätburgunder „FR" Spätlese trocken Erlenbacher Hochberg	12,5 %/23,- €

MOSEL ▶ BRIEDEL

Walter

★★★✩

Kontakt
Hauptstraße 188
56867 Briedel
Tel. 06542-98690
Fax: 06542-986925
www.weingut-walter.de
info@weingut-walter.de

Besuchszeiten
Mo.-Sa. nach Vereinbarung
Weinbistro Mai-Okt.
Fr. + Sa. ab 18 Uhr
Ferienhaus „Domizil am Weingarten"

Inhaber
Alfred & Gerrit Walter

Rebfläche
7,5 Hektar

Produktion
65.000 Flaschen

Seit 1568 betreibt die Familie Weinbau in Briedel. Heute wird das Gut von Alfred Walter und seinem Sohn Gerrit geführt, der nach seinem Studium in Geisenheim und einer Tätigkeit als Kellermeister des rheinhessischen Weinguts Dreißigacker in den Betrieb eingestiegen ist. Ihre Weinberge, inzwischen 7,5 Hektar, liegen überwiegend in Steillagen in Briedel (Weisserberg, Schäferlay) und Pünderich (Marienburg). Riesling ist mit 75 Prozent die wichtigste Rebsorte im Betrieb, daneben gibt es 15 Prozent Weißburgunder, aber auch Müller-Thurgau und Spätburgunder. 2012 wurde das neue Kelterhaus fertig gestellt, seither kann die ganze Traubenverarbeitung mittels Schwerkraft erfolgen. Vergrößert und erneuert wurden auch Abfüll- und Verkostungsbereich, neue Etiketten runden das moderne Erscheinungsbild ab. Von Mai bis Oktober öffnet freitags und samstags ein Weinbistro. Das Sortiment ist eingeteilt in Guts-, Orts- und Lagenweine, die Spitzenweine aus Marienburg und Weißerberg werden trocken, für Mosel-Verhältnisse sehr trocken ausgebaut; nur restsüße Weine tragen Prädikatsbezeichnungen.

Kollektion

Schon der Basisriesling ist gelungen, fest und straff, weist aber durchaus Spiel auf; der trockene Briedeler hat auch noch spannende Kräuterwürze zu bieten. Der trockene Marienburg-Riesling wirkt noch etwas hefig, ist im Mund aber kompakt, präzise, sogar mineralisch. Der Weißburgunder aus dem Weißerberg wirkt schön straff, würzig, trotz aller Festigkeit schlank, aber mit viel Substanz. Im restsüßen Bereich ist der Kabinett rassig, fest, animierend, die Spätlese aus der Schäferlay wirkt zugänglich mit einer unerwarteten Fülle, ist kraftvoll und balanciert. Schließlich die Auslese aus der Lage Marienburg: straff und rassig. Der Basis-Spätburgunder duftet nach Sauerkirschen und ist herrlich saftig, der rote Premiumwein besitzt eine schön tabakig-rauchige Nase, ist würzig und zupackend.

Weinbewertung

85	2019 Weißburgunder trocken	12,5%/7,90€
83	2019 Riesling trocken	12%/7,90€
86	2019 Riesling trocken Briedeler	12,5%/10,50€
87	2019 Weißburgunder trocken Weißerberg	13%/13,-€
88	2019 Riesling trocken Marienburg	12,5%/16,-€
85	2019 Riesling „feinherb" Briedeler	11,5%/10,50€
87	2019 Riesling Kabinett	9,5%/7,90€ ☺
87	2019 Riesling Kabinett Marienburg	9,5%/a.A.
87	2019 Riesling Spätlese Schäferlay	9%/10,50€
89	2019 Riesling Auslese Marienburg	7,5%/13,-€/0,5l
85	2018 Spätburgunder trocken	12,5%/7,90€
87	2018 Spätburgunder trocken Weißerberg	13,5%/16,-€

FRANKEN ■ BÜRGSTADT

Josef Walter

★★★

Kontakt
Freudenberger Straße 21-23
63927 Bürgstadt
Tel. 09371-948766
Fax: 09371-948767
www.weingut-josef-walter.de
info@weingut-josef-walter.de

Besuchszeiten
Di.-Do. 14-18 Uhr
Fr. 9-12 Uhr + 14-18 Uhr
Sa. 9-14 Uhr
und nach Vereinbarung
Hoffest erstes
Juliwochenende

Inhaber
Christoph & Daniela Walter
Kellermeister
Christoph Walter
Rebfläche
3,5 Hektar
Produktion
18.000 Flaschen

Das Bürgstadter Weingut war ursprünglich ein landwirtschaftlicher Gemischtbetrieb, der nebenher auch Wein anbaute. Christoph Walter ist nach seiner Ausbildung in Veitshöchheim und Stationen bei verschiedenen Weingütern 1996 in den Betrieb eingestiegen und hat die Verantwortung im Keller übernommen. Er begann mit dem Barriqueausbau und konzentrierte sich ganz auf Wein. Heute führt er den Betrieb zusammen mit Ehefrau Daniela. Ihre Weinberge liegen alle in Bürgstadt, im Centgrafenberg und im Hundsrück. Drei Viertel der Rebfläche nehmen rote Rebsorten ein, vor allem Spätburgunder, der 70 Prozent der Fläche einnimmt, und Frühburgunder, aber auch etwas Domina und Regent. An weißen Rebsorten gibt es vor allem Silvaner und Riesling, dazu etwas Müller-Thurgau und Bacchus, der Kerner wurde gerodet, durch Riesling ersetzt. Neben dem Spätburgunder J (von 1982 gepflanzten) Reben gibt es heute zwei weitere Top-Spätburgunder, Pinot Noir (erstmals 2009) und Hundsrück (erstmals 2011).

🍷 Kollektion

Ein fülliger, komplexer Blanc de Noir-Sekt eröffnet in diesem Jahr den Reigen. Im weißen Segment gefallen uns besonders gut der rauchige, zupackende Centgrafenberg-Silvaner und der duftige halbtrockene Gewürztraminer, der gute Struktur und Grip besitzt. Ganz stark sind wieder einmal die roten Burgunder von Christoph Walter. Schon der Bürgstadter Spätburgunder, Jahrgang 2015, besitzt reintönige Frucht, Frische und Grip, der 2016er Frühburgunder zeigt rauchige Noten und reintönige Frucht, ist frisch und zupackend, klar und strukturiert – und kann reifen, wie der 2010er beweist, der feine Säure und Biss besitzt wie auch der dezent rauchige 2010er Spätburgunder. Spannend ist das Spätburgunder-Trio aus dem Jahrgang 2016: Der J ist rauchig-würzig, frisch, zupackend, der Pinot Noir deutlich fülliger und kraftvoller, der Hundsrück besticht mit Reintönigkeit, rauchig-würzigen Noten, Struktur und Grip. Starke Vorstellung!

🍇 Weinbewertung

87	2016 Pinot „Blanc de Noir" Sekt brut	12,5 %/17,50 €
81	2019 Silvaner trocken Bürgstadter	12,5 %/7,50 €
87	2019 Silvaner trocken Centgrafenberg	12,5 %/11,- €
84	2019 Riesling trocken Centgrafenberg	12 %/11,- €
86	2018 Gewürztraminer	13 %/9,50 €
87	2015 Spätburgunder trocken Bürgstadter	13 %/12,50 €
88	2010 Frühburgunder „J" trocken Centgrafenberg	13,5 %/22,- €
89	2016 Frühburgunder „J" trocken Centgrafenberg	13,5 %/25,- €
88	2010 Spätburgunder „J" trocken Centgrafenberg	13,5 %/22,- €
88	2016 Spätburgunder „J" trocken Centgrafenberg	13,5 %/25,- €
89	2016 Pinot Noir trocken Centgrafenberg	13 %/22,- €
90	2016 Spätburgunder „J" trocken Hundsrück	13,5 %/35,- €

BADEN ▶ HEITERSHEIM

Walz

Kontakt
Hauptstraße 34
79423 Heitersheim
Tel. 07634-553030
Fax: 07634-553033
www.weingut-walz.de
info@weingut-walz.de

Besuchszeiten
Mo.-Fr. 10-12:30 + 14-18 Uhr
Sa. 10-13 Uhr
oder nach Vereinbarung
Historisches „Gasthaus Zum Schiff" für Seminare/Fortbildungen/Tagungen
„SommerWeinBrunnen" im Hof (jeden Do. im Sommer
Glühweinmontag
(Advent, jeden Mo. Abend)

Inhaber
Thomas Walz

Kellermeister
Max Wolf

Rebfläche
17,5 Hektar

Produktion
120.000 Flaschen

Seit 1712 erzeugt die Familie Wein in Heitersheim. 1997 übernahm Thomas Walz den elterlichen Betrieb, führt ihn seither in dreizehnter Generation zusammen mit Ehefrau Nicole. Seine Weinberge verteilen sich auf verschiedene Lagen im Markgräflerland, so den Badenweiler Römerberg, den Heitersheimer Maltesergarten oder den Zunzinger Rosenberg. Gutedel und Spätburgunder sind die wichtigsten Rebsorten, hinzu kommen Grauburgunder, Weißburgunder und Chardonnay, Gewürztraminer und Muskateller. Die seit 1748 bestehende Gaststube „Zum Schiff" wurde restauriert und steht für Weinproben und Tagungen zur Verfügung – und ist Namensgeber für die Top-Linie des Weingutes, die Flaggschiff-Weine, die in kleinen oder großen Eichenholzfässern ausgebaut werden.

Kollektion

Kraftvoll und konzentriert ist der fruchtbetonte Weiße Burgunder, durchgegoren und dennoch sehr saftig. Der Graue Burgunder Zunzinger Rosenberg ist etwas rustikaler, sowohl aromatisch als auch in der Struktur. Der Chardonnay ist zupackend, fruchtbetont, mit mineralischem Druck. Reintönig, zupackend und frisch ist der Gutedel, der vierte Wein vom Jahrgang 2019. Der Chasselas Flaggschiff von 2018 ist füllig mild, hat eine feine mineralisch-salzige Länge. Der Chardonnay Flaggschiff von 2018 zeigt sehr feine Frucht und Würze im Bouquet, ist kraftvoll und füllig am Gaumen, hat eine gute Säurestruktur, die dagegen hält. Schon im Vorjahr hatte uns der Grauburgunder Flaggschiff von 2017 gut gefallen, er hat sich gut entwickelt, ist immer noch ein sehr harmonischer Wein mit Würze und viel reifer Frucht. Hochkonzentriert ist die Trockenbeerenauslese vom Spätburgunder aus dem Jahrgang 2015. Komplexes Bouquet mit Rumfrüchten und Rosinen, dazu etwas Tabak und würzige Röstaromen, am Gaumen viel süße, schwere Frucht. Der Spätburgunder Maltesergarten von 2017 ist fruchtbetont, der Römerberg geschliffener und eleganter bei guter Säure- und Tanninstruktur.

Weinbewertung

83	2019 Gutedel „Bildstöckle" Heitersheimer Maltesergarten	12,5%/8,10€
84	2018 Chasselas trocken (Flaggschiff) Heitersheimer Maltesergarten	13%/12,90€
84	2019 Weißer Burgunder trocken Heitersheimer Maltesergarten	13,5%/10,90€
84	2019 Grauer Burgunder trocken Zunzinger Rosenberg	13,5%/10,90€
83	2019 Chardonnay trocken Zunzinger Rosenberg	13,5%/10,90€
85	2018 Chardonnay trocken (Flaggschiff) Badenweiler Römerberg	13,5%/19,90€
86	2017 Grauer Burgunder trocken (Flaggschiff) Badenweiler Römerberg	13,5%/19,90€
85	2017 Spätburgunder trocken (Flaggschiff) „Alte Rebe" Maltesergarten	13,5%/12,90€
88	2017 Spätburgunder trocken (Flaggschiff) Badenweiler Römerberg	13,5%/24,-€
84	2015 Spätburgunder Trockenbeerenauslese (Flaggschiff)	12,5%/117,80€/0,375l

RHEINHESSEN ▬ INGELHEIM

Wasem

★ ★☆

Kontakt
Edelgasse 5
55218 Ingelheim
Tel. 06132-2220
Fax: 06132-2448
www.wasem.de
weingut@wasem.de

Besuchszeiten
Mo.-Sa. ab 17 Uhr
So. ab 12 Uhr
Mi. Ruhetag
Restaurant Kloster Engelthal

Inhaber
Holger, Julius &
Philipp Wasem
Betriebsleiter
Philipp Wasem
Kellermeister
Julius Wasem,
Johannes Lutzenburg
Rebfläche
24 Hektar
Produktion
200.000 Flaschen

Die Familie Wasem baut nachweislich seit 1726 Wein an. Der Rodensteiner Hof in Ober-Ingelheim, Sitz des Weingutes, gehörte im 17. Jahrhundert dem Adelsgeschlecht Ritter Hundt von Saulheim. 1912 begann Julius Wasem mit der Selbstvermarktung, als Erster in Ingelheim. Bekannt wurde er unter anderem als Erhaltungszüchter der Sorte Frühburgunder. Lange führte Holger Wasem zusammen mit seinem Cousin den Betrieb, inzwischen hat man sich getrennt, Holger Wasem führt seit 2019 mit seinen Söhnen Julius und Philipp das Weingut, Ehefrau Karin führt die Gastronomie, Sohn Gerhard das Event-Geschäft im Kloster Engelthal. Die Weinberge liegen in verschiedenen Ingelheimer Lagen wie Horn, Pares und Sonnenhang, aber auch in der Elsheimer Blume. Rote Rebsorten dominieren im Anbau, Spätburgunder und Frühburgunder vor allem, aber auch Portugieser, St. Laurent, Merlot und Cabernet Sauvignon. Wichtigste weiße Sorten sind Grauburgunder, Weißburgunder und Riesling.

Kollektion

Nachdem man im vergangenen Jahr verpasst hatte Wein einzuschicken, ist man dieses Jahr wieder dabei. Und in der Spitze stark wie nie, was vor allem dem prächtigen Spätburgunder aus dem Sonnenhang zu verdanken ist, der rauchige Noten, intensive Frucht und gute Konzentration im Bouquet zeigt, klar, frisch und zupackend im Mund ist. Sehr gut ist auch der Spätburgunder aus dem Pares, ebenfalls intensiv fruchtig und konzentriert, kraftvoll, strukturiert und füllig. Die Sneak Preview genannte rote Cuvée ist würzig und eindringlich, frisch und zupackend, und auch der reintönige, zupackende Guts-Spätburgunder überzeugt, was auch für den leicht zitrusduftigen Rieslingsekt gilt. Die weißen Gutsweine sind fruchtbetont und klar, der intensive, reintönige Sauvignon Blanc gefällt uns besonders gut. An der Spitze des weißen Segments stehen die Lagenweine: Der Grauburgunder aus dem Sonnenhang besitzt intensive Frucht, Fülle und Kraft, der Riesling aus der Blume ist reintönig, strukturiert und frisch.

Weinbewertung

83	Riesling Sekt brut	11,5 %/9,50 €
83	2019 Weißer Burgunder	13 %/7,50 €
80	2019 Riesling trocken (1l)	12 %/5,- €
82	2019 Riesling trocken	13 %/6,- €
84	2019 Sauvignon Blanc trocken	12 %/7,- €
86	2018 Riesling trocken Elsheimer Blume	13,5 %/10,50 €
85	2018 Grauer Burgunder trocken Ingelheimer Sonnenhang	13 %/14,50 €
82	2017 Spätburgunder trocken	13 %/6,50 €
86	2017 Spätburgunder trocken Ingelheimer Pares	13,5 %/11,50 €
88	2017 Spätburgunder trocken Ingelheimer Sonnenhang	13,5 %/15,50 €
84	2018 „Sneak Preview" Rotwein	13 %/11,20 €

Wasem Doppelstück

★ ✫

Kontakt
Stiegelgasse 50
55218 Ingelheim
Tel. 06132-43370
weingut@doppelstueck.com
www.doppelstueck.com

Besuchszeiten
Weinverkauf im Weingut:
Mo.-Fr. 10-12 + 14-18 Uhr
Sa. 10-17 Uhr
So. siehe Homepage
Weinverkauf im Weinhotel:
Mo.-Sa. 7:30-22 Uhr
So. + Feiertage 8-18 Uhr
Weinhotel im Ortskern von Ingelheim
(info@wasem-weinhotel.de)

Inhaber
Burkhard Wasem
Betriebsleiter
Marie Wasem
Kellermeister
Julia & Burkhard Wasem
Außenbetrieb
Julia Wasem
Rebfläche
20,2 Hektar

1932 legte Julius Wasem, bekannt unter anderem als Erhaltungszüchter der Sorte Frühburgunder, den Grundstein für das Weingut in der heutigen Form mit dem Kauf des Ingelheimer Hofes in der Stiegelgasse 50 vom Grafen von Ingelheim. Durch die Hochzeit von Jochen und Magda Wasem kamen zu den Ingelheimer Lagen auch Weinberge in Elsheim hinzu. Burkhard Wasem führte lange zusammen mit seinem Cousin das Weingut Wasem, nun hat man sich getrennt, Burkhard Wasem nennt sein Weingut Wasem Doppelstück (2 Schwestern, 2 Generationen). Seine Weinberge liegen in den Elsheimer Lagen Bockstein und Blume sowie in den Ingelheimer Lagen Burgberg, Horn, Pares, Schlossberg und Sonnenhang. Der Fokus liegt auf den Burgundersorten. Burkhard Wasem hat mit der Umstellung auf biologischen Weinbau begonnen, erster zertifizierter Jahrgang wird 2021 sein. Das Sortiment ist dreistufig gegliedert in Guts-, Orts- und Lagenweine.

Kollektion

Der Elsheimer Weißburgunder und der Grauburgunder aus dem Sonnenhang waren im vergangenen Jahr die herausragenden Weißweine, Pares- und Sonnenhang-Spätburgunder die herausragenden Rotweine im Programm von Wasem Doppelstück. Die in diesem Jahr vorgestellte, kleine Kollektion überzeugt mit der Zuverlässigkeit und der gleichmäßigen Qualität aller Weine, weiß wie rot. Der Silvaner ist frisch und fruchtbetont im Bouquet, klar und geradlinig im Mund. Der schon im vergangenen Jahr verkostete Elsheimer Weißburgunder ist füllig, klar und zupackend, ein klein wenig stumpf am Ende. Die Gewürztraminer Auslese zeigt viel Duft und Frucht im Bouquet, ist konzentriert und kompakt im Mund. Der 2017er Ingelheimer Frühburgunder ist frisch und fruchtbetont im Bouquet, klar und zupackend im Mund, wir hatten ihn schon im vergangenen Jahr vorgestellt, was auch für den 2016 Spätburgunder aus dem Pares gilt, der fruchtbetont im Bouquet ist, frisch und recht würzig, lebhaft im Mund ist, geradlinig und klar. Neu ist für uns der 2016er Ingelheimer Spätburgunder, der recht würzig und frisch im Bouquet ist, klare Frucht im Mund besitzt, gute Fülle und Grip.

Weinbewertung

83	2019 Silvaner trocken	13,5%/5,50€
84	2018 Weißburgunder trocken Elsheim	13,5%/8,-€
83	2018 Gewürztraminer Auslese	8,5%/9,20€
83	2017 Frühburgunder trocken Ingelheim	14%/9,20€
83	2016 Ingelheimer Spätburgunder trocken	13,5%/9,20€
85	2016 Spätburgunder trocken Ingelheimer Pares	14%/11,50€

★★★★ Fritz Waßmer

Kontakt
Lazariterstraße 2
79189 Bad Krozingen-Schlatt
Tel. 07633-3965
Fax: 07633-4458
www.weingut-wassmer-schlatt.de
mail@weingutfritzwassmer.de

Besuchszeiten
Mo.-Fr. 9-18 Uhr
Sa. 10-16 Uhr

Inhaber
Fritz Waßmer
Rebfläche
38 Hektar
Produktion
192.000 Flaschen

Fritz Waßmer stammt aus Schlatt im Markgräflerland, baut wie sein Bruder Martin nicht nur Wein an, sondern auch Erdbeeren und Spargel, dazu verkauft er Weihnachtsbäume. 1999 hat er sich erste Weinberge im Breisgau gekauft, erzeugte in diesem Jahr seine ersten Rotweine, zwei Jahre später die ersten Weißweine. 2003 haben die neu gepflanzten Burgunderklone ihren ersten Ertrag gebracht. Im Breisgau liegt auch heute noch das Gros seiner Weinberge, dort ist er in Lagen wie Kenzinger Roter Berg, Malterdinger Bienenberg, Bombacher Sommerhalde oder in den Kleinterrassen im Herbolzheimer Kaiserberg vertreten. Aber auch im Markgräflerland ist er aktiv, unter anderem im Staufener Schlossberg, am Kaiserstuhl ist er im Achkarrer Schlossberg vertreten. Zu über 60 Prozent baut er Pinot Noir an. Er pflanzte ausschließlich Klone aus Burgund, auf schwach tragenden Unterlagsreben, bis zu 13.000 Stock je Hektar. Grauburgunder und Weißburgunder sind die nächst wichtigen Rebsorten, dazu gibt es Syrah, Chardonnay, Viognier, Merlot, Cabernet Sauvignon, Auxerrois und Riesling. Die Trauben werden in kleinen Kisten nach Schlatt transportiert und dort verarbeitet. Alle Spätburgunder werden spontanvergoren, teils in Holzgärtanks, teils in Edelstahltanks. Anfangs verzichtete Fritz Waßmer auf Lagenbezeichnungen, erst mit dem Jahrgang 2011 steht bei Weißweinen auf den Topweinen die Lage auf dem Etikett, Weißburgunder und Chardonnay kommen aus dem Staufener Schlossberg, der Grauburgunder aus der Bombacher Sommerhalde, mit dem Jahrgang 2015 kam ein Grauburgunder aus dem Achkarrer Schlossberg hinzu. Bei Rotweinen dauerte es vier Jahre länger, erst seit dem Jahrgang 2015 tragen die Top-Rotweine Lagennamen auf dem Etikett. Es sind dies die Spätburgunder aus Sommerhalde, Roter Berg und Kaiserberg, der Merlot Roter Berg, der Cabernet Franc vom Kaiserberg, der Cabernet Sauvignon vom Staufener Schlossberg und der Syrah vom Achkarrer Schlossberg.

🎂 Kollektion

Sieben Spätburgunder, alle vom Jahrgang 2018, hat Fritz Waßmer auch in diesem Jahr vorgestellt. Sie sind wieder einen Tick feiner geworden. Das gesamte Sortiment ist wie aus einem Guss. Dass sich in einer Blindverkostung der teuerste Wein als der deutlich feinste herausstellt, bestätigt die interne Klassifikation. Der Kaiserberg zeigt viel Frucht, ist sehr klar und elegant, sehr kühl, sehr burgundisch, ohne wild zu sein. Die jugendliche Straffheit ist wenig überraschend, stört aber nicht. Der Spätburgunder Gutswein ist ein hervorragender Einstieg in die weite Welt der Spätburgunder von Fritz Waßmer. Er zeigt herrlich klare, kühle Frucht, eine sehr gute Struktur und mineralische Substanz. Der „Alte Reben" zeigt etwas mehr von allem, bleibt aber fein. Der XXL ist fordernder, saftiger und säurebetonter, hat einen feinen Kern, der noch deutlicher zum Vorschein kommen wird. Beim CCL paart sich dunkle Kirschfrucht mit rauchiger

Würze. Der Wein aus der Sommerhalde ist wieder schlanker, besitzt helle, rote Frucht, viel Frische und eine jugendlich-straffe Struktur. Vier weitere rote Klassiker hat Fritz Waßmer im Programm. Der Syrah gefällt uns dabei am besten, er zeigt dunkle, pfeffrige Frucht, ist sehr typisch und reintönig, am Gaumen feinwürzig, konzentriert, aber immer noch elegant – bei aller Jugendlichkeit. Ähnliche Qualitäten zeigt der Cabernet Franc: Er zeigt reife Frucht ohne grüne Töne, ist sehr dicht und konzentriert, die Tannine liegen noch sehr eng an. Bei den Weißweinen - ebenfalls ausnahmslos vom Jahrgang 2018 - hat es die Bombacher Sommerhalde an die Spitze der deutschen Grauburgunder geschafft. Der Wein ist zwar saftig, die Frucht bleibt aber im Hintergrund. Am Gaumen spürt man die strukturgebende Kraft des Fasses, die die mächtige Fülle im Zaum hält. Von den beiden Weißburgundern favorisieren wir den Kaiserberg. Er ist feinduftig, zart, Holzwürze wirkt stützend im Hintergrund, dazu kommt etwas Schießpulver. Die Zurückgenommenheit steht dem Wein sehr gut, gibt ihm Spannung und Eleganz. Bei den Chardonnay sehen wir Kaiserberg und Roter Berg gleichauf. Roter Berg hat eine feingewebte, schlanke Struktur mit mineralischer Länge, Kaiserberg ist sehr ausgewogen, ein elegantes Säurespiel mündet in ein phenolisch-mineralisches Finale.

Weinbewertung

90	2018 Weißer Burgunder Schlossberg Staufen	12,5%/48,-€
91	2018 Weißer Burgunder Kaiserberg Herbolzheim	13%/48,-€
92	2018 Grauer Burgunder Sommerhalde Bombach	13%/48,-€
90	2018 Chardonnay Schlossberg Staufen	13%/48,-€
92	2018 Chardonnay Kaiserberg Herbolzheim	13%/48,-€
92	2018 Chardonnay Roter Berg Kenzingen	13%/48,-€
87	2018 Spätburgunder trocken	13%/9,30€
88	2018 Spätburgunder „Alte Reben"	13%/29,-€
89	2018 Spätburgunder „XXL" trocken	13%/39,-€
91	2018 Spätburgunder „CCL" trocken	13%/68,-€
91	2018 Spätburgunder Sommerhalde Bombach	13%/56,-€
89	2018 Spätburgunder Roter Berg Kenzingen	13%/78,-€
93	2018 Spätburgunder Kaiserberg Herbolzheim	13,5%/126,-€
91	2018 Syrah Schlossberg Achkarren	13,5%/78,-€
89	2018 Merlot Roter Berg Kenzingen	13,5%/78,-€
89	2018 Cabernet Sauvignon Schlossberg Staufen	13,5%/78,-€
90	2018 Cabernet Franc Kaiserberg Herbolzheim	13,5%/78,-€

Lagen
Schlossberg (Staufen)
Sommerhalde (Bombach)
Schlossberg (Achkarren)
Roter Berg (Kenzingen)
Kaiserberg (Herbolzheim)

Rebsorten
Spätburgunder (61 %)
Grauburgunder (13 %)
Weißburgunder (12 %)
Syrah (3 %)
Chardonnay (3 %)
Viognier (2 %)
Merlot (2 %)
Cabernet Sauvignon (2 %)
Auxerrois (1 %)
Riesling (1 %)

BADEN ▬ BAD KROZINGEN-SCHLATT

★★★★✩ Martin **Waßmer**

Kontakt
Am Sportplatz 3
79189 Bad Krozingen-Schlatt
Tel. 07633-15292
Fax: 07633-13384
www.weingut-wassmer.de
wassmer-krozingen@t-online.de

Besuchszeiten
Mo.-Sa. 9-18 Uhr
So. & Feiertage 10-17 Uhr
(April-Juni)
Bauernladen

Inhaber
Martin Waßmer
Rebfläche
38 Hektar
Produktion
190.000 Flaschen

Martin Waßmer stammt aus einem landwirtschaftlichen Betrieb, der schon seit Generationen auch Weinbau betreibt. Während seiner Ausbildung zum Koch begann er 1980 mit dem Anbau von Spargel. Spargel und Erdbeeren sind flächenmäßig seine wichtigsten landwirtschaftlichen Produkte. Seine Liebe gilt aber dem Wein. Durch Seminare und Besuche bei Winzern im In- und Ausland verschaffte er sich Kenntnisse im Weinan- und -ausbau und beschloss selbst Wein zu erzeugen. 1998 lieferte er zum letzten Mal an die Genossenschaft ab. Die Reben standen ursprünglich nur im Schlatter Maltesergarten, im Bad Krozinger Steingrüble und im Laufener Altenberg. Seither hat er sein Lagen-Portfolio erweitert, ist heute im Dottinger Castellberg und im Staufener Schlossberg vertreten, ebenso im Auggener Letten und im Ehrenstetter Ölberg, alles bekannte Lagen im Markgräflerland, inzwischen besitzt er aber auch im Breisgau Weinberge, im Glottertal genau genommen, in der Lage Roter Bur. Wichtigste Rebsorte ist ganz klar der Spätburgunder, der 60 Prozent der Weinberge von Martin Waßmer einnimmt. Hinzu kommen Weißburgunder und Grauburgunder, Chardonnay und Sauvignon Blanc, sowie ein wenig Riesling, Muskateller, Müller-Thurgau, Gewürztraminer und Gutedel. Alle Weine werden möglichst mit ihren natürlichen Hefen vergoren und recht lange auf der Hefe ausgebaut. Die Rotweine kommen alle ins Holzfass, die besten Qualitäten ins Barrique. Die Klärung erfolgt durch Absetzen der Schwebstoffe, filtriert wird möglichst nicht. Anfangs gab es nur trockene Weine bei Martin Waßmer, in den letzten Jahren aber wartet er immer wieder auch mit edelsüßen Weinen auf. An der Spitze des Sortiments stehen Lagenweine, die Topweine werden als „GC" bezeichnet. In dieser Linie, die die SW-Linie als vormalige Top-Linie ablöste, gab es seit 2003 einen Pinot Noir ohne Lagenbezeichnung, aus dem dann mit dem Jahrgang 2009 zwei Weine mit Lagenbezeichnung wurden, die Pinot Noir von Maltesergarten und Castellberg. Im gleichen Jahrgang 2009 gab es mit Weißburgunder und Chardonnay aus dem Castellberg erstmals zwei weiße GC-Weine. 2011 gab es erstmals einen Grauburgunder GC aus dem Castellberg, 2012 einen Grauburgunder GC aus dem Auggener Letten, seit dem Jahrgang 2014 komplettieren die GC-Spätburgunder aus dem Ehrenstetter Ölberg und dem Glottertäler Roter Bur das Top-Segment.

Kollektion

Es ist immer wieder beeindruckend, dass Martin Waßmer es schafft, Jahr für Jahr ein so umfangreiches Sortiment an hochwertigen Weinen zu produzieren. Und dabei auch Überraschungen bereithält wie in diesem Jahr den Sauvignon Blanc SW, der ein sehr feines, reduktiv-rauchiges Bouquet zeigt, Offenheit mit Eleganz verbindet. Martin Waßmer kann nicht nur Spitzenweine herstellen, das zeigt der Spätburgunder Markgräflerland. Ein kraftvoller Wein mit reifer Kirschfrucht, guter Struktur und Substanz. Der Spätburgunder Maltesergarten ist bereits spielerisch-elegant mit burgundischem Charakter.

Der Spätburgunder „SW" hat ein sehr feines Bouquet, zeigt spielerische Kraft. Vier rote „GC"-Weine stellt Martin Waßmer in diesem Jahr vor: An der Spitze steht der Schlatter Maltesergarten. Er zeigt im Bouquet viel rote Frucht und feine Holzwürze, am Gaumen fließt zunächst viel rotfruchtiger Saft, er ist sehr jugendlich, aber es dominieren weder Holz noch andere Komponenten. Hervorragend strukturiert ist der dunkelfruchtige Pinot Noir Castellberg, hier sind die Tannine etwas straffer angelegt. Der Ölberg hat eine betörende Aromatik, ist saftig, hervorragend balanciert. Der Roter Bur ist sehr reintönig, frisch und geschmeidig. Die rote Cuvée Chapelle zeigt Cassis, besitzt Saft und eine gute Gerbstoffstruktur. Der Syrah ist ein typischer Vertreter seiner Rebsorte, er ist sehr frisch, zeigt Konzentration auf eine ausgewogene, elegante Art. Der Graubstoffruktur Castellberg ist noch von schokoladigminziger Holzwürze geprägt, besitzt eine gute Struktur, Länge und Zug. Der Auggener Letten besitzt Kraft und Substanz, der Achkarrer Schlossberg ist zupackend-druckvoll. Sehr jugendlich zeigt sich der von Holzwürze dominierte Weißburgunder Castellberg. Der Chardonnay Castellberg zeigt feine Nuss- und Hefearomen, ist sehr dicht, druckvoll und vielschichtig. Der Weißburgunder Maltesergarten ist holzwürzig, füllig und kraftvoll. Der Chardonnay „SW" besitzt üppige Frucht und viel druckvolle Würze.

Weinbewertung

91	2019 Sauvignon Blanc „SW" trocken Markgräflerland	13%/19,50€
88	2018 Weißer Burgunder „SW" trocken Schlatter Maltesergarten	13,5%/14,50€
89	2018 Chardonnay „SW" trocken Markgräflerland	13,5%/19,50€
91	2017 Weißer Burgunder trocken Staufener Schlossberg	13,5%/29,-€
92	2018 Weißer Burgunder „GC" trocken Dottinger Castellberg	13,5%/38,-€
91	2018 Grauer Burgunder „GC" trocken Dottinger Castellberg	13,5%/38,-€
91	2018 Grauer Burgunder „GC" trocken Achkarrer Schlossberg	13,5%/45,-€
91	2018 Grauer Burgunder „GC" trocken Auggener Letten	14%/42,-€
92	2018 Chardonnay „GC" trocken Dottinger Castellberg	13,5%/58,-€
86	2018 Spätburgunder trocken Markgräflerland	13,5%/9,50€
89	2018 Spätburgunder trocken Schlatter Maltesergarten	13,5%/16,50€
91	2018 Spätburgunder „SW" trocken Schlatter	13%/28,-€
91	2018 „Chapelle" Rotwein trocken Ehrenstetter Ölberg	14%/66,-€
91	2018 Syrah trocken Dottinger Castellberg	13,5%
91	2018 Spätburgunder „GC" trocken Glottertäler Roter Bur	13,5%/48,-€
93	2018 Spätburgunder „GC" trocken Ehrenstetter Ölberg	13,5%/48,-€
92	2018 Pinot Noir „GC" trocken Dottinger Castellberg	13%/74,-€
94	2018 Pinot Noir „GC" trocken Schlatter Maltesergarten	13%/52,-€

Martin Waßmer

Lagen
Maltesergarten (Schlatt)
Castellberg (Dottingen)
Letten (Auggen)
Ölberg (Ehrenstetten)
Schlossberg (Staufen)
Altenberg (Laufen)
Roter Bur (Glottertal)
Schlossberg (Achkarren)

Rebsorten
Spätburgunder (60 %)
weiße Burgunder (30 %)

NAHE — MONZINGEN

★★

Udo Weber

Kontakt
Soonwaldstraße 41
55569 Monzingen
Tel. 06751-3278
Fax: 06751-2076
www.weingut-udo-weber.de
info@weingut-udo-weber.de

Besuchszeiten
täglich 8-18 Uhr

Inhaber
Udo Weber
Betriebsleiter
Laura & Udo Weber
Kellermeister
Laura & Udo Weber
Rebfläche
15 Hektar

Weinbau wird in der Familie Weber schon seit Jahrhunderten betrieben, das Weingut in Monzingen geht zurück auf das Jahr 1732, seit 1991 wird es von Udo und Sabine Weber geführt, die die Rebfläche nach und nach vergrößerten. Nach ihrem Geisenheim-Abschluss ist Tochter Laura, ehemalige Weinkönigin der Nahe, in den Familienbetrieb eingestiegen und verantwortet ihre eigene Weinlinie, die „Edition L". Die Weinberge der Familie liegen vor allem in den Monzinger Lagen Frühlingsplätzchen und Halenberg, aber auch im benachbarten Weilerer Heiligenberg. Wichtigste Rebsorte ist mit einem Anteil von 55 Prozent der Riesling, dazu kommen je rund 10 Prozent Weißburgunder, Grauburgunder, Chardonnay und Spätburgunder, sowie etwas Sauvignon Blanc, Scheurebe, Bacchus und Gelber Muskateller.

Kollektion

Die edelsüßen Spitzen des vergangenen Jahres fehlen dieses Mal jahrgangsbedingt, aber auch ohne sie überzeugt das aktuelle Sortiment von Laura und Udo Weber. An der Spitze stehen drei sehr gute trockene Rieslinge aus den Monzinger Lagen: Der Halenberg ist der druckvollste Wein, besitzt gute Konzentration, steinige Noten, etwas Kräuterwürze, Rosmarin, und salzig-animierende Länge, das Frühlingsplätzchen ist etwas fülliger, zeigt ebenfalls steinig-kräutrige Noten, dazu etwas Holzwürze und Zitrusnoten, besitzt gute Länge, ohne jedoch die Nachhaltigkeit des Halenbergs zu erreichen, der „Bienengärtchen"-Riesling ist fruchtbetonter, zeigt Noten von grünem Apfel, Aprikosen und Blütenhonig, ist kraftvoll und animierend. Der Chardonnay „No. 5" zeigt ein komplexes Bouquet mit Noten von Banane, Melone, Röstnoten, Kokos und etwas Zitrusfrucht, besitzt Schmelz und gute Substanz, die Cuvée „Duo Surprise" aus Sauvignon Blanc und Scheurebe ist wieder sehr aromatisch und gut zwischen beiden Rebsorten ausgepegelt, während der Grauburgunder aus dem Frühlingsplätzchen zwar Kraft und Schmelz besitzt, aber noch zu deutlich vom Holz geprägt ist.

Weinbewertung

83	2019 Weißburgunder trocken Monzinger Frühlingsplätzchen	13,5%/7,20€
83	2019 Chardonnay trocken „vom Löss-Lehm" Monzinger Frühlingsplätzchen	13%/7,90€
85	2019 Sauvignon Blanc & Scheurebe trocken „Duo Surprise No.1 Edition L"	12,5%/9,90€
85	2019 Riesling trocken „vom Grünschiefer" Weilerer Heiligenberg	13%/8,20€
87	2019 Roter Riesling trocken „Bienengärtchen" Monzinger Rosenberg	14%/14,80€
84	2018 Grauburgunder „S" trocken Monzinger Frühlingsplätzchen	13,5%/9,90€
86	2018 Chardonnay trocken „No.5" „Edition L" Frühlingsplätzchen	14,5%/11,90€
87	2018 Riesling trocken „Edition L" Monzinger Frühlingsplätzchen	13%/18,90€
88	2018 Riesling trocken „Großer Genuss" „Edition L" Monz. Halenberg	12,5%/18,90€
82	2019 Früh- & Spätburgunder Rosé trocken „Edition L"	12,5%/7,20€

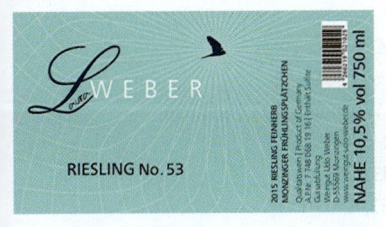

Weedenborn

★★★★☆

Kontakt
Am Römer 4-6
55234 Monzernheim
Tel. 06244-387
www.weedenborn.de
gesine@weedenborn.de

Besuchszeiten
nur nach Vereinbarung

Inhaber
Gesine Roll
Betriebsleiter
Gesine Roll
Rebfläche
22 Hektar
Produktion
160.000 Flaschen

Der Mitten im Ortskern von Monzernheim gelegene Weedenbornhof, wird von Gesine Roll geführt, die nach Winzerlehre (bei Bassermann-Jordan) und Studium in den Betrieb eingetreten war und ihn dann von ihren Eltern Heidrun und Udo Mattern übernommen hat. Sie hat ihn, wie schon ihre Eltern, nochmals erweitert, den Sortenspiegel völlig umgekrempelt: Sauvignon Blanc nimmt inzwischen 35 Prozent der Rebfläche ein, 50 Prozent die Burgundersorten, auf den restlichen 15 Prozent steht Riesling und aus Riesling erzeugt sie ihren derzeit einzigen Lagenwein, und zwar aus dem Westhofener Kirchspiel, die Spitzenweine aus anderen Rebsorten tragen die Bezeichnung Réserve oder Grande Réserve; die Basis des Sortiments bilden die Gutsweine, dann folgen die Ortsweine.

Kollektion

Mit der neuen Kollektion legt Gesine Roll weiter zu. Das Einstiegsniveau ist hoch, schon die beiden Gutsweine sind sehr gut. Der Chardonnay zeigt eindringliche reintönige Frucht und feine Frische, ist klar und zupackend, besitzt gute Struktur und Frucht, der Sauvignon Blanc ist leicht floral, würzig, fruchtbetont, besitzt Frische, reintönige Frucht und Grip. Eine klare Steigerung bringen die beiden Ortsweine. Der Chardonnay besitzt deutlich mehr Fülle und Kraft als der Gutswein, ist reintönig und strukturiert, der Terra Rossa-Sauvignon Blanc ist intensiv fruchtig, konzentriert, besitzt Kraft, gute Struktur und viel Frucht. Eine weitere Steigerung bringen die Reserve-Weine. Der Sauvignon Blanc ist konzentriert, dominant und intensiv fruchtig im Bouquet, kraftvoll und strukturiert im Mund bei viel Substanz, noch jugendlich. Das gilt auch für den stoffigen, kraftvollen Reserve-Chardonnay, der viel reife Frucht und Konzentration besitzt. Auch die bis 2020 im großen Holzfass ausgebaute Grande Réserve aus dem Jahrgang 2017 ist noch sehr jugendlich zeigt gelbe Früchte, besitzt Fülle und Kraft, gute Struktur und Substanz. Dass Gesine Roll sich nicht nur auf Sauvignon Blanc und Chardonnay versteht, sondern auch auf Riesling, stellt der Wein aus dem Kirchspiel unter Beweis, der rauchige Noten und gute Konzentration zeigt, Fülle und Kraft besitzt, gute Struktur, Substanz und Mineralität. Weiter im Aufwind!

Weinbewertung

85	2019 Chardonnay trocken	12,5%/9,20€
85	2019 Sauvignon Blanc trocken	12,5%/9,90€
87	2018 Chardonnay trocken Westhofen	12,5%/13,50€
88	2018 Sauvignon Blanc trocken „Terra Rossa" Westhofen	12,5%/18,50€
90	2019 Riesling trocken Kirchspiel	13%/24,-€
90	2018 Sauvignon Blanc trocken „Réserve"	13%/32,-€
89	2018 Chardonnay trocken „Réserve"	13%/32,-€
90	2017 „Grande Réserve" Weißwein	13%/45,-€

RHEINGAU ▶ OESTRICH-WINKEL

★★★★✩

Wegeler, Gutshaus Rheingau

Kontakt
Friedensplatz 9
65375 Oestrich-Winkel
Tel. 06723-99090
Fax: 06723-990966
www.wegeler.com
info@wegeler.com

Besuchszeiten
Mo.-Fr. 8-17 Uhr
Sa./So. 11-16 Uhr
und nach Vereinbarung

Inhaber
Familie Wegeler-Drieseberg
Gutsverwalter
Michael Burgdorf
Kellermeister
Andreas Holderrieth,
Michael Burgdorf
Rebfläche
48 Hektar
Produktion
360.000 Flaschen

Julius Wegeler heiratete 1861 Emma Deinhard, nachdem ihr Vater verstarb, wurde Wegeler, zuvor Exportbeauftragter, Leiter der Sektkellerei. 1882 erwarb er ein Weingut im Rheingau mit Weinbergen in Rüdesheim und Oestrich, die ebenso wie das Herrenhaus in Oestrich-Winkel noch heute der Familie gehören. Geheimrat J. Wegeler Erben zählt mit Weinbergen in Rüdesheim (Berg Schlossberg, Berg Rottland, Berg Roseneck), Winkel (Jesuitengarten, Hasensprung), Geisenheim (Rothenberg, Kläuserweg), Johannisberg (Hölle), Mittelheim (St. Nikolaus) und Oestrich (Lenchen) zu den größten Privatgütern im Rheingau. Ausschließlich Riesling wird angebaut, man ist in fünfzehn als Erstes Gewächs klassifizierten Lagen vertreten. Michael Burgdorf leitet seit 2004 als Gutsverwalter den Betrieb.

🍷 Kollektion

Der Gutsriesling ist saftig und ansprechend frisch. Akzentuierter im Auftritt ist der Oestricher Riesling, mit spürbar mehr Substanz und mineralischer Finesse. Der Geheimrat „J" ist aufgeschlossen und kräftig, frisch und nachhaltig. Die Großen Gewächse zeigen spannende Unterschiede. Das aus dem Rosengarten ist fein ziseliert, offen und frisch, ein saftiger Riesling mit mineralischen Konturen. Auch das Große Gewächs aus dem Schlossberg spielt die feineren Töne, ist ebenso präsent, vereint Frucht und Eleganz. Mit herb würzigem Schmelz ist der Wein aus dem Jesuitengarten noch recht verschlossen. Es wird sehr gut reifen können, denn sein kräftiger Kern mit herzhafter Säure ist dafür prädestiniert. Am Stimmigsten vereint der Rothenberg Kraft und Frische, ein rassiger Riesling mit viel Substanz. Der duftige feinherbe Johannisberger ist sehr aromatisch, das gilt noch mehr für den würzigen Kabinett aus dem Schlossberg mit seinen mineralischen Akzenten. Getoppt wird er noch von der beerigen, hochfeinen Rottland-Spätlese. Die Auslese aus dem Rothenberg besitzt milde Würze, die Trockenbeerenauslese Intensität und Charakter.

🍇 Weinbewertung

85	2019 Riesling trocken	12 %/11,50 €
86	2019 Riesling trocken Oestricher	12,5 %/15,- €
90	2018 Riesling trocken „Geheimrat J"	12,5 %/33,- €
90	2019 Riesling trocken Großes Gewächs Oestrich Rosengarten	13 %/34,- €
91	2019 Riesling trocken Großes Gewächs Winkel Jesuitengarten	13 %/33,- €
91	2019 Riesling trocken Großes Gewächs Rüdesheim Berg Schlossberg	13 %/33,- €
92	2019 Riesling trocken Großes Gewächs Geisenheim Rothenberg	13 %/55,- €
87	2019 Riesling „feinherb" Johannisberger	11,5 %/15,- €
87	2019 Riesling Kabinett Rüdesheim Berg Schlossberg	8 %/17,50 €
90	2019 Riesling Spätlese Rüdesheim Berg Rottland	7,5 %/23,50 €
89	2019 Riesling Auslese Geisenheim Rothenberg	7 %/23,- €/0,375l
94	2019 Riesling Trockenbeerenauslese Geisenheim Rothenberg	6,5 %/310,- €/0,375l

★★★★ Wegeler, Gutshaus Mosel

Kontakt
Martertal 2
54470 Bernkastel-Kues
Tel. 06531-2493
Fax: 06531-8723
www.wegeler.com
info@wegeler.com

Besuchszeiten
Weinproben nach Vereinbarung

Inhaber
Familie Wegeler-Drieseberg

Gutsverwalter/Kellermeister
Norbert Breit

Rebfläche
15 Hektar

Produktion
100.000 Flaschen

Julius Wegeler, Leiter der Sektkellerei Deinhard und bereits 1882 Besitzer eines Weingutes im Rheingau, ließ 1902 das Weingut im Bernkasteler Ortsteil Kues nach dem Prinzip der Gravitation erbauen. Bereits zwei Jahre zuvor hatte er einen Teil der weltberühmten Lage Bernkasteler Doctor erworben – stolze 4300 Quadratmeter zu einem Preis von 100 Goldmark pro Stock. Was sich astronomisch anhört, ist noch beeindruckender, wenn man die Kaufkraftverhältnisse berücksichtigt. Eine Goldmark war damals fast zehn Euro wert. Heute besitzt das Weingut Weinberge in besten Lagen der Mittelmosel, außer im Bernkasteler Doctor (teils mit über 100 Jahre alten, wurzelechten Reben) ist man in der Wehlener Sonnenuhr vertreten, in den Bernkasteler Lagen Badstube und Lay sowie im Graacher Himmelreich. Es wird ausschließlich Riesling angebaut, die Weine werden im Edelstahl ausgebaut und haben in den letzten Jahren nochmals an Präzision gewonnen, sind straff und nachhaltig, ohne es an Spiel vermissen zu lassen. Zu verdanken ist das vor allem dem Gutsverwalter und Kellermeister Norbert Breit, der sich seit vielen Jahren mit einer bemerkenswerten Akribie an die Erzeugung von Moselriesling auf die bestmögliche Art macht. Er steht nie im Vordergrund, lässt lieber die Weine für sich sprechen. Früher wurden im Weingut Wegeler – Gutshaus Mosel vor allem süße und edelsüße Weine erzeugt, in den letzten Jahren aber sind trockene Weine immer wichtiger geworden, machen heute zwei Drittel der Produktion aus, die über die Gastronomie und den Fachhandel vertrieben wird. Wie gut die Weine reifen, konnte man bei der VDP-Versteigerung im September 2019 erkennen. Eine Trockenbeerenauslese aus dem legendären Jahrgang 1959 und aus der Lage Bernkasteler Doctor wurde mit 3100 Euro für eine 0,7 Liter fassende Flasche versteigert, wozu noch Zuschläge hinzu kamen. Inzwischen ist auch die Restaurierung der historischen Weinbergshütte im Doctor-Berg abgeschlossen.

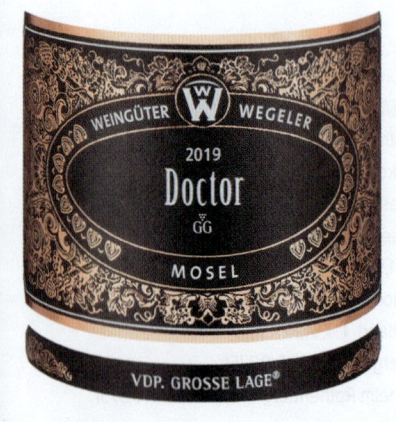

Kollektion

Der typische Stil des Weinguts wird mit dem Jahrgang 2019 gut herausgearbeitet. Im trockenen Bereich gefällt beispielsweise der Bernkasteler Riesling, der in der Nase Noten von süßem Apfel, Steinobst und gehacktem Basilikum zeigt, aber anders, als die Nase andeutet, im Mund straff und fest, geradlinig und zupackend ist. Die beiden Großen Gewächse repräsentieren den Stil des Hauses auf sehr eindeutige Weise. In Blindverkostungen mit Weinen ähnlicher Qualität wirken die hier erzeugten Rieslinge manchmal ein wenig verhalten, sind nie extrem mächtig, aber feingliedrig, zupackend, zeigen ihre Qualitäten erst mit ein wenig Luftzufuhr. Das Große Gewächs aus der Sonnenuhr ist offen mit Noten von Hefe, Apfel und

Mirabellen im Bouquet, im Mund kühl, straff, rassig mit feinem Nachhall und sehr prägnanter Säure. Das Große Gewächs aus dem Bernkasteler Doctor ist kühl und fein mit Steinobstnoten, in sich ruhend, elegant, entwickelt sich sehr gut im Glas. Der feinherbe Basisriesling ist eher trocken, würzig und sehr überzeugend. Der feinherbe Graacher Riesling wirkt etwas schlanker und eleganter, auch hier ist die Balance bestens gewahrt. Noch besser gefällt uns der feinherbe Riesling aus der Bernkasteler Lay, ist fein und würzig, mit Schmelz und verhaltener Süße: Ein spannender Wein. Auch der restsüße Kabinett aus der Bernkasteler Badstube ist wunderschön ausgewogen, die Süße steht im Hintergrund, während vorn eine straffe, fast schon mineralisch zu nennende Art zu erkennen ist. Die Spätlese aus der Wehlener Sonnenuhr wirkt eher verhalten in der Nase, ist dann aber schön straff im Mund, rassig und würzig, die Süße ist ausgezeichnet integriert. Die Spätlese aus dem Bernkasteler Doctor ist in der Nase offener, mit Hefe- und Kräuternoten, im Mund straff, aber noch deutlich süß, zeigt sich noch nicht in ihrer besten Verfassung, benötigt noch etwas Zeit, um sich zu finden. Schließlich die beiden Süßweine aus dem Bernkasteler Doctor. Die Auslese ist sehr fein und klar, zeigt im Mund die für das Weingut typische Frische; der deutlichen Süße stehen Extrakt und Säure entgegen; dieser Wein ist für eine lange Lagerung prädestiniert. Bei der Trockenbeerenauslese beweist Kellermeister Norbert Breit, dass er auch in diesem Segment extrem sorgfältig zu arbeiten weiß. Der Wein ist glasklar, fein, duftig, im Mund nicht plump süß, sondern dicht, saftig, ausgezeichnet balanciert.

Weinbewertung

87	2019 Riesling trocken Bernkasteler	12,5%/15,-€
91	2019 Riesling trocken „GG" Wehlen Sonnenuhr	13%/33,-€
91	2019 Riesling trocken „GG" Bernkastel Doctor	13%/55,-€
85	2019 Riesling „feinherb"	11,5%/11,50€
87	2019 Riesling „feinherb" Graacher	11,5%/15,-€
89	2019 Riesling „feinherb" Bernkastel Lay	12,5%/23,50€
88	2019 Riesling Kabinett Bernkastel Badstube	9,5%/17,50€
90	2019 Riesling Spätlese Wehlen Sonnenuhr	8,5%/23,50€
90	2019 Riesling Spätlese Bernkastel Doctor	8%/55,-€
93	2019 Riesling Auslese Bernkastel Doctor	8%/34,-€/0,375l
94	2019 Riesling Trockenbeerenauslese Bernkastel Doctor	6%/310,-€/0,375l

Lagen
Doctor (Bernkastel)
Lay (Bernkastel)
Sonnenuhr (Wehlen)
Graben (Bernkastel)
Badstube (Bernkastel)
Himmelreich (Graach)

Rebsorten
Riesling (100 %)

PFALZ ▬ BAD DÜRKHEIM

★★★ Wegner

Kontakt
Am Neuberg 4
67098 Bad Dürkheim
Tel. 06322-989327
Fax: 06322-989328
www.weingut-wegner.de
info@weingut-wegner.de

Besuchszeiten
Mo.-Fr. 9-12 + 13-18:30 Uhr,
Sa. 9-17 Uhr; Ferienwohnung

**Inhaber/Betriebsleiter/
Kellermeister/Außenbetrieb**
Joachim Wegner

Rebfläche
12 Hektar

Produktion
100.000 Flaschen

Karl Wegner ist 1976 an den Neuberg in Bad Dürkheim ausgesiedelt. Damals noch reiner Fassweinbetrieb, hat er dann 1980 mit der Flaschenvermarktung begonnen. 1989, nach Beendigung seines Geisenheim-Studiums, ist Sohn Joachim, der heutige Besitzer, in den Betrieb eingestiegen und seither für den Keller verantwortlich. Wichtigste Rebsorte ist Riesling mit einem Anteil von 30 Prozent, daneben gibt es 10 Prozent Weißburgunder, etwas Chardonnay, Grauburgunder und Gewürztraminer. Rotweine nehmen 40 Prozent der Rebfläche ein, die Hälfte davon macht der Spätburgunder aus, dazu kommen Dornfelder, Cabernet Sauvignon, Merlot und etwas Syrah.

🍷 Kollektion

Unser Favorit unter den erneut sehr starken Rotweinen ist die komplexe „Cuvée Philipp" aus Cabernet Sauvignon, Merlot und Cabernet Cubin, die im Bouquet dunkle Frucht, Pflaume, und Schokonoten zeigt und Kraft, eine trotz des Alters noch jugendliche Struktur und Länge besitzt, knapp dahinter liegt der ebenfalls gut strukturierte Syrah mit dunkler Beerenfrucht, feinen Röstnoten und reifen Tanninen. Die beiden „Kleinod"-Pinot Noirs brauchen einiges an Luft, der 2014er zeigt dunkle Frucht und kräutrige Noten und besitzt noch Potential, der 2013er ist etwas heller in der Frucht, zeigt deutlich rote Johannisbeere und besitzt noch präsente Tannine. Noch höher als die Rotweine haben wir allerdings den sehr aromatischen Cabernet Blanc-Eiswein bewertet, der viel gelbe Frucht, Pfirsich, Apfel, Mirabelle und Noten von Milchschokolade im Bouquet zeigt und cremig, konzentriert und nachhaltig ist. Zwei sehr gute Rieslinge komplettieren die Spitze, der maischevergorene „14" zeigt Kräuter, Walnussschale und Zitrusnoten im Bouquet, besitzt Grip, Druck und salzige Länge, der Lunatic zeigt Noten von gerösteten Haselnüssen, besitzt leicht süße Pfirsichfrucht und Länge.

🍇 Weinbewertung

84	2019 Grauburgunder trocken Wachenheimer Königswingert	13%/7,90€
84	2019 Riesling trocken Dürkheimer Rittergarten	12,5%/7,90€
84	2019 Sauvignon Blanc trocken Dürkheimer Schenkenböhl	12%/8,90€
88	2018 Riesling trocken „Lunatic" Ungsteiner Herrenberg	13%/17,30€
89	2018 Riesling trocken „14" „Maischegärung" Ungsteiner Herrenberg	13%/25,30€
90	2018 Cabernet Blanc Eiswein „Aureus" Dürkheimer Feuerberg	10,5%/39,90€
85	2016 Cuvée Wunderrot trocken	14,5%/13,90€
89	2014 Cuvée Philipp Rotwein trocken Dürkheimer Feuerberg	14%/19,30€
85	2016 Pinot Noir trocken Dürkheimer Nonnengarten	13,5%/12,90€
88	2013 Pinot Noir trocken „R" „Kleinod" Dürkheimer Schenkenböhl	13,5%/21,30€
88	2014 Pinot Noir trocken „Kleinod" Dürkheimer Schenkenböhl	13,5%/21,30€
88	2015 Syrah trocken „Sinnreich" Dürkheimer Feuerberg	14,5%/19,30€

Dr. Wehrheim

★★★★

Kontakt
Weinstraße 8
76831 Birkweiler
Tel. 06345-3542
Fax: 06345-3869
www.weingut-wehrheim.de
wein@weingut-wehrheim.de

Besuchszeiten
Mo.-Fr. 8-12 + 14-18 Uhr, Sa. 10-16 Uhr; 3. Wochenende im August Sommergutsausschank, Hoffest 1. Wochenende im September

Inhaber
Karl-Heinz & Franz Wehrheim
Betriebsleiter
Franz & Karl-Heinz Wehrheim
Kellermeister
Franz Wehrheim
Außenbetrieb
Patrik Christ, Johannes Schmidt
Rebfläche
20 Hektar
Produktion
110.000 Flaschen

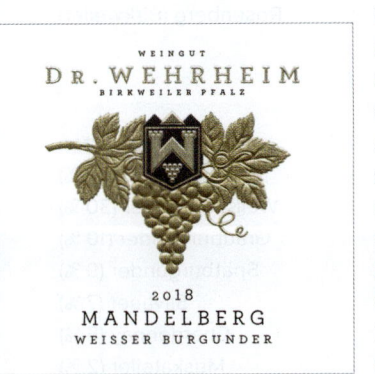

Karl Wehrheim stellte den Betrieb Ende der vierziger Jahre von Fasswein- auf Flaschenweinvermarktung um unter dem Namen Weingut Hohenberg. Sein Sohn Heinz Wehrheim entwickelte das Weingut, das fortan den Namen Dr. Wehrheim in den Vordergrund stellte, zu einem der führenden Betriebe in der Südpfalz, seit 1984 ist sein Sohn Karl-Heinz im Betrieb tätig, den er seit 1992 führt, mittlerweile zusammen mit seinem Sohn Franz. Als eines der ersten Weingüter im Süden der Pfalz hat man konsequent auf trocken ausgebaute Weine, auf Burgundersorten und Riesling gesetzt. Der Riesling nimmt heute ein Drittel der Weinberge ein, Weißburgunder ein knappes Drittel, es folgen mit weitem Abstand Grauburgunder, Spätburgunder, Silvaner und Chardonnay dazu kommen etwas St. Laurent, Sauvignon Blanc und Muskateller. Wichtigste Lagen sind die beiden Birkweiler Lagen Kastanienbusch und Mandelberg. Der Kastanienbusch, wo knapp die Hälfte der Weinberge in elf verschiedenen Parzellen liegen, besteht aus unterschiedlichen Böden: Aus Rotliegendem, Buntsandstein und Keuper. Der Mandelberg hingegen besteht aus Muschelkalk. Hier hat Karl-Heinz Wehrheim zwei Parzellen mit Weißburgunder, aus denen sein Großes Gewächs Mandelberg stammt. Beim Riesling erzeugt Karl-Heinz Wehrheim zwei Große Gewächse: Der Kastanienbusch-Riesling stammt vom Rotliegenden, der Riesling Köppel vom Buntsandstein im oberen Teil des Kastanienbuschs. Seit dem Jahrgang 2012 tragen nur die Weine aus Ersten und Großen Lagen Lagenbezeichnungen, die Ortsweine bezeichnet Karl-Heinz Wehrheim zusätzlich nach dem Terroir, auf dem sie gewachsen sind. Im Ausbau arbeitet er verstärkt mit Maischestandzeiten bei den Weißweinen. Alle Rotweine kommen ins Barrique (die „einfachen" Weine in gebrauchte Barriques). 2007 wurde mit der Umstellung auf biodynamischen Weinbau begonnen, mit dem Jahrgang 2010 gab es die ersten zertifizierten Bioweine.

Kollektion

Die beiden Großen Gewächse vom Riesling geben sich in diesem Jahr zunächst etwas zugeknöpft und sind nicht ganz so offen wie in den vergangenen Jahren, der Köppel zeigt kräutrig-steinige Noten, nach einem Tag kommt dann im Bouquet auch feine gelbe Frucht dazu, etwas Aprikose und Ananas, am Gaumen besitzt er gute Konzentration, ist salzig, animierend und besitzt einen Tick mehr Druck und ist etwas nachhaltiger als der Kastanienbusch, der etwas deutlichere gelbe Frucht zeigt, am Gaumen von herben Zitrusnoten geprägt ist und guten Grip besitzt. Etwas stärker als im Vorjahr ist das Weißburgunder-Große Gewächs, der Wein besitzt ein komplexes Bouquet mit feiner, klarer Frucht, Birne, Aprikose, etwas Zitrusfrucht und floralen Noten, ist am Gaumen kraftvoll sehr präsent und nachhaltig, der Spätburgunder vom

„Köppel" zeigt im Bouquet rauchige Noten, etwas Mokka und auch rote Frucht, Johannisbeere, Hagebutte, besitzt am Gaumen dezente Röstnoten, noch jugendliche Tannine und gute Länge. Auch die Erste-Lage-Weine sind hervorragend, der Dachsberg-Riesling bleibt ganz zurückhaltend in der Frucht, zeigt leicht rauchige, steinig-mineralische Noten und etwas Tabak im Bouquet, besitzt Druck und salzige Länge, der Graubugunder vom Dachsberg zeigt dezentes Holz und viel klare Frucht, Birne, Ananas, besitzt Kraft, Schmelz und Länge, der Rosenberg-Weißburgunder zeigt im eindringlichen Bouquet leicht rauchige Noten, Birne und Melone, besitzt gute Konzentration, eine leicht cremige Textur, ist nachhaltig, der Chardonnay vom Rosenberg fällt dagegen ganz leicht ab, ist – wie auch der Keuper-Chardonnay – noch sehr vom Holz geprägt, besitzt am Gaumen Zitrusnoten und eine frische Säure. Das Niveau ist auch bei den Orts- und Gutsweinen sehr gut, der Muschelkalk-Spätburgunder ist von kräutriger Würze, etwas Gewürznelke und dunkler Frucht geprägt, besitzt eine jugendliche Struktur, der Riesling vom Rotliegenden zeigt leicht rauchige Noten und klare Frucht, Orangenschale, Ananas, ist schlank, elegant, besitzt eine straffes Säurespiel und gute Länge, der Muschelkalk-Weißburgunder zeigt viel reintönige Frucht, Birne, Aprikose, Zitrusfrucht und leicht erdig-florale Würze, wirkt am Gaumen noch sehr jung und frisch.

Weinbewertung

87	2017 Rosé Sekt brut	12,5%/18,80€
85	2019 Weißburgunder trocken „Buntstück"	12,5%/9,30€
85	2019 Riesling trocken „Buntstück"	12%/9,30€
85	2019 Muskateller trocken	12%/10,-€
88	2019 Weißburgunder trocken „Muschelkalk" Birkweiler	13%/16,90€
87	2018 Chardonnay trocken „Keuper" Birkweiler	13%/16,90€
88	2019 Riesling trocken „Rotliegendes" Birkweiler	12%/16,90€
90	2019 Riesling trocken Birkweiler Am Dachsberg	13%/24,-€
90	2019 Weißburgunder trocken Birkweiler Rosenberg	13,5%/24,-€
90	2019 Graubugunder trocken Birkweiler Am Dachsberg	13,5%/21,-€
89	2018 Chardonnay trocken Birkweiler Rosenberg	13%/24,-€
92	2019 Weißburgunder „GG" Mandelberg	13,5%/37,-€
91	2019 Riesling „GG" Kastanienbusch	13,5%/37,-€
92	2019 Riesling „GG" Kastanienbusch „Köppel"	13,5%/39,-€
85	2018 Spätburgunder trocken	12%/10,-€
88	2018 Spätburgunder trocken „Muschelkalk" Siebeldingen	13%/20,-€
91	2017 Spätburgunder „GG" Kastanienbusch „Köppel"	13%/43,-€

Lagen
Kastanienbusch (Birkweiler)
– Am Dachsberg (Birkweiler)
Mandelberg (Birkweiler)
Rosenberg (Birkweiler)

Rebsorten
Riesling (33 %)
Weißburgunder (30 %)
Graubugunder (10 %)
Spätburgunder (9 %)
Silvaner (7 %)
Chardonnay (5 %)
Muskateller (2 %)

PFALZ — NEUSTADT-MUSSBACH

★★★

Weik

Kontakt
Lutwitzistraße 10
67435 Neustadt-Mußbach
Tel. 06321-66838
Fax: 06321-60941
www.weingut-weik.de
mail@weingut-weik.de

Besuchszeiten
Verkauf: Joan Weik
Di.-Fr. 14-18 Uhr
Sa. 10-16 Uhr
und nach Vereinbarung

Inhaber
Bernd Weik

Rebfläche
6,5 Hektar

Produktion
40.000 Flaschen

Seit 1954 erzeugt der Familienbetrieb im Herzen von Mußbach eigene Weine, 1982 übernahm Bernd Weik das Weingut von seinem Vater. Neben seiner Tätigkeit im Weingut ist Weik beratender Önologe am Dienstleistungszentrum Ländlicher Raum Rheinpfalz in seinem Heimatort. Seine Weinberge liegen in Mußbach (Eselshaut), in Gimmeldingen (Biengarten), Haardt (Bürgergarten) und Königsbach (Idig). Wichtigste Rebsorte ist der Riesling mit einem Anteil von 30 Prozent an der Rebfläche, gefolgt von Sauvignon Blanc, der auf 15 Prozent der Fläche steht und von Weik schon seit den frühen 1990er Jahren angebaut wird, Spätburgunder, St. Laurent, Grauburgunder, Weißburgunder, Chardonnay und Auxerrois. Rote Sorten nehmen 30 Prozent der Rebfläche ein. Die Topweine vermarktet Bernd Weik seit dem Jahrgang 2007 in der Linie Löwenherz.

Kollektion

Bernd Weiks Rieslinge besitzen im aktuellen Jahrgang alle einen guten Säuregrip, das Steinerne Bild ist der fruchtbetonteste Riesling mit einem sehr expressiven Bouquet, ist aber etwas weniger nachhaltig als die anderen, der Idig ist etwas zurückhaltender, besitzt herbe Zitrusnoten und leichte kräutrig-mineralische Noten, der Biengarten besitzt das markanteste Säuregerüst und eine animierende Art, der „Löwenherz" braucht Luft, zeigt dann feine gelbe Frucht, Aprikose und Orangenschale, ist elegant, leicht mineralisch und nachhaltig. Die beiden Sauvignon Blancs zeigen Stachelbeerwürze und etwas Maracuja, der Löwenherz ist dabei ausgewogener und harmonischer als die Meerspinne, der Chardonnay Löwenherz ist gelbfruchtig, zeigt etwas Banane und geröstete Haselnüsse im Bouquet, besitzt am Gaumen Schmelz und gute Substanz, der Grauburgunder besitzt ebenfalls Substanz, ist aber im Moment noch sehr vom Holz dominiert, der Blanc de Blancs-Sekt ist füllig, cremig und fruchtbetont.

Weinbewertung

85	2018 „Blanc de Blancs" Sekt brut	12,5%/12,50€
85	2019 Riesling trocken Mußbach Beim Steinernen Bild	12,5%/8,90€
86	2019 Riesling trocken Königsbacher Idig	12,5%/9,20€
87	2019 Riesling trocken Gimmeldinger Biengarten	12,5%/9,20€
85	2019 Weißburgunder trocken Mußbacher Eselshaut	13%/9,20€
86	2019 Sauvignon Blanc trocken Gimmeldinger Meerspinne	12,5%/10,90€
88	2019 Riesling trocken „Löwenherz"	12,5%/14,-€
87	2019 Sauvignon Blanc trocken „Löwenherz"	12,5%/17,-€
86	2018 Grauburgunder trocken Haardter Herzog	13,5%/12,50€
87	2017 Chardonnay trocken „Löwenherz"	13%/14,50€
83	2019 Viognier trocken	13%/9,80€
84	2016 Cabernet Franc trocken	13,5%/9,80€

★★★★★ Robert Weil

Kontakt
Mühlberg 5
65399 Kiedrich
Tel. 06123-2308
Fax: 06123-1546
www.weingut-robert-weil.com
info@weingut-robert-weil.com

Besuchszeiten
Mo.-Fr. 8-17.30
Sa. 10-17 Uhr
So. 11-17 Uhr

Inhaber
Suntory, Wilhelm Weil

Rebfläche
90 Hektar

Produktion
680.000 Flaschen

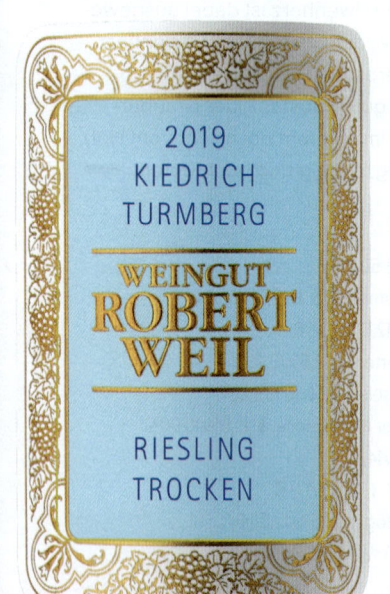

Gegründet wurde das Weingut von Robert Weil, der 1867 die ersten Weinberge im Kiedricher Berg kaufte und 1875 mit dem Erwerb eines Anwesens in Kiedrich das Weingut gründete, das auch heute noch seinen Namen trägt. Seit 1987 wird es in vierter Generation von Wilhelm Weil geführt, der in Keller und Weinberge investierte. Die Weinberge liegen in Kiedrich, wo Wilhelm Weil sich in den letzten Jahren verstärkt in den „Berglagen" engagierte. Das Weingut besitzt seit langem den größten Teil des Kiedricher Gräfenberg, der Paradelage des Betriebes. Der Kiedricher Turmberg gehört dem Weingut im Alleinbesitz. Diese Lage, die früher Spitzenweine hervorbrachte, wurde im Zuge des 1971er Weingesetzes abgeschafft, doch sie erbrachte in den Jahrzehnten zuvor Spitzenweine, seit 2005 gibt es nun wieder Turmberg-Rieslinge, die Lage wurde offiziell in die Lagenrolle eingetragen – als erste neue Lage im Rheingau seit Verabschiedung des Deutschen Weingesetzes. Mit dem Jahrgang 2007 kam ein weiterer Lagenwein hinzu, derjenige aus dem Klosterberg, der höchstgelegenen Kiedricher Einzellage. Das Weingut baut zu 100 Prozent Riesling an. In diesen Berglagen reifen die Weine sehr lange am Stock, sie werden meist drei bis vier Wochen später geerntet als in den direkt am Rhein gelegenen flacheren Lagen. Nach etwa achtzehnstündiger Sedimentation werden die Moste recht zügig vergoren und mit nur einer Filtration relativ früh gefüllt. Das trockene Segment ist gegliedert in Gutsriesling, Kiedricher Riesling, die beiden Lagenrieslinge aus Turmberg und Klosterberg (beide als Erste Lagen klassifiziert) sowie das Große Gewächs aus dem Gräfenberg. Mit edelsüßen Weinen hat Wilhelm Weil dem Weingut in den neunziger Jahren zu weltweitem Renommee verholfen. Fast in jedem Jahr wird eine Vielzahl an edelsüßen Rieslingen bis hin zur Trockenbeerenauslese erzeugt, aus dem Gräfenberg, aber auch aus dem Turmberg. 2015 wurde der mitten in Kiedrich gelegene Keller erweitert und modernisiert. Im Frühjahr 2021 wird ein neuer trockener Riesling, Monte Vacano genannt, auf den Markt kommen, eine Selektion aus dem Gräfenberg.

Kollektion

Wieder ein toller Jahrgang für das Kiedricher Weingut, alle Rieslinge besitzen Eleganz und Leichtigkeit. Der Literriesling ist leicht, saftig, frisch und animierend. Der Gutsriesling aus der 0,75l-Flasche ist wie immer ein spürbares Upgrade in Sachen Aroma und Finesse. Auch beim ansprechenden Kiedricher Ortswein kommt die ausgeprägte Frische voll zum Tragen, er ist kraftvoller, hat Substanz. Der Klosterberg ist, wie so häufig, in Frühform. Weiße Früchte und herbe Apfelschalen bilden ein saftiges Ensemble. Es folgt mit dem Turmberg ein Wein mit viel Understatement: Ausgesprochen filigran, subtil, druckvoll, frisch, mit großem Potenzial. Das Große Gewächs aus dem Gräfenberg ist saftig und markant frisch, eher schlank als ausladend. Dabei ist es typisch gelbfruchtig, lang und nachhaltig, wird exzellent reifen können. Bei den fruchtigen Qualitäten folgt ein Highlight auf das andere. Der Kabinett ist klassisch, seine Finesse und Trinkanimation sind geradezu beispielhaft. Von den Spätlesen an, kann man auf jeder Qualitätsstufe den Vergleich der beiden Spitzenlagen Turmberg und Gräfenberg machen, der wie im letzten Jahr absolut faszinierend ist. Die Turmberg Spätlese in ihrer immens klaren, leichtfüßigen und feinen weißfruchtigen Art ist sehr elegant, die dichte, intensive und würzig reife aus dem Gräfenberg setzt noch einen drauf. Beide sind großartig und verdienen ebenso viel Aufmerksamkeit, wie die trockenen Spitzenrieslinge. Die beiden Auslesen sind sehr fein, die aus dem Turmberg zupackend frisch, die aus dem Gräfenberg wieder deutlich intensiver und würziger. Auch die Beerenauslesen sind unterschiedlich. Die aus dem Turmberg ist ausgesprochen geradlinig, mit markanter Säure und herber Frucht, setzt sie sich deutlich von der aus dem Gräfenberg ab, die deutlich großzügiger angelegt ist, geradezu dekadent, dabei aber herrlich frisch von Anfang bis Ende. Die beiden perfekt balancierten, fantastisch klaren Goldkapsel-Selektionen aus dem Gräfenberg, die beide versteigert werden, sind unsere persönlichen Highlights. Aber auch die beiden hervorragenden Trockenbeerenauslesen erfüllen allerhöchste Ansprüche. Die aus dem Turmberg ist immens würzig, konzentriert aber auch zupackend und frisch, die aus dem Gräfenberg lässt mit einzigartiger Eleganz und immensem Druck keine Wünsche offen. Alles Weine für die gefühlte Ewigkeit.

Weinbewertung

87	2019 Riesling trocken (1l)	12%/14,50€
88	2019 Riesling trocken	12%/15,20€
89	2019 Riesling trocken Kiedrich	12,5%/18,90€
90	2019 Riesling trocken Kiedrich Klosterberg	13%/27,60€
92	2019 Riesling trocken Kiedrich Turmberg	13%/27,60€
93	2019 Riesling trocken Großes Gewächs Kiedrich Gräfenberg	13%/43,60€
88	2019 Riesling Kabinett	10%/18,90€
92	2019 Riesling Spätlese Kiedrich Turmberg	9%/43,60€
93	2019 Riesling Spätlese Kiedrich Gräfenberg	9%/43,60€
93	2019 Riesling Auslese Kiedrich Turmberg	8,5%/42,50€/0,375l
94	2019 Riesling Auslese Kiedrich Gräfenberg	8,5%/42,50€/0,375l
96	2019 Riesling Auslese Goldkapsel Kiedrich Gräfenberg	7,5%/0,375l/a.A.
94	2019 Riesling Beerenauslese Kiedrich Turmberg	7,5%/160,-€/0,375l
95	2019 Riesling Beerenauslese Kiedrich Gräfenberg	7,5%/160,-€/0,375l
96	2019 Riesling Beerenauslese Goldkapsel Kiedrich Gräfenberg	7,5%/0,375l/a.A.
96	2019 Riesling Trockenbeerenauslese Kiedrich Turmberg	7%/325,-€/0,375l
97	2019 Riesling Trockenbeerenauslese Kiedrich Gräfenberg	7,5%/325,-€/0,375l

Lagen
Gräfenberg (Kiedrich)
Turmberg (Kiedrich)
Klosterberg (Kiedrich)

Rebsorten
Riesling (100 %)

★ ★☆

Weinbiet Manufaktur

Kontakt
An der Eselshaut 57, 67435
Neustadt an der Weinstraße
Tel. 06321-67970
Fax: 06321-60179
www.weinbiet.de
info@weinbiet.de

Besuchszeiten
nach Vereinbarung

Geschäftsführender Vorstand
Dr. Bastian Klohr
Kellermeister
Patrick Öttl
Rebfläche
325 Hektar
Produktion
2.500.000 Flaschen

54 Winzer gründeten im Januar 1902 den Winzerverein Mußbach, die Keimzelle der heutigen Weinbiet Manufaktur. 1968 fusionierte der Betrieb mit der 1920 gegründeten Winzergenossenschaft Mußbach zur Winzergenossenschaft Weinbiet, vier Jahre später schloss sich die Kooperative aus Gimmeldingen an, 2002 folgte die Genossenschaft aus Haardt. Heute bewirtschaften rund 50 Mitglieder eine Rebfläche von 325 Hektar in den Haardter Lagen Herzog, Bürgergarten, Herrenletten und der Monopollage Schlossberg, in der Mußbacher Eselshaut und im Kapellenberg und der Meerspinne in Gimmeldingen. Riesling ist mit einem Anteil von 30 Prozent die wichtigste Rebsorte, weitere wichtige Sorten sind Spätburgunder, Dornfelder Müller-Thurgau, Grau- und Weißburgunder, dazu kommt eine Vielzahl an weiteren Sorten. Das umfangreiche Sortiment ist in „Gutes im Liter", Rebsortenweine, Lagenweine und die nach einem der Gründer der Genossenschaft benannte Toplinie „Philipp Bassler" gegliedert.

Kollektion

Aus der großen Produktion konnten wir erstmals einen kleinen Teil verkosten, der vor allem bei den fünf Spitzen rundum überzeugte: Der Sauvignon Blanc „Fumé" zeigt feine Noten von gerösteten Haselnüssen und gelbe Frucht mit Noten von Pfirsich und Maracuja, ist harmonisch, frisch und nachhaltig, der „Réserve Blanc", ein Chardonnay, zeigt etwas deutlichere Röstnoten, Kokos, und leicht gereift Frucht, ist am Gaumen noch frisch mit klarer Frucht, etwas Pfirsich und Zitrusnoten, der Riesling „Wurzelecht" zeigt kräutrige Noten, etwas grünen Apfel, besitzt gute Konzentration und ein nachhaltiges Säurespiel, der Spätburgunder zeigt ein feines Bouquet mit Noten von Schwarzkirsche, roter Johannisbeere und etwas Krokant, besitzt gute Struktur und Länge, der Cabernet Sauvignon ist kraftvoll und konzentriert mit einem klaren Bouquet mit Aromen von schwarzer Johannisbeere, Brombeere und grüner Paprika, viel Wein fürs Geld bietet der leicht kräutrige, fruchtbetonte Schlossberg-Riesling.

Weinbewertung

81	2019 Sauvignon Blanc trocken	12%/5,90 €
85	2019 Riesling trocken Haardter Schlossberg	12%/6,50 €
82	2018 Riesling trocken Haardter Herrenletten	12%/6,-€
83	2019 Weißburgunder & Chardonnay trocken „von Ersten Lagen"	13%/7,-€
88	2019 Sauvignon Blanc trocken „Fumé" „Philipp Bassler"	13%/14,-€
87	2018 Riesling trocken „Wurzelecht" „Philipp Bassler"	13%/14,-€
87	2017 „Réserve Blanc" trocken Philipp Bassler	13%/19,-€
83	2019 Merlot Rosé trocken „von Ersten Lagen"	13,5%/7,-€
83	2018 Merlot & Cabernet Sauvignon trocken „von Ersten Lagen"	14%/7,-€
87	2017 Spätburgunder trocken „Großes Gewächs" „Philipp Bassler"	13,5%/11,-€
87	2016 Cabernet Sauvignon trocken „Réserve" „Philipp Bassler"	14%/30,-€

RHEINGAU — HOCHHEIM

★★★

Im Weinegg

Kontakt
Kirchstraße 38
65239 Hochheim
Tel. 06146-907399-0
Fax: 06146-907399-18
www.weinegg.de
f.schmidt@weinegg.de

Besuchszeiten
Mi. 18-20 Uhr
Fr. 18-21 Uhr
Sa. 12-14 + 18-21 Uhr
So. 14-19 Uhr

Inhaber
Fabian Schmidt
Rebfläche
10,5 Hektar
Produktion
65.000 Flaschen

Fabian Schmidt ist Quereinsteiger, gleich im Anschluss an das Studium Weinbau und Önologie in Geisenheim unterschrieb er den Gesellschaftervertrag für das Weingut Im Weinegg — auch deshalb, weil alte Rebbestände, historische Gebäude und Gewölbekeller zum unter Denkmalschutz stehenden, komplett sanierten Anwesen gehören. Seine Weinberge liegen alle in Hochheim in den Lagen Hofmeister, Stein, Hölle, Reichestal und Stielweg, die ältesten Reben sind über 50 Jahre alt. 85 Prozent der Rebfläche nimmt Riesling ein, dazu gibt es Grauburgunder, Weißburgunder, Spätburgunder, Merlot und Rotberger. Die Weine werden in alten Rheingauer Stückfässern ausgebaut, lange auf der Feinhefe gelagert und frühestens im März des auf die Ernte folgenden Jahres abgefüllt. Das Weingut befindet sich in der Umstellung zum Demeter-Betrieb.

Kollektion

Der Stil der Weine hat sich weiter in Richtung Leichtigkeit und Frische verändert, was den Weinen mehr Finesse verleiht. Der Literriesling ist ein trinkfreudiger Begleiter für jeden Tag. Mit klarer Zitrusfrucht und frischer, mineralischer Ader weiß der kräftige Hochheimer Ortswein zu gefallen. Dem Riesling aus der Hölle steht der etwas höhere Restzucker sehr gut, er ist saftig und ausgewogen. Richtig gut gefällt uns wieder der „sur lie"-Riesling aus dem Hofmeister, der zwischen mildem Saft und Hefewürze balanciert und dabei sehr nachhaltig ist. Dem fügt der Stückfass-Riesling aus der Hölle noch einen ordentlichen Schuss Kraft und dezente würzige Holzaromen hinzu. Der Barrique-Riesling „Perle Blanche" ist fein abgestimmt und komplex. Der feinherbe Stückfass-Riesling aus dem Reichestal ist großzügig und saftig, dabei stoffig. Mild und saftig sind auch die frucht- und edelsüßen Rieslinge. Auch die beiden Rotweine gefallen, der Spätburgunder ist saftig und frisch, der Merlot mit seiner intensiven Frucht ist üppig geraten.

Weinbewertung

84	2019 Riesling trocken (1l)	12,5%/6,50€ ☺
85	2019 Riesling trocken Hochheim	12,5%/7,-€
86	2019 Riesling trocken Hochheim Hölle	12,5%/8,50€
87	2019 Riesling trocken „sur lie" Hochheimer Hofmeister	12,5%/8,50€ ☺
88	2019 Riesling trocken „Stückfass" Hochheimer Hölle	12,5%/15,-€
89	2018 Riesling trocken „Perle Blanche" Hochheim	12,5%/18,50€
84	2019 Riesling „feinherb" Hochheim	12,5%/7,-€
89	2019 Riesling „feinherb Stückfass" Hochheim Reichestal	12,5%/15,-€
85	2019 Riesling Hochheim Reichestal	8%/8,50€
87	2018 Riesling Spätlese Hochheim Hölle	7,5%/15,-€
88	2019 Riesling Auslese Hochheim Reichestal	10,5%/15,-€
86	2018 Spätburgunder trocken Hochheim	12,5%/9,-€
87	2018 Merlot trocken Hochheim Reichestal	13,5%/15,-€

WÜRTTEMBERG ➤ STUTTGART

Weinfactum

★★ ☆

Kontakt
Rommelstraße 20
70376 Stuttgart
Tel. 0711-542266
Fax: 0711-557291
www.weinfactum.de
info@weinfactum.de

Besuchszeiten
Mo.-Fr. 9-18 Uhr
Sa. 9-14 Uhr

Inhaber
72 Mitglieder
Geschäftsführer
Dr. Götz Reustle
Cornelia Weickmann
Kellermeister
Thorsten Klimek
Rebfläche
51 Hektar
Produktion
500.000 Flaschen

2019 hat ein neues Kapitel in der Geschichte der 1923 gegründeten Genossenschaft von Bad Cannstatt begonnen, die seit 2015 ihre Weine unter dem Namen Weinfactum vermarktet: Man hat mit der wesentlich größeren Felsengartenkellerei fusioniert. Die Bad Cannstatter Weine werden zukünftig in Hessigheim ausgebaut, Weinfactum bleibt aber als eigenständige Linie erhalten, mit der vor allem der Stuttgarter Markt bedient werden sollen. Die Weinberge der Weinfactum-Genossen liegen in den nördlichen Teilen der Landeshauptstadt Stuttgart, in den Cannstatter Lagen Zuckerle, Berg und Steinhalde, im Münsterer Berg, Rielingshäuser Kelterberg und Steinheimer Schalkstein. Die Reben wachsen teils auf Keuperböden mit Löss, teils auf Muschelkalkböden, gut ein Drittel der Weinberge befindet sich in terrassierten Steillagen.

Kollektion

Ein umfangreiches Sortiment hat man dieses Jahr vorgestellt, in dem ganz klar die betriebsintern mit 3 Sternen klassifizierten Weine herausragen: Der Grauburgunder zeigt gute Konzentration, reife Frucht, Vanille, ist füllig und saftig bei guter Struktur, der gelbfruchtige Riesling punktet ebenfalls mit reifer Frucht, Substanz und Struktur. Die füllige, kraftvolle, etwas gewürzduftige Edition 1923 Cuvée gefällt uns im roten Segment am besten, der Lemberger ist recht duftig, der Merlot besitzt Fülle, Kraft, dezente Kräuternoten, was auch für den sehr würzigen Pinot Noir gilt.

Weinbewertung

83	„Travertin"*** Weißwein trocken	12%/9,80€
81	2019 Chardonnay** trocken	12%/9,60€
82	2019 Grauburgunder** trocken	13%/9,60€
81	2019 Sauvignon Blanc** trocken	12,5%/9,60€
81	2019 Riesling** trocken	11%/9,60€
86	2019 Grauer Burgunder*** trocken	13%/18,-€
85	2019 Riesling*** trocken	12%/15,-€
80	2019 Rivaner* feinherb	11%/6,30€
80	2019 Weißer Burgunder* feinherb	11,5%/6,30€
81	„Travertin" Rosé** trocken	12%/9,80€
81	2019 Rosé* feinherb	11,5%/6,30€
81	„Travertin"*** Rotwein trocken	13,5%/9,80€
82	2018 Lemberger** trocken	13,5%/9,50€
80	2018 Trollinger** trocken	12,5%/8,40€
85	2018 „Edition 1923"**** Rotwein trocken	13,5%/15,-€
83	2018 Lemberger*** trocken	13,5%/17,-€
84	2018 Merlot*** trocken	14%/18,-€
84	2018 Pinot Noir*** trocken	13%/15,-€

Weinfurtner

Kontakt
Ahornstraße 3
63820 Elsenfeld-Schippach
Tel. 06022-5717
www.weinbau-weinfurtner.de
franken@weinbau-weinfurtner.de

Besuchszeiten
nach Vereinbarung
Häckerwirtschaft, Weinfest, Weinproben

Inhaber
Simone Weinfurtner
Kellermeister
Daniel Weinfurtner
Rebfläche
1,5 Hektar

In Schippach im Elsavatal ist die Familie Weinfurtner zuhause, die ihren Nebenerwerbsbetrieb in vierter Generation bewirtschaftet. Otto Hartig legte nach dem Zweiten Weltkrieg den Grundstock für den Betrieb, den sein Schwiegersohn Adolf Oberle erweiterte und fortführte; er eröffnete 1964 die erste Häckerwirtschaft im Ort. Nach der Flurbereinigung 1974 und mit der Heirat von Tochter Simone und Otto Weinfurtner wurde die Rebfläche in den achtziger Jahren vergrößert, heute führt ihr Sohn Daniel Weinfurtner den Betrieb. Die Weinberge befinden sich alle in Rück, das wie Schippach ein Ortsteil von Elsenfeld ist, in den drei Rücker Lagen Schalk, Jesuitenberg und Johannisberg, die Reben wachsen auf Buntsandstein und Lösslehm. Müller-Thurgau, Weißburgunder und Silvaner werden angebaut, dazu die roten Sorten Spätburgunder, Portugieser und Zweigelt. Die Rotweine werden sechs bis zwölf Monate im Holz ausgebaut, die besten Spätburgunder kommen bis zu zwei Jahre ins Barrique.

Kollektion

Eine überzeugende Kollektion präsentiert Daniel Weinfurtner zum Debüt. Der trockene Müller-Thurgau ist würzig und reintönig bei dezenter Muskatnote im Hintergrund, besitzt Fülle und Kraft, der halbtrockene Müller-Thurgau, Rivaner genannt, ist frisch und fruchtbetont. Der Weißburgunder Kabinett ist frisch, leicht floral, fruchtbetont, die Weißburgunder Spätlese ist füllig und saftig bei klarer reifer Frucht. Der Silvaner Kabinett besitzt viel Substanz und reife Frucht, unser Favorit im weißen Segment ist die trockene Silvaner Spätlese aus dem Johannisberg, Jahrgang 2018, die Birnen und reife Frucht im Bouquet zeigt, gute Fülle und Kraft besitzt. Sehr gut sind alle drei präsentierten Rotweine. Der Portugieser ist fruchtbetont, intensiv, herrlich eindringlich und reintönig, besitzt klare Frucht, gute Struktur und Grip. Der 2017er Spätburgunder aus dem Schalk zeigt reife rote Früchte, feine Frische, ist klar, zupackend und strukturiert. An der Spitze der Kollektion steht der 2015er Spätburgunder aus dem Johannisberg, der feine Würze und reintönige Frucht zeigt, gute Struktur besitzt, feine Frische und klare reife Frucht. Starkes Debüt!

Weinbewertung

84	2019 Müller-Thurgau trocken Rücker Schalk	12%/6,-€
83	2019 Silvaner Kabinett trocken Rücker	13,5%/8,50€
83	2019 Weißburgunder Kabinett trocken Rücker Schalk	13%/8,-€
85	2018 Silvaner Spätlese trocken Rücker Johannisberg	13,5%/10,-€
84	2018 Weißburgunder Spätlese trocken Rücker Schalk	14%/10,-€
82	2019 Rivaner halbtrocken	12%/7,-€
86	2018 Portugieser trocken Rücker Johannisberg	13,5%/9,50€
85	2017 Spätburgunder Rücker Schalk	14%/11,50€
87	2015 Spätburgunder Rücker Johannisberg	14%/14,50€

MITTELRHEIN ▶ SPAY

★★★★ # Weingart

Kontakt
Peterspay 1
56322 Spay
Tel. 02628-8735
Fax: 02628-2835
www.weingut-weingart.de
mail@weingut-weingart.de

Besuchszeiten
Mo.-Fr. 14-18:30 Uhr
Sa. 11-18:30 Uhr
Weinproben bis 14 Personen
Picknickplatz auf dem Weinkeller
Ferienwohnungen am Rhein

Inhaber
Familie Florian Weingart

Rebfläche
5 Hektar

Produktion
39.000 Flaschen

Das Weingut Weingart hat sich in den letzten Jahrzehnten zu einem der führenden Betriebe am Mittelrhein entwickelt. Adolf Weingart hatte den landwirtschaftlichen Mischbetrieb ganz auf Weinbau umgestellt, seit 1996 wird das Gut mit seinen 5 Hektar Reben von seinem Sohn Florian geführt. Florian Weingarts Weinberge liegen im Bopparder Hamm, in den Lagen Feuerlay, Ohlenberg und Engelstein, sowie im Spayer Engelstein; den Pachtvertrag für die Weinberge in der Lage Schloss Fürstenberg hat Florian Weingart dagegen beendet. Mit dem Jahrgang 2014 (respektive 2013 beim Spätburgunder) nutzte Weingart erstmals die Gewannnamen „In der Zech" (in Spay in der Lage Engelstein gelegen) und „Am Weißen Wacke" (im Bopparder Hamm Engelstein). Riesling dominiert in diesem Weingut, dazu gibt es 15 Prozent Spätburgunder – eine vergleichsweise große Fläche, welche die Bedeutung des Rotweines zeigt. Ein Großteil der Weine wird halbtrocken oder etwas süßer ausgebaut, allerdings gehören auch die trockenen Weine regelmäßig zur Spitze am Mittelrhein. Sekte ergänzen das Angebot, und wenn Auslesen oder Trockenbeerenauslesen gelingen, sind die in der Regel von großartiger Balance. Das Weingut gehört seit über einem Jahrzehnt zu den Spitzenbetrieben am Mittelrhein. Wobei sich in diesem Jahrzehnt die Weine stilistisch verändert haben. Sie haben deutlich an Profil gewonnen, sind – teils durch die inzwischen praktizierte Spontangärung – vielleicht etwas weniger fruchtbetont und zugänglich als früher, dafür aber präziser und nachhaltiger. Experimente, beispielsweise mit einem gewissen Anteil an Botrytistrauben, gefallen sehr; man kann nie genau wissen, was Florian Weingart als nächstes macht, und genau das verleiht der Sache Spannung. In jedem Fall ist dieser Betrieb eines der bemerkenswertesten und am individuellsten arbeitenden Weingüter nicht nur am Mittelrhein, sondern weit darüber hinaus. 2017 wurde ein neuer Keller in den Weinbergen gebaut, kreisrund und komplett in der Erde.

Kollektion

Mit der neuen Kollektion schließt Florian Weingart nahtlos an den starken Vorjahresjahrgang an. Gleich vier trockene Rieslinge präsentiert er in diesem Jahr, und die geben ein prächtiges Bild ab. Der Kabinett aus dem Bacharacher Mathias Weingarten zeigt feine Würze und klare Frucht im Bouquet, ist frisch und zupackend, besitzt gute Struktur und Frucht. Richtig spannend sind dann die drei trockenen Spätlesen. Die aus der Feuerlay ist enorm würzig und eindringlich im Bouquet, kraftvoll und konzentriert im Mund, besitzt gute Struktur, feine süße Frucht und Grip. Die beiden anderen trockenen Spätlesen stammen beide aus dem Ohlenberg. Die „einfache" Spätlese zeigt viel

Würze und viel Frische im Bouquet, ist lebhaft, klar und zupackend im Mund bei guter Struktur. Die mit einem Stern gekennzeichnete Spätlese zeigt viel Konzentration und reintönige Frucht im Bouquet, besitzt Fülle und Kraft, Substanz und Saft, reife Frucht, gute Struktur und Länge. Viel Freude bereitet der feinherbe „einfache" Kabinett, ist fruchtbetont, wunderschön reintönig, frisch und zupackend, besitzt gute Struktur und Grip, der feinherbe Kabinett In der Zech steht ihm nicht nach, ist fülliger, saftiger und konzentrierter. Das gilt auch für den halbtrockenen Kabinett aus dem Ohlenberg, der würzig ist, zupackend, gute Struktur und viel Biss besitzt. Unser Favorit unter den halbtrockenen und feinherben Rieslingen ist die feinherbe Spätlese aus dem Ohlenberg, die gute Konzentration und herrlich viel Frucht im Bouquet zeigt, füllig und saftig ist, harmonisch, viel reife süße Frucht besitzt. Das restsüße Segment beginnt mit einem wunderschönen Kabinett aus dem Engelstein, der reintönige Frucht und feine Frische besitzt, feine Würze und Grip. Hervorragend ist die Auslese Am Weißen Wacke, konzentriert, herrlich eindringlich und reintönig, besitzt viel Substanz, Frische und Biss. Der 2018er Eiswein aus dem Mathias Weingarten bestätigt den hervorragenden Eindruck des Vorjahres. Absolutes Highlight der Kollektion und einer der großen edelsüßen Weine des Jahrgangs ist die Trockenbeerenauslese aus dem Engelstein, die kandierte Früchte im Bouquet zeigt, herrlich eindringlich und konzentriert ist, viel Substanz besitzt und faszinierend reintönig und nachhaltig ist. Großartig!

Weinbewertung

85	2019 Riesling Kabinett trocken Bacharacher Mathias Weingarten	12,5%/8,50€
89	2019 Riesling Spätlese trocken Bopparder Hamm Feuerlay	13%/13,-€
89	2019 Riesling Spätlese trocken Bopparder Hamm Ohlenberg	13%/12,-€ ☺
90	2019 Riesling Spätlese trocken* Bopparder Hamm Ohlenberg	13,5%/14,-€ ☺
86	2019 Riesling Kabinett „feinherb"	11%/8,50€
86	2019 Riesling Kabinett halbtrocken Bopparder Hamm Ohlenberg	12%/9,50€
86	2019 Riesling Kabinett „feinherb" „In der Zech" Spay	11,5%/9,50€
88	2019 Riesling Spätlese „feinherb" Bopparder Hamm Ohlenberg	12%/14,-€
87	2019 Riesling Kabinett Bopparder Hamm Engelstein	8%/9,-€
90	2019 Riesling Auslese Bopparder Hamm Engelstein Am Weißen Wacke	7,5%/30,-€
91	2018 Riesling Eiswein Bacharacher Mathias Weingarten	8,5%/30,-€/0,375l
94	2019 Riesling Trockenbeerenauslese Bopparder Hamm Engelstein	6%/90,-€/0,375l
84	2019 Spätburgunder Weißherbst Kabinett „feinherb" „In der Zech" Spay	13%/9,-€

Florian WEingart

Lagen
Feuerlay
(Bopparder Hamm)
Ohlenberg
(Bopparder Hamm)
Engelstein
(Bopparder Hamm)
– Am Weißen Wacke
(Bopparder Hamm)
Engelstein (Spay)
– In der Zech (Spay)

Rebsorten
Riesling (85 %)
Spätburgunder (15 %)

Der Weinhof

Kontakt
Klotzenhof 11
63920 Großheubach
Tel. 09371-948183
Fax: 09371-948178
www.weinhof-paul.de
kontakt@weinhof-paul.de

Besuchszeiten
siehe Homepage oder nach Vereinbarung
Häckerwirtschaft

Inhaber
Alexander Paul
Rebfläche
2,6 Hektar
Produktion
14.000-18.000 Flaschen

Der Weinhof Paul ist auf dem Klotzenhof zuhause, der am Waldrand zwischen Großheubach und Röllbach liegt. Das Weingut wurde Anfang der achtziger Jahre des letzten Jahrhunderts gegründet. Die Weinberge von Alexander Paul liegen im Großheubacher Bischofsberg, im Bürgstadter Centgrafenberg und im Miltenberger Steingrübler, ein Hektar befindet sich in natur- und denkmalgeschützten Sandsteinterrassen. Seit 2016 führt Alexander Paul auch Weine aus dem Wipfelder Zehntgraf im Programm. Er baut jeweils zur Hälfte weiße und rote Rebsorten an. Silvaner, Müller-Thurgau, Riesling und Bacchus sind die wichtigsten weißen Rebsorten, Spätburgunder, Frühburgunder, Dornfelder und Regent die roten. Die Trauben für die Weinlinie „Anno Dazumal" stammen aus Sandsteinterrassen, sie werden in kleinen Eichenholzfässern ausgebaut und nicht filtriert; auch der Blanc de Noir 207 stammt von Terrassen, aus einem Weinberg in der Teillage Rosenberg, in dem es 207 Stufen gibt. Dem Weingut ist eine Häckerwirtschaft angeschlossen, in der fränkische Spezialitäten und Hausmacherwurst angeboten werden.

Kollektion

Gute Literweine eröffnen in diesem Jahr den Reigen: Der Müller-Thurgau ist fruchtbetont, frisch und reintönig, klar und zupackend, der Silvaner besitzt gute Fülle, feine Frische und Grip. Der Silvaner aus dem Steingrübler ist etwas würziger und kraftvoller, besitzt ebenfalls Frische und Biss. Sehr gut gefällt uns der Riesling, eine Cuvée aus den Bürgstadter und Großheubacher Terrassen, zeigt gute Konzentration und klare Frucht im Bouquet, ist füllig und saftig im Mund, besitzt reife Frucht und gute Struktur. Der trockene Blanc de Noir Kabinett aus dem Bischofsberg zeigt feine Würze und Duft, ist frisch, klar, geradlinig. Deutlich spannender ist die trockene Blanc de Noir Spätlese aus dem Centgrafenberg, ist kraftvoll und zupackend, besitzt gute Struktur, viel Frucht, Substanz und Grip. Der halbtrockene Spätburgunder Rosé ist reintönig, besitzt Struktur und Grip. Unter den beiden roten Spätburgundern favorisieren wir den im Barrique ausgebauten zupackenden Wein aus dem Bischofsberg. Gute Kollektion!

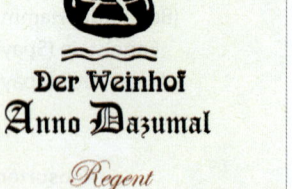

Weinbewertung

83	2019 Müller Thurgau trocken Großheubacher Bischofsberg (1l)	12%/6,-€
82	2019 Silvaner trocken Großheubacher Bischofsberg (1l)	12,5%/7,80€
83	2019 Silvaner trocken Miltenberger Steingrübler	12%/6,50€
85	2019 Riesling Cuveé	12%/7,50€
86	2019 „Blanc de Noir 207" Spätlese trocken Bürgstadter Centgrafenberg	12,5%/9,80€
83	2019 „Blanc de Noir 207" Kabinett trocken Großheubacher Bischofsberg	12,5%/7,50€
84	2019 Spätburgunder Rosé Kabinett halbtrocken	12,5%/7,50€
83	2018 Spätburgunder trocken Miltenberger Steingrübler	13,5%/7,50€
85	2018 Spätburgunder trocken Großheubacher Bischofsberg	13%/9,50€

RHEINHESSEN ▶ WÖRRSTADT

Weinmann

Kontakt
Rommersheimer Straße 105
55286 Wörrstadt
Tel. 06732-933958
Fax: 06732-933959
www.mein-weinmann.de
info@mein-weinmann.de

Besuchszeiten
Mo.-Fr. 10-18 Uhr
Sa. 10-16 Uhr

Inhaber
Gunter & Ute Weinmann

Rebfläche
21 Hektar

Wir sind ein junges Weingut ohne Geschichte. Solche Sätze liest man selten, versuchen doch oft gerade junge Weingüter irgendwo einen weinbautreibenden Vorfahren zu finden. Gunter Weinmann begann 1997 mit der Flaschenabfüllung, seit 2007 führt er zusammen mit Ehefrau Ute den Betrieb. Ihre Weinberge liegen in vielen verschiedenen Gemeinden und Lagen, in Saulheim (Hölle, Heiligenhaus), Wörrstadt (Eselskreisch, eine alte Einzellage, die 1971 im Kachelberg aufgegangen ist), Stadecken, Vendersheim und Sulzheim (Schildberg). Seit 2012 gibt es auch Pfälzer Wein im Programm, denn sie haben Ute Weinmanns elterlichen Betrieb gepachtet, dessen Trauben werden ebenfalls in Wörrstadt verarbeitet. Riesling, Silvaner, Weißburgunder und Grauburgunder sind die wichtigsten weißen Rebsorten, aber es gibt auch Scheurebe und Müller-Thurgau, Chardonnay und Grüner Veltliner. Bei den roten Sorten überwiegen Frühburgunder, Spätburgunder und Cabernet Sauvignon, sie bauen aber auch Merlot, Portugieser und Dornfelder an.

Kollektion

Eine gewohnt kleine Kollektion präsentieren Gunter und Ute Weinmann auch in diesem Jahr mit zuverlässigen Gutsweinen und sehr guten trockenen Lagenweinen. Der Grauburgunder ist würzig, geradlinig, recht süß, noch süßer ist der als Blanc de Noir ausgebaute Merlot. Besser gefällt uns da der Chardonnay, der reintönige Frucht im Bouquet zeigt, feine Frische und süße Frucht besitzt. Auch der Grüne Veltliner besticht mit seiner klaren Frucht und feiner Süße. Eine deutliche Steigerung bringe die Lagenweine. Der Weißburgunder aus dem Sulzheimer Schildberg zeigt gute Konzentration, intensiv gelbe Früchte, ist klar und harmonisch im Mund, besitzt gute Struktur und reife Frucht. Der Riesling aus der Saulheimer Hölle zeigt etwas Pfirsich im Bouquet, klare reife Frucht, ist füllig und saftig bei viel Substanz. Auch der rote Lagenwein zeigt sehr gutes Niveau: Der Spätburgunder aus der Wörrstädter Eselskreisch zeigt gute Konzentration und klare reife Frucht im Bouquet, ist füllig und kraftvoll im Mund, besitzt gute Struktur, viel reife Frucht und Substanz. Gute Kollektion!

Weinbewertung

80	2019 Grauburgunder trocken	13%/5,70€
83	2019 Grüner Veltliner trocken	12,5%/7,50€
82	2019 Chardonnay trocken	13%/7,-€
87	2019 Weißburgunder trocken Sulzheimer Schildberg	13%/12,90€
86	2019 Riesling trocken Saulheimer Hölle	13%/12,90€
80	2019 Merlot „Blanc de Noir" „süß"	8%/7,-€
87	2016 Spätburgunder trocken Wörrstädter Eselskreisch	13,5%/17,40€

RHEINHESSEN ▸ BECHTHEIM

★★★★

Weinreich

Kontakt
Riederbachstraße 7
67595 Bechtheim
Tel. 06242-7675
Fax: 06242-7678
www.weinreich-wein.de
info@weinreich-wein.de

Besuchszeiten
Mo.-Fr. 8-17 Uhr
Sa. nach Vereinbarung
Gutsschänke, Gästehaus

Inhaber
Weinreich GbR
Betriebsleiter
Marc Weinreich
Kellermeister
Jan & Marc Weinreich
Rebfläche
20 Hektar
Produktion
150.000 Flaschen

Marc Weinreich schloss 2009 sein Studium als Weinbauingenieur ab. Etwa zur gleichen Zeit verstarb sein Vater, so dass Marc Weinreich Betriebsleiter des Schuhmacher-Weinreich genannten Weinguts wurde. Zusammen mit seiner Ehefrau Nina entwickelte er ein neues Betriebskonzept: Weinreich. Er begann mit der Umstellung auf ökologische Bewirtschaftung, straffte den Rebsortenspiegel. Heute führt er zusammen mit seinem Bruder Jan das Weingut. Die Weinberge liegen in den Bechtheimer Lagen Stein, Geyersberg, Hasensprung und Rosengarten. 30 Prozent der Fläche nimmt Riesling ein, ein Viertel Silvaner, ein weiteres Viertel Weiß- und Grauburgunder, hinzu kommen vor allem Chardonnay, Spätburgunder und Schwarzriesling. Das Sortiment ist eingeteilt in Guts-, Orts- und Lagenweine – Rieslinge aus Geyersberg und Hasensprung, ein Weißburgunder aus dem Stein sowie ein Spätburgunder aus dem Rosengarten bilden die Spitze des Sortiments, wobei man sich in den jüngsten Jahrgängen auf den Hasensprung-Riesling konzentriert. 2017 stellten Marc und Jan Weinreich ihr neues Naturwein-Segment vor. Alle Weine werden mit den natürlichen Hefen vergoren, geschönt wird nicht, die Schwefelgaben sind minimal, bei den als Naturwein deklarierten Weinen wird ganz auf Schwefel verzichtet, sie werden maischevergoren und nicht filtriert. Drei Weine bilden den Kern des Naturwein-Segments der Brüder Weinreich, sie tragen die Namen „Tacheles", „Heiter bis wolkig" und „Des Wahnsinns fette Beute". „Tacheles" ist eine Cuvée aus weißen Rebsorten, die neben Riesling auch Rebsorten wie Bacchus und Kerner enthält, die heute alles andere als begehrt sind. Das gilt auch für die Rebsorten, aus denen der „Heiter bis wolkig" genannte Wein bereitet wird: Kerner und Dornfelder. „Des Wahnsinns fette Beute" schließlich ist ein reinsortiger Chardonnay.

Kollektion

Marc und Jan Weinreich gehören zu den Shooting Stars des letzten Jahrzehnts – und viel länger gibt es ihr Weingut ja auch noch nicht. Wie wenige andere schaffen sie es quasi zwei Kollektionen in einer anzubieten, und beide auf höchstem Niveau. Da sind einmal die eher „normal" anmutenden Weine, für die sie die in Rheinhessen übliche Dreiteilung in Guts-, Orts- und Lagenweine nutzen; zum anderen die mit prägnanten Namen versehenen „Naturweine". Spannend sind alle. Und das Einstiegsniveau ist bestechend hoch, das beweisen die Gutsweine. Der Riesling ist würzig, rauchig, herrlich eindringlich, zeigt etwas gelbe Früchte, ist frisch, klar und zupackend im Mund, besitzt gute Struktur und Frucht. Auch der Grauburgunder zeigt viel reintönige Frucht im Bouquet, gelbe Früchte, ist klar und geradlinig im Mund, kraftvoll und zupackend. Die Cuvée aus Weißburgunder und Chardonnay zeigt florale Noten und weiße Früchte im Bouquet, ist frisch, zupackend, hat Struktur und Grip. Der einzige Ortswein, der Bechtheimer Riesling, zeigt gute Konzentration, feine Würze und rauchige Noten im Bouquet, besitzt Fülle und Kraft, gute Struktur und reintönige Frucht. Eine weitere Steigerung bringen die Lagenrieslinge. Nach Jahren der Abstinenz gibt es im Jahrgang 2019 wieder einen Lagenriesling aus dem Geyersberg, er ist würzig und eindringlich im Bouquet, besitzt viel Stoff und Substanz im Mund, ist ein wenig unruhig. Ein klein wenig besser, bei gleicher Bewertung, gefällt uns der Riesling aus dem Hasensprung, der herrlich eindringlich und intensiv im Bouquet ist, fruchtbetont, leicht würzig, Fülle und Kraft besitzt, reintönige Frucht und gute Struktur, er ist ebenfalls noch recht jugendlich. Weinreich-Rieslinge brauchen Zeit, das zeigen die Jahrgänge 2017 und 2018 vom Hasensprung, die beide ebenfalls noch enorm jugendlich sind: Der 2017er ist herrlich, frisch und zupackend, zeigt nur im Bouquet ein klein wenig Reife, besitzt gute Struktur und Grip, der 2018er zeigt gute Konzentration, reife Frucht, etwas gelbe Früchte, ist füllig und saftig, besitzt reintönige Frucht, gute Struktur, mineralische Noten und Nachhall, ist noch sehr jugendlich und verschlossen. Die folgenden drei Weine sind alle maischevergoren, sie wurden nicht geschwefelt und nicht filtriert. Der Tacheles ist würzig, eindringlich, das Bouquet erinnert an Traubenschalen, gelbe Frucht, er ist stoffig und lebhaft bei viel Substanz. „Heiter bis wolkig" ist intensiv, duftig, dominant, füllig, kraftvoll, tanninbetont, strukturiert. „Des Wahnsinns fette Beute" ist nicht nur des Namens wegen unser Favorit, der Wein ist würzig, dominant, besitzt Fülle, Kraft und Struktur, bleibt aber auch mit Luft deutlich verschlossener als sein Vorgänger. Spannende Weine!

🍁 Weinbewertung

86	2019 Riesling trocken	12,5%/8,50€
85	2019 Grauburgunder trocken	13%/8,50€
85	2019 Weißburgunder & Chardonnay trocken	13%/9,-€
88	2019 Riesling trocken Bechtheimer	12,5%/12,-€
90	2017 Riesling trocken Bechtheimer Hasensprung	13%/18,50€
91	2018 Riesling trocken Bechtheimer Hasensprung	12,5%/18,50€
90	2019 Riesling trocken Bechtheimer Hasensprung	12,5%/18,50€
90	2019 Riesling trocken Bechtheimer Geyersberg	12,5%/21,50€
88	2019 „Tacheles"	11,5%/12,-€
87	2019 „Heiter bis Wolkig"	11,5%/12,-€
89	2018 Chardonnay „Des Wahnsinns fette Beute"	12,5%/21,50€

Lagen
Stein (Bechtheim)
Geyersberg (Bechtheim)
Hasensprung (Bechtheim)
Rosengarten (Bechtheim)

Rebsorten
Riesling (30 %)
Silvaner (25 %)
weiße Burgunder (25 %)
Chardonnay (10 %)
Spätburgunder (5 %)
Schwarzriesling (5 %)

WÜRTTEMBERG ▶ WEINSBERG

Weinsberg

★★★

Kontakt
Staatsweingut Weinsberg
Traubenplatz 5
74189 Weinsberg
Tel. 07134-504-167
Fax: 07134-504-168
www.sw-weinsberg.de
staatsweingut@lvwo.bwl.de

Besuchszeiten
Mo.-Fr. 9-17 Uhr

Inhaber
Land Baden-Württemberg
Direktor
Dr. Dieter Blankenhorn
Kellermeister
Florian Solymari
Außenbetrieb
Christoph Schiefer
Rebfläche
40 Hektar
Produktion
250.000 Flaschen

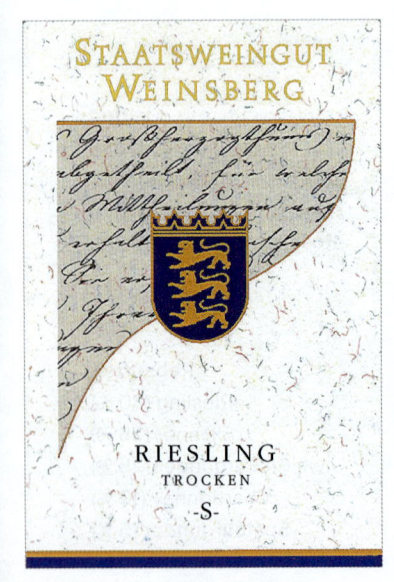

Von den 40 Hektar Weinbergen des Staatsweingutes Weinsberg befinden sich 18 Hektar in Weinsberg in den Lagen Schemelsberg und Ranzenberg, darunter 3 Hektar Mauerweinberge am Burgberg, 10 Hektar im Gundelsheimer Himmelreich (darunter 2,5 Hektar Terrassenweinberge) und 12 Hektar rund um die Burg Wildeck (im Alleinbesitz) bei Abstatt. Die im Jahr 1868 als „Königliche Weinbauschule" gegründete Wein- und Obstbauschule in Weinsberg ist das älteste Weinbau-Lehrinstitut in Deutschland. Aus der Weinsberger Rebenzüchtung sind Rebsorten wie Kerner oder Dornfelder hervorgegangen. 1999 wurden sechs Rotwein-Neuzüchtungen der Öffentlichkeit vorgestellt: Acolon, Cabernet Cubin, Cabernet Dorio, Cabernet Dorsa, Cabernet Mitos und Palas. Das Staatsweingut ist Gründungsmitglied der Hades-Gruppe. Nach der Jahrtausendwende hat man in die Kellerwirtschaft investiert und einen Kellerneubau fertig gestellt.

Kollektion

Die 2019er Gutsweine sind geradlinig und klar, der fruchtbetonte, intensive Sauvignon Blanc gefällt uns besonders gut. Der Burg Wildeck-Riesling ist intensiv fruchtig im Bouquet, saftig im Mund bei dezenter Bitternote, das Große Gewächs aus dem Jahrgang 2016 zeigt feine Würze und Reife, ist füllig und kompakt, recht süß. Der 2018er Hades-Chardonnay ist rauchig, füllig und stoffig, besitzt reife Frucht und Substanz. Der Spätburgunder Großes Gewächs aus dem Himmelreich zeigt ganz leicht florale Noten, ist klar und zupackend – und zeigt viel Konstanz über die Jahrgänge hinweg, wie einige schön gereifte Weine beweisen. Der Lemberger aus dem Schemelsberg ist rauchig, leicht gewürzduftig, besitzt Fülle, gute Struktur und Substanz, die Grande Réserve ist intensiv fruchtig bei dezenten Schoko- und Gewürznoten, besitzt Kraft und Substanz. Starke Rotweine!

Weinbewertung

83	2017 Chardonnay Sekt brut Burg Wildeck	12,5%/14,80€
83	2019 Weißer Burgunder trocken	13%/7,80€
85	2019 Sauvignon Blanc trocken	12,5%/8,50€
85	2019 Riesling trocken Burg Wildeck	13%/12,50€
88	2016 Riesling trocken „GG Herrschaftsberg" Burg Wildeck	13%/19,90€
88	2018 Chardonnay trocken „Hades"	14%/24,-€
84	2019 Rosé trocken	13%/6,30€
90	2009 Spätburgunder „GG" Burg Wildeck	14%/25,-€
89	2009 Spätburgunder trocken „GG" Gundelsheimer Himmelreich	14%
88	2011 Spätburgunder trocken „GG" Gundelsheimer Himmelreich	13%
88	2012 Spätburgunder trocken „GG" Gundelsheimer Himmelreich	
89	2017 Spätburgunder trocken „GG" Gundelsheimer Himmelreich	12,5%/25,80€
90	2017 Lemberger trocken „GG" Weinsberger Schemelsberg	13%/28,90€
90	2017 „Grande Réserve" Rotwein trocken „Hades"	13%/32,-€

WÜRTTEMBERG ► WEISBACH

WeinSchmiede

Kontakt
Halberger Straße 9
74653 Weisbach
Tel. 07947-4369970
weinschmiede@gmx.de
www.wein-schmiede.com

Besuchszeiten
Sa. 10-12 Uhr

Inhaber
Benjamin Frank

Rebfläche
2 Hektar

Produktion
6.000 Flaschen

Benjamin Frank stammt aus einer Familie, die Ende des 19. Jahrhunderts den klassischen Vieh- und Ackerbaubetrieb um Weinbau erweiterte. Er hat in Criesbach 2015 sein Weinschmiede genanntes Weingut gegründet, ist aber inzwischen in Weisbach zu Hause. Benjamin Frank ist gelernter Weinküfer, hat die Weinbautechnikerausbildung in Weinsberg absolviert, praktische Erfahrungen in Württemberg, aber auch in Neuseeland gesammelt. Einen Hektar Weinberge bewirtschaftet er heute in der Lage Hoher Berg, die Reben wachsen wie überall im Kochertal auf Muschelkalkböden, Benjamin Frank baut vor allem weiße Rebsorten an, die 90 Prozent seiner Weinberge einnehmen, wie Müller-Thurgau, Weißburgunder, Muskateller und Gewürztraminer, aber auch Muskat-Trollinger; zuletzt kam Cabernet Blanc hinzu.

Kollektion

Es hatte uns sehr gefreut, dass wir im vergangenen Jahr mit der Weinschmiede von Benjamin Frank mal wieder ein Weingut aus dem Kochertal aufnehmen konnten. In der kleinen, sehr gleichmäßigen Kollektion hatte uns der Weißburgunder am besten gefallen. Der ist nun auch in diesem Jahr wieder unser Favorit in einer ganz leicht vergrößerten Kollektion (nun fünf statt vier Weine), aber da Benjamin Frank im vergangenen Jahr seine Rebfläche auf nunmehr zwei Hektar verdoppelte, werden zukünftig sicherlich weitere Weine das Programm ergänzen. Der Weißburgunder zeigt intensive Frucht und feine Würze im herrlich eindringlichen Bouquet, ist füllig und saftig im Mund, besitzt reife Frucht, gute Struktur und Substanz und viel Wärme. Der neue Cabernet Blanc ist frisch, floral und fruchtbetont im Bouquet, klar, geradlinig und zupackend im Mund. Frisch und fruchtbetont ist auch der Rivaner, sehr reintönig, zeigt eine dezente Muskatnote, ist füllig und harmonisch im Mund bei klarer reifer Frucht. Feine Muskatnoten zeichnen den mit etwas Süße ausgebauten Muskateller aus, der ebenfalls frisch und fruchtbetont ist, reintönige Frucht besitzt, gute Struktur und Grip. Deutliche Süße, wenn auch nicht übertrieben, findet man auch beim Muskattrollinger Rosé, der fruchtbetont und leicht floral im Bouquet ist, eine sortentypische Muskatnote und rote Früchte zeigt, lebhaft und fruchtbetont im Mund ist, ganz auf Süffigkeit setzt. Weiter so! ◄

Weinbewertung

83	2019 Rivaner Criesbach Hoher Berg	13,5%/8,50€
85	2019 Weißburgunder Criesbach Hoher Berg	13,5%/8,50€
83	2019 Cabernet Blanc	13%/8,50€
84	2019 Muskateller Ingelfingen Hoher Berg	11,5%/8,50€
83	2019 Muskattrollinger Rosé	12%/8,50€

Nik Weis – St. Urbans-Hof

★★★★

Kontakt
Urbanusstraße 16
54340 Leiwen
Tel. 06507-9377-0
Fax: 06507-9377-30
www.nikweis.com
info@nikweis.com

Besuchszeiten
Verkostung & Verkauf
Mo.-Fr. 8-12 + 13-17 Uhr
Sa. nach Vereinbarung

Inhaber
Nik Weis
Betriebsleiter
Nik Weis
Kellermeister
Kai Hausen
Außenbetrieb
Hermann Jostock
Rebfläche
40 Hektar
Produktion
250.000 Flaschen

Der Sankt Urbans-Hof wurde 1947 auf einer Anhöhe bei Leiwen von Nicolaus Weis erbaut. In den sechziger Jahren übernahm sein Sohn Hermann den Betrieb, baute die betriebseigene Rebschule zu einer der größten in Deutschland aus. Er erweiterte auch die Rebfläche, indem er große Parzellen an der Saar – in Ockfen, Wiltingen und Schoden – erwarb. Seit 1997 ist dessen Sohn Nik Weis im Betrieb, den er heute führt und inzwischen in Weingut Nik Weis – St. Urbans-Hof umbenannt hat. Er strukturierte den Betrieb weiter um, indem er Weinberge in Spitzenlagen erwarb und schwächere Parzellen abgab. Seine Weinberge befinden sich in drei Lagen an der Saar und drei Lagen an der mittleren Mosel. Schon seit über 100 Jahren besitzt die Familie Reben in der Leiwener Laurentiuslay, im Piesporter Goldtröpfchen erwarb man Ende der neunziger Jahre die ersten Parzellen. Die Weinberge im Mehringer Blattenberg kamen 2004 durch Nik Weis' Ehefrau zum Weingut; Die Trauben für den Mehringer Alte Reben kommen aus dem Mehringer Blattenberg und dem Mehringer Zellerberg. Im Blattenberg befindet sich eine alte Einzellage, die bis 1971 den Namen „Layet" trug und als hervorragende Lage galt und immer noch gilt. Dort besitzt das Gut etwa einen Hektar Rebfläche. Mit dem Jahrgang 2017 wurde der Name Layet erneut eingeführt, in diesem Jahr wurde erstmals auch ein Großes Gewächs unter dem Namen „Layet" produziert. An der Saar ist Nik Weis in den Lagen Ockfener Bockstein (mit der alten Einzellage Zickelgarten, die erstmals 2011 gesondert ausgebaut wurde), Schodener Saarfeilser Marienberg und Wiltinger Schlangengraben vertreten. Im Schlangengraben besitzt er einen 9 Hektar großen arrondierten Weinberg, der in den 1920er Jahren angelegt wurde, ein Teil der Reben stammt noch aus dieser Zeit, die Weine aus dem Schlangengraben ergeben den Wiltinger Alte Reben und sind Teil des Gutsrieslings. Nik Weis baut zu einem Großteil Riesling an, es gibt mittlerweile aber auch andere Sorten – von Weißburgunder bis zu Pinot Noir. Die Trauben werden alle in Leiwen gekeltert, ausgebaut und abgefüllt, die Weine werden spontanvergoren und teils im Edelstahl, teils im Holzfass ausgebaut. Trockene Rieslinge, die aber nicht unbedingt gesetzlich, sondern nur geschmacklich trocken sein müssen, tragen ein weißes Etikett. 2011 und 2012 hat Nik Weis ein Großes Gewächs aus der Laurentiuslay erzeugt, 2012 auch aus dem Bockstein, 2015 kam Saarfeilser hinzu, 2016 Layet, 2018 Goldtröpfchen.

Kollektion

In den letzten Jahren hat sich mehrfach gezeigt, dass Nik Weis sehr eigenständige Weine erzeugt, die zwar einerseits typisch Mosel sind, aber andererseits nicht allzu viel mit den Rieslingen der Nachbarschaft gemein haben. Das zeigt sich bereits bei den Basisweinen. Der trockene Moselriesling etwa ist offen, duftig, vielschichtig in der Nase, straff und würzig im Mund. Noch etwas konzentrierter und angenehm fest, in der Nase schon offen ist der Mehringer von alten Reben. Bei den Großen Gewächsen ist zu bemerken, dass sie offen ausfallen, recht duftig sind und reife Frucht besitzen, aber auch angenehm trocken wirken. Man muss sich auf sie einlassen. Der Wein aus der Layet ist offensiv, besitzt deutliche Pfirsich- und Aprikosennoten, saftig, fest, würzig mit kühlem, an Mirabellen erinnerndem Nachhall. Die Laurentiuslay zeigt eine reife Fruchtnote, dezente Anklänge an Melone, auch je eine Spur Orange und Orangenblüte, ist kompakt, leicht salzig im Nachhall und vielleicht der spannendste Wein unter den vorgestellten Großen Gewächsen. Den recht reifen, duftigen, teilweise etwas cremigen Stil besitzen im süßen Bereich schon die Saarweine – und erst recht jene der Mosel. Die Weine aus dem Goldtröpfchen, von Kabinett bis zur Auslese, sind wunderbar saftig, zugänglich. Jene aus dem Ockfener Bockstein sind trotz aller Fülle noch ein wenig fokussierter. Nik Weis hat den Charakter der Lagen gut herausgearbeitet. Die vielen Süßweine begeistern – zuvorderst die enorm süße, aber bestens strukturierte 2017er Trockenbeerenauslese aus dem Bockstein.

Weinbewertung

85	2019 Riesling trocken Mosel	12%/9,80€
91	2019 Riesling „GG" Bockstein	12,5%/34,-€
91	2019 Riesling „GG" Saarfeilser	12%/27,50€
91	2019 Riesling „GG" Layet	13%/34,-€
92	2019 Riesling „GG" Laurentiuslay	13%/45,-€
90	2019 Riesling „GG" Goldtröpfchen	12,5%/27,50€
87	2019 Riesling Saar	10,5%/9,80€
86	2019 Riesling „Schiefer"	11,5%/11,60€
89	2019 Riesling „Alte Reben" Wiltinger	11,5%/15,80€
89	2019 Riesling „Alte Reben" Mehringer	12%/15,80€
88	2019 Riesling Kabinett Bockstein	8%/16,80€
88	2019 Riesling Kabinett Goldtröpfchen	7%/16,80€
90	2019 Riesling Spätlese Bockstein	8%/27,50€
90	2019 Riesling Spätlese Layet	8%/27,50€
89	2019 Riesling Spätlese Goldtröpfchen	7,5%/27,50€
90	2019 Riesling Auslese Bockstein	8%/35,-€
89	2019 Riesling Auslese Goldtröpfchen	8%/35,-€
91	2019 Riesling Auslese Goldkapsel Bockstein	7,5%/60,-€
92	2019 Riesling Beerenauslese Bockstein	6,5%/180,-€/0,375l
95	2017 Riesling Trockenbeerenauslese Bockstein	6%/250,-€/0,375l
94	2017 Riesling Trockenbeerenauslese Goldtröpfchen	5,5%/250,-€/0,375l
93	2018 Riesling Trockenbeerenauslese Goldtröpfchen	5,5%/250,-€/0,375l

Nik Weis / Foto: Rick Wenner/Wine Spectator

Lagen
Laurentiuslay (Leiwen)
Goldtröpfchen (Piesport)
Bockstein (Ockfen)
– Zickelgarten (Ockfen)
Saarfeilser (Schoden)
Schlangengraben (Wiltingen)
Blattenberg (Mehring)
– Layet (Mehring)

Rebsorten
Riesling (98%)

Weishaar

★★★

Kontakt
Hauptstraße 164
79356 Eichstetten
Tel. 07663-4800
Fax: 07663-949953
www.weingut-weishaar.de
mail@weingut-weishaar.de

Besuchszeiten
Fr. 14-18 Uhr
Sa. 10-13 Uhr
und nach Vereinbarung
Weinbergsfahrten nach Vereinbarung

Inhaber
Gabriele & Karl-Heinz Weishaar

Betriebsleiter
Karl-Heinz Weishaar

Kellermeister
Markus Weishaar

Außenbetrieb
Karl-Heinz Weishaar

Rebfläche
7 Hektar

Produktion
60.000 Flaschen

Gabriele und Karl-Heinz Weishaar gründeten 1989 das Weingut aus einem lange Zeit als landwirtschaftlicher Mischbetrieb geführten Gut. Für den Weinausbau ist Sohn Markus verantwortlich, der nach Weinküferlehre, Neuseelandaufenthalt und Weinbautechnikerausbildung praktische Erfahrungen als Kellermeister beim Eichstetter Weingut Kiefer sammelte, seine Ehefrau Corinne studierte Weinbetriebswirtschaft, ist für Marketing und Veranstaltungen verantwortlich. Ihre Weinberge liegen alle in Eichstetten, wo die Reben auf überwiegend süd- und südost-exponierten Terrassen wachsen. Spätburgunder und Grauburgunder sind die wichtigsten Rebsorten, gefolgt von Weißburgunder und Chardonnay. Dazu gibt es Scheurebe, Chardonnay, Riesling und Muskateller. Liköre und Brände ergänzen das Sortiment. 2017 wurde in einen Verkaufsraum und die betriebliche Erweiterung investiert.

Kollektion

Karl-Heinz und Markus Weishaar bestätigen mit einer sehr starken Kollektion den Aufwärtstrend. Die Kabinett-Weine sind rebsortentypisch, ganz klar und frisch, fruchtbetont und fast schon leichtfüßig elegant. Die Cuvée aus Weißburgunder und Chardonnay sehen wir als Primus inter Pares. Zwei Weine führen die Kollektion an. Das ist zum einen – wie im vergangenen Jahr – der Dreistern-Chardonnay. Das Bukett ist sehr fein, würzig-fruchtig, er lag im richtigen Holzfass. Er ist jung, deshalb dominiert die Würze auch am Gaumen, aber der Wein setzt sich jetzt schon durch, er hat viel Substanz und Potenzial. Tiefgründig und komplex ist der Pinot Noir Eigenacker, mit straffer Gerbstoffeleganz und salziger Länge, der Dreistern-Pinot Noir steht dem kaum nach. Auch der Spätburgunder „Rappen" ist sehr gut, frisch mit kühler, saftiger Frucht und feinen Tanninen. Köstlich ist die Muskateller Auslese, sehr saftig und nicht zu süß, genügend Säure macht den Wein sogar schlank.

Weinbewertung

83	2016 Crémant Sekt brut	12,5%/12,50€
86	2019 Weißer Burgunder Kabinett trocken Eichstetter Herrenbuck	13%/7,10€
84	2019 Grauer Burgunder Kabinett trocken Eichstetter Herrenbuck	13%/7,10€
86	2019 Weißburgunder & Chardonnay Kabinett trocken Herrenbuck	13,5%/7,90€
88	2018 Grauer Burgunder trocken „Dreistern" Eichstetter Herrenbuck	13,5%/12,90€
89	2018 Chardonnay trocken „Dreistern" Eichstetter Herrenbuck	13,5%/13,90€
87	2018 Muskateller Auslese Eichstetter Herrenbuck	10,5%/10,50€/0,5l
84	2019 „Saignée" Rosé Kabinett trocken Eichstetter Herrenbuck	13%/7,90€
86	2017 Spätburgunder trocken „Rappen" Eichstetter Herrenbuck	13,5%/7,90€
88	2017 Pinot Noir trocken „Dreistern" Eichstetter Herrenbuck	13,5%/18,-€
89	2017 Spätburgunder trocken Eigenacker Eichstetter Herrenbuck	13,5%/30,-€

RHEINHESSEN ▶ INGELHEIM-GROSSWINTERNHEIM

Weitzel

★★★✩

Kontakt
Bio-Weingut
Elke & Eckhard Weitzel
Backesgasse 7, 55218
Ingelheim-Großwinternheim
Tel. 06130-447
Fax: 06130-8438
www.biowein-weitzel.de
eweitzel@biowein-weitzel.de

Besuchszeiten
werktags nach Vereinbarung

Inhaber/Betriebsleiter
Eckhard & Elke Weitzel
Kellermeister/Außenbetrieb
Eckhard Weitzel
Rebfläche
7 Hektar
Produktion
35.000 Flaschen

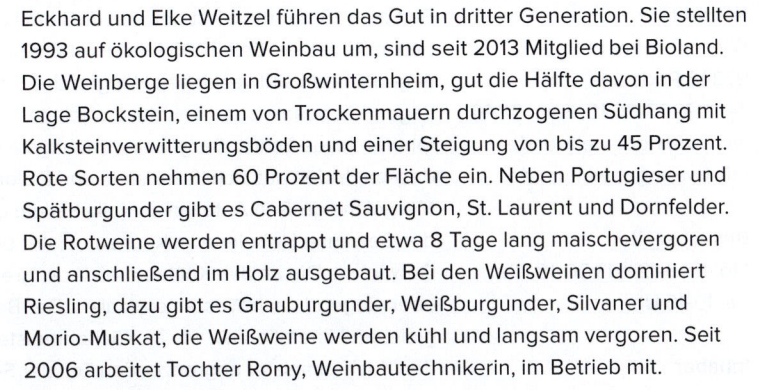

Eckhard und Elke Weitzel führen das Gut in dritter Generation. Sie stellten 1993 auf ökologischen Weinbau um, sind seit 2013 Mitglied bei Bioland. Die Weinberge liegen in Großwinternheim, gut die Hälfte davon in der Lage Bockstein, einem von Trockenmauern durchzogenen Südhang mit Kalksteinverwitterungsböden und einer Steigung von bis zu 45 Prozent. Rote Sorten nehmen 60 Prozent der Fläche ein. Neben Portugieser und Spätburgunder gibt es Cabernet Sauvignon, St. Laurent und Dornfelder. Die Rotweine werden entrappt und etwa 8 Tage lang maischevergoren und anschließend im Holz ausgebaut. Bei den Weißweinen dominiert Riesling, dazu gibt es Grauburgunder, Weißburgunder, Silvaner und Morio-Muskat, die Weißweine werden kühl und langsam vergoren. Seit 2006 arbeitet Tochter Romy, Weinbautechnikerin, im Betrieb mit.

Kollektion

Eine weiß wie rot gewohnt starke Kollektion präsentiert Eckhard Weitzel auch in diesem Jahr. Der Ingelheimer Weißburgunder ist fruchtbetont und lebhaft, die trockene Grauburgunder Spätlese aus dem Bockstein reintönig und zupackend, die trockene Silvaner Spätlese besitzt reintönige Frucht und gute Struktur. Sehr gut ist auch die trockene Riesling Spätlese, die feine Frische und Grip besitzt. Highlight im weißen Segment sind die beiden Terrassen-Rieslinge: Jahrgang 2018 ist konzentriert, würzig, füllig und kraftvoll, Jahrgang 2019 besitzt noch etwas mehr Druck, vereint Reintönigkeit und Kraft. Die Rotweine stehen den Weißen nicht nach. Der Sankt Laurent ist würzig, fruchtbetont und zupackend, der 2018er Spätburgunder besitzt klare Frucht und Grip. Ganz stark ist die trockene 2016er Spätburgunder Auslese aus den Terrassen, besitzt viel Konzentration, Fülle und Kraft, reintönige Frucht, gute Struktur und Frische. Aus den Bockstein-Terrassen kommt auch der Cabernet Sauvignon: Der 2015er besitzt intensive Frucht und gute Struktur, deutlich besser aber gefällt uns der 2016er, der herrlich kraftvoll und reintönig ist, Druck und Länge besitzt.

Weinbewertung

85	2019 Grüner Silvaner Spätlese trocken Groß-Winternheimer Bockstein	13,5%/7,90€
83	2019 Weißer Burgunder trocken Ingelheimer	12,5%/6,50€
85	2019 Grauer Burgunder Spätlese trocken Groß-Winternheimer Bockstein	13%/7,50€
85	2019 Riesling Spätlese trocken Groß-Winternheimer Bockstein	13%/8,90€
88	2018 Riesling Spätlese trocken Terrasse Bockstein	12,5%/14,50€
89	2019 Riesling Spätlese trocken Terrasse Bockstein	13,5%/16,50€
84	2017 Sankt Laurent trocken Groß-Winternheimer Bockstein	14%/8,50€
84	2018 Spätburgunder trocken Groß-Winternheimer Bockstein	13,5%/8,50€
85	2015 Cabernet Sauvignon trocken Terrasse Bockstein	14%/14,50€
88	2016 Cabernet Sauvignon trocken Terrasse Bockstein	13,5%/19,50€
88	2016 Spätburgunder Auslese trocken Terrasse Bockstein	14%/16,50€

★★★★ Weltner

Kontakt
Wiesenbronner Straße 17
97348 Rödelsee
Tel. 09323-3646, Fax: -3846
www.weingut-weltner.de
info@weingut-weltner.de

Besuchszeiten
Mo.-Fr. 9-12 + 13:30-18 Uhr
Sa. 10-16 Uhr

Inhaber
Paul Weltner
Kellermeister
Paul Weltner
Rebfläche
11 Hektar
Produktion
70.000 Flaschen

Seit dem 16. Jahrhundert betreibt die Familie Weinbau, seit vier Generationen in Rödelsee. Seit 2005 führt Paul Weltner das Gut. Seine Weinberge liegen an den südwestlichen Hängen des Schwanberges, in den Rödelseer Lagen Küchenmeister – mit der Hoheleite – und Schwanleite sowie im Iphöfer Julius-Echter-Berg. Seine wichtigste Lage ist der Küchenmeister, dessen Boden aus Schilfsandstein und Dolomit, Gipskeuper und tonigem Mergel mit großen Anteilen an Kalk, Kalium und Magnesium besteht. Aus der Gewanne Hoheleite im Küchenmeister erzeugt er seine Großen Gewächse. Die an den Küchenmeister angrenzende Lage Schwanleite ist überwiegend nach Westen exponiert. Der Boden besteht aus dem gleichen Mineralienmix wie im Küchenmeister, vor allem im vorderen, an den Küchenmeister angrenzenden Teil der Schwanleite, wo Paul Weltner alte Scheurebe- und Silvanerreben stehen hat. Südöstlich grenzt an den Küchenmeister der Julius-Echter-Berg, dort baut Paul Weltner Silvaner, Riesling und Weißburgunder an. Mehr als die Hälfte seiner Weinberge ist mit Silvaner bestockt, dazu gibt es Riesling, Weißburgunder, Müller-Thurgau, Scheurebe und Sauvignon Blanc, aber auch Spätburgunder und Domina. 90 Prozent der Weine werden trocken ausgebaut. Das Programm ist vierstufig gegliedert in Gutsweine, Ortsweine, dann folgen die Erste Lage-Weine aus den Lagen Küchenmeister, Schwanleite (mit Silvaner und Scheurebe von 1968 gepflanzten Reben) und Julius-Echter-Berg, an der Spitze stehen die beiden Großen Gewächse aus der Hoheleite, Silvaner und Riesling, Letzterer wurde erstmals im Jahrgang 2012 als Großes Gewächs erzeugt. Schon seit der ersten Ausgabe empfehlen wir die Weine von Paul Weltner, schon damals waren wir sehr angetan von der Frische und Reintönigkeit aller Weine, aller Rebsorten. Seither ist es stetig weiter vorangegangen, die Weine haben an Fülle und Ausdruck gewonnen ohne diese Reintönigkeit zu verlieren, von den Gutsweinen bis hin zur Spitze sind alle Kollektionen immer sehr zuverlässig.

Kollektion

Ein schöner Riesling-Sekt eröffnet in diesem Jahr den Reigen, er ist würzig und eindringlich im Bouquet, zeigt feine Riesling-Reife, ist klar im Mund, strukturiert, harmonisch gereift. Große Klasse sind wieder einmal die Gutsweine, das kann man gar nicht genug würdigen. Der Sylvaner ist faszinierend reintönig, harmonisch und frisch, lebhaft und im allerbesten Sinne unkompliziert – ein Bilderbuch-Silvaner und ein Bilderbuch-Gutswein. Der Riesling ist frisch und fruchtbetont im Bouquet, klar und zupackend im Mund, besitzt feine Frucht und Grip. Der Rödelseer Sylvaner ist ebenfalls ein Wein wie aus dem Bilderbuch, faszinierend reintönig, sortentypisch, wunderschön harmonisch, klar und lang. Die Rödelseer Scheurebe ist sehr würzig und eindringlich im Bouquet, geradlinig und zupackend im Mund, besitzt eine feine

Aggressivität. Die Scheurebe aus der Schwanleite ist kraftvoll, ebenso klar und zupackend, ungestüm, jugendlich. Der Sauvignon Blanc aus dem Küchenmeister ist kompakt, eigenwillig zurückhaltend, wirkt sehr süß, auch wenn die Analysewerte anderes besagen. Kompakt ist auch der Küchenmeister-Weißburgunder, zeigt gute Konzentration, weiße und gelbe Früchte, ist füllig, etwas verhalten, hat Substanz. Der Riesling aus dem Küchenmeister punktet mit guter Konzentration, feiner Würze und reifer Frucht, er besitzt gute Struktur und Substanz, Frucht und Kraft. Bei den Erste Lagen-Sylvanern sind wir hin und her gerissen, wir bewundern die reintönige Frucht, würde unser aber anstelle von Fülle und Geschmeidigkeit mehr Grip wünschen: Kritik auf sehr hohem Niveau! Der Wein aus dem Julius-Echter-Berg besitzt viel reife Frucht, gelbe Früchte, Birnen, ist geschmeidig, füllig und harmonisch, der Sylvaner von alten Reben in der Schwanleite ist ähnlich geschmeidig und harmonisch, besitzt Substanz und Länge. Unsere leichte Präferenz gilt dem Wein aus dem Küchenmeister, der ebenso reintönig wie seine Kollegen ist, gute Struktur besitzt, dezent mineralische Noten und Grip. An der Spitze der Kollektion stehen wie gewohnt die Großen Gewächse aus der Hoheleite. Der Sylvaner ist sehr offen im Bouquet, zeigt feine Würze und Duft, etwas weiße Früchte, ist füllig und saftig im Mund, besitzt viel reife Frucht und Substanz, dezent mineralische Noten. Der Riesling zeigt faszinierend reintönige Frucht und gute Konzentration, ist kraftvoll und saftig, besitzt viel Substanz und klare reife Frucht.

Paul Weltner

Weinbewertung

86	2016 Riesling Sekt brut	13%/18,-€
87	2019 Sylvaner trocken	12,5%/8,-€ ☺
86	2019 Riesling trocken	12,5%/8,-€
88	2019 Sylvaner trocken Rödelsee	13%/10,-€ ☺
86	2019 Scheurebe trocken Rödelsee	12,5%/9,50€
89	2019 Sylvaner trocken Rödelseer Küchenmeister	13%/14,50€
88	2019 Sylvaner trocken „Alte Reben" Rödelseer Schwanleite	13,5%/14,50€
88	2019 Sylvaner trocken Iphöfer Julius-Echter-Berg	13,5%/14,50€
89	2019 Riesling trocken Rödelseer Küchenmeister	13,5%/14,50€
86	2019 Weißer Burgunder trocken Rödelseer Küchenmeister	13%/14,-€
86	2019 Sauvignon Blanc trocken Rödelseer Küchenmeister	13%/14,50€
88	2019 Scheurebe trocken Rödelseer Schwanleite	12,5%/14,50€
91	2019 Sylvaner „GG" Rödelseer „Hoheleite"	13,5%/34,-€
91	2019 Riesling „GG" Rödelsee „Hoheleite"	13,5%/34,-€

Lagen
Küchenmeister (Rödelsee)
– Hoheleite (Rödelsee)
Schwanleite (Rödelsee)
Julius-Echter-Berg
(Iphofen)

Rebsorten
Silvaner (55 %)
Riesling (15 %)
Scheurebe (10 %)
Weißburgunder
Sauvignon Blanc
Spätburgunder

RHEINHESSEN — INGELHEIM

Arndt F. Werner

★★★

Kontakt
Mainzer Straße 97
55218 Ingelheim
Tel. 06132-1090
Fax: 06132-431335
www.weingutwerner.de
info@weingutwerner.de

Besuchszeiten
Mo.-Fr. 9-12:30 + 14-18 Uhr,
Sa. 9:30-14 Uhr,
nach Anmeldung

Inhaber/Betriebsleiter
Familie Werner
Kellermeister
Thomas Werner
Außenbetrieb
Christian Dickenscheid
Rebfläche
18 Hektar
Produktion
90.000 Flaschen

Anfang der achtziger Jahre übernahm Arndt Werner, Diplom-Geograph, das Gut, gegründet 1819, mit damals 3 Hektar Weinbergen von seinem Vater und begann mit der Umstellung auf ökologischen Weinbau. 1983 gründete er mit gleich denkenden Winzern den ersten Verband ökologischer Winzer in Deutschland. Heute ist Arndt Werner Mitglied bei Ecovin und Bioland. Darüber hinaus ist das Weingut Demonstrations-Ökoweingut des Bundesministeriums für Landwirtschaft und Verbraucherschutz. Arndt Werner baut an roten Sorten Spätburgunder, Portugieser, Frühburgunder, Regent und Cabernet Sauvignon an. An weißen Sorten gibt es Riesling, Silvaner und Chardonnay, Grau- und Weißburgunder, sowie Cabernet Blanc. Sohn Thomas ist, nach Geisenheim-Studium, heute für den Keller verantwortlich, er hat die neue Top-Linie Aula Regia initiiert, setzt verstärkt auf Spontangärung.

Kollektion

Eine weiß wie rot gleichermaßen überzeugende Kollektion präsentiert das Weingut in diesem Jahr. Die weißen Gutsweine sind reintönig und frisch bei feiner süßer Frucht. Der im Holz ausgebaute Ingelheimer Chardonnay ist füllig und saftig, der komplett im Barrique ausgebaute Aula-Regia-Chardonnay besitzt viel reife Frucht und Substanz und deutliche Vanillenoten. Der Weißburgunder aus dem Lottenstück besitzt Substanz und reife Frucht, der Johannisberg-Silvaner ist harmonisch und saftig, der im Stückfass spontan vergorene Steinacker-Riesling besitzt Fülle, Kraft und reife Frucht. Im roten Segment warten die Werners wieder einmal mit einem beeindruckenden Portugieser auf, der intensive Frucht besitzt, Fülle, Kraft und viel Tannine. Der Frühburgunder aus dem Lottenstück zeigt rauchig-würzige Noten, dezenten Toast, besitzt viel reife Frucht und Substanz. Unter den beiden fülligen, reintönigen Sonnenhang-Spätburgundern präferieren wir ganz leicht den etwas druckvolleren Jahrgang 2018. Starke Kollektion!

Weinbewertung

84	2019 Cabernet Blanc trocken	13%/6,80€
88	2019 Riesling trocken Ingelheimer Steinacker	13%/14,80€
84	2019 Grauer Burgunder trocken	13%/7,30€
87	2019 Silvaner trocken Gau Algesheimer Johannisberg	13%/13,80€
88	2019 Weißer Burgunder trocken Ingelheimer Lottenstück	13%/14,80€
85	2019 Chardonnay trocken Ingelheimer	13%/10,80€
88	2019 Chardonnay trocken „Aula Regia" Ingelheimer Lottenstück	13%/15,80€
86	2018 Pinot Noir trocken Ingelheimer	13,5%/13,80€
88	2018 Blauer Portugieser trocken Ingelheimer Sonnenhang	13,5%/24,80€
88	2018 Blauer Frühburgunder trocken Ingelheimer Lottenstück	13,5%/24,80€
88	2017 Blauer Spätburgunder trocken Ingelheimer Sonnenhang	13,5%/24,80€
89	2018 Blauer Spätburgunder trocken Ingelheimer Sonnenhang	13,5%/24,80€

Werner

★★✩

Kontakt
Römerstraße 17
54340 Leiwen
Tel. 06507-4341
Fax: 06507-8355
www.weingut-werner.de
weingut1@aol.com

Besuchszeiten
Mo.-Fr. 10-12 + 14-18 Uhr
Sa. 10-12 Uhr
oder nach Vereinbarung

Inhaber
Bernhard & Margaret Werner
Betriebsleiter
Bernhard Werner
Kellermeister
Bernhard Werner
Außenbetrieb
Bernhard Werner
Rebfläche
6 Hektar
Produktion
42.000 Flaschen

Bernhard Werner war Gründungsmitglied und fast zehn Jahre Vorsitzender der „Vereinigung der Leiwener Jungwinzer", die seit Mitte der achtziger Jahre mit hochwertigen Rieslingen auf sich aufmerksam machen. Seine Weinberge liegen im Schweicher Annaberg, der Trittenheimer Apotheke sowie den Leiwener Lagen Laurentiuslay und Klostergarten. Neben 85 Prozent Riesling baut er 10 Prozent Spätburgunder sowie ein wenig St. Laurent und Müller-Thurgau an. Die Weine werden spontanvergoren und im klassischen Fuder ausgebaut; die trockenen Rieslinge werden teilweise gegen Ende des Gärverlaufs nochmals mit Reinzuchthefen beimpft, um in den trockenen Bereich zu gelangen. 80 Prozent seiner Weine baut Bernhard Werner trocken oder halbtrocken aus.

Kollektion

Ein spritziger Riesling „vom steilen Hang" ist schon zugänglich, fest, würzig im Nachhall, eher mit Schmelz ausgestattet als puristisch. Kompakt und stoffig ist der trockene Annaberg-Riesling, überdurchschnittlich lang auch. Das GG aus der Apotheke ist noch hefig und verschlossen, im Mund saftig, mit reifer Säure. Noch etwas besser gefällt sein Pendant aus dem Annaberg, etwas offener, saftiger, mit beachtlicher Länge. Eigenwillig, aber spannend wirkt dagegen der Wein namens „Summer of 59", der an den legendären Hitzesommer 1959 erinnern soll, aber de facto aus dem Jahrgang 2019 stammt. Ursprünglich war er für ein Großes Gewächs vorgesehen, aber die Gärung stoppte bei etwa zwei Grad Oechsle. 1959 passierte dem Vater von Bernhard Werner selbiges mit einem Wein aus der gleichen wurzelechten Parzelle im Schweicher Annaberg; dieser Riesling ist also auch eine Hommage an Werners Vater. Er duftet nach Aprikosen und etwas Aprikosenhaut, ist dann enorm zupackend mit reifer, präsenter, saftiger Art im Nachhall. Duftig und verführerisch ist die Annaberg-Spätlese, die in der Nase an süßen Apfel und frische Aprikosen erinnert, im Mund saftig, rassig und im besten Sinne süffig ausfällt. Viel Potenzial zeigt die enorm saftige Versteigerungsauslese. Fein und reintönig, mit Blütennoten und seidig wirkender Art präsentiert sich die sehr gelungene Beerenauslese.

Weinbewertung

85	2019 Riesling trocken „Vom steilen Hang"	12,5%/9,-€
87	2019 Riesling trocken Annaberg	12,5%/12,-€
89	2019 Riesling trocken „Großes Gewächs" Trittenheimer Apotheke	13%/22,-€
90	2019 Riesling trocken „Großes Gewächs" Schweicher Annaberg	12,5%/22,-€
90	2019 Riesling „Summer of 59" Annaberg	12%/20,-€
88	2019 Riesling Spätlese Annaberg	8%/12,-€
91	2019 Riesling Auslese Trittenheimer Apotheke	8%/Vst.
90	2019 Riesling Beerenauslese Schweicher Annaberg	8%/39,-€/0,375l

WERNER
2013 Annaberg
Riesling Spätlese trocken

RHEINHESSEN ▶ FLONHEIM

★

Werner

Kontakt
Langgasse 40
55237 Flonheim
Tel. 06734-401
Fax: 06734-6429
www.werner-weine.de
weingut-werner@web.de

Besuchszeiten
nach Vereinbarung

Inhaber
Dietmar & Florian Werner

Betriebsleiter
Dietmar & Florian Werner

Kellermeister
Dietmar & Florian Werner

Außenbetrieb
Florian Werner

Rebfläche
20 Hektar

Produktion
60.000 Flaschen

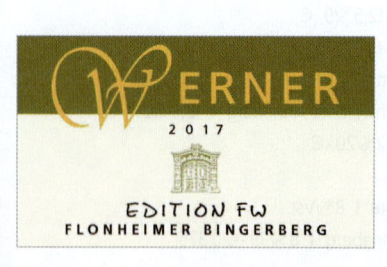

In siebter Generation baut die Familie Werner Wein in Rheinhessen an. Heute führt Dietmar Werner den Betrieb zusammen mit Sohn Florian, der wie sein Vater ausgebildeter Weinbautechniker ist. Zusammen kümmern sie sich um den Keller, Vater Dietmar ist für den Außenbetrieb zuständig. Ihre Weinberge liegen vor allem im Flonheimer Bingerberg, aber auch in den Flonheimer Lagen Geisterberg und Klostergarten sind sie vertreten, ebenso im Lonsheimer Mandelberg. Die Weine werden in einem 1660 erbauten Gewölbekeller ausgebaut. Das Sortiment ist gegliedert in Liter- und Gutsweine, Premiumweine und Lagenweine.

🎂 Kollektion

Der Riesling vom Rotliegenden aus dem Flonheimer Geisterberg war im vergangenen Jahr unser Favorit in einer ansonsten sehr gleichmäßigen Kollektion. Riesling gab es dieses Jahr nicht zu verkosten, aber die Kollektion bietet erneut sehr gleichmäßiges, zuverlässig gutes Niveau. Der Flonheimer Weißburgunder ist saftig und süffig, was auch für den Flonheimer Chardonnay gilt, der viel reife süße Frucht besitzt, wie alle trockenen Weißweine von einer recht hohen und immer merklichen Restsüße bestimmt ist. Das gilt auch für den süffigen Spätburgunder Blanc de Noir oder den füllig Flonheimer Sauvignon Blanc. Am besten gefällt uns im weißen Segment wie schon vor zwei Jahren die im Holz ausgebaute Cuvée Edition FW aus dem Flonheimer Bingerberg, die feine Würze und reife Frucht im Bouquet zeigt, füllig und saftig im Mund ist, viel reife süße Frucht besitzt. Wie im Vorjahr macht auch im Jahrgang 2019 die Kerner Spätlese eine gute Figur, besitzt viel Duft und viel Frucht, ist harmonisch und süffig. Der feinherbe Spätburgunder Rosé setzt ganz auf Frucht und Süffigkeit. Die trockene Regent Auslese ist duftig und sortentypisch, wir präferieren aber im roten Segment den Lonsheimer Cabernet Dorsa, der würzig und eindringlich im Bouquet ist, Fülle und Kraft im Mund besitzt, reife süße Frucht und Biss. ◀

🍇 Weinbewertung

82	2019 Weißer Burgunder trocken Flonheimer	12,5%/6,-€
82	2019 Chardonnay „S" trocken Flonheimer	12,5%/7,-€
81	2019 Spätburgunder „Blanc de Noir" trocken	12,5%/6,50€
81	2019 Sauvignon Blanc trocken Flonheimer	12,5%/7,-€
84	2018 „Edition FW" Weißwein trocken Flonheimer Bingerberg	13%/12,80€
82	2019 Kerner Spätlese Flonheimer	10%/6,50€
81	2019 Spätburgunder Rosé „feinherb" Flonheimer	12%/6,-€
83	2018 Cabernet Dorsa „S" trocken Lonsheimer	13%/7,-€
81	2018 Regent Auslese trocken	13,5%/9,-€

RHEINHESSEN — DITTELSHEIM-HESSLOCH

Wernersbach

★★★★☆

Kontakt
Spitalstraße 41
67596 Dittelsheim-Heßloch
Tel. 06244-4477
Fax: 06244-249
www.wernersbach-weine.de
weingut@wernersbach-weine.de

Besuchszeiten
nach Vereinbarung

Inhaber
Stephan Wernersbach
Rebfläche
11 Hektar
Produktion
130.000 Flaschen

Das Weingut in seiner heutigen Form wurde 1941 gegründet, doch lässt sich bis ins 17. Jahrhundert zurück Weinbau in der Familie nachweisen. 2005, noch während seines Studiums, hat Stephan Wernersbach die Weinberge übernommen, die von seinen Eltern als „Hobby" bewirtschaftet wurden. Zusammen mit Bruder Florian und den Eltern baute er das Gut auf. Die Weinberge liegen in Hessloch (Edle Weingärten, Liebfrauenberg, Mondschein), Dittelsheim (Geiersberg) und Bechtheim (Hasensprung), auch in der Westhofener Aulerde ist Stephan Wernersbach vertreten. Riesling, Silvaner, die Burgundersorten und Portugieser dominieren im Sortiment, hinzu kommen Sorten wie Scheurebe, Gelber Muskateller, Spätburgunder, Chardonnay, Würzer, Cabernet Sauvignon und Cabernet Dorio. Zuletzt wurden ein Silvaner-Weinberg im Liebfrauenberg und ein Riesling-Weinberg in der Gewann Löwenberg im Hasensprung zugekauft.

Kollektion

Mit der neuen Kollektion bestätig Stephan Wernersbach den starken Eindruck des Vorjahres. Die Gutsweine zeigen hohes Niveau, sind reintönig, fruchtbetont und geradlinig. Mehr Fülle besitzen die durchweg sehr guten Ortsweine, der Weißburgunder besticht mit Kraft und Reintönigkeit, was auch für den gelbfruchtigen Grauburgunder gilt, der mehr auf Struktur denn Substanz setzt. Unser Favorit in diesem Segment ist der Riesling Auf den Aupern, der fruchtbetont, intensiv und reintönig im Bouquet ist, gute Struktur, Frucht und Grip besitzt. Der Steingrube-Riesling ist würzig, füllig und saftig, der Wein aus dem Mondschein zeigt intensive reife Frucht im Bouquet, besitzt Fülle und Kraft, gute Struktur und reintönige Frucht. Unser Favorit unter den Lagenrieslingen ist der Wein aus der Aulerde, der wunderschön reintönige intensive Frucht zeigt, klar und saftig ist, reife Frucht und guten Grip besitzt.

Weinbewertung

84	2019 Grüner Silvaner trocken	13%/6,90€
85	2019 Riesling trocken	12,5%/6,90€
85	2019 Sauvignon Blanc trocken	12,5%/8,50€
86	2019 Weißer Burgunder trocken „vom Kalkstein" Hesslocher	13%/8,90€
86	2019 Grauer Burgunder trocken „vom Kalkstein" Hesslocher	13%/8,90€
87	2019 Riesling trocken „Auf den Aupern" Hesslocher	13%/8,90€
85	2019 Scheurebe trocken „vom Kalkstein" Hesslocher	13%/8,90€
85	2019 Gelber Muskateller trocken „vom Kalkstein" Hesslocher	12,5%/8,90€
90	2017 Riesling trocken Westhofener Aulerde	13,5%/15,90€
89	2019 Riesling trocken Westhofener Aulerde	13,5%/15,90€
87	2019 Riesling trocken Westhofener Steingrube	13%/15,90€
88	2019 Riesling trocken Hesslocher Mondschein	13%/15,90€
85	2019 Riesling Kabinett	9%/8,50€

RHEINHESSEN ▬ MOMMENHEIM

★★★

Werther Windisch

Kontakt
Schulstraße 3
55278 Mommenheim
Tel. 06138-9417665
www.werther-windisch.de
info@werther-windisch.de

Besuchszeiten
nach Vereinbarung

Inhaber
Jens Windisch
Betriebsleiter
Jens Windisch
Kellermeister
Jens Windisch
Außenbetrieb
Jens Windisch
Rebfläche
13 Hektar

Anfang der achtziger Jahre übernahm Hans-Albert Windisch das Gut von seinem Schwiegervater, fokussierte den Mischbetrieb immer stärker auf Weinbau. Sohn Jens machte seine Ausbildung bei Gröhl und Wagner-Stempel, absolvierte ein Praktikum in Neuseeland (Johner Estate/Masterton), ist für den Weinausbau verantwortlich und hat den Betrieb inzwischen übernommen. Die Weinberge liegen in den Harxheimer Lagen Schlossberg und Lieth, in Mommenheim, Zornheim und Selzen, zu 90 Prozent werden weiße Rebsorten angebaut. Wichtigste Rebsorte ist Silvaner, gefolgt von Weißburgunder, Riesling und Gewürztraminer, an roten Sorten gibt es Portugieser und Spätburgunder. Das Sortiment ist gegliedert in Guts-, Orts- („8°14′ E") und Lagenweine, zum Silvaner Harxheimer Lieth gesellt sich mit dem Jahrgang 2013 ein Riesling aus dem Schlossberg.

Kollektion

Es geht weiter voran bei Jens Windisch, die neue Kollektion ist seine bisher stärkste. Ein wunderschöner, nicht dosierter Silvaner-Sekt aus dem Jahrgang 2015 eröffnet den Reigen, er zeigt rauchig-würzige Noten, besitzt Fülle, Kraft und Länge. Die Gutsweine zeigen bestechend gleichmäßiges Niveau, sind klar und frisch, fruchtbetont und zupackend. Sehr gut sind die drei vorgestellten Ortsweine. Der Silvaner zeigt reintönige Frucht, besitzt Frische, Grip und Länge. Der Riesling ist konzentriert und würzig, klar, zupackend und strukturiert. Der Weißburgunder zeigt reife Frucht, weiße und gelbe Früchte, besitzt Fülle und Kraft, gute Struktur und Frische. Eine weitere Steigerung bringen die Lagenweine: Der Lieth-Silvaner zeigt reife Frucht im herrlich eindringlichen Bouquet, besitzt Substanz und Kraft, gute Struktur und Frische, der Riesling aus dem Schlossberg ist kraftvoll und konzentriert, stoffig und nachhaltig bei dezent mineralischen Noten. Zwei klare, zupackende Rotweine runden die rundum gelungene Kollektion ab.

Weinbewertung

88	2015 Silvaner Sekt „dosage zero"	12,5%/15,-€
84	2019 Silvaner trocken	12%/7,90€
84	2019 Riesling trocken	12%/7,90€
84	2019 „Weiß" Weißwein trocken	11,5%/6,-€
84	2019 Weißburgunder trocken	12%/7,90€
86	2019 Silvaner trocken „8grad14minuten"	12%/11,-€
87	2019 Riesling trocken „8grad14minuten"	12%/11,-€
87	2019 Weißburgunder trocken „8grad14minuten"	12%/11,-€
89	2019 Silvaner trocken Harxheimer Lieth	13%/19,-€
90	2019 Riesling trocken Harxheimer Schlossberg	12%/19,-€
84	2019 „Rot" Rotwein trocken	11,5%/6,-€
85	2018 Spätburgunder trocken	13,5%/7,90€

★ ★ ★

Michael Wiesler

Kontakt
Krozinger Straße 26
79219 Staufen
Tel. 07633-6905
Fax: 07633-6917
www.weingut-wiesler.de
kontakt@weingut-wiesler.de

Besuchszeiten
Weinverkauf ganzjährig
Mo.-Fr. 15-18:30 Uhr
Sa. 9-13:30 Uhr
Wiesler Gutsschänke
Apr./Mai, Sept./Okt., Do./Fr.
ab 17 Uhr, Sa./So. ab 16 Uhr

Inhaber
Michael Wiesler
Betriebsleiter
Michael Wiesler
Kellermeister
Michael Wiesler
Rebfläche
7 Hektar
Produktion
35.000 Flaschen

Karl Alfred Wiesler gründete 1927 das Weingut, das 1971 von den Söhnen Bernhard und Klaus Wiesler übernommen wurde. Michael Wiesler, der Sohn von Bernhard und Enkel des Gründers, übernahm 1990 den Betrieb, den er zusammen mit Ehefrau Kristina führt. 1994 modernisierten sie den Betrieb und errichteten einen Verkaufsraum, 2003 eröffneten sie dann die Gutsschänke. Die Weinberge liegen überwiegend in Hang- und Steillagen, alle im Staufener Schlossberg, wo die Reben auf Kalkverwitterungsböden wachsen. Ein Teil der Weinberge wurde bereits in den fünfziger Jahren gepflanzt. Gutedel ist die wichtigste Rebsorte im Betrieb, nimmt über ein Viertel der Rebfläche ein. Es folgen die Burgundersorten, Spätburgunder an erster Stelle, dann Weißburgunder und Grauburgunder, dazu gibt es etwas Riesling und Gewürztraminer.

Kollektion

Es ist auch in diesem Jahr so: Die Weine von Michael Wiesler sind enorm extraktreich. Das liegt zum einen an der deutlichen Reduzierung der Erträge, zum anderen am Alter der Reben. Es sind immer noch Spätburgunder und Grauburgunder im Ertrag, die 1954 gepflanzt wurden, also 66 Jahr alt sind. Schon der sehr leichte Gutedel ist zupackend, die gleiche Rebsorte aus der Linie Edition ist deutlich konzentrierter, stoffiger. Weißburgunder und Grauburgunder von 2019 sind schlank, zeigen aber auch schon die für die anderen Weine typische Mineralität. Die Griffigkeit vor allem der Editions-Weine hat auch den Grund, dass diese Weine ein ganzes Jahr auf der Vollhefe lagen. Das „Lieschen" aus der Editions-Linie wirkt fast lieblich nach den durchgegorenen Weinen, die Cuvée aus Riesling und Grauburgunder zeigt viel Frucht und wird gehalten von einer feinen Säure. Typisch und reintönig ist der Gewürztraminer Edition von 2018, aber auch hier steht der lange Hefekontakt und die Extraktdichte als strukturbildendes Element im Mittelpunkt. Stark sind immer noch die zupackend-saftigen Spätburgunder mit feiner Tanninstruktur von 2015 und 2013.

Weinbewertung

82	2019 Gutedel trocken Staufener Schlossberg	10%/5,90€
83	2019 Weißer Burgunder trocken Staufener Schlossberg	12%/7,90€
83	2019 Grauer Burgunder trocken Staufener Schlossberg	12,5%/7,90€
84	2018 Lieschen Weißwein trocken „Edition Wiesler" Staufener Schlossberg	13%/8,60€
85	2018 Gewürztraminer trocken „Edition Wiesler" Staufener Schlossberg	13,5%/10,60€
84	2018 Gutedel trocken „Edition Wiesler" Staufener Schlossberg	11,5%/7,50€
84	2018 Riesling trocken „Edition Wiesler" Staufener Schlossberg	12%/8,60€
86	2018 Weißer Burgunder trocken „Edition Wiesler" Staufener Schlossberg	13%/12,-€
85	2019 Gretchen Weißwein „Edition Wiesler" „feinherb" St. Schlossberg	12,5%/10,60€
82	2019 Spätburgunder Weißherbst „feinherb" Staufener Schlossberg	11,5%/7,90€
83	2015 Spätburgunder trocken Staufener Schlossberg	13,5%/8,30€
87	2013 Spätburgunder trocken „Edition Wiesler" Staufener Schlossberg	13%/22,-€

BADEN ▶ IHRINGEN

Ina Wihler

Kontakt
Kirchstraße 13
79241 Ihringen
Tel. 0176-41242123
www.wihlerwein.com
wihlerwein@outlook.de

Besuchszeiten
nach Vereinbarung
Vinohek im Weinhof;
Winter-Event, Weinproben
und Weinwanderungen nach
Vereinbarung

Inhaber
Ina Wihler
Betriebsleiter
Ina Wihler
Kellermeister
Ina Wihler
Außenbetrieb
Thomas Wihler
Rebfläche
2 Hektar
Produktion
6.000 Flaschen

Ina Wihler wollte die Weinberge ihrer Großmutter nicht verpachten und entschied sich, Winzerin zu werden. Nach dem Studium der Weinwirtschaft in Geisenheim machte sie im Jahr 2016 den ersten Wein. Seit 2017 arbeitet sie biologisch, die offizielle Umstellung und Zertifizierung sollen im kommenden Jahr in Angriff genommen werden. Ihr großes Ziel sind biologisch-dynamisch hergestellte Naturweine und maischevergorene Orange-Weine. Bisher leitete Ina Wihler das Weingut im Nebenerwerb, in Zukunft wird sie sich ganz dem eigenen Betrieb widmen. Im Außenbetrieb wird sie von ihrem Freund und von ihrem Vater, der viele Jahrzehnte in leitender Stellung in der Weinbranche tätig war, unterstützt. Die Trauben werden in einer alten Korbpresse schonend entsaftet, auch die weiteren Schritte der Weinbereitung erfolgen interventionsarm inklusive einer sehr geringen Schwefelung. Ina Wihler macht ausschließlich Landwein, damit kann sie frei und unabhängig arbeiten.

Kollektion

Zum Debüt zeigt uns Ina Wihler drei Weine vom Jahrgang 2017 und drei Weine vom Jahrgang 2019. Sie haben uns alle überzeugt. Hier ist jemand am Werk, die weiß, was sie will. Die klare Vorstellung ergibt eine klare Linie, die sich durch die Weine zieht. Der Grauburgunder von 2019 zeigt viel reife Frucht, ist mit seinem Birnenaroma sehr typisch, dazu kommt viel Würze, Schmelz und spielerische Kraft. Der Muskateller von 2019 ist mit 11,5 Volumenprozent Alkohol herrlich leicht und durchgegoren und erfreut mit einem kristallklaren typischen Aroma. Sehr gut ist der Pinot Nature von 2019, ein vier Monate auf der Maische in Barrique und Tonamphore vergorener Weißburgunder. Er hat das typische Apfel-Aroma, ist im Mund mehrdimensional, sehr frisch, sehr weinig, im Moment in einer reduktiven Phase - ein sehr gelungener Naturwein. Der Weißburgunder von 2017 hat ein elegantes, zurückhaltendes Bukett, im Mund viel Schmelz, Wärme und Kraft, salzige Länge. Der Spätburgunder von 2017 duftet fein nach reifen Wildkirschen, besitzt eine sehr schöne Balance von Frucht, Säure und Tannin. Der Cabernet Sauvignon von 2017 zeigt sehr typische reife rote und grüne Paprika im Bukett, auch im Mund sehr intensives Fruchtspiel, er ist sehr saftig mit einer guten, straffen Tanninstrukur. Sehr gutes, viel versprechendes Debüt!

Weinbewertung

86	2019 Muskateller trocken	11,5%/10,-€
85	2019 Grauburgunder trocken	13,5%/8,-€
86	2017 Weißburgunder „Maienbrunnen"	13,5%/12,-€
88	2019 Pinot „Nature"	12,5%/16,-€
86	2017 Spätburgunder trocken „Schachen"	13,5%/12,-€
88	2017 Cabernet Sauvignon trocken	14%/16,-€

FRANKEN — KITZINGEN

Gut Wilhelmsberg

★★

Kontakt
Innere-Sulzfelder Straße 14
97318 Kitzingen
Tel. 09231-4378
www.gut-wilhelmsberg.de
info@gut-wilhelmsberg.de

Besuchszeiten
Weinverkauf
Mo./Mi./Fr. 16-18:30 Uhr
Weinproben nach
Vereinbarung

Inhaber
Markus Heid
Betriebsleiter
Lukas Herrmann
Rebfläche
7,5 Hektar
Produktion
40.000 Flaschen

2018 hat eine Investorengruppe die 1845 gegründete Weinkellerei „Wilhelm Meuschel jr." in Kitzingen übernommen. Unter der Führung von Markus Heid aus Fellbach und mit Betriebsleiter Lukas Herrmann, der zuletzt bei Delegat's in Neuseeland gearbeitet hatte, soll das nun Gut Wilhelmsberg benannte Weingut sich nicht nur mit Weinen sondern auch Sekten am Markt etablieren. Unmittelbar mit der Übernahme wurde mit der Umstellung auf biologischen Weinbau begonnen, die 2021 abgeschlossen sein soll. Dem Weingut gehört die 4,5 Hektar große Monopollage Wilhelmsberg, die ihren Namen Anfang des 20. Jahrhunderts zu Ehren des Firmengründers Wilhelm Meuschel erhielt, die Reben wachsen auf steinhaltigen Muschelkalkböden. Dazu ist man im Wiesenbronner Geißberg (Keuperböden) vertreten, inzwischen auch im Escherndorfer Lump, die Rebfläche soll weiter vergrößert werden. Ein Drittel der Rebfläche nimmt Silvaner ein, es folgen Müller-Thurgau, Spätburgunder, Riesling und Domina, dazu gibt es Bacchus, Dornfelder, Kerner, Traminer und Sauvignon Blanc. Der erste Jahrgang 2018 wurde unter dem Namen Manufaktur Wilhelmsberg abgefüllt, erst mit dem Jahrgang 2019, den die neue Mannschaft komplett begleitete, wurde der neue Name Gut Wilhelmsberg genutzt. Das Sortiment ist gegliedert in Guts-, Orts- und Lagenweine.

Kollektion

Ein wunderschön rauchiger, kraftvoller Silvaner-Sekt eröffnet den Reigen. Die Gutsweine sind reintönig und zupackend, zeigen ein hohes, gleichmäßiges Einstiegsniveau. Der 2019er Kitzinger Silvaner ist herrlich eindringlich und reintönig, besitzt Fülle und Kraft, gute Struktur und Frucht. Der Wilhelmsberg-Silvaner ist im Jahrgang 2018 füllig, stoffig und kraftvoll, der 2019er besticht mit Reintönigkeit und Struktur, besitzt aber auch Kraft und Substanz. Der 2018er Wilhelmsberg-Riesling besitzt klare reife Frucht und viel Substanz, der Riesling Kabinett ist würzig, frisch und zupackend, die 2019er Spätlese besitzt Fülle und Saft. Ein beeindruckendes Debüt!

Weinbewertung

88	2018 Silvaner Sekt brut nature	12%/15,-€
84	2018 Silvaner trocken	12%/6,50€
85	2019 Silvaner trocken	12%/6,50€
84	2019 Riesling	12%/8,-€
84	2018 „1845" Weißwein trocken	12,5%/11,-€
87	2019 Silvaner trocken Kitzinger	12,5%/10,-€
88	2018 Silvaner trocken Kitzinger Wilhelmsberg	13,5%/15,-€
89	2019 Silvaner trocken Kitzinger Wilhelmsberg	12,5%/15,-€
87	2018 Riesling trocken Kitzinger Wilhelmsberg	13%/16,-€
84	2018 Riesling Kabinett Kitzinger	10,5%/9,-€
86	2019 Riesling Spätlese Kitzinger	10,5%/11,50€

PFALZ ■ SIEBELDINGEN

★★★★✩

Wilhelmshof

Kontakt
Queichstraße 1
76833 Siebeldingen
Tel. 06345-919147
Fax: 06345-919148
www.wilhelmshof.de
mail@wilhelmshof.de

Besuchszeiten
Mo.-Fr. 8-12 + 13-18 Uhr
Sa. 9-16 Uhr
und nach Vereinbarung

Inhaber
Familie Roth-Ochocki
Betriebsleiter
Barbara Roth
Kellermeister
Thorsten Ochocki
Rebfläche
18 Hektar
Produktion
150.000 Flaschen

Christa und Herbert Roth, beide Diplom-Önologen, übernahmen 1975 den Wilhelmshof. Christa Roths Vater, Wilhelm Jung, hatte 1949 mit der Flaschenweinvermarktung begonnen. Christa und Wilhelm Roth strukturierten die Weinberge um, konzentrierten sich ganz auf Riesling, Weißburgunder, Spätburgunder und Grauburgunder. Und sie begannen Sekte zu erzeugen, mit denen sie sich bald auch außerhalb der Region einen Namen machten, die Sekte werden ausschließlich brut oder extra brut angeboten. 2005 sind ihre Tochter Barbara und deren Ehemann Thorsten Ochocki in den Betrieb eingestiegen, den sie heute leiten.

Kollektion

In diesem Jahr liegt einmal kein Sekt an der Spitze einer Kollektion auf durchgehend hohem Niveau: Der Spätburgunder „Wilhelm" zeigt feine rauchige Noten, etwas Schwarzkirsche und Gewürznelke im Bouquet, am Gaumen ist die Frucht etwas heller, er besitzt Eleganz, eine jugendliche Struktur und gute Länge. Knapp dahinter liegen dann aber auch schon die beiden „Privé"-Sekte, der „Blanc de Noirs" zeigt feine hefige Würze, etwas Brotkruste und dezentes Holz, ist geradlinig, elegant und nachhaltig, der „Pinot B" zeigt deutliches Holz und viel gelbe Frucht, Quitte, Zitrusnoten, ist leicht füllig, besitzt aber auch ein animierendes Säurespiel. Unter den Weißweinen ist wieder der Grauburgunder von alten Reben unser Favorit, er besitzt gute Konzentration, zeigt klare Frucht, feine nussige Noten und etwas Holzwürze im Bouquet, ist geradlinig und nachhaltig, die Grauburgunder Spätlese zeigt viel gelbe Frucht, deutlich Birne und florale Noten, ist etwas präsenter und nachhaltiger als die Weißburgunder Spätlese, der Riesling von alten Reben ist fruchtbetont mit Noten von Ananas und Orangenschale, ist elegant, animierend und lang.

Weinbewertung

86	2017 Riesling Sekt extra brut Siebeldinger Königsgarten	12,5%/13,-€
88	2017 Pinot „Blanc de Noirs" Sekt brut Siebeldingen Königsgarten	12%/17,-€
89	2014 Pinot „Blanc de Noirs Privé" Sekt brut nature im Sonnenschein	12,5%/24,-€
89	2016 Pinot „B Privé" Sekt brut Siebeldingen Königsgarten	12%/24,-€
84	2019 Riesling Kabinett trocken „Buntsandstein" Frankweiler	11,5%/7,50€
85	2019 Weißer Burgunder Kabinett trocken „Muschelkalk"	13%/7,50€
88	2019 Riesling Spätlese trocken „Alte Reben" Frankweiler Petersbuckel	12,5%/19,-€
87	2019 Weißer Burgunder Spätlese trocken Siebeldingen Im Sonnenschein	13,5%/12,-€
88	2019 Grauer Burgunder Spätlese trocken Siebeldingen Im Sonnenschein	13,5%/12,-€
89	2019 Grauer Burgunder Spätlese trocken „Alte Reben" im Sonnenschein	13,5%/19,-€
85	2015 Spätburgunder trocken „Muschelkalk" Siebeldingen	13,5%/11,-€
88	2018 Spätburgunder Spätlese trocken Siebeldinger Im Sonnenschein	13,5%/21,-€
90	2018 Spätburgunder Spätlese trocken „Wilhelm Alte Reben"	13%/35,-€

MOSEL ▬ KONZ-OBEREMMEL

★★★★

Willems-Willems

Kontakt
Mühlenstraße 13
54329 Konz-Oberemmel
Tel. 06501-15816
Fax: 06501-150387
www.weingut-willems.de
info@weingut-willems.de

Besuchszeiten
Mo.-Sa. 9-18 Uhr
Ferienappartments

Inhaber
Carolin & Jürgen Hofmann
Betriebsleiter
Peter Thelen
Kellermeister
Peter Thelen
Rebfläche
6,8 Hektar
Produktion
42.000 Flaschen

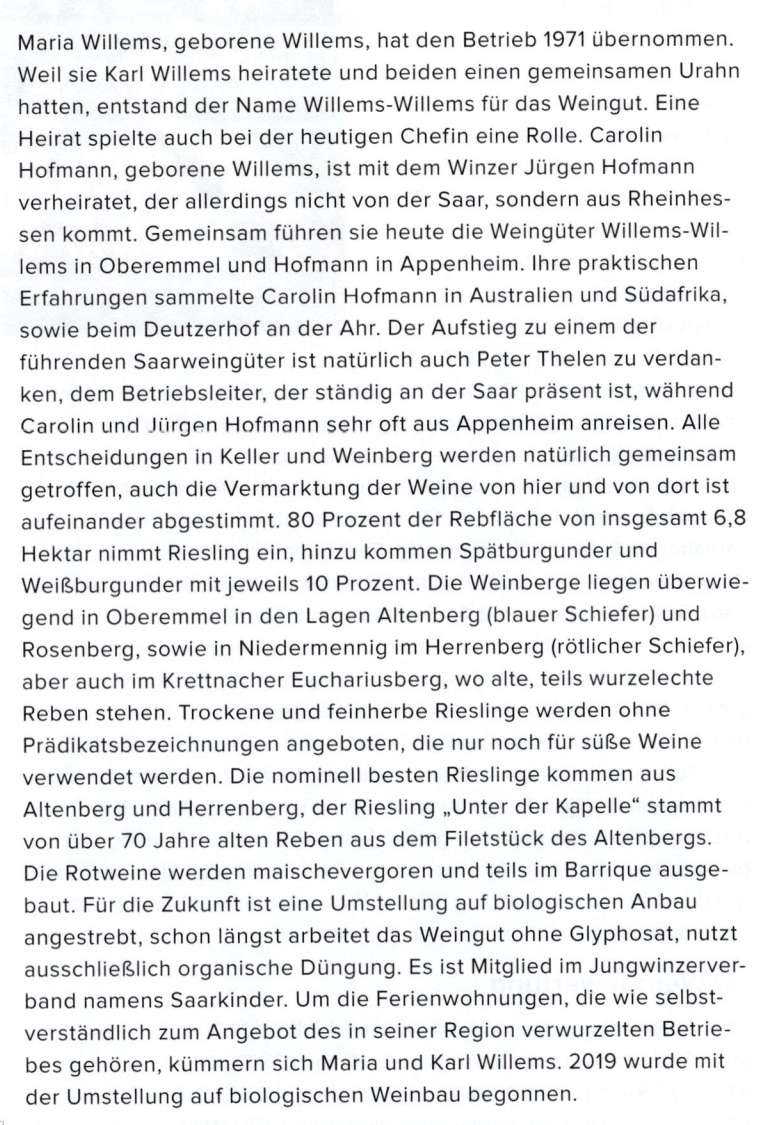

Maria Willems, geborene Willems, hat den Betrieb 1971 übernommen. Weil sie Karl Willems heiratete und beiden einen gemeinsamen Urahn hatten, entstand der Name Willems-Willems für das Weingut. Eine Heirat spielte auch bei der heutigen Chefin eine Rolle. Carolin Hofmann, geborene Willems, ist mit dem Winzer Jürgen Hofmann verheiratet, der allerdings nicht von der Saar, sondern aus Rheinhessen kommt. Gemeinsam führen sie heute die Weingüter Willems-Willems in Oberemmel und Hofmann in Appenheim. Ihre praktischen Erfahrungen sammelte Carolin Hofmann in Australien und Südafrika, sowie beim Deutzerhof an der Ahr. Der Aufstieg zu einem der führenden Saarweingüter ist natürlich auch Peter Thelen zu verdanken, dem Betriebsleiter, der ständig an der Saar präsent ist, während Carolin und Jürgen Hofmann sehr oft aus Appenheim anreisen. Alle Entscheidungen in Keller und Weinberg werden natürlich gemeinsam getroffen, auch die Vermarktung der Weine von hier und von dort ist aufeinander abgestimmt. 80 Prozent der Rebfläche von insgesamt 6,8 Hektar nimmt Riesling ein, hinzu kommen Spätburgunder und Weißburgunder mit jeweils 10 Prozent. Die Weinberge liegen überwiegend in Oberemmel in den Lagen Altenberg (blauer Schiefer) und Rosenberg, sowie in Niedermennig im Herrenberg (rötlicher Schiefer), aber auch im Krettnacher Euchariusberg, wo alte, teils wurzelechte Reben stehen. Trockene und feinherbe Rieslinge werden ohne Prädikatsbezeichnungen angeboten, die nur noch für süße Weine verwendet werden. Die nominell besten Rieslinge kommen aus Altenberg und Herrenberg, der Riesling „Unter der Kapelle" stammt von über 70 Jahre alten Reben aus dem Filetstück des Altenbergs. Die Rotweine werden maischevergoren und teils im Barrique ausgebaut. Für die Zukunft ist eine Umstellung auf biologischen Anbau angestrebt, schon längst arbeitet das Weingut ohne Glyphosat, nutzt ausschließlich organische Düngung. Es ist Mitglied im Jungwinzerverband namens Saarkinder. Um die Ferienwohnungen, die wie selbstverständlich zum Angebot des in seiner Region verwurzelten Betriebes gehören, kümmern sich Maria und Karl Willems. 2019 wurde mit der Umstellung auf biologischen Weinbau begonnen.

🎂 Kollektion

Der Stil des Weinguts Willems-Willems ist einfach zu beschreiben: Die Weine sind sehr fein, nicht expressiv oder gar explosiv, eher duftig, straff, ohne übertriebenen Alkohol. Gelegentlich neigt man dazu, die hier erzeugten Rieslinge zu unterschätzen, weil sie sich so zart präsentieren. Bei der Verkostung zeigte sich diesmal, dass die Weine sehr gewinnen, wenn sie etwas Luft bekommen, Zeit zur Entwicklung erhalten. Der Einstiegswein, der „Schiefer" genannte Riesling aus

Oberemmel, zeigt eine feine Kernobst-Kräuter-Aromatik, ist dann fest und würzig, eher schlank, aber animierend. Der 2019er Lagenwein aus dem Herrenberg in trockener Version wirkte zum Zeitpunkt der Verkostung noch verhalten, zeigte Hefe-, Kernobst- und Kräuteraromatik, wirkte straff, fein und präzise. Präsenter sind dagegen der 2018er Herrenberg und der 2018er Karlsberg. Schon der feinherbe Kabinettwein ist gelungen, nur dezent süß, straff und fest, der feinherbe Lagenwein aus 2018 ist nochmals spannender. Dazwischen liegen der saftige „Auf der Lauer" und der würzige, eigenständige, fast trocken wirkende Rosenberg-Riesling. Ausgezeichnet gefallen die beiden süßen Kabinette. Der Wein aus dem Niedermenniger Herrenberg wirkt offen, duftet nach Apfel, Hefe und Kräuter, ist im Mund sehr präzise mit einer sehr verhaltenen Süße, straff und rassig. Fast ebenso präzise, aber in der Nase etwas reifer wirkt der Kabinett aus dem Krettnacher Euchariusberg. Schließlich Spät- und Auslese aus dem Oberemmeler Altenberg. Bei beiden ist die Süße nur verhalten, wenn man sie mit Weinen der gleichen Prädikatsstufe aus anderen Weingütern der Region vergleicht. Schon die Aromatik der Spätlese begeistert, der Wein zeigt eine kühle, noch hefig-kräuterige Note, in der auch frisches Steinobst eine Rolle spielt; im Mund ist eine zupackende Würze vorherrschend, die Süße bleibt unauffällig, der Nachhall ist lang und präzise. Die Auslese wirkt in der Nase nur ganz leicht reifer, besitzt Anklänge an getrockneten Apfel und Melone sowie einen Hauch von Steinobst, ist würzig, kühl, präzise und lang. Dieser Wein ist sehr animierend und dürfte sich ausgezeichnet entwickeln.

Carolin & Jürgen Hofmann

🍇 Weinbewertung

87	2019 Riesling trocken „Schiefer" Oberemmel	12%/11,20€
90	2018 Riesling trocken Oberemmeler Karlsberg	12%/22,50€
91	2018 Riesling trocken Niedermennig Herrenberg	12%/22,50€
90	2019 Riesling trocken Niedermennig Herrenberg	12%/22,50€
87	2019 Riesling „feinherb" „Auf der Lauer" Oberemmel	10,5%/11,20€
89	2019 Riesling „feinherb" Oberemmeler Rosenberg	11%/11,20€
87	2019 Riesling Kabinett „feinherb"	10%/8,80€
89	2018 Riesling „feinherb" Oberemmel Altenberg	12%/22,50€
90	2019 Riesling Kabinett Niedermenniger Herrenberg	9%/11,-€ ☺
89	2019 Riesling Kabinett Krettnacher Euchariusberg	9%/11,-€ ☺
91	2019 Riesling Spätlese Oberemmeler Altenberg	8%/14,-€ ☺
91	2019 Riesling Auslese Oberemmeler Altenberg	8%/17,80€ ☺

Lagen
Altenberg (Oberemmel)
Rosenberg (Oberemmel)
Karlsberg (Oberemmel)
Herrenberg (Niedermennig)
Euchariusberg (Krettnach)

Rebsorten
Riesling (80 %)
Spätburgunder (10 %)
Weißburgunder (10 %)

PFALZ ▬ BURRWEILER

★ ☆

Wind-Rabold

Kontakt
Wein- und Sektgut
Wind-Rabold
Gaisbergstraße 9
76835 Burrweiler
Tel. 06345-3692
Fax: 06345-5226
www.wind-rabold.de
wein@wind-rabold.de

Besuchszeiten
Mo.-Fr. 11-13 Uhr
Sa. 9-17 Uhr
oder nach Vereinbarung
Jahrgangspräsentation
(Ende April)
Sommergutsausschank
(im August)
Weinfest (Ende August)
Rotweinpräsentation im
Sandsteingewölbekeller
(im November)

Inhaber
Christoph, Rita & Josef Rabold

Kellermeister
Christoph Rabold

Rebfläche
16 Hektar

Produktion
70.000 Flaschen

Rita und Josef Rabold führen das Weingut in fünfter Generation, seit 2014 unterstützt von Sohn Christoph, der mittlerweile zunehmend die Verantwortung im Keller und bei der Vermarktung übernimmt. Ihre Weinberge liegen vor allem in Burrweiler (Altenforst, Schäwer, Schlossgarten), aber auch in Hainfeld (Kapelle), Flemlingen, Böchingen und Arzheim. Dort wurde die Betriebsfläche in der Lage Kalmit, die von Landschnecken- und Muschelkalk geprägt ist, erweitert. Zwei Drittel der Weinberge nehmen weiße Sorten ein, vor allem Riesling, mit einem Flächenanteil von 28 Prozent, aber auch Müller-Thurgau, Weißburgunder, Grauburgunder, Silvaner, Chardonnay, Sauvignon Blanc, Auxerrois, Muskateller und Gewürztraminer. An roten Sorten gibt es Spätburgunder, Sankt Laurent, Dornfelder und Regent. Sekt spielt eine wichtige Rolle im Betrieb, bereits seit 1994 werden eigene Sekte erzeugt.

Kollektion

Gleich fünf verschiedene Sekte der Familie Rabold konnten wir in diesem Jahr verkosten, die alle fruchtbetont sind: Sehr gut gefallen uns der ausdrucksstarke Chardonnay mit klaren Aromen von Aprikose, Banane, Quitte und Zitrusfrüchten, der Frische und ein nachhaltiges Säurespiel besitzt und der Pinot Blanc, der etwas zurückhaltender in der Frucht ist und ebenfalls Frische besitzt. Die beiden Lagenrieslinge sind schlank und animierend, der Kalmit zeigt viel klare, jugendliche Frucht, gelben Apfel, Orangenschale und leicht kalkige Würze, der Altenforst ist etwas komplexer, zeigt leicht kräutrige und rauchigmineralische Noten und besitzt guten Grip. Sehr gut sind auch der leicht florale, cremige Grauburgunder, der dezentes Holz und klare Birnen- und Melonenfrucht zeigt und der kraftvolle, gut strukturierte Spätburgunder mit dunkler Kirschfrucht, dezenten Röstnoten und Mokka im Bouquet.

Weinbewertung

84	2016 Riesling Sekt brut	12,5%/8,50€
85	2018 Pinot Blanc Sekt brut	12,5%/9,-€
86	2018 Chardonnay Sekt brut	12,5%/9,50€
83	2016 St. Laurent Rosé Sekt trocken	12,5%/9,30€
84	2018 Roter Muskateller Sekt trocken	12,5%/10,90€
83	2019 Weißburgunder trocken „Muschelkalk" Arzheimer Kalmit	13%/6,50€
84	2019 Sauvignon Blanc trocken	12,5%/6,50€
85	2018 Grauburgunder trocken „CR"	13%/9,50€
83	2019 Gewürztraminer Spätlese trocken Burrweiler Schlossgarten	12,5%/6,50€
84	2019 Riesling trocken „Muschelkalk" Arzheimer Kalmit	12%/6,50€
85	2019 Riesling trocken „Schiefer" Burrweiler Altenforst	12%/6,50€
85	2018 Spätburgunder Spätlese trocken Burrweiler Schlossgarten	14,5%/9,50€

WÜRTTEMBERG ▸ BRACKENHEIM

Winkler

★

Kontakt
Stockheimer Straße 13
74336 Brackenheim
Tel. 07135-13023
www.winklerwein.de
info@winklerwein.de

Besuchszeiten
Mo.-Fr. 18-20 Uhr
Sa. 9-16 Uhr
Besen „Uff'm Scheuraboda"
(Termine siehe Webseite)
Wohnmobilstellplätze

Inhaber
Thomas Winkler
Betriebsleiter
Thomas Winkler
Kellermeister
Markus Winkler
Außenbetrieb
Markus & Thomas Winkler
Rebfläche
5,5 Hektar

Thomas Winkler führt diesen Brackenheimer Familienbetrieb, Sohn Markus Winkler ist für den Weinausbau verantwortlich. Die Weinberge liegen in den Brackenheimer Lagen Zweifelberg und Wolfsaugen sowie im Haberschlachter Dachsberg, die Reben wachsen auf Gipskeuperböden. Das Sortenspektrum ist groß, man baut eine breite Palette von den in Württemberg üblichen roten Rebsorten wie Trollinger, Lemberger, Spätburgunder, Schwarzriesling, Samtrot, Portugieser und Dornfelder an, aber auch Merlot, Regent, Cabernet Mitos und Zweigelt. An weißen Sorten gibt es Riesling, Chardonnay, Muskateller und Kerner.

Kollektion

Beim guten Debüt im vergangenen Jahr hatten uns die Rotweine besonders gut gefallen, der Lemberger ebenso wie die rote Cuvée Nexximus, allen voran aber der Merlot aus dem Jahrgang 2017. Auch sein Nachfolger aus dem Jahrgang 2018 ist sehr gut, zeigt reintönige Frucht im Bouquet, rote Früchte, feine Frische, ist herrlich klar und zupackend im Mund, besitzt gute Struktur und feine Frucht. Besser noch aber gefällt uns die im Barrique ausgebaute rote Cuvée Maxximus, ebenfalls aus dem Jahrgang 2018, die herrlich eindringlich und konzentriert im Bouquet ist, viel Frucht zeigt, rote Früchte, frisch im Mund ist, klar und zupackend, gute Struktur und reife Frucht besitzt. Der Trollinger im Liter ist klar und frisch im Bouquet und ebenso im Mund, besitzt Säure und Biss. Sehr gleichmäßig präsentieren sich die drei vorgestellten Weißweine aus dem Jahrgang 2019. Der feinherbe Riesling ist würzig und eindringlich im Bouquet, frisch und fruchtbetont im Mund, besitzt feine süße Frucht. Der Muskateller, halbtrocken ausgebaut, ist frisch und würzig im Bouquet mit einer typischen Muskatnote, ist klar und kompakt im Mund, angenehm zurückhaltend. Unser Favorit im weißen Segment ist der Chardonnay, der gute Konzentration und viel reife Frucht im Bouquet zeigt, etwas weiße Früchte. Während sein Jahrgangsvorgänger aus dem Jahrgang 2018 im vergangenen Jahr mehr auf Frische und Grip setzte, besitzt der 2019er Fülle und Kraft, reintönige reife Frucht, gute Struktur und Substanz. Feine, kleine Kollektion! ◂

Weinbewertung

84	2019 Chardonnay trocken	13 %/6,-€
82	2019 Riesling „feinherb"	10,5 %/6,-€
83	2019 Muskateller	11 %/6,50 €
80	2019 Trollinger trocken Haberschlachter Dachsberg (1l)	12,5 %/4,60 €
85	2018 Merlot trocken	14 %/8,-€
87	2018 „Cuveé Maxximus" Rotwein trocken	14 %/16,-€

WEINGUT WINKLER
BRACKENHEIM · WÜRTTEMBERG

★★★★✮ von **Winning**

Kontakt
Weinstraße 10
67146 Deidesheim
Tel. 06326-221
Fax: 06326-7920
www.von-winning.de
weingut@von-winning.de

Besuchszeiten
Vinothek:
Mo.-Fr. 8-18 Uhr
Sa. 10-18 Uhr
So./Feiertage 11-18 Uhr
Restaurant Leopold Mo.-So.
12-24 Uhr; durchgehend
warme Küche 12-21 Uhr

Inhaber
Familie Niederberger
Betriebsleiter
Stephan Attmann
Kellermeister
Kurt Rathgeber
Außenbetrieb
Joachim Jaillet
Rebfläche
64 Hektar
Produktion
500.000 Flaschen

Das Weingut Dr. Deinhard entstand 1849, im Jahr nach der Heirat von Friedrich Deinhard (Sohn des Besitzers der Wein- und Sektkellerei Deinhard in Koblenz) mit Auguste Jordan, die ihre geerbten Weinberge in die Ehe einbrachte. Ihr Sohn Andreas Deinhard baute den Besitz aus, nach seinem Tod übernahm sein Schwiegersohn Hauptmann von Winning die Führung des Gutes. Nach dessen Tod erwarb es die Familie Hoch, die es 2007 an den inzwischen verstorbenen Achim Niederberger verkaufte, der zuvor schon die Weingüter Reichsrat von Buhl und Bassermann-Jordan erworben hatte. Das Weingut besitzt Weinberge in besten Lagen von Deidesheim (Mäushöhle, Grainhübel, Paradiesgarten, Kalkofen, Kieselberg, Herrgottsacker, Langenmorgen, Leinhöhle), Forst (Ungeheuer – 4 Hektar, Jesuitengarten, Pechstein und Kirchenstück) und Ruppertsberg (Reiterpfad, Nußbien, Linsenbusch, Spiess). 85 Prozent der Rebfläche nimmt Riesling ein, hinzu kommen Weißburgunder, Grauburgunder, Chardonnay, Gewürztraminer und Spätburgunder, inzwischen auch Sauvignon Blanc. Das Weingut hat nach der Übernahme durch Achim Niederberger den Namen von Winning erhalten und bietet seit dem Jahrgang 2008 zur Linie „Dr. Deinhard" (Ausbau im Edelstahl) auch eine Linie „von Winning" an: Über Maischestandzeiten, Holzeinsatz, langes Hefelager, keine Schönung und möglichst moderate Filtration möchte Betriebsleiter Stephan Attmann seiner Vorstellung von einem großen trockenen Riesling nahe kommen.

Kollektion

Alle trockenen Rieslinge, angefangen bei der Basis bis hinauf zu den beiden über den Großen Gewächsen angesiedelten Selektionen „MarMar" und „Ozyetra" besitzen in diesem Jahr eine deutliche Restsüße, die etwas zu Lasten der Präzision der Weine geht. In der Spitze besitzen die Weine aber unzweifelhaft gute Substanz und Konzentration, der Holzeinsatz ist perfekt und bei manchen der Weine nicht zu spüren, an der Spitze sehen wir den „MarMar" aus dem Ungeheuer, der sehr feine röstige Würze und etwas gelbe Frucht zeigt, am Gaumen dann mit Pfirsich- und Ananasnoten noch deutlicher in der Frucht ist, animierend, leicht salzig und sehr nachhaltig ist, knapp dahinter liegt der ein Jahr ältere und trotzdem noch sehr jugendliche „Ozyetra" aus dem Pechstein, der Noten von gerösteten Haselnüssen und dezente rauchig-mineralische Würze zeigt, feine Zitrusnoten und eine leicht cremige Textur besitzt, druckvoll, nachhaltig und enorm elegant ist. Unter den sechs verkosteten Großen Gewächsen sehen wir knapp den Pechstein vor dem Kirchenstück, er zeigt rauchig-mineralische Würze und klare Frucht, gelben Apfel, Ananas, etwas Pfirsich, besitzt leicht salzige Noten, ist sehr animierend und nachhaltig, der Kirchenstück ist zunächst verhalten, braucht viel Luft, besitzt leicht süße Frucht, viel feinen Druck, leicht salzige Noten und Potential. Der Weißburgunder „500" zeigt feine Röstnoten und gelbe

Frucht, Pfirsich und Zitrusnoten, ist salzig, animierend und noch sehr jung, besitzt Potential, der Weißburgunder „I" zeigt ein fruchtbetontes Bouquet mit Aromen von Birne, Quitte und Aprikose, ist kraftvoll und besitzt Grip, der Chardonnay „I" zeigt feine röstige Würze, etwas Pfirsich und Zündholz im Bouquet, besitzt am Gaumen Noten von Salzzitrone, eine lebendige Säure und gute Länge. Neu im Programm ist der enorm starke Pinot Noir aus dem Gewann Hart im Ölberg, er zeigt ein feines, komplexes Bouquet mit Noten von Schwarzkirsche, Kirschkern, Hagebutte und etwas Minze, besitzt am Gaumen kühle, kräutrige Würze und noch jugendliche Tannine, ist sehr nachhaltig, der „Violette" ist etwas heller in der Frucht, zeigt rote Johannisbeere, Hagebutte und Waldboden im Bouquet, ist noch leicht reduktiv und könnte sich noch steigern, wirkt am Gaumen noch ganz straff, fast streng und besitzt ebenfalls noch jugendliche Tannine.

Weinbewertung

88	Pinot Sekt brut	12,5%/24,-€
83	2019 Riesling trocken „Drache"	12,5%/8,80€
85	2019 Riesling trocken „WinWin"	12,5%/11,-€
86	2019 Riesling trocken Deidesheimer	12%/13,-€
85	2019 Sauvignon Blanc trocken „II"	12,5%/11,-€
87	2019 Riesling trocken Deidesheimer Paradiesgarten	11,5%/15,50€
87	2019 Riesling trocken Deidesheimer Mäushöhle	12%/15,50€
88	2019 Riesling trocken Ruppertsberger Reiterpfad	12%/16,50€
89	2019 Riesling trocken Königsbacher Ölberg	12%/19,50€
90	2017 Weißer Burgunder trocken „I"	14%/25,-€
90	2018 Chardonnay trocken „I"	13,5%/28,-€
91	2018 Weißer Burgunder trocken „500"	14%/40,-€
90	2018 Riesling „GG" Grainhübel	13%/28,-€
91	2018 Riesling „GG" Ungeheuer	13%/35,-€
91	2018 Riesling „GG" Kalkofen	13%/35,-€
92+	2018 Riesling „GG" Pechstein	13%/59,-€
92	2018 Riesling „GG" Kirchenstück	13%/79,-€
90	2018 Riesling „GG" Kieselberg	13%/35,-€
94	2018 Riesling „MarMar"	13%/85,-€
93+	2017 Riesling trocken „Ozyetra"	13%/105,-€
84	2019 Rosé trocken „WinWin"	12%/12,90€
89	2017 Pinot Noir trocken „Royale"	13%/18,-€
91+	2017 Pinot Noir trocken „Violette"	13,5%/49,-€
92	2018 Pinot Noir trocken Königsbacher Ölberg Hart	13%/59,-€

Lagen
Kalkofen (Deidesheim)
Grainhübel (Deidesheim)
Kieselberg (Deidesheim)
Langenmorgen (Deidesheim)
Kalkofen (Deidesheim)
Ungeheuer (Forst)
Pechstein (Forst)
Kirchenstück (Forst)
Jesuitengarten (Forst)
Reiterpfad (Ruppertsberg)
Ölberg (Königsbach)

Rebsorten
Riesling (85 %)

BADEN — HEIDELBERG-ROHRBACH

★★★☆

Hans Winter

Kontakt
Weingasse 2
69126 Heidelberg-Rohrbach
Tel. 06221-336717
Fax: 06221-395235
www.weingut-hanswinter.de
info@weingut-hanswinter.de

Besuchszeiten
Mo.-Fr. ab 17:30 Uhr
Sa. 9-13 Uhr
oder nach Vereinbarung

Inhaber
Hans Winter
Kellermeister
Hans Christian Winter
Rebfläche
8,1 Hektar
Produktion
60.000 Flaschen

Das Weingut Winter liegt mitten im historischen Ortskern des Heidelberger Stadtteils Rohrbach, wo die Familie schon seit Jahrhunderten Weinbau betreibt. Die Weinberge von Hans Winter liegen in den Heidelberger Lagen Burg und Herrenberg, die Reben wachsen am Hangfuß auf Löss, oben in der Lage Burg auf Sandsteinverwitterungsböden, im Herrenberg auf Kalkstein. Weiße Sorten dominieren im Anbau, vor allem Riesling, der ein Viertel der Rebfläche einnimmt. Die Burgundersorten gewinnen immer mehr an Bedeutung, Grauburgunder und Weißburgunder, auch Auxerrois, dazu gibt es Chardonnay, zuletzt wurde etwas Muskateller gepflanzt. Knapp ein Viertel der Weinberge nehmen rote Sorten ein, neben Spätburgunder und Portugieser gibt es Dornfelder und Regent. Die Weißweine werden kühl und langsam vergoren, alle Rotweine werden maischevergoren, im Holz ausgebaut. Für den Weinausbau ist Hans Winters Sohn Hans Christian Winter verantwortlich.

Kollektion

Das Basissegment überzeugt, bietet hohes, gleichmäßiges Niveau, unsere leichte Präferenz gilt 2019 dem strukturierten, kraftvollen Grauburgunder und dem reintönigen, fülligen Chardonnay – und dem Neuling im Programm, dem zupackenden, würzigen Muskateller. Die beiden trockenen Riesling Spätlesen zeigen schön die Lagenunterschiede: Wer es mineralischer und präziser mag, wird den Johann Georg vom Muschelkalk vorziehen, wer Fülle und Saft sucht, liegt beim Valentin vom Buntsandstein goldrichtig. Der süffige Rosé ist eine Allzweckwaffe, herausragender Wein im Programm aber ist der Spätburgunder R, der rauchige Noten und reintönige Frucht besitzt: Da kommt Pinot-Feeling auf!

Weinbewertung

84	2019 Auxerrois trocken Heidelberger Burg	12,5%/7,50€
84	2019 Weißburgunder trocken Heidelberger Herrenberg	13%/7,50€
85	2019 Grauburgunder trocken Heidelberger Burg	13%/7,50€
85	2019 Chardonnay trocken Heidelberger Burg	13%/7,50€
85	2019 Muskateller trocken Heidelberger Burg	12,5%/7,50€
84	2019 Riesling Kabinett trocken Heidelberger Herrenberg	12%/7,50€
88	2019 Riesling Spätlese trocken „Johann Georg" H. Herrenberg	13%/9,50€ ☺
87	2019 Riesling Spätlese trocken „Valentin" Heidelberger Herrenberg	13%/10,-€
86	2019 Chardonnay „S" trocken Heidelberger Burg	13,5%/12,-€
85	2019 Riesling Spätlese Heidelberger Herrenberg	10,5%/9,50€
85	2019 Spätburgunder Rosé trocken Heidelberger Herrenberg	12,5%/7,50€
82	2018 Spätburgunder trocken Heidelberger Herrenberg	13,5%/8,-€
83	2018 Dornfelder trocken Heidelberger Herrenberg	13,5%/6,-€
84	2018 Spätburgunder „S" trocken Heidelberger Herrenberg	14%/12,-€
89	2018 Spätburgunder „R" trocken Heidelberger Herrenberg	14%/19,50€

PFALZ — NIEDERKIRCHEN

★ ★ ☆

Winterling

Kontakt
Wein- und Sektgut Winterling
Im Brühl 15
67150 Niederkirchen
Tel. 06326-8952
Fax: 06326-980436
www.winterling-sekt.de
info@winterling-sekt.de

Besuchszeiten
Mo.-Fr. 9-18 Uhr
Sa. 10-16 Uhr
Austern-Sektprobe (Samstage an Adventstagen)

Inhaber/ Betriebsleiter
Anne & Martin Winterling,
Sebastian Winterling,
Susanne Winterling-Eichberger
Kellermeister
Sebastian Winterling
Außenbetrieb
Martin Winterling
Rebfläche
12 Hektar
Produktion
100.000 Flaschen

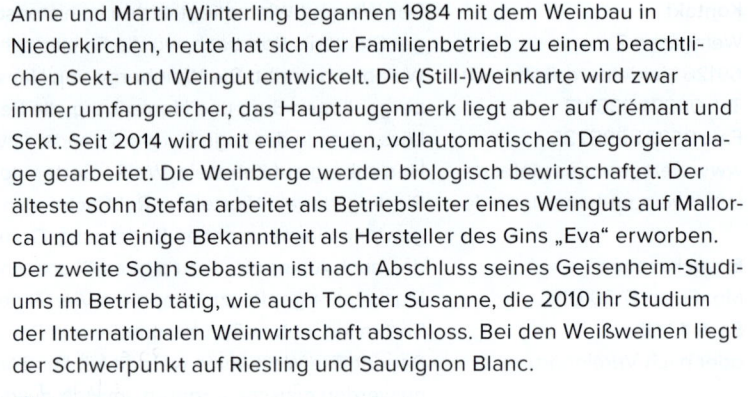

Anne und Martin Winterling begannen 1984 mit dem Weinbau in Niederkirchen, heute hat sich der Familienbetrieb zu einem beachtlichen Sekt- und Weingut entwickelt. Die (Still-)Weinkarte wird zwar immer umfangreicher, das Hauptaugenmerk liegt aber auf Crémant und Sekt. Seit 2014 wird mit einer neuen, vollautomatischen Degorgieranlage gearbeitet. Die Weinberge werden biologisch bewirtschaftet. Der älteste Sohn Stefan arbeitet als Betriebsleiter eines Weinguts auf Mallorca und hat einige Bekanntheit als Hersteller des Gins „Eva" erworben. Der zweite Sohn Sebastian ist nach Abschluss seines Geisenheim-Studiums im Betrieb tätig, wie auch Tochter Susanne, die 2010 ihr Studium der Internationalen Weinwirtschaft abschloss. Bei den Weißweinen liegt der Schwerpunkt auf Riesling und Sauvignon Blanc.

Kollektion

Wie schon in den vergangenen Jahren liegen die Stärken der Kollektion ganz klar bei den Crémants, zu unserem Favoriten der vergangenen Jahre, dem „Geliebten Gretchen" kommt dieses Mal als zweite Spitze der „La Coulée d'Or" aus Chardonnay, Spätburgunder und Schwarzriesling hinzu, der 57 Monate auf der Hefe lag, eindringliche Noten von Brotkruste und etwas Trockenfrüchten zeigt und kraftvoll und animierend ist, das „Geliebte Gretchen" zeigt dezente Reifenoten, etwas Kirsche, ist konzentriert, cremig und lang. Sehr gut sind auch der Riesling-Crémant vom Reiterpfad mit klaren Zitrusnoten und animierender Säure, der cremige und frische Pinot und die beiden Rosés, der „Fleur de Rosé" mit roter und gelber Frucht, Noten von Kirsche und Quitte und der Pinot Rosé, der nur minimal geschwefelt wurde und viel rote Beerenfrucht zeigt und ein lebendiges Säurespiel besitzt. Der „Blanc de Blancs" aus Chardonnay zeigt dezente Brotkruste, ist gelbfruchtig und frisch und der Riesling besitzt klare Zitruswürze. Unter den Stillweinen gefallen uns die beiden Sauvignon Blancs am besten.

Weinbewertung

85	2018 Riesling Crémant brut	13%/12,-€
86	2018 „Blanc de Blancs" Crémant brut	12%/13,-€
87	2017 Pinot Crémant brut	12,5%/13,-€
87	2018 Riesling Crémant brut Ruppertsberger Reiterpfad	12,5%/14,50€
89	2014 „La Coulée d'Or" Crémant brut	13%/16,-€
89	2014 „Geliebtes Gretchen" „Blanc de Noirs" Crémant brut	13%/23,-€
87	2018 Pinot Rosé Crémant brut	12%/13,-€
87	2017 „Fleur de Rosé" Crémant brut	12%/14,50€
83	2019 Riesling trocken „Drei Lagen"	12,5%/7,90€
85	2019 Sauvignon Blanc Kabinett trocken	13%/9,90€
85	2019 Sauvignon Blanc Kabinett „Süße Sovie"	8,5%/12,50€
83	2019 Spätburgunder & Schwarzriesling Rosé Kabinett trocken	12%/7,50€

SAALE-UNSTRUT ▶ FREYBURG

★ ★

Winzervereinigung

Kontakt
Winzervereinigung Freyburg-Unstrut, Querfurter Straße 10
06632 Freyburg
Tel. 034464-30616
Fax: 034464-30666
www.winzervereinigung-freyburg.de
info@winzervereinigung-freyburg.de

Besuchszeiten
Weingalerie Mo.-Fr. 7-18 Uhr,
Sa. 10-18 Uhr, So. & Feiertage
10-16 Uhr

Mitglieder ca. 400
Geschäftsführer
Hans-Albrecht Zieger
Kellermeister
Kathleen Romberg
Rebfläche 400 Hektar

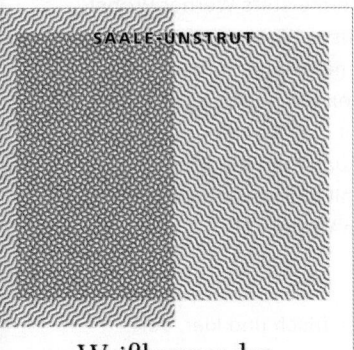

Die 1934 gegründete Winzervereinigung Freyburg ist heute der größte Erzeuger in den ostdeutschen Anbaugebieten. Fünf große Agrarbetriebe mit zusammen 240 Hektar Weinbergen sind Mitglied, dazu 420 Winzer, die zusammen weitere 120 Hektar bewirtschaften. 2015 hat die der Winzervereinigung angeschlossene Agrargenossenschaft Gleina die Thüringer Weinberge des sächsischen Weinguts Schloss Proschwitz übernommen, deren Weine bisher als „Weinhaus Weimar" vermarktet wurden, nun unter dem Namen „Werkstück Weimar" das Sortiment ergänzen. Die Sortenvielfalt bei den Mitgliedern der Winzervereinigung ist groß: Müller-Thurgau, Silvaner, Kerner, Riesling, Weißburgunder, Grauburgunder, Traminer, Bacchus und Gutedel, dazu gibt es Hölder, Morio-Muskat und Ortega. Rote Rebsorten nehmen ein Viertel der Fläche ein: Dornfelder, Portugieser, Spätburgunder, Lemberger, Zweigelt, André und Regent. Die Weine werden als Qualitätsweine angeboten, von fünf Sorten werden trockene Spätlesen erzeugt.

Kollektion

Der 2017er Zweigelt aus der Kellermeisteredition führte im vergangenen Jahr eine überzeugende, gleichmäßige Kollektion an, und auch in diesem ist mit der roten Edition 2020 ein Wein der Kellermeisteredition unser Favorit: Viel Konzentration und intensive Frucht kennzeichnen das Bouquet, der Wein ist füllig und kraftvoll, besitzt gute Struktur und Substanz. Auch die beiden Schloss Neuenburg-Rotweine überzeugen, der Zweigelt ist kraftvoll und reintönig, der André würzig, eindringlich und zupackend. Im weißen Segment gefallen uns zwei trockene Spätlesen am besten: Der Riesling vom Steigraer Hahnenberge ist würzig, füllig und wunderschön saftig, der rosenduftige Traminer vom Höhnstedter Steineck besitzt reintönige Frucht und gute Substanz. Auch sonst überzeugt die Kollektion mit durchweg guten, sortentypischen Weinen: Ein gelungener Jahrgang! ◀

Weinbewertung

83	2018 Auxerrois Sekt extra trocken „Werkstück Weimar" Poetenweg	12,5%/14,90€
81	2019 Bacchus trocken	12%/6,-€
82	2019 Kerner trocken	11,5%/6,10€
85	2019 Riesling Spätlese trocken Steigraer Hahnenberge	12%/8,90€
83	2019 Weißburgunder trocken Bereich Schloss Neuenburg	12,5%/6,50€
83	2019 Grauburgunder Spätlese trocken Dorndorfer Rappental	12,5%/9,70€
84	2019 Auxerrois trocken „Werktag" „Werkstück Weimar"	12%/8,10€
82	2019 Sauvignon Blanc trocken „Werkstück Weimar"	12%/8,90€
85	2019 Traminer Spätlese trocken Höhnstedter Steineck	13%/8,90€
84	2018 Blauer Zweigelt trocken Bereich Schloss Neuenburg	12,5%/8,10€
84	2018 André trocken Bereich Schloss Neuenburg	12%/8,40€
87	„Rot Rot Rot Edition 2020" trocken „Kellermeisteredition"	13%/14,50€

★★★★ Hans Wirsching

Kontakt
Ludwigstraße 16
97346 Iphofen
Tel. 09323-87330
Fax: 09323-873390
www.wirsching.de
info@wirsching.de

Besuchszeiten
Mo.-Fr. 8-18 Uhr
Sa. 9-18 Uhr
So. + Feiertage 10-12:30 Uhr
Restaurant „Zur Iphöfer Kammer" (Marktplatz 24)

Inhaber
Familie Wirsching
Geschäftsführerin
Andrea Wirsching
Vertrieb und Organisation
Dr. Uwe Matheus
Oenologe
Dr. Klaus-Peter Heigel
Rebfläche
90 Hektar
Produktion
650.000 Flaschen

Das Weingut Wirsching gehört heute zu den größten und renommiertesten Weingütern in Franken. Seit 1630, seit nunmehr vierzehn Generationen, ist es in Familienbesitz, das heutige Stammhaus stammt aus dem 16. Jahrhundert. Hans Wirsching legte nach dem Zweiten Weltkrieg den Grundstein für das heutige Gut, er wurde für Silvaner bekannt und war der Erste, der in Franken Scheurebe pflanzte und war auch mitverantwortlich dafür, dass die beste Iphöfer Lage den Namen Julius-Echter-Berg erhielt. Seine Söhne Heinrich Wirsching und der 1990 verstorbene Hans Wirsching erweiterten seit 1966 den Betrieb. Heute steht die älteste Tochter Andrea zusammen mit ihrem Vater Heinrich Wirsching in der Verantwortung, unterstützt vom langjährigen Betriebsleiter Uwe Matheus. Die Wirschings verfügen über beträchtlichen Weinbergbesitz in den Iphöfer Renommierlagen Julius-Echter-Berg (gut ein Drittel der Lage gehört dem Weingut Wirsching), Kronsberg und Kalb, wo die Böden aus Gipskeuper mit Einlagen von Schilfsandstein bestehen. Auch in benachbarten Gemeinden besitzt man Weinberge, diese Trauben werden für die Gutsweine verwendet. Wichtigste Rebsorte ist der Silvaner mit einem Anteil von 40 Prozent. Es folgen Riesling, Grau- und Weißburgunder, aber auch Scheurebe und Spätburgunder, Gewürztraminer, Rieslaner, Müller-Thurgau, Bacchus und Chardonnay werden angebaut. An der Spitze der Kollektion stehen vier Große Gewächse, je zwei Rieslinge und Silvaner, aus den Lagen Julius-Echter-Berg und Kronsberg. 2015 hat Klaus-Peter Heigel die Nachfolge des langjährigen Kellermeisters Werner Probst angetreten. Die Großen Gewächse des Hauses Wirsching können hervorragend reifen, das bestätigen sie immer wieder in Vertikalproben, nicht nur der Riesling, auch der Silvaner. Sie überzeugen in den letzten Jahren – wie das gesamte Sortiment der überwiegend durchgegoren ausgebauten Weine – mit Frische und Klarheit, Rasse und Eleganz. Die Großen Gewächse kommen seit einigen Jahren erst im zweiten auf die Ernte folgenden Jahr in den Verkauf.

Kollektion

Der Gutssilvaner ist würzig und eindringlich, frisch und klar, der Iphöfer Müller-Thurgau besitzt feine Frische, klare Frucht und Grip. Spannend wird es mit den Erste Lage-Weinen aus Julius-Echter-Berg und Kronsberg. Der Echter-Berg-Silvaner zeigt gute Konzentration, klare reife Frucht, etwas Birnen, ist füllig und harmonisch im Mund, besitzt gute Struktur und reife Frucht. Der Riesling zeigt feine Würze und gute Konzentration, viel reife Frucht, punktet mit Fülle und Saft, mit reifer Frucht und Substanz. Auch bei den Alte Reben-Weinen aus dem Kronsberg gefällt uns der Riesling besonders gut, zeigt gelbe Früchte und Pfirsiche, ist harmonisch im Mund, füllig, besitzt gute

Struktur, Substanz und Frische. Gleichauf sehen wir den Weißburgunder, der reintönige Frucht und feine Würze im Bouquet zeigt, klar und zupackend im Mund ist bei klarer Frucht. Der birnenduftige Silvaner von alten Reben besitzt Fülle und Kraft, reife Frucht und Substanz. Die Scheurebe von alten Reben ist wie immer eine sichere Bank, ist fruchtbetont, intensiv, herrlich reintönig, besitzt Frische im Mund, reintönige Frucht und Grip. Die TriTerra genannte Cuvée zeigt viel Konzentration und rauchige Noten, besitzt Fülle, Kraft und viel Substanz, ist deutlich vom Ausbau im Holz geprägt und muss sich noch harmonisieren. An der Spitze des trockenen Teils der Kollektion stehen die Großen Gewächse aus dem Julius-Echter-Berg, beide aus dem Jahrgang 2018. Der Silvaner ist konzentriert und dominant im Bouquet, zeigt viel reife Frucht, ist füllig und harmonisch im Mund bei viel Substanz. Unsere leichte Präferenz gilt im Jahrgang 2018 dem Riesling, der würzig und klar ist, etwas gelbe Früchte zeigt, dezent Orangen und Zitrus im Hintergrund, frisch und zupackend im Mund ist, gute Struktur und Grip besitzt. In prächtiger Verfassung präsentieren sich auch die Jahrgänge 2015 und 2016, beide sind sehr präsent, reintönig und füllig, beide braucht man noch lange nicht zu öffnen. Aber es gibt ein weiteres Highlight in der aktuellen Kollektion: Die Riesling Trockenbeerenauslese aus dem Julius-Echter-Berg, Jahrgang 2019, zeigt viel Konzentration, Litschi, kandierte Früchte, ist süß, konzentriert und dominant – auch sie wird ein Langstreckenläufer sein.

Andrea Wirsching

Weinbewertung

82	2019 Silvaner trocken	12,5%/7,-€
83	2019 Müller-Thurgau trocken Iphöfer	12,5%/7,80€
87	2019 Silvaner trocken Iphöfer Julius-Echter-Berg	13%/14,50€
88	2019 Riesling trocken Iphöfer Julius-Echter-Berg	13%/14,50€
87	2019 Silvaner trocken „Alte Reben" Iphöfer Kronsberg	13,5%/14,50€
89	2019 Riesling trocken „Alte Reben" Iphöfer Kronsberg	13,5%/14,50€
89	2019 Weißburgunder trocken „Alte Reben" Iphöfer Kronsberg	13,5%/16,50€
88	2019 Scheurebe trocken „Alte Reben" Iphöfer Kronsberg	13,5%/14,50€
88	2018 „TriTerra" Weißwein trocken	14%/19,50€
91	2018 Silvaner „GG" Iphöfer Julius-Echter-Berg	13%/34,-€
91	2015 Riesling „GG" Iphöfer Julius-Echter-Berg	13,5%
91	2016 Riesling „GG" Iphöfer Julius-Echter-Berg	13,5%
92	2018 Riesling „GG" Iphöfer Julius-Echter-Berg	13%/34,-€
92	2019 Riesling Trockenbeerenauslese Iphöfer Julius-Echter-Berg	6,5%/80,-€/0,375l

Lagen
Julius-Echter-Berg (Iphofen)
Kronsberg (Iphofen)
– Kammer (Iphofen)
Kalb (Iphofen)

Rebsorten
Silvaner (40 %)
Riesling (22 %)
Weißburgunder (8 %)
Scheurebe (7 %)
Spätburgunder (7 %)

RHEINHESSEN ▶ WESTHOFEN

★★★★★

Wittmann

Kontakt
Mainzer Straße 19
67593 Westhofen
Tel. 06244-905036
Fax: 06244-5578
www.wittmannweingut.com
info@wittmannweingut.com

Besuchszeiten
nach Vereinbarung

Inhaber
Günter & Philipp Wittmann
Rebfläche
30 Hektar
Produktion
200.000 Flaschen

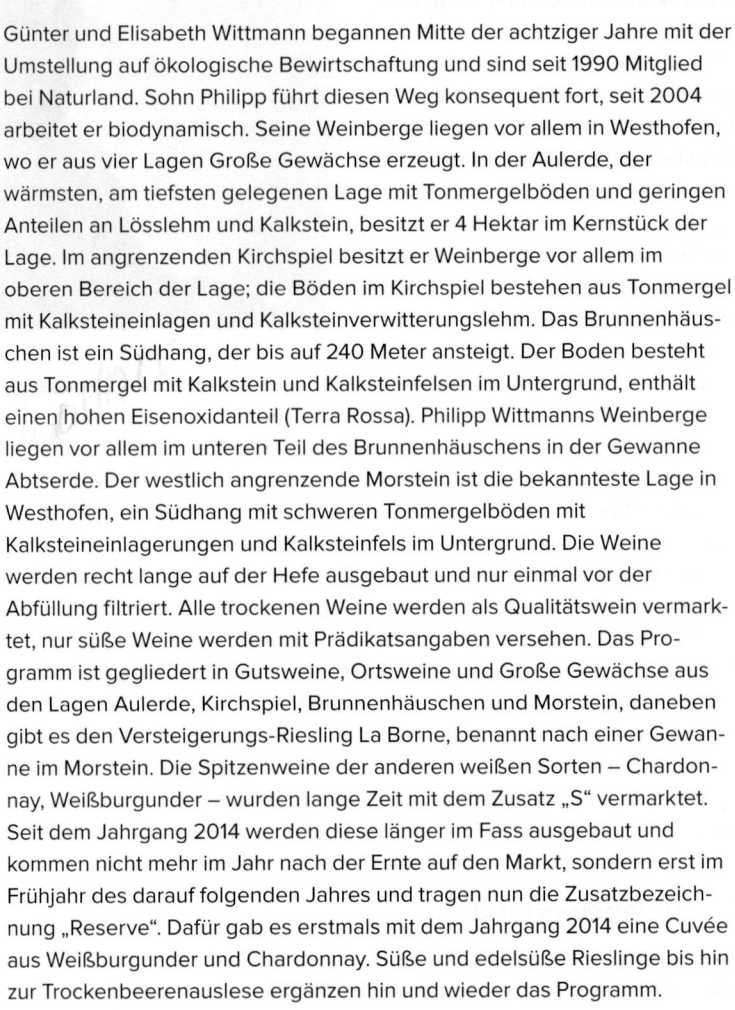

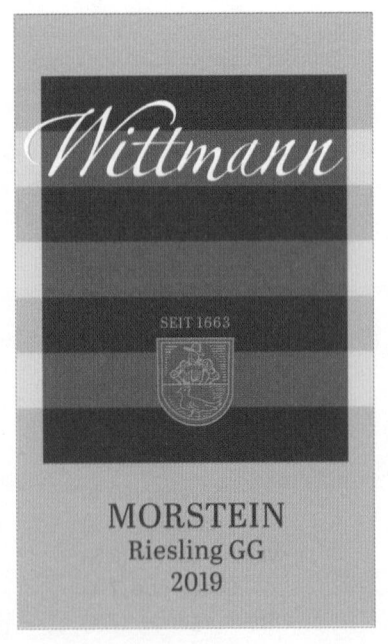

Günter und Elisabeth Wittmann begannen Mitte der achtziger Jahre mit der Umstellung auf ökologische Bewirtschaftung und sind seit 1990 Mitglied bei Naturland. Sohn Philipp führt diesen Weg konsequent fort, seit 2004 arbeitet er biodynamisch. Seine Weinberge liegen vor allem in Westhofen, wo er aus vier Lagen Große Gewächse erzeugt. In der Aulerde, der wärmsten, am tiefsten gelegenen Lage mit Tonmergelböden und geringen Anteilen an Lösslehm und Kalkstein, besitzt er 4 Hektar im Kernstück der Lage. Im angrenzenden Kirchspiel besitzt er Weinberge vor allem im oberen Bereich der Lage; die Böden im Kirchspiel bestehen aus Tonmergel mit Kalksteineinlagen und Kalksteinverwitterungslehm. Das Brunnenhäuschen ist ein Südhang, der bis auf 240 Meter ansteigt. Der Boden besteht aus Tonmergel mit Kalkstein und Kalksteinfelsen im Untergrund, enthält einen hohen Eisenoxidanteil (Terra Rossa). Philipp Wittmanns Weinberge liegen vor allem im unteren Teil des Brunnenhäuschens in der Gewanne Abtserde. Der westlich angrenzende Morstein ist die bekannteste Lage in Westhofen, ein Südhang mit schweren Tonmergelböden mit Kalksteineinlagerungen und Kalksteinfels im Untergrund. Die Weine werden recht lange auf der Hefe ausgebaut und nur einmal vor der Abfüllung filtriert. Alle trockenen Weine werden als Qualitätswein vermarktet, nur süße Weine werden mit Prädikatsangaben versehen. Das Programm ist gegliedert in Gutsweine, Ortsweine und Große Gewächse aus den Lagen Aulerde, Kirchspiel, Brunnenhäuschen und Morstein, daneben gibt es den Versteigerungs-Riesling La Borne, benannt nach einer Gewanne im Morstein. Die Spitzenweine der anderen weißen Sorten – Chardonnay, Weißburgunder – wurden lange Zeit mit dem Zusatz „S" vermarktet. Seit dem Jahrgang 2014 werden diese länger im Fass ausgebaut und kommen nicht mehr im Jahr nach der Ernte auf den Markt, sondern erst im Frühjahr des darauf folgenden Jahres und tragen nun die Zusatzbezeichnung „Reserve". Dafür gab es erstmals mit dem Jahrgang 2014 eine Cuvée aus Weißburgunder und Chardonnay. Süße und edelsüße Rieslinge bis hin zur Trockenbeerenauslese ergänzen hin und wieder das Programm.

Kollektion

Gleich fünf Gutsweine konnten wir in diesem Jahr verkosten, sie zeigen durchweg sehr gutes Niveau. Der Silvaner ist schlank, frisch, geradlinig und zupackend. Die Scheurebe ist wunderschön reintönig, leicht floral, zeigt dezent Holunder, ist sehr präzise im Mund, schön zurückhaltend. Der Riesling zeigt gute Konzentration, weiße und etwas gelbe Früchte, ist füllig und harmonisch, besitzt reife Frucht, gute Struktur, Frische und Grip – ein toller Gutsriesling! Der Grauburgunder zeigt gute Konzentration und klare reife Frucht, ist füllig und saftig, reintönig, besitzt gute Struktur und Frische. Besonders gut gefällt uns wieder einmal der Weißburgunder, der wunderschön reintönig ist, harmonisch, frisch und lang. Die Cuvée aus Weißburgunder und Chardonnay ist füllig und saftig, besitzt viel reife Frucht und Substanz. Früher gab es nur einen Orts-Riesling bei Philipp Wittmann, den Westhofener, dann kam der Niersteiner hinzu, dann der Gundersheimer. Erstmals seit dem Jahrgang 2016 konnten wir alle drei nebeneinander verkosten. Der Vergleich ist spannend: Der Gundersheimer ist recht offen, zeigt gelbe Früchte, ist füllig und saftig, kraftvoll, besitzt gute Struktur und Grip; der Niersteiner ist spannend wie nie, ist würziger, eindringlicher, herrlich kraftvoll und strukturiert, zupackend und nachhaltig; unsere leichte Präferenz, bei gleicher Bewertung, gilt dem Westhofener, der sehr offen und sehr gelbfruchtig ist, an reife gelbe Beeren denken lässt, wunderschön reintönig, harmonisch und kraftvoll ist. Tolle Ortsweine! Und noch faszinierender sind die Großen Gewächse. Der Wein aus der Aulerde trumpft 2019 groß auf, zeigt viel Konzentration, viel reife Frucht, rauchige Noten, ist kraftvoll und präzise, füllig und druckvoll, sehr lang. Das Kirchspiel zeigt rauchige Noten, viel reife Frucht, ist reintönig und füllig, besitzt viel reife Frucht, Substanz und Länge. Das Brunnenhäuschen zeigt gute Konzentration, rauchige Noten, ist klar, zupackend, strukturiert, besitzt Präzision und Frische – und hat Potenzial. Was auch für den Morstein gilt, der im Bouquet recht offen ist, sehr präsent und intensiv, ganz dezent Marzipan im Hintergrund zeigt, im Mund dann extrem fordernd ist, kraftvoll, jugendlich, zupackend, noch Zeit braucht. Der Versteigerungs-Riesling La Borne präsentiert sich im Jahrgang 2019 in blendender Form, ist offen zeigt viel reife Frucht, ist auch im Mund enorm fruchtbetont, konzentriert, aber noch sehr jugendlich.

Weinbewertung

86	2019 Silvaner trocken	11,5%/9,40€
89	2019 Weißer Burgunder trocken	12,5%/12,-€ ☺
88	2019 Grauer Burgunder trocken	12,5%/12,-€
88	2019 Riesling trocken	12%/12,-€
88	2019 Scheurebe trocken	12%/12,40€
90	2019 Weißer Burgunder & Chardonnay trocken Westhofener	12,5%/20,-€
89	2019 Riesling trocken Gundersheimer	12%/18,50€
91	2019 Riesling trocken Niersteiner	12,5%/22,50€
91	2019 Riesling trocken Westhofener	12,5%/22,50€
94	2019 Riesling „GG" Westhofener Aulerde	12,5%/38,50€
93	2019 Riesling „GG" Westhofener Kirchspiel	12,5%/48,50€
93	2019 Riesling „GG" Westhofener Brunnenhäuschen	12,5%/58,50€
95	2019 Riesling „GG" Westhofener Morstein	12,5%/58,50€
93	2019 Riesling trocken „Alte Reben La Borne"	12,5%/Vst.

Lagen
Morstein (Westhofen)
Kirchspiel (Westhofen)
Aulerde (Westhofen)
Brunnenhäuschen (Westhofen)

Rebsorten
Riesling (75 %)
Burgundersorten (20 %)

★★★★✩ Wöhrle

Kontakt
Weinbergstraße 3
77933 Lahr
Tel. 07821-25332
Fax: 07821-39398
www.woehrle-wein.de
info@woehrle-wein.de

Besuchszeiten
Mo.-Fr. 17-19 Uhr,
Sa. 10-14 Uhr,
gerne nach Vereinbarung

Inhaber
Markus & Tanja Wöhrle
Rebfläche
16 Hektar
Produktion
100.000 Flaschen

Das Weingut der Familie Wöhrle ist ein Familienbetrieb, der 1979 aus dem traditionsreichen Weingut der Stadt Lahr und dem Weinbaubetrieb Wöhrle entstanden ist. 1988 haben Hans und Monika Wöhrle ein Drittel der Rebfläche auf ökologische Bewirtschaftung umgestellt, seit 1990 wird die gesamte Fläche ökologisch bewirtschaftet. Heute führt ihr Sohn Markus Wöhrle zusammen mit Ehefrau Tanja den Betrieb. Die Reben stehen alle am Lahrer Schutterlindenberg. Da der Schutterlindenberg aber mit der Einführung des Deutschen Weingesetzes zur Großlage „befördert" wurde, nutzt man seit dem Jahrgang 2004 anstelle der Bezeichnung Schutterlindenberg den Lagennamen Lahrer Kronenbühl. Die Großen Gewächse tragen seit dem Jahrgang 2009 die Lagenbezeichnungen Herrentisch und Kirchgasse. Der Herrentisch ist eine 5 Hektar große Südlage mit tiefgründigen Löss- und Lösslehmböden, von dort kommt aus einem halben Hektar großen Weinberg der Weißburgunder. Grau- und Spätburgunder kommen aus der Kirchgasse, einem 3 Hektar großen Südhang mit humusreichem Lösslehmboden, der sich im Alleinbesitz des Weingutes befindet und als neue Einzellage anerkannt wurde. Im Anbau dominieren die Burgundersorten und Riesling, bereits seit 1990 gibt es auch Chardonnay, hinzu kommen ein wenig pilzresistente Sorten wie Johanniter und Bronner. Rote Sorten nehmen inzwischen 30 Prozent der Rebfläche ein, Spätburgunder ist die wichtigste Rebsorte im Betrieb. Alle Weine werden grundsätzlich durchgegoren. Die weißen Großen Gewächse werden komplett im Halbstück ausgebaut, zur Hälfte werden neue Fässer genutzt, der Spätburgunder aus der Kirchgasse wird in neuen Barriques ausgebaut. Das Sortiment ist vierstufig gegliedert, wobei das Basis-Segment (die Gutsweine) praktisch keine Bedeutung hat. Wichtig im Programm sind die Lahrer Ortsweine, die ehemaligen Kabinettweine, die seit dem Jahrgang 2014 keine Prädikatsbezeichnung mehr tragen, aber nach wie vor „Kabinett-Charakter" aufweisen. Dann folgen die Erste Lage-Weine aus dem Kronenbühl, die früheren trockenen Spätlesen. An der Spitze der Kollektion stehen die Großen Gewächse, Grauburgunder und Spätburgunder aus Kirchgasse und Weißburgunder aus Herrentisch, seit dem Jahrgang 2012 gibt es den Chardonnay Gottsacker von den ältesten Chardonnayreben, die in der gleichnamigen Gewanne auf tiefgründigen, kalkhaltigen Böden wachsen. Seit der ersten Ausgabe empfehlen wir die Weine der Wöhrles, in den jüngsten Jahrgängen hat Markus Wöhrle in der Spitze weiter zugelegt, zunächst bei den Weißweinen, in den letzten Jahren aber auch beim Spätburgunder, die Großen Gewächse präsentieren sich komplex und nachhaltig, legen stetig zu, gehören regelmäßig zur badischen und deutschen Spitze.

Kollektion

Intensiv und typisch duftet der Muskateller Ortswein, am Gaumen zeigt er viel Frucht, die von etwas Süße unterstützt wird. Das passt gut zum leicht salzigen Finale - der Wein hat also Substanz. Das Bouquet des Auxerrois Ortswein ist deutlich reduktiv, sehr steinig, im Hintergrund zeigt sich feine helle Frucht. Am Gaumen ist er sehr saftig, mit erfrischender, feiner Säure, überzeugt durch Leichtigkeit. Im vergangenen Jahr waren die Grauburgunder und Weißburgunder Ortsweine sehr üppig ausgefallen, die 2019er haben wieder den gewohnten „Kabinett"-Charakter. Der Weißburgunder ist hellfruchtig, schön leicht, hat aber Substanz - dafür sorgt eine lebhafte Säure mit gutem Grip. Der Grauburgunder ist etwas fülliger in der Aromatik, auch die Säurestruktur ist etwas breiter angelegt. Ein sehr gutes Ortswein-Quartett! Die Weine aus Erster Lage waren im vergangenen Jahr mächtiger als gewohnt, wie bei den Ortsweinen hat Markus Wöhrle auch hier die Wucht reduziert. Beim Weißburgunder Lahrer Kronenbühl gesellt sich zur Frucht im Bouquet etwas Würze, die sich am Gaumen verstärkt. Der Wein hat Schmelz und ist druckvoll, das bewegt sich in einem eleganten Gleichgewicht. Der Grauburgunder besitzt ein feinwürziges Bouquet, am Gaumen zeigt er saftigen Schmelz, druckvolle Substanz und Länge. Der Chardonnay ist der eleganteste der Erste-Lage-Weißweine, feinste Würze und helle Frucht spielen mit viel Frische. Der Chardonnay Gottsacker ist das einzige vorgestellte Große Gewächs von 2019. Er ist fruchtbetont in der Nase, baut am Gaumen viel Druck und Spannung auf, zeigt noch sehr jugendliche Holzwürze. Der Spätburgunder Lahrer Kronenbühl zeigt viel Kirschfrucht, ist ein strahlend klarer Wein mit druckvollen, jugendlichen Gerbstoffen. Der Spätburgunder Kirchgasse zeigt eine etwas dunklere, rauchige Aromatik, besitzt am Gaumen viel Biss und Frische, ist noch druckvoller.

🍇 Weinbewertung

87	2019 Auxerrois trocken Lahrer	12%/9,80€
87	2019 Weißburgunder trocken Lahrer	12,5%/9,50€
86	2019 Grauburgunder trocken Lahrer	12,5%/9,50€
86	2019 Muskateller trocken Lahrer	12%/10,-€
88	2019 Weißburgunder trocken Lahrer Kronenbühl	13%/14,50€
88	2019 Grauburgunder trocken Lahrer Kronenbühl	13%/14,50€
89	2019 Chardonnay trocken Lahrer Kronenbühl	13%/18,-€
91	2019 Chardonnay „GG" „Gottsacker" Lahrer Kronenbühl	13%/28,-€
90	2018 Spätburgunder trocken Lahrer Kronenbühl	13,5%/21,-€
92	2018 Spätburgunder „GG" Lahrer Kirchgasse	13%/34,-€

Markus & Tanja Wöhrle

Lagen
Kronenbühl (Lahr)
– Gottsacker (Lahr)
Herrentisch (Lahr)
Kirchgasse (Lahr)

Rebsorten
Spätburgunder (27 %)
Grauburgunder (24 %)
Weißburgunder (16 %)
Auxerrois (13 %)
Müller-Thurgau (5 %)
Chardonnay (5 %)
Riesling (3 %)
Muskateller (2 %)

PFALZ ➤ BOCKENHEIM

★★

Wöhrle

Kontakt
Leininger Ring 64
67278 Bockenheim
Tel. 06359-4215
Fax: 06359-949367
www.weingut-woehrle.de
info@weingut-woehrle.de

Besuchszeiten
Sa. 9-15 Uhr
oder nach Vereinbarung

Inhaber
Andreas Wöhrle
Rebfläche
13,5 Hektar
Produktion
75.000-80.000 Flaschen

Der im 18. Jahrhundert errichtete Hof ist seit 1844 im Besitz der Familie. Martin Wöhrle hatte 1964 den Betrieb von seinem Großonkel übernommen, sich nach und nach mit ökologischer Wirtschaftsweise beschäftigt, bereits seit 1980 erfolgt die Bewirtschaftung nach ökologischen Richtlinien, Martin Wöhrle war Gründungsmitglied bei Ecovin. Sohn Andreas Wöhrle trat nach dem Abschluss seines Studiums 1999 in den Betrieb ein, schon vorher war er für den Weinausbau verantwortlich. Seine Weinberge liegen in den Bockenheimer Lagen Vogelsang, Schlossberg, Heiligenkirche und Goldgrube. Riesling ist die wichtigste Rebsorte, es folgen Weiß-, Spät- und Grauburgunder und Müller-Thurgau, dazu gibt es Merlot, Cabernet Sauvignon, Chardonnay, Cabernet Blanc, Portugieser, Gewürztraminer, Auxerrois und Dornfelder.

Kollektion

Bei einigen Weinen, die regelmäßig zu unseren Favoriten gehören, kann Andreas Wöhrle sich in diesem Jahr sogar noch steigern, allen voran bei dem sehr guten Cabernet Sauvignon, der klare Frucht, schwarze Johannisbeere, etwas Kakao und dunkle Schokolade im Bouquet zeigt, am Gaumen sehr gut eingebundenes Holz, jugendliche Tannine und gute Länge besitzt. Das Holz bleibt auch bei dem kraftvollen Spätburgunder aus dem Schlossberg dezent, der im Bouquet Schwarzkirsche und etwas Gewürznoten zeigt, stärker als im vergangenen Jahr finden wir auch den Auxerrois, der feine rauchig-florale Würze zeigt, viel gelbe Frucht, Schmelz und Länge besitzt. Bei den Rieslingen ist der Wein aus der Goldgrube fruchtbetont, besitzt ein animierendes Säurespiel, der „Alte Reben" zeigt kräutrige Noten, besitzt Frische. Zum ersten Mal konnten wir auch einen Orangewein von Andreas Wöhrle verkosten, der Cabernet Blanc wurde drei Wochen auf der Maische vergoren, ungeschwefelt und unfiltriert gefüllt, im eindringlichen Bouquet zeigt er viel kräutrige Würze und Zitrusnoten, besitzt Kraft, Struktur, ist animierend, leicht salzig und lang – eine spannende Interpretation der Rebsorte.

Weinbewertung

81	2019 Riesling trocken (1l)	12,5%/6,-€
87	2019 Auxerrois Spätlese trocken Bockenheimer Vogelsang	13,5%/9,-€
83	2019 Weißer Burgunder trocken Bockenheimer Grafenstück	12,5%/6,50€
84	2019 Grauer Burgunder trocken Bockenheimer Schlossberg	13,5%/7,50€
83	2019 Riesling trocken Grafenstück Bockenheimer	12,5%/6,50€
84	2019 Riesling Kabinett trocken „vom Vogelsang" Bockenheim	12%/7,50€
86	2019 Riesling Spätlese trocken „aus der Goldgrube" Bockenheim	13%/9,-€
86	2019 Riesling Spätlese trocken „Alte Reben" Bockenheimer Vogelsang	13%/11,-€
88	2018 Cabernet Blanc trocken „Orangewine"	13,5%/18,-€
85	2018 Spätburgunder trocken Bockenheimer Vogelsang	13%/9,-€
87	2018 Spätburgunder Spätlese trocken Bockenheimer Schlossberg	14,5%/15,-€
88	2018 Cabernet Sauvignon trocken Bockenheimer Schlossberg	14%/17,50€

WÜRTTEMBERG ■ STUTTGART-UNTERTÜRKHEIM

★★★★   # Wöhrwag

Kontakt
Grunbacher Straße 5, 70327
Stuttgart-Untertürkheim
Tel. 0711-331662
Fax: 0711-332431
www.woehrwag.de
info@woehrwag.de

Besuchszeiten
Mo.-Fr. 8-12:30 + 14-18 Uhr,
Sa. 9-14 Uhr

Inhaber
Hans-Peter Wöhrwag
Außenbetrieb
Carsten Kämpf
Rebfläche
20 Hektar
Produktion
150.000 Flaschen

Hans-Peter Wöhrwag kehrte 1989 auf das elterliche Weingut zurück, nach Lehre in der Pfalz und am Kaiserstuhl, nach Geisenheim-Studium und praktischen Erfahrungen im Napa Valley. Seither hat er, unterstützt von Ehefrau Christin, das Weingut zum führenden Stuttgarter Betrieb aufgebaut. Seine Weinberge liegen im Untertürkheimer Herzogenberg, einer Lage im Alleinbesitz von Hans-Peter Wöhrwag. Die Böden dieses etwa 40 Prozent steilen Südhanges bestehen aus Gipskeuper, durchsetzt mit kalkhaltigem Sedimentgestein, das schon von jeher Kreidenstein genannt wurde. Hans-Peter Wöhrwag baut zu 55 Prozent weiße Sorten, zu 45 Prozent rote Sorten an. Wichtigste Rebsorte ist Riesling, der 40 Prozent der Fläche einnimmt. Hinzu kommen Weiß- und Grauburgunder, aber auch ein wenig Sauvignon Blanc, Müller-Thurgau und Muskateller. Bei den roten Sorten dominierte früher der Trollinger. Nach dem schweren Hagel 2000 rodete Hans-Peter Wöhrwag aber zwei Hektar Trollinger und legte dort Lemberger an, der inzwischen die wichtigste rote Rebsorte ist. Nach Merlot und Trollinger folgen Spätburgunder und Cabernet Sauvignon. Merlot wurde anfangs nur für Cuvées verwendet, 2008 gab es den ersten sortenreinen Merlot. Im roten Segment spielen Cuvées eine wichtige Rolle: Moritz, Philipp und X heißen diese. Die Cuvée X bestand ursprünglich aus Merlot und Lemberger, heute besteht sie aus Merlot, Cabernet Sauvignon und ein klein wenig Cabernet Franc, die Cuvée Philipp aus Lemberger und Merlot. Die Weißweine werden langsam und kühl vergoren, die Rieslinge im Edelstahl ausgebaut, die weißen Burgunder oft auch im Holz. Die Rotweine werden kaltmaceriert und maischevergoren, werden dann im kleinen oder großen Eichenholzfass ausgebaut. Das Sortiment ist dreistufig gegliedert in Gutsweine, Erste Lage-Weine und Große Lage-Weine, zu denen neben den Großen Gewächsen die Großen Reserven – Philipp und Cuvée X – zählen, aber auch edelsüße Rieslinge. Schon in der ersten Ausgabe zählten wir Hans-Peter Wöhrwag zu den Topwinzern in Württemberg. Damals hatten es uns vor allem seine Rieslinge angetan, die schon immer herrlich präzise und reintönig waren und es heute noch sind. Seither hat er aber auch bei den Rotweinen kräftig zugelegt, mit seinen Cuvées natürlich, allen voran die Cuvée X, die Jahr für Jahr zu den besten Cuvées aus Bordeauxrebsorten in Deutschland gehört; aber auch mit Lemberger und Pinot Noir versteht Hans-Peter Wöhrwag immer wieder zu punkten. Mit Weiß- und Grauburgunder hat er ebenso kräftig zugelegt, die Großen Gewächse baut er in neuen 500 Liter-Fässern aus, und dass er sich auch auf Muskateller und Sauvignon Blanc versteht, verwundert da nicht.

Kollektion

Wir haben ein paar ältere Jahrgänge von Hans-Peter Wöhrwag verkostet in diesem Jahr, und es ist schön zu sehen, wie gut diese reifen. Aber der Reihe nach. Der Goldkapsel-Riesling ist wie immer eine sichere Bank, zeigt gelbe Früchte, Pfirsiche, ist klar, präzise, zupackend. Der Erste Lage-Weißburgunder ist wunderschön reintönig und lebhaft, besitzt feine süße Frucht und Biss. Auch der Muskateller ist wieder spannend, reintönig und frisch, besitzt feine Süße und Grip, was auch für den Sauvignon Blanc gilt, der dezent florale Noten, ein klein wenig auch Maracuja im Bouquet zeigt. Hervorragend sind alle drei Großen Gewächse. Der Riesling zeigt Konzentration, viel Würze, ist füllig und saftig, besitzt reife Frucht, Substanz und Wärme. In prächtiger Form präsentiert sich der Riesling aus dem Horror-Jahrgang 2010, ist frisch, zupackend, fein gereift. Der Grauburgunder zeigt gelbe Früchte im wunderschön reintönigen Bouquet, ist füllig, saftig und harmonisch. Unser Favorit ist der faszinierende Weißburgunder, der rauchige Noten und gute Konzentration zeigt, lebhaft und komplex ist, gute Struktur, Frische und viel Druck besitzt. Der Merlot ist fruchtbetont, reintönig, hat Struktur und Grip, der Cabernet Franc zeigt reintönige Frucht, feine Frische, rote Früchte, ist klar und zupackend. Die Cuvée X ist kraftvoll, stoffig, konzentriert, noch sehr jugendlich, dass sie gut reifen kann ahnt man auch so, der 2009er beweist es. Der Lemberger ist sehr offen, frisch, zupackend, jugendlich, hat Grip. Der Pinot Noir zeigt rauchige Noten, reintönige Frucht, besitzt Struktur, Frische und Grip; wir hatten die Gelegenheit „beide" 2009er zu verkosten, denn in diesem Jahr hat Hans-Peter Wöhrwag, einmalig, zwei Versionen erzeugt, Pinot Noir und Spätburgunder genannt: Schon damals haben wir den Pinot Noir favorisiert, heute ist der Unterschied noch viel klarer, während der Spätburgunder merkliche Reife zeigt ist der Pinot Noir sehr frisch, reintönig und präsent.

Weinbewertung

88	2019 Weißburgunder trocken Untertürkheimer Herzogenberg	13%/12,80€
87	2019 Sauvignon Blanc trocken Untertürkheimer Herzogenberg	12,5%/16,90€
88	2019 Muskateller trocken Untertürkheimer Herzogenberg	12,5%/13,50€
87	2019 Riesling trocken „Goldkapsel" Untertürkheimer Herzogenberg	12,5%/11,-€
93	2019 Weißburgunder „GG" Untertürkheimer Herzogenberg	13,5%/23,50€ ☺
91	2019 Grauburgunder „GG" Untertürkheimer Herzogenberg	13,5%/23,50€
90	2010 Riesling „GG" Untertürkheimer Herzogenberg	13%
91	2019 Riesling „GG" Untertürkheimer Herzogenberg	13,5%/23,50€
86	2018 Merlot trocken Untertürkheimer Herzogenberg	14%/14,50€
91	2009 Pinot Noir „GG" Untertürkheimer Herzogenberg	13,5%
88*	2009 Spätburgunder „GG" Untertürkheimer Herzogenberg	13,5%
91	2018 Pinot Noir „GG" Untertürkheimer Herzogenberg	13,5%/29,50€
91	2018 Lemberger „GG" Untertürkheimer Herzogenberg	13,5%/25,50€
90	2018 Cabernet Franc trocken	13,5%/29,50€
90	2009 „X" Rotwein trocken	13,5%
91	2018 „X" Rotwein trocken	13,5%/27,-€

Lagen
Herzogenberg
(Untertürkheim)

Rebsorten
Riesling (40 %)
Lemberger (13 %)
Trollinger (10 %)
Merlot (9 %)
Weißburgunder (6 %)
Spätburgunder (6 %)
Grauburgunder (6 %)
Cabernet Sauvignon (3 %)
Sauvignon Blanc (2 %)
Müller-Thurgau (2 %)

BADEN ▬ DURBACH

★★

Wörner

Kontakt
Sendelbach 21
77770 Durbach
Tel. 0781-42257
www.weingut-woerner.com
matthias@weingut-woerner.com

Besuchszeiten
nach Vereinbarung

Inhaber
Heinrich & Matthias Wörner
Betriebsleiter
Matthias Wörner
Rebfläche
5 Hektar im Besitz,
1,1 Hektar Eigenausbau
Produktion
7.000 Flaschen

Heinrich und Matthias Wörner bewirtschaften 5 Hektar Weinberge in Durbach in der Ortenau. Matthias Wörner hat seine Winzerlehre bei Salwey und Müller-Catoir gemacht, dann in Geisenheim studiert, mit einem Auslandssemester an der Universität Stellenbosch. 2016 ist er in den elterlichen Betrieb zurückgekehrt, der sich bisher – neben Wald und Wiesen – auf die Traubenproduktion von 5 Hektar Steillagenweinbergen konzentrierte. Das Gros ihrer Trauben liefern sie nach wie vor an ein anderes Weingut in Durbach, bauen aber inzwischen den Ertrag von 1 Hektar selbst aus, ihr erster Jahrgang war 2017. Ihre Weinberge liegen im Durbacher Kochberg, die Reben wachsen auf Granitgestein. Sie bauen zu etwa gleichen Teilen Riesling, Spätburgunder und Grauburgunder an sowie etwas Müller-Thurgau. Der Keller befindet sich derzeit in einem aus Natursteinen erbauten alten Brennhaus, der Wein wird im ehemaligen Pferdestall gelagert. Alle Weine werden spontanvergoren und lange auf der Hefe in neuen und gebrauchten Eichenholzfässern ausgebaut. Ziel von Matthias Wörner sind eigenständige, ausdrucksstarke Weine im moderaten Alkoholbereich.

🍰 Kollektion

Die starke Debüt-Kollektion aus dem vergangenen Jahr konnte Matthias Wörner in diesem Jahr noch übertreffen. Der Klingelberger Riesling ist rauchig, hat Grip am Gaumen und zeigt Aromen von reifer Aprikose. Die Spontangärung hinterlässt hier deutliche Spuren und dürfte polarisieren. „Stinkig" haben wir notiert und meinen das durchaus positiv. Das ist bereits richtig viel Riesling. Noch besser gefällt uns der Kochberg Grauburgunder, der unglaublich fein und gleichzeitig bissig daherkommt und Schmelz und Frische zusammenbringt. Uns erinnert er an die Basisweine einiger guter Winzer an der Côte de Beaune. Und das als Grauburgunder! „Steillage Weiß" aus Müller-Thurgau und Riesling ist zum Zeitpunkt unserer Verkostung noch nicht im Verkauf. Zu Recht, denn obwohl uns der spannende rauchig-würzige Ansatz anspricht, wirkt der Wein noch nicht ganz fertig. Der Spätburgunder aus dem Jahr 2017 hat eine reintönige Frucht und weist ein zartes aber tragendes Tannin auf. Die 2018er Fassprobe deutet auf mehr Fülle bei gleicher Finesse hin. Eine hochspannende Kollektion – Matthias Wörner sollte man auf dem Schirm haben! ▬

🍷 Weinbewertung

83+?	2018 Weiß Steillage	12,5 %/8,-€
86	2018 Klingelberger Riesling trocken Durbacher	12,5 %/13,-€
89	2018 Grauburgunder trocken Durbacher Kochberg	12,5 %/15,-€
80	2018 Rosé Steillage	12,5 %/9,-€
87	2017 Spätburgunder trocken Durbacher Kochberg	12,5 %/18,-€
(88)	2018 Spätburgunder trocken Durbacher Kochberg	12,5 %/18,-€

Peter & Julian Wolf

Kontakt
Brunnenstraße 2
55599 Eckelsheim
Tel. 06703-1346
Fax: 06703-3181
www.weingut-peter-wolf.de
info@weingut-peter-wolf.de

Besuchszeiten
nach Vereinbarung
Gästezimmer

Inhaber
Peter & Julian Wolf
Rebfläche
20 Hektar
Produktion
95.000 Flaschen

Seit sieben Generationen baut die Familie Wein in Eckelsheim an, einem kleinen Weinort in der Rheinhessischen Schweiz, der drei Einzellagen besitzt, in denen die Weinberge der Familie Wolf liegen: Eselstreiber, Kirchberg und Sonnenköpfchen; daneben ist man im Wöllsteiner Äffchen und in der Gumbsheimer Schlosshölle vertreten. 1981 übernahmen Ulla und Peter Wolf den im Ortskern von Eckelsheim liegenden Betrieb, konzentrierten den früheren landwirtschaftlichen Mischbetrieb ganz auf Weinbau. Seit 2011, nach Beendigung seines Geisenheim-Studiums, ist Sohn Julian im Betrieb tätig und für den Weinausbau verantwortlich. Die Reben wachsen in Eckelsheim teils auf schwerem Mergel, teils auf Lösslehm und auf leichtem Porphyr. Riesling nimmt ein Fünftel der Rebfläche ein, es folgen Spätburgunder, Dornfelder, Weißburgunder und Grauburgunder. Zuletzt wurde der Rotweinanteil reduziert, mehr Weiß- und Grauburgunder gepflanzt.

Kollektion

Im vergangenen Jahr gefiel uns in einer ansonsten gleichmäßigen Kollektion der im Barrique ausgebaute Rosa Chardonnay aus dem Jahrgang 2017 am besten. Der 2018er nun ist füllig und kompakt, besitzt viel reife Frucht, ist aber doch etwas zu sehr von Holz- und Specknoten dominiert. Die anderen Weißweine der J-Linie, alle aus dem Jahrgang 2019, gefallen uns in diesem Jahr besser. Der Riesling aus der Schlosshölle zeigt reife Frucht, feine Würze, etwas Limone, ist frisch, klar und zupackend, besitzt gute Struktur und Frucht. Der Weißburgunder aus dem Eselstreiber ist würzig und duftig, füllig und saftig, der Grauburgunder aus dem Äffchen zeigt klare reife Frucht im Bouquet, ist konzentriert und kraftvoll im Mund, klar und zupackend. Sehr gut ist auch die Ortega Auslese aus dem Eckelsheimer Kirchberg, sie ist sehr intensiv und dominant im Bouquet, zeigt Litschi, ist süß und konzentriert im Mund, saftig mit Noten von eingelegten Aprikosen, besitzt aber feine Frische und Grip.

Weinbewertung

79	2019 Riesling trocken (1l)	12,5%/4,90€
82	2019 Chardonnay trocken Wöllstein	13%/5,50€
80	2019 Spätburgunder „Blanc de Noir" trocken Eckelsheim	13%/5,70€
85	2019 Riesling trocken „J-Linie" Gumbsheimer Schlosshölle	13%/7,60€
84	2019 Weißer Burgunder trocken „J-Linie" Eckelsheimer Eselstreiber	13%/7,60€
85	2019 Grauer Burgunder trocken „J-Linie" Wöllsteiner Äffchen	13,5%/8,10€
83	2018 Rosa Chardonnay trocken „J-Linie" Barrique Wöllsteiner Äffchen	14,5%/10,20€
79	2019 Riesling Classic	12,5%/5,40€
79	2019 Grauer Burgunder Classic	12,5%/5,40€
85	2019 Ortega Auslese Eckelsheimer Kirchberg	10%/8,50€
80	2018 Merlot trocken Eckelsheimer	13%/7,80€
82	2018 Cabernet Sauvignon trocken Barrique Eckelsheimer Kirchberg	14%/11,-€

PFALZ ▶ BIRKWEILER

Wolf

★★★⯪

Kontakt
Hauptstraße 36
76831 Birkweiler
Tel. 06345-919203
Fax: 06345-919204
www.weingut-wolf-birkweiler.de
info@weingut-wolf-birkweiler.de

Besuchszeiten
nach Vereinbarung.
Mo.-Fr. 9-18 Uhr
Sa. 9-17 Uhr

Inhaber
Klaus & Mathias Wolf
Rebfläche
15 Hektar
Produktion
110.000 Flaschen

Weinbau wird in der Familie Wolf seit etlichen Jahrhunderten betrieben, 1620 wurde der Winzer Hans Wolf urkundlich in Birkweiler erwähnt. Bis in die 1980er Jahre wurden die Trauben an die Genossenschaft abgeliefert, 1986 übernahm Klaus Wolf das Familienweingut und begann mit der Flaschenweinvermarktung, im Frühjahr 2011 ist Sohn Mathias in den Betrieb eingestiegen und kümmert sich seitdem um den Keller. Die Familie besitzt etliche Parzellen in den von verschiedenen Bodenstrukturen geprägten Teilen des Birkweiler Kastanienbuschs, unter anderem im Gewann Am Dachsberg, sowie Weinberge in den weiteren Birkweiler Lagen Mandelberg und Rosenberg. Zu 70 Prozent werden weiße Rebsorten angebaut, vor allem Riesling und die Burgundersorten, daneben gibt es noch Chardonnay, Silvaner, Scheurebe und Gewürztraminer, sowie an roten Sorten Spätburgunder, Sankt Laurent und etwas Cabernet Sauvignon.

🍷 Kollektion

Die Rieslinge von Klaus und Mathias Wolf sind 2019 alle etwas kraftvoller als im vorherigen Jahrgang, sie sind sehr expressiv und besitzen viel Frucht: An der Spitze liegt der Schiefer-Riesling aus dem Kastanienbusch, der neben klaren Aromen von Aprikose und Ananas auch dezente steinige Noten zeigt, animierend, leicht salzig und sehr nachhaltig ist, der bislang stärkste Riesling, den wir von den Wolfs verkosten konnten. Knapp dahinter liegt der Riesling vom Rotliegenden, der im Bouquet von kräutrigen und steinigen Noten unterlegte gelbe Frucht zeigt und herbe Zitrusnoten, viel Grip und Länge besitzt. Auch die Burgunder sind sehr kraftvoll, hier favorisieren wir den Weißburgunder von den Terrassen mit feiner, gelber Frucht, Birne, Melone und dezentem, aber spürbarem Holz, Schmelz und Länge. Der 18 Monate im Holz ausgebaute und unfiltriert abgefüllte Spätburgunder aus dem Kastanienbusch zeigt im Bouquet Schwarzkirsche und deutliche kräutrige Würze, Eukalyptus und etwas Menthol, ist kraftvoll, gut strukturiert und lang, die rote Cuvée Leitwolf zeigt ebenfalls kräutrige Würze, etwas Lakritze, dunkle Frucht, Pflaume und Brombeere.

🍇 Weinbewertung

Punkte	Wein	Alk./Preis
84	2019 Riesling trocken „Roter Sandstein"	13 %/6,80 €
86	2019 Chardonnay trocken „vom Ton & Stein" Birkweiler Mandelberg	14 %/9,80 €
87	2019 Riesling trocken „vom Buntsandstein" Birkweiler Kastanienbusch	13,5 %/9,80 €
88	2019 Riesling trocken „vom Rotliegenden" Birkweiler Kastanienbusch	13,5 %/9,80 € ☺
89	2019 Riesling trocken „vom Schiefer" Birkweiler Kastanienbusch	13,5 %/13,80 €
87	2019 Weißer Burgunder trocken „vom Muschelkalk" Mandelberg	13,5 %/9,80 €
88	2019 Weißer Burgunder trocken „von den Terrassen" Kastanienbusch	14 %/13,80 €
87	2018 Spätburgunder trocken „vom Muschelkalk" Birkweiler Mandelberg	13,5 %/9,80 €
88	2018 Spätburgunder trocken „Der Leitwolf aus dem Kastanienbusch"	13,5 %/13,80 €
87	2018 „Roter Leitwolf" trocken Birkweiler Kastanienbusch	13,5 %/13,80 €

WÜRTTEMBERG ▶ LUDWIGSBURG

Herzog von Württemberg

★★★

Kontakt
Schloss Monrepos
71634 Ludwigsburg
Tel. 07141-221060
Fax: 07141-2210626
www.hofkammer.de
weingut@hofkammer.de

Besuchszeiten
Mo.-Fr. 10-12 + 13-18 Uhr
Sa. 10-16 Uhr
Schlosshotel Monrepos mit Restaurant; Gutsschenke, Golfplatz, Seeschloss Monrepos

Inhaber
Herzog von Württemberg
Kellermeister
Moriz Just
Kaufmännische Leiterin
Claudia Krügele
Rebfläche
36 Hektar
Produktion
250.000 Flaschen

Weinbau lässt sich im Hause Württemberg bis ins 13. Jahrhundert zurückverfolgen, die Kammerschreiberei, der Vorläufer der heutigen Hofkammer, wurde 1649 als private Vermögensverwaltung gegründet, im gleichen Jahr wurde der Steinbachhof von Herzogin Anna-Katharina erworben, der 1757 an die Kammerschreiberei überging. Die Weinberge verteilen sich auf 8 Lagen: Maulbronner Eilfingerberg (14,6 Hektar mit Schilfsandsteinverwitterungsboden auf Gipskeuper), Mundelsheimer Käsberg (Muschelkalk), Untertürkheimer Mönchberg (mit Steinen durchsetzte Gipskeuperböden), Stettener Brotwasser (2,8 Hektar im Alleinbesitz, Schilfsandsteinboden), Hohenhaslacher Kirchberg, Asperger Berg und Gündelbacher Steinbachhof und Wachtkopf. Weiße Rebsorten wachsen auf 23 Hektar: Riesling vor allem, aber auch Silvaner, Traminer und Weißburgunder. An roten Sorten werden Trollinger, Lemberger, Spätburgunder und Zweigelt angebaut, inzwischen wurden auch internationale Sorten wie Merlot, Cabernet Sauvignon und Sauvignon Blanc angelegt.

Kollektion

In der Spitze stark wie nie ist die neue Kollektion von Herzog von Württemberg. Der Riesling Großes Gewächs zeigt intensive reintönige Frucht im Bouquet, gelbe Früchte, besitzt Fülle und Saft, gute Struktur und Substanz – klasse! Aber auch die Lagen-Weißweine sind sehr gut, der Riesling vom Eilfingerberg ist reintönig und zupackend, der Sauvignon Blanc vom Steinbachhof besitzt intensive Frucht, Fülle und Kraft. Auch die Rotweine sind in der Spitze stark. Rauchige Noten und eindringlich Gewürze zeigt die Cuvée Ducissa, besitzt Fülle, Kraft, reife Frucht und Substanz. Der Spätburgunder Großes Gewächs vom Käsberg ist konzentriert, leicht gewürzduftig, besitzt gute Struktur, klare Frucht und Grip. Unser Favorit aber ist der Lemberger vom Mönchberg, der intensive Frucht und dezent Gewürze im Bouquet zeigt, Fülle und Kraft besitzt reintönige reife Frucht, gute Struktur und Substanz. Weiter so!

Weinbewertung

83	2019 „Attempto" Weißwein trocken	11,5%/10,-€
85	2019 Sauvignon Blanc trocken Gündelbacher Steinbachhof	11,5%/15,-€
85	2019 Riesling trocken Maulbronner Eilfingerberg	13%/10,-€
90	2019 Riesling „GG" „Steingrube" Stettener Brotwasser	12,5%/25,-€
82	2019 Riesling „feinherb"	12,5%/8,-€
82	2017 „Attempto" Rotwein trocken	13%/10,-€
82	2017 Pinot Noir trocken	13%/14,-€
81	2018 Zweigelt trocken Hohenhaslacher Kirchberg	13%/15,-€
87	2016 „Ducissa" Rotwein trocken	13,5%/25,-€
88	2018 Spätburgunder trocken „GG" Käsberg Mundelsheim	13,5%/30,-€
90	2018 Lemberger trocken „GG" Untertürkheimer Mönchberg	13%/30,-€

HERZOG von WÜRTTEMBERG
DAS WEINGUT AUF DER DOMÄNE MONREPOS

MOSEL ▶ SERRIG

★★★✩

Würtzberg

Kontakt
Würtzberg 1
54455 Serrig
Tel. 06581-9200992
Fax: 06581-9200993
www.weingut-wuertzberg.de
office@weingut-wuertzberg.de

Besuchszeiten
Do./Fr. 14-18 Uhr
Sa. 11-16 Uhr
oder nach Vereinbarung
Ferienwohnung

Inhaber
Familie Heimes
Kellermeister
Felix Heimes
Außenbetrieb
Felix Heimes
Rebfläche
17 Hektar
Produktion
80.000 Flaschen

Das eindrucksvolle Weingut in Serrig, am südlichen Ende des zum Anbaugebiet Mosel zählenden Teils der Saar wurde 2016 von Dorothee Heimes und Ludger Neuwinger-Heimes sowie ihren Kindern erworben. Aus juristischen Gründen war damit ein Namenswechsel verbunden, und die Rückkehr zum Gründungsnamen des ehemaligen preußischen Gutes von 1898 bot sich an. Zurzeit werden 17 Hektar Reben bewirtschaftet, darunter Riesling (70 Prozent), 20 Prozent Pinot Blanc, Auxerrois und etwas Pinot Noir; in dieser Zahl sind 2,5 Hektar in 2018 getätigte Neuanpflanzungen bereits enthalten. Sohn Felix Heimes, der in Geisenheim studiert hat, ist nun Kellermeister. Die Weine werden teilweise im Edelstahl, teilweise im großen Holz ausgebaut.

Kollektion

Längst hat sich der Betrieb nicht nur für Riesling, sondern auch für Burgundersorten einen Namen gemacht. Gut gefällt der schlanke, feste und balancierte Pinot Blanc, noch besser allerdings der spritzige, ausgewogene und nachhaltige Auxerrois; Schmelz besitzen beide Weine. Im trockenen Rieslingbereich ist der „Rotschiefer" zu nennen, der sogar etwas Schmelz besitzt. Das Große Gewächs aus dem Würtzberg, im großen Fass spontanvergoren, ist noch verhalten in der Nase, besitzt im Mund dann eine schöne Würze, eine vibrierende Art und etwas Schmelz im würzigen Nachhall. Sehr gelungen ist in diesem Jahr der spontanvergorene „Scivaro" mit einem Hauch Süße. Vibrierend, nur dezent süß ist der Kabinett aus dem Bockstein, rassig, würzig und mit etwas Cassis im Nachgeschmack ausgestattet der merklich süßere Würtzberg-Kabinett. Fest und würzig, nur verhalten süß und lang präsentiert sich dann die Spätlese von alten Reben. Eine rassige, würzige, noch etwas hefige Spätlese aus dem Herrenberg zeigt würzigen Nachhall, die Auslese aus dem Herrenberg ist ruhig in der Nase mit Anklängen an Kernobst, Cassis und Kräuter, wirkt im Mund eher würzig als saftig. Eine starke, eigenständige Kollektion.

Weinbewertung

87	2019 Auxerrois trocken	13,5%/9,-€
86	2019 Pinot Blanc trocken	12%/8,-€
89	2019 Riesling trocken „Großes Gewächs" Serriger Würtzberg	12%/16,-€
87	2019 Riesling „Scivaro"	12%/9,-€
86	2019 Riesling trocken „Rotschiefer"	12,5%/12,50€
85	2019 Riesling „feinherb" „Blauschiefer"	12,5%/12,50€
87	2019 Riesling Kabinett „feinherb" Goldstück	11%/11,-€
87	2019 Riesling Kabinett Serriger Würtzberg	10%/11,-€
87	2019 Riesling Kabinett Ockfener Bockstein	10,5%/11,-€
88	2019 Riesling Spätlese Serriger Herrenberg	10%/16,-€
89	2019 Riesling Spätlese „Alte Reben"	9,5%/19,-€
90	2019 Riesling Auslese Serriger Herrenberg	9,5%/24,-€

RHEINGAU — LORCH

★★

Wurm

Kontakt
Binger Weg 1
65391 Lorch
Tel. 06726-830083
Fax: 06726-830084
www.weingut-wurm.de
info@weingut-wurm.de

Besuchszeiten
täglich (Anmeldung erbeten)
Gutsausschank März bis Juni
+ Sept. bis Nov. Fr. ab 17 Uhr,
Sa./So./Feiertage ab 15 Uhr
Sonnenterrasse mit Rheinblick

Inhaber
Robert Wurm
Rebfläche
8 Hektar
Produktion
50.000 Flaschen

Robert Wurm, gebürtiger Franke, übernahm 2014 das Weingut Ottes und zählt damit zur immer größer werdenden Zahl der Quereinsteiger, die im Rheingau von sich reden machen. Der neue Inhaber hatte zunächst den Namen Ottes beibehalten, ab 2016 wird das Weingut unter seinem eigenen Namen geführt. Die Weinberge befinden sich in den Lorcher Lagen Kapellenberg, Schlossberg, Bodental-Steinberg, Krone und Pfaffenwies sowie im Oestricher Lenchen. Riesling nimmt drei Viertel der Rebfläche ein, hinzu kommen Spätburgunder, sowie ein wenig Weißburgunder, Cabernet Sauvignon, Silvaner und Müller-Thurgau. Die Moste werden kühl vergoren. Das Programm wurde neu strukturiert, mit den Etikettendesigns lässt Robert Wurm die Nähe zu seiner zweiten Heimat Korea und seinem Hobby Kendo in den neuen Markenauftritt einfließen. Flagschiff der neuen Kollektion ist der Schiefer-Riesling, dahinter folgen die trockenen Lagenrieslinge aus Kapellenberg und Schlossberg.

Kollektion

Riesling spielt natürlich die Hauptrolle im Betrieb. Die 2019er sind sehr gelungen, das gilt für den milden Gutsriesling ebenso wie für der Ortsriesling, der kräftiger und markanter ist. Der Lorcher+ ist im Vergleich etwas fülliger und runder, wer etwas weniger Säure sucht, ist hier gut aufgehoben. Bei den 2018er Lagenrieslingen lässt sich streiten, ob sie mit weniger Alkohol nicht noch besser wären. Der Riesling aus dem Bodenthal Steinberg ist weich und cremig, seine eigenwilligen Kräuteraromen sind interessant, er bleibt angenehm frisch. Deutlich rauchiger im Bouquet ist der reife Lorcher Kapellenberg, füllig, aber auch etwas bitter vom Alkohol. Der Riesling aus dem Schossberg mit seiner mineralischen Ader hat sich seit dem letzten Jahr am besten entwickelt. Er ist der kompletteste der drei, auch weil er die größte Tiefe besitzt. Das Große Gewächs aus der Pfaffenwies ist mild und sehr reif, baut subtile Kraft und würzigen Schmelz auf, besitzt dabei auch eine frische Seite. Ein satter, herbstlicher Riesling mit Finesse.

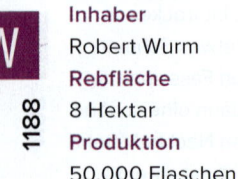

Weinbewertung

84	2019 Riesling trocken	12,5 %/8,50 €
83	2019 Weißwein Cuvée trocken „Seouful Summerwine"	11,5 %/6,90 €
84	2019 Weißburgunder trocken Lorch	12 %/9,- €
85	2019 Riesling trocken „+" Lorch	12,5 %/9,90 €
85	2019 Riesling trocken Lorcher	12 %/9,90 €
86	2018 Riesling trocken Lorch Kapellenberg	13,5 %/16,50 €
87	2018 Riesling trocken Lorch Schlossberg	13,5 %/16,50 €
86	2018 Riesling trocken Lorch Bodental-Steinberg	13,5 %/16,50 €
87	2018 Riesling trocken Großes Gewächs Lorcher Pfaffenwies	13,5 %/23,50 €
83	2019 Riesling „feinherb"	11,5 %/8,50 €
84	2019 Rosé trocken Lorch	12,5 %/8,50 €

BADEN — HEITERSHEIM

Zähringer

★★

Kontakt
Johanniterstraße 61
79423 Heitersheim
Tel. 07634-50489-0
Fax: 07634-50489-99
www.weingut-zaehringer.de
info@weingut-zaehringer.de

Besuchszeiten
Mo.-Fr. 9-12 + 14-18 Uhr
Sa. 10-13 Uhr

Inhaber
Fabian Zähringer
Betriebsleiter
Paulin Köpfer
Kellermeister
Burkhard Schopferer
Rebfläche
50 Hektar
Produktion
400.000 Flaschen

Das 1844 gegründete Weingut wird heute in sechster Generation von Fabian Zähringer geführt. Seine Reben wachsen vor allem in den Heitersheimer Lagen Sonnhohle und Maltesergarten, aber auch im Dottinger Castellberg und im Laufener Altenberg. Von der nur 7 Hektar großen Heitersheimer Sonnhohle besitzt man 4,5 Hektar, Spätburgunder nimmt zwei Fünftel der Rebfläche ein, Gutedel und Grauburgunder jeweils ein Fünftel, es folgen Weißburgunder und Chardonnay, dazu gibt es Müller-Thurgau, Gewürztraminer, Johanniter und Sauvignon Blanc. Seit 1987 werden die Weinberge biologisch bewirtschaftet (Ecovin), seit 2005 nach biodynamischen Grundsätzen, seit 2010 ist man Demeter-zertifiziert. Das Vierlig ist ein altes Fassmaß aus dem Markgräflerland für ein Fass mit 600 Liter Inhalt, die Vierlig-Weine reifen in solchen Fässern. Die Selektionsweine (SZ) stammen aus der Heitersheimer Sonnhohle.

Kollektion

Eine wiederum sehr starke Kollektion! Den Auftakt macht ein eleganter Cremant mit feinen Hefe-Aromen, viel Stoff und komplexem Spiel. Die weißen Gutsweine: Der Weißburgunder hat saftigen Schmelz, der Grauburgunder ist etwas fülliger mit dezenter Phenolik, der Cabernet Blanc zeigt viel süße Paprika. Zwei Vierlig-Weine haben wir verkostet, den kraftvoll-fruchtigen Grauburgunder und den stoffigen Chasselas. Die Selektionsweine: Der Viognier zeigt die typische blumige Frucht, dazu kommt intensive Würze, der Wein ist kraftvoll, aber nicht fett. Der Chardonnay zeigt elegante, reife Frucht, dezente Holzwürze, besitzt eine konzentrierte Mitte, steinig-salzige Länge. Der Weißburgunder Sonnhohle zeigt klar definierte Frucht, besitzt viel Saft und Kraft, viel Stoff, dezente Süße, genügend Biss. Alle drei Spätburgunder sind sehr gut mit klarer, kühler Frucht, der Wein aus der Sonnhohle ist delikat, noch eine Spur eleganter als der SZ, noch jung, aber schon zugänglich. Sehr gute Spätburgunder-Interpretation!

Weinbewertung

86	2016 Crémant extra-brut Baden	12%/14,90€
83	2018 Cabernet Blanc trocken	13,5%/8,90€
85	2019 Grauburgunder trocken	13%/9,90€
84	2018 Chasselas trocken „Vierlig"	12,5%/9,90€
84	2019 Weißburgunder trocken	13%/9,90€
86	2019 Grauburgunder trocken „Vierlig"	13,5%/13,90€
87	2018 Weißburgunder trocken Sonnhohle	13,5%/18,-€
87	2018 Chardonnay „SZ" trocken	13,5%/22,-€
86	2018 Viognier trocken Castellberg	13,5%/25,-€
84	2018 Spätburgunder trocken	14%/9,90€
86	2017 Spätburgunder „SZ" trocken	13%/18,-€
88	2017 Pinot Noir trocken Sonnhohle	13%/27,-€

SAALE-UNSTRUT X ▶ GROSSHERINGEN-KAATSCHEN

★ ★☆

Zahn

Kontakt
Thüringer Weingut Zahn
Weinbergstraße 18, 99518
Großheringen-Kaatschen
Tel. 034466-179984
Fax: 034466-179983
www.weingut-zahn.de
info@weingut-zahn.de

Besuchszeiten
Vinothek & Galerie Di.-So.
10-18 Uhr; Online-Shop: shop.erlebnisweingut.de; Thüringer Weinstube - Restaurant im Weingut Zahn, Inh.: Elvira Zahn-General, Öffnungszeiten: Mi-So 11-22 Uhr, Tel. -20356; Weinhotel Freylich Zahn und Restaurant 51°, Inh. Elvira Zahn-General & Torsten General, Schützenstraße 9, 06632 Freyburg (Unstrut), Tel.: 034464-359390

Inhaber Familie Zahn
Betriebsleiter/ Kellermeister/ Außenbetrieb André Zahn
Rebfläche 13,5 Hektar

1989 pflanzte Hartmut Zahn die ersten Reben, 1998 begann er mit der Selbstvermarktung, im Jahr darauf wurde der Gutsausschank eröffnet. Heute führt sein Sohn André Zahn den Betrieb, Tochter Elvira und ihr Ehemann Torsten General das Wein-Restaurant. Die Weinberge liegen im Kaatschener Dachsberg und im Tultewitzer Bünauer Berg, die Reben wachsen auf Muschelkalkböden, teils auch auf Buntsandstein, Lösslehm und Keuper. Der Sortenspiegel ist recht umfangreich, wird angeführt von Zweigelt und Müller-Thurgau, es folgen Grauburgunder, Kerner, Bacchus und Weißburgunder, dazu gibt es pilzwiderstandsfähige Rebsorten wie Muscaris, Helios, Johanniter, Regent oder Solaris, aber auch Gutedel, Acolon, Kernling, Riesling, Silvaner und Traminer. Die Weine werden nach kurzer Maischestandzeit kühl vergoren und teils in temperaturgesteuerten Edelstahltanks, teils im großen Holzfass ausgebaut, seit 2005 auch im Barrique. Das Sortiment ist gegliedert in Gutsweine, Ortsweine und Lagenweine. Das Weingut mit zugehöriger Weinstube und Restaurant liegen direkt am Saaleufer.

Kollektion

Eine kleine, aber überzeugende Kollektion präsentiert André Zahn zum Debüt. Der Gutedel ist würzig und eindringlich im Bouquet, frisch, klar und zupackend im Mund bei feiner Frucht. Der Silvaner zeigt viel Frucht im Bouquet, Birnen, Äpfel, weiße Früchte, ist klar, frisch und geradlinig. Sehr gut ist der Lagen-Riesling aus dem Dachsberg, zeigt intensive Würze und Frucht, etwas Zitrus, besitzt Fülle und Kraft, viel reife Frucht, gute Struktur und Substanz. Die Muscaris Auslese aus dem Jahrgang 2018 ist enorm intensiv im Bouquet, zeigt eindringlich Litschi, süße Aprikosen, ist konzentriert und dominant im Mund bei viel Substanz. Der Acolon Weißherbst setzt ganz auf Frucht, Frische und Süffigkeit. Ganz anders der überwiegend in gebrauchten Barriques ausgebaute Zweigelt, der gute Konzentration und viel reife Frucht im Bouquet zeigt, Fülle und Kraft besitzt, reintönige reife Frucht, gute Struktur, Substanz und Druck, noch recht jugendlich ist. Ein starkes Debüt, wir freuen uns auf die kommenden Jahrgänge! ◀

Weinbewertung

83	2019 Gutedel trocken „Löwenzahn"	12%/8,50€
83	2019 Grüner Silvaner trocken	12,5%/8,50€
86	2019 Riesling trocken Kaatschener Dachsberg	12,5%/13,50€
87	2018 Muscaris Auslese Kaatschener Dachsberg	10%/13,50€/0,5l
82	2019 Acolon Weißherbst „feinherb"	11,5%/9,50€
86	2018 Blauer Zweigelt trocken Kaatschener Dachsberg	14%/14,50€

FRANKEN ▶ SOMMERACH

★ ★ ☆

Georg Zang

Kontakt
Nordheimer Straße 8
97334 Sommerach
Tel. 09381-2888
Fax: 09381-6111
www.zangwein.de
info@weingut-georg-zang.de

Besuchszeiten
Mo.-Sa. 9-12 + 13-17 Uhr, So. +
Feiertage 10-12 + 13-15 Uhr
oder nach Vereinbarung;
Weinbergsführungen,
Weinproben mit fränkischer
Brotzeit (auf Anfrage)

Inhaber
Georg Zang
Kellermeister
Georg Zang
Rebfläche
8 Hektar
Produktion
55.000 Flaschen

Seit 2005 führen Georg und Heike Zang in fünfter Generation das Gut. Ihre Weinberge liegen auf der Weininsel, vor allem im Sommeracher Katzenkopf, aber auch im Volkacher Kirchberg und im Sommeracher Rosenberg. Weiße Rebsorten spielen die wichtigste Rolle, Silvaner vor allem, der 35 Prozent der Fläche einnimmt, gefolgt von Müller-Thurgau, der ein Viertel der Weinberge einnimmt. Es folgen Riesling, Bacchus, Weißburgunder, Scheurebe und Rieslaner, bei den roten Sorten hat Georg Zang sich auf Domina und Schwarzriesling spezialisiert. Die Weißweine werden im Edelstahl ausgebaut, die Rotweine im Holz, die Domina auch im Barrique. Georg Zang nutzt nach wie vor Prädikatsbezeichnungen wie Kabinett und Spätlese auch für seine trockenen Weine. Edelbrände ergänzen das Sortiment.

Kollektion

Eine starke, bestechend gleichmäßige Kollektion präsentiert Georg Zang auch in diesem Jahr. Der Riesling-Sekt ist frisch und zupackend. Die trockenen Kabinettweine setzen ganz auf Frucht und Sortentypizität. Mehr Substanz besitzen dann die trockenen Spätlesen. Der Riesling vom Kirchberg ist fruchtbetont, klar und zupackend, der im großen Holzfass ausgebaute Weißburgunder vom Katzenkopf besitzt Fülle und Saft, viel reife Frucht und Substanz. Aus dem Jahrgang 2018 stammt der ebenfalls im großen Holzfass ausgebaute Silvaner von alten Reben im Katzenkopf, der Fülle und Kraft besitzt, viel Frucht und gute Struktur. Dies zeichnet auch den Understatement-Silvaner aus, der dank einer dezenten Bitternote im Abgang noch sehr jugendlich daherkommet, aber viel Kraft und Druck besitzt. Jugendlich und kraftvoll ist auch der achtzehn Monate im Holz ausgebaute Riesling R aus dem Jahrgang 2017. Bestechend reintönig und harmonisch präsentieren sich die halbtrockenen Spätlesen von Scheurebe und Kerner, die Barrique-Domina ist intensiv und kraftvoll.

Weinbewertung

84	2018 Riesling Sekt brut Franken	12,5%/10,-€
83	2019 Silvaner Kabinett trocken Sommeracher Katzenkopf	13%/6,50€
84	2019 Bacchus Kabinett trocken Volkacher Kirchberg	12%/6,50€
84	2019 Riesling Kabinett trocken Sommeracher Katzenkopf	12%/6,-€
86	2018 Silvaner Spätlese trocken „Alte Reben" Sommeracher Katzenkopf	13,5%/7,50€
85	2019 Weißburgunder Spätlese trocken Sommeracher Katzenkopf	13%/8,-€
85	2019 Riesling Spätlese trocken Volkacher Kirchberg	13%/8,-€
87	2018 Silvaner trocken „understatement" Volkacher Kirchberg	13,5%/9,-€
87	2017 Riesling „R" trocken Sommeracher Katzenkopf	11,5%/9,-€
86	2019 Scheurebe Spätlese halbtrocken Sommeracher Katzenkopf	12,5%/7,-€ ☺
86	2019 Kerner Spätlese halbtrocken Volkacher Kirchberg	13%/7,50€
85	2018 Domina trocken Barrique Volkacher Kirchberg	13%/9,6,-€

NAHE ▸ BRETZENHEIM

★ ★⯪

In den Zehn Morgen

Kontakt
In den zehn Morgen 41
55559 Bretzenheim
Tel. 0671-48313040
Fax: 0671-483130419
www.weingut-montigny.de
info@weingut-montigny.de

Besuchszeiten
8-17 Uhr
sowie nach Vereinbarung

Inhaber
S.J. Montigny KG
Betriebsleiter
Steffen J. Montigny
Kellermeister
Stefan Schmidt
Außenbetrieb
Alfred Schmitt
Rebfläche
15 Hektar
Produktion
40.000 Flaschen

Steffen J. Montigny gründete 2009 sein Weingut ohne eigene Rebflächen, die Trauben wurden zunächst zugekauft, bis er im Januar 2014 die Weinberge des ehemaligen Bad Kreuznacher Weinguts Ökonomierat August E. Anheuser erwerben konnte, mit Flächen in den Kreuznacher Lagen Kauzenberg (gelber und roter Sandstein), Krötenpfuhl (Terrassenschotter mit Löss), Kahlenberg (roter und gelber Sandstein mit mergeligem Material), Narrenkappe (roter, schwach verfestigter Sandstein mit Löss), Steinberg (Terrassenschotter) und der Bretzenheimer Pastorei (toniger Kalkmergel). Mit dem Jahrgang 2019 gibt es nun einen Neustart: Aus dem Weingut S.J. Montigny wird das Weingut In den Zehn Morgen, die Weine werden ohne Zukauf nur noch aus eigenen Weinbergen erzeugt, das Sortiment wird jetzt in Ortsweine, Erste Lage und Große Lage gegliedert und der neue Kellermeister Stefan Schmidt konzentriert sich nur noch auf wenige Sorten, auf Riesling, Chardonnay, Pinot Noir, Grauburgunder und Weißburgunder. Im Moment befindet sich das Weingut in der Umstellungsphase auf biologische Bewirtschaftung.

Kollektion

Die vier Erste-Lage-Weine des neu benannten Weinguts In den Zehn Morgen waren zum Zeitpunkt unserer Verkostung noch nicht gefüllt, weshalb wir sie ausnahmsweise als Fassproben verkostet haben: Der Kahlenberg-Riesling zeigt kräutrig-mineralische Würze und klare Frucht mit Noten von gelbem Apfel und Ananas, besitzt guten Grip, ist elegant und lang, der Krötenpfuhl ist zurückhaltender in der Frucht und leicht steinig, ist druckvoll, animierend und nachhaltig, der Riesling aus der Monopollage Steinberg ist fruchtbetont mit Noten von Aprikose und Orangenschale, besitzt Saft und Biss und der Chardonnay aus der Pastorei zeigt dezente Holzwürze und etwas Zitrusnoten, ist harmonisch, elegant und besitzt ein frisches Säurespiel. Der „Sand & Kalkstein" aus Chardonnay und Weißburgunder zeigt sehr dezentes Holz und feine florale Noten, der Grauburgunder ist gelbfruchtig und leicht cremig, der Kreuznacher Riesling besitzt viel klare, jugendliche gelbe Frucht und leicht kräutrige Würze, der Rosenheck-Kabinett ist schlank und frisch mit dezenter Süße.

Weinbewertung

83	2019 Grauer Burgunder trocken Kreuznacher	12,5%/9,90€
84	2019 Riesling trocken Kreuznacher	12,5%/9,90€
84	2019 Sand & Kalkstein Weißwein trocken	12,5%/9,90€
(88)	2019 Riesling trocken Kahlenberg	13%
(88)	2019 Riesling trocken Krötenpfuhl	13%
(86)	2019 Riesling trocken „Monopol" Steinberg	13%
(87)	2019 Chardonnay trocken Pastorei	13%
84	2019 Riesling Kabinett Kreuznacher Rosenheck	10%/9,90€
82	2019 Pinot Noir Rosé trocken Kreuznacher	12,5%/9,90€

FRANKEN ■ SOMMERACH

★★

Zehnthof – Fam. Weickert

Kontakt
Hauptstraße 17
97334 Sommerach
Tel. 09381-2830
Fax: 09381-715794
www.zehnthof-weickert.de
info@zehnthof-weickert.de

Besuchszeiten
Mo.-So. 8-19 Uhr
2 Ferienwohnungen

Inhaber
Tobias Weickert

Rebfläche
7 Hektar

Produktion
50.000 Flaschen

Der im Jahr 1682 erbaute Zehnthof in Iphofen wurde schon damals von den Mönchen für Weinausbau genutzt, seit den sechziger Jahren des 20. Jahrhunderts führt die Familie Weickert diese Tradition fort. Heute führt Tobias Weickert den Betrieb unterstützt von Mutter Gertrud und Ehefrau Justina. Seine Weinberge befinden sich in den Lagen Sommeracher Katzenkopf, Volkacher Kirchberg, Astheimer Karthäuser (Astheim) und Obervolkacher Landsknecht. Silvaner und Scheurebe sind die wichtigsten Rebsorten, gefolgt von Müller-Thurgau und Riesling, Bacchus, Spätburgunder, Blauer Silvaner, Traminer, Kerner und Regent. Zuletzt wurde eine neue Vinothek erbaut, Tobias Weickert hat mehr Scheurebe und Traminer in der besten Lage im Katzenkopf gepflanzt, Scheurebe in Obervolkach, möchte die Flächen mit Traminer und Scheurebe in Sommerach und Astheim in den nächsten Jahren ausweiten, im vergangenen Jahr kam ein 1979 gepflanzter Bacchus hinzu.

🎂 Kollektion

Auch 2019 veranstaltet Tobias Weickert wieder ein Scheurebe-Festival. Neben einer feinherben Spätlese konnten wir gleich fünf trockene Spätlesen verkosten, wobei trocken hier nicht „fränkisch trocken" heißt, alle Weine wiesen eine merkliche Restsüße auf, sowohl Restzucker als auch Alkohol sind weitgehend identisch. Unsere Favoriten sind der Stettenburg aus dem Landsknecht, eine füllige, saftige Scheurebe mit viel reifer Frucht und guter Struktur, und der Weine aus dem Astheimer Karthäuser, der würzig und eindringlich ist, saftig und harmonisch, gute Struktur und reintönige Frucht besitzt. Auch die trockene Scheurebe aus dem Volkacher Kirchberg gefällt uns sehr gut, ist kraftvoll, strukturiert und zupackend bei ganz leicht mineralisch-bitteren Noten im Abgang. Sehr gut gefällt uns auch der füllige, saftige, wunderschön reintönige Blauer Silvaner, die beiden rosenduftigen Traminer besitzen reife Frucht und gute Substanz: Eine sehr homogene Kollektion!

🍇 Weinbewertung

82	2019 Silvaner Kabinett trocken Sommeracher Katzenkopf	12,5%/8,-€
85	2019 Blauer Silvaner Spätlese trocken Volkacher Kirchberg	13%/10,-€
83	2019 Kerner Spätlese trocken „Alte Rebe" Volkacher Kirchberg	14%/10,-€
83	2019 Riesling Spätlese trocken „Alte Rebe" Volkacher Kirchberg	13%/12,-€
85	2019 Scheurebe Spätlese trocken Volkacher Kirchberg	13%/10,-€
84	2019 Scheurebe Spätlese trocken Sommeracher Katzenkopf	13%/10,-€
85	2019 Scheurebe Spätlese trocken Astheimer Karthäuser	13%/10,-€
83	2019 Scheurebe Spätlese trocken Obervolkacher Landsknecht	13%/10,-€
85	2019 Scheurebe Spätlese trocken „Stettenburg" Landsknecht	13%/10,-€
84	2019 Traminer Spätlese trocken Sommeracher Katzenkopf	13%/12,-€
83	2019 Scheurebe Spätlese „feinherb" Volkacher Kirchberg	11,5%/10,-€
84	2019 Traminer Spätlese „feinherb" Sommeracher Katzenkopf	12%/12,-€

★★★★★ Zehnthof

Kontakt
Kettengasse 3
97320 Sulzfeld
Tel. 09321-6536
Fax: 09321-5077
www.weingut-zehnthof.de
luckert@weingut-zehnthof.de

Besuchszeiten
Mo.-Fr. 8-12 + 13-17 Uhr
Sa. 8-12 + 13-16 Uhr

Inhaber
Wolfgang & Ulrich Luckert
Betriebsleiter
Wolfgang & Ulrich Luckert
Kellermeister
Ulrich Luckert
Außenbetrieb
Philipp Luckert
Rebfläche
17 Hektar
Produktion
90.000 Flaschen

Theo Luckert füllte 1962 seinen ersten Jahrgang auf Flaschen, begann mit der Selbstvermarktung. 1970 erwarb er den ehemaligen Zehnthof aus dem Jahr 1558, der Sitz und Namensgeber des Weingutes ist. Heute bewirtschaften die Brüder Ulrich und Wolfgang Luckert mit ihren Familien die ausschließlich in Sulzfeld in den Lagen Maustal und Cyriakusberg liegenden Weinberge. Inzwischen wurde die ehemalige Lage Sonnenberg, die 1971 Teil des Cyriakusberg wurde, wieder als Einzellage in die Lagenrolle eingetragen. Wichtigste Rebsorte beim Zehnthof ist Silvaner, der heute über die Hälfte der Rebfläche einnimmt, inzwischen werden alle vier Silvaner-Spielarten angebaut: Gelber, Grüner, Blauer und Roter Silvaner. Hatte man bisher schon viele alte, teils 60jährige Reben, so wurde dies durch den Zukauf eines alten Weinbergs mit wurzelechten, im Jahr 1875 gepflanzten Reben noch getoppt, den die Luckerts unmittelbar vor der geplanten Rodung erwerben konnten. Dieser Weinberg ist einer der ganz wenigen, die zur damaligen Zeit sortenrein gepflanzt wurden; 2012 wurde erstmals ein Wein aus diesem Weinberg erzeugt, Creutz genannt nach der alten Einzellage. Weitere weiße Sorten sind Weißburgunder, Müller-Thurgau und Riesling, bereits seit 1986 gibt es Chardonnay, Sauvignon Blanc brachte 2003 die erste Ernte, Muskateller ist der bislang letzte Neuzugang im Programm. An roten Sorten gibt es Spätburgunder und Domina, in den neunziger Jahren wurden Frühburgunder, Merlot und Cabernet Sauvignon gepflanzt. Die Weine werden spontanvergoren, oft mit Maischestandzeiten auch bei Weißweinen, alle werden im Holz ausgebaut in Fässern mit 1.500 bis 3.000 Liter Inhalt, alle Weine durchlaufen bereits seit 2003 den biologischen Säureabbau, die Schwefelgaben bei Füllung sind minimal. Alle Weine werden durchgegoren ausgebaut. Ulrich und Wolfgang Luckert wollen verstärkt große Holzfässer für Vergärung und Ausbau der Weine nutzen. Ihr Hauptaugenmerk gilt allerdings der weinbaulichen Arbeit. So nutzen sie seit Jahren ausschließlich die Kordon-Erziehung, reduzieren weiter stark die Erträge. Bereits 2005 haben sie Teilflächen auf ökologische Bewirtschaftung umgestellt, 2009 den kompletten Betrieb, sie sind Mitglied bei Naturland. Inzwischen ist Wolfgangs Sohn Philipp in den Betrieb eingestiegen.

Kollektion

Die Ortsweine zeigen auch im Jahrgang 2019 wieder gleichmäßig hohes Niveau, sie sind fruchtbetont, harmonisch, recht füllig. Besonders gut gefallen und der wunderschön reintönige, schmeichelnde Weißburgunder, der saftige, ebenfalls sehr reintönige Chardonnay, und in der Silvaner-Riege hat ganz klar der Wein von alten Reben die Nase vorne, ist wunderschön füllig und saftig, reintönig, harmonisch und lang. Noch etwas besser ist dann der Gelbkalk-Silvaner aus dem Sonnenberg, ist ebenfalls faszinierend reintönig und lang. Der Steinriegel-Riesling besitzt reife Frucht, gute Struktur und Grip, der Terrassen-Weißburgunder besitzt Fülle, reife Frucht und

Substanz. Die Riesling-Silvaner Cuvée „Unter der Mauer" ist würzig, stoffig, konzentriert, noch unruhig. Große Klasse ist wieder einmal der Maustal-Riesling, ist sehr offen, zeigt gelbe Früchte, ist füllig und saftig, besitzt viel Konzentration, Substanz und Länge. Auch der Maustal-Silvaner ist wieder großartig, zeigt gelbe Früchte im intensiven, herrlich dominanten Bouquet, ist rauchig, offensiv, komplex und lang. Der Creutz-Silvaner ist ihm sehr ähnlich, setzt ebenfalls auf Fülle, Substanz und offensive reife Frucht, zeigt gute Konzentration, rauchige Noten, ist faszinierend reintönig. Auch die Rotweine der Luckerts sind wieder bärenstark. Bei den Ortsweinen gefällt uns der reintönige Spätburgunder besonders gut. Der Frühburgunder aus dem Sonnenberg punktet mit intensiver Frucht und Substanz, der Merlot ist kraftvoll, stoffig, jugendlich, etwas expressiver und komplexer ist der Grand Noir. Ein Highlight ist der Maustal-Spätburgunder, der faszinierend reintönig und konzentriert ist, stoffig und kraftvoll, viel Tannine, viel Frucht und viel Potenzial besitzt.

Weinbewertung

86	2019 Müller-Thurgau trocken Sulzfeld	12,5%/8,-€
87	2019 Blauer Silvaner trocken Sulzfeld	13%/11,-€
86	2019 Roter Silvaner trocken Sulzfeld	13%/11,-€
87	2019 Silvaner trocken Sulzfeld	13%/10,-€
89	2019 Silvaner trocken „Alte Reben" Sulzfeld	13,5%/13,-€
87	2019 Riesling trocken Sulzfeld	12,5%/11,-€
88	2019 Weißer Burgunder trocken Sulzfeld	12,5%/11,-€
86	2019 Sauvignon Blanc trocken Sulzfeld	13%/11,-€
88	2019 Chardonnay trocken Sulzfeld	13%/11,-€
87	2019 Gelber Muskateller trocken Sulzfeld	12,5%/11,-€
90	2019 Silvaner trocken „Gelbkalk" Sonnenberg	13%/17,-€
89	2019 Riesling trocken „Steinriegel" „Berg I"	13%/17,-€
89	2019 Weißer Burgunder trocken Terrassen „Berg I"	13,5%/17,-€
93	2019 Silvaner „GG" Sulzfelder Maustal	13,5%/50,-€
95	2019 Riesling „GG" Sulzfelder Maustal	13,5%/50,-€
89	2019 „Unter der Mauer"*** Weißwein trocken	13,5%/32,-€
92	2019 Sylvaner*** trocken „Creutz"	13,5%/100,-€
88	2018 Spätburgunder trocken Sulzfeld	13%/17,-€
86	2018 Frühburgunder trocken Sulzfeld	13%/17,-€
91	2018 Frühburgunder trocken Sonnenberg	13,5%/50,-€
93	2015 Spätburgunder „GG" Sulzfelder Maustal	13,5%/40,-€
95	2018 Spätburgunder „GG" Sulzfelder Maustal	13,5%/50,-€
91	2018 Merlot*** trocken	14%/50,-€
92	2018 Grand Noir*** Rotwein	13%/40,-€

Lagen
Maustal (Sulzfeld)
– Berg I (Sulzfeld)
Sonnenberg (Sulzfeld)

Rebsorten
Silvaner (55 %)
Weißburgunder (15 %)
Riesling (10 %)
Spätburgunder (5 %)
Frühburgunder (5 %)

Zehntkeller

★★

Kontakt
Bahnhofstraße 12
97343 Iphofen
Tel. 09323-844-0
Fax: 09323-844-123
www.zehntkeller.de
zehntkeller@romantikhotels.com

Besuchszeiten
täglich 7-22 Uhr
Hotel mit 59 Zimmern/
107 Betten
Restaurant

Inhaber
Heinrich Seufert
Kellermeister
Josef Schneider
Rebfläche
26 Hektar
Produktion
180.000 Flaschen

Der erstmals 1436 urkundlich erwähnte Zehntkeller war lange Zeit Sitz des Zehntgerichts, befindet sich seit Anfang des 20. Jahrhunderts in Familienbesitz. Nach und nach wurde das Gut zur Weinschänke, zur ländlichen Gaststätte und schließlich zum Hotel und Restaurant ausgebaut. Zum Haus gehören 26 Hektar Reben rund um den Schwanberg in den Iphöfer Lagen Julius-Echter-Berg, Kronsberg und Kalb sowie im Rödelseer Küchenmeister und im Wiesenbronner Wachhügel. Die wichtigsten Rebsorten sind Silvaner (30 Prozent) und Müller-Thurgau (20 Prozent), gefolgt von Riesling, Bacchus, Scheurebe, Kerner, Weißburgunder, Grauburgunder, Chardonnay (bereits seit Anfang der neunziger Jahre) und Sauvignon Blanc. Der Rotweinanteil liegt bei 20 Prozent: Spätburgunder, Frühburgunder, Blaufränkisch, Dornfelder, St. Laurent, Merlot (erste Ernte 2003) und Cabernet Sauvignon (erste Ernte 2004) werden angebaut. Die besten Rotweine werden dreizehn Monate im Barrique ausgebaut. Spitzenweine erhalten den Zusatz „SZ" auf dem Etikett („Selektion Zehntkeller"). 2009 begann das Weingut die Umstellung auf biologischen Weinbau, Heinrich Seufert ist Mitglied bei Bioland.

Kollektion

Eine gewohnt gleichmäßige, starke Kollektion präsentiert der Zehnthof auch in diesem Jahr. Die trockenen Kabinettweine besitzen Fülle und Kraft, gute Harmonie und reintönige Frucht, unsere leichte Präferenz gilt dem birnenduftigen Silvaner aus dem Küchenmeister, der kraftvoll und zupackend ist. Die trockene Sauvignon Blanc Spätlese ist füllig und saftig, besitzt viel reife süße Frucht, die trockene Riesling Spätlese zeigt gute Konzentration, feine Würze und Duft, besitzt Fülle, Saft und gute Struktur. Eine nach Birnen und Mandarinen duftende saftige Silvaner Auslese und zwei intensiv fruchtige, kraftvolle und recht tanninbetonte Rotweine aus dem Jahrgang 2015 runden eine gelungene Kollektion ab.

Weinbewertung

84	2019 Silvaner Kabinett trocken Iphöfer Julius-Echter-Berg	13%/8,-€
84	2019 Müller-Thurgau Kabinett trocken Iphöfer Kalb	12,5%/6,-€
84	2019 Scheurebe Kabinett trocken Iphöfer Burgweg	12,5%/7,80€
85	2019 Silvaner Kabinett trocken Rödelseer Küchenmeister	13%/6,90€
83	2019 Riesling Kabinett trocken Iphöfer Kalb	13%/8,50€
84	2019 Weißer Burgunder Kabinett trocken Iphöfer Kronsberg	13%/8,-€
83	2019 Chardonnay Kabinett trocken Iphöfer Kalb	13%/8,-€
85	2019 Sauvignon Blanc Spätlese trocken Iphöfer Kronsberg	12,5%/14,-€
86	2019 Riesling Spätlese trocken Iphöfer Julius-Echter-Berg	13%/12,-€
88	2018 Silvaner Auslese Iphöfer Julius-Echter-Berg	9,5%/20,-€
84	2015 Merlot trocken Iphöfer Kronsberg	13,5%/13,-€
85	2015 Cabernet Sauvignon trocken Iphöfer Kronsberg	13%/14,-€

PFALZ ▬ LAUMERSHEIM

★★★

Zelt

Kontakt
Binsenstraße 2
67229 Laumersheim
Tel. 06328-3281
Fax: 06328-1233
www.weingutzelt.de
info@weingutzelt.de

Besuchszeiten
Mo.-Fr. 10-12 + 14-18 Uhr
Sa. 10-16 Uhr

Inhaber
Mario Zelt
Betriebsleiter
Mario Zelt
Kellermeister
Lotte Iglhaut
Rebfläche
16 Hektar
Produktion
130.000 Flaschen

Die Familie betreibt seit vier Generationen Weinbau, bis Mitte der neunziger Jahre war das Gut ein landwirtschaftlicher Gemischtbetrieb, erst als Geisenheim-Absolvent Mario Zelt sich entschied das Weingut fortzuführen, konzentrierte man sich ganz auf Wein. Die Weinberge liegen vor allem in den Laumersheimer Lagen Kirschgarten (aufgewehter Löss auf massivem Kalkstein), Steinbuckel (tonige und lehmige Böden) und Kapellenberg (Sand und Kies), im Großkarlbacher Burgweg (kalkreicher Löss) und im Bissersheimer Goldberg (Kalksteinverwitterung und Schwarzerde über massivem Kalkstein). Wichtigste weiße Rebsorte ist Riesling, gefolgt von Weißburgunder, Chardonnay und Sauvignon Blanc. Wichtigste rote Rebsorte ist der Spätburgunder, es folgen Cabernet Sauvignon, Merlot und St. Laurent. 2020 wurden ein neues Kelterhaus und ein komplett neu eingerichteter Keller gebaut, 2021 folgt ein neues Flaschenlager.

🍷 Kollektion

Mario Zelt möchte seine Lagenweine in Zukunft später in den Verkauf bringen, daher haben wir noch einmal etliche 2018er verkostet: Die vier Rieslinge sind zurückhaltend in der Frucht, besitzen leicht cremige Textur, sind animierend, würzig und konsequent trocken, der Kirschgarten an der Spitze zeigt steinige und rauchige Noten, besitzt Grip, feinen Druck und salzige Länge. Bei den Rotweinen steht ebenfalls ein Kirschgarten an der Spitze, der Spätburgunder ist feingliedrig, elegant und nachhaltig, zeigt rote Johannisbeere, Hagebutte und Waldboden im Bouquet. Auch das Niveau bei den 2019er Ortsweinen ist hoch, Weißburgunder und Riesling sind kraftvoll, der Sauvignon Blanc ausgewogen und frisch.

🍂 Weinbewertung

84	2019 Riesling trocken	12,5%/7,80€
83	2019 Gelber Muskateller trocken	12,5%/7,80€
86	2019 Sauvignon Blanc trocken Laumersheimer	12,5%/10,20€
86	2019 Riesling trocken „Kalkstein" Laumersheimer	13,5%/10,20€
86	2019 Weißburgunder trocken „Kalkstein" Laumersheimer	14%/10,20€
88	2018 Riesling trocken Laumersheimer Kapellenberg	13%/14,-€
89	2018 Riesling trocken Bissersheimer Goldberg	13%/14,-€
89	2018 Riesling trocken Laumersheimer Steinbuckel	13%/21,-€
90	2018 Riesling trocken Laumersheimer Kirschgarten	13,5%/21,-€
88	2018 Weißburgunder trocken Laumersheimer Kirschgarten	14%/21,-€
88	2018 Chardonnay trocken Laumersheimer Kirschgarten	13,5%/19,-€
87	2017 Spätburgunder trocken „Kalkstein" Laumersheimer	13%/14,-€
88	2017 Frühburgunder trocken Bissersheimer Goldberg	13%/20,-€
88	2017 Spätburgunder trocken Großkarlbacher Burgweg	13%/20,-€
90	2017 Spätburgunder trocken Laumersheimer Kirschgarten	13%/28,-€
89	2017 „Cuvée Trilogie" Rotwein trocken	13,5%/28,-€

Pfalz ➤ Neustadt

★★★★

Oliver Zeter

Kontakt
Eichkehle 25
67433 Neustadt-Haardt
Tel. 06321-9700933
Fax: 06321-9700932
www.oliver-zeter.de
hallo@oliver-zeter.de

Besuchszeiten
Mo.-Fr. 10-17 Uhr
Sa. 10-16 Uhr

Inhaber
Oliver Zeter & Christian Zeter
Betriebsleiter
Oliver Zeter
Kellermeister
Felix Forster & Thomas Zeter
Rebfläche
30 Hektar
Produktion
250.000 Flaschen

Oliver Zeter absolvierte eine Winzerlehre beim Weingut Dr. Deinhard (heute von Winning) und dann eine Ausbildung zum Weinbautechniker in Weinsberg. Nach jeweils einjährigen Auslandsaufenthalten in Italien und Südafrika arbeitete er gemeinsam mit seinem Vater und seinem Bruder für die Weinimportagentur der Familie, zunächst in Hamburg, bevor er dann an den Stammsitz der Firma in Neustadt zurückkehrte. Nach ersten Versuchen 2005 und 2006 (als „Hobby") brachte Oliver Zeter 2007 seine ersten eigenen Weine auf den Markt, seit 2016 konzentriert er sich ganz auf das Weingut, sein Bruder Christian ist für die Weinagentur Zeter verantwortlich. 2017 wurde der Sitz des Weinguts nach Neustadt-Haardt verlegt, wo Zeter ein 1922 gebautes Sandsteinhaus aufwändig saniert und modernisiert hat, eine Vinothek wurde eingerichtet, im eineinhalbstöckigen Gewölbekeller lagern die Rotweinfässer und einige Amphoren, in einem Anbau befindet sich das klimatisierte Flaschenlager. Das Weingut ist in den letzten Jahren stetig gewachsen, mittlerweile werden die Trauben von 30 Hektar verarbeitet, ein Teil stammt von eigenen Weinbergen, den Großteil kauft Zeter von langjährigen Vertragspartnern zu. So verfügt er über Weinberge in der ganzen Pfalz, unter anderem in den Ungsteiner Lagen Weilberg und Nussriegel, im Rhodter Rosengarten, im Nussdorfer Kaiserberg, im Godramsteiner Münzberg, im Appenhofener Steingebiss und im Pleisweiler Schlossberg. Zeter hat acht Weinberge an der Mittelhaardt und in der Südpfalz mit sieben verschiedenen Sauvignon Blanc-Klonen bepflanzt, der mittlerweile auf 40 Prozent seiner Rebfläche steht und den er in verschiedenen trockenen Versionen, als Süßwein und als Sekt ausbaut. Danach folgen Grauburgunder, Riesling, Weißburgunder, Chardonnay, Muskateller, Viognier und Chenin Blanc, wichtigste rote Sorte ist Spätburgunder, daneben gibt es noch Syrah, Cabernet Franc und Cabernet Sauvignon. Im Keller arbeitet Oliver Zeter nicht nur mit Edelstahl und Holz in verschiedenen Gebindegrößen, einen Teil seiner Weine baut er auch in Betoneiern und Tonamphoren aus.

🎂 Kollektion

Unter den sechs beeindruckenden Spitzen in Oliver Zeters aktueller Kollektion finden sich gleich zwei hervorragende Sekte, allen voran der 100 Monate auf der Hefe ausgebaute „Zéro 100" aus 60 Prozent Pinot Noir und 40 Prozent Chardonnay, der ein komplexes Bouquet mit Aromen von frisch gebackenem Brot und feinen Reifenoten, etwas Quitte, zeigt und am Gaumen viel hefige Würze und ein animierendes Säurespiel besitzt, geradlinig, puristisch und sehr nachhaltig ist, knapp dahinter liegt der 60 Monate auf der Hefe gereifte „Zéro" aus 65 Prozent Chardonnay und 35 Prozent Pinot Noir, der Quitte und Brotkruste im Bouquet zeigt, leicht cremig, geradlinig und frisch ist. Genauso stark sind der neu im Programm vertretene, 18 Monate auf der Vollhefe ausgebaute Saumagen-

Riesling, der viel Luft braucht und dann feine kreidig-mineralische Würze und etwas gelben Apfel zeigt, kraftvoll, cremig und leicht salzig ist, Druck, Länge und Potential besitzt, der Sauvignon Blanc Baer, der nussige Noten, viel kräutrige Würze und auch dezente Stachelbeere zeigt, Struktur, deutliche Tannine und Druck besitzt, der Pinot Noir vom Heiligenberg mit dunkler und auch etwas roter Frucht, der am Gaumen noch ganz jugendlich wirkt, Eleganz, Länge und Potential besitzt und die Cuvée Zahir aus 60 Prozent Cabernet Franc, 25 Prozent Merlot und 15 Prozent Cabernet Sauvignon, die im Bouquet dunkle Beerenfrucht, schwarze Johannisbeere, und Eukalyptusnoten zeigt, reife Tannine besitzt und kraftvoll und harmonisch ist. Und auch der Rest der Kollektion liegt auf einem durchgehend sehr guten Niveau, der Syrah ist elegant und kühl mit leicht pfeffriger Würze und reifen Tanninen, der „Z" zeigt dunkle Beerenfrucht und etwas Minze im Bouquet, besitzt gute Struktur, der Sauvignon Blanc Fumé zeigt feine Noten von gerösteten Haselnüssen und etwas Pfirsich im Bouquet, ist saftig und nachhaltig, Viognier und Chenin Blanc sind noch sehr vom Holz und der Spontangärung geprägt, brauchen noch Zeit.

Weinbewertung

90	2014 „Zeró Grande Cuvée" Sekt brut nature	12,5%/25,-€
91	2010 „Zeró 100 Grande Cuvée Réserve" Sekt brut nature	12%/48,-€
86	2019 Sauvignon Blanc	12,5%/11,50€
88	2018 Viognier	14%/18,-€
85	2019 Riesling trocken Haardt	12,5%/10,-€
87	2019 Riesling trocken Nussriegel Ungstein	12,5%/12,-€
88	2018 Chenin Blanc	13%/20,-€
88	2018 Riesling Weilberg Ungstein	13%/18,-€
90	2018 Riesling Saumagen Kallstadt	13,5%/25,-€
87	2018 Sauvignon Blanc Steingebiss Appenhofen	11,5%/14,-€
89	2018 Sauvignon Blanc „Fumé"	13%/18,-€
90	2016 Sauvignon Blanc „Baer"	12,5%/35,-€
87	2019 Sauvignon Blanc „Sweetheart"	7,5%/11,-€
86	2018 Pinot Noir	13,5%/12,-€
88	2017 „Z" Rotwein trocken	13,5%/16,-€
89	2017 Syrah	13%/22,-€
88	2018 Pinot Noir „Réserve"	14%/22,-€
90	2017 Pinot Noir Heiligenberg Maikammer	13%/35,-€
90	2015 „Zahir" Rotwein	14%/35,-€

Lagen
Weilberg (Ungstein)
Nussriegel (Ungstein)
Rosengarten (Rhodt)
Münzberg (Godramstein)
Steingebiss (Appenhofen)
Saumagen (Kallstadt)

Rebsorten
Sauvignon Blanc (40 %)
Grauburgunder (12 %)
Riesling (10 %)
Spätburgunder (10 %)
Weißburgunder (7 %)
Muskateller (5 %)
Viognier (5 %)
Syrah (5 %)
Cabernet Franc (3 %)
Chenin Blanc (2 %)
Cabernet Sauvignon (1 %)

PFALZ ▶ NEUSTADT

Leonhard Zeter

Kontakt
Im Döppelter 5
67434 Neustadt
Tel. 06321-88557
Fax: 06321-385230
info@weingut-zeter.de
www.weingut-zeter.de

Besuchszeiten
nach Vereinbarung

Inhaber
Thomas Zeter

Rebfläche
14 Hektar

Die Wurzeln der Familie Zeter lassen sich in Diedesfeld bis ins Jahr 1680 zurückverfolgen, 1860 gründete Leonhard Zeter das Weingut mit damals angeschlossener Brennerei. Heute wird das Weingut von Thomas Zeter geleitet, der von seiner Frau Natalie und seinen Eltern Hans und Gertrud unterstützt wird. Die Weinberge liegen in den Diedesfelder Lagen Berg, Paradies, Ölgässel und Pfaffengrund sowie im Hambacher Römerbrunnen, neben Riesling, Sauvignon Blanc und den Burgundersorten, denen das Hauptaugenmerk gilt, werden noch Muskateller, Gewürztraminer, Kerner, Müller-Thurgau, Merlot, Dornfelder und Portugieser angebaut. Die Topweine des Betriebs werden in der „Zeter Privat"-Linie vermarktet, die komplett in Barriques ausgebaut wird.

Kollektion

Ein Sekt ragt in diesem Jahr aus der Kollektion der Familie Zeter deutlich heraus: Der nur in Magnum-Flaschen gefüllte, 60 Monate auf der Hefe gelagerte Chardonnay aus dem Jahrgang 2013 zeigt im Bouquet feine Reifenoten, Gebäck, etwas Quitte und leicht rauchige Würze, am Gaumen ist er geradlinig, besitzt Zitruswürze, Frische und gute Länge. Und auch der zweite Sekt gefällt uns gut, der Muskateller ist sehr aromatisch, zeigt reintönige Noten von Holunderblüte und Zitrusfrüchten, ist schlank und konsequent trocken. Die beiden Weine aus der „Zeter Privat"-Linie hatten wir im vergangenen Jahr schon einmal verkostet, der Spätburgunder zeigt rauchige Noten, etwas Räucherspeck und dunkle Frucht, bleibt aber am Gaumen recht kurz, bei dem Weißburgunder ist das Holz immer noch sehr dominant im Bouquet und am Gaumen. Der Sauvignon Blanc zeigt klare gelbe Frucht, Maracuja, und besitzt Frische, der Grauburgunder ist füllig und ebenfalls klar in der Frucht mit Aromen von Birne, Melone und etwas nussigen Noten, der Muskateller ist frisch und schlank und der Riesling zeigt Zitrusnoten und besitzt eine straffe Säure. ◀

Weinbewertung

84	2018 Gelber Muskateller Sekt brut nature	12%/11,-€
87	2013 Chardonnay Sekt extra brut „Zeter Privat"	12,5%/60,-€/1,5l
83	2019 Sauvignon Blanc trocken	12%/7,90€
82	2019 Riesling trocken Diedesfelder Paradies	12%/7,20€
82	2019 Weißburgunder trocken Diedesfelder Berg	12,5%/6,60€
83	2019 Grauburgunder trocken Diedesfelder Berg	12,5%/6,60€
82	2019 Chardonnay trocken „vom Lösslehm"	12,5%/6,60€
83	2016 Weißburgunder trocken „Zeter Privat" Diedesfelder Berg	12,5%/13,90€
82	2019 Gelber Muskateller	10,5%/6,60€
81	2018 Spätburgunder trocken Hambacher Römerbrunnen	14%/7,20€
84	2015 Spätburgunder trocken „Zeter Privat" Diedesfelder Paradies	13%/13,90€

MOSEL — SAARBURG

★★★★

Zilliken

Kontakt
Weingut Forstmeister
Geltz-Zilliken
Heckingstraße 20
54439 Saarburg
Tel. 06581-2456
Fax: 06581-6763
www.zilliken-vdp.de
info@zilliken-vdp.de

Besuchszeiten
nach Vereinbarung

Inhaber
Dorothee Zilliken
Rebfläche
13 Hektar
Produktion
80.000 Flaschen

Bereits seit mehr als 260 Jahren befindet sich das Weingut in Familienbesitz. Der königlich-preußische Forstmeister Ferdinand Geltz führte den Betrieb Anfang des 20. Jahrhunderts in die Spitze der Region, das Weingut ist Gründungsmitglied des Großen Rings; seit 1947 trägt es den Namen Forstmeister Geltz-Zilliken. Hans-Joachim Zilliken hatte nach seinem Geisenheim-Studium die Verantwortung im Keller übernommen, seit 1981 führte er das Weingut, und seit 2007 wurde er im Betrieb unterstützt von seiner Tochter Dorothee, ebenfalls Geisenheim-Absolventin. Inzwischen hat Dorothee Zilliken das Weingut übernommen, 2016 war der erste Jahrgang, den sie in eigener Regie ausbaute. Daneben hat sie auch noch die Position der stellvertretenden Vorsitzenden im Großen Ring übernommen. Die junge Winzerin symbolisiert die neue, auf Zusammenarbeit setzende Generation der Winzer im Anbaugebiet Mosel, die auch ambitionierten Projekten und Ideen nicht abgenelgt ist. Ihre wichtigste Lage ist der Saarburger Rausch (Devonschiefer, Diabas), wo sie 10 Hektar Reben besitzt. Hinzu kommt ein Hektar im Ockfener Bockstein (Devonschiefer, Quarz), auch in der Ayler Kupp verfügt man nun über Reben. Die Zillikens bauen ausschließlich Riesling an, alle Weine werden im Holz ausgebaut. Der Name Zilliken steht für klassischen Saar-Riesling – Saar-Riesling mit enormem Reifepotenzial. Zilliken-Rieslinge stehen für Eleganz und Frische, sie sind immer reintönig, lebendig und komplex, dabei lang und nachhaltig. Lange Zeit stand der Name Zilliken für süßen und edelsüßen Saar-Riesling, zuletzt aber sind die trockenen Weine wichtiger geworden: 2011 hatte Hans-Joachim Zilliken sein Sortiment im trockenen und feinherben Segment etwas differenziert, neben Gutsriesling gibt es seither einen Ortsriesling, trocken auch in einer „Alte Reben"-Variante; der Spitzenwein im trockenen Segment war lange nur das Große Gewächs aus der Saarburger Lage Rausch, später kamen auch Große Gewächse aus Ayler Kupp und Ockfener Bockstein hinzu. Im Jahr 2020 wurde das Große Gewächs Auf der Rausch erstmalig präsentiert: nach 18 Monaten Lagerung auf der Feinhefe im großen Holzfass. Die feinherbe Rausch-Variante wird Diabas genannt. Der Einstieg im feinherben Sortiment nennt sich dagegen Butterfly und existiert seit 2002 – es handelt sich stets um einen saftigen, oft leicht cremigen Wein, dessen Etikett aus dem im Weingut üblichen Rahmen fällt. Immer wieder beeindruckt das Weingut mit seinen älteren, gut gereiften Rieslingen, die beispielsweise zu Verkostungen oder an Versteigerungen vorgestellt werden und die von Hans-Joachim Zilliken über viele Jahre hinweg sorgsam gehegt wurden. Nur wenige Weingüter an der Saar verfügen über ein so gut sortiertes Archiv. Privat interessiert sich der Winzer auch für große Rotweine, die sich ebenfalls im ausgedehnten Keller finden, welcher noch eine weitere Besonderheit aufweist: Es handelt sich um den tiefsten Keller an der Saar.

🎂 Kollektion

Wer 2018 und 2019 vergleicht wird feststellen, dass die Rieslinge des Weinguts Zilliken zwar sehr verschieden ausfielen, von den Bedingungen der jeweiligen Reifeperioden geprägt waren, aber dennoch allesamt sehr balanciert sind. An der Saar extrem spannende Rieslinge herzustellen, scheint unter den Bedingungen des Klimawandels besonders einfach. Schon der trockene Basisriesling deutet die Klasse des Jahrgangs 2019 und jene des Weinguts an, er ist offen, zeigt Noten von Kräutern, etwas Hefe, Kernobst, ist straff und präzise. Der Saarburger Riesling leitet über zum vielschichtigen Wein von alten Reben, der mineralische Noten und Kräuterwürze, aber auch eine sehr feine cremige Note zeigt, lang und animierend ist. Erstaunlich offen ist im Sommer 2020 schon das 2019er Große Gewächs Saarburger Rausch; im Mund ein feiner, mineralischer, sehr nachhaltiger Wein. Das andere Große Gewächs stammt aus 2018, nennt sich Auf der Rausch und stellt eine Premiere dar. Die lange Lagerung auf der Feinhefe hat dem Wein gut getan, er ist vibrierend, würzig, lang, wirkt allerdings in der Nase noch hefig mit Creme- und Melonennoten, dürfte erst in den kommenden Jahren wirklich zur vollen Form auflaufen. Im feinherben Bereich ist der Riesling „Butterfly" ein sehr gelungener Einstieg; die Süße ist nur zu erahnen. Der Saarburger Kabinett wirkt etwas kühler als jener aus dem Bockstein, auch ein wenig trockener: sehr typisch fürs Weingut sind beide. Nochmals länger und finessenreicher ist der Kabinett aus der Lage Rausch, wohingegen die Spätlese wunderbar frisch und vibrierend wirkt mit Note von Pfirsich und Zitrus. Potenzial für viele Jahrzehnte hat die komplexe Auslese.

🍁 Weinbewertung

86	2019 Riesling trocken	12%/10,-€
88	2019 Riesling trocken Saarburg	11,5%/14,-€
90	2019 Riesling trocken „Alte Reben" Saarburg	11,5%/23,-€
92	2019 Riesling „GG" Saarburg Rausch	12%/35,-€
92	2018 Riesling „GG" Auf der Rausch	11%/50,-€
87	2019 Riesling „Butterfly"	11%/10,-€
87	2019 Riesling „feinherb" Saarburg	11%/14,-€
89	2019 Riesling Kabinett Saarburg	8,5%/14,-€
89	2019 Riesling Kabinett Ockfen Bockstein	8,5%/20,-€
91	2019 Riesling Kabinett Saarburg Rausch	8,5%/20,-€
93	2019 Riesling Spätlese Saarburg Rausch	8%/30,-€
93	2019 Riesling Auslese Saarburg Rausch	8%/50,-€

Dorothee Zilliken

Lagen
Rausch (Saarburg)
Bockstein (Ockfen)
Kupp (Ayl)

Rebsorten
Riesling (100 %)

BADEN — ÖSTRINGEN-ODENHEIM

Adrian Zimmer

★ ★

Kontakt
Nibelungenstraße 17
76684 Östringen-Odenheim
Tel. 0175-2414359
www.weingut-adrian-zimmer.de
info@weingut-adrian-zimmer.de

Besuchszeiten
nach Vereinbarung
Vinothek (Eppinger Straße 17)
Mi. 17:30-19:30 Uhr,
Sa. 11-14 Uhr

Inhaber
Adrian Zimmer

Rebfläche
2 Hektar

Produktion
12.000 Flaschen

Odenheim liegt im Kraichgau, nördlich von Bruchsal, am Katzbach, einem Nebenfluss des Kraichbaches. Odenheim wurde als Oternheim bereits 769 im Lorcher Codex erwähnt. Seit 1974 ist Odenheim ein Teil des westlich liegenden Östringen. Alle Lagen in Odenheim wurden 1971 zur Lage Königsbecher zusammengefasst. Die größte Fläche liegt am Mühlberg (in Richtung Tiefenbach), die Weinberge am Kappelberg liegen heute brach, in der Lage Gaugelter gibt es noch eine kleine arrondierte Fläche, ebenso nördlich davon am Rosenberg. Die Weinberge sind süd- und südost-exponiert, der Boden besteht aus Löss und Buntem Mergel. Adrian Zimmer stammt aus einer Winzerfamilie in Odenheim. Er hat nach seinem Geisenheim-Studium bei verschiedenen badischen Betrieben gearbeitet, 2014 seine ersten eigenen Weine erzeugt und sein eigenes Weingut gegründet. Alle seine Weinberge liegen im Odenheimer Königsbecher. Er baut vor allem die Burgundersorten an: Weiß- und Grauburgunder, Spätburgunder und Auxerrois. Des Weiteren gibt es Gewürztraminer, sowie Merlot, St. Laurent und Blaufränkisch. Ende 2017 wurde eine Vinothek eröffnet.

🍷 Kollektion

Sehr stimmig präsentierte sich die kleine Kollektion, die Adrian Zimmer in den vergangenen Jahren vorgestellt hatte. Das ist auch in diesem Jahr so, wer rebsortentypische und bezahlbare Weine sucht, wird hier fündig. Auch der Jahrgang 2019 hat den unkomplizierten Stil von Adrian Zimmer unterstützt, blitzblank waren die Weine aber auch in den Vorjahren. Frisch und kompakt ist der hellfruchtige Weißburgunder mit dezenter Süße. Straffer und fast durchgegoren ist der lebendige Auxerrois mit feinem Biss. Der Grauburgunder hat etwas mehr Volumen, mehr Struktur und Kraft. Gelungen ist die ausbalancierte weiße Charta-Cuvée – Adrian Zimmer ist Mitglied der Weiße Burgunder-Charta, der 15 Weingüter aus dem Kraichgau und von der Badischen Bergstraße angehören. Viel Frucht und ein wenig Eisbonbon zeigt der Blanc de Noir. Der Eiswein ist sehr klar mit eindringlichem Bukett, ihm fehlt etwas Säure. Typisch und saftig sind Merlot und Blaufränkisch.

🍇 Weinbewertung

84	2019 Auxerrois	13 %/7,-€
83	2019 Pinot Blanc	13 %/7,-€
84	2019 Pinot Gris	14 %/7,-€
83	2019 „Blanc de Noir"	13 %/7,-€
85	2018 „Charta Cuvée" Weißwein	13,5 %/9,50 €
85	2018 Pinot Blanc Eiswein	9,5 %/19,-€/0,375l
85	2018 Blaufränkisch	13 %/8,50 €
84	2018 Merlot	14,5 %/8,50 €

WÜRTTEMBERG ➤ KORB

★★★★ # Zimmerle

Kontakt
Kirchstraße 14
71404 Korb
Tel. 07151-33893
Fax: 07151-37422
www.zimmerle-weingut.de
info@zimmerle-weingut.de

Besuchszeiten
Mo.-Fr. 17-18:30 Uhr
Sa. 9-15 Uhr

Inhaber
Jens Zimmerle
Außenbetrieb
Friedrich Zimmerle
Rebfläche
16 Hektar
Produktion
80.000-100.000 Flaschen

Die Weinbautradition der aus Südtirol stammenden Familie lässt sich bis ins Jahr 1647 zurückverfolgen. 1979 verlies Friedrich Zimmerle die Genossenschaft und begann mit der Selbstvermarktung. 2016 hat Jens Zimmerle den Betrieb von seinem Vater übernommen (schon zuvor war er für den Weinausbau zuständig), führt ihn heute mit Ehefrau Yvette. Jens Zimmerle hatte in Heilbronn Weinwirtschaft studiert, dann in Bordeaux gearbeitet. Seine Weinberge liegen in den Korber Lagen Berg und Sommerhalde, im Kleinheppacher Steingrüble, in der Großheppacher Wanne, sowie in Steinreinach (Hörnle), Hanweiler und Breuningsweiler. Vielfältige Bodentypen, wie Bunter Mergel, verschiedene Keuperarten, Muschelkalk, und unterschiedliche Höhenlagen bieten die Möglichkeit jede Rebsorte an ihrem optimalen Standort anzubauen. Die Weinberge werden biologisch bewirtschaftet, zertifiziert. Jens Zimmerle baut zu zwei Dritteln Rotweinsorten und zu einem Drittel Weißweinsorten an. Neben den Burgundersorten gibt es Zweigelt, Lemberger, Merlot und Cabernet Sauvignon, Trollinger darf natürlich auch nicht fehlen, dazu die weißen Sorten Riesling, Sauvignon Blanc, Chardonnay, Grauburgunder und Kerner. Die Weißweine werden kalt vergoren, die Rotweine nach Saftabzug maischevergoren (3 bis 4 Wochen, der Spätburgunder etwas kürzer), ausgesuchte Weine kommen 14 bis 24 Monate ins Barrique. Für seine Barriqueweine nutzt Jens Zimmerle überwiegend französische, aber auch schwäbische Eiche. An der Spitze des Sortiments stehen die Goldadler- und Dreiegg-Weine, sowie im Barrique ausgebaute Cuvées, die Cuvée Triologie aus Cabernet Sauvignon, Merlot und etwas Zweigelt und die nur in wenigen Jahren, erstmals 2005, erzeugte Cuvée „Age virilter time deum", die jeweils zur Hälfte aus Cabernet Sauvignon und Merlot besteht. Bisher arbeitet Jens Zimmerle in drei verschiedenen Kellern, die getrennt von einander liegen. Um die Betriebsabläufe zu verbessern, ist ein neues Projekt geplant: Am Ortsrand von Korb, schon auf Waiblinger Gemarkung, soll ab dem Sommer 2020 ein neues Weingut errichtet werden, mit Besenwirtschaft und einer Ferienwohnung.

Kollektion

Auch in diese, Jahr präsentiert Jens Zimmerle wieder eine hochklassige Kollektion, weiß wie rot. Der Sauvignon Blanc Vogel ist frisch und fruchtbetont, lebhaft und zupackend. Der Viognier Berg ist fruchtbetont und frisch im Bouquet, sehr reintönig, besitzt Substanz und klare reife Frucht. Erstmals gibt es auch einen Réserve-Viognier, der nochmals konzentrierter, gelbe Früchte und Pfirsiche im Bouquet zeigt, füllig und saftig ist bei viel Substanz. Der Chardonnay Berg ist wie immer eine sichere Bank, zeigt feine Frische und klare reife Frucht im Bouquet, ist wunderschön klar und zupackend im Mund. Große Klasse ist einmal mehr der Réserve-Chardonnay, der gute Konzentration und herrlich eindringliche Frucht im Bouquet zeigt, Fülle und Kraft besitzt, reife Frucht und gute Struktur, ein klein wenig

Lagerung wird ihm noch gut tun. Der Riesling aus dem Greiner bestätigt den hervorragenden Eindruck, den sein Vorgänger hinterlassen hat, zeigt feine Würze und reife Frucht, ist füllig und kraftvoll bei guter Substanz und deutlicher Süße. Der Grauburgunder vom Korber Berg ist kompakt und füllig, weist ebenfalls eine dezente Süße auf. Die immer zuverlässige rote Cuvée Trio punktet auch in diesem Jahr wieder mit intensiver Frucht, guter Struktur und Grip. Auch der Lemberger Kerf ist intensiv fruchtig, leicht floral, sehr reintönig, was auch alles für den Zweigelt Herrschaft gilt, der gute Struktur und viel Grip besitzt. Die Reserve-Rotweine zeigen wie immer konstant hervorragendes Niveau. Der Merlot zeigt viel Frucht im Bouquet, rote Früchte, ist frisch und fruchtbetont auch im Mund, wunderschön reintönig bei guter Struktur und Substanz. Komplex und ausgewogen präsentiert sich die Cuvée Triologie, besitzt herrlich viel Frucht, Substanz und Länge. Der Réserve-Spätburgunder zeigt gute Konzentration und intensive Frucht, etwas rote Früchte, dezent Johannisbeeren, besitzt viel Substanz, Kraft und Frucht. Der Spätburgunder vom Korber Berg zeigt rauchig-würzige Noten, besitzt Fülle und Kraft, gute Struktur und Tannine. Der Zweigelt aus der Sommerhalde zeigt etwas Gewürze und Toast im Bouquet, besitzt Fülle, Kraft und Substanz. Großartig wie seine Vorgänger ist der Lemberger vom Korber Berg, sehr offen und eindringlich, zeigt Herzkirschen, viel reife Frucht, besitzt viel Substanz, Kraft und noch jugendliche Tannine. Ganz starke Kollektion!

🍂 Weinbewertung

86	2019 Sauvignon Blanc trocken „Vogel"	13 %/15,20 €
88	2019 Chardonnay trocken Berg	13 %/15,20 €
87	2019 Viognier trocken Berg	13 %/17,20 €
90	2019 Riesling trocken „Goldadler" Kleinheppacher Greiner	13 %/22,- €
90	2019 Grauburgunder trocken „Goldadler" Korber Berg	13,5 %/22,- €
92	2019 Chardonnay trocken „Réserve"	13,5 %/26,- €
89	2019 Viognier trocken „Réserve"	13,5 %/26,- €
87	2017 „Trio" Rotwein trocken	13 %/11,50 €
86	2018 Lemberger trocken „Kerf"	13 %/11,50 €
88	2018 Zweigelt trocken „Herrschaft"	12,5 %/15,20 €
91	2017 Merlot trocken „Reserve"	13,5 %/35,- €
92	2017 Lemberger trocken „Goldadler" Korber Berg	13,5 %/28,- €
91	2017 Zweigelt trocken „Goldadler" Korber Sommerhalde	13,5 %/28,- €
90	2017 Spätburgunder trocken „Goldadler" Korber Berg	12,5 %/30,- €
91	2017 Spätburgunder trocken „Réserve"	13 %/35,- €
91	2017 „Triologie" Rotwein trocken	13,5 %/32,- €

Jens & Yvette Zimmerle

Lagen
Sommerhalde (Korb)
Berg (Korb)
Wanne (Großheppach)
Greiner (Kleinheppach)

Rebsorten
Riesling (15 %)
Trollinger (15 %)
Merlot (10 %)
Lemberger (10 %)
Spätburgunder (10 %)
Sauvignon Blanc (10 %)
Chardonnay (10 %)

BADEN ▸ BÖTZINGEN

★★★

R. Zimmerlin

Kontakt
Kirchweg 2
79268 Bötzingen
Tel. 07663-1299
Fax: 07663-3510
www.weingut-zimmerlin.com
info@weingut-zimmerlin.com

Besuchszeiten
Mo.-Fr. 9-13 Uhr

Inhaber
Alexander Steiner
Kellermeister
Herbert Krebs
Rebfläche
20 Hektar
Produktion
170.000 Flaschen

Heinrich und Maria Zimmerlin waren noch Nebenerwerbswinzer, die nächste Generation aber, Rudolf und Olga Zimmerlin, gründeten 1955 das Weingut. Ihr Sohn Dietmar erweiterte den Betrieb, kaufte auch Trauben von befreundeten Winzern zu und eröffnete 1980 in Freiburg eine Weinstube. Nach seinem Tod führte seine Ehefrau Claudia den Betrieb weiter. Im April 2010 hat Alexander Steiner das Weingut übernommen. Seine eigenen 7 Hektar Weinberge liegen in den Bötzinger Lagen Eckberg und Lasenberg und im Eichstetter Herrenbuck, es werden aber auch die Trauben von benachbarten Winzerbetrieben in einer Erzeugergemeinschaft verarbeitet. Spätburgunder spielt die wichtigste Rolle im Betrieb, es folgen Grauburgunder und Weißburgunder, dazu gibt es Auxerrois und Chardonnay, sowie ein wenig Müller-Thurgau, Silvaner, Gewürztraminer und Scheurebe.

Kollektion

Der positive Trend im Weingut Zimmerlin hat sich auch in diesem Jahr bestätigt. Die Weine der Editionslinie sind wieder Spaßweine höchster Qualität: Reintönig, frisch, saftig ohne aufgesetzte Süße. Die drei Weine der Linie „Alte Reben" mit Lagenbezeichnung sind gekennzeichnet von präziser Eleganz. An der Spitze der Kollektion steht wie im vergangenen Jahr ein Spätburgunder der Premium-Linie aus 2017. Ein sehr feiner, saftig-eleganter Spätburgunder, ohne störende Holzaromen, mit guter, weich fließender Tanninstruktur. Linie Edition: Der Weißburgunder zeigt viel helle Frucht, ist frisch und klar, hat salzige Länge. Der Auxerrois ist zupackend fruchtig, hat herben Schmelz und Fülle. Der Grauburgunder zeigt ebenfalls fruchtige Eleganz mit reifem Schmelz, der von einer feinen Säure im Zaum gehalten wird. Viel rote Frucht zeigt der Rosé, besitzt zupackende Frische, feine Länge. Alte Reben: Der Weißburgunder duftet sehr fein, hat viel eleganten Schmelz und kraftvolle Fülle. Der Ausbau im Barrique ist an der Struktur des Weines erkennbar, nicht am Geschmack. Beim Grauburgunder kommt im cremigen Schmelz auch die Würze des Holzes zum Tragen, im Vordergrund steht aber eine saftig-elegante Frucht. Ganz auf Frucht setzt die präzise strukturierte Cuvée von Weißburgunder und Chardonnay.

Weinbewertung

86	2019 Auxerrois trocken „Edition"	12,5%/8,-€
86	2019 Weißburgunder trocken „Edition"	13%/8,50€
86	2019 Grauburgunder trocken „Edition"	13%/8,90€
88	2019 Weißburgunder trocken „Alte Reben" Eichstetter Herrenbuck	13,5%/11,50€
88	2019 Grauburgunder trocken „Alte Reben" Bötzinger Eckberg	13%/11,50€
87	2019 Weißburgunder & Chardonnay trocken „Alte Reben" Eckberg	13,5%/10,50€
85	2019 Spätburgunder Rosé trocken „Edition"	12,5%/8,-€
90	2017 Spätburgunder trocken „Premium" Bötzinger Eckberg	13%/22,-€

2017
Kaiserstuhl/Baden
Grauer Burgunder
Bötzinger Eckberg
trocken

ZIMMERLIN
Alte Reben

BADEN — SCHLIENGEN

Zimmermann

Kontakt
Auf dem Schliengener Berg
79418 Schliengen
Tel. 07635-665
Fax: 07635-463
www.zimmermann-wein.de
info@zimmermann-wein.de

Besuchszeiten
Mo.-Fr. 9-14 Uhr und während
der Öffnungszeiten der
Weinschenke (siehe Webseite)

Inhaber/
Karl-Ernst Zimmermann
Betriebsleiter
Karl-Ernst Zimmermann
Kellermeister
Karl-Ernst Zimmermann
Außenbetrieb
Karl-Ernst Zimmermann
Rebfläche
17 Hektar
Produktion
120.000 Flaschen

Das Weingut Zimmermann besteht seit 1985 und wird geführt von Karl-Ernst Zimmermann. Seine Weinberge liegen in Schliengen, Bad Bellingen, Liel, Mauchen und Niedereggenen, alle in der Lage Sonnenstück. Gutedel ist die wichtigste Rebsorte, nimmt ein Viertel der Weinberge ein. Es folgen Spätburgunder, Sauvignon Blanc, Merlot und Syrah, aber auch Weißburgunder, Grauburgunder, Chardonnay, Riesling, Regent, Muskateller und Müller-Thurgau werden angebaut. In der Weinschenke auf dem Schliengener Berg werden Markgräfler Spezialitäten angeboten.

Kollektion

Wie im vergangenen Jahr steht ein Quartett von Angel Hill-Rotweinen, drei vom Jahrgang 2017, einer vom Jahrgang 2016, an der Spitze der Kollektion. Die Angel Hill-Rotweine sind wieder typische Vertreter ihrer Art, sie sind in ihrer Struktur ähnlich, unterscheiden sich vor allem durch die klar heraus gearbeitete Rebsorte. Der Merlot zeigt intensive, rote Frucht im Bouquet, er ist samtig und konzentriert im Mund, besitzt eine gut ausbalancierte Fülle. Der Cabernet Franc zeigt konzentrierte Frucht im Bouquet, auch am Gaumen besitzt er viel reife Frucht, dichte, mollige Fülle, gute Tanninstruktur. Der Syrah ist im Bouquet sehr würzig mit allerlei Röstaromen, er hat die dichteste Tanninstruktur der vier roten Reserve-Weine, hat dadurch viel Länge. Den Pinot Noir von 2016 hatten wir im vergangenen Jahr bereits verkostet, er hat sich gut entwickelt, zeigt dunkle rote Frucht, er ist würzig und kraftvoll. Der Sekt mit dem Namen Cuvée 3 ist ein frischer Sprudler mit Zitrus- und Apfelaromen und er ist schön leicht. Die Weißweine von 2019 sind frisch und fruchtbetont, bei den sehr mineralischen Reserve-Weinen von 2017 hat das Holz noch eine gewisse Dominanz.

Weinbewertung

82	2018 „Cuvée_3" Sekt brut	12,5%/15,-€
80	2019 Gutedel trocken „BB Rhine Hill" Bad Bellinger Sonnenstück	11,5%/6,90€
81	2019 Roter Gutedel trocken „Rhine Hill"	12%/6,90€
83	2019 Sauvignon Blanc trocken „Happy Hill"	12%/9,90€
83	2018 Chasselas „Reserve 1955"	12%/14,50€
83	2017 Grauburgunder „Reserve"	13%/24,-€
83	2017 Chardonnay „Reserve"	13%/24,-€
83	2019 Muskateller „Happy Hill"	10%/10,50€
85	2017 Merlot „Angel Hill"	14%/19,50€
85	2017 Cabernet Franc „Angel Hill"	14%/25,50€
86	2017 Syrah „Angel Hill"	14%/25,50€
85	2016 Pinot Noir „Reserve" „Angel Hill"	13,5%/24,-€

PFALZ ▶ WACHENHEIM

★★★

Zimmermann

Kontakt
Grabenstraße 5
67157 Wachenheim
Tel. 06322-2384
Fax: 06322-65160
www.wein-zimmermann.de
info@wein-zimmermann.de

Besuchszeiten
Mo.-Fr. 9-12 + 14-18 Uhr
Sa. 9-15 Uhr
Gästehaus Rieslinghof,
Weinstraße 80,
Tel. 06322-9898920,
www.rieslinghof.com

Inhaber
Jürgen Zimmermann
Betriebsleiter
Jürgen Zimmermann
Rebfläche
11 Hektar
Produktion
80.000 Flaschen

Emil Zimmermann, der Vater des heutigen Inhabers, hat sich in den fünfziger Jahren ganz auf Weinbau spezialisiert. Seit 1990 ist Sohn Jürgen im Betrieb, 1996 hat er ihn übernommen. Die Weinberge liegen alle rings um Wachenheim, in den Lagen Fuchsmantel, Gerümpel, Königswingert, Luginsland, Schlossberg und Altenburg. Riesling ist die wichtigste Rebsorte, nimmt zwei Drittel der Weinberge ein. Hinzu kommen Weißburgunder, Grauburgunder und Chardonnay, aber auch Scheurebe, Silvaner, Sauvignon Blanc, Müller-Thurgau und Gewürztraminer. Der Rotweinanteil – Spätburgunder, Portugieser, Merlot und Cabernet Sauvignon – liegt bei 10 Prozent. Die Weine werden teils im Edelstahl, teils im Holz ausgebaut.

🍷 Kollektion

Jürgen Zimmermanns Rieslinge sind in diesem Jahr durchgehend etwas kraftvoller als im vergangenen Jahr, an der Spitze sehen wir wieder den Altenburg, der im Bouquet dezente Holzwürze und kräutrig-mineralische Noten zeigt, am Gaumen gute Konzentration, feine Zitrusnoten und ein animierendes, leicht salziges Säurespiel besitzt und etwas nachhaltiger und druckvoller ist als das Gerümpel, das im Bouquet etwas verhalten bleibt, am Gaumen dann aber viel klare, gelbe Frucht mit Noten von Aprikose und Ananas besitzt, der Schlossberg zeigt deutliche Holzwürze, ist kraftvoll, ganz geradlinig und von herben Zitrusnoten geprägt, der Königswingert besitzt Biss und herbe Zitrusfrucht, der Luginsland zeigt viel gelbe Frucht. Beim harmonischen und animierenden Sauvignon Blanc „Fumé" ist der Holzeinsatz sehr dezent und lässt der klaren Grapefruit- und Stachelbeerfrucht genügend Raum, der Gewürztraminer ist reintönig, etwas füllig, harmonisch und frisch, der Grauburgunder zeigt viel klare Frucht, Birne, Melone und dezente Holzwürze, besitzt Kraft, Schmelz und eine frische Säure. ◀

🍇 Weinbewertung

84	2019 Riesling Kabinett trocken Wachenheim	12,5%/6,20€
84	2019 Cuvée Weiß trocken	12%/7,20€
86	2019 Riesling trocken Wachenheimer Luginsland	13%/8,50€
86	2019 Riesling trocken Wachenheimer Königswingert	13%/8,50€
85	2019 Weißburgunder trocken	12,5%/7,50€
87	2019 Grauer Burgunder trocken	13,5%/9,50€
87	2019 Gewürztraminer trocken	13%/9,80€
88	2019 Sauvignon Blanc trocken „Fumé"	13%/12,-€
86	2019 Riesling trocken Wachenheimer Fuchsmantel	13%/9,80€
88	2019 Riesling trocken Wachenheimer Gerümpel	13,5%/15,-€
89	2019 Riesling trocken Wachenheimer Altenburg	13,5%/15,-€
87	2019 Riesling trocken Wachenheimer Schlossberg	13,5%/12,-€

RHEINHESSEN ▬ SIEFERSHEIM

★★

Arthur & Fabian Zimmermann

Kontakt
Backhausgasse 3
55599 Siefersheim
Tel. 06703-960320
Fax: 06703-960324
www.weingut-zimmermann.de
mail@weingut-zimmermann.de

Besuchszeiten
Mo.-Fr. 18-19 Uhr
Sa. 13-18 Uhr
So. 10-12 Uhr
Hofausschank, Gästezimmer

Inhaber
Arthur & Fabian Zimmermann

Rebfläche
8 Hektar

Produktion
25.000 Flaschen

Das Weingut im alten Ortskern von Siefersheim wurde seit 1990 von den Brüdern Jörg und Arthur Zimmermann geführt, seit 2017 führt Arthur Zimmermann den Betrieb zusammen mit seinem Sohn Fabian, der nach Lehre bei den Weingütern Hauck, Schweinhardt und Knipser seine Ausbildung zum Weinbautechniker absolvierte und seit Juli 2015 voll im Betrieb tätig ist. Ihre Weinberge liegen in Siefersheim in den Lagen Goldenes Horn, Martinsberg und Höllberg, sowie in den Wöllsteiner Lagen Äffchen und Ölberg. Weißweinsorten nehmen 80 Prozent der Rebfläche ein, Riesling ist die wichtigste Rebsorte, es folgen Müller-Thurgau, Weißburgunder, Silvaner, Spätburgunder, Portugieser, Dornfelder und St. Laurent. Bisher wird nur ein kleiner Teil der erzeugten Trauben für die eigene Flaschenweinvermarktung genutzt. Die Fazit genannten Weine sind quasi das Fazit der Lehrjahre von Fabian Zimmermann, sie bilden das Top-Segment im Sortiment, das dreistufig gegliedert ist in Literweine, Gutsweine und Fazit-Weine, die „aus den besten Lagen stammen", der jeweilige Lagenname wird leider nicht verraten, mit dem Jahrgang 2018 ergänzt der Höllberg-Riesling das Spitzensegment.

🍰 Kollektion

Zwei feine Literweine eröffnen den Reigen, sowohl Rivaner als auch Riesling besitzen feine Frische und klare Frucht. Bravo! Die trocken Gutsweine präsentieren sich sehr geschlossen und zuverlässig: Der Silvaner ist fruchtbetont und wunderschön reintönig, der Weißburgunder würzig, eindringlich, etwas stoffiger, die Scheurebe fruchtbetont und süffig, der Riesling würzig, geradlinig, besitzt feine Frucht und Grip. Eine weitere Steigerung bringt der Riesling vom Porphyr, ist würzig und eindringlich, frisch und zupackend, kraftvoll, strukturiert und fruchtbetont. Der Höllberg-Riesling kam im vergangenen Jahr mit dem Jahrgang 2018 neu ins Programm. Den Debütwein konnten wir nochmals verkosten, er ist nicht ganz so ungestüm mehr wie im vergangenen Jahr, deutlich druck- und kraftvoller ist der noch enorm jugendliche 2019er, besitzt gute Struktur und reintönige Frucht.

🍇 Weinbewertung

82	2019 Rivaner trocken (1l)	12%/4,50€
82	2019 Riesling trocken (1l)	12%/5,-€
83	2019 Silvaner trocken	12,5%/6,-€
84	2019 Weißburgunder trocken	12,5%/6,50€
83	2019 Scheurebe trocken	12%/6,50€
84	2019 Riesling trocken	12%/7,-€
85	2019 Riesling „vom Porphyr" Siefersheimer	12,5%/9,50€
88	2018 Riesling Höllberg	13%/12,-€
89	2019 Riesling Höllberg	12,5%/12,-€ ☺
81	2019 Riesling „feinherb"	12%/6,50€
82	2019 Spätburgunder Rosé trocken	12,5%/6,50€

RHEINHESSEN ▶ ENGELSTADT

★★

Zimmer-Mengel

Kontakt
Im Adelpfad 1
55270 Engelstadt
Tel. 06130-1788
Fax: 06130-7770
www.weingut-zimmer-mengel.de
fabian_mengel@gmx.de;
info@weingut-zimmer-mengel.de

Besuchszeiten
Mo.-Sa. nach Vereinbarung,
Fr. bis So. Straußwirtschaft
geöffnet

Inhaber
Andreas Mengel
Kellermeister
Fabian Mengel
Rebfläche
17 Hektar
Produktion
100.000 Flaschen

Das Weingut Zimmer-Mengel wird heute von Andreas und Stephanie Mengel geführt, unterstützt von Sohn Fabian, der nach seinem Geisenheim-Studium 2010 in den Betrieb eingestiegen und für den Weinausbau verantwortlich ist. Seither wurden Edelstahltanks, aber auch Holzfässer angeschafft, auch die Gutsweine werden inzwischen teilweise im Holz ausgebaut. Die Weinberge liegen in den Engelstadter Lagen Römerberg und Adelpfad sowie den Elsheimer Lagen Bockstein und Blume. Der Schwerpunkt liegt auf den Burgundersorten (40 Prozent) und Riesling (20 Prozent), aber auch Silvaner, Scheurebe und Portugieser spielen eine wichtige Rolle, dazu gibt es Cabernet Sauvignon, Merlot, Dornfelder, Müller-Thurgau und Gewürztraminer. Mit einem Freund bewirtschaftet Fabian Mengel einen Riesling-Weinberg in Bernkastel-Kues an der Mosel mit 70 Jahre alten, wurzelechten Reben. In den vergangenen Jahren wurden Investitionen in eine schonende Traubenverarbeitung getätigt; 2019 erfolgte die Umstellung auf ökologischen Weinbau.

Kollektion

In den letzten Jahren war regelmäßig der Lagenriesling aus dem Adelpfad unser Favorit in sehr stimmigen Kollektionen. Ein Lagen-Riesling wurde dieses Jahr nicht vorgestellt, so dass der sehr gute Engelstadter Ortsriesling in diesem Jahr den weißen Teil der Kollektion anführt, er ist würzig und eindringlich, klar und zupackend, besitzt gute Struktur und Frische. Sehr gut ist auch der Chardonnay-Sekt aus dem Jahrgang 2015, zeigt feine Reife und rauchige Noten im Bouquet, ist füllig, harmonisch, kompakt und klar. Der Liter-Silvaner ist frisch und geradlinig, die weißen Gutsweine zeigen zuverlässiges Niveau, am besten gefällt uns die cassisduftige Scheurebe, die wunderschön reintönig und frisch ist, feine Frucht und Grip besitzt. Der feinherbe Riesling ist lebhaft und zupackend, der Rosé fruchtbetont und geradlinig. Sehr gut ist der im Barrique ausgebaute Portugieser aus dem Jahrgang 2015, intensiv, konzentriert, herrlich eindringlich, besitzt Fülle und Kraft, reife Frucht und Substanz.

Weinbewertung

86	2015 Chardonnay Sekt brut	12,5%/9,40€
81	2019 Silvaner trocken (1l)	12,5%/5,-€
82	2019 Riesling trocken	12%/6,-€
82	2019 Grauburgunder trocken	13%/6,30€
83	2019 Scheurebe trocken	12%/6,30€
85	2019 Riesling trocken Engelstadter	12%/8,90€
81	2019 Spätburgunder „Blanc de Noirs" „feinherb"	12,5%/6,-€
83	2019 Riesling „feinherb"	12%/6,-€
83	2019 „&" Rosé Cuvée trocken	12,5%/8,40€
86	2015 Portugieser trocken Barrique Jugenheimer Goldberg	13,5%/14,50€

WÜRTTEMBERG ▶ LÖWENSTEIN

★★★ Zipf

Kontakt
Vorhofer Straße 4
74245 Löwenstein
Tel. 07130-6165
Fax: 07130-9725
www.zipf.com
weingut@zipf.com

Besuchszeiten
Mo.-Fr. 13-18:30 Uhr
Sa. 9-15 Uhr,

Inhaber
Familie Zipf
Kellermeister
Jürgen Zipf
Rebfläche
12 Hektar
Produktion
80.000 Flaschen

Weinbau betreibt die Familie Zipf in Löwenstein schon seit über 100 Jahren, das Weingut wurde jedoch erst 1964 von Hermann Zipf gegründet, dann bis 2004 von Reinhold Zipf geführt, als Sohn Jürgen, gelernter Weinbautechniker, den Betrieb übernahm. Er baut gut zur Hälfte rote Sorten an, neben Lemberger, Schwarzriesling und Trollinger vor allem Spätburgunder, Zweigelt und Merlot. Bei den weißen Sorten dominiert Riesling, dazu gibt es Weißburgunder, Silvaner, Grauburgunder, Gewürztraminer, Chardonnay und Sauvignon Blanc. Jürgen Zipfs Weinberge liegen hauptsächlich in Löwenstein, im Wohlfahrtsberg, der einzigen Lage, die das Weingesetz für Löwenstein vorsieht, auch wenn der Boden alles andere als einheitlich ist, findet man doch teils Mergelschichten, teils Sandsteinbänke über dem Keupergestein; des Weiteren ist er im Unterheinrieter Sommerberg vertreten. Die Weine bleiben recht lange auf der Feinhefe und durchlaufen fast alle den biologischen Säureabbau – auch Riesling. Die Weine werden betriebsintern mit bis zu vier Sternen klassifiziert.

Kollektion

Auch in der aktuellen Kollektion liegen die Vorteile im roten Segment. An der Spitze steht der im Barrique ausgebaute Reserve-Merlot, der füllig und kraftvoll ist, viel reife Frucht und Substanz besitzt. Die Cabernet-Merlot-Cuvée CM ist fruchtbetont und intensiv, klar, füllig und zupackend. Sehr gut gefällt uns auch der Trollinger von alten Reben, ein sehr „ernsthafter" Trollinger mit Struktur, reintöniger Frucht und Grip. Der Lemberger ist reintönig, frisch und zupackend, der Rosé ist fruchtbetont und lebhaft bei feiner Süße. Sehr gut ist auch der 40 Monate auf der Hefe ausgebaute Riesling-Sekt, zeigt feine rauchige Noten, schöne Riesling-Reife, ist klar, harmonisch und elegant. Die Weißweine präsentieren sich sehr geschlossen, besitzen Fülle, Kraft und klare Frucht, unsere leichte Präferenz gilt dem wunderschön reintönigen, harmonischen Silvaner.

Weinbewertung

85	2015 Riesling Sekt brut	12%/14,-€
83	2019 Grüner Silvaner trocken „Mineral" Löwensteiner Wohlfahrtsberg	13%/7,50€
83	2018 Riesling*** trocken „Inka" Löwensteiner Wohlfahrtsberg	13,5%/9,-€
84	2019 Sauvignon Blanc*** trocken Löwensteiner Wohlfahrtsberg	14%/9,30€
83	2019 Weißer Burgunder*** trocken Löwensteiner Wohlfahrtsberg	13%/9,90€
83	2019 Grauer Burgunder*** trocken	13%/9,90€
85	2019 Grüner Silvaner*** trocken „Alte Reben" Wohlfahrtsberg	12,5%/9,50€
83	2019 „Geschwisterliebe" Rosé*** trocken	12,5%/8,-€
84	2018 Lemberger*** trocken Löwensteiner Wohlfahrtsberg	13,5%/7,50€
86	2018 Trollinger*** trocken „Alte Reben"	13%/9,30€
87	2017 „C M" Rotwein trocken Löwensteiner Wohlfahrtsberg	13%/12,50€
89	2017 Merlot**** trocken „Reserve" Löwensteiner Wohlfahrtsberg	13,5%/22,50€

Zöller

★★☆

Kontakt
Brunnenstraße 12
55599 Eckelsheim
Tel. 06703-1273
Fax: 06703-4697
www.weingutzoeller.de
info@weingutzoeller.de

Besuchszeiten
Verkauf
Mo.-Sa. nach Vereinbarung

Inhaber
Jürgen & Torsten Zöller
Kellermeister
Torsten Zöller
Rebfläche
19,5 Hektar

Weinbau gibt es seit Mitte des 17. Jahrhunderts in der Familie, aber erst in den letzten Jahren, seit Torsten Zöller seinen Vater Jürgen im Betrieb unterstützt, setzt man verstärkt auf Flaschenweinvermarktung. Torsten Zöller hat bei den Weingütern Wagner-Stempel, Wittmann und Rebholz gelernt, in Geisenheim Weinbau studiert, Praktika bei weiteren Weingütern in Deutschland und Neuseeland absolviert, ist seit 2013 für den Weinausbau im elterlichen Betrieb verantwortlich. Die Weinberge von Jürgen und Torsten Zöller liegen vor allem in Eckelsheim in den Lagen Kirchberg, Eselstreiber und Sonnenköpfchen, aber auch in benachbarten Gemeinden ist man vertreten, besitzt Reben in der Gumbsheimer Schlosshölle, im Wendelsheimer Steigerberg und im Siefersheimer Goldenes Horn. Riesling, Müller-Thurgau, Silvaner und die Burgundersorten werden angebaut, dazu eine Vielzahl weiterer weißer und roter Rebsorten. Torsten Zöller arbeitet mit Maischestandzeiten und Spontangärung, teils in Holzfässern, die Weine werden lange auf der Vollhefe ausgebaut. Das Sortiment hat man auf das dreistufige System umgestellt mit Lagenweinen an der Spitze.

Kollektion

Eine starke, stimmige Kollektion präsentieren Jürgen und Torsten Zöller in diesem Jahr, die Preise sind nach wie vor sehr moderat. Die weißen Gutsweine bestechen mit Frucht und Frische, der zupackende Grauburgunder und der wunderschön reintönige Chardonnay gefallen uns besonders gut; die roten Gutsweine stehen da nicht nach, der Spätburgunder ist frisch und klar, der Cabernet Sauvignon geradlinig, etwas floral. Sehr gut ist die saftige Riesling Auslese, ebenso die drei Ortsweine: Der Silvaner ist füllig und saftig bei reifer Frucht, der Grauburgunder besitzt Kraft und gute Struktur, noch besser gefällt uns der kraft- und druckvolle Porphyr-Riesling. Im Aufwind!

Weinbewertung

82	2019 Riesling trocken	12%/5,40€
83	2019 Weißer Burgunder trocken	12,5%/5,40€
84	2019 Grauer Burgunder trocken	12,5%/5,40€
84	2019 Chardonnay trocken	12,5%/5,40€
85	2019 Silvaner trocken „Alte Reben" Eckelsheimer	12,5%/8,10€
87	2019 Riesling trocken „Porphyr" Eckelsheimer	13%/8,10€ ☺
85	2019 Grauer Burgunder trocken Holzfass Eckelsheimer	13%/8,10€
82	2019 Riesling „feinherb"	11,5%/5,20€
85	2019 Riesling Auslese	8,5%/7,70€/0,5l
81	2019 Spätburgunder Rosé	12,5%/5,20€
83	2018 Spätburgunder trocken	13,5%/5,40€
83	2018 Cabernet Sauvignon trocken	13%/5,70€

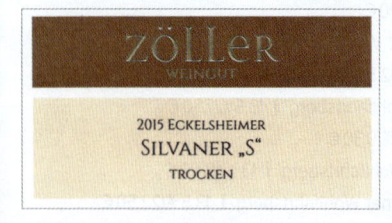

BADEN ▶ HEITERSHEIM

★★

Julius Zotz

Kontakt
Staufener Straße 3
79423 Heitersheim
Tel. 07634-508220
Fax: 07634-5082228
www.weingut-zotz.de
info@weingut-zotz.de

Besuchszeiten
Mo.-Fr. 8-12:30 + 13:30-18 Uhr
Sa. 9-13 Uhr
April-Okt. Sa. 9-16 Uhr und
gerne nach Vereinbarung

Inhaber
Martin, Michael & Julian Zotz
Kellermeister
Dennis Meindl
Rebfläche
95 Hektar
Produktion
600.000 Flaschen

Karl Zotz erwarb 1845 den östlichen Teil des Malteserschlosses in Heitersheim und baute ein Weingut auf, die offizielle Gutsgründung erfolgte im Jahr 1865 mit der Eintragung ins Handelsregister durch seinen Sohn Julius, dessen Namen das Weingut bis heute trägt. Das heutige Weingut wurde einige Jahrzehnte später, um die Jahrhundertwende, in der Nähe des Malteserschlosses erbaut. Heute wird der Betrieb in vierter und fünfter Generation von Martin und Michael Zotz geführt. Ihre wichtigsten Lagen sind der Heitersheimer Maltesergarten und der Ballrechten-Dottinger Castellberg. Sie setzen auf die typischen Markgräfler Rebsorten: Gutedel und Spätburgunder nehmen jeweils 30 Prozent der Rebfläche ein, es folgen Grauburgunder, Weißburgunder und Müller-Thurgau, dazu gibt es vor allem noch Silvaner, Nobling, Chardonnay und Gewürztraminer, inzwischen auch Sauvignon Blanc, Cabernet Sauvignon und Merlot. Neben etwa 60 verschiedenen Weinen werden auch Sekte und Crémants sowie Edelbrände erzeugt.

Kollektion

In der Spitze hat das Weingut der Familie Zotz einige neue Trümpfe auf der Hand, drei wurden in diesem Jahr vorgestellt. Der Pinot Noir Oberberg von 2017 aus einer der besten Parzellen des Maltesergartens zeigt ein sehr feines, elegantes Pinot-Bouquet, ist am Gaumen sehr saftig, schlank, dennoch konzentriert, eine jugendliche Auseinandersetzung zwischen Säure und Tannin. Dazu kommt eine feine Mineralität. Der Oberberg ist eine Steigerung zum Maltesergarten Pinot Noir. Zweiter Top-Wein ist der Römerberg Syrah mit dunklen Beeren, Lakritze und Pfeffer in der Nase, saftig und konzentriert am Gaumen. Sehr gut gefallen hat uns auch der Merlot Reserve, wie der Syrah sehr saftig, konzentriert, aber nicht fett. Auch das vorgestellte Sortiment von 2019 ist gewohnt stark mit dem ebenfalls neuen Römerberg Terrassen Chardonnay an der Spitze. Sehr gut sind wieder der Chasselas und der Gutedel-Sekt.

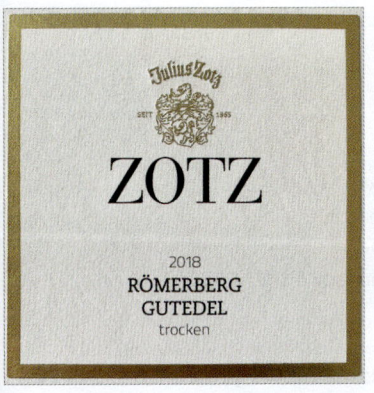

Weinbewertung

85	Gutedel Sekt extra-brut	12,5%/10,50€
83	2019 „Chasslie" Gutedel „sur lie" trocken Heitersheimer Maltesergarten	12,5%/7,90€
83	2019 „grau.weiß.gut." Weißwein	12,5%/8,50€
86	2019 Chasselas trocken Heitersheimer Maltesergarten	12,5%/12,-€
84	2019 Gutedel trocken Badenweiler Römerberg	12%/12,-€
81	2019 Grauburgunder trocken Badenweiler Römerberg	13%/12,-€
86	2018 Chardonnay trocken Terrassen Badenweiler Römerberg	13,5%/28,-€
86	2017 Pinot Noir trocken Heitersheimer Maltesergarten	13,5%/14,90€
89	2018 Syrah trocken Badenweiler Römerberg	14%/28,-€
88	2018 Merlot trocken „Reserve" Heitersheimer Maltesergarten	14%/20,-€
90	2017 Pinot Noir trocken „Oberberg"	13,5%/32,-€

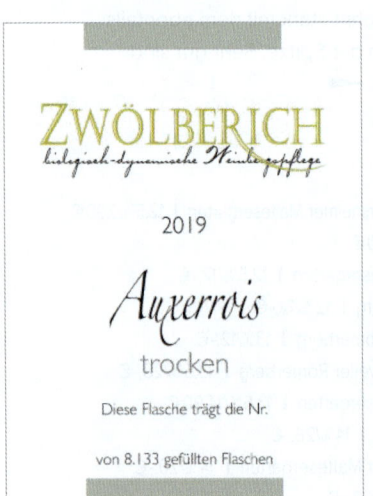

Im Zwölberich

★★☆

Kontakt
Schützenstraße 14
55450 Langenlonsheim
Tel. 06704-9200
Fax: 06704-92040
www.zwölberich.de
info@zwoelberich.de

Besuchszeiten
Mo.-Fr. 9-12:30 + 14-19 Uhr

Inhaber
Hartmut Heintz
Kellermeister
Helmut Wolf,
Alexander Bäder
Rebfläche
33 Hektar
Produktion
250.000 Flaschen

Weinbau wird in der Familie Heintz seit 1711 betrieben, das Weingut ist einer der Pioniere des Bioanbaus an der Nahe, wirtschaftet seit 1993 biodynamisch und ist Demeter-zertifiziert. Die Weinberge liegen in den Langenlonsheimer Lagen Steinchen (sandiger Lehm), Königsschild (kiesiger Ton) und Löhrer Berg (Terrassenkies) sowie in Guldental im Rosenteich (kiesiger Lehm) und im Honigberg (Sandsteinverwitterung). Angebaut werden Riesling, die weißen und roten Burgundersorten, Silvaner, Dornfelder, Portugieser, St. Laurent und auch Piwi-Sorten wie Regent, Pinotin und Monarch, besonderes Augenmerk legt Hartmut Heintz auch auf den Auxerrois. Neben Wein werden verschiedene rebsortenreine Traubensäfte erzeugt.

Kollektion

Die Riesling Spätlese aus dem Langenlonsheimer Königsschild, die in diesem Jahr die Kollektion von Hartmut Heintz anführt, liegt nur knapp über der Trocken-Grenze im halbtrockenen Bereich wirkt aber geschmacklich trocken, der Wein besitzt guten Grip, Konzentration und ein komplexes, fruchtbetontes Bouquet mit Aromen von Aprikose, Grapefruit, grünem Apfel, Honigmelone und kräutriger Würze, er ist elegant und nachhaltig. Auch die vier anderen Rieslinge aus dem Jahrgang 2019 sind klar in der Frucht, „Alfred" und „Anna" sind ebenfalls halbtrocken, zeigen Noten von gelbem Steinobst und besitzen Frische, der Gutsriesling und der „Meereskies" sind hingegen konsequent trocken, zeigen kräutrige Noten und grünen Apfel im Bouquet. Silvaner und Auxerrois sind kraftvoll und leicht cremig, der Silvaner zeigt klare Birnenfrucht, der Auxerrois etwas Aprikose und florale Noten. Der Spätburgunder aus dem Königsschild ist stoffig und wuchtig, der hohe Alkoholgehalt ist aber gut eingebunden, im komplexen Bouquet zeigt der Wein dunkle Frucht, Pflaume, Schokolade, kräutrige Würze und deutliche Röstnoten, am Gaumen besitzt er noch jugendliche Tannine.

Weinbewertung

84	2019 Silvaner trocken	13,5%/9,80€
83	2019 Riesling trocken	13%/11,80€
84	2019 Auxerrois trocken	13,5%/11,80€
83	2019 Riesling Kabinett trocken „vom Meereskies"	12%/14,80€
83	2019 Riesling „feinherb" „Cuvée Anna"	12%/10,80€
84	2019 Riesling Kabinett „Alfred"	12,5%/12,80€
88	2019 Riesling Spätlese Langenlonsheimer Königsschild	12%/25,80€
81	2019 St. Laurent Weißherbst	13%/11,80€
82	2018 Spätburgunder trocken	14%/14,50€
86	2018 Spätburgunder Auslese trocken Langenlonsheimer Königsschild	15,5%/29,-€

Der
Anhang

Bio-Weingüter | 1216

Schnäppchen | 1222

Bestenlisten | 1229

Verzeichnis der Orte | 1243

ANHANG ▶ BIO-WEINGÜTER

Die Bio-Weingüter

Vor fünfzehn Jahren haben wir zum ersten Mal formuliert: Wer Terroir sagt, muss auch Bio sagen. Seither ist die Zahl der Weingüter, die zertifiziert biologisch arbeiten, stark gestiegen, jedes Jahr kommen neue Weingüter hinzu.
In diesem Verzeichnis sind alle Weingüter, die ihre Weinberge biologisch zertifiziert oder zertifiziert in Umstellung bewirtschaften, nach Regionen getrennt aufgelistet. Gehören sie einem Bio-Verband an, ist das Verbands-Logo angefügt.

AHR
Weingut Bertram-Baltes

BADEN
Weingut Abril *ECOVIN*
Weinwerkstatt Daniel Bach
Bioweingut Baumann *demeter*
Weingut Burkhart
Weingut Greiner
Weingut Heitlinger
Biologisches Weingut Höfflin *Bioland*
Weingut Hummel
Weingut Klenert *ECOVIN*
Weingut Klumpp *ECOVIN*
Weingut Lämmlin-Schindler
Weingut Landmann *Bioland*
Weingut Peter Landmann *Bioland*
Weingut Hubert Lay *ECOVIN*
Winzerhof Linder *demeter*
Weingut Maier
Weingut Pix *demeter*
Weingut Burg Ravensburg
Weingut Rieger *ECOVIN demeter*
Weingut Scherer-Zimmer *ECOVIN*

Privat-Weingut Schlumberger-Bernhart
Weingut Schneider-Pfefferle *ECOVIN*
Weingut Vollmayer
Weingut Ina Wihler
Weingut Wöhrle
Weingut Zähringer *ECOVIN demeter*

FRANKEN
Weingut Bausewein *Naturland*
Weingut Helmut Christ *demeter*
Weingut H. Deppisch *demeter*
Weinmanufaktur 3 Zeilen *Bioland*
Weingut Bastian Hamdorf
Weingut Hemberger
Weingut Hench
Weingut Hoefler
Winzerhof Hofmann *Bioland*
Weingut Am Stein Ludwig Knoll *Naturland*
Ökologischer Weinbau Krämer *Naturland*
Privatweingut Lange Schloss Saaleck *Naturland*
Weingut Rudolf May *Naturland*
Weingut Meier Schmidt *Bioland*
Müller! Das Weingut
Weingut Richard Östreicher *Naturland*

ANHANG — BIO-WEINGÜTER

pars pro toto
Weingut Bernhard Rippstein
Weingut Roth
Weingut Manfred Rothe
Weingut Rainer Sauer
Weingut Franziska Schömig
Weingut Schmachtenberger
Weingut Graf von Schönborn
Weingut Schloss Sommerhausen
Weingut Roland Staudt
Weingut Steintal
Weinbau Stritzinger
Weingut Then
Weingut Stefan Vetter
Gut Wilhelmsberg
Weingut Zehnthof
Weingut Zehntkeller

MITTELRHEIN
Weingut Dr. Kauer
Kay-Weine

MOSEL
Weingut Alter Weinhof
Weingut Arns und Sohn
Weingut Frank Brohl
Weingut Clemens Busch
Weingut Caspari-Kappel
Weingut Martin Conrad
Weingut Franz-Josef Eifel
Weingut Zum Eulenturm
Weingut Roman Herzog
Weingut Hoffmann-Simon
Weingut Christoph Koenen
Weingut Laurentiushof
Schlossgut Liebieg
Weingut Melsheimer
Weingut Zur Römerkelter
Weingut Schömann
Weingut Steffens-Keß
Weingut Willems-Willems

NAHE
Weingut Bicking&Bicking
Weingut Fuchs-Jacobus
Weingut Hahnmühle
Weingut Lindenhof
Piri Wein
Weingut Sinß
Weingut in den Zehn Morgen
Weingut im Zwölberich

PFALZ
Weingut Andres
Weingut Michael Andres
Sektkellerei Andres & Mugler
Weingut Bassermann-Jordan
Bio-Weingut Benzinger
Weingut Bergdolt-Reif & Nett
Weingut Bergdolt St. Lamprecht
Wein- und Sektgut Bernhart
Weingut Reichsrat von Buhl
Weingut Christmann
Weingut Damm
Weingut Ehrhart
Weingut Eymann
Weingut Fitz-Ritter
Weingut Martin & Georg Fusser
Weingut Gabel
Weingut Ansgar Galler
Weingut Hahn-Pahlke
Weingut Hohlreiter
Weingut John
Weingut Jul. Ferd. Kimich
Weingut Kranz
Weinbau der Lebenshilfe
Weingut Jürgen Leiner
Weingut Lucashof
Weingut Mehling
Weingut Meier
Weingut Karlheinz & Andreas Meyer
Weingut Theo Minges
Weingut Georg Mosbacher

ANHANG ▶ BIO-WEINGÜTER

Weingut Müller-Catoir
Weingut Nauerth-Gnägy
Weingut Neuspergerhof Bioland
Weingut Heinz Pfaffmann Bioland
Weingut Pfirmann Bioland
Weingut Pflüger ECOVIN demeter
Weingut Porzelt Bioland
Weingut Ökonomierat Rebholz (respekt)
Weingut Reibold
Weingut Reinhardt
Weingut Rings
Weingut St. Annaberg
Weingut Heiner Sauer Bioland
Weingut Schädler
Weingut Schäfer Bioland
Weingut Karl Schaefer
Weingut Schwedhelm
Weingut Georg Siben
Weingut Siegrist Bioland
Weingut Heinrich Spindler
Weingut Stortz-Nicolaus Bioland
Weingut Dr. Wehrheim (respekt)
Sekt- und Weingut Winterling
Weingut Wöhrle ECOVIN

RHEINGAU

Wein- und Sektgut Barth
Weingut Dr. Corvers-Kauter Bioland
Weingut Carl Ehrhard
Weingut Kaufmann demeter
Weingut Peter Jakob Kühn demeter
Weingut Mohr ECOVIN
Weingut Prinz
Weingut Schreiber ECOVIN
Weingut Trinks-Trinks ECOVIN
Weingut Im Weinegg demeter

RHEINHESSEN

Weingut Alte Schmiede Bioland demeter
Weingut Barth Bioland demeter
Weingut BattenfeldSpanier

Weingut Brüder Dr. Becker ECOVIN demeter
Weingut Bernhard ECOVIN
Weingut Bischel
Cisterzienser Weingut
Weingut Dreissigacker
Weingut Eppelmann
Weingut Feth-Wehrhof demeter
Weingut Frey
Weingut Gänz Bioland
Weingut Götz ECOVIN
Weingut Goldschmidt ECOVIN Bioland
Weingut Gysler demeter
Weingut Hemer ECOVIN
Weingut Hiestand
Weingut Hirschhof ECOVIN
Weingut Hofmann
Wein- und Sektgut Hothum ECOVIN Naturland
Huster Ökologischer Weinbau ECOVIN
Weingut Johanninger ECOVIN
Weingut Julius Naturland
Weingut Kampf
Weingut Kissinger
Weingut Knobloch ECOVIN
Weingut Carl Koch ECOVIN
Weingut Kronenhof ECOVIN
Weingut Kühling Naturland
Weingut Kühling-Gillot
Weingut Landgraf
Bioweingut Lorenz Bioland
Weingut Karl May
Weingut Meyerhof
Neverland Vineyards
Sekthaus Raumland
Weingut Riffel ECOVIN
Weingut Sander Naturland demeter
Weingut St. Antony demeter
Ökologisches Weingut Schmitt demeter
Weingut Bürgermeister Adam Schmitt ECOVIN demeter
Weingut Eugen Schönhals ECOVIN
Weingut Stauffer
Weingut Steinmühle

Strauch Sektmanufaktur
Weingut Thörle
Weingut Dr. Eva Vollmer
Weingut Wagner-Stempel
Weingut Wasem Doppelstück
Weingut Weinreich
Weingut Eckhard Weitzel
Weingut Arndt F. Werner
Weingut Wittmann
Weingut Zimmer-Mengel

WÜRTTEMBERG

Weingut Adelmann
Weingut Bächner
Weingut Beurer
Weingut Bruker
Weingut Teresa Deufel
Weingut Doreas
Weingut Eisele
Weingut Forsthof
Weinbau Frick
Weingut Gold
Weingut Häußermann
Weingut Karl Haidle
Weingut Heid
Weingut Hirth
Schlossgut Hohenbeilstein
Weingut Hohenlohe-Öhringen
Weingut Idler
Weingut Klopfer
Weingut Knauß
Weingut Sabine Koch
Weingut Lanz
Weingut Reinhard Schäfer
Weingut Schäfer-Heinrich
Weingut Rainer Schnaitmann
Weingut Albrecht Schwegler
Weingut Seybold
Weingut Singer-Bader
Weingut Vinçon-Zerrer
Weingut Zimmerle

„The best book about champagne": This was the statement of a well-known French wine writer about one of Gerhard Eichelmann's nine books on champagne. In France people were so enthusiastic that the renowned publishing house Larousse translated and published it. Due to the high demand from abroad, and because many champagne houses and winemakers asked for a book in English, the author decided to publish the new edition in English. „Champagne" summarizes in form of a compendium all previous Champagne titles by Gerhard Eichelmann, presenting over 13,000 champagnes from 1,300 producers. The reader learns where and how champagne is made. The most important champagne producers, the big houses, but also the best growers are portrayed, and the style of their champagnes is outlined. All book buyers receive the premium app „Mondo Champagne" with detailed descriptions of more than 13.000 champagnes.

Gerhard Eichelmann

Champagne

13.000 champagnes from 1.300 producers

20,2 x 27,6 cm, 978-3938839379

spring 2021, about 900 pages, with app, 89 €

mondo Heidelberg

Champagne
Gerhard Eichelmann

CHAMPAGNE

mondo Heidelberg

Die Schnäppchen

Baden

Wein-Werkstatt Daniel Bach
2017 Spätburgunder 88/10,- €
2016 Spätburgunder 88/10,- €

Weingut Bielig
2019 Sylvaner trocken (1l) 83/4,- €
2019 Sauvignon Blanc trocken Schriesheimer 87/7,- €
2018 Grauburgunder trocken "Maischegärung" 88/10,- €

Weingut Brenneisen
2018 Blauer Burgunder 86/7,- €

Weingut Englert
2018 Müller Thurgau trocken Kembacher Sonnenberg (1l) 83/4,70 €
2019 Bacchus Kabinett trocken Kembacher Sonnenberg (1l) 83/4,70 €
2019 Kerner Kabinett trocken Kembacher Sonnenberg (1l) 83/4,70 €

Weingut Isele
2019 Weißer Burgunder trocken Münchweier Kirchberg 86/7,- €
2019 Grauer Burgunder trocken Münchweier Kirchberg 86/7,- €
2019 Weißburgunder & Chardonnay trocken 87/8,- €
2019 Muskateller "feinfruchtig" Münchweierer Kirchberg 87/8,50 €
2018 Pinot Noir trocken Münchweierer Kirchberg 90/15,- €

Weingut Knab
2019 Chardonnay trocken "Alte Reben" Engelsberg 89/11,70 €
2019 Weißburgunder*** trocken Wihlbach 91/18,- €
2019 Grauburgunder*** trocken Amolterer Steinhalde 91/18,- €
2019 Chardonnay*** trocken Eckkinzig 91/18,- €

Weingut Holger Koch
2019 Chardonnay Herrenstück 90/14,- €

Winzerhof Linder
2018 Grauburgunder trocken "[dr] Grau Natür 65" 89/11,90 €
2019 Grauburgunder trocken "[dr] Grau Natür" 89/11,90 €

Weingut Michel
2019 Grauer Burgunder trocken Achkarren 88/9,- €
2019 Chardonnay trocken "Tephrit" Achkarren 90/12,50 €
2019 Chardonnay trocken "GG" Achkarrer Schlossberg 93/23,- €

Weingut Röschard
2016 Spätburgunder trocken 86/7,- €

Weingut Salwey
2019 Weißburgunder 88/9,70 €
2019 Grauburgunder 88/9,70 €
2019 Muskateller 88/10,- €
2019 Spätburgunder Rosé 87/8,50 €

Weingut Konrad Schlör
2019 Weißburgunder "GG" Oberer First 92/22,- €

Privat-Weingut Schlumberger-Bernhart
2018 Grauburgunder "GG" "Wingerte" Weingarten 92/22,- €

Weingut Seeger
2019 Sauvignon Blanc "S" Leimener Herrenberg 90/14,- €
2019 Chardonnay "S" "GG" Lange Wingert 92/22,- €
2019 Weißer Burgunder "GG" Oberklam 93/21,50 €
2019 Grauer Burgunder "GG" Oberklam 92/21,50 €
2018 Blaufränkisch "S" 93/19,50 €

Weingut Ralf Trautwein
2019 Grauer Burgunder Spätlese trocken*** Holzfass Premium 88/10,- €

Weingut Hans Winter
2019 Riesling Spätlese trocken "Johann Georg" Herrenberg 88/9,50 €

Franken

Weingut Brügel
2019 Silvaner trocken "Alte Reben" Abtswinder Altenberg 89/12,- €

Weingut H. Deppisch
2019 Silvaner trocken "vom Muschelkalk" 87/8,50 €
2018 Riesling trocken "vom Muschelkalk" 87/8,50 €
2019 Pinot Blanc trocken "vom Muschelkalk" 87/8,50 €

Weingut Glaser-Himmelstoss
2019 Grauer Burgunder trocken Dettelbach 89/12,- €
2019 Silvaner trocken Dettelbacher Berg-Rondell 91/16,- €

Weingut Hausknecht
2019 Müller-Thurgau Kabinett trocken Erlabrunner Weinsteig 84/5,- €
2018 Riesling Spätlese trocken Escherndorfer Lump 88/9,- €
2019 Scheurebe Spätlese Erlabrunner Weinsteig 87/7,80 €

Weingut Hench
2017 Spätburgunder trocken Bürgstadt Centgrafenberg 90/13,- €
2016 Spätburgunder "R" Bürgstadt Centgrafenberg 91/18,- €

Weingut Hillabrand
2019 Silvaner "g'scheit" trocken 86/7,- €

Weinbau Hiller
2019 Silvaner trocken Randersackerer Sonnenstuhl 87/8,50 €
2019 Silvaner trocken Randersackerer Teufelskeller 88/8,50 €

Weingut Höfling
2019 Silvaner trocken Homburg Gössenheim 89/12,- €
2019 Silvaner trocken Kalbenstein Gambach 89/16,- €

Weingut Hofmann

2019 Silvaner*** Spätlese trocken Röttinger Feuerstein   89/11,50 €
2017 Spätburgunder „RR" trocken Röttinger Feuerstein   93/25,- €

Ökologischer Weinbau Kraemer
2018 „Keuper & Kalk" Weißwein trocken   87/7,50 €

Kremers Winzerhof
2018 Silvaner*** trocken Großheubacher Bischofsberg   88/10,- €
2018 Riesling*** trocken Großheubacher Bischofsberg   88/10,- €

Weingut Paul Leipold
2019 Riesling trocken "Muschelkalk" Obervolkacher   86/6,90 €
2018 Silvaner trocken "Gässberg" Landsknecht   89/12,- €

Weingut Max Müller I
2019 Silvaner trocken Volkach   88/9,- €
2019 Silvaner trocken Volkach Ratsherr   91/18,- €
2019 Silvaner trocken "Eigenart" Holzfass   92/18,- €
2019 Silvaner trocken "Alte Reben" Katzenkopf   93/23,- €

Weingut Rainer Sauer
2019 Silvaner trocken   87/8,- €
2019 Silvaner trocken "Muschelkalk" Escherndorf   89/10,- €
2019 Silvaner trocken „Alte Reben" Escherndorfer Lump   90/14,50 €

Bocksbeutelweingut Scheller
2019 Silvaner Spätlese trocken "alte Reben"   88/10,- €
2019 Weißburgunder Spätlese trocken   88/10,- €

Weingut Schilling
2019 Bacchus halbtrocken (1l)   83/5,- €

Weingut J. Störrlein & Krenig
2018 "Frentsch" Weißwein trocken Randersacker   88/10,- €

Weingut Weltner
2019 Sylvaner trocken   87/8,- €
2019 Sylvaner trocken Rödelsee   88/10,- €

Weingut Georg Zang
2019 Scheurebe Spätlese halbtrocken Katzenkopf   86/7,- €

Hessische Bergstraße
Griesel & Compagnie
2016 Pinot brut nature "Prestige"   93/25,- €

Weingut Schloss Schönberg
2018 Weißburgunder trocken   87/8,50 €
2019 Grauburgunder trocken   87/8,50 €

Mittelrhein
Weingut Weingart
2019 Riesling Spätlese trocken Bopparder Hamm Ohlenberg   89/12,- €
2019 Riesling Spätlese trocken* Bopparder Hamm Ohlenberg   90/14,- €

Mosel
Weingut Hubertus M. Apel
2019 Elbling trocken (1l)   83/5,- €
2019 Elbling trocken "Tradition"   85/5,50 €

Weingut Baum
2019 Riesling Spätlese trocken "Alte Reben" Sonnenuhr   86/6,- €

2019 Riesling Spätlese "feinherb" Wehlener Sonnenuhr   85/5,80 €
2019 Riesling Kabinett Graacher Himmelreich   85/5,- €
2018 Riesling Kabinett Graacher Himmelreich   84/5,- €
2018 Riesling Spätlese Graacher Himmelreich   85/5,80 €
2019 Riesling Spätlese Wehlener Sonnenuhr   85/5,80 €
2018 Riesling Auslese "Alte Reben" Wehlener Sonnenuhr   87/7,50 €

Weingut Josef Bernard-Kieren
2019 Riesling Spätlese "feinherb" Graacher Himmelreich   87/8,- €
2019 Riesling Kabinett** Graacher Himmelreich   86/6,80 €
2019 Riesling Spätlese** Graacher Himmelreich   87/8,50 €
2019 Riesling Spätlese*** Graacher Himmelreich   88/9,- €
2019 Riesling Spätlese*** "M" Graacher Dompropst   89/9,90 €

Weingut Sandra Berweiler
2019 Riesling Spätlese "Alte Reben" Pölicher Held   87/8,50 €

Weingut Erben von Beulwitz
2019 Riesling Kabinett "Fass Nr. 8" Kaseler Nies´chen   88/9,50 €
1999 Riesling Auslese*** "Fass Nr. 4 Alte Reben" Nies'chen   94/28,50 €

Weingut Heribert Boch
2019 Riesling trocken "Urstück" Trittenheimer Apotheke   89/10,20 €

Weingut Bottler
2019 Riesling Kabinett Mülheimer Johannesberg   87/7,- €

Weingut Botzet
2019 Riesling trocken Kestener Paulinshofberg   87/8,50 €
2019 Riesling "feinherb" Maringer Honigberg   87/7,50 €
2019 Riesling Kabinett Kestener Paulinsberg   86/6,- €

Weingut Frank Brohl
2019 Riesling Kabinett trocken "N.1" Reiler Goldlay   87/8,50 €
2019 Riesling Kabinett trocken "Alte Reben 1889"   88/8,90 €
2019 Riesling Spätlese trocken "Rosenberg" Marienburg   90/12,90 €
2019 Riesling Kabinett "feinherb" "S-Sential" Marienburg   87/8,50 €

Weingut Clemens Busch
2019 Riesling trocken   88/9,80 €

Weingut Ansgar Clüsserath
2019 Riesling Kabinett Trittenheimer Apotheke   90/13,- €
2019 Riesling Spätlese Trittenheimer Apotheke   91/15,50 €

Weingut Christoph Clüsserath
2019 Riesling Spätlese Trittenheimer Apotheke   88/9,- €

Weingut Clüsserath-Weiler
2019 Riesling trocken "Alte Reben" Trittenheimer Apotheke   91/17,- €
2019 Riesling trocken "Primus" Trittenheimer Apotheke   92/21,- €
2019 Riesling Spätlese Trittenheimer Apotheke   91/15,- €

Bernhard Eifel
2019 Riesling trocken Trittenheimer Apotheke   89/11,- €
2019 Riesling "feinherb" Trittenheimer Apotheke   88/9,- €

Riesling-Weingut Karl Erbes
2019 Riesling Kabinett Ürziger Würzgarten   87/8,50 €
2018 Riesling Spätlese Ürziger Würzgarten   90/10,50 €
2019 Riesling Spätlese Ürziger in der Kranklei   89/10,50 €
2019 Riesling Auslese Ürziger Würzgarten   91/16,- €
2019 Riesling Auslese Ürziger in der Kranklei   91/16,- €

Anhang — Schnäppchen

2019 Riesling Auslese* Ürziger in der Kranklei   92/18,50 €
Weingut Zum Eulenturm
2019 Riesling Spätlese trocken Briedeler Schäferlay   89/12,- €
Weingut Franzen
2019 Riesling trocken "Der Sommer war sehr groß"   89/12,- €
Weingut Albert Gessinger
2019 Riesling Spätlese** trocken "Rothlay Alte Reben"   88/9,20 €
2018 Riesling Kabinett "Alte Reben" Zeltinger Schlossberg   85/6,- €
Weingut Otto Görgen
2019 Riesling trocken "von alten Reben" Domherrenberg   87/8,50 €
Weingut Fritz Haag
2019 Riesling trocken   88/9,95 €
2019 Riesling Kabinett Brauneberger Juffer   90/13,50 €
2019 Riesling Spätlese Brauneberger Juffer   93/17,- €
2019 Riesling Spätlese Brauneberger Juffer-Sonnenuhr   93/21,50 €
Weingut Willi Haag
2019 Riesling Kabinett Brauneberg Juffer   88/10,- €
Weingut Reinhold Haart
2019 Riesling trocken   88/9,50 €
2019 Riesling trocken Piesporter   90/15,- €
2019 Riesling Kabinett Goldtröpfchen   90/14,- €
2019 Riesling Spätlese Ohligsberg   93/20,- €
Weingut Hain
2019 Riesling trocken Piesporter   88/7,- €
2019 Riesling Kabinett trocken Piesporter Goldtröpfchen   88/9,- €
2019 Riesling trocken*** Piesporter Goldtröpfchen   90/13,50 €
2019 Riesling trocken*** Piesporter Domherr   90/13,50 €
2019 Riesling "feinherb" "Alte Reben" Goldtröpfchen   90/14,50 €
2019 Riesling Kabinett Piesporter Goldtröpfchen   88/9,- €
2019 Riesling Spätlese Piesporter Goldtröpfchen   90/12,- €
2019 Riesling Spätlese "Felsterrassen" Goldtröpfchen   92/14,50 €
2019 Riesling Spätlese Piesporter Domherr   90/12,- €
2019 Riesling Auslese Piesporter Goldtröpfchen   92/21,- €
2019 Riesling Auslese Piesporter Domherr   92/21,- €
Weingut Heinrichshof
2019 Riesling trocken Schlossberg   87/8,50 €
2019 Riesling Kabinett Himmelreich   87/7,20 €
2019 Riesling Auslese Sonnenuhr   90/12,50 €
Weingut Immich-Anker
2019 Riesling halbtrocken "I-A" (1l)   85/6,80 €
2019 Riesling "feinherb" "Eschewingert"   87/8,50 €
Weingut Jakoby-Mathy
2019 Riesling Spätlese trocken "Bergspitze" Hubertuslay   88/9,50 €
2019 Riesling Kabinett "feinherb" "Weitblick" Hubertuslay   87/7,50 €
2019 Riesling Spätlese Kinheimer Rosenberg   88/9,50 €
Weingut Kanzlerhof
2019 Riesling Spätlese "feinherb" Mehringer Blattenberg   87/8,50 €
Weingut Karlsmühle
2019 Riesling Spätlese Kaseler Nies'chen   89/12,- €
Weingut Karp-Schreiber

2019 Riesling trocken "Dry Karp"   85/6,- €
Weingut Kees-Kieren
2019 Riesling Hochgewächs trocken (1l)   86/8,50 €
2019 Riesling** "GG" Graacher Domprobst   91/18,- €
2019 Riesling Hochgewächs halbtrocken Himmelreich   86/7,- €
2019 Riesling Kabinett "feinherb" Graacher Himmelreich   87/8,50 €
2019 Riesling Kabinett Graacher Himmelreich   88/8,50 €
2019 Riesling Kabinett* Erdener Treppchen   89/11,- €
Weingut König Johann
2019 Riesling Kabinett "feinherb" "Zeitvertreib"   87/8,50 €
Weingut Rüdiger Kröber
2019 Riesling Kabinett "feinherb" Winninger Brückstück   87/7,80 €
Weingut Laurentiushof
2019 Riesling trocken (1l)   85/6,50 €
2019 Riesling trocken "Urgestein" Bremmer Calmont   88/9,10 €
Weingut Dr. Leimbrock - C. Schmidt
2019 Riesling Kabinett trocken Brauneberger Juffer   87/8,50 €
2019 Riesling Spätlese Bernkasteler Badstube   88/9,50 €
Schlossgut Liebieg
2019 Riesling "Schloss"   89/12,- €
Weingut Schloss Lieser
2019 Riesling Kabinett Wehlener Sonnenuhr   90/13,90 €
2019 Riesling Spätlese Brauneberger Juffer-Sonnenuhr   92/18,50 €
2019 Riesling Spätlese Piesporter Goldtröpfchen   92/18,50 €
Weingut Loersch
2019 Riesling trocken "Blauschiefer"   88/8,- €
2019 Riesling trocken "Vogelsang" Trittenheimer Apotheke   92/14,50 €
2019 Riesling "feinherb" "Glimmerschiefer"   88/8,- €
2019 Riesling Kabinett "feinherb" Dhroner Hofberg   88/10,- €
2019 Riesling Kabinett Trittenheimer Apotheke   89/10,- €
2019 Riesling Kabinett Piesporter Goldtröpfchen   89/10,80 €
2019 Riesling Spätlese "Alte Reben" Trittenheimer Apotheke   92/18,50 €
2019 Riesling Auslese Trittenheimer Apotheke   92/20,- €
Weingut Carl Loewen
2019 Riesling "Alte Reben"   89/11,- €
2019 Riesling trocken "Alte Reben" Laurentiuslay   91/16,50 €
2019 Riesling trocken "GG" Ritsch   93/25,- €
2019 Riesling Maximin Klosterlay   90/14,50 €
2019 Riesling Kabinett Maximin Herrenberg   89/11,50 €
2019 Riesling Auslese Thörnicher Ritsch   92/19,90 €
Weingut Melsheimer
2019 Riesling Spätlese "Schäf" Reiler Mullay-Hofberg   92/18,- €
Weingut Wolfgang Mertes
2019 Riesling trocken Waldracher (1l)   84/6,50 €
2019 Riesling trocken Ruwer   87/7,50 €
2019 Riesling Kabinett trocken Waldracher Sonnenberg   86/7,- €
2019 Riesling Auslese Waldracher Meisenberg   88/10,- €
Weingut Markus Molitor
2019 Riesling "Haus Klosterberg"   88/9,90 €
2019 Riesling Spätlese Zeltinger Sonnenuhr   92/22,- €

ANHANG ▶ SCHNÄPPCHEN

2019 Riesling „Alte Reben" Saar   91/17,80 €
2019 Riesling "Haus Klosterberg"   88/9,90 €
2019 Riesling Spätlese Graacher Himmelreich   92/19,50 €
2019 Riesling Kabinett Zeltinger Sonnenuhr   91/17,- €
2019 Riesling Spätlese Wehlener Sonnenuhr   93/19,50 €
2019 Riesling Spätlese Zeltinger Sonnenuhr   93/22,- €

Weingut Ingo Norwig
2019 Riesling Auslese "Nonplusultra" Veldenzer Kirchberg   89/12,- €

Weingut Axel Pauly
2019 Riesling trocken "purist"   87/8,50 €
2019 Riesling trocken "Tres Naris"   87/7,80 €
2019 Riesling "feinherb" "Generations"   87/7,80 €
2019 Riesling "feinherb" "Steinerd" Kardinalsberg   90/12,50 €

Weingut Philipps-Eckstein
2019 Riesling Spätlese "feinherb spontan" Himmelreich   88/9,50 €
2019 Riesling Spätlese "Laurine" Graacher Domprobst   88/10,- €

Weingut Reh
2019 Riesling trocken (1l)   84/6,- €
2019 Riesling Spätlese trocken "Layet" Blattenberg   89/9,50 €
2019 Riesling "Großes Gewächs" "Layet" Blattenberg   91/15,- €
2019 Riesling "feinherb" Sonnenberg (1l)   84/6 €
2019 Riesling Spätlese „feinherb" „Alte Reben" Zellerberg   89/9,50 €
2019 Riesling Spätlese Mehringer Zellerberg   90/9,50 €

Weingut Reuscher-Haart
2019 Riesling trocken "Rieselmosling" (1l)   84/6,30 €
2019 Riesling Kabinett trocken Piesporter Falkenberg   86/7,- €
2019 Riesling Kabinett Piesporter Goldtröpfchen   87/7,50 €

Weingut Rinke / Rinke Weine
2019 Pinot Blanc trocken "Schiefergestein"   88/9,90 €

Weingut Römerhof
2019 Riesling Auslese Longuicher Maximiner Herrenberg   90/15,- €

Timo Dienhart - Weingut zur Römerkelter
2019 Riesling trocken "Kräuterwingert" Honigberg   89/9,80 €
2019 Riesling trocken "Titan" Honigberg   89/11,80 €
2018 Riesling Spätlese "Fass 9" Honigberg   89/9,80 €

Weingut Josef Rosch
2019 Riesling trocken Leiwener   87/8,- €
2019 Riesling Spätlese trocken Dhroner Hofberg   90/15,- €

Weingut Claes Schmitt Erben
2019 Riesling Kabinett "feinherb" Trittenheimer Altärchen   87/7,50 €

Weingut Martin Schömann
2019 Riesling Kabinett trocken Zeltinger Himmelreich   87/8,50 €
2019 Riesling Kabinett trocken Zeltinger Schlossberg   88/9,50 €
2019 Riesling Spätlese trocken Zeltinger Sonnenuhr   90/14,50 €

Weingut Paul Schunk
2019 Riesling Kabinett trocken Bruttiger Rathausberg   86/6,80 €

Weingut Selbach-Oster
2019 Riesling Kabinett Zeltinger Sonnenuhr   89/12,- €
2019 Riesling Spätlese Zeltinger Schlossberg   91/18,- €
2019 Riesling Spätlese* Wehlener Sonnenuhr   92/20,- €

Weingut Steffens-Keß
2019 Riesling trocken (1l)   85/7,70 €
2019 Riesling trocken Burger Hahnenschrittchen   87/7,80 €
2019 Riesling trocken Reiler Goldlay   87/7,90 €
2019 Riesling Kabinett trocken Burger Hahnenschrittchen   88/8,90 €
2019 Riesling Spätlese trocken Burger Wendelstück   89/11,90 €
2019 Riesling Spätlese trocken Reiler Goldlay   90/12,- €

Weingut Studert-Prüm
2019 Riesling Spätlese trocken Wehlener Sonnenuhr   89/10,50 €
2018 Riesling Spätlese "feinherb" Wehlener Sonnenuhr   89/10,50 €
2019 Riesling Auslese Wehlener Sonnenuhr   90/14,- €

Weingut Wwe Dr. H. Thanisch, Müller-Burggraef
2019 Riesling Kabinett "feinherb" Bernkasteler   87/8,- €

Weingut Michael Trossen
2019 Riesling Kabinett Kröver Kirchlay   86/6,50 €
2018 Riesling Spätlese "Alte Reben" "Eröffnungswein"   87/8,50 €

Weingut Walter
2019 Riesling Kabinett   87/7,90 €

Weingut Willems-Willems
2019 Riesling "feinherb" Oberemmeler Rosenberg   89/11,20 €
2019 Riesling Kabinett Niedermenniger Herrenberg   90/11,- €
2019 Riesling Kabinett Krettnacher Euchariusberg   89/11,- €
2019 Riesling Spätlese Oberemmeler Altenberg   91/14,- €
2019 Riesling Auslese Oberemmeler Altenberg   91/17,80 €

Nahe

Weingut Alt
2019 Riesling trocken "vom Blauschiefer" Halenberg   88/9,- €
2019 Sauvignon Blanc Auslese Frühlingsplätzchen   88/9,50 €
2019 Riesling Auslese Monzinger Frühlingsplätzchen   88/9,50 €

Weingut Theo Enk
2019 Riesling Spätlese Dorsheimer Goldloch   87/8,50 €

Weingut Göttelmann
2019 Riesling trocken Münsterer Dautenpflänzer   88/9,80 €

Weingut Kruger-Rumpf
2019 Sauvignon Blanc trocken   88/9,90 €

Pfalz

Weingut Bärenhof
2019 Riesling Spätlese trocken Ungsteiner Herrenberg   86/7,- €
2019 Riesling Spätlese trocken Ungsteiner Weilberg   87/7,- €
2019 Gewürztraminer Spätlese   86/7,- €

Weingut Damm
2018 Viognier trocken Maikammerer Kapellenberg   89/10,40 €

Weingut Fader - Kastanienhof
2019 Grauer Burgunder trocken "Alte Reben" Rosengarten   88/9,50 €

Weingut Christian Heußler
2019 Riesling trocken „Rosswingert" Rhodter Schlossberg   88/9,80 €

Weingut Philipp Hofmann
2017 Weißer Burgunder trocken Wachenheimer Mandelgarten   86/6,- €

2018 Riesling trocken Spielberg 87/8,- €
Weingut Lothar Kern
2019 Silvaner "Tradition" Böchinger Bischofskreuz 83/3,90 €
2019 Grauburgunder trocken "Privat Edition" Rosenkranz 85/5,90 €
Weingut Klundt
2019 Riesling trocken Birkweiler Kastanienbusch 90/15,- €
Weingut Klaus Meyer
2019 Riesling trocken Rhodt Schlossberg 90/15,- €
Nussbaum Projekt
2019 Riesling trocken Ruppertsberger Spieß 88/9,50 €
2019 Riesling trocken Königsbacher Ölberg 88/9,50 €
Weingut Rinck
2019 Silvaner trocken "RR" 87/8,- €
Weingut Michael Schroth
2018 Weißburgunder trocken Asselheimer St. Stephan 88/9,80 €
Weingut Siegrist
2019 Pinot Blanc trocken 87/8,50 €
Weingut Spieß
2019 Riesling trocken "Basis" (1l) 82/3,50 €
2019 Chardonnay trocken "Basis" (1l) 82/3,70 €
2019 Riesling Kabinett trocken 84/4,50 €
2019 Sauvignon Blanc trocken Weingartener Schlossberg 85/5,50 €
2019 Grauburgunder Spätlese trocken Schlossberg 87/7,50 €
2019 Chardonnay Spätlese trocken Schlossberg 86/6,50 €
2019 Riesling Auslese Weingartener Schlossberg 87/6,- €
Weingut Wolf
2019 Riesling trocken "vom Rotliegenden" Kastanienbusch 88/9,80 €

Rheingau
Bischöfliches Weingut Rüdesheim Bistum Limburg
2019 Riesling trocken "Episcopus" Rüdesheim 90/15,- €
2018 Riesling trocken "Katerloch" Berg Schlossberg 91/18,- €
Weingut Craß
2019 Riesling trocken (1l) 84/6,40 €
Weingut Carl Ehrhard
2019 Riesling trocken Rüdesheim 87/8,50 €
2019 Riesling Kabinett trocken Rüdesheim 88/9,50 €
2019 Riesling trocken Rüdesheimer Berg 89/10,- €
2019 Riesling trocken "Urstück Engerweg" Drachenstein 90/14,- €
2019 Riesling trocken "Urstück Rottland" Berg Rottland 92/20,- €
2019 Riesling trocken "Urstück Wilgert" Berg Rottland 91/18,- €
2019 Riesling Kabinett trocken "Urstück Ramstein" 89/10,- €
2019 Riesling trocken "Urstück Unterer Platz" 91/17,- €
Weingut Peter Jakob Kühn
2019 Riesling trocken "Rheinschiefer" Hallgarten 91/15,50 €
Weingut Hans Prinz
2019 Riesling trocken (1l) 84/4,70 €
2019 Riesling Classic (1l) 84/5,80 €
Weingut Im Weinegg
2019 Riesling trocken (1l) 84/6,50 €

2019 Riesling trocken "sur lie" Hochheimer Hofmeister 87/8,50 €

Rheinhessen
Weingut Beiser
2017 Spätburgunder trocken "vom Kalkmergel" Sprendlingen 87/8,- €
Weingut Bettenheimer
2019 Riesling trocken "100G" 91/16,90 €
Weingut Bischel
2019 Chardonnay trocken "Réserve" 92/22,- €
2019 Riesling "GG" Hundertgulden 94/28,- €
Weingut Braunewell
2016 Riesling Sekt brut 89/12,- €
2015 Brut de Selztal 90/14,- €
2019 Sauvignon Blanc trocken "Réserve" 90/15,- €
2019 Riesling trocken Elsheim Blume 92/19,- €
2019 Riesling trocken Essenheim Teufelspfad 96/19,- €
Weingut Lisa Bunn
2019 Riesling trocken „vom Rotliegenden" Nierstein 89/10,90 €
2018 Pinot Noir trocken 88/9,90 €
Weingut Clemens
2019 Chardonnay trocken "Amazing" Holzfass Schildberg 86/6,80 €
Weingut Dreissigacker
"Vintages" weiß 90/14,50 €
Weingut Espenhof
2019 Riesling trocken 86/6,90 €
2019 Sauvignon Blanc trocken 88/7,90 €
2019 Manzoni Bianco trocken "Herz+Hand""Nico Espenschied" 90/15,- €
2019 Riesling trocken Flonheim 89/10,50 €
2019 Sauvignon Blanc & Riesling trocken 88/9,90 €
Weingut Franz
2019 Sauvignon Blanc trocken 87/7,40 €
Weingut Heck
2019 Riesling "H" trocken Alsheimer 85/5,50 €
Weingut Hofmann
2019 Riesling trocken Appenheim Hundertgulden 93/22,50 €
Weingut Illian-Arnd
2018 Riesling trocken "vom Reifen Berg" Geyersberg 88/9,80 €
Weingut Johanneshof
2019 Grauer Burgunder Spätlese trocken "GJ" Oelberg 87/7,50 €
Weingut Karlheinz Keller
2019 Sauvignon Blanc "S" trocken St. Georgenberg 88/7,90 €
2018 Lagrein "R" trocken Pfeddersheimer St. Georgenberg 88/9,90 €
Weingut Keller
2019 Grüner Silvaner trocken 88/9,80 €
2019 Scheurebe trocken 88/9,80 €
Weingut Kissinger
2019 Scheurebe trocken "Duo No2" 87/8,10 €
Weingut Knewitz
2019 Riesling trocken Gau-Algesheimer Goldberg 92/22,- €
Weingut Karl May

ANHANG ▶ SCHNÄPPCHEN

2019 Riesling trocken Bechtheimer Geyersberg   93/18,90 €
2019 Riesling trocken Osthofener Goldberg   93/24,- €
Weingut Merl
2019 Riesling trocken "Unikum"   85/5,90 €
Weingut Steinmühle
2019 Riesling trocken "Auf dem Schnapp"   91/17,90 €
Weingut Wittmann
2019 Weißer Burgunder trocken   89/12,- €
Weingut Arthur & Fabian Zimmermann
2019 Riesling Höllberg   89/12,- €
Weingut Zöller
2019 Riesling trocken "Porphyr" Eckelsheimer   87/8,10 €

Württemberg
Weingut Beurer
2018 Riesling trocken „Schilfsandstein"   89/12,- €
2018 Riesling trocken "Kieselsandstein"   90/14,50 €
Weingut Hedwig & Helmut Dolde
2019 Silvaner trocken „Alte Reben"   88/9,- €
Weingut Escher
2019 Riesling trocken "Junge Reben"   85/5,89 €
Weingut Fritz Funk
2018 Zweigelt trocken Holzfass   86/6,59 €
Weingut Heid
2019 Riesling trocken Fellbacher Goldberg   90/12,- €
2019 Riesling "GG" Stettener Pulvermächer   92/20,- €
Weingut Gerd Keller
2019 Riesling trocken „Alte Reben" Hohenhaslacher Kirchberg   87/7,90 €
2019 "Feger" Rosé trocken   85/4,80 €
Weingut Eberhard Klein
2019 Trollinger trocken Terrassenlage   85/5,40 €
2018 Lemberger trocken (Holzfass)   86/6,20 €
Weingut Klopfer
2019 Weißburgunder trocken   87/7,40 €
Weingärtner Markelsheim
2018 Tauberschwarz trocken Weikersheimer Tauberberg   84/5,- €
Weingut Mödinger
2018 Riesling trocken "Gastenklinge"   88/9,50 €
Weingut Wöhrwag
2019 Weißburgunder „GG" Untertürkheimer Herzogenberg   93/23,50 €

WEIN AUS AUSTRALIEN

GERHARD EICHELMANN

mondo Heidelberg

Gerhard Eichelmann

Wein aus Australien

Hardcover, durchgängig farbig bebildert

20,2 x 25,4 cm, 978-3938839379

2019, 496 Seiten, 49,95 €

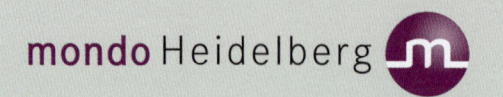

mondo Heidelberg

ANHANG ▶ BESTENLISTEN

Die Bestenlisten

– Sekt –

93/100
2013 Aldinger Sekt brut nature
Weingut Aldinger
„Blanc de Meuniers" Pinot Meunier Sekt brut nature
Sekthaus BurkhardtSchür
2016 Pinot brut nature „Prestige"
Griesel & Compagnie
2011 „XI. Triumvirat Grande Cuvée" brut
Sekthaus Raumland

92/100
2014 Riesling Sekt brut nature Hassel
Wein- und Sektgut Barth
2013 Riesling „Réserve" dosage zéro „Exquisit"
Griesel & Compagnie
2016 Chardonnay brut nature „Prestige"
Griesel & Compagnie
2015 Riesling Sekt -50- brut
Weingut Frank John
2014 Grande Cuvée Chardonnay brut nature
Weingut Franz Keller
2008 „Vintage Blanc de Noirs" brut
Sekthaus Raumland

91/100
2014 Riesling Sekt brut nature Schützenhaus
Wein- und Sektgut Barth
„Blanc de Noirs" Pinot Noir Sekt brut nature
Sekthaus BurkhardtSchür
„Blanc de Blancs" Chardonnay Sekt brut
Sekthaus BurkhardtSchür
Rosé Pinot Meunier & Pinot Noir Sekt brut
Sekthaus BurkhardtSchür
„Blanc de Noirs" Pinot Noir & Pinot Meunier Sekt brut
Sekthaus BurkhardtSchür
2016 Rosé extra-brut „Prestige"
Griesel & Compagnie
Riesling brut nature
Weingut Frank John
2008 „Vintage Blanc de Blancs" extra brut
Sekthaus Raumland
2011 Pinot „Prestige" brut nature Kirchenstück
Sekthaus Raumland
2010 „Blanc de Blancs" „Prestige" brut
Sekthaus Raumland
2010 „Zeró 100 Grande Cuvée Réserve" Sekt brut nature
Weingut Oliver Zeter

– Silvaner –

93/100

2019 Silvaner trocken "Berg" Dettelbach
Weingut Glaser-Himmelstoss
2019 Silvaner trocken "Alte Reben" Katzenkopf
Weingut Max Müller I
2019 Silvaner "R" trocken Escherndorfer Lump
Weingut Max Müller I
2019 Silvaner "GG" Sulzfelder Maustal
Weingut Zehnthof

92/100

2019 Silvaner "GG" Stettener Stein
Weingut Am Stein - Ludwig Knoll
2019 Sylvaner trocken "GG" "Himmelspfad" Retzstadt
Weingut Rudolf May
2019 Silvaner trocken "Eigenart" Holzfass
Weingut Max Müller I
2019 Silvaner trocken „GG" "Escherndorf am Lumpen"
Weingut Horst Sauer
2019 Silvaner trocken "GG" "Escherndorf am Lumpen 1655"
Weingut Rainer Sauer
2019 Silvaner trocken „ab ovo"
Weingut Rainer Sauer
2018 Silvaner trocken "Große Reserve" Randersacker
Weingut Schmitt´s Kinder
2018 Silvaner „GG" "Hohenroth" Randersacker Sonnenstuhl
Weingut J. Störrlein & Krenig
2018 Sylvaner "Rosenrain"
Weingut Stefan Vetter
2019 Sylvaner*** trocken "Creutz"
Weingut Zehnthof

91/100

2018 Silvaner trocken „Filetstück"
Weingut Brügel
2019 Silvaner trocken „GG" Würzburger Stein-Harfe
Weingut Bürgerspital zum Heiligen Geist
2019 Silvaner trocken Dettelbacher Berg-Rondell
Weingut Glaser-Himmelstoss
2018 Silvaner trocken Steillage "Silex"
Ökologischer Weinbau Kraemer
2019 Silvaner trocken "GG" "Rothlauf" Thüngersheim
Weingut Rudolf May
2019 Silvaner trocken Volkach Ratsherr
Weingut Max Müller I
2019 Silvaner "Augustbaum" Sommeracher Katzenkopf
Weingut Richard Östreicher
2019 Sylvaner „GG" Rödelseer "Hoheleite"
Weingut Weltner
2018 Silvaner „GG" Iphöfer Julius-Echter-Berg
Weingut Hans Wirsching

– Riesling –

98/100
2019 Riesling „G-Max"
Weingut Keller

97/100
2019 Riesling „GG" Scharlachberg
Weingut Bischel
2019 Riesling „GG" „Abts E"
Weingut Keller

96/100
2019 Riesling trocken Essenheim Teufelspfad
Weingut Braunewell
2019 Riesling „GG" Morstein
Weingut Keller

95/100
2018 Riesling trocken Westhofener Brunnenhäuschen
Weingut Dreissigacker
2019 Riesling „GG" Saumagen
Weingut Rings
2019 Riesling „GG" Westhofener Morstein
Weingut Wittmann
2019 Riesling „GG" Sulzfelder Maustal
Weingut Zehnthof

94/100
2019 Riesling „GG" Kirchenstück
Weingut Geh. Rat Dr. v. Bassermann-Jordan
2019 Riesling „GG" Hundertgulden
Weingut Bischel
2019 Riesling trocken Rauenthal Nonnenberg
Weingut Georg Breuer

2019 Riesling „GG" Idig
Weingut Christmann
2019 Riesling „GG" Halenberg
Weingut Emrich-Schönleber
2019 Riesling „GG" Hubacker
Weingut Keller
2018 Riesling „Großes Gewächs" Oestrich Doosberg
Weingut Peter Jakob Kühn
2019 Riesling trocken „Kreid"
Weingut Rings
2018 Riesling „MarMar"
Weingut von Winning
2019 Riesling „GG" Westhofener Aulerde
Weingut Wittmann

93/100
2019 Riesling „GG" Ungeheuer
Weingut Geh. Rat Dr. v. Bassermann-Jordan
2019 Riesling trocken „GG" Zellerweg am Schwarzen Herrgott
Weingut BattenfeldSpanier
2019 Riesling trocken „G700"
Weingut Braunewell
2019 Riesling trocken Rüdesheim Berg Schlossberg
Weingut Georg Breuer
2019 Riesling trocken Rüdesheim Berg Rottland
Weingut Georg Breuer
2017 Riesling „Rothenpfad" Reserve Marienburg
Weingut Clemens Busch
2019 Riesling „GG" Meerspinne im Mandelgarten
Weingut Christmann
2019 Riesling „GG" Reiterpfad-Hofstück
Weingut Christmann

2019 Riesling trocken Rüdesheim Berg Schlossberg
Weingut Dr. Corvers-Kauter
2019 Riesling trocken Rauenthal Baiken
Weingut Dr. Corvers-Kauter
2019 Riesling „GG" Hermannshöhle
Weingut Hermann Dönnhoff
2019 Riesling „GG" Dellchen
Weingut Hermann Dönnhoff
2018 Riesling trocken Westhofener Kirchspiel
Weingut Dreissigacker
2018 Riesling trocken Bechtheimer Geyersberg
Weingut Dreissigacker
2014 Riesling trocken Westhofener Morstein
Weingut Dreissigacker
2013 Riesling trocken Bechtheimer Geyersberg
Weingut Dreissigacker
2019 Riesling „GG" Auf der Ley
Weingut Emrich-Schönleber
2019 Riesling „GG" Frühlingsplätzchen
Weingut Emrich-Schönleber
2019 Riesling trocken „GG" „Im Falkenberg" Juffer-Sonnenuhr
Weingut Fritz Haag
2019 Riesling trocken „GG" Juffer-Sonnenuhr
Weingut Fritz Haag
2019 Riesling trocken Ohligsberg
Weingut Julian Haart
2019 Riesling trocken „GG" Hütte
Weingut von Hövel
2019 Riesling trocken Appenheim Hundertgulden
Weingut Hofmann
2019 Riesling trocken Appenheimer Hundertgulden
Weingut Knewitz
2018 Riesling „Großes Gewächs" Mittelheim St. Nikolaus
Weingut Peter Jakob Kühn
2018 Riesling „Großes Gewächs" Hallgartener Jungfer
Weingut Peter Jakob Kühn
2019 Riesling „GG" Schwarzer Herrgott
Weingut Philipp Kuhn
2018 Riesling trocken Großes Gewächs Berg Kaisersteinfels
Weingut Leitz
2018 Riesling trocken Großes Gewächs „Katerloch"
Weingut Leitz
2018 Riesling trocken Großes Gewächs „Ehrenfels"
Weingut Leitz
2019 Riesling trocken „GG" Piesport Goldtröpfchen
Weingut Schloss Lieser
2017 Riesling trocken „Jungheld" Trittenheimer Apotheke

Weingut Loersch
2019 Riesling trocken „GG" Ritsch
Weingut Carl Loewen
2019 Riesling trocken „GG" Maximin Herrenberg
Weingut Carl Loewen
2019 Riesling trocken Osthofener Goldberg
Weingut Karl May
2019 Riesling trocken Bechtheimer Geyersberg
Weingut Karl May
2019 Riesling „GG" „Ganz Horn" Im Sonnenschein
Weingut Rebholz
2019 Riesling „GG" Kastanienbusch
Weingut Rebholz
2019 Riesling „GG" Weilberg
Weingut Rings
2019 Riesling „GG" Kupfergrube
Weingut Schäfer-Fröhlich
2019 Riesling „GG" Heerkretz Siefersheim
Weingut Wagner-Stempel
2019 Riesling „GG" Scharlachberg Bingen
Weingut Wagner-Stempel
2019 Riesling trocken Großes Gewächs Gräfenberg
Weingut Robert Weil
2017 Riesling trocken „Ozyetra"
Weingut von Winning
2019 Riesling trocken „Alte Reben La Borne"
Weingut Wittmann
2019 Riesling „GG" Westhofener Brunnenhäuschen
Weingut Wittmann
2019 Riesling „GG" Westhofener Kirchspiel
Weingut Wittmann

– Weißburgunder –

93/100
2018 Weißburgunder „GG" „Leh"
Weingut Franz Keller
2019 Weißer Burgunder „GG" Oberklam
Weingut Seeger
2019 Weißburgunder „GG" Untertürkheimer Herzogenberg
Weingut Wöhrwag

92/100
2019 Weißburgunder „GG" „Haslen" Burkheimer Feuerberg
Weingut Bercher
2018 Weißburgunder „Tonneau"
Weingut Dreissigacker
2019 Weißburgunder trocken „Einzigacker"
Weingut Dreissigacker
2018 Weißer Burgunder „R"
Weingut Rudolf Fürst
2019 Weißburgunder „GG" Oberer First
Weingut Konrad Schlör
2018 Weißer Burgunder „GC" trocken Dottinger Castellberg
Weingut Martin Waßmer
2019 Weißburgunder „GG" Mandelberg
Weingut Dr. Wehrheim

91/100
2018 Weißburgunder „GG" „Marienglas" Gips Untertürkheim
Weingut Aldinger
2018 Weißer Burgunder trocken „Reserve"
Weingut Friedrich Becker
2018 Weißburgunder „GG" Mandelberg
Weingut Bergdolt Klostergut St. Lamprecht
2019 Weißburgunder „GG" Sonnenberg „RG"
Wein- und Sektgut Bernhart
2019 Weißer Burgunder trocken „Réserve"
Weingut Bischel
2019 Weißer Burgunder trocken „Réserve" Mandelberg
Weingut Gies-Düppel
2019 Weißburgunder trocken „Reitschul" Sonnenberg
Weingut Jülg

2018 Weißer Burgunder trocken „GG" Volkacher Karthäuser
Weingut Juliusspital Würzburg
2019 Weißburgunder*** trocken Wihlbach
Weingut Knab
2019 Weißer Burgunder trocken Appenheimer Eselspfad
Weingut Knewitz
2019 Weißer Burgunder „GG" Kalmit
Weingut Kranz
2018 Weißer Burgunder trocken „Kalkbank"
Weingut Jürgen Leiner, Inh. Sven Leiner
2019 Weißburgunder „GG" Rosenkranz Im untern Kreuz
Weingut Theo Minges
2019 Weißburgunder „Hölzlein" Sommeracher Katzenkopf
Weingut Richard Östreicher
2019 Weißburgunder „GG" Herrenberg
Weingut Pfeffingen - Fuhrmann-Eymael
2019 Weißer Burgunder „GG" Mandelberg
Weingut Rebholz
2019 Weißer Burgunder „GG" Im Sonnenschein
Weingut Rebholz
2017 Weißburgunder trocken „GG" Kirchberg Oberrotweil
Weingut Salwey
2017 Weißburgunder trocken „GG" Henkenberg Oberrotweil
Weingut Salwey
2019 Weißer Burgunder „R" trocken
Weingut Schäfer-Fröhlich
2018 Weißer Burgunder Kaiserberg Herbolzheim
Weingut Fritz Waßmer
2017 Weißer Burgunder trocken Staufener Schlossberg
Weingut Martin Waßmer
2018 Weißer Burgunder trocken „500"
Weingut von Winning

– Grauburgunder –

92/100

2019 Grauburgunder „GG" „Villinger" Schlossgarten
Weingut Bercher

2019 Grauburgunder trocken Strümpfelbach Nonnenberg
Weingut Knauß

2019 Grauer Burgunder trocken „GG" Achkarrer Schlossberg
Weingut Michel

2017 Grauburgunder trocken „GG" Eichberg Oberrotweil
Weingut Salwey

2017 Grauburgunder trocken „GG" Henkenberg Oberrotweil
Weingut Salwey

2018 Grauburgunder „GG" „Wingerte" Weingarten
Privat-Weingut Schlumberger-Bernhart

2019 Grauer Burgunder „GG" Oberklam
Weingut Seeger

2018 Grauer Burgunder Sommerhalde Bombach
Weingut Fritz Waßmer

91/100

2019 Grauburgunder „GG" „Haslen" Burkheimer Feuerberg
Weingut Bercher

2018 Grauburgunder „GG" „Kähner"
Weingut Franz Keller

2018 Grauburgunder „GG" Schlossberg
Weingut Franz Keller

2019 Grauburgunder*** trocken Amolterer Steinhalde
Weingut Knab

2018 Grauburgunder „GG" Lämmler Fellbach
Weingut Schnaitmann

2018 Grauer Burgunder „GC" trocken Auggener Letten
Weingut Martin Waßmer

2018 Grauer Burgunder „GC" trocken Dottinger Castellberg
Weingut Martin Waßmer

2018 Grauer Burgunder „GC" trocken Achkarrer Schlossberg
Weingut Martin Waßmer

2019 Grauburgunder „GG" Untertürkheimer Herzogenberg
Weingut Wöhrwag

– Chardonnay –

94/100
2018 Chardonnay trocken „Reserve"
Weingut Aldinger
2018 Chardonnay trocken „GG" Schlossberg
Weingut Bernhard Huber

93/100
2018 Chardonnay Astheimer
Weingut Rudolf Fürst
2018 Chardonnay „R"
Weingut Rudolf Fürst
2018 Chardonnay trocken „GG" Bienenberg
Weingut Bernhard Huber
2019 Chardonnay trocken „GG" Achkarrer Schlossberg
Weingut Michel
2019 Chardonnay „RR"
Weingut Seeger

92/100
2019 Chardonnay trocken „Réserve"
Weingut Bischel
2018 Chardonnay „S"
Weingut Dautel
2019 Chardonnay trocken „Opus Oskar"
Weingut Jülg
2018 Chardonnay „GG" Kirchberg
Weingut Franz Keller
2019 Chardonnay „Rossbach" Sommeracher Katzenkopf
Weingut Richard Östreicher
2019 Chardonnay „S" „GG" Lange Wingert
Weingut Seeger
2018 Chardonnay Roter Berg Kenzingen
Weingut Fritz Waßmer
2018 Chardonnay Kaiserberg Herbolzheim
Weingut Fritz Waßmer
2018 Chardonnay „GC" trocken Dottinger Castellberg
Weingut Martin Waßmer
2019 Chardonnay trocken „Réserve"
Weingut Zimmerle

91/100
2019 Chardonnay trocken****
Weingut Knipser
2018 Chardonnay „Clos de Schulz"
Weingut Chat Sauvage
2019 Chardonnay „SL" trocken „Alte Reben" Batzenberg
Weingut Heinemann
2018 Chardonnay trocken „Alte Reben" Malterdinger
Weingut Bernhard Huber
2019 Chardonnay*** trocken Eckkinzig
Weingut Knab
2019 Chardonnay trocken Beutelsbach Altenberg
Weingut Knauß
2019 Chardonnay***
Weingut Holger Koch
2017 Chardonnay trocken Mörstadt Im Wasserland
Weingut Karl-Hermann Milch
2016 Chardonnay trocken „Reserve" „Hidden Vineyard"
Neverland Vineyards
2019 Chardonnay „R" trocken
Weingut Rebholz
2018 Chardonnay „GG" „Wingerte" Weingarten
Privat-Weingut Schlumberger-Bernhart
2019 Chardonnay „GG" „Gottsacker" Lahrer Kronenbühl
Weingut Wöhrle

— Sonstige weiße Rebsorten / Cuvées —

92/100
2019 Scheurebe trocken „Vinz" „Alte Reben"
Weingut Am Stein - Ludwig Knoll
2019 Sauvignon Blanc „R"
Weingut Seeger

91/100
Gewürztraminer trocken "MDG.#6"
Weingut Eymann
2019 Gewürztraminer trocken „maischevergoren" „Prestige"
Biologisches Weingut Höfflin
2019 Sauvignon Blanc trocken „Opus Oskar"
Weingut Jülg
2019 „Lump 64" Gemischter Satz trocken
Weingut Max Müller I
2019 Scheurebe trocken „O"
Weingut Pfeffingen - Fuhrmann-Eymael
2019 Sauvignon Blanc „SW" trocken Markgräflerland
Weingut Martin Waßmer

90/100
2018 „Ovum" (Sauvignon blanc)
Weingut Aldinger
2019 Sauvignon Blanc trocken „Reserve"
Weingut Aldinger
2018 „Rettet die Reben" Gemischter Satz
Weingut Beurer
2019 Sauvignon Blanc trocken „Réserve"
Weingut Braunewell
2017 „Reserve" trocken Rödelseer Küchenmeister (Platin)
Weinmanufaktur 3 Zeilen
„Vintages" weiß
Weingut Dreissigacker
2019 Sauvignon Blanc „Goldlage" Steinreinacher Hörnle
Weingut Escher
2019 Sauvignon Blanc trocken La Roche
Weingut Espenhof
2017 Sauvignon Blanc trocken Asselheimer St. Stephan
Weingut Matthias Gaul

2018 Sauvignon Blanc „Flavia" „Kein Felseneck"
Weingut Genheimer-Kiltz
2019 Sauvignon Blanc trocken „Fumé"
Der GlücksJäger
2018 Muskateller*** Ihringer Winklerberg
Weingut Dr. Heger
2019 Sauvignon Blanc trocken „Melchisedec"
Weingut Heid
2019 „Gemeinsam Seite an Seite im Weinberg" Weißwein
Weingut Heitlinger
2019 Sauvignon Blanc trocken „Prestige" „Julius"
Biologisches Weingut Höfflin
2018 Sauvignon Blanc trocken „Was zum Guckuck"
Wein- und Sekthaus Alois Kiefer
2019 „Pi No" „R" Weißwein trocken
Weingut Rebholz
2018 „Kalk & Stein" Weißwein trocken
Weingut Rings
2018 „S Réserve" trocken Langsurer Brüderberg
Weingut Rinke / Rinke Weine
2019 „Orange Contrapunct" trocken
Weingut Rinke / Rinke Weine
2018 „S" Langsurer Brüderberg
Weingut Rinke / Rinke Weine
2018 „Grau.Weiss" Weißwein trocken
Weingut Schnaitmann
2019 Sauvignon Blanc „S" Leimener Herrenberg
Weingut Seeger
2017 „Grande Réserve" Weißwein
Weingut Weedenborn
2018 Sauvignon Blanc trocken „Réserve"
Weingut Weedenborn
2019 Weißer Burgunder & Chardonnay trocken Westhofener
Weingut Wittmann
2016 Sauvignon Blanc „Baer"
Weingut Oliver Zeter

– Riesling edelsüß –

97/100
2019 Riesling Auslese Lange Goldkapsel Juffer-Sonnenuhr
Weingut Fritz Haag
2019 Riesling Beerenauslese* Zeltinger Sonnenuhr
Weingut Markus Molitor
2019 Riesling Trockenbeerenauslese Zeltinger Sonnenuhr
Weingut Markus Molitor
2019 Riesling Trockenbeerenauslese Kiedrich Gräfenberg
Weingut Robert Weil

96/100
2019 Riesling Trockenbeerenauslese Juffer-Sonnenuhr
Weingut Fritz Haag
2019 Riesling Auslese „Lange Goldkapsel" Sonnenuhr
Weingut Schloss Lieser
2019 Riesling Beerenauslese Ürziger Würzgarten
Weingut Markus Molitor
2019 Riesling Auslese*** Zeltinger Sonnenuhr
Weingut Markus Molitor
2019 Riesling Trockenbeerenauslese Kiedrich Turmberg
Weingut Robert Weil
2019 Riesling Beerenauslese Goldkapsel Kiedrich Gräfenberg
Weingut Robert Weil
2019 Riesling Auslese Goldkapsel Kiedrich Gräfenberg
Weingut Robert Weil

95/100
2019 Riesling Auslese „Lange Goldkapsel" Marienburg
Weingut Clemens Busch
2019 Riesling Auslese Rüdesheim Berg Rottland
Weingut Carl Ehrhard
2019 Riesling Auslese „Goldkapsel" Trittenheimer Apotheke
Weingut Grans-Fassian
2019 Riesling Spätlese „#14" Brauneberger Juffer-Sonnenuhr
Weingut Fritz Haag
2019 Riesling Auslese „#10" Brauneberger Juffer-Sonnenuhr
Weingut Fritz Haag
2019 Riesling Beerenauslese Brauneberger Juffer-Sonnenuhr
Weingut Fritz Haag
2019 Riesling Trockenbeerenauslese „Blaulack"
Weinbaudomäne Schloss Johannisberg

2019 Riesling Auslese „Lange Goldkapsel" Sonnenuhr
Weingut Schloss Lieser
2019 Riesling Trockenbeerenauslese Dhroner Hofberg
Weingut Loersch
2018 Riesling Beerenauslese „-8 Celsius"
Weingut Carl Loewen
2019 Riesling Beerenauslese* Wehlener Sonnenuhr
Weingut Markus Molitor
2019 Riesling Auslese*** Wehlener Sonnenuhr
Weingut Markus Molitor
2019 Riesling Auslese*** Brauneberger Juffer
Weingut Markus Molitor
2019 Riesling Auslese*** Ürziger Würzgarten
Weingut Markus Molitor
2019 Riesling Beerenauslese* Zeltinger Himmelreich
Weingut Markus Molitor
2019 Riesling Beerenauslese* Zeltinger Sonnenuhr
Weingut Selbach-Oster
2015 Riesling Trockenbeerenauslese Wehlener Sonnenuhr
Weingut Studert-Prüm
2019 Riesling Beerenauslese Kiedrich Gräfenberg
Weingut Robert Weil
2017 Riesling Trockenbeerenauslese Bockstein
Weingut Nik Weis - St. Urbans-Hof

– Sonstige edelsüße Weine –

95/100
2019 Silvaner Trockenbeerenauslese Escherndorfer Lump
Weingut Horst Sauer

94/100
2019 Silvaner Beerenauslese Escherndorfer Lump
Weingut Horst Sauer

93/100
2015 Silvaner Beerenauslese Dettelbacher Berg-Rondell
Weingut Glaser-Himmelstoss
2018 Rieslaner Trockenbeerenauslese Neuweierer Mauerberg
Weingut Schloss Neuweier - Robert Schätzle

– Spätburgunder –

96/100

2018 Spätburgunder „GG" Hundsrück
Weingut Rudolf Fürst

2018 Spätburgunder „GG" Hecklinger Schlossberg
Weingut Bernhard Huber

2018 Spätburgunder trocken „RdP"
Weingut Knipser

2018 Spätburgunder „GG" Dernauer Pfarrwingert
Weingut Meyer-Näkel

2018 Spätburgunder „GG" Walporzheimer Kräuterberg
Weingut Meyer-Näkel

2018 Spätburgunder trocken „GG" Achkarrer Schlossberg
Weingut Michel

95/100

2018 Spätburgunder „GG" Centgrafenberg
Weingut Rudolf Fürst

2018 Spätburgunder „GG" Fellbacher Lämmler
Weingut Schnaitmann

2018 Spätburgunder „GG" Sulzfelder Maustal
Weingut Zehnthof

94/100

2018 Pinot Noir trocken „Reserve"
Weingut Bischel

2018 Spätburgunder „GG" Schlossberg
Weingut Rudolf Fürst

2018 Spätburgunder „GG" Fellbacher Lämmler
Weingut Heid

2018 Spätburgunder „GG" Malterdinger Bienenberg
Weingut Bernhard Huber

2018 Spätburgunder „GG" Morstein
Weingut Keller

2018 Spätburgunder „GG" Kirschgarten
Weingut Knipser

2018 Spätburgunder „GG" Ahrweiler Silberberg
Weingut Meyer-Näkel

2018 Spätburgunder „GG" Felsenberg
Weingut Rings

2018 Spätburgunder „GG" Saumagen
Weingut Rings

2018 Spätburgunder „GG" Hardtberg
Weingut Jean Stodden

2018 Spätburgunder „Alte Reben"
Weingut Jean Stodden

2018 Pinot Noir „GC" trocken Schlatter Maltesergarten
Weingut Martin Waßmer

93/100

2018 Spätburgunder „GG" „Kesselberg" Burkheimer Feuerberg
Weingut Bercher

2017 Pinot Noir Lorch Schlossberg
Weingut Chat Sauvage

2017 Pinot Noir „Le Schulz"
Weingut Chat Sauvage

2017 Pinot Noir Rüdesheim Drachenstein
Weingut Chat Sauvage

2018 Spätburgunder „GG" Idig
Weingut Christmann

2018 Spätburgunder „GG" „Schupen"
Weingut Dautel

2017 Spätburgunder „GG" Achkarren Schlossberg
Weingut Dr. Heger

2017 Spätburgunder „RR" trocken Röttinger Feuerstein
Weingut Hofmann

2018 Spätburgunder „GG" Bombacher Sommerhalde
Weingut Bernhard Huber

2018 Spätburgunder „GG" „Wildenstein"
Weingut Bernhard Huber

2018 Spätburgunder Köndringer
Weingut Bernhard Huber

2018 Spätburgunder trocken „Opus Oskar"
Weingut Jülg

2018 Spätburgunder „GG" Kirchberg

ANHANG ▶ BESTENLISTEN

Weingut Franz Keller
2018 Spätburgunder „GG" Eichberg
Weingut Franz Keller
2018 Spätburgunder „GG" Schlossberg
Weingut Franz Keller
2018 Spätburgunder „GG" Ahrweiler Sonnenberg
Weingut Meyer-Näkel
2017 Pinot Noir*** Brauneberger Klostergarten
Weingut Markus Molitor
2018 Spätburgunder trocken „GG" Oberrotweiler Kirchberg
Weingut Salwey
2018 Spätburgunder trocken „GG" „Oberer First"
Weingut Konrad Schlör
2018 Spätburgunder „RRR" Heidelberger Herrenberg
Weingut Seeger
2018 Spätburgunder „GG" Rosenthal
Weingut Jean Stodden
2018 Spätburgunder „GG" Herrenberg
Weingut Jean Stodden
2018 Spätburgunder Kaiserberg Herbolzheim
Weingut Fritz Waßmer
2018 Spätburgunder „GC" trocken Ehrenstetter Ölberg
Weingut Martin Waßmer

– Lemberger / Blaufränkisch –

93/100

2018 Lemberger „GG" Lämmler Fellbach
Weingut Aldinger

2017 Lemberger trocken „Höchste Lage" Korber Berg
Weingut Escher

2018 Lemberger „GG" „Gehrnhalde" Stettener Mönchberg
Weingut Karl Haidle

2018 Lemberger „GG" Fellbacher Lämmler
Weingut Heid

2018 Blaufränkisch „R" „GG" Spermen
Weingut Seeger

2018 Blaufränkisch „S"
Weingut Seeger

92/100

2018 Lemberger „GG" Michaelsberg
Weingut Dautel

2018 Lemberger „GG" „Berge" Stettener Mönchberg
Weingut Karl Haidle

2018 Lemberger trocken Kleinheppacher Greiner
Weingut Klopfer

2018 Lemberger trocken „GG" Neipperger Schlossberg
Weingut Graf Neipperg

2018 Lemberger trocken „GG" Schwaigerner Ruthe
Weingut Graf Neipperg

2018 Lemberger trocken „Reserve"
Weingut Plag

2017 Lemberger trocken „Junges Schwaben" Hohenberg
Weingut Wachtstetter

2017 Lemberger „GG" Pfaffenhofener Spitzenberg
Weingut Wachtstetter

2017 Lemberger trocken „Goldadler" Korber Berg
Weingut Zimmerle

91/100

2017 Lemberger „GG" „Der Schwarze Löwe" Oberer Berg
Weingut Graf Adelmann

2017 Lemberger „GG" „Schalksberg" Stettener Mönchberg
Weingut Beurer

2018 Lemberger Bönnigheimer Sonnenberg
Weingut Dautel

2018 Lemberger „GG" Fellbacher Lämmler
Weingut Schnaitmann

2018 Lemberger „GG" Untertürkheimer Herzogenberg
Weingut Wöhrwag

– Sonstige rote Rebsorten –

93/100
2017 Schwarzriesling trocken „R" First „Fyerst 1476"
Weingut Konrad Schlör

92/100
2018 Syrah trocken „Réserve"
Weingut Rings

91/100
2018 Cabernet Sauvignon „Reserve"
Weingut Aldinger
2018 Merlot trocken „Reserve"
Weingut Aldinger
2018 Frühburgunder „R"
Weingut Rudolf Fürst
2018 Lagrein trocken Pfeddersheimer St. Georgenberg
Weingut Karlheinz Keller
2017 Syrah trocken „Reserve"
Weingut Knipser
2017 Cabernet Franc trocken „Grand Vintage"
Weingut Peth-Wetz
2018 Schwarzriesling „R" trocken Reicholzheimer First
Weingut Konrad Schlör
2018 Syrah Schlossberg Achkarren
Weingut Fritz Waßmer
2018 Syrah trocken Dottinger Castellberg
Weingut Martin Waßmer
2018 Merlot*** trocken
Weingut Zehnthof
2018 Frühburgunder trocken Sonnenberg
Weingut Zehnthof
2017 Merlot trocken „Reserve"
Weingut Zimmerle
2017 Zweigelt trocken „Goldadler" Korber Sommerhalde
Weingut Zimmerle

90/100
2018 Frühburgunder „GG" Neuenahrer Sonnenberg
Weingut J.J. Adeneuer
2018 Frühburgunder „GG" Mayschoss Mönchberg
Weingut Deutzerhof
2015 Merlot „R" trocken „Hades"
Weingut Drautz-Able

2017 Zweigeltrebe trocken „Hades"
Weingut Jürgen Ellwanger
2017 Cabernet Franc trocken „Goldreserve" Sommerhalde
Weingut Escher
2018 Cabernet Sauvignon trocken „Réserve"
Der GlücksJäger
2017 Blauer Zweigelt trocken „Breitengrad 51" Dachsberg
Winzerhof Gussek
2018 Schwarzriesling trocken „Magnificum" Steinberg
Weingut Höfler
2018 Merlot trocken Schlossberg Ickelheim
Weingut Hofmann
2018 Syrah trocken Wormser Nonnenwingert
Weingut Karlheinz Keller
2017 Syrah trocken
Weingut Knipser
2017 Cabernet Sauvignon „Réserve"
Weingut Karl May
2018 Syrah trocken „S.E."
Weingut Graf Neipperg
2018 Merlot trocken „Reserve" Hohenhaslacher Kirchberg
Weingut Martin Notz
2017 Merlot „Grand Vintage"
Weingut Peth-Wetz
2017 Cabernet Sauvignon „Grand Vintage"
Weingut Peth-Wetz
2018 Schwarzriesling „R"
Weingut Seeger
2017 Syrah trocken Maikammer Heiligenberg
Weingut Stachel
2017 Cabernet Sauvignon trocken Maikammer Kirchenstück
Weingut Stachel
2018 Frühburgunder „GG" Herrenberg
Weingut Jean Stodden
2018 Frühburgunder trocken „FR" „Pure Grapes"
Weingut J. Störrlein & Krenig
2016 Portugieser trocken „Réserve"
Weingut Wageck-Pfaffmann
2018 Cabernet Franc Kaiserberg Herbolzheim
Weingut Fritz Waßmer
2018 Cabernet Franc trocken
Weingut Wöhrwag

– Rote Cuvées –

92/100

2018 „François Grande Reserve" trocken
Weingut Braunewell
2018 „François Reserve" trocken
Weingut Braunewell
2018 „Ypsilon" trocken
Weingut Karl Haidle
2017 „Cuvée XR" trocken
Weingut Knipser
2018 „Das Kreuz" trocken
Weingut Rings
2018 Grand Noir***
Weingut Zehnthof

91/100

2015 „GJA Reserve"
Weingut Aldinger
2018 „Ex flammis orior" trocken „Hades"
Weingut Fürst zu Hohenlohe-Oehringen
2018 „In senio" trocken „Hades"
Weingut Fürst zu Hohenlohe-Oehringen
2018 „Modus-K" trocken
Weingut Klopfer
2017 „Cuvée X" trocken
Weingut Knipser
2015 „Mélac" trocken
Weingut Kusterer
2018 „Paradestück" trocken „Reserve" Kirchberg
Weingut Martin Notz
2018 „Chapelle" trocken Ehrenstetter Ölberg
Weingut Martin Waßmer
2018 „X" trocken
Weingut Wöhrwag
2017 „Triologie" trocken
Weingut Zimmerle

90/100

2018 „Secundus" trocken
Weingut Beurer
2018 Cabernet Sauvignon/Merlot „Postillon" Schliengen
Weingut Blankenhorn
2017 „Nicodemus" trocken „Hades"
Weingut Jürgen Ellwanger
2018 „Grand Jeté" trocken
Weingut Matthias Gaul
2016 „Dieb" trocken
Weingut G.A. Heinrich
2017 „Assemblage Reserve"
Weingut Peth-Wetz
2018 „Das Kleine Kreuz" trocken
Weingut Rings
2017 Cuvée „Duca XI" trocken
Weingut Egon Schmitt
2018 „Naan"
Weingut Seeger
2017 „Cuvée Ernst Combé" trocken
Weingut Wachtstetter
2016 Cuvée Wilhelm trocken
Weingut Wageck-Pfaffmann
2017 „Grande Réserve" trocken „Hades"
Staatsweingut Weinsberg
2015 „Zahir"
Weingut Oliver Zeter

Ortsverzeichnis

A
Achkarren (Vogtsburg)
Michel
Alsheim
Dr. Balzhäuser
Heck
Altenahr
Sermann
Alzenau-Michelbach
Bernd Höfler
Alzey
Barth
Stoll
Alzey-Weinheim
Gysler
Angelbachtal
Nico Gmelin
Appenheim
Bischel
Eberle-Runkel
Franz
Gres
Hofmann
Knewitz
Schweickardt
Aspisheim
Hothum
Reis & Luff
Asselheim
Schroth
Assmannshausen
Krone Assmannshausen
Auen
Hees
Auernhofen
Krämer
Stahl
Auggen
Auggener Schäf
Reinecker
Ayl
Ernst Baltes
Margarethenhof
Vols

B
Bacharach
Dr. Kauer
Bad Dürkheim
Bärenhof
Brenneis-Koch
Dambach
Darting

Fitz-Ritter
Hanewald-Schwerdt
Hauer
Philipp Hofmann
Karst
Weinbau der Lebenshilfe
Pfeffingen—Fuhrmann-Eymael
Pflüger
Karl Schaefer
Egon Schmitt
Stepp (GP Winery)
Karl Wegner
Bad Kösen
Kloster Pforta
Bad Kreuznach
Gemünden
Korrell - Johanneshof
Lorenz & Söhne
Bad Krozingen-Schlatt
Scherer&Zimmer
Fritz Waßmer
Martin Waßmer
Bad Mergentheim
Markelsheim
Bad Neuenahr-Ahrweiler
J.J. Adeneuer
Dagernova
Burggarten
Nelles
Sonnenberg
Bad Sobernheim
Karlheinz Schneider
Bad Windsheim
pars pro toto
Badenheim
Kitzer
Baden-Baden
Maier
Gut Nägelsförst
Schloss Neuweier
Sven Nieger
Bahlingen
Bettina Schumann
Battenberg
Hahn-Pahlke
Bechtheim
Dreißigacker
Illian-Arnd
Scultetus-Brüssel
Spiess, Riederbacherhof
Weinreich
Bechtolsheim
Alexander Flick
Beilstein

Gemmrich
Hohenbeilstein
Bensheim
Griesel & Compagnie
Schloss Schönberg
Bensheim-Auerbach
Rothweiler
Bermersheim
Geil's
Neef-Emmich
Peth-Wetz
Bermersheim vor der Höhe
Hauck
Bernkastel-Kues
Moselland-Goldschild
Dr. Pauly-Bergweiler
Thanisch - Erben Müller-Burggraef
Wegeler
Bernkastel-Wehlen
Heribert Kerpen
Markus Molitor
Karl O. Pohl
S. A. Prüm
Studert-Prüm
Bickensohl (Vogtsburg)
Holger Koch
Biebelnheim
Diel
Schönhals
Biebelsheim
Fischborn-Schenk
Johanninger
Bingen
Riffel
Bingen-Kempten
Dessoy Vino Fredi
Birkweiler
Gies-Düppel
Siener
Dr. Wehrheim
Klaus Wolf
Bischoffingen (Vogtsburg)
Abril
WG Bischoffingen-Endingen
Armin Göring
Susanne Schmidt
Bissersheim
Wageck-Pfaffmann
Bockenau
Schäfer-Fröhlich
Bockenheim
Lauermann & Weyer
Wöhrle

Bodenheim
Kühling-Gillot
Böchingen
Lothar Kern
Heiner Sauer
Bönnigheim
Dautel
Bötzingen
Höfflin
Stefan Rinklin
Ralf Trautwein
R. Zimmerlin
Boppard
Heilig Grab
August Perll
Brackenheim
Landesvatter
Wg Stromberg-Zabergäu
Winkler
Brackenheim-Botenheim
wein & gut frank
Brackenheim- Dürrenzimmern
Dürrenzimmern-Stockheim
Brackenheim- Neipperg
Alt
Brauneberg
Conrad
Gehlen-Cornelius
Fritz Haag
Willi Haag
Karp-Schreiber
Kranz-Junk
Günther Steinmetz
Breisach
Tomislav Markovic
Bremm
Reinhold Franzen
Laurentiushof
Günther Leitzgen
Bretzenheim
Zehn Morgen
Bretzfeld-Adolzfurt
Birkert
Borth
Bretzfeld-Dimbach
Heinz J. Schwab
Briedel
Zum Eulenturm
Walter
Briedern
Otto Goergen
Bruchhausen
Krupp
Bruchsal

1243

Anhang — Ortsverzeichnis

Klumpp
Bruttig-Fankel
Paul Schunk
Bubenheim
Finkenauer
Bürgstadt
Burkhardt-Schür
Rudolf Fürst
Erhard & Max Helmstetter
Hench
Neuberger
Stich
Christian Sturm
Josef Walter
Buggingen-Betberg
Rieger
Bullenheim
Dürr
Burg Layen
Haack
Joh. Bapt. Schäfer
Burgen
Ingo Norwig
Burkheim (Vogtsburg)
Bercher
Burrweiler
Herbert Meßmer
St. Annaberg
Wind-Rabold

C

Castell
Castell'sches Domänenamt
Castell-Greuth
Brügel
Criesbach
WeinSchmiede

D

Deidesheim
Andres
Bassermann-Jordan
Reichsrat von Buhl
Jul. Ferd. Kimich
Mehling
Georg Siben Erben
von Winning
Denzlingen
Otto & Martin Frey
Dernau
Gebr. Bertram
Bertram-Baltes
H.J. Kreuzberg
Meyer-Näkel
Erwin Riske
Dettelbach
Apfelbacher
Nagel
Dettingen
Bächner
Detzem
Rudolf Hoffmann
Dienheim
Martinshof
Dirmstein

Jesuitenhof
Dittelsheim-Heßloch
Brandt
Cisterzienser Weingut
Dackermann
Ruppert-Deginther
Uwe Spies
Wernersbach
Dorn-Dürkheim
Listmann
Dorsheim
Theo Enk
Meinolf Schömehl
Dossenheim
Dossenheim
Durbach
Markgraf von Baden
Durbacher WG
Alexander Laible
Andreas Laible
Weinhaus Schwörer
Vollmer
Wörner

E

Ebringen
Schlossgut Ebringen
Eckelsheim
Mertz
Peter und Julian Wolf
Zöller
Edenkoben
Damm
Fitz-Schneider
Edesheim
Diehl
Ediger-Eller
Borchert
Klemens Friderichs
Henrichs + Friderichs
Efringen-Kirchen
Huck-Wagner
am Klotz
Markgräfler Winzer
Egringen
Brenneisen
Ehrenkirchen-Scherzingen
Ernst Heinemann
Eibelstadt
Max Markert
Leininger
Eichstetten
Hiss
Friedrich Kiefer
Arndt Köbelin
Weishaar
Elsenfeld-Schippach
Weinfurtner
Eltville
H.-J. Ernst
Jonas
Kloster Eberbach
Schloss Vaux
Eltville-Erbach
Crass
Jakob Jung

Baron Knyphausen
Eltville-Martinsthal
Diefenhardt
Endingen
Knab
Kublin
Linder
Engelstadt
Zimmer-Mengel
Enkirch
Caspari-Kappel
Immich-Anker
Erden
Alter Weinhof
Ergersheim
Hofmann
Erlabrunn
Hausknecht
Erlenbach am Main
Philip Bernard
Waigand
Erlenbach (Württemberg)
Martin Schropp
Ernst
Thielmann
Eschbach
Ehrhart
Escherndorf
Clemens Fröhlich
Michael Fröhlich
Horst Sauer
Rainer Sauer
Egon Schäffer
Essenheim
Braunewell
Esslingen
Kessler
Kusterer
Ettenheim
A. Bieselin
Isele
Eußenheim
Höfling

F

Fatschenbrunn
Nico Scholtens
Fellbach
Gerhard Aldinger
Fellbacher Weingärtner
Heid
Johannes B.
Rienth
Rainer Schnaitmann
Flemlingen
Theo Minges
Flörsheim-Dalsheim
Engel
Feth-Wehrhof
Klaus Keller
Wolfgang & René Peth
Raumland
Scherner-Kleinhanss
Schmitt
Flörsheim-Wicker
Joachim Flick

Flomborn
Michel-Pfannebecker
Stauffer
Flonheim
Espenhof
Gallé
Kampf
Meyerhof
Werner
Forst
Lucashof
Margarethenhof
Georg Mosbacher
Eugen Müller
Lindenhof – Eugen Spindler
Heinrich Spindler
Frankweiler
Lidy
Freiburg
Staatsweingut Freiburg
Freiburg-Munzingen
Philipp Lang
Freiburg-Tiengen
Josef J. Simon
Freiburg-Waltershofen
Landmann
Freinsheim
Kaßner-Simon
Reibold
Rings
Freyburg
Winzervereinigung Freyburg
Frickenhausen (Württemberg)
Dolde
Friesenheim
Henrici
Lorenz

G

Gambach
Stefan Vetter
Gau-Algesheim
Hattemer
Kronenhof
Gau-Odernheim
Becker-Landgraf
Büsser-Paukner
Johanneshof
Meiser
Gau-Weinheim
Krämer
Geisenheim
Bardong
Biebers Weinkultur
Chat Sauvage
49point9
Alexander Freimuth
Prinz von Hessen
Schloss Johannisberg
Schumann-Nägler
Sohns
Trinks-Trinks
Gellmersbach
Leiss
Supp
Gengenbach

ANHANG — ORTSVERZEICHNIS

Gengenbach-Offenburg
Simon Huber
Gerlachsheim
Bioweingut Baumann
Gerolsheim
Kaiserbaum
Gleina
Böhme & Töchter
Gleisweiler
Peter Argus
Gleiszellen-Gleishorbach
Frank Meyer
Glottertal
Roter Bur
Göcklingen
Hohlreiter
Gönnheim
Blaul & Sohn
Eymann
Gottenheim
Kilian & Martina Hunn
Graach
Bernard-Kieren
Blesius
Kees-Kieren
Philipps-Eckstein
Grafschaft-Gelsdorf
Brogsitter
Großbottwar
Markus Bruker
Großheringen-Kaatschen
Zahn
Großheubach
Kremers Winzerhof
Der Weinhof
Großwallstadt
Giegerich
Groß-Winternheim
Rolletter
Grünstadt
Schenk-Siebert
Grünstadt-Asselheim
Matthias Gaul
Kneisel
Grünstadt-Sausenheim
Karl-Heinz Gaul
Guldental
Wolfgang Schneider
Gundheim
Julius
Kühling
Gernot Michel
Guntersblum
Domhof
Hiestand
Gutenberg
Genheimer-Kiltz

H

Hackenheim
A. Gänz
Hainfeld
Gerhard Klein
Bernhard Koch
Hallgarten
Bibo & Runge

Prinz
Hammelburg
Lange - Schloss Saaleck
Müller
Hammerstein
Scheidgen
Hattenheim
Barth
Hans Bausch
Kaufmann
Georg-Müller-Stiftung
Hatzenport
Gietzen
Heidelberg-Rohrbach
Hans Winter
Heilbronn
Albrecht-Kiessling
Albrecht-Gurrath
Drautz-Able
G.A. Heinrich
Rolf Heinrich
Schäfer-Heinrich
Springer
Heilbronn-Sontheim
Bauer
Heitersheim
Schneider-Pfefferle
Walz
Zähringer
Heppenheim
Amthor
Bergsträsser Winzer
Herbolzheim
Holub
Herxheim am Berg
Bohnenstiel
Gabel
Frederik Janus
Petri
Hessigheim
Eisele
exNicrum
Siggi
Heuchelheim-Klingen
Karlheinz Becker
Joachim Hof
Karlheinz Meyer
Rinck
Hilzingen
Vollmayer
Hochborn
Dieter Michel
Hochheim
Baison
Peter Flick
Franz Künstler
W.J. Schäfer
Schreiber
Im Weinegg
Hochstadt
Hörner – Hainbachhof
Schweder
Stern
Hohenhaslach (Sachsenheim)
Baumgärtner
Gerd Keller

Martin Notz
Hohen-Sülzen
Battenfeld-Spanier
Horrweiler
Huff-Doll
Hüttenheim (Willanzheim)
Hillabrand

I

Ihringen
Lena Flubacher
Dr. Heger
Konstanzer
Hubert Lay
Pix
Sonnenhof
Ina Wihler
Ilbesheim
Familie Kranz
Jürgen Leiner
Sturm
Ilsfeld
Golter
Ingelfingen
Gaufer
Ingelheim
Baum
J. Bettenheimer
Huster
Merl
Mett & Weidenbach
Wasem
Wasem Doppelstück
Eckhard Weitzel
Arndt F. Werner
Ingersheim
Velte
Iphofen
Johann Arnold
Bausewein
Emmerich
Ilmbacher Hof
Gebr. Müller
Seufert
Von der Tann
Hans Wirsching
Zehntkeller
Ipsheim
Hofmann
Kreiselmeyer

J

Jechtingen
Burkhart
Jugenheim
Luff

K

Kallstadt
Bühler
Horcher
Kanzem
Cantzheim
Karlstein am Main

Brönner & Heilmann
Kasel
Dominikaner Weingut
Kenzingen
Daniel Bach
Jägle
Kernen-Stetten
Beurer
Karl Haidle
Medinger
Kesten
Paulinshof
Kettenheim
Schlossmühlenhof
Kiedrich
Hans Prinz
Robert Weil
Kinheim
Marco Adamy
Jakoby-Mathy
Pichterhof
Andreas Roth
Schneider-Faber
Viermorgenhof
Kippenheim-Schmieheim
Lothar Schwörer
Kirchheim
Benzinger
Ansgar Galler
Kirchhofen
Franz Herbster
Kitzingen
Wilhelmsberg
Kleinheubach
Fürst Löwenstein
Kleinkarlbach
Gut Obercarlenbach
Kleinwinternheim
Schreiber-Kiebler
Klettgau-Erzingen
Lorenz und Corina Keller
Klingenberg
Bastian Hamdorf
Steintal
Stritzinger
Klingenmünster
Porzelt
Klotten
Theo Loosen
Klüsserath
Kirsten
F.J. Regnery
Kobern-Gondorf
von Schleinitz
Königswinter
Kay-Weine
Pieper
Konz-Filzen
König Johann
Reverchon
Konz-Oberemmel
von Hoevel
Willems-Willems
Korb
Schwegler
Singer-Bader
Zimmerle

1245

ANHANG — ORTSVERZEICHNIS

Kraichtal
Klenert
Kreuzwertheim
Alte Grafschaft
Kröv
Bernd Hermes
Hüls
H.-J. Junglen
Knodt-Trossen
Michael Trossen
Kronau
Rudolf Bosch
Kürnbach
Plag

L

Lahr
Wöhrle
Landau
Villa Hochdörffer
Landau-Godramstein
Münzberg
Landau-Mörzheim
Klundt
Landau-Nußdorf
Thomas Pfaffmann
Landau-Wollmesheim
Pfirmann
Langenlonsheim
Closheim
Clemens Honrath
Im Zwölberich
Lauda-Beckstein
Strebel
Lauda-Königshofen
Benz
Johann August Sack
Laubenheim
Montigny
Lauffen
Hirschmüller
Hirth
Seybold
Laumersheim
Knipser
Philipp Kuhn
Zelt
Leimen
Seeger
Leingarten
Hirsch
Leinsweiler
Siegrist
Stübinger
Leiwen
Berweiler-Merges
Grans-Fassian
Köwerich
Loersch
Carl Loewen
Josef Rosch
St. Nikolaus-Hof
Heinz Schmitt Erben
Nik Weis St. Urbans-Hof
Werner
Leutesdorf

Selt
Lieser
Kochan-Platz
Schloss Lieser
Axel Pauly
Ulrich Schumann
Lindau
Teresa Deufel
Lisberg
KL-Weine
Löchgau
Fritz Funk
Löwenstein
Bihlmayer
Zipf
Lorch
Paul Laquai
Mohr
Wurm
Lottstetten-Nack
Clauß
Ludwigsburg
Herzog von Württemberg
Ludwigshöhe
Brüder Dr. Becker
Lamberth

M

Maikammer
Dengler-Seyler
Immengarten Hof
Schädler
Erich Stachel
Mainz
Flik
Mainz-Ebersheim
Dr. Eva Vollmer
Mainz-Hechtsheim
Mirjam Schneider
Malsch
Bernd Hummel
Malterdingen
Bernhard Huber
Mannweiler-Cölln
Hahnmühle
Marienthal (Ahr)
Paul Schumacher
Maring-Noviand
Botzet
Zur Römerkelter
Mauchen
Lämmlin-Schindler
Mayschoß
Deutzerhof
WG Mayschoß
Meckenheim
Braun
Meddersheim
Bamberger
Meersburg
Aufricht
Mehring
Hoffranzen
Merdingen
Bärmann
Kalkbödele

Mertesdorf
Erben von Beulwitz
Karlsmühle
Maximin Grünhaus
Rinke
Merzhausen bei Freiburg
Stiftungsweingut Freiburg
Mettenheim
Becker
Sander
Daniel Schmitt
Minheim
Christoph Koenen
Roman Herzog
Thielen-Feilen
Mölsheim
Full
Mörstadt
Kinges-Kessel
Mommenheim
Bgm. Adam Schmitt
Werther-Windisch
Monsheim
Karl-Hermann Milch
Monzernheim
Helmut Geil
Weedenborn
Monzingen
Alt
Emrich-Schönleber
Weber
Morscheid
Kesselstatt
Mülheim
Bauer
Bottler
Dr. Leimbrock
Müllheim
Hermann Dörflinger
Engler
Müllheim-Zunzingen
Dr. Schneider
Münster-Sarmsheim
Göttelmann
Kruger-Rumpf

N

Nackenheim
Gunderloch
Naumburg
Gussek
Hey
Neckarsulm
Berthold
Holzapfel
Nehren
Daniel Theisen
Neumagen-Dhron
Lars Görgen
Daniel Twardowski
Neustadt
Frank John
Nussbaum Projekt
Weinbiet
Leonhard Zeter
Neustadt-Diedesfeld

Corbet
Stortz-Nicolaus
Neustadt-Duttweiler
Bergdolt St. Lamprecht
Bergdolt-Reif & Nett
Neustadt-Gimmeldingen
Christmann
Johann F. Ohler
Neustadt-Haardt
Müller-Catoir
Oliver Zeter
Neustadt-Hambach
Georg Naegele
Neustadt-Mußbach
Johannitergut
Weik
Niederhausen
Franzmann
Gabelmann
Gut Hermannsberg
Niederhorbach
Viermorgen
Niederkirchen
Fusser
Reinhardt
Winterling
Nierstein
Lisa Bunn
Gehring
Fritz Ekkehard Huff
Georg Gustav Huff
Julianenhof
St. Antony
G.A. Schneider
Nittel
Hubertus M. Apel
Befort
Matthias Dostert
Frieden-Berg
Nonnenhorn
Hornstein am See
Lanz
Rebhof
Nordheim (Franken)
Borst
Waldemar Braun
Ignaz Bunzelt
Helmut Christ
Divino Nordheim Thüngersheim
Glaser-Himmelstoß
Rothe

O

Oberbergen (Vogtsburg)
Franz Keller
Daniel Landerer
Oberderdingen
Lutz
Vinçon-Zerrer
Ober-Flörsheim
Klaus Knobloch
Frey
Oberhausen
Hermann Dönnhoff
Karl Stein
Oberkirch

Anhang — Ortsverzeichnis

Börsig
Oberrotweil (Vogtsburg)
Gleichenstein
Landerer
Salwey
Peter Wagner
Obersulm-Affaltrach
Dr. Baumann
Obersulm-Eschenau
Gruber
Obervolkach
Leipold
Oberwesel
Lanius-Knab
Oberwesel-Dellhofen
Goswin Lambrich
Ockenheim
Bungert-Mauer
Odernheim
Disibodenberg
Oestrich-Winkel
Allendorf
Dr. Corvers-Kauter
August Eser
H.T. Eser
Hirschmann
Peter Jakob Kühn
Querbach
Josef Spreitzer
Wegeler
Östringen-Odernheim
Adrian Zimmer
Östringen-Tiefenbach
Heitlinger
Offenburg
Franckenstein, Stefan Huschle
WG Rammersweier
Offenburg-Zell-Weierbach
Pieper-Basler
Offstein
Strohm
Öhringen-Michelbach
Dieroff
Öhringen-Verrenberg
Hohenlohe-Öhringen
Oppenheim
Carl Koch
Ortenberg
Schloss Ortenberg
Osthofen
Karl May
Spiess Weinmacher
Steinmühle
Strauch

P

Partenheim
Adam
Perl-Sehndorf
Petgen-Dahm
Pfaffenhofen
Wachtstetter
Pfedelbach-Renzen
Ungerer
Pfedelbach-Untersteinbach
Keil

Piesport
Julian Haart
Reinhold Haart
Hain
Hoffmann-Simon
Reuscher-Haart
Pleisweiler-Oberhofen
Brendel
Pölich
Kanzlerhof
Pommern
Schneiders & Moritz
Pünderich
Frank Brohl
Clemens Busch
Simonis

R

Radebeul
Schloss Wackerbarth
Ramsthal
Ewald Neder
Randersacker
Wilhelm Arnold
Hiller
Berthold Schmachtenberger
Schmitt's Kinder
J. Störrlein & Krenig
Trockene Schmitts
Rech
Max Schell
Jean Stodden
Reil
Arns und Sohn
Melsheimer
Steffens-Keß
Remagen
Josten & Klein
Remshalden
Sterneisen
Remshalden-Grunbach
Doreas
Renchen
Bimmerle
Retzbach
Christine Pröstler
Retzstadt
Rudolf May
Rhodt
Fader – Kastanienhof
Fleischmann-Krieger
Christian Heußler
Krieger
Meyer & Sohn
Klaus Meyer
Rimpar
Franziska Schömig
Riol
Römerhof
Rödelsee
Drei Zeilen
Roland Hemberger
Karl Meyer
Vollhals
Weltner
Röttingen

Hofmann
Rohrbach
Neuspergerhof
Rüdesheim (Rheingau)
Konrad Berg & Sohn
Bischöfliches Wg.
  Rüdesheim
Georg Breuer
Carl Ehrhard
Friedrich Fendel
Leitz
Thilo Strieth
Rümmelsheim
Piri Wein
Ruppertsberg
Michael Andres
Andres & Mugler
Jaillet

S

Saarburg
Dr. Heinz Wagner
Zilliken
Salem
Markgraf von Baden
Sand am Main
A. & E. Rippstein
Bernhard Rippstein
St. Aldegund
Schumacher
St. Goar
Philipps-Mühle
St. Leon-Rot
Albert
St. Martin
Aloisiushof
Sasbachwalden
Königsrain
Saulheim
Dechent
Landgraf
Thörle
Schelingen (Vogtsburg)
Gregor & Thomas Schätzle
Schleich
Reh
Schliengen
Blankenhorn
Zimmermann
Schliengen-Obereggenen
Greiner
Schorndorf
Frick
Schozach
Bentzel-Sturmfeder
Schriesheim
Bielig
Max Jäck
Schwaigern
Neipperg
Schwaikheim
Escher
Maier
Schweigen-Rechtenbach
Friedrich Becker
Bernhart

Grimm
Jülg
Nauerth-Gnägy
Schweppenhausen
Fuchs-Jacobus
Seinsheim
Schilling
Selzen
Kapellenhof
Serrig
Würtzberg
Siebeldingen
Rebholz
Wilhelmshof
Siefersheim
Alte Schmiede
Wagner-Stempel
Zimmermann
Sinsheim-Weiler
Nägele
Sommerach
Richard Östreicher
Winzer Sommerach
Stephan Strobel
Then
Georg Zang
Zehnthof - Fam. Weickert
Sommerhausen
Felshof
Schloss Sommerhausen
Artur Steinmann
Spay
Matthias Müller
Weingart
Spiesheim
Becker
Sprendlingen
Fritzsch & Sohn
Stadecken-Elsheim
Eppelmann
Peter Harth
Hedesheimer Hof
Posthof – Doll & Göth
Stammheim
Dereser
Scheller
Staufen
Peter Landmann
Michael Wiesler
Staufen-Wettelbrunn
W. Löffler
Steinheim-Kleinbottwar
Adelmann
Forsthof
Reinhard Schäfer
Straubenhardt
Rüdiger
Stuttgart
Collegium Wirtemberg
Haller
Fabian Rajtschan
Schwarz
Stadt Stuttgart
Weinmanufaktur Untertürkheim
Weinfactum
Wöhrwag
Sugenheim

R&S Schlumberger
Sulzburg-Laufen
H. Schlumberger
Rainer Schlumberger
Sulzfeld (Baden)
Burg Ravensburg
Sulzfeld (Franken)
Augustin
Brennfleck
Roland Staudt
Zehnthof – Luckert
Sulzheim
Clemens

T

Teningen-Heimbach
Gallushof
Theilheim
H. Deppisch
Thörnich
Gebr. Ludwig
Familie Rauen
Thüngersheim
Schwab
Traben-Trarbach
Christian Bindges
Richard Böcking
C.A. Haussmann
Ulrich Langguth
Traisen
Beisiegel
Dr. Crusius
Triefenstein-Homburg
Alfred Blank
Huller
Trier
Bischöfliche Weingüter Trier
Karthäuserhof
Trittenheim
Heribert Boch
Ansgar Clüsserath
Christoph Clüsserath
Ernst Clüsserath
Clüsserath-Weiler
Bernhard Eifel
Ernst Eifel
Franz-Josef Eifel
Claes Schmitt Erben
Tübingen
Sabine Koch

U

Überlingen
Kress
Uelversheim
Götz
Kissinger
Stallmann-Hiestand
Ürzig
Joh. Jos. Christoffel-Erben
Karl Erbes
Mönchhof
Rebenhof
Ulsenheim
Meier Schmidt

Untererthal
Schäfers

V

Vaihingen
Kinzinger
Sonnenhof
Vendersheim
Beiser
Janson
Neverland
Venningen
Der GlücksJäger
Vogtsburg (Alt-Vogtsburg)
Hermann
Volkach
Bruno Bienert
Max Müller I
Schloss Schönborn
Zur Schwane

W

Wachenheim (Pfalz)
Zimmermann
Waiblingen-Neustadt
Häußermann
Waldkirch-Buchholz
Moosmann
Waldrach
Heinrich Mertes
Walheim
Eberhard Klein
Wallhausen
Bicking&Bicking
Prinz zu Salm-Dalberg
Walsheim
Heinz Pfaffmann
Karl Pfaffmann
Wasserburg
Schmidt am Bodensee
Weigenheim
Frankenberg
Weikersheim
Ehrmann
Weil am Rhein
Röschard
Claus Schneider
Weingarten (Pfalz)
Spieß
Weinolsheim
Eckehart Gröhl
Weinsberg
Staatsweingut Weinsberg
Weinstadt
Gold
Idler
Wolfgang Klopfer
Knauß
Jochen Mayer
Mödinger
Weisenheim am Sand
Langenwalter
Wertheim
Englert
Wertheim-Reicholzheim

Konrad Schlör
Westhofen
Hirschhof
Wittmann
Weyher in der Pfalz
Meier
Wiesbaden
Höhn
Wiesenbronn
Hofmann
Roth
Wiesentheid
Fischer
Wiltingen
Johannes Peters
Windesheim
Gebr. Kauer
Lindenhof
Werner Marx
Poss
Heinrich Schmidt
Sinß
Winningen
Rüdiger Kröber
Löwensteinhof
Richard Richter
Winterbach
Jürgen Ellwanger
Wintrich
Geierslay
Quint
Wipfeld
Lother
Wirmsthal
Six
Wörrstadt
Weinmann
Wörth am Main
von Hünersdorff
Wolfsheim
Bernhard
Worms
Kron
Château Schembs
Worms-Abenheim
Boxheimerhof
Hemer
Dr. Schreiber
Worms-Pfeddersheim
Goldschmidt
Worms-Pfifflighheim
Karlheinz Keller
Würzburg
Bürgerspital
Staatlicher Hofkeller
Juliusspital Würzburg
Am Stein - Ludwig Knoll

Z

Zadel
Schloss Proschwitz
Zeil am Main
Martin
Zellertal
Bremer
Schwedhelm
Zeltingen
Baum
Albert Gessinger
Leo's
Martin Schömann
Selbach-Oster
Zeltingen-Rachtig
Heinrichshof
Zornheim
Münzenberger
Zwingenberg
Simon-Bürkle